## さ　行

## た行



## な行

## は 行



## ま 行



## や 行



## ら 行

# INTERNATIONAL LAW DOCUMENTS 2021

編集代表 岩沢雄司
Iwasawa Yuji
植木俊哉
Ueki Toshiya
中谷和弘
Nakatani Kazuhiro

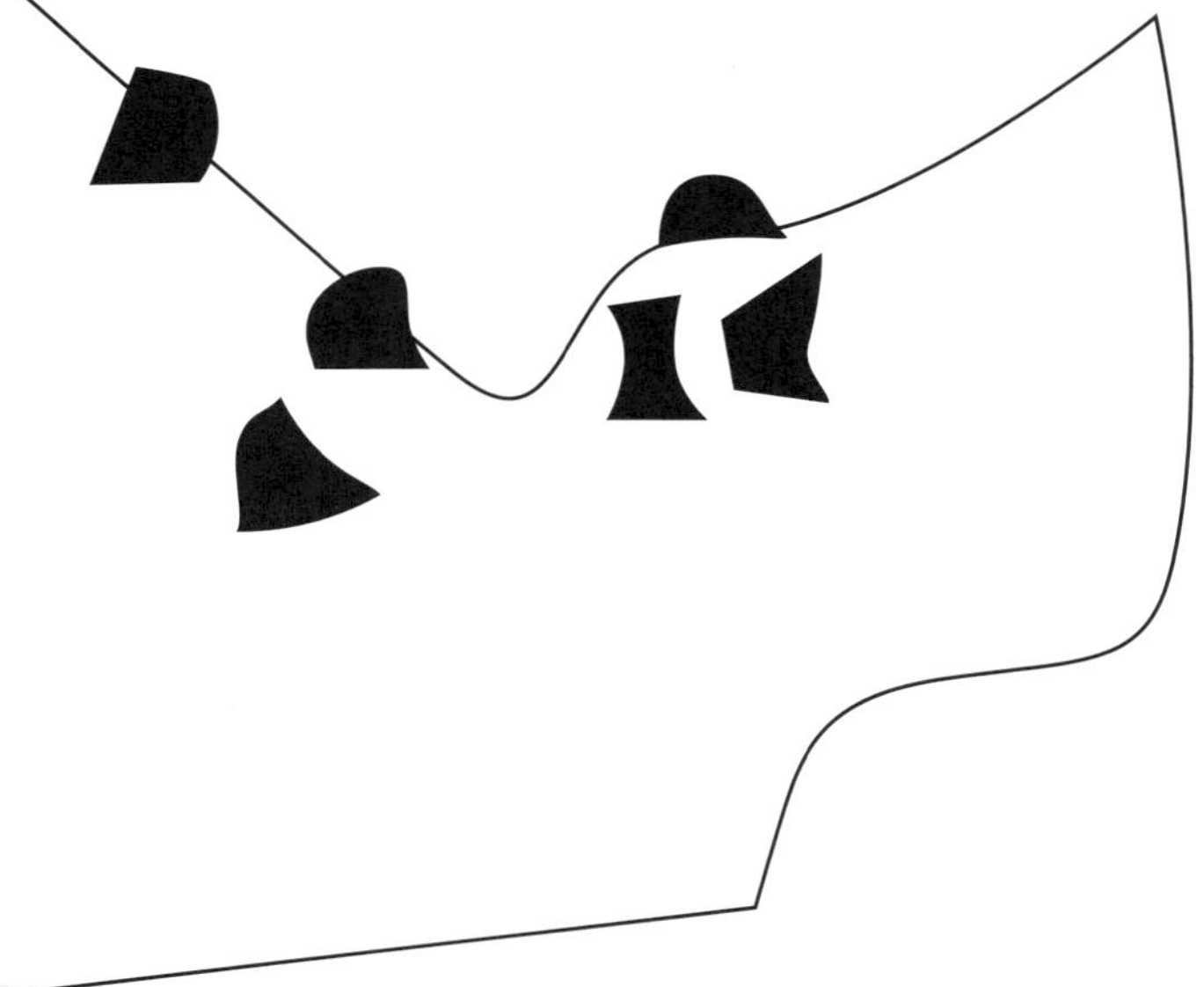

**編集代表**

| | |
|---|---|
| 国際司法裁判所裁判官 | 岩沢雄司 |
| 東北大学教授 | 植木俊哉 |
| 東京大学教授 | 中谷和弘 |

**編集委員**

| | |
|---|---|
| 東京大学教授 | 寺谷広司 |
| 東京大学教授 | 西村　弓 |
| 東京大学教授 | 森　肇志 |

---

| | |
|---|---|
| 創始編集委員 | 横田喜三郎 |
| | 高野雄一 |
| 1988年版～1992年版 | |
| 編集代表 | 横田喜三郎 |
| | 高野雄一 |
| 編集委員 | 内田久司 |
| | 山本草二 |
| | 波多野里望 |
| | 筒井若水 |
| | 大沼保昭 |
| 1993年版～1999年版 | |
| 編集代表 | 山本草二 |
| 編集委員 | 筒井若水 |
| | 藤田久一 |
| | 村瀬信也 |
| | 大沼保昭 |
| 2000年版～2007年版 | |
| 編集代表 | 大沼保昭 |
| | 藤田久一（～2003年版） |
| 編集委員 | 岩沢雄司（2004年版～） |
| | 植木俊哉（2006年版～） |
| | 奥脇直也 |
| | 小寺　彰 |
| | 中谷和弘（2006年版～） |
| | 横田洋三（～2006年版） |
| 2008年版～2019年版 | |
| 編集代表 | 奥脇直也（2008年版～2015年版） |
| | 小寺　彰（2012年版～2014年版） |
| | 岩沢雄司（2015年版～） |
| 編集委員 | 植木俊哉 |
| | 寺谷広司（2012年版～） |
| | 中谷和弘 |
| | 西村　弓（2012年版～） |
| | 森　肇志（2012年版～） |

# はしがき

本条約集は、横田喜三郎、高野雄一、山本草二、藤田久一、大沼保昭、奥脇直也、小寺彰といった、それぞれの時代を切り拓いてきた国際法学者が編集代表を務め、最も長期にわたって信頼できる条約集として世に認められてきた。これにさらに磨きをかけ洗練された条約集として読者にお届けするために、編集委員による検討を通じて、収録条約の選定には特に注意を払い、また必要に応じて翻訳文の見直しや訂正を行っている。増加の一途をたどる条約その他の国際文書を取捨選択して収録することは、大変に困難な作業であり、編集委員の間でも時に意見にばらつきが生じる。また国際関係の複雑化を受けて、条約や国際文書が長文化する傾向もある。本条約集においても、かつては全文収録を原則とした時代もあったが、今日ではそれはほとんど不可能である。全体の頁数に制限がある中で、できるだけ多くの文書を収録しようとすると、必然的に抄録や抜粋の形をとらざるを得なくなる。しかしそれは、それぞれの条約や国際文書の意義を知る上で不都合な面も多い。いずれにしても、本条約集の編集に当たっては、現代の国際関係の法的な仕組みを広く見渡すことができる条約集を作り上げることに最大の意を用い、同時に年版として、読者の関心が集中するトピカルな問題を考える際に基本となる条約や国際文書をできるだけ収録することにも努めている。

本条約集の編集に当たっては、以下の点に特に留意している。

第一に、本条約集が全体として現代国際法の全体像を過不足なく映し出すことである。収録する条約その他の文書の選択に当たっては、日本が締約国となっている二国間あるいは多国間の条約の中から重要なものを優先して検討しており、同じ事項について類似の条約が複数ある場合には、その中の典型的なものを収録した。これらについては、日本語の正文又は外国語正文の公定訳をそのまま掲載している。しかし、それだけでは条約を通じて現代国際社会の法構造を映し出すには不十分である。日本が未だ締約国となっていない多国間の条約もある。また特定の地域条約であっても、国際社会全体に大きな影響を及ぼし、また新たな規範意識の生成途上にあると認められる内容を持つものもある。欧米のみならず、アジアやアフリカ、中南米などにも目を配った。国際連合をはじめとする国際組織の決議などには、設立条約の解釈を特定し、あるいは一般国際法の変化の動向を知るために重要なものも多い。これら公定訳がない文書については、編集委員の責任で翻訳し掲載した。

第二に、本条約集に収録する条約やその他の文書を翻訳するに当たっては、読者にとって読みやすいものになるよう努めた。そのため翻訳調の日本語になることをできるだけ避けた。また、既に日本語として定着したものを除いて、外来語のカタカナ表記は可能な限り避け、どうしても適当な日本語が当てられない場合に限って使用するにとどめた。また、原語を示すことが読者の正確な理解に資する場合等には、原語を括弧に入れて注記した。

第三に、現代国際法の全体像を見渡すために比較の観点も取り込んでいる。国際法は、国家間の政治的関係の変化や国際社会の構造変動とともにダイナミックに変化してきており、また、今日では国際義務を国内的に実施する必要から、国際法と国内法との関係がますます密接になってきている。そうした観点から、収録文書に関連する日本の国内法及び特徴のある外国の国内法を、最小限ではあるが収録した。また、戦後処理という大きな政治的枠組みを理解するために、「第二次大戦と日本」という章を立て、戦後日本の国際関係とそれに関連する第二次大戦関係文書を収録するとともに、「歴史的文書」の章を立て、より大きな歴史的流れを条約を通じて理解しようとする読者の便宜を図った。さらに、国際法の新たな動向を知るために、年版としての速報性を活かした「追録」の項を立て、まだその評価が確立していない文書や読者が関心を寄せるであろうトピカルな文書を収録している。

こうした様々な工夫をしてあるものの、読者の興味や関心からみて、なお必要な条約が掲載されていない、あるいは収録文書の分野ごとの数にバランスが取れていないとお叱りを受けるかも知れない。また、できるだけ多くの条約その他の文書を収録するために、抄録や抜粋の形式を採用し、可能な場合には関連条約の類似の規定を参照できるようにした。その結果、二〇二一年版では三八〇本の条約その他の文書を収録できたが、反面、必要な条文が読めないという不都合が生じる可能性もある。読者の皆様からご指摘を受けながらより使いやすい条約集にしていくつもりであり、お気付きの点などがあれば、何なりとご意見・ご要望をお寄せいただきたい。

最後に、本条約集の編集に当たっては、多くの方々のご協力を得ている。特に二〇二一年版では、新収録文書及び既収録文書の改正のうち日本語訳の必要なものの翻訳に当たっては、竹村仁美一橋大学准教授、広見正行神戸市外国語大学准教授にご助力いただき、また翻訳の正確を期する上で貴重な助言をいただいた。主要仲裁事件一覧表及びガット・WTO主要事件一覧表の改訂については、北村朋史東京大学准教授にご協力いただいた。外国憲法の改正状況の調査に当たっては、髙見澤磨東京大学教授、田近肇近畿大学教授、西平等関西大学教授、福岡安都子東京大学准教授にご助力いただいた。条約の署名日、効力発生日、日本との関係については、外務省からもご協力いただいた。最後に、有斐閣、特に六法編集部の皆様には、複雑で度重なる修正作業など、困難なお仕事を熱心かつ丁寧にこなしていただいた。これらの方々に、編集委員を代表して、心から感謝を申し上げたい。

二〇二一年一月一日

岩沢雄司
植木俊哉
中谷和弘

# 二〇二一年版について

1　以下の五件の条約その他の国際文書を新たに収録した。文書名の下の〔　〕は、収録位置を示す。

国際法委員会(ＩＬＣ)規程 翻訳〔第4章〕
世界保健機関(ＷＨＯ)憲章〔追録〕
国際保健規則(二〇〇五年版)〔追録〕
新型インフルエンザ等対策特別措置法〔追録〕
地域的な包括的経済連携(ＲＣＥＰ)協定〔追録〕

2　以下の一件について、収録範囲を拡大した。文書名の下の〔　〕は、主な改訂の内容を示す。

国際民間航空条約〔第一四条を収録〕

3　以下の三件について、収録範囲を縮小した。

スエズ運河条約
在日米軍の地位に関する日米協定
日米安全保障条約(旧)

4　「国際刑事裁判所に関するローマ規程」に二〇一七年及び二〇一九年の国際刑事裁判所締約国会議の決議による改正を注訳した。

5　条約及び関係国内法について、二〇二一年一月一日までに公布された改正をそれぞれに織り込み、その際一部収録範囲を見直した。

6　多国間条約の当事国表は、寄託国、寄託者又は公的機関等のウェブサイトの情報及び外務省の原記録を基に二〇二一年一月一日現在で作成した。また、国際裁判一覧表及び資料も同日現在の内容に更新した。

# 凡　例

**■基準日**　本条約集の内容は、二〇二一年一月一日現在の記録に拠った。

**■条約名**　読者の参照のしやすさを重視して、条約等の名称は、正式名称の長い文書についてはできるだけ略称を用いた。その場合、条約名の左側に(　)で正式名称を掲げた。また、正式名称を掲げた文書で通称等があるものについては、条約名の左側に[　]でそれらを記した。

**■条約文**　日本が一方当事国になっている二国間条約以外の多くの条約等は、日本語を正文としていない。本条約集では、日本が当事国となり官報に日本語の正文又は外国語正文の公定訳が掲載された条約は、その正文又は公定訳をそのまま採録した。官報に公定訳以外の政府訳が掲載された国際文書は、原則としてその訳を利用した。当該国際文書に関して、各省庁のウェブサイトに掲載された各省庁作成の仮訳を利用した場合には、文書の末尾にその出典を明記した。それ以外の国際文書については、まず、当該文書をこれまで研究してきた担当者が翻訳し、次いで当該文書担当の編集委員が修正を行い、それを編集代表が検討・修正して最終訳を確定した。なお、このような文書は、文書名の下に[翻訳]と表記し、それが翻訳文であることを明示した。

この翻訳の過程では、従来の公定訳の訳語を最も重視し、また、採録文書相互間の整合性に特に考慮を払ったが、正確さ、読みやすさ、通常の語感等をも考慮して、公定訳や一般に流布しているものと異なる訳語を採用した場合もある(例えば、international organization は公定訳では「国際機関」と訳されるが、organ や agent との違いを示す上で、本条約集では公定訳以外では原則的に「国際組織」と訳している。同様に、international community は原則として「国際共同体」、reprisal は「復仇」、denunciation は多国間条約の場合は「離脱」と訳した。「及び」を「と」にした方が語感的になじみやすく、かつ、不正確とはならないと判断した場合は「と」としている)。他方、外来語のカタカナ表記は、公定訳と同じく、極力避けた。また、条約等の正文が他の条約その他の国際文書の名称を引用している場合には、正文には引用符が付いていなくても、読みやすさを重視し引用符(「　」)を付けたものもある。

第二次大戦前の条約の日本語訳はカタカナ文語体であるが、これも日本政府によるひらがな口語体の改訳がない限り、そのまま採用した。ただし、読みやすくするために句読点を加えたものもある。また、旧漢字は原則として新漢字に改めた。古い時代に作られた条約その他の国際文書には、今日の感覚からして必ずしも適切でない語(差別的表現など)を含むものがあるが、作成時の時代感覚を伝えるため、今日では不適切と考えられる訳語をあえて採用する場合がある。

**■編者の注記**　内容を理解するのに必要と思われるものについては編者のコメントを、また、原語を示すことが読者の正確な理解に資すると判断したものについては原語を、本文中の(　)内に注記した。原語は、(1)同一文内に shall, must, should など、類似の意味を持つ語が使われている場合、(2)例えば、shall は「――する」と訳すのが原則だが、文脈上「しなければならない」「するものとする」などと訳さないと日本語として不自然なためそうした例外的な訳を採用した場合、(3) ethnic, national などのように、日本語の「民族的」を双方に使った方がよいと判断した場合、(4) legitimate のように、「合法」「正統」「正当」などの複数の訳語が使われる場合、(5) reprisal が「復仇」でなく「報復」と訳されているように、学問上確立した訳と異なる訳語が公定訳で採用されている場合や、文意から「報復」と訳す方が適当である場合など、多様な場合に注記した。なお、原語の注記は原則として当該条約文の初出位置に入れ、英語以外の原語の場合は原語の前に(仏)などを付記した。

**■条文見出し**　条文の内容の理解を助けるため、各条の下に見出しを付した。条約自体に正式に見出しが付いているものは(　)の形で、そうでない条約については【　】の形で編集委員が見出しを付した。

**■抄録・抜粋**　抄録した文書については、条約名の後に(抄)と記し、省略した条、項等に(略)と記載することで、省略部分を明示した。また、抜粋した文書については条約名の後に(抜粋)と記し、必要と思われる条文のみを収録した。なお、ある条約の条文と他の条約の条文とが同一あるいは類似である場合、一方に当該条文を掲載し、他方は前者の条文と「同じ」「参照」などと記して、掲載を省略した。

**■条約の署名・効力発生**　条約の署名日、効力発生日、日本との関係は、寄託国、寄託者又は公的機関等のウェブサイトの情報及び外務省の原記録をもとに作成して正確さを確保した。

**■歴史的文書の配列**　「第17章　歴史的文書」で、日清講和条約は「第2節　日本関係」でなく、「第1節　一般」の中に含まれている。これは、同条約第一条における清国による朝鮮国の独立の承認が、欧州列強に担われた欧州国際法が東アジアの華夷秩序などを含む他の地域規範体系を圧倒して国際社会全体に妥当する国際法となる画期をなし、その歴史的意義が単に日清二国間の講和条約にとどまらず、より一般的意義を持つという判断に基づくものである。

**■追録**　収録条約本文の最後に、「追録」として、最新の興味深い条約その他の国際文書等を収録した。

**■関係国内法**　追録の次に「関係国内法」として、参考となる日本と外国の国内法を収録した。なお、日本国憲法及び海上保安庁法の条文見出しは、『六法全書』(有斐閣発行)のものを使用した。

**■当事国**　多国間条約の中には、台湾、香港、マカオ等、一般には国家として承認されていなかったり、国家とはみなされていなかったりする主体を条約の当事国としているものもある。本条約集では、日本がこれらの国や地域を国家として承認しているか否かにかかわりなく、これらも当事国に加えた(個々の条約については当事国表を参照)。また、中国について、国際連合憲章など既に確定的に代表権が交代したものと、その点に不確定要素を残しているものとがある。当事国表の扉を参照されたい。

**■条約の当事国表**　寄託国、寄託者又は公的機関等のウェブサイト情報及び外務省の原記録を基に、多国間条約の当事国を一覧表にまとめ、巻末に置いた。

**■国際裁判一覧表**　国際司法裁判所事件(争訟事件・勧告的意見)、常設国際司法裁判所事件(争訟事件・勧告的意見)、国連海洋法条約紛争解決手続、主要仲裁事件、国際刑事裁判所主要事件及びガット・WTO主要事件をわかりやすい形で一覧表にまとめ、巻末に収録した。

**■その他の付録**　「国際連合組織図」を後ろ見返しに、「国際連合平和維持活動(PKO)等一覧表」及び「主要国際組織・関連用語略称一覧表」を巻末に収録した。

**■索引**　前見返しに、収録条約等の正式名称、通称、略称を五十音順に配列した「条約名索引」を付し、検索の便を図った。また、巻末に多国間条約と国連総会決議等の正文(欧文)タイトルを収録順に並べた「欧文条約名」を付した。

**■ウェブ掲載文書**　国際条約集二〇二〇年版までに収録した文書のうち、収録を中止したもの(国内法を除く)等を小社ウェブサイト(http://www.yuhikaku.co.jp/static/deletePDF.html)に掲載した。これらの文書が本文に掲載されている文書に関連するものの場合は、必要に応じて本文中の該当箇所にWebのマークを付している。各文書名の後ろの括弧内はそれぞれ、署名年・最終収録年を示す。配列は現在の章立てにあわせた。ファイルの内容は最終収録年のもので、その後の改正等は反映していない。掲載している文書の一覧は一四頁を参照。なお、本文中にWebのマークを付した文書については、一覧への掲載を省略した。

# 目次

本年版で新たに収録した条約その他の文書には★を、収録範囲を拡大したものには☆を付けた。

## 第2節 海洋



## 第3節 空と宇宙



## 第6章 国籍



## 第7章 人権

### 第1節 普遍的人権保障

目次



## 第2節　地域的人権保障



# 第8章　国際犯罪

## 第1節　国際裁判所



## 第2節　犯罪

## 第12章　国際紛争処理



## 第13章　安全保障

### 第1節　一般



### 第2節　地域安全保障・集団的自衛権

## 第14章 武力紛争

### 第1節 一般



### 第2節 害敵手段



### 第3節 犠牲者等の保護



## 第15章 軍縮・軍備管理

# 付　録

# ウェブ掲載文書（凡例5頁参照）

〔第2章　国家〕
オーストリアの永世中立に関する交換公文(1955年/2007年)
〔第3章　国際交渉の機関〕
弁理公使の席次に関する規則(1818年/1995年)
国籍の取得に関する選択議定書(外交関係条約)(抄)(1961年/2010年)
国籍の取得に関する選択議定書(領事関係条約)(1963年/2005年)
〔第4章　条約〕
条約の効力に関する宣言(1871年/1995年)
〔第5章　領域〕
諸国を貫流する河川の航行規則(ウィーン)(抄)(1815年/1999年)
パナマ運河条約(抜粋)(1977年/2000年)
無海岸国ノ船旗ニ関スル権利ヲ承認スル宣言書(1921年/1999年)
旧日韓漁業協定(1965年/1999年)
深海底機構準備委員会に関する海洋法会議決議 I(1982年/2005年)
深海底資源先行投資に関する海洋法会議決議 II(1982年/2005年)
日中漁業協定(1997年/1999年)
ＥＵ・ケニア海賊被疑者等移送規定に関する交換書簡(抜粋)(2009年/2012年)
日台民間漁業取決め(抄)(2013年/2017年)
パリ国際航空条約(抜粋)(1919年/2000年)
〔第7章　人権〕
同一価値の労働についての男女労働者に対する同一報酬に関する条約(第百号)(抜粋)(1951年/2016年)
経済社会理事会決議 1503(1970年/2008年)
経済社会理事会決議 2000/3(2000年/2008年)
外国人の権利に関する条約(米州)(1902年/1999年)
〔第8章　国際犯罪〕
安保理決議 1422(国際刑事裁判所関係)(2002年/2003年)
安保理決議 1487(国際刑事裁判所関係)(2003年/2006年)
向精神薬に関する条約(1971年/1991年)
麻薬及び向精神薬の不正取引の防止に関する国際連合条約(1988年/1992年)
安保理決議 748(ロッカビー事件関係)(抄)(1992年/2001年)
外国公務員贈賄防止条約(1997年/1999年)
〔第9章　経済〕
日ソ通商条約(抄)(1957年/2005年)
経済協力開発機構条約(抄)(1960年/2007年)
日中投資保護協定(1988年/2014年)
日韓投資協定(抜粋)(2002年/2016年)
日本・シンガポール経済連携協定(抄)(2002年/2004年)
日本・メキシコ経済連携協定(抄)(2004年/2006年)
日本・マレーシア経済連携協定(抄)(2005年/2015年)
日豪経済連携協定(抄)(2014年/2016年)
〔第10章　文化〕
万国著作権条約(1971年/1999年)
〔第11章　環境〕
京都議定書不遵守手続(抄)(2005年/2016年)
水銀に関する水俣条約(抜粋)(2013年/2017年)
〔第12章　国際紛争処理〕
旧強制管轄受諾に関する日本国の宣言(2007年/2015年)
〔第13章　安全保障〕
安保理決議 660(湾岸戦争関係)(1990年/1993年)
安保理決議 665(湾岸戦争関係)(1990年/1993年)
安保理決議 688(湾岸戦争関係)(1991年/1994年)
安保理決議 814(対ソマリア関係)(抄)(1993年/2004年)
安保理決議 1244(コソヴォ関係)(1999年/2002年)
安保理決議 1386(アフガニスタン情勢)(抄)(2001年/2013年)
安保理決議 1546(イラク占領終了)(抄)(2004年/2006年)
安保理決議 1970(抜粋)(2011年/2012年)
安保理決議 2009(抄)(2011年/2012年)
安保理決議 2016(抜粋)(2011年/2012年)
西欧ブリュッセル条約(1948年/2000年)
米華相互防衛条約(1954年/2004年)
ソ朝相互援助条約(1961年/2004年)
日米安保地位協定第24条についての新特別措置協定(1991年/1992年)
〔第14章　武力紛争〕
毒ガスの禁止に関するヘーグ宣言(1899年/2000年)
商船ヲ軍艦ニ変更スルコトニ関スル条約(1907年/2000年)
戦時海軍力ヲ以テスル砲撃ニ関スル条約(1907年/2000年)
海戦ニ於ケル捕獲権行使ノ制限ニ関スル条約(1907年/2000年)
潜水艦及毒瓦斯ニ関スル五国条約(1922年/2000年)
〔追録〕
東南アジア友好協力条約(1976年/2007年)
安保理決議 1695(北朝鮮ミサイル発射)(抜粋)(2006年/2017年)
安保理決議 1718(核不拡散・北朝鮮)(抜粋)(2006年/2017年)
安保理決議 1851(ソマリア沖海賊行為対処)(抄)(2008年/2016年)
安保理決議 1874(核不拡散・北朝鮮)(抜粋)(2009年/2016年)
安保理決議 1918(ソマリア沖海賊行為訴追確保)(抜粋)(2010年/2016年)
安保理決議 2087(核不拡散・北朝鮮)(抜粋)(2013年/2016年)
安保理決議 2094(核不拡散・北朝鮮)(抜粋)(2013年/2016年)
安保理決議 2134(中央アフリカ制裁措置)(抜粋)(2014年/2015年)
安保理決議 2178(ISIL等への外国人テロリスト戦闘員関係)(抄)(2014年/2018年)
安保理決議 2253(ISIL資金遮断)(抜粋)(2015年/2018年)
安保理決議 2270(核不拡散・北朝鮮)(抜粋)(2016年/2017年)
安保理決議 2321(核不拡散・北朝鮮)(2016年/2018年)
安保理決議 2371(核不拡散・北朝鮮)(抜粋)(2017年/2018年)
安保理決議 2375(核不拡散・北朝鮮)(抜粋)(2017年/2018年)

# 第1章　国際組織

## 1　国際連合憲章

署　　名　1945年6月26日（サンフランシスコ）
効力発生　1945年10月24日
（改正―65年8月31日(63年12月17日総会決議)，68年6月12日(65年12月20日総会決議)，73年9月24日(71年12月20日総会決議)）
日 本 国　1956年12月18日加入
（52年3月20日内閣加盟決定，6月4日国会承認，6月23日加盟申請，56年12月19日公布・条約26号）
当 事 国　193（2011年7月）



## CHARTER OF THE UNITED NATIONS



われら連合国の人民は，

われらの一生のうちに二度まで言語に絶する悲哀を人類に与えた戦争の惨害から将来の世代を救い，

基本的人権と人間の尊厳及び価値と男女及び大小各国の同権とに関する信念をあらためて確認し，

正義と条約その他の国際法の源泉から生ずる義務の尊重とを維持することができる条件を確立し，

一層大きな自由の中で社会的進歩と生活水準の向上とを促進すること

並びに，このために，

寛容を実行し，且つ，善良な隣人として互に平和に生活し，

国際の平和及び安全を維持するためにわれらの力を合わせ，

共同の利益の場合を除く外は武力を用いないことを原則の受諾と方法の設定によつて確保し，

すべての人民の経済的及び社会的発達を促進するために国際機構を用いること

を決意して，

これらの目的を達成するために，われらの努力を結集することに決定した。

よつて，われらの各自の政府は，サン・フランシスコ市に会合し，全権委任状を示してそれが良好妥当であると認められた代表者を通じて，この国際連合憲章に同意したので，ここに国際連合という国際機構を設ける。

WE THE PEOPLES OF THE UNITED NATIONS DETERMINED

to save succeeding generations from the scourge of war, which twice in our life time has brought untold sorrow to mankind, and

to reaffirm faith in fundamental human rights, in the dignity and worth of the human person, in the equal rights of men and women and of nations large and small, and

to establish conditions under which justice and respect for the obligations arising from treaties and other sources of international law can be maintained, and

to promote social progress and better standards of life in larger freedom,

AND FOR THESE ENDS

to practice tolerance and live together in peace with one another as good neighbors, and

to unite our strength to maintain international peace and security, and

to ensure, by the acceptance of principles and the institution of methods, that armed force shall not be used, save in the common interest, and

to employ international machinery for the promotion of the economic and social advancement of all peoples,

HAVE RESOLVED TO COMBINE OUR EFFORTS TO ACCOMPLISH THESE AIMS.

Accordingly, our respective Governments, through representatives assembled in the city of San Francisco, who have exhibited their full powers found to be in good and due form, have agreed to the present Charter of the United Nations and do hereby establish an international organization to be known as the United Nations.

## 第1章　目的及び原則

**第1条【目的】** 国際連合の目的は，次のとおりである。

1　国際の平和及び安全を維持すること。そのために，平和に対する脅威の防止及び除去と侵略行為その他の平和の破壊の鎮圧とのため有効な集団的措置をとること並びに平和を破壊するに至る虞のある国際的の紛争又は事態の調整又は解決を平和的手段によつて且つ正義及び国際法の原則に従つて実現すること。

2　人民の同権及び自決の原則の尊重に基礎をおく諸国間の友好関係を発展させること並びに世界平和を強化するために他の適当な措置をとること。

3　経済的，社会的，文化的又は人道的性質を有する国際問題を解決することについて，並びに人種，性，言語又は宗教による差別なくすべての者のために人権及び基本的自由を尊重するように助長奨励することについて，国際協力を達成すること。

4　これらの共通の目的の達成に当つて諸国の行動を調和するための中心となること。

**第2条【原則】** この機構及びその加盟国は，第一条に掲げる目的を達成するに当つては，次の原則に従つて行動しなければならない。

1　この機構は，そのすべての加盟国の主権平等の原則に基礎をおいている。

2　すべての加盟国は，加盟国の地位から生ずる権利及び利益を加盟国のすべてに保障するために，この憲章に従つて負つている義務を誠実に履行しなければならない。

3　すべての加盟国は，その国際紛争を平和的手段によつて国際の平和及び安全並びに正義を危くしないように解決しなければならない。

4　すべての加盟国は，その国際関係において，武力による威嚇又は武力の行使を，いかなる国の領土保全又は政治的独立に対するものも，また，国際連合の目的と両立しない他のいかなる方法によるものも慎まなければならない。

5　すべての加盟国は，国際連合がこの憲章に従つてとるいかなる行動についても国際連合にあらゆる援助を与え，且つ，国際連合の防止行動又は強制行動の対象となつているいかなる国に対しても援助の供与を慎まなければならない。

6　この機構は，国際連合加盟国でない国が，国際の平和及び安全の維持に必要な限り，これらの原

## CHAPTER I
PURPOSES AND PRINCIPLES

**Art.1** The Purposes of the United Nations are:

1. To maintain international peace and security, and to that end: to take effective collective measures for the prevention and removal of threats to the peace, and for the suppression of acts of aggression or other breaches of the peace, and to bring about by peaceful means, and in conformity with the principles of justice and international law, adjustment or settlement of international disputes or situations which might lead to a breach of the peace;

2. To develop friendly relations among nations based on respect for the principle of equal rights and self-determination of peoples, and to take other appropriate measures to strengthen universal peace;

3. To achieve international cooperation in solving international problems of an economic, social, cultural, or humanitarian character, and in promoting and encouraging respect for human rights and for fundamental freedoms for all without distinction as to race, sex, language, or religion; and

4. To be a center for harmonizing the actions of nations in the attainment of these common ends.

**Art.2** The Organization and its Members, in pursuit of the Purposes stated in Article 1, shall act in accordance with the following Principles.

1. The Organization is based on the principle of the sovereign equality of all its Members.

2. All Members, in order to ensure to all of them the rights and benefits resulting from membership, shall fulfil in good faith the obligations assumed by them in accordance with the present Charter.

3. All Members shall settle their international disputes by peaceful means in such a manner that international peace and security, and justice, are not endangered.

4. All Members shall refrain in their international relations from the threat or use of force against the territorial integrity or political independence of any state, or in any other manner inconsistent with the Purposes of the United Nations.

5. All Members shall give the United Nations every assistance in any action it takes in accordance with the present Charter, and shall refrain from giving assistance to any state against which the United Nations is taking preventive or enforcement action.

6. The Organization shall ensure that states which are not Members of the United Nations act

則に従つて行動することを確保しなければならない。

7　この憲章のいかなる規定も，本質上いずれかの国の国内管轄権内にある事項に干渉する権限を国際連合に与えるものではなく，また，その事項をこの憲章に基く解決に付託することを加盟国に要求するものでもない。但し，この原則は，第七章に基く強制措置の適用を妨げるものではない。

## 第2章　加盟国の地位

**第3条【原加盟国】** 国際連合の原加盟国とは，サン・フランシスコにおける国際機構に関する連合国会議に参加した国又はさきに千九百四十二年一月一日の連合国宣言に署名した国で，この憲章に署名し，且つ，第百十条に従つてこれを批准するものをいう。

**第4条【加盟】** 1　国際連合における加盟国の地位は，この憲章に掲げる義務を受諾し，且つ，この機構によつてこの義務を履行する能力及び意思があると認められる他のすべての平和愛好国に開放されている。

2　前記の国が国際連合加盟国となることの承認は，安全保障理事会の勧告に基いて，総会の決定によつて行われる。

**第5条【権利と特権の停止】** 安全保障理事会の防止行動又は強制行動の対象となつた国際連合加盟国に対しては，総会が，安全保障理事会の勧告に基いて，加盟国としての権利及び特権の行使を停止することができる。これらの権利及び特権の行使は，安全保障理事会が回復することができる。

**第6条【除名】** この憲章に掲げる原則に執ように違反した国際連合加盟国は，総会が，安全保障理事会の勧告に基いて，この機構から除名することができる。

## 第3章　機関

**第7条【機関】** 1　国際連合の主要機関として，総会，安全保障理事会，経済社会理事会，信託統治理事会，国際司法裁判所及び事務局を設ける。

2　必要と認められる補助機関は，この憲章に従つて設けることができる。

**第8条【男女の資格の平等】** 国際連合は，その主要機関及び補助機関に男女がいかなる地位にも平等の条件で参加する資格があることについて，い

in accordance with these Principles so far as may be necessary for the maintenance of international peace and security.

7. Nothing contained in the present Charter shall authorize the United Nations to intervene in matters which are essentially within the domestic jurisdiction of any state or shall require the Members to submit such matters to settlement under the present Charter; but this principle shall not prejudice the application of enforcement measures under Chapter VII.

## CHAPTER II
## MEMBERSHIP

**Art.3** The original Members of the United Nations shall be the states which, having participated in the United Nations Conference on International Organization at San Francisco, or having previously signed the Declaration by United Nations of January 1, 1942, sign the present Charter and ratify it in accordance with Article 110.

**Art.4** 1. Membership in the United Nations is open to all other peace-loving states which accept the obligations contained in the present Charter and, in the judgment of the Organization, are able and willing to carry out these obligations.

2. The admission of any such state to membership in the United Nations will be effected by a decision of the General Assembly upon the recommendation of the Security Council.

**Art.5** A Member of the United Nations against which preventive or enforcement action has been taken by the Security Council may be suspended from the exercise of the rights and privileges of membership by the General Assembly upon the recommendation of the Security Council. The exercise of these rights and privileges may be restored by the Security Council.

**Art.6** A Member of the United Nations which has persistently violated the Principles contained in the present Charter may be expelled from the Organization by the General Assembly upon the recommendation of the Security Council.

## CHAPTER III
## ORGANS

**Art.7** 1. There are established as the principal organs of the United Nations: a General Assembly, a Security Council, an Economic and Social Council, a Trusteeship Council, an International Court of Justice, and a Secretariat.

2. Such subsidiary organs as may be found necessary may be established in accordance with the present Charter.

**Art.8** The United Nations shall place no restrictions on the eligibility of men and women to participate in any capacity and under conditions

かなる制限も設けてはならない。

## 第4章　総会

**構　成**

**第9条【構成】** 1　総会は，すべての国際連合加盟国で構成する。

2　各加盟国は，総会において五人以下の代表者を有するものとする。

**任務及び権限**

**第10条【総則】** 総会は，この憲章の範囲内にある問題若しくは事項又はこの憲章に規定する機関の権限及び任務に関する問題若しくは事項を討議し，並びに，第十二条に規定する場合を除く外，このような問題又は事項について国際連合加盟国若しくは安全保障理事会又はこの両者に対して勧告をすることができる。

**第11条【平和と安全の維持】** 1　総会は，国際の平和及び安全の維持についての協力に関する一般原則を，軍備縮少及び軍備規制を律する原則も含めて，審議し，並びにこのような原則について加盟国若しくは安全保障理事会又はこの両者に対して勧告をすることができる。

2　総会は，国際連合加盟国若しくは安全保障理事会によつて，又は第三十五条2に従い国際連合加盟国でない国によつて総会に付託される国際の平和及び安全の維持に関するいかなる問題も討議し，並びに，第十二条に規定する場合を除く外，このような問題について，一若しくは二以上の関係国又は安全保障理事会あるいはこの両者に対して勧告をすることができる。このような問題で行動を必要とするものは，討議の前又は後に，総会によつて安全保障理事会に付託されなければならない。

3　総会は，国際の平和及び安全を危くする虞のある事態について，安全保障理事会の注意を促すことができる。

4　本条に掲げる総会の権限は，第十条の一般的範囲を制限するものではない。

**第12条【安全保障理事会との関係】** 1　安全保障理事会がこの憲章によつて与えられた任務をいずれかの紛争又は事態について遂行している間は，総会は，安全保障理事会が要請しない限り，この紛争又は事態について，いかなる勧告もしてはならない。

2　事務総長は，国際の平和及び安全の維持に関する事項で安全保障理事会が取り扱つているものを，その同意を得て，会期ごとに総会に対して通告しなければならない。事務総長は，安全保障理事会がその事項を取り扱うことをやめた場合にも，直ち

of equality in its principal and subsidiary organs.

## CHAPTER IV
## THE GENERAL ASSEMBLY

**Composition**

**Art.9** 1. The General Assembly shall consist of all the Members of the United Nations.

2. Each Member shall have not more than five representatives in the General Assembly.

**Functions and Powers**

**Art.10** The General Assembly may discuss any questions or any matters within the scope of the present Charter or relating to the powers and functions of any organs provided for in the present Charter, and, except as provided in Article 12, may make recommendations to the Members of the United Nations or to the Security Council or to both on any such questions or matters.

**Art.11** 1. The General Assembly may consider the general principles of cooperation in the maintenance of international peace and security, including the principles governing disarmament and the regulation of armaments, and may make recommendations with regard to such principles to the Members or to the Security Council or to both.

2. The General Assembly may discuss any questions relating to the maintenance of international peace and security brought before it by any Member of the United Nations, or by the Security Council, or by a state which is not a Member of the United Nations in accordance with Article 35, paragraph 2, and, except as provided in Article 12, may make recommendations with regard to any such questions to the state or states concerned or to the Security Council or to both. Any such question on which action is necessary shall be referred to the Security Council by the General Assembly either before or after discussion.

3. The General Assembly may call the attention of the Security Council to situations which are likely to endanger international peace and security.

4. The powers of the General Assembly set forth in this Article shall not limit the general scope of Article 10.

**Art.12** 1. While the Security Council is exercising in respect of any dispute or situation the functions assigned to it in the present Charter, the General Assembly shall not make any recommendation with regard to that dispute or situation unless the Security Council so requests.

2. The Secretary-General, with the consent of the Security Council, shall notify the General Assembly at each session of any matters relative to the maintenance of international peace and security which are being dealt with by the Security Council and shall similarly notify the General As-

に，総会又は，総会が開会中でないときは，国際連合加盟国に対して同様に通告しなければならない。

**第13条【国際協力】** 1　総会は，次の目的のために研究を発議し，及び勧告をする。

a　政治的分野において国際協力を促進すること並びに国際法の漸進的発達及び法典化を奨励すること。

b　経済的，社会的，文化的，教育的及び保健的分野において国際協力を促進すること並びに人種，性，言語又は宗教による差別なくすべての者のために人権及び基本的自由を実現するように援助すること。

2　前記の1bに掲げる事項に関する総会の他の責任，任務及び権限は，第九章及び第十章に掲げる。

**第14条【平和的調整】** 第十二条の規定を留保して，総会は，起因にかかわりなく，一般的福祉又は諸国間の友好関係を害する虞があると認めるいかなる事態についても，これを平和的に調整するための措置を勧告することができる。この事態には，国際連合の目的及び原則を定めるこの憲章の規定の違反から生ずる事態が含まれる。

**第15条【報告の受理】** 1　総会は，安全保障理事会から年次報告及び特別報告を受け，これを審議する。この報告は，安全保障理事会が国際の平和及び安全を維持するために決定し，又はとつた措置の説明を含まなければならない。

2　総会は，国際連合の他の機関から報告を受け，これを審議する。

**第16条【信託統治に関する任務】** 総会は，第十二章及び第十三章に基いて与えられる国際信託統治制度に関する任務を遂行する。この任務には，戦略地区として指定されない地区に関する信託統治協定の承認が含まれる。

**第17条【財政に関する任務】** 1　総会は，この機構の予算を審議し，且つ，承認する。

2　この機構の経費は，総会によつて割り当てられるところに従つて，加盟国が負担する。

3　総会は，第五十七条に掲げる専門機関との財政上及び予算上の取極を審議し，且つ，承認し，並びに，当該専門機関に勧告をする目的で，この専門機関の行政的予算を検査する。

### 表　決

**第18条【表決手続】** 1　総会の各構成国は，一

sembly, or the Members of the United Nations if the General Assembly is not in session, immediately the Security Council ceases to deal with such matters.

**Art.13** 1. The General Assembly shall initiate studies and make recommendations for the purpose of:

a. promoting international cooperation in the political field and encouraging the progressive development of international law and its codification;

b. promoting international cooperation in the economic, social, cultural, educational, and health fields, and assisting in the realization of human rights and fundamental freedoms for all without distinction as to race, sex, language, or religion.

2. The further responsibilities, functions, and powers of the General Assembly with respect to matters mentioned in paragraph 1(b) above are set forth in Chapters IX and X.

**Art.14** Subject to the provisions of Article 12, the General Assembly may recommend measures for the peaceful adjustment of any situation, regardless of origin, which it deems likely to impair the general welfare or friendly relations among nations, including situations resulting from a violation of the provisions of the present Charter setting forth the Purposes and Principles of the United Nations.

**Art.15** 1. The General Assembly shall receive and consider annual and special reports from the Security Council; these reports shall include an account of the measures that the Security Council has decided upon or taken to maintain international peace and security.

2. The General Assembly shall receive and consider reports from the other organs of the United Nations.

**Art.16** The General Assembly shall perform such functions with respect to the international trusteeship system as are assigned to it under Chapters XII and XIII, including the approval of the trusteeship agreements for areas not designated as strategic.

**Art.17** 1. The General Assembly shall consider and approve the budget of the Organization.

2. The expenses of the Organization shall be borne by the Members as apportioned by the General Assembly.

3. The General Assembly shall consider and approve any financial and budgetary arrangements with specialized agencies referred to in Article 57 and shall examine the administrative budgets of such specialized agencies with a view to making recommendations to the agencies concerned.

### Voting

**Art.18** 1. Each member of the General As-

個の投票権を有する。

sembly shall have one vote.

2　重要問題に関する総会の決定は，出席し且つ投票する構成国の三分の二の多数によつて行われる。重要問題には，国際の平和及び安全の維持に関する勧告，安全保障理事会の非常任理事国の選挙，経済社会理事会の理事国の選挙，第八十六条1cによる信託統治理事会の理事国の選挙，新加盟国の国際連合への加盟の承認，加盟国としての権利及び特権の停止，加盟国の除名，信託統治制度の運用に関する問題並びに予算問題が含まれる。

2. Decisions of the General Assembly on important questions shall be made by a two-thirds majority of the members present and voting. These questions shall include: recommendations with respect to the maintenance of international peace and security, the election of the non-permanent members of the Security Council, the election of the members of the Economic and Social Council, the election of members of the Trusteeship Council in accordance with paragraph 1 (c) of Article 86, the admission of new Members to the United Nations, the suspension of the rights and privileges of membership, the expulsion of Members, questions relating to the operation of the trusteeship system, and budgetary questions.

3　その他の問題に関する決定は，三分の二の多数によつて決定されるべき問題の新たな部類の決定を含めて，出席し且つ投票する構成国の過半数によつて行われる。

3. Decisions on other questions, including the determination of additional categories of questions to be decided by a two-thirds majority, shall be made by a majority of the members present and voting.

**第19条【分担金の支払遅滞】**この機構に対する分担金の支払が延滞している国際連合加盟国は，その延滞金の額がその時までの満二年間にその国から支払われるべきであつた分担金の額に等しいか又はこれをこえるときは，総会で投票権を有しない。但し，総会は，支払の不履行がこのような加盟国にとつてやむを得ない事情によると認めるときは，その加盟国に投票を許すことができる。

**Art.19** A Member of the United Nations which is in arrears in the payment of its financial contributions to the Organization shall have no vote in the General Assembly if the amount of its arrears equals or exceeds the amount of the contributions due from it for the preceding two full years. The General Assembly may, nevertheless, permit such a Member to vote if it is satisfied that the failure to pay is due to conditions beyond the control of the Member.

### 手　続

### Procedure

**第20条【会期】**総会は，年次通常会期として，また，必要がある場合に特別会期として会合する。特別会期は，安全保障理事会の要請又は国際連合加盟国の過半数の要請があつたとき，事務総長が招集する。

**Art.20** The General Assembly shall meet in regular annual sessions and in such special sessions as occasion may require. Special sessions shall be convoked by the Secretary-General at the request of the Security Council or of a majority of the Members of the United Nations.

**第21条【手続規則】**総会は、その手続規則を採択する。総会は、その議長を会期ごとに選挙する。

**Art.21** The General Assembly shall adopt its own rules of procedure. It shall elect its President for each session.

**第22条【補助機関】**総会は、その任務の遂行に必要と認める補助機関を設けることができる。

**Art.22** The General Assembly may establish such subsidiary organs as it deems necessary for the performance of its functions.

## 第5章　安全保障理事会

## CHAPTER V
## THE SECURITY COUNCIL

### 構　成

### Composition

**第23条【構成】**1　安全保障理事会は，十五の国際連合加盟国で構成する。中華民国，フランス，ソヴィエト社会主義共和国連邦，グレート・ブリテン及び北部アイルランド連合王国及びアメリカ合衆国は，安全保障理事会の常任理事国となる。総会は，第一に国際の平和及び安全の維持とこの機構のその他の目的とに対する国際連合加盟国の貢献に，更に衡平な地理的分配に特に妥当な考慮を払つて，安全保障理事会の非常任理事国となる他の十の

**Art.23** 1. The Security Council shall consist of fifteen Members of the United Nations. The Republic of China, France, the Union of Soviet Socialist Republics, the United Kingdom of Great Britain and Northern Ireland, and the United States of America shall be permanent members of the Security Council. The General Assembly shall elect ten other Members of the United Nations to be non-permanent members of

国際連合加盟国を選挙する。

〔旧規定〕1　安全保障理事会は，十一の国際連合加盟国で構成する。中華民国，フランス，ソヴィエト社会主義共和国連邦，グレート・ブリテン及び北部アイルランド連合王国及びアメリカ合衆国は，安全保障理事会の常任理事国となる。総会は，第一に国際の平和及び安全の維持とこの機構のその他の目的とに対する国際連合加盟国の貢献に，更に衡平な地理的分配に特に妥当な考慮を払つて，安全保障理事会の非常任理事国となる他の六の国際連合加盟国を選挙する。

2　安全保障理事会の非常任理事国は，二年の任期で選挙される。安全保障理事会の理事国の定数が十一から十五に増加された後の第一回の非常任理事国の選挙では，追加の四理事国のうち二理事国は，一年の任期で選ばれる。退任理事国は，引き続いて再選される資格がない。

〔旧規定〕2　安全保障理事会の非常任理事国は，二年の任期で選挙される。但し，第一回の非常任理事国の選挙では，三国は，一年の任期で選ばれる。退任理事国は，引き続いて再選される資格がない。

3　安全保障理事会の各理事国は，一人の代表者を有する。

### 任務及び権限

**第24条【平和と安全の維持】** 1　国際連合の迅速且つ有効な行動を確保するために，国際連合加盟国は，国際の平和及び安全の維持に関する主要な責任を安全保障理事会に負わせるものとし，且つ，安全保障理事会がこの責任に基く義務を果すに当つて加盟国に代つて行動することに同意する。

2　前記の義務を果すに当つては，安全保障理事会は，国際連合の目的及び原則に従つて行動しなければならない。この義務を果すために安全保障理事会に与えられる特定の権限は，第六章，第七章，第八章及び第十二章で定める。

3　安全保障理事会は，年次報告を，また，必要があるときは特別報告を総会に審議のため提出しなければならない。

**第25条【決定の拘束力】** 国際連合加盟国は，安全保障理事会の決定をこの憲章に従つて受諾し且つ履行することに同意する。

**第26条【軍備規制】** 世界の人的及び経済的資源を軍備のために転用することを最も少くして国際の平和及び安全の確立及び維持を促進する目的で，安全保障理事会は，軍備規制の方式を確立するため国際連合加盟国に提出される計画を，第四十七条に掲げる軍事参謀委員会の援助を得て，作成する責任を負う。

### 表　決

**第27条【表決手続】** 1　安全保障理事会の各理事国は，一個の投票権を有する。

2　手続事項に関する安全保障理事会の決定は，九理事国の賛成投票によつて行われる。

〔旧規定〕2　手続事項に関する安全保障理事会の決

the Security Council, due regard being specially paid, in the first instance to the contribution of Members of the United Nations to the maintenance of international peace and security and to the other purposes of the Organization, and also to equitable geographical distribution.

2. The non-permanent members of the Security Council shall be elected for a term of two years. In the first election of the non-permanent members after the increase of the membership of the Security Council from eleven to fifteen, two of the four additional members shall be chosen for a term of one year. A retiring member shall not be eligible for immediate re-election.

3. Each member of the Security Council shall have one representative.

### Functions and Powers

**Art.24** 1. In order to ensure prompt and effective action by the United Nations, its Members confer on the Security Council primary responsibility for the maintenance of international peace and security, and agree that in carrying out its duties under this responsibility the Security Council acts on their behalf.

2. In discharging these duties the Security Council shall act in accordance with the Purposes and Principles of the United Nations. The specific powers granted to the Security Council for the discharge of these duties are laid down in Chapters VI, VII, VIII, and XII.

3. The Security Council shall submit annual and, when necessary, special reports to the General Assembly for its consideration.

**Art.25** The Members of the United Nations agree to accept and carry out the decisions of the Security Council in accordance with the present Charter.

**Art.26** In order to promote the establishment and maintenance of international peace and security with the least diversion for armaments of the world's human and economic resources, the Security Council shall be responsible for formulating, with the assistance of the Military Staff Committee referred to in Article 47, plans to be submitted to the Members of the United Nations for the establishment of a system for the regulation of armaments.

### Voting

**Art.27** 1. Each member of the Security Council shall have one vote.

2. Decisions of the Security Council on procedural matters shall be made by an affirmative vote of nine members.

定は，七理事国の賛成投票によつて行われる。

3　その他のすべての事項に関する安全保障理事会の決定は，常任理事国の同意投票を含む九理事国の賛成投票によつて行われる。但し，第六章及び第五十二条3に基く決定については，紛争当事国は，投票を棄権しなければならない。

〔旧規定〕3　その他のすべての事項に関する安全保障理事会の決定は，常任理事国の同意投票を含む七理事国の賛成投票によつて行われる。但し，第六章及び第五十二条3に基く決定については，紛争当事国は，投票を棄権しなければならない。

**手　続**

**第28条【組織と会議】** 1　安全保障理事会は，継続して任務を行うことができるように組織する。このために，安全保障理事会の各理事国は，この機構の所在地に常に代表者をおかなければならない。

2　安全保障理事会は，定期会議を開く。この会議においては，各理事国は，希望すれば，閣員又は特に指名する他の代表者によつて代表されることができる。

3　安全保障理事会は，その事業を最も容易にすると認めるこの機構の所在地以外の場所で，会議を開くことができる。

**第29条【補助機関】** 安全保障理事会は，その任務の遂行に必要と認める補助機関を設けることができる。

**第30条【手続規則】** 安全保障理事会は，議長を選定する方法を含むその手続規則を採択する。

**第31条【利害関係国の参加】** 安全保障理事会の理事国でない国際連合加盟国は，安全保障理事会に付託された問題について，理事会がこの加盟国の利害に特に影響があると認めるときはいつでも，この問題の討議に投票権なしで参加することができる。

**第32条【紛争当事国の参加】** 安全保障理事会の理事国でない国際連合加盟国又は国際連合加盟国でない国は，安全保障理事会の審議中の紛争の当事者であるときは，この紛争に関する討議に投票権なしで参加するように勧誘されなければならない。安全保障理事会は，国際連合加盟国でない国の参加のために公正と認める条件を定める。

## 第6章　紛争の平和的解決

**第33条【平和的解決の義務】** 1　いかなる紛争でもその継続が国際の平和及び安全の維持を危くする虞のあるものについては，その当事者は，まず第一に，交渉，審査，仲介，調停，仲裁裁判，司法的解決，地域的機関又は地域的取極の利用その他当

3. Decisions of the Security Council on all other matters shall be made by an affirmative vote of nine members including the concurring votes of the permanent members; provided that, in decisions under Chapter VI, and under paragraph 3 of Article 52, a party to a dispute shall abstain from voting.

**Procedure**

**Art.28** 1. The Security Council shall be so organized as to be able to function continuously. Each member of the Security Council shall for this purpose be represented at all times at the seat of the Organization.

2. The Security Council shall hold periodic meetings at which each of its members may, if it so desires, be represented by a member of the government or by some other specially designated representative.

3. The Security Council may hold meetings at such places other than the seat of the Organization as in its judgment will best facilitate its work.

**Art.29** The Security Council may establish such subsidiary organs as it deems necessary for the performance of its functions.

**Art.30** The Security Council shall adopt its own rules of procedure, including the method of selecting its President.

**Art.31** Any Member of the United Nations which is not a member of the Security Council may participate, without vote, in the discussion of any question brought before the Security Council whenever the latter considers that the interests of that Member are specially affected.

**Art.32** Any Member of the United Nations which is not a member of the Security Council or any state which is not a Member of the United Nations, if it is a party to a dispute under consideration by the Security Council, shall be invited to participate, without vote, in the discussion relating to the dispute. The Security Council shall lay down such conditions as it deems just for the participation of a state which is not a Member of the United Nations.

## CHAPTER VI
## PACIFIC SETTLEMENT OF DISPUTES

**Art.33** 1. The parties to any dispute, the continuance of which is likely to endanger the maintenance of international peace and security, shall, first of all, seek a solution by negotiation, enquiry, mediation, conciliation, arbitration, judicial settlement, resort to regional agencies or ar-

事者が選ぶ平和的手段による解決を求めなければならない。

2 安全保障理事会は，必要と認めるときは，当事者に対して，その紛争を前記の手段によつて解決するように要請する。

rangements, or other peaceful means of their own choice.

2. The Security Council shall, when it deems necessary, call upon the parties to settle their dispute by such means.

**第34条【調査】** 安全保障理事会は，いかなる紛争についても，国際的摩擦に導き又は紛争を発生させる虞のあるいかなる事態についても，その紛争又は事態の継続が国際の平和及び安全の維持を危くする虞があるかどうかを決定するために調査することができる。

**Art.34** The Security Council may investigate any dispute, or any situation which might lead to international friction or give rise to a dispute, in order to determine whether the continuance of the dispute or situation is likely to endanger the maintenance of international peace and security.

**第35条【提訴】** 1 国際連合加盟国は，いかなる紛争についても，第三十四条に掲げる性質のいかなる事態についても，安全保障理事会又は総会の注意を促すことができる。

**Art.35** 1. Any Member of the United Nations may bring any dispute, or any situation of the nature referred to in Article 34, to the attention of the Security Council or of the General Assembly.

2 国際連合加盟国でない国は，自国が当事者であるいかなる紛争についても，この憲章に定める平和的解決の義務をこの紛争についてあらかじめ受諾すれば，安全保障理事会又は総会の注意を促すことができる。

2. A state which is not a Member of the United Nations may bring to the attention of the Security Council or of the General Assembly any dispute to which it is a party if it accepts in advance, for the purposes of the dispute, the obligations of pacific settlement provided in the present Charter.



3 本条に基いて注意を促された事項に関する総会の手続は，第十一条及び第十二条の規定に従うものとする。

3. The proceedings of the General Assembly in respect of matters brought to its attention under this Article will be subject to the provisions of Articles 11 and 12.

**第36条【調整の手続と方法の勧告】** 1 安全保障理事会は，第三十三条に掲げる性質の紛争又は同様の性質の事態のいかなる段階においても，適当な調整の手続又は方法を勧告することができる。

**Art.36** 1. The Security Council may, at any stage of a dispute of the nature referred to in Article 33 or of a situation of like nature, recommend appropriate procedures or methods of adjustment.

2 安全保障理事会は，当事者が既に採用した紛争解決の手続を考慮に入れなければならない。

2. The Security Council should take into consideration any procedures for the settlement of the dispute which have already been adopted by the parties.

3 本条に基いて勧告をするに当つては，安全保障理事会は，法律的紛争が国際司法裁判所規程の規定に従い当事者によつて原則として同裁判所に付託されなければならないことも考慮に入れなければならない。

3. In making recommendations under this Article the Security Council should also take into consideration that legal disputes should as a general rule be referred by the parties to the International Court of Justice in accordance with the provisions of the Statute of the Court.

**第37条【付託の義務と勧告】** 1 第三十三条に掲げる性質の紛争の当事者は，同条に示す手段によつてこの紛争を解決することができなかつたときは，これを安全保障理事会に付託しなければならない。

**Art.37** 1. Should the parties to a dispute of the nature referred to in Article 33 fail to settle it by the means indicated in that Article, they shall refer it to the Security Council.

2 安全保障理事会は，紛争の継続が国際の平和及び安全の維持を危くする虞が実際にあると認めるときは，第三十六条に基く行動をとるか，適当と認める解決条件を勧告するかのいずれかを決定しなければならない。

2. If the Security Council deems that the continuance of the dispute is in fact likely to endanger the maintenance of international peace and security, it shall decide whether to take action under Article 36 or to recommend such terms of settlement as it may consider appropriate.

**第38条【合意による付託】** 第三十三条から第三十七条までの規定にかかわらず，安全保障理事会は，いかなる紛争についても，すべての紛争当事者が要請すれば，その平和的解決のためにこの当事者に対して勧告をすることができる。

**Art.38** Without prejudice to the provisions of Articles 33 to 37, the Security Council may, if all the parties to any dispute so request, make recommendations to the parties with a view to a pacific settlement of the dispute.

## 第7章　平和に対する脅威，平和の破壊及び侵略行為に関する行動

## CHAPTER VII ACTION WITH RESPECT TO THREATS TO THE PEACE, BREACHES OF THE PEACE, AND ACTS OF AGGRESSION

**第39条【安全保障理事会の一般的権能】** 安全保障理事会は，平和に対する脅威，平和の破壊又は侵略行為の存在を決定し，並びに，国際の平和及び安全を維持し又は回復するために，勧告をし，又は第四十一条及び第四十二条に従つていかなる措置をとるかを決定する。

**Art.39** The Security Council shall determine the existence of any threat to the peace, breach of the peace, or act of aggression and shall make recommendations, or decide what measures shall be taken in accordance with Articles 41 and 42, to maintain or restore international peace and security.

**第40条【暫定措置】** 事態の悪化を防ぐため，第三十九条の規定により勧告をし，又は措置を決定する前に，安全保障理事会は，必要又は望ましいと認める暫定措置に従うように関係当事者に要請することができる。この暫定措置は，関係当事者の権利，請求権又は地位を害するものではない。安全保障理事会は，関係当事者がこの暫定措置に従わなかつたときは，そのことに妥当な考慮を払わなければならない。

**Art.40** In order to prevent an aggravation of the situation, the Security Council may, before making the recommendations or deciding upon the measures provided for in Article 39, call upon the parties concerned to comply with such provisional measures as it deems necessary or desirable. Such provisional measures shall be without prejudice to the rights, claims, or position of the parties concerned. The Security Council shall duly take account of failure to comply with such provisional measures.

**第41条【非軍事的措置】** 安全保障理事会は，その決定を実施するために，兵力の使用を伴わないいかなる措置を使用すべきかを決定することができ，且つ，この措置を適用するように国際連合加盟国に要請することができる。この措置は，経済関係及び鉄道，航海，航空，郵便，電信，無線通信その他の運輸通信の手段の全部又は一部の中断並びに外交関係の断絶を含むことができる。

**Art.41** The Security Council may decide what measures not involving the use of armed force are to be employed to give effect to its decisions, and it may call upon the Members of the United Nations to apply such measures. These may include complete or partial interruption of economic relations and of rail, sea, air, postal, telegraphic, radio, and other means of communication, and the severance of diplomatic relations.

**第42条【軍事的措置】** 安全保障理事会は，第四十一条に定める措置では不充分であろうと認め，又は不充分なことが判明したと認めるときは，国際の平和及び安全の維持又は回復に必要な空軍，海軍又は陸軍の行動をとることができる。この行動は，国際連合加盟国の空軍，海軍又は陸軍による示威，封鎖その他の行動を含むことができる。

**Art.42** Should the Security Council consider that measures provided for in Article 41 would be inadequate or have proved to be inadequate, it may take such action by air, sea, or land forces as may be necessary to maintain or restore international peace and security. Such action may include demonstrations, blockade, and other operations by air, sea, or land forces of Members of the United Nations.

**第43条【特別協定】** 1　国際の平和及び安全の維持に貢献するため，すべての国際連合加盟国は，安全保障理事会の要請に基き且つ一又は二以上の特別協定に従つて，国際の平和及び安全の維持に必要な兵力，援助及び便益を安全保障理事会に利用させることを約束する。この便益には，通過の権利が含まれる。

**Art.43** 1. All Members of the United Nations, in order to contribute to the maintenance of international peace and security, undertake to make available to the Security Council, on its call and in accordance with a special agreement or agreements, armed forces, assistance, and facilities, including rights of passage, necessary for the purpose of maintaining international peace and security.

2　前記の協定は，兵力の数及び種類，その出動準備程度及び一般的配置並びに提供されるべき便益及び援助の性質を規定する。

2. Such agreement or agreements shall govern the numbers and types of forces, their degree of readiness and general location, and the nature of the facilities and assistance to be provided.

3　前記の協定は，安全保障理事会の発議によつて，なるべくすみやかに交渉する。この協定は，安全保障理事会と加盟国との間又は安全保障理事会と

3. The agreement or agreements shall be negotiated as soon as possible on the initiative of the Security Council. They shall be concluded be-

加盟国群との間に締結され，且つ，署名国によつて各自の憲法上の手続に従つて批准されなければならない。

tween the Security Council and Members or between the Security Council and groups of Members and shall be subject to ratification by the signatory states in accordance with their respective constitutional processes.

**第44条【非理事国の参加】** 安全保障理事会は，兵力を用いることに決定したときは，理事会に代表されていない加盟国に対して第四十三条に基いて負つた義務の履行として兵力を提供するように要請する前に，その加盟国が希望すれば，その加盟国の兵力中の割当部隊の使用に関する安全保障理事会の決定に参加するようにその加盟国を勧誘しなければならない。

**Art.44** When the Security Council has decided to use force it shall, before calling upon a Member not represented on it to provide armed forces in fulfillment of the obligations assumed under Article 43, invite that Member, if the Member so desires, to participate in the decisions of the Security Council concerning the employment of contingents of that Member's armed forces.

**第45条【空軍割当部隊】** 国際連合が緊急の軍事措置をとることができるようにするために，加盟国は，合同の国際的強制行動のため国内空軍割当部隊を直ちに利用に供することができるように保持しなければならない。これらの割当部隊の数量及び出動準備程度並びにその合同行動の計画は，第四十三条に掲げる一又は二以上の特別協定の定める範囲内で，軍事参謀委員会の援助を得て安全保障理事会が決定する。

**Art.45** In order to enable the United Nations to take urgent military measures, Members shall hold immediately available national air-force contingents for combined international enforcement action. The strength and degree of readiness of these contingents and plans for their combined action shall be determined, within the limits laid down in the special agreement or agreements referred to in Article 43, by the Security Council with the assistance of the Military Staff Committee.



**第46条【兵力の使用計画】** 兵力使用の計画は，軍事参謀委員会の援助を得て安全保障理事会が作成する。

**Art.46** Plans for the application of armed force shall be made by the Security Council with the assistance of the Military Staff Committee.

**第47条【軍事参謀委員会】** 1　国際の平和及び安全の維持のための安全保障理事会の軍事的要求，理事会の自由に任された兵力の使用及び指揮，軍備規制並びに可能な軍備縮少に関するすべての問題について理事会に助言及び援助を与えるために，軍事参謀委員会を設ける。

**Art.47** 1. There shall be established a Military Staff Committee to advise and assist the Security Council on all questions relating to the Security Council's military requirements for the maintenance of international peace and security, the employment and command of forces placed at its disposal, the regulation of armaments, and possible disarmament.

2　軍事参謀委員会は，安全保障理事会の常任理事国の参謀総長又はその代表者で構成する。この委員会に常任委員として代表されていない国際連合加盟国は，委員会の責任の有効な遂行のため委員会の事業へのその国の参加が必要であるときは，委員会によつてこれと提携するように勧誘されなければならない。

2. The Military Staff Committee shall consist of the Chiefs of Staff of the permanent members of the Security Council or their representatives. Any Member of the United Nations not permanently represented on the Committee shall be invited by the Committee to be associated with it when the efficient discharge of the Committee's responsibilities requires the participation of that Member in its work.

3　軍事参謀委員会は，安全保障理事会の下で，理事会の自由に任された兵力の戦略的指導について責任を負う。この兵力の指揮に関する問題は，後に解決する。

3. The Military Staff Committee shall be responsible under the Security Council for the strategic direction of any armed forces placed at the disposal of the Security Council. Questions relating to the command of such forces shall be worked out subsequently.

4　軍事参謀委員会は，安全保障理事会の許可を得て，且つ，適当な地域的機関と協議した後に，地域的小委員会を設けることができる。

4. The Military Staff Committee, with the authorization of the Security Council and after consultation with appropriate regional agencies may establish regional subcommittees.

**第48条【決定の履行】** 1　国際の平和及び安全の維持のための安全保障理事会の決定を履行するのに必要な行動は，安全保障理事会が定めるところに従つて国際連合加盟国の全部又は一部によつてと

**Art.48** 1. The action required to carry out the decisions of the Security Council for the maintenance of international peace and security shall be taken by all the Members of the United Nations or by some of them, as the Security

られる。

2　前記の決定は，国際連合加盟国によつて直接に，また，国際連合加盟国が参加している適当な国際機関におけるこの加盟国の行動によつて履行される。

Council may determine.

2. Such decisions shall be carried out by the Members of the United Nations directly and through their action in the appropriate international agencies of which they are members.

**第49条【相互援助】** 国際連合加盟国は，安全保障理事会が決定した措置を履行するに当つて，共同して相互援助を与えなければならない。

**Art.49** The Members of the United Nations shall join in affording mutual assistance in carrying out the measures decided upon by the Security Council.

**第50条【経済的困難についての協議】** 安全保障理事会がある国に対して防止措置又は強制措置をとつたときは，他の国でこの措置の履行から生ずる特別の経済問題に自国が当面したと認めるものは，国際連合加盟国であるかどうかを問わず，この問題の解決について安全保障理事会と協議する権利を有する。

**Art.50** If preventive or enforcement measures against any state are taken by the Security Council, any other state, whether a Member of the United Nations or not, which finds itself confronted with special economic problems arising from the carrying out of those measures shall have the right to consult the Security Council with regard to a solution of those problems.

**第51条【自衛権】** この憲章のいかなる規定も，国際連合加盟国に対して武力攻撃〔(仏)une agression armée〕が発生した場合には，安全保障理事会が国際の平和及び安全の維持に必要な措置をとるまでの間，個別的又は集団的自衛の固有の権利〔(仏)au droit naturel de légitime défense〕を害するものではない。この自衛権の行使に当つて加盟国がとつた措置は，直ちに安全保障理事会に報告しなければならない。また，この措置は，安全保障理事会が国際の平和及び安全の維持又は回復のために必要と認める行動をいつでもとるこの憲章に基く権能及び責任に対しては，いかなる影響も及ぼすものではない。

**Art.51** Nothing in the present Charter shall impair the inherent right of individual or collective self-defense if an armed attack occurs against a Member of the United Nations, until the Security Council has taken the measures necessary to maintain international peace and security. Measures taken by Members in the exercise of this right of self-defense shall be immediately reported to the Security Council and shall not in any way affect the authority and responsibility of the Security Council under the present Charter to take at any time such action as it deems necessary in order to maintain or restore international peace and security.

## 第8章　地域的取極

## CHAPTER VIII
REGIONAL ARRANGEMENTS

**第52条【地域的取極，地方的紛争の解決】**
1　この憲章のいかなる規定も，国際の平和及び安全の維持に関する事項で地域的行動に適当なものを処理するための地域的取極又は地域的機関が存在することを妨げるものではない。但し，この取極又は機関及びその行動が国際連合の目的及び原則と一致することを条件とする。

**Art.52** 1. Nothing in the present Charter precludes the existence of regional arrangements or agencies for dealing with such matters relating to the maintenance of international peace and security as are appropriate for regional action, provided that such arrangements or agencies and their activities are consistent with the Purposes and Principles of the United Nations.

2　前記の取極を締結し，又は前記の機関を組織する国際連合加盟国は，地方的紛争を安全保障理事会に付託する前に，この地域的取極又は地域的機関によつてこの紛争を平和的に解決するようにあらゆる努力をしなければならない。

2. The Members of the United Nations entering into such arrangements or constituting such agencies shall make every effort to achieve pacific settlement of local disputes through such regional arrangements or by such regional agencies before referring them to the Security Council.

3　安全保障理事会は，関係国の発意に基くものであるか安全保障理事会からの付託によるものであるかを問わず，前記の地域的取極又は地域的機関による地方的紛争の平和的解決の発達を奨励しなければならない。

3. The Security Council shall encourage the development of pacific settlement of local disputes through such regional arrangements or by such regional agencies either on the initiative of the states concerned or by reference from the Security Council.

4　本条は，第三十四条及び第三十五条の適用をなんら害するものではない。

4. This Article in no way impairs the application of Articles 34 and 35.

**第53条【強制行動】** 1　安全保障理事会は，そ

**Art.53** 1. The Security Council shall, where

の権威の下における強制行動のために，適当な場合には，前記の地域的取極又は地域的機関を利用する。但し，いかなる強制行動も，安全保障理事会の許可がなければ，地域的取極に基いて又は地域的機関によつてとられてはならない。もつとも，本条2に定める敵国のいずれかに対する措置で，第百七条に従つて規定されるもの又はこの敵国における侵略政策の再現に備える地域的取極において規定されるものは，関係政府の要請に基いてこの機構がこの敵国による新たな侵略を防止する責任を負うときまで例外とする。

appropriate, utilize such regional arrangements or agencies for enforcement action under its authority. But no enforcement action shall be taken under regional arrangements or by regional agencies without the authorization of the Security Council, with the exception of measures against any enemy state, as defined in paragraph 2 of this Article, provided for pursuant to Article 107 or in regional arrangements directed against renewal of aggressive policy on the part of any such state, until such time as the Organization may, on request of the Governments concerned, be charged with the responsibility for preventing further aggression by such a state.

2　本条1で用いる敵国という語は，第二次世界戦争中にこの憲章のいずれかの署名国の敵国であつた国に適用される。

2. The term enemy state as used in paragraph 1 of this Article applies to any state which during the Second World War has been an enemy of any signatory of the present Charter.

**第54条【安全保障理事会に対する通報】** 安全保障理事会は，国際の平和及び安全の維持のために地域的取極に基いて又は地域的機関によつて開始され又は企図されている活動について，常に充分に通報されていなければならない。

**Art.54** The Security Council shall at all times be kept fully informed of activities undertaken or in contemplation under regional arrangements or by regional agencies for the maintenance of international peace and security.



## 第9章　経済的及び社会的国際協力

## CHAPTER IX
## INTERNATIONAL ECONOMIC AND SOCIAL COOPERATION

**第55条【目的】** 人民の同権及び自決の原則の尊重に基礎をおく諸国間の平和的且つ友好的関係に必要な安定及び福祉の条件を創造するために，国際連合は，次のことを促進しなければならない。

a　一層高い生活水準，完全雇用並びに経済的及び社会的の進歩及び発展の条件

b　経済的，社会的及び保健的国際問題と関係国際問題の解決並びに文化的及び教育的国際協力

c　人種，性，言語又は宗教による差別のないすべての者のための人権及び基本的自由の普遍的な尊重及び遵守

**Art.55** With a view to the creation of conditions of stability and well-being which are necessary for peaceful and friendly relations among nations based on respect for the principle of equal rights and self-determination of peoples, the United Nations shall promote:

a. higher standards of living, full employment, and conditions of economic and social progress and development;

b. solutions of international economic, social, health, and related problems; and international cultural and educational cooperation; and

c. universal respect for, and observance of, human rights and fundamental freedoms for all without distinction as to race, sex, language, or religion.

**第56条【加盟国の誓約】** すべての加盟国は，第五十五条に掲げる目的を達成するために，この機構と協力して，共同及び個別の行動をとることを誓約する。

**Art.56** All Members pledge themselves to take joint and separate action in cooperation with the Organization for the achievement of the purposes set forth in Article 55.

**第57条【専門機関】** 1　政府間の協定によつて設けられる各種の専門機関で，経済的，社会的，文化的，教育的及び保健的分野並びに関係分野においてその基本的文書で定めるところにより広い国際的責任を有するものは，第六十三条の規定に従つて国際連合と連携関係をもたされなければならない。

**Art.57** 1. The various specialized agencies, established by intergovernmental agreement and having wide international responsibilities, as defined in their basic instruments, in economic, social, cultural, educational, health, and related fields, shall be brought into relationship with the United Nations in accordance with the provisions of Article 63.

2　こうして国際連合と連携関係をもたされる前記の機関は，以下専門機関という。

2. Such agencies thus brought into relationship with the United Nations are hereinafter referred to as specialized agencies.

**第58条【専門機関に対する勧告】** この機構は，専門機関の政策及び活動を調整するために勧告をする。

**第59条【新専門機関の創設】** この機構は，適当な場合には，第五十五条に掲げる目的の達成に必要な新たな専門機関を設けるために関係国間の交渉を発議する。

**第60条【総会と経済社会理事会の責任】** この章に掲げるこの機構の任務を果す責任は，総会及び，総会の権威の下に，経済社会理事会に課せられる。理事会は，このために第十章に掲げる権限を有する。

**Art.58** The Organization shall make recommendations for the coordination of the policies and activities of the specialized agencies.

**Art.59** The Organization shall, where appropriate, initiate negotiations among the states concerned for the creation of any new specialized agencies required for the accomplishment of the purposes set forth in Article 55.

**Art.60** Responsibility for the discharge of the functions of the Organization set forth in this Chapter shall be vested in the General Assembly and, under the authority of the General Assembly, in the Economic and Social Council, which shall have for this purpose the powers set forth in Chapter X.

## 第10章 経済社会理事会

## CHAPTER X
## THE ECONOMIC AND SOCIAL COUNCIL

### 構 成

**第61条【構成】** 1 経済社会理事会は，総会によつて選挙される五十四の国際連合加盟国で構成する。

〔原規定〕1 経済社会理事会は，総会によつて選挙される十八の国際連合加盟国で構成する。
〔65年改正〕1 経済社会理事会は，総会によつて選挙される二十七の国際連合加盟国で構成する。

2 3の規定を留保して，経済社会理事会の十八理事国は，三年の任期で毎年選挙される。退任理事国は，引き続いて再選される資格がある。

〔原規定および65年改正規定は省略〕

3 経済社会理事会の理事国の定数が二十七から五十四に増加された後の第一回の選挙では，その年の終りに任期が終了する九理事国に代わつて選挙される理事国に加えて，更に二十七理事国が選挙される。このようにして選挙された追加の二十七理事国のうち，総会の定めるところに従つて，九理事国の任期は一年の終りに，他の九理事国の任期は二年の終りに終了する。

〔原規定および65年改正規定は省略〕

4 経済社会理事会の各理事国は，一人の代表者を有する。

### Composition

**Art.61** 1. The Economic and Social Council shall consist of fifty-four Members of the United Nations elected by the General Assembly.

2. Subject to the provisions of paragraph 3, eighteen members of the Economic and Social Council shall be elected each year for a term of three years. A retiring member shall be eligible for immediate re-election.

3. At the first election after the increase in the membership of the Economic and Social Council from twenty-seven to fifty-four members, in addition to the members elected in place of the nine members whose term of office expires at the end of that year, twenty-seven additional members shall be elected. Of these twenty-seven additional members, the term of office of nine members so elected shall expire at the end of one year, and of nine other members at the end of two years, in accordance with arrangements made by the General Assembly.

4. Each member of the Economic and Social Council shall have one representative.

### 任務及び権限

**第62条【研究，報告，勧告】** 1 経済社会理事会は，経済的，社会的，文化的，教育的及び保健的国際事項並びに関係国際事項に関する研究及び報告を行い，又は発議し，並びにこれらの事項に関して総会，国際連合加盟国及び関係専門機関に勧告をすることができる。

2 理事会は，すべての者のための人権及び基本的自由の尊重及び遵守を助長するために，勧告をすることができる。

### Functions and Powers

**Art.62** 1. The Economic and Social Council may make or initiate studies and reports with respect to international economic, social, cultural, educational, health, and related matters and may make recommendations with respect to any such matters to the General Assembly, to the Members of the United Nations, and to the specialized agencies concerned.

2. It may make recommendations for the purpose of promoting respect for, and observance of, human rights and fundamental freedoms for all.

3　理事会は，その権限に属する事項について，総会に提出するための条約案を作成することができる。

4　理事会は，国際連合の定める規則に従つて，その権限に属する事項について国際会議を招集することができる。

3. It may prepare draft conventions for submission to the General Assembly, with respect to matters falling within its competence.

4. It may call, in accordance with the rules prescribed by the United Nations, international conferences on matters falling within its competence.

第63条【専門機関との協定】1　経済社会理事会は，第五十七条に掲げる機関のいずれとの間にも，その機関が国際連合と連携関係をもたされるについての条件を定める協定を締結することができる。この協定は，総会の承認を受けなければならない。

**Art.63**　1. The Economic and Social Council may enter into agreements with any of the agencies referred to in Article 57, defining the terms on which the agency concerned shall be brought into relationship with the United Nations. Such agreements shall be subject to approval by the General Assembly.

2　理事会は，専門機関との協議及び専門機関に対する勧告並びに総会及び国際連合加盟国に対する勧告によつて，専門機関の活動を調整することができる。

2. It may coordinate the activities of the specialized agencies through consultation with and recommendations to such agencies and through recommendations to the General Assembly and to the Members of the United Nations.

第64条【報告の受理】1　経済社会理事会は，専門機関から定期報告を受けるために，適当な措置をとることができる。理事会は，理事会の勧告と理事会の権限に属する事項に関する総会の勧告とを実施するためにとられた措置について報告を受けるため，国際連合加盟国及び専門機関と取極を行うことができる。



**Art.64**　1. The Economic and Social Council may take appropriate steps to obtain regular reports from the specialized agencies. It may make arrangements with the Members of the United Nations and with the specialized agencies to obtain reports on the steps taken to give effect to its own recommendations and to recommendations on matters falling within its competence made by the General Assembly.

2　理事会は，前記の報告に関するその意見を総会に通報することができる。

2. It may communicate its observations on these reports to the General Assembly.

第65条【安全保障理事会に対する援助】経済社会理事会は，安全保障理事会に情報を提供することができる。経済社会理事会は，また，安全保障理事会の要請があつたときは，これを援助しなければならない。

**Art.65**　The Economic and Social Council may furnish information to the Security Council and shall assist the Security Council upon its request.

第66条【他の任務】1　経済社会理事会は，総会の勧告の履行に関して，自己の権限に属する任務を遂行しなければならない。

**Art.66**　1. The Economic and Social Council shall perform such functions as fall within its competence in connection with the carrying out of the recommendations of the General Assembly.

2　理事会は，国際連合加盟国の要請があつたとき，又は専門機関の要請があつたときは，総会の承認を得て役務を提供することができる。

2. It may, with the approval of the General Assembly, perform services at the request of Members of the United Nations and at the request of specialized agencies.

3　理事会は，この憲章の他の箇所に定められ，又は総会によつて自己に与えられるその他の任務を遂行しなければならない。

3. It shall perform such other functions as are specified elsewhere in the present Charter or as may be assigned to it by the General Assembly.

### 表　決

### Voting

第67条【表決手続】1　経済社会理事会の各理事国は，一個の投票権を有する。

**Art.67**　1. Each member of the Economic and Social Council shall have one vote.

2　経済社会理事会の決定は，出席し且つ投票する理事国の過半数によつて行われる。

2. Decisions of the Economic and Social Council shall be made by a majority of the members present and voting.

### 手　続

### Procedure

第68条【委員会】経済社会理事会は，経済的及び社会的分野における委員会，人権の伸張に関する委員会並びに自己の任務の遂行に必要なその他の委員会を設ける。

**Art.68**　The Economic and Social Council shall set up commissions in economic and social fields and for the promotion of human rights, and such other commissions as may be required for

第69条【特別の関係を有する国の参加】経済社会理事会は，いずれの国際連合加盟国に対しても，その加盟国に特に関係のある事項についての審議に投票権なしで参加するように勧誘しなければならない。

第70条【専門機関との相互的代表】経済社会理事会は，専門機関の代表者が理事会の審議及び理事会の設ける委員会の審議に投票権なしで参加するための取極並びに理事会の代表者が専門機関の審議に参加するための取極を行うことができる。

第71条【民間団体】経済社会理事会は，その権限内にある事項に関係のある民間団体と協議するために，適当な取極を行うことができる。この取極は，国際団体との間に，また，適当な場合には，関係のある国際連合加盟国と協議した後に国内団体との間に行うことができる。

第72条【手続規則】1　経済社会理事会は，議長を選定する方法を含むその手続規則を採択する。

2　経済社会理事会は，その規則に従つて必要があるときに会合する。この規則は，理事国の過半数の要請による会議招集の規定を含まなければならない。

## 第11章　非自治地域に関する宣言

第73条【住民の福利】人民がまだ完全には自治を行うに至つていない地域の施政を行う責任を有し，又は引き受ける国際連合加盟国は，この地域の住民の利益が至上のものであるという原則を承認し，且つ，この地域の住民の福祉をこの憲章の確立する国際の平和及び安全の制度内で最高度まで増進する義務並びにそのために次のことを行う義務を神聖な信託として受諾する。

a　関係人民の文化を充分に尊重して，この人民の政治的，経済的，社会的及び教育的進歩，公正な待遇並びに虐待からの保護を確保すること。

b　各地域及びその人民の特殊事情並びに人民の進歩の異なる段階に応じて，自治を発達させ，人民の政治的願望に妥当な考慮を払い，且つ，人民の自由な政治制度の漸進的発達について人民を援助すること。

c　国際の平和及び安全を増進すること。

the performance of its functions.

**Art.69** The Economic and Social Council shall invite any Member of the United Nations to participate, without vote, in its deliberations on any matter of particular concern to that Member.

**Art.70** The Economic and Social Council may make arrangements for representatives of the specialized agencies to participate, without vote, in its deliberations and in those of the commissions established by it, and for its representatives to participate in the deliberations of the specialized agencies.

**Art.71** The Economic and Social Council may make suitable arrangements for consultation with non-governmental organizations which are concerned with matters within its competence. Such arrangements may be made with international organizations and, where appropriate, with national organizations after consultation with the Member of the United Nations concerned.

**Art.72** 1. The Economic and Social Council shall adopt its own rules of procedure, including the method of selecting its President.

2. The Economic and Social Council shall meet as required in accordance with its rules, which shall include provision for the convening of meetings on the request of a majority of its members.

## CHAPTER XI
## DECLARATION REGARDING NON-SELF-GOVERNING TERRITORIES

**Art.73** Members of the United Nations which have or assume responsibilities for the administration of territories whose peoples have not yet attained a full measure of self-government recognize the principle that the interests of the inhabitants of these territories are paramount, and accept as a sacred trust the obligation to promote to the utmost, within the system of international peace and security established by the present Charter, the well-being of the inhabitants of these territories, and, to this end:

a. to ensure, with due respect for the culture of the peoples concerned, their political, economic, social, and educational, advancement, their just treatment, and their protection against abuses;

b. to develop self-government, to take due account of the political aspirations of the peoples, and to assist them in the progressive development of their free political institutions, according to the particular circumstances of each territory and its peoples and their varying stages of advancement;

c. to further international peace and security;

d　本条に掲げる社会的，経済的及び科学的目的を実際に達成するために，建設的な発展措置を促進し，研究を奨励し，且つ，相互に及び適当な場合には専門国際団体と協力すること。

d. to promote constructive measures of development, to encourage research, and to co-operate with one another and, when and where appropriate, with specialized international bodies with a view to the practical achievement of the social, economic, and scientific purposes set forth in this Article; and

e　第十二章及び第十三章の適用を受ける地域を除く外，前記の加盟国がそれぞれ責任を負う地域における経済的，社会的及び教育的状態に関する専門的性質の統計その他の資料を，安全保障及び憲法上の考慮から必要な制限に従うことを条件として，情報用として事務総長に定期的に送付すること。

e. to transmit regularly to the Secretary-General for information purposes, subject to such limitation as security and constitutional considerations may require, statistical and other information of a technical nature relating to economic, social, and educational conditions in the territories for which they are respectively responsible other than those territories to which Chapters XII and XIII apply.

**第74条【世界各国の利益の考慮】** 国際連合加盟国は，また，本章の適用を受ける地域に関するその政策を，その本土に関する政策と同様に，世界の他の地域の利益及び福祉に妥当な考慮を払つた上で，社会的，経済的及び商業的事項に関して善隣主義の一般原則に基かせなければならないことに同意する。

**Art.74** Members of the United Nations also agree that their policy in respect of the territories to which this Chapter applies, no less than in respect of their metropolitan areas, must be based on the general principle of good-neighborliness, due account being taken of the interests and well-being of the rest of the world, in social, economic, and commercial matters.

## 第12章　国際信託統治制度

## CHAPTER XII
## INTERNATIONAL TRUSTEESHIP SYSTEM

**第75条【信託統治制度の設定】** 国際連合は，その権威の下に，国際信託統治制度を設ける。この制度は，今後の個個の協定によつてこの制度の下におかれる地域の施政及び監督を目的とする。この地域は，以下信託統治地域という。

**Art.75** The United Nations shall establish under its authority an international trusteeship system for the administration and supervision of such territories as may be placed thereunder by subsequent individual agreements. These territories are hereinafter referred to as trust territories.

**第76条【基本目的】** 信託統治制度の基本目的は，この憲章の第一条に掲げる国際連合の目的に従つて，次のとおりとする。

a　国際の平和及び安全を増進すること。

b　信託統治地域の住民の政治的，経済的，社会的及び教育的進歩を促進すること。各地域及びその人民の特殊事情並びに関係人民が自由に表明する願望に適合するように，且つ，各信託統治協定の条項が規定するところに従つて，自治又は独立に向つての住民の漸進的発達を促進すること。

c　人種，性，言語又は宗教による差別なくすべての者のために人権及び基本的自由を尊重するように奨励し，且つ，世界の人民の相互依存の認識を助長すること。

d　前記の目的の達成を妨げることなく，且つ，第八十条の規定を留保して，すべての国際連合加盟国及びその国民のために社会的，経済的及び商業的事項について平等の待遇を確保し，また，その国民のために司法上で平等の待遇を確保すること。

**Art.76** The basic objectives of the trusteeship system, in accordance with the Purposes of the United Nations laid down in Article 1 of the present Charter, shall be:

a. to further international peace and security;

b. to promote the political, economic, social, and educational advancement of the inhabitants of the trust territories, and their progressive development towards self-government or independence as may be appropriate to the particular circumstances of each territory and its peoples and the freely expressed wishes of the peoples concerned, and as may be provided by the terms of each trusteeship agreement;

c. to encourage respect for human rights and for fundamental freedoms for all without distinction as to race, sex, language, or religion, and to encourage recognition of the interdependence of the peoples of the world; and

d. to ensure equal treatment in social, economic, and commercial matters for all Members of the United Nations and their nationals and also equal treatment for the latter in the administration of justice, without prejudice to the attainment of the foregoing objectives and

**第77条【信託統治地域】** 1　信託統治制度は，次の種類の地域で信託統治協定によつてこの制度の下におかれるものに適用する。

a　現に委任統治の下にある地域

b　第二次世界戦争の結果として敵国から分離される地域

c　施政について責任を負う国によつて自発的にこの制度の下におかれる地域

2　前記の種類のうちのいずれの地域がいかなる条件で信託統治制度の下におかれるかについては，今後の協定で定める。

**第78条【国連の加盟国となった地域】** 国際連合加盟国の間の関係は，主権平等の原則の尊重を基礎とするから，信託統治制度は，加盟国となつた地域には適用しない。

**第79条【信託統治協定】** 信託統治制度の下におかれる各地域に関する信託統治の条項は，いかなる変更又は改正も含めて，直接関係国によつて協定され，且つ，第八十三条及び第八十五条に規定するところに従つて承認されなければならない。この直接関係国は，国際連合加盟国の委任統治の下にある地域の場合には，受任国を含む。

**第80条【現存権利の留保】** 1　第七十七条，第七十九条及び第八十一条に基いて締結され，各地域を信託統治制度の下におく個個の信託統治協定において協定されるところを除き，また，このような協定が締結される時まで，本章の規定は，いずれの国又はいずれの人民のいかなる権利をも，また，国際連合加盟国がそれぞれ当事国となつている現存の国際文書の条項をも，直接又は間接にどのようにも変更するものと解釈してはならない。

2　本条1は，第七十七条に規定するところに従つて委任統治地域及びその他の地域を信託統治制度の下におくための協定の交渉及び締結の遅滞又は延期に対して，根拠を与えるものと解釈してはならない。

**第81条【施政権者】** 信託統治協定は，各場合において，信託統治地域の施政を行うについての条件を含み，且つ，信託統治地域の施政を行う当局を指定しなければならない。この当局は，以下施政権者といい，一若しくは二以上の国又はこの機構自身であることができる。

**第82条【戦略地区】** いかなる信託統治協定においても，その協定が適用される信託統治地域の一部又は全部を含む一又は二以上の戦略地区を指定することができる。但し，第四十三条に基いて締結される特別協定を害してはならない。

**第83条【戦略地区に関する安全保障理事**

subject to the provisions of Article 80.

**Art.77** 1. The trusteeship system shall apply to such territories in the following categories as may be placed thereunder by means of trusteeship agreements:

a. territories now held under mandate;

b. territories which may be detached from enemy states as a result of the Second World War; and

c. territories voluntarily placed under the system by states responsible for their administration.

2. It will be a matter for subsequent agreement as to which territories in the foregoing categories will be brought under the trusteeship system and upon what terms.

**Art.78** The trusteeship system shall not apply to territories which have become Members of the United Nations, relationship among which shall be based on respect for the principle of sovereign equality.

**Art.79** The terms of trusteeship for each territory to be placed under the trusteeship system, including any alteration or amendment, shall be agreed upon by the states directly concerned, including the mandatory power in the case of territories held under mandate by a Member of the United Nations, and shall be approved as provided for in Articles 83 and 85.

**Art.80** 1. Except as may be agreed upon in individual trusteeship agreements, made under Articles 77, 79, and 81, placing each territory under the trusteeship system, and until such agreements have been concluded, nothing in this Chapter shall be construed in or of itself to alter in any manner the rights whatsoever of any states or any peoples or the terms of existing international instruments to which Members of the United Nations may respectively be parties.

2. Paragraph 1 of this Article shall not be interpreted as giving grounds for delay or postponement of the negotiation and conclusion of agreements for placing mandated and other territories under the trusteeship system as provided for in Article 77.

**Art.81** The trusteeship agreement shall in each case include the terms under which the trust territory will be administered and designate the authority which will exercise the administration of the trust territory. Such authority, hereinafter called the administering authority, may be one or more states or the Organization itself.

**Art.82** There may be designated, in any trusteeship agreement, a strategic area or areas which may include part or all of the trust territory to which the agreement applies, without prejudice to any special agreement or agreements made under Article 43.

**Art.83** 1. All functions of the United Na-

会の任務】1　戦略地区に関する国際連合のすべての任務は，信託統治協定の条項及びその変更又は改正の承認を含めて，安全保障理事会が行う。

2　第七十六条に掲げる基本目的は，各戦略地区の人民に適用する。

3　安全保障理事会は，国際連合の信託統治制度に基く任務で戦略地区の政治的，経済的，社会的及び教育的事項に関するものを遂行するために，信託統治理事会の援助を利用する。但し，信託統治協定の規定には従うものとし，また，安全保障の考慮が妨げられてはならない。

**第84条【平和に関する施政権者の義務】**信託統治地域が国際の平和及び安全の維持についてその役割を果すようにすることは，施政権者の義務である。このため，施政権者は，この点に関して安全保障理事会に対して負う義務を履行するに当つて，また，地方的防衛並びに信託統治地域における法律及び秩序の維持のために，信託統治地域の義勇軍，便益及び援助を利用することができる。

**第85条【非戦略地区に関する総会と信託統治理事会の任務】**1　戦略地区として指定されないすべての地区に関する信託統治協定についての国際連合の任務は，この協定の条項及びその変更又は改正の承認を含めて，総会が行う。

2　総会の権威の下に行動する信託統治理事会は，前記の任務の遂行について総会を援助する。

## 第13章　信託統治理事会

### 構　成

**第86条【構成】**1　信託統治理事会は，次の国際連合加盟国で構成する。

a　信託統治地域の施政を行う加盟国

b　第二十三条に名を掲げる加盟国で信託統治地域の施政を行つていないもの

c　総会によつて三年の任期で選挙されるその他の加盟国。その数は，信託統治理事会の理事国の総数を，信託統治地域の施政を行う国際連合加盟国とこれを行つていないものとの間に均分するのに必要な数とする。

2　信託統治理事会の各理事国は，理事会で自国を代表する特別の資格を有する者一人を指名しなければならない。

tions relating to strategic areas, including the approval of the terms of the trusteeship agreements and of their alteration or amendment, shall be exercised by the Security Council.

2. The basic objectives set forth in Article 76 shall be applicable to the people of each strategic area.

3. The Security Council shall, subject to the provisions of the trusteeship agreements and without prejudice to security considerations, avail itself of the assistance of the Trusteeship Council to perform those functions of the United Nations under the trusteeship system relating to political, economic, social, and educational matters in the strategic areas.

**Art.84** It shall be the duty of the administering authority to ensure that the trust territory shall play its part in the maintenance of international peace and security. To this end the administering authority may make use of volunteer forces, facilities, and assistance from the trust territory in carrying out the obligations towards the Security Council undertaken in this regard by the administering authority, as well as for local defense and the maintenance of law and order within the trust territory.

**Art.85** 1. The functions of the United Nations with regard to trusteeship agreements for all areas not designated as strategic, including the approval of the terms of the trusteeship agreements and of their alteration or amendment, shall be exercised by the General Assembly.

2. The Trusteeship Council, operating under the authority of the General Assembly, shall assist the General Assembly in carrying out these functions.

## CHAPTER XIII
THE TRUSTEESHIP COUNCIL

### Composition

**Art.86** 1. The Trusteeship Council shall consist of the following Members of the United Nations:

a. those Members administering trust territories;

b. such of those Members mentioned by name in Article 23 as are not administering trust territories; and

c. as many other Members elected for three-year terms by the General Assembly as may be necessary to ensure that the total number of members of the Trusteeship Council is equally divided between those Members of the United Nations which administer trust territories and those which do not.

2. Each member of the Trusteeship Council shall designate one specially qualified person to represent it therein.

任務及び権限

第87条【総会と信託統治理事会の権限】総会及び，その権威の下に，信託統治理事会は，その任務の遂行に当つて次のことを行うことができる。

a 施政権者の提出する報告を審議すること。

b 請願を受理し，且つ，施政権者と協議してこれを審査すること。

c 施政権者と協定する時期に，それぞれの信託統治地域の定期視察を行わせること。

d 信託統治協定の条項に従つて，前記の行動その他の行動をとること。

第88条【質問書の作成】信託統治理事会は，各信託統治地域の住民の政治的，経済的，社会的及び教育的進歩に関する質問書を作成しなければならない。また，総会の権限内にある各信託統治地域の施政権者は，この質問書に基いて，総会に年次報告を提出しなければならない。

表 決

第89条【表決手続】1 信託統治理事会の各理事国は，一個の投票権を有する。

2 信託統治理事会の決定は，出席し且つ投票する理事国の過半数によつて行われる。

手 続

第90条【手続規則】1 信託統治理事会は，議長を選定する方法を含むその手続規則を採択する。

2 信託統治理事会は，その規則に従つて必要があるときに会合する。この規則は，理事国の過半数の要請による会議招集の規定を含まなければならない。

第91条【経済社会理事会と専門機関の利用】信託統治理事会は，適当な場合には，経済社会理事会及び専門機関がそれぞれ関係している事項について，両者の援助を利用する。

## 第14章 国際司法裁判所

第92条【裁判所の地位】国際司法裁判所は，国際連合の主要な司法機関である。この裁判所は，附属の規程に従つて任務を行う。この規程は，常設国際司法裁判所規程を基礎とし，且つ，この憲章と不可分の一体をなす。

第93条【規程の参加国】1 すべての国際連合加盟国は，当然に，国際司法裁判所規程の当事国となる。

2 国際連合加盟国でない国は，安全保障理事会の勧告に基いて総会が各場合に決定する条件で国際司法裁判所規程の当事国となることができる。

**Functions and Powers**

**Art.87** The General Assembly and, under its authority, the Trusteeship Council, in carrying out their functions, may:

a. consider reports submitted by the administering authority;

b. accept petitions and examine them in consultation with the administering authority;

c. provide for periodic visits to the respective trust territories at times agreed upon with the administering authority; and

d. take these and other actions in conformity with the terms of the trusteeship agreements.

**Art.88** The Trusteeship Council shall formulate a questionnaire on the political, economic, social, and educational advancement of the inhabitants of each trust territory, and the administering authority for each trust territory within the competence of the General Assembly shall make an annual report to the General Assembly upon the basis of such questionnaire.

**Voting**

**Art.89** 1. Each member of the Trusteeship Council shall have one vote.

2. Decisions of the Trusteeship Council shall be made by a majority of the members present and voting.

**Procedure**

**Art.90** 1. The Trusteeship Council shall adopt its own rules of procedure, including the method of selecting its President.

2. The Trusteeship Council shall meet as required in accordance with its rules, which shall include provision for the convening of meetings on the request of a majority of its members.

**Art.91** The Trusteeship Council shall, when appropriate, avail itself of the assistance of the Economic and Social Council and of the specialized agencies in regard to matters with which they are respectively concerned.

## CHAPTER XIV
## THE INTERNATIONAL COURT OF JUSTICE

**Art.92** The International Court of Justice shall be the principal judicial organ of the United Nations. It shall function in accordance with the annexed Statute, which is based upon the Statute of the Permanent Court of International Justice and forms an integral part of the present Charter.

**Art.93** 1. All Members of the United Nations are *ipso facto* parties to the Statute of the International Court of Justice.

2. A state which is not a Member of the United Nations may become a party to the Statute of the International Court of Justice on conditions

第94条【判決の履行】1 各国際連合加盟国は，自国が当事者であるいかなる事件においても，国際司法裁判所の裁判に従うことを約束する。

2 事件の一方の当事者が裁判所の与える判決に基いて自国が負う義務を履行しないときは，他方の当事者は，安全保障理事会に訴えることができる。理事会は，必要と認めるときは，判決を執行するために勧告をし，又はとるべき措置を決定することができる。

第95条【他の裁判所への付託】この憲章のいかなる規定も，国際連合加盟国が相互間の紛争の解決を既に存在し又は将来締結する協定によつて他の裁判所に付託することを妨げるものではない。

第96条【勧告的意見】1 総会又は安全保障理事会は，いかなる法律問題についても勧告的意見を与えるように国際司法裁判所に要請することができる。

2 国際連合のその他の機関及び専門機関でいずれかの時に総会の許可を得るものは，また，その活動の範囲内において生ずる法律問題について裁判所の勧告的意見を要請することができる。

## 第15章　事務局

第97条【構成】事務局は，一人の事務総長及びこの機構が必要とする職員からなる。事務総長は，安全保障理事会の勧告に基いて総会が任命する。事務総長は，この機構の行政職員の長である。

第98条【事務総長の任務】事務総長は，総会，安全保障理事会，経済社会理事会及び信託統治理事会のすべての会議において事務総長の資格で行動し，且つ，これらの機関から委託される他の任務を遂行する。事務総長は，この機構の事業について総会に年次報告を行う。

第99条【平和維持に関する任務】事務総長は，国際の平和及び安全の維持を脅威すると認める事項について，安全保障理事会の注意を促すことができる。

第100条【職員の国際性】1 事務総長及び職員は，その任務の遂行に当つて，いかなる政府からも又はこの機構外のいかなる他の当局からも指示を求め，又は受けてはならない。事務総長及び職員は，この機構に対してのみ責任を負う国際的職員としての地位を損ずる虞のあるいかなる行動も慎まなければならない。

to be determined in each case by the General Assembly upon the recommendation of the Security Council.

**Art.94** 1. Each Member of the United Nations undertakes to comply with the decision of the International Court of Justice in any case to which it is a party.

2. If any party to a case fails to perform the obligations incumbent upon it under a judgment rendered by the Court, the other party may have recourse to the Security Council, which may, if it deems necessary, make recommendations or decide upon measures to be taken to give effect to the judgment.

**Art.95** Nothing in the present Charter shall prevent Members of the United Nations from entrusting the solution of their differences to other tribunals by virtue of agreements already in existence or which may be concluded in the future.

**Art.96** 1. The General Assembly or the Security Council may request the International Court of Justice to give an advisory opinion on any legal question.

2. Other organs of the United Nations and specialized agencies, which may at any time be so authorized by the General Assembly, may also request advisory opinions of the Court on legal questions arising within the scope of their activities.

## CHAPTER XV
## THE SECRETARIAT

**Art.97** The Secretariat shall comprise a Secretary-General and such staff as the Organization may require. The Secretary-General shall be appointed by the General Assembly upon the recommendation of the Security Council. He shall be the chief administrative officer of the Organization.

**Art.98** The Secretary-General shall act in that capacity in all meetings of the General Assembly, of the Security Council, of the Economic and Social Council, and of the Trusteeship Council, and shall perform such other functions as are entrusted to him by these organs. The Secretary-General shall make an annual report to the General Assembly on the work of the Organization.

**Art.99** The Secretary-General may bring to the attention of the Security Council any matter which in his opinion may threaten the maintenance of international peace and security.

**Art.100** 1. In the performance of their duties the Secretary-General and the staff shall not seek or receive instructions from any government or from any other authority external to the Organization. They shall refrain from any action which might reflect on their position as international officials responsible only to the Organiza-

2　各国際連合加盟国は，事務総長及び職員の責任のもつぱら国際的な性質を尊重すること並びにこれらの者が責任を果すに当つてこれらの者を左右しようとしないことを約束する。

**第101条【職員の任命】**1　職員は，総会が設ける規則に従つて事務総長が任命する。

2　経済社会理事会，信託統治理事会及び，必要に応じて，国際連合のその他の機関に，適当な職員を常任として配属する。この職員は，事務局の一部をなす。

3　職員の雇用及び勤務条件の決定に当つて最も考慮すべきことは，最高水準の能率，能力及び誠実を確保しなければならないことである。職員をなるべく広い地理的基礎に基いて採用することの重要性については，妥当な考慮を払わなければならない。

## 第16章　雑則

**第102条【条約の登録】**1　この憲章が効力を生じた後に国際連合加盟国が締結するすべての条約及びすべての国際協定は，なるべくすみやかに事務局に登録され，且つ，事務局によつて公表されなければならない。

2　前記の条約又は国際協定で本条1の規定に従つて登録されていないものの当事国は，国際連合のいかなる機関に対しても当該条約又は協定を援用することができない。

**第103条【憲章義務の優先】**国際連合加盟国のこの憲章に基く義務と他のいずれかの国際協定に基く義務とが抵触するときは，この憲章に基く義務が優先する。

**第104条【法律行為能力】**この機構は，その任務の遂行及びその目的の達成のために必要な法律上の能力を各加盟国の領域において享有する。

**第105条【特権及び免除】**1　この機構は，その目的の達成に必要な特権及び免除を各加盟国の領域において享有する。

2　これと同様に，国際連合加盟国の代表者及びこの機構の職員は，この機構に関連する自己の任務を独立に遂行するために必要な特権及び免除を享有する。

3　総会は，本条1及び2の適用に関する細目を決定するために勧告をし，又はそのために国際連合加盟国に条約を提案することができる。

tion.

2. Each Member of the United Nations undertakes to respect the exclusively international character of the responsibilities of the Secretary-General and the staff and not to seek to influence them in the discharge of their responsibilities.

**Art.101** 1. The staff shall be appointed by the Secretary-General under regulations established by the General Assembly.

2. Appropriate staffs shall be permanently assigned to the Economic and Social Council, the Trusteeship Council, and, as required, to other organs of the United Nations. These staffs shall form a part of the Secretariat.

3. The paramount consideration in the employment of the staff and in the determination of the conditions of service shall be the necessity of securing the highest standards of efficiency, competence, and integrity. Due regard shall be paid to the importance of recruiting the staff on as wide a geographical basis as possible.

## CHAPTER XVI
MISCELLANEOUS PROVISIONS

**Art.102** 1. Every treaty and every international agreement entered into by any Member of the United Nations after the present Charter comes into force shall as soon as possible be registered with the Secretariat and published by it.

2. No party to any such treaty or international agreement which has not been registered in accordance with the provisions of paragraph 1 of this Article may invoke that treaty or agreement before any organ of the United Nations.

**Art.103** In the event of a conflict between the obligations of the Members of the United Nations under the present Charter and their obligations under any other international agreement, their obligations under the present Charter shall prevail.

**Art.104** The Organization shall enjoy in the territory of each of its Members such legal capacity as may be necessary for the exercise of its functions and the fulfillment of its purposes.

**Art.105** 1. The Organization shall enjoy in the territory of each of its Members such privileges and immunities as are necessary for the fulfillment of its purposes.

2. Representatives of the Members of the United Nations and officials of the Organization shall similarly enjoy such privileges and immunities as are necessary for the independent exercise of their functions in connection with the Organization.

3. The General Assembly may make recommendations with a view to determining the details of the application of paragraphs 1 and 2 of this Article or may propose conventions to the

Members of the United Nations for this purpose.

## 第17章　安全保障の過渡的規定

## CHAPTER XVII
TRANSITIONAL SECURITY ARRANGEMENTS

**第106条【特別協定成立前の五大国の責任】** 第四十三条に掲げる特別協定でそれによつて安全保障理事会が第四十二条に基く責任の遂行を開始することができると認めるものが効力を生ずるまでの間，千九百四十三年十月三十日にモスコーで署名された四国宣言の当事国及びフランスは，この宣言の第五項の規定に従つて，国際の平和及び安全の維持のために必要な共同行動をこの機構に代つてとるために相互に及び必要に応じて他の国際連合加盟国と協議しなければならない。

**Art.106** Pending the coming into force of such special agreements referred to in Article 43 as in the opinion of the Security Council enable it to begin the exercise of its responsibilities under Article 42, the parties to the Four-Nation Declaration, signed at Moscow, October 30, 1943, and France, shall, in accordance with the provisions of paragraph 5 of that Declaration, consult with one another and as occasion requires with other Members of the United Nations with a view to such joint action on behalf of the Organization as may be necessary for the purpose of maintaining international peace and security.

**第107条【敵国に関する行動】** この憲章のいかなる規定も，第二次世界戦争中にこの憲章の署名国の敵であつた国に関する行動でその行動について責任を有する政府がこの戦争の結果としてとり又は許可したものを無効にし，又は排除するものではない。

**Art.107** Nothing in the present Charter shall invalidate or preclude action, in relation to any state which during the Second World War has been an enemy of any signatory to the present Charter, taken or authorized as a result of that war by the Governments having responsibility for such action.

## 第18章　改正

## CHAPTER XVIII
AMENDMENTS

**第108条【改正】** この憲章の改正は，総会の構成国の三分の二の多数で採択され，且つ，安全保障理事会のすべての常任理事国を含む国際連合加盟国の三分の二によつて各自の憲法上の手続に従つて批准された時に，すべての国際連合加盟国に対して効力を生ずる。

**Art.108** Amendments to the present Charter shall come into force for all Members of the United Nations when they have been adopted by a vote of two thirds of the members of the General Assembly and ratified in accordance with their respective constitutional processes by two thirds of the Members of the United Nations, including all the permanent members of the Security Council.

**第109条【全体会議】** 1　この憲章を再審議するための国際連合加盟国の全体会議は，総会の構成国の三分の二の多数及び安全保障理事会の九理事国の投票によつて決定される日及び場所で開催することができる。各国際連合加盟国は，この会議において一個の投票権を有する。

〔旧規定〕1　この憲章を再審議するための国際連合加盟国の全体会議は，総会の構成国の三分の二の多数及び安全保障理事会の七理事国の投票によつて決定される日及び場所で開催することができる。各国際連合加盟国は，この会議において一個の投票権を有する。

**Art.109** 1. A General Conference of the Members of the United Nations for the purpose of reviewing the present Charter may be held at a date and place to be fixed by a two-thirds vote of the members of the General Assembly and by a vote of any nine members of the Security Council. Each Member of the United Nations shall have one vote in the conference.

2　全体会議の三分の二の多数によつて勧告されるこの憲章の変更は，安全保障理事会のすべての常任理事国を含む国際連合加盟国の三分の二によつて各自の憲法上の手続に従つて批准された時に効力を生ずる。

2. Any alteration of the present Charter recommended by a two-thirds vote of the conference shall take effect when ratified in accordance with their respective constitutional processes by two thirds of the Members of the United Nations including all the permanent members of the Security Council.

3　この憲章の効力発生後の総会の第十回年次会期までに全体会議が開催されなかつた場合には，これを招集する提案を総会の第十回年次会期の議事日

3. If such a conference has not been held before the tenth annual session of the General Assembly following the coming into force of the

程に加えなければならず，全体会議は，総会の構成国の過半数及び安全保障理事会の七理事国の投票によつて決定されたときに開催しなければならない。

present Charter, the proposal to call such a conference shall be placed on the agenda of that session of the General Assembly, and the conference shall be held if so decided by a majority vote of the members of the General Assembly and by a vote of any seven members of the Security Council.

## 第19章　批准及び署名

## CHAPTER XIX
RATIFICATION AND SIGNATURE

**第110条【批准と効力発生】** 1　この憲章は，署名国によつて各自の憲法上の手続に従つて批准されなければならない。

2　批准書は，アメリカ合衆国政府に寄託される。同政府は，すべての署名国及び，この機構の事務総長が任命された場合には，事務総長に対して各寄託を通告する。

3　この憲章は，中華民国，フランス，ソヴィエト社会主義共和国連邦，グレート・ブリテン及び北部アイルランド連合王国，アメリカ合衆国及びその他の署名国の過半数が批准書を寄託した時に効力を生ずる。批准書寄託調書は，その時にアメリカ合衆国政府が作成し，その謄本をすべての署名国に送付する。

4　この憲章の署名国で憲章が効力を生じた後に批准するものは，各自の批准書の寄託の日に国際連合の原加盟国となる。

**Art.110**　1. The present Charter shall be ratified by the signatory states in accordance with their respective constitutional processes.

2. The ratifications shall be deposited with the Government of the United States of America, which shall notify all the signatory states of each deposit as well as the Secretary-General of the Organization when he has been appointed.

3. The present Charter shall come into force upon the deposit of ratifications by the Republic of China, France, the Union of Soviet Socialist Republics, the United Kingdom of Great Britain and Northern Ireland, and the United States of America, and by a majority of the other signatory states. A protocol of the ratifications deposited shall thereupon be drawn up by the Government of the United States of America which shall communicate copies thereof to all the signatory states.

4. The states signatory to the present Charter which ratify it after it has come into force will become original Members of the United Nations on the date of the deposit of their respective ratifications.

**第111条【正文】** この憲章は，中国語，フランス語，ロシア語，英語及びスペイン語の本文をひとしく正文とし，アメリカ合衆国政府の記録に寄託しておく。この憲章の認証謄本は，同政府が他の署名国の政府に送付する。

**Art.111**　The present Charter, of which the Chinese, French, Russian, English, and Spanish texts are equally authentic, shall remain deposited in the archives of the Government of the United States of America. Duly certified copies thereof shall be transmitted by that Government to the Governments of the other signatory states.

以上の証拠として，連合国政府の代表者は，この憲章に署名した。

IN FAITH WHEREOF the representatives of the Governments of the United Nations have signed the present Charter.

千九百四十五年六月二十六日にサン・フランシスコ市で作成した。

DONE at the city of San Francisco the twenty-sixth day of June, one thousand nine hundred and forty-five.

# 参考　国際聯盟規約

［ヴェルサイユ平和条約第一編・聯盟規約］

署　名　一九一九年六月二八日（ヴェルサイユ）
効力発生　一九二〇年一月一〇日（改正一二一年一〇月二一日（第二回総会））
日本国　一九二〇年一月一〇日（一九一九年六月二八日署名、一一月七日批准、二〇年三月一九日批准書寄託、一月一〇日公布・条約一号。三五年三月二七日脱退（発効））
解　散　一九四六年四月一九日
当事国　四〇（解散時）

締約国ハ
戦争ニ訴ヘサルノ義務ヲ受諾シ、
各国間ニ於ケル公明正大ナル関係ヲ規律シ、
各国政府間ノ行為ヲ律スル現実ノ規準トシテ国際法ノ原則ヲ確立シ、
組織アル人民ノ相互ノ交渉ニ於テ正義ヲ保持シ且厳ニ一切ノ条約上ノ義務ヲ尊重シ、
以テ国際協力ヲ促進シ、且各国間ノ平和安寧ヲ完成セムカ為、
茲ニ国際聯盟規約ヲ協定ス。

**第一条【加盟と脱退】**一　本規約附属書列記ノ署名国及留保ナクシテ本規約ニ加盟スル該附属書列記ノ爾余諸国ヲ以テ、国際聯盟ノ原聯盟国トス。右加盟ハ、本規約実施後二月以内ニ宣言書ヲ聯盟事務局ニ寄託シテ之ヲ為スヘシ。右ニ関シテハ、一切ノ他ノ聯盟国ニ通告スヘキモノトス。

二　附属書ニ列記セサル国、領地又ハ殖民地ニシテ完全ナル自治ヲ有スルモノハ、其ノ加入ニ付、聯盟総会三分ノ二ノ同意ヲ得ルニ於テハ、総テ聯盟国ト為ルコトヲ得。但シ其ノ国際義務遵守ノ誠意アルコトニ付有効ナル保障ヲ与ヘ、且其ノ陸海及空軍ノ兵力其ノ他ノ軍備ニ関シ聯盟ノ定ムルコトアルヘキ準則ヲ受諾スルコトヲ要ス。

三　聯盟国ハ、二年ノ予告ヲ以テ聯盟ヲ脱退スルコトヲ得。但シ脱退ノ時迄ニ其ノ一切ノ国際上及本規約上ノ義務ハ履行セラレタルコトヲ要ス。

**第二条【機関】**本規約ニ依ル聯盟ノ行動ハ、聯盟総会及聯盟理事会並附属ノ常設聯盟事務局ニ依リテ之ヲ為スヘキモノトス。

**第三条【連盟総会】**一　聯盟総会ハ、聯盟国ノ代表者ヲ以テ之ヲ組織ス。

二　聯盟総会ハ、聯盟本部所在地又ハ別ニ定ムルコトアルヘキ地ニ於テ定期ニ及必要ニ応シ随時ニ之ヲ開ク。

三　聯盟総会ハ、聯盟ノ行動範囲ニ属シ又ハ世界ノ平和ニ影響スル一切ノ事項ヲ其ノ会議ニ於テ処理ス。

四　聯盟国ハ、聯盟総会ノ会議ニ於テ各一箇ノ表決権ヲ有スヘク、且三名ヲ超エサル代表者ヲ出スコトヲ得。

**第四条【連盟理事会】**一　聯盟理事会ハ、主タル同盟及聯合国ノ代表者並他ノ四聯盟国ノ代表者ヲ以テ之ヲ組織ス。該四聯盟国ハ、聯盟総会其ノ裁量ニ依リ随時之ヲ選定ス。聯盟総会カ第一次ニ選定スル四聯盟国ニ於テ其ノ代表者ヲ任命スル迄ハ、白耳義〔ベルギー〕国、伯剌西爾〔ブラジル〕国、西班牙〔スペイン〕国及希臘〔ギリシア〕国ノ代表者ヲ以テ聯盟理事会員トス。

二の1　聯盟理事会ハ、聯盟総会ノ過半数ノ同意アルトキハ、聯盟理事会ニ常ニ代表者ヲ出スヘキ聯盟国ヲ追加指定スルコトヲ得。聯盟理事会ハ、同会ニ代表セシムル為、聯盟総会ノ選定スヘキ聯盟国ノ数ヲ前同様ノ同意ヲ以テ増加スルコトヲ得。

二の2　聯盟総会ハ、聯盟理事会非常任代表国ノ選挙ニ関スル規則特ニ其ノ任期及再選ノ条件ニ関スル規則ヲ三分ノ二ノ多数ニ依リ定ムヘシ。

三　聯盟理事会ハ、聯盟本部所在地又ハ別ニ定ムルコトアルヘキ地ニ於テ必要ニ応シ随時ニ且少クトモ毎年一回之ヲ開ク。

四　聯盟理事会ハ、聯盟ノ行動範囲ニ属シ又ハ世界ノ平和ニ影響スル一切ノ事項ヲ其ノ会議ニ於テ処理ス。

五　聯盟理事会ニ代表セラレサル聯盟各国ハ、特ニ其ノ利益ニ影響スル事項ノ審議中、聯盟理事会会議ニ理事会員トシテ列席スル代表者一名ノ派遣ヲ招請セラルヘシ。

六　聯盟理事会ニ代表セラルル聯盟各国ハ、聯盟理事会会議ニ於テ一箇ノ表決権ヲ有スヘク、且一名ノ代表者ヲ出スコトヲ得。

**第五条【総会と理事会の議事】**一　本規約中又ハ本条約ノ条項中別段ノ明文アル場合ヲ除クノ外、聯盟総会又ハ聯盟理事会ノ会議ノ議決ハ、其ノ会議ニ代表セラルル聯盟国全部ノ同意ヲ要ス。

二　聯盟総会又ハ聯盟理事会ノ会議ニ於ケル手続ニ関スル一切ノ事項ハ、特殊事項調査委員ノ任命ト共ニ、聯盟総会又ハ聯盟理事会之ヲ定ム。此ノ場合ニ於テハ、其ノ会議ニ代表セラルル聯盟国ノ過半数ニ依リテ、之ヲ決定スルコトヲ得。

三　聯盟総会ノ第一回会議及聯盟理事会ノ第一回会議ハ、亜米利加〔アメリカ〕合衆国大統領之ヲ招集スヘシ。

**第六条【連盟事務局】**一　常設聯盟事務局ハ、聯盟本部所在地ニ之ヲ設置ス。聯盟事務局ニハ、事務総長一名並必要ナル事務官及属員ヲ置ク。

二　第一次ノ事務総長ハ、附属書ニ之ヲ指定シ、爾後ノ事務総長ハ、聯盟総会過半数ノ同意ヲ以テ聯盟理事会之ヲ任命ス。

三　聯盟事務局ノ事務官及属員ハ、聯盟理事会ノ同意ヲ以テ、事務総長之ヲ任命ス。

四　事務総長ハ、聯盟総会及聯盟理事会ノ一切ノ会議ニ於テ、其ノ資格ニテ行動ス。

五　聯盟ノ経費ハ、聯盟総会ノ決定スル割合ニ従ヒ、聯盟国之ヲ負担ス。

**第七条【連盟本部所在地、職員、特権】**一　聯盟本部所在地ハ、「ジュネーヴ」トス。

二　聯盟理事会ハ、何時タリトモ、其ノ議決ニ依リ、他ノ地ヲ以テ聯盟本部所在地ト為スコトヲ得。

三　聯盟ニ関シ又ハ之ニ附帯スル一切ノ地位ハ、聯盟事務局ノ地位ト共ニ、男女均シク之ニ就クコトヲ得。

四　聯盟国代表者及聯盟職員ハ、聯盟ノ事務ニ従事スル間、外交官ノ特権及免除ヲ享有ス。

五　聯盟、聯盟職員又ハ聯盟会議参列代表者ノ使用スル建物其ノ他ノ財産ハ、之ヲ不可侵トス。

**第八条【軍備縮少】**一　聯盟国ハ、平和維持ノ為ニハ、其ノ軍備ヲ国ノ安全及国際義務ヲ協同動作ヲ以テスル強制ニ支障ナキ最低限度迄縮少スルノ必要アルコトヲ承認ス。

二　聯盟理事会ハ、各国政府ノ審議及決定ニ資スル為、各国ノ地理的地位及諸般ノ事情ヲ参酌シテ、軍備縮少ニ関スル案ヲ作成スヘシ。

三　該案ハ、少クトモ十年毎ニ再審議ニ付セラルヘク、且更正セラルヘキモノトス。

四　各国政府前記ノ案ヲ採用シタルトキハ、聯盟理事会ノ同意アルニ非サレハ、該案所定ノ軍備ノ限度ヲ超ユルコトヲ得ス。

五　聯盟国ハ、民業ニ依ル兵器弾薬及軍用器材ノ製造カ重大ナル非議ヲ免レサルモノナルコトヲ認ム。仍テ聯盟理事会ハ、該製造ニ伴フ弊害ヲ防遏（ぼうあつ）シ得ヘキ方法ヲ具申スヘシ。尤モ聯盟国中其ノ安全ニ必要ナル兵器弾薬及軍用器材ヲ製造シ得サルモノノ需要ニ関シテハ、相当斟酌（しんしゃく）スヘキモノトス。

六　聯盟国ハ、其ノ軍備ノ規模、陸海及空軍ノ企画並軍事上ノ目的ニ供用シ得ヘキ工業ノ状況ニ関シ、充分ニシテ隔意ナキ報道ヲ交換スヘキコトヲ約ス。

**第九条【常設軍事委員会】**　第一条及第八条ノ規定ノ実行並陸海及空軍問題全般ニ関シテハ、聯盟理事会ニ意見ヲ具申スヘキ常設委員会ヲ設置スヘシ。

**第一〇条【領土保全と政治的独立】**　聯盟国ハ、聯盟各国ノ領土保全及現在ノ政治的独立ヲ尊重シ、且外部ノ侵略ニ対シ之ヲ擁護スルコトヲ約ス。右侵略ノ場合又ハ其ノ脅威若ハ危険アル場合ニ於テハ、聯盟理事会ハ、本条ノ義務ヲ履行スヘキ手段ヲ具申スヘシ。

**第一一条【戦争の脅威】**　一　戦争又ハ戦争ノ脅威ハ、聯盟国ノ何レカニ直接ノ影響アルト否トヲ問ハス、総テ聯盟全体ノ利害関係事項タルコトヲ茲ニ声明ス。仍テ聯盟ハ、国際ノ平和ヲ擁護スル為適当且有効ト認ムル措置ヲ執ルヘキモノトス。此ノ種ノ事変発生シタルトキハ、事務総長ハ、何レカノ聯盟国ノ請求ニ基キ直ニ聯盟理事会ノ会議ヲ招集スヘシ。

二　国際関係ニ影響スル一切ノ事態ニシテ国際ノ平和又ハ其ノ基礎タル各国間ノ良好ナル了解ヲ攪乱セムトスル虞アルモノニ付、聯盟総会又ハ聯盟理事会ノ注意ヲ喚起スルハ、聯盟各国ノ友誼的権利ナルコトヲ併セテ茲ニ声明ス。

**第一二条【国交断絶に至る虞のある紛争】**　一　聯盟国ハ、聯盟国間ニ国交断絶〔rupture〕ニ至ルノ虞アル紛争発生スルトキハ、当該事件ヲ仲裁裁判若ハ司法的解決又ハ聯盟理事会ノ審査ニ付スヘク、且仲裁裁判官ノ判決若ハ司法裁判ノ判決後又ハ聯盟理事会ノ報告後三月ヲ経過スル迄、如何ナル場合ニ於テモ、戦争ニ訴ヘサルコトヲ約ス。

二　本条ニ依ル一切ノ場合ニ於テ、仲裁裁判官ノ判決又ハ司法裁判ノ判決ハ、相当期間内ニ、聯盟理事会ノ報告ハ、紛争事件付託後六月以内ニ之ヲ為スヘシ。

**第一三条【裁判】**　一　聯盟国ハ、聯盟国間ニ仲裁裁判又ハ司法的解決ニ付シ得ト認ムル紛争ヲ生シ、其ノ紛争カ外交手段ニ依リテ満足ナル解決ヲ得ルコト能ハサルトキハ、当該事件全部ヲ仲裁裁判又ハ司法的解決ニ付スヘキコトヲ約ス。

二　条約ノ解釈、国際法上ノ問題、国際義務ノ違反ト為ルヘキ事実ノ存否並該違反ニ対スル賠償ノ範囲及性質ニ関スル紛争ハ、一般ニ仲裁裁判又ハ司法的解決ニ付シ得ル事項ニ属スルモノナルコトヲ声明ス。

三　審理ノ為紛争事件ヲ付託スヘキ裁判所ハ、第十四条ノ規定ニ依リ設立セラレタル常設国際司法裁判所又ハ当事国ノ合意ヲ以テ定メ若ハ当事国間ニ現存スル条約ノ規定ノ定ムル裁判所タルヘシ。

四　聯盟国ハ、一切ノ判決ヲ誠実ニ履行スヘク、且判決ニ服スル聯盟国ニ対シテハ戦争ニ訴ヘサルコトヲ約ス。判決ヲ履行セサルモノアルトキハ、聯盟理事会ハ、其ノ履行ヲ期スル為必要ナル処置ヲ提議スヘシ。

**第一四条【常設国際司法裁判所】**　聯盟理事会ハ、常設国際司法裁判所設置案ヲ作成シ、之ヲ聯盟国ノ採択ニ付スヘシ。該裁判所ハ、国際的性質ヲ有スル一切ノ紛争ニシテ其ノ当事国ノ付託ニ係ルモノヲ裁判スルノ権限ヲ有ス。尚該裁判所ハ、聯盟理事会又ハ聯盟総会ノ諮問スル一切ノ紛争又ハ問題ニ関シ意見ヲ提出スルコトヲ得。

**第一五条【連盟理事会の紛争審査】**　一　聯盟国間ニ国交断絶ニ至ルノ虞アル紛争発生シ、第十三条ニ依ル仲裁裁判又ハ司法的解決ニ付セラレサルトキハ、聯盟国ハ、当該事件ヲ聯盟理事会ニ付託スヘキコトヲ約ス。何レノ紛争当事国モ、紛争ノ存在ヲ事務総長ニ通告シ、以テ前記ノ付託ヲ為スコトヲ得。事務総長ハ、之カ充分ナル取調及審理ニ必要ナル一切ノ準備ヲ為スモノトス。

二　此ノ目的ノ為、紛争当事国ハ、成ルヘク速ニ当該事件ニ関スル陳述書ヲ一切ノ関係事実及書類ト共ニ事務総長ニ提出スヘク、聯盟理事会ハ、直ニ其ノ公表ヲ命スルコトヲ得。

三　聯盟理事会ハ、紛争ノ解決ニカムヘク、其ノ努力効ヲ奏シタルトキハ、其ノ適当ト認ムル所ニ依リ、当該紛争ニ関スル事実及説明並其ノ解決条件ヲ記載セル調書ヲ公表スヘシ。

四　紛争解決ニ至ラサルトキハ、聯盟理事会ハ、全会一致又ハ過半数ノ表決ニ基キ当該紛争ノ事実ヲ述ヘ、公正且適当ト認ムル勧告ヲ載セタル報告書ヲ作成シ之ヲ公表スヘシ。

五　聯盟理事会ニ代表セラルル聯盟国ハ、何レモ当該紛争ノ事実及之ニ関スル自国ノ決定ニ付陳述書ヲ公表スルコトヲ得。

六　聯盟理事会ノ報告書カ紛争当事国ノ代表者ヲ除キ他ノ聯盟理事会員全部ノ同意ヲ得タルモノナルトキハ、聯盟国ハ、該報告書ノ勧告ニ応スル紛争当事国ニ対シ戦争ニ訴ヘサルヘキコトヲ約ス。

七　聯盟理事会ニ於テ、紛争当事国ノ代表者ヲ除キ、他ノ聯盟理事会員全部ノ同意アル報告書ヲ得ルニ至ラサルトキハ、聯盟国ハ、正義公道ヲ維持スル為必要ト認ムル処置ヲ執ルノ権利ヲ留保ス。

八　紛争当事国ノ一国ニ於テ、紛争カ国際法上専ラ該当事国ノ管轄ニ属スル事項〔a matter which by international law is solely within the domestic jurisdiction of that party〕ニ付生シタルモノナルコトヲ主張シ、聯盟理事会之ヲ是認シタルトキハ、聯盟理事会ハ、其ノ旨ヲ報告シ、且之カ解決ニ関シ何等ノ勧告ヲモ為ササルモノトス。

九　聯盟理事会ハ、本条ニ依ル一切ノ場合ニ於テ紛争ヲ聯盟総会ニ移スコトヲ得。紛争当事国一方ノ請求アリタルトキハ、亦之ヲ聯盟総会ニ移スヘシ。但シ右請求ハ、紛争ヲ聯盟理事会ニ付託シタル後十四日以内ニ之ヲ為スコトヲ要ス。

一〇　聯盟理事会ノ行動及権限ニ関スル本条及第十二条ノ規定ハ、聯盟総会ニ移シタル事件ニ関シ、総テ之ヲ聯盟総会ノ行動及権能ニ適用ス。但シ紛争当事国ノ代表者ヲ除キ聯盟理事会ニ代表セラルル聯盟各国代表者及爾余過半数聯盟国ノ代表者ノ同意ヲ得タル聯盟総会ノ報告書ハ、紛争当事国ノ代表者ヲ除キ他ノ聯盟理事会員全部ノ同意ヲ得タル聯盟理事会ノ報告書ト同一ノ効力ヲ有スヘキモノトス。

**第一六条【制裁】**　一　第十二条、第十三条又ハ第十五条ニ依ル約束〔covenants〕ヲ無視シテ戦争ニ訴ヘタル聯盟国ハ、当然他ノ総テノ聯盟国ニ対シ戦争行為ヲ為シタルモノト看做ス。他ノ総テノ聯盟国ハ、之ニ対シ直ニ一切ノ通商上又ハ金融上ノ関係ヲ断絶シ、自国民ト違約国国民トノ一切ノ交通ヲ禁止シ、且聯盟国タルト否トヲ問ハス他ノ総テノ国ノ国民ト違約国国民トノ間ノ一切ノ金融上、通商上又ハ個人的交通ヲ防遏スヘキコトヲ約ス。

二　聯盟理事会ハ、前項ノ場合ニ於テ聯盟ノ約束擁護ノ為使用スヘキ兵力ニ対スル聯盟各国ノ陸海又ハ空軍ノ分担程度ヲ関係各国政府ニ提案スルノ義務アルモノトス。

三　聯盟国ハ、本条ニ依リ金融上及経済上ノ措置ヲ執リタル場合ニ於テ之ニ基ク損失及不便ヲ最少限度ニ止ムル為相互ニ支持スヘキコト、聯盟ノ一国ニ対スル違約国ノ特殊ノ措置ヲ抗拒スル為相互ニ支持スヘキコト、並聯盟ノ約束擁護ノ為協力スル聯盟国軍隊ノ版図内通過ニ付必要ナル処置ヲ執ルヘキコトヲ約ス。

四　聯盟ノ約束ニ違反シタル聯盟国ニ付テハ、聯盟理事会ニ代表セラルル他ノ一切ノ聯盟国代表者ノ聯盟理事会ニ於ケル一致ノ表決ヲ以テ、聯盟ヨリ之ヲ除名スル旨ヲ声明スルコトヲ得。

**第一七条【非連盟国の関係する紛争】**一　聯盟国ト非聯盟国トノ間又ハ非聯盟国相互ノ間ニ紛争ヲ生シタルトキハ、此ノ種紛争解決ノ為聯盟国ノ負フヘキ義務ヲ該非聯盟国カ聯盟理事会ノ正当ト認ムル条件ヲ以テ受諾スルコトヲ之ニ勧誘スヘシ。勧誘ノ受諾アリタル場合ニ於テハ、第十二条乃至第十六条ノ規定ハ、聯盟理事会ニ於テ必要ト認ムル修正ヲ加ヘテ、之ヲ適用ス。

二　前項ノ勧誘ヲ為シタルトキハ、聯盟理事会ハ、直ニ紛争事情ノ審査ヲ開始シ、当該事情ノ下ニ於テ最善且最有効ト認ムル行動ヲ勧告スヘシ。

三　勧誘ヲ受ケタル国カ此ノ種紛争解決ノ為聯盟国ノ負フヘキ義務ノ受諾ヲ拒ミ、聯盟国ニ対シ戦争ニ訴フル場合ニ於テハ、第十六条ノ規定ハ、該行動ヲ執ル国ニ之ヲ適用ス。

四　勧誘ヲ受ケタル紛争当事国ノ双方カ此ノ種紛争解決ノ為聯盟国ノ負フヘキ義務ノ受諾ヲ拒ム場合ニ於テハ、聯盟理事会ハ、敵対行為ヲ防止シ紛争ヲ解決スヘキ措置及勧告ヲ為スコトヲ得。

**第一八条【条約の登録】**聯盟国カ将来締結スヘキ一切ノ条約又ハ国際約定ハ、直ニ之ヲ聯盟事務局ニ登録シ、聯盟事務局ハ成ルヘク速ニ之ヲ公表スヘシ。右条約又ハ国際約定ハ、前記ノ登録ヲ了スル迄、其ノ拘束力ヲ生スルコトナカルヘシ。

**第一九条【条約の再審議】**聯盟総会ハ、適用不能ト為リタル条約ノ再審議又ハ継続ノ結果世界ノ平和ヲ危殆ナラシムヘキ国際状態ノ審議ヲ随時聯盟国ニ慫慂スルコトヲ得。

**第二〇条【規約と両立しない国際約定】**一　聯盟国ハ、本規約ノ条項ト両立セサル聯盟国相互間ノ義務又ハ了解カ各自国ノ関スル限リ総テ本条約ニ依リ廃棄セラルヘキモノナルコトヲ承認シ、且今後本規約ノ条項ト両立セサル一切ノ約定ヲ締結セサルヘキコトヲ誓約ス。

二　聯盟国ト為ル以前本規約ノ条項ト両立セサル義務ヲ負担シタル聯盟国ハ、直ニ該義務ノ解除ヲ得ルノ処置ヲ執ルコトヲ要ス。

**第二一条【局地的了解】**本規約ハ、仲裁裁判条約ノ如キ国際約定又ハ「モンロー」主義ノ如キ一定ノ地域ニ関スル了解ニシテ平和ノ確保ヲ目的トスルモノノ効力ニ何等ノ影響ナキモノトス。

**第二二条【委任統治】**一　今次ノ戦争ノ結果従前支配シタル国ノ統治ヲ離レタル殖民地及領土ニシテ近代世界ノ激甚ナル生存競争状態ノ下ニ未タ自立シ得サル人民ノ居住スルモノニ対シテハ、該人民ノ福祉及発達ヲ計ルハ、文明ノ神聖ナル使命ナルコト、及其ノ使命遂行ノ保障ハ本規約中ニ之ヲ包容スルコトノ主義ヲ適用ス。

二　此ノ主義ヲ実現スル最善ノ方法ハ、該人民ニ対スル後見ノ任務〔tutelage〕ヲ先進国ニシテ資源、経験又ハ地理的位置ニ因リ最此ノ責任ヲ引受クルニ適シ且之ヲ受諾スルモノニ委任シ〔should be entrusted〕、之ヲシテ聯盟ニ代リ受任国トシテ右後見ノ任務ヲ行ハシムルニ在リ。

三　委任ノ性質ニ付テハ、人民発達ノ程度、領土ノ地理的地位、経済状態其ノ他類似ノ事情ニ従ヒ差異ヲ設クルコトヲ要ス。

四　従前土耳其〔トルコ〕帝国ニ属シタル或部族ハ、独立国トシテ仮承認ヲ受ケ得ル発達ノ程度ニ達シタリ。尤モ其ノ自立シ得ル時期ニ至ル迄、施政上受任国ノ助言及援助ヲ受クヘキモノトス。前記受任国ノ選定ニ付テハ、主トシテ当該部族ノ希望ヲ考慮スルコトヲ要ス。

五　他ノ人民殊ニ中央阿弗利加〔アフリカ〕ノ人民ハ、受任国ニ於テ其ノ地域ノ施政ノ責ニ任スヘキ程度ニ在リ。尤モ受任国ハ、公ノ秩序及善良ノ風俗ニ反セサル限リ良心及信教ノ自由ヲ許与シ、奴隷ノ売買又ハ武器若ハ火酒類ノ取引ノ如キ弊習ヲ禁止シ、並築城又ハ陸海軍根拠地ノ建設及警察又ハ地域防衛以外ノ為ニスル土民ノ軍事教育ヲ禁遏スヘキコトヲ保障シ、且他ノ聯盟国ノ通商貿易ニ対シ均等ノ機会ヲ確保スルコトヲ要ス。

六　西南阿弗利加及或南太平洋諸島ノ如キ地域ハ、人口ノ稀薄、面積ノ狭小、文明ノ中心ヨリ遠キコト又ハ受任国領土ト隣接セルコト其ノ他ノ事情ニ因リ受任国領土ノ構成部分トシテ其ノ国法ノ下ニ施政ヲ行フヲ以テ最善トス。但シ受任国ハ、土著人民ノ利益ノ為前記ノ保障ヲ与フルコトヲ要ス。

七　各委任ノ場合ニ於テ、受任国ハ、其ノ委託地域ニ関スル年報ヲ聯盟理事会ニ提出スヘシ。

八　受任国ノ行フ権限、監理又ハ施政ノ程度ニ関シ、予メ聯盟国間ニ合意ナキトキハ、聯盟理事会ハ、各場合ニ付之ヲ明定スヘシ。

九　受任国ノ年報ヲ受理審査セシメ、且委任ノ実行ニ関スル一切ノ事項ニ付聯盟理事会ニ意見ヲ具申セシムル為、常設委員会ヲ設置スヘシ。

**第二三条【人道的、社会的、経済的任務】**聯盟国ハ、現行又ハ将来協定セラルヘキ国際条約ノ規定ニ遵由シ、

(イ)　自国内ニ於テ及其ノ通商産業関係ノ及フ一切ノ国ニ於テ、男女及児童ノ為ニ、公平ニシテ人道的ナル労働条件ヲ確保スルニ力メ、且之カ為必要ナル国際機関ヲ設立維持スヘシ。

(ロ)　自国ノ監理ニ属スル地域内ノ土著住民ニ対シ、公正ナル待遇ヲ確保スルコトヲ約ス。

(ハ)　婦人及児童ノ売買並阿片其ノ他ノ有害薬物ノ取引ニ関スル取極ノ実行ニ付、一般監視ヲ聯盟ニ委託スヘシ。

(ニ)　武器及弾薬ノ取引ヲ共通ノ利益上取締ルノ必要アル諸国トノ間ニ於ケル該取引ノ一般監視ヲ聯盟ニ委託スヘシ。

(ホ)　交通及通過ノ自由並一切ノ聯盟国ノ通商ニ対スル衡平ナル待遇ヲ確保スル為方法ヲ講スヘシ。右ニ関シテハ、千九百十四年乃至千九百十八年ノ戦役中荒廃ニ帰シタル地方ノ特殊ノ事情ヲ考慮スヘシ。

(ヘ)　疾病ノ予防及撲滅ノ為、国際利害関係事項ニ付措置ヲ執ルニ力ムヘシ。

**第二四条【国際事務局】**一　一般条約ニ依ル既設ノ国際事務局ハ、当該条約当事国ノ承諾アルニ於テハ、総テ之ヲ聯盟ノ指揮下ニ属セシムヘシ。国際利害関係事項処理ノ為今後設ケラルヘキ国際事務局及委員会ハ、総テ之ヲ聯盟ノ指揮下ニ属セシムヘキモノトス。

二　一般条約ニ依リ規定セラレタル国際利害関係事項ニシテ国際事務局又ハ委員会ノ管理ニ属セサルモノニ関シテハ、聯盟事務局ハ、当事国ノ請求ニ基キ聯盟理事会ノ同意ヲ得テ其ノ一切ノ関係情報ヲ蒐集頒布シ、其ノ他必要又ハ望マシキ一切ノ援助ヲ

与フヘシ。

三　聯盟理事会ハ、聯盟ノ指揮下ニ属セシメタル事務局又ハ委員会ノ経費ヲ聯盟事務局ノ経費中ニ編入スルコトヲ得。

**第二五条【赤十字篤志機関】** 聯盟国ハ、全世界ニ亘リ健康ノ増進、疾病ノ予防及苦痛ノ軽減ヲ目的トスル公認ノ国民赤十字篤志機関ノ設立及協力ヲ奨励促進スルコトヲ約ス。

**第二六条【改正】** 一　本規約ノ改正ハ、聯盟理事会ヲ構成スル代表者ヲ出ス聯盟各国及聯盟総会ヲ構成スル代表者ヲ出ス過半数聯盟国之ヲ批准シタルトキ、其ノ効力ヲ生スルモノトス。

二　右改正ハ、之ニ不同意ヲ表シタル聯盟国ヲ拘束スルコトナシ。但シ此ノ場合ニ於テ当該国ハ聯盟国タラサルニ至ルヘシ。

# 2　友好関係原則宣言（国連総会決議二五／二六二五）翻訳

（国際連合憲章に従った諸国間の友好関係及び協力についての国際法の原則に関する宣言）

採　択　一九七〇年一〇月二四日（国連第二五回総会）（コンセンサス）

## 前　文

総会は、

国際連合憲章において、国際の平和と安全の維持並びに諸国間の友好関係及び協力の発展が国際連合の基本的目的に含まれることを再確認し、

国際連合加盟国の人民が寛容を実行し、かつ、善良な隣人として互いに平和に生活することを決意していることを想起し、

自由、平等、正義及び基本的人権の尊重に基づいた国際の平和の維持及び強化並びに政治的、経済的及び社会的な体制又はその発展の程度に関わりなく諸国間の友好関係を発展させることの重要性に留意し、

また、国際連合憲章が、諸国間における法の支配の推進に最も重要であることに留意し、

憲章に従って、諸国間の友好関係及び協力に関する国際法の原則を誠実に遵守すること並びに国が負っている義務を誠実に履行することが、国際の平和と安全の維持及び国際連合の他の目的の遂行に最大の重要性を有することを考慮し、

憲章の採択以来、科学の進歩において世界に起こった政治的、経済的及び社会的な多大の変化により、これらの原則及びこれらの原則をあらゆる場所における国の行動に対して一層効果的に適用する必要性がさらに重要になっていることに留意し、

月その他の天体を含む宇宙空間は、主権の主張、使用若しくは占拠又はその他のいかなる手段によっても国による取得の対象としてはならないという確立した原則を想起し、同様の基調に基づく他の規定の設定について国際連合において考慮が払われていることに留意し、

いかなる形態の干渉（intervention）も、憲章の精神及び文言に違反するのみならず、国際の平和と安全を脅かす状況の発生を導くものであるから、国が他国の事項に干渉しない義務を厳守することは、諸国が互いに平和に生活することを確保する不可欠な条件であることを確信して、

国が、その国際関係においていかなる国の政治的独立又は領土保全に対する軍事的、政治的、経済的その他のいかなる強制も慎むべき義務を想起し、

全ての国が、その国際関係において、武力による威嚇又は武力の行使を、いかなる国の領土保全又は政治的独立に対するものも、また、国際連合の目的と両立しない他のいかなる方法によるものも慎むことが不可欠であることを考慮し、

全ての国が、憲章に従って国際紛争を平和的に解決することも同様に不可欠であることを考慮し、

憲章に従って、主権平等の基本的重要性を再確認し、国際連合の目的は、国が主権平等を享有し、かつ、国際関係においてこの原則の要件を完全に満たして初めて遂行されることを強調し、

人民を外国の征服、支配及び搾取の下に置くことは、国際の平和と安全の促進に重大な障害となることを確信し、

人民の同権及び自決の原則は現代の国際法への大きな貢献となること、及び、その効果的適用は主権平等の原則の遵守を基礎とした諸国間の友好関係の促進に最も重要であることを確信し、

したがって、国又は領域の国民的統一及び領土保全の部分的又は全体的破壊に対して、又はその政治的独立に対して行われるいかなる試みも、憲章の目的及び原則に反することを確信し、

憲章の諸規定を全体として考慮し、国際連合の権限ある機関によって採択されたこれらの原則に関連する決議を考慮し、

次の原則、すなわち、

(a)　国は、その国際関係において、武力による威嚇又は武力の行使を、いかなる国の領土保全又は政治的独立に対するものも、また、国際連合の目的と両立しない他のいかなる方法によるものも慎まなければならないという原則

(b)　国は、その国際紛争を平和的手段によって国際の平和と安全並びに正義を危うくしないように解決しなければならないという原則

(c)　憲章に従って、いかなる国の国内管轄権内にある事項にも干渉しない義務

(d)　憲章に従って、国が相互に協力すべき義務

(e)　人民の同権及び自決の原則

(f)　国の主権平等の原則

(g)　国は、憲章に従って負っている義務を誠実に履行しなければならないという原則

の漸進的発達及び法典化並びに当該原則の国際共同体における一層効果的な適用の確保が国際連合の目的の達成を促進することを考慮し、

諸国間の友好関係及び協力に関する国際法の原則を検討して、

I　次の原則を厳粛に宣言する。

**国は、その国際関係において、武力による威嚇又は武力の行使を、いかなる国の領土保全又は政治的独立に対するものも、また、国際連合の目的と両立しない他のいかなる方法によるものも慎まなければならないという原則**

いずれの国も、その国際関係において、武力による威嚇又は武力の行使を、いかなる国の領土保全又は政治的独立に対するものも、また、国際連合の目的と両立しない他のいかなる方法によるものも慎む義務を負う。このような武力による威嚇又は武力の行使は、国際法及び国際連合憲章に違反するものであ

り、国際問題〔issues〕を解決する手段としては決して使用してはならない。

侵略戦争は、平和に対する罪を構成するものであり、それに対しては国際法上の責任が生ずる。

国際連合の目的及び原則に従って、国は、侵略戦争の宣伝を慎む義務を負う。

いずれの国も、他国の現行の国境線〔international boundaries〕を侵すような又は領土紛争及び国の境界〔frontiers〕に関する問題を含む国際紛争を解決する手段としての武力による威嚇又は武力の行使を慎む義務を負う。

いずれの国も、同様に、自ら締約国であるか又は他の理由によって尊重する義務を負う国際的な合意により又は当該合意に従って確定された休戦ライン等の国際境界線〔international lines of demarcation〕を侵すような武力による威嚇又は武力の行使を慎む義務を負う。前記のいかなる部分も、それぞれの特別な制度の下におけるこのような境界線の地位及び効果に関して、関係当事者の立場を損なうものと解釈してはならず、また、当該境界線の暫定的性格に影響を及ぼすものと解釈してはならない。

国は、武力の行使を伴う復仇行為〔acts of reprisal〕を慎む義務を負う。

いずれの国も、同権及び自決の原則を詳述する際に述べた人民から自決権、自由及び独立を奪う強制的な行為を慎む義務を負う。

いずれの国も、他国の領域に侵入するために、傭兵を含む不正規軍又は武装集団を組織し又は組織を奨励することを慎む義務を負う。

いずれの国も、他国において内戦行為又はテロリズム行為を組織し、教唆し、援助し若しくはそれらに参加すること、又はこのような行為を行うことを目的とした自国の領域内における組織的活動を黙認することについて、これらの行為が武力による威嚇又は武力の行使を伴う場合には慎む義務を負う。

国の領域は、憲章に違反する武力の行使から生ずる軍事占領の対象としてはならない。国の領域は、武力による威嚇又は武力の行使から生ずる他国による取得の対象としてはならない。武力による威嚇又は武力の行使から生ずるいかなる領土取得も合法的なものとして承認してはならない。前記のいかなる部分も、次のことに影響を及ぼすものと解釈してはならない。

(a)　憲章又は憲章の制度以前のいずれかの国際的な合意であって国際法上効力を有するもの

(b)　憲章に基づく安全保障理事会の権限

全ての国は、効果的な国際管理の下における全面的かつ完全な軍備縮小に関する普遍的な条約の早期締結のために誠実に交渉を行うものとし、国際的な緊張を和らげ、かつ、諸国間の信頼を強化する目的で適当な措置をとるために努力する。

全ての国は、国際の平和と安全の維持に関し国際法の一般に承認された原則と規則に基づく義務を誠実に履行するものとし、憲章に基づく国際連合の安全保障体制を一層効果的なものにするために努力する。

前記のいかなる規定も、武力の行使が合法的である場合に関する憲章の規定の適用範囲を何ら拡大し又は縮小するものと解釈してはならない。

**国は、その国際紛争を平和的手段によって国際の平和と安全並びに正義を危うくしないように解決しなければならないという原則**

いずれの国も、他国との国際紛争を平和的手段によって国際の平和と安全及び正義を危うくしないように解決しなければならない。

したがって、国は、その国際紛争の交渉、審査、仲介、調停、仲裁裁判、司法的解決、地域的機関又は地域的取極の利用その他当事者が選ぶ平和的手段による迅速で公正な解決を求める。当事国は、このような解決を求めるに当たって、紛争の状況と性質に適した平和的手段について合意する。

紛争当事国は、前記の平和的手段のいずれかによって解決が得られない場合には、合意する他の平和的手段によって紛争の解決を引き続き求める義務を負う。

国際紛争の当事国及び他の国は、事態を悪化させ、かつ、国際の平和と安全の維持を危うくするおそれのあるいかなる行為も慎むものとし、国際連合の目的と原則に従って行動する。

国際紛争は、国の主権平等に基づいて、かつ、手段の自由な選択の原則に従って解決する。自らが当事者である現在の又は将来の紛争に関して、国が自由に合意する解決手続に訴え又はそれを受諾することを、主権平等に反するものとみなしてはならない。

前記のいかなる規定も、憲章の関連する規定、特に国際紛争の平和的解決に関する規定を害し又はそれから逸脱するものではない。

**憲章に従って、いかなる国の国内管轄権内にある事項にも干渉しない義務に関する原則**

いかなる国又は国の集団も、理由のいかんを問わず、直接又は間接に、他国の国内又は対外の事項に干渉する権利を有しない。したがって、国の人格又はその政治的、経済的及び文化的要素に対する武力干渉及びその他いかなる介入〔interference〕若しくは威嚇の試みも、国際法に違反する。

いかなる国も、他国の主権的権利の行使を自国に従属させ、かつ、その国から何らかの利益を確保するために、経済的、政治的その他他国を強制する措置をとり又はとることを奨励してはならない。また、いかなる国も、暴力による他国の制度の転覆を目的とした破壊活動、テロリズム活動若しくは武力活動を組織し、援助し、醸成し、資金を調達し、扇動し又は許容してはならず、また、他国の内戦に介入してはならない。

人民からその民族的同一性を奪うための武力の行使は、当該人民の奪うことのできない権利及び不干渉の原則を侵害するものである。

いずれの国も、他国によるいかなる介入も受けずに、その政治的、経済的、社会的及び文化的体制を選択する奪うことのできない権利を有する。

前記のいかなる規定も、国際の平和と安全の維持に関する憲章の関連規定に影響を及ぼすものと解釈してはならない。

**憲章に従って、国が相互に協力すべき義務**

国は、国際の平和と安全を維持し、国際経済の安定及び進歩並びに国の一般的福祉並びにその政治的、経済的、社会的体制の相違による差別のない国際協力を促進するために、このような相違に関わりなく、国際関係の種々の分野において互いに協力する義務を負う。

このために、

(a) 国は、国際の平和と安全の維持のため他国と協力する。

(b) 国は、全ての者の人権と基本的自由の普遍的な尊重及び遵守の促進のため並びにあらゆる形態の人種差別及び宗教的不寛容の撤廃のために協力する。

(c) 国は、経済的、社会的、文化的及び貿易分野における国際関係を、主権平等及び不干渉の原則に従って遂行する。

(d) 国際連合加盟国は、憲章の関連規定に従って、国際連合と協力して、共同及び個別の行動をとる義務を負う。

国は、経済的、社会的及び文化的分野並びに科学及び技術の分野において協力するものとし、国際的な文化及び教育の進歩のために協力する。国は、全世界における経済成長、特に、発展途上国の経済成長の促進のために協力する。

### 人民の同権及び自決の原則

国際連合憲章にうたわれた人民の同権及び自決の原則によって、全ての人民は、外部からの介入なしにその政治的地位を自由に決定し、その経済的、社会的及び文化的発展を追求する権利を有し、いずれの国も、憲章に従ってこの権利を尊重する義務を負う。

いずれの国も、憲章に従って、共同及び個別の行動を通じて人民の同権及び自決の原則の実現を促進し、並びに

(a) 諸国間の友好関係及び協力を促進するため、及び

(b) 当該人民の自由に表明した意思に妥当な考慮を払って、植民地主義の迅速な終了を実現するために、

人民を外国の征服、支配及び搾取の下に置くことは、この原則に違反し、基本的人権を否認し、憲章に反するものであることに留意して、この原則の実施に関して憲章によって委託された責任を国際連合が履行するに当たり、国際連合に援助を与える義務を負う。

いずれの国も、憲章に従った人権と基本的自由の普遍的な尊重及び遵守を、共同及び個別の行動を通じて促進する義務を負う。

主権独立国家の確立、独立国家との自由な連合若しくは統合又は人民が自由に決定したその他の政治的地位の獲得は、当該人民による自決権の行使の形態を成す。

いずれの国も、前にこの原則を詳述する際に述べた人民から自決権、自由及び独立を奪ういかなる強制的な行為も慎む義務を負う。人民は、自決権行使の過程においてこのような強制的な行為に対する反対行動及び抵抗において、憲章の目的及び原則に従って支持を求め、かつ、受ける権利を有する。

植民地その他の非自治地域は、憲章に基づき、それを施政する国の領域とは分離した別個の地位を有する。憲章の下におけるこのような分離した別個の地位は、植民地又は非自治地域の人民が、憲章、特にその目的又は原則に従って自決権を行使するまで存続する。

前記のいかなる規定も、そこに規定する人民の同権又は自決の原則に従って行動し、人種、信条又は皮膚の色による差別なしにその地域に属する人民全体を代表する政府を有するに至った主権独立国家の領土保全又は政治的統一を全体としてまた部分的にも分割し又は害するいかなる行動も認め又は奨励するものと解釈してはならない。

いずれの国も、他のいかなる国又は領域の国民的統一及び領土保全の部分的又は全体的破壊を目的とするいかなる行動も慎むものとする。

### 国の主権平等の原則

全ての国は、主権平等を享有する。国は、経済的、社会的、政治的その他の性質の相違にかかわらず、平等の権利及び義務を有し、国際共同体の平等の構成員である。

主権平等は、特に次の要素を含む。

(a) 国は、法的に平等であること。

(b) 各国は、完全な主権に固有の権利を享有すること。

(c) 各国は、他国の人格を尊重する義務を負うこと。

(d) 国の領土保全及び政治的独立は、不可侵であること。

(e) 各国は、その政治的、社会的、経済的及び文化的体制を自由に選択し、発展させる権利を有すること。

(f) 各国は、その国際的義務を完全にかつ誠実に履行し、他国と平和に生活する義務を負うこと。

### 国は、憲章に従って負っている義務を誠実に履行するという原則

いずれの国も、国際連合憲章に従って負っている義務を誠実に履行する義務を負う。

いずれの国も、国際法の一般に承認された原則及び規則に基づく義務を誠実に履行する義務を負う。

いずれの国も、国際法の一般に承認された原則及び規則に基づき効力を有する国際的な合意による義務を誠実に履行する義務を負う。

国際的な合意に基づき生ずる義務が、国際連合加盟国の国際連合憲章に基づく義務と抵触する場合には、憲章に基づく義務が優先する。

一般的部分

II 次のことを宣言する。

前記の原則は、その解釈と適用に関して相互に関連しており、それぞれの原則は、他の原則と照らし合わせて解釈すべきである。

この宣言に憲章に基づく加盟国及び人民の権利が詳述されていることを考慮して、この宣言のいかなる規定も、憲章の規定、憲章に基づく加盟国の権利及び義務又は憲章に基づく人民の権利をいかなる形でも損なうものと解釈してはならない。

III さらに、次のことを宣言する。

この宣言に規定する憲章の原則は、国際法の基本原則を構成するものであり、したがって、全ての国に対して、その国際行動においてこれらの原則に導かれるよう、かつ、相互関係をこれらの原則の厳格な遵守に基づいて発展させるよう訴える。

## 3 平和のための結集決議 (第13章第1節4参照六七七頁)

## 4 人権理事会創設決議（第7章第1節3(1)参照二九七頁）

## 5 国連特権免除条約（第3章5参照一三〇頁）

## 6 国連要員安全条約（第8章第2節7(1)参照四三四頁）

## 7 国際労働機関憲章

［ＩＬＯ憲章］

採　択　一九四六年一〇月九日（第二九回労働総会）
効力発生　一九四八年四月二〇日（改正―五四年五月二〇日（五三年六月二五日総会採択）、六三年五月二二日（六二年六月二二日総会採択）、七四年一一月一日（七二年六月二二日総会採択）、二〇一五年一〇月八日（九七年六月一九日総会採択））
日本国　一九五一年一一月二六日加入（受諾書寄託）（同年五月二九日内閣加盟決定、一一月一七日国会承認、五二年一月一六日公布・条約一号）
当事国　一八七

### 前文

世界の永続する平和は、社会正義を基礎としてのみ確立することができるから、

そして、世界の平和及び協調が危くされるほど大きな社会不安を起すような不正、困苦及び窮乏を多数の人民にもたらす労働条件が存在し、且つ、これらの労働条件を、たとえば、一日及び一週の最長労働時間の設定を含む労働時間の規制、労働力供給の調整、失業の防止、妥当な生活賃金の支給、雇用から生ずる疾病・疾患・負傷に対する労働者の保護、児童・年少者・婦人の保護、老年及び廃疾に対する給付、自国以外の国において使用される場合における労働者の利益の保護、同一価値の労働に対する同一報酬の原則の承認、結社の自由の原則の承認、職業的及び技術的教育の組織並びに他の措置によつて改善することが急務であるから、

また、いずれかの国が人道的な労働条件を採用しないことは、自国における労働条件の改善を希望する他の国の障害となるから、

締約国は、正義及び人道の感情と世界の恒久平和を確保する希望とに促されて、且つ、この前文に掲げた目的を達成するために、次の国際労働機関憲章に同意する。

### 第一章　組織

**第一条【機関の設置、加盟、脱退】** １　この憲章の前文及びこの憲章の附属書となつている千九百四十四年五月十日にフィラデルフィアで採択された国際労働機関の目的に関する宣言に掲げた目標を達成するために、ここに常設機関を設置する。

２　国際労働機関の加盟国は、千九百四十五年十一月一日にこの機関の加盟国であつた国並びにこの条の第三項及び第四項の規定に従つて加盟国となる他の国とする。

３　国際連合の原加盟国及び国際連合憲章の規定に従い国際連合総会の決定によつて国際連合の加盟国となることを認められた国は、国際労働機関憲章の義務の正式の受諾を国際労働事務局長に通知することによつて、国際労働機関の加盟国となることができる。

４　また、国際労働機関の総会は、出席し且つ投票する政府代表の三分の二の賛成投票を含む会期に参加している代表の三分の二の賛成投票によつて、この機関への加盟を承認することができる。この加盟は、国際労働事務局長に新加盟国の政府によるこの機関の憲章の義務の正式の受諾の通知があつた時に効力を生ずる。

５　国際労働機関の加盟国は、脱退する意思を国際労働事務局長に通告しなければ、この機関から脱退することができない。この通告は、事務局長が受領した日の後二年で効力を生ずる。但し、この時にその加盟国が加盟国としての地位から生ずるすべての財政的義務を果していることを条件とする。この脱退は、加盟国がいずれかの国際労働条約を批准しているときは、その条約で定めた期間中は、その条約から生じ又はその条約に関係するすべての義務の継続的効力に影響を及ぼさない。

６　いずれかの国がこの機関の加盟国でなくなつた場合には、その再加盟については、それぞれこの条の第三項又は第四項の規定によるものとする。

**第二条【構成】** この常設機関は、次のものからなる。
(a) 加盟国の代表者の総会
(b) 第七条に規定するように構成する理事会　及び
(c) 理事会の監督を受ける国際労働事務局

**第三条【総会】** １　加盟国の代表者の総会の会合は、必要に応じて随時に、且つ、少くとも毎年一回開催する。総会は、各加盟国の四人の代表者で構成する。そのうちの二人は政府代表とし、他の二人は各加盟国の使用者及び労働者をそれぞれ代表する代表とする。

２　各代表は、顧問を伴うことができる。顧問は、会合の議事日程の各議題について二人をこえてはならない。婦人に特に関係がある問題が総会で審議されるときは、顧問のうちの少くとも一人は、婦人でなければならない。

３　非本土地域の国際関係に責任をもつ各加盟国は、自国の各代表に対する顧問として更に次の者を任命することができる。
(a) 前記の地域の自治権の範囲内にある事項について前記のいずれかの地域の代表者として加盟国が指名する者　及び
(b) 非自治地域に関する事項について自国の代表に助言するために加盟国が指名する者

４　二以上の加盟国の共同の権力の下にある地域の場合には、それらの加盟国の代表に助言する者を指名することができる。

５　加盟国は、各自の国に使用者又は労働者をそれぞれ最もよく代表する産業上の団体がある場合には、それらの団体と合意して選んだ民間の代表及び顧問を指名することを約束する。

６　顧問は、これを伴う代表が要請し且つ総会議長が特別に許可する場合を除いて、発言してはならない。また、顧問は、投票することができない。

７　代表は、議長にあてた通告書によつて、その顧問の一人を代理者に任命することができる。この顧問は、代理者として行動しているときは、発言し且つ投票することを許される。

８　代表及びその顧問の氏名は、各加盟国の政府が国際労働事務局に通知する。

９　代表及びその顧問の委任状は、総会の審査を受けなければならない。総会は、この条に従つて指名されなかつたと認める代表又は顧問の承認を出席代表の投票の三分の二によつて拒絶す

ることができる。

**第四条【投票】** 1 総会の審議に付されるすべての事項について、各代表は、個別的に投票する権利をもつ。

2 ある加盟国が、指名権をもつにもかかわらず、民間代表の一人を指名しないときは、他の民間代表は、総会に出席し且つ発言することを許されるが、投票することを許されない。

3 総会が第三条に従つてある加盟国の代表の承認を拒絶したときは、その代表が指名されなかつたものとして、この条の規定が適用される。

**第五条【開催地】** 総会の会合は、前回の会合において総会自体が行うことのある決定に従うことを条件として、理事会が決定する場所で開催する。

**第六条【所在地】** 国際労働事務局の所在地の変更は、総会が出席代表の投票の三分の二の多数によつて決定する。

**第七条【理事会】** 1 理事会は、次の五十六人で構成する。

政府を代表する二十八人
使用者を代表する十四人　及び
労働者を代表する十四人

2 政府を代表する二十八人のうち、十人は、主要産業国たる加盟国が任命し、十八人は、前記の十加盟国の代表を除く総会における政府代表によつてこのために選定された加盟国が任命しなければならない。

3 理事会は、必要に応じて、どの国がこの機関の主要産業国たる加盟国であるかを決定し、且つ、理事会の決定前に主要産業国たる加盟国の選定に関するすべての問題を公平な委員会が審議することを確保する規則を定める。どの国が主要産業国たる加盟国であるかに関する理事会の宣言に対して加盟国が行う提訴は、総会が判定する。但し、総会への提訴は、総会がその提訴を判定する時まで宣言の適用を停止するものではない。

4 使用者を代表する者及び労働者を代表する者は、総会における使用者代表及び労働者代表がそれぞれ選挙しなければならない。

5 理事会の任期は、三年とする。理事会の選挙が何らかの理由によつてこの期間の満了の時に行われないときは、理事会は、この選挙が行われる時まで在任する。

6 欠員の補充及び代理者の任命の方法並びに他の類似の問題は、総会の承認を条件として、理事会が決定することができる。

7 理事会は、随時に、その構成員の中から議長一人及び副議長二人を選挙する。そのうちの一人は政府を代表する者とし、一人は使用者を代表する者とし、一人は労働者を代表する者としなければならない。

8 理事会は、その議事手続を規定し、且つ、この会合の時期を定める。特別会合は、理事会における代表者の少くとも十六人が書面でその要請をしたときに開催する。

**第八条【事務局長】** 1 国際労働事務局に事務局長を置く。事務局長は、理事会によつて任命され、且つ、理事会の指示の下で、国際労働事務局の能率的な運営及び他の委託されることのある任務について責任を負う。

2 事務局長又はその代理者は、理事会のすべての会合に出席しなければならない。

**第九条【職員】** 1 国際労働事務局の職員は、事務局長が理事会の承認した規則に基いて任命する。

2 事務局長は、事務局の業務の能率を充分に考慮しつつできる限り、国籍の異なる者を選任しなければならない。

3 前項の者のうちの若干人は、婦人でなければならない。

4 事務局長及び職員の責任は、性質上もつぱら国際的なものである。事務局長及び職員は、その任務の遂行に当つて、いかなる政府からも又はこの機関外のいかなる当局からも指示を求め、又は受けてはならない。事務局長及び職員は、この機関に対してのみ責任を負う国際的職員としての地位を損ずる虞のあるいかなる行動も慎まなければならない。

5 この機関の各加盟国は、事務局長及び職員の責任のもつぱら国際的な性質を尊重すること並びにこれらの者が責任を果すに当つてこれらの者を左右しようとしないことを約束する。

**第一〇条【事務局の任務】** 1 国際労働事務局の任務は、労働者の生活状態及び労働条件の国際的調整に関するすべての事項についての資料の収集及び配布、特に国際条約の締結を目的として総会に提出することが提案されている事項の審査並びに総会又は理事会が命ずることのある特別の調査の実施を含む。

2 事務局は、理事会が与える指示に従つて、次のことを行う。

(a) 総会の会合のための議事日程の各種の議題に関する書類を準備すること。

(b) 総会の決定に基いて行う法律及び規則の立案並びに行政上の慣行及び監督制度の改善に関して、政府の要請があつたときに、可能なすべての適当な援助をこれに与えること。

(c) 条約の実効的な遵守に関して、この憲章の規定により事務局に要求される任務を遂行すること。

(d) 国際的な関係をもつ産業及び雇用の問題を取り扱う出版物を、理事会が望ましいと認める言語で編集し且つ刊行すること。

3 一般に、事務局は、総会又は理事会が委託する他の権限及び任務をもつ。

**第一一条【事務局長との直接連絡】** 労働問題を取り扱う加盟国の官庁は、国際労働事務局の理事会における自国政府の代表者を通じて、又は、このような代表者がない場合には、資格のある他の公務員で政府がこのために指名するものを通じて、事務局長と直接に連絡することができる。

**第一二条【他の国際機関との協力】** 1 国際労働機関は、この憲章の条項の範囲内で、専門的責任をもつ公的国際機関の活動を調整する任務をもつ一般的国際機関及び関係分野において専門的責任をもつ公的国際機関と協力しなければならない。

2 国際労働機関は、公的国際機関の代表者が投票権なしにこの機関の審議に参加するための適当な取極をすることができる。

3 国際労働機関は、使用者、労働者、農業者及び協同組合員の国際機関を含む承認された民間国際機関との望ましいと認める協議のための適当な取極をすることができる。

**第一三条【財政】** 1 国際労働機関は、適当と思われる財政上及び予算上の取極を国際連合と締結することができる。

2 前期の取極が締結されるまでの間は、又は有効な前記の取極がないときはいつでも、

(a) 各加盟国は、それぞれ総会又は理事会の会合に出席する自国の代表及びその顧問並びに代表者の旅費及び滞在費を支給する。

(b) 国際労働事務局及び総会又は理事会の会合のすべての他の経費は、国際労働事務局長が国際労働機関の一般資金から支出する。

(c) 国際労働機関の予算の承認並びに分担金の割当及び徴収のための取極は、総会が出席代表の投票の三分の二の多数によ

つて決定しなければならず、且つ、政府代表者の委員会が予算及びこの機関の加盟国間における経費の割当のための取極を承認することについて規定しなければならない。

3 国際労働機関の経費は、この条の第一項又は第二項(c)による有効な取極に従つて、加盟国が負担する。

4 この機関に対する分担金の支払が遅滞しているこの機関の加盟国は、その遅滞金の額がその時までの満二年間にその国から支払われるべきであつた分担金の額に等しいか又はこれをこえるときは、総会、理事会若しくは委員会において又は理事会の構成員の選挙において投票権をもたない。但し、総会は、支払の不履行が加盟国にとつてやむを得ない事情によると認めたときは、出席代表の投票の三分の二の多数によつて、その加盟国に投票を許すことができる。

5 国際労働事務局長は、国際労働機関の資金の適正な支出について理事会に対して責任を負う。

## 第二章　手続

**第一四条【会議事項】** 1 総会のすべての会合の議事日程は、理事会が、加盟国の政府、第三条の適用上承認された代表的団体又は公的国際機関によつて行われることのある議事日程に関する示唆を考慮して定める。

2 理事会は、総会による条約又は勧告の採択の前に予備的な会議又は他の方法で完全な技術的準備及び最も関係の深い加盟国の充分な協議を確保するために、規則を作成しなければならない。

**第一五条【会議事項の送付】** 1 事務局長は、総会の事務総長として行動し、且つ、議事日程を加盟国及び、民間代表が指名されているときはこの加盟国を通じて、その民間代表に、総会の会合の四箇月前に到達するように送付しなければならない。

2 議事日程の各議題に関する報告は、総会の会合に先だつて充分に検討することができるような時期に加盟国に到達するように発送しなければならない。理事会は、この規定の適用のための規則を作成しなければならない。

**第一六条【会議事項に対する異議】** 1 いずれの加盟国政府も、議事日程中のある議題の存置に対して正式に異議を申し立てることができる。このような異議の理由は、事務局長にあてた陳述書に記載し、事務局長は、これをこの機関のすべての加盟国に通報しなければならない。

2 もつとも、このような異議があつた議題は、総会において出席代表の投票の三分の二の多数が審議することに賛成であるときは、議事日程から除くことができない。

3 総会が出席代表の投票の三分の二の多数によつていずれかの事項を総会で審議すべきことを決定したとき(前項の場合を除く。)は、その事項は、次回の会合の議事日程に入れなければならない。

**第一七条【議長、副議長、議事手続、表決】** 1 総会は、議長一人及び副議長三人を選挙する。副議長のうちの一人は政府代表とし、一人は使用者代表とし、一人は労働者代表とする。総会は、その議事手続を定めなければならず、且つ、いずれかの事項について審議し且つ報告する委員会を設けることができる。

2 この憲章に別段に明白に規定された場合あるいは総会に権限を与える条約若しくは他の文書の条項又は第十三条に基いて採択された財政上及び予算上の取極の条項によつて別段に明白に規定された場合を除き、すべての事項は、出席代表の投票の単純過半数によつて決定する。

3 表決は、投票総数が総会に参加している代表の半数に達しないときは無効とする。

**第一八条【技術的専門家】** 総会は、その設置する委員会に投票権をもたない技術的専門家を置くことができる。

**第一九条【条約と勧告】** 1 総会が議事日程のある議題に関する提案を採択することに決定したときは、総会は、その提案が(a)国際条約の形式をとるべきか、又は(b)取り扱われた問題若しくはその問題のある面がそのときに条約として適当と認められない場合には事情に応ずる勧告の形式をとるべきかを決定する。

2 いずれの場合にも、総会がそれぞれ条約又は勧告を採択するための最終的の投票においては、出席代表の投票の三分の二の多数を必要とする。

3 一般に適用する条約又は勧告を作成する場合には、総会は、気候条件、産業組織の不完全な発達又は他の特殊の事情によつて産業条件が実質的に異なる国について充分な考慮を払い、且つ、これらの国の事態に応ずるために必要と認める修正があるときは、その修正を示唆しなければならない。

4 条約又は勧告は、その二通を総会議長及び事務局長の署名によつて認証しなければならない。そのうちの一通は、国際労働事務局の記録に寄託し、他の一通は、国際連合事務総長に寄託する。事務局長は、条約又は勧告の認証謄本を各加盟国に送付する。

5 条約の場合には、

(a) 条約は、批准のためにすべての加盟国に送付する。

(b) 各加盟国は、立法又は他の措置のために、総会の会期の終了後おそくとも一年以内に、又は例外的な事情のために一年以内に不可能であるときはその後なるべくすみやかに、且つ、いかなる場合にも総会の会期の終了後十八箇月以内に、条約を当該事項について権限のある機関に提出することを約束する。

(c) 加盟国は、条約を前記の権限のある機関に提出するためにこの条に従つて執つた措置、権限があると認められる機関に関する細目及びこの機関が執つた措置を国際労働事務局長に通知しなければならない。

(d) 加盟国は、当該事項について権限のある機関の同意を得たときは、条約の正式の批准を事務局長に通知し、且つ、条約の規定を実施するために必要な措置を執る。

(e) 加盟国は、当該事項について権限のある機関の同意を得なかつたときは、条約で取り扱われている事項に関する自国の法律及び慣行の現況を、理事会が要請する適当な間隔をおいて、国際労働事務局長に報告する以外には、いかなる義務も負わない。この報告には、立法、行政的措置、労働協約又はその他によつて条約の規定のいずれがどの程度に実施されているか、又は実施されようとしているかが示され、且つ、条約の批准を妨げ、又は遅延させる障害が述べられていなければならない。

6 勧告の場合には、

(a) 勧告は、国内立法又はその他によつて実施されるようにすべての加盟国に審議のために送付する。

(b) 各加盟国は、立法又は他の措置のために、総会の会期の終了後おそくとも一年以内に、又は例外的な事情のために一年以内に不可能であるときはその後なるべくすみやかに、且つ、いかなる場合にも総会の会期の終了後十八箇月以内に、勧告を当該事項について権限のある機関に提出することを約束する。

(c) 加盟国は、勧告を前記の権限のある機関に提出するためにこの条に従つて執つた措置、権限があると認められる機関に関する細目及びこの機関が執つた措置を国際労働事務局長に通知しなければならない。

(d) 加盟国は、勧告を前記の権限のある機関に提出することを除き、勧告で取り扱われている事項に関する自国の法律及び慣行の現況を、理事会が要請する適当な間隔をおいて、国際労働事務局長に報告する以外には、いかなる義務も負わない。この報告には、勧告の規定がどの程度に実施されているか、又は実施されようとしているか、及びこれらの規定を採択し、又は適用するに当つて必要と認められた又は認められるこれらの規定の変更が示されていなければならない。

7 連邦の場合には、次の規定を適用する。

(a) 連邦政府が、憲法制度上、連邦による措置を適当であると認める条約及び勧告については、連邦の義務は、連邦でない加盟国の義務と同一とする。

(b) 連邦政府が、憲法制度上、全部又は一部について、連邦による措置よりも連邦を構成する邦、州又は県による措置を適当であると認める条約及び勧告については、連邦政府は、

(一) その憲法及び関係のある邦、州又は県の憲法に従つて、立法又は他の措置のために総会の会期の終了後十八箇月以内に条約及び勧告が連邦、邦、州又は県の適当な機関に提出されるための有効な取極をしなければならない。

(二) 関係のある邦、州又は県の政府の同意を条件として、条約及び勧告の規定を実施するための調整された行動を連邦国家内で促進することを目的として連邦の機関と邦、州又は県の機関との間で定期的協議を行うように措置しなければならない。

(三) 条約及び勧告が連邦、邦、州又は県の適当な機関に提出されるためにこの条に従つて執つた措置、適当と認められる機関に関する細目及びこの機関が執つた措置を国際労働事務局長に通知しなければならない。

(四) 連邦政府が批准しなかつた各条約については、連邦及びこれを構成する邦、州又は県の当該条約に関する法律及び慣行の現況を、理事会が要請する適当な間隔をおいて、国際労働事務局長に報告しなければならない。この報告には、立法、行政的措置、労働協約又はその他によつて条約の規定のいずれがどの程度に実施されているか、又は実施されようとしているかが示されていなければならない。

(五) 各勧告については、連邦及びこれを構成する邦、州又は県の勧告に関する法律及び慣行の現況を、理事会が要請する適当な間隔をおいて、国際労働事務局長に報告しなければならない。この報告には、勧告の規定がどの程度に実施されているか、又は実施されようとしているか、及びこれらの規定を採択し、又は適用するに当つて必要と認められた又は認められるこれらの規定の変更が示されていなければならない。

8 いかなる場合にも、総会による条約若しくは勧告の採択又は加盟国による条約の批准は、条約又は勧告に規定された条件よりも関係労働者にとつて有利な条件を確保している法律、裁決、慣行又は協約に影響を及ぼすものとみなされてはならない。

9 この条の規定に従つて採択された条約がその目的を失つたこと又はこの機関の目的の達成に当たりもはや有益な貢献をしていないことが明らかである場合には、総会は、理事会の提案に基づき、出席代表の投票の三分の二の多数によつて当該条約を廃止することができる。

**第二〇条【条約の登録】** 前条によつて批准された条約は、国際連合憲章第百二条の規定に従つて登録するために、国際労働事務局長が国際連合事務総長に送付するが、その条約は、批准する加盟国のみを拘束する。

**第二一条【総会の不採決条約】** 1 最終的審議のために総会に提出された条約が出席代表の投票の三分の二の支持を確保しなかつたときも、相互間においてその条約を協定することは、この機関の加盟国の権利に属する。

2 前項によつて協定した条約は、関係政府が国際労働事務局長及び、国際連合憲章第百二条の規定に従つて登録するために、国際連合事務総長に送付しなければならない。

**第二二条【年次報告】** 各加盟国は、当事国となつた条約の規定を実施するために執つた措置について、国際労働事務局に年次報告をすることに同意する。この報告は、理事会が要請する様式で作成され、且つ、理事会が要請する細目を記載していなければならない。

**第二三条【資料と報告】** 1 事務局長は、第十九条及び第二十二条に従つて加盟国が送付した資料及び報告の概要を総会の次回の会期に提出しなければならない。

2 各加盟国は、第三条の適用上承認された代表的団体に、第十九条及び第二十二条に従つて事務局長に送付した資料及び報告の写を送付しなければならない。

**第二四条【条約不遵守の申立て】** 加盟国のいずれかが当事国である条約の実効的な遵守をその管轄権の範囲内において何らかの点で確保していないことを使用者又は労働者の産業上の団体が国際労働事務局に申し立てた場合には、理事会は、この申立をその対象となつた政府に通知し、且つ、この事項について適当と認める弁明をするようにその政府を勧誘することができる。

**第二五条【申立てと弁明の公表】** 理事会は、当該政府から相当な期間内に弁明を受領しなかつた場合又はこれを受領しても弁明を満足と認めなかつた場合には、前記の申立及び、弁明があるときは、この弁明を公表する権利をもつ。

**第二六条【条約違反に対する苦情】** 1 いずれの加盟国も、他の加盟国が前記の諸条に従つてともに批准した条約の実効的な遵守を他の加盟国が確保していないと認めた場合には、国際労働事務局に苦情を申し立てる権利をもつ。

2 理事会は、適当と認めるときは、後に規定する審査委員会に前項の苦情を付託する前に、第二十四条に掲げた方法で当該政府と連絡することができる。

3 理事会は、苦情を当該政府に通知することを必要と認めなかつた場合又はこの通知をしても理事会が満足と認める弁明を相当な期間内に受領しなかつた場合には、苦情を審議し且つそれについて報告すべき審査委員会を設けることができる。

4 同一の手続は、理事会がその発意によつても又は総会における代表から苦情を受けたときにも採択することができる。

5 第二十五条又は第二十六条から生ずる事項を理事会が審議している場合に、当該政府は、理事会に代表者を出していないときは、その事項の審議中理事会の議事に参加するための代表者を送る権利をもつ。その事項を審議する期日に関する適当な通告は、当該政府にしなければならない。

**第二七条【苦情事項に対する資料の提供】** 加盟国は、第二十六条に基いて苦情が審査委員会に付託される場合には、自国がその苦情に直接に関係があつてもなくても、苦情の対象となつている事項に関係のあるすべての資料でその所有するものを審査委員会の使用に供することに同意する。

**第二八条【審査委員会の報告書】** 審査委員会は、苦情を充分に審議したときは、当事国間の係争問題の決定に関係のあるすべての事実問題の認定を記載し、且つ、苦情に応ずるために執るべき措置及びこの措置を執るべき期限について適当と認める勧告を含む報告書を作成しなければならない。

**第二九条【報告書の送付・公表、国際司法裁判所への付託】** 1 国際労働事務局長は、審査委員会の報告書を理事会及び苦情に関係のある各政府に送付し、且つ、報告書が公表されるようにしなければならない。

2 これらの各政府は、審査委員会の報告書に含まれている勧告を受諾するかしないか、及び受諾しない場合に苦情を国際司法裁判所に付託する意図があるかどうかを、三箇月以内に国際労働事務局長に通知しなければならない。

**第三〇条【条約と勧告の報告】** 加盟国が条約又は勧告について第十九条第五項(b)、第六項(b)又は第七項(b)(一)に規定された措置を執らなかつた場合には、他の加盟国は、この事項を理事会に付託する権利をもつ。理事会は、このような不履行のあつたことを認めた場合には、この事項を総会に報告しなければならない。

**第三一条【国際司法裁判所の決定】** 第二十九条に従つて付託された苦情又は事項に関する国際司法裁判所の決定は、最終的とする。

**第三二条【国際司法裁判所の権限】** 国際司法裁判所は、審査委員会の認定又は勧告を確認し、変更し、又は破棄することができる。

**第三三条【勧告の不履行】** 加盟国がそれぞれ審査委員会の報告書又は国際司法裁判所の決定に含まれている勧告を指定された期間内に履行しなかつたときは、理事会は、勧告の履行を確保するための適宜と認める措置を総会に勧告することができる。

**第三四条【勧告の履行の確認】** 勧告を履行しなかつた政府は、それぞれ審査委員会の勧告又は国際司法裁判所の決定中の勧告を履行するために必要な措置を執つたことをいつでも理事会に通知し、且つ、その主張を確めるべき審査委員会の設置を要請することができる。この場合には、第二十七条、第二十八条、第二十九条、第三十一条及び第三十二条の規定を適用するものとし、審査委員会の報告又は国際司法裁判所の決定が勧告を履行しなかつた政府に有利であるときは、理事会は、第三十三条に従つて執つた措置の中止を直ちに勧告しなければならない。

## 第三章　一般規定

**第三五条【非本土地域への適用】** 1 加盟国は、この憲章の規定に従つて批准した条約を、自国が施政権者たる信託統治地域を含めて自国が国際関係に責任をもつ非本土地域に対して適用することを約束する。但し、その条約の主題たる事項が当該地域の自治権内にある場合又は条約が地方的条件によつて適用できない場合を除くものとし、また、条約を地方的条件に適応させるために必要な変更を加えることを条件とする。

2 条約を批准する各加盟国は、批准の後なるべくすみやかに、次の第四項及び第五項に掲げたものを除く地域について、条約の規定のどの程度の適用を約束するかを述べ、且つ、条約で定める細目を示した宣言を国際労働事務局長に通知しなければならない。

3 前項によつて宣言を通知した各加盟国は、条約の条項に従つて、前の宣言の条項を変更し且つ当該地域に関する現況を述べた新たな声明を随時に通知することができる。

4 条約の主題たる事項がいずれかの非本土地域の自治権内にあるときは、当該地域の国際関係に責任をもつ加盟国は、当該地域の政府による立法又は他の措置のためになるべくすみやかにその条約を当該政府に送付しなければならない。その後、加盟国は、当該地域の政府と合意して、当該地域のために条約の義務を受諾する宣言を国際労働事務局長に通知することができる。

5 条約の義務を受諾する宣言は、次のものが国際労働事務局長に通知することができる。

(a) この機関の二以上の加盟国の共同の権力の下にある地域については、この二以上の加盟国　又は

(b) 国際連合憲章若しくはその他によつて国際機関が施政の責任をもつ地域については、その国際機関

6 第四項又は第五項による条約の義務の受諾は、条約の条項で定めた義務及びこの機関の憲章に基く義務で批准した条約に適用されるものを関係地域のために受諾したものとする。受諾の宣言には、条約を地方的条件に適応させるために必要な条約の規定の変更を明記することができる。

7 この条の第四項又は第五項によつて宣言を通知した各加盟国又は国際機関は、条約の条項に従つて、関係地域のために前の宣言の条項を変更する新たな宣言又は条約の義務の受諾を終止する新たな宣言を随時に通知することができる。

8 条約の義務がこの条の第四項又は第五項に関する地域のために受諾されないときは、関係のある一若しくは二以上の加盟国又は国際機関は、条約で取り扱われている事項に関する当該地域の法律及び慣行の現況を国際労働事務局長に報告しなければならない。この報告には、立法、行政的措置、労働協約又はその他によつて条約の規定のいずれがどの程度に実施されているか、又は実施されようとしているかが示され、且つ、条約の受諾を妨げ、又は遅延させる障害が述べられていなければならない。

**第三六条【憲章の改正】** 総会が出席代表の投票の三分の二の多数によつて採択するこの憲章の改正は、この憲章の第七条第三項の規定に従つて主要産業国たる加盟国として理事会に代表者を出している十加盟国のうちの五国を含むこの機関の加盟国の三分の二によつて批准され、又は受諾された時に効力を生ずる。

**第三七条【疑義と紛争の解決】** 1 この憲章又は加盟国がこの憲章の規定に従つて今後締結する条約の解釈に関する疑義又は紛争は、決定のため国際司法裁判所に付託する。

2 この条の第一項の規定にかかわらず、理事会は、理事会によつて又は条約の条項に従つて付託される条約の解釈に関する紛争又は疑義をすみやかに解決すべき裁判所の設置に関する規則を作成し、且つ、承認のために総会に提出することができる。国際司法裁判所の判決又は勧告的意見で適用できるものは、この項によつて設置される裁判所を拘束する。この裁判所が行つた裁決は、この機関の加盟国に通報され、裁決に関する加盟国の意見書は、総会に提出されなければならない。

**第三八条【地域会議、地域機関】** 1 国際労働機関は、この機関の目的を達成するために望ましい地域会議の招集及び地域機関の設立を行うことができる。

2 地域会議の権限、任務及び手続は、理事会が作成し且つ確認のために総会に提出される規則によるものとする。

## 第四章 雑則

**第三九条【機関の法人格】** 国際労働機関は、完全な法人格及び特に次の能力をもつ。

(a) 契約すること。

(b) 不動産及び動産を取得し、及び処分すること。

(c) 訴訟を提起すること。

**第四〇条【特権と免除】** 1 国際労働機関は、各加盟国の領域において、その目的の達成に必要な特権及び免除を享有する。

2 同様に、総会における代表、理事会の構成員、事務局長及び職員は、この機関に関連するその任務を独立に遂行するために必要な特権及び免除を享有する。

3 前記の特権及び免除は、この機関が加盟国による受諾のために作成する別個の取極で規定する。

## 附属書

## 国際労働機関の目的に関する宣言

国際労働機関の総会は、その第二十六回会期としてフィラデルフィアに会合し、千九百四十四年五月十日、国際労働機関の目的及び加盟国の政策の基調をなすべき原則に関するこの宣言をここに採択する。

一 総会は、この機関の基礎となつている根本原則、特に次のことを再確認する。

(a) 労働は、商品ではない。

(b) 表現及び結社の自由は、不断の進歩のために欠くことができない。

(c) 一部の貧困は、全体の繁栄にとつて危険である。

(d) 欠乏に対する戦は、各国内における不屈の勇気をもつて、且つ、労働者及び使用者の代表者が、政府の代表者と同等の地位において、一般の福祉を増進するために自由な討議及び民主的な決定にともに参加する継続的且つ協調的な国際的努力によつて、遂行することを要する。

二 永続する平和は、社会正義を基礎としてのみ確立できるという国際労働機関憲章の宣言の真実性が経験上充分に証明されていると信じて、総会は、次のことを確認する。

(a) すべての人間は、人種、信条又は性にかかわりなく、自由及び尊厳並びに経済的保障及び機会均等の条件において、物質的福祉及び精神的発展を追求する権利をもつ。

(b) このことを可能ならしめる状態の実現は、国家の及び国際の政策の中心目的でなければならない。

(c) 国家の及び国際の政策及び措置はすべて、特に経済的及び財政的性質をもつものは、この見地から判断することとし、且つ、この根本目的の達成を促進するものであり且つ妨げないものであると認められる限りにおいてのみ是認することとしなければならない。

(d) この根本目的に照らして経済的及び財政的の国際的政策及び措置をすべて検討し且つ審議することは、国際労働機関の責任である。

(e) 国際労働機関は、委託された任務を遂行するに当り、関係のあるすべての経済的及び財政的要素に考慮を払つて、その決定及び勧告の中に適当と認める規定を含めることができる。

三 総会は、次のことを達成するための計画を世界の諸国間において促進する国際労働機関の厳粛な義務を承認する。

(a) 完全雇用及び生活水準の向上

(b) 熟練及び技能を最大限度に提供する満足を得ることができ、且つ、一般の福祉に最大の貢献をすることができる職業への労働者の雇用

(c) この目的を達成する手段として、及びすべての関係者に対する充分な保障の下に、訓練のための便宜並びに雇用及び定住を目的とする移民を含む労働者の移動のための便宜を供与すること。

(d) 賃金及び所得並びに労働時間及び他の労働条件に関する政策で、すべての者に進歩の成果の公正な分配を保障し、且つ、最低生活賃金による保護を必要とするすべての被用者にこの賃金を保障することを意図するもの

(e) 団体交渉権の実効的な承認、生産能率の不断の改善に関する経営と労働の協力並びに社会的及び経済的措置の準備及び適用に関する労働者と使用者の協力

(f) 基本収入を与えて保護する必要のあるすべての者にこの収入を与えるように社会保障措置を拡張し、且つ、広はんな医療給付を拡張すること。

(g) すべての職業における労働者への生命及び健康の充分な保護

(h) 児童の福祉及び母性の保護のための措置

(i) 充分な栄養、住居並びにレクリエーション及び文化施設の提供

(j) 教育及び職業における機会均等の保障

四 この宣言に述べた目的の達成に必要な世界生産資源の一層完全且つ広はんな利用は、生産及び消費の増大、激しい経済変動の回避、世界の未開発地域の経済的及び社会的発展の促進、一次的生産物の世界価格の一層大きな安定の確保並びに国際貿易の量の多大な且つ確実な増加のための措置を含む実効的な国際的及び国内的の措置によつて確保できることを確信して、総会は、国際労働機関がこの偉大な事業並びにすべての人民の健康、教育及び福祉の増進に関する責任の一部を委託される国際団体と充分に協力することを誓約する。

五 総会は、この宣言に述べた原則が全世界のすべての人民に充分に適用できること並びに、それをいかに適用するかは各人民の到達した社会的及び経済的発達の段階を充分に考慮して決定すべきであるとしても、まだ従属的な人民及び既に自治に達した人民に対してそれを漸進的に適用することが文明世界全体の関心事項であることを確認する。

## 8 国際連合教育科学文化機関（ユネスコ）憲章

（第10章1参照五七六頁）

## 9 国際民間航空条約

（第5章第3節1参照二五九頁）

## 10 国際通貨基金（IMF）協定

（第9章1参照四七二頁）

## 11 国際復興開発銀行（世界銀行）協定

（第9章2参照四七五頁）

12 **国際原子力機関**（ＩＡＥＡ）**憲章**（第9章20参照五六八頁）

13 **世界貿易機関**（ＷＴＯ）**協定**（第9章3(1)参照四七九頁）

# 14 欧州連合条約 翻訳

［ＥＵ条約・マーストリヒト条約・アムステルダム条約・ニース条約・リスボン条約］

署名 一九九二年二月七日（マーストリヒト）
効力発生 一九九三年一一月一日
改正 ノルウェー王国、オーストリア共和国、フィンランド共和国及びスウェーデン王国の加入条件並びに欧州連合の創設に関する諸条約との調整に関する決議書（九四年八月二九日）
欧州連合新加盟国の加入に伴う諸文書の調整に関する理事会決定（九五年一月一日）
アムステルダム条約（九七年一〇月二日署名、九九年五月一日発効）
ニース条約（二〇〇一年二月二六日署名、〇三年二月一日発効）
チェコ共和国、エストニア共和国、キプロス共和国、ラトビア共和国、リトアニア共和国、ハンガリー共和国、マルタ共和国、ポーランド共和国、スロベニア共和国及びスロバキア共和国の加入条件並びに欧州連合の創設に関する諸条約との調整に関する文書（二〇〇三年四月一六日署名、〇四年五月一日発効）
ブルガリア共和国及びルーマニアの加入条件並びに欧州連合の創設に関する諸条約との調整に関する文書（二〇〇五年四月二五日署名、〇七年一月一日発効）
リスボン条約（二〇〇七年一二月一三日署名、〇九年一二月一日発効）
〔注 この条約により改正された条文の見出しの後に改正前の条数を（旧××条）で示した。〕
クロアチア共和国の加入条件及び欧州連合の創設に関する諸条約との調整に関する文書（二〇一一年一二月七日署名、一三年七月一日発効）

当事国 二七（注 二〇二〇年一月三一日、イギリスは欧州連合を正式に離脱した。）

## 前文

ベルギー国王陛下、デンマーク女王陛下、ドイツ連邦共和国大統領、ギリシャ共和国大統領、スペイン国王陛下、フランス共和国大統領、アイルランド国大統領、イタリア共和国大統領、ルクセンブルク大公殿下、オランダ女王陛下、ポルトガル共和国大統領並びにグレート・ブリテン及び北部アイルランド連合王国女王陛下は、

欧州諸共同体の設立により着手された欧州統合の過程において新たな段階に踏み出すことを決意し、

人間の不可侵かつ不可譲の権利、自由、民主主義、平等及び法の支配という普遍的な価値を発達させた、欧州の文化的、宗教的及び人道主義的遺産から示唆を引き出し、

欧州大陸分断の終焉のもつ歴史的重要性及び未来の欧州建設のための確固たる基礎を築く必要性を想起し、

自由、民主主義並びに人権、基本的自由及び法の支配の尊重の原則に対する愛着を確認し、

一九六一年一〇月一八日にトリノで署名された欧州社会憲章及び労働者の基本的社会権に関する一九八九年共同体憲章に定められる基本的社会権に対する愛着を確認し、

各国民の歴史、文化及び伝統を尊重しつつ各国民間の連帯を深めることを希望し、

委託された任務を単一の機構的枠組みの中でよりよく遂行できるようにするため、諸機関の民主的かつ効率的な運営を一層強化することを希望し、

各国経済の強化と収斂を達成し、並びに、この条約及び欧州連合運営条約の規定に従い、単一かつ安定した通貨を持つ経済通貨同盟を設立することを決意し、

持続可能な発展の原則を考慮し、域内市場の実現、結束の強化及び環境保護の強化の文脈において、各国民のための経済的及び社会的な前進を促進すること、並びに、経済統合の進展が他の分野においても同時に前進を伴うような政策を実施することを決意し、

各国の国民に共通の市民権を創設することを決意し、

欧州及び世界における平和、安全及び進歩を促進するために、第四二条の規定に従い共通防衛に至り得る共通安全保障防衛政策の漸進的形成を含めて、共通外交安全保障政策を実施し、それにより、欧州の独自性と独立を強化することを決意し、

この条約及び欧州連合運営条約の規定に従い、自由、安全及び司法の領域を確立することによって、各国民の安全を確保しつつ、人の自由移動を容易にすることを決意し、

補完性の原則に従い、できる限り市民に近いところで決定が行われ、欧州市民間に一層緊密化する連合を創設する過程を継続することを決意し、

欧州統合を前進させるためにさらなる措置がとられることを視野に入れつつ、

欧州連合を設立することを決議し、このため次の全権委員を任命した。（全権委員名略）

これらの全権委員は、その全権委任状を交換し、それが良好妥当であると認められた後、以下のとおり合意した。

## 第一編 共通規定

**第一条【連合の設立】**（旧一条） この条約により、締約国は、加盟国が共通の目的を達成するために権限を付与する欧州連合（以下「連合」という。）を、締約国間に設立する。

この条約は、欧州国民間に一層緊密化する連合を創設する過程において新たな段階に踏み出すものであり、連合の決定は、市民に対しできる限り開かれた形で、かつ、できる限り市民に近いところで行われる。

連合は、この条約及び欧州連合運営条約（以下「両条約」とい

う。）を基礎にする。これらの二つの条約は、同一の法的価値を有する。連合は欧州共同体に置き換わり、かつ、これを継承する。

**第二条【連合の諸価値】** 連合は、人間の尊厳、自由、民主主義、平等及び法の支配の尊重、並びに少数者に属する人々の権利を含む人権の尊重という価値を基礎にする。これらの諸価値は、多元主義、非差別、寛容、正義、連帯及び男女の平等が広く受け入れられた社会をもつ加盟国に共通のものである。

**第三条【連合の目的】**〔旧二条〕1 連合の目的は、平和、連合の価値及び連合国民の福祉を促進することである。

2 連合は、内部に境界のない、自由、安全及び正義の領域をその市民に提供する。その領域内では、人の自由移動が対外国境管理、庇護、移民並びに犯罪の防止及び撲滅に関する適切な措置と結びついて保障される。

3 連合は、域内市場を設立する。連合は、均衡の取れた経済成長及び物価安定、完全雇用と社会的進歩を目指す高度に競争的な社会市場経済、並びに環境の質の高水準の保護及び改善を基礎とする欧州の持続可能な発展のために活動する。連合は、科学的及び技術的進歩を促進する。

連合は、社会的疎外及び差別を撲滅し、社会的正義及び保護、男女の平等、世代間の連帯並びにこどもの権利の保護を促進する。

連合は、経済的、社会的及び領域的な緊密化並びに加盟国間の連帯を促進する。

連合は、その豊かな文化的及び言語的多様性を尊重し、欧州の文化遺産の保護及び発展を確保する。

4 連合は、経済通貨同盟を設立し、その通貨はユーロとする。

5 より広い世界との関係において、連合は、その価値を堅持しかつ促進し、その市民の保護に寄与する。連合は、平和、安全保障、地球の持続可能な発展、人々の連帯と相互尊重、自由でかつ公正な貿易、貧困の根絶、とりわけこどもの権利を含む人権の保護、及び国際連合憲章の諸原則の尊重をはじめとする国際法の厳格な遵守と発展に寄与する。

6 連合は、両条約において自己に付与された権限にふさわしい適当な手段によってその目的を追求する。

**第四条【連合と加盟国の関係】** 1 両条約において連合に付与されていない権限は、第五条に従い、加盟国に留保される。

2 連合は、両条約の下の加盟国の平等、並びに、加盟国の地域的及び地方的自治を含む、政治的及び憲法的な基本的構造に固有の国民の一体性を尊重する。連合は、国家の領土保全の確保、法と秩序の維持、及び国の安全保障を含む国家の本質的な役割を尊重する。とりわけ、国の安全保障は、各加盟国の排他的な責任のもとに留保される。

3 誠実協力の原則に従い、連合と加盟国は、両条約から生じる任務の遂行に際して、十分に相互に尊重し、かつ支援する。

加盟国は、両条約から生じる義務又は連合の機関の行為から生じる義務の履行を確保するために、一般的又は個別的なあらゆる適当な措置をとる。

加盟国は、連合の任務の達成を促進するものとし、連合の目的の達成を危険にさらすいかなる措置もとってはならない。

**第五条【権限に関する三原則】**〔旧EC設立条約五条〕1 連合の権限の限界は、権限付与の原則により規律される。連合の権限の行使は、補完性及び比例性の原則により規律される。

2 権限付与の原則の下で、連合は両条約に定める目的を達成するために両条約において加盟国により付与された権限の範囲内に限って行動する。両条約において連合に付与されていない権限は、加盟国に留保される。

3 補完性の原則の下で、連合は、その排他的権限に属さない分野においては、提案される行動の目的が、加盟国の中央レベル又は地域及び地方のレベルのいずれにおいても十分に達成することができず、提案される行動の規模又は効果のために連合レベルでより良く達成され得る場合に限り、行動する。

連合の機関は、補完性及び比例性の原則の適用に関する議定書に定める補完性の原則を適用する。国内議会は、その議定書に定める手続に従い、補完性の原則の遵守を確保する。

4 比例性の原則の下で、連合の行動の内容と形式は、両条約の目的を達成するために必要な範囲を超えてはならない。

連合の機関は、補完性及び比例性の原則の適用に関する議定書に定める比例性原則を適用する。

**第六条【基本権保障】**〔旧六条、七条〕1 連合は、二〇〇七年一二月一二日にストラスブールで採択された二〇〇〇年一二月七日の欧州連合基本権憲章に定める権利、自由及び原則を承認する。同憲章は、両条約と同等の法的価値を有する。

同憲章の規定は、両条約に定める連合の権限をいかなる形でも拡大しない。

同憲章の中の権利、自由及び原則は、その解釈及び適用を規律する同憲章第七編に定める一般規定に従い、かつ、同規定の起源を定める、憲章に言及された注釈を十分に考慮して、解釈される。

2 連合は、人権及び基本的自由の保護のための欧州条約に加入する。加入は、両条約に定める連合の権限に影響を与えるものではない。

3 人権及び基本的自由の保護のための欧州条約によって保障される基本権及び加盟国に共通の憲法的伝統から生じる基本権は、連合の法の一般原則を構成する。

**第七条【加盟国に対する制裁】**〔旧七条〕1 理事会は、加盟国の三分の一、欧州議会又は欧州委員会による理由を付した提案に基づき、欧州議会の同意を得た後に、理事会の構成員の五分の四の多数決により、加盟国による第二条に定める諸価値の重大な違反の明白な危険があることを認定することができる。理事会は、このような認定を行う前に、その加盟国の意見を聞き、同様の手続に従いその加盟国に対して勧告を行うことができる。

理事会は、このような認定がなされた根拠が引き続き存在するか否かを定期的に検証する。

2 欧州首脳理事会は、加盟国の三分の一又は委員会による提案に基づき、欧州議会の同意を得た後に、加盟国による第二条に定める諸価値の重大かつ継続的な違反の存在を、その加盟国に弁明の提出を促した後に、全会一致により決定することができる。

3 理事会は、2に基づく決定がなされた場合には、特別多数決により、当該加盟国への両条約の適用から生じる理事会におけるその加盟国政府代表の投票権を含む一定の権利の停止を決定することができる。理事会は、この決定に当たって、その権利停止が自然人及び法人の権利義務に及ぼす効果を考慮する。

この条約に基づく当該加盟国の義務は、いかなる場合においてもその国を拘束し続ける。

4 理事会は、特別多数決により、3に基づきとられた措置を、その原因となった状況の変化に応じて、事後的に変更又は廃止することを決定できる。

5　本条のために欧州議会、欧州首脳理事会及び理事会に適用される投票方式は、欧州連合運営条約第三五四条に定める。

**第八条【隣接する諸国との関係】** 1　連合は、連合の諸価値に基礎を置き、協力に基づく緊密で平和的な関係により特徴づけられる繁栄と善隣の領域を創設することを目的として、近隣の諸国と特別な関係を発展させる。

2　1の目的のために、連合は、関係諸国と特別の協定を締結することができる。これらの協定は、相互の権利義務及び共同の活動を行う可能性を含むことができる。これらの協定の実施は、定期的な協議の議題とされる。

## 第二編　民主主義の原則に関する規定

**第九条【平等及び連合市民権】** 連合は、その全ての活動において、市民の平等の原則を遵守し、市民は、連合の各機関及び各組織から等しく注意を払われる。加盟国の全ての国民は、連合市民である。連合市民権は、国民が有する市民権に追加されるものであって、それに取って代わるものではない。

**第一〇条【民主主義】** 1　連合の運営は、代表民主主義に基礎を置く。

2　市民は、連合レベルでは欧州議会において直接に代表される。加盟国は、欧州首脳理事会ではその国家元首又は政府の長により、また理事会ではその各政府により代表され、その政府は国内議会又はその市民に対して民主的に責任を負う。

3　全ての市民は、連合の民主的運営に参加する権利を有する。決定は、できる限り公開の場で行われ、かつ、できる限り市民に近いところで行われる。

4　欧州レベルの政党は、欧州の政治意識の形成及び連合市民の意思の表明に寄与する。

**第一一条【政治的な意思形成】** 1　諸機関は、連合の全ての活動分野において、適当な方法により、市民と代表団体に対して意見表明及び公開の意見交換の機会を与える。

2　諸機関は、代表団体及び市民社会との間での公開で透明かつ定期的な対話を維持する。

3　欧州委員会は、連合の行動が一貫性を有しかつ透明であることを確保するために、関係当事者と広範な協議を行う。

4　連合市民は、その数が少なくとも百万人以上であり、かつ、相当数の加盟国の国民から構成されるという条件が満たされる場合には、連合の法行為が両条約を実施するために必要であると市民が考える事項につき、欧州委員会がその権限の範囲において適当な提案を提出するように要求する発議をすることができる。

このような市民の発議に必要とされる諸手続と諸条件は、欧州連合運営条約第二四条1に従って決定される。

**第一二条【国内議会】** 国内議会は、以下のことを通じて、連合の健全な運営に積極的に貢献する。

(a)　欧州連合における国内議会の役割に関する議定書に従い、連合の諸機関から通報を受け、連合の立法行為の草案の送付を受けること。

(b)　補完性及び比例性の原則の適用に関して議定書に定める手続に従い、補完性の原則が尊重されるよう監督すること。

(c)　自由、安全及び司法の領域の枠組みにおいて、欧州連合運営条約第七〇条に従い、これらの領域における連合の政策実施のための評価機構制度に参加し、同条約第八八条及び第八五条に従い欧州警察機関〔Europol〕の政治的な監視と欧州司法機構〔Eurojust〕の活動評価に参加すること。

(d)　この条約の第四八条に従い、両条約の改正手続に参加すること。

(e)　この条約の第四九条に従い、連合への加盟申請についての通知を受けること。

(f)　欧州連合における国内議会の役割に関する議定書に従い、国内議会間及び欧州議会との間の議会間協力に参加すること。

## 第三編　機関に関する規定

**第一三条【機関】** 1　連合は、その価値を促進し、その目的を追求し、連合の利益、市民及び加盟国の利益に奉仕し、並びに、その諸政策と活動の一貫性、実効性及び継続性を確保することを目的とする機構的枠組みを有する。

連合の機関は、以下のものである。

―欧州議会
―欧州首脳理事会
―理事会
―欧州委員会（以下「委員会」という。）
―欧州連合司法裁判所
―欧州中央銀行
―会計検査院

2　各機関は、両条約において自己に付与された権限の範囲内で、かつ、それらに定める手続、条件及び目的に従って行動する。機関は、相互に誠実に協力する。

3　欧州中央銀行及び会計監査院に関する規定並びにその他の機関に関する詳細な規定は、欧州連合運営条約に定める。

4　欧州議会、理事会及び委員会は、諮問機関としての経済社会評議会及び地域評議会により補佐される。

**第一四条【欧州議会】** 1　欧州議会は、理事会と共同して、立法権限及び予算権限を行使する。欧州議会は、両条約の定めるところに従い、政治的監督及び諮問の任務を遂行する。欧州議会は、委員会の委員長を選出する。

2　欧州議会は、連合市民の代表から構成される。連合市民の代表は、数において七五〇を超えないものとし、別に議長一名を加える。市民の代表は、逓減的比例方式とし、かつ、各加盟国の最低議員数は六名とする。いかなる加盟国にも、九六議席を超えて配分されない。

欧州首脳理事会は、欧州議会の発議によりかつその同意を得て、本項前段に定める原則を尊重しつつ、欧州議会の構成を確定する決定を全会一致により採択する。

3　欧州議会議員は、自由かつ秘密の投票による直接普通選挙により任期五年をもって選出される。

4　欧州議会は、議員の中からその議長及び役員を選出する。

**第一五条【欧州首脳理事会】** 1　欧州首脳理事会は、連合の発展に関して必要な刺激を連合に与え、その一般的な政治的方向性と優先順位を定める。欧州首脳理事会は、立法権限を行使しない。

2　欧州首脳理事会は、加盟国の国家元首又は政府の長並びに欧州首脳理事会議長及び委員会委員長により構成される。外交安全保障上級代表は、その議事に参加する。

3　欧州首脳理事会は、その議長により招集され、六箇月ごとに二回会合する。議事の必要に応じて、欧州首脳理事会の構成員は、閣僚一名の補佐を、また、欧州委員会委員長については、委員会の委員一名の補佐を受けることを決定することができる。必要な場合には、議長は、欧州首脳理事会の特別会合を招集する。

4　両条約に別段の定めがある場合を除くほか、欧州首脳理事会の決定はコンセンサスによりなされる。

5　欧州首脳理事会は、任期二年半で一回の再任が可能な議長を特別多数決により選出する。障害又は重大な非行がある場合は、欧州首脳理事会は、同一の手続に従い、議長を解任することができる。

6　欧州首脳理事会の議長は、次のことを行う。

(a)　欧州首脳理事会の議長を務め、かつ、その議事を進行すること。

(b)　委員会委員長と協力し、かつ総務理事会の作業を基礎として、欧州首脳理事会の議事の準備と継続性を確保すること。

(c)　欧州首脳理事会内部の一貫性とコンセンサスの促進に努めること。

(d)　欧州首脳理事会の各会合の後に、欧州議会に報告書を提出すること。

欧州首脳理事会の議長は、その地位と資格において、外交安全保障上級代表の権限を損なうことなく、共通外交安全保障政策に関する事項について、連合の対外代表を務める。

欧州首脳理事会の議長は、国内の職に就いてはならない。

**第一六条【理事会】** 1　理事会は、欧州議会と共同で、立法権限及び予算権限を行使する。理事会は、両条約に定めるところに従い、政策決定及び調整の任務を行う。

2　理事会は、閣僚級の各加盟国代表一名から構成され、各代表は、扱っている問題において加盟国政府の立場を代弁し、票を投じることができる。

3　理事会は、両条約に別段の定めがある場合を除くほか、特別多数決により決定する。

4　二〇一四年一一月一日より、特別多数決は、理事会構成員の少なくとも一五名以上で少なくとも五五パーセント以上の賛成を必要とし、かつ、連合の総人口の少なくとも六五パーセント以上の加盟国の賛成を必要とする。

可決を阻止するためには、少なくとも四名の理事会構成員の反対が含まれていなければならず、これに満たないときには、特別多数決が成立したものとみなされる。

特別多数決を規律するその他の取決めは、欧州連合運営条約第二三八条2に定める。

5　二〇一四年一〇月三一日まで適用される特別多数決の定義に関する経過規定及び二〇一四年一一月一日から二〇一七年三月三一日まで適用される特別多数決の定義に関する経過措置は、経過規定に関する議定書に定める。

6　理事会は、分野別に会合し、その分野のリストは、欧州連合運営条約第二三六条に従って採択される。

総務理事会は、分野別の理事会の作業における一貫性を確保する。総務理事会は、欧州首脳理事会議長及び委員会と連携して、欧州首脳理事会の会合を準備し、そのフォローアップを行う。

外務理事会は、欧州首脳理事会が定める戦略指針に基づいて連合の対外行動を策定し、連合の行動の一貫性を確保する。

7　加盟国政府の常駐代表委員会は、理事会の作業の準備に責任を負う。

8　理事会が立法行為の草案に関する審議及び表決を行う場合には、理事会会合は公開される。このため、各理事会会合は、連合の立法行為に関する審議部分と立法行為以外の活動の審議部分とに二分して行う。

9　外務理事会の議長を除く各分野の理事会の議長は、欧州連合運営条約第二三六条に従って設定される条件に従い、平等な輪番制に基づき理事会における加盟国代表が務める。

**第一七条【委員会】** 1　委員会は、連合の一般的な利益を促進し、この目的のために適切な発議を行う。委員会は、両条約及び両条約に従って諸機関により採択された措置の適用を確保する。委員会は、欧州連合司法裁判所の監督の下で、連合法の適用を監視する。委員会は、予算を執行し、計画を運営する。委員会は、両条約に定めるところに従い、調整、執行及び運営の任務を行う。共通外交安全保障政策及び両条約に定めるその他の場合を除くほか、委員会は連合の対外代表となる。委員会は、機構間合意を達成するため、連合の年次計画及び多年次計画を発議する。

2　連合の立法行為は、両条約に別段の定めがある場合を除いて、委員会の提案に基づいてのみ採択することができる。その他の法行為は、両条約が委員会の提案に基づき採択される旨を定める場合には、そのように採択される。

3　委員会の任期は、五年とする。

委員会の委員は、その全般的能力と欧州への関与を基礎としてその独立性に疑いのない者から選出される。

委員会は、責任を遂行するに当たって、完全に独立である。第一八条2を害することなく、委員会の委員は、いかなる政府、その他の機関、組織、団体からの指示も求めず、また、受けてはならない。委員会の委員は、その職務又は任務の遂行と両立しないあらゆる行動を慎む。

4　リスボン条約発効日と二〇一四年一〇月三一日の間に任命される委員会は、委員長及び副委員長の一人である外交安全保障上級代表を含めて、各加盟国一名から構成される。

5　二〇一四年一一月一日以降、委員会は、欧州首脳理事会が全会一致によりその数の変更を決定しない限り、委員長及び外交安全保障上級代表を含めて、加盟国数の三分の二に相当する数の委員により構成される。

委員会の委員は、全ての加盟国の人口的及び地理的分布を反映した厳格に平等な加盟国間の輪番制に基づいて、加盟国国民の中から選出される。この制度は、欧州連合運営条約第二四四条に従い欧州首脳理事会の全会一致により設定される。

6　委員会の委員長は、次のことを行う。

(a)　委員会が職務を遂行する際の指針を定めること。

(b)　委員会が一貫して効率的にかつ合議体として行動することを確保するために、委員会の内部組織について決定すること。

(c)　委員会の委員の中から外交安全保障上級代表以外の副委員長を任命すること。

委員会の委員は、委員長が要請する場合には辞任する。外交安全保障上級代表は、委員長が要請する場合、第一八条1に定める手続に従い、辞任する。

7　欧州議会選挙を考慮し、適切な協議を行った後に、欧州首脳理事会は、特別多数決により欧州議会に委員長候補者を提案する。当該候補者は、欧州議会の総議員の多数決により選出される。その候補者が必要とされる多数を得ない場合には、欧州首脳理事会は、特別多数決により、一箇月以内に同一の手続に従い欧州議会により選出される新しい候補者を提案する。

理事会は、選出された委員長との共通の合意により、委員会の委員として任命を提案するその他の者の一覧を採択する。これらの者は、加盟国の提案に基づき、かつ、3第二段及び5第二段に定める基準に従って、選出される。

委員長、外交安全保障上級代表及びその他の委員会の委員は、一体として、欧州議会の承認投票にかけられる。この承認に基づいて、委員会は欧州首脳理事会の特別多数決により任命される。

8 委員会は、一体として、欧州議会に対して責任を負う。欧州連合運営条約第二三四条に従い、欧州議会は、委員会の不信任決議案を採択することができる。同決議案が採択された場合、委員会の委員は、一体として総辞職し、また、外交安全保障上級代表は、委員会において果たしている職務を辞任する。

**第一八条【外交安全保障上級代表】** 1 欧州首脳理事会は、委員会委員長との合意の上で、特別多数決により、外交安全保障上級代表を任命する。欧州首脳理事会は、同一の手続により、その上級代表を解職することができる。

2 上級代表は、連合の共通外交安全保障政策を遂行する。上級代表は、自らの提案により同政策の発展に貢献し、理事会による授権に従い同政策を遂行する。共通安全保障防衛政策についても同様とする。

3 上級代表は、外務理事会の議長を務める。

4 上級代表は、委員会の副委員長の一人となる。上級代表は、連合の対外行動の一貫性を確保する。上級代表は、対外関係分野につき委員会に課せられた責務及び連合の対外行動の他の側面の調整に関して委員会内部において責任を負う。上級代表は、委員会内部においてこれらの責任を果たす際には、その責任に関する限りで、2及び3と両立する範囲において委員会の手続に拘束される。

**第一九条【裁判所】** 1 欧州連合司法裁判所は、司法裁判所、一般裁判所及び専門裁判所を含む。欧州連合司法裁判所は、両条約の解釈と適用において法が遵守されることを確保する。

加盟国は、連合法により規律される分野において実効的な法的保護を確保するために十分な救済手段を講じる。

2 司法裁判所は、各加盟国につき一名の裁判官により構成される。司法裁判所は、法務官により補佐される。

一般裁判所は、各加盟国につき少なくとも一名の裁判官を含む。

司法裁判所の裁判官及び法務官並びに一般裁判所の裁判官は、その独立性に疑いがなく、かつ、欧州連合運営条約第二五三条及び第二五四条に定める条件を満たす者から選出される。司法裁判所の裁判官及び法務官並びに一般裁判所の裁判官は、加盟国政府の共通の合意により、六年の任期で任命される。退任する裁判官及び法務官は、再任されることができる。

3 欧州連合司法裁判所は、両条約に従い、次のことを行う。

(a) 加盟国、機関又は自然人若しくは法人による訴訟について、判決を下すこと。

(b) 加盟国の裁判所又は審判所の要請に基づき、連合法の解釈又は機関により採択された行為の有効性について、先決裁定を行うこと。

(c) 両条約に定めるその他の場合において決定を行うこと。

## 第四編　先行統合

**第二〇条【先行統合】** 1 連合の非排他的権限の枠内において加盟国間で先行統合の実施を希望する加盟国は、本条及び欧州連合運営条約第三二六条から第三三四条までに定める制限と細則に従い、両条約の関連規定を適用することにより、連合の機関を利用し機関の権限を行使することができる。

先行統合は、連合の目的の実現を促進し、連合の利益を保護し、連合の統合過程を強化することを目的とするものである。先行統合は、欧州連合運営条約第三二八条に従い、全ての加盟国に対して、いかなる時においても、開かれる。

2 先行統合を許可する決定は、その先行統合の目的が合理的な期間内に連合全体としては達成されることができないことを理事会が確定し、かつ、少なくとも九加盟国がそこに参加する場合に、理事会によって最後の手段として採択される。理事会は、欧州連合運営条約第三二九条に定める手続に従って行動する。

3 理事会の全ての構成員は、討議に参加することができるが、先行統合に参加する加盟国を代表する理事会の構成員のみが投票に参加する。表決手続は、欧州連合運営条約第三三〇条に定める。

4 先行統合の枠組みにおいて採択された法行為は、それに参加する加盟国のみを拘束する。これらの法行為は、連合への加盟候補国により受け入れられなければならない既決事項〔acquis〕の一部とはみなされない。

## 第五編　連合の対外行動に関する一般規定及び共通外交安全保障政策に関する特別規定

### 第一章　連合の対外行動に関する一般規定

**第二一条【対外行動における原則と目標】** 1 国際的場における連合の行動は、連合自らの創設、発展及び拡大を支えてきた諸原則に導かれ、より広い世界においてそれらを前進させることを目指すものである。その諸原則とは、民主主義、法の支配、人権と基本的自由の普遍性及び不可分性、人間の尊厳の尊重、平等及び連帯の原則、並びに、国際連合憲章及び国際法の諸原則の尊重である。

連合は、前段に定める諸原則を共有する第三国及び地域組織又は国際組織との関係を発展させ、連携を構築することを目指す。連合は、とりわけ、国際連合の枠組みにおける共通の問題に対する多角的な解決を促進する。

2 連合は、次の事項のために、共通の政策及び措置を確定し、実施し、並びに国際関係の全ての分野における高度な協力に向けて尽力する。

(a) 連合の価値、基本的利益、安全、独立及び不可侵を保護すること。

(b) 民主主義、法の支配、人権及び国際法の諸原則を確固たるものにし、支援すること。

(c) 国連憲章の目的及び諸原則、ヘルシンキ最終議定書の諸原則、並びに対外国境に関する原則も含むパリ憲章の目的に従い、平和を維持し、紛争を防止し、国際安全保障を強化すること。

(d) 貧困の撲滅を主目的として、発展途上国の持続可能な経済的、社会的及び環境的発展を促進すること。

(e) 国際貿易の制限の漸進的な廃止などを通じて、全ての国家の世界経済への統合を奨励すること。

(f) 持続可能な発展を確保するために、環境の質及び世界規模の自然資源の持続可能な管理を維持しかつ改善する国際的な措置の発展に寄与すること。

(g) 天災又は人災に遭った住民、国及び地域を支援すること。

(h) より強力な多角的協力及び健全な世界統治秩序〔good global governance〕に基づく国際体制を推進すること。

3 連合は、本編及び欧州連合運営条約第五部により規律される連合の対外行動の異なる分野並びに連合の他の政策の対外的側面の発展及び実施において、1及び2に定める諸原則を尊重し、その目的を追求すること。

連合は、対外行動の異なる分野並びにこれらの分野及びその他の政策間の一貫性を確保する。理事会と委員会は、外交安全保障上級代表によって補佐され、その一貫性を確保し、このために協力する。

**第二二条【戦略的利益と目標の設定】** 1 第二一条に定める諸原則及び目標に基づき、欧州首脳理事会は、連合の戦略的利益と目標を定める。

連合の戦略的利益及び目標に関する欧州首脳理事会の決定は、共通外交安全保障政策及び連合の対外行動の他の分野に及ぶ。その決定は、特定の国又は地域との連合の関係に関わることができ、特定の事項を対象とすることもできる。その決定は、その期間並びに連合及び加盟国により利用可能な手段を定める。

欧州首脳理事会は、各分野に対し定める規定に従い理事会により採択された勧告に基づき、全会一致により議決を行う。欧州首脳理事会の決定は、両条約に定める手続に基づいて実施される。

2 共通外交安全保障政策に関しては外交安全保障上級代表が、対外行動のその他の分野に関しては委員会が、理事会に共同提案を提出することができる。

## 第二章　共通外交安全保障政策に関する特別規定

### 第一節　共通規定

**第二三条【一般原則】** 国際的場における連合の行動は、本章に従い、第一章に定める諸原則に立脚し、第一章に定める目的を追求し、第一章の一般規定に従ってなされる。

**第二四条【共通外交安全保障政策】**〔旧一一条〕 1 共通外交安全保障政策事項に関する連合の権限は、外交政策の全ての分野及び共同防衛に至り得る共通防衛政策の漸進的な確定を含む連合の安全保障政策に関する全ての問題を含む。

共通外交安全保障政策は、特別の規則と手続に服する。それは、両条約に別段の定めがある場合を除くほか、欧州首脳理事会及び理事会の全会一致により議決されかつ実施される。立法行為の採択は排除される。共通外交安全保障政策は、両条約に従い、外交安全保障上級代表及び加盟国により実施される。この分野における欧州議会及び委員会の個別の役割は、両条約により定められる。欧州連合司法裁判所は、これらの規定に関しては、管轄権を有しない。ただし、この条約第四〇条の定める遵守の監視に関する管轄権、及び、欧州連合運営条約第二七五条2に規定された決定の合法性審査に関する管轄権については、この限りではない。

2 対外活動の諸原則及び目的の枠組みの中で、連合は、加盟国間の相互の政治的連帯の発展、一般的利益に関する問題の明確化及び加盟国の行動のさらに強化された収斂の達成を基礎として、共通外交安全保障政策を行い、定めかつ実施する。

3 加盟国は、連合の外交安全保障政策を誠実と相互連帯の精神の下で積極的かつ留保なく支援し、この分野における連合の行動に従う。

加盟国は、相互の政治的連帯を強化しかつ発展させるために協力する。加盟国は、連合の利益に反する行動又は国際関係における結束した力としての連合の実効性を損なわす可能性のあるいかなる行動も慎む。

理事会及び上級代表は、これらの諸原則の遵守を確保する。

**第二五条【共通外交安全保障政策の手段】**〔旧一二条〕 連合は、共通外交安全保障政策を次により行う。

(a) 一般的指針を定めること。

(b) 次の事項を定める決定を採択すること。

(i) 連合により取られる行動

(ii) 連合により採られる立場

(iii) (i)及び(ii)に定める決定を実施するための取極

(c) 政策の遂行における加盟国間の組織的協力の強化

**第二六条【政策形成手続】**〔旧一三条〕 1 欧州首脳理事会は、連合の戦略的利益を定め、防衛関連の事項を含めて共通外交安全保障政策の目的及び一般的指針を決定する。欧州首脳理事会は、必要な決定を採択する。

国際的な展開から必要な場合には、欧州首脳理事会の議長は、この展開に際しての連合の政策の戦略的方針を定めるために臨時の欧州首脳理事会会合を招集する。

2 理事会は、共通外交安全保障政策を形成し、欧州首脳理事会により定められる一般的指針及び戦略的方針を基礎として、共通外交安全保障政策の策定と実施のために必要な決定を行う。

理事会及び外交安全保障上級代表は、連合の行動の統一性、一貫性及び実効性を確保する。

3 共通外交安全保障政策は、加盟国及び連合の資源を用いつつ、上級代表及び加盟国により実施される。

**第二七条【外交安全保障上級代表の任務】** 1 外交安全保障上級代表は、外務理事会の議長を務めるものとし、共通外交安全保障政策の準備のための提案を通じて寄与し、欧州首脳理事会及び理事会により採択される決定の実施を確保する。

2 上級代表は、共通外交安全保障政策に関する事項について連合を代表する。上級代表は、連合に代わり第三者との政治的対話を行い、国際組織及び国際会議において連合の立場を表明する。

3 上級代表は、任務の遂行に当たって、欧州対外行動局により補佐を受ける。同局は、加盟国の外務省と協力して行動し、理事会事務総局及び委員会の関連部局並びに加盟国の外務省から配置された職員により構成される。欧州対外行動局の組織と運営は、理事会の決定により設定される。理事会は、欧州議会に諮問を行い、委員会の同意を得た後に、上級代表の提案に基づいて、決定を行う。

**第二八条【理事会決定】**〔旧一四条〕 1 国際情勢が連合による作戦行動を必要とする場合には、理事会は必要な決定を採択する。その決定には、作戦行動の目標、範囲、連合が利用可能な手段、さらに必要に応じてその期間及び実施条件を定める。

決定の対象となった事項に実質的な影響を及ぼす事情の変化が生じた場合、理事会は、この決定の諸原則と目標を再検討し、必要な決定を行う。

2 1に定める決定は、加盟国が採る立場及びその行動について、加盟国を拘束する。

3　1に定める決定に従い加盟国の個別の立場を採択し又は個別の措置をとる計画がある場合は、必要に応じて理事会内部で事前の協議ができるように、当該加盟国より情報が適時に通報される。この事前通報の義務は、理事会決定の単なる国内実施措置には適用されない。

4　情勢の変化による絶対的な必要が生じ、かつ、1に定める理事会決定の再検討がなされない場合には、加盟国は、その決定の一般的目標を考慮しつつ必要な緊急措置をとることができる。関連加盟国は、このようなあらゆる措置につき直ちに理事会に通報する。

5　本条に定める決定の実施につき重大な困難が生じた場合には、加盟国はその問題を理事会に付託する。理事会は、その問題について討議し、適切な解決を求める。この解決は、1に定める決定の目標に反してはならず、その実効性を損なわないものとする。

**第二九条【連合の立場】**(旧一五条)　理事会は、地理的又は主題別の特定の問題について、連合の方針を定める決定を採択する。加盟国は、自国の政策が連合の立場に適合することを確保する。

**第三〇条【理事会の招集】**(旧二二条)　1　加盟国、外交安全保障上級代表又は委員会の支援を受けた上級代表は、共通外交安全保障政策に関する問題を理事会に付託し、かつ、理事会に発議し又は提案を行う。

2　迅速な決定を必要とする場合には、上級代表は、自らの動議又は加盟国の要請により、四八時間以内又は緊急事態においてはさらに短時間のうちに、臨時理事会を招集する。

**第三一条【表決手続】**(旧二三条)　1　本章に基づく決定は、本章に別段の定めがある場合を除くほか、欧州首脳理事会及び理事会により全会一致により議決される。立法行為の採択は、排除される。

理事会の構成員は、投票を棄権する場合には、本段に基づく公式の宣言を行うことにより棄権として認定され得る。この場合には、決定を適用することは義務付けられないが、決定が連合を拘束することを受け入れる。当該加盟国は、相互連帯の精神によって、同決定に基づく連合の行動と対立し又はそれを阻害するおそれのある行動を慎むものとし、また、他の加盟国はその立場を尊重する。棄権の宣言を行う理事会の構成員が少なくとも加盟国の三分の一以上に達し、かつ、それが連合の総人口の三分の一以上を構成する場合には、決定は採択されない。

2　1の規定にかかわらず、理事会は、次の場合には特別多数決により議決する。

─第二二条1に定めるところに従い、連合の戦略的利益と目標に関する欧州首脳理事会の決定に基づく連合の行動又は立場を定める決定を採択する場合

─理事会自らの発議又は上級代表の発議に基づき、欧州首脳理事会の特別の要請を受けた外交安全保障上級代表の提案を基礎として、連合の行動又は立場を定める決定を採択する場合

─連合の行動又は立場を定める決定を実施するための決定を採択する場合

─第三三条に従い、特別代表を任命する場合

理事会の構成員が、国内政策のきわめて重要かつ言明された理由から、特別多数決による決定の採択に反対する意図を表明する場合には、表決は行わない。上級代表は、関係加盟国と密接な協議を行い、同国が受入れ可能な解決を模索する。上級代表がこれに成功しない場合には、理事会は、特別多数決により、その事項を欧州首脳理事会に付託し全会一致により決定するよう要請することができる。

3　欧州首脳理事会は、2に定める場合以外に、理事会が特別多数決により議決することを定める決定を全会一致により採択することができる。

4　2及び3は、軍事又は防衛に関わる決定には適用しない。

5　手続問題については、理事会がその構成員の多数決により議決する。

**第三二条【加盟国の協力義務】**(旧一六条)　加盟国は、共通の取組みを定めるために、一般的な利益を有する外交安全保障政策のあらゆる事項につき欧州首脳理事会及び理事会において相互に協議する。連合の利益に影響を与える可能性のある何らかの行動を取り又は義務を負う前に、加盟国は、欧州首脳理事会又は理事会において他の加盟国と協議する。加盟国は、連合が国際的場において連合の利益と価値を主張できることを加盟国の一致した行動を通じて確保する。加盟国は、相互の連帯を示す。

欧州首脳理事会又は理事会が前段の意味における連合の共通の取組みを定めた場合、外交安全保障上級代表及び加盟国の外務大臣は、理事会において行動を調整する。

第三国及び国際組織における加盟国の外交使節及び連合の代表部は、協力し、共通の取組みを形成し実施することに寄与する。

**第三三条【特別代表の任命】**(旧一八条)　理事会は、外交安全保障上級代表の提案に基づき、特定の政治的問題に関して授権を受けた特別代表を任命することができる。特別代表は、上級代表の権限の下でその任務を遂行する。

**第三四条【国際的場における協力義務】**(旧一九条)　1　加盟国は、国際組織及び国際会議における行動を調整する。加盟国は、これらの場において、連合の立場を堅持する。外交安全保障上級代表は、この調整を統括する。

全ての加盟国が参加していない国際組織及び国際会議においては、参加する加盟国は、連合の立場を堅持する。

2　第二四条3に従い、全ての加盟国が参加していない国際組織又は国際会議に代表を派遣する加盟国は、共通利益に関わるあらゆる事項について他の加盟国及び上級代表に常に情報を提供する。

国際連合安全保障理事会の理事国である加盟国は、協調して、他の加盟国及び上級代表に十分に情報を提供する。安全保障理事会の理事国である加盟国は、その任務の遂行に当たって、国際連合憲章の規定の下でのその責任を害することなく、連合の立場と利益を擁護する。

連合が国際連合安全保障理事会の議題である事項につき立場を定めた場合には、安全保障理事会の理事国である加盟国は、上級代表が連合の立場を表明するために招聘されるよう要請する。

**第三五条【外交使節の相互協力】**(旧二〇条)　第三国と国際会議における加盟国の外交使節団と領事使節団及び連合の代表並びに連合と加盟国の国際組織への代表は、本章に従って採択された連合の立場及び行動を定める決定が遵守されかつ実施されることを確保するために協力する。

これらの代表は、情報を交換し共同評価を実施することにより協力を強化する。

これらの代表は、欧州連合運営条約第二〇条2(c)に定める連

合市民の権利の第三国の領域における実現と同条約第二三条に従って採択された措置の実施に寄与する。

**第三六条【欧州議会の役割】**（旧二一条） 外交安全保障上級代表は、共通外交安全保障政策及びその主要な側面及び基本的選択について、定期的に欧州議会に諮問し、これらの政策の展開を報告する。上級代表は、欧州議会の見解が十分に考慮されることを確保する。特別代表は、欧州議会への報告に関わることができる。

欧州議会は、理事会に質問を行い、又は理事会及び上級代表に勧告を行うことができる。欧州議会は、共通安全保障防衛政策を含む共通外交安全保障政策の実施の進捗状況について、年に二度討議する。

**第三七条【連合の条約締結】**（旧二四条） 連合は、本章の実施のために、一若しくは二以上の国又は国際組織と協定を締結することができる。

**第三八条【政治安全保障委員会】**（旧二五条） 欧州連合運営条約第二四〇条を妨げることなく、政治安全保障委員会は、共通外交安全保障政策により規律される分野における国際情勢を監視し、理事会若しくは外交安全保障上級代表の要請又は自らの発議に基づき理事会に意見を述べることを通じて、政策の決定に寄与する。政治安全保障委員会は、上級代表の権限を妨げることなく、合意された政策の実施も監視する。

政治安全保障委員会は、本章の範囲内において、理事会及び上級代表の責任の下で第四三条に定める危機管理行動の政治的監督及び戦略的指令を行う。

理事会は、理事会により定められた危機管理行動の目的及び期間の中で、危機管理行動の政治的監督及び戦略的指令について関連する決定を行う権限を政治安全保障委員会に授権することができる。

**第三九条【データの保護】** 欧州連合運営条約第一六条に従いかつ同条2から逸脱して、理事会は、本章の範囲内の活動を実施するに当たり加盟国による個人情報の処理についての個人保護に関する規則及びこのような情報の自由移動に関する規則を定める決定を採択する。これらの規則の遵守は、独立した機関の監督に服する。

**第四〇条【共通外交安全保障政策と他の政策との関係】**（旧四七条） 共通外交安全保障政策の実施は、欧州連合運営条約第三条から第六条までに定める連合の権限の行使に関して両条約に定める諸機関の手続の適用及び権限の範囲に影響を及ぼすものではない。

同様に、前記の諸条に列挙する政策の実施は、本章の下での連合の権能の行使に関して両条約に定める手続の適用及び権限の範囲に影響を及ぼすものではない。

**第四一条【財政負担】**（旧二八条） 1 本章の実施から諸機関に生じる行政的支出は、連合予算の負担とする。

2 本章の実施によって生ずる活動支出も、連合予算の負担とする。ただし、軍事又は防衛に関わる行動から生じる支出及び理事会が全会一致により別段の決定を行う場合は、この限りではない。

支出が連合予算の負担とならない場合には、理事会が全会一致により別段の決定を行わない限り、国民総生産の規模に応じて、加盟国の負担とする。軍事又は防衛に関わる行動から生ずる支出に関しては、理事会における代表が第三一条1第二段に基づく公式の宣言を行った加盟国は、その支出を負担する義務を負わない。

3 理事会は、共通外交安全保障政策の枠組みにおける発議への緊急資金調達に関して、とりわけ第四二条1及び第四三条に定める任務のための準備活動に関して、連合予算における経費計上への迅速な手段を保障する特別手続を設定する決定を採択する。理事会は、欧州議会に諮問した後に決定する。

連合予算の負担にならない第四二条1及び第四三条に定める任務のための準備活動は、加盟国の拠出金からなる立ち上げ基金により資金調達される。

理事会は、外交安全保障上級代表の提案に基づき、次のことを設定する決定を特別多数決により採択する。

(a) 立ち上げ基金の設立及び資金調達、特に基金への割当て額に関する手続

(b) 立ち上げ基金の運営手続

(c) 財務管理手続

第四二条1及び第四三条に従って計画された任務が連合予算の負担となり得ない場合、理事会は立ち上げ基金の利用を上級代表に授権する。上級代表は、この授権の実施について、理事会に報告する。

### 第二節 共通安全保障防衛政策に関する規定

**第四二条【共通安全保障防衛政策】**（旧一七条） 1 共通安全保障防衛政策は、共通外交安全保障政策の不可欠の一部である。共通安全保障防衛政策は、連合に非軍事的及び軍事的手段に基づく作戦実行能力を提供する。連合は、国際連合憲章の諸原則に従い平和維持、紛争予防及び国際安全保障の強化のための連合外の任務のためにそれらを利用することができる。これらの任務の遂行は、加盟国により提供される能力を用いてなされる。

2 共通安全保障防衛政策は、連合共通防衛政策の漸進的な形成を含む。これは、欧州首脳理事会が全会一致により決定する場合には、共同防衛に至る。その場合には、欧州首脳理事会は、加盟国に対して各国の憲法上の要件に従いこの決定を採択するように勧告する。

本節に従った連合の政策は、特定の加盟国の安全保障防衛政策の特別性を害するものではなく、共同防衛が北大西洋条約機構（NATO）において実現されると考える特定の加盟国の北大西洋条約の下での義務を尊重し、かつ、その枠組みにおいて確立される共通安全保障防衛政策と両立するものでなければならない。

3 加盟国は、理事会が定める目的に寄与するために共通安全保障防衛政策の実施に関して連合に非軍事的及び軍事的能力を利用可能なものとする。多国籍軍を共同で編成する加盟国も、共通安全保障防衛政策に関して非軍事的及び軍事的能力を利用可能なものとすることができる。

加盟国は、軍事的能力を漸進的に改善する義務を負う。防衛能力開発、研究、調達及び軍備の分野における機関（以下「欧州防衛機関」という。）は、行動の必要性を定め、それらの必要性を満たす措置を促進し、防衛分野の産業及び技術的基盤を強化するために必要な措置の確定及び、適当な場合には、措置の実施に寄与し、欧州の軍事能力及び軍事政策の策定に参加し、軍事能力の改善の評価について理事会を補佐する。

4 この条約に定める任務を開始する決定を含む共通安全保障防衛政策に関する決定は、外交安全保障上級代表の提案又は加盟国の発議に基づき、理事会により全会一致により採択される。

上級代表は、適当な場合には、委員会とともに国内的資源及び連合の手段の利用を提案することができる。

5 理事会は、連合の枠組みの中で、連合の価値を保護しその利益にかなうように加盟国のグループに任務の遂行を委任することができる。このような任務の遂行は、第四四条により規律される。

6 軍事能力がより高度な基準を満たし、かつ、もっとも過酷な任務を視野に入れてこの分野においてより拘束力のある義務を相互に負っている加盟国は、連合の枠組みにおける常設の制度的協力を設定する。この協力は、第四六条により規律される。この協力は、第四三条の規定に影響を及ぼすものではない。

7 加盟国がその領域において武力侵略の犠牲となった場合には、他の加盟国は、国際連合憲章第五一条に従い、侵略に対してその権限内にあるあらゆる手段により援助及び支援の義務を負う。これは、個々の加盟国の安全保障防衛政策の特別性を害するものではない。

この分野における義務及び協力は、北大西洋条約機構の構成員である加盟国にとって、集団防衛の基礎であり、かつ、その実施の場である同機構の下での義務と両立する。

**第四三条【任務の内容】** 1 連合が非軍事的及び軍事的手段を用いることができる第四二条1に定める任務は、共同の武装解除活動、人道的及び救援的任務、軍事的助言及び支援任務、紛争予防及び平和維持任務、平和創出及び紛争後の安定化を含む危機管理における戦闘部隊の任務を含む。これらの全ての任務は、自らの領域内においてテロと闘う第三国を支援することも含め、テロへの闘いに貢献することができる。

2 理事会は、任務の目的及び範囲並びにその実施のための一般的条件を定めるため、1に定める同任務に関する決定を採択する。外交安全保障上級代表は、理事会の権限の下で、及び政治安全保障委員会と密接かつ恒常的な連絡を取り合って、その任務の非軍事的及び軍事的側面の調整を確保する。

**第四四条【任務の遂行】** 1 第四三条に従って採択される決定の枠組みの中で、理事会は、任務を引き受ける意思があり、かつ、任務に必要な能力を有する加盟国のグループに任務の実施を委任することができる。これらの加盟国は、外交安全保障上級代表と協力して、任務の運営について加盟国間で合意する。

2 任務に参加する加盟国は、自らの発議又は他の加盟国の要請に基づき、その進捗状況について定期的に理事会に通報する。当該加盟国は、任務の実施から重大な結果が生じる場合又は1に定める決定に規定された任務の目的、範囲及び条件に修正が必要な場合には、理事会に直ちに通報する。この場合には、理事会は必要な決定を採択する。

**第四五条【欧州防衛機関】** 1 第四二条3に定める欧州防衛機関は、理事会の権限の下に置かれ、次の任務を有する。

(a) 加盟国の軍事能力目標を定めること及び加盟国により合意された能力目標の遵守の評価に貢献すること。

(b) 作戦上の要請の調整及び実効的かつ両立性のある調達方法の採択を促進すること。

(c) 軍事能力に関して目標を達成するための多角的計画を提案し、加盟国により実施される計画の調整及び特別協力計画の運営を確保すること。

(d) 防衛技術研究を支援し、共同研究活動及び将来の作戦上の必要性に対応する技術的解決の研究を調整しかつ計画すること。

(e) 防衛分野の産業及び技術的基盤の強化並びに軍事支出の実効性向上に有用なあらゆる措置を明確化し、必要な場合にはその実施に貢献すること。

2 欧州防衛機関は、参加を望む全ての加盟国に開かれる。理事会は、機関の規程、所在地及び運営規則を定める決定を採択する。この決定は、同機関の活動への実効的な参加の度合いを考慮する。欧州防衛機関内に共同計画に従事する加盟国からなる特別グループが設立される。欧州防衛機関は、必要に応じて委員会と連携してその任務を実施する。

**第四六条【常設の制度的協力】** 1 第四二条6に定める常設の制度的協力に参加を希望し、常設の制度的協力に関する議定書に定める基準を満たし、かつ、同議定書に定める軍事能力に関する義務を負う加盟国は、理事会及び外交安全保障上級代表にその意図を通知する。

2 1に定める通知後三箇月以内に、理事会は常設の制度的協力を設定しかつ参加加盟国の一覧を確定する決定を採択する。理事会は、上級代表に諮問した後に、特別多数決により決定を行う。

3 後の段階において常設の制度的協力に参加を希望する加盟国は、理事会及び上級代表にその意図を通知する。

理事会は、基準を満たしかつ常設の制度的協力に関する議定書の第一条及び第二条に定める義務を負う関係加盟国の参加を承認する決定を採択する。理事会は、上級代表に諮問した後に、特別多数決により決定を行う。参加加盟国を代表する理事会の構成員のみがこの投票に参加する。

特別多数決は、欧州連合運営条約第二三八条3(a)に従って定める。

4 参加加盟国が基準を満たさない場合又は常設の制度的協力に関する議定書第一条及び第二条に定める約束を履行できない場合には、理事会は、関係加盟国の参加を一時停止する決定を採択することができる。

理事会は、特別多数決により決定を行う。参加加盟国を代表する理事会の構成員のみが、問題となる加盟国を除いて、この投票に参加する。

特別多数決は、欧州連合運営条約第二三八条3(a)に従って定める。

5 常設の制度的協力からの脱退を希望する参加加盟国は、理事会にその意図を通知し、理事会はその加盟国が参加を中止することに留意する。

6 2から5までに定める場合以外の常設の制度的協力の枠組みにおける理事会の決定及び勧告は、全会一致により採択される。本項の適用上、全会一致は参加加盟国の代表の投票によって行われる。

## 第六編　最終規定

**第四七条【法人格】** 連合は、法人格を有する。

**第四八条【条約改正手続】**（旧四八条） 1 両条約は、通常改正手続に従って改正することができる。両条約は、簡易改正手続によっても改正することができる。

通常改正手続

2 あらゆる加盟国の政府、欧州議会又は委員会は、両条約の改正の提案を理事会に提出することができる。これらの提案は、特に、両条約において連合に付与された権限の拡大又は縮小を目的とすることができる。これらの提案は、理事会によって欧州首脳理事会に提出され、かつ、国内議会に通知される。

3 欧州首脳理事会は、欧州議会と委員会に諮問した後に、提案された改正の検討に賛成する決定を単純多数決により採択した場合には、欧州首脳理事会の議長は、国内議会、加盟国の元首又は政府の長、欧州議会及び委員会の代表から構成される諮問会議を招集する。欧州中央銀行も、金融分野における組織的な変更が問題となる場合には、協議を受ける。諮問会議は、改正提案を検討し、コンセンサスにより、4に定める加盟国政府代表会議に勧告を行う。

欧州首脳理事会は、提案された改正の内容から諮問会議の招集が正当化されない場合には、欧州議会の同意を得た後に、単純多数決により、諮問会議を招集しないことを決定することができる。諮問会議が招集されない場合には、欧州首脳理事会は、加盟国政府代表会議に対する委任事項を決める。

4 加盟国政府代表会議は、両条約の改正を共通の合意により決定するために、理事会の議長により招集される。

改正は、全ての加盟国によりそれぞれの憲法上の規定に従って批准された後に、発効する。

5 両条約を改正する条約の署名の二年の後に、加盟国の五分の四がそれを批准し、かつ、一又はそれ以上の加盟国が批准手続において困難に陥っている場合には、その問題は欧州首脳理事会に付託される。

簡易改正手続

6 全ての加盟国の政府、欧州議会又は委員会は、連合の域内政策及び活動に関する欧州連合運営条約第三部の規定の全部又は一部を改正する提案を、欧州首脳理事会に提出することができる。

欧州首脳理事会は、欧州連合運営条約第三部の規定の全部又は一部を改正する決定を採択することができる。欧州首脳理事会は、欧州議会及び委員会に諮問した後に、また、金融分野の機構の変更が問題となる場合には欧州中央銀行に諮問した後に、全会一致により決定を行う。この決定は、全ての加盟国によりそれぞれの憲法上の規定に従って承認された後効力を生ずる。

第二段に定める決定は、両条約によって連合に付与された権限を拡大するものではない。

7 欧州連合運営条約又はこの条約の第五編が理事会に対して特定の分野又は事項について全会一致によって決定することを定める場合には、欧州首脳理事会は、この分野又は事項について特別多数決によって理事会が議決することを認める決定を採択することができる。本段は、軍事的な影響をもつ決定又は防衛の分野の決定には適用されない。

立法行為が特別立法手続に従い理事会により決定されると欧州連合運営条約が定める場合、欧州首脳理事会は、この立法の通常立法手続による採択を認める決定を採択することができる。

第一段又は第二段に基づいて欧州首脳理事会によりなされるあらゆる発議は、国内議会に通知される。国内議会がこのような通知の日から六箇月以内に反対の意思を表明した場合には、第一段又は第二段に定める決定は採択されない。反対がない場合には、欧州首脳理事会は決定を採択することができる。

第一段又は第二段に定める決定の採択に関して、欧州首脳理事会は、欧州議会総議員の過半数による同意を得た後に、全会一致により決定を行う。

**第四九条【連合への加盟】**（旧四九条） 第二条に定める諸価値を尊重し、これらを促進することを約束する欧州の国家は、連合への加盟を申請することができる。欧州議会及び国内議会は、この申請について通知を受ける。申請国は加盟の申請を理事会に対して行い、理事会は、委員会と協議し、かつ、欧州議会総議員の過半数による同意を得た後に、全会一致により決定を行う。欧州首脳理事会の合意した加盟資格条件は考慮に入れられる。

加盟の条件及びこの加盟によって必然的に生ずる連合が基礎をおく両条約への修正は、加盟国と加盟申請国との間の協定の対象事項となる。この協定は、全ての締約国によるそれぞれの憲法上の規定に従った批准を必要とする。

**第五〇条【連合からの脱退】** 1 いかなる加盟国も、その憲法上の要件に従い連合からの脱退を決定することができる。

2 脱退を決定した加盟国は、その意思を欧州首脳理事会に通知する。連合は、欧州首脳理事会が定める指針に照らして、その国と交渉を行い、その国と連合との将来的な関係の枠組みを考慮しつつ、その国の脱退に関する取決めを定める協定を締結する。この協定は、欧州連合運営条約第二一八条3に従って交渉される。この協定は、欧州議会の同意を得た後に、理事会により特別多数決によって締結される。

3 両条約は、脱退協定が発効した日に、又は、それが存在しない場合には、欧州首脳理事会がその加盟国と合意したうえでこの期間の延長を全会一致により決定しない限り、2に定める通知から二年後に、その国への適用を終了する。

4 2及び3の適用上、脱退する加盟国を代表する欧州首脳理事会又は理事会の構成員は、これに関する欧州首脳理事会又は理事会の討議及び決定に参加しない。

特別多数決は欧州連合運営条約第二三八条3(b)に従って定める。

5 連合から脱退した国が再加入を求める場合には、その要請は、第四九条に定める手続に従う。

**第五一条【議定書及び附属書】** 両条約の議定書及び附属書は、両条約の不可欠の一部をなす。

**第五二条【条約の適用範囲】** 1 両条約は、ベルギー王国、ブルガリア共和国、チェコ共和国、デンマーク王国、ドイツ連邦共和国、エストニア共和国、アイルランド、ギリシャ共和国、スペイン王国、フランス共和国、クロアチア共和国、イタリア共和国、キプロス共和国、ラトビア共和国、リトアニア共和国、ルクセンブルク大公国、ハンガリー共和国、マルタ共和国、オランダ王国、オーストリア共和国、ポーランド共和国、ポルトガル共和国、ルーマニア、スロベニア共和国、スロバキア共和国、フィンランド共和国、スウェーデン王国並びにグレート・ブリテン及び北部アイルランド連合王国に適用する。

2 両条約の領域的範囲は、欧州連合運営条約第三五五条に定める。

**第五三条【条約の有効期間】**（旧五一条） この条約は、無期限とする。

**第五四条【批准手続、効力発生】**（旧五二条） 1 この条約は、締約国によりそれぞれの憲法上の規定に従って批准される。批准書は、イタリア共和国政府に寄託される。

2 この条約は、全ての批准書が寄託された場合には、一九九三年一月一日に効力を生じ、又は、それまでに全ての批准書が寄託されなかった場合には、この手続を最後の署名国が批准書を寄託した月の翌月の最初の日に発効する。

**第五五条【条約の正文】**（旧五三条） 1 この条約は、等しく正文であるブルガリア語、クロアチア語、チェコ語、デンマーク語、オランダ語、英語、エストニア語、フィンランド語、フランス語、ドイツ語、ギリシャ語、ハンガリー語、アイルランド語、イタリア語、ラトビア語、リトアニア語、マルタ語、ポーランド語、ポルトガル語、ルーマニア語、スロバキア語、スロベニア語、スペイン語及びスウェーデン語により本書一通が作成され、イタリア共和国政府の公文書庫に寄託される。イタリア共和国政府は、その認証謄本一通を、他の各署名国政府に送付する。

2　この条約は、憲法秩序に従いその領域の全部又は一部において公的な地位を認められ、かつ、加盟国により決定される他の言語にも翻訳されることができる。そのような翻訳の認証謄本は、当該加盟国により提供され、理事会の公文書庫に寄託される。

## 15　欧州連合運営条約（抄）　翻訳

［EEC設立条約（ローマ条約）・マーストリヒト条約・アムステルダム条約・ニース条約・リスボン条約］

署名（作成）　一九五七年三月二五日（ローマ）

効力発生　一九五八年一月一日

改　正　三共同体の単一理事会及び単一委員会設立条約（六五年四月八日署名、六七年七月一日発効）

三共同体設立の三条約及び三共同体単一理事会・単一委員会設立条約の財政条項を改正する条約（七〇年四月二二日署名、七一年一月一日発効）

デンマーク、アイルランド、ノルウェー、連合王国加入の条件及び諸条約の調整に関する文書（七二年一月二二日署名、七三年一月一日発効）

加入に関する文書の調整（ノルウェー不加入）に関する理事会決定（七三年一月一日）

委員会の構成員の数の改正に関する理事会決定（七三年一月一日）

法務官の数の増加に関する理事会決定（七三年一月一日）

欧州共同体設立条約の若干の財政条項の修正に関する条約（七五年七月二二日署名、七七年六月一日発効）

ギリシャ共和国の加入に関する文書（七九年五月二八日署名、八一年一月一日発効）

裁判官の数の改正に関する理事会決定（八一年四月四日）

法務官の数の改正に関する理事会決定（八一年四月四日）

グリーンランドに関して欧州共同体設立条約を修正する条約（八四年三月一三日署名、八五年二月一日発効）

スペイン王国及びポルトガル共和国の加入に関する文書（共同体一〇国と二国との協定―八五年六月一二日署名、八六年一月一日発効　共同体理事会決定―八五年六月一一日）

単一欧州議定書（八六年二月一七日及び二月二八日署名、八七年七月一日発効）

欧州連合条約（九二年二月七日署名、九三年一一月一日発効）

アムステルダム条約（九七年一〇月二日署名、九九年五月一日発効）

ニース条約（二〇〇一年二月二六日署名、〇三年二月一日発効）

チェコ共和国、エストニア共和国、キプロス共和国、ラトビア共和国、リトアニア共和国、ハンガリー共和国、マルタ共和国、ポーランド共和国、スロベニア共和国及びスロバキア共和国の加入条件並びに欧州連合の創設に関する諸条約との調整に関する文書（二〇〇三年四月一六日署名、〇四年五月一日発効）

ブルガリア共和国及びルーマニアの加入条件並びに欧州連合の創設に関する諸条約との調整に関する文書（二〇〇五年四月二五日署名、〇七年一月一日発効）

リスボン条約（二〇〇七年一二月一三日署名、〇九年一二月一日発効）

〔注　この文書により改正された条文の見出しの後に改正前の条数を（旧××条）で示した。〕

（欧州連合条約第四八条6の手続による）欧州首脳理事会の決定（二〇一一年三月二五日採択、二〇一三年一月一日発効）

クロアチア共和国の加入条件及び欧州連合の創設に関する諸条約との調整に関する文書（二〇一一年一二月九日署名、一三年七月一日発効）

当事国　二七（注　二〇二〇年一月三一日、イギリスは欧州連合を正式に離脱した。）

### 前　文

ベルギー国王陛下、ドイツ連邦共和国大統領、フランス共和国大統領、イタリア共和国大統領、ルクセンブルク大公殿下及びオランダ女王陛下は、

欧州諸人民間の一層緊密化する連合の基礎を確立することを決意し、

共同の行動を通じて、欧州を分割する種々の障壁を撤廃することによってこれら諸国の経済及び社会的進歩を確保することを決意し、

これらの諸人民の生活及び雇用条件を絶えず改善することを努力の主要目的とすることを確認し、

安定的拡大、均衡のとれた貿易及び公正な競争を保障するためには、現存する障害の撤廃のために一致した行動が必要であることを認識し、

経済の一体性を強化し、様々な地域に存在する格差及び条件の不利な地域の遅れを縮小することにより調和した発展を確保することを念願し、

共通通商政策の手段を通じて、国際貿易における制限の漸進的な撤廃に貢献することを希望し、

欧州と海外諸国とを結ぶ連帯を固めることを意図し、国際連合

憲章の諸原則に従い、相互の繁栄の発展を確保することを希望し、

資源の結集により平和及び自由を維持しかつ強化し、理想を共有する他の欧州の諸人民にこの努力に加わるよう呼びかけ、

教育への幅広い機会の付与及び教育の絶え間ない改善によって、諸人民のために可能な限り最高水準の知識の発展を促進することを決意して、

この目的のために、次の全権委員を任命した。(全権委員名略)

これらの全権委員は、互いにその全権委任状を示してそれが良好妥当であると認められた後、次のとおり協定した。

## 第一部　原則

**第一条【欧州連合運営条約の位置づけ】** 1　この条約は、連合の運営について定め、連合の権限行使の分野、限界及び取決めについて定める。

2　この条約及び欧州連合条約は、連合が基礎とする条約を構成する。これら二つの条約は、同一の法的価値を有し、以下「両条約」という。

### 第一編　連合権限の種類と分野

**第二条【権限の種類と定義】** 1　両条約が特定分野において排他的権限を連合に付与する場合には、連合のみが立法を行い、拘束力ある法行為を採択することができる。加盟国は、連合により授権される場合、又は、連合の法行為を実施する場合に限り、自ら立法を行い、拘束力ある法行為を採択することができる。

2　両条約が特定分野において加盟国と共有する権限を連合に付与する場合には、連合と加盟国は、この分野において立法を行い、拘束力ある法行為を採択することができる。加盟国は、連合が権限を行使しない範囲においてその権限を行使する。加盟国は、連合が権限の行使の停止を決めた範囲において、再びその権限を行使する。

3　加盟国はこの条約が定める取決めの枠内において、経済及び雇用政策を調整する。この取決めに関しては、連合が決定する権限を有する。

4　連合は、欧州連合条約の規定に従い、共通防衛政策の漸進的な策定を含めて、共通外交安全保障政策を定め、かつ実施する権限を有する。

5　両条約に定める特定の分野及び条件において、連合は、当該分野における加盟国の権限を奪うことなく、加盟国の行動を支援、調整又は補足するための行動を実施する権限を有する。

両条約の規定を根拠にこれらの分野に関して採択された連合の拘束力ある法行為は、加盟国の法令の調和化を伴わないものとする。

6　連合の権限の行使の範囲及びそのための取決めは、各分野に関する両条約の規定によって定める。

**第三条【排他的権限の分野】** 1　連合は、次の分野において排他的権限を有する。

(a) 関税同盟
(b) 域内市場の運営に必要な競争法規の設定
(c) ユーロを通貨とする加盟国の金融政策
(d) 共通漁業政策に基づく海洋生物資源の保護
(e) 共通通商政策

2　連合は、国際協定の締結が連合の立法行為の中に定められる場合、その締結が連合の対内権限の行使を可能にするために必要である場合、又は、その締結が共通法規に影響を与え若しくはその範囲を変更するものである場合には、国際協定の締結について排他的権限を有する。

**第四条【共有権限の分野】** 1　連合は、両条約が第三条及び第六条に定める分野に関係しない権限を連合に付与する場合には、加盟国と権限を共有する。

2　連合と加盟国間の共有権限は、以下の主要な分野に適用される。

(a) 域内市場
(b) この条約に定める側面に関する社会政策
(c) 経済的、社会的及び領域的な緊密化
(d) 農業及び漁業(海洋生物資源の保護を除く。)
(e) 環境
(f) 消費者保護
(g) 運輸
(h) 欧州横断ネットワーク
(i) エネルギー
(j) 自由、治安及び司法の分野
(k) この条約に定める側面に関する公衆衛生問題における共通の安全関心事項

3　研究、技術開発及び宇宙の分野において、連合は、活動を実施する権限、特に計画の策定と実施の権限を有する。ただし、この権限の行使は、加盟国の権限の行使を妨げない。

4　開発協力及び人道援助の分野において、連合は、活動を行い、かつ共通政策を実施する権限を有する。ただし、このような権限の行使は、加盟国の権限の行使を妨げない。

**第五条【加盟国の政策調整】** 1　加盟国は、連合内において経済政策を調整する。この目的のために、理事会は、措置特に経済政策に関する幅広い指針を採択する。

ユーロが通貨である加盟国には、特別の規定が適用される。

2　連合は、とりわけ雇用政策に関する指針を定めることによって、加盟国の雇用政策の調和を確保するための措置をとる。

3　連合は、加盟国の社会政策の調和を確保するためのイニシアチブをとることができる。

**第六条【支援、調整又は補足的権限の分野】** 連合は、加盟国の措置を支援、調整又は補足する措置を実施する権限を有する。欧州レベルにおける行動の分野は、次の通りとする。

(a) 人間の健康の保護及び改善
(b) 産業
(c) 文化
(d) 観光
(e) 教育、職業訓練、青少年及びスポーツ
(f) 市民保護
(g) 行政上の協力

### 第二編　一般規定(抄)

**第七条【政策及び活動の一貫性確保】** 連合は、あらゆるその目的を考慮に入れて、かつ権限付与の原則に従って、政策及び活動の一貫性を確保する。

**第八条【男女平等原則】**(旧三条2)　連合は、全てのその活動において、男女の間の不平等の除去及び平等の促進を目指す。

**第九条【雇用、社会、教育、健康等の配慮原則】** 連合は、その政策及び活動の策定と実施において、高水準の雇用の促進、十分な社会的保護の確保、社会的排除に対する闘い、並びに、高水

準の教育、職業訓練及び人間の健康の保護に関連する要請を考慮に入れる。

**第一〇条【非差別の原則】**　連合は、その政策及び活動の策定と実施において、性別、人種若しくは種族的出身、宗教若しくは信条、障害、年齢又は性的指向〔sexual orientation〕に基づく差別と闘うことを目指す。

**第一一条【環境保護】**〔旧六条〕環境保護の要請は、特に持続可能な発展の促進のために、連合の政策及び活動の策定と実施の中に統合されなければならない。

**第一二条【消費者保護への配慮】**〔旧一五三条2〕消費者保護の要請は、連合の他の政策及び活動の策定と実施において考慮される。

**第一三条【動物の福祉への配慮】**　連合の農業政策、漁業政策、運輸政策、域内市場政策、研究技術開発及び宇宙政策の決定と実施において、連合及び加盟国は、感覚ある生物としての動物の福祉を十分に尊重する。他方で、特に宗教儀式、文化的伝統及び地域的遺産に関係する加盟国の立法上若しくは行政上の規定及び慣習が尊重される。

**第一四条【一般的経済利益事業への配慮】**〔旧一六条〕欧州連合条約第四条又はこの条約の第九三条、第一〇六条及び第一〇七条を妨げることなく、また連合が共有する価値の中で一般的経済利益事業が占める位置並びに社会的及び領域的緊密化を促進する役割を考慮に入れつつ、連合及び加盟国は、それぞれの権限内及び両条約の適用範囲内において、その使命の遂行を可能にする原則及び条件、特に経済的及び財政的条件に基づいて、これらの事業が運営されるように注意を払う。欧州議会及び理事会は、通常立法手続に従い、規則により、これらの原則を設定し、加盟国の権限を妨げることなく、両条約を遵守する形で、これらのような事業を提供し、開始し及びこれらに融資する諸条件を定める。

**第一五条【会議の公開と文書の閲覧】**〔旧二五五条〕1　健全な統治を促進し、市民社会の参加を確保するために、連合の各機関及び各組織は、可能な限り公開を原則としてその活動を行う。

2　欧州議会は、会議を公開とする。理事会は、立法行為の草案の審議及び表決に際して公開とする。

3　全ての連合市民及び加盟国に居住する自然人又は登記された事務所をもつ法人は、連合の各機関及び各組織のあらゆる媒体の文書を閲覧する権利を有する。ただし、本項に従って定める原則と条件に服するものとする。

　このような文書を閲覧する権利を規律する公的又は私的利益に基づく一般的な原則及び制限は、欧州議会と理事会により、通常立法手続に従い、規則により定められる。

　各機関及び各組織は、その議事録の透明性を確保し、本項第二段に定める規則に従い、文書の閲覧に関する特別規定をそれ自身の手続規則として定める。

　欧州連合司法裁判所、欧州中央銀行及び欧州投資銀行は、行政的任務を遂行するときのみ本項に服する。

　欧州議会及び理事会は、本項第二段に定める規則が規定する条件に従い、立法手続に関する文書の公開を確保する。

**第一六条【個人データの保護】**〔旧二八六条〕（略）

**第一七条【教会及び思想団体の尊重】**　1　連合は、加盟国における教会、宗教団体又は宗教組織の国内法上の地位を尊重し、その地位を妨げない。

2　連合は、同様に、哲学的及び非信仰的組織の国内法上の地位を尊重する。

3　連合は、これらの教会及び組織のアイデンティティーとその特別な貢献を承認し、これらとの間で開かれた、透明で定期的な対話を維持する。

## 第二部　非差別及び連合市民権（抄）

**第一八条【差別の禁止】**〔旧一二条〕両条約の適用の範囲内において、かつ、両条約に別段の定めがある場合を除くほか、国籍に基づく全ての差別は禁止される。

　欧州議会と理事会は、通常立法手続に従い前記の差別を禁止するための法規を採択することができる。

**第一九条【差別防止のための行動】**〔旧一三条〕1　両条約の他の規定を妨げることなく、かつ、連合に付与された権限の範囲内において、理事会は、特別立法手続に従いかつ欧州議会の同意を得た後に、全会一致により、性別、人種若しくは種族的出身、宗教若しくは信条、障害、年齢、又は性的指向に基づく差別と闘うために、適切な行動をとることができる。

2　1とは別に、欧州議会と理事会は、通常立法手続に従い、1に定める目的の実現に寄与するために、加盟国の法令の調和化を除いて、加盟国によってとられる行動を支援するための連合の促進措置に関する基本原則を採択することができる。

**第二〇条【連合市民権】**〔旧一七条〕1　連合市民権をここに創設する。加盟国の国籍を有する者は、何人も連合の市民となる。連合市民権は、国家の市民権に付加されるものであって、それに代替するものではない。

2　連合市民は、両条約に定められた権利を享有し、かつ、義務を負う。特に連合市民は、次の権利を有する。

(a)　加盟国の領域内を自由に移動し、またそこに居住する権利

(b)　欧州議会の選挙及び居住する加盟国の地方選挙における居住国の国民と同一の条件の下での選挙権及び被選挙権

(c)　国籍を有する加盟国が代表を置いていない第三国の領域において、いずれかの他の加盟国の国民と同一の条件で、当該他の加盟国の外交上及び領事上の保護を受ける権利

(d)　欧州議会に対する請願権、欧州オンブズマンへの申請権、並びに、連合の諸機関又は諮問機関に対して、条約の諸言語のいずれかで問い合わせを行い、かつ同一の言語で返答を得ることができる権利

　以上の権利は、両条約とその下で採択される措置に定める条件と制限に従って行使される。

**第二一条【移動・居住の権利】**〔旧一八条〕1　全ての連合市民は、両条約及びその実施のために採択された措置に規定される制限及び条件に従い、加盟国の領域内を自由に移動し、またそこに居住する権利を有する。

2　この目的を達成するために連合による行動が必要であることが証明され、かつ、両条約が必要な権限を規定していない場合には、欧州議会と理事会は、通常立法手続に従い、1に定める権利の行使を容易にするための規定を採択することができる。

3　1に定める目的と同一の目的のために、両条約が必要な権限を規定していない場合には、理事会は、特別立法手続に従い、社会保障又は社会的保護に関する措置を採択することができる。理事会は、欧州議会と協議した後に、全会一致により決定する。

**第二二条【選挙権と被選挙権】**〔旧一九条〕1　加盟国内に居住する連合市民は、その居住国の国民でなくとも、自己が居住する加盟国の地方選挙において、居住国の国民と同一の条件の下で選挙権及び被選挙権を有する。この権利は、理事会が特別立法

手続に従いかつ欧州議会と協議した後に、全会一致により採択する実施細目に従って行使される。これらの実施細目は、加盟国に特有の事情による逸脱を規定することができる。

2　第二二三条1及びその実施のために採択される規定を妨げることなく、他の加盟国に居住する連合市民は、その居住国の国民でなくとも、居住する加盟国の欧州議会の選挙において、居住国の国民と同一の条件の下で選挙権及び被選挙権を有する。この権利は、理事会が特別立法手続に従いかつ欧州議会と協議した後に、全会一致により採択する実施細目に従って行使される。これらの実施細目は、加盟国に特有の事情による逸脱を規定することができる。

**第二三条【外交・領事保護】**（旧二〇条）全ての連合市民は、国籍をもつ加盟国が代表を置いていない第三国の領域において、いずれかの他の加盟国の国民と同一の条件で、当該他の加盟国の外交上又は領事上の保護を受ける。加盟国は、必要な規定を採択し、この保護を確保するために必要な国際交渉を開始する。

理事会は、特別立法手続に従いかつ欧州議会と協議した後に、このような保護を容易にするために必要な調整及び協力措置を設定する指令を採択することができる。

**第二四条【市民の発議と請願権等】**（旧二一条）欧州議会と理事会は、欧州連合条約第一一条の意味における市民の発議に必要とされる、市民の出身加盟国の最小限の数を含む手続と条件のための規定を、通常立法手続に従い規則により採択する。

全ての連合市民は、第二二七条に従い欧州議会に請願する権利を有する。

全ての連合市民は、第二二八条に従い設置されるオンブズマンに申立てを行うことができる。

全ての連合市民は、本条又は欧州連合条約第一三条に定める諸機関又は諸組織に対し、欧州連合条約第五五条1に定める諸言語の一つで書面を送り、かつ同一の言語による回答を受けることができる。

**第二五条【連合市民権の一層の発展】**（旧二二条）委員会は、この部の規定の適用に関して、三年ごとに欧州議会、理事会及び経済社会評議会に報告する。この報告は、連合の発展を考慮に入れる。

理事会は、この報告に基づき、両条約の他の規定を妨げることなく、特別立法手続に従いかつ欧州議会と協議した後に、第二〇条2に列挙する権利を強化し又はこれに追加する規定を全会一致により採択することができる。これらの規定は、加盟国によるそれぞれの憲法上の要件に従った承認の後に発効する。

## 第三部　連合の域内政策と活動（抄）

### 第一編　域内市場（抄）

**第二六条【域内市場における自由移動】**（旧一四条）1　連合は、域内市場を設定し、又はその機能を確保するために、両条約の関係規定に従い措置を採択する。

2　域内市場は、物、人、サービス及び資本の自由移動が両条約の規定に従って確保される域内国境のない領域からなる。

3　理事会は、委員会の提案に基づき、全ての関係分野の均衡のある発展を確保するために必要な指針と条件を決定する。

**第二七条【域内市場についての特例措置】**（旧一五条）（略）

### 第二編　物品の自由移動（抄）

**第二八条【関税同盟】**（旧二三条）1　連合は、物品の全ての貿易を規律し、輸出入にかかる関税及びそれと同等の効果を有する課徴金の加盟国間における禁止並びに第三国との関係における共通関税率の採択を内容とする、関税同盟を含む。

2　第三〇条及び本編第二章の規定は、加盟国原産の産品及び加盟国において自由流通している第三国を積出地とする産品に適用する。

**第二九条【第三国産品の自由流通】**（旧二四条）（略）

#### 第一章　関税同盟（抄）

**第三〇条【関税・課徴金の禁止】**（旧二五条）輸出入に対する関税及び同等の効果を有する課徴金は、加盟国間において禁止される。この禁止は、財政的性質の関税にも適用される。

**第三一条【共通関税率】**（旧二六条）（略）

**第三二条【委員会の任務遂行における原則】**（旧二七条）（略）

#### 第二章　関税協力（第三三条（旧一三五条））（略）

#### 第三章　加盟国間の数量制限の禁止（抄）

**第三四条【輸入数量制限の禁止】**（旧二八条）輸入に関する数量制限及び同等の効果を有する全ての措置は、加盟国間において禁止される。

**第三五条【輸出数量制限の禁止】**（旧二九条）輸出についての数量制限、及び同等の効果をもつ全ての措置は、加盟国間において禁止される。

**第三六条【例外的許容】**（旧三〇条）第三四条及び第三五条の規定は、公衆道徳、公の秩序若しくは公共の安全、人間、動物若しくは植物の健康及び生命の保護、芸術的、歴史的若しくは考古学的価値のある国宝の保護、又は、工業的及び商業的財産の保護を理由として正当化される輸出入品若しくは通過中の物品に対する禁止又は制限を排除するものではない。ただし、このような禁止又は制限は、恣意的な差別の手段又は加盟国間の貿易に対する擬装された制限となるものであってはならない。

**第三七条【国営独占の調整】**（旧三一条）（略）

### 第三編　農業及び漁業（第三八条から第四四条まで（旧三二条から旧三八条まで））（略）

### 第四編　人、サービス及び資本の自由移動（抄）

#### 第一章　労働者（抄）

**第四五条【労働者の自由移動】**（旧三九条）1　労働者の自由移動は、連合内において確保される。

2　この自由移動は、雇用、報酬その他の労働及び雇用条件に関して、加盟国の労働者間の国籍に基づくあらゆる差別の撤廃を含む。

3　労働者の自由移動は、公の秩序、公共の安全又は公衆衛生を理由として正当化される制限を条件として、次の権利を含む。

(a)　実際になされた雇用の提供を受諾する権利

(b)　この目的のために加盟国の領域を自由に移動する権利

(c)　法律、法令又は行政措置により定められた加盟国の国民の雇用を規律する規定に従い雇用の目的でその加盟国に滞在する権利

(d)　委員会が作成する規則に定める条件に従い、一の加盟国の領域内で雇用された後に、その加盟国の領域に在留する権利

4　本条の規定は、公共サービスにおける雇用には適用されない。

**第四六条【自由移動の実現手段】**〔旧四〇条〕（略）

**第四七条【若年労働者の交換】**〔旧四一条〕（略）

**第四八条【自由移動確立のための社会保障措置】**〔旧四二条〕（略）

## 第二章　開業・設立の権利（抄）

**第四九条【開業及び設立の自由】**〔旧四三条〕以下に定める規定の枠内において、いずれかの加盟国の国民の他の加盟国の領域における開業の自由に対する制限は、禁止される。このような禁止は、いずれかの加盟国に居住する加盟国の国民による代理店、支店又は子会社の設立に対する制限にも適用される。

開業の自由は、開業がなされる国の法律によりその国民に対して定められる条件の下で、資本に関する章の規定に服しつつ、自営業者としての活動を開始しかつこれに従事する権利並びに企業、特に第五四条2の意味における会社を設立し、経営する権利を含む。

**第五〇条【開業及び設立の自由の実施手段】**〔旧四四条〕（略）

**第五一条【公権力活動の除外】**〔旧四五条〕（略）

**第五二条【外国人の処遇】**〔旧四六条〕（略）

**第五三条【自営業者のための資格等の相互承認】**〔旧四七条〕

1　自営業者としての活動を開始し従事することを容易にするために、欧州議会と理事会は、通常立法手続に従い、卒業証書、免許状及び他の公式の資格証明の相互承認に対して、並びに自営業者としての活動の開始及び従事に関する加盟国における法律、法令又は行政措置により定められる規定の調整に関して、指令を定める。

2　医療及びそれに付随する職業並びに薬剤業の場合には、その制限の漸進的廃止は、加盟国によって様々に実施される就業条件が調整されるのに応じて達成される。

**第五四条【会社に対する本章の適用】**〔旧四八条〕加盟国の法律に基づいて設立され、かつ、定款上の本店、経営管理の中心又は主たる営業所を連合内に有する会社は、本章の適用上、加盟国の国民である自然人と同様に取り扱われる。（後略）

**第五五条【資本参加における内国民待遇】**〔旧二九四条〕（略）

## 第三章　サービス（抄）

**第五六条【サービスの自由】**〔旧四九条〕以下に定める規定の枠内において、連合内におけるサービス提供の自由に対する制限は、サービスの対象となる者がいる加盟国とは異なる加盟国に居住している加盟国国民との関係では、禁止される。

欧州議会及び理事会は、通常立法手続に従い、連合内において居住しサービスを提供する第三国の国民に対して、本章の規定の適用を拡大することができる。

**第五七条【サービスの定義】**〔旧五〇条〕（略）

**第五八条【運輸及び資本の移動に関するサービス】**〔旧五一条〕（略）

**第五九条【特定のサービスの自由化措置】**〔旧五二条〕（略）

**第六〇条【さらなる自由化に対する加盟国の努力】**〔旧五三条〕（略）

**第六一条【経過措置としての残存制限の無差別適用】**〔旧五四条〕（略）

**第六二条【開業の自由に関する規定の準用】**〔旧五五条〕（略）

## 第四章　資本及び支払（第六三条から第六六条まで〔旧五六条から旧五九条まで〕）（略）

# 第五編　自由、治安及び司法に関する領域

## 第一章　一般規定（抄）

**第六七条【自由、治安及び司法に関する領域の構築】**〔旧六一条及び旧EU条約二九条〕1　連合は、基本権並びに加盟国の異なる法制度及び伝統を尊重しつつ、自由、治安及び司法の領域を構成する。

2　連合は、域内国境管理の撤廃を確保し、加盟国間の連帯に基づき、第三国国民に対して、難民、移民及び対外国境管理に関する公正な共通政策を形作る。本編の適用上、無国籍者は第三国国民として取り扱う。

3　連合は、犯罪、人種差別及び外国人排斥を防止しかつそれらと闘うための措置、警察、司法機関及び他の権限ある機関の間の調整と協力のための措置、並びに、刑事分野における判決の相互承認及び必要に応じて刑事法の平準化を通じて、高水準の治安を確保するために努力する。

4　連合は、特に民事分野における裁判上及び裁判外の決定の相互承認の原則を通じて、司法制度の利用を容易にする。

**第六八条【戦略的指針】**欧州首脳理事会は、自由、治安及び司法の領域における立法及び運営計画の戦略的指針を定める。

**第六九条【国内議会による補完性原則遵守の確保】**国内議会は、第四章及び第五章に基づき提出される提案及び立法の発議が、補完性及び比例性の原則の適用に関する議定書に定める取決めに従い、補完性の原則を遵守するように確保する。

**第七〇条【加盟国による連合政策実施評価】**（略）

**第七一条【常設委員会の設置】**〔旧EU条約三六条〕連合における域内の治安に関する実務的協力が促進され強化されることを確保するために、理事会内に常設委員会が設置される。第二四〇条を妨げることなく、常設委員会は、加盟国の権限ある当局の行動の調整を容易にする。連合の関係諸機関の代表は、常設委員会の審議に加わることができる。欧州議会及び国内議会は、常設委員会の審議について通報を受ける。

**第七二条【秩序維持等に対する加盟国の責任】**〔旧六四条1及び旧EU条約三三条〕（略）

**第七三条【国内治安に対する加盟国の機関間協力の組織編成の自由】**（略）

**第七四条【加盟国の機関間並びに加盟国の機関及び委員会間の行政協力】**〔旧六六条〕（略）

**第七五条【テロに対する資産凍結等の行政措置】**〔旧六〇条〕テロリズム及びそれに関係する活動の防止及びそれらとの闘いに関して、第六七条に定める目標を達成するために必要な場合には、欧州議会及び理事会は、通常立法手続に従い、自然人若しくは法人、集団又は非国家主体の所持、所有又は支配下にある資金、金融資産又は経済収益などの資本移動及び支払に関する行政上の措置に対する枠組みを、規則により定める。

理事会は、委員会の提案に基づき、第一段に定める枠組みを実施するための措置を採択する。

本条に定める法行為は、権利保護に関する必要な規定を含む。

**第七六条【法行為の提案方法】**第四章及び第五章に定める法行為は、これらの章によって規律される分野における行政協力を確保するために第七四条に定める措置とともに、次のいずれかにより採択される。

(a)　委員会の提案

(b) 加盟国の四分の一の発議

## 第二章 国境管理、難民及び移民に関する政策(抄)

**第七七条【国境管理に関する措置】**(旧六二条) 1 連合は、次の目的のために政策を展開する。

(a) 域内の国境を通過する際に、国籍を問わず、人に対する管理を撤廃することの確保

(b) 対外国境を通過する人に対する検問と効率的な監視の実施

(c) 対外国境に対する統合された運営制度の漸進的導入

2 1の適用上、欧州議会及び理事会は、通常立法手続に従い、次の事項に関する措置を採択する。

(a) 査証及びその他の短期滞在許可に関する共通政策

(b) 対外国境を通過する人を対象とする検問

(c) 第三国国民が連合内を短期間旅行する自由を享受する際の条件

(d) 対外国境に対する統合された運営制度の漸進的確立のために必要なあらゆる措置

(e) 国籍を問わず、域内の国境を通過する際の、人に対する管理の撤廃

3 連合による行動が第二〇条2(a)に定める権利の行使を容易にするために必要であることが証明され、両条約が必要な権限を定めていない場合には、理事会は、特別立法手続に従い、旅券、身分証明証、居住許可書又は他の同様の公的文書に関する規定を採択することができる。理事会は、欧州議会と協議した後に、全会一致により決定する。

4 本条は、国際法に従った加盟国国境の地理的境界画定に関する加盟国の権限に影響を与えるものではない。

**第七八条【庇護に関する措置】**(旧六三条(1)、(2)及び六四条2)(略)

**第七九条【移民に関する措置】**(旧六三条(3)及び(4))(略)

**第八〇条【連帯の原則】** 本章に定める連合の政策及びその実施は、その財政上の意味を含めて加盟国間の連帯及び責任の公平な分担の原則により規律される。必要に応じて、本章に従って採択される連合の法行為は、この原則を実現するための適切な措置を含む。

## 第三章 民事分野における司法協力

**第八一条【民事分野における司法協力に関する措置】**(旧六五条) 1 連合は、判決及び裁判外事件における決定の相互承認の原則に基づき、外国性を有する民事分野における司法協力を発展させる。この協力は、加盟国の法令の平準化のための措置の採択を含むことができる。

2 1の適用上、欧州議会及び理事会は、通常立法手続に従い、次の事項の確保を目的として、特に域内市場の円滑な運営のために必要である場合には、措置を採択する。

(a) 判決及び裁判外事件における決定の加盟国間における相互承認及び執行

(b) 裁判上及び裁判外の文書の越境送達

(c) 法及び管轄権の抵触に関する加盟国内で適用可能な法規の両立性

(d) 証拠収集における協力

(e) 司法への効果的なアクセス

(f) 加盟国内で適用可能な民事手続に関する法規の両立性の促進の必要に応じた、民事手続の適正な運用に対する障害の除去

(g) 代替的紛争解決手段の発展

(h) 裁判官及び司法職員の研修の支援

3 2にかかわらず、外国性を有する家族法に関する措置は、特別立法手続に従い、理事会によりとられる。理事会は、欧州議会と協議した後に、全会一致により決定する。

理事会は、委員会の提案に基づき、通常立法手続に従って採択される法行為の対象となり得る外国性を有する家族法のこれらの側面を定める決定を採択することができる。

第二段に定める提案は、国内議会に通知される。国内議会がこの通知から六箇月以内に異議を表明する場合には、その決定は採択されない。異議がない場合には、理事会はその決定を採択することができる。

## 第四章 刑事分野における司法協力(抄)

**第八二条【刑事分野における司法協力に関する措置】**(旧EU条約三一条) 1 連合内の刑事分野における司法協力は、判決及び裁判所の決定の相互承認の原則に基づき、2及び第八三条に定める分野における加盟国の法令の平準化を含む。

欧州議会及び理事会は、通常立法手続に従い、次の事項に関する措置を採択する。

(a) 全ての形式の判決及び裁判所の決定の連合全域における承認を確保するための規則及び手続の確定

(b) 加盟国間の管轄権抵触の防止及び解決

(c) 裁判官及び司法職員の研修の支援

(d) 刑事分野における訴訟手続及び決定の執行に関する加盟国の司法機関又はそれに相当する機関相互間の協力の促進

2 国際的側面を有する刑事分野における判決及び司法決定の相互承認並びに警察及び司法協力を容易にするために必要な範囲において、欧州議会及び理事会は、通常立法手続に従い、指令により最小限の法規を採択することができる。この法規は、加盟国の法的伝統及び制度の相違を考慮に入れるものとする。

この法規は、次の事項を含む。

(a) 加盟国間の証拠の相互許容性

(b) 刑事手続における個人の権利

(c) 犯罪被害者の権利

(d) 理事会が決定により事前に明確にした刑事手続の他の特定の側面。決定の採択に当たっては、理事会は、欧州議会の同意を得た後に、全会一致により議決する。

本項に定める最小限の法規の採択は、加盟国が個人のより高い水準の保護を維持し又は導入することを妨げるものではない。

3 理事会の構成員が2に定める指令案が刑事司法制度の基本的側面に影響を与えると考える場合には、その指令案を欧州首脳理事会に付託するよう要請することができる。この場合には、通常立法手続は停止される。欧州首脳理事会は、この停止から四箇月以内に、審議の後にコンセンサスが形成される場合には、その指令案を理事会に差し戻し、理事会は通常立法手続の停止を解除する。

この停止から四箇月以内にコンセンサスに至らない場合であって、少なくとも九加盟国がその指令案に基づき先行統合を行うことを希望するときは、これらの加盟国は、このことを欧州議会、理事会及び委員会に通知する。この場合には、欧州連合条約第二〇条2及びこの条約の第三二九条1に定める先行統合

を進める許可が与えられたものとみなされ、先行統合に関する規定が適用される。

**第八三条【犯罪及び制裁の定義に関する最小限の法規の設定】**〔旧EU条約三一条〕1　欧州議会及び理事会は、通常立法手続に従い、犯罪の性質若しくはその効果から又は犯罪に共通の基盤に基づき対処する特別の必要性から国際的側面を有する特に重大な犯罪の分野における刑事犯罪及び制裁の定義に関する最小限の法規を、指令により設定することができる。

これらの犯罪の分野は、次の事項である。テロリズム、人身売買、女性及び子どもの性的搾取、不正な麻薬取引、不正な武器取引、資金洗浄、腐敗、支払手段の偽造、コンピュータ犯罪並びに組織犯罪

犯罪の発達に鑑み、理事会は、本項に定める基準に見合う他の犯罪分野を定める決定を採択することができる。理事会は、欧州議会の同意を得た後、全会一致により議決する。

2　加盟国の刑事法令の平準化が調和化措置の対象となっている連合の政策の効果的な実施を確保するために不可欠であると証明される場合には、関連する分野の犯罪及び制裁の定義に関する最小限の法規を指令により設定することができる。このような指令は、第七六条を損なうことなく、当該調和化措置が採択される際に用いられるのと同様の手続、通常立法手続又は特別立法手続により採択される。

3　理事会の構成員が1又は2に定める指令案が刑事司法制度の基本的な側面に影響を与えると考える場合には、その指令案を欧州首脳理事会に付託するよう要請することができる。この場合には、通常立法手続は停止される。欧州首脳理事会は、この停止から四箇月以内に、審議の後にコンセンサスが形成される場合には、その指令案を理事会に差し戻し、理事会は通常立法手続の停止を解除する。

この停止から四箇月以内にコンセンサスに至らない場合であって、少なくとも九加盟国がその指令案に基づき先行統合を行うことを希望するときは、これらの加盟国は、このことを欧州議会、理事会及び委員会に通知する。この場合には、欧州連合条約第二〇条2及びこの条約第三二九条1に定める先行統合を進める許可が与えられたものとみなされ、先行統合に関する規定が適用される。

**第八四条【犯罪防止の促進】**（略）

**第八五条【欧州司法機構〔Eurojust〕】**〔旧EU条約三一条〕1　欧州司法機構の任務は、二箇国以上の加盟国に影響を与える重大犯罪又は共通の基盤に基づく訴追を必要とする重大犯罪に関して国内の捜査及び訴追機関相互間の調整と協力を支援し強化することにある。その際、欧州司法機構は、加盟国の機関及び欧州警察機関〔Europol〕により行われる活動及び提供される情報を基礎とする。

この目的のため、欧州議会と理事会は、通常立法手続に従って採択される規則を通じて、欧州司法機構の組織、運営、行動の範囲と任務を定める。この任務は、次の事項を含めることができる。

(a)　犯罪捜査、特に連合の財政的利益に対する犯罪捜査の開始及び国内管轄機関により行われる訴追の開始の提案

(b)　(a)に定める捜査及び訴追の調整

(c)　管轄権の抵触の解決及び欧州司法網との緊密な協力を含む司法協力の強化

これらの規則は、欧州議会及び国内議会による欧州司法機構の活動の評価への関与についての取決めも定める。

2　1に定める訴追において、第八六条を妨げることなく、司法手続における公式の行為は権限ある国内公務員により行われる。

**第八六条【欧州検事事務局】**（略）

## 第五章　警察協力（抄）

**第八七条【警察協力の構築】**〔旧EU条約三〇条〕1　連合は、刑事犯罪の防止、探知及び捜査に関する警察、税関及びその他の専門的な法執行機関を含む全ての加盟国の権限ある機関が関与する警察協力を構築する。

2　1の適用上、欧州議会と理事会は、通常立法手続に従い、次の事項に関する措置をとることができる。

(a)　関連する情報の収集、保管、処理、分析及び交換

(b)　職員の訓練の支援、職員の交流並びに設備及び犯罪探知研究に関する協力の支援

(c)　重大な形態の組織犯罪の探知に関する共同捜査技術

3　理事会は、特別立法手続に従い、本条に定める機関相互間での運用上の協力に関する措置を設定することができる。理事会は、欧州議会と協議した後に、全会一致により決定する。

理事会において全会一致に至らない場合には、少なくとも九加盟国からなるグループは、草案の措置を欧州首脳理事会に付託するよう要請することができる。この場合、理事会における手続は停止される。欧州首脳理事会は、この停止から四箇月以内に、審議の後にコンセンサスが形成される場合には、理事会に草案を採択のために差し戻す。

前記の停止から四箇月以内にコンセンサスに至らない場合であって、その措置案に基づき少なくとも九加盟国が先行統合を行うことを希望するときは、これらの加盟国は、このことを欧州議会、理事会及び委員会に通知する。この場合には、欧州連合条約第二〇条2及びこの条約の第三二九条1に定める先行統合を進める許可が与えられたものとみなされ、先行統合に関する規定が適用される。

第二段及び第三段に定める特別手続は、シェンゲン協定の既決事項〔Schengen *acquis*〕の発展を構成する法行為には適用されない。

**第八八条【欧州警察機関】**〔旧EU条約三〇条〕1　欧州警察機関の任務は、二以上の加盟国に影響を与える重大犯罪、テロリズム及び連合の政策により規律される共通利益に影響を与える犯罪形態を防止しかつそれと闘うに当たり、加盟国の警察機関及び他の法執行機関による行動並びに相互協力を支援しかつ強化することにある。

2　欧州議会及び理事会は、通常立法手続に従って採択される規則により、欧州警察機関の組織、運営、行動の範囲及び任務を定める。この任務は、次の事項を含むことができる。

(a)　情報、特に加盟国の機関又は第三国若しくは第三者団体により伝達された情報の収集、保管、処理、分析及び交換

(b)　加盟国の権限ある機関と共同して又は必要に応じて欧州司法機構と連携して共同捜査チームとして遂行する捜査及び実地活動の調整、編成及び実施

これらの規則には、各国議会と連携して行われる欧州議会による欧州警察機関の活動の監督についての手続も定める。

3　欧州警察機関によるいかなる任務実施活動も、関係する領域をもつ加盟国の機関と連携しかつ合意を得て行われなければならない。強制的な措置の実施は権限ある国内機関の排他的な責

務とする。

**第八九条【加盟国管轄機関の国境を越えた活動】**〔旧EU条約三二条〕（略）

## 第六編　運輸(抄)

**第九〇条【共通運輸政策】**〔旧七〇条〕両条約の目的は、本編により規律される事項に関しては、共通運輸政策の枠組みの中で追求される。

**第九一条【実施措置】**〔旧七一条〕1　第九〇条を実施するために、かつ運輸の特別な性質を考慮して、欧州議会及び理事会は、通常立法手続に従いかつ経済社会評議会及び地域評議会と協議した後、以下のことを定める。

(a)　いずれかの加盟国の領域を起点若しくは終点とし、又は一若しくは二以上の加盟国の領域を通過する国際運輸に適用される共通法規

(b)　ある加盟国内において非居住者の運送業者が国内運輸業務を行うことを認めるための条件

(c)　運輸の安全を改善するための措置

(d)　その他の適切な規定

2　1に定める措置が採択される際には、その適用が特定の地域における生活水準及び雇用状況並びに運輸施設の運用に深刻な影響を与える場合には、その状況が考慮される。

**第九二条【新たな差別の禁止】**〔旧七二条〕（略）

**第九三条【両立する援助】**〔旧七三条〕（略）

**第九四条【輸送料金及び条件】**〔旧七四条〕（略）

**第九五条【差別待遇の禁止】**〔旧七五条〕（略）

**第九六条【特定料率の禁止】**〔旧七六条〕（略）

**第九七条【国境通過税の制限】**〔旧七七条〕（略）

**第九八条【ドイツの特例】**〔旧七八条〕（略）

**第九九条【輸送問題評議会】**〔旧七九条〕（略）

**第一〇〇条【適用対象の範囲】**〔旧八〇条〕1　本編の規定は、鉄道、道路及び内陸水路による輸送に適用される。

2　欧州議会及び理事会は、通常立法手続に従い、航海及び航空に関し適切な規定を定めることができる。欧州議会及び理事会のこの決定は、経済社会評議会及び地域評議会と協議した後に行われる。

## 第七編　競争、税及び法の接近に関する共通法規(抄)

### 第一章　競争に関する法規(抄)

#### 第一節　事業者に適用される法規(抄)

**第一〇一条【競争阻害行為の禁止】**〔旧八一条〕1　加盟国間の貿易に影響を及ぼすおそれがあり、かつ域内市場の競争を妨害し、制限し又はわい曲することを目的とするか又はそうした効果をもつ企業間の全ての合意、企業団体による決定及び協調行動、及び特に次の事項を含むものは、域内市場と両立しないものとして禁止される。

(a)　購入価格、販売価格又はその他の取引条件を直接的に又は間接的に設定すること。

(b)　生産、販路、技術開発又は投資を制限又は統制すること。

(c)　市場又は供給源を分割すること。

(d)　同等の取引に対して他の取引主体に異なる条件を適用し、取引主体を競争上不利にすること。

(e)　給付の内容又は商慣習から契約の対象と関係しない追加的な給付を相手方が受諾することを契約の条件とすること。

2　本条に従って禁止される合意又は決定は当然に無効となる。

3　ただし企業間の合意若しくはこれと同種のもの、企業団体が行う決定若しくはこれと同種のもの、又は、協調行動若しくはこれと同種のもので、物品の生産若しくは販売の改善又は技術若しくは経済進歩の促進に寄与し、同時に、消費者が結果として生じる利益の公正な配分を受けるものについては、それらが次の条件をみたす場合には、1の規定を、不適用と宣言することができる。

(a)　関連企業にこれらの目的の達成に不可欠ではない制限を課すものではないこと。

(b)　企業に問題となる産品の実質的な部分に関して競争を排除する可能性を与えるものではないこと。

**第一〇二条【支配的地位の濫用禁止】**〔旧八二条〕域内市場又はその主要な部分において支配的な地位にある一又は二以上の企業によるその地位の濫用は、加盟国間の貿易が影響を受け得る限りにおいて域内市場と両立しないものとして禁止される。

特にその濫用は、次のことを含む。

(a)　不公正な購入価格、販売価格又はその他の不公正な条件を直接又は間接に課すこと。

(b)　生産、販路又は技術開発を消費者に不利に制限すること。

(c)　同等の取引に対して他の取引主体に異なる条件を適用することにより取引主体を競争上不利にすること。

(d)　その給付の内容又は商慣習から契約の対象と関係しない追加的な給付を相手方が受諾することを契約の条件とすること。

**第一〇三条【競争規則又は指令の採択】**〔旧八三条〕1　第一〇一条及び第一〇二条に定める諸原則を実施する適当な規則又は指令が、委員会の提案に基づき、欧州議会と協議した後、理事会によって規定される。

2　1に定める規則又は指令は、特に次の目的をもつ。

(a)　罰金又は強制金の導入により第一〇一条1及び第一〇二条に定める禁止の遵守を確保すること。

(b)　実効的な監視を確保する必要性と行政を可能な限り単純化する必要性の両方を考慮して、第一〇一条3の適用に対する詳細な規定を定めること。

(c)　必要に応じて、経済の諸分野において、第一〇一条及び第一〇二条の規定の範囲を明確にすること。

(d)　本項に定める規定の適用における委員会及び欧州連合司法裁判所のそれぞれの機能を明確にすること。

(e)　国内法及び本節に含まれる規定又は本条に従って採択される規定との関係を定めること。

**第一〇四条【競争規則に関する経過措置】**〔旧八四条〕（略）

**第一〇五条【競争分野に関する委員会の権限】**〔旧八五条〕1　第一〇四条を妨げることなく、委員会は、第一〇一条及び第一〇二条に定める諸原則の適用を確保する。加盟国による申立て又は自らの職権により、共助の義務をもつ加盟国の権限ある機関と協力して、委員会は、これらの原則に反する疑いのある事案を調査する。委員会が違反の存在を認める場合には、委員会は、この違反を終了させるのに必要な措置を提案する。

2　違反が終了しない場合には、委員会は理由を付した決定においてその違反を認定する。委員会は、その決定を公表し、措置をとる権限を加盟国に与えることができる。その際、委員会は、状況を改善するための条件及び方法を定める。

3　委員会は、理事会が第一〇三条2(b)に従い、規則又は指令を採択する限りで、合意の範疇に関する規則を採択することができる。

**第一〇六条【競争分野における公的企業に対する規制措置】**（旧八六条）（略）

### 第二節　国家による補助金（第一〇七条から第一〇九条まで〔旧八七条から旧八九条まで〕）（略）

## 第二章　税に関する規定（抄）

**第一一〇条【内国課税の制限】**（旧九〇条）（略）

**第一一一条【課税払戻しの制限】**（旧九一条）（略）

**第一一二条【直接税の免除と払戻しの禁止】**（旧九二条）（略）

**第一一三条【間接税等の調和】**（旧九三条）理事会は、特別立法手続に従い、欧州議会及び経済社会評議会と協議した後に、売上税、消費税及びその他の間接税に関する法律の調和化のための規定を、全会一致により採択する。ただし、そのような調和化が域内市場の設立及び運営並びに競争のわい曲の回避を確保するのに必要な場合に限る。

## 第三章　法の平準化（抄）

**第一一四条【加盟国法の平準化】**（旧九五条）1　両条約に別段の定めがない限り、第二六条に定める目的の達成のために、以下の規定が適用される。欧州議会及び理事会は、通常立法手続に従い、経済社会評議会と協議した後に、加盟国において法律、法令又は行政措置により定められる域内市場の設立と運営を対象とする規定の平準化のための措置を採択する。

2　1は、財政上の規定、人の自由移動に関する規定並びに被雇用者の権利及び利益に関する規定には適用されない。

3　委員会は、1に規定する健康、安全、環境保護及び消費者保護に関する提案に当たって、特に科学的事実を基礎にした全ての新たな発展を考慮しつつ、高水準の保護をその基本とする。欧州議会と理事会は、同様にそれぞれの権限の枠内で、この目的の達成のために努力する。

4　欧州議会及び理事会による、又は理事会若しくは委員会による調和化措置の採択の後に、加盟国が第三六条に定める主要な事由を根拠として、又は、環境保護若しくは労働環境保護に関して国内規定を維持することが必要であると考える場合には、その加盟国は、国内規定及びそれを維持する理由を委員会に通知する。

5　さらに、4を妨げることなく、欧州議会及び理事会による、又は理事会若しくは委員会による調和化措置の採択の後に、加盟国がこのような措置の採択後に生じたその国に特有の問題のために環境保護又は労働環境保護に関する新たな科学的証拠に基づいて国内規定の導入が必要であると考える場合には、その加盟国は、予定する国内規定及びそれを導入する理由を委員会に通知する。

6　委員会は、4及び5に定める通知の後六箇月以内に、関連する国内規定が恣意的な差別の手段又は加盟国間における貿易の擬装された制限となるか否か、並びに、当該国内規定が域内市場の運営の障害となるか否かを審査した後に、その国内規定を承認し、又は拒否する。

この期間内に委員会による決定がなされない場合には、4及び5に定める国内規定は承認されたものとみなされる。

事案の複雑さから正当化され、かつ、人間の健康に対する危険が存在しない場合には、委員会は、本項に定める期間がさらに六箇月延長され得ることをその加盟国に通知することができる。

7　6に従い、加盟国が調和化措置から逸脱する国内規定を維持し又は導入することを許可される場合には、委員会は、この措置の修正を提案すべきか否かを直ちに検討する。

8　加盟国が調和化措置の対象となっていた既存の分野において公衆衛生に関する特別の問題を提起する場合には、その加盟国は、これについて委員会の注意を喚起し、委員会は、適切な措置を理事会に提案するか否かを直ちに検討する。

9　委員会及びあらゆる加盟国は、第二五八条及び第二五九条に定める手続を離れて、他の加盟国が本条に定める権限を不適切に行使していると考える場合には、その事案を欧州連合司法裁判所に直接に付託することができる。

10　上記の調和化措置は、適当な場合には、第三六条に定める一又は二以上の非経済的理由から加盟国が連合の監督手続に従い暫定的な措置をとることを許可する保護条項を含む。

**第一一五条【指令による加盟国法の平準化】**（旧九四条）第一一四条を妨げることなく、理事会は、特別立法手続に従い、欧州議会及び経済社会評議会と協議した後に、域内市場の設立又は運営に直接的な影響を与えるような加盟国の法律、法令又は行政規定の平準化のための指令を、全会一致により定める。

**第一一六条【競争を歪める国内法令の是正】**（旧九六条）（略）

**第一一七条【国内法令の制定又は改正に伴う不均衡の是正】**（旧九七条）（略）

**第一一八条【知的財産権】**域内市場の設立と運営に当たって、欧州議会及び理事会は、通常立法手続に従い、連合全域を通じて知的財産権の統一的な保護を与える欧州知的財産権の創設並びに集権化された連合規模での認可、調整及び監督の取決めの設定のための措置をとる。

理事会は、特別立法手続に従い、欧州知的財産権に対する言語上の取決めを規則により決定する。理事会は、欧州議会に諮問した後に、全会一致により決定する。

# 第八編　経済及び金融政策（抄）

**第一一九条【経済及び金融政策分野の活動】**（旧四条）1　欧州連合条約第三条に定める目的のため、加盟国及び連合の活動は、両条約に定めるところにより、加盟国の経済政策の密接な調整、並びに域内市場及び共通の目的の定義に基づきかつ自由競争を伴う開放市場経済の原則に従って行われる経済政策の採択を含む。

2　前項の規定とともに、両条約に定めるところによりかつ両条約に定める手続に従い、これらの活動は、単一通貨ユーロ並びに単一金融政策及び為替政策の決定及び実施を含む。これら二つの政策の主要な目的は、物価安定を維持し、かつこの目的を妨げることなく、連合における一般経済政策を自由競争を伴う開放市場経済の原則に従って支援することにある。

3　加盟国及び連合によるこれらの活動は、物価の安定、健全な公共財政及び金融状況、並びに持続可能な収支均衡という指導原則を遵守するものとする。

## 第一章　経済政策（抄）

**第一二〇条【構成国の経済政策の方向付け】**（旧ＥＣ条約九八条）（略）

**第一二一条【経済政策の調整】**〔旧EC条約九九条〕1 加盟国は、経済政策を共通の関心事として考慮し、第一二〇条の規定に従い、理事会においてそれを調整する。

2 理事会は、委員会の勧告に基づき、加盟国及び連合の経済政策についての幅広い指針の原案を作成し、欧州首脳理事会にその結果を報告する。

欧州首脳理事会は、理事会の報告書に基づいて、加盟国及び連合の経済政策についての幅広い指針に関する結論を討議する。

この結論に基づいて、理事会は幅広い指針を定める勧告を採択する。理事会は、この勧告を欧州議会に通知する。

3 加盟国の経済政策のより緊密な調整及び経済的成果の持続的な収斂を確保するために、理事会は、委員会により提出された報告書に基づいて、各加盟国及び連合における経済発展と2に定める幅広い指針との一貫性を監視し、定期的に総合的評価を行う。

この多角的な監視に当たって、加盟国は経済政策分野で自らがとった重要な措置及び自らが必要と考えるその他の情報を委員会に通知する。

4 3で定める手続の下で、一の加盟国の経済政策が2に定める幅広い指針に合致しないこと、又は、経済通貨同盟の円滑な機能を妨げる危険があることが確認される場合、委員会は当該加盟国に警告を発することができる。理事会は、委員会の勧告に基づき、当該加盟国に必要な勧告を行うことができる。理事会は、委員会の提案に基づき勧告の公表を決定することができる。

本項の範囲において、理事会は、当該加盟国を代表する理事会の構成員の投票を考慮することなく決定する。

理事会の他の構成員による特別多数決は、第二三八条3(a)に従って定められる。

5 理事会の議長及び委員会は、多角的な監視の結果を欧州議会に報告する。理事会がその勧告を公表した場合、理事会の議長は欧州議会の権限ある委員会への出席を求められることがある。

6 欧州議会及び理事会は、通常立法手続に従った規則〔regulations〕により3及び4に定める多角的な監視のための細則〔rules〕を採択することができる。

**第一二二条【重大な困難状況に対する例外的措置】**〔旧EC条約一〇〇条〕1 両条約に定める他の手続を妨げることなく、理事会は、委員会の提案に基づき、加盟国間の連帯の精神により、経済状況に応じ、特に、ある産品、とりわけエネルギー分野の産品の供給において重大な困難が生じている場合、適当な措置を決定することができる。

2 ある加盟国が、制御不可能な自然災害又は例外的な事態により引き起こされた困難な状況にあり又は重大な困難にさらされている場合、理事会は、委員会の提案に基づき、当該加盟国に対しある一定の条件の下で財政支援を与えることができる。理事会の議長は、とられた措置について欧州議会に通知する。

**第一二三条【公的機関に対する信用供与の禁止】**〔旧EC条約一〇一条〕1 連合の各機関若しくは各組織、加盟国の中央政府、地方、地域若しくはその他の公的機関、公法により規律される他の機関又は公的企業のために行われる、欧州中央銀行又は加盟国の中央銀行（以下「国内中央銀行」という。）が行う当座の貸越又は他のいかなる種類の信用上の便宜の供与も、禁止される。これら機関からの債務証書の欧州中央銀行又は国内中央銀行による直接の売買も、同様に禁止される。

2 1は、国内中央銀行及び欧州中央銀行により中央銀行の通貨準備金の供給に関して民間信用機関と同一の取扱いを受ける公的所有の信用機関には、適用されない。

**第一二四条【公的機関の金融機関に対する優先的アクセスの禁止】**〔旧EC条約一〇二条〕連合の各機関若しくは各組織、加盟国の中央政府、地方、地域若しくはその他の公的機関、公法により規律されるその他の機関又は公的企業による金融機関に対する優先的なアクセスを設定するいかなる措置も、監督的配慮を理由とするものを除き、禁止される。

**第一二五条【救済禁止条項】**〔旧EC条約一〇三条〕1 連合は、加盟国の中央政府、地方、地域若しくはその他の公的機関、公法により規律されるその他の機関又は公的企業の債務に対して責任を負わず、又は引き受けてはならない。ただし、特定の計画の共同実施に対する相互の財政的保証を妨げる場合には、この限りではない。加盟国は、他の加盟国の中央政府、地方、地域若しくはその他の公的機関、公法により規律される他の機関又は公的企業の債務に対して責任を負わず、又は引き受けてはならない。ただし、特定の計画の共同実施に対する相互の財政的保証を妨げる場合には、この限りではない。

2 理事会は、委員会の提案に基づき、欧州議会と協議した後、必要な場合には、第一二三条、第一二四条及び本条に定める禁止を適用するための詳細について定めることができる。

**第一二六条【過剰な財政赤字是正手続】**〔旧EC条約一〇四条〕

1 加盟国は、過剰な政府財政赤字を回避しなければならない。

2 委員会は、加盟国における財政状況と政府債務残高の推移を、重大な過誤を明らかにするために、監視する。特に、委員会は以下の二つの基準に基づいて財政規律の遵守を審査する。

(a) 計画された又は実際の政府財政赤字の国内総生産に対する比率が基準値を超えているか否か。ただし、以下の場合は除く。

――当該比率が実質的かつ継続的に減少し、基準値に近い水準に到達している場合

――又は、基準値の超過が単に例外的かつ一時的でその比率が基準値に近い場合

(b) 国内総生産に対する政府債務の比率が基準値を超えているか否か。ただし、その比率が十分に減少し、満足できる進捗度で基準値に接近している場合は、この限りではない。

基準値は、両条約に付属する過剰な財政赤字手続に関する議定書において定められる。

3 加盟国がこれらの基準のいずれか又は双方の要件を満たさない場合、委員会は、報告書を準備する。委員会の報告書は、政府財政赤字が政府投資支出を超えているかを考慮し、さらに加盟国の中期的な経済的及び財政状況を含む他の全ての関連要因を考慮する。

また、委員会は、その基準の要件を満たす場合であっても、加盟国において過剰な財政赤字の危険性があるという意見の報告書を準備することができる。

4 経済財政評議会は、委員会の報告書に関し意見を述べる。

5 加盟国における過剰な財政赤字が存在し又は発生し得ると認められる場合には、委員会は、当該加盟国に意見を提出し、理事会に通知する。

6 理事会は、委員会の提案に基づき、当該加盟国が場合により提出を希望する意見を考慮した後、過剰な財政赤字が存在するか否かにつき総合的な評価をした後に決定する。

7 6に従って過剰な財政赤字が存在することを決定する場合、

理事会は、委員会の勧告に基づき、一定期間内に過剰な財政赤字が存在する状況を終わらせるために、遅滞なく、当該加盟国を名宛人とする勧告を採択する。8の規定に服すことを条件に、これらの勧告は公表されない。

8　定められた期間内に勧告に応える効果的な措置がとられていないことを理事会が認める場合、理事会はその勧告を公表することができる。

9　加盟国が理事会の勧告の実施を怠り続ける場合、理事会は、一定の期限内での事態の是正のために理事会が必要と判断する財政赤字削減のための措置をとるようにとの当該加盟国に対する通知を決定することができる。

この場合、理事会は、当該加盟国の是正努力を審査するために、特定の日程に従って報告書を提出するよう当該加盟国に要請することができる。

10　第二五八条及び第二五九条に定める訴訟を提起する権利は、本条の1から9までの枠組みにおいては行使され得ない。

11　加盟国が9に従って行われた決定を遵守しない限り、理事会は以下の措置の一又は二以上を適用し、又は、場合によってそれらの強化を決定することができる。

― 債務証書及びその他の証書を発行する前に、理事会が指定する追加的な情報を公表するよう当該加盟国に要請する。
― 当該加盟国に対する融資政策を見直すよう欧州投資銀行に求める。
― 過剰な財政赤字が是正されたと理事会が考えるときまで、連合に適当な額の無利子の保証金を預託するよう当該加盟国に要請する。
― 適当な額の罰金を課す。

理事会の議長は、行われた決定を欧州議会に通知する。

12　理事会は、当該加盟国における過剰な財政赤字が是正されたと理事会が考える限りで、6から9まで及び11に定める決定又は勧告の一部又は全部を取り消す。理事会が以前に勧告を公表していた場合、理事会は8の下での決定が取り消された後速やかに当該加盟国における過剰な財政赤字がもはや存在しないことを公に宣言する。

13　8、9、11及び12に定める決定又は勧告を行う場合、理事会は委員会の勧告に基づいて行動する。

理事会が6から9まで、11及び12に定める措置を採択する場合、理事会は当該加盟国を代表する理事会の構成員による投票を考慮に入れることなく行動する。

理事会の他の構成員による特別多数決は、第二八三条3(a)に従って定められる。

14　本条に定める手続の実施に関する細則は、両条約に付属する過剰な財政赤字手続に関する議定書において定められる。

理事会は、特別立法手続に従い、欧州議会及び欧州中央銀行と協議した後、全会一致により前述の議定書に代わる適当な規定を採択する。

本項の他の規定に従って、理事会は、委員会の提案に基づき、かつ欧州議会と協議した後、前述の議定書の規定の適用のための細則及び定義を定める。

## 第二章　金融政策(抄)

**第一二七条【ESCBの目的と任務】**(旧一〇五条)　1　欧州中央銀行制度(以下「ESCB」という。)の主要な目的は、物価の安定を維持することにある。物価の安定という目的を妨げることなく、ESCBは、欧州連合条約第三条に定める連合の目的の達成に寄与するために、連合の一般経済政策を支援する。ESCBは、資源の効率的な配分を促進する自由競争を伴った開放市場経済の原則に従い、かつ第一一九条に定める原則を遵守して行動する。

2　ESCBを通じて遂行される基本的任務は、次のとおりである。

― 連合の通貨政策の決定と実施
― 第二一九条の規定に合致する外国為替の操作
― 加盟国の公的外貨準備の保持と運用
― 支払制度の円滑な運用の促進

3　2第三段は、加盟国政府による外国為替操作の均衡の保持と運用を妨げるものであってはならない。

4　欧州中央銀行は、次に掲げる協議を受ける。

― その権限内にある全ての連合の法行為の提案
― 第一二九条4に定める手続に従い理事会により定められた制限及び条件の下で、欧州中央銀行の権限内にある立法規定の草案に関する国内機関との協議

欧州中央銀行は、その権限内にある事項に関して、適当な連合の機関若しくは組織又は国内機関に対して意見を提出することができる。

5　ESCBは、信用供与機関の金融監督[prudential supervision]及び金融制度の安定に関して、権限ある機関により遂行される円滑な政策遂行に寄与する。

6　理事会は、特別立法手続に従い、規則により、欧州議会及び欧州中央銀行と協議した後に、信用供与機関の金融監督及び保険事業を除くその他の金融機関に関する政策について、全会一致により欧州中央銀行に特別な任務を委任することができる。

**第一二八条【銀行券・硬貨の発行】**(旧EC条約一〇六条)　1　欧州中央銀行は、連合におけるユーロ銀行券の発行を許可する排他的な権限を有する。欧州中央銀行及び国内中央銀行は、この銀行券を発行することができる。欧州中央銀行及び国内中央銀行により発行される銀行券は、連合域内において法定通貨の地位をもつ唯一の銀行券である。

2　加盟国は、発行額につき欧州中央銀行の承認に服するユーロ硬貨を発行することができる。理事会は、委員会の提案に基づき、かつ、欧州議会及び欧州中央銀行と協議した後、連合域内における円滑な流通を可能にするために必要な範囲で、流通のための通貨単位及び技術的仕様を調和する措置を採択することができる。

**第一二九条【ESCBの構造並びにESCBとECB規程】**(旧一〇七条)(略)

**第一三〇条【ECBの独立性】**(旧一〇八条)(略)

**第一三一条【加盟国の義務】**(旧一〇九条)(略)

**第一三二条【ECBの権限】**(旧一一〇条)(略)

**第一三三条【ユーロに関する措置】**(略)

## 第三章　機関に関する規定(第一三四条及び第一三五条(旧一一四条及び旧一一五条))(略)

## 第四章　ユーロを導入した加盟国に対する特別規定(抄)

**第一三六条【経済通貨同盟に関する措置】**　1　経済通貨同盟の

円滑な機能を確保するために、かつ両条約の関連する規定に従い、理事会は、第一二一条及び第一二六条に定める手続の中で関連する手続に従って、第一二六条14に定める手続を除き、通貨がユーロである加盟国に対して次の措置を採択する。

(a) 加盟国の財政規律の調整と監視を強化すること。

(b) 連合全体に対し採択された経済政策指針と両立し、かつ監視下におかれることを確保しつつ、当該加盟国に対する経済政策指針を策定すること。

2　1に定める措置に対して、通貨がユーロである加盟国を代表する理事会の構成員のみが投票に参加する。

前述した構成員による特別多数決は、第二三八条3(a)に従って定められる。

3　通貨がユーロである加盟国は、一体としてのユーロ圏の安定を維持するのに不可欠である場合、安定化メカニズムを設定することができる。当該メカニズムの下で必要とされる財政支援の受入れは、厳格な条件に服する。

**第一三七条【閣僚の会議】**(略)

**第一三八条【共通の立場】**(旧一一一条4)(略)

## 第五章　経過規定(第一三九条から第一四四条まで)(略)

## 第九編　雇用(第一四五条から第一五〇条まで(旧一二五条から旧一三〇条まで))(略)

## 第十編　社会政策(抄)

**第一五一条【基本的社会権】**(旧一三六条)(略)

**第一五二条【社会的協力者とその対話】**(略)

**第一五三条【社会政策のための措置】**(旧一三七条)(略)

**第一五四条【労使協議の支援】**(旧一三八条)(略)

**第一五五条【労使間協定】**(旧一三九条)(略)

**第一五六条【社会政策分野の任務】**(旧一四〇条)(略)

**第一五七条【男女労働者の平等待遇】**(旧一四一条)1　各加盟国は、男子及び女子労働者の間の同一の労働又は同一の価値を有する労働に対する同一報酬の原則が適用されることを確保する。

2　本条にいう「報酬」は、労働者が雇用者からその雇用に関し、直接又は間接に、現金又は現物で受け取る、通常の基本若しくは最低の賃金又は給与及びその他の対価を意味する。

性別に基づく差別のない平等な報酬は、次のことを意味する。

(a) 出来高払の同じ仕事に対して支払われる報酬は、同一の計算単位に基づいて定められる。

(b) 時間払の仕事に対して支払われる報酬は、同一の職務につき同一とする。

3　欧州議会及び理事会は、通常立法手続に従い、経済社会評議会と協議した後に、同一の労働又は同一価値の労働に対する同一報酬の原則を含む、雇用及び職業に関して男女の平等な機会及び平等な待遇の原則の適用を確保するための措置をとる。

4　(略)

**第一五八条【有給休暇制度】**(旧一四二条)(略)

**第一五九条【年次報告】**(旧一四三条)(略)

**第一六〇条【社会保護委員会】**(旧一四四条)(略)

**第一六一条【年次報告者における社会的発展の扱い】**(旧一四五条)(略)

## 第十一編　欧州社会基金(第一六二条から第一六四条まで(旧一四六条から旧一四八条まで))(略)

## 第十二編　教育、職業訓練、青少年及びスポーツ(第一六五条及び第一六六条(旧一四九条及び旧一五〇条))(略)

## 第十三編　文化

**第一六七条【文化】**(旧一五一条)1　連合は、国民的及び地域的多様性を尊重し、同時に、共通の文化的遺産を強調しつつ、加盟国の文化の繁栄のために貢献する。

2　連合による行動は、加盟国間の協力を奨励し、必要な場合には、次の分野においてその行動を支援し補足することを目的とする。

―欧州の諸国民の文化及び歴史の知識の普及と向上

―欧州的な重要性のある文化遺産の保存と保護

―非商業的な文化交流

―視聴覚部門を含む芸術的及び文学的創作

3　連合と加盟国は、第三国及び文化の分野を対象にする国際組織、とりわけ欧州審議会との間の協力を促進する。

4　連合は、特に文化の多様性を尊重し促進するために、両条約の他の規定に基づく連合の行動において、文化の側面を考慮に入れる。

5　連合は本条に定める目的の達成に貢献するために、次に掲げる行動をとる。

―欧州議会及び理事会は、通常立法手続に従い、地域評議会と協議した後に、加盟国の法令の調和化を除いて、奨励措置を採択する。

―理事会は、委員会の提案に基づいて、勧告を採択する。

## 第十四編　公衆衛生(第一六八条(旧一五二条))(略)

## 第十五編　消費者保護(第一六九条(旧一五三条))(略)

## 第十六編　欧州横断ネットワーク

**第一七〇条【社会基盤の構築】**(旧EC条約一五四条)1　第二六条及び第一七四条に定める目的の達成を助け、連合市民、経済活動従事者並びに地域及び地方団体が域内における国境のない領域の創設から十分な利益を引き出せるようにするために、連合は、運輸、電気通信及びエネルギー基盤の分野における欧州横断ネットワークの構築と発展に寄与する。

2　開放的な競争市場制度の枠組みの中で、連合による行動は、国内のネットワークの相互接続及び相互運用並びにそれらネットワークへのアクセスを促進することを目的とする。特に、連合は、島、内陸及び辺境の地域を連合の中心地域と結びつける必要性を考慮する。

**第一七一条【欧州横断ネットワーク分野の行動】**(旧EC条約一五五条)1　第一七〇条に定める目的を達成するために、連合は、

―欧州横断ネットワーク分野において検討される措置の目的、優先順位及び概要を規律する一連の指針を設定する。こ

れらの指針は、共通利益の計画を示すものとする。

—特に技術基準の分野において、ネットワークの相互運用を確保するために必要と認められる全ての措置をとる。

—第一段に定める指針の枠組みの中で示される加盟国により支持された共通利益の計画を、とりわけ実現可能性の研究、融資保証又は金利補助金を通じて、支援することができる。連合は、第一七七条に従って設置された結束基金を通じて、運輸基盤分野に関する加盟国における特別計画に財政面で寄与することもできる。

2　連合の活動は、計画の潜在的な経済的実現性を考慮する。
加盟国は、委員会と連携して、第一七〇条に定める目的の達成に重大な影響をもち得る国内レベルで追求される政策を加盟国相互間で調整する。委員会は、加盟国と密接に協力し、そのような調整を促進するために有用なあらゆる発議を行う。

3　連合は、相互利益の計画を促進し、またネットワークの相互運用を確保するために第三国との協力を決定することができる。

**第一七二条【欧州横断ネットワーク分野の措置の選択】**(旧EC条約一五六条) 第一七一条1に定める指針及びその他の措置は、通常立法手続に従い、経済社会評議会及び地域評議会と協議した後、欧州議会及び理事会により採択される。

加盟国の領域に関係する共通利益の指針及び計画は、当該加盟国の承認を必要とする。

## 第十七編　産業(第一七三条〔旧一五七条〕)(略)

## 第十八編　経済的、社会的及び領域的結束

**第一七四条【経済的、社会的及び領域的結束の強化】**(旧EC条約一五八条) 連合の全体としての調和的な発展を促進するために、連合は、経済的、社会的及び領域的結束の強化に導く行動を発展させ追求する。

とりわけ、連合は、種々の地域の発展のレベル間の差異及び最も不利な条件にある地域の後進性の縮小を目指す。

これら関係地域の中でも、農村地方、産業的移行により影響を受ける地方並びに人口密度の非常に低い最北の地域、島嶼、辺境及び山岳地域のような深刻かつ恒常的に自然上又は人口動態上不利な条件におかれている地域に対して、特別の注意が払われる。

**第一七五条【調整・支援】**(旧EC条約一五九条)(略)

**第一七六条【欧州地域開発基金】**(旧EC条約一六〇条)(略)

**第一七七条【構造基金に関する取決め】**(旧EC条約一六一条) 第一七八条を妨げることなく、欧州議会及び理事会は、通常立法手続に従い、経済社会評議会及び地域評議会と協議した上で、規則により、基金の分類を含めて構造基金の任務、優先目的及び組織を定める。それらに適用可能な一般規則、並びに基金の効果的な運営の確保並びに基金相互間及び他の既存の財政手段との調整のために必要な規定も、同一の手続により定められる。

同一の手続に従って設立された結束基金は、環境の領域及び運輸基盤分野における欧州横断ネットワークの分野の計画に財政的に寄与する。


**第一七八条【欧州地域開発基金に関する実施規則】**(旧EC条約一六二条)(略)

## 第十九編　研究、技術開発及び宇宙(第一七九条から第一九〇条まで〔旧一六三条から旧一七三条まで〕)(略)

## 第二十編　環境

**第一九一条【環境政策の目的及び原則】**(旧一七四条) 1　連合の環境政策は、次の目的の追求に貢献する。
—環境の質の保全、保護及び改善
—人間の健康の保護
—天然資源の慎重かつ合理的な利用
—地域的又は世界的規模の環境問題に対処するための措置、特に気候変動と闘う措置の促進

2　連合の環境政策は、連合の各地域における事情の多様性を考慮しつつ高水準の保護を目指す。連合の環境政策は、予防原則、予防措置がとられるべきという原則、環境損害はまず発生源において是正されるべきという原則、及び汚染者負担の原則を基礎とする。
これに関連して、環境保護の要請に応えるための調和化措置は、適当な場合には、連合の監察手続に従うことを条件として、非経済的な環境上の理由のために加盟国が暫定措置をとることを許容する保護条項を含む。

3　連合は、環境政策を準備するに当たって、次のことを考慮に入れる。
—利用可能な科学的及び技術的情報
—連合の多様な地域における環境条件
—行動をとる場合ととらない場合の潜在的な利益及び負担
—連合全体としての経済的及び社会的発展並びに連合の諸地域の均衡のとれた発展

4　連合と加盟国は、それぞれの権限の範囲内において、第三国及び権限ある国際組織と協力する。連合の協力に関する取決めは、連合と関係第三者との間の協定の対象とすることができる。
前段の規定は、加盟国が国際的な機関において交渉し国際協定を締結する加盟国の権限を損なうものではない。

**第一九二条【環境政策の措置及び行動計画】**(旧一七五条) 1　欧州議会及び理事会は、第一九一条に定める目的を達成するため、通常立法手続に従い、かつ経済社会評議会及び地域評議会と協議した後に、連合のとるべき行動を決定する。

2　理事会は、1に規定する意思決定手続とは別に、かつ、第一一四条を妨げることなく、欧州議会、経済社会評議会及び地域評議会と協議した後に、特別立法手続に従い、全会一致により、次のものを採択する。
(a)　主として財政的性質の規定
(b)　次の事項に影響を与える措置
—都市計画及び国土計画
—水資源の量的管理又は水資源の利用可能性に直接若しくは間接に影響を与えるもの
—廃棄物管理を除く土地利用
(c)　加盟国が選択する異なるエネルギー資源及びエネルギー供給の全体的構成に重大な影響を与える措置
理事会は、委員会の提案に基づき、欧州議会、経済社会評議会及び地域協議会と協議した後に、前段に定める事項に対して通常立法手続を適用することを全会一致により決定することができる。

3　欧州議会及び理事会は、通常立法手続に従い経済社会評議会及び地域評議会と協議した後に、優先目標を定める一般的な行

動計画を採択する。

これらの計画の実施に必要な措置は、場合に応じて、1又は2に定める条件に基づいて採択される。

4 連合により採択される特定の措置を妨げることなく、加盟国は、環境政策を資金負担しかつ実施する。

5 1に基づく措置が、加盟国の機関に不均衡と思われる負担となる場合には、その措置は、汚染者負担の原則を妨げることなく、次のいずれか又は両方の形での適当な規定を定める。

―暫定的な逸脱

―第一七七条に従って設立される結束基金からの財政的支援

**第一九三条【加盟国のより厳格な措置】**(旧一七六条) 第一九二条に従って採択される保護措置は、いずれかの加盟国がより厳格な保護措置を維持し又は導入することを妨げない。このような措置は、両条約と両立するものでなくてはならない。このような措置は、委員会に通知される。

## 第二十一編　エネルギー

**第一九四条【連合のエネルギー政策】** 1 域内市場の設立及び運営の文脈の中で並びに環境を維持しかつ改善する必要性に鑑み、エネルギーに関する連合の政策は、加盟国間の連帯の精神によって、以下のことを目的とする。

(a) エネルギー市場の運営を確保すること。

(b) 連合におけるエネルギー供給の安全を確保すること。

(c) エネルギー効率及びエネルギー節約並びに新たな及び再生可能なエネルギーの発展を促進すること。

(d) エネルギーネットワークの相互接続を促進すること。

2 両条約の他の規定の適用を妨げることなく、欧州議会及び理事会は、通常立法手続に従い、1に定める目的を達成するために必要な措置をとる。このような措置は、経済社会評議会及び地域評議会と協議した後に採択される。

これら措置は、第一九二条2(c)を妨げることなく、エネルギー資源の使用に対する条件、加盟国が選択する異なるエネルギー資源及びエネルギー供給の全体的構造を決定する加盟国の権利に影響を与えるものではない。

3 2とは別に、これら措置が主に財政的性質のものである場合には、理事会は、特別立法手続に従い、欧州議会と協議した後、全会一致によりそれら措置を採択する。

## 第二十二編　観光(第一九五条)(略)

## 第二十三編　災害防止・救援(第一九六条)(略)

## 第二十四編　行政協力(第一九七条)(略)

# 第四部　海外の国及び領土との連合(第一九八条から第二〇四条まで(旧一八二条から旧一八八条まで))(略)

# 第五部　連合の対外行動(抄)

## 第一編　連合の対外行動に関する一般規定

**第二〇五条【原則及び目的】** 国際的場における連合の行動は、この部に従い、その原則に導かれ、その目的を追求し、欧州連合条約第五編第一章に定める一般規定に従って実施される。

## 第二編　共通通商政策

**第二〇六条【関税同盟と通商政策】**(旧一三一条) 連合は、第二八条から第三二条に従い関税同盟を設立することにより、共通の利益に応じて、世界貿易の調和のとれた発展、国際貿易及び外国投資の制限の漸進的な撤廃、並びに関税及び他の障壁の引下げに貢献する。

**第二〇七条【共通通商政策】**(旧一三三条) 1 共通通商政策は、特に関税率の変更、物品及びサービスの貿易に関する関税及び貿易協定の締結、知的財産の商業的側面、対外直接投資、自由化措置の統一の達成、輸出政策並びにダンピング又は補助金に関してとるべき措置を含む貿易上の保護措置に関して、統一的な諸原則に基礎を置く。共通通商政策は、連合の対外行動の原則と目的の文脈の中で実施される。

2 欧州議会と理事会は、通常立法手続に従い、規則(regulations)により、共通通商政策を実施する枠組みを定める措置を採択する。

3 一若しくは二以上の第三国又は国際組織と協定が交渉され締結されることが必要な場合には、本条の特別規定に従い、第二一八条が適用される。

委員会は、理事会に勧告し、理事会は委員会が必要な交渉を開始することを許可する。理事会及び委員会は、交渉される協定が連合の対内政策及び規則と両立することを確保する責任を負う。

委員会は、理事会がこの任務に関して委員会を補佐するために任命した特別委員会と協議し、かつ、理事会が定めることができる指令の範囲内でこの交渉を行う。委員会は、交渉の進展に関して、特別委員会及び欧州議会に定期的に報告する。

4 3に定める協定の交渉及び締結に関して、理事会は特別多数決で決定する。

サービス貿易及び知的財産の貿易的側面並びに外国直接投資の分野における協定の交渉と締結に当たっては、理事会は、その協定が内部規則の採択に全会一致を必要とする規定を含む場合には全会一致によって決定する。

理事会は、次の分野における協定の交渉及び締結に関しても、全会一致により決定する。

(a) これらの協定が連合の文化的及び言語的多様性を危うくするおそれのある文化的及び音響映像的サービスの貿易の分野

(b) これらの協定により、当該サービスの国内組織が著しく阻害され、かつサービスを供給する加盟国の責任が害される重大な危険性のある社会的、教育的及び健康的サービス貿易の分野

5 運輸の分野における国際協定の交渉及び締結は、第三部第六編及び第二一八条に従う。

6 共通通商政策の分野において本条により付与される権限の行使は、連合と加盟国の間の権限配分に影響を与えず、また、両条約がそのような調和化を排除している限り、加盟国の立法規定又は規制規定の調和化を目指すものではない。

## 第三編　第三国との協力及び人道援助(抄)

### 第一章　開発協力(第二〇八条から第二一一条まで(旧一七七条及び旧一七九条から旧一八一条まで))(略)

## 第二章　第三国との経済、財政及び技術的援助（第二一二条〔旧一八一a条〕及び第二一三条）

（略）

## 第三章　人道援助

**第二一四条【人道援助】**１　人道援助の分野における連合の活動は、連合の対外行動の原則及び目的の枠組みの中で行われる。連合の活動は、天災又は人災の犠牲者である第三国の人々に対して、このような困難な状況に起因する人道的必要に応じて、その都度の援助、救済及び保護を提供することを目的とする。連合及び加盟国の措置は、相互に補完しあい強化しあう。

２　人道援助活動は、国際法の原則並びに公平性、中立性及び非差別の原則を遵守して行われる。

３　欧州議会及び理事会は、通常立法手続に従い、連合の人道援助活動が実施される枠組みを定める措置を設定する。

４　連合は、１及び欧州連合条約第二一条に定める目的を達成するために有用なあらゆる協定を第三国及び権限ある国際組織と締結することができる。

前段は、国際組織において交渉し協定を締結する加盟国の権限を妨げるものではない。

５　欧州の若者による連合の人道援助活動への共同寄与に対する枠組みを設定するために、欧州ボランティア人道援助団が設立される。欧州議会及び理事会は、通常立法手続に従い、規則〔regulations〕により、この団体の活動に対する規則〔rules〕と手続を定める。

６　委員会は、連合及び国内人道援助措置の効率性及び補完性を向上させるために、連合の行動と加盟国の行動の間の調整を促進するあらゆる有用なイニシアティブをとることができる。

７　連合は、国際組織の活動、特に国際連合体制の一部を構成する活動と人道援助活動が調整され、両立することを確保する。

## 第四編　制限的措置

**第二一五条【制限的措置】**〔旧ＥＣ条約三〇一条〕１　欧州連合条約第五編第二章に従い採択された決定において一又は二以上の第三国との経済的及び財政的関係を部分的又は完全に断絶ないし縮小することが定められる場合、理事会は、共通外交安全保障政策上級代表及び委員会の共同提案に基づき、特別多数決により、必要な措置を採択する。理事会は、この措置を欧州議会に通報する。

２　欧州連合条約第五編第二章に従い採択された決定が定める場合には、理事会は、自然人又は法人及び団体又は非国家主体に対して１に定める手続に基づき制限的措置を採択することができる。

３　本条に定める法行為は、権利保護に関する必要な規定を含む。

## 第五編　国際協定（抄）

**第二一六条【条約締結権限】**１　両条約が協定の締結を定める場合、協定の締結が連合の政策の枠組みの中において両条約に定めるいずれかの目的を達成するために必要である場合、協定の締結が拘束力ある連合の法行為において定められている場合、又は、協定の締結が共通法規に影響を与え若しくはその範囲を変更する可能性のある場合には、連合は、一若しくは二以上の第三国又は国際組織と協定を締結することができる。

２　連合により締結された協定は、連合の機関及び加盟国を拘束する。

**第二一七条【連合協定の締結権限】**〔旧三一〇条〕欧州連合は、相互的な権利及び義務、共同の行動並びに特別の手続を含む連合〔association〕を設定する協定を、一又は二以上の第三国若しくは国際組織と締結することができる。

**第二一八条【条約締結手続】**〔旧三〇〇条〕１　第二〇七条に定める特別規定を妨げることなく、欧州連合及び第三国又は国際組織の間の協定は、以下の手続に従って、交渉され締結される。

２　理事会は、交渉の開始を授権し、交渉に関する指令を採択し、協定への署名及び締結を許可する。

３　委員会、又は、検討中の協定が専ら若しくは主として共通外交安全保障政策に関係する場合には外交安全保障上級代表は、理事会に勧告を提出する。理事会は、交渉の開始を許可し、検討中の協定の事項に応じて、連合の交渉担当者又は連合の交渉団の長を指名する決定を採択する。

４　理事会は、交渉担当者に指令を発し、特別委員会を指名する。交渉は、この特別委員会と協議しながら行われる。

５　理事会は、交渉担当者による提案に基づき、協定の署名を許可する決定、及び、必要な場合には、その発効前の暫定的適用を許可する決定を採択する。

６　理事会は、交渉担当者による提案に基づき、協定が専ら共通外交安全保障政策に関わる場合を除いて、以下の手続に従って、協定を締結する決定を採択する。

(a)　次の場合には、欧州議会の同意を得た後に、協定を締結する決定を採択する。

(i)　連合協定

(ii)　人権及び基本的自由の保護のための欧州条約への連合の加入に関する協定

(iii)　協力手続の導入により特別機構枠組みを設定する協定

(iv)　連合に対して重要な財政上の意味をもつ協定

(v)　通常立法手続が適用される分野又は欧州議会による同意が必要とされる特別立法手続が適用される分野を規律する協定

欧州議会及び理事会は、緊急事態においては、同意のための期限の設定に合意することができる。

(b)　その他の場合には、欧州議会と協議した後に、協定を締結する決定を採択する。欧州議会は、理事会が事案の緊急性に応じて設定することのできる期限までに、意見を表明する。

７　協定を締結するに当たり、その協定がその修正につき簡易手続又は協定が設定する機関により採択されることを定めている場合には、理事会は、５、６及び９から逸脱して、協定の修正を連合のために承認する権限を交渉担当者に授権することができる。理事会は、このような授権に特別な条件を付すことができる。

８　理事会は、この手続全体を通じて、特別多数決で決定する。ただし、協定が連合の法行為の採択に全会一致が必要とされる分野を規律する場合、並びに連合協定及び第二一二条に定める加盟候補国である国との協定である場合には、理事会は、全会一致により決定する。理事会は、人権及び基本的自由の保護のための欧州条約への連合の加入に関する協定に関しても、全会一致により決定する。この協定を締結する決定は、各加盟国によりそれぞれの憲法上の要件に従って承認された後に効力を生ずる。

9 協定により設立された機関が、協定の組織的枠組みを補足し又は修正する法行為の場合を除いて、法的効果を有する行為を採択することが要請される場合には、理事会は、委員会又は外交安全保障上級代表の提案に基づき、協定の適用を停止する決定及び連合のために協定によって設置される機関がとるべき立場を確立する決定を採択する。

10 欧州議会は、手続の全ての段階において、直ちにかつ十分な情報を受ける。

11 加盟国、欧州議会、理事会又は委員会は、検討中の協定が両条約と両立するか否かについて、司法裁判所の意見を得ることができる。司法裁判所の意見がこれを否定する場合には、当該協定が修正され又は両条約が改正されない限り、その協定は効力を生じない。

**第二一九条【為替相場に関する協定】**〔旧一一一条〕（略）

## 第六編 国際組織、第三国及び連合の代表団に対する連合の関係

**第二二〇条【国際組織との協力】**〔旧三〇二条から三〇四条まで〕1 連合は、国際連合の諸機関及び専門機関、欧州審議会、欧州安全保障協力機構並びに経済協力開発機構との間において全ての有益な協力体制を確立する。

2 連合は、他の国際組織とも適当な関係を維持する。外交安全保障上級代表及び委員会は、本条の実施に責任を負う。

**第二二一条【第三国及び国際機関における連合の代表団】**1 第三国及び国際組織における連合の代表部は、連合を代表する。

2 連合の代表部は、外交安全保障上級代表の監督の下に置かれる。連合の代表部は、加盟国の外交使節団及び領事使節団と密接に協力しつつ活動する。

## 第七編 連帯条項

**第二二二条【連帯】**1 加盟国がテロ攻撃の対象となり又は天災若しくは人災の犠牲となる場合には、連合及び加盟国は、連帯の精神によって共同で行動する。連合は、次の目的のために、加盟国から提供される軍事的資源を含めて、利用可能なあらゆる手段を用いる。

(a) ―加盟国の領域内においてテロの脅威を防止すること。
―あらゆるテロ攻撃から民主的機関及び文民たる市民を保護すること。
―テロ攻撃が発生した場合に、政治的機関の要請に基づき、加盟国をその領域内で援助すること。

(b) 天災又は人災が発生した場合に、政治的機関の要請に基づき、加盟国をその領域内で援助すること。

2 加盟国がテロ攻撃の対象又は天災若しくは人災の犠牲となる場合、他の加盟国は、政治的機関の要請に基づき、その加盟国を援助する。このため、加盟国は、理事会において加盟国間で調整を行う。

3 連合による連帯条項の実施のための取決めは、委員会及び外交安全保障上級代表の共同提案に基づき、理事会により採択される決定によって定められる。決定が防衛に関連する場合には、理事会は、欧州連合条約第三一条1に従って行動する。欧州議会は情報を受ける。

本項の適用上、及び第二四〇条を妨げることなく、理事会は、共通安全保障防衛政策の文脈の中で発展した組織の支援を受ける政治安全保障委員会及び第七一条に定める委員会により補佐される。両委員会は、必要な場合には、共同意見を提出する。

4 欧州首脳理事会は、連合と加盟国が効果的な行動をとることを可能にするために、連合が直面する脅威を定期的に評価する。

# 第六部 機構及び財政に関する規定（抄）

## 第一編 機構に関する規定（抄）

### 第一章 機関（抄）

#### 第一節 欧州議会

**第二二三条【直接普通選挙】**〔旧一九〇条4及び5〕1 欧州議会は、全ての加盟国において統一した手続に従った、又は全ての加盟国に共通の原則に従った直接普通選挙による欧州議会議員の選挙に必要な規定を定めるための提案を起草する。

理事会は、特別立法手続に従い、かつ、欧州議会の議員の多数決による欧州議会の同意を得た後に、全会一致により、必要な規定を定める。これらの規定は、各加盟国によるそれぞれの憲法上の要件に従って承認された後に効力を生ずる。

2 欧州議会は、自らの発議に基づき、特別立法手続に従い、委員会に意見を求めた後に、かつ、理事会の承認を得て、規則により、欧州議会議員の職務の遂行を規律する規則及び一般的条件を定める。議会の議員又は前議員への課税に関する全ての規則又は条件は、理事会における全会一致を必要とする。

**第二二四条【欧州レベルの政党】**〔旧一九一条第二段〕欧州議会及び理事会は、通常立法手続に従い、規則により、欧州連合条約第一〇条4に定める欧州規模の政党を規律する規則、特にその財源に関する規定を定める。

**第二二五条【委員会への提案要請】**〔旧一九二条第二段〕欧州議会は、議員の多数決により、両条約の実施のために連合の法行為が必要であると考える事項につき、適当なあらゆる提案を提出するよう委員会に要請することができる。委員会が提案を提出しない場合には、委員会はその理由を欧州議会に通報する。

**第二二六条【臨時調査委員会】**〔旧一九三条〕欧州議会は、その職務を遂行するに当たり、議員の四分の一の要請に基づき、両条約により諸機関や組織に付与されている権限を妨げることなく、連合法の実施に関して申し立てられた違反又は不適正な行為を調査するための臨時調査委員会を設置することができる。ただし、申し立てられた事実が裁判所により審査され、司法手続に服している場合は除く。

臨時調査委員会は、報告書の提出をもって終了する。

欧州議会は、自らの発議に基づき、特別手続に従い、理事会及び委員会の同意を得た後に、規則により、調査権の行使を規律する規定を定める。

**第二二七条【請願権】**〔旧一九四条〕連合市民及び加盟国に居住する自然人又は登記された事務所を有する法人はいずれも、連合の活動の範囲内にあり、かつ、自己に直接的に影響を与える事項に関して、単独で又は他の連合市民又は自然人若しくは法人と共同して、欧州議会に請願を行う権利を有する。

**第二二八条【欧州オンブズマン】**〔旧一九五条〕1 欧州議会により任命される一人の欧州オンブズマンは、欧州連合司法裁判所がその司法的役割を行う場合を除き、連合の各機関又は各組織

の活動における不適正な行為の事案に関して、連合市民又は加盟国に居住する自然人若しくは登記された事務所を有する法人からの不服申立てを受理する権限を付与される。オンブズマンは、不服申立てを審査し、それに関して報告を行う。

　オンブズマンは、その職務に従い、自らの発議又は自己に直接若しくは欧州議会議員を通じて提出された不服申立てに基づいて、申し立てられた事実が司法手続に服している場合を除き、根拠があると考えるものについて調査を行う。オンブズマンが不適正な行為を認定する場合には、オンブズマンは、関係する各機関又は各組織に事案を送付し、それら機関は三箇月以内に自らの見解をオンブズマンに通報する。オンブズマンは、その後、欧州議会及び関係する各機関又は各組織に報告を提出する。不服を申し立てた者は、調査の結果について通報される。

　オンブズマンは、調査の結果に関して欧州議会に年次報告を提出する。

2　オンブズマンは、欧州議会の選挙の後に、欧州議会の任期と同じ任期で任命される。オンブズマンは、再任されることができる。

　オンブズマンは、職務の遂行に必要とされる条件を満たさなくなった場合、又は重大な非行を犯した場合には、欧州議会の要請に基づき、司法裁判所により解任されることがある。

3　オンブズマンは、職務の遂行において完全に独立である。オンブズマンは、職務の遂行に当たって、いかなる政府、機関、組織若しくは団体から指示を求めず、又は受けてはならない。オンブズマンは、その任期中、報酬の有無を問わず、他のいかなる職業にも従事できない。

4　欧州議会は、自らの発議に基づき、特別立法手続に従って、委員会に意見を求めた後に、理事会の承認を得て、規則により、オンブズマンの職務の遂行を規律する規則及び一般的条件を定める。

**第二二九条【会期】**（旧一九六条）欧州議会の会期は、一年間とする。招集の要請がある場合を除いて、その会期は、三月の第二火曜日に開始される。

　欧州議会は、その議員の過半数の要請又は理事会若しくは委員会の要請に基づき、特別会期を招集することができる。

**第二三〇条【委員会、欧州首脳理事会、理事会の関与】**（旧一九七条第二段、第三段及び第四段）委員会は、全ての会議に出席することができ、自らの要請に基づき、発言することができる。

　委員会は、欧州議会又はその議員による質問に対して、口頭又は書面により回答する。

　欧州首脳理事会及び理事会は、欧州首脳理事会の手続規則及び理事会の手続規則に定める条件に従い、欧州議会において発言することができる。

**第二三一条【議決手続】**（旧一九八条）欧州議会は、両条約に別段の定めがない限り、投票数の過半数で決定する。

　定足数は、手続規則により定める。

**第二三二条【手続規則】**（旧一九九条）欧州議会は、その議員の多数決で、手続規則を採択する。

　欧州議会の議事録は、両条約及び手続規則に定める方式により公表される。

**第二三三条【一般年次報告書の討議】**（旧二〇〇条）欧州議会は、委員会により提出される一般年次報告について公開の会議において討議する。

**第二三四条【委員会に対する不信任動議】**（旧二〇一条）委員会の活動に関する不信任動議が欧州議会に提出された場合には、欧州議会は、この動議が提出されてから少なくとも三日を経過した後に、記名投票により動議に関して議決する。

　不信任動議が投票数の三分の二の多数によりかつ欧州議会の議員の過半数で採択された場合には、委員会の委員は一体として総辞職をし、外交安全保障上級代表は委員会において遂行する職務を辞する。委員会の委員は、欧州連合条約第一七条に従って後任の委員と交代するまで、その地位にとどまり、遂行中の業務の処理を継続する。この場合には、後任の委員会の委員の任期は、総辞職を余儀なくされた前任の委員会の委員の任期満了日に終了する。

### 第二節　欧州首脳理事会

**第二三五条【表決権の行使】**　1　表決がなされる場合には、欧州首脳理事会の構成員は、他の一構成員に限ってその代理として行動することができる。

　欧州首脳理事会が特別多数決で決定する場合には、欧州連合条約第一六条４及びこの条約の第二三八条２が適用される。欧州首脳理事会が投票により決定する場合には、議長及び委員会委員長は投票に参加しない。

　出席する本人又は代理人による棄権は、欧州首脳理事会による全会一致を必要とする決定の採択を妨げない。

2　欧州議会の議長は、意見聴取のために欧州首脳理事会により招致されることがある。

3　欧州首脳理事会は、手続問題及び手続規則の採択に関して、単純多数決で決定する。

4　欧州首脳理事会は、理事会の事務局により補佐される。

**第二三六条【決定】**　欧州首脳理事会は、特別多数決により次の決定を採択する。

(a)　欧州連合条約第一六条６に従い、総務理事会及び外務理事会以外の理事会構成の一覧表を確定する決定

(b)　欧州連合条約第一六条９に従い、外務理事会以外の理事会構成の議長に関する決定

### 第三節　理事会

**第二三七条【理事会の招集】**（旧二〇四条）理事会は、その議長自らの発議に基づき、又は理事会の構成員若しくは委員会の要請に基づき、議長の招集により会合する。

**第二三八条【表決手続】**（旧二〇五条１及び２）　1　理事会が単純多数決で決定することが要求される場合には、理事会は、その構成員の過半数で決定する。

2　欧州連合条約第一六条４とは別に、二〇一四年一一月一日以降は、経過規定に関する附属書に定める規定に従い、理事会が委員会又は外交安全保障上級代表の提案に基づいて決定しない場合には、特別多数決は、理事会の構成員の少なくとも七二パーセント以上の多数で、かつ、連合人口の少なくとも六五パーセント以上を構成する加盟国を含むものと定義される。

3　二〇一四年一一月一日以降は、経過規定に関する議定書に定める規定に従い、両条約に基づき、理事会の全構成員が投票に参加するものではない場合には、特別多数決は、次のように定義される。

(a)　特別多数決は、投票に参加する加盟国を代表する理事会構成員の少なくとも五五パーセント以上の多数で、かつ、投票に参加する加盟国の人口の少なくとも六五パーセント以上を

構成するものと定義される。

可決を阻止するためには、投票に参加する加盟国の人口の三五パーセント以上を代表する理事会構成員の最小数に一構成員を追加した数を含まなければならない。これに満たない場合には、特別多数決に達したものとみなされる。

(b)　(a)とは別に、理事会が委員会又は外交安全保障上級代表の提案に基づいて決定しない場合には、特別多数決は、投票に参加する加盟国を代表する理事会構成員の少なくとも七二パーセント以上で、かつ、投票に参加する加盟国の人口の六五パーセント以上を構成するものと定義される。

4　出席する構成員自身又は代理による棄権は、理事会の全会一致を必要とする決定の採択を妨げるものではない。

**第二三九条【代理表決】**〔旧二〇六条〕表決がなされる場合には、理事会の構成員は、他の一構成員に限ってその代理として行動することができる。

**第二四〇条【常駐代表委員会】**〔旧二〇七条〕1　加盟国政府の常駐代表からなる委員会は、理事会の作業の準備及び理事会から委任された任務の遂行に対して責任を負う。この委員会は、理事会の手続規則に定めがある場合には、手続的決定を採択することができる。

2　理事会は、理事会が任命する事務局長の責任の下にある事務局により補佐される。

理事会は、事務局の組織に関して、単純多数決で決定する。

3　理事会は、手続事項に関して及び手続規則の採択について、単純多数決で決定する。

**第二四一条【委員会への調査及び提案要請】**〔旧二〇八条〕理事会は、単純多数決により、委員会に対し、共通の目的達成のために理事会が望ましいと認める調査研究を行い、かつ、適切なあらゆる提案を提出するよう要請することができる。委員会が提案を提出しない場合、委員会は理事会にその理由を通報する。

**第二四二条【評議会の規定】**〔旧二〇九条〕理事会は、委員会と協議した後に、両条約に定める各種委員会を規律する規定を、単純多数決で決定する。

**第二四三条【俸給等の決定】**〔旧二一〇条〕理事会は、欧州首脳理事会の議長、委員会委員長、外交安全保障上級代表、委員会の委員、欧州連合司法裁判所長、構成員及び書記並びに理事会の事務局長の俸給、手当及び年金を決定する。理事会は、同様に、報酬の代わりに与えられる全ての手当を決定する。

### 第四節　委員会

**第二四四条【委員の選出】**　欧州連合条約第一七条5に従い、委員会の委員は、欧州首脳理事会が全会一致により設定した輪番制に基づいて、かつ以下の諸原則に基づいて、選出される。

(a)　加盟国は、委員会の委員となる自国民の順番及び在任期間の決定に関して、完全に平等に取り扱われる。したがって、任意の二加盟国の国民の在任期間の合計の差は、一期を超えてはならない。

(b)　(a)に従い、全加盟国の人口及び地理的な分布を十分に反映して、それぞれ次期の委員会が構成される。

**第二四五条【委員の独立性】**〔旧二一三条〕委員会の委員は、その職務と両立しないあらゆる行動を慎む。加盟国は、委員の独立性を尊重し、かつ委員の任務遂行に当たり委員に対して影響を及ぼさない。

委員会の委員は、その任期中、報酬の有無を問わず、他のいかなる職業にも従事することはできない。就任に際して、委員は、その職務から生じる義務、とりわけ任期後の一定の職務又は利益の受諾に関して誠実を旨とし細心の注意を払う義務を、任期中も、また、任期後も尊重することを、厳粛に約束する。これらの義務の違反がなされた場合には、司法裁判所は、単純多数決で決定する理事会の申請又は委員会の申請に基づき、その委員が、状況に応じて第二四七条に従って罷免されること、又は年金若しくはこれに代わるその他の利益に関する権利を剥奪されることを決定することができる。

**第二四六条【委員の任務の終了】**〔旧二一五条〕通常の交代又は死亡の場合を除いて、委員会の委員の職務は、辞任又は罷免により終了する。

委員の辞任、罷免又は死亡により生じた空席は、その委員の残任期間に対し、欧州連合条約第一七条3第二段に定める基準に従い、欧州議会と協議した後に、委員会委員長との共通の合意により、理事会に任命される同一の国籍を有する新しい委員によって補充される。

理事会は、委員会委員長の提案に基づき、特にその委員の残任期間が短い場合には、空席が補充される必要がないことを全会一致により決定することができる。

委員会委員長の辞任、罷免又は死亡の場合には、委員会委員長は、その残任期間について補充される。欧州連合条約第一七条7第一段に定める手続が、委員長の交代に関して適用される。

外交安全保障上級代表の辞任、罷免又は死亡の場合には、外交安全保障上級代表は、欧州連合条約第一八条1に従い、その残任期間について補充される。

委員会の全ての委員が総辞職した場合には、その委員会の委員は、新委員会の委員が欧州連合条約第一七条に従って在任期間について補充されるまで、その地位にとどまり、遂行中の業務の処理を継続する。

**第二四七条【委員の罷免】**〔旧二一六条〕委員会のいずれかの委員が、その職務の遂行に必要とされる条件を満たさなくなった場合、又は、重大な非行を犯した場合には、司法裁判所は、単純多数決で決定する理事会の申請又は委員会の申請に基づき、その委員を罷免することができる。

**第二四八条【委員長の権限】**〔旧二一七条2〕委員会が負う責任は、欧州連合条約第一七条4を妨げることなく、同条約第一七条6に従い、委員長によって指示され、かつ各委員に配分される。委員長は、委員会の任期中、これらの責任を再配分することができる。委員会の委員は、委員長の権限の下で、委員長により課された職務を遂行する。

**第二四九条【手続規則の採択と一般年次報告書の公表】**〔旧二一八条2及び二一二条〕1　委員会は、委員会及びその各部局が機能することを確保するために、手続規則を採択する。委員会は、手続規則が公表されることを確保する。

2　委員会は、毎年、欧州議会の会期が開始される少なくとも一箇月前に、連合の活動に関する一般報告を公表する。

**第二五〇条【表決手続】**〔旧二一九条〕委員会は、委員の多数決により決定する。

委員会の手続規則により、その定足数を定める。

### 第五節　欧州連合司法裁判所

**第二五一条【構成】**〔旧二二一条〕司法裁判所は、欧州連合司法裁判所規程の目的のために定める規定に従い、小法廷又は大法廷

〔a Grand Chamber〕として開廷する。
　規程が定めている場合、司法裁判所は、全員法廷〔a full court〕としても開廷することができる。

**第二五二条【法務官の任務】**〔旧二二二条〕司法裁判所は、八人の法務官により補佐される。司法裁判所が全会一致の決定により要請する場合には、法務官の数を増やすことができる。

　法務官の職務は、欧州連合司法裁判所規程に従い、関与を必要とする事案において、完全に公平かつ独立の立場から、理由を付した意見を公開の法廷において提出することにある。


**第二五三条【司法裁判所裁判官と法務官の選任】**〔旧二二三条〕司法裁判所の裁判官及び法務官は、その独立性に疑いがなく、それぞれの国において最高の司法官に任命されるのに必要な資格を有する者又は有能の名のある法律家から選任される。司法裁判所の裁判官及び法務官は、第二五五条に定める小委員会との協議の後に、六年の任期で、加盟国政府の共通の合意により任命される。

　裁判官及び法務官の一部の交代は、三年ごとに欧州連合司法裁判所規程に定める条件に従って行われる。

　裁判官は、三年の任期で、裁判官の中から司法裁判所長を選出する。裁判所長は、再任されることができる。

　退任する裁判官及び法務官は、再任されることができる。

　司法裁判所は、裁判所書記を任命し、その職務規則を定める。

　司法裁判所は、手続規則を制定する。これらの手続規則は、理事会の承認を必要とする。


**第二五四条【一般裁判所裁判官の構成】**〔旧二二四条〕一般裁判所の裁判官の数は、欧州連合司法裁判所規程により定められる。同規程は、一般裁判所が法務官により補佐されることを定めることができる。

　一般裁判所の構成員は、その独立性に疑いがなく、かつ、高位の司法官に任命されるのに必要な能力を有する者の中から選任される。一般裁判所の構成員は、第二五五条に定める小委員会との協議の後に、六年の任期で、加盟国政府の共通の合意により任命される。構成員は、三年ごとにその一部が交代する。退任する構成員は、再任されることができる。

　一般裁判所の裁判官は、三年の任期で、裁判官の中から一般裁判所長を選出する。

　一般裁判所は、裁判所書記を任命し、その職務規則を定める。

　一般裁判所は、司法裁判所との合意により、手続規則を制定する。これらの手続規則は、理事会の承認を必要とする。

　欧州連合司法裁判所規程に別段の定めがある場合を除くほか、司法裁判所に関する両条約の規定は、一般裁判所に適用される。

**第二五五条【小委員会】**　加盟国政府が第二五三条及び第二五四条に定める任命を行う前に、司法裁判所及び一般裁判所の裁判官及び法務官の職務を遂行する候補者の適性に関する意見を表明するために、小委員会が設置される。
　小委員会は、司法裁判所及び一般裁判所の元構成員、国内の最高裁判所の構成員並びに有能の名のある法律家の中から選出される七人によって構成される。ただし、そのうち一人は、欧州議会により提案された者とする。理事会は、小委員会の運営規則を定める決定及び小委員会の構成員を任命する決定を採択する。理事会は、司法裁判所長の発議に基づいて活動を行う。

**第二五六条【一般裁判所の管轄権】**〔旧二二五条〕1　一般裁判所は、第二五七条に基づき設置される専門裁判所に委任される訴訟又は手続及び司法裁判所規程において留保された訴訟又は手続を除いて、第二六三条、第二六五条、第二六八条、第二七〇条及び第二七二条に定める訴訟又は手続を第一審として審理しかつ決定を下す管轄権を有する。司法裁判所規程は、一般裁判所が他の種類の訴訟又は手続に対して管轄権を有することを定めることができる。

　本項に基づき一般裁判所により下される決定は、司法裁判所規程が定める条件及び制限の範囲内で、法律問題に関してのみ、司法裁判所に対する上訴権の対象となり得る。
2　一般裁判所は、専門裁判所の決定に対して提起される訴訟又は手続を審理しかつ決定を下す管轄権を有する。
　本項に基づき一般裁判所により下される決定は、連合法の統一性又は一貫性が影響を受ける重大な危険が存在する場合には、司法裁判所規程に定める条件及び制限の範囲内で、例外的に司法裁判所による再審査の対象となり得る。
3　一般裁判所は、司法裁判所規程が定める特定の分野において、第二六七条に基づく先決裁定のために付託される問題につき審理しかつ決定を下す管轄権を有する。
　事案が連合法の統一性又は一貫性に影響を与え得る原則に関する決定を必要とすると、一般裁判所が考える場合には、一般裁判所は、その事案の決定を求めて司法裁判所に付託することができる。

　先決裁定のために付託される問題に関する一般裁判所による決定は、連合法の統一性又は一貫性が影響を受ける重大な危険が存在する場合には、司法裁判所規程により定める条件及び制限の範囲内で、例外的に司法裁判所による再審査の対象となり得る。


**第二五七条【専門裁判所】**〔旧二二五a条〕欧州議会及び理事会は、通常立法手続に従い、特定の分野において提起される訴訟又は事件を第一審裁判所として審理しかつ決定を下す専門裁判所を、一般裁判所に付属する裁判所として設立することができる。欧州議会及び理事会は、委員会の提案に基づき司法裁判所と協議した後に、又は、司法裁判所の要請に基づき委員会と協議した後に、規則により決定する。

　専門裁判所を設立する規則は、司法裁判所の組織及び司法裁判所に付与される管轄権の範囲に関する規定を定める。

　専門裁判所により下される決定は、法律問題に関してのみ、又は、専門裁判所を設立する規則に定めがある場合には、事実に関する事項に関しても、一般裁判所に対する上訴権の対象となる。

　専門裁判所の構成員は、その独立性に疑いがなく、司法官に任命されるのに必要な能力を有する者の中から選任される。専門裁判所の構成員は、理事会により全会一致によって任命される。

　専門裁判所は、司法裁判所との合意により、手続規則を制定する。これらの手続規則は、理事会の承認を必要とする。

　専門裁判所を設立する規則に別段の定めがある場合を除くほか、欧州連合司法裁判所に関する両条約の規定及び欧州連合司法裁判所規程の規定は、専門裁判所に適用される。司法裁判所規程第一編及び第六四条は、常に専門裁判所に適用される。


**第二五八条【条約違反手続】**〔旧二二六条〕委員会は、加盟国が両条約に基づく義務を履行していないと考える場合には、その加盟国に意見を提出する機会を与えた後に、当該事案につき理由を付した意見を発表する。

　加盟国が委員会が定める期間内に理由を付した意見に従わな

い場合には、委員会は、その事案を欧州連合司法裁判所に付託することができる。

**第二五九条【加盟国による条約違反手続】**〔旧二二七条〕加盟国は、他の加盟国が両条約に基づく義務を履行していないと考える場合には、その事案を欧州連合司法裁判所に付託することができる。

加盟国は、他の加盟国が両条約に基づく義務に違反すると主張して他の加盟国に対する訴訟を提起する前に、委員会にその事案を付託する。

委員会は、それぞれの関係加盟国に、口頭及び書面の双方により、その事案に関して自国を弁護し、及び相手国の弁論に対する意見を表明する機会を与えた後に、理由を付した意見を発表する。

委員会が事案が付託された日から三箇月以内に意見を発表しない場合には、意見が表明されないことによって、その事案の裁判所への付託は妨げられない。

**第二六〇条【判決の履行とその確保】**〔旧二二八条〕1　欧州連合司法裁判所が、加盟国が両条約に基づく義務に違反していると認定する場合には、その加盟国は、裁判所の判決を遵守するために必要な措置をとらなければならない。

2　委員会が、当該加盟国が司法裁判所の判決を遵守するのに必要な措置をとっていないと判断する場合には、委員会は、その加盟国に意見を提出する機会を与えた後に、裁判所にその事件を付託することができる。委員会は、その状況において適当と考えられるその加盟国により支払われるべき一括違約金又は強制課徴金の額を決定する。

司法裁判所が、当該加盟国が判決を遵守しなかったと認定する場合には、司法裁判所は、その加盟国に一括違約金又は強制課徴金を課すことができる。

この手続は、第二五九条の適用を妨げるものではない。

3　加盟国が立法手続に基づき採択された指令を国内実施する措置を通知する義務に違反したことを理由に、委員会が第二五八条に従って事件を裁判所に付託する場合には、委員会は、その状況において適当と考えるその加盟国によって支払われるべき一括違約金又は強制課徴金の額を必要に応じて決定することができる。

司法裁判所が違反を認定する場合には、司法裁判所は、委員会により決定された額を超えない一括違約金又は強制課徴金を加盟国に課すことができる。その支払義務は、司法裁判所が判決の中で設定する日に生ずる。

**第二六一条【罰則に対する管轄権】**〔旧二二九条〕両条約の規定に従い、欧州議会及び理事会により共同で採択された規則並びに理事会により採択された規則は、その規則に定める罰則に関して欧州連合司法裁判所に無制約の管轄権を付与することができる。

**第二六二条【欧州知的財産権分野への管轄権の拡大】**〔旧二二九a条〕両条約の他の規定の適用を妨げることなく、理事会は、特別立法手続に従い、欧州議会と協議した後に、両条約に基づいて採択される欧州知的財産権を創設する法行為の適用に関する紛争に関して、欧州連合司法裁判所に理事会が決定する範囲で管轄権を付与する規定を全会一致により採択することができる。これらの規定は、各加盟国によりそれぞれの憲法上の要件に従って承認された後に効力を生ずる。

**第二六三条【取消訴訟】**〔旧二三〇条〕欧州連合司法裁判所は、立法行為、勧告及び意見を除く理事会、委員会及び欧州中央銀行の行為、並びに第三者に対して法的効果を生じさせることを意図した欧州議会及び欧州首脳理事会の行為の合法性を審査する。欧州連合司法裁判所は、第三者に対して法的効果を生じさせることを意図した連合の各機関及び各組織の行為の合法性も審査する。

このため、欧州連合司法裁判所は、無権限、本質的な手続要件の違反、両条約若しくはその適用に関係するあらゆる法規則の違反又は権限の濫用を理由として、加盟国、欧州議会、理事会又は委員会が付託する訴訟に関して、管轄権を有する。

欧州連合司法裁判所は、会計検査院、欧州中央銀行及び地域評議会が自己の権限〔prerogative〕を保護するために付託する訴訟に関しても、同一の条件の下で管轄権を有する。

いかなる自然人又は法人も、第一段及び第二段に定める条件の下で、自己に向けられた行為又は直接かつ個人的に関係する行為、及び自己に直接関係しかつ実施措置を必要としない規制的法行為に関して、訴訟を提起することができる。

連合の各機関及び各組織を設立する法行為は、自然人又は法人に対し法的効果を生じさせることを意図する当該各機関又は各組織の行為について自然人又は法人が訴訟を提起する特定の条件、及び取決めを定めることができる。

本条に定める訴訟は、場合に応じて、措置の公表又は原告への通知若しくは通知がない場合には原告がこれを知った日から二箇月以内に提起される。

**第二六四条【無効の宣言】**〔旧二三一条〕欧州連合司法裁判所は、訴訟に理由があると認められる場合には、関係する行為の無効を宣言する。

ただし、司法裁判所は、必要と考える場合には、無効を宣言した行為の効力のうち有効と認めるべきものを指示する。

**第二六五条【不作為確認訴訟】**〔旧二三二条〕欧州議会、欧州首脳理事会、理事会、委員会又は欧州中央銀行が、両条約に違反して行為を怠った場合には、加盟国及び連合の他の機関は、条約違反の確認のための訴訟を欧州連合司法裁判所に提起することができる。本条は、同一の条件の下で、行為を怠った連合の各機関及び各組織にも適用される。

連合の各機関又は各組織が最初に行為を要求される場合に限り、訴訟が受理される。要請を受けてから二箇月以内に、関係する連合の各機関又は各組織が態度を明らかにしない場合には、その後の二箇月以内に訴訟を提起することができる。

いかなる自然人又は法人も、前段に定める条件の下で、連合の各機関又は各組織が、勧告又は意見以外の行為であってその自然人又は法人を対象とするものを怠ったことにつき、裁判所に不服を申し立てることができる。

**第二六六条【機関の判決履行義務】**〔旧二三三条〕無効であると宣言された行為を行い又はその不作為が両条約に違反すると宣言された機関は、欧州連合司法裁判所の判決を遵守するために必要な措置をとらなければならない。

この義務は、第三四〇条第二段の適用から生じ得る義務に影響を及ぼすものではない。

**第二六七条【先決裁定】**〔旧二三四条〕欧州連合司法裁判所は、次のことに関係する先決裁定を下す管轄権を有する。

(a)　両条約の解釈

(b)　連合の各機関又は各組織の行為の効力及び解釈

このような問題がいずれかの加盟国の裁判所に提起され、その裁判所が判決を下すために当該問題に関する決定が必要であると考える場合には、当該裁判所は、欧州連合司法裁判所にそれに関する先決裁定を求めることができる。

このような問題がその決定に対して国内法上司法的救済がないような加盟国の国内裁判所に係属している事件の中で提起された場合には、その裁判所は、その事案を欧州連合司法裁判所に付託する。

この問題が拘留中の者に関して加盟国の裁判所に係属している事件の中で提起される場合には、欧州連合司法裁判所は、できる限り迅速に行動する。

**第二六八条【非契約上の損害賠償に対する管轄権】**（旧二三五条）欧州連合司法裁判所は、第三四〇条第二段及び第三段に定める損害賠償に関する紛争に関して管轄権を有する。

**第二六九条【ＥＵ条約第七条に基づく法行為に対する管轄権】**欧州連合司法裁判所は、欧州連合条約第七条に従い欧州首脳理事会又は理事会により採択された法行為の合法性に関して、欧州首脳理事会又は理事会の決定の対象となった関係加盟国の要請に基づき、かつ同条に含まれる手続的規定についてのみ、決定を下す管轄権を有する。

この要請は、その決定の日から一箇月以内になされなければならない。司法裁判所は、その要請の日から一箇月以内に判断を下す。

**第二七〇条【連合と職員間の紛争に対する管轄権】**（旧二三六条）欧州連合司法裁判所は、連合の職員規則及びその他の職員の雇用条件に定める制限及び条件の下で、連合とその職員との間のあらゆる紛争に関して管轄権を有する。

**第二七一条【欧州投資銀行に関する紛争に対する管轄権】**（旧二三七条）欧州連合司法裁判所は、以下に定める限度内において、次の事項に関する管轄権を有する。

(a)　欧州投資銀行規程から生じる義務の加盟国による履行。この点に関して、銀行の理事会は、第二五八条により委員会に付与された権限を行使する。

(b)　欧州投資銀行の総務会により採択された措置。この点に関して、加盟国、委員会又は銀行の理事会は、第二六三条に定める条件の下で訴訟を提起することができる。

(c)　欧州投資銀行の理事会により採択された措置。このような措置に対する訴訟は、第二六三条に定める条件の下で加盟国又は委員会のみによって、かつ投資銀行の規程第一九条２、５、６及び７に定める手続の不遵守を理由とする場合にのみ、提起できる。

(d)　両条約並びにＥＳＣＢ規程及び欧州中央銀行規程に基づく義務の国内中央銀行による履行。この点に関連して、欧州中央銀行理事会は、国内中央銀行に対して第二五八条において加盟国に対して委員会に付与された権限と同様の権限を有する。欧州連合司法裁判所が、国内中央銀行が両条約に基づく義務を履行していないと認定する場合には、その国内中央銀行は、裁判所の判決を遵守するために必要な措置をとらなければならない。

**第二七二条【仲裁条項に基づく管轄権】**（旧二三八条）欧州連合司法裁判所は、連合により又は連合のために締結された公法上又は私法上の契約に含まれる仲裁条項に従い、判決を下す管轄権を有する。

**第二七三条【付託合意に基づく管轄権】**（旧二三九条）欧州連合司法裁判所は、両条約の規定対象に関係する加盟国間の紛争が特別合意の下で司法裁判所に付託される場合には、その紛争の当事国間に関して管轄権を有する。

**第二七四条【連合が当事者となる紛争に対する国内裁判所の管轄権】**（旧二四〇条）欧州連合司法裁判所の管轄権が両条約により付与されている場合を除いて、連合が当事者である紛争は、加盟国の国内裁判所の管轄権から排除されない。

**第二七五条【共通外交安全保障政策分野に対する管轄権】**欧州連合司法裁判所は、共通外交安全保障政策に関する規定及び同規定に基づいて採択された法行為に関する管轄権を有さない。

ただし、裁判所は、欧州連合条約第四〇条の遵守を監視する管轄権、並びに、この条約の第二六三条第四段に定める条件に従って提起され、かつ欧州連合条約第五編第二章に基づいて理事会により採択される自然人又は法人に対する制限的措置を定める決定の合法性を審査する訴訟に関して、判決を下す管轄権を有する。

**第二七六条【自由、治安及び司法の領域に対する管轄権の例外】**欧州連合司法裁判所は、自由、治安及び司法の領域に関する第三部第五編第四章及び第五章の枠組みにおける権限を行使するに当たって、加盟国の警察若しくは法執行機関により実施される活動の有効性又は比例性について、又は法と秩序の維持及び国内治安の確保に関して加盟国に課せられる責任の行使について、審査する管轄権を持たない。

**第二七七条【一般適用性を有する法行為に対する提訴期限】**（旧二四一条）第二六三条第六段に定める期間が過ぎた後であっても、いかなる当事者も、連合の各機関又は各組織により採択された一般的適用可能性を有する法行為が争点となる訴訟において、欧州連合司法裁判所にその法行為が適用されないことを主張するために、第二六三条第二段に特定された理由を申し立てることができる。

**第二七八条【提訴の停止的効果】**（旧二四二条）欧州連合司法裁判所に提起される訴訟は、停止的な効力を有しない。

ただし、裁判所は、事情により必要と認めるときは、争われる行為の適用の停止を命じることができる。

**第二七九条【暫定措置】**（旧二四三条）欧州連合司法裁判所は、付託されるいかなる事件においても、必要な暫定措置を命ずることができる。

**第二八〇条【判決の執行力】**（旧二四四条）欧州連合司法裁判所の判決は、第二九九条に定める条件に基づいて、執行力を有する。

**第二八一条【欧州連合司法裁判所規程】**（旧二四五条）欧州連合司法裁判所規程は、独立の議定書として規定される。

欧州議会及び理事会は、通常立法手続に従い、第一編及び第六四条を除いて、司法裁判所規程の規定を修正することができる。欧州議会及び理事会は、司法裁判所の要請に基づき委員会と協議した後に、又は、委員会の提案に基づき司法裁判所と協議した後に、決定する。

### 第六節　欧州中央銀行

**第二八二条【欧州中央銀行と欧州中央銀行制度】**１　欧州中央銀行は、国内中央銀行とともに、欧州中央銀行制度（以下「ＥＳＣＢ」という。）を構成する。加盟国の国内中央銀行とともに、その通貨がユーロである欧州中央銀行は、ユーロ制度を構築し、連合の金融政策を行う。

２　ＥＳＣＢは、欧州中央銀行の意思決定機関により運営される。ＥＳＣＢの主要な目的は、物価の安定を維持することである。この目的を妨げることなく、ＥＳＣＢは、連合の目的の達成に寄与するために、連合における一般経済政策を支援する。

3 欧州中央銀行のみが、ユーロの発行を許可する権限を有する。欧州中央銀行は、権限の行使及び財政の運営において独立性をもつ。連合の各機関及び各組織並びに加盟国政府は、その独立性を尊重する。

4 欧州中央銀行は、第一二七条から第一三三条及び第一三八条並びにESCB及び欧州中央銀行規程に定める条件に従い、任務を実施するために必要な措置を採択する。これらの諸条項に従い、その通貨がユーロでない加盟国及びその中央銀行は、金融事項に関する権限を保持する。

5 欧州中央銀行が責任をもつ分野の範囲内において、欧州中央銀行は、あらゆる連合の法行為の提案及び国内レベルの規制のあらゆる法案に関して、協議を受け、意見を表明することができる。

**第二八三条【欧州中央銀行の構造】**(旧一一二条) 1 欧州中央銀行運営評議会は、欧州中央銀行執行理事会の構成員及びその通貨がユーロである加盟国の国内中央銀行総裁により構成される。

2 執行理事会は、総裁、副総裁及び他の四人の理事からなる。

執行理事会の総裁、副総裁及び他の四人の理事は、金融又は銀行業務分野において広く認められかつ専門的な経験をもつ者の中から、閣僚理事会の勧告に基づき、欧州議会と欧州中央銀行運営評議会とが協議した後に、欧州首脳理事会が特別多数決により任命する。

執行理事会の構成員の任期は、八年とし、再任は認められない。

加盟国の国民のみが、執行理事会の構成員となることができる。

**第二八四条【参加権、年次報告書】**(旧一一三条) 1 理事会の議長及び委員会の委員は、投票権なしで欧州中央銀行運営評議会の会合に参加することができる。

理事会の議長は、欧州中央銀行運営評議会に対して審議のための動議を提出することができる。

2 欧州中央銀行総裁は、理事会がESCBの目的及び任務に関する事項を審議する際には、理事会の会合に参加するよう招致される。

3 欧州中央銀行は、前年度及び現行年度のESCBの活動及び金融政策に関する年次報告書を、欧州議会、理事会、委員会及び欧州首脳理事会に提出する。欧州中央銀行総裁は、理事会及び欧州議会にこの報告書を提出し、理事会及び欧州議会は、これに関して一般的な討論を行うことができる。

欧州中央銀行総裁及び執行理事会の他の構成員は、欧州議会の要請に基づき、又は、自らの発議により、欧州議会の権限ある委員会により聴聞を受けることができる。

### 第七節　会計検査院(抄)

**第二八五条【会計検査院】**(旧二四六条) 会計検査院は、連合の会計検査を行う。

会計検査院は、各加盟国一人の国民より構成される。会計検査院の構成員は、連合の一般利益のために、完全に独立してその職務を遂行する。

**第二八六条【構成、独立性、検査官の資格等】**(旧二四七条)(略)

**第二八七条【会計検査院の任務】**(旧二四八条)(略)

## 第二章　連合の法行為、採択手続及びその他の規定

### 第一節　連合の法行為

**第二八八条【法行為の種類】**(旧二四九条) 連合の権限を行使するために、連合の機関は、規則、指令、決定、勧告及び意見を採択する。

規則は、一般的な適用性を有する。規則は、その全ての部分が拘束力をもち、かつ、全ての加盟国で直接適用可能である。

指令は、達成されるべき結果について、名宛人である加盟国を拘束するが、方式及び手段の選択は加盟国の機関に委ねられる。

決定は、その全ての部分が拘束力をもつ。名宛人を特定した決定は、名宛人のみを拘束する。

勧告及び意見は、拘束力をもたない。

**第二八九条【立法手続及び立法行為の定義】** 1 通常立法手続は、委員会の提案に基づき、規則、指令又は決定を欧州議会及び理事会が共同で採択する手続とする。この手続は、第二九四条において定める。

2 両条約に定める特定の場合において、欧州議会が理事会の参加の下で又は理事会が欧州議会の参加の下で、規則、指令又は決定を採択する手続を、特別立法手続とする。

3 立法手続により採択された法行為を、立法行為とする。

4 両条約に定める特定の場合において、立法行為は、加盟国のグループ若しくは欧州議会の発議、欧州中央銀行の勧告又は司法裁判所若しくは欧州投資銀行の要請により、採択され得る。

**第二九〇条【委員会への法行為の委任、委任された法行為】**

1 立法行為は、立法行為の本質的でない要素を補足し又は修正するために、一般的な適用性を有する非立法行為を採択する権限を、委員会に委任することができる。

権限委任の目的、内容、範囲及び期間は、立法行為に明示的に定められる。ある分野における本質的な要素は、立法行為に留保され、権限の委任の対象とならない。

2 立法行為は、委任に関する条件を明示的に定める。これらの条件は、次のようなものとすることができる。

(a) 欧州議会又は理事会は、委任の撤回を決定することができる。

(b) 委任された法行為は、欧州議会又は理事会が立法行為により設定された期間内に異議を申し立てない場合にのみ効力を生じ得る。

(a)及び(b)の適用上、欧州議会はその構成議員の多数決により、また理事会は特別多数決により、決定する。

3 委任された法行為の表題には、「委任された」という形容詞を挿入する。

**第二九一条【加盟国の実施措置と実施権限の付与】** 1 加盟国は、拘束力ある連合の法行為を実施するために必要なあらゆる国内法上の措置を採択する。

2 拘束力ある連合の法行為を実施するために統一の条件が必要とされる場合には、これらの連合の法行為は、それを実施する権限を委員会に、又は十分に正当化される特別の場合並びに欧州連合条約第二四条及び第二六条に定める場合には理事会に付与する。

3 2の適用上、欧州議会及び理事会は、通常立法手続に従い、委員会による実施権限の行使に対する加盟国による監督方法に関する法規及び一般原則を、事前に規則により定める。

4　実施のための法行為の表題には、「実施」の語を挿入する。

**第二九二条【勧告の採択】** 理事会は、勧告を採択する。両条約が委員会の提案に基づき法行為を採択すると定めている場合には、理事会は、必ず委員会の提案に基づき議決する。全会一致が連合の法行為の採択に必要とされる分野においては、理事会は、全会一致により議決する。委員会及び両条約に定める特別の場合における欧州中央銀行は、勧告を採択する。

### 第二節　法行為の採択手続及びその他の規定

**第二九三条【理事会による委員会提案の修正】**（旧二五〇条）1　理事会が両条約に従い委員会の提案に基づいて議決する場合には、理事会は、第二九四条10及び13、第三一〇条、第三一二条、第三一四条並びに第三一五条第二段に定める場合を除いて、全会一致によってのみ、委員会の提案を修正することができる。

2　理事会が決定を行わない限り、委員会は連合の法行為の採択に至る手続の中でいつでも自らの提案を変更することができる。

**第二九四条【通常立法手続】**（旧二五一条）1　両条約において法行為の採択に関して通常立法手続が定められている場合には、次の手続が適用される。

2　委員会は、欧州議会及び理事会に提案を提出する。

第一読会

3　欧州議会は、第一読会において立場を採択し、それを理事会に伝達する。

4　理事会が欧州議会の立場を承認する場合には、その法行為は、欧州議会の立場に合った文言で採択される。

5　理事会が欧州議会の立場を承認しない場合には、理事会は第一読会において立場を採択し、それを欧州議会に伝達する。

6　理事会は、第一読会において立場を採択するに至った理由を欧州議会に十分に通報する。委員会は、その立場を欧州議会に十分に通報する。

第二読会

7　欧州議会は当該伝達から三箇月以内に、次の手続に従って行動する。

(a)　欧州議会が第一読会における理事会の立場を承認し又は決定を行わない場合には、その法行為は理事会の立場に合った文言で採択されたものとみなされる。

(b)　欧州議会が第一読会における理事会の立場をその構成議員の多数決により否決する場合には、提案された法行為は採択されなかったものとみなされる。

(c)　欧州議会が第一読会における理事会の立場への修正をその構成議員の多数決により提案する場合には、このように修正された文書が理事会及び委員会に送付される。委員会は、この修正に関して意見を述べる。

8　欧州議会の修正を受理してから三箇月以内に、理事会は特別多数決によって次の行動を行う。

(a)　理事会が修正の全てを承認する場合には、その法行為は採択されたものとみなされる。

(b)　理事会が修正の全てを承認しない場合には、理事会の議長は、欧州議会の議長との合意により、六週間以内に調停委員会の会合を招集する。

9　理事会は、委員会が否定的な意見を述べた修正に関しては、全会一致により決定する。

調停

10　理事会の構成員又はその代表及びそれと同数の欧州議会を代表する議員から構成される調停委員会は、第二読会における欧州議会及び理事会の立場を基礎として、招集から六箇月以内に、理事会の構成員又はその代表の特別多数決、及び欧州議会を代表する議員の多数決により、共同草案に関する合意を達成することを任務とする。

11　委員会は、調停委員会の手続に参加し、欧州議会及び理事会の立場を接近させるために必要なあらゆる発議を行う。

12　招集から六箇月以内に、調停委員会が共同草案を承認しない場合には、提案された法行為は採択されなかったものとみなされる。

第三読会

13　この期間内に、調停委員会が共同草案を承認する場合には、欧州議会は投票数の多数決により、また、理事会は特別多数決により、共同草案の承認から六週間以内に、共同草案に従った法行為を採択する。欧州議会及び理事会が採択に失敗した場合は、提案された法行為は採択されなかったものとみなされる。

14　本条に定める三箇月及び六週間の期間は、それぞれ最長一箇月又は二週間、欧州議会又は理事会の発議に基づいて延長される。

特別規定

15　両条約に定めがある場合で、立法行為が、加盟国グループの発議、欧州中央銀行の勧告、又は欧州司法裁判所の要請に基づいて通常立法手続に従って採択される場合には、2、6第二文、9は適用されない。

これらの場合には、欧州議会及び理事会は、提案された法行為並びにそれぞれの第一読会及び第二読会における立場を委員会に伝達する。欧州議会又は理事会は、手続の全過程において委員会に意見を求めることができ、委員会は自らその意見を述べることもできる。委員会は、必要と考える場合には、11に従い、調停委員会に参加することもできる。

**第二九五条【機関間の協定】** 欧州議会、理事会及び委員会は、相互に協議し、共通の合意により協力のための取決めを行う。このために、欧州議会、理事会及び委員会は、両条約を遵守しつつ、拘束力を有するものも含めて機関間の協定を締結することができる。

**第二九六条【理由を付す義務】**（旧二五三条）両条約が採択される法行為の種類を特定していない場合には、機関は、適用可能な手続を遵守しかつ比例性の原則に従い、個別の事案に応じて、法行為の種類を選択する。

法行為は、その根拠とする理由を述べ、かつ、両条約に定める提案、発議、勧告、要請又は意見に言及するものとする。

立法行為の草案を審議している間は、欧州議会及び理事会は、問題の分野における関係立法手続によって定められていない法行為を採択することを控える。

**第二九七条【署名、公布、発効】**（旧二五四条）1　通常立法手続に基づき採択された立法行為は、欧州議会の議長及び理事会の議長により署名される。

特別立法手続に基づき採択された立法行為は、それを採択した機関の長により署名される。

立法行為は、欧州連合官報に公表される。立法行為は、その定める日に、又は、その定めがない場合にはその公表後二〇日目に、効力を生ずる。

2　規則、指令又は名宛人を特定していない決定の形式で採択された非立法行為は、それを採択する機関の長により署名される。

規則及び全ての加盟国に向けられた指令並びに名宛人を特定していない決定は、欧州連合官報に公表される。それらは、その定める日に、又は、その定めがない場合にはその公表後二〇日目に、効力を生ずる。

その他の指令及び名宛人を特定している決定は、名宛人に通知され、その通知によって効力を生ずる。

**第二九八条【開かれた、効率的かつ独立した欧州行政】** 1 連合の各機関及び各組織は、その使命を遂行するに当たって、開かれた、効率的かつ独立した欧州行政の支援を受ける。

2 第三三六条に基づいて採択された職員規則及び雇用条件を遵守して、欧州議会及び理事会は、通常立法手続に従い、このための規定を規則により制定する。

**第二九九条【決定の執行力、強制執行】**(旧二五六条) 金銭上の債務を課す理事会、委員会又は欧州中央銀行の法行為は、国家に対するものを除き、執行力を有する。

強制執行は、それが行われる領域が属する国の現行の民事手続法規により規律される。執行令状は、各加盟国政府がこのために指定し、委員会及び欧州連合司法裁判所に通告している国内機関により、決定の真正さの検証以外の審査をすることなく、その決定に添付される。

当事者の要請に基づいてこれらの手続が完了した後に、当事者は、その事案について直接権限ある国内機関に対して強制執行を求めることにより、国内法に従った強制執行を行うことができる。

強制執行は、司法裁判所の決定によってのみ、停止することができる。ただし、強制執行が通常でない方法で実施されているという不服申立てについては、関係国の裁判所が管轄権を有する。

### 第三章　連合の諮問機関(抄)

**第三〇〇条【諮問機関】** 1 欧州議会、理事会及び委員会は、諮問機能を営む、経済社会評議会及び地域評議会により補佐される。

2 経済社会評議会は、経営者団体、労働者団体並びに他の団体、特に社会経済、市民、専門職及び文化の分野で市民社会を代表する団体によって構成される。

3 地域評議会は、選挙に基づく委任を受けた地域及び地方の機関の代表又は選挙された議会に対して政治的に責任を負う地域及び地方の機関の代表から構成される。

4 経済社会評議会及び地域評議会の構成員は、いかなる強制的な指示にも拘束されない。その構成員は、その職務の遂行において、連合の一般利益のために完全に独立する。

5 経済社会評議会及び地域評議会の構成の性質を規律する2及び3に定める規定は、連合における経済的、社会的及び地理的な発展を考慮するため、理事会により定期的に再検討される。この目的のため、理事会は、委員会の提案に基づき決定を採択する。

#### 第一節　経済社会評議会(第三〇一条から第三〇四条まで(旧二五八条から旧二六二条まで))(略)

#### 第二節　地域評議会(第三〇五条から第三〇七条まで(旧二六三条から旧二六五条まで))(略)

### 第四章　欧州投資銀行(第三〇八条及び第三〇九条(旧二六六条及び旧二六七条))(略)

## 第二編　財政規定(抄)

**第三一〇条【予算】**(旧二六八条) 1 連合の収入及び支出の全ての項目は、会計年度ごとに作成される見積りに含まれ、予算に計上される。

連合の年次予算は、第三一四条に従い、欧州議会及び理事会により編成される。

予算に示される収入及び支出は、均衡を保つ。

2 予算に示される支出は、第三二二条に定める規則に従い年次予算年度に関して承認される。

3 予算に示される支出の実行は、第三二二条に定める規則に従い、連合の行動及び相当する支出の実行に対する法的根拠を定める拘束力ある連合の法行為の採択を前提とする。ただし、その規則に別段の定めがある場合はこの限りではない。

4 予算の規律を維持するために、連合は、その法行為から生じる支出が連合の固有財源の限度においてかつ第三一二条に定める多年度財政枠組みを遵守しつつ賄われ得るとの保証がない限り、予算に対して相当の影響を与える可能性のあるいかなる法行為も採択しない。

5 予算は、健全な財政運営の原則に従って執行される。加盟国は、連合と協力し、この原則に従い予算割当額が支出されるよう確保する。

6 連合及び加盟国は、第三二五条に従い、連合の財政利益に影響を及ぼす詐欺及び他のあらゆる違法行為に対処する。

### 第一章　連合の固有の財源

**第三一一条【連合の固有財源】**(旧二六九条) 連合は、その目的を達成しかつその政策を遂行するために必要な財源を備える。

予算は、他の収入にもかかわらず、固有財源から全て賄われる。

理事会は、特別立法手続に従い、欧州議会と協議した後に、全会一致により、連合の固有財源制度に関する規定を定める決定を採択する。この中で、連合は、固有財源の新たな部門を設定し、又は既存の部門を廃止することができる。この決定は、各加盟国によりそれぞれの憲法上の要件に従って承認がなされた後に効力を生ずる。

理事会は、特別立法手続に従い、第三段に基づいて採択される決定で定められる限りにおいて、連合の固有財源の実施措置を規則により定める。理事会は、欧州議会の同意を得た後に、決定する。

### 第二章　多年度財政枠組み(第三一二条)(略)

### 第三章　連合の年次予算(抄)

**第三一三条【会計年度】**(旧二七二条1) 会計年度は、一月一日に始まり、一二月三一日に終わる。

**第三一四条【予算決定手続】**(旧二七二条2から10まで) 欧州議会及び理事会は、特別立法手続に従い、連合の年次予算を以下の規定に従い編成する。

1 欧州中央銀行を除いて、各連合機関は、七月一日までに翌会計年度に対する支出の見積りを作成する。委員会は、これらの見積りを予算案にまとめる。予算案には、異なる見積りを含めることができる。

2 予算案は、収入の見積りと支出の見積りを含む。

委員会は、遅くとも予算執行年度の前年の九月一日までに、欧州議会及び理事会に予算案を含む提案を提出する。

委員会は、5に定める調停委員会が招集されるまでの間は、その過程において予算案を修正することができる。

3 理事会は、予算案に関する立場を採択し、遅くとも予算執行年度の前年の一〇月一日までに、欧州議会にそれを送付する。理事会は、欧州議会に立場を採択するに至った理由を十分に通報する。

4 欧州議会は、その伝達から四二日以内に、次の手続に従って行動する。

(a) 欧州議会が理事会の立場を承認する場合には、予算は採択される。

(b) 欧州議会が決定を行わない場合には、予算は採択されたものとみなされる。

(c) 欧州議会がその構成議員の多数決で修正案を採択する場合には、修正案は、理事会及び委員会に送付される。欧州議会の議長は、理事会の議長との合意により、直ちに調停委員会の会合を招集する。ただし、修正案が送付されてから一〇日以内に理事会が全ての修正案を承認することを通報する場合には、調停委員会は開催されない。

5 理事会の構成員又はその代表及びそれと同数の欧州議会を代表する議員から構成される調停委員会は、欧州議会及び理事会の立場を基礎として、招集から二一日以内に、理事会の構成員又はその代表の特別多数決及び欧州議会の代表の多数決により、共同草案に関する合意を達成することを任務とする。

委員会は、調停委員会の手続に参加し、欧州議会及び理事会の立場を接近させるために必要なあらゆる発議を行う。

6 5に定める二一日以内に、調停委員会が共同草案に合意する場合には、欧州議会及び理事会は、共同草案を承認するために、その合意の日からそれぞれ一四日間を与えられる。

7 欧州議会は、6に定める一四日以内に、次の手続に従って行動する。

(a) 欧州議会及び理事会の両方が共同草案を承認し若しくは決定に至らなかった場合、又は、これら機関の一方が共同草案を承認し、他方の機関が決定に至らなかった場合には、予算は共同草案に従い最終的に採択されたものとみなされる。

(b) 欧州議会がその構成議員の多数決で共同草案を否決しかつ理事会も共同草案を否決した場合、又は、これら機関の一方が共同草案を否決し、他方の機関が決定に至らなかった場合には、新予算案が委員会により提出される。

(c) 欧州議会がその構成議員の多数決で共同草案を否決し、理事会がそれを承認した場合には、新予算案が委員会により提出される。

(d) 欧州議会が共同草案を承認し、理事会がそれを否決する場合には、欧州議会は、理事会の否決から一四日以内にその構成議員の多数決かつ総投票数の五分の三の多数により、4(c)に定める修正案の全部又は一部の承認を決定することができる。欧州議会の修正案が承認されない場合には、修正の対象となった予算費目に関して、調停委員会で合意された立場が維持される。予算は、これを基礎として最終的に採択されたものとみなされる。

8 5に定める二一日以内に、調停委員会が共同草案に合意しない場合には、新予算案が委員会により提出される。

9 本条に定める手続が完了した場合には、欧州議会の議長は、予算が最終的に採択されたことを宣言する。

10 各機関は、とりわけ連合の固有財源及び収支の均衡に関して、両条約及び両条約に基づいて採択された法行為を遵守して、本条に基づき付与された権限を行使する。

**第三一五条【仮予算】**（旧二七三条）（略）

**第三一六条【予算の支出】**（旧二七一条）（略）

### 第四章　予算の執行と検査（第三一七条から第三一九条まで〔旧二七四条から旧二七六条まで〕）

（略）

### 第五章　共通規定（第三二〇条から第三二四条まで〔旧二七七条から旧二七九条まで〕）（略）

### 第六章　詐欺（第三二五条〔旧二八〇条〕）（略）

## 第三編　先行統合

**第三二六条【先行統合に関する原則】** いずれの先行統合も、両条約及び連合法を遵守する。

先行統合は、域内市場又は経済的、社会的及び領域的結束を損なってはならない。先行統合は、加盟国間の貿易における障害又は差別を構成してはならず、また加盟国間の競争を歪めてはならない。

**第三二七条【加盟国の権限の尊重】** いずれの先行統合も、これに参加しない加盟国の権限、権利及び義務を尊重する。先行統合に参加しない加盟国は、参加する加盟国による先行統合の実施を妨げてはならない。

**第三二八条【先行統合の開放原則】** 1 先行統合を設定するに際して、先行統合は、先行統合を承認する決定が定める参加条件を遵守する全ての加盟国に開放される。先行統合は、これらの参加条件に加えて、その枠組みにおいて既に採択された法行為を遵守する加盟国にいずれの時点でも開放される。

委員会及び先行統合に参加する加盟国は、可能な限り多くの加盟国の参加を促進することを確保する。

2 委員会及び、適切な場合には、外交安全保障上級代表は、先行統合の発展に関して欧州議会及び理事会に定期的に情報を提供する。

**第三二九条【委員会への申請】** 1 排他的権限の分野及び共通外交安全保障政策の分野を除いて、両条約により規律される分野の一つにおける加盟国間での先行統合の設定を希望する加盟国は、提案する先行統合の範囲及び目的を特定して、委員会に申請する。委員会は、理事会に対してこのために提案を提出することができる。委員会が提案を提出しない場合には、委員会は関係加盟国に対して、提出しない理由を通報する。

第一段に定める先行統合を進める許可は、委員会の提案に基づき、欧州議会の同意を得た後に、理事会により与えられる。

2 共通外交安全保障政策の枠組みにおいて加盟国間で先行統合を設定することを希望する加盟国の申請は、理事会に対してなされる。その申請は、外交安全保障上級代表及び委員会に送付される。上級代表は、提案された先行統合が連合の共通外交安全保障政策と両立するものであるか否かについて意見を表明し、委員会は、その先行統合が他の連合の政策と両立するものであるか否かについて意見を表明する。申請は、欧州議会にも情報として送付される。

先行統合を進める許可は、理事会の全会一致の決定により与えられる。

**第三三〇条【討議への参加】** 理事会の全ての構成員は、先行統合の討議に参加することができる。ただし、先行統合に参加する加盟国を代表する理事会の構成員のみが投票に参加する。

全会一致は、参加する加盟国の代表の投票のみによって構成される。

特別多数決は、第二三八条3に従って定められる。

**第三三一条【先行統合への参加手続】** 1 第三二九条1に定める分野の一つにおいて進行中の先行統合に参加することを希望する加盟国は、その意思を理事会及び委員会に通知する。

委員会は、通知を受理した日から四箇月以内に、その加盟国の参加を承認する。委員会は、参加条件が満たされたことを必要に応じて確認し、先行統合の枠組みにおいて既に採択された法行為の適用に関して、必要な移行措置を採択する。

ただし、委員会が、参加条件が満たされていないと考える場合には、委員会はその条件を満たすために採択されるべき規定を指示し、申請の再審査の期限を設定する。同期限の満了時に、委員会は、第二段に定める手続に従い、その申請を再審査する。委員会が、参加条件がまだ満たされていないと考える場合には、関係加盟国は当該事項を理事会に付託することができる。理事会は、その申請につき決定する。理事会は、第三三〇条に従って決定する。理事会は、委員会の提案に基づき、第二段に定める移行措置を採択することもできる。

2 共通外交安全保障政策の枠組みにおいて進行中の先行統合に参加することを希望する加盟国は、その意図を理事会、外交安全保障上級代表及び委員会に通知する。

理事会は、外交安全保障上級代表と協議した後に、必要に応じて、参加条件が満たされていることを確認した上で、関係加盟国の参加を承認する。理事会は、上級代表の提案に基づき、先行統合の枠組みにおいて既に採択された法行為の適用に関して、必要な移行措置を採択することもできる。ただし、理事会が、参加条件が満たされていないと考える場合には、理事会はその条件を満たすために採択されるべき規定を指示し、参加申請の再審査の期限を設定する。

本項の適用上、理事会は全会一致により、かつ第三三〇条に従って決定する。

**第三三二条【支出】** 先行統合の実施から生じる支出は、機関に関する行政的経費を除いて、参加する加盟国により負担される。ただし、理事会の全構成員が、欧州議会と協議した後に、全会一致により別段の定めを決定する場合には、この限りではない。

**第三三三条【表決に関する取決め】** 1 先行統合の枠組みにおいて適用され得る両条約の規定が、理事会の全会一致により決定すると定めている場合には、理事会は、第三三〇条に定める取決めに従い全会一致により、特別多数決で理事会が行動すると定める決定を採択することができる。

2 先行統合の枠組みにおいて適用され得る両条約の規定が、理事会が特別立法手続に基づいて法行為を採択することを定める場合には、第三三〇条に定める取決めに従い全会一致により、理事会が通常立法手続で理事会が行動することを決定することを定める決定を採択することができる。理事会は、欧州議会と協議した後に、議決する。

3 1及び2は、軍事又は防衛に関わる決定には適用しない。

**第三三四条【一貫性の確保】** 理事会及び委員会は、先行統合の枠組みにおける活動の一貫性及びこのような活動と連合の政策との一貫性を確保し、このために協力する。

## 第七部　一般規定及び最終規定

**第三三五条【連合の法律上の能力】**〔旧二八二条〕連合は、各加盟国において、その国の法律に基づいて法人に与えられる最も広範な法律上の能力を有する。連合は、とりわけ動産及び不動産を取得し、又は譲渡することができ、また訴訟の当事者となることができる。この目的のため、連合は、委員会により代表される。ただし、連合は、それぞれの機関の活動に関する事項については、その運営上の自律性に基づき、それぞれの関係機関により代表される。

**第三三六条【職員規則】**〔旧二八三条〕欧州議会及び理事会は、通常立法手続に従い、委員会の提案に基づき、他の関連機関と協議した後に、欧州連合職員規則及び連合のその他の職員の雇用条件を定める。

**第三三七条【委員会の情報収集・検証権限】**〔旧二八四条〕委員会は、両条約の規定に従い理事会が単純多数決で定める限度内及び条件の下で、委員会に委ねられる任務の遂行に必要なあらゆる情報を収集し、その検証を行うことができる。

**第三三八条【統計の作成】**〔旧二八五条〕1 欧州議会及び理事会は、連合の活動の実施に必要な場合には、欧州中央銀行制度及び欧州中央銀行規程に関する議定書第五条を妨げることなく、通常立法手続に従い、統計の作成のための措置を採択する。

2 連合の統計の作成は、公平性、信頼性、客観性、科学的独立性、費用効率性及び統計上の機密性に適合するものとする。この統計の作成は、経済活動を行う者に対して過度の負担を課さないものとする。

**第三三九条【守秘義務】**〔旧二八七条〕連合の機関の構成員、評議会の構成員並びに連合の公務員及びその他の職員は、その職務終了後においても、職業上の機密に属する情報、とりわけ企業の情報、取引関係又は費用要素を漏らしてはならない。

**第三四〇条【契約上・非契約上の責任】**〔旧二八八条〕連合の契約上の責任は、その契約に適用可能な法により規律される。

非契約上の責任に関しては、連合は、加盟国の法に共通の一般原則に従い、連合の機関又は職員が職務の遂行中に与えたあらゆる損害を賠償する。

第二段にかかわらず、欧州中央銀行は、加盟国の法に共通の一般原則に従い、自己又はその職員が職務の遂行中に与えたあらゆる損害を賠償する。

連合に対する職員の個人的な責任は、その職員に適用可能な職員規則又は雇用条件において定める規定により規律される。

**第三四一条【機関の所在地】**〔旧二八九条〕連合機関の所在地は、加盟国政府の共通の合意により決定される。

**第三四二条【機関の言語】**〔旧二九〇条〕連合諸機関の使用言語を規

律する規則は、欧州連合司法裁判所規程に含まれる規定を妨げることなく、理事会が規則により全会一致によって決定する。

**第三四三条【特権・免除】**〔旧二九一条〕連合は、一九六五年四月八日の欧州連合の特権及び免除に関する議定書に定める条件に基づき、その任務の遂行に必要な特権及び免除を加盟国の領域において享受する。

**第三四四条【自己完結性】**〔旧二九二条〕加盟国は、両条約の解釈及び適用に関する紛争を、両条約に定める以外のいかなる解決方法にも訴えないことを約束する。

**第三四五条【加盟国の所有権制度】**〔旧二九五条〕両条約は、所有権制度を規律する加盟国の規則をいかなる方法においても妨げるものではない。

**第三四六条【加盟国の安全保障の利益】**〔旧二九六条〕1 両条約の規定は、次の規則の適用を妨げるものではない。

(a) その開示が自国の安全保障上の重大な利益に反すると自らが考える情報を、加盟国が提供することを義務づけられないこと。

(b) 武器、弾薬及び軍事資材の生産又は貿易に関係する自国の安全上の重大な利益を保護するために必要であると自らが考える措置を、加盟国がとることができること。その措置は、特に軍事的目的に向けられたものではない産品に関する域内市場における競争条件を害するものであってはならない。

2 理事会は、委員会の提案に基づき、一九五八年四月一五日に作成された1(b)の規定が適用される産品の一覧表を、全会一致により変更することができる。

**第三四七条【戦争等の際の相互協調】**〔旧二九七条〕加盟国は、法と秩序の維持に影響を与える重大な国内的騒乱に際して、戦争若しくは戦争の脅威を構成する重大な国際的な緊張に際して、又は平和及び国際の安全を維持するために負った義務を履行するために、加盟国が要請され得る措置により域内市場の運営が影響を受けることを防ぐために必要な措置を共同でとることについての見解を、相互に協議する。

**第三四八条【例外規定の濫用防止】**〔旧二九八条〕第三四六条及び第三四七条に定める状況においてとられる措置が域内市場における競争条件を害する効果をもつ場合には、委員会は、関係加盟国と共に、これらの措置をどのように両条約に定める規則に適合させることができるかを検討する。

第二五八条及び第二五九条に定める手続とは別に、委員会又は加盟国は、他の加盟国が第三四六条及び第三四七条に定める権限を濫用していると考える場合には、欧州司法裁判所に直接提訴することができる。欧州司法裁判所は、非公開で判決を下す。

**第三四九条【条約の適用範囲】**〔旧二九九条2第二段、第三段及び第四段〕グアドループ島、フランス領ギアナ、マルチニーク島、レユニオン、サン・バルテルミー島、サン・マルタン島、アゾレス諸島、マデイラ諸島及びカナリー諸島の遠隔性、島嶼性、狭小性、困難な地形及び気候、並びにわずかな産物への経済的依存の永続及びその複合がその発展を著しく抑制しているという構造的、社会的及び経済的状況を考慮して、理事会は、委員会の提案に基づき、欧州議会と協議した後に、特に共通政策を含めて、これらの地域への両条約の適用条件を定めることを目的にする特別措置を採択する。その特別措置が特別立法手続に従い理事会により採択される場合には、理事会は、同様に委員会の提案に基づき、欧州議会と協議した後に、決定する。

第一段に定める措置は、特に関税及び通商政策、財政政策、自由貿易地域、農業及び漁業政策、原材料及び基礎的消費財の供給条件、国家援助並びに構造基金及び水平的連合計画の利用条件などの各分野に関係する。

理事会は、域内市場及び共通政策を含む連合法秩序の一体性及び一貫性を損なうことなく、その最も周辺の領域の特別な性格及び制約を考慮に入れて、第一段に定める措置を採択する。

**第三五〇条【ベネルックス三国地域同盟との両立】**〔旧三〇六条〕両条約の規定は、ベルギー及びルクセンブルク間並びにベルギー、ルクセンブルク及びオランダ間の地域同盟の目的が両条約の適用により達成されない限り、これらの地域同盟の存在又は完成を妨げるものではない。

**第三五一条【既存の条約の尊重】**〔旧三〇七条〕一九五八年一月一日以前に、又は、新規加盟国については、その加盟日以前に、一又は二以上の加盟国を一方の当事者、一又は二以上の第三国を他方の当事者として締結された協定から生じる権利及び義務は、両条約の規定により影響を受けない。

このような協定が両条約と両立しない場合には、その加盟国は、既存の不整合を除去するために適切なあらゆる手段を講じる。加盟国は、必要に応じて、このために相互に援助を与え、適切な場合には、共通の態度をとる。

第一段に定める協定の適用に際しては、加盟国は、両条約に基づいて各加盟国により許与される利益が連合設立の不可欠の一部を形成し、それゆえ共通の機関の創設、これらの機関への権限付与及び他の全ての加盟国による同一の利益の許与と不可分に結びついている事実を考慮に入れる。

**第三五二条【潜在的補足的権限】**〔旧三〇八条〕1 連合による行動が、両条約に定める政策の枠組みの中で、両条約に定める目的の一つを達成するために必要であると思われ、かつ、両条約が必要な権限を定めていない場合には、理事会は、委員会の提案に基づき、欧州議会の同意を得た後に、全会一致により適切な措置を決定する。その措置が特別立法手続に従い理事会により採択される場合には、理事会は、委員会の提案に基づき、かつ欧州議会の同意を得た後に、全会一致により決定する。

2 欧州連合条約第五条3に定める補完性の原則を監視する手続を用いて、委員会は、本条に基づく提案について国内議会の注意を喚起する。

3 本条に基づく措置は、両条約がそのような調和化を排除している場合には、加盟国の法令の調和化を含んではならない。

4 本条は、共通外交安全保障政策の目的を実現するための法的根拠として用いることはできず、本条に基づいて採択されるあらゆる法行為は、欧州連合条約第四〇条2に定める制限を尊重する。

**第三五三条【適用除外条文】** 欧州連合条約第四八条7は、次の条文には適用されない。

― 第三一一条第三段及び第四段
― 第三一二条2第一段
― 第三五二条
― 第三五四条

**第三五四条【表決権の停止】**〔旧三〇九条〕連合の加盟国であることから生じる一定の権利の一時停止に関する欧州連合条約第七条の適用上、その加盟国を代表する欧州首脳理事会又は理事会の構成員は、投票には参加しないものとし、またその加盟国は同条1及び2に定める加盟国の三分の一又は五分の三の計算には含めない。出席する構成員自身又は代理による棄権は、本条第二段に定める決定の採択を妨げるものではない。

欧州連合条約第七条3及び4に定める決定の採択に関して、特別多数決は、この条約の第二三八条3(b)に従って定められる。

欧州連合条約第七条3に従って採択される投票権を一時停止する決定の後に、理事会が両条約の規定に基づき特別多数決で決定する場合には、この特別多数決は、この条約の第二三八条3(b)に従って定められ、理事会が委員会若しくは外交安全保障上級代表の提案に基づき行動する場合には、第二三八条3(a)に従って定められる。

欧州連合条約第七条の適用上、欧州議会は、総投票数の三分の二の多数であって、かつ、その構成議員の多数を代表する多数決により決定する。

**第三五五条【条約の追加的な領域的適用範囲】**〔旧二九九条2第一段及び3から6まで〕両条約の領域的範囲に関する欧州連合条約第五二条の規定に加えて、次の規定が適用される。

1 両条約の規定は、グアドループ島、フランス領ギアナ、マルチニーク島、レユニオン、サン・バルテルミー島、サン・マルタン島、アゾレス諸島、マデイラ諸島及びカナリー諸島には、第三四九条に従って適用される。

2 第四部に定める特別連合協定制度は、附属書IIに列挙される海外の国及び領土に適用される。

両条約は、前記の一覧に含まれないグレート・ブリテン及び北部アイルランド連合王国と特別な関係をもつ海外の国及び領土には適用されない。

3 両条約の規定は、加盟国がその対外関係に責任を負う欧州の領域に適用される。

4 両条約の規定は、オーストリア共和国、フィンランド共和国及びスウェーデン王国の加盟条件に関する議定書の第二附属議定書に定める規定に従い、オーランド諸島に適用される。

5 欧州連合条約第五二条及び本条1から4にかかわらず、両条約は次の条件に従い適用される。

(a) 両条約は、フェロー諸島には適用されない。

(b) 両条約は、キプロスのアクロチリ及びデケリアにおけるグレート・ブリテン及び北部アイルランド連合王国の主権基地領域には適用されない。ただし、欧州連合へのチェコ共和国、エストニア共和国、キプロス共和国、ラトビア共和国、リトアニア共和国、ハンガリー共和国、マルタ共和国、ポーランド共和国、スロベニア共和国及びスロバキア共和国の加盟条約に関する議定書に附属するグレート・ブリテン及び北部アイルランド連合王国の主権基地領域に関する附属議定書に定める取決めの実施を、同附属議定書の文言に従って確保するために必要な場合には、この限りではない。

(c) 両条約は、チャネル諸島及びマン島に適用されるが、その範囲は、一九七二年一月二二日に署名された欧州経済共同体及び欧州原子力共同体への新加盟国の加盟に関する条約に定めるこれらの諸島に対する取決めの実施を確保するために必要な範囲に限られる。

6 欧州首脳理事会は、関係加盟国の発議に基づき、1及び2に定めるデンマーク、フランス又はオランダの国又は領域の連合に関する地位を修正する決定を採択することができる。欧州首脳理事会は、委員会と協議した後に、全会一致により決定する。

**第三五六条【条約の期限】**〔旧三一二条〕この条約は、無期限とする。

**第三五七条【批准と効力発生】**〔旧三一三条〕この条約は、各締約国のそれぞれの憲法上の要件に従って批准されることを要する。批准書は、イタリア共和国政府に寄託される。

この条約は、前記の手続を最後に行う署名国が批准書を寄託した翌月の一日に効力を生ずる。ただし、寄託が翌月の初日の一五日前までになされない場合には、この条約はその寄託日の翌々月の一日まで効力を生じない。

**第三五八条【欧州連合条約第五五条の準用】** 欧州連合条約第五五条の規定は、この条約に適用される。

## 16 アフリカ連合設立規約（抜粋） 翻訳

採　択　二〇〇〇年七月一一日（ロメ）
効力発生　二〇〇一年五月二六日
当事国　五五

**第二条（設立）** アフリカ連合は、この規約の諸規定に従って、ここに設立される。

**第三条（目的）** 連合の目的は、次のとおりとする。

(a) アフリカ諸国とアフリカ人民間の一層の統一及び連帯を達成すること。
(b) 加盟国の主権、領土保全及び独立を守ること。
(c) アフリカ大陸の政治的及び社会経済的統合を加速すること。
(d) アフリカ大陸及びアフリカ人民に利害関係のある諸問題につきアフリカの共通の立場を促進しかつ守ること。
(e) 国際連合憲章及び世界人権宣言に妥当な考慮を払いつつ、国際協力を奨励すること。
(f) アフリカ大陸の平和、安全及び安定を促進すること。
(g) 民主的な原則及び制度、人民参加並びに良き統治を促進すること。
(h) 人及び人民の権利に関するアフリカ憲章及び関連する他の人権文書に従って、人及び人民の権利を促進しかつ保護すること。
(i) 世界経済及び国際的な交渉において、アフリカ大陸が正当な役割を果たせるよう必要な条件を確立すること。
(j) 経済的、社会的及び文化的平面での持続可能な開発並びにアフリカ経済の統合を促進すること。
(k) アフリカ人民の生活水準を向上させるために人間活動のあらゆる分野で協力を促進すること。
(l) 連合の目的を漸進的に達成するために、現行の及び将来の地域的経済共同体間の政策を調整しかつ調和させること。
(m) あらゆる分野、特に科学及び技術における研究を促進することにより、アフリカ大陸の発展を前進させること。
(n) アフリカ大陸における予防可能な疾病の撲滅及び保健の促進について、関係する国際的パートナーとともに活動すること。

**第四条（原則）** 連合は、以下の諸原則に従って任務を行う。

(a) 連合加盟国間の主権平等及び相互依存
(b) 独立達成の際に存在する国境の尊重
(c) アフリカ人民による連合の活動への参加
(d) アフリカ大陸に共通する防衛政策の確立
(e) 会議により決定される適切な手段を通じての連合加盟国間

の紛争の平和的解決

(f) 連合加盟国間における武力の行使又は武力による威嚇の禁止

(g) 加盟国による他の加盟国の国内問題への不干渉

(h) 重大な状況、すなわち、戦争犯罪、集団殺害及び人道に対する犯罪に関する会議の決定に従って、連合が加盟国に介入する権利

(i) 加盟国の平和的共存及び平和と安全のうちに生活する加盟国の権利

(j) 平和と安全を回復するために加盟国が連合による介入を要請する権利

(k) 連合の枠内における自立の促進

(l) ジェンダー平等の促進

(m) 民主的な諸原則、人権、法の支配及び良き統治の尊重

(n) 均衡のとれた経済発展を確保するための社会正義の促進

(o) 人命の尊厳の尊重、並びに不処罰、政治的暗殺、テロリズム行為及び破壊活動の非難及び拒否

(p) 憲法に違反する政府の変更の非難及び拒否

**第五条（連合の機関）** 1 連合の機関は、次のものとする。

(a) 連合会議

(b) 執行理事会

(c) 全アフリカ議会

(d) 司法裁判所

(e) 委員会

(f) 常駐代表委員会

(g) 専門技術委員会

(h) 経済、社会及び文化理事会

(i) 金融機関

2 会議が設立を決定するその他の機関

**第六条（会議）** 1 会議は、国家元首及び政府の長又は正式に信任状を受けた代表で構成される。

2 会議は、連合の最高機関である。

3 会議は、少なくとも年一回通常会期を開催する。いずれかの加盟国の要請によりかつ加盟国の三分の二の承認に基づき、会議は、特別会期を開催する。

4 （略）

**第一〇条（執行理事会）** 1 執行理事会は、外務大臣又は加盟国政府が任命する他の大臣若しくは当局で構成される。

2 執行理事会は、少なくとも年二回、通常会期を開催する。また、同理事会は、いずれかの加盟国の要請によりかつ全ての加盟国の三分の二の承認に基づき、特別会期を開催する。

## 17 アフリカ連合平和安全保障会議設立議定書（抜粋）翻訳

採　　択　二〇〇二年七月九日（ダーバン）
効力発生　二〇〇三年一二月二六日
当 事 国　五二

**第二条（設立、性質及び構造）** 1 アフリカ連合設立規約第五条2に従って、紛争の防止、管理及び解決のための常設の意思決定機関として、連合内に平和安全保障理事会をここに設置する。平和安全保障理事会は、アフリカにおける紛争及び危機の事態に対する適時かつ有効な対応を促すための集団安全保障及び早期警戒の体制[arrangement（仏）système]である。

2 平和安全保障理事会は、委員会、賢人パネル、アフリカ大陸早期警戒システム、アフリカ待機軍及び特別基金の援助を受ける。

**第三条（目的）** 平和安全保障理事会が設立された目的は、次のとおりである。

(a) アフリカ人民の生命及び財産の保護と保全、アフリカ人民の福祉及びその環境、並びに持続可能な発展を導く条件の創設を保障するために、アフリカにおける平和、安全及び安定を促進すること。

(b) 紛争を予想しかつ防止すること。紛争が発生した場合には、平和安全保障理事会はこれらの紛争の解決のための平和創造及び平和構築の任務を引き受ける責任を負うこと。

(c) 平和を強固にしかつ暴力の再発を防止するための平和構築及び紛争後の復興活動を促進し、かつ、実施すること。

(d) あらゆる局面において国際テロリズムの防止及びこれとの闘いにおけるアフリカ大陸の努力を調整し、かつ、調和させること。

(e) 設立規約第四条(d)に従って、連合のために共通の防衛政策を発展させること。

(f) 紛争防止のための努力の一部として、民主主義的実行、良き統治及び法の支配を促進しかつ奨励し、人権及び基本的自由を保護し、人命の尊厳及び国際人道法を尊重すること。

**第四条（原則）** 平和安全保障理事会は、設立規約、国際連合憲章及び世界人権宣言において掲げられる原則を指針とする。とりわけ、次の原則を指針とする。

(a) 紛争及び摩擦の平和的解決

(b) 決定的な紛争に発展することを防ぐために危機的事態を封じ込める早期の対応

(c) 法の支配、基本的人権及び自由、人命の尊厳並びに国際人道法の尊重

(d) 社会経済的発展と人民及び諸国の安全保障との間の相互依存

(e) 加盟国の主権及び領土保全の尊重

(f) 加盟国による他の加盟国の国内問題への不干渉

(g) 加盟国の主権平等及び相互依存

(h) 独立を存続させることに対する不可譲の権利

(i) 独立を達成した際に継承された国境の尊重

(j) 設立規約第四条(h)に基づき、重大な状況、すなわち、戦争犯罪、集団殺害及び人道に対する犯罪に関する会議の決定に従って、加盟国に介入する連合の権利

(k) 設立規約第四条(j)に基づき、平和と安全を回復するために連合の介入を要請する加盟国の権利

**第五条（構成）** 1 平和安全保障理事会は、次の方法により、平等の権利を基礎に選ばれる一五の理事国により構成される。

(a) 一〇の理事国は、二年の任期で選挙される。

(b) 五の理事国は、継続性を確保するために三年の任期で選挙される。

2―4 （略）

**第六条（任務）** 平和安全保障理事会は、次の分野において任務を遂行する。

(a) アフリカにおける平和、安全及び安定の促進
(b) 早期警戒及び予防外交
(c) あっせん、仲介、調停及び審査を含む平和創造
(d) 設立規約第四条(h)及び(j)に基づく平和支援の諸活動及び介入
(e) 平和構築及び紛争後の復興
(f) 人道的行動及び災害処理
(g) 会議によって決定されたその他の任務

**第七条（権限）** 1 委員会の議長とともに、平和安全保障理事会は、次のことを行う。

(a) 紛争及び摩擦並びに集団殺害及び人道に対する犯罪を導き得る政策を予期し、かつ、防止すること。
(b) 発生した紛争を解決するために、平和創造及び平和構築の任務を引き受けること。
(c) 平和支援使節団の準備及び展開を授権すること。
(d) 前記の使節団の行動のための一般的指針（その委任事項を含む。）を定め、かつ、これらの指針の定期的な再検討を引き受けること。
(e) 設立規約第四条(h)に従って、重大な状況、すなわち、関連する国際条約及び国際文書に定義された戦争犯罪、集団殺害及び人道に対する犯罪について、連合のために加盟国に介入するよう会議に勧告すること。
(f) 設立規約第四条(j)に基づき、会議による決定に従って、連合が加盟国に介入する方式を承認すること。
(g) ロメ宣言に規定された憲法に違反する政府の変更が加盟国に生じた場合に常に制裁を課すこと。
(h) 連合の共通の防衛政策を実施すること。
(i) テロリズムの防止及びこれとの闘いに関するアフリカ連合統一機構条約、並びに他の関連する国際的、大陸内及び地域的な条約並びに文書の実施を確保し、かつ地域的及び大陸内レベルでの国際テロリズムとの闘いのための努力を調和し、かつ調整すること。
(j) アフリカにおける平和、安全及び安定の促進及び維持について地域的メカニズムと連合との間の密接な調和、調整及び協力を促進すること。
(k) 連合と国際連合及びその機関との間、並びに他の関連する国際組織との間の強力な「平和と安全保障のためのパートナーシップ」を促進しかつ発展させること。
(l) アフリカ大陸における平和と安全の分野でのいかなる対外的主導権[initiative]も、連合の目的及び優先事項の枠組みの中で生じるよう確保するために必要な政策及び行動を発展させること。
(m) 加盟国による民主主義的実行、良き統治、法の支配の促進、人権及び基本的自由の保護、人命の尊厳及び国際人道法の尊重に向けての進歩を、紛争防止に関する責任の枠組みの中で継続すること。
(n) 軍備管理及び軍縮に関するアフリカ統一機構／アフリカ連合、国際連合並びに他の関連する国際条約及び国際協定の実施を促進しかつ奨励すること。
(o) 加盟国の国家的独立及び主権が侵略行為（傭兵によるものも含む。）により脅かされる事態において、その授権の範囲内で審査し、かつそのような適切な行動をとること。
(p) 武力紛争又は大規模な自然災害の事態において、人道的行動を支援し、かつ促進すること。
(q) アフリカにおけるその諸活動及び平和と安全の状態に関する定期報告書を議長を通じて会議に提出すること。
(r) アフリカ大陸における平和、安全及び安定の維持に対して影響のある他の問題について決定し、かつ設立規約第九条2に従って会議によって委ねられる権限を行使すること。

2 加盟国は、この議定書に基づく責務を果たすに際して、平和安全保障理事会が加盟国のために行動することに同意する。
3 加盟国は、設立規約に従って、平和安全保障理事会の決定を受諾し、かつ実施することに同意する。
4 加盟国は、この議定書に基づいて委託された責務に従って、危機及び紛争の予防、管理及び解決のために、平和安全保障理事会に十分に協力し、かつその行動を促す。

## 18 東南アジア諸国連合憲章（抄） 翻訳

［ＡＳＥＡＮ憲章］

採択 二〇〇七年一一月二〇日
効力発生 二〇〇八年一二月一五日
当事国 一〇

前文（略）

### 第一章 目的及び原則

**第一条（目的）** 東南アジア諸国連合の目的は、次のとおりである。

1 地域における平和、安全及び安定を維持かつ推進し、平和を志向する諸価値を一層強化すること。
2 政治上、安全保障上、経済上及び社会文化上の協力を一層広範に推進することにより、地域の強靭さを高めること。
3 東南アジアを、非核兵器地帯として、かつ他の全ての大量破壊兵器のないものとして保持すること。
4 東南アジア諸国連合の諸人民と加盟国が、公正、民主的かつ調和的な環境の中で、世界全体と平和のうちに共存することを確保すること。
5 貿易及び投資を効果的に促進するような安定的で、繁栄し、競争力が高く、経済的に統合された単一市場と生産拠点を創設すること。そこでは、物品、サービス及び投資の自由な流れ、実業家、専門家、技能者及び労働者の移動の促進、並びに、資本の自由な流れが実現される。
6 相互の援助及び協力を通じて、東南アジア諸国連合内の貧困を軽減し、開発の格差を減らすこと。
7 東南アジア諸国連合加盟国の権利及び責任を十分尊重しつつ、民主主義を強化し、良き統治[good governance]及び法の支配を推進し、人権と基本的自由を促進しかつ保護すること。
8 包括的安全保障の原則に従って、あらゆる形態の脅威、多国籍犯罪及び越境的課題に実効的に対応すること。
9 地域の環境の保護、地域の天然資源の持続可能性、並びに、地域の文化的遺産及びその諸人民の生活の高い質の保持を確保するために、持続可能な発展を促進すること。

10 東南アジア諸国連合の諸人民の力の向上〔empowerment〕のために、また東南アジア諸国連合共同体〔the ASEAN Community〕の強化のために、教育及び生涯学習並びに科学技術についての一層緊密な協力を通して人的資源を開発すること。

11 東南アジア諸国連合の諸人民に、人的発展、社会福祉及び司法の公正を求める衡平な機会を提供することによって、当該諸人民の福利及び生活水準を向上させること。

12 東南アジア諸国連合の諸人民のために、安心、安全かつ麻薬のない環境の構築についての協力を強化すること。

13 全ての社会部門が、東南アジア諸国連合の統合及び共同体構築の過程に参加し、またその過程から利益を享受すべく推奨されるような、人民志向の東南アジア諸国連合を促進すること。

14 地域の多様な文化及び遺産についての一層広範な自覚を促すことを通じて、東南アジア諸国連合としての一体性を促進すること。

15 開かれ、透明で包括的な地域的枠組みの中で、その外部パートナーとの関係及び協力における主要な推進力としての東南アジア諸国連合の中心性と積極的役割を維持すること。

**第二条（原則）** 1 第一条に掲げる目的の追求に際して、東南アジア諸国連合及びその加盟国は、東南アジア諸国連合の宣言、合意、協定、協約、条約及びその他の文書に含まれる基本原則を再確認し、それを遵守する。

2 東南アジア諸国連合及びその加盟国は、次の原則に従って行動する。

(a) 全ての東南アジア諸国連合加盟国の独立、主権、平等、領土保全及び国民的一体性の尊重
(b) 地域の平和、安全及び繁栄の推進に関して共有された約束及び共同の責任
(c) 侵略、武力による威嚇又は武力の行使、及びいかなる形態であれ国際法と抵触するその他の行為の放棄
(d) 紛争の平和的解決への信頼
(e) 東南アジア諸国連合加盟国の国内事項に対する不干渉
(f) 全ての加盟国が外部からの介入、破壊又は強制を受けることなく国家として存続する権利の尊重
(g) 東南アジア諸国連合の共通利益に重要な影響を与える事項に関する協議の推進
(h) 法の支配、良き統治並びに民主主義及び立憲的政府の原則の遵守
(i) 基本的自由の尊重、人権の促進及び保護並びに社会的正義の促進
(j) 国際連合憲章及び東南アジア諸国連合加盟国が同意した国際人道法を含む国際法の堅持
(k) 東南アジア諸国連合加盟国の主権、領土保全若しくは政治的及び経済的安定性に対する脅威となるような東南アジア諸国連合の加盟国、非加盟国又は非国家主体によってとられるその領域の利用を含むあらゆる政策又は行動への参加の禁止
(l) 多様性の中の統一という精神の中にある東南アジア諸国連合の諸人民の共通の価値を強調しつつ、異なる文化、言語及び宗教の尊重
(m) 活発な関与、外部的志向性、包括性及び非差別性を維持しつつ、政治的、経済的、社会的及び文化的な対外的関係における東南アジア諸国連合の中心性の確保
(n) 市場主導経済〔a market-driven economy〕における経済的約束の実効的な履行並びに地域の経済的統合に対する全ての障壁の撤廃を目指したその漸進的な削減のための、多国間貿易規則及び、東南アジア諸国連合の規則を基礎とする制度の遵守

## 第二章 法人格

**第三条（東南アジア諸国連合の法人格）** 政府間組織である東南アジア諸国連合は、ここに法人格を与えられる。

## 第三章 加盟国の地位（抄）

**第四条（加盟国）** 東南アジア諸国連合の加盟国は、ブルネイ・ダルサラーム国、カンボジア王国、インドネシア共和国、ラオス人民民主共和国、マレーシア、ミャンマー連邦、フィリピン共和国、シンガポール共和国、タイ王国及びベトナム社会主義共和国である。

**第五条（権利及び義務）**（略）

**第六条（新規加盟国の承認）**（略）

## 第四章 機関（抄）

**第七条（東南アジア諸国連合首脳会議）** 1 東南アジア諸国連合首脳会議は、加盟国の国家元首又は政府の長によって構成される。

2 東南アジア諸国連合首脳会議は、

(a) 東南アジア諸国連合の最高政策決定機関とする。
(b) 東南アジア諸国連合の目的を実現するために関連する主要な問題、加盟国の利害に対して重要な事項、並びに、東南アジア諸国連合調整理事会、東南アジア諸国連合共同体理事会及び東南アジア諸国連合分野別大臣機関によって付託される全ての問題について、討議し、政策の指針を提供し、決定を行う。
(c) 関係する各理事会に参加する担当大臣に臨時の大臣間会合を開催することを指示し、かつ、東南アジア諸国連合に関係する重要な事項で、複数の共同体理事会にまたがるものに取り組む。このような会合の手続規則は、東南アジア諸国連合調整理事会によって採択される。
(d) 適切な行動をとることによって、東南アジア諸国連合に影響を及ぼす緊急事態に取り組む。
(e) 第七章及び第八章の下で付託される事項について決定する。
(f) 分野別大臣機関及びその他の東南アジア諸国連合の機関の設立及び解散を認可する。
(g) 東南アジア諸国連合事務総長を任命する。東南アジア諸国連合事務総長は、大臣の職階及び地位をもち、東南アジア諸国連合外務大臣会合の勧告に基づいて、国家元首又は政府の長の信頼及び賛意を得て、その任務を行う。

3 東南アジア諸国連合首脳会議は、

(a) 年二回開催され、東南アジア諸国連合議長国によって主催される。
(b) 必要ならばいつでも、東南アジア諸国連合議長国によって主催される特別又は臨時の会合として、東南アジア諸国連合加盟国の合意する場所で、招集される。

**第八条（東南アジア諸国連合調整理事会）** 1 東南アジア諸国連合調整理事会は、東南アジア諸国連合加盟国の外務大臣によ

って構成され、少なくとも年二回会合をもつ。

2　東南アジア諸国連合調整理事会は、

(a)　東南アジア諸国連合首脳会議の会合を準備する。

(b)　東南アジア諸国連合首脳会議の合意及び決定の履行について調整を行う。

(c)　東南アジア諸国連合共同体理事会の間での政策の一貫性、効率性及び協力を強化するためにそれらの理事会との調整を行う。

(d)　東南アジア諸国連合共同体理事会の東南アジア諸国連合首脳会議への報告書について調整を行う。

(e)　東南アジア諸国連合の活動に関する事務総長の年次報告を検討する。

(f)　東南アジア諸国連合事務局及びその他の関連する機関の任務及び活動に関する事務総長の報告を検討する。

(g)　事務総長の勧告に基づいて、事務次長の任命及び退任を承認する。

(h)　この憲章で規定される他の任務又は東南アジア諸国連合首脳会議によって付与されることのある他の任務を引き受ける。

3　東南アジア諸国連合調整理事会は、関係する上級職員によって補佐される。

**第九条（東南アジア諸国連合共同体理事会）**　1　東南アジア諸国連合共同体理事会は、東南アジア諸国連合政治安全保障共同体理事会、東南アジア諸国連合経済共同体理事会及び東南アジア諸国連合社会文化共同体理事会で構成される。

2　各東南アジア諸国連合共同体理事会は、関連する東南アジア諸国連合分野別大臣機関をその権限の下に置く。

3　各加盟国は、各東南アジア諸国連合共同体理事会の会合に自国の代表を指名する。

4　東南アジア諸国連合共同体の三本の柱のそれぞれの目的を実現するために、各東南アジア諸国連合共同体理事会は、

(a)　東南アジア諸国連合首脳会議の関連する決定の履行を確保する。

(b)　その権限の下にある複数の異なる分野における活動で、他の共同体理事会にまたがる事項について、調整を行う。

(c)　その権限の下にある事項に関する報告及び勧告を東南アジア諸国連合首脳会議に提出する。

5　各東南アジア諸国連合共同体理事会は、少なくとも年二回会合をもち、東南アジア諸国連合議長国の適当な大臣がその議長を務める。

6　各東南アジア諸国連合共同体理事会は、関係する上級職員によって補佐される。

**第一〇条（東南アジア諸国連合分野別大臣機関）**　1　東南アジア諸国連合分野別大臣機関は、

(a)　それぞれの規定された指令に従って機能する。

(b)　それぞれの権限の下にある合意及び東南アジア諸国連合首脳会議の決定を履行する。

(c)　東南アジア諸国連合の統合及び共同体形成を支援するためにそれぞれの領域で協力を強化する。

(d)　それぞれの共同体理事会に報告及び勧告を提出する。

2　各東南アジア諸国連合分野別大臣機関は、その権限の下で、附属書Ⅰに含まれるその任務を引き受けさせるために、関係する上級職員及び補助機関を置くことができる。附属書は、この憲章の改正規定によらずに、常駐代表委員会の勧告に基づき、東南アジア諸国連合事務総長により改訂され得る。

**第一一条（東南アジア諸国連合事務総長及び東南アジア諸国連合事務局）**　1　東南アジア諸国連合事務総長は、東南アジア諸国連合首脳会議によって、更新されることのない五年の任期で任命され、誠実さ、能力及び専門家としての経験並びにジェンダーの平等に適当な考慮を払って、東南アジア諸国連合加盟国名のアルファベットの順に従って、それら加盟国の国民のなかから選任される。

2　事務総長は、

(a)　この高位の職の任務及び責任を、この憲章並びに関連する東南アジア諸国連合文書、議定書及び確立した慣行に従って、遂行する。

(b)　東南アジア諸国連合の合意及び決定の履行の進行を促進かつ監視し、東南アジア諸国連合の活動に関する年次報告を東南アジア諸国連合首脳会議に提出する。

(c)　東南アジア諸国連合首脳会議の会合、東南アジア諸国連合共同体理事会、東南アジア諸国連合調整理事会及び東南アジア諸国連合分野別大臣機関並びにその他の関連する東南アジア諸国連合の会合に参加する。

(d)　承認された政策指針及び事務総長に与えられた指令に従って、東南アジア諸国連合の見解を述べ、外部の関係者との会合に参加する。

(e)　事務次長の任命及び退任の承認を得るために、東南アジア諸国連合調整理事会に勧告する。

3　事務総長は、東南アジア諸国連合の行政官の長でもある。

4　事務総長は、副大臣の職階及び地位をもつ四人の事務次長によって補佐される。事務次長は、その任務の遂行について事務総長に対して責任を負う。

5　四人の事務次長は、事務総長と異なる国籍をもち、四つの異なる東南アジア諸国連合加盟国の出身者とする。

6　四人の事務次長には、以下の者を含む。

(a)　誠実さ、資格、力量、経験及びジェンダーの平等に適当な考慮を払って、東南アジア諸国連合加盟国名のアルファベットの順に従ってそれら加盟国の国民のなかから選任される、更新されない三年の任期の二人の事務次長

(b)　三年間更新可能な三年の任期の二人の事務次長。これら二人の事務次長は、能力に基づく公募により選任される。

7　東南アジア諸国連合事務局は、事務総長及び必要とされる職員によって構成される。

8　事務総長及び職員は、

(a)　その職務の遂行につき、最高度の誠実さ、効率性及び能力を維持する。

(b)　いかなる政府又は東南アジア諸国連合域外の外部関係者からの指示も求めず、また受けてはならない。

(c)　専ら東南アジア諸国連合に対して責任を負う東南アジア諸国連合事務局の公務員としての自らの立場に不信を招き得るいかなる行為も慎む。

9　東南アジア諸国連合の各加盟国は、事務総長及び職員の責任が専ら東南アジア諸国連合に対する性質をもつことを尊重し、またそれらの者の責任の遂行に対して影響を与えないことを約束する。

**第一二条（東南アジア諸国連合常駐代表委員会）**　1　東南アジア諸国連合の各加盟国は、ジャカルタに駐在する大使の職階をもつ東南アジア諸国連合常駐代表を任命する。

2 常駐代表は、一団として常駐代表委員会を構成する。この常駐代表委員会は、

(a) 東南アジア諸国連合共同体理事会及び東南アジア諸国連合分野別大臣機関の活動を補佐する。

(b) 東南アジア諸国連合国内事務局及び東南アジア諸国連合分野別大臣機関との調整を行う。

(c) 東南アジア諸国連合事務総長及び東南アジア諸国連合事務局と、その活動に関係する全ての事項について連携を図る。

(d) 東南アジア諸国連合の外部パートナーとの協力を促進する。

(e) 東南アジア諸国連合調整理事会によって決定されるその他の任務を遂行する。

**第一三条（東南アジア諸国連合国内事務局）**（略）

**第一四条（東南アジア諸国連合人権機関）** 1 東南アジア諸国連合は、人権及び基本的自由の促進及び保護に関する東南アジア諸国連合憲章の目的及び原則に従って、東南アジア諸国連合人権機関を設立する。

2 この東南アジア諸国連合人権機関は、東南アジア諸国連合外務大臣会合によって決定される付託事項に従って活動する。

**第一五条（東南アジア諸国連合基金）**（略）

## 第五章　東南アジア諸国連合と関係する団体（第一六条）（略）

## 第六章　免除及び特権（抄）

**第一七条（東南アジア諸国連合の免除及び特権）** 1 東南アジア諸国連合は、その加盟国の領域において、その目的を達成するために必要な免除及び特権を享受する。

2 免除及び特権は、東南アジア諸国連合とこれを接受する加盟国の間の別個の合意において規定される。

**第一八条（東南アジア諸国連合事務総長及び東南アジア諸国連合事務局職員の免除及び特権）**（略）

**第一九条（東南アジア諸国連合の任務を遂行している常駐代表及び公務員の免除及び特権）**（略）

## 第七章　意思決定（Decision-Making）（抄）

**第二〇条（協議及びコンセンサス）** 1 基本原則として、東南アジア諸国連合における決定は、協議及びコンセンサスを基礎とする。

2 コンセンサスが達成できない場合には、東南アジア諸国連合首脳会議は、特定の決定がどのようになされるかを決定することができる。

3 本条の1及び2は、関連する東南アジア諸国連合の法的文書に含まれる決定の方式に影響を与えるものではない。

4 この憲章の重大な違反又は不履行の場合には、当該事項は東南アジア諸国連合首脳会議の決定に委ねられる。

**第二一条（履行及び手続）**（略）

## 第八章　紛争の解決（抄）

**第二二条（一般原則）** 1 加盟国は、全ての紛争を、時宜に適う態様で、対話、協議及び交渉を通じて、平和的に解決するように努める。

2 東南アジア諸国連合は、東南アジア諸国連合協力の全ての対象領域で紛争解決制度を維持し、及び創設する。

**第二三条（周旋、調停、仲介）** 1 紛争当事国である加盟国はいつでも、合意された期間内に紛争を解決するために、周旋、調停又は仲介に訴えることに合意することができる。

2 紛争当事国は、東南アジア諸国連合議長又は東南アジア諸国連合事務総長に対して、その職務上の資格で、周旋、調停又は仲介を提供するように要請することができる。

**第二四条（特定の文書における紛争解決制度）** 1 特定の東南アジア諸国連合文書に関する紛争は、当該文書において規定されている制度及び手続を通じて解決される。

2 いかなる東南アジア諸国連合文書の解釈又は適用にも関係のない紛争は、東南アジア友好協力条約及びその手続規則に従って平和的に解決される。

3 別段の特別の規定がない場合には、東南アジア諸国連合経済合意の解釈又は適用に関係する紛争は、紛争解決メカニズム強化に関する東南アジア諸国連合議定書に従って解決される。

**第二五条（紛争解決メカニズムの創設）** 別段の特別の規定がない場合には、この憲章及び他の東南アジア諸国連合文書の解釈又は適用に関係する紛争のために、仲裁を含む適当な紛争解決制度が創設される。

**第二六条（解決されない紛争）** この憲章の前記の規定を適用しても紛争が解決されない場合には、当該紛争は東南アジア諸国連合首脳会議の決定に委ねられる。

**第二七条（履行）**（略）

**第二八条（国際連合憲章の諸規定及びその他の関連する国際手続）**（略）

## 第九章　予算及び財政（第二九条及び第三〇条）（略）

## 第一〇章　運営及び手続（第三一条から第三四条まで）（略）

## 第一一章　アイデンティティ及び象徴（第三五条から第四〇条まで）（略）

## 第一二章　対外関係（第四一条から第四六条まで）（略）

## 第一三章　一般規定及び最終規定（第四七条から第五五条まで）（略）

# 19 国際組織責任条文(抄) 翻訳

(「国際組織の責任」に関する条文)

草案採択 二〇一一年(国連国際法委員会第六三会期)
二〇一一年一二月九日(国連総会決議六六/一〇〇添付文書)

## 第一部 序

**第一条(この条文の適用範囲)** 1 この条文は、国際違法行為に対する国際組織の国際責任に適用される。

2 この条文は、また、国際組織の行為と関連する国際違法行為に対する国の国際責任にも適用される。

**第二条(用語)** この条文の適用上、

(a)「国際組織」とは、条約又は国際法で規律される他の文書によって設立され、独自の国際法人格を有するものをいう。国際組織は、その構成員として、国に加えて他の団体を含むことができる。

(b)「組織の規則」とは、特に、設立文書、当該文書に従って採択された国際組織の決定、決議及び他の法規[acts]並びに当該組織の確立した慣行をいう。

(c)「国際組織の機関[organ]」とは、当該組織の規則に従ってそのような地位を有する全ての人又は団体をいう。

(d)「国際組織の職員[agent]」とは、国際組織の任務の一部を遂行し又は遂行を助けることを当該組織から委ねられ、それを通じて国際組織が行動するところの公務員、その他の人若しくは団体で、機関以外のものをいう。

## 第二部 国際組織の国際違法行為(抄)

### 第一章 一般原則

**第三条(国際違法行為に対する国際組織の責任)** 国際組織の全ての国際違法行為は、当該組織の国際責任を伴う。

**第四条(国際組織の国際違法行為の要因)** 国際組織の国際違法行為は、作為又は不作為からなる行為が、

(a) 国際法上当該組織に帰属し、かつ

(b) 当該組織の国際義務の違反を構成する場合に存在する。

**第五条(国際組織の行為の国際的違法性の確定)** 国際組織の行為が国際的に違法とされるか否かは、国際法によって規律される。

### 第二章 行為の国際組織への帰属(抄)

**第六条(国際組織の機関又は職員の行為)** 1 国際組織の機関又は職員の任務の遂行における当該機関又は職員の行為は、当該機関又は職員が当該組織においていかなる地位を有するかを問わず、国際法上当該組織の行為と推定される。

2 当該組織の規則は、当該組織の機関及び職員の任務の決定において適用される。

**第七条(他の国際組織の使用に供された国の機関又は国際組織の機関若しくは職員の行為)**(略)

**第八条(権限の踰越又は指示の違反)**(略)

**第九条(国際組織により自己の行為として認められかつ採択された行為)**(略)

### 第三章 国際義務の違反(第一〇条から第一三条まで)(略)

### 第四章 国又は他の国際組織の行為に関連する国際組織の責任(第一四条から第一九条まで)(略)

### 第五章 違法性阻却事由(第二〇条から第二七条まで)(略)

## 第三部 国際組織の国際責任の内容(抄)

### 第一章 一般規定(抄)

**第二八条(国際違法行為の法的帰結)**(略)

**第二九条(履行すべき義務の継続)**(略)

**第三〇条(中止及び再発防止)**(略)

**第三一条(回復[reparation])**(略)

**第三二条(組織の規則の関連性)** 1 責任を負う国際組織は、この部の下での義務の不遵守を正当化する根拠として当該組織の規則を援用することができない。

2 1は、国際組織とその加盟国及び加盟組織との間の関係についての当該組織の規則の適用を妨げるものではない。

**第三三条(この部に定める国際義務の範囲)**(略)

### 第二章 被害の回復(第三四条から第四〇条まで)(略)

### 第三章 一般国際法の強行規範に基づく義務の重大な違反(第四一条から第四二条まで)(略)

## 第四部 国際組織の国際責任の実現(第四三条から第五七条まで)(略)

## 第五部 国際組織の行為に関連する国の責任(抄)

**第五八条(国際組織の国際違法行為の遂行における国の支援又は援助)**(略)

**第五九条(国際組織の国際違法行為の遂行に対する国の指揮及び命令)**(略)

**第六〇条(国による国際組織への強制)**(略)

**第六一条(国際組織の加盟国による国際義務の回避)**(略)

**第六二条(国際組織の国際違法行為に関する加盟国の責任)** 1 国際組織の加盟国は、次のいずれかの場合には、国際組織の国際違法行為に関して責任を負う。

(a) 当該国が、被害を受けた当事者との関係で当該行為の責任を受諾した場合

(b) 当該国が、被害を受けた当事者に対してその責任に依存するよう導いた場合

2 1に定める国の国際責任は全て、補助的なものと推定される。

**第六三条(この部の効果)**(略)

## 第六部 一般規定(抄)

**第六四条(特別法)** 本条文(国際組織責任条文)は、国際違法行為の

存在に関する条件又は国際組織の国際責任若しくは国際組織の行為に関連する国の国際責任の内容若しくはその実施が、国際法の特別の規則によって規律される場合には、その限りにおいて適用しない。これら国際法の特別の規則は、国際組織とその構成員との間の関係に適用される組織の規則の中に含まれ得る。

**第六五条（本条文〔国際組織責任条文〕により規律されない国際責任の問題）** 国際違法行為に対する国際組織又は国の責任に関する問題は、それが本条文〔国際組織責任条文〕により規律されない限度において、適用可能な国際法の規則が引き続き規律する。

**第六六条（個人責任）**（略）

**第六七条（国際連合憲章）**（略）

## 20 国際組織条約法条約（第4章2参照一四六頁）

# 第2章　国家

## 1　国の権利及び義務に関する条約(米州)(抄) 翻訳

［モンテビデオ条約］

署　名　一九三三年一二月二六日(モンテビデオ)
効力発生　一九三四年一二月二六日
当事国　一七

第七回米州国際会議に代表を出した政府は、国の権利及び義務に関する条約を締結することを希望し、次の全権委員を任命した。(全権委員名略)

これらの各全権委員は、その全権委任状を示し、それが良好妥当であると認められた後、次のとおり協定した。

**第一条【国の要件】** 国際法上の人格としての国はその要件として、(a)永続的住民、(b)明確な領域、(c)政府、及び(d)他国と関係を取り結ぶ能力を備えなければならない。

**第二条【連邦国家】** 連邦国家は、国際法上単一の人格を構成する。

**第三条【政治的存在と承認の関係】** 国の政治的存在は、他国による承認とは無関係である。承認前においても、国はその統一及び独立を守り、その存続及び繁栄のために備え、それゆえ、その適当と認めるところに従って自国を組織し、その関心事項について法令を制定し、その公務を執行し、その裁判所の管轄及び権限を定める権利を有する。

右の諸権利の行使は、国際法に従って他国が権利を行使する場合を除き、いかなる制限にも服しない。

**第四条【権利と能力の平等】** 国は、法的に平等であり、同一の権利を享有し、その行使において平等の能力を有する。各国の権利は、その行使を確保するために当該国が有する力に応じたものではなく、当該国が国際法上の人格として存在するという単純な事実に基づく。

**第五条【基本的権利】** 国の基本的権利は、いかなる形でも損なわれることはない。

**第六条【承認の意義】** 国の承認とは、承認国が、他国の人格を国際法により定められる全ての権利及び義務とともに認めることを意味するにとどまる。承認は無条件であり、かつ、撤回することができない。

**第七条【承認の方法】** 国の承認は、明示的又は黙示的であり得る。黙示的承認は、新国家を承認する意図を含む全ての行為から生ずる。

**第八条【不干渉】** いかなる国も、他国の国内又は対外問題に干渉する権利を有しない。

**第九条【管轄権】** 国家領域の範囲内における国の管轄権は、全ての居住者に適用される。

国民及び外国人は、法及び国家機関の同一の保護を受け、また外国人は、国民の権利以外の権利又はそれより広い権利を要求することができない。

**第一〇条【平和の維持】** 諸国の主要な関心は、平和の維持である。国の間に生ずるいかなる種類の紛争[differences]も、認められている平和的方法によって解決しなければならない。

**第一一条【力による領域的取得又は特別利益の不承認、領域の不可侵】** 締約国は、武器の使用、脅迫的な外交上の主張その他のいかなる実効的な強制措置であるかを問わず、力によりもたらされた領域取得又は特別の利益を承認しない厳密な義務を、その行為規範として確立する。国の領域は不可侵であり、それは、直接であるか間接であるか、いかなる理由によるか、また一時的であるか否かにかかわらず、軍事占領あるいは他国が課する力を用いたその他の措置の対象としてはならない。

**第一二条【他の条約との関係】** この条約は、締約国が国際協定により既に負っている義務に影響を及ぼすものでない。

**第一三条【批准】**(略)

**第一四条【効力発生】**(略)

**第一五条【有効期間】**(略)

**第一六条【参加・加入】** この条約は、署名国でない国の参加及び加入のために開放しておく。(後略)

## 2　植民地独立付与宣言(国連総会決議一五一四) 翻訳

(植民地諸国及びその人民に対する独立の付与に関する宣言)

採　択　一九六〇年一二月一四日(国連第一五回総会)
(賛成八九、反対〇、棄権九)

**前　文**

国際連合総会は、

基本的人権、人の尊厳と価値、男女及び大小各国の同権に対する信念を確認し、かつ、より拡大された自由のもとでの社会の進歩とよりよい生活水準を促進するという、国際連合憲章において世界の人民によって表明された決意に留意し、

全ての人民の同権と自決の原則と、人種、性、言語又は宗教による差別なく全ての人の人権と基本的自由を普遍的に尊重し遵守するという原則に基づいて、安定と福利と平和的で友好的な関係の条件を創り出す必要を認識し、

従属下にある全ての人民の自由を求める切実な願いと、これらの人民が独立の達成のために決定的な役割を果たすことを承認し、

これらの人民の自由の否認又は障害に起因する紛争が増加し、それが世界平和に対する重大な脅威となっていることを認め、

信託統治地域と非自治地域の独立運動に対する支援に国際連合が果たす重要な役割を考慮し、

世界の人民があらゆる形態の植民地主義の終焉を熱烈に望んでいることを認め、

植民地主義の継続が国際経済協力の発展を阻害し、従属下にある人民の社会的、文化的及び経済的発展を妨げ、普遍的平和という国際連合の理想に反するものであることを確信し、

人民は、人民自身のために、国際経済協力から生じるいかなる義務も損なうことなく、相互利益の原則と国際法に基づいて、人民に属する天然の富と資源を自由に処分することができることを認め、

解放の過程は逆らうことも覆すこともできないものであり、重大な危機を避けるためには、植民地主義とそれに付随するあらゆ

る分離と差別の慣行を終わらせなければならないことを確信し、
近年、多数の従属地域が自由と独立を達成したことを歓迎し、
いまだ独立を達成していない従属地域において自由に向けた動きがますます強まっていることを認め、
全ての人民は完全な自由、主権の行使及びその国土の保全に対する不可譲の権利を有することを確信して、
あらゆる形態の植民地主義を速やかにかつ無条件に終わらせる必要があることを厳粛に宣言する。
そして、この目的のために、以下を宣言する。

1　外国による人民の征服、支配及び搾取は、基本的人権を否認するものであり、国際連合憲章に違反し、世界の平和と協力の促進に対する障害となる。

2　全ての人民は、自決の権利をもち、この権利によって、その政治的地位を自由に決定し、かつ、その経済的、社会的及び文化的発展を自由に追求する。

3　政治的、経済的、社会的又は教育的な準備が不十分なことをもって、独立を遅延する口実としてはならない。

4　従属下の人民が完全な独立への権利を平和的にかつ自由に行使できるようにするために、これらの人民に向けられた全ての武力行動又はあらゆる種類の抑圧手段を停止し、かつ、これらの人民の国土の保全を尊重しなければならない。

5　信託統治地域、非自治地域その他のまだ独立を達成していない全ての地域において、これらの地域人民が完全な独立と自由を享有できるようにするため、いかなる条件又は留保もなしに、これらの地域人民の自由に表明する意志及び希望に従い、人種、信仰又は皮膚の色による差別なく、全ての権力をこれらの地域人民に委譲する迅速な措置を講じなければならない。

6　国の国民的統一及び領土保全の部分的又は全体的な破壊をめざすいかなる企図も、国際連合憲章の目的及び原則に反するものである。

7　全ての国家は、平等、全ての国家の国内事項への不介入並びに全ての人民の主権的権利及び領土保全の尊重を基礎とする、国際連合憲章、世界人権宣言及び本宣言の諸条項を、誠実にかつ厳格に遵守しなければならない。

## 参考　「東欧及びソヴィエト連邦における新国家の承認の指針」に関する宣言（抄）翻訳

採　択　一九九一年一二月一六日（ブリュッセル）

欧州理事会の要請に従って、閣僚らは、新国家との関係に関するアプローチを作成する目的で、東欧及びソヴィエト連邦における事態の進展を評価してきた。
この点で閣僚らは、東欧及びソヴィエト連邦における新国家の正式な承認に関する以下の指針を採択した。
「欧州共同体及びその加盟国は、これらの新国家の承認の過程について共通の立場をとり、以下のとおり要求する。
―特に、法の支配、民主主義及び人権に関して、国連憲章の規定並びにヘルシンキ最終決定書及びパリ憲章においてなされた約束の尊重
―欧州安全保障協力会議の枠組みにおいてなされた約束に従って、民族的及び国民的集団並びに少数者の権利を保障すること
―平和的手段及び共通の合意によってのみ変更され得る全ての境界線の不可侵の尊重
―安全保障及び地域的安定のみならず、軍備縮小及び核の不拡散に関する全ての関連する約束の受諾
―国家承継及び地域的紛争に関する全ての問題を、適切な場合には仲裁に訴えることを含め、合意により解決することの約束
これらの原則の受諾が、欧州共同体及びその加盟国による承認並びに、外交関係の開設に道を開く。」

## 3　条約についての国家承継条約（抄）翻訳
（条約についての国家承継に関するウィーン条約）

採　択　一九七八年八月二二日（ウィーン）
効力発生　一九九六年一一月六日
日本国
当事国　二三

この条約の当事国は、
非植民地化の過程によってもたらされた国際共同体の多大の変化を考慮し、（中略）
人民の同権及び自決の原則、全ての国の主権平等及び独立の原則、国内問題への不干渉の原則、武力による威嚇又は武力の行使の禁止の原則、全ての者の人権及び基本的自由の普遍的な尊重及び遵守の原則等国際連合憲章に規定する国際法の諸原則を考慮し、
全ての国の領土保全及び政治的独立の尊重が国際連合憲章により要求されていることを想起し、
一九六九年の条約法に関するウィーン条約の諸規定に留意し、
また同条約の第七三条に留意し、
国家承継から生ずる問題以外の条約法の問題は、一九六九年の条約法に関するウィーン条約に規定する慣習国際法の諸規則を含む国際法の関連規則により規律されることを確認し、
この条約の規定により規律されない問題については、引き続き慣習国際法の諸規則により規律されることを確認して、
次のとおり協定した。

### 第一部　一般規定

**第一条（この条約の範囲）**　この条約は、国の間の条約に関する国家承継の効果について適用する。

**第二条（用語）**　1　この条約の適用上、
(a)　「条約」とは、国の間において文書の形式により締結され、国際法によって規律される国際的な合意（単一の文書によるものであるか関連する二以上の文書によるものであるかを問わず、また、名称のいかんを問わない。）をいう。

## 条約についての国家承継条約

(b) 「国家承継」とは、領域の国際関係上の責任が一国から他の国に代わることをいう。
(c) 「先行国」とは、国家承継の発生に際して他の国により代わられた国をいう。
(d) 「承継国」とは、国家承継の発生に際して他の国に代わった国をいう。
(e) 「国家承継の日」とは、国家承継が関連する領域の国際関係上の責任において承継国が先行国に代わった日をいう。
(f) 「新独立国」とは、承継国であって、その領域が国家承継の日の直前においては、先行国がその国際関係上の責任を負う従属地域であったものをいう。
(g) 「承継の通告」とは、多国間条約に関して承継国が行ういずれかの通告(用いられる文言及び名称のいかんを問わない。)であって、その条約により拘束されるとみなされることへの同意を表明するものをいう。
(h) 「全権委任状」とは、承継の通告又はこの条約に基づく他のいずれかの通告に関して国の権限ある機関の発給する文書であって、承継の通告又は、場合により、他の通告を行うために国を代表する一又は二以上の者を指名しているものをいう。
(i) 「批准」、「受諾」及び「承認」とは、それぞれ、そのように呼ばれる国際的な行為をいい、条約に拘束されることについての国の同意は、これらの行為により国際的に確定的なものとされる。
(j) 「留保」とは、国が、条約の特定の規定の自国への適用上その法的効果を排除し又は変更することを意図して、条約への署名、条約の批准、受諾、承認若しくは条約への加入の際に又は条約の承継の通告を行う際に単独に行う声明(用いられる文言及び名称のいかんを問わない。)をいう。
(k) 「締約国」とは、条約(効力を生じているかいないかを問わない。)に拘束されることに同意した国をいう。
(l) 「当事国」とは、条約に拘束されることに同意し、かつ、自国について条約の効力が生じている国をいう。
(m) 「他の当事国」とは、承継国との関係において、その国家承継が関連する領域に関して国家承継の日に効力を有する条約の当事国であって先行国以外のものをいう。
(n) 「国際組織」とは、政府間組織をいう。

2 この条約における用語につき規定する1の規定は、いずれの国の国内法におけるこれらの用語の用法及び意味にも影響を及ぼすものではない。

**第三条 (この条約の適用範囲外の場合)** この条約が、国と国以外の国際法上の主体との間において締結される国際的な合意、又は文書の形式によらない国際的な合意に関する国家承継の効果について適用されないことは、次のことに影響を及ぼすものではない。
(a) この条約に規定されている規則のうち、この条約との関係を離れても国際法に基づきこれらの合意を規律する規則が、これらの場合に適用されること。
(b) 国以外の国際法上の主体も当事者となっている国際的な合意について、国の間における国家承継の効果に関してはこの条約が適用されること。

**第四条 (国際組織を設立する条約及び国際組織内において採択される条約)** この条約は、次の条約に関する国家承継の効果について適用する。
(a) 国際組織の設立文書である条約。ただし、加盟国の地位の取得に関する規則及び当該国際組織の関連規則の適用を妨げるものではない。
(b) 国際組織内において採択される条約。ただし、当該国際組織の関連規則の適用を妨げるものではない。

**第五条 (条約とは独立に国際法によって課される義務)** この条約の適用上、条約が国に対し有効であるとみなされないという事実は、条約に規定されている義務のうち条約との関係を離れてもその国が国際法に基づいて課される義務についての国の履行の責務に何ら影響を及ぼすものではない。

**第六条 (この条約が対象とする国家承継の場合)** この条約は、国際法に合致し、また特に国際連合憲章に規定された国際法の諸原則に合致して生ずる国家承継の効果についてのみ適用する。

**第七条 (この条約の時間的適用)** 1 この条約は、別段の合意がある場合を除くほか、その効力発生後に生じた国家承継についてのみ適用する。ただし、この条約に規定されている規則のうち、この条約との関係を離れても国際法に基づき国家承継の効果を規律する規則の適用を妨げるものではない。

2 承継国は、この条約により拘束されることに対する同意を表明する時又はその後のいずれかの時に、承継国の宣言を受諾する旨の宣言を行うこの条約のいずれかの他の締約国又は当事国との間で、この条約の効力発生前に自国について生じた国家承継に関してこの条約の規定を適用する旨の宣言を行うことができる。これら宣言を行う国の間において条約の効力が発生し、又は受諾の宣言が行われた場合には、そのいずれかが後に生じたときに、この条約の規定を国家承継の日から国家承継の効果に適用する。

3 承継国は、この条約に署名し又はそれに拘束されることに対する同意を表明する時に、承継国の宣言を受諾する旨の宣言を行う他のいずれかの署名国又は締約国との間で、この条約の効力発生前に自国について生じた国家承継に関してこの条約の規定を暫定的に適用する旨の宣言を行うことができる。受諾の宣言が行われた場合には、条約の規定は国家承継の日から、この二箇国間において国家承継の効果に暫定的に適用される。

4 2又は3に従って行われるいかなる宣言も、寄託者に通報される書面による通告の中で行われ、寄託者は、寄せられた通告及びその文言についての通報をこの条約の当事国及び当事国となる資格を有する国に通知する。

**第八条 (条約上の義務又は権利の先行国から承継国への移行協定)** 1 国家承継の日に領域に関して効力を有する諸条約に基づく先行国の義務又は権利は、先行国と承継国とが、そのような義務又は権利が承継国に移行することを定める協定を締結したという事実のみによっては、それらの条約の他の当事国に対する承継国の義務又は権利となるものではない。

2 そのような協定の締結にもかかわらず、その国家承継の日に当該領域に関して効力を有していた諸条約に関する国家承継の効果は、この条約によって規律される。

**第九条 (先行国の条約に関する承継国の一方的宣言)** 1 国家承継の日に領域に関して効力を有する諸条約に基づく義務又は権利は、承継国が、その領域に関する諸条約の効力継続を定める一方的宣言を行ったという事実のみによっては、承継国又はそれらの条約の他の当事国の義務又は権利となるものではない。

2 そのような場合においては、その国家承継の日に当該領域に関して効力を有していた諸条約に関する国家承継の効果は、この条約によって規律される。

**第一〇条（承継国の参加について定める条約）** 1　条約が、国家承継に際して、自国がその条約の当事国であると考えるかどうかの選択権を承継国が有すると定めているときは、承継国は、その条約の規定に従って、又は、そのような規定がないときは、この条約の規定に従って、その条約についての承継を通告することができる。

2　条約が、国家承継に際して、承継国を当事国とみなすべきものと定めている場合には、その規定は、承継国がそのようにみなされることを書面をもって明示的に受諾した場合にのみ、そのようなものとして効果を生ずる。

3　1又は2に該当する場合には、条約当事国となることへの同意を確定した承継国は、その条約に別段の定めがあるか又は別段の合意がある場合を除くほか、国家承継の日から当事国とみなされる。

**第一一条（境界制度）** 国家承継は、それ自体として次のことに影響を及ぼすものではない。

(a)条約により確立された境界

(b)条約により確立された境界制度に関する義務及び権利

**第一二条（その他の領域的制度）** 1　国家承継は、それ自体として次のことに影響を及ぼすものではない。

(a)いずれかの領域の使用又は使用制限に関する義務であって、外国のいずれかの領域の利益のために条約により確立され、かつ、当該領域に賦課されているとみなされるもの

(b)いずれかの領域の利益のために条約により確立され、かつ、外国のいずれかの領域の使用又は使用制限に関する権利であって、当該領域に賦課されているとみなされるもの

2　国家承継は、それ自体として次のことに影響を及ぼすものではない。

(a)いずれかの領域の使用又は使用制限に関する義務であって、国の集合又は全ての国の利益のために条約により確立され、かつ、当該領域に賦課されているとみなされるもの

(b)国の集合又は全ての国の利益のために条約により確立され、かつ、いずれかの領域の使用又は使用制限に関する権利であって、当該領域に賦課されているとみなされるもの

3　本条の規定は、国家承継が関連する領域上に外国軍事基地の設置を定めた先行国の条約上の義務に対しては適用されない。

**第一三条（この条約と天然の富及び資源に対する恒久主権）** この条約のいかなる規定も、天然の富及び資源に対する全ての人民及び全ての国の恒久主権を確認する国際法の諸原則に影響を及ぼすものではない。

**第一四条（条約の有効性に関する問題）** この条約のいかなる規定も、条約の有効性に関するいかなる問題についてもいかなる点でも何ら予断を与えるものではない。

## 第二部　領域の一部に関する承継

**第一五条（領域の一部に関する承継）** ある国の領域の一部、又はその国際関係について責任を有する国の領域の一部ではないいずれかの領域が、他の国の領域の一部になったとき、

(a)先行国の諸条約は、国家承継が関連する領域に関して、国家承継の日から効力を失う。

(b)承継国の諸条約は、国家承継が関連する領域に関して、国家承継の日から効力を有する。ただし、その領域に対する条約の適用が条約の趣旨及び目的と両立しないか又は条約の運用のための諸条件を根本的に変えるものであることが、条約自体から明らかであるか又は他の方法によって確認されるときは、この限りでない。

## 第三部　新独立国

### 第一節　総則

**第一六条（先行国の条約の効力）** 新独立国は、国家承継の日に国家承継が関連する領域に関して条約が効力を有していたという事実のみによっては、いかなる条約の効力を維持する義務も、又はいかなる条約の当事国となる義務も負わない。

### 第二節　多国間条約

**第一七条（国家承継の日に効力を有する条約への参加）** 1　2及び3に従うことを条件として、新独立国は、国家承継の日に国家承継が関連する領域に関して効力を有していた多国間条約の当事国としての地位を、承継の通告によって、確立することができる。

2　新独立国に関する条約の適用が、条約の趣旨及び目的と両立しないか又は条約の運用のための諸条件を根本的に変えるものであることが、条約自体から明らかであるか又は他の方法によって確認されるときは、1は適用されない。

3　条約の文言に基づいて又は交渉国数が限定されていること並びに条約の趣旨及び目的によって、他のいずれかの国の条約への参加が全ての当事国の同意を要するとみなされるときは、新独立国は、そのような同意を得ることによってのみ、条約の当事国としての地位を確立することができる。

**第一八条（国家承継の日に効力を有しない条約への参加）** 1　3及び4に従うことを条件として、新独立国は、国家承継の日にその国家承継が関連する領域について先行国が締約国であった場合には、まだ効力を有しない多国間条約の締約国としての地位を、承継の通告によって、確立することができる。

2　3及び4に従うことを条件として、新独立国は、国家承継の日にその国家承継が関連する領域について先行国が締約国であった場合には、国家承継の日の後に効力を生ずる多国間条約の当事国としての地位を、承継の通告によって、確立することができる。

3　新独立国に関する条約の適用が、条約の趣旨及び目的と両立しないか又は条約の運用のための諸条件を根本的に変えるものであることが、条約自体から明らかであるか又は他の方法によって確認されるときは、1及び2は適用されない。

4　条約の文言に基づいて又は交渉国数が限定されていること並びに条約の趣旨及び目的によって、他のいずれかの国の条約への参加が全ての当事国又は全ての締約国の同意を要するとみなされるときは、新独立国は、そのような同意を得ることによってのみ、条約の当事国又は締約国としての地位を確立することができる。

5　条約が、その効力発生のために特定数の締約国が必要であると規定しているときは、1に基づいてその条約の締約国としての地位を確立する新独立国は、その規定の適用上締約国として数えられる。ただし、別段の意図が条約自体から明らかであるか又は他の方法によって確認される場合は、この限りでない。

**第一九条（先行国が批准、受諾又は承認を条件として署名した条約への参加）** 1　3及び4に従うことを条件として、先行国が国家承継の日の前に批准、受諾又は承認を条件として多国間条

# 条約についての国家承継条約

約に署名し、かつ、その署名によってその国家承継が関連する領域に条約の適用が及ぶべきことを意図したときは、新独立国は、同国がその条約に署名していたものとして条約を批准、受諾又は承認することができ、かつ、それによってその条約の当事国又は締約国となることができる。

2　1の適用上、別段の意図が条約自体から明らかであるか又は他の方法によって確認されない限り、先行国による条約の署名は、先行国が国際関係について責任を有する全領域に条約の適用が及ぶべき旨の意思を表示したものとみなされる。

3　新独立国に関する条約の適用が、条約の趣旨及び目的と両立しないか又は条約の運用のための諸条件を根本的に変えるものであることが、条約自体から明らかであるか又は他の方法によって確認されるときは、1は適用されない。

4　条約の文言に基づいて又は交渉国数が限定されていること並びに条約の趣旨及び目的によって、他のいずれかの国の条約への参加が全ての当事国又は全ての締約国の同意を要するとみなされるときは、新独立国は、そのような同意を得ることによってのみ、条約の当事国又は締約国となることができる。

**第二〇条（留保）**　1　新独立国が第一七条又は第一八条に基づく承継の通告によって多国間条約の当事国又は締約国としての地位を確立するときは、国家承継が関連する領域に関して国家承継の日に適用されていたその条約に対するいかなる留保も維持されるものとみなす。ただし、承継の通告を行ったときに、新独立国が別段の意思を表明するか又はその留保と同一の事項に関連する留保を表明する場合は、この限りでない。

2　第一七条又は第一八条に基づき、多国間条約の当事国又は締約国としての地位を確立する承継の通告を行う際に、新独立国は、留保を表明することができる。ただし、その留保は、その表明が条約法に関するウィーン条約第一九条(a)、(b)又は(c)の規定によって排除されているものである場合は、この限りでない。

3　新独立国が2に従って留保を表明するときは、条約法に関するウィーン条約第二〇条から第二三条までに定められた諸規則がその留保に関して適用される。

**第二一条（条約の一部に拘束されることについての同意及び諸規定からの選択）**　1　第一七条又は第一八条に基づいて、多国間条約の当事国又は締約国としての地位を確立する承継の通告を行う際に、新独立国は、条約が認めている場合には、その条約の一部に拘束されることについての同意を表明し、又は諸規定の中から特定の規定についての選択を行うことができる。もっとも、そのような同意を表明し、又はそのような選択を行うに当たっては、その条約に定められている条件に従うものとする。

2　新独立国はまた、他の当事国又は締約国と同一の条件の下で、その国家承継に係る領域に関して自らが又は先行国が行った同意又は選択を撤回し若しくは変更するため、条約に定められているいかなる権利をも行使することができる。

3　新独立国が、1に従ってその同意を表明せず若しくは選択を行わず、又は2に従って先行国の同意若しくは選択を撤回せず又は変更しない場合には、新独立国は次のものを維持するものとみなす。

(a)　国家承継に係る領域に関し、その条約の一部に拘束されることについての、条約に合致した先行国の同意

(b)　国家承継に係る領域に関し、その条約の適用における諸規定の中から特定の規定についての、条約に合致した先行国の選択

**第二二条（承継の通告）**　1　第一七条又は第一八条に基づく多国間条約に関する承継の通告は、書面により行われる。

2　承継の通告に元首、政府の長又は外務大臣の署名がない場合には、それを通報する国の代表者は全権委任状の提示を求められることがある。

3　条約に別段の定めがある場合を除くほか、承継の通告は、

(a)　新独立国により、寄託者又は、寄託者がない場合には、当事国若しくは締約国に送付される。

(b)　寄託者が通告を受領した日又は、寄託者がない場合には、通告を全ての当事国若しくは、場合により、全ての締約国が受領した日に、新独立国によって行われたものとみなされる。

4　3は、新独立国が行う承継の通告又は承継に関連するいずれかの通報を当事国又は締約国に通知するため、条約の規定又はその他の方法によって寄託者が負ういかなる義務にも影響を及ぼすものではない。

5　条約の規定に従うことを条件として、承継の通告又は承継に関連して行われる通報は、それが宛てられている国が寄託者からの通知を受けたときにのみ、当該国によって受領されたものとみなされる。

**第二三条（承継の通告の効果）**　1　条約に別段の定めがあるか又は別段の合意がある場合を除くほか、第一七条又は第一八条2に基づいて承継の通告を行う新独立国は、国家承継の日又は条約が効力を発生した日のうちいずれか遅い日から条約当事国とみなされる。

2　ただし、条約が第二七条に従って又は他の方法により合意されるところに従って暫定的に適用される場合を除き、新独立国と他の条約当事国との間においては、承継の通告を行う日まで条約の運用は停止されているものとみなす。

3　条約に別段の定めがあるか又は別段の合意がある場合を除くほか、第一八条1に基づいて承継の通告を行う新独立国は、承継の通告が行われた日から条約の締約国とみなされる。

## 第三節　二国間条約

**第二四条（国家承継の場合に条約が効力を有するとみなされる条件）**　1　国家承継が関連する領域に関して国家承継の日に効力を有していた二国間条約は、次の場合に新独立国と他の当事国との間において効力を有するものとみなす。

(a)　両国が明示的に合意するとき。

(b)　その行為によって、両国が合意したとみなされるとき。

2　1に基づいて効力を有するとみなされる条約は、国家承継の日から新独立国と他の当事国との間の関係に適用される。ただし、別段の意図が両国間の合意から明らかであるか又は他の方法によって確認される場合は、この限りでない。

**第二五条（先行国と新独立国との間における条約の効力）**　第二四条に基づき、新独立国と他の当事国との間において効力を有するとみなされる条約は、その事実のみによっては、先行国と新独立国との間において効力を有するものとはみなされない。

**第二六条（先行国と他の当事国との間における条約の終了、運用停止又は改正）**　1　第二四条に基づき、条約が新独立国と他の当事国との間において効力を有するとみなされるとき、その条約は、

(a)　それがその後に先行国と他の当事国との間において終了したという事実のみによっては、新独立国と他の当事国との間において効力を失わない。

(b) それがその後に先行国と他の当事国との間において運用を停止したという事実のみによっては、新独立国と他の当事国との間において運用を停止されない。

(c) それがその後に先行国と他の当事国との間において改正されたという事実のみによっては、新独立国と他の当事国との間において改正されない。

2 条約が国家承継の日の後に先行国と他の当事国との間において終了し又は、場合により、運用を停止したという事実は、第二四条に従って新独立国と他の当事国とがその旨合意したことが確認される場合には、この両国間において条約が効力を有し又は、場合により、運用されているとみなされることを妨げるものではない。

3 条約が国家承継の日の後に先行国と他の当事国との間において改正されたという事実は、改正されない条約が第二四条に基づき新独立国と他の当事国との間において効力を有するとみなされることを妨げるものではない。ただし、新独立国と他の当事国が両国間において改正条約の適用を意図したことが確認される場合は、この限りでない。

### 第四節　暫定的適用

**第二七条（多国間条約）** 1 国家承継の日に多国間条約が国家承継が関連する領域に関して効力を有し、かつ、新独立国が同条約を自国領域について暫定的に適用する意図を通告する場合には、この条約は新独立国とそれに明示的に同意し又はその行為によって同意したとみなされるいずれかの当事国との間において暫定的に適用される。

2 ただし、第一七条3に規定する部類に属する条約の場合には、当該暫定的適用に対する全ての当事国の同意が必要とされる。

3 国家承継の日にまだ効力を有していない多国間条約が、国家承継が関連する領域について暫定的に適用され、かつ、新独立国が引き続き自国領域について暫定的に適用される意図を通告する場合には、この条約は新独立国とそれに明示的に同意し又はその行為によって同意したとみなされるいずれかの締約国との間にも暫定的に適用される。

4 ただし、第一七条3に規定する部類に属する条約の場合には、継続的な暫定的適用に対する全ての締約国の同意が必要とされる。

5 新独立国に関する条約の適用が、条約の趣旨及び目的と両立しないか又は条約の運用のための諸条件を根本的に変えるものであることが、条約自体から明らかであるか又は他の方法により確認されるときは、1から4までは適用されない。

**第二八条（二国間条約）** 国家承継の日にその国家承継が関連する領域について効力を有し、又は暫定的に適用される二国間条約は、次の場合に新独立国と他の関係国との間に暫定的に適用されるものとみなされる。

(a) 両国が明示的に合意するとき。

(b) その行為によって、両国が合意したとみなされるとき。

**第二九条（暫定的適用の終了）** 1 条約に別段の定めがあるか又は別段の合意がある場合を除くほか、第二七条に基づく多国間条約の暫定的適用は、次の場合に終了させることができる。

(a) 条約を暫定的に適用する新独立国又は当事国若しくは締約国による合理的な終了の通告及びこの通告の期限の満了

(b) 第一七条3に規定する部類に属する条約の場合には、新独立国又は全ての当事国若しくは、場合により、全ての締約国による合理的な終了の通告及び通告の期限の満了

2 条約に別段の定めがあるか又は別段の合意がある場合を除くほか、第二八条に基づく二国間条約の暫定的適用は、新独立国又は他の関係国による合理的な終了の通告及び通告の期限の満了によって終了させることができる。

3 条約が終了のためのより短い期間を規定せず又は別段の合意がない場合には、合理的な終了の通告の期間は、条約を暫定的に適用する他の一又は二以上の国が通告を受領する日から一二箇月とする。

4 条約に別段の定めがあるか又は別段の合意がある場合を除くほか、第二七条に基づく多国間条約の暫定的適用は、新独立国が条約の当事国とならない意図を通告する場合には終了する。

### 第五節　二以上の領域から構成される新独立国

**第三〇条（二以上の領域から構成される新独立国）** 1 第一六条ないし第二九条は、二以上の領域から構成される新独立国の場合に適用される。

2 二以上の領域から構成される新独立国が、第一七条、第一八条又は第二四条によって、条約当事国とみなされ、若しくは条約当事国となり、かつ、国家承継の日にその条約がそれらの領域の全部ではなく一若しくは二以上について効力を有したか、又は条約により拘束されることへの同意がこれらについて与えられていたときは、条約は次の場合を除きその国の全領域に関して適用される。

(a) 全領域に関する条約の適用が、条約の趣旨及び目的と両立しないか又は条約の運用のための諸条件を根本的に変えるものであることが、条約自体から明らかであるか又は他の方法によって確認されるとき。

(b) 第一七条3又は第一八条4に該当しない多国間条約の場合において、承継の通告が国家承継の日に条約が効力を有していた領域又はそれに関して条約により拘束されることについての同意がその日の前に与えられていた領域に限定されるとき。

(c) 第一七条3又は第一八条4に該当する多国間条約の場合において、新独立国及び他の当事国若しくは、場合により、他の締約国が別段の合意をするとき。

(d) 二国間条約の場合において、新独立国及び他の関係国が別段の合意をするとき。

3 二以上の領域から構成される新独立国が、第一九条に基づき多国間条約の当事国となり、かつ、一又は二以上の先行国の署名により、この条約の適用がそれらの領域の全部ではなく一又は二以上に及ぶべきことが意図されていた場合には、条約は次の場合を除き新独立国の全領域に関して適用される。

(a) 全領域に関する条約の適用が、条約の趣旨及び目的と両立しないか又は条約の運用のための諸条件を根本的に変えるものであることが、条約自体から明らかであるか又は他の方法によって確認されるとき。

(b) 第一九条4に該当しない多国間条約の場合において、条約の批准、受諾又は承認が、その条約の適用が意図された一又は二以上の領域に限定されるとき。

(c) 第一九条4に該当する多国間条約の場合において、新独立国及び他の当事国若しくは、場合により、他の締約国が別段の合意をするとき。

## 第四部　国の結合及び分離

**第三一条（国家承継の日に効力を有する条約に関する国の結合の効果）** 1　二以上の国が結合して一承継国を構成するときは、それらの二以上の国のいずれかに関して国家承継の日に効力を有するいかなる条約も、次の場合を除くほか、承継国に関して引き続き効力を有する。
(a) 承継国及び他の一又は二以上の当事国が別段の合意をするとき。
(b) 承継国に関する条約の適用が、条約の趣旨及び目的と両立しないか又は条約の運用のための諸条件を根本的に変えるものであることが、条約自体から明らかであるか又は他の方法によって確認されるとき。
2　1に従って引き続き効力を有するいかなる条約も、次の場合を除くほか、国家承継の日にそれに関して条約が効力を有していた承継国の領域の一部に関してのみ適用される。
(a) 第一七条3に規定する部類に属しない多国間条約の場合には、承継国がその全領域に関して条約が適用される旨の通告を行うとき。
(b) 第一七条3に規定する部類に属する多国間条約の場合には、承継国と他の当事国が別段の合意をするとき。
(c) 二国間条約の場合には、承継国と他の当事国が別段の合意をするとき。
3　承継国の全領域に関する条約の適用が、条約の趣旨及び目的と両立しないか又は条約の運用のための諸条件を根本的に変えるものであることが、条約自体から明らかであるか又は他の方法によって確認されるときは、2(a)は適用されない。

**第三二条（国家承継の日に効力を有しない条約に関する国の結合の効果）** 1　3及び4に従うことを条件として、第三一条に該当する承継国は、国家承継の日に先行国のいずれかが条約の締約国であった場合には、まだ効力を有しない多国間条約の締約国としての地位を、通告を行うことにより、確立することができる。
2　3及び4に従うことを条件として、第三一条に該当する承継国は、国家承継の日に先行国のいずれかが条約の締約国であった場合には、国家承継の日の後に効力を生じる多国間条約の当事国としての地位を、通告を行うことにより、確立することができる。
3　承継国に関する条約の適用が、条約の趣旨及び目的と両立しないか又は条約の運用のための諸条件を根本的に変えるものであることが、条約自体から明らかであるか又は他の方法によって確認されるときは、1及び2は適用されない。
4　条約が第一七条3に規定する部類に属するものである場合には、承継国は、全ての当事国又は全ての締約国の同意によってのみ、その条約の当事国又は締約国としての地位を確立することができる。
5　1又は2に従って承継国がその締約国又は当事国となるいかなる条約も、次の場合を除くほか、それに関して条約に拘束されることについての同意が国家承継の日の前に与えられていた承継国の領域の一部に関してのみ適用される。
(a) 第一七条3に規定する部類に属しない多国間条約の場合には、承継国が、1又は2に基づいて行う通告の中で、その条約が自国の全領域について適用される旨を示すとき。
(b) 第一七条3に規定する部類に属する多国間条約の場合には、承継国と全ての当事国若しくは、場合により、全ての締約国が別段の合意をするとき。
6　承継国の全領域に関する条約の適用が、条約の趣旨及び目的と両立しないか又は条約の運用のための諸条件を根本的に変えるものであることが、条約自体から明らかであるか又は他の方法によって確認されるときは、5(a)は適用されない。

**第三三条（批准、受諾又は承認を条件として先行国が署名した条約に関する国の結合の効果）** 1　2及び3に従うことを条件として、国家承継の日の前に先行国の一が批准、受諾又は承認を条件として多国間条約に署名していたときは、第三一条に該当する承継国は、その条約に自ら署名していたものとして条約を批准し、受諾し又は承認することができ、かつ、それによって条約の当事国又は締約国となることができる。
2　承継国に関する条約の適用が、条約の趣旨及び目的と両立しないか又は条約の運用のための諸条件を根本的に変えるものであることが、条約自体から明らかであるか又は他の方法によって確認されるときは、1は適用されない。
3　条約が第一七条3に規定する部類に属するものである場合には、承継国は、全ての当事国又は全ての締約国の同意によってのみ、その条約の当事国又は締約国となることができる。
4　1に従って承継国がその当事国又は締約国となるいかなる条約も、次の場合を除くほか、それに関して先行国の一が条約に署名したところの承継国の領域の一部に関してのみ適用される。
(a) 第一七条3に規定する部類に属しない多国間条約の場合には、条約を批准し、受諾し又は承認する際に、承継国が、その条約が自国の全領域に関して適用される旨の通告を行うとき。
(b) 第一七条3に規定する部類に属する多国間条約の場合には、承継国と全ての当事国若しくは、場合により、全ての締約国が別段の合意をするとき。
5　承継国の全領域に関する条約の適用が、条約の趣旨及び目的と両立しないか又は条約の運用のための諸条件を根本的に変えるものであることが、条約自体から明らかであるか又は他の方法によって確認されるときは、4(a)は適用されない。

**第三四条（国の一部の分離の場合における国家承継）** 1　先行国が引き続き存在するか否かにかかわらず、国の領域の一又は二以上の部分が、一又は二以上の国を構成するために分離するときは、
(a) 先行国の全領域について国家承継の日に効力を有するいかなる条約も、そのように構成された各承継国に関して引き続き効力を有する。
(b) 先行国の領域の一部であって承継国となった領域のその部分についてのみ国家承継の日に効力を有するいかなる条約も、その承継国に関してのみ引き続き効力を有する。
2　次の場合には、1は適用されない。
(a) 関係国が別段の合意をするとき。
(b) 承継国に関する条約の適用が、条約の趣旨及び目的と両立しないか又は条約の運用のための諸条件を根本的に変えるものであることが、条約自体から明らかであるか又は他の方法によって確認されるとき。

**第三五条（国がその領域の一部の分離後になお存続する場合の条約の効力）** 国の領域のいずれかの部分の分離後に先行国がなお存続するときは、国家承継の日に先行国について効力を有していた条約は、次の場合を除くほか、その残余の領域につい

て引き続き効力を有する。

(a) 関係国が別段の合意をするとき。

(b) 条約が先行国から分離した領域のみに関連するものであることが確認されるとき。

(c) 先行国に関する条約の適用が、条約の趣旨及び目的と両立しないか又は条約の運用のための諸条件を根本的に変えるものであることが、条約自体から明らかであるか又は他の方法によって確認されるとき。

**第三六条（国の一部の分離の場合における国家承継の日に効力を有しない条約への参加）** 1 3及び4に従うことを条件として、第三四条1に該当する承継国は、国家承継の日に先行国がその国家承継が関連する領域に関して条約の締約国であった場合には、まだ効力を有しない多国間条約の締約国としての地位を、通告を行うことにより、確立することができる。

2 3及び4に従うことを条件として、第三四条1に該当する承継国は、国家承継の日に先行国がその国家承継に係る領域に関して条約の締約国であった場合には、その日の後に効力を生じる多国間条約の当事国としての地位を、通告を行うことにより、確立することができる。

3 承継国に関する条約の適用が、条約の趣旨及び目的と両立しないか又は条約の運用のための諸条件を根本的に変えるものであることが、条約自体から明らかであるか又は他の方法によって確認されるときは、1及び2は適用されない。

4 条約が第一七条3に規定する部類に属するものである場合には、承継国は、全ての当事国又は全ての締約国の同意によってのみ、その条約の当事国又は締約国としての地位を確立することができる。

**第三七条（国の一部の分離の場合における批准、受諾又は承認を条件として先行国が署名した条約への参加）** 1 2及び3に従うことを条件として、国家承継の日の前に先行国が批准、受諾又は承認を条件として多国間条約に署名し、かつ、この条約がその日に効力を有していたならば国家承継が関連する領域について適用されていたであろう場合には、第三四条1に該当する承継国は、この条約に自ら署名していたものとしてそれを批准し、受諾し又は承認することができ、かつ、それによってその当事国又は締約国となることができる。

2 承継国に関する条約の適用が、条約の趣旨及び目的と両立しないか又は条約の運用のための諸条件を根本的に変えるものであることが、条約自体から明らかであるか又は他の方法によって確認されるときは、1は適用されない。

3 条約が第一七条3に規定する部類に属するものである場合には、承継国は、全ての当事国又は全ての締約国の同意によってのみ、その条約の当事国又は締約国となることができる。

**第三八条（通告）** 1 第三一条、第三二条又は第三六条に基づくいかなる通告も、書面によって行われる。

2 通告に元首、政府の長又は外務大臣の署名がない場合には、それを通報する国の代表者は全権委任状の提示を求められることがある。

3 条約に別段の定めがある場合を除くほか、通告は、

(a) 承継国により、寄託者又は、寄託者がない場合には、当事国若しくは締約国に送付される。

(b) 寄託者が通告を受領した日又は、寄託者がない場合には、通告を全ての当事国若しくは、場合により、全ての締約国が受領した日に、承継国によって行われたものとみなされる。

4 3は、承継国が行う通告又は承継に関連するいずれかの通報を当事国又は締約国に通知するため、条約の規定又はその他の方法によって寄託者が負ういかなる義務にも影響を及ぼすものではない。

5 条約の規定に従うことを条件として、そのような通告又は通報は、それが宛てられている国が寄託者からの通知を受けたときにのみ、当該国によって受領されたものとみなされる。

## 第五部　雑則

**第三九条（国の責任及び敵対行為の発生の場合）** この条約は、国の国際責任又は国の間の敵対行為の発生により、条約についての国家承継の効果に関連して生ずるいかなる問題についても予断するものではない。

**第四〇条（軍事占領の場合）** この条約は、領域の軍事占領により条約に関連して生ずるいかなる問題についても予断するものではない。

## 第六部　紛争の解決

**第四一条（協議及び交渉）** この条約の二以上の当事国間にこの条約の解釈又は適用に関する紛争が生じた場合には、これらの当事国は、そのいずれかの要請に基づき、協議及び交渉の方法により紛争の解決に努める。

**第四二条（調停）** 第四一条の要請が行われた日から六箇月以内に紛争が解決されない場合には、いずれの紛争当事者も、国際連合事務総長に要請を行い、かつ、この要請を他の紛争当事者に通知することにより、紛争をこの条約の附属書に定める調停手続に付することができる。

**第四三条（司法的解決及び仲裁裁判）** いずれの国も、この条約の署名若しくは批准の時又はこの条約への加入若しくはそれ以後のいかなる時にも、寄託者に対する通告により、他の紛争当事者が同様の宣言を行うことを条件として、紛争が第四一条及び第四二条に掲げる手続を用いて解決されなかった場合には、いずれかの紛争当事者の書面による申請により国際司法裁判所に対しその決定を求めるため紛争を付託すること、又はこれに代えて仲裁裁判に付託することができる旨を宣言することができる。

**第四四条（合意による解決）** 第四一条、第四二条及び第四三条の規定にかかわらず、この条約の解釈又は適用に関する紛争がこの条約の二以上の当事国の間に生じた場合には、それらの当事国は、同意により紛争を国際司法裁判所、仲裁裁判又は他の適当な紛争解決手続に付託する旨を合意することができる。

**第四五条（紛争解決について効力を有する他の諸規定）** 第四一条から第四四条までのいかなる規定も、この条約の当事国が有する権利又は義務で、紛争解決に関してそれらの国を拘束する現行のいかなる規定に基づくものに対しても影響を及ぼすものではない。

## 第七部　最終規定（略）

**第四六条（署名）**（略）

**第四七条（批准）**（略）

**第四八条（加入）**（略）

**第四九条（効力発生）**（略）

**第五〇条（正文）**（略）

**附属書**（略）

## 4 国の財産等についての国家承継条約（抄）翻訳

（国の財産、公文書及び債務についての国家承継に関するウィーン条約）

採　択　一九八三年四月七日（ウィーン）（賛成五四、反対一一、棄権一一）

効力発生（未発効）

日本国

当事国

この条約の締約国は、（中略）次のとおり協定した。

### 第一部　一般規定

**第一条（この条約の範囲）** この条約は、国の財産、公文書及び債務に関する国家承継の効果について適用する。

**第二条（用語）** 1　この条約の適用上、

(a)—(e)〔条約についての国家承継条約第二条1(b)—(f)と同じ。〕

(f)「第三国」とは、先行国でも承継国でもない他の国をいう。

2（略）

**第三条（この条約が対象とする国家承継の場合）**

**第四条（この条約の時間的適用）**

〔第三条及び第四条　条約についての国家承継条約第六条及び第七条と同じ。〕

**第五条（他の事項についての承継）**（略）

**第六条（自然人又は法人の権利及び義務）**（略）

### 第二部　国の財産（抄）

#### 第一節　序（第七条から第一三条まで）（略）

#### 第二節　国家承継の特定の部類に関する規定

**第一四条（国の領域の一部の譲渡）** 1　国の領域の一部がその国により他の国に譲渡されるとき、先行国の国の財産の承継国への移転は両国の間の合意により定められる。

2　そのような合意がない場合には、

(a)　先行国の不動産であって、国家承継が関連する領域に所在するものは、承継国に移転する。

(b)　先行国の動産であって、国家承継が関連する領域についての先行国の活動に関係するものは、承継国に移転する。

**第一五条（新独立国）** 1　承継国が新独立国であるとき、

(a)　先行国の不動産であって、国家承継が関連する領域に所在するものは、承継国に移転する。

(b)　国家承継が関連する領域に属していた不動産であって、その領域の外に所在し、かつ、従属期間中に先行国の国の財産となっていたものは、承継国に移転する。

(c)　(b)に規定するものを除く先行国の不動産であって、国家承継が関連する領域の外に所在し、かつ、その創設について従属地域が寄与したものは、その従属地域の寄与の程度に応じて、承継国に移転する。

(d)　先行国の動産であって、国家承継が関連する領域についての先行国の活動に関係するものは、承継国に移転する。

(e)　国家承継が関連する領域に属していた動産であって、かつ、従属期間中に先行国の国の財産となっていたものは、承継国に移転する。

(f)　(d)及び(e)に規定するものを除く先行国の動産であって、かつ、その創設について従属地域が寄与したものは、その従属地域の寄与の程度に応じて、承継国に移転する。

2　新独立国が二以上の従属地域でもって構成されるとき、先行国の国の財産の新独立国への移転は、1の規定に従って定められる。

3　従属地域が、その国際関係について責任を負っていた国以外の国の領域の一部となるとき、先行国の国の財産の承継国への移転は、1の規定に従って定められる。

4　1から3までの適用以外の方法により、先行国の国の財産の承継を定めるために先行国と新独立国との間で締結される合意は、富及び天然資源に対する全ての人民の恒久主権の原則を侵害してはならない。

**第一六条（国の結合）** 二以上の国が結合して一承継国を構成するとき、先行国の国の財産は承継国に移転する。

**第一七条（国の領域の一又は二以上の部分の分離）** 1　国の領域の一又は二以上の部分がその国から分離して承継国を構成するとき、先行国と承継国とが別段の合意をしない限り、

(a)　先行国の不動産であって、国家承継が関連する領域に所在するものは、承継国に移転する。

(b)　先行国の動産であって、国家承継が関連する領域についての先行国の活動に関係するものは、承継国に移転する。

(c)　(b)に規定するものを除く先行国の動産は、衡平な割合において承継国に移転する。

2　1は、国の領域の一部がその国から分離して他の国と結合するときに適用する。

3　1及び2の規定は、国家承継の結果として生ずることのある先行国と承継国との間の衡平な補償に関するいかなる問題にも影響を及ぼすものではない。

**第一八条（国の分裂）** 1　国が分裂して消滅し、先行国の領域の部分が二以上の承継国でもって構成されるとき、当該承継国が別段の合意をしない限り、

(a)　先行国の不動産は、それが所在する領域の承継国に移転する。

(b)　先行国の不動産であって、その領域の外に所在するものは、衡平な割合において承継国に移転する。

(c)　先行国の動産であって、国家承継が関連する領域についての先行国の活動に関係するものは、当該承継国に移転する。

(d)　(c)に規定するものを除く先行国の動産は、衡平な割合において承継国に移転する。

2　1の規定は、国家承継の結果として生ずることのある承継国の間の衡平な補償に関するいかなる問題にも影響を及ぼすものではない。

## 第三部　国の公文書（第一九条から第三一条まで）（略）

## 第四部　国の債務（抄）

### 第一節　序（第三二条から第三六条まで）（略）

### 第二節　国家承継の特定の部類に関する規定

**第三七条（国の領域の一部の譲渡）**　1　国の領域の一部がその国により他の国に譲渡されるとき、先行国の国の債務の承継国への移転は両国の間の合意により定められる。

2　そのような合意がない場合には、先行国の国の債務は、その国の債務に関連して承継国に移転する財産、権利及び利益を特に考慮に入れて、衡平な割合において承継国に移転する。

**第三八条（新独立国）**　1　承継国が新独立国であるとき、先行国のいかなる国の債務も新独立国に移転するものではない。ただし、先行国の国の債務であって国家承継が関連する領域における先行国の活動と関係するものと、新独立国に移転する財産、権利及び利益との間の結合関係にかんがみ、両国の間の合意に別段の定めがある場合はこの限りでない。

2　1にいう合意は、富及び天然資源に対する全ての人民の恒久主権の原則を侵害してはならず、また、その実施は新独立国の基本的な経済上の均衡を危うくするものであってはならない。

**第三九条（国の結合）**　二以上の国が結合して一承継国を構成するとき、先行国の国の債務は承継国に移転する。

**第四〇条（国の領域の一又は二以上の部分の分離）**　1　国の領域の一又は二以上の部分がその国から分離して一国を構成するとき、先行国と承継国とが別段の合意をしない限り、先行国の国の債務は、その国の債務に関連して承継国に移転する財産、権利及び利益を特に考慮に入れて、衡平な割合において承継国に移転する。

2　1は、国の領域の一部がその国から分離して他の国と結合するときに適用する。

**第四一条（国の分裂）**　国が分裂して消滅し、先行国の領域の部分が二以上の承継国でもって構成されるとき、承継国が別段の合意をしない限り、先行国の国の債務は、その国の債務に関連して承継国に移転する財産、権利及び利益を特に考慮に入れて、衡平な割合において承継国に移転する。

## 第五部　紛争の解決

**第四二条（協議及び交渉）**

**第四三条（調停）**

**第四四条（司法的解決及び仲裁裁判）**

**第四五条（合意による解決）**

**第四六条（紛争解決について効力を有する他の諸規定）**

〔第四二条から第四六条まで　条約についての国家承継条約第四一条から第四五条までと同じ。ただし、「第四一条」を「第四二条」と、「第四二条」を「第四三条」と、「第四三条」を「第四四条」と、「第四四条」を「第四五条」と読み替える。〕

## 第六部　最終規定（第四七条から第五一条まで）（略）

〔条約についての国家継承条約第七部を参照〕

**附属書**　（略）

# 5　国連国家免除条約（抄）

（国及びその財産の裁判権からの免除に関する国際連合条約）〔裁判権免除に関する国際連合条約〕

採　択　二〇〇四年一二月二日（国連第五九回総会）（コンセンサス）
効力発生　（未発効）
日本国　（二〇〇七年一月一一日署名、〇九年六月一〇日国会承認、一〇年五月一一日受諾書寄託）
当事国

この条約の締約国は、

国及びその財産の裁判権からの免除が国際慣習法の原則として一般的に受け入れられていることを考慮し、

国際連合憲章に規定する国際法の諸原則に留意し、

国及びその財産の裁判権からの免除に関する国際条約が、特に国と自然人又は法人との間の取引における法の支配及び法的な確実性を高め、並びに国際法の法典化及び発展並びにこの分野における慣行の調和に貢献することを信じ、

国及びその財産の裁判権からの免除に関する国の慣行の推移を考慮し、

この条約により規律されない事項については、引き続き国際慣習法の諸規則により規律されることを確認して、

次のとおり協定した。

## 第一部　序

**第一条（この条約の適用範囲）**　この条約は、国及びその財産の他の国の裁判所の裁判権からの免除について適用する。

**第二条（用語）**　1　この条約の適用上、

(a)「裁判所」とは、名称のいかんを問わず、司法機能を遂行する権限を有する国の機関をいう。

(b)「国」とは、次のものをいう。

(i) 国家及びその政府の諸機関

(ii) 連邦国家の構成単位又は国家の行政区画であって、主権的な権能の行使としての行為を行う権限を有し、かつ、それらの資格において行動しているもの

(iii) 国家の機関若しくは下部機関又は他の団体（これらが国家の主権的な権能の行使としての行為を行う権限を有し、かつ、そのような行為を現に行っている場合に限る。）

(iv) 国家の代表であってその資格において行動しているもの

(c)「商業的取引」とは、次のものをいう。

(i) 物品の販売又は役務の提供のための商業的な契約又は取引

(ii) 貸付けその他の金融的な性質を有する取引に係る契約（そのような貸付け又は取引についての保証又はてん補に係る義務を含む。）

(iii) 商業的、工業的、通商的又は職業的な性質を有するその他の契約又は取引。ただし、人の雇用契約を含まない。

2　契約又は取引が1(c)に定める「商業的取引」であるか否かを

決定するに当たっては、その契約又は取引の性質を主として考慮すべきものとする。ただし、契約若しくは取引の当事者間でその契約若しくは取引の目的も考慮すべきことについて合意した場合又は法廷地国の慣行により契約若しくは取引の目的がその契約若しくは取引の非商業的な性質を決定することに関係を有する場合には、当該契約又は取引の目的も考慮すべきものとする。

3　この条約における用語について定める1及び2の規定は、他の国際文書又はいずれの国の国内法におけるこれらの用語の用法及び意味に影響を及ぼすものではない。

**第三条（この条約によって影響を受けない特権及び免除）**　1　この条約は、次に掲げるものの任務の遂行に関係する国際法に基づき国が享有する特権及び免除に影響を及ぼすものではない。

(a)　外交使節団、領事機関、特別使節団、国際機関に派遣されている使節団又は国際機関の内部機関若しくは国際会議に派遣されている代表団

(b)　(a)に規定するものに関係する者

2　この条約は、国の元首に対し、その者が国の元首であるとの理由により国際法に基づいて与えられる特権及び免除に影響を及ぼすものではない。

3　この条約は、国が所有し又は運航する航空機又は宇宙物体に関し、国際法に基づき国が享有する免除に影響を及ぼすものではない。

**第四条（この条約の不遡及）**　この条約は、国及びその財産の裁判権からの免除の問題であって、関係国についてこの条約が効力を生ずる日前にいずれかの国に対して開始された他の国の裁判所における裁判手続において生じたものについては、適用しない。ただし、この条約に規定されている規則のうちこの条約との関係を離れ国際法に基づき国及びその財産の裁判権からの免除を規律する規則については、その適用を妨げるものではない。

## 第二部　一般原則

**第五条（免除）**　いずれの国も、この条約に従い、自国及びその財産に関し、他の国の裁判所の裁判権からの免除を享有する。

**第六条（免除を実施するための方法）**　1　いずれの国も、自国の裁判所における裁判手続において他の国に対して裁判権を行使することを差し控えることにより前条に規定する免除を実施するものとし、このため、自国の裁判所が、当該他の国が同条の規定に基づいて享有する免除が尊重されるよう職権によって決定することを確保する。

2　いずれかの国の裁判所における裁判手続は、次の(a)又は(b)の場合には、他の国に対して開始されたものとみなす。

(a)　当該他の国が当該裁判手続の当事者として指定される場合

(b)　当該他の国が当該裁判手続の当事者として指定されていないが、当該裁判手続が実際には当該他の国の財産、権利、利益又は活動に影響を及ぼすものである場合

**第七条（裁判権の行使についての明示の同意）**　1　いずれの国も、次のいずれかの方法により、ある事項又は事件に関して他の国の裁判所による裁判権の行使について明示的に同意した場合には、当該事項又は事件に関する当該他の国の裁判所における裁判手続において、裁判権からの免除を援用することができない。

(a)　国際的な合意

(b)　書面による契約

(c)　裁判所において行う宣言又は個別の裁判手続における書面による通知

2　他の国の法令を適用することに関するいずれかの国の同意は、当該他の国の裁判所による裁判権の行使についての同意と解してはならない。

**第八条（裁判所における裁判手続への参加の効果）**　1　いずれの国も、次の場合には、他の国の裁判所における裁判手続において、裁判権からの免除を援用することができない。

(a)　自ら当該裁判手続を開始した場合

(b)　当該裁判手続に参加し、又は本案に関して他の措置をとった場合。この場合において、自国が当該措置をとるまで免除の請求の根拠となる事実を知ることができなかったことを裁判所に対して証明するときは、当該事実に基づいて免除を主張することができる。ただし、できる限り速やかにその主張を行うことを条件とする。

2　いずれの国も、次の(a)又は(b)のことのみを目的として、裁判手続に参加し、又は他の措置をとる場合には、他の国の裁判所による裁判権の行使について同意したものとは認められない。

(a)　免除を援用すること。

(b)　裁判手続において対象となっている財産に関する権利又は利益を主張すること。

3　国の代表が他の国の裁判所に証人として出廷することは、当該他の国の裁判所による裁判権の行使についての当該国の同意と解してはならない。

4　いずれかの国が他の国の裁判所における裁判手続において出廷しなかったことは、当該他の国の裁判所による裁判権の行使についての当該国の同意と解してはならない。

**第九条（反訴）**　1　いずれの国も、他の国の裁判所において裁判手続を開始した場合には、本訴に係る法律関係又は事実と同一のものから生じたいかなる反訴についても、当該他の国の裁判所の裁判権からの免除を援用することができない。

2　いずれの国も、他の国の裁判所における裁判手続において請求を行うために当該裁判手続に参加した場合には、自国が行った請求に係る法律関係又は事実と同一のものから生じたいかなる反訴についても、当該他の国の裁判所の裁判権からの免除を援用することができない。

3　いずれの国も、自国に対して開始された他の国の裁判所における裁判手続において反訴を行った場合には、本訴について当該他の国の裁判所の裁判権からの免除を援用することができない。

## 第三部　免除を援用することができない裁判手続

**第一〇条（商業的取引）**　1　いずれの国も、自国以外の国の自然人又は法人との間で商業的取引を行う場合において、適用のある国際私法の規則に基づき他の国の裁判所が当該商業的取引に関する紛争について管轄権を有するときは、当該商業的取引から生じた裁判手続において、当該他の国の裁判所の裁判権からの免除を援用することができない。

2　1の規定は、次の場合には、適用しない。

(a)　国の間で行う商業的取引の場合

(b)　商業的取引の当事者間で明示的に別段の合意をした場合

3　独立の法人格を有し、かつ、次の(a)及び(b)の能力を有する国営企業その他の国によって設立された団体が、当該団体が行う

商業的取引に関する裁判手続に関与する場合であっても、当該国が享有する裁判権からの免除は、影響を受けない。

(a) 訴え、又は訴えられる能力

(b) 財産(当該国が当該団体による運用又は管理を許可した財産を含む。)を取得し、所有し、又は占有し、及び処分する能力

**第一一条（雇用契約）** 1 いずれの国も、自国と個人との間の雇用契約であって、他の国の領域内において全部又は一部が行われ、又は行われるべき労働に係るものに関する裁判手続において、それについて管轄権を有する当該他の国の裁判所の裁判権からの免除を援用することができない。ただし、関係国間で別段の合意をする場合は、この限りでない。

2 1の規定は、次の場合には、適用しない。

(a) 被用者が政府の権限の行使としての特定の任務を遂行するために採用されている場合

(b) 被用者が次の者である場合

(i) 千九百六十一年の外交関係に関するウィーン条約に定める外交官

(ii) 千九百六十三年の領事関係に関するウィーン条約に定める領事官

(iii) 国際機関に派遣されている常駐の使節団若しくは特別使節団の外交職員又は国際会議において国を代表するために採用された者

(iv) 外交上の免除を享有するその他の者

(c) 裁判手続の対象となる事項が個人の採用、雇用契約の更新又は復職に係るものである場合

(d) 裁判手続の対象となる事項が個人の解雇又は雇用契約の終了に係るものであり、かつ、雇用主である国の元首、政府の長又は外務大臣が当該裁判手続が当該国の安全保障上の利益を害し得るものであると認める場合

(e) 裁判手続が開始された時点において、被用者が雇用主である国の国民である場合。ただし、当該被用者が法廷地国に通常居住している場合を除く。

(f) 雇用主である国と被用者との間で書面により別段の合意をした場合。ただし、公の秩序に関する考慮により、裁判手続の対象となる事項を理由として法廷地国の裁判所に専属的な管轄権が与えられているときは、この限りでない。

**第一二条（身体の傷害及び財産の損傷）** いずれの国も、人の死亡若しくは身体の傷害又は有体財産の損傷若しくは滅失が自国の責めに帰するとされる作為又は不作為によって生じた場合において、当該作為又は不作為の全部又は一部が他の国の領域内で行われ、かつ、当該作為又は不作為を行った者が当該作為又は不作為を行った時点において当該他の国の領域内に所在していたときは、当該人の死亡若しくは身体の傷害又は有体財産の損傷若しくは滅失に対する金銭によるてん補に関する裁判手続において、それについて管轄権を有する当該他の国の裁判所の裁判権からの免除を援用することができない。ただし、関係国間で別段の合意をする場合は、この限りでない。

**第一三条（財産の所有、占有及び使用）** いずれの国も、次の事項についての決定に関する裁判手続において、それについて管轄権を有する他の国の裁判所の裁判権からの免除を援用することができない。ただし、関係国間で別段の合意をする場合は、この限りでない。

(a) 法廷地国にある不動産に関する自国の権利若しくは利益、自国による当該不動産の占有若しくは使用又は当該不動産に関する自国の利益から若しくは自国による当該不動産の占有若しくは使用から生ずる自国の義務

(b) 動産又は不動産に関する自国の権利又は利益であって、承継、贈与又は無主物の取得によって生ずるもの

(c) 信託財産、破産者の財産、清算時の会社の財産その他の財産の管理に関する自国の権利又は利益

**第一四条（知的財産及び産業財産）** いずれの国も、次の事項に関する裁判手続において、それについて管轄権を有する他の国の裁判所の裁判権からの免除を援用することができない。ただし、関係国間で別段の合意をする場合は、この限りでない。

(a) 特許、意匠、商号、商標、著作権その他すべての種類の知的財産又は産業財産に係る自国の権利であって、法廷地国において法的な保護措置(暫定的なものを含む。)の対象となるものについての決定

(b) (a)に規定する性質を有する権利であって、第三者に属し、かつ、法廷地国において保護されているものに対して自国が法廷地国の領域内において行ったとされる侵害

**第一五条（会社その他の団体への参加）** 1 いずれの国も、次の(a)及び(b)の条件を満たす会社その他の団体(法人格の有無を問わない。)に自国が参加していることに関する裁判手続、すなわち、自国と当該団体又は当該団体の他の参加者との関係に関する裁判手続において、それについて管轄権を有する他の国の裁判所の裁判権からの免除を援用することができない。

(a) 当該団体が国又は国際機関以外の参加者を有すること。

(b) 当該団体が法廷地国の法令に基づいて設立されていること又はその本部若しくは主たる営業所が法廷地国内に所在すること。

2 もっとも、1に規定する裁判手続において裁判権からの免除を援用することができる旨を関係国間で合意している場合、紛争当事者間の書面による合意によりその旨を定めている場合又は1に規定する団体を設立し若しくは規律する文書がその旨の規定を有する場合には、いずれの国も、当該裁判手続において、裁判権からの免除を援用することができる。

**第一六条（国が所有し又は運航する船舶）** 1 船舶を所有し又は運航する国は、当該船舶が裁判の原因の生じた時点において政府の非商業的目的以外に使用されていた場合には、当該船舶の運航に関する裁判手続において、それについて管轄権を有する他の国の裁判所の裁判権からの免除を援用することができない。ただし、関係国間で別段の合意をする場合は、この限りでない。

2 1の規定は、軍艦又は軍の支援船については適用せず、また、国が所有し又は運航する他の船舶であって政府の非商業的役務にのみ使用されているものについても適用しない。

3 いずれの国も、自国が所有し又は運航する船舶が裁判の原因の生じた時点において政府の非商業的目的以外に使用されていた場合には、当該船舶による貨物の運送に関する裁判手続において、それについて管轄権を有する他の国の裁判所の裁判権からの免除を援用することができない。ただし、関係国間で別段の合意をする場合は、この限りでない。

4 3の規定は、2に規定する船舶によって運送される貨物については適用せず、また、国が所有し、かつ、政府の非商業的目的にのみ使用され、又はそのような使用が予定される貨物についても適用しない。

5 いずれの国も、私有の船舶及び貨物並びにこれらの所有者にとって利用可能な防御、時効及び責任の制限に関するすべての

措置を申し立てることができる。

6　裁判手続において、いずれかの国が所有し若しくは運航する船舶又はいずれかの国が所有する貨物に係る政府の非商業的な性質に関して問題が生ずる場合には、当該国の外交上の代表者その他の権限のある当局が署名した証明書であって裁判所に送付されたものが、当該船舶又は貨物の性質に関する証拠となる。

**第一七条（仲裁の合意の効果）**　いずれの国も、自国以外の国の自然人又は法人との間で商業的取引に関する紛争を仲裁に付することを書面により合意する場合には、次の事項に関する裁判手続において、それについて管轄権を有する他の国の裁判所の裁判権からの免除を援用することができない。ただし、仲裁の合意に別段の定めがある場合は、この限りでない。

(a)　仲裁の合意の有効性、解釈又は適用
(b)　仲裁手続
(c)　仲裁判断の確認又は取消し

## 第四部　裁判所における裁判手続に関連する強制的な措置からの免除

**第一八条（判決前の強制的な措置からの免除）**　いずれの国の財産に対するいかなる判決前の強制的な措置（仮差押え、仮処分等）も、他の国の裁判所における裁判手続に関連してとられてはならない。ただし、次の場合は、この限りでない。

(a)　当該国が、次のいずれかの方法により、そのような強制的な措置がとられることについて明示的に同意した場合
(i)　国際的な合意
(ii)　仲裁の合意又は書面による契約
(iii)　裁判所において行う宣言又は当事者間で紛争が生じた後に発出する書面による通知
(b)　当該国が当該裁判手続の目的である請求を満たすために財産を割り当て、又は特定した場合

**第一九条（判決後の強制的な措置からの免除）**　いずれの国の財産に対するいかなる判決後の強制的な措置（差押え、強制執行等）も、他の国の裁判所における裁判手続に関連してとられてはならない。ただし、次の場合は、この限りでない。

(a)　当該国が、次のいずれかの方法により、そのような強制的な措置がとられることについて明示的に同意した場合
(i)　国際的な合意
(ii)　仲裁の合意又は書面による契約
(iii)　裁判所において行う宣言又は当事者間で紛争が生じた後に発出する書面による通知
(b)　当該国が当該裁判手続の目的である請求を満たすために財産を割り当て、又は特定した場合
(c)　当該財産が、政府の非商業的目的以外に当該国により特定的に使用され、又はそのような使用が予定され、かつ、法廷地国の領域内にあることが立証された場合。ただし、そのような強制的な措置については、裁判手続の対象とされた団体と関係を有する財産に対してのみとることができる。

**第二〇条（裁判権の行使についての同意が強制的な措置に及ぼす効果）**　前二条の規定に基づき強制的な措置についての同意が必要となる場合において、第七条の規定に基づく裁判権の行使についての同意は、強制的な措置がとられることについての同意を意味するものではない。

**第二一条（特定の種類の財産）**　1　国の財産のうち特に次の種類の財産は、第十九条(c)に規定する政府の非商業的目的以外に当該国により特定的に使用され、又はそのような使用が予定される財産とは認められない。

(a)　当該国の外交使節団、領事機関、特別使節団、国際機関に派遣されている使節団又は国際機関の内部機関若しくは国際会議に派遣されている代表団の任務の遂行に当たって使用され、又はそのような使用が予定される財産（銀行預金を含む。）
(b)　軍事的な性質の財産又は軍事的な任務の遂行に当たって使用され、若しくはそのような使用が予定される財産
(c)　当該国の中央銀行その他金融当局の財産
(d)　当該国の文化遺産の一部又は公文書の一部を構成する財産であって、販売されておらず、かつ、販売が予定されていないもの
(e)　科学的、文化的又は歴史的に意義のある物の展示の一部を構成する財産であって、販売されておらず、かつ、販売が予定されていないもの

2　1の規定は、第十八条並びに第十九条(a)及び(b)の規定の適用を妨げるものではない。

## 第五部　雑則

**第二二条（送達）**　1　呼出状その他のいずれかの国に対して裁判手続を開始する文書の送達は、次のいずれかの方法によって実施する。

(a)　法廷地国及び当該国に対して拘束力を有する適用のある国際条約に基づく方法
(b)　申立人と当該国との間の送達のための特別の合意に基づく方法。ただし、法廷地国の法令によって禁止されていない場合に限る。
(c)　(a)に規定する国際条約又は(b)に規定する特別の合意が存在しない場合には、
(i)　外交上の経路を通じて当該国の外務省に送付する方法
(ii)　当該国が受け入れるその他の方法。ただし、法廷地国の法令によって禁止されていない場合に限る。

2　1(c)(i)の方法による送達は、外務省による文書の受領により、実施されたものとみなす。

3　これらの文書には、必要があるときは、1に規定する国の公用語（公用語が二以上あるときは、そのうちの一）による訳文を付する。

4　いずれの国も、自国に対して開始された裁判手続の本案に関して出廷した場合には、その後は、送達が1又は3の規定に適合していなかった旨を主張することができない。

**第二三条（欠席判決）**　1　欠席判決は、裁判所が次のすべてのことを認定しない限り、いずれの国に対してもこれを言い渡してはならない。

(a)　前条1及び3に定める要件が満たされたこと。
(b)　前条1及び2の規定に従い呼出状その他の裁判手続を開始する文書の送達が実施された日又は実施されたとみなされる日から四箇月以上の期間が経過したこと。
(c)　当該裁判所が当該国に対して裁判権を行使することがこの条約によって禁止されていないこと。

2　いずれかの国に対して言い渡した欠席判決の写しは、必要があるときは当該国の公用語（公用語が二以上あるときは、そのうちの一）による訳文を付して、前条1に定めるいずれかの方法により、かつ、同条1の規定に従って当該国に送付する。

3 欠席判決の取消しを求める申立ての期限は、四箇月を下回らないものとし、2に規定する国が判決の写しを受領した日又は受領したとみなされる日から起算する。

**第二四条（裁判手続における特権及び免除）** 1 裁判手続のために特定の行為を行い、若しくは行うことを差し控え、又は書類を提出し、若しくは他の情報を開示することをいずれかの国に対して求める他の国の裁判所の命令に当該国が従わなかったこと又は従うことを拒否したことは、事件の本案との関係においてそのような行動がもたらすことのある結果を除くほか、他のいかなる結果ももたらすものではない。特に、命令に従わなかったこと又は従うことを拒否したことを理由として、当該国に対して過料又は制裁を課してはならない。

2 いずれの国も、他の国の裁判所において相手方となっている裁判手続において、裁判費用の支払を保証するためのいかなる担保、保証証書又は供託金（いかなる名称が付されているかを問わない。）の提供も要求されない。

## 第六部　最終規定（抄）

**第二五条（附属書）** この条約の附属書は、この条約の不可分の一部を成す。

**第二六条（他の国際協定）** この条約のいかなる規定も、この条約で取り扱われている事項に関する既存の国際協定の当事国の間において締約国が当該国際協定に基づいて有する権利及び義務に影響を及ぼすものではない。

**第二七条（紛争の解決）** 1 締約国は、この条約の解釈又は適用に関する紛争を交渉によって解決するよう努める。

2 この条約の解釈又は適用に関する締約国間の紛争であって六箇月以内に交渉によって解決することができないものは、いずれかの紛争当事国の要請により、仲裁に付される。仲裁の要請の日の後六箇月以内に仲裁の組織について紛争当事国間で合意に達しない場合には、いずれの紛争当事国も、国際司法裁判所規程に従い国際司法裁判所に紛争を付託することができる。

3 締約国は、この条約への署名、この条約の批准、受諾若しくは承認又はこの条約への加入の際に、2の規定に拘束されない旨を宣言することができる。他の締約国は、そのような宣言を行った締約国との関係において同規定に拘束されない。

4 3の規定に基づいて宣言を行った締約国は、国際連合事務総長に対して通告を行うことにより、いつでもその宣言を撤回することができる。

**第二八条（署名）**（略）

**第二九条（批准、受諾、承認又は加入）**（略）

**第三〇条（効力発生）**（略）

**第三一条（廃棄）**（略）

**第三二条（寄託者及び通告）**（略）

**第三三条（正文）**（略）

**附属書**　この条約の特定の規定に関する了解　（略）

**参考　外国等に対する我が国の民事裁判権に関する法律**（関係国内法3参照八九五頁）

# 6　国家責任条文 翻訳

（「国際違法行為に対する国の責任」に関する条文）

草案採択　二〇〇一年（国連国際法委員会第五三会期）
二〇〇一年一二月一二日（国連総会決議五六／八三添付文書）（コンセンサス）

## 第一部　国の国際違法行為

### 第一章　一般原則

**第一条（国際違法行為に対する国の責任）** 国の全ての国際違法行為は、当該国の国際責任を伴う。

**第二条（国の国際違法行為の要因）** 国の国際違法行為は、次の場合に存在する。すなわち、作為又は不作為からなる行為が、

(a) 国際法上当該国に帰属し、かつ、

(b) 当該国の国際義務の違反を構成する場合

**第三条（国の行為の国際的違法性の確定）** 国の行為が国際的に違法とされるか否かは、国際法によって規律される。このような違法性の確定は、同一の行為が国内法により合法とされることによって影響されない。

### 第二章　行為の国への帰属

**第四条（国の機関の行為）** 1 いかなる国の機関の行為も、当該機関が立法、行政、司法その他のいずれの任務を遂行するものであるか、国の組織の中でいかなる地位を占めるものであるか、又は国の中央政府若しくは地域的単位の機関としていかなる性格のものであるかを問わず、国際法上当該国の行為とみなされる。

2 機関は、当該国の国内法に従ってそのような地位を有するいかなる人又は団体を含む。

**第五条（統治権能の一部を行使する人又は団体の行為）** 第四条の下での国の機関ではないが、当該国の法令上統治権能の一部を行使する権限を付与された人又は団体の行為は、特定の事案において当該人又は団体がその資格で行動していた場合には、国際法上当該国の行為とみなされる。

**第六条（国の使用に供された他国の機関の行為）** 国の使用に供された他国の機関の行為は、当該機関が国の統治権能の一部を行使する場合には、国際法上国の行為とみなされる。

**第七条（権限の踰越又は指示の違反）** 国の機関又は統治権能の一部を行使する権限を付与された人若しくは団体の行為は、当該機関、人又は団体がその資格で行動する場合には、その権限を踰越し又は指示に違反する場合であっても、国際法上当該国の行為とみなされる。

**第八条（国により指揮又は命令された行為）** 人又は人の集団の行為は、当該人又は人の集団が、当該行為を行うに際して、事実上国の指示に基づき、又は国による指揮若しくは統制の下で行動していた場合には、国際法上当該国の行為とみなされる。

**第九条（正規の機関が存在しないか又は機能しない場合に行われた行為）** 人又は人の集団の行為は、正規の機関が存在しないか又は機能しない場合に事実上統治権能の一部を行使しており、かつ、これらの権能の一部の行使が必要とされる事情の下

では、国際法上国の行為とみなされる。

**第一〇条（反乱団体その他の団体の行為）** 1　国の新政府となった反乱団体の行為は、国際法上当該国の行為とみなされる。

2　既存の国の領域の一部又はその国の施政の下にある領域において新たな国の樹立に成功した反乱団体その他の団体の行為は、国際法上当該新国家の行為とみなされる。

3　本条は、第四条ないし第九条により国の行為とみなされるものが、いかに当該団体の行為に関連するものであっても、当該国に帰属することを妨げるものではない。

**第一一条（国により自己の行為として認められかつ採用された行為）** 前諸条の規定に基づき国に帰属しない行為であっても、国が当該行為を自己の行為として認めかつ採用した場合には、その限りにおいて、国際法上当該国の行為とみなされる。

## 第三章　国際義務の違反

**第一二条（国際義務の違反の存在）** 国の行為が国際義務により当該国に要求されていることに合致しない場合には、当該義務の淵源又は性格にかかわらず、当該国による国際義務の違反が存在する。

**第一三条（国に対して効力を有する国際義務）** 国の行為は、当該行為が行われた時点で当該国が国際義務に拘束されていない場合には、当該義務の違反とならない。

**第一四条（国際義務の違反の時間的な範囲）** 1　継続的な性質を有しない国の行為による国際義務の違反は、たとえその行為の効果が継続するものであっても、当該行為が行われた時に生じる。

2　継続的な性質を有する国の行為による国際義務の違反は、当該行為が継続しかつ国際義務と合致しない状態にある全ての期間に及ぶ。

3　特定の事態の発生を防止することを国に要求する国際義務の違反は、当該事態が発生した時に生じ、当該事態が継続しかつ国際義務と合致しない状態にある全ての期間に及ぶ。

**第一五条（集積的な行為からなる違反）** 1　一連の作為又は不作為が集積して違法とされる国の国際義務の違反は、他の作為又は不作為とあいまって違法行為を構成するのに十分な作為又は不作為が生じた時に生じる。

2　そのような場合には、当該違反は、一連の作為又は不作為の最初のものに始まる全ての期間に及び、これらの作為又は不作為が繰り返されかつ国際義務と合致しない状態にある限り存続する。

## 第四章　他国の行為に関連する国の責任

**第一六条（国際違法行為の遂行における支援又は援助）** 他国による国際違法行為の遂行において当該他国を支援又は援助する国は、次の場合には、当該支援又は援助について国際法上責任を負う。

(a)　当該国が、その国際違法行為に関する事情を知りながらこれを行い、かつ、

(b)　その行為が、当該国により行われたならば国際法上違法である場合

**第一七条（国際違法行為の遂行の指揮及び命令）** 他国による国際違法行為の遂行において当該他国を指揮しかつ命令する国は、次の場合には、当該行為について国際法上責任を負う。

(a)　当該国が、その国際違法行為に関する事情を知りながらこれを行い、かつ、

(b)　その行為が、当該国により行われたならば国際法上違法である場合

**第一八条（他国の強制）** ある行為の遂行を他国に強制する国は、次の場合には、当該行為について国際法上責任を負う。

(a)　当該行為が、強制がなかったならば、行為を強制された国の国際違法行為となるものであり、かつ、

(b)　強制をした国が、当該行為に関する事情を知りながらこれを行う場合

**第一九条（本章の効果）** 本章は、問題となる行為を行った国又は他のいかなる国のこれらの条文（国家責任条文）の他の諸規定に基づく国際責任も妨げるものではない。

## 第五章　違法性阻却事由

**第二〇条（同意）** 国が他国による特定の行為の遂行に対して与えた有効な同意は、その行為が当該同意の範囲内にとどまる限り、当該国との関係で当該行為の違法性を阻却する。

**第二一条（自衛）** 国の行為の違法性は、その行為が国際連合憲章に合致してなされる自衛の合法的措置を構成する場合には、阻却される。

**第二二条（国際違法行為に対する対抗措置）** 他国に対する国際義務に合致しない国の行為の違法性は、その行為が第三部第二章に従って当該他国に対してとられる対抗措置〔countermeasure〕を構成する場合には、その限りにおいて、阻却される。

**第二三条（不可抗力）** 1　国の国際義務に合致しない当該国の行為の違法性は、不可抗力、すなわち当該義務の履行を物理的に不可能とするような当該国の支配を越えた抗し難い力又は予見不能な外的事情によるものである場合には、阻却される。

2　1は、次の場合には、適用しない。

(a)　不可抗力の状況が、それ単独で若しくは他の要因と結び付いて、これを援用する国の行為に基因するものである場合、又は、

(b)　その国が、当該状況の発生の危険を負った場合

**第二四条（遭難）** 1　国の国際義務に合致しない当該国の行為の違法性は、当該行為の実行者が、遭難〔distress〕状態において、自己の生命又はその者に保護を委ねられた他の者の生命を守るための他の合理的な方法をもたない場合には、阻却される。

2　1は、次の場合には、適用しない。

(a)　遭難状態が、それ単独で若しくは他の要因と結び付いて、これを援用する国の行為に基因するものである場合、又は

(b)　当該行為が、それと同等の若しくはより重大な危険を生じさせるおそれがある場合

**第二五条（緊急避難）** 1　国は、次の場合を除くほか、自国の国際義務に合致しない行為の違法性を阻却する根拠として緊急避難〔necessity〕を援用することができない。

(a)　当該行為が、重大かつ差し迫った危険から根本的利益を守るために当該国にとって唯一の方法であり、かつ、

(b)　当該行為が、その義務の相手国又は国際共同体全体の根本的利益を大きく損なうものではないこと。

2　国は、次のいかなる場合にも、緊急避難を違法性を阻却する根拠として援用することができない。

(a)　問題とされる国際義務が、緊急避難の援用の可能性を排除している場合、又は

(b)　当該国が、緊急避難の状態の発生に寄与した場合

**第二六条（強行規範の遵守）** 本章のいかなる規定も、一般国際法の強行規範の下で生じる義務と合致しない国の行為の違法性を阻却するものではない。

**第二七条（違法性阻却事由の援用の帰結）** 本章に従った違法性阻却事由の援用は、次のことに影響を及ぼすものではない。

(a) 違法性を阻却する事由がもはや存在しない場合に、その限度で当該義務を遵守すること。

(b) 当該行為により生じた物質的損害に対する金銭賠償に関する問題

## 第二部　国の国際責任の内容

### 第一章　一般原則

**第二八条（国際違法行為の法的帰結）** 第一部の規定に従って国際違法行為に伴い生じる国の国際責任は、この部に定める法的帰結をもたらす。

**第二九条（履行すべき義務の継続）** この部に基づく国際違法行為の法的帰結は、責任を負う国が違反した義務を履行すべき義務の継続に影響を与えるものではない。

**第三〇条（中止及び再発防止）** 国際違法行為に関して責任を負う国は、次の義務を負う。

(a) その行為が継続している場合には、当該行為を中止すること。

(b) 事情がそれを必要とする場合には、適当な再発防止の保証を与えること。

**第三一条（回復）** 1　責任を負う国は、国際違法行為により生じた被害に対して十分な回復[reparation]を行う義務を負う。

2　被害は、物質的であるか精神的であるかを問わず、国の国際違法行為により生じたいかなる損害も含む。

**第三二条（国内法の無関係性）** 責任を負う国は、この部の下での義務の不遵守を正当化する根拠としてその国の国内法の規定を援用することができない。

**第三三条（この部に定める国際義務の範囲）** 1　この部に定める責任を負う国の義務は、特に国際義務の性格及び内容並びに違反の状況に応じて、相手国、複数の国又は国際共同体全体に対するものであり得る。

2　この部は、国の国際責任から生じた国以外の人又は団体に対して直接に与えられるいかなる権利も妨げるものではない。

### 第二章　被害の回復

**第三四条（回復の方式）** 国際違法行為により生じた被害に対する十分な回復[reparation]は、本章の規定に従い、原状回復、金銭賠償及び精神的満足の方式を単独で又は組み合わせて行われる。

**第三五条（原状回復）** 国際違法行為に対して責任を負う国は、原状回復[restitution]、すなわち違法行為が行われる前に存在した状態を回復する義務を負う。ただし、原状回復が、次の場合に、その範囲内であることを条件とする。

(a) 物理的に不可能[materially impossible]ではないこと。

(b) 金銭賠償に代わって原状回復させることから生じる利益と著しく均衡を欠くような負担を伴わないこと。

**第三六条（金銭賠償）** 1　国際違法行為に対して責任を負う国は、損害が原状回復によっては十分に回復されない限りにおいて、それにより生じた損害に対する金銭賠償[compensation]を行う義務を負う。

2　金銭賠償は、金銭上評価可能ないかなる損害も対象とし、それが立証される限りにおいて逸失利益を含む。

**第三七条（精神的満足）** 1　国際違法行為に対して責任を負う国は、被害が原状回復又は金銭賠償によっては十分に回復されない限りにおいて、違法行為により生じた被害に対する精神的満足[satisfaction]を与える義務を負う。

2　精神的満足は、違反の自認、遺憾の意の表明、公式の陳謝その他の適当な態様により行うことができる。

3　精神的満足は、被害と均衡を欠くものであってはならず、責任を負う国を侮辱する形式をとってはならない。

**第三八条（利息）** 1　本章に基づき支払われるべき賠償額に対する利息は、十分な回復を保証するために必要とされる場合には、支払われなければならない。利息の利率及び計算方法は、そのような結果を達成するように定められる。

2　利息は、賠償額が支払われるべきであった日から発生し、支払の義務が履行される日まで及ぶ。

**第三九条（被害に対する寄与）** 回復の決定に当たっては、被害国又はそれとの関係で回復が請求される人若しくは団体の故意又は過失による作為又は不作為による被害への寄与が考慮される。

### 第三章　一般国際法の強行規範に基づく義務の重大な違反

**第四〇条（本章の適用）** 1　本章は、一般国際法の強行規範に基づいて発生する義務の国による重大な違反に伴って生じる国際責任に適用する。

2　そのような義務の違反は、それが責任を負う国による当該義務の甚だしい又は体系的な不履行を伴う場合には、重大であるとされる。

**第四一条（本章に基づく義務の重大な違反の具体的帰結）** 1　諸国は、前条の意味における重大な違反を合法的手段によって終了させるために協力する。

2　いかなる国も、前条の意味における重大な違反によりもたらされた状態を合法なものとして承認してはならず、当該状態を維持するための支援又は援助を与えてはならない。

3　本条は、この部で言及されたその他の帰結に影響を及ぼすものではなく、また本章が適用される違反に国際法が付与するその他の帰結を妨げるものでもない。

## 第三部　国の国際責任の実現

### 第一章　国の責任の追及

**第四二条（被害国による責任の追及）** 国は、違反の対象となった義務が次のようなものであるときは、被害国として他国の責任を追及する権利を有する。

(a) 当該国に対して個別的に負う義務である場合

(b) 当該国を含む国の集団若しくは国際共同体全体に対する義務であり、かつ、その義務の違反が、

(i) 当該国に特別に影響を及ぼすものである場合、若しくは

(ii) その義務の履行の継続について他の全ての国の立場を根本的に変更する性格のものである場合

**第四三条（被害国による請求の通告）** 1　他国の責任を追及する被害国は、その国に対して請求の通告を行う。

2　被害国は、特に次のものを特定することができる。

(a) 違法行為が継続している場合には、それを中止するために責任を負う国がとるべき行為
(b) 第二部の規定に従ってとられるべき回復の方式

**第四四条（請求の許容性）** 国の責任は、次の場合には追及することができない。
(a) その請求が、請求の国籍に関して適用される規則に従ってなされていない場合
(b) その請求が、国内救済完了〔exhaustion of local remedies〕の規則が適用されるものであり、利用可能なかつ実効的な国内救済が尽くされていない場合

**第四五条（責任を追及する権利の喪失）** 国の責任は、次の場合には追及することができない。
(a) 被害国による請求の放棄が有効とされる場合
(b) 被害国の行為により、被害国が請求の失効を黙認したとみなされる場合

**第四六条（被害国が複数である場合）** 複数の国が同一の国際違法行為により被害を被った場合には、それぞれの被害国が個別に国際違法行為を行った国の責任を追及することができる。

**第四七条（責任を負う国が複数である場合）** 1 複数の国が同一の国際違法行為に対して責任を負う場合には、当該行為との関係でそれぞれの国の責任を追及することができる。
2 1の規定は、
(a) いかなる被害国も、金銭賠償の方式によって、自らが被った損害以上の回復を得ることを認めるものではない。
(b) 責任を負う他の国に対するいかなる求償の権利にも影響を及ぼさない。

**第四八条（被害国以外の国による責任の追及）** 1 被害国以外のいかなる国も、次の場合には、2に従って他国の責任を追及する権利を有する。
(a) 違反の対象となった義務が、当該国を含む国の集団に対するものであり、かつ、当該集団の集団的利益の保護のために設けられたものである場合、又は
(b) 違反の対象となった義務が、国際共同体全体に対するものである場合
2 1に基づき責任を追及する権利を有するいかなる国も、責任を負う国に対して次の請求を行うことができる。
(a) 第三〇条に従った国際違法行為の中止及び再発防止の保証、及び
(b) 被害国又は違反の対象となった義務の受益者の利益のために、前諸条の規定に従った回復の義務の履行
3 第四三条、第四四条及び第四五条に基づく被害国による責任の追及のための要件は、1に基づきそのような権利を有する国による責任の追及に適用される。

## 第二章　対抗措置

**第四九条（対抗措置の目的と制限）** 1 被害国は、国際違法行為の責任を負う国に対して第二部に基づく義務の履行を促すためにのみ、対抗措置をとることができる。
2 対抗措置は、措置をとる国が責任を負う国に対して負う国際義務の一時的な不履行に限定される。
3 対抗措置は、可能な限り、当該義務の履行の再開を可能にするような方法で行わなければならない。

**第五〇条（対抗措置により影響されない義務）** 1 対抗措置は、次のものに影響を及ぼすものではない。
(a) 国際連合憲章に示された武力による威嚇又は武力の行使を慎む義務
(b) 基本的人権の保護に関する義務
(c) 復仇を禁止する人道的性格の義務
(d) 一般国際法の強行規範に基づくその他の義務
2 対抗措置をとる国は、次の義務の履行を免れない。
(a) 当該国と責任を負う国との間に適用されるあらゆる紛争解決手続
(b) 外交官若しくは領事官、又はそれらの公館、公文書若しくは書類の不可侵性の尊重

**第五一条（均衡性）** 対抗措置は、国際違法行為の重大性及び問題となる権利を考慮しつつ、被った被害と均衡するものでなければならない。

**第五二条（対抗措置に訴えるための条件）** 1 対抗措置をとる前に、被害国は、次のことを行わなければならない。
(a) 第四三条に従って、第二部に基づく義務の履行を責任を負う国に対して要求すること。
(b) 対抗措置をとるという決定を責任を負う国に通告し、当該国に交渉を申し出ること。
2 1(b)にかかわらず、被害国は、その権利を保全するために必要とされる緊急の対抗措置をとることができる。
3 次の場合には、対抗措置をとってはならない。既に対抗措置をとっている場合には遅滞なく停止しなければならない。
(a) 国際違法行為が中止された場合
(b) その紛争が、当事国を拘束する決定を行う権限を有する裁判所又は裁定機関に付託されている場合
4 3は、責任を負う国が紛争解決手続を誠実に実施しない場合には、適用されない。

**第五三条（対抗措置の終了）** 対抗措置は、責任を負う国がその国際違法行為との関係で第二部に基づく義務を履行した場合には、直ちに終了しなければならない。

**第五四条（被害国以外の国がとる措置）** この章は、第四八条1に基づき他の国の責任を追及する権利を有する国が、違反の中止、及び、被害国又は違反の対象となった義務の受益者の利益のための回復を確保するために、責任を負う国に対してとる合法的な措置を妨げるものではない。

# 第四部　一般規定

**第五五条（特別法）** これらの条文〔国家責任条文〕は、国際違法行為の存在に関する条件又は国の国際責任の内容若しくはその実施が国際法の特別の規則によって規律される場合には、その限りにおいて適用しない。

**第五六条（これらの条文〔国家責任条文〕により規律されない国家責任の問題）** これらの条文〔国家責任条文〕により規律されない限りにおいて、適用可能な国際法の規則が引き続き国際違法行為に対する国の責任に関する問題を規律する。

**第五七条（国際組織の責任）** これらの条文〔国家責任条文〕は、国際組織の国際法上の責任又は国際組織の行為に対する国の国際法上の責任に関するいかなる問題にも影響を及ぼすものではない。

**第五八条（個人責任）** これらの条文〔国家責任条文〕は、国のために行動するいかなる者の国際法上の個人責任に関するいかなる問題にも影響を及ぼすものではない。

**第五九条（国際連合憲章）** これらの条文〔国家責任条文〕は、国際連合憲章に影響を及ぼすものではない。

参　考

◇国家責任暫定条文草案（一九九六年第一読）Web

## 参考　国際組織責任条文（第1章19参照九四頁）

## 参考　外交的保護条文 翻訳

（「外交的保護」に関する条文）

草案採択　二〇〇六年（国連国際法委員会第五八会期）
二〇〇七年一二月六日（国連総会決議六二／六七添付文書）

### 第一部　一般規定

**第一条（定義及び範囲）** この条文草案の適用上、外交的保護とは、他の国の国際違法行為により自国の国民である自然人又は法人に生じた被害について、当該他の国が責任を履行することを求めて、国が、外交的行動その他の平和的解決手段を通じて、そのような責任を追及することをいう。

**第二条（外交的保護を行使する権利）** 国は、この条文草案に従って外交的保護を行使する権利を有する。

### 第二部　国籍

#### 第一章　一般原則

**第三条（国籍国による保護）** 1　外交的保護を行使する権利を有する国は、国籍国である。

2　1にかかわらず、外交的保護は、草案第八条に従って、自国の国民ではない人について行使することができる。

#### 第二章　自然人

**第四条（自然人の国籍国）** 自然人の外交的保護の適用上、国籍国とは、その人が出生、血統、帰化、国家承継又は国際法と抵触しないその他の方法により、その国の法令に従って取得した国籍の国をいう。

**第五条（自然人の継続的国籍）** 1　国は、被害の日から請求の正式な提出の日まで継続的にその国民であった人について外交的保護を行使する権利を有する。被害の日及び請求の正式な提出の日に当該国籍が存在する場合には、継続性が推定される。

2　1にかかわらず、国は、被害の日にはその国民でなかった人であって請求の正式な提出の日にその国民である人については、その人が先行国の国籍を有していたか又はその前国籍を喪失したこと、及び請求の提起とは関係のない理由により国際法と抵触しない方法で当該国の国籍を取得したことを条件として、外交的保護を行使することができる。

3　人が現在の国籍国ではなく前国籍国の国民であったときに生じた被害については、その人の現在の国籍国は当該前国籍国に対して外交的保護を行使しないものとする。

4　請求の正式な提出の日より後に被請求国の国籍を取得した人については、国はもはや外交的保護を行使する権利を有しない。

**第六条（重国籍の場合の第三国に対する請求）** 1　二重国籍又は多数の国籍を有する者の国籍国は、当該国民について、その人が国民ではない国に対して外交的保護を行使することができる。

2　二重国籍又は多数の国籍を有する者については、二以上の国籍国が共同して外交的保護を行使することができる。

**第七条（重国籍の場合の国籍国に対する請求）** 重国籍者の国籍国は、被害の日及び請求の正式な提出の日のいずれにおいても自国の国籍が優越的なものでない限り、重国籍者の他の国籍国に対して外交的保護を行使することができない。

**第八条（無国籍者及び難民）** 1　国は、被害の日及び請求の正式な提出の日においてその国に合法的に居住しかつ常居所を有する（habitually resident）無国籍者について、外交的保護を行使することができる。

2　国は、国際的に受け入れられた基準に従ってその国が難民として認めた人について、その人が被害の日及び請求の正式な提出の日においてその国に合法的に居住しかつ常居所を有する場合には、外交的保護を行使することができる。

3　2は、難民の国籍国の国際違法行為によって生じた被害については適用しない。

#### 第三章　法人

**第九条（会社の国籍国）** 会社の外交的保護の適用上、国籍国とは、会社がその設立において準拠した法令の国をいう。ただし、会社が一又は複数の他の国の国民によって支配されており、設立国では何ら実質的な事業活動を行わず、かつ、会社の経営及び財務上の支配の本拠（（仏）siège）がいずれも他の国に置かれている場合には、当該他の国が国籍国とみなされる。

**第一〇条（会社の継続的国籍）** 1　国は、被害の日から請求の正式な提出の日まで継続的にその国の国籍又はその先行国の国籍を有していた会社について、外交的保護を行使する権利を有する。被害の日及び請求の正式な提出の日に当該国籍が存在する場合には、継続性が推定される。

2　請求の提出より後に被請求国の国籍を取得した会社については、国はもはや外交的保護を行使する権利を有しない。

3　1にかかわらず、国は、被害の日にその国籍を有しており、かつ、被害の結果として設立国の法令に従い存在しなくなった会社について、引き続き外交的保護を行使する権利を有する。

**第一一条（株主の保護）** 会社の株主の国籍国は、会社に対する被害の事件において、次の場合を除くほか、株主について外交的保護を行使する権利を有しない。

(a)　会社が、当該被害とは関係のない理由により設立国の法令に従って存在しなくなった場合、又は

(b)　会社が、被害の日に、被害を生じたことに責任を負うと主張される国の国籍を有しており、かつ、その国での設立がそこで事業を営むための前提条件としてその国から要求されていた場合

**第一二条（株主に対する直接被害）** 国の国際違法行為が、会社自身の権利とは区別される株主としての権利そのものに対して直接の被害を生じる限りにおいて、そのような株主のいかなる国籍国もその国民について外交的保護を行使する権利を有する。

**第一三条（その他の法人）** 本章に定める原則は、適当な場合に

は、会社以外の法人の外交的保護に適用される。

### 第三部　国内救済

**第一四条（国内救済の完了）** 1　国は、国民又は草案第八条に定めるその他の人について、草案第一五条に規定する場合を除き、被害者が全ての国内救済を尽くしていないときには、国際請求を提出することができない。

2　「国内救済」とは、被害を生じさせたことに責任を負うと主張される国の司法裁判所若しくは行政裁判所又は司法的機関若しくは行政的機関（通常のものか特別のものかを問わない。）であって被害者に開かれている法的救済をいう。

3　国民又は草案第八条に定めるその他の人に対する被害を主たる基礎として、国際請求又は当該請求に関連する宣言判決の要請が提起される場合、国内救済が尽くされなければならない。

**第一五条（国内救済の規則に対する例外）** 次の場合には国内救済が尽くされる必要はない。

(a) 実効的な救済［redress］を提供する合理的に利用可能な国内救済が何ら存在しないか、若しくは国内救済が実効的な救済の合理的な可能性を何ら与えない場合

(b) 責任を負うと主張される国の側における救済の手続の不当な遅延が存在する場合

(c) 被害者と責任を負うと主張される国との間に、被害の日において一切の関連ある結び付きが存在しなかった場合

(d) 被害者が国内救済から明白に排除された場合、又は

(e) 責任を負うと主張される国が国内救済を完了することの要求を放棄した場合

### 第四部　雑則

**第一六条（外交的保護以外の行動又は手続）** 国際違法行為の結果として蒙った被害に対する救済を確保するために国、自然人、法人又はその他の団体が外交的保護以外の行動又は手続に訴える国際法上の権利は、この条文草案によって影響を受けない。

**第一七条（国際法の特別規則）** この条文草案は、投資保護のための条約規定のような国際法の特別の規則と両立しない限度において、適用しない。

**第一八条（船員の保護）** 国際違法行為から生じた船舶に対する被害に関連して船員が被害を受けた場合、船員の国籍国が外交的保護を行使する権利は、当該船員の国籍のいかんにかかわらず、当該船員のために救済を求める船籍国の権利によって影響を受けない。

**第一九条（勧告される実行）** この条文草案に従って外交的保護を行使する権利を有する国は、次のことを行うべき［should］である。

(a) 外交的保護を行使する可能性について、重大な被害が生じた場合には特に、妥当な考慮を払うこと。

(b) 可能な場合には、外交的保護へ訴えること及び求められるべき回復［reparation］について被害者の見解を考慮すること、及び

(c) 責任を負う国から被害に対して得られた補償を、合理的な控除を条件として、被害者に引き渡すこと。

## 7　スイス連邦の諸問題に関する諸国宣言（抜粋）翻訳

（スイス連邦［（仏）Confédération Helvétique］の諸問題に関するオーストリア、フランス、グレート・ブリテン、ポルトガル、プロシア、ロシア、スペイン及びスウェーデンによる宣言）

署　名　一八一五年三月二〇日（ウィーン）
当事国　九

一八一四年五月三〇日のパリ条約第六条の実施のためにスイスの諸問題の処理に介入することを求められた諸国は、一般的利益がスイス［（仏）Corps Helvétique］のために永世中立の特典を要求することを承認し、かつ、領土の原状回復及び割譲によって、その独立を保障し中立を維持する手段をスイスに提供することを希望し、

諸カントンの諸利益に関する全ての情報を収集し、かつ、スイス使節団［（仏）Légation Helvétique］によって右の諸国に提出された要求を考慮した後、

次のことを宣言する。

スイス議会がこの約定に含まれる諸規定に正式に同意を与えた時は直ちに、新たな境界内におけるスイスの永世中立を全ての諸国が承認しかつ保障することを記載する議定書が作成される。この議定書は、五月三〇日の前記パリ条約第三二条の実施として、同条約の諸規定を補完する議定書の一部となる。

**約定**（第一条から第九条まで）（略）

**スイス議会の同意書**（一八一五年五月二七日）（略）

## 8　スイス永世中立宣言（抜粋）翻訳

（スイスの永世中立及びその領域の不可侵の承認及び保障に関する宣言）

署　名　一八一五年一一月二〇日（パリ）
当事国　八

（前略）三月二〇日のウィーン宣言書の署名国は、この議定書によって、スイスの永世中立を正式かつ公式に承認し、かつ、スイスに対して新境界内の領域の保全と不可侵とを保障する。この新境界は、ウィーン会議議定書及び本日付のパリ条約によって確定されるものであり、また、ここにその抜粋を添付した一一月三日の議定書の定めるところに従って、将来、確定されるものである。その議定書では、ジュネーヴ・カントンを拡張して飛び地を解消するために、サヴォイから分離する領域によって、スイスに有利になるように新たにその領域を増大させることが規定されている。（中略）

三月二〇日の宣言書の署名国は、スイスの中立及び不可侵並びに全ての外国勢力からの独立が全ヨーロッパの政治体制のため真に有益であることを、この議定書によって公式に承認する。（以下略）

**フランスによって譲渡される領域と地所についての処分を規律するための、オーストリア、イギリス、プロシア、ロシア各国の全権大使による会議の議定書**（一八一五年一一月三日）（略）

## 参考　香港に関する中英共同声明 翻訳

（中華人民共和国政府とグレート・ブリテン及び北部アイルランド連合王国政府の香港問題に関する共同声明）

署　名　一九八四年一二月一九日（北京）
効力発生　一九八五年五月二七日

中華人民共和国政府とグレート・ブリテン及び北部アイルランド連合王国政府は、この数年来の両国政府と両国人民間の友好関係を満足の意をもって回顧し、歴史上残された香港問題を話し合いによって適切に解決することは、香港の繁栄と安定の維持に役立ち、両国関係が新しい基礎の上にさらに強化され、発展するのに役立つと一致して認め、ここに両国政府代表団の会談を通じて次のように声明することで合意した。

1　中華人民共和国政府は、香港地区（香港島、九竜、「新界」を含む、以下香港という。）を回収することは全中国人民の共通の願いであること、中華人民共和国政府が、一九九七年七月一日に香港に対する主権行使を回復することを決定したことを声明する。

2　連合王国政府は連合王国政府が一九九七年七月一日に香港を中国に返還することを声明する。

3　中華人民共和国政府は香港に対する中華人民共和国の基本方針政策が次の通りであることを声明する。

(1)　国家の統一と領土保全を守り、また香港の歴史と現状を考慮し、中華人民共和国は香港に対する主権行使回復に当たり、中華人民共和国憲法第三一条の規定に基づいて香港特別行政区を設置することを決定した。

(2)　香港特別行政区は、中華人民共和国中央人民政府の直轄とする。外交、国防問題を中央人民政府が管理することを除き、香港特別行政区は高度の自治権を享有する。

(3)　香港特別行政区は行政権、立法権、独立した司法権、終審裁判権を享有する。現行の法律は基本的には不変である。

(4)　香港特別行政区政府は現地住民によって構成する。行政府の長は現地で選挙又は協議によって選び、中央人民政府が任命することとする。主な政府職員は行政長官が指名し、中央人民政府が任命する。香港各政府部門でそれまで勤務していた内外籍の公務員、警察職員は職を維持できる。香港特別行政区の各政府部門は英国籍及びその他の外国籍の者を顧問又はある種の公職に招聘することができる。

(5)　香港の現行の社会・経済制度は不変である。生活様式も不変である。香港特別行政区は法律に基づいて、人身、言論、出版、集会、結社、旅行、移転、通信、罷業、職業選択、学術研究、宗教信仰などの諸権利と自由を保障する。私有財産、企業所有権、相続権、外国の投資はひとしく法律の保護を受ける。

(6)　香港特別行政区は自由港、独立の関税地域の地位を維持する。

(7)　香港特別行政区は国際金融センターとしての地位を保ち、引き続き外貨、金、証券、先物取引などの市場を開放し、資金の出入も自由である。香港ドルは引き続き流通し、自由に兌換できる。

(8)　香港特別行政区は財政の独立を保持する。中央人民政府は香港特別行政区から税を徴収しない。

(9)　香港特別行政区は連合王国及びその他の国との互恵的経済関係を樹立することができる。連合王国及びその他の国の香港における経済利益は配慮される。

(10)　香港特別行政区は「中国香港」の名で独自に各国、各地域及び関連国際機関と経済・文化関係を維持、発展させるとともに、関連の協定を締結することができる。香港特別行政区政府は香港出入の旅行証明書を独自に発給できる。

(11)　香港特別行政区の社会治安は香港特別行政区政府が責任をもって維持する。

(12)　中華人民共和国の香港に対する前述の基本方針政策及び前述の方針政策に関する附属文書Ｉの具体的詳細については、中華人民共和国の全国人民代表大会が中華人民共和国香港特別行政区基本法により規定し、五〇年間これを変えない。

4　中華人民共和国政府と連合王国政府はこの共同声明発効の日から一九九七年六月三〇日までの過渡的期間中は、連合王国政府が香港の行政の責任をもち、香港の経済繁栄と社会の安全を守り、維持することを声明する。中華人民共和国政府はこれに協力する。

5　中華人民共和国政府と連合王国政府は、本共同声明が効果的に遂行され、一九九七年に政権の順調な移行が保証されることを願って、本共同声明発効と同時に中英合同連絡グループを設置し、このグループが本共同声明附属文書Ⅱの規定に基づいて職責を履行することを声明する。

6　中華人民共和国政府と連合王国政府は、香港の土地契約その他の関連事項に関して、共同声明附属文書Ⅲの規定に基づいて処理することを声明する。

7　中華人民共和国政府と連合王国政府は、前述の各声明及び本共同声明の附属文書がいずれも実施に移されることに同意する。

8　本共同声明は批准を必要とし、相互に批准書を交換した日から発効する。批准書は一九八五年六月三〇日までに北京で交換される。この共同声明及びその附属文書はいずれも同等の拘束力をもつものとする。

**附属文書Ⅰ　中華人民共和国の香港に対する基本方針政策についての詳細**（略）

**附属文書Ⅱ　中英合同連絡グループについて**（略）

**附属文書Ⅲ　土地契約について**（略）

**双方が交換する覚書**（略）

# 第3章　国際交渉の機関

## 1　外交使節の席次に関する規則 翻訳

署　名　一八一五年三月一九日(ウィーン)

諸種の外交代表の席次に関してしばしば生じ、また今後なお紛議を生じさせ得る混乱を防ぐために、パリ条約署名国の全権委員は次の条項に同意し、他の諸王の全権委員に同一の規則を採択するよう促すべきものと確信する。

**第一条【階級】** 外交使節は次の三級に分かたれる。
大使、ローマ法王特使〔(仏)Légats〕又はローマ法王大使〔(仏)Nonces〕
公使、その他主権者に宛てて信任された者
外務大臣に宛てた信任状を与えられた臨時代理大使又は臨時代理公使

**第二条【代表資格】** 大使、ローマ法王特使又はローマ法王大使のみが代表資格を有する。

**第三条【特命使節】** 特命を帯びる外交使節は、その資格によっては、何ら上位の席次を有しない。

**第四条【席次】** 各級における外交使節間の席次は、その着任の正式な通知の日に従って定めるものとする。
この規則は、ローマ法王の使節に関して、何らの変更を及ぼすものではない。

**第五条【外交使節の接受】** 各国は、各級の外交使節の接受のため、統一的な様式を定める。

**第六条【派遣国と接受国との関係】** 宮廷間の血縁関係又は姻族関係は、それらの外交使節の席次に何ら影響を及ぼすものではない。

**第七条【署名の順位】** 交互先署権〔(仏)alternat〕を認める諸国の協定又は条約においては、署名に際して従われる順序は、使節の間で抽籤により定めるものとする。
政治的同盟の場合も同様とする。

この規則は、パリ条約の八署名国の全権委員による一八一五年三月一九日の会議の議定書の一部をなすものとする。

## 2　外交関係条約

### (1)　外交関係に関するウィーン条約(抄)

採択(作成)　一九六一年四月一八日(ウィーン)
効力発生　一九六四年四月二四日
日 本 国　一九六四年七月八日(六二年三月二八日署名、六四年五月八日国会承認、五月二九日内閣批准、同日批准書認証、六月八日批准書寄託、六月二六日公布・条約一四号)
当 事 国　一九三

この条約の当事国は、
すべての国の国民が古くから外交官の地位を承認してきたことを想起し、
国の主権平等、国際の平和及び安全の維持並びに諸国間の友好関係の促進に関する国際連合憲章の目的及び原則に留意し、
外交関係並びに外交上の特権及び免除に関する国際条約が、国家組織及び社会制度の相違にかかわらず、諸国間の友好関係の発展に貢献するであろうことを信じ、
このような特権及び免除の目的が、個人に利益を与えることにあるのではなく、国を代表する外交使節団の任務の能率的な遂行を確保することにあることを認め、
この条約の規定により明示的に規制されていない問題については、引き続き国際慣習法の諸規則によるべきことを確認して、
次のとおり協定した。

**第一条【定義】** この条約の適用上、
(a)「使節団の長」とは、その資格において行動する任務を派遣国により課せられた者をいう。
(b)「使節団の構成員」とは、使節団の長及び使節団の職員をいう。
(c)「使節団の職員」とは、使節団の外交職員、事務及び技術職員並びに役務職員をいう。
(d)「外交職員」とは、使節団の職員で外交官の身分を有するものをいう。
(e)「外交官」とは、使節団の長又は使節団の外交職員をいう。
(f)「事務及び技術職員」とは、使節団の職員で使節団の事務的業務又は技術的業務のために雇用されているものをいう。
(g)「役務職員」とは、使節団の職員で使節団の役務に従事するものをいう。
(h)「個人的使用人」とは、使節団の構成員の家事に従事する者で派遣国が雇用する者でないものをいう。
(i)「使節団の公館」とは、所有者のいかんを問わず、使節団のために使用されている建物又はその一部及びこれに附属する土地(使節団の長の住居であるこれらのものを含む。)をいう。

**第二条【外交関係の設定】** 諸国間の外交関係の開設及び常駐の使節団の設置は、相互の同意によつて行なう。

**第三条【使節団の任務】** 1　使節団の任務は、特に、次のことから成る。
(a)　接受国において派遣国を代表すること。
(b)　接受国において、国際法が認める範囲内で派遣国及びその国民の利益を保護すること。
(c)　接受国の政府と交渉すること。
(d)　接受国における諸事情をすべての適法な手段によって確認し、かつ、これらについて派遣国の政府に報告すること。
(e)　派遣国と接受国との間の友好関係を促進し、かつ、両国の経済上、文化上及び科学上の関係を発展させること。
2　この条約のいかなる規定も、使節団による領事任務の遂行を妨げるものと解してはならない。

**第四条【アグレマン】** 1　派遣国は、自国が使節団の長として接受国に派遣しようとする者について接受国のアグレマン〔(仏)agrément〕が与えられていることを確認しなければならない。
2　接受国は、アグレマンの拒否について、派遣国に対し、その理由を示す義務を負わない。

**第五条【二以上の国への使節の任命】** 1　派遣国は、関係接受国に対し適当な通告を行なつた後、同一の使節団の長又は外交職員を同時に二以上の国に派遣することができる。ただし、いずれ

かの関係接受国が明示的に異議を申し入れた場合は、この限りでない。

2　派遣国は、同一の使節団の長を他の一又は二以上の国に派遣している場合には、その使節団の長が常駐しない各国に臨時代理大使又は臨時代理公使を首席の職員とする使節団を設置することができる。

3　使節団の長又は使節団の外交職員は、国際機関における自国の代表として行動することができる。

**第六条【二国以上による同一使節の任命】** 二以上の国は、同一の者を同時にそれぞれの国の使節団の長として他の一国に派遣することができる。ただし、接受国が異議を申し入れた場合は、この限りでない。

**第七条【使節団職員の任命】** 第五条、第八条、第九条及び第十一条の規定に従うことを条件として、派遣国は、使節団の職員を自由に任命することができる。使節団付きの陸軍駐在官、海軍駐在官又は空軍駐在官の任命については、接受国は、承認のため、あらかじめその氏名を申し出ることを要求することができる。

**第八条【外交職員の国籍】** 1　使節団の外交職員は、原則として、派遣国の国籍を有する者でなければならない。

2　使節団の外交職員は、接受国の国籍を有する者の中から任命してはならない。ただし、接受国が同意した場合は、この限りでない。接受国は、いつでも、この同意を撤回することができる。

3　接受国は、派遣国の国民でない第三国の国民についても、同様の権利を留保することができる。

**第九条【好ましからざる人物】**(羅 persona non grata)　1　接受国は、いつでも、理由を示さないで、派遣国に対し、使節団の長若しくは使節団の外交職員である者がペルソナ・ノン・グラータであること又は使節団のその他の職員である者が受け入れ難い者であることを通告することができる。その通告を受けた場合には、派遣国は、状況に応じ、その者を召還し、又は使節団におけるその者の任務を終了させなければならない。接受国は、いずれかの者がその領域に到着する前においても、その者がペルソナ・ノン・グラータであること又は受け入れ難い者であることを明らかにすることができる。

2　派遣国が1に規定する者に関するその義務を履行することを拒否した場合又は相当な期間内にこれを履行しなかつた場合には、接受国は、その者を使節団の構成員と認めることを拒否することができる。

**第一〇条【着任、離任等の通告】** 1　接受国の外務省(合意により指定した他の省を含む。以下同じ。)は、次の事項について通告を受けるものとする。

(a)　使節団の構成員の任命、到着及び最終的出発又は使節団における任務の終了

(b)　使節団の構成員の家族である者の到着及び最終的出発並びに、状況に応じ、いずれかの者が使節団の構成員の家族となる事実又は家族でなくなる事実

(c)　(a)に掲げる者が雇用している個人的使用人の到着及び最終的出発並びに、状況に応じ、そのような雇用が終了する事実

(d)　接受国内に居住する者を使節団の構成員として又は特権及び免除を受ける権利を有する個人的使用人として雇用すること及びこれを解雇すること。

2　1に規定する到着及び最終的出発の通告は、可能な場合には、事前にも行なわなければならない。

**第一一条【職員の数】** 1　使節団の職員の数に関して特別の合意がない場合には、接受国は、使節団の職員の数を接受国が自国内の諸事情及び当該使節団の必要を考慮して合理的かつ正常と認める範囲内のものとすることを要求することができる。

2　接受国は、また、同様の制限の下に、かつ、無差別の原則の下に、特定の職種の職員を受け入れることを拒否することができる。

**第一二条【公館事務所の設置】** 派遣国は、接受国による事前の明示の同意を得ないで、使節団の設置の場所以外の場所に、使節団の一部を構成する事務所を設置してはならない。

**第一三条【使節の任務の開始】** 1　使節団の長は、接受国において一律に適用されるべき一般的な習律に従い、自己の信任状を提出した時又は自己の到着を接受国の外務省に通告し、かつ、自己の信任状の真正な写しを外務省に提出した時において接受国における自己の任務を開始したものとみなされる。

2　信任状又はその真正な写しを提出する順序は、使節団の長の到着の日時によつて決定する。

**第一四条【使節の階級】** 1　使節団の長は、次の三の階級に分かたれる。

(a)　国の元首に対して派遣された大使又はローマ法王の大使(nuncios)及びこれらと同等の地位を有する他の使節団の長

(b)　国の元首に対して派遣された公使及びローマ法王の公使(internuncios)

(c)　外務大臣に対して派遣された代理公使

2　席次及び儀礼に関する場合を除くほか、階級によつて使節団の長を差別してはならない。

**第一五条【階級に関する合意】** 使節団の長に与える階級は、関係国の間で合意するところによる。

**第一六条【使節の席次】** 1　使節団の長は、それぞれの階級において、第十三条の規定による任務開始の日時の順序に従つて席次を占めるものとする。

2　使節団の長の信任状の変更で階級の変更を伴わないものは、その使節団の長の席次に影響を及ぼさないものとする。

3　この条の規定は、ローマ法王の代表者の席次に関する習律で接受国が容認するものに影響を及ぼすものではない。

**第一七条【外交職員の席次】** 使節団の外交職員の席次は、使節団の長が接受国の外務省に通告するものとする。

**第一八条【使節の接受】** 使節団の長の接受に関しよるべき手続は、当該接受国において、それぞれの階級につき同一でなければならない。

**第一九条【臨時代理大(公)使】** 1　使節団の長が欠けた場合又は使節団の長がその任務を遂行することができない場合には、臨時代理大使又は臨時代理公使(chargé d'affaires ad interim)が暫定的に使節団の長として行動するものとする。その臨時代理大使又は臨時代理公使の氏名は、使節団の長又は、使節団の長がすることが不可能な場合には、派遣国の外務省が接受国の外務省に通告するものとする。

2　派遣国は、その使節団の外交職員が接受国にいない場合には、接受国の同意を得て、事務及び技術職員を使節団の日常の管理的事務の担当者に指定することができる。

**第二〇条【国旗及び国章掲揚の権利】** 使節団及び使節団の長は、使節団の公館(使節団の長の住居を含む。)及び使節団の長の輸送手段に派遣国の国旗及び国章を掲げる権利を有する。

# 外交関係に関するウィーン条約

**第二一条【公館開設のための便宜】** 1 接受国は、派遣国が自国の使節団のために必要な公館を接受国の法令に従つて接受国の領域内で取得することを容易にし、又は派遣国が取得以外の方法で施設を入手することを助けなければならない。

2 接受国は、また、必要な場合には、使節団が使節団の構成員のための適当な施設を入手することを助けなければならない。

**第二二条【公館の不可侵】** 1 使節団の公館は、不可侵とする。接受国の官吏は、使節団の長が同意した場合を除くほか、公館に立ち入ることができない。

2 接受国は、侵入又は損壊に対し使節団の公館を保護するため及び公館の安寧の妨害又は公館の威厳の侵害を防止するため適当なすべての措置を執る特別の責務を有する。

3 使節団の公館、公館内にある用具類その他の財産及び使節団の輸送手段は、捜索、徴発、差押え又は強制執行を免除される。

**第二三条【公館に対する課税免除】** 1 派遣国及び使節団の長は、使節団の公館(所有しているものであると賃借しているものであるとを問わない。)について、国又は地方公共団体のすべての賦課金及び租税を免除される。ただし、これらの賦課金又は租税であつて、提供された特定の役務に対する給付としての性質を有するものは、この限りでない。

2 この条に規定する賦課金又は租税の免除は、派遣国又は使節団の長と契約した者が接受国の法律に従つて支払うべき賦課金又は租税については適用しない。

**第二四条【公文書の不可侵】** 使節団の公文書及び書類は、いずれの時及びいずれの場所においても不可侵とする。

**第二五条【任務のための便宜】** 接受国は、使節団に対し、その任務の遂行のため十分な便宜を与えなければならない。

**第二六条【移動及び旅行の自由】** 接受国は、国の安全上の理由により立入りが禁止され又は規制されている地域に関する法令に従うことを条件として、使節団のすべての構成員に対し、自国の領域内における移動の自由及び旅行の自由を確保しなければならない。

**第二七条【通信の自由】** 1 接受国は、すべての公の目的のためにする使節団の自由な通信を許し、かつ、これを保護しなければならない。使節団は、自国の政府並びに、いずれの場所にあるかを問わず、自国の他の使節団及び領事館と通信するにあたり、外交伝書使及び暗号又は符号による通信文を含むすべての適当な手段を用いることができる。ただし、使節団が、無線送信機を設置し、かつ、使用するには、接受国の同意を得なければならない。

2 使節団の公用通信は、不可侵とする。公用通信とは、使節団及びその任務に関するすべての通信をいう。

3 外交封印袋は、開き又は留置することができない。

4 外交封印袋である包みには、外交封印袋であることを外部から識別しうる記号を附さなければならず、また、外交上の書類又は公の使用のための物品のみを入れることができる。

5 外交伝書使は、自己の身分及び外交封印袋である包みの数を示す公文書が交付されていることを要し、その任務の遂行について接受国により保護されるものとする。その外交伝書使は、身体の不可侵を享有し、いかなる方法によつてもこれを抑留し又は拘禁することができない。

6 派遣国又はその使節団は、臨時の外交伝書使を指名することができる。その場合には、5の規定の適用があるものとする。ただし、5に規定する免除は、その外交伝書使が自己の管理の下にある外交封印袋を受取人に交付した時に、適用されなくなるものとする。

7 外交封印袋は、公認の入国空港に着陸することになつている商業航空機の機長にその輸送を委託することができる。その機長は、外交封印袋である包みの数を示す公文書を交付されるが、外交伝書使とはみなされない。使節団は、その機長から直接にかつ自由に外交封印袋を受領するため、使節団の構成員を派遣することができる。

**第二八条【手数料に対する課税の免除】** 使節団がその公の任務の遂行にあたつて課する手数料及び料金は、すべての賦課金及び租税を免除される。

**第二九条【身体の不可侵】** 外交官の身体は、不可侵とする。外交官は、いかなる方法によつても抑留し又は拘禁することができない。接受国は、相応な敬意をもつて外交官を待遇し、かつ、外交官の身体、自由又は尊厳に対するいかなる侵害をも防止するためすべての適当な措置を執らなければならない。

**第三〇条【住居、書類、通信及び財産の不可侵】** 1 外交官の個人的住居は、使節団の公館と同様の不可侵及び保護を享有する。

2 外交官の書類、通信及び、第三十一条3の規定による場合を除くほか、その財産も、同様に、不可侵を享有する。

**第三一条【裁判権の免除】** 1 外交官は、接受国の刑事裁判権からの免除を享有する。外交官は、また、次の訴訟の場合を除くほか、民事裁判権及び行政裁判権からの免除を享有する。

(a) 接受国の領域内にある個人の不動産に関する訴訟(その外交官が使節団の目的のため派遣国に代わつて保有する不動産に関する訴訟を含まない。)

(b) 外交官が、派遣国の代表者としてではなく個人として、遺言執行者、遺産管理人、相続人又は受遺者として関係している相続に関する訴訟

(c) 外交官が接受国において自己の公の任務の範囲外で行なう職業活動又は商業活動に関する訴訟

2 外交官は、証人として証言を行なう義務を負わない。

3 外交官に対する強制執行の措置は、外交官の身体又は住居の不可侵を害さないことを条件として、1(a)、(b)又は(c)に規定する訴訟の場合にのみ執ることができる。

4 外交官が享有する接受国の裁判権からの免除は、その外交官を派遣国の裁判権から免れさせるものではない。

**第三二条【派遣国による免除の放棄】** 1 派遣国は、外交官及び第三十七条の規定に基づいて免除を享有する者に対する裁判権からの免除を放棄することができる。

2 放棄は、常に明示的に行なわなければならない。

3 外交官又は第三十七条の規定に基づいて裁判権からの免除を享有する者が訴えを提起した場合には、本訴に直接に関連する反訴について裁判権からの免除を援用することができない。

4 民事訴訟又は行政訴訟に関する裁判権からの免除の放棄は、その判決の執行についての免除の放棄をも意味するものとみなしてはならない。判決の執行についての免除の放棄のためには、別にその放棄をすることを必要とする。

**第三三条【社会保障規程の免除】** 1 外交官は、3の規定に従うことを条件として、派遣国のために提供された役務について、接受国で施行されている社会保障規程の適用を免除される。

2 1に規定する免除は、また、次のことを条件として、もつぱら外交官に雇用されている個人的使用人にも適用される。

(a) その使用人が、接受国の国民でないこと、又は接受国内に

通常居住していないこと。

(b) その使用人が派遣国又は第三国で施行されている社会保障規程の適用を受けていること。

3 2に規定する免除が適用されない者を雇用している外交官は、接受国の社会保障規程が雇用者に課する義務に従わなければならない。

4 1及び2に規定する免除は、接受国における社会保障制度への自発的な参加を妨げるものではない。ただし、その参加には、接受国の許可を必要とする。

5 この条の規定は、社会保障に関する二国間又は多数国間の協定ですでに締結されたものに影響を及ぼすものではなく、また、将来におけるこのような協定の締結を妨げるものではない。

**第三四条【租税の免除】** 外交官は、次のものを除くほか、人、動産又は不動産に関し、国又は地方公共団体のすべての賦課金及び租税を免除される。

(a) 商品又は役務の価格に通常含められるような間接税

(b) 接受国の領域内にある個人の不動産に対する賦課金及び租税(その外交官が使節団の目的のため派遣国に代わつて保有する不動産に対する賦課金及び租税を含まない。)

(c) 第三十九条4の規定に従うことを条件として、接受国によつて課される遺産税又は相続税

(d) 接受国内に源泉がある個人的所得に対する賦課金及び租税並びに接受国内の商業上の企業への投資に対する資本税

(e) 給付された特定の役務に対する課徴金

(f) 第二十三条の規定に従うことを条件として、登録税、裁判所手数料若しくは記録手数料、担保税又は印紙税であつて、不動産に関するもの

**第三五条【役務及び軍事上の義務の免除】** 接受国は、外交官に対し、すべての人的役務、種類のいかんを問わないすべての公的役務並びに徴発、軍事上の金銭的負担及び宿舎割当てに関する業務のような軍事上の義務を免除する。

**第三六条【関税と検査の免除】** 1 接受国は、自国が制定する法令に従つて、次の物品の輸入を許可し、かつ、それらについてすべての関税、租税及び関係がある課徴金を免除する。ただし、倉入れ、運搬及びこれらに類似する役務に対する課徴金は、この限りでない。

(a) 使節団の公の使用のための物品

(b) 外交官又はその家族の構成員でその世帯に属するものの個人的な使用のための物品(外交官の居住のための物品を含む。)

2 外交官の手荷物は、検査を免除される。ただし、手荷物中に1に掲げる免除の適用を受けない物品又は輸出入が接受国の法律によつて禁止されており若しくはその検疫規則によつて規制されている物品が含まれていると推定すべき重大な理由がある場合は、この限りでない。その場合には、検査は、当該外交官又は当該外交官が委任した者の立会いの下においてのみ行なわなければならない。

**第三七条【外交官以外の職員及び家族の特権】** 1 外交官の家族の構成員でその世帯に属するものは、接受国の国民でない場合には、第二十九条から第三十六条までに規定する特権及び免除を享有する。

2 使節団の事務及び技術職員並びにその家族の構成員でその世帯に属するものは、接受国の国民でない場合又は接受国に通常居住していない場合には、第二十九条から第三十五条までに規定する特権及び免除を享有する。ただし、第三十一条1に規定する接受国の民事裁判権及び行政裁判権からの免除は、その者が公の任務の範囲外で行なつた行為には及ばない。前記の者は、また、最初の到着にあたつて輸入する物品について、第三十六条1に規定する特権を享有する。

3 使節団の役務職員であつて、接受国の国民でないもの又は接受国に通常居住していないものは、その公の任務の遂行にあたつて行なつた行為についての裁判権からの免除、自己が雇用されていることによつて受ける報酬に対する賦課金及び租税の免除並びに第三十三条に規定する免除を享有する。

4 使節団の構成員の個人的使用人は、接受国の国民でない場合又は接受国に通常居住していない場合には、自己が雇用されていることによつて受ける報酬に対する賦課金及び租税を免除される。その他の点については、その者は、接受国によつて認められている限度まで特権及び免除を享有する。もつとも、接受国は、その者に対して裁判権を行使するには、使節団の任務の遂行を不当に妨げないような方法によらなければならない。

**第三八条【接受国国民たる職員の特権】** 1 接受国の国民である外交官又は接受国に通常居住している外交官は、その任務の遂行にあたつて行なつた行為についてのみ裁判権からの免除及び不可侵を享有する。ただし、接受国によつてそれ以上の特権及び免除が与えられる場合は、この限りでない。

2 外交職員以外の使節団の職員又は個人的使用人であつて、接受国の国民であるもの又は接受国内に通常居住しているものは、接受国によつて認められている限度まで特権及び免除を享有する。もつとも、接受国は、その者に対して裁判権を行使するには、使節団の任務の遂行を不当に妨げないような方法によらなければならない。

**第三九条【特権享有の期間】** 1 特権及び免除を受ける権利を有する者は、赴任のため接受国の領域にはいつた時又は、すでに接受国の領域内にある場合には、自己の任命が外務省に通告された時から、特権及び免除を享有する。

2 特権及び免除を享有する者の任務が終了した場合には、その者の特権及び免除は、通常その者が接受国を去る時に、又は、接受国を去るために要する相当な期間が経過したときは、その時に消滅する。ただし、その時までは、その特権及び免除は、武力抗争が生じた場合においても存続するものとし、また、前記の者が使節団の構成員として任務を遂行するにあたつて行なつた行為についての裁判権からの免除は、その者の特権及び免除の消滅後も引き続き存続するものとする。

3 使節団の構成員が死亡した場合において、その家族は、接受国を去るために要する相当な期間が経過する時まで、自己が受ける権利を有する特権及び免除を引き続き享有する。

4 使節団の構成員であつて、接受国の国民でないもの若しくは接受国に通常居住していないもの又はそれらの者の家族の構成員であつて、その世帯に属するものが死亡した場合において、接受国は、その者が接受国内で取得した財産で死亡の時に輸出を禁止されていたものを除くほか、その者の動産の持出しを許可するものとする。その者が使節団の構成員又はその家族として接受国にあつたことのみに基づいて接受国に所在する動産に対しては、遺産税及び相続税を課さない。

**第四〇条【第三国の義務】** 1 外交官が、赴任、帰任又は帰国の途中において、旅券査証が必要な場合にその査証を与えた第三国の領域を通過している場合又はその領域内にある場合には、その第三国は、その外交官に、不可侵及びその通過又は帰還を確実

にするため必要な他の免除を与えなければならない。外交官の家族で特権若しくは免除を享有するものがその外交官と同行する場合又はその外交官のもとにおもむくため若しくは帰国するために別個に旅行中である場合についても、同様とする。

2　1に規定する場合と同様の場合において、第三国は、使節団の事務及び技術職員若しくは役務職員又はそれらの者の家族が当該第三国の領域を通過することを妨げてはならない。

3　第三国は、暗号又は符号による通信文を含む通過中のすべての公用通信に対し、接受国が与えるべき自由及び保護と同様の自由及び保護を与えなければならない。第三国は、旅券査証が必要な場合にその査証を与えられた通過中の外交伝書使及び通過中の外交封印袋に対し、接受国が与えるべき不可侵及び保護と同様の不可侵及び保護を与えなければならない。

4　1、2及び3の規定に基づき第三国が有する義務は、それらの項に規定する者並びに公用通信及び外交封印袋が不可抗力によつて当該第三国の領域にはいつた場合についても、また、同様とする。

**第四一条【接受国の法令の尊重】**　1　特権及び免除を害することなく、接受国の法令を尊重することは、特権及び免除を享有するすべての者の義務である。それらの者は、また、接受国の国内問題に介入しない義務を有する。

2　派遣国がその使節団に課した接受国を相手方とするすべての公の職務は、接受国の外務省を相手方として、又は接受国の外務省を通じて、行なうものとする。

3　使節団の公館は、この条約、一般国際法の他の規則又は派遣国と接受国との間で効力を有する特別の合意により定める使節団の任務と両立しない方法で使用してはならない。

**第四二条【営利活動の禁止】**　外交官は、接受国内で、個人的な利得を目的とするいかなる職業活動又は商業活動をも行なつてはならない。

**第四三条【任務の終了時期】**　外交官の任務は、特に、次の時において終了する。

(a)　派遣国が、接受国に対し、その外交官の任務が終了した旨の通告を行なつた時

(b)　接受国が、派遣国に対し、第九条2の規定に従つて、その外交官を使節団の構成員と認めることを拒否する旨の通告を行なつた時

**第四四条【退去の便宜供与】**　接受国は、武力抗争が生じた場合においても、特権及び免除を享有する者で接受国の国民でないもの及びその家族(国籍のいかんを問わない。)ができる限り早い時期に退去できるように便宜を与えなければならない。特に、接受国は、必要な場合には、それらの者及びその財産のために必要な輸送手段を提供しなければならない。

**第四五条【派遣国の利益保護】**　二国間で外交関係が断絶した場合又は使節団が永久的に若しくは一時的に召還された場合には、

(a)　接受国は、武力抗争が生じたときにおいても、使節団の公館並びに使節団の財産及び公文書を尊重し、かつ、保護しなければならない。

(b)　派遣国は、接受国が容認することができる第三国に、使節団の公館並びに財産及び公文書の管理を委託することができる。

(c)　派遣国は、接受国が容認することができる第三国に、自国の利益及び自国民の利益の保護を委託することができる。

**第四六条【第三国の利益保護】**　派遣国は、接受国に使節団を設置していない第三国の要請に基づき、接受国の事前の同意を得て、当該第三国及びその国民の利益を一時的に保護することができる。

**第四七条【無差別適用】**　1　接受国は、この条約の規定を適用するにあたつて、国家間に差別をしてはならない。

2　もつとも、次の場合には、差別が行なわれているものとはみなされない。

(a)　この条約のいずれかの規定が、派遣国において、接受国の使節団に対して制限的に適用されていることを理由として、接受国が当該いずれかの規定を制限的に適用する場合

(b)　諸国が、慣習又は合意により、この条約の規定が定める待遇よりも一層有利な待遇を相互に与えている場合

**第四八条【署名】**(略)

**第四九条【批准】**(略)

**第五〇条【加入】**(略)

**第五一条【効力発生】**(略)

**第五二条【国連事務総長による通報】**(略)

**第五三条【正文】**(略)

### 会議で採択された決議

#### 民事請求権の審議

外交関係及び特権免除に関する国際連合の会議は、

会議で採択された外交関係に関するウィーン条約が、派遣国の外交使節団の構成員に対し接受国の裁判管轄権からの免除を定めていることに注目し、

前記の免除が派遣国により放棄されうるものであることを想起し、

さらに、同免除の目的が個人に利益を与えることにあるのではなく、外交使節団の任務の能率的な遂行を確保することにあると条約の前文で述べていることを想起し、

外交特権に基づく免除の主張は、若干の場合においては、接受国にある者が法律により受けることができる救済をその者から奪うものであるとの会議の審議中に表明された憂慮に留意して、

派遣国は、自国の外交使節団の任務の遂行が妨げられないときは、接受国にある者の民事請求権について自国の外交使節団の構成員の免除を放棄するよう、また、免除が放棄されないときは、同請求権の正当な解決をもたらすことに最善の努力を払うよう勧告する。

一九六一年四月一四日

## (2) 紛争の義務的解決に関する選択議定書(抄)

採　択　一九六一年四月一八日(ウィーン)
効力発生　一九六四年四月二四日
日本国　一九六四年七月八日(六二年三月二八日署名、六四年五月八日国会承認、五月二九日内閣批准、同日批准書認証、六月八日批准書寄託、六月二六日公布・条約一五号)

当事国　七〇

この議定書及び千九百六十一年三月二日から同年四月十四日までウィーンで開催された国際連合の会議において採択された外交関係に関するウィーン条約(以下「条約」という。)の当事国は、

条約の解釈又は適用から生ずるあらゆる紛争を、自国に関するものである限り、他の解決方法が当事国により合理的な期間内に合意される場合を除くほか、国際司法裁判所の義務的管轄に付託する希望を有することを表明して、

次のとおり協定した。

**第一条【紛争の国際司法裁判所への付託】** 条約の解釈又は適用から生ずる紛争は、国際司法裁判所の義務的管轄の範囲内に属するものとし、したがつて、これらの紛争は、この議定書の当事国である紛争のいずれかの当事国が行なう請求により、国際司法裁判所に付託することができる。

**第二条【紛争の仲裁裁判所への付託】** 両当事国は、一方の当事国が、他方の当事国に対し、紛争が存在する旨の見解を通告した後二箇月の期間内に、その紛争を国際司法裁判所にではなく仲裁裁判所に付託することにつき合意することができる。前記の期間が経過した後は、いずれか一方の当事国は、請求により、当該紛争を国際司法裁判所に付託することができる。

**第三条【調停手続に関する合意及び調停委員会の勧告】** 1 両当事国は、第二条に規定する二箇月の期間内においては、国際司法裁判所に付託する前に調停手続を執ることにつき、合意することができる。

2 調停委員会は、その構成の後五箇月以内に勧告を行なわなければならない。勧告が行なわれた後二箇月以内に紛争の当事国がその勧告を受諾しない場合には、いずれか一方の当事国は、請求により、当該紛争を国際司法裁判所に付託することができる。

**第四条【選択議定書適用の宣誓】** 条約、国籍の取得に関する選択議定書及びこの議定書の当事国は、国籍の取得に関する選択議定書の解釈又は適用から生ずる紛争についてこの議定書の規定を適用することを、いつでも、宣言することができる。その宣言は、国際連合事務総長に通告するものとする。

**第五条【署名】**(略)

**第六条【批准】**(略)

**第七条【加入】**(略)

**第八条【効力発生】**(略)

**第九条【国連事務総長による通報】**(略)

**第一〇条【正文】**(略)

## 3 領事関係条約

### (1) 領事関係に関するウィーン条約(抄)

採択(作成)一九六三年四月二四日(ウィーン)
効力発生　一九六七年三月一九日
日本国　一九八三年一一月二日(同年五月一七日国会承認、九月二七日加入内閣決定、一〇月三日加入書寄託、一〇月一一日公布・条約一四号)
当事国　一八〇

この条約の締約国は、

領事関係が古くから諸国民の間に設定されてきたことを想起し、

国の主権平等、国際の平和及び安全の維持並びに諸国間の友好関係の促進に関する国際連合憲章の目的及び原則に留意し、

外交関係及び外交上の免除に関する国際連合の会議が、千九百六十一年四月十八日に外交関係に関するウィーン条約を採択し、署名のために開放したことを考慮し、

領事関係並びに領事上の特権及び免除に関する国際条約も、国(憲法体制及び社会体制のいかんを問わない。)の間の友好関係の発展に貢献することを信じ、

領事上の特権及び免除の目的が、個人に利益を与えることにあるのではなく、領事機関が自国のために行う任務の能率的な遂行を確保することにあることを認め、

この条約により明示的に規律されない問題については、引き続き国際慣習法の規則により規律されることを確認して、

次のとおり協定した。

**第一条(定義)** 1 この条約の適用上、

(a)「領事機関(consular post)」とは、総領事館、領事館、副領事館又は代理領事事務所をいう。

(b)「領事管轄区域」とは、領事機関について領事任務の遂行のために定められた地域をいう。

(c)「領事機関の長」とは、その資格において行動する責務を有する者をいう。

(d)「領事官」とは、その資格において領事任務を遂行する者(領事機関の長を含む。)をいう。

(e)「事務技術職員」とは、領事機関の事務的業務又は技術的業務のために雇用されている者をいう。

(f)「役務職員」とは、領事機関の役務のために雇用されている者をいう。

(g)「領事機関の構成員」とは、領事官、事務技術職員及び役務職員をいう。

(h)「領事機関の職員」とは、領事機関の長以外の領事官、事務技術職員及び役務職員をいう。

(i)「個人的使用人」とは、専ら領事機関の構成員の個人的な役務のために雇用されている者をいう。

(j)「領事機関の公館」とは、建物又はその一部及びこれに附属する土地であつて、専ら領事機関のために使用されているもの(所有者のいかんを問わない。)をいう。

(k)「領事機関の公文書」には、領事機関に属するすべての書類、文書、通信文、書籍、フィルム、テープ及び登録簿並びに符号及び暗号、索引カード並びにこれらを保護し又は保管するための家具を含む。

2 領事官は、二の種類の者、すなわち、本務領事官及び名誉領事官とする。第二章の規定は、本務領事官を長とする領事機関に適用するものとし、第三章の規定は、名誉領事官を長とする領事機関を規律する。

3 領事機関の構成員であつて接受国の国民であるもの又は接受国に通常居住しているものの地位については、第七十一条に定める。

## 第一章　領事関係一般

### 第一節　領事関係の開設及び運営

**第二条(領事関係の開設)** 1 国の間の領事関係の開設は、相互

の同意によつて行う。

2　二国間の外交関係の開設についての同意は、別段の意思表示がない限り、領事関係の開設についての同意をも意味する。

3　外交関係の断絶は、領事関係の断絶をもたらすものではない。

**第三条（領事任務の遂行）** 領事任務は、領事機関によつて遂行される。領事任務は、また、この条約の定めるところにより、外交使節団によつても遂行される。

**第四条（領事機関の設置）** 1　領事機関は、接受国の同意がある場合にのみ、接受国の領域内に設置することができる。

2　領事機関の所在地及び種類並びに領事管轄区域は、派遣国が決定するものとし、接受国の承認を受けなければならない。

3　領事機関の所在地及び種類並びに領事管轄区域の派遣国によるその後の変更は、接受国の同意がある場合にのみ行うことができる。

4　総領事館又は領事館がその所在地以外の場所に副領事館又は代理領事事務所を開設することを希望する場合にも、接受国の同意を必要とする。

5　既に存在する領事機関の所在地以外の場所に当該領事機関の一部を構成する事務所を開設する場合にも、接受国の事前の明示の同意を必要とする。

**第五条（領事任務）** 領事任務は、次のことから成る。

(a)　接受国において、国際法の認める範囲内で派遣国及びその国民（自然人であるか法人であるかを問わない。）の利益を保護すること。

(b)　この条約の定めるところにより、派遣国と接受国との間の通商上、経済上、文化上及び科学上の関係の発展を助長することその他両国間の友好関係を促進すること。

(c)　接受国の通商上、経済上、文化上及び科学上の活動の状況及び進展を適法なすべての手段によつて把握し、当該状況及び進展について派遣国の政府に報告し並びに関心を有する者に情報を提供すること。

(d)　派遣国の国民に対し旅券又は渡航文書を発給し及び派遣国への渡航を希望する者に対し査証又は適当な文書を発給すること。

(e)　派遣国の国民（自然人であるか法人であるかを問わない。）を援助すること。

(f)　接受国の法令に反対の規定がないことを条件として、公証人若しくは身分事項登録官としての資格又はこれに類する資格において行動し及び行政的性質を有する一定の任務を遂行すること。

(g)　死亡を原因とする相続が接受国の領域内で行われる場合に、派遣国の国民（自然人であるか法人であるかを問わない。）の利益を接受国の法令の定めるところにより保護すること。

(h)　派遣国の国民である未成年者その他の無能力者の利益を、特にこれらの者について後見又は財産管理が必要な場合に、接受国の法令の定める範囲内で保護すること。

(i)　派遣国の国民が不在その他の理由で適切な時期に自己の権利及び利益を守ることができない場合に、当該権利及び利益を保全するために接受国の法令の定めるところにより暫定的措置がとられるようにするため、接受国の裁判所その他の当局において当該国民を代理し又は当該国民が適当に代理されるよう取り計らうこと。ただし、接受国の慣行及び手続に従うことを条件とする。

(j)　現行の国際取極に従い又は、国際取極がない場合には、接受国の法令に合致する方法により、裁判上若しくは裁判外の文書を送達し又は派遣国の裁判所のために証拠調べの嘱託状若しくは委任状を執行すること。

(k)　派遣国の国籍を有する船舶及び派遣国に登録された航空機並びにこれらの船舶及び航空機の乗組員につき、派遣国の法令の定める監督及び検査の権利を行使すること。

(l)　(k)に規定する船舶及び航空機並びにこれらの乗組員に援助を与え、船舶の航海に関する報告を受理し、船舶の書類を検査し及びこれに押印し、接受国の当局の権限を害することなく、航海中に生じた事故を調査し並びに船長、職員及び部員の間のあらゆる種類の紛争を派遣国の法令により認められる限度において解決すること。

(m)　派遣国が領事機関に委任した他の任務であつて、接受国の法令により禁止されていないもの、接受国が異議を申し立てないもの又は派遣国と接受国との間で効力を有する国際取極により定められたものを遂行すること。

**第六条（領事管轄区域外における領事任務の遂行）** 領事官は、特別の場合には、接受国の同意を得て、領事管轄区域外で任務を遂行することができる。

**第七条（第三国における領事任務の遂行）** 派遣国は、関係国に対し通告を行つた後、いずれかの国に設置された領事機関に他の国における領事任務を行わせることができる。ただし、関係国のいずれかが明示的に異議を申し立てた場合は、この限りでない。

**第八条（第三国のための領事任務の遂行）** 派遣国の領事機関は、接受国に対し適当な通告を行つた後、接受国において第三国のために領事任務を遂行することができる。ただし、接受国が異議を申し立てた場合は、この限りでない。

**第九条（領事機関の長の階級）** 1　領事機関の長は、次の四の階級に分けられる。

(a)　総領事

(b)　領事

(c)　副領事

(d)　代理領事

2　1の規定は、領事機関の長以外の領事官の名称を定める締約国の権利を何ら制限するものではない。

**第一〇条（領事機関の長の任命及び承認）** 1　領事機関の長は、派遣国によつて任命され、接受国により任務の遂行を承認される。

2　この条約に従うことを条件として、領事機関の長の任命の手続は派遣国の法令及び慣行により定められ、領事機関の長の承認の手続は接受国の法令及び慣行により定められる。

**第一一条（領事委任状又は任命通知書）** 1　領事機関の長は、その資格を証明しかつ原則として氏名、種類及び階級並びに領事管轄区域及び領事機関の所在地を示した委任状又はこれに類する文書を任命の都度派遣国から付与される。

2　派遣国は、領事機関の長がその領域において任務を遂行することとなる国の政府に対し、外交上その他の適当な経路を通じて委任状又はこれに類する文書を送付する。

3　派遣国は、接受国の同意がある場合には、委任状又はこれに類する文書に代えて、1に定める細目を記載した通知書を接受国に送付することができる。

**第一二条（認可状）** 1　領事機関の長は、認可状と称する接受国の許可書（様式のいかんを問わない。）により任務の遂行を承認される。

2　認可状の付与を拒否する国は、派遣国に対し拒否の理由を示す義務を負わない。

3　次条及び第十五条の規定が適用される場合を除くほか、領事機関の長は、認可状を付与されるまでは、任務の遂行を開始してはならない。

**第一三条（領事機関の長の暫定的承認）**　領事機関の長については、認可状の付与までの間、任務の遂行を暫定的に承認することができる。この場合には、この条約が適用される。

**第一四条（領事管轄区域内の当局に対する通知）**　接受国は、領事機関の長につき任務の遂行を承認した場合（暫定的に承認した場合を含む。）には、直ちにその旨を領事管轄区域内の権限のある当局に通知する。接受国は、また、領事機関の長がその任務を遂行すること及びこの条約に定める便益を受けることができるようにするため、必要な措置がとられることを確保する。

**第一五条（領事機関の長の任務の暫定的な遂行）**　1　領事機関の長が任務を遂行することができない場合又は領事機関の長が欠けた場合には、領事機関の長の代理が暫定的に領事機関の長として行動することができる。

2　領事機関の長の代理の氏名は、派遣国の外交使節団又は、派遣国が接受国に外交使節団を有していない場合には、当該領事機関の長若しくは当該領事機関の長がこれを行うことができないときは派遣国の権限のある当局が接受国の外務省又はその指定する当局に通告する。通告は、原則として事前に行う。接受国は、自国にある派遣国の外交官又は領事官のいずれでもない者が領事機関の長の代理となる場合には、接受国の同意を条件とすることができる。

3　接受国の権限のある当局は、領事機関の長の代理に対し援助及び保護を与える。この条約は、領事機関の長の代理がその地位にある間、当該領事機関の長についての条件と同一の条件で当該代理について適用する。もつとも、接受国は、領事機関の長が一定の条件を満たす場合にのみ享受する便益、特権又は免除を当該条件を満たさない領事機関の長の代理に与える義務を負わない。

4　1に規定する場合において、接受国にある派遣国の外交使節団の外交職員が派遣国により領事機関の長の代理として任命されたときは、当該外交職員は、接受国が異議を申し立てない限り、外交上の特権及び免除を引き続き享受する。

**第一六条（領事機関の長の席次）**　1　領事機関の長は、階級ごとに、それぞれ、認可状を付与された日付に従つて席次を占める。

2　もつとも、領事機関の長が認可状を付与される前に任務の遂行を暫定的に承認された場合には、その者の席次は、暫定的承認の日付により決定される。当該席次は、認可状の付与の後も維持される。

3　同一の日に認可状又は暫定的承認を受けた二人以上の領事機関の長の間の席次は、委任状若しくはこれに類する文書又は第十一条3に規定する通知書が接受国に提出された日付に従つて決定される。

4　領事機関の長の代理は、すべての領事機関の長の次の席次を占めるものとし、領事機関の長の代理相互の間では、領事機関の長の代理としての任務を引き継いだ日付（前条2の規定による通告に記載されたもの）に従つて席次を占める。

5　名誉領事官である領事機関の長は、階級ごとに、それぞれ、本務領事官である領事機関の長の次に、1から4までに定めるところにより席次を占める。

6　領事機関の長は、その地位にない領事官よりも上位の席次を占める。

**第一七条（領事官による外交活動の遂行）**　1　領事官は、派遣国が外交使節団を有しておらず、かつ、第三国の外交使節団によつても代表されていない国においては、接受国の同意を得て、領事官としての地位に影響を受けることなく外交活動を遂行することを認められる。領事官による外交活動の遂行は、当該領事官に外交上の特権及び免除を要求する権利を与えるものではない。

2　領事官は、接受国に対し通告を行つた後、政府間機関における派遣国の代表として行動することができる。領事官は、そのような代表として行動する場合には、国際慣習法又は国際取極によりそのような代表に与えられる特権及び免除を享受する権利を有する。もつとも、領事官は、領事任務の遂行において、裁判権につき、この条約に定める免除よりも広範な免除を享受することはできない。

**第一八条（同一の者についての二以上の国による領事官としての任命）**　二以上の国は、接受国の同意を得て、同一の者を接受国におけるそれぞれの国の領事官として任命することができる。

**第一九条（領事機関の職員の任命）**　1　派遣国は、次条、第二十二条及び第二十三条の規定に従うことを条件として、領事機関の職員を自由に任命することができる。

2　領事機関の長以外の領事官の氏名、種類及び階級は、接受国が希望する場合には第二十三条3に定める接受国の権利を行使することができるよう、十分な時間的余裕をもつて派遣国が接受国に通告する。

3　派遣国は、自国の法令に定めがある場合には、領事機関の長以外の領事官に認可状を付与するよう接受国に要請することができる。

4　接受国は、自国の法令に定めがある場合には、領事機関の長以外の領事官に認可状を付与することができる。

**第二〇条（領事機関の職員の数）**　接受国は、領事機関の職員の数に関して明示の合意がない場合には、その数を接受国が領事管轄区域内の諸事情及び領事機関の必要を考慮して合理的かつ正常と認める範囲内のものとすることを要求することができる。

**第二一条（一の領事機関に属する領事官の間の席次）**　一の領事機関に属する領事官の間の席次及びその変更は、派遣国の外交使節団又は、派遣国が接受国に外交使節団を有していない場合には、当該領事機関の長が接受国の外務省又はその指定する当局に通告する。

**第二二条（領事官の国籍）**　1　領事官は、原則として、派遣国の国籍を有していなければならない。

2　領事官は、接受国の国籍を有する者の中から任命してはならない。ただし、接受国の明示の同意がある場合は、この限りでない。接受国は、いつでも、この同意を撤回することができる。

3　接受国は、派遣国の国民でない第三国の国民についても、2の権利を留保することができる。

**第二三条（ペルソナ・ノン・グラータであると宣言された者）**

1　接受国は、いつでも、派遣国に対し、領事官である者がペルソナ・ノン・グラータであること又は領事機関の他の職員である者が受け入れ難い者であることを通告することができる。派遣国は、その通告を受けた場合には、状況に応じ、その者を召還し又は領事機関におけるその者の任務を終了させる。

2 派遣国が1の規定による義務を履行することを拒否した場合又は相当な期間内に履行しなかつた場合には、接受国は、状況に応じ、1の規定に該当する者の認可状を撤回すること又はその者を領事機関の職員として認めることをやめることができる。

3 接受国は、領事機関の構成員として任命された者について、接受国の領域に到着する前に又は既に接受国にあるときは領事機関における任務を開始する前に、受け入れ難い者であることを宣言することができる。この場合には、派遣国は、その者の任命を取り消す。

4 1及び3の場合において、接受国は、派遣国に対し自国の決定の理由を示す義務を負わない。

**第二四条（任命、到着及び出発の接受国に対する通告）** 1 接受国の外務省又はその指定する当局は、次の事項について通告を受ける。

(a) 領事機関の構成員の任命、任命後の到着及び最終的出発又は任務の終了その他領事機関に勤務する期間中に生じた当該構成員の地位に関する変更

(b) 領事機関の構成員の世帯に属する家族の到着及び最終的出発並びに、状況に応じ、いずれかの者が当該家族となる事実又は当該家族でなくなる事実

(c) 個人的使用人の到着及び最終的出発並びに、状況に応じ、個人的使用人としての役務の終了

(d) 接受国内に居住する者を領事機関の構成員として又は特権及び免除を享受する個人的使用人として雇用すること及びこれらの者を解雇すること。

2 1に規定する到着及び最終的出発の通告は、可能な場合には、事前に行う。

### 第二節　領事任務の終了

**第二五条（領事機関の構成員の任務の終了）** 領事機関の構成員の任務は、特に、次の時に終了する。

(a) 派遣国が、接受国に対し、当該構成員の任務が終了した旨の通告を行つた時

(b) 認可状が撤回された時

(c) 接受国が、派遣国に対し、当該構成員を領事機関の職員として認めることをやめた旨の通告を行つた時

**第二六条（接受国の領域からの退去）** 接受国は、武力紛争が生じた場合においても、接受国の国民でない領事機関の構成員及び個人的使用人並びにこれらの世帯に属する家族（国籍のいかんを問わない。）に対し、これらの者が出発を準備し及び当該構成員又は当該個人的使用人の任務の終了の後できる限り早い時期に退去することができるよう、必要な時間的余裕及び便益を与える。特に、接受国は、必要な場合には、これらの者及びその財産（接受国内で取得した財産で出発の時に輸出を禁止されているものを除く。）のために必要な輸送手段を提供する。

**第二七条（例外的な状況における領事機関の公館及び公文書並びに派遣国の利益の保護）** 1 二国間の領事関係が断絶した場合には、

(a) 接受国は、武力紛争が生じたときであつても、領事機関の公館並びに領事機関の財産及び公文書を尊重し、かつ、保護する。

(b) 派遣国は、接受国の容認する第三国に対し、領事機関の公館の管理とともに当該公館内にある財産及び領事機関の公文書の管理を委託することができる。

(c) 派遣国は、接受国の容認する第三国に対し、自国の利益及び自国民の利益の保護を委託することができる。

2 いずれかの領事機関が一時的又は永久的に閉鎖された場合には、1(a)の規定を準用するものとし、更に、

(a) 派遣国が、接受国において外交使節団によつて代表されていない場合においても、接受国の領域内に他の領事機関を有しているときは、当該他の領事機関に対し、閉鎖された領事機関の公館の管理とともに当該公館内にある財産及び領事機関の公文書の管理を委託することができるものとし、また、接受国の同意を得て、当該閉鎖された領事機関の管轄区域における領事任務の遂行を委託することができる。

(b) 派遣国が接受国内に外交使節団を有しておらず、かつ、他の領事機関も有していない場合には、1(b)及び(c)の規定を準用する。

## 第二章　領事機関及び本務領事官その他の領事機関の構成員に係る便益、特権及び免除

### 第一節　領事機関に係る便益、特権及び免除

**第二八条（領事機関の活動に関する便益）** 接受国は、領事機関の任務の遂行のため十分な便益を与える。

**第二九条（国旗及び紋章の使用）** 1 派遣国は、この条の定めるところにより、接受国において自国の国旗及び紋章を使用する権利を有する。

2 領事機関の占有する建物及びその入口並びに領事機関の長の住居及び領事機関の長の使用する輸送手段（公用で使用される場合のものに限る。）には、派遣国の国旗及び紋章を掲げることができる。

3 この条に定める権利の行使に当たつては、接受国の法令及び慣行に対して考慮を払う。

**第三〇条（施設）** 1 接受国は、派遣国が自国の領事機関のために必要な公館を接受国の法令の定めるところにより接受国の領域内で取得することを容易にし、又は派遣国が取得以外の方法で施設を入手することを助ける。

2 接受国は、また、必要な場合には、領事機関がその構成員のための適当な施設を入手することを助ける。

**第三一条（領事機関の公館の不可侵）** 1 領事機関の公館は、この条に定める限度において不可侵とする。

2 接受国の当局は、領事機関の長若しくはその指名した者又は派遣国の外交使節団の長の同意がある場合を除くほか、領事機関の公館で専ら領事機関の活動のために使用される部分に立ち入つてはならない。ただし、火災その他迅速な保護措置を必要とする災害の場合には、領事機関の長の同意があつたものとみなす。

3 接受国は、2の規定に従うことを条件として、領事機関の公館を侵入又は損壊から保護するため及び領事機関の安寧の妨害又は領事機関の威厳の侵害を防止するためすべての適当な措置をとる特別の責務を有する。

4 領事機関の公館及びその用具類並びに領事機関の財産及び輸

送手段は、国防又は公共事業の目的のためのいかなる形式の徴発からも免除される。この目的のために収用を必要とする場合には、領事任務の遂行の妨げとならないようあらゆる可能な措置がとられるものとし、また、派遣国に対し、迅速、十分かつ有効な補償が行われる。

**第三二条（領事機関の公館に対する課税の免除）**　１　派遣国又は派遣国のために行動する者が所有し又は賃借する領事機関の公館及び本務領事官である領事機関の長の住居は、国又は地方公共団体のすべての賦課金及び租税を免除される。ただし、賦課金又は租税であつて、提供された特定の役務に対する給付としての性質を有するものについては、この限りでない。

２　１に定める賦課金又は租税の免除は、派遣国又は派遣国のために行動する者と契約した者が接受国の法令の定めるところにより支払う賦課金又は租税については、適用しない。

**第三三条（領事機関の公文書及び書類の不可侵）**　領事機関の公文書及び書類は、いずれの時及びいずれの場所においても、不可侵とする。

**第三四条（移動の自由）**　接受国は、国の安全上の理由により立入りが禁止され又は規制されている地域に関する法令に従うことを条件として、領事機関のすべての構成員に対し、自国の領域内における移動の自由及び旅行の自由を確保する。

**第三五条（通信の自由）**　１　接受国は、すべての公の目的のためにする領事機関の自由な通信を許し、かつ、保護する。領事機関は、自国の政府並びに、いずれの場所にあるかを問わず、自国の外交使節団及び他の領事機関との通信に当たり、外交伝書使又は領事伝書使、外交封印袋又は領事封印袋及び暗号又は符号による通信文を含むすべての適当な手段を用いることができる。ただし、領事機関が無線送信機を設置しかつ使用するには、接受国の同意を得なければならない。

２　領事機関の公用通信は、不可侵とする。公用通信とは、領事機関及びその任務に関するすべての通信をいう。

３　領事封印袋は、開封し又は留置することができない。もつとも、接受国の権限のある当局は、封印袋が４に規定する通信、書類又は物品以外のものを含んでいると信ずる十分な理由がある場合には、派遣国の委任を受けた代表によつて当該当局の立会いの下に当該封印袋が開封されることを要求することができる。要求が派遣国の当局によつて拒否された場合には、当該封印袋は、発送地に返送される。

４　領事封印袋である包みには、領事封印袋であることを外部から識別し得る記号を付するものとし、公用通信、公の書類及び専ら公に使用するための物品のみを入れることができる。

５　領事伝書使は、自己の身分及び領事封印袋である包みの数を示す公文書を交付されていなければならない。領事伝書使は、接受国の国民であつてはならず、また、派遣国の国民である場合を除くほか、接受国に通常居住している者であつてはならない。ただし、接受国の同意がある場合は、この限りでない。領事伝書使は、任務の遂行について接受国により保護される。領事伝書使は、身体の不可侵を享受するものとし、いかなる方法によつても抑留されず又は拘禁されない。

６　派遣国並びにその外交使節団及び領事機関は、臨時の領事伝書使を指名することができる。この場合には、５の規定が適用される。ただし、５に定める免除は、臨時の領事伝書使が自己の管理の下にある領事封印袋を受取人に交付した時に適用されなくなる。

７　領事封印袋は、公認の入国港又は入国空港に到着予定の船舶又は商業航空機の長に輸送を委託することができる。当該船舶又は商業航空機の長は、領事封印袋である包みの数を示す公文書を交付されるが、領事伝書使とはみなされない。領事機関は、適当な地方当局との取決めにより、当該船舶又は商業航空機の長から直接にかつ自由に領事封印袋を受領するため、領事機関の構成員を派遣することができる。

**第三六条（派遣国の国民との通信及び接触）**　１　派遣国の国民に関する領事任務の遂行を容易にするため、

(a)　領事官は、派遣国の国民と自由に通信し及び面接することができる。派遣国の国民も、同様に、派遣国の領事官と通信し及び面接することができる。

(b)　接受国の権限のある当局は、領事機関の領事管轄区域内で、派遣国の国民が逮捕された場合、留置された場合、裁判に付されるため勾留された場合又は他の事由により拘禁された場合において、当該国民の要請があるときは、その旨を遅滞なく当該領事機関に通報する。逮捕され、留置され、勾留され又は拘禁されている者から領事機関にあてたいかなる通信も、接受国の権限のある当局により、遅滞なく送付される。当該当局は、その者がこの(b)の規定に基づき有する権利について遅滞なくその者に告げる。

(c)　領事官は、留置され、勾留され又は拘禁されている派遣国の国民を訪問し、当該国民と面談し及び文通し並びに当該国民のために弁護人をあつせんする権利を有する。領事官は、また、自己の管轄区域内で判決に従い留置され、拘留され又は拘禁されている派遣国の国民を訪問する権利を有する。ただし、領事官が当該国民のために行動することに対し、当該国民が明示的に反対する場合には、領事官は、そのような行動を差し控える。

２　１に定める権利は、接受国の法令に反しないように行使する。もつとも、当該法令は、この条に定める権利の目的とするところを十分に達成するようなものでなければならない。

**第三七条（死亡、後見又は財産管理並びに難破及び航空事故の場合の通報）**　接受国の権限のある当局は、関係のある情報を入手した場合には、次の責務を有する。

(a)　派遣国の国民が領事機関の領事管轄区域内で死亡した場合には、その旨を遅滞なく当該領事機関に通報すること。

(b)　後見人又は財産管理人を任命することが、派遣国の国民である未成年者その他の無能力者の利益に合致すると認められる場合には、その旨を遅滞なく権限のある領事機関に通報すること。もつとも、その通報は、後見人又は財産管理人の任命に関する接受国の法令の実施を妨げるものではない。

(c)　派遣国の国籍を有する船舶が接受国の領海若しくは内水において難破し若しくは座礁した場合又は派遣国に登録された航空機が接受国の領域内で事故を起こした場合には、その旨を遅滞なく事故発生地の最寄りの地にある領事機関に通報すること。

**第三八条（接受国の当局との通信）**　領事官は、任務の遂行に当たり、次の当局にあてて通信することができる。

(a)　領事管轄区域内の権限のある地方当局

(b)　接受国の権限のある中央当局。ただし、中央当局にあてた通信は、接受国の法令及び慣行又は関係のある国際取極によつて許容される範囲内のものとする。

**第三九条（領事事務に係る手数料及び料金）**　１　領事機関は、接受国の領域内で、領事事務につき、派遣国の法令の定める手数料及び料金を徴収することができる。

2　1に規定する手数料及び料金の形式で徴収された金額並びにこれらの領収証は、接受国におけるすべての賦課金及び租税を免除される。

### 第二節　本務領事官その他の領事機関の構成員に係る便益、特権及び免除

**第四〇条（領事官の保護）**　接受国は、相応の敬意をもって領事官を待遇するとともに、領事官の身体、自由又は尊厳に対するいかなる侵害も防止するためすべての適当な措置をとる。

**第四一条（領事官の身体の不可侵）**　1　領事官は、抑留されず又は裁判に付されるため拘禁されない。ただし、重大な犯罪の場合において権限のある司法当局の決定があったときを除く。

2　領事官は、最終的効力を有する司法上の決定の執行の場合を除くほか、拘禁されず又は身体の自由に対する他のいかなる制限も課されない。ただし、1のただし書に該当する場合を除く。

3　領事官は、自己について刑事訴訟手続が開始された場合には、権限のある当局に出頭しなければならない。もっとも、刑事訴訟手続は、領事官としての公の地位に相応の敬意を払いつつ行うものとし、1のただし書に該当する場合を除くほか、領事任務の遂行をできる限り妨げない方法で行う。1のただし書に該当する場合において領事官を拘禁したときは、当該領事官についての訴訟手続は、できる限り遅滞なく開始する。

**第四二条（抑留、拘禁又は訴追の通告）**　領事機関の職員が抑留された場合若しくは裁判に付されるため拘禁された場合又は当該職員につき刑事訴訟手続が開始された場合には、接受国は、その旨を速やかに当該領事機関の長に通報する。領事機関の長自身が前段に定める措置の対象となる場合には、接受国は、外交上の経路を通じて派遣国に通報する。

**第四三条（裁判権からの免除）**　1　領事官及び事務技術職員は、領事任務の遂行に当たって行った行為に関し、接受国の司法当局又は行政当局の裁判権に服さない。

2　もっとも、1の規定は、次の民事訴訟については、適用しない。

(a)　領事官又は事務技術職員が、派遣国のためにする旨を明示的にも黙示的にも示すことなく締結した契約に係る民事訴訟

(b)　接受国において車両、船舶又は航空機により引き起こされた事故による損害について第三者の提起する民事訴訟

**第四四条（証言の義務）**　1　領事機関の構成員に対しては、司法上又は行政上の手続において証人として出頭するよう要求することができる。事務技術職員又は役務職員は、3に定める場合を除くほか、証言を拒否してはならない。領事官については、出頭又は証言を拒否した場合においても、いかなる強制的措置又は刑罰も適用しない。

2　領事官の証言を要求する当局は、領事官の任務の遂行を妨げないようにする。当該当局は、可能な場合には、領事官の住居において若しくは領事機関内で証言を録取すること又は書面による領事官の供述を受理することができる。

3　領事機関の構成員は、任務の遂行に関連する事項に関し証言を行う義務並びに当該事項に関する公の通信文及び公の書類を提出する義務を負わない。領事機関の構成員は、また、派遣国の法令に関し鑑定人として証言を行うことを拒否する権利を有する。

**第四五条（特権及び免除の放棄）**　1　派遣国は、領事機関の構成員について、第四十一条、第四十三条及び前条に定める特権及び免除を放棄することができる。

2　放棄は、3に定める場合を除くほか、すべての場合において明示的に行うものとし、接受国に対し書面により通告する。

3　領事官又は事務技術職員は、第四十三条の規定により裁判権からの免除を享受する事項について訴えを提起した場合には、本訴に直接係る反訴について裁判権からの免除を援用することができない。

4　民事訴訟又は行政訴訟に関する裁判権からの免除の放棄は、当該訴訟の判決の執行についての免除の放棄を意味するものとはみなされない。判決の執行についての免除の放棄のためには、別個の放棄を必要とする。

**第四六条（外国人登録及び在留許可に係る免除）**　1　領事官及び事務技術職員並びにこれらの世帯に属する家族は、外国人登録及び在留許可に関する接受国の法令に基づくすべての義務を免除される。

2　もっとも、1の規定は、事務技術職員であって派遣国の臨時的職員であるもの若しくは接受国内で収入を伴う私的な職業に従事するもの又はその家族については、適用しない。

**第四七条（就労許可に係る免除）**　1　領事機関の構成員は、派遣国のために提供する役務について、外国人労働者の雇用に関する接受国の法令により課される就労許可に係るいかなる義務も免除される。

2　領事官及び事務技術職員の個人的使用人は、接受国内で収入を伴う他の職業に従事していない場合には、1に規定する義務を免除される。

**第四八条（社会保障に係る免除）**　1　領事機関の構成員は、派遣国のために提供する役務について、接受国で施行されている社会保障に関する規定の適用を免除されるものとし、また、当該構成員の世帯に属する家族も、これらの規定の適用を免除される。このことは、3の規定の適用を妨げるものではない。

2　1に定める免除は、また、次のことを条件として、専ら領事機関の構成員に雇用されている個人的使用人についても適用される。

(a)　当該個人的使用人が接受国の国民でないこと又は接受国に通常居住している者でないこと。

(b)　当該個人的使用人が派遣国又は第三国で施行されている社会保障に関する規定の適用を受けていること。

3　2に定める免除が適用されない者を雇用している領事機関の構成員は、接受国の社会保障に関する規定により雇用者に課される義務を負う。

4　1及び2に定める免除は、接受国における社会保障制度への自発的参加を妨げるものではない。ただし、接受国がそのような参加を認める場合に限る。

**第四九条（課税の免除）**　1　領事官及び事務技術職員並びにこれらの世帯に属する家族は、人、動産又は不動産に関し、国又は地方公共団体のすべての賦課金及び租税を免除される。ただし、次のものを除く。

(a)　商品又は役務の価格に通常含められるような間接税

(b)　第三十二条の規定に従うことを条件として、接受国の領域内にある個人の不動産に対する賦課金及び租税

(c)　第五十一条(b)の規定に従うことを条件として、接受国によって課される遺産税又は相続税及び財産の移転に係る租税

(d) 接受国内に源泉がある個人的所得（譲渡収益を含む。）に課される賦課金及び租税並びに接受国内の商業上又は金融上の企業への投資に対する資本税
(e) 提供された特定の役務に対する課徴金
(f) 第三十二条の規定に従うことを条件として、登録税、裁判所手数料又は記録手数料、担保税及び印紙税

2 役務職員は、自己の役務について受領する賃金に対する賦課金及び租税を免除される。

3 領事機関の構成員は、自己の雇用する者の賃金又は俸給が接受国において所得税の免除を受けられない場合には、所得税の課税に関し接受国の法令により雇用者に課される義務を負う。

**第五〇条（関税及び税関検査の免除）** 1 接受国は、自国の法令の定めるところにより、次の物品の輸入を許可し、かつ、これらについてすべての関税、租税及び関係のある課徴金を免除する。ただし、蔵入れ、運搬及びこれらに類する役務に対する課徴金については、この限りでない。
(a) 領事機関の公の使用のための物品
(b) 領事官又はその世帯に属する家族の個人的な使用のための物品（領事官の居住のための物品を含む。）。もつとも、消費に充てられる物品は、その者の直接の使用に必要な数量を超えるものであつてはならない。

2 事務技術職員は、着任の際に輸入する物品について1に定める特権及び免除を享受する。

3 領事官及びその世帯に属する家族が携行する個人用の荷物は、検査を免除される。ただし、1(b)に掲げる物品以外の物品又は輸出入が接受国の法令によつて禁止されており若しくは接受国の検疫法令によつて規制されている物品が当該荷物中に含まれていると信ずる十分な理由がある場合は、この限りでない。この場合には、検査は、当該領事官又は当該家族の立会いの下に行われる。

**第五一条（領事機関の構成員又はその家族の遺産）** 接受国は、領事機関の構成員又はその世帯に属する家族が死亡した場合には、
(a) 死亡した者が接受国内で取得した財産で死亡の時に輸出が禁止されていたものを除くほか、その者に属していた動産の持出しを許可する。
(b) 死亡した者が領事機関の構成員又はその家族として接受国にあつたことのみに基づいて接受国に所在する動産に対しては、国又は地方公共団体の遺産税、相続税及び財産の移転に係る租税を課さない。

**第五二条（人的役務及び金銭的負担の免除）** 接受国は、領事機関の構成員及びその世帯に属する家族に対し、すべての人的役務、すべての公的役務（種類のいかんを問わない。）並びに徴発、軍事上の金銭的負担及び宿舎割当てに関する義務のような軍事上の義務を免除する。

**第五三条（領事上の特権及び免除の享受の開始及び終了）** 1 領事機関の構成員は、赴任のため接受国の領域に入つた時又は、既に接受国の領域内にある場合には、領事機関における自己の任務に就く時から、この条約に定める特権及び免除を享受する。

2 領事機関の構成員の世帯に属する家族又は当該構成員の個人的使用人は、当該構成員が1の規定により特権及び免除を享受する日又は当該家族若しくは当該個人的使用人が接受国の領域に入つた日若しくはその地位を得た日のうち最も遅い日からこの条約に定める特権及び免除を享受する。

3 領事機関の構成員の任務が終了した場合には、当該構成員、その世帯に属する家族又は当該構成員の個人的使用人の特権及び免除は、通常、その者が接受国を去る時又は接受国を去るために要する相当な期間が経過した時のいずれか早い時に消滅する。当該特権及び免除は、武力紛争が生じた場合においても、第一文に規定する時まで存続する。2に規定する家族及び個人的使用人の特権及び免除は、これらの者が領事機関の構成員の世帯に属する者でなくなり又は領事機関の構成員のために役務を行わなくなつた時に消滅する。ただし、これらの者が相当な期間内に接受国を去る意思を有する場合には、これらの者の特権及び免除は、退去の時まで存続する。

4 もつとも、領事官又は事務技術職員が任務の遂行に当たつて行つた行為についての裁判権からの免除は、無期限に存続する。

5 領事機関の構成員が死亡した場合には、その世帯に属する家族は、接受国を去る時又は接受国を去るために要する相当な期間が経過した時のいずれか早い時まで、与えられた特権及び免除を引き続き享受する。

**第五四条（第三国の義務）** 1 領事官が、赴任、帰任又は帰国の途中において、査証が必要な場合に査証を与えた第三国の領域を通過しているとき又は当該第三国の領域内にあるときは、当該第三国は、当該領事官に対し、通過又は帰還を確実にするため必要なこの条約の他の条項に定めるすべての免除を与える。領事官の世帯に属する家族で特権及び免除を享受するものが当該領事官と同行する場合又は当該領事官のもとに赴くため若しくは帰国するために別個に旅行中である場合についても、同様とする。

2 1に規定する場合と同様の場合において、第三国は、領事官以外の領事機関の構成員又はその世帯に属する家族が当該第三国の領域を通過することを妨げてはならない。

3 第三国は、暗号又は符号による通信文を含む通過中のすべての公用通信に対し、接受国がこの条約に基づき与えなければならない自由及び保護と同一の自由及び保護を与える。第三国は、査証が必要な場合に査証を与えられた通過中の領事伝書使及び通過中の領事封印袋に対し、接受国がこの条約に基づき与えなければならない不可侵及び保護と同一の不可侵及び保護を与える。

4 1から3までの規定に基づき第三国が負う義務は、これらの規定の適用を受ける者並びに公用通信及び領事封印袋が不可抗力によつて当該第三国の領域内に入つた場合についても、同様とする。

**第五五条（接受国の法令の尊重）** 1 特権及び免除を享受するすべての者は、特権及び免除を害されることなく、接受国の法令を尊重する義務を負う。これらの者は、また、接受国の国内問題に介入しない義務を負う。

2 領事機関の公館は、領事任務の遂行と相いれない方法で使用してはならない。

3 2の規定は、領事機関の公館のある建物の一部に他の機関又は団体の事務所が設置されることを排除するものではない。ただし、当該事務所に充てられる部分が領事機関の使用する部分と区分されることを条件とする。このような場合には、当該事務所は、この条約の適用上、領事機関の公館の一部を成すものとはみなされない。

**第五六条（第三者の損害に対する保険）** 領事機関の構成員は、車両、船舶又は航空機の使用から生ずる第三者の損害に対する保険について接受国の法令により課される義務を負う。

## 領事関係に関するウィーン条約

**第五七条（収入を伴う私的な職業に関する特別規定）** 1 本務領事官は、接受国内で、個人的な利得を目的とするいかなる職業活動又は商業活動も行つてはならない。
2 この章に定める特権及び免除は、次の者には与えられない。
(a) 接受国内で収入を伴う私的な職業に従事する事務技術職員又は役務職員
(b) (a)に掲げる職員の家族又は個人的使用人
(c) 領事機関の構成員の家族であつて、接受国内で収入を伴う私的な職業に従事するもの

### 第三章 名誉領事官及び名誉領事官を長とする領事機関に関する制度

**第五八条（便益、特権及び免除に関する一般規定）** 1 第二十八条から第三十条まで、第三十四条から第三十九条まで、第五十四条3並びに第五十五条2及び3の規定は、名誉領事官を長とする領事機関について準用する。当該領事機関の便益、特権及び免除は、更に、次条から第六十二条までの規定により規律される。
2 第四十二条、第四十三条、第四十四条3、第四十五条、第五十三条及び第五十五条1の規定は、名誉領事官について準用する。名誉領事官の便益、特権及び免除は、更に、第六十三条から第六十七条までの規定により規律される。
3 この条約に定める特権及び免除は、名誉領事官の家族又は名誉領事官を長とする領事機関に雇用される事務技術職員の家族には与えられない。
4 それぞれ異なる国にある名誉領事官を長とする二の領事機関の間で行う領事封印袋の交換は、当該二の領事機関の接受国の同意がない場合には、認められない。
**第五九条（領事機関の公館の保護）** 接受国は、名誉領事官を長とする領事機関の公館を侵入又は損壊から保護するため及び当該領事機関の安寧の妨害又は当該領事機関の威厳の侵害を防止するため必要な措置をとる。

**第六〇条（領事機関の公館に対する課税の免除）** 1 名誉領事官を長とする領事機関の公館で派遣国が所有し又は賃借するものは、国又は地方公共団体のすべての賦課金及び租税を免除される。ただし、賦課金又は租税であつて、提供された特定の役務に対する給付としての性質を有するものについては、この限りでない。
2 1に定める賦課金又は租税の免除は、派遣国と契約した者が接受国の法令の定めるところにより支払う賦課金及び租税については、適用しない。
**第六一条（領事機関の公文書及び書類の不可侵）** 名誉領事官を長とする領事機関の公文書及び書類は、いずれの時及びいずれの場所においても、不可侵とする。ただし、当該公文書及び書類が他の文書及び書類（特に、領事機関の長及び領事機関の長と共に勤務する者の個人的な通信文並びにこれらの者の職業又は取引に関係のある資料、書籍又は書類）と区別して保管されることを条件とする。

**第六二条（関税の免除）** 接受国は、自国の法令の定めるところにより、派遣国により名誉領事官を長とする領事機関に供給される物品（紋章、国旗、看板、印章、印紙類、書籍、公の印刷物、事務所の家具、事務所の備品及びこれらに類する物品であつて、当該領事機関の公の使用のためのものに限る。）の輸入を許可し、かつ、当該物品についてすべての関税、租税及び関係のある課徴金を免除する。ただし、蔵入れ、運搬及びこれらに類する役務に対する課徴金については、この限りでない。

**第六三条（刑事訴訟手続）** 名誉領事官は、自己について刑事訴訟手続が開始された場合には、権限のある当局に出頭しなければならない。もつとも、刑事訴訟手続は、名誉領事官としての公の地位に相応の敬意を払いつつ行うものとし、当該名誉領事官が抑留され又は拘禁されている場合を除くほか、領事任務の遂行をできる限り妨げない方法で行う。名誉領事官を拘禁したときは、当該名誉領事官についての訴訟手続は、できる限り遅滞なく開始する。

**第六四条（名誉領事官の保護）** 接受国は、名誉領事官に対し、名誉領事官としての公の地位により必要とされる保護を与える責務を有する。

**第六五条（外国人登録及び在留許可に係る免除）** 名誉領事官は、接受国内で個人的な利得を目的とする職業活動又は商業活動を行う者である場合を除くほか、外国人登録及び在留許可に関する接受国の法令に基づくすべての義務を免除される。

**第六六条（課税の免除）** 名誉領事官は、領事任務の遂行に関連して派遣国から受領する報酬及び給与についてすべての賦課金及び租税を免除される。

**第六七条（人的役務及び金銭的負担の免除）** 接受国は、名誉領事官に対し、すべての人的役務、すべての公的役務（種類のいかんを問わない。）並びに徴発、軍事上の金銭的負担及び宿舎割当てに関する義務のような軍事上の義務を免除する。

**第六八条（名誉領事官の制度の任意的性格）** いずれの国も、名誉領事官を任命するかしないか又は接受するかしないかを自由に決定することができる。

### 第四章 一般規定

**第六九条（領事機関の長でない代理領事）** 1 いずれの国も、領事機関の長として任命されない代理領事によつてその活動が行われる代理領事事務所を設置するかしないか又は承認するかしないかを自由に決定することができる。
2 1に規定する代理領事事務所が活動を行うための条件並びに当該代理領事事務所の代理領事が享受することのできる特権及び免除は、派遣国と接受国との間の合意により決定する。
**第七〇条（外交使節団による領事任務の遂行）** 1 この条約は、文脈上許容される範囲内で、外交使節団による領事任務の遂行についても、適用する。
2 外交使節団の構成員であつて、外交使節団の領事部に配属されたもの又は他の方法により領事任務の遂行を命ぜられたものの氏名は、接受国の外務省又はその指定する当局に通告する。
3 外交使節団は、領事任務の遂行に当たり、次の当局にあてて通信することができる。
(a) 領事管轄区域内の地方当局
(b) 接受国の法令及び慣行又は関係のある国際取極によつて許容される場合には、接受国の中央当局
4 2に規定する外交使節団の構成員の特権及び免除は、外交関係に関する国際法の規則により引き続き規律される。
**第七一条（接受国の国民又は接受国に通常居住する者）** 1 領事官であつて接受国の国民であるもの又は接受国に通常居住しているものは、任務の遂行に当たつて行つた公の行為についての裁判権からの免除及び身体の不可侵並びに第四十四条3に規

定する特権のみを享受する。ただし、接受国によつてその他の便益、特権及び免除が与えられる場合は、この限りでない。接受国は、当該領事官に関し、第四十二条に定める義務を負う。当該領事官について刑事訴訟手続が開始された場合には、刑事訴訟手続は、当該領事官が抑留され又は拘禁されている場合を除くほか、領事任務の遂行をできる限り妨げない方法で行う。

2　領事官以外の領事機関の構成員であつて接受国の国民であるもの又は接受国に通常居住しているもの及びその家族並びに1に規定する領事官の家族は、接受国により認められている限度において便益、特権及び免除を享受する。領事機関の構成員の家族及び個人的使用人であつて、接受国の国民であるもの又は接受国に通常居住しているものも、接受国により認められている限度において便益、特権及び免除を享受する。もつとも、接受国は、これらの者に対して裁判権を行使するには、領事機関の任務の遂行を不当に妨げないような方法によらなければならない。

**第七二条（無差別待遇）**　1　接受国は、この条約の適用に当たり、国の間に差別をしてはならない。

2　もつとも、次の場合には、差別がされているものとはみなされない。

(a)　この条約のいずれかの規定が、派遣国にある接受国の領事機関に対して制限的に適用されていることを理由として、接受国が当該いずれかの規定を制限的に適用する場合

(b)　諸国が、慣習又は合意により、この条約に定める待遇よりも有利な待遇を相互に与えている場合

**第七三条（この条約と他の国際取極との関係）**　1　この条約は、他の国際取極であつてその締約国の間において効力を有するものに影響を及ぼすものではない。

2　この条約のいかなる規定も、諸国が、この条約の規定を確認し、補足し、拡大し又は拡充する国際取極を締結することを妨げるものではない。

## 第五章　最終規定（略）

**第七四条（署名）**（略）
**第七五条（批准）**（略）
**第七六条（加入）**（略）
**第七七条（効力発生）**（略）
**第七八条（国際連合事務総長による通報）**（略）
**第七九条（正文）**（略）

## (2)　紛争の義務的解決に関する選択議定書（抄）

署　　名　一九六三年四月二四日（ウィーン）
効力発生　一九六七年三月一九日
日 本 国　一九八三年一一月二日（八三年五月一七日国会承認、九月二七日加入内閣決定、一〇月三日加入書寄託、一〇月一一日公布・条約一五号）
当 事 国　五二

〔注　呼称、日付に関する次の相違を除いて、実質は**紛争の義務的解決に関する選択議定書（ウィーン外交関係条約）**と全く同じ。なお、正文が外交関係条約の選択議定書と同一の部分について、日本政府公定訳で訳語上の表現が工夫され異なっている箇所は少なからず存在する。〕
「千九百六十三年三月四日から四月二十二日まで」「領事関係に関するウィーン条約」（前文）
「千九百六十三年十月三十一日まで」「千九百六十四年三月三十一日まで」（第五条）
「千九百六十三年四月二十四日」（末文）

## 4　日中領事協定（抄）

（領事関係に関する日本国と中華人民共和国との間の協定）

署　　名　二〇〇八年一〇月二四日（北京）
効力発生　二〇一〇年二月一六日（日本国―〇九年七月三日国会承認、一〇年一月一七日批准書交換、一月一八日公布・条約一号）

日本国及び中華人民共和国は、両国及び両国の国民の権利及び利益の保護を容易にするために両国間の領事関係を発展させ、また、両国間の友好関係及び協力を促進することを希望して、次のとおり協定した。

**第一条【定義】**　この協約の適用上、
(a)―(e)〔領事関係に関するウィーン条約第一条(a)―(d)及び(j)と同じ。〕
(f)「領事機関の公文書」には、領事機関に属するすべての書類、文書、通信文、書籍、フィルム、テープ及び登録簿並びに符号及び暗号、索引カード、記憶媒体に蔵置された情報並びにこれらを保護し又は保管するための家具を含む。

**第二条【領事任務の遂行】**〔領事関係に関するウィーン条約第三条と同じ。ただし、「条約」を「協定」と読み替える。〕

**第三条【領事任務】**〔領事関係に関するウィーン条約第五条とほぼ同じ。〕

**第四条【領事管轄区域内の当局に対する通知】**〔領事関係に関するウィーン条約第一四条と同じ。ただし、「条約」を「協定」と読み替える。〕

**第五条【領事機関の活動に関する便益】**〔領事関係に関するウィーン条約第二八条と同じ。〕

**第六条【領事機関の公館の不可侵】**　1　領事機関の公館は、不可侵とする。

2　接受国の当局は、領事機関の長若しくはその指名した者又は派遣国の外交使節団の長若しくはその指名した者の同意がある場合を除くほか、領事機関の公館に立ち入ってはならない。

3　接受国は、2の規定に従うことを条件として、領事機関の公館を侵入又は損壊から保護するため、及び領事機関の安寧の妨害又は領事機関の威厳の侵害を防止するため、すべての適当な措置をとる特別の責務を有する。

4　領事機関の公館及びその用具類並びに領事機関の財産及び輸送手段は、国防又は公共事業の目的のためのいかなる形式の徴発からも免除される。この目的のために収用を必要とする場合には、領事任務の遂行の妨げとならないようあらゆる可能な措

置がとられるものとし、また、派遣国に対し、迅速、十分かつ有効な補償が行われる。

5 領事官の住居は、領事機関の公館と同様の不可侵及び保護を享有する。

**第七条【領事機関の公文書及び書類の不可侵】**〔領事関係に関するウィーン条約第三三条と同じ。〕

**第八条【派遣国の国民との通信及び接触】** 1 派遣国の国民に関する領事任務の遂行を容易にするため、

(a) 領事官は、派遣国の国民と自由に通信し及び面接することができる。派遣国の国民も、同様に、派遣国の領事官と通信し及び面接することができる。接受国は、派遣国の国民が領事官と接触すること及び領事機関の公館に入ることを妨げてはならない。

(b) 接受国の権限のある当局は、領事機関の領事管轄区域内で、派遣国の国民(別段の証明がなされる場合を除くほか、自らが派遣国の国民であると主張する者を含む。)が逮捕された場合又は留置された場合、裁判に付されるため勾留された場合又はその他の事由により拘禁された場合には、当該国民の要請があるか否かにかかわらず、そのような事実及びその理由を、遅滞なく、遅くともこれらの逮捕、留置、勾留又は拘禁の日から四日以内に、当該領事機関に通報する。ただし、通信上の障害のために当該領事機関に通報することができない場合には、接受国の権限のある当局は、派遣国の外交使節団に通報する。

(c) 領事官は、その領事管轄区域内で逮捕され、留置され、裁判に付されるため勾留され、又は他の事由により拘禁されている派遣国の国民を訪問し、自己の選択する言語で当該国民と面談し及び文通し、並びに当該国民のために弁護人をあっせんする権利を有する。接受国の言語以外の言語で面談する場合においては、領事官は、接受国の権限のある当局の要請があるときは、面談の内容を接受国の言語に翻訳して当該当局に口頭で告げる。接受国の権限のある当局は、領事官の要請があるときは、遅滞なく、領事官が派遣国の国民を訪問するための措置をとる。領事官は、また、その領事管轄区域内で判決に従い留置され、拘留され又は拘禁されている派遣国の国民を訪問し、並びに当該国民と面談し及び文通する権利を有する。ただし、領事官が当該国民のために行動することに対し、当該国民が反対する意思を書面により表明し、かつ、接受国の権限のある当局がその書面を領事官に提示する場合には、領事官は、そのような行動を差し控える。

(d) 逮捕され、留置され、裁判に付されるため勾留され、判決に従い拘留され、又は他の事由により拘禁されている派遣国の国民と領事機関との間のいかなる通信も、接受国の権限のある当局により、遅滞なく送付される。

(e) 接受国の権限のある当局は、逮捕され、留置され、裁判に付されるため勾留され、判決に従い拘留され、又は他の事由により拘禁されている派遣国の国民に対し、当該国民が(b)から(d)までの規定に基づいて有する権利について遅滞なく告げる。

2 〔領事関係に関するウィーン条約第三六条2と同じ。〕

**第九条【死亡、後見又は財産管理並びに難破及び航空事故の場合の通報】**〔領事関係に関するウィーン条約第三七条と同じ。〕

**第一〇条【接受国の当局との通信】** 1 〔領事関係に関するウィーン条約第三八条とほぼ同じ。〕

2 領事機関の要請があるときは、その領事管轄区域内の権限のある地方当局は、自国の法令の定める範囲内で、当該地方当局が管轄する地域における公共の安全(派遣国の国民の安全を含む。)についての状況に関する情報であって適当と認めるものを当該領事機関に提供することを決定する。

3 領事機関及びその領事管轄区域内の権限のある地方当局は、緊急事態に係る準備のため、相互間の連絡の経路を維持する。

**第一一条【外交使節団による領事任務の遂行】**〔領事関係に関するウィーン条約第七〇条とほぼ同じ。〕

**第一二条【領事関係に関するウィーン条約又は他の国際取極との関係】** 1 この協定は、千九百六十三年四月二十四日にウィーンで作成された領事関係に関するウィーン条約(以下「ウィーン条約」という。)第七十三条2の規定に基づき、ウィーン条約の規定を確認し、補足し、拡大し、及び拡充する。

2 この協定により明示的に規律されない事項については、ウィーン条約により引き続き規律される。

3 この協定のいかなる規定も、締約国のこの協定及びウィーン条約以外の国際取極に基づく権利及び義務に影響を及ぼすものではない。

4 この協定のいかなる規定も、いずれかの締約国と第三国との間のウィーン条約に基づく権利及び義務に影響を及ぼすものではない。

**第一三条【協定の適用範囲】**(略)

**第一四条【相互協議】** 両締約国の代表者は、共通の関心事である領事に関する事項(この協定の解釈又は実施に係る事項を含む。)について相互に協議するために随時会合する。

**第一五条【批准及び終了】**(略)

## 5 国連特権免除条約

(国際連合の特権及び免除に関する条約)

採　択　一九四六年二月一三日(国連第一回総会)
効力発生　一九四六年九月一七日
日本国　一九六三年四月一八日加入(同年二月五日内閣加入決定、三月二二日国会承認、四月一八日加入書寄託、同日公布・条約一二号)
当事国　一六二

国際連合憲章第百四条は、この機構がその任務の遂行及び目的の達成のために必要な法律上の能力を各加盟国の領域において享有すると規定しているので、また、

国際連合憲章第百五条は、この機構がその目的の達成に必要な特権及び免除を各加盟国の領域において享有し、これと同様に、国際連合加盟国の代表者及びこの機構の職員がこの機構に関連する自己の任務を独立に遂行するために必要な特権及び免除を享有すると規定しているので、

よつて、総会は、千九百四十六年二月十三日に採択した決議により、次の条約を承認し、かつ、国際連合の各加盟国による加入のために提案する。

**第一条(法人格)**

第一項　国際連合は、法人格を有し、次の能力を有する。

(a) 契約すること。
(b) 不動産及び動産を取得し、及び処分すること。
(c) 訴えを提起すること。

**第二条（財産、基金及び資産）**

第二項　国際連合並びに、所在地及び占有者のいかんを問わず、その財産及び資産は、免除を明示的に放棄した特定の場合を除き、あらゆる形式の訴訟手続の免除を享有する。もつとも、免除の放棄は、執行の措置には及ばないものと了解される。

第三項　国際連合の構内は、不可侵とする。国際連合の財産及び資産は、所在地及び占有者のいかんを問わず、執行上、行政上、司法上又は立法上の措置のいずれかによる捜索、徴発、没収、収用その他の形式の干渉を免除される。

第四項　国際連合の記録及び一般に国際連合が所有し、又は保管する文書は、所在のいかんを問わず、不可侵とする。

第五項　国際連合は、財政上のいかなる種類の管理、規制又はモラトリアムによつても制限されることなく、
(a) 基金、金又はいかなる通貨をも保持し、及びいかなる通貨の勘定をも設けることができる。
(b) 基金、金又は通貨を一国から他国へ又は一国内において移動し、及びその保持する通貨を他の通貨と交換することができる。

第六項　国際連合は、第五項の規定に基づく権利を行使するに当たつては、加盟国政府の申入れに対して、国際連合の利益を害することなくこの申入れを実施することができると考える限り、妥当な考慮を払わなければならない。

第七項　国際連合及びその資産、収入その他の財産は、
(a) すべての直接税を免除される。もつとも、国際連合は、事実上公益事業の使用料に過ぎない税の免除は要求しないものと了解される。
(b) 国際連合がその公用のために輸入し、又は輸出する物品に関しては、関税並びに輸入及び輸出に対する禁止及び制限を免除される。もつとも、この免除を受けて輸入した物品は、輸入された国の政府と合意した条件によるのでなければ、その国では売却しないものと了解される。
(c) 国際連合の刊行物に関しては、関税並びに輸入及び輸出に対する禁止及び制限を免除される。

第八項　国際連合は、原則として消費税並びに動産及び不動産の売却に対する税でその価格の一部をなすものの免除を要求しない。もつとも、加盟国は、国際連合が公用のために財産の重要な購入を行なうに際しこれに前記の税を課し、又は課することができる場合には、可能な限り税額の減免又は還付のため適当な行政的措置を執るものとする。

**第三条（通信に関する便益）**

第九項　国際連合は、その公用通信に関して、各加盟国の領域において、郵便、海底線電報、有線電報、無線電報、写真電報、電話その他の通信に対する優先権、料金及び課金について、並びに新聞及びラジオの情報のための報道料金について、その加盟国の政府が他の国の政府（外交使節団を含む。）に与える待遇よりも不利でない待遇を享有する。国際連合の公用信書その他の公用通信は、検閲してはならない。

第十項　国際連合は、暗号を使用し、かつ、その信書を伝書使又は封印袋により発送し、及び接受する権利を有する。伝書使及び封印袋は、外交伝書使及び外交封印袋と同一の免除及び特権を有する。

**第四条（加盟国の代表者）**

第十一項　国際連合の主要機関及び補助機関に対する加盟国の代表者並びに国際連合が招集した会議に対する加盟国の代表者は、その任務の遂行中及び会合地への往復の旅行中、次の特権及び免除を享有する。
(a) 身柄の逮捕又は抑留及び手荷物の押収の免除並びに、代表者としての資格で行なつた口頭又は書面による陳述及びすべての行動に関して、あらゆる種類の訴訟手続の免除
(b) すべての書類及び文書の不可侵
(c) 暗号を使用し、及び伝書使又は封印袋により書類又は信書を接受する権利
(d) 自己及び配偶者に関して、その任務の遂行のため入国し、又は通過する国において、出入国制限、外国人登録又は国民的服役義務の免除
(e) 通貨又は為替の制限に関して、一時的な公的任務を有する外国政府の代表者に与えられる便益と同一の便益
(f) 手荷物に関して、外交使節に与えられる免除及び便益と同一の免除及び便益
(g) 外交使節が享有するその他の特権、免除及び便益で前各号の規定に矛盾しないもの。ただし、輸入貨物（手荷物の一部としての輸入貨物を除く。）に対する関税又は消費税若しくは取引税の免除を要求する権利は、有しない。

第十二項　国際連合の主要機関及び補助機関に対する加盟国の代表者並びに国際連合が招集した会議に対する加盟国の代表者に完全な言論の自由及び任務の遂行に当たつての完全な独立を保障するために、任務の遂行に当たつて行なつた口頭又は書面による陳述及びすべての行動に関する訴訟手続の免除は、それらの者が加盟国の代表者でなくなつた場合にも、引き続き与えなければならない。

第十三項　なんらかの形式の課税上の取扱いが居住を条件とする場合には、国際連合の主要機関及び補助機関に対する加盟国の代表者並びに国際連合が招集した会議に対する加盟国の代表者がその任務の遂行のために一国に滞在する期間は、居住期間と認めない。

第十四項　特権及び免除は、加盟国の代表者個人の一身上の便宜のために与えられるものではなく、国際連合に関連する任務を独立して遂行することを保障するために与えられるものである。したがつて、加盟国は、自国の代表者に与えられる免除が裁判の進行を阻害するものであり、かつ、免除が与えられる目的を害することなくこれを放棄することができると判断する場合には、その免除を放棄する権利を有するばかりでなく、これを放棄する義務を負う。

第十五項　第十一項、第十二項及び第十三項の規定は、代表者とその代表者が国民である国又はその代表者が代表する若しくは代表した国の当局との間には、適用しない。

第十六項　この条において「代表者」とは、代表団のすべての代表、代表代理、顧問、技術専門家及び書記を含むものとする。

**第五条（職員）**

第十七項　事務総長は、この条及び第七条の規定の適用を受ける職員の種類を定める。事務総長は、この種類を総会に提出する。この種類は、その後、すべての加盟国の政府に通知される。この種類に含まれる職員の氏名は、随時加盟国の政府に通知される。

第十八項　国際連合の職員は、

(a) 公的資格で行なつた口頭又は書面による陳述及びすべての行動に関して、訴訟手続を免除される。

(b) 国際連合が支払つた給料及び手当に対する課税を免除される。

(c) 国民的服役義務を免除される。

(d) 配偶者及び扶養親族とともに、出入国制限及び外国人登録を免除される。

(e) 為替の便益に関して、当該国政府に派遣されている外交使節団に属する外交官で自己の地位と同等のものに与えられる特権と同一の特権を与えられる。

(f) 配偶者及び扶養親族とともに、国際的危機の場合に外交使節に与えられる帰国の便益と同一の便益を与えられる。

(g) 当該国で最初にその地位につく際に家具及び携帯品を無税で輸入する権利を有する。

第十九項　第十八項に定める免除及び特権のほか、事務総長及びすべての事務次長は、自己、配偶者及び未成年の子に関して、国際法に従つて外交使節に与えられる特権、免除及び便益を与えられる。

第二十項　特権及び免除は、国際連合の利益のために職員に与えられるものであつて、職員個人の一身上の便宜のために与えられるものではない。事務総長は、職員に与えられる免除が裁判の進行を阻害するものであり、かつ、国際連合の利益を害することなくこれを放棄することができると判断する場合には、その免除を放棄する権利及び義務を有する。事務総長の場合には、安全保障理事会がその免除を放棄する権利を有する。

第二十一項　国際連合は、裁判の正当な運営を容易にし、警察法令の遵守を確保し、並びにこの条に掲げる特権、免除及び便益に関連する濫用の発生を防止するために、加盟国の関係当局と常に協力しなければならない。

**第六条（国際連合のための任務を行なう専門家）**

第二十二項　国際連合のための任務を遂行する専門家（第五条の範囲に属する職員を除く。）は、その任務に関連する旅行に費やす時間を含めて、任務の期間中、任務を独立して遂行するために必要な特権及び免除を与えられる。この専門家は、特に、次の特権及び免除を与えられる。

(a) 身柄の逮捕又は抑留及び手荷物の押収の免除

(b) 任務の遂行中に前記の者が行なつた口頭又は書面による陳述及び行動に関して、あらゆる種類の訴訟手続の免除。この訴訟手続の免除は、その者が国際連合の任務に従事しなくなつた場合にも、引き続き与えなければならない。

(c) すべての書類及び文書の不可侵

(d) 国際連合との通信のために、暗号を使用し、及び伝書使又は封印袋により書類又は信書を接受する権利

(e) 通貨又は為替の制限に関して、一時的な公的任務を有する外国政府の代表者に与えられる便益と同一の便益

(f) 手荷物に関して、外交使節に与えられる免除及び便益と同一の免除及び便益

第二十三項　特権及び免除は、国際連合の利益のために専門家に与えられるものであつて、専門家個人の一身上の便宜のために与えられるものではない。事務総長は、専門家に与えられる免除が裁判の進行を阻害するものであり、かつ、国際連合の利益を害することなくこれを放棄することができると判断する場合には、その免除を放棄する権利及び義務を有する。

**第七条（国際連合通行証）**

第二十四項　国際連合は、その職員に対し国際連合通行証を発給することができる。加盟国の当局は、第二十五項の規定を考慮し、この通行証を有効な旅行証明書と認める。

第二十五項　国際連合通行証の所持者から国際連合の用務で旅行しているという証明書を添附して査証の申請（その必要がある場合）があつたときは、なるべくすみやかに処理しなければならない。さらに、この所持者には、すみやかに旅行することができるよう便益を与えなければならない。

第二十六項　専門家その他の者で、国際連合通行証を所持していないが国際連合の用務で旅行しているという証明書を有するものには、第二十五項に定める便益と同様の便益を与えなければならない。

第二十七項　国際連合の用務で国際連合通行証を携帯して旅行する事務総長、事務次長及び部長は、外交使節に与えられる便益と同一の便益を与えられる。

第二十八項　この条の規定は、国際連合憲章第六十三条の規定に基づいて連携関係のために締結された協定が規定する場合には、専門機関の同等の地位にある職員に適用することができる。

**第八条（紛争の解決）**

第二十九項　国際連合は、次の紛争の適当な解決方法について定めなければならない。

(a) 契約から生ずる紛争又は他の私法的性格を有する紛争で、国際連合を当事者とするもの

(b) 公的地位により免除を享有する国際連合の職員に関する紛争。ただし、事務総長がその免除を放棄していない場合に限る。

第三十項　この条約の解釈又は適用から生ずるすべての紛争は、当事者が他の解決方法によることを合意する場合を除き、国際司法裁判所に付託する。紛争が国際連合と加盟国との間に生じた場合には、紛争に含まれる法律問題については、国際連合憲章第九十六条及び国際司法裁判所規程第六十五条の規定に従つて勧告的意見を要請する。裁判所が与えた意見は、関係当事者により最終的なものとして受諾される。

**最終条項**

第三十一項　この条約は、国際連合のすべての加盟国に対し加入のため提案する。

第三十二項　加入は、国際連合事務総長に加入書を寄託することにより行なう。この条約は、各加盟国の加入書が寄託された日にその加盟国について効力を生ずる。

第三十三項　事務総長は、各加入書の寄託を国際連合のすべての加盟国に通報する。

第三十四項　加入書が加盟国のために寄託されたときは、その加盟国は、自国の法令に基づいてこの条約の規定を実施することができるものと了解される。

第三十五項　この条約は、国際連合と加入書を寄託したすべての加盟国との間で、同加盟国が国際連合加盟国である限り、又はこの条約の改正が総会により承認され、かつ、同加盟国がその改正条約の当事国となるまで、引き続き効力を有する。

第三十六項　事務総長は、この条約の規定を調整する補足的協定を一又は二以上の加盟国との間に、これらの加盟国に関する限りにおいて、締結することができる。この補足的協定は、各場合に総会の承認を受けなければならない。

# 第4章 条約

## 1 条約法条約

### (1) 条約法に関するウィーン条約

採択(作成) 一九六九年五月二三日(ウィーン)
効力発生 一九八〇年一月二七日
日本国 一九八一年八月一日(同年五月二九日国会承認、七月二日加入書寄託、七月二〇日公布・条約一六号)
当事国 一一六

この条約の当事国は、

国際関係の歴史における条約の基本的な役割を考慮し、

条約が、国際法の法源として、また、国(憲法体制及び社会体制のいかんを問わない。)の間の平和的協力を発展させるための手段として、引き続き重要性を増しつつあることを認め、

自由意思による同意の原則並びに信義誠実の原則及び「合意は守られなければならない」との規則が普遍的に認められていることに留意し、

条約に係る紛争が、他の国際紛争の場合におけると同様に、平和的手段により、かつ、正義の原則及び国際法の諸原則に従つて解決されなければならないことを確認し、

国際連合加盟国の国民が、正義と条約から生ずる義務の尊重とを維持するために必要な条件の確立を決意したことを想起し、

人民の同権及び自決の原則、すべての国の主権平等及び独立の原則、国内問題への不干渉の原則、武力による威嚇又は武力の行使の禁止の原則、すべての者の人権及び基本的自由の普遍的な尊重及び遵守の原則等国際連合憲章に規定する国際法の諸原則を考慮し、

この条約において条約法の法典化及び漸進的発達が図られたことにより、国際連合憲章に定める国際連合の目的、すなわち、国際の平和及び安全の維持、諸国間の友好関係の発展並びに国際協力の達成が推進されることを確信し、

この条約により規律されない問題については、引き続き国際慣習法の諸規則により規律されることを確認して、

次のとおり協定した。

## 第一部 序

**第一条(この条約の適用範囲)** この条約は、国の間の条約について適用する。

**第二条(用語)** 1 この条約の適用上、

(a) 「条約」とは、国の間において文書の形式により締結され、国際法によつて規律される国際的な合意(単一の文書によるものであるか関連する二以上の文書によるものであるかを問わず、また、名称のいかんを問わない。)をいう。

(b) 「批准」、「受諾」、「承認」及び「加入」とは、それぞれ、そのように呼ばれる国際的な行為をいい、条約に拘束されることについての国の同意は、これらの行為により国際的に確定的なものとされる。

(c) 「全権委任状」とは、国の権限のある当局の発給する文書であつて、条約文の交渉、採択若しくは確定を行うため、条約に拘束されることについての国の同意を表明するため又は条約に関するその他の行為を遂行するために国を代表する一又は二以上の者を指名しているものをいう。

(d) 「留保」とは、国が、条約の特定の規定の自国への適用上その法的効果を排除し又は変更することを意図して、条約への署名、条約の批准、受諾若しくは承認又は条約への加入の際に単独に行う声明(用いられる文言及び名称のいかんを問わない。)をいう。

(e) 「交渉国」とは、条約文の作成及び採択に参加した国をいう。

(f) 「締約国」とは、条約(効力を生じているかいないかを問わない。)に拘束されることに同意した国をいう。

(g) 「当事国」とは、条約に拘束されることに同意し、かつ、自国について条約の効力が生じている国をいう。

(h) 「第三国」とは、条約の当事国でない国をいう。

(i) 「国際機関」とは、政府間機関をいう。

2 この条約における用語につき規定する1の規定は、いずれの国の国内法におけるこれらの用語の用法及び意味にも影響を及ぼすものではない。

**第三条(この条約の適用範囲外の国際的な合意)** この条約が国と国以外の国際法上の主体との間において又は国以外の国際法上の主体の間において締結される国際的な合意及び文書の形式によらない国際的な合意については適用されないということは、次の事項に影響を及ぼすものではない。

(a) これらの合意の法的効力

(b) この条約に規定されている規則のうちこの条約との関係を離れ国際法に基づきこれらの合意を規律するような規則のこれらの合意についての適用

(c) 国及び国以外の国際法上の主体が当事者となつている国際的な合意により規律されている国の間の関係へのこの条約の適用

**第四条(この条約の不遡及)** この条約は、自国についてこの条約の効力が生じている国によりその効力発生の後に締結される条約についてのみ適用する。ただし、この条約に規定されている規則のうちこの条約との関係を離れ国際法に基づき条約を規律するような規則のいかなる条約についての適用も妨げるものではない。

**第五条(国際機関を設立する条約及び国際機関内において採択される条約)** この条約は、国際機関の設立文書である条約及び国際機関内において採択される条約について適用する。ただし、当該国際機関の関係規則の適用を妨げるものではない。

## 第二部 条約の締結及び効力発生

### 第一節 条約の締結

**第六条(国の条約締結能力)** いずれの国も、条約を締結する能力を有する。

**第七条(全権委任状)** 1 いずれの者も、次の場合には、条約文の採択若しくは確定又は条約に拘束されることについての国の同意の表明の目的のために国を代表するものと認められる。

(a) 当該者から適切な全権委任状の提示がある場合

(b) 当該者につきこの1に規定する目的のために国を代表するものと認めかつ全権委任状の提示を要求しないことを関係国が意図していたことが関係国の慣行又はその他の状況から明

条約

らかである場合

2 次の者は、職務の性質により、全権委任状の提示を要求されることなく、自国を代表するものと認められる。

(a) 条約の締結に関するあらゆる行為について、元首、政府の長及び外務大臣

(b) 派遣国と接受国との間の条約の条約文の採択については、外交使節団の長

(c) 国際会議又は国際機関若しくはその内部機関における条約文の採択については、当該国際会議又は国際機関若しくはその内部機関に対し国の派遣した代表者

**第八条（権限が与えられることなく行われた行為の追認）** 条約の締結に関する行為について国を代表する権限を有するとは前条の規定により認められない者の行つたこれらの行為は、当該国の追認がない限り、法的効果を伴わない。

**第九条（条約文の採択）** 1 条約文は、2の場合を除くほか、その作成に参加したすべての国の同意により採択される。

2 国際会議においては、条約文は、出席しかつ投票する国の三分の二以上の多数による議決で採択される。ただし、出席しかつ投票する国が三分の二以上の多数による議決で異なる規則を適用することを決定した場合は、この限りでない。

**第一〇条（条約文の確定）** 条約文は、次のいずれかの方法により真正かつ最終的なものとされる。

(a) 条約文に定められている手続又は条約文の作成に参加した国が合意する手続

(b) (a)の手続がない場合には、条約文の作成に参加した国の代表者による条約文又は条約文を含む会議の最終議定書への署名、追認を要する署名又は仮署名

**第一一条（条約に拘束されることについての同意の表明の方法）** 条約に拘束されることについての国の同意は、署名、条約を構成する文書の交換、批准、受諾、承認若しくは加入により又は合意がある場合には他の方法により表明することができる。

**第一二条（条約に拘束されることについての同意の署名による表明）** 1 条約に拘束されることについての国の同意は、次の場合には、国の代表者の署名により表明される。

(a) 署名が同意の表明の効果を有することを条約が定めている場合

(b) 署名が同意の表明の効果を有することを交渉国が合意したことが他の方法により認められる場合

(c) 署名に同意の表明の効果を付与することを国が意図していることが当該国の代表者の全権委任状から明らかであるか又は交渉の過程において表明されたかのいずれかの場合

2 1の規定の適用上、

(a) 条約文への仮署名は、交渉国の合意があると認められる場合には、条約への署名とされる。

(b) 国の代表者による条約への追認を要する署名は、当該国が追認をする場合には、条約への完全な署名とされる。

**第一三条（条約に拘束されることについての同意の条約構成文書の交換による表明）** 国の間で交換される文書により構成されている条約に拘束されることについての国の同意は、次の場合には、当該文書の交換により表明される。

(a) 文書の交換が同意の表明の効果を有することを当該文書が定めている場合

(b) 文書の交換が同意の表明の効果を有することを国の間で合意したことが他の方法により認められる場合

**第一四条（条約に拘束されることについての同意の批准、受諾又は承認による表明）** 1 条約に拘束されることについての国の同意は、次の場合には、批准により表明される。

(a) 同意が批准により表明されることを条約が定めている場合

(b) 批准を要することを交渉国が合意したことが他の方法により認められる場合

(c) 国の代表者が批准を条件として条約に署名した場合

(d) 批准を条件として条約に署名することを国が意図していることが当該国の代表者の全権委任状から明らかであるか又は交渉の過程において表明されたかのいずれかの場合

2 条約に拘束されることについての国の同意は、批准により表明される場合の条件と同様の条件で、受諾又は承認により表明される。

**第一五条（条約に拘束されることについての同意の加入による表明）** 条約に拘束されることについての国の同意は、次の場合には、加入により表明される。

(a) 当該国が加入により同意を表明することができることを条約が定めている場合

(b) 当該国が加入により同意を表明することができることを交渉国が合意したことが他の方法により認められる場合

(c) 当該国が加入により同意を表明することをすべての当事国が後に合意した場合

**第一六条（批准書、受諾書、承認書又は加入書の交換又は寄託）** 条約に別段の定めがない限り、批准書、受諾書、承認書又は加入書は、これらについて次のいずれかの行為が行われた時に、条約に拘束されることについての国の同意を確定的なものとする。

(a) 締約国の間における交換

(b) 寄託者への寄託

(c) 合意がある場合には、締約国又は寄託者に対する通告

**第一七条（条約の一部に拘束されることについての同意及び様々な規定のうちからの特定の規定の選択）** 1 条約の一部に拘束されることについての国の同意は、条約が認めている場合又は他の締約国の同意がある場合にのみ、有効とされる。もつとも、第十九条から第二十三条までの規定の適用を妨げるものではない。

2 様々な規定のうちからの特定の規定の選択を認めている条約に拘束されることについての国の同意は、いずれの規定に係るものであるかが明らかにされる場合にのみ、有効とされる。

**第一八条（条約の効力発生前に条約の趣旨及び目的を失わせてはならない義務）** いずれの国も、次の場合には、それぞれに定める期間、条約の趣旨及び目的を失わせることとなるような行為を行わないようにする義務がある。

(a) 批准、受諾若しくは承認を条件として条約に署名し又は条約を構成する文書を交換した場合には、その署名又は交換の時から条約の当事国とならない意図を明らかにする時までの間

(b) 条約に拘束されることについての同意を表明した場合には、その表明の時から条約が効力を生ずる時までの間。ただし、効力発生が不当に遅延する場合は、この限りでない。

### 第二節 留保

**第一九条（留保の表明）** いずれの国も、次の場合を除くほか、条約への署名、条約の批准、受諾若しくは承認又は条約への加入

に際し、留保を付することができる。

(a) 条約が当該留保を付することを禁止している場合

(b) 条約が、当該留保を含まない特定の留保のみを付することができる旨を定めている場合

(c) (a)及び(b)の場合以外の場合において、当該留保が条約の趣旨及び目的と両立しないものであるとき。

**第二〇条（留保の受諾及び留保に対する異議）** 1 条約が明示的に認めている留保については、条約に別段の定めがない限り、他の締約国による受諾を要しない。

2 すべての当事国の間で条約を全体として適用することが条約に拘束されることについての各当事国の同意の不可欠の条件であることが、交渉国数が限定されていること並びに条約の趣旨及び目的から明らかである場合には、留保については、すべての当事国による受諾を要する。

3 条約が国際機関の設立文書である場合には、留保については、条約に別段の定めがない限り、当該国際機関の権限のある内部機関による受諾を要する。

4 1から3までの場合以外の場合には、条約に別段の定めがない限り、

(a) 留保を付した国は、留保を受諾する他の締約国との間においては、条約がこれらの国の双方について効力を生じているときはその受諾の時に、条約がこれらの国の双方又は一方について効力を生じていないときは双方について効力を生ずる時に、条約の当事国関係に入る。

(b) 留保に対し他の締約国が異議を申し立てることにより、留保を付した国と当該他の締約国との間における条約の効力発生が妨げられることはない。ただし、当該他の締約国が別段の意図を明確に表明する場合は、この限りでない。

(c) 条約に拘束されることについての国の同意を表明する行為で留保を伴うものは、他の締約国の少なくとも一が留保を受諾した時に有効となる。

5 2及び4の規定の適用上、条約に別段の定めがない限り、いずれかの国が、留保の通告を受けた後十二箇月の期間が満了する日又は条約に拘束されることについての同意を表明する日のいずれか遅い日までに、留保に対し異議を申し立てなかつた場合には、留保は、当該国により受諾されたものとみなす。

**第二一条（留保及び留保に対する異議の法的効果）** 1 第十九条、前条及び第二十三条の規定により他の当事国との関係において成立した留保は、

(a) 留保を付した国に関しては、当該他の当事国との関係において、留保に係る条約の規定を留保の限度において変更する。

(b) 当該他の当事国に関しては、留保を付した国との関係において、留保に係る条約の規定を留保の限度において変更する。

2 1に規定する留保は、留保を付した国以外の条約の当事国相互の間においては、条約の規定を変更しない。

3 留保に対し異議を申し立てた国が自国と留保を付した国との間において条約が効力を生ずることに反対しなかつた場合には、留保に係る規定は、これらの二の国の間において、留保の限度において適用がない。

**第二二条（留保の撤回及び留保に対する異議の撤回）** 1 留保は、条約に別段の定めがない限り、いつでも撤回することができるものとし、撤回については、留保を受諾した国の同意を要しない。

2 留保に対する異議は、条約に別段の定めがない限り、いつでも撤回することができる。

3 条約に別段の定めがある場合及び別段の合意がある場合を除くほか、

(a) 留保の撤回は、留保を付した国と他の締約国との関係において、当該他の締約国が当該撤回の通告を受領した時に効果を生ずる。

(b) 留保に対する異議の撤回は、留保を付した国が当該撤回の通告を受領した時に効果を生ずる。

**第二三条（留保に関連する手続）** 1 留保、留保の明示的な受諾及び留保に対する異議は、書面によつて表明しなければならず、また、締約国及び条約の当事国となる資格を有する他の国に通報しなければならない。

2 批准、受諾又は承認を条件として条約に署名するに際して付された留保は、留保を付した国により、条約に拘束されることについての同意を表明する際に、正式に確認されなければならない。この場合には、留保は、その確認の日に付されたものとみなす。

3 留保の確認前に行われた留保の明示的な受諾又は留保に対する異議の申立てについては、確認を要しない。

4 留保の撤回及び留保に対する異議の撤回は、書面によつて行わなければならない。

### 第三節　条約の効力発生及び暫定的適用

**第二四条（効力発生）** 1 条約は、条約に定める態様により又は交渉国が合意する態様により、条約に定める日又は交渉国が合意する日に効力を生ずる。

2 1の場合以外の場合には、条約は、条約に拘束されることについての同意がすべての交渉国につき確定的なものとされた時に、効力を生ずる。

3 条約に拘束されることについての国の同意が条約の効力発生の後に確定的なものとされる場合には、条約は、条約に別段の定めがない限り、当該国につき、その同意が確定的なものとされた日に効力を生ずる。

4 条約文の確定、条約に拘束されることについての国の同意の確定、条約の効力発生の態様及び日、留保、寄託者の任務その他必然的に条約の効力発生前に生ずる問題について規律する規定は、条約文の採択の時から適用する。

**第二五条（暫定的適用）** 1 条約又は条約の一部は、次の場合には、条約が効力を生ずるまでの間、暫定的に適用される。

(a) 条約に定めがある場合

(b) 交渉国が他の方法により合意した場合

2 条約又は条約の一部のいずれかの国についての暫定的適用は、条約に別段の定めがある場合及び交渉国による別段の合意がある場合を除くほか、当該いずれかの国が、条約が暫定的に適用されている関係にある他の国に対し、条約の当事国とならない意図を通告した場合には、終了する。

## 第三部　条約の遵守、適用及び解釈

### 第一節　条約の遵守

**第二六条（「合意は守られなければならない」）** 効力を有するすべての条約は、当事国を拘束し、当事国は、これらの条約を誠実に履行しなければならない。

**第二七条（国内法と条約の遵守）** 当事国は、条約の不履行を正当

化する根拠として自国の国内法を援用することができない。この規則は、第四十六条の規定の適用を妨げるものではない。

### 第二節　条約の適用

**第二八条（条約の不遡及）**　条約は、別段の意図が条約自体から明らかである場合及びこの意図が他の方法によつて確認される場合を除くほか、条約の効力が当事国について生ずる日前に行われた行為、同日前に生じた事実又は同日前に消滅した事態に関し、当該当事国を拘束しない。

**第二九条（条約の適用地域）**　条約は、別段の意図が条約自体から明らかである場合及びこの意図が他の方法によつて確認される場合を除くほか、各当事国をその領域全体について拘束する。

**第三〇条（同一の事項に関する相前後する条約の適用）**　1　国際連合憲章第百三条の規定が適用されることを条件として、同一の事項に関する相前後する条約の当事国の権利及び義務は、2から5までの規定により決定する。

2　条約が前の若しくは後の条約に従うものであること又は前の若しくは後の条約と両立しないものとみなしてはならないことを規定している場合には、当該前の又は後の条約が優先する。

3　条約の当事国のすべてが後の条約の当事国となつている場合において、第五十九条の規定による条約の終了又は運用停止がされていないときは、条約は、後の条約と両立する限度においてのみ、適用する。

4　条約の当事国のすべてが後の条約の当事国となつている場合以外の場合には、

(a)　双方の条約の当事国である国の間においては、3の規則と同一の規則を適用する。

(b)　双方の条約の当事国である国といずれかの条約のみの当事国である国との間においては、これらの国が共に当事国となつている条約が、これらの国の相互の権利及び義務を規律する。

5　4の規定は、第四十一条の規定の適用を妨げるものではなく、また、第六十条の規定による条約の終了又は運用停止の問題及びいずれかの国が条約により他の国に対し負つている義務に反することとなる規定を有する他の条約を締結し又は適用することから生ずる責任の問題に影響を及ぼすものではない。

### 第三節　条約の解釈

**第三一条（解釈に関する一般的な規則）**　1　条約は、文脈によりかつその趣旨及び目的に照らして与えられる用語の通常の意味に従い、誠実に解釈するものとする。

2　条約の解釈上、文脈というときは、条約文（前文及び附属書を含む。）のほかに、次のものを含める。

(a)　条約の締結に関連してすべての当事国の間でされた条約の関係合意

(b)　条約の締結に関連して当事国の一又は二以上が作成した文書であつてこれらの当事国以外の当事国が条約の関係文書として認めたもの

3　文脈とともに、次のものを考慮する。

(a)　条約の解釈又は適用につき当事国の間で後にされた合意

(b)　条約の適用につき後に生じた慣行[subsequent practice]であつて、条約の解釈についての当事国の合意を確立するもの

(c)　当事国の間の関係において適用される国際法の関連規則

4　用語は、当事国がこれに特別の意味を与えることを意図していたと認められる場合には、当該特別の意味を有する。

**第三二条（解釈の補足的な手段）**　前条の規定の適用により得られた意味を確認するため又は次の場合における意味を決定するため、解釈の補足的な手段、特に条約の準備作業及び条約の締結の際の事情に依拠することができる。

(a)　前条の規定による解釈によつては意味があいまい又は不明確である場合

(b)　前条の規定による解釈により明らかに常識に反した又は不合理な結果がもたらされる場合

**第三三条（二以上の言語により確定がされた条約の解釈）**　1　条約について二以上の言語により確定がされた場合には、それぞれの言語による条約文がひとしく権威を有する。ただし、相違があるときは特定の言語による条約文によることを条約が定めている場合又はこのことについて当事国が合意する場合は、この限りでない。

2　条約文の確定に係る言語以外の言語による条約文は、条約に定めがある場合又は当事国が合意する場合にのみ、正文とみなされる。

3　条約の用語は、各正文において同一の意味を有すると推定される。

4　1の規定に従い特定の言語による条約文による場合を除くほか、各正文の比較により、第三十一条及び前条の規定を適用しても解消されない意味の相違があることが明らかとなつた場合には、条約の趣旨及び目的を考慮した上、すべての正文について最大の調和が図られる意味を採用する。

### 第四節　条約と第三国

**第三四条（第三国に関する一般的な規則）**　条約は、第三国の義務又は権利を当該第三国の同意なしに創設することはない。

**第三五条（第三国の義務について規定している条約）**　いずれの第三国も、条約の当事国が条約のいずれかの規定により当該第三国に義務を課することを意図しており、かつ、当該第三国が書面により当該義務を明示的に受け入れる場合には、当該規定に係る当該義務を負う。

**第三六条（第三国の権利について規定している条約）**　1　いずれの第三国も、条約の当事国が条約のいずれかの規定により当該第三国若しくは当該第三国の属する国の集団に対し又はいずれの国に対しても権利を与えることを意図しており、かつ、当該第三国が同意する場合には、当該規定に係る当該権利を取得する。同意しない旨の意思表示がない限り、第三国の同意は、存在するものと推定される。ただし、条約に別段の定めがある場合は、この限りでない。

2　1の規定により権利を行使する国は、当該権利の行使につき、条約に定められている条件又は条約に合致するものとして設定される条件を遵守する。

**第三七条（第三国の義務又は権利についての撤回又は変更）**　1　第三十五条の規定によりいずれかの第三国が義務を負つている場合には、条約の当事国及び当該第三国の同意があるときに限り、当該義務についての撤回又は変更をすることができる。ただし、条約の当事国及び当該第三国が別段の合意をしたと認められる場合は、この限りでない。

2　前条の規定によりいずれかの第三国が権利を取得している場合において、当該第三国の同意なしに当該権利についての撤回

又は変更をすることができないことが意図されていたと認められるときは、条約の当事国は、当該権利についての撤回又は変更をすることができない。

**第三八条（国際慣習となることにより第三国を拘束することとなる条約の規則）** 第三十四条から前条までの規定のいずれも、条約に規定されている規則が国際法の慣習的規則と認められるものとして第三国を拘束することとなることを妨げるものではない。

## 第四部　条約の改正及び修正

**第三九条（条約の改正に関する一般的な規則）** 条約は、当事国の間の合意によつて改正することができる。当該合意については、条約に別段の定めがある場合を除くほか、第二部に定める規則を適用する。

**第四〇条（多数国間の条約の改正）** 1　多数国間の条約の改正は、当該条約に別段の定めがない限り、2から5までの規定により規律する。

2　多数国間の条約をすべての当事国の間で改正するための提案は、すべての締約国に通告しなければならない。各締約国は、次のことに参加する権利を有する。

(a)　当該提案に関してとられる措置についての決定

(b)　当該条約を改正する合意の交渉及び締結

3　条約の当事国となる資格を有するいずれの国も、改正がされた条約の当事国となる資格を有する。

4　条約を改正する合意は、既に条約の当事国となつている国であつても当該合意の当事者とならないものについては、拘束しない。これらの国については、第三十条4(b)の規定を適用する。

5　条約を改正する合意が効力を生じた後に条約の当事国となる国は、別段の意図を表明しない限り、

(a)　改正がされた条約の当事国とみなす。

(b)　改正する合意に拘束されていない条約の当事国との関係においては、改正がされていない条約の当事国とみなす。

**第四一条（多数国間の条約を一部の当事国の間においてのみ修正する合意）** 1　多数国間の条約の二以上の当事国は、次の場合には、条約を当該二以上の当事国の間においてのみ修正する合意を締結することができる。

(a)　このような修正を行うことができることを条約が規定している場合

(b)　当該二以上の当事国が行おうとする修正が条約により禁止されておらずかつ次の条件を満たしている場合

(i)　条約に基づく他の当事国による権利の享有又は義務の履行を妨げるものでないこと。

(ii)　逸脱を認めれば条約全体の趣旨及び目的の効果的な実現と両立しないこととなる条約の規定に関するものでないこと。

2　条約を修正する合意を締結する意図を有する当事国は、当該合意を締結する意図及び当該合意による修正を他の当事国に通告する。ただし、1(a)の場合において条約に別段の定めがあるときは、この限りでない。

## 第五部　条約の無効、終了及び運用停止

### 第一節　総則

**第四二条（条約の有効性及び条約の効力の存続）** 1　条約の有効性及び条約に拘束されることについての国の同意の有効性は、この条約の適用によつてのみ否認することができる。

2　条約の終了若しくは廃棄又は条約からの当事国の脱退は、条約又はこの条約の適用によつてのみ行うことができる。条約の運用停止についても、同様とする。

**第四三条（条約との関係を離れ国際法に基づいて課される義務）** この条約又は条約の適用によりもたらされる条約の無効、終了若しくは廃棄、条約からの当事国の脱退又は条約の運用停止は、条約に規定されている義務のうち条約との関係を離れても国際法に基づいて課されるような義務についての国の履行の責務に何ら影響を及ぼすものではない。

**第四四条（条約の可分性）** 1　条約を廃棄し、条約から脱退し又は条約の運用を停止する当事国の権利であつて、条約に定めるもの又は第五十六条の規定に基づくものは、条約全体についてのみ行使することができる。ただし、条約に別段の定めがある場合又は当事国が別段の合意をする場合は、この限りでない。

2　条約の無効若しくは終了、条約からの脱退又は条約の運用停止の根拠としてこの条約において認められるものは、3から5まで及び第六十条に定める場合を除くほか、条約全体についてのみ援用することができる。

3　2に規定する根拠が特定の条項にのみ係るものであり、かつ、次の条件が満たされる場合には、当該根拠は、当該条項についてのみ援用することができる。

(a)　当該条項がその適用上条約の他の部分から分離可能なものであること。

(b)　当該条項の受諾が条約全体に拘束されることについての他の当事国の同意の不可欠の基礎を成すものでなかつたことが、条約自体から明らかであるか又は他の方法によつて確認されるかのいずれかであること。

(c)　条約の他の部分を引き続き履行することとしても不当ではないこと。

4　第四十九条及び第五十条の場合には、詐欺又は買収を根拠として援用する権利を有する国は、条約全体についてこの権利を行使することができるものとし、特定の条項のみについても、3の規定に従うことを条件として、この権利を行使することができる。

5　第五十一条から第五十三条までの場合には、条約の分割は、認められない。

**第四五条（条約の無効若しくは終了、条約からの脱退又は条約の運用停止の根拠を援用する権利の喪失）** いずれの国も、次条から第五十条までのいずれか、第六十条又は第六十二条の規定に基づき条約を無効にし若しくは終了させ、条約から脱退し又は条約の運用を停止する根拠となるような事実が存在することを了知した上で次のことを行つた場合には、当該根拠を援用することができない。

(a)　条約が有効であること、条約が引き続き効力を有すること又は条約が引き続き運用されることについての明示的な同意

(b)　条約の有効性、条約の効力の存続又は条約の運用の継続を黙認したとみなされるような行為

### 第二節　条約の無効

**第四六条（条約を締結する権能に関する国内法の規定）** 1　いずれの国も、条約に拘束されることについての同意が条約を締結する権能に関する国内法の規定に違反して表明されたという

事実を、当該同意を無効にする根拠として援用することができない。ただし、違反が明白でありかつ基本的な重要性を有する国内法の規則に係るものである場合は、この限りでない。

2　違反は、条約の締結に関し通常の慣行に従いかつ誠実に行動するいずれの国にとつても客観的に明らかであるような場合には、明白であるとされる。

**第四七条（国の同意を表明する権限に対する特別の制限）**　特定の条約に拘束されることについての国の同意を表明する代表者の権限が特別の制限を付して与えられている場合に代表者が当該制限に従わなかつたという事実は、当該制限が代表者による同意の表明に先立つて他の交渉国に通告されていない限り、代表者によつて表明された同意を無効にする根拠として援用することができない。

**第四八条（錯誤）**　1　いずれの国も、条約についての錯誤が、条約の締結の時に存在すると自国が考えていた事実又は事態であつて条約に拘束されることについての自国の同意の不可欠の基礎を成していた事実又は事態に係る錯誤である場合には、当該錯誤を条約に拘束されることについての自国の同意を無効にする根拠として援用することができる。

2　1の規定は、国が自らの行為を通じて当該錯誤の発生に寄与した場合又は国が何らかの錯誤の発生の可能性を予見することができる状況に置かれていた場合には、適用しない。

3　条約文の字句のみに係る錯誤は、条約の有効性に影響を及ぼすものではない。このような錯誤については、第七十九条の規定を適用する。

**第四九条（詐欺）**　いずれの国も、他の交渉国の詐欺行為によつて条約を締結することとなつた場合には、当該詐欺を条約に拘束されることについての自国の同意を無効にする根拠として援用することができる。

**第五〇条（国の代表者の買収）**　いずれの国も、条約に拘束されることについての自国の同意が、他の交渉国が直接又は間接に自国の代表者を買収した結果表明されることとなつた場合には、その買収を条約に拘束されることについての自国の同意を無効にする根拠として援用することができる。

**第五一条（国の代表者に対する強制）**　条約に拘束されることについての国の同意の表明は、当該国の代表者に対する行為又は脅迫による強制の結果行われたものである場合には、いかなる法的効果も有しない。

**第五二条（武力による威嚇又は武力の行使による国に対する強制）**　国際連合憲章に規定する国際法の諸原則に違反する武力〔force〕による威嚇又は武力の行使の結果締結された条約は、無効である。

**第五三条（一般国際法の強行規範に抵触する条約）**　締結の時に一般国際法の強行規範〔peremptory norm〕に抵触する条約は、無効である。この条約の適用上、一般国際法の強行規範とは、いかなる逸脱も許されない規範として、また、後に成立する同一の性質を有する一般国際法の規範によつてのみ変更することのできる規範として、国により構成されている国際社会〔international community〕全体が受け入れ、かつ、認める規範をいう。

### 第三節　条約の終了及び運用停止

**第五四条（条約又は当事国の同意に基づく条約の終了又は条約からの脱退）**　条約の終了又は条約からの当事国の脱退は、次のいずれかの場合に行うことができる。

(a)　条約に基づく場合

(b)　すべての当事国の同意がある場合。この場合には、いかなる時点においても行うことができる。もつとも、当事国となつていない締約国は、事前に協議を受ける。

**第五五条（多数国間の条約の効力発生に必要な数を下回る数への当事国数の減少）**　多数国間の条約は、条約に別段の定めがない限り、当事国数が条約の効力発生に必要な数を下回る数に減少したことのみを理由として終了することはない。

**第五六条（終了、廃棄又は脱退に関する規定を含まない条約の廃棄又はこのような条約からの脱退）**　1　終了に関する規定を含まずかつ廃棄又は脱退について規定していない条約については、次の場合を除くほか、これを廃棄し、又はこれから脱退することができない。

(a)　当事国が廃棄又は脱退の可能性を許容する意図を有していたと認められる場合

(b)　条約の性質上廃棄又は脱退の権利があると考えられる場合

2　当事国は、1の規定に基づき条約を廃棄し又は条約から脱退しようとする場合には、その意図を廃棄又は脱退の十二箇月前までに通告する。

**第五七条（条約又は当事国の同意に基づく条約の運用停止）**　条約の運用は、次のいずれかの場合に、すべての当事国又は特定の当事国について停止することができる。

(a)　条約に基づく場合

(b)　すべての当事国の同意がある場合。この場合には、いかなる時点においても停止することができる。もつとも、当事国となつていない締約国は、事前に協議を受ける。

**第五八条（多数国間の条約の一部の当事国の間のみの合意による条約の運用停止）**　1　多数国間の条約の二以上の当事国は、次の場合には、条約の運用を一時的にかつ当該二以上の当事国の間においてのみ停止する合意を締結することができる。

(a)　このような運用停止を行うことができることを条約が規定している場合

(b)　当該二以上の当事国が行おうとする運用停止が条約により禁止されておらずかつ次の条件を満たしている場合

(i)　条約に基づく他の当事国による権利の享有又は義務の履行を妨げるものでないこと。

(ii)　条約の趣旨及び目的に反することとなるものでないこと。

2　条約の運用を停止する合意を締結する意図を有する当事国は、当該合意を締結する意図及びその運用を停止することとしている条約の規定を他の当事国に通告する。ただし、1(a)の場合において条約に別段の定めがあるときは、この限りでない。

**第五九条（後の条約の締結による条約の終了又は運用停止）**　1　条約は、すべての当事国が同一の事項に関し後の条約を締結する場合において次のいずれかの条件が満たされるときは、終了したものとみなす。

(a)　当事国が当該事項を後の条約によつて規律することを意図していたことが後の条約自体から明らかであるか又は他の方法によつて確認されるかのいずれかであること。

(b)　条約と後の条約とが著しく相いれないものであるためこれらの条約を同時に適用することができないこと。

2　当事国が条約の運用を停止することのみを意図していたことが後の条約自体から明らかである場合又は他の方法によつて確認される場合には、条約は、運用を停止されるにとどまるものとみなす。

**第六〇条（条約違反の結果としての条約の終了又は運用停止）**
1　二国間の条約につきその一方の当事国による重大な違反があつた場合には、他方の当事国は、当該違反を条約の終了又は条約の全部若しくは一部の運用停止の根拠として援用することができる。
2　多数国間の条約につきその一の当事国による重大な違反があつた場合には、
(a)　他の当事国は、一致して合意することにより、次の関係において、条約の全部若しくは一部の運用を停止し又は条約を終了させることができる。
(i)　他の当事国と違反を行つた国との間の関係
(ii)　すべての当事国の間の関係
(b)　違反により特に影響を受けた当事国は、自国と当該違反を行つた国との間の関係において、当該違反を条約の全部又は一部の運用停止の根拠として援用することができる。
(c)　条約の性質上、一の当事国による重大な違反が条約に基づく義務の履行の継続についてのすべての当事国の立場を根本的に変更するものであるときは、当該違反を行つた国以外の当事国は、当該違反を自国につき条約の全部又は一部の運用を停止する根拠として援用することができる。
3　この条の規定の適用上、重大な条約違反とは、次のものをいう。
(a)　条約の否定であつてこの条約により認められないもの
(b)　条約の趣旨及び目的の実現に不可欠な規定についての違反
4　1から3までの規定は、条約違反があつた場合に適用される当該条約の規定に影響を及ぼすものではない。
5　1から3までの規定は、人道的性格を有する条約に定める身体の保護に関する規定、特にこのような条約により保護される者に対する報復（reprisals）（形式のいかんを問わない。）を禁止する規定については、適用しない。

**第六一条（後発的履行不能）**　1　条約の実施に不可欠である対象が永久的に消滅し又は破壊された結果条約が履行不能となつた場合には、当事国は、当該履行不能を条約の終了又は条約からの脱退の根拠として援用することができる。履行不能は、一時的なものである場合には、条約の運用停止の根拠としてのみ援用することができる。
2　当事国は、条約に基づく義務についての自国の違反又は他の当事国に対し負つている他の国際的な義務についての自国の違反の結果条約が履行不能となつた場合には、当該履行不能を条約の終了、条約からの脱退又は条約の運用停止の根拠として援用することができない。

**第六二条（事情の根本的な変化）**　1　条約の締結の時に存在していた事情につき生じた根本的な変化が当事国の予見しなかつたものである場合には、次の条件が満たされない限り、当該変化を条約の終了又は条約からの脱退の根拠として援用することができない。
(a)　当該事情の存在が条約に拘束されることについての当事国の同意の不可欠の基礎を成していたこと。
(b)　当該変化が、条約に基づき引き続き履行しなければならない義務の範囲を根本的に変更する効果を有するものであること。
2　事情の根本的な変化は、次の場合には、条約の終了又は条約からの脱退の根拠として援用することができない。
(a)　条約が境界を確定している場合
(b)　事情の根本的な変化が、これを援用する当事国による条約に基づく義務についての違反又は他の当事国に対し負つている他の国際的な義務についての違反の結果生じたものである場合
3　当事国は、1及び2の規定に基づき事情の根本的な変化を条約の終了又は条約からの脱退の根拠として援用することができる場合には、当該変化を条約の運用停止の根拠としても援用することができる。

**第六三条（外交関係又は領事関係の断絶）**　条約の当事国の間の外交関係又は領事関係の断絶は、当事国の間に当該条約に基づき確立されている法的関係に影響を及ぼすものではない。ただし、外交関係又は領事関係の存在が当該条約の適用に不可欠である場合は、この限りでない。

**第六四条（一般国際法の新たな強行規範の成立）**　一般国際法の新たな強行規範が成立した場合には、当該強行規範に抵触する既存の条約は、効力を失い、終了する。

### 第四節　手続

**第六五条（条約の無効若しくは終了、条約からの脱退又は条約の運用停止に関してとられる手続）**　1　条約の当事国は、この条約に基づき、条約に拘束されることについての自国の同意の瑕疵を援用する場合又は条約の有効性の否認、条約の終了、条約からの脱退若しくは条約の運用停止の根拠を援用する場合には、自国の主張を他の当事国に通告しなければならない。通告においては、条約についてとろうとする措置及びその理由を示す。
2　一定の期間（特に緊急を要する場合を除くほか、通告の受領の後三箇月を下る期間であつてはならない。）の満了の時までに他のいずれの当事国も異議を申し立てなかつた場合には、通告を行つた当事国は、とろうとする措置を第六十七条に定めるところにより実施に移すことができる。
3　他のいずれかの当事国が異議を申し立てた場合には、通告を行つた当事国及び当該他のいずれかの当事国は、国際連合憲章第三十三条に定める手段により解決を求める。
4　1から3までの規定は、紛争の解決に関し当事国の間において効力を有するいかなる条項に基づく当事国の権利又は義務にも影響を及ぼすものではない。
5　第四十五条の規定が適用される場合を除くほか、1の通告を行つていないいずれの国も、他の当事国からの条約の履行の要求又は条約についての違反の主張に対する回答として、1の通告を行うことを妨げられない。

**第六六条（司法的解決、仲裁及び調停の手続）**　前条3の規定が適用された場合において、異議が申し立てられた日の後十二箇月以内に何らの解決も得られなかつたときは、次の手続に従う。
(a)　第五十三条又は第六十四条の規定の適用又は解釈に関する紛争の当事者のいずれも、国際司法裁判所に対し、その決定を求めるため書面の請求により紛争を付託することができる。ただし、紛争の当事者が紛争を仲裁に付することについて合意する場合は、この限りでない。
(b)　この部の他の規定の適用又は解釈に関する紛争の当事者のいずれも、国際連合事務総長に対し要請を行うことにより、附属書に定める手続を開始させることができる。

**第六七条（条約の無効を宣言し、条約を終了させ、条約から脱退**

**させ又は条約の運用を停止させる文書）**1　第六十五条1の通告は、書面によつて行わなければならない。

2　条約の規定又は第六十五条2若しくは3の規定に基づく条約の無効の宣言、条約の終了、条約からの脱退又は条約の運用停止は、他の当事国に文書を伝達することにより実施に移される。文書に元首、政府の長又は外務大臣の署名がない場合には、文書を伝達する国の代表者は、全権委任状の提示を要求されることがある。

**第六八条（第六十五条及び前条に規定する通告及び文書の撤回）**　第六十五条及び前条に規定する通告又は文書は、効果を生ずる前にいつでも撤回することができる。

### 第五節　条約の無効、終了又は運用停止の効果

**第六九条（条約の無効の効果）**1　この条約によりその有効性が否定された条約は、無効である。無効な条約は、法的効力を有しない。

2　この条約によりその有効性が否定された条約に依拠して既に行為が行われていた場合には、

(a)　いずれの当事国も、他の当事国に対し、当該行為が行われなかつたとしたならば存在していたであろう状態を相互の関係においてできる限り確立するよう要求することができる。

(b)　条約が無効であると主張される前に誠実に行われた行為は、条約が無効であることのみを理由として違法とされることはない。

3　第四十九条から第五十二条までの場合には、2の規定は、詐欺、買収又は強制を行つた当事国については、適用しない。

4　多数国間の条約に拘束されることについての特定の国の同意が無効とされた場合には、1から3までに定める規則は、当該特定の国と条約の当事国との関係において適用する。

**第七〇条（条約の終了の効果）**1　条約に別段の定めがある場合及び当事国が別段の合意をする場合を除くほか、条約又はこの条約に基づく条約の終了により、

(a)　当事国は、条約を引き続き履行する義務を免除される。

(b)　条約の終了前に条約の実施によつて生じていた当事国の権利、義務及び法的状態は、影響を受けない。

2　1の規定は、いずれかの国が多数国間の条約を廃棄し又はこれから脱退する場合には、その廃棄又は脱退が効力を生ずる日から、当該いずれかの国と条約の他の各当事国との間において適用する。

**第七一条（一般国際法の強行規範に抵触する条約の無効の効果）**1　条約が第五十三条の規定により無効であるとされた場合には、当事国は、次のことを行う。

(a)　一般国際法の強行規範に抵触する規定に依拠して行つた行為によりもたらされた結果をできる限り除去すること。

(b)　当事国の相互の関係を一般国際法の強行規範に適合したものとすること。

2　第六十四条の規定により効力を失い、終了するとされた条約については、その終了により、

(a)　当事国は、条約を引き続き履行する義務を免除される。

(b)　条約の終了前に条約の実施によつて生じていた当事国の権利、義務及び法的状態は、影響を受けない。ただし、これらの権利、義務及び法的状態は、条約の終了後は、一般国際法の新たな強行規範に抵触しない限度においてのみ維持することができる。

**第七二条（条約の運用停止の効果）**1　条約に別段の定めがある場合及び当事国が別段の合意をする場合を除くほか、条約又はこの条約に基づく条約の運用停止により、

(a)　運用が停止されている関係にある当事国は、運用停止の間、相互の関係において条約を履行する義務を免除される。

(b)　当事国の間に条約に基づき確立されている法的関係は、(a)の場合を除くほか、いかなる影響も受けない。

2　当事国は、運用停止の間、条約の運用の再開を妨げるおそれのある行為を行わないようにしなければならない。

## 第六部　雑則

**第七三条（国家承継、国家責任及び敵対行為の発生の場合）**　この条約は、国家承継、国の国際責任又は国の間の敵対行為の発生により条約に関連して生ずるいかなる問題についても予断を下しているものではない。

**第七四条（外交関係及び領事関係と条約の締結）**　国の間において外交関係又は領事関係が断絶した場合又はこれらの関係が存在しない場合にも、これらの国の間における条約の締結は、妨げられない。条約を締結すること自体は、外交関係又は領事関係につきいかなる影響も及ぼさない。

**第七五条（侵略を行つた国の場合）**　この条約は、侵略を行つた国が、当該侵略に関して国際連合憲章に基づいてとられる措置の結果いずれかの条約に関連して負うことのある義務に影響を及ぼすものではない。

## 第七部　寄託者、通告、訂正及び登録

**第七六条（条約の寄託者）**1　交渉国は、条約において又は他の方法により条約の寄託者を指定することができる。寄託者は、国（その数を問わない。）、国際機関又は国際機関の主たる行政官のいずれであるかを問わない。

2　条約の寄託者の任務は、国際的な性質を有するものとし、寄託者は、任務の遂行に当たり公平に行動する義務を負う。特に、この義務は、条約が一部の当事国の間においては効力を生じていないという事実又は寄託者の任務の遂行に関しいずれかの国と寄託者との間に意見の相違があるという事実によつて影響を受けることがあつてはならない。

**第七七条（寄託者の任務）**1　寄託者は、条約に別段の定めがある場合及び締約国が別段の合意をする場合を除くほか、特に次の任務を有する。

(a)　条約の原本及び寄託者に引き渡された全権委任状を保管すること。

(b)　条約の原本の認証謄本及び条約の要求する他の言語による条約文を作成し、これらを当事国及び当事国となる資格を有する国に送付すること。

(c)　条約への署名を受け付けること並びに条約に関連する文書、通告及び通報を受領しかつ保管すること。

(d)　条約への署名又は条約に関連する文書、通告若しくは通報が正式な手続によるものであるかないかを検討し、必要な場合には関係国の注意を喚起すること。

(e)　条約に関連する行為、通告及び通報を当事国及び当事国となる資格を有する国に通知すること。

(f)　条約の効力発生に必要な数の署名、批准書、受諾書、承認書又は加入書の受付又は寄託の日を当事国となる資格を有する国に通知すること。

(g) 国際連合事務局に条約を登録すること。

(h) この条約の他の規定に定める任務を遂行すること。

2 寄託者の任務の遂行に関しいずれかの国と寄託者との間に意見の相違がある場合には、寄託者は、この場合の問題につき、署名国及び締約国又は適当なときは関係国際機関の権限のある内部機関の注意を喚起する。

**第七八条（通告及び通報）** 条約又はこの条約に別段の定めがある場合を除くほか、この条約に基づいていずれの国の行う通告又は通報も、

(a) 寄託者がない場合には通告又は通報があてられている国に直接送付し、寄託者がある場合には寄託者に送付する。

(b) 通告又は通報のあてられている国が受領した時又は場合により寄託者が受領した時に行われたものとみなす。

(c) 寄託者に送付される場合には、通告又は通報のあてられている国が前条1(e)の規定による寄託者からの通知を受けた時に当該国によつて受領されたものとみなす。

**第七九条（条約文又は認証謄本における誤りの訂正）** 1 条約文の確定の後に署名国及び締約国が条約文に誤りがあると一致して認めた場合には、誤りは、これらの国が別段の訂正方法を決定しない限り、次のいずれかの方法によつて訂正する。

(a) 条約文について適当な訂正を行い、正当な権限を有する代表者がこれにつき仮署名すること。

(b) 合意された訂正を記載した文書を作成し又は交換すること。

(c) 訂正済みの条約文全体を原本の作成手続と同一の手続によつて作成すること。

2 寄託者のある条約の場合には、寄託者は、誤り及び誤りを訂正する提案を署名国及び締約国に通告し、かつ、これらの国が提案された訂正に対して異議を申し立てることができる適当な期限を定めるものとし、

(a) 定められた期限内に異議が申し立てられなかつたときは、条約文の訂正を行い、これにつき仮署名するとともに訂正の調書を作成し、その写しを当事国及び当事国となる資格を有する国に送付する。

(b) 定められた期限内に異議が申し立てられたときは、これを署名国及び締約国に通報する。

3 1及び2に定める規則は、条約文が二以上の言語により確定されている場合において、これらの言語による条約文が符合していないことが明らかにされかつ署名国及び締約国がこれらを符合させるよう訂正することを合意するときにも、適用する。

4 訂正された条約文は、署名国及び締約国が別段の決定をしない限り、誤りがあつた条約文に当初から代わる。

5 登録された条約の条約文の訂正は、国際連合事務局に通告する。

6 条約の認証謄本に誤りが発見された場合には、寄託者は、訂正の調書を作成し、その写しを署名国及び締約国に送付する。

**第八〇条（条約の登録及び公表）** 1 条約は、効力発生の後、登録又は記録のため及び公表のため国際連合事務局に送付する。

2 寄託者が指定された場合には、寄託者は、1の規定による行為を遂行する権限を与えられたものとする。

## 第八部　最終規定

**第八一条（署名）** この条約は、千九百六十九年十一月三十日まではオーストリア共和国連邦外務省において、その後千九百七十年四月三十日まではニュー・ヨークにある国際連合本部において、国際連合、いずれかの専門機関又は国際原子力機関のすべての加盟国、国際司法裁判所規程の当事国及びこの条約の当事国となるよう国際連合総会が招請したその他の国による署名のために開放しておく。

**第八二条（批准）** この条約は、批准されなければならない。批准書は、国際連合事務総長に寄託する。

**第八三条（加入）** この条約は、第八十一条に定める種類のいずれかに属する国による加入のために開放しておく。加入書は、国際連合事務総長に寄託する。

**第八四条（効力発生）** 1 この条約は、三十五番目の批准書又は加入書が寄託された日の後三十日目の日に効力を生ずる。

2 三十五番目の批准書又は加入書が寄託された後にこの条約を批准し又はこれに加入する国については、この条約は、その批准書又は加入書の寄託の後三十日目の日に効力を生ずる。

**第八五条（正文）** 中国語、英語、フランス語、ロシア語及びスペイン語をひとしく正文とするこの条約の原本は、国際連合事務総長に寄託する。

### 附属書

1 国際連合事務総長は、優秀な法律専門家から成る調停人の名簿を作成し、これを保管する。このため、国際連合のすべての加盟国及びこの条約の当事国は、二人の調停人を指名するよう要請されるものとし、指名された者の氏名が名簿に記載される。調停人の任期は、五年とし、更新することができる。臨時の空席を補充するために指名される調停人の任期についても、同様とする。2の規定によりいずれか特定の任務を遂行するために選定された調停人は、任期の満了後も引き続き当該任務を遂行する。

2 国際連合事務総長は、第六十六条の規定に基づく要請があつた場合には、次のとおり構成される調停委員会に紛争を付託する。

紛争の一方の当事者である一又は二以上の国は、次の者を任命する。

(a) 紛争の一方の当事者であるいずれかの国の国籍を有する一人の調停人（1に規定する名簿から選定されるか選定されないかを問わない。）

(b) 紛争の一方の当事者であるいずれの国の国籍も有しない一人の調停人（1に規定する名簿から選定される。）

紛争の他方の当事者である一又は二以上の国は、同様の方法により二人の調停人を任命する。紛争の双方の当事者の選定に係る四人の調停人の任命は、国際連合事務総長が要請を受領した日の後六十日以内に行われる。

四人の調停人は、最後の者が任命された日の後六十日以内に、議長となる五人目の調停人（1に規定する名簿から選定される。）を任命する。

議長又は議長以外の調停人の任命が、それぞれの任命について定められた期間内に行われなかつた場合には、国際連合事務総長が当該期間の満了の後六十日以内に任命を行う。国際連合事務総長は、1に規定する名簿に記載された者又は国際法委員会の委員のうちから議長を任命することができる。任命を行うためのいずれの期間も、紛争の当事者の間の合意によつて延長することができる。

調停人が欠けたときは、当該調停人の任命の場合と同様の

方法によって空席を補充する。

3　調停委員会は、その手続を決定する。調停委員会は、紛争の当事者の同意を得て、条約の当事国に対しその見解を口頭又は書面により調停委員会に提示するよう要請することができる。調停委員会の決定及び勧告は、五人の調停人の過半数による議決で行う。

4　調停委員会は、紛争の友好的な解決を容易にすると考えられる措置について紛争の当事者の注意を喚起することができる。

5　調停委員会は、紛争の友好的な解決を図るため、紛争の当事者からの意見の聴取、紛争の当事者の主張及び異議の審理並びに紛争の当事者に対する提案を行う。

6　調停委員会は、その設置の日から十二箇月以内に報告を行う。報告は、国際連合事務総長に提出し、かつ、紛争の当事者に送付する。事実又は法律問題に関し報告に記載されている結論を含め、報告は、紛争の当事者を拘束するものではなく、また、紛争の友好的な解決を容易にするために当事者の検討に付される勧告としての性質以外のいかなる性質も有しない。

7　国際連合事務総長は、調停委員会に対しその必要とする援助及び便宜を与える。調停委員会の経費は、国際連合が負担する。

## (2)　条約の締結における軍事的、政治的又は経済的強制の禁止に関する宣言　翻訳

採択　一九六九年五月二三日（国際連合条約法会議・ウィーン）

国際連合条約法会議は、

効力を有する全ての条約はその当事国を拘束し、当事国により誠実に履行されなければならないとの原則を堅持し、

国の主権平等の原則を再確認し、

条約の締結に関するいかなる行為を遂行するに際しても、国は完全な自由を有しなければならないことを確信し、

過去においては、国が様々な形態の他国の圧力の下で条約締結を強制されたという事実を憂慮し、

将来においては、条約の締結に関連してこのような圧力がいかなる国によっても、いかなる形態によっても行使されないことを確保することを希望して、

1　国の主権平等及び同意の自由の原則に反して条約の締結に関係するなんらかの行為を行うことを他国に強制するために国が行う、圧力による威嚇又は圧力の行使は、軍事的、政治的又は経済的なもののいかんを問わず、いずれの形態によるものも厳粛に非難する。

2　この宣言は、条約法会議の最終議定書の一部をなすことを決定する。

## 参考　条約の留保に関する実行の指針（抄）　翻訳

草案採択　二〇一一年（国連国際法委員会第六三会期）
二〇一三年一二月一六日（国連総会決議六八／一一一添付文書）

### 第1部　定義（抄）

**1.1**　留保の定義

1　「留保」とは、国又は国際組織が、条約の特定の規定の自国又は当該組織への適用上その法的効果を排除し又は変更することを意図して、条約への署名、条約の批准、正式の確認、受諾、承認若しくは条約への加入の際に又は国が条約の承継の通告を行う際に、単独に行う声明（用いられる文言及び名称のいかんを問わない。）をいう。

2　1は、留保を付した国又は国際組織への適用上、条約の特定の規定の法的効果を排除し若しくは変更すること又は条約全体の法的効果を特定の側面について排除し若しくは変更することを意図する留保を含むものと解釈する。

**1.1.1から1.1.6まで**（略）

**1.2**　解釈宣言の定義

「解釈宣言」とは、国又は国際組織が、条約又は条約の一部の規定の意味や適用範囲を特定し又は明らかにすることを意図して、単独に行う声明（用いられる文言及び名称のいかんを問わない。）をいう。

**1.2.1**（略）

**1.3**　留保と解釈宣言の区別

単独に行う声明の留保又は解釈宣言としての性質は、表明者が発生させることを意図する法的効果によって決定される。

**1.3.1から1.3.3まで**（略）

**1.4**　条件付解釈宣言

1　条件付解釈宣言とは、国又は国際組織が条約に拘束されることについての同意が当該条約又は当該条約の特定の規定の特別な解釈に従うことを条件として、国又は国際組織が条約への署名、条約の批准、正式の確認、受諾若しくは承認又は条約への加入の際に、又は国が条約の承継の通告を行う際に、単独に表明する声明である。

2　条件付解釈宣言は留保に適用可能な規則に従う。

**1.5**　留保及び解釈宣言以外の単独の声明（1.5.1から1.5.3まで）（略）

**1.6**　二国間条約における単独の声明（1.6.1から1.6.3まで）（略）

**1.7**　留保及び解釈宣言の代替手段（1.7.1及び1.7.2）（略）

**1.8**　定義の適用範囲（略）

## 第2部 手続(抄)

**2・1** 留保の形式及び通告(2・1・1から2・1・7まで)(略)

**2・2** 留保の確認(2・2・1から2・2・4まで)(略)

**2・3** 時機に遅れた留保の表明(2・3・1から2・3・4まで)(略)

**2・4** 解釈宣言の手続(2・4・1から2・4・8まで)(略)

**2・5** 留保及び解釈宣言の撤回及び変更(抄)

**2・5・1から2・5・6まで** (略)

**2・5・7(留保の撤回の効果)** 1 留保の撤回は、当該留保を撤回する国又は国際組織と他の全ての当事者(当該留保を受諾したかこれに異議を申し立てたかを問わない。)との関係において、留保に関する規定の完全な適用を伴う。

2 留保の撤回は、留保を撤回する国又は国際組織と、当該留保に異議を申し立てかつ当該留保を理由として留保を付した国又は国際組織との間において条約が効力を生ずることに反対した国又は国際組織との関係において、条約の効力発生を伴う。

**2・5・8から2・5・12まで** (略)

**2・6** 異議の表明(抄)

**2・6・1(留保に対する異議の定義)**「異議」とは、国又は国際組織が、他の国又は国際組織の付した留保に対して、留保がその意図された効果を有することを妨げることを意図して又は他の方法によって当該留保に反対して、単独に行う声明(用いられる文言及び名称のいかんを問わない。)をいう。

**2・6・2から2・6・13まで** (略)

**2・7** 留保に対する異議の撤回及び変更(2・7・1から2・7・9まで)(略)

**2・8** 留保の受諾の表明(2・8・1から2・8・13まで)(略)

**2・9** 解釈宣言に対する対応の表明(抄)

**2・9・1(解釈宣言の承認)** 解釈宣言の「承認」とは、国又は国際組織が、他国又は他の国際組織によって付された条約についての解釈宣言に対して、当該宣言に付された解釈に合意を表明して、単独に行う声明をいう。

**2・9・2(解釈宣言に対する反対)** 解釈宣言に対する「反対」とは、国又は国際組織が、他国又は他の国際組織の付した条約についての解釈宣言に対して、当該解釈宣言に付された解釈を争って(他にとり得る解釈を付することを含む。)、単独に行う声明をいう。

**2・9・3(解釈宣言の再評価)** 1 解釈宣言の「再評価」とは、国又は国際組織が、他国又は他の国際組織の付した条約についての解釈宣言に対して、当該宣言を留保として扱うことを意図して、単独に行う声明をいう。

2 解釈宣言を留保として扱うことを意図する国又は国際組織は、この指針1・3から1・3・3までを考慮する。

**2・9・4から2・9・9まで** (略)

## 第3部 留保及び解釈宣言の許容性(抄)

**3・1** 許容される留保

いずれの国又は国際組織も、次の場合を除くほか、条約への署名、条約の批准、正式の確認、受諾若しくは承認又は条約への加入に際し、留保を付することができる。

(a) 条約が当該留保を付することを禁止している場合

(b) 条約が、当該留保を含まない特定の留保のみを付することができる旨を定めている場合

(c) (a)及び(b)の場合以外の場合において、当該留保が条約の趣旨及び目的と両立しないものであるとき。

**3・1・1(条約により禁止される留保)** 条約が次の規定を含む場合、留保は禁止される。

(a) 全ての留保を禁止する規定

(b) 当該留保に関する特定の規定に対する留保を禁止する規定

(c) 当該留保を含む特定の種類の留保を禁止する規定

**3・1・2** (略)

**3・1・3(条約により禁止されない留保の許容性)** 条約が特定の留保の表明を禁止している場合、国又は国際組織は、条約の趣旨及び目的と両立しないものでない場合にのみ、条約により禁止されない留保を付することができる。

**3・1・4** (略)

**3・1・5(条約の趣旨及び目的と留保の非両立性)** 留保は、当該留保が条約の存在理由[*raison d'être*]を害する方法で、条約の趣旨にとって必要な条約の基本的な要素に影響を及ぼす場合には、条約の趣旨及び目的と両立しない。

**3・1・5・1(条約の趣旨及び目的の決定)** 条約の趣旨及び目的は、文脈、特に条約の名称及び前文により条約の用語を考慮して、誠実に決定する。また、条約の準備作業及び条約の締結の際の事情、適切な場合には、当事者間において後に生じた慣行にも依拠することができる。

**3・1・5・2** (略)

**3・1・5・3(慣習規則を反映している規定に対する留保)** 条約規定が慣習国際法の規則を反映しているということ自体は、当該規定に対する留保の表明を妨げるものではない。

**3・1・5・4(逸脱がいかなる状況でも許容されない権利に関係する規定に対する留保)** 国又は国際組織は、逸脱がいかなる状況でも許容されない権利に関連する条約規定に対して留保を付することができない。ただし、当該留保が当該条約から生ずる基本的な権利及び義務と両立する場合は、この限りではない。両立性を評価する際には、当事者が逸脱不可能とすることにより当該権利に与えた重要性について考慮する。

**3・1・5・5及び3・1・5・6** (略)

**3・1・5・7(紛争解決又は条約の履行の監視に関係する条約規定に対する留保)** 紛争解決又は条約の履行の監視に関係する条約規定に対する留保は、次の場合を除くほか、それ自体として条約の趣旨及び目的と両立しないものではない。

(i) 留保が、条約の存在理由にとって不可欠の条約規定の法的効果を排除し又は変更することを意図する場合

(ii) 条約の目的そのものが紛争解決制度又は条約履行監視制度

を実行することにある場合に、留保が、留保を付す国又は国際組織がこれまで受諾してきた条約規定について、当該国又は組織を紛争解決制度又は条約履行監視制度から排除する効果を生じる場合

**3.2** 留保の許容性の評価

次のものは、それぞれの権限の範囲内で、国又は国際組織が条約に付した留保の許容性を評価することができる。
・締約国又は締約組織
・紛争解決機関
・条約監視機関

**3.2.1（留保の許容性を評価する条約監視機関の権限）** 1 条約監視機関は、自らに付与された職務を果たすために、国又は国際組織が付した留保の許容性を評価することができる。

2 この権限の行使に当たって同機関が行った評価は、同評価を含む判断の法的効果以上の効果はもたない。

**3.2.2から3.2.5まで**（略）

**3.3** 留保の非許容性の帰結（抄）

**3.3.1及び3.3.2**（略）

**3.3.3（留保の個別的受諾の当該留保の許容性に関する効果の不存在）** 個別の締約国又は締約組織による許容されない留保の受諾は、当該留保の非許容性に影響を及ぼすものではない。

**3.4** 留保に対する対応の許容性（3.4.1及び3.4.2）（略）

**3.5** 解釈宣言の許容性

いずれの国又は国際組織も、解釈宣言が条約により禁止される場合を除くほか、解釈宣言を付することができる。

**3.5.1**（略）

**3.6** 解釈宣言に対する対応の許容性（略）

## 第4部 留保及び解釈宣言の法的効果（抄）

**4.1** 他の国又は国際組織との間における留保の成立（4.1.1から4.1.3まで）（略）

**4.2** 成立した留保の効果（抄）

**4.2.1（成立した留保の主体の地位）** 留保を付した主体は、留保がこの指針4.1から4.1.3までに従って成立したときに条約の締約国又は締約組織となる。

**4.2.2から4.2.6まで**（略）

**4.3** 有効な留保に対する異議の効果（略）

**4.3.1から4.3.5まで**（略）

**4.3.6（条約関係に対する異議の効果）** 1 有効な留保に対し異議を申し立てた国又は国際組織が留保を付した国又は組織との間において条約が効力を生ずることに反対しなかった場合には、留保が付された規定は、留保の表明者と異議を申し立てた国又は組織との間において、留保の限度において適用がない。

2 締約国又は締約組織が異議を申し立てた場合において、留保の表明者との間で条約が効力を生ずることに反対しなかったときは、有効な留保が条約の特定の規定の法的効果を排除することを意図する限度において、異議を申し立てた国又は組織と留保の表明者は、その条約関係において、留保が付された規定に拘束されない。

3 締約国又は締約組織が異議を申し立てた場合において、留保の表明者との間で条約が効力を生ずることに反対しなかったときは、有効な留保が条約の特定の規定の法的効果を変更することを意図する限度において、異議を申し立てた国又は組織と留保の表明者は、その条約関係において、留保によって変更が意図された条約規定に拘束されない。

4 留保が付された規定以外の条約の全ての規定は、留保を付した国又は組織と異議を申し立てた国又は組織との間において引き続き適用される。

**4.3.7及び4.3.8**（略）

**4.4** 条約以外の権利及び義務に対する留保の効果（4.4.1から4.4.3まで）（略）

**4.5** 有効でない留保の帰結（抄）

**4.5.1（有効でない留保の無効性）** この実行の指針の第二部及び第三部に定める形式的な有効性及び許容性の条件を満たさない留保は無効であり、法的効果をもたない。

**4.5.2**（略）

**4.5.3（無効な留保を付した主体の条約との関係での地位）**

1 無効な留保を付した主体の条約との関係での地位は、当該留保を付した国又は国際組織が、留保の恩恵を受けずに条約に拘束される意図があるか又は条約に拘束されないと考えるかについて表明した意思にかかる。

2 無効な留保を付した主体が、別段の意思を明示したか又はそのような意思がその他の方法で証明されない限り、当該主体は留保の恩恵なしに締約国又は締約組織とみなされる。

3 1及び2の規定にかかわらず、無効な留保を付した主体は、留保の恩恵を受けられなければ条約に拘束される意思がないことをいつでも表明することができる。

4 条約監視機関が留保は無効であるという見解を表明した場合、留保を付した国又は国際組織は、留保の恩恵を受けられなければ条約に拘束される意思がないときは、条約監視機関が当該評価を行った日から一二箇月以内にその旨の意思表示を行うべきである。

**4.6** 条約の他の当事者間関係に対する留保の効果の不存在（略）

**4.7** 解釈宣言の効果（抄）

**4.7.1（解釈宣言による条約の用語の明確化）** 1 解釈宣言は条約上の義務を変更するものではない。解釈宣言は、宣言の表明者が条約又は条約の特定の規定に与える意味又は範囲を特定し又は明確化することのみを行うことができ、適当な場合には、条約の解釈に関する一般的な規則に従って条約を解釈する際に考慮される要素とすることができる。

2 条約を解釈するに当たっては、また、適当な場合には、他の締約国又は締約組織による解釈宣言に対する承認又は反対を考慮する。

4・7・2及び4・7・3（略）

## 第5部 国家承継の場合における留保、留保の受諾、留保に対する異議及び解釈宣言（略）

附属書 留保に関する対話に関する結論（略）

# 参考 条約解釈に関する後にされた合意及び後に生じた慣行に関する結論 翻訳

草案採択 二〇一八年（国連国際法委員会第七〇会期）
二〇一八年一二月二〇日（国連総会決議七三／二〇二添付文書）

## 第一部 序

**結論一（適用範囲）** この結論は、条約解釈に関する後にされた合意及び後に生じた慣行の役割に関するものである。

## 第二部 基本規則及び定義

**結論二（一般規則及び条約解釈の手段）** 1 条約法に関するウィーン条約第三一条及び第三二条は、それぞれ、解釈に関する一般規則及び解釈の補足的な手段への依拠につき規定する。これらの規則は、慣習国際法としても適用する。

2 第三一条1に定めるところにより、条約は、文脈によりかつその趣旨及び目的に照らして与えられる用語の通常の意味に従い、誠実に解釈するものとする。

3 第三一条3は、特に、文脈とともに、次のものを考慮することを定める。

(a) 条約の解釈又は規定の適用につき当事国の間で後にされた合意

(b) 条約の適用につき後に生じた慣行であって、条約の解釈についての当事国の合意を確立するもの

4 第三二条に基づき、解釈の補足的な手段として、条約の適用につき後に生じたその他の慣行に依拠し得る。

5 条約の解釈とは、第三一条及び第三二条においてそれぞれ示された解釈の諸手段に適当な重点を置く、単一の複合的営為をいう。

**結論三（解釈の真正な手段としての後にされた合意及び後に生じた慣行）** 第三一条に反映された条約解釈の一般規則の適用に際して、条約の意味についての当事国の理解の客観的証拠である、第三一条3(a)及び(b)に基づく後にされた合意及び後に生じた慣行は、解釈の真正な手段である。

**結論四（後にされた合意及び後に生じた慣行の定義）** 1 第三一条3(a)に基づく解釈の真正な手段としての後にされた合意とは、条約の解釈又は当該条約の規定の適用について条約の締結の後に当事国の間で達せられた合意をいう。

2 第三一条3(b)に基づく解釈の真正な手段としての後に生じた慣行とは、条約の適用についての行為であって、条約の締結の後に当該条約の解釈についての当事国の合意を確立するものをいう。

3 第三二条に基づく解釈の補足的な手段としての後に生じた慣行とは、条約の適用につき、条約の締結の後に一又は二以上の当事国によりされた行為をいう。

**結論五（後に生じた慣行としての行為）** 1 第三一条及び第三二条に基づく後に生じた慣行は、行政、立法、司法その他のいずれの任務の遂行におけるものであるかを問わず、条約の適用に際しての当事国の行為により構成され得る。

2 他の行為（非国家主体によるものを含む。）は、第三一条及び第三二条に基づく後に生じた慣行を構成しない。ただし、当該行為は、条約の当事国の後に生じた慣行を評価する場合には、関連し得る。

## 第三部 一般的側面

**結論六（後にされた合意及び後に生じた慣行の同定）** 1 第三一条3に基づく後にされた合意及び後に生じた慣行の同定のためには、特に、当事国が、合意又は慣行により、条約の解釈についての立場を示したかを決定することが求められる。当事国の立場は、当事国が条約を一時的に適用しないことにのみ合意した場合、又は実際的な取決め（暫定的取決め）を締結することに合意した場合には、示されない。

2 第三一条3に基づく後にされた合意及び後に生じた慣行は、多様な形式をとり得る。

3 第三二条に基づく後に生じた慣行の同定のためには、特に、一又は二以上の当事国の行為が、条約の適用についてなされたものであるかについて決定することが求められる。

**結論七（解釈において後にされた合意及び後に生じた慣行が生じ得る効果）** 1 第三一条3に基づく後にされた合意及び後に生じた慣行は、解釈の他の手段との相互作用を通じて、条約の意味の明確化に関わる。意味の明確化により、可能な解釈の範囲（条約が当事国に認めている裁量の行使の幅を含む。）の限定、拡大、又は決定が行われる。

2 第三二条に基づく後に生じた慣行は、また、条約の意味の明確化に関わり得る。

3 条約の当事国は、条約の適用に関する合意又は慣行によって、当該条約の改正又は修正ではなく、当該条約の解釈を意図していたと推定される。当事国の後に生じた慣行による条約の改正又は修正の可能性は、一般的に認められてこなかった。この結論は、条約法に関するウィーン条約及び慣習国際法に基づく条約の改正又は修正に関する規則に影響を及ぼすものではない。

**結論八（時間的に発展し得る用語の解釈）** 第三一条及び第三二条に基づく後にされた合意及び後に生じた慣行は、条約の締結に際しての、当事国の推定される意図が、用語に、時間的に発展し得る意味を与えるものであったか否かの決定を補助し得る。

**結論九（解釈の手段としての後にされた合意及び後に生じた慣行の重要性）** 1 第三一条3に基づく解釈の手段としての後にされた合意又は後に生じた慣行の重要性は、特に、その明確性及び特定性による。

2 加えて、第三一条3(b)に基づく後に生じた慣行の重要性は、特に、当該慣行が繰り返されるか、及びどのように繰り返されるかによる。

3　第三二条に基づく解釈の補足的な手段としての後に生じた慣行の重要性は、1及び2において示された基準による。

**結論一〇（条約の解釈についての当事国の合意）**　1　第三一条3(a)及び(b)に基づく合意は、当事国が了知し及び受容した条約の解釈についての共通の理解であることが求められる。この合意は、それを考慮することを法的に拘束し得る。ただし、常に拘束するものではない。

2　第三一条3(b)に基づく合意を確立するために、後に生じた慣行に積極的に参加しなければならない当事国の数は、様々であり得る。一又は二以上の当事国による沈黙は、一定の反応が求められるような事情がある場合には、後に生じた慣行の容認を構成し得る。

## 第四部　特定的側面

**結論一一（締約国会議の枠組みにおいて採択された決定）**　1　この結論において、締約国会議とは、条約を見直し又は実施するための条約の当事国の会合である。ただし、当該当事国が、国際組織の内部機関の加盟国として行動する場合は、この限りでない。

2　締約国会議の枠組みにおいて採択された決定の法的効果は、主として条約及び適用可能な手続規則による。事情によっては、採択された決定は、明示的又は黙示的に第三一条3(a)に基づく後にされた合意を具体化することがあり、又は第三一条3(b)に基づく後に生じた慣行若しくは第三二条に基づく後に生じた慣行を生じさせ得る。締約国会議の枠組みにおいて採択された決定は、しばしば、条約の実施のための実際的な選択肢の排他的でない範囲を定める。

3　締約国会議の枠組みで採択された決定は、当該決定を採択する形式及び手続（コンセンサス方式による採択を含む）を問わず、当該決定が条約の解釈につき当事国の間でされた実質的な合意を表示する限りにおいて、第三一条3に基づく後にされた合意又は後に生じた慣行を具体化する。

**結論一二（国際組織の設立文書）**　1　第三一条及び第三二条は、国際組織の設立文書である条約に適用される。したがって、第三一条3に基づく後にされた合意及び後に生じた慣行は、設立文書である条約の解釈の手段であり、第三二条に基づく後に生じた慣行は、設立文書である条約の解釈の手段となり得る。

2　第三一条3に基づく当事国の後にされた合意及び後に生じた慣行又は第三二条に基づく後に生じた慣行は、国際組織の設立文書の適用についての当該国際組織の慣行から生じることがあり、又は当該慣行において表示され得る。

3　国際組織の設立文書の適用についての当該国際組織の慣行は、第三一条及び第三二条を適用するに当たって、当該設立文書の解釈に関わり得る。

4　1から3までは、国際組織の関連規則に影響を及ぼすことなく、当該国際組織の設立文書である条約の解釈に適用する。

**結論一三（専門家条約機関の表明）**　1　この結論の適用に当たっては、専門家条約機関とは、個人の資格で職務を遂行する専門家で構成される機関であって、条約に基づいて設立され、かつ国際組織の内部機関ではないものをいう。

2　条約の解釈についての専門家条約機関の表明の関連性は、当該条約の適用可能な規則に従う。

3　専門家条約機関の表明は、第三一条3に基づく当事国の後にされた合意若しくは後に生じた慣行、若しくは第三二条に基づく後に生じた慣行を生じさせることがあり、又は示し得る。当事国の沈黙は、専門家条約機関の表明において示された条約解釈が受け入れられたという、第三一条3(b)に基づく後に生じた慣行を構成すると推定されない。

4　この結論は、専門家条約機関の権限に基づく当該機関の表明が、当該条約の解釈に関わることを妨げるものではない。

# 2　国際組織条約法条約（抄）翻訳

（国と国際組織との間又は国際組織相互の間の条約についての法に関するウィーン条約）

採　択　一九八六年三月二一日（ウィーン）
効力発生　（未発効）
日本国　（一九八七年四月二四日署名）
当事国

## 第一部　序（抄）

**第一条（この条約の適用範囲）**　この条約は、次のものについて適用する。

(a)　一又は二以上の国と一又は二以上の国際組織との間の条約

(b)　国際組織相互の間の条約

**第二条（用語）**　1　この条約の適用上、

(a)　「条約」とは、国際法によって規律され、文書の形式により締結される国際的な合意（単一の文書によるものであるか関連する二以上の文書によるものであるかを問わず、また、名称のいかんを問わない。）であって、

(i)　一若しくは二以上の国と一若しくは二以上の国際組織との間において、又は

(ii)　国際組織相互の間において、

締結されるものをいう。

(b)　「批准」とは、そのように呼ばれる国際的な行為をいい、条約に拘束されることについての国の同意は、この行為により国際的に確定的なものとされる。

(b)の2　「正式確認行為」とは、国による批准に相当する国際的な行為をいい、条約に拘束されることについての国際組織の同意は、この行為により国際的に確定的なものとされる。

(b)の3　「受諾」、「承認」及び「加入」とは、それぞれ、そのように呼ばれる国際的な行為をいい、条約に拘束されることについての国又は国際組織の同意は、これらの行為により国際的に確定的なものとされる。

(c)　「全権委任状」とは、国の権限のある当局又は国際組織の権限のある内部機関の発給する文書であって、条約文の交渉、採択若しくは確定を行うため、条約に拘束されることについての国若しくは国際組織の同意を表明するため又は条約に関するその他の行為を遂行するために国若しくは国際組織を代表する一又は二以上の者を指名しているものをいう。

(d)　「留保」とは、国又は国際組織が、条約の特定の規定の自己への適用上その法的効果を排除し又は変更することを意図して、条約への署名、条約の批准、正式確認、受諾若しくは承認又は条約への加入の際に単独に行う声明（用いられる文言及び名称のいかんを問わない。）をいう。

# 国際組織条約法条約

(e)「交渉国」及び「交渉国際組織」とは、それぞれ条約文の作成及び採択に参加した
(i) 国、又は
(ii) 国際組織
をいう。

(f)「締約国」及び「締約国際組織」とは、それぞれ条約（効力を生じているか否かを問わない。）に拘束されることに同意した
(i) 国、又は
(ii) 国際組織
をいう。

(g)「当事者」とは、条約に拘束されることに同意し、かつ、自己について条約の効力が生じている国又は国際組織をいう。

(h)「第三国」及び「第三者である国際組織」とは、条約の当事者でない
(i) 国、又は
(ii) 国際組織
をいう。

(i)「国際組織」とは、政府間組織をいう。

(j)「組織の規則」とは、特に、設立文書、当該文書に従って採択された決定及び決議並びに当該組織の確立した慣行をいう。

2 この条約における用語につき規定する1の規定は、いずれの国の国内法又はいずれの国際組織の規則におけるこれらの用語の用法及び意味にも影響を及ぼすものではない。

**第三条（この条約の適用範囲外の国際的な合意）** この条約が(i)から(iv)については適用されないということは、(a)から(c)までの事項に影響を及ぼすものではない。

(i) 一又は二以上の国、一又は二以上の国際組織並びに国及び国際組織以外の一又は二以上の国際法主体が当事者である国際的な合意
(ii) 一又は二以上の国際組織と国及び国際組織以外の一又は二以上の国際法主体が当事者である国際的な合意
(iii) 一若しくは二以上の国と一若しくは二以上の国際組織との間又は国際組織相互の間における文書の形式によらない国際的な合意
(iv) 国及び国際組織以外の国際法主体相互の間の国際的な合意

(a) これらの合意の法的効力
(b) この条約に規定されている規則のうちこの条約との関係を離れ国際法に基づきこれらの合意を規律するような規則のこれらの合意についての適用
(c) 国及び国際組織以外の国際法主体も当事者となっている国際的な合意により規律されている国と国際組織の間又は国際組織相互の間の関係へのこの条約の適用

**第四条（この条約の不遡及）**（略）

**第五条（国際組織を設立する条約及び国際組織内において採択される条約）** この条約は、一又は二以上の国と一又は二以上の国際組織との間の国際組織の設立文書である条約及び国際組織内において採択される条約について適用する。ただし、当該国際組織の関係規則の適用を妨げるものではない。

## 第二部 条約の締結及び効力発生（抄）

### 第一節 条約の締結（抄）

**第六条（国際組織の条約締結能力）** 国際組織が条約を締結する能力は、当該国際組織の規則によって規律される。

**第七条（全権委任状）**（略）

**第八条（権限が与えられることなく行われた行為の追認）**（略）

**第九条（条約文の採択）**（略）

**第一〇条（条約文の確定）**（略）

**第一一条（条約に拘束されることについての同意の表明の方法）**
1 （略）
2 条約に拘束されることについての国際組織の同意は、署名、条約を構成する文書の交換、正式確認行為、受諾、承認若しくは加入により又は合意がある場合には他の方法により表明することができる。

**第一二条（条約に拘束されることについての同意の署名による表明）**（略）

**第一三条（条約に拘束されることについての同意の条約構成文書の交換による表明）**（略）

**第一四条（条約に拘束されることについての同意の批准、正式確認行為、受諾又は承認による表明）**（略）

**第一五条（条約に拘束されることについての同意の加入による表明）**（略）

**第一六条（批准書、正式確認書、受諾書、承認書又は加入書の交換又は寄託）**（略）

**第一七条（条約の一部に拘束されることについての同意及び様々な規定のうちからの特定の規定の選択）**（略）

**第一八条（条約の効力発生前に条約の趣旨及び目的を失わせてはならない義務）**（略）

### 第二節 留保（第一九条から第二三条まで）（略）

### 第三節 条約の効力発生及び暫定的適用（第二四条及び第二五条）（略）

## 第三部 条約の遵守、適用及び解釈（抄）

### 第一節 条約の遵守（抄）

**第二六条（合意は守られなければならない）**（略）

**第二七条（国内法、国際組織の規則及び条約の遵守）** 1 条約の当事国は、条約の不履行を正当化する根拠として自国の国内法を援用することができない。
2 条約の当事者である国際組織は、条約の不履行を正当化する根拠として当該国際組織の規則を援用することができない。
3 前二項の規則は、第四六条の規定の適用を妨げるものではない。

### 第二節 条約の適用（第二八条から第三〇条まで）（略）

### 第三節 条約の解釈（第三一条から第三三条まで）（略）

### 第四節 条約と第三国又は第三者である国際組織（抄）

**第三四条（第三国及び第三者である国際組織に関する一般的な規則）** 条約は、第三国若しくは第三者である国際組織の義務又は権利を当該第三国若しくは第三者である国際組織の同意なしに創設することはない。

**第三五条（第三国又は第三者である国際組織の義務について規定している条約）**（略）

**第三六条（第三国又は第三者である国際組織の権利について規定している条約）**（略）

**第三七条（第三国又は第三者である国際組織の義務又は権利についての撤回又は変更）**（略）

**第三八条（国際慣習となることにより第三国又は第三者である国際組織を拘束することとなる条約の規則）**（略）

## 第四部　条約の改正及び修正（第三九条から第四一条まで）（略）

## 第五部　条約の無効、終了及び運用停止（抄）

### 第一節　総則（第四二条から第四五条まで）（略）

### 第二節　条約の無効（抄）

**第四六条（条約を締結する権能に関する国内法及び国際組織の規則の規定）**１（略）

２　いずれの国際組織も、条約に拘束されることについての同意が条約を締結する権能に関する当該組織の規則に違反して表明されたという事実を、当該同意を無効にする根拠として援用することができない。ただし、違反が明白でありかつ基本的な重要性を有する規則に係るものである場合は、この限りでない。

３（略）

**第四七条（国又は国際組織の同意を表明する権限に対する特別の制限）**（略）

**第四八条（錯誤）**（略）

**第四九条（詐欺）**（略）

**第五〇条（国又は国際組織の代表者の買収）**（略）

**第五一条（国又は国際組織の代表者に対する強制）**（略）

**第五二条（武力による威嚇又は武力の行使による国又は国際組織に対する強制）**（略）

**第五三条（一般国際法の強行規範に抵触する条約）**（略）

### 第三節　条約の終了及び運用停止（第五四条から第六四条まで）（略）

### 第四節　手続（第六五条から第六八条まで）（略）

### 第五節　条約の無効、終了又は運用停止の効果（第六九条から第七二条まで）（略）

## 第六部　雑則（抄）

**第七三条（条約法に関するウィーン条約との関係）**　二以上の国と一又は二以上の国際組織との間の条約の下における千九百六十九年の条約法に関するウィーン条約の当事国である国と国との間の関係は、当該条約により規律される。

**第七四条（この条約が予断を下していない諸問題）**（略）

**第七五条（外交関係及び領事関係と条約の締結）**（略）

**第七六条（侵略を行った国の場合）**（略）

## 第七部　寄託者、通告、訂正及び登録（第七七条から第八一条まで）（略）

## 第八部　最終規定（第八二条から第八六条まで）（略）

**附属書　第六六条に関して適用される仲裁及び調停の手続**（略）

# 3　条約についての国家承継条約（第2章3参照九七頁）

# 参考　国際法委員会規程（抄）翻訳

［ＩＬＣ規程］

採　択　一九四七年九月二一日（国連第二回総会）
改　正　一九五〇年一二月一二日（国連第五回総会）、五五年一二月三日（国連第一〇回総会）、八一年一一月一八日（国連第三六回総会）

**第一条【委員会の目的】**１　国際法委員会は、国際法の漸進的発達及び法典化の促進を目的とする。

２　委員会は、主として国際公法を扱うが、国際私法の分野に立ち入ることを妨げられない。

## 第一章　国際法委員会の構成（抄）

**第二条【委員会の構成】**１　委員会は、国際法に有能の名のある者である三十四人の委員で構成される。

２　委員会の委員については、そのうちのいずれの二人も、同一の国の国民であってはならない。

３　二重国籍の場合には、候補者は、市民的及び政治的権利を通常行使する国の国民とみなされる。

**第三条【委員の選挙】**　委員会の委員は、国際連合加盟国によって指名された候補者の名簿の中から、総会が選出する。

**第四条【候補者の指名】**　各加盟国は、選挙のため候補者を四人を超えて指名することができない。そのうち二人を指名する国の国民とし、二人を他の国の国民とすることができる。

**第五条【候補者指名の時期】**（略）

**第六条【候補者の通知】**（略）

**第七条【候補者名簿の作成】**（略）

**第八条【選挙人の留意すべき事項】**　選挙において、選挙人は、委員会に選出されるべき者が必要な資格を各自に具備すべきこと並びに委員会全体のうちに世界の主要文明形態及び主要法系が代表されるべきことに留意しなければならない。

**第九条【候補者の当選】**１　出席し且つ投票する加盟国の投票の最多数及び過半数以上を得た候補者は、各地域集団について規定される最大の数まで、選出される。

２（略）

**第一〇条【委員の任期】**　委員会の委員は、五年の任期で選出される。これらの者は、再選される資格を有する。

**第一一条【空席】**　委員の空席が生じた場合には、第二条及び第八条の規定に妥当な考慮を払い、委員会がその空席を補充する。

**第一二条【開催地】**（略）

**第一三条【委員の経費】**（略）

**第一四条【委員会への便宜供与】**（略）

## 第二章　国際法委員会の任務（抄）

**第一五条【国際法の漸進的発達及び法典化】** 以下の条文において、「国際法の漸進的発達」とは、便宜上、未だ国際法により規律されていない主題又は国の慣行において国際法が未だ十分に発達していない主題について条文草案を準備することを意味するものとして使用する。同様に、「国際法の法典化」とは、便宜上、既に広範な国の慣行、先例及び学説が存在する分野において国際法の規則をより正確に定式化し且つ体系化することを意味するものとして使用する。

### A　国際法の漸進的発達（略）

**第一六条【総会からの提案に関する手続】**（略）

**第一七条【加盟国等からの提案に関する手続】**（略）

### B　国際法の法典化（抄）

**第一八条【法典化の対象主題】**（略）

**第一九条【委員会の準備作業】**（略）

**第二〇条【草案の作成】** 委員会は、条文の形式で草案を作成し、次のことを記載した注釈とともにこれを総会に提出する。

(a) 条約、裁判上の判決及び学説を含む先例並びにその他の関連する資料の十分な提示

(b) 次のことを明確にした結論

(i) 各論点に関する国の慣行及び学説の一致の範囲

(ii) 存在する見解の相違及び不一致並びに一又は他の解決のために援用される議論

**第二一条【文書の公表】** 1　委員会は、草案を満足すべきものと認めるときは、事務総長に対して、委員会の文書としてこれを公表するように要請する。事務局は、委員会が適当と認める説明及び裏付けとなる資料を含む文書を必要なあらゆる形態で公表する。公表する文書は、第一九条に従って政府が委員会に提供した情報を含む。委員会は、委員会が協議した科学的機関又は専門家の意見を公表する文書に含めるか否かを決定する。

2　委員会は、合理的な期間内に、この文書について意見を提出するように政府に要請する。

**第二二条【最終草案の作成】** 委員会は、これらの意見を考慮に入れて、最終草案及び説明報告書を作成し、勧告とともに事務総長を通して総会に提出する。

**第二三条【総会への勧告】** 1　委員会は、総会に次のことを勧告することができる。

(a) 報告書が既に公表されている場合に、いかなる行動もとらないこと。

(b) 決議によって報告書に留意し又は報告書を採択すること。

(c) 条約の締結のために加盟国に草案を勧告すること。

(d) 条約を締結するための会議を招集すること。

2　総会は、望ましいと認めるときはいつでも、再考又は再起草のために草案を委員会に差し戻すことができる。

**第二四条【国の慣行等の収集】**（略）

## 第三章　他の団体との協力（抄）

**第二五条【国連機関との協議等】** 1　委員会は、必要と認める場合には、国際連合機関のいずれとも、その機関の権限内にあるすべての主題について協議することができる。

2　事務総長によって政府に送付される委員会のすべての文書は、前記の関係のある国際連合の機関にも送付される。当該機関は、委員会に情報を提供し又は提案することができる。

**第二六条【その他の機関との協議等】**（略）

# 参考　慣習国際法の同定に関する結論　翻訳

草案採択　二〇一八年（国連国際法委員会第七〇会期）
二〇一八年一二月二〇日（国連総会決議七三／二〇三添付文書）

## 第一部　序

**結論一（適用範囲）** この結論は慣習国際法規則の存在及び内容を決定する方法に関するものである。

## 第二部　基本的アプローチ

**結論二（二つの構成要素）** 慣習国際法規則の存在及び内容を決定するために、法として認められた（法的確信を伴った）一般慣行が存在するかを検討する必要がある。

**結論三（二つの構成要素の証拠の評価）** 1　一般慣行が存在するか及び当該慣行が法として認められた（法的確信を伴った）ものであるかを検討するための証拠を評価するに当たり、全体の文脈、規則の性質及び当該証拠が見出された特定の事情を考慮しなければならない。

2　二つの構成要素のそれぞれは個別に検討される。これはそれぞれの要素の証拠の評価を求めるものである。

## 第三部　一般慣行

**結論四（慣行という要件）** 1　慣習国際法の構成要素としての一般慣行という要件は主として慣習国際法規則の形成又は表明に関わる国の慣行をいう。

2　一定の場合、国際組織の慣行も慣習国際法規則の形成又は表明に関わる。

3　その他の主体の行為は慣習国際法規則の形成又は表明に関わる慣行ではないが、1及び2にいう慣行を評価する場合に関連し得る。

**結論五（国の慣行としての国の行為）** 国の慣行は、行政、立法、司法その他のいずれの任務の遂行におけるものであるかを問わず、国の行為により構成される。

**結論六（慣行の形式）** 1　慣行は幅広い形式をとり得る。慣行は物理的及び口頭の行為の両方を含む。慣行は一定の事情の下で不作為を含み得る。

2　国の慣行の形式は、外交上の行為及び交信、国際組織により又は政府間会議で採択された決議に関連した行為、条約に関連した行為、「現地の」運用上の行為を含む行政上の行為、立法上及び行政上の行為、並びに国内裁判所の判決を含むが、これらに限定されるものではない。

3　慣行の様々な形式の間に予め定められた階層は存在しない。

**結論七（国の慣行の評価）** 1 全ての入手可能な特定の国の慣行が考慮されて全体として評価される。

2 特定の国の慣行が様々である場合、当該慣行に与えられる重要性は事情に応じて低くなり得る。

**結論八（慣行は一般的でなければならない）** 1 関連する慣行は十分に広範かつ代表的であり一貫したものでなければならないという意味において一般的でなければならない。

2 慣行が一般的であれば特定の継続期間は求められない。

## 第四部　法として認められた（法的確信を伴った）

**結論九（法として認められた（法的確信を伴った）ことという要件）** 1 一般慣行が法として認められた（法的確信を伴った）ものでなければならないという慣習国際法の構成要素としての要件は、当該慣行が法的な権利又は義務の意識を伴って行われなければならないことを意味する。

2 法として認められた（法的確信を伴った）一般慣行は単なる慣例又は習慣とは区別される。

**結論一〇（法として認められた（法的確信を伴った）ことの証拠の形式）** 1 法として認められた（法的確信を伴った）ことの証拠は幅広い形式をとり得る。

2 法として認められた（法的確信を伴った）ことの証拠の形式は、国のために行われた公の声明、公式刊行物、政府の法的見解、外交上の交信、国内裁判所の判決、条約規定、及び国際組織により又は政府間会議で採択された決議に関連した行為を含むが、これらに限定されるものではない。

3 慣行に一定の期間反応しないことは法として認められた（法的確信を伴った）ことの証拠として扱われ得る。ただし、国が反応する立場にありかつ事情が一定の反応を求めた場合に限られる。

## 第五部　慣習国際法の同定のための一定の資料の意義

**結論一一（条約）** 1 条約に規定されている規則は、次のことが認められる場合には、慣習国際法規則を反映し得る。

(a) 条約規則が、条約の締結の時に存在している慣習国際法規則を法典化した、

(b) 条約規則が、条約の締結前に出現し始めた慣習国際法規則の結晶化を導いた、又は、

(c) 条約規則が、法として認められた（法的確信を伴った）一般慣行をもたらし、それゆえ新しい慣習国際法規則を創設した。

2 規則が多数の条約に規定されていることは、必然的ではないが、条約規則が慣習国際法規則を反映することを示し得る。

**結論一二（国際組織及び政府間会議の決議）** 1 国際組織により又は政府間会議で採択された決議はそれ自体で慣習国際法規則を形成することはできない。

2 国際組織により又は政府間会議で採択された決議は慣習国際法規則の存在及び内容を決定するための証拠を提供し又はその発展に関わり得る。

3 国際組織により又は政府間会議で採択された決議の規定は、法として認められた（法的確信を伴った）一般慣行に合致していると認められる場合には、慣習国際法規則を反映し得る。

**結論一三（裁判所の判決）** 1 慣習国際法規則の存在及び内容に関する国際裁判所特に国際司法裁判所の判決は当該規則の決定の補助手段である。

2 適当な場合には、慣習国際法規則の存在及び内容に関する国内裁判所の判決を当該規則の決定の補助手段として考慮することができる。

**結論一四（学説）** 諸国の最も優秀な国際法学者の学説は慣習国際法規則の決定の補助手段として扱われ得る。

## 第六部　一貫した反対国

**結論一五（一貫した反対国）** 1 慣習国際法規則が形成の過程にある中である国が当該規則に反対してきた場合、反対が維持される限り当該規則は当該国に対抗できない。

2 反対は明確に表明され、他の諸国に了知され、かつ一貫して維持されなければならない。

3 この結論は一般国際法の強行規範に関するいかなる問題にも影響を及ぼすものではない。

## 第七部　特定慣習国際法

**結論一六（特定慣習国際法）** 1 特定慣習国際法規則は、地域的、地方的その他を問わず、限定された数の国の間のみで適用される慣習国際法規則である。

2 特定慣習国際法規則の存在及び内容を決定するために、関係諸国間の法として関係諸国により認められた（法的確信を伴った）関係諸国間の一般慣行が存在するかを検討する必要がある。

# 参考　一方的宣言に関する指導原則 翻訳

（法的義務を生じ得る国の一方的宣言に適用される指導原則）

草案採択　二〇〇六年（国連国際法委員会第五八会期）
二〇〇六年一二月四日（国連総会決議六一／三四で普及が勧告された）

国際法委員会は、

国がその一方的行動〔unilateral behaviour〕によって国際的に拘束される場合があることに留意し、

国を法的に拘束することができる行動は、他の国が合理的に依拠できる公式の宣言又は単なる非公式の行動〔conduct〕（場合によっては沈黙を含む。）の形を取り得ることに留意し、

国による一方的行動が特定の事態においてその国を拘束するかどうかは、当該事案の状況によることにも留意し、

国の一方的行動から生ずる法的効果が、当該国が表明した意図の結果であるのか、その行動が国際法の他の主体に生じさせた期待によるのかは、実際において、しばしば確定が困難であることにも留意して、

狭義の一方的行為〔unilateral acts *stricto sensu*〕、つまり国際法上義務を生じさせる意図をもって国により表明される公式の宣言の形式を取る一方的行為のみに関係する次の指導原則を採択す

る。

1　公表され、かつ、拘束される意図を表明する宣言は、法的義務を生ずる効果を有することがある。この要件が満たされる場合、当該宣言の拘束的性質は信義誠実に基づくものであり、関係国は、宣言を考慮に入れ、それを信頼することができ、当該義務が尊重されることを要求する権利を有する。

2　国は、一方的宣言を通じて法的義務を負う能力を有する。

3　当該宣言の法的効果を決定するためには、宣言の内容、宣言がなされた全ての事実状況及び宣言が引き起こした反応を考慮する必要がある。

4　一方的宣言は、それを行う権能を付与された機関によってなされた場合にのみ、国際的に国を拘束する。国家元首、政府の長及び外務大臣は、その職務の性質により当該宣言を表明する権限を有する。特定分野において国を代表する他の者は、宣言を通じて、自らの権限に属する分野において国を拘束することができる。

5　一方的宣言は、口頭又は書面により表明することができる。

6　一方的宣言は、国際共同体全体、一国若しくは複数国、又は国以外の実体に対して行うことができる。

7　一方的宣言は、明確で特定された文言で述べられる場合にのみ、宣言国に対して義務を生ずる。当該宣言から生ずる義務の範囲に関して疑義がある場合には、当該義務は制限的に解釈されなければならない。当該義務の内容を解釈するに際しては、宣言がなされた文脈及び状況とともに、特に宣言の文言に最大の重点が置かれるものとする。

8　一般国際法の強行規範に抵触する一方的宣言は無効である。

9　ある国の一方的宣言からは、他の国に義務は生じない。ただし、他の国又は関係国は、当該宣言を明確に受諾した範囲において当該一方的宣言との関係で義務を負うことはあり得る。

10　一方的宣言を行った国に対して法的義務を生ずる一方的宣言は、恣意的に撤回することはできない。撤回が恣意的であるか否かを評価する際には、次の諸点を考慮すべきである。

(i)　撤回に関連する宣言の特定の文言

(ii)　義務の名宛人が当該義務を信頼した程度

(iii)　事情の根本的変化の程度

# 第5章 領域

## 第1節 一般

### 1 国際関係を有する可航水路の制度に関する条約及び規程（抄）翻訳

［バルセロナ条約・国際可航水路制度条約］

署　　名　一九二一年四月二〇日（バルセロナ）
効力発生　一九二二年一〇月三一日
日本国
当事国　三〇

〔条約〕

アルバニア国（以下締約国名略）は、

内国水路における航行に関し、一世紀以上も前に始まり、かつ、多くの条約において厳粛に確認された国際制度をさらに発達させることを希望し、

国際連盟規約第二三条(ホ)の目的を達成する最良の方法は、他の諸国が後日加入することができる一般条約によることにあることを考慮し、

世界各地域に存在する四一箇国により作成された規程において、航行自由の原則を新たに確認することは、国の主権又は権力を何ら害することなく国家間の協力の達成に新しい重要な段階となることを特に認め、

一九二一年三月一〇日にバルセロナにおいて開催された会議に参加するための国際連盟の招請を受諾し、かつ、この会議の最終議定書に留意し、

この会議において採択された国際関係を有する可航水路の制度に関する規程の規定を直ちに発効させることを切望し、

このために条約を締結することを希望し、締約国は、次のようにその全権委員を任命した。（全権委員名略）

各員は、その全権委任状を示し、これが良好妥当であることを認めた後、次のとおり合意した。

**第一条【附属規程の受諾】** 締約国は、一九二一年四月一九日にバルセロナ会議により採択された、この条約に附属する国際関係を有する可航水路の制度に関する規程を受諾することを宣言する。

右の規程は、この条約の不可分の一部を構成するものと認められる。したがって、締約国は、同規程中に定める規定及び条件に従い、同規程の義務及び約束を受諾することを、ここに宣言する。

**第二条【平和諸条約に及ぼす影響】** この条約は、一九一九年六月二八日にヴェルサイユにおいて署名された平和条約又はその他の同種の諸条約の署名国又は受益国に関する限り、右の諸条約の規定から生ずる権利及び義務に何ら影響を及ぼすものでない。

**第三条【正文】**（略）

**第四条【批准と登録】**（略）

**第五条【加入】**（略）

**第六条【効力発生】**（略）

**第七条【記録】**（略）

**第八条【離脱】** この条約第二条の規定に従い、各当事国は、自国に関してこの条約が効力を生じた日から五年を経た後は、これから離脱することができる。離脱は、国際連盟事務総長に宛てた書面による通告によって行う。事務総長は、直ちに他の全ての当事国に右の通告の謄本を送付し、右の通告受領の日を通知する。離脱は、その事務総長に通告のあった日から一年を経てその効力を生じ、かつ、通告を行った国に関してのみ効力を生ずる。離脱は、反対の取極がない限り、義務の履行に関し、離脱前に締結された約定の効力を妨げない。

**第九条【改正】** この条約の改正は、締約国の三分の一によりいつでも求めることができる。

### 国際関係を有する可航水路の制度に関する規程（抄）

**第一条【可航水路の定義】** この規程の適用上、次のものを国際関係を有する可航水路と宣言する。

1　海洋へ及び海洋から自然に航行できる行程において数箇国の境界をなし又は数箇国を貫流する水路の場合には、この水路の海洋へ及び海洋から自然に航行できる全ての部分、並びに、海洋へ及び海洋から自然に航行できるその他の水路で数箇国の境界をなし又は数箇国を貫流する自然に航行できる水路を海洋と連絡する部分。ただし、次のように了解される。

(a)「海洋へ及び海洋から航行できる」の語句は、一の船舶から他の船舶への積換えを排除するものではない。

(b) 自然の水路又は自然の水路の一部が、通常の商業的航行に現に使用され、又はその自然条件により右の航行に使用され得るときは、「自然に航行できる」という。「通常の商業的航行」は、沿河国の経済条件に照らして商業上かつ通常行い得る航行をいうものと了解する。

(c) 支流は、別個の水路とみなす。

(d) 前記の定義に該当する水路の不備を補うために開削された並行する運河は、その水路と同視する。

(e) 国際関係を有する可航水路及び国際関係を有するその支流が数箇国の境界をなし又は数箇国を貫流するときは、これらの国を「沿河国」と認める。

2　自然の若しくは人工の水路又はその一部であって、その水路若しくはその一部において主権若しくは権力を行使する国の単独の法規により、又は特にこのような国の同意により結ばれた取極により、国際関係を有する可航水路に関する一般条約の制度に従うことを明示的に宣言されたもの。

**第二条【特別の可航水路】** この規程の第五条、第一〇条、第一二条及び第一四条の適用上、次のものは、国際関係を有する可航水路の中で特別の種類に属する。

(a) 非沿河国が代表を出している国際委員会が設置された可航水路

(b) 主権若しくは権力を行使する国の単独の法規により、又は特にこのような国の同意により結ばれた取極により、将来この特別の種類に属することになる可航水路

**第三条【航行の自由】** 第五条及び第一七条の規定に従い、各締約国は、その主権又は権力の下にある前記の可航水路の各部分において、他のいずれかの締約国の国旗を掲げる船舶に対して、自由に航行することを認める。

**第四条【平等待遇】** 前記の航行を行うに際して、全ての締約国の国民、財産及び船舶は、全ての関係において完全に平等な条件で待遇される。それぞれの可航水路の一部において主権又は権

力を行使する沿河国を含む各沿河国の国民、財産及び船舶の間には、いかなる差別も設けることができない。同様に、沿河国と非沿河国の国民、財産及び船舶の間にも、いかなる差別も設けることができない。したがって、前記の可航水路においては、会社又は私人に対して排他的な航行権を認めることはできない。

　前記の航行をするに当たり、出発地点、到着地点又は運輸の方向を理由としていかなる差別も設けることができない。

**第五条【内航運輸等の例外】**　前二条の例外として、かつ、反対の条約又は義務がない場合には、

　1　沿河国は、その主権又は権力の下にある一つの港において乗船し又は積み込み、かつ、同じくその主権又は権力の下にある他の港において下船し又は積卸しする旅客及び貨物の輸送を、自国船舶に留保する権利を有する。ただし、前記の輸送を自国船舶に留保しない国は、これを留保する同一水路の沿河国に対して、このような輸送に関する平等待遇の利益を拒絶することができる。（以下略）

　2　（略）

**第六条【締約国の権利】**　各締約国は、その主権又は権力の下にある第一条に定める可航水路又は可航水路の一部において、領域を警備するため、並びに関税、公衆衛生、動植物の疾病の予防、人の出国又は入国及び禁制品の輸入又は輸出に関して法律及び規則を適用するために、必要な法令を制定し、かつ、必要な措置をとる既存の権利を保持する。ただし、右の法令及び措置は、合理的なものであることを要し、これを定める国を含む全ての締約国の国民、財産及び船舶の間で絶対的に平等な条件で適用されることを要し、かつ、正当な理由なしに航行の自由を阻害するものであってはならない。

**第七条【航行等の料金】**　提供された役務に対する支払としての性質を有する料金であって、水路及びその入路の可航状態の維持及び改善のための費用を支弁するためだけに衡平に課され、又は航行の便益のための支出に充当することを目的とするものを除くほか、国際関係を有する可航水路のいかなる場所又はその入口において、何らの料金も課すことができない。これらの料金は、前記の費用に応じて定め、料金表は各港に公示する。これらの料金の徴収は、脱税又は規則違反の疑いがある場合を除くほか、積荷を必要以上に厳密に検査することがないようにし、かつ、その料率及び適用方法について国際的運輸をできる限り容易にするように行う。

**第八条【税関手続と通過税】**　国際関係を有する可航水路における船舶、旅客及び貨物の通過は、税関手続に関する限り、「通過の自由に関するバルセロナ規程」に定める条件の適用を受ける。（以下略）

**第九条【港の使用】**　第五条及び第一七条の規定に従い、全ての締約国の国民、財産及び船舶は、国際関係を有する可航水路にある全ての港において、入港税及び課徴金、その他港の使用に関する全ての事項につき、その港に主権又は権力を行使する沿河国の国民、財産及び船舶が受けるものと等しい待遇を享有する。ただし、本項の適用を受ける財産は、締約国のいずれかの一箇国を原産地、発送地又は仕向地とするものに限られることを了解する。

　国際関係を有する可航水路にある港の設備及びその港において航行に供与される便益は、合理的な程度及び自由な航行の実施と完全に両立する程度を超えてその公共の使用を差し止めてはならない。

　前記の港を経由する貨物の輸入又は輸出の際に、関税若しくはその他の類似の税金、地方入市税若しくは消費税又は附帯的課徴金の賦課に当たっては、運送を行った又は行う船舶の国籍がその国であるか他のいずれの締約国であるかを問わず、船舶の国籍を理由とするいかなる差別も設けることができない。

　港に主権又は権力を行使する国は、船舶の所有者が、その国の国民又はその国の国民が管理する会社に対して組織的な差別待遇をしていることが証明される場合には、右の船舶に対し前段の利益を与えないことができる。

　経済上の必要により例外を正当と認める特別の事情がない限り、関税は、その国の他の関税境界において同一の種類、発送地及び仕向地の貨物に対して課するものよりも高率であってはならない。他の陸路若しくは水路により又は他の港において貨物を輸入若しくは輸出する際に締約国が与える全ての便益は、前記の可航水路及び港を経由して同一条件の下に行われる輸入又は輸出に対してひとしく与えられる。

**第一〇条【水路の保全と閉鎖】**　1　各沿河国は、水路の可航状態を阻害し又は航行の便益を低減するような全ての措置を避けるとともに、航行に対して発生し得る障害及び危険を除去するために必要な全ての手段をできる限り速やかにとる義務を負う。

　2―6　（略）

　7　国際関係を有する可航水路がいずれも同一国の領域内にある多くの支流を経由して海洋に通じる場合には、本条の1、2及び3の規定は、海洋に自由に出入りするのに必要であると認められる主要な諸支流についてのみ適用する。

**第一一条【締約国の財政上の義務】**　国際関係を有する水路に関して、一又は二以上の沿河国がこの規程の締約国でない場合には、第一〇条に従い各締約国が負担する財政上の義務は、全ての沿河国が当事国である場合に締約国が負担しなければならない義務を越えてはならない。

**第一二条【水路の行政、航行規則】**　関税上及び警察上の措置並びに防疫に関する現行の協定のような特別の取極又は条約中に反対の規定がない限り、国際関係を有する可航水路の行政は、その可航水路において主権又は権力を行使する各沿河国が行う。各沿河国は、特にその水路の航行に関する規則を公布し、かつ、その実施を図る権能及び義務を有する。これらの規則は、この規程に定める条件に従い、自由な航行を容易にするように制定し、かつ、適用しなければならない。

　航行に関する違反行為の調査、訴追及び処罰のような事項を処理する手続に関する規則は、できる限り速やかな解決を促すものでなければならない。

　もっとも、締約国は、沿河国が可航水路の行政に関して、また、特にこの可航水路の全ての行程を通じて各地域の事情の相違の許す限り統一的な性格の航行規則を採択することに関して、理解することが極めて望ましいことを承認する。

　航行の実施を容易にするため、独占事業の形式をもって、曳き船又はその他の船を曳く手段に関する公共業務を設置することができる。ただし、沿河国、又は第二条に定める可航水路の場合には国際委員会に代表を出す国の全ての同意があることを要する。

**第一三条【この規程の効力発生前の可航水路】**　この規程の効力発生前に締約国が締結した可航水路に関する現行の条約、協定又は取極は、それらの条約等の署名国に関する限り、この規程の効力発生の結果としては廃棄されない。

もっとも、締約国は、この規程の規則に抵触する右の条約、協定又は取極の規定を締約国相互間では適用しないことを約束する。

**第一四条【国際河川委員会】** 第一二条に定める特別の取極又は条約が、沿河国以外の国の代表を含む国際委員会に一定の職務を委任し又は将来委任するような場合には、第一〇条の規定に従って、この委員会は専ら航行の利益にのみ考慮を払う義務を負う。また、この委員会は、国際連盟規約第二四条に定める機関の一つとみなされる。したがって、この委員会は、連盟及びその機関と直接に有益な情報を交換し、かつ、連盟に年次報告を提出する。

前段に定める委員会の権能及び義務は、各可航水路の航行法規によって定められ、また、少なくとも次の事項を含む。

(a) 委員会は、自ら作成することを必要と認める航行規則を作成する権能を有し、かつ、その他全ての航行規則の通報を受ける。

(b) 委員会は、保全作業及び可航状態の維持のために適しいと考える措置を沿河国に対して指示する。

(c) 委員会は、水路の改良に関する全ての計画につき、各沿河国から公式の情報を受ける。

(d) 委員会は、航行法規が料金の徴収に関する特別の規則を含まない場合には、この規程の第七条の規定に従いその料金及び課徴金の徴収を認可する権能を有する。

**第一五条【戦時における効力】** この規程は、戦時における交戦国及び中立国の権利及び義務を規定するものではない。もっとも、この規程は、戦時において、右の権利及び義務の範囲内においてその効力を持続する。

**第一六条【連盟国の権利義務との関係】** この規程は、締約国に対して国際連盟の加盟国としての権利及び義務と抵触するいかなる義務も課すものではない。

**第一七条【軍艦と公船の航行】** この規程は、領域的に利害関係を有する国が当事国であるか又は将来当事国となることのある取極に反対の規定がない限り、軍艦の航行又は警察上若しくは行政上の職務を執行し若しくは一般に何らかの公の権力を行使する船舶の航行には、適用しない。

**第一八条【非締約国の待遇】** 各締約国は、国際関係を有する可航水路の航行に関して、締約国相互間においてこの規程の規定に反することとなる待遇を、取極その他の方法で非締約国に与えないことを約束する。

**第一九条【緊急措置】** 締約国がその国の安全又は重大な利益に影響する緊急の場合にとることを余儀なくされる一般的又は特別な性質の措置は、例外的場合として、かつ、できる限り短期間に限り、前の諸条の規定からの逸脱を含むことができる。ただし、航行自由の原則及び特に沿河国と海洋との間の交通は最大限可能な範囲で維持されなければならないことが了解される。

**第二〇条【現存する便益】** この規程は、全ての締約国の国民、貨物及び船舶に関して、この規程の定める平等の原則に合致することを条件として、国際関係を有する可航水路の自由な航行に与えられている一層大きな現存する便益の撤廃を求めるものではない。また、この規程は、そのような一層大きな便益を将来与えることを禁止するものではない。

**第二一条【荒廃地域に関する例外】** 国際連盟規約第二三条(ホ)に従って、一九一四年から一九一八年に至る戦争中にその地において行われた破壊行為に基づく深刻な経済状態を理由として、その領域の一部又は全部にこの規程のいずれかの規定を適用することができないことを十分に証明することができる締約国は、右の規定の適用から生ずる義務を一時的に免除されるものとみなされる。ただし、航行自由の原則は、できる限り広く遵守されなければならない。

**第二二条【紛争の解決】** この規程の解釈又は適用に関する国家間の全ての紛争であって直接に当事国間で解決されないものは、第一〇条5の規定を害することなく、常設国際司法裁判所に付託される。ただし、特別協定又は一般的仲裁裁判規定に基づき、仲裁裁判又はその他の方法による紛争解決に関する措置がとられる場合には、この限りでない。

手続は、常設国際司法裁判所規程第四〇条に定める方法により開始される。

ただし、締約国は、右の紛争をできる限り友好的な方法により解決するため、司法手続に訴えるのに先立ち、かつ、連盟理事会及び連盟総会の行動の権能と権利を害することなしに、右の紛争を交通及び通過の問題に関する連盟国の諮問的及び専門的機関として国際連盟により設立されるいずれかの機関に付託してその意見を求めることを約束する。緊急の場合には、予備的意見により、紛争の原因になった行為又は事実に先立って存在していた航行の自由に関する便益を回復することを特に目的とする一時的措置を勧告することができる。

**第二三条【国際関係の有無】**(略)

**第二四条【この規程の適用されない可航水路】**(略)

**第二五条【同一主権国の部分間の権利義務】**(略)

## 国際関係を有する可航水路の制度に関する条約の追加議定書(抄)

一九二一年四月二〇日にバルセロナにおいて署名された国際関係を有する可航水路の制度に関する条約の署名国は、その正当な委任を受けた代表がこの議定書に署名したことにより、国際関係を有するものと認められる可航水路に関する条約により承諾した交通の自由に加えて、相互主義を条件として、その主権を害することなしに、かつ、平時において、

(a) 全ての可航水路

(b) 全ての自然可航水路

であって、その主権又は権力の下にあり、かつ、国際関係を有するものと認められず、海洋への及び海洋からの通常の商業的航行に使用できるものにおいて、並びに、これらの水路に沿う全ての港において、この議定書の署名国の船舶に対して、輸入品及び輸出品の積換えのない輸送について完全な平等待遇を承認することを宣言する。(以下略)

## 2 国際水路の非航行的利用の法に関する条約（抄）翻訳

［国際水路非航行的利用条約］

採択 一九九七年五月二一日（国連第五一回総会）
効力発生 二〇一四年八月一七日
当事国 三七

### 前文

この条約の締約国は、（中略）
とりわけ増加する需要及び汚染から生じる問題が、多くの国際水路に影響を与えていることを考慮し、
枠組条約が国際水路の利用、開発、保全、管理及び保護、並びに現在及び将来の世代にとっての最適かつ持続可能なその利用の促進を確保することを確信し、
この分野における国際協力及び善隣関係の重要性を確認し、発展途上国の特別な状況及び必要性を認識し、（中略）
次のとおり協定した。

### 第一部 序

**第一条（この条約の適用範囲）** 1 この条約は、国際水路とその水の航行以外の目的のための使用並びにそれらの水路とその水の使用に関連する保護、保全及び管理のための措置について適用する。

2 航行のための国際水路の使用は、他の使用が航行に影響を及ぼし又は航行により影響を受ける場合を除いて、この条約の適用範囲には含まれない。

**第二条（用語）** この条約の適用上、

(a) 「水路」とは、地表水及び地下水であって、物理的関連性により単一体をなし、通常は共通の流出点に到達する水系をいう。

(b) 「国際水路」とは、水路であって、その一部が複数の国に所在するものをいう。

(c) 「水路国」とは、この条約の当事国であって、国際河川の一部がその領域に所在する国、又は、地域的な経済統合のための組織であって、その一又は二以上の加盟国の領域に国際河川の一部が所在しているものをいう。

(d) 「地域的な経済統合のための組織」とは、特定の地域の主権国家によって構成される組織であって、この条約により規律される事項に関してその加盟国から権限の委譲を受け、かつ、その内部手続に従ってこの条約の署名、批准、受諾、承認、又はこれへの加入の正当な委任を受けたものをいう。

**第三条（国際水路協定）** 1 別段の合意がない場合には、この条約のいかなる規定も、この条約の当事国となった日に効力を有する協定に基づく水路国の権利又は義務に影響を及ぼすものではない。

2 1の規定にかかわらず、同項にいう協定の当事国は、必要な場合には、当該協定をこの条約の基本原則に調和させることを検討することができる。

3 水路国は、特定の国際水路又はその一部の特徴及び使用について、この条約の規定を適用しかつ調整する一又は二以上の協定（以下「水路協定」という。）を締結することができる。

4 二以上の水路国間において水路協定が締結される場合には、当該協定の適用を受ける水域を定める。そのような協定は、国際水路の全体若しくはそのいずれかの部分又は特定の事業、計画若しくは使用について締結することができる。ただし、一又は二以上の他の水路国の明示の同意なく重大な(significant)悪影響を及ぼす場合を除く。

5 水路国が特定の国際水路の特徴及び使用のためにこの協定の規定を調整しかつ適用する必要があると考える場合には、水路国は水路協定を締結することを目的として誠実に交渉するために協議する。

6 特定の国際水路につき、全てではないが複数の水路国が協定の当事国である場合には、当該協定の規定はその当事国ではない水路国のこの条約に基づく権利又は義務に影響を及ぼすものではない。

**第四条（水路協定の当事国）** 1 全ての水路国は、国際水路全体に適用される水路協定について、その交渉に参加し、かつ、その当事国となることができ、関連するいずれの協議にも参加することができる。

2 水路国による国際水路の利用が、水路の一部又は特定の事業、計画又は使用にのみ適用されることを予定する水路協定の実施によって重大な影響を受ける場合には、その水路国は当該協定に関する協議に参加することができ、また適当な場合には、その実施により自らの使用が影響を受ける限りにおいて、その当事国となるために当該協定に関する交渉に参加することができる。

### 第二部 一般原則

**第五条（衡平かつ合理的な利用と参加）** 1 水路国はそれぞれの領域において国際水路を衡平かつ合理的な方法で利用する。特に水路国は、関係する水路国の利益を考慮しつつ、水路の適切な保護と両立する利用及びそこから生ずる便益を最適かつ持続可能なものとするように水路を利用し、その開発を行う。

2 水路国は衡平かつ合理的な方法による国際水路の使用、開発及び保護に参加する。そのような参加には、この条約が規定する水路を利用する権利並びにその保護及び開発に協力する義務の双方を伴う。

**第六条（衡平かつ合理的な利用に関連する要素）** 1 第五条の意味における衡平かつ合理的な方法による国際水路の利用は、次に掲げる事項を含む全ての関連する要素と事情を考慮することを要する。

(a) 地理的、水理的、水文的、気候的、生態的その他の自然的性質を有する要素
(b) 関係する水路国の社会的及び経済的必要
(c) 各水路国における当該水路に依存している人口
(d) 一の水路国による水路の使用が他の水路国に与える影響
(e) 水路の現在の使用及び潜在的に可能な使用
(f) 水路の水資源の保全、保護、開発及び効率的使用とそのためにとられる措置の費用
(g) 特定の計画中の使用又は現在の使用に準ずる価値を有する代替策の利用可能性

2 第五条又は本条1を適用するに当たり、関係する水路国は、必要な場合には協力の精神の下で協議に入る。

3 各々の要素に与えられる重要性は、他の関連する要素の重要

性と比較することにより決定される。合理的かつ衡平な使用の内容を決定する際には、全ての関連する要素を共に考慮し、全体を基礎として結論を下さなければならない。

**第七条（重大な害(harm)を生じさせない義務）** 1　水路国は、その領域において国際水路を利用するに当たり、他の水路国に重大な害を生じさせることを防止するために全ての適切な措置をとる。

2　それにもかかわらず他の水路国に重大な害が発生した場合には、水路の使用によりその害を生じさせた国は、そのような使用に対する合意がない場合には、第五条及び第六条の規定を適切に尊重しつつ、影響を受けた国と協議の上で、その害を除去し又は緩和するために、及び適当な場合には補償の問題を検討するために、全ての適当な措置をとる。

**第八条（一般的協力義務）** 1　水路国は、主権平等、領土保全、互恵及び信義誠実を基礎として、国際水路の最適な利用と適切な保護を達成するために協力する。

2　そのような協力の方法を決定するに当たり、水路国は、様々な地域に既に存在する共同の機構及び委員会における協力を通じて得られた経験に照らして、関連する措置と手続に関する協力を促進するために、必要と考える共同の機構又は委員会の設置を検討することができる。

**第九条（データ及び情報の定期的な交換）** 1　水路国は、第八条に従って、水路の状態に関して容易に利用可能なデータ及び情報、とりわけ水文学的、気象学的、水路学的及び生態学的性質の情報であって水質並びに関連する予測に関するものを、定期的に交換する。

2　水路国が他の水路国から直ちに利用可能ではないデータ又は情報の提供を要請された場合には、当該要請に従うために最善の努力を払う。ただし、当該要請に応じるに当たって、そのようなデータ又は情報の収集、及び適当な場合にはそれらの処理に要する合理的な費用を要請国が支払うことを条件とすることができる。

3　水路国は、データ及び情報の伝達先となる他の水路国による利用を促進する方法でそれらを収集し、かつ、適当な場合には処理するよう、最善の努力を払う。

**第一〇条（異なる種類の使用の間の関係）** 1　別段の合意又は慣習がない場合には、国際水路のいかなる使用も他の使用に対する固有の優先権を有しない。

2　国際水路の複数の使用の間で抵触が生ずる場合には、人間の死活的な必要の充足に特別の考慮を払いつつ、第五条から第七条に照らして解決される。

## 第三部　計画措置（第一一条から第一九条まで）（略）

## 第四部　保護、保全及び管理

**第二〇条（生態系の保護及び保全）** 水路国は、単独で、また適当な場合には共同で、国際水路の生態系を保護し、かつ、保全する。

**第二一条（汚染の防止、軽減及び制御）** 1　本条の適用上、「国際水路の汚染」とは、人間の活動から直接又は間接に生ずる国際水路の水の構成又は質を損なう変化をいう。

2　水路国は、他の水路国又はその環境に対して、人の健康若しくは安全、水路の有益な目的のための使用若しくはその生物資源に対する害を含む重大な害を生じさせ得る国際水路の汚染を、単独で、また適当な場合には共同で、防止し、軽減し、かつ、制御する。水路国は、汚染に関連するこれらの政策を調和させるための措置をとる。

3　水路国は、いずれかの国が要請する場合には、国際水路の汚染を防止し、軽減しかつ制御するために、次に掲げる措置及び方法について相互に合意に達することを目的として協議する。

(a)　共同の水質目標及び基準の設定

(b)　点汚染源及び面汚染源からの汚染に対処するための技術及び実行の確立

(c)　国際水路への導入が禁止、制限、調査又は監視されなければならない物質の一覧表の作成

**第二二条（外来種又は新種の導入）** 水路国は、水路の生態系に有害な影響を及ぼすおそれのあるものであって、他の水路国に重大な害を生じさせる外来種又は新種の国際水路への導入を防ぐために必要な全ての措置をとる。

**第二三条（海洋環境の保護と保全）** 水路国は、単独で、また適当な場合には他国と協力して、一般的に受け入れられている国際的な規則及び基準を考慮しつつ、河口を含む海洋環境の保護及び保全に必要な国際水路に関する全ての措置をとる。

**第二四条（管理）** 1　水路国は、いずれかの国が要請する場合には、共同管理機構を設立する可能性を含めて、国際水路の管理に関する協議に入る。

2　本条の適用上、「管理」とは、特に次のことをいう。

(a)　国際水路の持続可能な開発を計画すること、及び採択された計画を実施するために必要な措置をとること。

(b)　合理的かつ最適な水路の利用、保護及び制御を促進するその他の措置をとること。

**第二五条（規制）** 1　水路国は、適当な場合には、国際水路の水流を規制する必要又は機会に対応するために協力する。

2　別段の合意がある場合を除くほか、水路国がそのような規制事業の実施に合意する場合には、水路国は当該事業の建設及び維持又は費用の支払について衡平を基礎として参加する。

3　本条の適用上、「規制」とは、水流事業又はその他の継続的な措置であって、国際水路の水流を変化させ、変更し又はその他の方法で制御するためにとられる措置をいう。

**第二六条（施設）** 1　水路国は、それぞれの領域内において、国際水路に関連する施設、設備及びその他の工作物を維持しかつ保護するために最善の努力を払う。

2　水路国は、重大な悪影響を受けると信ずる合理的な理由を有するいずれかの国が要請する場合には、次の事項に関して協議に入る。

(a)　国際水路に関連する施設、設備その他の工作物の安全な運用及び維持

(b)　故意若しくは過失ある行為又は自然の力からの施設、設備その他の工作物の保護

## 第五部　有害な状態及び緊急事態

**第二七条（有害な状態の防止及び緩和）** 水路国は、単独で、また適当な場合には共同で、国際水路に関連するものであって、自然的原因によるものであるか人間の活動によるものであるかにかかわらず、洪水、結氷状態、水媒介性疾患、沈積、浸食、塩水浸入、旱魃、又は砂漠化など、他の水路国にとって有害な状態を防止し又は緩和するために全ての適切な措置をとる。

**第二八条（緊急事態）** 1　本条の適用上、「緊急事態」とは、水路

国又はその他の国に深刻な害を生じさせる又はその差し迫ったおそれのある事態であって、洪水、氷解、地滑り若しくは地震などの自然的原因又は産業事故などの人の活動により、突発的に生ずるものをいう。

2 水路国は、その領域内で発生した緊急事態につき、利用可能な最も迅速な手段により、影響を受ける可能性のある他国及び権限ある国際組織に遅滞なく通告する。

3 その領域内で緊急事態が発生した水路国は、影響を受ける可能性のある国、また適当な場合には権限ある国際組織と協力して、直ちに当該緊急事態の有害な影響を防止し、緩和しかつ除去するために状況に応じて必要とされる全ての実行可能な措置をとる。

4 水路国は、必要な際には、緊急事態に対応するための緊急時の計画を、適当な場合には影響を受ける可能性のある他国及び権限ある国際組織と協力して、共同で作成する。

**第六部　雑則**(第二九条から第三三条まで)(略)

**第七部　最終規定**(第三四条から第三七条まで)(略)

**附属書　仲裁裁判**　(略)

## 3 ダニューヴ河の航行制度に関する条約(抄) 翻訳

署　名　一九四八年八月一八日(ベオグラード)
効力発生　一九四九年五月一一日
当事国　一一

前　文(略)

### 第一章　一般規定

**第一条【航行の自由】** ダニューヴ河の航行は、自由であり、かつ、入港税及び航行税並びに通商上の航行に課せられる条件に関して平等の条件の下で、あらゆる国の国民、商船及び貨物のために開放される。この規定は、同一国の港の間の航行には適用しない。

**第二条**　(略)

**第三条【航行条件の維持】** ダニューヴ沿河国は、ダニューヴ河の自国の区域を河川船舶に対して、また、適当な区域については海上船舶に対して、その航行が可能な状態に維持し、航行の条件を確保しかつ改善するために必要な工事を実施し、さらにダニューヴ河の航行可能な水路における航行を阻止又は妨害しないことを約束する。ダニューヴ沿河国は、本条に定められた内容についてダニューヴ河委員会(第五条)と協議する。

沿河国は、各国の国境内において、不測のかつ緊急の事態により必要とされ、航行の必要を確保することを目的とする工事を行う権利を有する。ただし、沿河国は、工事を必要とする理由を委員会に通知し、かつ、計画の要綱を提出しなければならない。

**第四条**　(略)

### 第二章　組織に関する規定(抄)

#### 第一節　ダニューヴ河委員会(抄)

**第五条【構成】** ダニューヴ河委員会を設立し、以下「委員会」と呼ぶ。委員会は、ダニューヴ沿河国の代表各一人で構成する。

**第六条及び第七条**　(略)

**第八条【管轄と権限】** 委員会の管轄は、第二条に定められたダニューヴ河に及ぶ。

委員会の権限は、次のとおりである。

(a) この条約の規定の実施を監督すること。

(b) ダニューヴ沿河国及び特別河川管理部(第二〇条及び第二一条)により提出された提案及び計画に基づいて、航行の利益のための大工事の一般計画を立てること、並びにその工事に要する費用の見積りを作成すること。

(c) 第四条に定められている場合に工事を実施すること。

(d) 技術上及び経済上の利益、計画並びにそれぞれのダニューヴ沿河国の能力を考慮し、本条(b)の工事の実施に関してダニューヴ沿河国と協議し、これに勧告すること。

(e) 特別河川管理部(第二〇条及び第二一条)と協議し、これらに勧告を行い、かつ、これらと情報を交換すること。

(f) ダニューヴ河の航行可能な全ての流域に、航行路の整備のための統一規準を設け、また、個々の区域に特有な条件を考慮して、水先案内業務の規定を含むダニューヴ河の航行に関する基本規定を定めること。

(g) 河川警視規則を統一すること。

(h)―(j) (略)

(k) 委員会の予算を作成し、承認し、第一〇条に定める料金を設定し、これを徴収すること。

**第九条及び第一〇条**　(略)

**第一一条【表決】** 委員会の決議は、この条約に特別の定めがある場合(第一〇条、第一二条及び第一三条)を除くほか、全委員の投票の過半数による。

委員会の定員は五人とする。

**第一二条から第一六条まで**　(略)

**第一七条【違反の通報】** 正当な権限を付与された委員会の職員は、ダニューヴ沿河国の権限ある機関に、委員会が了知すべき航行規則、衛生措置及び河川警視に関する違反を通報する。権限ある機関は、通告された違反に関してとられた措置を委員会に通報する。

**第一八条及び第一九条**　(略)

#### 第二節　特別河川管理部(第二〇条から第二二条まで)(略)

### 第三章　航行制度(抄)

#### 第一節　航行

**第二三条【実施】** ダニューヴ河下流及び鉄門区域における航行は、これらの地帯の管理部により定められた航行規則に従って実施される。ダニューヴ河の他の区域の航行は、ダニューヴ河がその領土を貫流するそれぞれのダニューヴ沿河国により定められた規則に従って実施され、ダニューヴ河の両岸が異なる二国に属する地帯においては、当該国間の合意により定められた規則に従って実施される。

航行規則を定めるに当たり、ダニューヴ河沿河国及び管理部は、委員会により定められたダニューヴ河の航行に関する基本規定を考慮する。

**第二四条【船舶の権利】** ダニューヴ河を航行する船舶は、ダニューヴ河の各沿河国により定められた規則に従うという条件で入港し、荷積み及び荷卸しの作業を行い、旅客を乗船及び下船させ、燃料を補給し、食糧を補充する等の権利を有する。

**第二五条** (略)

**第二六条【関税、衛生、河川警視】** ダニューヴ河について効力を有する衛生及び警察に関する規則は、船舶の国籍、その出港地、その目的地又は他の理由による差別なく適用される。

ダニューヴ河における関税、衛生及び河川警視の任務は、ダニューヴ河沿河国によって遂行される。これらの国は、委員会が関税制度及び衛生に関する規則の統一を促進し、河川警視を規律する規則の統一を図るために(第八条(g))、自国が定めた規則を委員会に通知する。

関税、衛生及び警察に関する規則は、その性質上、航行を妨害するものであってはならない。

**第二七条【税関の権限】** ダニューヴ河の両岸が同一国の領土に属しているときは、当該国は、通過貨物を封印し、又はこれを税関の監視の下に置く権利を有する。同様に、当該国は、船長、船主又は小型船舶長に、その輸送が通過国によって禁止されている貨物を輸送しているか又は輸送していないかを証明するだけの申告書を要求する権利を有する。ただし、通過を禁止する権利は有しない。この手続は、積荷の検査を含むことも、これを行うことも、通過を遅らせることもできない。虚偽の申告を行った船長、船主又は小型船舶長は、その申告がなされた国の法令に従って責任を負う。

ダニューヴ河が二国間の国境を形成するときは、船舶、いかだ、旅客及び通過貨物は、全ての関税手続を免除される。

**第二八条及び第二九条** (略)

**第三〇条【軍艦の航行の禁止】** 全てのダニューヴ河非沿河国の軍艦のダニューヴ河の航行は禁止される。

ダニューヴ河沿河国の軍艦は、関係するダニューヴ河沿河国間に事前の了解がある場合を除くほか、その艦船が国旗を掲げている国の国境外においてダニューヴ河を航行することはできない。

**第二節** 水先案内(第三一条から第三三条まで)(略)

## 第四章 航行を保障するために必要な費用の徴収方法(第三四条から第四三条まで)(略)

## 第五章 最終規定(第四四条から第四七条まで)(略)

**附属書I** ダニューヴ河委員会へのオーストリア国の参加の許可について (略)

**附属書II** ガブチコーヴォ・ギョーニュ地区について (略)

# 4 スエズ運河条約(抄) 翻訳

(スエズ海水運河の自由航行に関する条約)[コンスタンティノープル条約]

(以下の条約の全文はWeb)

署　名　一八八八年一〇月二九日(コンスタンティノープル)
効力発生　一八八八年一二月二二日
日本国
当事国　九

全能の神の御名において、

(締約国元首名略)は、条約を締結することにより、スエズ海水運河の自由な使用を、全ての時においてかつ全ての国に対して確保するために確立した制度を確定し、もってエジプト副王殿下の譲許を裁可したスルタン皇帝陛下の一八六六年二月二二日(ヒジュラ暦一二八二年一一月二日)付けの勅令に基づく同運河の航行に関する制度を完全なものにすることを希望して、その全権委員を次のとおり任命した。(全権委員名略)

これらの全権委員は、互いにその全権委任状を示し、これが良好妥当であることを認めた後、次の諸条を協定した。

**第一条【航行の自由】** スエズ海水運河は、平時においても戦時においても、国旗の区別なく、全ての商船及び軍艦に対して、常に自由であり、かつ、開放される。

よって締約国は、平時においても戦時においても、運河の自由な使用をいかなる方法によっても阻害しないことを合意する。

運河は、決して封鎖権の行使の対象にしてはならない。

**第二条【運河の安全】** 締約国は、淡水運河が海水運河に欠くことのできないものであることを認め、淡水運河に関するエジプト副王殿下の万国スエズ運河会社に対する約束に留意する。同約束は、一八六三年三月一八日付けの条約中に規定され、序文及び四箇条からなる。

締約国は、当該運河及びその支線の安全を、いかなる方法によっても侵害しないことを約束する。当該運河及びその支線の機能は、いかなる妨害計画の対象にもしてはならない。

**第三条【諸施設の尊重】** 締約国は、また、海水運河及び淡水運河の資材、設備、建造物並びに工作物を尊重することを約束する。

**第四条【敵対行為の禁止】** 海水運河は、この条約の第一条の規定により、自由航路として戦時にある交戦国の軍艦に対しても開放されるので、締約国は、オスマン帝国が交戦国の一である場合でも、運河及びその出入港並びに出入港から三海里の範囲内では、いかなる交戦権も行使せず、また、いかなる敵対行為又は運河の自由航行の妨害を目的とするいかなる行為も行わないことに同意する。

交戦国の軍艦は、運河及びその出入港内において、厳に必要なものを除くほか、補給をすることができない。交戦国の軍艦は、現行規則に従い可及的に速やかに運河を通過しなければならず、かつ、航行上の必要に基づく場合のほかは、停止することができない。

交戦国の軍艦のポートサイド及びスエズ停泊所内での滞留は、二四時間を超えてはならない。ただし、海難の場合はこの限りではない。海難の場合でもできる限り速やかに出発しなければならない。一の出入港からの交戦国の船舶の出発とその敵国に属する船舶の出発との間には、常に二四時間の間隔を保たなければならない。

**第五条【戦時における軍用のための積込み、積卸し】** 戦時において、交戦国は、運河及びその出入港内で軍隊、武器又は軍用資材を積み込み又は積み卸してはならない。ただし、運河内で不時の障害が生じた場合には、出入港において、一〇〇〇人を超えない部隊に分かれた兵員を、これに伴う軍用資材とともに積み込み又は積み卸すことができる。

**第六条【捕獲された船舶の待遇】** 捕獲された船舶は、全ての点において交戦国の軍艦と同一の制度に従う。

**第七条【軍艦の滞留】** 各国は、運河の水域内(チムサ湖及びビター湖を含む。)に、いかなる軍艦も留めおくことができない。

ただし、ポートサイド及びスエズの出入港内には、各国とも二隻を超えない数の軍艦を留めおくことができる。

交戦国は、右の権利を行使しない。

**第八条【署名国代理人の任務】**(略)

**第九条【エジプト政府の責任】**(略)

**第一〇条【オスマン帝国の兵力行使の権利】**(略)

**第一一条【兵力行使の制限】**(略)

**第一二条【特権の禁止】**(略)

**第一三条【エジプト副王の権利】**(略)

**第一四条【存続期間】** 締約国は、この条約に基づく約束が万国スエズ運河会社譲許令の存続期間によって制限されないことに同意する。

**第一五条【衛生措置】** この条約の規定は、エジプトにおいて行われている衛生上の措置を妨げるものではない。

**第一六条【加入】**(略)

**第一七条【批准】**(略)

## 5 パナマ運河永久中立条約

### (1) パナマ運河の永久中立と運営に関する条約(パナマ共和国―アメリカ合衆国)

翻訳

署名 一九七七年九月七日(ワシントン)
効力発生 一九七九年一〇月一日

アメリカ合衆国とパナマ共和国は、次のとおり合意した。

**第一条【運河の永久中立】** パナマ共和国は、この条約により設けられる制度に従い、国際水路としての本運河が永久に中立であることを宣言する。パナマ共和国の領域内に今後一部又は全部が建設される他の国際水路にも、同一の中立制度が適用される。

**第二条【運河の中立と無差別】** パナマ共和国は、平時においても戦時においても、全ての国の船舶の平和的通航に対して、完全に平等な条件で、運河が安全に開放されることを確保するために、運河の中立を宣言する。したがって、いかなる国又はその国民に対しても、また他のいかなる理由によっても、通航の条件あるいは料金に関して差別しないものとし、また、パナマ運河、したがってパナマ地峡は、世界の他の国の間のいかなる武力紛争においても復仇の対象とされてはならない。ただし、次の条件に従うものとする。

(a) 通航とその付随的役務に対する通航料その他の料金であって、第三条(c)に定められたものの支払

(b) 第三条の規定に従って適用される規則及び規制の遵守

(c) 運河内にある間、通航中の船舶はいかなる敵対行為も行わないという条件

(d) この条約により設けられるその他の条件や制限

**第三条【通航の規則】** 1 運河の安全、効率及び適切な維持のために、次の規則を適用する。

(a) 運河は、運河通航の条件に従い、また、公正で衡平かつ合理的な規則及び規制であって運河の安全航行と効率的かつ衛生的な運営に不可欠なものに従い、効率的に運営されること。

(b) 運河通航に必要な付随的役務が提供されること。

(c) 通航とその付随的役務に対する通航料その他の料金は、公正かつ合理的で国際法の諸原則に合致するものであること。

(d) 通航の前提条件として、船舶に対して、運河通過中の船舶の作為又は不作為から生ずる損害について、国際的な慣行及び基準に合致する合理的かつ十分な損害賠償の支払に関する財政上の責任及び保証を明確に示すよう要求することができる。国が所有し若しくは運営する船舶又は国が責任を負うことを認めた船舶については、当該船舶の運河通過中の作為又は不作為から生ずる損害の賠償支払に関する国際法上の義務をその国が遵守する旨の当該国の証書をもって、この財政上の責任を示すのに十分なものとみなす。

(e) 全ての国の軍艦及び補助艦艇は、その艦内の管理、推進手段、出発地、目的地又は装備のいかんを問わず、また、通航の条件として検査、捜索又は監視に服することなく、いつでも運河を通航する権利を有する。ただし、これらの艦船に対しては、保健、衛生及び検疫に適用される全ての規則を遵守していることの証明を求めることができる。これらの艦船は、艦内の管理、出発地、装備、貨物又は目的地を明らかにすることを拒否する権利を有する。ただし、補助艦艇に対しては、これらの艦艇が免除を要求する国の政府によって所有され又は運営され、かつ、具体的場合において政府の非商業的役務に専ら使用されていることについて、当該国政府の高官が証明する書面による保証の提示を求めることができる。

2 この条約の適用上、「運河」、「軍艦」、「補助艦艇」、「艦内の管理」、「装備」及び「検査」の語は、この条約の附属書Aで示される意味をもつ。

**第四条【永久中立の維持】** アメリカ合衆国とパナマ共和国は、この条約で設けられた中立制度の維持に合意する。この中立制度は、両締約国間で効力を有する他のいかなる条約の終了にもかかわらず、運河を永久に中立とするために維持される。

**第五条【パナマ運河条約終了後の運河運営】** パナマ運河条約の終了後は、パナマ共和国のみが運河を運営し、その領域内にある軍隊、防衛基地及び軍事施設を維持する。

**第六条【両当事国の軍艦その他の通航】** 1 運河の建設、管理、維持、保護及び防衛に対してアメリカ合衆国とパナマ共和国が

重要な貢献をしていることを認め、両国の軍艦と補助艦艇は、この条約の他の規定にかかわらず、艦内の管理、推進手段、出発地、目的地、装備又は貨物のいかんを問わず、運河を通航する権利を有する。これらの軍艦及び補助艦艇は、運河を迅速に通航することができる。

2　アメリカ合衆国は、自国が運河の運営の責任を負う期間中、コロンビア共和国に対して、その軍隊、船舶、軍用物資の無料通航を引き続き認めることができる。この期間以後は、パナマ共和国が、コロンビア共和国及びコスタリカ共和国に対し、無料通航の権利を認めることができる。

**第七条【附属議定書】** 1　アメリカ合衆国とパナマ共和国は、その全ての署名国がこの条約の目的に賛同しこの条約に定められた中立制度の尊重に同意する旨のこの条約附属議定書を世界の全ての国の加入のために開放する決議を、米州機構において共同で提案する。

2　米州機構は、この条約とその関連文書の寄託者として行動する。

**第八条【批准、効力発生】** この条約は、両当事国の憲法上の手続に従って批准に付される。この条約の批准書は、同日に署名されたパナマ運河条約と同時にパナマで交換される。この条約は、批准書交換の日から六箇月後に、パナマ運河条約と同時に効力を生ずる。

**附属書A　及び　附属書B**（略）

（アメリカ合衆国の修正・条件・留保・了解及びパナマ共和国の留保・宣言略）

## (2) パナマ運河の永久中立と運営に関する条約の附属議定書 翻訳

日本国

当事国　四一

パナマ運河の中立の維持は、アメリカ合衆国とパナマ共和国の通商及び安全に対してのみならず、西半球の平和と安全並びに世界の通商の利益に対しても重要性をもつので、

アメリカ合衆国とパナマ共和国がその維持を合意した中立制度は、完全な平等を基礎として全ての国の船舶による運河の永久の利用を確保するものであるので、かつ、

この実効的な中立制度は、運河の最善の保護を構成し、また、運河に対するあらゆる敵対行為の禁止を確保するものであるので、

この議定書の締約国は、次のとおり合意した。

**第一条【運河の永久中立の承認】** 締約国は、パナマ運河の永久中立と運営に関する条約により設けられる運河の永久中立の制度を承認し、その目的に賛同する。

**第二条【運河の永久中立の尊重】** 締約国は、戦時及び平時のいずれにおいても、運河の永久中立の制度を遵守しかつ尊重し、自国に登録された船舶が適用される規則を厳格に遵守するよう確保することに同意する。

**第三条【加入、効力発生】** この議定書は、世界の全ての国の加入のために開放され、加入書を米州機構事務総長に寄託した時に、当該国について効力を生ずる。

# 6　南極条約

## (1) 南極条約

署　名　一九五九年一二月一日（ワシントン）

効力発生　一九六一年六月二三日

日本国　一九六一年六月二三日（六〇年七月一五日国会承認、七月二九日内閣批准、同日批准認証、八月四日批准書寄託、六一年六月二四日公布・条約五号）

当事国　五四

アルゼンティン、オーストラリア、ベルギー、チリ、フランス共和国、日本国、ニュー・ジーランド、ノールウェー、南アフリカ連邦、ソヴィエト社会主義共和国連邦、グレート・ブリテン及び北部アイルランド連合王国及びアメリカ合衆国の政府は、

南極地域がもっぱら平和的目的のため恒久的に利用され、かつ、国際的不和の舞台又は対象とならないことが、全人類の利益であることを認め、

南極地域における科学的調査についての国際協力が、科学的知識に対してもたらした実質的な貢献を確認し、

国際地球観測年の間に実現された南極地域における科学的調査の自由を基礎とする協力を継続し、かつ、発展させるための確固たる基礎を確立することが、科学上の利益及び全人類の進歩に沿うものであることを確信し、

また、南極地域を平和的目的のみに利用すること及び南極地域における国際間の調和を継続することを確保する条約が、国際連合憲章に掲げられた目的及び原則を助長するものであることを確信して、

次のとおり協定した。

**第一条【平和的利用】** 1　南極地域は、平和的目的のみに利用する。軍事基地及び防備施設の設置、軍事演習の実施並びにあらゆる型の兵器の実験のような軍事的性質の措置は、特に、禁止する。

2　この条約は、科学的研究のため又はその他の平和的目的のために、軍の要員又は備品を使用することを妨げるものではない。

**第二条【科学的調査】** 国際地球観測年の間に実現された南極地域における科学的調査の自由及びそのための協力は、この条約の規定に従うことを条件として、継続するものとする。

**第三条【科学的調査についての国際協力】** 1　締約国は、第二条に定めるところにより南極地域における科学的調査についての国際協力を促進するため、実行可能な最大限度において、次のことに同意する。

(a)　南極地域における科学的計画の最も経済的なかつ能率的な実施を可能にするため、その計画に関する情報を交換すること。

(b)　南極地域において探検隊及び基地の間で科学要員を交換すること。

(c) 南極地域から得られた科学的観測及びその結果を交換し、及び自由に利用することができるようにすること。

2 この条の規定を実施するに当たり、南極地域に科学的又は技術的な関心を有する国際連合の専門機関及びその他の国際機関との協力的活動の関係を設定することを、あらゆる方法で奨励する。

**第四条【領土権・請求権の凍結】** 1 この条約のいかなる規定も、次のことを意味するものと解してはならない。

(a) いずれかの締約国が、かつて主張したことがある南極地域における領土主権又は領土についての請求権を放棄すること。

(b) いずれかの締約国が、南極地域におけるその活動若しくはその国民の活動の結果又はその他の理由により有する南極地域における領土についての請求権の基礎の全部又は一部を放棄すること。

(c) 他の国の南極地域における領土主権、領土についての請求権又はその請求権の基礎を承認し、又は否認することについてのいずれかの締約国の地位を害すること。

2 この条約の有効期間中に行なわれた行為又は活動は、南極地域における領土についての請求権を主張し、支持し、若しくは否認するための基礎をなし、又は南極地域における主権を設定するものではない。南極地域における領土についての新たな請求権又は既存の請求権の拡大は、この条約の有効期間中は、主張してはならない。

**第五条【核爆発・放射性物質処理の禁止】** 1 南極地域におけるすべての核の爆発及び放射性廃棄物の同地域における処分は、禁止する。

2 核の爆発及び放射性廃棄物の処分を含む核エネルギーの利用に関する国際協定が、第九条に定める会合に代表者を参加させる権利を有するすべての締約国を当事国として締結される場合には、その協定に基づいて定められる規則は、南極地域に適用する。

**第六条【適用範囲】** この条約の規定は、南緯六十度以南の地域（すべての氷だなを含む。）に適用する。ただし、この条約のいかなる規定も、同地域内の公海に関する国際法に基づくいずれの国の権利又は権利の行使をも害するものではなく、また、これらにいかなる影響をも及ぼすものではない。

**第七条【監視員】** 1 この条約の目的を促進し、かつ、その規定の遵守を確保するため、第九条にいう会合に代表者を参加させる権利を有する各締約国は、この条に定める査察を行なう監視員を指名する権利を有する。監視員は、その者を指名する締約国の国民でなければならない。監視員の氏名は、監視員を指名する権利を有する他のすべての締約国に通報し、また、監視員の任務の終了についても、同様の通告を行なう。

2 1の規定に従つて指名された各監視員は、南極地域のいずれかの又はすべての地域にいつでも出入する完全な自由を有する。

3 南極地域のすべての地域（これらの地域におけるすべての基地、施設及び備品並びに南極地域における貨物又は人員の積卸し又は積込みの地点にあるすべての船舶及び航空機を含む。）は、いつでも、1の規定に従つて指名される監視員による査察のため開放される。

4 監視員を指名する権利を有するいずれの締約国も、南極地域のいずれかの又はすべての地域の空中監視をいつでも行なうことができる。

5 各締約国は、この条約がその国について効力を生じた時に、他の締約国に対し、次のことについて通報し、その後は、事前に通告を行なう。

(a) 自国の船舶又は国民が参加する南極地域向けの又は同地域にあるすべての探検隊及び自国の領域内で組織され、又は同領域から出発するすべての探検隊

(b) 自国の国民が占拠する南極地域におけるすべての基地

(c) 第一条2に定める条件に従つて南極地域に送り込むための軍の要員又は備品

**第八条【裁判管轄権】** 1 この条約に基づく自己の任務の遂行を容易にするため、第七条1の規定に基づいて指名された監視員及び第三条(1)(b)の規定に基づいて交換された科学要員並びにこれらの者に随伴する職員は、南極地域におけるその他のすべての者に対する裁判権についての締約国のそれぞれの地位を害することなく、南極地域にある間に自己の任務を遂行する目的をもつて行なつたすべての作為又は不作為については、自己が国民として所属する締約国の裁判権にのみ服する。

2 1の規定を害することなく、南極地域における裁判権の行使についての紛争に関係する締約国は、第九条1(e)の規定に従う措置が採択されるまでの間、相互に受諾することができる解決に到達するため、すみやかに協議する。

**第九条【締約国の会合】** 1 この条約の前文に列記する締約国の代表者は、情報を交換し、南極地域に関する共通の利害関係のある事項について協議し、並びに次のことに関する措置を含むこの条約の原則及び目的を助長する措置を立案し、審議し、及びそれぞれの政府に勧告するため、この条約の効力発生の日の後二箇月以内にキャンベラで、その後は、適当な間隔を置き、かつ、適当な場所で、会合する。

(a) 南極地域を平和的目的のみに利用すること。

(b) 南極地域における科学的研究を容易にすること。

(c) 南極地域における国際間の科学的協力を容易にすること。

(d) 第七条に定める査察を行なう権利の行使を容易にすること。

(e) 南極地域における裁判権の行使に関すること。

(f) 南極地域における生物資源を保護し、及び保存すること。

2 第十三条の規定に基づく加入によりこの条約の当事国となつた各締約国は、科学的基地の設置又は科学的探検隊の派遣のような南極地域における実質的な科学的研究活動の実施により、南極地域に対する自国の関心を示している間は、1にいう会合に参加する代表者を任命する権利を有する。

3 第七条にいう監視員からの報告は、1にいう会合に参加する締約国の代表者に送付する。

4 1にいう措置は、その措置を審議するために開催された会合に代表者を参加させる権利を有したすべての締約国により承認された時に効力を生ずる。

5 この条約において設定されたいずれかの又はすべての権利は、この条に定めるところによりその権利の行使を容易にする措置が提案され、審議され、又は承認されたかどうかを問わず、この条約の効力発生の日から行使することができる。

**第一〇条【国際連合憲章の遵守】** 各締約国は、いかなる者も南極地域においてこの条約の原則又は目的に反する活動を行なわないようにするため、国際連合憲章に従つた適当な努力をすることを約束する。

**第一一条【紛争の解決】** 1 この条約の解釈又は適用に関して二以上の締約国間に紛争が生じたときは、それらの締約国は、交渉、審査、仲介、調停、仲裁裁判、司法的解決又はそれらの

締約国が選択するその他の平和的手段により紛争を解決するため、それらの締約国間で協議する。

2 前記の方法により解決されないこの種の紛争は、それぞれの場合にすべての紛争当事国の同意を得て、解決のため国際司法裁判所に付託する。もつとも、紛争当事国は、国際司法裁判所に付託することについて合意に達することができなかつたときにも、1に掲げる各種の平和的手段のいずれかにより紛争を解決するため、引き続き努力する責任を免れない。

**第一二条【修正、改正】** 1(a) この条約は、第九条に定める会合に代表者を参加させる権利を有する締約国の一致した合意により、いつでも修正し、又は改正することができる。その修正又は改正は、これを批准した旨の通告を寄託政府が前記のすべての締約国から受領した時に、効力を生ずる。

(b) その後、この条約の修正又は改正は、他の締約国については、これを批准した旨の通告を寄託政府が受領した時に、効力を生ずる。他の締約国のうち、(a)の規定に従つて修正又は改正が効力を生じた日から二年の期間内に批准の通告が受領されなかつたものは、その期間の満了の日に、この条約から脱退したものとみなされる。

2(a) この条約の効力発生の日から三十年を経過した後、第九条に定める会合に代表者を参加させる権利を有するいずれかの締約国が寄託政府あての通報により要請するときは、この条約の運用について検討するため、できる限りすみやかにすべての締約国の会議を開催する。

(b) 前記の会議において、その会議に出席する締約国の過半数(ただし第九条に定める会合に代表者を参加させる権利を有する締約国の過半数を含むものとする。)により承認されたこの条約の修正又は改正は、その会議の終了後直ちに寄託政府によりすべての締約国に通報され、かつ、1の規定に従つて効力を生ずる。

(c) 前記の修正又は改正がすべての締約国に通報された日の後二年の期間内に1(a)の規定に従つて効力を生じなかつたときは、いずれの締約国も、その期間の満了の後はいつでも、この条約から脱退する旨を寄託政府に通告することができる。その脱退は、寄託政府が通告を受領した後二年で効力を生ずる。

**第一三条【批准、加入、寄託、効力発生、登録】** 1 この条約は、署名国によつて批准されるものとする。この条約は、国際連合加盟国又は第九条に定める会合に代表者を参加させる権利を有するすべての締約国の同意を得てこの条約に加入するよう招請されるその他の国による加入のため開放される。

2 この条約の批准又はこれへの加入は、それぞれの国がその憲法上の手続に従つて行なう。

3 批准書及び加入書は、寄託政府として指定されたアメリカ合衆国政府に寄託する。

4 寄託政府は、すべての署名国及び加入国に対し、批准書又は加入書の寄託の日並びにこの条約及びその修正又は改正の効力発生の日を通報する。

5 この条約は、すべての署名国が批准書を寄託した時に、それらの国及び加入書を寄託している国について、効力を生ずる。その後、この条約は、いずれの加入国についても、その加入書の寄託の時に効力を生ずる。

6 この条約は、寄託政府が国際連合憲章第百二条の規定に従つて登録する。

**第一四条【正文】** この条約は、ひとしく正文である英語、フランス語、ロシア語及びスペイン語により作成し、アメリカ合衆国政府の記録に寄託する。同政府は、その認証謄本を署名国政府及び加入国政府に送付する。

## (2) 環境保護に関する南極条約議定書

[南極条約環境保護議定書]

作成 一九九一年一〇月四日(マドリッド)
効力発生 一九九八年一月一四日
日本国 一九九八年一月一四日(九二年九月二九日署名、九七年四月三日国会承認、一二月一五日受諾書寄託、一二月一八日公布・条約一四号)
当事国 四一

**前文**

この南極条約議定書の締約国(以下「締約国」という。)は、

南極の環境並びにこれに依存し及び関連する生態系の保護を促進する必要性を確信し、

南極地域が専ら平和的目的のため恒久的に利用され、かつ、国際的不和の舞台又は対象とならないことを確保するため南極条約体制を強化する必要性を確信し、

南極地域の特別な法的及び政治的地位並びに南極地域におけるすべての活動が南極条約の目的及び原則に適合することを確保することについての南極条約協議国の特別の責任に留意し、

南極地域が特別保存地域として指定されたこと並びに南極の環境並びにこれに依存し及び関連する生態系を保護するため南極条約体制の下で採択された他の措置を想起し、

更に、南極地域が地球的及び地域的規模において重要な環境の科学的監視及び調査の独特の機会を提供することを確認し、

南極の海洋生物資源の保存に関する条約の保存に関する原則を再確認し、

南極の環境並びにこれに依存し及び関連する生態系の保護のための包括的な制度を発展させることが人類全体の利益であることを確信し、

このため、南極条約を補足することを希望して、

次のとおり協定した。

**第一条(定義)** この議定書の適用上、

(a) 「南極条約」とは、千九百五十九年十二月一日にワシントンで作成された南極条約をいう。

(b) 「南極条約地域」とは、南極条約第六条の規定に従い同条約の適用される地域をいう。

(c) 「南極条約協議国会議」とは、南極条約第九条に定める会合をいう。

(d) 「南極条約協議国」とは、南極条約第九条に定める会合に参加する代表者を任命する権利を有する同条約の締約国をいう。

(e) 「南極条約体制」とは、南極条約、同条約に基づく有効な措置、同条約に関連する別個の有効な国際文書及びこれらの国際文書に基づく有効な措置をいう。

(f) 「仲裁裁判所」とは、この議定書の不可分の一部を成す付録によって設置される仲裁裁判所をいう。

(g) 「委員会」とは、第十一条の規定によって設置される環境保護委員会をいう。

**第二条（目的及び指定）** 締約国は、南極の環境並びにこれに依存し及び関連する生態系を包括的に保護することを約束し、この議定書により、南極地域を平和及び科学に貢献する自然保護地域として指定する。

**第三条（環境に関する原則）** 1 南極の環境並びにこれに依存し及び関連する生態系の保護並びに南極地域の固有の価値（原生地域としての価値、芸術上の価値及び科学的調査（特に、地球環境の理解のために不可欠な調査）を実施するための地域としての価値を含む。）の保護は、南極条約地域におけるすべての活動を計画し及び実施するに当たり考慮すべき基本的な事項とする。

2 このため、

(a) 南極条約地域における活動は、南極の環境並びにこれに依存し及び関連する生態系に対する悪影響を限定するように計画し及び実施する。

(b) 南極条約地域における活動については、次のことを回避するように計画し及び実施する。

(i) 気候又は天候に対する悪影響

(ii) 大気の質又は水質に対する著しい悪影響

(iii) 大気、陸上（陸水を含む。）、氷河又は海洋における環境の著しい変化

(iv) 動物及び植物の種又は種の個体群の分布、豊度又は生産性の有害な変化

(v) 絶滅のおそれがあり若しくは脅威にさらされている種又はこのような種の個体群を更に危険な状態にすること。

(vi) 生物学上、科学上、歴史上、芸術上又は原生地域として重要な価値を有する地域の価値を減じ又はこれらの地域を相当な危険にさらすこと。

(c) 南極条約地域における活動については、南極の環境並びにこれに依存し及び関連する生態系並びに南極地域の科学的調査を実施する地域としての価値に対して当該活動が及ぼすおそれのある影響につき事前の評価を可能にする十分な情報に基づき及びこの影響を知った上での判断に基づき、計画し及び実施する。このような判断に当たっては、次の事項を十分に考慮する。

(i) 活動の範囲（地域、期間及び程度を含む。）

(ii) 活動の累積的な影響（当該活動自体によるもの及び南極条約地域における他の活動の影響との複合によるものの双方）

(iii) 活動が南極条約地域における他の活動に有害な影響を及ぼすか否か。

(iv) 環境上問題を生じさせないように作業を行うための技術及び手順が利用可能であるか否か。

(v) 活動が及ぼす悪影響を特定し及び早期に警告を与えるために主要な環境上の指標及び生態系の構成要素を監視する能力の有無並びに南極の環境並びにこれに依存し及び関連する生態系に関する監視の結果又は知識の増進に照らして必要となる作業手順の修正を行うための能力の有無

(vi) 事故（特に、環境に影響を及ぼすおそれのあるもの）に対し迅速かつ効果的に対応する能力の有無

(d) 実施中の活動の影響についての評価（予測された影響の検証を含む。）を行うため、定期的かつ効果的な監視を行う。

(e) 南極条約地域の内外で実施される活動が南極の環境並びにこれに依存し及び関連する生態系に及ぼす予測されなかった影響を早期に探知することを容易にするため、定期的かつ効果的な監視を行う。

3 南極条約地域における活動については、科学的調査を優先するよう及び南極地域の科学的調査（地球環境の理解のために不可欠な調査を含む。）を実施する地域としての価値を保護するように計画し及び実施する。

4 南極条約地域において科学的調査の計画に基づき実施される活動、同地域における観光並びに政府及び非政府の他のすべての活動であって、南極条約第七条5の規定に従い事前の通告を必要とするもの（関連する後方支援活動を含む。）については、

(a) この条に定める原則に適合する方法で行う。

(b) この条に定める原則に反して南極の環境又はこれに依存し若しくは関連する生態系に影響を及ぼし又は及ぼすおそれがある場合には、修正し、停止し又は取りやめる。

**第四条（南極条約体制における他の構成要素との関係）** 1 この議定書は、南極条約を補足するものとし、同条約を修正し又は改正するものではない。

2 この議定書のいかなる規定も、締約国が南極条約体制における他の有効な国際文書に基づき有する権利を害し及びこれらの国際文書に基づき負う義務を免れさせるものではない。

**第五条（南極条約体制における他の構成要素との整合性）** 締約国は、この議定書の目的及び原則の達成を確保するため並びに南極条約体制における他の有効な国際文書の目的及び原則の達成に影響を及ぼすことを回避し又はこれらの国際文書の実施とこの議定書の実施との間の抵触を回避するため、これらの国際文書の締約国及びこれらの国際文書に基づいて設置された機関と協議し及び協力する。

**第六条（協力）** 1 締約国は、南極条約地域における活動を計画し及び実施するに当たり、協力する。このため、各締約国は、次のことを行うよう努力する。

(a) 南極の環境並びにこれに依存し及び関連する生態系の保護に関し、科学上、技術上及び教育上の価値を有する協力計画を促進すること。

(b) 他の締約国に対し、環境影響評価の実施について適当な援助を与えること。

(c) 要請により、他の締約国に対し、環境に対する潜在的な危険に関する情報を提供すること並びに南極の環境又はこれに依存し及び関連する生態系に損害を与えるおそれのある事故の影響を最小にするための援助を与えること。

(d) 場所のいかんを問わず過度の集中によって生ずる累積的な影響を回避するため、将来設置される基地その他の施設の場所の選択に関し他の締約国と協議すること。

(e) 適当な場合には、合同で探検を行うこと及び基地その他の施設を共同で使用すること。

(f) 南極条約協議国会議が合意する措置をとること。

2 各締約国は、南極の環境並びにこれに依存し及び関連する生態系を保護するため、他の締約国が南極条約地域における活動を計画し及び実施するに当たり当該他の締約国にとって有用な情報を可能な範囲で提供することを約束する。

3 締約国は、南極条約地域における活動が同地域に近接する地域の環境に悪影響を及ぼさないことを確保するため、当該近接する地域において管轄権を行使する締約国と協力する。

**第七条（鉱物資源に関する活動の禁止）** 鉱物資源に関するいかなる活動も、科学的調査を除くほか、禁止する。

**第八条（環境影響評価）** 1　2に規定する活動が計画される場合には、当該活動は、次のいずれの影響を及ぼすと判断されるかに応じ、南極の環境又はこれに依存し若しくは関連する生態系に及ぼす影響についての事前の評価のための手続であって附属書Ⅰに規定するものに従うものとする。

(a)　軽微な又は一時的な影響を下回る影響

(b)　軽微な又は一時的な影響

(c)　軽微な又は一時的な影響を上回る影響

2　各締約国は、附属書Ⅰに規定する評価の手続が、南極条約地域において科学的調査の計画に基づき実施されるすべての活動、同地域における観光並びに政府及び非政府の他のすべての活動であって、南極条約第七条5の規定に従い事前の通告を必要とするもの（関連する後方支援活動を含む。）に関する決定に至るまでの立案過程において適用されることを確保する。

3　附属書Ⅰに規定する評価の手続は、活動のいかなる変更（既存の活動の拡大若しくは縮小、活動の追加、施設の廃棄又はその他の理由のいずれによって生ずるかを問わない。）についても適用する。

4　二以上の締約国が共同で活動を計画する場合には、関係締約国は、附属書Ⅰに規定する環境影響評価の手続の実施を調整する一の締約国を指定する。

**第九条（附属書）** 1　この議定書の附属書は、この議定書の不可分の一部を成す。

2　附属書Ⅰから附属書Ⅳまでの附属書のほかに追加される附属書は、南極条約第九条の規定に従って採択され、効力を生ずる。

3　附属書の改正及び修正は、南極条約第九条の規定に従って採択され、効力を生ずる。ただし、いかなる附属書も、その附属書自体に改正及び修正が速やかに効力を生ずるための規定を定めることができる。

4　2及び3の規定に従って効力を生じた附属書並びに附属書の改正及び修正は、附属書自体に改正又は修正の効力発生について別段の定めがない限り、南極条約協議国でない南極条約の締約国又は採択の時に南極条約協議国でなかった南極条約の締約国については、寄託政府が当該締約国の承認の通告を受領した時に効力を生ずる。

5　附属書に別段の定めがある場合を除くほか、附属書は、第十八条から第二十条までに規定する紛争解決のための手続の適用を受ける。

**第一〇条（南極条約協議国会議）** 1　南極条約協議国会議は、利用可能な最善の科学上及び技術上の助言を参考として、次のことを行う。

(a)　この議定書の規定に従い、南極の環境並びにこれに依存し及び関連する生態系の包括的な保護についての一般的な政策を定めること。

(b)　この議定書の実施のため、南極条約第九条の規定に基づく措置をとること。

2　南極条約協議国会議は、委員会によって行われた作業を検討するものとし、1に規定する任務を遂行するに当たり、委員会の助言及び勧告並びに南極研究科学委員会の助言を十分に参考とする。

**第一一条（環境保護委員会）** 1　この議定書により環境保護委員会を設置する。

2　各締約国は、委員会の構成国となる権利及び代表を任命する権利を有する。代表は、専門家及び顧問を伴うことができる。

3　委員会におけるオブザーバーとしての地位は、この議定書の締約国でない南極条約のすべての締約国に開放される。

4　委員会は、南極研究科学委員会の委員長及び南極の海洋生物資源の保存のための科学委員会の議長に対しオブザーバーとして委員会の会合に参加するよう招請する。委員会は、更に、南極条約協議国会議の承認を得て、委員会の作業に貢献することができる他の適切な科学的機関、環境に関する機関及び技術的機関に対し委員会の会合にオブザーバーとして参加するよう招請することができる。

5　委員会は、その会合の報告書を南極条約協議国会議に提出する。当該報告書は、委員会の会合で審議されたすべての問題を対象とし、及びその会合で表明された見解を反映するものとする。当該報告書は、その会合に出席した締約国及びオブザーバーに送付し、その後一般に利用可能なものとする。

6　委員会は、南極条約協議国会議による承認を条件として、委員会の手続規則を採択する。

**第一二条（委員会の任務）** 1　委員会の任務は、附属書の運用を含むこの議定書の実施に関し南極条約協議国会議における審議のため締約国に対して助言を与え及び勧告を行うこと並びに同会議によって委員会に委任されるその他の任務を遂行することとする。特に、委員会は、次の事項に関して助言を与える。

(a)　この議定書に従ってとられる措置の効果

(b)　この議定書に従ってとられる措置を状況に応じて改定し、強化し又は改善する必要性

(c)　適当な場合には、追加的な措置（附属書の追加を含む。）の必要性

(d)　第八条及び附属書Ⅰに規定する環境影響評価の手続の適用及び実施

(e)　南極条約地域における活動の環境に対する影響を最小にし又は緩和する方法

(f)　緊急措置を必要とする事態についての手続（環境上の緊急事態における対応措置を含む。）

(g)　南極保護地区制度の運用及び改善

(h)　査察の手続（査察の報告書の様式及び査察の実施のための点検項目の一覧表を含む。）

(i)　環境保護に関する情報の収集、蓄積、交換及び評価

(j)　南極の環境の状態

(k)　この議定書の実施に関連する科学的調査（環境の監視を含む。）の必要性

2　委員会は、その任務を遂行するに当たり、適当な場合には、南極研究科学委員会、南極の海洋生物資源の保存のための科学委員会並びに他の適切な科学的機関、環境に関する機関及び技術的機関と協議する。

**第一三条（この議定書の遵守）** 1　各締約国は、この議定書の遵守を確保するため、その権限の範囲内で適当な措置（法令の制定、行政措置及び執行措置を含む。）をとる。

2　各締約国は、いかなる者もこの議定書に反する活動を行わないようにするため、国際連合憲章に従った適当な努力をする。

3　各締約国は、1及び2の規定に従ってとる措置を他のすべての締約国に通報する。

4　各締約国は、この議定書の目的及び原則の実施に影響を及ぼすと認めるすべての活動につき他のすべての締約国の注意を喚

起する。

5 南極条約協議国会議は、この議定書の締約国でない国に対し、当該国又はその機関、自然人、法人若しくは船舶、航空機その他の輸送手段によって実施される活動であってこの議定書の目的及び原則の実施に影響を及ぼすすべてのものについて注意を喚起する。

**第一四条（査察）** 1 南極条約協議国は、南極の環境並びにこれに依存し及び関連する生態系の保護を促進し並びにこの議定書の遵守を確保するため、単独で又は共同して、南極条約第七条の規定に従って行われる監視員による査察のための措置をとる。

2 監視員は、次の者とする。

(a) いずれかの南極条約協議国によって指名される当該南極条約協議国の国民である監視員

(b) 南極条約協議国会議の定める手続に従い査察を行うため同会議で指名される監視員

3 締約国は、査察を行う監視員と十分に協力するものとし、査察の間、南極条約第七条3の規定に基づく査察のために開放されている基地、施設、備品、船舶及び航空機のすべての部分並びにこの議定書により要請されるすべての保管されたこれらに関する記録について監視員によるアクセスが認められることを確保する。

4 査察の報告書については、自国の基地、施設、備品、船舶又は航空機がその査察の報告書の対象となっている締約国に送付する。当該締約国が意見を述べる機会を与えられた後、当該査察の報告書及び意見は、すべての締約国及び委員会に送付され、並びに次の南極条約協議国会議で審議されるものとし、その後、当該査察の報告書及び意見は、一般に利用可能なものとする。

**第一五条（緊急時における対応措置）** 1 南極条約地域における環境上の緊急事態に対応するため、各締約国は、次のことに同意する。

(a) 南極条約地域における科学的調査の計画、観光並びに政府及び非政府の他のすべての活動であって、南極条約第七条5の規定に従い事前の通告を必要とするもの（関連する後方支援活動を含む。）の実施から生ずる緊急事態に対し迅速かつ効果的な対応措置をとること。

(b) 南極の環境又はこれに依存し及び関連する生態系に悪影響を及ぼすおそれのある事件に対応するための緊急時計画を作成すること。

2 このため、締約国は、

(a) 1(b)の緊急時計画の作成及び実施について協力する。

(b) 環境上の緊急事態につき速やかに通報を行うため及び協力して対応するための手続を定める。

3 この条の規定の実施において、締約国は、適当な国際機関の助言を参考とする。

**第一六条（責任）** 締約国は、南極の環境並びにこれに依存し及び関連する生態系の包括的な保護についてのこの議定書の目的に従い、南極条約地域において実施され、かつ、この議定書の適用を受ける活動から生ずる損害についての責任に関する規則及び手続を作成することを約束する。当該規則及び手続については、第九条2の規定に従って採択される一又は二以上の附属書に含める。

**第一七条（締約国による年次報告）** 1 各締約国は、この議定書の実施のためにとった措置を毎年報告する。その報告書には、第十三条3の規定に従って行われる通報、第十五条の規定に従って作成される緊急時計画並びにこの議定書に従って必要とされる他のすべての通告及び通報であって情報の送付及び交換に関し他に規定がないものを含める。

2 1の規定に従って作成される報告書は、すべての締約国及び委員会に送付され、並びに次の南極条約協議国会議で審議されるものとし、更に、当該報告書は、一般に利用可能なものとする。

**第一八条（紛争解決）** この議定書の解釈又は適用に関して紛争が生じた場合には、紛争当事国は、いずれかの紛争当事国の要請により、交渉、審査、仲介、調停、仲裁、司法的解決又は紛争当事国が合意するその他の平和的手段により紛争を解決するため、できる限り速やかに紛争当事国間で協議する。

**第一九条（紛争解決手続の選択）** 1 各締約国は、この議定書に署名し、これを批准し、受諾し若しくは承認し若しくはこれに加入する時に又はその後いつでも、書面による宣言を行うことにより、第七条、第八条及び第十五条の規定、附属書の規定（附属書に別段の定めがある場合を除く。）並びにこれらの規定に関連する第十三条の規定の解釈又は適用についての紛争の解決に関し、次の手段の一方又は双方を選択することができる。

(a) 国際司法裁判所

(b) 仲裁裁判所

2 1の規定に基づいて行われる宣言は、前条及び次条2の規定の適用に影響を及ぼすものではない。

3 1の規定による宣言を行わなかった締約国又は当該宣言が有効でなくなった締約国は、仲裁裁判所の管轄権を受け入れているものとみなされる。

4 紛争当事国が紛争の解決のために同一の手段を受け入れている場合には、当該紛争については、紛争当事国が別段の合意をしない限り、その手続にのみ付することができる。

5 紛争当事国が紛争の解決のために同一の手段を受け入れていない場合又は双方の紛争当事国が双方の手段を受け入れている場合には、当該紛争については、紛争当事国が別段の合意をしない限り、仲裁裁判所にのみ付託することができる。

6 1の規定に基づいて行われる宣言は、当該宣言の期間が満了するまで又は書面による当該宣言の撤回の通告が寄託政府に寄託された後三箇月が経過するまでの間、効力を有する。

7 新たな宣言、宣言の撤回の通告又は宣言の期間の満了は、紛争当事国が別段の合意をしない限り、国際司法裁判所又は仲裁裁判所において進行中の手続に何ら影響を及ぼすものではない。

8 この条に規定する宣言及び通告については、寄託政府に寄託するものとし、寄託政府は、その写しをすべての締約国に送付する。

**第二〇条（紛争解決手続）** 1 第七条、第八条若しくは第十五条の規定、附属書の規定（附属書に別段の定めがある場合を除く。）又はこれらの規定に関連する第十三条の規定の解釈又は適用についての紛争の当事国が第十八条の規定に従って協議を要請した後十二箇月以内に紛争解決のための手段について合意しない場合には、当該紛争は、いずれかの紛争当事国の要請により、前条の4及び5の規定により決定される紛争解決手続に従って解決を図る。

2 仲裁裁判所は、南極条約第四条の規定の範囲内にある問題について決定する権限を有しない。更に、この議定書のいかなる規定も、国際司法裁判所又は締約国間で紛争解決のために設置される他の裁判所に対し、同条の規定の範囲内にあるいずれの問題についても決定する権限を与えるものと解してはならない。

**第二一条（署名）** この議定書は、千九百九十一年十月四日にマドリッドにおいて、その後は、千九百九十二年十月三日までワシントンにおいて、南極条約の締約国による署名のために開放しておく。

**第二二条（批准、受諾、承認又は加入）** 1 この議定書は、署名国によって批准され、受諾され又は承認されなければならない。

2 この議定書は、千九百九十二年十月三日後は、南極条約の締約国による加入のために開放しておく。

3 批准書、受諾書、承認書又は加入書は、この議定書において寄託政府として指定されるアメリカ合衆国政府に寄託する。

4 この議定書が効力を生じた日の後、南極条約協議国は、南極条約の締約国がこの議定書を批准し、受諾し若しくは承認し又はこれに加入していない限り、当該南極条約の締約国が同条約第九条2の規定に従い南極条約協議国会議に参加する代表者を任命する権利に関して行う通告について、措置をとってはならない。

**第二三条（効力発生）** 1 この議定書は、その採択の日に南極条約協議国であるすべての国による批准書、受諾書、承認書又は加入書が寄託された日の後三十日目の日に効力を生ずる。

2 この議定書は、その効力発生の日の後に批准書、受諾書、承認書又は加入書を寄託する南極条約の締約国については、その批准書、受諾書、承認書又は加入書の寄託の後三十日目の日に効力を生ずる。

**第二四条（留保）** この議定書に対する留保は、認められない。

**第二五条（修正又は改正）** 1 第九条の規定の適用を妨げることなく、この議定書は、南極条約第十二条1の(a)及び(b)に規定する手続に従い、いつでも修正し又は改正することができる。

2 この議定書の効力発生の日から五十年を経過した後、いずれかの南極条約協議国が寄託政府あての通報により要請する場合には、この議定書の運用について検討するため、できる限り速やかに会議を開催する。

3 2の規定によって招請される検討のための会議において提案された修正又は改正については、この議定書の締約国の過半数（この議定書の採択の時に南極条約協議国である国の四分の三を含む。）による議決で採択する。

4 3の規定に従って採択された修正又は改正は、南極条約協議国の四分の三による批准、受諾、承認又は加入（この議定書の採択の時に南極条約協議国であるすべての国による批准、受諾、承認又は加入を含む。）の時に効力を生ずる。

5(a) 第七条の規定に関し、同条に規定する南極地域における鉱物資源に関する活動の禁止は、当該活動についての拘束力のある法制度（特定の活動が認められるか否か及び、認められる場合には、どのような条件の下で認められるかを決定するための合意された手段を含む。）が効力を生じない限り、継続する。この法制度は、南極条約第四条に規定するすべての国の利益を保護するものとし、同条に定める原則の適用を受ける。第七条の規定の修正又は改正が2に規定する検討のための会議において提案された場合には、当該修正又は改正には、当該活動についての拘束力のある法制度を含める。

(b) (a)の修正又は改正がその採択の日から三年以内に効力を生じなかった場合には、いずれの締約国も、その後いつでも、この議定書から脱退する旨を寄託政府に通告することができる。脱退は、寄託政府がその通告を受領した後二年で効力を生ずる。

**第二六条（寄託政府による通報）** 寄託政府は、南極条約のすべての締約国に対し、次の事項を通報する。

(a) この議定書の署名及び批准書、受諾書、承認書又は加入書の寄託

(b) この議定書の効力発生の日及び追加される附属書の効力発生の日

(c) この議定書の改正又は修正の効力発生の日

(d) 第十九条の規定に基づく宣言及び通告の寄託

(e) 前条5(b)の規定に基づき受領した通告

**第二七条（正文及び国際連合への登録）** 1 この議定書は、ひとしく正文である英語、フランス語、ロシア語及びスペイン語により作成し、アメリカ合衆国政府に寄託する。同政府は、この議定書の認証謄本を南極条約のすべての締約国に送付する。

2 この議定書は、寄託政府が国際連合憲章第百二条の規定により登録する。

**付録　仲裁**（略）

**附属書Ⅰ　環境影響評価**（略）

**附属書Ⅱ　南極の動物相及び植物相の保存**（抜粋）

**第三条（在来の動物相及び植物相の保護）** 1 採捕又は有害な干渉は、許可証による場合を除くほか、禁止する。

2－6（略）

**第七条（南極条約体制の範囲外の他の合意との関係）** この附属書のいかなる規定も、締約国が国際捕鯨取締条約に基づき有する権利を害し及び同条約に基づき負う義務を免れさせるものではない。

**附属書Ⅲ　廃棄物の処分及び廃棄物の管理**（略）

**附属書Ⅳ　海洋汚染の防止**（略）

**附属書Ⅴ　地区の保護及び管理**（略）

## 7 南極海洋生物資源保存条約（第2節5参照二四一頁）

## 第2節　海洋

### 1　国連海洋法条約

#### (1)　海洋法に関する国際連合条約

採　択　一九八二年四月三〇日（第三次国際連合海洋法会議）（賛成一三〇、反対四、棄権一八）
効力発生　一九九四年一一月一六日
日本国　一九九六年七月二〇日（八三年二月七日署名、九六年六月七日国会承認、六月一八日内閣批准決定、六月二〇日批准書寄託、七月一二日公布・条約六号）
当事国　一六七（他にEU）

この条約の締約国は、

海洋法に関するすべての問題を相互の理解及び協力の精神によって解決する希望に促され、また、平和の維持、正義及び世界のすべての人民の進歩に対する重要な貢献としてのこの条約の歴史的な意義を認識し、

千九百五十八年及び千九百六十年にジュネーヴで開催された国際連合海洋法会議以降の進展により新たなかつ一般的に受け入れられ得る海洋法に関する条約の必要性が高められたことに留意し、

海洋の諸問題が相互に密接な関連を有し及び全体として検討される必要があることを認識し、

この条約を通じ、すべての国の主権に妥当な考慮を払いつつ、国際交通を促進し、かつ、海洋の平和的利用、海洋資源の衡平かつ効果的な利用、海洋生物資源の保存並びに海洋環境の研究、保護及び保全を促進するような海洋の法的秩序を確立することが望ましいことを認識し、

このような目標の達成が、人類全体の利益及びニーズ、特に開発途上国（沿岸国であるか内陸国であるかを問わない。）の特別の利益及びニーズを考慮した公正かつ衡平な国際経済秩序の実現に貢献することに留意し、

国の管轄権の及ぶ区域の境界の外の海底及びその下並びにその資源が人類の共同の財産であり、その探査及び開発が国の地理的な位置のいかんにかかわらず人類全体の利益のために行われること等を国際連合総会が厳粛に宣言した千九百七十年十二月十七日の決議第二千七百四十九号（第二十五回会期）に規定する諸原則をこの条約により発展させることを希望し、

この条約により達成される海洋法の法典化及び漸進的発展が、国際連合憲章に規定する国際連合の目的及び原則に従い、正義及び同権の原則に基づくすべての国の間における平和、安全、協力及び友好関係の強化に貢献し並びに世界のすべての人民の経済的及び社会的発展を促進することを確信し、

この条約により規律されない事項は、引き続き一般国際法の規則及び原則により規律されることを確認して、

次のとおり協定した。

## 第一部　序

**第一条（用語及び適用範囲）** 1　この条約の適用上、

(1)「深海底」とは、国の管轄権の及ぶ区域の境界の外の海底及びその下をいう。

(2)「機構」とは、国際海底機構をいう。

(3)「深海底における活動」とは、深海底の資源の探査及び開発のすべての活動をいう。

(4)「海洋環境の汚染」とは、人間による海洋環境（三角江を含む。）への物質又はエネルギーの直接的又は間接的な導入であって、生物資源及び海洋生物に対する害、人の健康に対する危険、海洋活動（漁獲及びその他の適法な海洋の利用を含む。）に対する障害、海水の水質を利用に適さなくすること並びに快適性の減殺のような有害な結果をもたらし又はもたらすおそれのあるものをいう。

(5)(a)「投棄」とは、次のことをいう。

(i)　廃棄物その他の物を船舶、航空機又はプラットフォームその他の人工海洋構築物から故意に処分すること。

(ii)　船舶、航空機又はプラットフォームその他の人工海洋構築物を故意に処分すること。

(b)「投棄」には、次のことを含まない。

(i)　船舶、航空機又はプラットフォームその他の人工海洋構築物及びこれらのものの設備の通常の運用に付随し又はこれに伴って生ずる廃棄物その他の物を処分すること。ただし、廃棄物その他の物であって、その処分に従事する船舶、航空機又はプラットフォームその他の人工海洋構築物によって又はこれらに向けて運搬されるもの及び当該船舶、航空機又はプラットフォームその他の人工海洋構築物における当該廃棄物その他の物の処理に伴って生ずるものを処分することを除く。

(ii)　物を単なる処分の目的以外の目的で配置すること。ただし、その配置がこの条約の目的に反しない場合に限る。

2 (1)「締約国」とは、この条約に拘束されることに同意し、かつ、自国についてこの条約の効力が生じている国をいう。

(2)　この条約は、第三百五条1の(b)から(f)までに規定する主体であって、そのそれぞれに関連する条件に従ってこの条約の当事者となるものについて準用し、その限度において「締約国」というときは、当該主体を含む。

## 第二部　領海及び接続水域

### 第一節　総則

**第二条（領海、領海の上空並びに領海の海底及びその下の法的地位）** 1　沿岸国の主権は、その領土若しくは内水又は群島国の場合にはその群島水域に接続する水域で領海といわれるものに及ぶ。

2　沿岸国の主権は、領海の上空並びに領海の海底及びその下に及ぶ。

3　領海に対する主権は、この条約及び国際法の他の規則に従って行使される。

### 第二節　領海の限界

**第三条（領海の幅）** いずれの国も、この条約の定めるところにより決定される基線から測定して十二海里を超えない範囲でその領海の幅を定める権利を有する。

**第四条（領海の外側の限界）** 領海の外側の限界は、いずれの点をとっても基線上の最も近い点からの距離が領海の幅に等しい線とする。

**第五条（通常の基線）** この条約に別段の定めがある場合を除く

ほか、領海の幅を測定するための通常の基線は、沿岸国が公認する大縮尺海図に記載されている海岸の低潮線とする。

**第六条（礁）** 環礁の上に所在する島又は裾礁を有する島については、領海の幅を測定するための基線は、沿岸国が公認する海図上に適当な記号で示される礁の海側の低潮線とする。

**第七条（直線基線）** 1 海岸線が著しく曲折しているか又は海岸に沿って至近距離に一連の島がある場所においては、領海の幅を測定するための基線を引くに当たって、適当な点を結ぶ直線基線の方法を用いることができる。

2 三角州その他の自然条件が存在するために海岸線が非常に不安定な場所においては、低潮線上の海へ向かって最も外側の適当な諸点を選ぶことができるものとし、直線基線は、その後、低潮線が後退する場合においても、沿岸国がこの条約に従って変更するまで効力を有する。

3 直線基線は、海岸の全般的な方向から著しく離れて引いてはならず、また、その内側の水域は、内水としての規制を受けるために陸地と十分に密接な関連を有しなければならない。

4 直線基線は、低潮高地との間に引いてはならない。ただし、恒久的に海面上にある灯台その他これに類する施設が低潮高地の上に建設されている場合及び低潮高地との間に基線を引くことが一般的な国際的承認を受けている場合は、この限りでない。

5 直線基線の方法が1の規定に基づいて適用される場合には、特定の基線を決定するに当たり、その地域に特有な経済的利益でその現実性及び重要性が長期間の慣行によって明白に証明されているものを考慮に入れることができる。

6 いずれの国も、他の国の領海を公海又は排他的経済水域から切り離すように直線基線の方法を適用することができない。

**第八条（内水）** 1 第四部に定める場合を除くほか、領海の基線の陸地側の水域は、沿岸国の内水の一部を構成する。

2 前条に定める方法に従って定めた直線基線がそれ以前には内水とされていなかった水域を内水として取り込むこととなる場合には、この条約に定める無害通航権は、これらの水域において存続する。

**第九条（河口）** 河川が海に直接流入している場合には、基線は、河口を横切りその河川の両岸の低潮線上の点の間に引いた直線とする。

**第一〇条（湾）** 1 この条は、海岸が単一の国に属する湾についてのみ規定する。

2 この条約の適用上、湾とは、奥行が湾口の幅との対比において十分に深いため、陸地に囲まれた水域を含み、かつ、単なる海岸のわん曲以上のものを構成する明白な湾入をいう。ただし、湾入は、その面積が湾口を横切って引いた線を直径とする半円の面積以上のものでない限り、湾とは認められない。

3 測定上、湾入の面積は、その海岸の低潮線と天然の入口の両側の低潮線上の点を結ぶ線とにより囲まれる水域の面積とする。島が存在するために湾入が二以上の湾口を有する場合には、それぞれの湾口に引いた線の長さの合計に等しい長さの線上に半円を描くものとする。湾入内にある島は、湾入の水域の一部とみなす。

4 湾の天然の入口の両側の低潮線上の点の間の距離が二十四海里を超えないときは、これらの点を結ぶ閉鎖線を引き、その線の内側の水域を内水とする。

5 湾の天然の入口の両側の低潮線上の点の間の距離が二十四海里を超えるときは、二十四海里の直線基線を、この長さの線で囲むことができる最大の水域を囲むような方法で湾内に引く。

6 この条の規定は、いわゆる歴史的湾について適用せず、また、第七条に定める直線基線の方法が適用される場合についても適用しない。

**第一一条（港）** 領海の限界の画定上、港湾の不可分の一部を成す恒久的な港湾工作物で最も外側にあるものは、海岸の一部を構成するものとみなされる。沖合の施設及び人工島は、恒久的な港湾工作物とはみなされない。

**第一二条（停泊地）** 積込み、積卸し及び船舶の投びょうのために通常使用されている停泊地は、その全部又は一部が領海の外側の限界よりも外方にある場合にも、領海とみなされる。

**第一三条（低潮高地）** 1 低潮高地とは、自然に形成された陸地であって、低潮時には水に囲まれ水面上にあるが、高潮時には水中に没するものをいう。低潮高地の全部又は一部が本土又は島から領海の幅を超えない距離にあるときは、その低潮線は、領海の幅を測定するための基線として用いることができる。

2 低潮高地は、その全部が本土又は島から領海の幅を超える距離にあるときは、それ自体の領海を有しない。

**第一四条（基線を決定する方法の組合せ）** 沿岸国は、異なる状態に適応させて、前諸条に規定する方法を適宜用いて基線を決定することができる。

**第一五条（向かい合っているか又は隣接している海岸を有する国の間における領海の境界画定）** 二の国の海岸が向かい合っているか又は隣接しているときは、いずれの国も、両国間に別段の合意がない限り、いずれの点をとっても両国の領海の幅を測定するための基線上の最も近い点から等しい距離にある中間線を越えてその領海を拡張することができない。ただし、この規定は、これと異なる方法で両国の領海の境界を定めることが歴史的権原その他特別の事情により必要であるときは、適用しない。

**第一六条（海図及び地理学的経緯度の表）** 1 第七条、第九条及び第十条の規定に従って決定される領海の幅を測定するための基線又はこれに基づく限界線並びに第十二条及び前条の規定に従って引かれる境界画定線は、それらの位置の確認に適した縮尺の海図に表示する。これに代えて、測地原子を明示した各点の地理学的経緯度の表を用いることができる。

2 沿岸国は、1の海図又は地理学的経緯度の表を適当に公表するものとし、当該海図又は表の写しを国際連合事務総長に寄託する。

### 第三節　領海における無害通航

#### A　すべての船舶に適用される規則

**第一七条（無害通航権）** すべての国の船舶は、沿岸国であるか内陸国であるかを問わず、この条約に従うことを条件として、領海において無害通航権を有する。

**第一八条（通航の意味）** 1 通航とは、次のことのために領海を航行することをいう。

(a) 内水に入ることなく又は内水の外にある停泊地若しくは港湾施設に立ち寄ることなく領海を通過すること。

(b) 内水に向かって若しくは内水から航行すること又は(a)の停泊地若しくは港湾施設に立ち寄ること。

2 通航は、継続的かつ迅速に行わなければならない。ただし、停船及び投びょうは、航行に通常付随するものである場合、不可抗力若しくは遭難により必要とされる場合又は危険若しくは遭難に陥った人、船舶若しくは航空機に援助を与えるために必要とされる場合に限り、通航に含まれる。

**第一九条（無害通航の意味）** 1 通航は、沿岸国の平和、秩序又は安全を害しない限り、無害とされる。無害通航は、この条約及び国際法の他の規則に従って行わなければならない。

2 外国船舶の通航は、当該外国船舶が領海において次の活動のいずれかに従事する場合には、沿岸国の平和、秩序又は安全を害するものとされる。

(a) 武力による威嚇又は武力の行使であって、沿岸国の主権、領土保全若しくは政治的独立に対するもの又はその他の国際連合憲章に規定する国際法の諸原則に違反する方法によるもの
(b) 兵器（種類のいかんを問わない。）を用いる訓練又は演習
(c) 沿岸国の防衛又は安全を害することとなるような情報の収集を目的とする行為
(d) 沿岸国の防衛又は安全に影響を与えることを目的とする宣伝行為
(e) 航空機の発着又は積込み
(f) 軍事機器の発着又は積込み
(g) 沿岸国の通関上、財政上、出入国管理上又は衛生上の法令に違反する物品、通貨又は人の積込み又は積卸し
(h) この条約に違反する故意のかつ重大な汚染行為
(i) 漁獲活動
(j) 調査活動又は測量活動の実施
(k) 沿岸国の通信系又は他の施設への妨害を目的とする行為
(l) 通航に直接の関係を有しないその他の活動

**第二〇条（潜水船その他の水中航行機器）** 潜水船その他の水中航行機器は、領海においては、海面上を航行し、かつ、その旗を掲げなければならない。

**第二一条（無害通航に係る沿岸国の法令）** 1 沿岸国は、この条約及び国際法の他の規則に従い、次の事項の全部又は一部について領海における無害通航に係る法令を制定することができる。

(a) 航行の安全及び海上交通の規制
(b) 航行援助施設及び他の施設の保護
(c) 電線及びパイプラインの保護
(d) 海洋生物資源の保存
(e) 沿岸国の漁業に関する法令の違反の防止
(f) 沿岸国の環境の保全並びにその汚染の防止、軽減及び規制
(g) 海洋の科学的調査及び水路測量
(h) 沿岸国の通関上、財政上、出入国管理上又は衛生上の法令の違反の防止

2 1に規定する法令は、外国船舶の設計、構造、乗組員の配乗又は設備については、適用しない。ただし、当該法令が一般的に受け入れられている国際的な規則又は基準を実施する場合は、この限りでない。

3 沿岸国は、1に規定するすべての法令を適当に公表する。

4 領海において無害通航権を行使する外国船舶は、1に規定するすべての法令及び海上における衝突の予防に関する一般的に受け入れられているすべての国際的な規則を遵守する。

**第二二条（領海における航路帯及び分離通航帯）** 1 沿岸国は、航行の安全を考慮して必要な場合には、自国の領海において無害通航権を行使する外国船舶に対し、船舶の通航を規制するために自国が指定する航路帯及び設定する分離通航帯を使用するよう要求することができる。

2 沿岸国は、特に、タンカー、原子力船及び核物質又はその他の本質的に危険若しくは有害な物質若しくは原料を運搬する船舶に対し、1の航路帯のみを通航するよう要求することができる。

3 沿岸国は、この条の規定により航路帯の指定及び分離通航帯の設定を行うに当たり、次の事項を考慮する。

(a) 権限のある国際機関の勧告
(b) 国際航行のために慣習的に使用されている水路
(c) 特定の船舶及び水路の特殊な性質
(d) 交通のふくそう状況

4 沿岸国は、この条に定める航路帯及び分離通航帯を海図上に明確に表示し、かつ、その海図を適当に公表する。

**第二三条（外国の原子力船及び核物質又はその他の本質的に危険若しくは有害な物質を運搬する船舶）** 外国の原子力船及び核物質又はその他の本質的に危険若しくは有害な物質を運搬する船舶は、領海において無害通航権を行使する場合には、そのような船舶について国際協定が定める文書を携行し、かつ、当該国際協定が定める特別の予防措置をとる。

**第二四条（沿岸国の義務）** 1 沿岸国は、この条約に定めるところによる場合を除くほか、領海における外国船舶の無害通航を妨害してはならない。沿岸国は、特に、この条約又はこの条約に従って制定される法令の適用に当たり、次のことを行ってはならない。

(a) 外国船舶に対し無害通航権を否定し又は害する実際上の効果を有する要件を課すること。
(b) 特定の国の船舶に対し又は特定の国へ、特定の国から若しくは特定の国のために貨物を運搬する船舶に対して法律上又は事実上の差別を行うこと。

2 沿岸国は、自国の領海内における航行上の危険で自国が知っているものを適当に公表する。

**第二五条（沿岸国の保護権）** 1 沿岸国は、無害でない通航を防止するため、自国の領海内において必要な措置をとることができる。

2 沿岸国は、また、船舶が内水に向かって航行している場合又は内水の外にある港湾施設に立ち寄る場合には、その船舶が内水に入るため又は内水の外にある港湾施設に立ち寄るために従うべき条件に違反することを防止するため、必要な措置をとる権利を有する。

3 沿岸国は、自国の安全の保護（兵器を用いる訓練を含む。）のため不可欠である場合には、その領海内の特定の水域において、外国船舶の間に法律上又は事実上の差別を設けることなく、外国船舶の無害通航を一時的に停止することができる。このような停止は、適当な方法で公表された後においてのみ、効力を有する。

**第二六条（外国船舶に対して課し得る課徴金）** 1 外国船舶に対しては、領海の通航のみを理由とするいかなる課徴金も課することができない。

2 領海を通航する外国船舶に対しては、当該外国船舶に提供された特定の役務の対価としてのみ、課徴金を課することができる。これらの課徴金は、差別なく課する。

### B 商船及び商業的目的のために運航する政府船舶に適用される規則

**第二七条（外国船舶内における刑事裁判権）** 1 沿岸国の刑事

裁判権は、次の場合を除くほか、領海を通航している外国船舶内において、その通航中に当該外国船舶内で行われた犯罪に関連していずれかの者を逮捕し又は捜査を行うために行使してはならない。

(a) 犯罪の結果が当該沿岸国に及ぶ場合
(b) 犯罪が当該沿岸国の安寧又は領海の秩序を乱す性質のものである場合
(c) 当該外国船舶の船長又は旗国の外交官若しくは領事官が当該沿岸国の当局に対して援助を要請する場合
(d) 麻薬又は向精神薬の不正取引を防止するために必要である場合

2 1の規定は、沿岸国が、内水を出て領海を通航している外国船舶内において逮捕又は捜査を行うため、自国の法令で認められている措置をとる権利に影響を及ぼすものではない。

3 1及び2に定める場合においては、沿岸国は、船長の要請があるときは、措置をとる前に当該外国船舶の旗国の外交官又は領事官に通報し、かつ、当該外交官又は領事官と当該外国船舶の乗組員との間の連絡を容易にする。緊急の場合には、その通報は、当該措置をとっている間に行うことができる。

4 沿岸国の当局は、逮捕すべきか否か、また、いかなる方法によって逮捕すべきかを考慮するに当たり、航行の利益に対して妥当な考慮を払う。

5 沿岸国は、第十二部に定めるところによる場合及び第五部に定めるところにより制定する法令の違反に関する場合を除くほか、外国の港を出て、内水に入ることなく単に領海を通航する外国船舶につき、当該外国船舶が領海に入る前に船内において行われた犯罪に関連していずれかの者を逮捕し又は捜査を行うため、いかなる措置もとることができない。

**第二八条（外国船舶に関する民事裁判権）** 1 沿岸国は、領海を通航している外国船舶内にある者に関して民事裁判権を行使するために当該外国船舶を停止させてはならず、又はその航路を変更させてはならない。

2 沿岸国は、外国船舶が沿岸国の水域を航行している間に又はその水域を航行するために当該外国船舶について生じた債務又は責任に関する場合を除くほか、当該外国船舶に対し民事上の強制執行又は保全処分を行うことができない。

3 2の規定は、沿岸国が、領海に停泊しているか又は内水を出て領海を通航している外国船舶に対し、自国の法令に従って民事上の強制執行又は保全処分を行う権利を害するものではない。

### C 軍艦及び非商業的目的のために運航するその他の政府船舶に適用される規則

**第二九条（軍艦の定義）** この条約の適用上、「軍艦」とは、一の国の軍隊に属する船舶であって、当該国の国籍を有するそのような船舶であることを示す外部標識を掲げ、当該国の政府によって正式に任命されてその氏名が軍務に従事する者の適当な名簿又はこれに相当するものに記載されている士官の指揮の下にあり、かつ、正規の軍隊の規律に服する乗組員が配置されているものをいう。

**第三〇条（軍艦による沿岸国の法令の違反）** 軍艦が領海の通航に係る沿岸国の法令を遵守せず、かつ、その軍艦に対して行われた当該法令の遵守の要請を無視した場合には、当該沿岸国は、その軍艦に対し当該領海から直ちに退去することを要求することができる。

**第三一条（軍艦又は非商業的目的のために運航するその他の政府船舶がもたらした損害についての旗国の責任）** 旗国は、軍艦又は非商業的目的のために運航するその他の政府船舶が領海の通航に係る沿岸国の法令、この条約又は国際法の他の規則を遵守しなかった結果として沿岸国に与えたいかなる損失又は損害についても国際的責任を負う。

**第三二条（軍艦及び非商業的目的のために運航するその他の政府船舶に与えられる免除）** この節のA及び前二条の規定による例外を除くほか、この条約のいかなる規定も、軍艦及び非商業的目的のために運航するその他の政府船舶に与えられる免除に影響を及ぼすものではない。

## 第四節 接続水域

**第三三条（接続水域）** 1 沿岸国は、自国の領海に接続する水域で接続水域といわれるものにおいて、次のことに必要な規制を行うことができる。

(a) 自国の領土又は領海内における通関上、財政上、出入国管理上又は衛生上の法令の違反を防止すること。
(b) 自国の領土又は領海内で行われた(a)の法令の違反を処罰すること。

2 接続水域は、領海の幅を測定するための基線から二十四海里を超えて拡張することができない。

# 第三部 国際航行に使用されている海峡

## 第一節 総則

**第三四条（国際航行に使用されている海峡を構成する水域の法的地位）** 1 この部に定める国際航行に使用されている海峡の通航制度は、その他の点については、当該海峡を構成する水域の法的地位に影響を及ぼすものではなく、また、当該水域、当該水域の上空並びに当該水域の海底及びその下に対する海峡沿岸国の主権又は管轄権の行使に影響を及ぼすものではない。

2 海峡沿岸国の主権又は管轄権は、この部の規定及び国際法の他の規則に従って行使される。

**第三五条（この部の規定の適用範囲）** この部のいかなる規定も、次のものに影響を及ぼすものではない。

(a) 海峡内の内水である水域。ただし、第七条に定める方法に従って定めた直線基線がそれ以前には内水とされていなかった水域を内水として取り込むこととなるものを除く。
(b) 海峡沿岸国の領海を越える水域の排他的経済水域又は公海としての法的地位
(c) 特にある海峡について定める国際条約であって長い間存在し現に効力を有しているものがその海峡の通航を全面的又は部分的に規制している法制度

**第三六条（国際航行に使用されている海峡内の公海又は排他的経済水域の航路）** この部の規定は、国際航行に使用されている海峡であって、その海峡内に航行上及び水路上の特性において同様に便利な公海又は排他的経済水域の航路が存在するものについては、適用しない。これらの航路については、この条約の他の関連する部の規定（航行及び上空飛行の自由に関する規定を含む。）を適用する。

## 第二節 通過通航

**第三七条（この節の規定の適用範囲）** この節の規定は、公海又は排他的経済水域の一部分と公海又は排他的経済水域の他の部分との間にある国際航行に使用されている海峡について適用する。

**第三八条（通過通航権）** 1　すべての船舶及び航空機は、前条に規定する海峡において、通過通航権を有するものとし、この通過通航権は、害されない。ただし、海峡が海峡沿岸国の島及び本土から構成されている場合において、その島の海側に航行上及び水路上の特性において同様に便利な公海又は排他的経済水域の航路が存在するときは、通過通航は、認められない。

2　通過通航とは、この部の規定に従い、公海又は排他的経済水域の一部分と公海又は排他的経済水域の他の部分との間にある海峡において、航行及び上空飛行の自由が継続的かつ迅速な通過のためのみに行使されることをいう。ただし、継続的かつ迅速な通過という要件は、海峡沿岸国への入国に関する条件に従い当該海峡沿岸国への入国又は当該海峡沿岸国からの出国若しくは帰航の目的で海峡を通航することを妨げるものではない。

3　海峡における通過通航権の行使に該当しないいかなる活動も、この条約の他の適用される規定に従うものとする。

**第三九条（通過通航中の船舶及び航空機の義務）** 1　船舶及び航空機は、通過通航権を行使している間、次のことを遵守する。

(a)　海峡又はその上空を遅滞なく通過すること。

(b)　武力による威嚇又は武力の行使であって、海峡沿岸国の主権、領土保全若しくは政治的独立に対するもの又はその他の国際連合憲章に規定する国際法の諸原則に違反する方法によるものを差し控えること。

(c)　不可抗力又は遭難により必要とされる場合を除くほか、継続的かつ迅速な通過の通常の形態に付随する活動以外のいかなる活動も差し控えること。

(d)　この部の他の関連する規定に従うこと。

2　通過通航中の船舶は、次の事項を遵守する。

(a)　海上における安全のための一般的に受け入れられている国際的な規則、手続及び方式（海上における衝突の予防のための国際規則を含む。）

(b)　船舶からの汚染の防止、軽減及び規制のための一般的に受け入れられている国際的な規則、手続及び方式

3　通過通航中の航空機は、次のことを行う。

(a)　国際民間航空機関が定める民間航空機に適用される航空規則を遵守すること。国の航空機については、航空規則に係る安全措置を原則として遵守し及び常に航行の安全に妥当な考慮を払って運航すること。

(b)　国際的に権限のある航空交通管制当局によって割り当てられた無線周波数又は適当な国際遭難無線周波数を常に聴守すること。

**第四〇条（調査活動及び測量活動）** 外国船舶（海洋の科学的調査又は水路測量を行う船舶を含む。）は、通過通航中、海峡沿岸国の事前の許可なしにいかなる調査活動又は測量活動も行うことができない。

**第四一条（国際航行に使用されている海峡における航路帯及び分離通航帯）** 1　海峡沿岸国は、船舶の安全な通航を促進するために必要な場合には、この部の規定により海峡内に航行のための航路帯を指定し及び分離通航帯を設定することができる。

2　1の海峡沿岸国は、必要がある場合には、適当に公表した後、既に指定した航路帯又は既に設定した分離通航帯を他の航路帯又は分離通航帯に変更することができる。

3　航路帯及び分離通航帯は、一般的に受け入れられている国際的な規則に適合したものとする。

4　海峡沿岸国は、航路帯の指定若しくは変更又は分離通航帯の設定若しくは変更を行う前に、これらの採択のための提案を権限のある国際機関に行う。当該権限のある国際機関は、当該海峡沿岸国が同意する航路帯及び分離通航帯のみを採択することができるものとし、当該海峡沿岸国は、その採択の後にそれに従って航路帯の指定若しくは変更又は分離通航帯の設定若しくは変更を行うことができる。

5　ある海峡において二以上の海峡沿岸国の水域を通る航路帯又は分離通航帯が提案される場合には、関係国は、権限のある国際機関と協議の上、その提案の作成に協力する。

6　海峡沿岸国は、自国が指定したすべての航路帯及び設定したすべての分離通航帯を地図上に明確に表示し、かつ、その海図を適当に公表する。

7　通過通航中の船舶は、この条の規定により設定された適用される航路帯及び分離通航帯を尊重する。

**第四二条（通過通航に係る海峡沿岸国の法令）** 1　海峡沿岸国は、この節に定めるところにより、次の事項の全部又は一部について海峡の通過通航に係る法令を制定することができる。

(a)　前条に定めるところに従う航行の安全及び海上交通の規制

(b)　海峡における油、油性廃棄物その他の有害な物質の排出に関して適用される国際的な規則を実施することによる汚染の防止、軽減及び規制

(c)　漁船については、漁獲の防止（漁具の格納を含む。）

(d)　海峡沿岸国の通関上、財政上、出入国管理上又は衛生上の法令に違反する物品、通貨又は人の積込み又は積卸し

2　1の法令は、外国船舶の間に法律上又は事実上の差別を設けるものであってはならず、また、その適用に当たり、この節に定める通過通航権を否定し、妨害し又は害する実際上の効果を有するものであってはならない。

3　海峡沿岸国は、1のすべての法令を適当に公表する。

4　通過通航権を行使する外国船舶は、1の法令を遵守する。

5　主権免除を享受する船舶又は航空機が1の法令又はこの部の他の規定に違反して行動した場合には、その旗国又は登録国は、海峡沿岸国にもたらしたいかなる損失又は損害についても国際的責任を負う。

**第四三条（航行及び安全のための援助施設及び他の改善措置並びに汚染の防止、軽減及び規制）** 海峡利用国及び海峡沿岸国は、合意により、次の事項について協力する。

(a)　航行及び安全のために必要な援助施設又は国際航行に資する他の改善措置の海峡における設定及び維持

(b)　船舶からの汚染の防止、軽減及び規制

**第四四条（海峡沿岸国の義務）** 海峡沿岸国は、通過通航を妨害してはならず、また、海峡内における航行上又はその上空における飛行上の危険で自国が知っているものを適当に公表する。通過通航は、停止してはならない。

### 第三節　無害通航

**第四五条（無害通航）** 1　第二部第三節の規定に基づく無害通航の制度は、国際航行に使用されている海峡のうち次の海峡について適用する。

(a)　第三十八条1の規定により通過通航の制度の適用から除外される海峡

(b)　公海又は一の国の排他的経済水域の一部と他の国の領海と

の間にある海峡

2　1の海峡における無害通航は、停止してはならない。

## 第四部　群島国

**第四六条（用語）** この条約の適用上、

(a)「群島国」とは、全体が一又は二以上の群島から成る国をいい、他の島を含めることができる。

(b)「群島」とは、島の集団又はその一部、相互に連結する水域その他天然の地形が極めて密接に関係しているため、これらの島、水域その他天然の地形が本質的に一の地理的、経済的及び政治的単位を構成しているか又は歴史的にそのような単位と認識されているものをいう。

**第四七条（群島基線）** 1　群島国は、群島の最も外側にある島及び低潮時に水面上にある礁の最も外側の諸点を結ぶ直線の群島基線を引くことができる。ただし、群島基線の内側に主要な島があり、かつ、群島基線の内側の水域の面積と陸地（環礁を含む。）の面積との比率が一対一から九対一までの間のものとなることを条件とする。

2　群島基線の長さは、百海里を超えてはならない。ただし、いずれの群島についても、これを取り囲む基線の総数の三パーセントまでのものについて、最大の長さを百二十五海里までにすることができる。

3　群島基線は、群島の全般的な輪郭から著しく離れて引いてはならない。

4　群島基線は、低潮高地との間に引いてはならない。ただし、恒久的に海面上にある灯台その他これに類する施設が低潮高地の上に建設されている場合及び低潮高地の全部又は一部が最も近い島から領海の幅を超えない距離にある場合は、この限りでない。

5　いずれの群島国も、他の国の領海を公海又は排他的経済水域から切り離すように群島基線の方法を適用してはならない。

6　群島国の群島水域の一部が隣接する国の二の部分の間にある場合には、当該隣接する国が当該群島水域の一部で伝統的に行使している現行の権利及び他のすべての適法な利益並びにこれらの国の間の合意により定められているすべての権利は、存続しかつ尊重される。

7　1の水域と陸地との面積の比率の計算に当たり、陸地の面積には、島の裾礁及び環礁の内側の水域（急斜面を有する海台の上部の水域のうちその周辺にある一連の石灰岩の島及び低潮時に水面上にある礁によって取り囲まれ又はほとんど取り囲まれている部分を含む。）を含めることができる。

8　この条の規定に従って引かれる基線は、その位置の確認に適した縮尺の海図に表示する。これに代えて、測地原子を明示した各点の地理学的経緯度の表を用いることができる。

9　群島国は、8の海図又は地理学的経緯度の表を適当に公表するものとし、当該海図又は表の写しを国際連合事務総長に寄託する。

**第四八条（領海、接続水域、排他的経済水域及び大陸棚の幅の測定）** 領海、接続水域、排他的経済水域及び大陸棚の幅は、前条の規定に従って引かれる群島基線から測定する。

**第四九条（群島水域、群島水域の上空並びに群島水域の海底及びその下の法的地位）** 1　群島国の主権は、第四十七条の規定に従って引かれる群島基線により取り囲まれる水域で群島水域といわれるもの（その水深又は海岸からの距離を問わない。）に及ぶ。

2　群島国の主権は、群島水域の上空、群島水域の海底及びその下並びにそれらの資源に及ぶ。

3　群島国の主権は、この部の規定に従って行使される。

4　この部に定める群島航路帯の通航制度は、その他の点については、群島水域（群島航路帯を含む。）の法的地位に影響を及ぼすものではなく、また、群島水域、群島水域の上空、群島水域の海底及びその下並びにそれらの資源に対する群島国の主権の行使に影響を及ぼすものではない。

**第五〇条（内水の境界画定）** 群島国は、その群島水域において、第九条から第十一条までの規定に従って内水の境界画定のための閉鎖線を引くことができる。

**第五一条（既存の協定、伝統的な漁獲の権利及び既設の海底電線）** 1　群島国は、第四十九条の規定の適用を妨げることなく、他の国との既存の協定を尊重するものとし、また、群島水域内の一定の水域における自国に隣接する国の伝統的な漁獲の権利及び他の適法な活動を認めるものとする。そのような権利を行使し及びそのような活動を行うための条件（これらの権利及び活動の性質、限度及び適用される水域を含む。）については、いずれかの関係国の要請により、関係国間における二国間の協定により定める。そのような権利は、第三国又はその国民に移転してはならず、また、第三国又はその国民との間で共有してはならない。

2　群島国は、他の国により敷設された既設の海底電線であって、陸地に接することなく自国の水域を通っているものを尊重するものとし、また、そのような海底電線の位置及び修理又は交換の意図についての適当な通報を受領した場合には、その海底電線の維持及び交換を許可する。

**第五二条（無害通航権）** 1　すべての国の船舶は、第五十条の規定の適用を妨げることなく、第二部第三節の規定により群島水域において無害通航権を有する。ただし、次条の規定に従うものとする。

2　群島国は、自国の安全の保護のため不可欠である場合には、その群島水域内の特定の水域において、外国船舶の間に法律上又は事実上の差別を設けることなく、外国船舶の無害通航を一時的に停止することができる。このような停止は、適当な方法で公表された後においてのみ、効力を有する。

**第五三条（群島航路帯通航権）** 1　群島国は、自国の群島水域、これに接続する領海及びそれらの上空における外国の船舶及び航空機の継続的かつ迅速な通航に適した航路帯及びその上空における航空路を指定することができる。

2　すべての船舶及び航空機は、1の航路帯及び航空路において群島航路帯通航権を有する。

3　群島航路帯通航とは、この条約に従い、公海又は排他的経済水域の一部分と公海又は排他的経済水域の他の部分との間において、通常の形態での航行及び上空飛行の権利が継続的な、迅速なかつ妨げられることのない通過のためのみに行使されることをいう。

4　1の航路帯及び航空路は、群島水域及びこれに接続する領海を貫通するものとし、これらの航路帯及び航空路には、群島水域又はその上空における国際航行又は飛行に通常使用されているすべての通常の航行のための航路及び船舶に関してはその航路に係るすべての通常の航行のための水路を含める。ただし、同一の入口及び出口の間においては、同様に便利な二以上の航路は必要としない。

5　1の航路帯及び航空路は、通航のための航路の入口の点から出口の点までの一連の連続する中心線によって定める。群島航路帯を通航中の船舶及び航空機は、これらの中心線のいずれの側についても二十五海里を超えて離れて通航してはならない。ただし、その船舶及び航空機は、航路帯を挟んで向かい合っている島と島とを結ぶ最短距離の十パーセントの距離よりも海岸に近づいて航行してはならない。

6　この条の規定により航路帯を指定する群島国は、また、当該航路帯内の狭い水路における船舶の安全な通航のために分離通航帯を設定することができる。

7　群島国は、必要がある場合には、適当に公表した後、既に指定した航路帯又は既に設定した分離通航帯を他の航路帯又は分離通航帯に変更することができる。

8　航路帯及び分離通航帯は、一般的に受け入れられている国際的な規則に適合したものとする。

9　群島国は、航路帯の指定若しくは変更又は分離通航帯の設定若しくは変更を行うに当たり、これらの採択のための提案を権限のある国際機関に行う。当該権限のある国際機関は、当該群島国が同意する航路帯及び分離通航帯のみを採択することができるものとし、当該群島国は、その採択の後にそれに従って航路帯の指定若しくは変更又は分離通航帯の設定若しくは変更を行うことができる。

10　群島国は、自国が指定した航路帯の中心線及び設定した分離通航帯を海図上に明確に表示し、かつ、その海図を適当に公表する。

11　群島航路帯を通航中の船舶は、この条の規定により設定された適用される航路帯及び分離通航帯を尊重する。

12　群島国が航路帯又は航空路を指定しない場合には、群島航路帯通航権は、通常国際航行に使用されている航路において行使することができる。

**第五四条（通航中の船舶及び航空機の義務、調査活動及び測量活動、群島国の義務並びに群島航路帯通航に関する群島国の法令）** 第三十九条、第四十条、第四十二条及び第四十四条の規定は、群島航路帯通航について準用する。

## 第五部　排他的経済水域

**第五五条（排他的経済水域の特別の法制度）** 排他的経済水域とは、領海に接続する水域であって、この部に定める特別の法制度によるものをいう。この法制度の下において、沿岸国の権利及び管轄権並びにその他の国の権利及び自由は、この条約の関連する規定によって規律される。

**第五六条（排他的経済水域における沿岸国の権利、管轄権及び義務）** 1　沿岸国は、排他的経済水域において、次のものを有する。

(a)　海底の上部水域並びに海底及びその下の天然資源（生物資源であるか非生物資源であるかを問わない。）の探査、開発、保存及び管理のための主権的権利並びに排他的経済水域における経済的な目的で行われる探査及び開発のためのその他の活動（海水、海流及び風からのエネルギーの生産等）に関する主権的権利

(b)　この条約の関連する規定に基づく次の事項に関する管轄権

(i)　人工島、施設及び構築物の設置及び利用

(ii)　海洋の科学的調査

(iii)　海洋環境の保護及び保全

(c)　この条約に定めるその他の権利及び義務

2　沿岸国は、排他的経済水域においてこの条約により自国の権利を行使し及び自国の義務を履行するに当たり、他の国の権利及び義務に妥当な考慮を払うものとし、また、この条約と両立するように行動する。

3　この条に定める海底及びその下についての権利は、第六部の規定により行使する。

**第五七条（排他的経済水域の幅）** 排他的経済水域は、領海の幅を測定するための基線から二百海里を超えて拡張してはならない。

**第五八条（排他的経済水域における他の国の権利及び義務）** 1　すべての国は、沿岸国であるか内陸国であるかを問わず、排他的経済水域において、この条約の関連する規定に定めるところにより、第八十七条に定める航行及び上空飛行の自由並びに海底電線及び海底パイプラインの敷設の自由並びにこれらの自由に関連し及びこの条約のその他の規定と両立するその他の国際的に適法な海洋の利用（船舶及び航空機の運航並びに海底電線及び海底パイプラインの運用に係る海洋の利用等）の自由を享有する。

2　第八十八条から第百十五条までの規定及び国際法の他の関連する規則は、この部の規定に反しない限り、排他的経済水域について適用する。

3　いずれの国も、排他的経済水域においてこの条約により自国の権利を行使し及び自国の義務を履行するに当たり、沿岸国の権利及び義務に妥当な考慮を払うものとし、また、この部の規定に反しない限り、この条約及び国際法の他の規則に従って沿岸国が制定する法令を遵守する。

**第五九条（排他的経済水域における権利及び管轄権の帰属に関する紛争の解決のための基礎）** この条約により排他的経済水域における権利又は管轄権が沿岸国又はその他の国に帰せられていない場合において、沿岸国とその他の国との間に利害の対立が生じたときは、その対立は、当事国及び国際社会（international community）全体にとっての利益の重要性を考慮して、衡平の原則に基づき、かつ、すべての関連する事情に照らして解決する。

**第六〇条（排他的経済水域における人工島、施設及び構築物）** 1　沿岸国は、排他的経済水域において、次のものを建設し並びにそれらの建設、運用及び利用を許可し及び規制する排他的権利を有する。

(a)　人工島

(b)　第五十六条に規定する目的その他の経済的な目的のための施設及び構築物

(c)　排他的経済水域における沿岸国の権利の行使を妨げ得る施設及び構築物

2　沿岸国は、1に規定する人工島、施設及び構築物に対して、通関上、財政上、保健上、安全上及び出入国管理上の法令に関する管轄権を含む排他的管轄権を有する。

3　1に規定する人工島、施設又は構築物の建設については、適当な通報を行わなければならず、また、その存在について注意を喚起するための恒常的な措置を維持しなければならない。放棄され又は利用されなくなった施設又は構築物は、権限のある国際機関がその除去に関して定める一般的に受け入れられている国際的基準を考慮して、航行の安全を確保するために除去する。その除去に当たっては、漁業、海洋環境の保護並びに他の

国の権利及び義務に対しても妥当な考慮を払う。完全に除去されなかった施設又は構築物の水深、位置及び規模については、適当に公表する。

4　沿岸国は、必要な場合には、1に規定する人工島、施設及び構築物の周囲に適当な安全水域を設定することができるものとし、また、当該安全水域において、航行の安全並びに人工島、施設及び構築物の安全を確保するために適当な措置をとることができる。

5　沿岸国は、適用のある国際的基準を考慮して安全水域の幅を決定する。安全水域は、人工島、施設又は構築物の性質及び機能と合理的な関連を有するようなものとし、また、その幅は、一般的に受け入れられている国際的基準によって承認され又は権限のある国際機関によって勧告される場合を除くほか、当該人工島、施設又は構築物の外縁のいずれの点から測定した距離についても五百メートルを超えるものであってはならない。安全水域の範囲に関しては、適当な通報を行う。

6　すべての船舶は、4の安全水域を尊重しなければならず、また、人工島、施設、構築物及び安全水域の近傍における航行に関して一般的に受け入れられている国際的基準を遵守する。

7　人工島、施設及び構築物並びにそれらの周囲の安全水域は、国際航行に不可欠な認められた航路帯の使用の妨げとなるような場所に設けてはならない。

8　人工島、施設及び構築物は、島の地位を有しない。これらのものは、それ自体の領海を有せず、また、その存在は、領海、排他的経済水域又は大陸棚の境界画定に影響を及ぼすものではない。

**第六一条（生物資源の保存）**　1　沿岸国は、自国の排他的経済水域における生物資源の漁獲可能量[allowable catch]を決定する。

2　沿岸国は、自国が入手することのできる最良の科学的証拠を考慮して、排他的経済水域における生物資源の維持が過度の開発によって脅かされないことを適当な保存措置及び管理措置を通じて確保する。このため、適当な場合には、沿岸国及び権限のある国際機関（小地域的なもの、地域的なもの又は世界的なもののいずれであるかを問わない。）は、協力する。

3　2に規定する措置は、また、環境上及び経済上の関連要因（沿岸漁業社会の経済上のニーズ及び開発途上国の特別の要請を含む。）を勘案し、かつ、漁獲の態様、資源間の相互依存関係及び一般的に勧告された国際的な最低限度の基準（小地域的なもの、地域的なもの又は世界的なもののいずれであるかを問わない。）を考慮して、最大持続生産量[maximum sustainable yield]を実現することのできる水準に漁獲される種の資源量を維持し又は回復することのできるようなものとする。

4　沿岸国は、2に規定する措置をとるに当たり、漁獲される種に関連し又は依存する種の資源量をその再生産が著しく脅威にさらされることとなるような水準よりも高く維持し又は回復するために、当該関連し又は依存する種に及ぼす影響を考慮する。

5　入手することのできる科学的情報、漁獲量及び漁獲努力量に関する統計その他魚類の保存に関連するデータについては、適当な場合には権限のある国際機関（小地域的なもの、地域的なもの又は世界的なもののいずれであるかを問わない。）を通じ及びすべての関係国（その国民が排他的経済水域における漁獲を認められている国を含む。）の参加を得て、定期的に提供し及び交換する。

**第六二条（生物資源の利用）**　1　沿岸国は、前条の規定の適用を妨げることなく、排他的経済水域における生物資源の最適利用[optimum utilization]の目的を促進する。

2　沿岸国は、排他的経済水域における生物資源についての自国の漁獲能力を決定する。沿岸国は、自国が漁獲可能量のすべてを漁獲する能力を有しない場合には、協定その他の取極により、4に規定する条件及び法令に従い、第六十九条及び第七十条の規定（特に開発途上国に関するもの）に特別の考慮を払って漁獲可能量の余剰分の他の国による漁獲を認める。

3　沿岸国は、この条の規定に基づく他の国による自国の排他的経済水域における漁獲を認めるに当たり、すべての関連要因、特に、自国の経済その他の国家的利益にとっての当該排他的経済水域における生物資源の重要性、第六十九条及び第七十条の規定、小地域又は地域の開発途上国が余剰分の一部を漁獲する必要性、その国民が伝統的に当該排他的経済水域で漁獲を行ってきた国又は資源の調査及び識別に実質的な努力を払ってきた国における経済的混乱を最小のものにとどめる必要性等の関連要因を考慮する。

4　排他的経済水域において漁獲を行う他の国の国民は、沿岸国の法令に定める保存措置及び他の条件を遵守する。これらの法令は、この条約に適合するものとし、また、特に次の事項に及ぶことができる。

(a)　漁業者、漁船及び設備に関する許可証の発給（手数料その他の形態の報酬の支払を含む。これらの支払は、沿岸国である開発途上国の場合については、水産業に関する財政、設備及び技術の分野での十分な補償から成ることができる。）

(b)　漁獲することのできる種及び漁獲割当ての決定。この漁獲割当てについては、特定の資源若しくは資源群の漁獲、一定の期間における一隻当たりの漁獲又は特定の期間におけるいずれかの国の国民による漁獲のいずれについてのものであるかを問わない。

(c)　漁期及び漁場、漁具の種類、大きさ及び数量並びに利用することのできる漁船の種類、大きさ及び数の規制

(d)　漁獲することのできる魚その他の種の年齢及び大きさの決定

(e)　漁船に関して必要とされる情報（漁獲量及び漁獲努力量に関する統計並びに漁船の位置に関する報告を含む。）の明示

(f)　沿岸国の許可及び規制の下で特定の漁業に関する調査計画の実施を要求すること並びにそのような調査の実施（漁獲物の標本の抽出、標本の処理及び関連する科学的データの提供を含む。）を規制すること。

(g)　沿岸国の監視員又は訓練生の漁船への乗船

(h)　漁船による漁獲量の全部又は一部の沿岸国の港への陸揚げ

(i)　合弁事業に関し又はその他の協力についての取決めに関する条件

(j)　要員の訓練及び漁業技術の移転（沿岸国の漁業に関する調査を行う能力の向上を含む。）のための要件

(k)　取締手続

5　沿岸国は、保存及び管理に関する法令について適当な通報を行う。

**第六三条（二以上の沿岸国の排他的経済水域内に又は排他的経済水域内及び当該排他的経済水域に接続する水域内の双方に存在する資源）**　1　同一の資源又は関連する種の資源が二以上の沿岸国の排他的経済水域内に存在する場合には、これらの沿

岸国は、この部の他の規定の適用を妨げることなく、直接に又は適当な小地域的若しくは地域的機関を通じて、当該資源の保存及び開発を調整し及び確保するために必要な措置について合意するよう努める。

2　同一の資源又は関連する種の資源が排他的経済水域内及び当該排他的経済水域に接続する水域内の双方に存在する場合には、沿岸国及び接続する水域において当該資源を漁獲する国は、直接に又は適当な小地域的若しくは地域的機関を通じて、当該接続する水域における当該資源の保存のために必要な措置について合意するよう努める。

**第六四条（高度回遊性の種）** 1　沿岸国その他その国民がある地域において附属書Ⅰに掲げる高度回遊性の種を漁獲する国は、排他的経済水域の内外を問わず当該地域全体において当該種の保存を確保しかつ最適利用の目的を促進するため、直接に又は適当な国際機関を通じて協力する。適当な国際機関が存在しない地域においては、沿岸国その他その国民が当該地域において高度回遊性の種を漁獲する国は、そのような機関を設立し及びその活動に参加するため、協力する。

2　1の規定は、この部の他の規定に加えて適用する。

**第六五条（海産哺乳動物）** この部のいかなる規定も、沿岸国又は適当な場合には国際機関が海産哺乳動物の開発についてこの部に定めるよりも厳しく禁止し、制限し又は規制する権利又は権限を制限するものではない。いずれの国も、海産哺乳動物の保存のために協力するものとし、特に、鯨類については、その保存、管理及び研究のために適当な国際機関を通じて活動する。

**第六六条（溯河性資源）** 1　溯河性資源の発生する河川の所在する国は、当該溯河性資源について第一義的利益及び責任を有する。

2　溯河性資源の母川国は、自国の排他的経済水域の外側の限界より陸地側のすべての水域における漁獲及び3(b)に規定する漁獲のための適当な規制措置を定めることによって溯河性資源の保存を確保する。母川国は、当該溯河性資源を漁獲する3及び4に規定する他の国と協議の後、自国の河川に発生する資源の総漁獲可能量を定めることができる。

3(a)　溯河性資源の漁獲は、排他的経済水域の外側の限界より陸地側の水域においてのみ行われる。ただし、これにより母川国以外の国に経済的混乱がもたらされる場合は、この限りでない。排他的経済水域の外側の限界を越える水域における溯河性資源の漁獲に関しては、関係国は、当該溯河性資源に係る保存上の要請及び母川国のニーズに妥当な考慮を払い、当該漁獲の条件に関する合意に達するため協議を行う。

(b)　母川国は、溯河性資源を漁獲する他の国の通常の漁獲量及び操業の形態並びにその漁獲が行われてきたすべての水域を考慮して、当該他の国の経済的混乱を最小のものにとどめるために協力する。

(c)　母川国は、(b)に規定する他の国が自国との合意により溯河性資源の再生産のための措置に参加し、特に、そのための経費を負担する場合には、当該他の国に対して、自国の河川に発生する資源の漁獲について特別の考慮を払う。

(d)　排他的経済水域を越える水域における溯河性資源に関する規制の実施は、母川国と他の関係国との間の合意による。

4　溯河性資源が母川国以外の国の排他的経済水域の外側の限界より陸地側の水域に入り又はこれを通過して回遊する場合には、当該国は、当該溯河性資源の保存及び管理について母川国と協力する。

5　溯河性資源の母川国及び当該溯河性資源を漁獲するその他の国は、適当な場合には、地域的機関を通じて、この条の規定を実施するための取極を締結する。

**第六七条（降河性の種）** 1　降河性の種がその生活史の大部分を過ごす水域の所在する沿岸国は、当該降河性の種の管理について責任を有し、及び回遊する魚が出入りすることができるようにする。

2　降河性の種の漁獲は、排他的経済水域の外側の限界より陸地側の水域においてのみ行われる。その漁獲は、排他的経済水域において行われる場合には、この条の規定及び排他的経済水域における漁獲に関するこの条約のその他の規定に定めるところによる。

3　降河性の魚が稚魚又は成魚として他の国の排他的経済水域を通過して回遊する場合には、当該魚の管理（漁獲を含む。）は、1の沿岸国と当該他の国との間の合意によって行われる。この合意は、種の合理的な管理が確保され及び1の沿岸国が当該種の維持について有する責任が考慮されるようなものとする。

**第六八条（定着性の種族）** この部の規定は、第七十七条4に規定する定着性の種族については、適用しない。

**第六九条（内陸国の権利）** 1　内陸国は、自国と同一の小地域又は地域の沿岸国の排他的経済水域における生物資源の余剰分の適当な部分の開発につき、すべての関係国の関連する経済的及び地理的状況を考慮し、この条、第六十一条及び第六十二条に定めるところにより、衡平の原則に基づいて参加する権利を有する。

2　1に規定する参加の条件及び方法は、関係国が二国間の、小地域的な又は地域的な協定により定めるものとし、特に次の事項を考慮する。

(a)　沿岸国の漁業社会又は水産業に対する有害な影響を回避する必要性

(b)　内陸国が、この条の規定に基づき、現行の二国間の、小地域的な又は地域的な協定により、他の沿岸国の排他的経済水域における生物資源の開発に参加しており又は参加する権利を有する程度

(c)　その他の内陸国及び地理的不利国が沿岸国の排他的経済水域における生物資源の開発に参加している程度及びその結果としていずれかの単一の沿岸国又はその一部が特別の負担を負うことを回避する必要性が生ずること。

(d)　それぞれの国の国民の栄養上の必要性

3　沿岸国の漁獲能力がその排他的経済水域における生物資源の漁獲可能量のすべてを漁獲することのできる点に近づいている場合には、当該沿岸国その他の関係国は、同一の小地域又は地域の内陸国である開発途上国が当該小地域又は地域の沿岸国の排他的経済水域における生物資源の開発について状況により適当な方法で及びすべての当事者が満足すべき条件の下で参加することを認めるため、二国間の、小地域的な又は地域的な及び衡平な取極の締結に協力する。この規定の実施に当たっては、2に規定する要素も考慮する。

4　内陸国である先進国は、この条の規定に基づき、自国と同一の小地域又は地域の沿岸国である先進国の排他的経済水域においてのみ生物資源の開発に参加することができる。この場合において、当該沿岸国である先進国がその排他的経済水域における生物資源について他の国による漁獲を認めるに当たり、その

国民が伝統的に当該排他的経済水域で漁獲を行ってきた国の漁業社会に対する有害な影響及び経済的混乱を最小のものにとどめる必要性をどの程度考慮してきたかが勘案される。

5　1から4までの規定は、沿岸国が自国と同一の小地域又は地域の内陸国に対して排他的経済水域における生物資源の開発のための平等又は優先的な権利を与えることを可能にするため当該小地域又は地域において合意される取極に影響を及ぼすものではない。

**第七〇条（地理的不利国の権利）**　1　地理的不利国は、自国と同一の小地域又は地域の沿岸国の排他的経済水域における生物資源の余剰分の適当な部分の開発につき、すべての関係国の関連する経済的及び地理的状況を考慮し、この条、第六十一条及び第六十二条に定めるところにより、衡平の原則に基づいて参加する権利を有する。

2　この部の規定の適用上、「地理的不利国」とは、沿岸国（閉鎖海又は半閉鎖海に面した国を含む。）であって、その地理的状況のため自国民又はその一部の栄養上の目的のための魚の十分な供給を自国と同一の小地域又は地域の他の国の排他的経済水域における生物資源の開発に依存するもの及び自国の排他的経済水域を主張することができないものをいう。

3　1に規定する参加の条件及び方法は、関係国が二国間の、小地域的な又は地域的な協定により定めるものとし、特に次の事項を考慮する。

(a)　沿岸国の漁業社会又は水産業に対する有害な影響を回避する必要性

(b)　地理的不利国が、この条の規定に基づき、現行の二国間の、小地域的な又は地域的な協定により、他の沿岸国の排他的経済水域における生物資源の開発に参加しており又は参加する権利を有する程度

(c)　その他の地理的不利国及び内陸国が沿岸国の排他的経済水域における生物資源の開発に参加している程度及びその結果としていずれかの単一の沿岸国又はその一部が特別の負担を負うことを回避する必要性が生ずること。

(d)　それぞれの国の国民の栄養上の必要性

4　沿岸国の漁獲能力がその排他的経済水域における生物資源の漁獲可能量のすべてを漁獲することのできる点に近づいている場合には、当該沿岸国その他の関係国は、同一の小地域又は地域の地理的不利国である開発途上国が当該小地域又は地域の沿岸国の排他的経済水域における生物資源の開発について状況により適当な方法で及びすべての当事者が満足すべき条件の下で参加することを認めるため、二国間の、小地域的な又は地域的な及び衡平な取極の締結に協力する。この規定の実施に当たっては、3に規定する要素も考慮する。

5　地理的不利国である先進国は、この条の規定に基づき、自国と同一の小地域又は地域の沿岸国である先進国の排他的経済水域においてのみ生物資源の開発に参加することができる。この場合において、当該沿岸国である先進国がその排他的経済水域における生物資源について他の国による漁獲を認めるに当たり、その国民が伝統的に当該排他的経済水域で漁獲を行ってきた国の漁業社会に対する有害な影響及び経済的混乱を最小のものにとどめる必要性をどの程度考慮してきたかが勘案される。

6　1から5までの規定は、沿岸国が自国と同一の小地域又は地域の地理的不利国に対して排他的経済水域における生物資源の開発のための平等又は優先的な権利を与えることを可能にするため当該小地域又は地域において合意される取極に影響を及ぼすものではない。

**第七一条（前二条の規定の不適用）**　前二条の規定は、沿岸国の経済がその排他的経済水域における生物資源の開発に依存する度合が極めて高い場合には、当該沿岸国については、適用しない。

**第七二条（権利の移転の制限）**　1　第六十九条及び第七十条に定める生物資源を開発する権利は、関係国の間に別段の合意がない限り、貸借契約又は許可、合弁事業の設立その他の権利の移転の効果を有する方法によって、第三国又はその国民に対して直接又は間接に移転してはならない。

2　1の規定は、1に規定する効果をもたらさない限り、関係国が第六十九条及び第七十条の規定に基づく権利の行使を容易にするために第三国又は国際機関から技術的又は財政的援助を得ることを妨げるものではない。

**第七三条（沿岸国の法令の執行）**　1　沿岸国は、排他的経済水域において生物資源を探査し、開発し、保存し及び管理するための主権的権利を行使するに当たり、この条約に従って制定する法令の遵守を確保するために必要な措置（乗船、検査、拿捕及び司法上の手続を含む。）をとることができる。

2　拿捕された船舶及びその乗組員は、合理的な保証金の支払又は合理的な他の保証の提供の後に速やかに釈放される。

3　排他的経済水域における漁業に関する法令に対する違反について沿岸国が科する罰には、関係国の別段の合意がない限り拘禁を含めてはならず、また、その他のいかなる形態の身体刑も含めてはならない。

4　沿岸国は、外国船舶を拿捕し又は抑留した場合には、とられた措置及びその後科した罰について、適当な経路を通じて旗国に速やかに通報する。

**第七四条（向かい合っているか又は隣接している海岸を有する国の間における排他的経済水域の境界画定）**　1　向かい合っているか又は隣接している海岸を有する国の間における排他的経済水域の境界画定は、衡平な解決を達成するために、国際司法裁判所規程第三十八条に規定する国際法に基づいて合意により行う。

2　関係国は、合理的な期間内に合意に達することができない場合には、第十五部に定める手続に付する。

3　関係国は、1の合意に達するまでの間、理解及び協力の精神により、実際的な性質を有する暫定的な取極を締結するため及びそのような過渡的期間において最終的な合意への到達を危うくし又は妨げないためにあらゆる努力を払う。暫定的な取極は、最終的な境界画定に影響を及ぼすものではない。

4　関係国間において効力を有する合意がある場合には、排他的経済水域の境界画定に関する問題は、当該合意に従って解決する。

**第七五条（海図及び地理学的経緯度の表）**　1　排他的経済水域の外側の限界線及び前条の規定に従って引かれる境界画定線は、この部に定めるところにより、それらの位置の確認に適した縮尺の海図に表示する。適当な場合には、当該外側の限界線又は当該境界画定線に代えて、測地原子を明示した各点の地理学的経緯度の表を用いることができる。

2　沿岸国は、1の海図又は地理学的経緯度の表を適当に公表するものとし、当該海図又は表の写しを国際連合事務総長に寄託する。

## 第六部　大陸棚

**第七六条（大陸棚の定義）**　1　沿岸国の大陸棚とは、当該沿岸国の領海を越える海面下の区域の海底及びその下であってその領土の自然の延長をたどって大陸縁辺部の外縁に至るまでのもの又は、大陸縁辺部の外縁が領海の幅を測定するための基線から二百海里の距離まで延びていない場合には、当該沿岸国の領海を越える海面下の区域の海底及びその下であって当該基線から二百海里の距離までのものをいう。

2　沿岸国の大陸棚は、4から6までに定める限界を越えないものとする。

3　大陸縁辺部は、沿岸国の陸塊の海面下まで延びている部分から成るものとし、棚、斜面及びコンチネンタル・ライズの海底及びその下で構成される。ただし、大洋底及びその海洋海嶺又はその下を含まない。

4(a)　この条約の適用上、沿岸国は、大陸縁辺部が領海の幅を測定するための基線から二百海里を超えて延びている場合には、次のいずれかの線により大陸縁辺部の外縁を設定する。

(i)　ある点における堆積岩の厚さが当該点から大陸斜面の脚部までの最短距離の一パーセント以上であるとの要件を満たすときにこのような点のうち最も外側のものを用いて7の規定に従って引いた線

(ii)　大陸斜面の脚部から六十海里を超えない点を用いて7の規定に従って引いた線

(b)　大陸斜面の脚部は、反証のない限り、当該大陸斜面の基部における勾配が最も変化する点とする。

5　4(a)(i)又は(ii)の規定に従って引いた海底における大陸棚の外側の限界線は、これを構成する各点において、領海の幅を測定するための基線から三百五十海里を超え又は二千五百メートル等深線（二千五百メートルの水深を結ぶ線をいう。）から百海里を超えてはならない。

6　5の規定にかかわらず、大陸棚の外側の限界は、海底海嶺の上においては領海の幅を測定するための基線から三百五十海里を超えてはならない。この6の規定は、海台、海膨、キャップ、堆及び海脚のような大陸縁辺部の自然の構成要素である海底の高まりについては、適用しない。

7　沿岸国は、自国の大陸棚が領海の幅を測定するための基線から二百海里を超えて延びている場合には、その大陸棚の外側の限界線を経緯度によって定める点を結ぶ六十海里を超えない長さの直線によって引く。

8　沿岸国は、領海の幅を測定するための基線から二百海里を超える大陸棚の限界に関する情報を、衡平な地理的代表の原則に基づき附属書IIに定めるところにより設置される大陸棚の限界に関する委員会に提出する。この委員会は、当該大陸棚の外側の限界の設定に関する事項について当該沿岸国に対し勧告を行う。沿岸国がその勧告に基づいて設定した大陸棚の限界は、最終的なものとし、かつ、拘束力を有する。

9　沿岸国は、自国の大陸棚の外側の限界が恒常的に表示された海図及び関連する情報（測地原子を含む。）を国際連合事務総長に寄託する。同事務総長は、これらを適当に公表する。

10　この条の規定は、向かい合っているか又は隣接している海岸を有する国の間における大陸棚の境界画定の問題に影響を及ぼすものではない。

**第七七条（大陸棚に対する沿岸国の権利）**　1　沿岸国は、大陸棚を探査し及びその天然資源を開発するため、大陸棚に対して主権的権利を行使する。

2　1の権利は、沿岸国が大陸棚を探査せず又はその天然資源を開発しない場合においても、当該沿岸国の明示の同意なしにそのような活動を行うことができないという意味において、排他的である。

3　大陸棚に対する沿岸国の権利は、実効的な若しくは名目上の先占又は明示の宣言に依存するものではない。

4　この部に規定する天然資源は、海底及びその下の鉱物その他の非生物資源並びに定着性の種族に属する生物、すなわち、採捕に適した段階において海底若しくはその下で静止しており又は絶えず海底若しくはその下に接触していなければ動くことのできない生物から成る。

**第七八条（上部水域及び上空の法的地位並びに他の国の権利及び自由）**　1　大陸棚に対する沿岸国の権利は、上部水域又はその上空の法的地位に影響を及ぼすものではない。

2　沿岸国は、大陸棚に対する権利の行使により、この条約に定める他の国の航行その他の権利及び自由を侵害してはならず、また、これらに対して不当な妨害をもたらしてはならない。

**第七九条（大陸棚における海底電線及び海底パイプライン）**　1　すべての国は、この条の規定に従って大陸棚に海底電線及び海底パイプラインを敷設する権利を有する。

2　沿岸国は、大陸棚における海底電線又は海底パイプラインの敷設又は維持を妨げることができない。もっとも、沿岸国は、大陸棚の探査、その天然資源の開発並びに海底パイプラインからの汚染の防止、軽減及び規制のために適当な措置をとる権利を有する。

3　海底パイプラインを大陸棚に敷設するための経路の設定については、沿岸国の同意を得る。

4　この部のいかなる規定も、沿岸国がその領土若しくは領海に入る海底電線若しくは海底パイプラインに関する条件を定める権利又は大陸棚の探査、その資源の開発若しくは沿岸国が管轄権を有する人工島、施設及び構築物の運用に関連して建設され若しくは利用される海底電線及び海底パイプラインに対する当該沿岸国の管轄権に影響を及ぼすものではない。

5　海底電線又は海底パイプラインを敷設する国は、既に海底に敷設されている電線又はパイプラインに妥当な考慮を払わなければならない。特に、既設の電線又はパイプラインを修理する可能性は、害してはならない。

**第八〇条（大陸棚における人工島、施設及び構築物）**　第六十条の規定は、大陸棚における人工島、施設及び構築物について準用する。

**第八一条（大陸棚における掘削）**　沿岸国は、大陸棚におけるあらゆる目的のための掘削を許可し及び規制する排他的権利を有する。

**第八二条（二百海里を超える大陸棚の開発に関する支払及び拠出）**　1　沿岸国は、領海の幅を測定する基線から二百海里を超える大陸棚の非生物資源の開発に関して金銭による支払又は現物による拠出を行う。

2　支払又は拠出は、鉱区における最初の五年間の生産の後、当該鉱区におけるすべての生産に関して毎年行われる。六年目の支払又は拠出の割合は、当該鉱区における生産額又は生産量の一パーセントとする。この割合は、十二年目まで毎年一パーセントずつ増加するものとし、その後は七パーセントとする。生産には、開発に関連して使用された資源を含めない。

3 その大陸棚から生産される鉱物資源の純輸入国である開発途上国は、当該鉱物資源に関する支払又は拠出を免除される。

4 支払又は拠出は、機構を通じて行われるものとし、機構は、開発途上国、特に後発開発途上国及び内陸国である開発途上国の利益及びニーズに考慮を払い、衡平な配分基準に基づいて締約国にこれらを配分する。

**第八三条（向かい合っているか又は隣接している海岸を有する国の間における大陸棚の境界画定）** 1 向かい合っているか又は隣接している海岸を有する国の間における大陸棚の境界画定は、衡平な解決を達成するために、国際司法裁判所規程第三十八条に規定する国際法に基づいて合意により行う。

2 関係国は、合理的な期間内に合意に達することができない場合には、第十五部に定める手続に付する。

3 関係国は、1の合意に達するまでの間、理解及び協力の精神により、実際的な性質を有する暫定的な取極を締結するため及びそのような過渡的期間において最終的な合意への到達を危うくし又は妨げないためにあらゆる努力を払う。暫定的な取極は、最終的な境界画定に影響を及ぼすものではない。

4 関係国間において効力を有する合意がある場合には、大陸棚の境界画定に関する問題は、当該合意に従って解決する。

**第八四条（海図及び地理学的経緯度の表）** 1 大陸棚の外側の限界線及び前条の規定に従って引かれる境界画定線は、この部に定めるところにより、それらの位置の確認に適した縮尺の海図に表示する。適当な場合には、当該外側の限界線又は当該境界画定線に代えて、測地原子を明示した各点の地理学的経緯度の表を用いることができる。

2 沿岸国は、1の海図又は地理学的経緯度の表を適当に公表するものとし、当該海図又は表の写しを国際連合事務総長に及び、大陸棚の外側の限界線を表示した海図又は表の場合には、これらの写しを機構の事務局長に寄託する。

**第八五条（トンネルの掘削）** この部の規定は、トンネルの掘削により海底（水深のいかんを問わない。）の下を開発する沿岸国の権利を害するものではない。

## 第七部 公海

### 第一節 総則

**第八六条（この部の規定の適用）** この部の規定は、いずれの国の排他的経済水域、領海若しくは内水又はいずれの群島国の群島水域にも含まれない海洋のすべての部分に適用する。この条の規定は、第五十八条の規定に基づきすべての国が排他的経済水域において享有する自由にいかなる制約も課するものではない。

**第八七条（公海の自由）** 1 公海は、沿岸国であるか内陸国であるかを問わず、すべての国に開放される。公海の自由は、この条約及び国際法の他の規則に定める条件に従って行使される。この公海の自由には、沿岸国及び内陸国のいずれについても、特に次のものが含まれる。

(a) 航行の自由

(b) 上空飛行の自由

(c) 海底電線及び海底パイプラインを敷設する自由。ただし、第六部の規定の適用が妨げられるものではない。

(d) 国際法によって認められる人工島その他の施設を建設する自由。ただし、第六部の規定の適用が妨げられるものではない。

(e) 第二節に定める条件に従って漁獲を行う自由

(f) 科学的調査を行う自由。ただし、第六部及び第十三部の規定の適用が妨げられるものではない。

2 1に規定する自由は、すべての国により、公海の自由を行使する他の国の利益及び深海底における活動に関するこの条約に基づく権利に妥当な考慮を払って[with due regard]行使されなければならない。

**第八八条（平和的目的のための公海の利用）** 公海は、平和的目的のために利用されるものとする。

**第八九条（公海に対する主権についての主張の無効）** いかなる国も、公海のいずれかの部分をその主権の下に置くことを有効に主張することができない。

**第九〇条（航行の権利）** いずれの国も、沿岸国であるか内陸国であるかを問わず、自国を旗国とする船舶を公海において航行させる権利を有する。

**第九一条（船舶の国籍）** 1 いずれの国も、船舶に対する国籍の許与、自国の領域内における船舶の登録及び自国の旗を掲げる権利に関する条件を定める。船舶は、その旗を掲げる権利を有する国の国籍を有する。その国と当該船舶との間には、真正な関係が存在しなければならない。

2 いずれの国も、自国の旗を掲げる権利を許与した船舶に対し、その旨の文書を発給する。

**第九二条（船舶の地位）** 1 船舶は、一の国のみの旗を掲げて航行するものとし、国際条約又はこの条約に明文の規定がある特別の場合を除くほか、公海においてその国の排他的管轄権に服する。船舶は、所有権の現実の移転又は登録の変更の場合を除くほか、航海中又は寄港中にその旗を変更することができない。

2 二以上の国の旗を適宜に使用して航行する船舶は、そのいずれの国の国籍も第三国に対して主張することができないものとし、また、このような船舶は、国籍のない船舶とみなすことができる。

**第九三条（国際連合、その専門機関及び国際原子力機関の旗を掲げる船舶）** 前諸条の規定は、国際連合、その専門機関又は国際原子力機関の公務に使用され、かつ、これらの機関の旗を掲げる船舶の問題に影響を及ぼすものではない。

**第九四条（旗国の義務）** 1 いずれの国も、自国を旗国とする船舶に対し、行政上、技術上及び社会上の事項について有効に管轄権を行使し及び有効に規制を行う。

2 いずれの国も、特に次のことを行う。

(a) 自国を旗国とする船舶の名称及び特徴を記載した登録簿を保持すること。ただし、その船舶が小さいため一般的に受け入れられている国際的な規則から除外されているときは、この限りでない。

(b) 自国を旗国とする船舶並びにその船長、職員及び乗組員に対し、当該船舶に関する行政上、技術上及び社会上の事項について国内法に基づく管轄権を行使すること。

3 いずれの国も、自国を旗国とする船舶について、特に次の事項に関し、海上における安全を確保するために必要な措置をとる。

(a) 船舶の構造、設備及び堪(たん)航性

(b) 船舶における乗組員の配乗並びに乗組員の労働条件及び訓

練。この場合において、適用のある国際文書を考慮に入れるものとする。

(c) 信号の使用、通信の維持及び衝突の予防

4 3の措置には、次のことを確保するために必要な措置を含める。

(a) 船舶が、その登録前に及びその後は適当な間隔で、資格のある船舶検査員による検査を受けること並びに船舶の安全な航行のために適当な海図、航海用刊行物、航行設備及び航行器具を船内に保持すること。

(b) 船舶が、特に運用、航海、通信及び機関について適当な資格を有する船長及び職員の管理の下にあること並びに乗組員の資格及び人数が船舶の型式、大きさ、機関及び設備に照らして適当であること。

(c) 船長、職員及び適当な限度において乗組員が海上における人命の安全、衝突の予防、海洋汚染の防止、軽減及び規制並びに無線通信の維持に関して適用される国際的な規則に十分に精通しており、かつ、その規則の遵守を要求されていること。

5 いずれの国も、3及び4に規定する措置をとるに当たり、一般的に受け入れられている国際的な規則、手続及び慣行を遵守し並びにその遵守を確保するために必要な措置をとることを要求される。

6 船舶について管轄権が適正に行使されず又は規制が適正に行われなかったと信ずるに足りる明白な理由を有する国は、その事実を旗国に通報することができる。旗国は、その通報を受領したときは、その問題の調査を行うものとし、適当な場合には、事態を是正するために必要な措置をとる。

7 いずれの国も、自国を旗国とする船舶の公海における海事損害又は航行上の事故であって、他の国の国民に死亡若しくは重大な傷害をもたらし又は他の国の船舶若しくは施設若しくは海洋環境に重大な損害をもたらすものについては、適正な資格を有する者によって又はその立会いの下で調査が行われるようにしなければならない。旗国及び他の国は、海事損害又は航行上の事故について当該他の国が行う調査の実施において協力する。

**第九五条（公海上の軍艦に与えられる免除）** 公海上の軍艦は、旗国以外のいずれの国の管轄権からも完全に免除される。

**第九六条（政府の非商業的役務にのみ使用される船舶に与えられる免除）** 国が所有し又は運航する船舶で政府の非商業的役務にのみ使用されるものは、公海において旗国以外のいずれの国の管轄権からも完全に免除される。

**第九七条（衝突その他の航行上の事故に関する刑事裁判権）**

1 公海上の船舶につき衝突その他の航行上の事故が生じた場合において、船長その他当該船舶に勤務する者の刑事上又は懲戒上の責任が問われるときは、これらの者に対する刑事上又は懲戒上の手続は、当該船舶の旗国又はこれらの者が属する国の司法当局又は行政当局においてのみとることができる。

2 懲戒上の問題に関しては、船長免状その他の資格又は免許の証明書を発給した国のみが、受有者がその国の国民でない場合においても、適正な法律上の手続を経てこれらを取り消す権限を有する。

3 船舶の拿捕又は抑留は、調査の手段としても、旗国の当局以外の当局が命令してはならない。

**第九八条（援助を与える義務）** 1 いずれの国も、自国を旗国とする船舶の船長に対し、船舶、乗組員又は旅客に重大な危険を及ぼさない限度において次の措置をとることを要求する。

(a) 海上において生命の危険にさらされている者を発見したときは、その者に援助を与えること。

(b) 援助を必要とする旨の通報を受けたときは、当該船長に合理的に期待される限度において、可能な最高速力で遭難者の救助に赴くこと。

(c) 衝突したときは、相手の船舶並びにその乗組員及び旅客に援助を与え、また、可能なときは、自己の船舶の名称、船籍港及び寄港しようとする最も近い港を相手の船舶に知らせること。

2 いずれの沿岸国も、海上における安全に関する適切かつ実効的な捜索及び救助の機関の設置、運営及び維持を促進し、また、状況により必要とされるときは、このため、相互間の地域的な取極により隣接国と協力する。

**第九九条（奴隷の運送の禁止）** いずれの国も、自国の旗を掲げることを認めた船舶による奴隷の運送を防止し及び処罰するため並びに奴隷の運送のために自国の旗が不法に使用されることを防止するため、実効的な措置をとる。いずれの船舶（旗国のいかんを問わない。）に避難する奴隷も、避難したという事実によって自由となる。

**第一〇〇条（海賊行為の抑止のための協力の義務）** すべての国は、最大限に可能な範囲で、公海その他いずれの国の管轄権にも服さない場所における海賊行為の抑止に協力する。

**第一〇一条（海賊行為の定義）** 海賊行為とは、次の行為をいう。

(a) 私有の船舶又は航空機の乗組員又は旅客が私的目的のために行うすべての不法な暴力行為、抑留又は略奪行為であって次のものに対して行われるもの

(i) 公海における他の船舶若しくは航空機又はこれらの内にある人若しくは財産

(ii) いずれの国の管轄権にも服さない場所にある船舶、航空機、人又は財産

(b) いずれかの船舶又は航空機を海賊船舶又は海賊航空機とする事実を知って当該船舶又は航空機の運航に自発的に参加するすべての行為

(c) (a)又は(b)に規定する行為を扇動し又は故意に助長するすべての行為

**第一〇二条（乗組員が反乱を起こした軍艦又は政府の船舶若しくは航空機による海賊行為）** 前条に規定する海賊行為であって、乗組員が反乱を起こして支配している軍艦又は政府の船舶若しくは航空機が行うものは、私有の船舶又は航空機が行う行為とみなされる。

**第一〇三条（海賊船舶又は海賊航空機の定義）** 船舶又は航空機であって、これを実効的に支配している者が第百一条に規定するいずれかの行為を行うために使用することを意図しているものについては、海賊船舶又は海賊航空機とする。当該いずれかの行為を行うために使用された船舶又は航空機であって、当該行為につき有罪とされる者により引き続き支配されているものについても、同様とする。

**第一〇四条（海賊船舶又は海賊航空機の国籍の保持又は喪失）** 船舶又は航空機は、海賊船舶又は海賊航空機となった場合にも、その国籍を保持することができる。国籍の保持又は喪失は、当該国籍を与えた国の法律によって決定される。

**第一〇五条（海賊船舶又は海賊航空機の拿捕）** いずれの国も、公海その他いずれの国の管轄権にも服さない場所において、海賊

船舶、海賊航空機又は海賊行為によって奪取され、かつ、海賊の支配下にある船舶又は航空機を拿捕し及び当該船舶又は航空機内の人を逮捕し又は財産を押収することができる。拿捕を行った国の裁判所は、科すべき刑罰を決定することができるものとし、また、善意の第三者の権利を尊重することを条件として、当該船舶、航空機又は財産についてとるべき措置を決定することができる。

**第一〇六条（十分な根拠なしに拿捕が行われた場合の責任）** 海賊行為の疑いに基づく船舶又は航空機の拿捕が十分な根拠なしに行われた場合には、拿捕を行った国は、その船舶又は航空機がその国籍を有する国に対し、その拿捕によって生じたいかなる損失又は損害についても責任を負う。

**第一〇七条（海賊行為を理由とする拿捕を行うことが認められる船舶及び航空機）** 海賊行為を理由とする拿捕は、軍艦、軍用航空機その他政府の公務に使用されていることが明らかに表示されておりかつ識別されることのできる船舶又は航空機でそのための権限を与えられているものによってのみ行うことができる。

**第一〇八条（麻薬又は向精神薬の不正取引）** 1　すべての国は、公海上の船舶が国際条約に違反して麻薬及び向精神薬の不正取引を行うことを防止するために協力する。

2　いずれの国も、自国を旗国とする船舶が麻薬又は向精神薬の不正取引を行っていると信ずるに足りる合理的な理由がある場合には、その取引を防止するため他の国の協力を要請することができる。

**第一〇九条（公海からの許可を得ていない放送）** 1　すべての国は、公海からの許可を得ていない放送の防止に協力する。

2　この条約の適用上、「許可を得ていない放送」とは、国際的な規則に違反して公海上の船舶又は施設から行われる音響放送又はテレビジョン放送のための送信であって、一般公衆による受信を意図するものをいう。ただし、遭難呼出しの送信を除く。

3　許可を得ていない放送を行う者については、次の国の裁判所に訴追することができる。

(a)　船舶の旗国
(b)　施設の登録国
(c)　当該者が国民である国
(d)　放送を受信することができる国
(e)　許可を得ている無線通信が妨害される国

4　3の規定により管轄権を有する国は、公海において、次条の規定に従い、許可を得ていない放送を行う者を逮捕し又はそのような船舶を拿捕することができるものとし、また、放送機器を押収することができる。

**第一一〇条（臨検の権利）** 1　条約上の権限に基づいて行われる干渉行為によるものを除くほか、公海において第九十五条及び第九十六条の規定に基づいて完全な免除を与えられている船舶以外の外国船舶に遭遇した軍艦が当該外国船舶を臨検することは、次のいずれかのことを疑うに足りる十分な根拠がない限り、正当と認められない。

(a)　当該外国船舶が海賊行為を行っていること。
(b)　当該外国船舶が奴隷取引に従事していること。
(c)　当該外国船舶が許可を得ていない放送を行っており、かつ、当該軍艦の旗国が前条の規定に基づく管轄権を有すること。
(d)　当該外国船舶が国籍を有していないこと。
(e)　当該外国船舶が、他の国の旗を掲げているか又は当該外国船舶の旗を示すことを拒否したが、実際には当該軍艦と同一の国籍を有すること。

2　軍艦は、1に規定する場合において、当該外国船舶がその旗を掲げる権利を確認することができる。このため、当該軍艦は、疑いがある当該外国船舶に対し士官の指揮の下にボートを派遣することができる。文書を検閲した後もなお疑いがあるときは、軍艦は、その船舶内において更に検査を行うことができるが、その検査は、できる限り慎重に行わなければならない。

3　疑いに根拠がないことが証明され、かつ、臨検を受けた外国船舶が疑いを正当とするいかなる行為も行っていなかった場合には、当該外国船舶は、被った損失又は損害に対する補償を受ける。

4　1から3までの規定は、軍用航空機について準用する。

5　1から3までの規定は、政府の公務に使用されていることが明らかに表示されておりかつ識別されることのできるその他の船舶又は航空機で正当な権限を有するものについても準用する。

**第一一一条（追跡権）** 1　沿岸国の権限のある当局は、外国船舶が自国の法令に違反したと信ずるに足りる十分な理由があるときは、当該外国船舶の追跡を行うことができる。この追跡は、外国船舶又はそのボートが追跡国の内水、群島水域、領海又は接続水域にある時に開始しなければならず、また、中断されない限り、領海又は接続水域の外において引き続き行うことができる。領海又は接続水域にある外国船舶が停船命令を受ける時に、その命令を発する船舶も同様に領海又は接続水域にあることは必要でない。外国船舶が第三十三条に定める接続水域にあるときは、追跡は、当該接続水域の設定によって保護しようとする権利の侵害があった場合に限り、行うことができる。

2　追跡権については、排他的経済水域又は大陸棚（大陸棚上の施設の周囲の安全水域を含む。）において、この条約に従いその排他的経済水域又は大陸棚（当該安全水域を含む。）に適用される沿岸国の法令の違反がある場合に準用する。

3　追跡権は、被追跡船舶がその旗国又は第三国の領海に入ると同時に消滅する。

4　追跡は、被追跡船舶又はそのボート若しくは被追跡船舶を母船としてこれと一団となって作業する舟艇が領海又は、場合により、接続水域、排他的経済水域若しくは大陸棚の上部にあることを追跡船舶がその場における実行可能な手段により確認しない限り、開始されたものとされない。追跡は、視覚的又は聴覚的停船信号を外国船舶が視認し又は聞くことができる距離から発した後にのみ、開始することができる。

5　追跡権は、軍艦、軍用航空機その他政府の公務に使用されていることが明らかに表示されておりかつ識別されることのできる船舶又は航空機でそのための権限を与えられているものによってのみ行使することができる。

6　追跡が航空機によって行われる場合には、

(a)　1から4までの規定を準用する。
(b)　停船命令を発した航空機は、船舶を自ら拿捕することができる場合を除くほか、自己が呼び寄せた沿岸国の船舶又は他の航空機が到着して追跡を引き継ぐまで、当該船舶を自ら積極的に追跡しなければならない。当該船舶が停船命令を受け、かつ、当該航空機又は追跡を中断することなく引き続き行う他の航空機若しくは船舶によって追跡されたのでない限り、当該航空機が当該船舶を違反を犯したもの又は違反の疑いがあるものとして発見しただけでは、領海の外における拿捕を正当とするために十分ではない。

7　いずれかの国の管轄権の及ぶ範囲内で拿捕され、かつ、権限のある当局の審理を受けるためその国の港に護送される船舶は、事情により護送の途中において排他的経済水域又は公海の一部を航行することが必要である場合に、その航行のみを理由として釈放を要求することができない。

8　追跡権の行使が正当とされない状況の下に領海の外において船舶が停止され又は拿捕されたときは、その船舶は、これにより被った損失又は損害に対する補償を受ける。

**第一一二条（海底電線及び海底パイプラインを敷設する権利）**

1　すべての国は、大陸棚を越える公海の海底に海底電線及び海底パイプラインを敷設する権利を有する。

2　第七十九条5の規定は、1の海底電線及び海底パイプラインについて適用する。

**第一一三条（海底電線又は海底パイプラインの損壊）**　いずれの国も、自国を旗国とする船舶又は自国の管轄権に服する者が、故意又は過失により、電気通信を中断し又は妨害することとなるような方法で公海にある海底電線を損壊し、及び海底パイプライン又は海底高圧電線を同様に損壊することが処罰すべき犯罪であることを定めるために必要な法令を制定する。この法令の規定は、その損壊をもたらすことを意図し又はその損壊をもたらすおそれのある行為についても適用する。ただし、そのような損壊を避けるために必要なすべての予防措置をとった後に自己の生命又は船舶を守るという正当な目的のみで行動した者による損壊については、適用しない。

**第一一四条（海底電線又は海底パイプラインの所有者による他の海底電線又は海底パイプラインの損壊）**　いずれの国も、自国の管轄権に服する者であって公海にある海底電線又は海底パイプラインの所有者であるものが、その海底電線又は海底パイプラインを敷設し又は修理するに際して他の海底電線又は海底パイプラインを損壊したときにその修理の費用を負担すべきであることを定めるために必要な法令を制定する。

**第一一五条（海底電線又は海底パイプラインの損壊を避けるための損失に対する補償）**　いずれの国も、海底電線又は海底パイプラインの損壊を避けるためにいかり、網その他の漁具を失ったことを証明することができる船舶の所有者に対し、当該船舶の所有者が事前にあらゆる適当な予防措置をとったことを条件として当該海底電線又は海底パイプラインの所有者により補償が行われることを確保するために必要な法令を制定する。

### 第二節　公海における生物資源の保存及び管理

**第一一六条（公海における漁獲の権利）**　すべての国は、自国民が公海において次のものに従って漁獲を行う権利を有する。

(a)　自国の条約上の義務

(b)　特に第六十三条2及び第六十四条から第六十七条までに規定する沿岸国の権利、義務及び利益

(c)　この節の規定

**第一一七条（公海における生物資源の保存のための措置を自国民についてとる国の義務）**　すべての国は、公海における生物資源の保存のために必要とされる措置を自国民についてとる義務及びその措置をとるに当たって他の国と協力する義務を有する。

**第一一八条（生物資源の保存及び管理における国の間の協力）**　いずれの国も、公海における生物資源の保存及び管理について相互に協力する。二以上の国の国民が同種の生物資源を開発し又は同一の水域において異なる種類の生物資源を開発する場合には、これらの国は、これらの生物資源の保存のために必要とされる措置をとるために交渉を行う。このため、これらの国は、適当な場合には、小地域的又は地域的な漁業機関の設立のために協力する。

**第一一九条（公海における生物資源の保存）**　1　いずれの国も、公海における生物資源の漁獲可能量を決定し及び他の保存措置をとるに当たり、次のことを行う。

(a)　関係国が入手することのできる最良の科学的証拠に基づく措置であって、環境上及び経済上の関連要因（開発途上国の特別の要請を含む。）を勘案し、かつ、漁獲の態様、資源間の相互依存関係及び一般的に勧告された国際的な最低限度の基準（小地域的なもの、地域的なもの又は世界的なもののいずれであるかを問わない。）を考慮して、最大持続生産量を実現することのできる水準に漁獲される種の資源量を維持し又は回復することのできるようなものをとること。

(b)　漁獲される種に関連し又は依存する種の資源量をその再生産が著しく脅威にさらされることとなるような水準よりも高く維持し又は回復するために、当該関連し又は依存する種に及ぼす影響を考慮すること。

2　入手することのできる科学的情報、漁獲量及び漁獲努力量に関する統計その他魚類の保存に関連するデータは、適当な場合には権限のある国際機関（小地域的なもの、地域的なもの又は世界的なもののいずれであるかを問わない。）を通じ及びすべての関係国の参加を得て、定期的に提供し、及び交換する。

3　関係国は、保存措置及びその実施がいずれの国の漁業者に対しても法律上又は事実上の差別を設けるものではないことを確保する。

**第一二〇条（海産哺乳動物）**　第六十五条の規定は、公海における海産哺乳動物の保存及び管理についても適用する。

## 第八部　島の制度

**第一二一条（島の制度）**　1　島とは、自然に形成された陸地であって、水に囲まれ、高潮時においても水面上にあるものをいう。

2　3に定める場合を除くほか、島の領海、接続水域、排他的経済水域及び大陸棚は、他の領土に適用されるこの条約の規定に従って決定される。

3　人間の居住又は独自の経済的生活を維持することのできない岩は、排他的経済水域又は大陸棚を有しない。

## 第九部　閉鎖海又は半閉鎖海

**第一二二条（定義）**　この条約の適用上「閉鎖海又は半閉鎖海」とは、湾、海盆又は海であって、二以上の国によって囲まれ、狭い出口によって他の海若しくは外洋につながっているか又はその全部若しくは大部分が二以上の沿岸国の領海若しくは排他的経済水域から成るものをいう。

**第一二三条（閉鎖海又は半閉鎖海に面した国の間の協力）**　同一の閉鎖海又は半閉鎖海に面した国は、この条約に基づく自国の権利を行使し及び義務を履行するに当たって相互に協力すべきである。このため、これらの国は、直接に又は適当な地域的機関を通じて、次のことに努める。

(a)　海洋生物資源の管理、保存、探査及び開発を調整すること。

(b)　海洋環境の保護及び保全に関する自国の権利の行使及び義務の履行を調整すること。

(c)　自国の科学的調査の政策を調整し及び、適当な場合には、

当該水域における科学的調査の共同計画を実施すること。

(d) 適当な場合には、この条の規定の適用の促進について協力することを関係を有する他の国又は国際機関に要請すること。

## 第十部　内陸国の海への出入りの権利及び通過の自由

**第一二四条（用語）** 1　この条約の適用上、

(a) 「内陸国」とは、海岸を有しない国をいう。

(b) 「通過国」とは、内陸国と海との間に位置しており、その領域において通過運送が行われる国（海岸の有無を問わない。）をいう。

(c) 「通過運送」とは、人、荷物、物品及び輸送手段の一又は二以上の通過国の領域における通過をいう。ただし、その通過が、積換、倉入れ、荷分け又は輸送方法の変更を伴うかどうかを問わず、内陸国の領域内に始まり又は終わる全行程の一部にすぎないときに限る。

(d) 「輸送手段」とは、次のものをいう。

(i) 鉄道車両並びに海洋用、湖用及び河川用船舶並びに道路走行車両

(ii) 現地の状況が必要とする場合には、運搬人及び積載用動物

2　内陸国及び通過国は、相互間の合意により、パイプライン（ガス用輸送管を含む。）及び1(d)に規定するもの以外の輸送の手段を輸送手段に含めることができる。

**第一二五条（海への出入りの権利及び通過の自由）** 1　内陸国は、公海の自由及び人類の共同の財産に関する権利を含むこの条約に定める権利の行使のために海への出入りの権利を有する。このため、内陸国は、通過国の領域においてすべての輸送手段による通過の自由を享有する。

2　通過の自由を行使する条件及び態様については、関係する内陸国と通過国との間の二国間の、小地域的な又は地域的な協定によって合意する。

3　通過国は、自国の領域における完全な主権の行使として、この部に定める内陸国の権利及び内陸国のための便益が自国の正当な利益にいかなる害も及ぼさないようすべての必要な措置をとる権利を有する。

**第一二六条（最恵国条項の適用除外）** 内陸国の特別な地理的位置を理由とする権利及び便益を定めるこの条約及び海への出入りの権利の行使に関する特別の協定は、最恵国条項の適用から除外する。

**第一二七条（関税、租税その他の課徴金）** 1　通過運送に対しては、いかなる関税、租税その他の課徴金も課してはならない。ただし、当該通過運送に関連して提供された特定の役務の対価として課される課徴金を除く。

2　内陸国に提供され又は内陸国により利用される通過のための輸送手段及び他の便益に対しては、通過国の輸送手段の利用に対して課される租税又は課徴金よりも高い租税又は課徴金を課してはならない。

**第一二八条（自由地帯及び他の通関上の便益）** 通過運送の便宜のため、通過国と内陸国との間の合意により、通過国の出入港において自由地帯及び他の通関上の便益を設けることができる。

**第一二九条（輸送手段の建設及び改善における協力）** 通過国において通過の自由を実施するための輸送手段がない場合又は現存の手段（港の施設及び設備を含む。）が何らかの点で不十分な場合には、関係する通過国及び内陸国は、そのような輸送手段又は現存の手段の建設及び改善について協力することができる。

**第一三〇条（通過運送における遅延又はその他の困難で技術的性質のものを回避し又は無くすための措置）** 1　通過国は、通過運送における遅延又はその他の困難で技術的性質のものを回避するためすべての適当な措置をとる。

2　1の遅延又は困難が生じたときは、関係する通過国及び内陸国の権限のある当局は、その遅延又は困難を迅速に無くすため協力する。

**第一三一条（海港における同等の待遇）** 内陸国を旗国とする船舶は、海港において他の外国船舶に与えられる待遇と同等の待遇を与えられる。

**第一三二条（通過のための一層大きい便益の供与）** この条約は、この条約に定める通過のための便益よりも大きい便益であって、締約国間で合意され又は締約国が供与するものの撤回をもたらすものではない。この条約は、また、将来において一層大きい便益が供与されることを排除するものではない。

## 第十一部　深海底

### 第一節　総則

**第一三三条（用語）** この部の規定の適用上、

(a) 「資源」とは、自然の状態で深海底の海底又はその下にあるすべての固体状、液体状又は気体状の鉱物資源（多金属性の団塊を含む。）をいう。

(b) 深海底から採取された資源は、「鉱物」という。

**第一三四条（この部の規定の適用範囲）** 1　この部の規定は、深海底について適用する。

2　深海底における活動は、この部の規定により規律される。

3　第一条1(1)に規定する境界を示す海図又は地理学的経緯度の表の寄託及び公表に関する要件については、第六部に定める。

4　この条の規定は、第六部に定めるところによる大陸棚の外側の限界の設定に影響を及ぼすものではなく、また、向かい合っているか又は隣接している海岸を有する国の間の境界画定に関する合意の有効性に影響を及ぼすものではない。

**第一三五条（上部水域及び上空の法的地位）** この部の規定及びこの部の規定により認められ又は行使される権利は、深海底の上部水域又はその上空の法的地位に影響を及ぼすものではない。

### 第二節　深海底を規律する原則

**第一三六条（人類の共同の財産）** 深海底及びその資源は、人類の共同の財産〔common heritage of mankind〕である。

**第一三七条（深海底及びその資源の法的地位）** 1　いずれの国も深海底又はその資源のいかなる部分についても主権又は主権的権利を主張し又は行使してはならず、また、いずれの国又は自然人若しくは法人も深海底又はその資源のいかなる部分も専有してはならない。このような主権若しくは主権的権利の主張若しくは行使又は専有は、認められない。

2　深海底の資源に関するすべての権利は、人類全体に付与されるものとし、機構は、人類全体のために行動する。当該資源は、譲渡の対象とはならない。ただし、深海底から採取された鉱物は、この部の規定並びに機構の規則及び手続に従うことによってのみ譲渡することができる。

3　いずれの国又は自然人若しくは法人も、この部の規定に従う場合を除くほか、深海底から採取された鉱物について権利を主張し、取得し又は行使することはできず、このような権利のいかなる主張、取得又は行使も認められない。

**第一三八条（深海底に関する国の一般的な行為）**　深海底に関する国の一般的な行為は、平和及び安全の維持並びに国際協力及び相互理解の促進のため、この部の規定、国際連合憲章に規定する原則及び国際法の他の規則に従う。

**第一三九条（遵守を確保する義務及び損害に対する責任）**　1　締約国は、深海底における活動（締約国、国営企業又は締約国の国籍を有し若しくは締約国若しくはその国民によって実効的に支配されている自然人若しくは法人のいずれにより行われるかを問わない。）がこの部の規定に適合して行われることを確保する義務を負う。国際機関は、当該国際機関の行う深海底における活動に関し、同様の義務を負う。

2　締約国又は国際機関によるこの部の規定に基づく義務の不履行によって生ずる損害については、国際法の規則及び附属書Ⅲ第二十二条の規定の適用を妨げることなく、責任が生ずる。共同で行動する締約国又は国際機関は、連帯して責任を負う。ただし、締約国は、第百五十三条4及び同附属書第四条4の規定による実効的な遵守を確保するためのすべての必要かつ適当な措置をとった場合には、第百五十三条2(b)に定めるところによって当該締約国が保証した者がこの部の規定を遵守しないことにより生ずる損害について責任を負わない。

3　国際機関の構成国である締約国は、当該国際機関につきこの条の規定の実施を確保するための適当な措置をとる。

**第一四〇条（人類の利益）**　1　深海底における活動については、沿岸国であるか内陸国であるかの地理的位置にかかわらず、また、開発途上国の利益及びニーズ並びに国際連合総会決議第千五百十四号（第十五回会期）及び他の関連する総会決議に基づいて国際連合によって認められた完全な独立又はその他の自治的地位を獲得していない人民の利益及びニーズに特別の考慮を払って、この部に明示的に定めるところに従い、人類全体の利益のために行う。

2　機構は、第百六十条2(f)(i)の規定により、深海底における活動から得られる金銭的利益その他の経済的利益の衡平な配分を適当な制度を通じて、かつ、無差別の原則に基づいて行うことについて定める。

**第一四一条（専ら平和的目的のための深海底の利用）**　深海底は、無差別に、かつ、この部の他の規定の適用を妨げることなく、すべての国（沿岸国であるか内陸国であるかを問わない。）による専ら平和的目的のための利用に開放する。

**第一四二条（沿岸国の権利及び正当な利益）**　1　沿岸国の管轄権の及ぶ区域の境界にまたがって存在する深海底の資源の鉱床に関する深海底における活動については、当該沿岸国の権利及び正当な利益に妥当な考慮を払って行う。

2　1の権利及び利益の侵害を回避するため、関係国との間において協議（事前通報の制度を含む。）を維持するものとする。深海底における活動により沿岸国の管轄権の及ぶ区域内に存在する資源を開発する可能性がある場合には、当該沿岸国の事前の同意を得るものとする。

3　この部の規定及びこの部の規定により認められ又は行使されるいかなる権利も、自国の沿岸又は関係利益に対する重大なかつ急迫した危険であって深海底における活動に起因し又はこれから生ずる汚染、汚染のおそれ又はその他の危険な事態から生ずるものを防止し、軽減し又は除去するために必要な措置（第十二部の関連する規定に適合するもの）をとる沿岸国の権利に影響を及ぼすものではない。

**第一四三条（海洋の科学的調査）**　1　深海底における海洋の科学的調査は、第十三部の規定に従い、専ら平和的目的のため、かつ、人類全体の利益のために実施する。

2　機構は、深海底及びその資源に関する海洋の科学的調査を実施することができるものとし、この目的のため、契約を締結することができる。機構は、深海底における海洋の科学的調査の実施を促進し及び奨励するものとし、また、調査及び分析の結果が利用可能な場合には、当該結果を調整し及び普及させる。

3　締約国は、深海底における海洋の科学的調査を実施することができる。締約国は、次に掲げることにより深海底における海洋の科学的調査における国際協力を促進する。

(a)　国際的な計画に参加すること並びに各国及び機構の要員による海洋の科学的調査における協力を奨励すること。

(b)　機構又は適当な場合には他の国際機関を通じ、開発途上国及び技術面における開発の程度が低い国の利益のため、次に掲げることを目的とする計画が作成されることを確保すること。

(i)　これらの国の調査能力を強化すること。

(ii)　調査の技術及び実施に関し、これらの国及び機構の要員を訓練すること。

(iii)　深海底における調査において、これらの国の資格を有する要員の雇用を促進すること。

(c)　調査及び分析の結果が利用可能な場合には、機構を通じ又は適当なときは他の国際的な経路を通じて当該結果を効果的に普及させること。

**第一四四条（技術の移転）**　1　機構は、次に掲げることを目的として、この条約に従って措置をとる。

(a)　深海底における活動に関する技術及び科学的知識を取得すること。

(b)　すべての締約国が(a)の技術及び科学的知識から利益を得るようにするため、当該技術及び科学的知識の開発途上国への移転を促進し及び奨励すること。

2　機構及び締約国は、このため、事業体及びすべての締約国が利益を得ることができるように、深海底における活動に関する技術及び科学的知識の移転の促進に協力する。機構及び締約国は、特に、次の計画及び措置を提案し及び促進する。

(a)　事業体及び開発途上国に対し深海底における活動に関する技術を移転するための計画（当該計画には、特に、事業体及び開発途上国が公正かつ妥当な条件の下で関連する技術を取得することを容易にするための方策を含める。）

(b)　事業体の技術及び開発途上国の技術の進歩を目的とする措置（特に、事業体及び開発途上国の要員に対し、海洋科学及び海洋技術に関する訓練の機会並びに深海底における活動に対する十分な参加の機会を与えるもの）

**第一四五条（海洋環境の保護）**　深海底における活動に関しては、当該活動により生ずる有害な影響からの海洋環境の効果的な保護を確保するため、この条約に基づき必要な措置をとる。機構は、このため、特に、次の事項に関する適当な規則及び手続を採択する。

(a)　海洋環境（沿岸を含む。）の汚染その他の危険の防止、軽減及び規制並びに海洋環境の生態学的均衡に対する影響の防止、軽減及び規制。特に、ボーリング、しゅんせつ、掘削、廃棄物の処分、これらの活動に係る施設、パイプラインその他の装置の建設、運用及び維持等の活動による有害な影響からの保護の必要性に対して特別の注意が払われなければならない。

(b) 深海底の天然資源の保護及び保存並びに海洋環境における植物相及び動物相に対する損害の防止

**第一四六条（人命の保護）** 深海底における活動に関し、人命の効果的な保護を確保するために必要な措置をとるものとする。機構は、このため、関連する条約に規定されている現行の国際法を補足するために適当な規則及び手続を採択する。

**第一四七条（深海底における活動と海洋環境における活動との調整）** 1 深海底における活動については、海洋環境における他の活動に対して合理的な考慮を払いつつ行う。

2 深海底における活動を行うために使用される施設は、次の条件に従うものとする。

(a) 当該施設について、専らこの部の規定に基づき、かつ、機構の規則及び手続に従い、組み立て、設置し及び撤去する。当該施設の組立て、設置及び撤去については、適当な通報を行わなければならず、また、当該施設の存在について注意を喚起するための恒常的な措置を維持しなければならない。

(b) 当該施設については、国際航行に不可欠な認められた航路帯の使用の妨げとなるような場所又は漁業活動が集中的に行われている水域に設置してはならない。

(c) 航行及び当該施設の安全を確保するため、その施設の周囲に適当な標識を設置することによって安全水域を設定するものとする。当該安全水域の形状及び位置は、船舶の特定の海域への合法的な出入り又は国際的な航路帯上の航行を妨げる帯状となるようなものとしてはならない。

(d) 当該施設については、専ら平和的目的のために使用する。

(e) 当該施設は、島の地位を有しない。当該施設は、それ自体の領海を有せず、また、その存在は、領海、排他的経済水域又は大陸棚の境界画定に影響を及ぼすものではない。

3 海洋環境における他の活動については、深海底における活動に対して合理的な考慮を払いつつ行う。

**第一四八条（深海底における活動への開発途上国の参加）** 深海底における活動への開発途上国の効果的な参加については、開発途上国の特別の利益及びニーズ、特に開発途上国のうちの内陸国及び地理的不利国が不利な位置にあること（深海底から離れていること、深海底への及び深海底からのアクセスが困難であること等）から生ずる障害を克服することの必要性に妥当な考慮を払い、この部に明示的に定めるところによって促進する。

**第一四九条（考古学上の物及び歴史的な物）** 深海底において発見された考古学上の又は歴史的な特質を有するすべての物については、当該物の原産地である国、文化上の起源を有する国又は歴史上及び考古学上の起源を有する国の優先的な権利に特別の考慮を払い、人類全体の利益のために保存し又は用いる。

### 第三節 深海底の資源の開発

**第一五〇条（深海底における活動に関する方針）** 深海底における活動については、この部に明示的に定めるところにより、世界経済の健全な発展及び国際貿易の均衡のとれた成長を助長し、かつ、すべての国、特に開発途上国の全般的な発展のための国際協力を促進するように、次に掲げることを確保することを目的として行う。

(a) 深海底の資源を開発すること。

(b) 深海底の資源の秩序ある、安全な、かつ、合理的な管理（深海底における活動の効率的な実施を含む。）を行うこと及び保存に関する適切な原則に従って不必要な浪費を回避すること。

(c) 深海底における活動に参加する機会を、特に第百四十四条及び第百四十八条の規定に即して拡大すること。

(d) この条約に定めるところにより、機構が収入の一部を得ること並びに事業体及び開発途上国に技術が移転されること。

(e) 消費者への供給を確保するため、深海底以外の供給源から採取される鉱物との関係で必要に応じ、深海底から採取される鉱物の入手可能性を増大させること。

(f) 深海底及び他の供給源から採取された鉱物について、生産者にとって採算がとれ、かつ、消費者にとって公平である公正なかつ安定した価格の形成を促進すること並びに供給と需要との間の長期的な均衡を促進すること。

(g) すべての締約国（社会的及び経済的制度又は地理的位置を問わない。）に対し深海底の資源の開発に参加する機会を増大させること及び深海底における活動の独占を防止すること。

(h) 次条に定めるところに従い、深海底における活動によって影響を受けた鉱物の価格の下落又は当該鉱物の輸出量の減少による経済又は輸出所得に対する悪影響から、当該下落又は減少が深海底における活動によって生じた限度において、開発途上国を保護すること。

(i) 人類全体の利益のために共同の財産を開発すること。

(j) 深海底の資源から生産される鉱物の輸入品及び当該鉱物から生産される産品の輸入品の市場へのアクセスの条件は、他の供給源からの輸入品に適用される最も有利な条件よりも有利なものであってはならないこと。

**第一五一条（生産政策）**

1 (a) 機構は、前条に定める目的を妨げることなく、また、同条(h)の規定を実施するため、生産者及び消費者の双方を含む関係のあるすべての当事者が参加する既存の場又は適当な新たな取決め若しくは合意を通じて行動することにより、深海底から採取された鉱物から生産される産品の市場の成長、効率及び安定を生産者にとって採算のとれる、かつ、消費者にとって公正な価格で促進するために必要な措置をとる。すべての締約国は、このために協力する。

(b) 機構は、深海底から採取された鉱物から生産される産品に関する会議であって生産者及び消費者の双方を含む関係のあるすべての当事者が参加するものに参加する権利を有する。機構は、当該会議の結果作成されるすべての取決め又は合意の当事者となる権利を有する。当該取決め又は合意に基づいて設立される機関への機構の参加は、深海底における生産に関して行われるものに限られるものとし、当該機関の関連する規則に従う。

(c) 機構は、深海底における鉱物のすべての生産に関し、この1の取決め又は合意に基づく義務を履行するに当たり、一律のかつ無差別な実施を確保するように行う。機構は、その義務の履行に当たり、既存の契約及び承認された事業体の業務計画の条件に即して行動する。

2 (a) 3に定める暫定期間中、操業者が機構に生産認可を申請し、その発給を受けるまでは、承認された業務計画に従った商業的生産を行ってはならない。当該生産認可については、業務計画に基づいて商業的生産の開始が予定されている時から五年さかのぼる日前に、申請し又はその発給を受けることができない。ただし、機構が、事業の進展の性質及び日程を考慮してその規則及び手続において他の期間を定める場合は、これによる。

(b) 操業者は、承認された業務計画に基づいて一年間に採取されることが予想されるニッケルの量を生産認可の申請書に明記する。当該申請書には、操業者が認可の取得後に行う支出(予定されている日程に従って商業的生産を開始することを可能にするよう合理的に計算されたもの)の計画表を含める。

(c) (a)及び(b)の規定の適用上、機構は、附属書Ⅲ第十七条の規定に従って適当な実施に関する要件を定める。

(d) 機構は、暫定期間中の生産が計画されている各年について、申請された生産量及び既に認可が与えられている生産量の合計が、生産認可の発給される年について4の規定に従って計算したニッケルの生産量の上限を超えない限り、当該申請された生産量について生産認可を発給する。

(e) 生産認可及び承認された申請は、生産認可の発給の後、承認された業務計画の一部となる。

(f) 操業者は、生産認可の申請が(d)の規定に基づいて却下された場合には、機構に対しいつでも新たに申請することができる。

3 暫定期間は、承認されている業務計画に基づき最初の商業的生産の開始が予定されている年の一月一日の五年前に始まる。最初の商業的生産の開始が当初予定された年より遅れる場合には、その遅れに従い暫定期間の開始時期及び当初計算された生産量の上限を調整する。暫定期間は、二十五年の期間が経過する時、第百五十五条に規定する再検討のための会議が終了する時又は1に規定する新たな取決め若しくは合意が効力を生ずる時のうちいずれか早い時まで継続する。機構は、当該取決め又は合意が終了し又は理由のいかんを問わず効力を失う場合には、暫定期間の残余の期間についてこの条に定める権限を回復する。

4(a) 暫定期間の各年の生産量の上限は、次の(i)及び(ii)の規定によって得られた値の合計とする。

(i) (b)の規定に従って計算されるニッケルの消費量の傾向線上の値であって最初の商業的生産が開始される年の前年のものと当該傾向線上の値であって暫定期間が開始される年の前年のものとの差

(ii) (b)の規定に従って計算されるニッケルの消費量の傾向線上の値であって生産認可が申請される年のものと当該傾向線上の値であって最初の商業的生産が開始される年の前年のものとの差の六十パーセント

(b) (a)の規定の適用上、

(i) ニッケルの生産量の上限を計算するために用いられる傾向線上の値は、生産認可が発給される年において計算される当該傾向線上のニッケルの年間消費量の値とする。当該傾向線は、時間を独立変数とし、データを入手し得る最近の十五年間の実際のニッケルの消費量の対数の線形回帰から得るものとする。この傾向線を原傾向線という。

(ii) 原傾向線の年間増加率が三パーセント未満の場合には、(a)に定める生産量を決定するために用いられる傾向線は、原傾向線上における(i)に規定する十五年間の最初の年の値を始点として毎年三パーセントの率で増加する傾向線とする。ただし、暫定期間の各年における生産量の上限は、いかなる場合にも、当該原傾向線上の当該年の値と当該原傾向線上の暫定期間が開始される年の前年の値との差を超えてはならない。

5 機構は、4の規定に従って計算される生産量の上限のうち、事業体の当初の生産分として三万八千メートル・トンの量のニッケルを留保する。

6(a) 操業者は、全体の生産量が生産認可に定める量を超えないことを条件として、いずれの年においても生産認可に定める多金属性の団塊からの鉱物のその年の年間の生産量未満の量又は当該年間の生産量にその八パーセントの量を加えた量までの生産を行うことができる。各年における当該年間の生産量の八パーセント超二十パーセント以下の超過について又は二年連続して当該年間の生産量を超過した後の最初の及びその後の年における当該年間の生産量の超過については、機構と交渉するものとし、機構は、操業者に対し追加的な生産についての補足的な生産認可を受けるよう要求することができる。

(b) (a)の補足的な生産認可の申請については、生産認可を受けていない操業者によるまだ処理のされていないすべての申請について決定が行われ、かつ、他の予想される申請者について妥当な考慮が払われた後においてのみ、機構が検討する。機構は、暫定期間のいずれの年においても認められた生産量の合計が当該年の生産量の上限を超えてはならないという原則に従う。機構は、いかなる業務計画の下においても、年間四万六千五百メートル・トンを超える量のニッケルの生産を認可してはならない。

7 生産認可に従って採取された多金属性の団塊から抽出される銅、コバルト、マンガン等のニッケル以外の鉱物の生産量は、操業者がこの条の規定に従って当該団塊からニッケルを最大限に生産した場合の当該ニッケル以外の鉱物の生産量を超えるべきではない。機構は、この7の規定を実施するため、附属書Ⅲ第十七条の規定によって規則及び手続を定める。

8 関連する多数国間の貿易協定の下での不公正な経済的慣行に関する権利及び義務は、深海底の鉱物の探査及び開発について適用される。当該貿易協定の当事国である締約国は、この8の規定に関して生ずる紛争の解決に当たって、当該貿易協定の紛争解決手続を利用する。

9 機構は、第百六十一条8の規定に従って規則を採択することにより、適当な条件の下で、かつ、適当な方法を用いて、多金属性の団塊から抽出される鉱物以外の深海底の鉱物の生産量を制限する権限を有する。

10 総会は、深海底における活動によって影響を受けた鉱物の価格の下落又は当該鉱物の輸出量の減少によりその輸出所得又は経済が深刻な悪影響を受ける開発途上国を、当該下落又は減少が深海底における活動によって生じた限度において援助するため、経済計画委員会の助言に基づく理事会の勧告に従って、補償制度を設け又は経済調整を援助する他の措置(専門機関及び他の国際機関との協力を含む。)をとる。機構は、要請に基づき、最も深刻な影響を受けることが予想される国の困難を最小のものとし、かつ、当該国の経済調整を援助するため、当該国が有する問題について研究を開始する。

**第一五二条（機構による権限の行使及び任務の遂行）** 1 機構は、その権限の行使及び任務の遂行(深海底における活動の機会を提供することを含む。)に当たって、差別をしてはならない。

2　1の規定にかかわらず、開発途上国に対しこの部に明示的に定める特別の考慮を払うこと（開発途上国のうちの内陸国及び地理的不利国に対し特に考慮を払うことを含む。）が、認められる。

**第一五三条（探査及び開発の制度）**　1　深海底における活動は、機構が、この条の規定、この部の他の規定、関連する附属書並びに機構の規則及び手続に従い、人類全体のために組織し、行い及び管理する。

2　深海底における活動は、3に定めるところに従って次の者が行う。

(a)　事業体

(b)　機構と提携することを条件として、締約国、国営企業又は締約国の国籍を有し若しくは締約国若しくはその国民によって実効的に支配されている自然人若しくは法人であって当該締約国によって保証されているもの並びにこの(b)に規定する者の集団であってこの部及び附属書Ⅲに定める要件を満たすもの

3　深海底における活動については、附属書Ⅲの規定に従って作成され、法律・技術委員会による検討の後理事会によって承認された書面による正式の業務計画に従って行う。機構によって認められたところによって2(b)に定める主体が行う深海底における活動の場合には、業務計画は、同附属書第三条の規定に基づいて契約の形式をとる。当該契約は、同附属書第十一条に定める共同取決めについて規定することができる。

4　機構は、この部の規定、この部に関連する附属書、機構の規則及び手続並びに3に規定する承認された業務計画の遵守を確保するために必要な深海底における活動に対する管理を行う。締約国は、第百三十九条の規定に従い当該遵守を確保するために必要なすべての措置をとることによって機構を援助する。

5　機構は、この部の規定の遵守を確保するため並びにこの部又はいずれかの契約によって機構に与えられる管理及び規制の任務の遂行を確保するため、いつでもこの部に定める措置をとる権利を有する。機構は、深海底における活動に関連して使用される施設であって深海底にあるすべてのものを査察する権利を有する。

6　3に定める契約は、当該契約の定める期間中の有効性が保証されることについて規定する。当該契約は、附属書Ⅲの第十八条及び第十九条の規定に基づく場合を除くほか、改定されず、停止されず又は終了しない。

**第一五四条（定期的な再検討）**　総会は、この条約の効力発生の後五年ごとに、この条約によって設けられる深海底の国際的な制度の実際の運用について全般的かつ系統的な再検討を行う。総会は、当該再検討に照らし、この部及びこの部に関連する附属書の規定及び手続に従って当該制度の運用の改善をもたらすような措置をとることができ、又は他の機関がそのような措置をとるよう勧告することができる。

**第一五五条（再検討のための会議）**　1　総会は、承認された業務計画に従って最初の商業的生産が開始される年の一月一日から十五年が経過した年に、深海底の資源の探査及び開発の制度を規律するこの部及び関連する附属書の規定を再検討するために会議を招集する。再検討のための会議は、当該十五年の間に得られた経験に照らして、次に掲げる事項を詳細に検討する。

(a)　当該制度を規律するこの部の規定が、人類全体に利益を与えたか否かを含め、すべての点でその目的を達成したか否か。

(b)　当該十五年の間に、留保されていない鉱区と比較して留保鉱区が効果的にかつ均衡のとれた形で開発されたか否か。

(c)　深海底及びその資源の開発及び利用が世界経済の健全な発展及び国際貿易の均衡のとれた成長を助長するように行われたか否か。

(d)　深海底における活動の独占が防止されたか否か。

(e)　第百五十条及び第百五十一条に定める方針及び政策が実施されたか否か。

(f)　当該制度が深海底における活動から生ずる利益の衡平な配分をもたらしたか否か（特に開発途上国の利益及びニーズに考慮を払う。）。

2　再検討のための会議は、人類の共同の財産という原則、すべての国、特に開発途上国の利益のために深海底の資源の衡平な開発を確保することを目的とした国際制度並びに深海底における活動を組織し、行い及び管理するための機構が維持されることを確保する。再検討のための会議は、また、深海底のあらゆる部分に対する主権の主張又は行使の排除、国の深海底に関する権利及び一般的な行為、この条約に適合する深海底における活動への国の参加、深海底における活動の独占の防止、専ら平和的目的のための深海底の利用、深海底における活動の経済的側面、海洋の科学的調査、技術の移転、海洋環境の保護、人命の保護、沿岸国の権利、深海底の上部水域及びその上空の法的地位並びに深海底における活動と海洋環境における他の活動との間の調整に関するこの部に定める原則が維持されることを確保する。

3　再検討のための会議における意思決定手続は、第三次国際連合海洋法会議における手続と同一のものとする。再検討のための会議は、いかなる改正についてもコンセンサス方式によって合意に達するためのあらゆる努力を払う。コンセンサスに達するためのあらゆる努力が払われるまで、改正に関する投票は行われるべきではない。

4　再検討のための会議は、その開始の後五年の間に深海底の資源の探査及び開発の制度に関して合意に達しない場合には、当該五年の経過後の十二箇月の間に、当該制度を変更し又は修正する改正であって必要かつ適当と認めるものを採択し及び批准又は加入のため締約国に提出することにつき、締約国の四分の三以上の多数による議決で決定することができる。当該改正は、締約国の四分の三による批准書又は加入書の寄託の日の後十二箇月ですべての締約国について効力を生ずる。

5　この条の規定に従い再検討のための会議によって採択された改正は、既存の契約に基づいて取得された権利に影響を及ぼすものではない。

## 第四節　機構

### A　総則

**第一五六条（機構の設立）**　1　この部の規定に基づいて任務を遂行する国際海底機構を設立する。

2　すべての締約国は、締約国であることによって機構の構成国となる。

3　第三次国際連合海洋法会議のオブザーバーであって、最終議定書に署名し、かつ、第三百五条1の(c)、(d)、(e)又は(f)に規定するものに該当しないものは、機構の規則及び手続に従ってオブザーバーとして機構に参加する権利を有する。

4　機構の所在地は、ジャマイカとする。

5　機構は、その任務の遂行のために必要と認める地域のセンター又は事務所を設置することができる。

**第一五七条（機構の性質及び基本原則）**　１　機構は、締約国が、特に深海底の資源を管理することを目的として、この部の規定に従って深海底における活動を組織し及び管理するための機関である。

２　機構の権限及び任務は、この条約によって明示的に規定されるものとする。機構は、深海底における活動についての権限の行使及び任務の遂行に含まれ、かつ、必要である付随的な権限であって、この条約に適合するものを有する。

３　機構は、そのすべての構成国の主権平等の原則に基礎を置くものである。

４　機構のすべての構成国は、すべての構成国が構成国としての地位から生ずる権利及び利益を享受することができるよう、この部の規定に基づいて負う義務を誠実に履行する。

**第一五八条（機構の機関）**　１　機構の主要な機関として総会、理事会及び事務局を設置する。

２　事業体を設置する。機構は、この機関を通じて第百七十条１の任務を遂行する。

３　必要と認められる補助機関については、この部の規定に基づいて設置することができる。

４　機構の主要な機関及び事業体は、与えられた権限の行使及び任務の遂行についてそれぞれ責任を負う。各機関は、当該権限の行使及び任務の遂行に当たり、他の機関に与えられた特定の権限の行使及び任務の遂行を害し又は妨げるような行動を回避する。

### B　総会

**第一五九条（構成、手続及び投票）**　１　総会は、機構のすべての構成国で構成される。各構成国は、総会において一人の代表を有するものとし、代表は、代表代理及び顧問を伴うことができる。

２　総会は、毎年通常会期として会合し、また、総会によって決定される特別会期として又は理事会の要請若しくは機構の構成国の過半数の要請に基づいて機構の事務局長によって招集される特別会期として会合する。

３　総会の会合は、総会により別段の決定が行われる場合を除くほか、機構の所在地において開催する。

４　総会は、その手続規則を採択する。総会は、各通常会期の初めに議長及び必要とされるその他の役員を選出する。これらの者は、次の通常会期において新たな議長及びその他の役員が選出されるまで在任する。

５　総会の会合の定足数は、構成国の過半数とする。

６　総会の各構成国は、一の票を有する。

７　特別会期として総会の会合を招集する決定を含む手続問題についての決定は、出席しかつ投票する構成国の過半数による議決で行う。

８　実質問題についての決定は、出席しかつ投票する構成国の三分の二以上の多数による議決で行う。ただし、当該多数が当該会期に参加する構成国の過半数であることを条件とする。実質問題であるか否かに関して問題が生じた場合には、当該問題は、実質問題についての決定に要する多数による議決で総会によって別段の決定が行われる場合を除くほか、実質問題として取り扱われる。

９　実質問題が初めて投票に付される場合には、議長は、当該実質問題に関する投票を五日を超えない期間延期することができる。もっとも、総会の構成国の五分の一以上の国が延期を要請する場合には、議長は、延期しなければならない。この規則は、いかなる実質問題についても一回のみ適用することができるものとし、会期末を超えて実質問題の投票を延期するために適用してはならない。

10　いずれかの問題について総会に提出された提案とこの条約との適合性に関する勧告的意見が議長に対して書面によって要請され、機構の構成国の四分の一以上の国がその要請を支持する場合には、総会は、当該勧告的意見を与えるよう国際海洋法裁判所の海底紛争裁判部に要請する。総会は、同裁判部によって勧告的意見が与えられるまで当該提案に関する投票を延期する。勧告的意見の要請が行われた会期の最後の週までに当該勧告的意見が与えられない場合には、総会は、当該提案に関して投票を行うために会合する時期を決定する。

**第一六〇条（権限及び任務）**　１　総会は、機構のすべての構成国で構成される機構の唯一の機関として、他の主要な機関がこの条約に明示的に定めるところによって責任を負う機構の最高機関とみなされる。総会は、この条約の関連する規定に従い機構の権能の範囲内のあらゆる問題又は事項に関して一般的な政策を定める権限を有する。

２　１に定める権限のほか、総会の権限及び任務は、次のとおりとする。

(a)　次条の規定に従って理事国を選出すること。

(b)　理事会が提案する候補者のうちから機構の事務局長を選出すること。

(c)　理事会の勧告に基づき、事業体の総務会の総務及び事業体の事務局長を選出すること。

(d)　この部の規定に基づく総会の任務の遂行に必要と認める補助機関を設置すること。当該補助機関の構成については、衡平な地理的配分の原則、特別の利益並びに当該補助機関が取り扱う関連する技術的事項について資格及び能力を有する者で構成することの必要性に妥当な考慮を払う。

(e)　機構がその運営経費に充てるための十分な収入を他の財源から得るようになるまでの間、国際連合の通常予算に用いられる分担率に基づいて合意される分担率に従って機構の運営予算に対する構成国の分担金の額を決定すること。

(f)(i)　開発途上国及び完全な独立又はその他の自治的地位を獲得していない人民の利益及びニーズに特別の考慮を払って、深海底における活動から得られる金銭的利益その他の経済的利益の衡平な配分並びに第八十二条の規定に基づいて行われる支払及び拠出に関する規則及び手続を、理事会の勧告に基づいて審議し、承認すること。総会は、理事会の勧告を承認しない場合には、総会によって表明された意見に照らした再検討のため当該勧告を理事会に差し戻す。

(ii)　機構の規則及び手続並びにこれらの改正であって、第百六十二条２(o)(ii)の規定に基づいて理事会によって暫定的に採択されたものを審議し、承認すること。暫定的に採択された規則及び手続は、深海底における概要調査、探査及び開発、機構の財政管理及び内部運営並びに事業体の総務会の勧告を受けて行われる事業体から機構への資金の移転に関係するものとする。

(g)　深海底における活動から得られる金銭的利益その他の経済

的利益をこの条約並びに機構の規則及び手続に即して衡平に配分することについて決定すること。

(h) 理事会が提出した機構の年次予算案を審議し、承認すること。

(i) 理事会及び事業体の定期的な報告並びに理事会及び機構のその他の機関に要請した特別の報告を検討すること。

(j) 深海底における活動に関する国際協力を促進するため並びに深海底における活動に関連する国際法の漸進的発展及び法典化を奨励するため、研究を開始し及び勧告を行うこと。

(k) 深海底における活動に関連する一般的な性質の問題(特に開発途上国に生ずるもの)及び深海底における活動に関連する問題で地理的位置に起因するもの(特に内陸国及び地理的不利国に生ずるもの)を審議すること。

(l) 経済計画委員会の助言に基づく理事会の勧告に従い、第百五十一条10の規定に基づき、補償制度を設け又は経済調整援助するその他の措置をとること。

(m) 第百八十五条の規定に基づき構成国としての権利及び特権の行使を停止すること。

(n) 機構の権能の範囲内のあらゆる問題又は事項について討議すること並びに機構の特定の機関に明示的に付託されていない問題又は事項を機構のいずれの機関が取り扱うかを機構の諸機関の間の権限及び任務の配分に適合するように決定すること。

### C 理事会

**第一六一条（構成、手続及び投票）** 1 理事会は、総会が選出する機構の三十六の構成国で構成される。その選出については、次の順序によって行う。

(a) 統計が入手可能な最近の五年間に、深海底から採取される種類の鉱物から生産された産品について、世界全体の消費量の二パーセントを超える量を消費した締約国又は世界全体の輸入量の二パーセントを超える量を輸入した締約国のうちから四の理事国。ただし、いかなる場合にも、一の理事国は東欧地域の社会主義国から選出するものとし、また、一の理事国は最大の消費国をもって充てる。

(b) 直接に又はその国民を通じて、深海底における活動の準備及び実施に最大の投資を行っている八の締約国のうちから四の理事国。ただし、少なくとも一の理事国は、東欧地域の社会主義国から選出する。

(c) その管轄の下にある地域における生産を基礎として、深海底から採取される種類の鉱物の主要な純輸出国である締約国のうちから四の理事国。ただし、少なくとも二の理事国は、自国による当該鉱物の輸出がその経済に重要な関係を有している開発途上国から選出する。

(d) 開発途上国である締約国のうちから特別の利益を代表する六の理事国。代表される当該特別の利益には、人口の多い国、内陸国又は地理的不利国、深海底から採取される種類の鉱物の主要な輸入国、当該鉱物の潜在的な生産国及び後発開発途上国の利益を含む。

(e) 理事会全体の議席の衡平な地理的配分を確保するという原則に従って選出される十八の理事国。ただし、各地理的地域からこの(e)の規定により少なくとも一の理事国を選出するものとする。この規定の適用上、地理的地域とは、アフリカ、アジア、東欧(ただし、社会主義国に限る。)、ラテン・アメリカ並びに西欧及びその他をいう。

2 総会は、1の規定に従って理事国を選出するに当たり、次のことを確保する。

(a) 内陸国及び地理的不利国が、総会において代表される程度と合理的に均衡のとれる程度に代表されること。

(b) 1の(a)から(d)までに定める要件を満たしていない沿岸国(特に開発途上国)が、総会において代表される程度と合理的に均衡のとれる程度に代表されること。

(c) 理事会において代表される締約国の集団が指名する機構の構成国がある場合には、当該機構の構成国によって当該集団が代表されること。

3 選出は、総会の通常会期に行われる。各理事国は、四年の任期で選出される。ただし、第一回の選出においては、1に定める各集団の理事国の半数は、二年の任期で選出される。

4 理事国は、再選されることができる。もっとも、輪番制による議席の交代が望ましいことに妥当な考慮が払われるべきである。

5 理事会は、機構の所在地で任務を遂行し、機構の業務の必要に応じて会合する。ただし、年三回以上会合するものとする。

6 理事会の会合の定足数は、理事国の過半数とする。

7 各理事国は、一の票を有する。

8 (a) 手続問題についての決定は、出席しかつ投票する理事国の過半数による議決で行う。

(b) 次に掲げる規定の適用に関して生ずる実質問題についての決定は、出席しかつ投票する理事国の三分の二以上の多数による議決で行う。ただし、当該多数が理事国の過半数であることを条件とする。

次条2の(f)から(i)まで、(n)、(p)及び(v)並びに第百九十一条

(c) 次に掲げる規定の適用に関して生ずる実質問題についての決定は、出席しかつ投票する理事国の四分の三以上の多数による議決で行う。ただし、当該多数が理事国の過半数であることを条件とする。

次条1、同条2の(a)から(e)まで、(l)、(q)から(t)まで、(u)(契約者又は保証国による不履行の場合)、(w)(ただし、(w)に規定する命令は、8(d)に定めるコンセンサス方式による決定によって確認される場合を除くほか、三十日を超えて拘束力を有することができない。)及び(x)から(z)まで、第百六十三条2、第百七十四条3並びに附属書Ⅳ第十一条

(d) 次に掲げる規定の適用に関して生ずる実質問題についての決定は、コンセンサス方式によって行う。

次条2の(m)及び(o)並びにこの部の規定の改正の採択

(e) (d)、(f)及び(g)の規定の適用上、「コンセンサス」とは、正式の異議がないことを意味する。議長は、理事会に対する提案の提出から十四日以内に、当該提案を採択することに対する正式の異議があるか否かを判断する。理事会の議長は、提案を採択することに対する正式の異議があると判断した場合には、意見の相違を調停し、コンセンサス方式による採択が可能となるような提案を作成することを目的として、その判断の後三日以内に、九を超えない理事国から成り、理事会の議長を委員長とする調停委員会を設置し、招集する。調停委員会は、迅速に作業を行い、その設置の後十四日以内に理事会に対して報告する。調停委員会は、コンセンサス方式による採択が可能となるような提案を勧告することができない場合

には、その報告において、そのような提案に対して異議が申し立てられている理由を明らかにする。

(f) (a)から(d)までに規定していない問題であって、機構の規則及び手続その他により理事会が決定を行うことが認められているものについては、当該規則及び手続に明記されている(a)から(d)までのいずれかに定める手続に従って決定する。いずれの手続によるかについて当該規則及び手続に明記されていない場合には、理事会が、可能なときは事前に、コンセンサス方式によって決定する(a)から(d)までのいずれかに定める手続に従って決定する。

(g) 問題が(a)から(d)までのうちのいずれに規定する問題に該当するかについて疑義が生ずる場合には、場合に応じ、より多くの多数による議決を必要とする問題又は、コンセンサス方式を必要とする問題に該当する可能性があるときは、同方式を必要とする問題に該当するものとして取り扱う。ただし、その問題について適用されることとなる議決の方式によって理事会において別段の決定が行われる場合は、この限りでない。

9 理事会は、理事国でない機構の構成国の要請がある場合又は理事国でない機構の構成国に特に影響を及ぼす事項が審議される場合に当該構成国が理事会の会合に代表を出席させることができるようにするための手続を定める。当該代表は、審議に参加することができるが、投票することはできない。

**第一六二条（権限及び任務）** 1 理事会は、機構の執行機関であり、機構の権能の範囲内のあらゆる問題又は事項について、機構の従うべき個別の政策を、総会が定める一般的な政策及びこの条約に即して定める権限を有する。

2 理事会は、1に定める権限を行使するほか、次のことを行う。

(a) 不履行の事案について総会の注意を喚起すること並びに、機構の権能の範囲内のあらゆる問題又は事項について、この部の規定の実施を監督し及び調整すること。

(b) 機構の事務局長の選出のための候補者の名簿を総会に提案すること。

(c) 事業体の総務会の総務及び事業体の事務局長の選出のために候補者を総会に推薦すること。

(d) 適当な場合には、経済性及び効率に妥当な考慮を払い、この部の規定に基づく理事会の任務の遂行に必要と認める補助機関を設置すること。当該補助機関の構成については、衡平な地理的配分の原則及び特別の利益に妥当な考慮が払われることを条件として、当該補助機関が取り扱う関連する技術的事項について資格及び能力を有する者で構成することの必要性に重点を置くものとする。

(e) 議長の選出方法に関する規則を含む理事会の手続規則を採択すること。

(f) 総会の承認を条件として、機構のためにかつ機構の権能の範囲内で国際連合又は他の国際機関と協定を締結すること。

(g) 事業体の報告を審議し、勧告を付して総会に送付すること。

(h) 年次報告及び総会が要請する特別の報告を総会に提出すること。

(i) 第百七十条の規定に基づいて事業体に指示を与えること。

(j) 附属書Ⅲ第六条の規定に従って業務計画を承認すること。理事会は、法律・技術委員会によって業務計画が提出された日から六十日以内に、理事会の会期中に次の手続に従って当該業務計画について決定を行う。

(i) 委員会が業務計画の承認を勧告した場合において、いずれの理事国も十四日以内に議長に対し附属書Ⅲ第六条の要件を満たしていない旨の具体的な異議を書面によって申し立てないときは、当該業務計画については、理事会によって承認されたものとみなす。異議が申し立てられたときは、前条8(e)に定める調停手続を適用する。調停手続の終了時においても当該異議が維持されている場合には、理事会(当該業務計画を申請した国又は当該業務計画の申請者を保証している国が理事国である場合には、これらの国を除く。)がコンセンサス方式により不承認とすることを決定しない限り、当該業務計画については、承認されたものとみなす。

(ii) 委員会が業務計画の不承認を勧告する場合又はいかなる勧告も行わない場合には、理事会は、出席しかつ投票する理事国の四分の三以上の多数による議決で当該業務計画の承認を決定することができる。ただし、当該多数が当該会期に出席する理事国の過半数であることを条件とする。

(k) (j)に規定する手続を準用して、附属書Ⅳ第十二条の規定に基づいて事業体が提出する業務計画を承認すること。

(l) 第百五十三条4の規定並びに機構の規則及び手続に従って深海底における活動の管理を行うこと。

(m) 第百五十条(h)に規定する経済的な悪影響からの保護を行うため、経済計画委員会の勧告に基づき同条(h)の規定に従って必要かつ適当な措置をとること。

(n) 経済計画委員会の助言に基づき、第百五十一条10に規定する補償制度又は経済調整を援助するその他の措置について総会に勧告すること。

(o) (i) 開発途上国及び完全な独立又はその他の自治的地位を獲得していない人民の利益及びニーズに特別の考慮を払って、深海底における活動から得られる金銭的利益その他の経済的利益の衡平な配分並びに第八十二条の規定に基づいて行われる支払及び拠出に関する規則及び手続を総会に勧告すること。

(ii) 総会によって承認されるまでの間、法律・技術委員会又はその他の関係する補助機関の勧告を考慮して、機構の規則及び手続(これらの改正を含む。)を暫定的に採択し、暫定的に適用すること。これらの規則及び手続は、深海底における概要調査、深海底における探査及び開発並びに機構の財政管理及び内部運営に関係するものとする。多金属性の団塊の探査及び開発に関する規則及び手続の採択を優先する。多金属性の団塊以外の資源の探査及び開発のための規則及び手続については、当該資源に関し機構の構成国が当該規則及び手続を採択することを機構に要請した日から三年以内に採択する。すべての規則及び手続は、総会によって承認される時又は総会の表明する見解に照らして理事会によって改正される時まで、暫定的に効力を有する。

(p) この部の規定に基づく活動に関連して機構が行い又は機構に対して行われるすべての支払の状況を検討すること。

(q) 附属書Ⅲ第七条の規定により必要とされる場合には、生産認可を申請した者のうちから同条の規定に従って選定を行うこと。

(r) 総会の承認を得るため機構の年次予算案を総会に提出すること。

(s) 機構の権能の範囲内のあらゆる問題又は事項に関する政策について総会に勧告すること。

(t) 第百八十五条の規定に基づき構成国としての権利及び特権の行使を停止することに関して総会に勧告すること。

(u) 不履行がある場合に、海底紛争裁判部において機構のために手続を開始すること。

(v) (u)の規定に基づいて開始された手続における海底紛争裁判部の決定に関して総会に通報し、とるべき措置につき適当と認める勧告を行うこと。

(w) 深海底における活動から生ずる海洋環境に対する重大な害を防止するため、緊急の命令（操業を停止し又は調整するための命令を含む。）を発すること。

(x) 海洋環境に対し重大な害を及ぼす危険性のあることを実質的な証拠が示している場合に、契約者又は事業体による開発のための鉱区を承認しないこと。

(y) 次の事項に関する財政上の規則及び手続の案を作成するための補助機関を設置すること。

(i) 第百七十一条から第百七十五条までの規定に基づく財政管理

(ii) 附属書Ⅲの第十三条及び第十七条1(c)の規定に基づく財政上の措置

(z) この部の規定、機構の規則及び手続並びに機構との契約の条件が遵守されているか否かを決定するために深海底における活動を査察する査察員に対し指示を与え及び査察員を監督するための適当な制度を設けること。

**第一六三条（理事会の機関）** 1 理事会の機関として次のものを設置する。

(a) 経済計画委員会

(b) 法律・技術委員会

2 各委員会は、締約国が指名した候補者のうちから理事会が選出する十五人の委員で構成される。ただし、理事会は、必要な場合には、経済性及び効率に妥当な考慮を払い各委員会の委員の人数を増加させることについて決定することができる。

3 委員は、その属する委員会が権限を有する分野についての適当な資格を有していなければならない。締約国は、委員会の任務の効果的な遂行を確保するため、関連する分野についての資格と共に最高水準の能力及び誠実性を有する候補者を指名する。

4 委員の選出に当たっては、衡平な地理的配分及び特別の利益が代表されることの必要性に妥当な考慮を払う。

5 いずれの締約国も、同一の委員会につき二人以上の候補者を指名することができない。いかなる者も、二以上の委員会で職務を遂行するために選出されることはできない。

6 委員は、五年の任期を有する。委員は、一の任期について再選されることができる。

7 委員の任期満了前に、委員の死亡、心身の故障又は辞任があった場合には、理事会は、当該委員と同一の地理的地域又は利益の分野から、その残任期間について委員を任命する。

8 委員は、深海底における探査及び開発に関するいかなる活動についても、金銭上の利害関係を有してはならない。委員は、その属する委員会の任務を遂行する場合を除くほか、産業上の秘密、附属書Ⅲ第十四条の規定に基づいて機構に移転された財産的価値を有するデータその他機構における職務上知り得た秘密の情報をその職を退いた後も開示してはならない。

9 委員会は、理事会が採択する指針及び指示に従ってその任務を遂行する。

10 委員会は、その任務の効率的な遂行のために必要な規則を作成し、承認を得るために理事会に提出する。

11 委員会の意思決定手続は、機構の規則及び手続において定める。理事会に対する勧告には、必要な場合には、委員会における意見の相違についての要約を添付する。

12 委員会は、通常、機構の所在地で任務を遂行し、その任務の効率的な遂行の必要に応じて会合する。

13 委員会は、その任務の遂行に当たり、適当な場合には、他の委員会、国際連合若しくはその専門機関の権限のある機関又は対象となる事項について権限を有する国際機関と協議を行うことができる。

**第一六四条（経済計画委員会）** 1 経済計画委員会の委員は、鉱業、鉱物資源に関する活動の管理、国際貿易、国際経済等についての適当な資格を有していなければならない。理事会は、すべての適当な資格が委員会の構成において反映されることを確保するよう努力する。委員会には、深海底から採取される種類の鉱物の自国による輸出がその経済に重要な関係を有している開発途上国から少なくとも二人の委員を選出する。

2 経済計画委員会は、次のことを行う。

(a) 理事会の要請に基づき、深海底における活動に関しこの条約の定めるところに従って行われた決定を実施するための措置を提案すること。

(b) 輸入国及び輸出国の双方の利益、特にこれらの国のうちの開発途上国の利益を考慮に入れて、深海底から採取される鉱物の供給、需要及び価格の動向並びに供給、需要及び価格に影響を与える要因を検討すること。

(c) 関係締約国による注意の喚起を受けて、第百五十条(h)に規定する悪影響をもたらすおそれのある事態について、調査すること及び理事会に適当な勧告を行うこと。

(d) 深海底における活動によって悪影響を受けた開発途上国のための補償制度又は経済調整を援助するその他の措置を、総会に提出するために、第百五十一条10の規定に基づいて理事会に提案すること。委員会は、総会によって採択された当該補償制度又は経済調整を援助するその他の措置を個別の事案に適用するために必要な勧告を理事会に行う。

**第一六五条（法律・技術委員会）** 1 法律・技術委員会の委員は、鉱物資源の探査、開発及び製錬、海洋学、海洋環境の保護、海洋における鉱業及び関連する専門分野に関する経済的又は法律的事項等についての適当な資格を有していなければならない。理事会は、すべての適当な資格が委員会の構成において反映されることを確保するよう努力する。

2 法律・技術委員会は、次のことを行う。

(a) 理事会の要請に基づき、機構の任務の遂行に関して勧告すること。

(b) 深海底における活動に関する書面による正式の業務計画を第百五十三条3の規定に基づいて検討し、理事会に適当な勧告を提出すること。委員会は、附属書Ⅲに定める基準のみに基づいて勧告し、その勧告に関して理事会に十分な報告を行う。

(c) 理事会の要請に基づき、適当な場合には深海底における活動を行う主体又は関係国と協議し及び協力して、当該活動を監督し、理事会に報告すること。

(d) 深海底における活動が環境に及ぼす影響についての評価を作成すること。

(e) 海洋環境の保護につき、その分野において認められた専門家の見解を考慮して、理事会に勧告すること。

(f) 深海底における活動が環境に及ぼす影響についての評価を含むすべての関連する要素を考慮して、第百六十二条2(o)に規定する規則及び手続を作成し、理事会に提出すること。

(g) (f)の規則及び手続を常に検討し、必要又は望ましいと認める改正を随時理事会に勧告すること。

(h) 認められた科学的方法により、深海底における活動に起因する海洋環境の汚染の危険又は影響についての観察、計測、評価及び分析を定期的に行うための監視計画を作成することに関して理事会に勧告すること、現行の規則が適切であり、かつ遵守されることを確保すること並びに理事会が承認した監視計画の実施を調整すること。

(i) この部及びこの部に関連する附属書に基づき、特に第百八十七条の規定を考慮して、海底紛争裁判部において機構のために手続を開始するよう理事会に勧告すること。

(j) (i)の規定によって開始された手続における海底紛争裁判部の決定を踏まえて、とるべき措置について理事会に勧告すること。

(k) 深海底における活動から生ずる海洋環境に対する重大な害を防止するため、緊急の命令(操業を停止し又は調整するための命令を含む。)を発するよう理事会に勧告すること。理事会は、勧告を優先的に取り上げる。

(l) 海洋環境に対し重大な害を及ぼす危険性のあることを実質的な証拠が示している場合に、契約者又は事業体による開発のための鉱区を承認しないよう理事会に勧告すること。

(m) この部の規定、機構の規則及び手続並びに機構との契約の条件が遵守されているか否かを決定するために深海底における活動を査察する査察員に対し指示を与え及び査察員を監督することに関し、理事会に勧告すること。

(n) 生産量の上限を計算すること及び、生産認可を申請した者のうちから理事会が附属書III第七条の規定に従って必要な選定を行った後、第百五十一条の2から7までの規定に従って機構のために生産認可を発給すること。

3 法律・技術委員会の委員は、監督及び査察の職務を遂行するに当たり、締約国又は他の関係当事者の要請があった場合には、当該締約国又は他の関係当事者の代表者を同伴する。

### D 事務局

**第一六六条（事務局）** 1 機構の事務局は、事務局長及び機構が必要とする職員で構成される。

2 事務局長は、理事会が推薦する候補者のうちから総会によって四年の任期で選出されるものとし、再選されることができる。

3 事務局長は、機構の首席行政官である。事務局長は、総会、理事会及び補助機関のすべての会合において首席行政官の資格で行動するものとし、また、これらの機関が委任する他の運営上の任務を遂行する。

4 事務局長は、機構の活動に関し、総会に対して年次報告を行う。

**第一六七条（機構の職員）** 1 機構の職員は、機構の運営上の任務を遂行するために必要な資格を有する科学要員、技術要員その他の要員で構成される。

2 職員の採用及び雇用並びに勤務条件の決定に当たっては、最高水準の能率、能力及び誠実性を確保することの必要性に最大の考慮を払う。その考慮を払った上で、できる限り広範な地理的基礎に基づいて職員を採用することが重要であることについて妥当な考慮を払う。

3 職員は、事務局長が任命する。職員の任命、報酬及び解雇の条件は、機構の規則及び手続による。

**第一六八条（事務局の国際的な性質）** 1 事務局長及び職員は、その職務の遂行に当たって、いかなる政府からも又は機構外のいかなるところからも指示を求め又は受けてはならない。事務局長及び職員は、機構に対してのみ責任を負う国際公務員としての立場に影響を及ぼすおそれのあるいかなる行動も慎まなければならない。締約国は、事務局長及び職員の責任の専ら国際的な性質を尊重すること並びにこれらの者がその責任を果たすに当たってこれらの者を左右しようとしないことを約束する。職員による義務の違反は、機構の規則及び手続に規定する適当な行政審判所に付託される。

2 事務局長及び職員は、深海底における探査及び開発に関するいかなる活動についても、金銭上の利害関係を有してはならない。事務局長及び職員は、機構の任務を遂行する場合を除くほか、産業上の秘密、附属書III第十四条の規定に基づいて機構に移転された財産的価値を有するデータその他機構における職務上知り得た秘密の情報をその職を退いた後も開示してはならない。

3 2に規定する機構の職員の義務の違反については、当該違反によって影響を受けた締約国又は第百五十三条2(b)の規定によって締約国が保証する自然人若しくは法人であって当該違反によって影響を受けたものの要請に基づき、機構が当該職員を相手として機構の規則及び手続によって指定される審判所に付託する。当該影響を受けた締約国は、当該審判所における手続に参加する権利を有する。事務局長は、審判所が当該職員の解雇を勧告する場合には、当該職員を解雇する。

4 この条の規定を実施するために必要な規定については、機構の規則及び手続に含める。

**第一六九条（国際機関及び非政府機関との協議及び協力）** 1 事務局長は、機構の権能の範囲内の事項につき、国際連合経済社会理事会が認める国際機関及び非政府機関と協議し及び協力するため、理事会の承認を得てこれらの機関との間で適当な取決めを行う。

2 事務局長が1の規定により取決めを行った機関は、機構の機関の手続規則に従い当該機構の機関の会合にオブザーバーとして出席する代表者を指名することができる。適当な場合には、事務局長が1の規定によって取決めを行った機関の見解を得るための手続を定める。

3 事務局長は、1に規定する非政府機関が特別の能力を有する事項であって機構の活動に関係するものについて、当該非政府機関の提出する報告書を締約国に配布することができる。

### E 事業体

**第一七〇条（事業体）** 1 事業体は、機構の機関であり、第百五十三条2(a)の規定に基づいて深海底における活動を直接に行い、並びに深海底から採取された鉱物の輸送、製錬及び販売を行う。

2 事業体は、機構の国際法上の法人格の枠内で、附属書IVの規程に定める法律上の能力を有する。事業体は、この条約、機構の規則及び手続並びに総会の定める一般的な政策に従って行動し、かつ、理事会の指示及び管理に服する。

3 事業体は、その業務のための主たる事務所を機構の所在地に置く。

4　事業体は、第百七十三条2及び附属書Ⅳ第十一条に定めるところによりその任務の遂行に必要な資金を供与され、また、第百四十四条及びこの条約の他の規定に定めるところによって技術を供与される。

### F　機構の財政制度

**第一七一条（機構の資金）** 機構の資金には、次のものが含まれる。

(a) 第百六十条2(e)の規定に従って決定された機構の構成国の分担金

(b) 附属書Ⅲ第十三条の規定に基づき機構が深海底における活動に関連して受領する資金

(c) 附属書Ⅳ第十条の規定に従って事業体から移転される資金

(d) 第百七十四条の規定に基づいて借り入れる資金

(e) 構成国又はその他の者が支払う任意の拠出金

(f) 第百五十一条10の規定に基づく補償のための基金（その財源については、経済計画委員会が勧告する。）への支払

**第一七二条（機構の年次予算）** 機構の事務局長は、機構の年次予算案を作成し、理事会に提出する。理事会は、予算案を審議し、これに関する勧告と共に総会に提出する。総会は、第百六十条2(h)の規定に基づいて予算案を審議し、承認する。

**第一七三条（機構の経費）** 1　第百七十一条(a)に規定する分担金は、機構がその運営経費に充てるための十分な資金を他の財源から得るようになるまでの間、その運営経費に充てるために特別勘定に払い込まれるものとする。

2　機構の資金は、機構の運営経費に優先的に充てられる。第百七十一条(a)に規定する分担金を除くほか、運営経費の支払後に残った資金は、特に次のとおり配分し又は使用することができる。

(a) 第百四十条及び第百六十条2(g)の規定に従って配分する。

(b) 第百七十条4の規定に基づいて事業体に資金を供与するために使用する。

(c) 第百五十一条10及び第百六十条2(l)の規定に基づいて開発途上国に補償するために使用する。

**第一七四条（機構の借入れの権限）** 1　機構は、資金を借り入れる権限を有する。

2　総会は、第百六十条2(f)の規定に従って採択する財政規則において、機構の借入れの権限についての制限を定める。

3　理事会は、機構の借入れの権限を行使する。

4　締約国は、機構の債務について責任を負わない。

**第一七五条（年次会計検査）** 年次会計報告を含む機構の記録、帳簿及び決算報告については、総会によって任命される独立の会計検査専門家が毎年検査する。

### G　法的地位、特権及び免除

**第一七六条（法的地位）** 機構は、国際法上の法人格並びにその任務の遂行及び目的の達成に必要な法律上の能力を有する。

**第一七七条（特権及び免除）** 機構は、その任務の遂行を可能にするため、締約国の領域においてこのGに規定する特権及び免除を享受する。事業体に関する特権及び免除は、附属書Ⅳ第十三条に定める。

**第一七八条（訴訟手続の免除）** 機構並びにその財産及び資産は、機構が個別の事案について明示的に放棄する場合を除くほか、訴訟手続の免除を享受する。

**第一七九条（捜索及びあらゆる形式の押収の免除）** 機構の財産及び資産は、所在地及び占有者のいかんを問わず、行政上又は立法上の措置による捜索及び徴発、没収、収用その他あらゆる形式の押収を免除される。

**第一八〇条（制限、規制、管理及びモラトリアムの免除）** 機構の財産及び資産は、いかなる性質の制限、規制、管理及びモラトリアムも免除される。

**第一八一条（機構の文書及び公用の通信）** 1　機構の文書は、所在地のいかんを問わず、不可侵とする。

2　財産的価値を有するデータ、産業上の秘密又はこれらと同様の情報及び人事の記録は、公衆の閲覧の用に供される記録保管所に置いてはならない。

3　機構は、その公用の通信に関し、各締約国が他の国際機関に与える待遇よりも不利でない待遇を与えられる。

**第一八二条（機構に関係する特定の者の特権及び免除）** 総会若しくは理事会の会合又は総会若しくは理事会の機関の会合に出席する締約国の代表並びに機構の事務局長及び職員は、各締約国の領域において次の特権及び免除を享受する。

(a) これらの者が代表する締約国又は場合により機構が個別の事案について免除を明示的に放棄する場合を除くほか、これらの者がその職務の遂行に当たって行った行為に関する訴訟手続の免除

(b) これらの者が特権及び免除を与える締約国の国民でない場合には、当該締約国が他の締約国の同等の地位の代表者、公務員及び被用者に与える出入国制限、外国人登録義務及び国民的服役義務の免除、為替制限に関する便宜並びに旅行の便宜に関する待遇と同一の免除、便宜及び待遇

**第一八三条（租税及び関税の免除）** 1　機構、その資産、財産及び収入並びにこの条約によって認められる機構の活動及び取引は、機構の公的な活動の範囲内のものについては、すべての直接税を免除されるものとし、機構の公用のために輸入され又は輸出される産品は、すべての関税を免除される。ただし、機構は、提供された役務の使用料にすぎない税の免除を要求してはならない。

2　締約国は、機構の公的な活動のために必要な相当の価額の産品又はサービスが機構により又は機構のために購入される場合において、当該産品又はサービスの価格の一部として租税又は関税が含まれるときは、実行可能な限り、当該租税又は関税を免除するため又はその還付をするため、適当な措置をとる。この条に規定する免除を受けて輸入され又は購入された産品については、当該免除を認めた締約国の同意した条件に従う場合を除くほか、当該締約国の領域内で売却その他の方法で処分してはならない。

3　締約国は、機構の事務局長及び職員並びに機構のために職務を遂行する専門家が自国民でない場合には、これらの者に機構が支払う給料、報酬その他すべての支払に関しいかなる課税も行ってはならない。

### H　構成国としての権利及び特権の行使の停止

**第一八四条（投票権の行使の停止）** 機構に対する分担金の支払が延滞している締約国は、その延滞金の額がその時までの満二年間に当該締約国が支払うべきであった分担金の額に等しいか又はこれを超える場合には、投票権を失う。もっとも、総会は、支払の不履行が構成国にとってやむを得ない事情によると認め

るときは、当該構成国に投票を認めることができる。

**第一八五条（構成国としての権利及び特権の行使の停止）**
1　総会は、この部の規定に対する重大かつ執ような違反を行った締約国について、理事会の勧告に基づき、構成国としての権利及び特権の行使を停止することができる。
2　締約国がこの部の規定に対する重大かつ執ような違反を行ったと海底紛争裁判部が認定するまでは、1の規定に基づく措置をとってはならない。

### 第五節　紛争の解決及び勧告的意見

**第一八六条（国際海洋法裁判所の海底紛争裁判部）** 海底紛争裁判部の設置及びその管轄権の行使については、この節、第十五部及び附属書VIの規定によって規律する。

**第一八七条（海底紛争裁判部の管轄権）** 海底紛争裁判部は、深海底における活動に関する次の種類の紛争につき、この部及びこの部に関連する附属書の規定により管轄権を有する。
(a)　この部及びこの部に関連する附属書の規定の解釈又は適用に関する締約国間の紛争
(b)　締約国と機構との間の紛争であって、次の事項に関するもの
(i)　この部若しくはこの部に関連する附属書の規定又はこれらの規定に従って採択された機構の規則及び手続に違反すると申し立てられた機構又は締約国の作為又は不作為
(ii)　機構の管轄に属する事項からの逸脱又は権限の濫用と申し立てられた機構の作為
(c)　契約の当事者（締約国、機構若しくは事業体、国営企業又は第百五十三条2(b)に規定する自然人若しくは法人）の間の紛争であって、次の事項に関するもの
(i)　関連する契約又は業務計画の解釈又は適用
(ii)　深海底における活動に関する契約の当事者の作為又は不作為であって、他方の当事者に向けられたもの又は他方の当事者の正当な利益に直接影響を及ぼすもの
(d)　第百五十三条2(b)に定めるところにより締約国によって保証されておりかつ附属書IIIの第四条6及び第十三条2に定める条件を適正に満たした者で契約することが見込まれているものと機構との間の紛争であって、契約交渉において生ずる法律問題又は契約の拒否に関するもの
(e)　締約国、国営企業又は第百五十三条2(b)に定めるところにより締約国によって保証されている自然人若しくは法人と機構との間の紛争であって、機構が附属書IIIの第二十二条に規定する責任を負うと申し立てられる場合のもの
(f)　その他この条約において海底紛争裁判部の管轄権が明示的に定められている紛争

**第一八八条（国際海洋法裁判所の特別裁判部、海底紛争裁判部臨時裁判部又は拘束力のある商事仲裁への紛争の付託）** 1　前条(a)に掲げる締約国間の紛争は、
(a)　両紛争当事者の要請がある場合には、附属書VIの第十五条及び第十七条の規定に基づいて設置される国際海洋法裁判所の特別裁判部に付託することができる。
(b)　いずれかの紛争当事者の要請がある場合には、附属書VI第三十六条の規定に基づいて設置される海底紛争裁判部臨時裁判部に付託することができる。
2(a)　いずれかの紛争当事者の要請がある場合には、前条(c)(i)に掲げる契約の解釈又は適用に関する紛争は、紛争当事者が別段の合意をしない限り、拘束力のある商事仲裁に付されるものとする。当該紛争が付託される商事仲裁裁判所は、この条約の解釈の問題を決定する管轄権を有しない。当該紛争が深海底における活動に関しこの部及びこの部に関連する附属書の規定の解釈の問題を含む場合には、当該問題は、裁定のため海底紛争裁判部に付託されるものとする。
(b)　(a)の商事仲裁の開始の時又はその過程において、仲裁裁判所が、いずれかの紛争当事者の要請がある場合に又は自己の発意によりその仲裁判断が海底紛争裁判部の裁定に依存すると決定するときは、当該仲裁裁判所は、問題を裁定のため海底紛争裁判部に付託する。当該仲裁裁判所は、その後、海底紛争裁判部の裁定に従って仲裁判断を行う。
(c)　契約中に紛争に適用する仲裁手続に関する規定がない場合には、両紛争当事者が別段の合意をしない限り、仲裁は、国際連合国際商取引法委員会の仲裁規則又は機構の規則及び手続に定める他の仲裁規則に従って行われる。

**第一八九条（機構の決定についての管轄権の制限）** 海底紛争裁判部は、この部の規定に基づく機構の裁量権の行使について管轄権を有せず、いかなる場合にも機構に代わって裁量権を行使してはならない。海底紛争裁判部は、第百八十七条の規定に基づいて管轄権を行使するに当たり、機構の規則及び手続がこの条約に適合しているか否かの問題について意見を述べてはならず、また、当該規則及び手続の無効を宣言してはならない。もっとも、第百九十一条の規定の適用は妨げられない。この点に関する海底紛争裁判部の管轄権は、個々の事案についての機構の規則及び手続の適用が紛争当事者の契約上若しくはこの条約上の義務に抵触するとの主張若しくは管轄に属する事項からの逸脱若しくは権限の濫用に関する主張についての決定又は紛争当事者による契約上若しくは条約上の義務の不履行に起因する損害に対する他方の当事者による賠償請求若しくはその他の救済の請求に限られる。

**第一九〇条（保証締約国の手続への参加及び出席）** 1　第百八十七条に規定する紛争において、自然人又は法人が当事者である場合には、当該自然人又は法人の保証国は、当該紛争について通報を受けるものとし、また、書面又は口頭による陳述を行うことにより当該手続に参加する権利を有する。
2　第百八十七条(c)に規定する紛争において、締約国を相手方として他の締約国によって保証されている自然人又は法人により紛争が提起される場合には、紛争を提起された締約国は、当該自然人又は法人を保証している締約国に対しこれらの者に代わって手続に出席することを要請することができる。その保証している締約国が出席しない場合には、当該紛争を提起された締約国は、自国の国籍を有する法人によって自国を代表させることができる。

**第一九一条（勧告的意見）** 海底紛争裁判部は、総会又は理事会の活動の範囲内で生ずる法律問題に関し、総会又は理事会の要請に応じて勧告的意見を与える。当該勧告的意見の付与は、緊急に処理を要する事項として取り扱われるものとする。

## 第十二部　海洋環境の保護及び保全

### 第一節　総則

**第一九二条（一般的義務）** いずれの国も、海洋環境を保護し及び保全する義務を有する。

**第一九三条（天然資源を開発する国の主権的権利）** いずれの国も、自国の環境政策に基づき、かつ、海洋環境を保護し及び保全する義務に従い、自国の天然資源を開発する主権的権利を有する。

**第一九四条（海洋環境の汚染を防止し、軽減し及び規制するための措置）** 1 いずれの国も、あらゆる発生源からの海洋環境の汚染を防止し、軽減し及び規制するため、利用することができる実行可能な最善の手段を用い、かつ、自国の能力に応じ、単独で又は適当なときは共同して、この条約に適合するすべての必要な措置をとるものとし、また、この点に関して政策を調和させるよう努力する。

2 いずれの国も、自国の管轄又は管理の下における活動が他の国及びその環境に対し汚染による損害を生じさせないように行われること並びに自国の管轄又は管理の下における事件又は活動から生ずる汚染がこの条約に従って自国が主権的権利を行使する区域を越えて拡大しないことを確保するためにすべての必要な措置をとる。

3 この部の規定によりとる措置は、海洋環境の汚染のすべての発生源を取り扱う。この措置には、特に、次のことをできる限り最小にするための措置を含める。

(a) 毒性の又は有害な物質（特に持続性のもの）の陸にある発生源からの放出、大気からの若しくは大気を通ずる放出又は投棄による放出

(b) 船舶からの汚染（特に、事故を防止し及び緊急事態を処理し、海上における運航の安全を確保し、意図的な及び意図的でない排出を防止し並びに船舶の設計、構造、設備、運航及び乗組員の配乗を規制するための措置を含む。）

(c) 海底及びその下の天然資源の探査又は開発に使用される施設及び機器からの汚染（特に、事故を防止し及び緊急事態を処理し、海上における運用の安全を確保し並びにこのような施設又は機器の設計、構造、設備、運用及び人員の配置を規制するための措置を含む。）

(d) 海洋環境において運用される他の施設及び機器からの汚染（特に、事故を防止し及び緊急事態を処理し、海上における運用の安全を確保し並びにこのような施設又は機器の設計、構造、設備、運用及び人員の配置を規制するための措置を含む。）

4 いずれの国も、海洋環境の汚染を防止し、軽減し又は規制するための措置をとるに当たり、他の国のこの条約に基づく権利の行使に当たっての活動及び義務の履行に当たっての活動に対する不当な干渉を差し控える。

5 この部の規定によりとる措置には、希少又はぜい弱な生態系及び減少しており、脅威にさらされており又は絶滅のおそれのある種その他の海洋生物の生息地を保護し及び保全するために必要な措置を含める。

**第一九五条（損害若しくは危険を移転させ又は一の類型の汚染を他の類型の汚染に変えない義務）** いずれの国も、海洋環境の汚染を防止し、軽減し又は規制するための措置をとるに当たり、損害若しくは危険を一の区域から他の区域へ直接若しくは間接に移転させないように又は一の類型の汚染を他の類型の汚染に変えないように行動する。

**第一九六条（技術の利用又は外来種若しくは新種の導入）** 1 いずれの国も、自国の管轄又は管理の下における技術の利用に起因する海洋環境の汚染及び海洋環境の特定の部分に重大かつ有害な変化をもたらすおそれのある外来種又は新種の当該部分への導入（意図的であるか否かを問わない。）を防止し、軽減し及び規制するために必要なすべての措置をとる。

2 この条の規定は、海洋環境の汚染の防止、軽減及び規制に関するこの条約の適用に影響を及ぼすものではない。

### 第二節 世界的及び地域的な協力

**第一九七条（世界的又は地域的基礎における協力）** いずれの国も、世界的基礎において及び、適当なときは地域的基礎において、直接に又は権限のある国際機関を通じ、地域的特性を考慮した上で、海洋環境を保護し及び保全するため、この条約に適合する国際的な規則及び基準並びに勧告される方式及び手続を作成するため協力する。

**第一九八条（損害の危険が差し迫った場合又は損害が実際に生じた場合の通報）** 海洋環境が汚染により損害を受ける差し迫った危険がある場合又は損害を受けた場合において、このことを知った国は、その損害により影響を受けるおそれのある他の国及び権限のある国際機関に直ちに通報する。

**第一九九条（汚染に対する緊急時の計画）** 前条に規定する場合において、影響を受ける地域にある国及び権限のある国際機関は、当該国についてはその能力に応じ、汚染の影響を除去し及び損害を防止し又は最小にするため、できる限り協力する。このため、いずれの国も、海洋環境の汚染をもたらす事件に対応するための緊急時の計画を共同して作成し及び促進する。

**第二〇〇条（研究、調査の計画並びに情報及びデータの交換）** いずれの国も、直接に又は権限のある国際機関を通じ、研究を促進し、科学的調査の計画を実施し並びに海洋環境の汚染について取得した情報及びデータの交換を奨励するため協力する。いずれの国も、汚染の性質及び範囲、汚染にさらされたものの状態並びに汚染の経路、危険及び対処の方法を評価するための知識を取得するため、地域的及び世界的な計画に積極的に参加するよう努力する。

**第二〇一条（規則のための科学的基準）** 前条の規定により取得した情報及びデータに照らし、いずれの国も、直接に又は権限のある国際機関を通じ、海洋環境の汚染の防止、軽減及び規制のための規則及び基準並びに勧告される方式及び手続を作成するための適当な科学的基準を定めるに当たって協力する。

### 第三節 技術援助

**第二〇二条（開発途上国に対する科学及び技術の分野における援助）** いずれの国も、直接に又は権限のある国際機関を通じ、次のことを行う。

(a) 海洋環境を保護し及び保全するため並びに海洋汚染を防止し、軽減し及び規制するため、開発途上国に対する科学、教育、技術その他の分野における援助の計画を推進すること。この援助には、特に次のことを含める。

(i) 科学及び技術の分野における開発途上国の要員を訓練すること。

(ii) 関連する国際的な計画への開発途上国の参加を容易にすること。

(iii) 必要な機材及び便宜を開発途上国に供与すること。

(iv) (iii)の機材を製造するための開発途上国の能力を向上させること。

(v) 調査、監視、教育その他の計画について助言し及び施設を整備すること。

(b) 重大な海洋環境の汚染をもたらすおそれのある大規模な事

件による影響を最小にするため、特に開発途上国に対し適当な援助を与えること。

(c) 環境評価の作成に関し、特に開発途上国に対し適当な援助を与えること。

**第二〇三条（開発途上国に対する優先的待遇）** 開発途上国は、海洋環境の汚染の防止、軽減及び規制のため又は汚染の影響を最小にするため、国際機関から次の事項に関し優先的待遇を与えられる。

(a) 適当な資金及び技術援助の配分

(b) 国際機関の専門的役務の利用

### 第四節　監視及び環境評価

**第二〇四条（汚染の危険又は影響の監視）** 1 いずれの国も、他の国の権利と両立する形で、直接に又は権限のある国際機関を通じ、認められた科学的方法によって海洋環境の汚染の危険又は影響を観察し、測定し、評価し及び分析するよう、実行可能な限り努力する。

2 いずれの国も、特に、自国が許可し又は従事する活動が海洋環境を汚染するおそれがあるか否かを決定するため、当該活動の影響を監視する。

**第二〇五条（報告の公表）** いずれの国も、前条の規定により得られた結果についての報告を公表し、又は適当な間隔で権限のある国際機関に提供する。当該国際機関は、提供された報告をすべての国の利用に供すべきである。

**第二〇六条（活動による潜在的な影響の評価）** いずれの国も、自国の管轄又は管理の下における計画中の活動が実質的な海洋環境の汚染又は海洋環境に対する重大かつ有害な変化をもたらすおそれがあると信ずるに足りる合理的な理由がある場合には、当該活動が海洋環境に及ぼす潜在的な影響を実行可能な限り評価するものとし、前条に規定する方法によりその評価の結果についての報告を公表し又は国際機関に提供する。

### 第五節　海洋環境の汚染を防止し、軽減し及び規制するための国際的規則及び国内法

**第二〇七条（陸にある発生源からの汚染）** 1 いずれの国も、国際的に合意される規則及び基準並びに勧告される方式及び手続を考慮して、陸にある発生源（河川、三角江、パイプライン及び排水口を含む。）からの海洋環境の汚染を防止し、軽減し及び規制するため法令を制定する。

2 いずれの国も、1に規定する汚染を防止し、軽減し及び規制するために必要な他の措置をとる。

3 いずれの国も、1に規定する汚染に関し、適当な地域的規模において政策を調和させるよう努力する。

4 いずれの国も、地域的特性並びに開発途上国の経済力及び経済開発のニーズを考慮して、特に、権限のある国際機関又は外交会議を通じ、陸にある発生源からの海洋環境の汚染を防止し、軽減し及び規制するため、世界的及び地域的な規則及び基準並びに勧告される方式及び手続を定めるよう努力する。これらの規則、基準並びに勧告される方式及び手続は、必要に応じ随時再検討する。

5 1、2及び4に規定する法令、措置、規則、基準並びに勧告される方式及び手続には、毒性の又は有害な物質（特に持続性のもの）の海洋環境への放出をできる限り最小にするためのものを含める。

**第二〇八条（国の管轄の下で行う海底における活動からの汚染）**

1 沿岸国は、自国の管轄の下で行う海底における活動から又はこれに関連して生ずる海洋環境の汚染並びに第六十条及び第八十条の規定により自国の管轄の下にある人工島、施設及び構築物から生ずる海洋環境の汚染を防止し、軽減し及び規制するため法令を制定する。

2 いずれの国も、1に規定する汚染を防止し、軽減し及び規制するために必要な他の措置をとる。

3 1及び2に規定する法令及び措置は、少なくとも国際的な規則及び基準並びに勧告される方式及び手続と同様に効果的なものとする。

4 いずれの国も、1に規定する汚染に関し、適当な地域的規模において政策を調和させるよう努力する。

5 いずれの国も、特に、権限のある国際機関又は外交会議を通じ、1に規定する海洋環境の汚染を防止し、軽減し及び規制するため、世界的及び地域的な規則及び基準並びに勧告される方式及び手続を定める。これらの規則、基準並びに勧告される方式及び手続は、必要に応じ随時再検討する。

**第二〇九条（深海底における活動からの汚染）** 1 深海底における活動からの海洋環境の汚染を防止し、軽減し及び規制するため、国際的な規則及び手続が、第十一部の規定に従って定められる。これらの規則及び手続は、必要に応じ随時再検討される。

2 いずれの国も、この節の関連する規定に従うことを条件として、自国を旗国とし、自国において登録され又は自国の権限の下で運用される船舶、施設、構築物及び他の機器により行われる深海底における活動からの海洋環境の汚染を防止し、軽減し及び規制するため法令を制定する。この法令の要件は、少なくとも1に規定する国際的な規則及び手続と同様に効果的なものとする。

**第二一〇条（投棄による汚染）** 1 いずれの国も、投棄による海洋環境の汚染を防止し、軽減し及び規制するため法令を制定する。

2 いずれの国も、1に規定する汚染を防止し、軽減し及び規制するために必要な他の措置をとる。

3 1及び2に規定する法令及び措置は、国の権限のある当局の許可を得ることなく投棄が行われないことを確保するものとする。

4 いずれの国も、特に、権限のある国際機関又は外交会議を通じ、投棄による海洋環境の汚染を防止し、軽減し及び規制するため、世界的及び地域的な規則及び基準並びに勧告される方式及び手続を定めるよう努力する。これらの規則、基準並びに勧告される方式及び手続は、必要に応じ随時再検討する。

5 領海及び排他的経済水域における投棄又は大陸棚への投棄は、沿岸国の事前の明示の承認なしに行わないものとし、沿岸国は、地理的事情のため投棄により悪影響を受けるおそれのある他の国との問題に妥当な考慮を払った後、投棄を許可し、規制し及び管理する権利を有する。

6 国内法令及び措置は、投棄による海洋環境の汚染を防止し、軽減し及び規制する上で少なくとも世界的な規則及び基準と同様に効果的なものとする。

**第二一一条（船舶からの汚染）** 1 いずれの国も、権限のある国際機関又は一般的な外交会議を通じ、船舶からの海洋環境の汚染を防止し、軽減し及び規制するため、国際的な規則及び基準を定めるものとし、同様の方法で、適当なときはいつでも、海

洋環境（沿岸を含む。）の汚染及び沿岸国の関係利益に対する汚染損害をもたらすおそれのある事故の脅威を最小にするための航路指定の制度の採択を促進する。これらの規則及び基準は、同様の方法で必要に応じ随時再検討する。

2　いずれの国も、自国を旗国とし又は自国において登録された船舶からの海洋環境の汚染を防止し、軽減し及び規制するための法令を制定する。この法令は、権限のある国際機関又は一般的な外交会議を通じて定められる一般的に受け入れられている国際的な規則及び基準と少なくとも同等の効果を有するものとする。

3　いずれの国も、外国船舶が自国の港若しくは内水に入り又は自国の沖合の係留施設に立ち寄るための条件として海洋環境の汚染を防止し、軽減し及び規制するための特別の要件を定める場合には、当該要件を適当に公表するものとし、また、権限のある国際機関に通報する。二以上の沿岸国が政策を調和させるために同一の要件を定める取決めを行う場合には、通報には、当該取決めに参加している国を明示する。いずれの国も、自国を旗国とし又は自国において登録された船舶の船長に対し、このような取決めに参加している国の領海を航行している場合において、当該国の要請を受けたときは、当該取決めに参加している同一の地域の他の国に向かって航行しているか否かについての情報を提供すること及び、当該他の国に向かって航行しているときは、当該船舶がその国の入港要件を満たしているか否かを示すことを要求する。この条の規定は、船舶による無害通航権の継続的な行使又は第二十五条2の規定の適用を妨げるものではない。

4　沿岸国は、自国の領海における主権の行使として、外国船舶（無害通航権を行使している船舶を含む。）からの海洋汚染を防止し、軽減し及び規制するための法令を制定することができる。この法令は、第二部第三節の定めるところにより、外国船舶の無害通航を妨害するものであってはならない。

5　沿岸国は、第六節に規定する執行の目的のため、自国の排他的経済水域について、船舶からの汚染を防止し、軽減し及び規制するための法令であって、権限のある国際機関又は一般的な外交会議を通じて定められる一般的に受け入れられている国際的な規則及び基準に適合し、かつ、これらを実施するための法令を制定することができる。

6(a)　沿岸国は、1に規定する国際的な規則及び基準が特別の事情に応ずるために不適当であり、かつ、自国の排他的経済水域の明確に限定された特定の水域において、海洋学上及び生態学上の条件並びに当該水域の利用又は資源の保護及び交通の特殊性に関する認められた技術上の理由により、船舶からの汚染を防止するための拘束力を有する特別の措置をとることが必要であると信ずるに足りる合理的な理由がある場合には、権限のある国際機関を通じて他のすべての関係国と適当な協議を行った後、当該水域に関し、当該国際機関に通告することができるものとし、その通告に際し、裏付けとなる科学的及び技術的証拠並びに必要な受入施設に関する情報を提供する。当該国際機関は、通告を受領した後十二箇月以内に当該水域における条件が第一段に規定する要件に合致するか否かを決定する。当該国際機関が合致すると決定した場合には、当該沿岸国は、当該水域について、船舶からの汚染の防止、軽減及び規制のための法令であって、当該国際機関が特別の水域に適用し得るとしている国際的な規則及び基準又は航行上の方式を実施するための法令を制定することができる。この法令は、当該国際機関への通告の後十五箇月間は、外国船舶に適用されない。

(b)　沿岸国は、(a)に規定する明確に限定された特定の水域の範囲を公表する。

(c)　沿岸国は、(a)に規定する水域について船舶からの汚染の防止、軽減及び規制のための追加の法令を制定する意図を有する場合には、その旨を(a)の通報と同時に国際機関に通報する。この追加の法令は、排出又は航行上の方式について定めることができるものとし、外国船舶に対し、設計、構造、乗組員の配乗又は設備につき、一般的に受け入れられている国際的な規則及び基準以外の基準の遵守を要求するものであってはならない。この追加の法令は、当該国際機関への通報の後十二箇月以内に当該国際機関が合意することを条件として、通報の後十五箇月で外国船舶に適用される。

7　この条に規定する国際的な規則及び基準には、特に、排出又はその可能性を伴う事件（海難を含む。）により自国の沿岸又は関係利益が影響を受けるおそれのある沿岸国への迅速な通報に関するものを含めるべきである。

**第二一二条（大気からの又は大気を通ずる汚染）** 1　いずれの国も、国際的に合意される規則及び基準並びに勧告される方式及び手続並びに航空の安全を考慮し、大気からの又は大気を通ずる海洋環境の汚染を防止し、軽減し及び規制するため、自国の主権の下にある空間及び自国を旗国とする船舶又は自国において登録された船舶若しくは航空機について適用のある法令を制定する。

2　いずれの国も、1に規定する汚染を防止し、軽減し及び規制するために必要な他の措置をとる。

3　いずれの国も、特に、権限のある国際機関又は外交会議を通じ、1に規定する汚染を防止し、軽減し及び規制するため、世界的及び地域的な規則及び基準並びに勧告される方式及び手続を定めるよう努力する。

## 第六節　執行

**第二一三条（陸にある発生源からの汚染に関する執行）** いずれの国も、第二百七条の規定に従って制定する自国の法令を執行するものとし、陸にある発生源からの海洋環境の汚染を防止し、軽減し及び規制するため、権限のある国際機関又は外交会議を通じて定められる適用のある国際的な規則及び基準を実施するために必要な法令を制定し及び他の措置をとる。

**第二一四条（海底における活動からの汚染に関する執行）** いずれの国も、第二百八条の規定に従って制定する自国の法令を執行するものとし、自国の管轄の下で行う海底における活動から又はこれに関連して生ずる海洋環境の汚染並びに第六十条及び第八十条の規定により自国の管轄の下にある人工島、施設及び構築物から生ずる海洋環境の汚染を防止し、軽減し及び規制するため、権限のある国際機関又は外交会議を通じて定められる適用のある国際的な規則及び基準を実施するために必要な法令を制定し及び他の措置をとる。

**第二一五条（深海底における活動からの汚染に関する執行）** 深海底における活動からの海洋環境の汚染を防止し、軽減し及び規制するため第十一部の規定に従って定められる国際的な規則及び手続の執行は、同部の規定により規律される。

**第二一六条（投棄による汚染に関する執行）** 1　この条約に従

って制定する法令並びに権限のある国際機関又は外交会議を通じて定められる適用のある国際的な規則及び基準であって、投棄による海洋環境の汚染を防止し、軽減し及び規制するためのものについては、次の国が執行する。

(a) 沿岸国の領海若しくは排他的経済水域における投棄又は大陸棚への投棄については当該沿岸国

(b) 自国を旗国とする船舶については当該旗国又は自国において登録された船舶若しくは航空機については当該登録国

(c) 国の領土又は沖合の係留施設において廃棄物その他の物を積み込む行為については当該国

2 いずれの国も、他の国がこの条の規定に従って既に手続を開始している場合には、この条の規定により手続を開始する義務を負うものではない。

**第二一七条（旗国による執行）** 1 いずれの国も、自国を旗国とし又は自国において登録された船舶が、船舶からの海洋環境の汚染の防止、軽減及び規制のため、権限のある国際機関又は一般的な外交会議を通じて定められる適用のある国際的な規則及び基準に従うこと並びにこの条約に従って制定する自国の法令を遵守することを確保するものとし、これらの規則、基準及び法令を実施するために必要な法令を制定し及び他の措置をとる。旗国は、違反が生ずる場所のいかんを問わず、これらの規則、基準及び法令が効果的に執行されるよう必要な手段を講ずる。

2 いずれの国も、特に、自国を旗国とし又は自国において登録された船舶が1に規定する国際的な規則及び基準の要件(船舶の設計、構造、設備及び乗組員の配乗に関する要件を含む。)に従って航行することができるようになるまで、その航行を禁止されることを確保するために適当な措置をとる。

3 いずれの国も、自国を旗国とし又は自国において登録された船舶が1に規定する国際的な規則及び基準により要求され、かつ、これらに従って発給される証書を船内に備えることを確保する。いずれの国も、当該証書が船舶の実際の状態と合致しているか否かを確認するため自国を旗国とする船舶が定期的に検査されることを確保する。当該証書は、他の国により船舶の状態を示す証拠として認容されるものとし、かつ、当該他の国が発給する証書と同一の効力を有するものとみなされる。ただし、船舶の状態が実質的に証書の記載事項どおりでないと信ずるに足りる明白な理由がある場合は、この限りでない。

4 船舶が権限のある国際機関又は一般的な外交会議を通じて定められる規則及び基準に違反する場合には、旗国は、違反が生じた場所又は当該違反により引き起こされる汚染が発生し若しくは発見された場所のいかんを問わず、当該違反について、調査を直ちに行うために必要な措置をとるものとし、適当なときは手続を開始する。ただし、次条、第二百二十条及び第二百二十八条の規定の適用を妨げるものではない。

5 旗国は、違反の調査を実施するに当たり、事件の状況を明らかにするために他の国の協力が有用である場合には、当該他の国の援助を要請することができる。いずれの国も、旗国の適当な要請に応ずるよう努力する。

6 いずれの国も、他の国の書面による要請により、自国を旗国とする船舶によるすべての違反を調査する。旗国は、違反につき手続をとることを可能にするような十分な証拠が存在すると認める場合には、遅滞なく自国の法律に従って手続を開始する。

7 旗国は、とった措置及びその結果を要請国及び権限のある国際機関に速やかに通報する。このような情報は、すべての国が利用し得るものとする。

8 国の法令が自国を旗国とする船舶に関して定める罰は、場所のいかんを問わず違反を防止するため十分に厳格なものとする。

**第二一八条（寄港国による執行）** 1 いずれの国も、船舶が自国の港又は沖合の係留施設に任意にとどまる場合には、権限のある国際機関又は一般的な外交会議を通じて定められる適用のある国際的な規則及び基準に違反する当該船舶からの排出であって、当該国の内水、領海又は排他的経済水域の外で生じたものについて、調査を実施することができるものとし、証拠により正当化される場合には、手続を開始することができる。

2 1に規定するいかなる手続も、他の国の内水、領海又は排他的経済水域における排出の違反については、開始してはならない。ただし、当該他の国、旗国若しくは排出の違反により損害若しくは脅威を受けた国が要請する場合又は排出の違反が手続を開始する国の内水、領海若しくは排他的経済水域において汚染をもたらし若しくはもたらすおそれがある場合は、この限りでない。

3 いずれの国も、船舶が自国の港又は沖合の係留施設に任意にとどまる場合には、1に規定する排出の違反であって、他の国の内水、領海若しくは排他的経済水域において生じたもの又はこれらの水域に損害をもたらし若しくはもたらすおそれがあると認めるものについて、当該他の国からの調査の要請に実行可能な限り応ずる。いずれの国も、船舶が自国の港又は沖合の係留施設に任意にとどまる場合には、1に規定する排出の違反について、違反が生じた場所のいかんを問わず、旗国からの調査の要請に同様に実行可能な限り応ずる。

4 この条の規定に従い寄港国により実施された調査の記録は、要請により、旗国又は沿岸国に送付する。違反が、沿岸国の内水、領海又は排他的経済水域において生じた場合には、当該調査に基づいて寄港国により開始された手続は、第七節の規定に従うことを条件として、当該沿岸国の要請により停止することができる。停止する場合には、事件の証拠及び記録並びに寄港国の当局に支払われた保証金又は提供された他の金銭上の保証は、沿岸国に送付する。寄港国における手続は、その送付が行われた場合には、継続することができない。

**第二一九条（汚染を回避するための船舶の堪航性に関する措置）** いずれの国も、第七節の規定に従うことを条件として、要請により又は自己の発意により、自国の港の一又は沖合の係留施設の一にある船舶が船舶の堪航性に関する適用のある国際的な規則及び基準に違反し、かつ、その違反が海洋環境に損害をもたらすおそれがあることを確認した場合には、実行可能な限り当該船舶を航行させないようにするための行政上の措置をとる。当該国は、船舶に対し最寄りの修繕のための適当な場所までに限り航行を許可することができるものとし、当該違反の原因が除去された場合には、直ちに当該船舶の航行の継続を許可する。

**第二二〇条（沿岸国による執行）** 1 いずれの国も、船舶が自国の港又は沖合の係留施設に任意にとどまる場合において、この条約に従って制定する自国の法令又は適用のある国際的な規則及び基準であって、船舶からの汚染の防止、軽減及び規制のためのものに対する違反が自国の領海又は排他的経済水域において生じたときは、第七節の規定に従うことを条件として、当該違反について手続を開始することができる。

2 いずれの国も、自国の領海を航行する船舶が当該領海の通航中にこの条約に従って制定する自国の法令又は適用のある国際的な規則及び基準であって、船舶からの汚染の防止、軽減及び規制のためのものに違反したと信ずるに足りる明白な理由がある場合には、第二部第三節の関連する規定の適用を妨げることなく、その違反について当該船舶の物理的な検査を実施することができ、また、証拠により正当化されるときは、第七節の規定に従うことを条件として、自国の法律に従って手続(船舶の抑留を含む。)を開始することができる。

3　いずれの国も、自国の排他的経済水域又は領海を航行する船舶が当該排他的経済水域において船舶からの汚染の防止、軽減及び規制のための適用のある国際的な規則及び基準又はこれらに適合し、かつ、これらを実施するための自国の法令に違反したと信ずるに足りる明白な理由がある場合には、当該船舶に対しその識別及び船籍港に関する情報、直前及び次の寄港地に関する情報並びに違反が生じたか否かを確定するために必要とされる他の関連する情報を提供するよう要請することができる。

4　いずれの国も、自国を旗国とする船舶が3に規定する情報に関する要請に従うように法令を制定し及び他の措置をとる。

5　いずれの国も、自国の排他的経済水域又は領海を航行する船舶が当該排他的経済水域において3に規定する規則及び基準又は法令に違反し、その違反により著しい海洋環境の汚染をもたらし又はもたらすおそれのある実質的な排出が生じたと信ずるに足りる明白な理由がある場合において、船舶が情報の提供を拒否したとき又は船舶が提供した情報が明白な実際の状況と明らかに相違しており、かつ、事件の状況により検査を行うことが正当と認められるときは、当該違反に関連する事項について当該船舶の物理的な検査を実施することができる。

6　いずれの国も、自国の排他的経済水域又は領海を航行する船舶が当該排他的経済水域において3に規定する規則及び基準又は関係利益又は法令に違反し、その違反により自国の沿岸若しくは関係利益又は自国の領海若しくは排他的経済水域の資源に対し著しい損害をもたらし又はもたらすおそれのある排出が生じたとの明白かつ客観的な証拠がある場合には、第七節の規定に従うこと及び証拠により正当化されることを条件として、自国の法律に従って手続(船舶の抑留を含む。)を開始することができる。

7　6の規定にかかわらず、6に規定する国は、保証金又は他の適当な金銭上の保証に係る要求に従うことを確保する適当な手続が、権限のある国際機関を通じ又は他の方法により合意されているところに従って定められる場合において、当該国が当該手続に拘束されるときは、船舶の航行を認めるものとする。

8　3から7までの規定は、第二百十一条6の規定に従って制定される国内法令にも適用する。

**第二百二十一条（海難から生ずる汚染を回避するための措置）**　1　この部のいずれの規定も、著しく有害な結果をもたらすことが合理的に予測される海難又はこれに関連する行為の結果としての汚染又はそのおそれから自国の沿岸又は関係利益(漁業を含む。)を保護するため実際に被った又は被るおそれのある損害に比例する措置を領海を越えて慣習上及び条約上の国際法に従ってとり及び執行する国の権利を害するものではない。

2　この条の規定の適用上「海難」とは、船舶の衝突、座礁その他の航行上の事故又は船舶内若しくは船舶外のその他の出来事であって、船舶又は積荷に対し実質的な損害を与え又は与える急迫したおそれがあるものをいう。

**第二百二十二条（大気からの又は大気を通ずる汚染に関する執行）**　いずれの国も、自国の主権の下にある空間において又は自国を旗国とする船舶若しくは自国において登録された船舶若しくは航空機について、第二百十二条1の規定及びこの条約の他の規定に従って制定する自国の法令を執行するものとし、航空の安全に関するすべての関連する国際的な規則及び基準に従って、大気からの又は大気を通ずる海洋環境の汚染を防止し、軽減し及び規制するため、権限のある国際機関又は外交会議を通じて定められる適用のある国際的な規則及び基準を実施するために必要な法令を制定し及び他の措置をとる。

### 第七節　保障措置

**第二百二十三条（手続を容易にするための措置）**　いずれの国も、この部の規定に従って開始する手続において、証人尋問及び他の国の当局又は権限のある国際機関から提出される証拠の認容を容易にするための措置をとるものとし、権限のある国際機関、旗国又は違反から生ずる汚染により影響を受けた国の公式の代表の手続への出席を容易にする。手続に出席する公式の代表は、国内法令又は国際法に定める権利及び義務を有する。

**第二百二十四条（執行の権限の行使）**　この部の規定に基づく外国船舶に対する執行の権限は、公務員又は軍艦、軍用航空機その他政府の公務に使用されていることが明らかに表示されており、かつ、識別されることのできる船舶若しくは航空機で当該権限を与えられているものによってのみ行使することができる。

**第二百二十五条（執行の権限の行使に当たり悪影響を回避する義務）**　いずれの国も、外国船舶に対する執行の権限をこの条約に基づいて行使するに当たっては、航行の安全を損ない、その他船舶に危険をもたらし、船舶を安全でない港若しくはびょう地に航行させ又は海洋環境を不当な危険にさらしてはならない。

**第二百二十六条（外国船舶の調査）**　1(a)　いずれの国も、第二百十六条、第二百十八条及び第二百二十条に規定する調査の目的のために必要とする以上に外国船舶を遅延させてはならない。外国船舶の物理的な検査は、一般的に受け入れられている国際的な規則及び基準により船舶が備えることを要求されている証書、記録その他の文書又は船舶が備えている類似の文書の審査に制限される。外国船舶に対するこれ以上の物理的な検査は、その審査の後に限り、かつ、次の場合に限り行うことができる。

(i)　船舶又はその設備の状態が実質的にこれらの文書の記載事項どおりでないと信ずるに足りる明白な理由がある場合

(ii)　これらの文書の内容が疑わしい違反について確認するために不十分である場合

(iii)　船舶が有効な証書及び記録を備えていない場合

(b)　調査により、海洋環境の保護及び保全のための適用のある法令又は国際的な規則及び基準に対する違反が明らかとなった場合には、合理的な手続(例えば、保証金又は他の適当な金銭上の保証)に従うことを条件として速やかに釈放する。

(c)　海洋環境に対し不当に損害を与えるおそれがある場合には、船舶の堪航性に関する適用のある国際的な規則及び基準の適用を妨げることなく、船舶の釈放を拒否することができ又は最寄りの修繕のための適当な場所への航行を釈放の条件とすることができる。釈放が拒否され又は条件を付された場合には、当該船舶の旗国は、速やかに通報を受けるものとし、第十五部の規定に従い当該船舶の釈放を求めることができる。

2　いずれの国も、海洋における船舶の不必要な物理的な検査を回避するための手続を作成することに協力する。

**第二二七条（外国船舶に対する無差別）** いずれの国も、この部の規定に基づく権利の行使及び義務の履行に当たって、他の国の船舶に対して法律上又は事実上の差別を行ってはならない。

**第二二八条（手続の停止及び手続の開始の制限）** １ 手続を開始する国の領海を越える水域における外国船舶による船舶からの汚染の防止、軽減及び規制に関する適用のある当該国の法令又は国際的な規則及び基準に対する違反について罰を科するための手続は、最初の手続の開始の日から六箇月以内に旗国が同一の犯罪事実について罰を科するための手続をとる場合には、停止する。ただし、その手続が沿岸国に対する著しい損害に係る事件に関するものである場合又は当該旗国が自国の船舶による違反について適用のある国際的な規則及び基準を有効に執行する義務を履行しないことが繰り返されている場合は、この限りでない。この条の規定に基づいて当該旗国が手続の停止を要請した場合には、当該旗国は、適当な時期に、当該事件の一件書類及び手続の記録を先に手続を開始した国の利用に供する。当該旗国が開始した手続が完了した場合には、停止されていた手続は、終了する。当該手続に関して負担した費用の支払を受けた後、沿岸国は、当該手続に関して支払われた保証金又は提供された他の金銭上の保証を返還する。

２ 違反が生じた日から三年が経過した後は、外国船舶に罰を科するための手続を開始してはならない。いずれの国も、他の国が、１の規定に従うことを条件として、手続を開始している場合には、外国船舶に罰を科するための手続をとってはならない。

３ この条の規定は、他の国による手続のいかんを問わず、旗国が自国の法律に従って措置（罰を科するための手続を含む。）をとる権利を害するものではない。

**第二二九条（民事上の手続の開始）** この条約のいずれの規定も、海洋環境の汚染から生ずる損失又は損害に対する請求に関する民事上の手続の開始に影響を及ぼすものではない。

**第二三〇条（金銭罰及び被告人の認められている権利の尊重）**

１ 海洋環境の汚染の防止、軽減及び規制のための国内法令又は適用のある国際的な規則及び基準に対する違反であって、領海を越える水域における外国船舶によるものについては、金銭罰のみを科することができる。

２ 海洋環境の汚染の防止、軽減及び規制のための国内法令又は適用のある国際的な規則及び基準に対する違反であって、領海における外国船舶によるものについては、当該領海における故意によるかつ重大な汚染行為の場合を除くほか、金銭罰のみを科することができる。

３ 外国船舶による１及び２に規定する違反であって、罰が科される可能性のあるものについての手続の実施に当たっては、被告人の認められている権利を尊重する。

**第二三一条（旗国その他の関係国に対する通報）** いずれの国も、第六節の規定により外国船舶に対してとった措置を旗国その他の関係国に速やかに通報するものとし、旗国に対しては当該措置に関するすべての公の報告書を提供する。ただし、領海における違反については、前段の沿岸国の義務は、手続においてとられた措置にのみ適用する。第六節の規定により外国船舶に対してとられた措置は、旗国の外交官又は領事官及び、可能な場合には、当該旗国の海事当局に直ちに通報する。

**第二三二条（執行措置から生ずる国の責任）** いずれの国も、第六節の規定によりとった措置が違法であった場合又は入手可能な情報に照らして合理的に必要とされる限度を超えた場合には、当該措置に起因する損害又は損失であって自国の責めに帰すべきものについて責任を負う。いずれの国も、このような損害又は損失に関し、自国の裁判所において訴えを提起する手段につき定める。

**第二三三条（国際航行に使用されている海峡に関する保障措置）** 第五節からこの節までのいずれの規定も、国際航行に使用されている海峡の法制度に影響を及ぼすものではない。ただし、第十節に規定する船舶以外の外国船舶が第四十二条１の(a)及び(b)に規定する法令に違反し、かつ、海峡の海洋環境に対し著しい損害をもたらし又はもたらすおそれがある場合には、海峡沿岸国は、適当な執行措置をとることができるものとし、この場合には、この節の規定を適用する。

### 第八節　氷に覆われた水域

**第二三四条（氷に覆われた水域）** 沿岸国は、自国の排他的経済水域の範囲内における氷に覆われた水域であって、特に厳しい気象条件及び年間の大部分の期間当該水域を覆う氷の存在が航行に障害又は特別の危険をもたらし、かつ、海洋環境の汚染が生態学的均衡に著しい害又は回復不可能な障害をもたらすおそれのある水域において、船舶からの海洋汚染の防止、軽減及び規制のための無差別の法令を制定し及び執行する権利を有する。この法令は、航行並びに入手可能な最良の科学的証拠に基づく海洋環境の保護及び保全に妥当な考慮を払ったものとする。

### 第九節　責任

**第二三五条（責任）** １ いずれの国も、海洋環境の保護及び保全に関する自国の国際的義務を履行するものとし、国際法に基づいて責任を負う。

２ いずれの国も、自国の管轄の下にある自然人又は法人による海洋環境の汚染によって生ずる損害に関し、自国の法制度に従って迅速かつ適正な補償その他の救済のための手段が利用し得ることを確保する。

３ いずれの国も、海洋環境の汚染によって生ずるすべての損害に関し迅速かつ適正な賠償及び補償を確保するため、損害の評価、賠償及び補償並びに関連する紛争の解決について、責任に関する現行の国際法を実施し及び国際法を一層発展させるために協力するものとし、適当なときは、適正な賠償及び補償の支払に関する基準及び手続（例えば、強制保険又は補償基金）を作成するために協力する。

### 第十節　主権免除

**第二三六条（主権免除）** 海洋環境の保護及び保全に関するこの条約の規定は、軍艦、軍の支援船又は国が所有し若しくは運航する他の船舶若しくは航空機で政府の非商業的役務にのみ使用しているものについては、適用しない。ただし、いずれの国も、自国が所有し又は運航するこれらの船舶又は航空機の運航又は運航能力を阻害しないような適当な措置をとることにより、これらの船舶又は航空機が合理的かつ実行可能である限りこの条約に即して行動することを確保する。

### 第十一節　海洋環境の保護及び保全に関する他の条約に基づく義務

**第二三七条（海洋環境の保護及び保全に関する他の条約に基づく義務）** １ この部の規定は、海洋環境の保護及び保全に関して既に締結された特別の条約及び協定に基づき国が負う特定の義務に影響を与えるものではなく、また、この条約に定める一般原則を促進するために締結される協定の適用を妨げるものではない。

2　海洋環境の保護及び保全に関し特別の条約に基づき国が負う特定の義務は、この条約の一般原則及び一般的な目的に適合するように履行すべきである。

# 第十三部　海洋の科学的調査

## 第一節　総則

**第二三八条（海洋の科学的調査を実施する権利）** すべての国（地理的位置のいかんを問わない。）及び権限のある国際機関は、この条約に規定する他の国の権利及び義務を害さないことを条件として、海洋の科学的調査を実施する権利を有する。

**第二三九条（海洋の科学的調査の促進）** いずれの国及び権限のある国際機関も、この条約に従って海洋の科学的調査の発展及び実施を促進し及び容易にする。

**第二四〇条（海洋の科学的調査の実施のための一般原則）** 海洋の科学的調査の実施に当たっては、次の原則を適用する。

(a)　海洋の科学的調査は、専ら平和的目的のために実施する。

(b)　海洋の科学的調査は、この条約に抵触しない適当な科学的方法及び手段を用いて実施する。

(c)　海洋の科学的調査は、この条約に抵触しない他の適法な海洋の利用を不当に妨げないものとし、そのような利用の際に十分に尊重される。

(d)　海洋の科学的調査は、この条約に基づいて制定されるすべての関連する規則（海洋環境の保護及び保全のための規則を含む。）に従って実施する。

**第二四一条（権利の主張の法的根拠としての海洋の科学的調査の活動の否認）** 海洋の科学的調査の活動は、海洋環境又はその資源のいずれの部分に対するいかなる権利の主張の法的根拠も構成するものではない。

## 第二節　国際協力

**第二四二条（国際協力の促進）** 1　いずれの国及び権限のある国際機関も、主権及び管轄権の尊重の原則に従い、かつ、相互の利益を基礎として、平和的目的のための海洋の科学的調査に関する国際協力を促進する。

2　このため、いずれの国も、この部の規定の適用上、この条約に基づく国の権利及び義務を害することなく、適当な場合には、人の健康及び安全並びに海洋環境に対する損害を防止し及び抑制するために必要な情報を、自国から又は自国が協力することにより他の国が得るための合理的な機会を提供する。

**第二四三条（好ましい条件の創出）** いずれの国及び権限のある国際機関も、海洋環境における海洋の科学的調査の実施のための好ましい条件を創出し、かつ、海洋環境において生ずる現象及び過程の本質並びにそれらの相互関係を研究する科学者の努力を統合するため、二国間又は多数国間の協定の締結を通じて協力する。

**第二四四条（情報及び知識の公表及び頒布）** 1　いずれの国及び権限のある国際機関も、この条約に従って、主要な計画案及びその目的に関する情報並びに海洋の科学的調査から得られた知識を適当な経路を通じて公表し及び頒布する。

2　このため、いずれの国も、単独で並びに他の国及び権限のある国際機関と協力して、科学的データ及び情報の流れを円滑にし並びに特に開発途上国に対し海洋の科学的調査から得られた知識を移転すること並びに開発途上国が自ら海洋の科学的調査を実施する能力を、特に技術及び科学の分野における開発途上国の要員の適切な教育及び訓練を提供するための計画を通じて強化することを積極的に促進する。

## 第三節　海洋の科学的調査の実施及び促進

**第二四五条（領海における海洋の科学的調査）** 沿岸国は、自国の主権の行使として、自国の領海における海洋の科学的調査を規制し、許可し及び実施する排他的権利を有する。領海における海洋の科学的調査は、沿岸国の明示の同意が得られ、かつ、沿岸国の定める条件に基づく場合に限り、実施する。

**第二四六条（排他的経済水域及び大陸棚における海洋の科学的調査）** 1　沿岸国は、自国の管轄権の行使として、この条約の関連する規定に従って排他的経済水域及び大陸棚における海洋の科学的調査を規制し、許可し及び実施する権利を有する。

2　排他的経済水域及び大陸棚における海洋の科学的調査は、沿岸国の同意を得て実施する。

3　沿岸国は、自国の排他的経済水域又は大陸棚において他の国又は権限のある国際機関が、この条約に従って、専ら平和的目的で、かつ、すべての人類の利益のために海洋環境に関する科学的知識を増進させる目的で実施する海洋の科学的調査の計画については、通常の状況においては、同意を与える。このため、沿岸国は、同意が不当に遅滞し又は拒否されないことを確保するための規則及び手続を定める。

4　3の規定の適用上、沿岸国と調査を実施する国との間に外交関係がない場合にも、通常の状況が存在するものとすることができる。

5　沿岸国は、他の国又は権限のある国際機関による自国の排他的経済水域又は大陸棚における海洋の科学的調査の計画の実施について、次の場合には、自国の裁量により同意を与えないことができる。

(a)　計画が天然資源（生物であるか非生物であるかを問わない。）の探査及び開発に直接影響を及ぼす場合

(b)　計画が大陸棚の掘削、爆発物の使用又は海洋環境への有害物質の導入を伴う場合

(c)　計画が第六十条及び第八十条に規定する人工島、施設及び構築物の建設、運用又は利用を伴う場合

(d)　第二百四十八条の規定により計画の性質及び目的に関し提供される情報が不正確である場合又は調査を実施する国若しくは権限のある国際機関が前に実施した調査の計画について沿岸国に対する義務を履行していない場合

6　5の規定にかかわらず、沿岸国は、領海の幅を測定するための基線から二百海里を超える大陸棚（開発又は詳細な探査の活動が行われており又は合理的な期間内に行われようとしている区域として自国がいつでも公の指定をすることのできる特定の区域を除く。）においてこの部の規定に従って実施される海洋の科学的調査の計画については、5(a)の規定に基づく同意を与えないとする裁量を行使してはならない。沿岸国は、当該区域の指定及びその変更について合理的な通報を行う。ただし、当該区域における活動の詳細を通報する義務を負わない。

7　6の規定は、第七十七条に定める大陸棚に対する沿岸国の権

利を害するものではない。

8　この条の海洋の科学的調査の活動は、沿岸国がこの条約に定める主権的権利及び管轄権を行使して実施する活動を不当に妨げてはならない。

**第二四七条（国際機関により又は国際機関の主導により実施される海洋の科学的調査の計画）**　国際機関の構成国である沿岸国又は国際機関との間で協定を締結している沿岸国の排他的経済水域又は大陸棚において当該国際機関が海洋の科学的調査の計画を直接に又は自己の主導により実施することを希望する場合において、当該沿岸国が当該国際機関による計画の実施の決定に当たり詳細な計画を承認したとき又は計画に参加する意思を有し、かつ、当該国際機関による計画の通報から四箇月以内に反対を表明しなかったときは、合意された細目により実施される調査について当該沿岸国の許可が与えられたものとする。

**第二四八条（沿岸国に対し情報を提供する義務）**　沿岸国の排他的経済水域又は大陸棚において海洋の科学的調査を実施する意図を有する国及び権限のある国際機関は、海洋の科学的調査の計画の開始予定日の少なくとも六箇月前に当該沿岸国に対し次の事項についての十分な説明を提供する。

(a)　計画の性質及び目的

(b)　使用する方法及び手段（船舶の名称、トン数、種類及び船級並びに科学的機材の説明を含む。）

(c)　計画が実施される正確な地理的区域

(d)　調査船の最初の到着予定日及び最終的な出発予定日又は、適当な場合には、機材の設置及び撤去の予定日

(e)　責任を有する機関の名称及びその代表者の氏名並びに計画の担当者の氏名

(f)　沿岸国が計画に参加し又は代表を派遣することができると考えられる程度

**第二四九条（一定の条件を遵守する義務）**　1　いずれの国及び権限のある国際機関も、沿岸国の排他的経済水域又は大陸棚において海洋の科学的調査を実施するに当たり、次の条件を遵守する。

(a)　沿岸国が希望する場合には、沿岸国の科学者に対し報酬を支払うことなく、かつ、沿岸国に対し計画の費用の分担の義務を負わせることなしに、海洋の科学的調査の計画に参加し又は代表を派遣する沿岸国の権利を確保し、特に、実行可能なときは、調査船その他の舟艇又は科学的調査のための施設への同乗の権利を確保すること。

(b)　沿岸国に対し、その要請により、できる限り速やかに暫定的な報告並びに調査の完了の後は最終的な結果及び結論を提供すること。

(c)　沿岸国に対し、その要請により、海洋の科学的調査の計画から得られたすべてのデータ及び試料を利用する機会を提供することを約束し並びに写しを作成することのできるデータについてはその写し及び科学的価値を害することなく分割することのできる試料についてはその部分を提供することを約束すること。

(d)　要請があった場合には、沿岸国に対し、(c)のデータ、試料及び調査の結果の評価を提供し又は沿岸国が当該データ、試料及び調査の結果を評価し若しくは解釈するに当たり援助を提供すること。

(e)　2の規定に従うことを条件として、調査の結果ができる限り速やかに適当な国内の経路又は国際的な経路を通じ国際的な利用に供されることを確保すること。

(f)　調査の計画の主要な変更を直ちに沿岸国に通報すること。

(g)　別段の合意がない限り、調査が完了したときは、科学的調査のための施設又は機材を撤去すること。

2　この条の規定は、第二百四十六条5の規定に基づき同意を与えるか否かの裁量を行使するため沿岸国の法令によって定められる条件（天然資源の探査及び開発に直接影響を及ぼす計画の調査の結果を国際的な利用に供することについて事前の合意を要求することを含む。）を害するものではない。

**第二五〇条（海洋の科学的調査の計画に関する通報）**　別段の合意がない限り、海洋の科学的調査の計画に関する通報は、適当な公の経路を通じて行う。

**第二五一条（一般的な基準及び指針）**　いずれの国も、各国が海洋の科学的調査の性質及び意味を確認することに資する一般的な基準及び指針を定めることを権限のある国際機関を通じて促進するよう努力する。

**第二五二条（黙示の同意）**　いずれの国又は権限のある国際機関も、第二百四十八条の規定によって要求される情報を沿岸国に対し提供した日から六箇月が経過したときは、海洋の科学的調査の計画を進めることができる。ただし、沿岸国が、この情報を含む通報の受領の後四箇月以内に、調査を実施しようとする国又は権限のある国際機関に対し次のいずれかのことを通報した場合は、この限りでない。

(a)　第二百四十六条の規定に基づいて同意を与えなかったこと。

(b)　計画の性質又は目的について当該国又は国際機関が提供した情報が明白な事実と合致しないこと。

(c)　第二百四十八条及び第二百四十九条に定める条件及び情報に関連する補足的な情報を要求すること。

(d)　当該国又は国際機関が前に実施した海洋の科学的調査の計画に関し、第二百四十九条に定める条件についての義務が履行されていないこと。

**第二五三条（海洋の科学的調査の活動の停止又は終了）**　1　沿岸国は、次のいずれかの場合には、自国の排他的経済水域又は大陸棚において実施されている海洋の科学的調査の活動の停止を要求する権利を有する。

(a)　活動が、第二百四十八条の規定に基づいて提供された情報であって沿岸国の同意の基礎となったものに従って実施されていない場合

(b)　活動を実施している国又は権限のある国際機関が、海洋の科学的調査の計画についての沿岸国の権利に関する第二百四十九条の規定を遵守していない場合

2　沿岸国は、第二百四十八条の規定の不履行であって海洋の科学的調査の計画又は活動の主要な変更に相当するものがあった場合には、当該海洋の科学的調査の活動の終了を要求する権利を有する。

3　沿岸国は、また、1に規定するいずれかの状態が合理的な期間内に是正されない場合には、海洋の科学的調査の活動の終了を要求することができる。

4　海洋の科学的調査の活動の実施を許可された国又は権限のある国際機関は、沿岸国による停止又は終了を命ずる決定の通報に従い、当該通報の対象となっている調査の活動を取りやめる。

5　調査を実施する国又は権限のある国際機関が第二百四十八条及び第二百四十九条の規定により要求される条件を満たした場合には、沿岸国は、1の規定による停止の命令を撤回し、海洋

の科学的調査の活動の継続を認めるものとする。

**第二五四条（沿岸国に隣接する内陸国及び地理的不利国の権利）**

1　第二百四十六条3に規定する海洋の科学的調査を実施する計画を沿岸国に提出した国及び権限のある国際機関は、提案された調査の計画を沿岸国に隣接する内陸国及び地理的不利国に通報するものとし、また、その旨を沿岸国に通報する。

2　第二百四十六条及びこの条約の他の関連する規定に従って沿岸国が提案された海洋の科学的調査の計画に同意を与えた後は、当該計画を実施する国及び権限のある国際機関は、沿岸国に隣接する内陸国及び地理的不利国に対し、これらの国の要請があり、かつ、適当である場合には、第二百四十八条及び第二百四十九条1(f)の関連する情報を提供する。

3　2の内陸国及び地理的不利国は、自国の要請により、提案された海洋の科学的調査の計画について、沿岸国と海洋の科学的調査を実施する国又は権限のある国際機関との間でこの条約の規定に従って合意された条件に基づき、自国が任命し、かつ、沿岸国の反対がない資格のある専門家の参加を通じ、実行可能な限り、当該計画に参加する機会を与えられる。

4　1に規定する国及び権限のある国際機関は、3の内陸国及び地理的不利国に対し、これらの国の要請により、第二百四十九条2の規定に従うことを条件として、同条1(d)の情報及び援助を提供する。

**第二五五条（海洋の科学的調査を容易にし及び調査船を援助するための措置）**　いずれの国も、自国の領海を越える水域においてこの条約に従って実施される海洋の科学的調査を促進し及び容易にするため合理的な規則及び手続を定めるよう努力するものとし、また、適当な場合には、自国の法令に従い、この部の関連する規定を遵守する海洋の科学的調査のための調査船の自国の港への出入りを容易にし及び当該調査船に対する援助を促進する。

**第二五六条（深海底における海洋の科学的調査）**　すべての国（地理的位置のいかんを問わない。）及び権限のある国際機関は、第十一部の規定に従って、深海底における海洋の科学的調査を実施する権利を有する。

**第二五七条（排他的経済水域を越える水域（海底及びその下を除く。）における海洋の科学的調査）**　すべての国（地理的位置のいかんを問わない。）及び権限のある国際機関は、この条約に基づいて、排他的経済水域を越える水域（海底及びその下を除く。）における海洋の科学的調査を実施する権利を有する。

### 第四節　海洋環境における科学的調査のための施設又は機材

**第二五八条（設置及び利用）**　海洋環境のいかなる区域においても、科学的調査のためのいかなる種類の施設又は機材の設置及び利用も、当該区域における海洋の科学的調査の実施についてこの条約の定める条件と同一の条件に従う。

**第二五九条（法的地位）**　この節に規定する施設又は機材は、島の地位を有しない。これらのものは、それ自体の領海を有せず、また、その存在は、領海、排他的経済水域又は大陸棚の境界画定に影響を及ぼすものではない。

**第二六〇条（安全水域）**　この条約の関連する規定に従って、科学的調査のための施設の周囲に五百メートルを超えない合理的な幅を有する安全水域を設定することができる。すべての国は、自国の船舶が当該安全水域を尊重することを確保する。

**第二六一条（航路を妨げてはならない義務）**　科学的調査のためのいかなる種類の施設又は機材の設置及び利用も、確立した国際航路の妨げとなってはならない。

**第二六二条（識別標識及び注意を喚起するための信号）**　この節に規定する施設又は機材は、権限のある国際機関が定める規則及び基準を考慮して、登録国又は所属する国際機関を示す識別標識を掲げるものとし、海上における安全及び航空の安全を確保するため、国際的に合意される注意を喚起するための適当な信号を発することができるものとする。

### 第五節　責任

**第二六三条（責任）**　1　いずれの国及び権限のある国際機関も、海洋の科学的調査（自ら実施するものであるか自らに代わって実施されるものであるかを問わない。）がこの条約に従って実施されることを確保する責任を負う。

2　いずれの国及び権限のある国際機関も、他の国、その自然人若しくは法人又は権限のある国際機関が実施する海洋の科学的調査に関し、この条約に違反してとる措置について責任を負い、当該措置から生ずる損害を賠償する。

3　いずれの国及び権限のある国際機関も、自ら実施し又は自らに代わって実施される海洋の科学的調査から生ずる海洋環境の汚染によりもたらされた損害に対し第二百三十五条の規定に基づいて責任を負う。

### 第六節　紛争の解決及び暫定措置

**第二六四条（紛争の解決）**　海洋の科学的調査に関するこの条約の解釈又は適用に関する紛争は、第十五部の第二節及び第三節の規定によって解決する。

**第二六五条（暫定措置）**　海洋の科学的調査の計画を実施することを許可された国又は権限のある国際機関は、第十五部の第二節及び第三節の規定により紛争が解決されるまでの間、関係沿岸国の明示の同意なしに調査の活動を開始し又は継続してはならない。

## 第十四部　海洋技術の発展及び移転

### 第一節　総則

**第二六六条（海洋技術の発展及び移転の促進）**　1　いずれの国も、直接に又は権限のある国際機関を通じ、公正かつ合理的な条件で海洋科学及び海洋技術を発展させ及び移転することを積極的に促進するため、自国の能力に応じて協力する。

2　いずれの国も、開発途上国の社会的及び経済的開発を促進することを目的として、海洋資源の探査、開発、保存及び管理、海洋環境の保護及び保全、海洋の科学的調査並びにこの条約と両立する海洋環境における他の活動について、海洋科学及び海洋技術の分野において、技術援助を必要とし及び要請することのある国（特に開発途上国（内陸国及び地理的不利国を含む。））の能力の向上を促進する。

3　いずれの国も、海洋技術を衡平な条件ですべての関係者の利益のため移転させることについて、好ましい経済的及び法的な条件を促進するよう努力する。

**第二六七条（正当な利益の保護）**　いずれの国も、前条の規定により協力を促進するに当たり、すべての正当な利益（特に、海洋技術の所有者、提供者及び受領者の権利及び義務を含む。）に妥当な考慮を払う。

**第二六八条（基本的な目的）** いずれの国も、直接に又は権限のある国際機関を通じ、次の事項を促進する。

(a) 海洋技術に関する知識の取得、評価及び普及並びにこれらに関連する情報及びデータの利用

(b) 適当な海洋技術の開発

(c) 海洋技術の移転を容易にするための必要な技術的基盤の整備

(d) 開発途上国の国民（特に後発開発途上国の国民）の訓練及び教育による人的資源の開発

(e) すべての規模、特に、地域的な、小地域的な及び二国間の規模における国際協力

**第二六九条（基本的な目的を達成するための措置）** 前条の目的を達成するため、いずれの国も、直接に又は権限のある国際機関を通じ、特に次のことを行うよう努力する。

(a) すべての種類の海洋技術を、この分野における技術援助を必要とし及び要請することのある国（特に、内陸国である開発途上国及び地理的不利国である開発途上国並びに他の開発途上国であって海洋科学並びに海洋資源の探査及び開発における自国の技術上の能力を確立し若しくは向上させることができなかったか又はこのような海洋技術の基盤を整備することができなかったもの）に対し効果的に移転するための技術協力計画を作成すること。

(b) 衡平かつ合理的な条件で、協定、契約その他これらに類する取決めの締結のための好ましい条件を促進すること。

(c) 科学的及び技術的な事項、特に、海洋技術の移転のための政策及び方法に関する会議、セミナー及びシンポジウムを開催すること。

(d) 科学者、技術専門家その他の専門家の交流を促進すること。

(e) 計画を実施し並びに合弁事業及び他の形態による二国間及び多数国間の協力を促進すること。

## 第二節　国際協力

**第二七〇条（国際協力の方法及び手段）** 海洋技術の発展及び移転のための国際協力は、海洋の科学的調査、海洋技術の移転（特に新しい分野におけるもの）並びに海洋の調査及び開発に対する適当な国際的な資金供与を容易にするため、実行可能かつ適当な場合には、既存の二国間の、地域的な又は多数国間の計画を通じ並びに拡大された計画及び新規の計画を通じて行う。

**第二七一条（指針及び基準）** いずれの国も、特に開発途上国の利益及びニーズを考慮して、直接に又は権限のある国際機関を通じ、二国間で又は国際機関その他の場において海洋技術の移転のための一般的に受け入れられている指針及び基準を定めることを促進する。

**第二七二条（国際的な計画の調整）** いずれの国も、海洋技術の移転の分野において、開発途上国（特に、内陸国及び地理的不利国）の利益及びニーズを考慮して、権限のある国際機関がその活動（地域的又は世界的な計画を含む。）を調整することを確保するよう努力する。

**第二七三条（国際機関及び機構との協力）** いずれの国も、深海底における活動に関する技能及び海洋技術を開発途上国、その国民及び事業体に対し移転することを奨励し及び容易にするため、権限のある国際機関及び機構と積極的に協力する。

**第二七四条（機構の目的）** 機構は、すべての正当な利益（特に、技術の所有者、提供者及び受領者の権利及び義務を含む。）に従うことを条件として、深海底における活動に関し、次のことを確保する。

(a) 衡平な地理的配分の原則に基づき、開発途上国（沿岸国、内陸国又は地理的不利国のいかんを問わない。）の国民を訓練するため、当該国民を機構の活動のための管理及び調査に係る職員並びに技術職員として受け入れること。

(b) 関連する機材、機器、装置及び製法に関する技術上の書類をすべての国（特に、これらの分野における技術援助を必要とし及び要請することのある開発途上国）の利用に供すること。

(c) 海洋技術の分野において技術援助を必要とし及び要請することのある国（特に開発途上国）が当該技術援助を取得すること並びに当該国の国民が必要な技能及びノウハウを取得すること（職業訓練を受けることを含む。）を容易にするため、機構が適当な措置をとること。

(d) 海洋技術の分野において技術援助を必要とし及び要請することのある国（特に開発途上国）がこの条約の財政上の措置を通じ、必要な機材、製法、工場及び他の技術上のノウハウの取得に当たって援助を受けること。

## 第三節　海洋科学及び海洋技術に関する国及び地域のセンター

**第二七五条（国のセンターの設置）** 1　いずれの国も、直接に又は権限のある国際機関及び機構を通じ、沿岸国である開発途上国による海洋の科学的調査の実施を奨励し及び発展させるため並びにこれらの国が自国の経済的利益のために自国の海洋の資源を利用し及び保全する能力を向上させるため、海洋科学及び海洋技術に関する調査のための国のセンターを、特に沿岸国である開発途上国に設置し並びに既存の国のセンターを強化することを促進する。

2　いずれの国も、権限のある国際機関及び機構を通じ、高度の訓練のための施設、必要な機材、技能、ノウハウ及び技術専門家をこれらの援助を必要とし及び要請することのある国に提供するため、国のセンターを設置し及び強化することを容易にすることにつき適切な支援を与える。

**第二七六条（地域のセンターの設置）** 1　いずれの国も、開発途上国による海洋の科学的調査の実施を奨励し及び発展させるため並びに海洋技術の移転を促進するため、権限のある国際機関、機構並びに海洋科学及び海洋技術に関する自国の調査機関との調整の下に、特に開発途上国において、海洋科学及び海洋技術に関する調査のための地域のセンターを設置することを促進する。

2　地域のすべての国は、地域のセンターの目的を一層効果的に達成することを確保するため、当該センターと協力する。

**第二七七条（地域のセンターの任務）** 地域のセンターの任務には、特に次の事項を含める。

(a) 海洋科学及び海洋技術に関する調査の諸分野（特に、海洋生物学（生物資源の保存及び管理に係るものを含む。）、海洋学、水路学、工学、海底の地質学上の探査、採鉱及び淡水化技術）に関するあらゆる水準の訓練及び教育の計画

(b) 管理に係る研究

(c) 海洋環境の保護及び保全並びに汚染の防止、軽減及び規制に関する研究計画

(d) 地域的な会議、セミナー及びシンポジウムの開催

(e) 海洋科学及び海洋技術に関するデータ及び情報の取得及び処理
(f) 容易に利用可能な出版物による海洋科学及び海洋技術に関する調査の結果の迅速な頒布
(g) 海洋技術の移転に関する国の政策の公表及び当該政策の組織的な比較研究
(h) 技術の取引に関する情報及び特許に関する契約その他の取決めに関する情報の取りまとめ及び体系化
(i) 地域の他の国との技術協力

### 第四節　国際機関の間の協力

**第二七八条（国際機関の間の協力）** この部及び第十三部に規定する権限のある国際機関は、直接に又は国際機関の間の緊密な協力の下に、この部の規定に基づく任務及び責任を効果的に遂行することを確保するため、すべての適当な措置をとる。

## 第十五部　紛争の解決

### 第一節　総則

**第二七九条（平和的手段によって紛争を解決する義務）** 締約国は、国際連合憲章第二条3の規定に従いこの条約の解釈又は適用に関する締約国間の紛争を平和的手段によって解決するものとし、このため、同憲章第三十三条1に規定する手段によって解決を求める。

**第二八〇条（紛争当事者が選択する平和的手段による紛争の解決）** この部のいかなる規定も、この条約の解釈又は適用に関する締約国間の紛争を当該締約国が選択する平和的手段によって解決することにつき当該締約国がいつでも合意する権利を害するものではない。

**第二八一条（紛争当事者によって解決が得られない場合の手続）**
1　この条約の解釈又は適用に関する紛争の当事者である締約国が、当該締約国が選択する平和的手段によって紛争の解決を求めることについて合意した場合には、この部に定める手続は、当該平和的手段によって解決が得られず、かつ、当該紛争の当事者間の合意が他の手続の可能性を排除していないときに限り適用される。
2　紛争当事者が期限についても合意した場合には、1の規定は、その期限の満了のときに限り適用される。

**第二八二条（一般的な、地域的な又は二国間の協定に基づく義務）** この条約の解釈又は適用に関する紛争の当事者である締約国が、一般的な、地域的な又は二国間の協定その他の方法によって、いずれかの紛争当事者の要請により拘束力を有する決定を伴う手続に紛争を付することについて合意した場合には、当該手続は、紛争当事者が別段の合意をしない限り、この部に定める手続の代わりに適用される。

**第二八三条（意見を交換する義務）** 1　この条約の解釈又は適用に関して締約国間に紛争が生ずる場合には、紛争当事者は、交渉その他の平和的手段による紛争の解決について速やかに意見の交換を行う。
2　紛争当事者は、紛争の解決のための手続が解決をもたらさずに終了したとき又は解決が得られた場合においてその実施の方法につき更に協議が必要であるときは、速やかに意見の交換を行う。

**第二八四条（調停）** 1　この条約の解釈又は適用に関する紛争の当事者である締約国は、他の紛争当事者に対し、附属書Ⅴ第一節に定める手続その他の調停手続に従って紛争を調停に付するよう要請することができる。
2　1の要請が受け入れられ、かつ、適用される調停手続について紛争当事者が合意する場合には、いずれの紛争当事者も、紛争を当該調停手続に付することができる。
3　1の要請が受け入れられない場合又は紛争当事者が手続について合意しない場合には、調停手続は、終了したものとみなされる。
4　紛争が調停に付された場合には、紛争当事者が別段の合意をしない限り、その手続は、合意された調停手続に従ってのみ終了することができる。

**第二八五条（第十一部の規定によって付託される紛争についてのこの節の規定の適用）** この節の規定は、第十一部第五節の規定によりこの部に定める手続に従って解決することとされる紛争についても適用する。締約国以外の主体がこのような紛争の当事者である場合には、この節の規定を準用する。

### 第二節　拘束力を有する決定を伴う義務的手続

**第二八六条（この節の規定に基づく手続の適用）** 第三節の規定に従うことを条件として、この条約の解釈又は適用に関する紛争であって第一節に定める方法によって解決が得られなかったものは、いずれかの紛争当事者の要請により、この節の規定に基づいて管轄権を有する裁判所に付託される。

**第二八七条（手続の選択）** 1　いずれの国も、この条約に署名し、これを批准し若しくはこれに加入する時に又はその後いつでも、書面による宣言を行うことにより、この条約の解釈又は適用に関する紛争の解決のための次の手段のうち一又は二以上の手段を自由に選択することができる。
(a) 附属書Ⅵによって設立される国際海洋法裁判所
(b) 国際司法裁判所
(c) 附属書Ⅶによって組織される仲裁裁判所
(d) 附属書Ⅷに規定する一又は二以上の種類の紛争のために同附属書によって組織される特別仲裁裁判所
2　1の規定に基づいて行われる宣言は、第十一部第五節に定める範囲及び方法で国際海洋法裁判所の海底紛争裁判部が管轄権を有することを受け入れる締約国の義務に影響を及ぼすものではなく、また、その義務から影響を受けるものでもない。
3　締約国は、その時において効力を有する宣言の対象とならない紛争の当事者である場合には、附属書Ⅶに定める仲裁手続を受け入れているものとみなされる。
4　紛争当事者が紛争の解決のために同一の手続を受け入れている場合には、当該紛争については、紛争当事者が別段の合意をしない限り、当該手続にのみ付することができる。
5　紛争当事者が紛争の解決のために同一の手続を受け入れていない場合には、当該紛争については、紛争当事者が別段の合意をしない限り、附属書Ⅶに従って仲裁にのみ付することができる。
6　1の規定に基づいて行われる宣言は、その撤回の通告が国際連合事務総長に寄託された後三箇月が経過するまでの間、効力を有する。
7　新たな宣言、宣言の撤回の通告又は宣言の期間の満了は、紛争当事者が別段の合意をしない限り、この条の規定に基づいて管轄権を有する裁判所において進行中の手続に何ら影響を及ぼすものではない。

8　この条に規定する宣言及び通告については、国際連合事務総長に寄託するものとし、同事務総長は、その写しを締約国に送付する。

**第二八八条（管轄権）**　1　前条に規定する裁判所は、この条約の解釈又は適用に関する紛争であってこの部の規定に従って付託されるものについて管轄権を有する。

2　前条に規定する裁判所は、また、この条約の目的に関係のある国際協定の解釈又は適用に関する紛争であって当該協定に従って付託されるものについて管轄権を有する。

3　附属書Ⅵによって設置される国際海洋法裁判所の海底紛争裁判部並びに第十一部第五節に規定するその他の裁判部及び仲裁裁判所は、同節の規定に従って付託される事項について管轄権を有する。

4　裁判所が管轄権を有するか否かについて争いがある場合には、当該裁判所の裁判で決定する。

**第二八九条（専門家）**　科学的又は技術的な事項に係る紛争において、この節の規定に基づいて管轄権を行使する裁判所は、いずれかの紛争当事者の要請により又は自己の発意により、投票権なしで当該裁判所に出席する二人以上の科学又は技術の分野における専門家を紛争当事者と協議の上選定することができる。これらの専門家は、附属書Ⅷ第二条の規定に従って作成された名簿のうち関連するものから選出することが望ましい。

**第二九〇条（暫定措置）**　1　紛争が裁判所に適正に付託され、当該裁判所がこの部又は第十一部第五節の規定に基づいて管轄権を有すると推定する場合には、当該裁判所は、終局裁判を行うまでの間、紛争当事者のそれぞれの権利〔rights of the parties〕を保全し又は海洋環境に対して生ずる重大な害を防止するため、状況に応じて適当と認める暫定措置を定める〔prescribe〕ことができる。

2　暫定措置を正当化する状況が変化し又は消滅した場合には、当該暫定措置を修正し又は取り消すことができる。

3　いずれかの紛争当事者が要請し、かつ、すべての紛争当事者が陳述する機会を与えられた後にのみ、この条の規定に基づき暫定措置を定め、修正し又は取り消すことができる。

4　裁判所は、暫定措置を定め、修正し又は取り消すことにつき、紛争当事者その他裁判所が適当と認める締約国に直ちに通告する。

5　この節の規定に従って紛争の付託される仲裁裁判所が構成されるまでの間、紛争当事者が合意する裁判所又は暫定措置に対する要請が行われた日から二週間以内に紛争当事者が合意しない場合には国際海洋法裁判所若しくは深海底における活動に関しては海底紛争裁判部は、構成される仲裁裁判所が紛争について管轄権を有すると推定し、かつ、事態の緊急性により必要と認める場合には、この条の規定に基づき暫定措置を定め、修正し又は取り消すことができる。紛争が付託された仲裁裁判所が構成された後は、当該仲裁裁判所は、1から4までの規定に従い暫定措置を修正し、取り消し又は維持することができる。

6　紛争当事者は、この条の規定に基づいて定められた暫定措置に速やかに従う〔shall comply promptly〕。

**第二九一条（手続の開放）**　1　この部に定めるすべての紛争解決手続は、締約国に開放する。

2　この部に定める紛争解決手続は、この条約に明示的に定めるところによってのみ、締約国以外の主体に開放する。

**第二九二条（船舶及び乗組員の速やかな釈放）**　1　締約国の当局が他の締約国を旗国とする船舶を抑留した場合において、合理的な保証金の支払又は合理的な他の金銭上の保証の提供の後に船舶及びその乗組員を速やかに釈放する〔prompt release〕というこの条約の規定を抑留した国が遵守しなかったと主張されているときは、釈放の問題については、紛争当事者が合意する裁判所に付託することができる。抑留の時から十日以内に紛争当事者が合意しない場合には、釈放の問題については、紛争当事者が別段の合意をしない限り、抑留した国が第二百八十七条の規定によって受け入れている裁判所又は国際海洋法裁判所に付託することができる。

2　釈放に係る申立てについては、船舶の旗国又はこれに代わるものに限って行うことができる。

3　裁判所は、遅滞なく釈放に係る申立てを取り扱うものとし、釈放の問題のみを取り扱う。ただし、適当な国内の裁判所に係属する船舶又はその所有者若しくは乗組員に対する事件の本案には、影響を及ぼさない。抑留した国の当局は、船舶又はその乗組員をいつでも釈放することができる。

4　裁判所によって決定された保証金が支払われ又は裁判所によって決定された他の金銭上の保証が提供された場合には、抑留した国の当局は、船舶又はその乗組員の釈放についての当該裁判所の決定に速やかに従う。

**第二九三条（適用のある法）**　1　この節の規定に基づいて管轄権を有する裁判所は、この条約及びこの条約に反しない国際法の他の規則を適用する。

2　1の規定は、紛争当事者が合意する場合には、この節の規定に基づいて管轄権を有する裁判所が衡平及び善に基づいて裁判する権限を害するものではない。

**第二九四条（先決的手続）**　1　第二百八十七条に規定する裁判所に対して第二百九十七条に規定する紛争についての申立てが行われた場合には、当該裁判所は、当該申立てによる権利の主張が法的手続の濫用であるか否か又は当該権利の主張に十分な根拠があると推定されるか否かについて、いずれかの紛争当事者が要請するときに決定するものとし、又は自己の発意により決定することができる。当該裁判所は、当該権利の主張が法的手続の濫用であると決定し又は根拠がないと推定されると決定した場合には、事件について新たな措置をとらない。

2　1の裁判所は、申立てを受領した時に、当該申立てに係る他の紛争当事者に対して直ちに通告するものとし、当該他の紛争当事者が1の規定により裁判所に決定を行うよう要請することができる合理的な期間を定める。

3　この条のいかなる規定も、紛争当事者が、適用のある手続規則に従って先決的抗弁を行う権利に影響を及ぼすものではない。

**第二九五条（国内的な救済措置を尽くすこと）**　この条約の解釈又は適用に関する締約国間の紛争は、国内的な救済措置を尽くすことが国際法によって要求されている場合には、当該救済措置が尽くされた後でなければこの節に定める手続に付することができない。

**第二九六条（裁判が最終的なものであること及び裁判の拘束力）**　1　この節の規定に基づいて管轄権を有する裁判所が行う裁判は、最終的なものとし、すべての紛争当事者は、これに従う。

2　1の裁判は、紛争当事者間において、かつ、当該紛争に関してのみ拘束力を有する。

### 第三節　第二節の規定の適用に係る制限及び除外

**第二九七条（第二節の規定の適用の制限）**　1　この条約の解釈又は適用に関する紛争であって、この条約に定める主権的権利又は管轄権の沿岸国による行使に係るものは、次のいずれかの場合には、第二節に定める手続の適用を受ける。

(a)　沿岸国が、航行、上空飛行若しくは海底電線及び海底パイプラインの敷設の自由若しくは権利又は第五十八条に規定するその他の国際的に適法な海洋の利用について、この条約の規定に違反して行動したと主張されている場合

(b)　国が、(a)に規定する自由若しくは権利を行使し又は(a)に規定する利用を行うに当たり、この条約の規定に違反して又はこの条約及びこの条約に反しない国際法の他の規則に従って沿岸国の制定する法令に違反して行動したと主張されている場合

(c)　沿岸国が、当該沿岸国に適用のある海洋環境の保護及び保全のための特定の国際的な規則及び基準であって、この条約によって定められ又はこの条約に従って権限のある国際機関若しくは外交会議を通じて定められたものに違反して行動したと主張されている場合

2(a)　この条約の解釈又は適用に関する紛争であって、海洋の科学的調査に係るものについては、第二節の規定に従って解決する。ただし、沿岸国は、次の事項から生ずるいかなる紛争についても、同節の規定による解決のための手続に付することを受け入れる義務を負うものではない。

(i)　第二百四十六条の規定に基づく沿岸国の権利又は裁量の行使

(ii)　第二百五十三条の規定に基づく海洋の科学的調査の活動の停止又は終了を命ずる沿岸国の決定

(b)　海洋の科学的調査に係る特定の計画に関し沿岸国がこの条約に合致する方法で第二百四十六条又は第二百五十三条の規定に基づく権利を行使していないと調査を実施する国が主張することによって生ずる紛争は、いずれかの紛争当事者の要請により、附属書Ⅴ第二節に定める調停に付される。ただし、調停委員会は、第二百四十六条6に規定する特定の区域を指定する沿岸国の裁量の行使又は同条5の規定に基づいて同意を与えない沿岸国の裁量の行使については取り扱わない。

3(a)　この条約の解釈又は適用に関する紛争であって、漁獲に係るものについては、第二節の規定に従って解決する。ただし、沿岸国は、排他的経済水域における生物資源に関する自国の主権的権利（漁獲可能量、漁獲能力及び他の国に対する余剰分の割当てを決定するための裁量権並びに保存及び管理に関する自国の法令に定める条件を決定するための裁量権を含む。）又はその行使に係るいかなる紛争についても、同節の規定による解決のための手続に付することを受け入れる義務を負うものではない。

(b)　第一節の規定によって解決が得られなかった場合において、次のことが主張されているときは、紛争は、いずれかの紛争当事者の要請により、附属書Ⅴ第二節に定める調停に付される。

(i)　沿岸国が、自国の排他的経済水域における生物資源の維持が著しく脅かされないことを適当な保存措置及び管理措置を通じて確保する義務を明らかに遵守しなかったこと。

(ii)　沿岸国が、他の国が漁獲を行うことに関心を有する資源について、当該他の国の要請にもかかわらず、漁獲可能量及び生物資源についての自国の漁獲能力を決定することを恣意的に〔arbitrarily〕拒否したこと。

(iii)　沿岸国が、自国が存在すると宣言した余剰分の全部又は一部を、第六十二条、第六十九条及び第七十条の規定により、かつ、この条約に適合する条件であって自国が定めるものに従って、他の国に割り当てることを恣意的に拒否したこと。

(c)　調停委員会は、いかなる場合にも、調停委員会の裁量を沿岸国の裁量に代わるものとしない。

(d)　調停委員会の報告については、適当な国際機関に送付する。

(e)　第六十九条及び第七十条の規定により協定を交渉するに当たって、締約国は、別段の合意をしない限り、当該協定の解釈又は適用に係る意見の相違の可能性を最小にするために当該締約国がとる措置に関する条項及び当該措置にもかかわらず意見の相違が生じた場合に当該締約国がとるべき手続に関する条項を当該協定に含める。

**第二九八条（第二節の規定の適用からの選択的除外）**　1　第一節の規定に従って生ずる義務に影響を及ぼすことなく、いずれの国も、この条約に署名し、これを批准し若しくはこれに加入する時に又はその後いつでも、次の種類の紛争のうち一又は二以上の紛争について、第二節に定める手続のうち一又は二以上の手続を受け入れないことを書面によって宣言することができる。

(a)(i)　海洋の境界画定に関する第十五条、第七十四条及び第八十三条の規定の解釈若しくは適用に関する紛争又は歴史的湾若しくは歴史的権原に関する紛争。ただし、宣言を行った国は、このような紛争がこの条約の効力発生の後に生じ、かつ、紛争当事者間の交渉によって合理的な期間内に合意が得られない場合には、いずれかの紛争当事者の要請により、この問題を附属書Ⅴ第二節に定める調停に付することを受け入れる。もっとも、大陸又は島の領土に対する主権その他の権利に関する未解決の紛争についての検討が必要となる紛争については、当該調停に付さない。

(ii)　調停委員会が報告（その基礎となる理由を付したもの）を提出した後、紛争当事者は、当該報告に基づき合意の達成のために交渉する。交渉によって合意に達しない場合には、紛争当事者は、別段の合意をしない限り、この問題を第二節に定める手続のうちいずれかの手続に相互の同意によって付する。

(iii)　この(a)の規定は、海洋の境界に係る紛争であって、紛争当事者間の取決めによって最終的に解決されているもの又は紛争当事者を拘束する二国間若しくは多数国間の協定によって解決することとされているものについては、適用しない。

(b)　軍事的活動（非商業的役務に従事する政府の船舶及び航空機による軍事的活動を含む。）に関する紛争並びに法の執行活動であって前条の2及び3の規定により裁判所の管轄権の範囲から除外される主権的権利又は管轄権の行使に係るものに関する紛争

(c)　国際連合安全保障理事会が国際連合憲章によって与えられた任務を紛争について遂行している場合の当該紛争。ただし、同理事会が、当該紛争をその審議事項としないことを決定する場合又は紛争当事者に対し当該紛争をこの条約に定める手段によって解決するよう要請する場合は、この限りでない。

2　1の規定に基づく宣言を行った締約国は、いつでも、当該宣言を撤回することができ、又は当該宣言によって除外された紛争をこの条約に定める手続に付することに同意することができる。

3　1の規定に基づく宣言を行った締約国は、除外された種類の紛争に該当する紛争であって他の締約国を当事者とするものを、当該他の締約国の同意なしには、この条約に定めるいずれの手続にも付することができない。

4　締約国が1(a)の規定に基づく宣言を行った場合には、他の締約国は、除外された種類の紛争に該当する紛争であって当該宣言を行った締約国を当事者とするものを、当該宣言において特定される手続に付することができる。

5　新たな宣言又は宣言の撤回は、紛争当事者が別段の合意をしない限り、この条の規定により裁判所において進行中の手続に何ら影響を及ぼすものではない。

6　この条の規定に基づく宣言及び宣言の撤回の通告については、国際連合事務総長に寄託するものとし、同事務総長は、その写しを締約国に送付する。

**第二百九十九条（紛争当事者が手続について合意する権利）**　1　第二百九十七条の規定により第二節に定める紛争解決手続から除外された紛争又は前条の規定に基づいて行われた宣言により当該手続から除外された紛争については、当該紛争の当事者間の合意によってのみ、当該手続に付することができる。

2　この節のいかなる規定も、紛争当事者が紛争の解決のための他の手続について合意する権利又は紛争当事者が紛争の友好的な解決を図る権利を害するものではない。

## 第十六部　一般規定

**第三百条（信義誠実及び権利の濫用）**　締約国は、この条約により負う義務を誠実に履行するものとし、また、この条約により認められる権利、管轄権及び自由を権利の濫用とならないように行使する。

**第三百一条（海洋の平和的利用）**　締約国は、この条約に基づく権利を行使し及び義務を履行するに当たり、武力による威嚇又は武力の行使を、いかなる国の領土保全又は政治的独立に対するものも、また、国際連合憲章に規定する国際法の諸原則と両立しない他のいかなる方法によるものも慎まなければならない。

**第三百二条（情報の開示）**　この条約のいかなる規定も、締約国が、この条約に基づく義務を履行するに当たり、その開示が当該締約国の安全保障上の重大な利益に反する情報の提供を当該締約国に要求するものと解してはならない。ただし、この規定は、この条約に定める紛争解決手続に付する締約国の権利を害するものではない。

**第三百三条（海洋において発見された考古学上の物及び歴史的な物）**　1　いずれの国も、海洋において発見された考古学上の又は歴史的な特質を有する物を保護する義務を有し、このために協力する。

2　沿岸国は、1に規定する物の取引を規制するため、第三十三条の規定の適用に当たり、自国の承認なしに同条に規定する水域の海底からこれらの物を持ち去ることが同条に規定する法令の自国の領土又は領海内における違反となると推定することができる。

3　この条のいかなる規定も、認定することのできる所有者の権利、引揚作業に関する法律又はその他の海事に関する規則並びに文化交流に関する法律及び慣行に影響を及ぼすものではない。

4　この条の規定は、考古学上の又は歴史的な特質を有する物の保護に関するその他の国際協定及び国際法の規則に影響を及ぼすものではない。

**第三百四条（損害についての責任）**　この条約の損害についての責任に関する規定は、国際法に基づく責任に関する現行の規則の適用及び新たな規則の発展を妨げるものではない。

## 第十七部　最終規定

**第三百五条（署名）**　1　この条約は、次のものによる署名のために開放しておく。

(a)　すべての国

(b)　国際連合ナミビア理事会によって代表されるナミビア

(c)　他の国と提携している自治国であって、国際連合総会決議第千五百十四号(第十五回会期)に基づいて国際連合により監督され及び承認された自決の行為においてその地位を選び、かつ、この条約により規律される事項に関する権限(これらの事項に関して条約を締結する権限を含む。)を有するすべてのもの

(d)　他の国と提携している自治国であって、その提携のための文書に基づき、この条約により規律される事項に関する権限(これらの事項に関して条約を締結する権限を含む。)を有するすべてのもの

(e)　完全な内政上の自治権を有し、国際連合によりこれを認められているが、国際連合総会決議第千五百十四号(第十五回会期)に基づく完全な独立を達成していない地域であって、この条約により規律される事項に関する権限(これらの事項に関して条約を締結する権限を含む。)を有するすべてのもの

(f)　国際機関。ただし、附属書Ⅸの規定に従うものとする。

2　この条約は、千九百八十四年十二月九日まではジャマイカ外務省において、また、千九百八十三年七月一日から千九百八十四年十二月九日まではニュー・ヨークにある国際連合本部において、署名のために開放しておく。

**第三百六条（批准及び正式確認）**　この条約は、国及び前条1の(b)から(e)までに規定するその他の主体によって批准されなければならず、また、同条1(f)に規定する主体により附属書Ⅸに定めるところにより正式確認が行われなければならない。批准書及び正式確認書は、国際連合事務総長に寄託する。

**第三百七条（加入）**　この条約は、国及び第三百五条に規定するその他の主体による加入のために開放しておく。同条1(f)に規定する主体による加入については、附属書Ⅸに定めるところにより行う。加入書は、国際連合事務総長に寄託する。

**第三百八条（効力発生）**　1　この条約は、六十番目の批准書又は加入書が寄託された日の後十二箇月で効力を生ずる。

2　六十番目の批准書又は加入書が寄託された後にこの条約を批准し又はこれに加入する国については、この条約は、1の規定に従うことを条件として、その批准書又は加入書の寄託の日の後三十日目の日に効力を生ずる。

3　機構の総会は、この条約の効力発生の日に会合し、機構の理事会の理事国を選出する。機構の第一回の理事会は、第百六十一条の規定を厳格に適用することができない場合には、同条に規定する目的に適合するように構成する。

4　準備委員会が起草する規則及び手続は、第十一部に定めるところにより機構が正式に採択するまでの間、暫定的に適用する。

5　機構及びその諸機関は、先行投資に関する第三次国際連合海洋法会議の決議IIに従い及びこの決議に基づいて行われる準備委員会の決定に従って行動する。

**第三〇九条（留保及び除外）**　この条約については、他の条の規定により明示的に認められている場合を除くほか、留保を付することも、また、除外を設けることもできない。

**第三一〇条（宣言及び声明）**　前条の規定は、この条約の署名若しくは批准又はこれへの加入の際に、国が、特に当該国の法令をこの条約に調和させることを目的として、用いられる文言及び名称のいかんを問わず、宣言又は声明を行うことを排除しない。ただし、このような宣言又は声明は、当該国に対するこの条約の適用において、この条約の法的効力を排除し又は変更することを意味しない。

**第三一一条（他の条約及び国際協定との関係）**　1　この条約は、締約国間において、千九百五十八年四月二十九日の海洋法に関するジュネーヴ諸条約に優先する。

2　この条約は、この条約と両立する他の協定の規定に基づく締約国の権利及び義務であって他の締約国がこの条約に基づく権利を享受し又は義務を履行することに影響を及ぼさないものを変更するものではない。

3　二以上の締約国は、当該締約国間の関係に適用される限りにおいて、この条約の運用を変更し又は停止する協定を締結することができる。ただし、そのような協定は、この条約の規定であってこれからの逸脱がこの条約の趣旨及び目的の効果的な実現と両立しないものに関するものであってはならず、また、この条約に定める基本原則の適用に影響を及ぼし又は他の締約国がこの条約に基づく権利を享受し若しくは義務を履行することに影響を及ぼすものであってはならない。

4　3に規定する協定を締結する意思を有する締約国は、他の締約国に対し、この条約の寄託者を通じて、当該協定を締結する意思及び当該協定によるこの条約の変更又は停止を通報する。

5　この条の規定は、他の条の規定により明示的に認められている国際協定に影響を及ぼすものではない。

6　締約国は、第百三十六条に規定する人類の共同の財産に関する基本原則についていかなる改正も行わないこと及びこの基本原則から逸脱するいかなる協定の締約国にもならないことを合意する。

**第三一二条（改正）**　1　締約国は、この条約の効力発生の日から十年の期間が満了した後は、国際連合事務総長にあてた書面による通報により、この条約の特定の改正案で深海底における活動に関する改正以外のものを提案し及びその改正案を審議する会議の招集を要請することができる。同事務総長は、当該通報をすべての締約国に送付する。同事務総長は、当該通報の送付の日から十二箇月以内に締約国の二分の一以上がその要請に好意的な回答を行った場合には、当該会議を招集する。

2　改正に関する会議において用いられる決定手続は、この会議が別段の決定を行わない限り、第三次国際連合海洋法会議において用いられた決定手続と同一のものとする。改正に関する会議は、いかなる改正案についても、コンセンサス方式により合意に達するようあらゆる努力を払うものとし、コンセンサスのためのあらゆる努力が尽くされるまでは、改正案について投票を行わない。

**第三一三条（簡易な手続による改正）**　1　締約国は、国際連合事務総長にあてた書面による通報により、この条約の改正案で深海底における活動に関する改正以外のものを会議を招集することなくこの条に定める簡易な手続による採択のために提案することができる。同事務総長は、当該通報をすべての締約国に送付する。

2　1に規定する通報の送付の日から十二箇月の期間内にいずれかの締約国が改正案又は簡易な手続による改正案の採択の提案に反対した場合には、改正は、拒否されたものとする。国際連合事務総長は、その旨を直ちにすべての締約国に通報する。

3　1に規定する通報の送付の日から十二箇月の期間内にいずれの締約国も改正案又は簡易な手続による改正案の採択の提案に反対しなかった場合には、改正案は、採択されたものとする。国際連合事務総長は、改正案が採択された旨をすべての締約国に通報する。

**第三一四条（深海底における活動のみに関する規定の改正）**　1　締約国は、機構の事務局長にあてた書面による通報により、深海底における活動のみに関する規定（附属書VI第四節の規定を含む。）の改正案を提案することができる。事務局長は、当該通報をすべての締約国に送付する。改正案は、理事会による承認の後、総会によって承認されなければならない。理事会及び総会における締約国の代表は、改正案を審議し及び承認する全権を有する。理事会及び総会が承認した場合には、改正案は、採択されたものとする。

2　理事会及び総会は、1の規定に基づく改正案を承認するのに先立ち、第百五十五条の規定に基づく再検討のための会議までの間、深海底の資源の探査及び開発の制度が当該改正案によって妨げられないことを確保する。

**第三一五条（改正の署名及び批准、改正への加入並びに改正の正文）**　1　この条約の改正は、採択された後は、改正自体に別段の定めがない限り、採択の日から十二箇月の間、ニュー・ヨークにある国際連合本部において、締約国による署名のために開放しておく。

2　第三百六条、第三百七条及び第三百二十条の規定は、この条約のすべての改正について適用する。

**第三一六条（改正の効力発生）**　1　この条約の改正で5に規定する改正以外のものは、締約国の三分の二又は六十の締約国のいずれか多い方の数の締約国による批准書又は加入書の寄託の後三十日目の日に、改正を批准し又はこれに加入する締約国について効力を生ずる。当該改正は、その他の締約国がこの条約に基づく権利を享受し又は義務を履行することに影響を及ぼすものではない。

2　改正については、その効力発生のためにこの条に定める数よりも多い数の批准又は加入を必要とすることを定めることができる。

3　必要とされる数の批准書又は加入書が寄託された後に1に規定する改正を批准し又はこれに加入する締約国については、改正は、その批准書又は加入書の寄託の日の後三十日目の日に効力を生ずる。

4　1の規定により改正が効力を生じた後にこの条約の締約国となる国は、別段の意思を表明しない限り、(a)改正された条約の締約国とされ、かつ、(b)改正によって拘束されない締約国との関係においては、改正されていない条約の締約国とされる。

5　深海底における活動のみに関する改正及び附属書VIの改正は、締約国の四分の三による批准書又は加入書の寄託の後一年で、すべての締約国について効力を生ずる。

6　5の規定により改正が効力を生じた後にこの条約の締約国となる国は、改正された条約の締約国とされる。

**第三一七条（廃棄）** 1　締約国は、国際連合事務総長にあてた書面による通告を行うことによりこの条約を廃棄することができるものとし、また、その理由を示すことができる。理由を示さないことは、廃棄の効力に影響を及ぼすものではない。廃棄は、一層遅い日が通告に明記されている場合を除くほか、その通告が受領された日の後一年で効力を生ずる。

2　いずれの国も、廃棄を理由として、この条約の締約国であった間に生じた財政上及び契約上の義務を免除されない。廃棄は、この条約が当該国について効力を失う前にこの条約の実施によって生じていた当該国の権利、義務及び法的状態に影響を及ぼすものではない。

3　廃棄は、この条約に定める義務であってこの条約との関係を離れ国際法に基づいて負うものを締約国が履行する責務に何ら影響を及ぼすものではない。

**第三一八条（附属書の地位）** 附属書は、この条約の不可分の一部を成すものとし、別段の明示の定めがない限り「この条約」といい又は第一部から第十七部までのいずれかの部を指していうときは、関連する附属書を含めていうものとする。

**第三一九条（寄託者）** 1　この条約及びその改正の寄託者は、国際連合事務総長とする。

2　国際連合事務総長は、寄託者としての職務のほか、次のことを行う。

(a)　この条約に関して生じた一般的な性質を有する問題について、すべての締約国、機構及び権限のある国際機関に報告すること。

(b)　この条約及びその改正の批准及び正式確認、これらへの加入並びにこの条約の廃棄を機構に通報すること。

(c)　第三百十一条4の規定により協定について締約国に通報すること。

(d)　この条約により採択された改正について、その批准又はこれへの加入のため締約国に送付すること。

(e)　この条約により必要な締約国の会合を招集すること。

3 (a)　国際連合事務総長は、また、第百五十六条に規定するオブザーバーに対し、次のものを送付する。

(i)　2(a)に規定する報告

(ii)　2(b)及び(c)に規定する通報

(iii)　2(d)に規定する改正（参考のためのもの）

(b)　国際連合事務総長は、(a)のオブザーバーに対し、2(e)の締約国の会合にオブザーバーとして参加するよう招請する。

**第三二〇条（正文）** アラビア語、中国語、英語、フランス語、ロシア語及びスペイン語をひとしく正文とするこの条約の原本は、第三百五条2に定めるところにより、国際連合事務総長に寄託する。

**附属書Ⅰ　高度回遊性の種**（略）

**附属書Ⅱ　大陸棚の限界に関する委員会**（本節1(4)（二二三頁）参照）

**附属書Ⅲ　概要調査、探査及び開発の基本的な条件**（略）

**附属書Ⅳ　事業体規程**（略）

**附属書Ⅴ　調停**（略）

**附属書Ⅵ　国際海洋法裁判所規程**（本節1(5)（二二四頁）参照）

**附属書Ⅶ　仲裁**（本節1(6)（二二九頁）参照）

**附属書Ⅷ　特別仲裁**（略）

**附属書Ⅸ　国際機関による参加**（略）

**国際海底機構及び国際海洋法裁判所のための準備委員会の設立に関する決議Ⅰ**（略）

**多金属性の団塊に関する先行活動に対する予備投資に関する決議Ⅱ**（略）

**非独立地域に関する海洋法会議決議Ⅲ**（略）

**解放運動に関する海洋法会議決議Ⅳ**（略）

## (2)　国連海洋法条約第十一部実施協定

（千九百八十二年十二月十日の海洋法に関する国際連合条約第十一部の実施に関する協定）

採　　択　一九九四年七月二八日（ニューヨーク）（賛成一二一、反対〇、棄権七）
効力発生　一九九六年七月二八日
日 本 国　一九九四年一一月一六日（暫定的適用）
　　　　　一九九六年七月二八日（同年六月七日国会承認、六月一八日内閣批准決定、六月二〇日批准書寄託、七月二五日公布・条約七号）
当 事 国　一四九（他にＥＵ）

この協定の締約国は、

平和の維持、正義及び世界のすべての人民の進歩に対する千九百八十二年十二月十日の海洋法に関する国際連合条約（以下「条約」という。）の重要な貢献を認め、

国の管轄権の及ぶ区域の境界の外の海底及びその下（以下「深海底」という。）並びに深海底の資源が人類の共同の財産であることを再確認し、

海洋環境の保護及び保全に対する条約の重要性並びに地球環境に対する関心の高まりに留意し、

条約の第十一部及び関連する規定（以下「第十一部」という。）に関する未解決の問題について千九百九十年から千九百九十四年まで諸国間で行われた非公式の協議の結果に関する国際連合事務総長の報告を検討し、

第十一部の規定の実施に影響を及ぼす政治的及び経済的変化（市場指向の方向性を含む。）に留意し、

条約への普遍的な参加を促進することを希望し、

第十一部の規定の実施に関し協定を作成することが、この目的に最もよく合致することを考慮して、

次のとおり協定した。

**第一条（第十一部の規定の実施）** 1　この協定の締約国は、この協定に従って第十一部の規定を実施することを約束する。

2　附属書は、この協定の不可分の一部を成す。

**第二条（この協定と第十一部の規定との関係）** 1　この協定及び第十一部の規定は、単一の文書として一括して解釈され、かつ、適用される。この協定と第十一部の規定とが抵触する場合には、この協定が優先する。

2　条約の第三百九条から第三百十九条までの規定は、条約に適用するのと同様にこの協定について準用する。

**第三条（署名）** この協定は、その採択の日から十二箇月の間、国際連合本部において、条約第三百五条1の(a)及び(c)から(f)までに定める国及び主体による署名のために開放しておく。

**第四条（拘束されることについての同意）** 1 この協定の採択後においては、条約の批准書、正式確認書又は加入書は、この協定にも拘束されることについての同意の表明とみなされる。

2 いかなる国又は主体も、条約に拘束されることについての同意を既に確定しているか又は当該同意を同時に確定しない限り、この協定に拘束されることについての同意を確定することができない。

3 前条に定める国又は主体は、次のいずれかの方法により、この協定に拘束されることについての同意を表明することができる。

(a) 批准、正式確認又は次条に定める手続を条件としない署名

(b) 批准又は正式確認を条件として署名した後に行われる批准又は正式確認

(c) 次条に定める手続を条件とする署名

(d) 加入

4 条約第三百五条1(f)に定める主体による正式確認は、条約附属書IXの規定に従う。

5 批准書、正式確認書又は加入書は、国際連合事務総長に寄託する。

**第五条（簡易な手続）** 1 この協定の採択の日前に条約の批准書、正式確認書又は加入書を寄託した国又は主体であって、前条3(c)の規定に従ってこの協定に署名したものは、当該国又は主体がこの条に定める簡易な手続を用いない旨の書面による通告をこの協定の採択の日の後十二箇月が経過する日前に寄託者に行わない限り、当該十二箇月が経過する日にこの協定に拘束されることについての同意を確定したものとみなされる。

2 1の通告が行われた場合には、この協定に拘束されることについての同意は、前条3(b)の規定に従って確定される。

**第六条（効力発生）** 1 この協定は、四十の国が自国が拘束されることについての同意を前二条の規定に従って確定した日の後三十日で効力を生ずる。ただし、第三次国際連合海洋法会議の決議II（以下「決議II」という。）1(a)に定める国のうち、少なくとも五の先進国を含む七以上の国が当該四十の国に含まれていることを条件とする。効力発生のためのこれらの条件が千九百九十四年十一月十六日前に満たされる場合には、この協定は、同日に効力を生ずる。

2 1に定める要件が満たされた後にこの協定に拘束されることについての同意を確定する国又は主体については、この協定は、当該国又は主体が拘束されることについての同意を確定した日の後三十日目の日に効力を生ずる。

**第七条（暫定的適用）** 1 この協定は、千九百九十四年十一月十六日に効力を生じていない場合には、効力が生ずるまでの間、次の国又は主体により暫定的に適用される。

(a) 国際連合総会においてこの協定の採択に同意した国。ただし、千九百九十四年十一月十六日前に、寄託者に対し、この協定を暫定的に適用しない旨又はその後の署名若しくは書面による通告によってのみ暫定的に適用することについての同意を表明する旨を書面によって通告した国を除く。

(b) この協定に署名する国又は主体。ただし、この協定を暫定的に適用しない旨の書面による通告を署名の時に寄託者に行う国又は主体を除く。

(c) 寄託者に対する書面による通告により暫定的に適用することに同意した国又は主体

(d) この協定に加入する国

2 1に定めるすべての国又は主体は、その国内法令又は内部の法令に従い、千九百九十四年十一月十六日又は署名、同意の通告若しくは加入の日のいずれか遅い日からこの協定を暫定的に適用する。

3 暫定的適用は、この協定が効力を生ずる日に終了する。いかなる場合にも、決議II1(a)に定める国のうち、少なくとも五の先進国を含む七以上の国によるこの協定に拘束されることについての同意に関する前条1に定める要件が千九百九十八年十一月十六日前に満たされない場合には、暫定的適用は、同日に終了する。

**第八条（締約国）** 1 この協定の適用上、「締約国」とは、この協定に拘束されることに同意し、かつ、自国についてこの協定の効力が生じている国をいう。

2 この協定は、条約第三百五条1の(c)から(f)までに定める主体であって、それぞれの主体に関連する条件に従ってこの協定の当事者となるものに準用する。この場合において、「締約国」とは、当該主体をいう。

**第九条（寄託者）** 国際連合事務総長をこの協定の寄託者とする。

**第一〇条（正文）** アラビア語、中国語、英語、フランス語、ロシア語及びスペイン語をひとしく正文とするこの協定の原本は、国際連合事務総長に寄託する。

## 附属書

### 第一節　締約国による費用の負担及び組織に関する規定(抄)

1 国際海底機構（以下「機構」という。）は、条約の締約国が、特に深海底の資源を管理することを目的として、第十一部の規定及びこの協定に基づいて設けられる深海底のための制度に従って深海底における活動を組織し及び管理するための機関である。機構の権限及び任務は、条約によって明示的に規定されるものとする。機構は、深海底における活動についての権限の行使及び任務の遂行に含まれ、かつ、必要である付随的な権限であって、条約に適合するものを有する。

2 締約国による費用の負担を最小にするため、条約及びこの協定に基づいて設置されるすべての機関及び補助的な組織は、費用対効果の大きいものとする。この原則は、会合の開催頻度、期間及び日程についても適用する。

3 （略）

4 条約が効力を生じた後の機構の当初の任務は、総会、理事会、事務局、法律・技術委員会及び財政委員会が遂行する。経済計画委員会の任務は、理事会が別段の決定を行う時まで又は開発のための最初の業務計画が承認される時まで、法律・技術委員会が遂行する。

5 条約が効力を生じてから開発のための最初の業務計画が承認されるまでの間、機構は、次の任務に専念する。

(a) 探査のための業務計画の承認のための申請について、第十一部の規定及びこの協定に従って行われる処理

(b) 条約第三百八条5及び決議II13の規定に基づき、国際海底機構及び国際海洋法裁判所のための準備委員会（以下「準備

委員会」という。）の決定で登録された先行投資者及びその証明国（これらの者及び国の権利及び義務を含む。）に関連するものを実施すること。

(c) 契約の形式をとる承認された探査のための業務計画の遵守の監視

(d) 深海底における採鉱の活動に関する動向及び発展の監視及び検討（世界の金属市況、金属の価格並びにこれらに関する動向及び予測の定期的な分析を含む。）

(e) 深海底からの鉱物の生産により最も深刻な影響を受けることが予想される当該鉱物の陸上生産国である開発途上国の経済に対する当該生産の潜在的な影響の研究。当該研究は、これらの国の困難を最小のものとし、かつ、当該国の経済調整を援助することを目的とするものであり、準備委員会の関連する作業を考慮して行われる。

(f) 深海底における活動の実施に必要な規則及び手続を当該活動の進展に応じて採択すること。条約附属書Ⅲ第十七条２の(b)及び(c)の規定にかかわらず、当該規則及び手続は、この協定の規定、深海底における商業的な採鉱の開始の遅延及び深海底における活動の予想される進展の速度を考慮に入れるものとする。

(g) 海洋環境の保護及び保全のために適用される基準について定める規則及び手続の採択

(h) 深海底における活動に関連する海洋の科学的調査の実施の促進及び奨励並びに、利用可能な場合には、当該科学的調査及び分析の結果の収集及び普及。特に、深海底における活動の環境に対する影響に関連する調査に重点を置くものとする。

(i) 深海底における活動に関連する科学的知識の取得及び当該活動に関連する海洋技術（特に、海洋環境の保護及び保全に関するもの）の開発の状況の把握

(j) 概要調査及び探査に関する利用可能なデータの評価

(k) 開発のための規則及び手続（海洋環境の保護及び保全に関するものを含む。）の適時の作成

6 (a) 探査のための業務計画の承認のための申請については、法律・技術委員会からの当該申請に関する勧告を受けて理事会が検討する。当該申請の処理は、次の規定に従うことを条件として、条約（附属書Ⅲを含む。）及びこの協定に従って行われるものとする。

(i) 決議Ⅱ１(a)の(ii)若しくは(iii)に定める国、主体若しくは当該主体の構成者であって、条約が効力を生ずる前に実質的な深海底における活動を既に行っているもの（登録された先行投資者を除く。）又はこれらの者の権利を承継する者のために提出される探査のための業務計画は、申請者が少なくとも三千万合衆国ドルに相当する額を研究及び探査の活動のために支出しており、かつ、業務計画が対象とする鉱区の位置の選定、調査及び評価のために当該額の十パーセント以上の額を支出していることを一又は二以上の保証国が証明する場合には、業務計画の承認のために必要な資金的及び技術的な基準を満たしているものとみなされる。当該業務計画は、条約並びに条約に基づいて採択される規則及び手続の要件を満たす場合には、契約の形式をとるものとして理事会によって承認される。第三節11の規定は、この(i)の規定に従い解釈され、かつ、適用される。

(ii) 決議Ⅱ８(a)の規定にかかわらず、登録された先行投資者は、条約が効力を生じてから三十六箇月以内に、探査のための業務計画の承認を要請することができる。当該業務計画は、登録の前又は後に準備委員会に提出された文書、報告その他のデータから成るものとし、決議Ⅱ11(a)の規定に基づいて準備委員会によって発給される遵守の証明書（先行投資者に関する制度の下における義務の履行状況を記述した事実関係に関する報告から成る。）が添付されるものとする。このような業務計画は、承認されたものとみなされる。承認された業務計画は、第十一部の規定及びこの協定に基づき、機構と登録された先行投資者との間で締結される契約の形式をとる。決議Ⅱ７(a)の規定に従って支払われた二十五万合衆国ドルの手数料は、第八節３に規定する探査の段階に関する手数料とみなされる。第三節11の規定は、この(ii)の規定に従い解釈され、かつ、適用される。

(iii) (i)に定める国、主体又は当該主体の構成者との契約には、無差別の原則に従い、(ii)に定める登録された先行投資者との間で合意される措置と類似であり、かつ、当該措置よりも不利でない措置を含める。(i)に定める国、主体又は当該主体の構成者に対し一層有利な措置が認められる場合には、理事会は、(ii)に定める登録された先行投資者が有する権利及び義務に関し、当該一層有利な措置と類似であり、かつ、当該一層有利な措置よりも不利でない措置について取り決める。ただし、その取決めは、機構の利益に影響を与え又はこれを害するものであってはならない。

(iv) 締約国、第七条の規定に従ってこの協定を暫定的に適用している国又は12の規定に基づく機構の暫定的な構成国は、(i)又は(ii)の規定に従って業務計画の申請を保証することができる。

(v) 決議Ⅱ８(c)の規定は、(iv)の規定に従い解釈され、かつ、適用される。

(b) 探査のための業務計画の承認は、条約第百五十三条３の規定に従って行われる。

7・8 （略）

9 探査のための業務計画は、十五年の期間について承認される。探査のための業務計画が終了した場合において、契約者が開発のための業務計画の申請をしていないとき又は契約者の探査のための業務計画の延長が認められていないときは、当該契約者は、開発のための業務計画を申請する。契約者は、一回当たり五年を超えない期間について探査のための業務計画の延長を申請することができる。当該延長は、契約者が業務計画の要件を誠実に遵守するよう努力しているにもかかわらず、当該契約者にとってやむを得ない理由により、開発の段階への移行のための必要な準備作業を完了することができない場合又は延長の申請が行われた時点の経済状況のために開発の段階に移行しないことについて正当な理由がある場合には、承認されるものとする。

10 条約附属書Ⅲ第八条の規定に基づく機構のための留保鉱区の指定は、探査のための業務計画の申請の承認又は探査及び開発のための業務計画の申請の承認に関連して行われる。

11 ９の規定にかかわらず、この協定を暫定的に適用する一以上の国によって保証されている承認された探査のための業務計画は、当該国がこの協定を暫定的に適用することを終止した場合において、当該国が12の規定に従って機構の暫定的な構成国とならず又は締約国とならないときは、終了する。

12 第七条の規定に従ってこの協定を暫定的に適用してきた第三

条に定める国又は主体は、この協定が効力を生じた場合において、この協定の効力が当該国又は主体について生じていないときは、当該国又は主体についてこの協定の効力が生ずるまでの間、次の(a)から(c)までの規定により引き続き機構の暫定的な構成国となることができる。

(a) この協定が千九百九十六年十一月十六日前に効力を生ずる場合において、機構の暫定的な構成国として参加する意思を有する国又は主体がこの協定の寄託者にその旨を通告するときは、当該国又は主体は、引き続き機構の暫定的な構成国として参加する権利を有する。機構の暫定的な構成国としての地位は、千九百九十六年十一月十六日又はこの協定及び条約が当該構成国について効力を生ずる日のいずれか早い日に終了する。理事会は、当該国又は主体がこの協定及び条約を締結するために誠実に努力していると認める場合には、当該国又は主体の要請により、当該地位を合計二年を超えない期間延長することができる。

(b) この協定が千九百九十六年十一月十五日後に効力を生ずる場合には、国及び主体は、千九百九十八年十一月十六日までの期間について機構の暫定的な構成国としての地位を引き続き認めることを理事会に要請することができる。理事会は、当該国又は主体がこの協定及び条約を締結するために誠実に努力していると認める場合には、その要請が行われた日から当該地位を認める。

(c) (a)又は(b)の規定に従って機構の暫定的な構成国となる国又は主体は、第十一部の規定及びこの協定をその国内法令又は内部の法令に従い、かつ、年次予算の範囲内で適用するものとし、また、次の権利及び義務を含む他の構成国と同一の権利及び義務を有する。

(i) 分担率に従って機構の運営予算に対する分担金を支払う義務

(ii) 探査のための業務計画の承認のための申請を保証する権利。二以上の国籍を有する自然人又は法人によって構成される主体については、当該主体を構成する自然人又は法人がその国籍を有するすべての国が締約国又は機構の暫定的な構成国である場合に限り、探査のための業務計画は、承認される。

(d) 9の規定にかかわらず、機構の暫定的な構成国である国によって(c)(ii)の規定に基づいて保証されている契約の形式による承認された探査のための業務計画は、当該暫定的な構成国としての地位が終了し、かつ、国又は主体が締約国とならない場合には、終了する。

(e) 機構の暫定的な構成国が、分担金を支払わない場合又はこの12の規定に基づく義務を遵守しない場合には、機構の暫定的な構成国としての地位は、終了する。

13 条約附属書III第十条に規定する満足すべきものでない履行状況とは、承認された業務計画の要件を遵守すべきである旨の機構の書面による警告にもかかわらず、契約者が当該業務計画の要件を遵守しない状況をいう。

14 機構は、自己の予算を有する。この協定が効力を生ずる年の翌年の末までの間、機構の運営経費は、国際連合の予算から支弁する。その後は、条約の第百七十一条(a)及び第百七十三条の規定並びにこの協定に従い、機構がその運営経費に充てるための十分な資金を他の財源から得るようになるまでの間、機構の運営経費は、暫定的な構成国を含む機構の構成国の分担金をもって支弁する。機構は、その運営予算に充てるための借入れを行うために条約第百七十四条1に定める権限を行使してはならない。

15・16 (略)

17 第十一部第四節の関連する規定は、この協定に従い解釈され、かつ、適用される。

## 第二節　事業体

1 機構の事務局は、事業体が当該事務局から独立して運営を開始するまでの間、事業体の任務を遂行する。機構の事務局長は、事務局による当該任務の遂行を監督するため、機構の職員のうちから事業体の暫定的な事務局長を任命する。(後略)

2 事業体は、当初の深海底における採鉱の操業を合弁事業によって行う。事業体以外の主体による開発のための業務計画が承認されたとき又は事業体との合弁事業による操業のための申請が理事会によって受理されたときは、理事会は、事業体を機構の事務局から独立して機能させることについての問題を取り上げる。事業体との合弁事業による操業が健全な商業上の原則に基づいている場合には、理事会は、条約第百七十条2の規定に基づき、独立して機能することを指示する。

3 事業体の一の採鉱を行う場所に関し資金を供与するとの条約附属書IV第十一条3に規定する締約国の義務は、適用されないものとする。締約国は、事業体のいずれの採鉱を行う場所における操業又は合弁事業の取決めに基づく操業に対しても資金を供与するいかなる義務も負うものではない。

4 契約者に適用される義務は、事業体についても適用される。条約の第百五十三条3及び附属書III第三条5の規定にかかわらず、事業体の承認された業務計画は、機構と事業体との間で締結される契約の形式をとる。

5 機構に対して留保鉱区として特定の鉱区を提供した契約者は、当該留保鉱区における探査及び開発のための合弁事業の取決めを事業体と行うことについて優先権を有する。事業体が機構の事務局から独立して機能を開始した日又は当該留保鉱区が機構のために留保された日のいずれか遅い日から十五年以内に、事業体が当該留保鉱区における活動について業務計画の申請を提出しない場合には、当該留保鉱区を提供した契約者は、合弁事業への参加者として事業体を含めることを誠実に申し出ることを条件として、当該留保鉱区を対象とする業務計画を申請する権利を有する。

6 条約の第百七十条4、附属書IV及び事業体に関連するその他の規定は、この節の規定に従い解釈され、かつ、適用される。

## 第三節　意思決定(抄)

1 機構の一般的な政策は、総会が理事会と協力して定める。

2 原則として、機構の機関の意思決定は、コンセンサス方式によって行うべきである。

3 コンセンサス方式によって決定を行うためのあらゆる努力が払われた場合には、手続問題についての総会における投票による決定は出席しかつ投票する構成国の過半数による議決で行い、実質問題についての決定は、条約第百五十九条8の規定に従い、出席しかつ投票する構成国の三分の二以上の多数による議決で行う。

4 総会は、理事会が権限を有するあらゆる事項又は運営、予算若しくは財政に関するあらゆる事項について決定を行う場合には、理事会の勧告に基づいて行う。総会は、いずれかの事項について理事会の勧告を受け入れない場合には、当該事項を更に審議させるために理事会に差し戻す。理事会は、総会によって表明された意見に照らして当該事項について再検討を行う。

5　コンセンサス方式によって決定を行うためのあらゆる努力が払われた場合には、手続問題についての理事会における投票による決定は出席しかつ投票する理事国の過半数による議決で行い、実質問題についての決定は、条約がコンセンサス方式によって決定を行うことを定めている場合を除くほか、出席しかつ投票する理事国の三分の二以上の多数による議決で行う。ただし、9に定める区分のいずれにおいても当該区分を構成する理事国の過半数による反対がないことを条件とする。理事会は、決定を行うに当たり、機構のすべての構成国の利益を促進するよう努力する。

6・7　（略）

8　条約第百六十一条8の(b)及び(c)の規定は、適用しない。

9(a)　15の(a)から(c)までの規定に基づいて選出された国の各集団は、理事会における投票のためそれぞれ一の区分として扱われる。15の(d)及び(e)の規定に基づいて選出された開発途上国は、理事会における投票のため一の区分として扱われる。

(b)　理事国の選出に先立ち、総会は、15の(a)から(d)までに定める国の集団の構成国となるための基準を満たす国の表を作成する。ある国が二以上の集団の構成国となるための基準を満たす場合には、当該国は、理事国の選出のため一の集団によってのみ推薦されることができるものとし、理事会における投票においては、当該一の集団のみを代表する。

10　15の(a)から(d)までに定める国の集団は、それぞれ、当該集団が指名した理事国によって理事会において代表される。各集団は、当該集団が占める理事会の議席の数と同数の候補を指名する。15の(a)から(e)までに定める各集団における潜在的な候補の数が各集団に割り当てられた理事会の議席の数を超える場合には、原則として、輪番の原則を適用するものとし、各集団の構成国は、当該集団においてこの原則をどのように適用するかを決定する。

11(a)　理事会は、出席しかつ投票する理事国の三分の二以上の多数（理事会の各区分の理事国のうち出席しかつ投票するものの過半数を含むことを条件とする。）により業務計画を不承認とすることを決定しない限り、業務計画の承認のための法律・技術委員会の勧告を承認する。理事会が所定の期間内に業務計画の承認のための勧告についての決定を行わない場合には、当該勧告は、当該所定の期間の満了時に理事会によって承認されたものとみなす。所定の期間は、理事会が一層長い期間を定めない限り、原則として六十日とする。理事会は、当該委員会が業務計画の不承認を勧告する場合又はいかなる勧告も行わない場合においても、実質問題についての意思決定のための理事会の手続規則に従い、当該業務計画を承認することができる。

(b)　条約第百六十二条2(j)の規定は、適用しない。

12　業務計画の不承認に関連して紛争が生ずる場合には、当該紛争は、条約に定める紛争解決手続に付されるものとする。

13　法律・技術委員会における投票による決定は、出席しかつ投票する委員の過半数による議決で行う。

14　第十一部第四節のB及びCの規定は、この節の規定に従い解釈され、かつ、適用される。

15　理事会は、総会が選出する機構の三十六の構成国で構成される。その選出については、次の順序によって行う。

(a)　統計が入手可能な最近の五年間に、深海底から採取される種類の鉱物から生産された産品について、世界全体の消費額の二パーセントを超える額を消費した締約国又は世界全体の輸入額の二パーセントを超える額を輸入した締約国のうちから四の理事国。ただし、東欧地域の国のうち国内総生産との関連で最大の経済の規模を有する一の国及び条約が効力を生ずる日において国内総生産との関連で最大の経済の規模を有する一の国がこの(a)に定める集団を代表することを希望する場合には、この四の理事国には、これらの国を含める。

(b)　直接に又はその国民を通じて、深海底における活動の準備及び実施に最大の投資を行っている八の締約国のうちから四の理事国

(c)　その管轄の下にある地域における生産を基礎として、深海底から採取される種類の鉱物の主要な純輸出国である締約国のうちから四の理事国。ただし、少なくとも二の理事国は、自国による当該鉱物の輸出がその経済に重要な関係を有している開発途上国である締約国のうちから選出する。

(d)　開発途上国である締約国のうちから特別の利益を代表する六の理事国。代表される当該特別の利益には、人口の多い国、内陸国又は地理的不利国、島嶼国、深海底から採取される種類の鉱物の主要な輸入国、当該鉱物の潜在的な生産国及び後発開発途上国の利益を含む。

(e)　理事会全体の議席の衡平な地理的配分を確保するという原則に従って選出される十八の理事国。ただし、各地理的地域からこの(e)の規定により少なくとも一の理事国を選出するものとする。この規定の適用上、地理的地域とは、アフリカ、アジア、東欧、ラテン・アメリカ及びカリブ並びに西欧及びその他をいう。

16　条約第百六十一条1の規定は、適用しない。

### 第四節　再検討のための会議

再検討のための会議に関する条約第百五十五条の1、3及び4の規定は、適用しない。条約第三百十四条2の規定にかかわらず、総会は、理事会の勧告に基づき、条約第百五十五条1に規定する事項の再検討をいつでも行うことができる。この協定及び第十一部の規定に関する改正については、条約の第三百十四条から第三百十六条までに定める手続に従う。ただし、条約第百五十五条2に定める原則、制度その他の条件は、維持されるものとし、また、同条5に規定する権利は、影響を受けないものとする。

### 第五節　技術の移転

1　第十一部の規定の適用上、技術の移転は、条約第百四十四条の規定のほか、次の原則によって規律される。

(a)　事業体及び深海底における採鉱の技術の入手を希望する開発途上国は、公開の市場における公正かつ妥当な商業的条件で又は合弁事業の取決めを通じて当該技術を入手する。

(b)　事業体又は開発途上国が深海底における採鉱の技術を入手することができない場合には、機構は、事業体若しくはその合弁事業又は深海底における採鉱の技術を入手することを求める一若しくは二以上の開発途上国が、知的所有権の有効な保護と両立する公正かつ妥当な商業的条件で当該技術を入手することを促進するために、契約者の全部又は一部の者及び

これらの者の一又は二以上の保証国に対し協力を要請することができる。締約国は、この目的のために機構と十分かつ効果的に協力すること及び自国が保証する契約者が機構と十分に協力することを確保することを約束する。

(c) 原則として、締約国は、深海底における活動に関して、関係国間において協力することにより、又は海洋科学及び海洋技術並びに海洋環境の保護及び保全についての訓練、技術援助並びに科学に関する協力についての計画を作成することにより、技術及び科学に関する国際的な協力を促進する。

2 条約附属書Ⅲ第五条の規定は、適用しない。

### 第六節　生産政策

1 機構の生産政策は、次の原則に基づくものとする。

(a) 深海底の資源の開発は、健全な商業上の原則に従って行われる。

(b) 関税及び貿易に関する一般協定、その関連する協定及びこれらを承継し又はこれらに代わる協定の規定は、深海底における活動について適用する。

(c) 特に、深海底における活動に対する補助金は、(b)に定める協定に基づき認められる場合を除くほか、交付してはならない。この原則の適用上、補助金とは、当該協定において定義されているものと同一のものをいう。

(d) 深海底から採取された鉱物と他の供給源から採取された鉱物との間に差別を設けてはならない。深海底から採取された鉱物又は当該鉱物から生産された産品で輸入されたものに関し、市場へのアクセスについて、特に、次に規定するものを含む優遇措置をとってはならない。

(i) 関税又は関税以外の障害の使用によるもの

(ii) 締約国により、当該締約国の国営企業若しくは当該締約国の国籍を有し若しくは当該締約国若しくは当該締約国の国民によって支配される自然人若しくは法人によって生産された当該鉱物又は当該鉱物から生産された産品に対して与えられるもの

(e) 各鉱区について機構が承認する開発のための業務計画は、当該業務計画に基づいて毎年生産される鉱物の最大生産量の見積りを含む予想される生産計画を明示するものとする。

(f) (b)に定める協定に関する紛争の解決については、次の(i)及び(ii)の規定を適用する。

(i) 関係締約国が当該協定の当事国である場合には、当該協定の紛争解決手続を利用するものとする。

(ii) 関係締約国のうち一又は二以上の国が当該協定の当事国でない場合には、条約に定める紛争解決手続を利用するものとする。

(g) (b)に定める協定に基づき、ある締約国が禁止されている補助金又は他の締約国の利益に悪影響をもたらす補助金を交付したとの決定が行われ、かつ、関係締約国により適当な措置がとられない場合には、締約国は、理事会に対し適当な措置をとることを要請することができる。

2 1に定める原則は、1(b)に定める協定、自由貿易に関する協定又は関税同盟に関する協定の当事国である締約国の間においては、これらの協定に基づく権利及び義務に対し影響を及ぼすものではない。

3 契約者が1(b)に定める協定に基づいて認められる補助金以外の補助金の交付を受けた場合には、当該契約者は、深海底における活動を行うための業務計画を構成する契約の基本的な条件に違反したものとされる。

4 いずれの締約国も、1(b)から(d)まで又は3に定める義務に対する違反があったと信ずるに足りる理由がある場合には、1の(f)又は(g)の規定に即して紛争解決手続を開始することができる。

5 締約国は、1の(b)から(d)までに定める義務と両立しないと認める活動については、いつでも理事会の注意を喚起することができる。

6 機構は、この節の規定の実施を確保する規則及び手続(業務計画の承認を規律する規則及び手続を含む。)を作成する。

7 条約の第百五十一条の1から7まで及び9、第百六十二条2(q)、第百六十五条2(n)並びに附属書Ⅲの第六条5及び第七条の規定は、適用しない。

### 第七節　経済援助

1 深海底における活動によって影響を受けた鉱物の価格の下落又は当該鉱物の輸出量の減少によりその輸出所得又は経済が深刻な悪影響を受ける開発途上国を、当該下落又は減少が深海底における活動によって生じた限度において援助するための機構の政策は、次の原則に基づくものとする。

(a) 機構は、その資金のうち運営経費に充てるために必要な額を超える部分をもって経済援助基金を設置する。この目的のために用いる額は、財政委員会の勧告に基づいて、理事会により随時決定される。経済援助基金の設置のためには、事業体を含む契約者から受けた支払及び任意の拠出からの資金のみを用いる。

(b) 深海底からの鉱物の生産によりその経済が深刻な影響を受けたと決定された陸上生産国である開発途上国は、機構の経済援助基金から援助を受ける。

(c) 機構は、影響を受けた陸上生産国である開発途上国に対して経済援助基金から援助を提供するに当たり、適当な場合には、そのような援助の計画を実施するための制度的基盤及び専門的知識を有する既存の世界的又は地域的な開発機関と協力する。

(d) 援助の規模及び期間は、事案ごとに決定される。その決定を行うに当たっては、影響を受けた陸上生産国である開発途上国が直面している問題の性質及び大きさに妥当な考慮を払う。

2 条約第百五十一条10の規定は、1に規定する経済援助の措置によって実施される。条約の第百六十条2(l)、第百六十二条2(n)、第百六十四条2(d)、第百七十一条(f)及び第百七十三条2(c)の規定については、1の規定に従って解釈する。

### 第八節　契約の財政的条件

1 契約の財政的条件に関する規則及び手続の作成については、次の原則に基づいて行う。

(a) 機構に対する支払に関する制度は、契約者及び機構の双方にとって公正であるものとし、また、契約者によって当該制度が遵守されているか否かを決定するための適切な手段を提供するものとする。

(b) 支払に関する制度の下における支払の率については、深海底において採鉱を行う者に対し、人為的な競争上の優位を与え又は競争上の不利益を課することのないように、同一又は

類似の鉱物に係る陸上における採鉱についての一般的な支払の率の範囲内のものとしなければならない。

(c)(d)　(略)

(e)　支払の制度については、事情の変化に照らして定期的に改定することができる。いかなる変更も、無差別に適用される。当該変更は、契約者が選択した時にのみ既存の契約に適用することができる。契約者がその選択をした場合において、その後当該選択を変更しようとするときは、その変更については、機構と契約者との間の合意によって行う。

(f)　この1に定める原則に基づく規則の解釈又は適用に関する紛争は、条約に定める紛争解決手続に従うものとする。

2　条約附属書Ⅲ第十三条の3から10までの規定は、適用しない。

3　条約附属書Ⅲ第十三条2の規定の実施に関し、探査の段階又は開発の段階のいずれか一の段階に係る業務計画の承認のための申請を処理するための手数料は、二十五万合衆国ドルとする。

**第九節　財政委員会**(抄)

1　財政委員会を設置する。財政委員会は、財政事項について適当な資格を有する十五人の委員で構成される。締約国は、最高水準の能力及び誠実性を有する候補者を指名する。

2　財政委員会の委員については、そのうちのいずれの二人も、同一の締約国の国民であってはならない。

3　財政委員会の委員は、総会が選出するものとし、その選出に当たっては、衡平な地理的配分及び特別の利益が代表されることの必要性に妥当な考慮が払われるものとする。第三節15の(a)から(d)までに定める国の集団は、それぞれ、少なくとも一人の委員によって財政委員会において代表される。機構が運営経費に充てるために十分な資金を分担金以外の財源から得るようになるまでの間、委員には、機構の運営予算に最も多い分担金の額を支払っている五の国の代表を含めるものとし、引き続いて行う各集団からの一人の委員の選出については、各集団の構成国による指名に基づいて行う。この場合において、各集団から当該一人の委員に加えて委員を選出することは妨げられない。

4　財政委員会の委員は、五年の任期を有する。委員は、一の任期について再選されることができる。

5　財政委員会の委員の任期満了前に、委員の死亡、心身の故障又は辞任があった場合には、総会は、当該委員と同一の地理的地域又は国の集団から、その残任期間について委員を任命する。

6　財政委員会の委員は、財政委員会が勧告を行う責任を有する事項に関するいかなる活動についても、金銭上の利害関係を有してはならない。委員は、機構における職務上知り得た秘密の情報をその職を退いた後も開示してはならない。

7　次の事項に関する総会又は理事会の決定については、財政委員会の勧告を考慮して行う。

(a)　機構の機関の財政上の規則及び手続の案並びに機構の財政管理及び機構の内部の財政運営

(b)　条約第百六十条2(e)の規定による機構の運営予算に対する構成国の分担金の額の決定

(c)　すべての関連する財政事項(条約第百七十二条の規定に従って機構の事務局長が作成する年次予算案及び事務局の活動計画の実施の財政的な側面を含む。)

(d)　運営予算

(e)　この協定及び第十一部の規定の実施によって生ずる締約国の財政上の義務並びに機構の資金からの支出を伴う提案及び勧告が運営及び予算に及ぼす影響

(f)　深海底における活動から得られる金銭的利益その他の経済的利益の衡平な配分に関する規則及び手続並びに当該衡平な配分に関する決定

8・9　(略)

## (3)　国連公海漁業協定(抄)

(分布範囲が排他的経済水域の内外に存在する魚類資源(ストラドリング魚類資源)及び高度回遊性魚類資源の保存及び管理に関する千九百八十二年十二月十日の海洋法に関する国際連合条約の規定の実施のための協定)〔ストラドリング魚類及び高度回遊性魚類資源保存管理に関する協定〕

採　択　一九九五年八月四日(ニューヨーク)
効力発生　二〇〇一年一二月一一日
日本国　二〇〇六年九月六日(一九九六年一一月一九日署名、二〇〇六年六月一日国会承認、八月七日内閣批准決定、同日批准書寄託、八月九日公布・条約一〇号)
当事国　九〇(他にEU)

この協定の締約国は、

千九百八十二年十二月十日の海洋法に関する国際連合条約の関連規定を想起し、

分布範囲が排他的経済水域の内外に存在する魚類資源(以下「ストラドリング魚類資源」という。)及び高度回遊性魚類資源の長期的な保存及び持続可能な利用を確保することを決意し、

この目的のために諸国間の協力を促進することを決意し、

旗国、寄港国及び沿岸国が、これらの資源について定められた保存管理措置について一層効果的な取締りを行うことを求め、

公海漁業の管理が多くの分野で不十分であり、いくつかの資源が過剰に利用されているとの国際連合環境開発会議において採択されたアジェンダ二十一第十七章プログラムエリアCに明示された問題(規制されていない漁業、過剰な投資、過大な船団規模、規制を回避するための漁船の旗国変更、選別性の高い漁具の不十分さ、不正確なデータベース及び諸国間の十分な協力の欠如)に特に取り組むことを希望し、

責任ある漁業を行うことを約束し、

海洋環境に対する悪影響を回避し、生物の多様性を保全し、海

洋生態系を本来のままの状態において維持し、及び漁獲操業が長期の又は回復不可能な影響を及ぼす危険性を最小限にする必要性を意識し、

開発途上国がストラドリング魚類資源及び高度回遊性魚類資源の保存、管理及び持続可能な利用への効果的な参加を可能にするための具体的な援助(財政的、科学的及び技術的援助を含む。)を必要としていることを認識し、

千九百八十二年十二月十日の海洋法に関する国際連合条約の関連規定の実施に関する合意が、これらの目的に最も寄与し、かつ、国際の平和及び安全の維持に資することを確信し、

千九百八十二年十二月十日の海洋法に関する国際連合条約又はこの協定によって規律されない事項は、一般国際法の規則及び原則により引き続き規律されることを確認して、

次のとおり協定した。

## 第一部　総則

**第一条(用語及び対象)**　1　この協定の適用上、

(a)　「条約」とは、千九百八十二年十二月十日の海洋法に関する国際連合条約をいう。

(b)　「保存管理措置」とは、海洋生物資源の一又は二以上の種を保存し、及び管理するための措置であって、条約及びこの協定に反映されている国際法の関連規則に適合するように定められ、かつ、適用されるものをいう。

(c)　「魚類」には、軟体動物及び甲殻類(条約第七十七条に定める定着性の種族に属する種を除く。)を含む。

(d)　「枠組み」とは、特に、小地域又は地域において一又は二以上のストラドリング魚類資源又は高度回遊性魚類資源についての保存管理措置を定めるため、二以上の国が条約及びこの協定に従って定める協力の仕組みをいう。

2(a)　「締約国」とは、この協定に拘束されることに同意し、かつ、自国についてこの協定の効力が生じている国をいう。

(b)　この協定は、次に掲げる主体であってこの協定の当事者となるものについて準用し、その限度において「締約国」というときは、当該主体を含む。

(i)　条約第三百五条1(c)から(e)までに規定する主体

(ii)　条約の附属書IX第一条において「国際機関」と規定されている主体。ただし、第四十七条に従うことを条件とする。

3　この協定は、その漁船が公海において漁業を行うその他の漁業主体についても準用する。

**第二条(目的)**　この協定の目的は、条約の関連規定を効果的に実施することを通じてストラドリング魚類資源及び高度回遊性魚類資源の長期的な保存及び持続可能な利用を確保することにある。

**第三条(適用範囲)**　1　この協定は、別段の定めがある場合を除くほか、国の管轄の下にある水域を越える水域におけるストラドリング魚類資源及び高度回遊性魚類資源の保存及び管理について適用する。ただし、第六条及び第七条の規定は、条約が定める異なる法制度であって、国の管轄の下にある水域に適用されるもの及び国の管轄の下にある水域を越える水域に適用されるものに従うことを条件として、国の管轄の下にある水域内のこれらの資源の保存及び管理についても適用する。

2　沿岸国は、国の管轄の下にある水域内においてストラドリング魚類資源及び高度回遊性魚類資源を探査し、及び開発し、保存し、並びに管理するための主権的権利を行使するに際し、第五条に掲げる一般原則を準用する。

3　いずれの国も、開発途上国が自国の管轄の下にある水域内において第五条から第七条までの規定を適用するための能力及びこの協定が規定する開発途上国に対する援助の必要性に妥当な考慮を払う。このため、第七部の規定は、国の管轄の下にある水域について準用する。

**第四条(この協定と条約との関係)**　この協定のいかなる規定も、条約に基づく各国の権利、管轄権及び義務に影響を及ぼすものではない。この協定については、条約の範囲内で、かつ、条約と適合するように解釈し、及び適用する。

## 第二部　ストラドリング魚類資源及び高度回遊性魚類資源の保存及び管理

**第五条(一般原則)**　沿岸国及び公海において漁獲を行う国は、条約に従って協力する義務を履行するに当たり、ストラドリング魚類資源及び高度回遊性魚類資源を保存し、及び管理するために次のことを行う。

(a)　ストラドリング魚類資源及び高度回遊性魚類資源の長期的な持続可能性を確保し、並びにこれらの資源の最適な利用という目的を促進するための措置をとること。

(b)　(a)に規定する措置が、入手することのできる最良の科学的証拠に基づくこと並びに環境上及び経済上の関連要因(開発途上国の特別の要請を含む。)を勘案し、かつ、漁獲の態様、資源間の相互依存関係及び一般的に勧告される国際的な最低限度の基準(小地域的なもの、地域的なもの又は世界的なもののいずれであるかを問わない。)を考慮して、最大持続生産量を実現することのできる水準に資源量を維持し、又は回復できることを確保すること。

(c)　次条に従って予防的な取組方法を適用すること。

(d)　漁獲その他の人間の活動及び環境要因が、漁獲対象資源及び漁獲対象資源と同一の生態系に属する種又は漁獲対象資源に関連し、若しくは依存している種に及ぼす影響を評価すること。

(e)　漁獲対象資源と同一の生態系に属する種又は漁獲対象資源に関連し、若しくは依存している種の資源量をその再生産が著しく脅威にさらされることとならない水準に維持し、又は回復するために、必要な場合には、これらの種についての保存管理措置をとること。

(f)　選択性を有し、環境上安全で、かつ、費用対効果の大きい漁具及び漁法の開発及び使用を実行可能な範囲で含む措置をとることにより、汚染、浪費、投棄、紛失され又は遺棄された漁具による漁獲、非漁獲対象種(魚類であるか非魚類であるかを問わない。以下「非漁獲対象種」という。)の漁獲及び漁獲対象資源に関連し又は依存している種(特に絶滅のおそれがある種)への影響を最小限にすること。

(g)　海洋環境における生物の多様性を保全すること。

(h)　濫獲及び過剰な漁獲能力を防止し、又は排除するための措置並びに漁業資源の持続可能な利用に応じた漁獲努力量を超えない水準を確保するための措置をとること。

(i)　零細漁業者及び自給のための漁業者の利益を考慮に入れること。

(j)　漁獲活動に関する完全かつ正確なデータ(特に、附属書I

に規定する漁船の位置、漁獲対象種及び非漁獲対象種の漁獲量並びに漁獲努力量に関するもの）及び国内的又は国際的な調査計画からの情報を適時に収集し、及び共有すること。

(k) 漁業における保存及び管理を支援するため、科学的調査を促進し、及び実施すること並びに適当な技術を開発すること。

(l) 実効的な監視、規制及び監督を通じて、保存管理措置を実施し、及びこれについて取締りを行うこと。

**第六条（予防的な取組方法の適用）** 1 いずれの国も、海洋生物資源の保護及び海洋環境の保全のために、予防的な取組方法をストラドリング魚類資源及び高度回遊性魚類資源の保存、管理及び開発について広く適用する。

2 いずれの国も、情報が不確実、不正確又は不十分である場合には、一層の注意を払うものとする。十分な科学的情報がないことをもって、保存管理措置をとることを延期する理由とし、又はとらないこととする理由としてはならない。

3 いずれの国も、予防的な取組方法を実施するに当たって、次のことを行う。

(a) 入手することのできる最良の科学的情報の入手及び共有により、並びに危険及び不確実性に対処するための改善された技術の実施により、漁業資源の保存及び管理のための意思決定を改善すること。

(b) 附属書IIに規定する指針を適用すること並びに入手することのできる最良の科学的情報に基づいて、資源別の基準値及び漁獲量が当該基準値を超過した場合にとるべき措置を決定すること。

(c) 特に、資源の規模及び生産性に関連する不確実性、基準値、当該基準値に照らした資源の状態、漁獲量の水準及び分布、非漁獲対象種及び漁獲対象資源に関連し又は依存している種に漁獲活動が及ぼす影響並びに現在の又は予測される海洋、環境及び社会経済の状況を考慮に入れること。

(d) 非漁獲対象種及び漁獲対象資源に関連し又は依存している種並びにこれらの種の生息環境に漁獲が及ぼす影響を評価するためにデータの収集及び調査の計画を発展させること並びにこれらの種の保存を確保し、かつ、特別な懸念が生じている生息地を保護するために必要な計画を採用すること。

4 いずれの国も、漁獲量が基準値に接近している場合には、漁獲量が当該基準値を超過しないことを確保するための措置をとる。いずれの国も、漁獲量が当該基準値を超過した場合には、遅滞なく、資源を回復するために3(b)の規定に基づいて決定された措置をとる。

5 いずれの国も、漁獲対象資源、非漁獲対象種又は漁獲対象資源に関連し、若しくは依存している種の状態に懸念がある場合には、これらの資源又は種の状態及び保存管理措置の有効性を検討するために、これらの資源又は種の監視を強化する。いずれの国も、最新の情報に照らして当該保存管理措置を定期的に改定する。

6 いずれの国も、新規又は探査中の漁場については、できる限り速やかに注意深い保存管理措置（特に漁獲量の制限及び漁獲努力量の制限を含む。）をとる。当該保存管理措置は、資源の長期的な持続可能性に当該漁場が及ぼす影響についての評価を可能とするのに十分なデータが得られるまで効力を有するものとし、その影響についての評価が可能となった時点で、当該評価に基づく保存管理措置が実施される。当該評価に基づく保存管理措置については、適当な場合には、当該漁場の漸進的な開発を認めなければならない。

7 いずれの国も、自然現象がストラドリング魚類資源又は高度回遊性魚類資源の状態に著しい悪影響を及ぼす場合には、漁獲活動がそのような悪影響を増幅させないことを確保するために緊急の保存管理措置をとる。いずれの国も、漁獲活動がストラドリング魚類資源又は高度回遊性魚類資源の持続可能性に深刻な脅威となっている場合においても、緊急の保存管理措置をとる。緊急の保存管理措置は、一時的であり、かつ、入手することのできる最良の科学的証拠に基づかなければならない。

**第七条（保存管理措置の一貫性）** 1 国の管轄の下にある水域内において海洋生物資源を探査し、及び開発し、保存し、並びに管理するための沿岸国の主権的権利であって条約に規定するもの並びに条約に従って公海において自国民を漁獲に従事させるすべての国の権利を害することなく、

(a) ストラドリング魚類資源に関しては、関係する沿岸国及び当該沿岸国の管轄の下にある水域に接続する公海水域において自国民が当該資源を漁獲する国は、直接に又は第三部に規定する協力のための適当な仕組みを通じて、当該沿岸国の管轄の下にある水域に接続する公海水域における当該資源の保存のために必要な措置について合意するよう努める。

(b) 高度回遊性魚類資源に関しては、関係する沿岸国その他自国民がある地域において当該資源を漁獲する国は、国の管轄の下にある水域の内外を問わず、当該地域全体において当該資源の保存を確保し、かつ、当該資源の最適な利用という目的を促進するため、直接に又は第三部に規定する協力のための適当な仕組みを通じて協力する。

2 公海について定められる保存管理措置と国の管轄の下にある水域について定められる保存管理措置とは、ストラドリング魚類資源及び高度回遊性魚類資源全体の保存及び管理を確保するために一貫性のあるものでなければならない。このため、沿岸国及び公海において漁獲を行う国は、ストラドリング魚類資源及び高度回遊性魚類資源について一貫性のある措置を達成するために協力する義務を負う。いずれの国も、一貫性のある保存管理措置を決定するに当たって、次のことを行う。

(a) 沿岸国が自国の管轄の下にある水域において同一の資源に関し条約第六十一条の規定に従って定め、及び適用している保存管理措置を考慮すること並びに当該資源に関し公海について定められる措置が当該保存管理措置の実効性を損なわないことを確保すること。

(b) 関係する沿岸国及び公海において漁獲を行う国が同一の資源に関し条約に従って公海について定め、及び適用している措置であって従前に合意されたものを考慮すること。

(c) 小地域的又は地域的な漁業管理のための機関又は枠組みが同一の資源に関し条約に従って定め、及び適用している措置であって従前に合意されたものを考慮すること。

(d) ストラドリング魚類資源及び高度回遊性魚類資源の生物学的一体性その他の生物学的特性並びにこれらの資源の分布、漁場及び関係地域の地理的特殊性の間の関係（ストラドリング魚類資源及び高度回遊性魚類資源が国の管轄の下にある水域内において存在し、及び漁獲される程度を含む。）を考慮すること。

(e) 沿岸国及び公海において漁獲を行う国が関係の資源に依存している程度を考慮すること。

(f) ストラドリング魚類資源及び高度回遊性魚類資源について

の一貫性のある保存管理措置が海洋生物資源全体に対して有害な影響を及ぼす結果とならないことを確保すること。

3 いずれの国も、協力する義務を履行するに当たり、合理的な期間内に一貫性のある保存管理措置に合意するために、あらゆる努力を払う。

4 いずれの関係国も、合理的な期間内に合意に達することができない場合には、第八部に規定する紛争解決手続をとることができる。

5 関係国は、一貫性のある保存管理措置について合意に達するまでの間、理解及び協力の精神により、実際的な性質を有する暫定的な枠組みを設けるためにあらゆる努力を払う。暫定的な枠組みに合意することができない場合には、いずれの関係国も、暫定的な措置を得るため、第八部に規定する紛争解決手続に従って裁判所に紛争を付託することができる。

6 5の規定に基づいて設けられた暫定的な枠組み又は決定された暫定的な措置は、この部の規定を考慮し、並びにすべての関係国の権利及び義務に妥当な考慮を払ったものでなければならず、また、一貫性のある保存管理措置に関する最終的な合意への到達を危うくし、又は妨げ、及びいかなる紛争解決手続の確定的な結果にも影響を及ぼすものであってはならない。

7 沿岸国は、小地域又は地域の公海において漁獲を行う国に対し、直接に又は適当な小地域的若しくは地域的な漁業管理のための機関若しくは枠組みその他適当な方法を通じて、当該沿岸国の管轄の下にある水域内のストラドリング魚類資源及び高度回遊性魚類資源に対してとった措置について定期的に通報する。

8 公海において漁獲を行う国は、関心を有する他の国に対し、直接に又は適当な小地域的若しくは地域的な漁業管理のための機関若しくは枠組みその他適当な方法を通じて、公海においてストラドリング魚類資源及び高度回遊性魚類資源を漁獲する自国を旗国とする漁船の活動を規制するためにとった措置について定期的に通報する。

## 第三部　ストラドリング魚類資源及び高度回遊性魚類資源に関する国際協力のための仕組み（抄）

**第八条（保存及び管理のための協力）** 1 沿岸国及び公海において漁獲を行う国は、ストラドリング魚類資源及び高度回遊性魚類資源の効果的な保存及び管理を確保するため、漁獲を行う小地域又は地域の特性を考慮しつつ、直接に又は適当な小地域的若しくは地域的な漁業管理のための機関若しくは枠組みを通じて、条約に従い、これらの資源に関して協力する。

2 いずれの国も、特に、関係するストラドリング魚類資源及び高度回遊性魚類資源が過度の開発の脅威にさらされているとの証拠が存在する場合又はこれらの資源について新規の漁場が開発されようとしている場合には、誠実に、かつ、遅滞なく協議する。このため、関心を有するいずれかの国の要請により、これらの資源の保存及び管理を確保するための適当な枠組みを設けるために協議を開始することができる。いずれの国も、そのような枠組みについて合意に達するまでの間、この協定の規定を遵守するものとし、また、他国の権利、利益及び義務に妥当な考慮を払いつつ、誠実に行動する。

3 小地域的又は地域的な漁業管理のための機関又は枠組みが特定のストラドリング魚類資源又は高度回遊性魚類資源について保存管理措置を定める権限を有する場合には、公海においてこれらの資源を漁獲する国及び関係する沿岸国は、当該機関の加盟国若しくは当該枠組みの参加国となることにより、又は当該機関若しくは枠組みが定めた保存管理措置の適用に同意することにより、協力する義務を履行する。関係する漁業に現実の利害関係を有する国は、当該機関の加盟国又は当該枠組みの参加国となることができる。当該機関又は枠組みへの参加条件は、現実の利害関係を有する国が当該機関の加盟国又は当該枠組みの参加国となることを排除するものであってはならず、また、関係する漁業に現実の利害関係を有する国又は国の集団を差別するような方法により適用されてはならない。

4 小地域的若しくは地域的な漁業管理のための機関の加盟国若しくはそのような枠組みの参加国又は当該機関若しくは枠組みが定めた保存管理措置の適用に同意する国のみが、当該保存管理措置が適用される漁業資源を利用する機会を有する。

5 関係する沿岸国及び小地域又は地域の公海において特定のストラドリング魚類資源又は高度回遊性魚類資源を漁獲する国は、これらの資源の保存管理措置を定める小地域的又は地域的な漁業管理のための機関又は枠組みが存在しない場合には、これらの資源の保存及び管理を確保するため、そのような機関を設立し、又は他の適当な枠組みを設けるために協力し、及び当該機関又は枠組みの活動に参加する。

6 生物資源に関して権限を有する政府間機関が措置をとるべきであると提案しようとするいかなる国も、当該政府間機関のとる措置が権限のある小地域的又は地域的な漁業管理のための機関又は枠組みが既に定めた保存管理措置に著しい影響を及ぼす可能性がある場合には、当該機関又は枠組みを通じて、当該機関の加盟国又は当該枠組みの参加国と協議すべきである。そのような協議は、実行可能な限り、当該政府間機関への提案の提出に先立って行われるべきである。

**第九条（小地域的又は地域的な漁業管理のための機関又は枠組み）** 1 いずれの国も、ストラドリング魚類資源及び高度回遊性魚類資源につき、小地域的若しくは地域的な漁業管理のための機関を設立し、又はそのような枠組みを設けるに当たって、特に次の事項について合意する。

(a) 保存管理措置を適用する資源（当該資源の生物学的特性及び関連する漁業の性質を考慮に入れたもの）

(b) 保存管理措置を適用する地域（第七条1の規定並びに社会経済上、地理上及び環境上の要因を含む小地域又は地域の特性を考慮に入れたもの）

(c) 新たに設立される機関又は新たに設けられる枠組みの活動と、関係する既存の漁業管理のための機関又は枠組みの役割、目的及び業務との関係

(d) 新たに設立される機関又は新たに設けられる枠組みが科学的な助言を入手し、かつ、当該資源の状態を検討するための仕組み（適当な場合には、科学諮問機関の設立を含む。）

2 小地域的若しくは地域的な漁業管理のための機関を設立すること又はそのような枠組みを設けることに協力する国は、当該機関又は枠組みの活動に現実の利害関係を有していると認める

他の国に対し、そのような協力について通報する。

**第一〇条（小地域的又は地域的な漁業管理のための機関又は枠組みの役割）**（略）

**第一一条（新たな加盟国又は新たな参加国）**（略）

**第一二条（小地域的又は地域的な漁業管理のための機関又は枠組みの活動における透明性）**（略）

**第一三条（既存の機関又は枠組みの強化）**（略）

**第一四条（情報の収集及び提供並びに科学的調査における協力）**（略）

**第一五条（閉鎖海又は半閉鎖海）**（略）

**第一六条（一の国の管轄の下にある水域によって完全に囲まれている公海水域）**（略）

## 第四部　非加盟国又は非参加国

**第一七条（機関の非加盟国又は枠組みの非参加国）** 1　小地域的若しくは地域的な漁業管理のための機関の非加盟国又はその枠組みの非参加国であって、当該機関又は枠組みが定めた保存管理措置を適用することに別段の合意をしないものは、関係するストラドリング魚類資源及び高度回遊性魚類資源の保存及び管理に関し条約及びこの協定に従って協力する義務を免除されない。

2　1に規定する国は、自国を旗国とする漁船に対し、1に規定する機関又は枠組みが定めた保存管理措置の対象であるストラドリング魚類資源及び高度回遊性魚類資源の漁獲操業に従事することを許可してはならない。

3　小地域的若しくは地域的な漁業管理のための機関の加盟国又はそのような枠組みの参加国は、当該機関又は枠組みが定めた保存管理措置を関係する水域における漁獲活動にできる限り広範に事実上適用するため、第一条3に定める漁業主体であって当該関係する水域において操業する漁船を有するものに対し、当該保存管理措置の実施について当該機関又は枠組みに十分協力するよう個別に又は共同して要請する。当該漁業主体は、ストラドリング魚類資源及び高度回遊性魚類資源についての保存管理措置の遵守についての約束に応じて、漁場への参加による利益を享受する。

4　小地域的若しくは地域的な漁業管理のための機関の加盟国又はそのような枠組みの参加国は、当該機関の非加盟国又は当該枠組みの非参加国であって関係する資源の漁獲操業を行っているものを旗国とする漁船の活動に関する情報を交換する。いずれの国も、そのような漁船が小地域的又は地域的な保存管理措置の実効性を損なう活動を行うことを抑止するために、この協定及び国際法に適合する措置をとる。

## 第五部　旗国の義務

**第一八条（旗国の義務）** 1　自国の漁船が公海において漁獲を行う国は、自国を旗国とする漁船が小地域的又は地域的な保存管理措置を遵守すること及び当該保存管理措置の実効性を損なう活動に従事しないことを確保するために必要な措置をとる。

2　いずれの国も、条約及びこの協定に基づく自国を旗国とする漁船に関する責任を効果的に果たすことができる場合に限り、当該漁船を公海における漁獲のために使用することを許可する。

3　いずれの国も、自国を旗国とする漁船に関して、次の事項を含む措置をとる。

(a)　小地域的、地域的又は世界的に合意される関係手続に従い、漁獲の免許、許可又は承認によって公海上の自国を旗国とする漁船を管理すること。

(b)　次の事項を内容とする規則を定めること。

(i)　旗国がその小地域的、地域的又は世界的な義務を履行するのに十分な条件を免許、許可又は承認に付すること。

(ii)　漁獲のための免許若しくは許可を正当に与えられていない漁船又は免許、許可若しくは承認についての条件に従わない漁船が公海において漁獲を行うことを禁止すること。

(iii)　公海において漁獲を行う漁船に対し、常時船舶内に免許証、許可証又は承認証を備え置くこと及び正当な権限を与えられた者による検査の際に要請に応じてこれを提示することを義務付けること。

(iv)　自国を旗国とする漁船が他国の管轄の下にある水域において許可なく漁獲を行わないことを確保すること。

(c)　公海において漁獲を行う許可を与えた漁船に関する自国の記録を作成すること及び直接の利害関係を有する国が要請する場合には当該記録に含まれる情報を提供すること(ただし、そのような情報の開示に関する旗国の国内法を考慮する。)。

(d)　統一的であり、かつ、国際的に識別することのできる漁船及び漁具の標識制度(例えば、漁船の標識及び識別に関する国際連合食糧農業機関の標準仕様)に従った漁船及び漁具の識別のための標識を付することを義務付けること。

(e)　データの収集に関する小地域的、地域的又は世界的な基準に従い、漁船の位置、漁獲対象種及び非漁獲対象種の漁獲量、漁獲努力量その他の漁業に関するデータを記録し、及び適時に報告することを義務付けること。

(f)　オブザーバー計画、検査制度、陸揚げの報告、転載の監督並びに陸揚げされた漁獲物及び市場統計の監視等の方法によって漁獲対象種及び非漁獲対象種の漁獲量を確認することを義務付けること。

(g)　特に次の方法により、自国を旗国とする漁船、その漁獲操業及び関連する活動を監視し、規制し、及び監督すること。

(i)　自国の検査制度の実施並びに第二十一条及び第二十二条の規定に従った小地域又は地域における取締りのための協力制度の実施(他国の正当に権限を与えられた検査官による乗船及び検査を認めることを自国を旗国とする漁船に義務付けることを含む。)

(ii)　自国のオブザーバー計画の実施及び自国が参加している小地域的又は地域的なオブザーバー計画の実施(当該小地域的又は地域的なオブザーバー計画の下で合意された任務を遂行するための他国のオブザーバーの乗船等を認めることを自国を旗国とする漁船に義務付けることを含む。)

(iii)　自国の計画及び関係国間で小地域的、地域的又は世界的に合意した計画に基づく船舶監視システム(適当な場合には、衛星送信システムを含む。)の開発及び実施

(h)　保存管理措置の実効性が損なわれないことを確保するために公海における転載を規制すること。

(i)　小地域的、地域的又は世界的な保存管理措置の遵守を確保するために漁獲活動を規制(非漁獲対象種の漁獲量を最小とすることを目的とした規制を含む。)すること。

4　小地域的、地域的又は世界的に合意された監視、規制及び監督の制度が実施されている場合には、いずれの国も、自国を旗国とする漁船に対してとる措置が当該制度に適合するものであることを確保する。

## 第六部　遵守及び取締り

**第一九条（旗国による遵守及び取締り）** 1　いずれの国も、自国を旗国とする漁船がストラドリング魚類資源及び高度回遊性魚類資源についての小地域的又は地域的な保存管理措置を遵守することを確保する。このため、当該国は、次のことを行う。

(a) 当該保存管理措置に対する違反を取り締まること（違反が生ずる場所のいかんを問わない。）。

(b) 小地域的又は地域的な保存管理措置に対するいかなる違反の容疑についても、直ちに、かつ、十分に調査（関係する漁船に対する物理的な検査を含む。）を行い、違反を申し立てる国及び関係する小地域的又は地域的な機関又は枠組みに対して当該調査の進展及び結果を速やかに報告すること。

(c) 自国を旗国とするいかなる漁船に対しても、違反を申し立てられた水域における漁船の位置、漁獲量、漁具、漁獲操業及び関連する活動に関する情報を調査当局に提出するよう義務付けること。

(d) 違反の容疑につき十分な証拠が存在すると認める場合には、手続を開始するため自国の法律に従って遅滞なく自国の当局に事件を付託し、及び適当な場合には関係する漁船を抑留すること。

(e) 自国を旗国とする漁船が当該保存管理措置に対する重大な違反を行ったことが自国の法律によって確定した場合には、その漁船が当該違反について自国によって課されたすべての制裁に従うまでの間、公海における漁獲操業に従事しないことを確保すること。

2　すべての調査及び司法上の手続は、速やかに実施されるものとする。違反について適用される制裁は、遵守を確保する上で効果的であるため、及び場所のいかんを問わず違反を防止するため十分に厳格なものとし、また、違反を犯した者から違法な活動によって生ずる利益を没収するものとする。漁船の船長その他の上級乗組員について適用される措置は、特に船長又は上級乗組員として漁船で勤務するための承認の拒否、取消し又は停止を可能とする規定を含むものとする。

**第二〇条（取締りのための国際協力）** 1　いずれの国も、ストラドリング魚類資源及び高度回遊性魚類資源についての小地域的又は地域的な保存管理措置の遵守及びその違反に対する取締りを確保するために、直接に又は小地域的若しくは地域的な漁業管理のための機関若しくは枠組みを通じて協力する。

2　ストラドリング魚類資源又は高度回遊性魚類資源についての保存管理措置に対する違反の容疑につき調査を行っている旗国は、当該調査の実施のために他の国の協力が有益であると考える場合には、当該他の国の支援を要請することができる。すべての国は、当該調査に関連した旗国の合理的な要請に応ずるよう努力する。

3　旗国は、直接に、関心を有する他の国と協力して又は関係する小地域的若しくは地域的な漁業管理のための機関若しくは枠組みを通じて、そのような調査を実施することができる。当該調査の進展及び結果に関する情報については、ストラドリング魚類資源及び高度回遊性魚類資源についての保存管理措置に対する違反の容疑に利害関係を有するすべての国又は当該違反の容疑によって影響を受けるすべての国に提供する。

4　いずれの国も、小地域的、地域的又は世界的な保存管理措置の実効性を損なう活動に従事したと報告された漁船を特定するために相互に支援する。

5　いずれの国も、自国の国内法令によって認められた範囲内で、ストラドリング魚類資源及び高度回遊性魚類資源についての保存管理措置に対する違反の容疑に関連する証拠を他の国の検察当局に提供するための措置を定める。

6　公海上の漁船が沿岸国の管轄の下にある水域において許可なく漁獲を行ったと信ずるに足りる合理的な根拠がある場合には、当該漁船の旗国は、関係する沿岸国の要請により、直ちに、かつ、十分にこの事案を調査する。この場合において、旗国は、適当な取締りを行うことについて当該沿岸国と協力するものとし、また、当該沿岸国の関係当局に対し、公海上の当該漁船に乗船し、及びこれを検査することを認めることができる。この6の規定は、条約第百十一条の規定の適用を妨げるものではない。

7　小地域的若しくは地域的な漁業管理のための機関の加盟国又はそのような枠組みの参加国である締約国は、当該機関又は枠組みが定めた保存管理措置の実効性を損なう活動その他当該保存管理措置に違反する活動に従事した漁船が当該小地域又は地域の公海において漁獲を行うことを抑止するため、旗国が適当な措置をとるまでの間、国際法に基づいた措置（この目的のために定められた小地域又は地域の手続の利用を含む。）をとることができる。

**第二一条（取締りのための小地域的又は地域的な協力）** 1　小地域的又は地域的な漁業管理のための機関又は枠組みの対象水域である公海において、当該機関の加盟国又は当該枠組みの参加国である締約国は、当該機関又は枠組みが定めたストラドリング魚類資源及び高度回遊性魚類資源についての保存管理措置の遵守を確保するため、2の規定に従い、正当に権限を与えた自国の検査官により、この協定の他の締約国（当該機関の加盟国又は当該枠組みの参加国であるか否かを問わない。）を旗国とする漁船に乗船し、及びこれを検査することができる。

2　いずれの国も、小地域的又は地域的な漁業管理のための機関又は枠組みを通じ、1の規定に基づく乗船及び検査の手続並びにこの条の他の規定を実施するための手続を定める。この手続は、この条の規定及び次条に規定する基本的な手続に適合するものとし、また、当該機関の非加盟国又は当該枠組みの非参加国を差別するものであってはならない。乗船及び検査並びにその後の取締りは、そのような手続に従って行われる。いずれの国も、この2の規定に従って定められた手続を適当に公表する。

3　この協定の採択後二年以内に、小地域的又は地域的な漁業管理のための機関又は枠組みが2に定める手続を定めない場合には、当該手続が定められるまでの間、1の規定に基づく乗船及び検査並びにその後の取締りは、この条の規定及び次条に規定する基本的な手続に従って実施されるものとする。

4　検査国は、この条の規定に基づく措置をとるに先立ち、小地域又は地域の公海においてその漁船が漁獲を行っているすべての国に対し、直接に又は関係する小地域的若しくは地域的な漁業管理のための機関若しくは枠組みを通じ、正当に権限を与えた自国の検査官に発行した身分証明書の様式を通報する。乗船及び検査に用いられる船舶は、政府の公務に使用されていることが明らかに表示されており、かつ、識別されることができるものとする。いずれの国も、この協定の締結の際に、この条の規定に基づく通報を受領する適当な当局を指定するものとし、そのように指定した当局を関係する小地域的又は地域的な漁業管理のための機関又は枠組みを通じて適当に公表する。

5 乗船及び検査の結果、漁船が1に規定する保存管理措置に違反する活動に従事したと信ずるに足りる明白な根拠がある場合には、検査国は、適当なときは、証拠を確保し、及び旗国に対し違反の容疑を速やかに通報する。

6 旗国は、5に規定する通報に対し、その受領から三作業日以内又は2の規定に従って定められた手続に定める期間内に回答するものとし、次のいずれかのことを行う。

(a) 5に規定する漁船について調査し、及び証拠により正当化される場合には取締りを行うことにより第十九条に基づく義務を遅滞なく履行すること。この場合において、旗国は、調査の結果及び行った取締りについて検査国に速やかに通報する。

(b) 検査国が調査することを許可すること。

7 旗国が検査国に対して違反の容疑を調査することを許可する場合には、当該検査国は、当該旗国に対し調査結果を遅滞なく通報する。旗国は、証拠により正当化される場合には、5に規定する漁船について取締りを行うことにより義務を履行する。これに代えて、旗国は、検査国に対し、当該漁船に関して旗国が明示する取締りであってこの協定に基づく旗国の権利及び義務に反しないものをとることを許可することができる。

8 乗船及び検査の結果、漁船が重大な違反を行っていたと信ずるに足りる明白な根拠がある場合において、旗国が6又は7の規定に基づいて必要とされる回答を行わなかったとき、又は措置をとらなかったときは、検査官は、乗船を継続し、及び証拠を確保することができるものとし、また、船長に対し、更なる調査(適当な場合には、当該漁船を最も近い適当な港又は2の規定に従って定められた手続に定める港に遅滞なく移動させて行う調査を含む。)に協力することを要請することができる。検査国は、当該漁船が向かう港の名称を直ちに旗国に通報する。検査国、旗国及び適当な場合には寄港国は、乗組員の国籍のいかんを問わず、乗組員に対する良好な取扱いを確保するために必要なすべての措置をとる。

9 検査国は、旗国及び関係する機関又は関係する枠組みのすべての参加国に対し更なる調査の結果を通報する。

10 検査国は、自国の検査官に対し、船舶及び船員の安全に関する一般的に認められた国際的な規則、手続及び慣行を遵守すること、漁獲操業の妨げとなることを最小限にすること並びに船上の漁獲物の品質に悪影響を与えるような行動を実行可能な範囲で避けることを義務付ける。検査国は、乗船及び検査が漁船に対する不当な妨げとなるような方法で実施されないことを確保する。

11 この条の規定の適用上、「重大な違反」とは、次のいずれかのことをいう。

(a) 旗国が第十八条3(a)の規定に従って与える有効な免許、許可又は承認を得ることなく漁獲を行うこと。

(b) 関係する小地域的若しくは地域的な漁業管理のための機関若しくは枠組みによって義務付けられた漁獲量の正確な記録及び漁獲量に関連するデータを保持しないこと又は当該機関若しくは枠組みによって義務付けられた漁獲量報告に関して重大な誤りのある報告を行うこと。

(c) 禁漁区域において漁獲を行うこと、禁漁期において漁獲を行うこと及び関係する小地域的又は地域的な漁業管理のための機関又は枠組みが定めた漁獲割当てを有せずに又は当該漁獲割当ての達成後に漁獲を行うこと。

(d) 漁獲が一時的に停止されている資源又は漁獲が禁止されている資源を対象とする漁獲を行うこと。

(e) 禁止されている漁具を使用すること。

(f) 漁船の標識、識別又は登録を偽造し、又は隠ぺいすること。

(g) 調査に関連する証拠を隠ぺいし、改ざんし、又は処分すること。

(h) 全体として保存管理措置の重大な軽視となるような複数の違反を行うこと。

(i) 関係する小地域的又は地域的な漁業管理のための機関又は枠組みが定めた手続において重大な違反と明記するその他の違反を行うこと。

12 この条の他の規定にかかわらず、旗国は、いつでも、違反の容疑に関し、第十九条の規定に基づく義務を履行するための措置をとることができる。漁船が検査国の指示の下にある場合には、当該検査国は、旗国の要請により、自国が行った調査の進展及び結果に関する十分な情報と共に当該漁船を旗国に引き渡す。

13−18 (略)

**第二二条(前条による乗船及び検査のための基本的な手続)** 1 検査国は、正当に権限を与えた自国の検査官が次のことを行うことを確保する。

(a) 船長に身分証明書を提示し、及び関係する保存管理措置又は問題となっている公海水域において有効な規則であって当該保存管理措置に基づくものの写しを提示すること。

(b) 乗船及び検査を行う時点において旗国への通報を開始すること。

(c) 乗船及び検査を行っている間、船長が旗国の当局と連絡を取ることを妨げないこと。

(d) 船長及び旗国の当局に乗船及び検査についての報告書(船長が希望する場合には、異議又は陳述を含める。)の写しを提供すること。

(e) 重大な違反の証拠が見つからない場合には、検査が終了した後、漁船から速やかに下船すること。

(f) 実力の行使を避けること。ただし、検査官がその任務の遂行を妨害される場合において、その安全を確保するために必要なときは、この限りでない。この場合において、実力の行使は、検査官の安全を確保するために及び状況により合理的に必要とされる限度を超えてはならない。

2 検査国が正当に権限を与えた検査官は、漁船、その免許、漁具、装置、記録、設備、漁獲物及びその製品並びに関係する保存管理措置の遵守を確認するために必要な関係書類を検査する権限を有する。

3 旗国は、船長が次のことを行うことを確保する。

(a) 検査官の迅速かつ安全な乗船を受け入れ、及び容易にすること。

(b) この条及び前条に規定する手続に従って実施される漁船に対する検査に協力し、及び支援すること。

(c) 検査官の任務の遂行に当たり、検査官に対し妨害、威嚇又は干渉を行わないこと。

(d) 乗船及び検査が行われている間、検査官が旗国の当局及び検査国の当局と連絡を取ることを認めること。

(e) 適当な場合には、食料及び宿泊施設を含む合理的な便益を検査官に提供すること。

(f) 検査官の安全な下船を容易にすること。

4 旗国は、船長がこの条及び前条の規定に基づく乗船及び検査の受入れを拒否する場合(海上における安全に関する一般的に認められた国際的な規則、手続及び慣行に従って乗船及び検査を遅らせる必要がある場合を除く。)には、当該船長に対し直ちに乗船及び検査を受け入れるよう指示する。当該船長が旗国のそのような指示にも従わない場合には、当該旗国は、当該漁船の漁獲のための許可を停止し、及び当該漁船に対して直ちに帰港するよう命ずる。当該旗国は、この4に規定する事態が発生した場合には、とった措置を検査国に通報する。

**第二三条(寄港国がとる措置)** 1 寄港国は、国際法に従って、小地域的、地域的又は世界的な保存管理措置の実効性を促進するための措置をとる権利及び義務を有する。寄港国は、当該措置をとる場合には、いずれの国の漁船に対しても法律上又は事実上の差別を行ってはならない。

2 寄港国は、漁船が自国の港又は沖合の係留施設に任意にとどまる場合には、特に、当該漁船上の書類、漁具及び漁獲物を検査することができる。

3 いずれの国も、漁獲物が公海における小地域的、地域的又は世界的な保存管理措置の実効性を損なう方法で漁獲されたと認める場合には、陸揚げ及び転載を禁止する権限を自国の関係当局に与えるための規則を定めることができる。

4 この条のいかなる規定も、国が国際法に従い自国の領域内の港において主権を行使することに影響を及ぼすものではない。

## 第七部 開発途上国の要請(第二四条から第二六条まで)(略)

## 第八部 紛争の平和的解決(抄)

**第二七条(平和的手段によって紛争を解決する義務)** いずれの国も、交渉、審査、仲介、調停、仲裁、司法的解決、地域的機関又は地域的取極の利用その他当事者が選択する平和的手段によって紛争を解決する義務を負う。

**第二八条(紛争の防止)**(略)

**第二九条(技術的な性質を有する紛争)**(略)

**第三〇条(紛争解決手続)** 1 条約第十五部に定める紛争の解決に関する規定は、この協定の解釈又は適用に関するこの協定の締約国(条約の締約国であるか否かを問わない。)間の紛争について準用する。

2 条約第十五部に定める紛争の解決に関する規定は、この協定の締約国(条約の締約国であるか否かを問わない。)間の紛争であって、当該締約国が共に締結しているストラドリング魚類資源又は高度回遊性魚類資源に関する小地域的、地域的又は世界的な漁業協定の解釈又は適用に関するもの(これらの資源の保存及び管理に関するものを含む。)について準用する。

3 この協定の締約国であり、かつ、条約の締約国である国が条約第二百八十七条の規定に従って受け入れた手続は、この部に定める紛争の解決について適用する。ただし、そのような国が、この協定に署名し、これを批准し、若しくはこれに加入する時に又はその後いつでも、この部に定める紛争の解決のために同条の規定に従って同条に定める他の手続を受け入れた場合は、この限りでない。

4 この協定の締約国であるが条約の締約国でない国は、この協定に署名し、これを批准し、若しくはこれに加入する時に又はその後いつでも、書面による宣言を行うことにより、この部に定める紛争の解決のために条約第二百八十七条1に規定する手段のうち一又は二以上の手段を自由に選択することができる。同条の規定は、この協定の締約国であるが条約の締約国でない国がこのような宣言を行う場合及び当該国が効力を有する宣言の対象とならない紛争の当事者である場合についても適用する。条約の附属書Ⅴ、附属書Ⅶ及び附属書Ⅷに従って調停及び仲裁を行うに当たって、当該国は、この部に定める紛争の解決のため、条約の附属書Ⅴ第二条、附属書Ⅶ第二条及び附属書Ⅷ第二条に定める名簿に含まれる調停人、仲裁人及び専門家を指名することができる。

5 この部の規定に従って紛争が付託された裁判所は、関係するストラドリング魚類資源及び高度回遊性魚類資源の保存を確保するため、条約、この協定及び関係する小地域的、地域的又は世界的な漁業協定の関連規定、一般に認められた海洋生物資源の保存及び管理のための基準並びに条約に反しない国際法の他の規則を適用する。

**第三一条(暫定的な措置)** 1 紛争がこの部の規定に従って解決されるまでの間、紛争当事者は、実際的な性質を有する暫定的な枠組みを設けるためにあらゆる努力を払う。

2 条約第二百九十条の規定にかかわらず、この部の規定に従って紛争が付託された裁判所は、第七条5及び第十六条2に定める状況において並びに紛争当事者のそれぞれの権利を保全し、又は問題となっている資源への損害を防止するため、状況に応じて適当と認める暫定的な措置を定めることができる。

3 条約第二百九十条5の規定にかかわらず、この協定の締約国であるが条約の締約国でない国は、国際海洋法裁判所が自国の同意なく暫定的な措置を定め、修正し、又は取り消す権限を有しないことを宣言することができる。

**第三二条(紛争解決手続の適用の制限)** 条約第二百九十七条3の規定は、この協定について適用する。

## 第九部 この協定の非締約国

**第三三条(この協定の非締約国)** 1 締約国は、この協定の非締約国に対し、この協定の締約国となり、かつ、この協定に適合する法令を制定するよう奨励する。

2 締約国は、非締約国を旗国とする漁船がこの協定の効果的な実施を損なう活動を行うことを抑止するため、この協定及び国際法に適合する措置をとる。

## 第十部 信義誠実及び権利の濫用

**第三四条(信義誠実及び権利の濫用)** 締約国は、この協定に基づいて負う義務を誠実に履行するものとし、また、この協定により認められる権利を濫用とならないように行使する。

## 第十一部 責任

**第三五条(責任)** 締約国は、この協定に関して自国の責めに帰すべき損害又は損失につき、国際法に基づいて責任を負う。

## 第十二部 再検討のための会議

**第三六条(再検討のための会議)** 1 国際連合事務総長は、この協定が効力を生ずる日の四年後に、ストラドリング魚類資源及び高度回遊性魚類資源の保存及び管理の確保についてのこの協定の実効性を評価するため、会議を招集する。同事務総長は、この会議にすべての締約国、この協定の締約国となる資格を有する国及び主体並びにオブザーバーとして参加する資格を有する政府間機関及び非政府機関を招請する。

2 (略)

## 第十三部　最終規定(抄)

**第三七条（署名）**(略)

**第三八条（批准）**(略)

**第三九条（加入）**(略)

**第四〇条（効力発生）**(略)

**第四一条（暫定的な適用）** 1　この協定は、寄託者に対する書面による通告により暫定的な適用に同意した国又は主体によって暫定的に適用される。当該暫定的な適用は、当該通告の受領の日から有効となる。

2 (略)

**第四二条（留保及び除外）** この協定については、留保を付することも、また、除外を設けることもできない。

**第四三条（宣言及び声明）** 前条の規定は、国又は主体がこの協定の署名若しくは批准又はこれへの加入の際に、特にその国内法令をこの協定の規定に調和させることを目的として、宣言又は声明（用いられる文言及び名称のいかんを問わない。）を行うことを排除しない。ただし、当該宣言又は声明は、これらを行った国又は主体についてこの協定を適用するに当たり、この協定の規定の法的効力を排除し、又は変更することを意味しない。

**第四四条（他の協定との関係）**(略)

**第四五条（改正）**(略)

**第四六条（廃棄）**(略)

**第四七条（国際機関による参加）**(略)

**第四八条（附属書）** 1　附属書は、この協定の不可分の一部を成すものとし、また、別段の明示の定めがない限り、「この協定」といい、又は第一部から第十三部までのいずれかの部を指していうときは、関連する附属書を含めていうものとする。

2　締約国は、附属書を随時改正することができる。改正は、科学的及び技術的考慮に基づくものとする。第四十五条の規定にかかわらず、附属書の改正が締約国の会合においてコンセンサス方式によって採択される場合には、当該改正は、この協定に組み込まれ、その採択の日又は当該改正において指定されている他の日から効力を生ずる。締約国の会合において改正がコンセンサス方式によって採択されない場合には、同条に規定する改正手続を適用する。

**第四九条（寄託者）**(略)

**第五〇条（正文）**(略)

**附属書Ⅰ　データの収集及び共有のための標準的な要件**(略)

**附属書Ⅱ　ストラドリング魚類資源及び高度回遊性魚類資源の保存及び管理における予防のための基準値の適用に関する指針**(略)

## (4) 大陸棚の限界に関する委員会(抄)

(海洋法に関する国際連合条約附属書Ⅱ)

**第一条【委員会の設置】** 条約第七十六条の規定により、二百海里を超える大陸棚の限界に関する委員会は、次条以下の諸条に定めるところにより設置される。

**第二条【委員会の構成】** 1　委員会は、二十一人の委員で構成される。委員は、締約国が衡平な地理的代表を確保する必要性に妥当な考慮を払って締約国の国民の中から選出する地質学、地球物理学又は水路学の分野の専門家である者とし、個人の資格で職務を遂行する。

2−5 (略)

**第三条【委員会の任務】** 1　委員会の任務は、次のとおりとする。

(a)　大陸棚の外側の限界が二百海里を超えて延びている区域における当該限界に関して沿岸国が提出したデータその他の資料を検討すること並びに条約第七十六条の規定及び第三次国際連合海洋法会議が千九百八十年八月二十九日に採択した了解声明に従って勧告を行うこと。

(b)　関係する沿岸国の要請がある場合には、(a)のデータの作成に関して科学上及び技術上の助言を与えること。

2　委員会は、委員会の責任の遂行に役立ち得る科学的及び技術的情報を交換するため、必要かつ有用であると認められる範囲において、国際連合教育科学文化機関の政府間海洋学委員会、国際水路機関その他権限のある国際機関と協力することができる。

**第四条【沿岸国による申請】** 沿岸国は、条約第七十六条の規定に従って自国の大陸棚の外側の限界を二百海里を超えて設定する意思を有する場合には、この条約が自国について効力を生じた後できる限り速やかに、いかなる場合にも十年以内に、当該限界についての詳細をこれを裏付ける科学的及び技術的データと共に、委員会に提出する。沿岸国は、また、科学上及び技術上の助言を自国に与えた委員会の委員の氏名を示すものとする。

**第五条【小委員会】** 委員会は、別段の決定を行わない限り、その勧告を求める沿岸国の要請の具体的な要素を考慮して均衡のとれた方法で任命する七人の委員で構成される小委員会により任務を行う。(後略)

**第六条【小委員会及び委員会の勧告】** 1　小委員会は、その勧告を委員会に提出する。

2　委員会は、出席しかつ投票する委員会の委員の三分の二以上の多数による議決により、小委員会の勧告を承認する。

3　委員会の勧告は、要請を行った沿岸国及び国際連合事務総長に対し書面によって提出する。

**第七条【大陸棚の外側の限界の設定】** 沿岸国は、条約第七十六条8の規定及び適当な国内手続に従って大陸棚の外側の限界を設定する。

**第八条【委員会の勧告に対する要請】** 沿岸国は、委員会の勧告について意見の相違がある場合には、合理的な期間内に、委員会に対して改定した又は新たな要請を行う。

**第九条【境界画定への無影響】** 委員会の行為は、向かい合っているか又は隣接している海岸を有する国の間における境界画定の問題に影響を及ぼすものではない。

## 参考　大陸棚の限界に関する委員会手続規則（抜粋）翻訳

**第四六規則（向かい合っているか若しくは隣接している海岸を有する国の間の紛争が存在する場合又はその他の未解決の陸地若しくは海洋紛争が存在する場合の情報提出）**１　向かい合っているか若しくは隣接している国の間における大陸棚の境界画定について紛争が存在する場合、又はその他の未解決の陸地若しくは海洋紛争が存在する場合、情報提出はこの規則の附属書Ｉに従って行うことができ、かつ検討される。

２　委員会の行為は、国の間における境界画定の問題に影響を及ぼすものではない。

**附属書Ｉ**

**向かい合っているか若しくは隣接している海岸を有する国の間の紛争が存在する場合又はその他の未解決の陸地若しくは海洋紛争が存在する場合の情報提出**

１　委員会は、大陸棚の外側の限界の設定に関連して生ずる紛争に関わる事項についての権限が国にあることを認める。

２　情報提出に関連して、向かい合っているか若しくは隣接している国の間における大陸棚の境界画定について紛争が存在する場合、又はその他の未解決の陸地若しくは海洋紛争が存在する場合、委員会は、

(a)　情報提出を行う沿岸国から当該紛争を通知される。

(b)　情報提出を行う沿岸国から、当該情報提出が国の間における境界画定の問題に影響を及ぼすものではないことを、できる限り保証される。

３　沿岸国は、大陸棚の一又は二以上の部分における国の間の境界画定の問題に影響を及ぼさないために、それらの部分を除く大陸棚の一部について情報提出を行うことができる。除外した部分については追って情報提出を行うことができ、当該情報提出には条約附属書Ⅱ第四条により設定された十年の期間に関する規定は適用されない。

４　二以上の沿岸国は合意により、限界の設定についての勧告を行うよう委員会に求める共同又は個別の情報提出を次のいずれかの場合に行うことができる。

(a)　それらの国の間の境界画定を問わない場合。

(b)　測地経緯度を用いて、情報提出がこの合意の他の一又は二以上の締約国との間の境界画定の問題に影響を及ぼさない範囲を表示する場合。

５(a)　陸地又は海洋紛争が存在する場合、委員会は紛争のいずれの関係国が行う情報提出も検討しない。ただし、当該紛争の当事者である全ての国が事前に同意した場合、委員会は係争区域における一又は二以上の情報提出を検討することができる。

(b)　委員会において行われた情報提出及び当該情報提出に関して委員会が承認した勧告は、陸地又は海洋紛争の当事者である国の立場に影響を及ぼすものではない。

６　委員会は、情報提出を行う国に対して、向かい合っているか又は隣接している国の間の境界画定の問題に影響を及ぼさないために、委員会と協力するよう求めることができる。

## (5)　国際海洋法裁判所規程

（海洋法に関する国際連合条約附属書Ⅵ）〔海洋法裁判所規程・ＩＴＬＯＳ規程〕

**第一条（総則）**１　国際海洋法裁判所（以下この附属書において「裁判所」という。）は、この条約及びこの規程によって組織され、かつ、任務を遂行する。

２　裁判所の所在地は、ドイツ連邦共和国の自由ハンザ都市ハンブルグとする。

３　裁判所は、裁判所が望ましいと認める場合に他の地で開廷して任務を遂行することができる。

４　裁判所への紛争の付託は、条約の第十一部及び第十五部の規定に従うものとする。

### 第一節　裁判所の組織

**第二条（構成）**１　裁判所は、公平であり及び誠実であることについて最高水準の評価を得ており、かつ、海洋法の分野において有能の名のある者のうちから選挙される二十一人の独立の裁判官の一団で構成される。

２　裁判所全体のうちに世界の主要な法体系が代表されること及び裁判官の配分が地理的に衡平に行われることを確保する。

**第三条（裁判官の地位）**１　裁判所の裁判官については、そのうちのいずれの二人も、同一の国の国民であってはならない。裁判所における裁判官の地位との関連でいずれかの者が二以上の国の国民であると認められる場合には、当該者は、市民的及び政治的権利を通常行使する国の国民とみなす。

２　裁判所には、国際連合総会において確立している地理的集団からそれぞれ三人以上の裁判官を含める。

**第四条（指名及び選挙）**１　各締約国は、第二条に定める資格を有する者を一人又は二人指名することができる。裁判所の裁判官については、このようにして指名された者の名簿の中から選挙する。

２　第一回の選挙については国際連合事務総長、その後の選挙については裁判所書記が、選挙の日の遅くとも三箇月前までに、締約国に対し、裁判所の裁判官に推す者として指名する者の氏名を二箇月以内に提出するよう書面で要請する。同事務総長又は裁判所書記は、このようにして指名されたすべての者のアルファベット順による名簿（これらの者を指名した締約国の国名を表示した名簿とする。）を作成し、この名簿を各選挙の日の属する月の前月の七日より前に締約国に送付する。

３　第一回の選挙は、この条約の効力発生の日から六箇月以内に行う。

４　裁判所の裁判官は、秘密投票によって選出される。第一回の選挙は国際連合事務総長によって招集される締約国の会合において行われ、その後の選挙は締約国が合意する手続によって招集される締約国の会合において行われる。締約国の会合は、締約国の三分の二をもって定足数とする。出席しかつ投票する締約国によって投じられた票の最多数で、かつ、三分の二以上の多数（ただし、締約国の過半数でなければならない。）の票を得

た指名された者をもって、裁判官に選出された者とする。

**第五条（裁判官の任期）** 1　裁判所の裁判官は、九年の任期で選出されるものとし、再選されることができる。ただし、第一回の選挙において選出された裁判官のうち、七人の裁判官の任期は三年で終了し、他の七人の裁判官の任期は六年で終了する。

2　最初の三年及び六年で任期が終了する裁判官は、第一回の選挙の後直ちに国際連合事務総長によりくじ引で選ばれる。

3　裁判所の裁判官は、後任者が補充されるまで引き続きその職務を遂行するものとし、補充の後も、交代の日よりも前に着手した手続を完遂する。

4　裁判所の裁判官が辞任する場合には、辞表は、裁判所長に提出される。辞表が受理された時に空席が生ずる。

**第六条（空席）** 1　裁判所に空席が生じたときは、第一回の選挙について定める方法と同一の方法によって補充する。この場合において、裁判所書記は、空席が生じた時から一箇月以内に第四条に規定する書面による要請を行うものとし、選挙の日については、締約国と協議の後裁判所長が定める。

2　任期がまだ終了しない裁判官の後任者として選出される裁判所の裁判官は、前任者の残任期間中在任する。

**第七条（両立しない活動）** 1　裁判所の裁判官は、政治上又は行政上のいかなる職務も行ってはならず、また、海洋若しくは海底の資源の探査若しくは開発又は海洋若しくは海底のその他の商業的利用に関連する企業のいかなる業務にも積極的に関与し又は財政的に関係してはならない。

2　裁判所の裁判官は、いかなる事件においても、代理人、補佐人又は弁護人として行動することができない。

3　これらの点に関する疑義については、出席する他の裁判官の過半数の決定によって解決する。

**第八条（特定の事件への裁判官の関与に関する条件）** 1　裁判所の裁判官は、いずれか一の紛争当事者の代理人、補佐人若しくは弁護人として、国内裁判所若しくは国際裁判所の裁判官として又は他の資格において関与したことのあるいかなる事件の決定にも関与することができない。

2　裁判所の裁判官は、特別の理由によって特定の事件の決定に自己が関与すべきでないと認める場合には、裁判所長にその旨を通報する。

3　裁判所長は、裁判官が特別の理由によって特定の事件に関与すべきでないと認める場合には、当該裁判官にその旨を通告する。

4　これらの点に関する疑義については、出席する他の裁判官の過半数の決定によって解決する。

**第九条（必要な条件を満たさなくなった場合の結果）** 裁判官が必要な条件を満たさなくなったと他の裁判官が一致して認める場合には、裁判所長は、当該裁判官の職が空席となったことを宣言する。

**第一〇条（特権及び免除）** 裁判所の裁判官は、裁判所の事務に従事する間、外交官の特権及び免除を享受する。

**第一一条（裁判官の厳粛な宣誓）** 裁判所の各裁判官は、その職務に就く前に、公開の法廷において、公平かつ誠実にその職権を行使する旨の厳粛な宣誓を行う。

**第一二条（裁判所長、裁判所次長及び裁判所書記）** 1　裁判所は、三年の任期で裁判所長及び裁判所次長を選挙する。裁判所長及び裁判所次長は、再選されることができる。

2　裁判所は、裁判所書記を任命するものとし、その他の必要な職員の任命のための措置をとることができる。

3　裁判所長及び裁判所書記は、裁判所の所在地に居住する。

**第一三条（定足数）** 1　裁判所は、欠席事由がないすべての裁判官が出席して開廷するものとし、裁判所を成立させるために必要な選出された裁判官の定足数は、十一人とする。

2　裁判所は、第十七条の規定に従うことを条件として、次条及び第十五条に規定する裁判部の任務の効果的な遂行を考慮しつつ、個別の紛争について、裁判官の欠席事由の有無を決定し、当該紛争を取り扱う上での裁判所の構成を決定する。

3　裁判所に付託されるすべての紛争及び裁判所に対して行われるすべての申立てについては、裁判所が審理し、決定を行う。ただし、次条の規定が適用される場合又は紛争当事者が第十五条の規定に従って取り扱うよう要請した場合は、この限りでない。

**第一四条（海底紛争裁判部）** 海底紛争裁判部は、第四節の規定によって設置される。海底紛争裁判部の管轄権、権限及び任務については、条約第十一部第五節に規定する。

**第一五条（特別裁判部）** 1　裁判所は、特定の種類の紛争を取り扱うために必要と認める場合には、三人以上の選出された裁判官から成る裁判部を設置することができる。

2　裁判所は、紛争当事者の要請があるときは、付託された個別の紛争を取り扱うために裁判部を設置する。この裁判部の構成については、紛争当事者の承認を得て裁判所が決定する。

3　事務の迅速な処理のために、裁判所は、簡易手続で紛争について審理し、決定を行うことができる五人の選出された裁判官から成る裁判部を毎年設置する。個別の手続についてそれに関与することができない裁判官と交代させるために、二人の裁判官を選出する。

4　紛争当事者の要請があるときは、その紛争については、この条に規定する裁判部が審理し、決定を行う。

5　この条及び前条に規定する裁判部が言い渡す判決は、裁判所が言い渡したものとみなす。

**第一六条（裁判所の規則）** 裁判所は、その任務を遂行するために規則を定める。裁判所は、特に、手続規則を定める。

**第一七条（裁判官の国籍）** 1　紛争当事者の国籍を有する裁判官は、裁判所の裁判官として関与する権利を有する。

2　裁判所が紛争の審理に当たってその裁判官席に紛争当事者の国籍を有する一の裁判官を有する場合には、他のいずれの紛争当事者も、裁判官として関与する者一人を選定することができる。

3　裁判所が紛争の審理に当たってその裁判官席に紛争当事者の国籍を有する裁判官を有しない場合には、各紛争当事者は、裁判官として関与する者一人を選定することができる。

4　この条の規定は、第十四条及び第十五条に規定する裁判部について適用する。この場合において、裁判所長は、紛争当事者と協議の上、裁判部を構成する裁判官のうち必要な人数の特定の裁判官に対して、当該紛争当事者の国籍を有する裁判官のために及び、当該紛争当事者の国籍を有する裁判官がいないとき又は出席することができないときは、紛争当事者が特に選定する裁判官のために、席を譲るよう要請する。

5　二以上の紛争当事者が同一の利害関係にある場合には、これらの紛争当事者は、1から4までの規定の適用上、一の紛争当事者とみなす。この点に関する疑義については、裁判所の決定によって解決する。

6　2から4までの規定によって選定される裁判官は、第二条、第八条及び第十一条の規定が要求する条件を満たさなければならない。これらの裁判官は、他の裁判官と完全に平等な条件で決定に関与する。

**第一八条（裁判官の報酬）**　1　裁判所の選出された裁判官は、年手当を受け、また、その職務を遂行する各日について特別の手当を受ける。ただし、いずれの年においても、特別の手当として裁判官に支払う手当の総額は、年手当の額を超えてはならない。

2　裁判所長は、特別の年手当を受ける。

3　裁判所次長は、裁判所長の職務を遂行する各日について特別の手当を受ける。

4　前条の規定によって選定される裁判官であって裁判所の選出された裁判官でないものは、その職務を遂行する各日について報酬を受ける。

5　俸給、手当及び報酬については、裁判所の事務量を考慮しつつ、締約国の会合において随時決定するものとし、任期中は減額してはならない。

6　裁判所書記の俸給については、裁判所の提案に基づいて締約国の会合において決定する。

7　裁判所の裁判官及び裁判所書記に退職年金を支給する条件並びに裁判所の裁判官及び裁判所書記が旅費の弁償を受ける条件については、締約国の会合において採択される規則によって決定する。

8　俸給、手当及び報酬は、すべての租税を免除される。

**第一九条（裁判所の費用）**　1　裁判所の費用については、締約国の会合において定められる条件及び方法で締約国及び機構が負担する。

2　締約国及び機構以外の主体が裁判所に付託された事件の当事者である場合には、裁判所は、裁判所の費用について当該当事者が負担する額を定める。

### 第二節　権限

**第二〇条（裁判所の開放）**　1　裁判所は、締約国に開放する。

2　裁判所は、条約第十一部に明示的に規定する事件について又は裁判所に管轄権を与える他の取決めに従って付託され、かつ、当該裁判所が管轄権を有することを事件のすべての当事者が受け入れている事件について、締約国以外の主体に開放する。

**第二一条（管轄権）**　裁判所の管轄権は、この条約に従って裁判所に付託されるすべての紛争及びこの条約に従って裁判所に対して行われるすべての申立て並びに裁判所に管轄権を与える他の取決めに特定されているすべての事項に及ぶ。

**第二二条（他の条約に係る紛争の付託）**　この条約の適用の対象となる事項に関連する現行の条約の解釈又は適用に関するいずれの紛争についても、当該条約のすべての締約国が合意する場合には、その合意に従って裁判所に付託することができる。

**第二三条（適用のある法）**　裁判所は、すべての紛争及び申立てにつき条約第二百九十三条の規定によって決定する。

### 第三節　手続

**第二四条（手続の開始）**　1　裁判所への紛争の付託については、場合に応じ、特別の合意の通告により又は書面による申立てにより、裁判所書記にあてて行う。いずれの場合にも、紛争の対象となっている事項及び当事者を明示する。

2　裁判所書記は、1に規定する特別の合意又は申立てを直ちにすべての利害関係者に通告する。

3　裁判所書記は、また、すべての締約国に対して通報する。

**第二五条（暫定措置）**　1　裁判所（海底紛争裁判部を含む。）は、条約第二百九十条の規定に基づき、暫定措置を定める権限を有する。

2　裁判所が開廷期中でない場合又は裁判官の数が定足数に満たない場合には、第十五条3の規定によって設置される簡易手続による裁判部が暫定措置を定める。同条4の規定にかかわらず、この暫定措置は、いずれの紛争当事者の要請によってもとることができる。暫定措置は、裁判所による再検討及び修正の対象となる。

**第二六条（審理）**　1　審理は、裁判所長又は、裁判所長が指揮することができない場合には、裁判所次長の指揮権の下にあるものとし、裁判所長及び裁判所次長のいずれも指揮することができない場合には、出席する先任の裁判官が指揮する。

2　審理は、公開とする。ただし、裁判所が別段の決定をする場合又は紛争当事者が公開しないことを要求する場合は、この限りでない。

**第二七条（手続の進行）**　裁判所は、手続の進行について命令を発し、各紛争当事者が陳述を完結すべき方式及び時期を定め、並びに証拠調べに関するすべての措置をとる。

**第二八条（欠席）**　いずれかの紛争当事者が裁判所に出廷せず又は自己の立場を弁護しない場合には、他の紛争当事者は、裁判所に対し、手続を継続し及び決定を行うよう要請することができる。いずれかの紛争当事者が欠席し又は弁護を行わないことは、手続の進行を妨げるものではない。裁判所は、決定を行うに先立ち、裁判所が当該紛争について管轄権を有することのみならず、請求が事実及び法において十分な根拠を有することも確認しなければならない。

**第二九条（決定のための多数）**　1　すべての問題については、出席する裁判官の過半数による議決で決定する。

2　可否同数のときは、裁判所長又はこれに代わる裁判官の決するところによる。

**第三〇条（判決）**　1　判決には、その理由を明示する。

2　判決には、裁判に関与した裁判官の氏名を付する。

3　判決がその全部又は一部について裁判官の全会一致の意見を反映するものでない場合には、いずれの裁判官も、別個の意見を表明することができる。

4　判決には、裁判所長及び裁判所書記が署名する。判決は、紛争当事者に適当な通告を行った後公開の法廷で朗読する。

**第三一条（参加の要請）**　1　締約国は、紛争についての裁判によって影響を受け得る法的な利害関係を有すると認める場合には、裁判所に対して参加を許可するよう要請することができる。

2　裁判所は、1の要請について決定する。

3　参加の要請が認められた場合には、1の紛争についての裁判所の裁判は、当該裁判が締約国の参加の理由となった事項に関連する限度において、参加する当該締約国を拘束する。

**第三二条（解釈及び適用が問題となる場合に手続に参加する権利）**

1　この条約の解釈又は適用が問題となる場合には、裁判所書記は、直ちにすべての締約国に通告する。

2　第二十一条又は第二十二条の規定により国際協定の解釈又は適用が問題となる場合には、裁判所書記は、当該協定のすべての締約国に通告する。

3　1及び2の締約国は、手続に参加する権利を有するものとし、これらの締約国がこの権利を行使する場合には、判決によって与えられる解釈は、これらの締約国もひとしく拘束する。

**第三三条（裁判が最終的なものであること及び裁判の拘束力）** 1　裁判所の裁判は、最終的なものとし、すべての紛争当事者は、これに従う。

2　1の裁判は、紛争当事者間において、かつ、当該紛争に関してのみ拘束力を有する。

3　裁判の意義又は範囲について争いがある場合には、裁判所は、いずれかの紛争当事者の要請によってこれを解釈する。

**第三四条（費用）** 裁判所が別段の決定をしない限り、紛争当事者は、各自の費用を負担する。

### 第四節　海底紛争裁判部

**第三五条（構成）** 1　第十四条に規定する海底紛争裁判部は、裁判所の選出された裁判官が過半数による議決で互選する十一人の裁判官で構成される。

2　海底紛争裁判部の裁判官の選出に当たっては、世界の主要な法体系が代表されること及び裁判官の配分が地理的に衡平に行われることを確保する。機構の総会は、このような代表及び配分の態様に関する一般的な性格の勧告を採択することができる。

3　海底紛争裁判部の裁判官は、三年ごとに選出されるものとし、再選されることができる。

4　海底紛争裁判部の裁判官は、海底紛争裁判部長を互選する。裁判部長は、選出された海底紛争裁判部の裁判官の任期中在任する。

5　選出された海底紛争裁判部の裁判官の三年の任期の終了の時にいずれかの手続が進行中である場合には、海底紛争裁判部は、その裁判官の任期の終了前の構成の下で当該手続を完遂する。

6　海底紛争裁判部に空席が生じたときは、裁判所の選出された裁判官は、後任者を互選する。後任者は、前任者の残任期間中在任する。

7　海底紛争裁判部を成立させるために必要な選出された裁判官の定足数は、七人とする。

**第三六条（臨時裁判部）** 1　海底紛争裁判部は、条約第百八十八条1(b)の規定に従って付託される個別の紛争を処理するため、海底紛争裁判部の三人の裁判官から成る臨時裁判部を設置する。臨時裁判部の構成については、紛争当事者の承認を得て海底紛争裁判部が決定する。

2　紛争当事者が臨時裁判部の構成に同意しない場合には、各紛争当事者は、一人の裁判官を任命するものとし、三人目の裁判官については、紛争当事者の合意によって任命する。紛争当事者が合意することができない場合又はいずれかの紛争当事者が任命を行わない場合には、海底紛争裁判部長は、紛争当事者と協議の後、海底紛争裁判部の裁判官の中から裁判官を速やかに任命する。

3　臨時裁判部の裁判官は、紛争当事者のために役務を行う者であってはならず、また、紛争当事者の国民であってはならない。

**第三七条（海底紛争裁判部の開放）** 海底紛争裁判部は、締約国、機構及び条約第十一部第五節に規定するその他の主体に開放する。

**第三八条（適用のある法）** 海底紛争裁判部は、条約第二百九十三条の規定のほか、次のものを適用する。

(a)　この条約によって採択された機構の規則及び手続

(b)　深海底における活動であって契約に関連する事項に関するものについては、当該契約の条項

**第三九条（海底紛争裁判部の裁判の執行）** 海底紛争裁判部の裁判については、執行が求められる領域の属する締約国の最上級の裁判所の判決又は命令と同様の方法で、当該締約国の領域内において執行可能なものとする。

**第四〇条（この附属書の他の節の規定の適用）** 1　この附属書の他の節の規定であってこの節の規定に反しないものは、海底紛争裁判部について適用する。

2　海底紛争裁判部は、勧告的意見に関する任務の遂行に当たっては、適用可能と認める範囲内で、裁判所における手続に関するこの附属書の規定を指針とする。

### 第五節　改正

**第四一条（改正）** 1　この附属書（第四節の規定を除く。）の改正については、条約第三百十三条の規定に従って行う場合又はこの条約に従って招集される会議においてコンセンサス方式によって行う場合に限り、採択することができる。

2　第四節の規定の改正については、条約第三百十四条の規定に従って行う場合に限り採択することができる。

3　裁判所は、必要と認めるこの規程の改正を、1及び2の規定による審議のため、書面による通報により締約国に提案することができる。

## 参考　国際海洋法裁判所規則（抄）翻訳

［海洋法裁判所規則・ITLOS規則］

採　択　一九九七年一〇月二八日
改　正　二〇〇一年三月一五日（採択）、九月二一日（採択）、二〇〇九年三月一七日（採択）

### 第一部　用語（第一条）（略）

### 第二部　組織（第二条から第四三条まで）（略）

### 第三部　手続（抄）

#### 第A節　一般規定　及び　第B節　裁判の手続（第四四条から第八八条まで）（略）

#### 第C節　付随手続

##### 第一款　暫定措置

**第八九条【暫定措置の要請】** 1　当事者は、裁判所に付託された紛争の手続中いつでも、条約（「海洋法に関する国際連合条約」のこと。以下同じ。）第二九〇条1の規定に基づいて暫定措置の命令を要請することができる。

2　紛争が付託された仲裁裁判所が構成されるまでの間、当事者は、次の場合にはいつでも、条約第二九〇条5の規定に基づく暫定措置の命令を要請することができる。

(a)　当事者が合意したとき。

(b) 他の裁判所により同様の暫定措置が命令されることに当事者が合意していない場合であって、暫定措置の要請についての他の当事者への通告から二週間を経過したとき。

3 要請は、書面によるものとし、要請する措置、その理由、並びに、要請が認められない場合に各当事者の権利の保全及び海洋環境への重大な侵害の防止に関して生じ得る結果を明示する。

4 条約第二九〇条5の規定に基づく暫定措置の命令の要請は、構成される仲裁裁判所が管轄権を有する法的理由及び事態の緊急性も記載する。要請には、通告及び仲裁裁判所に手続を提起する他の全ての文書の認証謄本を添付する。

5 裁判所は、暫定措置が要請された場合に、要請された措置とはその全部又は一部が異なる措置を定め、それぞれの措置をとる当事者又はそれに従う当事者を指定することができる。

**第九〇条【迅速な処理】** 1 第一一二条1の規定に従うことを条件として、暫定措置の命令の要請は、裁判所における他の全ての手続に優先する。

2 裁判所が、又は裁判所が開廷中でない場合には裁判所長は、弁論のために可能な限り早い期日を定める。

3 裁判所は、弁論が終結するまでに当事者が裁判所に提出する全ての意見を考慮する。

4 裁判所長は、裁判所の評議の間、暫定措置の要請について裁判所が下す全ての命令が適切な効果を有するよう行動することを当事者に求めることができる。

**第九一条【簡易手続裁判部による処理】** 1 裁判所長が、第九〇条2に定める弁論のために定められた期日に裁判所の定足数を満たす十分な数の裁判官が集合できないと認める場合には、暫定措置の命令に関する裁判所の任務を遂行するために簡易手続裁判部が召集される。

2 裁判所は、簡易手続裁判部が暫定措置を定めてから一五日以内に当事者が書面により行う要請により、当該暫定措置を再検討し又は修正する。裁判所は、職権によりいつでも、当該暫定措置を再検討し又は修正することができる。

**第九二条【新たな要請】** 暫定措置の命令の要請が却下されたことは、当該要請を行った当事者が同一の事件について新たな事実に基づいて新たに要請することを妨げるものではない。

**第九三条【措置の修正と撤回】** 当事者は、暫定措置の修正又は撤回を要請することができる。この要請は、書面により、関連すると認められる事情の変化又は消滅を明示しなければならない。裁判所は、要請に基づいて決定を行う前に、当事者に当該事項に関して意見を提出する機会を与える。

**第九四条【通告】** 裁判所が命じたいずれかの暫定措置又はその修正若しくは撤回は、当事者に対して、及び裁判所が各事件において適当と認める他の締約国に対して、直ちに通告する。

**第九五条【当事者からの情報】** 1 各当事者は、裁判所が命じた暫定措置の遵守に関して裁判所に可能な限り速やかに通報する。特に、各当事者は、命じられた措置の速やかな遵守を確保するために、とられた措置又はとろうとする措置に関する最初の報告書を裁判所に提出する。

2 裁判所は、裁判所が定めたいずれかの暫定措置の実施に関連する事項に関して、当事者からの追加的な情報を要請することができる。

### 第二款　先決的手続　から　第六款　訴の取下げ　まで(第九六条から第一〇六条まで)(略)

## 第D節　特別裁判部の手続(第一〇七条から第一〇九条まで)(略)

## 第E節　船舶及び乗組員の速やかな釈放

**第一一〇条【申立人】** 1 船舶及びその乗組員の抑留からの釈放に係る申立てについては、条約第二九二条に従って船舶の旗国又はこれに代わるものが行うことができる。

2 締約国は、いつでも次のことを裁判所に通知することができる。

(a) 条約第二九二条の規定により自国に代わり申立てを行う者に授権する権限を有する政府当局

(b) 自国に代わり申立てを行うことを授権された者の氏名及び住所

(c) 船舶又はその乗組員の釈放のための申立ての通知を受けるために指定された事務所及びその事務所へ文書を送達するための最も迅速な手段

(d) 当該通知の説明、修正又は撤回

3 旗国に代わる申立てには、あらかじめ前項の規定に基づく授権の通知を裁判所に提出していない場合には、当該授権及び申立てを提出する者が授権の通知に記名された者であることを述べる文書が添付される。申立ては、申立ての謄本及び全ての援用書類が旗国に送達されたことの証明を含む。

**第一一一条【申立ての内容】** 1 申立ては、申立てが根拠とする事実及び法的根拠の簡潔な陳述を含む。

2 事実の陳述では、次のことが行われる。

(a) 船舶の抑留の日時及び場所並びに知られている場合には船舶及び乗組員の現在の所在を特定すること。

(b) 船舶及び乗組員に関連する情報(適当な場合には、船舶の名称、旗、登録港又は登録地、そのトン数、積載可能量、その価値の決定に関連する資料、船舶の所有者及び運航者の名称及び住所並びにその乗組員に関する詳細を含む。)を含めること。

(c) 抑留国から課された保証金又は他の金銭上の保証の額、性質及び条件並びに当該要求に応じた程度を特定すること。

(d) 申立人が、合理的な保証金又は他の金銭上の保証の額の決定及び手続における他の争点にも関連すると認める他のいかなる情報も含めること。

3 援用書類は、申立てに添付する。

4 申立ての認証謄本は、裁判所書記により直ちに抑留国に送付され、抑留国は、できる限り早く、かつ、遅くとも第一一二条3にいう審理の九六時間前までに援用書類を添付した回答陳述書を提出しなければならない。

5 裁判所は、追加の情報を補足的な陳述書により提供するよういつでも要請することができる。

6 申立てに関するその後の手続は、口頭による。

**第一一二条【迅速な処理】** 1 裁判所は、船舶又は乗組員の釈放の申立てを裁判所における他の全ての手続に優先させる。ただし、裁判所は、船舶又は乗組員の釈放のための申立てと暫定措置の命令の要請とが付託された場合には、申立て及び要請のいずれもが遅滞なく処理されることを確保するために必要な措置をとる。

2 申立ては、申立人が申立てにおいて要請し、かつ、抑留国が申立ての通知を受領してから五日以内に当該要請に同意する旨を裁判所に通知した場合には、簡易手続裁判部により処理される。

3　裁判所又は裁判所が開廷中でない場合には、裁判所長は、申立てを受領した日の後の最初の業務日から一五日以内のできる限り早い期日を審理のための期日に定める。別段の決定がない限り、各当事者は、審理において、自らの証拠及び主張を提示するために一日が与えられる。

4　裁判所の決定は、判決の形式で行われる。判決は、できる限り速やかに作成され、審理の終結から一四日以内に開かれる裁判所の公開の法廷で朗読される。当事者は、言渡し期日の通知をうける。

**第一一三条【決定の内容】** 1　裁判所は、判決において、各事件ごとに、条約第二九二条の規定に従い、抑留国が、合理的な保証金の支払又は他の金銭上の保証の提供による船舶又は乗組員の速やかな釈放のための条約の規定を遵守していないとの申立人の行った主張が、十分な根拠を有するか否かを決定する。

2　裁判所は、主張が十分な根拠を有すると決定する場合には、船舶又は乗組員の釈放のために支払われるべき保証金又は提供されるべき金銭上の保証の額、性質及び方式を決定する。

3　当事者が別段の合意をする場合を除くほか、裁判所は、裁判所書記又は抑留国のいずれかに対して保証金が支払われ又は他の金銭上の保証が提供されるかを決定する。

**第一一四条【保証金等の出納】** 1　保証金又は他の金銭上の保証が裁判所書記に支払われ又は提供される場合には、抑留国に対してその旨を速やかに通告する。

2　裁判所書記は、抑留国の権限ある当局の確定判決、裁定又は決定を履行するために必要な限りにおいて、保証金又は他の金銭上の保証を抑留国に対して裏書又は送金する。

3　確定判決、裁定又は決定を履行するために必要でない限り、保証金又は他の金銭上の保証は、それらの支払又は提供を要請した当事者に対して裏書又は送金される。

**第F節**　海底紛争裁判部における訴訟手続　及び　**第G節**　判決、解釈及び再審（第一一五条から第一二九条まで）（略）

**第H節**　勧告的意見の手続（抄）

**第一三〇条【勧告的意見に適用される規定】**（略）

**第一三一条【勧告的意見の要請】**（略）

**第一三二条【緊急の回答】**（略）

**第一三三条【陳述書の送付と期日等の決定】**（略）

**第一三四条【陳述書の公開】**（略）

**第一三五条【意見の発表、記載事項、個別意見】**（略）

**第一三六条【朗読日の通報】**（略）

**第一三七条【意見の送付】**（略）

**第一三八条【関連協定に基づく意見の要請】** 1　条約の目的に関係する国際協定が、法的問題に関する裁判所への勧告的意見の要請について明示的に定めている場合には、裁判所は意見を与えることができる。

2　勧告的意見の要請は、国際協定によって又は国際協定に従って裁判所へ要請することを許可される機関から裁判所に対して提出するものとする。

3　裁判所は、第一三〇条から第一三七条までの規定を準用する。

## (6)　仲裁

（海洋法に関する国際連合条約附属書Ⅶ）

**第一条（手続の開始）** 条約第十五部の規定に従うことを条件として、いずれの紛争当事者も、他の紛争当事者にあてた書面による通告により、紛争をこの附属書に定める仲裁手続に付することができる。当該通告には、請求及びその根拠をも記載する。

**第二条（仲裁人の名簿）** 1　国際連合事務総長は、仲裁人の名簿を作成し、これを保管する。各締約国は、四人の仲裁人を指名することができる。これらの仲裁人は、海洋問題について経験を有しており、かつ、公平であり、有能であり及び誠実であることについて最高水準の評価を得ている者とする。指名された者の氏名は、名簿に記載される。

2　締約国が指名し、名簿に記載されている仲裁人が四人よりも少ない場合にはいつでも、当該締約国は、必要に応じて追加の指名を行うことができる。

3　仲裁人の氏名は、指名した締約国によって撤回されるまで引き続き名簿に記載され、仲裁人は、自己がその仲裁人として任命されている仲裁裁判所において、係属中の手続が終了するまで引き続きその任務を遂行する。

**第三条（仲裁裁判所の構成）** この附属書に定める手続のため、仲裁裁判所は、紛争当事者が別段の合意をしない限り、次のとおり構成される。

(a)　仲裁裁判所は、五人の仲裁人で構成される。ただし、(g)の規定に従うことを条件とする。

(b)　手続を開始する紛争当事者は、一人の仲裁人を任命する。当該紛争当事者は、この仲裁人を前条に規定する名簿から選出することが望ましく、当該仲裁人を自国民とすることができる。その任命については、第一条に規定する通告に含める。

(c)　他の紛争当事者は、第一条に規定する通告を受領した時から三十日以内に一人の仲裁人を任命する。当該他の紛争当事者は、この仲裁人を前条に規定する名簿から選出することが望ましく、当該仲裁人を自国民とすることができる。その任命がこの期間内に行われない場合には、手続を開始する紛争当事者は、この期間の満了の時から二週間以内に、(e)の規定に従って任命を行うよう要請することができる。

(d)　他の三人の仲裁人は、紛争当事者間の合意によって任命される。これらの仲裁人は、前条に規定する名簿から選出されることが望ましく、紛争当事者が別段の合意をしない限り、第三国の国民とする。紛争当事者は、これらの三人の仲裁人のうちから仲裁裁判所の裁判長を任命する。第一条に規定する通告が受領された時から六十日以内に、合意によって任命すべき仲裁人の任命又は裁判長の任命について紛争当事者が合意することができない場合には、これらの任命は、いずれかの紛争当事者の要請により(e)の規定に従って行う。この要請については、当該六十日の期間の満了の時から二週間以内に行う。

(e)　紛争当事者の選定する者又は紛争当事者の選定する第三国が(c)及び(d)の規定による任命を行うことについて当該紛争当事者が合意しない限り、国際海洋法裁判所長が必要な任命を行う。同裁判所長がこの(e)の規定に従って行動することができない場合又は紛争当事者の国民である場合には、この(e)の規定に従って行動することができ、かつ、紛争当事者の国民でない国際海洋法裁判所の裁判官のうち同裁判所長に次ぐ席次の者が任命を行う。この(e)に規定する任命については、要請を受けた時から三十日以内に、紛争当事者と協議の上行う（前条に規定する名簿に記載された者のうちから任命する。）。このようにして任命された仲裁人は、それぞれ異なる国籍を有する者でなければならず、また、紛争当事者のために役務を行う者、紛争当事者の領域内に通常居住する者又は紛争当事者の国民であってはならない。

(f) 仲裁裁判所に空席が生じたときは、当該空席を生じさせた仲裁人の任命の場合と同様の方法によって補充する。

(g) 同一の利害関係を有する紛争当事者は、共同で一人の仲裁人を任命する。二以上の紛争当事者が別個の利害関係を有する場合又は同一の利害関係を有するか否かについて意見の相違がある場合には、紛争当事者は、それぞれ一人の仲裁人を任命する。紛争当事者がそれぞれに任命する仲裁人の数は、紛争当事者が合意によって任命する仲裁人の数よりも常に一人少ない数とする。

(h) 二を超える紛争当事者が関係する紛争については、(a)から(f)までの規定を可能な最大限度まで適用する。

**第四条（仲裁裁判所の任務）** 前条の規定に従って構成される仲裁裁判所は、この附属書及びこの条約の他の規定によって任務を遂行する。

**第五条（手続）** 仲裁裁判所は、紛争当事者が別段の合意をしない限り、紛争当事者が陳述し及び自己の立場を表明する十分な機会を確保するよう手続を定める。

**第六条（紛争当事者の義務）** 紛争当事者は、仲裁裁判所の運営に便宜を与えるものとし、自国の法令に従い、すべての可能な手段を利用して、特に、次のことを行う。

(a) すべての関連のある文書、便益及び情報を仲裁裁判所に提供すること。

(b) 必要に応じ、仲裁裁判所が、証人又は専門家を招致し及びこれらの者から証拠を入手すること並びに事件に関連のある場所を検証することができるようにすること。

**第七条（費用）** 仲裁裁判所が事件の特別の事情により別段の決定を行う場合を除くほか、仲裁裁判所の費用（仲裁人の報酬を含む。）は、紛争当事者が均等に負担する。

**第八条（決定に必要とされる多数）** 仲裁裁判所の決定は、仲裁人の過半数による議決で行う。仲裁人の半数未満が欠席し又は判断を回避することは、仲裁裁判所が決定を行うことを妨げるものではない。可否同数のときは、裁判長の決するところによる。

**第九条（欠席）** いずれかの紛争当事者が仲裁裁判所に出廷せず又は自己の立場を弁護しない場合には、他の紛争当事者は、仲裁裁判所に対し、手続を継続し及び仲裁判断を行うよう要請することができる。いずれかの紛争当事者が欠席し又は弁護を行わないことは、手続の進行を妨げるものではない。仲裁裁判所は、仲裁判断を行うに先立ち、仲裁裁判所が当該紛争について管轄権を有することのみならず、請求が事実及び法において十分な根拠を有することも確認しなければならない。

**第一〇条（仲裁判断）** 仲裁裁判所の仲裁判断は、紛争の対象となっている事項にのみ及ぶものとする。仲裁判断には、その理由を明示するものとし、関与した仲裁人の氏名及び当該仲裁判断の日付を付する。いずれの仲裁人も、別個の意見又は反対意見を仲裁判断に付することができる。

**第一一条（仲裁判断が最終的なものであること）** 紛争当事者が上訴の手続について事前に合意する場合を除くほか、仲裁判断は、最終的なものとし、上訴を許さない。紛争当事者は、当該仲裁判断に従う。

**第一二条（仲裁判断の解釈又は履行）** 1 仲裁判断の解釈又は履行の方法に関し紛争当事者間で生ずる争いについては、いずれの紛争当事者も、当該仲裁判断を行った仲裁裁判所の決定を求めるため当該仲裁裁判所に付託することができる。このため、仲裁裁判所に空席が生じているときは、当該空席を生じさせた仲裁人の任命の場合と同様の方法によって補充する。

2 1に規定する争いについては、すべての紛争当事者の合意により、条約第二百八十七条に規定する他の裁判所に付託することができる。

**第一三条（締約国以外の主体への適用）** この附属書の規定は、締約国以外の主体が関係する紛争について準用する。

# 2 ジュネーヴ海洋法条約

（千九百五十八年二月二十四日から四月二十七日までジュネーヴにおいて開催された海洋法に関する国際連合の会議において採択された諸条約、議定書、最終文書及び諸決議）

## (1) 領海及び接続水域に関する条約

採択（作成）一九五八年四月二九日（ジュネーヴ）
効力発生　一九六四年九月一〇日
日本国　一九六八年七月一〇日加入（同年五月八日国会承認、六月一〇日加入書寄託、六月二一日公布・条約一一号）
当事国　五二

この条約の当事国は、次のとおり協定した。

### 第一部　領海

### 第一章　一般規定

**第一条【国家主権の範囲】** 1 国の主権は、その領土及び内水をこえ、その海岸に接続する水域で領海といわれるものに及ぶ。

2 国の主権は、この条約の規定及び国際法の他の規則に従つて行使される。

**第二条【沿岸国主権の範囲】** 沿岸国の主権は、領海の上空並びに領海の海底及びその下に及ぶ。

### 第二章　領海の限界

**第三条【通常基線】** この条約に別段の定めがある場合を除き、領海の幅を測定するための通常の基線は、沿岸国が公認する大縮尺海図に記載されている海岸の低潮線とする。

**第四条【直線基線】** 1 海岸線が著しく曲折しているか又は海岸に沿つて至近距離に一連の島がある場所においては、領海の幅を測定するための基線を引くにあたつて、適当な地点を結ぶ直線基線の方法を用いることができる。

2 直線基線は、海岸の一般的な方向から著しく離れて引いてはならず、また、その内側の水域は、内水としての規制を受けるために陸地と十分に密接な関連を有しなければならない。

3 直線基線は、低潮高地との間に引いてはならない。ただし、恒久的に海面上にある燈台その他これに類する施設が低潮高地の上に建設されている場合は、この限りでない。

4 直線基線の方法が1の規定に基づいて適用される場合には、特定の基線を決定するにあたり、当該地域に特有な経済的利益でその現実性及び重要性が長期間の慣行によつて明確に証明されているものを考慮に入れることができる。

5 いずれの国も、他国の領海を公海から隔離するように直線基線の方法を適用することができない。

6 沿岸国は、海図上に直線基線を明白に表示し、かつ、この海図を適当に公表しなければならない。

**第五条【基線内の水域】** 1 領海の基線の陸地側の水域は、沿岸国の内水の一部を構成する。

2 第四条の規定に従つて設定した直線基線が従来領海又は公海の一部とみなされてきた区域を内水として取り囲むこととなる場合には、第十四条から第二十三条までに定める無害通航権は、これらの水域において存続する。

**第六条【領海の限界】** 領海の外側の限界は、いずれの点をとつても基線上の最も近い点からの距離が領海の幅に等しい線とする。

**第七条【湾】** 1 この条は、海岸が単一の国に属する湾についてのみ規定する。

2 この条約の規定の適用上、湾とは、奥行が湾口の幅との対比において十分に深いため、陸地に囲まれた水域を含み、かつ、単なる海岸の彎曲以上のものを構成する明白な湾入をいう。ただし、湾入は、その面積が湾口を横切つて引いた線を直径とする半円の面積以上のものでない限り、湾とはみなされない。

3 測定上、湾入の面積は、その海岸の低潮線と天然の入口の両側の低潮線上の点を結ぶ線とにより囲まれる水域の面積とする。島が存在するために湾入が二以上の湾口を有する場合には、それぞれの湾口に引いた線の長さの合計に等しい長さの線上に半円を描くものとする。湾入内にある島は、湾入の水域の一部とみなす。

4 湾の天然の入口の両側の低潮線上の点の間の距離が二十四海里をこえないときは、これらの点を結ぶ閉鎖線を引き、その線の内側の水域を内水とする。

5 湾の天然の入口の両側の低潮線上の点の間の距離が二十四海里をこえるときは、二十四海里の直線基線を、この長さの線で囲むことができる最大の水域を囲むような方法で湾内に引くものとする。

6 この条の規定は、いわゆる歴史的湾について適用せず、また、第四条に定める直線基線の方法が適用される場合についても適用しない。

**第八条【港湾施設】** 領海の限界の画定上、港湾施設の不可分の一部をなす恒久的な港湾工作物で最も外側にあるものは、海岸の一部を構成するものとみなされる。

**第九条【停泊地】** 積卸し及び船舶の投錨のために通常使用されている停泊地は、その全部又は一部が領海の外側の限界より外方にある場合にも、領海とみなされる。沿岸国は、それらの停泊地を明らかに画定し、かつ、それらをその境界線とともに海図上に表示し、かつ、その海図を適当に公表しなければならない。

**第一〇条【島】** 1 島とは、自然に形成された陸地であつて、水に囲まれ、高潮時においても水面上にあるものをいう。

2 島の領海は、この条約の規定に従つて測定される。

**第一一条【低潮高地】** 1 低潮高地とは、自然に形成された陸地であつて、低潮時には水に囲まれ、水面上にあるが、高潮時には水中に没するものをいう。低潮高地の全部又は一部が本土又は島から領海の幅をこえない距離にあるときは、その低潮線は、領海の幅を測定するための基線として用いることができる。

2 低潮高地は、その全部が本土又は島から領海の幅をこえる距離にあるときは、それ自体の領海を有しない。

**第一二条【二国間の領海の限界】** 1 二国の海岸が向かい合つているか又は隣接しているときは、いずれの国も、両国間に別段の合意がない限り、いずれの点をとつても両国の領海の幅を測定するための基線上の最も近い点から等しい距離にある中間線をこえてその領海を拡張することができない。ただし、この規定は、これと異なる方法で両国の領海の境界を定めることが歴史的権原その他特別の事情により必要であるときは、適用しない。

2 向かい合つているか又は隣接している二国の領海の間の境界線は、沿岸国が公認する大縮尺海図に記載しなければならない。

**第一三条【流入河川の基線】** 河川が海に直接流入している場合には、基線は、河口を横切りその河川の両岸の低潮線上の点の間に引いた直線とする。

## 第三章　無害通航権

### A　すべての船舶に適用される規則

**第一四条【無害通航権】** 1 この条約の規定に従うことを条件として、沿岸国であるかどうかを問わず、すべての国の船舶は、領海において無害通航権を有する。

2 通航とは、内水に入ることなく領海を通過するため、内水に入るため、又は内水から公海に向かうために領海を航行することをいう。

3 停船及び投錨は、航海に通常附随するものである場合又は不可抗力若しくは遭難により必要とされる場合に限り、通航に含まれる。

4 通航は、沿岸国の平和、秩序又は安全を害しない限り、無害とされる。無害通航は、この条約の規定及び国際法の他の規則に従つて行なわなければならない。

5 沿岸国がその領海における外国漁船の漁獲を防止するために制定して公布する法令に外国漁船が従わないときは、その外国漁船の通航は、無害とはされない。

6 潜水船は、海面上を航行し、かつ、その旗を掲げなければならない。

**第一五条【沿岸国の義務】** 1 沿岸国は、領海の無害通航を妨害してはならない。

2 沿岸国は、その領海内における航行上の危険で自国が知つているものを適当に公表しなければならない。

**第一六条【沿岸国の権利】** 1 沿岸国は、無害でない通航を防止するため、その領海内において必要な措置を執ることができる。

2 沿岸国は、また、船舶が内水に向かつて航行している場合には、その船舶が内水に入るために従うべき条件に違反することを防止するため、必要な措置を執る権利を有する。

3 4の規定に従うことを条件として、沿岸国は、自国の安全の保護のため不可欠である場合には、その領海内の特定の区域において、外国船舶の間に差別を設けることなく、外国船舶の無害通航を一時的に停止することができる。このような停止は、適当な方法で公表された後においてのみ、効力を有するものとする。

4 外国船舶の無害通航は、公海の一部分と公海の他の部分又は外国の領海との間における国際航行に使用される海峡においては、停止してはならない。

**第一七条【無害通航権を行使する船舶の義務】** 無害通航権を行使する外国船舶は、沿岸国がこの条約の規定及び国際法の他の規則に従つて制定した法令、特に運送及び航行に関する法令に従わなければならない。

B 商船に適用される規則

**第一八条【課徴金】** 1 外国船舶に対しては、領海の通航のみを理由とするいかなる課徴金をも課することができない。

2 領海を通航する外国船舶に対しては、その船舶に提供された特定の役務の対価としてのみ、課徴金を課することができる。これらの課徴金は、差別なく課するものとする。

**第一九条【刑事裁判管轄権】** 1 沿岸国の刑事裁判権は、次の場合を除き、領海を通航している外国船舶内において、その通航中に当該船舶内で行なわれた犯罪に関連していずれかの者を逮捕し、又は捜査を行なうために行使してはならない。

(a) 犯罪の結果が沿岸国に及ぶ場合

(b) 犯罪が沿岸国の平和又は領海の秩序を乱す性質のものである場合

(c) 当該船舶の船長又は当該船舶の旗国の領事が沿岸国の当局に対して援助を要請した場合

(d) 麻薬の不法な取引を抑止するために必要である場合

2 1の規定は、沿岸国が、内水を出て領海を通航している外国船舶内において逮捕又は捜査を行なうため、自国の法令で認められている措置を執る権利に影響を及ぼすものではない。

3 1及び2に定める場合においては、沿岸国は、船長の要請があるときは、措置を執る前に当該船舶の旗国の領事当局に通告し、かつ、その当局と当該船舶の乗組員との間の連絡を容易にするものとする。緊急の場合には、この通告は、措置を執つている間に行なうことができる。

4 沿岸国の当局は、逮捕を行なうべきかどうか、また、いかなる方法によつて逮捕を行なうべきかを考慮するにあたり、航行の利益に対して妥当な考慮を払わなければならない。

5 沿岸国は、外国の港を出て内水に入ることなしに単に領海を通航している外国船舶内において、その船舶が領海に入る前に行なわれた犯罪に関連していずれかの者を逮捕し、又は捜査を行なうため、いかなる措置をも執ることができない。

**第二〇条【民事裁判管轄権】** 1 沿岸国は、領海を通航している外国船舶内にある人に関して民事裁判権を行使するために当該船舶を停止させ、又はその航路を変更させてはならない。

2 沿岸国は、船舶が沿岸国の水域を航行している間に又はその水域を航行するためにその船舶について生じた債務又は責任に関する場合を除き、その船舶に対し民事上の強制執行又は保全処分を行なうことができない。

3 2の規定は、沿岸国が、領海に停泊しているか又は内水を出て領海を通航している外国船舶に対し、自国の法令に従つて民事上の強制執行又は保全処分を行なう権利を害するものではない。

C 軍艦以外の政府船舶に適用される規則

**第二一条【商業目的の政府船舶】** この章のA及びBの規定は、また、商業的目的のために運航する政府船舶についても適用する。

**第二二条【非商業目的の政府船舶】** 1 この章のA及び第十八条の規定は、非商業的目的のために運航する政府船舶について適用する。

2 1に掲げる規定による例外を除き、この条約のいかなる規定も、前記の船舶がこの条約の規定又は国際法の他の規則に基づいて享有する免除に影響を及ぼすものではない。

D 軍艦に適用される規則

**第二三条【軍艦】** 軍艦が領海の通航に関する沿岸国の規則を遵守せず、かつ、その軍艦に対して行なわれた遵守の要請を無視した場合には、沿岸国は、その軍艦に対し領海から退去することを要求することができる。

## 第二部　接続水域

**第二四条【接続水域】** 1 沿岸国は、自国の領海に接続する公海上の区域において、次のことに必要な規制を行なうことができる。

(a) 自国の領土又は領海内における通関上、財政上、出入国管理上又は衛生上の規則の違反を防止すること。

(b) 自国の領土又は領海内で行なわれた(a)の規則の違反を処罰すること。

2 接続水域は、領海の幅を測定するための基線から十二海里をこえて拡張することができない。

3 二国の海岸が向かい合つているか又は隣接しているときは、いずれの国も、両国間に別段の合意がない限り、いずれの点をとつても両国の領海の幅を測定するための基線上の最も近い点から等しい距離にある中間線をこえてその接続水域を拡張することができない。

## 第三部　最終条項

**第二五条【他の条約、協定との関係】** この条約の規定は、すでに効力を有する条約その他の国際協定の当事国間においては、それらに影響を及ぼすものではない。

**第二六条【署名】** この条約は、国際連合及びそのいずれかの専門機関の加盟国並びにその他の国でこの条約の当事国となるように国際連合の総会が招請したものによる署名のため、千九百五十八年十月三十一日まで開放しておく。

**第二七条【批准】** この条約は、批准されなければならない。批准書は、国際連合事務総長に寄託するものとする。

**第二八条【加入】** この条約は、第二十六条に規定するいずれかの種類に属する国による加入のため、開放しておく。加入書は、国際連合事務総長に寄託するものとする。

**第二九条【効力発生】** 1 この条約は、二十二番目の批准書又は加入書が国際連合事務総長に寄託された日の後三十日目の日に効力を生ずる。

2 この条約は、二十二番目の批准書又は加入書が寄託された後にこの条約を批准し又はこれに加入する国については、これらの国が批准書又は加入書を寄託した日の後三十日目の日に効力を生ずる。

を生ずる。

**第三〇条【改正】** 1 この条約が効力を生じた日から五年の期間を経過した後は、いずれの締約国も、国際連合事務総長にあてた書面による通告により、いつでもこの条約の改正のための要請を行なうことができる。

2 国際連合の総会は、1の要請に関連して執るべき措置がある場合には、その措置について決定を行なうものとする。

**第三一条【通報】** 国際連合事務総長は、国際連合のすべての加盟国その他第二十六条に規定する国に次の事項を通報するものとする。

(a) 第二十六条、第二十七条又は第二十八条の規定に従つて行なわれるこの条約の署名及び批准書又は加入書の寄託

(b) 第二十九条の規定に従つてこの条約が効力を生ずる日

(c) 第三十条の規定に従つて行なわれる改正の要請

**第三二条【正文】** この条約は、中国語、英語、フランス語、ロシア語及びスペイン語の本文をひとしく正文とし、その原本は、国際連合事務総長に寄託するものとし、同事務総長は、第二十六条に規定するすべての国にその認証謄本を送付するものとする。

## (2) 公海に関する条約

採択(作成) 一九五八年四月二九日(ジュネーヴ)
効力発生 一九六二年九月三〇日
日本国 一九六八年七月一〇日加入(同年四月二六日国会承認、六月一〇日加入書寄託、六月二一日公布・条約一〇号)
当事国 六三

この条約の当事国は、

公海に関する国際法の規則を法典化することを希望し、

千九百五十八年二月二十四日から四月二十七日までジュネーヴで開催された海洋法に関する国際連合の会議が、国際法の確立した原則を一般的に宣言しているものとして次の規定を採択したことを認めて、

次のとおり協定した。

**第一条【公海の定義】** 「公海」とは、いずれの国の領海又は内水にも含まれない海洋のすべての部分をいう。

**第二条【公海の自由】** 公海は、すべての国民に開放されているので、いかなる国も、公海のいずれかの部分をその主権の下におくことを有効に主張することができない。公海の自由は、この条約の規定及び国際法の他の規則で定める条件に従つて行使される。この公海の自由には、沿岸国についても、非沿岸国についても、特に次のものが含まれる。

(1) 航行の自由

(2) 漁獲の自由

(3) 海底電線及び海底パイプラインを敷設する自由

(4) 公海の上空を飛行する自由

これらの自由及び国際法の一般原則により承認されたその他の自由は、すべての国により、公海の自由を行使する他国の利益に合理的な考慮を払つて[with reasonable regard]、行使されなければならない。

**第三条【無海岸国】** 1 無海岸国は、沿岸国と同等の条件で海洋の自由を享有するために、自由に海洋に出入することができるものとする。このため、海洋と無海岸国との間にある国は、その無海岸国との合意により、かつ、現行の国際条約の規定に従い、

(a) 無海岸国に対し、相互主義に基づいて、自国の領域の自由な通過を許与し、また、

(b) 無海岸国の旗を掲げる船舶に対し、海港への出入及びその使用に関して、自国の船舶又は第三国の船舶に与えている待遇と同等の待遇を許与するものとする。

2 海洋と無海岸国との間にある国は、自国及び無海岸国がまだ現行の国際条約の当事国でない場合には、無海岸国との合意により、沿岸国又は通過国の権利及び無海岸国の特殊性を考慮して、通過の自由及び港における同等の待遇に関連するすべての問題を解決するものとする。

**第四条【航行権】** 沿岸国であるかどうかを問わず、いずれの国も、自国の旗を掲げる船舶を公海において航行させる権利を有する。

**第五条【船舶に対する国籍の許与】** 1 各国は、船舶に対する国籍の許与、自国の領域内における船舶の登録及び自国の旗を掲げる権利に関する条件を定めるものとする。船舶は、その旗を掲げる権利を有する国の国籍を有する。その国と当該船舶との間には、真正な関係が存在しなければならず、特に、その国は、自国の旗を掲げる船舶に対し、行政上、技術上及び社会上の事項について有効に管轄権を行使し、及び有効に規制を行なわなければならない。

2 各国は、自国の旗を掲げる権利を許与した船舶に対し、その旨の文書を発給するものとする。

**第六条【船舶の国旗】** 1 船舶は、一国のみの旗を掲げて航行するものとし、国際条約又はこの条約に明文の規定がある特別の場合を除き、公海においてその国の排他的管轄権に服するものとする。船舶は、所有権の現実の移転又は登録の変更の場合を除き、航海中又は寄港中にその旗を変更することができない。

2 二以上の国の旗を適宜に使用して航行する船舶は、そのいずれの国の国籍をも第三国に対して主張することができないものとし、また、このような船舶は、国籍のない船舶とみなすことができる。

**第七条【政府間機関の船舶】** 前諸条の規定は、政府間機関の公務に使用され、かつ、その機関の旗を掲げる船舶の問題に影響を及ぼすものではない。

**第八条【軍艦】** 1 公海上の軍艦は、旗国以外のいずれの国の管轄権からも完全に免除される。

2 この条約の適用上「軍艦」とは、一国の海軍に属する船舶であつて、その国の国籍を有する軍艦であることを示す外部標識を掲げ、政府によつて正式に任命されてその氏名が海軍名簿に記載されている士官の指揮の下にあり、かつ、海軍の紀律に服する乗組員が配置されているものをいう。

**第九条【非商業目的の政府船舶】** 国が所有し又は運航する船舶で政府の非商業的役務にのみ使用されるものは、公海において旗国以外のいずれの国の管轄権からも完全に免除される。

**第一〇条【航行の安全】** 1 いずれの国も、自国の旗を掲げる船舶について、特に次のことに関し、海上における安全を確保するために必要な措置を執るものとする。

(a) 信号の使用、通信の維持及び衝突の防止

(b) 船舶における乗組員の配乗及びその労働条件。この場合において、労働に関して適用される国際文書を考慮に入れるものとする。

(c) 船舶の構造、設備及び堪航性

2 各国は、1の措置を執るにあたり、一般に受諾されている国際的基準に従うものとし、また、この基準の遵守を確保するために必要な手段を執るものとする。

**第一一条【衝突に関する刑事裁判管轄権】** 1 公海上の船舶につき衝突その他の航行上の事故が生じた場合において、船長その他当該船舶に勤務する者の刑事上又は懲戒上の責任が問われるときは、これらの者に対する刑事上又は懲戒上の手続は、当該船舶の旗国又はこれらの者が属する国の司法当局又は行政当局においてのみ執ることができる。

2 懲戒上の問題に関しては、船長免状その他の資格又は免許証明書を交付した国のみが、交付された者がその国の国民でない場合においても、法律上の正当な手続を経てそれらを取り消す権限を有する。

3 船舶の拿捕又は抑留は、調査の手段としても、旗国の当局以外の当局が命令してはならない。

**第一二条【海難救助の義務】** 1 いずれの国も、自国の旗を掲げて航行する船舶の船長に対し、船舶、乗組員又は旅客に重大な危険を及ぼさない限度において次の措置を執ることを要求するものとする。

(a) 海上において生命の危険にさらされている者を発見したときは、その者に援助を与えること。

(b) 援助を必要とする旨の通報を受けたときは、当該船長に合理的に期待される限度において、可能な最高速力で遭難者の救助におもむくこと。

(c) 衝突したときは、相手の船舶並びにその乗組員及び旅客に援助を与え、また、可能なときは、自己の船舶の名称、船籍港及び寄港しようとする最も近い港を相手の船舶に知らせること。

2 いずれの沿岸国も、海上における安全に関する適切かつ実効的な捜索及び救助の機関の設置及び維持を促進し、また、状況により必要とされるときは、このため、相互間の地域的取極により隣接国と協力するものとする。

**第一三条【奴隷の輸送】** いずれの国も、自国の旗を掲げることを認めた船舶による奴隷の運送を防止し及び処罰するため、並びに奴隷の運送のために自国の旗が不法に使用されることを防止するため、実効的な措置を執るものとする。いずれの船舶(旗国のいかんを問わない。)に避難する奴隷も、避難したという事実によつて自由となる。

**第一四条【海賊行為の抑止】** すべての国は、可能な最大限度まで、公海その他いずれの国の管轄権にも服さない場所における海賊行為の抑止に協力するものとする。

**第一五条【海賊行為】** 海賊行為とは、次の行為をいう。

(1) 私有の船舶又は航空機の乗組員又は旅客が私的目的のために行なうすべての不法な暴力行為、抑留又は略奪行為であつて次のものに対して行なわれるもの

(a) 公海における他の船舶若しくは航空機又はこれらの内にある人若しくは財産

(b) いずれの国の管轄権にも服さない場所にある船舶、航空機、人又は財産

(2) 当該船舶又は航空機を海賊船舶又は海賊航空機とするような事実を知つてその船舶又は航空機の運航に自発的に参加するすべての行為

(3) (1)又は(2)に規定する行為を扇動し又は故意に助長するすべての行為

**第一六条【軍艦、政府船舶又は航空機の海賊行為】** 第十五条に定義する海賊行為であつて、乗組員が反乱を起こして支配している軍艦又は政府の船舶若しくは航空機が行なうものは、私有の船舶が行なう行為とみなされる。

**第一七条【海賊船舶、海賊航空機】** 船舶又は航空機であつて、これを実効的に支配している者が第十五条に規定するいずれかの行為を行なうために使用することを意図しているものは、海賊船舶又は海賊航空機とみなされる。前記のいずれかの行為を行なうために使用された船舶又は航空機で、当該行為につき有罪とされる者により引き続き支配されているものについても、同様とする。

**第一八条【海賊船舶又は海賊航空機の国籍】** 船舶又は航空機は、海賊船舶又は海賊航空機となつた場合にも、その国籍を保持することができる。国籍の保持又は喪失は、当該国籍を与えた国の法律によつて決定される。

**第一九条【拿捕と事後措置】** いずれの国も、公海その他いずれの国の管轄権にも服さない場所において、海賊船舶、海賊航空機又は海賊行為によつて奪取され、かつ、海賊の支配下にある船舶を拿捕し、及び当該船舶又は航空機内の人又は財産を逮捕し又は押収することができる。拿捕を行なつた国の裁判所は、課すべき刑罰を決定することができ、また、善意の第三者の権利を尊重することを条件として、当該船舶、航空機又は財産について執るべき措置を決定することができる。

**第二〇条【十分な根拠なしに行なわれた拿捕】** 海賊行為の嫌疑に基づく船舶又は航空機の拿捕が十分な根拠なしに行なわれた場合には、拿捕を行なつた国は、その船舶又は航空機がその国籍を有する国に対し、その拿捕によつて生じたいかなる損失又は損害についても責任を負う。

**第二一条【拿捕に当たることのできるもの】** 海賊行為を理由とする拿捕は、軍艦若しくは軍用航空機により、又は政府の公務に使用されているその他の船舶若しくは航空機でこのための権限を与えられたものによつてのみ行なうことができる。

**第二二条【臨検、国旗の確認】** 1 条約上の権限に基づく干渉行為の場合を除き、公海において外国商船に遭遇した軍艦がその商船を臨検することは、次のいずれかのことを疑うに足りる十分な根拠がない限り、正当と認められない。

(a) その船舶が海賊行為を行なつていること。

(b) その船舶が奴隷取引に従事していること。

(c) その船舶が外国の旗を掲げているか又はその船舶の旗を示すことを拒否したが、実際にはその軍艦と同一の国籍を有すること。

2 軍艦は、1(a)、(b)又は(c)に定める場合において、当該船舶がその旗を掲げる権利を確認することができる。このため、軍艦は、嫌疑がある船舶に対し士官の指揮の下にボートを派遣することができる。書類を検閲した後もなお嫌疑があるときは、軍艦は、その船舶内においてさらに検査を行なうことができるが、その検査は、できる限り慎重に行なわなければならない。

3 嫌疑に根拠がないことが証明され、かつ、臨検を受けた船舶が嫌疑を正当とするいかなる行為をも行なつていなかつた場合には、その船舶は、被つた損失又は損害に対する補償を受ける

ものとする。

**第二三条【外国船の追跡】** 1　沿岸国の権限のある当局は、外国船舶が自国の法令に違反したと信ずるに足りる十分な理由があるときは、その外国船舶の追跡を行なうことができる。この追跡は、外国船舶又はそのボートが追跡国の内水、領海又は接続水域にある時に開始しなければならず、また、中断されない限り、領海又は接続水域の外において引き続き行なうことができる。領海又は接続水域にある外国船舶が停船命令を受ける時に、その命令を発する船舶も同様に領海又は接続水域にあることは、必要でない。外国船舶が領海及び接続水域に関する条約第二十四条に定める接続水域にあるときは、追跡は、当該接続水域の設定によつて保護しようとする権利の侵害があつた場合に限り、行なうことができる。

2　追跡権は、被追跡船舶がその旗国又は第三国の領海に入ると同時に消滅する。

3　追跡は、被追跡船舶又はそのボート若しくは被追跡船舶を母船としてこれと一団となつて作業する舟艇が領海又は場合により接続水域にあることを追跡船舶がその場における実行可能な手段により確認しない限り、開始されたものとみなされない。追跡は、視覚的又は聴覚的停止信号を当該外国船舶が視認し又は聞くことができる距離から発した後にのみ、開始することができる。

4　追跡権は、軍艦若しくは軍用航空機又は政府の公務に使用されているその他の船舶若しくは航空機で特にこのための権限を与えられたもののみが行使することができる。

5　追跡が航空機によつて行なわれる場合には、

(a)　1から3までの規定を準用する。

(b)　停船命令を発した航空機は、船舶を自ら拿捕することができる場合を除き、自己が呼び寄せた沿岸国の船舶又は航空機が到着して追跡を引き継ぐまで、その船舶を自ら積極的に追跡しなければならない。当該船舶が停船命令を受け、かつ、当該航空機又は追跡を中断することなく引き続き行なう他の航空機若しくは船舶によつて追跡されたのでない限り、当該航空機がその船舶を違反を犯したもの又は違反の疑いがあるものとして発見しただけでは、公海における拿捕を正当とするために十分ではない。

6　いずれかの国の管轄区域内で拿捕され、かつ、権限のある当局の審理を受けるためその国の港に護送される船舶は、事情により護送の途中において公海の一部を航行することが必要である場合に、そのような公海の航行のみを理由として釈放を要求することができない。

7　追跡権の行使が正当とされない状況の下に公海において船舶が停止され、又は拿捕されたときは、その船舶は、これにより被つた損失又は損害に対する補償を受けるものとする。

**第二四条【海水の汚濁の防止】** すべての国は、海水の汚濁の防止に関する現行の条約の規定を考慮に入れて、船舶若しくはパイプラインからの油の排出又は海底及びその下の開発及び探査により生ずる海水の汚濁の防止のための規則を作成するものとする。

**第二五条【放射性廃棄物による汚染の防止】** 1　すべての国は、権限のある国際機関が作成する基準及び規則を考慮に入れて、放射性廃棄物の廃棄による海水の汚染を防止するための措置を執るものとする。

2　すべての国は、放射性物質その他の有害な物質の使用を伴う活動により生ずる海水又はその上空の汚染を防止するための措置を執るにあたり、権限のある国際機関と協力するものとする。

**第二六条【海底電線、パイプラインの敷設】** 1　すべての国は、公海の海底に海底電線及び海底パイプラインを敷設する権利を有する。

2　沿岸国は、海底電線又は海底パイプラインの敷設は維持を妨げることができない。もつとも、沿岸国は、大陸棚の探査及びその天然資源の開発のために適当な措置を執る権利を有する。

3　海底電線又は海底パイプラインを敷設する国は、すでに海底に敷設されている電線又はパイプラインに妥当な考慮を払わなければならない。特に、既設の電線又はパイプラインを修理する可能性は、害してはならない。

**第二七条【海底電線、パイプラインの破壊又は損傷】** すべての国は、自国の旗を掲げる船舶又は自国の管轄権に服する者が、故意又は過失により、電気通信を中断し、又は妨害することとなるような方法で、公海にある海底電線を損壊し、及び海底パイプライン又は海底高圧電線を同様に損壊することが処罰すべき犯罪であることを定めるために必要な立法措置を執るものとする。この規定は、そのような損壊を避けるために必要なすべての予防措置を執つた後に自己の生命又は船舶を守るという正当な目的のみで行動した者による損壊については、適用しない。

**第二八条【破壊者、損傷者の費用負担】** すべての国は、自国の管轄権に服する者で公海にある海底電線又は海底パイプラインの所有者であるものが、その電線又はパイプラインを敷設し又は修理するに際して他の電線又はパイプラインを損壊した場合に、修理の費用を負担すべきであることを定めるために必要な立法措置を執るものとする。

**第二九条【電線、パイプライン所有者による補償】** すべての国は、海底電線又は海底パイプラインの損壊を避けるためにいかり又は網その他の漁具を失つたことを証明することができる船舶の所有者に対し、その者が事前にあらゆる適当な予防措置を執つたことを条件として、その電線又はパイプラインの所有者により補償が行なわれることを確保するために必要な立法措置を執るものとする。

**第三〇条【他の条約、協定との関係】**

**第三一条【署名】**

**第三二条【批准】**

〔第三〇条から第三二条まで　領海及び接続水域に関する条約第二五条から第二七条までと同じ。〕

**第三三条【加入】** この条約は、第三十一条に規定するいずれかの種類に属する国による加入のため、開放しておく。加入書は、国際連合事務総長に寄託するものとする。

**第三四条【効力発生】**

**第三五条【改正】**

〔第三四条及び第三五条　領海及び接続水域に関する条約第二九条及び第三〇条と同じ。〕

**第三六条【通報】** 国際連合事務総長は、国際連合のすべての加盟国その他第三十一条に規定する国に次の事項を通報するものとする。

(a)　第三十一条、第三十二条又は第三十三条の規定に従つて行なわれるこの条約の署名及び批准書又は加入書の寄託

(b)　第三十四条の規定に従つてこの条約が効力を生ずる日

(c)　第三十五条の規定に従つて行なわれる改正の要請

**第三七条【正文】** この条約は、中国語、英語、フランス語、ロシ

ア語及びスペイン語の本文をひとしく正文とし、その原本は、国際連合事務総長に寄託するものとし、同事務総長は、第三十一条に規定するすべての国にその認証謄本を送付するものとする。

**参　考**

**◇漁業及び公海の生物資源の保存に関する条約**(抄) Web

## (3) 大陸棚に関する条約 翻訳

採択(作成)一九五八年四月二九日(ジュネーヴ)
効力発生　一九六四年六月一〇日
日本国
当事国　五九

この条約の締約国は、次のとおり協定した。

**第一条【大陸棚の定義】** この条約の適用上、「大陸棚」とは、次の領域をいう。
(a) 海岸に隣接しているが領海の外にある海底区域の海底及びその下であって、水深が二〇〇メートルまでのもの、又は水深がその限度を超える場合には、上部水域の水深が前記海底区域の天然資源の開発を可能にするところまでのもの
(b) 島の海岸に隣接している同様の海底区域の海底及びその下

**第二条【沿岸国の権利】** 1 沿岸国は、大陸棚を探査し、その天然資源を開発するため、大陸棚に対して主権的権利を行使する。
2 1の権利は、沿岸国が大陸棚を探査せず又はその天然資源を開発しない場合においても、当該沿岸国の明示の同意なしにそのような活動を行うことができないという意味において、排他的である。
3 大陸棚に対する沿岸国の権利は、実効的な若しくは名目上の先占又は明示的な宣言に依存するものではない。
4 この条約にいう天然資源は、海底及びその下の鉱物その他の非生物資源並びに定着性の種族に属する生物、すなわち、採捕に適した段階において、海底面若しくはその下で静止しており、又は絶えず海底若しくはその下に接触していなければ動くことができない生物から成る。

**第三条【上部水域と上空の法的地位】** 大陸棚に対する沿岸国の権利は、上部水域の公海としての法的地位又はその上部水域の上空の法的地位に影響を及ぼすものではない。

**第四条【大陸棚における電線又はパイプラインの敷設】** 沿岸国は、大陸棚における海底電線又は海底パイプラインの敷設又は維持を妨げることができない。もっとも、沿岸国は大陸棚の探査及びその天然資源の開発のために適当な措置をとる権利を有する。

**第五条【大陸棚の開発】** 1 大陸棚の探査及びその天然資源の開発は、航行、漁業又は海洋生物資源の保存に不当な妨害をもたらしてはならず、また、結果を公表する意図をもって行われる基礎的な海洋学上その他の科学的調査に妨害をもたらしてはならない。
2 沿岸国は、1及び6の規定に従うことを条件として、大陸棚においてその探査及びその天然資源の開発のために必要な施設その他の装置を建設し、維持し又は運用し、それらの施設及び装置の周囲に安全水域を設定し、並びにこの安全水域においてそれらの施設及び装置の保護のために必要な措置をとる権利を有する。
3 2にいう安全水域は、設置された施設その他の装置の周囲に、それらの施設及び装置の外縁のいずれの点から測定した距離についても五〇〇メートルの範囲内で設定することができる。いずれの国籍を有する船舶も、この安全水域を尊重しなければならない。
4 これらの施設及び装置は、沿岸国の管轄下にあるが、島の地位を有しない。これら施設及び装置は、それ自体の領海を有するものでなく、また、その存在は、沿岸国の領海の限界の画定に影響を及ぼすものではない。
5 それら施設の建設については、適当な通報を行わなければならず、また、その施設の存在について警告を与えるための恒久的手段を維持しなければならない。放棄され又は使用されなくなった施設は、全面的に撤去しなければならない。
6 施設及び装置並びにその周囲の安全水域は、国際航行に不可欠であると認められる航路帯の使用の妨げとなるような場所に設けることができない。
7 沿岸国は、安全水域において、有害な物質から海洋生物資源を保護するための全ての適当な措置をとらなければならない。
8 大陸棚に関する実地調査については、沿岸国の同意を得なければならない。もっとも、沿岸国は、資格のある機関が大陸棚の物理的又は生物学的性質について純粋に科学的な調査を行う目的で要請する場合には、通常、同意を拒絶することができない。ただし、沿岸国は、希望するときは、その調査に参加し又は代表者を派遣する権利を有し、また、その調査結果は、いかなる場合にも公表される。

**第六条【向かい合っているか又は隣接している海岸を有する国の間における大陸棚の境界画定】** 1 向かい合っている海岸を有する二以上の国の領域に同一の大陸棚が隣接している場合には、それらの国の間における大陸棚の境界は、それらの国の間の合意によって決定する。合意がない場合であって、特別の事情により他の境界線が正当と認められないときは、その境界は、いずれの点をとってもそれらの国の領海の幅を測定するための基線上の最も近い点から等しい距離にある中間線とする。
2 隣接している二国の領域に同一の大陸棚が隣接している場合には、その大陸棚の境界は、それらの国の間の合意によって決定する。合意がない場合であって、特別の事情により他の境界線が正当と認められないときは、その境界は、それらの国の領海の幅を測定するための基線上の最も近い点から等しい距離にあるという原則を適用して決定する。
3 大陸棚の境界を画定するに当たり、1及び2に定める原則に従って引く線は、特定の日に存在する海図及び地形に照らして定めなければならず、また、陸上の固定した恒久的に識別することができる点との関連を示すものでなければならない。

**第七条【掘削による開発】** この条約は、トンネルの掘削により海底(水深のいかんを問わない。)の下を開発する沿岸国の権利を害するものではない。

**第八条【署名】**
**第九条【批准】**
[第八条及び第九条　領海及び接続水域に関する条約第二六条及び第二七条と同じ。]

**第一〇条【加入】** この条約は、第八条に規定するいずれかの種類に属する国による加入のため、開放しておく。加入書は、国際連合事務総長に寄託する。

**第一一条【効力発生】**〔領海及び接続水域に関する条約第二九条と同じ。〕

**第一二条【留保】** 1　いずれの国も、署名、批准又は加入の時に、第一条から第三条までの規定を除くこの条約の規定について留保を行うことができる。

2　1の規定に基づいて留保を行ういずれの締約国も、国際連合事務総長に宛てた通告により、いつでもその留保を撤回することができる。

**第一三条【改正】**〔領海及び接続水域に関する条約第三〇条と同じ。〕

**第一四条【通報】** 国際連合事務総長は、国際連合の全ての加盟国その他第八条に規定する国に次の事項を通報するものとする。

(a)　第八条から第一〇条までの規定に従って行われるこの条約の署名及び批准書又は加入書の寄託

(b)　第一一条の規定に従ってこの条約が効力を生ずる日

(c)　第一三条の規定に従って行われる改正の要請

(d)　第一二条の規定に従って行われるこの条約に対する留保

**第一五条【正文】** 中国語、英語、フランス語、ロシア語及びスペイン語の本文をひとしく正文とし、その条約の原本は、国際連合事務総長に寄託するものとし、同事務総長は、第八条に規定する全ての国にその認証謄本を送付するものとする。

**参　考**

**◇紛争の義務的解決に関する選択署名議定書**（ジュネーヴ海洋法条約）Web

## 3　公海漁業保存措置遵守協定（抄）

（保存及び管理のための国際的な措置の公海上の漁船による遵守を促進するための協定）〔コンプライアンス協定〕

作　　成　一九九三年一一月二四日（ローマ）（コンセンサスで採択）

効力発生　二〇〇三年四月二四日

日 本 国　二〇〇三年四月二四日（九六年一二月一九日署名、二〇〇〇年五月一九日国会承認、六月二〇日受諾書寄託、〇三年五月二一日公布・条約二号）

当 事 国　四三（他にEU）

**前　文**

この協定の締約国は、（中略）

国際連合食糧農業機関憲章第十四条の規定に従い国際連合食糧農業機関（FAO）の枠組みの下で国際協定を締結することを希望して、

次のとおり協定した。

**第一条（定義）** この協定の適用上、

(a)　「漁船」とは、海洋生物資源の商業上の採捕のために使用され又は使用されることを目的とする船舶（母船及びそのような採捕活動に直接従事する船舶を含む。）をいう。

(b)　「保存及び管理のための国際的な措置」とは、海洋生物資源の一又は二以上の種の保存又は管理のための措置であって、千九百八十二年の海洋法に関する国際連合条約に反映されている国際法の関連規則に従って採択され、かつ、適用されるものをいう。この措置は、世界的、地域的若しくは小地域的な漁業機関によりその構成国の権利及び義務を害さないことを条件として採択されるか、又は条約その他の国際的な合意によって採択される。

(c)　「長さ」とは、次のものをいう。

(i)　千九百八十二年七月十八日以後に建造された漁船については、キールの上面から測った最小型深さの八十五パーセントの位置における喫水線の全長の九十六パーセントの長さ又はその喫水線上における船首材の前面からラダー・ストックの中心線までの長さのうちいずれか大きいもの。傾斜したキールを有するように設計された船舶にあっては、長さを測るための喫水線は、計画喫水線に平行なものとする。

(ii)　千九百八十二年七月十八日前に建造された漁船については、船舶の国内登録上の原簿その他の漁船記録に記載されている国内登録上の長さ

(d)　「漁船記録」とは、漁船についての関連する詳細を記載している記録をいう。この記録は、漁船のみを対象とするものでも又は船舶一般に係る記録の一部を構成するものでもよい。

(e)　「地域的な経済統合のための機関」とは、その構成国からこの協定の対象となっている事項に関する権限の委譲（これらの事項に関して当該機関がその構成国を拘束する決定を行う権限を与えられることを含む。）を受けた機関をいう。

(f)　「自国の旗を掲げる権利を有する漁船」及び「国の旗を掲げる権利を有する漁船」には、地域的な経済統合のための機関の構成国の旗を掲げる権利を有する漁船を含む。

**第二条（適用）** 1　この協定は、2及び3の規定に従うことを条件として、公海における漁獲に使用され又は使用されることを目的とするすべての漁船について適用する。

2　締約国は、長さ二十四メートル未満の漁船で自国の旗を掲げる権利を有するものについては、次のことを条件として、この協定の適用を免除することができる。ただし、適用の免除によりこの協定の趣旨及び目的が損なわれることとなると当該締約国が認める場合は、この限りでない。

(a)　締約国が3に規定する漁業地域の沿岸国である場合を除き、当該漁業地域において操業する漁船について、この協定を適用すること。

(b)　次条1又は第六条7の規定に従って締約国が負う義務について、この協定を適用すること。

3　2の規定の適用を妨げることなく、沿岸国が排他的経済水域の設定又は同様の水域で漁業についての管轄権の行使のためのものの設定を宣言していない漁業地域においては、この協定の締約国である沿岸国は、これら沿岸国の間において直接に又は

地域的な漁業機関で適当なものを通じて、これら沿岸国の旗を掲げる漁船で当該漁業地域のみにおいて操業するものに関し、その長さを下回る漁船にはこの協定を適用しないこととする「最小の長さ」を設定することに合意することができる。

**第三条（旗国の責任）**

1(a) 締約国は、自国の旗を掲げる権利を有する漁船が保存及び管理のための国際的な措置の実効性を損なう活動に従事しないことを確保するために必要な措置をとる。

(b) 締約国は、前条2の規定により長さ二十四メートル未満の漁船で自国の旗を掲げる権利を有するものについてこの協定の適用を免除した場合においても、そのような漁船のうち保存及び管理のための国際的な措置の実効性を損なうものについては、効果的な措置をとる。この措置は、当該漁船が保存及び管理のための国際的な措置の実効性を損なう活動に従事しないことを確保するためのものとする。

2 特に、締約国は、自国の旗を掲げる権利を有する漁船のいずれについても、当該漁船が公海における漁獲に使用されることにつき自国の一又は二以上の適当な当局が承認を与えない限り、当該漁船が公海における漁獲に使用されることを認めない。当該当局により承認を受けた漁船は、当該承認の条件に従って漁獲を行う。

3 締約国は、自国の旗を掲げる権利を有する漁船のいずれについても、自国と当該漁船との間に存在する関係に留意しつつ、この協定の下での自国の責任を効果的に遂行することができるものと認めない限り、当該漁船が公海における漁獲に使用されることを承認してはならない。

4 公海における漁獲に使用されることについて締約国から承認を受けた漁船が当該締約国の旗を掲げる権利を失った場合には、当該承認は、取り消されたものとみなす。

5(a) 締約国は、次の条件が満たされない限り、以前に他の締約国の領域内において登録されていた漁船で、保存及び管理のための国際的な措置の実効性を損なったものが公海における漁獲に使用されることを承認しない。

(i) 当該漁船について、公海における漁獲に使用されることの承認の効力が当該他の締約国によって停止された期間が満了していること。

(ii) 当該漁船について、公海における漁獲に使用されることの承認を当該他の締約国が過去三年間のうちに拒否し又は取り消していないこと。

(b) (a)の規定は、以前にこの協定の締約国でない国の領域内において登録されていた漁船についても、当該漁船に対する漁獲を行うことの承認が停止され、拒否され又は取り消された事情に関する十分な情報を締約国が利用することができる場合には、適用する。

(c) (a)及び(b)の規定は、漁船の所有権が既に移転しており、かつ、従前の所有者又は操業者が当該漁船について法律上、利益配分上又は財務上の利害関係又は支配を既に有していないことを示す十分な証拠が新たな所有者によって提供された場合には、適用しない。

(d) (a)及び(b)の規定にかかわらず、締約国は、これらの規定の対象となる漁船であっても、他の締約国又は非締約国による承認が拒否され又は取り消された事情を含むすべての関連する事実を考慮した上で、当該漁船が公海における漁獲に使用されることを承認したとしてもこの協定の趣旨及び目的を損なうこととはならないと認める場合には、当該漁船が公海における漁獲に使用されることを承認することができる。

6 締約国は、自国の旗を掲げる権利を有するすべての漁船で次条の規定に従って保持する記録に記載したものが、漁船の標識及び識別に関する国際連合食糧農業機関の標準仕様その他一般的に受け入れられている基準に従って、容易に当該漁船を識別することができるような標識を付することを確保する。

7 締約国は、自国の旗を掲げる権利を有する漁船から当該締約国に対し、当該漁船の操業に関する情報（特に操業区域並びに採捕及び陸揚げの量に関連するもの）で、この協定に基づく自国の義務を履行する上で必要なものが提供されることを確保する。

8 締約国は、自国の旗を掲げる権利を有する漁船でこの協定の規定に違反する行動をとるものに対する取締措置（適当な場合には、当該行動を自国の法令違反とすることを含む。）をとる。当該行動について適用する制裁は、この協定に定める要件の遵守を確保する上で効果的であり及び不法な活動を行った者から当該活動により生ずる利益を取り上げるほど重いものでなければならない。重大な違反に関しては、この制裁に、公海における漁獲を行うことの承認の拒否、停止又は取消しを含める。

**第四条（漁船記録）** 締約国は、この協定の適用上、自国の旗を掲げる権利を有し、かつ、公海における漁獲に使用されることを承認された漁船を記載する漁船記録を保持するとともに、これらの漁船のすべてがその記録に記載されることを確保するために必要な措置をとる。

**第五条（国際協力）** 1 締約国は、この協定の実施について適切に協力する。特に、いずれかの漁船が保存及び管理のための国際的な措置を損なう活動に従事した旨の報告があった場合には、その旗国が第三条の規定に基づく義務を履行する上で当該漁船を特定することを援助するため、当該漁船の活動に関連する情報の交換（証拠の提供を含む。）を行う。

2 漁船がその旗国以外のいずれかの締約国の港に任意に寄港する場合において、当該締約国は、当該漁船が保存及び管理のための国際的な措置の実効性を損なう活動に使用されたと信ずるに足りる合理的な理由を有するときは、旗国に対して速やかに通報を行う。関係する締約国の間においては、漁船がこの協定の規定に違反して使用された事実の有無を明らかにする上で必要な調査に関し、寄港国がこれを行うことについて取決めを行うことができる。

3 締約国は、適当な場合には、この協定の目的の達成を促進するため、世界的、地域的若しくは小地域的な規模で又は二国間において、協力のための協定を締結し又は相互援助のための取決めを行う。

**第六条（情報の交換）**（略）

**第七条（開発途上国との協力）**（略）

**第八条（非締約国）** 1 締約国は、この協定の締約国でない国に対してこの協定を受諾するよう奨励し、また、いずれの非締約国に対してもこの協定に合致する法令を制定するよう奨励する。

2 締約国は、この協定の締約国でない国の旗を掲げる権利を有する漁船が保存及び管理のための国際的な措置の実効性を損なう活動に従事しないように、この協定及び国際法に合致した方法で協力する。

3 締約国は、この協定の締約国でない国の旗を掲げる漁船の活動で保存及び管理のための国際的な措置の実効性を損なうものに関して、直接に又は国際連合食糧農業機関を通じて、締約国間で情報の交換を行う。

**第九条（紛争の解決）** 1　いずれの締約国も、この協定の解釈又は適用に関する紛争について、相互に満足すべき解決をできる限り速やかに得るよう、他の締約国に対して協議を求めることができる。

2　1の協議によっても紛争が合理的な期間内に解決しなかった場合には、紛争当事国は、交渉、審査、仲介、調停、仲裁、司法的解決又は当事国が選択するその他の平和的手段により紛争を解決するため、できる限り速やかに、当事国間で協議する。

3　1及び2に規定する紛争でこれらの規定によっても解決されないものは、すべての紛争当事国の同意を得て、解決のため、国際司法裁判所、国際海洋法裁判所（千九百八十二年の海洋法に関する国際連合条約の効力発生を条件とする。）又は仲裁に付託する。国際司法裁判所、国際海洋法裁判所又は仲裁に付託することについて合意に達することができなかった場合においても、当事国は、海洋生物資源の保存に関する国際法の規則に従って紛争を解決するため、引き続き協議し及び協力する。

**第一〇条（受諾）**（略）

**第一一条（効力発生）** 1　この協定は、事務局長が二十五番目の受諾書を受領した日に効力を生ずる。

2　この条の規定の適用上、地域的な経済統合のための機関によって寄託される文書は、当該機関の構成国によって寄託されたものに追加して数えてはならない。

**第一二条（留保）** 締約国は、この協定の受諾に際し、留保を付することができる。留保は、すべての締約国による受諾が得られた場合においてのみ効力を生ずる。事務局長は、直ちに、当該留保をすべての締約国に通報する。その通報の日から三箇月以内に回答を行わなかった締約国は、当該留保を受諾したものとみなす。当該留保を付した国又は地域的な経済統合のための機関は、すべての締約国による当該留保の受諾が得られない場合には、この協定の締約国となることができない。

**第一三条（改正）**（略）

**第一四条（脱退）**（略）

**第一五条（寄託者の任務）**（略）

**第一六条（正文）**（略）

## 4　違法漁業防止寄港国措置協定（抜粋）

（違法な漁業、報告されていない漁業及び規制されていない漁業を防止し、抑止し、及び排除するための寄港国の措置に関する協定）

採　択　二〇〇九年一一月二二日（ローマ）
効力発生　二〇一六年六月五日
日本国　二〇一七年六月一八日（同年五月一〇日国会承認、同月一九日寄託、同月二四日公布・条約一一号）
当事国　六六（他にEU）

### 第一部　総則

**第一条（用語）** この協定の適用上、

(e)「違法な漁業、報告されていない漁業及び規制されていない漁業」とは、二千一年のFAOの違法な漁業、報告されていない漁業及び規制されていない漁業を防止し、抑止し、及び排除するための国際行動計画の3に定める活動（以下「IUU漁業」という。）をいう。

**第二条（目的）** この協定の目的は、効果的な寄港国の措置の実施を通じて、IUU漁業を防止し、抑止し、及び排除すること並びにこれにより海洋生物資源及び海洋生態系の長期的な保存及び持続可能な利用を確保することにある。

**第三条（適用）** 5　この協定は、全世界を適用範囲とし、全ての港に適用されることから、締約国は、他の全ての主体に対し、この協定の規定に合致する措置を適用するよう奨励する。この協定の締約国になることができないものは、この協定の規定に即して行動する約束を表明することができる。

**第四条（国際法及び他の国際文書との関係）** 1　この協定のいかなる規定も、国際法に基づく締約国の権利、管轄権及び義務に影響を及ぼすものではない。特に、この協定のいかなる規定も、次の事項について影響を及ぼすものと解してはならない。

(a)　内水、群島水域及び領海における締約国の主権並びに大陸棚及び排他的経済水域における締約国の主権的権利

(b)　締約国による国際法に基づいた自国の領域内の港における主権の行使（入港を拒否する権利及びこの協定に定める寄港国の措置よりも厳しい寄港国の措置（地域的な漁業管理のための機関の決定に従って採用されたものを含む。）を採用する権利を含む。）

2　締約国は、この協定を適用するに当たり、自国が構成国でない地域的な漁業管理のための機関の措置又は決定に拘束されるものではなく、また、当該措置又は決定を認めるものではない。

3　締約国は、地域的な漁業管理のための機関の措置又は決定が国際法に従って採択されたものでない場合には、いかなるときも、当該措置又は決定を実施することをこの協定により義務付けられるものではない。

4　この協定は、適用のある国際的な規則及び基準（国際海事機関を通じて定められたものを含む。）並びに他の国際文書を考慮した上で、国際法に従って解釈され、及び適用される。

### 第二部　入港

**第七条（港の指定）** 1　各締約国は、船舶がこの協定に従って入港を要請することができる港を指定し、及び公表する。各締約国は、指定された港の一覧表をFAOに提出するものとし、FAOは、当該一覧表を適当な方法で公表する。

2　各締約国は、最大限可能な範囲で、1の規定に従って指定し、及び公表した全ての港についてこの協定に従って検査を行う十分な能力を有することを確保する。

**第八条（入港のための事前の要請）** 1　各締約国は、船舶に対して自国の港に入ることを許可する前に、最低限度の基準として附属書Aにおいて求められる情報を提供することを要求する。

**第九条（入港、許可又は拒否）** 1　各締約国は、前条の規定に従って要求される関連する情報及び自国の港に入ることを要請する船舶がIUU漁業又はこれを補助する漁獲関連活動に従事したかどうかを決定するために必要となるその他の情報を受領した後、当該船舶の入港を許可するか拒否するかを決定するものとし、その決定を当該船舶又はその代表者に通知する。

3　入港を拒否した場合には、各締約国は、船舶の旗国に対し、並びに適当な場合には、かつ、可能な限り、関係する沿岸国、地域的な漁業管理のための機関及び他の国際機関に対し、1の規定に従って行った決定を通報する。

4 締約国は、1の規定の適用を妨げることなく、入港を希望する船舶がIUU漁業又はこれを補助する漁獲関連活動に従事したことの十分な証拠を有する場合(特に、当該船舶が、関連する地域的な漁業管理のための機関により当該機関の規則及び手続並びに国際法に従って採択されたIUU漁業又はこれを補助する漁獲関連活動に従事した船舶の一覧表に含まれている場合)には、第四条2及び3の規定を十分に考慮した上で、当該船舶の入港を拒否する。

5 締約国は、3及び4の規定にかかわらず、3及び4に規定する船舶を検査し、並びにIUU漁業及びこれを補助する漁獲関連活動を防止し、抑止し、及び排除するに当たり、入港の拒否と少なくとも同等の実効性を有する他の適当な措置を国際法に従ってとるためにのみ当該船舶の入港を認めることができる。

6 締約国は、4又は5に規定する船舶が何らかの理由により港にある場合には、魚類の陸揚げ、転載、包装及び加工のため並びに他の港湾サービス(特に、補給(燃料補給を含む。)、保守及び入渠を含む。)のために当該船舶が港を使用することを拒否する。この場合には、第十一条2及び3の規定を準用する。港の使用の拒否については、国際法に従って行う。

## 第三部 港の使用

**第一一条(港の使用)** 1 締約国は、船舶が自国の港に入った場合において、次のいずれかに該当するときは、自国の国内法令に従い、及びこの協定を含む国際法に反することなく、従前に陸揚げされていない魚類の陸揚げ、転載、包装及び加工のため並びに他の港湾サービス(特に、補給(燃料補給を含む。)、保守及び入渠を含む。)のために当該船舶が港を使用することを拒否する。

(a) 当該締約国が、旗国が要求する漁獲又は漁獲関連活動に従事するための有効で適当な許可書を当該船舶が有していないと認める場合

(b) 当該締約国が、沿岸国の管轄の下にある区域に関して当該沿岸国が要求する漁獲又は漁獲関連活動に従事するための有効で適当な許可書を当該船舶が有していないと認める場合

(c) 当該締約国が、船内の魚類が沿岸国の管轄の下にある区域に関して当該沿岸国により課される関係する要件に反して採捕されたものであることについての明白な証拠を入手した場合

(d) 旗国が、第四条2及び3の規定を十分に考慮した上で、寄港国の要請に応じ、船内の魚類が関連する地域的な漁業管理のための機関により課される関係する要件に従って採捕されたものであることを合理的な期間内に確認しない場合

(e) 当該締約国が、当該船舶がIUU漁業又はこれを補助する漁獲関連活動(第九条4に規定する船舶を補助するものを含む。)にその他の形態により従事したと信ずるに足りる合理的な根拠がある場合。ただし、当該船舶が次のいずれかを証明することができる場合を除く。

(i) 当該船舶が関連する保存管理措置に合致する態様により行動していたこと。

(ii) 海上において人員、燃料、漁具及び他の物品を提供した場合に、その提供を受けた船舶が提供を受けた時に第九条4に規定する船舶でなかったこと。

3 締約国は、この条の規定に従って自国の港の使用を拒否した場合には、旗国並びに適当なときは、関係する沿岸国、地域的な漁業管理のための機関及び他の関連する国際機関に対し、自国の決定を速やかに通報する。

## 第四部 検査及び事後の措置

**第一二条(検査の水準及び優先事項)** 1 各締約国は、この協定の目的を達成する上で十分な年間の検査水準に達するために必要とされる数の自国の港にある船舶を検査する。

2 締約国は、適当な場合には、地域的な漁業管理のための機関、FAO又は他の機関若しくは枠組みを通じて、船舶の検査のための最低限度の水準について合意するよう努める。

3 締約国は、検査する船舶を決定するに当たり、次の船舶を優先する。

(a) この協定に従って入港又は港の使用を拒否されたことがある船舶

(b) 他の関係する締約国、国又は地域的な漁業管理のための機関からの検査の要請があった特定の船舶(特に、当該船舶がIUU漁業又はこれを補助する漁獲関連活動に従事したことの証拠によって当該要請が裏付けられる場合)

(c) IUU漁業又はこれを補助する漁獲関連活動に従事したことがあると疑うに足りる明白な根拠があるその他の船舶

**第一八条(検査の後の寄港国の措置)** 1 検査を行った締約国は、検査の後に、船舶がIUU漁業又はこれを補助する漁獲関連活動に従事したと信ずるに足りる明白な根拠がある場合には、次のことを行う。

(a) 旗国並びに適当な場合には、関係する沿岸国、地域的な漁業管理のための機関及び他の国際機関並びに当該船舶の船長が自国民である国に対し、検査結果を速やかに通報すること。

(b) 従前に陸揚げされていない魚類の陸揚げ、転載、包装及び加工のため、並びに他の港湾サービス(特に、補給(燃料補給を含む。)、保守及び入渠を含む。)のために当該船舶が港を使用することを拒否する措置をとっていない場合には、第四条の規定を含むこの協定に合致する態様で当該船舶による港の使用を拒否すること。

## 第五部 旗国の役割

**第二〇条(旗国の役割)** 1 各締約国は、自国の旗を掲げる権利を有する船舶に対し、この協定に従って実施される検査において寄港国と協力することを要求する。

4 旗国である締約国は、寄港国による検査の後、自国の旗を掲げる権利を有する船舶がIUU漁業又はこれを補助する漁獲関連活動に従事したと信ずるに足りる明白な根拠があることを示す検査の報告書を受領した場合には、この事案を直ちに、かつ、十分に調査するものとし、十分な証拠があるときは、自国の法令に従って遅滞なく取締りを行う。

## 第七部 紛争解決

**第二二条(紛争の平和的解決)** 1 いずれの締約国も、この協定の解釈又は適用に関する紛争について、相互に満足すべき解決をできる限り速やかに得るよう、他の締約国に対して協議を求めることができる。

2 1の協議によっても紛争が合理的な期間内に解決しなかった場合には、紛争当事国は、交渉、審査、仲介、調停、仲裁、司法的解決又は当事国が選択するその他の平和的手段により紛争を解決するため、できる限り速やかに、当事国間で協議する。

3　1及び2に規定する紛争でこれらの規定によっても解決されないものは、全ての紛争当事国の同意を得て、解決のため、国際司法裁判所、国際海洋法裁判所又は仲裁に付託する。国際司法裁判所、国際海洋法裁判所又は仲裁に付託することについて合意に達することができなかった場合においても、当事国は、海洋生物資源の保存に関する国際法の規則に従って紛争を解決するため、引き続き協議し、及び協力する。

## 第八部　非締約国

**第三三条（この協定の非締約国）** 1　締約国は、この協定の非締約国に対し、この協定の締約国となること並びにこの協定に合致するように法令を制定し、及び措置をとることを奨励する。

2　締約国は、非締約国によるこの協定の効果的な実施を損なう活動を抑止するため、この協定及び他の適用のある国際法に合致する公正で差別的でない、かつ、透明性のある措置をとる。

## 附属書B
## 寄港国による検査手続

検査官は、次のことを行う。

(a)　可能な限り、船内にある船舶を識別する文書及び船舶の所有者に関する情報が真正で完全かつ正確なものであることを検証すること(必要な場合には、旗国又は船舶の国際的な記録制度に対する適当な照会を通して行うことを含む。)。

(c)　可能な限り、漁獲及び漁獲関連活動の許可書が、真正で完全かつ正確なものであり、及び附属書Aの規定に従って提供された情報と合致していることを検証すること。

(e)　船内の全ての関連する漁具(視界の外に格納されている漁具及び関連する装置を含む。)を可能な限り検査すること並びに当該漁具が許可書の条件に合致していることを可能な限り検証すること。(後略)

(f)　船内の魚類が関連する許可書に従って採捕されたかどうかを可能な限り判定すること。

(g)　数量及び構成を判定するため、魚類を検査すること(後略)

# 5　南極海洋生物資源保存条約
## （南極の海洋生物資源の保存に関する条約）

作　　成　一九八〇年五月二〇日（キャンベラ）
効力発生　一九八二年四月七日
日 本 国　一九八二年四月七日（八〇年九月一二日署名、八一年四月二四日国会承認、五月一五日内閣受諾決定、五月二六日受諾書寄託、八二年四月三日公布・条約三号）
当 事 国　三五（他にEU）

締約国は、

南極大陸を囲む海洋の環境を保全すること及び当該海洋の生態系を本来のままの状態において保護することの重要性を認識し、

南極水域において海洋生物資源の集中が見られること及びこれらの資源を蛋白質源として利用する可能性に対する関心が増大していることに留意し、

南極の海洋生物資源の確実な保存の緊急性を意識し、

採捕についての決定が正しい科学的情報に基づいて行われるよう南極の海洋生態系及びその構成要素に関する知識を増すことが重要であることを考慮し、

南極の海洋生物資源の保存に当たつては、南極条約に妥当な考慮を払って行われ、また、南極水域において調査活動又は採捕活動に従事しているすべての国が積極的に参加する国際協力が必要であることを信じ、

南極の環境の保全について南極条約協議国が負つている主要な責任、特に、南極地域における生物資源の保護及び保存に関する南極条約第九条1(f)の規定に基づく責任を認識し、

南極条約協議国により既にとられた措置、特に、南極の動物相及び植物相の保存のための合意された措置並びに南極のあざらしの保存に関する条約を想起し、

南極条約協議国が第九回南極条約協議国会議において表明した南極の海洋生物資源の保存に対する関心及びこの条約を作成する起因となつた勧告IX－2の重要性に留意し、

南極大陸を囲む水域を平和的目的のみに利用するよう維持すること及びこの水域が国際的不和の舞台又は対象となることを防止することが、全人類の利益であることを信じ、

このため、南極の海洋生物の保存を確保するために必要な措置及び科学的研究を勧告し、促進し、決定し及び調整するための適当な機構の設立が望ましいことを認識して、

次のとおり協定した。

**第一条【適用範囲、定義】** 1　この条約は、南緯六十度以南の地域における南極の海洋生物資源及び南緯六十度と南極収束線との間の地域における南極の海洋生態系に属する南極の海洋生物資源について適用する。

2　南極の海洋生物資源とは、ひれを有する魚類、軟体動物、甲殻類その他の南極収束線以南に存在するすべての種類の生物(鳥類を含む。)である資源をいう。

3　南極の海洋生態系とは、南極の海洋生物資源の相互の関係及び南極の海洋生物資源とこれらの資源を含む自然環境との関係が複合しているものをいう。

4　1の南極収束線とみなす線は、緯度線及び子午線に沿つて次の点を結ぶ線とする。

南緯五十度経度零度、南緯五十度東経三十度、南緯四十五度東経三十度、南緯四十五度東経八十度、南緯五十五度東経八十度、南緯五十五度東経百五十度、南緯六十度東経百五十度、南緯六十度西経五十度、南緯五十度西経五十度及び南緯五十度経度零度

**第二条【目的】** 1　この条約の目的は、南極の海洋生物資源を保存することにある。

2　この条約の適用上、「保存」には、合理的な利用を含む。

3　この条約の適用される地域における採捕及びこれに関連する活動は、この条約及び保存に関する次の原則に従つて行う。

(a)　採捕の対象となる資源について、その量が当該資源の安定した加入を確保する水準を下回ることとなることを防ぐこと。このため、資源の量は、最大の年間純加入量を確保する水準に近い水準以下に減少させてはならない。

(b)　南極の海洋生物資源のうちの採捕の対象となる資源、これに依存する資源及び採捕の対象となる資源と関係のある資源の間の生態学的関係を維持すること並びに枯渇した資源につ

いてその量を(a)前段に規定する水準に回復させること。

(c) 南極の海洋生物資源の持続的保存を可能にするため、採捕の直接的及び間接的な影響、外来種の導入の及ぼす影響、採捕に関連する活動の海洋生態系に及ぼす影響並びに環境の変化の及ぼす影響に関する利用可能な知識の確実性の度合を考慮に入れて、海洋生態系の復元が二十年若しくは三十年にわたり不可能となるおそれのある海洋生態系における変化が生ずることを防止すること又はこれらの変化が生ずる危険性を最小限にすること。

**第三条【南極条約の拘束性】** 締約国は、南極条約の締約国であるかないかを問わず、南極条約地域において南極条約の原則及び目的に反する活動を行わないこと並びに相互の関係において南極条約第一条及び第五条に定めるところの義務に拘束されることに同意する。

**第四条【領土権・沿岸国管轄権】** 1 南極条約地域については、すべての締約国は、南極条約の締約国であるかないかを問わず、相互の関係において南極条約第四条及び第六条の規定に拘束される。

2 この条約のいかなる規定も、及びこの条約の有効期間中に行われるいかなる行為又は活動も、

(a) 南極条約地域における領土についての請求権を主張し、支持し若しくは否認するための基礎を成し又は南極条約地域における主権を設定するものではない。

(b) この条約の適用される地域において国際法に基づく沿岸国の管轄権を行使する権利若しくは請求権又は当該管轄権を行使することについての請求権若しくは請求権の基礎をいずれかの締約国に対し放棄させ若しくは縮小させ又はこれらの権利、請求権若しくは請求権の基礎を害するものと解してはならない。

(c) (b)に規定する権利、請求権又は請求権の基礎を承認し又は否認することについてのいずれかの締約国の地位を害するものと解してはならない。

(d) 南極条約の有効期間中は南極地域における領土についての新たな請求権又は既存の請求権の拡大を主張してはならないことを定めている南極条約第四条2の規定に影響を及ぼすものではない。

**第五条【南極条約協議国の措置】** 1 南極条約の締約国でないこの条約の締約国は、南極条約地域の環境の保全についての南極条約協議国の特別の義務及び責任を認める。

2 南極条約の締約国でないこの条約の締約国は、南極条約地域におけるその活動につき、適当と認めるときは南極の動物相及び植物相の保存のための合意された措置及び南極条約協議国が人間の及ぼすあらゆる形態の有害な影響から南極の環境を保全する責任を果たすに当たつて勧告した他の措置を遵守することを合意する。

3 この条約の適用上、「南極条約協議国」とは、その代表者が南極条約第九条に定める会合に参加する南極条約の締約国をいう。

**第六条【南極捕鯨・あざらし条約との関係】** この条約のいかなる規定も、この条約の締約国が国際捕鯨取締条約及び南極のあざらしの保存に関する条約に基づき有する権利を害し及びこれらの条約に基づき負う義務を免れさせるものではない。

**第七条【委員会の構成国】** 1 締約国は、この条約により南極の海洋生物資源の保存に関する委員会(以下「委員会」という。)を設置するものとし、これを維持することを合意する。

2 委員会の構成国は、次のとおりとする。

(a) この条約を採択した会合に参加した各締約国は、委員会の構成国となる。

(b) 第二十九条の規定に基づいてこの条約に加入した各国は、当該加入国がこの条約の適用の対象となる海洋生物資源に関する調査活動又は採捕活動に従事している間、委員会の構成国となる資格を有する。

(c) 第二十九条の規定に基づいてこの条約に加入した地域的な経済統合のための各機関は、機関の構成国が委員会の構成国となる資格を有する間、委員会の構成国となる資格を有する。

(d) (b)及び(c)の規定に基づき委員会の作業に参加することを求める締約国は、委員会の構成国となることを求める根拠及びその時において有効な保存措置を受諾する意思を寄託政府に通告する。寄託政府は、その通告及びこれに添付された情報を委員会の各構成国に通報する。委員会のいずれの構成国も、寄託政府からその通報を受けた後二箇月以内に、この問題を検討するための委員会の特別会合を開くよう要請することができる。その要請があつたときは、寄託政府は、特別会合を招集する。特別会合の招集の要請がなかつたときは、当該通告を行つた締約国は、委員会の構成国となるための要件を満たしたものとみなされる。

3 委員会の各構成国は、一人の代表により代表される。代表は、代表代理及び随員を同伴することができる。

**第八条【委員会の法的地位】** 委員会は、法人格を有するものとし、各締約国の領域において、その任務の遂行及びこの条約の目的の達成のために必要な法律上の能力を有する。締約国の領域における委員会及びその職員の特権及び免除は、委員会と当該締約国との間の合意によつて決定する。

**第九条【委員会の任務】** 1 委員会は、第二条に定める目的及び原則を実施する任務を有する。委員会は、このため、次のことを行う。

(a) 南極の海洋生物資源及び南極の海洋生態系に関する調査及び包括的な研究を促進すること。

(b) 南極の海洋生物資源の量の状態及び変化に関する資料並びに採捕の対象となる種又はこれに依存し若しくは採捕の対象となる種と関係のある種若しくは個体群の分布、豊度及び生産性に影響を及ぼす要素に関する資料を取りまとめること。

(c) 採捕の対象となる資源についての採捕量及び採捕努力量に関する統計の入手を確保すること。

(d) (b)及び(c)の規定に基づき得た情報並びに科学委員会の報告を分析し、普及させ及び刊行すること。

(e) 保存の必要性を明らかにし及び保存措置の効果について分析すること。

(f) 5の規定に従うことを条件として、利用可能な最良の科学的証拠に基づいた保存措置を作成し、採択し及び修正すること。

(g) 第二十四条の規定に基づいて設けられた監視及び検査の制度を実施すること。

(h) この条約の目的を達成するために必要な他の活動を行うこと。

2 1(f)に規定する保存措置には、次のことを含む。

(a) この条約の適用される地域において採捕することのできる種別の量を指定すること。

(b) 南極の海洋生物資源の分布に基づいて区域及び小区域を指定すること。

(c) 区域及び小区域において採捕することのできる資源の量を指定すること。
(d) 保証される種を指定すること。
(e) 採捕することのできる種の大きさ、年齢及び、適当な場合には、性別を指定すること。
(f) 採捕の解禁期及び禁止期を指定すること。
(g) 採捕が科学的研究及び保存のために解禁され及び禁止される地域、区域及び小区域を指定すること（保護及び科学的研究のための特別区域を指定することを含む。）。
(h) いずれの区域又は小区域においても採捕の集中が過度になることを特に避けるため、採捕努力量及び採捕の方法（漁具を含む。）について規制すること。
(i) 委員会がこの条約の目的を達成するために必要と認めるその他の保存措置（採捕及びこれに関連する活動が採捕の対象となる資源以外の海洋生態系の構成要素に与える影響に関する措置を含む。）をとること。

3 委員会は、すべての有効な保存措置についての記録を刊行し、常時整備する。

4 委員会は、1に定める任務を遂行するに当たり、科学委員会の勧告及び助言を十分に考慮する。

5 委員会は、南極条約第九条の規定に基づく南極条約協議国会議又はこの条約の適用される地域に入つてくる種について責任を有する漁業委員会が作成し又は勧告したすべての関連措置又は規則の下での締約国の権利及び義務と、委員会の採択する保存措置とが抵触しないようにするため、これらの関連措置又は規則を十分に考慮する。

6 委員会の構成国は、この条約に従つて委員会が採択した保存措置を次の方法により実施する。
(a) 委員会は、委員会のすべての構成国に対し保存措置について通告する。
(b) 保存措置は、(c)及び(d)の場合を除くほか、(a)に規定する通告の後百八十日で委員会のすべての構成国について拘束力を生ずる。
(c) 委員会のいずれかの構成国が(a)に規定する通告の後九十日以内に保存措置の全体又は一部を受諾することができない旨を委員会に通告した場合には、当該構成国は、その通告により表明した範囲において保存措置に拘束されない。
(d) 委員会のいずれかの構成国が(c)の規定による手続を援用した場合には、委員会は、委員会のいかなる構成国の要請によつても、当該保存措置について検討するために会合する。その会合の時に及びその会合の後三十日以内に、委員会のいかなる構成国も、当該保存措置を受諾することができなくなつた旨を宣言する権利を有する。その宣言が行われた場合には、当該構成国は、当該保存措置に拘束されない。

**第一〇条【委員会による注意喚起】** 1 委員会は、この条約の締約国でない国の国民又は船舶による活動であつてこの条約の目的の達成に影響を及ぼすと委員会が認めるものについて、当該国の注意を喚起する。

2 委員会は、すべての締約国に対し、締約国による活動であつて当該締約国によるこの条約の目的の達成又はこの条約に基づく当該締約国の義務の履行に影響を及ぼすと委員会が認めるものについて注意を喚起する。

**第一一条【委員会の協力・調整措置】** 委員会は、この条約の適用される地域及び当該地域に近接する海域であつていずれかの締約国が管轄権を行使することのできるものの双方において発生する種又はこれと密接な関係のある種の系群の保存について当該締約国と協力するよう努めるものとし、これらの系群に関してとられた保存に係る措置の調和を図るものとする。

**第一二条【委員会の表決】** 1 実質事項に関する委員会の決定は、意見の一致によつて行う。ある事項が実質事項であるかないかの問題は、実質事項として取り扱う。

2 1の事項以外の事項に関する決定は、出席しかつ投票する委員会の構成国の単純多数による議決で行う。

3 委員会において決定を必要とする議題の検討が行われる場合には、地域的な経済統合のための機関が当該決定に参加するか参加しないか及び、参加するときは、当該機関のいずれの構成国が同時に参加するかが明らかにされなければならない。当該決定にこのようにして参加する締約国の数は、委員会の構成国である当該機関の構成国の数を超えてはならない。

4 この条の規定に従つて決定が行われる場合には、地域的な経済統合のための機関は、一の票のみを有する。

**第一三条【委員会の本部、会合、役員、手続】** 1 委員会の本部は、オーストラリアのタスマニア州ホバートに置く。

2 委員会は、年次通常会合を開催する。その他の会合は、構成国の三分の一の要請により及びこの条約の他の規定に定めるところにより開催する。委員会は、その第一回会合を、この条約の適用される地域において採捕活動を行つている国のうち少なくとも二の国が締約国に含まれていることを条件として、この条約の効力発生の後三箇月以内に開催するものとし、また、いかなる場合にも、この条約の効力発生の後一年以内に開催する。寄託政府は、委員会の実効的な運営のためにできる限り多数の署名国が委員会に代表されることの必要性を考慮に入れ、委員会の第一回会合に関して署名国と協議を行う。

3 寄託政府は、委員会の本部において委員会の第一回会合を招集する。その後の委員会の会合も、委員会が別段の決定を行わない限り、委員会の本部において開催する。

4 委員会は、構成国の代表のうちから議長及び副議長を選出する。議長及び副議長は、それぞれ二年の任期で在任するものとし、更に一の任期につき再選される資格を有する。もつとも、最初の議長は、最初の任期を三年として選出される。議長及び副議長は、同じ締約国の代表であつてはならない。

5 委員会は、前条に規定する事項に関するものを除くほか、その会合の運営に関する手続規則を採択し及び必要に応じて改正する。

6 委員会は、その任務の遂行に必要な補助機関を設けることができる。

**第一四条【科学委員会の構成国】** 1 締約国は、委員会の協議機関として、この条約により南極の海洋生物資源の保存のための科学委員会（以下「科学委員会」という。）を設置する。科学委員会は、別段の決定を行わない限り、通常、委員会の本部において会合する。

2 委員会の構成国は、科学委員会の構成国となるものとし、適当な科学上の資格を有する代表を任命する。代表は、他の専門家及び顧問を同伴することができる。

3 科学委員会は、必要に応じて特別に、他の科学者及び専門家の助言を求めることができる。

**第一五条【科学委員会の任務】** 1 科学委員会は、この条約の適用の対象となる海洋生物資源に係る情報の収集、研究及び交換に関する協議及び協力のための場を設け並びに南極の海洋生態系に属する海洋生物資源に関する知識を広めるための科学的調査の分野における協力を奨励し及び促進する。

2 科学委員会は、委員会がこの条約の目的を達成するために指示を与える活動を行うものとし、また、次のことを行う。

(a) 第九条に規定する保存措置に関する決定のために用いられる基準及び方法を定めること。

(b) 南極の海洋生物資源の量の状態及び傾向を定期的に評価すること。

(c) 採捕が南極の海洋生物資源に対し及ぼす直接的及び間接的な影響に関する資料を分析すること。

(d) 採捕の方法又は規模について提案された変更及び提案された保存措置の効果を評価すること。

(e) この条約の目的を達成するための措置及び調査に関し、要請に応じて又は自己の発意により、評価、分析、報告及び勧告を委員会に送付すること。

(f) 南極の海洋生物資源についての国際的な又は一国による調査計画の実施のための提案を作成すること。

3 科学委員会は、その任務の遂行に当たり、他の適切な技術的及び科学的機関の作業並びに南極条約の枠組みにおいて行われる科学的活動を考慮する。

**第一六条【科学委員会の会合、手続】** 1 科学委員会は、その第一回会合を委員会の第一回会合の後三箇月以内に開催するものとし、その後は、その任務の遂行上の必要に応じて会合する。

2 科学委員会は、その手続規則を採択し及び必要に応じて改正する。手続規則及びその改正は、委員会により承認されなければならない。手続規則には、少数派によつて作成された報告を提出するための手続を含む。

3 科学委員会は、委員会の承認を得て、その任務の遂行に必要な補助機関を設けることができる。

**第一七条【事務局】** 1 委員会は、委員会の決定する手続及び条件に従い、委員会及び科学委員会の活動のために事務局長を任命する。事務局長の任期は、四年とし、また、事務局長は、再任されることができる。

2 委員会は、必要な事務局の組織を認めるものとし、事務局長は、委員会の決定する規則、手続及び条件に従い、事務局の職員を任命し、指揮し及び監督する。

3 事務局長及び事務局は、委員会の委託する任務を遂行する。

**第一八条【公用語】** 委員会及び科学委員会の公用語は、英語、フランス語、ロシア語及びスペイン語とする。

**第一九条【予算・財政制度】** 1 各年次会合において、委員会は、意見の一致により、自己の予算及び科学委員会の予算を採択する。

2 事務局長は、委員会、科学委員会及び補助機関の予算案を作成し、委員会の年次会合の六十日前までに委員会の構成国に送付する。

3 委員会の各構成国は、予算に係る分担金を支払う。この条約の効力発生の後五年を経過するまでは、委員会の各構成国の分担金の額は、均等なものとする。その後の分担金の額は、採捕量と委員会のすべての構成国間の均等負担の原則との二の基準に基づいて決定する。委員会は、意見の一致により、この二の基準をいかなる割合により適用するかを決定する。

4 委員会及び科学委員会の財政活動は、委員会の採択する財政規則に従つて行われるものとし、委員会の選任する独立の会計検査専門家による年次検査を受ける。

5 委員会の各構成国は、委員会及び科学委員会の会合への出席に係る自国の経費を負担する。

6 連続した二年の間分担金を支払わない委員会の構成国は、その債務を履行しない間委員会において決定に参加する権利を有しない。

**第二〇条【情報・資料の提供】** 1 委員会の構成国は、委員会及び科学委員会がそれぞれの任務の遂行に当たつて必要とする統計上、生物学上その他の資料及び情報を最大限度可能な範囲で委員会及び科学委員会に毎年提供する。

2 委員会の構成国は、信頼し得る採捕量及び採捕努力量に関する統計を取りまとめることができるようにするため、自国の採捕活動に関する情報(採捕地域及び船舶に関する情報を含む。)につき、定められた方法及び間隔で提供する。

3 委員会の構成国は、委員会の採択した保存措置を実施するためにとつた措置に関する情報を定められた間隔で委員会に提供する。

4 委員会の構成国は、採捕の影響を評価するために必要な資料を自国の採捕活動を利用して収集することに同意する。

**第二一条【国内措置】** 1 各締約国は、この条約の規定及び委員会の採択した保存措置であつて第九条の定めるところにより自国が拘束されるものの遵守を確保するため、その権限の範囲内で適当な措置をとる。

2 各締約国は、1の規定に基づいてとつた措置(違反に対する制裁を含む。)に関する情報を委員会に送付する。

**第二二条【条約目的に違反する活動の防止】** 1 各締約国は、いかなる者もこの条約の目的に反する活動を行わないようにするため、国際連合憲章に従つた適当な努力をすることを約束する。

2 各締約国は、自国の知つたこの条約の目的に反するいかなる活動についても、委員会に通告する。

**第二三条【他の国際機関との協力】** 1 委員会及び科学委員会は、南極条約協議国の権限内にある事項について南極条約協議国と協力する。

2 委員会及び科学委員会は、適当な場合には、国際連合食糧農業機関その他の専門機関と協力する。

3 委員会及び科学委員会は、適当な場合には、その作業に貢献することのできる政府間の及び非政府の機関(南極研究科学委員会、海洋研究科学委員会及び国際捕鯨委員会を含む。)との作業上の協力関係を発展させるよう努める。

4 委員会は、この条に規定する機関及び、適当な場合には、他の機関と取決めを行うことができる。委員会及び科学委員会は、これらの機関に対し、委員会、科学委員会及びこれらの補助機関の会合にオブザーバーを派遣するよう招請することができる。

**第二四条【監視・検査制度】** 1 この条約の目的を推進し、かつ、この条約が遵守されることを確保するため、締約国は、監視及び検査の制度を設けることを合意する。

2 委員会は、次の原則を基礎として監視及び検査の制度を組織する。

(a) 締約国は、既存の国際慣行を考慮しつつ、監視及び検査の制度の効果的な実施を確保するために相互に協力する。この制度には、特に、委員会の構成国の指名する監視員及び検査員による乗船及び検査に関する手続並びに乗船及び検査の結果得られた証拠に基づいて旗国が行う訴追及び制裁に関する手続を含める。行つた訴追及び課した制裁についての報告は、第二十一条に規定する情報に含める。

(b) この条約の定めるところによりとられた措置の遵守を確認するため、監視及び検査は、委員会の構成国の指名する監視員及び検査員が、委員会の定める条件に従い、この条約の適用される地域における海洋生物資源の科学的調査又は採捕に従事する船舶に乗船することにより実施する。

(c) 指名された監視員及び検査員は、自己が国籍を有する締約国の管轄の下に置かれる。監視員及び検査員は、自己を指名した委員会の構成国に対し報告を行い、当該構成国は、委員会に対し報告を行う。

3 委員会の構成国は、監視及び検査の制度が組織されるまでの間、監視員及び検査員を指名するための暫定的措置をとるよう努めるものとし、このようにして指名された監視員及び検査員は、2に定める原則に基づいて検査を実施する権限を与えられる。

**第二五条【紛争の解決】** 1 この条約の解釈又は適用に関して二以上の締約国間に紛争が生じたときは、これらの締約国は、交渉、審査、仲介、調停、仲裁、司法的解決又はこれらの締約国が選択するその他の平和的手段により紛争を解決するため、これらの締約国間で協議する。

2 1に規定する紛争で1の規定によつて解決されなかつたものは、それぞれの場合にすべての紛争当事国の同意を得て、解決のため国際司法裁判所又は仲裁に付託する。もつとも、紛争当事国は、国際司法裁判所又は仲裁に付託することについて合意に達することができなかつた場合においても、1に規定する各種の平和的手段のいずれかにより紛争を解決するため引き続き努力する責任を免れない。

3 紛争が仲裁に付託される場合には、仲裁裁判所は、この条約の附属書の定めるところにより構成する。

**第二六条【署名】** 1 この条約は、千九百八十年八月一日から十二月三十一日まで、キャンベラにおいて、同年五月七日から五月二十日までキャンベラで開催された南極の海洋生物資源の保存に関する会議に参加した国による署名のために開放しておく。

2 1の規定により署名する国は、この条約の原署名国とする。

**第二七条【批准、受諾、承認】** 1 この条約は、署名国によつて批准され、受諾され又は承認されなければならない。

2 批准書、受諾書又は承認書は、この条約において寄託政府として指定されるオーストラリア政府に寄託する。

**第二八条【効力発生】** 1 この条約は、第二十六条1に規定する国による八番目の批准書、受諾書又は承認書が寄託された日の後三十日目の日に効力を生ずる。

2 この条約は、その効力発生の日の後に批准書、受諾書、承認書又は加入書を寄託する国又は地域的な経済統合のための機関については、その批准書、受諾書、承認書又は加入書の寄託の後三十日目の日に効力を生ずる。

**第二九条【加入】** 1 この条約は、この条約の適用の対象となる海洋生物資源に関する調査活動又は採捕活動に関心を有する国による加入のために開放しておく。

2 この条約は、主権国家により構成される地域的な経済統合のための機関であつて、当該機関の一又は二以上の構成国が委員会の構成国であり、かつ、当該機関の構成国がこの条約の適用の対象となる事項に関する権限の全部又は一部を当該機関に移譲したものによる加入のために開放しておく。地域的な経済統合のための機関の加入については、委員会の構成国の間で協議されなければならない。

**第三〇条【改正】** 1 この条約は、いつでも改正することができる。

2 寄託政府は、委員会の構成国の三分の一の要請がある場合には、改正案を討議するための会合を招集する。

3 改正は、寄託政府が委員会のすべての構成国から改正の批准書、受諾書又は承認書を受領した時に効力を生ずる。

4 その後は、改正は、他の締約国による改正の批准、受諾又は承認の通告を寄託政府が受領した時に当該他の締約国について効力を生ずる。3の規定による改正の効力発生の日から一年以内に他の締約国がいずれの通告も行わなかつた場合には、当該他の締約国は、この条約から脱退したものとみなされる。

**第三一条【脱退】** 1 いずれの締約国も、いずれかの年の一月一日以前に寄託政府に書面による通告を行うことにより当該いずれかの年の六月三十日にこの条約から脱退することができるものとし、寄託政府は、通告を受領したときは、直ちにその旨を他の締約国に通報する。

2 いずれの他の締約国も、寄託政府から1の規定による脱退の通告の写しを受領した時から六十日以内に、寄託政府に書面による脱退の通告を行うことができるものとし、この場合において、この条約は、脱退の通告を行つた締約国について1の当該いずれかの年の六月三十日に効力を失う。

3 委員会のいずれかの構成国によるこの条約からの脱退は、この条約に基づく当該構成国の資金的な義務に影響を及ぼすものではない。

**第三二条【寄託政府】** 寄託政府は、すべての締約国に対し、次の事項を通報する。

(a) この条約の署名及び批准書、受諾書、承認書又は加入書の寄託

(b) この条約の効力発生の日及びこの条約の改正の効力発生の日

**第三三条【正文】** 1 この条約は、英語、フランス語、ロシア語及びスペイン語をひとしく正文とし、オーストラリア政府に寄託する。同政府は、この条約の認証謄本をすべての署名国及び加入国に送付する。

2 この条約は、寄託政府が国際連合憲章第百二条の規定により登録する。

## 仲裁裁判所に関する附属書

1 第二十五条3にいう仲裁裁判所は、次のとおり任命される三人の仲裁人により構成する。

(a) 訴訟手続を開始する紛争当事国は、他の紛争当事国に仲裁人の氏名を通報するものとし、他の紛争当事国は、その通報を受けた後四十日以内に第二の仲裁人の氏名を通報する。紛争当事国は、第二の仲裁人が任命された後六十日以内に、いずれの紛争当事国の国民でもなく、かつ、最初の二人の仲裁人の有している国籍のいずれをも有していない第三の仲裁人を任命する。第三の仲裁人が、仲裁裁判所を主宰する。

(b) 第二の仲裁人が所定の期間内に任命されなかつた場合又は第三の仲裁人の任命について紛争当事国が所定の期間内に合意に達しなかつた場合には、当該第二又は第三の仲裁人は、いずれかの紛争当事国の要請により、この条約の締約国であるいずれかの国の国籍を有していない国際的に名声のある者のうちから常設仲裁裁判所事務総長が任命する。

2 仲裁裁判所は、その本部の場所を決定するものとし、また、その手続規則を採択する。

3 仲裁裁判所の判断は、その構成員の多数決により行われるものとし、構成員は、投票に際し棄権することができない。

4 紛争当事国でないいずれの締約国も、仲裁裁判所の同意を得て訴訟手続に参加することができる。

5 仲裁裁判所の判断は、最終的なものとし、すべての紛争当事国及び訴訟手続に参加するいずれの国も拘束する。これらの国は、直ちにその判断に従うものとする。仲裁裁判所は、一の紛争当事国又は訴訟手続に参加するいずれかの国の要請により、判断について解釈を行う。

6 特別な事情のある訴訟であることを理由として仲裁裁判所が別段の決定を行う場合を除くほか、仲裁裁判所の経費（その構成員の報酬を含む。）は、紛争当事国が均等に負担する。

## 6 国際捕鯨取締条約

署　　名　一九四六年一二月二日（ワシントン）
効力発生　一九四八年一一月一〇日（改正—五九年五月四日（五六年一一月一九日ワシントン））
日 本 国　一九五一年四月二一日（同年二月二〇日内閣加入決定、三月二三日国会承認、四月二一日加入書寄託、七月一七日公布・条約二号　改正—五九年五月四日発効（五月一六日公布・条約一五号）脱退—二〇一九年六月三〇日発効（一八年一二月二七日公布・外務省告示四一二号））
当 事 国　八八

正当な委任を受けた自己の代表者がこの条約に署名した政府は、

鯨族という大きな天然資源を将来の世代のために保護することが世界の諸国の利益であることを認め、

捕鯨の歴史が一区域から他の区域への濫獲及び一鯨種から他の鯨種への濫獲を示しているためにこれ以上の濫獲からすべての種類の鯨を保護することが緊要であることにかんがみ、

鯨族が捕鯨を適当に取り締まれば繁殖が可能であること及び鯨族が繁殖すればこの天然資源をそこなわないで捕獲できる鯨の数を増加することができることを認め、

広範囲の経済上及び栄養上の困窮を起さずにできるだけすみやかに鯨族の最適の水準を実現することが共通の利益であることを認め、

これらの目的を達成するまでは、現に数の減つたある種類の鯨に回復期間を与えるため、捕鯨作業を捕獲に最もよく耐えうる種類に限らなければならないことを認め、

千九百三十七年六月八日にロンドンで署名された国際捕鯨取締協定並びに千九百三十八年六月二十四日及び千九百四十五年十一月二十六日にロンドンで署名された同協定の議定書の規定に具現された原則を基礎として鯨族の適当で有効な保存及び増大を確保するため、捕鯨業に関する国際取締制度を設けることを希望し、且つ、

鯨族の適当な保存を図つて捕鯨産業の秩序のある発展を可能にする条約を締結することに決定し、

次のとおり協定した。

**第一条【条約の定義と適用範囲】** 1 この条約は、その不可分の一部を成す附表を含む。すべて「条約」というときは、現在の辞句における、又は第五条の規定に従つて修正されたこの附表を含むものと了解する。

2 この条約は、締約政府の管轄下にある母船、鯨体処理場及び捕鯨船並びにこれらの母船、鯨体処理場及び捕鯨船によつて捕鯨が行われるすべての水域に適用する。

**第二条【用語】** この条約で用いるところでは、

1 「母船」とは、船内又は船上で鯨を全部又は一部処理する船舶をいう。

2 「鯨体処理場」とは、鯨を全部又は一部処理する陸上の工場をいう。

3 「捕鯨船」とは、鯨の追尾、捕獲、殺害、引寄せ、緊縛又は探索の目的に用いるヘリコプターその他の航空機又は船舶をいう。

4 「締約政府」とは、批准書を寄託し、又はこの条約への加入を通告した政府をいう。

**第三条【捕鯨委員会の構成と表決】** 1 締約政府は、各締約政府の一人の委員から成る国際捕鯨委員会（以下「委員会」という。）を設置することに同意する。各委員は、一個の投票権を有し、且つ、一人以上の専門家及び顧問を同伴することができる。

2 委員会は、委員のうちから一人の議長及び副議長を選挙し、且つ、委員会の手続規則を定める。委員会の決定は、投票する委員の単純多数決で行う。但し、第五条による行動については、投票する委員の四分の三の多数を要する。手続規則は、委員会の会合における決定以外の決定について規定することができる。

3 委員会は、その書記長及び職員を任命することができる。

4 委員会は、その委任する任務の遂行のために望ましいと認める小委員会を、委員会の委員及び専門家又は顧問で設置することができる。

5 委員会の各委員並びにその専門家及び顧問の費用は、各自の政府が決定し、且つ、支払う。

6 国際連合と連携する専門機関が捕鯨業の保存及び発展と捕鯨業から生ずる生産物とに関心を有することを認め、且つ、任務の重複を避けることを希望し、締約政府は、委員会を国際連合と連携する一の専門機関の機構のうちに入れるべきかどうかを決定するため、この条約の実施後二年以内に相互に協議するものとする。

7 それまでの間、グレート・ブリテン及び北部アイルランド連合王国政府は、他の締約政府と協議して、委員会の第一回会合の招集を取りきめ、且つ、前記の第六項に掲げた協議を発議する。

8 委員会その後の会合は、委員会が決定するところに従つて招集する。

**第四条【研究・調査】** 1 委員会は、独立の締約政府間機関若しくは他の公私の機関、施設若しくは団体と共同して、これらを通じて、又は単独で、次のことを行うことができる。

(a) 鯨及び捕鯨に関する研究及び調査を奨励し、勧告し、又は必要があれば組織すること。

(b) 鯨族の現状及び傾向並びにこれらに対する捕鯨活動の影響に関する統計的資料を集めて分析すること。

(c) 鯨族の数を維持し、及び増加する方法に関する資料を研究し、審査し、及び頒布すること。

2　委員会は、事業報告の刊行を行う。また、委員会は、適当と認めた報告並びに鯨及び捕鯨に関する統計的、科学的及び他の適切な資料を、単独で、又はノールウェー国サンデフョルドの国際捕鯨統計局並びに他の団体及び機関と共同して刊行することができる。

**第五条【附表の修正・異議申立て】** 1　委員会は、鯨資源の保存及び利用について、(a)保護される種類及び保護されない種類、(b)解禁期及び禁漁期、(c)解禁水域及び禁漁水域（保護区域の指定を含む。）、(d)各種類についての大きさの制限、(e)捕鯨の時期、方法及び程度（一漁期における鯨の最大捕獲量を含む。）、(f)使用する漁具、装置及び器具の型式及び仕様、(g)測定方法、(h)捕獲報告並びに他の統計的及び生物学的記録並びに(i)監督の方法に関して規定する規則の採択によつて、附表の規定を随時修正することができる。

2　附表の前記の修正は、(a)この条約の目的を遂行するため並びに鯨資源の保存、開発及び最適の利用を図るために必要なもの、(b)科学的認定に基くもの、(c)母船又は鯨体処理場の数又は国籍に対する制限を伴わず、また母船若しくは鯨体処理場又は母船群若しくは鯨体処理場群に特定の割当をしないもの並びに(d)鯨の生産物の消費者及び捕鯨産業の利益を考慮に入れたものでなければならない。

3　前記の各修正は、締約政府については、委員会が各締約政府に修正を通告した後九十日で効力を生ずる。但し、(a)いずれかの政府がこの九十日の期間の満了前に修正に対して委員会に異議を申し立てたときは、この修正は、追加の九十日間は、いずれの政府についても効力を生じない。(b)そこで、他の締約政府は、この九十日の追加期間の満了期日又はこの九十日の追加期間中に受領された最後の異議の受領の日から三十日の満了期日のうちいずれか遅い方の日までに、この修正に対して異議を申し立てることができる。また、(c)その後は、この修正は、異議を申し立てなかつたすべての締約政府について効力を生ずるが、このように異議を申し立てた政府については、異議の撤回の日まで効力を生じない。委員会は、異議及び撤回の各を受領したときは直ちに各締約政府に通告し、且つ、各締約政府は、修正、異議及び撤回に関するすべての通告の受領を確認しなければならない。

4　いかなる修正も、千九百四十九年七月一日の前には、効力を生じない。

**第六条【勧告】** 委員会は、鯨又は捕鯨及びこの条約の目的に関する事項について、締約政府に随時勧告を行うことができる。

**第七条【通告・資料の伝達】** 締約政府は、この条約が要求する通告並びに統計的及び他の資料を、委員会が定める様式及び方法で、ノールウェー国サンデフョルドの国際捕鯨統計局又は委員会が指定する他の団体にすみやかに伝達することを確保しなければならない。

**第八条【特別許可】** 1　この条約の規定にかかわらず、締約政府は、同政府が適当と認める数の制限及び他の条件に従つて自国民のいずれかが科学的研究のために鯨を捕獲し、殺し、及び処理することを認可する特別許可書をこれに与えることができる。また、この条の規定による鯨の捕獲、殺害及び処理は、この条約の適用から除外する。各締約政府は、その与えたすべての前記の認可を直ちに委員会に報告しなければならない。各締約政府は、その与えた前記の特別許可書をいつでも取り消すことができる。

2　前記の特別許可書に基いて捕獲した鯨は、実行可能な限り加工し、また、収得金は、許可を与えた政府の発給した指令書に従つて処分しなければならない。

3　各締約政府は、この条の第一項及び第四条に従つて行われた研究調査の結果を含めて鯨及び捕鯨について同政府が入手しうる科学的資料を、委員会が指定する団体に、実行可能な限り、且つ、一年をこえない期間ごとに送付しなければならない。

4　母船及び鯨体処理場の作業に関連する生物学的資料の継続的な収集及び分析が捕鯨業の健全で建設的な運営に不可欠であることを認め、締約政府は、この資料を得るために実行可能なすべての措置を執るものとする。

**第九条【侵犯に対する措置】** 1　各締約政府は、この条約の規定の適用とその政府の管轄下の人又は船舶が行う作業におけるこの条約の規定の侵犯の処罰とを確保するため、適当な措置を執らなければならない。

2　この条約が捕獲を禁止した鯨については、捕鯨船の砲手及び乗組員にその仕事の成績との関係によつて計算する賞与又は他の報酬を支払つてはならない。

3　この条約に対する侵犯又は違反は、その犯罪について管轄権を有する政府が起訴しなければならない。

4　各締約政府は、その監督官が報告したその政府の管轄下の人又は船舶によるこの条約の規定の各侵犯の完全な詳細を委員会に伝達しなければならない。この通知は、侵犯の処理のために執つた措置及び科した刑罰の報告を含まなければならない。

**第一〇条【批准・効力発生】** 1　この条約は、批准され、批准書は、アメリカ合衆国政府に寄託する。

2　この条約に署名しなかつた政府は、この条約が効力を生じた後、アメリカ合衆国政府に対する通告書によつてこの条約に加入することができる。

3　アメリカ合衆国政府は、寄託された批准書及び受領した加入書のすべてを他のすべての署名政府及びすべての加入政府に通知する。

4　この条約は、オランダ国、ノールウェー国、ソヴィエト社会主義共和国連邦、グレート・ブリテン及び北部アイルランド連合王国並びにアメリカ合衆国の政府を含む少くとも六の署名政府が批准書を寄託したときにこれらの政府について効力を生じ、また、その後に批准し又は加入する各政府については、その批准書の寄託の日又はその加入通告書の受領の日に効力を生ずる。

5　附表の規定は、千九百四十八年七月一日の前には、適用しない。第五条に従つて採択した附表の修正は、千九百四十九年七月一日の前には、適用しない。

**第一一条【脱退】** 締約政府は、いずれかの年の一月一日以前に寄託政府に通告することによつて、その年の六月三十日にこの条約から脱退することができる。寄託政府は、この通告を受領したときは、直ちに他の締約政府に通報する。他の締約政府は、寄託政府から前記の通告の謄本を受領してから一箇月以内に、同様に脱退通告を行うことができる。この場合には、条約は、この脱退通告を行つた政府についてその年の六月三十日に効力を失う。

この条約は、署名のために開かれた日の日付を附され、且つ、その後十四日の間署名のために開いて置く。

## 付表　（平成三一・四・一一外務省告示一二四号）（抜粋）

注　付表の修正に関連して、日本国政府が条約第五条3の規定に従い行った異議申立てにより、付表6の規定の第二文及び南氷洋ミンク鯨資源に適用される限りにおいて付表7(b)の規定は、日本国政府については、効力を生じていない。

7(b)【南大洋保護区〔Sanctuary〕】第五条1(c)に基づき、商業的捕鯨は、遠洋の操業によるものであるか鯨体処理場からのものであるかを問わず、南大洋保護区として指定された区域においては、禁止する。この保護区は、南半球の南緯四十度と西経五十度との交点を始点とし、そこから真南に南緯五十五度まで、そこから真東に東経二十度まで、そこから真東に東経百三十度まで、そこから真北に南緯四十度まで、そこから真東に西経百三十度まで、そこから真南に南緯六十度まで、そこから真東に西経五十度まで、そこから真北に始点までの線以南の水域から成る。その禁止は、委員会によつて随時決定される当該保護区内のひげ鯨及び歯鯨の資源の保存状態にかかわりなく適用する。ただし、その禁止は、委員会が最初の採択から十年後に、また、その後十年ごとに検討するものとし、委員会は、検討の際にこの禁止を修正することができる。この(b)の規定は、南極地域の特別な法的及び政治的地位を害することを意図するものではない。

**資源の分類**

10【鯨資源の分類】全ての鯨資源は、科学委員会の助言に基づいて次の三の種類のうちいずれか一の種類に分類する。

(a)【維持管理資源】維持管理資源(SMS)とは、最大持続生産量(以下「MSY」という。)を実現する資源水準を十パーセント下回る水準以上で、かつ、二十パーセント上回る水準を超えない資源をいう。MSYは、鯨の数を基礎として決定する。

資源は、ほぼ一定した捕獲の制度の下で相当の期間にわたつて安定した水準を維持している場合において、他の種類に分類すべき積極的な証拠がない限り、維持管理資源に分類する。

商業的捕鯨は、科学委員会の助言に基づき、維持管理資源について許可する。当該維持管理資源については、第一表から第三表までに掲げる。

MSYを実現する資源水準以上の資源について許容される捕獲量は、MSYの九十パーセントを超えてはならない。MSYを実現する資源水準と当該資源水準を十パーセント下回る水準との間にある資源について許容される捕獲量は、MSYの九十パーセントを捕獲して得られる数を超えてはならず、また、当該資源がMSYを実現する資源水準を一パーセント下回るごとにMSYの九十パーセントを捕獲して得られる数からその十パーセントずつを減ずることにより得られる数を超えてはならない。

(b)【初期管理資源】初期管理資源(IMS)とは、MSYを実現する資源水準を二十パーセント上回る水準を超える資源をいう。商業的捕鯨は、効果的な方法により及び最適の水準を下回る水準に減少させることなく初期管理資源をMSYを実現する資源水準に引き下げた後に最適の水準とするための必要な措置に関する科学委員会の助言に基づき、初期管理資源について許可する。この資源について許容される捕獲量は、MSYが判明している場合には、MSYの九十パーセントを超えてはならない。捕獲努力量を制限することがより適切な場合には、捕獲努力量は、MSYを実現する資源水準にある資源についてMSYの九十パーセントを捕獲するものに制限する。

継続的な一層高い比率による捕獲が資源をMSYを実現する資源水準を下回る水準に減少させることがないという積極的な証拠がない場合には、いずれの一年においても、推定される開発可能な初期資源の五パーセントを超えて捕獲してはならない。開発は、科学委員会が満足する推定資源量が得られるまで開始してはならない。初期管理資源に分類される資源については、第一表から第三表までに掲げる。

(c)【保護資源】保護資源(PS)とは、MSYを達成する資源水準を十パーセント下回る水準を下回る資源をいう。商業的捕鯨は、保護資源については、禁止する。保護資源に分類される資源については、第一表から第三表までに掲げる。

(d)【母船式操業の部分的停止】この10の他の規定にかかわらず、母船又はこれに附属する捕鯨船によりミンク鯨を除く鯨を捕獲し、殺し、又は処理することは、停止する。この停止は、まつこう鯨及びしやち並びにミンク鯨を除くひげ鯨について適用する。

(e)【商業捕鯨モラトリアム】この10の他の規定にかかわらず、全ての資源についての商業的な目的のための鯨の殺害に関する捕獲枠は、千九百八十六年の沿岸捕鯨の解禁期及び千九百八十五年から千九百八十六年までの遠洋捕鯨の解禁期について並びにそれ以降の解禁期について零とする。この(e)の規定は、最良の科学的助言に基づいて常に検討されるものとし、委員会は、遅くとも千九百九十年までに、この(e)に定める決定の鯨資源に与える影響につき包括的な評価を行うとともにこの(e)の規定の修正及び他の捕獲枠の設定につき検討する。

30【科学的研究に対する許可計画の提供】締約政府は、科学的研究に対する許可の計画を、当該許可を与える前に科学委員会が当該許可について検討し、及び意見を表明することができるよう、十分な時間的余裕をもつて委員会の書記長に提供する。当該許可の計画には、次の事項を明記すべきである。

(a) 研究の目的
(b) 捕獲する動物の数、性別、大きさ及び資源
(c) 他の国の科学者が研究に参加する機会
(d) 資源の保存に及ぼし得る影響

科学委員会は、可能な場合には、年次会合において当該許可の計画について検討し、及び意見を表明する。当該許可が次回の年次会合に先立つて与えられるときは、書記長は、当該許可の計画を科学委員会の委員に対し、検討及び意見の表明のため、郵便で送付する。当該許可による研究の暫定的な結果については、科学委員会の次回の年次会合において入手可能とすべきである。

**参　考**

**◇日本の第二期南極海鯨類捕獲調査計画(JARPAⅡ)に関する決議**(国際捕鯨委員会決議二〇〇五―一)(抜粋)

国際捕鯨取締条約第八条が、鯨の科学的研究のために特別許可書を与えることを締約政府に認めていることを認識し(中略)

したがって委員会はここに、

科学委員会に対して、日本の南極海鯨類捕獲調査計画〔JARPA〕の成果を可及的速やかに検討することを要請し、かつ、

日本国政府に対して、JARPAⅡを撤回するか、又は、JARPAⅡに定められた目的を果たすために必要な情報を非殺傷的手段によって入手しうるように計画を修正することを強

く要請する。

## 7 みなみまぐろの保存のための条約(抄)

署　　名　一九九三年五月一〇日
効力発生　一九九四年五月二〇日
日 本 国　一九九四年五月二〇日(九三年一一月五日国会承認、九四年四月八日批准書寄託、五月一九日公布・条約三号)
当 事 国　七(他にEU)

この条約の締約国は、
みなみまぐろに関する共通の利益を考慮し、
オーストラリア、日本国及びニュー・ジーランドが、みなみまぐろの保存及び管理のための措置を既に講じてきたことを想起し、
関連する国際法の諸原則に基づく締約国の権利及び義務に十分な考慮を払い、
海洋法に関する国際連合条約が千九百八十二年に採択されたことに留意し、
諸国が排他的経済水域又は漁業水域を設定し、かつ、これらの水域内において生物資源の探査、開発、保存及び管理のための主権的権利又は管轄権を国際法に従って行使していることに留意し、
みなみまぐろがこれらの水域を通過して回遊する高度回遊性の種であることを認め、
みなみまぐろが自国の排他的経済水域又は漁業水域を通過して回遊する沿岸国が、これらの水域内においてみなみまぐろを含む生物資源の探査、開発、保存及び管理のための主権的権利を行使していることに留意し、
みなみまぐろの保存及び管理のための科学的調査の重要性並びにみなみまぐろ及び生態学上これに関連する種に関する科学的情報の収集の重要性を認め、
みなみまぐろの保存及び最適利用を確保するため、協力することが不可欠であることを認めて、

次のとおり協定した。

**第一条【適用範囲】** この条約は、みなみまぐろ(トゥヌス・マコイイ)について適用する。

**第二条【定義】** この条約の適用上、
(a) 「生態学上関連する種」とは、みなみまぐろと関連を有する海産生物の種(みなみまぐろを捕食する生物及びみなみまぐろのえさとなる生物の双方を含むが、これらに限られない。)をいう。
(b) 「漁獲」とは、次の(i)及び(ii)をいう。
(i) 魚類を採捕すること又は魚類を採捕する結果になると合理的に予想し得るその他の活動
(ii) (i)に掲げる活動を準備し又は直接に補助するための海上における作業

**第三条【目的】** この条約の目的は、みなみまぐろの保存及び最適利用を適当な管理を通じて確保することにある。

**第四条【他の条約との関係】** この条約のいかなる規定も、又はこの条約の規定に基づいて採択されるいかなる措置も、この条約の締約国が締約国となっている条約その他の国際的な合意に基づく権利及び義務に関する当該締約国の立場又は見解並びに海洋法に関する当該締約国の立場又は見解を害するものとみなしてはならない。

**第五条【締約国の行動】** 1 各締約国は、この条約の実施及び第八条7の規定により拘束力を有することとなる措置の遵守を確保するため、すべての必要な行動をとる。
2 締約国は、みなみまぐろ保存委員会に対し、みなみまぐろ及び適当な場合には生態学上関連する種の保存に関係のある科学的情報、漁獲量及び漁獲努力に係る統計その他の資料を速やかに提供する。
3 締約国は、適当な場合には、みなみまぐろ及び生態学上関連する種の科学的調査に関係のある漁業資料、生物学標本その他の情報の収集及び直接交換について協力する。
4 締約国は、この条約の締約国でない国又は団体の国民、住民又は船舶によるみなみまぐろの漁獲に関する情報の交換について協力する。

**第六条【みなみまぐろ保存委員会】** 1 締約国は、この条約によりみなみまぐろ保存委員会(以下「委員会」という。)を設置する。締約国は、委員会を維持することに合意する。
2 各締約国は、委員会において三人以下の代表により代表されるものとする。これらの代表は、専門家及び顧問を同伴することができる。
3―8 (略)
9 委員会は、法人格を有するものとし、他の国際機関との関係において及び締約国の領域において、その任務の遂行及びその目的の達成のために必要な法律上の能力を有する。締約国の領域における委員会及びその職員の特権及び免除は、委員会と関係締約国との間で合意するところによる。
10 (略)
11 委員会の公用語は、日本語及び英語とする。提案及び資料は、いずれの国語によっても委員会に提出することができる。

**第七条【委員会の決定】** 各締約国は、委員会において一の票を有する。委員会の決定は、委員会の会合に出席する締約国の全会一致の投票によって行う。

**第八条【委員会の任務と権限】** 1 委員会は、次に掲げる情報を収集し、及び蓄積する。
(a) みなみまぐろ及び生態学上関連する種に関する科学的情報、統計資料その他の情報
(b) みなみまぐろ漁業に係る法令及び行政措置に関する情報
(c) みなみまぐろに関するその他の情報
2 委員会は、次に掲げる事項について審議する。
(a) この条約及びこの条約の規定に基づいて採択する措置の解釈及び実施
(b) みなみまぐろの保存、管理及び最適利用のための規制措置
(c) 次条に定める科学委員会によって報告される事項
(d) 次条に定める科学委員会に委託する事項
(e) 第十条に定める事務局に委託する事項
(f) この条約の規定を実施するために必要なその他の活動
3 みなみまぐろの保存、管理及び最適利用のため、
(a) 委員会は、次条2(c)及び(d)に規定する科学委員会の報告及び勧告に基づき他の適当な措置を決定しない限り、総漁獲可能量及び締約国に対する割当量を決定する。
(b) 委員会は、必要な場合には、その他の追加的な措置を決定

することができる。

4 委員会は、3の規定に基づき締約国に対する割当量を決定する際に、次の事項を考慮する。

(a) 関連する科学的な証拠

(b) みなみまぐろ漁業の秩序ある持続的発展の必要性

(c) みなみまぐろが自国の排他的経済水域又は漁業水域を通過して回遊する締約国の利益

(d) みなみまぐろの漁獲に従事する船舶の所属する締約国(歴史的に当該漁獲に従事してきた締約国及び自国のみなみまぐろ漁業が開発途上にある締約国を含む。)の利益

(e) みなみまぐろの保存、増殖及び科学的調査に対する各締約国の寄与

(f) 委員会が適当と認めるその他の事項

5 委員会は、この条約の目的の達成を促進するため、締約国に対する勧告を決定することができる。

6 委員会は、3の規定に基づく措置及び5の規定に基づく勧告を決定する際に、次条2(c)及び(d)に基づく科学委員会の報告及び勧告を十分に考慮する。

7 3の規定に基づいて決定されるすべての措置は、締約国を拘束する。

8 委員会は、その決定する措置及び勧告をすべての締約国に速やかに通告する。

9 委員会は、みなみまぐろの保存及び管理に必要な科学的知識を増進するため並びにこの条約及びこの条約の規定に基づいて採択する措置の効果的な実施を達成するため、できる限り早期にかつ国際法に反することなく、みなみまぐろに関連するすべての漁獲の活動の状況を把握する制度を開発する。

10 委員会は、その任務の遂行上望ましいと認める補助機関を設置することができる。

**第九条【科学委員会】**(略)

**第一〇条【事務局】**(略)

**第一一条【経費】**(略)

**第一二条【他の政府間機関との関係】**(略)

**第一三条【条約への加入の奨励】**(略)

**第一四条【オブザーバー】**(略)

**第一五条【非締約国との関係】** 1 締約国は、この条約の締約国でない国又は団体の国民、住民又は船舶による漁獲の活動に関する事項であってこの条約の目的の達成に影響を与える可能性があるものについて、当該国又は団体の注意を喚起することに同意する。

2 各締約国は、自国民がこの条約の締約国でない国又は団体によるみなみまぐろ漁業に関与することがこの条約の目的の達成に不利な影響を与える可能性がある場合には、自国民に対しそのようなみなみまぐろ漁業に関与しないよう奨励する。

3 各締約国は、自国の法令の下で登録された船舶がこの条約の規定又はこの条約の規定に基づいて採択される措置の遵守を回避する目的で登録を移転することを防止するため、適切な手段をとる。

4 締約国は、この条約の締約国でない国又は団体の国民、住民又は船舶によるみなみまぐろの漁獲の活動がこの条約の目的の達成に不利な影響を与える可能性がある場合には、そのような活動を抑止するため、国際法及びそれぞれの国内法に合致する適切な手段をとることについて協力する。

**第一六条【紛争の解決】**(南極海洋生物資源保存条約第二五条とほぼ同じ。ただし、3の末尾に「附属書は、この条約の不可分の一部を成す。」を加える。)

**第一七条【署名及び効力発生】**(略)

**第一八条【加入】**(略)

**第一九条【留保の禁止】**(略)

**第二〇条【脱退】**(略)

**第二一条【改正】**(略)

**第二二条【寄託及び登録】**(略)

**仲裁裁判所に関する附属書** (略)

参 考

◇**地中海漁業一般委員会に関する協定**(一九九七年六月一二日公布・条約五号)

◇**全米熱帯まぐろ類委員会の設置に関するアメリカ合衆国とコスタ・リカ共和国との間の条約**(全米熱帯まぐろ類条約)(一九七〇年七月一日公布・条約一六号)

◇**千九百四十九年のアメリカ合衆国とコスタリカ共和国との間の条約によって設置された全米熱帯まぐろ類委員会の強化のための条約**(アンティグア条約)(二〇〇九年九月一一日公布・条約一〇号)

◇**大西洋のまぐろ類の保存のための国際条約**(一九六九年四月二八日公布・条約一号)

◇**インド洋まぐろ類委員会の設置に関する協定**(一九九六年六月二六日公布・条約三号)

◇**西部及び中部太平洋における高度回遊性魚類資源の保存及び管理に関する条約**(中西部太平洋まぐろ類条約)(二〇〇五年七月一三日公布・条約九号)

◇**南インド洋漁業協定**(二〇一四年六月二〇日公布・条約九号)

## 8 日韓漁業協定

(漁業に関する日本国と大韓民国との間の協定)

署　名　一九九八年一一月二八日(鹿児島)

効力発生　一九九九年一月二二日(日本国―一九九八年一二月一一日国会承認、九九年一月二〇日内閣批准、同日批准書認証、一月二二日批准書交換、一月二二日公布・条約三号)

日本国及び大韓民国は、

海洋生物資源の合理的な保存及び管理並びに最適利用の重要性を認識し、

千九百六十五年六月二十二日に東京で署名された日本国と大韓民国との間の漁業に関する協定を基礎として維持されてきた両国の間の漁業の分野における協力関係の伝統を想起し、

両国が千九百八十二年十二月十日に作成された海洋法に関する国際連合条約(以下「国連海洋法条約」という。)の締約国であることに留意し、

国連海洋法条約を基礎として、両国の間に新しい漁業秩序を確立し、両国の間の漁業の分野における協力関係を更に発展させることを希望して、

次のとおり協定した。

**第一条【協定水域】** この協定は、日本国の排他的経済水域及び大韓民国の排他的経済水域（以下「協定水域」という。）に適用する。

**第二条【漁獲許可】** 各締約国は、互恵の原則に立脚して、この協定及び自国の関係法令に従い、自国の排他的経済水域において他方の締約国の国民及び漁船が漁獲を行うことを許可する。

**第三条【操業条件の決定】** １　各締約国は、自国の排他的経済水域における他方の締約国の国民及び漁船の漁獲が認められる魚種、漁獲割当量、操業区域その他の操業に関する具体的な条件を毎年決定し、その決定を他方の締約国に書面により通報する。

２　各締約国は、１の決定を行うに当たり、第十二条の規定に基づいて設置される日韓漁業共同委員会の協議の結果を尊重し、及び自国の排他的経済水域における海洋生物資源の状態、自国の漁獲能力、相互入会いの状況その他の関係する要因を考慮する。

**第四条【許可証の発給】** １　各締約国の権限のある当局は、他方の締約国から前条に規定する決定について書面による通報を受けた後、他方の締約国の排他的経済水域において漁獲を行うことを希望する自国の国民及び漁船に対する許可証の発給を他方の締約国の権限のある当局に申請する。当該他方の締約国の権限のある当局は、この協定及び漁業に関する自国の関係法令に従って、この許可証を発給する。

２　許可を受けた漁船は、許可証を操舵室の見やすい場所に掲示し、及び漁船の標識を明確に表示して操業する。

３　各締約国の権限のある当局は、許可証の申請及び発給、漁獲実績に関する報告、漁船の標識並びに操業日誌の記載に関する規則を含む手続規則を他方の締約国の権限のある当局に書面により通報する。

４　各締約国の権限のある当局は、入漁料及び許可証の発給に関する妥当な料金を徴収することができる。

**第五条【法令遵守の義務】** １　各締約国の国民及び漁船は、他方の締約国の排他的経済水域において漁獲を行うときには、この協定及び漁業に関する他方の締約国の関係法令を遵守する。

２　各締約国は、自国の国民及び漁船が他方の締約国の排他的経済水域において漁獲を行うときには、第三条の規定に従い他方の締約国が決定する他方の締約国の排他的経済水域における操業に関する具体的な条件及びこの協定の規定を遵守するよう、必要な措置をとる。この措置は、他方の締約国の排他的経済水域における自国の国民及び漁船に対する臨検、停船その他の取締りを含まない。

**第六条【拿捕・抑留】** １　各締約国は、他方の締約国の国民及び漁船が自国の排他的経済水域において漁獲を行うときには、第三条の規定に従い自国が決定する自国の排他的経済水域における操業に関する具体的な条件及びこの協定の規定を遵守するよう、国際法に従い、自国の排他的経済水域において必要な措置をとることができる。

２　各締約国の権限のある当局は、１の措置として、他方の締約国の漁船及びその乗組員を拿捕し又は抑留した場合には、とられた措置及びその後科された罰について、外交上の経路を通じて他方の締約国に迅速に通報する。

３　拿捕され又は抑留された漁船及びその乗組員は、適切な担保金又はその提供を保証する書面を提供した後に速やかに釈放される。

４　各締約国は、漁業に関する自国の関係法令に定める海洋生物資源の保存措置その他の条件を他方の締約国に遅滞なく通報する。

**第七条【漁業暫定線の決定】** １　各締約国は、次の点を順次に直線により結ぶ線より自国側の協定水域において漁業に関する主権的権利を行使するものとし、第二条から前条までの規定の適用上もこの水域を自国の排他的経済水域とみなす。

(1) 北緯三十二度五十七・〇分、東経百二十七度四十一・一分の点
(2) 北緯三十二度五十七・五分、東経百二十七度四十一・九分の点
(3) 北緯三十三度一・三分、東経百二十七度四十四・〇分の点
(4) 北緯三十三度八・七分、東経百二十七度四十八・三分の点
(5) 北緯三十三度十三・七分、東経百二十七度五十一・六分の点
(6) 北緯三十三度十六・二分、東経百二十七度五十二・三分の点
(7) 北緯三十三度四十五・一分、東経百二十八度二十一・七分の点
(8) 北緯三十三度四十七・四分、東経百二十八度二十五・五分の点
(9) 北緯三十三度五十・四分、東経百二十八度二十六・一分の点
(10) 北緯三十四度八・二分、東経百二十八度四十一・三分の点
(11) 北緯三十四度十三・〇分、東経百二十八度四十七・六分の点
(12) 北緯三十四度十八・〇分、東経百二十八度五十二・八分の点
(13) 北緯三十四度十八・五分、東経百二十八度五十三・三分の点
(14) 北緯三十四度二十四・五分、東経百二十八度五十七・三分の点
(15) 北緯三十四度二十七・六分、東経百二十八度五十九・四分の点
(16) 北緯三十四度二十九・二分、東経百二十九度〇・二分の点
(17) 北緯三十四度三十二・一分、東経百二十九度〇・八分の点
(18) 北緯三十四度三十二・六分、東経百二十九度〇・八分の点
(19) 北緯三十四度四十・三分、東経百二十九度三・一分の点
(20) 北緯三十四度四十九・七分、東経百二十九度十二・一分の点
(21) 北緯三十四度五十・六分、東経百二十九度十三・〇分の点
(22) 北緯三十四度五十二・四分、東経百二十九度十五・八分の点
(23) 北緯三十四度五十四・三分、東経百二十九度十八・四分の点
(24) 北緯三十四度五十七・〇分、東経百二十九度二十一・七分の点
(25) 北緯三十四度五十七・六分、東経百二十九度二十二・六分の点
(26) 北緯三十四度五十八・六分、東経百二十九度二十五・三分の点
(27) 北緯三十五度一・二分、東経百二十九度三十二・九分の点
(28) 北緯三十五度四・一分、東経百二十九度四十・七分の点
(29) 北緯三十五度六・八分、東経百三十度七・五分の点
(30) 北緯三十五度七・〇分、東経百三十度十六・四分の点

(31) 北緯三十五度十八・二分、東経百三十度二十三・三分の点
(32) 北緯三十五度三十三・七分、東経百三十度三十四・一分の点
(33) 北緯三十五度四十二・三分、東経百三十度四十二・七分の点
(34) 北緯三十六度三・八分、東経百三十一度八・三分の点
(35) 北緯三十六度十・〇分、東経百三十一度十五・九分の点

2 各締約国は、1の線より他方の締約国側の協定水域において漁業に関する主権的権利を行使しないものとし、第二条から前条までの規定の適用上もこの水域を他方の締約国の排他的経済水域とみなす。

**第八条【適用除外】** 第二条から第六条までの規定は、協定水域のうち次の(1)及び(2)の水域には適用しない。
(1) 次条1に定める水域
(2) 次条2に定める水域

**第九条【暫定水域の設定】** 1 次の各点を順次に直線により結ぶ線によって囲まれる水域においては、附属書Ⅰの2の規定を適用する。
(1) 北緯三十六度十・〇分、東経百三十一度十五・九分の点
(2) 北緯三十五度三十三・七五分、東経百三十一度四十六・五分の点
(3) 北緯三十五度五十九・五分、東経百三十二度十三・七分の点
(4) 北緯三十六度十八・五分、東経百三十二度十三・七分の点
(5) 北緯三十六度五十六・二分、東経百三十二度五十五・八分の点
(6) 北緯三十六度五十六・二分、東経百三十五度三十・〇分の点
(7) 北緯三十八度三十七・〇分、東経百三十五度三十・〇分の点
(8) 北緯三十九度五十一・七五分、東経百三十四度十一・五分の点
(9) 北緯三十八度三十七・〇分、東経百三十二度五十九・八分の点
(10) 北緯三十八度三十七・〇分、東経百三十一度四十・〇分の点
(11) 北緯三十七度二十五・五分、東経百三十一度四十・〇分の点
(12) 北緯三十七度八・〇分、東経百三十一度三十四・〇分の点
(13) 北緯三十六度五十二・〇分、東経百三十一度十・〇分の点
(14) 北緯三十六度五十二・〇分、東経百三十度二十二・五分の点
(15) 北緯三十六度十・〇分、東経百三十度二十二・五分の点
(16) 北緯三十六度十・〇分、東経百三十一度十五・九分の点

2 次の各線によって囲まれる水域であって、大韓民国の排他的経済水域の最南端の緯度線以北の水域においては、附属書Ⅰの3の規定を適用する。
(1) 北緯三十二度五十七・〇分、東経百二十七度四十一・一分の点と北緯三十二度三十四・〇分、東経百二十七度九・〇分の点を結ぶ直線
(2) 北緯三十二度三十四・〇分、東経百二十七度九・〇分の点と北緯三十一度〇・〇分、東経百二十五度五十一・五分の点を結ぶ直線
(3) 北緯三十一度〇・〇分、東経百二十五度五十一・五分の点から始まり北緯三十度五十六・〇分、東経百二十五度五十二・〇分の点を通過する直線
(4) 北緯三十二度五十七・〇分、東経百二十七度四十一・一分の点と北緯三十一度二十・〇分、東経百二十七度十三・〇分の点を結ぶ直線
(5) 北緯三十一度二十・〇分、東経百二十七度十三・〇分の点から始まり北緯三十一度〇・〇分、東経百二十七度五・〇分の点を通過する直線

**第一〇条【相互協力】** 両締約国は、協定水域における海洋生物資源の合理的な保存及び管理並びに最適利用に関し相互に協力する。この協力は、当該海洋生物資源の統計学的な情報及び水産業資料の交換を含む。

**第一一条【自国民・漁船に対する国内措置】** 1 両締約国は、それぞれ自国の国民及び漁船に対して、航行に関する国際法規の遵守、両締約国の漁船間の操業の安全及び秩序の維持並びに海上における両締約国の漁船間の事故の円滑かつ迅速な解決のため、適切な措置をとる。

2 1に掲げる目的のため、両締約国の関係当局は、できる限り緊密に相互に連絡し、及び協力する。

**第一二条【日韓漁業共同委員会】** 1 両締約国は、この協定の目的を効率的に達成するため、日韓漁業共同委員会(以下「委員会」という。)を設置する。

2 委員会は、両締約国の政府がそれぞれ任命する一人の代表及び一人の委員で構成されるものとし、必要な場合には、専門家で構成される下部機構を設置することができる。

3 委員会は、毎年一回、両国で交互に開催するものとし、両締約国が合意する場合には、臨時に開催することができる。2の下部機構が設置される場合には、当該下部機構は、委員会の両締約国の政府の代表の合意により、いつでも開催することができる。

4 委員会は、次の事項に関し協議し、協議の結果を両締約国に勧告する。両締約国は、委員会の勧告を尊重する。
(1) 第三条に規定する操業に関する具体的な条件に関する事項
(2) 操業の秩序の維持に関する事項
(3) 海洋生物資源の実態に関する事項
(4) 両国の間の漁業の分野における協力に関する事項
(5) 第九条1に定める水域における海洋生物資源の保存及び管理に関する事項
(6) その他この協定の実施に関連する事項

5 委員会は、第九条2に定める水域における海洋生物資源の保存及び管理に関する事項に関し協議し、決定する。

6 委員会のすべての勧告及び決定は、両締約国の政府の代表の合意によってのみ行う。

**第一三条【紛争の解決】** 1 この協定の解釈及び適用に関する両締約国間の紛争は、まず、協議によって解決する。

2 1にいう紛争が協議により解決されない場合には、そのような紛争は、両締約国の同意により、次に定める手続に従い解決する。
(1) いずれか一方の締約国の政府が他方の締約国の政府から紛争の原因が記載された当該紛争の仲裁を要請する公文を受領した場合においてその要請に応ずる旨の通報を他方の締約国の政府に対して行うときには、当該紛争は、当該通報が受領された日から三十日の期間内に各締約国政府が任命する各一人の仲裁委員と、こうして選定された二人の仲裁委員が当該期

間の後三十日以内に合意する第三の仲裁委員又は当該期間の後三十日以内にその二人の仲裁委員が合意する第三国の政府が指名する第三の仲裁委員との三人の仲裁委員から構成される仲裁委員会に決定のため付託される。ただし、第三の仲裁委員は、いずれの一方の締約国の国民であってもならない。

(2) いずれか一方の締約国の政府が(1)に定める期間内に仲裁委員を任命しなかった場合又は第三の仲裁委員若しくは第三国について(1)に定める期間内に合意されなかった場合には、仲裁委員会は、いずれかの場合における所定の期間の後三十日以内に各締約国政府が選定する国の政府が指名する各一人の仲裁委員とそれらの政府が協議により決定する第三国の政府が指名する第三の仲裁委員をもって構成される。

(3) 各締約国は、自国の政府が任命した仲裁委員又は自国の政府が選定する国の政府が指名した仲裁委員に関する費用及び自国の政府が仲裁に参加する費用をそれぞれ負担する。第三の仲裁委員がその職務を遂行するための費用は、両締約国が折半して負担する。

(4) 両締約国政府は、この条の規定に基づく仲裁委員会の多数決による決定に服する。

**第一四条【附属書の地位】** この協定の附属書I及び附属書IIは、この協定の不可分の一部を成す。

**第一五条【漁業事項以外の国際法との関係】** この協定のいかなる規定も、漁業に関する事項以外の国際法上の問題に関する各締約国の立場を害するものとみなしてはならない。

**第一六条【批准、効力発生及び有効期間】** 1 この協定は、批准されなければならない。批准書は、できる限り速やかにソウルで交換されるものとする。この協定は、批准書の交換の日に効力を生ずる。

2 この協定は、その効力発生の日から三年間効力を有する。その後は、いずれの一方の締約国も、この協定を終了させる意思を他方の締約国に対し書面により通告することができるものとし、この協定は、そのような通告がなされた日から六箇月後に終了し、そのようにして終了しない限り引き続き効力を有する。

**第一七条【一九六五年協定の失効】** 千九百六十五年六月二十二日に東京で署名された日本国と大韓民国との間の漁業に関する協定は、この協定の効力発生の日に効力を失う。

## 附属書I

1 両締約国は、排他的経済水域の早急な境界画定のため、誠意をもって交渉を継続する。

2 両締約国は、この協定の第九条1に定める水域で海洋生物資源の維持が過度な開発により脅かされないようにするため、次の規定に従い協力する。

(1) 各締約国は、この水域で他方の締約国の国民及び漁船に対して漁業に関する自国の関係法令を適用しない。

(2) 各締約国は、この協定の第十二条の規定に基づき設置される日韓漁業共同委員会(以下「委員会」という。)における協議の結果による勧告を尊重して、この水域における海洋生物資源の保存及び漁業種類別の漁船の最高操業隻数を含む適切な管理に必要な措置を、自国の国民及び漁船に対してとる。

(3) 各締約国は、この水域でそれぞれ自国の国民及び漁船に実施している措置を他方の締約国に通報するものとし、両締約国は、委員会の自国の政府の代表を(2)の勧告のための協議に参加させるに当たってその通報された内容に十分配慮する。

(4) 各締約国は、この水域で漁獲を行う自国の国民及び漁船による漁業種類別及び魚種別の漁獲量その他の関連情報を他方の締約国に提供する。

(5) 一方の締約国は、他方の締約国の国民及び漁船がこの水域において他方の締約国が(2)の規定に従い実施する措置に違反していることを発見した場合には、その事実及び関連状況を他方の締約国に通報することができる。当該他方の締約国は、自国の国民及び漁船を取り締まるに当たり、その通報と関連する事実を確認して必要な措置をとった後、その結果を当該一方の締約国に通報する。

3 両締約国は、この協定の第九条2に定める水域で海洋生物資源の維持が過度な開発により脅かされないようにするため、次の規定に従い協力する。

(1) 各締約国は、この水域で他方の締約国の国民及び漁船に対して漁業に関する自国の関係法令を適用しない。

(2) 各締約国は、委員会の決定に従い、この水域における海洋生物資源の保存及び漁業種類別の漁船の最高操業隻数を含む適切な管理に必要な措置を、自国の国民及び漁船に対してとる。

(3) 各締約国は、この水域でそれぞれ自国の国民及び漁船に実施している措置を他方の締約国に通報するものとし、両締約国は、委員会の自国の政府の代表を(2)の決定のための協議に参加させるに当たってその通報された内容に十分配慮する。

(4) 各締約国は、この水域で漁獲を行う自国の国民及び漁船による漁業種類別及び魚種別の漁獲量その他の関連情報を他方の締約国に提供する。

(5) 一方の締約国は、他方の締約国の国民及び漁船がこの水域において他方の締約国が(2)の規定に従い実施する措置に違反していることを発見した場合には、その事実及び関連状況を他方の締約国に通報することができる。当該他方の締約国は、自国の国民及び漁船を取り締まるに当たり、その通報と関連する事実を確認して必要な措置をとった後、その結果を当該一方の締約国に通報する。

## 附属書II

1 各締約国は、この協定の第九条1及び2に定める水域より自国側の協定水域において漁業に関する主権的権利を行使するものとし、この協定の第二条から第六条までの規定の適用上もこの水域を自国の排他的経済水域とみなす。

2 各締約国は、この協定の第九条1及び2に定める水域より他方の締約国側の協定水域において漁業に関する主権的権利を行使しないものとし、この協定の第二条から第六条までの規定の適用上もこの水域を他方の締約国の排他的経済水域とみなす。

3 1及び2の規定は、次の各点を順次に直線により結ぶ線より北西側の水域の一部の協定水域には適用しない。また、各締約国は、この水域においては、漁業に関する自国の関係法令を他方の締約国の国民及び漁船に対して適用しない。

(1) 北緯三十八度三十七・〇分、東経百三十一度四十・〇分の点

(2) 北緯三十八度三十七・〇分、東経百三十二度五十九・八分の点

(3) 北緯三十九度五十一・七五分、東経百三十四度十一・五分の点

## 合意された議事録

（一九九九年一月二二日外務省告示五六号）

日本国政府代表及び大韓民国政府代表は、本日署名された漁業に関する日本国と大韓民国との間の協定（以下「協定」という。）の関係条項に関連し、次の事項を記録することに合意した。

1　両政府は、東シナ海における円滑な漁業秩序を維持するために、緊密に協力する。

2　大韓民国政府は、協定第九条2に定める水域の設定に関連し、東シナ海の一部水域において日本国が第三国との間で構築した漁業関係が損なわれることのないよう、日本国政府に対して協力する意向を有する。ただし、このことは、日本国が当該第三国と締結した漁業協定に関する大韓民国の立場を害するものとみなしてはならない。

3　日本国政府は、協定第九条2に定める水域の設定に関連し、大韓民国の国民及び漁船が、東シナ海の他の一部水域において日本国が第三国との間で構築した漁業関係の下で一定の漁業活動を行うことが可能となるよう当該第三国の政府に対して協力を求める意向を有する。

4　両政府は、協定及び両国がそれぞれ第三国と締結したか、又は締結する漁業協定に基づいて東シナ海における円滑な漁業秩序を維持するための具体的な方策を、協定第十二条に基づき設置される日韓漁業共同委員会及び当該第三国との漁業協定に基づいて設置される類似の委員会を通じて協議する意向を有する。

千九百九十八年十一月二十八日に鹿児島で

日本国政府のために
高村正彦
大韓民国政府のために
洪淳瑛

**（協定の規定に反する操業が行われた場合の措置に関する書簡）**（略）

**（大韓民国の国民及び漁船に対する漁獲割当量に関する日本側書簡）**

本大臣は、本日署名された漁業に関する日本国と大韓民国との間の協定に言及するとともに、次のとおり申し述べる光栄を有します。

日本国の排他的経済水域における大韓民国の国民及び漁船に対する漁獲割当量は、外国人が行う漁業の漁獲量に関する日本国の国内法令の規定に従って、次に示す考え方に沿って各年決定する意向である。

1　スケトウダラの漁獲割当量は、千九百九十九年は一万五千トンとし、翌年以降はゼロとする。

2　ズワイガニの漁獲割当量は、千九百九十九年及び翌年は既存の漁獲実績の二分の一とし、翌々年以降はゼロとする。

3　スケトウダラ及びズワイガニ以外の魚種の漁獲割当量の合計は、当該魚種の既存の漁獲実績を基準とし、千九百九十九年から三年で、大韓民国の排他的経済水域における日本国の国民及び漁船に対する漁獲割当量と等量とする。

本大臣は、以上を申し進めるに際し、ここに閣下に向かって敬意を表します。

千九百九十八年十一月二十八日に鹿児島で

日本国外務大臣　高村正彦

大韓民国外交通商部長官　洪淳瑛閣下

# 9　海港ノ国際制度ニ関スル条約及規程（抜粋）

署　名　一九二三年一二月九日（ジュネーヴ）
効力発生　一九二六年七月二六日
日本国　一九二六年一二月二九日（同年八月四日批准、九月三〇日批准書寄託、一〇月二八日公布・条約五号）



**第一条【附属規程の受諾】**締約国ハ、千九百二十三年十一月十五日「ジュネーヴ」ニ於テ開催セラレタル交通及通過ニ関スル第二回総会ニ依リ採択セラレタル本条約附属ノ海港ノ国際制度ニ関スル規程ヲ受諾スルコトヲ宣言ス。

右規程ハ、本条約ノ一部ヲ構成スルモノト認メラルヘシ。

従テ締約国ハ、同規程中ニ定ムル条項及条件ニ従ヒ、同規程ノ義務及約定ヲ受諾スルコトヲ茲ニ宣言ス。

## 規　程（抜粋）

**第一条【海港の定義】**航海船ノ平常出入シ、且外国貿易ノ為使用セラルル一切ノ港ハ、本規程ノ意味ニ於テ海港ト認メラルヘシ。

**第二条【船舶等の均等待遇】**相互主義ノ原則ニ従ヒ、且第八条第一項ニ掲クル留保ノ下ニ、各締約国ハ、其ノ主権又ハ権力ノ下ニ在ル海港ニ於テ、該海港ヘノ出入ノ自由及該海港ノ使用ニ関シ、並船舶、其ノ積荷及旅客ニ右締約国カ許与スル航海上及商業経営上ノ便益ノ完全ナル享有ニ関シ、他ノ各締約国ノ船舶ニ対シ、自国船舶又ハ他ノ何レカノ国ノ船舶ニ許与スルト均等ナル待遇ヲ許与スヘキコトヲ約ス。

斯ク確立セラレタル均等待遇ハ、碇泊地点ノ振当、荷積上及荷卸上ノ便益ノ如キ一切ノ種類ノ便益並政府、官公署、特許事業者若ハ各種企業ノ名ニ於テ又ハ其ノ計算ニ於テ課セラルル一切ノ種類ノ税金及料金ニ及フヘシ。

**第八条【報復規定】**締約国ノ各ハ、該締約国ノ船舶、其ノ積荷及旅客ニ対シ本規程ノ条項ヲ自己ノ主権又ハ権力ノ下ニ在ル海港ニ於テ有効ニ適用セサル国ノ船舶ニ対シ、外交手続ニ依リ通告ヲ為シタル後、均等待遇ノ便益ヲ停止スルノ権ヲ留保ス。

前項ニ規定セル処置ノ執ラレタル場合ニ於テハ、処置ヲ執リタル国及処置ヲ受ケタル国ハ、何レモ常設国際司法裁判所ニ、書記宛ノ請求ニ依リ、出訴スルノ権利ヲ有スヘシ。同裁判所ハ、簡易手続ノ規則ニ従ヒ右事件ヲ解決スヘシ。

尤モ各締約国ハ、本条第一項ニ規定スル処置ヲ執ルノ権利ヲ抛棄スル旨ノ宣言ヲ為スコトアルヘキ他ノ国ニ対シ、右処置ヲ執ルノ権利ヲ抛棄スルコトヲ本条約ノ署名又ハ批准ノ際宣言スルノ権利ヲ有スヘシ。

第一三条【この規程の適用される船舶】本規程ハ、一切ノ船舶ニ対シ其ノ所有者又ハ管理者ノ公私ヲ問ハス之ヲ適用ス。

尤モ本規程ハ、軍艦、警察上若ハ行政上ノ職務ヲ執行スル船舶、一般ニ何等カノ公権ヲ行使スル船舶又ハ国ノ海軍、陸軍若ハ空軍ノ為ニ一時専用セラルル其ノ他ノ船舶ニ対シテハ、何等之ヲ適用セサルモノトス。

第一六条【事変の場合の例外】締約国カ其ノ国ノ安全又ハ緊切ナル利益ニ影響スル事変ノ場合ニ於テ執ルノ已ムナキニ至リタル一般的又ハ特別的性質ノ措置ニ在リテハ、例外トシテ且成ルヘク短期間ニ限リ、第二条乃至第七条ノ規定ニ依ラサルコトヲ得。但シ本規程ノ原則ハ、成ルヘク広キ範囲ニ於テ之ヲ遵守スルコトヲ要スルモノトス。

第一八条【戦時における交戦国および中立国の権利義務】本規程ハ、戦時ニ於ケル交戦国及中立国ノ権利及義務ヲ規定スルモノニ非ス。尤モ本規程ハ、戦時ニ於テ右権利及義務ノ許ス限度ニ於テ其ノ効力ヲ持続スヘシ。

## 10 海峡制度ニ関スル条約（抜粋）

［モントルー条約］

署　　名　一九三六年七月二〇日（モントルー）
効力発生　一九三六年一一月九日
日 本 国　一九三七年二月一六日（同年二月一六日批准、二月二五日公布・条約一号。五二年四月二八日（平和条約第八条bにより、平和条約発効の日）一切の権利及び利益を放棄）
当 事 国　一〇

「ブルガリア」国皇帝陛下、仏蘭西（フランス）共和国大統領、「グレート、ブリテン」、「アイルランド」及「グレート、ブリテン」海外領土皇帝印度（インド）皇帝陛下、希臘（ギリシア）国皇帝陛下、大日本帝国天皇陛下、「ルーマニア」国皇帝陛下、「トルコ」共和国大統領、「ソヴィエト」社会主義共和国連邦中央執行委員会並ニ「ユーゴースラヴィア」国皇帝陛下ハ、

千九百二十三年七月二十四日「ローザンヌ」ニ於テ署名セラレタル平和条約第二十三条ニ依リ確立セラレタル原則ヲ「トルコ」国ノ安全及黒海ニ於ケル其ノ沿岸諸国ノ安全ノ範囲内ニ於テ擁護スル様「ダルダネル」海峡、「マルマラ」海及「ボスポロス」（此等ヲ「海峡」ナル一般名称ヲ以テ包括ス）ニ於ケル通過及航行ヲ規律スルノ希望ニ促サレ、

千九百二十三年七月二十四日「ローザンヌ」ニ於テ署名セラレタル条約ニ代フルニ本条約ヲ以テスルコトニ決シ、左ノ如ク其ノ全権委員ヲ任命セリ。（全権委員名略）

右各全権委員ハ、互ニ其ノ全権委任状ヲ示シ、之ガ良好妥当ナルコトヲ認メタル後、左ノ諸規定ヲ協定セリ。

第一条【通過と航行の自由】締約国ハ、海峡ニ於ケル海路ノ通過及航行ノ自由ノ原則ヲ承認シ且確認ス。

右自由ノ行使ハ、今後本条約ノ規定ニ依リ之ヲ定ム。

### 第一款　商船（抄）

第二条【平時における通過と航行】平時ニ於テハ、商船ハ、後ニ掲ゲラルル第三条ノ規定ノ留保ノ下ニ、何等ノ手続ヲモ要スルコトナク、国旗及積荷ノ如何ヲ問ハズ、昼夜ヲ通ジ、海峡ニ於ケル通過及航行ノ完全ナル自由ヲ享有スベシ。右船舶ガ海峡ノ港ニ寄ルコトナク通過スルトキハ、右船舶ニ対シテハ、本条約第一附属書ニ徴収ニ関シ規定アルモノ以外ノ何等ノ税金又ハ課金モ「トルコ」国官憲ニ依リ徴収セラルルコトナカルベシ。（後略）

第四条【戦時における通過と航行】戦時ニ於テ、「トルコ」国ガ交戦状態ニ在ラザルトキハ、商船ハ、国旗及積荷ノ如何ヲ問ハズ、第二条及第三条ニ規定セラルル条件ノ下ニ、海峡ニ於ケル通過及航行ノ自由ヲ享有スベシ。

水先案内及曳船ハ任意トス。

第五条【トルコ国が交戦状態にある場合】戦時ニ於テ、「トルコ」国ガ交戦状態ニ在ルトキハ、「トルコ」国ト戦争中ノ国ニ属セザル商船ハ、何等敵ヲ援助セザルコトヲ条件トシテ、海峡ニ於ケル通過及航行ノ自由ヲ享有スベシ。

右船舶ハ、昼間海峡ニ入ルベク、且通過ハ、各場合ニ於テ「トルコ」国官憲ニ依リ指定セラルル航路ニ依リ行ハルルコトヲ要ス。

### 第二款　軍艦（抄）

第一一条【黒海沿岸国の主力艦】黒海沿岸国ハ、第十四条第一項ニ規定セラルルトン数ヲ超ユルトン数ノ自国ノ主力艦ヲシテ海峡ヲ通過セシムルコトヲ得。但シ、右軍艦ガ二隻以下ノ水雷艇ヲ直衛トシテ一隻ヅツ海峡ヲ通過スルコトヲ条件トス。

第一三条【通過の手続】軍艦ノ海峡通過ノ為ニハ、外交手続ニ依リ、「トルコ」国政府ニ予告ヲ為スコトヲ要ス。（後略）

第一四条【外国海軍兵力の最大限】海峡ニ於テ通過ノ途ニ在ルコトヲ得ベキ一切ノ外国海軍兵力ノ最大限総トン数ハ、第十一条及本条約第三附属書ニ規定セラルル場合ヲ除クノ外、一万五千トンヲ超ユルコトヲ得ズ。（後略）

第二〇条【トルコ国が交戦国の場合の通過】戦時ニ於テ、「トルコ」国ガ交戦状態ニ在ルトキハ、第十条乃至第十八条ノ規定ハ、適用セラレザルベシ。軍艦ノ通過ハ、全ク「トルコ」国政府ノ裁量ニ委セラルベシ。

## 11 海洋航行不法行為防止条約（第8章第2節4参照　四二七頁）

## 12 アジア海賊対策地域協力協定(抜粋)

［アジアにおける海賊行為及び船舶に対する武装強盗との戦いに関する地域協力協定］

作　成　二〇〇四年一一月一一日(東京)
効力発生　二〇〇六年九月四日
日 本 国　二〇〇六年九月四日(〇五年四月二八日通告書寄託、〇六年七月一二日公布・外務省告示四一一号)
当 事 国　二〇

この協定の締約国は、
アジアにおける海賊行為及び船舶に対する武装強盗の事件の件数が増加していることを憂慮し、(中略)
海賊行為及び船舶に対する武装強盗を効果的に防止し、及び抑止するために、国際協力が重要であること並びにアジアにおいて影響を受けるすべての国の間の地域的な協力及び調整の強化が緊急に必要であることを認識し、(中略)
次のとおり協定した。

### 第一部　序

**第一条(定義)**　1　この協定の適用上、「海賊行為」とは、次の行為をいう。

(a)　私有の船舶又は航空機の乗組員又は旅客が私的目的のために行うすべての不法な暴力行為、抑留又は略奪行為であって次のものに対して行われるもの

(i)　公海における他の船舶又は当該船舶内にある人若しくは財産

(ii)　いずれの国の管轄権にも服さない場所にある船舶、人又は財産

(b)　いずれかの船舶又は航空機を海賊船舶又は海賊航空機とする事実を知って当該船舶又は航空機の運航に自発的に参加するすべての行為

(c)　(a)又は(b)に規定する行為を扇動し、又は故意に助長するすべての行為

2　この協定の適用上、「船舶に対する武装強盗」とは、次の行為をいう。

(a)　私的目的のために船舶又は当該船舶内にある人若しくは財産に対して行われるすべての不法な暴力行為、抑留又は略奪行為であって、締約国がそのような犯罪について管轄権を有する場所において行われるもの

(b)　いずれかの船舶を船舶に対する武装強盗を行うための船舶とする事実を知って当該船舶の運航に自発的に参加するすべての行為

(c)　(a)又は(b)に規定する行為を扇動し、又は故意に助長するすべての行為

**第二条(総則)**　1　締約国は、自国の国内法令に従い、かつ、利用可能な資源又は能力の範囲内で、最大限可能な限りこの協定を実施する(海賊行為及び船舶に対する武装強盗を防止し、及び抑止することを含む。)。

2　この協定のいかなる規定も、締約国が当事国である国際協定(国連海洋法条約を含む。)及び国際法の関連規則に基づく当該締約国の権利及び義務に影響を及ぼすものではない。

3　この協定のいかなる規定も、軍艦及び非商業的目的のために運航するその他の政府船舶に与えられる免除に影響を及ぼすものではない。

4　この協定のいかなる規定又はこの協定の下で行われるいかなる行為若しくは活動も、領域主権に関する紛争又は海洋法に関する問題についてのいずれの締約国の立場も害するものではない。

5　この協定のいかなる規定も、締約国に対し、他の締約国の領域内において、当該他の締約国の当局がその国内法により専ら有する裁判権を行使する権利及び任務を遂行する権利を与えるものではない。

6　(略)

**第三条(一般的義務)**　1　締約国は、次の事項について効果的な措置をとるため、自国の国内法令及び適用可能な国際法の諸規則に従ってあらゆる努力を払う。

(a)　海賊行為及び船舶に対する武装強盗を防止し、及び抑止すること。

(b)　海賊又は船舶に対する武装強盗を行った者を逮捕すること。

(c)　海賊行為又は船舶に対する武装強盗に用いられた船舶又は航空機を拿捕すること、海賊又は船舶に対する武装強盗を行った者によって奪取され、かつ、それらの者の支配下にある船舶を拿捕すること及び当該船舶内の財産を押収すること。

(d)　海賊行為又は船舶に対する武装強盗の被害船舶及び被害者を救助すること。

2　(略)

### 第二部　情報共有センター(抄)

**第四条(構成)**　1　海賊行為及び船舶に対する武装強盗を防止し、及び抑止することについて締約国間の緊密な協力を促進するため、情報共有センター(以下「センター」という。)を設立する。

2―9　(略)

### 第三部　情報共有センターを通ずる協力(抄)

**第一〇条(協力の要請)**　1　締約国は、センターを通じて又は直接に、他の締約国に対し、次に掲げる者、船舶又は航空機を発見することについて協力するよう要請することができる。

(a)　海賊

(b)　船舶に対する武装強盗を行った者

(c)　海賊行為又は船舶に対する武装強盗に用いられた船舶又は航空機、並びに海賊又は船舶に対する武装強盗を行った者によって奪取され、かつ、それらの者の支配下にある船舶

(d)　海賊行為又は船舶に対する武装強盗の被害船舶及び被害者

2　締約国は、センターを通じて又は直接に、他の締約国に対し、国内法令及び適用可能な国際法の諸規則が許容する範囲内で1(a)、(b)又は(c)に規定する者又は船舶に対して逮捕又は拿捕を含む適当な措置をとるよう要請することができる。

3―5　(略)

**第一一条(要請を受けた締約国の協力)**　1　締約国は、第十条の規定に基づく要請を受けた場合には、第二条1の規定に従うことを条件として、当該要請を実施するため効果的かつ実行可能な措置をとるようあらゆる努力を払う。

2・3　(略)

## 第四部　協力（抄）

**第一二条（犯罪人引渡し）** 締約国は、自国の国内法令に従うことを条件として、自国の領域内に所在する海賊又は船舶に対する武装強盗を行った者を、それらの者に対する裁判権を有する他の締約国の要請に基づき、当該他の締約国に引き渡すよう努める。

## 第五部　最終規定（抄）

**第一七条（紛争の解決）** この協定の解釈又は適用から生ずる紛争（第十条2の規定に基づいて行った要請又は第十一条1の規定に従ってとられた措置によりもたらされた損失又は損害に対する責任に関する紛争を含む。）は、適用可能な国際法の諸規則に従い、関係締約国間の交渉によって友好的に解決する。

# 13　ソマリア海賊関係

## (1)　安全保障理事会決議一八一六（ソマリア沖海賊行為非難）（抄）翻訳

採　択　二〇〇八年六月二日（安保理第五九〇二回会合）

安全保障理事会は、

ソマリアの状況に関するこれまでの決議及び安全保障理事会議長の声明を想起し、

海賊行為及び船舶に対する武装強盗がソマリアへの迅速、安全かつ効果的な人道援助の提供、商業用の海路の安全及び国際航行にもたらす脅威を深く憂慮し、（中略）

ソマリアの危機的な状況、及び、海賊を阻止すること又はソマリア沖の国際航路若しくはソマリアの領海をパトロールし、かつ、その安全を確保することについて、暫定連邦政府（ＴＦＧ）の能力の欠如を考慮し、（中略）

ソマリアの領海及びソマリア沖の公海上における海賊行為及び船舶に対する武装強盗の事案はソマリアの状況を悪化させ、このことは、地域における国際の平和と安全にとって引き続き脅威となるものであることを決定し、

国際連合憲章第七章に基づいて行動して、

1　ソマリアの領海内及びソマリア沖の公海上でのあらゆる海賊行為及び船舶に対する武装強盗を非難し、かつ、遺憾とする。

2―6　（略）

7　この決議の日付より六箇月間については、事前の通告がＴＦＧから事務総長に対して提出されていることにより、ソマリア沖の海賊行為及び海上での武装強盗との戦いに関してＴＦＧと協力する国は、次のことを行うことができることを決定する。

(a)　関連する国際法上海賊行為に関して公海上で許容されている活動と両立する方法で、海賊行為及び海上での武装強盗を抑止するという目的でソマリアの領海に入ること。

(b)　ソマリアの領海内において、関連する国際法上海賊行為に関して公海上で許容されている活動と両立する方法で、海賊行為及び武装強盗を抑止するために、あらゆる必要な手段を講じること。

8　協力する国が7による授権に従って行う活動によって第三国の船舶が有する無害通航権を否定され、又は阻害されるような実際の効果をもたらすことがないことを確保するために、協力する国に対して適当な措置を講じることを要請する。

9　この決議による授権はソマリアの状況についてのみ適用され、その他の状況については、国際法上加盟国が有する権利又は義務若しくは責任（条約に基づくあらゆる権利又は義務を含む。）に影響しないことを確認し、特に、慣習国際法を形成するものとみなされてはならないことを強調し、さらに、この授権が、ＴＦＧの同意を伝える二〇〇八年二月二七日付けの安全保障理事会議長宛ての国際連合におけるソマリア共和国常任代表の書簡を受領した後に与えられたことを確認する。

10　（略）

11　全ての国、特に、旗国、寄港国及び沿岸国、被害者及び犯人又は海賊及び武装強盗の国籍国、並びに、国際法上及び国内法令上関連する裁判権を有する他の国に対して、いずれの国が裁判権を行使するかを決定するに際して協力し、国際人権法を含む適用可能な国際法と両立する方法で、ソマリア沖の海賊行為及び武装強盗に責任のある者を捜査し、訴追するに際して協力し、かつ、被害者、証人、及びこの決議の下で実施された作戦の結果として抑留された者など、これらの国の管轄及び支配の下にある者に対して、とりわけその処分及び処遇について支援を供与することにより援助を提供することを求める。

12―16　（略）

## 参考　ＥＵ・モーリシャス海賊被疑者等移送協定（抜粋）翻訳

（海賊被疑者及び関係財産の欧州連合海上部隊（EUNAVFOR）からモーリシャス共和国への移送条件並びに移送後の海賊被疑者の条件に関する欧州連合とモーリシャス共和国との間の協定）

署　名　二〇一一年七月一四日（ポートルイス）

暫定的適用　二〇一一年七月一四日

**第一条（目的）** この協定は、次の事項に関する条件及び方法を定める。

(a)　モーリシャス、マダガスカル、コモロ諸島、セーシェル、及びレユニオン島の領海沖の公海上の欧州連合海上部隊（EUNAVFOR）の作戦区域内において海賊行為を行なおうとし、現に行っており、又は既に行った疑いのある者で、欧州連合海上部隊によって抑留された者の移送

(b)　欧州連合海上部隊によって押収された関係財産〔associated property〕の欧州連合海上部隊からモーリシャスへの移送

(c)　被移送者の取扱い

**第三条（一般原則）** 1　モーリシャスは、欧州連合海上部隊の要請に基づき、海賊に関して欧州連合海上部隊によって抑留されている者及び関係財産の欧州連合海上部隊からの移送を受け入

れ、当該人及び物を捜査及び訴追のために権限ある当局に送致することができる。提案される引渡しの受入れに関する同意は、事件発生場所を含む全ての関連する事情を考慮に入れて、モーリシャスによって事案ごとになされる。

2　欧州連合海上部隊は、モーリシャスの権限ある法執行当局に対してのみ人の移送を行う。

3　移送は、モーリシャスの権限ある法執行当局が、欧州連合海上部隊から証拠を受理した日より五執務日以内に、欧州連合海上部隊により抑留されている者について有罪判決を得る合理的見込みがあると決定するより前に、実行されてはならない。

4　有罪判決を得る合理的見込みがあるか否かに関する決定は、欧州連合海上部隊より関連する伝達手段を通して送付される証拠に基づいて、モーリシャスの権限ある法執行当局によって下される。

5　いかなる被移送者も、人道的に、かつ、拷問及び残虐な、非人道的な又は品位を傷つける取扱い又は刑罰の禁止並びに恣意的な抑留の禁止を含む、モーリシャス憲法に規定する国際人権法上の義務並びに公平な裁判を行うという要件に従って、取り扱われる。

**第四条（被移送者の取扱い、訴追及び裁判）**　1　モーリシャス憲法に規定する国際人権法上の義務に従って、いかなる被移送者も人道的に取り扱われなければならず、拷問又は残虐な、非人道的な若しくは品位を傷つける取扱い若しくは刑罰を受けず、適切な収容施設、食物及び医療処置の提供を受け、かつ、宗教上の儀式を実行できる。

2　いかなる被移送者も、その抑留が合法的であるかどうかを遅滞なく決定し、抑留が正当化されない場合にはその者の釈放を命ずる、裁判官又は司法権を行使することが法律によって認められている他の官憲の面前に速やかに連れて行かれる。

3　いかなる被移送者も、妥当な期間内に裁判を受け又は釈放される権利を有する。

4　いかなる被移送者も、その刑事上の罪の決定のため、法律で設置された、権限のある、独立の、かつ、公平な裁判所による公正な公開審理を受ける権利を有する。

5－7　（略）

8　欧州連合との協議を行った後、モーリシャスは、有罪判決を受けモーリシャスにおいて服役する者を、前記の人権基準の尊重を保証する他の国に、当該国において残りの刑期を務めることを目的として移送することができる。当該国における人権状況に深刻な懸念がある場合には、表明された懸念に対処するための満足な解決策が当事国間の協議を通して得られるまで移送は行われてはならない。

**第五条（死刑）**　いかなる被移送者も、モーリシャス死刑廃止法に従って、死刑を科す罪で起訴されず、死刑を宣告され又は死刑を執行されない。

**第七条（欧州連合及び欧州連合海上部隊による支援）**　1　欧州連合海上部隊は、自ら有する手段と能力の範囲において、被移送者の捜査及び訴追のためのあらゆる支援をモーリシャスに提供する。

2・3　（略）

**第九条（連絡及び紛争）**　1　この協定の適用に関して生ずるあらゆる問題は、モーリシャス及び欧州連合の権限ある当局が共同で検討する。

2　事前に解決がなされない場合、この協定の解釈及び適用に関する紛争は、モーリシャス及び欧州連合の各代表の間の外交的手段によってのみ解決する。

**第一一条（効力発生及び終了）**　1　（略）

2　この協定は、欧州連合海上部隊によって作戦の終了が通告されるまで効力を有する。ただし、いずれの当事国も、書面による通告によってこの協定を廃棄することができる。廃棄は通告の受領の日から六箇月の後に効力を生ずる。この協定に定めるモーリシャスの実体刑法の改正を理由としてこの協定の即時廃棄が正当化されると欧州連合が判断する場合には、欧州連合は通告送付日に協定を直ちに廃棄する権利を有する。モーリシャスの実体刑法のいかなる変更も、この協定に従って既に移送された者に不利な影響を及ぼすものではない。

## (2)　日・ジブチ地位協定（抜粋）

（ジブチ共和国における日本国の自衛隊等の地位に関する日本国政府とジブチ共和国政府との間の交換公文）

署　名　二〇〇九年四月三日（東京）
効力発生　二〇〇九年四月三日（四月二〇日・外務省告示二二三号）

**（日本側書簡）**

書簡をもって啓上いたします。本大臣は、ソマリアの地先沖合において海賊行為に対処する法執行措置をとるためにジブチ共和国に派遣される日本国の自衛隊、日本国海上保安庁及びこれらの要員その他日本国政府の職員並びに前記の派遣を容易にするために日本国政府によりジブチ共和国に設置される事務所の地位に関し、日本国政府の代表者とジブチ共和国政府の代表者との間で最近行われた討議に言及する光栄を有します。

本大臣は、日本国の自衛隊、日本国海上保安庁及びこれらの要員その他日本国政府の職員のジブチ共和国の領域への派遣並びに日本国政府によるジブチ共和国における事務所の設置に対するジブチ共和国政府の同意並びに両政府間の緊密なかつ長年にわたる関係に考慮を払いつつ、次の取極を日本国政府に代わって提案する光栄を有します。

1 (a)　「部隊」とは、ジブチ共和国政府の同意を得てジブチ共和国に所在する日本国の自衛隊をいう。

(b)　（略）

(c)　「連絡事務所」とは、この取極の効果的な実施を容易にするため、ジブチ共和国政府の同意を得て日本国政府がジブチ共和国に一時的に設置する事務所をいう。

(d)　「要員」とは、次の者をいう。

(i)　部隊の隊員（日本国の防衛省の自衛官以外の者を含む。）であって、この取極に関連してジブチ共和国に派遣され、かつ、ジブチ共和国政府の同意を得てジブチ共和国に適法に所在するもの(以下「部隊隊員」という。)
(ii) 海上保安庁の職員であって、この取極に関連してジブチ共和国に派遣され、かつ、ジブチ共和国政府の同意を得てジブチ共和国に適法に所在するもの(以下「海上保安庁職員」という。)
(iii) (略)
(e) 「活動」とは、ソマリアの地先沖合において海賊行為に対処する法執行措置をとるために日本国の法令に従って行われる部隊及び海上保安庁の任務の準備、設定、実施及び支援をいう。
(f) (略)
(g) 「施設」とは、活動のため又はこの取極の効果的な実施のため、部隊、海上保安庁、連絡事務所又は要員が必要とするすべての建物、居住施設及び土地をいう。
(h)・(i) (略)

4 部隊、海上保安庁及び連絡事務所は、ジブチ共和国政府によって次の特権及び免除を与えられる。
(a) 施設並びに部隊、海上保安庁又は連絡事務所が使用する船舶及び航空機は、不可侵とする。(後略)
(b)—(e) (略)

5 要員は、ジブチ共和国の領域内において、千九百六十一年四月十八日の外交関係に関するウィーン条約の関連規定に基づいて事務及び技術職員に与えられる特権及び免除と同様の特権及び免除をジブチ共和国政府により与えられる。

8 日本国の権限のある当局は、ジブチ共和国の領域内において、ジブチ共和国の権限のある当局と協力して、日本国の法令によって与えられたすべての刑事裁判権及び懲戒上の権限をすべての要員について行使する権利を有する。

12 部隊隊員及び海上保安庁職員は、それぞれ、部隊の制服及び海上保安庁の制服を着用することができる。部隊隊員及び海上保安庁職員は、公務の遂行中に命令に基づきその使用が許可されることのある武器を所持し、又は携行することができる。

15 (a)—(d) (略)
(e) 部隊隊員及び海上保安庁職員が、逮捕した者を護送するためにジブチ共和国の領域を通過する場合には、当該者について必要な拘束の措置をとることが認められる。そのような通過は、ジブチ共和国の権限のある当局と緊密に協力して行われる。

20 この取極の解釈又は実施から生ずる両政府間のいかなる紛争も、専ら両政府による協議及び交渉を通じて解決する。

## 第3節　空と宇宙

### 1　国際民間航空条約(抄)

［シカゴ条約］

採択(作成)　一九四四年一二月七日(シカゴ)
効力発生　一九四七年四月四日(改正—五四年六月一四日(第八回総会)、六一年六月二一日(第一三回総会)、六二年九月一五日(第一四回総会)、七一年三月一二日(臨時総会)、七月七日(第一八回総会)、七四年一〇月一四日(第二一回総会)、八〇年一〇月六日(第二三回総会)、八四年五月一〇日(第二五回総会)、八九年一〇月六日(第二七回総会)、九〇年一〇月二六日(第二八回総会))
日本国　一九五三年一〇月八日加入(同年八月七日国会承認、八月二五日内閣加入決定、九月八日加入通告、一〇月八日公布・条約二一号　改正—九八年六月二六日発効(同日公布・条約九号)、同年一〇月一日発効(一〇月一五日公布・条約一四号)、二〇〇三年六月一六日発効(同日公布・条約四号)、二〇〇六年六月一九日発効(同日公布・条約八号))
当事国　一九三

前文

国際民間航空の将来の発達は、世界の各国及び各国民の間における友好と理解を創造し、且つ、維持することを大いに助長することができるが、国際民間航空の濫用は、一般的安全に対する脅威となることがあるので、また、

各国及び各国民の間における摩擦を避け、且つ、世界平和の基礎である各国及び各国民の間における協力を促進することが望ましいので、

よつて、下名の政府は、国際民間航空が安全に且つ整然と発達するように、また、国際航空運送業務が機会均等主義に基いて確立されて健全且つ経済的に運営されるように、一定の原則及び取極について合意し、

その目的のためこの条約を締結した。

# 国際民間航空条約

## 第一部 航空(抄)

### 第一章 一般原則及び条約の適用

**第一条（主権）** 締約国は、各国がその領域上の空間において完全且つ排他的な主権を有することを承認する。

**第二条（領域）** この条約の適用上、国の領域とは、その国の主権、宗主権、保護又は委任統治の下にある陸地及びこれに隣接する領水をいう。

**第三条（民間航空機及び国の航空機）** (a) この条約は、民間航空機のみに適用するものとし、国の航空機には適用しない。

(b) 軍、税関及び警察の業務に用いる航空機は、国の航空機とみなす。

(c) 締約国の国の航空機は、特別協定その他の方法による許可を受け、且つ、その条件に従うのでなければ、他の国の領域の上空を飛行し、又はその領域に着陸してはならない。

(d) 締約国は、自国の国の航空機に関する規制を設けるに当り、民間航空機の航行の安全について妥当な考慮を払うことを約束する。

**第三条の二【要撃及び着陸要求の措置】** (a) 締約国は、各国が飛行中の民間航空機に対して武器の使用に訴えることを差し控えなければならず及び、要撃の場合には、航空機内における人命を脅かし又は航空機の安全を損なつてはならないことを承認する。この規定は、国際連合憲章に定める国の権利及び義務を修正するものと解してはならない。

(b) 締約国は、各国がその主権の行使として、その領域の上空を許可なく飛行する民間航空機に対し又はその領域の上空を飛行する民間航空機であつてこの条約の目的と両立しない目的のために使用されていると結論するに足りる十分な根拠があるものに対し指定空港に着陸するよう要求する権利を有し及びこれらの民間航空機に対しそのような違反を終止させるその他の指示を与えることができることを承認する。このため、締約国は、国際法の関連規則（この条約の関連規定、特に(a)の規定を含む。）に適合する適当な手段をとることができる。各締約国は、民間航空機に対する要撃についての現行の自国の規則を公表することに同意する。

(c) すべての民間航空機は、(b)の規定に基づいて発せられる命令に従う。このため、各締約国は、自国において登録された民間航空機又は自国内に主たる営業所若しくは住所を有する運航者によつて運航される民間航空機が当該命令に従うことを義務とするために必要なすべての規定を自国の国内法令において定める。各締約国は、そのような関係法令の違反について重い制裁を課することができるようにするものとし、自国の法令に従つて自国の権限のある当局に事件を付託する。

(d) 各締約国は、自国において登録された民間航空機又は自国内に主たる営業所若しくは住所を有する運航者によつて運航される民間航空機がこの条約の目的と両立しない目的のために意図的に使用されることを禁止するために適当な措置をとる。この規定は、(a)の規定に影響を及ぼすものではなく、また、(b)及び(c)の規定を害するものではない。

**第四条（民間航空の濫用）** 各締約国は、この条約の目的と両立しない目的のために民間航空を使用しないことに同意する。

### 第二章 締約国の領域の上空の飛行(抄)

**第五条（不定期飛行の権利）** 各締約国は、他の締約国の航空機で定期国際航空業務に従事しないものが、すべて、事前の許可を得ることを必要としないで、且つ、その航空機が上空を飛行する国の着陸要求権に従うことを条件として、その国の領域内への飛行又は同領域の無着陸横断飛行をし、及び運輸以外の目的での着陸をする権利を、この条約の条項を遵守することを条件として有することに同意する。但し、各締約国は、飛行の安全のため、近づき難い地域又は適当な航空施設のない地域の上空の飛行を希望する航空機に対し、所定の航空路を飛行すること又はこのような飛行のために特別の許可を受けることを要求する権利を留保する。

前記の航空機は、定期国際航空業務としてではなく有償又は貸切で行う旅客、貨物又は郵便物の運送に従事する場合には、第七条の規定に従うことを条件として、旅客、貨物又は郵便物の積込又は積卸をする特権をも有する。但し、積込又は積卸が行われる国は、その望ましいと認める規制、条件又は制限を課する権利を有する。

**第六条（定期航空業務）** 定期国際航空業務は、締約国の特別の許可その他の許可を受け、且つ、その許可の条件に従う場合を除く外、その締約国の領域の上空を通つて又はその領域に乗り入れて行うことができない。

**第七条（国内営業）** 各締約国は、他の締約国の航空機に対し、有償又は貸切で自国の領域内の他の地点に向けて運送される旅客、郵便物及び貨物をその領域内において積み込む許可を与えない権利を有する。各締約国は、他の国又は他の国の航空企業に対して排他的な基礎の上にそのような特権を特に与える取極をしないこと及び他の国からそのような排他的な特権を獲得しないことを約束する。

**第八条（無操縦者航空機）** 操縦者なしで飛行することができる航空機は、締約国の特別の許可を受け、且つ、その許可の条件に従うのでなければ、その締約国の領域の上空を操縦者なしで飛行してはならない。各締約国は、民間航空機に開放されている地域におけるそのような無操縦者航空機の飛行が、民間航空機に及ぼす危険を予防するように管制されることを確保することを約束する。

**第九条（禁止区域）** (a) 各締約国は、軍事上の必要又は公共の安全のため、他の国の航空機が自国の領域内の一定の区域の上空を飛行することを一律に制限し、又は禁止することができる。但し、このことに関しては、当該領域の属する国の航空機で定期国際航空業務に従事するものと他の締約国の航空機で同様の業務に従事するものとの間に差別を設けてはならない。この禁止区域は、航空を不必要に妨害することのない適当な範囲及び位置のものでなければならない。締約国の領域内におけるこの禁止区域の明細及びその後のその変更は、できる限りすみやかに他の締約国及び国際民間航空機関に通知しなければならない。

(b) 各締約国は、また、特別の事態において若しくは緊急の期間又は公共の安全のため、即時、その領域の全部又は一部の上空の飛行を一時的に制限し、又は禁止する権利を留保する。但し、その制限又は禁止は、他のすべての国の航空機に対し、国籍のいかんを問わず適用するものでなければならない。

(c) 各締約国は、その設ける規制に基き、前記の(a)又は(b)に定める区域に入る航空機に対し、その後できる限りすみやかにその領域内の指定空港に着陸するよう要求することができる。

第一〇条（税関空港への着陸）　航空機がこの条約の条項又は特別の許可の条件に基いて締約国の領域の無着陸横断を許されている場合を除く外、締約国の領域に入るすべての航空機は、その国の規制が要求するときは、税関検査その他の検査を受けるため、その国が指定する空港に着陸しなければならない。その航空機は、締約国の領域からの出発に当つては、同様に指定される税関空港から出発しなければならない。指定されるすべての税関空港の詳細は、その国が発表しなければならず、且つ、他のすべての締約国への通知のため、この条約の第二部に基いて設立される国際民間航空機関に伝達しなければならない。

第一一条（航空に対する規制の適用）　締約国の法令で、国際航空に従事する航空機の当該締約国の領域への入国若しくはそこからの出国又は同領域内にある間の運航及び航行に関するものは、この条約の規定に従うことを条件として、国籍のいかんを問わずすべての締約国の航空機に適用されるものとし、また、その国の領域への入国若しくはそこからの出国に当り、又は同領域内にある間、当該航空機によつて遵守されなければならない。

第一二条（航空規則）　各締約国は、その領域の上空を飛行し、又は同領域内で作動するすべての航空機及び、所在のいかんを問わず、その国籍記号を掲げるすべての航空機が当該領域に施行されている航空機の飛行又は作動に関する規則に従うことを確保する措置を執ることを約束する。各締約国は、これらの点に関する自国の規則をこの条約に基いて随時設定される規則にできる限り一致させることを約束する。公海の上空においては、施行される規則は、この条約に基いて設定されるものでなければならない。各締約国は、適用される規則に違反したすべての者の訴追を確保することを約束する。

第一三条（入国及び出国に関する規制）　締約国の法令で、航空機の旅客、乗組員又は貨物の当該締約国の領域への入国又はそこからの出国に関するもの、たとえば、入国、出国、移民、旅券、税関及び検疫に関する規制は、その国の領域への入国若しくはそこからの出国に当り、又は同領域内にある間、その旅客、乗組員若しくは貨物によつて又はそれらの名において遵守されなければならない。

第一四条（疾病のまん延の防止）　各締約国は、コレラ、チフス（伝染性）、天然痘、黄熱、ペスト及び締約国が随時決定して指定するその他の伝染病の航空によるまん延を防止する効果的な措置を執ることに同意し、このため、締約国は、航空機に適用される衛生上の措置に関する国際的規制に関係のある機関と常に緊密な協議を行う。この協議は、この問題に関する現存の国際条約で締約国がその当事国であるものの適用を妨げるものではない。

第一五条（空港の使用料金その他の使用料金）　締約国内の空港でその国の航空機の使用に公開されているものは、第六十八条の規定に従うことを条件として、他のすべての締約国の航空機に対しても同様に均等の条件の下に公開しなければならない。同様の均等の条件は、各締約国の航空機が、無線及び気象の施設を含むすべての航空保安施設で航空の安全及び迅速化のために公共の用に供されるものを使用する場合にも、適用する。

締約国が他の締約国の航空機によるそれらの空港及び航空保安施設の使用について課し、又は課することを許す料金は、次の料金より高額であつてはならない。

(a)　定期国際航空業務に従事しない航空機に関しては、類似の運航に従事する自国の同級の航空機が支払う料金

(b)　定期国際航空業務に従事する航空機に関しては、類似の国際航空業務に従事する自国の航空機が支払う料金

前記の料金は、すべて公表し、且つ、国際民間航空機関に通知しなければならない。但し、関係締約国の申立があつたときは、空港その他の施設の使用について課せられる料金は、理事会の審査を受けなければならず、理事会は、一又は二以上の関係国の考慮を求めるため、これについて報告し、且つ、勧告をしなければならない。いずれの締約国も、他の締約国の航空機又はその航空機上の人若しくは財産が自国の領域の上空の通過、同領域への入国又はそこからの出国をする権利のみに関しては、手数料、使用料その他の課徴金を課してはならない。

第一六条（航空機の検査）　各締約国の当局は、不当に遅滞することなく、他の締約国の航空機を着陸又は出発の際に検査し、及びこの条約で定める証明書その他の書類を検閲する権利を有する。

## 第三章　航空機の国籍（抄）

第一七条（航空機の国籍）　航空機は、登録を受けた国の国籍を有する。

第一八条（二重登録）　航空機は、二以上の国で有効に登録を受けることができない。但し、その登録は、一国から他国に変更することができる。

第一九条（登録に関する国内法）　締約国における航空機の登録又は登録の変更は、その国の法令に従つて行われなければならない。

第二〇条（記号の表示）　国際航空に従事するすべての航空機は、その適正な国籍及び登録の記号を掲げなければならない。

第二一条（登録の報告）（略）

## 第四章　航空を容易にする措置（抄）

第二二条（手続の簡易化）　各締約国は、締約国の領域の間における航空機の航行を容易にし、且つ、迅速にするため、並びに特に入国、検疫、税関及び出国に関する法令の施行に当つて航空機、乗組員、旅客及び貨物に対して生ずる不必要な遅延を防止するため、特別の規制の設定その他の方法によつてすべての実行可能な措置を執ることに同意する。

第二三条（税関及び出入国の手続）　各締約国は、実行可能と認める限り、この条約に基いて随時設定され、又は勧告される方式に従い、国際航空に関する税関及び出入国の手続を定めることを約束する。この条約のいかなる規定も、自由空港の設置を妨げるものと解釈してはならない。

第二四条（関税）(a)　他の締約国の領域へ飛行し、同領域から飛行し、又は同領域を横断して飛行する航空機は、その国の税関の規制に従うことを条件として、暫定的に関税の免除を認められる。締約国の航空機が他の締約国の領域に到着した際に積載している燃料、潤滑油、予備部品、正規の装備品及び航空機貯蔵品で、その国の領域から出発する際にも積載するものは、関税、検査手数料又はそれらに類似する国若しくは地方公共団体が課する租税その他の課徴金を免除される。この免除は、荷卸された量又は物品には適用しない。但し、その量又は物品を税関の監視下に置くことを要求するその国の税関の規制に従う場合は、この限りでない。

(b)　国際航空に従事する他の締約国の航空機に取り付けるため、又はその航空機で使用するため締約国の領域に輸入される予備

部品及び装備品は、それらの物品を税関の監視及び管理の下に置くことを規定する関係国の規制に従うことを条件として、関税の免除を認められる。

**第二五条（遭難航空機）** 各締約国は、その領域内で遭難した航空機に対して実行可能と認める救援措置を執り、及び、自国の当局の監督に従うことを条件とし、その航空機の所有者又はその航空機が登録を受けた国の当局が状況により必要とされる救援措置を執ることを許可することを約束する。各締約国は、行くえ不明の航空機の捜索に従事する場合には、この条約に基いて随時勧告される共同措置に協力する。

**第二六条（事故の調査）** 締約国の航空機が他の締約国の領域で事故を起した場合において、その事故が死亡若しくは重傷を伴うとき、又は航空機若しくは航空施設の重大な技術的欠陥を示すときは、その事故が起つた国は、自国の法令の許す限り国際民間航空機関の勧告する手続に従つて、事故の事情の調査を行うものとする。その航空機が登録を受けた国は、調査に立ち会う者を任命する機会を与えられなければならず、調査を行う国は、その国に対し、その事項に関する報告及び所見を通知しなければならない。

**第二七条（特許権に基いて請求される差押の免除）**（略）

**第二八条（航空施設及び標準様式）**（略）

## 第五章　航空機について備えるべき要件（抄）

**第二九条（航空機が携行する書類）** 国際航空に従事する締約国のすべての航空機は、この条約で定める要件に合致する次の書類を携行しなければならない。

(a) 登録証明書
(b) 耐空証明書
(c) 各乗組員の適当な免状
(d) 航空日誌
(e) 無線機を装備するときは、航空機局免許状
(f) 旅客を運送するときは、その氏名、乗込地及び目的地の表
(g) 貨物を運送するときは、積荷目録及び貨物の細目申告書

**第三〇条（航空機の無線装備）**（略）

**第三一条（耐空証明書）** 国際航空に従事するすべての航空機は、登録を受けた国が発給し、又は有効と認めた耐空証明書を備えつけなければならない。

**第三二条（航空従事者の免状）** (a) 国際航空に従事するすべての航空機の操縦者その他の運航乗組員は、その航空機が登録を受けた国が発給し、又は有効と認めた技能証明書及び免状を所持しなければならない。

(b) 各締約国は、自国の領域の上空の飛行に関しては、自国民に対して他の締約国が与えた技能証明書及び免状を認めることを拒否する権利を留保する。

**第三三条（証明書及び免状の承認）** 航空機が登録を受けた国が発給し、又は有効と認めた耐空証明書、技能証明書及び免状は、その証明書又は免状を発給し、又は有効と認めた要件がこの条約に従つて随時設定される最低標準と同等又はそれ以上のものである限り、他の締約国も有効と認めなければならない。

**第三四条（航空日誌）** 国際航空に従事するすべての航空機については、この条約に従つて随時定められる形式で航空機、その乗組員及び各飛行の細目を記入した航空日誌を保持しなければならない。

**第三五条（貨物の制限）** (a) 軍需品又は軍用器材は、締約国の許可を受けた場合を除く外、国際航空に従事する航空機でその国の領域内又は領域の上空を運送してはならない。各国は、統一を期するため、国際民間航空機関が随時行う勧告に対して妥当な考慮を払つた上、本条にいう軍需品又は軍用器材とは何かを規則によつて決定しなければならない。

(b) 各締約国は、公の秩序及び安全のため、(a)に掲げる物品以外の物品をその領域内又は領域の上空を運送することを制限し、又は禁止する権利を留保する。但し、この点については、国際航空に従事する自国の航空機と他の締約国の同様の航空機との間に差別を設けてはならず、また、航空機の運航若しくは航行又は乗組員若しくは旅客の安全のため必要な装置の携行及び航空機上におけるその使用を妨げる制限を課してはならない。

**第三六条（写真機）** 各締約国は、その領域の上空にある航空機において写真機を使用することを禁止し、又は制限することができる。

## 第六章　国際標準及び勧告方式（抄）

**第三七条（国際の標準及び手続の採択）** 各締約国は、航空機、航空従事者、航空路及び附属業務に関する規則、標準、手続及び組織の実行可能な最高度の統一を、その統一が航空を容易にし、且つ、改善するすべての事項について確保することに協力することを約束する。

このため、国際民間航空機関は、次の事項に関する国際標準並びに勧告される方式及び手続を必要に応じて随時採択し、及び改正する。

(a) 通信組織及び航空保安施設（地上標識を含む。）
(b) 空港及び着陸場の性質
(c) 航空規則及び航空交通管制方式
(d) 運航関係及び整備関係の航空従事者の免許
(e) 航空機の耐空性
(f) 航空機の登録及び識別
(g) 気象情報の収集及び交換
(h) 航空日誌
(i) 航空地図及び航空図
(j) 税関及び出入国の手続
(k) 遭難航空機及び事故の調査

並びに航空の安全、正確及び能率に関係のあるその他の事項で随時適当と認めるもの

**第三八条（国際の標準及び手続からの背離）** すべての点について国際の標準若しくは手続に従うこと若しくは国際の標準若しくは手続の改正後自国の規制若しくは方式をそれに完全に一致させることを不可能と認める国又は国際標準によつて設定された規則若しくは方式と特定の点において異なる規制若しくは方式を採用することを必要と認める国は、自国の方式と国際標準によつて設定された方式との相違を直ちに国際民間航空機関に通告しなければならない。国際標準の改正があつた場合に自国の規制又は方式に適当な改正を加えない国は、国際標準の改正の採択の日から六十日以内に理事会に通告し、又は自国が執ろうとする措置を明示しなければならない。この場合には、理事会は、国際標準の一又は二以上の特異点とこれに対応するその国の国内方式との相違を直ちに他のすべての国に通告しなければならない。

**第三九条（証明書及び免状の裏書）**（略）

**第四〇条（裏書された証明書及び免状の効力）**（略）

第四一条（耐空性の現行標準の承認）（略）
第四二条（航空従事者の技能の現行標準の承認）（略）

## 第二部　国際民間航空機関（抄）

### 第七章　機関（抄）

**第四三条（名称及び構成）** この条約により、国際民間航空機関という機関を組織する。この機関は、総会、理事会その他の必要な機関からなる。

**第四四条（目的）** この機関の目的は、次のことのため、国際航空の原則及び技術を発達させ、並びに国際航空運送の計画及び発達を助長することである。
(a) 世界を通じて国際民間航空の安全な且つ整然たる発展を確保すること。
(b) 平和的目的のために航空機の設計及び運航の技術を奨励すること。
(c) 国際民間航空のための航空路、空港及び航空保安施設の発達を奨励すること。
(d) 安全な、正確な、能率的な、且つ、経済的な航空運送に対する世界の諸国民の要求に応ずること。
(e) 不合理な競争によつて生ずる経済的浪費を防止すること。
(f) 締約国の権利が充分に尊重されること及びすべての締約国が国際航空企業を運営する公正な機会をもつことを確保すること。
(g) 締約国間の差別待遇を避けること。
(h) 国際航空における飛行の安全を増進すること。
(i) 国際民間航空のすべての部面の発達を全般的に促進すること。

**第四五条（恒久的所在地）**（略）
**第四六条（総会の第一回会合）**（略）
**第四七条（法律上の行為能力）** この機関は、各締約国の領域内で、任務の遂行に必要な法律上の行為能力を享有する。この機関は、関係国の憲法及び法律と両立する限り、安全な法人格を付与される。

### 第八章　総会

**第四八条（総会の会合及び表決）** (a) 総会は、少くとも三年に一回会合するものとし、理事会が適当な時及び場所に招集する。臨時総会は、理事会の招集又は締約国の総数の五分の一以上からの事務局長にあてた要請があつたときは、いつでも開催することができる。
(b) すべての締約国は、総会の会合に代表者を出す平等な権利を有し、各締約国は、一個の投票権を有する。締約国を代表する代表は、技術顧問の援助を受けることができる。技術顧問は、会合に参加することができるが、投票権を有しない。
(c) 総会の会合の定足数を構成するためには、締約国の過半数を必要とする。総会の決定は、この条約に別段の定がない限り、投票の過半数によつて行われる。

**第四九条（総会の権限及び任務）** 総会の権限及び任務は、次のとおりとする。
(a) 会合ごとに議長その他の役員を選挙すること。
(b) 第九章の規定に従い、理事会に代表者を出す締約国を選挙すること。
(c) 理事会の報告を審査して適当な措置を執り、且つ、理事会が総会に付託した事項について決定をすること。
(d) その手続規則を決定し、且つ、必要又は望ましいと認める補助的な委員会を設立すること。
(e) 第十二章の規定に従い、この機関の年次予算を表決し、且つ、この機関の財政上の措置を決定すること。
(f) この機関の支出を検査し、且つ、この機関の決算報告を承認すること。
(g) この活動範囲内の事項を理事会、補助的な委員会その他の機関に任意に付託すること。
(h) この機関の任務の遂行に必要な又は望ましい権限を理事会に委任し、及びその権限の委任をいつでも取り消し、又は修正すること。
(i) 第十三章の関係規定を実施すること。
(j) この条約の規定の修正又は改正のための提案を審議し、及び、その提案を承認した場合には、第二十一章の規定に従つてこれを締約国に勧告すること。
(k) この機関の活動範囲内の事項で特に理事会の任務とされていないものを処理すること。

### 第九章　理事会（抄）

**第五〇条（理事会の構成及び選挙）** (a) 理事会は、総会に対して責任を負う常設機関とする。理事会は、総会が選挙する三十六の締約国からなる。選挙は、総会の第一回会合で行い、その後は、三年ごとに行う。このようにして選挙された理事会の構成員は、次の選挙まで在任する。
(b) 理事会の構成員の選挙に当つて、総会は、(1)航空運送において最も重要な国、(2)(1)又は(3)に含まれない国で国際民間航空のための施設の設置に最大の貢献をするもの及び(3)(1)又は(2)に含まれない国で、その国を指名すれば世界のすべての主要な地理的地域が理事会に確実に代表されることとなるようなものが、適当に代表されるようにしなければならない。理事会の空席は、総会ができる限りすみやかに補充しなければならない。このようにして理事会に選挙された締約国は、前任者の残任期間中在任する。
(c) 理事会を構成する締約国の代表者は、国際航空業務の運営に積極的に参与し、又はその業務に財政的に関係してはならない。

**第五一条（理事会の議長）**（略）
**第五二条（理事会における表決）** 理事会の決定は、その構成員の過半数の承認を必要とする。理事会は、特定の事項に関する権限をその構成員からなる委員会に委任することができる。理事会の委員会の決定については、利害関係のある締約国が理事会に異議を申し立てることができる。
**第五三条（投票権を伴わない参加）** 締約国は、自国の利害に特に影響する問題について理事会及びその委員会が行う審議に投票権なしで参加することができる。理事会の構成員は、自国が当事者である紛争について理事会が行う審議においては、投票権を有しない。
**第五四条（理事会の義務的任務）** 理事会は、次のことを行わなければならない。
(a) 総会に年次報告を提出すること。
(b) 総会の指令を遂行し、並びにこの条約で課せられる任務及び義務を履行すること。
(c) その組織及び手続規則を決定すること。
(d) 航空運送委員会を設置し、及びその任務を定めること。その委員会の委員は、理事会の構成員の代表者の中から選ばれ、その委員会は、理事会に対して責任を負うものとする。

(e)　第十章の規定に従つて航空委員会を設置すること。

(f)　第十二章及び第十五章の規定に従つてこの機関の会計を管理すること。

(g)　理事会の議長の報酬を決定すること。

(h)　第十一章の規定に従い、事務局長と呼ばれる首席行政官を任命し、及びその他の必要な職員の任命に関する規定を作成すること。

(i)　航空の進歩及び国際航空業務の運営に関する情報を要請し、収集し、審査し、及び公表すること。その情報には、運営の費用に関する情報及び公の資金から航空企業に支払われた補助金の明細に関する情報を含む。

(j)　この条約の違反及び理事会の勧告又は決定の不履行を締約国に報告すること。

(k)　この条約の違反の通告の後相当な期間内に締約国が適当な措置を執らなかつた場合には、その違反を総会に報告すること。

(l)　この条約の第六章の規定に従つて国際標準及び勧告方式を採択し、便宜上、それらをこの条約の附属書とし、且つ、執つた措置をすべての締約国に通告すること。

(m)　附属書の改正についての航空委員会の勧告を審議し、且つ、第二十章の規定に従つて措置を執ること。

(n)　この条約に関して締約国が付託する問題を審議すること。

**第五五条（理事会の任意的任務）**　理事会は、次のことを行うことができる。

(a)　適当であり、且つ、経験上望ましいと認められる場合には、地域的基礎その他の基礎に基く航空運送小委員会を創設し、及び理事会がこの条約の目的の遂行を容易にするため直接又は間接に交渉することができる国又は航空企業の集団を定めること。

(b)―(e)（略）

## 第十章　航空委員会

**第五六条（委員の指名及び任命）**　航空委員会は、締約国が指名する者の中から理事会が任命する十九人の委員からなる。締約国が指名する者は、航空の理論及び実際について適当な資格及び経験を有する者でなければならない。理事会は、すべての締約国に対して被指名者名簿の提出を要請する。航空委員会の委員長は、理事会が任命する。

**第五七条（委員会の任務）**　航空委員会は、次のことを行わなければならない。

(a)　この条約の附属書の修正を審議し、及びその採択を理事会に勧告すること。

(b)　望ましいと認める場合には、いかなる締約国も代表者を出すことができる専門部会を設置すること。

(c)　航空の進歩に必要且つ有用であると認めるすべての情報の収集及び締約国への通知に関して理事会に助言すること。

## 第十一章　職員

**第五八条（職員の任命）**　総会が定める規則及びこの条約の規定に従うことを条件として、理事会は、事務局長その他のこの機関の職員の任命及び任期終了の方法、訓練並びに俸給、諸手当及び勤務条件を決定しなければならず、また、締約国の国民を雇用し、又はその役務を利用することができる。

**第五九条（職員の国際的性質）**　理事会の議長、事務局長その他の職員は、その責任の遂行に関し、この機関外のいかなる当局からも指示を求め、又は受けてはならない。各締約国は、職員の責任の国際的性質を充分に尊重すること及び自国民がその責任を遂行するに当つてこれを左右しようとしないことを約束する。

**第六〇条（職員の免除及び特権）**　各締約国は、その憲法上の手続に基いて可能である限り、理事会の議長、事務局長その他のこの機関の職員に対し、他の公的国際機関の相当職員に付与されている免除及び特権を付与することを約束する。国際的文官の免除及び特権に関する一般的国際協定が締結された場合には、議長、事務局長その他のこの機関の職員に付与される免除及び特権は、その一般的国際協定に基いて付与される免除及び特権でなければならない。

## 第十二章　会計（抄）

**第六一条（予算及び経費の割当）**　理事会は、年次予算、年次決算書及びすべての収支に関する概算を総会に提出する。総会は、適当と認める修正を加えて予算を表決し、及び、第十五章に基く同意国への割当金を除く外、この機関の経費を総会が随時決定する基礎に基いて締約国間に割り当てる。

**第六二条（投票権の停止）**　総会は、この機関に対する財政上の義務を相当な期間内に履行しない締約国の総会及び理事会における投票権を停止することができる。

**第六三条（代表団その他の代表者の経費）**（略）

## 第十三章　他の国際取極

**第六四条（安全保障取極）**　この機関は、その権限内にある航空問題で世界の安全保障に直接に影響を及ぼすものに関し、総会の表決により、世界の諸国が平和を維持するために設立する一般的な機構と適当な取極を締結することができる。

**第六五条（他の国際団体との取極）**　理事会は、共通の業務の維持及び職員に関する共通の取極のため、この機関に代つて他の国際団体と協定を締結し、並びに、総会の承認を得て、この機関の事業を容易にするようなその他の取極を締結することができる。

**第六六条（他の協定に関する任務）**　(a)　この機関は、また、千九百四十四年十二月七日にシカゴで作成された国際航空業務通過協定及び国際航空運送協定によつて課せられた任務をこれらの協会に定める条項及び条件に従つて遂行する。

(b)　総会及び理事会の構成員で、千九百四十四年十二月七日にシカゴで作成された国際航空業務通過協定又は国際航空運送協定を受諾していないものは、関係協定の規定に基いて総会又は理事会に付託される問題については、投票権を有しない。

# 第三部　国際航空運送（抄）

## 第十四章　情報及び報告

**第六七条（理事会への報告の提出）**　各締約国は、その国際航空企業が、運輸報告、支出統計並びに会計報告書で特にすべての収入及びその源泉を示すものを理事会の定める要件に従つて理事会に提出することを約束する。

## 第十五章　空港その他の航空施設（抄）

**第六八条（航空路及び空港の指定）**　各締約国は、この条約の規定に従うことを条件として、国際航空業務が自国の領域内で飛行すべき航空路及びその業務が使用する空港を指定することができる。

**第六九条（航空施設の改善）**（略）

**第七〇条（航空施設の費用の負担）**（略）

**第七一条（理事会による施設の設置及び維持）**（略）

**第七二条（土地の取得又は使用）**（略）

**第七三条（資金の支出及び割当）**（略）

**第七四条（技術的援助及び収入の利用）**（略）

**第七五条（理事会からの施設の引継）**（略）

**第七六条（資金の返済）**（略）

### 第十六章　共同運営組織及び共同計算業務（抄）

**第七七条（共同運営組織の許可）** この条約のいかなる規定も、二以上の締約国が共同の航空運送運営組織又は国際運営機関を組織し、及びいずれかの路線又は地域における航空業務を共同計算にすることを妨げるものではない。但し、その組織又は機関及びその共同計算業務は、協定の理事会への登録に関する規定を含むこの条約のすべての規定に従わなければならない。理事会は、国際運営機関が運営する航空機に対して航空機の国籍に関するこの条約の規定をいかなる方法で適用するかを決定しなければならない。

**第七八条（理事会の任務）**（略）

**第七九条（運営組織への参加）**（略）

## 第四部　最終規定

### 第十七章　他の航空協定及び航空取極

**第八〇条（パリ条約及びハバナ条約）** 各締約国は、千九百十九年十月十三日にパリで署名された航空法規に関する条約又は千九百二十八年二月二十日にハバナで署名された商業航空に関する条約のいずれかの当事国である場合には、その廃棄をこの条約の効力発生の後直ちに通告することを約束する。この条約は、締約国の間においては、前記のパリ条約及びハバナ条約に代るものとする。

**第八一条（現在協定の登録）** この条約の効力発生の際、締約国と他の国との間又は締約国の航空企業と他の国若しくは他の国の航空企業との間に存在するすべての航空協定は、直に理事会に登録しなければならない。

**第八二条（両立しない取極の廃止）** 締約国は、この条約がこの条約の条項と両立しない相互間のすべての義務及び了解を廃止するものであることを承認し、且つ、そのような義務及び了解を成立させないことを約束する。この機関の加盟国となる前にこの条約の条項と両立しない義務を非締約国に対し、又は締約国若しくは非締約国の国民に対して約束した締約国は、その義務を免かれる措置を直ちに執らなければならない。締約国の航空企業がこのような両立しない義務を負担している場合には、この企業の国籍の属する国は、直ちにこの義務を終止することを確保するために最善の努力をし、且つ、いかなる場合にも、この義務を終止させる措置がこの条約の効力発生の後適法に可能となつたときは、直ちにこの措置を執らなければならない。

**第八三条（新たな取極の登録）** 締約国は、前条の規定に従うことを条件として、この条約の規定に反しない取極を結ぶことができる。この取極は、直ちに理事会に登録しなければならず、理事会は、できる限りすみやかにこれを公表しなければならない。

**第八三条の二（一定の任務及び義務の移転）** (a)　締約国において登録された航空機が他の締約国内に主たる営業所（主たる営業所を有しないときは、住所）を有する運航者によつてリース、チャーター若しくは引継運航又はこれらに類する手配の取決めに従つて運航される場合には、第十二条、第三十条、第三十一条及び第三十二条(a)の規定にかかわらず、登録国は、当該他の締約国との協定により、これらの規定に基づく当該航空機に係る登録国の任務及び義務の全部又は一部を当該他の締約国に移転することができる。登録国は、移転された任務及び義務についての責任を解除される。

(b)　移転は、当該移転について定める国家間の協定が第八十三条の規定に従つて理事会に登録され及び公表されるまで他の締約国について、又は当該協定のいずれかの当事国が他の関係締約国の当局に対して当該協定の存在及び適用範囲を直接通告するまで当該他の関係締約国について、効力を生じない。

(c)　(a)及び(b)の規定は、第七十七条の規定の適用を受ける場合についても、適用する。

### 第十八章　紛争及び違約

**第八四条（紛争の解決）** この条約及び附属書の解釈又は適用に関する二以上の締約国間の意見の相違が交渉によつて解決されない場合には、その意見の相違は、それに関係のある国の申請に基き、理事会が解決する。理事会の構成員は、自国が当事者である紛争について理事会が行う審議においては、投票権を有しない。締約国は、第八十五条に従うことを条件として、理事会の決定について、他の紛争当事者と協定する特別仲裁裁判所又は常設国際司法裁判所に提訴することができる。この提訴は、理事会の決定の通告の受領の日から六十日以内に理事会に通告しなければならない。

**第八五条（仲裁手続）** 紛争当事者たるいずれかの締約国でその紛争に関する理事会の決定について提訴されているものが常設国際司法裁判所規程を受諾しておらず、且つ、紛争当事者たる締約国が仲裁裁判所の選定について合意することができない場合には、紛争当事者たる各締約国は、一人の仲裁委員を指名しなければならない。これらの仲裁委員は、一人の審判委員を指名するものとする。その紛争の当事者たるいずれかの締約国が提訴の日から三箇月の期間内に仲裁委員を指名しなかつた場合には、仲裁委員は、理事会が備えている有資格者の現在員名簿の中から、理事会の議長がその国に代つて指名しなければならない。仲裁委員が審判委員について三十日以内に合意することができなかつた場合には、理事会の議長は、前記の名簿の中から審判委員を指名しなければならない。次に、仲裁委員及び審判委員は、仲裁裁判所を共同で構成しなければならない。本条又は前条に基いて設置される仲裁裁判所は、その手続を定め、且つ、多数決によつて決定を行わなければならない。但し、理事会は、著しい遅延があると認める場合には、手続問題を決定することができる。

**第八六条（提訴）** 理事会が別に定める場合を除く外、国際航空企業がこの条約の規定に従つて運営されているかどうかについての理事会の決定は、提訴に基いて破棄されない限り、引き続き有効とする。その他の事項については、理事会の決定は、これについて提訴された場合には、その提訴が決定されるまでの間停止しなければならない。常設国際司法裁判所及び仲裁裁判所の決定は、最終的とし、且つ、拘束力を有する。

**第八七条（航空企業の違反に対する制裁）** 各締約国は、自国の領域上の空間を通過する締約国の航空企業が前条に従つて行われた最終的決定に違反していると理事会が決定した場合には、その航空企業の運営を許可しないことを約束する。

**第八八条（国の違反に対する制裁）** 総会は、本章の規定に基いて違約国と認められた締約国の総会及び理事会における投票権を停止しなければならない。

### 第十九章　戦争

**第八九条（戦争及び緊急状態）** この条約の規定は、戦争の場合には、交戦国であると中立国であるとを問わず、関係締約国の行動の自由に影響を及ぼすものではない。同一の原則は、国家緊急事態を宣言してその事実を理事会に通告した締約国の場合にも、適用する。

### 第二十章　附属書

**第九〇条（附属書の採択及び改正）** (a)　第五十四条(1)に掲げる理事会による附属書の採択は、そのために招集された会合における理事会の三分の二の投票を必要とし、次に、理事会が各締約国に送付しなければならない。その附属書又は附属書の改正は、各締約国への送付の日の後三箇月以内に、又は理事会が定めるそれ以上の期間の終了の時に、効力を生ずる。但し、締約国の過半数がこの期間内にその不承認を理事会に届け出た場合は、この限りでない。

(b)　理事会は、附属書又はその改正の効力の発生をすべての締約国に直ちに通告しなければならない。

### 第二十一章　批准、加入、改正及び廃棄

**第九一条（条約の批准）** (a)　この条約は、署名国によつて批准されなければならない。批准書は、アメリカ合衆国政府の記録に寄託する。同政府は、その寄託の日を各署名国及び各加入国に通告する。

(b)　この条約は、二十六国がこれを批准し、又はこれに加入したときは、二十六番目の文書の寄託の日の後三十日目にそれらの国の間で効力を生ずる。この条約は、その後批准する各国については、その批准書の寄託の日の後三十日目に効力を生ずる。

(c)　アメリカ合衆国政府は、この条約が効力を生じた日を各署名国及び各加入国の政府に通告するものとする。

**第九二条（条約への加入）** (a)　この条約は、連合国及びこれらと連合している国並びに今次世界戦争の間中立であつた国の加入のために開放される。

(b)　加入は、アメリカ合衆国政府にあてた通告によつて行い、且つ、アメリカ合衆国政府が通告を受領した日から三十日目に効力を生ずる。同政府は、すべての締約国にその旨を通告する。

**第九三条（その他の国の加入承認）** 第九十一条及び第九十二条(a)に規定する国以外の国は、世界の諸国が平和を維持するために設立する一般的な国際機構の承認を得ることを条件として、総会の五分の四の投票により、且つ、総会が定める条件で、この条約に加入することを承認される。但し、各場合において、承認を求める国によつて今次戦争の間に侵略され、又は攻撃された国の同意を必要とする。

**第九四条（条約の改正）** (a)　この条約の改正案は、総会の三分の二の投票によつて承認されなければならず、また、総会が定める数の締約国が批准した時に、その改正を批准した国について効力を生ずる。総会が定める数は、締約国の総数の三分の二未満であつてはならない。

(b)　総会は、前記の改正の性質上正当と認める場合には、採択を勧告する決議において、改正の効力発生の後所定の期間内に批准しなかつた国が直ちにこの機関の加盟国及びこの条約の当事国でなくなることを規定することができる。

**第九五条（条約の廃棄）** (a)　締約国は、この条約の効力発生の後三年を経過したときは、アメリカ合衆国政府にあてた通告により、この条約の廃棄の通告をすることができる。同政府は、直ちに各締約国にその旨を通報する。

(b)　廃棄は、その通告の受領の日から一年で効力を生じ、且つ、廃棄を行つた国についてのみ有効とする。

### 第二十二章　定義

**第九六条**　この条約の適用上、

(a)　「航空業務」とは、旅客、郵便物又は貨物の公衆用の運送のために航空機で行う定期航空業務をいう。

(b)　「国際航空業務」とは、二以上の国の領域上の空間にわたつて行う航空業務をいう。

(c)　「航空企業」とは、国際航空業務を提供し、又は運営する航空運送企業をいう。

(d)　「運輸以外の目的での着陸」とは、旅客、貨物又は郵便物の積込又は積卸以外の目的で着陸することをいう。

## 2　日米航空協定（抄）

（日本国とアメリカ合衆国との間の民間航空運送協定）

署　　名　一九五二年八月一一日（東京）

効力発生　一九五三年九月一五日（日本国―五二年一二月二二日国会承認、五三年九月一五日承認を通知する公文交換、同日公布・条約一九号）

改　　正　一九五三年九月一五日発効（同日公布・外務省告示九六号）、五九年一月一四日発効（同年一月二三日公布・外務省告示九号）、六五年一二月二八日発効（六六年一月一八日公布・外務省告示四号）、六九年一一月一二日発効（同年一一月二〇日公布・外務省告示二六三号）、七二年五月一五日発効（同年六月三日公布・外務省告示一二〇号）、七七年七月二六日発効（同年八月八日公布・外務省告示一八五号）

日本国政府及びアメリカ合衆国政府は、それぞれの領域の間の民間航空運送を促進するために協定を締結することを希望し、よつて、このためそれぞれの代表者を任命した。これらの代表者は、次のとおり協定した。

**第一条【シカゴ条約の遵守】** 各締約国は、両締約国が、千九百四十四年十二月七日にシカゴで署名された国際民間航空条約の原

則及び規定で航空機の国際航空に適用されるものを、この協定で定める航空業務に適用することができる範囲内で、遵守することに同意する。

**第二条【定義】** この協定の適用上、本文に別段の定がある場合を除く外、

(a)「航空当局」とは、日本国にあつては運輸省及び運輸省の任務を遂行する権限を有する人又は機関をいい、アメリカ合衆国にあつては民間航空委員会及び民間航空委員会の任務を遂行する権限を有する人又は機関をいう。

(b)「指定航空企業」とは、一方の締約国が、他方の締約国に対し、文書により、この協定の第四条に従つて特定の路線について指定した航空企業をいう。

(c)国に関して「領域」とは、その国の主権、宗主権、保護又は信託統治の下にある陸地及びこれに隣接する領水をいう。

(d)千九百四十四年十二月七日にシカゴで署名された国際民間航空条約第九十六条(a)、(b)、(c)及び(d)に掲げる定義は、この協定に適用する。

**第三条【協定業務の開設】** 各締約国は、他方の締約国に対し、この協定の附表又はこの協定の第十六条に従つて修正され、若しくは変更される同附表の該当する項で定める路線(以下「特定路線」という。)における国際航空業務(以下「協定業務」という。)を開設するために必要なこの協定で定める権利を許与する。

**第四条【協定業務の開始手続】** (A) 協定業務は、この協定の第三条に基いて権利を許与された締約国の選択により、即時又は後日開始することができる。但し、次のことが行われた後でなければならない。

1　権利を許与された締約国が特定路線について一又は二以上の航空企業を指定すること。

2　権利を許与する締約国が当該一又は二以上の航空企業に対し適当な運営許可を与えること。この許可は、当該締約国が、本条(B)及び第九条の規定に従うことを条件として、不当に遅滞することなく与えなければならない。

(B) 権利を許与する締約国の航空当局は、他方の締約国の各指定航空企業に対し、この協定で定める運営に従事することを許可する前に、当該航空当局が通常適用する法令に基き、当該航空企業が資格を有する旨を立証することを要求することができる。

**第五条【指定航空企業の特権】** (A) 各締約国が指定する航空企業は、この協定の規定に従うことを条件として、特定路線における協定業務を運営する間、次の特権を享有するものとする。

1　他方の締約国の領域を無着陸で横断飛行する特権

2　運輸以外の目的で他方の締約国の領域に着陸する特権

3　国際運輸の対象たる旅客、貨物及び郵便物の積込及び積卸のため、当該特定路線についてこの協定の附表で定める他方の締約国の領域内の地点に着陸する特権

(B) 各締約国は、他方の締約国の航空機に対して、有償又は貸切でその領域内の別の地点に向けて運送される旅客、貨物又は郵便物をその領域内において積み込む許可を与えない権利を有する。

**第六条【課徴金】** 両締約国は、差別的な慣行を防止し、及び待遇の平等を確保するため、次のとおり同意する。

(a) 各締約国は、その管理の下にある公共用の空港及びその他の施設の使用については、他方の締約国の指定航空企業に公正且つ合理的な料金を課し、又は課することを許すことができる。但し、各締約国は、これらの料金が、類似の国際業務に従事する自国の航空機が当該空港及び施設の使用について支払う料金よりも高額のものであつてはならないことに同意する。

(b)―(d)　(略)

**第七条【証明書の相互認証】** (略)

**第八条【国内法令の遵守】** (A) 一方の締約国の法令で、国際航空に従事する航空機の当該締約国の領域への入国若しくはそこからの出国又は同領域内にある間の運航及び航行に関するものは、他方の締約国が指定した航空企業の航空機に適用されるものとし、また、前記の一方の締約国の領域への入国若しくはそこからの出国に当り、又は同領域内にある間、当該航空機によつて遵守されなければならない。

(B) 一方の締約国の法令で、航空機の旅客、乗組員又は貨物の当該締約国の領域への入国又はそこからの出国に関するもの、たとえば、入国、出国、移民、旅券、税関及び検疫に関する規制は、当該締約国の領域への入国若しくはそこからの出国に当り、又は同領域内にある間、他方の締約国が指定した航空企業の航空機の旅客、乗組員若しくは貨物によつて又はそれらの名において遵守されなければならない。

**第九条【特権の停止等】** (A) 各締約国は、他方の締約国が指定した航空企業の実質的な所有及び実効的な支配が当該航空企業を指定した締約国又は当該締約国の国民に属していないと認めた場合には、当該航空企業が享有する若しくは享有すべきこの協定の第五条(A)に定める特権を与えず、若しくは取り消す権利又は当該航空企業によるそれらの特権の行使に対し必要と認める条件を課する権利を留保する。

(B) 各締約国は、他方の締約国が指定した航空企業がこの協定の第八条に掲げる法令を遵守しなかつた場合又は当該航空企業若しくはそれを指定した政府がこの協定に基く義務を履行しなかつた場合には、当該航空企業が前記の(A)に掲げる特権を行使することを停止する権利を留保する。但し、当該法令に更に違反することを防止するため又は安全上の理由により即時の停止を不可欠とする場合を除く外、前記の権利は、他方の締約国と協議した後にのみ行使しなければならない。

**第一〇条【機会均等】** 両締約国の航空企業は、両締約国の領域の間の特定路線において協定業務を運営する公平且つ均等な機会を有する。

**第一一条【相手国の指定航空企業の利益の考慮】** 一方の締約国の指定航空企業は、協定業務を運営するに当つては、他方の締約国の指定航空企業が同一の路線の全部又は一部において提供する業務に不当な影響を及ぼさないように、当該指定航空企業の利益を考慮しなければならない。

**第一二条【輸送力】** この協定に基いて公衆の用に供せられる協定業務は、協定業務に対する公衆の要求と密接な関係を有しなければならず、また、当該協定業務を提供する航空企業の国籍の属する国と運輸の最終目的地たる国との間の運輸の需要に適合する輸送力を供給することを第一次の目的としなければならない。協定業務において第三国へ向けた又は第三国から来る国際運輸の対象たる貨客を特定路線上の一又は二以上の地点で積み込み、又は積み卸す権利は、両締約国が同意する秩序ある発展の一般原則に従つて行使されなければならず、また、輸送力が次のものに関連すべきであるという一般原則に従わなければならない。

(a) 当該航空企業の国籍の属する国と運輸の最終目的地たる国

との間の運輸上の要求

(b) 直通航空路運営の要求

(c) 当該航空企業の路線が通過する地域の地方的及び地域的業務を考慮した上での当該地域の運輸上の要求

**第一三条【運賃】**(A) 以下の諸項に従つて決定される運賃は、すべての関係要素、たとえば、運営費、合理的な利潤、他の航空企業が定める運賃及び各業務の特性に充分な考慮を払い、合理的な水準に定めなければならない。

(B) 一方の締約国の航空企業が附表に掲げる日本国の領域内の地点と合衆国の領域内の地点との間に適用する運賃は、この協定の規定に従つて、両締約国の航空当局の認可を受けなければならない。当該航空当局は、法律上の権限の範囲内でこの協定に基く義務に従つて行動しなければならない。

(C)―(H) (略)

**第一四条【協議】** 両締約国の航空当局がこの協定の実施に関するすべての事項について緊密な協力を確保するため定期的にしばしば協議することは、両締約国の意思である。

**第一五条【仲裁】**(A) この協定に別段の定がある場合を除く外、この協定の解釈又は適用に関する締約国間の紛争で協議によつて解決することができないものは、勧告的報告を求めるため、各締約国が指定する各一人の仲裁委員とこうして選定された二人の仲裁委員が合意する第三の仲裁委員との三人の仲裁委員からなる仲裁裁判所に付託しなければならない。但し、第三の仲裁委員は、いずれかの締約国の国民であつてはならない。各締約国は、一方の締約国が紛争の仲裁を要請する外交上の公文を他方の締約国に送付した日から二箇月以内に一人の仲裁委員を指定しなければならない。第三の仲裁委員については、その二箇月の期間が経過した後一箇月以内に合意されなければならない。

一方の締約国が二箇月以内に自国の仲裁委員を指定しなかつたとき、又は第三の仲裁委員について前記の期間内に合意されなかつたときは、国際司法裁判所長に対し、当該仲裁委員を選定して必要な任命を行うよう要請しなければならない。

(B) 締約国は、前記の勧告的報告で表明された意見を実行するため、その行使することができる権限の範囲内で最善の努力をするものとする。仲裁裁判所の経費は、各当事者が折半して負担しなければならない。

**第一六条【附表の修正、特定路線の変更、協定の改正】**(A) いずれの一方の締約国も、この協定の附表を修正することが望ましいと認めた場合には、両締約国の航空当局間の協議を要請することができる。この協議は、要請があつた日から六十日の期間内に開始するものとする。両締約国の航空当局が新たな附表又は修正された附表について合意したときは、この事項に関する両締約国の航空当局の勧告は、外交上の公文の交換によつて確認された後に効力を生ずる。

(B) 一方の締約国が特定路線に加えた変更は、当該締約国の航空企業が他方の締約国の領域内において航空業務を運営する地点に加えた変更である場合を除く外、附表の修正と認めてはならない。よつて、いずれの一方の締約国の航空当局も、一方的に前記の変更を行うことができる。但し、他方の締約国の航空当局に対し、遅滞なくその変更を通告しなければならない。

当該他方の締約国が、この協定の第十二条に定める原則を考慮して、自国の一又は二以上の航空企業の利益が前記の通告をした締約国の一又は二以上の航空企業による自国の領域と第三国の領域内の新たな地点との間における貨客の運送によつて害されると認めたときは、両締約国は、満足すべき合意が成立するように協議しなければならない。

(C) いずれの一方の締約国も、この協定を改正するため、いつでも他方の締約国との協議を要請することができる。この協議は、その要請があつた日から六十日の期間内に開始するものとする。

**第一七条【多国間条約への適合のための改正】** 両締約国が受諾する一般的な多数国間の航空運送条約が効力を生じたときは、この協定は、その条約の規定に適合するように改正しなければならない。

**第一八条【廃棄】** いずれの一方の締約国も、他方の締約国に対し、この協定を廃棄する意思をいつでも通告することができる。その通告は、国際民間航空機関に対しても同時に送付しなければならない。その通告があつたときは、この協定は、他方の締約国が廃棄通告を受領した日の後一年で終了するものとする。但し、締約国間の合意により当該通告が前記の一年の期間が経過する前に取り消された場合は、この限りでない。他方の締約国が通告の受領を確認しなかつたときは、国際民間航空機関が当該通告を受領した日の後十四日を経過した時に通告が受領されたものとみなす。

**第一九条【登録】** この協定及びそれに関連するすべての契約並びに第十六条に従つて交換される外交上の公文は、国際民間航空機関に登録しなければならない。

**第二〇条【効力発生】** この協定は、各締約国により、それぞれの国内法上の手続に従つて承認されなければならない。この協定は、その承認を通知する外交上の公文が交換された時に効力を生ずる。

**附表** (略)

**附表の附属書** (略)

**了解覚書**(抜粋)(二〇一〇年一一月一三日署名(横浜)、同月二六日外務省告示四九〇号)

次の規定は、千九百五十二年八月十一日に東京で署名された日本国とアメリカ合衆国との間の民間航空運送協定(以下「千九百五十二年の協定」という。)が日米航空関係にとって適切な態様で実施されることを確保するために交渉されたものである。

この了解覚書(以下「二千十年の了解覚書」という。)の規定は、日本国政府とアメリカ合衆国政府との間で外交上の公文の交換により締結する合意に組み込まれることにより、千九百五十二年の協定の実施に関する了解又は千九百五十二年の協定の付表の修正を成すこととなる。(後略)

**第九部(公正な競争)** 千九百五十二年の協定第十条から第十二条までの規定の適用に関する次の手続は、千九百五十二年の協定を実施するための二千十年の了解覚書に従って運営されるすべての業務について適用する。

1 各締約国は、各航空企業が附属書に従って提供する国際航空運送の運航回数及び輸送力を市場における商業的考慮に基づいて決定することを認める。いずれの一方の締約国も、このような当該航空企業の権利に反しないよう、輸送量、運航回数若しくは運航の頻度又は他方の締約国の航空企業が運航する航空機の型式を一方的に制限してはならない。ただし、国際民間航空条約第十五条の規定に適合する均等の条件の下で通関上、技術上、運航上又は環境上の理由により必要とされる場合は、この限りでない。

2・3 （略）

**第一〇部（価格の設定）** 千九百五十二年の協定第十三条の規定の適用に関する次の手続は、千九百五十二年の協定を実施するための二千十年の了解覚書に従って運営されるすべての業務について適用する。

1 各締約国は、市場における商業的考慮に基づいて各航空企業が設定する国際航空運送の価格を認可する。両締約国による関与は、次の事項に限る。

a 不当に差別的な価格又は慣行の防止

b 支配的地位の濫用による不当に高い又は制限的な価格からの消費者の保護

c 政府による直接又は間接の補助金又は助成による人為的に低い価格からの航空企業の保護

d 競争を排除する意図についての証拠が存在する場合における人為的に低い価格からの航空企業の保護

2・3 （略）

## 3 宇宙条約

（月その他の天体を含む宇宙空間の探査及び利用における国家活動を律する原則に関する条約）

採択（推奨） 一九六六年一二月一九日（国連総会）
署名開放 一九六七年一月二七日（ワシントン、ロンドン、モスクワ）
効力発生 一九六七年一〇月一〇日
日本国 一九六七年一〇月一〇日（同年七月一九日国会承認、一〇月六日内閣批准、同日批准書認証、一〇月一〇日批准書寄託、一〇月一一日公布・条約一九号）
当事国 一〇六

この条約の当事国は、

人間の宇宙空間への進入の結果、人類の前に展開する広大な将来性に鼓舞され、

平和的目的のための宇宙空間の探査及び利用の進歩が全人類の共同の利益であることを認識し、

宇宙空間の探査及び利用がすべての人民のために、その経済的又は科学的発展の程度にかかわりなく行なわれなければならないことを信じ、

平和的目的のための宇宙空間の探査及び利用の科学面及び法律面における広範な国際協力に貢献することを希望し、

この国際協力が諸国間及び諸人民間の相互理解の増進及び友好関係の強化に貢献することを信じ、

千九百六十三年十二月十三日に国際連合総会が全会一致で採択した決議第千九百六十二号（第十八回会期）「宇宙空間の探査及び利用における国家活動を律する法的原則の宣言」を想起し、

核兵器若しくは他の種類の大量破壊兵器を運ぶ物体を地球を回る軌道に乗せること又はこれらの兵器を天体に設置することを慎むように諸国に要請する千九百六十三年十月十七日の国際連合総会の全会一致の採択による決議第千八百八十四号（第十八回会期）を想起し、

平和に対する脅威、平和の破壊又は侵略行為を誘発し若しくは助長することを意図し、又はこれらを誘発し若しくは助長するおそれのある宣伝を非難する千九百四十七年十一月三日の国際連合総会決議第百十号（第二回会期）を考慮し、かつ、この決議が宇宙空間に適用されることを考慮し、

月その他の天体を含む宇宙空間の探査及び利用における国家活動を律する原則に関する条約が国際連合憲章の目的及び原則を助長するものであることを確信して、

次のとおり協定した。

**第一条【探査利用の自由】** 月その他の天体を含む宇宙空間の探査及び利用は、すべての国の利益のために、その経済的又は科学的発展の程度にかかわりなく行なわれるものであり、全人類に認められる活動分野である。

月その他の天体を含む宇宙空間は、すべての国がいかなる種類の差別もなく、平等の基礎に立ち、かつ、国際法に従つて、自由に探査し及び利用することができるものとし、また、天体のすべての地域への立入りは、自由である。

月その他の天体を含む宇宙空間における科学的調査は、自由であり、また、諸国は、この調査における国際協力を容易にし、かつ、奨励するものとする。

**第二条【領有権の否定】** 月その他の天体を含む宇宙空間は、主権の主張、使用若しくは占拠又はその他のいかなる手段によつても国家による取得の対象とはならない。

**第三条【探査利用の国際法準拠】** 条約の当事国は、国際連合憲章を含む国際法に従つて、国際の平和及び安全の維持並びに国際間の協力及び理解の促進のために、月その他の天体を含む宇宙空間の探査及び利用における活動を行なわなければならない。

**第四条【大量破壊兵器の打上げ禁止】** 条約の当事国は、核兵器及び他の種類の大量破壊兵器を運ぶ物体を地球を回る軌道に乗せないこと、これらの兵器を天体に設置しないこと並びに他のいかなる方法によつてもこれらの兵器を宇宙空間に配置しないことを約束する。

月その他の天体は、もつぱら平和的目的のために、条約のすべての当事国によつて利用されるものとする。天体上においては、軍事基地、軍事施設及び防備施設の設置、あらゆる型の兵器の実験並びに軍事演習の実施は、禁止する。科学的研究その他の平和的目的のために軍の要員を使用することは、禁止しない。月その他の天体の平和的探査のために必要なすべての装備又は施設を使用することも、また、禁止しない。

**第五条【宇宙飛行士に対する援助】** 条約の当事国は、宇宙飛行士を宇宙空間への人類の使節とみなし、事故、遭難又は他の当事国の領域若しくは公海における緊急着陸の場合には、その宇宙飛行士にすべての可能な援助を与えるものとする。宇宙飛行士は、そのような着陸を行なつたときは、その宇宙飛行機の登録国へ安全かつ迅速に送還されるものとする。

いずれかの当事国の宇宙飛行士は、宇宙空間及び天体上において活動を行なうときは、他の当事国の宇宙飛行士にすべての可能な援助を与えるものとする。

条約の当事国は、宇宙飛行士の生命又は健康に危険となるおそれのある現象を月その他の天体を含む宇宙空間に発見したときは、直ちに、これを条約の他の当事国又は国際連合事務総長に通報するものとする。

**第六条【国家の責任】**条約の当事国は、月その他の天体を含む宇宙空間における自国の活動について、それが政府機関によつて行なわれるか非政府団体によつて行なわれるかを問わず、国際的責任を有し、自国の活動がこの条約の規定に従つて行なわれることを確保する国際的責任を有する。月その他の天体を含む宇宙空間における非政府団体の活動は、条約の関係当事国の許可及び継続的監督を必要とするものとする。国際機関が月その他の天体を含む宇宙空間において活動を行なう場合には、その国際機関及びこれに参加する条約の当事国の双方がこの条約を遵守する責任を有する。

**第七条【損害に対する当事国の責任】**条約の当事国は、月その他の天体を含む宇宙空間に物体を発射し若しくは発射させる〔procures the launching〕場合又はその領域若しくは施設から物体が発射される場合には、その物体又はその構成部分が地球上、大気空間又は月その他の天体を含む宇宙空間において条約の他の当事国又はその自然人若しくは法人に与える損害について国際的に責任を有する。

**第八条【発射物体に対する管理権、所有権と物体の返還】**宇宙空間に発射された物体が登録されている条約の当事国は、その物体及びその乗員に対し、それらが宇宙空間又は天体上にある間、管轄権及び管理の権限を保持する。宇宙空間に発射された物体（天体上に着陸させられ又は建造された物体を含む。）及びその構成部分の所有権は、それらが宇宙空間若しくは天体上にあること又は地球に帰還することによつて影響を受けない。これらの物体又は構成部分は、物体が登録されている条約の当事国の領域外で発見されたときは、その当事国に返還されるものとする。その当事国は、要請されたときは、それらの物体又は構成部分の返還に先だち、識別のための資料を提供するものとする。

**第九条【有害な汚染、干渉の防止】**条約の当事国は、月その他の天体を含む宇宙空間の探査及び利用において、協力及び相互援助の原則に従うものとし、かつ、条約の他のすべての当事国の対応する利益に妥当な考慮を払つて、月その他の天体を含む宇宙空間におけるすべての活動を行なうものとする。条約の当事国は、月その他の天体を含む宇宙空間の有害な汚染及び地球外物質の導入から生ずる地球の環境の悪化を避けるように月その他の天体を含む宇宙空間の研究及び探査を実施し、かつ、必要な場合には、このための適当な措置を執るものとする。条約の当事国は、自国又は自国民によつて計画された月その他の天体を含む宇宙空間における活動又は実験が月その他の天体を含む宇宙空間の平和的な探査及び利用における他の当事国の活動に潜在的に有害な干渉を及ぼすおそれがあると信ずる理由があるときは、その活動又は実験が行なわれる前に、適当な国際的協議を行なうものとする。条約の当事国は、他の当事国が計画した月その他の天体を含む宇宙空間における活動又は実験が月その他の天体を含む宇宙空間の平和的な探査及び利用における活動に潜在的に有害な干渉を及ぼすおそれがあると信ずる理由があるときは、その活動又は実験に関する協議を要請することができる。

**第一〇条【宇宙物体の飛行の観測】**条約の当事国は、月その他の天体を含む宇宙空間の探査及び利用における国際協力をこの条約の目的に従つて促進するために、条約の他の当事国が打ち上げる宇宙物体の飛行を観測する機会を与えられることについての当該他の当事国の要請に対し、平等の原則に基づいて考慮を払うものとする。

その観測の機会の性質及びその機会が与えられる条件は、関係国間の合意により決定されるものとする。

**第一一条【情報の提供・公表】**月その他の天体を含む宇宙空間における活動を行なう条約の当事国は、宇宙空間の平和的な探査及び利用における国際協力を促進するために、その活動の性質、実施状況、場所及び結果について、国際連合事務総長並びに公衆及び国際科学界に対し、実行可能な最大限度まで情報を提供することに同意する。国際連合事務総長は、この情報を受けたときは、それが迅速かつ効果的に公表されるようにするものとする。

**第一二条【天体上の基地、施設等の開放】**月その他の天体上のすべての基地、施設、装備及び宇宙飛行機は、相互主義に基づいて、条約の他の当事国の代表者に開放される。これらの代表者は、適当な協議が行なわれるため及び訪問する施設等における安全を確保し、かつ、そこでの正常な作業に対する干渉を避けるように最大限の予防措置が執られるために、計画された訪問につき合理的な予告を行なうものとする。

**第一三条【共同活動】**この条約の規定は、月その他の天体を含む宇宙空間の探査及び利用における条約の当事国の活動に適用するものとし、それらの活動が条約の一当事国により行なわれる場合であるか他の国家と共同で行なわれる場合（政府間国際機関の枠内で行なわれる場合を含む。）であるかを問わない。

月その他の天体を含む宇宙空間の探査及び利用における政府間国際機関が行なう活動に関連して生ずる実際的問題は、条約の当事国が、当該国際機関又はその加盟国でこの条約の当事国である一若しくは二以上の国と共同して解決するものとする。

**第一四条【署名、批准、加入、効力発生】**1　この条約は、署名のためすべての国に開放される。この条約が3の規定に従つて効力を生ずる前にこの条約に署名しない国は、いつでも、この条約に加入することができる。

2　この条約は、署名国により批准されなければならない。批准書及び加入書は、寄託国政府として指定されたアメリカ合衆国、グレート・ブリテン及び北部アイルランド連合王国及びソヴィエト社会主義共和国連邦の政府に寄託するものとする。

3　この条約は、この条約により寄託国政府として指定された政府を含む五の政府が批准書を寄託した時に効力を生ずる。

4　この条約の効力発生後に批准書又は加入書を寄託する国については、この条約は、その批准書又は加入書の寄託の日に効力を生ずる。

5　寄託国政府は、すべての署名国及び加入国に対し、署名の日、この条約の批准書及び加入書の寄託の日、この条約の効力発生の日その他についてすみやかに通報するものとする。

6　この条約は、寄託国政府が国際連合憲章第百二条の規定に従つて登録するものとする。

**第一五条【改正】**条約のいずれの当事国も、この条約の改正を提案することができる。改正は、条約の当事国の過半数がこれを受諾した時に、その改正を受諾した条約の当事国について効力を生じ、その後は、条約の他の各当事国については、その国による受諾の日に効力を生ずる。

**第一六条【脱退】**条約のいずれの当事国も、この条約の効力発生の後一年を経過したときは、寄託国政府にあてた通告書により、条約からの脱退を通告することができる。その脱退は、通告書の受領の日から一年で効力を生ずる。

**第一七条【正文、寄託】**この条約は、英語、ロシア語、フランス語、スペイン語及び中国語による本文をひとしく正文とし、寄託国政府に寄託するものとする。この条約の認証謄本は、寄託国政府が署名国及び加入国の政府に送付するものとする。

## 4 宇宙救助返還協定（抄）

（宇宙飛行士の救助及び送還並びに宇宙空間に打ち上げられた物体の返還に関する協定）

作　成　一九六八年四月二二日（ロンドン、モスクワ、ワシントン）
効力発生　一九六八年一二月三日
日本国　一九八三年六月二〇日（同年五月一三日国会承認、六月七日内閣加入決定、六月二〇日加入書寄託、同日公布・条約五号）
当事国　九六（他に欧州宇宙機関（ESA）、欧州気象衛星開発機構（EUMETSAT）が受諾宣言）

締約国は、

事故、遭難又は緊急着陸の場合における宇宙飛行士に対するすべての可能な援助の提供、宇宙飛行士の迅速かつ安全な送還及び宇宙空間に打ち上げられた物体の返還を定めている月その他の天体を含む宇宙空間の探査及び利用における国家活動を律する原則に関する条約の重要性に留意し、

これらの義務の内容を充実させ及び一層具体化することを希望し、

宇宙空間の平和的な探査及び利用における国際協力を促進することを希望し、

人間本来の感情に促されて、

次のとおり協定した。

**第一条【緊急着陸の通報】** 締約国は、宇宙船の乗員が、事故に遭遇し若しくは遭難した旨の又は自国の管轄の下にある領域、公海若しくはいずれの国の管轄の下にもないその他の地域において緊急の若しくは意図しない着陸をした旨の情報を入手した場合又はこれらの事実を知つた場合には、直ちに、

(a) 打上げ機関に通報するものとし、又は打上げ機関が不明である場合及び打上げ機関に直ちに連絡をとることができない場合には、利用することができるすべての適当な通信手段により、これらの情報を公表する。

(b) 国際連合事務総長に通報するものとし、また、同事務総長は、利用することができるすべての適当な通信手段により、遅滞なくこれらの情報を公表するものとする。

**第二条【乗員の捜索救助】** 事故、遭難又は緊急の若しくは意図しない着陸により宇宙船の乗員がいずれかの締約国の管轄の下にある領域に着陸した場合には、当該締約国は、直ちに、乗員の救助のためにすべての可能な措置をとるものとし、すべての必要な援助を与える。当該締約国は、打上げ機関及び国際連合事務総長に対し、そのとつている措置及びその実施状況を通報する。打上げ機関による援助が迅速な救助を実施する上で役立つ場合又は当該援助が捜索救助活動の効果的な実施に実質的に寄与する場合には、打上げ機関は、捜索救助活動の効果的な実施のため、当該締約国に協力する。当該捜索救助活動は、当該締約国の指揮及び監督の下に実施されるものとし、当該締約国は、打上げ機関との緊密かつ継続的な協議の下に行動する。

**第三条【捜索救助活動への援助】** 宇宙船の乗員が公海又はいずれの国の管轄の下にもないその他の地域に着陸した旨の情報を入手した場合又はその事実を知つた場合には、迅速に乗員を救助するために捜索救助活動に援助を与えることができる締約国は、必要があるときは、そのための援助を与える。援助を与える締約国は、打上げ機関及び国際連合事務総長に対し、そのとつている措置及びその実施状況を通報する。

**第四条【乗員の引渡し】** 宇宙船の乗員は、事故、遭難又は緊急の若しくは意図しない着陸によりいずれかの締約国の管轄の下にある領域、公海又はいずれの国の管轄の下にもないその他の地域に着陸した場合には、安全かつ迅速に打上げ機関の代表者に引き渡される。

**第五条【宇宙物体の降下通報、回収、返還】** 1　締約国は、宇宙物体又はその構成部分が自国の管轄の下にある領域、公海又はいずれの国の管轄の下にもないその他の地域に降下した旨の情報を入手した場合又はその事実を知つた場合には、打上げ機関及び国際連合事務総長に対し、その旨を通報する。

2　宇宙物体又はその構成部分が発見された領域について管轄権を有する締約国は、打上げ機関の要請に応じ、また、必要な場合には打上げ機関の援助を受けて、当該宇宙物体又はその構成部分を回収するため、実行可能と認める措置をとる。

3　宇宙空間に打ち上げられた物体又はその構成部分であつて打上げ機関の領域外で発見されたものは、打上げ機関の要請に応じ、打上げ機関の代表者に引き渡されるか又はその処理にゆだねられる。打上げ機関は、当該物体又はその構成部分の返還に先立ち、要請に応じ、当該物体又はその構成部分の識別のための資料を提供する。

4　2及び3の規定にかかわらず、締約国は、自国の管轄の下にある領域において発見し又はその他の場所において回収した宇宙物体又はその構成部分が、危険又は害をもたらすものであると信ずるに足りる理由がある場合には、打上げ機関にその旨を通知することができる。この場合において、打上げ機関は、発生するおそれのある危害を除去するため、当該締約国の指揮及び監督の下に、直ちに、効果的な措置をとる。

5　2及び3の規定により宇宙物体又はその構成部分を回収し及び返還する義務を履行するために要した費用は、打上げ機関が負担する。

**第六条【打上げ機関】** この協定の適用上、「打上げ機関」とは、打上げについて責任を有する国又は、国際的な政府間機関が打上げについて責任を有する場合には、当該政府間機関をいう。ただし、当該政府間機関がこの協定の定める権利及び義務の受諾を宣言し、かつ、当該政府間機関の加盟国の過半数がこの協定及び月その他の天体を含む宇宙空間の探査及び利用における国家活動を律する原則に関する条約の締約国である場合に限る。

**第七条【署名、批准、加入、効力発生】** 1・2（略）

3　この協定は、寄託政府として指定される政府を含む五の政府が批准書を寄託した時に効力を生ずる。

4－6（略）

**第八条【改正】**（略）

**第九条【脱退】**（略）

**第一〇条【正文】**（略）

## 5 宇宙損害責任条約（抄）

（宇宙物体により引き起こされる損害についての国際的責任に関する条約）

作　成　一九七二年三月二九日（ロンドン、モスクワ、ワシントン）
効力発生　一九七二年九月一日
日本国　一九八三年六月二〇日（同年五月一三日国会承認、六月七日内閣加入決定、六月二〇日加入書寄託、同日公布・条約六号）
当事国　九五（他にESA、EUMETSAT、欧州電気通信衛星機構（EUTELSAT）が受諾宣言）

この条約の締約国は、

平和的目的のために宇宙空間を探査し及びその利用を推進することが全人類の共同の利益であることを認識し、

月その他の天体を含む宇宙空間の探査及び利用における国家活動を律する原則に関する条約を想起し、

宇宙物体の打上げに関係している国及び国際的な政府間機関によつてとられる予防措置にもかかわらず、宇宙物体により損害が引き起こされることがあることを考慮し、

宇宙物体により引き起こされる損害についての責任に関し効果的である国際的な規則及び手続を定める必要、特に、宇宙物体により引き起こされる損害の被害者に対する十分かつ衡平な賠償がこの条約に基づいて迅速に行われることを確保する必要を認識し、

宇宙物体により引き起こされる損害についての責任に関し効果的である国際的な規則及び手続を定めることが平和的目的のための宇宙空間の探査及び利用の分野における国際協力を強化することに寄与することを確信して、

次のとおり協定した。

**第一条【定義】** この条約の適用上、

(a)「損害」とは、人の死亡若しくは身体の傷害その他の健康の障害又は国、自然人、法人若しくは国際的な政府間機関の財産の滅失若しくは損傷をいう。

(b)「打上げ」には、成功しなかつた打上げを含む。

(c)「打上げ国」とは、次の国をいう。

(i) 宇宙物体の打上げを行い、又は行わせる国

(ii) 宇宙物体が、その領域又は施設から打ち上げられる国

(d)「宇宙物体」には、宇宙物体の構成部分並びに宇宙物体の打上げ機及びその部品を含む。

**第二条【無過失責任】** 打上げ国は、自国の宇宙物体が、地表において引き起こした損害又は飛行中の航空機に与えた損害の賠償につき無過失責任を負う。

**第三条【過失責任】** 損害が一の打上げ国の宇宙物体又はその宇宙物体内の人若しくは財産に対して他の打上げ国の宇宙物体により地表以外の場所において引き起こされた場合には、当該他の打上げ国は、当該損害が自国の過失又は自国が責任を負うべき者の過失によるものであるときに限り、責任を負う。

**第四条【宇宙物体相互の損害により生じた第三国の損害】** 1　損害が一の打上げ国の宇宙物体又はその宇宙物体内の人若しくは財産に対して他の打上げ国の宇宙物体により地表以外の場所において引き起こされ、その結果、損害が第三国又はその自然人若しくは法人に対して引き起こされた場合には、これらの二の打上げ国は、当該第三国に対し、次に定めるところにより連帯して責任を負う。

(a) 損害が当該第三国に対して地表において又は飛行中の航空機について引き起こされた場合には、当該二の打上げ国は、当該第三国に対し無過失責任を負う。

(b) 損害が当該第三国の宇宙物体又はその宇宙物体内の人若しくは財産に対して地表以外の場所において引き起こされた場合には、当該二の打上げ国は、当該第三国に対し、いずれか一方の打上げ国又はいずれか一方の打上げ国が責任を負うべき者に過失があるときに限り、責任を負う。

2　1に定める連帯責任が生ずるすべての場合において、損害の賠償についての責任は、1に規定する二の打上げ国がそれぞれの過失の程度に応じて分担する。当該二の打上げ国のそれぞれの過失の程度を確定することができない場合には、損害の賠償についての責任は、当該二の打上げ国が均等に分担する。もつとも、責任の分担についてのこの規定は、連帯して責任を負ういずれか一の打上げ国又はすべての打上げ国に対し、第三国がこの条約に基づいて支払われるべき賠償の全額を請求する権利を害するものではない。

**第五条【共同打上げの場合の連帯責任】** 1　二以上の国が共同して宇宙物体を打ち上げる場合には、これらの国は、引き起こされるいかなる損害についても連帯して責任を負う。

2　損害について賠償を行つた打上げ国は、共同打上げに参加した他の国に対し、求償する権利を有する。共同打上げの参加国は、その履行について連帯して責任を負う金銭上の債務の分担につき、取極を締結することができる。もつとも、この取極は、連帯して責任を負ういずれか一の打上げ国又はすべての打上げ国に対し、損害を被つた国がこの条約に基づいて支払われるべき賠償の全額を請求する権利を害するものではない。

3　宇宙物体がその領域又は施設から打ち上げられる国は、共同打上げの参加国とみなす。

**第六条【無過失責任の免除】** 1　損害の全部又は一部が請求国又は請求国により代表される自然人若しくは法人の重大な過失又は作為若しくは不作為（損害を引き起こすことを意図した作為若しくは不作為に限る。）により引き起こされたことを打上げ国が証明した場合には、その限度において無過失責任が免除される。ただし、2の規定が適用される場合は、この限りでない。

2　打上げ国の活動であつて国際法（特に、国際連合憲章及び月その他の天体を含む宇宙空間の探査及び利用における国家活動を律する原則に関する条約を含む。）に適合しないものにより損害が引き起こされた場合には、いかなる免責も認められない。

**第七条【適用除外】** この条約は、打上げ国の宇宙物体により次の者に対して引き起こされた損害については、適用しない。

(a) 打上げ国の国民

(b) 宇宙物体の運行に参画している外国人（宇宙物体の打上げの時からその落下の時までの間のいずれの段階で参画しているかを問わない。）又は宇宙物体の打上げ国の招請により打上げ予定地域若しくは回収予定地域に隣接する地域に滞在している外国人

**第八条【請求国】** 1　損害を被つた国又は自国の自然人若しくは法人が損害を被つた国は、当該損害の賠償につき、打上げ国に対し請求を行うことができる。

2　損害を被つた自然人又は法人の国籍国が請求を行わない場合

には、他の国は、その領域において当該自然人又は法人が被つた損害につき、打上げ国に対し請求を行うことができる。

3　損害を被つた自然人若しくは法人の国籍国又は自国の領域において損害が生じた国のいずれもが請求を行わない場合又は請求を行う意思を通告しない場合には、他の国は、自国に永住する者が被つた当該損害につき、打上げ国に対し請求を行うことができる。

**第九条【請求手続】** 損害の賠償についての請求は、外交上の経路を通じて打上げ国に対し行われる。当該打上げ国との間に外交関係がない国は、当該請求を当該打上げ国に提出すること又は他の方法によりこの条約に基づく自国の利益を代表することを他の国に要請することができる。当該打上げ国との間に外交関係がない国は、また、国際連合事務総長を通じて自国の請求を提出することができる（請求国及び打上げ国の双方が国際連合の加盟国である場合に限る。）。

**第一〇条【請求期間】** 1　損害の賠償についての請求は、損害の発生の日又は損害につき責任を有する打上げ国を確認した日の後一年以内に限り、打上げ国に対し行うことができる。

2　1の規定にかかわらず、損害の発生を知らなかつた国又は損害につき責任を有する打上げ国を確認することができなかつた国は、その事実を知つた日の後一年以内に限り、請求を行うことができる。ただし、請求を行うことができる期間は、いかなる場合にも、相当な注意を払うことによりその事実を当然に知ることができたと認められる日の後一年を超えないものとする。

3　1及び2の規定は、損害の全体が判明しない場合においても、適用する。この場合において、請求国は、1及び2に定める期間が満了した後においても損害の全体が判明した後一年を経過するまでの間は、請求を修正し及び追加の文書を提出することができる。

**第一一条【国内的救済措置】** 1　この条約に基づき打上げ国に対し損害の賠償についての請求を行う場合には、これに先立ち、請求国又は請求国により代表される自然人若しくは法人が利用することができるすべての国内的な救済措置を尽くすことは、必要としない。

2　この条約のいかなる規定も、国又は国により代表されることのある自然人若しくは法人が、打上げ国の裁判所、行政裁判所又は行政機関において損害の賠償についての請求を行うことを妨げるものではない。当該請求が打上げ国の裁判所、行政裁判所若しくは行政機関において又は関係当事国を拘束する他の国際取極に基づいて行われている間は、いずれの国も、当該損害につき、この条約に基づいて請求を行うことはできない。

**第一二条【賠償額の決定】** 打上げ国が損害につきこの条約に基づいて支払うべき賠償額は、請求に係る自然人、法人、国又は国際的な政府間機関につき当該損害が生じなかつたとしたならば存在したであろう状態に回復させる補償が行われるよう、国際法並びに正義及び衡平の原則に従つて決定される。

**第一三条【支払通貨】** 賠償は、損害につきこの条約に基づいて賠償を行うべき国と請求国との間に他の形態による賠償の支払についての合意が成立する場合を除くほか、請求国の通貨により又は、請求国の要請がある場合には、損害につき賠償を行うべき国の通貨により支払う。

**第一四条【請求委員会】** 請求についての解決が、請求の文書を送付した旨を請求国が打上げ国に通報した日から一年以内に第九条に定める外交交渉により得られない場合には、関係当事国は、いずれか一方の当事国の要請により請求委員会を設置する。

**第一五条【委員の任命】**（略）

**第一六条【委員会の組織、手続】**（略）

**第一七条【委員数の制限】**（略）

**第一八条【委員会の決定】** 請求委員会は、損害の賠償についての請求の当否を決定するものとし、また、賠償を行うべきであると認めた場合には、その額を決定する。

**第一九条【決定・裁定の効力】** 1　請求委員会は、第十二条に定めるところに従つて活動する。

2　請求委員会の決定は、当事国が合意している場合には、最終的なかつ拘束力のあるものとする。当事国が合意していない場合には、同委員会は、最終的で勧告的な裁定を示すものとし、また、当事国は、裁定を誠実に検討する。同委員会は、決定又は裁定につきその理由を述べる。

3　請求委員会は、できる限り速やかに、いかなる場合にもその設置の日から一年以内に決定又は裁定を行う。ただし、同委員会がこの期間の延長を必要であると認める場合は、この限りでない。

4　請求委員会は、決定又は裁定を公表する。同委員会は、決定又は裁定の認証謄本を各当事国及び国際連合事務総長に送付する。

**第二〇条【委員会の費用】** 請求委員会に係る費用は、同委員会が別段の決定を行わない限り、当事国が均等に分担する。

**第二一条【被害国に対する援助】** 宇宙物体により引き起こされた損害が、人命に対して大規模な危険をもたらすもの又は住民の生活環境若しくは中枢部の機能を著しく害するものである場合において、損害を被つた国が要請するときは、締約国（特に打上げ国）は、損害を被つた国に対して適当かつ迅速な援助を与えることの可能性の有無について検討する。もつとも、この条の規定は、この条約に基づく締約国の権利又は義務に影響を及ぼすものではない。

**第二二条【政府間国際機関への適用】** 1　この条約において国に言及している規定は、第二十四条から第二十七条までの規定を除くほか、宇宙活動を行ういずれの国際的な政府間機関にも適用があるものとする。ただし、当該政府間機関がこの条約の定める権利及び義務の受諾を宣言し、かつ、当該政府間機関の加盟国の過半数がこの条約及び月その他の天体を含む宇宙空間の探査及び利用における国家活動を律する原則に関する条約の締約国である場合に限る。

2　この条約の締約国であつて1の政府間機関の加盟国であるものは、当該政府間機関が1の規定による宣言を行うことを確保するため、すべての適当な措置をとる。

3　国際的な政府間機関が損害につきこの条約に基づいて責任を負うこととなる場合には、当該政府間機関及び当該政府間機関の加盟国であつてこの条約の締約国であるものは、次に定めるところにより連帯して責任を負う。

(a)　損害の賠償についての請求は、最初に当該政府間機関に対し行われるものとする。

(b)　損害の賠償として支払うことが合意され又は決定された金額を当該政府間機関が六箇月以内に支払わなかつた場合に限り、請求国は、当該政府間機関の加盟国であつてこの条約の締約国であるものに対し当該金額の支払を求めることができる。

4　1の規定による宣言を行つた政府間機関に与えた損害の賠償

についての請求であつてこの条約に基づいて行われるものは、当該政府間機関の加盟国であつてこの条約の締約国であるものが行う。

**第二三条【他の国際取極との関係】** 1　この条約は、効力を有している他の国際取極に対し、その締約国相互の間の関係に関する限り、影響を及ぼすものではない。

2　この条約のいかなる規定も、諸国がこの条約の規定を再確認し、補足し又は拡充する国際取極を締結することを妨げるものではない。

**第二四条【署名、批准、加入、効力発生】** 1　この条約は、署名のためすべての国に開放しておく。3の規定に基づくこの条約の効力発生前にこの条約に署名しなかつた国は、いつでもこの条約に加入することができる。

2　この条約は、署名国によつて批准されなければならない。批准書及び加入書は、この条約により寄託政府として指定されるグレート・ブリテン及び北部アイルランド連合王国、ソヴィエト社会主義共和国連邦及びアメリカ合衆国の政府に寄託する。

3　この条約は、五番目の批准書が寄託された時に効力を生ずる。

4　この条約は、その効力発生の後に批准書又は加入書を寄託する国については、その批准書又は加入書の寄託の日に効力を生ずる。

5　寄託政府は、すべての署名国及び加入国に対し、署名の日、この条約の批准書及び加入書の寄託の日、この条約の効力発生の日並びに他の事項を速やかに通報する。

6　この条約は、寄託政府が国際連合憲章第百二条の規定により登録する。

**第二五条【改正】** いずれの締約国も、この条約の改正を提案することができる。改正は、締約国の過半数が改正を受諾した時に、受諾した締約国について効力を生ずるものとし、その後に改正を受諾する他の締約国については、その受諾の日に効力を生ずる。

**第二六条【検討会議】** この条約の効力発生の十年後に、この条約の過去における適用状況に照らしてこの条約の改正が必要であるかないかを審議するため、この条約の検討の問題を、国際連合総会の仮議事日程に含める。ただし、この条約の効力発生の後五年を経過した後はいつでも、締約国の三分の一以上の要請により、締約国の過半数の同意を得て、この条約を検討するための締約国の会議が招集される。

**第二七条【脱退】** いずれの締約国も、この条約の効力発生の後一年を経過した後は、寄託政府にあてた文書により、この条約からの脱退を通告することができる。脱退は、脱退を通告する文書の受領の日から一年で効力を生ずる。

**第二八条【正文】** この条約は、英語、ロシア語、フランス語、スペイン語及び中国語をひとしく正文とするものとし、寄託政府に寄託する。この条約の認証謄本は、寄託政府が署名国及び加入国の政府に送付する。

## 6　宇宙物体登録条約(抄)

(宇宙空間に打ち上げられた物体の登録に関する条約)

採　　択　一九七四年一一月一二日(国連第二九回総会)
署名開放　一九七五年一月一四日(ニューヨーク)
効力発生　一九七六年九月一五日
日 本 国　一九八三年六月二〇日(同年五月一三日国会承認、六月七日内閣加入決定、六月二〇日加入書寄託、同日公布・条約七号)
当 事 国　六九(他にESA、EUMETSATが受諾宣言)

この条約の締約国は、(中略)

月その他の天体を含む宇宙空間の探査及び利用における国家活動を律する原則に関する条約に照らして、宇宙空間に打ち上げられた宇宙物体の打上げ国による国内登録に関する規定を定めることを希望し、

更に、宇宙空間に打ち上げられた物体を義務として登録するための中央登録簿が、国際連合事務総長により設置され及び保管されることを希望し、

また、宇宙物体の識別に資する追加の手段及び手続を締約国に提供することを希望し、

宇宙空間に打ち上げられた物体の義務的な登録の制度が、特にそれらの物体の識別に資すること並びに宇宙空間の探査及び利用を律する国際法の適用を容易にし及びその発展に寄与することを確信して、

次のとおり協定した。

**第一条【定義】** この条約の適用上、

(a)「打上げ国」とは、次の国をいう。
(i)　宇宙物体の打上げを行い、又は行わせる国
(ii)　宇宙物体が、その領域又は施設から打ち上げられる国
(b)「宇宙物体」には、宇宙物体の構成部分並びに宇宙物体の打上げ機及びその部品を含む。
(c)「登録国」とは、次条の規定により宇宙物体が登録されている打上げ国をいう。

**第二条【打上げ国の登録】** 1　宇宙物体が地球を回る軌道に又は地球を回る軌道の外に打ち上げられたときは、打上げ国は、その保管する適当な登録簿に記入することにより当該宇宙物体を登録する。打上げ国は、国際連合事務総長に登録簿の設置を通報する。

2　地球を回る軌道に又は地球を回る軌道の外に打ち上げられた宇宙物体について打上げ国が二以上ある場合には、これらの打上げ国は、月その他の天体を含む宇宙空間の探査及び利用における国家活動を律する原則に関する条約第八条の規定に留意し、宇宙物体及びその乗員に対する管轄権及び管理の権限に関して当該打上げ国の間で既に締結された又は将来締結される適当な取極の適用を妨げることなく、1の規定により当該宇宙物体を登録するいずれか一の国を共同して決定する。

3　登録簿の内容及び保管の条件は、登録国が決定する。

**第三条【国連の登録簿】** 1　国際連合事務総長は、次条の規定により提供される情報を記録する登録簿を保管する。

2　1の登録簿に記載されているすべての情報は、公開される。

**第四条【情報の提供】** 1　登録国は、登録したそれぞれの宇宙物体に関し、できる限り速やかに国際連合事務総長に次の情報を提供する。

(a)　打上げ国の国名
(b)　宇宙物体の適当な標識又は登録番号

(c) 打上げの行われた日及び領域又は場所
(d) 次の事項を含む基本的な軌道要素
(i) 周期
(ii) 傾斜角
(iii) 遠地点
(iv) 近地点
(e) 宇宙物体の一般的機能

2 登録国は、登録した宇宙物体に関する追加の情報を随時国際連合事務総長に提供することができる。

3 登録国は、従前に情報を提供した宇宙物体であつて地球を回る軌道に存在しなくなつたものについて、実行可能な最大限度においてかつできる限り速やかに、国際連合事務総長に通報する。

**第五条【宇宙物体の標識・登録番号の通知】** 地球を回る軌道に又は地球を回る軌道の外に打ち上げられた宇宙物体に前条1(b)の標識若しくは登録番号又はその双方が表示されている場合には、登録国は、同条の規定により宇宙物体に関する情報を提供する際に、国際連合事務総長にその旨を通知する。通知を受けた場合には、同事務総長は、登録簿に当該通知につき記録する。

**第六条【宇宙物体の識別についての援助】** いずれかの締約国が、自国又は自国の自然人若しくは法人に対して損害を与えた宇宙物体又は危険若しくは害をもたらすおそれのある宇宙物体を、この条約の規定を適用した場合においても識別することができないときは、他の締約国(特に、宇宙物体の監視及び追跡のための施設を有する国を含む。)は、公平かつ合理的な条件で、当該締約国により又は当該締約国のために国際連合事務総長を通じて行われる当該宇宙物体の識別についての援助の要請に実行可能な最大限度において応ずる。その要請を行う締約国は、要請を行う契機となつた事件について、時刻、性質及び状況に関する情報を実行可能な最大限度において提供する。援助の態様は、関係当事国間の合意により定める。

**第七条【政府間国際機関への適用】** 1 この条約において国に言及している規定は、次条から第十二条までの規定を除くほか、宇宙活動を行ういずれの国際的な政府間機関にも適用があるものとする。ただし、当該政府間機関がこの条約の定める権利及び義務の受諾を宣言し、かつ、当該政府間機関の加盟国の過半数がこの条約及び月その他の天体を含む宇宙空間の探査及び利用における国家活動を律する原則に関する条約の締約国である場合に限る。

2 この条約の締約国であつて1の政府間機関の加盟国であるものは、当該政府間機関が1の規定による宣言を行うことを確保するため、すべての適当な措置をとる。

**第八条【署名、批准、加入、効力発生】** 1・2 (略)

3 この条約は、五番目の批准書が国際連合事務総長に寄託された時に、批准書を寄託した国の間で効力を生ずる。

4・5 (略)

**第九条【改正】** (略)

**第一〇条【検討会議】** (略)

**第一一条【脱退】** (略)

**第一二条【正文】** (略)

## 7 月協定(抄) 翻訳

(月その他の天体における国の活動を律する協定)

採択 一九七九年一二月五日(国連第三四回総会)
署名開放 一九七九年一二月一八日
効力発生 一九八四年七月一一日
日本国
当事国 一八

この協定の締約国は、

月その他の天体の探査及び利用における諸国の成果に留意し、

月が、地球の自然の衛星として、宇宙空間の探査において重要な役割を果たすことを認識し、

平等の基礎に立ち、月その他の天体の探査及び利用における各国の協力の一層の発展を促進することを決意し、

月が国際紛争の場となることを防止するよう希望し、

月その他の天体の天然資源の開発から得られる利益に留意し、

月その他の天体を含む宇宙空間の探査及び利用における国家活動を律する原則に関する条約、宇宙飛行士の救助及び送還並びに宇宙空間に打ち上げられた物体の返還に関する協定、宇宙物体により引き起こされる損害についての国際的責任に関する条約及び宇宙空間に打ち上げられた物体の登録に関する条約を想起し、

宇宙空間の探査及び利用における一層の発展を考え、月その他の天体に関するこれら国際文書の規定を明確にし、発展させる必要を考慮して、

次のとおり協定した。

**第一条【適用範囲】** 1 この協定の月に関する規定は、天体のいずれかに関する特別の法規範が効力を生ずる場合を除き、地球以外の太陽系の他の天体にも適用する。

2 この協定の適用上、月には、月を回る軌道又は月に到達し若しくは月を回るその他の飛行経路を含む。

3 この協定は、自然に地球の表面に到達する地球外物質には適用しない。

**第二条【国際法準拠】** 月の探査及び利用を含む月における全ての活動は、国際法、特に国際連合憲章に従い、国際の平和と安全を維持し、かつ、国際協力及び相互理解を促進するために、一九七〇年一〇月二四日に国際連合総会が採択した、国際連合憲章に従った諸国間の友好関係及び協力についての国際法の原則に関する宣言を考慮し、かつ、他の全ての締約国の対応する利益に妥当な考慮を払って、実施される。

**第三条【平和利用】** 1 月は、専ら平和目的のために、全ての締約国によって利用される。

2 月におけるいかなる武力による威嚇、武力の行使その他のいかなる敵対行為又は敵対行為による威嚇も禁止する。地球、月、宇宙船、宇宙船の乗員又は人工の宇宙物体に対してこれらの行為のいずれかを行い又はこれらの威嚇のいずれかに従事するために月を利用することも、同じく禁止する。

3 締約国は、核兵器若しくはその他の種類の大量破壊兵器を運ぶ物体を月を回る軌道又は月に到達し若しくは月を回るその他の飛行経路に乗せず、これらの兵器を月面上若しくは月内部に配置し又は使用しない。

4 月面上における軍事基地、軍事施設及び防備施設の設置、あらゆる型の兵器の実験並びに軍事演習の実施は、禁止する。科

学的研究その他の平和目的のために軍の要員を使用することは禁止しない。月の平和的な探査及び利用のために必要な全ての装備又は設備を使用することも、また、禁止しない。

**第四条【探査と利用の諸原則】** 1 月の探査及び利用は、全ての国の利益のために、その経済的又は科学的発展の程度に関わりなく行われるものであり、全人類に認められる活動分野である。国際連合憲章に従って現在及び将来の世代の利益及び一層高度な生活水準並びに経済的及び社会的な進歩及び発展の条件を促進する必要性に妥当な考慮を払う。

2 締約国は、月の探査及び利用に関する全ての活動において、協力及び相互援助の原則を指針とする。この協定に従う際の国際協力は、可能な限り広範に行われなければならず、また、多国間若しくは二国間の基礎の上に政府間国際組織を通じて行うことができる。

**第五条【情報の提供】**（略）

**第六条【科学的調査】** 1 月における科学的調査は、全ての締約国がいかなる種類の差別もなく、平等の基礎に立ち、かつ、国際法に従って自由に行うことができる。

2 科学的調査を実施する上で及びこの協定の規定を推進する上で、締約国は、月の鉱物その他の物質の標本を月において採取し及び月から持ち去る権利を有する。当該標本は、これを採取させた締約国の処分にゆだねられ、当該締約国は、当該標本を科学的目的のために利用することができる。締約国は、科学的調査のため関心を有する他の締約国及び国際科学界にそれらの標本の一部を利用させることが望ましいことを考慮する。締約国は、また、科学的調査の過程において、自国の飛行任務の支援のために適量の月の鉱物その他の物質を利用することができる。

3 （略）

**第七条【月環境の保全】** 1 締約国は、月の探査及び利用に当たり、月の環境の悪化をもたらすか、環境外物質の持込みにより有害な汚染を生じさせるか、又はその他の方法によるかを問わず、月に既に存在する環境の均衡が破壊されるのを防止するための措置をとる。締約国は、また、地球外物質の持込みその他の方法による地球の環境への有害な影響を避けるための措置をとる。

2 締約国は、国際連合事務総長に対し、本条1に従って自国がとる措置を通報し、また、実行可能な最大限度まで、月において自国が行う全ての放射性物質の配置及びその配置の目的について事前に通報する。

3 締約国は、他の締約国の権利を侵害することなく、特別な科学的関心を有する月の区域について、国際連合の権限ある機関と協議した上で特別な保護取極が合意されるべき国際的科学保存地域としてこの地域を指定することに考慮が払われるよう、他の締約国及び国際連合事務総長に報告する。

**第八条【探査と利用の活動】** 1 締約国は、この協定の規定に従うことを条件として、月の表面又はその下におけるいずれの場所においても月の探査及び利用について自国の活動を行うことができる。

2 これらの目的のため、締約国は、特に、次のことを行うことができる。

(a) 自国の宇宙物体を月に着陸させ及び月から打ち上げること。

(b) 自国の要員、宇宙飛行機、装備、設備、基地及び施設を月の表面又はその下のいずれの場所にも配置すること。

要員、宇宙飛行機、装備、設備、基地及び施設は、月の表面又はその下を自由に移動し、又は移動させることができる。

3 本条1及び2に従って行う締約国の活動は、月における他の締約国の活動に干渉してはならない。そのような干渉が生じた場合には、関係締約国は、この協定の第一五条2及び3に従って協議を行う。

**第九条【基地の設置】** 1 締約国は、月に有人及び無人の基地を設置することができる。基地を設置する締約国は、その基地が必要とする区域に限って使用し、直ちに当該基地の場所及び目的を国際連合事務総長に通報する。当該締約国は、その後一年ごとに、当該基地が継続して使用されているかどうか、及びその目的が変更されたかどうかについて、同様に、国際連合事務総長に通報する。

2 基地は、この協定又は月その他の天体を含む宇宙空間の探査及び利用における国家活動を律する原則に関する条約第一条の規定に従って、月における活動を行う他の締約国の要員、宇宙飛行機及び装備による月の全ての区域への自由な立入りを妨げないように設置される。

**第一〇条【月にいる者の保護】**（略）

**第一一条【人類の共同の財産】** 1 月及びその天然資源は、人類の共同の財産[common heritage of mankind]であり、その本旨はこの協定の諸規定、特に本条5の規定に表わされる。

2 月は、いかなる主権の主張、使用若しくは占拠又はその他のいかなる手段によっても国による取得の対象とはならない。

3 月の表面若しくは表面下又は月若しくは月にある天然資源のいかなる部分も、いずれの国、政府間国際組織、非政府間国際組織、国内組織、非政府団体又はいずれの自然人の所有にも帰属しない。月の表面又はその地下への要員、宇宙飛行機、装備、設備、基地、施設（月の表面又は表面下と接続する構築物を含む。）の配置は、月の表面若しくは表面下又は月のいずれの区域に対する所有権も生じさせない。これらの規定は、5にいう国際制度を害するものではない。

4 締約国は、いかなる種類の差別もなく、平等の基礎に立ち、かつ、国際法及びこの協定の規定に従って、月の探査及び利用の権利を有する。

5 締約国は、月の天然資源の開発が実行可能になるときには、適当な手続を含め、月の天然資源の開発を律する国際制度を設立することをここに約束する。本規定は、この協定の第一八条に従って実施される。

6 5に掲げる国際制度の設立を容易にするため、締約国は、月において発見する全ての天然資源について、国際連合事務総長並びに公衆及び国際科学界に実行可能な最大限度まで通報する。

7 設立される国際制度の主要な目的には、次のものを含む。

(a) 月の天然資源の秩序ある安全な開発

(b) 月の天然資源の合理的な管理

(c) 月の天然資源の利用の機会の増大

(d) 月の天然資源から得られる利益の全ての締約国による公平な分配。ただし、この分配には発展途上国の利益及び必要並びに月の探査に直接又は間接に貢献する国の努力に特別な考慮が払われる。

8 月の天然資源に関する全ての活動は、この協定の本条7に掲げる目的及び第六条2の規定に適合する方法で実施される。

**第一二条【管轄権と管理】** 1 締約国は、月における自国の要員、宇宙飛行機、装備、設備、基地及び施設に対する管轄権及び管理の権限を保持する。宇宙飛行機、装備、設備、基地及び施設の所有権は、それらが月にあることによって影響を受けない。

2　宇宙飛行機、施設及び装備又はそれらの構成部分は、意図された場所以外の場所で発見された場合には、宇宙飛行士の救助及び送還並びに宇宙空間に打ち上げられた物体の返還に関する協定第五条に従って取り扱われる。

3　締約国は、人命に対する脅威を伴う緊急事態の場合には、月における他の締約国の装備、宇宙飛行機、設備、施設又は供給物資を使用することができる。そのような使用は、国際連合事務総長又は関係締約国に速やかに通報する。

**第一三条【意図しない着陸】**(略)

**第一四条【国家の責任】** 1　この協定の締約国は、それが政府機関によって行われるか、非政府団体によって行われるかを問わず、月における自国の活動について、及び自国の活動がこの協定に従って行われることを確保することについて国際的責任を負う。締約国は、自国の管轄下にある非政府団体が適正な関係をもつ締約国の許可及び継続的監督に基づいてのみ月における活動に従事することを確保する。

2　締約国は、月における活動が進展した場合には、月その他の天体を含む宇宙空間の探査及び利用における国家活動を律する原則に関する条約及び宇宙物体により引き起こされる損害についての国際的責任に関する条約の規定に加えて、月において引き起こされる損害の賠償責任に関する詳細な取極が必要になることを認める。この取極は、この協定の第一八条に定める手続に従って作成される。

**第一五条【施設の開放と協議】**(略)

**第一六条【国際組織への適用】**(略)

**第一七条【改正】**(略)

**第一八条【再検討のための会議】**(略)

**第一九条【署名、批准、加入、効力発生、寄託】** 1・2(略)

3　この協定は、五番目の批准書が寄託された日の三〇日後に効力を生ずる。

4・5(略)

**第二〇条【離脱】**(略)

**第二一条【正文】**(略)

## 8　宇宙基地協定(抄)

(民生用国際宇宙基地のための協力に関するカナダ政府、欧州宇宙機関の加盟国政府、日本国政府、ロシア連邦政府及びアメリカ合衆国政府の間の協定)

作　　成　一九九八年一月二九日(ワシントン)
効力発生　二〇〇一年三月二七日
日 本 国　二〇〇一年三月二七日(九八年四月二四日国会承認、一一月一七日内閣受諾決定、同日受諾書寄託、二〇〇一年四月一三日公布・条約二号)
当 事 国　一五(他にESA)

カナダ政府(以下「カナダ」ともいう。)、欧州宇宙機関の加盟国の政府であるベルギー王国、デンマーク王国、フランス共和国、ドイツ連邦共和国、イタリア共和国、オランダ王国、ノールウェー王国、スペイン王国、スウェーデン王国、スイス連邦及びグレート・ブリテン及び北部アイルランド連合王国の政府(以下「欧州諸国政府」又は「欧州参加主体」と総称する。)、日本国政府(以下「日本国」ともいう。)、ロシア連邦政府(以下「ロシア」ともいう。)並びにアメリカ合衆国政府(以下「合衆国政府」又は「合衆国」という。)は、

(中略)

民生用国際宇宙基地に関して共同して活動することにより、長期間の相互に有益な関係の確立を通ずる協力が更に拡大され並びに宇宙空間の探査及び平和的利用における協力が更に促進されることを確信し、(中略)

前記に照らして、カナダ政府、欧州諸国政府、日本国政府、ロシア連邦政府及び合衆国政府の間で宇宙基地の設計、開発、運用及び利用のための枠組みを確立することが望ましいことを認識して、

次のとおり協定した。

**第一条(目的及び範囲)** 1　この協定は、国際法に従って平和的目的のために常時有人の民生用国際宇宙基地の詳細設計、開発、運用及び利用を行うことに関する参加主体間の長期的な国際協力の枠組みを、真の協力関係を基礎として、確立することを目的とする。この民生用国際宇宙基地は、宇宙空間の科学的、技術的及び商業的利用を促進する。この協定は、この協力関係の性格(この国際協力における参加主体の権利及び義務を含む。)及び民生用国際宇宙基地の計画について規定する。この協定は、更に、この協定の目的が実現されることを確保するための仕組み及び措置について定める。

2　参加主体は、全体的な運営及び調整に関する合衆国の指導的役割の下に、統合された国際宇宙基地を建設するための活動に参加する。合衆国及びロシアは、有人宇宙飛行における広範な経験を活用して、国際宇宙基地の基礎となる要素を実現する。欧州参加主体及び日本国は、宇宙基地の能力を著しく向上させる要素を実現する。カナダの貢献は、宇宙基地の不可欠な一部を成す。国際宇宙基地を形成するために参加主体が提供する要素は、この協定の附属書に掲げる。

3　常時有人の民生用国際宇宙基地(以下「宇宙基地」という。)は、低軌道上の多目的施設であり、すべての参加主体によって提供される飛行要素及び宇宙基地専用の地上要素から成る。各参加主体は、宇宙基地の飛行要素を提供することにより、この協定、了解覚書及び実施取決めに従い、宇宙基地を利用する一定の権利を取得し、及び宇宙基地の運営に参加する。

4(略)

**第二条(国際的な権利及び義務)** 1　宇宙基地は、国際法(宇宙条約、救助協定、責任条約及び登録条約を含む。)に従って開発し、運用し、及び利用する。

2　この協定のいかなる規定も、次のことを意味するものと解してはならない。

(a)　第十六条に別段の定めがある場合を除くほか、1の条約又は協定に定める参加国の権利又は義務(他の参加国に対するものであるか参加国でない国に対するものであるかを問わない。)を修正すること。

(b)　宇宙基地と関係のない活動において宇宙空間の探査又は利用を行う場合(一の国のみが行う場合であるか他の国と協力して行う場合であるかを問わない。)の参加国の権利又は義務

務に影響を及ぼすこと。

(c) 宇宙空間又は宇宙空間のいずれかの部分に対する国家による取得の主張を行うための基礎を成すこと。

**第三条（定義）** この協定の適用上、

(a) 「この協定」とは、この協定（附属書を含む。）をいう。

(b) 「参加主体」（又は、適当な場合には、「各参加主体」）とは、カナダ政府、この協定の前文に掲げる欧州諸国政府及び第二十五条3の規定に従ってこの協定に加入することのある欧州のその他の政府であって一の参加主体として集団的に行動するもの、日本国政府、ロシア連邦政府並びに合衆国政府をいう。

(c) 「参加国」とは、第二十五条の規定に従ってこの協定が効力を生じた締約国をいう。

**第四条（協力機関）** 1 参加主体は、カナダ政府についてはカナダ宇宙庁（以下「CSA」という。）を、欧州諸国政府については欧州宇宙機関（以下「ESA」という。）を、ロシアについてはロシア宇宙庁（以下「RSA」という。）を、また、合衆国政府については航空宇宙局（以下「NASA」という。）を、宇宙基地協力の実施について責任を有する協力機関とすることに合意する。宇宙基地協力の実施のための日本国政府の協力機関の指定は、2のNASAと日本国政府との間の了解覚書において行う。

2・3 （略）

**第五条（登録、管轄権及び管理の権限）** 1 各参加主体は、登録条約第二条の規定に従い、附属書に掲げる飛行要素であって自己が提供するものを宇宙物体として登録する。欧州参加主体は、当該参加主体の名において、かつ、当該参加主体のために行動するESAに対し、登録の責任を委任している。

2 各参加主体は、宇宙条約第八条及び登録条約第二条の規定に従って、1の規定により自己が登録する要素及び自国民である宇宙基地上の人員に対し、管轄権及び管理の権限を保持する。当該管轄権及び管理の権限の行使は、この協定、了解覚書及び実施取決めの関連規定（これらの文書に定める関連の手続上の仕組みを含む。）に従う。

**第六条（要素及び装置の所有権）** 1 この協定に別段の定めがある場合を除くほか、カナダ、欧州参加主体、ロシア及び合衆国は、それぞれの協力機関を通じ、また、日本国については第二十五条2の批准書、受諾書、承認書又は加入書の寄託の時に日本国が指定する機関が、附属書に掲げる要素であって自己が提供するものを所有する。参加主体は、自己の協力機関を通じ、宇宙基地上の装置の所有権に関して相互に通報する。

2－5 （略）

6 要素の所有権若しくは登録又は装置の所有権は、それ自体では、宇宙基地上で活動が行われた結果生ずる物質又はデータの所有権を示すものではない。

7 （略）

**第七条（運営）** （略）

**第八条（詳細設計及び開発）** （略）

**第九条（利用）** （略）

**第一〇条（運用）** （略）

**第一一条（搭乗員）** （略）

**第一二条（輸送）** （略）

**第一三条（通信）** （略）

**第一四条（発展）** （略）

**第一五条（資金）** （略）

**第一六条（責任に関する相互放棄）** 1 この条の目的は、宇宙基地を通じての宇宙空間の探査、開発及び利用への参加を助長するため、損害賠償責任に関する請求の参加国及び関係者による相互放棄を確立することにある。この目的を達成するため、当該相互放棄は、広く解釈するものとする。

2 （略）

3 (a) 参加国は、責任に関する相互放棄に合意し、これによって、保護される宇宙作業から生ずる損害についての請求であって、次の(1)から(3)までに掲げる者に対するものをすべて放棄する。この相互放棄は、損害を引き起こした者又は財産が保護される宇宙作業に関係しており、かつ、損害を受けた者又は財産が保護される宇宙作業に関係していたために当該損害を受けた場合に限り適用する。この相互放棄は、次に掲げる者に対する損害賠償請求に適用し、当該請求の法的基礎がいかなるものであるかを問わない。

(1) 他の参加国

(2) 他の参加国の関係者

(3) (1)又は(2)の被雇用者

(b)－(f) （略）

**第一七条（責任条約）** 1 前条に別段の定めがある場合を除くほか、参加国及びESAは、責任条約に従って引き続き責任を負う。

2 責任条約に基づく請求が行われた場合には、参加主体（及び、適当な場合には、ESA）は、負うことのある責任、当該責任の分担及び当該請求に対する防御について速やかに協議する。

3 第十二条2に定める打上げ及び回収の業務の提供に関し、関係の参加主体（及び、適当な場合には、ESA）は、責任条約に基づいて負うことのある連帯責任の分担について別の取極を締結することができる。

**第一八条（関税及び出入国）** （略）

**第一九条（データ及び物品の交換）** （略）

**第二〇条（移動中のデータ及び物品の取扱い）** （略）

**第二一条（知的所有権）** 1 この協定の適用上、「知的所有権」とは、千九百六十七年七月十四日にストックホルムで作成された世界知的所有権機関を設立する条約第二条に規定する意味を有するものと了解する。

2 この条の規定に従うことを条件として、知的所有権に係る法律の適用上、宇宙基地の飛行要素上において行われる活動は、当該要素の登録を行った参加国の領域においてのみ行われたものとみなす。ただし、ESAが登録した要素については、いかなる欧州参加国も、当該活動が自国の領域内で行われたものとみなすことができる。参加国又はその協力機関若しくは関係者による他の参加主体の宇宙基地の飛行要素上における活動への参加は、それ自体では、この2に規定する当該活動に対する管轄権を変更し又はこれに影響を及ぼさないことが確認される。

3 参加国は、宇宙基地の飛行要素上において自国の国民及び居住者以外の者が行った発明について、他の参加国であって国家安全保障上の目的のために秘密の指定を受け又は他の方法により保護されている情報を含む特許出願の秘密に対し保護を与えている国における特許出願を（例えば、延期を強制し又は事前の許可の取得を要求することにより）妨げるために、発明の秘密に関する自国の法律を適用してはならない。この規定は、(a)特許出願が最初に行われた参加国が当該特許出願の秘密を管理し若しくは当該特許出願のその後の出願を制限する権利又は(b)出願がその後に行われた他の参加国が国際的な義務に基づいて出願の開示を制限する権利を害するものではない。

4・5 (略)

6 地球上の地点と参加国又はESAによって登録される宇宙基地の飛行要素との間を移動中の物品(飛行要素の構成物を含む。)の他の参加国の領域における一時的な存在は、それ自体では、当該他の参加国における特許侵害についての手続の基礎とはならない。

**第二二条 (刑事裁判権)** 宇宙におけるこの国際協力の独特の及び先例のない性格を考慮し、

1 カナダ、欧州参加国、日本国、ロシア及び合衆国は、いずれかの飛行要素上の人員であって自国民である者について刑事裁判権を行使することができる。

2 自国民が容疑者である参加国は、軌道上の違法な行為であって、(a)他の参加国の国民の生命若しくは安全に影響を及ぼすもの又は(b)他の参加国の飛行要素上で発生し若しくは当該飛行要素に損害を及ぼすものに係る事件において、影響を受けた参加国の要請により、当該影響を受けた参加国と訴追に対してそれぞれの国が有する関心について協議を行う。この協議の後、影響を受けた参加国は、この協議の終了の日から九十日以内に又は相互に合意されたその他の期間内に次のいずれかの条件が満たされる場合に限り、この事件の容疑者について刑事裁判権を行使することができる。

(1) 自国民が容疑者である参加国が当該刑事裁判権の行使に同意すること。

(2) 自国民が容疑者である参加国が訴追のため自国の権限のある当局に事件を付託するとの保証を与えないこと。

3 条約の存在を犯罪人引渡しの条件とする参加国は、自国との間に犯罪人引渡条約を締結していない他の参加国から犯罪人引渡しの請求を受けた場合には、随意にこの協定を軌道上で犯したとされる違法な行為に関する犯罪人引渡しのための法的根拠とみなすことができる。この犯罪人引渡しは、請求を受けた参加国の法令に定める手続及び他の条件に従う。

4 参加国は、自国の国内法令に従い、軌道上で犯したとされる違法な行為に関し、他の参加主体に対して援助を与える。

5 この条の規定は、宇宙基地上の秩序の維持及び搭乗員の行動に関して第十一条の規定によって行動規範に定める権限及び手続を制限することを意図しない。行動規範は、この条の適用を制限することを意図しない。

**第二三条 (協議)** (略)

**第二四条 (宇宙基地協力の検討)** (略)

**第二五条 (効力発生)** 1—3 (略)

4 この協定の効力が生じた時に、千九百八十八年の協定は、効力を失う。

5 (略)

**第二六条 (特定の締約国の間において生ずる効果)** (略)

**第二七条 (改正)** (略)

**第二八条 (脱退)** (略)

千九百九十八年一月二十九日にワシントンで作成した。この協定は、イタリア語、英語、ドイツ語、日本語、フランス語及びロシア語をひとしく正文とする。(以下略)

## 附属書

### 参加主体が提供する宇宙基地の要素(抄)

参加主体が提供する宇宙基地の要素の概要は、次のとおりであり、その詳細は、了解覚書で定める。

1・2 (略)

3 日本政府は、次のものを提供する。

利用要素として、日本実験棟(基本的な機能装備品並びに曝露部及び補給部を含む。)

宇宙基地に補給を行うその他の飛行要素

これらの飛行要素に加えて、宇宙基地専用の地上要素

4・5 (略)

# 第6章 国籍

## 1 国籍法抵触条約 翻訳

(国籍法の抵触に関連するある種の問題に関する条約)

採択 一九三〇年四月一〇日(ハーグ)(賛成四〇、反対一)
署名 一九三〇年四月一二日(ハーグ)
効力発生 一九三七年七月一日
日本国 (一九三〇年四月一二日署名)
当事国 二〇

ドイツ国大統領(以下署名国元首名略)は、

国籍法の抵触に関連する問題を国際協定によって解決することが重要であることを考慮し、

国際共同体の全ての構成国に人は一の国籍を有すべきであり、かつ、一の国籍のみを有すべきであることを認めさせることが、国際共同体の一般的な利益であることを確信し、

したがって、この領域において人類が努力を傾けるべき理想は、あらゆる無国籍の事例及び二重国籍の事例をともに消滅させることにあることを認め、

諸国に現に存在する経済的及び社会的状態の下では、前記の全ての問題の統一的解決を直ちに行うことが不可能であると考え、

しかしながら、現在国際協定を締結することが可能な国籍法の抵触に関連する問題を解決する漸進的法典化の最初の試みによってこの重大な任務を達成する最初の行動をとることを希望し、

条約を締結することに決定し、そのために次のとおり各自の全権委員を任命した。(全権委員名略)

これらの全権委員は、全権委任状を寄託し、これが良好妥当であることを認めた後、次のとおり協定した。

### 第一章 一般的原則

**第一条【国民の決定】** 何人が自国民であるかを自国の法令に基づいて定めることは、各国の権能に属する。この法令は、国際条約、国際慣習及び国籍に関して一般的に認められた法の原則と一致する限り、他の国により承認される。

**第二条【国籍の準拠法】** 人がある国の国籍を有するかどうかに関する全ての問題は、その国の法令に従って定める。

**第三条【重国籍者に対する各所属国の取扱い】** この条約の規定に従うことを条件として、二以上の国籍を有する者は、保持する国籍の所属国のそれぞれが自国の国民と認めることができる。

**第四条【重国籍と外交的保護との関係】** 国は、自国民が同様に国籍を有している他の国に対して、その自国民のために外交的保護を与えることができない。

**第五条【重国籍者に対する第三国の取扱い】** 第三国では、二以上の国籍を有する者は、一の国籍のみを有する者として取り扱われる。第三国は、身分に関する自国の法令及び現行の条約の適用を害することなく、その領域内では、その者が有する国籍のうちその者が通常かつ主に居住する国の国籍又は、状況に応じてその者が事実上最も密接な関係を有すると思われる国の国籍のみを認める。

**第六条【重国籍者による国籍の放棄】** 自己の志望によることなく取得した二の国籍を有する者は、放棄しようとする国籍の国の許可を得て、国籍の一を放棄することができる。このことは、国がその国籍を放棄する権利をさらに広範に認めることができる権能を害するものでない。

この許可は、右の者が放棄しようとする国籍の所属国の法令に定める条件が満たされている限り、外国に通常かつ主に居住する者に対して拒否されてはならない。

### 第二章 国籍離脱の許可

**第七条** 国籍離脱の許可は、その付与について法令が規定する限り、許可の名宛人が既に一の他の国籍を有していない場合又はその名宛人が他の国籍を取得していない場合には、その者がそれを取得するまで許可を付与する国の国籍の喪失を伴わない。

国籍離脱の許可は、名宛人が許可を与えた国の定める期間内に一の新たな国籍を取得しなかった場合には、効力を失う。この規定は、個人が国籍離脱の許可を受ける際に当該個人に許可を付与する国の国籍以外の一の国籍を既に有する場合には、適用しない。

国籍離脱の許可の名宛人である者が取得した国籍の所属国は、当該許可を与えた国にその取得を通告する。

### 第三章 妻の国籍

**第八条【外国人との婚姻】** 妻の本国法が外国人との婚姻により当該妻の国籍を喪失させる場合には、この結果は、当該妻が夫の国籍を取得することを条件とする。

**第九条【夫の国籍変更】** 妻の本国法が婚姻中の夫の国籍変更により妻の国籍を喪失させる場合には、この結果は、妻が夫の新たな国籍を取得することを条件とする。

**第一〇条【夫の帰化】** 婚姻中の夫の帰化は、妻の承諾がない限り、妻の国籍の変更をもたらさない。

**第一一条【婚姻解消】** 自国の法令に基づき婚姻により国籍を喪失した妻は、婚姻の解消後にその国の法令に従い当該国籍の回復を請求した場合に限り、当該国籍を回復する。妻が国籍を回復する場合には、当該妻は、婚姻により取得した国籍を喪失する。

### 第四章 子の国籍

**第一二条【外交官、領事官等の子】** ある国の国籍をその国の領域における出生を理由として付与する法令の規定は、当該出生国で外交上の免除を享有する者の子には、当然には適用されない。

各国の法令は、専任領事の子又は自己の政府から公務を命ぜられた外国官吏の子が出生の結果として二重国籍を有する場合には、当該子が両親の国籍を保持する場合に限り、離脱又は他の方法により、出生国の国籍を喪失することを許す。

**第一三条【両親の帰化】** 両親の帰化は、帰化を許可する国の法令により未成年者である子に、その国の国籍を取得させる。この場合に、当該国の法令は、両親の帰化の結果未成年の子による国籍の取得に関する条件を決定することができる。未成年の子がその両親の帰化の結果両親の国籍を取得しない場合には、当該子は、現在の国籍を保持する。

**第一四条【両親不明の子】** 父母がともに知れない子は、出生国の国籍を有する。当該子の親子関係が確証される場合には、子の国籍は、親子関係が知られている場合に適用すべき規則により決定される。

捨て子は、反証があるまでは、発見された国の領域で生まれたものと推定される。

**第一五条【無国籍者、国籍不明者の子】**　ある国の国籍がその国の領域内における出生により当然には取得されない場合には、国籍を有しないか又は国籍の知れない両親から当該国の領域で生まれた子は、当該国の国籍を取得することができる。当該国の法令は、この場合にその国の国籍の取得に課せられるべき条件を定める。

**第一六条【非嫡出子の身分の変更】**　ある国の法令が、その国の国籍を有する非嫡出子が身分の変更(準正、認知)の結果として当該国籍を喪失することがあることを認める場合には、この喪失は、身分の変更が国籍に及ぼす効果に関する他国の法令によってその子が当該他国の国籍を取得することを条件とする。

## 第五章　養子縁組

**第一七条**　ある国の法令が養子縁組の結果としての国籍の喪失を認める場合には、この喪失は、養子縁組が国籍に及ぼす効果に関する養親の国の法令に従い、養子が当該養親の国籍を取得することを条件とする。

## 第六章　一般及び最終規定

**第一八条【この条約の原則の適用】**　締約国は、この条約が効力を生じた日から前諸条に掲げる原則及び規則を、締約国の相互関係において適用することに同意する。

これらの原則及び規則をこの条約に規定することは、当該原則及び規則が既に国際法の一部となっているかどうかという問題に、いかなる影響も及ぼすものとみなしてはならない。

前諸条の諸規定の対象とならない点については、現行の国際法の原則及び規則が引き続き効力を有することが了解される。

**第一九条【現行条約の尊重】**　この条約のいかなる規定も、国籍又はこれに関連する問題に関する締約国のいずれかの間で効力を有する条約又は協定の規定に影響を及ぼすものではない。

**第二〇条【留保】**　各締約国は、この条約の署名若しくは批准、又はこれへの加入に際し、第一条から第一七条及び第二一条の規定の一又は二以上を除外する明示の留保を行うことができる。

このようにして除外された規定は、留保をした締約国に適用し、又は当該締約国が他の締約国に対して援用することができない。

**第二一条【紛争の解決】**　この条約の解釈又は適用に関して何らかの紛争が締約国間に発生し、かつ、この紛争を外交上の手段によって満足に解決することができなかった場合には、紛争は、国際紛争の解決に関する当該締約国間で効力を有する適用可能な協定に従って解決する。

このような協定が紛争当事国間に存在しない場合には、紛争は、紛争当事国それぞれの憲法上の手続に従って仲裁裁判又は司法的解決に付託する。紛争は、他の裁判所の選択について合意がない場合であって、全ての紛争当事国が常設国際司法裁判所規程に関する一九二〇年一二月一六日の議定書の当事国であるときは当該裁判所に、また、紛争当事国のいずれかが当該議定書の当事国でないときは、国際紛争の平和的処理に関する一九〇七年一〇月一八日のハーグ条約に従って設置される仲裁裁判所に、付託する。

**第二二条【署名】**　この条約は、一九三〇年一二月三一日まで国際連盟の加盟国又は第一回法典化会議に招請され若しくは国際連盟理事会が署名のためこの条約の謄本を送付した非加盟国による署名のために開放する。

**第二三条【批准】**　この条約は、批准に付される。批准書は、国際連盟事務局に寄託される。

事務総長は、寄託の行われた日を示して、国による各批准書の寄託を国際連盟の加盟国及び第二二条に掲げる非加盟国に通告する。

**第二四条【加入】**　一九三一年一月一日より前に自国のためにこの条約に署名しなかった国際連盟の加盟国及び第二二条に掲げる非加盟国は、この日以後この条約に加入することができる。

加入は、国際連盟事務局に寄託される文書によって行われる。事務総長は、加入書が寄託された日を示して、各加入を全ての国際連盟の加盟国及び第二二条に掲げる非加盟国に通告する。

**第二五条【調書】**　調書は、批准書又は加入書が国際連盟の加盟国又は非加盟国一〇箇国によって寄託されたとき直ちに、国際連盟事務総長により作成される。

調書の認証謄本は、国際連盟事務総長が国際連盟の加盟国及び第二二条に掲げる非加盟国に送付する。

**第二六条【効力発生】**　この条約は、第二五条に掲げる調書の日付の日の後九〇日目に、この調書の日付の日までに自国のために批准書又は加入書を寄託した国際連盟の加盟国及び非加盟国について、効力を生ずる。

その後に自国のために批准書又は加入書を寄託する加盟国又は非加盟国については、条約は、批准書又は加入書の寄託の日の後九〇日目に効力を生ずる。

**第二七条【改正】**　一九三六年一月一日以後においては、この日にこの条約が効力を有する国際連盟の加盟国及び非加盟国は、この条約の規定の一部又は全部を改正する要請を、国際連盟事務総長に提出することができる。この要請が、その時点でこの条約が効力を有する他の加盟国又は非加盟国に通知され、一年以内にこれらの諸国のうち少なくとも九箇国により支持された場合には、国際連盟理事会は、加盟国及び第二二条に掲げる非加盟国との協議の後、そのために特別会議を招集すべきかどうか、又はこの改正を次回の国際法典化会議で検討すべきかどうかを決定する。

締約国は、この条約が改正された場合には、改正された条約がその効力発生時にこの条約の規定の全部又は一部がこの条約の全ての締約国について効力を失う旨を規定することができることに同意する。

**第二八条【離脱】**　この条約は、離脱することができる。離脱は、国際連盟事務総長に対する書面の通告により行われる。事務総長は、国際連盟の全ての加盟国及び第二二条に掲げる非加盟国に離脱を通知する。

離脱は、これを通告した加盟国又は非加盟国についてのみ、事務総長がこの通告を受領した日の一年後に、効力を生ずる。

**第二九条【非本土地域に対する適用】**　１　締約国は、この条約の受諾により、自国がその植民地、保護領、海外領土又はその宗主権若しくは委任統治の下にある領域の全部又は一部に関して、又はこれらの地域の一部の住民に関して、何らの義務も負わないことを、署名、批准又は加入の際に宣言することができる。この条約は、この宣言が指定する領域又は住民には適用されない。

２　締約国は、１の宣言の領域又は住民の全部若しくは一部に対してこの条約を適用することを希望する旨を、後に国際連盟事務総長に通告することができる。条約は、国際連盟事務総長がこの通告を受領した後六箇月で、この通告が指定する地域又は住民に適用される。

3　締約国は、その植民地、保護領、海外領土又はその宗主権若しくは委任統治の下にある領域の全部又は一部に関して、又はこれらの領域の一部の住民に関して、この条約の適用を停止することを希望する旨をいつでも宣言することができる。条約は、国際連盟事務総長がこの宣言を受領した後一年で、この宣言が指定する領域又は住民への適用を終了する。

4　締約国は、署名、批准若しくは加入の際又は2の通告の際に、その植民地、保護領、海外領土又はその宗主権若しくは委任統治の下にある領域の全部又は一部に関して、又はこれらの領域の一部の住民に関して、第二〇条に定める留保を行うことができる。

5　国際連盟事務総長は、この条の規定によって受領する宣言及び通告を、全ての国際連盟の加盟国及び第二二条に掲げる非加盟国に送付する。

**第三〇条【登録】** この条約は、効力が生じた後直ちに、国際連盟事務総長により登録される。

**第三一条【正文】** この条約は、フランス語及び英語をひとしく正文とする。

## 2　二重国籍の場合における軍事的義務に関する議定書（抜粋）翻訳

署　名　一九三〇年四月一二日（ハーグ）
効力発生　一九三七年五月二五日
日本国
当事国　二六

**第一条【軍事的義務の免除と国籍】** 二以上の国の国籍を有する者で、その一国の領域に通常居住し、かつ、その国に最も密接な関係を有するものは、他の国における全ての軍事的義務を免除される。

この免除は、他の国の国籍の喪失をもたらすことがある。

**第二条【兵役の免除】** この議定書の第一条の規定を害することなく、人が二国以上の国籍を有し、かつ、成年に達するときその一国の国籍を放棄し又は拒絶する権利を当該国の法令に基づいて有する場合には、その者は、未成年である間、その国の兵役を免除される。

**第三条【国籍喪失と軍事的義務】** 一国の法令によってその国の国籍を喪失し、かつ、他の国籍を取得した者は、国籍を喪失した国において、軍事的義務を免除される。

## 3　無国籍のある場合に関する議定書（抜粋）翻訳

署　名　一九三〇年四月一二日（ハーグ）
効力発生　一九三七年七月一日
日本国　（一九三〇年四月一二日署名）
当事国　二三

**第一条【無国籍又は国籍不明の父の子の国籍】** 領域内における出生の事実のみによって国籍が与えられない国では、その国の国籍を有する者を母とし、国籍を有しないか又は国籍の知れない者を父として、その国の領域内で生まれた者は、その国の国籍を取得する。

## 4　無国籍に関する特別議定書（抜粋）翻訳

署　名　一九三〇年四月一二日（ハーグ）
効力発生　二〇〇四年三月一五日
日本国
当事国　一〇

**第一条【引取義務】** 人が外国に入国した後に外国の国籍を取得することなく自己の国籍を失った場合には、その者が最後に有していた国籍の所属国は、滞在国の請求により、次の場合には、その者を引き取らなければならない。

(一)　その者が不治の病又はその他の理由により永続的に困窮しているとき。

(二)　その者が滞在国において一箇月以上の自由刑に処せられ、かつ、刑期を終えたか、又は刑の全部又は一部を免除されたとき。

(一)の場合、その者が最後に有していた国籍の所属国は、前段の請求があった日から三〇日目以降、滞在国における生活保護の費用を負担することを約束した場合には、その者の引取りを拒絶することができる。(二)の場合、その者を送還するための費用は、請求国の負担とする。

# 第7章　人権

## 第1節　普遍的人権保障

### 1　世界人権宣言（国連総会決議三／二一七）　翻訳

採　択　一九四八年一二月一〇日（国連第三回総会）（賛成四八、反対〇、棄権八）

前　文

人類社会の全ての構成員の固有の尊厳と平等で譲ることのできない権利とを承認することは、世界における自由、正義及び平和の基礎を構成するので、

人権の無視及び軽蔑が人類の良心を踏みにじった野蛮行為をもたらし、また、人々が言論及び信仰の自由を有し、恐怖と欠乏から解放された世界の到来が人間の最高の願望として表明されたので、

人間が専制と圧政とに対して最後の手段として反抗に訴えざるを得ないことがないようにするためには、法の支配によって人権を保護することが肝要であるので、

諸国民間の友好関係の発展を奨励することが肝要であるので、

連合国の諸人民は、憲章において、基本的人権、人間の尊厳と価値、男女の同権に関する信念を改めて確認し、かつ、一層大きな自由の中で社会的進歩と生活水準の向上とを促進することを決意したので、

加盟国は、国際連合と協力して、人権及び基本的自由の普遍的な尊重と遵守の促進を達成することを誓約したので、

これらの権利及び自由に関する共通の理解は、この誓約の完全な実現にとって最も重要であるので、

したがって、ここに、総会は、

全ての人民と全ての国民とが達成すべき共通の基準として、この世界人権宣言を公布する。それは、社会の全ての個人及び全ての機関が、この宣言を常に念頭におきながら、指導及び教育によって、これらの権利と自由の尊重を促進させ、並びに、加盟国自身の住民の間にも、また、加盟国の管轄下にある地域の住民の間にも、それらの普遍的かつ効果的な承認と適用を、国内的及び国際的な漸進的措置によって確保するよう努力するためである。

**第一条【自由平等】** 全ての人間は、生まれながらにして自由であり、かつ、尊厳と権利とにおいて平等である。人間は理性と良心とを授けられており、互いに友愛の精神をもって行動しなければならない。

**第二条【権利と自由の享有に関する無差別待遇】** 1　全ての者は、特に人種、皮膚の色、性、言語、宗教、政治的その他の意見、国民的〔national〕若しくは社会的出身、財産、門地〔birth〕その他の地位によるいかなる差別をも受けることなく、この宣言に掲げる権利と自由とを享有することができる。

2　さらに、個人の属する国又は地域が独立であると、信託統治地域であると、非自治地域であると、又は何らかの主権制限の下にあるとを問わず、その国又は地域の政治上、管轄上又は国際上の地位に基づくいかなる差別もしてはならない。

**第三条【生命、自由、身体の安全】** 全ての者は、生命、自由及び身体の安全に対する権利を有する。

**第四条【奴隷の禁止】** 何人も、奴隷の状態に置かれ、又は苦役に服することはない。あらゆる形態の奴隷制度及び奴隷取引は、禁止する。

**第五条【拷問等の禁止】** 何人も、拷問又は残虐な、非人道的な若しくは品位を傷つける〔degrading〕取扱い若しくは刑罰を受けない。

**第六条【法の前における人としての承認】** 全ての者は、いかなる場所においても、法の前に人として認められる権利を有する。

**第七条【法の前の平等】** 全ての者は、法の前に平等であり、いかなる差別もなしに法による平等の保護を受ける権利を有する。全ての者は、この宣言に違反するいかなる差別に対しても、また、そのような差別を唆すいかなる行為に対しても、平等の保護を受ける権利を有する。

**第八条【基本的権利の侵害に対する救済】** 全ての者は、憲法又は法律によって与えられた基本的権利を侵害する行為に対し、権限を有する国内裁判所による効果的な救済を受ける権利を有する。

**第九条【逮捕、抑留又は追放の制限】** 何人も、恣意的に逮捕され、抑留され又は追放されない。

**第一〇条【裁判所の公正な審理】** 全ての者は、自己の権利及び義務並びに自己に対する刑事上の罪の決定のため、独立の、かつ、公平な裁判所による公正な公開審理を、完全に平等に、受ける権利を有する。

**第一一条【無罪の推定、遡及処罰の禁止】** 1　刑事上の罪に問われている全ての者は、自己の弁護に必要な全ての保障を与えられた公開の裁判において、法に基づいて有罪とされるまでは、無罪と推定される権利を有する。

2　何人も、実行の時に国内法又は国際法により犯罪を構成しなかった作為又は不作為を理由として有罪とされることはない。何人も、犯罪が行われた時に適用されていた刑罰よりも重い刑罰を科されない。

**第一二条【私生活、名誉、信用の保護】** 何人も、その私生活〔privacy〕、家族、住居若しくは通信に対して、恣意的に干渉され、又は名誉及び信用を攻撃されない。全ての者は、このような干渉又は攻撃に対する法の保護を受ける権利を有する。

**第一三条【移動と居住の自由】** 1　全ての者は、各国の境界内において、移動の自由及び居住の自由についての権利を有する。

2　全ての者は、いずれの国（自国を含む。）からも離れる権利、及び、自国に戻る権利を有する。

**第一四条【迫害からの庇護】** 1　全ての者は、迫害からの庇護を他国に求め〔seek〕、かつ享受する〔enjoy〕権利を有する。

2　この権利は、専ら非政治犯罪又は国際連合の目的及び原則に反する行為から生ずる訴追の場合には、援用することができない。

**第一五条【国籍の権利】** 1　全ての者は、国籍を取得する権利を有する。

2　何人も、その国籍を恣意的に奪われ、又は国籍を変更する権利を否認されない。

**第一六条【婚姻と家族の権利】** 1　成年の男女は、人種、国籍又は宗教によるいかなる制限もなしに、婚姻し、家族を形成する権利を有する。成年の男女は、婚姻中及び婚姻の解消の際に、婚姻に関し平等の権利を有する。

2　婚姻は、両当事者の自由かつ完全な合意によってのみ成立す

る。

3 家族は、社会の自然かつ基礎的な単位であり、社会及び国による保護を受ける権利を有する。

**第一七条【財産権】** 1 全ての者は、単独で又は他の者と共同して財産を所有する権利を有する。

2 何人も、恣意的にその財産を奪われない。

**第一八条【思想、良心及び宗教の自由】** 全ての者は、思想、良心及び宗教の自由についての権利を有する。この権利には、宗教又は信念を変更する自由並びに、単独で又は他の者と共同して及び公に又は私的に、教導、行事、礼拝及び儀式によってその宗教又は信念を表明する自由を含む。

**第一九条【意見及び表現の自由】** 全ての者は、意見及び表現の自由についての権利を有する。この権利には、干渉されることなく意見を持つ自由並びに、あらゆる方法により、国境とのかかわりなく、情報及び考えを求め、受け及び伝える自由を含む。

**第二〇条【集会及び結社の自由】** 1 全ての者は、平和的な集会及び結社の自由についての権利を有する。

2 何人も、結社に属することを強制されない。

**第二一条【参政権】** 1 全ての者は、直接に、又は自由に選んだ代表者を通じて、自国の政治に参与する権利を有する。

2 全ての者は、平等条件の下で自国の公務に平等に携わる権利を有する。

3 人民の意思は、統治の権力の基礎である。この意思は、普通かつ平等の選挙権に基づき秘密投票又は同等の自由な投票手続により行われる真正な定期的選挙において表明されなければならない。

**第二二条【社会保障の権利】** 全ての者は、社会の構成員として、社会保障についての権利を有し、かつ、国内的努力及び国際的協力により並びに、各国の組織及び資源に応じて、その尊厳及び人格の自由な発展に不可欠な経済的、社会的及び文化的権利の実現を求める権利を有する。

**第二三条【労働の権利】** 1 全ての者は、労働し、職業を自由に選択し、公正かつ良好な労働条件を確保し、及び失業に対する保護についての権利を有する。

2 全ての者は、いかなる差別もなしに、同一の労働について同一の報酬を受ける権利を有する。

3 労働する全ての者は、自己及び家族のために人間の尊厳にふさわしい生活を確保し、及び、必要な場合には他の社会的保護手段により補完される公正かつ適当な報酬を受ける権利を有する。

4 全ての者は、自己の利益の保護のために、労働組合を結成し及びこれに加入する権利を有する。

**第二四条【休息及び余暇の権利】** 全ての者は、休息及び余暇、特に労働時間の合理的な制限及び定期的な有給休暇についての権利を有する。

**第二五条【生活水準についての権利】** 1 全ての者は、自己及びその家族のための食糧、衣類、住居及び医療並びに必要な社会的サービスを内容とする健康及び福祉のための相当な生活水準についての権利並びに、失業、疾病、障害、配偶者の死亡、老齢その他不可抗力による生活不能の場合に保障を受ける権利を有する。

2 母及び子は、特別の保護及び援助を受ける権利を有する。全ての児童は、嫡出であると否とを問わず、同一の社会的保護を受ける。

**第二六条【教育の権利】** 1 全ての者は、教育についての権利を有する。教育は、少なくとも初等の及び基礎的な段階においては無償のものとする。初等教育は、義務的なものとする。技術教育及び職業教育は、一般的に利用可能なものとし、かつ、高等教育は、能力に応じて、全ての者に対して均等に機会が与えられるものとする。

2 教育は人格の完成並びに、人権及び基本的自由の尊重の強化を指向するものとする。教育は、諸国民の間及び人種的又は宗教的集団の間の理解、寛容及び友好を促進し、並びに、平和の維持のための国際連合の活動を助長するものとする。

3 父母は、その児童に与える教育の種類を選択する優先的権利を有する。

**第二七条【文化的権利】** 1 全ての者は、自由に社会の文化的な生活に参加し、芸術を享受し、並びに科学の進歩及びその利益を享受する権利を有する。

2 全ての者は、自己の科学的、文学的又は芸術的作品により生ずる精神的及び物質的利益の保護についての権利を有する。

**第二八条【社会的及び国際的秩序への権利】** 全ての者は、この宣言に規定する権利及び自由が完全に実現される社会的及び国際的秩序についての権利を有する。

**第二九条【社会に対する義務】** 1 全ての者は、その人格の自由かつ完全な発展がその中にあってのみ可能である社会に対して義務を負う。

2 全ての者は、自己の権利及び自由の行使に当たって、他の者の権利及び自由の正当な承認及び尊重を確保すること並びに、民主的社会における道徳、公の秩序及び一般的福祉の正当な要求を満たすことを専ら目的として法により定められた制限にのみ服する。

3 これらの権利及び自由は、いかなる場合にも、国際連合の目的及び原則に反して行使してはならない。

**第三〇条【権利と自由を破壊する活動の不承認】** この宣言のいかなる規定も、いずれかの国、集団又は個人が、この宣言に規定する権利及び自由のいずれかを破壊することを目的とする活動に従事し又はそのようなことを目的とする行為を行う権利を有することを意味するものと解することはできない。

## 2 国際人権規約

### (1) 経済的、社会的及び文化的権利に関する国際規約

[社会権規約]

採　択　一九六六年一二月一六日(国連第二一回総会)(全会一致(賛成一〇四))
効力発生　一九七六年一月三日
日本国　一九七九年九月二一日(七八年五月三〇日署名、七九年六月六日国会承認、六月二一日批准書寄託、八月四日公布・条約六号)
当事国　一七一

この規約の締約国は、

国際連合憲章において宣明された原則によれば、人類社会のすべての構成員の固有の尊厳及び平等のかつ奪い得ない権利を認めることが世界における自由、正義及び平和の基礎をなすものであることを考慮し、

これらの権利が人間の固有の尊厳に由来することを認め、

世界人権宣言によれば、自由な人間は恐怖及び欠乏からの自由を享受するものであるとの理想は、すべての者がその市民的及び政治的権利とともに経済的、社会的及び文化的権利を享有することのできる条件が作り出される場合に初めて達成されることになることを認め、

人権及び自由の普遍的な尊重及び遵守を助長すべき義務を国際連合憲章に基づき諸国が負つていることを考慮し、

個人が、他人に対し及びその属する社会に対して義務を負うこと並びにこの規約において認められる権利の増進及び擁護のために努力する責任を有することを認識して、

次のとおり協定する。

## 第一部

**第一条【人民の自決の権利】** 1　すべての人民は、自決の権利を有する。この権利に基づき、すべての人民は、その政治的地位を自由に決定し並びにその経済的、社会的及び文化的発展を自由に追求する。

2　すべての人民は、互恵の原則に基づく国際的経済協力から生ずる義務及び国際法上の義務に違反しない限り、自己のためにその天然の富及び資源を自由に処分することができる。人民は、いかなる場合にも、その生存のための手段を奪われることはない。

3　この規約の締約国（非自治地域及び信託統治地域の施政の責任を有する国を含む。）は、国際連合憲章の規定に従い、自決の権利が実現されることを促進し及び自決の権利を尊重する。

## 第二部

**第二条【締約国の実施義務】** 1　この規約の各締約国は、立法措置その他のすべての適当な方法によりこの規約において認められる権利の完全な実現を漸進的に達成するため、自国における利用可能な手段を最大限に用いることにより、個々に又は国際的な援助及び協力、特に、経済上及び技術上の援助及び協力を通じて、行動をとることを約束する。

2　この規約の締約国は、この規約に規定する権利が人種、皮膚の色、性、言語、宗教、政治的意見その他の意見、国民的若しくは社会的出身、財産、出生又は他の地位によるいかなる差別もなしに行使されることを保障することを約束する。

3　開発途上にある国は、人権及び自国の経済の双方に十分な考慮を払い、この規約において認められる経済的権利をどの程度まで外国人に保障するかを決定することができる。

**第三条【男女の平等】** この規約の締約国は、この規約に定めるすべての経済的、社会的及び文化的権利の享有について男女に同等の権利を確保することを約束する。

**第四条【公共の福祉】** この規約の締約国は、この規約に合致するものとして国により確保される権利の享受に関し、その権利の性質と両立しており、かつ、民主的社会における一般的福祉を増進することを目的としている場合に限り、法律で定める制限のみをその権利に課することができることを認める。

**第五条【保護の基準】** 1　この規約のいかなる規定も、国、集団又は個人が、この規約において認められる権利若しくは自由を破壊し若しくはこの規約に定める制限の範囲を超えて制限することを目的とする活動に従事し又はそのようなことを目的とする行為を行う権利を有することを意味するものと解することはできない。

2　いずれかの国において法律、条約、規則又は慣習によつて認められ又は存する基本的人権については、この規約がそれらの権利を認めていないこと又はその認める範囲がより狭いことを理由として、それらの権利を制限し又は侵すことは許されない。

## 第三部

**第六条【労働の権利】** 1　この規約の締約国は、労働の権利を認めるものとし、この権利を保障するため適当な措置をとる。この権利には、すべての者が自由に選択し又は承諾する労働によつて生計を立てる機会を得る権利を含む。

2　この規約の締約国が1の権利の完全な実現を達成するためとる措置には、個人に対して基本的な政治的及び経済的自由を保障する条件の下で着実な経済的、社会的及び文化的発展を実現し並びに完全かつ生産的な雇用を達成するための技術及び職業の指導及び訓練に関する計画、政策及び方法を含む。

**第七条【労働条件】** この規約の締約国は、すべての者が公正かつ良好な労働条件を享受する権利を有することを認める。この労働条件は、特に次のものを確保する労働条件とする。

(a)　すべての労働者に最小限度次のものを与える報酬

(i)　公正な賃金及びいかなる差別もない同一価値の労働についての同一報酬。特に、女子については、同一の労働についての同一報酬とともに男子が享受する労働条件に劣らない労働条件が保障されること。

(ii)　労働者及びその家族のこの規約に適合する相応な生活

(b)　安全かつ健康的な作業条件

(c)　先任及び能力以外のいかなる事由も考慮されることなく、すべての者がその雇用関係においてより高い適当な地位に昇進する均等な機会

(d)　休息、余暇、労働時間の合理的な制限及び定期的な有給休暇並びに公の休日についての報酬

**第八条【団結権、ストライキ権】** 1　この規約の締約国は、次の権利を確保することを約束する。

(a)　すべての者がその経済的及び社会的利益を増進し及び保護するため、労働組合を結成し及び当該労働組合の規則にのみ従うことを条件として自ら選択する労働組合に加入する権利。この権利の行使については、法律で定める制限であつて国の安全若しくは公の秩序のため又は他の者の権利及び自由の保護のため民主的社会において必要なもの以外のいかなる制限も課することができない。

(b)　労働組合が国内の連合又は総連合を設立する権利及びこれらの連合又は総連合が国際的な労働組合団体を結成し又はこれに加入する権利

(c)　労働組合が、法律で定める制限であつて国の安全若しくは公の秩序のため又は他の者の権利及び自由の保護のため民主的社会において必要なもの以外のいかなる制限も受けることなく、自由に活動する権利

(d)　同盟罷業をする権利。ただし、この権利は、各国の法律に従つて行使されることを条件とする。

2　この条の規定は、軍隊若しくは警察の構成員又は公務員による1の権利の行使について合法的な制限を課することを妨げるものではない。

3　この条のいかなる規定も、結社の自由及び団結権の保護に関する千九百四十八年の国際労働機関の条約の締約国が、同条約に規定する保障を阻害するような立法措置を講ずること又は同条約に規定する保障を阻害するような方法により法律を適用することを許すものではない。

**第九条【社会保障】**　この規約の締約国は、社会保険その他の社会保障についてのすべての者の権利を認める。

**第一〇条【家族、母親、児童に対する保護】**　この規約の締約国は、次のことを認める。

1　できる限り広範な保護及び援助が、社会の自然かつ基礎的な単位である家族に対し、特に、家族の形成のために並びに扶養児童の養育及び教育について責任を有する間に、与えられるべきである。婚姻は、両当事者の自由な合意に基づいて成立するものでなければならない。

2　産前産後の合理的な期間においては、特別な保護が母親に与えられるべきである。働いている母親には、その期間において、有給休暇又は相当な社会保障給付を伴う休暇が与えられるべきである。

3　保護及び援助のための特別な措置が、出生その他の事情を理由とするいかなる差別もなく、すべての児童及び年少者のためにとられるべきである。児童及び年少者は、経済的及び社会的な搾取から保護されるべきである。児童及び年少者を、その精神若しくは健康に有害であり、その生命に危険があり又はその正常な発育を妨げるおそれのある労働に使用することは、法律で処罰すべきである。また、国は、年齢による制限を定め、その年齢に達しない児童を賃金を支払つて使用することを法律で禁止しかつ処罰すべきである。

**第一一条【生活水準及び食糧の確保】**　1　この規約の締約国は、自己及びその家族のための相当な食糧、衣類及び住居を内容とする相当な生活水準についての並びに生活条件の不断の改善についてのすべての者の権利を認める。締約国は、この権利の実現を確保するために適当な措置をとり、このためには、自由な合意に基づく国際協力が極めて重要であることを認める。

2　この規約の締約国は、すべての者が飢餓から免れる基本的な権利を有することを認め、個々に及び国際協力を通じて、次の目的のため、具体的な計画その他の必要な措置をとる。

(a)　技術的及び科学的知識を十分に利用することにより、栄養に関する原則についての知識を普及させることにより並びに天然資源の最も効果的な開発及び利用を達成するように農地制度を発展させ又は改革することにより、食糧の生産、保存及び分配の方法を改善すること。

(b)　食糧の輸入国及び輸出国の双方の問題に考慮を払い、需要との関連において世界の食糧の供給の衡平な分配を確保すること。

**第一二条【健康を享受する権利】**　1　この規約の締約国は、すべての者が到達可能な最高水準の身体及び精神の健康を享受する権利を有することを認める。

2　この規約の締約国が1の権利の完全な実現を達成するためにとる措置には、次のことに必要な措置を含む。

(a)　死産率及び幼児の死亡率を低下させるための並びに児童の健全な発育のための対策

(b)　環境衛生及び産業衛生のあらゆる状態の改善

(c)　伝染病、風土病、職業病その他の疾病の予防、治療及び抑圧

(d)　病気の場合にすべての者に医療及び看護を確保するような条件の創出

**第一三条【教育に対する権利】**　1　この規約の締約国は、教育についてのすべての者の権利を認める。締約国は、教育が人格の完成及び人格の尊厳についての意識の十分な発達を指向し並びに人権及び基本的自由の尊重を強化すべきことに同意する。更に、締約国は、教育が、すべての者に対し、自由な社会に効果的に参加すること、諸国民の間及び人種的、種族的〔ethnic〕又は宗教的集団の間の理解、寛容及び友好を促進すること並びに平和の維持のための国際連合の活動を助長することを可能にすべきことに同意する。

2　この規約の締約国は、1の権利の完全な実現を達成するため、次のことを認める。

(a)　初等教育は、義務的なものとし、すべての者に対して無償のものとすること。

(b)　種々の形態の中等教育（技術的及び職業的中等教育を含む。）は、すべての適当な方法により、特に、無償教育の漸進的な導入により、一般的に利用可能であり、かつ、すべての者に対して機会が与えられるものとすること。

(c)　高等教育は、すべての適当な方法により、特に、無償教育の漸進的な導入により、能力に応じ、すべての者に対して均等に機会が与えられるものとすること。

(d)　基礎教育は、初等教育を受けなかつた者又はその全課程を修了しなかつた者のため、できる限り奨励され又は強化されること。

(e)　すべての段階にわたる学校制度の発展を積極的に追求し、適当な奨学金制度を設立し及び教育職員の物質的条件を不断に改善すること。

3　この規約の締約国は、父母及び場合により法定保護者が、公の機関によつて設置される学校以外の学校であつて国によつて定められ又は承認される最低限度の教育上の基準に適合するものを児童のために選択する自由並びに自己の信念に従つて児童の宗教的及び道徳的教育を確保する自由を有することを尊重することを約束する。

4　この条のいかなる規定も、個人及び団体が教育機関を設置し及び管理する自由を妨げるものと解してはならない。ただし、常に、1に定める原則が遵守されること及び当該教育機関において行われる教育が国によつて定められる最低限度の基準に適合することを条件とする。

**第一四条【無償の初等義務教育】**　この規約の締約国となる時にその本土地域又はその管轄の下にある他の地域において無償の初等義務教育を確保するに至つていない各締約国は、すべての者に対する無償の義務教育の原則をその計画中に定める合理的な期間内に漸進的に実施するための詳細な行動計画を二年以内に作成しかつ採用することを約束する。

**第一五条【科学及び文化に関する権利】**　1　この規約の締約国は、すべての者の次の権利を認める。

(a)　文化的な生活に参加する権利

(b)　科学の進歩及びその利用による利益を享受する権利

(c)　自己の科学的、文学的又は芸術的作品により生ずる精神的及び物質的利益が保護されることを享受する権利

2　この規約の締約国が1の権利の完全な実現を達成するためにとる措置には、科学及び文化の保存、発展及び普及に必要な措置を含む。

3　この規約の締約国は、科学研究及び創作活動に不可欠な自由を尊重することを約束する。

4　この規約の締約国は、科学及び文化の分野における国際的な連絡及び協力を奨励し及び発展させることによつて得られる利益を認める。

## 第四部

**第一六条【実施措置の報告】**　1　この規約の締約国は、この規約において認められる権利の実現のためにとつた措置及びこれらの権利の実現についてもたらされた進歩に関する報告をこの部の規定に従つて提出することを約束する。

2(a)　すべての報告は、国際連合事務総長に提出するものとし、同事務総長は、この規約による経済社会理事会の審議のため、その写しを同理事会に送付する。

(b)　国際連合事務総長は、また、いずれかの専門機関の加盟国であるこの規約の締約国によつて提出される報告又はその一部が当該専門機関の基本文書によりその任務の範囲内にある事項に関連を有するものである場合には、それらの報告又は関係部分の写しを当該専門機関に送付する。

**第一七条【同前】**　1　この規約の締約国は、経済社会理事会が締約国及び関係専門機関との協議の後この規約の効力発生の後一年以内に作成する計画に従い、報告を段階的に提出する。

2　報告には、この規約に基づく義務の履行程度に影響を及ぼす要因及び障害を記載することができる。

3　関連情報がこの規約の締約国により国際連合又はいずれかの専門機関に既に提供されている場合には、その情報については、再び提供の必要はなく、提供に係る情報について明確に言及することで足りる。

**第一八条【専門機関からの報告】**　経済社会理事会は、人権及び基本的自由の分野における国際連合憲章に規定する責任に基づき、いずれかの専門機関の任務の範囲内にある事項に関するこの規約の規定の遵守についてもたらされた進歩に関し当該専門機関が同理事会に報告することにつき、当該専門機関と取極を行うことができる。報告には、当該専門機関の権限のある機関がこの規約の当該規定の実施に関して採択した決定及び勧告についての詳細を含ませることができる。

**第一九条【人権委員会への報告の送付】**　経済社会理事会は、第十六条及び第十七条の規定により締約国が提出する人権に関する報告並びに前条の規定により専門機関が提出する人権に関する報告を、検討及び一般的な性格を有する勧告のため又は適当な場合には情報用として、人権委員会に送付することができる。

**第二〇条【締約国及び専門機関による意見の提出】**　この規約の締約国及び関係専門機関は、前条にいう一般的な性格を有する勧告に関する意見又は人権委員会の報告において若しくはその報告で引用されている文書において言及されている一般的な性格を有する勧告に関する意見を、経済社会理事会に提出することができる。

**第二一条【経済社会理事会の総会への報告】**　経済社会理事会は、一般的な性格を有する勧告を付した報告、並びにこの規約の締約国及び専門機関から得た情報であつてこの規約において認められる権利の実現のためにとられた措置及びこれらの権利の実現についてもたらされた進歩に関する情報の概要を、総会に随時提出することができる。

**第二二条【経済社会理事会による注意の喚起】**　経済社会理事会は、技術援助の供与に関係を有する国際連合の他の機関及びこれらの補助機関並びに専門機関に対し、この部に規定する報告により提起された問題であつて、これらの機関がそれぞれの権限の範囲内でこの規約の効果的かつ漸進的な実施に寄与すると認められる国際的措置をとることの適否の決定に当たつて参考となるものにつき、注意を喚起することができる。

**第二三条【権利実現のための国際的措置】**　この規約の締約国は、この規約において認められる権利の実現のための国際的措置には条約の締結、勧告の採択、技術援助の供与並びに関係国の政府との連携により組織される協議及び検討のための地域会議及び専門家会議の開催のような措置が含まれることに同意する。

**第二四条【国連憲章及び専門機関の憲章との関係】**　この規約のいかなる規定も、この規約に規定されている事項につき、国際連合の諸機関及び専門機関の任務をそれぞれ定めている国際連合憲章及び専門機関の基本文書の規定の適用を妨げるものと解してはならない。

**第二五条【天然の富及び資源の享受】**　この規約のいかなる規定も、すべての人民がその天然の富及び資源を十分かつ自由に享受し及び利用する固有の権利を害するものと解してはならない。

## 第五部

**第二六条【署名、批准、加入、寄託】**　1　この規約は、国際連合又はいずれかの専門機関の加盟国、国際司法裁判所規程の当事国及びこの規約の締約国となるよう国際連合総会が招請する他の国による署名のために開放しておく。

2　この規約は、批准されなければならない。批准書は、国際連合事務総長に寄託する。

3　この規約は、1に規定する国による加入のために開放しておく。

4　加入は、加入書を国際連合事務総長に寄託することによつて行う。

5　国際連合事務総長は、この規約に署名し又は加入したすべての国に対し、各批准書又は各加入書の寄託を通報する。

**第二七条【効力発生】**　1　この規約は、三十五番目の批准書又は加入書が国際連合事務総長に寄託された日の後三箇月で効力を生ずる。

2　この規約は、三十五番目の批准書又は加入書が寄託された後に批准し又は加入する国については、その批准書又は加入書が寄託された日の後三箇月で効力を生ずる。

**第二八条【連邦国家に対する適用】**　この規約は、いかなる制限又は例外もなしに、連邦国家のすべての地域について適用する。

**第二九条【改正】**　1　この規約のいずれの締約国も、改正を提案し及び改正案を国際連合事務総長に提出することができる。同事務総長は、直ちに、この規約の締約国に対し、改正案を送付するものとし、締約国による改正案の審議及び投票のための締約国会議の開催についての賛否を同事務総長に通告するよう要請する。締約国の三分の一以上が会議の開催に賛成する場合には、同事務総長は、国際連合の主催の下に会議を招集する。会議において出席しかつ投票する締約国の過半数によつて採択された改正案は、承認のため、国際連合総会に提出する。

2　改正は、国際連合総会が承認し、かつ、この規約の締約国の三分の二以上の多数がそれぞれの国の憲法上の手続に従つて受諾したときに、効力を生ずる。

3 改正は、効力を生じたときは、改正を受諾した締約国を拘束するものとし、他の締約国は、改正前のこの規約の規定（受諾した従前の改正を含む。）により引き続き拘束される。

**第三〇条【国連事務総長による通報】** 第二十六条5の規定により行われる通報にかかわらず、国際連合事務総長は、同条1に規定するすべての国に対し、次の事項を通報する。

(a) 第二十六条の規定による署名、批准及び加入

(b) 第二十七条の規定に基づきこの規約が効力を生ずる日及び前条の規定により改正が効力を生ずる日

**第三一条【正文】** 1 この規約は、中国語、英語、フランス語、ロシア語及びスペイン語をひとしく正文とし、国際連合に寄託される。

2 国際連合事務総長は、この規約の認証謄本を第二十六条に規定するすべての国に送付する。

**経済的、社会的及び文化的権利に関する国際規約及び市民的及び政治的権利に関する国際規約の署名の際に日本国政府が行つた宣言**

1 日本国は、経済的、社会的及び文化的権利に関する国際規約第七条(d)の規定の適用に当たり、この規定にいう「公の休日についての報酬」に拘束されない権利を留保する。

2 日本国は、経済的、社会的及び文化的権利に関する国際規約第八条1(d)の規定に拘束されない権利を留保する。ただし、日本国政府による同規約の批准の時に日本国の法令により前記の規定にいう権利が与えられている部門については、この限りでない。

4 日本国政府は、結社の自由及び団結権の保護に関する条約の批准に際し同条約第九条にいう「警察」には日本国の消防が含まれると解する旨の立場をとつたことを想起し、経済的、社会的及び文化的権利に関する国際規約第八条2及び市民的及び政治的権利に関する国際規約第二十二条2にいう「警察の構成員」には日本国の消防職員が含まれると解釈するものであることを宣言する。

注 3の留保は、二〇一二年九月一一日に撤回が閣議決定され、同日、国際連合に通告書が提出、受理された。留保が撤回された3は次の通り。

3 日本国は、経済的、社会的及び文化的権利に関する国際規約第十三条2(b)及び(c)の規定の適用に当たり、これらの規定にいう「特に、無償教育の漸進的な導入により」に拘束されない権利を留保する。

## (2) 経済的、社会的及び文化的権利に関する国際規約の選択議定書（抄） 翻訳

［社会権規約選択議定書］

採　択　二〇〇八年一二月一〇日（国連第六三回総会）
効力発生　二〇一三年五月五日
日本国
当事国　二六

前　文

この議定書の締約国は、（中略）

世界人権宣言及び国際人権規約が、恐怖及び欠乏からの自由を享有する自由な人間という理想は、全ての者が市民的、文化的、経済的、政治的及び社会的権利を享有することのできる条件が作り出される場合に初めて達成されるものであると認めていることを想起し、

全ての人権及び基本的自由の普遍性、不可分性、相互依存性及び相互関連性を再確認し、（中略）

規約の目的及び規定の実施を一層よく達成するには、経済的、社会的及び文化的権利に関する委員会（以下「委員会」という。）が、この議定書に定める職務を遂行し得るようにすることが適当であると考え、

次のとおり協定した。

**第一条（通報を受理し検討する委員会の権限）** 1 規約の締約国であってこの議定書の締約国となる国は、この議定書の規定が定める通報を受理し、かつ、検討する委員会の権限を認める。

2 委員会は、規約の締約国であるがこの議定書の締約国ではない国に関する通報を受理してはならない。

**第二条（通報）** 通報は、締約国の管轄の下にある個人又は個人の集団であって、当該締約国による規約に定める経済的、社会的及び文化的権利の侵害の被害者であると主張する者により、又はその者のために、提出されることができる。通報が個人又は個人の集団のために提出される場合には、通報はこれらの者の同意を得たものでなければならない。ただし、そのような同意なしに行動することを通報者が正当化できる場合には、この限りでない。

**第三条（受理可能性）** 1 委員会は、利用できる全ての国内的な救済措置が尽くされたことを確認しない限り、通報を検討してはならない。救済措置の実施が不当に遅延する場合は、この限りでない。

2 委員会は、次の場合には通報を受理できないものと宣言する。

(a) 通報が、国内的救済措置が尽くされた後一年以内に提出されたものでない場合。ただし、この期限内に通報を提出することが不可能であったことを通報者が証明できる場合は、この限りでない。

(b) 通報の対象とされる事実が、関係締約国に対してこの議定書が効力を発生する前に生じたものである場合。ただし、その事実がこの日以後も継続している場合には、この限りでない。

(c) 同一の事案が委員会によって既に検討された場合、又は他の国際的な調査若しくは解決の手続の下で検討されたか若しくは検討されている場合

(d) 通報が、規約の規定と両立しないものである場合

(e) 通報が、明白に根拠を欠いているか、十分に立証されていないか、又は専らマスメディアの報道に基づくものである場合

(f) 通報が、通報を提出する権利の濫用である場合

(g) 通報が、匿名であるか、又は書面によるものでない場合

**第四条（明確な不利益を示さない通報）** 委員会は、通報者が明確な不利益を被っていることを通報が示していない場合には、必要であれば、通報の検討を拒むことができる。ただし、通報が

一般的重要性を有する重大な争点を提起すると委員会が考える場合には、この限りでない。

**第五条（暫定措置）**　1　委員会は、通報を受理してから本案についての決定を行うまでの間はいつでも、当該通報に係る違反の被害者が回復不能な損害を受ける可能性を回避するため、例外的な状況において必要とされる暫定措置を関係締約国がとることを求める要請を、緊急の検討のために当該関係締約国に送付することができる。

2　委員会が本条1に基づく裁量を行使する場合でも、それは通報の受理可能性又は本案について決定するものではない。

**第六条（通報の送付）**　1　委員会は、通報が関係締約国に照会するまでもなく受理できないと判断する場合を除いて、この議定書に基づいて提出されたいずれの通報についても、非公開で関係締約国の注意を喚起する。

2　注意を喚起された締約国は、六箇月以内に、当該事案、及び当該締約国がとった救済措置がある場合にはその救済措置を明らかにする書面による説明又は陳述を委員会に提出する。

**第七条（友好的解決）**　1　委員会は、規約が定める義務の尊重を基礎として事案を友好的に解決するため、関係当事者に対してあっせんを行う。

2　友好的解決への合意は、この議定書に基づく通報の検討を終了させる。

**第八条（通報の検討）**　1　委員会は、この議定書の第二条に基づいて受領した通報を、委員会に提出された全ての文書に照らして検討する。ただし、この文書が関係当事者に送付されていることを条件とする。

2　委員会は、この議定書に基づく通報を検討する場合には、非公開の会合を開く。

3　この議定書に基づく通報を検討する場合には、委員会は、適当な場合には、国際連合の他の機関、専門機関、基金、計画及び機構、地域的人権制度を含むその他の国際組織が発行する関連の文書、並びに関係締約国の所見若しくは意見を参照することができる。

4　この議定書に基づく通報を検討する場合には、委員会は、締約国が規約の第二部に従ってとった措置の合理性を検討する。その際、委員会は、締約国が規約の定める権利の実施のために幅広い政策措置をとり得ることに留意する。

**第九条（委員会の見解の追跡調査）**　1　通報を検討した後、委員会は、勧告がある場合にはそれとともに、通報に関する見解を関係当事者に送付する。

2　締約国は、勧告がある場合にはそれとともに、委員会の見解に妥当な考慮を払うものとし、委員会に対して六箇月以内に書面による回答（委員会の見解及び勧告に照らしてとられた行動に関する情報を含む。）を提出する。

3　委員会は締約国に対し、締約国が委員会の見解又は勧告に応じてとった措置がある場合にはその措置について追加の情報を提出するよう要請することができる。委員会が適当と認める場合には、追加の情報は、締約国が規約第一六条及び第一七条に基づいて提出するその後の報告の中に含めることができる。

**第一〇条（国家間通報）**〔市民的及び政治的権利に関する国際規約第四一条とほぼ同じ。〕

**第一一条（調査手続）**　1　この議定書の締約国は、本条に基づく委員会の権限を認めることを、いつでも宣言することができる。

2　委員会は、締約国が規約に定める経済的、社会的及び文化的権利のいずれかの重大な又は組織的な侵害を行っていることを示す信頼できる情報を受領した場合には、当該締約国に対し、その情報の検討に協力し、かつ、このために当該情報に関する所見を提出するよう要請する。

3　委員会は、関係締約国が提出することのある全ての所見及びその他の入手可能な信頼できる情報を考慮した上で、調査を行い、緊急に委員会に報告する一人又は二人以上の委員を指名することができる。正当と認められる根拠があり、かつ、締約国の同意がある場合には、調査は当該締約国の領域の訪問を含むことができる。

4　この調査は非公開で行うものとし、手続の全ての段階において当該締約国の協力を求める。

5　委員会は、この調査の結果を検討した後、意見及び勧告がある場合にはそれらとともにその結果を関係締約国に送付する。

6　関係締約国は、委員会が送付した調査結果、意見及び勧告を受領した後六箇月以内に、その所見を委員会に送付する。

7　本条2に従って行われる調査に関するこれらの手続が終了した後、委員会は、関係締約国との協議の後に、手続の結果の要旨をこの議定書第一五条が定める年次報告書に含めることを決定することができる。

8　本条1に従って宣言を行った締約国は、事務総長に対する通知により、この宣言をいつでも撤回することができる。

**第一二条（調査手続の追跡調査）**　1　委員会は、関係締約国に対して、規約の第一六条及び第一七条に基づく報告に、この議定書第一一条に基づいて行われた調査に応じてとった措置の詳細を含めるよう、要請することができる。

2　委員会は、必要な場合には、第一一条6にいう六箇月の期間の終了後、関係締約国に対し、調査に応じてとった措置について通知するよう要請することができる。

**第一三条（保護措置）**　締約国は、その管轄下にある個人がこの議定書に従って委員会に通報を行った結果としていかなる形態の不当な取扱い又は脅迫を受けないことを確保するため、全ての適当な措置をとる。

**第一四条（国際的な援助及び協力）**　1　委員会は、適当と考える場合、かつ、関係締約国の同意を得て、通報及び調査に関する委員会の見解若しくは勧告であって技術的助言若しくは援助の必要性を示すものを、これらの見解若しくは勧告に対する当該締約国の所見若しくは提案がある場合にはそれとともに、国際連合の専門機関、基金及び計画、並びにその他の権限ある機関に送付する。

2　委員会はまた、関係締約国の同意を得て、この議定書に基づいて検討した通報から生じる事項であって、締約国が規約に定める権利の実現において進歩を達成するのに貢献すると思われる国際的措置の妥当性に関して、それらの機関がその権限内において決定することに役立つものにつき、それらの機関の注意を喚起することができる。

3　規約に定める権利の実施を促進するため、関係締約国の同意を得て、締約国に対し専門的及び技術的援助を提供することを目的とし、国際連合の財政規則に従って運用される信託基金を、総会の関連規則に従って設立する。信託基金は、この議定書との関連における経済的、社会的及び文化的権利の分野における国の能力の構築に資するものとする。

4　本条の規定は、規約に基づく義務を履行する各締約国の義務に影響を及ぼすものではない。

**第一五条（年次報告）**（略）

**第一六条（普及及び情報）** 各締約国は、規約及びこの議定書を広く知らしめ、かつ、普及させ、また、委員会の見解及び勧告に関する情報、とりわけ当該締約国に関わる事項についての情報の利用を容易にすることを約束する。その際、障害者にも利用可能な形式によるものとする。

**第一七条（署名、批准及び加入）**（略）

**第一八条（効力発生）** 1　この議定書は、一〇番目の批准書又は加入書が国際連合事務総長に寄託された日の後三箇月で効力を生じる。

2　（略）

**第一九条（改正）**（略）

**第二〇条（廃棄）**（略）

**第二一条（事務総長による通知）**（略）

**第二二条（正文）**（略）

## (3) 市民的及び政治的権利に関する国際規約

［自由権規約］

採　　択　一九六六年一二月一六日（国連第二一回総会）（全会一致（賛成一〇四））
効力発生　一九七六年三月二三日
日 本 国　一九七九年九月二一日（七八年五月三〇日署名、七九年六月六日国会承認、六月二一日批准書寄託、八月四日公布・条約七号）
当 事 国　一七三（第四一条宣言国　五〇－七九年三月二八日発効）

この規約の締約国は、

国際連合憲章において宣明された原則によれば、人類社会のすべての構成員の固有の尊厳及び平等のかつ奪い得ない権利を認めることが世界における自由、正義及び平和の基礎をなすものであることを考慮し、

これらの権利が人間の固有の尊厳に由来することを認め、

世界人権宣言によれば、自由な人間は市民的及び政治的自由並びに恐怖及び欠乏からの自由を享受するものであるとの理想は、すべての者がその経済的、社会的及び文化的権利とともに市民的及び政治的権利を享有することのできる条件が作り出される場合に初めて達成されることになることを認め、

人権及び自由の普遍的な尊重及び遵守を助長すべき義務を国際連合憲章に基づき諸国が負っていることを考慮し、

個人が、他人に対し及びその属する社会に対して義務を負うこと並びにこの規約において認められる権利の増進及び擁護のために努力する責任を有することを認識して、

次のとおり協定する。

### 第一部

**第一条【人民の自決の権利】** 1　すべての人民は、自決の権利を有する。この権利に基づき、すべての人民は、その政治的地位を自由に決定し並びにその経済的、社会的及び文化的発展を自由に追求する。

2　すべての人民は、互恵の原則に基づく国際的経済協力から生ずる義務及び国際法上の義務に違反しない限り、自己のためにその天然の富及び資源を自由に処分することができる。人民は、いかなる場合にも、その生存のための手段を奪われることはない。

3　この規約の締約国（非自治地域及び信託統治地域の施政の責任を有する国を含む。）は、国際連合憲章の規定に従い、自決の権利が実現されることを促進し及び自決の権利を尊重する。

### 第二部

**第二条【締約国の実施義務】** 1　この規約の各締約国は、その領域内にあり、かつ、その管轄の下にあるすべての個人に対し、人種、皮膚の色、性、言語、宗教、政治的意見その他の意見、国民的［national］若しくは社会的出身、財産、出生又は他の地位等によるいかなる差別もなしにこの規約において認められる権利を尊重し及び確保することを約束する。

2　この規約の各締約国は、立法措置その他の措置がまだとられていない場合には、この規約において認められる権利を実現するために必要な立法措置その他の措置をとるため、自国の憲法上の手続及びこの規約の規定に従って必要な行動をとることを約束する。

3　この規約の各締約国は、次のことを約束する。

(a)　この規約において認められる権利又は自由を侵害された者が、公的資格で行動する者によりその侵害が行われた場合にも、効果的な救済措置を受けることを確保すること。

(b)　救済措置を求める者の権利が権限のある司法上、行政上若しくは立法上の機関又は国の法制で定める他の権限のある機関によって決定されることを確保すること及び司法上の救済措置の可能性を発展させること。

(c)　救済措置が与えられる場合に権限のある機関によって執行されることを確保すること。

**第三条【男女の平等】** この規約の締約国は、この規約に定めるすべての市民的及び政治的権利の享有について男女に同等の権利を確保することを約束する。

**第四条【非常事態における例外】** 1　国民の生存を脅かす公の緊急事態の場合においてその緊急事態の存在が公式に宣言されているときは、この規約の締約国は、事態の緊急性が真に必要とする限度において、この規約に基づく義務に違反する措置をとることができる。ただし、その措置は、当該締約国が国際法に基づき負う他の義務に抵触してはならず、また、人種、皮膚の色、性、言語、宗教又は社会的出身のみを理由とする差別を含んではならない。

2　1の規定は、第六条、第七条、第八条1及び2、第十一条、第十五条、第十六条並びに第十八条の規定に違反することを許すものではない。

3　義務に違反する措置をとる権利を行使するこの規約の締約国は、違反した規定及び違反するに至った理由を国際連合事務総長を通じてこの規約の他の締約国に直ちに通知する。更に、違反が終了する日に、同事務総長を通じてその旨通知する。

**第五条【保護の基準】** 1　この規約のいかなる規定も、国、集団又は個人が、この規約において認められる権利及び自由を破壊し若しくはこの規約に定める制限の範囲を超えて制限すること

人権

を目的とする活動に従事し又はそのようなことを目的とする行為を行う権利を有することを意味するものと解することはできない。

2　この規約のいずれかの締約国において法律、条約、規則又は慣習によつて認められ又は存する基本的人権については、この規約がそれらの権利を認めていないこと又はその認める範囲がより狭いことを理由として、それらの権利を制限し又は侵してはならない。

## 第三部

**第六条【生命に対する権利及び死刑】** 1　すべての人間は、生命に対する固有の権利を有する。この権利は、法律によつて保護される。何人も、恣意的にその生命を奪われない。

2　死刑を廃止していない国においては、死刑は、犯罪が行われた時に効力を有しており、かつ、この規約の規定及び集団殺害犯罪の防止及び処罰に関する条約の規定に抵触しない法律により、最も重大な犯罪についてのみ科することができる。この刑罰は、権限のある裁判所が言い渡した確定判決によつてのみ執行することができる。

3　生命の剝奪が集団殺害犯罪を構成する場合には、この条のいかなる規定も、この規約の締約国が集団殺害犯罪の防止及び処罰に関する条約の規定に基づいて負う義務を方法のいかんを問わず免れることを許すものではないと了解する。

4　死刑を言い渡されたいかなる者も、特赦又は減刑を求める権利を有する。死刑に対する大赦、特赦又は減刑は、すべての場合に与えることができる。

5　死刑は、十八歳未満の者が行つた犯罪について科してはならず、また、妊娠中の女子に対して執行してはならない。

6　この条のいかなる規定も、この規約の締約国により死刑の廃止を遅らせ又は妨げるために援用されてはならない。

**第七条【拷問又は残虐な刑の禁止】** 何人も、拷問又は残虐な、非人道的な若しくは品位を傷つける[degrading]取扱い若しくは刑罰を受けない。特に、何人も、その自由な同意なしに医学的又は科学的実験を受けない。

**第八条【奴隷及び強制労働の禁止】** 1　何人も、奴隷の状態に置かれない。あらゆる形態の奴隷制度及び奴隷取引は、禁止する。

2　何人も、隷属状態に置かれない。

3(a)　何人も、強制労働に服することを要求されない。

(b)　(a)の規定は、犯罪に対する刑罰として強制労働を伴う拘禁刑を科することができる国において、権限のある裁判所による刑罰の言渡しにより強制労働をさせることを禁止するものと解してはならない。

(c)　この3の規定の適用上「強制労働」には、次のものを含まない。

(i)　作業又は役務であつて、(b)の規定において言及されておらず、かつ、裁判所の合法的な命令によつて抑留されている者又はその抑留を条件付きで免除されている者に通常要求されるもの

(ii)　軍事的性質の役務及び、良心的兵役拒否が認められている国においては、良心的兵役拒否者が法律によつて要求される国民的役務

(iii)　社会の存立又は福祉を脅かす緊急事態又は災害の場合に要求される役務

(iv)　市民としての通常の義務とされる作業又は役務

**第九条【身体の自由と逮捕抑留の要件】** 1　すべての者は、身体の自由及び安全についての権利を有する。何人も、恣意的に逮捕され又は抑留されない。何人も、法律で定める理由及び手続によらない限り、その自由を奪われない。

2　逮捕される者は、逮捕の時にその理由を告げられるものとし、自己に対する被疑事実を速やかに告げられる。

3　刑事上の罪に問われて逮捕され又は抑留された者は、裁判官又は司法権を行使することが法律によつて認められている他の官憲の面前に速やかに連れて行かれるものとし、妥当な期間内に裁判を受ける権利又は釈放される権利を有する。裁判に付される者を抑留することが原則であつてはならず、釈放に当たつては、裁判その他の司法上の手続のすべての段階における出頭及び必要な場合における判決の執行のための出頭が保証されることを条件とすることができる。

4　逮捕又は抑留によつて自由を奪われた者は、裁判所がその抑留が合法的であるかどうかを遅滞なく決定すること及びその抑留が合法的でない場合にはその釈放を命ずることができるように、裁判所において手続をとる権利を有する。

5　違法に逮捕され又は抑留された者は、賠償を受ける権利を有する。

**第一〇条【被告人の取扱い・行刑制度】** 1　自由を奪われたすべての者は、人道的にかつ人間の固有の尊厳を尊重して、取り扱われる。

2(a)　被告人は、例外的な事情がある場合を除くほか有罪の判決を受けた者とは分離されるものとし、有罪の判決を受けていない者としての地位に相応する別個の取扱いを受ける。

(b)　少年の被告人は、成人とは分離されるものとし、できる限り速やかに裁判に付される。

3　行刑の制度は、被拘禁者の矯正及び社会復帰を基本的な目的とする処遇を含む。少年の犯罪者は、成人とは分離されるものとし、その年齢及び法的地位に相応する取扱いを受ける。

**第一一条【契約不履行による拘禁】** 何人も、契約上の義務を履行することができないことのみを理由として拘禁されない。

**第一二条【移動、居住及び出国の自由】** 1　合法的にいずれかの国の領域内にいるすべての者は、当該領域内において、移動の自由及び居住の自由についての権利を有する。

2　すべての者は、いずれの国(自国を含む。)からも自由に離れることができる。

3　1及び2の権利は、いかなる制限も受けない。ただし、その制限が、法律で定められ、国の安全、公の秩序、公衆の健康若しくは道徳又は他の者の権利及び自由を保護するために必要であり、かつ、この規約において認められる他の権利と両立するものである場合は、この限りでない。

4　何人も、自国に戻る権利を恣意的に奪われない。

**第一三条【外国人の追放】** 合法的にこの規約の締約国の領域内にいる外国人は、法律に基づいて行われた決定によつてのみ当該領域から追放することができる。国の安全のためのやむを得ない理由がある場合を除くほか、当該外国人は、自己の追放に反対する理由を提示すること及び権限のある機関又はその機関が特に指名する者によつて自己の事案が審査されることが認められるものとし、このためにその機関又はその者に対する代理人の出頭が認められる。

**第一四条【公正な裁判を受ける権利】** 1　すべての者は、裁判所の前に平等とする。すべての者は、その刑事上の罪の決定又は

民事上の権利及び義務の争いについての決定のため、法律で設置された、権限のある、独立の、かつ、公平な裁判所による公正な公開審理を受ける権利を有する。報道機関及び公衆に対しては、民主的社会における道徳、公の秩序若しくは国の安全を理由として、当事者の私生活の利益のため必要な場合において又はその公開が司法の利益を害することとなる特別な状況において裁判所が真に必要があると認める限度で、裁判の全部又は一部を公開しないことができる。もつとも、刑事訴訟又は他の訴訟において言い渡される判決は、少年の利益のために必要がある場合又は当該手続が夫婦間の争い若しくは児童の後見に関するものである場合を除くほか、公開する。

2　刑事上の罪に問われているすべての者は、法律に基づいて有罪とされるまでは、無罪と推定される権利を有する。

3　すべての者は、その刑事上の罪の決定について、十分平等に、少なくとも次の保障を受ける権利を有する。

(a)　その理解する言語で速やかにかつ詳細にその罪の性質及び理由を告げられること。

(b)　防御の準備のために十分な時間及び便益を与えられ並びに自ら選任する弁護人と連絡すること。

(c)　不当に遅延することなく裁判を受けること。

(d)　自ら出席して裁判を受け及び、直接に又は自ら選任する弁護人を通じて、防御すること。弁護人がいない場合には、弁護人を持つ権利を告げられること。司法の利益のために必要な場合には、十分な支払手段を有しないときは自らその費用を負担することなく、弁護人を付されること。

(e)　自己に不利な証人を尋問し又はこれに対し尋問させること並びに自己に不利な証人と同じ条件で自己のための証人の出席及びこれに対する尋問を求めること。

(f)　裁判所において使用される言語を理解すること又は話すことができない場合には、無料で通訳の援助を受けること。

(g)　自己に不利益な供述又は有罪の自白を強要されないこと。

4　少年の場合には、手続は、その年齢及びその更生の促進が望ましいことを考慮したものとする。

5　有罪の判決を受けたすべての者は、法律に基づきその判決及び刑罰を上級の裁判所によつて再審理される権利を有する。

6　確定判決によつて有罪と決定された場合において、その後に、新たな事実又は新しく発見された事実により誤審のあつたことが決定的に立証されたことを理由としてその有罪の判決が破棄され又は赦免が行われたときは、その有罪の判決の結果刑罰に服した者は、法律に基づいて補償を受ける。ただし、その知られなかつた事実が適当な時に明らかにされなかつたことの全部又は一部がその者の責めに帰するものであることが証明される場合は、この限りでない。

7　何人も、それぞれの国の法律及び刑事手続に従つて既に確定的に有罪又は無罪の判決を受けた行為について再び裁判され又は処罰されることはない。

**第一五条【遡及処罰の禁止】** 1　何人も、実行の時に国内法又は国際法により犯罪を構成しなかつた作為又は不作為を理由として有罪とされることはない。何人も、犯罪が行われた時に適用されていた刑罰よりも重い刑罰を科されない。犯罪が行われた後により軽い刑罰を科する規定が法律に設けられる場合には、罪を犯した者は、その利益を受ける。

2　この条のいかなる規定も、国際社会の認める法の一般原則により実行の時に犯罪とされていた作為又は不作為を理由として裁判しかつ処罰することを妨げるものではない。

**第一六条【人として認められる権利】** すべての者は、すべての場所において、法律の前に人として認められる権利を有する。

**第一七条【私生活・名誉及び信用の尊重】** 1　何人も、その私生活[privacy]、家族、住居若しくは通信に対して恣意的に若しくは不法に干渉され又は名誉及び信用を不法に攻撃されない。

2　すべての者は、1の干渉又は攻撃に対する法律の保護を受ける権利を有する。

**第一八条【思想・良心及び宗教の自由】** 1　すべての者は、思想、良心及び宗教の自由についての権利を有する。この権利には、自ら選択する宗教又は信念を受け入れ又は有する自由並びに、単独で又は他の者と共同して及び公に又は私的に、礼拝、儀式、行事及び教導によつてその宗教又は信念を表明する自由を含む。

2　何人も、自ら選択する宗教又は信念を受け入れ又は有する自由を侵害するおそれのある強制を受けない。

3　宗教又は信念を表明する自由については、法律で定める制限であつて公共の安全、公の秩序、公衆の健康若しくは道徳又は他の者の基本的な権利及び自由を保護するために必要なもののみを課することができる。

4　この規約の締約国は、父母及び場合により法定保護者が、自己の信念に従つて児童の宗教的及び道徳的教育を確保する自由を有することを尊重することを約束する。

**第一九条【表現の自由】** 1　すべての者は、干渉されることなく意見を持つ権利を有する。

2　すべての者は、表現の自由についての権利を有する。この権利には、口頭、手書き若しくは印刷、芸術の形態又は自ら選択する他の方法により、国境とのかかわりなく、あらゆる種類の情報及び考えを求め、受け及び伝える自由を含む。

3　2の権利の行使には、特別の義務及び責任を伴う。したがつて、この権利の行使については、一定の制限を課することができる。ただし、その制限は、法律によつて定められ、かつ、次の目的のために必要とされるものに限る。

(a)　他の者の権利又は信用の尊重

(b)　国の安全、公の秩序又は公衆の健康若しくは道徳の保護

**第二〇条【戦争宣伝及び憎悪唱道の禁止】** 1　戦争のためのいかなる宣伝も、法律で禁止する。

2　差別、敵意又は暴力の扇動となる国民的、人種的又は宗教的憎悪の唱道は、法律で禁止する。

**第二一条【集会の自由】** 平和的な集会の権利は、認められる。この権利の行使については、法律で定める制限であつて国の安全若しくは公共の安全、公の秩序、公衆の健康若しくは道徳の保護又は他の者の権利及び自由の保護のため民主的社会において必要なもの以外のいかなる制限も課することができない。

**第二二条【結社の自由】** 1　すべての者は、結社の自由についての権利を有する。この権利には、自己の利益の保護のために労働組合を結成し及びこれに加入する権利を含む。

2　1の権利の行使については、法律で定める制限であつて国の安全若しくは公共の安全、公の秩序、公衆の健康若しくは道徳の保護又は他の者の権利及び自由の保護のため民主的社会において必要なもの以外のいかなる制限も課することができない。この条の規定は、1の権利の行使につき、軍隊及び警察の構成員に対して合法的な制限を課することを妨げるものではない。

3　この条のいかなる規定も、結社の自由及び団結権の保護に関する千九百四十八年の国際労働機関の条約の締約国が、同条約

に規定する保障を阻害するような立法措置を講ずること又は同条約に規定する保障を阻害するような方法により法律を適用することを許すものではない。

**第二三条【婚姻の自由】** 1 家族は、社会の自然かつ基礎的な単位であり、社会及び国による保護を受ける権利を有する。

2 婚姻をすることができる年齢の男女が婚姻をしかつ家族を形成する権利は、認められる。

3 婚姻は、両当事者の自由かつ完全な合意なしには成立しない。

4 この規約の締約国は、婚姻中及び婚姻の解消の際に、婚姻に係る配偶者の権利及び責任の平等を確保するため、適当な措置をとる。その解消の場合には、児童に対する必要な保護のため、措置がとられる。

**第二四条【児童の保護】** 1 すべての児童は、人種、皮膚の色、性、言語、宗教、国民的若しくは社会的出身、財産又は出生によるいかなる差別もなしに、未成年者としての地位に必要とされる保護の措置であつて家族、社会及び国による措置についての権利を有する。

2 すべての児童は、出生の後直ちに登録され、かつ、氏名を有する。

3 すべての児童は、国籍を取得する権利を有する。

**第二五条【選挙及び公務への参与】** すべての市民は、第二条に規定するいかなる差別もなく、かつ、不合理な制限なしに、次のことを行う権利及び機会を有する。

(a) 直接に、又は自由に選んだ代表者を通じて、政治に参与すること。

(b) 普通かつ平等の選挙権に基づき秘密投票により行われ、選挙人の意思の自由な表明を保障する真正な定期的選挙において、投票し及び選挙されること。

(c) 一般的な平等条件の下で自国の公務に携わること。

**第二六条【法の前の平等・無差別】** すべての者は、法律の前に平等であり、いかなる差別もなしに法律による平等の保護を受ける権利を有する。このため、法律は、あらゆる差別を禁止し及び人種、皮膚の色、性、言語、宗教、政治的意見その他の意見、国民的若しくは社会的出身、財産、出生又は他の地位等のいかなる理由による差別に対しても平等のかつ効果的な保護をすべての者に保障する。

**第二七条【少数民族の保護】** 種族的[ethnic]、宗教的又は言語的少数民族[minorities]が存在する国において、当該少数民族に属する者は、その集団の他の構成員とともに自己の文化を享有し、自己の宗教を信仰しかつ実践し又は自己の言語を使用する権利を否定されない。

## 第四部

**第二八条【「人権委員会」の設置と委員】** 1 人権委員会（以下「委員会」という。）を設置する。委員会は、十八人の委員で構成するものとし、この部に定める任務を行う。

2 委員会は、高潔な人格を有し、かつ、人権の分野において能力を認められたこの規約の締約国の国民で構成する。この場合において、法律関係の経験を有する者の参加が有益であることに考慮を払う。

3 委員会の委員は、個人の資格で、選挙され及び職務を遂行する。

**第二九条【委員の選挙】** 1 委員会の委員は、前条に定める資格を有し、かつ、この規約の締約国により選挙のために指名された者の名簿の中から秘密投票により選出される。

2 この規約の各締約国は、一人又は二人を指名することができる。指名される者は、指名する国の国民とする。

3 いずれの者も、再指名される資格を有する。

**第三〇条【選挙の手続】** 1 委員会の委員の最初の選挙は、この規約の効力発生の日の後六箇月以内に行う。

2 第三十四条の規定に従つて空席（第三十三条の規定により宣言された空席をいう。）を補充するための選挙の場合を除くほか、国際連合事務総長は、委員会の委員の選挙の日の遅くとも四箇月前までに、この規約の締約国に対し、委員会の委員に指名された者の氏名を三箇月以内に提出するよう書面で要請する。

3 国際連合事務総長は、2にいう指名された者のアルファベット順による名簿（これらの者を指名した締約国名を表示した名簿とする。）を作成し、名簿を各選挙の日の遅くとも一箇月前までにこの規約の締約国に送付する。

4 委員会の委員の選挙は、国際連合事務総長により国際連合本部に招集されるこの規約の締約国の会合において行う。この会合は、この規約の締約国の三分の二をもつて定足数とする。この会合においては、出席しかつ投票する締約国の代表によつて投じられた票の最多数で、かつ、過半数の票を得た指名された者をもつて委員会に選出された委員とする。

**第三一条【委員の配分】** 1 委員会は、一の国の国民を二人以上含むことができない。

2 委員会の選挙に当たつては、委員の配分が地理的に衡平に行われること並びに異なる文明形態及び主要な法体系が代表されることを考慮に入れる。

**第三二条【任期】** 1 委員会の委員は、四年の任期で選出される。委員は、再指名された場合には、再選される資格を有する。ただし、最初の選挙において選出された委員のうち九人の委員の任期は、二年で終了するものとし、これらの九人の委員は、最初の選挙の後直ちに、第三十条4に規定する会合において議長によりくじ引で選ばれる。

2 任期満了の際の選挙は、この部の前諸条の規定に従つて行う。

**第三三条【欠員の宣言】** 1 委員会の委員が一時的な不在以外の理由のためその職務を遂行することができなくなつたことを他の委員が一致して認める場合には、委員会の委員長は、国際連合事務総長にその旨を通知するものとし、同事務総長は、当該委員の職が空席となつたことを宣言する。

2 委員会の委員が死亡し又は辞任した場合には、委員長は、直ちに国際連合事務総長にその旨を通知するものとし、同事務総長は、死亡し又は辞任した日から当該委員の職が空席となつたことを宣言する。

**第三四条【欠員の補充】** 1 前条の規定により空席が宣言された場合において、当該宣言の時から六箇月以内に交代される委員の任期が満了しないときは、国際連合事務総長は、この規約の各締約国にその旨を通知する。各締約国は、空席を補充するため、二箇月以内に第二十九条の規定により指名された者の氏名を提出することができる。

2 国際連合事務総長は、1にいう指名された者のアルファベット順による名簿を作成し、この規約の締約国に送付する。空席を補充するための選挙は、この部の関連規定に従つて行う。

3 前条の規定により宣言された空席を補充するために選出された委員会の委員は、同条の規定により委員会における職が空席となつた委員の残余の期間在任する。

**第三五条【報酬】** 委員会の委員は、国際連合総会が委員会の任務の重要性を考慮して決定する条件に従い、同総会の承認を得て、国際連合の財源から報酬を受ける。

**第三六条【便宜の提供】** 国際連合事務総長は、委員会がこの規約に定める任務を効果的に遂行するために必要な職員及び便益を提供する。

**第三七条【会合】** 1 国際連合事務総長は、委員会の最初の会合を国際連合本部に招集する。

2 委員会は、最初の会合の後は、手続規則に定める時期に会合する。

3 委員会は、通常、国際連合本部又はジュネーヴにある国際連合事務所において会合する。

**第三八条【就任宣誓】** 委員会のすべての委員は、職務の開始に先立ち、公開の委員会において、職務を公平かつ良心的に遂行する旨の厳粛な宣誓を行う。

**第三九条【定足数・表決手続】** 1 委員会は、役員を二年の任期で選出する。役員は、再選されることができる。

2 委員会は、手続規則を定める。この手続規則には、特に次のことを定める。

(a) 十二人の委員をもつて定足数とすること。

(b) 委員会の決定は、出席する委員が投ずる票の過半数によつて行うこと。

**第四〇条【締約国の報告義務と「委員会」による検討】** 1 この規約の締約国は、(a)当該締約国についてこの規約が効力を生ずる時から一年以内に、(b)その後は委員会が要請するときに、この規約において認められる権利の実現のためにとつた措置及びこれらの権利の享受についてもたらされた進歩に関する報告を提出することを約束する。

2 すべての報告は、国際連合事務総長に提出するものとし、同事務総長は、検討のため、これらの報告を委員会に送付する。報告には、この規約の実施に影響を及ぼす要因及び障害が存在する場合には、これらの要因及び障害を記載する。

3 国際連合事務総長は、委員会との協議の後、報告に含まれるいずれかの専門機関の権限の範囲内にある事項に関する部分の写しを当該専門機関に送付することができる。

4 委員会は、この規約の締約国の提出する報告を検討する。委員会は、委員会の報告及び適当と認める一般的な性格を有する意見を締約国に送付しなければならず、また、この規約の締約国から受領した報告の写しとともに当該一般的な性格を有する意見を経済社会理事会に送付することができる。

5 この規約の締約国は、4の規定により送付される一般的な性格を有する意見に関する見解を委員会に提示することができる。

**第四一条【国家間通報】** 1 この規約の締約国は、この規約に基づく義務が他の締約国によつて履行されていない旨を主張するいずれかの締約国からの通報を委員会が受理しかつ検討する権限を有することを認めることを、この条の規定に基づいていつでも宣言することができる。この条の規定に基づく通報は、委員会の当該権限を自国について認める宣言を行つた締約国による通報である場合に限り、受理しかつ検討することができる。委員会は、宣言を行つていない締約国についての通報を受理してはならない。この条の規定により受理される通報は、次の手続に従つて取り扱う。

(a) この規約の締約国は、他の締約国がこの規約を実施していないと認める場合には、書面による通知により、その事態につき当該他の締約国の注意を喚起することができる。通知を受領する国は、通知の受領の後三箇月以内に、当該事態について説明する文書その他の文書を、通知を送付した国に提供する。これらの文書は、当該事態について既にとられ、現在とつており又は将来とることができる国内的な手続及び救済措置に、可能かつ適当な範囲において、言及しなければならない。

(b) 最初の通知の受領の後六箇月以内に当該事案が関係締約国の双方の満足するように調整されない場合には、いずれの一方の締約国も、委員会及び他方の締約国に通告することにより当該事案を委員会に付託する権利を有する。

(c) 委員会は、付託された事案について利用し得るすべての国内的な救済措置がとられかつ尽くされたことを確認した後に限り、一般的に認められた国際法の原則に従つて、付託された事案を取り扱う。ただし、救済措置の実施が不当に遅延する場合は、この限りでない。

(d) 委員会は、この条の規定により通報を検討する場合には、非公開の会合を開催する。

(e) (c)の規定に従うことを条件として、委員会は、この規約において認められる人権及び基本的自由の尊重を基礎として事案を友好的に解決するため、関係締約国に対してあつ旋を行う。

(f) 委員会は、付託されたいずれの事案についても、(b)にいう関係締約国に対し、あらゆる関連情報を提供するよう要請することができる。

(g) (b)にいう関係締約国は、委員会において事案が検討されている間において代表を出席させる権利を有するものとし、また、口頭又は書面により意見を提出する権利を有する。

(h) 委員会は、(b)の通告を受領した日の後十二箇月以内に、報告を提出する。報告は、各事案ごとに、関係締約国に送付する。

(i) (e)の規定により解決に到達した場合には、委員会は、事実及び到達した解決について簡潔に記述したものを報告する。

(ii) (e)の規定により解決に到達しない場合には、委員会は、事実について簡潔に記述したものを報告するものとし、当該報告に関係締約国の口頭による意見の記録及び書面による意見を添付する。

2 この条の規定は、この規約の十の締約国が1の規定に基づく宣言を行つた時に効力を生ずる。宣言は、締約国が国際連合事務総長に寄託するものとし、同事務総長は、その写しを他の締約国に送付する。宣言は、同事務総長に対する通告によりいつでも撤回することができる。撤回は、この条の規定に従つて既に送付された通報におけるいかなる事案の検討をも妨げるものではない。宣言を撤回した締約国による新たな通報は、同事務総長がその宣言の撤回の通告を受領した後は、当該締約国が新たな宣言を行わない限り、受理しない。

**第四二条【特別委員会とその調停活動】**

1 (a) 前条の規定により委員会に付託された事案が関係締約国の満足するように解決されない場合には、委員会は、関係締約国の事前の同意を得て、特別調停委員会（以下「調停委員会」という。）を設置することができる。調停委員会は、この規約の尊重を基礎として当該事案を友好的に解決するため、関係締約国に対してあつ旋を行う。

(b) 調停委員会は、関係締約国が容認する五人の者で構成する。調停委員会の構成について三箇月以内に関係締約国が合意に達しない場合には、合意が得られない調停委員会の委員については、委員会の秘密投票により、三分の二以上の多数による議決で、委員会の委員の中から選出する。

2 調停委員会の委員は、個人の資格で、職務を遂行する。委員は、関係締約国、この規約の締約国でない国又は前条の規定に基づく宣言を行つていない締約国の国民であつてはならない。

3 調停委員会は、委員長を選出し及び手続規則を採択する。

4 調停委員会の会合は、通常、国際連合本部又はジュネーヴにある国際連合事務所において開催する。もつとも、この会合は、調停委員会が国際連合事務総長及び関係締約国との協議の上決定する他の適当な場所において開催することができる。

5 第三十六条の規定により提供される事務局は、また、この条の規定に基づいて設置される調停委員会のために役務を提供する。

6 委員会が受領しかつ取りまとめる情報は、調停委員会の利用に供しなければならず、また、調停委員会は、関係締約国に対し、他のあらゆる関連情報を提供するよう要請することができる。

7 調停委員会は、事案を十分に検討した後に、かつ、検討のため事案を取り上げた後いかなる場合にも十二箇月以内に、関係締約国に通知するため、委員会の委員長に報告を提出する。

(a) 十二箇月以内に事案の検討を終了することができない場合には、調停委員会は、事案の検討状況について簡潔に記述したものを報告する。

(b) この規約において認められる人権の尊重を基礎として事案の友好的な解決に到達した場合には、調停委員会は、事実及び到達した解決について簡潔に記述したものを報告する。

(c) (b)に規定する解決に到達しない場合には、調停委員会の報告には、関係締約国間の係争問題に係るすべての事実関係についての調査結果及び当該事案の友好的な解決の可能性に関する意見を記載するとともに関係締約国の口頭による意見の記録及び書面による意見を添付する。

(d) (c)の規定により調停委員会の報告が提出される場合には、関係締約国は、その報告の受領の後三箇月以内に、委員会の委員長に対し、調停委員会の報告の内容を受諾するかどうかを通告する。

8 この条の規定は、前条の規定に基づく委員会の任務に影響を及ぼすものではない。

9 関係締約国は、国際連合事務総長が作成する見積りに従つて、調停委員会の委員に係るすべての経費を平等に分担する。

10 国際連合事務総長は、必要なときは、9の規定による関係締約国の経費の分担に先立つて調停委員会の委員の経費を支払う権限を有する。

**第四三条【委員の特権・免除】** 委員会の委員及び前条の規定に基づいて設置される調停委員会の委員は、国際連合の特権及び免除に関する条約の関連規定に規定する国際連合のための職務を行う専門家の便益、特権及び免除を享受する。

**第四四条【他の国際条約による手続との関係】** この規約の実施に関する規定は、国際連合及び専門機関の基本文書並びに国際連合及び専門機関において作成された諸条約により又はこれらの基本文書及び諸条約に基づき人権の分野に関し定められた手続を妨げることなく適用するものとし、この規約の締約国の間で効力を有する一般的な又は特別の国際取極による紛争の解決のため、この規約の締約国が他の手続を利用することを妨げるものではない。

**第四五条【年次報告】** 委員会は、その活動に関する年次報告を経済社会理事会を通じて国際連合総会に提出する。

## 第五部

**第四六条【国連憲章及び専門機関の憲章との関係】** この規約のいかなる規定も、この規約に規定されている事項につき、国際連合の諸機関及び専門機関の任務をそれぞれ定めている国際連合憲章及び専門機関の基本文書の規定の適用を妨げるものと解してはならない。

**第四七条【天然の富及び資源の享受】** この規約のいかなる規定も、すべての人民がその天然の富及び資源を十分かつ自由に享受し及び利用する固有の権利を害するものと解してはならない。

## 第六部

**第四八条【署名、批准、加入、寄託】** 1 この規約は、国際連合又はいずれかの専門機関の加盟国、国際司法裁判所規程の当事国及びこの規約の締約国となるよう国際連合総会が招請する他の国による署名のために開放しておく。

2 この規約は、批准されなければならない。批准書は、国際連合事務総長に寄託する。

3 この規約は、1に規定する国による加入のために開放しておく。

4 加入は、加入書を国際連合事務総長に寄託することによつて行う。

5 国際連合事務総長は、この規約に署名し又は加入したすべての国に対し、各批准書又は各加入書の寄託を通報する。

**第四九条【効力発生】** 1 この規約は、三十五番目の批准書又は加入書が国際連合事務総長に寄託された日の後三箇月で効力を生ずる。

2 この規約は、三十五番目の批准書又は加入書が寄託された後に批准し又は加入する国については、その批准書又は加入書が寄託された日の後三箇月で効力を生ずる。

**第五〇条【連邦国家に対する適用】** この規約は、いかなる制限又は例外もなしに、連邦国家のすべての地域について適用する。

**第五一条【改正】** 1 この規約のいずれの締約国も、改正を提案し及び改正案を国際連合事務総長に提出することができる。同事務総長は、直ちに、この規約の締約国に対し、改正案を送付するものとし、締約国による改正案の審議及び投票のための締約国会議の開催についての賛否を同事務総長に通告するよう要請する。締約国の三分の一以上が会議の開催に賛成する場合には、同事務総長は、国際連合の主催の下に会議を招集する。会議において出席しかつ投票する締約国の過半数によつて採択された改正案は、承認のため、国際連合総会に提出する。

2 改正は、国際連合総会が承認し、かつ、この規約の締約国の三分の二以上の多数がそれぞれの国の憲法上の手続に従つて受諾したときに、効力を生ずる。

3 改正は、効力を生じたときは、改正を受諾した締約国を拘束するものとし、他の締約国は、改正前のこの規約の規定（受諾した従前の改正を含む。）により引き続き拘束される。

**第五二条【国連事務総長による通報】** 第四十八条5の規定により行われる通報にかかわらず、国際連合事務総長は、同条1に規定するすべての国に対し、次の事項を通報する。

(a) 第四十八条の規定による署名、批准及び加入

(b) 第四十九条の規定に基づきこの規約が効力を生ずる日及び前条の規定により改正が効力を生ずる日

**第五三条【正文】** 1 この規約は、中国語、英語、フランス語、ロシア語及びスペイン語をひとしく正文とし、国際連合に寄託される。

2 国際連合事務総長は、この規約の認証謄本を第四十八条に規定するすべての国に送付する。

(経済的、社会的及び文化的権利に関する国際規約及び市民的及び政治的権利に関する国際規約の署名の際に日本国政府が行った宣言については前規約末尾(二八八頁)参照)

## (4) 市民的及び政治的権利に関する国際規約の選択議定書(抄) 翻訳

[自由権規約第一選択議定書]

採　択　一九六六年一二月一六日(国連第二一回総会)
効力発生　一九七六年三月二三日
日本国
当事国　一一六

この議定書の締約国は、

市民的及び政治的権利に関する国際規約(以下「規約」という。)の目的及びその規定の実施をいっそうよく達成するには、規約第四部で設置される人権委員会(以下「委員会」という。)に対し、規約に定めるいずれかの権利の侵害の被害者であると主張する個人からの通報を、この議定書に従って受理し、かつ、検討する権限を与えることが適当であると考え、

次のとおり協定した。

**第一条【委員会の権限】** 規約の締約国であってこの議定書の締約国となる国は、その管轄の下にある個人であって規約に定めるいずれかの権利を当該締約国によって侵害されたと主張する者からの通報を、委員会が受理し、かつ、検討する権限を有することを認める。委員会は、規約の締約国であるがこの議定書の締約国ではない国に関する通報を受理してはならない。

**第二条【通報の提出】** 第一条の規定に従うことを条件として、規約に掲げるいずれかの権利が侵害されたと主張する個人であって利用できる全ての国内救済措置を尽くしたものは、検討のため、書面による通報を委員会に提出することができる。

**第三条【受理できない通報】** 委員会は、この議定書に基づく通報であっても、匿名のもの、又は通報を行う権利の濫用若しくは規約の規定に両立しないと認めるものについては、これを受理することができない。

**第四条【通報の送付】** 1 委員会は、第三条の規定に従うことを条件として、この議定書に基づいて行われたいずれの通報についても、規約のいずれかの規定に違反しているとされたこの議定書の締約国の注意を喚起する。

2 注意を喚起された国は、六箇月以内に、当該事案、及び、救済措置が当該国によりとられている場合には当該救済措置についての事情を明らかにする説明その他の陳述を、書面により、委員会に提出する。

**第五条【委員会による検討】** 1 委員会は、個人及び関係締約国により委員会の利用に供された全ての書面による情報に照らして、この議定書に基づき受理した通報を検討する。

2 委員会は、次のことを確認しない限り、個人からのいかなる通報も検討してはならない。

(a) 同一の事案が、他の国際的な調査又は解決の手続によって検討されていないこと。

(b) 当該個人が、利用し得る全ての国内救済措置を尽くしたこと。ただし、救済措置の適用が不当に遅延する場合は、この限りでない。

3 委員会は、この議定書に基づき通報を検討する場合には、非公開の会合を開催する。

4 委員会は、その見解を関係締約国と個人に送付する。

**第六条【年次報告】** 委員会は、規約第四五条による年次報告の中に、この議定書に基づく活動の概要を記載する。

**第七条【他の国際文書による請願権】** この議定書の規定は、一九六〇年一二月一四日に国際連合総会により採択された植民地諸国及びその人民に対する独立の付与に関する宣言に関する決議第一五一四号(第一五会期)の目的が達成されるまでの間、国際連合憲章並びに国際連合及びその専門機関の下におけるその他の国際条約並びに文書により当該人民に付与された請願の権利を何ら制限するものではない。

**第八条【署名、批准、加入、寄託】** 1 この議定書は、規約に署名した全ての国による署名のために開放しておく。

2 この議定書は、規約を批准し又はこれに加入した全ての国により批准されなければならない。批准書は、国際連合事務総長に寄託する。

3 この議定書は、規約を批准し又はこれに加入した全ての国による加入のために開放しておく。

4 加入は、加入書を国際連合事務総長に寄託することによって行う。

5 国際連合事務総長は、この議定書に署名し又は加入した全ての国に対し、各批准書又は加入書の寄託を通報する。

**第九条【効力発生】** 1 規約が効力を生ずることを条件として、この議定書は、一〇番目の批准書又は加入書が国際連合事務総長に寄託された日の後三箇月で効力を生ずる。

2 一〇番目の批准書又は加入書が寄託された後に批准し又は加入する国については、この議定書は、その批准書又は加入書が寄託された日の後三箇月で効力を生ずる。

**第一〇条【連邦国家に対する適用】**

**第一一条【改正】**

〔第一〇条及び第一一条　市民的及び政治的権利に関する国際規約第五〇条及び第五一条と同じ。ただし、「規約」を「議定書」と読み替える。〕

**第一二条【離脱】** 1 いずれの締約国も、国際連合事務総長に宛てた書面による通告によりいつでもこの議定書を離脱することができる。離脱は、事務総長による通告の受領後三箇月で、効力を生ずる。

2 離脱は、その効力発生の日以前に第二条によって提出された通報に対して、この議定書の規定を引き続いて適用することを妨げるものではない。

**第一三条【国連事務総長による通報】**(略)

第一四条【正文】（略）

## (5) 死刑廃止議定書（抄）翻訳

（死刑の廃止を目指す「市民的及び政治的権利に関する国際規約」の第二選択議定書）〔自由権規約第二選択議定書〕

採　択　一九八九年一二月一五日（国連第四四回総会）（賛成五九、反対二六、棄権四八）
効力発生　一九九一年七月一一日
日本国
当事国　八八

この議定書の締約国は、
死刑の廃止が人間の尊厳の向上と人権の漸進的な発展に寄与することを信じ、
一九四八年一二月一〇日に採択された世界人権宣言の第三条及び一九六六年一二月一六日に採択された市民的及び政治的権利に関する国際規約の第六条を想起し、
市民的及び政治的権利に関する国際規約の第六条が、死刑の廃止が望ましいことを強く示唆する文言により死刑の廃止に触れていることに留意し、
死刑廃止のあらゆる措置が生命に対する権利の享有における進歩と考えられるべきであることを確信し、
ここに死刑を廃止するという国際的な約束を実行することを希望して、
次のとおり協定した。

**第一条【死刑の廃止】** 1　この議定書の締約国の管轄内にある者は、何人も死刑を執行されない。
2　各締約国は、その管轄内において死刑を廃止するためにあらゆる必要な措置をとる。

**第二条【留保】** 1　批准又は加入の際に付された留保であって、戦時中に行われた軍事的性質の極めて重大な犯罪に対する有罪判決に従って戦時に死刑を適用することを定めたものを除き、この議定書にはいかなる留保も許されない。
2　そのような留保を行う締約国は、批准又は加入の際に、戦時に適用される国内法の関連規定を国際連合事務総長に通報する。
3　そのような留保を行った締約国は、その領域に適用される戦争状態の開始又は終了について国際連合事務総長に通告する。

**第三条【実施措置の報告】** この議定書の締約国は、規約の第四〇条に従って人権委員会に提出する報告に、この議定書を実施するためにとった措置に関する情報を含める。

**第四条【国からの通報】** 規約の第四一条に基づき宣言を行った規約の締約国に関しては、当該締約国が批准又は加入の際に別段の声明を行っていない限り、他の締約国が義務を履行していない旨を主張するいずれかの締約国からの通報について、人権委員会がこれを受理しかつ検討する権限は、この議定書の規定にも及ぶ。

**第五条【個人からの通報】** 一九六六年一二月一六日に採択された市民的及び政治的権利に関する国際規約の第一選択議定書の締約国に関しては、当該締約国が批准又は加入の際に別段の声明を行っていない限り、その管轄の下にある個人からの通報を受理しかつ検討する人権委員会の権限は、この議定書の規定にも及ぶ。

**第六条【規約との関係】** 1　この議定書の規定は、規約の追加規定として適用する。
2　この議定書の第二条に基づく留保の可能性を害することなく、この議定書の第一条1において保障される権利は、規約の第四条に基づくいかなる逸脱〔derogation〕の適用も受けない。

**第七条【署名、批准、加入、寄託】**〔市民的及び政治的権利に関する国際規約の選択議定書第八条と同じ。〕

**第八条【効力発生】** 1　この議定書は、一〇番目の批准書又は加入書が国際連合事務総長に寄託された日の後三箇月で効力を生ずる。
2　この議定書は、一〇番目の批准書又は加入書が寄託された後に批准し又は加入する国については、その批准書又は加入書が寄託された日の後三箇月で効力を生ずる。

**第九条【連邦国家に対する適用】**〔経済的、社会的及び文化的権利に関する国際規約第二八条と同じ。ただし、「規約」を「議定書」と読み替える。〕

**第一〇条【国連事務総長による通報】**（略）

**第一一条【正文】**（略）

# 3　国連人権関係決議

## (1) 人権理事会創設決議（国連総会決議六〇／二五一）（抄）翻訳

採　択　二〇〇六年三月一五日（国連第六〇回総会）

総会は、（中略）
人権委員会が行ってきた活動、並びに、その成果を維持し、かつ、それを土台とする必要性及びその欠点を是正する必要性を認識し、
また、人権問題の検討における普遍性、客観性及び非選別性を確保することの重要性、並びに、二重基準及び政治化を除去することの重要性を認識し、（中略）

1　総会の補助機関として、人権委員会に代えて、ジュネーヴに本拠を置く人権理事会を創設することを決定する。総会は、五年以内に理事会の地位を見直す。
2　（略）
3　理事会が、重大かつ組織的な侵害を含む、人権侵害の事態に取り組み、それについて勧告すべきことを決定する。理事会はまた、国際連合体制の中における効果的な調整及び人権の主流化を促進すべきである。
4　理事会の作業が、さらに、全ての人権、すなわち発展の権利を含む市民的、政治的、経済的、社会的及び文化的権利の促進及び保護を強化することを目的として、普遍性、公平性、客観性及び非選別性の諸原則並びに建設的な国際的対話及び協力を指針とすることを決定する。

5 理事会が、特に、次のことを行うことを決定する。

(a) 関係加盟国と協議しかつその同意の下で、人権教育及び学習、助言サービス、技術援助、並びに能力構築を促進すること。

(b) 全ての人権に関するテーマ別の問題についての対話の場を提供すること。

(c) 人権の分野における国際法の一層の発展のために総会に対して勧告すること。

(d) 諸国が人権に関して負う義務の完全な履行、並びに、国際連合の会議及び首脳会議によって提議された人権の促進と保護に関連する目標と約束のフォローアップを促進すること。

(e) 人権に関する義務と約束の各国による遵守について、適用範囲の普遍性と全ての国に対する平等な取扱いを確保する方法で、客観的かつ信頼できる情報に基づき、普遍的定期審査を行うこと。この審査は、関係国の十分な関与の下での、かつ、その能力構築の必要性に考慮を払った、相互対話に基づく協力的仕組みでなければならない。この仕組みは、条約機関の活動を補完するものであり、重複するものであってはならない。理事会は、第一会期の開催後一年以内に、普遍的定期審査の仕組みの方式及び必要な時間配分を決定すること。

(f) 対話と協力を通じて、人権侵害の防止に貢献し、人権の緊急事態に対して迅速に対応すること。

(g) 一九九三年一二月二〇日の決議四八/一四一において総会が決定した国際連合人権高等弁務官事務所の活動に関連する人権委員会の役割及び責任を引き継ぐこと。

(h) 人権分野において、各国政府、地域組織、国内人権機関及び市民社会と密接な協力の下に活動すること。

(i) 人権の促進と保護について勧告すること。

(j) 総会に年次報告を提出すること。

6 理事会が、特別手続の制度、専門家による助言及び申立手続を維持するために、人権委員会の全ての任務、仕組み、機能及び責任を引き継ぎ、見直し、かつ、必要な場合には、改善し合理化することを決定する。理事会は、第一会期の開催後一年以内にこの見直しを完了する。

7 理事会が、総会の構成国の過半数によって秘密投票により直接にかつ個別に選出される四七の加盟国で構成されることを決定する。理事国の構成は衡平な地理的配分に基づくものとし、議席は地域グループの間で次のように配分される。アフリカ諸国グループ一三、アジア諸国グループ一三、東欧諸国グループ六、ラテン・アメリカ及びカリブ地域諸国グループ八、西欧その他諸国グループ七。理事国の任期は三年とし、連続二期務めた後は、引き続いて再選されないものとする。

8 理事国の資格は、全ての国際連合加盟国に開かれていることを決定する。理事国を選出する際に、国際連合加盟国は、立候補国の人権の促進と保護に対する貢献及び立候補国が人権の促進と保護について行った自発的な誓約と約束を考慮する。総会は、出席しかつ投票する構成国の三分の二の多数によって、重大かつ組織的な人権侵害を行った理事国の理事国としての権利を停止することができる。

9 理事会に選出された理事国が、人権の促進と保護において最高の基準を保持し、理事会と十分に協力し、かつ、その任期中に普遍的定期審査の仕組みの下で審査を受けなければならないことを決定する。

10 理事会が、年間を通じて定期的に会合し、一年に合計一〇週間を下回らない期間で、主要会期を含めて年三会期以上を予定することとし、また、必要な場合には、理事国の三分の一の支持を得た上で、いずれかの理事国の要請により特別会期を開催することができることを決定する。

11 理事会は、後に総会又は理事会が別段の決定をしない限り、適用可能な場合には、総会の諸委員会のために定められた手続規則を適用することを決定する。また、理事国でない国、専門機関、他の政府間組織、国内人権機関及び非政府団体を含むオブザーバーの参加及びそれらとの協議は、これらの団体の最も効果的な貢献を確保しつつ、一九九六年七月二五日の経済社会理事会決議一九九六/三一及び人権委員会が遵守してきた慣行を含む取極に基づくことを決定する。

12 理事会の作業方法は、透明、公正かつ公平であること、真の対話を可能にし、結果志向的であること、勧告とその実施に対するその後のフォローアップの討議を可能にするものであること、また、特別手続及び仕組みとの実質的な相互作用を可能にするものであることを決定する。

13―15 (略)

16 理事会が、創設の五年後に、その活動と機能を見直し、総会に報告することを決定する。

## (2) 国際連合人権理事会の制度構築(抄) 翻訳

採　択　二〇〇七年六月一八日(国連人権理事会決議五/一附属書)

### I 普遍的定期審査の仕組み

#### A 審査の基礎

1 審査は、次の文書に基づく。

(a) 国際連合憲章

(b) 世界人権宣言

(c) 国が締約国となっている人権文書

(d) 国によってなされた自発的誓約及び約束(人権理事会(以下「理事会」という。)の選挙における立候補の際になされたものを含む。)

2 前記のものに加え、国際人権法と国際人道法との補完性及び相互関連性を踏まえ、審査は、適用可能な国際人道法を考慮に入れるものとする。

#### B 原則及び目的

1 原則

3 普遍的定期審査は、次のようなものであるべきである。

(a) 全ての人権の普遍性、相互依存性、不可分性及び相互関連性を促進すること。

(b) 客観的かつ信頼できる情報、及び双方向対話〔interactive dialogue〕に基づく協力の仕組みであること。

(c) 対象の普遍性及び全ての国の平等な取扱いを確保すること。

(d) 国際連合加盟国が主導し、かつ、行動することを方針とした政府間手続であること。

(e) 審査対象国を十分に関与させること。

(f) 他の人権の仕組みと重複するのでなくそれらを補完するものであり、よって、付加的な価値を有すること。
(g) 客観的で透明性があり、非選択的、建設的、非対決的、かつ政治化されていない方法で行われること。
(h) 関係国にとって、又は理事会の議題にとって、過度に負担のかかるものでないこと。
(i) 過度に長時間のものでないこと。現実的であるべきであり、時間並びに人的及び財政的資源を不均衡に費やすべきでないこと。
(j) 緊急の人権状況に対処する理事会の能力を減ずるものでないこと。
(k) ジェンダーの観点を十分に取り込むこと。
(l) 審査の基礎の中に規定された要素に含まれる義務を害することなく、諸国の発展の水準及び特性を考慮に入れること。
(m) 二〇〇六年三月一五日の総会決議六〇/二五一、一九九六年七月二五日の経済社会理事会決議一九九六/三一、及び理事会がこの関連で行うことがあるいかなる決定にも従って、関連する全ての利害関係者(非政府団体及び国内人権機関を含む。)の参加を確保すること。

### 2 目的

4 審査の目的は、次のとおりである。
(a) 現地の人権状況の改善
(b) 国の人権義務及び約束の履行、並びに、積極的発展及び当該国が直面している課題の評価
(c) 関係国との協議を通じ、かつその同意を得た上での、国の能力の向上及び技術援助の促進
(d) 諸国及び他の利害関係者との間での最良の慣行の共有
(e) 人権の促進及び保護についての協力の支援
(f) 理事会、他の人権機関及び国際連合人権高等弁務官事務所の十分な協力及び提携の奨励

## C 審査の周期及び順序

5 審査は、理事会による普遍的定期審査の仕組みの採択後に開始される。
6 審査の順序は、普遍性の原則及び平等な取扱いの原則を反映すべきである。
7 審査の順序は、国が十分に準備することができるよう、できる限り速やかに定められるべきである。
8 全ての理事国は、理事国の任期中に審査される。
9 理事会の当初の理事国、特に一年又は二年の任期で選出されている理事国が、最初に審査されるべきである。
10 理事国及びオブザーバー国は、取り混ぜて順次審査されるべきである。
11 審査対象国の選定においては、衡平な地理的配分を尊重すべきである。
12 最初に審査される理事国及びオブザーバー国は、衡平な地理的配分を十分に尊重することを確保するような方法で、各地域グループから籤引きで選ばれる。次いで、他の国が審査を受けることを志願する場合を除き、このようにして選ばれた国から始まるアルファベット順を適用する。
13 審査の間隔は、審査の準備をする国の能力及び審査から生ずる要請に対応する他の利害関係者の能力を考慮に入れた、合理的なものであるべきである。
14 第一期の審査の周期は、四年とする。このことは、各二週間の作業部会の三つの会期中に、一年当たり四八箇国の審査を行うことを意味する。(注a)

注a 普遍的定期審査は、発展しつつある過程である。理事会は、第一期の審査の後、最良の慣行及び得られた教訓に基づいて、この仕組みの方式及び周期を見直すことがある。

## D 審査の過程及び方式

### 1 文書の利用

15 審査の基礎となる文書は、次のものである。
(a) 関係国が準備した情報。これは、理事会がその第六会期(第一期の第一会期)で採択する一般的指針に基づいた国の報告書、及び、当該国が関連すると考える他の情報であって、口頭又は書面で提供できるものの形式をとることができる。ただし、全ての国の平等な取扱いを保証し、かつ、この仕組みに過度な負担をかけないために、この情報を要約した書面は、二〇頁を超えないものとする。国は、関連する全ての利害関係者との国内における広範な協議過程を通して、この情報を準備することを奨励される。
(b) 加えて、人権条約機関及び特別手続の報告書(関係国の見解及び意見を含む。)並びにその他の関連する国際連合公式文書に含まれた情報で、人権高等弁務官事務所が取りまとめて準備したもの。これは一〇頁を超えてはならない。
(c) 関連する他の利害関係者によって普遍的定期審査に提供される信用でき、かつ信頼性のある追加的な情報。理事会はこれも審査において考慮に入れるべきである。人権高等弁務官事務所は、そのような情報の要約を準備する。これは一〇頁を超えてはならない。
16 人権高等弁務官事務所が準備する文書は、関係国が準備する情報に関して理事会が採択する一般的指針の構成に沿って作成されるべきである。
17 国の書面及び人権高等弁務官事務所が準備する要約は、双方とも、一九九九年一月一四日の総会決議五三/二〇八に従って、国際連合の六つの公用語による文書として同時に配布することを確保するために、作業部会による審査の六週間前に準備されなければならない。

### 2 方式

18 審査の方式は、次のとおりとする。
(a) 審査は、理事会議長が部会長を務め、理事会の四七の理事国で構成される一つの作業部会で行う。各理事国は、その代表団の構成を決定する。(注b)

注b 普遍的定期審査の仕組みへの、発展途上国特に後発発展途上国の参加を促進するために、普遍的定期審査自発的信託基金を設けるべきである。

(b) オブザーバー国は、双方向対話を含め、審査に参加することができる。
(c) 関連する他の利害関係者は、作業部会における審査に出席することができる。
(d) 理事国の中で、異なる地域グループから籤引きで選ばれる三人の報告者のグループ(トロイカ)が、各審査(作業部会の報告書の作成を含む。)の進行を促進するために作られる。人権高等弁務官事務所は、報告者に必要な援助と技能を提供する。

19 関係国は、報告者団のうちの一人が自らの地域グループから選ばれるよう要請することができ、また、一度に限り、いずれかの報告者の交代を要請することができる。

20 報告者は、特定の審査過程への参加の回避を要請することができる。

21 審査対象国と理事会との双方向対話は、作業部会で行う。報告者団は、公正さ及び透明性を確保しつつ、審査対象国の準備を容易にし、かつ、双方向対話を焦点の合ったものとするために、審査対象国に送付される論点又は質問を整序することができる。

22 作業部会における審査の時間は、各国につき三時間とする。理事会の全体会による成果文書の検討のために、一時間を限度とする追加時間が割り当てられる。

23 作業部会において、各審査対象国についての報告書を採択するために、三〇分が割り当てられる。

24 作業部会における各国についての審査と報告書採択の間には、合理的な時間の間隔が割り当てられるべきである。

25 最終的な成果文書は、理事会の全体会において採択する。

## E 審査の成果文書

### 1 成果文書の形式

26 審査の成果文書の形式は、審査過程の議事の要約、結論及び(又は)勧告、並びに関係国の自発的な約束から成る報告書とする。

### 2 成果文書の内容

27 普遍的定期審査は、協力の仕組みである。その成果文書は、特に次のものを含むことができる。

(a) 審査対象国の人権状況について客観的かつ透明性のある形でなされた評価(積極的発展及び当該国が直面する課題を含む。)

(b) 最良の慣行の共有

(c) 人権の促進及び保護のための協力を向上させることの強調

(d) 関係国との協議により、かつその同意を得て、技術援助及び能力構築を提供すること。(注c)

(e) 審査対象国が行った自発的な約束及び誓約

注c 理事会は既存の財政上の仕組みに頼るか、新たな仕組みを作るかについて決定すべきである。

### 3 成果文書の採択

28 審査対象国は、成果文書作成に十分に関与するべきである。

29 理事会の全体会による成果文書の採択の前に、関係国は、双方向対話の間に十分に議論されなかった質問又は論点への回答を提出する機会を与えられる。

30 関係国、理事国、オブザーバー国は、全体会が審査の成果文書について行動をとる前に、それについて自らの見解を表明する機会を与えられるべきである。

31 関連する他の利害関係者は、全体会による成果文書の採択の前に、一般的な意見を述べる機会を持つものとする。

32 関係国の支持を得た勧告は、その旨明記される。他の勧告は、それについての関係国の意見とともに記録される。これらの双方が、理事会で採択される成果報告書に含まれる。

## F 審査のフォローアップ

33 協力の仕組みとしての普遍的定期審査の成果文書は、主として関係国により、適当な場合には関連する他の利害関係者により、実施されるべきである。

34 その後の審査は、特に、前回の成果文書の実施に焦点を当てるべきである。

35 理事会は、普遍的定期審査に関する常設の議題を議事日程に掲げるべきである。

36 国際共同体は、関係国との協議により、かつその同意を得て、能力構築及び技術援助に関する勧告及び結論の実施を援助する。

37 普遍的定期審査の成果文書を検討するに当たり、理事会は、何らかの特別のフォローアップの必要性及びその時期について決定する。

38 普遍的定期審査の仕組みへの国の協力を奨励するあらゆる努力を尽くした後、理事会は、適当な場合には、この仕組みへの一貫した非協力の事例に対処する。

# II 特別手続(略)

# III 人権理事会諮問委員会(略)

# IV 申立手続

## A 目的及び範囲

85 申立手続は、世界のどこであれ、またいかなる状況の下であれ、全ての人権及び基本的自由の重大かつ信頼できる程度に立証された侵害の一貫した形態に対処するために設けられる。

86 二〇〇〇年六月一九日の決議二〇〇〇／三で改訂された一九七〇年五月二七日の経済社会理事会決議一五〇三(XLVIII)は、作業の基礎として用いられたが、申立手続が公平、客観的、効果的で、被害者指向でありかつ時宜を得た形で行われることを確保するよう、必要な場合には改善された。この手続は、関係国の協力を高めるために、非公開性を維持する。

## B 通報の受理基準

87 人権及び基本的自由の侵害に関係する通報は、この手続の適用上、次の条件の下に受理される。

(a) 政治的に動機づけられたものでないことが明白であり、かつ、その内容が、国際連合憲章、世界人権宣言及び他の適用可能な人権法分野の文書に合致すること。

(b) 主張する侵害についての事実の記述(侵害されたと主張する権利を含む。)がなされていること。

(c) 言葉が侮辱的でないこと。ただし、そのような通報は、侮辱的な言葉を削除した後他の受理基準を満たす場合には、審理することができる。

(d) 人権及び基本的自由の侵害の被害者であると主張する人若しくは人の集団、又は、人権の原則に従って善意で行動し、国際連合憲章の規定に反して政治的に動機づけられた立場をとっておらず、当該侵害について直接の、かつ、信頼できる知識を持っていると主張するいずれかの人若しくは人の集団(非政府団体を含む。)によって提出されていること。ただし、信頼できる程度に立証された通報は、明確な証拠を伴っている場合には、通報者の知識が間接的なものであることのみをもって不受理とされてはならない。

(e) 専らマスメディアにより流布された報告に基づくものではないこと。

(f) 特別手続、人権条約機関、又は人権分野における他の国際連合若しくは同様の地域的申立手続によって既に取り扱われた事案で、人権の重大かつ信頼できる程度に立証された侵害の一貫した形態を示すとみられるものに関連していないこと。

(g) 国内的な救済手段[domestic remedies]が尽くされていること。ただし、そのような救済手段が非実効的又は不当に遅延するとみられる場合にはこの限りでない。

88 国内機関の地位に関する原則(パリ原則)に基づいて設立され、活動している国内人権機関は、特に準司法的権限に関して、個別の人権侵害に対処する実効的な手段としての役割を果たすことができる。

## C 作業部会

89 二つの別個の作業部会が、通報を審査する任務、並びに、人権及び基本的自由の重大かつ信頼できる程度に立証された侵害の一貫した形態について理事会の注意を喚起する任務をもって設置される。

90 両作業部会は、最大限度可能な範囲で、コンセンサスを基礎として作業する。コンセンサスがない場合には、決定は投票の単純多数でなされる。作業部会は、自らの手続規則を定めることができる。

### 1 通報作業部会―構成、任務及び権限

91 人権理事会諮問委員会は、通報作業部会を構成するため、ジェンダーの均衡に十分な考慮を払って、各地域グループから一人ずつ五人の委員を任命する。

92 空席が生じた場合には、諮問委員会は、同委員会から、同一の地域グループの独立かつ高度に適格性のある専門家を任命する。

93 受領した通報の審査及び評価に関して、独立の専門的知識及び継続性が必要であるため、作業部会の独立かつ高度に適格性のある専門家は、三年の任期で任命される。任期は、一回に限り更新することができる。

94 通報作業部会の部会長は、関係国に当該通報を送付する前に、事務局とともに、受理基準に基づいて、受領した通報の第一次選別を行う。明白に根拠不十分の又は匿名の通報は、部会長により排除され、したがって、関係国に送付されない。説明責任及び透明性の観点から、通報作業部会の部会長は、第一次選別の後却下された全ての通報の一覧表を、同作業部会の全ての委員に提示する。この一覧表は、通報の却下という結論に至った全ての決定の理由を示すべきである。排除されなかった他の全ての通報は、侵害の主張に関する関係国の見解を得るために、関係国に送付される。

95 通報作業部会の委員は、通報の受理可能性について決定し、侵害の主張の本案(当該通報が、単独で又は他の通報と結びついて、人権及び基本的自由の重大かつ信頼できる程度に立証された侵害の一貫した形態を示すとみられるかどうかを含む。)を評価する。通報作業部会は、全ての受理された通報及びそれらに関する勧告を含む一件記録を、事態作業部会に提供する。通報作業部会が、さらなる審査又は追加の情報を必要とする場合には、同作業部会は、次の会期まで事案を審査中とし、そのような情報を関係国に要請することができる。通報作業部会は、事案を却下することを決定することができる。通報作業部会の全ての決定は、受理基準の厳格な適用に基づき、かつ、正当な根拠がなければならない。

### 2 事態作業部会―構成、任務及び権限

96 各地域グループは、ジェンダーの均衡に十分な考慮を払って、事態作業部会で任務を果たすために理事国の一人の代表を任命する。委員は、一年の任期で任命される。その任期は、当該国が理事国である場合には、一回に限り更新することができる。

97 事態作業部会の委員は、個人の資格で任務を果たす。空席を満たすため、その空席が属する各地域グループは、同じ地域グループの理事国から一人の代表を任命する。

98 事態作業部会は、通報作業部会が提供した情報及び勧告に基づいて、人権及び基本的自由の重大かつ信頼できる程度に立証された侵害の一貫した形態についての報告書を理事会に提出し、理事会に対してとるべき行動について勧告(通常、理事会に付託された事態に関する決議案又は決定案の形式をとる。)を行う。事態作業部会が、さらに審査又は追加の情報を必要とする場合には、同作業部会の委員は、次の会期まで事案を審査中とすることができる。事態作業部会も、事案を却下することを決定することができる。

99 事態作業部会の全ての決定には、正当な根拠がなければならず、かつ、ある事態の審査を終了した理由又はそれについて勧告する行動を示すものでなければならない。終了の決定は、コンセンサスでなされるべきであり、もしそれができない場合には、投票の単純多数で行われるべきである。

## D 作業方式及び非公開性

100 申立手続は、特に、被害者指向であるべきであり、かつ、非公開で、時宜を得た形で行われるべきであるので、両作業部会は、受領した通報(それについての国の回答を含む。)及び申立手続の下で理事会に既に付託されている事態を迅速に審査するために、各会期ごとに五日の作業日の会合を少なくとも一年に二回持つものとする。

101 関係国は、申立手続に協力し、両作業部会又は理事会のいずれの要請にも国際連合の公用語の一つで実質に関わる回答をするよう、あらゆる努力を払わなければならない。関係国はまた、要請がなされた後三箇月以内に回答を提供するよう、あらゆる努力を払わなければならない。ただし、必要な場合には、この期限は、関係国の要請により延長することができる。

102 事務局は、一件記録の審議のために十分な時間を確保するよう、遅くとも二週間前までに、非公開の一件記録を全ての理事国の利用に供することが要請される。

103 理事会は、事態作業部会によりその注意を喚起された、人権及び基本的自由の重大かつ信頼できる程度に立証された侵害の一貫した形態について、必要な頻度で、ただし少なくとも一年に一回審議する。

104 理事会に付託された、事態作業部会の報告書は、理事会が別段の決定をする場合を除き、非公開で審査する。事態作業部会が、特に明白かつ明瞭に協力が欠如していると判断して、理事会に対して公開の会合で事態を審議することを勧告したときは、理事会は、そのような勧告を、次の会期で優先的に審議する。

105 中立手続が、被害者指向で、効果的かつ時宜を得た形で行われることを確保するために、関係国への通報の通知と理事会による審議の間の時間の間隔は、原則として二四箇月を超えてはならない。

### E 中立人及び関係国の関与

106 中立手続は、通報提出者及び関係国の双方が、次の主な段階で手続について通知されることを確保しなければならない。

(a) 通報が通報作業部会により不受理とされたとき若しくは事態作業部会により審議のために取り上げられたとき、又は、いずれかの作業部会若しくは理事会により通報が継続審理とされたとき。

(b) 最終の結論が出されたとき。

107 加えて、中立人は、自らの通報が中立手続により登録されたとき、通知されるものとする。

108 中立人が、自らの身元が非公開とされることを要請した場合には、身元は関係国に通知されない。

### F 措置

109 確立した慣行に従って、特定の事態に関して取られる行動は、次のいずれかのものとすべきである。

(a) さらなる審議又は行動が正当化されない場合に、事態の審議を終了させること。

(b) 事態を審査中とし、関係国に合理的期間内にさらに情報を提供するよう要請すること。

(c) 事態を審査中とし、事態を監視し理事会に報告する独立かつ高度に適格性のある専門家を任命すること。

(d) 問題を公開の審議で取り上げるために、非公開の中立手続の下での当該問題の審査を終了させること。

(e) 人権高等弁務官事務所に対し、関係国への技術協力、能力構築援助又は助言サービスを提供するよう勧告すること。

## V 議題及び作業計画のための枠組み（略）

## VI 作業方法（略）

## VII 手続規則（略）

# (3) 経済社会理事会決議四二／一二三五 翻訳

（全ての国、特に植民地その他の従属国及び地域における、人種差別及び隔離政策並びにアパルトヘイト政策を含む人権及び基本的自由の侵害の問題）

採　択　一九六七年六月六日（国連第四二回経済社会理事会）

経済社会理事会は、

人権委員会決議二三／八及び決議二三／九に留意して、

1 人権委員会が、「全ての国、特に植民地その他の従属国及び地域における、人種差別及び隔離政策並びにアパルトヘイト政策を含む人権及び基本的自由の侵害の問題」と題する議題を毎年審議すると決定したことを歓迎し、かつ、差別防止及び少数者保護小委員会並びに事務総長に宛てられた援助の要請に同意する。ただし、この審議は、既存の諸機関又は人権及び基本的自由の保護に関する国際的な規約と条約に含まれる実施措置の枠組み内で設置されることのある機関の任務及び権限を害するものでない。

2 人権委員会並びに差別防止及び少数者保護小委員会が、人権委員会決議二三／八1の規定に従って、南アフリカ共和国及び国際連合の直接の責任の下におかれているが今日南アフリカ政府により違法に占拠されている南西アフリカ地域において実施されているアパルトヘイト政策に例示されるような、人権及び基本的自由の重大な侵害並びに、特に南ローデシアで実施され、一九五九年七月三〇日の経済社会理事会決議二八／七二八Fに従って事務総長が列挙する通報に含まれているような人種差別に関する情報を検討することを認める。

3 人権委員会が、適当な場合にかつその利用に供された情報を慎重に審議した後に、前記1の規定に従って、南アフリカ共和国及び国際連合の直接の責任の下におかれているが今日南アフリカ政府により違法に占拠されている南西アフリカ地域において実施されているアパルトヘイト政策、並びに、特に南ローデシアにおいて実施されている人種差別に例示されるような一貫した形態の人権侵害を示す事態を徹底的に研究し、かつ、経済社会理事会に勧告を付して、報告することができることを決定する。

4 国際人権規約の効力が発生した後に、本決議の2及び3の規定を再検討することを決定する。

5 人権委員会が、その決議二三／六において、他の任務を維持しかつ遂行しながら、人権及び基本的自由の侵害に関する任務を遂行することを可能にし又は遂行する助けとなり得る方法及び手段の問題をあらゆる側面から研究するよう特別研究部会に命じたことに留意する。

6 人権委員会が、前記5にいう特別研究部会の結論を審議した後、この研究の結果について経済社会理事会に報告するよう要請する。

# 4 発展の権利宣言（国連総会決議四一／一二八） 翻訳

（発展の権利に関する宣言）

採　択　一九八六年一二月四日（国連第四一回総会）（賛成一四六、反対一、棄権八）

総会は、

経済的、社会的、文化的又は人道的性質を有する国際問題を解決することについて、並びに人種、性別、言語又は宗教による差別なく、全ての者のために人権及び基本的自由を尊重するように助長奨励することについて、国際協力を達成することに関する国際連合憲章の目的及び原則に留意し、

発展とは、住民全体及び全ての個人が、発展及びそれがもたらす利益の公正な配分に積極的、自由かつ有意義に参加することを基礎として、彼(女)らの福利の絶えざる向上をめざす包括的な経済的、社会的、文化的及び政治的過程であることを認め、

世界人権宣言の諸規定の下で、全ての者が、同宣言に掲げる権利及び自由が完全に実現される社会的及び国際的秩序に対する権利を有することを考慮し、

経済的、社会的及び文化的権利に関する国際規約、並びに市民的及び政治的権利に関する国際規約の諸規定を想起し、

さらに、脱植民地化、差別防止、人権及び基本的自由の尊重並びに遵守、国際の平和と安全の維持並びに憲章に従った諸国間の友好関係及び協力のさらなる促進に関する文書を含む、人類の統合的発展並びに全ての人民の経済的及び社会的進歩並びに発展に関する国際連合及びその専門機関の協定、条約、決議、勧告及びその他の文書を想起し、

人民の自決権、すなわち、それによって人民がその政治的地位を自由に決定し、並びにその経済的、社会的及び文化的発展を自由に追求する権利を有することを想起し、

さらに、両国際人権規約の関連規定に従って、全ての天然の富及び資源に対して十分かつ完全な主権を行使する人民の権利を想起し、

人種、皮膚の色、性別、言語、宗教、政治的意見その他の意見、国民的若しくは社会的出身、財産、出生又はその他の地位によるいかなる差別もなしに全ての者のために人権及び基本的自由の普遍的な尊重及び遵守を促進する、憲章に基づく諸国の義務に留意し、

植民地主義、新植民地主義、アパルトヘイト、あらゆる形態の人種主義及び人種差別、外国の支配及び占領、国の主権、一体性及び領土保全に対する侵略及び脅威並びに戦争の脅威から生じるような状況によって影響を受ける人民及び個人の人権の大規模かつ甚だしい侵害の除去が、大多数の人類の発展にとって有利な環境の樹立に資するであろうことを考慮し、

特に市民的、政治的、経済的、社会的及び文化的権利の否認によって生じている、発展並びに人間及び人民の完全な自己実現に対する重大な障害の存在を憂慮し、並びに、全ての人権及び基本的自由が不可分かつ相互依存的であること、発展を促進するためには、市民的、政治的、経済的、社会的及び文化的権利の実施、促進及び保護に同等の注意及び緊急の配慮が払われなければならないこと、したがって、ある種の人権及び基本的自由の促進、尊重及び享有が、他の人権及び基本的自由の否認を正当化することはできないことを考慮し、

国際の平和と安全が、発展の権利の実現にとって不可欠の要素であることを考慮し、

軍縮と発展との間には密接な関係があること、軍縮の分野における進歩が発展の分野における進歩を大きく促進するであろうこと、並びに軍縮措置を通じてもたらされる資源が、全ての人民、特に発展途上国の人民の経済的及び社会的発展並びに福利に向けられるべきことを再確認し、

人間が発展過程の中心的主体であり、したがって、発展政策が人間を発展の主要な参加者及び受益者としなければならないことを認め、

人民及び個人の発展にとって有利な諸条件を創り出すことが、彼(女)らが属する国の主要な責任であることを認め、

人権を促進し保護するための国際的な努力が、新国際経済秩序樹立のための努力を伴わなければならないことを認識し、

発展の権利が奪うことのできない人権であること、及び発展のための機会の平等が国民及び国民を構成する個人の双方の特権であることを確認して、

次のとおり、発展の権利に関する宣言を発布する。

**第一条【権利の性格、自決権及び天然資源に対する恒久主権との関係】** 1　発展の権利は、奪うことのできない人権である。この権利に基づき、全ての個人及び人民は、あらゆる人権及び基本的自由が完全に実現され得るような経済的、社会的、文化的及び政治的発展に参加し、貢献し、並びにこれを享受する権利を有する。

2　発展の権利は、また、人民の自決の権利の完全な実現を前提とするものである。この自決の権利には、両国際人権規約の関連規定に従い、全ての天然の富と資源に対する人民の完全な主権の実現に向けた人民の奪うことのできない権利の行使が含まれる。

**第二条【権利の主体】** 1　人間が、発展の中心的主体であり、発展の権利の積極的参加者でありかつその受益者であるべきである。

2　全ての人間は、その人権及び基本的自由の完全な尊重の必要性及びその共同体への義務を考慮して、個別にまた共同して発展への責任を有する。共同体のみが、人間の自由で完全な自己実現を確保することができる。したがって、全ての人間は、発展のための適切な政治的、社会的及び経済的秩序を促進し保護すべきである。

3　国は、住民全体及び全ての個人が、発展及びそれがもたらす利益の公正な配分に、積極的、自由かつ有意義に参加することを基礎として、彼(女)らの福利の絶えざる向上をめざす適切な国家の発展政策を立案する権利及び義務を有する。

**第三条【国の責任及び義務】** 1　国は、発展の権利の実現に資する国内的及び国際的諸条件を創り出す主要な責任を負う。

2　発展の権利を実現するためには、国際連合憲章に従った諸国間の友好関係及び協力に関する国際法の諸原則の完全な尊重が必要である。

3　国は、発展を確保しまた発展への障害を撤廃するために、相互に協力する義務を負う。国は、全ての国の間の主権平等、相互依存、相互利益及び協力に基づく新国際経済秩序を促進し、並びに人権の遵守及び実現を奨励するような方法により、その権利を実現し、義務を履行すべきである。

**第四条【国際協力】** 1　国は、発展の権利の完全な実現を容易にするための国際的な発展政策を立案するため、個別にまた共同して措置をとる義務を有する。

2　発展途上国の一層急速な発展を促進するために、持続的な行動が必要である。発展途上国の努力を補完するものとして、これらの諸国にその包括的な発展を奨励するための適切な手段及び便益を提供する効果的な国際協力が不可欠である。

**第五条【大規模かつ重大な人権侵害の除去】** 国は、アパルトヘイト、あらゆる形態の人種主義及び人種差別、植民地主義、外国の支配及び占領、侵略、国の主権、一体性及び領土保全に対する外国の干渉及び脅威、戦争の脅威並びに人民の自決への基本

的権利の承認拒否などによってもたらされるような人民及び人間の人権の大規模かつ重大な侵害を除去するために、断固たる措置をとる。

**第六条【人権の尊重】** 1 全ての国は、人種、性別、言語又は宗教によるいかなる差別もなしに全ての者のためにあらゆる人権及び基本的自由の普遍的な尊重及び遵守を促進し、奨励しかつ強化するために、協力すべきである。

2 全ての人権及び基本的自由は、不可分かつ相互依存的である。市民的、政治的、経済的、社会的及び文化的権利の実現と保護に対し、同等の注意と緊急の考慮が払われるべきである。

3 国は、市民的及び政治的権利、並びに経済的、社会的及び文化的権利の不遵守から生じる発展への障害を撤廃するために、措置をとるべきである。

**第七条【軍縮との関係】** 全ての国は、国際の平和と安全の確立、維持及び強化を促進すべきである。この目的のために、全ての国は、実効的な国際管理の下で全面的かつ完全な軍縮を達成するように、及び実効的な軍縮措置によってもたらされる資源が包括的な発展、特に発展途上国の包括的な発展のために用いられるように、最善を尽くすべきである。

**第八条【権利の国内的実現】** 1 国は、国内において、発展の権利の実現のために必要なあらゆる措置をとるべきであり、特に、基礎的資源、教育、保健サービス、食糧、住居、雇用及び所得の公正な配分を全ての者が享受できるような機会の平等を確保しなければならない。女性が発展の過程において積極的な役割を果たすことを確保するために、実効的な措置がとられるべきである。あらゆる社会的な不正義を撤廃する目的で、適切な経済的及び社会的改革が行われるべきである。

2 国は、発展及び全ての人権の完全な実現における重要な要素として、全ての分野における人民の参加を奨励すべきである。

**第九条【規定相互の関係並びに他の文書との関係及び解釈】** 1 この宣言が掲げる発展の権利のあらゆる側面は、不可分かつ相互依存的であり、それらの各々は、全体の文脈に照らして考慮されるべきである。

2 この宣言のいかなる規定も、国際連合憲章の目的及び原則に反するものと解釈してはならず、また、いずれかの国、集団又は個人に対して、世界人権宣言及び国際人権規約が掲げる諸権利の侵害を目的とする活動に従事し、又はこれを実行する権利を有するものと解釈してはならない。

**第一〇条【権利行使のための措置】** 国内及び国際における政策、立法及びその他の措置の立案、採択及び実施を含めて、発展の権利の完全な行使及び漸進的な向上を確保するための措置がとられるべきである。

## 5 ウィーン宣言及び行動計画(抄) 翻訳

採　択　一九九三年六月二五日(世界人権会議・ウィーン)

世界人権会議は、

人権の促進及び保護が国際共同体の優先事項であること、並びにこの会議が、公正で均衡のとれた方法で、人権の一層確固たる遵守を推進し促進するために、国際人権体制及び人権保護機構の包括的な分析を行う比類のない機会を提供することを考慮し、

全ての人権は、人間に固有の尊厳と価値に由来すること、及び、人間が人権及び基本的自由の中心的主体であり、したがって主たる受益者であるべきであり、これらの権利と自由の実現に積極的に参加すべきであることを認識し、かつ、確認し、

国際連合憲章及び世界人権宣言に定める目的と原則に対する誓約を再確認し、(中略)

人権分野において国際連合機構を強化し、国際人権基準の遵守の普遍的尊重という目的を達成するために、この分野における国際連合の活動が合理化され、かつ、拡充されるべきことを認め、

チュニス、サンホセ及びバンコクの三つの地域会合において採択された宣言並びに各国政府が行った貢献を考慮し、また、世界人権会議の準備過程において政府間組織及び非政府団体が行った提案並びに独立の専門家が準備した研究に留意し、

先住民が全ての人権及び基本的自由を享有することを確保し、先住民の文化及び独自性の価値並びに多様性を尊重する国際共同体の誓約を再確認するものとして、一九九三年の国際先住民年を歓迎し、

また、全ての人権の完全な実現に対する現在の障害を除去し、その問題点に取り組み、それらの障害から生じ世界中で続いている人権侵害を防止するための方法と手段を国際共同体が立案すべきことを認め、

世界の人民及び国際連合の全加盟国が、全ての人権及び基本的自由の完全かつ普遍的な享有を確保するために、これらの権利を促進し保護するという地球的任務に改めて献身することを求めるわれわれの時代の精神と今日の現実を想起し、

国際協力及び連帯の一層の、かつ、不断の努力によって、人権の営みにおいて実質的な進歩を達成するために、国際共同体の誓約において新たな行動をとることを決意して、

ウィーン宣言及び行動計画を厳粛に採択する。

### I

1 **【国の誓約、人権の普遍性と生来性】** 世界人権会議は、国際連合憲章、その他の人権文書及び国際法に従って、全ての者のための全ての人権及び基本的自由の普遍的尊重、遵守及び保護を促進する義務を履行する全ての国の厳粛な誓約を再確認する。これらの権利及び自由の普遍的性格には疑問の余地がない。

この枠組みにおいて、人権分野における国際協力の強化は、国際連合の目的を完全に達成するために不可欠である。

人権及び基本的自由は、全ての人間の生来の権利である。これらの保護及び促進は、政府の第一の責任である。

2 **【自決権】** 全ての人民は、自決の権利を有する。この権利に基づき、全ての人民は、その政治的地位を自由に決定し、並びにその経済的、社会的及び文化的発展を自由に追求する。

植民地その他の形態の外国による支配又は占領の下にある人民に特有の状況を考慮し、世界人権会議は、彼(女)らの奪うことのできない自決権を実現するために、国際連合憲章に従ってあらゆる正当な行動をとる人民の権利を認める。世界人権会議は、自決権の否定を人権侵害と考え、この権利の効果的な実現の重要性を強調する。

このことは、国際連合憲章による諸国間の友好関係及び協力についての国際法の諸原則に関する宣言に従って、人民の同権及び自決の原則に従って行動し、もっていかなる種類の差別な

しにその領域に属する人民全体を代表する政府を有するに至った主権独立国の領土保全又は政治的統一を全体的又は部分的に分断し又は害するいかなる行動も認め又は奨励するものと解釈してはならない。

3 **【外国占領下の人民】** 外国の占領の下にある人民については、人権基準の実施を保障し、監視する実効的な国際措置がとられるべきであり、その人権の侵害に対しては、人権規範及び国際法、特に戦時における文民の保護に関する千九百四十九年八月十四[十二の誤り]日のジュネーヴ条約、並びにその他人道法の適用可能な規範に従って、実効的な法的保護が与えられるべきである。

4 **【国連の優先目標】** 全ての人権及び基本的自由の促進及び保護は、国際連合の目的及び原則、特に国際協力の目的に従って、国際連合の優先的な目標とみなされなければならない。これらの目的及び原則の枠組みの下で、全ての人権の促進及び保護は、国際共同体の正当な関心事項である。したがって、人権に関わる機関及び専門機関は、国際人権文書の一貫した客観的な適用に基づき、活動の調整を一層強化すべきである。

5 **【人権の普遍性】** 全ての人権は、普遍的であり、不可分かつ相互に依存し相互に関連し合っている。国際共同体は、公正かつ平等な方法で、同一の基礎に基づき、等しく重点を置いて、人権を地球的規模で取り扱わなければならない。国家的及び地域的特殊性、並びに様々な歴史的、文化的及び宗教的背景の重要性を考慮に入れなければならないが、全ての人権及び基本的自由の促進及び保護は、政治的、経済的、文化的体制のいかんを問わず、国の義務である。

6 **【国連体制の努力】** 全ての者のための人権及び基本的自由の普遍的な尊重及び遵守に向けた国際連合体制の努力は、国際連合憲章に従い、諸国間の平和的かつ友好的な関係に必要な安定及び福利に寄与し、また、平和及び安全並びに社会及び経済の発展のための状況の改善に寄与するものである。

7 **【国連憲章の目的及び原則の遵守】** 人権の促進及び保護の過程は、国際連合憲章の目的及び原則並びに国際法に従って進めるべきである。

8 **【民主主義、発展及び人権の相互依存性】** 民主主義、発展、並びに人権及び基本的自由の尊重は、相互に依存し、かつ、補強し合うものである。民主主義は、自らの政治的、経済的、社会的及び文化的体制を決定する、自由に表明された人民の意思、並びに生活のあらゆる側面への人民の完全な参加に基礎を置く。このことの関連において、人権及び基本的自由の国内的及び国際的な促進及び保護は、普遍的であるべきであり、かつ、条件を付さずに行われるべきである。国際共同体は、全世界における民主主義、発展、並びに人権及び基本的自由の尊重の強化及び促進を支持すべきである。

9 **【後発途上国への支援】** 世界人権会議は、その多くがアフリカにある後発途上国であって民主化及び経済改革への取組みを誓約した国が民主主義及び経済発展への移行に成功するように、国際共同体が支援すべきことを再確認する。

10 **【発展の権利】** 世界人権会議は、発展の権利に関する宣言において確立された発展の権利が、普遍的で奪うことのできない権利であり、基本的人権の不可欠な一部であることを再確認する。

発展の権利に関する宣言が述べるように、人間が発展の中心的主体である。

発展は全ての人権の享有を促進するものであるが、発展の欠如を国際的に認められた人権の制限を正当化するために援用してはならない。

国は、発展の確保及び発展に対する障害の除去に当たって相互に協力すべきである。国際共同体は、発展の権利を実現し発展に対する障害を除去するための効果的な国際協力を促進すべきである。

発展の権利の実施に向けた永続的な進歩のためには、国内での効果的な開発政策並びに国際的な公正な経済関係及び好ましい経済環境が必要である。

11 **【環境の保護等】** 発展の権利は、現在及び将来の世代の発展並びに環境の必要性を公平にみたすように実現されるべきである。世界人権会議は、有毒で危険な物質及び廃棄物の不法投棄が、全ての者の生命と健康に対する人権への重大な脅威となる可能性があることを認める。

したがって、世界人権会議は、全ての国に対し、有毒で危険な物質及び廃棄物の投棄に関する既存の条約を適用し、それを厳格に実施し、不法投棄の防止に協力するよう求める。

全ての者は、科学の進歩とその利用による利益を享有する権利を有する。世界人権会議は、特定の進歩、特に生医学、生命科学及び情報技術の分野における進歩が、個人の人格、尊厳及び人権に悪影響を及ぼすおそれがあることに留意し、世界的に懸念が示されているこの分野において人権と尊厳が完全に尊重されることを確保するための国際協力を求める。

12 **【発展途上国の対外債務】** 世界人権会議は、国際共同体に対し、人民の経済的、社会的及び文化的権利の十分な実現を達成する発展途上国政府の努力を補うために、これらの国の対外債務負担の軽減を助けるあらゆる努力を行うよう求める。

13 **【人権享有の条件の創出】** 国及び国際組織は、非政府団体と協力して、人権の完全かつ効果的な享有を確保するために、国内的、地域的及び国際的に好ましい条件を創出する必要がある。国は、全ての人権侵害及びその原因並びに人権の享有に対する障害を除去すべきである。

14 **【極度の貧困の根絶】** 広範に存在する極度の貧困は、人権の完全かつ効果的な享有を妨げるものである。これを直ちに軽減し究極的に根絶することは、引き続き国際共同体の高い優先事項でなければならない。

15 **【差別の撤廃】** いかなる種類の差別もなしに人権及び基本的自由を尊重することは、国際人権法の基本的な規則である。あらゆる形態の人種主義及び人種差別、外国人排斥並びにそれらに関連する不寛容を早急かつ全面的に撤廃することは、国際共同体の優先課題である。各国政府は、これらを防止し、かつ、これらと闘うために実効的な措置をとるべきである。集団、組織、政府間組織、非政府団体及び個人は、協力してこれらの悪に立ち向かうための活動を調整する努力を強化するよう求められている。

16 **【アパルトヘイトの解体】** 世界人権会議は、アパルトヘイトの解体の進展を歓迎し、国際共同体と国際連合体制に対し、これを支援するよう求める。

世界人権会議は、また、アパルトヘイトの平和的解体の追求を損なうことを目指して引き続き行われている暴力行為を非難する。

17 **【テロリズムの防止】** テロリズムの行為、方法及び慣行は、そのあらゆる形式及び発現形態において、また、いくつかの国においては麻薬取引との関連において、人権、基本的自由及び民主主義の破壊を目的とし、領土保全と国の安全を脅かし、正統に組織された政府の安定を妨げる活動である。国際共同体は、テロリズムを防止し、これと闘うための協力を強化するために必要な措置をとるべきである。

18 **【女性の人権】** 女性と女子児童の人権は、普遍的人権の不可譲、不可欠、かつ不可分な一部である。国内、地域及び国際的な政治的、市民的、経済的、社会的及び文化的活動への女性の完全かつ平等な参加、並びに性を理由とするあらゆる形態の差別の根絶は、国際共同体の優先的な目標である。

性差に基づく暴力、並びにあらゆる形態のセクシャル・ハラスメント及び搾取は、文化的偏見及び国際的売買に起因するものを含めて、人間の尊厳及び価値に反するものであり、撤廃されなければならない。このことは、経済及び社会発展、教育、母性保護、保健医療、社会扶助等の分野における法的措置によって、また、国内行動及び国際協力を通じて、達成することができる。

女性の人権は、女性に関する全ての人権文書の促進を含む国連人権活動の不可欠な一部を構成すべきものである。

世界人権会議は、政府、組織、政府間組織及び非政府団体に対して、女性及び女子児童の人権の保護及び促進のための努力を強化するよう強く求める。

19 **【少数者の権利】** 少数者に属する者の権利の促進及び保護の重要性、並びに少数者が生活する国においてそのような促進及び保護が政治的及び社会的安定に寄与することを考慮して、

世界人権会議は、少数者に属する者が、国民的又は民族的、宗教的、及び言語的少数者に属する人の権利に関する宣言に従って、いかなる差別もなく法の前の完全な平等の下に、全ての人権及び基本的自由を完全かつ効果的に行使できるよう確保する国の義務を再確認する。

少数者に属する者は、自由に、妨害やいかなる形態の差別もなしに、自己の文化を享有し、自己の宗教を信仰しかつ実践し、私的にも公的にも自己の言語を使用する権利を有する。

20 **【先住民の権利】** 世界人権会議は、先住民の固有の尊厳及び社会の発展と多様性に対する独特な貢献を認め、先住民の経済的、社会的及び文化的福利、並びに持続可能な開発の成果を先住民が享受することに対する国際共同体の誓約を改めて強く確認する。国は、社会のあらゆる側面、特に先住民にとっての関心事項に先住民が完全かつ自由に参加することを確保すべきである。先住民の権利の促進及び保護の重要性、並びに先住民が生活する国においてそのような促進及び保護が政治的及び社会的安定に寄与することを考慮し、国は、国際法に従い、平等と非差別を基礎として、先住民の全ての人権と基本的自由の尊重を確保するために協調的な積極的措置をとり、先住民の独特なあり方、文化及び社会組織の価値と多様性を認めるべきである。

21 **【こどもの権利】** 世界人権会議は、多数の国が児童の権利に関する条約を早期に批准したことを歓迎し、こどものための世界サミットが採択したこどもの生存、保護及び発展に関する世界宣言及び行動計画においてこどもの人権が認められたことに留意して、一九九五年までに同条約が普遍的に批准されること、並びに、締約国が全ての必要な立法、行政その他の措置をとり、利用可能な資源を最大限に配分することによって同条約を効果的に実施することを求める。こどもに関するあらゆる行動において、非差別及びこどもの最善の利益を第一に考え、こどもの視点に妥当な考慮を払うべきである。国内及び国際の機構と計画は、こどもを守り保護するために強化されるべきである。このように保護されるべきこどもには、特に女子児童、遺棄されたこども、家のないこども、経済的及び性的に搾取されているこども(こどもポルノ、こどもの売春又は臓器売買を通じた搾取を含む。)、後天性免疫不全症候群を含む病気のこども、難民及び避難民となったこども、拘禁されているこども、武力紛争下のこども、飢饉、旱魃その他の緊急事態の犠牲者であるこどもが含まれる。児童の権利に関する条約の実施を支援するために国際協力及び連帯を促進すべきであり、また、こどもの権利は、国際連合体制全体にわたる人権活動において優先事項であるべきである。

世界人権会議は、また、こどもは十分かつ調和のとれた人格の発達のために家庭環境の中で育つべきであること、したがって家庭環境は一層広範な保護を受ける価値があることを強調する。

22 **【障害者の人権】** 障害者の非差別、並びに全ての人権及び基本的自由の平等な享有(社会のあらゆる側面への積極的な参加を含む。)の確保には特別な注意を払う必要がある。

23 **【難民及び避難民】** 世界人権会議は、全ての者が、いかなる種類の差別もなく、迫害からの庇護を他国に求め、かつ、享有する権利、及び自国に戻る権利を有することを再確認する。この点において同会議は、世界人権宣言、難民の地位に関する一九五一年条約及び一九六七年議定書、並びに地域的文書の重要性を強調する。同会議は、多くの難民を領域内に入国させ受け入れている諸国及び国際連合難民高等弁務官事務所が任務に献身していることに感謝の意を表する。同会議は、また、国際連合パレスティナ難民救済事業機関にも感謝の意を表する。

世界人権会議は、武力紛争におけるものを含む重大な人権侵害が、人民の流民化をもたらす多様かつ複雑な要因の一つであると認める。

世界人権会議は、地球規模の危機的な難民問題の複雑性にかんがみ、また、国際連合憲章、関連国際文書及び国際的な連帯にのっとり、さらに負担を分かち合う精神の下で、国際共同体が、国際連合難民高等弁務官事務所の権限を考慮しつつ、関係国及び関係組織と調整し協力して、包括的に取り組む必要があることを認める。そのような取組みには、難民とその他の避難民の移動の根本原因と影響に対処する戦略の開発、緊急事態に対する準備と対応機構の強化、女性及びこどもの特別な必要性を考慮した効果的な保護及び援助の供与、並びに、何よりも尊厳ある安全で自発的な帰還という望ましい解決を通じた恒久的解決(国際難民会議で採択された解決策を含む。)の達成が含まれる。世界人権会議は、国の責任、特に難民の出身国に関わる責任を強調する。

この包括的な取組みに照らして、世界人権会議は、国内の避難民に関する問題(自発的かつ安全な帰還及び再定住に関するものを含む。)に対して、政府間組織及び人道的団体を通じるものを含め特別な注意を払い、永続的な解決を見出すことの重要性を強調する。

さらに、世界人権会議は、国際連合憲章及び人道法の諸原則に従って、全ての自然災害及び人的災害の被害者に対する人道的援助の重要性及び必要性を強調する。

24 **【弱者の人権】** 移住労働者を含む弱者の立場におかれた集団に属する者の人権の促進及び保護、彼(女)らに対するあらゆる形態の差別の撤廃並びに現行の人権文書の強化と一層効果的な

実施を重視しなければならない。国は、特に教育、健康及び社会扶助の分野において、国民のうち弱者に属する者の権利の促進及び保護のために国内で十分な措置を講じ維持する義務、並びに彼(女)らのうちで自分たちの問題の解決を見出すことに関心をもつ者の参加を確保する義務を負う。

25 **【最も貧しい人々の人権】** 世界人権会議は、極度の貧困と社会的排斥が人間の尊厳を侵すものであること、及び、最も貧しい人々の人権を促進し、極度の貧困と社会的排斥を根絶し、社会進歩の成果の享受を促進するために、極度の貧困とその原因(開発の問題に関連するものを含む。)に対する認識を深める緊急の対策が必要であることを確認する。国にとって、最も貧しい人々が居住する地域の意思決定過程、人権の促進、及び極度の貧困と闘う努力への最も貧しい人々の参加を促進することは、不可欠の重要性をもつものである。

26 **【人権文書の法典化】** 世界人権会議は、動的かつ発展的な過程である人権文書の法典化において達成された進歩を歓迎し、人権条約の普遍的な批准を求める。全ての国にこれらの国際文書に加入し、また、可能な限り留保を行わないよう要請する。

27 **【人権救済体制】** 全ての国は、人権に関する不服又は侵害に対処する実効的な救済措置の枠組みを設けるべきである。法執行機関及び検察機関を含む司法体制、また、特に、国際人権文書が定める関連基準を十分にみたす独立した裁判官と法曹は、完全で差別のない人権の実現に不可欠のものであり、民主主義と持続可能な発展の過程に不可欠のものである。この点において、司法関係諸機関は、十分な財政的基礎をもつべきであり、国際共同体はこれに対して一層高い水準の技術的及び財政的援助を与えるべきである。強力で独立した司法体制を実現するために、助言サービスの特別計画を優先的に活用することは、国際連合の責任である。

28 **【大規模な人権侵害】** 世界人権会議は、難民及び避難民の大量流出を引き起こしている大規模な人権侵害、特に戦争状態における集団殺害、「民族浄化」、及び女性に対する制度化された強姦を愕然たる思いで受け止め、このような嫌悪すべき行為を強く非難するとともに、このような犯罪の加害者を処罰し、そのような行為を直ちに阻止するよう繰り返し訴える。

29 **【武力紛争時の人権】** 世界人権会議は、国際人権文書及び国際人道法に規定された基準を無視して世界の各地で人権侵害が続いていること、並びに被害者に対する十分で実効的な救済手段が欠如していることに対し重大な懸念を表明する。

世界人権会議は、武力紛争時における人権侵害が文民たる住民、特に女性、こども、老齢者及び障害者に対して行われていることを深く憂慮する。したがって、同会議は、国及び武力紛争の全ての当事者に対し、一九四九年のジュネーヴ諸条約その他の国際法の規則及び原則が定める国際人道法、並びに国際条約が規定する人権保護の最低基準を厳格に遵守するよう要請する。

世界人権会議は、一九四九年のジュネーヴ諸条約その他の国際人道法の関連文書が定める、人道的団体によって援助される被害者の権利を再確認し、そのような援助が安全にかつ時宜を得て受けられるよう求める。

30 **【重大な人権侵害】** 世界人権会議は、また、世界各地において全ての人権の十分な享有に対し深刻な障害となっている重大かつ組織的な侵害及び事態を愕然たる思いで受け止め、これへの非難を表明する。このような侵害及び障害には拷問並びに残虐かつ非人道的で品位を傷つける取扱い又は刑罰、即決の及び恣意的な処刑、失踪、恣意的な拘禁、あらゆる形態の人種主義、人種差別及びアパルトヘイト、外国による占領及び支配、外国人排斥、貧困、飢餓その他の経済的、社会的及び文化的権利の否定、宗教的不寛容、テロリズム、女性差別、並びに法の支配の欠如が含まれる。

31 **【人権阻害的な貿易措置】** 世界人権会議は、諸国間の貿易関係の障害となり、世界人権宣言及び国際人権文書に定める人権、特に、食糧及び医療、住居並びに必要な社会サービスを含めて、健康及び福祉にとって十分な生活水準を享受する全ての者の権利の完全な実現を妨げ、国際法及び国際連合憲章と合致しないいかなる一方的措置も慎むことを諸国に対し求める。世界人権会議は、食糧が政治的圧力のための道具として用いられるべきでないことを確認する。

32 **【人権問題における普遍性、客観性、非選択性】** 世界人権会議は、人権問題を考えるに際して、普遍性、客観性及び非選択性を確保することが重要であることを再確認する。

33 **【人権教育】**(略)

34 **【国際援助】**(略)

35 **【国連の人権活動】**(略)

36 **【国内制度の役割】** 世界人権会議は、人権の促進及び保護のために国内制度が果たす重要で建設的な役割、特に、権限ある機関に助言する力、人権侵害の救済、人権情報の普及、及び人権教育における役割を再確認する。

世界人権会議は、「国内制度の地位に関する諸原則」を考慮し、かつ、国内での個別の必要に最も適した枠組みを選択するのは各国の権利であることを認識して、国内制度の確立と強化を奨励する。

37 **【地域的取極の役割】** 地域的取極は、人権の促進及び保護において基本的な役割を果たす。地域的取極は、国際人権文書が規定する普遍的な人権基準とその保護を強化すべきである。世界人権会議は、これらの取極を強化し、その実効性を高めるために行われている努力を支持しつつ、同時に国際連合の人権活動との協力の重要性を強調する。

世界人権会議は、人権の促進及び保護のための地域的及び小地域的取極がまだ存在しない地域において、それを設立する可能性を検討する必要があることをここに改めて指摘する。

38 **【非政府団体の役割】** 世界人権会議は、国内的、地域的及び国際的に行われている全ての人権の促進及び人道的活動における非政府団体の重要な役割を認める。世界人権会議は、人権問題についての公衆意識の向上、この分野における教育、訓練及び研究の実施、並びに全ての人権及び基本的自由の促進及び保護に対する非政府団体の貢献を評価する。世界人権会議は、人権に関する基準設定の主要な責任は国にあることを認識しつつ、このことに対する非政府団体の貢献もまた評価する。この問題に関連して、世界人権会議は、政府と非政府団体との間の継続的対話及び協力の重要性を強調する。誠実に人権問題に関わっている非政府団体とその構成員は、世界人権宣言が認める権利及び自由並びに国内法の保護を享有すべきである。これらの権利及び自由は、国際連合の目的及び原則に反して行使してはならない。非政府団体は、国内法及び世界人権宣言の枠内で、干渉を受けることなく自由に人権活動を行うことが認められるべきである。

39 **【報道機関】** 世界人権会議は、人権及び人道問題についての客観的で責任ある公平な情報の重要性を強調し、報道機関の関与の増大を奨励する。報道機関に対しては、国内法の枠内で自由と保護が保障されるべきである。

(以下略)

## 6　人種差別撤廃条約

### (あらゆる形態の人種差別の撤廃に関する国際条約)

採　択　一九六五年一二月二一日(国連第二〇回総会)
効力発生　一九六九年一月四日
日本国　一九九六年一月一四日(九五年一二月一日国会承認、一二月一五日内閣加入決定、同日加入書寄託、一二月二〇日公布・条約二六号)
当事国　一八二

この条約の締約国は、

国際連合憲章がすべての人間に固有の尊厳及び平等の原則に基礎を置いていること並びにすべての加盟国が、人種、性、言語又は宗教による差別のないすべての者のための人権及び基本的自由の普遍的な尊重及び遵守を助長し及び奨励するという国際連合の目的の一を達成するために、国際連合と協力して共同及び個別の行動をとることを誓約したことを考慮し、

世界人権宣言が、すべての人間は生まれながらにして自由であり、かつ、尊厳及び権利について平等であること並びにすべての人がいかなる差別をも、特に人種、皮膚の色又は国民的出身による差別を受けることなく同宣言に掲げるすべての権利及び自由を享有することができることを宣明していることを考慮し、

すべての人間が法律の前に平等であり、いかなる差別に対しても、また、いかなる差別の扇動に対しても法律による平等の保護を受ける権利を有することを考慮し、

国際連合が植民地主義並びにこれに伴う隔離及び差別のあらゆる慣行(いかなる形態であるかいかなる場所に存在するかを問わない。)を非難してきたこと並びに千九百六十年十二月十四日の植民地及びその人民に対する独立の付与に関する宣言(国際連合総会決議第千五百十四号(第十五回会期))がこれらを速やかにかつ無条件に終了させる必要性を確認し及び厳粛に宣明したことを考慮し、

千九百六十三年十一月二十日のあらゆる形態の人種差別の撤廃に関する国際連合宣言(国際連合総会決議第千九百四号(第十八回会期))が、あらゆる形態及び表現による人種差別を全世界から速やかに撤廃し並びに人間の尊厳に対する理解及び尊重を確保する必要性を厳粛に確認していることを考慮し、

人種的相違に基づく優越性のいかなる理論も科学的に誤りであり、道徳的に非難されるべきであり及び社会的に不正かつ危険であること並びに理論上又は実際上、いかなる場所においても、人種差別を正当化することはできないことを確信し、

人種、皮膚の色又は種族的出身を理由とする人間の差別が諸国間の友好的かつ平和的な関係に対する障害となること並びに諸国民の間の平和及び安全並びに同一の国家内に共存している人々の調和をも害するおそれがあることを再確認し、

人種に基づく障壁の存在がいかなる人間社会の理想にも反することを確信し、

世界のいくつかの地域において人種差別が依然として存在していること及び人種的優越又は憎悪に基づく政府の政策(アパルトヘイト、隔離又は分離の政策等)がとられていることを危険な事態として受けとめ、

あらゆる形態及び表現による人種差別を速やかに撤廃するために必要なすべての措置をとること並びに人種間の理解を促進し、いかなる形態の人種隔離及び人種差別もない国際社会(international community)を建設するため、人種主義に基づく理論及び慣行を防止し並びにこれらと戦うことを決意し、

千九百五十八年に国際労働機関が採択した雇用及び職業についての差別に関する条約及び千九百六十年に国際連合教育科学文化機関が採択した教育における差別の防止に関する条約に留意し、

あらゆる形態の人種差別の撤廃に関する国際連合宣言に具現された原則を実現すること及びこのための実際的な措置を最も早い時期にとることを確保することを希望して、

次のとおり協定した。

### 第一部

**第一条【人種差別の定義】**　１　この条約において、「人種差別」とは、人種、皮膚の色、世系(descent)又は民族的若しくは種族的(national or ethnic)出身に基づくあらゆる区別、排除、制限又は優先であって、政治的、経済的、社会的、文化的その他のあらゆる公的生活の分野における平等の立場での人権及び基本的自由を認識し、享有し又は行使することを妨げ又は害する目的又は効果を有するものをいう。

２　この条約は、締約国が市民と市民でない者との間に設ける区別、排除、制限又は優先については、適用しない。

３　この条約のいかなる規定も、国籍、市民権又は帰化に関する締約国の法規に何ら影響を及ぼすものと解してはならない。ただし、これらに関する法規は、いかなる特定の民族に対しても差別を設けていないことを条件とする。

４　人権及び基本的自由の平等な享有又は行使を確保するため、保護を必要としている特定の人種若しくは種族の集団又は個人の適切な進歩を確保することのみを目的として、必要に応じてとられる特別措置は、人種差別とみなさない。ただし、この特別措置は、その結果として、異なる人種の集団に対して別個の権利を維持することとなってはならず、また、その目的が達成された後は継続してはならない。

**第二条【締約国の差別撤廃義務】**　１　締約国は、人種差別を非難し、また、あらゆる形態の人種差別を撤廃する政策及びあらゆる人種間の理解を促進する政策をすべての適当な方法により遅滞なくとることを約束する。このため、

(a)　各締約国は、個人、集団又は団体に対する人種差別の行為又は慣行に従事しないこと並びに国及び地方のすべての公の当局及び機関がこの義務に従って行動するよう確保することを約束する。

(b)　各締約国は、いかなる個人又は団体による人種差別も後援せず、擁護せず又は支持しないことを約束する。

(c)　各締約国は、政府(国及び地方)の政策を再検討し及び人種差別を生じさせ又は永続化させる効果を有するいかなる法令も改正し、廃止し又は無効にするために効果的な措置をとる。

(d)　各締約国は、すべての適当な方法(状況により必要とされ

るときは、立法を含む。）により、いかなる個人、集団又は団体による人種差別も禁止し、終了させる。

(e) 各締約国は、適当なときは、人種間の融和を目的とし、かつ、複数の人種で構成される団体及び運動を支援し並びに人種間の障壁を撤廃する他の方法を奨励すること並びに人種間の分断を強化するようないかなる動きも抑制することを約束する。

2 締約国は、状況により正当とされる場合には、特定の人種の集団又はこれに属する個人に対し人権及び基本的自由の十分かつ平等な享有を保障するため、社会的、経済的、文化的その他の分野において、当該人種の集団又は個人の適切な発展及び保護を確保するための特別かつ具体的な措置をとる。この措置は、いかなる場合においても、その目的が達成された後、その結果として、異なる人種の集団に対して不平等な又は別個の権利を維持することとなってはならない。

**第三条【人種隔離の禁止】** 締約国は、特に、人種隔離及びアパルトヘイトを非難し、また、自国の管轄の下にある領域におけるこの種のすべての慣行を防止し、禁止し及び根絶することを約束する。

**第四条【人種的優越性に基づく差別・扇動の禁止】** 締約国は、一の人種の優越性若しくは一の皮膚の色若しくは種族的出身の人の集団の優越性の思想若しくは理論に基づくあらゆる宣伝及び団体又は人種的憎悪及び人種差別（形態のいかんを問わない。）を正当化し若しくは助長することを企てるあらゆる宣伝及び団体を非難し、また、このような差別のあらゆる扇動又は行為を根絶することを目的とする迅速かつ積極的な措置をとることを約束する。このため、締約国は、世界人権宣言に具現された原則及び次条に明示的に定める権利に十分な考慮を払って、特に次のことを行う。

(a) 人種的優越又は憎悪に基づく思想のあらゆる流布、人種差別の扇動、いかなる人種若しくは皮膚の色若しくは種族的出身を異にする人の集団に対するものであるかを問わずすべての暴力行為又はその行為の扇動及び人種主義に基づく活動に対する資金援助を含むいかなる援助の提供も、法律で処罰すべき犯罪であることを宣言すること。

(b) 人種差別を助長し及び扇動する団体及び組織的宣伝活動その他のすべての宣伝活動を違法であるとして禁止するものとし、このような団体又は活動への参加が法律で処罰すべき犯罪であることを認めること。

(c) 国又は地方の公の当局又は機関が人種差別を助長し又は扇動することを認めないこと。

**第五条【無差別・法の前の平等】** 第二条に定める基本的義務に従い、締約国は、特に次の権利の享有に当たり、あらゆる形態の人種差別を禁止し及び撤廃すること並びに人種、皮膚の色又は民族的若しくは種族的出身による差別なしに、すべての者が法律の前に平等であるという権利を保障することを約束する。

(a) 裁判所その他のすべての裁判及び審判を行う機関の前での平等な取扱いについての権利

(b) 暴力又は傷害（公務員によって加えられるものであるかいかなる個人、集団又は団体によって加えられるものであるかを問わない。）に対する身体の安全及び国家による保護についての権利

(c) 政治的権利、特に普通かつ平等の選挙権に基づく選挙に投票及び立候補によって参加し、国政及びすべての段階における政治に参与し並びに公務に平等に携わる権利

(d) 他の市民的権利、特に、

(i) 国境内における移動及び居住の自由についての権利

(ii) いずれの国（自国を含む。）からも離れ及び自国に戻る権利

(iii) 国籍についての権利

(iv) 婚姻及び配偶者の選択についての権利

(v) 単独で及び他の者と共同して財産を所有する権利

(vi) 相続する権利

(vii) 思想、良心及び宗教の自由についての権利

(viii) 意見及び表現の自由についての権利

(ix) 平和的な集会及び結社の自由についての権利

(e) 経済的、社会的及び文化的権利、特に、

(i) 労働、職業の自由な選択、公正かつ良好な労働条件、失業に対する保護、同一の労働についての同一報酬及び公正かつ良好な報酬についての権利

(ii) 労働組合を結成し及びこれに加入する権利

(iii) 住居についての権利

(iv) 公衆の健康、医療、社会保障及び社会的サービスについての権利

(v) 教育及び訓練についての権利

(vi) 文化的な活動への平等な参加についての権利

(f) 輸送機関、ホテル、飲食店、喫茶店、劇場、公園等一般公衆の使用を目的とするあらゆる場所又はサービスを利用する権利

**第六条【人種差別に対する救済】** 締約国は、自国の管轄の下にあるすべての者に対し、権限のある自国の裁判所及び他の国家機関を通じて、この条約に反して人権及び基本的自由を侵害するあらゆる人種差別の行為に対する効果的な保護及び救済措置を確保し、並びにその差別の結果として被ったあらゆる損害に対し、公正かつ適正な賠償又は救済を当該裁判所に求める権利を確保する。

**第七条【教育・文化上の措置】** 締約国は、人種差別につながる偏見と戦い、諸国民の間及び人種又は種族の集団の間の理解、寛容及び友好を促進し並びに国際連合憲章、世界人権宣言、あらゆる形態の人種差別の撤廃に関する国際連合宣言及びこの条約の目的及び原則を普及させるため、特に教授、教育、文化及び情報の分野において、迅速かつ効果的な措置をとることを約束する。

## 第二部

**第八条【人種差別撤廃委員会】** 1 締約国により締約国の国民の中から選出される徳望が高く、かつ、公平と認められる十八人の専門家で構成する人種差別の撤廃に関する委員会（以下「委員会」という。）を設置する。委員会の委員は、個人の資格で職務を遂行する。その選出に当たっては、委員の配分が地理的に衡平に行われること並びに異なる文明形態及び主要な法体系が代表されることを考慮に入れる。

2 委員会の委員は、締約国により指名された者の名簿の中から秘密投票により選出される。各締約国は、自国民の中から一人を指名することができる。

3 委員会の委員の最初の選挙は、この条約の効力発生の日の後六箇月を経過した時に行う。国際連合事務総長は、委員会の委員の選挙の日の遅くとも三箇月前までに、締約国に対し、自国が指名する者の氏名を二箇月以内に提出するよう書簡で要請す

る。同事務総長は、指名された者のアルファベット順による名簿（これらの者を指名した締約国名を表示した名簿とする。）を作成し、締約国に送付する。

4 委員会の委員の選挙は、国際連合事務総長により国際連合本部に招集される締約国の会合において行う。この会合においては、締約国の三分の二をもって定足数とする。この会合においては、出席しかつ投票する締約国の代表によって投じられた票の最多数で、かつ、過半数の票を得た指名された者をもって委員会に選出された委員とする。

5 (a) 委員会の委員は、四年の任期で選出される。ただし、最初の選挙において選出された委員のうち九人の委員の任期は、二年で終了するものとし、これらの九人の委員は、最初の選挙の後直ちに、委員会の委員長によりくじ引きで選ばれる。

(b) 締約国は、自国の専門家が委員会の委員としての職務を遂行することができなくなった場合には、その空席を補充するため、委員会の承認を条件として自国民の中から他の専門家を任命する。

6 締約国は、委員会の委員が委員会の任務を遂行している間、当該委員に係る経費について責任を負う。

**第九条【締約国の報告義務】** 1 締約国は、次の場合に、この条約の諸規定の実現のためにとった立法上、司法上、行政上その他の措置に関する報告を、委員会による検討のため、国際連合事務総長に提出することを約束する。

(a) 当該締約国についてこの条約が効力を生ずる時から一年以内

(b) その後は二年ごとに、更には委員会が要請するとき。委員会は、追加の情報を締約国に要請することができる。

2 委員会は、その活動につき国際連合事務総長を通じて毎年国際連合総会に報告するものとし、また、締約国から得た報告及び情報の検討に基づく提案及び一般的な性格を有する勧告を行うことができる。これらの提案及び一般的な性格を有する勧告は、締約国から意見がある場合にはその意見と共に、総会に報告する。

**第一〇条【委員会の運営】** 1 委員会は、手続規則を採択する。

2 委員会は、役員を二年の任期で選出する。

3 委員会の事務局は、国際連合事務総長が提供する。

4 委員会の会合は、原則として、国際連合本部において開催する。

**第一一条【締約国の義務不履行と委員会】** 1 締約国は、他の締約国がこの条約の諸規定を実現していないと認める場合には、その事案につき委員会の注意を喚起することができる。委員会は、その通知を関係締約国に送付する。当該通知を受領する国は、三箇月以内に、当該事案について及び、当該国がとった救済措置がある場合には、当該救済措置についての書面による説明又は声明を委員会に提出する。

2 最初の通知の受領の後六箇月以内に当該事案が二国間交渉又は当事国にとって可能な他のいかなる手続によっても当事国の双方の満足するように調整されない場合には、いずれの一方の締約国も、委員会及び他方の締約国に通告することにより当該事案を再び委員会に付託する権利を有する。

3 委員会は、2の規定により委員会に付託された事案について利用し得るすべての国内的な救済措置がとられかつ尽くされたことを確認した後に、一般的に認められた国際法の原則に従って、当該事案を取り扱う。ただし、救済措置の実施が不当に遅延する場合は、この限りでない。

4 委員会は、付託されたいずれの事案についても、関係締約国に対し、他のあらゆる関連情報を提供するよう要請することができる。

5 この条の規定から生ずるいずれかの事案が委員会により検討されている場合には、関係締約国は、当該事案が検討されている間、投票権なしで委員会の議事に参加する代表を派遣する権利を有する。

**第一二条【特別調停委員会】**

1 (a) 委員長は、委員会が必要と認めるすべての情報を入手し、かつ、取りまとめた後、五人の者（委員会の委員であるか否かを問わない。）から成る特別調停委員会（以下「調停委員会」という。）を設置する。調停委員会の委員は、すべての紛争当事国の同意を得て任命するものとし、調停委員会は、この条約の尊重を基礎として事案を友好的に解決するため、関係国に対してあっせんを行う。

(b) 調停委員会の構成について三箇月以内に紛争当事国が合意に達しない場合には、合意が得られない調停委員会の委員については、委員会の秘密投票により、三分の二以上の多数による議決で、委員会の委員の中から選出する。

2 調停委員会の委員は、個人の資格で、職務を遂行する。委員は、紛争当事国の国民又はこの条約の締約国でない国の国民であってはならない。

3 調停委員会は、委員長を選出し、及び手続規則を採択する。

4 調停委員会の会合は、原則として、国際連合本部又は調停委員会が決定する他の適当な場所において開催する。

5 第十条3の規定により提供される事務局は、締約国間の紛争のために調停委員会が設けられた場合には、調停委員会に対しても役務を提供する。

6 紛争当事国は、国際連合事務総長が作成する見積りに従って、調停委員会の委員に係るすべての経費を平等に分担する。

7 国際連合事務総長は、必要なときは、6の規定による紛争当事国の経費の分担に先立って調停委員会の委員の経費を支払う権限を有する。

8 委員会が入手し、かつ、取りまとめる情報は、調停委員会の利用に供しなければならず、また、調停委員会は、関係国に対し、他のあらゆる関連情報を提供するよう要請することができる。

**第一三条【調停委員会の報告】** 1 調停委員会は、事案を十分に検討した後、当事国間の係争問題に係るすべての事実関係についての調査結果を記載し、かつ、紛争の友好的な解決のために適当と認める勧告を付した報告を作成し、委員会の委員長に提出する。

2 委員会の委員長は、調停委員会の報告を各紛争当事国に通知する。これらの紛争当事国は、三箇月以内に、委員会の委員長に対し、調停委員会の報告に付されている勧告を受諾するか否かを通知する。

3 委員会の委員長は、2に定める期間の後、調停委員会の報告及び関係締約国の意図の表明を、他の締約国に通知する。

**第一四条【個人及び集団の申立てと委員会の検討】** 1 締約国は、この条約に定めるいずれかの権利の当該締約国による侵害の被害者であると主張する当該締約国の管轄の下にある個人又は集団からの通報を、委員会が受理しかつ検討する権限を有することを認める旨を、いつでも宣言することができる。委員会は、宣言を行っていない締約国についての通報を受理してはならない。

2 1に規定する宣言を行う締約国は、その管轄の下にある個人又は集団であって、この条約に定めるいずれかの権利の侵害の被害者であると主張し、かつ、他の利用し得る国内的な救済措置を尽くしたものからの請願を受理しかつ検討する権限を有する機関を、国内の法制度の枠内に設置し又は指定することができる。

3 1の規定に基づいて行われた宣言及び2の規定に基づいて設置され又は指定される機関の名称は、関係締約国が国際連合事務総長に寄託するものとし、同事務総長は、その写しを他の締約国に送付する。宣言は、同事務総長に対する通告によりいつでも撤回することができる。ただし、その撤回は、委員会で検討中の通報に影響を及ぼすものではない。

4 2の規定に基づいて設置され又は指定される機関は、請願の登録簿を保管するものとし、登録簿の証明された謄本は、その内容が公開されないとの了解の下に、適当な経路を通じて毎年国際連合事務総長に提出する。

5 請願者は、2の規定に基づいて設置され又は指定される機関から満足な結果が得られない場合には、その事案を六箇月以内に委員会に通報する権利を有する。

6 (a) 委員会は、付託されたいずれの通報についても、この条約のいずれかの規定に違反していると申し立てられている締約国の注意を内密に喚起する。ただし、関係のある個人又は集団の身元関係事項は、当該個人又は集団の明示の同意なしに明らかにしてはならない。委員会は、匿名の通報を受領してはならない。

(b) 注意を喚起された国は、三箇月以内に、当該事案について及び、当該国がとった救済措置がある場合には、当該救済措置についての書面による説明又は声明を委員会に提出する。

7 (a) 委員会は、関係締約国及び請願者により委員会の利用に供されたすべての情報に照らして通報を検討する。委員会は、請願者が利用し得るすべての国内的な救済措置を尽くしたことを確認しない限り、請願者からのいかなる通報も検討してはならない。ただし、救済措置の実施が不当に遅延する場合は、この限りでない。

(b) 委員会は、提案及び勧告をする場合には、これらを関係締約国及び請願者に送付する。

8 委員会は、通報の概要並びに、適当なときは、関係締約国の書面による説明及び声明の概要並びに当該委員会の提案及び勧告の概要を、その年次報告に記載する。

9 委員会は、少なくとも十の締約国が1の規定に基づいて行った宣言に拘束される場合にのみ、この条に規定する任務を遂行する権限を有する。

**第一五条【他の国際文書による個人の請願権】** 1 この条約の規定は、千九百六十年十二月十四日の植民地及びその人民に対する独立の付与に関する宣言(国際連合総会決議第千五百十四号(第十五回会期))の目的が達成されるまでの間、他の国際文書又は国際連合及びその専門機関により当該人民に付与された請願の権利を何ら制限するものではない。

2 (a) 国際連合の諸機関が、信託統治地域及び非自治地域並びに国際連合総会決議第千五百十四号(第十五回会期)が適用される他のすべての地域の住民からの請願であって、この条約の対象とする事項に関連するものを検討するに当たって、この条約の原則及び目的に直接関連する事項を取り扱っている場合には、第八条1の規定に基づいて設置される委員会は、当該請願の写しを受領し、これらの機関に対し、当該請願に関する意見の表明及び勧告を提出する。

(b) 委員会は、(a)に規定する地域内において施政国により適用されるこの条約の原則及び目的に直接関連する立法上、司法上、行政上その他の措置についての報告の写しを国際連合の権限のある機関から受領し、これらの機関に対し、意見を表明及び勧告を行う。

3 委員会は、国際連合の諸機関から受領した請願及び報告の概要並びに当該請願及び報告に関連する委員会の意見の表明及び勧告を、国際連合総会に対する報告に記載する。

4 委員会は、国際連合事務総長に対し、2(a)に規定する地域について、この条約の目的に関連しかつ同事務総長が入手し得るすべての情報を要求する。

**第一六条【他の国際文書による紛争解決】** 紛争又は苦情の解決に関するこの条約の規定は、国際連合及びその専門機関の基本文書又は国際連合及びその専門機関により採択された条約に定める差別の分野における紛争又は苦情の解決のための他の手続を妨げることなく適用するものとし、締約国の間で効力を有する一般的な又は特別の国際取極による紛争の解決のため、締約国が他の手続を利用することを妨げるものではない。

## 第三部

**第一七条【署名、批准】** 1 この条約は、国際連合又はいずれかの専門機関の加盟国、国際司法裁判所規程の当事国及びこの条約の締約国となるよう国際連合総会が招請するその他の国による署名のために開放しておく。

2 この条約は、批准されなければならない。批准書は、国際連合事務総長に寄託する。

**第一八条【加入】** 1 この条約は、前条1に規定する国による加入のために開放しておく。

2 加入は、加入書を国際連合事務総長に寄託することによって行う。

**第一九条【効力発生】** 1 この条約は、二十七番目の批准書又は加入書が国際連合事務総長に寄託された日の後三十日目の日に効力を生ずる。

2 二十七番目の批准書又は加入書が寄託された後にこの条約を批准し又はこれに加入する国については、この条約は、その批准書又は加入書の寄託の日の後三十日目の日に効力を生ずる。

**第二〇条【留保】** 1 国際連合事務総長は、批准又は加入の際に行われた留保を受領し、かつ、この条約の締約国であるか又は将来締約国となる可能性のあるすべての国に当該留保を送付する。留保に異議を有する国は、その送付の日から九十日の期間内に、その留保を承認しない旨を同事務総長に通告する。

2 この条約の趣旨及び目的と両立しない留保は、認められない。また、この条約により設置する機関の活動を抑制するような効果を有する留保は、認められない。留保は、締約国の少なくとも三分の二が異議を申し立てる場合には、両立しないもの又は抑制的なものとみなされる。

3 留保は、国際連合事務総長にあてた通告によりいつでも撤回することができる。通告は、その受領の日に効力を生ずる。

**第二一条【廃棄】** 締約国は、国際連合事務総長に対して書面による通告を行うことにより、この条約を廃棄することができる。

廃棄は、同事務総長がその通告を受領した日の後一年で効力を生ずる。

**第二二条【条約の解釈適用に関する紛争】** この条約の解釈又は適用に関する二以上の締約国の間の紛争であって、交渉又はこの条約に明示的に定められている手続によって解決されないものは、紛争当事国が他の解決方法について合意しない限り、いずれかの紛争当事国の要請により、決定のため国際司法裁判所に付託される。

**第二三条【改正】** 1 いずれの締約国も、国際連合事務総長にあてた書面による通告により、いつでもこの条約の改正を要請することができる。

2 国際連合総会は、1の要請についてとるべき措置があるときは、その措置を決定する。

**第二四条【国連事務総長による通報】** 国際連合事務総長は、第十七条1に規定するすべての国に対し、次の事項を通報する。

(a) 第十七条及び第十八条の規定による署名、批准及び加入

(b) 第十九条の規定によりこの条約が効力を生ずる日

(c) 第十四条、第二十条及び前条の規定により受領した通告及び宣言

(d) 第二十一条の規定による廃棄

**第二五条【正文】** 1 この条約は、中国語、英語、フランス語、ロシア語及びスペイン語をひとしく正文とし、国際連合に寄託される。

2 国際連合事務総長は、この条約の認証謄本を第十七条1に定める種類のいずれかに属するすべての国に送付する。

### あらゆる形態の人種差別の撤廃に関する国際条約に関する日本国政府の留保

（平成七・一二・二〇外告六七四）

日本国は、あらゆる形態の人種差別の撤廃に関する国際条約第四条(a)及び(b)の規定の適用に当たり、同条に『世界人権宣言に具現された原則及び次条に明示的に定める権利に十分な考慮を払って』と規定してあることに留意し、日本国憲法の下における集会、結社及び表現の自由その他の権利の保障と抵触しない限度において、これらの規定に基づく義務を履行する。

## 7 女子差別撤廃条約

### (1) 女子に対するあらゆる形態の差別の撤廃に関する条約

採　択　一九七九年一二月一八日（国連第三四回総会）
効力発生　一九八一年九月三日
日本国　一九八五年七月二五日（八〇年七月一七日署名、八五年六月二四日国会承認、同日内閣批准決定、六月二五日批准書寄託、七月一日公布・条約七号）
当事国　一八九

この条約の締約国は、

国際連合憲章が基本的人権、人間の尊厳及び価値並びに男女の権利の平等に関する信念を改めて確認していることに留意し、

世界人権宣言が、差別は容認することができないものであるとの原則を確認していること、並びにすべての人間は生まれながらにして自由であり、かつ、尊厳及び権利について平等であること並びにすべての人は性による差別その他のいかなる差別もなしに同宣言に掲げるすべての権利及び自由を享有することができることを宣明していることに留意し、

人権に関する国際規約の締約国がすべての経済的、社会的、文化的、市民的及び政治的権利の享有について男女に平等の権利を確保する義務を負っていることに留意し、

国際連合及び専門機関の主催の下に各国が締結した男女の権利の平等を促進するための国際条約を考慮し、

更に、国際連合及び専門機関が採択した男女の権利の平等を促進するための決議、宣言及び勧告に留意し、

しかしながら、これらの種々の文書にもかかわらず女子に対する差別が依然として広範に存在していることを憂慮し、

女子に対する差別は、権利の平等の原則及び人間の尊厳の尊重の原則に反するものであり、女子が男子と平等の条件で自国の政治的、社会的、経済的及び文化的活動に参加する上で障害となるものであり、社会及び家族の繁栄の増進を阻害するものであり、また、女子の潜在能力を自国及び人類に役立てるために完全に開発することを一層困難にするものであることを想起し、

窮乏の状況においては、女子が食糧、健康、教育、雇用のための訓練及び機会並びに他の必要とするものを享受する機会が最も少ないことを憂慮し、

衡平及び正義に基づく新たな国際経済秩序の確立が男女の平等の促進に大きく貢献することを確信し、

アパルトヘイト、あらゆる形態の人種主義、人種差別、植民地主義、新植民地主義、侵略、外国による占領及び支配並びに内政干渉の根絶が男女の権利の完全な享有に不可欠であることを強調し、

国際の平和及び安全を強化し、国際緊張を緩和し、すべての国（社会体制及び経済体制のいかんを問わない。）の間で相互に協力し、全面的かつ完全な軍備縮小を達成し、特に厳重かつ効果的な国際管理の下での核軍備の縮小を達成し、諸国間の関係における正義、平等及び互恵の原則を確認し、外国の支配の下、植民地支配の下又は外国の占領の下にある人民の自決の権利及び人民の独立の権利を実現し並びに国の主権及び領土保全を尊重することが、社会の進歩及び発展を促進し、ひいては、男女の完全な平等の達成に貢献することを確認し、

国の完全な発展、世界の福祉及び理想とする平和は、あらゆる分野において女子が男子と平等の条件で最大限に参加することを必要としていることを確信し、

家族の福祉及び社会の発展に対する従来完全には認められていなかった女子の大きな貢献、母性の社会的重要性並びに家庭及び子の養育における両親の役割に留意し、また、出産における女子の役割が差別の根拠となるべきではなく、子の養育には男女及び社会全体が共に責任を負うことが必要であることを認識し、

社会及び家庭における男子の伝統的役割を女子の役割とともに変更することが男女の完全な平等の達成に必要であることを認識し、

女子に対する差別の撤廃に関する宣言に掲げられている諸原則を実施すること及びこのために女子に対するあらゆる形態の差別を撤廃するための必要な措置をとることを決意して、

次のとおり協定した。

## 第一部

**第一条【女子差別の定義】** この条約の適用上「女子に対する差別」とは、性に基づく区別、排除又は制限であつて、政治的、経済的、社会的、文化的、市民的その他のいかなる分野においても、女子（婚姻をしているかいないかを問わない。）が男女の平等を基礎として人権及び基本的自由を認識し、享有し又は行使することを害し又は無効にする効果又は目的を有するものをいう。

**第二条【締約国の差別撤廃義務】** 締約国は、女子に対するあらゆる形態の差別を非難し、女子に対する差別を撤廃する政策をすべての適当な手段により、かつ、遅滞なく追求することに合意し、及びこのため次のことを約束する。

(a) 男女の平等の原則が自国の憲法その他の適当な法令に組み入れられていない場合にはこれを定め、かつ、男女の平等の原則の実際的な実現を法律その他の適当な手段により確保すること。

(b) 女子に対するすべての差別を禁止する適当な立法その他の措置（適当な場合には制裁を含む。）をとること。

(c) 女子の権利の法的な保護を男子との平等を基礎として確立し、かつ、権限のある自国の裁判所その他の公の機関を通じて差別となるいかなる行為からも女子を効果的に保護することを確保すること。

(d) 女子に対する差別となるいかなる行為又は慣行も差し控え、かつ、公の当局及び機関がこの義務に従つて行動することを確保すること。

(e) 個人、団体又は企業による女子に対する差別を撤廃するためのすべての適当な措置をとること。

(f) 女子に対する差別となる既存の法律、規則、慣習及び慣行を修正し又は廃止するためのすべての適当な措置（立法を含む。）をとること。

(g) 女子に対する差別となる自国のすべての刑罰規定を廃止すること。

**第三条【女子の能力開発・向上の確保】** 締約国は、あらゆる分野、特に、政治的、社会的、経済的及び文化的分野において、女子に対して男子との平等を基礎として人権及び基本的自由を行使し及び享有することを保障することを目的として、女子の完全な能力開発及び向上を確保するためのすべての適当な措置（立法を含む。）をとる。

**第四条【差別とならない特別措置】** 1　締約国が男女の事実上の平等を促進することを目的とする暫定的な特別措置をとることは、この条約に定義する差別と解してはならない。ただし、その結果としていかなる意味においても不平等な又は別個の基準を維持し続けることとなつてはならず、これらの措置は、機会及び待遇の平等の目的が達成された時に廃止されなければならない。

2　締約国が母性を保護することを目的とする特別措置（この条約に規定する措置を含む。）をとることは、差別と解してはならない。

**第五条【役割分担の否定】** 締約国は、次の目的のためのすべての適当な措置をとる。

(a) 両性いずれかの劣等性若しくは優越性の観念又は男女の定型化された役割に基づく偏見及び慣習その他あらゆる慣行の撤廃を実現するため、男女の社会的及び文化的な行動様式を修正すること。

(b) 家庭についての教育に、社会的機能としての母性についての適正な理解並びに子の養育及び発育における男女の共同責任についての認識を含めることを確保すること。あらゆる場合において、子の利益は最初に考慮するものとする。

**第六条【売買・売春からの搾取の禁止】** 締約国は、あらゆる形態の女子の売買及び女子の売春からの搾取を禁止するためのすべての適当な措置（立法を含む。）をとる。

## 第二部

**第七条【政治的・公的活動における平等】** 締約国は、自国の政治的及び公的活動における女子に対する差別を撤廃するためのすべての適当な措置をとるものとし、特に、女子に対して男子と平等の条件で次の権利を確保する。

(a) あらゆる選挙及び国民投票において投票する権利並びにすべての公選による機関に選挙される資格を有する権利

(b) 政府の政策の策定及び実施に参加する権利並びに政府のすべての段階において公職に就き及びすべての公務を遂行する権利

(c) 自国の公的又は政治的活動に関係のある非政府機関及び非政府団体に参加する権利

**第八条【国際的活動への参加の平等】** 締約国は、国際的に自国政府を代表し及び国際機関の活動に参加する機会を、女子に対して男子と平等の条件でかついかなる差別もなく確保するためのすべての適当な措置をとる。

**第九条【国籍に関する平等】** 1　締約国は、国籍の取得、変更及び保持に関し、女子に対して男子と平等の権利を与える。締約国は、特に、外国人との婚姻又は婚姻中の夫の国籍の変更が、自動的に妻の国籍を変更し、妻を無国籍にし又は夫の国籍を妻に強制することとならないことを確保する。

2　締約国は、子の国籍に関し、女子に対して男子と平等の権利を与える。

## 第三部

**第一〇条【教育における差別撤廃】** 締約国は、教育の分野において、女子に対して男子と平等の権利を確保することを目的として、特に、男女の平等を基礎として次のことを確保することを目的として、女子に対する差別を撤廃するためのすべての適当な措置をとる。

(a) 農村及び都市のあらゆる種類の教育施設における職業指導、修学の機会及び資格証書の取得のための同一の条件。このような平等は、就学前教育、普通教育、技術教育、専門教育及び高等技術教育並びにあらゆる種類の職業訓練において確保されなければならない。

(b) 同一の教育課程、同一の試験、同一の水準の資格を有する教育職員並びに同一の質の学校施設及び設備を享受する機会

(c) すべての段階及びあらゆる形態の教育における男女の役割についての定型化された概念の撤廃を、この目的の達成を助長する男女共学その他の種類の教育を奨励することにより、また、特に、教材用図書及び指導計画を改訂すること並びに指導方法を調整することにより行うこと。

(d) 奨学金その他の修学援助を享受する同一の機会

(e) 継続教育計画（成人向けの及び実用的な識字計画を含む。）、特に、男女間に存在する教育上の格差をできる限り早期に減少させることを目的とした継続教育計画を利用する同

一の機会

(f) 女子の中途退学率を減少させること及び早期に退学した女子のための計画を策定すること。

(g) スポーツ及び体育に積極的に参加する同一の機会

(h) 家族の健康及び福祉の確保に役立つ特定の教育的情報(家族計画に関する情報及び助言を含む。)を享受する機会

**第一一条【雇用における差別撤廃】** 1 締約国は、男女の平等を基礎として同一の権利、特に次の権利を確保することを目的として、雇用の分野における女子に対する差別を撤廃するためのすべての適当な措置をとる。

(a) すべての人間の奪い得ない権利としての労働の権利

(b) 同一の雇用機会(雇用に関する同一の選考基準の適用を含む。)についての権利

(c) 職業を自由に選択する権利、昇進、雇用の保障並びに労働に係るすべての給付及び条件についての権利並びに職業訓練及び再訓練(見習、上級職業訓練及び継続的訓練を含む。)を受ける権利

(d) 同一価値の労働についての同一報酬(手当を含む。)及び同一待遇についての権利並びに労働の質の評価に関する取扱いの平等についての権利

(e) 社会保障(特に、退職、失業、傷病、障害、老齢その他の労働不能の場合における社会保障)についての権利及び有給休暇についての権利

(f) 作業条件に係る健康の保護及び安全(生殖機能の保護を含む。)についての権利

2 締約国は、婚姻又は母性を理由とする女子に対する差別を防止し、かつ、女子に対して実効的な労働の権利を確保するため、次のことを目的とする適当な措置をとる。

(a) 妊娠又は母性休暇を理由とする解雇及び婚姻をしているかいないかに基づく差別的解雇を制裁を課して禁止すること。

(b) 給料又はこれに準ずる社会的給付を伴い、かつ、従前の雇用関係、先任及び社会保障上の利益の喪失を伴わない母性休暇を導入すること。

(c) 親が家庭責任と職業上の責務及び社会的活動への参加とを両立させることを可能とするために必要な補助的な社会的サービスの提供を、特に保育施設網の設置及び充実を促進することにより奨励すること。

(d) 妊娠中の女子に有害であることが証明されている種類の作業においては、当該女子に対して特別の保護を与えること。

3 この条に規定する事項に関する保護法令は、科学上及び技術上の知識に基づき定期的に検討するものとし、必要に応じて、修正し、廃止し、又はその適用を拡大する。

**第一二条【保健における差別撤廃】** 1 締約国は、男女の平等を基礎として保健サービス(家族計画に関連するものを含む。)を享受する機会を確保することを目的として、保健の分野における女子に対する差別を撤廃するためのすべての適当な措置をとる。

2 1の規定にかかわらず、締約国は、女子に対し、妊娠、分べん及び産後の期間中の適当なサービス(必要な場合には無料にする。)並びに妊娠及び授乳の期間中の適当な栄養を確保する。

**第一三条【経済的・社会的活動における差別撤廃】** 締約国は、男女の平等を基礎として同一の権利、特に次の権利を確保することを目的として、他の経済的及び社会的活動の分野における女子に対する差別を撤廃するためのすべての適当な措置をとる。

(a) 家族給付についての権利

(b) 銀行貸付け、抵当その他の形態の金融上の信用についての権利

(c) レクリエーション、スポーツ及びあらゆる側面における文化的活動に参加する権利

**第一四条【農村女子に対する差別撤廃】** 1 締約国は、農村の女子が直面する特別の問題及び家族の経済的生存のために果たしている重要な役割(貨幣化されていない経済の部門における労働を含む。)を考慮に入れるものとし、農村の女子に対するこの条約の適用を確保するためのすべての適当な措置をとる。

2 締約国は、男女の平等を基礎として農村の女子が農村の開発に参加すること及びその開発から生ずる利益を受けることを確保することを目的として、農村の女子に対する差別を撤廃するためのすべての適当な措置をとるものとし、特に、これらの女子に対して次の権利を確保する。

(a) すべての段階における開発計画の作成及び実施に参加する権利

(b) 適当な保健サービス(家族計画に関する情報、カウンセリング及びサービスを含む。)を享受する権利

(c) 社会保障制度から直接に利益を享受する権利

(d) 技術的な能力を高めるために、あらゆる種類(正規であるかないかを問わない。)の訓練及び教育(実用的な識字に関するものを含む。)並びに、特に、すべての地域サービス及び普及サービスからの利益を享受する権利

(e) 経済分野における平等な機会を雇用又は自営を通じて得るために、自助的集団及び協同組合を組織する権利

(f) あらゆる地域活動に参加する権利

(g) 農業信用及び貸付け、流通機構並びに適当な技術を利用する権利並びに土地及び農地の改革並びに入植計画において平等な待遇を享受する権利

(h) 適当な生活条件(特に、住居、衛生、電力及び水の供給、運輸並びに通信に関する条件)を享受する権利

## 第四部

**第一五条【法の前の男女平等】** 1 締約国は、女子に対し、法律の前の男子との平等を認める。

2 締約国は、女子に対し、民事に関して男子と同一の法的能力を与えるものとし、また、この能力を行使する同一の機会を与える。特に、締約国は、契約を締結し及び財産を管理することにつき女子に対して男子と平等の権利を与えるものとし、裁判所における手続のすべての段階において女子を男子と平等に取り扱う。

3 締約国は、女子の法的能力を制限するような法的効果を有するすべての契約及び他のすべての私的文書(種類のいかんを問わない。)を無効とすることに同意する。

4 締約国は、個人の移動並びに居所及び住所の選択の自由に関する法律において男女に同一の権利を与える。

**第一六条【婚姻・家族関係における差別撤廃】** 1 締約国は、婚姻及び家族関係に係るすべての事項について女子に対する差別を撤廃するためのすべての適当な措置をとるものとし、特に、男女の平等を基礎として次のことを確保する。

(a) 婚姻をする同一の権利

(b) 自由に配偶者を選択し及び自由かつ完全な合意のみにより婚姻をする同一の権利

(c) 婚姻中及び婚姻の解消の際の同一の権利及び責任

(d) 子に関する事項についての親（婚姻をしているかいないかを問わない。）としての同一の権利及び責任。あらゆる場合において、子の利益は至上である。
(e) 子の数及び出産の間隔を自由にかつ責任をもつて決定する同一の権利並びにこれらの権利の行使を可能にする情報、教育及び手段を享受する同一の権利
(f) 子の後見及び養子縁組又は国内法令にこれらに類する制度が存在する場合にはその制度に係る同一の権利及び責任。あらゆる場合において、子の利益は至上である。
(g) 夫及び妻の同一の個人的権利（姓及び職業を選択する権利を含む。）
(h) 無償であるか有償であるかを問わず、財産を所有し、取得し、運用し、管理し、利用し及び処分することに関する配偶者双方の同一の権利

2 児童の婚約及び婚姻は、法的効果を有しないものとし、また、婚姻最低年齢を定め及び公の登録所への婚姻の登録を義務付けるためのすべての必要な措置（立法を含む。）がとられなければならない。

## 第五部

**第一七条【女子差別撤廃委員会】** 1 この条約の実施に関する進捗状況を検討するために、女子に対する差別の撤廃に関する委員会（以下「委員会」という。）を設置する。委員会は、この条約の効力発生の時は十八人の、三十五番目の締約国による批准又は加入の後は二十三人の徳望が高く、かつ、この条約が対象とする分野において十分な能力を有する専門家で構成する。委員は、締約国の国民の中から締約国により選出されるものとし、個人の資格で職務を遂行する。その選出に当たつては、委員の配分が地理的に衡平に行われること並びに異なる文明形態及び主要な法体系が代表されることを考慮に入れる。

2 委員会の委員は、締約国により指名された者の名簿の中から秘密投票により選出される。各締約国は、自国民の中から一人を指名することができる。

3 委員会の委員の最初の選挙は、この条約の効力発生の日の後六箇月を経過した時に行う。国際連合事務総長は、委員会の委員の選挙の日の遅くとも三箇月前までに、締約国に対し、自国が指名する者の氏名を二箇月以内に提出するよう書簡で要請する。同事務総長は、指名された者のアルファベット順による名簿（これらの者を指名した締約国名を表示した名簿とする。）を作成し、締約国に送付する。

4 委員会の委員の選挙は、国際連合事務総長により国際連合本部に招集される締約国の会合において行う。この会合は、締約国の三分の二をもつて定足数とする。この会合においては、出席しかつ投票する締約国の代表によつて投じられた票の最多数で、かつ、過半数の票を得た指名された者をもつて委員会に選出された委員とする。

5 委員会の委員は、四年の任期で選出される。ただし、最初の選挙において選出された委員のうち九人の委員の任期は、二年で終了するものとし、これらの九人の委員は、最初の選挙の後直ちに、委員会の委員長によりくじ引で選ばれる。

6 委員会の五人の追加的な委員の選挙は、三十五番目の批准又は加入の後、2から4までの規定に従つて行う。この時に選出された追加的な委員のうち二人の委員の任期は、二年で終了するものとし、これらの二人の委員は、委員会の委員長によりくじ引で選ばれる。

7 締約国は、自国の専門家が委員会の委員としての職務を遂行することができなくなつた場合には、その空席を補充するため、委員会の承認を条件として自国民の中から他の専門家を任命する。

8 委員会の委員は、国際連合総会が委員会の任務の重要性を考慮して決定する条件に従い、同総会の承認を得て、国際連合の財源から報酬を受ける。

9 国際連合事務総長は、委員会がこの条約に定める任務を効果的に遂行するために必要な職員及び便益を提供する。

**第一八条【締約国の報告義務】** 1 締約国は、次の場合に、この条約の実施のためにとつた立法上、司法上、行政上その他の措置及びこれらの措置によりもたらされた進歩に関する報告を、委員会による検討のため、国際連合事務総長に提出することを約束する。
(a) 当該締約国についてこの条約が効力を生ずる時から一年以内
(b) その後は少なくとも四年ごと、更には委員会が要請するとき。

2 報告には、この条約に基づく義務の履行の程度に影響を及ぼす要因及び障害を記載することができる。

**第一九条【委員会の規則】** 1 委員会は、手続規則を採択する。

2 委員会は、役員を二年の任期で選出する。

**第二〇条【委員会の会合】** 1 委員会は、第十八条の規定により提出される報告を検討するために原則として毎年二週間を超えない期間会合する。

注 日本国は、一九九五年五月二二日の締約国第八回会合で採択された本項の改正を二〇〇三年五月一四日に国会承認している。同改正は未発効のため本文に織り込まず、改正後の規定を次に掲げる。

1 委員会は、第十八条の規定により提出される報告を検討するために原則として毎年一回会合する。委員会の会合の期間は、国際連合総会の承認を条件としてこの条約の締約国の会合において決定する。

2 委員会の会合は、原則として、国際連合本部又は委員会が決定する他の適当な場所において開催する。

**第二一条【委員会の報告・提案・勧告】** 1 委員会は、その活動につき経済社会理事会を通じて毎年国際連合総会に報告するものとし、また、締約国から得た報告及び情報の検討に基づく提案及び一般的な性格を有する勧告を行うことができる。これらの提案及び一般的な性格を有する勧告は、締約国から意見がある場合にはその意見とともに、委員会の報告に記載する。

2 国際連合事務総長は、委員会の報告を、情報用として、婦人の地位委員会に送付する。

**第二二条【専門機関と委員会】** 専門機関は、その任務の範囲内にある事項に関するこの条約の規定の実施についての検討に際し、代表を出す権利を有する。委員会は、専門機関に対し、その任務の範囲内にある事項に関するこの条約の実施について報告を提出するよう要請することができる。

## 第六部

**第二三条【高水準の国内・国際法令の優先適用】** この条約のいかなる規定も、次のものに含まれる規定であつて男女の平等の達成に一層貢献するものに影響を及ぼすものではない。

(a) 締約国の法令
(b) 締約国について効力を有する他の国際条約又は国際協定

**第二四条【条約上の権利の完全実現】** 締約国は、自国においてこの条約の認める権利の完全な実現を達成するためのすべての必要な措置をとることを約束する。

**第二五条【署名、批准、加入、寄託】** 1 この条約は、すべての国による署名のために開放しておく。
2 国際連合事務総長は、この条約の寄託者として指定される。
3 この条約は、批准されなければならない。批准書は、国際連合事務総長に寄託する。
4 この条約は、すべての国による加入のために開放しておく。加入は、加入書を国際連合事務総長に寄託することによって行う。

**第二六条【改正】** 1 いずれの締約国も、国際連合事務総長にあてた書面による通告により、いつでもこの条約の改正を要請することができる。
2 国際連合総会は、1の要請に関してとるべき措置があるときは、その措置を決定する。

**第二七条【効力発生】** 1 この条約は、二十番目の批准書又は加入書が国際連合事務総長に寄託された日の後三十日目の日に効力を生ずる。
2 この条約は、二十番目の批准書又は加入書が寄託された後に批准し又は加入する国については、その批准書又は加入書が寄託された日の後三十日目の日に効力を生ずる。

**第二八条【留保】** 1 国際連合事務総長は、批准又は加入の際に行われた留保の書面を受領し、かつ、すべての国に送付する。
2 この条約の趣旨及び目的と両立しない留保は、認められない。
3 留保は、国際連合事務総長にあてた通告によりいつでも撤回することができるものとし、同事務総長は、その撤回をすべての国に通報する。このようにして通報された通告は、受領された日に効力を生ずる。

**第二九条【紛争の解決】** 1 この条約の解釈又は適用に関する締約国間の紛争で交渉によって解決されないものは、いずれかの紛争当事国の要請により、仲裁に付される。仲裁の要請の日から六箇月以内に仲裁の組織について紛争当事国が合意に達しない場合には、いずれの紛争当事国も、国際司法裁判所規程に従って国際司法裁判所に紛争を付託することができる。
2 各締約国は、この条約の署名若しくは批准又はこの条約への加入の際に、1の規定に拘束されない旨を宣言することができる。他の締約国は、そのような留保を付した締約国との関係において1の規定に拘束されない。
注 同項の規定に基づき、二〇二一年一月一日現在、三九箇国が留保の宣言を付している。
3 2の規定に基づいて留保を付した締約国は、国際連合事務総長にあてた通告により、いつでもその留保を撤回することができる。

**第三〇条【正文】** この条約は、アラビア語、中国語、英語、フランス語、ロシア語及びスペイン語をひとしく正文とし、国際連合事務総長に寄託する。

## (2) 女子差別撤廃条約選択議定書(抄) 翻訳

(女子に対するあらゆる形態の差別の撤廃に関する条約の選択議定書)

採択　一九九九年一〇月六日(国連第五四回総会)
効力発生　二〇〇〇年一二月二二日
日本国
当事国　一一四

この議定書の締約国は、
国際連合憲章が基本的人権、人間の尊厳及び価値並びに男女の権利の平等に関する信念を改めて確認していることに留意し、
世界人権宣言が、全ての人間は生まれながらにして自由であり、かつ、尊厳及び権利について平等であること並びに全ての人は性による差別その他のいかなる差別もなしに同宣言に掲げる全ての権利及び自由を享有することができることを宣明していることにも留意し、
国際人権規約その他の国際人権文書が性による差別を禁止していることを想起し、
女子に対するあらゆる形態の差別の撤廃に関する条約(以下「条約」という。)において、その締約国が女子に対するあらゆる形態の差別を非難し、かつ、女子に対する差別を撤廃する政策を全ての適当な手段により、遅滞なく追求することに合意していることも想起し、
全ての人権及び基本的自由を女子が完全かつ平等に享有することを確保し並びにこれらの権利及び自由の侵害を防止するための効果的な行動をとる締約国の決意を改めて確認し、
次のとおり協定した。

**第一条【個人通報に関する委員会の権限】** この議定書の締約国(以下「締約国」という。)は、女子に対する差別の撤廃に関する委員会(以下「委員会」という。)が第二条の規定に従って提出される通報を受理し検討する権限を認める。

**第二条【通報の提出】** 通報は、締約国の管轄の下にある個人又は集団であって、条約に定めるいずれかの権利の侵害の被害者であると主張する者又はそれらの者のために行動する者が、提出することができる。通報が個人又は集団のために提出される場合には、当該通報は、通報者が個人又は集団の同意なしにそれらの者のために行動することを正当化できる場合を除くほか、当該個人又は集団の同意がなければならない。

**第三条【受理できない通報】** 通報は、書面によらなければならず、かつ、匿名であってはならない。委員会は、条約の締約国であってこの議定書の締約国ではないものに関するいかなる通報も、受理してはならない。

**第四条【通報の受理可能性】** 1 委員会は、利用し得る全ての国内救済措置を尽くしたことを確認しない限り、通報を検討してはならない。ただし、救済措置の適用が不当に遅延した場合又は効果的な救済をもたらす見込みがない場合は、この限りでない。
2 委員会は、次の場合には、通報を受理できないと宣言する。
(a) 同一の事案が、委員会で既に審議されたか又は他の国際的調査若しくは解決の手続に基づいて審議されたか若しくは審議されている場合
(b) 通報が条約の規定に反する場合
(c) 通報が明白に根拠を欠いているか又は十分に立証されてい

ない場合

(d) 通報が通報を提出する権利の濫用である場合

(e) 通報の対象となる事実が、関係締約国についてこの議定書が効力を生ずる前に生じた場合。ただし、当該事実が効力発生の日以降も継続している場合は、この限りでない。

**第五条【暫定措置】** 1 委員会は、通報の受理の後であって本案の決定までいつでも、関係締約国に対し、主張されている違反の被害者に生ずる可能性のある回復不能な損害を避けるために必要となり得る暫定措置を当該締約国がとるよう求める要請を、当該国の緊急の考慮を促すために送付することができる。

2 委員会が1の規定に基づき裁量権を行使する場合は、通報の受理可能性又は本案についての決定を意味するものではない。

**第六条【締約国への照会】** 1 委員会は、通報が関係締約国に照会することなく受理できないと考える場合を除き、個人がその身分を当該締約国に明らかにすることに同意する場合には、この議定書に基づいて提出された通報を内密に関係締約国に通知する。

2 通知を受領した締約国は、六箇月以内に、問題を明らかにし、かつ、当該締約国によってとられた救済措置がある場合には、それを明らかにする説明書又は声明書を委員会に提出する。

**第七条【委員会による検討】** 1 委員会は、個人若しくは集団により又はそれらの者のために及び関係締約国により委員会の利用に供された全ての情報に照らして、この議定書に基づいて受理した通報を検討する。ただし、この情報が関係当事者に送付されることを条件とする。

2 委員会は、この議定書に基づいて通報を審議する場合には、非公開の会合を開く。

3 委員会は、通報を審議した後、通報に関する委員会の見解を、勧告がある場合にはその勧告とともに、関係当事者に送付する。

4 締約国は、委員会の見解及び勧告がある場合にはその勧告に十分な考慮を払い、かつ、六箇月以内に、委員会に対し、委員会の見解及び勧告に照らしてとった措置に関する情報を含む書面の回答を送付する。

5 委員会は、委員会が適当と考える措置を含め、委員会の見解及び勧告がある場合にはその勧告に応じて締約国がとった措置に関する追加的情報を、条約第一八条の規定に基づく締約国のその後の報告書により提出するよう要請することができる。

**第八条【情報に対する委員会の調査】** 1 委員会は、締約国が条約に定める権利の重大な又は組織的な侵害を行っていることを示す信頼できる情報を受理した場合には、当該締約国に対し、当該情報の審議に協力し、かつ、このために当該情報に関する所見を提出するよう要請する。

2 委員会は、関係締約国が提出する全ての所見及び利用可能な他の信頼できる情報を考慮し、調査を行い、かつ、緊急に委員会に報告させるため、一又はそれ以上の委員を指名することができる。正当な根拠があり、かつ、当該締約国の同意がある場合には、調査には当該国領域への訪問を含めることができる。

3 委員会は、2の調査結果を検討した後、当該調査結果を意見及び勧告とともに関係締約国に送付する。

4 関係締約国は、委員会が送付した調査結果、意見及び勧告を受領してから六箇月以内に、所見を委員会に提出する。

5 調査は内密に実施し、及び当該手続の全ての段階において当該締約国の協力を求めなければならない。

**第九条【調査に応じてとった措置の報告】** 1 委員会は、この議定書の第八条の規定に基づいて行われる調査に応じて関係締約国がとった措置の詳細を条約第一八条の規定により当該国の報告書の中に含めるよう、締約国に要請することができる。

2 委員会は、必要と認める場合には、第八条4の規定に定める六箇月の期間の終了の後に、当該調査に応じてとった措置を委員会に通知するよう関係締約国に要請することができる。

**第一〇条【第八条及び第九条の不適用に関する宣言】** 1 各締約国は、この議定書の署名若しくは批准又はこの議定書への加入の際に、第八条及び第九条に規定する委員会の権限を認めない旨を宣言することができる。

2 1の規定に従って宣言を行った締約国は、国際連合事務総長に対する通告により、いつでもこの宣言を撤回することができる。

**第一一条【通報者の保護】** 締約国は、その管轄下にある個人がこの議定書に従って通報を行った結果として虐待又は脅迫を受けないことを確保するためにあらゆる適当な措置をとる。

**第一二条【年次報告】** 委員会は、この議定書に基づく活動の概要を、条約第二一条に基づく年次報告の中に含める。

**第一三条【広報】** 各締約国は、条約及びこの議定書を広く周知させ広報すること並びに委員会の見解及び勧告、特に当該締約国に係るものに関する情報を利用する機会を容易にすることを約束する。

**第一四条【手続規則】** 委員会は、この議定書により付与される任務を行う際に従う委員会の手続規則を作成する。

**第一五条【署名、批准、加入】**（略）

**第一六条【効力発生】** 1 この議定書は、一〇番目の批准書又は加入書が国際連合事務総長に寄託された日の後三箇月で効力を生ずる。

2 この議定書は、その効力発生の後に批准し又は加入する国については、その批准書又は加入書が寄託された日の後三箇月で効力を生ずる。

**第一七条【留保】** この議定書については、いかなる留保も許されない。

**第一八条【改正】**（略）

**第一九条【廃棄】** 1 いずれの締約国も、国際連合事務総長に対して書面による通告を行うことにより、いつでもこの議定書を廃棄することができる。廃棄は、事務総長が通告を受領した日の後六箇月で効力を生ずる。

2 廃棄は、廃棄が効力を生ずる日の前に第二条の規定に基づいて提出される通報又は第八条の規定に基づいて開始される調査に対してこの議定書の規定が引き続き適用されることを妨げない。

**第二〇条【通知】**（略）

**第二一条【正文】**（略）

## 8 北京宣言 翻訳

採択　一九九五年九月一五日（第四回世界女性会議・北京）（コンセンサス）

1 われら、第四回世界女性会議に参加した政府は、

# 北京宣言

2 国際連合創設五〇周年に当たる一九九五年九月、ここ北京に集い、

3 全人類のために全ての場所の全ての女性の平等、発展及び平和の目標を推進することを決意し、

4 全ての場所の全ての女性の声を受け止め、女性及び女性の役割と状況の多様性に留意し、道を切り拓いた女性を讃え、世界の若者が抱く希望に触発されて、

5 女性の地位は過去一〇年間にいくつかの重要な点で進歩したが、その進歩は不均等であり、女性と男性との間の不平等は依然として存在し、大きな障害が残っており、全ての者の福利に深刻な結果をもたらしていることを認識し、

6 また、この状況は、国内及び国際のいずれの領域にも起因し、世界の大多数の人々、特に女性とこどもの生活に影響を与えている貧困の増大によって悪化していることを認識し、

7 これらの制約及び障害に取り組み、もって世界中の女性の地位と力をさらに向上させることに無条件で献身し、また、そのためには、現在及び次の世紀へ向けた、決意、希望、協力及び連帯の精神による緊急の行動を必要とすることに合意する。

われわれは、次のことに対する誓約を再確認する。

8 国際連合憲章に謳われている男女の同権及び人間の固有の尊厳その他の目的及び原則並びに世界人権宣言その他の国際人権文書、特に女子に対するあらゆる形態の差別の撤廃に関する条約、児童の権利に関する条約、女性に対する暴力の撤廃に関する宣言及び発展の権利に関する宣言。

9 あらゆる人権及び基本的自由の不可譲、不可欠、かつ不可分な一部として、女性及び女子児童の人権の完全な実施を確保すること。

10 平等、発展及び平和の達成を目的とするこれまでの国際連合の会議及びサミット、すなわち一九八五年のナイロビにおける女性に関するもの、一九九〇年のニューヨークにおけるこどもに関するもの、一九九三年のウィーンにおける人権に関するもの、一九九四年のカイロにおける人口及び発展に関するもの、並びに一九九五年のコペンハーゲンにおける社会発展に関するものでなされた合意と進展に基礎を置くこと。

11 女性の地位向上のためのナイロビ将来戦略の完全かつ効果的な実施を達成すること。

12 思想、良心、宗教及び信念の自由に対する権利を含む女性の力と地位の向上並びにそれによって女性及び男性の道徳的、倫理的、精神的及び知的な要請に単独でまた他の者と共同して寄与し、その結果、社会において完全な潜在能力を発揮し、自らの願望に従って人生を定める可能性を彼女らに保障すること。

われわれは、次のことを確信する。

13 女性の力の向上[empowerment]並びに意思決定過程への参加及び権力への参入を含む社会のあらゆる分野への平等かつ完全な参加は、平等、発展及び平和の達成の基礎であること。

14 女性の権利は人権であること。

15 男女の平等な権利、機会及び資源の利用、家族に対する責任の男女の間の公平な分担並びに彼(女)らの間の調和のとれた協力関係が、彼(女)ら及びその家族の福祉並びに民主主義の強化にとってきわめて重要であること。

16 持続する経済成長、社会発展、環境保護及び社会正義に基づく貧困の根絶のためには、経済社会発展への女性の関与、平等な機会並びに人間中心の持続可能な発展の主体及び受益者双方としての女性及び男性の完全かつ平等な参加が必要であること。

17 健康の全ての側面、特に自らの出産数を管理する全ての女性の権利を明確に認め再確認することは、女性の力の向上の基本であること。

18 地方、国、地域及び世界の平和は、達成可能であり、全ての局面における指導性、紛争解決及び永続的平和の促進のための主要な勢力である女性の地位向上と固く結びついていること。

19 全ての局面において、女性の力と地位の向上を促進する実効的、効率的、かつ相互に補強しあう性差に敏感な政策及び計画(発展政策及び計画を含む。)を、女性の完全な参加を得て、立案し、実施し、かつ、監視することが不可欠であること。

20 市民社会の全ての主体、特に女性の集団及びネットワークその他の非政府団体並びに地域に基礎を置く団体が、自治を十分に尊重された上で、政府との協力に参加し、貢献することは、行動綱領の効果的な実施及び取組にとって重要であること。

21 行動綱領の実施のためには、政府及び国際共同体は、行動のための国内及び国際的な誓約を行うこと(この会議で行われたものを含む。)により、女性の力と地位の向上のために優先的な行動をとる必要を認める。

われわれは、次のことを決意する。

22 今世紀末までに女性の地位向上のためのナイロビ将来戦略の目標を達成するための努力及び行動を強化すること。

23 女性及び女子児童が全ての人権及び基本的自由を完全に享有することを確保し、これらの権利及び自由の侵害に対し効果的な行動をとること。

24 女性及び女子児童に対するあらゆる形態の差別を撤廃するために必要なあらゆる措置をとり、男女平等及び女性の地位と力の向上に対するあらゆる障害を撤廃すること。

25 男性に対して、平等に向けたあらゆる行動に完全に参加するよう奨励すること。

26 雇用を含む女性の経済的自立を促進し、経済構造の変革を通じて貧困の構造的な原因に取り組み、農村地域の女性を含むあらゆる女性が重要な発展主体として、生産資源、機会及び公共サービスを平等に利用できることを確保することによって、女性が負う持続しかつ増大する貧困の負担を撤廃すること。

27 少女及び女性のために基礎教育、生涯教育、識字及び訓練並びに基礎的保健医療を提供することを通じて、持続する経済成長を含む人間中心の持続可能な発展を促進すること。

28 女性の地位向上のために平和を確保するように積極的な措置をとり、平和運動において女性が果たしてきた指導的な役割を認識しつつ、厳正かつ実効的な国際管理の下での一般的かつ完全な軍縮に向けて積極的に努め、全ての面において核軍縮及び核兵器の拡散防止に寄与する普遍的かつ多国間で効果的に実証し得る包括的核実験禁止条約の遅滞のない締結に関する交渉を支援すること。

29 女性及び少女に対するあらゆる形態の暴力を防止し、撤廃すること。

30 教育及び保健医療の男女の平等な利用並びに平等な取扱いを確保し、女性の性及び生殖に関わる健康[women's sexual and reproductive health]並びに教育を向上させること。

31 女性及び少女のあらゆる人権を促進し、保護すること。

32 人種、年齢、言語、民族、文化、宗教、障害等の要因のために又は先住民であるために力と地位の向上に対する多様な障害に直面している全ての女性及び少女のあらゆる人権及び基本的自由の平等な享有を確保するための努力を強化すること。

33 特に女性及び少女を保護するために、人道法を含む国際法の尊重を確保すること。

34 あらゆる年齢の少女及び女性の潜在能力を最大限に発展させ、全ての者にとってよりよい世界を築くことに彼女らが完全かつ平等に参加することを確保し、かつ、発展の過程における彼女らの役割を高めること。

われわれは、次のことを決意する。

35 女性及び少女の地位と力の向上を進める手段として、特に国際協力を通じて、経済資源の平等な利用の恩恵を享受する彼女らの能力を高めることを通じて女性による土地、信用保証、科学技術、職業訓練、情報、通信及び市場を含む経済資源の平等な利用を確保すること。

36 行動綱領の成功を確保すること。そのためには、政府、国際組織及びあらゆるレベルの団体による強力な関与が必要である。われわれは、経済発展、社会発展及び環境保護が、相互に依存しており、持続可能な発展の相互に補強し合う構成要素であることを深く確信する。持続可能な発展は、全ての者のためによりよい生活の質を達成するためのわれわれの努力の枠組みである。貧しい人たち、特に貧困の中に暮らす女性に環境資源を持続的に活用するための力を強化する公平な社会発展は、持続可能な発展のために必要な基盤である。われわれは、また、持続可能な発展に関連する基盤の広い、持続する経済成長が、社会発展及び社会正義を支えるために必要であることを認識する。行動綱領の成功のためには、また、国内及び国際における資源並びにあらゆる入手可能な資金供与の仕組み(女性の地位向上のための多国間、二国間及び民間の財源を含む。)からの発展途上国に対する新規かつ追加的な資源が十分に利用できるようにすること、国、小地域、地域及び国際組織の能力を強化するための財源、男女の平等な権利、平等な責任、平等な機会並びにあらゆる国内的、地域的及び国際組織及び政策決定過程への平等な参加に対する誓約、並びに世界の女性に対して責任を負うあらゆるレベルにおける仕組みの創設又は強化が必要である。

37 また、移行期経済諸国における行動綱領の成功を確保すること。そのためには、継続的な国際協力及び援助が必要となる。

38 われわれは、ここに、次の行動綱領を採択し、政府としてこれを実施することを誓約するとともに、われわれのあらゆる政策及び計画に性差の視点が反映されることを確保する。われわれは、国際連合体制、地域的及び国際的な金融組織その他関連する地域的及び国際的な組織、全ての女性及び男性、その自主性を十分尊重した上で、非政府団体並びに市民社会のあらゆる部門に対し、政府と協力して、この行動綱領を完全に支持し、その実施に寄与することを強く求める。

# 9 拷問等禁止条約

## (1) 拷問等禁止条約

(拷問及び他の残虐な、非人道的な又は品位を傷つける取扱い又は刑罰に関する条約)

採択 一九八四年一二月一〇日(国連第三九回総会)
効力発生 一九八七年六月二六日
日本国 一九九九年七月二九日(同年六月九日国会承認、六月二九日加入書寄託、七月五日公布・条約六号)
当事国 一七一

この条約の締約国は、

国際連合憲章において宣明された原則によれば、人類社会のすべての構成員の平等のかつ奪い得ない権利を認めることが世界における自由、正義及び平和の基礎を成すものであることを考慮し、

これらの権利が人間の固有の尊厳に由来することを認め、

人権及び基本的自由の普遍的な尊重及び遵守を助長すべき義務を国際連合憲章、特にその第五十五条の規定に基づいて諸国が負っていることを考慮し、

何人も拷問又は残虐な、非人道的な若しくは品位を傷つける取扱い若しくは刑罰を受けないことを定めている世界人権宣言第五条及び市民的及び政治的権利に関する国際規約第七条の規定に留意し、

また、千九百七十五年十二月九日に国際連合総会で採択された拷問及び他の残虐な、非人道的な又は品位を傷つける取扱い又は刑罰を受けることからのすべての人の保護に関する宣言に留意し、

拷問及び他の残虐な、非人道的な又は品位を傷つける取扱い又は刑罰を無くすための世界各地における努力を一層効果的なものとすることを希望して、

次のとおり協定した。

## 第一部

**第一条【拷問の定義】** 1 この条約の適用上、「拷問」とは、身体的なものであるか精神的なものであるかを問わず人に重い苦痛を故意に与える行為であって、本人若しくは第三者から情報若しくは自白を得ること、本人若しくは第三者が行ったか若しくはその疑いがある行為について本人を罰すること、本人若しくは第三者を脅迫し若しくは強要することその他これらに類することを目的として又は何らかの差別に基づく理由によって、かつ、公務員その他の公的資格で行動する者により又はその扇動により若しくはその同意若しくは黙認の下に行われるものをいう。「拷問」には、合法的な制裁の限りで苦痛が生ずること又は合法的な制裁に固有の若しくは付随する苦痛を与えることを含まない。

2 1の規定は、適用範囲が一層広い規定を含んでおり又は含むことのある国際文書又は国内法令に影響を及ぼすものではない。

**第二条【拷問の防止】** 1 締約国は、自国の管轄の下にある領域内において拷問に当たる行為が行われることを防止するため、立法上、行政上、司法上その他の効果的な措置をとる。

2 戦争状態、戦争の脅威、内政の不安定又は他の公の緊急事態であるかどうかにかかわらず、いかなる例外的な事態も拷問を正当化する根拠として援用することはできない。

3 上司又は公の機関による命令は、拷問を正当化する根拠として援用することはできない。

**第三条【追放等の禁止】** 1　締約国は、いずれの者をも、その者に対する拷問が行われるおそれがあると信ずるに足りる実質的な根拠がある他の国へ追放し、送還し又は引き渡してはならない。

2　権限のある当局は、1の根拠の有無を決定するに当たり、すべての関連する事情（該当する場合には、関係する国における一貫した形態の重大な、明らかな又は大規模な人権侵害の存在を含む。）を考慮する。

**第四条【犯罪及び刑罰】** 1　締約国は、拷問に当たるすべての行為を自国の刑法上の犯罪とすることを確保する。拷問の未遂についても同様とし、拷問の共謀又は拷問への加担に当たる行為についても同様とする。

2　締約国は、1の犯罪について、その重大性を考慮した適当な刑罰を科することができるようにする。

**第五条【裁判権の設定】** 1　締約国は、次の場合において前条の犯罪についての自国の裁判権を設定するため、必要な措置をとる。

(a)　犯罪が自国の管轄の下にある領域内で又は自国において登録された船舶若しくは航空機内で行われる場合

(b)　容疑者が自国の国民である場合

(c)　自国が適当と認めるときは、被害者が自国の国民である場合

2　締約国は、容疑者が自国の管轄の下にある領域内に所在し、かつ、自国が1のいずれの締約国に対しても第八条の規定による当該容疑者の引渡しを行わない場合において前条の犯罪についての自国の裁判権を設定するため、同様に、必要な措置をとる。

3　この条約は、国内法に従って行使される刑事裁判権を排除するものではない。

**第六条【容疑者に対する措置】** 1　第四条の犯罪の容疑者が領域内に所在する締約国は、自国が入手することができる情報を検討した後、状況によって正当であると認める場合には、当該容疑者の所在を確実にするため、抑留その他の法的措置をとる。この措置は、当該締約国の法令に定めるところによるものとするが、刑事訴訟手続又は犯罪人引渡手続を開始するために必要とする期間に限って継続することができる。

2　1の措置をとった締約国は、事実について直ちに予備調査を行う。

3　1の規定に基づいて抑留された者は、その国籍国の最寄りの適当な代表と又は、当該者が無国籍者である場合には、当該者が通常居住している国の代表と直ちに連絡を取ることについて援助を与えられる。

4　いずれの国も、この条の規定に基づいていずれかの者を抑留する場合には、前条1(a)、(b)又は(c)の場合に該当する国に対し、当該者が抑留されている事実及びその抑留が正当とされる事情を直ちに通報する。2の予備調査を行う国は、その結果をこれらの国に対して速やかに報告するものとし、また、自国が裁判権を行使する意図を有するか否かを明らかにする。

**第七条【事件の付託】** 1　第四条の犯罪の容疑者がその管轄の下にある領域内で発見された締約国は、第五条の規定に該当する場合において、当該容疑者を引き渡さないときは、訴追のため自国の権限のある当局に事件を付託する。

2　1の当局は、自国の法令に規定する通常の重大な犯罪の場合と同様の方法で決定を行う。第五条2の規定に該当する場合における訴追及び有罪の言渡しに必要な証拠の基準は、同条1の規定に該当する場合において適用される基準よりも緩やかなものであってはならない。

3　いずれの者も、自己につき第四条の犯罪のいずれかに関して訴訟手続がとられている場合には、そのすべての段階において公正な取扱いを保障される。

**第八条【引渡犯罪】** 1　第四条の犯罪は、締約国間の現行の犯罪人引渡条約における引渡犯罪とみなされる。締約国は、相互間で将来締結されるすべての犯罪人引渡条約に同条の犯罪を引渡犯罪として含めることを約束する。

2　条約の存在を犯罪人引渡しの条件とする締約国は、自国との間に犯罪人引渡条約を締結していない他の締約国から犯罪人引渡しの請求を受けた場合には、この条約を第四条の犯罪に関する犯罪人引渡しのための法的根拠とみなすことができる。この犯罪人引渡しは、請求を受けた国の法令に定める他の条件に従う。

3　条約の存在を犯罪人引渡しの条件としない締約国は、犯罪人引渡しの請求を受けた国の法令に定める条件に従い、相互間で、第四条の犯罪を引渡犯罪と認める。

4　第四条の犯罪は、締約国間の犯罪人引渡しに関しては、当該犯罪が発生した場所のみでなく、第五条1の規定に従って裁判権を設定しなければならない国の領域内においても行われたものとみなされる。

**第九条【司法共助】** 1　締約国は、第四条の犯罪のいずれかについてとられる刑事訴訟手続に関し、相互に最大限の援助（当該訴訟手続に必要であり、かつ、自国が提供することができるすべての証拠の提供を含む。）を与える。

2　締約国は、相互間に司法上の相互援助に関する条約が存在する場合には、当該条約に合致するように1に規定する義務を履行する。

**第一〇条【法執行官等の教育】** 1　締約国は、拷問の禁止についての教育及び情報が、逮捕され、抑留され又は拘禁される者の身体の拘束、尋問又は取扱いに関与する法執行の職員（文民であるか軍人であるかを問わない。）、医療職員、公務員その他の者に対する訓練に十分取り入れられることを確保する。

2　締約国は、1に規定する職員、公務員その他の者の義務及び職務に関する規則又は指示に拷問の禁止を含める。

**第一一条【尋問規則等の体系的検討】** 締約国は、拷問が発生することを無くすため、尋問に係る規則、指示、方法及び慣行並びに自国の管轄の下にある領域内で逮捕され、抑留され又は拘禁される者の身体の拘束及び取扱いに係る措置についての体系的な検討を維持する。

**第一二条【国内当局による調査】** 締約国は、自国の管轄の下にある領域内で拷問に当たる行為が行われたと信ずるに足りる合理的な理由がある場合には、自国の権限のある当局が迅速かつ公平な調査を行うことを確保する。

**第一三条【国内当局への申立権】** 締約国は、自国の管轄の下にある領域内で拷問を受けたと主張する者が自国の権限のある当局に申立てを行い迅速かつ公平な検討を求める権利を有することを確保する。申立てを行った者及び証人をその申立て又は証拠の提供の結果生ずるあらゆる不当な取扱い又は脅迫から保護することを確保するための措置がとられるものとする。

**第一四条【救済及び賠償】** 1　締約国は、拷問に当たる行為の被害者が救済を受けること及び公正かつ適正な賠償を受ける強制

執行可能な権利を有すること（できる限り十分なリハビリテーションに必要な手段が与えられることを含む。）を自国の法制において確保する。被害者が拷問に当たる行為の結果死亡した場合には、その被扶養者が賠償を受ける権利を有する。

2　1の規定は、賠償に係る権利であって被害者その他の者が国内法令に基づいて有することのあるものに影響を及ぼすものではない。

**第一五条【拷問による供述の証拠能力の否定】** 締約国は、拷問によるものと認められるいかなる供述も、当該供述が行われた旨の事実についての、かつ、拷問の罪の被告人に不利な証拠とする場合を除くほか、訴訟手続における証拠としてはならないことを確保する。

**第一六条【拷問に至らない行為の防止】** 1　締約国は、自国の管轄の下にある領域内において、第一条に定める拷問には至らない他の行為であって、残虐な、非人道的な又は品位を傷つける取扱い又は刑罰に当たり、かつ、公務員その他の公的資格で行動する者により又はその扇動により若しくはその同意若しくは黙認の下に行われるものを防止することを約束する。特に、第十条から第十三条までに規定する義務については、これらの規定中「拷問」を「他の形態の残虐な、非人道的な又は品位を傷つける取扱い又は刑罰」と読み替えた上で適用する。

2　この条約は、残虐な、非人道的な若しくは品位を傷つける取扱い若しくは刑罰を禁止し又は犯罪人引渡し若しくは追放に関連する他の国際文書又は国内法令に影響を及ぼすものではない。

## 第二部

**第一七条【拷問禁止委員会の設置】** 1　拷問の禁止に関する委員会（以下「委員会」という。）を設置する。委員会は、この部に定める任務を行う。委員会は、徳望が高く、かつ、人権の分野において能力を認められた十人の専門家により構成され、これらの専門家は、個人の資格で職務を遂行する。これらの専門家については、締約国が、委員会の委員の配分が地理的に衡平に行われること及び法律関係の経験を有する者の参加が有益であることを考慮して選出する。

2　委員会の委員は、締約国により指名された者の名簿の中から秘密投票により選出される。各締約国は、自国民の中から一人を指名することができる。締約国は、市民的及び政治的権利に関する国際規約に基づいて設置された人権委員会の委員でもあり、かつ、拷問の禁止に関する委員会の任務を遂行する意思を有する者を指名することが有益であることに留意する。

3　委員会の委員の選挙は、国際連合事務総長により招集される二年ごとの締約国の会合において行う。この会合は締約国の三分の二をもって定足数とし、会合に出席しかつ投票する締約国の代表によって投じられた票の最多数で、かつ、過半数の票を得た者をもって委員会に選出された委員とする。

4　委員会の委員の最初の選挙は、この条約の効力発生の日の後六箇月以内に行う。国際連合事務総長は、委員会の委員の選挙の日の遅くとも四箇月前までに、締約国に対し、自国が指名する者の氏名を三箇月以内に提出するよう書簡で要請する。同事務総長は、このようにして指名された者のアルファベット順による名簿（これらの者を指名した締約国名を表示した名簿とする。）を作成し、締約国に送付する。

5　委員会の委員は、四年の任期で選出され、再指名された場合には、再選される資格を有する。最初の選挙において選出された委員のうち五人の委員（これらの委員は、最初の選挙の後直ちに、3に規定する会合において議長がくじで定めるものとする。）の任期は、二年で終了する。

6　委員会の委員が死亡し、辞任し又は他の理由により委員会の任務を遂行することができなくなった場合には、当該委員を指名した締約国は、締約国の過半数の承認が得られることを条件として、自国民の中から当該委員の残任期間中その職務を遂行する他の専門家を任命する。その任命については、国際連合事務総長がこれを通報した後六週間以内に締約国の二分の一以上が反対しない限り、必要な承認が得られたものとする。

7　締約国は、委員会の任務を遂行中の委員に係る経費について責任を負う。

**第一八条【委員会の手続規則及び費用】** 1　委員会は、役員を二年の任期で選出する。役員は、再選されることができる。

2　委員会は、手続規則を定める。この手続規則には、特に次のことを定める。

(a)　六人の委員をもって定足数とすること。

(b)　委員会の決定は、出席する委員が投ずる票の過半数によって行うこと。

3　国際連合事務総長は、委員会がこの条約に基づく任務を効果的に遂行するために必要な職員及び便益を提供する。

4　国際連合事務総長は、委員会の最初の会合を招集する。委員会は、最初の会合の後は、手続規則に定める時期に会合する。

5　締約国は、締約国の会合及び委員会の会合の開催に関連して生じた経費（職員及び便益に係る費用等3に規定するところにより国際連合に生じた経費の国際連合に対する償還を含む。）について責任を負う。

**第一九条【報告制度】** 1　締約国は、自国がこの条約に基づく約束を履行するためにとった措置に関する報告を、この条約が自国について効力を生じた後一年以内に、国際連合事務総長を通じて委員会に提出する。その後は、締約国は、新たにとった措置に関する補足報告を四年ごとに提出し、及び委員会が要請することのある他の報告を提出する。

2　国際連合事務総長は、1の報告をすべての締約国に送付する。

3　1の報告は、委員会によって検討される。委員会は、当該報告について、一般的な性格を有する意見であって適当と認めるものを表明することができる。この場合には、当該意見は関係締約国に送付され、当該関係締約国は委員会に対する応答として自国が適当と認めるいかなる見解も表明することができる。

4　委員会は、第二十四条の規定に従って提出する委員会の年次報告に、その裁量により、3の規定に従って表明した意見を、当該意見について関係締約国から受領した見解と共に含める旨を決定することができるものとし、また、当該関係締約国が要請する場合には、1の規定に基づいて提出された報告の写しを含めることができる。

**第二〇条【調査制度】** 1　委員会は、いずれかの締約国の領域内における拷問の制度的な実行の存在が十分な根拠をもって示されていると認める信頼すべき情報を受領した場合には、当該締約国に対し、当該情報についての検討に協力し及びこのために当該情報についての見解を提出するよう要請する。

2　委員会は、関係締約国が提出することのあるすべての見解を他の入手可能なすべての情報と共に考慮した上で、正当であると認める場合には、一人又は二人以上の委員を指名して秘密調査を行わせ及び委員会への早急な報告を行わせることができる。

3　委員会は、2の規定に従って調査が行われる場合には、関係締約国の協力を求める。この調査を行うに当たっては、当該関係締約国の同意がある場合には、その領域を訪問することができる。

4　委員会は、2の規定に従って委員から提出された調査結果を検討した後、当該状況に照らして適当と認める意見又は提案を付して当該調査結果を関係締約国に送付する。

5　1から4までに規定する委員会のすべての手続は秘密とし、また、当該手続のすべての段階において1の締約国の協力を求める。委員会は、2の規定に従って行われた調査に係る手続が完了した後、当該締約国と協議の上、当該手続の結果の概要を第二十四条の規定に従って提出する委員会の年次報告に含めることを決定することができる。

**第二一条【国家通報制度】**1　この条約の締約国は、この条約に基づく義務が他の締約国によって履行されていない旨を主張するいずれかの締約国からの通報を委員会が受理し及び検討する権限を有することを認める宣言を、この条の規定に基づいていつでも行うことができる。この通報は、委員会が当該権限を有することを自国について認める宣言を行った締約国によるものである場合に限り、この条に定める手続に従って受理し及び検討することができる。委員会は、宣言を行っていない締約国についての通報をこの条の規定の下で取り扱ってはならない。この条の規定に基づいて受理される通報は、次の手続に従って取り扱う。

(a)　締約国は、他の締約国がこの条約を実施していないと認める場合には、書面による通知により、当該事案につき当該他の締約国の注意を喚起することができる。通知を受領した国は、その受領の後三箇月以内に、当該事案について事情を明らかにするための説明その他の陳述を、書面により、通知を送付した国に提供する。当該説明その他の陳述には、当該事案について既にとられ、とることとなっているか又は利用することのできる国内的な手続及び救済措置への言及を、可能かつ適当な範囲内において含めなければならない。

(b)　最初の通知の受領の後六箇月以内に(a)の事案が関係締約国の双方が満足するように調整されない場合には、いずれの一方の締約国も、委員会及び他方の締約国に対する通報により当該事案を委員会に付託する権利を有する。

(c)　委員会は、この条の規定に基づいて付託された事案についてすべての国内的な救済措置がとられかつ尽くされたことを確認した後に限り、一般的に認められた国際法の原則に従い、当該付託された事案を取り扱う。ただし、救済措置の実施が不当に遅延する場合又はこの条約の違反の被害者である者に効果的な救済を与える可能性に乏しい場合は、この限りでない。

(d)　委員会は、この条の規定に基づいて通報を検討する場合には、非公開の会合を開催する。

(e)　(c)の規定に従うことを条件として、委員会は、この条約に定める義務の尊重を基礎として事案を友好的に解決するため、関係締約国に対してあっせんを行う。このため、委員会は、適当な場合には、特別調停委員会を設置することができる。

(f)　委員会は、この条の規定に基づいて付託されたいずれの事案についても、(b)の関係締約国に対し、あらゆる関連情報を提供するよう要請することができる。

(g)　(b)の関係締約国は、委員会において事案が検討されている間において代表を出席させ及び口頭又は書面により意見を述べる権利を有する。

(h)　委員会は、(b)の通報を受領した日の後十二箇月以内に、次の(i)又は(ii)の規定に従って報告を提出する。報告は、各事案ごとに、関係締約国に送付する。

(i)　(e)の規定により解決が得られた場合には、委員会は、事実及び得られた解決について簡潔に記述した報告を提出する。

(ii)　(e)の規定により解決が得られない場合には、委員会は、事実について簡潔に記述した報告を提出し、その報告に関係締約国の口頭による意見の記録及び書面による意見を添付する。

2　この条の規定は、五の締約国が1の規定に基づく宣言を行った時に効力を生ずる。宣言は、締約国が国際連合事務総長に寄託するものとし、同事務総長は、その写しを他の締約国に送付する。宣言は、同事務総長に対する通告により、いつでも撤回することができる。撤回は、この条の規定に基づく通報により既に付託された事案の検討を妨げるものではない。同事務総長が宣言の撤回の通告を受領した後は、いずれの締約国による新たな通報も、関係締約国が新たに宣言を行わない限り、この条の規定に基づいて受理してはならない。

**第二二条【個人通報制度】**1　この条約の締約国は、自国の管轄の下にある個人であっていずれかの締約国によるこの条約の規定の違反の被害者であると主張する者により又はその者のために行われる通報を、委員会が受理し及び検討する権限を有することを認める宣言を、この条の規定に基づいていつでも行うことができる。委員会は、宣言を行っていない締約国についての通報を受理してはならない。

2　委員会は、この条の規定に基づく通報であっても、匿名のもの又は通報を行う権利の濫用であるか若しくはこの条約の規定と両立しないと認めるものについては、これを受理することのできないものとしなければならない。

3　委員会は、2の規定に従うことを条件として、この条の規定に基づいて行われたいずれの通報についても、1の規定に基づく宣言を行いかつこの条約のいずれかの規定に違反しているとされた締約国の注意を喚起する。注意を喚起された国は、六箇月以内に、当該事案及び救済措置が当該国によりとられている場合には当該救済措置についての事情を明らかにするための説明その他の陳述を、書面により、委員会に提出する。

4　委員会は、関係する個人により又はその者のために及び関係締約国により委員会の利用に供されたすべての情報に照らして、この条の規定に基づいて受理する通報を検討する。

5　委員会は、次のことを確認しない限り、この条の規定に基づく個人からのいかなる通報も検討してはならない。

(a)　同一の事案が他の国際的な調査又は解決の手続によってかつて検討されたことがなく、かつ、現在検討されていないこと。

(b)　当該個人が、利用し得るすべての国内的な救済措置を尽くしたこと。ただし、救済措置の実施が不当に遅延する場合又はこの条約の違反の被害者である者に効果的な救済を与える可能性に乏しい場合は、この限りでない。

6　委員会は、この条の規定に基づいて通報を検討する場合には、非公開の会合を開催する。

7　委員会は、その見解を関係する締約国及び個人に送付する。

8 この条の規定は、五の締約国が1の規定に基づく宣言を行った時に効力を生ずる。宣言は、締約国が国際連合事務総長に寄託するものとし、同事務総長は、その写しを他の締約国に送付する。宣言は、同事務総長に対する通告により、いつでも撤回することができる。撤回は、この条の規定に基づく通報により既に付託された事案の検討を妨げるものではない。同事務総長が宣言の撤回の通告を受領した後は、個人によるか又はその者のための新たな通報は、関係締約国が新たに宣言を行わない限り、この条の規定に基づいて受理してはならない。

**第二三条【委員の特権免除】** 委員会の委員及び第二十一条1(e)の規定に基づいて設置される特別調停委員会の委員は、国際連合の特権及び免除に関する条約の関連規定に規定する国際連合のための任務を行う専門家の便益、特権及び免除を享受する。

**第二四条【年次報告】** 委員会は、この条約に基づく活動に関する年次報告を締約国及び国際連合総会に提出する。

## 第三部

**第二五条【署名、批准・寄託】** 1 この条約は、すべての国による署名のために開放しておく。

2 この条約は、批准されなければならない。批准書は、国際連合事務総長に寄託する。

**第二六条【加入】** この条約は、すべての国による加入のために開放しておく。加入は、加入書を国際連合事務総長に寄託することによって行う。

**第二七条【効力発生】** 1 この条約は、二十番目の批准書又は加入書が国際連合事務総長に寄託された日の後三十日目の日に効力を生ずる。

2 二十番目の批准書又は加入書が寄託された後にこの条約を批准し又はこれに加入する国については、この条約は、その批准書又は加入書の寄託の日の後三十日目の日に効力を生ずる。

**第二八条【第二〇条に対する留保】** 1 各国は、この条約の署名若しくは批准又はこの条約への加入の際に、委員会が第二十条に規定する権限を有することを認めない旨を宣言することができる。

2 1の規定に従って留保を付した締約国は、国際連合事務総長に対する通告により、いつでもその留保を撤回することができる。

**第二九条【改正】** 1 この条約のいずれの締約国も、改正を提案し及び改正案を国際連合事務総長に提出することができる。同事務総長は、締約国に対し改正案を直ちに送付するとともに、当該改正案についての審議及び投票のための締約国会議の開催についての賛否を同事務総長に通報するよう要請する。その送付の日から四箇月以内に締約国の三分の一以上が会議の開催に賛成する場合には、同事務総長は、国際連合の主催の下に会議を招集する。会議に出席しかつ投票する締約国の過半数によって採択された改正案は、受諾のため、国際連合事務総長によりすべての締約国に送付される。

2 1の規定に従って採択された改正は、この条約の締約国の三分の二がそれぞれの国の憲法上の手続に従って当該改正を受諾した旨を国際連合事務総長に通告した時に、効力を生ずる。

3 改正は、効力を生じたときは、当該改正を受諾した締約国を拘束するものとし、他の締約国は、改正前のこの条約の規定(自国が受諾した従前の改正によって改正された規定を含む。)により引き続き拘束される。

**第三〇条【紛争の解決】**〔女子に対するあらゆる形態の差別の撤廃に関する条約第二九条とほぼ同じ。〕

注 第二項の規定に基づき、二〇二一年一月一日現在、二九箇国が留保の宣言を付している。

**第三一条【廃棄】** 1 締約国は、国際連合事務総長に対して書面による通告を行うことにより、この条約を廃棄することができる。廃棄は、同事務総長がその通告を受領した日の後一年で効力を生ずる。

2 廃棄は、廃棄が効力を生ずる日前に生じた作為又は不作為について、この条約に基づく当該締約国の義務を免除するものではなく、また、廃棄が効力を生ずる日前に委員会が既に検討していた問題について検討を継続することを妨げるものでもない。

3 委員会は、いずれかの締約国の廃棄が効力を生じた日の後は、当該国に関連する新たな問題の検討を開始してはならない。

**第三二条【国連事務総長による通報】** 国際連合事務総長は、国際連合のすべての加盟国及びこの条約に署名し又は加入したすべての国に対し、次の事項を通報する。

(a) 第二十五条及び第二十六条の規定による署名、批准及び加入

(b) 第二十七条の規定によりこの条約が効力を生ずる日及び第二十九条の規定により改正が効力を生ずる日

(c) 前条の規定による廃棄

**第三三条【正文】** 1 この条約は、アラビア語、中国語、英語、フランス語、ロシア語及びスペイン語をひとしく正文とし、国際連合事務総長に寄託される。

2 国際連合事務総長は、この条約の認証謄本をすべての国に送付する。

## (2) 拷問等禁止条約選択議定書(抄) 翻訳

(拷問及び他の残虐な、非人道的な又は品位を傷つける取扱い又は刑罰に関する条約の選択議定書)

採択　二〇〇二年一二月一八日(国連第五七回総会)
効力発生　二〇〇六年六月二二日
日本国
当事国　九〇

### 前文

この議定書の締約国は、

拷問及び他の残虐な、非人道的な又は品位を傷つける取扱い又は刑罰が禁止されており、また、人権の重大な侵害であることを再確認し、

拷問及び他の残虐な、非人道的な又は品位を傷つける取扱い又は刑罰に関する条約(以下「条約」という。)の目的を達成するため、また、拷問及び他の残虐な、非人道的な又は品位を傷つける取扱い又は刑罰から自由を奪われている者の保護を強化するために、これまで以上の措置が必要であることを確信し、

条約の第二条及び第一六条が、締約国に対して、その管轄下にある領域内において、拷問及び他の残虐な、非人道的な又は品位を傷つける取扱い又は刑罰を防止するために、効果的な措置をと

ることを義務づけていることを想起し、

国がそれらの条項を実施する第一次的な責任を負うこと、自由を奪われている人々の保護と彼(女)らの人権の十分な尊重を強化することは全ての者が負う共通の責任であること、及び、国際的な実施機関が国内の措置を補完しかつ強化することを認め、

拷問及び他の残虐な、非人道的な又は品位を傷つける取扱い又は刑罰の効果的な防止のためには、教育及び様々な立法上、行政上、司法上その他の措置の組合せが必要であることを想起し、

また、世界人権会議が、拷問を廃絶するための努力は何よりもまず防止に集中すべきであることを確信をもって宣言し、抑留場所への定期的訪問という防止制度の創設を目的とする条約の選択議定書の採択を求めたことを想起し、

拷問及び他の残虐な、非人道的な又は品位を傷つける取扱い又は刑罰から自由を奪われている者を保護することが、抑留場所への定期的訪問に基づく防止的性格をもつ非司法的手段によって強化することができることを確信して、

次のとおり協定した。

## 第一部　一般原則

**第一条【議定書の目的】** この議定書の目的は、拷問及び他の残虐な、非人道的な又は品位を傷つける取扱い又は刑罰を防止するために、人々が自由を奪われている場所への独立した国際的及び国内的な機関によって行われる定期的な訪問の制度を創設することである。

**第二条【防止小委員会の設置】** 1　拷問及び他の残虐な、非人道的な又は品位を傷つける取扱い又は刑罰の防止に関する、拷問禁止委員会の小委員会(以下「防止小委員会」という。)を創設し、同委員会はこの議定書に定める任務を遂行する。

2　防止小委員会は、国際連合憲章の枠内でその作業を遂行し、憲章の目的と原則及び自由を奪われている人々の取扱いに関する国際連合の諸規範を指針とする。

3　防止小委員会は、同様に、秘密性、公平性、非選択性、普遍性及び客観性の原則を指針とする。

4　防止小委員会と締約国は、この議定書の実施について協力する。

**第三条【国内防止機構の設置】** 締約国は、拷問及び他の残虐な、非人道的な又は品位を傷つける取扱い又は刑罰の防止のための一以上の訪問機関(以下「国内防止機構」という。)を国内に創設し、指定し又は維持する。

**第四条【抑留場所への訪問】** 1　締約国は、この議定書に従って、締約国の管轄下及び管理下にあり、かつ、公の機関が与える命令により又は公の機関による扇動、同意若しくは黙認により、人々が自由を奪われているか又は奪われていると考えられる全ての場所(以下「抑留場所」という。)への、第二条及び第三条に定める機構による訪問を認める。この訪問は、必要な場合には、拷問及び他の残虐な、非人道的な又は品位を傷つける取扱い又は刑罰からこれらの者を保護することを強化する目的で行われる。

2　この議定書の適用上、自由の剥奪とは、いずれかの司法上、行政上又はその他の機関の命令により、その者が自らの意思で離れることを許されていない、公的又は私的な拘禁施設におけるあらゆる形態の抑留、拘禁又は収容を意味する。

## 第二部　防止小委員会(抄)

**第五条【委員の構成】** 1　防止小委員会は、一〇人の委員により構成される。この議定書の五〇番目の批准又は加入の後に、防止小委員会の委員の数は、二五人に増員する。

2　防止小委員会の委員は、徳望が高く、かつ、司法行政特に刑法、監獄若しくは警察行政の分野又は自由を奪われている者の取扱いに関する諸分野で専門的な経験をもつと認められた者の中から選出される。

3　防止小委員会の構成については、衡平な地理的配分並びに締約国の異なる文明形態及び法体系が代表されることに十分な考慮を払う。

4　防止小委員会の構成については、平等及び非差別の原則に基づき、均衡のとれた男女比率もまた考慮する。

5　防止小委員会の二人の委員が、同一国の国民であってはならない。

6　防止小委員会の委員は、個人の資格で職務を遂行し、独立かつ公平であり、防止小委員会のために効率的に職務を遂行することができるようにする。

**第六条【委員候補者の指名】**(略)

**第七条【委員の選挙】**(略)

**第八条【欠員の補充】**(略)

**第九条【委員の任期】**(略)

**第一〇条【委員会の手続規則】**(略)

## 第三部　防止小委員会の任務

**第一一条【防止小委員会の任務】** 防止小委員会は、次のことを行う。

(a)　第四条に定める場所を訪問すること、及び、自由を奪われている者を拷問及び他の残虐な、非人道的な又は品位を傷つける取扱い又は刑罰から保護することに関して締約国に勧告すること。

(b)　国内防止機構に関して、

(i)　必要な場合には、その創設について締約国に助言し、援助すること。

(ii)　直接に、かつ、必要な場合には秘密裡に、国内防止機構との接触を維持し、その能力を強化する目的で機構に訓練と技術援助を提供すること。

(iii)　自由を奪われている者の拷問及び他の残虐な、非人道的な又は品位を傷つける取扱い又は刑罰からの保護を強化することの必要性とそのために必要な手段の評価について、機構に助言し、援助すること。

(iv)　拷問及び他の残虐な、非人道的な又は品位を傷つける取扱い又は刑罰の防止のために、国内防止機構の能力と任務を強化する目的で、締約国に勧告し、所見を述べること。

(c)　拷問を全般的に防止するために、国際連合の関連する機関〔organs〕及び機構、並びに、全ての者の拷問及び他の残虐な、非人道的な又は品位を傷つける取扱い又は刑罰からの保護を強化するために活動している国際的、地域的及び国内的な機関〔institutions〕又は組織と協力すること。

**第一二条【締約国の義務】** 締約国は、防止小委員会が第一一条に定める任務を遂行することができるようにするために、次のことを約束する。

(a)　自国の領域内に防止小委員会を受け入れ、この議定書の第四条に定める抑留場所への立入りを防止小委員会に認めるこ

と。

(b) 自由を奪われている者の拷問及び他の残虐な、非人道的な又は品位を傷つける取扱い又は刑罰からの保護を強化することの必要性とそのためにとるべき措置を評価するために、防止小委員会が要請する全ての関連情報を提供すること。

(c) 防止小委員会と国内防止機構との間の接触を奨励し、助長すること。

(d) 防止小委員会の勧告を検討し、可能な実施措置に関して防止小委員会と対話すること。

**第一三条【防止小委員会による訪問】** 1　防止小委員会は、第一一条に定める任務を遂行するために、最初に籤引きによって、締約国への定期的な訪問の計画を作成する。

2　協議の後、防止小委員会は、締約国が訪問するために必要な実務的調整を遅滞なく行うことができるように、作成した計画を締約国に通知する。

3　訪問は、防止小委員会の少なくとも二人の委員により行われる。訪問する委員は、必要な場合には、この議定書が対象とする分野において専門的な経験及び知識をもつと認められる専門家であって、締約国、国際連合人権高等弁務官事務所及び国際連合国際犯罪防止センターによる提案に基づいて準備された専門家の名簿から選ばれた者を伴うことができる。名簿の準備に当たり、関係締約国は、五人以内の自国の専門家を提案する。関係締約国は、訪問に特定の専門家を含めることに異議を唱えることができ、その場合には、防止小委員会は、他の専門家を提案する。

4　防止小委員会は、適当であると考える場合には、定期的な訪問の後に短期間の追跡〔follow-up〕訪問を提案することができる。

**第一四条【防止小委員会への権限付与】** 1　防止小委員会が任務を遂行することができるようにするために、この議定書の締約国は、次のことを防止小委員会に認めることを約束する。

(a) 第四条に定める抑留場所において自由を奪われている者の数並びに抑留場所の数及びその位置に関するあらゆる情報の無制限の入手

(b) 自由を奪われている者の取扱い及び抑留状態に関するあらゆる情報の無制限の入手

(c) 2の規定に従うことを条件として、あらゆる抑留場所並びにその施設及び設備への無制限の立入り

(d) 自由を奪われている者と委員だけで、又は必要と認められる場合には通訳とともに、立会いなしで秘密裡に面会する機会、及び、関連する情報を提供することができると防止小委員会が信ずるその他の者と秘密裡に面会する機会

(e) 訪問を希望する場所と面会を希望する者を選択する自由

2　特定の抑留場所の訪問に対する異議申立ては、国の防衛、公共の安全、自然災害、又は一時的に訪問の遂行を妨げるような訪問場所における重大な騒乱という緊急なかつやむを得ない理由が存在する場合にのみ行うことができる。締約国は、緊急事態が宣言されていること自体を、訪問に異議を唱える理由として援用してはならない。

**第一五条【制裁の禁止】** いかなる当局又は職員も、防止小委員会又はその代表に情報を提供したことを理由に、その情報が真実であると虚偽であるとを問わず、個人又は組織に制裁を命令し、適用し、許可し又は容認してはならず、また、当該個人又は組織は、他のいかなる形の侵害も受けない。

**第一六条【防止小委員会の勧告と公表措置】** 1　防止小委員会は、締約国及び適当である場合には国内防止機構に、勧告及び所見を秘密裡に通知する。

2　防止小委員会は、関係締約国によって要請された場合には常に、当該締約国の意見を付して委員会の報告を公表する。当該締約国が報告の一部を公表する場合には、防止小委員会は、報告の全部又は一部を公表することができる。ただし、個人情報は、当該個人の明示の同意なしには公表されない。

3　防止小委員会は、その活動に関する公開の年次報告を、拷問禁止委員会に提出する。

4　締約国が、第一二条及び第一四条に従って防止小委員会と協力することを拒否している場合、又は、防止小委員会の勧告に照らして状況を改善する措置をとることを拒否している場合には、拷問禁止委員会は、防止小委員会の要請により、委員の過半数によって、当該締約国に自国の見解を発表する機会を与えた後に、当該問題に関する公開の声明を行うこと又は防止小委員会の報告を公表することを決定することができる。

## 第四部　国内防止機構

**第一七条【締約国の義務】** 締約国は、この議定書が効力を生じた後又はその批准若しくは加入が効力を生じた後の遅くとも一年以内に、国内で、拷問の防止のための一以上の独立した国内防止機構を維持し、指定し又は設置する。地方団体〔decentralized units〕によって設置された機構は、この議定書の規定と合致している場合には、この議定書の適用上、国内防止機構として指定することができる。

**第一八条【国内防止機構の独立性】** 1　締約国は、国内防止機構の機能上の独立性及び人員の独立性を保障する。

2　締約国は、国内防止機構の専門家が求められる能力と専門的知識を有することを確保するために必要な措置をとる。締約国は、男女比率の均衡を図ること、並びに国内の民族集団と少数者集団が十分に代表されることに努める。

3　締約国は、国内防止機構が機能するために必要な資源を利用することができるようにすることを約束する。

4　国内防止機構を設置するに当たって、締約国は、「人権の促進及び保護のための国内機関の地位に関する原則」に十分な考慮を払う。

**第一九条【国内防止機構の権限】** 国内防止機構は、最低限、次のことを行う権限を認められる。

(a) 必要な場合には拷問及び他の残虐な、非人道的な又は品位を傷つける取扱い又は刑罰からの保護を強化するために、第四条に定める抑留場所において自由を奪われている者の取扱いを定期的に検討すること。

(b) 自由を奪われている者の取扱い及び状態を改善する目的で、また、拷問及び他の残虐な、非人道的な又は品位を傷つける取扱い又は刑罰を防止するために、国際連合の関連する規範を考慮に入れて、関係当局に勧告すること。

(c) 既存の立法又は立法案に関して、提案及び所見を提示すること。

**第二〇条【国内防止機構への権限付与】** 国内防止機構が任務を遂行することができるように、この議定書の締約国は、次のことを国内防止機構に認めることを約束する。

(a) 第四条に定める抑留場所において自由を奪われている者の

数並びに抑留場所の数及びその位置に関するあらゆる情報の入手

(b) 自由を奪われている者の取扱い及び抑留状態に関するあらゆる情報の入手

(c) あらゆる抑留場所並びにその施設及び設備への立入り

(d) 自由を奪われている者と自らだけで、又は必要と認められる場合には通訳とともに、立会いなしで秘密裡に面会する機会、及び、関連する情報を提供することができると国内防止機構が信ずるその他の者と秘密裡に面会する機会

(e) 訪問を希望する場所及び面会を希望する者を選択する自由

(f) 防止小委員会と接触し、同委員会に情報を送付し、同委員会と会合する権利

**第二一条【制裁の禁止】** 1　いかなる当局又は職員も、国内防止機構に情報を提供したことを理由に、その情報が真実であると虚偽であるとを問わず、個人又は組織に制裁を命令し、適用し、許可し又は容認してはならず、また、当該個人又は組織は、他のいかなる形の侵害も受けない。

2　国内防止機構によって収集された秘密情報には、特別の取扱いが与えられる。個人情報は、当該個人の明示の同意なしには公表されない。

**第二二条【国内防止機構の勧告】** 関係締約国の権限ある当局は、国内防止機構の勧告を検討し、可能な実施措置に関して国内防止機構と対話する。

**第二三条【国内防止機構の年次報告】** この議定書の締約国は、国内防止機構の年次報告を公表しかつ広めることを約束する。

## 第五部　宣言

**第二四条【義務履行の延期】** 1　締約国は、批准の際に、この議定書の第三部又は第四部のいずれかに基づく義務の履行を延期することを宣言することができる。

2　この延期は、最大限三年まで有効とする。締約国による適正な申出及び防止小委員会との協議の後、拷問禁止委員会は、さらにこの期間を二年延長することができる。

## 第六部　財政条項(抄)

**第二五条【防止小委員会の経費】**(略)

**第二六条【特別基金の設置】** 1　締約国への訪問の後に防止小委員会が行う勧告の実施及び国内防止機構の教育計画を財政的に援助するために、国際連合の財政規則に従って運営される特別基金を、総会の関連手続に従い設置する。

2　特別基金は、政府、政府間組織及び非政府団体並びにその他の私的又は公的な団体による任意の拠出金によって資金を得ることができる。

## 第七部　最終条項(抄)

**第二七条【署名、批准、加入】**(略)

**第二八条【効力発生】**(略)

**第二九条【連邦条項】**(略)

**第三〇条【留保の禁止】** この議定書については、留保を付することができない。

**第三一条【地域的条約との関係】** この議定書の規定は、抑留場所への訪問の制度を設けている地域的条約に基づく締約国の義務に影響を及ぼすものではない。防止小委員会及び当該地域的条約に基づいて創設された機関は、重複を回避し、この議定書の目的を効果的に促進するために、協議し、また協力するよう奨励される。

**第三二条【ジュネーヴ条約との関係】** この議定書の規定は、一九四九年八月一二日の四つのジュネーヴ条約及び一九七七年六月八日のジュネーヴ条約追加議定書の締約国の義務に影響を及ぼすものではなく、また、締約国が、国際人道法が対象としていない状況において、赤十字国際委員会に対して抑留場所を訪問することを認める機会を利用できることに影響を及ぼすものでもない。

**第三三条【離脱】**(略)

**第三四条【改正】**(略)

**第三五条【特権免除】**(略)

**第三六条【防止小委員会委員の義務】**(略)

**第三七条【正文】**(略)

# 10　強制失踪からのすべての者の保護に関する国際条約(抄)

採　択　二〇〇六年一二月二〇日(国連第六一回総会)
効力発生　二〇一〇年一二月二三日
日 本 国　二〇一〇年一二月二三日(〇七年二月六日署名、〇九年六月一〇日国会承認、七月二三日批准書寄託、一〇年一二月二二日公布・条約一四号)
当 事 国　六三

## 前　文

この条約の締約国は、(中略)

強制失踪が極度の重大性を有するものであって、それが犯罪を構成し、及び国際法に定める特定の場合には人道に対する犯罪を構成することを認識し、

強制失踪を防止すること及び強制失踪犯罪について処罰を免れることがないように取り組むことを決意し、

すべての者が強制失踪の対象とされない権利を有すること並びに被害者が司法手続及び賠償についての権利を有することを考慮し、

被害者が強制失踪の状況及び失踪者の消息についての真実を知る権利を有すること並びにこのために情報を求め、受け、及び伝える自由についての権利を有することを確認して、

次のとおり協定した。

## 第一部(抄)

**第一条【強制失踪の禁止】** 1　いずれの者も、強制失踪の対象とされない。

2　戦争状態、戦争の脅威、内政の不安定その他公の緊急事態であるか否かにかかわらず、いかなる例外的な事態も強制失踪を正当化する根拠として援用することはできない。

**第二条【強制失踪の定義】** この条約の適用上、「強制失踪」とは、国の機関又は国の許可、支援若しくは黙認を得て行動する個人若しくは集団が、逮捕、拘禁、拉致その他のあらゆる形態の自

由のはく奪を行う行為であって、その自由のはく奪を認めず、又はそれによる失踪者の消息若しくは所在を隠蔽することを伴い、かつ、当該失踪者を法律の保護の外に置くものをいう。

**第三条【非国家主体による行為】** 締約国は、国の許可、支援又は黙認を得ることなく行動する個人又は集団が行った前条に規定する行為を調査し、かつ、それらについて責任を有する者を裁判に付するために適当な措置をとる。

**第四条【国内法上の犯罪】** 締約国は、強制失踪が自国の刑事法上の犯罪を構成することを確保するために必要な措置をとる。

**第五条【人道に対する罪】** 強制失踪の広範又は組織的な実行は、適用可能な国際法に定める人道に対する犯罪を構成し、及び当該適用可能な国際法の定めるところにより決せられた結論を引き受けなければならない。

**第六条【主犯、従犯、上官の刑事責任】** 1　締約国は、少なくとも次の(a)及び(b)に掲げる者に刑事上の責任を負わせるために必要な措置をとる。

(a)　強制失踪を実行した者、強制失踪の実行を命じ、教唆し、勧誘し、若しくは試みた者又は強制失踪に加担し、若しくは参加した者

(b)　上官であって次のすべての条件を満たすもの

(i)　自己の実質的な権限及び管理の下にある部下が強制失踪犯罪を行っており、若しくは行おうとしていることを知っており、又はこれらのことを明らかに示す情報を意識的に無視したこと。

(ii)　強制失踪犯罪に関係する活動について実質的な責任を有し、及び管理を行ったこと。

(iii)　強制失踪の実行を防止し、若しくは抑止し、又は捜査及び訴追のために事案を権限のある当局に付託するため、自己の権限の範囲内ですべての必要かつ合理的な措置をとることをしなかったこと。

(c)　(b)の規定は、軍の指揮官又は実質的に軍の指揮官として行動する者に対して関連する国際法の下で適用される責任の一層高い基準の適用を妨げるものではない。

2　公的機関、文民、軍人その他の者によるいかなる命令又は指示も、強制失踪犯罪を正当化する根拠として援用することはできない。

**第七条【適当な刑罰】** 1　締約国は、強制失踪犯罪について、その極度の重大性を考慮した適当な刑罰を科することができるようにする。

2　締約国は、

(a)　刑を減軽する情状を定めることができるものとし、特に、強制失踪の実行に関係した者が、失踪者の生還に効果的に貢献し、又は強制失踪に係る事件を明らかにすること若しくは強制失踪の加害者を特定することを可能とした場合には、これを刑を減軽する情状とすることができる。

(b)　他の刑事手続に影響を及ぼすことなく刑を加重する情状を定めることができるものとし、特に、失踪者が死亡した場合又は妊婦、未成年者、障害者その他の特に弱い立場にある者を対象として強制失踪を実行した場合には、これを刑を加重する情状とすることができる。

**第八条【時効】** 1　強制失踪について出訴期限を適用する締約国は、第五条の規定の適用を妨げることなく、刑事手続の時効期間に関して次のことを確保するために必要な措置をとる。

(a)　長期間にわたるものであり、かつ、この犯罪の極度の重大性と均衡のとれたものであること。

(b)　強制失踪犯罪の継続的な性質を考慮しつつ、その犯罪行為が終わった時から起算すること。

2　締約国は、第五条の規定の適用を妨げることなく、強制失踪の被害者が時効期間内において効果的な救済措置についての権利を有することを保障する。

**第九条【裁判権の設定】** 1　締約国は、次の場合において強制失踪犯罪についての裁判権を行使する自国の権限を設定するために必要な措置をとる。

(a)　当該犯罪が自国の管轄の下にある領域内又は自国において登録された船舶内若しくは航空機内で行われる場合

(b)　容疑者が自国の国民である場合

(c)　失踪者が自国の国民であり、かつ、自国が適当と認める場合

2　締約国は、容疑者が自国の管轄の下にある領域内に所在する場合において、他の国に対して自国の国際的な義務に基づく当該容疑者についての犯罪人引渡しを行わず、かつ、自国が管轄権を認めている国際刑事法廷に対して当該容疑者の引渡しを行わないときは、1の規定と同様に、強制失踪犯罪についての裁判権を行使する自国の権限を設定するために必要な措置をとる。

3　この条約は、国内法に従って行使される追加的な刑事裁判権を排除するものではない。

**第一〇条【容疑者の所在確保】** 1　強制失踪犯罪の容疑者が領域内に所在する締約国は、自国が入手することのできる情報を検討した後、状況によって正当であると認める場合には、当該容疑者の所在を確実にするために必要な抑留その他の法的措置をとる。これらの措置は、当該締約国の法令に定めるところによるものとし、刑事訴訟手続又は犯罪人引渡し若しくは引渡しの手続において当該容疑者の所在を確実にしておくことが必要な期間に限って維持することができる。

2　1に規定する措置をとった締約国は、事実を認定するために予備調査又は捜査を直ちに行う。当該締約国は、前条1に規定する締約国に対し、1の規定に基づいてとった措置（容疑者の抑留及びその抑留が正当とされる状況を含む。）及び予備調査又は捜査の結果を通報するものとし、また、自国が裁判権を行使する意図の有無を明らかにする。

3　1の規定に基づいて抑留された者は、その国籍国の最寄りの適当な代表と又は当該者が無国籍者である場合には当該者が通常居住している国の代表と直ちに連絡を取ることができる。

**第一一条【訴追の義務】** 1　強制失踪犯罪の容疑者が自国の管轄の下にある領域内で発見された締約国は、他の国に対して自国の国際的な義務に基づく当該容疑者についての犯罪人引渡しを行わず、かつ、自国が管轄権を認めている国際刑事法廷に対して当該容疑者の引渡しを行わない場合には、訴追のため自国の権限のある当局に事件を付託する。

2　1に規定する当局は、自国の法令の下での通常の重大な性質を有する犯罪の場合と同様の方法により決定を行う。第九条2に規定する場合における訴追及び有罪判決に必要な証拠の基準は、同条1に規定する場合において適用される基準よりも緩やかなものであってはならない。

3　自己に対して強制失踪犯罪に関する訴訟手続がとられている者は、当該訴訟手続のすべての段階において公正な取扱いを保障される。強制失踪犯罪について裁判を受ける者は、法律で設置された、権限のある、独立の、かつ、公平な裁判所において

公正な裁判を受ける。

**第一二条【報告の権利・調査の義務】** 1 締約国は、ある者が強制失踪の対象とされたと訴える個人がその事実を権限のある当局に報告する権利を有することを確保する。当該当局は、申立てを迅速かつ公平に検討し、及び必要な場合には十分かつ公平な調査を遅滞なく行う。必要な場合には、申立てを行った者、証人、失踪者の親族及びその弁護人並びに調査に参加する者を当該申立て又は証拠の提供の結果生ずるすべての不当な取扱い又は脅迫から保護することを確保するために適当な措置をとる。

2 ある者が強制失踪の対象とされたと信ずるに足りる合理的な理由がある場合には、1に規定する当局は、正式な申立てがなされていないときであっても、調査を行う。

3 締約国は、1に規定する当局について次のことを確保する。

(a) 調査を実効的に行うために必要な権限及び財源(調査に関連する文書その他の情報を入手する機会を有するためのものを含む。)を有していること。

(b) 拘禁されている場所その他失踪者が所在していると信ずるに足りる合理的な理由のある場所への立入りが認められていること。司法当局の事前の許可が必要とされる場合には、当該司法当局は、速やかにその事案についての決定を行う。

4 締約国は、調査の実施を妨げる行為を防止し、及びこれについて制裁を科するために必要な措置をとる。締約国は、特に、強制失踪犯罪の容疑者が、申立てを行った者、証人、失踪者の親族若しくはその弁護人又は調査に参加する者に対する圧力又は脅迫行為若しくは復仇行為という手段によって調査の進展に影響を及ぼすことがないことを確保する。

**第一三条【犯罪人引渡し】** 1 強制失踪犯罪は、締約国間における犯罪人引渡しに関しては、政治犯罪、政治犯罪に関連する犯罪又は政治的な動機による犯罪とみなしてはならない。このため、政治犯罪、政治犯罪に関連する犯罪又は政治的な動機による犯罪に関係することのみを理由として犯罪人引渡しの請求を拒否することはできない。

2 強制失踪犯罪は、この条約が効力を生ずる前に締約国間に存在するすべての犯罪人引渡条約において引渡犯罪とみなす。

3 締約国は、締約国間で後に締結する犯罪人引渡条約において強制失踪犯罪を引渡犯罪として含めることを約束する。

4 条約の存在を犯罪人引渡しの条件とする締約国は、自国との間に犯罪人引渡条約を締結していない他の締約国から犯罪人引渡しの請求を受けた場合には、この条約を強制失踪犯罪についての犯罪人引渡しに必要な法的根拠とみなすことができる。

5 条約の存在を犯罪人引渡しの条件としない締約国は、相互間で強制失踪犯罪を引渡犯罪と認める。

6・7 (略)

**第一四条【司法共助】** (略)

**第一五条【被害者支援のための共助】** (略)

**第一六条【追放等の禁止】** (略)

**第一七条【拘禁態様の規制】** (略)

**第一八条【拘禁に関する情報提供義務】** 1 締約国は、次条及び第二十条の規定に従うことを条件として、正当な利益を有する者(例えば、自由をはく奪された者の親族又はその代理人若しくは弁護人)に対して少なくとも次に掲げる情報を入手する機会を保障する。

(a) 自由のはく奪を命じた当局

(b) その者が自由をはく奪された日時及び場所並びに拘禁施設へ収容された日時及び当該拘禁施設の場所

(c) 自由のはく奪を監督することについて責任を有する当局

(d) 自由をはく奪された者の所在(他の拘禁施設へ移送された場合には、その移送先及びその移送について責任を有する当局を含む。)

(e) 解放した日時及び場所

(f) 自由をはく奪された者の健康状態に関する事項

(g) 自由をはく奪されている間に死亡した場合には、その状況及び死因並びに遺体の搬送先

2 1に規定する者及び調査に参加する者については、必要な場合には、自由をはく奪された者に関する情報を求めた結果として生ずる不当な取扱い、脅迫又は制裁から保護するために適当な措置がとられなければならない。

**第一九条【個人情報の保護】** (略)

**第二〇条【情報を受ける権利】** (略)

**第二一条【解放】** (略)

**第二二条【救済阻害行為】** (略)

**第二三条【職員等の訓練】** (略)

**第二四条【被害者の権利】** 1 この条約の適用上、「被害者」とは、失踪者及び強制失踪の直接の結果として被害を受けた個人をいう。

2 被害者は、強制失踪の状況に関する真実、調査の進展及び結果並びに失踪者の消息を知る権利を有する。締約国は、この点に関して適当な措置をとる。

3 締約国は、失踪者を捜索し、発見し、及び解放し、並びに失踪者が死亡した場合には、その遺体を発見し、尊重し、及び返還するため、すべての適当な措置をとる。

4 締約国は、強制失踪の被害者が被害回復を受ける権利及び迅速、公正かつ適正な賠償を受ける権利を有することを自国の法制において確保する。

5 4に規定する被害回復を受ける権利は、物的及び精神的な損害を対象とし、適当な場合にはその他の形態の被害回復(例えば次に掲げるもの)について適用する。

(a) 原状回復

(b) リハビリテーションの提供

(c) 救済(尊厳及び信用の回復を含む。)

(d) 再発防止の保証

6 締約国は、失踪者の消息が明らかになるまでの間調査を継続する義務に影響を及ぼすことなく、消息が明らかでない失踪者及びその親族の社会保障、財政事項、親族法、財産権等の分野における法的地位に関し、適当な措置をとる。

7 締約国は、強制失踪の被害者を援助することを目的とする組織及び団体を設立し、並びにこれに自由に参加する権利を保障する。

**第二五条【児童の保護】** 1 締約国は、次のことを防止し、及び自国の刑事法に基づいて処罰するために必要な措置をとる。

(a) 強制失踪の対象とされた児童、父母若しくは法定保護者が強制失踪の対象とされた児童又は強制失踪の対象とされた母が拘禁されている間に生まれた児童を不当に移動させること。

(b) (a)に規定する児童の真正な身元関係事項を証明する文書を偽造し、隠匿し、又は廃棄すること。

2 締約国は、法的手続及び適用可能な国際協定に従い、1(a)に規定する児童を捜索し、及び特定し、並びにそれらの児童を本

来の家族に戻すために必要な措置をとる。

3 締約国は、1(a)に規定する児童を捜索し、特定し、及び発見するに当たり、相互に援助する。

4 1(a)に規定する児童の最善の利益を保護する必要性並びに当該児童が法令によって認められた国籍、氏名及び家族関係を含むその身元関係事項を保持し、又は回復する権利を保護する必要性を考慮し、児童の養子縁組の制度その他児童の委託の制度を認める締約国は、養子縁組又は委託の手続を再検討するための、及び適当な場合には、強制失踪に起因する児童の養子縁組又は委託を無効とするための法的手続を有するものとする。

5 すべての場合において、特にこの条に関連する事項については、児童の最善の利益が主として考慮されるものとし、自己の意見を形成する能力のある児童は、自由に自己の意見を表明する権利を有する。この場合において、児童の意見は、当該児童の年齢及び成熟度に従って相応に考慮されるものとする。

## 第二部(抄)

**第二六条【強制失踪委員会の設置】** 1 強制失踪に関する委員会(以下「委員会」という。)を、この条約に定める任務を遂行するために設置する。委員会は、徳望が高く、かつ、人権の分野において能力を認められた十人の専門家により構成される。これらの専門家は、個人の資格で職務を遂行するものとし、独立の、かつ、公平なものとする。委員会の委員については、締約国が衡平な地理的配分に基づいて選出するものとし、関連する法律関係の経験を有する者の委員会の活動への参加が有益であること及び性別に関して均衡のとれた形で代表されることに妥当な考慮を払う。

2・3 (略)

4 委員会の委員は、四年の任期で選出され、一回のみ再選される資格を有する。(後略)

5―9 (略)

**第二七条【委員会の機能の移譲】** この条約の効力発生後四年を経過した時からこの条約の効力発生後六年の期間が満了する時までの間に締約国会議を開催する。締約国会議は、委員会の任務の遂行を評価するものとし、第四十四条2に定める手続に従い、すべての可能性を排除することなく、次条から第三十六条までに定める任務に従って行われるこの条約の監視を他の機関に移譲することが適当か否かを決定する。

**第二八条【他の国際機関との協力】** (略)

**第二九条【国家報告制度】** (略)

**第三〇条【親族等による緊急措置要請】** 1 失踪者を捜索し、及び発見すべきであるとの要請については、緊急に処理を要する事項として、当該失踪者の親族、その法律上の代理人又は弁護人、当該親族により認められた者その他の正当な利益を有する者が委員会に提出することができる。

2 委員会は、1の規定に基づいて提出された緊急の措置の要請が次のすべての要件を満たしていると認める場合には、関係締約国に対し、捜索の対象となる者の状況に関する情報を委員会が定める期限内に提供するよう要請する。

(a) 根拠を欠くことが明白でないこと。

(b) そのような要請を提出する権利の濫用とならないこと。

(c) 当該関係締約国の権限のある機関(例えば、捜査が行われる可能性がある場合においては、捜査を行うことが認められている機関)に既に適切に提出されていること。

(d) この条約の規定と両立しないものでないこと。

(e) 同一の事案が同様の性質を有する他の国際的な調査又は解決の手続によって現在検討されていないこと。

3 委員会は、2の規定に従って関係締約国により提供された情報に照らし、当該関係締約国に対して勧告(当該関係締約国がこの条約に従って捜索の対象となる者を発見し、及び保護するために並びに事態の緊急性を考慮に入れてとった措置を特定の期間内に委員会に報告するために必要なすべての措置(暫定的な措置を含む。)をとるべきであるとの要請を含む。)を送付することができる。委員会は、緊急の措置の要請を提出した者に対し、勧告及び当該関係締約国により提供された情報が提供可能となったときは当該情報を通知する。

4 委員会は、捜索の対象となる者の消息が判明しない限り、関係締約国と共に活動する努力を継続する。要請を提出した者は、引き続き情報を知らされる。

**第三一条【個人通報制度】** 1 締約国は、この条約の批准の際に又はその後いつでも、自国の管轄の下にある個人であって自国によるこの条約の規定に対する違反の被害者であると主張するものにより又はその者のために行われる通報を委員会が受理し、及び検討する権限を有することを認める旨を宣言することができる。委員会は、宣言を行っていない締約国についての通報を受理してはならない。

2 委員会は、次のいずれかの場合には、通報を受理することができないものとする。

(a) 当該通報が匿名のものである場合

(b) 当該通報がそのような通報を行う権利の濫用となるか又はこの条約の規定と両立しない場合

(c) 同一の事案が同様の性質を有する他の国際的な調査又は解決の手続によって現在検討されている場合

(d) 効果的で利用し得るすべての国内的な救済措置が尽くされていない場合。ただし、救済措置の実施が不当に遅延するときは、この限りでない。

3 委員会は、通報が2の規定により受理することができるものであると認める場合には、当該通報を関係締約国に送付し、当該関係締約国に対して委員会が定める期限内に見解及び意見を提出するよう要請する。

4 委員会は、通報を受領した後本案についての決定を行うまでの間はいつでも、当該通報に係る違反の被害者が回復不能な損害を受ける可能性を回避するために関係締約国が必要な暫定的な措置をとるよう求める要請を、当該関係締約国に緊急に検討させるために送付することができる。委員会がこのような裁量権を行使することは、当該通報を受理し得るか否かについての決定又は当該通報に関する本案についての決定を意味するものではない。

5 委員会は、この条の規定に基づいて通報を検討する場合には、非公開の会合を開催する。委員会は、通報を行った者に対し、関係締約国が提出した回答を通知する。委員会は、手続の終了を決定した場合には、その見解を当該関係締約国及び当該通報を行った者に送付する。

**第三二条【国家通報制度】** (略)

**第三三条【現地調査】** (略)

**第三四条【国連総会の注意喚起】** (略)

**第三五条【委員会の権限の不遡及】** (略)

**第三六条【年次報告】** (略)

## 第三部（略）

**第三七条【保留条項】**（略）

**第三八条【署名、批准、加入】**（略）

**第三九条【効力発生】**（略）

**第四〇条【批准状況の通知】**（略）

**第四一条【連邦国家】**（略）

**第四二条【紛争の解決】**〔女子に対するあらゆる形態の差別の撤廃に関する条約第二九条とほぼ同じ。ただし、「紛争で交渉によって解決されないものは」を「紛争であって、交渉又はこの条約に明文の規定がある手続によって解決することができないものは」と、「留保を付した」を「宣言を行った」と、「留保」を「宣言」と読み替える。〕

**第四三条【国際人道法との関係】**（略）

**第四四条【改正】**（略）

**第四五条【正文】**（略）

# 11 児童の権利条約

## (1) 児童の権利に関する条約

〔こどもの権利条約〕

採択　一九八九年一一月二〇日（国連第四四回総会）
効力発生　一九九〇年九月二日
日本国　一九九四年五月二二日（九〇年九月二一日署名、九四年三月二九日国会承認、四月一九日内閣批准決定、四月二二日批准書寄託、五月一六日公布・条約二号　改正＝二〇〇三年六月一二日発効（同日公布・条約三号））
当事国　一九六

### 前文

この条約の締約国は、

国際連合憲章において宣明された原則によれば、人類社会のすべての構成員の固有の尊厳及び平等のかつ奪い得ない権利を認めることが世界における自由、正義及び平和の基礎を成すものであることを考慮し、

国際連合加盟国の国民が、国際連合憲章において、基本的人権並びに人間の尊厳及び価値に関する信念を改めて確認し、かつ、一層大きな自由の中で社会的進歩及び生活水準の向上を促進することを決意したことに留意し、

国際連合が、世界人権宣言及び人権に関する国際規約において、すべての人は人種、皮膚の色、性、言語、宗教、政治的意見その他の意見、国民的若しくは社会的出身、財産、出生又は他の地位等によるいかなる差別もなしに同宣言及び同規約に掲げるすべての権利及び自由を享有することができることを宣明し及び合意したことを認め、

国際連合が、世界人権宣言において、児童は特別な保護及び援助についての権利を享有することができることを宣明したことを想起し、

家族が、社会の基礎的な集団として、並びに家族のすべての構成員特に児童の成長及び福祉のための自然な環境として、社会においてその責任を十分に引き受けることができるよう必要な保護及び援助を与えられるべきであることを確信し、

児童が、その人格の完全なかつ調和のとれた発達のため、家庭環境の下で幸福、愛情及び理解のある雰囲気の中で成長すべきであることを認め、

児童が、社会において個人として生活するため十分な準備が整えられるべきであり、かつ、国際連合憲章において宣明された理想の精神並びに特に平和、尊厳、寛容、自由、平等及び連帯の精神に従って育てられるべきであることを考慮し、

児童に対して特別な保護を与えることの必要性が、千九百二十四年の児童の権利に関するジュネーブ宣言及び千九百五十九年十一月二十日に国際連合総会で採択された児童の権利に関する宣言において述べられており、また、世界人権宣言、市民的及び政治的権利に関する国際規約（特に第二十三条及び第二十四条）、経済的、社会的及び文化的権利に関する国際規約（特に第十条）並びに児童の福祉に関係する専門機関及び国際機関の規程及び関係文書において認められていることに留意し、

児童の権利に関する宣言において示されているとおり「児童は、身体的及び精神的に未熟であるため、その出生の前後において、適当な法的保護を含む特別な保護及び世話を必要とする。」ことに留意し、

国内の又は国際的な里親委託及び養子縁組を特に考慮した児童の保護及び福祉についての社会的及び法的な原則に関する宣言、少年司法の運用のための国際連合最低基準規則（北京規則）及び緊急事態及び武力紛争における女子及び児童の保護に関する宣言の規定を想起し、

極めて困難な条件の下で生活している児童が世界のすべての国に存在すること、また、このような児童が特別の配慮を必要としていることを認め、

児童の保護及び調和のとれた発達のために各人民の伝統及び文化的価値が有する重要性を十分に考慮し、

あらゆる国特に開発途上国における児童の生活条件を改善するために国際協力が重要であることを認めて、

次のとおり協定した。

## 第一部

**第一条【定義】**　この条約の適用上、児童とは、十八歳未満のすべての者をいう。ただし、当該児童で、その者に適用される法律によりより早く成年に達したものを除く。

**第二条【差別の禁止】**　1　締約国は、その管轄の下にある児童に対し、児童又はその父母若しくは法定保護者の人種、皮膚の色、性、言語、宗教、政治的意見その他の意見、国民的、種族的〔ethnic〕若しくは社会的出身、財産、心身障害、出生又は他の地位にかかわらず、いかなる差別もなしにこの条約に定める権利を尊重し、及び確保する。

2　締約国は、児童がその父母、法定保護者又は家族の構成員の地位、活動、表明した意見又は信念によるあらゆる形態の差別又は処罰から保護されることを確保するためのすべての適当な措置をとる。

**第三条【児童の利益の優先】**　1　児童に関するすべての措置をとるに当たっては、公的若しくは私的な社会福祉施設、裁判所、行政当局又は立法機関のいずれによって行われるものであっても、児童の最善の利益が主として考慮されるものとする。

2　締約国は、児童の父母、法定保護者又は児童について法的に

責任を有する他の者の権利及び義務を考慮に入れて、児童の福祉に必要な保護及び養護を確保することを約束し、このため、すべての適当な立法上及び行政上の措置をとる。

3　締約国は、児童の養護又は保護のための施設、役務の提供及び設備が、特に安全及び健康の分野に関し並びにこれらの職員の数及び適格性並びに適正な監督に関し権限のある当局の設定した基準に適合することを確保する。

**第四条【締約国の実施義務】** 締約国は、この条約において認められる権利の実現のため、すべての適当な立法措置、行政措置その他の措置を講ずる。締約国は、経済的、社会的及び文化的権利に関しては、自国における利用可能な手段の最大限の範囲内で、また、必要な場合には国際協力の枠内で、これらの措置を講ずる。

**第五条【父母等の責任、権利、義務の尊重】** 締約国は、児童がこの条約において認められる権利を行使するに当たり、父母若しくは場合により地方の慣習により定められている大家族若しくは共同体の構成員、法定保護者又は児童について法的に責任を有する他の者がその児童の発達しつつある能力に適合する方法で適当な指示及び指導を与える責任、権利及び義務を尊重する。

**第六条【生命に対する権利】** 1　締約国は、すべての児童が生命に対する固有の権利を有することを認める。

2　締約国は、児童の生存及び発達を可能な最大限の範囲において確保する。

**第七条【登録、氏名、国籍の権利】** 1　児童は、出生の後直ちに登録される。児童は、出生の時から氏名を有する権利及び国籍を取得する権利を有するものとし、また、できる限りその父母を知りかつその父母によって養育される権利を有する。

2　締約国は、特に児童が無国籍となる場合を含めて、国内法及びこの分野における関連する国際文書に基づく自国の義務に従い、1の権利の実現を確保する。

**第八条【身元関係事項保持の権利】** 1　締約国は、児童が法律によって認められた国籍、氏名及び家族関係を含むその身元関係事項について不法に干渉されることなく保持する権利を尊重することを約束する。

2　締約国は、児童がその身元関係事項の一部又は全部を不法に奪われた場合には、その身元関係事項を速やかに回復するため、適当な援助及び保護を与える。

**第九条【父母からの分離の禁止】** 1　締約国は、児童がその父母の意思に反してその父母から分離されないことを確保する。ただし、権限のある当局が司法の審査に従うことを条件として適用のある法律及び手続に従いその分離が児童の最善の利益のために必要であると決定する場合は、この限りでない。このような決定は、父母が児童を虐待し若しくは放置する場合又は父母が別居しており児童の居住地を決定しなければならない場合のような特定の場合において必要となることがある。

2　すべての関係当事者は、1の規定に基づくいかなる手続においても、その手続に参加しかつ自己の意見を述べる機会を有する。

3　締約国は、児童の最善の利益に反する場合を除くほか、父母の一方又は双方から分離されている児童が定期的に父母のいずれとも人的な関係及び直接の接触を維持する権利を尊重する。

4　3の分離が、締約国がとった父母の一方若しくは双方又は児童の抑留、拘禁、追放、退去強制、死亡（その者が当該締約国により身体を拘束されている間に何らかの理由により生じた死亡を含む。）等のいずれかの措置に基づく場合には、当該締約国は、要請に応じ、父母、児童又は適当な場合には家族の他の構成員に対し、家族のうち不在となっている者の所在に関する重要な情報を提供する。ただし、その情報の提供が児童の福祉を害する場合は、この限りでない。締約国は、更に、その要請の提出自体が関係者に悪影響を及ぼさないことを確保する。

**第一〇条【家族再統合のための出入国】** 1　前条1の規定に基づく締約国の義務に従い、家族の再統合を目的とする児童又はその父母による締約国への入国又は締約国からの出国の申請については、締約国が積極的、人道的かつ迅速な方法で取り扱う。締約国は、更に、その申請の提出が申請者及びその家族の構成員に悪影響を及ぼさないことを確保する。

2　父母と異なる国に居住する児童は、例外的な事情がある場合を除くほか定期的に父母との人的な関係及び直接の接触を維持する権利を有する。このため、前条1の規定に基づく締約国の義務に従い、締約国は、児童及びその父母がいずれの国（自国を含む。）からも出国し、かつ、自国に入国する権利を尊重する。出国する権利は、法律で定められ、国の安全、公の秩序、公衆の健康若しくは道徳又は他の者の権利及び自由を保護するために必要であり、かつ、この条約において認められる他の権利と両立する制限にのみ従う。

**第一一条【不法移送の禁止と帰還の確保】** 1　締約国は、児童が不法に国外へ移送されることを防止し及び国外から帰還することができない事態を除去するための措置を講ずる。

2　このため、締約国は、二国間若しくは多数国間の協定の締結又は現行の協定への加入を促進する。

**第一二条【意見表明の権利】** 1　締約国は、自己の意見を形成する能力のある児童がその児童に影響を及ぼすすべての事項について自由に自己の意見を表明する権利を確保する。この場合において、児童の意見は、その児童の年齢及び成熟度に従って相応に考慮されるものとする。

2　このため、児童は、特に、自己に影響を及ぼすあらゆる司法上及び行政上の手続において、国内法の手続規則に合致する方法により直接に又は代理人若しくは適当な団体を通じて聴取される機会を与えられる。

**第一三条【表現の自由】** 1　児童は、表現の自由についての権利を有する。この権利には、口頭、手書き若しくは印刷、芸術の形態又は自ら選択する他の方法により、国境とのかかわりなく、あらゆる種類の情報及び考えを求め、受け及び伝える自由を含む。

2　1の権利の行使については、一定の制限を課することができる。ただし、その制限は、法律によって定められ、かつ、次の目的のために必要とされるものに限る。

(a)　他の者の権利又は信用の尊重

(b)　国の安全、公の秩序又は公衆の健康若しくは道徳の保護

**第一四条【思想、良心、宗教の自由】** 1　締約国は、思想、良心及び宗教の自由についての児童の権利を尊重する。

2　締約国は、児童が1の権利を行使するに当たり、父母及び場合により法定保護者が児童に対しその発達しつつある能力に適合する方法で指示を与える権利及び義務を尊重する。

3　宗教又は信念を表明する自由については、法律で定める制限であって公共の安全、公の秩序、公衆の健康若しくは道徳又は他の者の基本的な権利及び自由を保護するために必要なもののみを課することができる。

**第一五条【結社及び集会の自由】** 1 締約国は、結社の自由及び平和的な集会の自由についての児童の権利を認める。

2 1の権利の行使については、法律で定める制限であって国の安全若しくは公共の安全、公の秩序、公衆の健康若しくは道徳の保護又は他の者の権利及び自由の保護のため民主的社会において必要なもの以外のいかなる制限も課することができない。

**第一六条【私生活、名誉、信用の尊重】** 1 いかなる児童も、その私生活、家族、住居若しくは通信に対して恣意的に若しくは不法に干渉され又は名誉及び信用を不法に攻撃されない。

2 児童は、1の干渉又は攻撃に対する法律の保護を受ける権利を有する。

**第一七条【マス・メディアの役割】** 締約国は、大衆媒体（マス・メディア）の果たす重要な機能を認め、児童が国の内外の多様な情報源からの情報及び資料、特に児童の社会面、精神面及び道徳面の福祉並びに心身の健康の促進を目的とした情報及び資料を利用することができることを確保する。このため、締約国は、

(a) 児童にとって社会面及び文化面において有益であり、かつ、第二十九条の精神に沿う情報及び資料を大衆媒体（マス・メディア）が普及させるよう奨励する。

(b) 国の内外の多様な情報源（文化的にも多様な情報源を含む。）からの情報及び資料の作成、交換及び普及における国際協力を奨励する。

(c) 児童用書籍の作成及び普及を奨励する。

(d) 少数集団に属し又は原住民である児童の言語上の必要性について大衆媒体（マス・メディア）が特に考慮するよう奨励する。

(e) 第十三条及び次条の規定に留意して、児童の福祉に有害な情報及び資料から児童を保護するための適当な指針を発展させることを奨励する。

**第一八条【父母の共同責任】** 1 締約国は、児童の養育及び発達について父母が共同の責任を有するという原則についての認識を確保するために最善の努力を払う。父母又は場合により法定保護者は、児童の養育及び発達についての第一義的な責任を有する。児童の最善の利益は、これらの者の基本的な関心事項となるものとする。

2 締約国は、この条約に定める権利を保障し及び促進するため、父母及び法定保護者が児童の養育についての責任を遂行するに当たりこれらの者に対して適当な援助を与えるものとし、また、児童の養護のための施設、設備及び役務の提供の発展を確保する。

3 締約国は、父母が働いている児童が利用する資格を有する児童の養護のための役務の提供及び設備からその児童が便益を受ける権利を有することを確保するためのすべての適当な措置をとる。

**第一九条【虐待、搾取等からの保護】** 1 締約国は、児童が父母、法定保護者又は児童を監護する他の者による監護を受けている間において、あらゆる形態の身体的若しくは精神的な暴力、傷害若しくは虐待、放置若しくは怠慢な取扱い、不当な取扱い又は搾取（性的虐待を含む。）からその児童を保護するためすべての適当な立法上、行政上、社会上及び教育上の措置をとる。

2 1の保護措置には、適当な場合には、児童及び児童を監護する者のために必要な援助を与える社会的計画の作成その他の形態による防止のための効果的な手続並びに1に定める児童の不当な取扱いの事件の発見、報告、付託、調査、処置及び事後措置並びに適当な場合には司法の関与に関する効果的な手続を含むものとする。

**第二〇条【家庭環境を奪われた児童の養護】** 1 一時的若しくは恒久的にその家庭環境を奪われた児童又は児童自身の最善の利益にかんがみその家庭環境にとどまることが認められない児童は、国が与える特別の保護及び援助を受ける権利を有する。

2 締約国は、自国の国内法に従い、1の児童のための代替的な監護を確保する。

3 2の監護には、特に、里親委託、イスラム法のカファーラ、養子縁組又は必要な場合には児童の監護のための適当な施設への収容を含むことができる。解決策の検討に当たっては、児童の養育において継続性が望ましいこと並びに児童の種族的、宗教的、文化的及び言語的な背景について、十分な考慮を払うものとする。

**第二一条【養子縁組】** 養子縁組の制度を認め又は許容している締約国は、児童の最善の利益について最大の考慮が払われることを確保するものとし、また、

(a) 児童の養子縁組が権限のある当局によってのみ認められることを確保する。この場合において、当該権限のある当局は、適用のある法律及び手続に従い、かつ、信頼し得るすべての関連情報に基づき、養子縁組が父母、親族及び法定保護者に関する児童の状況にかんがみ許容されること並びに必要な場合には、関係者が所要のカウンセリングに基づき養子縁組について事情を知らされた上での同意を与えていることを認定する。

(b) 児童がその出身国内において里親若しくは養家に託され又は適切な方法で監護を受けることができない場合には、これに代わる児童の監護の手段として国際的な養子縁組を考慮することができることを認める。

(c) 国際的な養子縁組が行われる児童が国内における養子縁組の場合における保護及び基準と同等のものを享受することを確保する。

(d) 国際的な養子縁組において当該養子縁組が関係者に不当な金銭上の利得をもたらすことがないことを確保するためのすべての適当な措置をとる。

(e) 適当な場合には、二国間又は多数国間の取極又は協定を締結することによりこの条の目的を促進し、及びこの枠組みの範囲内で他国における児童の養子縁組が権限のある当局又は機関によって行われることを確保するよう努める。

**第二二条【難民児童の保護】** 1 締約国は、難民の地位を求めている児童又は適用のある国際法及び国際的な手続若しくは国内法及び国内的な手続に基づき難民と認められている児童が、父母又は他の者に付き添われているかいないかを問わず、この条約及び自国が締約国となっている人権又は人道に関する他の国際文書に定める権利であって適用のあるものの享受に当たり、適当な保護及び人道的援助を受けることを確保するための適当な措置をとる。

2 このため、締約国は、適当と認める場合には、1の児童を保護し及び援助するため、並びに難民の児童の家族との再統合に必要な情報を得ることを目的としてその難民の児童の父母又は家族の他の構成員を捜すため、国際連合及びこれと協力する他の権限のある政府間機関又は関係非政府機関による努力に協力する。その難民の児童は、父母又は家族の他の構成員が発見されない場合には、何らかの理由により恒久的又は一時的にその

家庭環境を奪われた他の児童と同様にこの条約に定める保護が与えられる。

**第二三条【障害児の権利】**１　締約国は、精神的又は身体的な障害を有する児童が、その尊厳を確保し、自立を促進し及び社会への積極的な参加を容易にする条件の下で十分かつ相応な生活を享受すべきであることを認める。

２　締約国は、障害を有する児童が特別の養護についての権利を有することを認めるものとし、利用可能な手段の下で、申込みに応じた、かつ、当該児童の状況及び父母又は当該児童を養護している他の者の事情に適した援助を、これを受ける資格を有する児童及びこのような児童の養護について責任を有する者に与えることを奨励し、かつ、確保する。

３　障害を有する児童の特別な必要を認めて、２の規定に従って与えられる援助は、父母又は当該児童を養護している他の者の資力を考慮して可能な限り無償で与えられるものとし、かつ、障害を有する児童が可能な限り社会への統合及び個人の発達（文化的及び精神的な発達を含む。）を達成することに資する方法で当該児童が教育、訓練、保健サービス、リハビリテーション・サービス、雇用のための準備及びレクリエーションの機会を実質的に利用し及び享受することができるように行われるものとする。

４　締約国は、国際協力の精神により、予防的な保健並びに障害を有する児童の医学的、心理学的及び機能的治療の分野における適当な情報の交換（リハビリテーション、教育及び職業サービスの方法に関する情報の普及及び利用を含む。）であってこれらの分野における自国の能力及び技術を向上させ並びに自国の経験を広げることができるようにすることを目的とするものを促進する。これに関しては、特に、開発途上国の必要を考慮する。

**第二四条【健康及び医療に関する権利】**１　締約国は、到達可能な最高水準の健康を享受すること並びに病気の治療及び健康の回復のための便宜を与えられることについての児童の権利を認める。締約国は、いかなる児童もこのような保健サービスを利用する権利が奪われないことを確保するために努力する。

２　締約国は、１の権利の完全な実現を追求するものとし、特に、次のことのための適当な措置をとる。

(a)　幼児及び児童の死亡率を低下させること。

(b)　基礎的な保健の発展に重点を置いて必要な医療及び保健をすべての児童に提供することを確保すること。

(c)　環境汚染の危険を考慮に入れて、基礎的な保健の枠組みの範囲内で行われることを含めて、特に容易に利用可能な技術の適用により並びに十分に栄養のある食物及び清潔な飲料水の供給を通じて、疾病及び栄養不良と戦うこと。

(d)　母親のための産前産後の適当な保健を確保すること。

(e)　社会のすべての構成員特に父母及び児童が、児童の健康及び栄養、母乳による育児の利点、衛生（環境衛生を含む。）並びに事故の防止についての基礎的な知識に関して、情報を提供され、教育を受ける機会を有し及びその知識の使用について支援されることを確保すること。

(f)　予防的な保健、父母のための指導並びに家族計画に関する教育及びサービスを発展させること。

３　締約国は、児童の健康を害するような伝統的な慣行を廃止するため、効果的かつ適当なすべての措置をとる。

４　締約国は、この条において認められる権利の完全な実現を漸進的に達成するため、国際協力を促進し及び奨励することを約束する。これに関しては、特に、開発途上国の必要を考慮する。

**第二五条【被収容児童の処遇の定期審査】**締約国は、児童の身体又は精神の養護、保護又は治療を目的として権限のある当局によって収容された児童に対する処遇及びその収容に関連する他のすべての状況に関する定期的な審査が行われることについての児童の権利を認める。

**第二六条【社会保障の権利】**１　締約国は、すべての児童が社会保険その他の社会保障からの給付を受ける権利を認めるものとし、自国の国内法に従い、この権利の完全な実現を達成するための必要な措置をとる。

２　１の給付は、適当な場合には、児童及びその扶養について責任を有する者の資力及び事情並びに児童によって又は児童に代わって行われる給付の申請に関する他のすべての事項を考慮して、与えられるものとする。

**第二七条【生活水準に関する権利】**１　締約国は、児童の身体的、精神的、道徳的及び社会的な発達のための相当な生活水準についてのすべての児童の権利を認める。

２　父母又は児童について責任を有する他の者は、自己の能力及び資力の範囲内で、児童の発達に必要な生活条件を確保することについての第一義的な責任を有する。

３　締約国は、国内事情に従い、かつ、その能力の範囲内で、１の権利の実現のため、父母及び児童について責任を有する他の者を援助するための適当な措置をとるものとし、また、必要な場合には、特に栄養、衣類及び住居に関して、物的援助及び支援計画を提供する。

４　締約国は、父母又は児童について金銭上の責任を有する他の者から、児童の扶養料を自国内で及び外国から、回収することを確保するためのすべての適当な措置をとる。特に、児童について金銭上の責任を有する者が児童と異なる国に居住している場合には、締約国は、国際協定への加入又は国際協定の締結及び他の適当な取決めの作成を促進する。

**第二八条【教育に関する権利】**１　締約国は、教育についての児童の権利を認めるものとし、この権利を漸進的にかつ機会の平等を基礎として達成するため、特に、

(a)　初等教育を義務的なものとし、すべての者に対して無償のものとする。

(b)　種々の形態の中等教育（一般教育及び職業教育を含む。）の発展を奨励し、すべての児童に対し、これらの中等教育が利用可能であり、かつ、これらを利用する機会が与えられるものとし、例えば、無償教育の導入、必要な場合における財政的援助の提供のような適当な措置をとる。

(c)　すべての適当な方法により、能力に応じ、すべての者に対して高等教育を利用する機会が与えられるものとする。

(d)　すべての児童に対し、教育及び職業に関する情報及び指導が利用可能であり、かつ、これらを利用する機会が与えられるものとする。

(e)　定期的な登校及び中途退学率の減少を奨励するための措置をとる。

２　締約国は、学校の規律が児童の人間の尊厳に適合する方法で及びこの条約に従って運用されることを確保するためのすべての適当な措置をとる。

３　締約国は、特に全世界における無知及び非識字の廃絶に寄与し並びに科学上及び技術上の知識並びに最新の教育方法の利用を容易にするため、教育に関する事項についての国際協力を促

進し、及び奨励する。これに関しては、特に、開発途上国の必要を考慮する。

**第二九条【教育の目的】** 1　締約国は、児童の教育が次のことを指向すべきことに同意する。

(a) 児童の人格、才能並びに精神的及び身体的な能力をその可能な最大限度まで発達させること。

(b) 人権及び基本的自由並びに国際連合憲章にうたう原則の尊重を育成すること。

(c) 児童の父母、児童の文化的同一性、言語及び価値観、児童の居住国及び出身国の国民的価値観並びに自己の文明と異なる文明に対する尊重を育成すること。

(d) すべての人民の間の、種族的、国民的及び宗教的集団の間の並びに原住民である者の間の理解、平和、寛容、両性の平等及び友好の精神に従い、自由な社会における責任ある生活のために児童に準備させること。

(e) 自然環境の尊重を育成すること。

2　この条又は前条のいかなる規定も、個人及び団体が教育機関を設置し及び管理する自由を妨げるものと解してはならない。ただし、常に、1に定める原則が遵守されること及び当該教育機関において行われる教育が国によって定められる最低限度の基準に適合することを条件とする。

**第三〇条【少数者及び原住民の児童の権利】** 種族的、宗教的若しくは言語的少数民族[minorities]又は原住民[persons of indigenous origin]である者が存在する国において、当該少数民族に属し又は原住民である児童は、その集団の他の構成員とともに自己の文化を享有し、自己の宗教を信仰しかつ実践し又は自己の言語を使用する権利を否定されない。

**第三一条【休息、余暇等に関する権利】** 1　締約国は、休息及び余暇についての児童の権利並びに児童がその年齢に適した遊び及びレクリエーションの活動を行い並びに文化的な生活及び芸術に自由に参加する権利を認める。

2　締約国は、児童が文化的及び芸術的な生活に十分に参加する権利を尊重しかつ促進するものとし、文化的及び芸術的な活動並びにレクリエーション及び余暇の活動のための適当かつ平等な機会の提供を奨励する。

**第三二条【経済的搾取及び有害労働からの保護】** 1　締約国は、児童が経済的な搾取から保護され及び危険となり若しくは児童の教育の妨げとなり又は児童の健康若しくは身体的、精神的、道徳的若しくは社会的な発達に有害となるおそれのある労働への従事から保護される権利を認める。

2　締約国は、この条の規定の実施を確保するための立法上、行政上、社会上及び教育上の措置をとる。このため、締約国は、他の国際文書の関連規定を考慮して、特に、

(a) 雇用が認められるための1又は2以上の最低年齢を定める。

(b) 労働時間及び労働条件についての適当な規則を定める。

(c) この条の規定の効果的な実施を確保するための適当な罰則その他の制裁を定める。

**第三三条【麻薬及び向精神薬からの保護】** 締約国は、関連する国際条約に定義された麻薬及び向精神薬の不正な使用から児童を保護し並びにこれらの物質の不正な生産及び取引における児童の使用を防止するための立法上、行政上、社会上及び教育上の措置を含むすべての適当な措置をとる。

**第三四条【性的搾取、性的虐待からの保護】** 締約国は、あらゆる形態の性的搾取及び性的虐待から児童を保護することを約束する。このため、締約国は、特に、次のことを防止するためのすべての適当な国内、二国間及び多数国間の措置をとる。

(a) 不法な性的な行為を行うことを児童に対して勧誘し又は強制すること。

(b) 売春又は他の不法な性的な業務において児童を搾取的に使用すること。

(c) わいせつな演技及び物において児童を搾取的に使用すること。

**第三五条【誘拐、売買、取引の防止】** 締約国は、あらゆる目的のための又はあらゆる形態の児童の誘拐、売買又は取引を防止するためのすべての適当な国内、二国間及び多数国間の措置をとる。

**第三六条【その他の搾取からの保護】** 締約国は、いずれかの面において児童の福祉を害する他のすべての形態の搾取から児童を保護する。

**第三七条【拷問、死刑等の禁止】** 締約国は、次のことを確保する。

(a) いかなる児童も、拷問又は他の残虐な、非人道的な若しくは品位を傷つける取扱い若しくは刑罰を受けないこと。死刑又は釈放の可能性がない終身刑は、十八歳未満の者が行った犯罪について科さないこと。

(b) いかなる児童も、不法に又は恣意的にその自由を奪われないこと。児童の逮捕、抑留又は拘禁は、法律に従って行うものとし、最後の解決手段として最も短い適当な期間のみ用いること。

(c) 自由を奪われたすべての児童は、人道的に、人間の固有の尊厳を尊重して、かつ、その年齢の者の必要を考慮した方法で取り扱われること。特に、自由を奪われたすべての児童は、成人とは分離されないことがその最善の利益であると認められない限り成人とは分離されるものとし、例外的な事情がある場合を除くほか、通信及び訪問を通じてその家族との接触を維持する権利を有すること。

(d) 自由を奪われたすべての児童は、弁護人その他適当な援助を行う者と速やかに接触する権利を有し、裁判所その他の権限のある、独立の、かつ、公平な当局においてその自由の剝奪の合法性を争い並びにこれについての決定を速やかに受ける権利を有すること。

**第三八条【武力紛争における児童保護】** 1　締約国は、武力紛争において自国に適用される国際人道法の規定で児童に関係を有するものを尊重し及びこれらの規定の尊重を確保することを約束する。

2　締約国は、十五歳未満の者が敵対行為に直接参加しないことを確保するためのすべての実行可能な措置をとる。

3　締約国は、十五歳未満の者を自国の軍隊に採用することを差し控えるものとし、また、十五歳以上十八歳未満の者の中から採用するに当たっては、最年長者を優先させるよう努める。

4　締約国は、武力紛争において文民を保護するための国際人道法に基づく自国の義務に従い、武力紛争の影響を受ける児童の保護及び養護を確保するためのすべての実行可能な措置をとる。

**第三九条【被害児童の回復及び社会復帰】** 締約国は、あらゆる形態の放置、搾取若しくは虐待、拷問若しくは他のあらゆる形態の残虐な、非人道的な若しくは品位を傷つける取扱い若しくは刑罰又は武力紛争による被害者である児童の身体的及び心理的な回復及び社会復帰を促進するためのすべての適当な措置をとる。このような回復及び復帰は、児童の健康、自尊心及び尊厳

を育成する環境において行われる。

**第四〇条【司法的保護】** 1　締約国は、刑法を犯したと申し立てられ、訴追され又は認定されたすべての児童が尊厳及び価値についての当該児童の意識を促進させるような方法であって、当該児童が他の者の人権及び基本的自由を尊重することを強化し、かつ、当該児童の年齢を考慮し、更に、当該児童が社会に復帰し及び社会において建設的な役割を担うことがなるべく促進されることを配慮した方法により取り扱われる権利を認める。

2　このため、締約国は、国際文書の関連する規定を考慮して、特に次のことを確保する。

(a)　いかなる児童も、実行の時に国内法又は国際法により禁じられていなかった作為又は不作為を理由として刑法を犯したと申し立てられ、訴追され又は認定されないこと。

(b)　刑法を犯したと申し立てられ又は訴追されたすべての児童は、少なくとも次の保障を受けること。

(i)　法律に基づいて有罪とされるまでは無罪と推定されること。

(ii)　速やかにかつ直接に、また、適当な場合には当該児童の父母又は法定保護者を通じてその罪を告げられること並びに防御の準備及び申立てにおいて弁護人その他適当な援助を行う者を持つこと。

(iii)　事案が権限のある、独立の、かつ、公平な当局又は司法機関により法律に基づく公正な審理において、弁護人その他適当な援助を行う者の立会い及び、特に当該児童の年齢又は境遇を考慮して児童の最善の利益にならないと認められる場合を除くほか、当該児童の父母又は法定保護者の立会いの下に遅滞なく決定されること。

(iv)　供述又は有罪の自白を強要されないこと。不利な証人を尋問し又はこれに対し尋問させること並びに対等の条件で自己のための証人の出席及びこれに対する尋問を求めること。

(v)　刑法を犯したと認められた場合には、その認定及びその結果科せられた措置について、法律に基づき、上級の、権限のある、独立の、かつ、公平な当局又は司法機関によって再審理されること。

(vi)　使用される言語を理解すること又は話すことができない場合には、無料で通訳の援助を受けること。

(vii)　手続のすべての段階において当該児童の私生活が十分に尊重されること。

3　締約国は、刑法を犯したと申し立てられ、訴追され又は認定された児童に特別に適用される法律及び手続の制定並びに当局及び施設の設置を促進するよう努めるものとし、特に、次のことを行う。

(a)　その年齢未満の児童は刑法を犯す能力を有しないと推定される最低年齢を設定すること。

(b)　適当なかつ望ましい場合には、人権及び法的保護が十分に尊重されていることを条件として、司法上の手続に訴えることなく当該児童を取り扱う措置をとること。

4　児童がその福祉に適合し、かつ、その事情及び犯罪の双方に応じた方法で取り扱われることを確保するため、保護、指導及び監督命令、カウンセリング、保護観察、里親委託、教育及び職業訓練計画、施設における養護に代わる他の措置等の種々の処置が利用し得るものとする。

**第四一条【児童に有利な法の優先適用】** この条約のいかなる規定も、次のものに含まれる規定であって児童の権利の実現に一層貢献するものに影響を及ぼすものではない。

(a)　締約国の法律

(b)　締約国について効力を有する国際法

## 第二部

**第四二条【締約国の広報義務】** 締約国は、適当かつ積極的な方法でこの条約の原則及び規定を成人及び児童のいずれにも広く知らせることを約束する。

**第四三条【児童の権利委員会】** 1　この条約において負う義務の履行の達成に関する締約国による進捗の状況を審査するため、児童の権利に関する委員会(以下「委員会」という。)を設置する。委員会は、この部に定める任務を行う。

2　委員会は、徳望が高く、かつ、この条約が対象とする分野において能力を認められた十八人の専門家で構成する。委員会の委員は、締約国の国民の中から締約国により選出されるものとし、個人の資格で職務を遂行する。その選出に当たっては、衡平な地理的配分及び主要な法体系を考慮に入れる。

3　委員会の委員は、締約国により指名された者の名簿の中から秘密投票により選出される。各締約国は、自国民の中から一人を指名することができる。

4　委員会の委員の最初の選挙は、この条約の効力発生の日の後六箇月以内に行うものとし、その後の選挙は、二年ごとに行う。国際連合事務総長は、委員会の委員の選挙の日の遅くとも四箇月前までに、締約国に対し、自国が指名する者の氏名を二箇月以内に提出するよう書簡で要請する。その後、同事務総長は、指名された者のアルファベット順による名簿(これらの者を指名した締約国名を表示した名簿とする。)を作成し、この条約の締約国に送付する。

5　委員会の委員の選挙は、国際連合事務総長により国際連合本部に招集される締約国の会合において行う。これらの会合は、締約国の三分の二をもって定足数とする。これらの会合においては、出席しかつ投票する締約国の代表によって投じられた票の最多数で、かつ、過半数の票を得た者をもって委員会に選出された委員とする。

6　委員会の委員は、四年の任期で選出される。委員は、再指名された場合には、再選される資格を有する。最初の選挙において選出された委員のうち五人の委員の任期は、二年で終了するものとし、これらの五人の委員は、最初の選挙の後直ちに、最初の選挙が行われた締約国の会合の議長によりくじ引で選ばれる。

7　委員会の委員が死亡し、辞任し又は他の理由のため委員会の職務を遂行することができなくなったことを宣言した場合には、当該委員を指名した締約国は、委員会の承認を条件として自国民の中から残余の期間職務を遂行する他の専門家を任命する。

8　委員会は、手続規則を定める。

9　委員会は、役員を二年の任期で選出する。

10　委員会の会合は、原則として、国際連合本部又は委員会が決定する他の適当な場所において開催する。委員会は、原則として毎年一回会合する。委員会の会合の期間は、国際連合総会の承認を条件としてこの条約の締約国の会合において決定し、必要な場合には、再検討する。

11　国際連合事務総長は、委員会がこの条約に定める任務を効果的に遂行するために必要な職員及び便益を提供する。

12　この条約に基づいて設置する委員会の委員は、国際連合総会が決定する条件に従い、同総会の承認を得て、国際連合の財源から報酬を受ける。

**第四四条【締約国の報告義務】**1　締約国は、(a)当該締約国についてこの条約が効力を生ずる時から二年以内に、(b)その後は五年ごとに、この条約において認められる権利の実現のためにとった措置及びこれらの権利の享受についてもたらされた進歩に関する報告を国際連合事務総長を通じて委員会に提出することを約束する。

2　この条の規定により行われる報告には、この条約に基づく義務の履行の程度に影響を及ぼす要因及び障害が存在する場合には、これらの要因及び障害を記載する。当該報告には、また、委員会が当該国における条約の実施について包括的に理解するために十分な情報を含める。

3　委員会に対して包括的な最初の報告を提出した締約国は、1(b)の規定に従って提出するその後の報告においては、既に提供した基本的な情報を繰り返す必要はない。

4　委員会は、この条約の実施に関連する追加の情報を締約国に要請することができる。

5　委員会は、その活動に関する報告を経済社会理事会を通じて二年ごとに国際連合総会に提出する。

6　締約国は、1の報告を自国において公衆が広く利用できるようにする。

**第四五条【国際協力】**この条約の効果的な実施を促進し及びこの条約が対象とする分野における国際協力を奨励するため、

(a)　専門機関及び国際連合児童基金その他の国際連合の機関は、その任務の範囲内にある事項に関するこの条約の規定の実施についての検討に際し、代表を出す権利を有する。委員会は、適当と認める場合には、専門機関及び国際連合児童基金その他の権限のある機関に対し、これらの機関の任務の範囲内にある事項に関するこの条約の実施について専門家の助言を提供するよう要請することができる。委員会は、専門機関及び国際連合児童基金その他の国際連合の機関に対し、これらの機関の任務の範囲内にある事項に関するこの条約の実施について報告を提出するよう要請することができる。

(b)　委員会は、適当と認める場合には、技術的な助言若しくは援助の要請を含んでおり又はこれらの必要性を記載している締約国からのすべての報告を、これらの要請又は必要性の記載に関する委員会の見解及び提案がある場合は当該見解及び提案とともに、専門機関及び国際連合児童基金その他の権限のある機関に送付する。

(c)　委員会は、国際連合総会に対し、国際連合事務総長が委員会のために児童の権利に関連する特定の事項に関する研究を行うよう同事務総長に要請することを勧告することができる。

(d)　委員会は、前条及びこの条の規定により得た情報に基づく提案及び一般的な性格を有する勧告を行うことができる。これらの提案及び一般的な性格を有する勧告は、関係締約国に送付し、締約国から意見がある場合にはその意見とともに国際連合総会に報告する。

## 第三部

**第四六条【署名】**この条約は、すべての国による署名のために開放しておく。

**第四七条【批准】**この条約は、批准されなければならない。批准書は、国際連合事務総長に寄託する。

**第四八条【加入】**この条約は、すべての国による加入のために開放しておく。加入書は、国際連合事務総長に寄託する。

**第四九条【効力発生】**1　この条約は、二十番目の批准書又は加入書が国際連合事務総長に寄託された日の後三十日目の日に効力を生ずる。

2　この条約は、二十番目の批准書又は加入書が寄託された後に批准し又は加入する国については、その批准書又は加入書が寄託された日の後三十日目に効力を生ずる。

**第五〇条【改正】**1　いずれの締約国も、改正を提案し及び改正案を国際連合事務総長に提出することができる。同事務総長は、直ちに、締約国に対し、その改正案を送付するものとし、締約国による改正案の審議及び投票のための締約国の会議の開催についての賛否を示すよう要請する。その送付の日から四箇月以内に締約国の三分の一以上が会議の開催に賛成する場合には、同事務総長は、国際連合の主催の下に会議を招集する。会議において出席しかつ投票する締約国の過半数によって採択された改正案は、承認のため、国際連合総会に提出する。

2　1の規定により採択された改正は、国際連合総会が承認し、かつ、締約国の三分の二以上の多数が受諾した時に、効力を生ずる。

3　改正は、効力を生じたときは、改正を受諾した締約国を拘束するものとし、他の締約国は、改正前のこの条約の規定(受諾した従前の改正を含む。)により引き続き拘束される。

**第五一条【留保】**1　国際連合事務総長は、批准又は加入の際に行われた留保の書面を受領し、かつ、すべての国に送付する。

2　この条約の趣旨及び目的と両立しない留保は、認められない。

3　留保は、国際連合事務総長にあてた通告によりいつでも撤回することができるものとし、同事務総長は、その撤回をすべての国に通報する。このようにして通報された通告は、同事務総長により受領された日に効力を生ずる。

**第五二条【廃棄】**締約国は、国際連合事務総長に対して書面による通告を行うことにより、この条約を廃棄することができる。廃棄は、同事務総長がその通告を受領した日の後一年で効力を生ずる。

**第五三条【寄託】**国際連合事務総長は、この条約の寄託者として指名される。

**第五四条【正文】**アラビア語、中国語、英語、フランス語、ロシア語及びスペイン語をひとしく正文とするこの条約の原本は、国際連合事務総長に寄託する。

## 児童の権利に関する条約に関する日本国政府の留保

(平成六・五・一六外告二六八(二))

日本国は、児童の権利に関する条約第三十七条(c)の適用に当たり、日本国においては、自由を奪われた者に関しては、国内法上原則として二十歳未満の者と二十歳以上の者とを分離することとされていることにかんがみ、この規定の第二文にいう「自由を奪われたすべての児童は、成人とは分離されないことがその最善の利益であると認められない限り成人とは分離される」に拘束されない権利を留保する。

### 同宣言

1　日本国政府は、児童の権利に関する条約第九条1は、出入国管理法に基づく退去強制の結果として児童が父母から分離される場合に適用されるものではないと解釈するものであることを宣言する。

2　日本国政府は、更に、児童の権利に関する条約第十条1に規定される家族の再統合を目的とする締約国への入国又は締約国からの出国の申請を「積極的、人道的かつ迅速な方法」で取り扱うとの義務はそのような申請の結果に影響を与えるものではないと解釈するものであることを宣言する。

## (2)　武力紛争における児童の関与に関する選択議定書（抄）

（武力紛争における児童の関与に関する児童の権利に関する条約の選択議定書）〔武力紛争児童関与選択議定書〕

採　　択　二〇〇〇年五月二五日（国連第五四回総会）
効力発生　二〇〇二年二月一二日
日 本 国　二〇〇四年九月二日（〇二年五月一〇日署名、〇四年四月二一日国会承認、八月二日批准書寄託、八月四日公布・条約一〇号）
当 事 国　一七〇

この議定書の締約国は、（中略）

武力紛争の状況において児童を標的とすること及び学校、病院等一般的に多数の児童が存在する場所その他の国際法に基づいて保護されている対象を直接攻撃することを非難し、

国際刑事裁判所規程が採択されたこと、特に同規程が、国際的な武力紛争及び非国際的な武力紛争の双方において、十五歳未満の児童を強制的に徴集し及び志願に基づいて編入し並びに敵対行為に積極的に参加させるために使用することを戦争犯罪として規定していることに留意し、

したがって、児童の権利に関する条約において認められている権利の実現を更に強化するためには、武力紛争における関与から児童を一層保護することが必要であることを考慮し、（中略）

次のとおり協定した。

**第一条【敵対行為への参加の防止】**　締約国は、十八歳未満の自国の軍隊の構成員が敵対行為に直接参加しないことを確保するためのすべての実行可能な措置をとる。

**第二条【徴兵の禁止】**　締約国は、十八歳未満の者を自国の軍隊に強制的に徴集しないことを確保する。

**第三条【志願者の最低年齢】**　1　締約国は、児童の権利に関する条約第三十八条に定める原則を考慮し及び同条約に基づき十八歳未満の者は特別な保護を受ける権利を有することを認識して、自国の軍隊に志願する者の採用についての最低年齢を同条3に定める年齢より年単位で引き上げる。

2　各締約国は、この議定書を批准し又はこれに加入する際に、自国の軍隊に志願する者の採用が認められる最低年齢を記載する拘束力のある宣言及びそのような採用が強制され又は強要されたものではないことを確保するためにとられた保障措置についての説明を寄託する。

3　自国の軍隊に志願する十八歳未満の者の採用を認める締約国は、少なくとも次のことを確保するための保障措置を維持する。

(a)　当該採用が真に志願する者を対象とするものであること。

(b)　当該採用につき当該者の父母又は法定保護者が事情を知らされた上で同意していること。

(c)　当該者が軍務における任務につき十分な情報の提供を受けていること。

(d)　当該者が、自国の軍務に服することが認められる前に、年齢についての信頼し得る証明を提出すること。

4　各締約国は、国際連合事務総長にあてた通告により、いつでも自国の宣言の内容を拡充することができるものとし、同事務総長は、これをすべての締約国に通報する。そのような通告は、同事務総長により受領された日に効力を生ずる。

5　1に定める最低年齢を引き上げる義務は、締約国の軍隊により運営され又は管理されている学校であって、児童の権利に関する条約第二十八条及び第二十九条の規定の趣旨に沿うものについては適用されない。

**第四条【国の軍隊以外の武装集団】**　1　国の軍隊と異なる武装集団は、いかなる状況においても、十八歳未満の者を採用し又は敵対行為に使用すべきでない。

2　締約国は、1に規定する採用及び使用を防止するため、すべての実行可能な措置（1に規定する採用及び使用を禁止し並びにこれらの行為を犯罪とするために必要な法律上の措置を含む。）をとる。

3　この議定書におけるこの条の規定の適用は、武力紛争のいかなる当事者の法的地位にも影響を及ぼすものではない。

**第五条【他の法との関係】**　この議定書のいかなる規定も、児童の権利の実現に一層貢献する締約国の法律、国際文書又は国際人道法の規定の適用を妨げるものと解してはならない。

**第六条【実施措置等】**　1　各締約国は、自国の管轄の下においてこの議定書の規定の効果的な実施を確保するため、すべての必要な法律上、行政上その他の措置をとる。

2　締約国は、適当な方法でこの議定書の原則及び規定を成人及び児童のいずれにも広く知らせることを約束する。

3　締約国は、自国の管轄の下にある者であってこの議定書に反して採用され又は敵対行為に使用されたものを除隊させ又は他の方法により任務から解放することを確保するため、すべての実行可能な措置をとる。締約国は、必要な場合には、これらの者に対し、その身体的及び心理的な回復並びに社会復帰のためのすべての適当な援助を与える。

**第七条【国際協力】**　1　締約国は、技術協力、財政的援助等を通じて、この議定書に反するあらゆる行為の防止、この議定書に反する行為の被害者のリハビリテーション及び社会復帰その他のこの議定書の実施について協力する。このような援助及び協力は、関係締約国及び関係国際機関と協議した上で実施する。

2　締約国は、可能な場合には、既存の多数国間、二国間その他の計画を通じ、又は国際連合総会の規則に従って設立される任意の基金を通じ、このような援助を提供する。

**第八条【報告義務】**　1　各締約国は、この議定書が自国について効力を生じた後二年以内に、参加及び採用に関する規定の実施のためにとった措置その他のこの議定書の規定の実施のためにとった措置に関する包括的な情報を提供する報告を児童の権利に関する委員会に提出する。

2　各締約国は、包括的な報告を提出した後、児童の権利に関する条約第四十四条の規定に従って児童の権利に関する委員会に

提出する報告に、この議定書の実施に関するあらゆる追加の情報を含める。この議定書のその他の締約国は、五年ごとに報告を提出する。

3　児童の権利に関する委員会は、この議定書の実施に関連する追加の情報を締約国に要請することができる。

**第九条【署名、批准】**1　この議定書は、児童の権利に関する条約の締約国であるか又は同条約に署名したすべての国による署名のために開放しておく。

2　この議定書は、批准されなければならず、また、すべての国による加入のために開放しておく。批准書又は加入書は、国際連合事務総長に寄託する。

3　(略)

**第一〇条【効力発生】**1　この議定書は、十番目の批准書又は加入書が寄託された後三箇月で効力を生ずる。

2　この議定書は、この議定書の効力発生の後に批准し又は加入する国については、その批准書又は加入書が寄託された日の後一箇月で効力を生ずる。

**第一一条【廃棄】**1　いずれの締約国も、国際連合事務総長に対して書面による通告を行うことにより、いつでもこの議定書を廃棄することができる。同事務総長は、その後、児童の権利に関する条約のその他の締約国及び同条約に署名したすべての国に対しこれを通報する。廃棄は、同事務総長がその通告を受領した日の後一年で効力を生ずる。ただし、廃棄を行う締約国が当該一年の期間の満了の時において武力紛争に巻き込まれている場合には、廃棄は、武力紛争の終了の時まで効力を生じない。

2　廃棄は、廃棄が効力を生ずる日前に発生した行為について、この議定書に基づく当該締約国の義務を免除するものではない。また、廃棄は、廃棄が効力を生ずる日前に児童の権利に関する委員会が既に検討していた問題について検討を継続することを妨げるものではない。

**第一二条【改正】**1　いずれの締約国も、改正を提案し及び改正案を国際連合事務総長に提出することができる。同事務総長は、直ちに、締約国に対し、その改正案を送付するものとし、締約国による改正案の審議及び投票のための締約国の会議の開催についての賛否を示すよう要請する。その送付の日から四箇月以内に締約国の三分の一以上が会議の開催に賛成する場合には、同事務総長は、国際連合の主催の下に会議を招集する。会議において出席しかつ投票する締約国の過半数によって採択された改正案は、承認のため、国際連合総会に提出する。

2　1の規定により採択された改正は、国際連合総会が承認し、かつ、締約国の三分の二以上の多数が受諾した時に、効力を生ずる。

3　改正は、効力を生じたときは、改正を受諾した締約国を拘束するものとし、他の締約国は、改正前のこの議定書の規定(受諾した従前の改正を含む。)により引き続き拘束される。

**第一三条【正文】**(略)

## (3)　児童の売買等に関する選択議定書(抄)

(児童の売買、児童買春及び児童ポルノに関する児童の権利に関する条約の選択議定書)〔児童売買選択議定書〕

採　択　二〇〇〇年五月二五日(国連第五四回総会)
効力発生　二〇〇二年一月一八日
日本国　二〇〇五年二月二四日(〇二年五月一〇日署名、〇四年四月二一日国会承認、〇五年一月二四日批准書寄託、一月二六日公布・条約二号)
当事国　一七六

この議定書の締約国は、

児童の権利に関する条約の目的及び同条約の規定(特に、第一条、第十一条、第二十一条、第三十二条、第三十三条、第三十四条、第三十五条及び第三十六条の規定)の実施を更に達成することを目的として、児童の売買、児童買春及び児童ポルノからの児童の保護を保障するために締約国がとるべき措置を拡大することが適当であることを考慮し、(中略)

次のとおり協定した。

**第一条【児童売買等の禁止】**締約国は、この議定書に従って児童の売買、児童買春及び児童ポルノを禁止する。

**第二条【定義】**この議定書の適用上、

(a)「児童の売買」とは、報酬その他の対償のために、児童が個人若しくは集団により他の個人若しくは集団に引き渡されるあらゆる行為又はこのような引渡しについてのあらゆる取引をいう。

(b)「児童買春」とは、報酬その他の対償のために、児童を性的な行為に使用することをいう。

(c)「児童ポルノ」とは、現実の若しくは擬似のあからさまな性的な行為を行う児童のあらゆる表現(手段のいかんを問わない。)又は主として性的な目的のための児童の身体の性的な部位のあらゆる表現をいう。

**第三条【処罰義務】**1　各締約国は、その犯罪が国内で行われたか国際的に行われたかを問わず、また、個人により行われたか組織により行われたかを問わず、少なくとも次の行為が自国の刑法又は刑罰法規の適用を完全に受けることを確保する。

(a)　前条に定義する児童の売買に関し、

(i)　児童を次の目的のため提供し、移送し又は収受すること(手段のいかんを問わない。)。

a　児童を性的に搾取すること。

b　営利の目的で児童の臓器を引き渡すこと。

c　児童を強制労働に従事させること。

(ii)　養子縁組に関する適用可能な国際的な法的文書に違反する児童の養子縁組について同意するよう、仲介者として不当に勧誘すること。

(b)　前条に定義する児童買春のため、児童を提供し、取得し、あっせんし及び供給すること。

(c)　前条に定義する児童ポルノを製造し、配布し、頒布し、輸入し、輸出し、提供し若しくは販売し又はこれらの行為の目的で保有すること。

2　締約国の国内法の規定に従って、1に規定する行為の未遂及び1に規定する行為を共謀し又は1に規定する行為に加担する行為についても、1の規定を適用する。

3　各締約国は、1及び2に定める犯罪について、その重大性を考慮した適当な刑罰を科することができるようにする。

4　各締約国は、自国の国内法の規定に従って、適当な場合には、

1に定める犯罪についての法人の責任を確立するための措置をとる。法人のこの責任は、締約国の法的原則に従って、刑事上、民事上又は行政上のものとすることができる。

5 締約国は、児童の養子縁組に関与するすべての者が適用可能な国際的な法的文書に従って行動することを確保するためのすべての適当な法律上及び行政上の措置をとる。

**第四条【裁判権の設定】** 1 各締約国は、前条1に定める犯罪が自国の領域内で又は自国において登録された船舶若しくは航空機内で行われる場合において当該犯罪についての自国の裁判権を設定するため、必要な措置をとる。

2 各締約国は、次の場合において前条1に定める犯罪についての自国の裁判権を設定するため、必要な措置をとることができる。

(a) 容疑者が、自国の国民である場合又は自国の領域内に常居所を有する者である場合

(b) 被害者が自国の国民である場合

3 各締約国は、容疑者が自国の領域内に所在し、かつ、犯罪が自国の国民によって行われたことを理由として他の締約国に対して当該容疑者の引渡しを行わない場合において前条1に定める犯罪についての自国の裁判権を設定するため、必要な措置をとる。

4 この議定書は、国内法に従って行使される刑事裁判権を排除するものではない。

**第五条【犯罪人引渡し】** 1 第三条1に定める犯罪は、締約国間の現行の犯罪人引渡条約における引渡犯罪とみなされ、また、締約国間で今後締結されるすべての犯罪人引渡条約における引渡犯罪に含まれるものとする。ただし、これらの条約に定める条件に従うことを条件とする。

2 条約の存在を犯罪人引渡しの条件とする締約国は、自国との間に犯罪人引渡条約を締結していない他の締約国から犯罪人引渡しの請求を受けた場合には、この議定書を第三条1に定める犯罪に関する犯罪人引渡しのための法的根拠とみなすことができる。この犯罪人引渡しは、請求を受けた国の法令に定める条件に従う。

3 条約の存在を犯罪人引渡しの条件としない締約国は、犯罪人引渡しの請求を受けた国の法令に定める条件に従い、相互間で、第三条1に定める犯罪を引渡犯罪と認める。

4 第三条1に定める犯罪は、締約国間の犯罪人引渡しに関しては、当該犯罪が発生した場所のみでなく、前条の規定に従って裁判権を設定しなければならない国の領域内においても行われたものとみなされる。

5 第三条1に定める犯罪に関して引渡しの請求が行われた場合において、請求を受けた締約国が犯人の国籍を理由として引渡しを行わないときは、当該締約国は、訴追のため自国の権限のある当局に事件を付託するための適当な措置をとる。

**第六条【司法共助】** 1 締約国は、第三条1に定める犯罪について行われる捜査、刑事訴訟又は犯罪人引渡しに関する手続について、相互に最大限の援助(これらの手続に必要であり、かつ、自国が提供することができる証拠の収集に係る援助を含む。)を与える。

2 締約国は、相互間に法律上の相互援助に関する条約又は他の取極が存在する場合には、当該条約又は他の取極に合致するように、1に規定する義務を履行する。締約国は、そのような条約又は取極が存在しない場合には、自国の国内法に従って相互に援助を与える。

**第七条【押収・没収、閉鎖】** 締約国は、自国の国内法の規定に従って、次のことを行う。

(a) 適当な場合には、次のものを押収し又は没収することを定めるための措置をとること。

(i) この議定書に定める犯罪を行い又は助長するために使用された物(例えば、材料、財産及び他の道具)

(ii) この議定書に定める犯罪から生じた収益

(b) (a)に規定する物又は収益の押収又は没収についての他の締約国からの要請を実施すること。

(c) この議定書に定める犯罪を行うために使用された場所を一時的又は恒久的に閉鎖するための措置をとること。

**第八条【被害者の利益保護】** 1 締約国は、刑事司法手続のすべての段階において、特に次のことを行うことによって、この議定書によって禁止されている行為の被害者である児童の権利及び利益を保護するための適当な措置をとる。

(a) 被害者である児童が被害を受けやすいことを認め、及び当該児童の特別な必要(証人としての特別な必要等)を認めるために刑事司法手続を適合させること。

(b) 被害者である児童に対し、当該児童が有する権利及び役割並びに刑事司法手続に係る範囲、時期及び進捗状況について通知し、また、当該児童に係る事件の処理について通知すること。

(c) 被害者である児童の個人的な利益に影響を及ぼす刑事司法手続において、国内法の手続規則に合致する方法により、当該児童の意見、必要及び懸念が表明され及び考慮されることを認めること。

(d) 訴訟手続の間を通じて被害者である児童に対し適当な支援サービスを与えること。

(e) 被害者である児童の私生活及び身元関係事項を適当な場合に保護し、並びに被害者である児童の身元の特定につながるような情報の不適当な公表を避けるために国内法に従って措置をとること。

(f) 適当な場合には、被害者である児童、その家族及び被害者である児童のための証人に対する脅迫及び報復からの保護のための措置をとること。

(g) 事件の処理及び被害者である児童に対して賠償を与える命令又は決定の執行において不必要な遅延を避けること。

2 締約国は、被害者の実際の年齢が不確実であることが捜査(被害者の年齢を立証するための捜査を含む。)を開始する妨げとならないことを確保する。

3 締約国は、この議定書に定める犯罪の被害者である児童の刑事司法制度における取扱いにおいて、児童の最善の利益が主として考慮されることを確保する。

4 締約国は、この議定書によって禁止されている犯罪の被害者のために働く者に対して、適当な研修、特に法律及び心理学に関する研修を確保するための措置をとる。

5 締約国は、適当な場合には、この議定書によって禁止されている犯罪の防止又はこのような犯罪の被害者の保護及びリハビリテーションに関与する個人又は団体の安全及び信頼性を保護するための措置をとる。

6 この条のいかなる規定も、被告人が有する公正かつ公平な裁判を受ける権利を害し又はこれと両立しないものと解してはならない。

第九条【犯罪防止措置】1 締約国は、この議定書に定める犯罪を防止するため、法律、行政措置、社会政策及び計画を採用し又は強化し、実施し及び周知させる。このような犯罪により特に被害を受けやすい児童の保護に特別の考慮を払う。

2 締約国は、この議定書に定める犯罪の防止措置及び有害な影響に関し、すべての適当な手段による広報並びに教育及び研修を通じ、児童を含む公衆一般の意識を向上させる。この条の規定に基づく義務を履行するに当たり、締約国は、社会、特に被害者である児童その他の児童が、このような広報、教育及び研修に関する計画（国際的な規模のものを含む。）に参加することを奨励する。

3 締約国は、この議定書に定める犯罪の被害者に対し、十分な社会復帰並びに十分な身体的及び心理的な回復その他のすべての適当な援助を確保するためのすべての実行可能な措置をとる。

4 締約国は、この議定書に定める犯罪の被害者であるすべての児童が、法的な責任を負う者に対し差別されることなく損害についての賠償を求めるための適当な手続を利用することができることを確保する。

5 締約国は、この議定書に定める犯罪を宣伝する物の製造及び頒布を効果的に禁止するための適当な措置をとる。

第一〇条【国際協力】（略）

第一一条【児童にとって有利な規定の優先】（略）

第一二条【報告義務】〔武力紛争における児童の関与に関する選択議定書第八条と同じ。ただし、「参加及び採用に関する規定の実施のためにとった措置その他の」を削る。〕

第一三条【署名、批准】（略）

第一四条【効力発生】〔武力紛争における児童の関与に関する選択議定書第一〇条と同じ。〕

第一五条【廃棄】（略）

第一六条【改正】〔武力紛争における児童の関与に関する選択議定書第一二条と同じ。〕

第一七条【正文】（略）

## (4) 個人通報手続に関する選択議定書（抄） 翻訳

〔通報手続に関する児童の権利に関する条約の選択議定書〕〔個人通報手続選択議定書〕

採　択　二〇一一年一二月一九日（国連第六六回総会）
効力発生　二〇一四年四月一四日
日本国
当事国　四六

この議定書の締約国は、（中略）

全ての人権及び基本的自由の普遍性、不可分性、相互依存性及び相互関連性を再確認し、

また権利主体並びに尊厳及び発達能力を有する人間としての児童の地位を再確認し、

児童の特別かつ依存的な地位が、権利の侵害に対する救済を児童が追求するに当たって、真の困難を創出する可能性があることを再認識し、

この議定書は、児童がその権利の侵害について通報を送付することを認める国内及び地域的な制度を強化し、補完するものであることを考慮し、

児童の権利の侵害に対する救済を追求するに当たって、児童の最善の利益は、尊重されなければならない主要な考慮すべき事柄であること、またこのような救済は、全ての段階において児童に配慮した手続の必要性に留意しなければならないことを再認識し、

権利を侵害された児童が、国内平面において効果的な救済を利用することができるように、締約国に対し適当な国内制度を発展させることを奨励し、

この点について、児童の権利を促進し保護する権限が与えられている国内人権機関その他の関連する専門組織が果たし得る重要な役割を想起し、

このような国内的手続を強化し、補完するため、条約（児童の権利に関する条約）並びに、適用可能な場合には、児童の売買、児童買春及び児童ポルノに関する選択議定書並びに武力紛争における児童の関与に関する選択議定書の実施をさらに推進するためには、児童の権利委員会（以下「委員会」という。）がこの議定書に定める任務を遂行できるようにすることが適当であることを考慮し、

次のとおり協定した。

### 第一部　一般規定（抄）

第一条（児童の権利委員会の権限）1 この議定書の締約国は、この議定書に規定される委員会の権限を認める。

2 委員会は、この議定書の締約国につき、当該国が当事国となっていない文書に規定される権利の侵害に関する事項については権限を行使しない。

3 委員会は、この議定書の締約国ではない国に関する通報を受理してはならない。

第二条（委員会の任務に関する一般原則）委員会は、この議定書によって与えられた任務を遂行するに当たって、児童の最善の利益の原則を指針とする。委員会はまた児童の権利及び意見に留意する。児童の意見は、児童の年齢及び成熟度に従って相応の重要性が与えられる。

第三条（手続規則）（略）

第四条（保護措置）1 締約国は、その管轄下にある個人が、この議定書に従って行った通報又は委員会との協力の結果として、いかなる人権侵害、虐待又は脅迫も受けないことを確保するためにあらゆる適当な措置をとる。

2 関係するいかなる個人又は集団の身元も、彼らの明示の合意なくして公開されない。

### 第二部　通報手続（抄）

第五条（個人通報）1 通報は、締約国の管轄内にある個人又は集団であって、その締約国によって以下のいずれかの文書に規定されるいずれかの権利侵害の被害者であると主張する者が提出できる。

(a) 条約
(b) 児童の売買、児童買春及び児童ポルノに関する選択議定書
(c) 武力紛争における児童の関与に関する選択議定書

2 通報が個人又は集団の代理人によって提出される場合には、通報者が個人又は集団の同意なしにそれらの者を代理して行動

することを正当化できる場合を除き、当該個人又は集団の同意がなければならない。

**第六条（暫定措置）**１　委員会は、通報の受理の後、本案の決定に至るまでの間いつでも、関係締約国に対し、主張されている違反の被害者に生じる可能性のある回復不能な損害を回避するために例外的な状況において必要とされる暫定措置〔interim measures〕をとるよう当該締約国に求める要請を、当該国による緊急の考慮のために送付することができる。

２　委員会が本条１の規定に基づく裁量を行使する場合、それは通報の受理可能性又は本案についての決定を意味するものではない。

**第七条（受理可能性）**１　委員会は、次の場合には、通報を受理することができない。

(a)　通報が、匿名である場合

(b)　通報が、文書によらない場合

(c)　通報が、通報を提出する権利の濫用となるか、又は条約若しくは選択議定書の規定と両立しない場合

(d)　同一の事案が、委員会で既に検討されたか、又は他の国際的調査若しくは解決の手続に基づいて検討されたか若しくは検討されている場合

(e)　利用し得る全ての国内救済措置を尽くしていない場合。ただし、救済措置の適用が不当に遅延した場合又は効果的な救済をもたらす見込みがない場合は、この限りではない。

(f)　通報が明白に根拠を欠いているか又は十分に立証されていない場合

(g)　通報の対象となる事実が、関係締約国についてこの議定書が効力を発生する前に生じた場合。ただし、当該事実が効力発生の日以降も継続している場合は、この限りでない。

(h)　通報が、国内救済措置を尽くしてから一年以内に提出されていない場合。ただし、通報者がこの期限内に通報を提出することができなかったことを立証できる場合はこの限りでない。

**第八条（通報の送付）**（略）

**第九条（友好的解決）**１　委員会は、条約又は選択議定書が定める義務の尊重を基礎として事案を友好的に解決するために、関係当事者に対してそのあっせんを利用できるようにする。

２　委員会の支援の下で友好的解決の合意に至った場合には、この議定書に基づく通報の検討は終了する。

**第一〇条（通報の検討）**１　委員会は、この議定書に基づいて受理した通報を、提出された全ての文書に照らして速やかに検討する。ただし、この文書が関係当事者に送付されることを条件とする。

２　委員会は、この議定書に基づいて通報を検討する場合には、非公開の会合を開く。

３　委員会が暫定措置を要請したときには、通報の検討を迅速に行う。

４　経済的、社会的又は文化的権利の侵害を主張する通報を検討する場合、委員会は、条約第四条に従って締約国がとった措置の合理性について検討する。その際、委員会は、締約国が条約の経済的、社会的及び文化的権利の実施のために一定範囲の可能な政策措置をとり得ることに留意する。

５　委員会は、通報を検討した後、遅滞なく、通報に関する委員会の見解を、勧告がある場合にはその勧告とともに、関係当事者に送付する。

**第一一条（フォローアップ）**１　締約国は、委員会の見解及び勧告がある場合にはその勧告に十分な考慮を払い、委員会に対し、委員会の見解及び勧告に照らしてとった措置及びとる予定の措置に関する情報を含む書面の回答を提出する。締約国は可及的速やかに、かつ、六箇月以内にその回答を提出する。

２　委員会は、委員会の見解及び勧告に応じて、又は友好的解決の合意があるときはその合意の実施として締約国がとった措置に関する追加的情報を、委員会が適当と考えるときは、条約第四四条及び、適用可能な場合には、児童の売買、児童買春及び児童ポルノに関する選択議定書第一二条、又は武力紛争における児童の関与に関する選択議定書第八条に基づく締約国のその後の報告書において、提出するよう要請することができる。

**第一二条（国家間通報）**（略）

## 第三部　調査手続

**第一三条（重大な又は組織的な侵害に関する調査手続）**１　委員会は、締約国が条約、児童の売買、児童買春及び児童ポルノに関する選択議定書、又は武力紛争における児童の関与に関する選択議定書に定める権利の重大な又は組織的な侵害を行っていることを示す信頼できる情報を受理したときは、当該締約国に対し、当該情報の検討に協力し、かつ、このために遅滞なく当該情報に関する所見を提出するよう要請する。

２　委員会は、関係締約国が提出する全ての所見及び利用可能な他の信頼できる情報を考慮して、緊急に調査を行いかつ委員会に報告する一人又はそれ以上の委員を指名することができる。正当な根拠があり、当該締約国の同意がある場合には、調査は当該国領域への訪問を含むことができる。

３　当該調査は、非公開で実施され、当該手続の全ての段階において当該締約国の協力を求めなければならない。

４　委員会は、この調査の結果を検討した後、調査の結果を意見及び勧告とともに関係締約国に遅滞なく送付する。

５　関係締約国は、委員会が送付した調査の結果、意見及び勧告を受領した後可及的速やかに、かつ、六箇月以内に、所見を委員会に提出する。

６　本条２に従って実施された調査に関する手続が完了した後、委員会は、関係締約国との協議の後、この議定書第一六条に規定する委員会の報告書に手続の結果の要約を含めるかを決定することができる。

７　各締約国は、この議定書の署名、批准又はこの議定書への加入の際に、本条１に規定する文書の一部又は全てに掲げられた権利に関し本条に規定する委員会の権限を認めない旨を宣言することができる。

８　本条７に従って宣言を行った締約国は、国際連合事務総長に対する通告により、いつでもこの宣言を撤回することができる。

**第一四条（調査手続のフォローアップ）**１　委員会は、必要な場合には、第一三条５に定める六箇月の期間の終了の後に、関係締約国に対し、この議定書第一三条に基づいて実施された調査に応じて関係締約国がとった措置及びとる予定の措置を委員会に通知するよう要請することができる。

２　委員会は、この議定書第一三条に基づいて実施された調査に応じて関係国がとった措置についての追加的情報を、委員会が適当と考えるときは、条約第四四条、適用可能な場合には、児童の売買、児童買春及び児童ポルノに関する選択議定書第一二条、又は武力紛争における児童の関与に関する選択議定書第八

条に基づく当該国のその後の報告書において、提出するよう要請することができる。

## 第四部　最終規定(抄)

**第一五条（国際支援及び協力）**(略)

**第一六条（総会への報告）**(略)

**第一七条（選択議定書の広報）**(略)

**第一八条（署名、批准及び加入）**(略)

**第一九条（効力発生）**(略)

**第二〇条（効力発生後の違反）** 1　委員会は、この議定書の効力発生後、締約国による条約又は条約の初めの二つの選択議定書に規定される権利の侵害に関してのみ権限を有する。

2　この議定書が効力を生じた後に締約国となった国の場合は、委員会に対する当該国の義務は、条約又は条約の初めの二つの選択議定書に規定された権利の侵害であって、この議定書が当該国について発効した後に生じたものに限定される。

**第二一条（改正）**(略)

**第二二条（脱退）**(略)

**第二三条（事務総長による通報）**(略)

**第二四条（言語）**(略)

# 12　国際的な子の奪取の民事上の側面に関する条約(抄)

署名(作成)　一九八〇年一〇月二五日(ハーグ)
効力発生　一九八三年一二月一日
日本国　二〇一四年四月一日(一三年五月二二日国会承認、一四年一月二四日受諾書寄託、一月二九日公布・条約二号)
当事国　一〇二

この条約の署名国は、

子の監護に関する事項において子の利益が最も重要であることを深く確信し、

不法な連れ去り又は留置によって生ずる有害な影響から子を国際的に保護すること並びに子が常居所を有していた国への当該子の迅速な返還を確保する手続及び接触の権利の保護を確保する手続を定めることを希望し、

このための条約を締結することを決定して、次のとおり協定した。

## 第一章　条約の適用範囲(抄)

**第一条【目的】** この条約は、次のことを目的とする。

a　いずれかの締約国に不法に連れ去られ、又はいずれかの締約国において不法に留置されている子の迅速な返還を確保すること。

b　一の締約国の法令に基づく監護の権利及び接触の権利が他の締約国において効果的に尊重されることを確保すること。

**第二条【適当な措置及び迅速な手続】**(略)

**第三条【連れ去り又は留置の不法性】** 子の連れ去り又は留置は、次のa及びbに該当する場合には、不法とする。

a　当該連れ去り又は留置の直前に当該子が常居所を有していた国の法令に基づいて個人、施設又は他の機関が共同又は単独で有する監護の権利を侵害していること。

b　当該連れ去り若しくは留置の時にaに規定する監護の権利が共同若しくは単独で現実に行使されていたこと又は当該連れ去り若しくは留置がなかったならば当該権利が共同若しくは単独で現実に行使されていたであろうこと。

aに規定する監護の権利は、特に、法令の適用により、司法上若しくは行政上の決定により、又はaに規定する国の法令に基づいて法的効果を有する合意により生ずるものとする。

**第四条【適用範囲】** この条約は、監護の権利又は接触の権利が侵害される直前にいずれかの締約国に常居所を有していた子について適用する。この条約は、子が十六歳に達した場合には、適用しない。

**第五条【定義】** この条約の適用上、

a　「監護の権利」には、子の監護に関する権利、特に、子の居所を決定する権利を含む。

b　「接触の権利」には、一定の期間子をその常居所以外の場所に連れて行く権利を含む。

## 第二章　中央当局

**第六条【中央当局の指定】** 締約国は、この条約により中央当局に対して課される義務を履行するため、一の中央当局を指定する。

(後略)

**第七条【中央当局の任務】** 中央当局は、子の迅速な返還を確保し、及びこの条約の他の目的を達成するため、相互に協力し、及びそれぞれの国内における権限のある当局の間の協力を促進する。

特に、中央当局は、直接に又は仲介者を通じて、次の事項を目的として、全ての適当な措置をとる。

a　不法に連れ去られ、又は留置されている子の所在を特定すること。

b　暫定措置をとり、又はとらせることによって、子に対する更なる害悪又は利害関係者に対する不利益を防止すること。

c　子の任意の返還を確保し、又は問題の友好的な解決をもたらすこと。

d　望ましい場合には、子の社会的背景に関する情報を交換すること。

e　この条約の適用に関連する自国の法令につき一般的な情報を提供すること。

f　子の返還を得るための司法上若しくは行政上の手続を開始し、又は当該手続の開始について便宜を与えること、及び適当な場合には接触の権利について内容を定め、又は効果的な行使を確保するように取り計らうこと。

g　状況により必要とされる場合には、法律に関する援助及び助言(弁護士その他法律に関する助言者の参加を含む。)を提供し、又はこれらの提供について便宜を与えること。

h　子の安全な返還を確保するための必要かつ適当な行政上の措置をとること。

i　この条約の実施に関する情報を常に相互に通報し、及びこの条約の適用に対する障害を可能な限り除去すること。

## 第三章　子の返還(抄)

**第八条【中央当局への援助の申請】** 監護の権利が侵害されて子

が連れ去られ、又は留置されたと主張する個人、施設又は他の機関は、当該子の常居所の中央当局又は他の締約国の中央当局に対し、当該子の返還を確保するための援助の申請を行うことができる。（後略）

**第九条【申請の移送】**（略）

**第一〇条【任意の返還のための措置】** 子が現に所在する国の中央当局は、当該子が任意に返還されるよう全ての適当な措置をとり、又はとらせる。

**第一一条【迅速な返還手続】** 締約国の司法当局又は行政当局は、子の返還のための手続を迅速に行う。（後略）

**第一二条【返還命令】** 子が第三条の規定の意味において不法に連れ去られ、又は留置されている場合において、当該子が現に所在する締約国の司法当局又は行政当局が手続を開始した日において当該子の不法な連れ去り又は留置の日から一年が経過していないときは、当該司法当局又は行政当局は、直ちに、当該子の返還を命ずる。

司法当局又は行政当局は、前項に規定する一年が経過した後に手続を開始した場合においても、子が新たな環境に適応していることが証明されない限り、当該子の返還を命ずる。（後略）

**第一三条【返還義務の免除】** 前条の規定にかかわらず、要請を受けた国の司法当局又は行政当局は、子の返還に異議を申し立てる個人、施設又は他の機関が次のいずれかのことを証明する場合には、当該子の返還を命ずる義務を負わない。

a　子を監護していた個人、施設又は他の機関が、連れ去り若しくは留置の時に現実に監護の権利を行使していなかったこと、連れ去り若しくは留置の時以前にこれに同意していたこと又は連れ去り若しくは留置の後にこれを黙認したこと。

b　返還することによって子が心身に害悪を受け、又は他の耐え難い状態に置かれることとなる重大な危険があること。

司法当局又は行政当局は、子が返還されることを拒み、かつ、その意見を考慮に入れることが適当である年齢及び成熟度に達していると認める場合には、当該子の返還を命ずることを拒むことができる。（後略）

**第一四条【常居所国の法令・決定の参照】**（略）

**第一五条【常居所国からの不法の決定・判断の取得要請】**（略）

**第一六条【監護権の本案】** 子が自国に連れ去られ、又は自国において留置されている締約国の司法当局又は行政当局は、当該子が第三条の規定の意味において不法に連れ去られ、又は留置されている旨の通知を受領した後は、この条約に基づいて子が返還されないことが決定されるまで又はこの条約に基づく申請が当該通知を受領した後合理的な期間内に行われない場合を除くほか、監護の権利についての本案の決定を行わない。

**第一七条【監護に関する決定と返還拒否】** 要請を受けた国において監護に関する決定が行われたという事実又は当該国において当該決定が承認され得るという事実のみをもって、この条約に基づく子の返還を拒む根拠としてはならない。もっとも、要請を受けた国の司法当局又は行政当局は、この条約の適用に当たり、当該決定の理由を考慮することができる。

**第一八条【返還命令の権限】**（略）

**第一九条【監護権の本案への影響】** この条約に基づく子の返還に関する決定は、監護の権利についての本案の判断としてはならない。

**第二〇条【人権を理由とする返還拒否】** 第十二条の規定に基づく子の返還については、要請を受けた国における人権及び基本的自由の保護に関する基本原則により認められないものである場合には、拒むことができる。

## 第四章　接触の権利

**第二一条【接触の権利の申請】** 接触の権利について内容を定め、又は効果的な行使を確保するように取り計らうことを求める申請は、締約国の中央当局に対して、子の返還を求める申請と同様の方法によって行うことができる。（後略）

## 第五章　一般規定（抄）

**第二二条【費用の支払の保証】**（略）

**第二三条【認証】** 認証その他これに類する手続は、この条約との関係において要求することができない。

**第二四条【翻訳】** 要請を受ける国の中央当局に送付される申請、連絡その他の文書は、原語によるものとし、当該国の公用語又はこれが実現不可能な場合にはフランス語若しくは英語による翻訳を添付する。

ただし、締約国は、第四十二条の規定に従って留保を付することにより、自国の中央当局に送付される申請、連絡その他の文書におけるフランス語又は英語のいずれか一方の使用を拒むことができる。

**第二五条【法律扶助】** 締約国の国民及び締約国に常居所を有する者は、この条約の適用に関係のある事項に関し、他の締約国において、当該他の締約国の国民及び当該他の締約国に常居所を有する者と同一の条件で法律に関する援助及び助言を受けることができる。

**第二六条【費用の負担】** 各中央当局は、この条約を適用するに当たり要する自己の費用を負担する。（後略）

**第二七条【中央当局による申請不受理】** 申請がこの条約に定める要件を満たしていないこと又は申請に十分な根拠がないことが明白である場合には、中央当局は、当該申請を受理する義務を負わない。この場合において、中央当局は、その理由を申請者又は当該申請を移送した中央当局に対して直ちに通知する。

**第二八条【中央当局の代理及び代理人指名権限】**（略）

**第二九条【直接の申請】**（略）

**第三〇条【他の締約国による申請の受理】**（略）

**第三一条【地域的不統一法国における常居所】**（略）

**第三二条【人的不統一法国】**（略）

**第三三条【地域的不統一法国における条約の適用】**（略）

**第三四条【他の条約との関係】**（略）

**第三五条【適用の不遡及】** この条約は、締約国間において、この条約が当該締約国について効力を生じた後に行われた不法な連れ去り又は留置についてのみ適用する。（後略）

**第三六条【子の返還の制約に関する締約国間の合意】**（略）

## 第六章　最終条項（抄）

**第三七条【ハーグ会議加盟国による批准・受諾・承認】**（略）

**第三八条【ハーグ会議非加盟国による加入】**（略）

**第三九条【地理的適用範囲】**（略）

**第四〇条【不統一法国における適用範囲の宣言】**（略）

**第四一条【国内の権限分配】**（略）

**第四二条【留保】** いずれの国も、批准、受諾、承認若しくは加入の時までに又は第三十九条若しくは第四十条の規定に基づく宣言を行う時に、第二十四条又は第二十六条第三項に規定する留保の一方又は双方を付することができる。その他のいかなる留保も、認められない。

いずれの国も、いつでも、自国が付した留保を撤回することができる。撤回は、オランダ王国外務省に通告する。

留保は、前項の通告の後三番目の月の初日に効力を失う。

**第四三条【効力発生】**（略）

**第四四条【有効期間】** この条約は、前条第一項の規定に従って効力を生じた日から五年間効力を有する。その日以後にこの条約を批准し、受諾し、若しくは承認し、又はこれに加入する国についても、同様とする。
この条約は、廃棄されない限り、五年ごとに黙示的に更新される。（後略）

**第四五条【オランダ王国外務省による通報】**（略）

### 国際的な子の奪取の民事上の側面に関する条約に関する日本国政府の留保

（平成二六・一・二九外告三三）

日本国政府は、同条約の受諾書を寄託する際に、同条約の第四十二条の規定に基づき、第二十四条及び第二十六条第三項に規定する留保の双方を付した。

## 13 障害者の権利に関する条約（抄）

採　択　二〇〇六年一二月一三日（国連第六一回総会）
効力発生　二〇〇八年五月三日
日本国　二〇一四年一月一九日（〇七年九月二八日署名、一三年一二月四日国会承認、一四年一月二〇日批准書寄託、一月二二日公布・条約一号）
当事国　一八一（他にEU）

**前　文**（略）

**第一条（目的）** この条約は、全ての障害者によるあらゆる人権及び基本的自由の完全かつ平等な享有を促進し、保護し、及び確保すること並びに障害者の固有の尊厳の尊重を促進することを目的とする。

障害者には、長期的な身体的、精神的、知的又は感覚的な機能障害であって、様々な障壁との相互作用により他の者との平等を基礎として社会に完全かつ効果的に参加することを妨げ得るものを有する者を含む。

**第二条（定義）** この条約の適用上、

「意思疎通」とは、言語、文字の表示、点字、触覚を使った意思疎通、拡大文字、利用しやすいマルチメディア並びに筆記、音声、平易な言葉、朗読その他の補助的及び代替的な意思疎通の形態、手段及び様式（利用しやすい情報通信機器を含む。）をいう。

「言語」とは、音声言語及び手話その他の形態の非音声言語をいう。

「障害に基づく差別」とは、障害に基づくあらゆる区別、排除又は制限であって、政治的、経済的、社会的、文化的、市民的その他のあらゆる分野において、他の者との平等を基礎として全ての人権及び基本的自由を認識し、享有し、又は行使することを害し、又は妨げる目的又は効果を有するものをいう。障害に基づく差別には、あらゆる形態の差別（合理的配慮の否定を含む。）を含む。

「合理的配慮」とは、障害者が他の者との平等を基礎として全ての人権及び基本的自由を享有し、又は行使することを確保するための必要かつ適当な変更及び調整であって、特定の場合において必要とされるものであり、かつ、均衡を失した又は過度の負担を課さないものをいう。

「ユニバーサルデザイン」とは、調整又は特別な設計を必要とすることなく、最大限可能な範囲で全ての人が使用することのできる製品、環境、計画及びサービスの設計をいう。ユニバーサルデザインは、特定の障害者の集団のための補装具が必要な場合には、これを排除するものではない。


**第三条（一般原則）** この条約の原則は、次のとおりとする。
(a) 固有の尊厳、個人の自律（自ら選択する自由を含む。）及び個人の自立の尊重
(b) 無差別
(c) 社会への完全かつ効果的な参加及び包容
(d) 差異の尊重並びに人間の多様性の一部及び人類の一員としての障害者の受入れ
(e) 機会の均等
(f) 施設及びサービス等の利用の容易さ
(g) 男女の平等
(h) 障害のある児童の発達しつつある能力の尊重及び障害のある児童がその同一性を保持する権利の尊重

**第四条（一般的義務）** 1　締約国は、障害に基づくいかなる差別もなしに、全ての障害者のあらゆる人権及び基本的自由を完全に実現することを確保し、及び促進することを約束する。このため、締約国は、次のことを約束する。
(a) この条約において認められる権利の実現のため、全ての適当な立法措置、行政措置その他の措置をとること。
(b) 障害者に対する差別となる既存の法律、規則、慣習及び慣行を修正し、又は廃止するための全ての適当な措置（立法を含む。）をとること。
(c) 全ての政策及び計画において障害者の人権の保護及び促進を考慮に入れること。
(d) この条約と両立しないいかなる行為又は慣行も差し控えること。また、公の当局及び機関がこの条約に従って行動することを確保すること。
(e) いかなる個人、団体又は民間企業による障害に基づく差別も撤廃するための全ての適当な措置をとること。
(f) 第二条に規定するユニバーサルデザインの製品、サービス、設備及び施設であって、障害者に特有のニーズを満たすために必要な調整が可能な限り最小限であり、かつ、当該ニーズを満たすために必要な費用が最小限であるべきものについての研究及び開発を実施し、又は促進すること。また、当該ユニバーサルデザインの製品、サービス、設備及び施設の利用可能性及び使用を促進すること。さらに、基準及び指針を作成するに当たっては、ユニバーサルデザインが当該基準及び指針に含まれることを促進すること。
(g) 障害者に適した新たな機器（情報通信機器、移動補助具、補装具及び支援機器を含む。）についての研究及び開発を実施し、又は促進し、並びに当該新たな機器の利用可能性及び

使用を促進すること。この場合において、締約国は、負担しやすい費用の機器を優先させる。

(h) 移動補助具、補装具及び支援機器(新たな機器を含む。)並びに他の形態の援助、支援サービス及び施設に関する情報であって、障害者にとって利用しやすいものを提供すること。

(i) この条約において認められる権利によって保障される支援及びサービスをより良く提供するため、障害者と共に行動する専門家及び職員に対する当該権利に関する研修を促進すること。

2 各締約国は、経済的、社会的及び文化的権利に関しては、これらの権利の完全な実現を漸進的に達成するため、自国における利用可能な手段を最大限に用いることにより、また、必要な場合には国際協力の枠内で、措置をとることを約束する。ただし、この条約に定める義務であって、国際法に従って直ちに適用されるものに影響を及ぼすものではない。

3 締約国は、この条約を実施するための法令及び政策の作成及び実施において、並びに障害者に関する問題についての他の意思決定過程において、障害者(障害のある児童を含む。以下この3において同じ。)を代表する団体を通じ、障害者と緊密に協議し、及び障害者を積極的に関与させる。

4 この条約のいかなる規定も、締約国の法律又は締約国について効力を有する国際法に含まれる規定であって障害者の権利の実現に一層貢献するものに影響を及ぼすものではない。この条約のいずれかの締約国において法律、条約、規則又は慣習によって認められ、又は存する人権及び基本的自由については、この条約がそれらの権利若しくは自由を認めていないこと又はその認める範囲がより狭いことを理由として、それらの権利及び自由を制限し、又は侵してはならない。

5 (略)

**第五条(平等及び無差別)** 1 締約国は、全ての者が、法律の前に又は法律に基づいて平等であり、並びにいかなる差別もなしに法律による平等の保護及び利益を受ける権利を有することを認める。

2 締約国は、障害に基づくあらゆる差別を禁止するものとし、いかなる理由による差別に対しても平等かつ効果的な法的保護を障害者に保障する。

3 締約国は、平等を促進し、及び差別を撤廃することを目的として、合理的配慮が提供されることを確保するための全ての適当な措置をとる。

4 障害者の事実上の平等を促進し、又は達成するために必要な特別の措置は、この条約に規定する差別と解してはならない。

**第六条(障害のある女子)** (略)

**第七条(障害のある児童)** (略)

**第八条(意識の向上)** 1 締約国は、次のことのための即時の、効果的なかつ適当な措置をとることを約束する。

(a) 障害者に関する社会全体(各家庭を含む。)の意識を向上させ、並びに障害者の権利及び尊厳に対する尊重を育成すること。

(b) あらゆる活動分野における障害者に関する定型化された観念、偏見及び有害な慣行(性及び年齢に基づくものを含む。)と戦うこと。

(c) 障害者の能力及び貢献に関する意識を向上させること。

2 (略)

**第九条(施設及びサービス等の利用の容易さ)** 1 締約国は、障害者が自立して生活し、及び生活のあらゆる側面に完全に参加することを可能にすることを目的として、障害者が、他の者との平等を基礎として、都市及び農村の双方において、物理的環境、輸送機関、情報通信(情報通信機器及び情報通信システムを含む。)並びに公衆に開放され、又は提供される他の施設及びサービスを利用する機会を有することを確保するための適当な措置をとる。この措置は、施設及びサービス等の利用の容易さに対する妨げ及び障壁を特定し、及び撤廃することを含むものとし、特に次の事項について適用する。

(a) 建物、道路、輸送機関その他の屋内及び屋外の施設(学校、住居、医療施設及び職場を含む。)

(b) 情報、通信その他のサービス(電子サービス及び緊急事態に係るサービスを含む。)

2 (略)

**第一〇条(生命に対する権利)** 締約国は、全ての人間が生命に対する固有の権利を有することを再確認するものとし、障害者が他の者との平等を基礎としてその権利を効果的に享有することを確保するための全ての必要な措置をとる。

**第一一条(危険な状況及び人道上の緊急事態)** (略)

**第一二条(法律の前にひとしく認められる権利)** (略)

**第一三条(司法手続の利用の機会)** (略)

**第一四条(身体の自由及び安全)** (略)

**第一五条(拷問又は残虐な、非人道的な若しくは品位を傷つける取扱い若しくは刑罰からの自由)** (略)

**第一六条(搾取、暴力及び虐待からの自由)** (略)

**第一七条(個人をそのままの状態で保護すること)** (略)

**第一八条(移動の自由及び国籍についての権利)** (略)

**第一九条(自立した生活及び地域社会への包容)** この条約の締約国は、全ての障害者が他の者と平等の選択の機会をもって地域社会で生活する平等の権利を有することを認めるものとし、障害者が、この権利を完全に享受し、並びに地域社会に完全に包容され、及び参加することを容易にするための効果的かつ適当な措置をとる。この措置には、次のことを確保することによるものを含む。

(a) 障害者が、他の者との平等を基礎として、居住地を選択し、及びどこで誰と生活するかを選択する機会を有すること並びに特定の生活施設で生活する義務を負わないこと。

(b) 地域社会における生活及び地域社会への包容を支援し、並びに地域社会からの孤立及び隔離を防止するために必要な在宅サービス、居住サービスその他の地域社会支援サービス(個別の支援を含む。)を障害者が利用する機会を有すること。

(c) 一般住民向けの地域社会サービス及び施設が、障害者にとって他の者との平等を基礎として利用可能であり、かつ、障害者のニーズに対応していること。

**第二〇条(個人の移動を容易にすること)** 締約国は、障害者自身ができる限り自立して移動することを容易にすることを確保するための効果的な措置をとる。この措置には、次のことによるものを含む。

(a) 障害者自身が、自ら選択する方法で、自ら選択する時に、かつ、負担しやすい費用で移動することを容易にすること。

(b) 障害者が質の高い移動補助具、補装具、支援機器、人又は動物による支援及び仲介する者を利用する機会を得やすくすること(これらを負担しやすい費用で利用可能なものとすることを含む。)。

(c) 障害者及び障害者と共に行動する専門職員に対し、移動のための技能に関する研修を提供すること。

(d) 移動補助具、補装具及び支援機器を生産する事業体に対し、障害者の移動のあらゆる側面を考慮するよう奨励すること。

**第二一条（表現及び意見の自由並びに情報の利用の機会）**（略）

**第二二条（プライバシーの尊重）**（略）

**第二三条（家庭及び家族の尊重）** 1　締約国は、他の者との平等を基礎として、婚姻、家族、親子関係及び個人的な関係に係る全ての事項に関し、障害者に対する差別を撤廃するための効果的かつ適当な措置をとる。この措置は、次のことを確保することを目的とする。

(a) 婚姻をすることができる年齢の全ての障害者が、両当事者の自由かつ完全な合意に基づいて婚姻をし、かつ、家族を形成する権利を認められること。

(b) 障害者が子の数及び出産の間隔を自由にかつ責任をもって決定する権利を認められ、また、障害者が生殖及び家族計画について年齢に適した情報及び教育を享受する権利を認められること。さらに、障害者がこれらの権利を行使することを可能とするために必要な手段を提供されること。

(c) 障害者（児童を含む。）が、他の者との平等を基礎として生殖能力を保持すること。

2・3（略）

4　締約国は、児童がその父母の意思に反してその父母から分離されないことを確保する。ただし、権限のある当局が司法の審査に従うことを条件として適用のある法律及び手続に従いその分離が児童の最善の利益のために必要であると決定する場合は、この限りでない。いかなる場合にも、児童は、自己の障害又は父母の一方若しくは双方の障害に基づいて父母から分離されない。

5（略）

**第二四条（教育）** 1　締約国は、教育についての障害者の権利を認める。締約国は、この権利を差別なしに、かつ、機会の均等を基礎として実現するため、障害者を包容するあらゆる段階の教育制度及び生涯学習を確保する。当該教育制度及び生涯学習は、次のことを目的とする。

(a) 人間の潜在能力並びに尊厳及び自己の価値についての意識を十分に発達させ、並びに人権、基本的自由及び人間の多様性の尊重を強化すること。

(b) 障害者が、その人格、才能及び創造力並びに精神的及び身体的な能力をその可能な最大限度まで発達させること。

(c) 障害者が自由な社会に効果的に参加することを可能とすること。

2　締約国は、1の権利の実現に当たり、次のことを確保する。

(a) 障害者が障害に基づいて一般的な教育制度から排除されないこと及び障害のある児童が障害に基づいて無償のかつ義務的な初等教育から又は中等教育から排除されないこと。

(b) 障害者が、他の者との平等を基礎として、自己の生活する地域社会において、障害者を包容し、質が高く、かつ、無償の初等教育を享受することができること及び中等教育を享受することができること。

(c) 個人に必要とされる合理的配慮が提供されること。

(d) 障害者が、その効果的な教育を容易にするために必要な支援を一般的な教育制度の下で受けること。

(e) 学問的及び社会的な発達を最大にする環境において、完全な包容という目標に合致する効果的で個別化された支援措置がとられること。

3　締約国は、障害者が教育に完全かつ平等に参加し、及び地域社会の構成員として完全かつ平等に参加することを容易にするため、障害者が生活する上での技能及び社会的な発達のための技能を習得することを可能とする。このため、締約国は、次のことを含む適当な措置をとる。

(a) 点字、代替的な文字、意思疎通の補助的及び代替的な形態、手段及び様式並びに定位及び移動のための技能の習得並びに障害者相互による支援及び助言を容易にすること。

(b) 手話の習得及び聾社会の言語的な同一性の促進を容易にすること。

(c) 盲人、聾者又は盲聾者（特に盲人、聾者又は盲聾者である児童）の教育が、その個人にとって最も適当な言語並びに意思疎通の形態及び手段で、かつ、学問的及び社会的な発達を最大にする環境において行われることを確保すること。

4・5（略）

**第二五条（健康）** 締約国は、障害者が障害に基づく差別なしに到達可能な最高水準の健康を享受する権利を有することを認める。締約国は、障害者が性別に配慮した保健サービス（保健に関連するリハビリテーションを含む。）を利用する機会を有することを確保するための全ての適当な措置をとる。（以下略）

**第二六条（ハビリテーション（適応のための技能の習得）及びリハビリテーション）** 1　締約国は、障害者が、最大限の自立並びに十分な身体的、精神的、社会的及び職業的な能力を達成し、及び維持し、並びに生活のあらゆる側面への完全な包容及び参加を達成し、及び維持することを可能とするための効果的かつ適当な措置（障害者相互による支援を通じたものを含む。）をとる。このため、締約国は、特に、保健、雇用、教育及び社会に係るサービスの分野において、ハビリテーション及びリハビリテーションについての包括的なサービス及びプログラムを企画し、強化し、及び拡張する。（以下略）

2・3（略）

**第二七条（労働及び雇用）** 1　締約国は、障害者が他の者との平等を基礎として労働についての権利を有することを認める。この権利には、障害者に対して開放され、障害者を包容し、及び障害者にとって利用しやすい労働市場及び労働環境において、障害者が自由に選択し、又は承諾する労働によって生計を立てる機会を有する権利を含む。締約国は、特に次のことのための適当な措置（立法によるものを含む。）をとることにより、労働についての障害者（雇用の過程で障害を有することとなった者を含む。）の権利が実現されることを保障し、及び促進する。

(a) あらゆる形態の雇用に係る全ての事項（募集、採用及び雇用の条件、雇用の継続、昇進並びに安全かつ健康的な作業条件を含む。）に関し、障害に基づく差別を禁止すること。

(b) 他の者との平等を基礎として、公正かつ良好な労働条件（均等な機会及び同一価値の労働についての同一報酬を含む。）、安全かつ健康的な作業条件（嫌がらせからの保護を含む。）及び苦情に対する救済についての障害者の権利を保護すること。

(c) 障害者が他の者との平等を基礎として労働及び労働組合についての権利を行使することができることを確保すること。

(d) 障害者が技術及び職業の指導に関する一般的な計画、職業紹介サービス並びに職業訓練及び継続的な訓練を利用する効果的な機会を有することを可能とすること。

(e) 労働市場において障害者の雇用機会の増大を図り、及びその昇進を促進すること並びに職業を求め、これに就き、これを継続し、及びこれに復帰する際の支援を促進すること。
(f) 自営活動の機会、起業家精神、協同組合の発展及び自己の事業の開始を促進すること。
(g) 公的部門において障害者を雇用すること。
(h) 適当な政策及び措置（積極的差別是正措置、奨励措置その他の措置を含めることができる。）を通じて、民間部門における障害者の雇用を促進すること。
(i) 職場において合理的配慮が障害者に提供されることを確保すること。
(j) 開かれた労働市場において障害者が職業経験を得ることを促進すること。
(k) 障害者の職業リハビリテーション、職業の保持及び職場復帰計画を促進すること。

2 （略）

**第二八条（相当な生活水準及び社会的な保障）**（略）

**第二九条（政治的及び公的活動への参加）**（略）

**第三〇条（文化的な生活、レクリエーション、余暇及びスポーツへの参加）**（略）

**第三一条（統計及び資料の収集）**（略）

**第三二条（国際協力）** 1 締約国は、この条約の目的及び趣旨を実現するための自国の努力を支援するために国際協力及びその促進が重要であることを認識し、この点に関し、国家間において並びに適当な場合には関連のある国際的及び地域的機関並びに市民社会（特に障害者の組織）と連携して、適当かつ効果的な措置をとる。これらの措置には、特に次のことを含むことができる。
(a) 国際協力（国際的な開発計画を含む。）が、障害者を包容し、かつ、障害者にとって利用しやすいものであることを確保すること。
(b) 能力の開発（情報、経験、研修計画及び最良の実例の交換及び共有を通じたものを含む。）を容易にし、及び支援すること。
(c) 研究における協力を容易にし、並びに科学及び技術に関する知識を利用する機会を得やすくすること。
(d) 適当な場合には、技術援助及び経済援助（利用しやすい支援機器を利用する機会を得やすくし、及びこれらの機器の共有を容易にすることによる援助並びに技術移転を通じた援助を含む。）を提供すること。

2 この条の規定は、この条約に基づく義務を履行する各締約国の義務に影響を及ぼすものではない。

**第三三条（国内における実施及び監視）** 1 締約国は、自国の制度に従い、この条約の実施に関連する事項を取り扱う一又は二以上の中央連絡先を政府内に指定する。また、締約国は、異なる部門及び段階における関連のある活動を容易にするため、政府内における調整のための仕組みの設置又は指定に十分な考慮を払う。

2 締約国は、自国の法律上及び行政上の制度に従い、この条約の実施を促進し、保護し、及び監視するための枠組み（適当な場合には、一又は二以上の独立した仕組みを含む。）を自国内において維持し、強化し、指定し、又は設置する。締約国は、このような仕組みを指定し、又は設置する場合には、人権の保護及び促進のための国内機構の地位及び役割に関する原則を考慮に入れる。

3 市民社会（特に、障害者及び障害者を代表する団体）は、監視の過程に十分に関与し、かつ、参加する。

**第三四条（障害者の権利に関する委員会）** 1 障害者の権利に関する委員会（以下「委員会」という。）を設置する。委員会は、以下に定める任務を遂行する。

2 委員会は、この条約の効力発生の時は十二人の専門家で構成する。効力発生の時の締約国に加え更に六十の国がこの条約を批准し、又はこれに加入した後は、委員会の委員の数を六人増加させ、上限である十八人とする。

3―6 （略）

7 委員会の委員は、四年の任期で選出される。委員は、一回のみ再選される資格を有する。ただし、最初の選挙において選出された委員のうち六人の委員の任期は、二年で終了するものとし、これらの六人の委員は、最初の選挙の後直ちに、5に規定する会合の議長によりくじ引で選ばれる。

8―13 （略）

**第三五条（締約国による報告）** 1 各締約国は、この条約に基づく義務を履行するためにとった措置及びこれらの措置によりもたらされた進歩に関する包括的な報告を、この条約が自国について効力を生じた後二年以内に国際連合事務総長を通じて委員会に提出する。

2 その後、締約国は、少なくとも四年ごとに、更に委員会が要請するときはいつでも、その後の報告を提出する。

3―5 （略）

**第三六条（報告の検討）** 1 委員会は、各報告を検討する。委員会は、当該報告について、適当と認める提案及び一般的な性格を有する勧告を行うものとし、これらの提案及び一般的な性格を有する勧告を関係締約国に送付する。当該関係締約国は、委員会に対し、自国が選択する情報を提供することにより回答することができる。委員会は、この条約の実施に関連する追加の情報を当該関係締約国に要請することができる。

2―5 （略）

**第三七条（締約国と委員会との間の協力）**（略）

**第三八条（委員会と他の機関との関係）**（略）

**第三九条（委員会の報告）** 委員会は、その活動につき二年ごとに国際連合総会及び経済社会理事会に報告するものとし、また、締約国から得た報告及び情報の検討に基づく提案及び一般的な性格を有する勧告を行うことができる。これらの提案及び一般的な性格を有する勧告は、締約国から意見がある場合にはその意見とともに、委員会の報告に記載する。

**第四〇条（締約国会議）**（略）

**第四一条（寄託者）**（略）

**第四二条（署名）**（略）

**第四三条（拘束されることについての同意）**（略）

**第四四条（地域的な統合のための機関）**（略）

**第四五条（効力発生）**（略）

**第四六条（留保）**（略）

**第四七条（改正）**（略）

**第四八条（廃棄）**（略）

**第四九条（利用しやすい様式）**（略）

**第五〇条（正文）**（略）

## 障害者の権利に関する条約に関する日本国政府の宣言

（平成二六・一・二二外告二八）

日本国政府は、同条約の批准書の寄託に際し、同条約第二十三条4は、出入国管理法に基づく退去強制の結果として児童が父母から分離される場合に適用されるものではないと解釈するものである旨の宣言を行った。

# 14 難民条約

## (1) 難民の地位に関する条約

採択　一九五一年七月二八日(難民及び無国籍者の地位に関する国連全権会議)
効力発生　一九五四年四月二二日
日本国　一九八二年一月一日(八一年六月五日国会承認、一〇月三日加入書寄託、一〇月一五日公布・条約二一号)
当事国　一四六

### 前文

締約国は、

国際連合憲章及び千九百四十八年十二月十日に国際連合総会により承認された世界人権宣言が、人間は基本的な権利及び自由を差別を受けることなく享有するとの原則を確認していることを考慮し、

国際連合が、種々の機会に難民に対する深い関心を表明し並びに難民に対して基本的な権利及び自由のできる限り広範な行使を保証することに努力してきたことを考慮し、

難民の地位に関する従前の国際協定を修正し及び統合すること並びにこれらの文書の適用範囲及びこれらの文書に定める保護を新たな協定において拡大することが望ましいと考え、

難民に対する庇護の付与が特定の国にとつて不当に重い負担となる可能性のあること並びに国際的な広がり及び国際的な性格を有すると国際連合が認める問題についての満足すべき解決は国際協力なしには得ることができないことを考慮し、

すべての国が、難民問題の社会的及び人道的性格を認識して、この問題が国家間の緊張の原因となることを防止するため可能なすべての措置をとることを希望し、

国際連合難民高等弁務官が難民の保護について定める国際条約の適用を監督する任務を有していることに留意し、また、各国と国際連合難民高等弁務官との協力により、難民問題を処理するためにとられる措置の効果的な調整が可能となることを認めて、

次のとおり協定した。

### 第一章　一般規定

**第一条（「難民」の定義）** A　この条約の適用上、「難民」とは、次の者をいう。

(1)　千九百二十六年五月十二日の取極、千九百二十八年六月三十日の取極、千九百三十三年十月二十八日の条約、千九百三十八年二月十日の条約、千九百三十九年九月十四日の議定書又は国際避難民機関憲章により難民と認められている者

国際避難民機関がその活動期間中いずれかの者について難民としての要件を満たしていないと決定したことは、当該者が(2)の条件を満たす場合に当該者に対し難民の地位を与えることを妨げるものではない。

(2)　千九百五十一年一月一日前に生じた事件の結果として、かつ、人種、宗教、国籍若しくは特定の社会的集団の構成員であること又は政治的意見を理由に迫害を受けるおそれがあるという十分に理由のある恐怖を有するために、国籍国の外にいる者であつて、その国籍国の保護を受けることができないもの又はそのような恐怖を有するためにその国籍国の保護を受けることを望まないもの及びこれらの事件の結果として常居所を有していた国の外にいる無国籍者であつて、当該常居所を有していた国に帰ることができないもの又はそのような恐怖を有するために当該常居所を有していた国に帰ることを望まないもの

二以上の国籍を有する者の場合には、「国籍国」とは、その者がその国籍を有する国のいずれをもいい、迫害を受けるおそれがあるという十分に理由のある恐怖を有するという正当な理由がなくいずれか一の国籍国の保護を受けなかつたとしても、国籍国の保護がないとは認められない。

B(1)　この条約の適用上、Aの「千九百五十一年一月一日前に生じた事件」とは、次の事件のいずれかをいう。

(a)　千九百五十一年一月一日前に欧州において生じた事件

(b)　千九百五十一年一月一日前に欧州又は他の地域において生じた事件

各締約国は、署名、批准又は加入の際に、この条約に基づく自国の義務を履行するに当たつて(a)又は(b)のいずれの規定を適用するかを選択する宣言を行う。

(2)　(a)の規定を適用することを選択した国は、いつでも、(b)の規定を適用することを選択する旨を国際連合事務総長に通告することにより、自国の義務を拡大することができる。

C　Aの規定に該当する者についてのこの条約の適用は、当該者が次の場合のいずれかに該当する場合には、終止する。

(1)　任意に国籍国の保護を再び受けている場合

(2)　国籍を喪失していたが、任意にこれを回復した場合

(3)　新たな国籍を取得し、かつ、新たな国籍国の保護を受けている場合

(4)　迫害を受けるおそれがあるという恐怖を有するため、定住していた国を離れ又は定住していた国の外にとどまつていたが、当該定住していた国に任意に再び定住するに至つた場合

(5)　難民であると認められる根拠となつた事由が消滅したため、国籍国の保護を受けることを拒むことができなくなつた場合

ただし、この(5)の規定は、A(1)の規定に該当する難民であつて、国籍国の保護を受けることを拒む理由として過去における迫害に起因するやむを得ない事情を援用することができるものについては、適用しない。

(6)　国籍を有していない場合において、難民であると認められる根拠となつた事由が消滅したため、常居所を有していた国に帰ることができるとき。

ただし、この(6)の規定は、A(1)の規定に該当する難民であつて、常居所を有していた国に帰ることを拒む理由として過去における迫害に起因するやむを得ない事情を援用することができるものについては、適用しない。

D　この条約は、国際連合難民高等弁務官以外の国際連合の機関の保護又は援助を現に受けている者については、適用しない。

これらの保護又は援助を現に受けている者の地位に関する問題が国際連合総会の採択する関連決議に従つて最終的に解決さ

れることなくこれらの保護又は援助の付与が終止したときは、これらの者は、その終止により、この条約により与えられる利益を受ける。

E　この条約は、居住国の権限のある機関によりその国の国籍を保持することに伴う権利及び義務と同等の権利を有し及び同等の義務を負うと認められる者については、適用しない。

F　この条約は、次のいずれかに該当すると考えられる相当な理由がある者については、適用しない。

(a)　平和に対する犯罪、戦争犯罪及び人道に対する犯罪に関して規定する国際文書の定めるこれらの犯罪を行つたこと。

(b)　難民として避難国に入国することが許可される前に避難国の外で重大な犯罪（政治犯罪を除く。）を行つたこと。

(c)　国際連合の目的及び原則に反する行為を行つたこと。

**第二条（一般的義務）**　すべての難民は、滞在する国に対し、特に、その国の法令を遵守する義務及び公の秩序を維持するための措置に従う義務を負う。

**第三条（無差別）**　締約国は、難民に対し、人種、宗教又は出身国による差別なしにこの条約を適用する。

**第四条（宗教）**　締約国は、その領域内の難民に対し、宗教を実践する自由及び子の宗教的教育についての自由に関し、自国民に与える待遇と少なくとも同等の好意的待遇を与える。

**第五条（この条約に係わりなく与えられる権利）**　この条約のいかなる規定も、締約国がこの条約に係わりなく難民に与える権利及び利益を害するものと解してはならない。

**第六条（「同一の事情の下で」の意味）**　この条約の適用上、「同一の事情の下で」とは、その性格上難民が満たすことのできない要件を除くほか、ある者が難民でないと仮定した場合に当該者が特定の権利を享受するために満たさなければならない要件（滞在又は居住の期間及び条件に関する要件を含む。）が満たされていることを条件として、ということを意味する。

**第七条（相互主義の適用の免除）**　1　締約国は、難民に対し、この条約が一層有利な規定を設けている場合を除くほか、一般に外国人に対して与える待遇と同一の待遇を与える。

2　すべての難民は、いずれかの締約国の領域内に三年間居住した後は、当該締約国の領域内において立法上の相互主義を適用されることはない。

3　締約国は、自国についてこの条約の効力が生ずる日に相互の保証なしに難民に既に認めている権利及び利益が存在する場合には、当該権利及び利益を引き続き与える。

4　締約国は、2及び3の規定により認められる権利及び利益以外の権利及び利益を相互の保証なしに難民に与えることの可能性並びに2に規定する居住の条件を満たしていない難民並びに3に規定する権利及び利益が認められていない難民に対しても相互主義を適用しないことの可能性を好意的に考慮する。

5　2及び3の規定は、第十三条、第十八条、第十九条、第二十一条及び第二十二条に規定する権利及び利益並びにこの条約に規定していない権利及び利益のいずれについても、適用する。

**第八条（例外的措置の適用の免除）**　締約国は、特定の外国の国民の身体、財産又は利益に対してとることのある例外的措置については、形式上当該外国の国民である難民に対し、その国籍のみを理由としてこの措置を適用してはならない。前段に定める一般原則を適用することが法制上できない締約国は、適当な場合には、当該難民について当該例外的措置の適用を免除する。

**第九条（暫定措置）**　この条約のいかなる規定も、締約国が、戦時に又は他の重大かつ例外的な状況において、特定の個人について国の安全のために不可欠であると認める措置を暫定的にとることを妨げるものではない。もつとも、当該特定の個人について真に難民であるか難民でないか又は当該特定の個人について当該不可欠であると認める措置を引き続き適用することが国の安全のために必要であるか必要でないかを当該締約国が決定するまでの間に限る。

**第一〇条（居住の継続）**　1　第二次世界戦争中に退去を強制されていずれかの締約国の領域に移動させられ、かつ、当該領域内に居住している難民は、この滞在を強制された期間合法的に当該領域内に居住していたものとみなす。

2　難民が第二次世界戦争中にいずれかの締約国の領域からの退去を強制され、かつ、居住のため当該領域にこの条約の効力発生の日前に帰つた場合には、この強制された退去の前後の居住期間は、継続的な居住が必要とされるいかなる場合においても継続した一の期間とみなす。

**第一一条（難民である船員）**　締約国は、自国を旗国とする船舶の常傭の乗組員として勤務している難民については、自国の領域における定住について好意的考慮を払うものとし、特に他の国における定住を容易にすることを目的として、旅行証明書を発給し又は自国の領域に一時的に入国を許可することについて好意的考慮を払う。

## 第二章　法的地位

**第一二条（属人法）**　1　難民については、その属人法は住所を有する国の法律とし、住所を有しないときは、居所を有する国の法律とするものとする。

2　難民が既に取得した権利であつて属人法に基づくもの特に婚姻に伴う権利は、難民が締約国の法律に定められる手続に従うことが必要な場合にはこれに従うことを条件として、当該締約国により尊重される。ただし、この権利は、当該難民が難民でないとした場合においても、当該締約国の法律により認められるものでなければならない。

**第一三条（動産及び不動産）**　締約国は、難民に対し、動産及び不動産の所有権並びに動産及び不動産についてのその他の権利の取得並びに動産及び不動産に関する賃貸借その他の契約に関し、できる限り有利な待遇を与えるものとし、いかなる場合にも、同一の事情の下で一般に外国人に対して与える待遇よりも不利でない待遇を与える。

**第一四条（著作権及び工業所有権）**　難民は、発明、意匠、商標、商号等の工業所有権の保護並びに文学的、美術的及び学術的著作物についての権利の保護に関しては、常居所を有する国において、その国の国民に与えられる保護と同一の保護を与えられるものとし、他のいずれの締約国の領域においても、当該難民が常居所を有する国の国民に対して当該締約国の領域において与えられる保護と同一の保護を与えられる。

**第一五条（結社の権利）**　締約国は、合法的にその領域内に滞在する難民に対し、非政治的かつ非営利的な団体及び労働組合に係る事項に関し、同一の事情の下で外国の国民に与える待遇のうち最も有利な待遇を与える。

**第一六条（裁判を受ける権利）**　1　難民は、すべての締約国の領域において、自由に裁判を受ける権利を有する。

2　難民は、常居所を有する締約国において、裁判を受ける権利に関連する事項（法律扶助及び訴訟費用の担保の免除を含む。）

につき、当該締約国の国民に与えられる待遇と同一の待遇を与えられる。

3　難民は、常居所を有する締約国以外の締約国において、2に規定する事項につき、当該常居所を有する締約国の国民に与えられる待遇と同一の待遇を与えられる。

## 第三章　職業

**第一七条（賃金が支払われる職業）**　1　締約国は、合法的にその領域内に滞在する難民に対し、賃金が支払われる職業に従事する権利に関し、同一の事情の下で外国の国民に与える待遇のうち最も有利な待遇を与える。

2　いかなる場合にも、締約国が国内労働市場の保護のため外国人又は外国人の雇用に関してとる制限的措置は、当該締約国についてこの条約の効力が生ずる日に既にそれらの措置の適用を免除されている難民又は次の条件のいずれかを満たす難民については、適用しない。

(a)　当該締約国に三年以上居住していること。

(b)　当該難民が居住している当該締約国の国籍を有する配偶者があること。難民は、その配偶者を遺棄した場合には、この(b)の規定による利益を受けることができない。

(c)　当該難民が居住している当該締約国の国籍を有する子があること。

3　締約国は、賃金が支払われる職業に関し、すべての難民、特に、労働者募集計画又は移住者受入計画によつて当該締約国の領域に入国した難民の権利を自国民の権利と同一のものとすることについて好意的考慮を払う。

**第一八条（自営業）**　締約国は、合法的にその領域内にいる難民に対し、独立して農業、工業、手工業及び商業に従事する権利並びに商業上及び産業上の会社を設立する権利に関し、できる限り有利な待遇を与えるものとし、いかなる場合にも、同一の事情の下で一般に外国人に対して与える待遇よりも不利でない待遇を与える。

**第一九条（自由業）**　1　締約国は、合法的にその領域内に滞在する難民であつて、当該締約国の権限のある機関が承認した資格証書を有し、かつ、自由業に従事することを希望するものに対し、できる限り有利な待遇を与えるものとし、いかなる場合にも、同一の事情の下で一般に外国人に対して与える待遇よりも不利でない待遇を与える。

2　締約国は、自国が国際関係について責任を有する領域（本土地域を除く。）内に1に規定する難民が定住することを確保するため、自国の憲法及び法律に従つて最善の努力を払う。

## 第四章　福祉

**第二〇条（配給）**　難民は、供給が不足する物資の分配を規制する配給制度であつて住民全体に適用されるものが存在する場合には、当該配給制度の適用につき、国民に与えられる待遇と同一の待遇を与えられる。

**第二一条（住居）**　締約国は、住居に係る事項が法令の規制を受け又は公の機関の管理の下にある場合には、合法的にその領域内に滞在する難民に対し、住居に関し、できる限り有利な待遇を与えるものとし、いかなる場合にも、同一の事情の下で一般に外国人に対して与える待遇よりも不利でない待遇を与える。

**第二二条（公の教育）**　1　締約国は、難民に対し、初等教育に関し、自国民に与える待遇と同一の待遇を与える。

2　締約国は、難民に対し、初等教育以外の教育、特に、修学の機会、学業に関する証明書、資格証書及び学位であつて外国において与えられたものの承認、授業料その他の納付金の減免並びに奨学金の給付に関し、できる限り有利な待遇を与えるものとし、いかなる場合にも、同一の事情の下で一般に外国人に対して与える待遇よりも不利でない待遇を与える。

**第二三条（公的扶助）**　締約国は、合法的にその領域内に滞在する難民に対し、公的扶助及び公的援助に関し、自国民に与える待遇と同一の待遇を与える。

**第二四条（労働法制及び社会保障）**　1　締約国は、合法的にその領域内に滞在する難民に対し、次の事項に関し、自国民に与える待遇と同一の待遇を与える。

(a)　報酬（家族手当がその一部を成すときは、これを含む。）、労働時間、時間外労働、有給休暇、家内労働についての制限、雇用についての最低年齢、見習及び訓練、女子及び年少者の労働並びに団体交渉の利益の享受に係る事項であつて、法令の規律を受けるもの又は行政機関の管理の下にあるもの

(b)　社会保障（業務災害、職業病、母性、疾病、廃疾、老齢、死亡、失業、家族的責任その他国内法令により社会保障制度の対象とされている給付事由に関する法規）。ただし、次の措置をとることを妨げるものではない。

(i)　当該難民が取得した権利又は取得の過程にあつた権利の維持に関し適当な措置をとること。

(ii)　当該難民が居住している当該締約国の国内法令において、公の資金から全額支給される給付の全部又は一部に関し及び通常の年金の受給のために必要な拠出についての条件を満たしていない者に支給される手当に関し、特別の措置を定めること。

2　業務災害又は職業病に起因する難民の死亡について補償を受ける権利は、この権利を取得する者が締約国の領域外に居住していることにより影響を受けない。

3　締約国は、取得された又は取得の過程にあつた社会保障についての権利の維持に関し他の締約国との間で既に締結した協定又は将来締結することのある協定の署名国の国民に適用される条件を難民が満たしている限り、当該協定による利益と同一の利益を当該難民に与える。

4　締約国は、取得された又は取得の過程にあつた社会保障についての権利の維持に関する協定であつて非締約国との間で現在効力を有し又は将来効力を有することのあるものによる利益と同一の利益をできる限り難民に与えることについて好意的考慮を払うものとする。

## 第五章　行政上の措置

**第二五条（行政上の援助）**　1　難民がその権利の行使につき通常外国の機関の援助を必要とする場合において当該外国の機関の援助を求めることができないときは、当該難民が居住している締約国は、自国の機関又は国際機関により同様の援助が当該難民に与えられるように取り計らう。

2　1にいう自国の機関又は国際機関は、難民に対し、外国人が通常本国の機関から又は本国の機関を通じて交付を受ける文書又は証明書と同様の文書又は証明書を交付するものとし、また、その監督の下にこれらの文書又は証明書が交付されるようにする。

3　2の規定により交付される文書又は証明書は、外国人が本国

の機関から又は本国の機関を通じて交付を受ける公文書に代わるものとし、反証のない限り信用が与えられるものとする。

4　生活に困窮する者に対する例外的な取扱いがある場合には、これに従うことを条件として、この条に規定する事務については手数料を徴収することができるが、その手数料は、妥当な、かつ、同種の事務について国民から徴収する手数料に相応するものでなければならない。

5　この条の規定は、第二十七条及び第二十八条の規定の適用を妨げるものではない。

**第二六条（移動の自由）**　締約国は、合法的にその領域内にいる難民に対し、当該難民が同一の事情の下で一般に外国人に対して適用される規制に従うことを条件として、居住地を選択する権利及び当該締約国の領域内を自由に移動する権利を与える。

**第二七条（身分証明書）**　締約国は、その領域内にいる難民であつて有効な旅行証明書を所持していないものに対し、身分証明書を発給する。

**第二八条（旅行証明書）**　1　締約国は、合法的にその領域内に滞在する難民に対し、国の安全又は公の秩序のためのやむを得ない理由がある場合を除くほか、その領域外への旅行のための旅行証明書を発給するものとし、この旅行証明書に関しては、附属書の規定が適用される。締約国は、その領域内にいる他の難民に対してもこの旅行証明書を発給することができるものとし、特に、その領域内にいる難民であつて合法的に居住している国から旅行証明書の発給を受けることができないものに対して旅行証明書を発給することについて好意的考慮を払う。

2　従前の国際協定の締約国が当該国際協定の定めるところにより難民に対して発給した旅行証明書は、この条約の締約国により有効なものとして認められ、かつ、この条の規定により発給されたものとして取り扱われる。

**第二九条（公租公課）**　1　締約国は、難民に対し、同様の状態にある自国民に課しており若しくは課することのある租税その他の公課（名称のいかんを問わない。）以外の公課を課してはならず、また、租税その他の公課（名称のいかんを問わない。）につき同様の状態にある自国民に課する額よりも高額のものを課してはならない。

2　1の規定は、行政機関が外国人に対して発給する文書（身分証明書を含む。）の発給についての手数料に関する法令を難民について適用することを妨げるものではない。

**第三〇条（資産の移転）**　1　締約国は、自国の法令に従い、難民がその領域内に持ち込んだ資産を定住のために入国を許可された他の国に移転することを許可する。

2　締約国は、難民が入国を許可された他の国において定住するために必要となる資産（所在地のいかんを問わない。）につき当該難民から当該資産の移転の許可の申請があつた場合には、この申請に対し好意的考慮を払う。

**第三一条（避難国に不法にいる難民）**　1　締約国は、その生命又は自由が第一条の意味において脅威にさらされていた領域から直接来た難民であつて許可なく当該締約国の領域に入国し又は許可なく当該締約国の領域内にいるものに対し、不法に入国し又は不法にいることを理由として刑罰を科してはならない。ただし、当該難民が遅滞なく当局に出頭し、かつ、不法に入国し又は不法にいることの相当な理由を示すことを条件とする。

2　締約国は、1の規定に該当する難民の移動に対し、必要な制限以外の制限を課してはならず、また、この制限は、当該難民の当該締約国における滞在が合法的なものとなるまでの間又は当該難民が他の国への入国許可を得るまでの間に限つて課することができる。締約国は、1の規定に該当する難民に対し、他の国への入国許可を得るために妥当と認められる期間の猶予及びこのために必要なすべての便宜を与える。

**第三二条（追放）**　1　締約国は、国の安全又は公の秩序を理由とする場合を除くほか、合法的にその領域内にいる難民を追放してはならない。

2　1の規定による難民の追放は、法律の定める手続に従つて行われた決定によつてのみ行う。国の安全のためのやむを得ない理由がある場合を除くほか、1に規定する難民は、追放される理由がないことを明らかにする証拠の提出並びに権限のある機関又はその機関が特に指名する者に対する不服の申立て及びこのための代理人の出頭を認められる。

3　締約国は、1の規定により追放されることとなる難民に対し、他の国への入国許可を求めるのに妥当と認められる期間の猶予を与える。締約国は、この期間中必要と認める国内措置をとることができる。

**第三三条（追放及び送還の禁止）**　1　締約国は、難民を、いかなる方法によつても、人種、宗教、国籍若しくは特定の社会的集団の構成員であること又は政治的意見のためにその生命又は自由が脅威にさらされるおそれのある領域の国境へ追放し又は送還してはならない。

2　締約国にいる難民であつて、当該締約国の安全にとつて危険であると認めるに足りる相当な理由があるもの又は特に重大な犯罪について有罪の判決が確定し当該締約国の社会にとつて危険な存在となつたものは、1の規定による利益の享受を要求することができない。

**第三四条（帰化）**　締約国は、難民の当該締約国の社会への適応及び帰化をできる限り容易なものとする。締約国は、特に、帰化の手続が迅速に行われるようにするため並びにこの手続に係る手数料及び費用をできる限り軽減するため、あらゆる努力を払う。

## 第六章　実施規定及び経過規定

**第三五条（締約国の機関と国際連合との協力）**　1　締約国は、国際連合難民高等弁務官事務所又はこれを承継する国際連合の他の機関の任務の遂行に際し、これらの機関と協力することを約束するものとし、特に、これらの機関のこの条約の適用を監督する責務の遂行に際し、これらの機関に便宜を与える。

2　締約国は、国際連合難民高等弁務官事務所又はこれを承継する国際連合の他の機関が国際連合の権限のある機関に報告することができるよう、要請に応じ、次の事項に関する情報及び統計を適当な様式で提供することを約束する。

(a)　難民の状態

(b)　この条約の実施状況

(c)　難民に関する現行法令及び難民に関して将来施行される法令

**第三六条（国内法令に関する情報）**　締約国は、国際連合事務総長に対し、この条約の適用を確保するために制定する法令を送付する。

**第三七条（従前の条約との関係）**　この条約は、締約国の間において、千九百二十二年七月五日、千九百二十四年五月三十一日、千九百二十六年五月十二日、千九百二十八年六月三十日及び千

## 難民の地位に関する条約

九百三十五年七月三十日の取極、千九百三十三年十月二十八日及び千九百三十八年二月十日の条約、千九百三十九年九月十四日の議定書並びに千九百四十六年十月十五日の協定に代わるものとする。ただし、第二十八条2の規定の適用を妨げない。

### 第七章　最終条項

**第三八条（紛争の解決）** この条約の解釈又は適用に関する締約国間の紛争であつて他の方法によつて解決することができないものは、いずれかの紛争当事国の要請により、国際司法裁判所に付託する。

**第三九条（署名、批准及び加入）** 1　この条約は、千九百五十一年七月二十八日にジュネーヴにおいて署名のために開放するものとし、その後国際連合事務総長に寄託する。この条約は、同日から同年八月三十一日までは国際連合の欧州事務所において、同年九月十七日から千九百五十二年十二月三十一日までは国際連合本部において、署名のために開放しておく。

2　この条約は、国際連合のすべての加盟国並びにこれらの加盟国以外の国であつて難民及び無国籍者の地位に関する全権委員会議に出席するよう招請されたもの並びに国際連合総会によりこの条約に署名するよう招請されるものによる署名のために開放しておく。この条約は、批准されなければならない。批准書は、国際連合事務総長に寄託する。

3　この条約は、千九百五十一年七月二十八日から2に規定する国による加入のために開放しておく。加入は、加入書を国際連合事務総長に寄託することによつて行う。

**第四〇条（適用地域条項）** 1　いずれの国も、署名、批准又は加入の際に、自国が国際関係について責任を有する領域の全部又は一部についてこの条約を適用することを宣言することができる。宣言は、その国についてこの条約の効力が生ずる時に効力を生ずる。

2　いずれの国も、署名、批准又は加入の後1の宣言を行う場合には、国際連合事務総長にその宣言を通告するものとし、当該宣言は、国際連合事務総長が当該宣言の通告を受領した日の後九十日目の日又はその国についてこの条約の効力が生ずる日のいずれか遅い日に効力を生ずる。

3　関係国は、署名、批准又は加入の際にこの条約を適用することをしなかつた領域についてこの条約を適用するため、憲法上必要があるときはこれらの領域の政府の同意を得ることを条件として必要な措置をとることの可能性について検討する。

**第四一条（連邦条項）** 締約国が連邦制又は非単一制の国である場合には、次の規定を適用する。

(a)　この条約の規定であつてその実施が連邦の立法機関の立法権の範囲内にあるものについては、連邦の政府の義務は、連邦制をとつていない締約国の義務と同一とする。

(b)　この条約の規定であつてその実施が邦、州又は県の立法権の範囲内にあり、かつ、連邦の憲法制度上邦、州又は県が立法措置をとることを義務付けられていないものについては、連邦の政府は、邦、州又は県の適当な機関に対し、できる限り速やかに、好意的な意見を付してその規定を通報する。

(c)　この条約の締約国である連邦制の国は、国際連合事務総長を通じて他の締約国から要請があつたときは、この条約の規定の実施に関する連邦及びその構成単位の法令及び慣行についての説明を提示し、かつ、立法その他の措置によりこの条約の規定の実施が行われている程度を示す。

**第四二条（留保）** 1　いずれの国も、署名、批准又は加入の際に、第一条、第三条、第四条、第十六条1、第三十三条及び第三十六条から第四十六条までの規定を除くほか、この条約の規定について留保を付することができる。

2　1の規定に基づいて留保を付した国は、国際連合事務総長にあてた通告により、いつでも当該留保を撤回することができる。

**第四三条（効力発生）** 1　この条約は、六番目の批准書又は加入書が寄託された日の後九十日目の日に効力を生ずる。

2　この条約は、六番目の批准書又は加入書が寄託された後に批准し又は加入する国については、その批准書又は加入書が寄託された日の後九十日目の日に効力を生ずる。

**第四四条（廃棄）** 1　いずれの締約国も、国際連合事務総長にあてた通告により、いつでもこの条約を廃棄することができる。

2　廃棄は、国際連合事務総長が1の通告を受領した日の後一年で当該通告を行つた締約国について効力を生ずる。

3　第四十条の規定に基づいて宣言又は通告を行つた国は、その後いつでも、国際連合事務総長にあてた通告により、同条の規定に基づく宣言又は通告により指定した領域についてこの条約の適用を終止する旨の宣言を行うことができる。当該宣言は、国際連合事務総長がこれを受領した日の後一年で効力を生ずる。

**第四五条（改正）** 1　いずれの締約国も、国際連合事務総長にあてた通告により、いつでもこの条約の改正を要請することができる。

2　国際連合総会は、1の要請についてとるべき措置があるときは、その措置を勧告する。

**第四六条（国際連合事務総長による通報）** 国際連合事務総長は、国際連合のすべての加盟国及びこれらの加盟国以外の国で第三十九条に規定するものに対し、次の事項を通報する。

(a)　第一条Bの規定による宣言及び通告
(b)　第三十九条の規定による署名、批准及び加入
(c)　第四十条の規定による宣言及び通告
(d)　第四十二条の規定による留保及びその撤回
(e)　第四十三条の規定に基づきこの条約の効力が生ずる日
(f)　第四十四条の規定による廃棄及び通告
(g)　前条の規定による改正の要請

**附属書**（抜粋）

（旅行証明書（第二八条関係））

第十三項

1　締約国は、第二十八条の規定により発給した旅行証明書の名義人に対し、その旅行証明書の有効期間内のいずれの時点においても当該締約国の領域に戻ることを許可することを約束する。

2　締約国は、1の規定に従うことを条件として、旅行証明書の名義人に対し、出入国について定める手続に従うことを要求することができる。

3　締約国は、例外的な場合又は難民の滞在が一定の期間に限つて許可されている場合には、難民が当該締約国の領域に戻ることのできる期間を旅行証明書の発給の際に三箇月を下らない期間に限定することができる。

## (2) 難民の地位に関する議定書(抄)

承　認　一九六六年一一月一八日経済社会理事会(同年一二月一六日総会決議各国送付を要請)
作　成　一九六七年一月三一日(ニューヨーク)
効力発生　一九六七年一〇月四日
日本国　一九八二年一月一日(八一年六月五日国会承認、八二年一月一日加入書寄託、同日公布・条約一号)
当事国　一四七

この議定書の締約国は、
千九百五十一年七月二十八日にジュネーヴで作成された難民の地位に関する条約(以下「条約」という。)が、千九百五十一年一月一日前に生じた事件の結果として難民となつた者にのみ適用されることを考慮し、
条約が採択された後新たな事態により難民が生じたこと及びこれらの難民が条約の適用を受けることができないことを考慮し、
千九百五十一年一月一日前という制限を考慮に入れない場合に条約の定義に該当することとなるすべての難民に等しい地位を与えることが望ましいと考えて、
次のとおり協定した。

**第一条(一般規定)** 1　この議定書の締約国は、2に定義する難民に対し、条約第二条から第三十四条までの規定を適用することを約束する。
2　この議定書の適用上、「難民」とは、3の規定の適用があることを条件として、条約第一条を同条A(2)の「千九百五十一年一月一日前に生じた事件の結果として、かつ、」及び「これらの事件の結果として」という文言が除かれているものとみなした場合に同条の定義に該当するすべての者をいう。
3　この議定書は、この議定書の締約国によりいかなる地理的な制限もなしに適用される。ただし、既に条約の締約国となつている国であつて条約第一条B(1)(a)の規定を適用する旨の宣言を行つているものについては、この宣言は、同条B(2)の規定に基づいてその国の義務が拡大されていない限り、この議定書についても適用される。

**第二条(締約国の機関と国際連合との協力)**
**第三条(国内法令に関する情報)**
**第四条(紛争の解決)**
〔第二条から第四条まで　難民の地位に関する条約第三五条、第三六条及び第三八条と同じ。ただし、「締約国」を「この議定書の締約国」と、「条約」を「議定書」と読み替える。〕
**第五条(加入)**(略)
**第六条(連邦条項)**〔難民の地位に関する条約第四一条とほぼ同じ。〕
**第七条(留保及び宣言)** 1　いずれの国も、この議定書への加入の際に、第四条の規定について及び第一条の規定による条約のいずれかの規定の適用(条約の第一条、第三条、第四条、第十六条1及び第三十三条の規定の適用を除く。)について留保を付することができる。ただし、条約の締約国がこの条の規定に基づいて付する留保については、その効果は、条約の適用を受ける難民には及ばない。
2　条約第四十二条の規定に基づいて条約の締約国が条約の規定に付した留保は、撤回されない限り、この議定書に基づく義務についても有効なものとする。
3　1の規定に基づいて留保を付した国は、国際連合事務総長にあてた通告により、いつでも当該留保を撤回することができる。
4　条約の締約国であつてこの議定書に加入するものが条約第四十条1又は2の規定により行つた宣言は、この議定書についても適用があるものとみなす。ただし、当該条約の締約国がこの議定書に加入する際に国際連合事務総長に対して別段の通告をした場合は、この限りでない。同条2及び3並びに条約第四十四条3の規定は、この議定書について準用する。
**第八条(効力発生)**(略)
**第九条(廃棄)**(略)
**第一〇条(国際連合事務総長による通報)**(略)
**第一一条(国際連合事務局への寄託)**(略)

## 15 領域内庇護宣言(国連総会決議二三一二／二二)　翻訳

(領域内庇護に関する宣言)

採　択　一九六七年一二月一四日(国連第二二回総会)(コンセンサス)

総会は、
庇護の権利に関する宣言についての一九六二年一二月一九日の総会決議一八三九号(第一七会期)、一九六五年一二月二〇日の同決議二一〇〇号(第二〇会期)及び一九六六年一二月一六日の同決議二二〇三号(第二一会期)を想起し、
一九五九年一一月二一日の総会決議一四〇〇号(第一四会期)に従って国際法委員会が行っている法典化作業を考慮し、
次の決議を採択する。

### 領域内庇護に関する宣言

総会は、
国際連合憲章において宣明された目的が、国際の平和と安全を維持すること、全ての諸国間の友好関係を発展させること、並びに経済的、社会的、文化的又は人道的性質を有する国際問題を解決することについて並びに人種、性、言語又は宗教による差別なく全ての者のために人権及び基本的自由を尊重するように助長奨励することについて国際協力を達成することであることに留意し、
世界人権宣言第一四条が、
「1　全ての者は、迫害からの庇護を他国に求め〔seek〕、かつ享受する〔enjoy〕権利を有する。
2　この権利は、専ら非政治犯罪又は国際連合の目的及び原則に反する行為から生ずる訴追の場合には、援用することができない。」
と宣言していることに留意し、
世界人権宣言第一三条2が、
「全ての者は、いずれの国(自国を含む。)からも離れる権利、及び、自国に戻る権利を有する。」

と規定していることも想起し、

世界人権宣言第一四条を援用する権利を有する者に対する国による庇護の付与が平和的かつ人道的行為であること、及びこのために他のいずれの国も当該庇護の付与を非友好的とみなすことができないことを認め、

各国が、庇護並びに難民及び無国籍者の地位について取り扱う現行の諸文書を害することなく、領域内庇護に関する実行を次の原則に基づかせるよう勧告する。

**第一条【庇護の付与】** 1　世界人権宣言第一四条を援用する権利を有する者（植民地主義に対して戦っている者を含む。）に対して国が主権を行使して付与した庇護は、他の全ての国によって尊重される。

2　平和に対する罪、戦争犯罪又は人道に対する罪に関して規定する国際文書が定めるこれらの犯罪を行ったと考えられる相当な理由がある者は、庇護を求め、かつ、享有する権利を援用することができない。

3　庇護を付与する理由については、庇護を付与する国が判断する。

**第二条【国際関心事項】** 1　第一条1にいう者の状況は、国の主権及び国際連合の目的と原則を害することなく、国際共同体の関心事項である。

2　国が庇護を付与すること又は継続して付与することが困難であると認める場合には、各国は、個々に若しくは共同して又は国際連合を通じて、国際連帯の精神により、その国の負担を軽減するための適当な措置を検討する。

**第三条【入国拒否、追放及び送還の禁止】** 1　第一条1にいういかなる者も、国境における入国拒否、又は、庇護を求める領域に既に入国している場合には、迫害を受けるおそれのある国への追放若しくは強制送還等の措置を受けない。

2　国の安全のためやむを得ない理由があるか又は人の大量流入の場合等において住民を保護する理由がある場合に限り、1の原則に例外を設けることができる。

3　国は、いずれかの事態において1に掲げる原則の例外が正当化されると決定する場合であっても、適当と認める条件の下で、暫定的庇護その他の方法により、他国へ行く機会を1にいう者に付与する可能性を検討する。

**第四条【国連の目的等に反する活動の禁止】** 庇護を付与する国は、庇護を受けている者が国際連合の目的と原則に反する活動に従事することを許さない。

## 16　国際連合難民高等弁務官事務所規程

（国連総会決議五／四二八附属書）（抄）翻訳

［ＵＮＨＣＲ規程］

採　択　一九五〇年一二月一四日（国連第五回総会）

### 第一章　一般規定（抄）

1　総会の権限に基づいて行動する国際連合難民高等弁務官は、国際連合の支援の下にこの規程の適用範囲に該当する難民に対して国際的保護を与え、かつ、これら難民の自発的帰還又は新しい受入国の社会への同化を促進するために、各国政府及び関係国政府の認可を条件として、民間団体を援助することによって難民問題の恒久的解決を図る任務を負う。

この任務の遂行に当たり、特に、困難が生じた場合、また例えばこれら難民の国際的地位に関する問題については、高等弁務官は、難民諮問委員会が創設されているときには、同委員会の意見を要請する。

2　高等弁務官の職務は、完全に非政治的性格のものである。それは人道的及び社会的なものであり、また、原則として難民という集団及び部類に関するものである。

3　高等弁務官は、総会又は経済社会理事会により与えられた政策上の指示に従う。

4　経済社会理事会は、高等弁務官の見解を聴取した後に、難民諮問委員会の設置を決定することができる。この委員会は、難民問題の解決に関する明確な関心と献身を基礎として理事会が選出する国際連合加盟国及び非加盟国の代表によって構成される。

5　（略）

### 第二章　高等弁務官の任務

6　高等弁務官の権限は、次の者に及ぶ。

A (i)　一九二六年五月一二日の取極、一九二八年六月三〇日の取極、一九三三年一〇月二八日の条約、一九三八年二月一〇日の条約、一九三九年九月一四日の議定書又は国際避難民機関憲章により難民と認められている者

(ii)　一九五一年一月一日前に生じた事件の結果として、かつ、人種、宗教、国籍若しくは政治的意見を理由に迫害を受けるおそれがあるという十分に理由のある恐怖を有するために、国籍国の外にあって、その国籍国の保護を受けることができない者又はその国籍国の保護を受けることを望まない者。及び、これら事件の結果として常居所を有していた国の外にいる無国籍者であって、当該常居所を有していた国に帰ることができない者、又はそのような恐怖若しくは個人的便宜以外の理由によって当該常居所を有していた国に帰ることを望まない者

国際避難民機関がその活動期間中に下した適格性に関する決定は、本項の条件を満たす者に難民の地位を与えることを妨げるものではない。

高等弁務官の権限は、Aに定める者に対し、次のいずれかの場合には適用を終止する。

(a)　任意に国籍国の保護を再び受けている場合

(b)　国籍を喪失していた者が、任意にこれを回復した場合

(c)　新たな国籍を取得し、かつ、新たな国籍国の保護を受けている場合

(d)　迫害を受けるおそれがあるという恐怖を有するため、定住していた国を離れ又は定住していた国の外にとどまっていた者が、当該定住していた国に任意に再び定住するに至った場合

(e)　難民であると認められる根拠となった事由が消滅したため、国籍国の保護を受けることを拒み続ける、個人的便宜以外の根拠をもはや主張することができない場合。なお、純粋に経済的な性質の理由は援用することができない。

(f) 国籍を有していない場合において、難民であると認められる根拠となった事由が消滅したため、常居所を有していた国に帰ることを拒み続ける、個人的便宜以外の根拠をもはや主張することができない場合

B 人種、宗教、国籍若しくは政治的意見を理由に迫害を受けるおそれがあるという十分に理由のある恐怖を有するために、国籍国の外にあって、その国籍国政府の保護を受けることができない者又はそのような恐怖を有するためにその国籍国の保護を受けることを望まない者。又は、無国籍者である場合には、このような恐怖のために常居所を有していた国の外にあって、当該常居所を有していた国に帰ることができない者又はそのような恐怖のために帰ることを望まない者

ただし、6に定める高等弁務官の権限は、次の者には及ばない。

7 (a) 二以上の国籍を有しており、そのいずれか一つの本国との関係で前項の条件を満たしていない者

(b) 居住国の権限ある機関によりその国の国籍を保持することに伴う権利及び義務を有すると認められている者

(c) 国際連合の他の機関からの保護又は援助を引き続き受けている者

(d) 犯罪人引渡条約の規定に該当する犯罪又は国際軍事裁判所に関するロンドン憲章第六条若しくは世界人権宣言第一四条2の規定に該当する犯罪を行ったと認められる重大な理由のある者

8 高等弁務官は、高等弁務官事務所の権限の範囲内にある難民の保護を次のことにより図る。

(a) 難民保護のための国際条約の締結及び批准を促進し、その適用を監督し、その改正を提案すること。

(b) 諸政府との特別協定によって、難民の状態を改善し保護を必要とする人数を減少させるためのあらゆる措置の実施を促進すること。

(c) 自発的帰還又は新しい受入国の社会への同化を促進するための政府及び民間の努力を援助すること。

(d) 最も窮乏した状態にある難民をも除外することなしに、全ての難民の各国領域内への受入れを促進すること。

(e) 難民がその資産、特に再定住に必要な資産を移転する許可を得られるよう努力すること。

(f) 各国領域内の難民の人数及び状態並びに難民に関する法令について各国政府から情報を入手すること。

(g) 関係政府及び関係政府間組織と緊密に連絡を取ること。

(h) 難民問題を取り扱う民間団体と、最善と考える仕方で接触を保つこと。

(i) 難民の福祉に関係する民間団体の努力の調整を図ること。

9 高等弁務官は、その裁量にゆだねられた財源の範囲内で、帰還及び再定住を含めて、総会が決定するところに従って追加的活動に従事する。

10 高等弁務官は、難民援助のために受領した公的及び私的な一切の基金を管理し、援助を運営するために最も適切であると認める私的な機関及び、適当な場合には、公的な機関にこの基金を分配する。

高等弁務官は、適当と認められない又は利用できない一切の申出を拒否することができる。

高等弁務官は、総会の事前の同意がなければ、各国政府に対して基金の拠出を求め、又は拠出を公募してはならない。

高等弁務官は、この分野における自らの活動の記録を年次報告に含める。

11 高等弁務官は、総会、経済社会理事会及びそれらの補助機関において、その見解を表明する権利を有する。

高等弁務官は、毎年、経済社会理事会を通じて総会に報告を行う。この報告は、総会の議事日程において独立した議題とみなされる。

12 高等弁務官は、専門機関の協力を求めることができる。

### 第三章 組織及び財政(抄)

13 高等弁務官は、事務総長の指名に基づいて総会が選出する。高等弁務官の任用条件は、事務総長が提案し、総会が承認する。高等弁務官は一九五一年一月一日以後、三年を任期に選出される。

14・15 (略)

16 高等弁務官は、難民居住国の政府と、当該国内における代表を任命する必要があるかどうか協議するものとする。その必要を認める国については、当該国政府が同意する代表を任命することができる。前記規定に従うことを条件として、同代表は二以上の国において職務を行うことができる。

17 高等弁務官と事務総長は、相互の利害関係事項について連絡及び協議を行うために適当な取極をするものとする。

18 事務総長は、高等弁務官に対して、予算の範囲内で、全ての必要な便宜を提供する。

19 高等弁務官事務所は、スイスのジュネーヴに置く。

20 高等弁務官事務所の財政は、国際連合の予算によって賄われる。総会が、後に別段の決定をしない限り、高等弁務官事務所の任務に関する行政的支出以外のいかなる支出も、国際連合予算には計上されない。高等弁務官の活動に関する他の全ての支出は、自発的寄附金により賄われる。

21・22 (略)

## 17 国連先住民族権利宣言(国連総会決議六一／二九五) 翻訳

(先住民族の権利に関する国際連合宣言)

採択 二〇〇七年九月一三日(国連第六一回総会)(賛成一四三、反対四、棄権一一)

総会は、

国際連合憲章の目的と原則、及び、憲章に従って国が負う義務を誠実に遂行することを指針として、

全ての人民が、異なることへの権利、自らを異なると考える権利、及びそのような者として尊重される権利を有することを認めるとともに、先住民族(indigenous peoples)が他の全ての人民と平等であることを確認し、(中略)

先住民族が、その権利の行使において、いかなる種類の差別からも自由であるべきことを再確認し、

先住民族が、とりわけ植民地化及びその土地、領域、資源の剝奪により、特に自らの必要と利益に従って発展する権利を行使することを妨げられ、その結果として歴史的不正義に苦しんでいる

## 国連先住民族権利宣言

ことを懸念し、(中略)

国際連合憲章、経済的、社会的及び文化的権利に関する国際規約と市民的及び政治的権利に関する国際規約、並びにウィーン宣言及び行動計画が、全ての人民の自決の権利の基本的重要性を確認しており、これによって彼等がその政治的地位を自由に決定し、その経済的、社会的及び文化的発展を自由に追求することを認め、

この宣言のいかなる規定も、国際法に合致して行使されるいかなる人民の自決の権利についても、これを否定するために使われてはならないことに留意し、(中略)

先住民個人が国際法によって認められる全ての人権を差別なく享有すること、及び先住民族が彼等の人民としての存在、福利並びに全体の発展に不可欠な集団的権利[collective rights]をもつことを認識しかつ再確認し、

先住民族の状況が、地域ごと及び国ごとに異なること、また民族的及び地域的特徴の重要性、並びに様々な歴史的文化的背景が考慮されるべきであることをも認識し、

パートナーシップと相互尊重の精神により達成されるべき基準として、以下の「先住民族の権利に関する国際連合宣言」を厳粛に宣言する。

**第一条【人権の享有】** 先住民族は、集団又は個人として、国際連合憲章、世界人権宣言及び国際人権法において認められた全ての人権と基本的自由を完全に享有する権利を有する。

**第二条【差別の禁止】** 先住民族及び先住民個人は、自由でありかつ全ての他の人民及び個人と平等であり、その権利の行使において、特に、その先住民族としての出身又はアイデンティティに基づくいかなる種類の差別からも自由である権利を有する。

**第三条【自決権】** 先住民族は、自決の権利を有する。この権利に基づき、先住民族は、その政治的地位を自由に決定し並びにその経済的、社会的及び文化的発展を自由に追求する。

**第四条【自治権】** 先住民族は、自らの自決の権利を行使する際に、その内部的及び地域的事項並びにその自治機能に資金を調達するための方法及び手段について自律又は自治の権利を有する。

**第五条【政治的、法的、経済的、社会的、文化的制度の維持】** 先住民族は、自らが選択する場合には、国の政治的、経済的、社会的及び文化的生活に完全に参加する権利を保持するとともに、自らの独自の政治的、法的、経済的、社会的及び文化的制度を維持し、強化する権利を有する。

**第六条【国籍に対する権利】** 先住民族の全ての個人は、国籍に対する権利を有する。

**第七条【生命、身体の自由と安全】** 1 先住民族は、生命、身体的及び精神的一体性、自由並びに安全に対する権利を有する。

2 先住民族は、独自の人民として自由、平和及び安全のうちに生活する集団的権利を有し、集団内のこどもの他の集団への強制的隔離を含む集団殺害又は他のいかなる暴力行為も受けない。

**第八条【同化を強制されない権利】** 1 先住民族及び先住民個人は、強制的に同化され又はその文化を破壊されない権利を有する。

2 国は、次のことを防止し、是正するために効果的な措置をとる。

(a) 彼等の独自の人民としての一体性又は文化的な価値若しくは民族的アイデンティティを剝奪する目的又は効果をもつあらゆる行為

(b) 彼等の土地、領域又は資源を奪う目的又は効果をもつあらゆる行為

(c) 彼等の権利を侵害又は損なう目的又は効果をもつあらゆる形態の強制的な住民の移送

(d) あらゆる形態の強制的な同化又は統合

(e) 先住民族に対する人種差別又は民族差別を助長又は煽動する目的をもつあらゆる形態の宣伝

**第九条【先住民族の共同体に属する権利】** 先住民族及び先住民個人は、関係する共同体又は民族[nation]の伝統と慣習に従って、先住民族の共同体又は民族に属する権利を有する。このような権利の行使において、いかなる種類の差別も生じてはならない。

**第一〇条【強制移住の禁止】** 先住民族は、その土地又は領域から強制的に移動させられない。関係する先住民族の自由な、事前の、情報に基づく同意により、正当かつ公正な補償[compensation]に関する合意の後に、また、可能な場合には帰還の選択を伴うものでなければ、いかなる移住も行われない。

**第一一条【文化的伝統と慣習】** 1 先住民族は、自己の文化的な伝統及び慣習を実践し、復興する権利を有する。この権利には、考古学的及び歴史的な遺跡、加工品、意匠、儀式、技術、視覚的及び舞台芸術並びに文学のような、過去、現在及び未来にわたる自己の文化的表現を維持し、保護し、発展させる権利を含む。

2 国は、先住民族の自由な、事前の、情報に基づく同意なしに、又は彼等の法、伝統及び慣習に反して奪われた文化的、知的、宗教的及び精神的財産に関して、先住民族と連携して発展させた効果的な仕組みを通じた救済(原状回復を含む。)を与える。

**第一二条【宗教的伝統と慣習】** 1 先住民族は、精神的及び宗教的伝統、慣習及び儀式を明示し、実践し、発展させ、教育する権利を有し、宗教的及び文化的遺跡を維持し、保護し、私的に立ち入る権利を有し、儀式用の物を利用し、管理する権利を有し、さらに遺骸の返還の権利を有する。

2 国は、関係する先住民族と連携して発展させた公正で透明性のある効果的な仕組みを通じて、国が所有する儀式用の物及び遺骸へのアクセス及びその返還を可能にするよう努める。

**第一三条【歴史、言語等】** 1 先住民族は、自らの歴史、言語、口承伝統、哲学、表記方法及び文学を復興し、利用し、発展させ、将来の世代に伝達する権利を有し、共同体、場所及び人に固有の名称を明示しかつ保持する権利を有する。

2 国は、この権利が保護されることを確保するために、必要な場合には、通訳の提供又は他の適切な手段によって、先住民族が政治的、法的及び行政的手続を理解し、かつ、同手続において理解されることを確保するために、効果的な措置をとる。

**第一四条【教育】** 1 先住民族は、自らの文化の教育方法及び学習方法に適したやり方で、自らの言語による教育を提供する教育制度及び施設を設立し、管理する権利を有する。

2 先住民個人、特にこどもは、国によるあらゆる段階及び形態の教育を、差別されることなく受ける権利を有する。

3 国は、先住民族と連携して、先住民個人、特にこどもが、共同体の外で生活している者も含めて、可能な場合には自らの文化及び言語による教育を受けることができるよう効果的な措置をとる。

**第一五条【偏見と差別の除去】** 1 先住民族は、自らの文化、伝統、歴史及び願望の尊厳並びに多様性が教育及び公的情報に適切に反映される権利を有する。

2 国は、関係する先住民族と協議及び協力して、偏見を克服し、

差別を撤廃し、寛容、理解及び先住民族と社会の他の全ての構成員との間の良好な関係を促進するために、効果的な措置をとる。

**第一六条【メディア】**1　先住民族は、自らの言語による自らのメディアを設立し、また、あらゆる形態の非先住民族のメディアを差別なく利用する権利を有する。

2　国は、国有メディアが先住民族の文化的多様性を適正に反映することを確保するために効果的な措置をとる。国は、表現の自由の完全な確保を害することなく、私有メディアが先住民族の文化的多様性を十分に反映するよう奨励する。

**第一七条【労働】**1　先住民族及び先住民個人は、適用可能な国際及び国内の労働法上確立された全ての権利を完全に享有する権利を有する。

2　国は、先住民族のこどもの特別の弱さ及び彼等の能力強化のための教育の重要性を考慮し、先住民族と協議しかつ協力して、先住民族のこどもを経済的搾取から保護し、及びこどもにとって危険な、又はこどもの教育を妨げるおそれのある、又はこどもの健康を害し、若しくは身体的、精神的、霊的、道徳的、社会的な発達に有害となるおそれのあるあらゆる仕事から保護するための特別の措置をとる。

3　先住民個人は、労働条件、特に雇用又は給与において、いかなる差別も受けない権利を有する。

**第一八条【意思決定への参加】**先住民族は、固有の手続に従って自ら選んだ代表を通じて、自らの権利に影響を及ぼし得る事項に関する意思決定に参加し、また、自らの意思決定機関を維持し、発展させる権利を有する。

**第一九条【自由な、事前の、情報に基づく同意】**国は、先住民族に影響を与えるおそれのある法律及び行政上の措置を採択しかつ実施する前に、彼等の自由な、事前の、情報に基づく同意を得るために、その代表機関を通じて、当該先住民族と誠実に協議し協力する。

**第二〇条【生存と発展】**1　先住民族は、自らの政治的、経済的及び社会的制度又は機関を維持し、発展させる権利、生存及び発展の固有の手段の享有が確保される権利、並びに自らの全ての伝統とその他の経済活動に自由に従事する権利を有する。

2　生存及び発展の手段を剥奪された先住民族は、正当かつ公正な救済を受ける権利を有する。

**第二一条【経済的・社会的条件】**1　先住民族は、自らの経済的及び社会的条件(特に、教育、雇用、職業訓練及び再訓練、住居、衛生、健康並びに社会保障の分野を含む。)の改善に対する権利を差別なく有する。

2　国は、先住民族の経済的及び社会的条件の継続的な改善を確保するために、効果的な措置及び適当な場合には特別な措置をとる。先住民族の老人、女性、青年、こども、及び障害者の権利と特別の必要に対して、特別の注意を払う。

**第二二条【老人、女性、青年、こども、障害者】**1　この宣言の実施に当たり、先住民族の老人、女性、青年、こども、及び障害者の権利と特別の必要に対して、特別の注意を払う。

2　国は、先住民族と連携して、先住民族の女性及びこどもがあらゆる形態の暴力と差別に対する完全な保護と保証を享受することを確保するための措置をとる。

**第二三条【発展の権利】**先住民族は、その発展の権利を行使するための優先順位及び戦略を決定し、発展させる権利を有する。特に、先住民族は、自らに影響を与える健康、住居その他の経済的社会的計画を発展させ、決定することに積極的に参加する権利を有し、できる限り自らの機関を通じてそのような計画を管理する権利を有する。

**第二四条【伝統医療、健康】**1　先住民族は、必要不可欠な医療用植物、動物及び鉱物の保存を含む、自らの伝統医療に対する権利及び自らの健康法を維持する権利を有する。先住民個人は、また、いかなる差別もなしに、全ての社会的及び医療サービスを受ける権利を有する。

2　先住民族は、達成可能な最高水準の身体的及び精神的健康を享受する平等な権利を有する。国は、この権利の完全な実現を漸進的に達成するために必要な措置をとる。

**第二五条【土地等の資源との精神的つながり】**先住民族は、自らが伝統的に所有し又は他の方法で占有し使用してきた土地、領域、水域、沿岸海域その他の資源に対する特有の精神的つながりを維持し、強化する権利を有し、これに関する将来の世代に対する自己の責任を保持する権利を有する。

**第二六条【土地、領域及び資源に対する権利】**1　先住民族は、自らが伝統的に所有し、占有し、又は他の方法で使用し、若しくは取得してきた土地、領域及び資源に対する権利を有する。

2　先住民族は、自らが伝統的な所有権、他の伝統的占有又は使用により所有し、あるいは他の方法で取得した土地、領域及び資源を所有し、使用し、開発し、かつ、管理する権利を有する。

3　国は、これらの土地、領域及び資源に対して、法的承認及び保護を与える。このような承認は、当該先住民族の慣習、伝統及び土地保有制度を十分に尊重してなされる。

**第二七条【土地、領域及び資源に関する権利の確認手続】**国は、関係する先住民族と連携して、伝統的に所有され、又は占有され、若しくは使用されてきたものを含む、彼等の土地、領域及び資源に関する先住民族の権利を承認しかつ裁定するために、先住民族の法、伝統、慣習及び土地保有制度を十分に尊重した、公正、独立、中立の、公開され透明性のある手続を確立し、かつ、実施する。先住民族は、この手続に参加する権利を有する。

**第二八条【土地、領域、資源の回復を求める権利】**1　先住民族は、自らが伝統的に所有し、又は占有し、若しくは使用してきた土地、領域及び資源であって、自由な、事前の、かつ情報に基づく同意なしに没収され、奪われ、占有され、使用され又は損害を被ったものに対して、原状回復を含む手段により、又はそれが可能でない場合には正当、公正かつ衡平な補償の手段により、救済を受ける権利を有する。

2　関係する先住民族による自由な別段の同意がある場合を除くほか、補償は、質、規模及び法的地位において等価の土地、領域及び資源の形、又は金銭賠償若しくは他の適切な救済の形をとるものとする。

**第二九条【環境に対する権利】**1　先住民族は、環境並びに自らの土地又は領域及び資源の生産能力の保存及び保護に対する権利を有する。国は、先住民族のためのこのような保存及び保護に関する支援計画を差別なく確立し、かつ、実施する。

2　国は、有害物質の貯蔵又は破棄が、先住民族の土地及び領域において、彼等の自由な、事前の、かつ情報に基づく同意なしに行われないことを確保するために、効果的な措置をとる。

3　国は、また、必要な場合には、先住民族の健康を監視し、維持しかつ回復させるための計画であって、そのような物質の影響を受けた先住民族により開発されかつ実施されるものが適切に実施されることを確保するために効果的な措置をとる。

**第三〇条【軍事活動の禁止】** 1　関連する公共の利益により正当化される場合又は関係する先住民族により自由に同意され若しくは要請される場合を除くほか、先住民族の土地又は領域において軍事活動は行われない。

2　国は、軍事活動のために先住民族の土地又は領域を使用する前に、適当な手続を通じて、特にその代表機関を通じて、当該先住民族と効果的な協議を行う。

**第三一条【文化遺産に対する知的財産権】** 1　先住民族は、自らの文化遺産、伝統的知識及び伝統的文化表現、並びに科学、技術及び文化の発現（人的及び遺伝的資源、種子、薬、動植物の特性に関する知識、口承伝統、文学、意匠、スポーツ及び伝統的競技、並びに視覚的及び舞台芸術を含む。）を維持し、管理し、保護し、かつ、発展させる権利を有する。先住民族は、また、このような文化遺産、伝統的知識及び伝統的文化表現に関する自らの知的財産を維持し、管理し、保護し、かつ、発展させる権利を有する。

2　国は、先住民族と連携して、これらの権利の行使を承認しかつ保護するために、効果的な措置をとる。

**第三二条【土地や資源の開発決定への関与】** 1　先住民族は、その土地又は領域及び他の資源の開発又は使用のための優先順位及び戦略を決定し、発展させる権利を有する。

2　国は、特に鉱物、水その他の資源の開発、利用又は活用に関して、先住民族の土地又は領域及び他の資源に影響を与えるあらゆる事業を承認する前に、彼等の自由な、情報に基づく同意を得るために、その代表機関を通じて、当該先住民族と誠実に協議し、協力する。

3　国は、このようないかなる活動に対しても、正当かつ公正な救済のための効果的な仕組みを提供し、また環境、経済、社会、文化又は精神的な負の影響を軽減するために適切な措置をとる。

**第三三条【構成員の決定】** 1　先住民族は、自らの慣習及び伝統に従って、そのアイデンティティないし構成員を決定する権利を有する。このことは、先住民個人が居住国の市民権を取得する権利を害するものではない。

2　先住民族は、自らの手続に従って、自らの組織の構造を決定し、かつ、その組織の構成員を選出する権利を有する。

**第三四条【制度や慣習の促進と発展】** 先住民族は、国際人権基準に従って、その制度の構造、独自の慣習、精神、伝統、手続、慣行、及び存在する場合には司法上の制度又は慣習を促進し、発展させ、かつ、維持する権利を有する。

**第三五条【共同体に対する個人の責任】** 先住民族は、自らの共同体に対する個人の責任を決定する権利を有する。

**第三六条【国境を越えた関係の維持】** 1　先住民族、特に国境によって分断されている先住民族は、自己の構成員及び国境を越えた他の人民との接触、関係、及び協力（精神的、文化的、政治的、経済的及び社会的目的のための活動を含む。）を維持し、発展させる権利を有する。

2　国は、先住民族と協議しかつ協力して、この権利の行使を促進し、実施を確保するための効果的な措置をとる。

**第三七条【条約や協定の遵守】** 1　先住民族は、国又はその承継国と締結した条約、協定及びその他の構成的取決め（constructive arrangements）の承認、遵守、及び執行に対する権利、並びに国に対しこのような条約、協定及びその他の構成的取決めに敬意を払わせ、尊重させる権利を有する。

2　この宣言のいかなる規定も、条約、協定及びその他の構成的取決めに含まれる先住民族の権利を減じ又は除去するように解釈されてはならない。

**第三八条【宣言の履行義務】** 国は、先住民族と協議しかつ協力して、この宣言の目的を達成するために、立法措置を含む適当な措置をとる。

**第三九条【財政的・技術的支援】** 先住民族は、この宣言に含まれる権利の享有のために、国による、及び国際協力を通じた財政的及び技術的支援を利用する権利を有する。

**第四〇条【国その他の主体との紛争の解決】** 先住民族は、国その他の主体との紛争の解決のために、正当かつ公正な手続を利用し、かつ、それによって迅速な決定を受ける権利を有し、また、個別的及び集団的権利の全ての侵害について効果的な救済を受ける権利を有する。このような決定は、当該先住民族の慣習、伝統、規則、法制度及び国際的な人権に十分な考慮を払わなければならない。

**第四一条【国際組織の貢献】** 国際連合体制の機関及び専門機関、並びにその他の政府間組織は、特に財政的協力及び技術的支援の動員を通じて、この宣言の規定の完全な実現に向けて貢献する。先住民族に影響を与える問題に関して、先住民族の参加を確保する方法及び手段が確立されなければならない。

**第四二条【宣言の実効性の随時確保】** 国際連合、その機関（先住問題常設フォーラムを含む。）及び専門機関（それらの現地事務所を含む。）並びに国は、この宣言の規定の尊重と完全な適用を促進し、この宣言の実効性を随時確保しなければならない。

**第四三条【最低基準】** この宣言で認められている権利は、世界の先住民族の生存、尊厳及び福利のための最低限の基準を構成する。

**第四四条【男女平等】** ここに認められている全ての権利及び自由は、男性及び女性の先住民個人に等しく保証される。

**第四五条【既存又は将来の権利の留保】** この宣言のいかなる規定も、先住民族が現在保有し又は将来取得し得る権利を減じ又は失わせるものと解してはならない。

**第四六条【領土保全・政治的統合、国際人権の尊重】** 1　この宣言のいかなる規定も、いかなる国、人民、集団若しくは人に、国際連合憲章に反する何らかの活動に従事し、若しくはそのような行為をなす権利を含むと解釈してはならず、また、主権を有する独立国の領土保全又は政治的統合を、全体的若しくは部分的に分割し若しくは害する行為を認め若しくは助長するものと解してはならない。

2　この宣言に列挙された権利の行使において、全ての者の人権及び基本的自由は尊重される。この宣言に規定された権利の行使は、法によって定められた制限のみに服し、また、国際人権上の義務に従う。そのような制限のいかなるものも非差別的でなくてはならず、かつ、専ら、他の者の権利と自由への適正な承認と尊重の確保を目的とし、民主的社会の正当で最も不可欠な要請を満たすために厳格に必要とされるものでなければならない。

3　この宣言に定められる規定は、正義、民主主義、人権の尊重、平等、非差別、良き統治及び誠実の原則に従って解釈される。

## 18 生命倫理及び人権に関する世界宣言（抄）〔翻訳〕

採　択　二〇〇五年一〇月一九日（ユネスコ第三三回総会）

総会は、（中略）

次の原則を宣明し、この宣言を採択する。

### 一般規定

**第一条（対象）** 1　この宣言は、社会的、法的及び環境的側面を考慮して、人間に応用される医学、生命科学及び関連技術に関する倫理的問題を扱う。

2　この宣言は、国を名宛人とする。適切かつ関連がある場合には、この宣言は、個人、団体、地域社会、組織、公企業及び私企業の決定又は実行のための指針も提供する。

**第二条（目的）**（略）

### 原則

この宣言の適用範囲内で、宣言の名宛人は、決定又は実行に当たって次の原則を尊重する。

**第三条（人間の尊厳と人権）** 1　人間の尊厳、人権及び基本的自由は十分に尊重されなければならない。

2　個人の利益及び福祉は、科学又は社会のみの利益に優先されるべきである。

**第四条（利益と害悪）**（略）

**第五条（自律と個人の責任）** 意思決定を行う個人の自律は、個人がその決定について責任をとり、かつ、他者の自律を尊重する限り尊重されなければならない。自律することができない個人に対しては、その者の権利及び利益を守るための特別な措置をとらなければならない。

**第六条（同意）** 1　いかなる予防上、診断上及び治療上の医療行為も、十分な情報に基づいて、事前の、自由な、情報に基づく本人の同意がある場合にのみ行われなければならない。同意は、適当な場合には、明示的でなければならず、また、いつでも、いかなる理由によっても、損失又は不利益をもたらすことなく本人が撤回できるものでなければならない。

2　科学的研究は、事前の、自由な、明示の、情報に基づく本人の同意が得られた場合にのみ行われるべきである。情報は、十分で、包括的な形で提供されるべきであり、また同意を撤回する手続を含むべきである。同意は、いつでも、いかなる理由によっても、損失又は不利益をもたらすことなく本人が撤回できるものでなければならない。この原則の例外は、この宣言に定められた原則及び規定（特に第二七条）並びに国際人権法と両立する、国が採択した倫理的及び法的基準に従う場合にのみ認められるべきである。

3　個人の集団又は地域社会に対して行われる研究の適当な場合には、その集団又は地域社会を法的に代表する者による追加の合意が求められることがある。いかなる場合にも、集団的な地域社会の合意又は地域社会の指導者若しくは他の機関の同意を情報に基づく個人の同意に代替してはならない。

**第七条（同意能力を欠く個人）** 同意能力を持たない個人には、国内法に従って特別な保護を与えなければならない。

(a)(b)（略）

**第八条（人間の脆弱性と個人の一体性の尊重）**（略）

**第九条（プライバシーと秘密）** 本人のプライバシー及び個人情報に関する秘密は、尊重すべきである。そのような情報は、最大限可能な限り、国際法特に国際人権法に従って収集された、又は同意を得た目的以外の目的で利用され又は開示されるべきでない。

**第一〇条（平等、正義と衡平）** 全ての人間が公正かつ衡平に扱われるために、人間の尊厳及び権利における基本的な平等が尊重されなければならない。

**第一一条（差別と精神的な攻撃（stigmatization）の禁止）**（略）

**第一二条（文化的多様性と多元主義の尊重）**（略）

**第一三条（連帯と協力）**（略）

**第一四条（社会的責任と健康）**（略）

**第一五条（利益の共有）** 1　あらゆる科学的研究及びその応用から生ずる利益は、社会全体で、国際共同体においては特に発展途上国と、共有されるべきである。（後略）

2　（略）

**第一六条（将来世代の保護）** 生命科学がその遺伝上の構成を含む将来世代に及ぼす影響には、十分な考慮を払うべきである。

**第一七条（環境、生物圏と生物多様性の保護）** 人類と他の生命体との間の相互関連、生物及び遺伝資源への適切なアクセスとそれらの利用の重要性、伝統的知識の尊重、並びに環境、生物圏及び生物多様性の保護における人間の役割について、十分な考慮が払われなければならない。

### 原則の適用

**第一八条（意思決定と生命倫理問題への取組）**（略）

**第一九条（倫理委員会）**（略）

**第二〇条（危険性の評価と管理）**（略）

**第二一条（国境を越える実施）**（略）

### 宣言の促進

**第二二条（国の役割）** 1　国は、この宣言に定める原則を実効的なものとするため、国際人権法に従って立法上、行政上その他のあらゆる適当な措置をとるべきである。そのような措置は、教育、訓練及び広報の領域における行動によって支援されるべきである。

2　国は、第一九条に定める独立した学際的かつ多元的な倫理委員会の設立を奨励すべきである。

**第二三条（生命倫理教育、訓練と情報）**（略）

**第二四条（国際協力）**（略）

**第二五条（ユネスコによる事後活動）**（略）

### 最終規定

**第二六条（原則の相互関係と補完性）**（略）

**第二七条（原則の適用の制限）** この宣言に定める原則の適用が制限されるときは、その制限は、犯罪の捜査、発見及び訴追のため、公衆衛生の保護のため、又は他者の権利及び自由を保護するために、法律（公共の安全のための法律を含む。）によって行われるべきである。そのようないかなる法律も、国際人権法に適合しなければならない。

**第二八条（人権、基本的自由及び人間の尊厳に反する活動の拒否）**（略）

## 19　平和への権利宣言（国連総会決議七一／一八九）（抜粋）翻訳

採　択　二〇一六年一二月一九日（国連第七一回総会）

**第一条【平和を享受する権利】** 全ての者は、全ての人権が促進され及び保護され、かつ発展が完全に実現されるように、平和を享受する権利を有する。

**第二条【国家の義務】** 国家は、平等及び非差別、正義及び法の支配を尊重し、実施し及び促進し、また諸社会において及びそれらの間で平和を構築する手段として、恐怖及び欠乏からの自由を保障しなければならない。

**第三条【国家、国連、専門機関の適切で持続可能な実施措置】** 国家、国連及び専門機関、特に国連教育科学文化機関は、この宣言を実施するために適切で持続可能な措置をとらなければならない。国際的、地域的、国家的及び地方の組織並びに市民社会は、この宣言の実施を支援し及び援助することが奨励される。

**第四条【平和教育】** 全ての人間の間で寛容、対話、協力及び連帯の精神を強化するために、平和教育に関する国際的及び国家的組織を促進しなければならない。この目的のために、平和大学は、教育、研究、卒業後の訓練及び知識の普及に従事することにより平和教育という偉大な普遍的任務に貢献しなければならない。

## 20　ILO関係条約

### (1)　国際労働機関（ILO）憲章（第1章7参照四五頁）

### (2)　強制労働ニ関スル条約（第二十九号）（抜粋）

［ILO29号条約・強制労働条約］

採　択　一九三〇年六月二八日（第一四回労働総会）

効力発生　一九三二年五月一日（改正―四七年五月二八日（四六年一〇月九日総会採択）、六二年二月五日（六一年六月二六日総会採択））

日本国　一九三二年一一月二一日（三二年一一月二一日批准、同日批准書寄託、一二月七日公布・条約一〇号　改正―五四年五月二七日発効（同日公布・条約一〇号）、七一年四月二九日発効（同年五月一四日公布・条約四号））

当事国　一七八

国際労働機関ノ総会ハ（中略）左ノ条約ヲ採択ス

**第一条【強制労働の廃止】** 1　本条約ヲ批准スル国際労働機関ノ各締盟国ハ能フ限リ最短キ期間内ニ一切ノ形式ニ於ケル強制労働ノ使用ヲ廃止スルコトヲ約ス

2　右完全ナル廃止ノ目的ヲ以テ強制労働ハ経過期間中公ノ目的ノ為ニノミ且例外ノ措置トシテ使用セラルルコトヲ得尤モ以下ニ定メラルル条件及保障ニ従フモノトス

3　本条約ノ効力ノ発生ヨリ五年ノ期間満了シ且国際労働事務局ノ理事会ガ後ニ掲ゲラルル第三十一条ニ定メラルル報告ヲ作成スルニ当リ右理事会ハ更ニ経過期間ヲ設クルコトナクシテ一切ノ形式ニ於ケル強制労働ヲ廃止スルコトヲ得ルヤ否ヤ及本問題ヲ総会ノ会議事項ニ掲グルコトノ望マシキヤ否ヤヲ審議スベシ

**第二条【強制労働の定義】** 1　本条約ニ於テ「強制労働」ト称スルハ或者ガ処罰ノ脅威ノ下ニ強要セラレ且右ノ者ガ自ラ任意ニ申出デタルニ非ザル一切ノ労務ヲ謂フ

2　尤モ本条約ニ於テ「強制労働」ト称スルハ左記ヲ包含セザルベシ

(イ)　純然タル軍事的性質ノ作業ニ対シ強制兵役法ニ依リ強要セラルル労務

(ロ)　完全ナル自治国ノ国民ノ通常ノ公民義務ヲ構成スル労務

(ハ)　裁判所ニ於ケル判決ノ結果トシテ或者ガ強要セラルル労務尤モ右労務ハ公ノ機関ノ監督及管理ノ下ニ行ハルベク且右ノ者ハ私ノ個人、会社若ハ団体ニ雇ハレ又ハ其ノ指揮ニ服セザル者タルベシ

(ニ)　緊急ノ場合即チ戦争ノ場合又ハ火災、洪水、飢饉、地震、猛烈ナル流行病若ハ家畜流行病、獣類、虫類若ハ植物ノ害物ノ侵入ノ如キ災厄ノ若ハ其ノ虞アル場合及一般ニ住民ノ全部又ハ一部ノ生存又ハ幸福ヲ危殆ナラシムル一切ノ事情ニ於テ強要セラルル労務

(ホ)　軽易ナル部落ノ労務ニシテ該部落ノ直接ノ利益ノ為部落民ニ依リ遂行セラレ従テ該部落民ノ負フベキ通常ノ公民義務ト認メラレ得ルモノ尤モ部落民又ハ其ノ直接ノ代表者ハ右労務ノ必要ニ付意見ヲ求メラルルノ権利ヲ有スルモノトス

**第三条【権限ある機関】** 本条約ニ於テ「権限アル機関」ト称スルハ本国ノ機関又ハ関係地域ニ於ケル最高中央機関ヲ謂フ

**第四条【私人の利益のための強制労働】** 1　権限アル機関ハ私ノ個人、会社又ハ団体ノ利益ノ為強制労働ヲ課シ又ハ課スルコトヲ許可スルコトヲ得ズ

2　一ノ締盟国ニ依ル本条約ノ批准ガ国際労働事務局長ニ依リ登録セラルル日ニ於テ私ノ個人、会社又ハ団体ノ利益ノ為ノ右強制労働ガ存在スル場合ニハ当該締盟国ハ本条約ガ右締盟国ニ対シ効力ヲ発生スル日ヨリ右強制労働ヲ完全ニ廃止スベシ

**第五条【私人への免許】** 1　私ノ個人、会社又ハ団体ニ与ヘラルル免許ハ右私ノ個人、会社又ハ団体ガ利用シ又ハ取引スル生産物ノ生産又ハ蒐集ノ為ノ如何ナル形式ノ強制労働ヲモ生ゼシムルコトヲ得ズ

2　右強制労働ヲ生ゼシムル規定ヲ包含スル免許ガ存在スル場合ニハ本条約第一条ニ適合スル為右規定ハ能フ限リ速ニ廃止セラルベシ

**第二三条【条約実施のための規制】** 1　本条約ノ規定ノ実施ノ為権限アル機関ハ強制労働ノ使用ヲ規律スル完全且精細ナル規則ヲ公布スベシ

2　右規則ハ就中強制労働ガ強要セラルル者ヲシテ労働条件ニ関スル一切ノ異議ヲ当該機関ニ申立ツルコトヲ得シメ及右異議ガ審査セラレ且考慮セラルルコトヲ確保スル規定ヲ包含スベシ

**第二五条【刑事処罰】** 強制労働ノ不法ナル強要ハ刑事犯罪トシテ処罰セラルベク又法令ニ依リ科セラルル刑罰ガ真ニ適当ニシテ且厳格ニ実施セラルルコトヲ確保スルコトハ本条約ヲ批准スル締盟国ノ義務タルベシ

## (3) 結社の自由及び団結権の保護に関する条約（第八十七号）（抜粋）

［ＩＬＯ87号条約・結社の自由及び団結権保護条約］

採　択　一九四八年七月九日（第三一回労働総会）
効力発生　一九五〇年七月四日（改正―六二年二月五日（六一年六月二六日総会採択））
日本国　一九六六年六月一四日（六五年五月一七日国会承認、五月二一日内閣批准決定、六月一四日批准書寄託、六月二八日公布・条約七号　改正―七一年四月二九日発効（同年五月一四日公布・条約四号））
当事国　一五五

国際労働機関の総会は、（中略）
国際労働機関憲章の前文が、「結社の自由の原則の承認」は労働条件を改善し、かつ、平和を確立する手段であると宣言していることを考慮し、
フィラデルフィア宣言が、「表現及び結社の自由は不断の進歩のために欠くことができない」ことを再確認していることを考慮し、（中略）
次の条約（中略）（を）採択する。

### 第一部　結社の自由

**第二条【団体の設立・加入の自由】** 労働者及び使用者は、事前の認可を受けることなしに、自ら選択する団体を設立し、及びその団体の規約に従うことのみを条件としてこれに加入する権利をいかなる差別もなしに有する。

**第三条【団体の自治権】** 1　労働者団体及び使用者団体は、その規約及び規則を作成し、自由にその代表者を選び、その管理及び活動について定め、並びにその計画を策定する権利を有する。
2　公の機関は、この権利を制限し又はこの権利の合法的な行使を妨げるようないかなる干渉をも差し控えなければならない。

**第四条【行政権の不介入】** 労働者団体及び使用者団体は、行政的権限によつて解散させられ又はその活動を停止させられてはならない。

**第五条【上部組織の設立・加入の自由】** 労働者団体及び使用者団体は、連合及び総連合を設立し並びにこれらに加入する権利を有し、また、これらの団体、連合又は総連合は、国際的な労働者団体及び使用者団体に加入する権利を有する。

**第八条【国内法令の尊重】** 1　この条約に規定する権利を行使するに当たつては、労働者及び使用者並びにそれぞれの団体は、他の個人又は組織化された集団と同様に国内法令を尊重しなければならない。
2　国内法令は、この条約に規定する保障を阻害するようなものであつてはならず、また、これを阻害するように適用してはならない。

**第九条【軍隊、警察への適用】** 1　この条約に規定する保障を軍隊及び警察に適用する範囲は、国内法令で定める。
2　国際労働機関憲章第十九条8に掲げる原則に従い、加盟国によるこの条約の批准は、この条約の保障する権利を軍隊又は警察の構成員に与えている既存の法律、裁定、慣行又は協約に影響を及ぼすものとみなされない。

### 第二部　団結権の保護

**第一一条【団結権の保護】** この条約の適用を受ける国際労働機関の各加盟国は、労働者及び使用者が団結権を自由に行使することができることを確保するために、必要にしてかつ適当なすべての措置をとることを約束する。

## (4) 団結権及び団体交渉権についての原則の適用に関する条約（第九十八号）（抜粋）

［ＩＬＯ98号条約・団結権及び団体交渉権条約］

採　択　一九四九年七月一日（第三二回労働総会）
効力発生　一九五一年七月一八日（改正―六二年二月五日（六一年六月二六日総会採択））
日本国　一九五四年一〇月二〇日（五三年七月二四日国会承認、九月八日内閣批准決定、一〇月二〇日批准書寄託、五四年一〇月二〇日公布・条約二〇号　改正―七一年四月二九日発効（同年五月一四日公布・条約四号））
当事国　一六七

国際労働機関の総会は、（中略）次の条約を（中略）採択する。

**第一条【反組合的差別待遇に対する保護】** 1　労働者は、雇用に関する反組合的な差別待遇に対して充分な保護を受ける。
2　前記の保護は、特に次のことを目的とする行為について適用する。
(a)　労働組合に加入せず、又は労働組合から脱退することを労働者の雇用条件とすること。
(b)　組合員であるという理由又は労働時間外に若しくは使用者の同意を得て労働時間内に組合活動に参加したという理由で労働者を解雇し、その他その者に対し不利益な取扱をすること。

**第二条【干渉の禁止】** 1　労働者団体及び使用者団体は、その設立、任務遂行又は管理に関して相互が直接に又は代理人若しくは構成員を通じて行う干渉に対して充分な保護を受ける。
2　特に、労働者団体を使用者又は使用者団体の支配の下に置くため、使用者若しくは使用者団体に支配される労働者団体の設立を促進し、又は労働者団体に経理上の援助その他の援助を与える行為は、本条の意味における干渉となるものとする。

**第三条【団結権尊重の確保】** 前各条に定める団結権の尊重を確

保するため、必要がある場合には、国内事情に適する機関を設けなければならない。

**第四条【自主的交渉の奨励、促進】** 労働協約により雇用条件を規制する目的をもつて行う使用者又は使用者団体と労働者団体との間の自主的交渉のための手続の充分な発達及び利用を奨励し、且つ、促進するため、必要がある場合には、国内事情に適する措置を執らなければならない。

**第五条【軍隊、警察への適用】** 1　この条約に規定する保障を軍隊及び警察に適用する範囲は、国内の法令で定める。

2　国際労働機関憲章第十九条8に掲げる原則に従い、加盟国によるこの条約の批准は、この条約の保障する権利を軍隊又は警察の構成員に与えている既存の法律、裁定、慣行又は協約に影響を及ぼすものとみなされない。

**第六条【公務員の地位】** この条約は、公務員の地位を取り扱うものではなく、また、その権利又は分限に影響を及ぼすものと解してはならない。

## (5) 強制労働の廃止に関する条約（第一〇五号）（抜粋）翻訳

［ＩＬＯ105号条約・強制労働廃止条約］

採　　択　一九五七年六月二五日（第四〇回労働総会）
効力発生　一九五九年一月一七日
日 本 国
当 事 国　一七三

国際労働機関の総会は、（中略）
一九三〇年の強制労働ニ関スル条約の諸規定に留意し、（中略）
次の条約（中略）を採択する。

**第一条【強制労働の禁止】** この条約を批准する国際労働機関の各加盟国は、次に掲げる形での全ての種類の強制労働を禁止し、かつ、これを利用しないことを約束する。

(a)―(e)（略）

**第二条【実効的な措置】** この条約を批准する国際労働機関の各加盟国は、この条約の第一条に明記する強制労働の即時の、かつ、完全な廃止を確保するために実効的な措置をとることを約束する。

## (6) 仕事の世界における暴力及びハラスメントの撤廃に関する条約（第一九〇号）（抜粋）翻訳

［ＩＬＯ190号条約・暴力及びハラスメント条約］

採　　択　二〇一九年六月二一日（第一〇八回労働総会）
効力発生　（未発効）
日 本 国
当 事 国

### 第一部　定義

**第一条【「暴力及びハラスメント」の定義】** 1　この条約の適用上、

(a)　仕事の世界における「暴力及びハラスメント」とは、単発的か反復的なものであるかを問わず、身体的、精神的、性的又は経済的な害を与えることを目的とした、そのような結果を招く、又はその可能性のある一定範囲の許容できない行為及び慣行又はその脅威をいい、ジェンダーに基づく暴力及びハラスメントを含む。

(b)　「ジェンダーに基づく暴力及びハラスメント」とは、性又はジェンダーを理由として、個人に対して行われる、又は特定の性若しくはジェンダーを有する人に不均衡な影響を及ぼす暴力及びハラスメントをいい、セクシュアル・ハラスメントを含む。

2　本条1(a)及び(b)の範囲内で、国内法令においては、単一の概念又は別々の概念として定義することができる。

### 第二部　範囲

**第二条【適用対象】** 1　この条約は、国内の法令及び慣行により定義される被用者、並びに契約上の地位にかかわらず働く人、インターン及び見習いを含む研修中の人、雇用が終了している労働者、ボランティア、求職者及び応募者、並びに使用者の権限、義務又は責任を行使する人を含む、労働者及び仕事の世界における労働者以外の人を保護する。

2　この条約は全ての産業部門に適用され、民間か公共かを問わず、公式経済及び非公式経済の双方が含まれ、並びに都市部か地方かを問わない。

**第三条【適用局面】** この条約は、仕事の過程において、仕事に関連して又は起因して生じる、仕事の世界における暴力及びハラスメントに適用する。

(a)　仕事を行う場である公的及び私的な空間を含む職場
(b)　労働者が賃金を支払われる場所、休憩若しくは食事をとる場所、又は労働者が衛生、洗濯及び更衣の設備を利用する場所
(c)　仕事に関係する訪問、出張、研修、行事又は社会活動中
(d)　情報通信技術により可能となるものを含め、仕事に関係する連絡を通じたもの
(e)　使用者が提供する宿泊施設、及び
(f)　往復の通勤時

### 第三部　基本原則

**第四条【アプローチ】** 1　この条約を批准する各加盟国は、暴力及びハラスメントのない仕事の世界に対するあらゆる人の権利を尊重、促進及び実現する。

2　各加盟国は、国内の法令及び事情に従い、かつ、代表的な使用者団体及び労働者団体と協議の上、仕事の世界における暴力及びハラスメントの防止及び撤廃のための包摂的、統合的かつジェンダーに配慮したアプローチを採用する。そのようなアプローチは、該当する場合には、第三者が関係する暴力及びハラスメントを考慮すべきであるとともに、次に掲げる事項を含むべきである。

(a) 暴力及びハラスメントの法律上の禁止
(b) 関連する政策における暴力及びハラスメントへの対処の確保
(c) 暴力及びハラスメントを防止し及び対処する措置の実施のための包括的な戦略の採用
(d) 執行及び監視体制の確立又は強化
(e) 被害者の救済及び支援へのアクセスの確保
(f) 制裁の規定
(g) 適切で利用可能な形式における、道具、指針、教育及び研修の開発並びに意識の啓発、及び
(h) 労働監督機関又は他の権限ある機関を通じたものを含め、暴力及びハラスメントの事案の監督及び調査のための実効的手段の確保

3 (略)

# 第2節 地域的人権保障

## 1 欧州人権条約

### (1) 欧州人権条約(抄) 翻訳

(人権及び基本的自由の保護のための条約)

署名 一九五〇年一一月四日
効力発生 一九五三年九月三日
改正 人権及び基本的自由の保護のための条約の第三議定書(六三年五月六日署名、七〇年九月二一日発効)
人権及び基本的自由の保護のための条約の第五議定書(六六年一月二〇日署名、七一年一二月二〇日発効)
人権及び基本的自由の保護のための条約の第八議定書(八五年三月一九日署名、九〇年一月一日発効)
人権及び基本的自由の保護のための条約の第九議定書(九〇年一一月六日署名、九四年一〇月一日発効、第一一議定書により廃棄)
人権及び基本的自由の保護のための条約の第一〇議定書(九二年三月二五日署名、未発効、第一一議定書により意味を失う)
人権及び基本的自由の保護のための条約の第一一議定書(九四年五月一一日署名、九八年一一月一日発効)
人権及び基本的自由の保護のための条約の第一四議定書(〇四年五月一三日署名、一〇年六月一日発効)
人権及び基本的自由の保護のための条約の第一五議定書(一三年六月二四日署名、未発効)
〔注 第一五議定書は未発効のため、本文に改正を織り込まず、同議定書による改正の規定を注記した。〕
当事国 四七

欧州評議会加盟国であるこの条約の署名国政府は、

一九四八年一二月一〇日に国際連合総会が発布した世界人権宣言を考慮し、

この宣言が、その中で宣言された権利の普遍的かつ効果的な承認及び遵守を確保することを目的としていることを考慮し、

欧州評議会の目的が加盟国間の一層大きな統一の達成であること、並びにその目的を追求する方法の一つが人権及び基本的自由の維持及びさらなる実現であることを考慮し、

世界における正義及び平和の基礎であり、一方では実効的な政治的民主主義によって、他方ではそれが依存している人権の共通の理解及び遵守によって最もよく維持される基本的自由に対する深い信念を再確認し、

同じような考え方をもち、また、政治的伝統、理想、自由及び法の支配の共通の遺産を有する欧州諸国の政府として、世界人権宣言に掲げる権利のあるものについて集団的な実施を確保するための最初の段階に踏み出すことを決意して、

次のとおり協定した。

注 第一五改正議定書により、条約前文の末尾部分「次のとおり協定した。」の直前に、次の新しい記述を追加する。
「締約国が、補完性の原則に基づいて、この条約及びこの条約の議定書が定める権利及び自由を保障する主要な責任を有すること、並びにその際、この条約で設立された欧州人権裁判所の監視権限に従って、評価の余地を享受することを確認して、」

**第一条(人権を尊重する義務)** 締約国は、その管轄内にある全ての者に対して、この条約の第一節に規定する権利及び自由を保障する。

#### 第一節 権利及び自由

**第二条(生命に対する権利)** 1 全ての者の生命に対する権利は、法律によって保護される。何人も、故意にその生命を奪われない。ただし、法律で死刑を定める犯罪について有罪の判決の後に裁判所の刑の言渡しを執行する場合は、この限りでない。

2 生命の剥奪は、それが次の目的のために絶対に必要な力の行使の結果であるときは、本条に違反して行われたものとみなされない。

(a) 不法な暴力から人を守るため

(b) 合法的な逮捕を行い、又は合法的に抑留した者の逃亡を防ぐため

(c) 暴動又は反乱を鎮圧する目的で合法的にとった行為のため

**第三条（拷問の禁止）** 何人も、拷問又は非人道的な若しくは品位を傷つける取扱い若しくは刑罰を受けない。

**第四条（奴隷及び強制労働の禁止）** 1 何人も、奴隷の状態又は隷属状態に置かれない。

2 何人も、強制労働に服することを要求されない。

3 本条の適用上、「強制労働」には、次のものを含まない。

(a) この条約の第五条の規定に基づいて科される抑留の通常の過程において要求され、又はその抑留を条件付きで免除される場合に要求される作業

(b) 軍事的性質の役務、又は良心的兵役拒否が認められている国における良心的兵役拒否者の場合には、義務的軍事役務の代わりに要求される役務

(c) 共同体の存立又は福利を脅かす緊急事態又は災害の場合に要求される役務

(d) 市民としての通常の義務とされる作業又は役務

**第五条（身体の自由及び安全に対する権利）** 1 全ての者は、身体の自由及び安全に対する権利を有する。何人も、次の場合において、かつ、法律で定める手続によらない限り、その自由を奪われない。

(a) 権限ある裁判所による有罪の判決の後の合法的な抑留

(b) 裁判所の合法的な命令に従わない者の、又は法律で定めるいずれかの義務の履行を確保するための、合法的な逮捕又は抑留

(c) 犯罪を行ったとする相当の嫌疑があるとき、又は犯罪の実行若しくは犯罪実行後の逃亡を防ぐために必要があると合理的に考えられるときに、権限ある司法機関に連行する目的で行う合法的な逮捕又は抑留

(d) 教育上の監督の目的のための合法的な命令による未成年者の抑留、又は権限ある司法機関に連行する目的のための未成年者の合法的な抑留

(e) 伝染病の蔓延を防止するための合法的な抑留、精神障害者、アルコール中毒者若しくは麻薬中毒者又は浮浪者の合法的な抑留

(f) 不正規に入国することを防ぐための、又は退去強制若しくは犯罪人引渡しの手続がなされている者の合法的な逮捕又は抑留

2 逮捕される者は、速やかに、自己の理解する言語で、逮捕の理由及び自己に対する被疑事実を告げられる。

3 1(c)の規定に基づいて逮捕又は抑留された者は、裁判官又は司法権を行使することが法律によって認められている他の官憲の面前に速やかに連行されるものとし、妥当な期間内に裁判を受ける権利又は裁判中に釈放される権利を有する。釈放に当たっては、裁判所への出頭が保証されることを条件とすることができる。

4 逮捕又は抑留によって自由を奪われた者は、裁判所が抑留が合法的であるかどうかを迅速に決定し、抑留が合法的でない場合には、釈放を命ずることができるように、手続をとる権利を有する。

5 本条の規定に違反して逮捕され又は抑留された者は、賠償を受ける権利を有する。

**第六条（公正な裁判を受ける権利）** 1 全ての者は、その民事上の権利及び義務の決定又は刑事上の罪の決定のため、法律で設置された独立のかつ公平な裁判所により妥当な期間内に公正な公開審理を受ける権利を有する。判決は公開で言い渡される。ただし、報道機関及び公衆に対しては、民主的社会における道徳、公の秩序若しくは国の安全のため、少年の利益若しくは当事者の私生活の保護のため必要な場合において、又はその公開が司法の利益を害することとなる特別な状況において裁判所が真に必要があると認める限度で、裁判の全部又は一部を公開しないことができる。

2 刑事上の罪に問われている全ての者は、法律に基づいて有罪とされるまでは、無罪と推定される。

3 刑事上の罪に問われている全ての者は、少なくとも次の権利を有する。

(a) 速やかに、その理解する言語で詳細にその罪の性質及び理由を告げられること。

(b) 防御の準備のために十分な時間及び便益を与えられること。

(c) 直接に、若しくは自ら選任する弁護人を通じて防御すること、又は司法の利益のために必要な場合であって、弁護人に対する十分な支払手段を有しない場合には、無料で弁護人を付されること。

(d) 自己に不利な証人を尋問し又はこれに対し尋問させること、並びに自己に不利な証人と同じ条件で自己のための証人の出席及びこれに対する尋問を求めること。

(e) 裁判所において使用される言語を理解し又は話すことができない場合には、無料で通訳の援助を受けること。

**第七条（法に基づかない処罰の禁止）** 1 何人も、実行の時に国内法又は国際法により犯罪を構成しなかった作為又は不作為を理由として有罪とされない。何人も、犯罪が行われた時に適用されていた刑罰よりも重い刑罰を科されない。

2 本条は、文明国が認める法の一般原則により実行の時に犯罪とされていた作為又は不作為を理由として裁判し、処罰することを妨げるものではない。

**第八条（私生活及び家族生活が尊重される権利）** 1 全ての者は、その私生活、家族生活、住居及び通信の尊重を受ける権利を有する。

2 この権利の行使に対しては、法律に基づき、かつ、国の安全、公共の安全若しくは国の経済的福利のため、無秩序若しくは犯罪の防止のため、健康若しくは道徳の保護のため、又は他の者の権利及び自由の保護のため民主的社会において必要なもの以外のいかなる公の機関による干渉もあってはならない。

**第九条（思想、良心及び信教の自由）** 1 全ての者は、思想、良心及び信教の自由に対する権利を有する。この権利には、自己の宗教又は信念を変更する自由並びに、単独で又は他の者と共同して、かつ、公に又は私的に、礼拝、教導、行事及び儀式によってその宗教又は信念を表明する自由を含む。

2 宗教又は信念を表明する自由は、法律で定める制限であって、公共の安全のため、公の秩序、健康若しくは道徳の保護のため又は他の者の権利及び自由の保護のため民主的社会において必要なもののみに服する。

**第一〇条（表現の自由）** 1 全ての者は、表現の自由に対する権利を有する。この権利には、公の機関による干渉を受けることなく、かつ、国境とのかかわりなく、意見をもつ自由並びに情報及び考えを受けかつ伝える自由を含む。本条は、国が放送、

テレビ又は映画の諸企業の認可制を要求することを妨げるものではない。

2　1の自由の行使については、義務及び責任を伴い、法律で定める手続、条件、制限又は刑罰であって、国の安全、領土保全若しくは公共の安全のため、無秩序若しくは犯罪の防止のため、健康若しくは道徳の保護のため、他の者の信用若しくは権利の保護のため、秘密に受けた情報の暴露を防止するため、又は司法機関の権威及び公平性を維持するため民主的社会において必要なものを課することができる。

**第一一条（集会及び結社の自由）**　1　全ての者は、平和的な集会の自由及び結社の自由に対する権利を有する。この権利には、自己の利益の保護のために労働組合を結成し、これに加入する権利を含む。

2　1の権利の行使については、法律で定める制限であって、国の安全若しくは公共の安全のため、無秩序若しくは犯罪の防止のため、健康若しくは道徳の保護のため、又は他の者の権利及び自由の保護のため民主的社会において必要なもの以外のいかなる制限も課してはならない。本条は、国の軍隊、警察又は行政機関の構成員による1の権利の行使に対して合法的な制限を課すことを妨げるものではない。

**第一二条（婚姻の権利）**　婚姻することができる年齢の男女は、権利の行使を規律する国内法に従って、婚姻しかつ家族をもうける権利を有する。

**第一三条（効果的な救済を受ける権利）**　この条約に定める権利及び自由を侵害された者は、その侵害が公的資格で行動する者による場合でも、国の機関による効果的な救済を受ける。

**第一四条（差別の禁止）**　この条約に定める権利及び自由の享有は、性、人種、皮膚の色、言語、宗教、政治的意見その他の意見、国民的若しくは社会的出身、国内少数者集団〔a national minority〕への所属、財産、出生又は他の地位等いかなる理由による差別もなしに、保障される。

**第一五条（緊急時の適用除外）**　1　戦争その他の国民の生存を脅かす公の緊急事態の場合には、いずれの締約国も、事態の緊急性が真に必要とする限度において、この条約に基づく義務から逸脱する〔derogating〕措置をとることができる。ただし、その措置は、当該締約国が国際法に基づき負う他の義務に抵触してはならない。

2　本条の規定は、第二条（合法的な戦闘行為から生ずる死亡の場合を除く。）、第三条、第四条1及び第七条の規定から逸脱することを許すものではない。

3　義務から逸脱する措置をとる権利を行使する締約国は、とった措置及びその理由を欧州評議会事務総長に十分に通知する。締約国はまた、その措置が終了し、条約の諸規定が再び完全に履行されるようになったときには、同事務総長にその旨通知する。

**第一六条（外国人の政治活動の制限）**　第一〇条、第一一条及び第一四条のいかなる規定も、締約国が外国人の政治活動に対して制限を課すことを妨げるものとはみなされない。

**第一七条（権利濫用の禁止）**　この条約のいかなる規定も、国、集団又は個人が、この条約において認められる権利及び自由を破壊し若しくはこの条約に定める制限の範囲を超えて制限することを目的とする活動に従事し又はそのようなことを目的とする行為を行う権利を有することを意味するものと解することはできない。

**第一八条（権利の制限の使用の限定）**　前記の権利及び自由に対してこの条約の下で許される制限は、それを定めた目的以外のいかなる目的のためにも用いてはならない。

## 第二節　欧州人権裁判所（抄）

**第一九条（裁判所の設置）**　この条約及びこの条約の議定書において締約国が行った約束の遵守を確保するために、欧州人権裁判所（以下「裁判所」という。）を設立する。裁判所は、常設の機関として任務を遂行する。

**第二〇条（裁判官の数）**　裁判所は、締約国の数と同数の裁判官で構成する。

**第二一条（就任の基準）**　1　裁判官は、高潔な人格を有し、かつ、高等の司法官に任ぜられるのに必要な資格を有する者又は能力を認められた法律家でなければならない。

2　裁判官は、個人の資格で裁判に携わる。

3　裁判官は、その任期中、裁判官の独立、公平性又は専任としての負担と両立しないいかなる活動にも従事してはならない。本項の適用から生ずる全ての問題は、裁判所が決定する。

注　第一五改正議定書により、
1　条約第二一条に、次のとおり、新しく2を加える。
「2　候補者は、第二二条に関して、議員総会が三人の候補者の名簿を要請した日に六五歳未満の者とする。」
2　条約第二一条2・3は、それぞれ第二一条3・4となる。

**第二二条（裁判官の選挙）**　裁判官は、各締約国について当該締約国によって指名される三人の候補者の名簿の中から、投じられた投票の多数により議員総会が選出する。

**第二三条（任期及び解任）**　1　裁判官は、九年の任期で選出される。裁判官は、再任されることができない。

2　裁判官の任期は、裁判官が七〇歳に達するときに終了する。

3　裁判官は、後任の裁判官と交代するまで在職する。ただし、裁判官は、既に審理中の事件を引き続き取り扱うものとする。

4　裁判官は、他の裁判官が三分の二の多数により当該裁判官が必要な条件を満たさなくなったと決定しない限り、解任することができない。

注　第一五改正議定書により、条約第二三条2を削除する。第二三条3・4は、それぞれ第二三条2・3となる。

**第二四条（書記局及び報告者）**　1　裁判所に書記局を置き、書記局の任務及び組織は、裁判所規則で定める。

2　単独裁判官による法廷〔a single-judge formation〕の場合には、裁判所長の監督の下に任務を遂行する報告者が裁判所を補佐する。報告者は裁判所の書記局に所属する。

**第二五条（裁判官会議）**　裁判官会議〔plenary Court〕は、次のことを行う。

(a)　三年の任期で、裁判所長及び一人又は二人の裁判所次長を選任すること。裁判所長及び裁判所次長は再任されることができる。
(b)　期間を定めて構成される小法廷を設置すること。
(c)　各小法廷の裁判長を選挙すること。小法廷の裁判長は、再任されることができる。
(d)　裁判所規則を採択すること。
(e)　書記局長及び一人又は二人以上の書記局次長を選任すること。
(f)　第二六条2に基づく請求を行うこと。

**第二六条（単独裁判官による法廷、委員会、小法廷及び大法廷）**

1　裁判所は、提訴された事件を審理するため、単独裁判官による法廷、三人の裁判官から成る委員会[committees]、七人の裁判官から成る小法廷[Chambers]及び一七人の裁判官から成る大法廷[Grand Chamber]を設ける。小法廷は、期間を定めて委員会を設置する。

2　閣僚委員会は、裁判官会議の請求に基づき、全員一致の決定により、期間を定めて小法廷の裁判官の数を五人にすることができる。

3　単独裁判官による法廷の場合には、裁判官は、当該裁判官を選出のために指名した締約国に対するいかなる申立ても審理してはならない。

4　関係締約国の指名によって選出された裁判官は、小法廷及び大法廷に職権による裁判官として出席する。関係締約国の指名によって選出された裁判官がいない場合又は当該裁判官が出席することができない場合には、当該締約国が事前に提出する名簿の中から裁判所長が選任した者が、裁判官として出席する。

5　大法廷には、また、裁判所長、裁判所次長、各小法廷の裁判長及び裁判所規則に従って選任される他の裁判官が含まれる。事件が第四三条に基づいて大法廷に付託される場合には、判決を行った小法廷の裁判官は、当該小法廷の裁判長及び関係締約国から参加した裁判官を除き、大法廷に出席しない。

**第二七条（単独裁判官の権限）**　1　単独裁判官は、第三四条に基づいて付託される申立てを、それ以上審理することなく決定できる場合には、受理できないと宣言し、又は事件目録から削除することができる。

2　この決定は、最終のものとする。

3　単独裁判官は、申立てを受理できないと宣言せず、又は事件目録から削除しないときは、当該申立てを審理のために委員会又は小法廷に付託する。

**第二八条（委員会の権限）**　1　委員会は、第三四条に基づいて付託される申立てについて、全員一致の投票により次のことを行うことができる。

(a)　申立てを、それ以上審理することなく決定できる場合には、受理できないと宣言し、又は事件目録から削除すること。

(b)　申立てを受理できると宣言すること、及び、この条約又はこの条約の議定書の解釈又は適用に関する事件の争点が、既に裁判所の十分に確立した判例法の対象となっている場合には、当該宣言と同時に本案に関する判決を行うこと。

2　1に基づく決定又は判決は、最終のものとする。

3　委員会は、関係締約国の指名によって選出された裁判官が委員会の委員ではないときは、当該締約国が1(b)に基づく手続の適用を争っているか否かを含む関連する全ての要素を考慮して、手続のいかなる段階においても、委員会の委員の一人に代えて委員となるよう当該裁判官を招請することができる。

**第二九条（小法廷による受理可能性と本案に関する決定）**　1　第二七条若しくは第二八条に基づく決定又は第二八条に基づく判決が行われないときは、小法廷は、第三四条に基づいて付託される個人の申立ての受理可能性及び本案について決定する。受理可能性に関する決定は、分離して行うことができる。

2　小法廷は、第三三条に基づいて付託される国家間の申立ての受理可能性及び本案について決定する。受理可能性に関する決定は、裁判所が、例外的場合において別段の決定をする場合を除くほか、分離して行う。

**第三〇条（大法廷への管轄の移譲）**　小法廷に係属する事件がこの条約若しくはこの条約の議定書の解釈に影響を与える重大な問題を提起する場合又は小法廷における問題の解決が裁判所が以前に下した判決と一致しない結果をもたらす可能性がある場合には、小法廷は、判決を行う前はいつでも、大法廷へ管轄を移譲することができる。ただし、事件のいずれかの当事者がこれに反対する場合は、この限りでない。

注　第一五改正議定書により、「ただし」以下を削除する。

**第三一条（大法廷の権限）**　大法廷は、次のことを行う。

(a)　第三三条又は第三四条に基づいて付託される申立てについて、小法廷が第三〇条に基づいて管轄を移譲した場合又は事件が第四三条に基づいて大法廷に付託された場合に、決定を行うこと。

(b)　第四六条4に従って閣僚委員会が裁判所に付託する問題について決定すること。

(c)　第四七条に基づいて付託される勧告的意見の要請について審理すること。

**第三二条（裁判所の管轄）**　1　裁判所の管轄は、第三三条、第三四条、第四六条及び第四七条に基づいて裁判所に付託されるこの条約及びこの条約の議定書の解釈及び適用に関する全ての事項に及ぶ。

2　裁判所が管轄を有するか否かについて争いがある場合には、裁判所が決定する。

**第三三条（国家間の事件）**　いずれの締約国も、他の締約国によるこの条約及びこの条約の議定書の規定の違反を裁判所に付託することができる。

**第三四条（個人の申立て）**　裁判所は、この条約又はこの条約の議定書に定める権利がいずれかの締約国によって侵害されたと主張する個人、非政府団体又は個人の集団からの申立てを受理することができる。締約国は、この権利の効果的な行使を何ら妨げないことを約束する。

**第三五条（受理可能性の基準）**　1　裁判所は、一般的に認められた国際法の原則に従って、全ての国内救済措置が尽くされた後で、かつ、最終的な決定がなされた日から六箇月の期間内においてのみ、事案を取り扱うことができる。

注　第一五改正議定書により、「六箇月の期間内」の文言を「四箇月の期間内」の文言に改める。

2　裁判所は、第三四条に基づいて付託される個人の申立てであって、次のいずれかに当たるものは取り扱ってはならない。

(a)　匿名のもの

(b)　裁判所が既に審理したか、又は他の国際的調査若しくは解決の手続に既に付託された事案と実質的に同一であって、かつ、いかなる新しい関連情報も含んでいないもの

3　裁判所は、第三四条に基づいて付託される個人の申立てが次のいずれかに当たると認めるときは、当該申立てを受理することができないと宣言する。

(a)　当該申立てが、この条約又はこの条約の議定書の規定に抵触しているか、明白に根拠を欠いているか、又は個人の申立権の濫用である場合

(b)　この条約及びこの条約の議定書が定める人権の尊重のために当該申立ての本案の審理が必要な場合を除くほか、申立人が相当の不利益を受けていない場合。ただし、国内裁判所によって適正に審理されていない事件は、この理由に基づいて却下してはならない。

注　第一五改正議定書により、「ただし」以下を削除する。

4　裁判所は、本条に基づいて受理できないと判断するいかなる申立ても却下する。裁判所は、手続のいずれの段階でもこの却下を行うことができる。

**第三六条（第三者参加）**　1　小法廷及び大法廷に係属する全ての事件において、自国の国民が申立人となっている締約国は、書面による意見を提出し、かつ、弁論に参加する権利を有する。

2　裁判所長は、司法の適正な運営のために、裁判手続の当事者ではない締約国又は申立人ではない関係者に対して、書面による意見を提出し又は弁論に参加するよう招請することができる。

3　欧州評議会人権弁務官は、小法廷又は大法廷に係属する全ての事件において、書面による意見を提出し、弁論に参加することができる。

**第三七条（申立ての削除）**（略）

**第三八条（事件の審理）**　裁判所は、当事者の代表とともに事件を審理し、必要がある場合には、調査を行う。この調査を効果的に行うために、関係締約国は全ての必要な便宜を供与する。

**第三九条（友好的解決）**　1　裁判所は、手続のいかなる段階においても、この条約及びこの条約の議定書が定める人権の尊重を基礎とする事案の友好的解決を確保するために、関係当事者が自由に裁判を利用できるようにすることができる。

2　1に基づいて行われる手続は、非公開とする。

3　友好的解決が成立した場合には、裁判所は、決定により、この事件を事件目録から削除する。その決定には、事実及び到達された解決の簡潔な記述のみを含める。

4　この決定は、閣僚委員会に送付される。閣僚委員会は、この決定が定める友好的解決の条件の執行を監視する。

**第四〇条（公開の弁論及び文書の閲覧）**　1　弁論は、裁判所が例外的事情により別段の決定をする場合を除くほか、公開とする。

2　書記局長に寄託された文書は、裁判所長が別段の決定をする場合を除くほか、公衆が閲覧できるようにする。

**第四一条（正当な満足）**　裁判所がこの条約又はこの条約の議定書の違反を認定し、かつ、関係締約国の国内法が部分的な賠償のみを認めるにとどまるときは、裁判所は、必要な場合には、被害当事者に正当な満足を与えなければならない。

**第四二条（小法廷の判決）**　小法廷の判決は、第四四条2の規定に従って最終のものとなる。

**第四三条（大法廷への付託）**　1　事件のいずれの当事者も、例外的な場合に、小法廷の判決の日から三箇月の期間内に、当該事件を大法廷に付託するよう請求することができる。

2　大法廷の五人の裁判官で構成される審査部会は、当該事件がこの条約又はこの条約の議定書の解釈又は適用に影響する重大な問題、又は一般的な重要性をもつ重大な問題を提起する場合には、その請求を受理する。

3　審査部会が請求を受理した場合には、大法廷は、当該事件を判決によって決定しなければならない。

**第四四条（最終判決）**　1　大法廷の判決は、最終のものとする。

2　小法廷の判決は、次のいずれかの場合に最終のものとなる。

(a)　当事者が事件を大法廷に付託するよう請求する意思のないことを宣言した場合

(b)　判決の日の後三箇月が経過し、その間に事件の大法廷への付託が請求されなかった場合

(c)　大法廷の審査部会が第四三条に基づく付託請求を却下した場合

3　最終判決は、公表される。

**第四五条（判決及び決定の理由）**　1　判決及び申立ての受理又は受理不能を宣言する決定には、理由を付す。

2　判決がその全部又は一部について裁判官の全員一致の意見を表明していないときは、いずれの裁判官も、個別の意見を表明する権利を有する。

**第四六条（判決の拘束力及び執行）**　1　締約国は、自国が当事者であるいかなる事件においても、裁判所の最終判決に従うことを約束する。

2　裁判所の最終判決は、閣僚委員会に送付される。閣僚委員会は、その執行を監視する。

3　閣僚委員会は、判決の解釈問題が最終判決の執行の監視を妨げていると認めるときは、解釈問題に関する裁定を求めて事案を裁判所に付託することができる。付託の決定は、閣僚委員会に出席する資格のある代表の三分の二の多数の投票を要する。

4　閣僚委員会は、締約国が、自国が当事者である事件において裁判所の最終判決に従うことを拒否していると認めるときは、当該締約国に公式に通告を行った後に、閣僚委員会に出席する資格のある代表の三分の二の多数の投票によって採択される決定により、当該締約国が1に基づく義務を怠ったか否かの問題を裁判所に付託することができる。

5　裁判所は、1の違反があると認定するときは、とるべき措置を検討するために事件を閣僚委員会に付託する。裁判所は、1の違反がないと認定するときは、事件を閣僚委員会に付託し、閣僚委員会は事件の審理を終了する。

**第四七条（勧告的意見）**　1　裁判所は、閣僚委員会の要請により、この条約及びこの条約の議定書の解釈に関する法的問題について勧告的意見を与えることができる。

2　この意見は、この条約の第一節及びこの条約の議定書が定める権利及び自由の内容又は範囲に関するいかなる問題も、また裁判所若しくは閣僚委員会がこの条約に基づいて開始する手続の結果検討しなければならないその他のいかなる問題も取り扱ってはならない。

3　裁判所の勧告的意見を要請する閣僚委員会の決定は、委員会に出席する資格のある代表者の過半数の投票を要する。

**第四八条（裁判所の勧告的管轄）**　裁判所は、閣僚委員会が付託した勧告的意見の要請が第四七条が定める権限内にあるかどうかを決定する。

**第四九条（勧告的意見の理由）**　1　裁判所の勧告的意見には、理由を付す。

2　勧告的意見がその全部又は一部について裁判官の全員一致の意見を表明していないときは、いずれの裁判官も、個別の意見を表明する権利を有する。

3　裁判所の勧告的意見は、閣僚委員会に通知される。

**第五〇条（裁判所の経費）**（略）

**第五一条（裁判官の特権及び免除）**　裁判官は、その任務を遂行する間は、欧州評議会規程第四〇条及びそれに基づいて締結される協定に定める特権及び免除を受ける権利を有する。

### 第三節　雑則（抄）

**第五二条（事務総長による照会）**　欧州評議会事務総長の要請を受け取ったときは、いずれの締約国も、自国の国内法が、この条約のいずれかの規定の効果的な実施を確保している方法について説明を与えなければならない。

**第五三条（既存の人権の保護）**　この条約のいかなる規定も、いず

れかの締約国の法律又は当該締約国が当事国となっているいずれかの他の協定に基づいて保障されることのある人権及び基本的自由のいかなるものも制限し、又はそれからの逸脱を許すものと解してはならない。

**第五四条（閣僚委員会の権限）**（略）

**第五五条（他の紛争解決手段の排除）** 締約国は、この条約の解釈又は適用から生ずる紛争を、この条約で定める解決手段以外のものに申立てにより付託する目的で、締約国間に有効な条約又は宣言を利用しないことを約束する。ただし、特別の合意がある場合は、この限りでない。

**第五六条（適用領域）** 1　いずれの国も、批准の時又はその後はいつでも、欧州評議会事務総長に宛てた通告によって、本条4に従うことを条件に、自国が国際関係について責任を有する地域の全部又は一部にこの条約を適用することを宣言することができる。

2　この条約は、欧州評議会事務総長がこの通告を受領した後三〇日目から通告で指定された地域に関して効力を生ずる。

3　ただし、この条約の規定は、それら地域においては現地の必要に妥当な考慮を払って適用される。

4　本条1に従って宣言を行ったいずれの国も、宣言の後はいつでも、宣言が関係する一又は二以上の地域のために、条約第三四条に定める個人、非政府団体又は個人の集団からの申立てを受理する裁判所の権限を受諾することを宣言することができる。

**第五七条（留保）** 1　いずれの国も、この条約に署名する時又は批准書を寄託する時に、その領域でその時に有効ないずれかの法律がこの条約の特定の規定と抵触する限りにおいて、その規定について留保を付すことができる。一般的性格の留保は、本条の下では許されない。

2　本条に基づいて付されるいかなる留保も、関係する法律の簡潔な記述を含むものとする。

**第五八条（脱退）** 1　締約国は、自国が締約国となった日から五年を経過した後に、かつ、欧州評議会事務総長に宛てた通告に含まれる六箇月の予告の後にのみ、この条約から脱退することができる。同事務総長は、これを他の締約国に通知する。

2　1にいう脱退は、この条約に基づく締約国の義務の違反を構成する可能性がある行為であって、脱退が効力を生ずる日の前に締約国が行っていたいかなるものについても、関係締約国を当該義務から免除する効果をもつものではない。

3　欧州評議会の加盟国の地位を失ういずれの締約国も、同一の条件に基づいてこの条約の当事国の地位を失う。

4　1から3までの規定に従って、第五六条によってその適用が宣言されたいずれの地域についても、この条約から脱退することができる。

**第五九条（署名及び批准）** 1　この条約は、欧州評議会加盟国による署名のために開放しておく。この条約は、批准される。批准書は、欧州評議会事務総長に寄託する。

2　欧州連合は、この条約に加入することができる。

3　この条約は、一〇の批准書が寄託された後に効力を生ずる。

4　条約は、その後に批准する署名国については、批准書の寄託の日に効力を生ずる。

5　欧州評議会事務総長は、全ての欧州評議会加盟国に、条約の効力発生、条約を批准した締約国名及びその後に行われる全ての批准書の寄託について、通告する。

## (2)　欧州人権条約議定書

### ①　欧州人権条約第一議定書（抄）翻訳

（人権及び基本的自由の保護のための条約の議定書）

署　　名　一九五二年三月二〇日
効力発生　一九五四年五月一八日
改　　正　人権及び基本的自由の保護のための条約の第一一議定書（九四年三月一一日署名、九八年一一月一日発効）
当 事 国　四五

欧州評議会加盟国であるこの議定書の署名国政府は、一九五〇年一一月四日にローマで署名した人権及び基本的自由の保護のための条約（以下「条約」という。）の第一節に既に含まれているもの以外の若干の権利及び自由の集団的な実施を確保するための措置をとることを決意して、次のとおり協定した。

**第一条（財産の保護）** 全ての自然人又は法人は、その財産を平和的に享有する権利を有する。何人も、公益のために、かつ、法律及び国際法の一般原則で定める条件に従う場合を除くほか、その財産を奪われない。

ただし、前項の規定は、国が一般的利益に基づいて財産の使用を規制するため、又は、税その他の拠出若しくは罰金の支払を確保するために必要とみなす法律を実施する権利を何ら妨げるものではない。

**第二条（教育に対する権利）** 何人も、教育に対する権利を否定されない。国は、教育及び教授に関連して負ういかなる任務の行使においても、自己の宗教的及び哲学的信念に従ってこの教育と教授を確保する父母の権利を尊重しなければならない。

**第三条（自由選挙に対する権利）** 締約国は、立法機関の選出に当たって、人民の意見の自由な表明を確保する条件の下で、妥当な間隔をおいて、秘密投票による自由選挙を行うことを約束する。

**第四条（適用領域）**（略）

**第五条（条約との関係）** 締約国間においては、この議定書の第一条から第四条までの規定は、条約への追加条文とみなされ、条約の全ての規定は、それに従って適用される。

**第六条（署名及び批准）** この議定書は、条約の署名国である欧州評議会加盟国の署名のために開放しておく。議定書は、条約の批准と同時に又はその後に、批准される。議定書は、一〇の批准書が寄託された後に効力を生ずる。議定書はその後に批准する署名国については、批准書の寄託の日に効力を生ずる。

2　批准書は、欧州評議会事務総長に寄託される。同事務総長は、全ての加盟国に批准した加盟国名を通報する。

## ② 欧州人権条約第四議定書(抄) 翻訳

(条約及びその第一議定書に既に含まれているもの以外の若干の権利及び自由を確保する人権及び基本的自由の保護のための条約の第四議定書)

署　名　一九六三年九月一六日
効力発生　一九六八年五月二日
改　正　人権及び基本的自由の保護のための条約の第一一議定書(九四年三月一一日署名、九八年一一月一日発効)
当 事 国　四三

欧州評議会加盟国であるこの議定書の署名国政府は、一九五〇年一一月四日にローマで署名した人権及び基本的自由の保護のための条約(以下「条約」という。)の第一節、及び一九五二年三月二〇日にパリで署名した条約についての第一議定書の第一条から第三条までに既に含まれているもの以外の若干の権利及び自由の集団的な実施を確保するための措置をとることを決意して、次のとおり協定した。

**第一条(契約不履行による拘禁の禁止)** 何人も、契約上の義務を履行することができないことのみを理由としてその自由を奪われない。

**第二条(移動の自由)** 1 合法的にいずれかの国の領域内にいる全ての者は、当該領域内において、移動の自由及び居住の自由に対する権利を有する。

2 全ての者は、自国を含むいずれの国からも自由に離れることができる。

3 1及び2の権利の行使については、法律に基づく制限であって、国の安全若しくは公共の安全のため、公の秩序の維持のため、犯罪の防止のため、健康若しくは道徳の保護のため又は他の者の権利及び自由の保護のため民主的社会において必要なもの以外のいかなる制限も課してはならない。

4 1の権利は、また、特定の区域において法律に基づいて課され、かつ民主的社会において公益のために正当とされる制限に服する。

**第三条(国民の追放の禁止)** 1 何人も、自己の国籍国の領域から、個別的又は集団的措置によって、追放されない。

2 何人も、自己の国籍国の領域に戻る権利を奪われない。

**第四条(外国人の集団的追放の禁止)** 外国人の集団的追放は、禁止される。

**第五条(適用領域)** (略)

**第六条(条約との関係)** [欧州人権条約第一議定書第五条と同じ。ただし、「第四条」を「第五条」と読み替える。]

**第七条(署名及び批准)** [欧州人権条約第一議定書第六条と同じ。ただし、「一〇の批准書」を「五の批准書」と読み替える。]

## ③ 欧州人権条約第六議定書(抄) 翻訳

(死刑の廃止に関する人権及び基本的自由の保護のための条約の第六議定書)[死刑廃止第六議定書]

署　名　一九八三年四月二八日
効力発生　一九八五年三月一日
改　正　人権及び基本的自由の保護のための条約の第一一議定書(九四年三月一一日署名、九八年一一月一日発効)
当 事 国　四六

一九五〇年一一月四日にローマで署名した人権及び基本的自由の保護のための条約(以下「条約」という。)のこの議定書の署名国である欧州評議会加盟国は、

欧州評議会の若干の加盟国において生じた発展が死刑の廃止に賛成する一般的な傾向を示していることを考慮して、

次のとおり協定した。

**第一条(死刑の廃止)** 死刑は廃止する。何人も、死刑を宣告され又は執行されない。

**第二条(戦時における死刑)** 国は、戦時又は差し迫った戦争の脅威がある時になされる行為について法律で死刑の規定を設けることができる。死刑は、法律に定められた場合において、かつ、法律の規定に基づいてのみ適用される。国は、当該の法律の規定を欧州評議会事務総長に通知する。

**第三条(適用除外の禁止)** 条約第一五条は、この議定書の規定からの逸脱を許すものではない。

**第四条(留保の禁止)** この議定書の規定については、条約第五七条に基づくいかなる留保も付すことができない。

**第五条(適用領域)** (略)

**第六条(条約との関係)** [欧州人権条約第一議定書第五条と同じ。ただし、「第四条」を「第五条」と読み替える。]

**第七条(署名及び批准)** (略)

**第八条(効力発生)** 1 この議定書は、欧州評議会の五の加盟国が第七条の規定に従って議定書に拘束されることへの自国の同意を表明した日の翌月の一日に効力を生ずる。

2 議定書は、その後に議定書に拘束されることへの自国の同意を表明する加盟国については、批准書、受諾書又は承認書の寄託の日の翌月の一日に効力を生ずる。

**第九条(寄託者の任務)** (略)

## ④ 欧州人権条約第七議定書(抄) 翻訳

(人権及び基本的自由の保護のための条約の第七議定書)

署　名　一九八四年一一月二二日
効力発生　一九八八年一一月一日
改　正　人権及び基本的自由の保護のための条約の第一一議定書(九四年三月一一日署名、九八年一一月一日発効)
当事国　四四

この議定書の署名国である欧州評議会加盟国は、一九五〇年一一月四日にローマで署名した人権及び基本的自由の保護のための条約(以下「条約」という。)による若干の権利及び自由の集団的な実施を確保するためにさらなる措置をとることを決意して、

次のとおり協定した。

**第一条(外国人の追放に関する手続的保障)**　1　合法的に国の領域内に居住する外国人は、法律に基づいて行われた決定による場合を除くほか追放されてはならず、かつ、次のことが認められる。

(a)　自己の追放に反対する理由を提示すること。
(b)　自己の事案が審査されること。
(c)　このために権限ある機関又はその機関が指名する者に対して代理人が出頭すること。

2　外国人は、追放が公の秩序のために必要な場合又は国の安全を理由とする場合には、本条1(a)、(b)及び(c)に基づく権利を行使する以前にも追放することができる。

**第二条(刑事における上訴の権利)**　1　裁判所により有罪の判決を受けた全ての者は、その判決又は刑罰を上級の裁判所によって再審理される権利を有する。この権利の行使は、それを行使できる事由を含め、法律によって規律される。

2　この権利については、法律が定める軽微な性質の犯罪に関する例外、又は、当該の者が最上級の裁判所によって第一審の審理を受けた場合若しくは無罪の決定に対する上訴の結果有罪の判決を受けた場合の例外を設けることができる。

**第三条(誤った有罪宣告に対する補償)**　確定判決によって有罪と決定された場合において、その後に、新たな事実又は新たに発見された事実により誤審のあったことが確定的に立証されたことを理由としてその有罪判決が破棄され又は赦免が行われたときは、その有罪判決の結果刑罰に服した者は、その判決を下した国の法律又は慣行に基づいて補償を受ける。ただし、当時知られていなかった事実が明らかにされなかったことの全部又は一部がその者の責めに帰するものであることが証明された場合は、この限りでない。

**第四条(一事不再理の権利)**　1　何人も、その国の法律及び刑事手続に従って既に無罪又は有罪の確定判決を受けた行為について、同一国の管轄下での刑事訴訟手続において再び裁判され又は処罰されることはない。

2　1の規定は、当該事案の結果に影響を与えるような新たな事実若しくは新たに発見された事実の証拠がある場合又は以前の訴訟手続に根本的瑕疵がある場合には、その国の法律及び刑事手続に基づいて事案の審理を再開することを妨げるものではない。

3　本条に関しては条約第一五条に基づく逸脱は許されない。

**第五条(配偶者の平等)**　配偶者は、婚姻中及び婚姻の解消の際に、配偶者相互間及びそのこどもとの関係において、婚姻に係る私法的性質の権利及び責任の平等を享有する。本条は、国がこどもの利益のために必要な措置をとることを妨げるものではない。

**第六条(適用領域)**(略)

**第七条(条約との関係)**〔欧州人権条約第一議定書第五条と同じ。ただし、「第四条」を「第六条」と読み替える。〕

**第八条(署名及び批准)**(略)

**第九条(効力発生)**　1　この議定書は、欧州評議会の七の加盟国が第八条の規定に従って議定書に拘束されることへの自国の同意を表明した日の後二箇月を経過した日の翌月の一日に効力を生ずる。

2　議定書は、その後に議定書に拘束されることへの自国の同意を表明する加盟国については、批准書、受諾書又は承認書の寄託の日の後二箇月の期間が満了した翌月の一日に効力を生ずる。

**第一〇条(寄託者の任務)**(略)

## ⑤ 欧州人権条約第一二議定書(抄) 翻訳

(人権及び基本的自由の保護のための条約の第一二議定書)

署　名　二〇〇〇年一一月四日
効力発生　二〇〇五年四月一日
当事国　二〇

この議定書の署名国である欧州評議会加盟国は、

全ての者は法の前に平等であり、法による平等の保護を受ける権利があるという基本原則を考慮し、

一九五〇年一一月四日にローマで署名した人権及び基本的自由の保護のための条約(以下「条約」という。)による差別の一般的禁止の集団的な執行を通じて、全ての者の平等を促進するためにさらなる措置をとることを決意し、

完全で効果的な平等を促進するための措置に客観的で合理的な理由があることを条件として、非差別原則は締約国がこれらの措置をとることを妨げないことを再確認して、

次のとおり協定した。

**第一条(差別の一般的禁止)**　1　法が定めるいかなる権利の享有も、性、人種、皮膚の色、言語、宗教、政治的意見その他の意見、国民的若しくは社会的出身、国内少数者集団〔a national minority〕との関係、財産、出生又は他の地位等いかなる理由による差別もなしに、保障される。

2　何人も、1に定める理由等いかなる理由によっても公の機関により差別されない。

**第二条(適用領域)**(略)

**第三条(条約との関係)**〔欧州人権条約第一議定書第五条と同じ。ただし、「第一条から第四条まで」を「第一条及び第二条」と読み替える。〕

**第四条（署名及び批准）**（略）

**第五条（効力発生）** １ この議定書は、欧州評議会の一〇の加盟国が第四条の規定に従って議定書に拘束されることへの自国の同意を表明した日の後三箇月を経過した日の翌月の一日に効力を生ずる。

２ 議定書は、その後に議定書に拘束されることへの自国の同意を表明する加盟国については、批准書、受諾書又は承認書の寄託の日の後三箇月を経過した日の翌月の一日に効力を生ずる。

**第六条（寄託者の任務）**（略）

## ⑥ 欧州人権条約第一三議定書（抄）翻訳

（あらゆる事情の下での死刑の廃止に関する人権及び基本的自由の保護のための条約の第一三議定書）〔死刑廃止第一三議定書〕

署　　名　二〇〇二年五月三日
効力発生　二〇〇三年七月一日
当 事 国　四四

この議定書の署名国である欧州評議会加盟国は、

生命に対する全ての者の権利が民主的社会における基本的な価値であること、並びに死刑の廃止がこの権利の保護及び全ての人間の固有の尊厳の完全な承認にとって不可欠であることを確信し、

一九五〇年一一月四日にローマで署名した人権及び基本的自由の保護のための条約（以下「条約」という。）が保障する生命に対する権利の保護を強化することを希望し、

一九八三年四月二八日にストラスブールで署名した死刑の廃止に関する条約第六議定書が、戦時又は差し迫った戦争の脅威がある時になされる行為について死刑を排除していないことに留意し、

あらゆる事情の下で死刑を廃止するために最後の措置をとることを決意して、

次のとおり協定した。

**第一条（死刑の廃止）** 死刑は廃止する。何人も、死刑を宣告され又は執行されない。

**第二条（適用除外の禁止）** 条約第一五条は、この議定書の規定からの逸脱を許すものではない。

**第三条（留保の禁止）** この議定書の規定については、条約第五七条に基づくいかなる留保も付すことができない。

**第四条（適用領域）**（略）

**第五条（条約との関係）**〔欧州人権条約第一議定書第五条と同じ。〕

**第六条（署名及び批准）**（略）

**第七条（効力発生）**〔欧州人権条約第一二議定書第五条と同じ。〕

**第八条（寄託者の任務）**（略）

## ⑦ 欧州人権条約第一六議定書（抄）翻訳

（人権及び基本的自由の保護のための条約の第一六議定書）

署　　名　二〇一三年一〇月二日
効力発生　二〇一八年八月一日
当 事 国　一五

欧州評議会加盟国及び一九五〇年一一月四日にローマで署名された人権及び基本的自由の保護のための条約（以下「条約」という。）の他の締約国であるこの議定書の署名国は、

条約の規定、特に欧州人権裁判所（以下「裁判所」という。）を設置する第一九条を考慮し、

勧告的意見を与えるよう裁判所の権限を拡大することが、補完性の原則に従って、裁判所と国内機関との間の相互作用を高め、それにより条約の実施が強化されることを考慮し、

二〇一三年六月二八日に欧州評議会議員総会が採択した意見二八五（二〇一三）を考慮して、

次のとおり協定した。

**第一条【勧告的意見の要請】** １ 第一〇条に従って特定された締約国の最高の裁判所は、この条約及びこの条約の議定書が定める権利及び自由の解釈又は適用に関する原則の問題について、裁判所に勧告的意見を要請することができる。

２ 要請を行う裁判所は、自らに係属する事件の文脈においてのみ勧告的意見を求めることができる。

３ 要請を行う裁判所は、要請の理由を付すとともに、係属事件に関連した法的及び事実的な背景を提供する。

**第二条【要請の受理】** １ 大法廷の五人の裁判官で構成される審査部会は、第一条を考慮して、勧告的意見の要請を受理するかどうかを決定する。審査部会は、要請を受理しない場合には、理由を付さなければならない。

２ 審査部会が要請を受理した場合には、大法廷が勧告的意見を表明する。

３ 前二項に定める審査部会及び大法廷には、要請を行った裁判所が属する締約国の指名によって選出された裁判官を職権として含める。裁判官がいない場合又は当該裁判官が出席できない場合には、当該締約国が事前に提出する名簿の中から裁判所長が選任した者が、裁判官として出席する。

**第三条【第三者参加】** 欧州評議会人権弁務官及び要請を行った裁判所が属する締約国は、書面による意見を提出し、かつ、弁論に参加する権利を有する。裁判所長は、司法の適正な運営のために、いずれの他の締約国又は人に対しても、書面による意見を提出し又は弁論に参加するよう招請することができる。

**第四条【勧告的意見の理由】** １ 勧告的意見には、理由を付す。

２ 勧告的意見がその全部又は一部について裁判官の全員一致の意見を表明していないときは、いずれの裁判官も、個別の意見を表明する権利を有する。

３ 勧告的意見は、要請を行った裁判所及びその裁判所が属する締約国に通知される。

４ 勧告的意見は、公表される。

**第五条【勧告的意見の拘束力】** 勧告的意見は、拘束的なものではない。

**第六条【条約との関係】**〔欧州人権条約第一議定書第五条と同じ。ただし、「第四条」を「第五条」と読み替える。〕

**第七条【署名及び批准】** １ この議定書は、欧州評議会加盟国に

よる署名のために開放しておく。各国は、拘束されることへの自国の同意を、次のように表明できる。

(a) 批准、受諾又は承認について留保のない署名

(b) 批准、受諾又は承認を必要とする署名と、その後の批准、受諾又は承認

2 批准書、受諾書又は承認書は、欧州評議会事務総長に寄託される。

**第八条【効力発生】**(略)

**第九条【留保の禁止】** この議定書の規定については、条約第五七条に基づくいかなる留保も付すことができない。

**第一〇条【国内裁判所の指定】** この条約の各締約国は、署名する時又は批准書、受諾書若しくは承認書を寄託する時に、欧州評議会事務総長に宛てた宣言の形式によって、この議定書の第一条1の適用のために指定する裁判所を明示する。この宣言は、それ以後いつでも同一の方式で変更することができる。

**第一一条【欧州評議会事務総長による通知】**(略)

## 2 欧州連合基本権憲章(抄) 翻訳

〔EU基本権憲章〕

署名・宣言　二〇〇〇年一二月七日(ニースにて欧州議会、理事会及び委員会の長が署名・宣言)

改　正　二〇〇九年一二月一日

欧州議会、理事会、委員会は、次に掲げる文書を欧州連合基本権憲章として厳粛に宣言する。

### 前　文

欧州人民は、人民間で緊密さを増す連合を創設しつつある中で、共通の価値に基づく平和な未来を共有することを決意する。

連合は、その精神的及び道徳的遺産を自覚し、人間の尊厳、自由、平等、連帯の不可分で普遍的な価値の上につくられている。連合は、民主主義の諸原則及び法の支配に基礎づけられる。連合は、連合市民権を創設し、自由、治安、正義の領域を創出することによって、諸活動の核心に個人を据える。

連合は、前記の共通価値を保持し、発展させることに貢献する。他方で、欧州人民の文化と伝統の多様性、加盟国の国民的同一性、及び国、地域、地方の段階における公的機関の組織を尊重する。連合は、均衡のとれた持続可能な発展の促進に努め、人、サービス、財及び資本の自由移動並びに創業の自由を確保する。

この目的のために、社会の変化、社会進歩及び科学技術の発展を考慮しつつ、基本権を憲章においてさらに目に見える形にすることによって、基本権の保護を強化する必要がある。

この憲章は、連合の権限及び任務並びに補完性の原則に適切な考慮を払いつつ、とりわけ、加盟国に共通の憲法上の伝統及び国際義務、人権及び基本的自由の保護のための欧州条約、連合及び欧州評議会が採択した社会諸憲章、並びに、欧州連合司法裁判所及び欧州人権裁判所の判例法から導かれる権利を再確認する。その際、憲章は、これを起草したEU基本権憲章起草会議の権威の下で準備され、同会議の責任の下で更新された解説〔explanations〕に適切な考慮を払いつつ、連合及び加盟国の裁判所によって解釈される。

これらの権利の享有は、他の者、人類共同体、及び将来の世代に対する責任と義務を伴う。

このため、連合は、次に定める権利、自由、原則を承認する。

### 第一編　尊厳(抄)

**第一条(人間の尊厳)** 人間の尊厳は不可侵である。それは尊重され、保護されなくてはならない。

**第二条(生命に対する権利)** 1 全ての者は、生命に対する権利を有する。

2 何人も、死刑を宣告されず、また執行されない。

**第三条(人としての一体性に対する権利)** 1 全ての者は、その身体及び精神の一体性を尊重される権利を有する。

2 医学及び生物学の分野では、特に次のことを尊重しなければならない。

(a) 法律によって定められた手続に従った、自由かつ十分に説明を受けた上での当事者の同意

(b) 優生学的医療行為、特に人の選別を目的とする行為の禁止

(c) 人体及びその一部を営利獲得の手段とすることの禁止

(d) クローンによる人間の再生の禁止

**第四条(拷問及び非人道的又は品位を傷つける取扱い又は刑罰の禁止)**(略)

**第五条(奴隷及び強制労働の禁止)**(略)

### 第二編　自由(抄)

**第六条(身体の自由及び安全に対する権利)**(略)

**第七条(私生活及び家族生活の尊重)**(略)

**第八条(個人情報の保護)** 1 全ての者は、自己に関する個人情報を保護される権利を有する。

2 前項にいう情報は、特定の目的のために、かつ、当事者の同意、又は法律によって定められた何らかの他の正当な理由に基づいて、公正に扱わなければならない。全ての者は、自己に関して収集された情報を閲覧する権利、及びそれを訂正する権利を有する。

3 これらの規則の遵守は、独立の機関の統制に服する。

**第九条(婚姻の権利と家族を持つ権利)** 婚姻をする権利と家族を形成する権利は、これらの権利の行使を規律する国内法に従って保障される。

**第一〇条(思想、良心、信教の自由)** 1 全ての者は、思想、良心、信教の自由に対する権利を有する。この権利には、宗教又は信念を変更する自由、及び、単独で又は他の者と共同して、かつ、公に又は私的に、礼拝、教導、行事、儀式によってその宗教又は信念を表明する自由を含む。

2 良心的兵役拒否の権利は、この権利の行使を規律する国内法に従って認められる。

**第一一条(表現及び情報の自由)**(略)

**第一二条(集会及び結社の自由)**(略)

**第一三条(芸術及び科学の自由)**(略)

**第一四条(教育に対する権利)**(略)

**第一五条(職業選択の自由及び就労の権利)** 1 全ての者は、就労する権利及び職業を自由に選択又は受諾する権利を有する。

2 全ての連合市民は、いずれの加盟国においても、雇用を求め、労働し、開業の権利〔the right of establishment〕を行使し、サ

ービスを提供する自由を有する。

3 加盟国の領域で働くことを許可された第三国国民は、連合市民と同等の労働条件を享有することができる。

**第一六条（事業を行う自由）** 事業を行う自由は、連合法及び国内の法令及び慣行に従って、認められる。

**第一七条（財産に対する権利）** 1 全ての者は、合法的に取得した財産を所有し、使用し、処分し、遺贈する権利を有する。何人も、その財産を奪われない。ただし、公共の利益のため、法律によって規定された場合に、かつその条件の下で、及び損失に対する公正な補償が相当期間のうちに支払われる場合は、この限りではない。所有物の使用は、公共の利益のために必要な限りにおいて、法律によって規律することができる。

2 知的財産は、保護される。

**第一八条（庇護に対する権利）** 庇護に対する権利は、難民の地位に関する一九五一年七月二八日のジュネーヴ条約及び一九六七年一月三一日の議定書の諸規則に適切な考慮を払い、かつ、欧州連合条約及び欧州連合運営条約（以下「両条約」という。）に従って、保障される。

**第一九条（退去強制、追放、引渡しの場合の保護）** 1 集団的追放は、禁止される。

2 何人も、死刑、拷問又はその他の非人道的な若しくは品位を傷つける取扱い若しくは刑罰を受ける重大な危険がある国へ、退去を強制され、追放され、又は引き渡されない。

## 第三編 平等

**第二〇条（法の前の平等）** 全ての者は、法の前に平等である。

**第二一条（非差別）** 1 性、人種、皮膚の色、民族的［ethnic］又は社会的出身、遺伝的特徴、言語、宗教若しくは信念、政治的意見その他の意見、国内少数者集団［a national minority］の一員であること、財産、出生、障害、年齢、又は性的指向等いかなる理由による差別も禁止される。

2 両条約の適用範囲内で、また、両条約のいかなる特別の規定も害することなく、国籍を理由とするいかなる差別も禁止される。

**第二二条（文化、宗教及び言語の多様性）** 連合は、文化、宗教、言語の多様性を尊重する。

**第二三条（女性及び男性の間の平等）** 女性及び男性の間の平等は、雇用、労働、賃金を含む全ての分野で確保しなければならない。

平等の原則は、十分に代表されていない性に有利となる特定の便宜を図る措置を維持又は採用することを妨げない。

**第二四条（こどもの権利）** 1 こどもは、その福利に必要な保護と配慮を受ける権利を有する。こどもは自己の意見を自由に表明することができる。こどもの意見は、その年齢と成熟度に応じて、彼（女）らに関わる問題に関して考慮される。

2 こどもに関連するあらゆる措置において、それが公的機関又は私的組織のいずれによってなされるとしても、こどもの最善の利益が主に考慮されなければならない。

3 全てのこどもは、両親のいずれとも個人的な関係及び直接の接触を定期的に維持継続する権利を有する。ただし、それがこどもの利益に反する場合には、この限りではない。

**第二五条（高齢者の権利）** 連合は、高齢者が、尊厳のある自立した生活を営み、社会的及び文化的生活に参加する権利を認め、尊重する。

**第二六条（障害者と共生）** 連合は、障害者が、自立、社会的及び職業上の統合、並びに共同体生活への参加を確保するように意図された措置から便益を受ける権利を認め、尊重する。

## 第四編 連帯（抄）

**第二七条（労働者の情報及び協議に対する権利）**（略）

**第二八条（団体交渉及び団体行動の権利）**（略）

**第二九条（職業紹介サービスを利用する権利）** 全ての者は、職業紹介サービスを無料で受ける権利を有する。

**第三〇条（不当解雇の場合における保護）** 全ての労働者は、連合法並びに国内の法令及び慣行に従い、不当解雇から保護される権利を有する。

**第三一条（公正かつ適正な労働条件）** 1 全ての労働者は、その健康、安全及び尊厳を尊重する労働条件を享有する権利を有する。

2 全ての労働者は、最長労働時間の制限、日及び週単位の休暇期間、並びに年次有給休暇に対する権利を有する。

**第三二条（こどもの労働の禁止及び就労中の若年者の保護）** こどもの雇用は禁止する。雇用が許される最低年齢は、義務教育修了の最低年齢を下回ってはならない。ただし、若年者に一層有利となる規則を妨げるものではなく、また限定的な逸脱はこの限りではない。

就労を許可された若年者は、その年齢に適した労働条件を享有し、また、経済的搾取及び、その安全、健康、若しくは肉体的、精神的、道徳的若しくは社会的成長を害し、又はその教育を妨げるおそれのあるいかなる仕事からも保護されなければならない。

**第三三条（家族及び職業生活）** 1 家族は、法的、経済的及び社会的な保護を享有する。

2 家庭と職業生活を調和させるため、全ての者は、出産に関連する理由による解雇からの保護に対する権利、並びに有給の出産休暇及び出産又は養子縁組後の育児休暇に対する権利を有する。

**第三四条（社会保障と社会扶助）** 1 連合は、出産、病気、労働災害、介護が必要な状態又は老齢等の場合、及び失業の場合に、連合法並びに国内の法令及び慣行が定める規則に従って、社会保障給付及び保護を提供する社会サービスに対する資格を認め、尊重する。

2 欧州連合内で合法的に居住及び移動する全ての者は、連合法並びに国内の法令及び慣行に従って、社会保障給付と社会的便宜を受けることができる。

3 社会からの排斥及び貧困と闘うために、連合は、連合法並びに国内の法令及び慣行が定める規則に従い、十分な資力を持たない全ての人に品位ある生活を確保するように、社会扶助及び住宅支援に対する権利を認め、尊重する。

**第三五条（保健指導）** 全ての者は、国内の法令及び慣行によって定められた条件に従い、予防的な保健指導を利用する権利及び医療からの便益を受ける権利を有する。高水準の人間の健康保護は、全ての連合の政策及び活動を定義し、また実施するに当たり、確保される。

**第三六条（一般的経済上のサービスの享有）** 連合は、連合の社会的及び領域的結合を促進するために、両条約に従い、国内の法令及び慣行によって規定される一般的経済上のサービスを享有することを認め、尊重する。

**第三七条（環境保護）** 高水準の環境保護及び環境の質的改善は、

連合の政策に取り入れなければならず、また、持続可能な発展の原則に従って確保しなければならない。

**第三八条（消費者保護）** 連合の政策は、高水準の消費者保護を確保する。

## 第五編　市民の権利

**第三九条（欧州議会選挙における選挙権と被選挙権）** 1　全ての連合市民は、自己が居住する加盟国における欧州議会の選挙において、その国の国民と同一の条件の下に選挙権及び被選挙権を有する。

2　欧州議会議員は、自由かつ秘密の投票による直接普通選挙によって選出される。

**第四〇条（地方自治体選挙における選挙権と被選挙権）** 全ての連合市民は、自己が居住する加盟国における地方自治体選挙において、その国の国民と同一の条件の下に選挙権及び被選挙権を有する。

**第四一条（適正な行政に対する権利）** 1　全ての者は、自己に関する事項が、公平、公正かつ妥当な期間内に、連合の主要機関及び専門行政機関を含むその他の機関によって処理される権利を有する。

2　この権利は、次のものを含む。

(a)　自己に不利に働くおそれのある具体的措置がとられる前に聴聞を受ける全ての者の権利

(b)　機密性並びに職業上及び経営上の秘密に関する正当な利益を尊重しつつ、自己に関する文書を閲覧する全ての者の権利

(c)　決定理由を示す行政機関の義務

3　全ての者は、連合の機関又は職員がその任務の遂行に際して与えたいかなる損害についても、加盟国の法に共通の一般原則に従って、連合に対して賠償を求める権利を有する。

4　全ての者は、連合の諸機関に対して、連合が両条約で定める諸言語の一つによって文書を提出することができ、また、同じ言語によって返答を受ける。

**第四二条（文書を閲覧する権利）** いかなる連合市民及び加盟国内に居住し又は登記された事務所を有する自然人若しくは法人も、連合の主要機関及び専門行政機関を含むその他の機関のあらゆる媒体の文書を閲覧する権利を有する。

**第四三条（欧州オンブズマン）** いかなる連合市民及び加盟国内に居住し又は登記された事務所を有する自然人若しくは法人も、連合の主要機関及び専門行政機関を含むその他の機関の活動の不適正に関して、欧州オンブズマンに不服を申し立てる権利を有する。ただし、欧州連合司法裁判所がその司法的役割を行う場合はこの限りではない。

**第四四条（請願権）** いかなる連合市民及び加盟国内に居住し又は登記された事務所を有する自然人若しくは法人も、欧州議会に対する請願権を有する。

**第四五条（移動及び居住の自由）** 1　全ての連合市民は、加盟国の領域内で自由に移動し、また居住する権利を有する。

2　移動及び居住の自由は、両条約に従って、加盟国の領域に合法的に居住する第三国国民に付与される。

**第四六条（外交及び領事上の保護）** 全ての連合市民は、自己が国籍を持つ加盟国が代表を置いていない第三国の領域において、いずれか他の加盟国の国民と同一の条件で、その国の外交又は領事上の保護を受けることができる。

## 第六編　司法（第四七条から第五〇条まで）（略）

## 第七編　本憲章の解釈及び適用を規律する一般規定

**第五一条（適用分野）** 1　この憲章の規定は、補完性の原則に妥当な考慮を払いつつ、連合の主要機関及び専門行政機関を含むその他の機関に対して、及び加盟国が連合法を実施するときに限り加盟国に対して、適用される。したがって、加盟国はそれぞれの権限に従い、また、両条約において与えられる連合の権限の限界を尊重しつつ、諸権利を尊重し、諸原則を遵守し、その適用を促進する。

2　この憲章は、連合の権限を越えて連合法の適用分野を拡張するものでもなく、連合に何らかの新しい権限又は任務を創設するものでもなく、また両条約において定められた権限及び任務を修正するものでもない。

**第五二条（権利及び原則の範囲及び解釈）** 1　この憲章によって認められた権利及び自由の行使に対するいかなる制限も、法律によって規定されなければならず、また、それらの権利及び自由の本質を尊重しなくてはならない。比例原則に従って制限がなされるのは、それが必要であり、かつ、連合によって認められた一般的な目的又は他の者の権利及び自由の保護に真に合致するときに限る。

2　この憲章が認める権利のうち、両条約において作成された規定は、それらの条約が定める条件及び限度内で行使される。

3　この憲章が、人権及び基本的自由の保護のための条約によって保障された権利に相当する権利を含む限りにおいて、それらの権利の意味及び範囲は、同条約が定める意味及び範囲と同一である。本条は、連合法が一層広範な保護を規定することを妨げない。

4　この憲章が加盟国に共通の憲法上の伝統から導かれる基本権を認める限りにおいて、それらの権利は、こうした伝統と調和して解釈される。

5　この憲章中の諸原則を含む規定は、連合の主要機関及び専門行政機関を含むその他の機関によってとられる立法的及び執行的行為によって、並びに加盟国の各権限の行使において加盟国が連合法を実施する場合は加盟国の行為によって実施することができる。憲章の規定は、そのような行為の解釈及び合法性の裁定においてのみ、司法上審理される。

6　国内の法令及び慣行には、この憲章に明記されるところに従い、十分な考慮を払う。

7　この憲章の解釈において指針を提供する方法として作成された解説は、連合及び加盟国の裁判所によって適切な考慮を払われる。

**第五三条（保護の水準）** この憲章のいかなる規定も、連合法及び国際法によって、連合又は全ての加盟国が当事国である国際条約（人権及び基本的自由の保護のための条約を含む。）によって、並びに加盟国の憲法によって、それらが適用されるそれぞれの分野で認められた人権及び基本的自由を制限し、又は不利に影響するように解してはならない。

**第五四条（権利濫用の禁止）** この憲章のいかなる規定も、この憲章において認められる権利及び自由を破壊し若しくはここに定める制限の範囲を超えて制限することを目的とする活動に従事し、又はそのようなことを目的とする行為を行う権利を意味す

るものと解してはならない。

## 3 欧州安全保障協力会議最終決定書（第13章第2節5参照七〇五頁）

## 4 米州人権条約（抄）翻訳
（人権に関する米州条約）

採　択　一九六九年一一月二二日（サンホセ）
効力発生　一九七八年七月一八日
当事国　二四

前　文

この条約の締約国である米州諸国は、（中略）恐怖と欠乏からの自由を享有する自由な人という理想は、全ての人が市民的及び政治的権利だけでなく経済的、社会的及び文化的権利を享有することができる条件が創出されて初めて達成されるものであることを、世界人権宣言に従って再確認し、（中略）次のとおり協定した。

### 第一部　国家の義務及び保護される権利（抄）

#### 第一章　一般的義務

**第一条（権利を尊重する義務）** 1　この条約の締約国は、この条約において認められる権利及び自由を尊重し、その管轄の下にある全ての人に対して、人種、皮膚の色、性、言語、宗教、政治的意見その他の意見、国民的[national]若しくは社会的出身、経済的地位、出生又はその他の社会的条件によるいかなる差別もなしに、これらの権利及び自由の自由かつ完全な行使を確保することを約束する。

2　この条約の適用上、「人」とは全ての人間を意味する。

**第二条（国内法上の効果）** 第一条にいう権利又は自由のいずれかの行使が、法律その他の規定によってまだ確保されていない場合には、締約国は、自国の憲法上の手続及びこの条約の規定に従って、これらの権利又は自由を実現するために必要な立法その他の措置をとることを約束する。

#### 第二章　市民的及び政治的権利

**第三条（法の前に人として認められる権利）** 全ての人は、法の前に人として認められる権利を有する。

**第四条（生命に対する権利）** 1　全ての人は、その生命を尊重される権利を有する。この権利は、法によって、一般には受胎の時から保護される。何人も、恣意的にその生命を奪われない。

2　死刑を廃止していない国においては、死刑は、犯罪実行時以前に制定され、このような刑罰を定めている法律に従い、権限ある裁判所が言い渡した確定判決により、もっとも重大な犯罪についてのみ科することができる。このような刑罰の適用は、現在それが適用されていない犯罪に拡張してはならない。

3　死刑を廃止した国においては、死刑を再び設けてはならない。

4　いかなる場合においても、政治犯罪又は関連する普通犯罪に対して死刑を科してはならない。

5　死刑は、犯罪実行時において一八歳未満又は七〇歳を超える者に対して科してはならず、また、妊娠中の女性に対して適用してはならない。

6　死刑を宣告された全ての者は、大赦、特赦又は減刑を申請する権利を有し、これらは全ての場合に与えることができる。死刑は、このような申請が権限ある当局による決定のために係属している間は科してはならない。

**第五条（人道的な取扱いを受ける権利）** 1　全ての人は、その身体的、精神的及び道徳的な一体性[integrity]を尊重される権利を有する。

2　何人も、拷問又は残虐な、非人道的な若しくは品位を傷つける刑罰若しくは取扱いを受けない。自由を奪われた全ての人は、人間の固有の尊厳を尊重して取り扱わなければならない。

3　犯罪者以外のいかなる人に対しても、刑罰を科してはならない。

4　刑事被告人は、例外的な場合を除いて、有罪判決を受けた者から隔離されなければならず、有罪判決を受けていない者としての地位にふさわしい別個の待遇を受ける。

5　未成年者は、刑事手続に服している間、成年者から分離されなければならず、未成年者としての地位に従った処遇を受けることができるように、できる限り速やかに専門の裁判所に送致される。

6　自由の剥奪からなる刑罰は、受刑者の矯正と社会復帰を基本的な目的とする。

**第六条（奴隷状態からの自由）** 1　何人も、奴隷の状態又は強制的な隷属状態に置かれない。これらのこと、並びに奴隷取引及び女性売買は、いかなる形態においても禁止される。

2　何人も、強制労働に服することを要求されない。この規定は、一定の犯罪に対して設けられた刑罰が強制労働を伴う自由の剥奪である国において、権限ある裁判所によって科されるこのような刑の執行を禁止するものと解してはならない。強制労働は、受刑者の尊厳又は身体的若しくは知的能力に悪影響を与えるものであってはならない。

3　本条の適用上、次のものは強制労働を構成しない。

(a)　権限ある司法当局が言い渡した刑又は正式の決定の執行に当たって、在監者に通常要求される作業又は役務。その作業又は役務は、公の当局の監督及び管理の下に行なわれ、その作業又は役務を行ういかなる者も私人、企業又は法人の利用に供されてはならない。

(b)　軍務、及び良心的兵役拒否が認められている国においては軍務に代わって法律が課すことのある国民的役務

(c)　共同体の存立又は福利を脅かす危険又は災害の際に要求される役務

(d)　市民としての通常の義務とされる作業又は役務

**第七条（身体の自由に対する権利）** 1　全ての人は、身体の自由及び安全に対する権利を有する。

2　何人も、関係締約国の憲法、又はそれに従って制定された法律が事前に定めた理由及び条件によらない限り、その身体的自由を奪われない。

3　何人も、恣意的に逮捕され又は拘禁されない。

4　抑留される者は、抑留の理由を告げられ、自己に対する一以

上の被疑事実を速やかに告げられる。

5　抑留された者は、裁判官又は法律上司法権を行使する権限を有する他の官憲の面前に速やかに連れて行かれるものとし、妥当な期間内に裁判を受け、又は裁判手続の継続を損なうことなく釈放される権利を有する。釈放に当たっては、裁判への出頭が保証されることを条件とすることができる。

6　自由を奪われた者は、裁判所がその逮捕又は抑留が合法的であるかどうかを遅滞なく決定すること、及びその逮捕又は抑留が合法的でない場合にはその釈放を命じることができるように、権限ある裁判所に訴える権利を有する。法律が、自由を奪われるおそれがあると信じる全ての人は、そのおそれが合法的であるかどうかを速やかに決定することができるように権限ある裁判所に訴える権利を有すると定めている締約国においては、そのような救済を制限し又は廃止してはならない。関係当事者又はその者を代理するいかなる者も、そのような救済を求める権利を有する。

7　何人も、負債を理由として抑留されない。この原則は、権限ある司法当局が扶養義務の不履行を理由として発する命令を制限するものではない。

**第八条（公正な裁判を受ける権利）**　1　全ての人は、自らに対してなされた刑事的性質の訴追の立証に当たり、又は民事上、労働上、金銭上その他の性質の権利及び義務の決定のために、正当な保障の下に、かつ、合理的な期間内に、法律で事前に設置された権限ある、独立の、かつ、公平な裁判所による審理を受ける権利を有する。

2　刑事上の罪に問われている全ての者は、法律に基づいて有罪とされないうちは、無罪と推定される権利を有する。裁判手続において、全ての人は、完全に平等に、少なくとも次の保障を受ける権利を有する。

(a)　裁判所の言語を理解しないか、又は話さない場合には、無料で通訳の援助を受ける被告人の権利

(b)　罪についての被告人への事前の詳細な通知

(c)　防御の準備のための十分な時間及び手段

(d)　自ら防御するか、又は自ら選任する弁護人の援助を受ける被告人の権利、及び弁護人と自由にかつ秘密に連絡する被告人の権利

(e)　被告人が自ら防御を行わず、法律が定める期間内に弁護人を選任することもしない場合に、国内法に従い有償であると否とを問わず、国が提供する弁護人の援助を受ける不可譲の権利

(f)　裁判所に出廷する証人を尋問し、事実を明らかにすることができる専門家その他の人を証人として出廷させる、弁護側の権利

(g)　自己に不利な証人となること、又は有罪を自白することを強要されない権利

(h)　上級の裁判所に上訴する権利

3　被告人による有罪の自白は、いかなる種類の強制もなしに行われた場合にのみ、有効なものとする。

4　上訴できない判決によって無罪とされた被告人は、同じ訴因について新しい裁判を受けることはない。

5　刑事手続は、司法の利益の保護のために必要とされる場合を除くほか、公開とする。

**第九条（事後法からの自由）**　何人も、実行の時に適用される法律により犯罪を構成しなかった作為又は不作為を理由として有罪とされることはない。何人も、犯罪が行われた時に適用されていた刑罰よりも重い刑罰を科されない。犯罪が行われた後に法律がより軽い刑罰を科することを定める場合には、有罪とされた者はその利益を受ける。

**第一〇条（刑事補償に対する権利）**　全ての人は、確定判決によって誤審のために有罪とされた場合には、法令に従って補償を受ける権利を有する。

**第一一条（プライバシーの権利）**　1　全ての人は、名誉を尊重され尊厳を承認される権利を有する。

2　何人も、私生活、家族、住居若しくは通信に対して恣意的に若しくは不正に干渉され、又は名誉若しくは信用を不法に攻撃されない。

3　全ての人は、2の干渉又は攻撃に対する法律の保護を受ける権利を有する。

**第一二条（良心及び信教の自由）**　1　全ての人は、良心及び信教の自由に対する権利を有する。この権利には、自己の宗教又は信条を維持し若しくは変更する自由、及び単独で又は他の者とともに、及び公に又は私的に、自己の宗教又は信条を告白し又は普及する自由を含む。

2　何人も、自己の宗教又は信条を維持し又は変更する自由を侵害するおそれのある制限を受けない。

3　宗教及び信条を表明する自由については、法律が定める制限であって、公共の安全、公の秩序、公衆の健康若しくは道徳、又は他者の権利若しくは自由を保護するために必要なもののみを課すことができる。

4　父母又は場合により後見人は、自己の信条と一致する宗教的及び道徳的教育を、その子又は被後見人に与える権利を有する。

**第一三条（思想及び表現の自由）**　1　全ての人は、思想及び表現の自由に対する権利を有する。この権利には、口頭、書面、印刷、芸術の形態、又は自ら選択する他の方法により、国境を越えて、あらゆる種類の情報及び考えを求め、受け、かつ、伝える自由を含む。

2　前項に定める権利の行使は、事前の検閲を受けることはない。もっとも、次のことを確保するのに必要な範囲内で、法律が明文で定める責任が事後に課されることがある。

(a)　他者の権利又は信用の尊重

(b)　国の安全、公の秩序、又は公衆の健康若しくは道徳の保護

3　表現の権利は、新聞の印刷、ラジオの周波数若しくは情報の普及に用いられる設備に対する政府による若しくは私的な管理の濫用のような間接的な方法又は手段によっても、又は思想及び意見の伝達及び流通を妨げるおそれのあるその他のいかなる手段によっても、制限されることはない。

4　2の規定にかかわらず、公共の娯楽は、幼児及び青少年を道徳的に保護するために、彼(女)らがこれらの娯楽に接触することの規制を唯一の目的として、法律による事前の検閲に服させることができる。

5　いかなる戦争宣伝も、また、人種、皮膚の色、宗教、言語又は国民的出身を含む何らかの理由による人又は人の集団に対する無法な暴力その他の類似の違法行為の扇動となる国民的、人種的又は宗教的憎悪の唱道も、法律によって処罰される犯罪とみなされる。

**第一四条（反論権）**　1　法的に規制された通信手段によって公衆に普及された不正確又は不快な言明又は思想によって傷つけられた全ての人は、法律が定める条件に従って、同じ通信手段

を用いて反論し、又は訂正する権利を有する。

2　その訂正又は反論は、いかなる場合においても、生じ得るその他の法的責任を解除するものではない。

3　名誉及び信用を効果的に保護するために、全ての出版社、及び全ての新聞、映画、ラジオ、及びテレビ会社は、免除又は特別の特権によって保護されない責任者を置かなければならない。

**第一五条（集会の権利）** 武器を持たない平和的集会の権利は、認められる。この権利の行使については、法律で定める制限であって、国の安全、公共の安全若しくは公の秩序のために、又は、公衆の健康若しくは道徳又は他者の権利若しくは自由の保護のために、民主的社会において必要とされる以外のいかなる制限も課することができない。

**第一六条（結社の自由）** 1　全ての人は、イデオロギー、宗教、政治、経済、労働、社会、文化、スポーツその他の目的のために、自由に団結する権利を有する。

2　1の権利の行使については、法律で定める制限であって、国の安全、公共の安全若しくは公の秩序のために、又は公衆の健康若しくは道徳若しくは他者の権利若しくは自由の保護のために、民主的社会において必要な制限のみを課することができる。

3　本条の規定は、軍隊及び警察の構成員に対して法的制限（結社の権利の行使の剝奪までも含む。）を課することを妨げるものではない。

**第一七条（家族の権利）** 1　家族は、社会の自然かつ基礎的な単位であり、社会及び国による保護を受ける権利を有する。

2　婚姻をすることができる年齢の男女は、国内法が要求する条件がこの条約に定める無差別の原則を損なわない限り、当該条件に適合する場合には、婚姻をし、かつ、家族を養う権利を認められる。

3　婚姻は、両当事者の自由かつ完全な合意なしには成立しない。

4　締約国は、婚姻中及び婚姻の解消の際に、婚姻に係る配偶者の権利の平等及び責任の適切な均衡を確保するために、適当な措置をとる。婚姻の解消の場合には、こどもに対する必要な保護のため、こどもの最善の利益のみを基礎として、措置がとられる。

5　法令は、非嫡出子及び嫡出子の同権を認めなければならない。

**第一八条（姓名を持つ権利）** 全ての人は、名及び親の両方又は一方の姓を持つ権利を有する。法律は、必要なときには仮の名を用いることによって、この権利を全ての人に確保する方法を定める。

**第一九条（こどもの権利）** 全ての未成年のこどもは、未成年者としての地位に必要とされる保護措置を、家族、社会及び国から受ける権利を有する。

**第二〇条（国籍を持つ権利）** 1　全ての人は、国籍を持つ権利を有する。

2　全ての人は、他のいずれかの国籍を持つ権利を有さない場合には、出生地国の国籍を持つ権利を有する。

3　何人も、自己の国籍又は国籍を変更する権利を恣意的に奪われない。

**第二一条（財産権）** 1　全ての人は、自己の財産を使用し享有する権利を有する。法律は、このような使用及び享有を社会の利益に従わせることができる。

2　何人も、正当な補償が支払われ、公共の必要又は社会的利益を理由とし、かつ、法律が定める場合にその形式に従うほかは、その財産を奪われない。

3　高利貸し、及びその他の形式の人による人の搾取は、法律によって禁止される。

**第二二条（移動及び居住の自由）** 1　合法的に締約国の領域内にいる全ての人は、当該領域内を移動し、法律の規定に従って同領域内に居住する権利を有する。

2　全ての人は、いずれの国（自国を含む。）からも自由に離れる権利を有する。

3　1及び2の権利の行使は、犯罪を防止するために、又は国の安全、公共の安全、公の秩序、公衆の道徳、公衆の健康若しくは他者の権利若しくは自由を保護するために民主的社会において必要な限りにおいて、法律に従ってのみ、制限することができる。

4　1が認める権利の行使は、また、公共の利益を理由として、指定された地域において法律によって制限することができる。

5　何人も、国籍国の領域から追放されることはなく、また国籍国に戻る権利を奪われない。

6　合法的にこの条約の締約国の領域内にいる外国人は、法律に基づいて行われた決定によってのみ当該領域から追放することができる。

7　全ての人は、政治犯罪又は関連する普通犯罪について追及されている場合には、その国の国内法及び国際条約に従って、外国の領域において庇護を求め、かつ、与えられる権利を有する。

8　外国人は、出身国であると否とを問わず、ある国において生命又は身体の自由についての権利が人種、国籍、宗教、社会的地位又は政治的意見のために侵害される危険があるときは、いかなる場合にもその国へ向けて追放し、又は送還してはならない。

9　外国人の集団的追放は、禁止する。

**第二三条（参政権）** 1　全ての市民は、次の権利及び機会を享有する。

(a)　直接に、又は自由に選んだ代表を通じて、政治に参与すること。

(b)　普通かつ平等の選挙権に基づき、投票者の意思の自由な表明を保障する秘密投票により行われる真正な定期的選挙において、投票し及び選出されること。

(c)　一般的な平等条件の下で自国の公務に携わること。

2　法律は、1に規定する権利及び機会の行使を、年齢、国籍、居住、言語、教育、民事上及び精神上の能力、又は権限ある裁判所が刑事手続において言い渡した刑を理由としてのみ規制することができる。

**第二四条（平等な保護に対する権利）** 全ての人は、法の前に平等である。したがって、全ての人は、差別なしに法による平等の保護を受ける権利を有する。

**第二五条（司法的保護を受ける権利）** 1　全ての者は、関係国の憲法若しくは法令又はこの条約が認める基本的権利を侵害する行為に対する保護を求めて、たとえその侵害が公務を執行中の者により行われた場合でも、簡易かつ迅速な訴え、又はその他の実効的な訴えを権限ある裁判所に対して行う権利を有する。

2　締約国は、次のことを約束する。

(a)　救済措置を求める人の権利が、国の法制で定める権限ある機関によって決定されることを確保すること。

(b)　司法上の救済措置の可能性を発展させること。

(c)　救済措置が与えられる場合に、それが権限ある機関によって執行されることを確保すること。

## 第三章　経済的、社会的及び文化的権利

**第二六条（漸進的発展）** 締約国は、ブエノスアイレス議定書によって改正された米州機構憲章が掲げる経済的、社会的、教育的、科学的及び文化的基準が示す権利の完全な実現を立法その他の適切な方法により漸進的に達成する目的で、国内的に及び国際協力を通じて、措置（特に、経済的及び技術的な性格の措置）をとることを約束する。

## 第四章　保障の停止、解釈及び運用（抄）

**第二七条（保障の停止）** 1　戦争、公の危険、又は締約国の独立若しくは安全を脅かすその他の緊急事態の場合には、締約国は、事態の緊急性が真に必要とする限度と期間において、この条約に基づく義務から逸脱する措置をとることができる。ただし、その措置は、当該締約国が国際法に基づいて負う他の義務に抵触してはならず、また、人種、皮膚の色、性、言語、宗教又は社会的出身を理由とする差別を含んではならない。

2　1の規定は、次の各条、すなわち、第三条（法の前に人として認められる権利）、第四条（生命に対する権利）、第五条（人道的な取扱いを受ける権利）、第六条（奴隷状態からの自由）、第九条（事後法からの自由）、第一二条（良心及び信教の自由）、第一七条（家族の権利）、第一八条（姓名を持つ権利）、第一九条（こどもの権利）、第二〇条（国籍を持つ権利）及び第二三条（参政権）、又はこれらの権利の保護に不可欠な司法上の保障のいかなる停止も認めるものではない。

3　停止の権利を行使する締約国は、適用を停止した条項、停止をもたらした理由、及び当該停止の終了予定日を米州機構事務総長を通じて他の締約国に直ちに通知する。

**第二八条（連邦条項）**（略）

**第二九条（解釈に関する制限）** この条約のいかなる規定も、次のように解釈してはならない。

(a)　いずれかの締約国、集団又は個人が、この条約において認められる権利及び自由の享有若しくは行使を抑圧し、又はそれらをこの条約が定める範囲以上に制限することを認めること。

(b)　いずれかの締約国の法律によって、又は締約国の一が締約国であるその他の条約によって認められているいずれかの権利又は自由の享有若しくは行使を制限すること。

(c)　人の人格に固有の、又は政治の形態としての代議制民主主義に由来する他の権利又は保障を排除すること。

(d)　米州人権宣言及びその他の同じ性格の国際文書が持つことのある効果を排除し、又は制限すること。

**第三〇条（制限の範囲）** この条約に従ってここに認められる権利又は自由の享有又は行使に課されることのある制限は、一般的利益を理由として制定される法律に従い、かつ、当該制限が設けられた目的に従う場合を除くほか、適用してはならない。

**第三一条（その他の権利の承認）**（略）

## 第五章　個人の責任

**第三二条（義務と権利の関係）** 1　全ての人は、家族、社会及び人類に対して責任を有する。

2　各人の権利は、民主的社会における他者の権利、全ての人の安全及び一般的福祉の正当な要求によって制限される。

# 第二部　保護の手段（抄）

## 第六章　権限ある機関（第三三条）（略）

## 第七章　米州人権委員会（抄）

### 第一節　組織（抄）

**第三四条【構成】** 米州人権委員会（以下「委員会」という。）は、高潔な人格を有し、かつ、人権の分野において能力を認められた七人の委員で構成する。

**第三五条【全加盟国の代表】** 委員会は、米州機構の全ての加盟国を代表する。

**第三六条【選挙】** 1　委員会の委員は、個人の資格において、加盟国政府が提案する候補者名簿の中から機構の総会によって選出される。

2　（略）

**第三七条【任期】**（略）

**第三八条【空席の補充】**（略）

**第三九条【規程及び規則】**（略）

**第四〇条【事務局】**（略）

### 第二節　任務

**第四一条【任務及び権限】** 委員会の主要な任務は、人権の尊重及び擁護を促進することである。委員会は、その職務の遂行に当たって、次の任務及び権限を有する。

(a)　米州の人民の間に人権意識を発展させること。

(b)　有益であると思われる場合には、加盟国政府に対して、国内法及び憲法規定の枠内で人権のための漸進的な措置並びに人権の遵守を助長するための適当な措置をとるよう勧告すること。

(c)　その職務の遂行に当たって有益と考える研究又は報告を準備すること。

(d)　加盟国政府に対して、人権に関してとった措置についての情報を提供するように要請すること。

(e)　人権に関する事項について加盟国が行う質問に対して、米州機構事務総局を通じて回答すること、及び加盟国が要請する助言を可能な範囲内で提供すること。

(f)　この条約の第四四条から第五一条までの規定に基づき、請願その他の通報に関して自らの権限に従って行動をとること。

(g)　米州機構総会に年次報告書を提出すること。

**第四二条【経済的、社会的及び文化的権利に関する報告】** 締約国は、委員会がブエノスアイレス議定書によって改正された米州機構憲章が掲げる経済的、社会的、教育的、科学的及び文化的基準が示す権利の促進を監視することができるように、それぞれの関連分野について米州経済社会理事会及び米州教育科学文化理事会の執行委員会に毎年提出する報告及び研究の写しを委員会に送付する。

**第四三条【国内法に関する報告】** 締約国は、この条約のいずれかの規定の実効的な適用をその国の国内法が確保する方法について、委員会が要請することのある情報を委員会に提供することを約束する。

### 第三節　権限（抄）

**第四四条【個人の請願】** いかなる人若しくは人の集団も、又は一

以上の機構加盟国において法的に認められたいかなる非政府団体も、締約国によるこの条約の違反の告発又は苦情を含む請願を委員会に提出することができる。

**第四五条【締約国の通報】** 1 いかなる締約国も、この条約の批准書若しくは加入書の寄託の時に、又はそれ以後いつでも、他の締約国がこの条約に定める人権を侵害したと一締約国が主張する通報を委員会が受理し、かつ、審理する権限を有すると認めることを、宣言することができる。

2 本条に基づいて提出される通報は、委員会の前記の権限を認める宣言を行った締約国による通報である場合に限り、受理し、かつ、審理することができる。委員会は、このような宣言を行っていない締約国に対するいかなる通報も受理してはならない。

3 権限の承認に関する宣言は、無期限に、一定の期間又は特定の事件について有効なものとして行うことができる。

4 宣言は、米州機構事務総局に寄託するものとし、同事務総局はその写しを機構の加盟国に送付する。

**第四六条【請願又は通報の受理可能性】** 1 第四四条又は第四五条に従って提出された請願又は通報の委員会による受理は、次の条件に従う。

(a) 一般的に認められた国際法の原則に従って、国内法上の救済措置が追求され、かつ、尽くされたこと。

(b) 請願又は通報が、その権利の侵害を主張する当事者が最終的な決定の通知を受けた日から六箇月の期間内に提出されること。

(c) 請願又は通報が扱う問題が、解決のために他の国際的手続に係属中でないこと。

(d) 第四四条の場合には、請願が、これを提出する一以上の個人又は団体の法令上の代表者の氏名、国籍、職業、住所及び署名を含んでいること。

2 本条1(a)及び1(b)の規定は、次の場合には適用されない。

(a) 関係国の国内法が、侵害されたと主張される権利の保護のために法の適正手続を設けていない場合

(b) その権利を侵害されたと主張する当事者が、国内法上の救済措置を利用することを拒否されたか、若しくはそれを完了することを妨げられた場合

(c) 前記の救済措置の下での最終的な決定がなされるのに不当な遅延があった場合

**第四七条【請願又は通報の不受理の理由】**（略）

### 第四節　手続

**第四八条【請願又は通報の処理】** 1 この条約が保護するいずれかの権利の侵害を主張する請願又は通報を委員会が受理するときには、次の手続による。

(a) 委員会は、請願又は通報を受理できると判断する場合には、主張された侵害について責任があると指摘された国の政府から情報を求め、同政府に請願又は通報の関連部分の謄本を提供する。この情報は、各事件の状況に応じて委員会が決定する合理的な期間内に提出しなければならない。

(b) 情報が受領された後に、又は定められた期間が経過したが情報が提供されなかった後に、委員会は請願又は通報の根拠が依然として存在するかどうかを確かめる。このような根拠が存在しない場合には、委員会は記録を閉じるよう命令する。

(c) 委員会は、また、その後に受け取った情報又は証拠に基づいて、請願又は通報を受理することができない、又は不適当であると宣言することができる。

(d) 記録が閉じられなかったときには、委員会は、当事者に通知した上で、事実を検証するために、請願又は通報に記載された事案を審理する。必要かつ有益なときには、委員会は調査を行う。この調査を効果的に行うために、委員会は全ての必要な便宜を要請し、関係国はこれを提供する。

(e) 委員会は、関係国に対してあらゆる関連情報を提供するよう要請することができ、また、要請に応じて、関係当事者の口頭の陳述を聴取し、又は書面の陳述を受理する。

(f) 委員会は、この条約が認める人権の尊重を基礎として事案の友好的解決に達するため、関係当事者の利用に供せられる。

2 ただし、重大かつ緊急の場合には、受理可能性の全ての形式的要件を満たす請願又は通報の提出のみによって、委員会は、その領域内で違反が行われたと主張されている国の事前の同意を得て、調査を行うことができる。

**第四九条【友好的解決に達した場合】** 第四八条1(f)に従って友好的解決に達したときには、委員会は報告書を作成する。この報告書は、請願者及びこの条約の締約国に送付され、公表のために米州機構事務総長に通知される。この報告書は、事実及び到達した解決について簡潔に記述したものを含む。事件のいずれかの当事者が要求する場合には、できる限り完全な情報がその者に提供される。

**第五〇条【友好的解決に達しなかった場合】** 1 解決に達しない場合には、委員会は、その規程が定める期間内に、事実と委員会の結論を示す報告書を作成する。報告書が、その全部又は一部について委員全員の一致した合意を示すものでない場合には、いかなる委員も個別意見を付することができる。第四八条1(e)に従って当事者が行った書面及び口頭の陳述も、この報告書に添付される。

2 報告書は関係国に送付されるが、関係国はこれを公表する自由を持たない。

3 報告書を送付するに当たって、委員会は、適当と認める提案及び勧告を行うことができる。

**第五一条【意見、結論及び勧告】** 1 委員会の報告書が関係国に送付された日から三箇月の期間内に問題が解決されないか、又は委員会若しくは関係国によって裁判所（「米州人権裁判所」のこと。以下同じ。）に付託され裁判所の管轄権が承認されないときには、委員会は、委員の絶対多数決によって、審理のために付託された問題に関する意見及び結論を示すことができる。

2 適当な場合には、委員会は適切な勧告を行い、審理の対象となった状況を是正するために求められる措置を当該国がとるべき期間を定める。

3 定められた期間が経過したとき、委員会は、委員の絶対多数決によって、当該国が十分な措置をとったか、及び報告書を公表するかについて決定する。

## 第八章　米州人権裁判所（抄）

### 第一節　組織（抄）

**第五二条【構成】** 1 裁判所は、機構加盟国の国民である七人の裁判官で構成する。裁判官は、もっとも高潔な人格を有し、かつ、人権の分野において能力を認められた者であって、その国籍国又は候補者として提案する国の法令に従って、最高の司法上の任務を遂行するうえで必要とされる資格を有する法律家の

中から、個人の資格で選挙される。

2 いずれの二人の裁判官も、同一国の国民であってはならない。

**第五三条【選挙】** 1 裁判所の裁判官は、条約締約国が提案する候補者名簿の中から、機構の総会において秘密投票により、これらの国の絶対多数による議決で選出される。

2 (略)

**第五四条【任期】**(略)

**第五五条【国籍裁判官及び特任裁判官】** 1 裁判官は、裁判所に付託された事件のいずれかの当事国の国民である場合でも、その事件を審理する権利を保持する。

2 事件を審理すべき裁判官のうち一人が事件の当事国の一の国民であるときには、この事件の他のいずれの当事国も、自国が選定する一人を特任裁判官として裁判に従事させるために任命することができる。

3 事件を審理すべき裁判官のいずれもが、事件の当事国のいずれの国民でもない場合には、各当事国は一人の特任裁判官を任命することができる。

4 特任裁判官は、第五二条が示す資格を有しなければならない。

5 この条約の複数の締約国が事件において同一の利害関係を有する場合には、これらの国は前記規定の適用上単一の当事国とみなされる。疑いがある場合には、裁判所が決定する。

**第五六条【定足数】**(略)

**第五七条【委員会の出廷】**(略)

**第五八条【所在地、開廷地及び書記】**(略)

**第五九条【事務局】**(略)

**第六〇条【規程及び規則】**(略)

### 第二節 管轄権及び任務(抄)

**第六一条【提訴の権利及び条件】** 1 締約国及び委員会のみが、裁判所に事件を付託する権利を有する。

2 裁判所が事件を審理するためには、第四八条から第五〇条までに掲げる手続が完了していなければならない。

**第六二条【管轄権受諾の宣言】** 1 締約国は、この条約の批准書若しくは加入書の寄託の時に、又はそれ以後いつでも、この条約の解釈又は適用に関する全ての事項についての裁判所の管轄権を、当然にかつ特別の合意なしに義務的であると認めることを宣言することができる。

2 前記の宣言は、無条件で、相互条件で、一定の期間を限って、又は特定の事件に関して行うことができる。宣言書は、機構の事務総長に提出されるものとし、事務総長はその写しを機構の他の加盟国及び裁判所書記に送付する。

3 裁判所の管轄権は、裁判所に付託されたこの条約の条項の解釈及び適用に関する全ての事件に及ぶ。ただし、事件の当事国が、1及び2に従い特別の宣言により、又は特別合意によって、裁判所の管轄権を受諾するか又は既に受諾していることを条件とする。

**第六三条【判決及び暫定措置】** 1 裁判所は、この条約が保護する権利又は自由の侵害が存在すると判断するときには、侵害された権利又は自由の享有を被害当事者に保障すべきであると判決する。裁判所はまた、適当な場合には、当該権利又は自由の違反を構成した措置又は状況の結果を是正し、被害当事者に公正な賠償を支払うべきであると判決する。

2 極端に重大かつ緊急であって、人に対する回復不能な被害を避けるために必要なときには、裁判所は、審理中の事項に関して適当と考える暫定措置をとる。まだ裁判所に付託されていない事件に関しては、裁判所は委員会の要請に基づいて行動することができる。

**第六四条【機構の加盟国又は機関による諮問】**(略)

**第六五条【年次報告】**(略)

### 第三節 手続(抄)

**第六六条【判決理由、反対意見及び個別意見】** 1 裁判所の判決には、理由を付する。

2 判決が、その全部又は一部について、裁判官全員の一致した意見を示すものでないときには、いかなる裁判官も、反対意見又は個別意見を判決に付する権利を有する。

**第六七条【判決の解釈】** 裁判所の判決は最終のものとし、上訴を許さない。判決の意味又は範囲について争いがある場合には、裁判所は、いずれかの締約国の要請によってこれを解釈する。ただし、この要請は、判決の通知の日から九〇日以内になされなければならない。

**第六八条【判決の効力】** 1 この条約の締約国は、自国が当事者であるいかなる事件においても、裁判所の判決に従うことを約束する。

2 損害賠償を命じる判決の部分は、関係国において国に対する判決の執行について定める国内手続に従って執行することができる。

**第六九条【判決の通知】**(略)

## 第九章 共通規定(第七〇条から第七三条まで)(略)

# 第三部 一般及び経過規定(抄)

## 第十章 署名、批准、留保、改正、議定書及び離脱(抄)

**第七四条【署名、批准、加入及び効力発生】** 1 この条約は、米州機構の全ての加盟国による署名及び批准又は加入のために開放しておく。

2・3 (略)

**第七五条【留保】**(略)

**第七六条【改正】**(略)

**第七七条【議定書】**(略)

**第七八条【離脱】**(略)

## 第十一章 経過規定(第七九条から第八二条まで)(略)

# 5 人及び人民の権利に関するアフリカ憲章(抄) 翻訳

[バンジュール憲章]

採択 一九八一年六月二七日(アフリカ統一機構国家元首及び政府首脳会議・ナイロビ)

効力発生 一九八六年一〇月二一日

当事国 五四

## 前文

アフリカ統一機構加盟国であり、「人及び人民の権利に関するアフリカ憲章」と題するこの条約の締約国は、

「人及び人民の権利に関するアフリカ憲章の予備草案、特に人及び人民の権利を促進しかつ保護する機関の設置を規定する草案」の準備に関して、一九七九年七月一七日から二〇日までリベリアのモンロビアで開催された第一六通常会期において採択された国家元首及び政府首脳会議の決定第一一五号(XVI)を想起し、

「自由、平等、正義と尊厳は、アフリカ人民の正統な願望の達成のために不可欠の目的である」と規定するアフリカ統一機構憲章を考慮し、

同憲章第二条において諸国が厳粛に表明した、アフリカからあらゆる形態の植民地主義を一掃し、アフリカ人民のためのよりよい生活を達成するために諸国の協力及び努力を調整しかつ強化し、国際連合憲章及び世界人権宣言に十分に留意しつつ国際協力を促進するという誓約を再確認し、

人及び人民の権利の概念に関する締約国の考えを生み出しかつ特徴づける締約国の歴史的伝統の美点及びアフリカ文明の価値を考慮し、

一方で、基本的人権が人間の属性に由来し、それがその国内的及び国際的な保護を正当なものとすること、他方で、人民の権利が現実に存在し尊重されることが必然的に人権を保障することになることを認め、

権利及び自由の享有は、全ての者による義務の履行も意味することを考慮し、

今後は発展の権利に特別の注意を払うことがきわめて重要であること、市民的及び政治的権利は、その概念の上でもまたその普遍性の上でも経済的、社会的及び文化的権利から切り離して考えることができないこと、並びに経済的、社会的及び文化的権利の充足が市民的及び政治的権利の享有のための保障であることを確信し、

その人民がいまだに尊厳及び真の独立を求めて闘っており、また、植民地主義、新植民地主義、アパルトヘイト及びシオニズムを撤廃し、侵略的な外国の軍事基地及びあらゆる形態の差別、特に人種、民族集団、皮膚の色、性、言語、宗教又は政治的意見に基づく差別を除去するよう努めているアフリカの完全な解放を達成する締約国の義務を認識し、

アフリカ統一機構、非同盟諸国運動及び国際連合によって採択された宣言、条約その他の文書に定める人及び人民の権利並びに自由の原則を締約国が堅持することを再確認し、

アフリカにおいて人及び人民の権利並びに自由に対して伝統的に与えられてきた重要性を考慮に入れつつ、これらの権利及び自由を促進しかつ保護する締約国の義務を強く確信して、

次のとおり協定した。

## 第一部 権利及び義務

### 第一章 人及び人民の権利

**第一条【締約国の義務】** アフリカ統一機構加盟国である締約国は、この憲章に掲げる権利、義務及び自由を認め、それを実現するために立法その他の措置をとることを約束する。

**第二条【差別の禁止】** 全ての個人は、人種、民族集団[ethnic group]、皮膚の色、性、言語、宗教、政治的意見その他の意見、国民的若しくは社会的出身、財産、出生又は他の地位等によるいかなる差別もなしに、この憲章において認められ保障された権利及び自由を享有する権利を有する。

**第三条【法の前の平等】** 1 全ての個人は、法の前に平等である。

2 全ての個人は、法による平等の保護を受ける権利を有する。

**第四条【生命に対する権利】** 人間は、不可侵である。全ての人間は、自己の生命の尊重及び身体の完全性に対する権利を有する。何人も、恣意的にこの権利を奪われない。

**第五条【人間の尊厳の尊重】** 全ての個人は、人間に固有な尊厳の尊重及び自己の法的地位の承認に対する権利を有する。あらゆる形態の人間の搾取及び人格の否認、特に奴隷制度、奴隷取引、拷問、残虐な、非人道的な又は品位を傷つける刑罰及び取扱いは、禁止する。

**第六条【身体の自由及び安全】** 全ての個人は、身体の自由及び安全に対する権利を有する。何人も、あらかじめ法律に定める理由及び条件によらない限り、その自由を奪われない。特に、何人も、恣意的に逮捕され又は抑留されない。

**第七条【裁判を受ける権利】** 1 全ての個人は、自己の主張について審理を受ける権利を有する。この権利は、次のものを含む。

(a) 現行の条約、法令及び慣習によって認められ保障された基本的権利を侵害する行為を権限ある国家機関に訴える権利

(b) 権限ある裁判所によって有罪とされるまで無罪と推定される権利

(c) 防御の権利(自ら選任する弁護人によって防御される権利を含む。)

(d) 公平な裁判所によって合理的な期間内に裁判を受ける権利

2 何人も、実行の時に法的に刑罰を科すことができる犯罪とされていなかった作為又は不作為については有罪とされない。実行の時に規定されていなかった犯罪については刑罰を科されない。刑罰は、属人的なものであり、犯罪者に対してのみ科すことができる。

**第八条【良心及び信教の自由】** 良心、信仰告白及び宗教の自由な実践の自由は、保障される。何人も、法と秩序に従うことを条件として、これらの自由の行使を制限する措置に服さない。

**第九条【表現の権利】** 1 全ての個人は、情報を受ける権利を有する。

2 全ての個人は、法律の枠内で、自己の意見を表明し、広く周知させる権利を有する。

**第一〇条【結社の自由】** 1 全ての個人は、法律に服することを条件として、自由な結社に対する権利を有する。

2 第二九条に定める団結の義務に従うことを条件として、何人も、結社に参加することを強要されない。

**第一一条【集会の自由】** 全ての個人は、他の者と自由に集会する権利を有する。この権利の行使は、法律によって定められた必要な制限、特に、国家の安全及び他の者の安全、健康、倫理並びに権利及び自由のために制定されたものにのみ服する。

**第一二条【移動の自由、庇護享受権、追放からの自由】** 1 全ての個人は、法律に従うことを条件として、国の領域内における移動及び居住の自由に対する権利を有する。

2 全ての個人は、自国を含むいずれの国をも離れ、また、自国に戻る権利を有する。この権利は、国の安全、法と秩序、公衆の健康又は道徳のために法律によって定められた制限にのみ服する。

3 全ての個人は、迫害されたとき、その国の法律及び国際条約に従い他国に庇護を求め、かつ、享受する権利を有する。

4 この憲章の締約国の領域に合法的に入国を認められた外国人は、法律に従って行われた決定によってのみ当該領域から追放することができる。

5 外国人の大量追放は、禁止する。大量追放とは、国民的、人種的、民族的又は宗教的集団に向けられたものをいう。

**第一三条【参政権】** 1 全ての市民は、直接に、又は法律の規定に従って自由に選んだ代表者を通じて、自国の統治に自由に参与する権利を有する。

2 全ての市民は、等しく自国の公務に携わる権利を有する。

3 全ての個人は、全ての人の法の前の厳格な平等の下で、公の財産及びサービスを利用する権利を有する。

**第一四条【財産権】** 財産権は、保障される。この権利は、公共の必要のために又は社会の一般的な利益のためであって、かつ、関連法律に従ってのみ、侵害することができる。

**第一五条【労働の権利】** 全ての個人は、公正かつ満足すべき条件の下で労働する権利を有し、同一の労働について同一の報酬を受ける。

**第一六条【健康を享受する権利】** 1 全ての個人は、到達可能な最高の状態の身体及び精神の健康を享受する権利を有する。

2 この憲章の締約国は、その人民の健康を保護し、かつ、これらの者が病気のときに看護が受けられることを確保するために、必要な措置をとる。

**第一七条【教育に対する権利】** 1 全ての個人は、教育に対する権利を有する。

2 全ての個人は、共同体の文化生活に自由に参加することができる。

3 共同体によって認められた道徳及び伝統的価値の推進及び保護は、国の義務である。

**第一八条【家族、女性、こども、老齢者及び障害者の権利】** 1 家族は、社会の自然な単位であり基礎である。家族は、国によって保護される。国は、家族の身体及び精神の健康に留意する。

2 国は、共同体によって認められた道徳及び伝統的価値の擁護者である家族を援助する義務を負う。

3 国は、女性に対する全ての差別の撤廃を確保し、また、国際的な宣言及び条約に規定する女性及びこどもの権利の保護を確保する。

4 老齢者及び障害者も、身体及び精神の必要に応じて、特別な保護措置に対する権利を有する。

**第一九条【人民の平等】** 全ての人民は、平等である。全ての人民は、等しく尊重され、同一の権利を有する。ある人民による他の人民の支配は、一切正当化されない。

**第二〇条【自決権】** 1 全ての人民は、生存の権利を有する。全ての人民は、疑い、奪うことのできない自決の権利を有する。全ての人民は、その政治的地位を自由に決定し、並びに自らが自由に選んだ政策に従ってその経済的及び社会的発展を追求する。

2 植民地の人民又は抑圧された人民は、国際共同体によって認められたいかなる手段にも訴えて、支配のくびきから自らを解放する権利を有する。

3 全ての人民は、外国の政治的、経済的又は文化的な支配に対する解放闘争において、この憲章の締約国の援助を受ける権利を有する。

**第二一条【富及び天然資源の処分権】** 1 全ての人民は、その富及び天然資源を自由に処分する。この権利は、専ら人民の利益のために行使される。人民は、いかなる場合にもこの権利を奪われることはない。

2 略奪が行われた場合には、略奪を受けた人民は、その財産を合法的に取り戻し、かつ、十分な補償を受ける権利を有する。

3 富及び天然資源の自由な処分は、相互の尊敬、公平な交換及び国際法の原則に基づいた国際経済協力を促進する義務に反することなく行われなければならない。

4 この憲章の締約国は、アフリカの統一と連帯を強化するために、個別にまた共同してその富及び天然資源の自由な処分の権利を行使する。

5 この憲章の締約国は、その人民が天然資源から得られる利益を十分に享有することができるように、あらゆる形態の外国の経済的搾取、特に国際的独占企業による搾取を撤廃することを約束する。

**第二二条【発展の権利】** 1 全ての人民は、自己の自由と独自性に十分に考慮を払い、人類の共同の遺産を平等に享受して、経済的、社会的及び文化的に発展する権利を有する。

2 国は、個別にまた共同して発展の権利の行使を確保する義務を負う。

**第二三条【平和と安全に対する権利】** 1 全ての人民は、国内及び国際の平和と安全に対する権利を有する。国際連合憲章によって暗黙のうちに確認され、アフリカ統一機構憲章によって再確認された団結及び友好関係の原則が、諸国間の関係を規律する。

2 平和、団結及び友好関係を強化するため、この憲章の締約国は、次のことを確保する。

(a) この憲章の第一二条に基づき庇護権を享有するいかなる個人も、その出身国又はこの憲章の他の締約国に対する転覆活動に従事しないこと。

(b) その領域が、この憲章の他の締約国の人民に対する転覆又はテロリズム活動の基地として用いられないこと。

**第二四条【環境に対する権利】** 全ての人民は、その発展に有利な、一般的で満足できる環境に対する権利を有する。

**第二五条【広報の義務】** この憲章の締約国は、教導、教育及び出版を通じて、この憲章に定める権利及び自由の尊重を促進しかつ確保し、これらの自由及び権利並びにそれに対応する義務が理解されるようにする義務を負う。

**第二六条【権利の実施機関】** この憲章の締約国は、裁判所の独立を保障する義務を負い、この憲章によって保障された権利及び自由を促進し保護する権限をもつ適当な国家機関の設置及び改善を許す。

## 第二章 義務

**第二七条【共同体への義務】** 1 全ての個人は、その家族及び社会、国家その他の法的に認められた共同体並びに国際共同体に対する義務を負う。

2 個人の権利及び自由は、他者の権利、集団的安全、道徳及び共通の利益を十分に考慮して行使しなければならない。

**第二八条【同胞への義務】** 全ての個人は、その同胞を差別なく尊敬しかつ思いやり、並びに相互の尊敬及び寛容を促進し、保護しかつ強化することを目的とする関係を維持する義務を負う。

**第二九条【その他の義務】** 個人は、また次の義務を負う。

1　家族を調和のとれた形で成長させ続けるとともに、家族の結び付きと尊敬のために努力すること。両親を常に尊敬すること、及び必要な場合には両親を扶養すること。

2　自己の身体的及び知的能力を提供することによって国家共同体に奉仕すること。

3　自己の本国又は居住国の安全を危険にさらさないこと。

4　社会及び国家の団結、特に国家の団結が脅かされているときは、これらを保持しかつ強化すること。

5　自国の独立及び領土保全を保持し及び強化し、並びに法律に従ってその防衛に貢献すること。

6　その才能及び能力の最善を尽くし、社会のために法律によって課せられた租税を支払うこと。

7　寛容、対話及び話し合いの精神をもって、社会の他の構成員との関係において優れたアフリカ文化の価値を保持しかつ強化すること、及び一般的に社会の精神的福利の促進に貢献すること。

8　常に、かつ、全ての段階において、アフリカの統一の促進及び達成に対し能力が許す限り貢献すること。

## 第二部　保障措置（抄）

### 第一章　人及び人民の権利に関するアフリカ委員会の設置及び組織（抄）

**第三〇条【アフリカ委員会の設置】**　アフリカにおいて人及び人民の権利を促進し、かつ、その保護を確保するために、アフリカ統一機構内に人及び人民の権利に関するアフリカ委員会（以下「委員会」という。）を設置する。

**第三一条【委員会の構成】**（略）

**第三二条【委員の配分】**（略）

**第三三条【委員の選挙】**（略）

**第三四条【候補者の指名】**（略）

**第三五条【名簿の作成】**（略）

**第三六条【任期】**（略）

**第三七条【任期の決定】**（略）

**第三八条【就任宣誓】**（略）

**第三九条【委員の欠員】**（略）

**第四〇条【委員の引継ぎ】**（略）

**第四一条【事務局】**（略）

**第四二条【委員会の手続】**（略）

**第四三条【委員の特権免除】**（略）

**第四四条【委員の報酬】**（略）

### 第二章　委員会の権限

**第四五条【委員会の任務】**　委員会の任務は、次のとおりである。

1　人及び人民の権利を促進すること、特に、

(a)　人及び人民の権利の分野におけるアフリカの問題に関する資料を収集し、研究及び調査を行うこと、セミナー、シンポジウム及び会議を開催すること、情報を広めること、人及び人民の権利に関わる国家及び地方の機関を援助すること、並びに問題が生じた場合に政府に対して意見を述べ又は勧告を行うこと。

(b)　人及び人民の権利並びに基本的自由に関する法的問題を解決することを目的とし、アフリカの政府が立法の基礎とすることができる原則と規則を定めかつ規定すること。

(c)　人及び人民の権利の促進及び保護に関わるアフリカの機構及び国際機構と協力すること。

2　この憲章が定める条件の下で人及び人民の権利の保護を確保すること。

3　締約国、アフリカ統一機構の機関又はアフリカ統一機構が認めるアフリカの組織の要請により、この憲章の全ての規定を解釈すること。

4　国家元首及び政府首脳会議によって委ねられるその他の任務を遂行すること。

### 第三章　委員会の手続

**第四六条【調査方法】**　委員会は、いかなる適当な調査方法も用いることができる。委員会は、アフリカ統一機構事務総長その他情報を提供することができるいかなる者からも事情を聴取することができる。

**国からの通報**

**第四七条【他の締約国による注意喚起】**　この憲章の締約国は、この憲章の他の締約国が憲章の規定に違反したと信じる十分な理由がある場合には、書面による通報により、その事態につき当該他の締約国の注意を喚起することができる。この通報は、アフリカ統一機構事務総長及び委員会の委員長にも送付される。通報された国は、通報の受領後三箇月以内に、当該事態について説明する文書その他の文書を、問合せを行った国に提供する。これらの文書には、適用された又は適用可能な法令手続、既に与えられた救済又はとり得る措置に関する情報を、可能な限り含んでいなければならない。

**第四八条【委員会への付託】**　最初の通報の受領後三箇月以内に当該事案が、二国間交渉その他の平和的手続によって関係国双方の満足するように解決されない場合には、いずれの一方の国も、委員長を通じて当該事案を委員会に付託する権利を有する。当該国は、他方の関係国にその旨通告する。

**第四九条【委員会への直接付託】**　第四七条の規定にかかわらず、この憲章の締約国は、他の締約国がこの憲章の規定に違反したと認める場合には、委員長、アフリカ統一機構事務総長及び当該他の締約国に通報を送付することにより事案を委員会に直接付託することができる。

**第五〇条【国内救済の原則】**　委員会は、国内救済措置が存在する場合には、全ての国内的な救済措置が尽くされたことを確認した後に限り、付託された事案を取り扱うことができる。ただし、救済手続が不当に遅延していることが委員会に明らかな場合は、この限りでない。

**第五一条【事案を付託された国による情報と意見の提出】**　1　委員会は、事案を付託された国に対し、あらゆる関連情報を提供するよう要請することができる。

2　委員会が当該事案を検討している間、事案を付託された国は、代表を出席させ、書面又は口頭による意見を提出することができる。

**第五二条【報告の作成】**　事案を付託された国その他の情報源から全ての必要な情報を収集し、かつ、人及び人民の権利の尊重に基づく友好的解決に達する全ての適当な手段を試みた後、委員会は、第四八条にいう通告から合理的な期間内に、事実及び委員会の認定を記述した報告を作成する。この報告は、事案を付託された国に送付され、国家元首及び政府首脳会議に通報される。

**第五三条【委員会による勧告】** 委員会は、報告を送付する際に、国家元首及び政府首脳会議に対して、委員会が有用と認める勧告を行うことができる。

**第五四条【委員会の活動報告】** 委員会は、その活動に関する報告を国家元首及び政府首脳会議の各通常会期に提出する。

**その他の通報**

**第五五条【検討される通報の決定】** 1　各会期の前に、委員会の事務局長は、この憲章の締約国による通報以外の通報の一覧表を作成し、これを委員会の委員に送付する。委員は、どの通報が委員会によって検討されるべきかを明らかにする。

2　通報は、委員の単純多数が検討を決定した場合に、委員会によって検討される。

**第五六条【通報の要件】** 委員会によって受理された第五五条にいう人及び人民の権利に関する通報は、次の要件を満たす場合に検討される。

1　通報者が匿名を希望した場合も含め、通報者を明示すること。

2　アフリカ統一機構憲章又はこの憲章に反しないものであること。

3　事案を付託された国及びその機関又はアフリカ統一機構を侮辱し又はその名誉を傷つける言葉で書かれていないこと。

4　専らマスメディアを通じて広められた情報のみに基づくものではないこと。

5　国内的な救済措置が存在する場合には、それを尽くした後に送付されること。ただし、この手続が不当に遅延していることが明らかな場合は、この限りでない。

6　国内的な救済措置が尽くされた時又は委員会が事案を取り上げた日から合理的な期間内に提出されること。

7　国際連合憲章若しくはアフリカ統一機構憲章の原則又はこの憲章の規定に従って当該関係国によって解決された問題を扱っていないこと。

**第五七条【事案を付託された国への通知】** 実質的な検討の前に、全ての通報は、委員会の委員長によって事案を付託された国に通知される。

**第五八条【重大な又は大量の人権侵害】** 1　委員会の審議の後、一又はそれ以上の通報が、人及び人民の権利の一連の重大な又は大量の侵害の存在を示す特別の事態に明らかに関連すると認められる場合には、委員会は、この特別の事態に対して国家元首及び政府首脳会議の注意を喚起する。

2　右の場合、国家元首及び政府首脳会議は、委員会に対し、これの事態の詳細な研究を行い、委員会の認定及び勧告を伴う事実報告を作成することを要請することができる。

3　委員会が正当に認めた緊急事態は、委員会によって国家元首及び政府首脳会議議長に付託される。同議長は、詳細な研究を要請することができる。

**第五九条【公表】** 1　国家元首及び政府首脳会議が別段の決定をする時まで、この憲章の規定の下でとられた全ての措置は、秘密とする。

2　ただし、報告は、国家元首及び政府首脳会議の決定に基づいて、委員会の委員長により公表される。

3　委員会の活動に関する報告は、国家元首及び政府首脳会議によって検討された後に、委員会の委員長により公表される。

## 第四章　適用原則(抄)

**第六〇条【各種人権文書】** 人及び人民の権利に関する国際法、特に、人及び人民の権利に関する各種のアフリカの文書、国際連合憲章、アフリカ統一機構憲章、世界人権宣言、人及び人民の権利の分野において国際連合及びアフリカ諸国によって採択されたその他の文書、並びにこの憲章の当事国が加盟国である国際連合の専門機関において採択された各種の文書の規定は委員会の発想の源である。

**第六一条【補助手段】** 委員会は、法の原則を決定するための補助手段として、アフリカ統一機構の加盟国によって明示的に認められた規則を定めるその他の一般的な又は特別の国際条約、人及び人民の権利に関する国際規範に反しないアフリカの慣行、法として一般に認められた慣習、アフリカ諸国によって認められた法の一般原則、並びに法的先例及び学説も考慮に入れる。

**第六二条【締約国の報告義務】** 各締約国は、この憲章が効力を生ずる時から二年ごとに、この憲章によって認められ保障された権利及び自由を実現するためにとった立法その他の措置に関する報告を提出することを約束する。

**第六三条【署名、批准、加入、効力発生】**(略)

## 第三部　一般規定(抄)

**第六四条【委員会の招集】**(略)

**第六五条【後から批准・加入する国についての効力発生】** この憲章は、その効力発生の後に批准し又は加入する国については、その批准書又は加入書が寄託された日の後三箇月で効力を生ずる。

**第六六条【補充】**(略)

**第六七条【批准書・加入書寄託の通報】**(略)

**第六八条【改正】** この憲章は、締約国がアフリカ統一機構事務総長に対し書面により改正を要請する場合には、改正することができる。国家元首及び政府首脳会議は、全ての締約国が改正案について適正に通知され、かつ、提案国の要請に基づき委員会がそれについて意見を述べた後でなければ、当該改正案を審議することができない。改正は、締約国の単純多数によって承認される。改正は、憲法上の手続に従ってこれを受諾した国については、事務総長がその受諾の通告を受領した日の後三箇月で効力を生ずる。

# 6　ＡＳＥＡＮ人権宣言(抄)　翻訳

採　択　二〇一二年一一月一八日(第二一回東南アジア諸国連合首脳会議・プノンペン)

われら東南アジア諸国連合(以下「ＡＳＥＡＮ」という。)の加盟国、すなわちブルネイ・ダルサラーム国、カンボジア王国、インドネシア共和国、ラオス人民民主共和国、マレーシア、ミャンマー連邦共和国、フィリピン共和国、シンガポール共和国、タイ王国及びベトナム社会主義共和国の国家元首又は政府の長は、カンボジア・プノンペンで開催された第二一回ＡＳＥＡＮ首脳会議において、

ＡＳＥＡＮ憲章が掲げるＡＳＥＡＮの目的及び原則にわれらが忠実であること、特に、人権及び基本的自由並びに民主主義の原

則、法の支配及び良き統治を尊重し、促進しかつ保護していることを再確認し、

さらに世界人権宣言、国際連合憲章、ウィーン宣言及び行動計画、及びASEAN加盟国が当事国となっている他の国際人権文書へのわれらの誓約を再確認し、

また、ASEAN地域における女性の地位向上に関する宣言及びASEAN地域における女性に対する暴力の撤廃に関する宣言を含む、人権の促進におけるASEANの努力の重要性を再確認し、

この宣言がこの地域における人権に関する協力の枠組みを確立する手助けとなり、ASEAN共同体設立の過程に寄与することを確信し、

ここに、以下のとおり宣言する。

## 一般原則

1【自由平等】全ての者は、生まれながら自由であり、かつ、尊厳と権利において平等である。全ての者は理性と良心を授けられており、互いに慈悲の精神をもって行動しなければならない。

2【差別禁止原則】全ての者は、いかなる種類の差別、例えば人種、性差、年齢、言語、宗教、政治的又はその他の意見、国民的又は社会的出身、経済的地位、門地、障害その他の地位による差別を受けることなく、この宣言に掲げる権利及び自由を享有することができる。

3【法の前における人としての承認、法の前の平等】全ての者は、いかなる場所においても、法の前に人として認められる権利を有する。全ての者は、法の前に平等である。全ての者は、法の平等な保護を差別なく受ける権利を有する。

4【女性、こども、高齢者、障害者、移住労働者、弱者集団の権利】女性、こども、高齢者、障害者、移住労働者及び弱者で周辺的な立場に追いやられた集団の権利は、人権及び基本的自由の不可譲、不可欠かつ不可分な一部である。

5【権利侵害に対する救済】全ての者は、憲法又は法律によってその者に与えられた権利を侵害する行為に対し、裁判所又は他の権限ある機関によって認定される実効的かつ実施可能な救済を受ける権利を有する。

6【権利に対する義務】全ての者は、全ての他者並びにその者が生活する共同体及び社会に対する責任を有していることから、人権及び基本的自由の享有は、対応する義務の履行との均衡が図られなければならない。全ての人権及び基本的自由を促進し保護することは、究極的にはASEAN全加盟国の第一義的責任である。

7【人権の普遍性及び地域の特殊性】全ての人権は、普遍的であり、不可分かつ相互に依存し相互に関連し合っている。この宣言における全ての人権及び基本的自由は、公正かつ平等な方法で、同一の基礎に基づき、等しく重点を置いて、取り扱われなければならない。同時に、人権の実現は、政治的、経済的、法的、社会的、文化的、歴史的、及び宗教的背景の違いを考慮しつつ、地域及び国家の文脈において検討されなければならない。

8【権利の制約】全ての者の人権及び基本的自由は、他者の人権及び基本的自由に妥当な考慮を払い行使される。人権及び基本的自由の行使は、他者の人権及び基本的自由への適正な承認を確保し、かつ、国の安全、公の秩序、公の健康、公共の安全、公の道徳及び民主的社会における人々の一般的福祉の要請を満たす目的に限って、法により定められた制限のみに服する。

9【権利実現に際しての諸原則】この宣言に含まれる人権及び基本的自由の実現に当たり、公平性、客観性、非選択性、非差別、非対立、二重基準及び政治化の回避の諸原則が、常に堅持されなければならない。これらの実現過程は、人民の参加、包摂、及び説明責任の必要性を考慮する。

## 市民的及び政治的権利

10【市民的及び政治的権利】ASEAN加盟国は、世界人権宣言における全ての市民的及び政治的権利を確認する。特に、ASEAN加盟国は、以下の権利及び基本的自由を確認する。

11【生命に対する権利】全ての者は、法によって保護される生命に対する固有の権利を有する。何人も、法に従う場合を除いて、生命を奪われない。

12【身体の自由及び安全に対する権利】(略)

13【奴隷等の禁止】(略)

14【拷問等の禁止】(略)

15【移動、居住及び出国の自由】(略)

16【迫害からの庇護】全ての者は、他国において庇護を求め、かつ、受ける権利を有する。ただし、当該他国の法及び適用のある国際協定に従うことを条件とする。

17【財産権】(略)

18【国籍への権利】(略)

19【家族生活への権利】(略)

20【無罪の推定、遡及処罰の禁止、一事不再理】(略)

21【私生活の保護】(略)

22【思想、良心及び信教の自由】(略)

23【表現の自由】(略)

24【集会の自由】(略)

25【参政権】(略)

## 経済的、社会的及び文化的権利

26【経済的、社会的及び文化的権利】ASEAN加盟国は、世界人権宣言における全ての経済的、社会的及び文化的権利を確認する。特に、ASEAN加盟国は、以下のものを確認する。

27【労働の権利】(略)

28【相当の生活水準への権利】(略)

29【健康を享受する権利】(1) 全ての者は、到達可能な最高水準の身体、精神及び生殖に関する健康を享受する権利、基本的かつ入手可能な保健医療サービスへの権利、及び医療機関を利用する権利を有する。

(2) ASEAN加盟国は、HIV・エイズを含む感染症に苦しむ人々の予防、治療、看護及び支援に際して、烙印、沈黙、否定及び差別を克服する建設的環境を創出する。

30【社会保障の権利、母子に対する保護】(1) 全ての者は、尊厳ある相応な生存のための手段を確保することを援助する社会保障(利用可能な場合には社会保険を含む。)への権利を有する。

(2) 国内の法律及び規則により定められる、産前産後の合理的な期間においては、特別な保護が母親に与えられるべきである。働いている母親には、その期間において、有給休暇又は十分な社会保障給付を伴う休暇が与えられるべきである。

(3) 母及び子は、特別の保護及び援助を受ける権利を有する。全てのこどもは、嫡出であると否とを問わず、同一の社会的保護を享受する。

31【教育に対する権利】(略)

32【文化に関する権利】(略)

33【権利の漸進的実現】ASEAN加盟国は、この宣言において

認められる経済的、社会的及び文化的権利の完全な実現を漸進的に達成するため、自国における利用可能な手段を最大限に用いることにより、個別に並びに地域的、国際的な援助及び協力、特に、経済的及び技術的援助及び協力を通じて、行動をとる。

34【外国人に対する権利保障】ＡＳＥＡＮ加盟国は、人権並びにそれぞれの自国経済の組織及び資源に適正な考慮を払い、この宣言における経済的及び社会的権利をどの程度まで外国人に保障するかを決定することができる。

**発展の権利**

35【発展の権利】発展の権利は、奪うことのできない人権である。この権利に基づき、全ての者及びＡＳＥＡＮの人民は、経済的、社会的、文化的及び政治的発展に参加し、貢献し、享有し及び公平かつ持続的に利益を受ける権利を有する。発展の権利は、現在及び将来世代の発展及び環境の必要を公平に満たすように実現されなければならない。発展は全ての人権の享有を促進し、かつ、必要なものであるが、発展の欠如を国際的に認められた人権の侵害を正当化するために援用してはならない。

36【開発計画の採択】ＡＳＥＡＮ加盟国は、貧困を減少させ、ＡＳＥＡＮの人民がこの宣言において認められた全ての人権を公平な基礎に基づいて享有するための環境の保護と持続可能性を含む条件を創出し、ＡＳＥＡＮ域内における開発格差を漸進的に縮小させることを目指す開発計画であって、人民を志向し、かつ、性差に対応した意義あるものを採択する。

37【発展の権利と国際協力】ＡＳＥＡＮ加盟国は、発展の権利の実施には国のレベルと同様に、公平な経済関係、国際協力、及び好意的な国際経済環境における効果的な開発政策が必要であることを認める。ＡＳＥＡＮ加盟国は、ＡＳＥＡＮ共同体建設及びそれを越えた関連分野において、発展の権利の多次元にわたる諸側面を主流化し、公平かつ持続可能な発展、公正な貿易慣行及び効果的な国際協力を促進するために国際共同体とともに取り組む。

**平和への権利**

38【平和への権利】ＡＳＥＡＮの全ての者及び人民は、ＡＳＥＡＮの安全保障及び安定、中立及び自由の枠内で、この宣言に定められる権利が完全に実現されるように、平和を享受する権利を有する。この目的のため、ＡＳＥＡＮ加盟国は、この地域における平和、調和及び安定の促進のため、友好関係と協力の強化を継続する。

**人権の促進及び保護における協力**

39【人権の促進及び保護における利益の共有と誓約】（略）

40【権利と自由を破壊する活動の不承認】この宣言のいかなる規定も、いずれかの国、集団又は個人が、ＡＳＥＡＮの目的及び原則を損ない、又はこの宣言及びＡＳＥＡＮ加盟国が当事国となっている国際人権文書に定める権利及び基本的自由を破壊することを目的とする行為を行う何らの権利を有することを意味するものと解してはならない。

# 第8章　国際犯罪

## 第1節　国際裁判所

### 1　国際刑事裁判所

#### (1)　国際刑事裁判所に関するローマ規程(抄)

［ＩＣＣ規程］

採　択　一九九八年七月一七日（ローマ）（賛成一二〇、反対七、棄権二一）
効力発生　二〇〇二年七月一日
改　正　〔注　二〇一〇年のローマ規程検討会議で採択された規程改正決議による改正については、改正される予定の条文に［＊］を付した。また、特に重要な条文については、注釈で改正の内容を示し、改正の了解を末尾に付した。
　二〇一七年及び二〇一九年に国際刑事裁判所締約国会議で採択された規程改正決議による改正については、追加される予定の条文の内容を注釈で示した。
　これらの改正は、規程第一二一条に従って効力を生ずる。〕
日本国　二〇〇七年一〇月一日（同年四月二七日国会承認、七月一七日加入書寄託、七月二〇日公布・条約六号）
当事国　一二三

前　文

この規程の締約国は、
すべての人民が共通のきずなで結ばれており、その文化が共有された遺産によって継ぎ合わされていることを意識し、また、この繊細な継ぎ合わせたものがいつでも粉々になり得ることを懸念し、
二十世紀の間に多数の児童、女性及び男性が人類の良心に深く衝撃を与える想像を絶する残虐な行為の犠牲者となってきたことに留意し、
このような重大な犯罪が世界の平和、安全及び福祉を脅かすことを認識し、
国際社会〔international community〕全体の関心事である最も重大な犯罪が処罰されずに済まされてはならないこと並びにそのような犯罪に対する効果的な訴追が国内的な措置をとり、及び国際協力を強化することによって確保されなければならないことを確認し、
これらの犯罪を行った者が処罰を免れることを終わらせ、もってそのような犯罪の防止に貢献することを決意し、
国際的な犯罪について責任を有する者に対して刑事裁判権を行使することがすべての国家の責務であることを想起し、
国際連合憲章の目的及び原則並びに特に、すべての国が、武力による威嚇又は武力の行使を、いかなる国の領土保全又は政治的独立に対するものも、また、国際連合の目的と両立しない他のいかなる方法によるものも慎まなければならないことを再確認し、
これに関連して、この規程のいかなる規定も、いずれかの国の武力紛争又は国内問題に干渉する権限を締約国に与えるものと解してはならないことを強調し、
これらの目的のため並びに現在及び将来の世代のために、国際連合及びその関連機関と連携関係を有し、国際社会全体の関心事である最も重大な犯罪についての管轄権を有する独立した常設の国際刑事裁判所を設立することを決意し、
この規程に基づいて設立する国際刑事裁判所が国家の刑事裁判権を補完するものであることを強調し、
国際正義の永続的な尊重及び実現を保障することを決意して、次のとおり協定した。

##### 第一部　裁判所の設立

**第一条（裁判所）**　この規程により国際刑事裁判所（以下「裁判所」という。）を設立する。裁判所は、常設機関とし、この規程に定める国際的な関心事である最も重大な犯罪を行った者に対して管轄権を行使する権限を有し、及び国家の刑事裁判権を補完する。裁判所の管轄権及び任務については、この規程によって規律する。

**第二条（裁判所と国際連合との連携関係）**　裁判所は、この規程の締約国会議が承認し、及びその後裁判所のために裁判所長が締結する協定によって国際連合と連携関係をもつ。

**第三条（裁判所の所在地）**　1　裁判所の所在地は、オランダ（以下「接受国」という。）のハーグとする。
2　裁判所は、接受国と本部協定を結ぶ。この協定は、締約国会議が承認し、その後裁判所のために裁判所長が締結する。
3　裁判所は、この規程に定めるところにより、裁判所が望ましいと認める場合に他の地で開廷することができる。

**第四条（裁判所の法的地位及び権限）**　1　裁判所は、国際法上の法人格を有する。また、裁判所は、任務の遂行及び目的の達成に必要な法律上の能力を有する。
2　裁判所は、この規程に定めるところによりいずれの締約国の領域においても、及び特別の合意によりその他のいずれの国の領域においても、任務を遂行し、及び権限を行使することができる。

##### 第二部　管轄権、受理許容性及び適用される法

**第五条（裁判所の管轄権の範囲内にある犯罪）**　1　裁判所の管轄権は、国際社会全体の関心事である最も重大な犯罪に限定する。裁判所は、この規程に基づき次の犯罪について管轄権を有する。
(a)　集団殺害犯罪
(b)　人道に対する犯罪
(c)　戦争犯罪
(d)　侵略犯罪
2［＊］　第百二十一条及び第百二十三条の規定に従い、侵略犯罪を定義し、及び裁判所がこの犯罪について管轄権を行使する条件を定める規定が採択された後に、裁判所は、この犯罪について管轄権を行使する。この規定は、国際連合憲章の関連する規定に適合したものとする。
注　2は二〇一〇年の改正により削除される。

**第六条（集団殺害犯罪）**　この規程の適用上、「集団殺害犯罪」とは、国民的、民族的、人種的又は宗教的な集団の全部又は一部に対し、その集団自体を破壊する意図をもって行う次のいずれかの行為をいう。
(a)　当該集団の構成員を殺害すること。

(b) 当該集団の構成員の身体又は精神に重大な害を与えること。
(c) 当該集団の全部又は一部に対し、身体的破壊をもたらすことを意図した生活条件を故意に課すること。
(d) 当該集団内部の出生を妨げることを意図する措置をとること。
(e) 当該集団の児童を他の集団に強制的に移すこと。

**第七条（人道に対する犯罪）** 1 この規程の適用上、「人道に対する犯罪」とは、文民たる住民に対する攻撃であって広範又は組織的なものの一部として、そのような攻撃であると認識しつつ行う次のいずれかの行為をいう。
(a) 殺人
(b) 絶滅させる行為
(c) 奴隷化すること。
(d) 住民の追放又は強制移送
(e) 国際法の基本的な規則に違反する拘禁その他の身体的な自由の著しいはく奪
(f) 拷問
(g) 強姦、性的な奴隷、強制売春、強いられた妊娠状態の継続、強制断種その他あらゆる形態の性的暴力であってこれらと同等の重大性を有するもの
(h) 政治的、人種的、国民的、民族的、文化的又は宗教的な理由、3に定義する性に係る理由その他国際法の下で許容されないことが普遍的に認められている理由に基づく特定の集団又は共同体に対する迫害であって、この1に掲げる行為又は裁判所の管轄権の範囲内にある犯罪を伴うもの
(i) 人の強制失踪
(j) アパルトヘイト犯罪
(k) その他の同様の性質を有する非人道的な行為であって、身体又は心身の健康に対して故意に重い苦痛を与え、又は重大な傷害を加えるもの

2 1の規定の適用上、
(a) 「文民たる住民に対する攻撃」とは、そのような攻撃を行うとの国若しくは組織の政策に従い又は当該政策を推進するため、文民たる住民に対して1に掲げる行為を多重的に行うことを含む一連の行為をいう。
(b) 「絶滅させる行為」には、住民の一部の破壊をもたらすことを意図した生活条件を故意に課すること（特に食糧及び薬剤の入手の機会のはく奪）を含む。
(c) 「奴隷化すること」とは、人に対して所有権に伴ういずれか又はすべての権限を行使することをいい、人（特に女性及び児童）の取引の過程でそのような権限を行使することを含む。
(d) 「住民の追放又は強制移送」とは、国際法の下で許容されている理由によることなく、退去その他の強制的な行為により、合法的に所在する地域から関係する住民を強制的に移動させることをいう。
(e) 「拷問」とは、身体的なものであるか精神的なものであるかを問わず、抑留されている者又は支配下にある者に著しい苦痛を故意に与えることをいう。ただし、拷問には、専ら合法的な制裁に固有の又はこれに付随する苦痛が生ずることを含まない。
(f) 「強いられた妊娠状態の継続」とは、住民の民族的な組成に影響を与えること又は国際法に対するその他の重大な違反を行うことを意図して、強制的に妊娠させられた女性を不法に監禁することをいう。この定義は、妊娠に関する国内法に影響を及ぼすものと解してはならない。
(g) 「迫害」とは、集団又は共同体の同一性を理由として、国際法に違反して基本的な権利を意図的にかつ著しくはく奪することをいう。
(h) 「アパルトヘイト犯罪」とは、1に掲げる行為と同様な性質を有する非人道的な行為であって、一の人種的集団が他の一以上の人種的集団を組織的に抑圧し、及び支配する制度化された体制との関連において、かつ、当該体制を維持する意図をもって行うものをいう。
(i) 「人の強制失踪」とは、国若しくは政治的組織又はこれらによる許可、支援若しくは黙認を得た者が、長期間法律の保護の下から排除する意図をもって、人を逮捕し、拘禁し、又は拉致する行為であって、その自由をはく奪していることを認めず、又はその消息若しくは所在に関する情報の提供を拒否することを伴うものをいう。

3 この規程の適用上、「性」とは、社会の文脈における両性、すなわち、男性及び女性をいう。「性」の語は、これと異なるいかなる意味も示すものではない。

**第八条（戦争犯罪）**〔＊〕 1 裁判所は、戦争犯罪、特に、計画若しくは政策の一部として又は大規模に行われたそのような犯罪の一部として行われるものについて管轄権を有する。

2 この規程の適用上、「戦争犯罪」とは、次の行為をいう。
(a) 千九百四十九年八月十二日のジュネーヴ諸条約に対する重大な違反行為、すなわち、関連するジュネーヴ条約に基づいて保護される人又は財産に対して行われる次のいずれかの行為
(i) 殺人
(ii) 拷問又は非人道的な待遇（生物学的な実験を含む。）
(iii) 身体又は健康に対して故意に重い苦痛を与え、又は重大な傷害を加えること。
(iv) 軍事上の必要性によって正当化されない不法かつ恣意的に行う財産の広範な破壊又は徴発
(v) 捕虜その他の被保護者を強制して敵国の軍隊において服務させること。
(vi) 捕虜その他の被保護者からの公正な正式の裁判を受ける権利のはく奪
(vii) 不法な追放、移送又は拘禁
(viii) 人質をとること。
(b) 確立された国際法の枠組みにおいて国際的な武力紛争の際に適用される法規及び慣例に対するその他の著しい違反、すなわち、次のいずれかの行為
(i) 文民たる住民それ自体又は敵対行為に直接参加していない個々の文民を故意に攻撃すること。
(ii) 民用物、すなわち、軍事目標以外の物を故意に攻撃すること。
(iii) 国際連合憲章の下での人道的援助又は平和維持活動に係る要員、施設、物品、組織又は車両であって、武力紛争に関する国際法の下で文民又は民用物に与えられる保護を受ける権利を有するものを故意に攻撃すること。
(iv) 予期される具体的かつ直接的な軍事的利益全体との比較において、攻撃が、巻き添えによる文民の死亡若しくは傷害、民用物の損傷又は自然環境に対する広範、長期的かつ深刻な損害であって、明らかに過度となり得るものを引き起こすことを認識しながら故意に攻撃すること。

(v) 手段のいかんを問わず、防衛されておらず、かつ、軍事目標でない都市、町村、住居又は建物を攻撃し、又は砲撃し若しくは爆撃すること。

(vi) 武器を放棄して又は防衛の手段をもはや持たずに自ら投降した戦闘員を殺害し、又は負傷させること。

(vii) ジュネーヴ諸条約に定める特殊標章のほか、休戦旗又は敵国若しくは国際連合の旗若しくは軍隊の記章及び制服を不適正に使用して、死亡又は重傷の結果をもたらすこと。

(viii) 占領国が、その占領地域に自国の文民たる住民の一部を直接若しくは間接に移送すること又はその占領地域の住民の全部若しくは一部を当該占領地域の内において若しくはその外に追放し若しくは移送すること。

(ix) 宗教、教育、芸術、科学又は慈善のために供される建物、歴史的建造物、病院及び傷病者の収容所であって、軍事目標以外のものを故意に攻撃すること。

(x) 敵対する紛争当事国の権力内にある者に対し、身体の切断又はあらゆる種類の医学的若しくは科学的な実験であって、その者の医療上正当と認められるものでも、その者の利益のために行われるものでもなく、かつ、その者を死に至らしめ、又はその健康に重大な危険が生ずるものを受けさせること。

(xi) 敵対する紛争当事国又は軍隊に属する個人を背信的に殺害し、又は負傷させること。

(xii) 助命しないことを宣言すること。

(xiii) 敵対する紛争当事国の財産を破壊し、又は押収すること。ただし、戦争の必要性から絶対的にその破壊又は押収を必要とする場合は、この限りでない。

(xiv) 敵対する紛争当事国の国民の権利及び訴権が消滅したこと、停止したこと又は裁判所において受理されないことを宣言すること。

(xv) 敵対する紛争当事国の国民が戦争の開始前に本国の軍役に服していたか否かを問わず、当該国民に対し、その本国に対する軍事行動への参加を強制すること。

(xvi) 襲撃により占領した場合であるか否かを問わず、都市その他の地域において略奪を行うこと。

(xvii) 毒物又は毒を施した兵器を使用すること。

(xviii) 窒息性ガス、毒性ガス又はこれらに類するガス及びこれらと類似のすべての液体、物質又は考案物を使用すること。

(xix) 人体内において容易に展開し、又は扁平となる弾丸(例えば、外包が硬い弾丸であって、その外包が弾芯を全面的には被覆しておらず、又はその外包に切込みが施されたもの)を使用すること。

(xx) 武力紛争に関する国際法に違反して、その性質上過度の傷害若しくは無用の苦痛を与え、又は本質的に無差別な兵器、投射物及び物質並びに戦闘の方法を用いること。ただし、これらの兵器、投射物及び物質並びに戦闘の方法が、包括的な禁止の対象とされ、かつ、第百二十一条及び第百二十三条の関連する規定に基づく改正によってこの規程の附属書に含められることを条件とする。

(xxi) 個人の尊厳を侵害すること(特に、侮辱的で体面を汚す待遇)。

(xxii) 強姦、性的な奴隷、強制売春、前条2(f)に定義する強いられた妊娠状態の継続、強制断種その他あらゆる形態の性的暴力であって、ジュネーヴ諸条約に対する重大な違反行為を構成するものを行うこと。

(xxiii) 文民その他の被保護者の存在を、特定の地点、地域又は軍隊が軍事行動の対象とならないようにするために利用すること。

(xxiv) ジュネーヴ諸条約に定める特殊標章を国際法に従って使用している建物、物品、医療組織、医療用輸送手段及び要員を故意に攻撃すること。

(xxv) 戦闘の方法として、文民からその生存に不可欠な物品をはく奪すること(ジュネーヴ諸条約に規定する救済品の分配を故意に妨げることを含む。)によって生ずる飢餓の状態を故意に利用すること。

(xxvi) 十五歳未満の児童を自国の軍隊に強制的に徴集し若しくは志願に基づいて編入すること又は敵対行為に積極的に参加させるために使用すること。

注　二〇一七年改正により追加される規定を次に掲げる。

(xxvii) 微生物剤その他の生物剤又は毒素(原料又は製法のいかんを問わない。)を用いる兵器を使用すること。

(xxviii) 人体内に入った場合にエックス線で検出することができないような破片によって傷害を与えることを第一義的な効果とする兵器を使用すること。

(xxix) その唯一の戦闘のための機能又は戦闘のための機能の一として、視力の強化されていない眼(裸眼又は視力矯正装置をつけたものをいう。)に永久に失明をもたらすように特に設計されたレーザー兵器を使用すること。

(c) 国際的性質を有しない武力紛争の場合には、千九百四十九年八月十二日のジュネーヴ諸条約のそれぞれの第三条に共通して規定する著しい違反、すなわち、敵対行為に直接に参加しない者(武器を放棄した軍隊の構成員及び病気、負傷、抑留その他の事由により戦闘能力のない者を含む。)に対する次のいずれかの行為

(i) 生命及び身体に対し害を加えること(特に、あらゆる種類の殺人、身体の切断、虐待及び拷問)。

(ii) 個人の尊厳を侵害すること(特に、侮辱的で体面を汚す待遇)。

(iii) 人質をとること。

(iv) 一般に不可欠と認められるすべての裁判上の保障を与える正規に構成された裁判所の宣告する判決によることなく刑を言い渡し、及び執行すること。

(d) (c)の規定は、国際的性質を有しない武力紛争について適用するものとし、暴動、独立の又は散発的な暴力行為その他これらに類する性質の行為等国内における騒乱及び緊張の事態については、適用しない。

(e) 確立された国際法の枠組みにおいて国際的性質を有しない武力紛争の際に適用される法規及び慣例に対するその他の著しい違反、すなわち、次のいずれかの行為

(i) 文民たる住民それ自体又は敵対行為に直接参加していない個々の文民を故意に攻撃すること。

(ii) ジュネーヴ諸条約に定める特殊標章を国際法に従って使用している建物、物品、医療組織、医療用輸送手段及び要員を故意に攻撃すること。

(iii) 国際連合憲章の下での人道的援助又は平和維持活動に係る要員、施設、物品、組織又は車両であって、武力紛争に関する国際法の下で文民又は民用物に与えられる保護を受ける権利を有するものを故意に攻撃すること。

(iv) 宗教、教育、芸術、科学又は慈善のために供される建物、歴史的建造物、病院及び傷病者の収容所であって、軍事目標以外のものを故意に攻撃すること。

(v) 襲撃により占領した場合であるか否かを問わず、都市その他の地域において略奪を行うこと。

(vi) 強姦、性的な奴隷、強制売春、前条2(f)に定義する強いられた妊娠状態の継続、強制断種その他あらゆる形態の性的暴力であって、ジュネーヴ諸条約のそれぞれの第三条に共通して規定する著しい違反を構成するものを行うこと。

(vii) 十五歳未満の児童を軍隊若しくは武装集団に強制的に徴集し若しくは志願に基づいて編入すること又は敵対行為に積極的に参加させるために使用すること。

(viii) 紛争に関連する理由で文民たる住民の移動を命ずること。ただし、その文民の安全又は絶対的な軍事上の理由のために必要とされる場合は、この限りでない。

(ix) 敵対する紛争当事者の戦闘員を背信的に殺害し、又は負傷させること。

(x) 助命しないことを宣言すること。

(xi) 敵対する紛争当事者の権力内にある者に対し、身体の切断又はあらゆる種類の医学的若しくは科学的な実験であって、その者の医療上正当と認められるものでも、その者の利益のために行われるものでもなく、かつ、その者を死に至らしめ、又はその健康に重大な危険が生ずるものを受けさせること。

(xii) 敵対する紛争当事者の財産を破壊し、又は押収すること。ただし、紛争の必要性から絶対的にその破壊又は押収を必要とする場合は、この限りでない。

注　二〇一〇年改正により追加される規定を次に掲げる。

(xiii) 毒物又は毒を施した兵器を使用すること。

(xiv) 窒息性ガス、毒性ガス又はこれらに類するガス及びこれらと類似の全ての液体、物質又は考案物を使用すること。

(xv) 人体内において容易に展開し、又は扁平となる弾丸(例えば、外包が硬い弾丸であって、その外包が弾芯を全面的には被覆しておらず、又はその外包に切込みが施されたもの)を使用すること。

注　二〇一七年改正により追加される規定を次に掲げる。

(xvi) 微生物剤その他の生物剤又は毒素(原料又は製法のいかんを問わない。)を用いる兵器を使用すること。

(xvii) 人体内に入った場合にエックス線で検出することができないような破片によって傷害を与えることを第一義的な効果とする兵器を使用すること。

(xviii) その唯一の戦闘のための機能又は戦闘のための機能の一として、視力の強化されていない眼(裸眼又は視力矯正装置をつけたものをいう。)に永久に失明をもたらすように特に設計されたレーザー兵器を使用すること。

注　二〇一九年改正により追加される規定を次に掲げる。

(xix) 戦闘の方法として、文民からその生存に不可欠な物品をはく奪すること(救済品の分配を故意に妨げることを含む。)によって生ずる飢餓の状態を故意に利用すること。

(f) (e)の規定は、国際的性質を有しない武力紛争について適用するものとし、暴動、独立の又は散発的な暴力行為その他これらに類する性質の行為等国内における騒乱及び緊張の事態については、適用しない。同規定は、政府当局と組織された武装集団との間又はそのような集団相互の間の長期化した武力紛争がある場合において、国の領域内で生ずるそのような武力紛争について適用する。

3　2(c)及び(e)の規定は、あらゆる正当な手段によって、国内の法及び秩序を維持し若しくは回復し、又は国の統一を維持し、及び領土を保全するための政府の責任に影響を及ぼすものではない。

注　二〇一〇年改正により追加される規定を次に掲げる。

**第八条の二(侵略犯罪)**　1　この規程の適用上、「侵略犯罪」とは、その性質、重大性及び規模に照らして国際連合憲章の明白な違反を構成する侵略行為の、国の政治的又は軍事的行動を実質的に管理し又は指示する地位にある者による計画、準備、開始又は実行をいう。

2　1の適用上、「侵略行為」とは、他の国の主権、領土保全又は政治的独立に反する、また国際連合憲章と両立しない他の方法による、国による武力〔armed force〕の行使をいう。次のいずれかの行為は、宣戦布告に関わりなく、国際連合総会の一九七四年一二月一四日の決議二九/三三一四により侵略行為とされる。

(a)―(g)〔**侵略の定義に関する決議**第三条(a)―(g)と同じ。〕

**第九条(犯罪の構成要件に関する文書)**　1〔*〕　裁判所は、前三条の規定の解釈及び適用に当たり、犯罪の構成要件に関する文書を参考とする。犯罪の構成要件に関する文書は、締約国会議の構成国の三分の二以上の多数による議決で採択される。

2　犯罪の構成要件に関する文書の改正は、次の者が提案することができる。

(a) 締約国

(b) 絶対多数による議決をもって行動する裁判官

(c) 検察官

この改正は、締約国会議の構成国の三分の二以上の多数による議決で採択される。

3　犯罪の構成要件に関する文書及びその改正は、この規程に適合したものとする。

**第一〇条【規程外の国際法の適用】**　この部のいかなる規定も、この規程の目的以外の目的のために現行の又は発展する国際法の規則を制限し、又はその適用を妨げるものと解してはならない。

**第一一条(時間についての管轄権)**　1　裁判所は、この規程が効力を生じた後に行われる犯罪についてのみ管轄権を有する。

2　いずれかの国がこの規程が効力を生じた後にこの規程の締約国となる場合には、裁判所は、この規程が当該国について効力を生じた後に行われる犯罪についてのみ管轄権を行使することができる。ただし、当該国が次条3に規定する宣言を行った場合は、この限りでない。

**第一二条(管轄権を行使する前提条件)**　1　この規程の締約国となる国は、第五条に規定する犯罪についての裁判所の管轄権を受諾する。

2　裁判所は、次条(a)又は(c)に規定する場合において、次の(a)又は(b)に掲げる国の一又は二以上がこの規程の締約国であるとき又は3の規定に従い裁判所の管轄権を受諾しているときは、その管轄権を行使することができる。

(a) 領域内において問題となる行為が発生した国又は犯罪が船舶内若しくは航空機内で行われた場合の当該船舶若しくは航空機の登録国

(b) 犯罪の被疑者の国籍国

3　この規程の締約国でない国が2の規定に基づき裁判所の管轄権の受諾を求められる場合には、当該国は、裁判所書記に対して行う宣言により、問題となる犯罪について裁判所が管轄権を行使することを受諾することができる。受諾した国は、第九部の規定に従い遅滞なくかつ例外なく裁判所に協力する。

**第一三条（管轄権の行使）** 裁判所は、次の場合において、この規程に基づき、第五条に規定する犯罪について管轄権を行使することができる。

(a) 締約国が次条の規定に従い、これらの犯罪の一又は二以上が行われたと考えられる事態を検察官に付託する場合

(b) 国際連合憲章第七章の規定に基づいて行動する安全保障理事会がこれらの犯罪の一又は二以上が行われたと考えられる事態を検察官に付託する場合

(c) 検察官が第十五条の規定に従いこれらの犯罪に関する捜査に着手した場合

**第一四条（締約国による事態の付託）** 1 締約国は、裁判所の管轄権の範囲内にある犯罪の一又は二以上が行われたと考えられる事態を検察官に付託することができるものとし、これにより、検察官に対し、そのような犯罪を行ったことについて一人又は二人以上の特定の者が訴追されるべきか否かを決定するために当該事態を捜査するよう要請する。

2 付託については、可能な限り、関連する状況を特定し、及び事態を付託する締約国が入手することのできる裏付けとなる文書を添付する。

**第一五条（検察官）** 1 検察官は、裁判所の管轄権の範囲内にある犯罪に関する情報に基づき自己の発意により捜査に着手することができる。

2 検察官は、取得した情報の重大性を分析する。このため、検察官は、国、国際連合の諸機関、政府間機関、非政府機関その他の自己が適当と認める信頼し得る情報源に対して追加的な情報を求めることができるものとし、裁判所の所在地において書面又は口頭による証言を受理することができる。

3 検察官は、捜査を進める合理的な基礎があると結論する場合には、収集した裏付けとなる資料とともに捜査に係る許可を予審裁判部に請求する。被害者は、手続及び証拠に関する規則に従い、予審裁判部に対して陳述をすることができる。

4 予審裁判部は、3に規定する請求及び裏付けとなる資料の検討に基づき、捜査を進める合理的な基礎があり、かつ、事件が裁判所の管轄権の範囲内にあるものと認める場合には、捜査の開始を許可する。ただし、この許可は、事件の管轄権及び受理許容性について裁判所がその後に行う決定に影響を及ぼすものではない。

5 予審裁判部が捜査を不許可としたことは、検察官が同一の事態に関し新たな事実又は証拠に基づいてその後に請求を行うことを妨げるものではない。

6 検察官は、1及び2の規定の下での予備的な検討の後、提供された情報が捜査のための合理的な基礎を構成しないと結論する場合には、その旨を当該情報を提供した者に通報する。このことは、検察官が同一の事態に関し新たな事実又は証拠に照らして自己に提供される追加的な情報を検討することを妨げるものではない。

注 二〇一〇年改正により追加される規定を次に掲げる。

**第一五条の二（侵略犯罪についての管轄権の行使（国による付託、職権による管轄権行使［*proprio motu*］））** 1 裁判所は、本条の規定に従うことを条件として、一三条(a)及び(c)に従い、侵略犯罪について管轄権を行使することができる。

2 裁判所は、三〇の締約国による改正の批准又は受諾から一年より後に行われた侵略犯罪についてのみ、管轄権を行使することができる。

3 裁判所は、この規程の改正の採択に必要なものと同じ締約国の多数によって二〇一七年一月以降に決定されるところに従うことを条件として、本条に従い、侵略犯罪について管轄権を行使する。

4 裁判所は、一二条に従って、締約国により行われた侵略行為から生ずる侵略犯罪について、当該締約国が裁判所書記に対して宣言を行うことによってそのような管轄権を受諾しない旨をあらかじめ宣言していない限り、管轄権を行使することができる。そのような宣言の撤回はいつでもすることができ、三年以内に締約国により検討される。

5 この規程の締約国でない国に関しては、裁判所は侵略犯罪について、それがその国の国民により、又はその国の領域内で行われた場合は管轄権を行使しない。

6 検察官が侵略犯罪について捜査を進める合理的な根拠があると結論する場合には、まず、安全保障理事会が当該国により行われた侵略行為を認定したか否かを確認する。検察官は、裁判所に係属する事態について、関連する情報及び文書を含めて、国際連合事務総長に通報する。

7 安全保障理事会がそのような認定をした場合には、検察官は侵略犯罪について捜査を進めることができる。

8 通報の日から六箇月以内にそのような認定が行われない場合は、予審裁判部門が一五条に規定する手続により侵略犯罪について捜査の開始を許可し、安全保障理事会が一六条に従って別段の決定をしていないことを条件として、検察官は侵略犯罪について捜査を進めることができる。

9・10 （略）

**第一五条の三（侵略犯罪についての管轄権の行使（安全保障理事会による付託））** 1 裁判所は、本条の規定に従うことを条件として、一三条(b)に従い、侵略犯罪について管轄権を行使することができる。

2－5 （略）

**第一六条（捜査又は訴追の延期）** いかなる捜査又は訴追についても、安全保障理事会が国際連合憲章第七章の規定に基づいて採択した決議により裁判所に対してこれらを開始せず、又は続行しないことを要請した後十二箇月の間、この規程に基づいて開始し、又は続行することができない。安全保障理事会は、その要請を同一の条件において更新することができる。

**第一七条（受理許容性の問題）** 1 裁判所は、前文の第十段落及び第一条の規定を考慮した上で、次の場合には、事件を受理しないことを決定する。

(a) 当該事件がそれについての管轄権を有する国によって現に捜査され、又は訴追されている場合。ただし、当該国にその捜査又は訴追を真に行う意思又は能力がない場合は、この限りでない。

(b) 当該事件がそれについての管轄権を有する国によって既に捜査され、かつ、当該国が被疑者を訴追しないことを決定している場合。ただし、その決定が当該国に訴追を真に行う意思又は能力がないことに起因する場合は、この限りでない。

(c) 被疑者が訴えの対象となる行為について既に裁判所による裁判を受けており、かつ、第二十条3の規定により裁判所による裁判が認められない場合

(d) 当該事件が裁判所による新たな措置を正当化する十分な重

大性を有しない場合

2　裁判所は、特定の事件において捜査又は訴追を真に行う意思がないことを判定するため、国際法の認める適正な手続の原則を考慮した上で、妥当な場合には、次の一又は二以上のことが存在するか否かを検討する。

(a)　第五条に規定する裁判所の管轄権の範囲内にある犯罪についての刑事責任から被疑者を免れさせるために手続が行われた若しくは行われていること又はそのために国の決定が行われたこと。

(b)　その時の状況において被疑者を裁判に付する意図に反する手続上の不当な遅延があったこと。

(c)　手続が、独立して又は公平に行われなかった又は行われておらず、かつ、その状況において被疑者を裁判に付する意図に反する方法で行われた又は行われていること。

3　裁判所は、特定の事件において捜査又は訴追を真に行う能力がないことを判定するため、国が自国の司法制度の完全又は実質的な崩壊又は欠如のために、被疑者を確保し、若しくは必要な証拠及び証言を取得することができないか否か又はその他の理由から手続を行うことができないか否かを検討する。

**第一八条（受理許容性についての予備的な決定）**　1　検察官は、事態が第十三条(a)の規定に従って裁判所に付託されており、かつ、捜査を開始する合理的な基礎があると決定している場合又は同条(c)及び第十五条の規定に従って捜査に着手する場合には、すべての締約国及び利用可能な情報を考慮して問題となる犯罪について裁判権を通常行使し得る国に通報する。検察官は、これらの国に対し情報を秘密のものとして通報することができるものとし、また、関係者を保護し、証拠の破壊を防止し、又は被疑者の逃亡を防止するために必要と認める場合には、これらの国に提供する情報の範囲を限定することができる。

2　国は、1に規定する通報を受領した後一箇月以内に、裁判所に対し、第五条に規定する犯罪を構成する可能性のある犯罪行為であって各国に対する通報において提供された情報に関連するものに関し、自国の裁判権の範囲内にある自国民その他の者を現に捜査しており、又は既に捜査した旨を通報することができる。検察官は、自己の請求に基づき予審裁判部が捜査を許可することを決定しない限り、当該国の要求により、これらの者に対する当該国が行う捜査にゆだねる。

3　国の行う捜査にゆだねたことについては、ゆだねた日の後六箇月を経過した後又は当該国に当該捜査を真に行う意思若しくは能力がないことに基づく著しい状況の変化があった場合にはいつでも、検察官が再検討することができる。

4　関係国又は検察官は、第八十二条の規定に従い予審裁判部の決定に対して上訴裁判部に上訴をすることができる。当該上訴については、迅速に審理する。

5　検察官は、2の規定に従って関係国に捜査をゆだねた場合には、当該関係国に対しその捜査の進捗状況及びその後の訴追について定期的に自己に報告するよう要請することができる。締約国は、不当に遅延することなくその要請に応ずる。

6　検察官は、予審裁判部による決定がなされるまでの間において、又はこの条の規定に従って捜査をゆだねた場合にはいつでも、重要な証拠を得るための得難い機会が存在し、又はそのような証拠がその後に入手することができなくなる著しい危険が存在するときは、例外的に、証拠を保全するために必要な捜査上の措置をとることについて予審裁判部の許可を求めることができる。

7　この条の規定に従い予審裁判部の決定について上訴をした国は、追加的な重要な事実又は著しい状況の変化を理由として、次条の規定に従い事件の受理許容性について異議を申し立てることができる。

**第一九条（裁判所の管轄権又は事件の受理許容性についての異議の申立て）**　1　裁判所は、提起された事件について管轄権を有することを確認する。裁判所は、職権により第十七条の規定に従って事件の受理許容性を決定することができる。

2　裁判所の管轄権についての異議の申立て又は第十七条の規定を理由とする事件の受理許容性についての異議の申立ては、次の者が行うことができる。

(a)　被告人又は第五十八条の規定に従って逮捕状若しくは召喚状が発せられている者

(b)　当該事件について裁判権を有する国であって、当該事件を現に捜査し若しくは訴追しており、又は既に捜査し若しくは訴追したことを理由として異議の申立てを行うもの

(c)　第十二条の規定に従って裁判所の管轄権の受諾を求められる国

3　検察官は、管轄権又は受理許容性の問題に関して裁判所による決定を求めることができる。また、第十三条の規定に従って事態を付託した者及び被害者は、管轄権又は受理許容性に関する手続において、裁判所に対して意見を提出することができる。

4　裁判所の管轄権又は事件の受理許容性については、異議の申立てを2に規定する者が一回のみ行うことができる。異議の申立ては、公判の前又は開始時に行う。裁判所は、例外的な状況において、異議の申立てが二回以上行われること又は公判の開始時よりも遅い時に行われることについて許可を与えることができる。公判の開始時において又はその後に裁判所の許可を得て行われる事件の受理許容性についての異議の申立ては、第十七条1(c)の規定にのみ基づいて行うことができる。

5　2(b)及び(c)に掲げる国は、できる限り早い機会に異議の申立てを行う。

6　裁判所の管轄権についての異議の申立て又は事件の受理許容性についての異議の申立ては、犯罪事実の確認の前は予審裁判部に対して行い、犯罪事実の確認の後は第一審裁判部に対して行う。管轄権又は受理許容性に関する決定については、第八十二条の規定に従い上訴裁判部に上訴をすることができる。

7　異議の申立てが2(b)又は(c)に掲げる国によって行われる場合には、検察官は、裁判所が第十七条の規定に従って決定を行うまでの間、捜査を停止する。

8　検察官は、裁判所が決定を行うまでの間、次のことについて裁判所の許可を求めることができる。

(a)　前条6に規定する措置と同種の必要な捜査上の措置をとること。

(b)　証人から供述若しくは証言を取得すること又は異議の申立てが行われる前に開始された証拠の収集及び見分を完了すること。

(c)　関係国との協力の下に、第五十八条の規定に従って既に逮捕状を請求した者の逃亡を防止すること。

9　異議の申立ては、当該異議の申立てが行われる前に検察官が行ったいかなる行為又は裁判所が発したいかなる命令若しくは令状の有効性にも影響を及ぼすものではない。

10　裁判所が第十七条の規定に従って事件を受理しないことを決

定した場合において、検察官は、先に同条の規定に従って事件を受理しないとされた根拠を否定する新たな事実が生じたと認めるときは、その決定の再検討を要請することができる。

11　検察官は、第十七条に規定する事項を考慮して関係国に捜査をゆだねる場合には、当該関係国に対して自己が手続に関する情報を入手することができるよう要請することができる。当該情報は、当該関係国の要請により、秘密とする。検察官は、その後捜査を続行することを決定するときは、その旨を当該関係国に通報する。

**第二〇条（一事不再理）**　1　いかなる者も、この規程に定める場合を除くほか、自己が裁判所によって既に有罪又は無罪の判決を受けた犯罪の基礎を構成する行為について裁判所によって裁判されることはない。

2　いかなる者も、自己が裁判所によって既に有罪又は無罪の判決を受けた第五条に規定する犯罪について他の裁判所によって裁判されることはない。

3〔＊〕　第六条から第八条までの規定によっても禁止されている行為について他の裁判所によって裁判されたいかなる者も、当該他の裁判所における手続が次のようなものであった場合でない限り、同一の行為について裁判所によって裁判されることはない。

(a)　裁判所の管轄権の範囲内にある犯罪についての刑事責任から当該者を免れさせるためのものであった場合

(b)　国際法の認める適正な手続の規範に従って独立して又は公平に行われず、かつ、その時の状況において当該者を裁判に付する意図に反するような態様で行われた場合

**第二一条（適用される法）**　1　裁判所は、次のものを適用する。

(a)　第一に、この規程、犯罪の構成要件に関する文書及び手続及び証拠に関する規則

(b)　第二に、適当な場合には、適用される条約並びに国際法の原則及び規則（確立された武力紛争に関する国際法の原則を含む。）

(c)　(a)及び(b)に規定するもののほか、裁判所が世界の法体系の中の国内法から見いだした法の一般原則（適当な場合には、その犯罪について裁判権を通常行使し得る国の国内法を含む。）。ただし、これらの原則がこの規程、国際法並びに国際的に認められる規範及び基準に反しないことを条件とする。

2　裁判所は、従前の決定において解釈したように法の原則及び規則を適用することができる。

3　この条に規定する法の適用及び解釈は、国際的に認められる人権に適合したものでなければならず、また、第七条3に定義する性、年齢、人種、皮膚の色、言語、宗教又は信条、政治的意見その他の意見、国民的、民族的又は社会的出身、貧富、出生又は他の地位等を理由とする不利な差別をすることなく行われなければならない。

## 第三部　刑法の一般原則

**第二二条（「法なくして犯罪なし」）**　1　いずれの者も、問題となる行為が当該行為の発生した時において裁判所の管轄権の範囲内にある犯罪を構成しない限り、この規程に基づく刑事上の責任を有しない。

2　犯罪の定義については、厳格に解釈するものとし、類推によって拡大してはならない。あいまいな場合には、その定義については、捜査され、訴追され、又は有罪の判決を受ける者に有利に解釈する。

3　この条の規定は、この規程とは別に何らかの行為を国際法の下で犯罪とすることに影響を及ぼすものではない。

**第二三条（「法なくして刑罰なし」）**　裁判所によって有罪の判決を受けた者については、この規程に従ってのみ処罰することができる。

**第二四条（人に関する不遡及）**　1　いかなる者も、この規程が効力を生ずる前の行為についてこの規程に基づく刑事上の責任を有しない。

2　確定判決の前にその事件に適用される法に変更がある場合には、捜査され、訴追され、又は有罪の判決を受ける者に一層有利な法が適用される。

**第二五条（個人の刑事責任）**　1　裁判所は、この規程に基づき自然人について管轄権を有する。

2　裁判所の管轄権の範囲内にある犯罪を行った者は、この規程により、個人として責任を有し、かつ、刑罰を科される。

3　いずれの者も、次の行為を行った場合には、この規程により、裁判所の管轄権の範囲内にある犯罪について刑事上の責任を有し、かつ、刑罰を科される。

(a)　単独で、他の者と共同して、又は他の者が刑事上の責任を有するか否かにかかわりなく当該他の者を通じて当該犯罪を行うこと。

(b)　既遂又は未遂となる当該犯罪の実行を命じ、教唆し、又は勧誘すること。

(c)　当該犯罪の実行を容易にするため、既遂又は未遂となる当該犯罪の実行をほう助し、唆し、又はその他の方法で援助すること（実行のための手段を提供することを含む。）。

(d)　共通の目的をもって行動する人の集団による既遂又は未遂となる当該犯罪の実行に対し、その他の方法で寄与すること。ただし、故意に行われ、かつ、次のいずれかに該当する場合に限る。

(i)　当該集団の犯罪活動又は犯罪目的の達成を助長するために寄与する場合。ただし、当該犯罪活動又は犯罪目的が裁判所の管轄権の範囲内にある犯罪の実行に関係する場合に限る。

(ii)　当該犯罪を実行するという当該集団の意図を認識しながら寄与する場合

(e)　集団殺害犯罪に関し、他の者に対して集団殺害の実行を直接にかつ公然と扇動すること。

(f)　実質的な行為によって犯罪の実行を開始させる行動をとることにより当該犯罪の実行を試みること（その者の意図にかかわりない事情のために当該犯罪が既遂とならない場合を含む。）。ただし、当該犯罪を実行する試みを放棄し、又は犯罪の完遂を防止する者は、完全かつ自発的に犯罪目的を放棄した場合には、当該犯罪の未遂についてこの規程に基づく刑罰を科されない。

注　二〇一〇年改正により追加される規定を次に掲げる。

3の2　侵略犯罪に関して、本条の規定は、国の政治的又は軍事的行動を実質的に管理し又は指示する地位にある者に対してのみ適用する。

4　個人の刑事責任に関するこの規程のいかなる規定も、国際法の下での国家の責任に影響を及ぼすものではない。

**第二六条（十八歳未満の者についての管轄権の除外）**　裁判所は、犯罪を実行したとされる時に十八歳未満であった者について管

轄権を有しない。

**第二七条（公的資格の無関係）**　1　この規程は、公的資格に基づくいかなる区別もなく、すべての者についてひとしく適用する。特に、元首、政府の長、政府若しくは議会の一員、選出された代表又は政府職員としての公的資格は、いかなる場合にも個人をこの規程に基づく刑事責任から免れさせるものではなく、また、それ自体が減刑のための理由を構成するものでもない。

2　個人の公的資格に伴う免除又は特別な手続上の規則は、国内法又は国際法のいずれに基づくかを問わず、裁判所が当該個人について管轄権を行使することを妨げない。

**第二八条（指揮官その他の上官の責任）**　裁判所の管轄権の範囲内にある犯罪についての刑事責任であってこの規程に定める他の事由に基づくもののほか、

(a)　軍の指揮官又は実質的に軍の指揮官として行動する者は、その実質的な指揮及び管理の下にあり、又は状況に応じて実質的な権限及び管理の下にある軍隊が、自己が当該軍隊の管理を適切に行わなかった結果として裁判所の管轄権の範囲内にある犯罪を行ったことについて、次の(i)及び(ii)の条件が満たされる場合には、刑事上の責任を有する。

(i)　当該指揮官又は当該者が、当該軍隊が犯罪を行っており若しくは行おうとしていることを知っており、又はその時における状況によって知っているべきであったこと。

(ii)　当該指揮官又は当該者が、当該軍隊による犯罪の実行を防止し若しくは抑止し、又は捜査及び訴追のために事案を権限のある当局に付託するため、自己の権限の範囲内ですべての必要かつ合理的な措置をとることをしなかったこと。

(b)　(a)に規定する上官と部下との関係以外の上官と部下との関係に関し、上官は、その実質的な権限及び管理の下にある部下が、自己が当該部下の管理を適切に行わなかった結果として裁判所の管轄権の範囲内にある犯罪を行ったことについて、次の(i)から(iii)までのすべての条件が満たされる場合には、刑事上の責任を有する。

(i)　当該上官が、当該部下が犯罪を行っており若しくは行おうとしていることを知っており、又はこれらのことを明らかに示す情報を意識的に無視したこと。

(ii)　犯罪が当該上官の実質的な責任及び管理の範囲内にある活動に関係していたこと。

(iii)　当該上官が、当該部下による犯罪の実行を防止し若しくは抑止し、又は捜査及び訴追のために事案を権限のある当局に付託するため、自己の権限の範囲内ですべての必要かつ合理的な措置をとることをしなかったこと。

**第二九条（出訴期限の不適用）**　裁判所の管轄権の範囲内にある犯罪は、出訴期限の対象とならない。

**第三〇条（主観的な要素）**　1　いずれの者も、別段の定めがある場合を除くほか、故意に及び認識して客観的な要素を実行する場合にのみ、裁判所の管轄権の範囲内にある犯罪について刑事上の責任を有し、かつ、刑罰を科される。

2　この条の規定の適用上、次の場合には、個人に故意があるものとする。

(a)　行為に関しては、当該個人がその行為を行うことを意図している場合

(b)　結果に関しては、当該個人がその結果を生じさせることを意図しており、又は通常の成り行きにおいてその結果が生ずることを意識している場合

3　この条の規定の適用上「認識」とは、ある状況が存在し、又は通常の成り行きにおいてある結果が生ずることを意識していることをいう。「知っている」及び「知って」は、この意味に従って解釈するものとする。

**第三一条（刑事責任の阻却事由）**　1　いずれの者も、この規程に定める他の刑事責任の阻却事由のほか、その行為の時において次のいずれかに該当する場合には、刑事上の責任を有しない。

(a)　当該者が、その行為の違法性若しくは性質を判断する能力又は法律上の要件に適合するようにその行為を制御する能力を破壊する精神疾患又は精神障害を有する場合

(b)　当該者が、その行為の違法性若しくは性質を判断する能力又は法律上の要件に適合するようにその行為を制御する能力を破壊する酩酊又は中毒の状態にある場合。ただし、当該者が、酩酊若しくは中毒の結果として裁判所の管轄権の範囲内にある犯罪を構成する行為を行うおそれがあることを知っており、又はその危険性を無視したような状況において、自ら酩酊又は中毒の状態となった場合は、この限りでない。

(c)　当該者が、自己その他の者又は戦争犯罪の場合には自己その他の者の生存に不可欠な財産若しくは軍事上の任務の遂行に不可欠な財産を急迫したかつ違法な武力の行使から防御するため、自己その他の者又は財産に対する危険の程度と均衡のとれた態様で合理的に行動する場合。ただし、当該者が軍隊が行う防衛行動に関与した事実それ自体は、この(c)の規定に基づく刑事責任の阻却事由を構成しない。

(d)　裁判所の管轄権の範囲内にある犯罪を構成するとされる行為が、当該者又はその他の者に対する切迫した死の脅威又は継続的な若しくは切迫した重大な傷害の脅威に起因する圧迫によって引き起こされ、かつ、当該者がこれらの脅威を回避するためにやむを得ずかつ合理的に行動する場合。ただし、当該者が回避しようとする損害よりも大きな損害を引き起こす意図を有しないことを条件とする。そのような脅威は、次のいずれかのものとする。

(i)　他の者により加えられるもの

(ii)　その他の当該者にとってやむを得ない事情により生ずるもの

2　裁判所は、裁判所に係属する事件について、この規程に定める刑事責任の阻却事由の適用の可否を決定する。

3　裁判所は、裁判において、1に規定する刑事責任の阻却事由以外の刑事責任の阻却事由であって、第二十一条に定める適用される法から見いだされるものを考慮することができる。そのような事由を考慮することに関する手続は、手続及び証拠に関する規則において定める。

**第三二条（事実の錯誤又は法律の錯誤）**　1　事実の錯誤は、犯罪の要件となる主観的な要素を否定する場合にのみ、刑事責任の阻却事由となる。

2　特定の類型の行為が裁判所の管轄権の範囲内にある犯罪であるか否かについての法律の錯誤は、刑事責任の阻却事由とならない。ただし、法律の錯誤は、その犯罪の要件となる主観的な要素を否定する場合又は次条に規定する場合には、刑事責任の阻却事由となり得る。

**第三三条（上官の命令及び法律の規定）**　1　裁判所の管轄権の範囲内にある犯罪が政府又は上官（軍人であるか文民であるかを問わない。）の命令に従ってある者によって行われたという事実は、次のすべての条件が満たされない限り、当該者の刑事

責任を阻却するものではない。
(a) 当該者が政府又は当該上官の命令に従う法的義務を負っていたこと。
(b) その命令が違法であることを当該者が知らなかったこと。
(c) その命令が明白に違法ではなかったこと。
2 この条の規定の適用上、集団殺害犯罪又は人道に対する犯罪を実行するよう命令することは、明白に違法である。

## 第四部　裁判所の構成及び運営

**第三四条（裁判所の機関）** 裁判所は、次の機関により構成される。
(a) 裁判所長会議
(b) 上訴裁判部門、第一審裁判部門及び予審裁判部門
(c) 検察局
(d) 書記局

**第三五条（裁判官の職務の遂行）** 1 すべての裁判官は、裁判所の常勤の裁判官として選出されるものとし、その任期の開始の時から常勤で職務を遂行することができるようにする。
2 裁判所長会議を構成する裁判官は、選任された後直ちに常勤で職務を遂行する。
3 裁判所長会議は、裁判所の仕事量に基づいて及び裁判所の裁判官と協議の上、他の裁判官がどの程度まで常勤で職務を遂行する必要があるかについて随時決定することができる。そのような措置は、第四十条の規定の適用を妨げるものではない。
4 常勤で職務を遂行する必要のない裁判官のための財政措置については、第四十九条の規定に従ってとるものとする。

**第三六条（裁判官の資格、指名及び選挙）** 1 裁判所の裁判官は、2の規定に従うことを条件として、十八人とする。
2 (a) 裁判所を代表して行動する裁判所長会議は、1に定める裁判官の人数を増加させることを、それが必要かつ適当と認められる理由を示して提案することができる。裁判所書記は、その提案をすべての締約国に直ちに通報する。
(b) (a)に規定する提案は、その後、第百十二条の規定に従って招集される締約国会議の会合において検討される。当該提案は、当該会合において締約国会議の構成国の三分の二以上の多数による議決で承認される場合には採択されたものとし、締約国会議が定める時に効力を生ずる。
(c) (i) 裁判官の人数を増加させるための提案が(b)の規定に従って採択された後、追加的な裁判官の選挙は、3から8まで及び次条2の規定に従い締約国会議の次回の会合において行う。
(ii) 裁判官の人数を増加させるための提案が(b)及び(c)(i)の規定に従って採択され、及び効力を生じた後において、裁判所長会議は、裁判所の仕事量にかんがみて適当と認めるときは、裁判官の人数を減少させることをいつでも提案することができる。ただし、裁判官の人数は、1に定める人数を下回らないことを条件とする。その提案は、(a)及び(b)に定める手続に従って取り扱われる。当該提案が採択された場合には、裁判官の人数は、職務を遂行している裁判官の任期の終了に合わせて、必要とされる人数となるまで段階的に減少させる。
3 (a) 裁判官は、徳望が高く、公平であり、誠実であり、かつ、各自の国で最高の司法官に任ぜられるのに必要な資格を有する者のうちから選出される。
(b) 裁判官の選挙のための候補者は、次のいずれかの能力及び経験を有する者とする。
(i) 刑事法及び刑事手続についての確立した能力並びに裁判官、検察官若しくは弁護士としての又は他の同様の資格の下での刑事手続における必要な関連する経験
(ii) 国際人道法、人権に関する法等の国際法に関連する分野における確立した能力及び法律に係る専門的な資格であって裁判所の司法業務に関連するものの下での広範な経験
(c) 裁判官の選挙のための候補者は、裁判所の常用語の少なくとも一について卓越した知識を有し、かつ、堪能でなければならない。
4 (a) この規程のいずれの締約国も、裁判官の選挙のための候補者の指名を行うことができるものとし、指名は、次のいずれかの手続によって行う。
(i) 当該締約国における最高の司法官に任ぜられる候補者を指名するための手続
(ii) 国際司法裁判所規程に定める国際司法裁判所の裁判官の候補者を指名するための手続
指名には、候補者が3に規定する要件をどのように満たしているかについて必要な程度に詳細に明記した説明を付する。
(b) 各締約国は、いずれの選挙にも一人の候補者を指名することができる。ただし、候補者は、必ずしも当該各締約国の国民であることを要しないが、いかなる場合にも締約国の国民とする。
(c) 締約国会議は、適当な場合には、指名に関する諮問委員会の設置を決定することができる。この場合には、諮問委員会の構成及び権限については、締約国会議が定める。
5 選挙のための候補者の名簿は、次の二とする。
名簿A 3(b)(i)に規定する資格を有する候補者の氏名を記載した名簿
名簿B 3(b)(ii)に規定する資格を有する候補者の氏名を記載した名簿
両方の名簿に記載されるための十分な資格を有する候補者は、いずれの名簿に記載されるかを選択することができる。最初の裁判官の選挙において、名簿Aの中から少なくとも九人の裁判官及び名簿Bの中から少なくとも五人の裁判官を選出する。その後の選挙は、二の名簿に記載される資格を有する裁判官が裁判所において同様の割合で維持されるよう実施する。
6 (a) 裁判官は、第百十二条の規定に従って選挙のために招集される締約国会議の会合において秘密投票によって選出される。7の規定に従うことを条件として、出席し、かつ、投票する締約国によって投じられた票の最多数で、かつ、三分の二以上の多数の票を得た十八人の候補者をもって、裁判官に選出された者とする。
(b) 一回目の投票において十分な数の裁判官が選出されなかった場合には、残りの裁判官が選出されるまで、(a)に定める手続に従って引き続き投票を行う。
7 裁判官については、そのうちのいずれの二人も、同一の国の国民であってはならない。裁判所の裁判官の地位との関連でいずれかの者が二以上の国の国民であると認められる場合には、当該者は、市民的及び政治的権利を通常行使する国の国民とみなされる。
8 (a) 締約国は、裁判官の選出に当たり、裁判所の裁判官の構成において次のことの必要性を考慮する。
(i) 世界の主要な法体系が代表されること。

(ii) 地理的に衡平に代表されること。
(iii) 女性の裁判官と男性の裁判官とが公平に代表されること。
(b) 締約国は、特定の問題（特に、女性及び児童に対する暴力を含む。）に関する法的知見を有する裁判官が含まれる必要性も考慮する。

9 (a) 裁判官は、(b)の規定に従うことを条件として九年間在任するものとし、(c)及び次条2の規定が適用される場合を除くほか、再選される資格を有しない。
(b) 最初の選挙において、くじ引による選定により、選出された裁判官のうち、三分の一は三年の任期で、また、三分の一は六年の任期で在任する。残りの裁判官は、九年の任期で在任する。
(c) (b)の規定によって三年の任期で在任することが選定された裁判官は、九年の任期で再選される資格を有する。

10 9の規定にかかわらず、第三十九条の規定に従って第一審裁判部又は上訴裁判部に配属された裁判官は、これらの裁判部において審理が既に開始されている第一審又は上訴を完了させるために引き続き在任する。

**第三十七条（裁判官の空席）** 1 裁判官の空席が生じた場合には、その空席を補充するために前条の規定に従って選挙を行う。

2 空席を補充するために選出された裁判官は、前任者の残任期間中在任するものとし、その残任期間が三年以下の場合には、前条の規定に従い九年の任期で再選される資格を有する。

**第三十八条（裁判所長会議）** 1 裁判所長、裁判所第一次長及び裁判所第二次長は、裁判官の絶対多数による議決で選出される。これらの者は、それぞれ、三年の期間又は裁判官としてのそれぞれの任期の終了までの期間のいずれか早い満了の時まで在任するものとし、一回に限って再選される資格を有する。

2 裁判所第一次長は、裁判所長に支障がある場合又は裁判所長がその資格を失った場合には、裁判所長に代わって行動する。裁判所第二次長は、裁判所長及び裁判所第一次長の双方に支障がある場合又はこれらの者がその資格を失った場合には、裁判所長に代わって行動する。

3 裁判所長は、裁判所第一次長及び裁判所第二次長と共に裁判所長会議を構成するものとし、同会議は、次の事項について責任を有する。
(a) 裁判所（検察局を除く。）の適正な運営
(b) その他の任務であってこの規程によって裁判所長会議に与えられるもの

4 裁判所長会議は、3(a)の規定の下での責任を果たすに当たり、相互に関心を有するすべての事項について検察官と調整し、及びその同意を求める。

**第三十九条（裁判部）** 1 裁判所は、裁判官の選挙の後できる限り速やかに、第三十四条(b)に規定する裁判部を組織する。上訴裁判部門は裁判所長及び他の四人の裁判官で、第一審裁判部門は六人以上の裁判官で、また、予審裁判部門は六人以上の裁判官で構成する。裁判官の裁判部門への配属は、各裁判部門が遂行する任務の性質並びに選出された裁判官の資格及び経験に基づき、刑事法及び刑事手続についての専門的知識と国際法についての専門的知識とが各裁判部門において適当に組み合わされるように行う。第一審裁判部門及び予審裁判部門は、主として刑事裁判の経験を有する裁判官で構成する。

2 (a) 裁判所の司法上の任務は、各裁判部門において裁判部によって遂行する。
(b) (i) 上訴裁判部は、上訴裁判部門のすべての裁判官で構成する。
(ii) 第一審裁判部の任務は、第一審裁判部門の三人の裁判官が遂行する。
(iii) 予審裁判部の任務は、この規程及び手続及び証拠に関する規則に従い予審裁判部門の三人の裁判官又は予審裁判部門の一人の裁判官が遂行する。
(c) この2の規定は、裁判所の仕事量の効率的な管理に必要となる場合には、二以上の第一審裁判部又は予審裁判部を同時に設置することを妨げるものではない。

3 (a) 第一審裁判部門又は予審裁判部門に配属された裁判官は、その裁判部門に三年間在任し、及びその後その裁判部門において審理が既に開始されている事件が完了するまで在任する。
(b) 上訴裁判部門に配属された裁判官は、その裁判部門に自己の任期の全期間在任する。

4 上訴裁判部門に配属された裁判官は、その裁判部門にのみ在任する。この条のいかなる規定も、裁判所長会議が裁判所の仕事量の効率的な管理に必要と認める場合には、裁判官を第一審裁判部門から予審裁判部門に又は予審裁判部門から第一審裁判部門に一時的に配属することを妨げるものではない。ただし、いかなる場合にも、いずれかの事件の予審裁判段階に関与した裁判官は、当該事件の審理を行う第一審裁判部の一員となる資格を有しない。

**第四〇条（裁判官の独立）** 1 裁判官は、独立してその任務を遂行する。

2 裁判官は、その司法上の任務を妨げ、又はその独立性についての信頼に影響を及ぼすおそれのあるいかなる活動にも従事してはならない。

3 裁判所の所在地において常勤で職務を遂行することを求められる裁判官は、他のいかなる職業的性質を有する業務にも従事してはならない。

4 2及び3の規定の適用に関する問題は、裁判官の絶対多数による議決で決定する。その問題が個々の裁判官に関係する場合には、当該裁判官は、その決定に参加してはならない。

**第四一条（裁判官の回避及び除斥）** 1 裁判所長会議は、手続及び証拠に関する規則に従い、裁判官の要請により、当該裁判官をこの規程に定める任務の遂行から回避させることができる。

2 (a) 裁判官は、何らかの理由により自己の公平性について合理的に疑義が生じ得る事件に関与してはならない。裁判官は、特に、裁判所に係属する事件又は被疑者若しくは被告人に係る国内における関連する刑事事件に何らかの資格において既に関与したことがある場合には、この2の規定に従い当該事件から除斥される。裁判官は、手続及び証拠に関する規則に定める他の理由によっても除斥される。
(b) 検察官、被疑者又は被告人は、この2の規定に基づいて裁判官の除斥を申し立てることができる。
(c) いずれかの裁判官の除斥に関する問題は、裁判官の絶対多数による議決で決定する。当該いずれかの裁判官は、この事項について意見を提出する権利を有するが、その決定に参加してはならない。

**第四二条（検察局）** 1 検察局は、裁判所内の別個の組織として独立して行動する。検察局は、裁判所の管轄権の範囲内にある犯罪の付託及びその裏付けとなる情報の受理及び検討並びに捜査及び裁判所への訴追について責任を有する。検察局の構成員は、同局外から指示を求めてはならず、また、同局外からの指

示に基づいて行動してはならない。

2　検察局の長は、検察官とする。検察官は、検察局（職員、設備その他資産を含む。）の管理及び運営について完全な権限を有する。検察官は、一人又は二人以上の次席検察官の補佐を受けるものとし、次席検察官は、この規程に基づき検察官に求められる行為を行う権限を有する。検察官と次席検察官とは、それぞれ異なる国籍を有する者とする。これらの者は、常勤で職務を遂行する。

3　検察官及び次席検察官は、徳望が高く、かつ、刑事事件の訴追又は裁判について高い能力及び広範な実務上の経験を有する者とし、裁判所の常用語の少なくとも一について卓越した知識を有し、かつ、堪能でなければならない。

4　検察官は、秘密投票によって締約国会議の構成国の絶対多数による議決で選出される。次席検察官は、検察官が提供する候補者名簿の中から同様の方法によって選出される。検察官は、選出される次席検察官のそれぞれの職について三人の候補者を指名する。選挙の際に一層短い任期が決定されない限り、検察官及び次席検察官は、九年の任期で在任するものとし、再選される資格を有しない。

5　検察官及び次席検察官は、その訴追上の任務を妨げ、又はその独立性についての信頼に影響を及ぼすおそれのあるいかなる活動にも従事してはならないものとし、他のいかなる職業的性質を有する業務にも従事してはならない。

6　裁判所長会議は、検察官又は次席検察官の要請により、当該検察官又は次席検察官を特定の事件についての任務の遂行から回避させることができる。

7　検察官及び次席検察官は、何らかの理由により自己の公平性について合理的に疑義が生じ得る事案に関与してはならない。検察官及び次席検察官は、特に、裁判所に係属する事件又は被疑者若しくは被告人に係る国内における関連する刑事事件に何らかの資格において既に関与したことがある場合には、この7の規定に従い当該事件から除斥される。

8　検察官又は次席検察官の特定の事件からの除斥に関する問題は、上訴裁判部が決定する。

(a)　被疑者又は被告人は、この条に規定する理由に基づきいつでも検察官又は次席検察官の特定の事件からの除斥を申し立てることができる。

(b)　(a)に規定する検察官又は次席検察官は、適当と認める場合には、この事項について意見を提出する権利を有する。

9　検察官は、特定の問題（特に、性的暴力及び児童に対する暴力を含む。）に関する法的知見を有する顧問を任命する。

**第四三条（書記局）**　1　書記局は、前条の規定に基づく検察官の任務及び権限を害することなく、裁判所の運営及び業務のうち司法の分野以外の分野について責任を有する。

2　書記局の長は、裁判所書記とするものとし、裁判所書記は、裁判所の首席行政官である。裁判所書記は、裁判所長から権限を与えられた任務を遂行する。

3　裁判所の書記及び次席書記は、徳望が高く、かつ、高い能力を有していなければならないものとし、裁判所の常用語の少なくとも一について卓越した知識を有し、かつ、堪能でなければならない。

4　裁判官は、締約国会議の勧告を考慮して、秘密投票によって絶対多数による議決で裁判所書記を選出する。裁判官は、裁判所次席書記の必要が生じた場合には、裁判所書記の勧告に基づいて、同様の方法によって裁判所次席書記を選出する。

5　裁判所書記は、五年の任期で在任し、及び一回のみ再選される資格を有するものとし、常勤で職務を遂行する。裁判所次席書記は、五年の任期又は裁判官の絶対多数による議決で決定される一層短い任期で在任するものとし、必要に応じて職務の遂行が求められることを前提として選出される。

6　裁判所書記は、書記局内に被害者・証人室を設置する。この室は、検察局と協議の上、証人、出廷する被害者その他証人が行う証言のために危険にさらされる者に対し、保護及び安全のための措置、カウンセリングその他の適当な援助を提供する。この室には、心的外傷（性的暴力の犯罪に関連するものを含む。）に関する専門的知識を有する職員を含める。

**第四四条（職員）**　1　検察官及び裁判所書記は、それぞれの局が必要とする資格を有する職員を任命する。検察官の場合には、その任命には、捜査官の任命を含む。

2　検察官及び裁判所書記は、職員の雇用に際し、最高水準の能率、能力及び誠実性を確保するものとし、第三十六条8に定める基準を準用して考慮する。

3　裁判所書記は、裁判所長会議及び検察官の同意を得て、職員規則（裁判所職員の任命、報酬及び解雇に関する条件を含む。）を提案する。この職員規則については、締約国会議が承認する。

4　裁判所は、例外的な状況において、裁判所のいずれかの組織の業務を援助するため、締約国、政府間機関又は非政府機関により提供される無給の人員の専門的知識を用いることができる。検察官は、検察局のためにその提供を受け入れることができる。そのような無給の人員については、締約国会議が定める指針に従って雇用する。

**第四五条（厳粛な約束）**　裁判官、検察官、次席検察官、裁判所書記及び裁判所次席書記は、この規程に基づくそれぞれの職務に就く前に、公開の法廷において、公平かつ誠実にそれぞれの任務を遂行することを厳粛に約束する。

**第四六条（解任）**　1　裁判官、検察官、次席検察官、裁判所書記又は裁判所次席書記は、次の場合において、2の規定に従って解任の決定がなされたときは、解任される。

(a)　手続及び証拠に関する規則に定める重大な不当行為又はこの規程に基づく義務の重大な違反を行ったことが判明した場合

(b)　この規程が求める任務を遂行することができない場合

2　1の規定に基づく裁判官、検察官又は次席検察官の解任についての決定は、締約国会議が秘密投票によって次の議決で行う。

(a)　裁判官については、他の裁判官の三分の二以上の多数による議決で採択される勧告に基づく締約国の三分の二以上の多数による議決

(b)　検察官については、締約国の絶対多数による議決

(c)　次席検察官については、検察官の勧告に基づく締約国の絶対多数による議決

3　裁判所の書記又は次席書記の解任についての決定は、裁判官の絶対多数による議決で行う。

4　この規程により求められる職務を遂行する行為及び能力についてこの条の規定により異議を申し立てられている裁判官、検察官、次席検察官、裁判所書記又は裁判所次席書記は、手続及び証拠に関する規則に従い、証拠を提示し、及び入手し、並びに意見を述べる十分な機会を有する。異議を申し立てられた者は、その他の方法でこの問題の検討に参加してはならない。

**第四七条（懲戒処分）** 前条1に規定する不当行為よりも重大でない性質の不当行為を行った裁判官、検察官、次席検察官、裁判所書記又は裁判所次席書記は、手続及び証拠に関する規則に従って懲戒処分を受ける。

**第四八条（特権及び免除）** 1 裁判所は、その目的の達成に必要な特権及び免除を各締約国の領域において享有する。

2 裁判官、検察官、次席検察官及び裁判所書記は、裁判所の事務に従事する間又は裁判所の事務に関し、外交使節団の長に与えられる特権及び免除と同一の特権及び免除を享有する。また、任期の満了後、公的資格で行った口頭又は書面による陳述及び行為に関してあらゆる種類の訴訟手続からの免除を引き続き与えられる。

3 裁判所次席書記、検察局の職員及び書記局の職員は、裁判所の特権及び免除に関する協定により、任務の遂行に必要な特権、免除及び便宜を享有する。

4 弁護人、専門家、証人その他裁判所への出廷を求められる者は、裁判所の特権及び免除に関する協定により、裁判所の適切な任務の遂行に必要な待遇を与えられる。

5 特権及び免除に関し、

(a) 裁判官又は検察官については、裁判官の絶対多数による議決で放棄することができる。

(b) 裁判所書記については、裁判所長会議が放棄することができる。

(c) 次席検察官及び検察局の職員については、検察官が放棄することができる。

(d) 裁判所次席書記及び書記局の職員については、裁判所書記が放棄することができる。

**第四九条（俸給、手当及び経費）** 裁判官、検察官、次席検察官、裁判所書記及び裁判所次席書記は、締約国会議が決定する俸給、手当及び経費を受ける。これらの俸給及び手当については、任期中は減額してはならない。

**第五〇条（公用語及び常用語）** 1 裁判所の公用語は、アラビア語、中国語、英語、フランス語、ロシア語及びスペイン語とする。裁判所の判決その他裁判所における基本的な問題を解決するための決定は、公用語で公表する。裁判所長会議は、手続及び証拠に関する規則に定める基準に従い、この1の規定の適用上いずれの決定が基本的な問題を解決するためのものと認められるかを決定する。

2 裁判所の常用語は、英語及びフランス語とする。手続及び証拠に関する規則は、他の公用語を常用語として使用することのできる場合について定める。

3 裁判所は、手続の当事者又は手続への参加が認められる国の要請により、これらの当事者又は国が英語及びフランス語以外の言語を使用することを許可する。ただし、その許可は、裁判所が十分に正当な理由があると認める場合に限る。

**第五一条（手続及び証拠に関する規則）** 1 手続及び証拠に関する規則は、締約国会議の構成国の三分の二以上の多数による議決で採択された時に効力を生ずる。

2 手続及び証拠に関する規則の改正は、次の者が提案することができる。

(a) 締約国

(b) 絶対多数による議決をもって行動する裁判官

(c) 検察官

この改正は、締約国会議の構成国の三分の二以上の多数による議決で採択された時に効力を生ずる。

3 手続及び証拠に関する規則の採択後、同規則に定めていない緊急を要する特別の状況が裁判所において生じた場合には、裁判官は、三分の二以上の多数による議決で暫定的な規則を作成することができるものとし、締約国会議の次回の通常会合又は特別会合において採択され、改正され、又は否決されるまでこれを適用する。

4 手続及び証拠に関する規則及びその改正並びに暫定的な規則は、この規程に適合したものとする。手続及び証拠に関する規則の改正及び暫定的な規則は、捜査され、訴追され、又は有罪の判決を受けた者について不利に遡及して適用してはならない。

5 この規程と手続及び証拠に関する規則とが抵触する場合には、この規程が優先する。

**第五二条（裁判所規則）** 1 裁判官は、この規程及び手続及び証拠に関する規則に従い、裁判所の日常の任務の遂行に必要な裁判所規則を絶対多数による議決で採択する。

2 検察官及び裁判所書記は、裁判所規則の作成及びその改正に当たって協議を受ける。

3 裁判所規則及びその改正は、裁判官が別段の決定を行わない限り、採択された時に効力を生ずる。裁判所規則及びその改正は、採択後直ちに意見を求めるために締約国に通報されるものとし、六箇月以内に締約国の過半数から異議が申し立てられない場合には、引き続き効力を有する。

## 第五部 捜査及び訴追

**第五三条（捜査の開始）** 1 検察官は、入手することのできた情報を評価した後、この規程に従って手続を進める合理的な基礎がないと決定しない限り、捜査を開始する。検察官は、捜査を開始するか否かを決定するに当たり、次の事項を検討する。

(a) 利用可能な情報により、裁判所の管轄権の範囲内にある犯罪が行われた又は行われていると信ずるに足りる合理的な基礎が認められるか否か。

(b) 事件について第十七条に規定する受理許容性があるか否か又は受理許容性があり得るか否か。

(c) 犯罪の重大性及び被害者の利益を考慮してもなお捜査が裁判の利益に資するものでないと信ずるに足りる実質的な理由があるか否か。

検察官は、手続を進める合理的な基礎がないと決定し、及びその決定が専ら(c)の規定に基づく場合には、予審裁判部に通知する。

2 検察官は、捜査に基づき、次のことを理由として訴追のための十分な根拠がないと結論する場合には、予審裁判部及び第十四条の規定に基づいて付託を行った国又は第十三条(b)に規定するときは安全保障理事会に対し、その結論及びその理由を通報する。

(a) 第五十八条の規定に基づく令状又は召喚状を求めるための法的な又は事実に係る根拠が十分でないこと。

(b) 事件について第十七条に規定する受理許容性がないこと。

(c) すべての事情（犯罪の重大性、被害者の利益、被疑者の年齢又は心身障害及び被疑者が行ったとされる犯罪における当該者の役割を含む。）を考慮して、訴追が裁判の利益のためにならないこと。

3 (a) 第十四条の規定に基づいて付託を行った国又は第十三条(b)に規定するときは安全保障理事会の要請により、予審裁判部は、手続を進めない旨の1又は2の規定に基づく検察官の決定を検討することができるものとし、検察官に対し当該決定を再検討するよう要請することができる。

(b) 予審裁判部は、手続を進めない旨の検察官の決定が専ら1(c)又は2(c)の規定に基づく場合には、職権によって当該決定を検討することができる。そのような場合には、検察官の決定は、予審裁判部が追認するときにのみ効力を有する。

4 検察官は、新たな事実又は情報に基づき、捜査又は訴追を開始するか否かの決定をいつでも再検討することができる。

**第五四条（捜査についての検察官の責務及び権限）** 1 検察官は、次のことを行う。

(a) 真実を証明するため、この規程に基づく刑事責任があるか否かの評価に関連するすべての事実及び証拠を網羅するよう捜査を及ぼし、並びにその場合において罪があるものとする事情及び罪がないものとする事情を同等に捜査すること。

(b) 裁判所の管轄権の範囲内にある犯罪の効果的な捜査及び訴追を確保するために適切な措置をとり、その場合において被害者及び証人の利益及び個人的な事情（年齢、第七条3に定義する性及び健康を含む。）を尊重し、並びに犯罪（特に、性的暴力又は児童に対する暴力を伴う犯罪）の性質を考慮すること。

(c) この規程に基づく被疑者の権利を十分に尊重すること。

2 検察官は、次の(a)又は(b)の場合には、いずれかの国の領域において捜査を行うことができる。

(a) 第九部の規定に基づく場合

(b) 第五十七条3(d)の規定に基づく予審裁判部の許可がある場合

3 検察官は、次の行為を行うことができる。

(a) 証拠を収集し、及び検討すること。

(b) 被疑者、被害者及び証人の出頭を要請し、並びにこれらの者を尋問すること。

(c) 国若しくは政府間機関による協力又は政府間取極に基づく協力であってそれぞれの権限又は任務に基づくものを求めること。

(d) 国、政府間機関又は個人の協力を促進するために必要な取決め又は取極であってこの規程に反しないものを締結すること。

(e) 手続のいずれの段階においても、専ら新たな証拠を得るために秘密を条件として自己が入手する文書又は情報について、これらの情報の提供者が同意しない限り開示しないことに同意すること。

(f) 情報の秘密性、関係者の保護又は証拠の保全を確保するために必要な措置をとること又は必要な措置をとるよう要請すること。

**第五五条（捜査における被疑者の権利）** 1 被疑者は、この規程による捜査に関し、次の権利を有する。

(a) 自己負罪又は有罪の自白を強要されないこと。

(b) あらゆる形態の強制、強迫若しくは脅迫、拷問又はその他のあらゆる形態の残虐な、非人道的な若しくは体面を汚す待遇若しくは処罰を与えられないこと。

(c) 自己が十分に理解し、かつ、話す言語以外の言語によって尋問される場合には、有能な通訳の援助及び公正の要件を満たすために必要な翻訳を無償で与えられること。

(d) 恣意的に逮捕され、又は抑留されないこと。また、この規程に定める理由及び手続によらない限り、その自由を奪われないこと。

2 被疑者が裁判所の管轄権の範囲内にある犯罪を行ったと信ずるに足りる理由があり、かつ、当該被疑者が検察官により又は第九部の規定に基づく請求によって国内当局により尋問されようとしている場合には、当該被疑者は、次の権利も有するものとし、その旨を尋問に先立って告げられる。

(a) 尋問に先立ち、当該被疑者が裁判所の管轄権の範囲内にある犯罪を行ったと信ずるに足りる理由があることを告げられること。

(b) 黙秘をすること。この黙秘は、有罪又は無罪の決定において考慮されない。

(c) 自ら選任する弁護人を持つこと。また、弁護人がおらず、かつ、裁判の利益のために必要な場合には、十分な支払手段を有しないときは自らその費用を負担することなく、弁護人を付されること。

(d) 自ら任意に弁護人に係る権利を放棄した場合を除くほか、弁護人の立会いの下に尋問されること。

**第五六条（得難い捜査の機会に関する予審裁判部の役割）**

1(a) 検察官は、ある捜査が証人から証言若しくは供述を取得し、又は証拠を見分し、収集し若しくは分析するための得難い機会を提供するものであり、かつ、これらの証言、供述又は証拠を後に公判のために利用することができなくなるおそれがあると判断する場合には、その旨を予審裁判部に通知する。

(b) (a)に規定する通知があった場合には、予審裁判部は、検察官の要請により、手続の効率性及び信頼性を確保し、並びに特に被疑者の権利を保護するために必要な措置をとることができる。

(c) 検察官は、予審裁判部が別段の命令を発しない限り、(a)に規定する捜査に関連して逮捕された者又は召喚状に応じて出頭した者に対し、当該者がその事案について陳述を行うことができるように関連情報を提供する。

2 1(b)に規定する措置には、次のことを含めることができる。

(a) 従うべき手順に関して勧告し、又は命令すること。

(b) 手続の記録を作成するよう指示すること。

(c) 支援する専門家を任命すること。

(d) 逮捕された者若しくは召喚状に応じて裁判所に出頭した者のための弁護人が手続に参加することを許可すること又は逮捕若しくは出頭がいまだなされていない場合若しくは弁護人が指定されていない場合には、手続に参加し、及び被疑者の利益を代表する弁護人を任命すること。

(e) 証拠の収集及び保全並びに関係者の尋問について監視し、及び勧告又は命令を行うため、予審裁判部の裁判官一人又は必要な場合には予審裁判部門若しくは第一審裁判部門のうちから対応可能な裁判官一人を指名すること。

(f) 証拠を収集し、又は保全するために必要なその他の措置をとること。

3(a) 予審裁判部は、検察官がこの条の規定に基づく措置を求めなかった場合であっても、裁判において被告人のために不可欠であると認める証拠を保全するためにそのような措置をとることが必要であると判断するときは、検察官が当該措置を要請しなかったことに十分な理由があるか否かについて検察官と協議する。予審裁判部は、その協議により、検察官が当該措置を要請しなかったことが正当化されないと結論する場合には、職権によって当該措置をとることができる。

(b) 職権によって措置をとる旨のこの3の規定に基づく予審裁判部の決定について、検察官は、異議を申し立てることができる。その異議の申立てについては、迅速に審理する。

4 この条の規定に従って公判のために保全され若しくは収集された証拠又はその記録の許容性は、第六十九条の規定に従って公判において規律され、及び第一審裁判部が決定する重要性を与えられる。

**第五十七条（予審裁判部の任務及び権限）** 1 予審裁判部は、この規程に別段の定めがある場合を除くほか、この条の規定に従って任務を遂行する。

2 (a) 第十五条、第十八条、第十九条、第五十四条2、第六十一条7及び第七十二条の規定に従ってなされる予審裁判部の命令又は決定は、その裁判官の過半数の同意を得なければならない。

(b) (a)に規定する場合以外の場合には、手続及び証拠に関する規則に別段の定めがあるとき又は予審裁判部の過半数により別段の定めをするときを除くほか、予審裁判部の一人の裁判官がこの規程に定める任務を遂行することができる。

3 予審裁判部は、この規程に定める他の任務のほか、次の任務を遂行することができる。

(a) 検察官の要請により、捜査のために必要とされる命令及び令状を発すること。

(b) 逮捕された者又は次条の規定に基づく召喚状に応じて出頭した者の要請により、防御の準備において当該者を支援するために必要な命令（前条に規定する措置を含む。）を発し、又は第九部の規定に基づく協力を求めること。

(c) 必要な場合には、被害者及び証人の保護並びにこれらの者のプライバシーの保護、証拠の保全、逮捕された者又は召喚状に応じて出頭した者の保護並びに国家の安全保障に関する情報の保護のための措置をとること。

(d) 検察官に対し、第九部の規定に基づく締約国の協力を確保することなく当該締約国の領域内において特定の捜査上の措置をとることを許可すること。ただし、その事件について、可能な場合には当該締約国の見解を考慮した上で、当該協力を実施する権限を有する当局又は司法制度の構成要素の欠如のために当該締約国が当該協力を明らかに実施することができない旨の決定を予審裁判部が行った場合に限る。

(e) 次条の規定に従って逮捕状又は召喚状が発せられている場合には、この規程及び手続及び証拠に関する規則の規定に従い、証拠の証明力及び関係当事者の権利を十分に考慮した上で、第九十三条1(k)の規定に基づき締約国の協力を求めることにより、特に被害者の最終的な利益のために没収のための保全措置をとること。

**第五十八条（予審裁判部による逮捕状又は召喚状の発付）** 1 予審裁判部は、捜査の開始後いつでも、検察官の請求により、当該請求及び検察官が提出した証拠その他の情報を検討した上で、次の(a)及び(b)の要件に該当していると認める場合には、被疑者に係る逮捕状を発する。

(a) 当該被疑者が裁判所の管轄権の範囲内にある犯罪を行ったと信ずるに足りる合理的な理由が存在すること。

(b) 当該被疑者の逮捕が次のいずれかのことに必要と認められること。

(i) 当該被疑者の出廷を確保すること。

(ii) 当該被疑者が捜査又は訴訟手続を妨害せず、又は脅かさないことを確保すること。

(iii) 妥当な場合には、当該被疑者が当該犯罪又は裁判所の管轄権の範囲内にあり、かつ、同一の状況から生ずる関連する犯罪を継続して行うことを防止すること。

2 検察官の請求には、次の事項を含める。

(a) 被疑者の氏名その他当該被疑者を特定する関連情報

(b) 裁判所の管轄権の範囲内にある犯罪であって当該被疑者が行ったとされるものに関する具体的な言及

(c) 当該犯罪を構成するとされる事実の簡潔な説明

(d) 当該被疑者が当該犯罪を行ったと信ずるに足りる合理的な理由を証明する証拠その他の情報の要約

(e) 検察官が当該被疑者を逮捕することが必要であると信ずる理由

3 逮捕状には、次の事項を含める。

(a) 被疑者の氏名その他当該被疑者を特定する関連情報

(b) 裁判所の管轄権の範囲内にある犯罪であって当該被疑者の逮捕が求められているものに関する具体的な言及

(c) 当該犯罪を構成するとされる事実の簡潔な説明

4 逮捕状は、裁判所が別段の命令を発するまでの間、効力を有する。

5 裁判所は、逮捕状に基づき、第九部の規定により被疑者の仮逮捕又は逮捕及び引渡しを請求することができる。

6 検察官は、予審裁判部に対し、逮捕状に記載された犯罪を変更し、又はこれに追加することにより当該逮捕状を修正するよう要請することができる。予審裁判部は、変更され、又は追加された犯罪を被疑者が行ったと信ずるに足りる合理的な理由があると認める場合には、当該逮捕状をそのように修正する。

7 検察官は、逮捕状を求めることに代わるものとして、被疑者に出頭を命ずる召喚状を予審裁判部が発することを請求することができる。予審裁判部は、当該被疑者が行ったとされる犯罪を行ったと信ずるに足りる合理的な理由があり、かつ、その出頭を確保するために召喚状が十分なものであると認める場合には、当該被疑者に出頭を命ずる召喚状を発する（国内法に定めがあるときは、自由を制限する条件（抑留を除く。）を付するか否かを問わない。）。召喚状には、次の事項を含めるものとし、これを当該被疑者に送付する。

(a) 当該被疑者の氏名その他当該被疑者を特定する関連情報

(b) 当該被疑者が出頭すべき特定の日

(c) 裁判所の管轄権の範囲内にある犯罪であって当該被疑者が行ったとされるものに関する具体的な言及

(d) 当該犯罪を構成するとされる事実の簡潔な説明

**第五十九条（拘束を行う国における逮捕の手続）** 1 仮逮捕又は逮捕及び引渡しの請求を受けた締約国は、その国内法及び第九部の規定に従い、被疑者を逮捕するための措置を直ちにとる。

2 逮捕された者は、拘束を行う国の権限のある司法当局に遅滞なく引致されるものとし、当該司法当局は、自国の国内法に従って次のことを判断する。

(a) 逮捕状が当該者を対象としていること。

(b) 当該者が適正な手続に従って逮捕されたこと。

(c) 当該者の権利が尊重されていること。

3 2に規定する者は、拘束を行う国の権限のある当局に対し、引渡しまでの間暫定的な釈放を請求する権利を有する。

4 拘束を行う国の権限のある当局は、3に規定する請求について決定を行うに当たり、行われたとされる犯罪の重大性にかんがみ、暫定的な釈放を正当化する緊急かつ例外的な状況が存在するか否か及び当該拘束を行う国が2に規定する者を裁判所に引き渡す義務を履行することができることを確保するために必要な保障措置が存在するか否かを検討する。当該当局は、逮捕状が前条1(a)及び(b)の規定に従って適切に発せられたか否かを検討することはできない。

5　予審裁判部は、暫定的な釈放の請求について通報されるものとし、拘束を行う国の権限のある当局に対して勧告を行う。当該当局は、その決定を行う前に、当該勧告(2に規定する者の逃亡を防止するための措置に関する勧告を含む。)に十分な考慮を払う。

6　2に規定する者に暫定的な釈放が認められた場合には、予審裁判部は、その暫定的な釈放の状況について定期的に報告するよう要請することができる。

7　2に規定する者は、拘束を行う国が引渡しを決定した後、できる限り速やかに裁判所に引き渡される。

**第六〇条（裁判所における最初の手続）**　1　被疑者が裁判所に引き渡され、又は自発的に若しくは召喚状に応じて出頭した場合には、予審裁判部は、当該被疑者が行ったとされる犯罪及びこの規程に基づく被疑者の権利(公判までの間暫定的な釈放を請求する権利を含む。)について、当該被疑者が告げられていることを確認する。

2　逮捕された者は、公判までの間暫定的な釈放を請求することができる。予審裁判部は、第五十八条1に定める要件に該当していると認める場合には当該者を引き続き拘禁し、そのように認めない場合には条件付又は無条件で当該者を釈放する。

3　予審裁判部は、2に規定する者の拘禁又は釈放についての決定を定期的に再検討するものとし、また、検察官又は当該者の要請によっていつでもその決定を再検討することができる。予審裁判部は、そのような再検討に当たり、状況の変化によって必要と認める場合には、拘禁、釈放又は釈放の条件についての決定を修正することができる。

4　予審裁判部は、被疑者が検察官による許容されない遅延のために公判前に不合理な期間拘禁されないことを確保する。そのような遅延が生じた場合には、裁判所は、条件付又は無条件で当該被疑者を釈放することを検討する。

5　予審裁判部は、必要な場合には、釈放された者の出頭を確保するために逮捕状を発することができる。

**第六一条（公判前の犯罪事実の確認）**　1　予審裁判部は、2の規定に従うことを条件として、被疑者の引渡し又は自発的な出頭の後合理的な期間内に、検察官が公判を求めようとしている犯罪事実を確認するための審理を行う。その審理は、検察官並びに訴追された者及びその弁護人の立会いの下に行う。

2　予審裁判部は、訴追された者の立会いがなくても、検察官の要請又は自己の職権により、次の場合には、検察官が公判を求めようとしている犯罪事実を確認するために審理を行うことができる。

(a)　当該者が自己の立会いの権利を放棄した場合

(b)　当該者が逃亡した場合又は当該者を発見することができない場合であって、当該者の出頭を確保し、並びに当該者に対して犯罪事実及びその犯罪事実を確認するための審理が行われることを通知するためのすべての合理的な措置がとられたとき。

これらの場合において、予審裁判部が裁判の利益のためになると判断するときは、当該者は、弁護人によって代表される。

3　訴追された者に対しては、審理の前の合理的な期間内に、次のものを提供する。

(a)　検察官が当該者を裁判に付そうとしている犯罪事実を記載した文書の写し

(b)　審理において検察官が依拠しようとしている証拠についての通知

予審裁判部は、審理のための情報の開示に関する命令を発することができる。

4　審理の前、検察官は、捜査を継続し、及び犯罪事実の改定又は撤回を行うことができる。訴追された者は、審理の前に犯罪事実の改定又は撤回について妥当な通知を受ける。検察官は、犯罪事実を撤回する場合には、予審裁判部に対してその撤回の理由を通知する。

5　審理において、検察官は、訴追された者が訴追された犯罪を行ったと信ずるに足りる実質的な理由を証明するために十分な証拠をもってそれぞれの犯罪事実を裏付けなければならない。検察官は、証拠書類又はその要約に依拠することができるものとし、公判における証言が予定されている証人を招致する必要はない。

6　審理において、訴追された者は、次のことを行うことができる。

(a)　犯罪事実について異議を申し立てること。

(b)　検察官が提出する証拠について異議を申し立てること。

(c)　証拠を提出すること。

7　予審裁判部は、審理に基づき、訴追された者が訴追されたそれぞれの犯罪を行ったと信ずるに足りる実質的な理由を証明するために十分な証拠が存在するか否かを決定し、その決定に基づいて次のことを行う。

(a)　十分な証拠が存在すると決定した犯罪事実について確認し、及び確認された犯罪事実について当該者を公判のために第一審裁判部に送致すること。

(b)　十分な証拠が存在しないと決定した犯罪事実についての確認を拒否すること。

(c)　審理を延期し、かつ、検察官に対して次のことを検討するよう要請すること。

(i)　特定の犯罪事実について更なる証拠を提出し、又は更に捜査を行うこと。

(ii)　提出された証拠が裁判所の管轄権の範囲内にある異なる犯罪を証明すると認められることを理由として犯罪事実を改定すること。

8　検察官は、予審裁判部が犯罪事実についての確認を拒否する場合であっても、追加的な証拠によって要請が裏付けられるときは、その後に確認の要請を行うことを妨げられない。

9　検察官は、犯罪事実が確認されてから公判が開始されるまでの間、予審裁判部の許可を得て、かつ、被告人に通知した後に犯罪事実を改定することができる。検察官が追加的な犯罪事実を加え、又は一層重大な犯罪事実に改めることを求める場合には、これらの犯罪事実を確認するためのこの条の規定に基づく審理が行われなければならない。検察官は、公判の開始後、第一審裁判部の許可を得て犯罪事実を撤回することができる。

10　既に発せられたいかなる令状も、予審裁判部により確認されなかった犯罪事実又は検察官により撤回された犯罪事実について効力を失う。

11 この条の規定に従って犯罪事実が確認された後、裁判所長会議は、第一審裁判部を組織する。第一審裁判部は、9及び第六十四条4の規定に従いその後の手続を行う責任を有するものとし、これらの手続において関連し、かつ、適用することができる予審裁判部の任務を遂行することができる。

## 第六部　公判

**第六十二条（公判の場所）** 公判の場所は、別段の決定が行われる場合を除くほか、裁判所の所在地とする。

**第六十三条（被告人の在廷による公判）** 1 被告人は、公判の間在廷するものとする。

2 第一審裁判部は、在廷している被告人が公判を妨害し続ける場合には、当該被告人を退廷させることができるものとし、必要な場合には通信技術を使用することにより、被告人が法廷の外から公判を観察し、及び弁護人に指示することができるようにするための措置をとる。このような措置については、他の合理的な代替措置が十分でないことが判明した後の例外的な状況においてのみ、かつ、真に必要な期間においてのみとるものとする。

**第六十四条（第一審裁判部の任務及び権限）** 1 この条に規定する第一審裁判部の任務及び権限は、この規程及び手続及び証拠に関する規則に従って行使する。

2 第一審裁判部は、公判が、公正かつ迅速なものであること並びに被告人の権利を十分に尊重して、かつ、被害者及び証人の保護に十分な考慮を払って行われることを確保する。

3 この規程に従って事件の公判を割り当てられたときは、当該事件を取り扱う第一審裁判部は、次のことを行う。

(a) 当事者と協議し、公判手続の公正かつ迅速な実施を促進するために必要な手続を採用すること。

(b) 公判で使用する一又は二以上の言語を決定すること。

(c) この規程の他の関連する規定に従うことを条件として、事前に開示されていない文書又は情報を、公判のために十分な準備をすることができるよう公判の開始前に十分な余裕をもって開示するための措置をとること。

4 第一審裁判部は、効果的かつ公正な任務の遂行に必要な場合には、予備的な問題を予審裁判部に又は必要なときは予審裁判部門における対応可能な裁判官に付託することができる。

5 第一審裁判部は、適当な場合には、当事者に通知することにより、二人以上の被告人に対する犯罪事実に関して併合し、又は分離することを指示することができる。

6 第一審裁判部は、公判前に又はその過程において任務を遂行するに当たり、必要に応じて次のことを行うことができる。

(a) 第六十一条11に規定する予審裁判部の任務を遂行すること。

(b) 必要な場合にはこの規程に基づき国の援助を得ることにより、証人の出席及び証言並びに文書その他の証拠の提出を求めること。

(c) 秘密の情報を保護するための措置をとること。

(d) 当事者が公判前に既に収集し、又は公判の間に提出した証拠に加え、証拠の提出を命ずること。

(e) 被告人、証人及び被害者を保護するための措置をとること。

(f) その他の関連する事項について決定すること。

7 公判は、公開で行う。ただし、第一審裁判部は、第六十八条に規定する目的のため又は証拠として提出される秘密の若しくは機微に触れる情報を保護するため、特別の事情により特定の公判手続を非公開とすることを決定することができる。

8(a) 公判の開始時において、第一審裁判部は、予審裁判部が事前に確認した犯罪事実を被告人に対して読み聞かせ、当該被告人が当該犯罪事実の性質を理解していることを確認する。第一審裁判部は、当該被告人に対し、次条の規定に従って有罪を自認する機会又は無罪の陳述をする機会を与える。

(b) 公判において、裁判長は、公判手続の実施(公正かつ公平な態様によって実施されることを確保することを含む。)について指示を与えることができる。当事者は、裁判長の指示に従うことを条件として、この規程に従って証拠を提出することができる。

9 第一審裁判部は、当事者の申立て又は自己の職権により、特に次のことを行う権限を有する。

(a) 証拠の許容性又は関連性を決定すること。

(b) 審理の過程において秩序を維持するために必要なすべての措置をとること。

10 第一審裁判部は、公判の完全な記録であって公判手続を正確に反映したものが作成され、及び裁判所書記によって保持され、かつ、保存されることを確保する。

**第六十五条（有罪の自認についての公判手続）** 1 第一審裁判部は、被告人が前条8(a)の規定に従って有罪を自認する場合には、次のことが認められるか否かを判断する。

(a) 被告人が有罪を自認することの性質及び結果を理解していること。

(b) 被告人が弁護人と十分に協議した後に自発的に自認していること。

(c) 有罪の自認が、次に掲げるものに含まれる事件の事実によって裏付けられていること。

(i) 検察官が提起し、かつ、被告人が自認した犯罪事実

(ii) 検察官が提示する資料であって、犯罪事実を補足し、かつ、被告人が受け入れるもの

(iii) 証人の証言等検察官又は被告人が提出するその他の証拠

2 第一審裁判部は、1に規定することが認められる場合には、提出された追加的な証拠とともに有罪の自認を当該有罪の自認に係る犯罪の立証に求められるすべての不可欠な事実を証明するものとして認めるものとし、被告人を当該犯罪について有罪と決定することができる。

3 第一審裁判部は、1に規定することが認められない場合には、有罪の自認がなされなかったものとみなす。この場合には、この規程に定める通常の公判手続に従って公判を続けることを決定するものとし、また、事件を他の第一審裁判部に移送することができる。

4 第一審裁判部は、裁判の利益、特に被害者の利益のために事件について一層完全な事実の提示が必要であると認める場合には、次のことを行うことができる。

(a) 検察官に対し、証人の証言を含む追加的な証拠の提出を求めること。

(b) この規程に定める通常の公判手続に従って公判を続けることを決定すること。この場合には、有罪の自認がなされなかったものとみなし、事件を他の第一審裁判部に移送することができる。

5 検察官と被告人との間の協議であって、犯罪事実の改定、有罪の自認又は科される刑罰に関するものは、裁判所を拘束しない。

**第六六条（無罪の推定）**　１　いずれの者も、適用される法に基づいて裁判所において有罪とされるまでは無罪と推定される。

２　被告人の有罪を証明する責任は、検察官にある。

３　裁判所は、被告人を有罪と決定するためには、合理的な疑いを超えて当該被告人の有罪を確信していなければならない。

**第六七条（被告人の権利）**　１　被告人は、犯罪事実の決定に当たり、この規程を考慮した上で公開審理を受ける権利、公正かつ公平な審理を受ける権利及び少なくとも次の保障を十分に平等に受ける権利を有する。

(a)　自己が十分に理解し、かつ、話す言語で、犯罪事実の性質、理由及び内容を速やかにかつ詳細に告げられること。

(b)　防御の準備のために十分な時間及び便益を与えられ、並びに自ら選任する弁護人と自由かつ内密に連絡を取ること。

(c)　不当に遅延することなく裁判に付されること。

(d)　第六十三条２の規定に従うことを条件として、公判に出席すること、直接に又は自ら選任する弁護人を通じて防御を行うこと、弁護人がいない場合には弁護人を持つ権利を告げられること及び裁判の利益のために必要な場合には、十分な支払手段を有しないときは自らその費用を負担することなく、裁判所によって弁護人を付されること。

(e)　自己に不利な証人を尋問し、又はこれに対して尋問させること並びに自己に不利な証人と同じ条件で自己のための証人の出席及びこれに対する尋問を求めること。また、防御を行うこと及びこの規程に基づいて許容される他の証拠を提出すること。

(f)　裁判所の公判手続又は裁判所に提示される文書が自己が十分に理解し、かつ、話す言語によらない場合には、有能な通訳の援助及び公正の要件を満たすために必要な翻訳を無償で与えられること。

(g)　証言又は有罪の自白を強要されないこと及び黙秘をすること。この黙秘は、有罪又は無罪の決定において考慮されない。

(h)　自己の防御において宣誓せずに口頭又は書面によって供述を行うこと。

(i)　自己に挙証責任が転換されず、又は反証の責任が課されないこと。

２　検察官は、この規程に定める他の開示のほか、被告人に対し、できる限り速やかに、自己が保持し、又は管理する証拠であって、当該被告人の無罪を示し若しくは無罪を示すことに資すると信じ若しくは当該被告人の罪を軽減することに資すると信ずるもの又は訴追に係る証拠の信頼性に影響を及ぼし得るものを開示する。この２の規定の適用について疑義がある場合には、裁判所が決定する。

**第六八条（被害者及び証人の保護及び公判手続への参加）**　１　裁判所は、被害者及び証人の安全、心身の健康、尊厳及びプライバシーを保護するために適切な措置をとる。裁判所は、その場合において、すべての関連する要因（年齢、第七条３に定義する性、健康及び犯罪（特に、性的暴力又は児童に対する暴力を伴う犯罪）の性質を含む。）を考慮する。検察官は、特にこれらの犯罪の捜査及び訴追の間このような措置をとる。当該措置は、被告人の権利及び公正かつ公平な公判を害するものであってはならず、また、これらと両立しないものであってはならない。

２　裁判所の裁判部は、前条に規定する公開審理の原則の例外として、被害者及び証人又は被告人を保護するため、公判手続のいずれかの部分を非公開で行い、又は証拠の提出を電子的手段その他特別な手段によって行うことを認めることができる。これらの措置については、特に、性的暴力の被害者である場合又は児童が被害者若しくは証人である場合には、裁判所が別段の命令を発する場合を除くほか、すべての事情、特に被害者又は証人の意見を尊重して実施する。

３　裁判所は、被害者の個人的な利益が影響を受ける場合には、当該被害者の意見及び懸念が、裁判所が適当と判断する公判手続の段階において並びに被告人の権利及び公正かつ公平な公判を害さず、かつ、これらと両立する態様で、提示され、及び検討されることを認める。これらの意見及び懸念は、裁判所が適当と認めるときは、手続及び証拠に関する規則に従い被害者の法律上の代理人が提示することができる。

４　被害者・証人室は、検察官及び裁判所に対し、第四十三条６に規定する適当な保護及び安全のための措置、カウンセリングその他の援助について助言することができる。

５　この規程に基づく証拠又は情報の開示が証人又はその家族の安全に重大な危険をもたらし得る場合には、検察官は、公判の開始前に行われるいかなる手続のためにも、当該証拠又は情報の提供を差し控え、これらに代えてその要約を提出することができる。これらの措置については、被告人の権利及び公正かつ公平な公判を害さず、かつ、これらと両立する態様で実施する。

６　国は、自国の職員又は代理人の保護及び秘密の又は機微に触れる情報の保護について必要な措置をとるよう要請することができる。

**第六九条（証拠）**　１　証人は、証言する前に、手続及び証拠に関する規則に従い、自己が真実の証拠を提供することを約束する。

２　公判における証人の証言は、前条又は手続及び証拠に関する規則に定める措置によって提供される場合を除くほか、証人自らが行う。裁判所は、この規程に従うことを条件として、かつ、手続及び証拠に関する規則に従い、ビデオ又はオーディオ技術の手段による証人の直接の又は記録された証言を提供すること及び文書又は反訳した文書を提出することを許可することができる。これらの措置は、被告人の権利を害するものであってはならず、また、これと両立しないものであってはならない。

３　当事者は、第六十四条の規定に従って事件に関連する証拠を提出することができる。裁判所は、真実を確定するために必要と認めるすべての証拠の提出を求める権限を有する。

４　裁判所は、証拠の許容性及び関連性について、特に証拠の証明力及び証拠が公正な公判又は証人の証言の公正な評価に与え得る不利益を考慮して、手続及び証拠に関する規則に従って決定を行うことができる。

５　裁判所は、手続及び証拠に関する規則に定める秘密性に関する特権の定めを尊重し、及び遵守する。

６　裁判所は、公知の事実の立証を要求してはならないが、その事実を裁判上顕著なものと認めることができる。

７　この規程に違反する方法又は国際的に認められた人権を侵害する方法によって得られた証拠は、次の場合には、許容性がないものとする。

(a)　その違反又は侵害が当該証拠の信頼性に著しい疑いをもたらす場合

(b)　当該証拠を許容することが公判手続の健全性にもとり、かつ、これを著しく害し得る場合

８　裁判所は、国が収集した証拠の許容性及び関連性を決定するに当たり、当該国の国内法の適用に関する決定を行わない。

**第七〇条（裁判の運営に対する犯罪）** 1　裁判所は、その裁判の運営に対する次に掲げる犯罪であって故意に行われたものについて管轄権を有する。

(a)　前条1の規定に従って真実を述べる義務を有するにもかかわらず虚偽の証言を行うこと。

(b)　当事者が虚偽の又は偽造された証拠と知りながらこれを提出すること。

(c)　証人を買収し、証人の出席若しくは証言について妨害し若しくは干渉し、証言を行ったことに対して証人に報復を行い、証拠を破壊し若しくは改ざんし、又は証拠の収集を妨げること。

(d)　裁判所の構成員に対し、その職務を遂行しないこと又は不適正に遂行することを強要し、又は説得する目的で、妨害し、脅迫し、又は買収すること。

(e)　裁判所の構成員に対し、当該構成員又は他の構成員が職務を遂行したことに関して報復を行うこと。

(f)　裁判所の構成員がその公の職務に関連して賄賂を要求し、又は受け取ること。

2　この条に規定する犯罪についての裁判所の管轄権の行使を規律する原則及び手続は、手続及び証拠に関する規則に定める原則及び手続とする。この条の規定に基づく手続に関し、裁判所に対して国際協力を提供する条件は、被請求国の国内法によって規律される。

3　裁判所は、有罪判決の場合には、五年を超えない期間の拘禁刑若しくは手続及び証拠に関する規則に定める罰金又はその双方を科することができる。

4 (a)　締約国は、自国の捜査上又は司法上の手続の健全性に係る犯罪を処罰する自国の刑事法の適用範囲を、この条に規定する裁判の運営に対する犯罪であって自国の領域において又は自国民によって行われたものまで拡張する。

(b)　締約国は、裁判所が適当と認める場合にはその要請により、訴追のために自国の権限のある当局に事件を付託する。当該当局は、この事件を誠実に取り扱うものとし、これを効果的に処理することができるようにするために十分な資源を充てるものとする。

**第七一条（裁判所における不当行為に対する制裁）** 1　裁判所は、在廷する者であって不当行為（公判手続を混乱させ、又は裁判所の指示に従うことを故意に拒否することを含む。）を行うものに対し、手続及び証拠に関する規則に定める一時的又は恒久的な退廷、過料その他これらに類する措置等拘禁以外の行政上の措置によって制裁を科することができる。

2　1に規定する措置の適用を規律する手続は、手続及び証拠に関する規則に定める手続とする。

**第七二条（国家の安全保障に関する情報の保護）** 1　この条の規定は、国が、その情報又は文書の開示が自国の安全保障上の利益を害し得ると判断する案件について適用する。そのような案件には、第五十六条2及び3、第六十一条3、第六十四条3、第六十七条2、第六十八条6、第八十七条6並びに第九十三条の規定の適用を受ける案件並びにそのような開示が問題となる案件であってその他の手続の段階において生ずるものを含む。

2　この条の規定は、情報又は証拠の提供を要請された者が、その開示がいずれかの国の安全保障上の利益を害し得ることを理由としてその提供を拒否し、又は当該国にその問題を付託する場合であって、当該国がその開示が自国の安全保障上の利益を害し得ると判断していることを確認するときについても、適用する。

3　この条のいかなる規定も、第五十四条3(e)及び(f)の規定に基づいて適用される秘密性に関する要求又は次条の規定の適用を妨げるものではない。

4　いずれの国も、手続のいずれかの段階において自国の情報又は文書が開示されていること又は開示されるおそれがあることを知り、かつ、その開示が自国の安全保障上の利益を害し得ると判断する場合には、この条の規定に従ってこの問題の解決を得るために手続に参加する権利を有する。

5　いずれの国も、情報の開示が自国の安全保障上の利益を害し得ると判断する場合には、この問題を協力的な手段によって解決するため、場合に応じて、検察官、被告人、予審裁判部又は第一審裁判部と共に行動して、これらの者が次に掲げるすべての合理的な措置をとるよう求める。

(a)　援助についての請求の修正又は明確化

(b)　求められる情報若しくは証拠の関連性についての裁判所の判断又は関連性がある場合であっても自国以外の情報源から証拠を入手することができるか否か若しくは既に入手しているか否かについての裁判所の判断

(c)　異なる情報源からの又は異なる形態による情報又は証拠の入手

(d)　援助を提供することができる条件（特に、要約又は編集した文書の提出、開示の制限、非公開による又はいずれか一方の当事者による手続の利用その他この規程及び手続及び証拠に関する規則に基づいて認められる保護措置を含む。）についての同意の取得

6　いずれの国も、問題を協力的な手段によって解決するためのすべての合理的な措置をとった後、自国の安全保障上の利益を害することなく情報又は文書を提供し、又は開示し得る手段又は条件がないと認める場合には、検察官又は裁判所に対してその旨を具体的な理由を付して通報する。ただし、その理由を具体的に記載することそれ自体が自国の安全保障上の利益を必然的に害し得る結果となるときは、この限りでない。

7　その後に裁判所は、これらの証拠が関連性を有し、かつ、被告人の有罪又は無罪を証明するために必要であると判断する場合には、次の措置をとることができる。

(a)　情報又は文書の開示が第九部に規定する協力についての請求又は2に規定する状況において求められ、かつ、国が第九十三条4に規定する拒否の理由を援用している場合には、次のことを行うことができる。

(i)　(ii)に規定する結論を出す前に、当該国の意見を検討するために更なる協議を要請すること。その協議には、適当な場合には、非公開かついずれか一方の当事者による審理を含む。

(ii)　その事件の状況にかんがみ被請求国が第九十三条4に規定する拒否の理由を援用することによってこの規程の下での義務に従って行動していないと結論を下す場合には、その理由を明示して第八十七条7の規定に従って問題を付託すること。

(iii)　その状況において適当な場合には、事実の存否について被告人の公判において推定を行うこと。

(b)　(a)に規定する状況以外の状況においては、次のことを行うことができる。

(i) 情報又は文書の開示を命ずること。
(ii) 情報又は文書の開示を命じない場合には、その状況において適当なときは、事実の存否について被告人の公判において推定を行うこと。

**第七三条（第三者の情報又は文書）** 締約国は、自国が保管し、保有し、又は管理する文書又は情報であって、他の国、政府間機関又は国際機関より自国に対して秘密のものとして提供されたものの提出を裁判所により請求される場合には、当該文書又は情報の開示のためにその出所元の同意を求める。出所元が締約国である場合には、当該締約国は、当該文書若しくは情報の開示に同意し、又は前条の規定に従って開示の問題を裁判所との間で解決する。出所元が締約国ではなく、かつ、開示への同意を拒否する場合には、被請求国は、裁判所に対し、秘密性についての出所元に対する既存の義務のために当該文書又は情報を提供することができないことを通報する。

**第七四条（判決のための要件）** 1 第一審裁判部のすべての裁判官は、公判の各段階に出席し、及び評議に終始参加する。裁判所長会議は、個々の事例に応じ、対応可能な場合には、一人又は二人以上の補充の裁判官を指名することができる。これらの補充の裁判官は、公判の各段階に出席するものとし、第一審裁判部の裁判官が出席し続けることができない場合には、当該第一審裁判部の裁判官と交代する。
2 第一審裁判部の判決は、証拠及び手続全体の評価に基づいて行う。判決は、犯罪事実及びその改定に記載された事実及び状況を超えるものであってはならない。裁判所は、公判において裁判所に提出され、かつ、裁判所において審理された証拠にのみ基づいて判決を行うことができる。
3 第一審裁判部の裁判官は、判決において全員一致の合意を得るよう努めるものとし、全員一致の合意が得られない場合には、判決は、第一審裁判部の裁判官の過半数をもって行う。
4 第一審裁判部の評議は、秘密とする。
5 判決については、書面によるものとし、第一審裁判部の証拠に関する認定及び結論についての十分な、かつ、詳しい理由を付した説明を記載する。第一審裁判部は、一の判決を行う。全員一致の合意が得られない場合には、第一審裁判部の判決には、多数意見及び少数意見を記載する。判決又はその要約については、公開の法廷で言い渡す。

**第七五条（被害者に対する賠償）** 1 裁判所は、被害者に対する又は被害者に係る賠償（原状回復、補償及びリハビリテーションの提供を含む。）に関する原則を確立する。その確立された原則に基づき、裁判所は、その判決において、請求により又は例外的な状況においては職権により、被害者に対する又は被害者に係る損害、損失及び傷害の範囲及び程度を決定することができるものとし、自己の行動に関する原則を説明する。
2 裁判所は、有罪の判決を受けた者に対し、被害者に対する又は被害者に係る適切な賠償（原状回復、補償及びリハビリテーションの提供を含む。）を特定した命令を直接発することができる。
裁判所は、適当な場合には、第七十九条に規定する信託基金を通じて賠償の裁定額の支払を命ずることができる。
3 裁判所は、この条の規定に基づき命令を発する前に、有罪判決を受けた者、被害者その他の関係者若しくは関係国又はこれらの代理人の意見を求めることができるものとし、それらの意見を考慮する。
4 裁判所は、この条に基づく権限を行使するに当たり、いずれかの者が裁判所の管轄権の範囲内にある犯罪について有罪の判決を受けた後、この条の規定に基づいて発することができる命令を執行するため、第九十三条1の規定に基づく措置を求めることが必要か否かを決定することができる。
5 締約国は、第百九条の規定の例により、この条の規定に基づく命令を執行する。
6 この条のいかなる規定も、国内法又は国際法に基づく被害者の権利を害するものと解してはならない。

**第七六条（刑の言渡し）** 1 第一審裁判部は、有罪判決の場合には、科すべき適切な刑を検討するものとし、公判の間に提出された証拠及び述べられた意見であって刑に関連するものを考慮する。
2 第一審裁判部は、第六十五条の規定が適用される場合を除くほか、公判の終了前に、手続及び証拠に関する規則に従い、刑に関連する追加的な証拠又は意見を審理するための追加的な審理を職権によって行うことができるものとし、検察官又は被告人の要請があるときは、当該追加的な審理を行うものとする。
3 2の規定の適用がある場合には、前条の規定に基づく意見は、2に規定する追加的な審理の間及び必要なときは更なる審理の間に審理される。
4 刑については、公開の場で及び可能な限り被告人の在廷の下に言い渡す。

## 第七部 刑罰

**第七七条（適用される刑罰）** 1 裁判所は、第百十条の規定に従うことを条件として、第五条に規定する犯罪について有罪の判決を受けた者に対し、次のいずれかの刑罰を科することができる。
(a) 最長三十年を超えない特定の年数の拘禁刑
(b) 犯罪の極度の重大さ及び当該有罪の判決を受けた者の個別の事情によって正当化されるときは終身の拘禁刑
2 裁判所は、拘禁刑のほか、次のものを命ずることができる。
(a) 手続及び証拠に関する規則に定める基準に基づく罰金
(b) 1に規定する犯罪によって直接又は間接に生じた収益、財産及び資産の没収。ただし、善意の第三者の権利を害することのないように行う。

**第七八条（刑の量定）** 1 裁判所は、刑の量定に当たり、手続及び証拠に関する規則に従い、犯罪の重大さ、有罪の判決を受けた者の個別の事情等の要因を考慮する。
2 裁判所は、拘禁刑を科するに当たり、裁判所の命令に従って既に拘禁された期間がある場合にはその期間を刑期に算入するものとし、また、犯罪の基礎を構成する行為に関連する他の拘禁された期間を刑期に算入することができる。
3 一人の者が二以上の犯罪について有罪の判決を受けた場合には、裁判所は、各犯罪についての刑及びそれらを併合した刑（拘禁刑の全期間を特定したもの）を言い渡す。当該全期間は、少なくとも言い渡された各犯罪についての刑のうちの最長の期間とするものとし、三十年の拘禁刑又は前条1(b)の規定に基づく終身の拘禁刑の期間を超えないものとする。

**第七九条（信託基金）** 1 締約国会議の決定により、裁判所の管轄権の範囲内にある犯罪の被害者及びその家族のために信託基金を設置する。
2 裁判所は、その命令により、罰金として又は没収によって徴収された金銭その他の財産を信託基金に移転することを命ずることができる。

3 信託基金は、締約国会議が決定する基準に従って管理される。

**第八〇条（国内における刑罰の適用及び国内法への影響の否定）** この部のいかなる規定も、各国の国内法に定める刑罰の適用を妨げるものではなく、また、この部に規定する刑罰を定めていない国の法律に影響を及ぼすものでもない。

## 第八部 上訴及び再審

**第八一条（無罪若しくは有罪の判決又は刑の量定に対する上訴）** 1 第七十四条の規定に基づく判決に対しては、手続及び証拠に関する規則に従い、次のとおり上訴をすることができる。

(a) 検察官は、次のいずれかを理由として上訴をすることができる。

(i) 手続上の誤り

(ii) 事実に関する誤り

(iii) 法律上の誤り

(b) 有罪の判決を受けた者又は当該者のために行動する検察官は、次のいずれかを理由として上訴をすることができる。

(i) 手続上の誤り

(ii) 事実に関する誤り

(iii) 法律上の誤り

(iv) その他の理由であって手続又は判決の公正性又は信頼性に影響を及ぼすもの

2 (a) 検察官又は有罪の判決を受けた者は、犯罪と刑との間の不均衡を理由として、手続及び証拠に関する規則に従って当該刑の量定に対して上訴をすることができる。

(b) 裁判所は、刑の量定に対する上訴に関し、有罪判決の全部又は一部を取り消し得る理由があると認める場合には、検察官及び有罪の判決を受けた者に対して1(a)又は(b)の規定に基づく理由の提示を求めることができるものとし、また、第八十三条の規定に基づいて有罪判決に関する決定を行うことができる。

(c) 裁判所は、専ら1の規定に基づく有罪判決に対する上訴に関し、(a)の規定の下で減刑のための理由があると認める場合には、(b)に規定する手続と同一の手続を適用する。

3 (a) 有罪の判決を受けた者は、第一審裁判部が別段の命令を発する場合を除くほか、上訴の手続の間、引き続き拘禁される。

(b) 有罪の判決を受けた者の拘禁の期間が科された拘禁刑の期間を超える場合には、当該者は、釈放される。ただし、検察官も上訴をしているときは、その釈放は、(c)に規定する条件に従って行われる。

(c) 無罪判決の場合には、被告人は、次の(i)及び(ii)の規定が適用されることを条件として、直ちに釈放される。

(i) 第一審裁判部は、例外的な状況において、特に、具体的な逃亡の危険性、訴追された犯罪の重大性及び上訴が認められる可能性を考慮した上で、検察官の要請により、上訴の手続の間、当該被告人の拘禁を継続することができる。

(ii) (i)の規定に基づく第一審裁判部の決定に対しては、手続及び証拠に関する規則に従って上訴をすることができる。

4 判決又は刑の執行は、3(a)及び(b)の規定に従うことを条件として、上訴が許される期間及び上訴の手続の間、停止する。

**第八二条（他の決定に対する上訴）** 1 いずれの当事者も、手続及び証拠に関する規則に従い、次の決定のいずれに対しても上訴をすることができる。

(a) 管轄権又は受理許容性に関する決定

(b) 捜査され、又は訴追されている者の釈放を認める又は認めない旨の決定

(c) 第五十六条3の規定に基づいて職権によって措置をとるとの予審裁判部の決定

(d) 手続の公正かつ迅速な実施又は公判の結果に著しい影響を及ぼし得る問題に係る決定であって、上訴裁判部によって速やかに解決されることにより手続を実質的に進めることができると予審裁判部又は第一審裁判部が認めるもの

2 関係国又は検察官は、予審裁判部の許可を得た上で第五十七条3(d)の規定に基づく予審裁判部の決定に対して上訴をすることができる。当該上訴については、迅速に審理する。

3 上訴それ自体は、上訴裁判部が手続及び証拠に関する規則に基づく要請により別段の命令を発しない限り、手続の停止の効力を有しない。

4 被害者の法律上の代理人、有罪の判決を受けた者又は第七十五条の規定に基づく命令によって不利な影響を受ける財産の善意の所有者は、手続及び証拠に関する規則に定めるところにより、賠償の命令に対して上訴をすることができる。

**第八三条（上訴についての手続）** 1 上訴裁判部は、第八十一条及びこの条の規定に基づく手続を行うに当たり、第一審裁判部のすべての権限を有する。

2 上訴裁判部は、上訴の対象となった手続が判決若しくは刑の量定の信頼性に影響を及ぼすほど不公正であったと認める場合又は上訴の対象となった判決若しくは刑の量定が事実に関する誤り、法律上の誤り若しくは手続上の誤りによって実質的に影響を受けたと認める場合には、次のいずれかのことを行うことができる。

(a) 判決又は刑の量定を破棄し、又は修正すること。

(b) 異なる第一審裁判部において新たに公判を行うことを命ずること。

これらの目的のため、上訴裁判部は、原判決をした第一審裁判部に対して事実に係る問題を差し戻し、及びその決定を報告させるために当該問題を決定させ、又は当該問題を決定するために自ら証拠を請求することができる。有罪の判決を受けた者又は当該者のために行動する検察官のみが判決又は刑の量定に対して上訴をしているときは、上訴裁判部は、当該判決又は刑の量定を当該者について不利に修正することができない。

3 上訴裁判部は、刑の量定に対する上訴において刑が犯罪に比して不均衡であると認める場合には、第七部の規定に従って当該刑を変更することができる。

4 上訴裁判部の判決については、裁判官の過半数をもって行い、公開の法廷で言い渡す。判決には、その理由を明示する。全員一致の合意が得られない場合には、上訴裁判部の判決には、多数意見及び少数意見を記載するが、いずれの裁判官も、法律問題に関して個別の意見又は反対意見を表明することができる。

5 上訴裁判部は、無罪の判決を受けた者又は有罪の判決を受けた者が在廷しない場合であっても、判決を言い渡すことができる。

**第八四条（有罪判決又は刑の量定の再審）** 1 有罪の判決を受けた者若しくはその死亡後は配偶者、子、親若しくは当該有罪の判決を受けた者の死亡の時に存命していた者であって当該有罪の判決を受けた者から再審の請求を行うことについて書面による明示の指示を受けていたもの又は当該被告人のために行動

する検察官は、有罪の確定判決又は刑の量定の再審を、次の理由に基づいて上訴裁判部に申し立てることができる。

(a) 次の(i)及び(ii)の条件を満たす新たな証拠が発見されたこと。

(i) 公判の時に利用することができず、かつ、そのことの全部又は一部が再審を申し立てる当事者の責めに帰すべきものではなかったこと。

(ii) 公判において証明されていたならば異なる判決となっていた可能性があるほど十分に重要なものであること。

(b) 公判において考慮され、かつ、有罪判決の依拠した決定的な証拠が虚偽の、偽造された又は変造されたものであったことが新たに発見されたこと。

(c) 有罪判決又は犯罪事実の確認に参加した裁判官のうち一人又は二人以上が、その事件において、第四十六条の規定に従ってこれらの裁判官の解任が正当化されるほどの重大な不当行為又は義務の重大な違反を行っていたこと。

2 上訴裁判部は、申立てに根拠がないと認める場合には、当該申立てを却下する。上訴裁判部は、当該申立てに根拠があると認める場合には、手続及び証拠に関する規則に定める態様によって各当事者からの聴取を行った後、判決を変更するべきか否かについての決定を行うため、必要に応じ、次のいずれかのことを行うことができる。

(a) 原判決をした第一審裁判部を再招集すること。

(b) 新たな第一審裁判部を組織すること。

(c) この事案について自己が管轄を保持すること。

**第八五条（逮捕され、又は有罪の判決を受けた者に対する補償）**

1 違法に逮捕され、又は拘禁された者は、補償を受ける権利を有する。

2 確定判決によって有罪と決定された場合において、その後に、新たな事実又は新しく発見された事実により誤審のあったことが決定的に立証されたことを理由としてその有罪判決が破棄されたときは、当該有罪判決の結果として刑に服した者は、法律に基づいて補償を受ける。ただし、その知られなかった事実が適当な時に明らかにされなかったことの全部又は一部が当該者の責めに帰するものであることが証明される場合は、この限りでない。

3 裁判所は、重大かつ明白な誤審のあったことを立証する決定的な事実を発見するという例外的な状況において、無罪の確定判決又はそのような理由による公判手続の終了の後に釈放された者に対し、手続及び証拠に関する規則に定める基準に従い、自己の裁量によって補償を与えることができる。

## 第九部　国際協力及び司法上の援助

**第八六条（協力を行う一般的義務）** 締約国は、この規程に従い、裁判所の管轄権の範囲内にある犯罪について裁判所が行う捜査及び訴追において、裁判所に対し十分に協力する。

**第八七条（協力の請求についての一般規定）**

1 (a) 裁判所は、締約国に対して協力を求める権限を有する。このような請求については、外交上の経路又は各締約国が批准、受諾、承認又は加入の際に指定する他の適当な経路を通じて送付する。

締約国は、その指定のその後の変更については、手続及び証拠に関する規則に従って行う。

(b) 請求については、適当な場合には、(a)の規定の適用を妨げない限りにおいて、国際刑事警察機構又は適当な地域的機関を通じて送付することができる。

2 協力の請求及び請求の裏付けとなる文書については、被請求国が批准、受諾、承認又は加入の際にした選択に従い、被請求国の公用語若しくは裁判所の常用語のうちの一によって行い、又はこれらの言語のうちの一による訳文を添付することによって行う。

その選択のその後の変更については、手続及び証拠に関する規則に従って行う。

3 被請求国は、協力の請求及び請求の裏付けとなる文書を秘密のものとして取り扱う。ただし、請求内容を実施するために開示が必要となる限度においては、この限りでない。

4 裁判所は、この部の規定に従って提供される援助を求めることとの関連で、被害者及び証人となる可能性のある者並びにこれらの者の家族の安全又は心身の健康を確保するために必要な措置（情報の保護に関する措置を含む。）をとることができる。裁判所は、この部の規定に基づいて入手することのできる情報が被害者及び証人となる可能性のある者並びにこれらの者の家族の安全又は心身の健康を保護する方法によって提供され、及び取り扱われるよう要請することができる。

5 (a) 裁判所は、この規程の締約国でない国に対し、当該国との特別の取極又は協定その他の適当な根拠に基づき、この部の規定に従って援助を提供するよう求めることができる。

(b) 裁判所は、この規程の締約国でない国であって裁判所と特別の取極又は協定を締結したものがこれらの取極又は協定に基づく請求に協力しない場合には、締約国会議又はこの事案が安全保障理事会によって裁判所に付託されたものであるときは安全保障理事会に対し、その旨を通報することができる。

6 裁判所は、政府間機関に対して情報又は文書の提供を要請することができる。また、裁判所は、そのような機関の権限又は任務に基づくその他の形態の協力及び援助であって当該機関との合意によって定めるものを要請することができる。

7 締約国がこの規程に反して裁判所による協力の請求に応ぜず、それにより裁判所のこの規程に基づく任務及び権限の行使を妨げた場合には、裁判所は、その旨の認定を行うことができるものとし、締約国会議又はこの事案が安全保障理事会によって裁判所に付託されたものであるときは安全保障理事会に対し、その問題を付託することができる。

**第八八条（国内法の手続の確保）** 締約国は、自国の国内法の手続がこの部に定めるすべての形態の協力のために利用可能であることを確保する。

**第八九条（裁判所への人の引渡し）** 1 裁判所は、ある者の逮捕及び引渡しの請求を第九十一条に規定するその裏付けとなる資料とともに、当該者がその領域に所在するとみられる国に対して送付することができるものとし、当該者の逮捕及び引渡しにおいて当該国の協力を求める。締約国は、この部の規定及び自国の国内法の手続に従って逮捕及び引渡しの請求に応ずる。

2 引渡しを求められた者が第二十条に規定する一事不再理の原則に基づいて国内裁判所に異議の申立てを行う場合には、被請求国は、受理許容性についての関連する決定が行われているか否かを確認するために直ちに裁判所と協議する。事件を受理することが決定されているときは、被請求国は、請求された引渡しの実施を続行する。受理許容性についての決定がなされていないときは、被請求国は、裁判所が受理許容性についての決定を行うまで当該引渡しの実施を延期することができる。

3(a) 締約国は、他の国が裁判所に引き渡す者を自国の領域内を通過して護送することについて、自国内の通過が引渡しを妨げ、又は遅延させ得るものでない限り、自国の国内法の手続に従って承認する。

(b) 裁判所による通過についての請求は、第八十七条の規定に従って送付される。通過についての請求には、次の事項を含める。

(i) 護送される者に関する記述

(ii) 犯罪事実及びその法的な評価に関する簡潔な説明

(iii) 逮捕及び引渡しのための令状

(c) 護送される者は、通過の間抑留される。

(d) 護送される者が空路によって護送される場合において通過国の領域に着陸する予定がないときは、その承認は、必要とされない。

(e) 通過国は、その領域において予定外の着陸が行われる場合には、(b)に規定する裁判所による通過についての請求を求めることができる。通過国は、通過についての請求を受領して当該通過が行われるようになるまで護送される者を抑留する。ただし、この(e)に規定する目的のための抑留は、請求が予定外の着陸から九十六時間以内に受領されない限り、当該時間を超える期間にわたることができない。

4 被請求国は、裁判所への引渡しを求められている者に関し、自国において引渡しを求められている犯罪とは異なる犯罪について訴訟手続がとられており、又は当該者が服役している場合には、請求を認める決定を行った後に裁判所と協議する。

**第九〇条（請求の競合）** 1 前条の規定に基づいて裁判所からある者の引渡しの請求を受ける締約国は、裁判所が当該者の引渡しを求める犯罪の基礎を構成する同一の行為に関し、他の国からも当該者について犯罪人引渡しの請求を受ける場合には、その事実を裁判所及び請求国に通報する。

2 請求国が締約国である場合には、被請求国は、次のときは、裁判所からの請求を優先する。

(a) 裁判所が、引渡しを求める事件を第十八条又は第十九条の規定に従って受理することを決定しており、かつ、その決定において請求国がその犯罪人引渡しの請求に関して行った捜査又は訴追を考慮しているとき。

(b) 裁判所が1の規定に基づく被請求国からの通報の後に(a)に規定する決定を行うとき。

3 被請求国は、2(a)に規定する決定が行われていない場合には、自国の裁量により、2(b)に規定する裁判所による決定がなされるまでの間、請求国からの犯罪人引渡しの請求についての処理を進めることができるものの、裁判所が事件を受理しないことを決定するまでは、1に規定する者についての犯罪人引渡しを行わないものとする。裁判所の決定は、迅速に行う。

4 被請求国は、請求国がこの規程の締約国でない国であり、かつ、請求国に対して1に規定する者についての犯罪人引渡しを行う国際的な義務を有していない場合であって、裁判所が事件を受理することを決定しているときは、裁判所からの引渡しの請求を優先する。

5 4に規定する場合であって裁判所が事件を受理することを決定していないときは、被請求国は、自国の裁量により、請求国からの犯罪人引渡しの請求についての処理を進めることができる。

6 被請求国は、自国がこの規程の締約国でない請求国に対して1に規定する者についての犯罪人引渡しを行う国際的な義務を有する場合であって、裁判所が事件を受理することを決定しているときは、当該者を裁判所に引き渡すか又は請求国に対して当該者についての犯罪人引渡しを行うかを決定する。被請求国は、その決定に当たり、次の事項を含むすべての関連する事項を考慮する。

(a) それぞれの請求の日付

(b) 請求国の利益（適当な場合には、犯罪が請求国の領域内で行われたか否か並びに被害者及び引渡しを求められている者の国籍を含む。）

(c) 裁判所と請求国との間においてその後に引渡しが行われる可能性

7 被請求国は、裁判所が当該者の引渡しを求める犯罪を構成する行為以外の行為に関して他の国から当該者についての犯罪人引渡しの請求を受ける場合には、次のことを行う。

(a) 請求国に対して当該者についての犯罪人引渡しを行う国際的な義務を有していない場合には、裁判所からの請求を優先すること。

(b) 請求国に対して当該者についての犯罪人引渡しを行う国際的な義務を有している場合には、当該者を裁判所に引き渡すか又は請求国に対して犯罪人引渡しを行うかを決定すること。被請求国は、その決定に当たり、6に規定する事項を含むすべての関連する事項を考慮するものとし、当該行為の相対的な重大性及び性質に特別の考慮を払う。

8 被請求国は、この条の規定に基づく通報の後に裁判所が事件を受理しないことを決定し、その後に自国が請求国への犯罪人引渡しを拒否する場合には、裁判所にその拒否の決定を通報する。

**第九一条（逮捕及び引渡しの請求の内容）** 1 逮捕及び引渡しの請求は、書面によって行う。緊急の場合には、請求は、第八十七条1(a)に定める経路を通じて確認されることを条件として、文書による記録を送付することができる媒体によって行うことができる。

2 第五十八条の規定に従って予審裁判部により逮捕状が発せられている者の逮捕及び引渡しの請求の場合には、当該請求については、次のものを含め、又はこれらによって裏付ける。

(a) 引渡しを求める者について記述されている情報であって当該者の特定に十分なもの及び当該者の予想される所在地に関する情報

(b) 逮捕状の写し

(c) 被請求国における引渡しの手続に関する要件を満たすために必要な文書、説明又は情報。ただし、この要件は、被請求国と他の国との間の条約又は取極に基づく犯罪人引渡しの請求に適用される要件よりも負担を重くすべきではなく、また、可能なときは、裁判所の特性を考慮して軽くすべきである。

3 既に有罪の判決を受けた者の逮捕及び引渡しの請求の場合には、当該請求については、次のものを含め、又はこれらによって裏付ける。

(a) 当該者に係る逮捕状の写し

(b) 有罪判決の写し

(c) 引渡しを求める者が有罪判決にいう者であることを証明する情報

(d) 引渡しを求める者が刑の言渡しを受けている場合には、刑の言渡し書の写し並びに拘禁刑のときは既に刑に服した期間

及び服すべき残りの期間に関する説明

4 締約国は、裁判所の要請により、2(c)の規定に基づいて適用する自国の国内法に定める要件に関し、一般的に又は個別の事項について裁判所と協議する。その協議の過程において、当該締約国は、自国の国内法に定める個別の要件を裁判所に通報する。

**第九二条（仮逮捕）** 1 裁判所は、緊急の場合において、引渡しを求める者について、前条に規定する引渡しの請求及びその請求の裏付けとなる文書を提出するまでの間、仮逮捕の請求を行うことができる。

2 仮逮捕の請求については、文書による記録を送付することができる媒体によって行い、次のものを含める。

(a) 引渡しを求める者について記述されている情報であって当該者の特定に十分なもの及び当該者の予想される所在地に関する情報

(b) 当該者の逮捕が求められる犯罪及びこれらの犯罪を構成するとされる事実（可能な場合には犯罪の日時及び場所を含む。）に関する簡潔な説明

(c) 当該者に係る逮捕状又は有罪判決が存在することに関する説明

(d) 当該者の引渡しの請求を行うこととなる旨の説明

3 被請求国は、前条に規定する引渡しの請求及びその請求の裏付けとなる文書を手続及び証拠に関する規則に定める期限までに受領しなかった場合には、仮に逮捕した者を釈放することができる。ただし、当該者は、被請求国の法律が許容する場合には、当該期限の満了前に引き渡されることに同意することができる。この場合において、被請求国は、できる限り速やかに当該者を裁判所に引き渡す。

4 引渡しを求められている者が3の規定に基づいて釈放されたことは、その後に引渡しの請求及びその請求の裏付けとなる文書が送付される場合において、当該者を逮捕し、引き渡すことを妨げるものではない。

**第九三条（他の形態の協力）** 1 締約国は、この部の規定及び国内法の手続に従い、捜査及び訴追に関連する次の援助の提供についての裁判所による請求に応ずる。

(a) 人の特定及び人の所在又は物の所在地の調査

(b) 証拠（宣誓した上での証言を含む。）の取得及び証拠（裁判所にとって必要な専門家の意見及び報告を含む。）の提出

(c) 捜査され、又は訴追されている者に対する尋問

(d) 文書（裁判上の文書を含む。）の送達

(e) 証人又は専門家として個人が裁判所に自発的に出頭することを容易にすること。

(f) 7に規定する者の一時的な移送

(g) 場所の見分（墓所の発掘及び見分を含む。）

(h) 捜索及び差押えの実施

(i) 記録及び文書（公式の記録及び文書を含む。）の提供

(j) 被害者及び証人の保護並びに証拠の保全

(k) 善意の第三者の権利を害することなく、最終的な没収のために犯罪の収益、財産、資産及び道具を特定し、追跡し、及び凍結又は差押えをすること。

(l) 裁判所の管轄権の範囲内にある犯罪の捜査及び訴追を容易にするため、その他の形態の援助であって被請求国の法律が禁止していないものを行うこと。

2 裁判所は、裁判所に出頭する証人又は専門家に対し、これらの証人又は専門家が被請求国からの出国に先立ついかなる作為又は不作為についても裁判所によって訴追されず、拘束されず、又は身体の自由に対するいかなる制限も課されないとの保証を与える権限を有する。

3 1の規定に従って提出される請求に詳述されている援助に係る特定の措置の実施が、被請求国において一般的に適用される現行の基本的な法的原則に基づいて禁止されている場合には、被請求国は、問題の解決に努めるために裁判所と速やかに協議する。この協議においては、援助を他の方法によって又は条件を付して与えることができるか否かを考慮すべきである。協議を経ても問題を解決することができないときは、裁判所は、請求に対して必要な修正を行う。

4 締約国は、自国の安全保障に関連する文書の提出又は証拠の開示についての請求の場合にのみ、第七十二条の規定に基づいて援助についての請求の全部又は一部を拒否することができる。

5 被請求国は、1(l)に規定する援助についての請求を拒否する前に、特定の条件を付して援助を提供することができるか否か又は後日若しくは他の方法によって援助を提供することができるか否かを検討する。裁判所又は検察官は、条件が付された援助を受け入れる場合には、その条件を遵守する。

6 被請求国は、援助についての請求を拒否する場合には、その拒否の理由を裁判所又は検察官に対して速やかに通報する。

7(a) 裁判所は、特定、証言の取得その他の援助のため、拘禁されている者の一時的な移送を請求することができる。被請求国は、次の(i)及び(ii)の条件が満たされる場合には、当該者を移送することができる。

(i) 当該者が移送について事情を知らされた上で任意に同意すること。

(ii) 被請求国が裁判所との間で合意する条件に従って移送することに同意すること。

(b) 移送される当該者は、引き続き拘禁される。裁判所は、移送による目的が満たされたときは、当該者を被請求国に遅滞なく送還する。

8(a) 裁判所は、請求において記載されている捜査及び手続に必要となる場合を除くほか、文書及び情報の秘密を確保する。

(b) 被請求国は、必要な場合には、検察官に対し文書及び情報を秘密のものとして送付することができる。検察官は、これらの文書及び情報については新たな証拠を取得するためにのみ用いることができる。

(c) 被請求国は、その発意により又は検察官の要請により、その後にそのような文書又は情報を開示することに同意することができる。その場合には、これらの文書又は情報は、第五部及び第六部の規定並びに手続及び証拠に関する規則に従って証拠として用いることができる。

9(a)(i) 締約国は、引渡し又は犯罪人引渡し以外に係る請求に関し、裁判所から受ける請求と国際的な義務に基づいて他の国から受ける請求とが競合する場合には、裁判所及び当該他の国と協議の上、必要に応じていずれかの請求を延期し、又はいずれかの請求に条件を付することによって双方の請求に応ずるよう努める。

(ii) (i)の規定による解決が得られないときは、競合する請求については、第九十条に定める原則に従って解決する。

(b) 裁判所からの請求が国際約束によって第三国又は国際機関の管理の下にある情報、財産又は個人に関するものである場

合には、被請求国は、その旨を裁判所に通報するものとし、裁判所は、その請求を当該第三国又は国際機関に対して行う。

10 (a) 裁判所は、締約国の請求により、裁判所の管轄権の範囲内にある犯罪を構成し、又は当該締約国の国内法に定める重大な犯罪を構成する行為について捜査又は裁判を行う当該締約国に協力し、及び援助を提供することができる。

(b) (i) (a)に規定する援助には、特に次のものを含む。

a 裁判所による捜査又は裁判の過程において得られた陳述、文書その他の形態の証拠の送付

b 裁判所の命令によって拘禁されている者に対する尋問

(ii) (i) aの規定に基づく援助の場合であって、

a 文書その他の形態の証拠がいずれかの国の援助によって得られたときは、その送付には、当該国の同意を必要とする。

b 陳述、文書その他の形態の証拠が証人又は専門家によって提供されたときは、その送付は、第六十八条の規定に従って行う。

(c) 裁判所は、この10に定める条件の下で、この規程の締約国でない国からのこの10に規定する援助についての請求に応ずることができる。

**第九四条（進行中の捜査又は訴追に関する請求内容の実施の延期）** 1 被請求国は、請求内容を即時に実施することが当該請求内容に係る事件と異なる事件について進行中の捜査又は訴追を妨げ得る場合には、当該請求内容の実施を裁判所と合意した期間延期することができる。ただし、その延期は、被請求国における当該捜査又は訴追を完了するために必要な期間を超えてはならない。被請求国は、延期の決定を行う前に、一定の条件を付して援助を直ちに提供することができるか否かを検討すべきである。

2 1の規定に従って延期の決定が行われる場合であっても、検察官は、前条1(j)の規定に基づき証拠を保全する措置を求めることができる。

**第九五条（受理許容性についての異議の申立ての際の請求内容の実施の延期）** 裁判所が第十八条又は第十九条の規定に従い受理許容性についての異議の申立てを審議している場合には、被請求国は、この部の規定に基づく請求内容の実施を裁判所による決定がなされるまでの間延期することができる。ただし、裁判所がこれらの条の規定に従い検察官が証拠の収集を行うことができることを特に決定している場合は、この限りでない。

**第九六条（第九十三条に規定する他の形態の援助についての請求の内容）** 1 第九十三条に規定する他の形態の援助についての請求は、書面によって行う。緊急の場合には、請求は、第八十七条1(a)に定める経路を通じて確認されることを条件として、文書による記録を送付することができる媒体によって行うことができる。

2 請求については、該当する場合には、次のものを含め、又はこれらによって裏付ける。

(a) 請求の目的及び求める援助の簡潔な説明（請求の法的根拠及び理由を含む。）

(b) 求める援助が提供されるための可能な限り詳細な情報であって、発見し又は特定しなければならないいずれかの者又は場所の所在地又は特定に関するもの

(c) 請求の基礎となる重要な事実の簡潔な説明

(d) 従うべき手続又は要件の理由及び詳細

(e) 請求内容を実施するために被請求国の法律に従って必要とされる情報

(f) 求める援助が提供されるためのその他の関連情報

3 締約国は、裁判所の要請により、2(e)の規定に基づいて適用する自国の国内法に定める要件に関し、一般的に又は個別の事項について裁判所と協議する。その協議の過程において、当該締約国は、自国の国内法に定める個別の要件を裁判所に通報する。

4 この条の規定は、必要な場合には、裁判所に対してなされる援助についての請求にも適用する。

**第九七条（協議）** 締約国は、この部の規定に基づく請求であって、その関係において、その請求内容の実施を遅らせ、又は妨げるおそれのある問題があると認めるものを受けるときは、この事態を解決するために裁判所と遅滞なく協議する。この問題には、特に次のようなものを含めることができる。

(a) 当該請求内容を実施するためには情報が不十分であること。

(b) 引渡しの請求のときは、最善の努力にもかかわらず引渡しを求められている者を発見することができないという事実又は行われた捜査により被請求国にいる者が明らかに令状に示された者でないと判断されたという事実

(c) 被請求国が当該請求内容をそのままの形態によって実施することが他の国との関係において負っている既存の条約上の義務に違反し得るという事実

**第九八条（免除の放棄及び引渡しへの同意に関する協力）** 1 裁判所は、被請求国に対して第三国の人又は財産に係る国家の又は外交上の免除に関する国際法に基づく義務に違反する行動を求めることとなり得る引渡し又は援助についての請求を行うことができない。ただし、裁判所が免除の放棄について当該第三国の協力をあらかじめ得ることができる場合は、この限りでない。

2 裁判所は、被請求国に対して派遣国の国民の裁判所への引渡しに当該派遣国の同意を必要とするという国際約束に基づく義務に違反する行動を求めることとなり得る引渡しの請求を行うことができない。ただし、裁判所が引渡しへの同意について当該派遣国の協力をあらかじめ得ることができる場合は、この限りでない。

**第九九条（第九十三条及び第九十六条の規定に基づく請求内容の実施）** 1 援助についての請求は、被請求国の法律の関連する手続に従い、当該法律によって禁止されていない限り、請求において特定されている方法（請求において示されている手続に従うこと又は請求において特定されている者が実施の過程に立ち会い、及びこれを補助することを認めることを含む。）により実施する。

2 緊急の請求の場合には、これに応じて提供する文書又は証拠については、裁判所の要請により、早急に送付する。

3 被請求国の回答については、その国元来の言語及び様式により送付する。

4 検察官は、この部の他の条の規定の適用を妨げることなく、強制的な措置によることなく実施することができる請求内容（特に、個人の任意に基づき当該個人と面会し、又は当該個人から証拠を取得すること（当該請求内容を実施するために不可欠である場合には被請求国の当局の立会いを伴うことなくこれらを行うことを含む。）及び公共の場所を変更することなく見分を行うことを含む。）の効果的な実施に必要な場合には、いず

れかの国の領域において当該請求内容を次のとおり直接実施することができる。

(a) 被請求国がその領域において犯罪が行われたとされる国であり、かつ、第十八条又は第十九条の規定に従って受理許容性の決定が行われている場合には、検察官は、被請求国とのすべての可能な協議の後、当該請求内容を直接実施することができる。

(b) (a)に規定する場合以外の場合には、検察官は、被請求国との協議の後、当該被請求国が提起する正当な条件又は関心に従って当該請求内容を実施することができる。被請求国は、この(b)の規定に基づく請求内容の実施について問題があると認めるときは、この事態を解決するために裁判所と遅滞なく協議する。

5 裁判所が聴取し、又は尋問した者に対して国家の安全保障に関連する秘密の情報の開示を防止するための制限を援用することを認める第七十二条の規定は、この条の規定に基づく援助についての請求内容の実施についても、適用する。

**第一〇〇条（費用）** 1 被請求国の領域内において請求内容の実施に要する通常の費用は、裁判所が負担する次の費用を除くほか、当該被請求国が負担する。

(a) 証人及び専門家の旅費及び安全に関する費用又は第九十三条の規定に基づく拘禁されている者の移送に関する費用

(b) 翻訳、通訳及び反訳に係る費用

(c) 裁判官、検察官、次席検察官、裁判所書記、裁判所次席書記及び裁判所の機関の職員の旅費及び滞在費

(d) 裁判所が請求する専門家の意見又は報告に係る費用

(e) 拘束を行う国によって裁判所に引き渡される者の護送に関する費用

(f) 請求内容の実施から生ずる可能性のある特別の費用であって協議によって認められるもの

2 1の規定は、適当な場合には、締約国による裁判所に対する請求について適用する。この場合において、実施に要する通常の費用は、裁判所が負担する。

**第一〇一条（特定性の原則）** 1 この規程に従って裁判所に引き渡された者は、行為又は一連の行為であって自己が引き渡された犯罪の基礎を構成するものを除き、引渡しの前に行った行為のために、訴訟手続に付されず、処罰されず、又は拘禁されない。

2 裁判所は、1に規定する者を裁判所に引き渡した国に対して1に規定する条件を放棄するよう要請することができるものとし、必要な場合には、第九十一条の規定に従って追加的な情報を提供する。締約国は、裁判所に対して放棄を行う権限を有するものとし、放棄を行うよう努めるべきである。

**第一〇二条（用語）** この規程の適用上、

(a) 「引渡し」とは、この規程に基づき、国がいずれかの者を裁判所に引き渡すことをいう。

(b) 「犯罪人引渡し」とは、条約、協定又は国内法に基づき、一の国がいずれかの者を他の国に引き渡すことをいう。

## 第十部 刑の執行

**第一〇三条（拘禁刑の執行における国の役割）**

1 (a) 拘禁刑は、刑を言い渡された者を受け入れる意思を裁判所に対して明らかにした国の一覧表の中から裁判所が指定する国において執行される。

(b) 国は、刑を言い渡された者を受け入れる意思を宣言する際に、裁判所が同意し、かつ、この部の規定に適合した受入れについての条件を付することができる。

(c) 個別の事件に関して指定された国は、裁判所の指定を受け入れるか否かを裁判所に対して速やかに通報する。

2 (a) 刑を執行する国は、拘禁の期間又は程度に実質的に影響を及ぼし得るあらゆる状況（1の規定に従って合意された条件の実施を含む。）を裁判所に通報する。裁判所に対する既知の又は予想し得るそのような状況についての通報は、少なくとも四十五日前までに行う。その間、刑を執行する国は、第百十条に規定する義務に違反するおそれのある行動をとってはならない。

(b) 裁判所は、(a)に規定する状況について同意することができない場合には、その旨を刑を執行する国に通報するとともに、次条1の規定に基づいて手続を進める。

3 裁判所は、1の規定に基づく指定を行う裁量を行使するに当たり、次の事項を考慮する。

(a) 締約国が手続及び証拠に関する規則に定める衡平な配分の原則に従い拘禁刑を執行する責任を共有すべきであるとの原則

(b) 被拘禁者の処遇を規律する広く受け入れられている国際条約上の基準の適用

(c) 刑を言い渡された者の意見

(d) 刑を言い渡された者の国籍

(e) 犯罪若しくは刑を言い渡された者の事情又は効果的な刑の執行に関するその他の要素であって刑を執行する国を指定するに当たり適当と認めるもの

4 いずれの国にも1の規定に基づく指定がなされない場合には、拘禁刑は、第三条2に規定する本部協定に定める条件に従い、接受国が提供する刑務所において執行される。その場合には、拘禁刑の執行によって生ずる費用は、裁判所が負担する。

**第一〇四条（刑を執行する国の指定の変更）** 1 裁判所は、刑を言い渡された者を他の国の刑務所に移送することをいつでも決定することができる。

2 刑を言い渡された者は、裁判所に対し、刑を執行する国から移送されることをいつでも申し立てることができる。

**第一〇五条（刑の執行）** 1 拘禁刑は、第百三条1(b)の規定により特定した条件に従うことを条件として、締約国に対して拘束力を有するものとし、締約国は、いかなる場合にも当該拘禁刑を修正してはならない。

2 裁判所のみが上訴及び再審の申立てについて決定する権限を有する。刑を執行する国は、刑を言い渡された者がそのような申立てを行うことを妨げてはならない。

**第一〇六条（刑の執行の監督及び拘禁の条件）** 1 拘禁刑の執行については、裁判所の監督の対象となるものとし、また、被拘禁者の処遇を規律する広く受け入れられている国際条約上の基準に適合したものとする。

2 拘禁の条件は、刑を執行する国の法律によって規律され、かつ、被拘禁者の処遇を規律する広く受け入れられている国際条約上の基準に適合したものとする。この条件は、いかなる場合にも刑を執行する国における同様の犯罪について有罪の判決を受けた被拘禁者に与えられる条件と同等のものとする。

3 刑を言い渡された者と裁判所との間の連絡は、妨げられず、かつ、秘密とされる。

**第一〇七条（刑を終えた者の移送）** 1 刑を終えた者であって刑を執行する国の国民でないものについては、当該刑の終了後、刑を執行する国の法律に従い、当該者を受け入れる義務を有する国又は当該者を受け入れることに同意する他の国に移送することができるものとし、その際、これらの国に移送されることとなる当該者の希望を考慮する。ただし、刑を執行する国が当該者に対してその領域内に引き続きとどまることを許可する場合は、この限りでない。

2 いずれの国も1に規定する者の1の規定に基づく他の国への移送に要する費用を負担しない場合には、その費用は、裁判所が負担する。

3 刑を執行する国は、次条の規定に従うことを条件として、その国内法に従い、1に規定する者について裁判又は刑の執行のために犯罪人引渡しを請求している国に犯罪人引渡しを行うことができる。

**第一〇八条（他の犯罪の訴追又は処罰の制限）** 1 刑を執行する国によって拘禁されている刑を言い渡された者は、当該者が当該刑を執行する国に移送される前に行った行為について訴追、処罰又は第三国への犯罪人引渡しの対象とされない。ただし、当該刑を執行する国の要請により、そのような訴追、処罰又は犯罪人引渡しが裁判所によって認められている場合は、この限りでない。

2 裁判所は、1に規定する者の意見を聴取した後に1に規定する事項を決定する。

3 1の規定は、1に規定する者が裁判所によって科された刑を終えた後に刑を執行する国の領域内に任意に三十日を超えて滞在している場合又は当該国の領域から離れた後に当該国の領域に戻る場合には、適用しない。

**第一〇九条（罰金及び没収に係る措置の実施）** 1 締約国は、自国の国内法の手続に従い、善意の第三者の権利を害することなく、第七部の規定に基づいて裁判所が発する罰金又は没収の命令を執行する。

2 締約国は、自国が没収の命令を執行することができない場合には、善意の第三者の権利を害することなく、裁判所が没収することを命じた収益、財産又は資産の価値を回復するための措置をとる。

3 財産又は不動産若しくは適当な場合にはその他の財産の売却による収益であって裁判所の判決を執行した結果として締約国が取得したものは、裁判所に移転される。

**第一一〇条（減刑に関する裁判所の再審査）** 1 刑を執行する国は、裁判所が言い渡した刑期の終了前にその刑を言い渡された者を釈放してはならない。

2 裁判所のみが減刑を決定する権限を有する。裁判所は、1に規定する者の意見を聴取した後にこの事項についての決定を行う。

3 裁判所は、1に規定する者が刑期の三分の二の期間又は終身の拘禁刑の場合には二十五年間刑に服した時に、減刑をすべきか否かを決定するためにこれらの刑を再審査する。このような再審査は、これらの時よりも前に行ってはならない。

4 裁判所は、3に規定する再審査に当たり、次の一又は二以上の要素が存在すると認める場合には、減刑をすることができる。

(a) 1に規定する者の裁判所の捜査及び訴追に協力するとの早い時期からの継続的な意思

(b) 1に規定する者の自発的な援助であって、他の事件における裁判所の判決及び命令の執行を可能にするもの。特に、被害者の利益のために用いられる罰金、没収又は賠償の命令の対象となる資産の発見のために提供する援助

(c) 手続及び証拠に関する規則に定めるその他の要素であって、減刑を正当化するのに十分な明白かつ重大な状況の変化を証明するもの

5 裁判所は、3の規定に基づく最初の再審査において減刑が適当でないと決定する場合であっても、その後、手続及び証拠に関する規則に定める間隔を置いて及び同規則に定める基準を適用して、減刑の問題を再審査する。

**第一一一条（逃亡）** 有罪の判決を受けた者が拘禁を逃れ、刑を執行する国から逃亡する場合には、当該国は、裁判所と協議の上、現行の二国間又は多数国間の取極に基づき当該者が所在する国に対して当該者の引渡しを請求し、又は裁判所に対して第九部の規定に基づいて当該者の引渡しを求めるよう要請することができる。裁判所は、当該者が刑に服していた国又は裁判所が指定した他の国に当該者を引き渡すよう指示することができる。

## 第十一部　締約国会議（第一一二条）（略）

## 第十二部　財政（第一一三条から第一一八条まで）（略）

## 第十三部　最終規定

**第一一九条（紛争の解決）** 1 裁判所の司法上の任務に関する紛争については、裁判所の決定によって解決する。

2 その他の二以上の締約国間の紛争であってこの規程の解釈又は適用に関するもののうち、交渉によってその開始から三箇月以内に解決されないものについては、締約国会議に付託する。締約国会議は、当該紛争を自ら解決するよう努め、又は当該紛争を解決するための追加的な方法（国際司法裁判所規程に基づく国際司法裁判所への付託を含む。）について勧告を行うことができる。

**第一二〇条（留保）** この規程には、いかなる留保も付することができない。

**第一二一条（改正）** 1 締約国は、この規程の効力発生から七年を経過した後、その改正を提案することができる。改正案については、国際連合事務総長に提出するものとし、同事務総長は、これをすべての締約国に対して速やかに通報する。

2 締約国会議は、通報の日から三箇月以後に開催するその次回の会合において、出席し、かつ、投票する締約国の過半数による議決で改正案を取り上げるか否かを決定する。締約国会議は、当該改正案を直接取り扱い、又は関係する問題により正当化される場合には、検討会議を招集することができる。

3 締約国会議の会合又は検討会議における改正の採択については、コンセンサスに達することができない場合には、締約国の三分の二以上の多数による議決を必要とする。

4 改正は、5に規定する場合を除くほか、国際連合事務総長に対する締約国の八分の七による批准書又は受諾書の寄託の後一年ですべての締約国について効力を生ずる。

5 第五条から第八条までの規定の改正は、当該改正を受諾した締約国については、その批准書又は受諾書の寄託の後一年で効力を生ずる。当該改正を受諾していない締約国については、裁判所は、当該改正に係る犯罪であって、当該締約国の国民によ

って又は当該締約国の領域内において行われたものについて管轄権を行使してはならない。

6　改正が4の規定に従い締約国の八分の七によって受諾されたときは、当該改正を受諾していない締約国は、当該改正の効力発生の後一年以内に通告を行うことによってこの規程から脱退することができる。この脱退は、第百二十七条1の規定にかかわらず、直ちに効力を生ずるが、同条2の規定に従うことを条件とする。

7　国際連合事務総長は、締約国会議の会合又は検討会議において採択された改正をすべての締約国に通報する。

**第百二十二条（制度的な性質を有する規定の改正）**　1　いずれの締約国も、専ら制度的な性質を有する規定、すなわち、第三十五条、第三十六条8及び9、第三十七条、第三十八条、第三十九条1（第一文及び第二文）、2及び4、第四十二条4から9まで、第四十三条2及び3、第四十四条、第四十六条、第四十七条並びに第四十九条の規定の改正について、前条1の規定にかかわらず、いつでも提案することができる。改正案については、国際連合事務総長又は締約国会議が指名する他の者に対して提出するものとし、これらの者は、これをすべての締約国及び締約国会議に参加する他の者に対して速やかに通報する。

2　この条の規定に基づく改正については、コンセンサスに達することができない場合には、締約国会議又は検討会議が締約国の三分の二の多数による議決で採択する。その改正は、締約国会議又は検討会議による採択の後六箇月ですべての締約国について効力を生ずる。

**第百二十三条（この規程の検討）**　1　国際連合事務総長は、この規程の効力発生の後七年目にこの規程の改正を審議するために検討会議を招集する。この規程の検討には、少なくとも第五条に規定する犯罪を含めることができる。検討会議は、締約国会議に参加する者に同一の条件で開放される。

2　その後いつでも、いずれかの締約国の要請があるときは、国際連合事務総長は、1に規定する目的のため、締約国の過半数による承認を得て検討会議を招集する。

3　第百二十一条3から7までの規定は、検討会議において審議されるこの規程の改正の採択及びその効力発生について適用する。

**第百二十四条（経過規定）**　いずれの国も、第十二条1及び2の規定にかかわらず、この規程の締約国になる際、この規程が当該国について効力を生じてから七年の期間、ある犯罪が当該国の国民によって又は当該国の領域内において行われたとされる場合には、第八条に規定する犯罪類型に関して裁判所が管轄権を有することを受諾しない旨を宣言することができる。この条の規定に基づく宣言は、いつでも撤回することができる。この条の規定については、前条1の規定に従って招集される検討会議で審議する。

**第百二十五条（署名、批准、受諾、承認又は加入）**　1　この規程は、千九百九十八年七月十七日に、ローマにある国際連合食糧農業機関本部において、すべての国による署名のために開放するものとし、その後は、千九百九十八年十月十七日まで、ローマにあるイタリア外務省において署名のために開放しておく。その日の後、この規程は、二千年十二月三十一日まで、ニューヨークにある国際連合本部において署名のために開放しておく。

2　この規程は、署名国によって批准され、受諾され、又は承認されなければならない。批准書、受諾書又は承認書は、国際連合事務総長に寄託する。

3　この規程は、すべての国による加入のために開放しておく。加入書は、国際連合事務総長に寄託する。

**第百二十六条（効力発生）**　1　この規程は、六十番目の批准書、受諾書、承認書又は加入書が国際連合事務総長に寄託された日の後六十日目の日の属する月の翌月の初日に効力を生ずる。

2　六十番目の批准書、受諾書、承認書又は加入書が寄託された後にこの規程を批准し、受諾し若しくは承認し、又はこれに加入する国については、この規程は、その批准書、受諾書、承認書又は加入書の寄託の後六十日目の日の属する月の翌月の初日に効力を生ずる。

**第百二十七条（脱退）**　1　締約国は、国際連合事務総長にあてた書面による通告によってこの規程から脱退することができる。脱退は、一層遅い日が通告に明記されている場合を除くほか、その通告が受領された日の後一年で効力を生ずる。

2　いずれの国も、その脱退を理由として、この規程の締約国であった間のこの規程に基づく義務（その間に生じた財政上の義務を含む。）を免除されない。脱退は、脱退する国が協力する義務を有している捜査及び手続であって、当該脱退が効力を生ずる日の前に開始されたものに関する裁判所との協力に影響を及ぼすものではなく、また、当該脱退が効力を生ずる日の前に裁判所が既に審議していた問題について審議を継続することを妨げるものでもない。

**第百二十八条（正文）**　アラビア語、中国語、英語、フランス語、ロシア語及びスペイン語をひとしく正文とするこの規程の原本は、国際連合事務総長に寄託する。同事務総長は、その認証謄本をすべての国に送付する。

## ローマ規程検討会議決議六　附属書三　侵略犯罪に関する国際刑事裁判所ローマ規程の改正についての了解

安全保障理事会による付託

1　裁判所は、規程第一三条(b)に従った安全保障理事会の付託に基づき、第一五条の三3に基づく決定がなされた後で、かつ三〇の締約国による改正の批准又は受諾から一年を経過した後の、いずれか遅い日より後に行われた侵略犯罪についてのみ管轄権を行使することができる。

2　裁判所は、規程第一三条(b)に従った安全保障理事会の付託に基づき、関係国が侵略犯罪に関する裁判所の管轄権を受諾しているか否かを問わず、管轄権を行使する。

時間についての管轄権

3　第一三条(a)又は(c)の場合には、裁判所は、第一五条の二3に基づく決定がなされた後で、かつ三〇の締約国による改正の批准又は受諾から一年を経過した後の、いずれか遅い日より後に行われた侵略犯罪についてのみ管轄権を行使することができる。

侵略犯罪についての国内管轄権

4　侵略行為及び侵略犯罪の定義のための改正は、この規程の目的のためにのみなされる。改正は、ローマ規程第一〇条に従い、この規程以外の目的のために、現行の又は発展する国際法の規則を制限し、又はその適用を妨げるものと解してはならない。

5　改正は、他国が行った侵略行為に関して国内管轄権を行使する権利又は義務を創設するものと解してはならない。

その他の了解

6　侵略は、違法な武力行使の最も重大かつ危険な形態である。侵略行為が行われたかどうかの決定は、関連する行為及びその結果の重大性を含む個々の特定の事件の全ての状況を考慮して、国際連合憲章に従ってなされなければならない。

7　侵略行為が国際連合憲章の明白な違反を構成するかどうかを認定する際には、性質、重大性及び規模の三つの要素が「明白な」違反の認定を正当化するために十分でなければならない。いずれか一つの要素がそれ自体で明白性基準を満たすほどに重要となることはない。

**参考　国際刑事裁判所協力法**（関係国内法22参照九二三頁）

### (2)　安全保障理事会決議一五九三（スーダン情勢）翻訳

採　択　二〇〇五年三月三一日（安保理第五一五八回会合）

安全保障理事会は、

ダルフールにおける国際人道法及び人権法の違反に関する国際審査委員会の報告書（S／二〇〇五／六〇）に留意し、

安全保障理事会が捜査又は訴追を開始又は進行してはならない旨を要請する場合には、国際刑事裁判所は一二箇月の間いかなる捜査又は訴追も開始又は進行させてはならないとするローマ規程（国際刑事裁判所に関するローマ規程）第一六条を想起し、

ローマ規程第七五条及び第七九条も想起し、諸国に対して被害者のための国際刑事裁判所信託基金に拠出することを奨励し、

ローマ規程第九八条2にいう合意の存在に留意し、

スーダンの情勢は引き続き国際の平和と安全に対する脅威を構成すると認定し、

国際連合憲章第七章に基づいて行動して、

1　二〇〇二年七月一日以降のダルフールの事態を、国際刑事裁判所の検察官に付託することを決定する。

2　スーダン政府及びダルフールにおける紛争の全ての他の当事者がこの決議に従って裁判所及び検察官に十分に協力し、いかなる必要な援助も提供することを決定し、かつ、ローマ規程の締約国でない国は規程に基づく義務を負わないことを確認する一方、全ての国並びに関係する地域的国際組織及びその他の国際組織に対して十分に協力することを強く求める。

3　裁判所及びアフリカ連合に対して、不処罰に対する闘いに関する地域的な努力に寄与するため、同地域において訴訟手続を行う可能性も含めて、検察官及び裁判所の作業を促進する実務的な取極について協議することを求める。

4　さらに裁判所に対して、適切にかつローマ規程に従って、ダルフールにおける法の支配を促進し、人権を保護し、不処罰と闘うための国内的な努力に対する国際協力を支援することを奨励する。

5　さらに癒やしと和解を促進する必要を強調し、かつ、これに関連して司法手続を補完しそれによって永続する平和を回復するために、アフリカ連合及び必要な国際的支援によって、真実和解委員会のような、スーダン社会の全ての部門が関わる機関が創設されることを奨励する。

6　国際刑事裁判所に関するローマ規程の締約国でないスーダン以外の派遣国出身の現在又は過去の公務員又は要員は、理事会又はアフリカ連合により設立又は許可されたスーダンにおける活動から生じ又はこれに関係する全ての作為又は不作為について、当該派遣国の排他的管轄権に服することを決定する。ただし、派遣国がこの排他的管轄権を明示的に放棄した場合はこの限りでない。

7　国際連合は付託に関連して生ずるいかなる経費（付託に関連する捜査又は訴追に関する経費を含む。）も負担せず、ローマ規程の締約国及び任意に拠出することを希望する国がこれを負担することを確認する。

8　検察官に対して、この決議の採択の日から三箇月以内に、またその後六箇月ごとに、理事会に報告するよう求める。

9　この問題に引き続き取り組むことを決定する。

## 2　旧ユーゴ国際刑事裁判所

### (1)　旧ユーゴ国際刑事裁判所規程（抄）翻訳

（旧ユーゴースラビア国際刑事裁判所規程）〔ICTY規程〕

採　択　一九九三年五月二五日（安保理第三二一七回会合・決議八二七）

改　正　一九九八年五月一三日（決議一一六六）、二〇〇〇年一一月三〇日（決議一三二九）、〇二年五月一七日（決議一四一一）・八月一四日（決議一四三一）、〇三年五月一九日（決議一四八一）、〇五年四月二〇日（決議一五九七）、〇六年二月二八日（決議一六六〇）、〇八年九月二九日（決議一八三七）、〇九年七月七日（決議一八七七）、一六年九月六日（決議二三〇六）

一九九一年以後旧ユーゴースラビアの領域内で行われた国際人道法の重大な違反について責任を負う者の訴追のための国際裁判所（以下「国際裁判所」という。）は、国際連合憲章第七章の下に行動する安全保障理事会によって設置され、この規程の規定に従って任務を遂行する。

**第一条（国際裁判所の権限）**　国際裁判所は、この規程の規定に従い、一九九一年以後旧ユーゴースラビアの領域内で行われた国際人道法の重大な違反について責任を負う者を訴追する権限を有する。

**第二条（一九四九年ジュネーヴ諸条約の重大な違反行為）**　国際裁判所は、一九四九年八月一二日のジュネーヴ諸条約の重大な違反行為、すなわち、関連するジュネーヴ条約の規定に基づい

て保護される者又は財産に対して次の行為を行い又は行うことを命令した者を訴追する権限を有する。

(a) 殺人
(b) 拷問又は生物学的実験を含む非人道的待遇
(c) 身体又は健康に対して故意に重い苦痛を与え又は重大な傷害を加えること。
(d) 軍事上の必要によって正当化されない不法かつ恣意的な財産の広範な破壊又は徴発
(e) 捕虜又は文民を強制して敵対する勢力の軍隊に服務させること。
(f) 捕虜又は文民から公正で正式な裁判を受ける権利を奪うこと。
(g) 文民を不法に追放し、移送し又は拘禁すること。
(h) 文民を人質にすること。

**第三条（戦争の法規又は慣例に対する違反）** 国際裁判所は、戦争の法規又は慣例に違反した者を訴追する権限を有する。その違反には、次のことが含まれるが、これらに限定されるものではない。

(a) 無用の苦痛を与えることを目的とする毒性兵器その他の兵器の使用
(b) 都市又は町村の恣意的な破壊又は軍事上の必要によって正当化されない壊滅
(c) 手段のいかんを問わず、無防備の町村、住宅又は建物に対する攻撃又は砲撃
(d) 宗教、慈善及び教育並びに芸術及び学術の用に供する施設、歴史上の記念建造物並びに芸術上及び学術上の作品の押収、破壊又は意図的損傷
(e) 公共の又は私有の財産の略奪

**第四条（集団殺害）** 1 国際裁判所は、本条2に規定する集団殺害を行った者又は本条3に掲げるその他の行為を行った者を訴追する権限を有する。

2 集団殺害とは、国民的、民族的、人種的又は宗教的な集団の全部又は一部を集団それ自体として破壊する意図をもって行われる次のいずれかの行為をいう。

(a) 集団の構成員を殺すこと。
(b) 集団の構成員に重大な肉体的又は精神的な危害を加えること。
(c) 全部又は一部の身体的破壊をもたらすよう企てられた生活条件を故意に集団に課すこと。
(d) 集団内の出生を妨げることを意図する措置を課すこと。
(e) 集団のこどもを他の集団に強制的に移すこと。

3 次の行為は、処罰される。

(a) 集団殺害
(b) 集団殺害の共同謀議
(c) 集団殺害の直接かつ公然たる扇動
(d) 集団殺害の未遂
(e) 集団殺害の共犯

**第五条（人道に対する罪）** 国際裁判所は、武力紛争（国際的な性質のものであるか否かを問わない。）において文民に対して直接行われた次の犯罪について責任を負う者を訴追する権限を有する。

(a) 殺人
(b) 殲滅
(c) 奴隷の状態に置くこと。
(d) 国外追放
(e) 拘禁
(f) 拷問
(g) 強姦
(h) 政治的、人種的及び宗教的理由による迫害
(i) その他の非人道的な行為

**第六条（人に関する管轄権）** 国際裁判所は、この規程の規定に従って、自然人について管轄権を有する。

**第七条（個人の刑事責任）** 1 この規程の第二条から第五条までに定める犯罪の計画、準備又は実行について、計画し、教唆し、命令し、実行し、又は幇助し若しくは援助した者は、個人としてその犯罪について責任を負う。

2 被告人の公の地位（国の元首又は政府の長であるか責任を有する公務員であるかを問わない。）により、当該被告人の刑事上の責任は免除されず、また、刑罰は軽減されない。

3 上官は、部下がこの規程の第二条から第五条までに定める行為を行おうとし、又は行ったことを了知し又は了知する理由がある場合において、当該行為を防止するため又は当該行為を行った者を処罰するため必要かつ合理的な措置をとらなかったときは、当該行為が部下によって行われたという事実をもって、その刑事上の責任を免除されない。

4 被告人は、政府又は上官の命令に従って行動したという事実をもって、その刑事上の責任を免除されない。ただし、国際裁判所が正義のために必要であると判断する場合には、刑罰の軽減に当たりその事実を考慮することができる。

**第八条（領域的管轄権及び時間的管轄権）** 国際裁判所は、領土、領空及び領水を含む旧ユーゴースラビア社会主義連邦共和国の領域について領域的管轄権を有し、一九九一年一月一日以降の期間について時間的管轄権を有する。

**第九条（管轄権の競合）** 1 国際裁判所及び国内裁判所は、一九九一年一月一日以後旧ユーゴースラビアの領域内で行われた国際人道法の重大な違反について人を訴追することに関し、ともに管轄権を有する。

2 国際裁判所は、国内裁判所に優越する。国際裁判所は、国内裁判所に対して、手続のいかなる段階においても、この規程並びに国際裁判所の手続証拠規則に従って、国際裁判所の権限に服するよう正式に要請することができる。

**第一〇条（一事不再理）** 1 いかなる者も、この規程に基づいて、国際人道法の重大な違反を構成する行為について国際裁判所で既に裁判を受けた場合には、国内裁判所で裁判を受けることはない。

2 国際人道法の重大な違反を構成する行為について国内裁判所で裁判を受けた者は、その後、次の場合に限り、国際裁判所による裁判を受けることがある。

(a) その者が裁判を受ける原因となった行為が、普通犯罪とされた場合
(b) 国内裁判所の手続が、公平な若しくは独立のものではなかった場合、国際的な刑事上の責任から被告人を保護することを意図したものであった場合、又は訴追が誠実に行われなかった場合

3 国際裁判所は、この規程に基づいて有罪の判決を受けた者に科する刑罰を検討するに当たって、その者に対して同一の行為について国内裁判所が科した刑罰が既にどの程度執行されているかを考慮する。

**第一一条（国際裁判所の組織）** 国際裁判所は、次の機関で構成す

る。

(a) 三つの法廷から成る第一審裁判部及び一つの上訴裁判部で構成する裁判部

(b) 検察官

(c) 裁判部及び検察官の双方に役務を提供する書記局

**第一二条（裁判部の構成）** 1 裁判部は、最大一六人の独立の常任裁判官（そのうちのいずれの二人も、同一の国の国民であってはならない。）及びこの規程の第一三条の三2に従って任命されるどの時点においても最大一二人の独立の臨時裁判官（そのうちのいずれの二人も、同一の国の国民であってはならない。）で構成する。

2 どの時点においても最大三人の常任裁判官及び九人の臨時裁判官を、それぞれの第一審裁判部の構成員とする。臨時裁判官が配属されたそれぞれの第一審裁判部は、5に定める事情が生じた場合を除いて、常任裁判官及び臨時裁判官の双方で構成される三人の裁判官から成る班に分割することができる。第一審裁判部の班は、この規程に基づいて第一審裁判部と同じ権限及び責任を有し、同じ規則に従って判決を下す。

3 常任裁判官のうちの七人を上訴裁判部の構成員とする。上訴裁判部は、それぞれの上訴のために、構成員のうちの五人で構成する。

4 二以上の国の国民と認められる者は、国際裁判所の裁判部の構成員たる地位に関しては、その者が市民的及び政治的権利を通常行使する国の国民とみなす。

5 国際裁判所の所長の要請に基づき、事務総長は、第一三条の三に従って選出された臨時裁判官の中から予備裁判官を任命し、そのために任命された裁判の各段階に参加させ、また職務を遂行することができない裁判官と交替させることができる。

6 2にかかわらず、第一審裁判部の班の常任裁判官を交替しなければならない例外的事情が生じたときは、班が臨時裁判官のみによって構成され常任裁判官を含まないことになっても、その班は審理を継続することができる。

**第一三条（裁判官の資格）** 常任裁判官及び臨時裁判官は、徳望が高く、公正かつ誠実であり、それぞれの国で最高の司法官に任命されるのに必要な資格を有する者とする。裁判部及び第一審裁判部の班の全体の構成については、裁判官が有する刑事法、国際法（国際人道法を含む。）及び人権法に関する経験に妥当な考慮が払われる。

**第一三条の二（常任裁判官の選挙）**（略）

**第一三条の三（臨時裁判官の選挙及び任命）**（略）

**第一三条の四（臨時裁判官の地位）**（略）

**第一三条の五（臨時裁判官の任命）**（略）

**第一四条（裁判部の構成員）** 1 国際裁判所の常任裁判官は、常任裁判官の間から裁判所長を選出する。

2 裁判所長は、上訴裁判部の構成員であり、同裁判部の手続を主宰する。

3 裁判所長は、国際裁判所の常任裁判官との協議の後、この規程の第一三条の二に従って選出され又は任命された常任裁判官の四人を上訴裁判部に、九人を第一審裁判部に配属する。第一二条第一項及び第三項の規定にかかわらず、裁判所長は、第一審裁判部で職務を遂行する常任裁判官のうちさらに四人までを、各裁判官が割り当てられている事件を完了した後に、上訴裁判部に配属することができる。上訴裁判部に配転された裁判官の任期は、上訴裁判部の裁判官の任期と同一とする。

4（略）

5 裁判所長は、国際裁判所の常任裁判官との協議の後、国際裁判所において職務を遂行するよう随時任命される臨時裁判官を、第一審裁判部に配属する。

6 裁判官は、配属された裁判部においてのみ職務を遂行する。

7 それぞれの第一審裁判部の常任裁判官は、その常任裁判官の間から裁判長を選出する。裁判長は、それぞれの第一審裁判部の職務全般を監督する。

**第一五条（手続証拠規則）** 国際裁判所の裁判官は、予審段階の手続、第一審及び上訴審の進行、証拠の許容性並びに被害者及び証人の保護その他の適当な事項について、手続証拠規則を採択する。

**第一六条（検察官）** 1 検察官は、一九九一年一月一日以後旧ユーゴースラビアの領域内で行われた国際人道法の重大な違反について責任を負う者の捜査及び訴追について責任を負う。

2 検察官は、国際裁判所とは別個の機関として独立して行動する。検察官は、いかなる政府からも又は他のいかなる者からも指示を求め、又は受けてはならない。

3（略）

4 安全保障理事会は、事務総長の指名に基づいて検察官を任命する。（後略）

5（略）

**第一七条（書記局）**（略）

**第一八条（捜査及び起訴状の準備）** 1 検察官は、職権によって又はあらゆる情報源（特に、政府、国際連合の機関、政府間組織及び非政府団体）から入手した情報に基づき捜査を開始する。検察官は、受領し又は入手した情報を評価し、捜査を進める十分な根拠があるか否かを決定する。

2 検察官は、被疑者、被害者及び証人に質問し、証拠を収集し、並びに実地捜査を行う権限を有する。これらの職務の遂行に当たり、検察官は、適当な場合には、関係国の当局の援助を求めることができる。

3 被疑者は、質問されるに当たり、自ら選任する弁護人により援助される権利（十分な支払手段を有しないときは、自らその費用を負担することなく弁護人を付される権利を含む。）を有し、並びに被疑者が話しかつ理解する言語への及びそのような言語からの必要な翻訳を与えられる権利を有する。

4 検察官は、事件について一応十分な証拠があると判断する場合には、事実及びこの規程に基づいて罪に問われている被告人の犯罪に関する簡潔な記述を含む起訴状を準備する。起訴状は、第一審裁判部の裁判官に送付される。

**第一九条（起訴状の審査）** 1 起訴状を送付された第一審裁判部の裁判官は、起訴状を審査する。裁判官は、検察官によって事件について一応十分な証拠が示されていると認める場合には、起訴状を確認する。そのような証拠が示されていると認められない場合には、起訴状は却下される。

2 裁判官は、起訴状を確認した場合には、検察官の要請に基づき、人を逮捕し、拘禁し、引渡し又は移送する旨の命令及び命令状その他裁判の進行のために必要な命令を発出することができる。

**第二〇条（公判手続の開始及び進行）** 1 第一審裁判部は、被告人の権利を十分尊重し並びに被害者及び証人の保護に妥当な考慮を払いつつ、裁判が公正かつ迅速に行われること、並びに手続が、手続証拠規則に従って進行することを確保する。

2　起訴状が確認された者は、国際裁判所の命令又は逮捕令状に従い、抑留され、自己に対する被疑事実を直ちに告げられ、また国際裁判所に移送される。

3　第一審裁判部は、起訴状を朗読し、被告人の権利が尊重されることを確かめ、被告人が起訴状を理解していることを確認し、かつ、被告人に罪状認否を行うことを指示する。その後、第一審裁判部は、公判期日を定める。

4　審理は、第一審裁判部が手続証拠規則に従って手続を非公開とすることを決定しない限り、公開で行われる。

**第二一条（被告人の権利）**　1　全ての者は、国際裁判所において平等である。

2　被告人は、その罪の決定のため、この規程の第二二条に基づいて公正な公開審理を受ける権利を有する。

3　被告人は、この規程の規定に基づいて有罪とされるまでは、無罪と推定される。

4　被告人は、この規程に基づくその罪の決定について、十分平等に、少なくとも次の保障を受ける権利を有する。

(a)　その理解する言語で速やかにかつ詳細にその罪の性質及び理由を告げられること。

(b)　防御の準備のために十分な時間及び便益を与えられ、並びに自ら選任する弁護人と連絡すること。

(c)　不当に遅延することなく裁判を受けること。

(d)　自ら出席して裁判を受け、自身で又は自ら選任する弁護人を通じて、防御すること。弁護人がいない場合には、弁護人を持つ権利を告げられること。正義の利益のために必要な場合には、また十分な支払手段を有しないときは自らその費用を負担することなく、弁護人を付されること。

(e)　自己に不利な証人を尋問し又はこれに対して尋問させること、並びに自己に不利な証人と同じ条件で自己のための証人の出廷及びこれに対する尋問を求めること。

(f)　国際裁判所において使用される言語を理解すること又は話すことができない場合には、無料で通訳の援助を受けること。

(g)　自己に不利益な供述又は有罪の自白を強要されないこと。

**第二二条（被害者及び証人の保護）**　国際裁判所は、その手続証拠規則において被害者及び証人の保護について定める。このような保護に関する措置には、非公開の手続及び被害者の身元関係事項の保護が含まれるが、これらに限定されるものではない。

**第二三条（判決）**　1　第一審裁判部は、判決を宣告し、国際人道法の重大な違反について有罪の判決を受けた者に対して刑罰を科する。

2　判決は、第一審裁判部の裁判官の過半数によって決定され、第一審裁判部によって公開の場で言い渡される。判決には、書面による理由が付されるものとし、当該理由について個別の又は反対の意見を付することができる。

**第二四条（刑罰）**　1　第一審裁判部が科する刑罰は、拘禁刑に限られる。第一審裁判部は、拘禁の期間を決定するに当たり、旧ユーゴースラビアの裁判所における拘禁刑に関する一般慣行に依拠する。

2　第一審裁判部は、刑罰を科するに当たり、犯罪の重大さ及び有罪の判決を受けた者の個別の事情等の要因を考慮しなければならない。

3　第一審裁判部は、拘禁刑に加え、犯罪行為によって得た財産及び収益（強迫によって得たものを含む。）を正当な所有者に返還することを命令することができる。

**第二五条（上訴の手続）**　1　上訴裁判部は、第一審裁判部により有罪の判決を受けた者又は検察官からの次のいずれかの理由に基づく上訴を審理する。

(a)　法律問題に関する誤りであって、決定を無効とするもの

(b)　事実の誤認であって、誤審の原因となったもの

2　上訴裁判部は、第一審裁判部による決定を容認し、破棄し又は修正することができる。

**第二六条（再審理の手続）**　第一審裁判部又は上訴裁判部における手続中に了知されておらず、かつ、決定に到達するに当たって決定的な要因となったであろう新たな事実が発見された場合には、有罪の判決を受けた者又は検察官は、国際裁判所に判決の再審理の請求を提出することができる。

**第二七条（刑罰の執行）**　拘禁刑は、有罪の判決を受けた者を受け入れる意図を安全保障理事会に表明した国の中から国際裁判所が指定した国で執行される。当該拘禁刑は、国際裁判所の監督の下で当該国の関係法令に従って執行される。

**第二八条（恩赦又は減刑）**　有罪の判決を受けた者が、拘禁される国の関係法令に基づいて恩赦又は減刑について適格である場合には、当該国は、国際裁判所にその旨を通知する。裁判所長は、裁判官と協議の上、正義の利益及び法の一般原則に基づいてその問題について決定する。

**第二九条（協力と司法共助）**　1　各国は、国際人道法の重大な違反について責任を問われている者の捜査及び訴追に関し、国際裁判所に協力する。

2　各国は、第一審裁判部が発出する援助要請又は命令（次の事項が含まれるが、これらに限定されない。）に対して不当に遅延することなく従う。

(a)　人及びその所在の特定

(b)　証言の入手及び証拠の提出

(c)　文書の送達

(d)　人の逮捕又は拘禁

(e)　国際裁判所への被告人の引渡又は移送

**第三〇条（国際裁判所の地位、特権と免除）**　1　一九四六年二月一三日の「国際連合の特権及び免除に関する条約」は、国際裁判所、裁判官、検察官及び検察局の職員並びに書記及び書記局の職員に適用される。

2　裁判官、検察官及び書記は、国際法に従って外交使節に与えられる特権及び免除、除外及び便益を享有する。

3　検察局の職員及び書記局の職員は、本条1にいう条約の第五条及び第七条の規定に基づいて国際連合の職員に与えられる特権及び免除を享有する。

4　1から3までに規定する者を除き、国際裁判所への出頭が要求される者（被告人を含む。）は、国際裁判所が適正に任務を遂行するために必要な待遇を与えられる。

**第三一条（国際裁判所の所在地）**　国際裁判所の所在地は、ハーグとする。

**第三二条（国際裁判所の経費）**　国際裁判所の経費は、国際連合憲章第一七条の規定に従って、国際連合の通常予算によって負担される。

**第三三条（用語）**　国際裁判所の用語は、英語及びフランス語とする。

**第三四条（年次報告）**　（略）

## (2) 安全保障理事会決議一九六六(旧ユーゴスラビア及びルワンダ国際刑事裁判所の残余メカニズム(IRMCT)の設置)(抜粋) 翻訳

採択　二〇一〇年一二月二二日(安保理第六四六三回会合・決議一九六六)

安全保障理事会は、

旧ユーゴスラビア国際刑事裁判所(以下「ICTY」という。)を設立した一九九三年五月二五日の安全保障理事会決議第八二七号(一九九三年)及びルワンダ国際刑事裁判所(以下「ICTR」という。)を設立した一九九四年一一月八日の決議第九五五号(一九九四年)並びにその後の関連する全ての決議を想起し、

特に、両国際刑事裁判所に対し、二〇〇四年末までに捜査を完了し、二〇〇八年末までに第一審の全ての裁判手続を完了し、二〇一〇年に全ての作業を完了するための措置(以下「完了戦略」という。)を可能な限り全てとるよう要請した二〇〇三年八月二八日の安全保障理事会決議第一五〇三号(二〇〇三年)及び二〇〇四年三月二六日の同決議第一五三四号(二〇〇四年)を想起し、また、それらの想定された期日が満たされていないことに留意し、(中略)

国際連合憲章第七章に基づいて行動して、

1　両国際刑事裁判所に代わる国際残余メカニズム(以下「メカニズム」という。)を、二〇一二年七月一日(ICTRの支部)及び二〇一三年七月一日(ICTYの支部)にそれぞれ任務を開始する(以下「開始日」という。)二つの支部とともに設立することを決定し、また、このためにこの決議の附属書一のメカニズム規程を採択することを決定する。

2　この決議、メカニズム規程並びにICTY規程及びICTR規程の規定は、この決議の附属書二に規定する移行措置に従うことを決定する。

3　ICTY及びICTRに対し、二〇一四年一二月三一日までに、この決議に定められた全ての残存する活動を速やかに完了するために全ての可能な措置をとり、両国際刑事裁判所の閉鎖の準備をし、メカニズムへの円滑な移行を確保すること(各国際刑事裁判所の先遣隊を通じて行うことを含む。)を要請する。

17　メカニズムは、1に定める最初の開始日から当初四年の間活動すること、また、この当初期間の終了の前までに及びその後は二年ごとに、メカニズムの活動(その任務の完了に関する活動を含む。)の進展について検討することを決定し、さらに、安全保障理事会が別段の決定をしない限り、メカニズムはそのような検討の度にその後二年の間活動し続けることを決定する。

### 附属書一
### 両国際刑事裁判所に代わる国際残余メカニズム(IRMCT)規程(抜粋)

**前文**

両国際刑事裁判所に代わる国際残余メカニズム(以下「メカニズム」という。)は、一九九一年以後旧ユーゴスラビアの領域内で行われた国際人道法に対する重大な違反について責任を有する者の訴追のための国際裁判所(以下「ICTY」という。)及び一九九四年一月一日から同年一二月三一日までにルワンダの領域内で行われた集団殺害その他の国際人道法に対する重大な違反について責任を有する者及び一九九四年一月一日から同年一二月三一日までに近隣諸国の領域内で行われた集団殺害その他の国際人道法に対する重大な違反について責任を有するルワンダ国民を訴追するための国際刑事裁判所(以下「ICTR」という。)の残余任務を遂行するために国際連合憲章第七章に基づいて行動する安全保障理事会によって設置され、この規程に従って任務を遂行する。

**第一条(メカニズムの権限)**　1　メカニズムは、ICTY規程第一条から第八条まで及びICTR規程第一条から第七条までに規定するICTY及びICTRの事項的、領域的、時間的及び人的管轄権を保持し、また、この規程の規定に従うことを条件として、ICTY及びICTRの権利及び義務を保持する。

2　メカニズムは、この規程の規定に従って、訴追された犯罪の重大性及び被告人の責任の程度を考慮し、本条1が対象とする犯罪に対して最も責任があると疑われる最も上席の指導者の中でICTY又はICTRによって起訴された者を訴追する権限を有する。

3　メカニズムは、この規程の規定に従って、本条2が対象とする最も上席の指導者の中には含まれないICTY又はICTRによって起訴された者を訴追する権限を有する。ただし、メカニズムはこの規程第六条に定める当該事件を付託するためにあらゆる合理的な努力を尽くした後にのみ、この規程の規定に従って、そのような者を自ら裁判することができる。

4・5　(略)

**第二条(メカニズムの任務)**　メカニズムは、その活動期間中、この規程に定めるICTYの任務及びICTRの任務(以下「残余任務」という。)を引き続き保持する。

**第三条(メカニズムの構造及び所在地)**　メカニズムは二つの支部を有し、一つはICTYのための支部とし、一つはICTRのための支部とする。ICTYのための支部の所在地はハーグとし、ICTRのための支部の所在地はアルーシャとする。

**第五条(裁判権の競合)**　1　メカニズム及び国内裁判所は、この規定の第一条が対象とする者を訴追する管理権を競合して有する。

2－6　(略)

**第八条(裁判官名簿)**　1　メカニズムは、二五人の独立した裁判官(以下「メカニズムの裁判官」という。)の名簿を持つが、そのうち二人を超える者が、同一の国の国民であってはならない。

2－4　(略)

### 附属書二
### 移行措置(抜粋)

**第一条(公判手続)**　1　ICTY及びICTRは、メカニズムの各支部の開始日に係属中の全ての公判及び付託の手続を完了する権限を有する。

2　メカニズム各支部の開始日の前に、ICTY若しくはICTRによって起訴された逃亡者が一二箇月以上拘束されている場合、又は、同開始日の六箇月以上前に上訴裁判部によって再審が命じられた場合には、ICTY又はICTRはそれぞれ、当該逃亡者に関して、それぞれの規程及び手続及び証拠に関する規則に従って、当該逃亡者の公判を行い、完了する権限、又は、適当な場合には、当該事件を国家の当局に付託する権限を有す

る。

3　メカニズム各支部の開始日の前に、ICTY若しくはICTRによって起訴された逃亡者の拘束が一二箇月以下である場合、又は、再審が同開始日の前六箇月以内に命じられた場合には、ICTY又はICTRはそれぞれ、当該逃亡者に関して、それぞれの規程及び手続及び証拠に関する規則に従って、当該逃亡者の公判を準備し、適当な場合には、当該事件を国家の当局に付託する権限のみ有する。メカニズムの各支部の開始日に、メカニズムは、メカニズム規程第一条に従って、当該逃亡者に関する権限(適当な場合には、当該逃亡者の公判又は当該事件の付託を含む。)を有する。

4　ICTY若しくはICTRによって起訴された逃亡者がメカニズムの各支部の開始日以降に逮捕された場合、又は、再審がメカニズムの各支部の開始日以降に命じられた場合には、メカニズムは、メカニズム規程第一条に従って、当該逃亡者に関する権限を有する。

**第二条（上訴手続）** 1　ICTY及びICTRは、メカニズムの各支部の開始日前に判決又は刑罰に対する上訴の通告が提出された、全ての上訴の手続を行い、完了する権限を有する。

2　メカニズムは、メカニズムの各支部の開始日以降に判決又は刑罰に対する上訴の通告が提出された、全ての上訴の手続を行い、完了する権限を有する。

# 3　国際軍事裁判所憲章 翻訳

［ニュルンベルク国際軍事裁判所憲章］

一九四五年八月八日

## 一　国際軍事裁判所の構成

**第一条【裁判所の設置】** 一九四五年八月八日に、グレートブリテン・北アイルランド連合王国政府、アメリカ合衆国政府、フランス共和国暫定政府、ソヴィエト社会主義共和国連邦政府が署名した協定に従って、欧州枢軸国における主要戦争犯罪人の公正かつ迅速な審理及び処罰のため、国際軍事裁判所(以下「裁判所」という。)を設置する。

**第二条【裁判官と予備裁判官】** 裁判所は四人の裁判官で構成され、それぞれ予備裁判官を有する。裁判官及び予備裁判官は各署名国が任命する。予備裁判官は、できる限り、裁判所の全ての会合に出席する。裁判官が病気その他の理由で任務を果たすことができない場合には、その予備裁判官が代わって職務を行う。

**第三条【裁判官と予備裁判官の忌避、交代】** 裁判所、裁判官又は予備裁判官は、検察官又は被告人若しくはその弁護人によって忌避されない。各署名国は、裁判官又は予備裁判官を健康その他の相当の理由があるときには交代させることができる。ただし、予備裁判官による場合のほかは、審理中の交代は認められない。

**第四条【開廷、裁判長、投票】** (a)　裁判官四人全員、又はいずれかの裁判官が欠けるときはその予備裁判官が出席することが、定足数の成立要件である。

(b)　裁判官は、審理に先立ち、合議によって裁判官の中から裁判長を互選する。裁判長は、当該審理中、三人以上の投票による別段の合意がなされない限り、その職にとどまる。一連の審理において、裁判長は輪番とすることが原則として合意される。ただし、裁判の審理が四署名国の一の領域で行われるときは、当該署名国の代表が裁判長となる。

(c)　(b)の場合を除いて、裁判所は多数決によって決する。賛否同数の場合は、裁判長の投票によって決する。ただし、有罪の認定及び刑罰の言渡しができるのは、三人以上の裁判官の賛成投票のある場合に限る。

**第五条【別個の裁判所の設置】** 必要な場合には、審理すべき事項の数に応じて、他の裁判所を設置することができる。各裁判所の設置、職務及び手続は同一とし、この憲章により規律される。

## 二　管轄及び一般原則

**第六条【人及び犯罪に関する管轄】** 前記第一条にいう協定によって設置された欧州枢軸国の主要犯罪人の審理及び処罰のための裁判所は、個人としてであるか組織の構成員としてであるかにかかわりなく、欧州枢軸国の利益に基づいて行動し、次の罪のいずれかを犯した者を審理し、処罰する権限を有する。

次の行為又はそのいずれかは、裁判所の管轄に属する犯罪であり、これについては個人責任が問われる。

(a)　平和に対する罪、すなわち、侵略戦争又は国際条約、協定若しくは保証に違反する戦争の計画、準備、開始若しくは遂行、又は以上の行為のいずれかを達成するための共通の計画若しくは共同謀議への関与

(b)　戦争犯罪、すなわち、戦争法規又は戦争慣例の違反。そのような違反には、占領地の又は占領地における文民の殺戮、不当な待遇、奴隷労働その他の目的での追放、捕虜又は海上にいる者の殺戮又は不当な待遇、人質の殺害、公私財産の掠奪、都市町村の恣意的な破壊又は軍事的必要によって正当化されない荒廃化が含まれる。ただし、これらに限定されない。

(c)　人道に対する罪、すなわち、犯行地の国内法違反であるかにかかわりなく、戦前若しくは戦時中になされた殺戮、殲滅、奴隷的虐使、追放、文民に対して行われたその他の非人道的行為、又は、裁判所の管轄に属する犯罪の遂行として若しくはそれに関連して行われた政治的、人種的若しくは宗教上の理由に基づく迫害

前記の罪のいずれかを犯すために共通の計画又は共同謀議の立案又は実行に参加した指導者、組織者、教唆者及び共犯者は、そのような計画の遂行上なされた一切の行為について、何人が実行したかにかかわりなく、責任を負う。

**第七条【被告人の公的地位】** 被告人の公的地位は、国家元首であると政府関係機関の責任ある公務員であるとにかかわりなく、責任を解除し、又は刑罰を軽減するものとして考慮されない。

**第八条【上官命令の抗弁】** 被告人が自国の政府又は上位者の命令に従って行動したという事実は、被告人の責任を免れさせるものではない。ただし、正義が要求すると裁判所が認めるときは、刑罰の軽減において考慮することができる。

**第九条【犯罪組織の宣言】** 裁判所は、集団又は組織の個々の構成員の審理に際して、(当該個人の有罪が認定される行為に関連して)その個人が所属する当該集団又は組織を犯罪組織であると宣言することができる。

裁判所は、起訴状を受理した後、適当と考えるところにより、検察当局が裁判所に前記の宣言を求める意思を有する旨を告知

する。当該組織の構成員は、当該組織の犯罪的性格の問題について、裁判所から聴聞を受ける許可を裁判所に申請することができる。裁判所は、その申請を認容又は却下する権限を有する。申請が認容された場合、裁判所は申請者が代理され審理を受ける方法を指示することができる。

**第一〇条【犯罪組織への所属の犯罪】** 集団又は組織が裁判所によって犯罪組織であると宣言された場合には、署名国の管轄を有する国内当局は、個人を当該組織の構成員であることを理由に、自国の裁判所、軍事裁判所又は占領軍裁判所において裁判に付する権限を有する。

**第一一条【犯罪組織構成員の独立の犯罪】** 裁判所により有罪と認定された者は、この憲章の第一〇条にいう自国の裁判所、軍事裁判所又は占領軍裁判所において、犯罪集団又は組織に属していたこととは別の罪で訴追することができる。これらの裁判所は、有罪と認定した後に、犯罪集団又は組織の犯罪活動に関与していたことを理由として裁判所が科す刑罰とは独立に又はそれに追加して、刑罰を科すことができる。

**第一二条【欠席裁判】** 裁判所は、この憲章の第六条に規定された罪で訴追された被告人が見つからないとき、又は何らかの理由で、正義のために、被告人が欠席したまま審理を進める必要を認めたときは、被告人欠席のままこの者に対する訴訟手続を遂行する権限を有する。

**第一三条【手続規則】** 裁判所は、その手続のための規則を作成する。これらの規則は、この憲章の規定と矛盾してはならない。

## 三　主要戦争犯罪人調査訴追委員会

**第一四条【委員会の構成と目的】** 各署名国は、主要戦争犯罪人に対する被疑事実の調査及び訴追のため、主席検察官を任命する。
主席検察官は、次の目的のため委員会を構成する。

(a) 各主席検察官とその事務員のそれぞれの仕事の計画について合意すること。
(b) 裁判所が審理する主要戦争犯罪人の最終指名を決定すること。
(c) 起訴状及びそれとともに提出する文書を承認すること。
(d) 起訴状及び添付文書を裁判所に提出すること。
(e) この憲章の第一三条で予定されている手続規則の草案を起草し、裁判所に提議すること。裁判所は、提議された規則を修正なしに若しくは修正を加えて受諾するか、又はこれを却下する権限を有する。

委員会は、前記の全ての事項について、多数決に従って行動し、適宜、輪番制の原則に従い議長を任命する。裁判に付す被告人の指名又は被疑事実となる罪について賛否同数のときは、特定の被告人を裁判にかけるべきとする提案又は被告人に対する特定の起訴事実を適切とする提案が採用される。

**第一五条【主席検察官の事務】** 主席検察官は、さらに、個別にまた互いに協力して行動し、次の任務を遂行する。

(a) 審理の前又は審理の時に必要な全ての証拠の調査、収集及び作成
(b) 第一四条(c)に従い、委員会によって承認された起訴状の準備
(c) 全ての必要な証人及び被告人の予備審問
(d) 審理の時に検察官を務めること。
(e) 割り当てられた任務を遂行するため、代理を任命すること。
(f) 審理の準備及び遂行の目的のために必要と思われるその他の事項を引き受けること。

署名国が抑留する証人又は被告人は、当該署名国の同意なくその管理下から連れ出されないことが了解される。

## 四　被告人に対する公正な審理

**第一六条【公正な審理のための手続】** 被告人に対する公正な審理を確保するため、次の手続に従う。

(a) 起訴状には、被告人に対する起訴事実を詳細に明示する事項を漏れなく記載する。起訴状及びそれに付随する全ての文書の写しは、被告人が理解できる言語に翻訳した上で、審理の前の適当な時期に被告人に交付する。
(b) 被告人の予備審問又は審理の間、被告人は自身への起訴事実に関連して弁明する権利を有する。
(c) 被告人の予備審問及び審理は、被告人の理解できる言語に翻訳して行う。
(d) 被告人は、裁判所の前で自ら弁護する権利又は弁護人の援助を受ける権利を有する。
(e) 被告人は、自ら又は弁護人を通じて自己の弁護に役立つ証拠を審理で提出する権利、及び、検察側が召喚した証人を反対尋問する権利を有する。

## 五　裁判所の権限及び審理の執行

**第一七条【権限】** 裁判所は、次の権限を有する。

(a) 証人を審理に召喚し、出席と証言を求め、尋問すること。
(b) 被告人を尋問すること。
(c) 文書その他の証拠となる資料の作成を求めること。
(d) 証言に対する宣誓を実施すること。
(e) 裁判所が指示する事務を遂行するための職員を任命すること。これには委任による証拠入手の権限が含まれる。

**第一八条【審理の執行】** 裁判所は、次の事項を遵守する。

(a) 審理を起訴事実について生じた争点の迅速な聴聞に厳密に限定すること。
(b) 不当な遅延を引き起こす行動を防ぐため厳格な措置をとり、いかなる種類のものであれ、無関係な争点と発言を排除すること。
(c) 法廷侮辱に対しては即座に対処し、以後の手続の一部又は全部について被告人又は弁護人の出廷禁止を含む適切な制裁を課すこと。ただし、そのことが起訴事実の判定に予断を与えてはならない。

**第一九条【証拠の採用】** 裁判所は、証拠に関する技術的規則に拘束されない。裁判所は、迅速かつ非技術的な手続を最大限採用し、また適用し、証明力があるとみなすべき証拠を認容する。

**第二〇条【証拠の関連性】** 裁判所は、証拠の関連性を判定するために、証拠の提出前に、その性質についての情報を要請することができる。

**第二一条【裁判所に顕著な証拠】** 裁判所は、公知の事実については証明を求めることなく、裁判所に顕著なものと認める。政府の公式の文書及び国際連合の報告書もまた、裁判所に顕著なものと認める。これには、連合国諸国が戦争犯罪の調査のために設置した委員会の行動及び文書並びに連合国の軍事裁判所その他の裁判所の記録及び事実認定が含まれる。

**第二二条【裁判の場所】** 裁判所の常設地はベルリンとする。裁判官及び主席検察官の最初の会合は、ベルリンにおいてドイツ管理理事会が指定する場所で開催する。第一回公判は、ニュル

ンベルクで開廷し、以後の審理については裁判所が決定する場所で行う。

**第二三条【訴追と被告人の弁護】** 一又は二以上の主席検察官が、各審理において訴追に参加することができる。主席検察官の職務は、当該検察官自身によって、又は彼が授権した一若しくは複数の者によって行われる。

被告人の弁護人の職務は、被告人の要請に基づき自国の裁判所で訴訟を行う職業上の資格のある弁護人によって、又は裁判所がこれを行うよう特別に授権した他の者によって行われる。

**第二四条【審理のための手続】** 審理の手続は次の順序で行う。

(a) 起訴状を法廷で朗読する。

(b) 裁判所が、各被告人に対して「有罪」又は「無罪」のいずれを主張するかを尋ねる。

(c) 検察官が冒頭陳述を行う。

(d) 裁判所が、検察側と弁護側に、(証拠があれば)どの証拠を裁判所に提出することを望むかを尋ねる。裁判所が証拠の採否を決定する。

(e) 検察側の証人を尋問し、その後、弁護側の証人を尋問する。その後、裁判所が許容すべきものと認めた反証が、検察側又は弁護側によって提出される。

(f) 裁判所は、証人及び弁護人に対して、いつでも、いかなる質問も、することができる。

(g) 検察側及び弁護側は、証言する証人及び被告人に対して尋問し、また反対尋問をする。

(h) 弁護側が法廷で意見を述べる。

(i) 検察側が法廷で意見を述べる。

(j) 各被告人は、裁判所に対して陳述することができる。

(k) 裁判所は、判決を下し、刑罰を言い渡す。

**第二五条【言語】** 英語、フランス語、ロシア語及び被告人の言語によって、全ての公式文書が作成され、裁判の全ての手続が行われる。同様に、裁判所が正義と世論のために望ましいと認めるときは、記録と裁判手続を、裁判所が設置されている国の言語にも翻訳することができる。

### 六　判決及び刑罰

**第二六条【判決】** 被告人の有罪又は無罪に関する裁判所の判決には、判決理由を付す。判決は最終のものとし、再審理に服さない。

**第二七条【刑罰】** 裁判所は、有罪の認定をした場合、被告人に対して死刑又は裁判所が適当と認めるその他の刑罰を科す権限を有する。

**第二八条【財産の没収】** 裁判所は、刑罰を科すことに加えて、有罪とされた被告人からその盗んだ財産を剝奪し、ドイツ管理理事会に引き渡すよう命令する権限を有する。

**第二九条【刑罰の執行】** 有罪の場合、刑罰はドイツ管理理事会の命令に従って執行される。ドイツ管理理事会は、いつでも刑罰を軽減し、又は変更することができるが、刑罰を加重することはできない。ドイツ管理理事会は、被告人が有罪とされ刑罰を言い渡された後、その見解によれば被告人に新しい起訴事実を基礎づける新しい証拠を発見したときには、正義の観点から適当と考える措置をとることを求めて、前記第一四条に基づいて設置された委員会に報告する。

### 七　費用

**第三〇条【費用】** 裁判所及び審理の費用は、署名国によって、ドイツ管理理事会の維持のために配当された資金から支払う。

## 4　極東国際軍事裁判所憲章

［東京裁判（憲章）］

一九四六年一月一九日（改正―同年四月二六日）

### 第一章　裁判所の構成

**第一条（裁判所の設置）** 極東に於ける重大戦争犯罪人の公正且迅速なる審理及び処罰の為め、茲に極東国際軍事裁判所を設置す。裁判所の常設地は東京とす。

**第二条（裁判官）** 本裁判所は、降伏文書の署名国並に印度、比律賓国により申出でられたる人名中より、聯合国軍最高司令官の任命する六人以上一一人以内の裁判官を以て構成す。

**第三条（上級職員及び書記課）**

(イ) 裁判長　聯合国軍最高司令官は、裁判官中の一人を裁判長に任命す。

(ロ) 書記課

(一) 裁判所書記課は、聯合国軍最高司令官の任命に係る書記長の外、必要員数の副書記長、書記、通事其の他の職員を以て構成す。

(二) 書記長は、書記課の事務を編成し、之を指揮す。

(三) 書記課は、本裁判所にあてられたる一切の文書を受理し、裁判所の記録を保管し、裁判所及び裁判官に対し必要なる書記事務を提供し、其の他裁判所の指示する職務を遂行す。

**第四条（開廷及び定足数、投票及び欠席）**

(イ) 開廷及び定足数　裁判官六人が出廷せる時、該裁判官は、裁判所の正式開廷を宣することを得。全裁判官の過半数の出席を以て定足数の成立要件とす。

(ロ) 投票　有罪の認定及び刑の量定其の他本裁判所の為す一切の決定並に裁判は、出席裁判官の投票の過半数を以て決す。賛否同数なる場合に於ては、裁判長の投票を以て之を決す。

(ハ) 欠席　裁判官にして万一欠席することあるも、爾後出席し得るに至りたる場合に於ては、其の後の凡ての審理に参加すべきものとす。但、公開の法廷に於て其の欠席中行はれたる審理に通暁せざるの理由により、自己の無資格を宣言したる場合に於ては、此の限りに非ず。

### 第二章　管轄及び一般規定

**第五条（人並に犯罪に関する管轄）** 本裁判所は、平和に対する罪を包含せる犯罪に付個人として又は団体構成員として訴追せられたる極東戦争犯罪人を審理し、処罰するの権限を有す。左に掲ぐる一又は数個の行為は、個人責任あるものとし、本裁判所の管轄に属する犯罪とす。

(イ) 平和に対する罪　即ち、宣戦を布告せる又は布告せざる侵略戦争、若は国際法、条約、協定又は保証に違反せる戦争の計画、準備、開始、又は実行、若は右諸行為の何れかを達成する為の共通の計画又は共同謀議への参加。

(ロ) 通例の戦争犯罪　即ち、戦争法規又は戦争慣例の違反。

(ハ)　人道に対する罪　即ち、戦前又は戦時中為されたる殺戮、殲滅、奴隷的虐使、追放其の他の非人道的行為、若は政治的又は人種的理由に基く迫害行為であつて犯行地の国内法違反たると否とを問はず本裁判所の管轄に属する犯罪の遂行として又は之に関聯して為されたるもの。

上記犯罪の何れかを犯さんとする共通の計画又は共同謀議の立案又は実行に参加せる指導者、組織者、教唆者及び共犯者は、斯かる計画の遂行上為されたる一切の行為に付、其の何人に依りて為されたるとを問はず責任を有す。

**第六条（被告人の責任）** 何時たるとを問はず被告人が保有せる公務上の地位、若は被告人が自己の政府又は上司の命令に従ひ行動せる事実は、何れも夫れ自体当該被告人をして其の間擬せられたる犯罪に対する責任を免れしむるに足らざるものとす。但、斯かる事情は、本裁判所に於て正義の要求上必要ありと認むる場合に於ては、刑の軽減の為め考慮することを得。

**第七条（手続規定）** 本裁判所は、本憲章の基本規定に準拠し手続規定を制定し、又は之を修正することを得。

**第八条（検察官）**

(イ)　主席検察官　聯合国軍最高司令官の任命に係る主席検察官は、本裁判所の管轄に属する戦争犯罪人に対する被疑事実の調査及び訴追を為すの職責を有するものとし、且右最高司令官に対し適当なる法律上の助力を為すものとす。

(ロ)　参与検察官　日本と戦争状態に在りし各「国際聯合」加盟国は、主席検察官を輔佐する為め、参与検察官一人を任命することを得。

## 第三章　被告人に対する公正なる審理

**第九条（公正なる審理の為めの手続）** 被告人に対する公正なる審理を確保する為め、左記手続を遵守すべきものとす。

(イ)　起訴状　起訴状には平易、簡単且適切に各起訴事実の記載を為すべきものとす。各被告人は、防禦の為め十分なる時期に於て、被告人が諒解し得る国語を以て記載せられたる起訴状及びその修正文並に本憲章の各写を交付せらるべきものとす。

(ロ)　用語　審理並に之に関聯せる手続は、英語及び被告人の国語を以て行はるべきものとす。文書其の他の書類の翻訳文は、必要なる場合請求に応じ提供せらるべきものとす。

(ハ)　被告人のための弁護人　各被告人は、その選択にかかる弁護人に依り代理せらるる権利を有す。但、本裁判所は、何時にても該弁護人を否認することを得。被告人は、本裁判所の書記長に其の弁護人の氏名を届出づべし。若し被告人にして弁護人に依り代理せらるることなく且公開の法廷に於て弁護人の任命を要求せし場合に於ては本裁判所は、該被告人の為めに弁護人を選任すべし。斯かる要求なき場合に於ても、本裁判所は、若し斯かる任命が公正なる裁判を行ふに付き必要なりと認むるときは、被告人の為めに弁護人を選任することを得。

(ニ)　防禦の為めの証拠　被告人は、自ら又は弁護人に依り（但両者に依るを得ず。）凡ての人証を訊問する権利を含め防禦を為すの権利を有す。但、当裁判所が定むるところの適当なる制限に従ふものとす。

(ホ)　防禦の為めの証拠の顕出　被告人は、本裁判所に対し書面を以て人証又は文書の顕出を申請することを得。右申請書には人証又は文書の所在すと思料せらるる場所を記載すべし。尚右申請書には人証又は文書に依り立証せんとする事実並に該事実と防禦との関連性を記載すべし。本裁判所が右申請を許可したる場合に於ては、本裁判所は、該証拠の顕出を得るに付情況上必要とする助力を与へらるべきものとす。

**第一〇条（審理前に於ける申請又は動議）** 審理の開始に先立ち本裁判所に対して為さるる動議、申請其の他の請求は、総て書面を以て為すべきものとし、且本裁判所の決定を得る為め之を本裁判所書記長に提出すべきものとす。

## 第四章　裁判所の権限及び審理の執行

**第一一条（権限）** 本裁判所は、左記権限を有す。

(イ)　人証を召喚し、其の出廷及び証言を命じ、且之を訊問すること。

(ロ)　各被告人を訊問し、且被告人が訊問に対する答弁を拒否したる場合に於て右拒否に関し訴訟関係人の論評を許可すること。

(ハ)　文書其の他の証拠資料の提出を命ずること。

(ニ)　各人証に対し宣誓、誓言、又は其の本国の慣習に依る宣言を為すべきことを命じ、且宣誓を執行すること。

(ホ)　本裁判所の指示する事務を遂行する為めの職員を任命すること、並に証拠調を他に嘱託すること。

**第一二条（審理の執行）** 本裁判所は、左記各項を遵守すべし。

(イ)　審理を起訴事実に付生じたる争点の迅速なる取調に厳格に限定すること。

(ロ)　不当に審理を遅延せしむるが如き行為を防止する為め厳重なる手段を執り、且其の如何なる種類たるとを問はず起訴事実に関聯なき争点及び陳述を排除すること。

(ハ)　審理に於ける秩序の維持を図り、法廷に於ける不服従行為に付之を即決し、且爾後の審理の全部又は一部に付被告人又は其の弁護人の退廷を命ずる等適当なる制裁を課すること。但、之が為め起訴事実の判定に付偏頗の取扱を為すべからざるものとす。

(ニ)　被告人に付審理に応ずべき精神的及び肉体的能力の有無を決定すること。

**第一三条（証拠）**

(イ)　証拠能力　本裁判所は、証拠に関する技術的法則に拘束せらるることなし。本裁判所は、迅速且機宜の手続を最大限度に採用且適用すべく、本裁判所に於て証明力ありと認むる限り如何なる証拠をも採用するものとす。被告人の表示したる承認又は陳述は、総て証拠として採用することを得。

(ロ)　証拠の関聯性　本裁判所は、証拠の関聯性の有無を判定する為め、証拠の提出前証拠の性質に付説明を徴することを得るものとす。

(ハ)　採用し得べき具体的証拠の例示　左に掲ぐるものは、何れも証拠として採用し得るものとす。

(一)　機密上の種別如何に拘らず且発行又は署名に関する証明の有無を問はず或政府の軍隊に属する将校、官庁、機関乃至構成員の発行又は署名に係るものと本裁判所に於て認めらるる文書

(二)　国際赤十字社又は其の社員、医師又は医務従事者、調査員又は情報官、其の他当該報告書に記載せられたる事項を直接知得せりと本裁判所に認めらるる者の署名又は発行に係るものと本裁判所に於て認めらるる報告書

(三) 宣誓始末書、聴取書、其の他署名ある陳述書
(四) 本裁判所に於て起訴事実に関係ある資料を包含すと認めらるる日記、書状若は宣誓又は非宣誓陳述を含む其の他の文書
(五) 原本を即時提出し得ざる場合に於ては、文書の写、其の他原本の内容を第二次的に証明する証拠
(ニ) 裁判所に顕著なる事項　本裁判所は、公知の事実、乃至は或国家の公式の文書及び報告書の真実性乃至は或「国際聯合」加盟国の軍事機関又は其の他の機関の作成に係る調書、記録及び決定書の真実性に付ては、其の立証を要せざるものとす。
(ホ) 記録、証拠物及び文書　調書の正本及び裁判所に提出せられたる証拠物及び文書は、本裁判所の書記長に交付せられ、訴訟記録の一部を構成するものとす。

**第一四条（裁判の場所）** 最初の裁判は、東京に於て之を行ふべく、爾後行はるることあるべき裁判は、本裁判所の決定する場所に於て之を行ふものとす。

**第一五条（裁判手続の進行）** 本裁判に於ける手続は、左記の過程を経べきものとす。
(イ) 起訴状は、法廷に於て朗読せらるべし。但、被告人全員が其の省略に同意したる場合は此の限にあらず。
(ロ) 裁判所は、各被告人に対し「有罪」又は「無罪」の何れを主張するやを質すべし。
(ハ) 検察官並に各被告人（代理せられ居る場合は弁護人に限り）は、簡単なる劈頭陳述を為すことを得。
(ニ) 検察官及び被告人側は、証拠の提出を為すことを得べく、裁判所は、該証拠の採否に付決定すべし。
(ホ) 検察官並に各被告人（代理せられ居る場合は弁護人に限り）は、各人証及び証言を為す各被告人を訊問することを得。
(ヘ) 被告人（代理せられ居る場合は弁護人に限り）は、裁判所に対し意見を陳述することを得。
(ト) 検察官は、裁判所に対し意見を陳述することを得。
(チ) 裁判所は、有罪無罪の判決を下し、刑を宣告す。

### 第五章　有罪無罪の判決及び刑の宣告

**第一六条（刑罰）** 本裁判所は、有罪の認定を為したる場合に於ては、被告人に対し死刑又は其の他本裁判所が公正と認むる刑罰を課する権限を有す。

**第一七条（判決及び審査）** 判決は、公開の法廷に於て宣言せらるべく、且つ之に判決理由を附すべし。裁判の記録は、速かに聯合国軍最高司令官に対し審査を受くる為め送付せらるべし。宣告刑は、聯合国軍最高司令官の指令に従ひ執行せらるべく、聯合国軍最高司令官は、何時にても宣告刑に付、之を軽減し、又は刑を加重せざる限り其の他の変更を加ふることを得。

## 第2節　犯罪

### 1　ジェノサイド条約 翻訳

（集団殺害罪の防止及び処罰に関する条約）

採　択　一九四八年一二月九日（国連第三回総会）（賛成五六、反対〇、棄権〇、投票不参加二）
効力発生　一九五一年一月一二日
日本国
当事国　一五三

締約国は、
集団殺害が、国際連合の精神及び目的に反し、かつ、文明世界から強く非難された国際法上の犯罪であるとする、一九四六年一二月一一日の国際連合総会決議一／九六を考慮し、
歴史上あらゆる時期において集団殺害が人類に多大な損失をもたらしたことを認め、
この忌まわしい苦悩から人類を解放するためには国際協力が必要であることを確信して、
ここに、次に規定するとおり協定する。

**第一条【国際法上の犯罪】** 締約国は、集団殺害が、平時に行われるか戦時に行われるかを問わず、国際法上の犯罪であることを確認し、かつ、これを防止し処罰することを約束する。

**第二条【定義】** この条約において集団殺害とは、国民的、民族的、人種的又は宗教的な集団の全部又は一部を集団それ自体として破壊する意図をもって行われる次のいずれかの行為をいう。
(a) 集団の構成員を殺すこと。
(b) 集団の構成員に重大な肉体的又は精神的な危害を加えること。
(c) 全部又は一部の身体的破壊をもたらすよう企てられた生活条件を故意に集団に課すこと。
(d) 集団内の出生を妨げることを意図する措置を課すこと。
(e) 集団のこどもを他の集団に強制的に移すこと。

**第三条【処罰すべき行為】** 次の行為は、処罰される。

(a) 集団殺害
(b) 集団殺害の共同謀議
(c) 集団殺害の直接かつ公然たる扇動
(d) 集団殺害の未遂
(e) 集団殺害の共犯

**第四条【犯罪者の地位の不問】** 集団殺害又は第三条に掲げる他のいずれかの行為を犯す者は、憲法上の責任ある統治者であるか、公務員であるか、又は私人であるかを問わず、処罰される。

**第五条【国内立法の約束】** 締約国は、それぞれ自国の憲法に従って、この条約の規定を実施するために、特に集団殺害又は第三条に掲げる他のいずれかの行為を犯した者に対する効果的な刑罰を定めるために、必要な立法を行うことを約束する。

**第六条【管轄裁判所】** 集団殺害又は第三条に掲げる他のいずれかの行為について罪に問われている者は、その行為が行われた領域の国の権限ある裁判所により、又は国際刑事裁判所の管轄権を受諾している締約国については管轄権を有する国際刑事裁判所により、裁判を受ける。

**第七条【犯罪人引渡し】** 集団殺害及び第三条に掲げる他の行為は、犯罪人引渡しに関して政治犯罪とはみなされない。

締約国は、この場合には、現行の自国の法令及び条約に従って犯罪人を引き渡すことを誓約する。

**第八条【国連による防止行動】** 締約国は、国際連合の権限ある機関に対して、集団殺害又は第三条に掲げる他のいずれかの行為を防止し、抑止するために適当と認める国際連合憲章に基づく行動をとるように求めることができる。

**第九条【紛争の解決】** この条約の解釈、適用又は履行に関する締約国間の紛争は、集団殺害又は第三条に掲げる他のいずれかの行為に対する国の責任に関するものを含め、いずれかの紛争当事国の要請により国際司法裁判所に付託される。

**第一〇条【正文】** この条約は、中国語、英語、フランス語、ロシア語及びスペイン語をひとしく正文とし、一九四八年一二月九日の日付を有する。

**第一一条【署名、批准、加入】** この条約は、国際連合の加盟国及び総会が署名するよう招請する非加盟国による署名のために、一九四九年一二月三一日まで開放しておく。

この条約は、批准されなければならない。批准書は、国際連合事務総長に寄託する。

一九五〇年一月一日の後は、国際連合の加盟国及び前記の招請を受けた非加盟国は、この条約に加入することができる。

加入書は、国際連合事務総長に寄託する。

**第一二条【適用地域の拡張】** 締約国は、国際連合事務総長に宛てた通告により、いつでも、自国が対外関係の遂行について責任を有する領域の全部又は一部にこの条約を適用することができる。

**第一三条【効力発生】** 事務総長は、最初の二〇の批准書又は加入書が寄託された日にその寄託調書を作成し、その謄本を国際連合の加盟国及び第一一条に規定する非加盟国に送付する。

この条約は、二〇番目の批准書又は加入書が寄託された日の後九〇日目の日に効力を生ずる。

前記の寄託の日の後に行われる批准又は加入は、当該批准書又は加入書の寄託の後九〇日目の日に効力を生ずる。

**第一四条【有効期間と離脱】** この条約は、効力発生の日から一〇年間効力を有する。

右の期間及びその後五年の期間の満了の少なくとも六箇月前にこの条約を離脱しなかった締約国について、この条約は、その後さらに毎五年の期間引き続き効力を有する。

離脱は、国際連合事務総長に宛てた書面による通告によって行う。

**第一五条【失効】** 離脱の結果この条約の締約国の数が一六未満になったときは、この条約は最後の離脱が効力を生じる日に効力を失う。

**第一六条【改正】** 締約国は、事務総長に宛てた文書による通告により、いつでもこの条約の改正を要請することができる。

総会は、前記の要請に関してとる措置があるときは、この措置を決定する。

**第一七条【国連事務総長の通告事項】** 国際連合事務総長は、国際連合の全ての加盟国及び第一一条に規定する非加盟国に対し、次の事項を通告する。

(a) 第一一条の規定による署名、批准、及び加入
(b) 第一二条の規定によって受領する通告
(c) 第一三条の規定によりこの条約が効力を生ずる日
(d) 第一四条の規定による離脱
(e) 第一五条の規定によるこの条約の失効
(f) 第一六条の規定によって受領する通告

**第一八条【原本と認証謄本】** この条約の原本は、国際連合に寄託する。

この条約の認証謄本は、国際連合の全ての加盟国及び第一一条に規定する非加盟国に送付する。

**第一九条【登録】** この条約は、その効力発生の日に国際連合事務総長が登録する。

# 2　航空機不法奪取防止条約(抄)

(航空機の不法な奪取の防止に関する条約)〔ハーグ条約〕

署名(作成)　一九七〇年一二月一六日(ハーグ)
効力発生　一九七一年一〇月一四日
日本国　一九七一年一〇月一四日(七〇年一二月一六日署名、七一年三月二九日国会承認、四月一三日批准、四月一九日批准書寄託、一〇月一一日公布・条約一九号)
当事国　一八五

## 前文

この条約の締約国は、

飛行中の航空機の不法な奪取又は管理の行為が人及び財産の安全を害し、航空業務の運営に深刻な影響を及ぼし、また、民間航空の安全に対する世界の諸国民の信頼をそこなうものであることを考慮し、

そのような行為の発生が重大な関心事であることを考慮し、

そのような行為を抑止する目的をもつて犯人の処罰のための適当な措置を緊急に講ずる必要があることを考慮して、

次のとおり協定した。

**第一条【犯罪行為】** 飛行中の航空機内における次の行為は、犯罪

とする。その行為は、以下「犯罪行為」という。

(a) 暴力、暴力による脅迫その他の威嚇手段を用いて当該航空機を不法に奪取し又は管理する行為(未遂を含む。)

(b) (a)の行為(未遂を含む。)に加担する行為

**第二条【厳重な処罰】** 各締約国は、犯罪行為について重い刑罰を科することができるようにすることを約束する。

**第三条【条約の適用範囲】** 1 この条約の適用上、航空機は、そのすべての乗降口が乗機の後に閉ざされた時から、それらの乗降口のうちいずれか一が降機のために開かれる時まで、また、不時着の場合には、権限のある当局が当該航空機並びにその機内の人及び財産に関する責任を引き継ぐ時まで、飛行中のものとみなす。

2 この条約は、軍隊、税関又は警察の役務に使用される航空機については適用しない。

3 この条約は、機内で犯罪行為の行なわれた航空機(その飛行が国際飛行であるか国内飛行であるかを問わない。)の離陸地又は実際の着陸地が当該航空機の登録国の領域外にある場合にのみ、適用する。

4 この条約は、第五条の場合において、機内で犯罪行為の行なわれた航空機の離陸地と実際の着陸地とが同一の国の領域内にあり、かつ、その国が同条第一文の締約国のいずれか一であるときは、適用しない。

5 3及び4の規定にかかわらず、第六条から第八条まで及び第十条の規定は、犯罪行為の犯人又は容疑者が当該航空機の登録国以外の国の領域内で発見された場合には、当該航空機の離陸地又は実際の着陸地の場所のいかんを問わず適用する。

**第四条【裁判権の設定】** 1 いずれの締約国も、次の場合には、犯罪行為及びその容疑者が犯罪行為の実行にあたり旅客又は乗組員に対して行なつたその他のすべての暴力行為につき、自国の裁判権を設定するために必要な措置をとる。

(a) 犯罪行為が当該締約国において登録された航空機内で行なわれた場合

(b) 機内で犯罪行為の行なわれた航空機が容疑者を乗せたまま当該締約国の領域内に着陸する場合

(c) 犯罪行為が、当該締約国内に主たる営業所を有する賃借人又は主たる営業所を有しないが当該締約国内に住所を有する賃借人に対して乗組員なしに賃貸された航空機内で行なわれた場合

2 犯罪行為の容疑者が領域内に所在する締約国は、1(a)、(b)又は(c)の場合に該当する他のいずれの締約国に対しても第八条の規定に従つてその容疑者を引き渡さない場合に当該犯罪行為につき自国の裁判権を設定するため、必要な措置をとる。

3 この条約は、国内法に従つて行使される刑事裁判権を排除するものではない。

**第五条【共同運航と裁判権】** 共同の又は国際的な登録が行なわれている航空機を運航する共同の航空運送運営組織又は国際運営機関を設立する二以上の締約国は、適当な方法により、当該航空機のそれぞれにつきそれらの締約国のうちいずれか一国を、この条約の適用上裁判権を有しかつ登録国とみなされるものとして指定するものとし、これを国際民間航空機関に通告する。国際民間航空機関は、その通告をすべての締約国に通知する。

**第六条【犯人等の抑留】** 1 犯罪行為の犯人又は容疑者が領域内に所在する締約国は、状況によつて正当であると認める場合には、その者の所在を確実にするため抑留その他の措置をとる。この措置は、当該締約国の法令に定めるところによるものとするが、刑事訴訟手続又は犯罪人引渡手続を開始するために必要とする期間に限つて継続することができる。

2 1の措置をとつた締約国は、事実について直ちに予備調査を行なう。

3 1の規定に基づいて抑留された者は、その国籍国のもよりの適当な代表と直ちに連絡をとるための援助を与えられる。

4 いずれの国も、この条の規定に基づいていずれかの者を抑留する場合には、航空機の登録国、第四条1(c)の場合に該当する国、抑留された者の国籍国及び適当と認めるときはその他の利害関係国に対し、その者が抑留されている事実及びその抑留が正当とされる事情を直ちに通告する。2の予備調査を行なつた国は、その結果をこれらの国に対して直ちに報告するものとし、かつ、自国が裁判権を行使する意図を有するかどうかを明示する。

**第七条【引渡し又は訴追の選択】** 犯罪行為の容疑者が領域内で発見された締約国は、その容疑者を引き渡さない場合には、その犯罪行為が自国の領域内で行なわれたものであるかどうかを問わず、いかなる例外もなしに、訴追のため自国の権限のある当局に事件を付託する義務を負う。その当局は、自国の法令に規定する通常の重大な犯罪の場合と同様の方法で決定を行なう。

**第八条【犯罪人引渡し】** 1 犯罪行為は、締約国間の現行の犯罪人引渡条約における引渡犯罪とみなす。締約国は、相互間で将来締結されるすべての犯罪人引渡条約に犯罪行為を引渡犯罪として含めることを約束する。

2 条約の存在を犯罪人引渡しの条件とする締約国は、自国との間に犯罪人引渡条約を締結していない他の締約国から犯罪人引渡しの請求を受けた場合には、随意にこの条約を犯罪行為に関する犯罪人引渡しのための法的基礎とみなすことができる。その犯罪人引渡しは、その請求を受けた国の法令に定めるその他の条件に従うものとする。

3 条約の存在を犯罪人引渡しの条件としない締約国は、犯罪人引渡しの請求を受けた国の法令に定める条件に従い、相互間で、犯罪行為を引渡犯罪と認める。

4 犯罪行為は、締約国間の犯罪人引渡しに関しては、当該犯罪行為が行なわれた場所のみでなく、第四条1の規定に従つて裁判権を設定すべき国の領域内においても行なわれたものとみなす。

**第九条【管理の回復と飛行の継続】** 1 第一条(a)に規定する奪取又は管理が行なわれ又は行なわれようとしている場合には、締約国は、当該航空機の管理をその適法な機長に回復させ又は保持させるため、あらゆる適当な措置をとる。

2 1の場合において、当該航空機又はその旅客若しくは乗組員が所在する締約国は、その旅客及び乗組員ができる限りすみやかに旅行を継続することができるように便宜を与えるものとし、また、占有権を有する者に対し遅滞なく当該航空機及びその貨物を返還する。

**第一〇条【司法共助】** 1 締約国は、犯罪行為及び第四条1の暴力行為についてとられる刑事訴訟手続に関し、相互に最大限の援助を与える。この場合において、援助を求められた締約国の法令が適用される。

2 1の規定は、刑事問題に関する相互援助を全面的又は部分的に規定する現行の又は将来締結される二国間又は多数国間の他の条約に基づく義務に影響を及ぼすものではない。

**第一一条【国際民間航空機関への通報】** 各締約国は、国内法に従い、できる限りすみやかに、次の事項に関して有する関係情報を国際民間航空機関の理事会に通報する。
(a) 犯罪行為の状況
(b) 第九条の規定に従つてとつた措置
(c) 犯罪行為の犯人又は容疑者に対してとつた措置、特に犯罪人引渡手続その他の法的手続の帰結

**第一二条【紛争の解決】** 1 この条約の解釈又は適用に関する締約国間の紛争で交渉によつて解決することができないものは、それらの締約国のうちいずれか一国の要請によつて仲裁に付託される。紛争当事国が仲裁の要請の日から六箇月以内に仲裁の組織について合意に達しない場合には、それらの紛争当事国のうちいずれの一国も、国際司法裁判所規程に従つて国際司法裁判所に紛争を付託することができる。
2 各国は、この条約の署名若しくは批准又はこの条約への加入の時に、1の規定に拘束されないことを宣言することができる。他の締約国は、そのような留保をした締約国との関係において1の規定に拘束されない。
3 2の規定に基づいて留保をした締約国は、寄託国政府に対する通告によつていつでもその留保を撤回することができる。

**第一三条【署名、批准、効力発生、加入】**(略)

**第一四条【廃棄】** 1 いずれの締約国も、寄託国政府にあてた通告書によつてこの条約を廃棄することができる。
2 廃棄は、寄託国政府がその通告を受領した日の後六箇月で効力を生ずる。

# 3 民間航空不法行為防止条約(抄)

(民間航空の安全に対する不法な行為の防止に関する条約)[モントリオール条約]

署名(作成) 一九七一年九月二三日(モントリオール)
効力発生 一九七三年一月二六日
日本国 一九七四年七月一二日(同年五月一七日国会承認、六月一二日加入書寄託、六月一九日公布・条約五号)
当事国 一八八

補足議定書
〔注 この議定書により改正された条文には〔*〕を付した。〕
署名 一九八八年二月二四日(モントリオール)
日本国 一九九八年五月二四日(同年四月三〇日公布・条約四号)

この条約の締約国は、
民間航空の安全に対する不法な行為が人及び財産の安全を害し、航空業務の運営に深刻な影響を及ぼし、また、民間航空の安全に対する世界の諸国民の信頼を損なうものであることを考慮し、
そのような行為の発生が重大な関心事であることを考慮し、
そのような行為を抑止する目的をもつて犯人の処罰のための適当な措置を緊急に講ずる必要があることを考慮して、
次のとおり協定した。

**第一条【犯罪行為】**〔*〕1 不法かつ故意に行う次の行為は、犯罪とする。
(a) 飛行中の航空機内の人に対する暴力行為(当該飛行中の航空機の安全を損なうおそれがあるものに限る。)
(b) 業務中の航空機を破壊し、又は業務中の航空機に対しその飛行を不能にする損害若しくは飛行中のその安全を損なうおそれがある損害を与える行為
(c) 手段のいかんを問わず、業務中の航空機に、当該業務中の航空機を破壊するような装置若しくは物質若しくは当該業務中の航空機に対しその飛行を不能にする損害若しくは飛行中のその安全を損なうおそれがある損害を与えるような装置若しくは物質を置き、又はそのような装置若しくは物質が置かれるようにする行為
(d) 航空施設を破壊し若しくは損傷し、又はその運用を妨害する行為(飛行中の航空機の安全を損なうおそれがあるものに限る。)
(e) 虚偽と知つている情報を通報し、それにより飛行中の航空機の安全を損なう行為

1の二 何らかの装置、物質又は武器を使用して不法かつ故意に行う次の行為(国際民間航空に使用される空港における安全を損ない又は損なうおそれがあるものに限る。)は、犯罪とする。
(a) 国際民間航空に使用される空港における人に対する暴力行為(重大な傷害又は死亡を引き起こし又は引き起こすおそれがあるものに限る。)
(b) 国際民間航空に使用される空港に係る施設若しくはそのような空港にある業務中でない航空機を破壊し若しくは著しく損傷し又はそのような空港に係る業務を混乱させる行為
2 次の行為も、犯罪とする。
(a) 1又は1の二に定める犯罪行為の未遂
(b) 1又は1の二に定める犯罪行為(未遂を含む。)に加担する行為

**第二条【条約適用の期間】** この条約の適用上、
(a) 〔航空機不法奪取防止条約第三条1と同じ。〕
(b) 航空機は、ある特定の飛行のため地上業務員又は乗組員により当該航空機の飛行前の準備が開始された時から、着陸の後二十四時間を経過する時まで、業務中のものとみなす。この業務の期間は、いかなる場合にも、当該航空機が(a)の規定によつて飛行中とされる全期間に及ぶ。

**第三条【厳重な処罰】** 各締約国は、第一条に定める犯罪行為について重い刑罰を科することができるようにすることを約束する。

**第四条【条約の適用範囲】** 1 この条約は、軍隊、税関又は警察の役務に使用される航空機については適用しない。
2 この条約は、第一条1(a)から(c)まで及び(e)に定める犯罪行為については、当該航空機の飛行が国際飛行であるか国内飛行であるかを問わず、次のいずれかの場合にのみ、適用する。
(a) 当該航空機の実際の又は予定された離陸地又は着陸地が当該航空機の登録国の領域外にある場合
(b) 犯罪行為が当該航空機の登録国以外の国の領域内で行われた場合
3 この条約は、2の規定にかかわらず、第一条1(a)から(c)まで及び(e)に定める犯罪行為については、犯人又は容疑者が当該航空機の登録国以外の国の領域内で発見された場合にも、適用する。
4 この条約は、第九条第一文の締約国に関する限り、第一条1(a)

から(c)まで及び(e)に定める犯罪行為については、2(a)に規定する離陸地と着陸地とが同一の国の領域内にあり、かつ、その国が第九条第一文の締約国のいずれか一である場合には、適用しない。ただし、その国以外の国の領域内で犯罪行為が行われ又は犯人若しくは容疑者が発見されたときは、この限りでない。

5 この条約は、第一条1(d)に定める犯罪行為については、当該航空施設が国際航空に使用されている場合にのみ、適用する。

6 2から5までの規定は、第一条2に定める犯罪行為についても適用する。

**第五条【裁判権の設定】**〔*〕1 いずれの締約国も、次の場合には、犯罪行為につき自国の裁判権を設定するために必要な措置をとる。

(a) 犯罪行為が当該締約国の領域内において行われた場合

(b) 犯罪行為が当該締約国において登録された航空機に対し又はその機内で行われた場合

(c) 機内で犯罪行為の行われた航空機が容疑者を乗せたまま当該締約国の領域内に着陸する場合

(d) 犯罪行為が、当該締約国内に主たる営業所を有する賃借人若しくは主たる営業所を有しないが当該締約国内に住所を有する賃借人に対して乗組員なしに賃貸された航空機に対し又はその機内で行われた場合

2 容疑者が領域内に所在する締約国は、1(a)、(b)、(c)又は(d)の場合に該当する他のいずれの締約国に対しても第八条の規定に従ってその容疑者を引き渡さない場合に第一条1(a)から(c)までに定める犯罪行為及びこれらの犯罪行為に係る同条2に定める犯罪行為につき自国の裁判権を設定するため、必要な措置をとる。

2の二 容疑者が領域内に所在する締約国は、1(a)の場合に該当する締約国に対し第八条の規定に従ってその容疑者を引き渡さない場合に第一条1の二に定める犯罪行為及びこれらの犯罪行為に係る同条2に定める犯罪行為につき自国の裁判権を設定するため、必要な措置をとる。

3 この条約は、国内法に従って行使される刑事裁判権を排除するものではない。

**第六条【犯人等の抑留】**〔航空機不法奪取防止条約第六条とほぼ同じ。〕

**第七条【引渡し又は訴追の選択】**〔航空機不法奪取防止条約第七条と同じ。ただし、「犯罪行為の容疑者」を「容疑者」と、「その犯罪行為」を「当該犯罪行為」と、「行なう」を「行う」と読み替える。〕

**第八条【犯罪人引渡し】** 1―3〔航空機不法奪取防止条約第八条1―3と同じ。〕

4 各犯罪行為は、締約国間の犯罪人引渡しに関しては、当該犯罪行為が行われた場所のみでなく、第五条1(b)、(c)又は(d)の規定に従って裁判権を設定すべき国の領域内においても行われたものとみなす。

**第九条【共同運航と裁判権】**〔航空機不法奪取防止条約第五条と同じ。〕

**第一〇条【旅客と貨物等に対する措置】** 1 締約国は、国際法及び国内法に従い、第一条に定める犯罪行為を防止するためあらゆる実行可能な措置をとるように努力する。

2 第一条に定める犯罪行為の一が行われたために飛行が遅延し又は中断した場合には、当該航空機又はその旅客若しくは乗組員が領域内に所在する締約国は、その旅客及び乗組員ができる限り速やかに旅行を継続することができるように便宜を与えるものとし、また、占有権を有する者に対し遅滞なく当該航空機及びその貨物を返還する。

**第一一条【司法共助】**〔航空機不法奪取防止条約第一〇条と同じ。ただし、「及び第四条1の暴力行為」を削る。〕

**第一二条【関係情報の提供】** 第一条に定める犯罪行為の一が行われるであろうと信ずるに足りる理由を有する締約国は、国内法に従い、第五条1(a)、(b)、(c)又は(d)の場合に該当する国となるであろうと認める国に対し、自国が有する関係情報を提供する。

**第一三条【国際民間航空機関への通報】**〔航空機不法奪取防止条約第一一条とほぼ同じ。〕

**第一四条【紛争の解決】**〔航空機不法奪取防止条約第一二条と同じ。〕

**第一五条【署名、批准、効力発生、加入】**（略）

**第一六条【廃棄】**〔航空機不法奪取防止条約第一四条と同じ。〕

## 4 海洋航行不法行為防止条約（抄）

（海洋航行の安全に対する不法な行為の防止に関する条約）

作　成　一九八八年三月一〇日（ローマ）
効力発生　一九九二年三月一日
日本国　一九九八年七月二三日（同年三月三一日国会承認・四月二四日加入書寄託・同月三〇日公布・条約二号）
当事国　一六八

改正議定書
〔注　この改正議定書は、日本国が未批准であるため、本文に改正を織り込まず、改正議定書により追加される条文のうち、特に重要なものを翻訳し注記した。〕
作　成　二〇〇五年一〇月一四日（ロンドン）
効力発生　二〇一〇年七月二八日

この条約の締約国は、（中略）

すべての海洋航行の安全に対する不法な行為の防止並びにこのような行為を行った者の訴追及び処罰のための効果的かつ実行可能な措置を立案し及びとるに当たって諸国間の国際協力を発展させることが急務であることを確信し、（中略）

通常の船舶内の規律に従う乗組員の行為がこの条約の対象とならないことに留意し、（中略）

更に、この条約により規律されない事項が引き続き一般国際法の規則及び原則により規律されることを確認し、

すべての国が海洋航行の安全に対する不法な行為との戦いにおいて一般国際法の規則及び原則を厳格に遵守することが必要であることを認識して、

次のとおり協定した。

**第一条【船舶の定義】** この条約の適用上、「船舶」とは、海底に恒久的に取り付けられていないすべての型式の船をいい、動的に支持される機器、潜水船その他の浮遊機器を含む。

**第二条【適用除外となる船舶】** 1 この条約は、次の船舶には適

用しない。

(a) 軍艦

(b) 国が所有し又は運航する船舶であって軍の支援船として又は税関若しくは警察のために使用されるもの

(c) 航行の用に供されなくなった船舶又は係船中の船舶

2 この条約のいかなる規定も、軍艦及び非商業的目的のために運航する政府船舶に与えられる免除に影響を及ぼすものではない。

**第三条【犯罪行為】** 1 不法かつ故意に行う次の行為は、犯罪とする。

(a) 暴力、暴力による脅迫その他の威嚇手段を用いて船舶を奪取し又は管理する行為

(b) 船舶内の人に対する暴力行為(当該船舶の安全な航行を損なうおそれがあるものに限る。)

(c) 船舶を破壊し、又は船舶若しくはその積荷に対し当該船舶の安全な航行を損なうおそれがある損害を与える行為

(d) 手段のいかんを問わず、船舶に、当該船舶を破壊するような装置若しくは物質若しくは当該船舶若しくはその積荷にその安全な航行を損ない若しくは損なうおそれがある損害を与えるような装置若しくは物質を置き、又はそのような装置若しくは物質が置かれるようにする行為

(e) 海洋航行に関する施設を破壊し若しくは著しく損傷し、又はその運用を著しく妨害する行為(船舶の安全な航行を損なうおそれがあるものに限る。)

(f) 虚偽と知っている情報を通報し、それにより船舶の安全な航行を損なう行為

(g) (a)から(f)までに定める犯罪及びその未遂に関連して人に傷害を与え又は人を殺害する行為

2 次の行為も、犯罪とする。

(a) 1に定める犯罪の未遂

(b) 1に定める犯罪の教唆その他の当該犯罪に加担する行為

(c) 1の(b)、(c)及び(e)に定める犯罪を行うとの脅迫(船舶の安全な航行を損なうおそれがあるものに限る。)。何らかの行為を行うこと又は行わないことを自然人又は法人に強要する目的で行われることを要件とするか否かについては、国内法の定めるところによる。

注 二〇〇五年の改正議定書により追加された第三条の二の条文を次に掲げる(日本国は未批准)。

**第三条の二** 1 不法かつ故意に行う次の行為は、この条約において犯罪とする。

(a) 行為の性質若しくは状況から、住民を脅迫し、又は政府若しくは国際組織に何らかの行為を行うこと若しくは行わないことを強要する目的で行う次の行為

(i) 爆発性物質、放射性物質若しくはBCN兵器(生物、化学又は核兵器)を、船舶に対して若しくは船舶上で使用し又は船舶から排出すること(死亡又は重大な傷害若しくは損害を生じさせ又は生じさせるおそれのある方法で行う場合に限る。)。

(ii) 船舶から油、液化天然ガス若しくはその他(a)(i)に定めるもの以外の有害危険物質を排出すること(死亡又は重大な傷害若しくは損害を生じさせる又は生じさせるおそれのある量若しくは濃度で排出する場合に限る。)。

(iii) 死亡又は重大な傷害若しくは損害を生じさせる方法で船舶を使用すること。

(iv) (i)、(ii)又は(iii)に定める犯罪を行うと脅迫すること(要件を追加するか否かについては、国内法の定めるところによる。)。

(b) 船舶による次の物質の輸送

(i) 爆発性物質又は放射性物質。ただし、当該物質が、住民を脅迫し、又は政府若しくは国際組織に何らかの行為を行うこと若しくは行わないことを強要する目的で、死亡又は重大な傷害若しくは損害を生じさせるために、又は生じさせると脅迫するために(要件を追加するか否かについては、国内法の定めるところによる。)使用される予定であることを知っている場合に限る。

(ii) BCN兵器。ただし、第一条に定めるBCN兵器であることを知っている場合に限る。

(iii) 原料物質、特殊核分裂性物質、又は、特殊核分裂性物質を処理、使用若しくは生産するために特別に設計され若しくは作成された設備若しくは資材。ただし、これらの物質が国際原子力機関の包括的保障協定に基づく保障措置の下で行われるものではない核爆発活動若しくはその他のあらゆる原子力活動において使用される予定であることを知っている場合に限る。

(iv) BCN兵器の設計、製造若しくは運搬に重要な役割を果たす設備、資材若しくはソフトウェア若しくは関連技術。ただし、これらがそのような目的のために使用される予定である場合に限る。

2 1(b)(iii)に定める品目若しくは資材、又は核兵器その他の核爆発装置に関する限り1(b)(iv)に定める品目若しくは資材の輸送は、当該品目若しくは資材が核兵器の不拡散に関する条約の締約国の領域に向けて、若しくは締約国の領域から行われる場合、又はその他の締約国の管理下で行われる場合には、この条約における犯罪を構成しないものとする。ただし、次の場合に限る。

(a) 当該品目若しくは資材の移送又は受領(国内における移送又は受領を含む。)が、核兵器の不拡散に関する条約に定める締約国の義務に反するものではないこと。

(b) 当該品目又は資材を、核兵器の不拡散に関する条約の締約国が保有する核兵器その他の核爆発装置の運搬手段とすることを意図している場合には、当該兵器又は装置の保有が当該条約に定める締約国の義務に反するものではないこと。

**第四条【条約の適用範囲】** 1 この条約は、船舶が一の国の領海の外側の限界若しくは隣接国との境界を越えた水域に向かって若しくは当該水域から航行し若しくは航行する予定である場合又は当該水域を航行し若しくは航行する予定である場合に適用する。

2 この条約は、1の規定によりこの条約が適用されない場合においても、犯人又は容疑者が1に規定する国以外の締約国の領域内で発見されたときは、適用する。

**第五条【重大性を考慮した適当な刑罰】** 締約国は、第三条に定める犯罪について、その重大性を考慮した適当な刑罰を科することができるようにする。

**第六条【裁判権の設定】** 1 締約国は、次の場合において第三条に定める犯罪についての自国の裁判権を設定するため、必要な措置をとる。

(a) 犯罪が、当該犯罪の時に自国を旗国とする船舶に対し又はその船舶内で行われる場合

(b) 犯罪が自国の領域(領海を含む。)内で行われる場合

(c) 犯罪が自国の国民によって行われる場合

2 締約国は、次の場合において第三条に定める犯罪についての

自国の裁判権を設定することができる。
(a) 犯罪が自国内に常居所を有する無国籍者によって行われる場合
(b) 犯罪の過程において自国の国民が逮捕され、脅迫され、傷害を受け又は殺害される場合
(c) 犯罪が、何らかの行為を行うこと又は行わないことを自国に対して強要する目的で行われる場合

3　2に定める裁判権を設定した締約国は、その旨を国際海事機関事務局長（以下「事務局長」という。）に通報する。当該締約国は、その後に当該裁判権を廃止した場合には、その旨を事務局長に通報する。

4　締約国は、容疑者が自国の領域内に所在し、かつ、自国が1又は2の規定に従って裁判権を設定したいずれの締約国に対しても当該容疑者の引渡しを行わない場合において第三条に定める犯罪についての自国の裁判権を設定するため、必要な措置をとる。

5　この条約は、国内法に従って行使される刑事裁判権を排除するものではない。

**第七条【犯人・容疑者所在地国の措置】** 1　犯人又は容疑者が領域内に所在する締約国は、状況によって正当であると認める場合には、刑事訴訟手続又は犯罪人引渡手続を開始するために必要とする期間、当該犯人又は容疑者の所在を確実にするため自国の法令に従って抑留その他の措置をとる。

2　1の措置をとった締約国は、自国の法令に従って事実について直ちに予備調査を行う。

3　いずれの者も、自己について1の措置がとられている場合には、次の権利を有する。
(a) 当該者の国籍国その他当該者と連絡を取る資格を有する国又は当該者が無国籍者である場合には当該者が領域内に常居所を有する国の最寄りの適当な代表と遅滞なく連絡を取る権利
(b) (a)の国の代表の訪問を受ける権利

4　3に定める権利は、犯人又は容疑者が領域内に所在する締約国の法令に反しないように行使する。当該法令は、3に定める権利の目的とするところを十分に達成するようなものでなければならない。

5　締約国は、この条の規定に基づいていずれかの者を抑留した場合には、前条1の規定に従って裁判権を設定した国及び適当と認めるときはその他の利害関係国に対し、その者が抑留されている事実及びその抑留が正当とされる事情を直ちに通報する。2の予備調査を行った国は、その結果をこれらの国に対して直ちに報告するものとし、かつ、自国が裁判権を行使する意図を有するか否かを明示する。

**第八条【船長による引渡し】** 1　締約国（「旗国」）の船舶の船長は、第三条に定める犯罪のいずれかを行ったと信ずるに足りる相当な理由がある者を、他の締約国（「受取国」）の当局に引き渡すことができる。

2　旗国は、自国の船舶の船長が、実行可能な時点において（可能なときは、1の規定に基づいて引き渡そうとする者を乗せて受取国の領海に入る前に）、当該受取国の当局に対し、その者を引き渡す意図を有する旨及びその理由を通報することを確保する。

3　受取国は、引渡しの原因となった行為にこの条約が適用されないと考える理由がある場合を除くほか、当該引渡しを受け入れるものとし、前条の規定に従って手続をとる。引渡しを受け入れない場合には、その理由を明らかにする。

4　旗国は、自国の船舶の船長が犯罪に関し所持する証拠を受取国の当局に提供することを確保する。

5　3の規定に従って1に規定する者の引渡しを受け入れた受取国は、旗国に対し、当該者の旗国への引渡しを受け入れるよう要請することができる。旗国は、その要請に考慮を払うものとし、要請に応ずる場合には、前条の規定に従って手続をとる。旗国は、要請に応じない場合には、受取国に対してその理由を明らかにする。

注　二〇〇五年の改正議定書により追加された第八条の二の条文を次に掲げる（日本国は未批准）。

**第八条の二** 1―4　（略）

5　締約国（「要請国」）の法執行機関又はその権限を与えられた他の公務員が、あらゆる国の領海外に位置する、他の締約国（「国籍被表示国〔the first Party〕」）の旗を掲げ又は船籍を表示する船舶に遭遇し、要請国に当該船舶又は船舶内の人が第三条、第三条の二、第三条の三又は第三条の四に定める犯罪の実行に関与したことがあり、関与し、又は関与しようとしていると疑うに足りる合理的な理由があり、かつ、要請国が乗船を要望する場合には、
(a) 要請国は、1及び2に従って、国籍被表示国が国籍についての主張を確認するように要請するものとする。
(b) 国籍が確認された場合には、要請国は国籍被表示国（以下「旗国」という。）に対して、当該船舶に乗船し、かつ、当該船舶について適当な措置をとるための授権を求めるものとする。当該措置には、第三条、第三条の二、第三条の三又は第三条の四に定める犯罪が行われたか、現に行われているか、又はまさに行われようとしているかを決定するためになされる当該船舶の停船、乗船、臨検、及び、その積荷若しくは船舶内の人の捜索、並びに船舶内の人に対する質問を含む。
(c) 旗国は、次のいずれかの行動をとるものとする。
(i) 7に従って課すことができるあらゆる条件に従い、要請国に対して、乗船し、かつ、(b)に定める適当な措置をとることを授権すること。
(ii) 自国の法執行機関又は他の公務員による乗船及び捜索を実施すること。
(iii) 7に従って課すことができるあらゆる条件に従い、要請国とともに乗船及び捜索を実施すること。
(iv) 乗船及び捜索の授権を拒否すること。
要請国は、旗国からの明示的な授権なしに、乗船し、若しくは(b)に定める措置をとることはできない。
(d) 批准書、受諾書、承認書若しくは加入書を寄託する際に又は寄託した後に、締約国は、事務局長に対して、当該締約国の旗を掲げ又は船籍を表示する船舶について、要請国は、国籍確認に係る要請の受領を了知したときから四時間以内に国籍被表示国からの回答がない場合には、当該船舶の国籍証書の所在確認及び調査をし、第三条、第三条の二、第三条の三又は第三条の四に定める犯罪が行われたか、現に行われているか、又はまさに行われようとしているかを決定するために、当該船舶への乗船、臨検、及び、その積荷若しくは船舶内の人の捜索、並びに船舶内の人に対する質問を授権されていることを通告することができる。
(e) 批准書、受諾書、承認書若しくは加入書を寄託する際に又は寄託した後に、締約国は、事務局長に対して、当該締約国の旗を掲げ又は船籍を表示する船舶について、要請国は、第三条、第三

条の二、第三条の三又は第三条の四に定める犯罪が行われたか、現に行われているか、又はまさに行われようとしているかを決定するために、当該船舶への乗船、臨検、及び、その積荷若しくは船舶内の人の捜索、並びに船舶内の人に対する質問を授権されていることを通告することができる。

この規定による通告は、いつでも撤回することができる。

6 本条に従って実施された乗船の結果、第三条、第三条の二、第三条の三又は第三条の四に定める犯罪の証拠が発見された場合には、旗国は、要請国に対して、旗国から処置についての指示を受けるまで、当該船舶、積荷及び船舶内の人を抑留することを授権することができる。要請国は、旗国に対して、本条に従って実施された乗船、捜索及び抑留の結果を速やかに通知するものとする。また、要請国は、旗国に対して、この条約の対象ではない違法な行為の証拠が発見されたことを速やかに通知するものとする。

7 旗国は、この条約の他の規定に反することなく、5及び6の下で授権を行うに当たり、要請国から追加的な情報の提供を受けることを含む条件、及びとられる措置についての責任並びにその措置の範囲に関する条件を付することができる。人の生命に対する急迫した危険を避けるために必要な場合、又は、関係する二国間若しくは多国間の協定の下で許容される措置を除くほか、旗国からの明示的な授権なしに、追加的な措置をとることはできない。

8 本条に従って授権されたあらゆる乗船について、旗国は、抑留された船舶、積荷若しくは他の品目及び船舶内の人に対して管轄権を行使する権利（拿捕し、押収し、逮捕し、かつ、訴追する権利を含む。）を有する。ただし、旗国は、その憲法及び国内法に従って、第六条に基づいて管轄権を有する他の国が管轄権を行使することに同意することができる。

9 本条に基づいて授権された活動を実施するに際して、その公務員及び船舶内の人の安全を確保するために必要がある場合、若しくは公務員が授権された活動の遂行を妨げられた場合を除くほか、武器の使用は回避されなければならない。本条に従った武器の使用は、状況から判断して必要かつ合理的な最低限度の実力の範囲を超えてはならない。

10―15 （略）

**第九条【旗国以外の国の権限】** この条約のいかなる規定も、自国を旗国としない船舶内において捜査又は取締りのための裁判権を行使する各国の権限に関する国際法の規則に影響を及ぼすものではない。

**第一〇条【引渡し又は訴追の選択】** 1 犯人又は容疑者が領域内で発見された締約国は、第六条の規定が適用される場合において、当該犯人又は容疑者を引き渡さないときは、犯罪が自国の領域内で行われたものであるか否かを問わず、いかなる例外もなしに、自国の法令による手続を通じて訴追のため遅滞なく自国の権限のある当局に事件を付託する義務を負う。その当局は、自国の法令に規定する他の重大な犯罪の場合と同様の方法で決定を行う。

2 いずれの者も、自己につき第三条に定める犯罪のいずれかに関して訴訟手続がとられている場合には、そのすべての段階において公正な取扱い（当該者がその領域内に所在する国の法令においてそのような訴訟手続のために規定するすべての権利及び保障の享受を含む。）を保障される。

**第一一条【犯罪人引渡し】** 1 第三条に定める犯罪は、締約国間の現行の犯罪人引渡条約における引渡犯罪とみなされる。締約国は、相互間で将来締結されるすべての犯罪人引渡条約に同条に定める犯罪を引渡犯罪として含めることを約束する。

2 条約の存在を犯罪人引渡しの条件とする締約国は、自国との間に犯罪人引渡条約を締結していない他の締約国から犯罪人引渡しの請求を受けた場合には、随意にこの条約を第三条に定める犯罪に関する犯罪人引渡しのための法的根拠とみなすことができる。この犯罪人引渡しは、請求を受けた締約国の法令に定めるその他の条件に従う。

3 条約の存在を犯罪人引渡しの条件としない締約国は、犯罪人引渡しの請求を受けた締約国の法令に定める条件に従い、相互間で、第三条に定める犯罪を引渡犯罪と認める。

4 第三条に定める犯罪は、締約国間の犯罪人引渡しに関しては、必要な場合には、当該犯罪が発生した場所においてのみでなく、引渡しを請求する締約国の管轄内においても行われたものとみなされる。

5 第六条の規定に従って裁判権を設定した二以上の締約国からの犯罪人引渡しの請求を受け、かつ、訴追しないことを決定した締約国は、犯人又は容疑者を引き渡す国を選択するに当たり、犯罪の時に船舶の旗国であった締約国の利益及び責任に対して妥当な考慮を払う。

6 この条約による容疑者の引渡しの請求を受けた締約国は、当該請求を考慮するに当たり、請求を行った国において当該容疑者が第七条3に定める権利を行使することができるか否かについて妥当な考慮を払う。

7 締約国間で適用されるすべての犯罪人引渡条約及び犯罪人引渡取極は、この条約に定める犯罪について、この条約と両立しない限度において当該締約国間で修正される。

**第一二条【司法共助】**（略）

**第一三条【相互協力】**（略）

**第一四条【関係国への情報の提供】**（略）

**第一五条【事務局長への情報の提供】**（略）

**第一六条【紛争の解決】**（人質行為禁止条約第一六条とほぼ同じ。）

**第一七条【署名、批准、承認、加入】**（略）

**第一八条【効力発生】**（略）

**第一九条【廃棄】**（略）

**第二〇条【改正】**（略）

**第二一条【寄託】**（略）

**第二二条【正文】**（略）

## 5 人質行為禁止条約
（人質をとる行為に関する国際条約）

採択　一九七九年一二月一七日（国連第三四回総会）
署名開放　一九七九年一二月一八日（ニューヨーク）
効力発生　一九八三年六月三日
日本国　一九八七年七月八日（八〇年一二月二二日署名、八七年五月二七日国会承認、六月二日内閣批准決定、六月八日批准書寄託、六月一八日公布・条約四号）
当事国　一七六

この条約の締約国は、

国際の平和及び安全の維持並びに諸国間の友好関係及び協力の促進に関する国際連合憲章の目的及び原則に留意し、

特に、世界人権宣言及び市民的及び政治的権利に関する国際規約に規定するようにすべての者は生命、自由及び身体の安全についての権利を有することを認識し、

国際連合憲章、国際連合憲章による諸国間の友好関係及び協力についての国際法の諸原則に関する宣言その他関連する国際連合総会決議にうたう人民の同権及び自決の原則を再確認し、

人質をとる行為は国際社会(international community)が重大な関心を有する犯罪であること及び人質をとる行為を行う者はこの条約により訴追され又は引き渡されなければならないことを考慮し、

国際的なテロリズムとして行われるすべての人質をとる行為を防止し、訴追し及び処罰するための効果的な措置を立案し及びとるに当たつて諸国間の国際協力を発展させることが急務であることを確信して、

次のとおり協定した。

**第一条【人質犯罪】** 1 人を逮捕し又は拘禁し及び当該逮捕され又は拘禁された者(以下「人質」という。)の殺害、傷害又は拘禁の継続をもつて脅迫をする行為であつて、人質の解放のための明示的又は黙示的な条件として何らかの行為を行うこと又は行わないことを第三者(国、政府間国際機関、自然人若しくは法人又は人の集団)に対して強要する目的で行うものは、この条約にいう人質をとる行為とし、犯罪とする。

2 次の行為も、この条約において犯罪とする。

(a) 人質をとる行為の未遂

(b) 人質をとる行為(未遂を含む。)に加担する行為

**第二条【刑罰の適用】** 締約国は、前条に定める犯罪について、その重大性を考慮した適当な刑罰を科することができるようにする。

**第三条【人質解放に必要な措置】** 1 犯人が領域内で人質を捕らえている締約国は、人質の事態を緩和するため、特に、人質の解放を確保するため及び必要な場合には人質の解放の後その出国を容易にするため、適当と認めるすべての措置をとる。

2 締約国は、人質をとる行為の結果として犯人が取得した物件を保管しているときは、場合に応じて人質若しくは第一条に規定する第三者に対し、又はこれらの者の関係する適当な当局に対し、当該物件をできる限り速やかに返還する。

**第四条【人質犯罪の防止】** 締約国は、特に次の方法により、第一条に定める犯罪の防止について協力する。

(a) 自国の領域内又は領域外で行われる犯罪の自国の領域内における準備を防止するためあらゆる実行可能な措置(人質をとる行為を助長し、扇動し、組織し又は行う個人、集団及び団体が行う不法な活動を自国の領域内において禁止する措置を含む。)をとること。

(b) 犯罪を防止するため、適当な場合には、情報を交換し及び行政上の措置その他の措置を調整すること。

**第五条【裁判権の設定】** 1 締約国は、次の場合において第一条に定める犯罪についての自国の裁判権を設定するため、必要な措置をとる。

(a) 犯罪が自国の領域内で又は自国において登録された船舶若しくは航空機内で行われる場合

(b) 犯罪が自国の国民によつて行われる場合及び自国が適当と認めるときは犯罪が自国の領域内に常居所を有する無国籍者によつて行われる場合

(c) 犯罪が、何らかの行為を行うこと又は行わないことを自国に対して強要する目的で行われる場合

(d) 自国が適当と認めるときは、犯罪が自国の国民を人質として行われる場合

2 締約国は、容疑者が自国の領域内に所在し、かつ、自国が1のいずれの締約国に対しても当該容疑者の引渡しを行わない場合において第一条に定める犯罪についての自国の裁判権を設定するため、同様に、必要な措置をとる。

3 この条約は、国内法に従つて行使される刑事裁判権を排除するものではない。

**第六条【容疑者の抑留】** 1 容疑者が領域内に所在する締約国は、状況によつて正当であると認める場合には、刑事訴訟手続又は犯罪人引渡手続を開始するために必要とする期間、当該容疑者の所在を確実にするため、自国の法令に従つて抑留その他の措置をとる。当該締約国は、事実について直ちに予備調査を行う。

2 1の抑留その他の措置は、直接に又は国際連合事務総長を通じて次の国及び機関に遅滞なく通報する。

(a) 犯罪が行われた国

(b) 強要の対象とされ又はされようとした国

(c) 強要の対象とされ又はされようとした自然人又は法人の国籍国

(d) 人質の国籍国及び人質が領域内に常居所を有する国

(e) 容疑者の国籍国又は容疑者が無国籍者である場合には当該容疑者が領域内に常居所を有する国

(f) 強要の対象とされ又はされようとした政府間国際機関

(g) その他のすべての関係国

3 いずれの者も、自己について1の措置がとられている場合には、次の権利を有する。

(a) 当該者の国籍国その他当該者と連絡を取る資格を有する国又は当該者が無国籍者である場合には当該者が領域内に常居所を有する国の最寄りの適当な代表と遅滞なく連絡を取る権利

(b) (a)の国の代表の訪問を受ける権利

4 3に定める権利は、容疑者が領域内に所在する締約国の法令に反しないように行使する。もつとも、当該法令は、3に定める権利の目的とするところを十分に達成するようなものでなければならない。

5 3及び4の規定は、前条1(b)の規定に従つて裁判権を設定した締約国が、赤十字国際委員会に対し容疑者と連絡を取り又は容疑者を訪問するよう要請する権利を害するものではない。

6 1の予備調査を行う国は、その結果を2の国及び機関に対して速やかに報告するものとし、また、自国が裁判権を行使する意図を有するか有しないかを明らかにする。

**第七条【訴訟手続の通報】** 容疑者を訴追した締約国は、自国の法令に従い、訴訟手続の確定的な結果を国際連合事務総長に通報する。同事務総長は、当該情報を他の関係国及び関係する政府間国際機関に伝達する。

**第八条【訴追の義務】** 1 容疑者が領域内で発見された締約国は、当該容疑者を引き渡さない場合には、犯罪が自国の領域内で行われたものであるかないかを問わず、いかなる例外もなしに、自国の法令による手続を通じて訴追のため自国の権限のある当局に事件を付託する義務を負う。その当局は、自国の法令に規

定する通常の重大な犯罪の場合と同様の方法で決定を行う。

2 いずれの者も、自己につき第一条に定める犯罪のいずれかに関して訴訟手続がとられている場合には、そのすべての段階において公正な取扱い(当該者が領域内に所在する国の法令に規定するすべての権利及び保障の享受を含む。)を保障される。

**第九条【容疑者の引渡し】** 1 この条約による容疑者の引渡しの請求を受けた締約国は、次の場合には、当該請求に応じてはならない。

(a) 第一条に定める犯罪に関する犯罪人引渡しの請求が、人種、宗教、国籍、民族的〔ethnic〕出身又は政治的意見を理由として当該容疑者を訴追し又は処罰するために行われたと信ずるに足りる実質的な根拠がある場合

(b) 当該容疑者の地位が次の理由により害されるおそれがあると信ずるに足りる実質的な根拠がある場合

(i) (a)に掲げるいずれかの理由

(ii) 保護権を行使する資格を有する国の適当な当局が当該容疑者と連絡を取ることができないという理由

2 締約国間で適用されるすべての犯罪人引渡条約及び犯罪人引渡取極は、この条約に定める犯罪について、この条約と両立しない限度において当該締約国間で修正される。

**第一〇条【犯罪人引渡し】** 1 第一条に定める犯罪は、締約国間の現行の犯罪人引渡条約における引渡犯罪とみなされる。締約国は、相互間で将来締結されるすべての犯罪人引渡条約に同条に定める犯罪を引渡犯罪として含めることを約束する。

2 条約の存在を犯罪人引渡しの条件とする締約国は、自国との間に犯罪人引渡条約を締結していない他の締約国から犯罪人引渡しの請求を受けた場合には、随意にこの条約を第一条に定める犯罪に関する犯罪人引渡しのための法的根拠とみなすことができる。この犯罪人引渡しは、請求を受けた国の法令に定めるその他の条件に従う。

3 条約の存在を犯罪人引渡しの条件としない締約国は、犯罪人引渡しの請求を受けた国の法令に定める条件に従い、相互間で、第一条に定める犯罪を引渡犯罪と認める。

4 第一条に定める犯罪は、締約国間の犯罪人引渡しに関しては、当該犯罪が発生した場所のみでなく、第五条1の規定に従つて裁判権を設定しなければならない国の領域内においても行われたものとみなされる。

**第一一条【司法共助】** 1 締約国は、第一条に定める犯罪についてとられる刑事訴訟手続に関し、相互に最大限の援助(当該訴訟手続に必要であり、かつ、自国が提供することができるすべての証拠の提供を含む。)を与える。

2 1の規定は、他の条約に規定する司法上の相互援助に関する義務に影響を及ぼすものではない。

**第一二条【ジュネーヴ諸条約との関係】** この条約は、戦争犠牲者の保護に関する千九百四十九年のジュネーヴ諸条約又は同諸条約の追加議定書に規定する武力紛争(千九百七十七年の追加議定書I第一条4に規定する武力紛争、すなわち、国際連合憲章及び国際連合憲章による諸国間の友好関係及び協力についての国際法の諸原則に関する宣言にうたう人民の自決の権利の行使として人民が植民地支配、外国による占領及び人種差別体制に対して戦うものを含む。)において行われた人質をとる行為については、当該人質をとる行為について同諸条約又は同諸条約の追加議定書が適用され、かつ、この条約の締約国が当該人質をとる行為を行つた者を訴追し又は引き渡すことを同諸条約により義務付けられる限り、適用しない。

**第一三条【適用除外】** この条約は、犯罪が単一の国において行われ、人質及び容疑者が当該国の国民であり、かつ、当該容疑者が当該国の領域内で発見された場合には、適用しない。

**第一四条【領土保全・政治的独立の尊重】** この条約のいかなる規定も、国の領土保全又は政治的独立に対する侵害であつて国際連合憲章に違反するものを正当化するものと解してはならない。

**第一五条【庇護との関係】** この条約は、その採択の日に効力を有する庇護に関する諸条約の当事国間における当該諸条約の適用に影響を及ぼすものではない。もつとも、この条約の締約国は、当該諸条約の当事国でない他の締約国に対して当該諸条約を援用することができない。

**第一六条【紛争の解決】** 1 この条約の解釈又は適用に関する締約国間の紛争で交渉によつて解決されないものは、いずれかの紛争当事国の要請により、仲裁に付される。仲裁の要請の日から六箇月以内に仲裁の組織について紛争当事国が合意に達しない場合には、いずれの紛争当事国も、国際司法裁判所規程に従つて国際司法裁判所に紛争を付託することができる。

2 各国は、この条約の署名若しくは批准又はこの条約への加入の際に、1の規定に拘束されない旨を宣言することができる。他の締約国は、そのような留保を付した締約国との関係において1の規定に拘束されない。

3 2の規定に基づいて留保を付した締約国は、国際連合事務総長に対する通告により、いつでもその留保を撤回することができる。

**第一七条【署名、批准】** 1 この条約は、千九百八十年十二月三十一日まで、ニュー・ヨークにある国際連合本部において、すべての国による署名のために開放しておく。

2 この条約は、批准されなければならない。批准書は、国際連合事務総長に寄託する。

3 この条約は、すべての国による加入のために開放しておく。加入書は、国際連合事務総長に寄託する。

**第一八条【効力発生】** 1 この条約は、二十二番目の批准書又は加入書が国際連合事務総長に寄託された日の後三十日目の日に効力を生ずる。

2 二十二番目の批准書又は加入書が寄託された後にこの条約を批准し又はこれに加入する国については、この条約は、その批准書又は加入書の寄託の後三十日目の日に効力を生ずる。

**第一九条【廃棄】** 1 いずれの締約国も、国際連合事務総長に対して書面による通告を行うことにより、この条約を廃棄することができる。

2 廃棄は、国際連合事務総長が1の通告を受領した日の後一年で効力を生ずる。

**第二〇条【正文】** アラビア語、中国語、英語、フランス語、ロシア語及びスペイン語をひとしく正文とするこの条約の原本は、国際連合事務総長に寄託する。同事務総長は、その認証謄本をすべての国に送付する。

# 6 国家代表等に対する犯罪防止条約

（国際的に保護される者（外交官を含む。）に対する犯罪の防止及び処罰に関する条約）

採　択　一九七三年一二月一四日（国連第二八回総会）
署名開放　一九七三年一二月一四日（ニューヨーク）
効力発生　一九七七年二月二〇日
日本国　一九八七年七月八日（同年五月二七日国会承認、六月二日内閣加入決定、六月八日加入書寄託、六月一八日公布・条約三号）
当事国　一八〇

この条約の締約国は、
国際の平和の維持並びに諸国間の友好関係及び協力の促進に関する国際連合憲章の目的及び原則に留意し、
外交官その他の国際的に保護される者に対する犯罪であつてこれらの者の安全を害するものが、諸国間の協力のために必要である正常な国際関係の維持に対する重大な脅威を生じさせることを考慮し、
このような犯罪が行われることは国際社会（international community）にとつて重大な関心事であることを信じ、
このような犯罪の防止及び処罰のための適当かつ効果的な措置を緊急にとる必要があることを確信して、
次のとおり協定した。

**第一条【定義】** この条約の適用上、
1 「国際的に保護される者」とは、次の者をいう。
(a) 国の元首（当該国の憲法に基づき元首の任務を遂行する団体の構成員を含む。）、政府の長及び外務大臣であつて外国にあるもの並びにこれらの者に同行している家族
(b) 国の代表者又は職員及び政府間国際機関の職員又は委託を受けた者であつて、これらの者又はその公的施設、個人的施設若しくは輸送手段に対する犯罪が行われる時及び場所において、国際法に基づき、身体、自由又は尊厳に対するあらゆる侵害からの特別の保護を受ける権利を有するもの並びにその世帯に属する家族
2 「容疑者」とは、次条に定める一若しくは二以上の犯罪を行い又はこれに加担したと一応判断するに十分な証拠のある者をいう。

**第二条【犯罪行為】** 1 締約国は、自国の国内法により、故意に行う次の行為を犯罪とする。
(a) 国際的に保護される者を殺し又は誘拐すること及びその者の身体又は自由に対するその他の侵害行為
(b) 国際的に保護される者の公的施設、個人的施設又は輸送手段に対する暴力的侵害行為であつて、その者の身体又は自由を害するおそれのあるもの
(c) これらの行為を行うとの脅迫
(d) これらの行為の未遂
(e) これらの行為に加担する行為
2 締約国は、1の犯罪について、その重大性を考慮した適当な刑罰を科することができるようにする。
3 1及び2の規定は、いかなる意味においても、国際的に保護される者の身体、自由又は尊厳に対するその他の侵害を防止するためすべての適当な措置をとるという国際法に基づく締約国の義務を免れさせるものではない。

**第三条【裁判権の設定】** 1 締約国は、次の場合において前条に定める犯罪についての自国の裁判権を設定するため、必要な措置をとる。
(a) 犯罪が自国の領域内で又は自国において登録された船舶若しくは航空機内で行われる場合
(b) 容疑者が自国の国民である場合
(c) 犯罪が、自国のために遂行する任務に基づき第一条に定義する国際的に保護される者としての地位を有する者に対して行われる場合
2 締約国は、容疑者が自国の領域内に所在し、かつ、自国が1のいずれの締約国に対しても第八条の規定による当該容疑者の引渡しを行わない場合において前条に定める犯罪についての自国の裁判権を設定するため、同様に、必要な措置をとる。
3 この条約は、国内法に従つて行使される刑事裁判権を排除するものではない。

**第四条【防止措置】** 締約国は、特に次の方法により、第二条に定める犯罪の防止について協力する。
(a) 自国の領域内又は領域外で行われる犯罪の自国の領域内における準備を防止するためあらゆる実行可能な措置をとること。
(b) 犯罪を防止するため、適当な場合には、情報を交換し及び行政上の措置その他の措置を調整すること。

**第五条【情報の通報】** 1 第二条に定める犯罪のいずれかが自国において行われた締約国は、容疑者が自国の領域から逃亡したと信ずるに足りる理由がある場合には、当該犯罪に関するすべての関連事実及び当該容疑者の特定に関するすべての入手可能な情報を、直接に又は国際連合事務総長を通じて他のすべての関係国に通報する。
2 国際的に保護される者に対して第二条に定める犯罪のいずれかが行われた場合には、この被害者及び当該犯罪の状況に関する情報を有する締約国は、当該者が任務をそのために遂行していた締約国に対し、自国の国内法に規定する条件に従い、十分かつ速やかに当該情報を伝達するよう努める。

**第六条【容疑者の確保】** 1 容疑者が領域内に所在する締約国は、状況によつて正当であると認める場合には、訴追又は引渡しのために当該容疑者の所在を確実にするため、自国の国内法により適当な措置をとる。この措置は、直接に又は国際連合事務総長を通じて次の国及び機関に遅滞なく通報する。
(a) 犯罪が行われた国
(b) 容疑者の国籍国又は容疑者が無国籍者である場合には当該容疑者が通常居住している国
(c) 当該国際的に保護される者の国籍国及び当該国際的に保護される者が任務をそのために遂行していた国
(d) その他のすべての関係国
(e) 当該国際的に保護される者がその職員又は委託を受けた者である国際機関
2 いずれの者も、自己について1の措置がとられている場合には、次の権利を有する。
(a) 当該者の国籍国その他当該者の権利を保護する資格を有する国又は当該者が無国籍者である場合には当該者の要請に応じてその権利を保護する意思を有する国の最寄りの適当な代表と遅滞なく連絡を取る権利

(b) (a)の国の代表の訪問を受ける権利

**第七条【訴追の義務】** 容疑者が領域内に所在する締約国は、当該容疑者を引き渡さない場合には、いかなる例外もなしに、かつ、不当に遅滞することなく、自国の法令による手続を通じて訴追のため自国の権限のある当局に事件を付託する。

**第八条【引渡犯罪の認定】** 1　第二条に定める犯罪は、締約国間の現行の犯罪人引渡条約に引渡犯罪として掲げられていない場合には、当該条約における引渡犯罪とみなされる。締約国は、相互間で将来締結されるすべての犯罪人引渡条約に同条に定める犯罪を引渡犯罪として含めることを約束する。

2　条約の存在を犯罪人引渡しの条件とする締約国は、自国との間に犯罪人引渡条約を締結していない他の締約国から犯罪人引渡しの請求を受けた場合において引き渡すことを決定するときは、この条約を第二条に定める犯罪に関する犯罪人引渡しのための法的根拠とみなすことができる。この犯罪人引渡しは、請求を受けた国の法令に定める手続規定及びその他の条件に従う。

3　条約の存在を犯罪人引渡しの条件としない締約国は、犯罪人引渡しの請求を受けた国の法令に定める手続規定及びその他の条件に従い、相互間で、第二条に定める犯罪を引渡犯罪と認める。

4　第二条に定める犯罪は、締約国間の犯罪人引渡しに関しては、当該犯罪が発生した場所のみでなく、第三条1の規定に従って裁判権を設定しなければならない国の領域内においても行われたものとみなされる。

**第九条【公正な取扱い】** いずれの者も、自己につき第二条に定める犯罪のいずれかに関して訴訟手続がとられている場合には、そのすべての段階において公正な取扱いを保障される。

**第一〇条【司法共助】** 1　締約国は、第二条に定める犯罪についてとられる刑事訴訟手続に関し、相互に最大限の援助(当該訴訟手続に必要であり、かつ、自国が提供することができるすべての証拠の提供を含む。)を与える。

2　1の規定は、他の条約に規定する司法上の相互援助に関する義務に影響を及ぼすものではない。

**第一一条【訴訟手続の通報】** 容疑者を訴追した締約国は、訴訟手続の確定的な結果を国際連合事務総長に通報する。同事務総長は、当該情報を他の締約国に伝達する。

**第一二条【庇護との関係】** この条約は、その採択の日に効力を有する庇護に関する諸条約の当事国間における当該諸条約の適用に影響を及ぼすものではない。もっとも、この条約の締約国は、当該諸条約の当事国でない他の締約国に対して当該諸条約を援用することができない。

**第一三条【紛争の解決】**〔人質行為禁止条約第一六条とほぼ同じ。〕

**第一四条【署名】** この条約は、千九百七十四年十二月三十一日まで、ニュー・ヨークにある国際連合本部において、すべての国による署名のために開放しておく。

**第一五条【批准】** この条約は、批准されなければならない。批准書は、国際連合事務総長に寄託する。

**第一六条【加入】** この条約は、すべての国による加入のために開放しておく。加入書は、国際連合事務総長に寄託する。

**第一七条【効力発生】** 1　この条約は、二十二番目の批准書又は加入書が国際連合事務総長に寄託された日の後三十日目の日に効力を生ずる。

2　二十二番目の批准書又は加入書が寄託された後にこの条約を批准し又はこれに加入する国については、この条約は、その批准書又は加入書の寄託の後三十日目の日に効力を生ずる。

**第一八条【廃棄】** 1　いずれの締約国も、国際連合事務総長に対して書面による通告を行うことにより、この条約を廃棄することができる。

2　廃棄は、国際連合事務総長が1の通告を受領した日の後六箇月で効力を生ずる。

**第一九条【通報】** 国際連合事務総長は、すべての国に対し、特に次の事項を通報する。

(a)　第十四条から第十六条までの規定によるこの条約の署名及び批准書又は加入書の寄託並びに前条の規定による通告

(b)　第十七条の規定によりこの条約が効力を生ずる日

**第二〇条【正文】** 中国語、英語、フランス語、ロシア語及びスペイン語をひとしく正文とするこの条約の原本は、国際連合事務総長に寄託する。同事務総長は、その認証謄本をすべての国に送付する。

# 7 国連要員安全条約

## (1) 国際連合要員及び関連要員の安全に関する条約(抄)

作　成　一九九四年一二月九日(国連第四九回総会)
効力発生　一九九九年一月一五日
日本国　一九九九年一月一五日(九五年五月一九日国会承認、六月六日署名、同日内閣受諾決定、同日受諾書寄託、九九年一月一四日公布・条約一号)
当事国　九五

この条約の締約国は、

国際連合要員及び関連要員に対する故意の攻撃から生ずる死者及び負傷者の数が増大していることを深く憂慮し、

国際連合のために行動する要員に対する攻撃その他の不当な取扱いは、行為者のいかんを問わず、正当化し得ず、かつ、容認し難いことに留意し、

国際連合活動は、国際社会〔international community〕の共通の利益のために国際連合憲章の原則及び目的に従って行われるものであることを認識し、

予防外交、平和創造、平和維持、平和構築及び人道的な活動その他の活動の分野における国際連合の努力に関して国際連合要員及び関連要員が重要な貢献を行っていることを認め、

国際連合要員及び関連要員の安全を確保するために現在とられている措置、特にそのために国際連合の主要機関によりとられている措置を認識し、

それにもかかわらず、国際連合要員及び関連要員の保護のために現在とられている措置が十分でないことを認識し、

国際連合活動の実効性及び安全性は、その活動が受入国の同意及び協力を得て実施される場合に高められることを認め、

国際連合要員及び関連要員が配置されるすべての国その他これらの要員が支援を求めるすべての者に対し、国際連合活動の実施を容易にし及びその任務を遂行するための包括的な支援を与えるよう訴え、

国際連合要員及び関連要員に対する攻撃を防止し並びにそのような攻撃を行った者を処罰するための適当かつ効果的な措置を緊急にとる必要があることを確信して、

次のとおり協定した。

**第一条（定義）** この条約の適用上、

(a)「国際連合要員」とは、次の者をいう。

(i) 国際連合事務総長により、国際連合活動の軍事、警察又は文民の部門の構成員として任用され又は配置された者

(ii) 国際連合、その専門機関又は国際原子力機関の職務を行うその他の職員及び専門家であって、国際連合活動が行われている地域内に公的資格で所在するもの

(b)「関連要員」とは、次に掲げる者であって、国際連合活動の任務の遂行を支援する活動を行うものをいう。

(i) 国際連合の権限のある機関の同意を得て、政府又は政府間機関によって配属された者

(ii) 国際連合事務総長、専門機関又は国際原子力機関によって任用された者

(iii) 国際連合事務総長、専門機関又は国際原子力機関との合意に基づいて、人道的な目的を有する非政府機関によって配置された者

(c)「国際連合活動」とは、国際連合憲章に従い国際連合の権限のある機関によって設けられ、かつ、国際連合の権限及び管理の下で実施される活動であって、次の(i)又は(ii)に定める条件を満たすものをいう。

(i) 当該活動が国際の平和及び安全の維持又は回復を目的とするものであること。

(ii) この条約の適用のため、安全保障理事会又は国際連合総会が当該活動に参加する要員の安全に対して例外的な危険が存在する旨を宣言したこと。

(d)「受入国」とは、その領域内で国際連合活動が実施される国をいう。

(e)「通過国」とは、受入国以外の国であって、国際連合要員及び関連要員又はこれらの要員の装備が国際連合活動に関連してその領域を通過し又はその領域内に一時的に所在するものをいう。

**第二条（適用範囲）** 1 この条約は、前条に定める国際連合要員及び関連要員並びに国際連合活動について適用する。

2 この条約は、国際連合憲章第七章の規定に基づく強制行動として安全保障理事会が認めた国際連合活動であって、その要員のいずれかが組織された軍隊との交戦に戦闘員として従事し、かつ、国際武力紛争に係る法規が適用されるものについては適用しない。

**第三条（識別）** 1 国際連合活動の軍事及び警察の部門の構成員並びにこれらの構成員に係る車両、船舶及び航空機には、明確な標識を付する。国際連合活動に係るその他の要員、車両、船舶及び航空機は、国際連合事務総長が別段の決定を行わない限り、適切に識別されるようにする。

2 すべての国際連合要員及び関連要員は、適当な身分証明書を携帯する。

**第四条（国際連合活動の地位に関する協定）** 受入国及び国際連合は、できる限り速やかに、国際連合活動及び当該活動に従事するすべての要員の地位に関する協定（特に当該活動の軍事及び警察の部門の構成員の特権及び免除に係る規定を含むもの）を締結する。

**第五条（通過）** 通過国は、国際連合要員及び関連要員並びにこれらの要員の装備が受入国に入国し及び受入国から出国する際に妨げられることなく通過することを容易にする。

**第六条（法令の尊重）** 1 国際連合要員及び関連要員は、自己の享有する特権及び免除並びに自己の職務上の義務を害されない限りにおいて、(a)受入国及び通過国の法令を尊重し、並びに(b)自己の職務の中立性及びその国際的な性質に反するいかなる行動又は活動も差し控える。

2 国際連合事務総長は、1の義務が遵守されることを確保するための適当なすべての措置をとる。

**第七条（国際連合要員及び関連要員の安全を確保する義務）** 1 国際連合要員及び関連要員並びにこれらの要員の装備及び施設は、攻撃その他これらの要員がその任務を遂行することを妨げる行為の対象とされてはならない。

2 締約国は、国際連合要員及び関連要員の安全を確保するための適当なすべての措置をとる。特に、締約国は、自国の領域内に配置された国際連合要員及び関連要員を第九条に定める犯罪から保護するための適当なすべての措置をとる。

3 締約国は、この条約の実施に当たり、適当と認める場合、特に受入国自身が必要な措置をとることができない場合には、国際連合及び他の締約国と協力する。

**第八条（捕らえられ又は拘禁された国際連合要員及び関連要員を釈放し又は送還する義務）** 適用のある軍隊の地位に関する協定に別段の定めがある場合を除くほか、国際連合要員又は関連要員が自己の職務の執行の過程で捕らえられ又は拘禁された場合において、その身分が確認されたときは、尋問されることなく速やかに釈放され、かつ、国際連合その他の適当な当局に送還される。そのような要員は、釈放されるまでの間、普遍的に認められている人権に関する基準並びに千九百四十九年のジュネーヴ諸条約の原則及び精神に従って取り扱われる。

**第九条（国際連合要員及び関連要員に対する犯罪）** 1 締約国は、自国の国内法により、故意に行う次の行為を犯罪とする。

(a) 国際連合要員又は関連要員を殺し又は誘拐すること及びこれらの要員の身体又は自由に対するその他の侵害行為

(b) 国際連合要員又は関連要員の公的施設、個人的施設又は輸送手段に対する暴力的侵害行為であって、これらの要員の身体又は自由を害するおそれのあるもの

(c) これらの行為を行うとの脅迫であって、何らかの行為を行うこと又は行わないことを自然人又は法人に対して強要することを目的とするもの

(d) これらの行為の未遂

(e) これらの行為若しくはその未遂に加担すること又はこれらの行為を行わせるために他の者を組織し若しくは他の者に命ずること。

2 締約国は、1に定める犯罪について、その重大性を考慮した適当な刑罰を科することができるようにする。

**第一〇条（裁判権の設定）** 1 締約国は、次の場合において前条に定める犯罪についての自国の裁判権を設定するため、必要な措置をとる。

(a) 犯罪が自国の領域内で又は自国において登録された船舶若しくは航空機内で行われる場合

(b) 容疑者が自国の国民である場合

2 締約国は、次の場合において前条に定める犯罪についての自

国の裁判権を設定することができる。

(a) 犯罪が自国内に常居所を有する無国籍者によって行われる場合

(b) 犯罪が自国の国民に関して行われる場合

(c) 犯罪が、何らかの行為を行うこと又は行わないことを自国に対して強要する目的で行われる場合

3　2に定める裁判権を設定した締約国は、その旨を国際連合事務総長に通報する。当該締約国は、その後に当該裁判権を廃止した場合には、その旨を国際連合事務総長に通報する。

4　締約国は、容疑者が自国の領域内に所在し、かつ、自国が1又は2の規定に従って裁判権を設定したいずれの締約国に対しても第十五条の規定による当該容疑者の引渡しを行わない場合において前条に定める犯罪についての自国の裁判権を設定するため、必要な措置をとる。

5　この条約は、国内法に従って行使される刑事裁判権を排除するものではない。

**第一一条（国際連合要員及び関連要員に対する犯罪の防止）**　締約国は、特に次の方法により、第九条に定める犯罪の防止について協力する。

(a) 自国の領域内又は領域外で行われる犯罪の自国の領域内における準備を防止するためあらゆる実行可能な措置をとること。

(b) 犯罪を防止するため、適当な場合には、自国の国内法に従って情報を交換し、及び行政上の措置その他の措置を調整すること。

**第一二条（情報の伝達）**　1　第九条に定める犯罪が自国の領域内で行われた締約国は、容疑者が自国の領域から逃亡したと信ずるに足りる理由がある場合には、自国の国内法に定めるところにより、当該犯罪に関するすべての関連事実及び当該容疑者の特定に関するすべての入手可能な情報を、国際連合事務総長に通報し、及び直接又は同事務総長を通じて関係国に通報する。

2　第九条に定める犯罪が行われた場合には、その被害者及び当該犯罪の状況に関する情報を有する締約国は、国際連合事務総長及び関係国に対し、自国の国内法に定めるところにより、十分かつ速やかに当該情報を伝達するよう努める。

**第一三条（訴追又は引渡しを確保するための措置）**　1　容疑者が領域内に所在する締約国は、状況により正当である場合には、訴追又は引渡しのために当該容疑者の所在を確実にするため、自国の国内法により適当な措置をとる。

2　1の規定に基づいてとられる措置は、国内法に従って、かつ、遅滞なく、国際連合事務総長に通報し、及び直接又は同事務総長を通じて次の国に通報する。

(a) 犯罪が行われた国

(b) 容疑者の国籍国又は容疑者が無国籍者である場合には当該容疑者が領域内に常居所を有する国

(c) 被害者の国籍国

(d) その他の関係国

**第一四条（容疑者の訴追）**　容疑者が領域内に所在する締約国は、当該容疑者を引き渡さない場合には、いかなる例外もなしに、かつ、不当に遅滞することなく、自国の法令による手続を通じて訴追のため自国の権限のある当局に事件を付託する。その当局は、自国の法令に規定する通常の重大な犯罪の場合と同様の方法で決定を行う。

**第一五条（容疑者の引渡し）**　1　第九条に定める犯罪は、締約国間の現行の犯罪人引渡条約における引渡犯罪でない場合には、当該条約における引渡犯罪とみなされる。締約国は、相互間で締結されるすべての犯罪人引渡条約に同条に定める犯罪を引渡犯罪として含めることを約束する。

2　条約の存在を犯罪人引渡しの条件とする締約国は、自国との間に犯罪人引渡条約を締結していない他の締約国から犯罪人引渡しの請求を受けた場合には、随意にこの条約を第九条に定める犯罪に関する犯罪人引渡しのための法的根拠とみなすことができる。この犯罪人引渡しは、請求を受けた国の法令に定めるところによる。

3　条約の存在を犯罪人引渡しの条件としない締約国は、犯罪人引渡しの請求を受けた国の法令に定めるところにより、相互間で、第九条に定める犯罪を引渡犯罪と認める。

4　第九条に定める犯罪は、締約国間の犯罪人引渡しに関しては、当該犯罪が発生した場所のみでなく、第十条の1又は2の規定に従って裁判権を設定した締約国の領域内においても行われたものとみなされる。

**第一六条（刑事問題に関する相互援助）**　1　締約国は、第九条に定める犯罪についてとられる刑事訴訟手続に関し、相互に最大限の援助（自国が提供することができる証拠であって当該訴訟手続に必要なものの収集に係る援助を含む。）を与える。この場合には、援助を要請された国の法令が適用される。

2　1の規定は、他の条約に規定する相互援助に関する義務に影響を及ぼすものではない。

**第一七条（公正な取扱い）**　1　いずれの者も、自己につき第九条に定める犯罪のいずれかに関して捜査が行われ又は訴訟手続がとられている場合には、そのすべての段階において公正な取扱い、公正な裁判及び自己の権利の十分な保護を保障される。

2　いずれの容疑者も、次の権利を有する。

(a) 当該容疑者の国籍国その他当該容疑者の権利を保護する資格を有する国又は当該容疑者が無国籍者である場合には当該容疑者の要請に応じてその権利を保護する意思を有する国の最寄りの適当な代表と遅滞なく連絡を取る権利

(b) (a)に規定する国の代表の訪問を受ける権利

**第一八条（訴訟手続の結果の通報）**　容疑者を訴追した締約国は、訴訟手続の確定的な結果を国際連合事務総長に通報する。同事務総長は、当該情報を他の締約国に伝達する。

**第一九条（周知）**　締約国は、できる限り広い範囲においてこの条約の周知を図ること並びに、特に、自国の軍隊の教育の課目にこの条約及び国際人道法の関係規定についての学習を取り入れることを約束する。

**第二〇条（保留条項）**　この条約のいかなる規定も、次の事項に影響を及ぼすものではない。

(a) 国際連合活動並びに国際連合要員及び関連要員の保護について国際文書に定められている国際人道法及び普遍的に認められている人権に関する基準が適用されること、並びにこれらの要員がこれらの法及び基準を尊重する責任

(b) 自国の領域に人が入ることについての同意に関する締約国の権利及び義務であって国際連合憲章に合致するもの

(c) 国際連合要員及び関連要員が国際連合活動の任務に関する規定に従って行動する義務

(d) 国際連合活動に自発的に要員を派遣する国が当該活動から自国の要員を撤退させる権利

(e) 各国によって国際連合活動に自発的に派遣される者の平和

維持のための役務による死亡、廃疾、負傷又は疾病に関して
支払われるべき適当な補償を受ける権利

**第二一条（自衛のための権利）** この条約のいかなる規定も、自衛のための行動をとる権利に影響を及ぼすものと解してはならない。

**第二二条（紛争解決）**（人質行為禁止条約第一六条とほぼ同じ。）

**第二三条（検討会合）** 一又は二以上の締約国からの要請がある場合において、締約国の過半数によって承認されるときは、国際連合事務総長は、この条約の実施について及びこの条約の適用に関して生ずる問題について検討するため、締約国の会合を招集する。

**第二四条（署名）**（略）

**第二五条（批准、受諾又は承認）**（略）

**第二六条（加入）**（略）

**第二七条（効力発生）**（略）

**第二八条（廃棄）**（略）

**第二九条（正文）**（略）

## (2) 国連要員安全条約選択議定書（抄）翻訳

（国際連合要員及び関連要員の安全に関する条約の選択議定書）

作　成　二〇〇五年一二月八日（国連第六〇回総会）
効力発生　二〇一〇年八月一九日
日本国
当事国　三三

この議定書の締約国は、（中略）

国際連合要員及びその関連要員に対する攻撃が続いていることを深く憂慮し、

平和構築における人道的、政治的又は発展のための支援を提供することを目的として実施され、及び緊急人道援助を提供することを目的として実施される国際連合の活動であって、国際連合要員及びその関連要員に特別の危険をもたらすような活動は、それらの要員に条約上の保護の範囲を拡大することが必要とされることを認めて、（中略）

次のとおり協定した。

**第一条（条約との関係）** この議定書は、一九九四年一二月九日にニューヨークで作成された「国際連合要員及び関連要員の安全に関する条約」（以下「条約」という。）を補足するものであり、また、この議定書の締約国間においては、条約と議定書は単一の文書として扱われ、かつ、解釈される。

**第二条（国際連合活動に対する条約の適用）** 1 この議定書の締約国は、条約第一条(c)に定める諸活動に加えて、国際連合憲章に従い国際連合の権限ある機関によって設置される全ての国際連合の他の活動で、国際連合の権限及び管理の下で実施され、次の(a)又は(b)に定める目的を有するものに、条約を適用する。

(a) 平和構築における人道的、政治的又は発展のための援助の提供

(b) 緊急人道援助の提供

2 1の規定は、国際連合の本部又は国際連合との間の協定に基づいて設置された専門機関の本部等の常設の国際連合事務所には適用しない。

3 受入国は、国際連合事務総長に対して、第二条(1)(b)の活動が専ら自然災害に対処するために行われるものである場合には、この議定書の規定を適用しないことを宣言することができる。当該宣言は、活動が開始される前に行われるものとする。

**第三条（条約第八条との関係での締約国の義務）** この議定書の締約国の義務は、この議定書第二条に定める国際連合の活動への条約第八条の適用に関しては、当該締約国の法令に違反した国際連合要員及び関連要員についてその裁判権を行使するための措置をとる締約国の権利を害するものではない。ただし、それらの措置が当該締約国の国際法上のいかなる義務にも違反しないものであることを要する。

**第四条（署名）**（略）

**第五条（拘束されることについての同意）**（略）

**第六条（効力発生）**（略）

**第七条（離脱）**（略）

**第八条（正文）**（略）

# 8 核物質防護条約（抄）

（核物質及び原子力施設の防護に関する条約）

署　名　一九八〇年三月三日（ウィーン、ニューヨーク）
効力発生　一九八七年二月八日（改正—一六年五月八日（〇五年七月八日ウィーン））
日本国　一九八八年一一月二七日（同年五月一一日国会承認、一〇月二八日内閣加入決定、同日加入書寄託、一一月七日公布・条約六号　改正—一六年五月八日発効（一六年五月二日公布・条約七号））
当事国　一六一（他にＥＵＲＡＴＯＭ）

この条約の締約国は、（中略）

核物質の不正取引並びに不法な取得及び使用並びに核物質に係る妨害行為及び原子力施設に対する妨害行為がもたらす潜在的な危険を回避することを希望し、また、それらの行為に対する防護について国内的及び国際的な関心が高まっていることに留意し、（中略）

次のとおり協定した。

**第一条【定義】** この条約の運用上、

(a)「核物質」とは、プルトニウム（プルトニウム二三八の同位体濃度が八十パーセントを超えるものを除く。）、ウラン二三三、同位元素ウラン二三五又は二三三の濃縮ウラン、ウランの同位元素の天然の混合率から成るウラン（鉱石又は鉱石の残滓の状態のものを除く。）及びこれらの物質の一又は二以上を含有している物質をいう。

(b)「同位元素ウラン二三五又は二三三の濃縮ウラン」とは、同位元素ウラン二三五若しくは二三三又はこれらの双方を含有しているウランであって、同位元素ウラン二三八に対するこれらの二同位元素の合計の含有率が、天然ウランにおける同位元素ウラン二三八に対する同位元素ウラン二三五の率より

大きいものをいう。

(c) 「国際核物質輸送」とは、最初の積込みが行われる国の領域外への核物質の運送(輸送手段のいかんを問わない。)であって、当該国内の荷送人の施設からの出発をもって開始し最終仕向国内の荷受人の施設への到着をもって終了するものをいう。

(d) 「原子力施設」とは、核物質を生産し、処理し、使用し、取り扱い、貯蔵し、又は処分する施設(関連する建物及び設備を含む。)であって、当該施設に対する損害又は妨害が相当の量の放射線又は放射性物質の放出をもたらすおそれがあるものをいう。

(e) 「妨害行為」とは、原子力施設又は使用され、貯蔵され、若しくは輸送されている核物質に対して故意に行う行為であって、放射線への曝露又は放射性物質の放出の影響により職員の健康及び安全、公衆又は環境を直接又は間接に脅かすおそれがあるものをいう。

**第一条のA【目的】** この条約の目的は、平和的目的のために使用される核物質及び原子力施設の効果的な防護を世界的規模で達成し、及び維持すること、当該核物質及び原子力施設に関連する犯罪を世界的規模で防止し、並びに当該犯罪と世界的規模で戦うこと並びにこれらのことを目的とする締約国間の協力を容易にすることにある。

**第二条【適用対象】** 1 この条約は、平和的目的のために使用される核物質であって、使用され、貯蔵され、又は輸送されているもの及び平和的目的のために使用される原子力施設について適用する。ただし、第三条、第四条及び第五条4の規定は、平和的目的のために使用される核物質であって国際核物質輸送中のものについてのみ適用する。

2 締約国内において防護の制度を確立し、実施し、及び維持する全ての責任は、当該締約国が負う。

3 この条約により締約国が明示的に負う義務を除くほか、この条約のいかなる規定も、締約国の主権的権利に影響を及ぼすものと解してはならない。

4 (a) この条約のいかなる規定も、国際法(特に国際連合憲章の目的及び原則並びに国際人道法)に基づいて締約国が有する他の権利、義務及び責任に影響を及ぼすものではない。

(b) 国際人道法の下で武力紛争における軍隊の活動とされている活動であって、国際人道法によって規律されるものは、この条約によって規律されない。また、国の軍隊がその公務の遂行に当たって行う活動であって、他の国際法の規則によって規律されるものは、この条約によって規律されない。

(c) この条約のいかなる規定も、平和的目的のために使用される核物質又は原子力施設に対して武力を行使し、又は武力を行使するとの威嚇を行うことに法に基づく権限を与えるものと解してはならない。

(d) この条約のいかなる規定も、不法な行為を容認し、又は合法化するものではなく、また、他の法規によって訴追することを妨げるものではない。

5 この条約は、軍事的目的のために使用され、又は保有される核物質及び当該核物質を保有する原子力施設については、適用しない。

**第二条のA【防護の基本原則】** 1 締約国は、次のことを目的として、自国の管轄下にある核物質及び原子力施設について適用される適当な防護の制度を確立し、実施し、及び維持する。

(a) 使用され、貯蔵され、又は輸送されている核物質を窃取その他の不法な取得から防護すること。

(b) 紛失し、又は盗取された核物質の所在を特定し、及び回収するための迅速かつ包括的な措置の実施を確保すること。当該核物質が締約国の領域外にある場合には、当該締約国は、第五条の規定に従って行動する。

(c) 核物質及び原子力施設を妨害行為から防護すること。

(d) 妨害行為による放射線の影響を緩和し、又は最小にすること。

2 1の規定を実施するに当たり、締約国は、次のことを行う。

(a) 防護を規律するため、法令上の枠組みを定め、及び維持すること。

(b) (a)に規定する法令上の枠組みの実施について責任を有する一又は二以上の権限のある当局を設立し、又は指定すること。

(c) 核物質及び原子力施設の防護のために必要なその他の適当な措置をとること。

3 1及び2の規定に基づく義務を履行するに当たり、締約国は、この条約の他の規定の適用を妨げることなく、次に掲げる核物質及び原子力施設の防護に関する基本原則を合理的かつ実行可能である限りにおいて適用する〔shall〕。

基本原則A 国の責任

国において防護の制度を確立し、実施し、及び維持する全ての責任は、当該国が負う。

基本原則B 国際輸送中の責任(略)

基本原則C 法令上の枠組み(略)

基本原則D 権限のある当局

国は、防護を規律する法令上の枠組みの実施について責任を有する権限のある当局であって、その任務を遂行するための適当な権限、財源及び人的資源を与えられたものを設立し、又は指定すべきである〔should〕。国は、当該権限のある当局の任務とその他の組織であって原子力の利用又はその促進を担当するものの任務とが効果的及び相互に独立していることを確保するための措置をとるべきである。

基本原則E 許可証の所持者の責任(略)

基本原則F セキュリティの文化(略)

基本原則G 脅威(略)

基本原則H 段階的な手法(略)

基本原則I 深層防護(略)

基本原則J 品質保証(略)

基本原則K 緊急時計画(略)

基本原則L 秘密性(略)

4 (略)

**第三条【防護措置】** 締約国は、国際核物質輸送中の核物質が、自国の領域内にある場合又は自国から出発して輸送を行っている自国の管轄下にある船舶若しくは航空機に積載されている場合に附属書Iに定める水準で防護されることを実行可能な限り確保するため、自国の国内法の枠内で、かつ、国際法に適合する範囲内で適当な措置をとる。

**第四条【輸出入、通過】** 1 締約国は、国際核物質輸送中の核物質が附属書Iに定める水準で防護される保証を得られない限り、核物質を輸出し又はその輸出を許可してはならない。

2 締約国は、国際核物質輸送中の核物質が附属書Iに定める水準で防護される保証を得られない限り、この条約の非締約国から核物質を輸入し又はその輸入を許可してはならない。

3 締約国は、この条約の非締約国間における国際核物質輸送中の核物質が附属書Ⅰに定める水準で防護される保証を得られない限り、核物質が自国の陸地若しくは内水又は空港若しくは海港を経由して自国の領域を通過することを認めてはならない。ただし、当該保証を得ることが実行可能でない場合は、この限りでない。

4 締約国は、国内のある地点から他の地点まで国際的な水域又は空間を通過して輸送される核物質について、附属書Ⅰに定める防護の水準を自国の国内法の枠内で適用する。

5 1から3までの規定に従い核物質が附属書Ⅰに定める水準で防護される保証を取得すべき責任を負う締約国は、核物質が陸地若しくは内水を通過し又は空港若しくは海港に入ることが予定される国を事前に明らかにし、これに通報する。

6 1の保証を取得すべき責任は、合意によつて、輸入国として輸送に関係する締約国に負わせることができる。

7 この条のいかなる規定も、国の領域（領空及び領海を含む。）に対する主権及び管轄権に影響を及ぼすものと解してはならない。

**第五条【防護協力】** 1 締約国は、この条約の範囲内の事項に関する自国の連絡上の当局を明らかにし、直接に又は国際原子力機関を通じて相互に通知する。

2 核物質が窃取され、強取され、若しくはその他の方法で不法に取得された場合又はその現実的な脅威が存在する場合には、締約国は、自国の国内法に従い、要請する国に対し、当該核物質の回収及び防護について可能な最大限度において協力し、及び援助するものとし、特に次のことを行う。

(a) 締約国は、核物質が窃取され、強取され、若しくはその他の方法で不法に取得されたこと又はその現実的な脅威が存在することについて、関係すると認める他の国にできる限り速やかに通報し、及び適当な場合には国際原子力機関その他の関係国際機関に通報するため、適当な措置をとる。

(b) （略）

3 締約国は、核物質に係る妨害行為若しくは原子力施設に対する妨害行為の現実的な脅威が存在する場合又は当該妨害行為が行われた場合には、自国の国内法に従い、かつ、国際法に基づく関連する義務に従い、可能な最大限度において、次のとおり協力する。

(a) 締約国は、他の国において核物質に係る妨害行為又は原子力施設に対する妨害行為の現実的な脅威が存在することを知つた場合には、これらの妨害行為を防止するため、当該脅威について、当該他の国にできる限り速やかに通報し、及び適当な場合には国際原子力機関その他の関係国際機関に通報するために適当な措置をとることを決定する。

(b) 締約国は、自国において核物質に係る妨害行為又は原子力施設に対する妨害行為が行われた場合において、他の国が放射線の影響を受けるおそれがあると認めるときは、放射線の影響を最小にし、又は緩和するため、放射線の影響を受けるおそれがある国にできる限り速やかに通報し、及び適当な場合には国際原子力機関その他の関係国際機関に通報するため、国際法に基づく他の義務に影響を及ぼすことなく、適当な措置をとる。

(c) (a)及び(b)の規定に関し、締約国が援助を要請した場合には、その要請を受けた締約国は、速やかに、当該援助を与えることができるか否か並びに与え得る援助の範囲及び条件を決定し、直接に又は国際原子力機関を通じて、要請した締約国に通報する。

(d) （略）

4・5 （略）

**第六条【秘密の保護】**（略）

**第七条【犯罪行為】** 1 締約国は、自国の国内法により、故意に行う次の行為を処罰すべき犯罪とする。

(a) 法律に基づく権限なしに行う核物質の受領、所持、使用、移転、変更、処分又は散布であつて、人の死亡若しくは重大な傷害又は財産若しくは環境に対する著しい損害を引き起こし、又は引き起こすおそれがあるもの

(b) 核物質の窃取及び強取

(c) 核物質の横領及び詐取

(d) 法律に基づく権限なしに行う核物質のある国への又はある国からの運搬、送付又は移動

(e) 原子力施設に対して行われる行為又は原子力施設の運転を妨害する行為であつて、これらの行為を行う者が、放射線への曝露若しくは放射性物質の放出の影響により、人の死亡若しくは重大な傷害若しくは財産若しくは環境に対する著しい損害を引き起こす意図をもつて行うもの又はこれらを引き起こすおそれがあると知りながら行うもの。ただし、それらの原子力施設が自国の領域内に所在する締約国の国内法に従つて行われる行為を除く。

(f) 脅迫、暴行その他の威嚇手段を用いて核物質を要求する行為

(g)(i) 核物質を使用して人の死亡若しくは重大な傷害若しくは財産若しくは環境に対する著しい損害を引き起こすとの脅迫又は(e)に定める犯罪を行うとの脅迫

(ii) (b)又は(e)に定める犯罪を行うとの脅迫であつて、何らかの行為を行うこと又は行わないことを自然人若しくは法人、国際機関又は国に対し強要する目的で行うもの

(h) (a)から(e)までに定める行為の未遂

(i) (a)から(h)までに定める行為に加担する行為

(j) (a)から(h)までに定める犯罪を行わせるために他の者を組織し、又は他の者に指示する行為

(k) 共通の目的をもつて行動する人の集団が(a)から(h)までに定める犯罪を実行することに対して寄与する行為。ただし、当該行為が故意に行われ、かつ、次のいずれかに該当する場合に限る。

(i) 当該集団の犯罪活動又は犯罪目的の達成を助長するために行われる場合。もつとも、当該犯罪活動又は犯罪目的が(a)から(g)までに定める犯罪の実行に関係するときに限る。

(ii) (a)から(g)までに定める犯罪を実行するという当該集団の意図を知りながら行われる場合

2 締約国は、1の犯罪について、その重大性を考慮した適当な刑罰を科することができるようにする。

**第八条【裁判権の設定】** 1 締約国は、次の場合において前条に定める犯罪についての自国の裁判権を設定するため、必要な措置をとる。

(a) 犯罪が自国の領域内で又は自国において登録された船舶若しくは航空機内で行われる場合

(b) 容疑者が自国の国民である場合

2 締約国は、容疑者が自国の領域内に所在し、かつ、自国が1のいずれの締約国に対しても第十一条の規定による当該容疑者の引渡しを行わない場合において前条に定める犯罪についての自国の裁判権を設定するため、同様に、必要な措置をとる。

3　この条約は、国内法に従って行使される刑事裁判権を排除するものではない。
4　1及び2の締約国のほか、国際核物質輸送における輸出国又は輸入国である締約国は、国際法に適合する範囲内で、前条に定める犯罪についての自国の裁判権を設定することができる。

**第九条【容疑者の確保】**（略）

**第一〇条【訴追の義務】**（国家代表等に対する犯罪防止条約第七条と同じ。）

**第一一条【犯罪人引渡し】**1　第七条に定める犯罪は、締約国間の現行の犯罪人引渡条約における引渡犯罪とみなされる。締約国は、相互間で将来締結されるすべての犯罪人引渡条約に同条に定める犯罪を引渡犯罪として含めることを約束する。
2　条約の存在を犯罪人引渡しの条件とする締約国は、自国との間に犯罪人引渡条約を締結していない他の締約国から犯罪人引渡しの請求を受けた場合には、随意にこの条約を第七条に定める犯罪に関する犯罪人引渡しのための法的根拠とみなすことができる。この犯罪人引渡しは、請求を受けた国の法令に定めるその他の条件に従う。
3　条約の存在を犯罪人引渡しの条件としない締約国は、犯罪人引渡しの請求を受けた国の法令に定める条件に従い、相互間で、第七条に定める犯罪を引渡犯罪と認める。
4　第七条に定める犯罪は、締約国間の犯罪人引渡しに関しては、当該犯罪が発生した場所のみでなく、第八条1の規定に従って裁判権を設定しなければならない締約国の領域内においても行われたものとみなされる。

**第一一条のA【政治犯罪】**（爆弾テロ防止条約第一一条とほぼ同じ。ただし、「第二条」を「第七条」と読み替える。）

**第一一条のB【引渡し・相互援助義務の不存在】**（略）

**第一二条【公正な取扱い】**（略）

**第一三条【司法共助】**（略）

**第一三条のA【技術移転】**（略）

**第一四条【情報の通報】**（略）

**第一五条【附属書】**（略）

**第一六条【検討会議】**（略）

**第一七条【紛争の解決】**1　この条約の解釈又は適用に関して締約国間に紛争が生じた場合には、当該締約国は、交渉又はすべての紛争当事国が受け入れることができるその他の平和的紛争解決手段により紛争を解決するため、協議する。
2　1に規定する紛争であって1に定めるところによって解決することができないものは、いずれかの紛争当事国の要請により、決定のため仲裁又は国際司法裁判所に付託する。紛争が仲裁に付託される場合において、要請の日から六箇月以内に仲裁の組織について紛争当事国が合意に達しないときは、いずれの紛争当事国も、国際司法裁判所長又は国際連合事務総長に対し、一人又は二人以上の仲裁人の指名を要請することができる。紛争当事国の要請が抵触する場合には、国際連合事務総長に対する要請が優先する。
3　締約国は、この条約の署名、批准、受諾若しくは承認又はこれへの加入の際に、2に定める紛争解決手続の一方又は双方に拘束されない旨を宣言することができる。他の締約国は、そのような留保を付した締約国との関係において、2に定める当該紛争解決手続に拘束されない。
4　3の規定に基づいて留保を付した締約国は、寄託者に対する通告により、いつでもその留保を撤回することができる。

**第一八条【署名、批准】**（略）

**第一九条【効力発生】**（略）

**第二〇条【改正】**（略）

**第二一条【廃棄】**（略）

**第二二条【通報】**（略）

**第二三条【正文】**（略）

**附属書**　（略）

## 9　爆弾テロ防止条約（抄）

（テロリストによる爆弾使用の防止に関する国際条約）

採　択　一九九七年一二月一五日（ニューヨーク）
署名開放　一九九八年一月一二日
効力発生　二〇〇一年五月二三日
日本国　二〇〇一年一一月一六日（同年一一月九日国会承認、一一月一六日内閣受諾決定、同日受諾書寄託、一一月二一日公布・条約一〇号）
当事国　一七〇

この条約の締約国は、
国際の平和及び安全の維持並びに善隣主義、諸国間の友好関係及び諸国間の協力の促進に関する国際連合憲章の目的及び原則に留意し、
あらゆる形態のテロリズムの行為が世界的規模で増大していることを深く憂慮し、
千九百九十五年十月二十四日の国際連合五十周年記念宣言を想起し、
また、「国際連合加盟国は、テロリズムのあらゆる行為、方法及び実行（諸国及び諸国民の間の友好関係を害し並びに国の領土保全及び安全を脅かすものを含む。）を、行われた場所及び行った者のいかんを問わず、犯罪でありかつ正当化することができないものとして無条件に非難することを厳粛に再確認する」千九百九十四年十二月九日の国際連合総会決議第六十号（第四十九回会期）に附属する国際的なテロリズムを廃絶するための措置に関する宣言を想起し、
また、同宣言が諸国に対し、「この問題のすべての側面に関する包括的な法的枠組みが存在することを確保するため、あらゆる形態のテロリズムの防止、抑止及び廃絶に関する既存の国際的な法規の範囲を早急に見直す」ことを奨励していることに留意し、
さらに、千九百九十六年十二月十七日の国際連合総会決議第二百十号（第五十一回会期）及び同決議に附属する千九百九十四年の国際的なテロリズムを廃絶するための措置に関する宣言を補足する宣言を想起し、
また、爆発物その他の致死装置によるテロリストの攻撃が一層広範に行われるようになったことに留意し、
さらに、既存の多数国間の法規がこれらの攻撃について十分に対処していないことに留意し、
このようなテロリズムの行為の防止並びにこのような行為を行った者の訴追及び処罰のための効果的かつ実行可能な措置を立案

し及びとるに当たって諸国間の国際協力を強化することが急務であることを確信し、

このような行為の発生が国際社会(international community)全体にとって重大な関心事であることを考慮し、

国の軍隊の活動がこの条約の枠組みの範囲外にある国際法の規則によって規律されること及びこの条約の適用範囲から一定の行為が除外されることが不法な行為を容認し又は合法化するものではなく、かつ、他の法規によって訴追することを妨げるものではないことに留意して、

次のとおり協定した。

**第一条【用語】** この条約の適用上、

1 「国又は政府の施設」には、国の代表者、政府、立法機関若しくは司法機関の構成員、国その他公の当局若しくは団体の職員若しくは被用者又は政府間機関の被用者若しくは職員がその公務に関連して使用し又は占有する常設又は臨時の施設及び輸送機関を含む。

2 「基盤施設」とは、上水、下水、エネルギー、燃料、通信等に係る役務を公共の利益のために提供し又は配分する公有又は私有の施設をいう。

3 「爆発物その他の致死装置」とは、次のものをいう。

(a) 死、身体の重大な傷害若しくは著しい物的損害を引き起こすように設計され又はそのような能力を有する爆発する兵器若しくは装置又は焼夷兵器若しくは焼夷装置

(b) 毒性化学物質、生物剤、毒素その他これらに類するもの、放射線又は放射性物質の放出、発散又は影響によって死、身体の重大な傷害若しくは著しい物的損害を引き起こすように設計され又はそのような能力を有する兵器又は装置

4 「国の軍隊」とは、国の防衛又は安全保障を主たる目的としてその国内法に基づいて組織され、訓練され及び装備された国の軍隊並びにその正式な指揮、管理及び責任の下で当該軍隊を支援するために行動する者をいう。

5 「公共の用に供される場所」とは、建物、土地、道路、水路その他の場所のうち、継続的に、定期的に又は随時、公衆に対して利用する機会が与えられ又は開放されている部分をいい、公衆に対してそのように利用する機会が与えられ又は開放されている商業、業務、文化、歴史、教育、宗教、行政、娯楽、レクリエーションに係る場所その他これらに類する場所を含む。

6 「公共の輸送機関」とは、公有であるか私有であるかを問わず、人若しくは貨物の輸送のための役務であって公共の用に供するもののために又はそのような役務において使用されるすべての施設、輸送機関及び手段をいう。

**第二条【犯罪行為】** 1 次の意図をもって、公共の用に供される場所、国若しくは政府の施設、公共の輸送機関及び基盤施設の中で、これらの中に又はこれらに対して、不法かつ故意に、爆発物その他の致死装置を到達させ、設置し若しくは爆発させる行為又は爆発物その他の致死装置から発散させる行為は、この条約上の犯罪とする。

(a) 死又は身体の重大な傷害を引き起こす意図

(b) これらの場所、施設又は機関の広範な破壊を引き起こす意図。ただし、そのような破壊が重大な経済的損失をもたらし又はもたらすおそれのある場合に限る。

2 1に定める犯罪の未遂も、犯罪とする。

3 次の行為も、犯罪とする。

(a) 1又は2に定める犯罪に加担する行為

(b) 1又は2に定める犯罪を行わせるために他の者を組織し又は他の者に指示する行為

(c) 共通の目的をもって行動する人の集団が1又は2に定める犯罪の一又は二以上を実行することに対し、その他の方法で寄与する行為。ただし、故意に、かつ、当該集団の一般的な犯罪活動若しくは犯罪目的の達成を助長するために又は当該一若しくは二以上の犯罪を実行するという当該集団の意図を知りながら、寄与する場合に限る。

**第三条【条約が適用されない場合】** この条約は、犯罪が単一の国において行われ、容疑者及び被害者が当該国の国民であり、当該容疑者が当該国の領域内で発見され、かつ、他のいずれの国も第六条1又は2の規定に基づいて裁判権を行使する根拠を有しない場合には、適用しない。ただし、第十条から第十五条までの規定は、適当なときはこれらの場合についても適用する。

**第四条【国内法上の犯罪】** 締約国は、次のことのために必要な措置をとる。

(a) 第二条に定める犯罪を自国の国内法上の犯罪とすること。

(b) (a)の犯罪について、その重大性を考慮した適当な刑罰を科することができるようにすること。

**第五条【国内措置】** 締約国は、この条約の適用の対象となる犯罪行為、特に一般大衆又は人若しくは特定の人の集団に恐怖の状態を引き起こすことを意図し又は計画して行われる犯罪行為が政治的、哲学的、思想的、人種的、民族的、宗教的又は他の同様の考慮によっていかなる場合にも正当化されないこと及び当該犯罪行為についてその重大性に適合する刑罰が科されることを確保するため、必要な措置(適当な場合には、国内立法を含む。)をとる。

**第六条【裁判権の設定】** 1 締約国は、次の場合において第二条に定める犯罪についての自国の裁判権を設定するため、必要な措置をとる。

(a) 犯罪が自国の領域内で行われる場合

(b) 犯罪が、当該犯罪の時に自国を旗国とする船舶内又は自国の法律により登録されている航空機内で行われる場合

(c) 犯罪が自国の国民によって行われる場合

2 締約国は、次の場合において第二条に定める犯罪についての自国の裁判権を設定することができる。

(a) 犯罪が自国の国民に対して行われる場合

(b) 犯罪が国外にある自国の国又は政府の施設(大使館その他外交機関及び領事機関の公館を含む。)に対して行われる場合

(c) 犯罪が自国の領域内に常居所を有する無国籍者によって行われる場合

(d) 犯罪が、何らかの行為を行うこと又は行わないことを自国に対して強要する目的で行われる場合

(e) 犯罪が自国の政府の運航する航空機内で行われる場合

3 締約国は、この条約を批准し、受諾し若しくは承認し又はこの条約に加入する際、自国の国内法により2の規定に従って設定した裁判権について国際連合事務総長に通報する。当該裁判権の変更を行った締約国は、その旨を国際連合事務総長に直ちに通報する。

4 締約国は、容疑者が自国の領域内に所在し、かつ、自国が1又は2の規定に従って裁判権を設定したいずれの締約国に対しても当該容疑者の引渡しを行わない場合において第二条に定める犯罪についての自国の裁判権を設定するため、同様に、必要

な措置をとる。

5 この条約は、締約国が自国の国内法に従って設定した刑事裁判権の行使を排除するものではない。

**第七条【調査等の措置、犯人又は容疑者の権利】** 1 第二条に定める犯罪を行った者又はその疑いのある者が自国の領域内に所在している可能性があるとの情報を受領した締約国は、その情報に含まれている事実について調査するため、自国の国内法により必要な措置をとる。

2 犯人又は容疑者が領域内に所在する締約国は、状況によって正当であると認める場合には、訴追又は引渡しのために当該犯人又は容疑者の所在を確実にするため、自国の国内法により適当な措置をとる。

3 いずれの者も、自己について2の措置がとられている場合には、次の権利を有する。

(a) 当該者の国籍国その他当該者の権利を保護する資格を有する国又は当該者が無国籍者である場合には当該者が領域内に常居所を有する国の最寄りの適当な代表と遅滞なく連絡を取る権利

(b) (a)の国の代表の訪問を受ける権利

(c) (a)及び(b)に定める自己の権利について告げられる権利

4 3に定める権利は、犯人又は容疑者が領域内に所在する国の法令に反しないように行使する。当該法令は、3に定める権利の目的とするところを十分に達成するようなものでなければならない。

5 3及び4の規定は、前条1(c)又は2(c)の規定に従って裁判権を設定した締約国が、赤十字国際委員会に対し容疑者と連絡を取り又は容疑者を訪問するよう要請する権利を害するものではない。

6 いずれの締約国も、この条の規定に基づいていずれかの者を抑留した場合には、前条1及び2の規定に従って裁判権を設定した締約国並びに適当と認めるときは利害関係を有するその他の締約国に対し、直接又は国際連合事務総長を通じて、当該者が抑留されている事実及びその抑留が正当とされる事情を直ちに通報する。1の調査を行った国は、その結果をこれらの締約国に対して速やかに通報し、かつ、自国が裁判権を行使する意図を有するか否かを明らかにする。

**第八条【事件の付託及び自国民の引渡し】** 1 容疑者が領域内に所在する締約国は、第六条の規定が適用される場合において、当該容疑者を引き渡さないときは、犯罪が自国の領域内で行われたものであるか否かを問わず、いかなる例外もなしに、かつ、不当に遅滞することなく、自国の法令による手続を通じて訴追のため自国の権限のある当局に事件を付託する義務を負う。その当局は、自国の法令に規定する他の重大な犯罪の場合と同様の方法で決定を行う。

2 締約国は、自国の国内法が、引渡しの請求に係る裁判又は手続の結果科された刑に服するために自国民が自国に送還されるとの条件下においてのみ当該自国民の引渡しを認める場合において、当該引渡しの請求を行う国との間でそのような方法をとること及び他の適当と認める条件について合意するときは、そのような条件付の引渡しによって1に規定する義務を履行することができる。

**第九条【引渡犯罪】** 1 第二条に定める犯罪は、この条約が効力を生ずる前に締約国間に存在する犯罪人引渡条約における引渡犯罪とみなされる。締約国は、相互間でその後締結されるすべての犯罪人引渡条約に同条に定める犯罪を引渡犯罪として含めることを約束する。

2 条約の存在を犯罪人引渡しの条件とする締約国は、自国との間に犯罪人引渡条約を締結していない他の締約国から犯罪人引渡しの請求を受けた場合には、随意にこの条約を第二条に定める犯罪に関する犯罪人引渡しのための法的根拠とみなすことができる。この犯罪人引渡しは、請求を受けた国の法令に定める他の条件に従う。

3 条約の存在を犯罪人引渡しの条件としない締約国は、犯罪人引渡しの請求を受けた国の法令に定める条件に従い、相互間で、第二条に定める犯罪を引渡犯罪と認める。

4 第二条に定める犯罪は、締約国間の犯罪人引渡しに関しては、必要な場合には、当該犯罪が発生した場所のみでなく、第六条1又は2の規定に従って裁判権を設定した国の領域内においても行われたものとみなされる。

5 締約国間のすべての犯罪人引渡条約及び犯罪人引渡取極は、第二条に定める犯罪について、この条約と両立しない限度において当該締約国間で修正されたものとみなされる。

**第一〇条【相互援助】**（略）

**第一一条【政治犯罪】** 第二条に定める犯罪は、犯罪人引渡し又は法律上の相互援助に関しては、政治犯罪、政治犯罪に関連する犯罪又は政治的な動機による犯罪とみなしてはならない。したがって、政治犯罪、政治犯罪に関連する犯罪又は政治的な動機による犯罪に関係することのみを理由として、同条に定める犯罪を根拠とする犯罪人引渡しの請求又は法律上の相互援助の要請を拒否することはできない。

**第一二条【引渡し・相互援助義務の不存在】**（略）

**第一三条【移送】** 1 一の締約国の領域内において抑留され又は刑に服している者については、当該者が証言、確認その他援助であってこの条約に基づく犯罪の捜査又は訴追のための証拠の収集に係るものの提供のために他の締約国において出頭することが要請された場合において、次の条件が満たされるときは、移送することができる。

(a) 当該者が事情を知らされた上で任意に同意を与えること。

(b) 双方の国の権限のある当局がこれらの国の適当と認める条件に従って合意すること。

2 この条の規定の適用上、

(a) 1に定める者が移送された国は、当該者を移送した国が別段の要請を行わず又は承認を与えない限り、移送された当該者を抑留する権限を有し及び義務を負う。

(b) 1に定める者が移送された国は、自国及び当該者を移送した国の双方の権限のある当局による事前又は別段の合意に従い、移送された当該者をその移送した国による抑留のために送還する義務を遅滞なく履行する。

(c) 1に定める者が移送された国は、当該者を移送した国に対し、当該者の送還のために犯罪人引渡手続を開始するよう要求してはならない。

(d) 移送された者が移送された国において抑留された期間は、当該者を移送した国における当該者の刑期に算入する。

3 移送された者は、この条の規定に従って当該者を移送する締約国が同意しない限り、その国籍のいかんを問わず、当該者を移送した国の領域を出発する前の行為又は有罪判決につき、当該者が移送された国の領域内において、訴追されず若しくは抑留されず、又は身体の自由についての他のいかなる制限も課せられない。

**第一四条【公正な取扱い】**(略)

**第一五条【犯罪防止の協力】** 締約国は、特に次の方法により、第二条に定める犯罪の防止について協力する。

(a) 自国の領域内又は領域外で行われる犯罪の自国の領域内における準備を防止し及びこれに対処するため、必要な場合には国内法令を適合させることを含むあらゆる実行可能な措置(同条に定める犯罪の実行について助長し、扇動し若しくは組織し、事情を知りながら当該犯罪のために資金を提供し又は当該犯罪を実行する個人、集団及び団体が行う不法な活動を自国の領域内において禁止する措置を含む。)をとること。

(b) 自国の国内法に従って正確なかつ確認された情報を交換し、かつ、同条に定める犯罪を防止するために適宜とる行政上の措置その他の措置を調整すること。

(c) 適当な場合には、死又は身体の傷害を引き起こすことができる爆発物その他の有害な物質を探知する方法を研究し及び開発し、爆発物につきその爆発後の調査においてその製造の場所を特定するためにとる識別措置に関する基準の作成について協議し、防止措置に関する情報を交換し、並びに技術、装置及び関連する物質について協力し及びこれらを移転すること。

**第一六条【国連事務総長への通報】**(略)

**第一七条【条約義務の履行】**(略)

**第一八条【他の締約国の裁判権】** この条約のいかなる規定も、締約国に対し、他の締約国の領域内において、当該他の締約国の当局がその国内法により専ら有する裁判権を行使する権利及び任務を遂行する権利を与えるものではない。

**第一九条【国際人道法】** 1 この条約のいかなる規定も、国際法、特に国際連合憲章の目的及び原則並びに国際人道法に基づいて国及び個人が有する他の権利、義務及び責任に影響を及ぼすものではない。

2 国際人道法の下で武力紛争における軍隊の活動とされている活動であって、国際人道法によって規律されるものは、この条約によって規律されない。また、国の軍隊がその公務の遂行に当たって行う活動であって、他の国際法の規則によって規律されるものは、この条約によって規律されない。

**第二〇条【紛争の解決】** 1 この条約の解釈又は適用に関する締約国間の紛争で合理的な期間内に交渉によって解決することができないものは、いずれかの紛争当事国の要請により、仲裁に付される。仲裁の要請の日から六箇月以内に仲裁の組織について紛争当事国が合意に達しない場合には、いずれの紛争当事国も、国際司法裁判所規程に従って請求を行うことにより、国際司法裁判所に紛争を付託することができる。

2 各国は、この条約の署名、批准、受諾若しくは承認又はこの条約への加入の際に、1の規定に拘束されない旨を宣言することができる。他の締約国は、そのような留保を付した締約国との関係において1の規定に拘束されない。

3 2の規定に基づいて留保を付したいずれの国も、国際連合事務総長に対する通告により、いつでもその留保を撤回することができる。

**第二一条【署名、批准、加入】**(略)

**第二二条【効力発生】**(略)

**第二三条【廃棄】**(略)

**第二四条【正文】**(略)

## 10 テロ資金供与防止条約(抄)

(テロリズムに対する資金供与の防止に関する国際条約)

採　択　一九九九年一二月九日(ニューヨーク)
効力発生　二〇〇二年四月一〇日
日本国　二〇〇二年七月一一日(同年五月一七日国会承認、六月四日内閣受諾決定、六月一一日受諾書寄託、六月一七日公布・条約六号)
当事国　一八九

### 前　文

この条約の締約国は、

国際の平和及び安全の維持並びに善隣主義、諸国間の友好関係及び諸国間の協力の促進に関する国際連合憲章の目的及び原則に留意し、

あらゆる形態のテロリズムの行為が世界的規模で増大していることを深く憂慮し、

千九百九十五年十月二十四日の国際連合五十周年記念宣言(国際連合総会決議第六号(第五十回会期))を想起し、

また、千九百九十四年十二月九日の国際連合総会決議第六十号(第四十九回会期)並びにその附属書である国際的なテロリズムを廃絶するための措置に関する宣言であって、国際連合加盟国が、テロリズムのあらゆる行為、方法及び実行(諸国及び諸国民の間の友好関係を害し並びに国の領土保全及び安全を脅かすものを含む。)を、行われた場所及び行った者のいかんを問わず、犯罪でありかつ正当化することができないものとして無条件に非難することを厳粛に再確認したものを含むこの問題についての関連するすべての国際連合総会決議を想起し、

また、国際的なテロリズムを廃絶するための措置に関する宣言が諸国に対し、この問題のすべての側面に関する包括的な法的枠組みが存在することを確保するため、あらゆる形態のテロリズムの防止、抑止及び廃絶に関する既存の国際的な法規の範囲を早急に見直すことを奨励していることに留意し、

千九百九十六年十二月十七日の国際連合総会決議第二百十号(第五十一回会期)3(f)の規定、すなわち、テロリスト及びテロリストの組織に対する資金供与について、これが直接的なものであるか、慈善的、社会的若しくは文化的な目的を有し若しくは有すると主張する組織又は武器の不正取引、薬物の取引、恐喝等の不法な活動(テロリストの活動に対する資金供与のための人の搾取を含む。)を行う組織を通じた間接的なものであるかを問わず、適当な国内措置により防止し及び対処するための措置をとること、並びに特に、正当な資本の移動の自由を何ら妨げることなく、テロリストの目的のために意図されている疑いのある資金の移動を防止し及びこれに対処するための規制措置をとることを適当な場合には考慮し、かつ、そのような資金の国際的な移動に関する情報の交換を強化することを国際連合総会がすべての国に要請した規定を想起し、

また、千九百九十六年十二月十七日の国際連合総会決議第二百十号(第五十一回会期)3(a)から(f)までに定める措置の実施を特

## テロ資金供与防止条約

に考慮することを国際連合総会が諸国に要請した千九百九十七年十二月十五日の国際連合総会決議第百六十五号(第五十二回会期)を想起し、

さらに、千九百九十六年十二月十七日の国際連合総会決議第二百十号(第五十一回会期)によって設置された特別委員会が、関連する既存の国際文書を補完するためにテロリストのための資金供与の防止に関する国際条約案を作成すべきであることを国際連合総会が決定した千九百九十八年十二月八日の国際連合総会決議第百八号(第五十三回会期)を想起し、

テロリズムに対する資金供与が国際社会全体にとって重大な関心事であることを考慮し、

国際的なテロリズムの行為の数及び重大性はテロリストが得る資金に依存することに留意し、

また、既存の多数国間の法的文書がそのような資金供与につき明示的に取り扱っていないことに留意し、

テロリズムに対する資金供与を防止し、特にこのような行為を行った者の訴追及び処罰によってこれを防止するための効果的な措置を立案し及びとるに当たって諸国間の国際協力を強化することが急務であることを確信して、

次のとおり協定した。

**第一条【用語】** この条約の適用上、

1 「資金」とは、有形であるか無形であるか、動産であるか不動産であるか及び取得の方法のいかんを問わず、あらゆる種類の財産及びこれらの財産に関する権原又は権利を証明するあらゆる形式の法律上の書類又は文書(電子的な又はデジタル式のものを含む。)をいう。これらの書類又は文書には、少なくとも銀行信用状、旅行小切手、銀行小切手、為替証書、株券、有価証券、債券、手形及び信用状を含む。

2 「国又は政府の施設」とは、国の代表者、政府、立法機関若しくは司法機関の構成員、国その他公の当局若しくは団体の職員若しくは被用者又は政府間機関の被用者若しくは職員がその公務に関連して使用し又は占有する常設又は臨時の施設及び輸送機関をいう。

3 「収益」とは、第二条に定める犯罪の実行により生じ又は直接若しくは間接に得られた資金をいう。

**第二条【犯罪行為】** 1 その全部又は一部が次の行為を行うために使用されることを意図して又は知りながら、手段のいかんを問わず、直接又は間接に、不法かつ故意に、資金を提供し又は収集する行為は、この条約上の犯罪とする。

(a) 附属書に掲げるいずれかの条約の適用の対象となり、かつ、当該いずれかの条約に定める犯罪を構成する行為

(b) 文民又はその他の者であって武力紛争の状況における敵対行為に直接に参加しないものの死又は身体の重大な傷害を引き起こすことを意図する他の行為。ただし、当該行為の目的が、その性質上又は状況上、住民を威嚇し又は何らかの行為を行うこと若しくは行わないことを政府若しくは国際機関に対して強要することである場合に限る。

2 (a) 附属書に掲げるいずれかの条約の締約国でない締約国は、批准書、受諾書、承認書又は加入書の寄託に際し、この条約の自国についての適用上、当該いずれかの条約が1(a)に規定する附属書に含まれないものとみなすことを宣言することができる。その宣言は、当該いずれかの条約が当該締約国について効力を生じた後直ちに効力を失う。当該締約国は、この事実を寄託者に通報する。

(b) 締約国は、附属書に掲げるいずれかの条約の締約国でなくなる場合には、当該いずれかの条約について、この条に定める宣言を行うことができる。

3 1に定める行為が犯罪を構成するためには、資金が1(a)又は(b)に定める犯罪を実行するために実際に使用されたことを要しない。

4 1に定める犯罪の未遂も、犯罪とする。

5 次の行為も、犯罪とする。

(a) 1又は4に定める犯罪に加担する行為

(b) 1又は4に定める犯罪を行わせるために他の者を組織し又は他の者に指示する行為

(c) 共通の目的をもって行動する人の集団が1又は4に定める犯罪の一又は二以上を実行することに対して寄与する行為。ただし、故意に行われ、かつ、次のいずれかに該当する場合に限る。

(i) 当該集団の犯罪活動又は犯罪目的の達成を助長するために寄与する場合。もっとも、当該犯罪活動又は犯罪目的が1に定める犯罪の実行に関係するときに限る。

(ii) 1に定める犯罪を実行するという当該集団の意図を知りながら寄与する場合

**第三条【条約が適用されない場合】**〔爆弾テロ防止条約第三条とほぼ同じ。〕

**第四条【国内法上の犯罪】** 締約国は、次のことのために必要な措置をとる。

(a) 第二条に定める犯罪を自国の国内法上の犯罪とすること。

(b) (a)の犯罪について、その重大性を考慮した適当な刑罰を科することができるようにすること。

**第五条【法人の責任】** 1 締約国は、自国の領域内に所在しており又は自国の法令の下で組織された法人の経営又は管理に責任を有する者がその資格において第二条に定める犯罪を行った場合には、自国の法的原則に従い、当該法人が責任を負うことを可能とするために必要な措置をとる。当該責任は、刑事上、民事上又は行政上のものとすることができる。

2 1の責任を負うことは、犯罪を行った個人の刑事上の責任に影響を及ぼすものではない。

3 締約国は、特に、1の規定に従って責任を負う法人に対し、効果的な、均衡がとれたかつ抑止力のある刑事上、民事上又は行政上の制裁が科されることを確保する。当該制裁には、金銭的制裁を含めることができる。

**第六条【国内措置】**(略)

**第七条【裁判権の設定】** 1 締約国は、次の場合において第二条に定める犯罪についての自国の裁判権を設定するため、必要な措置をとる。

(a) 犯罪が自国の領域内で行われる場合

(b) 犯罪が、当該犯罪の時に自国を旗国とする船舶内又は自国の法律により登録されている航空機内で行われる場合

(c) 犯罪が自国の国民によって行われる場合

2 締約国は、次の場合において第二条に定める犯罪についての自国の裁判権を設定することができる。

(a) 犯罪が、同条1(a)若しくは(b)に定める犯罪であって自国の領域内で若しくは自国の国民に対して行われるものの実行のために行われ、又は当該実行をもたらした場合

(b) 犯罪が、同条1(a)若しくは(b)に定める犯罪であって国外に

ある自国の国若しくは政府の施設（自国の外交機関及び領事機関の公館を含む。）に対して行われるものの実行のために行われ、又は当該実行をもたらした場合

(c) 犯罪が、同条1(a)若しくは(b)に定める犯罪であって何らかの行為を行うこと若しくは行わないことを自国に対して強要する目的で行われるもののために行われ、又は当該犯罪をもたらした場合

(d) 犯罪が自国の領域内に常居所を有する無国籍者によって行われる場合

(e) 犯罪が自国の政府の運航する航空機内で行われる場合

3 締約国は、この条約を批准し、受諾し若しくは承認し又はこの条約に加入する際、2の規定に従って設定した裁判権について国際連合事務総長に通報する。当該裁判権の変更を行った締約国は、その旨を同事務総長に直ちに通報する。

4 締約国は、容疑者が自国の領域内に所在し、かつ、自国が1又は2の規定に従って裁判権を設定したいずれの締約国に対しても当該容疑者の引渡しを行わない場合において第二条に定める犯罪についての自国の裁判権を設定するため、同様に、必要な措置をとる。

5 二以上の締約国が第二条に定める犯罪についての裁判権を主張する場合には、関係締約国は、特に訴追の条件及び法律上の相互援助の方法に関して適切に行動を調整するよう努力する。

6 この条約は、一般国際法の規範が適用される場合を除くほか、締約国が自国の国内法に従って設定した刑事裁判権の行使を排除するものではない。

**第八条【資金没収措置】** 1 締約国は、自国の法的原則に従い、第二条に定める犯罪の実行を目的として使用され又は配分されたあらゆる資金及び当該犯罪から生じた収益について、没収を行い得るようにするために特定し、発見し及び凍結し又は押収するための適当な措置をとる。

2 締約国は、自国の法的原則に従い、第二条に定める犯罪の実行を目的として使用され又は配分された資金及び当該犯罪から生じた収益を没収するための適当な措置をとる。

3 関係締約国は、この条に規定する没収から生じた資金を定期的に又は個々の場合に応じて他の締約国との間で配分することについて協定を締結することを考慮することができる。

4 締約国は、この条に規定する没収から生じた資金を第二条1(a)若しくは(b)に定める犯罪の被害者又はその家族に対する補償のために使用する仕組みを確立することを考慮する。

5 この条の規定は、善意の第三者の権利を害することなく実施する。

**第九条【調査等の措置、犯人又は容疑者の権利】**〔爆弾テロ防止条約第七条とほぼ同じ。〕

**第一〇条【事件の付託及び自国民の引渡し】**〔爆弾テロ防止条約第八条と同じ。〕

**第一一条【引渡犯罪】**〔爆弾テロ防止条約第九条と同じ。ただし、「第六条」を「第七条」と読み替える。〕

**第一二条【相互援助】**（略）

**第一三条【財政に係る犯罪】**（略）

**第一四条【政治犯罪】**〔爆弾テロ防止条約第一一条と同じ。〕

**第一五条【引渡し・相互援助義務の不存在】**（略）

**第一六条【移送】**〔爆弾テロ防止条約第一三条と同じ。ただし、「証言、確認その他援助であってこの条約に基づく犯罪」を「確認、証言その他援助であって第二条に定める犯罪」と読み替える。〕

**第一七条【公正な取扱い】**（略）

**第一八条【犯罪防止の協力】**（略）

**第一九条【国連事務総長への通報】**（略）

**第二〇条【条約義務の履行】**（略）

**第二一条【国際人道法】** この条約のいかなる規定も、国際法、特に国際連合憲章の目的、国際人道法及び他の関連条約に基づいて国及び個人が有する他の権利、義務及び責任に影響を及ぼすものではない。

**第二二条【他の締約国の裁判権】**〔爆弾テロ防止条約第一八条と同じ。〕

**第二三条【改正】**（略）

**第二四条【紛争の解決】**〔爆弾テロ防止条約第二〇条と同じ。〕

**第二五条【署名、批准、加入】**（略）

**第二六条【効力発生】**（略）

**第二七条【廃棄】**（略）

**第二八条【正文】**（略）

**附属書**

1 航空機の不法な奪取の防止に関する条約（千九百七十年十二月十六日にヘーグにおいて作成）

2 民間航空の安全に対する不法な行為の防止に関する条約（千九百七十一年九月二十三日にモントリオールにおいて作成）

3 国際的に保護される者（外交官を含む。）に対する犯罪の防止及び処罰に関する条約（千九百七十三年十二月十四日に国際連合総会において採択）

4 人質をとる行為に関する国際条約（千九百七十九年十二月十七日に国際連合総会において採択）

5 核物質の防護に関する条約（千九百八十年三月三日にウィーンにおいて採択）

6 民間航空の安全に対する不法な行為の防止に関する条約を補足する国際民間航空に使用される空港における不法な暴力行為の防止に関する議定書（千九百八十八年二月二十四日にモントリオールにおいて作成）

7 海洋航行の安全に対する不法な行為の防止に関する条約（千九百八十八年三月十日にローマにおいて作成）

8 大陸棚に所在する固定プラットフォームの安全に対する不法な行為の防止に関する議定書（千九百八十八年三月十日にローマにおいて作成）

9 テロリストによる爆弾使用の防止に関する国際条約（千九百九十七年十二月十五日に国際連合総会において採択）

## 11 核テロ防止条約(抄)

(核によるテロリズムの行為の防止に関する国際条約)

採択 二〇〇五年四月一三日(ニューヨーク)
効力発生 二〇〇七年七月七日
日本国 二〇〇七年九月二日(〇五年九月一五日署名、〇七年六月一五日国会承認、八月三日受諾書寄託、八月八日公布・条約七号)
当事国 一一七

前文(略)

**第一条【用語】** この条約の適用上、

1 「放射性物質」とは、核物質その他の放射線を放出する物質であって、自発的な壊変(アルファ粒子、ベータ粒子、中性子、ガンマ線等の一又は二以上の種類の電離放射線の放出を伴う作用をいう。)が起こる核種を含み、かつ、その放射線の特性又は核分裂の特性により死、身体の重大な傷害又は財産若しくは環境に対する著しい損害を引き起こし得るものをいう。

2 「核物質」とは、プルトニウム(プルトニウム二三八の同位体濃度が八十パーセントを超えるものを除く。)、ウラン二三三、同位元素ウラン二三五又は二三三の濃縮ウラン、ウランの同位元素の天然の混合率から成るウラン(鉱石又は鉱石の残滓の状態のものを除く。)及びこれらの物質の一又は二以上を含有している物質をいう。

「同位元素ウラン二三五又は二三三の濃縮ウラン」とは、同位元素ウラン二三五若しくは二三三又はこれらの双方を含有しているウランであって、同位元素ウラン二三八に対するこれらの二同位元素の合計の含有率が、天然ウランにおける同位元素ウラン二三八に対する同位元素ウラン二三五の率より大きいものをいう。

3 「原子力施設」とは、次のものをいう。
(a) 原子炉(船舶、車両、航空機又は宇宙物体を推進するためのエネルギー源としての使用その他の目的のため、船舶、車両、航空機又は宇宙物体に設置された炉を含む。)
(b) 放射性物質の製造、貯蔵、処理又は輸送に使用されている工場又は輸送機関

4 「装置」とは、次のものをいう。
(a) 核爆発装置
(b) 放射性物質又は放射線を発散させる装置であって、その放射線の特性により、死、身体の重大な傷害又は財産若しくは環境に対する著しい損害を引き起こし得るもの

5 「国又は政府の施設」には、国の代表者、政府、立法機関若しくは司法機関の構成員、国その他公の当局若しくは団体の職員若しくは被用者又は政府間機関の被用者若しくは職員がその公務に関連して使用し、又は占有する常設又は臨時の施設及び輸送機関を含む。

6 「国の軍隊」とは、国の防衛又は安全保障を主たる目的としてその国内法に基づいて組織され、訓練され、及び装備された国の軍隊並びにその正式な指揮、管理及び責任の下で当該軍隊を支援するために行動する者をいう。

**第二条【犯罪行為】** 1 不法かつ故意に行う次の行為は、この条約上の犯罪とする。
(a) 次のいずれかの意図をもって、放射性物質を所持し、又は装置を製造し若しくは所持すること。
(i) 死又は身体の重大な傷害を引き起こす意図
(ii) 財産又は環境に対する著しい損害を引き起こす意図
(b) 次のいずれかの意図をもって、放射性物質若しくは装置を使用すること(方法のいかんを問わない。)又は放射性物質を放出する方法若しくは放出するおそれのある方法で原子力施設を使用し若しくは損壊すること。
(i) 死又は身体の重大な傷害を引き起こす意図
(ii) 財産又は環境に対する著しい損害を引き起こす意図
(iii) 特定の行為を行うこと又は行わないことを自然人若しくは法人、国際機関又は国に対し強要する意図

2 次の行為も、犯罪とする。
(a) 脅迫が確かなものであることを示唆する状況の下で、1(b)に定める犯罪を行うとの脅迫をすること。
(b) 脅迫が確かなものであることを示唆する状況の下で脅迫し、又は暴行を用いて、不法かつ故意に放射性物質、装置又は原子力施設を要求すること。

3 1に定める犯罪の未遂も、犯罪とする。

4 次の行為も、犯罪とする。
(a) 1、2又は3に定める犯罪に加担する行為
(b) 1、2又は3に定める犯罪を行わせるために他の者を組織し、又は他の者に指示する行為
(c) 共通の目的をもって行動する人の集団が1、2又は3に定める犯罪の一又は二以上を実行することに対し、その他の方法で寄与する行為。ただし、故意に、かつ、当該集団の一般的な犯罪活動若しくは犯罪目的の達成を助長するため又は当該犯罪の一又は二以上を実行するという当該集団の意図を知りながら、寄与する場合に限る。

**第三条【条約が適用されない場合】**〔爆弾テロ防止条約第三条とほぼ同じ。〕

**第四条【国際人道法】** 1 この条約のいかなる規定も、国際法(特に国際連合憲章の目的及び原則並びに国際人道法)に基づいて国及び個人が有する他の権利、義務及び責任に影響を及ぼすものではない。

2 国際人道法の下で武力紛争における軍隊の活動とされている活動であって、国際人道法によって規律されるものは、この条約によって規律されない。また、国の軍隊がその公務の遂行に当たって行う活動であって、他の国際法の規則によって規律されるものは、この条約によって規律されない。

3 2の規定は、不法な行為を容認し、又は合法化するものと解してはならず、また、他の法規によって訴追することを妨げるものと解してはならない。

4 この条約は、いかなる意味においても、国による核兵器の使用又はその威嚇の合法性の問題を取り扱うものではなく、また、取り扱うものと解してはならない。

**第五条【国内法上の犯罪】** 締約国は、次のことのために必要な措置を講ずる。
(a) 第二条に定める犯罪を自国の国内法上の犯罪とすること。
(b) (a)に規定する犯罪について、その重大性を考慮した適当な刑罰を科することができるようにすること。

**第六条【国内措置】** 締約国は、この条約の適用の対象となる犯罪行為、特に一般公衆又は人若しくは特定の人の集団に恐怖の状

態を引き起こすことを意図し、又は計画して行われる犯罪行為が政治的、哲学的、思想的、人種的、民族的、宗教的な考慮その他これらに類する考慮によっていかなる場合にも正当化されないこと及び当該犯罪行為についてその重大性に応じた刑罰が科されることを確保するため、必要な措置（適当な場合には、国内立法を含む。）を講ずる。

**第七条【犯罪防止の協力】**（略）

**第八条【放射性物質防護の措置】** この条約上の犯罪を防止することを目的として、締約国は、国際原子力機関の関連する勧告及び任務を考慮しつつ、放射性物質の防護を確保するための適当な措置を講ずるためにあらゆる努力を払う。

**第九条【裁判権の設定】**

**第一〇条【調査等の措置、犯人又は容疑者の権利】**

〔第九条及び第一〇条　爆弾テロ防止条約第六条及び第七条とほぼ同じ。〕

**第一一条【事件の付託及び自国民の引渡し】**〔爆弾テロ防止条約第八条と同じ。ただし、「領域内に所在する」を「所在する」と、「第六条」を「第九条」と読み替える。〕

**第一二条【公正な取扱い】**（略）

**第一三条【引渡犯罪】**〔爆弾テロ防止条約第九条とほぼ同じ。〕

**第一四条【相互援助】**（略）

**第一五条【政治犯罪】**〔爆弾テロ防止条約第一一条と同じ。ただし、「を根拠とする」を「に関する」と読み替える。〕

**第一六条【引渡し・相互援助義務の不存在】**（略）

**第一七条【移送】**〔爆弾テロ防止条約第一三条とほぼ同じ。〕

**第一八条【犯罪に使用された放射性物質等】**（略）

**第一九条【国連事務総長への通報】**（略）

**第二〇条【相互協議】**（略）

**第二一条【条約義務の履行】**（略）

**第二二条【他の締約国の裁判権】**〔爆弾テロ防止条約第一八条と同じ。〕

**第二三条【紛争の解決】**〔爆弾テロ防止条約第二〇条と同じ。〕

**第二四条【署名、批准、加入】**（略）

**第二五条【効力発生】**（略）

**第二六条【改正】**（略）

**第二七条【廃棄】**（略）

**第二八条【正文】**（略）

# 12 テロ関係安保理決議

## (1) 安全保障理事会決議一三六八 翻訳

採　択　二〇〇一年九月一二日（安保理第四三七〇回会合）

安全保障理事会は、

国際連合憲章の原則及び目的を再確認し、

テロリストの行為によって引き起こされた国際の平和と安全に対する脅威に対してあらゆる手段を用いて闘うことを決意し、

憲章に従って、個別的又は集団的自衛の固有の権利を認め〔recognizing〕、

1 二〇〇一年九月一一日にニューヨーク、ワシントンDC及びペンシルバニアで発生した恐るべきテロリストの攻撃を最も強い言葉で明確に非難し、そのような行為が、国際テロリズムのあらゆる行為と同様に、国際の平和と安全に対する脅威であると認める。

2 犠牲者及びその家族並びにアメリカ合衆国の国民及び政府に対して、深甚なる同情及び哀悼の意を表明する。

3 全ての国に対して、これらテロリストの攻撃の実行者、組織者及び支援者を法に照らして裁くために緊急に共同して取り組むことを求めるとともに、これらの行為の実行者、組織者及び支援者を援助し、支持し又はかくまう者は、その責任が問われることを強調する。

4 また、さらなる協力、並びに関連する国際テロリスト対策条約及び特に一九九九年一〇月一九日の安全保障理事会決議一二六九号をはじめとする同理事会諸決議の完全な実施などによって、テロリストの行為を防止し抑止するために一層努力するよう国際共同体に求める。

5 二〇〇一年九月一一日のテロリストの攻撃に対処するため、またあらゆる形態のテロリズムと闘うために、国際連合憲章の下での同理事会の責任に従い、あらゆる必要な措置をとる用意があることを表明する。

6 この問題に引き続き取り組むことを決定する。

## (2) 安全保障理事会決議一三七三（抄） 翻訳

採　択　二〇〇一年九月二八日（安保理第四三八五回会合）（全会一致（賛成一五））

安全保障理事会は、（中略）

また、二〇〇一年九月一一日にニューヨーク、ワシントンDC及びペンシルバニアで発生したテロリストの攻撃に対する明確な非難を再確認し、全てのそのような行為を防止することについての同理事会の決意を表明し、

さらに、そのような行為は、あらゆる国際テロリズムの行為と同様に、国際の平和と安全に対する脅威であることを再確認し、

（中略）いずれの国も、他国においてテロリストの行為を組織し、教唆し、援助し若しくはそれに参加し、又は、このような行為を行うことを目的とした自国の領域内における組織的活動を黙認することを慎む義務を負うという原則を再確認し、

国際連合憲章第七章に基づいて行動して、

1 全ての国が次のことを行う〔shall〕ことを決定する。

(a) テロリストの行為に対する資金供与を防止し抑止すること。

(b) 自国民による行為又は自国の領域内における行為であって、テロリストの行為を実行するために使用されることを意図して又は使用されることを知りながら、手段のいかんを問わず、直接又は間接に、資金を故意に提供し又は収集することを犯罪とすること。

(c) テロリストの行為を行い若しくは行うことを試みる者又はテロリストの行為の実行に参加し若しくは便宜を図る者、これらの者により直接又は間接に所有され又は支配されている団体、並びにこれらの者及び団体に代わって又はその指示により行動する者及び団体の資金その他の金融資産又は経済資源（これらの者及びこれらの者と関係を有する個人及び団体により直接又は間接に所有され又は支配されている財産から生ずる資金を含む。）を遅滞なく凍結すること。

(d) 自国民又は自国領域内のいかなる者及び団体に対しても、直接又は間接に、テロリストの行為を実行し若しくは実行を

試み、又はテロリストの行為の実行に便宜を図り若しくは参加する者の利益のために、これらの者により直接若しくは間接に所有され又は支配されている団体の利益のために、及びこれらの者に代わって又はその指示により行動する個人及び団体の利益のために、いかなる資金、金融資産若しくは経済資源又は金融その他の関連サービスも、利用できるようにすることを禁止すること。

2　また、全ての国が次のことを行うことを決定する。

(a)　テロリストの行為に関与する団体又は者に対して、能動的であれ受動的であれ、いかなる形態の支援を行うことも慎むこと。これには、テロリスト集団の構成員の補充の抑止、及びテロリストへの武器の供給の根絶が含まれる。

(b)　情報交換による他国への早期の警告の提供を含む、テロリストの行為の実行を防止するための必要な措置をとること。

(c)　テロリストの行為に対し資金を供与し、テロリストの行為を計画、支援若しくは実行し、又は安全な逃避先を提供する者に対して、安全な逃避先を提供しないこと。

(d)　テロリストの行為に対して資金を供与し、テロリストの行為を計画し、便宜を図り又は実行する者が、他国又はその市民に対してこれらの目的で自国の領域を使用することを防止すること。

(e)　テロリストの行為に対する資金供与、計画、準備若しくは実行又はテロリストの行為の支援に参加する全ての者を法に照らして裁くことを確保するとともに、テロリストの行為に対するその他の措置に加えて、そのようなテロリストの行為が自国の国内法令において重大な犯罪とされ、刑罰がそのようなテロリストの行為の重大さを適切に反映するよう確保すること。

(f)　テロリストの行為に対する資金供与又は支援に関する犯罪捜査あるいは刑事訴訟手続に関連して、最大限の支援措置（各国が保有し刑事訴訟手続に必要な証拠の入手についての支援を含む。）を相互に提供すること。

(g)　国境の実効的な管理、並びに身分証明書及び旅行証明書の発行の実効的な管理により、また身分証明書及び旅行証明書の変造、偽造及び不正使用の防止措置を通じて、テロリストあるいはテロリスト集団の移動を防止すること。

3　全ての国に対して、次のことを行うことを求める〔calls upon〕。

(a)　活動情報（特に、テロリスト個人又はテロリスト網の活動又は動静、偽造又は変造された旅行証明書、武器、爆発物又は取扱いに慎重を要する物質の輸送、テロリスト集団による通信技術の使用、及びテロリスト集団による大量破壊兵器の保有により生ずる脅威に関する情報）の交換を強化しかつ加速するための方途を見つけること。

(b)　（略）

(c)　テロリストの攻撃を防止しかつ抑止し、このような行為の犯人に対して行動をとるために、特に二国間又は多国間の取極及び協定を通じて協力すること。

(d)(e)　（略）

(f)　庇護を求める者がテロリストの行為の実行を計画し、便宜を図り又は参加していないことを確保するために、これらの者に難民の地位を付与するに先立ち、関連する国内法及び国際法の規定（人権の国際的な基準を含む。）に従って適当な措置をとること。

(g)　難民の地位が、テロリストの行為の実行者、組織者又は助長者により濫用されないこと、及び政治的動機に基づく請求がテロリストと疑われている者の引渡請求の拒否の理由とみなされないことを、国際法に従って確保すること。

4　国際テロリズムと、国際的な組織犯罪、麻薬、資金洗浄、武器の違法な取引、及び核、化学、生物その他潜在的に致死性を有する物質の違法な移動との間の緊密な関連に懸念をもって留意し、この点で、国際の安全に対する重大な挑戦と脅威に対する全世界的な対応を強化するため、国内的、小地域的、地域的及び国際的レベルにおける努力を一層調和させる必要性を強調する。

5　テロリズムの行為、方法及び実行は国際連合の目的及び原則に反するものであること、並びに悪意で〔knowingly〕テロリストの行為に対し資金供与をし、テロリストの行為を計画し、教唆することもまた国際連合の目的と原則に反することを宣言する。

6　暫定手続規則の規則二八に従って、適切な専門的知見の支援を得ながら、この決議の実施を監視するために、安全保障理事会の全ての理事国により構成される安全保障理事会の委員会を設置することを決定するとともに、全ての国は、この決議を実施するためにとった措置について、この決議の採択の日から九〇日以内に、かつ、その後は委員会によって提案される日程に従って、委員会に対して報告するよう求める。

7―9　（略）

## (3)　安全保障理事会決議一三九〇（抜粋）翻訳

採択　二〇〇二年一月一六日（安保理第四四五二回会合）（全会一致（賛成一五））

安全保障理事会は、（中略）

国際連合憲章第七章に基づいて行動して、

2　全ての国が、決議一二六七号（一九九九）及び決議一三三三号（二〇〇〇）に従って作成され、決議一二六七号（一九九九）に基づき設立された委員会（以下「委員会」という。）により定期的に更新される名簿に記載されるオサマ・ビン・ラーデン、アルカイダ組織及びタリバーンの構成員並びにそれらと関係を有するその他の個人、集団、企業及び団体に対して、次の措置をとることを決定する。

(a)　これらの個人、集団、企業及び団体の資金その他の金融資産又は経済資源（これらの者によって、又はこれらの者に代わって若しくはその指示により行動する者によって、直接又は間接に所有され又は支配される財産から生ずる資産を含む。）を遅滞なく凍結し、これらを含むいかなる資金、金融資産又は経済資源も自国民又は自国領域内の者によって直接又は間接にこれらの者の利益のために利用できないように確保すること。

(b)　これらの個人の、自国領域への入国及び自国領域の通過を防止すること。ただし、このことは、いかなる国に対しても自国領域への自国民の入国を拒否すること又は自国領域からの自国民の出国を要求することを義務づけるものではなく、また、本号は、入国若しくは領域の通過が司法手続を実行するために必要である場合又は委員会が個別事例ごとに当該入国若しくは領域の通過が正当化されると決定した場合には、適用されない。

(c)　これらの個人、集団、企業及び団体に対する、自国の領域からの、又は自国領域外の自国民による、又は自国旗船若しくは自国に登録された航空機を使用した、あらゆる種類の武器及び関連物資（武器及び弾薬、軍用の車輌及び装備、準軍用装備並びにこれらの予備部品を含む。）並びに軍事活動に関連する技術的助言、支援、又は訓練の直接又は間接の供給、販売及び移転を防止すること。

3　この決議の原則及び目的に合致して、1及び2に定める措置が一二箇月以内に再検討されること、及び同期間の終わりに理事会がこれらの措置を継続させるか又は改善することを決定する。

5　委員会に対して、次の任務を遂行し、その作業について、評価及び勧告とともに理事会に報告するよう要請する。

(a)　加盟国及び地域的機関によって提供された関連情報に基づき、2にいう名簿を定期的に更新すること。

(b)　2に定める措置を実効的に実施するために各国によってとられた措置に関する情報を全ての国から求め、その後、委員会がさらに必要と認めるあらゆる情報を各国から求めること。

(c)　この決議の実施に関して委員会に提出された情報について、理事会に定期的に報告すること。

(d)　2に定める措置の実施を促進するために必要な指針及び基準を迅速に作成すること。

(e)　委員会が関連があると認める情報（2にいう名簿を含む。）を適当な媒体を通じて公に入手できるようにすること。

(f)　関連する他の安全保障理事会制裁委員会及び決議一三七三号（二〇〇一）の6に従って設立された委員会と協力すること。

8　全ての国に対して、この決議の2に定める措置の違反を防止し処罰するため、法律の制定又は適当な場合には行政上の措置を通じて、自国の法令の下で自国民及び自国領域内で活動するその他の個人又は団体に課される措置を実施及び強化するために迅速な行動をとり、委員会に当該措置の採用についての情報を提供するよう求め、また、各国に対し、捜査又は法執行措置の結果に支障のない限り、関係する全ての捜査及び法執行措置の結果を委員会に報告するよう求める。

# 13　国際組織犯罪防止条約

## (1)　国際的な組織犯罪の防止に関する国際連合条約（抄）

採　択　二〇〇〇年一一月一五日（国連第五五回総会）
効力発生　二〇〇三年九月二九日
日本国　二〇一七年八月一〇日（〇〇年一二月一二日署名、〇三年五月一四日国会承認、一七年七月一一日内閣受諾決定、同日受諾書寄託、七月一四日公布・条約二一号）
当事国　一八九（他にＥＵ）

**第一条（目的）**　この条約の目的は、一層効果的に国際的な組織犯罪を防止し及びこれと戦うための協力を促進することにある。

**第二条（用語）**　この条約の適用上、

(a)　「組織的な犯罪集団」とは、三人以上の者から成る組織された集団であって、一定の期間存在し、かつ、金銭的利益その他の物質的利益を直接又は間接に得るため一又は二以上の重大な犯罪又はこの条約に従って定められる犯罪を行うことを目的として一体として行動するものをいう。

(b)　「重大な犯罪」とは、長期四年以上の自由を剝奪する刑又はこれより重い刑を科することができる犯罪を構成する行為をいう。

(c)　「組織された集団」とは、犯罪の即時の実行のために偶然に形成されたものではない集団をいい、その構成員について正式に定められた役割、その構成員の継続性又は発達した構造を有しなくてもよい。

(d)　「財産」とは、有体物であるか無体物であるか、動産であるか不動産であるか及び有形であるか無形であるかを問わず、あらゆる種類の財産及びこれらの財産に関する権原又は権利を証明する法律上の書類又は文書をいう。

(e)　「犯罪収益」とは、犯罪の実行により生じ又は直接若しくは間接に得られた財産をいう。

(f)　「凍結」又は「押収」とは、裁判所その他の権限のある当局が出した命令に基づき財産の移転、転換、処分若しくは移動を一時的に禁止すること又は当該命令に基づき財産の一時的な保管若しくは管理を行うことをいう。

(g)　「没収」とは、裁判所その他の権限のある当局の命令による財産の永久的な剝奪をいう。

(h)　「前提犯罪」とは、その結果として第六条に規定する犯罪の対象となり得る収益が生じた犯罪をいう。

(i)　「監視付移転」とは、犯罪を捜査するため及び犯罪を実行し又はその実行に関与した者を特定するため、一又は二以上の国の権限のある当局が、事情を知りながら、かつ、その監視の下に、不正な又はその疑いがある送り荷が当該一又は二以上の国の領域を出、これを通過し又はこれに入ることを認めることとする方法をいう。

(j)　「地域的な経済統合のための機関」とは、特定の地域の主権国家によって構成される機関であって、この条約が規律する事項に関しその加盟国から権限の委譲を受け、かつ、その内部手続に従ってこの条約の署名、批准、受諾若しくは承認又はこれへの加入の正当な委任を受けたものをいう。この条約において「締約国」についての規定は、これらの機関の権限の範囲内でこれらの機関について適用する。

**第三条（適用範囲）**　1　この条約は、別段の定めがある場合を除くほか、次の犯罪であって、性質上国際的なものであり、かつ、組織的な犯罪集団が関与するものの防止、捜査及び訴追について適用する。

(a)　第五条、第六条、第八条及び第二十三条の規定に従って定められる犯罪

(b)　前条に定義する重大な犯罪

2　1の規定の適用上、次の場合には、犯罪は、性質上国際的である。

(a)　二以上の国において行われる場合

(b) 一の国において行われるものであるが、その準備、計画、指示又は統制の実質的な部分が他の国において行われる場合

(c) 一の国において行われるものであるが、二以上の国において犯罪活動を行う組織的な犯罪集団が関与する場合

(d) 一の国において行われるものであるが、他の国に実質的な影響を及ぼす場合

**第四条（主権の保護）** 1 締約国は、国の主権平等及び領土保全の原則並びに国内問題への不干渉の原則に反しない方法で、この条約に基づく義務を履行する。

2 この条約のいかなる規定も、締約国に対し、他の国の領域内において、当該他の国の当局がその国内法により専ら有する裁判権を行使する権利及び任務を遂行する権利を与えるものではない。

**第五条（組織的な犯罪集団への参加の犯罪化）** 1 締約国は、故意に行われた次の行為を犯罪とするため、必要な立法その他の措置をとる。

(a) 次の一方又は双方の行為（犯罪行為の未遂又は既遂に係る犯罪とは別個の犯罪とする。）

(i) 金銭的利益その他の物質的利益を得ることに直接又は間接に関連する目的のため重大な犯罪を行うことを一又は二以上の者と合意することであって、国内法上求められるときは、その合意の参加者の一人による当該合意の内容を推進するための行為を伴い又は組織的な犯罪集団が関与するもの

(ii) 組織的な犯罪集団の目的及び一般的な犯罪活動又は特定の犯罪を行う意図を認識しながら、次の活動に積極的に参加する個人の行為

a 組織的な犯罪集団の犯罪活動

b 組織的な犯罪集団のその他の活動（当該個人が、自己の参加が当該犯罪集団の目的の達成に寄与することを知っているときに限る。）

(b) 組織的な犯罪集団が関与する重大な犯罪の実行を組織し、指示し、ほう助し、教唆し若しくは援助し又はこれについて相談すること。

2 1に規定する認識、故意、目的又は合意は、客観的な事実の状況により推認することができる。

3 1(a)(i)の規定に従って定められる犯罪に関し自国の国内法上組織的な犯罪集団の関与が求められる締約国は、その国内法が組織的な犯罪集団の関与するすべての重大な犯罪を適用の対象とすることを確保する。当該締約国及び1(a)(i)の規定に従って定められる犯罪に関し自国の国内法上合意の内容を推進するための行為が求められる締約国は、この条約の署名又は批准書、受諾書、承認書若しくは加入書の寄託の際に、国際連合事務総長にその旨を通報する。

**第六条（犯罪収益の洗浄の犯罪化）** 1 締約国は、自国の国内法の基本原則に従い、故意に行われた次の行為を犯罪とするため、必要な立法その他の措置をとる。

(a)(i) その財産が犯罪収益であることを認識しながら、犯罪収益である財産の不正な起源を隠匿し若しくは偽装する目的で又は前提犯罪を実行し若しくはその実行に関与した者がその行為による法律上の責任を免れることを援助する目的で、当該財産を転換し又は移転すること。

(ii) その財産が犯罪収益であることを認識しながら、犯罪収益である財産の真の性質、出所、所在、処分、移動若しくは所有権又は当該財産に係る権利を隠匿し又は偽装すること。

(b) 自国の法制の基本的な概念に従うことを条件として、

(i) その財産が犯罪収益であることを当該財産を受け取った時において認識しながら、犯罪収益である財産を取得し、所持し又は使用すること。

(ii) この条の規定に従って定められる犯罪に参加し、これを共謀し、これに係る未遂の罪を犯し、これをほう助し、教唆し若しくは援助し又はこれについて相談すること。

2 1の規定の実施上又は適用上、

(a) 締約国は、最も広範囲の前提犯罪について1の規定を適用するよう努める。

(b) 締約国は、第二条に定義するすべての重大な犯罪並びに第五条、第八条及び第二十三条の規定に従って定められる犯罪を前提犯罪に含める。自国の法律が特定の前提犯罪を列記している締約国の場合には、その列記には、少なくとも、組織的な犯罪集団が関連する犯罪を包括的に含める。

(c) (b)の規定の適用上、前提犯罪には、締約国の管轄の内外のいずれで行われた犯罪も含まれる。ただし、締約国の管轄外で行われた犯罪は、当該犯罪に係る行為がその行為の行われた国の国内法に基づく犯罪であり、かつ、この条の規定を実施し又は適用する締約国において当該行為が行われた場合にその行為が当該締約国の国内法に基づく犯罪となるときに限り、前提犯罪を構成する。

(d) 締約国は、この条の規定を実施する自国の法律の写し及びその法律に変更があった場合にはその変更後の法律の写し又はこれらの説明を国際連合事務総長に提出する。

(e) 締約国は、自国の国内法の基本原則により必要とされる場合には、1に規定する犯罪についての規定を前提犯罪を行った者について適用しないことを定めることができる。

(f) 1に規定する犯罪の要件として求められる認識、故意又は目的は、客観的な事実の状況により推認することができる。

**第七条（資金洗浄と戦うための措置）** 1 締約国は、次の措置をとる。

(a) すべての形態の資金洗浄を抑止し及び探知するため、その権限の範囲内で、銀行及び銀行以外の金融機関並びに適当な場合には特に資金洗浄が行われやすい他の機関についての包括的な国内の規制制度及び監督制度を設けること。これらの制度は、顧客の身元確認、記録保存及び疑わしい取引の報告を求めることに重点を置くものとする。

(b) 第十八条及び第二十七条の規定の適用を妨げることなく、資金洗浄との戦いに従事する行政当局、規制当局、法執行当局その他の当局（国内法に基づき適当な場合には、司法当局を含む。）が、自国の国内法に定める条件の範囲内で、国内的及び国際的に協力し及び情報を交換するための能力を有することを確保し、並びにそのために潜在的な資金洗浄に関する情報の収集、分析及び提供について自国の中心としての役割を果たす金融情報機関の設立を考慮すること。

2 締約国は、情報の適正な使用を確保するための保障を条件とし、かつ、合法的な資本の移動を何ら妨げることなく、現金及び適当な譲渡可能な証書の国境を越えた移動を探知し及び監視するための実行可能な措置をとることを考慮する。これらの措置には、相当な量の現金及び適当な譲渡可能な証書の国境を越える移送について報告することを個人及び企業に求めることを

含めることができる。

3 締約国は、この条の規定に基づき国内の規制制度及び監督制度を設けるに当たり、他の条の規定の適用を妨げることなく、地域機関、地域間機関及び多数国間機関であって資金洗浄と戦うためのものが行った関係する提案を指針として使用するよう求められる。

4 （略）

**第八条（腐敗行為の犯罪化）** 1 締約国は、故意に行われた次の行為を犯罪とするため、必要な立法その他の措置をとる。

(a) 公務員に対し、当該公務員が公務の遂行に当たって行動し又は行動を差し控えることを目的として、当該公務員自身、他の者又は団体のために不当な利益を直接又は間接に約束し、申し出又は供与すること。

(b) 公務員が、自己の公務の遂行に当たって行動し又は行動を差し控えることを目的として、当該公務員自身、他の者又は団体のために不当な利益を直接又は間接に要求し又は受領すること。

2 締約国は、外国公務員又は国際公務員が関与する1に規定する行為を犯罪とするため、必要な立法その他の措置をとることを考慮する。締約国は、同様に、他の形態の腐敗行為を犯罪とすることを考慮する。

3 締約国は、また、この条の規定に従って定められる犯罪に加担する行為を犯罪とするために必要な措置をとる。

4 1及び次条の規定の適用上、「公務員」とは、その者が職務を遂行する締約国の国内法において定義され、かつ、当該締約国の刑事法の適用を受ける公務員その他の公的役務を提供する者をいう。

**第九条（腐敗行為に対する措置）** 1 締約国は、前条に規定する措置に加え、適当なかつ自国の法制に適合する範囲内で、公務員の誠実性を高め並びに公務員の腐敗行為を防止し、探知し及び処罰するため、立法上、行政上その他の効果的な措置をとる。

2 締約国は、公務員の腐敗行為の防止、探知及び処罰について、自国の当局による効果的な活動を確保するための措置（当該当局の活動に対して不適当な影響が及ぼされることを抑止するために当該当局に十分な独立性を与えることを含む。）をとる。

**第一〇条（法人の責任）** 1 締約国は、自国の法的原則に従い、組織的な犯罪集団が関与する重大な犯罪への参加並びに第五条、第六条、第八条及び第二十三条の規定に従って定められる犯罪について法人の責任を確立するために必要な措置をとる。

2 法人の責任は、締約国の法的原則に従って、刑事上、民事上又は行政上のものとすることができる。

3 法人の責任は、犯罪を行った自然人の刑事上の責任に影響を及ぼすものではない。

4 締約国は、特に、この条の規定に従って責任を負う法人に対し、効果的な、均衡のとれたかつ抑止力のある刑罰又は刑罰以外の制裁（金銭的制裁を含む。）が科されることを確保する。

**第一一条（訴追、裁判及び制裁）** 1 締約国は、第五条、第六条、第八条及び第二十三条の規定に従って定められる犯罪の実行につき、これらの犯罪の重大性を考慮した制裁を科する。

2 締約国は、この条約の対象となる犯罪を行った者の訴追に関する国内法における法律上の裁量的な権限が、これらの犯罪に関する法の執行が最大の効果を上げるように、かつ、これらの犯罪の実行を抑止することの必要性について妥当な考慮を払って、行使されることを確保するよう努める。

3 締約国は、第五条、第六条、第八条及び第二十三条の規定に従って定められる犯罪については、自国の国内法に従い、かつ、防御の権利に妥当な考慮を払って、裁判までの間又は上訴までの間に行われる釈放の決定に関連して課される条件においてその後の刑事手続への被告人の出頭を確保する必要性が考慮されることを確保するよう努めるため、適当な措置をとる。

4 締約国は、裁判所その他の権限のある当局が、この条約の対象となる犯罪について有罪とされた者の早期釈放又は仮釈放の可否を検討するに当たり、このような犯罪の重大性に留意することを確保する。

5 締約国は、適当な場合には、自国の国内法により、この条約の対象となる犯罪につき、公訴を提起することができる長期の出訴期間を定めるものとし、また、容疑者が裁判を逃れているときは、一層長期の期間を定める。

6 この条約のいかなる規定も、この条約に従って定められる犯罪並びに適用可能な法律上の犯罪阻却事由及び行為の合法性を規律する他の法的原則は締約国の国内法により定められるという原則並びにこれらの犯罪は締約国の国内法に従って訴追され及び処罰されるという原則に影響を及ぼすものではない。

**第一二条（没収及び押収）** 1 締約国は、次のものの没収を可能とするため、自国の国内法制において最大限度可能な範囲で必要な措置をとる。

(a) この条約の対象となる犯罪により生じた犯罪収益又はその収益に相当する価値を有する財産

(b) この条約の対象となる犯罪において用い又は用いることを予定していた財産、装置又は他の道具

2 締約国は、1に規定するものを最終的に没収するために特定し、追跡し及び凍結し又は押収することができるようにするため、必要な措置をとる。

3－9 （略）

**第一三条（没収のための国際協力）** 1 締約国は、前条1に規定する犯罪収益、財産、装置又は他の道具が自国の領域内にある場合において、この条約の対象となる犯罪についての裁判権を有する他の締約国から没収の要請を受けたときは、自国の国内法制において最大限度可能な範囲で、次のいずれかの措置をとる。

(a) 没収についての命令を得るため、当該要請を自国の権限のある当局に提出し、当該命令が出されたときは、これを執行すること。

(b) 当該要請を行った締約国の領域内にある裁判所により出された前条1の規定に基づく没収についての命令が自国の領域内にある同条1に規定する犯罪収益、財産、装置又は他の道具に関するものであるときは、要請される範囲内で当該命令を執行するため、自国の権限のある当局にこれを提出すること。

2 締約国は、この条約の対象となる犯罪についての裁判権を有する他の締約国による要請を受けた場合には、当該他の締約国又は1に規定する要請に従い自国が没収についての命令を最終的に出すために前条1に規定する犯罪収益、財産、装置又は他の道具を特定し、追跡し及び凍結し又は押収することができるようにするための措置をとる。

3－5 （略）

6 関連する条約の存在を1及び2の措置をとるための条件とする締約国は、この条約を必要かつ十分な根拠となる条約として

## 国際的な組織犯罪の防止に関する国際連合条約

取り扱う。

7　締約国は、要請に係る犯罪がこの条約の対象となる犯罪でない場合には、この条の規定に基づく協力を拒否することができる。

8　この条の規定は、善意の第三者の権利を害するものと解してはならない。

9　（略）

**第一四条（没収した犯罪収益又は財産の処分）**（略）

**第一五条（裁判権）**1　締約国は、次の場合において第五条、第六条、第八条及び第二十三条の規定に従って定められる犯罪についての自国の裁判権を設定するため、必要な措置をとる。

(a)　犯罪が自国の領域内で行われる場合

(b)　犯罪が、当該犯罪の時に自国を旗国とする船舶内又は自国の法律により登録されている航空機内で行われる場合

2　締約国は、第四条の規定に従うことを条件として、次の場合において1に規定する犯罪についての自国の裁判権を設定することができる。

(a)　犯罪が自国の国民に対して行われる場合

(b)　犯罪が自国の国民又は自国の領域内に常居所を有する無国籍者によって行われる場合

(c)　次の場合

(i)　第五条1の規定に従って定められる犯罪が、重大な犯罪を自国の領域内において行うために、自国の領域外において行われる場合

(ii)　第六条1(b)(ii)の規定に従って定められる犯罪が、同条1の(a)(i)若しくは(ii)又は(b)(i)の規定に従って定められる犯罪を自国の領域内において行うために、自国の領域外において行われる場合

3　次条10の規定の適用上、締約国は、容疑者が自国の領域内に所在し、かつ、容疑者が自国の国民であることのみを理由として当該容疑者の引渡しを行わない場合においては、この条約の対象となる犯罪についての自国の裁判権を設定するため、必要な措置をとる。

4　締約国は、容疑者が自国の領域内に所在し、かつ、当該容疑者の引渡しを行わない場合においては、この条約の対象となる犯罪についての自国の裁判権を設定するため、必要な措置をとることができる。

5　1又は2の規定に基づいて裁判権を行使する締約国が、一又は二以上の他の締約国が同一の行為に関して捜査、訴追又は司法手続を行っていることを通報され又はその他の方法で知った場合には、これらの締約国の権限のある当局は、それぞれの行動を調整するため、相互に適宜協議する。

6　この条約は、一般国際法の規範が適用される場合を除くほか、締約国が自国の国内法に従って設定した刑事裁判権の行使を排除するものではない。

**第一六条（犯罪人引渡し）**1　この条の規定は、第三条1(a)又は(b)に規定する犯罪であって組織的な犯罪集団が関与し、かつ、犯罪人引渡しの請求の対象となる者が当該請求を受けた締約国の領域内に所在するもの及びこの条約の対象となる犯罪について適用する。ただし、当該請求に係る犯罪が当該請求を行った締約国及び当該請求を受けた締約国の双方の国内法に基づいて刑を科することができる犯罪であることを条件とする。

2　犯罪人引渡しの請求が二以上の別個の重大な犯罪に係るものである場合において、これらの犯罪の一部についてこの条の規定が適用されないときは、当該請求を受けた締約国は、そのような犯罪についてもこの条の規定を適用することができる。

3　この条の規定の適用を受ける犯罪は、締約国間の現行の犯罪人引渡条約における引渡犯罪とみなされる。締約国は、相互間で将来締結されるすべての犯罪人引渡条約にこの条の規定の適用を受ける犯罪を引渡犯罪として含めることを約束する。

4　条約の存在を犯罪人引渡しの条件とする締約国は、自国との間に犯罪人引渡条約を締結していない他の締約国から犯罪人引渡しの請求を受けた場合には、この条約をこの条の規定の適用を受ける犯罪に関する犯罪人引渡しのための法的根拠とみなすことができる。

5　条約の存在を犯罪人引渡しの条件とする締約国は、次の措置をとる。

(a)　この条約の批准書、受諾書、承認書又は加入書の寄託の際に、国際連合事務総長に対し、この条約を他の締約国との間における犯罪人引渡しに関する協力のための法的根拠とするか否かを通報すること。

(b)　この条約を犯罪人引渡しに関する協力のための法的根拠としない場合において、適当なときは、この条の規定を実施するため、他の締約国と犯罪人引渡しに関する条約を締結するよう努めること。

6　条約の存在を犯罪人引渡しの条件としない締約国は、相互間で、この条の規定の適用を受ける犯罪を引渡犯罪と認める。

7―9　（略）

10　容疑者が自国の領域内において発見された締約国は、この条の規定の適用を受ける犯罪につき当該容疑者が自国の国民であることのみを理由として引渡しを行わない場合には、犯罪人引渡しの請求を行った締約国からの要請により、不当に遅滞することなく、訴追のため自国の権限のある当局に事件を付託する義務を負う。当該権限のある当局は、自国の国内法に規定する重大性を有する他の犯罪の場合と同様の方法で決定を行い、及び手続を実施する。関係締約国は、このような訴追の効率性を確保するため、特に手続及び証拠に係る側面に関して相互に協力する。

11―13　（略）

14　この条約のいかなる規定も、犯罪人の引渡しの請求を受けた締約国が、性、人種、宗教、国籍、民族的出身若しくは政治的意見を理由として当該請求の対象となる者を訴追し若しくは処罰するために当該請求が行われたと信じ又は当該請求に応ずることにより当該者の地位がこれらの理由によって害されると信ずるに足りる実質的な根拠がある場合には、引渡しを行う義務を課するものと解してはならない。

15―17　（略）

**第一七条（刑を言い渡された者の移送）**（略）

**第一八条（法律上の相互援助）**1　締約国は、第三条に規定するこの条約の対象となる犯罪に関する捜査、訴追及び司法手続において、最大限の法律上の援助を相互に与え、また、同条1(a)又は(b)に規定する犯罪が性質上国際的であり（当該犯罪の被害者、証人、収益、道具又は証拠が要請を受けた締約国内に所在する場合を含む。）、かつ、当該犯罪に組織的な犯罪集団が関与していると要請を行う締約国が疑うに足りる合理的な理由がある場合には、同様の援助を相互に与える。

2―30　（略）

**第一九条（共同捜査）**（略）

**第二〇条（特別な捜査方法）**（略）

**第二一条（刑事手続の移管）**（略）

**第二二条（犯罪記録の作成）**（略）

**第二三条（司法妨害の犯罪化）** 締約国は、故意に行われた次の行為を犯罪とするため、必要な立法その他の措置をとる。

(a) この条約の対象となる犯罪に関する手続において虚偽の証言をさせるために、又は証言すること若しくは証拠を提出することを妨害するために、暴行を加え、脅迫し若しくは威嚇し又は不当な利益を約束し、申し出若しくは供与すること。

(b) 裁判官又は法執行の職員によるこの条約の対象となる犯罪に関する公務の遂行を妨害するために、暴行を加え、脅迫し又は威嚇すること。前段の規定は、締約国が裁判官及び法執行の職員以外の公務員を保護する法律を定めることを妨げるものではない。

**第二四条（証人の保護）** 1 締約国は、その有する手段の範囲内で、この条約の対象となる犯罪に関する刑事手続において証言する証人及び適当な場合にはその親族その他密接な関係を有する者について、生じ得る報復又は威嚇からその者を効果的に保護するため、適当な措置をとる。

2−4（略）

**第二五条（被害者に対する援助及び保護の提供）** 1 締約国は、その有する手段の範囲内で、この条約の対象となる犯罪の被害者に対し、特に報復又は威嚇のおそれがある場合には、援助及び保護を与えるための適当な措置をとる。

2・3（略）

**第二六条（法執行当局との協力を促進するための措置）**（略）

**第二七条（法執行のための協力）**（略）

**第二八条（組織犯罪の性質に関する情報の収集、交換及び分析）**（略）

**第二九条（訓練及び技術援助）**（略）

**第三〇条（その他の措置（経済的な発展及び技術援助を通じたこの条約の実施））**（略）

**第三一条（防止）**（略）

**第三二条（締約国会議）** 1 この条約により、国際的な組織犯罪と戦う締約国の能力を向上させるため並びにこの条約の実施を促進し及び検討するため締約国会議を設置する。

2（略）

3 締約国会議は、1に規定する目的を達成するための仕組みについて合意する。この仕組みには、次のことを含む。

(a) 第二十九条から前条までに規定する締約国の活動を促進すること（任意の拠出の調達を促進することによるものを含む。）。

(b) 国際的な組織犯罪の形態及び傾向並びに国際的な組織犯罪との戦いにおいて成功した措置に関する締約国間の情報の交換を促進すること。

(c) 関連する国際機関、地域機関及び非政府機関と協力すること。

(d) この条約の実施状況を定期的に検討すること。

(e) この条約及びその実施の改善のための勧告を行うこと。

4 3(d)及び(e)の規定の適用上、締約国会議は、締約国が提供する情報及び締約国会議が設ける補足的な検討の仕組みを通じて、この条約の実施に当たり締約国がとった措置及びその際に直面した困難に関する必要な知識を得る。

5 締約国は、締約国会議から要請があったときは、この条約を実施するための計画及び実行並びに立法上及び行政上の措置に関する情報を締約国会議に提供する。

**第三三条（事務局）** 1 国際連合事務総長は、締約国会議のために必要な事務局の役務を提供する。

2（略）

**第三四条（条約の実施）** 1 締約国は、この条約に定める義務の履行を確保するため、自国の国内法の基本原則に従って、必要な措置（立法上及び行政上の措置を含む。）をとる。

2 第五条、第六条、第八条及び第二十三条の規定に従って定められる犯罪については、各締約国の国内法において、第三条1に定める国際的な性質又は組織的な犯罪集団の関与とは関係なく定める。ただし、第五条の規定により組織的な犯罪集団の関与が要求される場合は、この限りでない。

3 締約国は、国際的な組織犯罪を防止し及びこれと戦うため、この条約に定める措置よりも精細な又は厳しい措置をとることができる。

**第三五条（紛争の解決）** 1 締約国は、この条約の解釈又は適用に関する紛争を交渉によって解決するよう努める。

2 この条約の解釈又は適用に関する締約国間の紛争で交渉によって合理的な期間内に解決することができないものは、いずれかの紛争当事国の要請により、仲裁に付される。仲裁の要請の日の後六箇月で仲裁の組織について紛争当事国が合意に達しない場合には、いずれの紛争当事国も、国際司法裁判所規程に従って国際司法裁判所に紛争を付託することができる。

3・4［爆弾テロ防止条約第二〇条2・3とほぼ同じ。ただし「1の規定」を「2の規定」と、「2の規定」を「3の規定」と読み替える。］

**第三六条（署名、批准、受諾、承認及び加入）**（略）

**第三七条（議定書との関係）** 1 この条約は、一又は二以上の議定書により補足することができる。

2 国又は地域的な経済統合のための機関は、議定書の締約国となるためにこの条約の締約国でなければならない。

3 この条約の締約国は、議定書に従ってその締約国とならない限り、当該議定書によって拘束されない。

4 この条約の議定書は、その目的を考慮しつつ、この条約とともに解釈される。

**第三八条（効力発生）** 1 この条約は、四十番目の批准書、受諾書、承認書又は加入書が寄託された日の後九十日目の日に効力を生ずる。この1の規定の適用上、地域的な経済統合のための機関によって寄託される文書は、当該機関の構成国によって寄託されたものに追加して数えてはならない。

2 四十番目の批准書、受諾書、承認書又は加入書が寄託された後にこの条約を批准し、受諾し、承認し又はこれに加入する国又は地域的な経済統合のための機関については、この条約は、当該国又は地域的な経済統合のための機関によりこれらの文書が寄託された日の後三十日目の日に効力を生ずる。

**第三九条（改正）**（略）

**第四〇条（廃棄）**（略）

**第四一条（寄託者及び言語）**（略）

## (2) 人身取引防止議定書(抄)

(国際的な組織犯罪の防止に関する国際連合条約を補足する人(特に女性及び児童)の取引を防止し、抑止し及び処罰するための議定書)

採択　二〇〇〇年一一月一五日(国連第五五回総会)
効力発生　二〇〇三年一二月二五日
日本国　二〇一七年八月一〇日(〇二年一二月九日署名、〇五年六月八日国会承認、一七年七月一一日内閣受諾決定、同日受諾書寄託、七月一四日公布・条約二二号)
当事国　一七七(他にEU)

**前文**

この議定書の締約国は、

人(特に女性及び児童)の取引を防止し、及びこれと戦うための効果的な行動が、そのような取引を防止し、そのような取引を行う者を処罰し、及びそのような取引の被害者を保護するための措置(そのような被害者の国際的に認められた人権を保護することによるものを含む。)を含む包括的かつ国際的な取組を被害者が所在していた国、通過する国及び目的地である国において必要とすることを宣言し、

人、特に女性及び児童に対する搾取と戦うための規則及び実際的な措置を含む種々の国際文書が存在するにもかかわらず、人身取引のあらゆる側面を取り扱う普遍的な文書が存在しないという事実を考慮し、

そのような文書が存在しない場合には、人身取引の被害を受けやすい者が十分に保護されないことを憂慮し、(中略)

次のとおり協定した。

### I　一般規定

**第一条(国際的な組織犯罪の防止に関する国際連合条約との関係)**

1　この議定書は、国際的な組織犯罪の防止に関する国際連合条約を補足するものであり、同条約とともに解釈される。

2　同条約の規定は、この議定書に別段の定めがある場合を除くほか、この議定書について準用する。

3　第五条の規定に従って定められる犯罪は、同条約に従って定められる犯罪とみなす。

**第二条(目的)**　この議定書は、次のことを目的とする。

(a)　女性及び児童に特別の考慮を払いつつ、人身取引を防止し、及びこれと戦うこと。

(b)　人身取引の被害者の人権を十分に尊重しつつ、これらの者を保護し、及び援助すること。

(c)　(a)及び(b)に規定する目的を実現するため、締約国間の協力を促進すること。

**第三条(用語)**　この議定書の適用上、

(a)　「人身取引」とは、搾取の目的で、暴力その他の形態の強制力による脅迫若しくはその行使、誘拐、詐欺、欺もう、権力の濫用若しくはぜい弱な立場に乗ずること又は他の者を支配下に置く者の同意を得る目的で行われる金銭若しくは利益の授受の手段を用いて、人を獲得し、輸送し、引き渡し、蔵匿し、又は収受することをいう。搾取には、少なくとも、他の者を売春させて搾取することその他の形態の性的搾取、強制的な労働若しくは役務の提供、奴隷化若しくはこれに類する行為、隷属又は臓器の摘出を含める。

(b)　(a)に規定する手段が用いられた場合には、人身取引の被害者が(a)に規定する搾取について同意しているか否かを問わない。

(c)　搾取の目的で児童を獲得し、輸送し、引き渡し、蔵匿し、又は収受することは、(a)に規定するいずれの手段が用いられない場合であっても、人身取引とみなされる。

(d)　「児童」とは、十八歳未満のすべての者をいう。

**第四条(適用範囲)**　この議定書は、別段の定めがある場合を除くほか、次条の規定に従って定められる犯罪であって、性質上国際的なものであり、かつ、組織的な犯罪集団が関与するものの防止、捜査及び訴追並びに当該犯罪の被害者の保護について適用する。

**第五条(犯罪化)**　1　締約国は、故意に行われた第三条に規定する行為を犯罪とするため、必要な立法その他の措置をとる。

2　締約国は、更に、次の行為を犯罪とするため、必要な立法その他の措置をとる。

(a)　自国の法制の基本的な概念に従うことを条件として、1の規定に従って定められる犯罪の未遂

(b)　1の規定に従って定められる犯罪に加担する行為

(c)　1の規定に従って定められる犯罪を行わせるために他の者を組織し、又は他の者に指示する行為

### II　人身取引の被害者の保護

**第六条(人身取引の被害者に対する援助及び保護の提供)**　1　締約国は、適当な場合には、自国の国内法において可能な範囲内で、人身取引の被害者の私生活及び身元関係事項を保護する。この保護には、特に、そのような取引に関連する法的手続を秘密のものとすることを含む。

2　締約国は、適当な場合には、人身取引の被害者に対して次のものを提供する措置を自国の法律上又は行政上の制度に含めることを確保する。

(a)　関連する訴訟上及び行政上の手続に関する情報

(b)　防御の権利を害しない方法で被害者の意見及び懸念が犯人に対する刑事手続の適当な段階において表明され、及び考慮されることを可能にするための援助

3　締約国は、適当な場合には、非政府機関その他の関連機関及び市民社会の他の集団と協力して、人身取引の被害者の身体的、心理的及び社会的な回復のために、特に、次のものの提供を含む措置をとることを考慮する。

(a)　適当な住居

(b)　人身取引の被害者が理解することのできる言語によるカウンセリング及び情報(特にその者の法的な権利に関するもの)

(c)　医学的、心理的及び物的援助

(d)　雇用、教育及び訓練の機会

4　締約国は、この条の規定を適用するに当たり、人身取引の被害者の年齢、性別及び特別の必要性(適当な住居、教育及び保護を含む。)、特に児童の特別の必要性を考慮する。

5　締約国は、人身取引の被害者が当該締約国の領域内にいる間、その身体の安全を確保するよう努める。

6　締約国は、人身取引の被害者に対し、その者が被った損害の賠償を受けることを可能とする措置を自国の国内法制に含めることを確保する。

**第七条（受入国における人身取引の被害者の地位）** 1 締約国は、前条の規定に基づく措置をとることに加え、適当な場合には、人身取引の被害者が一時的又は恒久的に当該締約国の領域内に滞在することを認める立法その他の適当な措置をとることを考慮する。

2 締約国は、1に規定する措置を実施するに当たり、人道上の及び同情すべき要素に適当な考慮を払う。

**第八条（人身取引の被害者の送還）** 1 締約国は、不当に遅滞することなく、人身取引の被害者であって、自国民であるもの又は受入締約国の領域に入った時点で自国に永住する権利を有していたものの送還を、その者の安全に妥当な考慮を払いつつ、容易にし、及び受け入れる。

2 締約国が人身取引の被害者を他の締約国に送還する場合であって、その者が当該他の締約国の国民であるとき、又はその者が受入締約国の領域に入った時点で当該他の締約国に永住する権利を有していたときは、その送還は、その者の安全及びその者が人身取引の被害者であるという事実に関連するあらゆる法的手続の状況に妥当な考慮を払いつつ行われるものとし、かつ、任意で行われることが望ましい。

3 受入締約国の要請がある場合には、要請を受けた締約国は、不当に遅滞することなく、人身取引の被害者が自国民であるか否か又は受入締約国の領域に入った時点で自国に永住する権利を有していたか否かを確認する。

4 締約国は、人身取引の被害者が自国民である場合又はその者が受入締約国の領域に入った時点で自国に永住する権利を有していた場合であって、受入締約国の要請があるときは、その者が適正な文書を所持していなくてもその送還を容易にするため、その者が自国の領域に渡航し、及び再入国することができるようにするために必要な旅行証明書又はその他の許可書をその者に対し発給することに同意する。

5 この条の規定は、受入締約国の国内法により人身取引の被害者に与えられるいかなる権利も害するものではない。

6 この条の規定は、人身取引の被害者の送還を全面的又は部分的に定める適用可能な二国間又は多数国間のいかなる協定又は取極の適用も妨げるものではない。

### III 防止、協力その他の措置（抄）

**第九条（人身取引の防止）**（略）

**第一〇条（情報交換及び訓練）**（略）

**第一一条（国境措置）** 1 締約国は、人の移動の自由に関する国際的な約束の適用を妨げることなく、可能な範囲内で、人身取引を防止し、及び探知するために必要な国境管理を強化する。

2－6（略）

**第一二条（文書の安全及び管理）**（略）

**第一三条（文書の正当性及び有効性）**（略）

### IV 最終規定（抄）

**第一四条（保留条項）** 1 この議定書のいかなる規定も、国際法（国際人道法並びに国際人権法、特に適用可能な場合には、千九百五十一年の難民の地位に関する条約及び千九百六十七年の難民の地位に関する議定書並びにこれらに含まれるノン・ルフルマン原則を含む。）の下における国家及び個人の権利、義務及び責任に影響を及ぼすものではない。

2 この議定書に規定する措置は、人身取引の被害者であることを理由にその者を差別的に取り扱うことがないように解釈され、かつ、適用される。これらの措置の解釈及び適用は、国際的に認められた無差別の原則に従う。

**第一五条（紛争の解決）**〔国際的な組織犯罪の防止に関する国際連合条約第三五条と同じ。ただし、「条約」を「議定書」と読み替える。〕

**第一六条（署名、批准、受諾、承認及び加入）**（略）

**第一七条（効力発生）**（略）

**第一八条（改正）**（略）

**第一九条（廃棄）**（略）

**第二〇条（寄託者及び言語）**（略）

## (3) 移民密入国防止議定書（抄）

（国際的な組織犯罪の防止に関する国際連合条約を補足する陸路、海路及び空路により移民を密入国させることの防止に関する議定書）

採　　択　二〇〇〇年一一月一五日（国連第五五回総会）
効力発生　二〇〇四年一月二八日
日 本 国　二〇一七年八月一〇日（〇二年一二月九日署名、〇五年六月八日国会承認、一七年七月一一日内閣受諾決定、同日受諾書寄託、七月一四日公布・条約二三号）
当 事 国　一四九（他にＥＵ）

### 前文

この議定書の締約国は、

陸路、海路及び空路により移民を密入国させることを防止し、及びこれと戦うための効果的な行動が、国内的、地域的及び国際的な協力、情報交換その他の適当な措置（社会経済上の措置を含む。）を含む包括的かつ国際的な取組を必要とすることを宣言し、

国際連合総会が、加盟国並びに国際連合及びその関連機関に対し、移住の根本的な原因、特に貧困に関連するものに対処するため国際的な移住及び開発の分野における国際協力を強化すること並びに関係者に対する国際的な移住の利益を最大にすることを要請し、並びに適当な場合には地域間、地域及び小地域の機構が移住及び開発の問題に引き続き対処することを奨励した千九百九十九年十二月二十二日の国際連合総会決議第二百十二号（第五十四回会期）を想起し、

移民を人道的に取り扱い、及び移民に対しその権利の十分な保護を与えることが必要であると確信し、

他の国際的な場において作業が行われてきたにもかかわらず、移民を密入国させることその他の関連する問題のあらゆる側面を取り扱う普遍的な文書が存在しないという事実を考慮し、（中略）

次のとおり協定した。

# 移民密入国防止議定書



## I　一般規定

**第一条（国際的な組織犯罪の防止に関する国際連合条約との関係）**〔人身取引防止議定書第一条と同じ。ただし、「第五条」を「第六条」と読み替える。〕

**第二条（目的）**　この議定書の目的は、密入国の対象となった移民の権利を保護しつつ、移民を密入国させることを防止し、及びこれと戦い、並びにこのために締約国間の協力を促進することにある。

**第三条（用語）**　この議定書の適用上、

(a)「移民を密入国させること」とは、金銭的利益その他の物質的利益を直接又は間接に得るため、締約国の国民又は永住者でない者を当該締約国に不法入国させることをいう。

(b)「不法入国」とは、受入国への適法な入国のために必要な条件に適合することなく国境を越えることをいう。

(c)「不正な旅行証明書又は身分証明書」とは、次のいずれかの旅行証明書又は身分証明書をいう。

(i)　国のために旅行証明書又は身分証明書を作成し、又は発給する権限を適法に与えられた者又は機関以外の者により、偽造され、又は重要な事項において変造されたもの

(ii)　虚偽の表示、腐敗行為、強迫その他不法な手段により、不正に発給され、又は取得されたもの

(iii)　正当な所持者以外の者によって用いられているもの

(d)「船舶」とは、軍艦、軍の支援船又は政府が所有し、若しくは運航する他の船舶であって政府の非商業的役務にのみ使用しているものを除くほか、水上輸送の用に供され、又は供することができるすべての型式の船舶類（無排水量船及び水上航空機を含む。）をいう。

**第四条（適用範囲）**　この議定書は、別段の定めがある場合を除くほか、第六条の規定に従って定められる犯罪であって、性質上国際的なものであり、かつ、組織的な犯罪集団が関与するものの防止、捜査及び訴追並びに当該犯罪の対象となった者の権利の保護について適用する。

**第五条（移民の刑事上の責任）**　移民は、次条に規定する行為の対象となった事実により、この議定書の下で刑事訴追されることはない。

**第六条（犯罪化）**　1　締約国は、故意に行われた行為であって金銭的利益その他の物質的利益を直接又は間接に得ることを目的とする次の行為を犯罪とするため、必要な立法その他の措置をとる。

(a)　移民を密入国させること。

(b)　移民を密入国させることを可能にする目的で、

(i)　不正な旅行証明書又は身分証明書を製造すること。

(ii)　不正な旅行証明書又は身分証明書を入手し、提供し、又は所持すること。

(c)　(b)に規定する手段その他の不法な手段により、自国民又は自国の永住者でない者が、適法に滞在するために必要な条件に適合することなく自国に滞在することを可能にすること。

2　締約国は、更に、次の行為を犯罪とするため、必要な立法その他の措置をとる。

(a)　自国の法制の基本的な概念に従うことを条件として、1の規定に従って定められる犯罪の未遂

(b)　1(a)、(b)(i)又は(c)の規定に従って定められる犯罪に加担する行為及び自国の法制の基本的な概念に従うことを条件として1(b)(ii)の規定に従って定められる犯罪に加担する行為

(c)　1の規定に従って定められる犯罪を行わせるために他の者を組織し、又は他の者に指示する行為

3　締約国は、1(a)、(b)(i)及び(c)の規定に従って定められる犯罪について、並びに2(b)及び(c)の規定に従って定められる犯罪については自国の法制の基本的な概念に従うことを条件として、次のことを刑を加重する情状とするため、必要な立法その他の措置をとる。

(a)　関係する移民の生命又は安全を脅かし、又は脅かすおそれがあること。

(b)　関係する移民に対する非人道的な又は品位を傷つける取扱い（搾取のためのものを含む。）を伴うこと。

4　この議定書のいかなる規定も、締約国が自国の国内法により犯罪を構成する行為を行った者に対して措置をとることを妨げるものではない。

## II　海路により移民を密入国させること（抄）

**第七条（協力）**（略）

**第八条（海路により移民を密入国させることを防止する措置）**

1　締約国は、自国の旗を掲げている船舶若しくは自国において登録されたと主張している船舶、国籍のない船舶又は外国の旗を掲げている船舶若しくは旗を示すことを拒否した船舶であって実際には自国の国籍を有するものが、海路により移民を密入国させることに関与していると疑うに足りる合理的な理由を有する場合には、移民を密入国させるためにこれらの船舶が用いられることを抑止するに当たり、他の締約国の援助を要請することができる。要請を受けた締約国は、その能力の範囲内で可能な限り援助を行う。

2　締約国は、国際法に基づく航行の自由を行使する船舶であって他の締約国の旗を掲げ、又は登録標識を表示するものが海路により移民を密入国させることに関与していると疑うに足りる合理的な理由を有する場合には、その旨を旗国に通報し、及び登録の確認を要請することができるものとし、これが確認されたときは、当該船舶について適当な措置をとることの許可を旗国に要請することができる。旗国は、その要請を行った国に対し、特に、次のことについて許可を与えることができる。

(a)　当該船舶に乗船すること。

(b)　当該船舶を捜索すること。

(c)　当該船舶が海路により移民を密入国させることに関与していることの証拠が発見された場合には、旗国の許可により、当該船舶並びにその乗船者及び積荷について適当な措置をとること。

3　2の規定に基づく措置をとる締約国は、その措置の結果を速やかに関係旗国に通報する。

4　締約国は、自国において登録されたと主張する船舶又は自国の旗を掲げる船舶が自国において登録されているか否か又は自国の旗を掲げることが許されているか否かを確定するための他の締約国からの要請及び2の規定に従って与えられる許可についての要請に対し、速やかに回答する。

5　旗国は、前条の規定に反することなく、2に規定する許可に自国と要請を行った国との間において合意される条件（責任に関する条件及びとられる効果的な措置の範囲に関する条件を含む。）を付することができる。締約国は、人の生命に対する急迫した危険を排除するために必要な措置又は関連する二国間若し

くは多数国間の協定に基づく措置を除くほか、旗国の明示の許可なしに追加の措置をとってはならない。

6 (略)

7 締約国は、船舶が、海路により移民を密入国させており、かつ、国籍のない船舶又は国籍のない船舶とみなすことができる船舶と疑うに足りる合理的な理由を有する場合には、当該船舶に乗船し、及びこれを捜索することができる。当該締約国は、疑いを裏付ける証拠が発見された場合には、関連する国内法及び国際法に従って適当な措置をとる。

**第九条（保障措置に関する条項）** 1 締約国は、前条の規定に従い船舶に対する措置をとる場合には、次のことを行う。

(a) 乗船者の安全及び人道的な取扱いを確保すること。

(b) 船舶又はその積荷の安全を危うくすることのないよう妥当な考慮を払うこと。

(c) 旗国その他の関係国の商取引上又は法律上の利益を害することのないよう妥当な考慮を払うこと。

(d) 利用可能な手段の範囲内で、船舶に関してとられるいかなる措置も環境上適正なものであることを確保すること。

2 船舶は、前条の規定に基づいてとられた措置に根拠がないことが証明され、かつ、当該措置を正当とするいかなる行為も行っていなかった場合には、被った損失又は損害に対する補償を受ける。

3 このIIの規定に基づき、措置がとられ、採用され、又は実施される場合には、次の事項を妨げること又はこれらに影響を及ぼすことのないよう妥当な考慮を払う。

(a) 海洋に関する国際法に基づく沿岸国の権利及び義務並びに裁判権の行使

(b) 船舶に関する行政上、技術上及び社会上の事項について旗国が裁判権を行使し、及び規制を行う権限

4 このIIの規定に基づいて海上においてとられる措置は、軍艦、軍用航空機その他政府の公務に使用されていることが明らかに表示されており、かつ、識別されることのできる船舶又は航空機であってそのための権限を与えられているものによってのみとることができる。

## III 防止、協力その他の措置（抄）

**第一〇条（情報）** 1 締約国、特に、共通の国境を有し、又は移民を密入国させる経路上に位置する締約国は、国際的な組織犯罪の防止に関する国際連合条約第二十七条及び第二十八条の規定の適用を妨げることなく、この議定書の目的を達成するため、自国の法律上及び行政上の制度に従い、次の事項に関する情報を締約国間で交換する。

(a) 第六条に規定する行為を行う組織的な犯罪集団によって利用されていると知られ、又は疑われている乗込地及び目的地並びに経路、運送人及び輸送手段

(b) 第六条に規定する行為を行っていると知られ、又は疑われている組織又は組織的な犯罪集団の特定及び方法

(c) 締約国が発給する旅行証明書の真正及び適正な様式並びに未記入の旅行証明書又は身分証明書の盗難又はこれに関連する悪用

(d) 人を隠匿し、及び輸送するための手段及び方法、第六条に規定する行為において使用される旅行証明書又は身分証明書の不法な変造、複製、取得又は他の悪用並びにこれらを探知する方法

(e) 第六条に規定する行為を防止し、及びこれと戦うための立法上の経験並びに慣行及び措置

(f) 法の執行に有用な科学的及び技術的情報であって第六条に規定する行為を防止し、探知し、及び捜査し、並びに関係者を訴追するための相互の能力を向上させるもの

2 情報を受領した締約国は、その情報を提供した締約国がその使用について課した制限に係るいかなる要請にも従う。

**第一一条（国境措置）** 1 締約国は、人の移動の自由に関する国際的な約束の適用を妨げることなく、可能な範囲内で、移民を密入国させることを防止し、及び探知するために必要な国境管理を強化する。

2 締約国は、商業運送業者によって用いられる輸送手段が第六条1(a)の規定に従って定められる犯罪の実行に利用されることを可能な範囲内で防止するため、立法その他の適当な措置をとる。

3 2の措置には、適当な場合には、適用可能な国際条約の適用を妨げることなく、商業運送業者（あらゆる運輸業者又は輸送手段の所有者若しくは運航者を含む。）がすべての乗客が受入国への入国に必要な旅行証明書を所持していることを確認する義務を定めることを含む。

4 締約国は、自国の国内法に従い、3に規定する義務についての違反があった場合の制裁を定めるために必要な措置をとる。

5 締約国は、自国の国内法に従い、この議定書に従って定められる犯罪の実行に関係した者の入国を拒否し、又は査証を取り消すことを可能とする措置をとることを考慮する。

6 締約国は、国際的な組織犯罪の防止に関する国際連合条約第二十七条の規定の適用を妨げることなく、特に、直接の連絡の経路を設け、及び維持することにより、国境管理機関の間の協力を強化することを考慮する。

**第一二条（文書の安全及び管理）**（略）

**第一三条（文書の正当性及び有効性）**（略）

**第一四条（訓練及び技術協力）**（略）

**第一五条（その他の防止措置）**（略）

**第一六条（保護及び援助に関する措置）**（略）

**第一七条（協定及び取極）**（略）

**第一八条（密入国の対象となった移民の送還）**（略）

## IV 最終規定（抄）

**第一九条（保留条項）**〔人身取引防止議定書第一四条と同じ。ただし、「人身取引の被害者であることを理由にその者を」を「第六条に規定する行為の対象であることを理由に人を」と読み替える。〕

**第二〇条（紛争の解決）**〔国際的な組織犯罪の防止に関する国際連合条約第三五条と同じ。ただし、「条約」を「議定書」と読み替える。〕

**第二一条（署名、批准、受諾、承認及び加入）**（略）

**第二二条（効力発生）**（略）

**第二三条（改正）**（略）

**第二四条（廃棄）**（略）

**第二五条（寄託者及び言語）**（略）

# 14 腐敗の防止に関する国際連合条約(抄)

［国連腐敗防止条約］

採　択　二〇〇三年一〇月三一日(国連第五八回総会)
効力発生　二〇〇五年一二月一四日
日本国　二〇一七年八月一〇日(〇三年一二月九日署名、〇六年六月二日国会承認、一七年七月一一日内閣受諾決定、同日受諾書寄託、七月一四日公布・条約二四号)
当事国　一八六(他にEU)

## 前文

この条約の締約国は、

腐敗が社会の安定及び安全に対してもたらす問題及び脅威が、民主主義の制度及び価値、倫理上の価値並びに正義を害すること並びに持続的な発展及び法の支配を危うくすることの重大性を憂慮し、

また、腐敗行為とその他の形態の犯罪、特に組織犯罪及び経済犯罪(資金洗浄を含む。)との結び付きを憂慮し、(中略)

腐敗がもはや地域的な問題ではなく、すべての社会及び経済に影響を及ぼす国際的な現象であり、腐敗行為を防止し、及び規制するための国際協力が不可欠であることを確信し、(中略)

不正に取得された財産の国際的な移転を一層効果的な方法によって防止し、探知し、及び抑止すること並びに財産の回復における国際協力を強化することを決意し、(中略)

特に、千九百九十六年三月二十九日に米州機構が採択した腐敗の防止に関する米州条約、千九百九十七年五月二十六日に欧州連合理事会が採択した欧州共同体の職員又は欧州連合加盟国の公務員に係る腐敗の防止に関する条約、千九百九十七年十一月二十一日に経済協力開発機構が採択した国際商取引における外国公務員に対する贈賄の防止に関する条約、千九百九十九年一月二十七日に欧州評議会閣僚委員会が採択した腐敗に関する刑事法条約、千九百九十九年十一月四日に同委員会が採択した腐敗に関する民事法条約、二千三年七月十二日にアフリカ連合の加盟国の元首又は政府の長が採択した腐敗の防止及び腐敗との戦いに関するアフリカ連合条約等の腐敗行為を防止し、及びこれと戦うための多数国間の文書を評価しつつ、これらの文書に留意し、

国際的な組織犯罪の防止に関する国際連合条約が二千三年九月二十九日に効力を生じたことを歓迎して、

次のとおり協定した。

## 第一章　一般規定(抄)

**第一条(目的)** この条約は、次のことを目的とする。

(a) 一層効率的かつ効果的に腐敗行為を防止し、及びこれと戦うための措置を促進し、及び強化すること。

(b) 腐敗行為を防止し、及びこれと戦うことについての国際協力及び技術援助(財産の回復についての協力及び援助を含む。)を促進し、容易にし、及び支援すること。

(c) 誠実性を高め、説明責任を果たすことを促進し、並びに公の事務及び財産の適切な管理を促進すること。

**第二条(用語)**(略)

**第三条(適用範囲)** 1 この条約は、この条約に定めるところにより、腐敗行為の防止、捜査及び訴追並びにこの条約に従って定められる犯罪の収益の凍結、押収、没収及び返還について適用する。

2 この条約を実施するためには、別段の定めがある場合を除くほか、この条約に定める犯罪により国の財産に対する損害又は侵害が生ずることを要しない。

**第四条(主権の保護)**〔国際的な組織犯罪の防止に関する国際連合条約第四条を参照〕

## 第二章　防止措置(抄)

**第五条(腐敗行為の防止に関する政策及び慣行)** 1 締約国は、自国の法制の基本原則に従い、社会の参加を促進し、かつ、法の支配、公の事務及び財産の適切な管理、誠実性、透明性並びに説明責任の諸原則を反映する効果的で調整された腐敗行為の防止に関する政策を策定し、及び実施し、又は維持する。

2 締約国は、腐敗行為の防止を目的とする効果的な慣行を確立し、及び促進するよう努める。

3 締約国は、腐敗行為を防止し、及びこれと戦う上で妥当なものであるか否かについて判断することを目的として、関連する法的文書及び行政上の措置を定期的に評価するよう努める。

4 締約国は、適当な場合には、自国の法制の基本原則に従い、この条に定める措置を促進し、及び発展させることについて、相互に並びに関連する国際機関及び地域機関と協力する。この協力には、腐敗行為の防止を目的とする国際的な計画及び事業への参加を含めることができる。

**第六条(腐敗行為の防止のための機関)**(略)

**第七条(公的部門)** 1 締約国は、適当な場合には、自国の法制の基本原則に従い、行政官及び適当な場合には選出によらないその他の公務員の募集、採用、雇用、昇進及び退職に関する次の制度を採用し、維持し、及び強化するよう努める。

(a) 効率性及び透明性の原則並びに能力、公平、適性等の客観的な基準の原則に基づく制度

(b) 特に腐敗行為が発生しやすいとされる公的な地位に就く者の選定及び訓練並びに適当な場合にはそのような者の他の地位への交代のための適切な手続を有する制度

(c) 自国の経済発展の水準を考慮しつつ、適正な報酬及び公平な俸給表の設定を促進する制度

(d) 公的な任務を正確に、廉潔に及び適正に遂行するとの要求をこれらの公務員が満たすことができるようにするための教育及び訓練の計画を促進し、並びにその任務の遂行に固有の腐敗行為の危険性についての意識を高めるための専門的かつ適切な訓練を提供する制度。これらの計画においては、適用可能な分野における行動の規範又は基準を参照することができる。

2 締約国は、公職への立候補及び選出に関する基準を定めるため、この条約の目的及び自国の国内法の基本原則に従い、適当な立法上及び行政上の措置をとることを考慮する。

3 締約国は、選出される公職への立候補に係る資金及び適当な場合には政党の資金についての透明性を高めるため、この条約の目的及び自国の国内法の基本原則に従い、適当な立法上及び行政上の措置をとることを考慮する。

4 締約国は、自国の国内法の基本原則に従い、透明性を高め、及び利益相反を防止する制度を採用し、維持し、及び強化するよう努める。

**第八条（公務員の行動規範）** 1 締約国は、腐敗行為と戦うため、自国の法制の基本原則に従い、自国の公務員について、特に誠実性、廉直性及び責任感を高めるようにする。

2―6（略）

**第九条（公的調達及び財政の管理）** 1 締約国は、自国の法制の基本原則に従い、透明性、競争及び意思決定における客観的な基準に基づく適当な調達の制度であって特に腐敗行為の防止に効果的なものを設けるため、必要な措置をとる。これらの制度については、その適用に当たり適当な基準額を考慮することができるものとし、特に次のことができるようなものとする。

(a) 潜在的な入札者が十分な時間的余裕をもって入札書を作成し、及び提出することができるようにするため、調達の手続及び契約に関する情報（入札への招請に関する情報及び落札に関する関連情報を含む。）を公に配布すること。

(b) 参加の条件（選択及び落札の基準並びに入札の規則を含む。）を事前に定め、及び公表すること。

(c) 規則又は手続の正確な適用についての事後の確認を容易にするため、公的調達に係る決定のための客観的な、かつ、あらかじめ定められた基準を用いること。

(d) この1の規定に従って定められる規則又は手続が遵守されない場合に法的な請求を行い、及び法的な救済を受けることができるようにするため、国内における見直しのための効果的な制度（不服申立てについての効果的な制度を含む。）を設けること。

(e) 適当な場合には、調達について責任を有する職員に関する事項（特定の公的調達における利害関係についての申告、職員選定の手続、必要な訓練等をいう。）を規律するための措置をとること。

2・3（略）

**第一〇条（公衆への報告）**（略）

**第一一条（司法機関及び訴追部門に関する措置）**（略）

**第一二条（民間部門）** 1 締約国は、自国の国内法の基本原則に従い、民間部門に係る腐敗行為を防止し、並びに民間部門における会計及び監査の基準を強化するための措置をとるものとし、適当な場合には、これらの措置に従わないことについて、効果的な、均衡のとれた、かつ、抑止力のある民事上、行政上又は刑事上の罰則を定めるための措置をとる。

2―4（略）

**第一三条（社会の参加）**（略）

**第一四条（資金洗浄を防止するための措置）**〔国際的な組織犯罪の防止に関する国際連合条約第七条を参照〕

## 第三章 犯罪化及び法執行（抄）

**第一五条（自国の公務員に係る贈収賄）** 締約国は、故意に行われる次の行為を犯罪とするため、必要な立法その他の措置をとる。

(a) 公務員に対し、当該公務員が公務の遂行に当たって行動し、又は行動を差し控えることを目的として、当該公務員自身又は他の者若しくは団体のために不当な利益を直接又は間接に約束し、申し出、又は供与すること。

(b) 公務員が、自己の公務の遂行に当たって行動し、又は行動を差し控えることを目的として、当該公務員自身又は他の者若しくは団体のために不当な利益を直接又は間接に要求し、又は受領すること。

**第一六条（外国公務員及び公的国際機関の職員に係る贈収賄）** 1 締約国は、国際商取引に関連して商取引上の利益又はその他の不当な利益を取得し、又は維持するために、外国公務員又は公的国際機関の職員に対し、当該外国公務員又は公的国際機関の職員が公務の遂行に当たって行動し、又は行動を差し控えることを目的として、当該外国公務員若しくは公的国際機関の職員自身又は他の者若しくは団体のために不当な利益を直接又は間接に約束し、申し出、又は供与することを故意に行うことを犯罪とするため、必要な立法その他の措置をとる。

2 締約国は、外国公務員又は公的国際機関の職員が故意に、自己の公務の遂行に当たって行動し、又は行動を差し控えることを目的として、当該外国公務員若しくは公的国際機関の職員自身又は他の者若しくは団体のために不当な利益を直接又は間接に要求し、又は受領することを犯罪とするため、必要な立法その他の措置をとることを考慮する。

**第一七条（公務員による財産の横領、不正使用その他目的外使用）** 締約国は、公務員が故意に、自己又は他の者若しくは団体の利益のために、その地位に基づき当該公務員に委託された財産、公的若しくは私的な資金又は証券その他の価値を有する物につき、横領、不正使用その他目的外使用を行うことを犯罪とするため、必要な立法その他の措置をとる。

**第一八条（影響力に係る取引）**（略）

**第一九条（職権の濫用）**（略）

**第二〇条（不正な蓄財）**（略）

**第二一条（民間部門における贈収賄）** 締約国は、経済上、金融上又は商業上の活動において故意に行われる次の行為を犯罪とするため、必要な立法その他の措置をとることを考慮する。

(a) 民間部門の主体を運営し、又はこれに勤務する者（資格のいかんを問わない。）に対し、その者が自己の任務に反して行動し、又は行動を差し控えることを目的として、その者自身又は他の者のために不当な利益を直接又は間接に約束し、申し出、又は供与すること。

(b) 民間部門の主体を運営し、又はこれに勤務する者（資格のいかんを問わない。）が、自己の任務に反して行動し、又は行動を差し控えることを目的として、その者自身又は他の者のために不当な利益を直接又は間接に要求し、又は受領すること。

**第二二条（民間部門における財産の横領）**（略）

**第二三条（犯罪収益の洗浄）**〔国際的な組織犯罪の防止に関する国際連合条約第六条を参照〕

**第二四条（隠匿）**（略）

**第二五条（司法妨害）**

**第二六条（法人の責任）**

〔第二五条及び第二六条 国際的な組織犯罪の防止に関する国際連合条約第二三条及び第一〇条を参照〕

**第二七条（参加及び未遂）**（略）

**第二八条（犯罪の要件としての認識、故意及び目的）**〔国際的な組織犯罪の防止に関する国際連合条約第六条2(f)を参照〕

**第二九条（出訴期間）**〔国際的な組織犯罪の防止に関する国際連合条約第一一条5を参照〕

**第三〇条（訴追、裁判及び制裁）** 1 〔国際的な組織犯罪の防止に関する国際連合条約第一一条1を参照〕

2（略）

3―5〔国際的な組織犯罪の防止に関する国際連合条約第一一条2―4を参照〕

6―8（略）

9 〔国際的な組織犯罪の防止に関する国際連合条約第一一条6を参照〕
10 （略）

**第三一条（凍結、押収及び没収）**

**第三二条（証人、専門家及び被害者の保護）**

〔第三一条及び第三二条　国際的な組織犯罪の防止に関する国際連合条約第一二条及び第二四条を参照〕

**第三三条（報告者の保護）**（略）

**第三四条（腐敗行為により生じた結果）**（略）

**第三五条（損害の賠償）**（略）

**第三六条（専門の当局）**（略）

**第三七条（法執行当局との協力）**（略）

**第三八条（自国の当局間の協力）**（略）

**第三九条（自国の当局と民間部門との間の協力）**（略）

**第四〇条（銀行による秘密の保持）**（略）

**第四一条（犯罪記録）**（略）

**第四二条（裁判権）** 1　締約国は、次の場合においてこの条約に従って定められる犯罪についての自国の裁判権を設定するため、必要な措置をとる。
(a)　犯罪が自国の領域内で行われる場合
(b)　犯罪が、当該犯罪の時に自国を旗国とする船舶内又は自国の法律により登録されている航空機内で行われる場合

2　締約国は、第四条の規定に従うことを条件として、次の場合には、1に規定する犯罪について自国の裁判権を設定することができる。
(a)　犯罪が自国の国民に対して行われる場合
(b)　犯罪が自国の国民又は自国の領域内に常居所を有する無国籍者によって行われる場合
(c)　第二十三条1(b)(ii)の規定に従って定められる犯罪が、同条1の(a)(i)若しくは(ii)又は(b)(i)の規定に従って定められる犯罪を自国の領域内において行うために、自国の領域外において行われる場合
(d)　犯罪が自国に対して行われる場合

3　第四十四条の規定の適用上、締約国は、容疑者が自国の領域内に所在し、かつ、容疑者が自国の国民であることのみを理由として当該容疑者の引渡しを行わない場合においてこの条約に従って定められる犯罪についての自国の裁判権を設定するため、必要な措置をとる。

4　締約国は、容疑者が自国の領域内に所在し、かつ、当該容疑者の引渡しを行わない場合においてこの条約に従って定められる犯罪についての自国の裁判権を設定するため、必要な措置をとることができる。

5　1又は2の規定に基づいて自国の裁判権を行使する締約国が、他の締約国が同一の行為に関して捜査、訴追又は司法手続を行っていることを通報され、又はその他の方法で知った場合には、これらの締約国の権限のある当局は、それぞれの行動を調整するため、相互に適宜協議する。

6　この条約は、一般国際法の規範が適用される場合を除くほか、締約国が自国の国内法に従って設定した刑事裁判権の行使を排除するものではない。

## 第四章　国際協力（抄）

**第四三条（国際協力）**（略）

**第四四条（犯罪人引渡し）** 1　〔国際的な組織犯罪の防止に関する国際連合条約第一六条1を参照〕

2　締約国は、1の規定にかかわらず、自国の法律が認めるときは、この条約の対象となる犯罪であって自国の国内法に基づいて刑を科することができないものについて、犯罪人引渡しを行うことができる。

3―18　〔国際的な組織犯罪の防止に関する国際連合条約第一六条2―17を参照〕

**第四五条（刑を言い渡された者の移送）**（略）

**第四六条（法律上の相互援助）**〔国際的な組織犯罪の防止に関する国際連合条約第一八条を参照〕

**第四七条（刑事手続の移管）**（略）

**第四八条（法執行のための協力）**（略）

**第四九条（共同捜査）**（略）

**第五〇条（特別な捜査方法）**（略）

## 第五章　財産の回復（抄）

**第五一条（一般規定）** この章の規定に基づく財産の返還は、この条約の基本原則を成すものであり、締約国は、これについて最大限の協力及び援助を相互に行う。

**第五二条（犯罪収益の移転の防止及び探知）** 1　第十四条の規定の適用を妨げることなく、締約国は、自国の管轄内にある金融機関に対し、顧客の身元を確認すること、高額の預金を有する口座にある資金の受益者の身元を確定するための妥当な措置をとること並びに重要な公的任務を与えられている若しくは与えられていた者、その者の家族及びその者と密接な関係を有する者によって又はこれらの者に代わって開設される又は維持されている口座について厳格な審査を行うことを求めるため、自国の国内法に従って必要な措置をとる。この厳格な審査は、権限のある当局への報告のため、疑わしい取引を探知することを目的として妥当に行われるものとし、金融機関が正当な権利を有する顧客と取引を行うことを抑制し、又は禁止するものと解するべきではない。

2―6　（略）

**第五三条（財産の直接的な回復のための措置）** 締約国は、自国の国内法に従い、次のことを行う。
(a)　自国の裁判所において、他の締約国がこの条約に従って定められる犯罪の実行によって取得された財産に関する権原又は所有権を確定するために民事訴訟を提起することを認めるため、必要な措置をとること。
(b)　自国の裁判所がこの条約に従って定められる犯罪により損害を被った他の締約国に対する賠償の支払を当該犯罪を実行した者に対して命じることを認めるため、必要な措置をとること。
(c)　自国の裁判所又は権限のある当局がこの条約に従って定められる犯罪の実行によって取得された財産を没収することを決定する場合において、当該裁判所又は当該当局が当該財産の正当な所有者としての他の締約国の請求を認めることを可能とするため、必要な措置をとること。

**第五四条（没収についての国際協力による財産の回復のための仕組み）**（略）

**第五五条（没収のための国際協力）**〔国際的な組織犯罪の防止に関する国際連合条約第一三条を参照〕

**第五六条（特別な協力）**（略）

**第五七条（財産の返還及び処分）** 1　締約国が第三十一条又は第五十五条の規定により没収した財産は、当該締約国がこの条

約及び自国の国内法に従って処分する。この処分には、3の規定に従い当該財産を正当な権利を有する従前の所有者へ返還することを含む。

2 締約国は、自国の権限のある当局が、他の締約国の要請に応じて行動する場合において、善意の第三者の権利を考慮しつつ、没収された財産をこの条約に従って返還することができるようにするため、自国の国内法の基本原則に従って必要な立法その他の措置をとる。

3 要請を受けた締約国は、第四十六条、第五十五条並びにこの条の1及び2の規定に従って、次のことを行う。

(a) 第十七条及び第二十三条に規定する公的資金の横領又は横領された公的資金の洗浄の場合については、没収が第五十五条の規定に従って、かつ、当該要請を行った締約国における確定判決に基づいて行われたときは、当該要請を行った締約国に対し、没収された財産を返還すること。もっとも、当該要請を受けた締約国は、確定判決に基づくという要件を放棄することができる。

(b) この条約の対象となる他の犯罪の収益については、没収が第五十五条の規定に従って、かつ、当該要請を行った締約国における確定判決に基づいて行われた場合において、当該要請を行った締約国が当該要請を受けた締約国に対し没収された財産の従前の所有権を合理的な程度に立証するとき、又は当該要請を受けた締約国が没収された財産の返還の根拠として当該要請を行った締約国に損害が生じていることを認めるときは、当該要請を行った締約国に対し、没収された財産を返還すること。もっとも、当該要請を受けた締約国は、確定判決に基づくという要件を放棄することができる。

(c) その他のすべての場合については、当該要請を行った締約国若しくは正当な権利を有する従前の所有者に対し没収された財産を返還し、又は犯罪の被害者に対し補償を行うことを優先的に考慮すること。

4・5 (略)

**第五八条 (金融情報機関)**(略)

**第五九条 (二国間及び多数国間の協定及び取極)**(略)

## 第六章 技術援助及び情報交換(略)

**第六〇条 (訓練及び技術援助)**(略)

**第六一条 (腐敗行為に関する情報の収集、交換及び分析)**(略)

**第六二条 (その他の措置(経済的な発展及び技術援助を通じたこの条約の実施))**(略)

## 第七章 条約の実施のための仕組み

**第六三条 (締約国会議)**

**第六四条 (事務局)**

〔第六三条及び第六四条 国際的な組織犯罪の防止に関する国際連合条約第三二条及び第三三条を参照〕

## 第八章 最終規定(抄)

**第六五条 (条約の実施)**

**第六六条 (紛争の解決)**

〔第六五条及び第六六条 国際的な組織犯罪の防止に関する国際連合条約第三四条及び第三五条を参照〕

**第六七条 (署名、批准、受諾、承認及び加入)**(略)

**第六八条 (効力発生)**(略)

**第六九条 (改正)**(略)

**第七〇条 (廃棄)**(略)

**第七一条 (寄託者及び言語)**(略)

# 15 サイバー犯罪に関する条約(抄)

採　択　二〇〇一年一一月八日(ストラスブール)
署　名　二〇〇一年一一月二三日(ブダペスト)
効力発生　二〇〇四年七月一日
日本国　二〇一二年一一月一日(〇四年四月二一日国会承認、一二年七月三日受諾書寄託、七月四日公布・条約七号)
当事国　六五

## 前　文

欧州評議会の加盟国及びこの条約に署名したその他の国は、(中略)

サイバー犯罪と効果的に戦うためには、刑事問題に関する国際協力を強化し、迅速に行い、かつ、十分に機能させることが必要であることを確信し、(中略)

すべての者が有する干渉されることなく意見を持つ権利、表現の自由(国境とのかかわりなくあらゆる種類の情報及び考えを求め、受け及び伝える自由等)についての権利及びプライバシーの尊重についての権利を再確認する千九百五十年に欧州評議会で採択された人権及び基本的自由の保護に関する条約、千九百六十六年に国際連合で採択された市民的及び政治的権利に関する国際規約その他の適用される人権に関する国際条約にうたう法の執行の利益と基本的人権の尊重との間に適正な均衡を確保することが必要であることに留意し、

また、個人情報の保護についての権利(例えば、千九百八十一年に欧州評議会で採択された個人情報の自動処理における個人の保護に関する条約によって付与されている権利)に留意し、(中略)

次のとおり協定した。

## 第一章 用語(第一条)(略)

## 第二章 国内的にとる措置(抄)

### 第一節 刑事実体法(抄)

#### 第一款 コンピュータ・データ及びコンピュータ・システムの秘密性、完全性及び利用可能性に対する犯罪(抄)

**第二条 (違法なアクセス)** 締約国は、コンピュータ・システムの全部又は一部に対するアクセスが、権限なしに故意に行われることを自国の国内法上の犯罪とするため、必要な立法その他の措置をとる。締約国は、このようなアクセスが防護措置を侵害することによって行われること、コンピュータ・データを取得する意図その他不正な意図をもって行われること又は他のコンピュータ・システムに接続されているコンピュータ・システムに関連

サイバー犯罪に関する条約

して行われることをこの犯罪の要件とすることができる。

**第三条（違法な傍受）** 締約国は、コンピュータ・システムへの若しくはそこからの又はその内部におけるコンピュータ・データの非公開送信（コンピュータ・データを伝送するコンピュータ・システムからの電磁的放射を含む。）の傍受が、技術的手段によって権限なしに故意に行われることを自国の国内法上の犯罪とするため、必要な立法その他の措置をとる。締約国は、このような傍受が不正な意図をもって行われること又は他のコンピュータ・システムに接続されているコンピュータ・システムに関連して行われることをこの犯罪の要件とすることができる。

**第四条（データの妨害）**（略）

**第五条（システムの妨害）**（略）

**第六条（装置の濫用）**（略）

### 第二款 コンピュータに関連する犯罪（抄）

**第七条（コンピュータに関連する偽造）** 締約国は、コンピュータ・データの入力、改ざん、削除又は隠ぺいにより、真正でないコンピュータ・データ（直接読取りが可能であるか否か及び直接理解が可能であるか否かを問わない。）を生じさせる行為が、当該データが法律上真正であるとみなされ又は扱われることを意図して権限なしに故意に行われることを自国の国内法上の犯罪とするため、必要な立法その他の措置をとる。締約国は、詐取する意図又はこれに類する不正な意図を刑事上の責任を課するための要件とすることができる。

**第八条（コンピュータに関連する詐欺）**（略）

### 第三款 特定の内容に関連する犯罪（抄）

**第九条（児童ポルノに関連する犯罪）** 1 締約国は、権限なしに故意に行われる次の行為を自国の国内法上の犯罪とするため、必要な立法その他の措置をとる。

a コンピュータ・システムを通じて頒布するために児童ポルノを製造すること。

b コンピュータ・システムを通じて児童ポルノの提供を申し出又はその利用を可能にすること。

c コンピュータ・システムを通じて児童ポルノを頒布し又は送信すること。

d 自己又は他人のためにコンピュータ・システムを通じて児童ポルノを取得すること。

e コンピュータ・システム又はコンピュータ・データ記憶媒体の内部に児童ポルノを保有すること。

2―4（略）

### 第四款 著作権及び関連する権利の侵害に関連する犯罪（第一〇条）（略）

### 第五款 付随的責任及び制裁（抄）

**第一一条（未遂及びほう助又は教唆）**（略）

**第一二条（法人の責任）**（略）

**第一三条（制裁及び措置）** 1 締約国は、第二条から第十一条までの規定に従って定められる犯罪について自由のはく奪その他の制裁であって効果的な、均衡のとれたかつ抑止力のあるものが科されることを確保するため、必要な立法その他の措置をとる。

2 締約国は、前条の規定に従って責任を負う法人に対し、刑罰又は刑罰以外の制裁若しくは措置であって効果的な、均衡のとれたかつ抑止力のあるもの（金銭的制裁を含む。）が科されることを確保する。

## 第二節 手続法（抄）

### 第一款 共通規定（抄）

**第一四条（手続規定の適用範囲）** 1 締約国は、特定の捜査又は刑事訴訟のためにこの節に定める権限及び手続を設定するため、必要な立法その他の措置をとる。

2・3（略）

**第一五条（条件及び保障措置）** 1 締約国は、この節に定める権限及び手続の設定、実施及び適用が、自国の国内法に定める条件及び保障措置であって、千九百五十年に欧州評議会で採択された人権及び基本的自由の保護に関する条約、千九百六十六年に国際連合で採択された市民的及び政治的権利に関する国際規約その他の適用される人権に関する国際文書に基づく義務に従って生ずる権利その他の人権及び自由の適当な保護を規定しており、かつ、比例原則を含むものに従うことを確保する。

2・3（略）

### 第二款 蔵置されたコンピュータ・データの迅速な保全 から 第五款 コンピュータ・データのリアルタイム収集 まで（第一六条から第二一条まで）（略）

## 第三節 裁判権

**第二二条（裁判権）** 1 締約国は、次の場合において第二条から第十一条までの規定に従って定められる犯罪についての自国の裁判権を設定するため、必要な立法その他の措置をとる。

a 犯罪が自国の領域内で行われる場合

b 犯罪が自国を旗国とする船舶内で行われる場合

c 犯罪が自国の法令により登録されている航空機内で行われる場合

d 犯罪が行われた場所の刑事法に基づいて刑を科することができる場合又は犯罪がすべての国の領域的管轄の外で行われる場合において、当該犯罪が自国の国民によって行われるとき。

2 締約国は、1bからdまでの全部若しくは一部に定める裁判権に関する規則を適用しない権利又は特定の場合若しくは状況においてのみ当該規則を適用する権利を留保することができる。

3 締約国は、容疑者が自国の領域内に所在し、かつ、引渡しの請求を受けたにもかかわらず当該容疑者の国籍のみを理由として他の締約国に当該容疑者の引渡しを行わない場合において第二十四条1に定める犯罪についての裁判権を設定するため、必要な措置をとる。

4 この条約は、締約国が自国の国内法に従って行使する刑事裁判権を排除するものではない。

5 この条約に従って定められる犯罪が行われたとされる場合において、二以上の締約国が裁判権を主張するときは、関係締約国は、適当な場合には、訴追のために最も適した裁判権を有する国を決定するために協議する。

## 第三章　国際協力(抄)

### 第一節　一般原則(抄)

#### 第一款　国際協力に関する一般原則(第二三条)(略)

#### 第二款　犯罪人引渡しに関する原則(抄)

**第二四条（犯罪人引渡し）**
1a　この条の規定は、第二条から第十一条までの規定に従って定められる犯罪（双方の締約国の法令において長期一年以上自由をはく奪する刑又はこれよりも重い刑を科することができるものに限る。）に関する締約国間の犯罪人引渡しについて適用する。
b　統一的若しくは相互主義的な法令を基礎として合意された取極又は二以上の締約国間で適用可能な犯罪人引渡条約（犯罪人引渡しに関する欧州条約（ETS第二十四号）等）に基づいて適用される最も軽い刑罰が異なる場合には、当該取極又は条約に定める最も軽い刑罰を適用する。
2　1に定める犯罪は、締約国間の現行の犯罪人引渡条約における引渡犯罪とみなされる。締約国は、締約国間で将来締結されるすべての犯罪人引渡条約に1に定める犯罪を引渡犯罪として含めることを約束する。
3　条約の存在を犯罪人引渡しの条件とする締約国は、自国との間に犯罪人引渡条約を締結していない他の締約国から犯罪人引渡しの請求を受けた場合には、この条約を1に定める犯罪に関する犯罪人引渡しのための法的根拠とみなすことができる。
4―7　(略)

#### 第三款　相互援助に関する一般原則　及び　第四款　適用される国際協定が存在しない場合の相互援助の要請に関する手続(第二五条から第二八条まで)(略)

### 第二節　特別規定(第二九条から第三五条まで)(略)

## 第四章　最終規定(抄)

**第三六条（署名及び効力発生）**　1　この条約は、欧州評議会の加盟国及びこの条約の作成に参加した欧州評議会の非加盟国による署名のために開放しておく。
2　(略)
3　この条約は、五の国（欧州評議会の加盟国の少なくとも三の国を含むことを要する。）が、この条約に拘束されることに同意する旨を1及び2の規定に従って表明した日の後三箇月の期間が満了する日の属する月の翌月の初日に効力を生ずる。
4　(略)
**第三七条（この条約への加入）**(略)
**第三八条（適用領域）**(略)
**第三九条（この条約の効果）**(略)
**第四〇条（宣言）**(略)
**第四一条（連邦条項）**(略)
**第四二条（留保）**　いずれの国も、欧州評議会事務局長にあてた書面による通告により、署名の際又は批准書、受諾書、承認書若しくは加入書の寄託の際に、第四条2、第六条3、第九条4、第十条3、第十一条3、第十四条3、第二十二条2、第二十九条4及び第四十一条1に定める留保を付する旨を宣言することができる。その他のいかなる留保も、付することができない。
**第四三条（留保の撤回）**(略)
**第四四条（改正）**(略)
**第四五条（紛争の解決）**　1　犯罪問題に関する欧州委員会（CDPC）は、この条約の解釈及び適用に関して常時通報を受ける。
2　この条約の解釈又は適用に関して締約国間で紛争が生じた場合には、当該締約国は、交渉又はその選択する他の平和的手段（関係締約国間の合意に基づき、当該紛争をCDPC、締約国を拘束する決定を行う仲裁裁判所又は国際司法裁判所に付託すること等）により紛争の解決に努める。
**第四六条（締約国間の協議）**(略)
**第四七条（廃棄）**(略)
**第四八条（通報）**(略)

# 16　日米犯罪人引渡条約

（日本国とアメリカ合衆国との間の犯罪人引渡しに関する条約）

署　名　一九七八年三月三日（東京）
効力発生　一九八〇年三月二六日（日本国―七八年四月二一日国会承認、八〇年二月二五日批准書交換、三月五日公布・条約三号）

日本国及びアメリカ合衆国は、
犯罪の抑圧のための両国の協力を一層実効あるものとすることを希望して、
次のとおり協定した。

**第一条【引渡しの義務】**　各締約国は、第二条1に規定する犯罪について訴追し、審判し、又は刑罰を執行するために他方の締約国からその引渡しを求められた者であつてその領域において発見されたものを、この条約の規定に従い当該他方の締約国に引き渡すことを約束する。当該犯罪が請求国の領域の外において行われたものである場合には、特に、第六条1に定める条件が適用される。

**第二条【引渡犯罪】**　1　引渡しは、この条約の規定に従い、この条約の不可分の一部をなす付表に掲げる犯罪であつて両締約国の法令により死刑又は無期若しくは長期一年を超える拘禁刑に処することとされているものについて並びに付表に掲げる犯罪以外の犯罪であつて日本国の法令及び合衆国の連邦法令により死刑又は無期若しくは長期一年を超える拘禁刑に処することとされているものについて行われる。
前記犯罪の一が実質的な要素をなしている犯罪については、合衆国政府に連邦管轄権を認めるために州際間の輸送又は郵便その他州際間の設備の使用が特定の犯罪の要件とされている場合であつても、引渡しを行う。
2　引渡しを求められている者が1の規定の適用を受ける犯罪について請求国の裁判所により刑の言渡しを受けている場合には、その者が死刑の言渡しを受けているとき又は服すべき残りの刑が少なくとも四箇月あるときに限り、引渡しを行う。

**第三条【理由・証拠】** 引渡しは、引渡しを求められている者が被請求国の法令上引渡しの請求に係る犯罪を行つたと疑うに足りる相当な理由があること又はその者が請求国の裁判所により有罪の判決を受けた者であることを証明する十分な証拠がある場合に限り、行われる。

**第四条【不引渡犯罪】** 1　この条約の規定に基づく引渡しは、次のいずれかに該当する場合には、行われない。

(1)　引渡しの請求に係る犯罪が政治犯罪である場合又は引渡しの請求が引渡しを求められている者を政治犯罪について訴追し、審判し、若しくはその者に対し刑罰を執行する目的で行われたものと認められる場合。この規定の適用につき疑義が生じたときは、被請求国の決定による。

(2)　引渡しを求められている者が被請求国において引渡しの請求に係る犯罪について訴追されている場合又は確定判決を受けた場合

(3)　日本国からの引渡しの請求にあつては、合衆国の法令によるならば時効の完成によつて引渡しの請求に係る犯罪について訴追することができないとき。

(4)　合衆国からの引渡しの請求にあつては、次のいずれかに該当する場合であつて、日本国の法令によるならば時効の完成その他の事由によつて引渡しの請求に係る犯罪について刑罰を科し又はこれを執行することができないとき。

(a)　日本国が当該犯罪に対する管轄権を有するとした場合

(b)　日本国がその管轄権を現に有しており、かつ、その審判が日本国の裁判所において行われたとした場合

2　被請求国は、引渡しを求められている者が引渡しの請求に係る犯罪について第三国において無罪の判決を受け又は刑罰の執行を終えている場合には、引渡しを拒むことができる。

3　被請求国は、引渡しを求められている者が被請求国の領域において引渡しの請求に係る犯罪以外の犯罪について訴追されているか又は刑罰の執行を終えていない場合には、審判が確定するまで又は科されるべき刑罰若しくは科された刑罰の執行が終わるまで、その引渡しを遅らせることができる。

**第五条【自国民の引渡し】** 被請求国は、自国民を引き渡す義務を負わない。ただし、被請求国は、その裁量により自国民を引き渡すことができる。

**第六条【領域外の犯罪】** 1　引渡しの請求に係る犯罪が請求国の領域の外において行われたものである場合には、被請求国は、自国の法令が自国の領域の外において行われたそのような犯罪を罰することとしているとき又は当該犯罪が請求国の国民によつて行われたものであるときに限り、引渡しを行う。

2　この条約の適用上、締約国の領域とは、当該締約国の主権又は権力の下にあるすべての陸地、水域及び空間をいい、当該締約国において登録された船舶及び当該締約国において登録された航空機であつて飛行中のものを含む。この規定の適用上、航空機は、そのすべての乗降口が乗機の後に閉ざされた時からそれらの乗降口のうちいずれか一が降機のために開かれる時まで、飛行中のものとみなす。

**第七条【引き渡された犯罪者の処罰】** 1　請求国は、次のいずれかに該当する場合を除くほか、この条約の規定に従つて引き渡された者を、引渡しの理由となつた犯罪以外の犯罪について拘禁し、訴追し、審判し、若しくはその者に対し刑罰を執行しないものとし、又はその者を第三国に引き渡さない。ただし、この規定は、引渡しの後に行われた犯罪については、適用しない。

(1)　引き渡された者が引渡しの後に請求国の領域から離れて当該請求国の領域に自発的に戻つてきたとき。

(2)　引き渡された者が請求国の領域から自由に離れることができるようになつた日から四十五日以内に請求国の領域から離れなかつたとき。

(3)　被請求国が、引き渡された者をその引渡しの理由となつた犯罪以外の犯罪について拘禁し、訴追し、審判し、若しくはその者に対し刑罰を執行すること又はその者を第三国に引き渡すことに同意したとき。

2　請求国は、引渡しの理由となつた犯罪を構成する基本的事実に基づいて行われる限り、第二条1の規定に従い引渡しの理由となるべきいかなる犯罪についても、この条約の規定に従つて引き渡された者を拘禁し、訴追し、審判し、又はその者に対し刑罰を執行することができる。

**第八条【引渡請求手続】** 1　引渡しの請求は、外交上の経路により行う。

2　引渡しの請求には、次に掲げるものを添える。

(a)　引渡しを求められている者を特定する事項を記載した文書

(b)　犯罪事実を記載した書面

(c)　引渡しの請求に係る犯罪の構成要件及び罪名を定める法令の条文

(d)　当該犯罪の刑罰を定める法令の条文

(e)　当該犯罪の訴追又は刑罰の執行に関する時効を定める法令の条文

3　引渡しの請求が有罪の判決を受けていない者について行われる場合には、次に掲げるものを添える。

(a)　請求国の裁判官その他の司法官憲が発した逮捕すべき旨の令状の写し

(b)　引渡しを求められている者が逮捕すべき旨の令状にいう者であることを証明する証拠資料

(c)　引渡しを求められている者が被請求国の法令上引渡しの請求に係る犯罪を行つたと疑うに足りる相当な理由があることを示す証拠資料

4　引渡しの請求が有罪の判決を受けた者について行われる場合には、次に掲げるものを添える。

(a)　請求国の裁判所が言い渡した判決の写し

(b)　引渡しを求められている者が当該判決にいう者であることを証明する証拠資料

(c)　(i)　有罪の判決を受けた者が刑の言渡しを受けていないときは、逮捕すべき旨の令状の写し

(ii)　有罪の判決を受けた者が刑の言渡しを受けているときは、刑の言渡し書の写し及び当該刑の執行されていない部分を示す書面

5　引渡しの請求には、被請求国の法令により必要とされるその他の資料を添える。

6　この条約の規定に従い請求国が提出するすべての文書は、被請求国の法令の要求するところに従い正当に認証されるものとし、これらの文書には被請求国の国語による正当に認証された翻訳文を添付する。

7　被請求国の行政当局は、引渡しを求められている者の引渡請求の裏付けとして提出された資料がこの条約の要求するところを満たすのに十分でないと認める場合には、自国の裁判所に当該引渡請求を付託するかどうかを決定する前に請求国が追加の

資料を提出することができるようにするため、請求国に対しその旨を通知する。被請求国の行政当局は、その資料の提出につき期限を定めることができる。

**第九条【緊急時の仮拘禁】** 1 緊急の場合において、請求国が外交上の経路により、被請求国に対し、引渡しを求める者につき第二条1の規定に従い引渡しの理由となる犯罪について逮捕すべき旨の令状が発せられ又は刑の言渡しがされていることの通知を行い、かつ、引渡しの請求を行うべき旨を保証して仮拘禁の要請を行つたときは、被請求国は、その者を仮に拘禁することができる。仮拘禁の要請においては、引渡しを求める者を特定する事項及び犯罪事実を明らかにするものとし、被請求国の法令により必要とされるその他の情報を含める。

2 仮拘禁が行われた日から四十五日以内に請求国が引渡しの請求を行わない場合には、仮に拘禁された者は、釈放される。ただし、この規定は、被請求国がその後において引渡しの請求を受けた場合に、引渡しを求められる者を引き渡すための手続を開始することを妨げるものではない。

**第一〇条【引渡手続の促進】** 被請求国は、引渡しを求められている者が、被請求国の裁判所その他の権限のある当局に対し、その引渡しのために必要とされる国内手続における権利を放棄する旨を申し出た場合には、被請求国の法令の許す範囲内において、引渡しを促進するために必要なすべての措置をとる。

**第一一条【引渡請求の競合】** 被請求国は、同一の又は異なる犯罪につき同一の者について他方の締約国及び第三国から引渡しの請求を受けた場合には、いずれの請求国にその者を引き渡すかを決定する。

**第一二条【引渡しの実行】** 1 被請求国は、請求国に対し、外交上の経路により引渡しの請求についての決定を速やかに通知する。

2 被請求国は、その権限のある当局が引渡状を発したにもかかわらず、その法令により定められた期限内に請求国が引渡しを求めている者の引渡しを受けない場合には、その者を釈放し、その後において同一の犯罪についてその者の引渡しを拒むことができる。請求国は、引渡しを受けた者を被請求国の領域から速やかに出国させる。

**第一三条【証拠物の引渡し】** 引渡しが行われる場合において、犯罪行為の結果得られたすべての物又は証拠として必要とされるすべての物は、被請求国の法令の許す範囲内において、かつ、第三者の権利を害さないことを条件として、これを引き渡す。

**第一四条【引渡費用】** 1 被請求国は、引渡しの請求に起因する国内手続(引渡しを求められている者の拘禁を含む)について必要なすべての措置をとるものとし、そのための費用を負担する。ただし、引渡しを命ぜられた者の護送に要した費用は、請求国が支払う。

2 被請求国は、請求国に対し、引渡しを求められた者がこの条約の規定に従い拘禁され、審問され、又は引き渡されたことによりその者が受けた損害につきその者に支払つた賠償金を理由とする金銭上の請求を行わない。

**第一五条【引渡犯罪者の護送通過】** 1 各締約国は、外交上の経路により請求が行われた場合には、次のいずれかに該当する場合を除くほか、第三国から他方の締約国に対し引き渡された者をその領域を経由の上護送する権利を他方の締約国に認める。

(1) 引渡しの原因となつた犯罪行為が通過を求められている締約国の法令によるならば犯罪を構成しないとき。

(2) 引渡しの原因となつた犯罪行為が政治犯罪であるとき又は引渡しの請求が引き渡された者を政治犯罪について訴追し、審判し、若しくはその者に対し刑罰を執行する目的で行われたものと認められるとき。この規定の適用につき疑義が生じたときは、通過を求められている締約国の決定による。

(3) 通過により公共の秩序が乱されると認められるとき。

2 1の場合において、引渡しを受けた締約国は、その領域を経由の上護送が行われた締約国に対し、護送に関連してその要した費用を償還する。

**第一六条【批准、遡及効、旧条約、廃棄】** 1 この条約は、批准されなければならず、批准書は、できる限り速やかにワシントンで交換されるものとする。この条約は、批准書の交換の日の後三十日目の日に効力を生ずる。

2 この条約は、第二条1に規定する犯罪であつてこの条約の効力発生前に行われたものについても適用する。

3 日本国とアメリカ合衆国との間で千八百八十六年四月二十九日に東京で署名された犯罪人引渡条約及び千九百六年五月十七日に東京で署名された追加犯罪人引渡条約は、この条約の効力発生の時に終了する。ただし、この条約の効力発生の際に被請求国において係属している引渡しに係る事件は、前記の犯罪人引渡条約及び追加犯罪人引渡条約に定める手続に従う。

4 いずれの一方の締約国も、他方の締約国に対し六箇月前に文書による予告を与えることによつていつでもこの条約を終了させることができる。

**付表**

1 殺人、傷害致死又は重過失致死(自殺の教唆又はほう助を含む。)
2 人を殺す意図をもつて行われた暴行
3 悪質な傷害、重過失致傷又は暴行
4 堕胎
5 遺棄致死傷
6 略取、誘かい又は不法な逮捕若しくは監禁に関する罪
7 脅迫
8 強かん、強制わいせつ
9 いん行勧誘又は売春に関する罪
10 わいせつ物に関する罪
11 重婚
12 住居侵入
13 強盗
14 窃盗
15 恐かつ
16 詐欺(欺もう的手段により財物、金銭、有価証券その他の経済的価値を有するものを取得すること)
17 横領、背任
18 ぞう物に関する罪
19 財物、文書又は施設の損壊に関する罪
20 工業所有権又は著作権の保護に関する法令に違反する罪
21 暴行又は脅迫による業務妨害
22 放火、重過失による失火
23 騒じようの主導、指揮又はせん動
24 公衆の健康の保護に関する法令に違反する罪
25 激発力、水力その他の破壊的手段により公共の危険を生じさせる罪

26 国際法上の海賊
27 列車、航空機、船舶その他の交通手段の不法な奪取又は管理に関する罪
28 列車、航空機、船舶その他の交通手段の正常な運行を妨げ又はこれに危険を生じさせる罪
29 爆発物、火炎装置又は危険な若しくは禁止された武器の規制に関する法令に違反する罪
30 麻薬、大麻、向精神薬若しくはコカイン又はそれらの原料若しくは派生物その他の危険な薬品若しくは化学製品の規制に関する法令に違反する罪
31 毒物その他の健康に有害な物質の規制に関する法令に違反する罪
32 偽造に関する罪
33 とばく又は富くじの規制に関する法令に違反する罪
34 公務執行妨害、職務強要
35 虚偽報告に関する罪
36 偽証に関する罪
37 この条約の第二条1に規定する犯罪を行つたことによつて拘禁され又は刑に服している者の逃走に関する罪
38 犯人蔵匿、証拠隠滅その他の司法作用の妨害に関する罪
39 贈賄、収賄
40 職権濫用に関する罪
41 公職の選挙又は政治資金の規制に関する法令に違反する罪
42 脱税に関する罪
43 会社その他の法人の規制に関する法令に違反する罪
44 破産又は会社更生に関する法令に違反する罪
45 私的独占又は不公正な商取引の禁止に関する法令に違反する罪
46 輸出入又は資金の国際移動の規制に関する法令に違反する罪
47 前記の各罪の未遂、共謀、ほう助、教唆又は予備

### 交換公文

**(合衆国側書簡訳文)**

書簡をもつて啓上いたします。本使は、本日署名されたアメリカ合衆国と日本国との間の犯罪人引渡しに関する条約に言及するとともに、両政府の代表者の間で到達した次の了解をアメリカ合衆国政府に代わつて確認する光栄を有します。

1 この条約の第十四条の「措置」には、アメリカ合衆国については適当なアメリカ合衆国の法務職員による日本国政府を代表するための措置、日本国については適当な日本国の法務職員によるアメリカ合衆国からの引渡しの請求に係る必要な措置を含む。

2 この条約のいかなる規定も、両締約国が千九百六十年一月十九日にワシントンで署名されたアメリカ合衆国と日本国との間の相互協力及び安全保障条約第六条に基づく施設及び区域並びに日本国における合衆国軍隊の地位に関する協定に基づいて有する権利及び義務に影響を及ぼすものではない。

本使は、閣下が前記の了解を日本国政府に代わつて確認されれば幸いであります。

本使は、以上を申し進めるに際し、ここに重ねて閣下に向かつて敬意を表します。

千九百七十八年三月三日に東京で

アメリカ合衆国特命全権大使
マイケル・J・マンスフィールド

日本国外務大臣　園田直閣下

**(日本側書簡)**

書簡をもつて啓上いたします。本大臣は、本日付けの閣下の次の書簡を受領したことを確認する光栄を有します。

(米国側書簡略)

本大臣は、更に、閣下の書簡に掲げられた了解を日本国政府に代わつて確認する光栄を有します。

本大臣は、以上を申し進めるに際し、ここに重ねて閣下に向かつて敬意を表します。

千九百七十八年三月三日に東京で

日本国外務大臣　園田直

アメリカ合衆国特命全権大使
マイケル・J・マンスフィールド閣下

## 17 日韓犯罪人引渡条約(抄)

(犯罪人引渡しに関する日本国と大韓民国との間の条約)

署　名　二〇〇二年四月八日(ソウル)
効力発生　二〇〇二年六月二一日(日本国—同年五月二九日国会承認、六月六日批准書交換、六月七日公布・条約四号)

前　文(略)

**第一条(引渡しの義務)** 一方の締約国は、引渡犯罪について訴追し、審判し、又は刑罰を執行するために他方の締約国からその引渡しを求められた者であって当該一方の締約国の領域において発見されたものを、この条約の規定に従い当該他方の締約国に引き渡すことに同意する。

**第二条(引渡犯罪)** 1 この条約の適用上、両締約国の法令における犯罪であって、死刑又は無期若しくは長期一年以上の拘禁刑に処することとされているものを引渡犯罪とする。

2 引渡しを求められている者が引渡犯罪について請求国の裁判所により刑の言渡しを受けている場合には、その者が死刑の言渡しを受けているとき又は服すべき残りの刑が少なくとも四箇月あるときに限り、引渡しを行う。

3 この条の規定の適用において、いずれかの犯罪が両締約国の法令における犯罪であるかどうかを決定するに当たっては、次の(a)及び(b)に定めるところによる。

(a) 当該いずれかの犯罪を構成する行為が、両締約国の法令において同一の区分の犯罪とされていること又は同一の罪名を付されていることを要しない。

(b) 引渡しを求められている者が犯したとされる行為の全体を考慮するものとし、両締約国の法令上同一の構成要件により犯罪とされることを要しない。

4 3の規定にかかわらず、租税、関税その他の歳入事項又は外国為替に係る規制に関する法令上の犯罪について引渡しの請求が行われる場合にあっては、同一の種類の租税、関税その他の

歳入事項又は外国為替に係る規制について当該犯罪に相当する犯罪が被請求国の法令において規定されている場合に限り、両締約国の法令における犯罪とされる。

5　そのいずれもが両締約国の法令における犯罪である複数の犯罪について引渡しの請求が行われる場合には、そのうち一部の犯罪が1又は2に規定する条件を満たしていないときであっても、被請求国は、少なくとも一の引渡犯罪について引渡しを行うことを条件として、当該一部の犯罪について引渡しを行うことができる。

**第三条（引渡しを当然に拒むべき事由）**　この条約に基づく引渡しは、次のいずれかに該当する場合には、行われない。

(a)　引渡しを求められている者が請求国において引渡しの請求に係る犯罪について有罪の判決を受けていない場合にあっては、被請求国の法令上当該犯罪をその者が行ったと疑うに足りる相当な理由がない場合

(b)　引渡しを求められている者に裁判が行われることが十分に通知されておらず、又は法廷における防御の機会を与えられておらず、かつ、自ら出席して再審を受ける機会を与えられておらず、又はそのような機会を今後与えられることのない場合において、その者が請求国において引渡しの請求に係る犯罪について欠席裁判により有罪の判決を受けているとき。

(c)　引渡しの請求に係る犯罪が政治犯罪であると被請求国が認める場合又は引渡しの請求が引渡しを求められている者を政治犯罪について訴追し、審判し、若しくはその者に対し刑罰を科する目的で行われたものと被請求国が認める場合。この場合において、次の犯罪は、それ自体を政治犯罪と解してはならない。

(i)　いずれかの締約国の元首若しくは政府の長若しくはそれらの家族に対し、そのような者であることを知りながら行った殺人その他故意に行う暴力的犯罪又はそれらの犯罪の未遂（当該未遂が犯罪とされる場合に限る。）

(ii)　両締約国が当事国である多数国間の条約により、引渡犯罪に含めることを両締約国が義務付けられている犯罪

(d)　引渡しを求められている者が被請求国において引渡しの請求に係る犯罪について訴追されている場合又は確定判決を受けた場合

(e)　引渡しの請求に係る犯罪について、被請求国の法令によるならば時効の完成その他の事由によって引渡しを求められている者に対し刑罰を科し又はこれを執行することができないと認められる場合（当該犯罪についての管轄権を有しないことが理由である場合を除く。）

(f)　引渡しを求められている者を人種、宗教、国籍、民族的出身、政治的意見若しくは性を理由に訴追し若しくは刑罰を科する目的で引渡しの請求がなされていると、又はその者の地位がそれらの理由により害されるおそれがあると被請求国が認めるに足る十分な理由がある場合

**第四条（引渡しを裁量により拒むことのできる事由）**　この条約に基づく引渡しは、次のいずれかに該当する場合には、拒むことができる。

(a)　被請求国の法令により、引渡しの請求に係る犯罪の全部又は一部が被請求国の領域又は船舶若しくは航空機において犯されたものと認められる場合

(b)　引渡しを求められている者が第三国において引渡しの請求に係る犯罪について無罪の判決を受けた場合又は有罪の判決を受け、科された刑罰の執行を終えているか若しくは執行を受けないこととなった場合

(c)　引渡しを求められている者の年齢、健康その他個人的な事情にかんがみ、引渡しを行うことが人道上の考慮に反すると被請求国が認める場合

(d)　引渡しを求められている者に関し、引渡しの請求に係る犯罪について訴追をしないこと又は訴えを取り消すことを被請求国が決定した場合

**第五条（手続の延期）**（略）

**第六条（自国民の引渡し）**　1　被請求国は、この条約に基づいて自国民を引き渡す義務を負うものではない。もっとも、被請求国は、その裁量により自国民を引き渡すことができる。

2　被請求国は、引渡しを求められている者が自国民であることのみを理由として引渡しを拒んだ場合であって、請求国の求めのあるときは、被請求国の法令の範囲内において、訴追のためその当局に事件を付託する。

**第七条（領域外の犯罪）**　引渡しの請求に係る犯罪が請求国の領域の外において行われたものであって、請求国の船舶又は航空機の中において行われたものでない場合には、被請求国は、自国の法令が自国の領域の外において行われたそのような犯罪を罰することとしているとき又は当該犯罪が請求国の国民によって行われたものであるときに限り、引渡しを行う。もっとも、被請求国の法令がそのように規定しておらず、かつ、当該犯罪が請求国の国民でない者によって行われたものである場合であっても、被請求国は、その裁量により、この条約の規定に従って引渡しを行うことができるものとする。

**第八条（特定性の原則）**　1　請求国は、次のいずれかに該当する場合を除くほか、引渡しの理由となった犯罪以外の犯罪であって引渡しの前に行われたものについて、この条約の規定に従って引き渡された者を拘禁し、訴追し、若しくは審判し、又はその者に対し刑罰を執行してはならず、また、その者を第三国に引き渡してはならない。

(a)　引き渡された者が、引渡しの後に請求国の領域から離れて、当該領域に自発的に戻ってきた場合

(b)　引き渡された者が、請求国の領域から自由に離れることができるようになった後四十五日以内に当該領域から離れなかった場合

(c)　被請求国が、引き渡された者をその引渡しの理由となった犯罪以外の犯罪について拘禁し、訴追し、審判し、若しくはその者に対し刑罰を執行すること又はその者を第三国に引き渡すことに同意した場合。この(c)の規定の適用上、被請求国は、次条に掲げる文書に類する文書及び引き渡された者が当該犯罪について行った供述の記録がある場合において、当該記録の提出を求めることができる。

2　請求国は、引渡しの理由となった犯罪を構成する基本的事実に基づいて行われる限り、いかなる引渡犯罪についても、この条約の規定に従って引き渡された者を拘禁し、訴追し、審判し、又はその者に対し刑罰を執行することができる。

**第九条（引渡手続及び必要な文書）**（略）

**第一〇条（仮拘禁）**　1　緊急の場合において、締約国は、外交上の経路により、引渡しを求められることとなる者につき引渡しの請求に係る犯罪について逮捕すべき旨の令状が発せられ又は刑の言渡しがされていることの通知を行い、かつ、引渡しの請求を行う旨を保証して、仮拘禁の請求を行うことができる。

2 仮拘禁の請求は、書面によるものとし、次の事項を含める。
(a) 引渡しを求められることとなる者についての記述
(b) 引渡しを求められることとなる者の予想される所在地
(c) 犯罪事実についての簡潔な説明(可能な場合には、犯罪の行われた時期及び場所についての記述を含む。)
(d) 違反した法令についての記述
(e) 引渡しを求められることとなる者につき逮捕すべき旨の令状又は有罪の判決がある旨の記述
(f) 引渡しを求められることとなる者につき引渡しの請求を行う旨の保証
3 被請求国は、自国の法令に基づき仮拘禁請求についての決定を行い、請求国に対し速やかにその結果を通知する。
4 仮拘禁が行われた日から四十五日以内に請求国が引渡しの請求を行わない場合には、仮に拘禁された者は、釈放されるものとする。ただし、この4の規定は、被請求国がその後において引渡しの請求を受けた場合に、引渡しを求められている者を引き渡すための手続を開始することを妨げるものではない。

**第一一条（引渡請求の競合）** 1 同一の又は異なる犯罪に関し、同一の者について他方の締約国及び第三国から引渡しの請求を受けた場合において、いずれの請求国にその者を引き渡すかについては、被請求国が、これを決定する。
2 被請求国は、引渡しを求められている者をいずれの国に引き渡すかを決定するに当たっては、次に掲げる事項その他関連するすべての事情を考慮する。
(a) 関係する犯罪の行われた時期及び場所
(b) 犯罪の重大性
(c) それぞれの請求の日付
(d) 引渡しを求められている者の国籍及び通常の居住地
(e) 条約に基づく請求であるかどうか。

**第一二条（引渡しの決定及び実施）**(略)
**第一三条（物の提供）**(略)
**第一四条（経費）**(略)
**第一五条（通過）**(略)
**第一六条（協議）**(略)
**第一七条（最終規定）**(略)

## 18 日米刑事共助条約(抄)

(刑事に関する共助に関する日本国とアメリカ合衆国との間の条約)

署　名　二〇〇三年八月五日(ワシントン)
効力発生　二〇〇六年七月二一日(日本国—〇四年五月一九日国会承認、〇六年六月二一日批准書交換、六月二三日公布・条約九号)

日本国及びアメリカ合衆国は、
刑事に関する共助の分野における両国の協力を一層実効あるものとすることを希望し、
そのような協力が両国において犯罪と戦うことに貢献することを希望して、
次のとおり協定した。

**第一条【一般規定】** 1 各締約国は、他方の締約国の請求に基づき、捜査、訴追その他の刑事手続についてこの条約の規定に従って共助を実施する。
2 共助には、次の措置をとることを含む。この条約において「物件」とは、証拠となる書類、記録その他の物をいう。
(1) 証言、供述又は物件の取得
(2) 人、物件又は場所の見分
(3) 人、物件若しくは場所又はこれらの所在地の特定
(4) 国又は地方の立法機関、行政機関又は司法機関の保有する物件の提供
(5) 請求国における出頭が求められている者に対する招請についての伝達
(6) 拘禁されている者の身柄の移動であって証言の取得その他の目的のためのもの
(7) 犯罪の収益又は道具の没収及び保全並びにこれらに関連する手続についての共助
(8) 被請求国の法令により認められるその他の共助であって両締約国の中央当局間で合意されたもの
3 各締約国は、他方の締約国の請求に基づき、当該他方の締約国の中央当局が次のことを保証する場合であって、適当と認めるときは、犯罪の疑いのある行為についての行政機関による犯則調査について、適当と認める条件を付して、この条約の規定に従って共助を実施する。
(1) 当該犯則調査を行う当局が、犯罪を構成し得る事実についての犯則調査を行う法令上の権限に加えて、特別の手続に従い、訴追のために検察官に対して事件を送付する法令上の権限又は犯則調査において得た証言若しくは供述を文書化し若しくは記録した物その他の物件を検察官に対して提供する法令上の権限を有すること。
(2) 証言又は供述を文書化し又は記録した物その他の物件を請求国における捜査、訴追その他の刑事手続において使用(訴追を行うか否かの決定のための使用を含む。)すること。
4 被請求国は、この条約に別段の定めがある場合を除くほか、請求国における捜査、訴追その他の手続の対象となる行為が自国の法令によれば犯罪を構成するか否かにかかわらず、共助を実施する。
5 この条約は、両締約国間での共助のみを目的とする。この条約の規定は、請求された共助の実施を妨げること又は証拠を排除することに関し、私人の権利を新たに創設するものではなく、また、私人の既存の権利に影響を及ぼすものではない。

**第二条【中央当局】**(略)
**第三条【共助の拒否】** 1 被請求国の中央当局は、次のいずれかの場合には、共助を拒否することができる。
(1) 被請求国が、請求された共助が政治犯罪に関連すると認める場合
(2) 被請求国が、請求された共助の実施により自国の安全その他の重要な利益が害されるおそれがあると認める場合
(3) 被請求国が、共助の請求がこの条約に定める要件に適合していないと認める場合
(4) 被請求国が、請求国における捜査、訴追その他の手続の対象となる行為が自国の法令によれば犯罪を構成しないと認める場合であって、請求された共助の実施に当たり自国の法令に従って裁判所若しくは裁判官が発する令状に基づく強制措置又は自国の法令に基づくその他の強制措置が必要であると認めるとき。

2　被請求国の中央当局は、1の規定に基づき共助を拒否するに先立ち、自国が必要と認める条件を付して共助をすることができるか否かについて検討するために、請求国の中央当局と協議する。請求国は、当該条件を受け入れる場合には、これに従う。

3　被請求国の中央当局は、共助を拒否する場合には、請求国の中央当局に拒否の理由を通報する。

**第四条【共助の請求】**1　請求国の中央当局は、共助の請求を書面によって行う。ただし、請求国の中央当局は、被請求国の中央当局が適当と認める場合には、書面以外の信頼し得る通信の方法により共助の請求を行うことができる。この場合には、被請求国の中央当局は、共助の請求を確認する書面を追加的に提出するよう請求国の中央当局に要請することができる。共助の請求は、両締約国の中央当局間で別段の合意がある場合を除くほか、被請求国の言語によって行う。

2　共助の請求に当たっては、次の事項について通報する。

(1)　捜査、訴追その他の手続を行う当局の名称

(2)　捜査、訴追その他の手続の内容及び段階、その対象となる事実並びに請求国の関係法令の条文

(3)　請求する共助についての説明

(4)　請求する共助の目的についての説明

3　共助の請求に当たっては、次の事項のうち必要と認めるものについて可能な範囲で通報する。

(1)　証言、供述又は物件の提出が求められている者の特定及び所在地に関する情報

(2)　証言、供述又は物件の取得又は記録の方法についての説明

(3)　証言、供述又は物件の提出が求められている者に対する質問表

(4)　取得されるべき物件及びその身体が捜索されるべき人又は捜索されるべき場所についての正確な説明

(5)　見分されるべき人、物件又は場所に関する情報

(6)　人、物件又は場所の見分の実施及び記録の方法(見分に関して作成されるべき文書による記録の様式を含む。)についての説明

(7)　特定されるべき人、物件若しくは場所又は特定されるべきこれらの所在地に関する情報

(8)　請求する共助の実施の際に従うべき特定の方法についての説明

(9)　請求国の関係当局への出頭が求められている者に支払うことを認める手当及び経費に関する情報

(10)　請求する共助の実施を容易にするために被請求国の注意を喚起すべきその他の情報

**第五条【共助の実施】**1　被請求国の中央当局は、請求された共助をこの条約の関連規定に従って速やかに実施し、又は当該共助の実施のため権限のある他の当局に当該共助の請求を速やかに送付する。被請求国の権限のある当局は、当該共助を実施するためにその権限の範囲内で可能なすべてのことを行う。

2　被請求国の中央当局は、請求された共助の実施のため自国において必要なすべての調整を行う。

3　被請求国は、請求された共助をこの条約の規定及び自国の法令に従って実施する。被請求国は、自国の法令の範囲内で、適当と認める場合には、前条3(2)、(6)又は(8)に規定する方法で共助の請求に示されたものに従う。

4　1の規定に従い請求された共助を実施するに当たり、

(1)　アメリカ合衆国については、裁判所が、請求された共助の実施に必要な罰則付召喚令状、捜索又は差押えに係る令状その他の命令を発する権限を有する。

(2)　日本国については、裁判官が、請求された共助の実施に必要な令状又は命令を発する権限を有する。

5　被請求国の中央当局は、請求された共助の実施が自国において進行中の捜査、訴追その他の手続を妨げると認める場合には、当該実施を保留し、又は必要と認める条件を両締約国の中央当局間での協議の後に付すことができる。請求国は、当該条件を受け入れる場合には、これに従う。

6　被請求国は、請求国の中央当局が要請する場合には、共助の請求が行われた事実、請求された共助の内容、共助の実施の成果その他共助の実施に関する関連情報を秘密のものとして取り扱うよう最善の努力を払う。被請求国の中央当局は、これらの情報を開示することなく請求された共助を実施することができない場合には、請求国の中央当局にその旨を通報するものとし、請求国の中央当局は、このような状況にもかかわらず当該共助が実施されるべきかどうかを決定する。

7　被請求国の中央当局は、請求された共助の実施の状況に関する請求国の中央当局による合理的な照会に回答する。

8　被請求国の中央当局は、請求国の中央当局の要請に応じ、請求された共助の実施の日及び場所につき請求国の中央当局に事前に通報する。

9　被請求国の中央当局は、請求国の中央当局に対し、請求された共助を実施することができたか否かにつき速やかに通報し、また、その実施の結果得られた証言又は供述を文書化し又は記録した物その他の物件を提供する。被請求国の中央当局は、請求された共助の全部又は一部を実施することができなかった場合には、その理由につき請求国の中央当局に通報する。

**第六条【費用】**(略)

**第七条【証言等の使用】**1　被請求国の中央当局は、請求国が当該中央当局の事前の同意なしに共助の請求に示された捜査、訴追その他の手続以外の手続においてこの条約の規定に従って提供される証言又は供述を文書化し又は記録した物その他の物件を使用しないことを要請することができる。請求国は、この場合には、その要請に従う。

2　被請求国の中央当局は、請求国がこの条約の規定に従って提供される証言又は供述を文書化し又は記録した物その他の物件を秘密のものとして取り扱うこと又は当該中央当局が定めるその他の条件に従う場合にのみ使用することを要請することができる。請求国は、当該物件を秘密のものとして取り扱うことに同意した場合にはこれに従い、また、当該条件を受け入れた場合にはこれに従う。

3　この条のいかなる規定も、請求国が自国の憲法上の義務の範囲内で、この条約の規定に従って提供された証言又は供述を文書化し又は記録した物その他の物件を訴追において使用し又は開示することを妨げるものではない。請求国の中央当局は、その使用又は開示につき被請求国の中央当局に事前に通報する。

4　この条約の規定に従って提供された証言又は供述を文書化し又は記録した物その他の物件については、請求国においてこの条の規定に反しないで公開された場合には、その後いかなる目的のためにも使用することができる。

**第八条【証言等の保管及び返還】**(略)

**第九条【証言等の取得】**(略)

**第一〇条【見分】**(略)

第一一条【人等の特定】(略)
第一二条【国が保有する物件】(略)
第一三条【証言等の証明】(略)
第一四条【出頭】(略)
第一五条【身柄引渡し】(略)
第一六条【犯罪の収益等の没収】(略)
第一七条【他の協定による共助要請】(略)
第一八条【協議】(略)
第一九条【批准】(略)
附属書(略)
様式(略)

## 19 日・ブラジル受刑者移送条約(抄)

(刑を言い渡された者の移送に関する日本国とブラジル連邦共和国との間の条約)

署　名　二〇一四年一月二四日(東京)
効力発生　二〇一六年二月一四日(日本国―一四年六月四日国会承認、一六年一月一五日公文交換、一月二〇日公布・条約一号)

日本国及びブラジル連邦共和国(以下「両締約国」という。)は、刑の執行の分野における国際的な協力を一層促進することを希望し、

このような協力が司法の目的及び刑を言い渡された者の社会復帰を促進すべきであることを考慮し、

これらを促進するためには、犯罪を行った結果として自由を奪われている外国人に対し自己の属する社会においてその刑に服する機会を与えることが求められていることを考慮し、

これらの外国人をその本国に移送することによりそのような要請に最もよく応ずることができることを考慮して、

次のとおり協定した。

**第一条【定義】** この条約の適用上、
(a)「刑」とは、裁判所が犯罪を理由として命ずる有期又は無期のあらゆる刑罰であって自由の剥奪を伴うものをいう。
(b)「刑を言い渡された者」とは、いずれかの締約国の領域内で刑を言い渡された者をいう。
(c)「判決」とは、刑を言い渡す裁判所の決定又は命令をいう。
(d)「裁判国」とは、移送され得る者又は移送された者に刑を言い渡した締約国をいう。
(e)「執行国」とは、刑を言い渡された者がその刑に服するために移送され得る締約国又は移送された締約国をいう。

**第二条【一般原則】** 1 各締約国は、他方の締約国に対し、刑を言い渡された者の移送に関してこの条約に従い協力のための最大限の措置をとることを約束する。
2 刑を言い渡された者は、自己に言い渡された刑に服するため、この条約に従い裁判国の領域から執行国の領域に移送されることができる。このため、刑を言い渡された者は、裁判国又は執行国に対し、この条約に従い移送されることについて自己の関心を表明することができる。
3 裁判国又は執行国のいずれの国も移送について要請することができる。

**第三条【移送の条件】** 1 刑を言い渡された者については、次の条件が満たされている場合に限り、この条約に基づいて移送することができる。
(a) 日本国が執行国である場合には、当該刑を言い渡された者が受刑者の国際的な移送に関する日本国の法律の適用を受ける者であること。
(b) ブラジル連邦共和国が執行国である場合には、当該刑を言い渡された者がブラジル連邦共和国憲法に規定するブラジル人であること。
(c) 判決が確定していること。
(d) 移送の要請があった時に、当該刑を言い渡された者が刑に服する期間として少なくとも一年の期間が残っていること又は刑の期間が定められていないこと。
(e) 当該刑を言い渡された者が移送に同意していること。
(f) 刑が科せられる理由となった作為又は不作為が、執行国の法令により犯罪を構成すること又は執行国の領域において行われたとした場合において犯罪を構成すること。
(g) 裁判国及び執行国が移送に同意していること。
2 締約国は、例外的な場合には、刑を言い渡された者が刑に服すべき期間が1(d)に規定する期間より短いときにおいても、移送に同意することができる。

**第四条【情報を提供する義務】**(略)

**第五条【中央当局】** 各締約国は、前条、次条、第七条及び第十四条の規定に基づく締約国間の連絡を円滑にするため、中央当局を指定する。
(a) 日本国については、中央当局は、外務省とする。
(b) ブラジル連邦共和国については、中央当局は、法務省とする。

**第六条【要請及び回答】**(略)

**第七条【補助的な文書】**(略)

**第八条【同意及びその確認】**(略)

**第九条【裁判国に対する移送の効果】** 1 執行国の当局による刑を言い渡された者の身柄の受領は、裁判国における刑の執行を停止する効力を有する。
2 裁判国は、執行国が刑の執行を終了したと認める場合には、当該刑をもはや執行することができない。

**第一〇条【刑の執行の継続】** 1 執行国の権限のある当局は、直接に又は裁判所の若しくは行政上の命令に従い、裁判国の刑の執行を継続する。
2 移送後の刑の執行の継続は、執行国の法令(中略)により規律される。
3 執行国は、裁判国において決定された刑の法的な性質及び期間を受け入れなければならない。
4 (略)

**第一一条【特赦、大赦及び減刑】**(略)

**第一二条【再審】**(略)

**第一三条【刑の執行の終了】**(略)

**第一四条【刑の執行に関する情報の提供】**(略)

**第一五条【言語】**(略)

**第一六条【協議】** 両締約国は、いずれか一方の締約国の求めにより、この条約の解釈及び適用について協議する。

第一七条【効力発生及び終了】（略）

# 第9章　経済

## 1　国際通貨基金協定(抄)

［IMF協定］

署　　名　一九四五年一二月二七日(ワシントン)
効力発生　一九四五年一二月二七日(改正―六八年五月三一日、七六年四月三〇日(第二次改正)、九〇年六月二八日(第三次改正)、二〇〇九年八月一〇日(第四次改正)、一一年二月一八日(第五次改正)、同年三月三日(第六次改正)、一六年一月二六日(第七次改正))
日 本 国　一九五二年八月一四日(同年八月一四日署名、六月六日国会承認、八月一四日受諾書寄託、八月二六日公布・条約一三号　改正―六九年七月二八日発効(八月四日公布・条約八号)、第二次改正―七八年四月一日発効(四月四日公布・条約四号)、第三次改正―九二年一一月一一日発効(一一月二日公布・条約一〇号)、第四次改正―二〇〇九年八月一〇日発効(九月四日公布・条約九号)、第五次改正―一一年二月一八日発効(三月一一日公布・条約一号)、第六次改正―同年三月三日発効(三月二四日公布・条約二号)、第七次改正―一六年一月二六日発効(二月二四日公布・条約三号))
当 事 国　一九〇

**序**

(i) 国際通貨基金は、当初採択され、その後に改正されたこの協定の規定に従つて設立し及び運営する。

(ii) 基金がその操作及び取引を行うことができるようにするため、基金に一般会計及び特別引出権〔Special Drawing Rights〕会計を置く。基金への加盟は、特別引出権会計に参加する権利を伴う。

(iii) この協定によつて認められた操作及び取引は、この協定の規定に従い一般資金勘定、特別支払勘定及び投資勘定によつて構成される一般会計を通じて行う。ただし、特別引出権に係る操作及び取引は、特別引出権会計を通じて行う。

**第一条(目的)** 国際通貨基金の目的は、次のとおりである。

(i) 国際通貨問題に関する協議及び協力のための機構となる常設機関を通じて、通貨に関する国際協力を促進すること。

(ii) 国際貿易の拡大及び均衡のとれた増大を助長し、もつて経済政策の第一義的目標である全加盟国の高水準の雇用及び実質所得の促進及び維持並びに生産資源の開発に寄与すること。

(iii) 為替の安定を促進し、加盟国間の秩序ある為替取極を維持し、及び競争的為替減価を防止すること。

(iv) 加盟国間の経常取引に関する多角的支払制度の樹立を援助し、及び世界貿易の増大を妨げる外国為替制限の除去を援助すること。

(v) 適当な保障の下に基金の一般資金を一時的に加盟国に利用させ、このようにして国内的又は国際的な繁栄を破壊するような措置に訴えることなしに国際収支の失調を是正する機会を提供することにより、加盟国に安心感を与えること。

(vi) (i)から(v)までの規定に従い、加盟国の国際収支の不均衡の持続期間を短縮し、かつ、その程度を軽減すること。

基金は、そのすべての政策及び決定につき、この条に定める目的を指針としなければならない。

**第二条(加盟国の地位)** (略)

**第三条(割当額及び出資)**

第一項　割当額及び出資額の払込み

各加盟国は、特別引出権で表示される割当額を割り当てられる。連合国通貨金融会議に代表された加盟国で千九百四十五年十二月三十一日前に加盟国の地位を受諾するものの割当額は、付表Aに掲げる額とする。その他の加盟国の割当額は、総務会が定める。各加盟国の出資額は、当該加盟国の割当額と同額とし、全額を適当な寄託所において基金に払い込む。

第二項　割当額の調整

(a) 総務会は、五年を超えない間隔を置いて加盟国の割当額につき一般的検討を行い、適当と認めるときは、その調整を提議する。総務会は、また、その他のいかなる時にも、適当と認めるときは、加盟国の要請に基づいてその割当額の調整を考慮することができる。

(b) (略)

(c) いかなる割当額の変更にも、総投票権数の八十五パーセントの多数を必要とする。

(d) (略)

第三項　割当額が変更された場合の払込み

(a) 前項(a)の規定に基づく自国の割当額の増加に同意した各加盟国は、基金が定める期間内に、増加額の二十五パーセントを特別引出権で基金に払い込む。(後略)

(b)―(d) (略)

第四項 (略)

**第四条(為替取極に関する義務)**

第一項　加盟国の一般的義務

各加盟国は、国際通貨制度の基本的な目的が諸国間における商品、役務及び資本の交流を助長しかつ健全な経済成長を維持するわく組を提供することであること並びにその中心的な目的が金融上及び経済上の安定のために必要な秩序ある基礎的条件を継続的に発展させることであることを認識して、秩序ある為替取極を確保し及び安定した為替相場制度を促進するため、基金及び他の加盟国と協力することを約束する。各加盟国は、特に、次のことを行わなければならない。

(i) 自国の置かれた状況に妥当な考慮を払つた上、自国の経済上及び金融上の政策を物価の適度の安定を伴う秩序ある経済成長を促進する目的に向けるよう努力すること。

(ii) 秩序ある基礎的な経済上及び金融上の条件並びに不規律な変動をもたらすこととならない通貨制度を育成することにより安定を促進することを探究すること。

(iii) 国際収支の効果的な調整を妨げるため又は他の加盟国に対し不公正な競争上の優位を得るために為替相場又は国際通貨制度を操作することを回避すること。

(iv) この項に規定する約束と両立する為替政策を実施すること。

第二項　一般的為替取極

(a) 各加盟国は、前項の規定に基づく自国の義務を履行するに当たつて適用する意図を有する為替取極をこの協定の第二次改正の日の後三十日以内に基金に通告し、また、自国の為替取極のいかなる変更をも速やかに基金に通告する。

(b)(c) (略)

第三項　為替取極の監視

(a)　基金は、国際通貨制度の効果的な運営を確保するため国際通貨制度を監督し、また、第一項の規定に基づく各加盟国の義務の遵守について監督する。

(b)　(略)

第四項　平価

基金は、総投票権数の八十五パーセントの多数により、国際経済の条件が安定的なしかし調整可能な平価を基礎とした広範な為替取極の制度の導入を許容するものであることを決定することができる。(後略)

第五項　(略)

**第五条（基金の操作及び取引）**

第一項　基金と取引する機関

各加盟国は、自国の大蔵省、中央銀行、安定基金その他これらに類似する財務機関を通じてのみ基金と取引するものとし、基金は、これらの機関とのみ又はこれらの機関を通じてのみ取引するものとする。

第二項　基金の操作及び取引に対する制限

(a)　この協定に別段の定めがある場合を除くほか、基金の計算で行う取引は、加盟国の発意で、その加盟国に対して、買入れを希望するその加盟国の通貨と引換えに一般資金勘定において保有する基金の一般資金から特別引出権又は他の加盟国の通貨を供給することを目的とする取引に限る。

(b)　(略)

第三項　基金の一般資金の利用に関する条件

(a)　基金は、その一般資金の利用に関する政策(スタンド・バイ取極又はこれに類似する取極に関する政策を含む。)を採択するものとし、また、特別な国際収支問題のための特別な政策を採択することができる。これらの政策は、加盟国がその国際収支上の問題をこの協定の規定に合致する方法で解決することを援助し及び基金の一般資金の一時的な利用のための適当な保障を確立するような内容のものとする。

(b)－(f)　(略)

第四項－第十項　(略)

第十一項　価額の維持

(a)　一般資金勘定において保有される加盟国通貨の価額は、第十九条第七項(a)の規定に基づく交換比率により特別引出権で表示されるところによつて維持されなければならない。

(b)　(略)

第十二項　(略)

**第六条（資本移動）**

第一項　資本移動のための基金の一般資金の利用

(a)　加盟国は、次項に規定する場合を除くほか、巨額な又は持続的な資本の流出に応ずるために基金の一般資金を利用してはならず、また、基金は、その一般資金のこのような利用を防止するための管理を行うことを加盟国に要請することができる。いずれかの加盟国がこの要請を受けた後に適当な管理を行わなかつた場合には、基金は、その加盟国が基金の一般資金を利用する資格がないことを宣言することができる。

(b)　(略)

第二項・第三項　(略)

**第七条（補充及び不足通貨）**(略)

**第八条（加盟国の一般的義務）**

第一項　序言

各加盟国は、この協定の他の条の規定に基づく義務のほか、この条に定める義務を負う。

第二項　経常的支払に対する制限の回避

(a)　前条第三項(b)及び第十四条第二項の規定が適用される場合を除くほか、加盟国は、基金の承認なしに、経常的国際取引のための支払及び資金移動に制限を課してはならない。

(b)　いずれかの加盟国の通貨に関する為替契約で、この協定の規定に合致して存続し又は設定されるその加盟国の為替管理に関する規制に違反するものは、いずれの加盟国の領域においても強制力を有しない。更に、加盟国は、相互の合意により、いずれの為替管理に関する規制を一層効果的にするための措置についても協力することができる。ただし、この措置及び規制は、この協定の規定に合致したものでなければならない。

第三項　差別的通貨措置の回避

加盟国は、この協定に基づいて権限を与えられ又は基金の承認を得た場合を除くほか、第四条の規定に基づくマージン又は付表Cに定めるマージン若しくは同付表の規定に基づくマージンの範囲内であるかどうかを問わず、差別的通貨取極若しくは複数通貨措置を行つてはならず、また、第五条第一項に規定する自国の財務機関がこれを行うことを許してはならない。この協定が効力を生ずる日にそれらの取極又は措置が行われているときは、当該加盟国は、その漸進的撤廃について基金と協議しなければならない。ただし、それらの取極又は措置が第十四条第二項の規定に基づいて存続し又は設定されるときは、この限りでない。この場合には、同条第三項の規定を適用する。

第四項　外国保有残高の交換可能性

(a)　各加盟国は、他の加盟国が買入れを要請するに当たつて次のいずれかの事実を示すときは、当該他の加盟国が保有する当該加盟国の通貨の残高を買い入れなければならない。

(i)　買い入れられる残高が経常取引の結果最近において取得されたこと。

(ii)　その交換が経常取引のための支払をするために必要であること。

買入れを行う加盟国は、特別引出権(第十九条第四項の規定に従うことを条件とする。)又は要請した加盟国の通貨のいずれで支払うかを選択する権利を有する。

(b)　(略)

第五項－第七項　(略)

**第九条（地位、免除及び特権）**(略)

**第一〇条（他の国際機関との関係）**(略)

**第一一条（非加盟国との関係）**

第一項　非加盟国との関係に関する約束

各加盟国は、次のことを約束する。

(i)　この協定又は基金の目的に反する取引を非加盟国又はその領域内にある者と行わないこと及び第五条第一項に規定する自国の財務機関がこれを行うことを許さないこと。

(ii)　この協定又は基金の目的に反する慣行について非加盟国又はその領域内にある者と協力しないこと。

(iii)　この協定又は基金の目的に反する取引を非加盟国又はその領域内にある者と行うことを防止する適当な措置を自国の領域内で実施するため基金と協力すること。

第二項　非加盟国との取引に対する制限

この協定のいかなる規定も、加盟国が非加盟国又はその領域内にある者との為替取引に制限を課する権利を害するものではない。ただし、その制限が加盟国の利益を害しかつ基金の目的に反すると基金が認定したときは、この限りでない。

**第一二条（組織及び運営）**

第一項　基金の機構

基金に、総務会、理事会、専務理事一人及び職員並びに、総務会が付表Dの規定が適用されることを総投票権数の八十五パーセントの多数によつて決定する場合には、評議会を置く。

第二項　総務会

(a)　この協定に基づく権限であつて、直接に総務会、理事会又は専務理事に付与されていないものは、すべて総務会に属する。総務会は、各加盟国がその決定する方法で任命する総務一人及び総務代理一人によつて構成する。各総務及び各総務代理は、新たな任命が行われるまでの間在任する。総務代理は、総務が不在である場合を除くほか、投票することができない。総務会は、総務のうち一人を議長に選定する。

(b)　総務会は、この協定によつて直接に総務会に付与されている権限を除くほか、その権限の行使を理事会に委任することができる。

(c)―(j)　（略）

第三項　理事会

(a)　理事会は、基金の業務を運営する責任を有し、このため、総務会から委任されたすべての権限を行使する。

(b)　(c)の規定が適用される場合を除くほか、理事会は、専務理事を議長とし、加盟国が選出する二十人の理事によつて構成する。

(c)　総務会は、理事の各定期選挙のため、総投票権数の八十五パーセントの多数により、(b)に定める理事の数を増加させ、又は減少させることができる。

(d)―(j)　（略）

第四項　専務理事及び職員

(a)　理事会は、専務理事一人を選定する。専務理事は、総務又は理事であつてはならない。専務理事は、理事会の議長となるが、可否同数の場合の決定投票を除くほか、投票権を有しない。専務理事は、総務会の会合に参加することができるが、その会合では投票してはならない。専務理事は、理事会の決定により退任する。

(b)　専務理事は、基金の職員の長とし、理事会の指揮の下に、基金の通常業務を行う。専務理事は、理事会の一般的監督の下に、基金の職員の組織及び任免の責任を負う。

(c)　基金の専務理事及び職員は、その職務の遂行に当たり、基金に対してのみ責任を負うものとし、その他の当局に対しては責任を負わない。各加盟国は、この責任の国際的な性質を尊重し、その職務の遂行についてこれらの者を左右しようとするすべての企図を慎まなければならない。

(d)　職員の任命に当たつては、最高水準の能率及び技術的能力を確保することが最も重要であるが、専務理事は、職員をなるべく広い地理的基礎に基づいて採用することの重要性についても十分な考慮を払わなければならない。

第五項　投票

(a)　各加盟国の総票数は、基本票数と割当額に基づく票数との合計に等しいものとする。

(i)　各加盟国の基本票数は、すべての加盟国の総投票権数の合計票数の五・五〇二パーセントをすべての加盟国の間に均等に分配して算出される票数とする。ただし、基本票数は、一未満の端数を伴つてはならない。

(ii)　各加盟国の割当額に基づく票数は、自国の割当額の十万特別引出権相当額ごとに一票を分配して算出される票数とする。

(b)　第五条第四項又は第五項の規定の下で必要とされる投票については、各加盟国が(a)の規定に基づいて与えられる票数は、次の調整を受ける。ただし、買入れ又は売却の純額は、いかなる時にも、当該加盟国の割当額に等しい額を超えないものとみなす。

(i)　投票が行われる日までに行われた基金の一般資金からの当該加盟国の通貨の売却の純額の四十万特別引出権相当額ごとに一票を加える。

(ii)　投票が行われる日までに当該加盟国が第五条第三項(b)及び(f)の規定に基づいて行つた買入れの純額の四十万特別引出権相当額ごとに一票を減ずる。

(c)　明示的な別段の定めがある場合を除くほか、基金のすべての決定は、投じられた票の過半数によつて行う。

第六項　準備金、純収入の分配及び投資

(a)　基金は、毎年、その純収入のうち、一般準備金及び特別準備金への繰入額並びに、分配を行うときは、分配額を決定する。

(b)―(f)　（略）

第七項・第八項　（略）

**第一三条（事務所及び寄託所）**（略）

**第一四条（過渡的取極）**（略）

**第一五条（特別引出権）**（略）

**第一六条（一般会計及び特別引出権会計）**（略）

**第一七条（参加国及び他の特別引出権保有者）**（略）

**第一八条（特別引出権の配分及び消却）**（略）

**第一九条（特別引出権の操作及び取引）**

第一項　特別引出権の使用

特別引出権は、この協定に基づいて認められる操作及び取引に使用することができる。

第二項―第七項　（略）

**第二〇条（特別引出権会計の利子及び手数料）**（略）

**第二一条（一般会計及び特別引出権会計の管理）**（略）

**第二二条（参加国の一般的義務）**　参加国は、この協定の他の条の規定に基づき特別引出権に関して受諾する義務のほか、この協定の規定に従い、かつ、特別引出権を国際通貨制度における中心的な準備資産にするとの目的に従つて行われる特別引出権会計の効果的な運営及び特別引出権の適切な使用を容易にするため、基金及び他の参加国と協力することを約束する。

**第二三条（特別引出権の操作及び取引の停止）**

第一項　（略）

第二項　義務の不履行

(a)　いずれかの参加国が第十九条第四項の規定に基づく義務を履行していないと基金が認めたときは、その参加国については、基金が別段の決定をしない限り、特別引出権を使用する権利が停止される。

(b)―(f)　（略）

**第二四条（参加の終了）**（略）

**第二五条（特別引出権会計の清算）**（略）

**第二六条（脱退）**（略）

**第二七条（緊急措置）**

第一項 一時的停止

(a) 緊急の場合又は基金の活動を脅かす不測の事態が生じた場合には、理事会は、総投票権数の八十五パーセントの多数により、一年以内の期間次のいずれの規定の適用をも停止することができる。

(i) 第五条第二項、第三項、第七項並びに第八項(a)(i)及び(e)

(ii) 第六条第二項

(iii) 第十一条第一項

(iv) 付表C5

(b) (a)の規定に基づく規定の適用の停止は、一年を超える期間にわたることができない。ただし、総務会は、(a)に規定する緊急又は不測の事態が継続していると認める場合には、総投票権数の八十五パーセントの多数により、更に二年以内の期間この停止を延長することができる。

(c) 理事会は、総投票権数の過半数により、いつでも(a)及び(b)の停止を解くことができる。

(d) (略)

第二項 (略)

**第二八条 (改正)**

(a) この協定を変更しようとする提案は、加盟国、総務又は理事会のいずれから提議されたものであつても、総務会の議長に送付し、議長は、この提案を総務会に提出する。改正案を総務会が承認したときは、基金は、すべての加盟国に対し、改正案を受諾するかどうかを同文の書簡又は電報で照会する。総投票権数の八十五パーセントを有する五分の三の加盟国が改正案を受諾したときは、基金は、すべての加盟国にあてた公式の通報によつてその事実を確認する。

(b) (a)の規定にかかわらず、次のものを変更する改正の場合には、すべての加盟国の受諾を必要とする。

(i) 基金から脱退する権利(第二十六条第一項)

(ii) 加盟国の割当額の変更は当該加盟国の同意なしに行つてはならないという規定(第三条第二項(d))

(iii) 加盟国の通貨の平価は当該加盟国の提議があつたときを除くほか変更することができないという規定(付表C6)

(c) 改正は、公式の通報の日の後三箇月ですべての加盟国について効力を生ずる。ただし、同文の書簡又は電報中にそれよりも短い期間を明記したときは、この限りでない。

**第二九条 (解釈)**

(a) この協定の解釈について加盟国と基金との間又は加盟国相互の間に生ずる疑義は、理事会に提出して解決する。疑義が加盟国に特に関係があるときは、その加盟国は、第十二条第三項(j)の規定に従つて代表者を出す資格を有する。

(b) 理事会が(a)の規定に基づいて決定を行つた場合には、加盟国は、その決定の日から三箇月以内に、その疑義を総務会に付託することを要求することができる。総務会の決定は、最終的とする。総務会に付託された疑義は、総務会の解釈委員会によつて審議される。この委員会の各委員は、それぞれ一個の投票権を有する。総務会は、この委員会の構成、手続及び多数決の要件を定める。この委員会の決定は、総務会が総投票権数の八十五パーセントの多数により別段の決定をしない限り、総務会の決定とする。総務会への付託の結果が判明するまでの間、基金は、必要と認める限り、理事会の決定に基づいて行動することができる。

(c) (略)

**第三〇条 (用語の説明)** (略)

**第三一条 (最終規定)** (略)

## 2 国際復興開発銀行協定(抄)

[世界銀行協定]

署名 一九四五年一二月二七日(ワシントン)

効力発生 一九四五年一二月二七日(改正—八九年二月一六日(八七年六月三〇日ワシントン)、二〇一二年六月二七日(〇九年一月三〇日ワシントン))

日本国 一九五二年八月一四日(同年八月一四日署名、六月六日国会承認、八月一四日受諾書寄託、八月二六日公布・条約一二号 改正—六五年一二月一七日発効(六六年一月一八日公布・外務省告示五号)、八九年二月一六日発効(同日公布・条約二号)、二〇一二年六月二七日発効(六月一三日公布・条約五号))

当事国 一八九

この協定の署名政府は、次のとおり協定する。

**序**

国際復興開発銀行は、次の規定に従つて設立し、且つ、運営する。

**第一条 (目的)** 銀行の目的は、次のとおりである。

(i) 戦争により破壊され、又は解体された経済の回復、生産施設の平時需要への再転換並びに開発の程度が低い国における生産施設及び生産資源の開発を含む生産的目的のための資本投下を容易にすることにより、加盟国の領域の復興及び開発を援助すること。

(ii)—(v) (略)

銀行は、いかなる決定をするについても、本条に掲げる目的を指針としなければならない。

**第二条 (銀行の加盟国の地位及び銀行の資本)**

第一項 加盟国の地位

(a) 銀行の原加盟国とは、国際通貨基金の加盟国で第十一条第二項(e)に明記する日の前に銀行の加盟国の地位を受諾するものをいう。

(b) 加盟国の地位は、銀行が定める時期に、且つ、銀行が定める条件に従つてその他の基金の加盟国にも開放される。

第二項 授権資本

(a) 銀行の授権資本は、千九百四十四年七月一日現在の量目及び純分を有する合衆国ドルによる百億ドルとする。資本は、各十万ドルの額面価額を有する十万株に分ち、この株式は、加盟国のみが応募することができる。

(b) 資本は、銀行が総投票権数の四分の三の多数によつて適当と認めたときは、増額することができる。

第三項 株式の応募

(a) 各加盟国は、銀行の資本の株式に応募しなければならない。原加盟国が応募すべき株式の最小限は、附表Aに掲げるものとする。その他の加盟国が応募すべき株式の最小限は、銀行が定め、銀行は、その資本のうちこの加盟国の応募のために充分な部分を留保する。

(b)(c)　(略)

第四項　(略)

第五項　応募額の区分及び払込請求

各加盟国の応募額は、次の二部に分ける。

(i)　二十パーセントは、銀行の業務上の必要に応じて、本条第七項(i)に基いて払い込まれ、又は払込請求を受ける。

(ii)　残余の八十パーセントは、第四条第一項(a)(ii)及び(iii)に基いて起された銀行の債務の支払のために必要とするときに限り、銀行から払込請求を受ける。未払込の応募額に対する払込請求は、全株式に対して一律とする。

第六項　責任の限度

株式に基く責任は、当該株式の発行価格の未払込部分相当額を限度とする。

第七項　株式応募額の払込方法

株式応募額の払込は、金又は合衆国ドル及び加盟国通貨により、次のとおり行う。

(i)　本条第五項(i)に基いて、各株式の価格の二パーセントは金又は合衆国ドルで払い込まれ、残余の十八パーセントは払込請求があつたときに当該加盟国通貨で払い込まれる。

(ii)(iii)　(略)

第八項・第九項　(略)

第十項　株式の処分に対する制限

株式は、方法のいかんを問わず、質入をし、又は担保に供してはならない。株式は、銀行に対してのみ譲渡することができるものとする。

**第三条　(貸付及び保証に関する一般規定)**

第一項　資金の使用

(a)　銀行の資金及び便宜は、開発計画及び復興計画のいずれにも公平な考慮を払つて、もつぱら加盟国の利益のために使用しなければならない。

(b)　(略)

第二項　加盟国と銀行との取引

各加盟国は、自国の国庫、中央銀行、安定基金その他これに類似する財務機関を通じてのみ銀行と取引を行うものとし、銀行は、これらの機関によつてのみ又はこれらの機関を通じてのみ加盟国と取引を行う。

第三項　銀行の保証及び貸付の限度

銀行がする保証、貸付参加及び直接の貸付の現在高総額は、その増額によつて総額が銀行のき損されていない応募済資本、準備金及び剰余金の合計の百パーセントをこえることとなるときは、いかなる時でも増額してはならない。

第四項　銀行が保証又は貸付をすることができる条件

銀行は、次に掲げる条件に従つて、加盟国又はその行政区画並びに加盟国の領域内にあるすべての商業、工業及び農業の企業に対して保証、貸付参加又は貸付をすることができる。

(i)　当該事業計画が領域内で実現される加盟国自身が借入人でないときは、当該加盟国又は当該加盟国の中央銀行若しくはこれに準ずる機関で銀行が受諾することができるものが、元本の償還並びに当該貸付に対する利子及び他の手数料の支払を完全に保証すること。

(ii)　銀行が、借入人が当該市況の下において他の方法では当該借入人について合理的であると銀行が認める条件で貸付を得ることができないと認めること。

(iii)　(略)

(iv)　銀行が、利率及び他の手数料を合理的であると認め、且つ、この利率、手数料及び元本償還計画を当該事業計画に適していると認めること。

(v)―(vii)　(略)

第五項　銀行が保証し、貸付参加し、又は貸し付けた貸付金の使用

(a)　銀行は、貸付金が特定の一又は二以上の加盟国の領域内で費消されなければならないという条件を課さないものとする。

(b)　銀行は、節約及び能率の点に適当に留意した上、政治的その他の経済外の影響及び考慮を顧慮することなく、すべての貸付金が当該貸付の供与された目的のためにのみ使用されることを確保するための措置をとるものとする。

(c)　銀行がする貸付の場合には、銀行は、借入人名義の勘定を開くものとし、当該貸付の額は、当該貸付に用いた一又は二以上の通貨でこの勘定に貸記するものとする。銀行は、借入人が当該事業計画に関して実際に生じた費用に充てるためにのみこの勘定から引き出すことを許容する。

第六項　国際金融公社に対する貸付

(a)　銀行は、銀行と連携関係を有する国際金融公社に対して、公社の貸付業務用として貸付、貸付参加又は保証をすることができる。貸付、貸付参加又は保証の現在高総額は、それらがされた時に又はその結果として、公社がいずれかの源泉から受けており、且つ、未済である債務(債務の保証を含む。)の総額が公社のき損されていない応募済資本及び剰余金の合計の四倍に等しい額をこえることとなるときは、増額してはならない。

(b)　(略)

**第四条　(業務)**

第一項　貸付をし、又は貸付を促進する方法

(a)　銀行は、次の方法のいずれかによつて、第三条の一般的条件を満たす貸付をし、又はこれを促進することができる。

(i)　き損されていない払込済資本及び剰余金に相当する自己資金並びに、本条第六項の制限の範囲内において、準備金に相当する自己資金から直接の貸付をし、又はこれに参加すること。

(ii)　加盟国の市場における調達その他の方法により銀行が借り入れた資金から直接の貸付をし、又はこれに参加すること。

(iii)　民間投資者が通常の投資径路によつてする貸付の全部又は一部を保証すること。

(b)　銀行の前記の(ii)に基く資金の借入又は(iii)に基く貸付の保証は、当該資金が調達される市場の属する加盟国及び当該貸付が表示される通貨の属する加盟国の同意によつてのみ、且つ、これらの加盟国が当該貸付金が他の加盟国の通貨に制限なく引き換えられるべきことに同意したときにのみ、行うことができる。

第二項　(略)

第三項　直接の貸付のための通貨の供給

本条第一項(a)(i)及び(ii)に基く直接の貸付については、次の規定を適用する。

(a)　銀行は、借入人に対し、当該事業計画が領域内で実現さ

れる加盟国以外の加盟国の通貨でその領域内において当該借入人が当該貸付の目的の達成のためにすべき支出に必要なものを供与しなければならない。

(b) 銀行は、例外的な場合において、借入人が当該貸付の目的のために必要な国内通貨を合理的な条件の下に調達することができないときは、借入人に対し当該通貨の適当な額を当該貸付の一部として供与することができる。

(c)(d) (略)

第四項　直接の貸付に対する支払に関する規定

本条第一項(a)(i)又は(ii)に基く貸付契約は、支払に関する次の規定に従つて締結するものとする。

(a) 各貸付の利子及び償却支払の条件、満期並びに支払期日は、銀行が決定する。この貸付に関して負担すべき手数料の率その他の条件も、銀行が定める。(後略)

(b) すべての貸付契約には、銀行に対して契約に基く支払をするのに用いる一又は二以上の通貨を定めるものとする。但し、これらの支払は、借入人の選択により、金又は、銀行の同意を得て、当該契約に定める加盟国通貨以外の加盟国通貨でもすることができる。(後略)

(c) 加盟国が急激な為替のひつ迫を被り、その結果当該加盟国が契約した貸付又は当該加盟国若しくはその一機関が保証した貸付の元利その他の支払が定められたとおり行うことができないときは、当該加盟国は、銀行に対し支払条件の緩和を申請することができる。銀行は、緩和が当該加盟国並びに銀行の業務及びその全加盟国のために有利であると認めたときは、毎年の元利その他の支払の全部又は一部について次の一方又は双方の規定に基いて措置をとることができる。

(i) (略)

(ii) 銀行は、償却の条件を変更し、若しくは貸付の満期を延長し、又はその双方を行うことができる。

第五項・第六項 (略)

第七項　債務不履行の場合における銀行の債務履行の方法

銀行が行い、参加し、又は保証した貸付の債務不履行の場合には、次の規定による。

(a) 銀行は、本条第四項(c)に基く取極又は本条第四項(c)に定める取極に類似する取極を含めて、当該貸付に基く債務を調整するため実行可能な取極をするものとする。

(b) 本条第一項(a)(ii)及び(iii)に基く借入又は保証に対する銀行の債務履行のための支払には、

(i) 第一に、本条第六項に定める特別準備金を充て、

(ii) 第二に、必要な程度において、且つ、銀行の裁量により、銀行が使用することができるその他の準備金、剰余金及び資本を充てる。

(c) (略)

第八項・第九項 (略)

第十項　政治活動の禁止

銀行及びその役員は、加盟国の政治問題に関与してはならず、また、決定を行うに当つて関係加盟国の政治的性格に影響されてはならない。その決定は、経済的事項のみを考慮して行うものとし、これらの事項は、第一条に掲げる目的の達成のため公平に考慮されなければならない。

**第五条（組織及び運営）**

第一項　銀行の機構

銀行に、総務会、理事会、総裁並びに銀行が定める任務を遂行するためのその他の役員及び職員を置く。

第二項　総務会

(a) 銀行のすべての権限は、各加盟国がその決定する方法で任命する総務一人及び代理一人からなる総務会に付与される。各総務及び各代理は、任命した加盟国に異議がない限り、五年間在任するものとし、再任されることができる。代理は、総務が不在である場合を除く外、投票することができない。総務会は、総務のうちの一人を議長に選定する。

(b) 総務会は、その権限を行使することを理事会に委任することができる。但し、次の権限を除く。

(i) 新加盟国の加盟を承認し、及びその加盟の承認の条件を決定する権限

(ii) 資本を増加し、又は減少する権限

(iii) 加盟国の資格停止を行う権限

(iv) 理事会が行つたこの協定の解釈に関する異議の申立を裁決する権限

(v) 他の国際機関と協力するための取極(暫定的及び事務的性質の非公式取極を除く。)を結ぶ権限

(vi) 銀行の業務を永久的に停止すること及び銀行の資産を分配することを決定する権限

(vii) 銀行の純益の分配を決定する権限

(c) (略)

(d) 総務会の会合の定足数は、総務の過半数でその行使する投票権数が総投票権数の三分の二以上であるものとする。

(e) (略)

(f) 総務会及び、委任された範囲内で、理事会は、銀行の業務上必要な又は適当な規則及び細則を採択することができる。

(g) 総務及び代理は、その資格においては、銀行から報酬を受けないで勤務する。但し、銀行は、これらの者に、会合への出席に際して負担する相当の費用を支払う。

(h) (略)

第三項　投票

(a) 各加盟国の投票権数は、基本票数と保有株式数に基づく票数との合計に等しいものとする。

(i) 各加盟国の基本票数は、すべての加盟国の投票権数の合計票数の五・五五パーセントをすべての加盟国の間に均等に分配して算出される票数とする。ただし、基本票数は、一未満の端数を伴つてはならない。

(ii) 各加盟国の保有株式数に基づく票数は、自国の保有する一株式ごとに一票を分配して算出される票数とする。

(b) 別段の明文規定がある場合を除く外、銀行が決定すべきすべての事項は、投票の過半数によつて決定する。

第四項　理事会

(a) 理事会は、銀行の一般的業務を運営する責任を有し、このため、総務会から委任されたすべての権限を行使する。

(b) 理事は、十二人とし、総務であることを必要としない。そのうち、

(i) 五人は、最大の株式数を有する五加盟国が各一人を任命する。

(ii) 七人は、(i)に掲げる五加盟国が任命した総務以外のすべての総務が附表Bに従つて選挙する。本項(b)の適用上、加盟国とは、原加盟国であると第二条第一項(b)に従つて加盟国となつたとを問わず、附表Aに掲げる

国の政府をいう。その他の国の政府が加盟国となつたときは、総務会は、選任されるべき理事の数を総投票権数の五分の四の多数により増加することができる。

(c) 理事は、二年ごとに任命され、又は選任される。

各理事は、不在のときに自己に代つて行動する完全な権限を有する代理を任命する。代理を任命した理事が出席しているときは、代理は、会合に参加することはできるが、投票することはできない。

(d)（略）

(e) 理事会は、銀行の主たる事務所で常にその職務を行い、銀行の業務の必要に応じて会合する。

(f) 理事会の会合の定足数は、理事の過半数で投票権数の二分の一以上を行使するものとする。

(g) 各任命理事は、本条第三項に基いて各自を任命した加盟国に割り当てられた票数を投票する資格を有する。各選任理事は、各自の選出のために算入された票数を投票する資格を有する。理事が投票する資格を有する票数は、すべて一括して投票しなければならない。

(h)(i)（略）

第五項　総裁及び職員

(a) 理事会は、総裁一人を選定する。総裁は、総務若しくは理事又はそれらの代理であつてはならない。総裁は、理事会の議長となるが、可否同数の場合の決定投票を除く外、投票権を有しない。総裁は、総務会の会合に参加することができるが、その会合では投票してはならない。総裁は、理事会の決定により退任する。

(b) 総裁は、銀行に従事する職員の長であつて、理事会の指揮の下に、銀行の通常業務を行う。総裁は、理事会の一般的監督の下に、役員及び職員の組織及び任免の責任を負う。

(c) 銀行の総裁、役員及び職員は、その職務の執行に当つて、銀行に対してのみ責任を負うものとし、その他の当局に対しては負わない。各加盟国は、この責任の国際的な性質を尊重し、これらの者の職務執行についてこれらの者を左右しようとするすべての企図を慎まなければならない。

(d) 役員及び職員の任命に当つては、最高水準の能率及び技術的能力を確保することが最も重要であるが、総裁は、役員及び職員をなるべく広い地理的基礎に基いて採用することの重要性についても充分な考慮を払わなければならない。

第六項・第七項（略）

第八項　他の国際機関との関係

(a) 銀行は、一般的国際機構及び関係分野で専門的責任を有する公的国際機関とこの協定の条項の範囲内で協力する。この協力のための取極でこの協定の規定の変更をもたらすものは、第八条に基いてこの協定を改正した後に限り、締結することができる。

(b)（略）

第九項・第十項（略）

第十一項　寄託所

(a) 各加盟国は、自国通貨の銀行保有全額の寄託所として中央銀行を指定し、また、中央銀行がないときは、銀行が受諾することができる他の機関を指定する。

(b)（略）

第十二項・第十三項（略）

第十四項　純益の割当

(a) 総務会は、毎年、銀行の純益から準備金に関する控除を行つたものについて、剰余金への繰入額及び、分配するときは、分配額を決定する。

(b)（略）

### 第六条（脱退及び資格停止並びに業務停止）

第一項　加盟国の脱退権

加盟国は、銀行に対する通告書を主たる事務所に送付することにより、いつでも銀行から脱退することができる。脱退は、通告を受領した日に効力を生ずる。

第二項　資格停止

加盟国が、銀行に対するいずれかの義務を履行しなかつたときは、銀行は、総務の過半数で総投票権数の過半数を行使するものの決定によつて、その加盟国の資格を停止することができる。資格停止を受けた加盟国は、同様の過半数によつて当該加盟国の資格を復活する決定がされた場合を除く外、その資格停止の日から一年で自動的に加盟国でなくなるものとする。

資格停止中は、加盟国は、脱退権を除く外、この協定に基くいかなる権利も行使することができない。但し、引き続いてすべての義務に従わなければならない。

第三項　国際通貨基金の加盟国の地位の喪失

国際通貨基金の加盟国でなくなつた加盟国は、三箇月後に自動的に銀行の加盟国でなくなるものとする。但し、銀行が総投票権数の四分の三により引き続いて加盟国とすることに同意したときは、この限りでない。

第四項　加盟国でなくなつた政府との勘定の決済

(a) ある政府が加盟国でなくなつたときは、その政府は、加盟国でなくなる前に契約された貸付又は保証の一部が償還未済中は、銀行に対する直接の債務及び銀行に対する偶発債務について引き続いて責任を負う。但し、その後銀行が新たにした貸付及び保証については責任を負わなくなるものとし、また、銀行の収入にあずからず、且つ、銀行の経費を分担しなくなるものとする。

(b) ある政府が加盟国でなくなつたときは、銀行は、その政府との間の勘定の決済の一部として次の(c)及び(d)の規定に従つて株式の買いもどしについて取極をするものとする。買いもどしについては、その株式の買いもどし価格は、その政府が加盟国でなくなつた日における銀行の帳簿価額とする。

(c)(d)（略）

第五項　業務の停止及び債務の決済

(a) 緊急の場合には、理事会は、総務会が審議して措置をとるまでの間、新規の貸付及び保証について業務を一時的に停止することができる。

(b) 銀行は、総務の過半数で総投票権数の過半数を行使するものの投票により、新規の貸付及び保証についてその業務を永久的に停止することができる。業務停止後においては、銀行は、その資産の秩序ある換価、保全及び管理並びにその負債の決済に附随する活動を除く外、すべての活動を直ちに停止する。

(c)―(i)（略）

### 第七条（地位、免除及び特権）

第一項・第二項（略）

第三項　訴訟手続に関する銀行の地位

銀行に対する訴は、当該領域内に銀行が事務所を有しており、若しくは訴訟に関する送達を受けるため代理人を任命している加盟国又は当該領域内で銀行が証券の発行若しくは保証をしていた加盟国の管轄裁判所においてのみ提起することができる。しかし、加盟国若しくはその代理人又は加盟国から請求権を承継した者は、訴を提起してはならない。銀行の財産及び資産は、所在地及び占有者のいかんを問わず、銀行に対する裁判の確定前は、あらゆる形式の押収、差押又は強制執行を免除される。

第四項―第八項（略）

第九項　課税の免除

(a) 銀行並びにその資産、財産及び収入並びにこの協定によつて認められるその業務及び取引は、すべての内国税及び関税を免除される。銀行は、また、公租公課の徴収又は納付の責任を免除される。

(b) 銀行がその理事、代理、役員又は使用人に支払う給料その他の給与に対し又はこれらに関しては、これらの者が当該加盟国の市民、臣民その他の国民でないときは、いかなる租税も課してはならない。

(c) 銀行が発行する債務証書その他の証書（その配当又は利子を含む。）に対しては、保有者のいかんを問わず、次のいかなる種類の課税も行つてはならない。

(i) 銀行が発行したことのみを理由として債務証書その他の証書に対して不利な差別を設ける課税

(ii) 債務証書その他の証書の発行、支払予定若しくは支払実施の場所若しくは通貨又は銀行が維持する事務所若しくは業務所の位置を唯一の法律上の基準とする課税

(d) 銀行が保証する債務証書その他の証書（その配当又は利子を含む。）に対しては、保有者のいかんを問わず、次のいかなる種類の課税も行つてはならない。

(i) 銀行が保証したことのみを理由として債務証書その他の証書に対して不利な差別を設ける課税

(ii) 銀行が維持する事務所又は業務所の位置を唯一の法律上の基準とする課税

第十項（略）

**第八条（改正）**

(a) この協定を変更しようとする提案は、加盟国、総務又は理事会のいずれから提議されたものであつても、総務会の議長に送付し、議長は、この提案を総務会に提出する。改正案を総務会が承認したときは、銀行は、すべての加盟国に対し改正案を受諾するかどうかを同文の書簡又は電報で照会する。加盟国の五分の三で総投票権数の八十五パーセントを有するものが改正案を受諾したときは、銀行は、すべての加盟国にあてた公式の通報によつてその事実を確認する。

(b) 前記の(a)にかかわらず、次のものを変更する改正の場合には、すべての加盟国の受諾が必要である。

(i) 第六条第一項に定める銀行から脱退する権利

(ii) 第二条第三項(c)により確保される権利

(iii) 第二条第六項に定める責任の限度

(c) 改正は、公式の通報の日の後三箇月ですべての加盟国について効力を生ずる。但し、同文の書簡又は電報中にそれより短い期間を明記したときは、この限りでない。

**第九条（解釈）**

(a) この協定の規定の解釈について加盟国と銀行との間又は銀行の加盟国相互の間に生ずる疑義は、理事会に提出して解決する。疑義が理事を任命する資格がない加盟国に特に関係があるときは、その加盟国は、第五条第四項(h)に従つて代表者を出す資格を有する。

(b) 理事会が前記の(a)に基いて決定を与えた場合には、加盟国は、その疑義を総務会に付託することを要求することができる。総務会の決定は、最終的とする。総務会への付託の結果が判明するまでの間、銀行は、必要と認める限り、理事会の決定に基いて行動することができる。

(c)（略）

**第一〇条（承認とみなされる場合）**（略）

**第一一条（最終規定）**（略）

**附表**（略）

# 3 世界貿易機関協定

## (1) 世界貿易機関協定

（世界貿易機関を設立するマラケシュ協定）〔WTO協定〕

作　　成　一九九四年四月一五日（マラケシュ）
効力発生　一九九五年一月一日
日 本 国　一九九五年一月一日（九四年四月五日署名、一二月八日国会承認、一二月二二日内閣受諾決定、一二月二七日受諾書寄託、一二月二八日公布・条約一五号）
当 事 国　一六三（他にEU）

この協定の締約国は、

貿易及び経済の分野における締約国間の関係が、生活水準を高め、完全雇用並びに高水準の実質所得及び有効需要並びにこれらの着実な増加を確保し並びに物品及びサービスの生産及び貿易を拡大する方向に向けられるべきであることを認め、他方において、経済開発の水準が異なるそれぞれの締約国のニーズ及び関心に沿って環境を保護し及び保全し並びにそのための手段を拡充することに努めつつ、持続可能な開発の目的に従って世界の資源を最も適当な形で利用することを考慮し、

更に、成長する国際貿易において開発途上国特に後発開発途上国がその経済開発のニーズに応じた貿易量を確保することを保証するため、積極的に努力する必要があることを認め、

関税その他の貿易障害を実質的に軽減し及び国際貿易関係における差別待遇を廃止するための相互的かつ互恵的な取極を締結することにより、前記の目的の達成に寄与することを希望し、

よって、関税及び貿易に関する一般協定、過去の貿易自由化の努力の結果及びウルグァイ・ラウンドの多角的貿易交渉のすべての結果に立脚する統合された一層永続性のある多角的貿易体制を発展させることを決意し、

この多角的貿易体制の基礎を成す基本原則を維持し及び同体制の基本目的を達成することを決意して、

次のとおり協定する。

**第一条（機関の成立）** この協定により世界貿易機関（WTO）を設立する。

**第二条（世界貿易機関の権限）** 1 世界貿易機関は、附属書に含まれている協定及び関係文書に関する事項について、加盟国間の貿易関係を規律する共通の制度上の枠組みを提供する。

2 附属書一、附属書二及び附属書三に含まれている協定及び関係文書（以下「多角的貿易協定」という。）は、この協定の不可分の一部を成し、すべての加盟国を拘束する。

3 附属書四に含まれている協定及び関係文書（以下「複数国間貿易協定」という。）は、これらを受諾した加盟国についてはこの協定の一部を成し、当該加盟国を拘束する。複数国間貿易協定は、これらを受諾していない加盟国の義務又は権利を創設することはない。

4 附属書一Aの千九百九十四年の関税及び貿易に関する一般協定（以下「千九百九十四年のガット」という。）は、国際連合貿易雇用会議準備委員会第二会期の終了の時に採択された最終議定書に附属する千九百四十七年十月三十日付けの関税及び貿易に関する一般協定がその後訂正され、改正され又は修正されたもの（以下「千九百四十七年のガット」という。）と法的に別個のものである。

**第三条（世界貿易機関の任務）** 1 世界貿易機関は、この協定及び多角的貿易協定の実施及び運用を円滑にし並びにこれらの協定の目的を達成するものとし、また、複数国間貿易協定の実施及び運用のための枠組みを提供する。

2 世界貿易機関は、附属書に含まれている協定で取り扱われる事項に係る多角的貿易関係に関する加盟国間の交渉のための場を提供する。同機関は、また、閣僚会議の決定するところに従い、多角的貿易関係に関する加盟国間の追加的な交渉のための場及びこれらの交渉の結果を実施するための枠組みを提供することができる。

3 世界貿易機関は、附属書二の紛争解決に係る規則及び手続に関する了解（以下「紛争解決了解」という。）を運用する。

4 世界貿易機関は、附属書三の貿易政策検討制度を運用する。

5 世界貿易機関は、世界的な経済政策の策定が一層統一のとれたものとなるようにするため、適当な場合には、国際通貨基金並びに国際復興開発銀行及び同銀行の関連機関と協力する。

**第四条（世界貿易機関の構成）** 1 すべての加盟国の代表で構成する閣僚会議を設置するものとし、同会議は、少なくとも二年に一回会合する。閣僚会議は、世界貿易機関の任務を遂行し、そのために必要な措置をとる。閣僚会議は、加盟国から要請がある場合には、意思決定につきこの協定及び関連する多角的貿易協定に特に定めるところに従い、多角的貿易協定に関するすべての事項について決定を行う権限を有する。

2 すべての加盟国の代表で構成する一般理事会を設置するものとし、同理事会は、適当な場合に会合する。閣僚会議の会合から会合までの間においては、その任務は、一般理事会が遂行する。一般理事会は、また、この協定によって自己に与えられる任務を遂行する。一般理事会は、その手続規則を定め、及び7に規定する委員会の手続規則を承認する。

3 一般理事会は、紛争解決了解に定める紛争解決機関としての任務を遂行するため、適当な場合に会合する。紛争解決機関に、議長を置くことができるものとし、同機関は、その任務を遂行するために必要と認める手続規則を定める。

4 一般理事会は、貿易政策検討制度に定める貿易政策検討機関としての任務を遂行するため、適当な場合に会合する。貿易政策検討機関に、議長を置くことができるものとし、同機関は、その任務を遂行するために必要と認める手続規則を定める。

5 物品の貿易に関する理事会、サービスの貿易に関する理事会及び知的所有権の貿易関連の側面に関する理事会（以下「貿易関連知的所有権理事会」という。）を設置するものとし、これらの理事会は、一般理事会の一般的な指針に基づいて活動する。物品の貿易に関する理事会は、附属書一Aの多角的貿易協定の実施に関することをつかさどる。サービスの貿易に関する理事会は、サービスの貿易に関する一般協定（以下「サービス貿易一般協定」という。）の実施に関することをつかさどる。貿易関連知的所有権理事会は、知的所有権の貿易関連の側面に関する協定（以下「貿易関連知的所有権協定」という。）の実施に関することをつかさどる。これらの理事会は、それぞれの協定及び一般理事会によって与えられる任務を遂行する。これらの理事会は、一般理事会の承認を条件として、それぞれの手続規則を定める。これらの理事会の構成員の地位は、すべての加盟国の代表に開放する。これらの理事会は、その任務を遂行するため、必要に応じて会合する。

6 物品の貿易に関する理事会、サービスの貿易に関する理事会及び貿易関連知的所有権理事会は、必要に応じて補助機関を設置する。これらの補助機関は、それぞれの理事会の承認を条件として、それぞれの手続規則を定める。

7 閣僚会議は、貿易及び開発に関する委員会、国際収支上の目的のための制限に関する委員会及び予算、財政及び運営に関する委員会を設置する。これらの委員会は、この協定及び多角的貿易協定によって与えられる任務並びに一般理事会によって与えられる追加的な任務を遂行する。また、閣僚会議は、適当と認める任務を有する追加的な委員会を設置することができる。貿易及び開発に関する委員会は、その任務の一部として、定期的に、多角的貿易協定の後発開発途上加盟国のための特別な規定を検討し、適当な措置について一般理事会に報告する。これらの委員会の構成員の地位は、すべての加盟国の代表に開放する。

8 複数国間貿易協定に定める機関は、これらの協定によって与えられる任務を遂行するものとし、世界貿易機関の制度上の枠組みの中で活動する。これらの機関は、その活動について一般理事会に定期的に通報する。

**第五条（他の機関との関係）** 1 一般理事会は、世界貿易機関の任務と関連する任務を有する他の政府間機関との効果的な協力のために、適当な取決めを行う。

2 一般理事会は、世界貿易機関の取り扱う事項に関係のある非政府機関との協議及び協力のために、適当な取決めを行うことができる。

**第六条（事務局）** 1 事務局長を長とする世界貿易機関事務局（以下「事務局」という。）を設置する。

2 閣僚会議は、事務局長を任命し、並びに事務局長の権限、任務、勤務条件及び任期を定める規則を採択する。

3 事務局長は、閣僚会議が採択する規則に従い、事務局員を任命し、並びにその任務及び勤務条件を決定する。

4 事務局長及び事務局員の責任は、専ら国際的な性質のものとする。事務局長及び事務局員は、その任務の遂行に当たって、いかなる政府からも又は世界貿易機関外のいかなる当局からも指示を求め又は受けてはならない。事務局長及び事務局員は、国際公務員としての立場を損なうおそれのあるいかなる行動も慎まなければならない。同機関の加盟国は、事務局長及び事務局員の責任の国際的な性質を尊重するものとし、これらの者が任務を遂行するに当たってこれらの者を左右しようとしてはならない。

**第七条（予算及び分担金）** 1　事務局長は、予算、財政及び運営に関する委員会に対し世界貿易機関の年次予算見積り及び会計報告を提出する。予算、財政及び運営に関する委員会は、事務局長が提出した年次予算見積り及び会計報告を審査し、一般理事会に対しこれらに関する勧告を行う。年次予算見積りについては、一般理事会の承認を得なければならない。

2　予算、財政及び運営に関する委員会は、次の事項に関する規定を含む財政規則を一般理事会に提案する。財政規則は、実行可能な限り千九百四十七年のガットの規則及び慣行に基づくものでなければならない。

(a)　世界貿易機関の経費を加盟国間で割り当てるための分担率

(b)　分担金を滞納している加盟国についてとる措置

3　一般理事会は、過半数の加盟国を含む三分の二以上の多数による議決で財政規則及び年次予算見積りを採択する。

4　各加盟国は、一般理事会が採択した財政規則に従い、世界貿易機関の経費に係る自国の分担金を速やかに同機関に支払う。

**第八条（世界貿易機関の地位）** 1　世界貿易機関は、法人格を有するものとし、その任務の遂行のために必要な法律上の能力を各加盟国によって与えられる。

2　世界貿易機関は、その任務の遂行のために必要な特権及び免除を各加盟国によって与えられる。

3　2と同様に、世界貿易機関の職員及び加盟国の代表は、同機関に関連する自己の任務を独立に遂行するために必要な特権及び免除を各加盟国によって与えられる。

4　世界貿易機関、その職員及びその加盟国の代表に対して加盟国が与える特権及び免除は、千九百四十七年十一月二十一日に国際連合総会が採択した専門機関の特権及び免除に関する条約に定める特権及び免除と同様のものとする。

5　世界貿易機関は、本部協定を締結することができる。

**第九条（意思決定）** 1　世界貿易機関は、千九百四十七年のガットの下でのコンセンサス方式による意思決定の慣行(注1)を維持する。コンセンサス方式によって決定することができない場合には、問題となっている事項は、別段の定めがある場合を除くほか、投票によって決定する。世界貿易機関の各加盟国は、閣僚会議及び一般理事会の会合において一の票を有する。欧州共同体が投票権を行使する場合には、同共同体は、世界貿易機関の加盟国であるその構成国の数と同数の票を有する(注2)。閣僚会議及び一般理事会の決定は、この協定又は関連する多角的貿易協定に別段の定めがある場合を除くほか、投じられた票の過半数による議決で行う。(注3)

注1　いずれかの内部機関がその審議のために提出された事項について決定を行う時にその会合に出席しているいずれの加盟国もその決定案に正式に反対しない場合には、当該内部機関は当該事項についてコンセンサス方式によって決定したものとみなす。

注2　欧州共同体及びその構成国の有する票数は、いかなる場合にも同共同体の構成国の数を超えないものとする。

注3　一般理事会が紛争解決機関として会合する場合には、その決定は、紛争解決了解第二条4の規定にのみ従って行う。

2　閣僚会議及び一般理事会は、この協定及び多角的貿易協定の解釈を採択する排他的権限を有する。附属書一の多角的貿易協定の解釈については、閣僚会議及び一般理事会は、当該協定の実施に関することをつかさどる理事会の勧告に基づいてその権限を行使する。解釈を採択する決定は、加盟国の四分の三以上の多数による議決で行う。この2の規定は、改正に関する次条の規定を害するように用いてはならない。

3　閣僚会議は、例外的な場合には、この協定又はいずれかの多角的貿易協定によって加盟国に課される義務を免除することを決定することができる。その決定は、この3に別段の定めがない限り、加盟国の四分の三(注)による議決で行う。

(a)　この協定に関する免除の要請は、審議(コンセンサス方式による意思決定の慣行に従う。)のため、閣僚会議に提出される。閣僚会議は、その要請を審議するために、九十日を超えない範囲でその期間を定める。その期間内にコンセンサスに達しない場合には、免除の決定は、加盟国の四分の三(注)による議決で行う。

(b)　附属書一A、附属書一B又は附属書一Cの多角的貿易協定及びこれらの協定の附属書に関する免除の要請は、審議(その期間は、九十日を超えないものとする。)のため、まず、物品の貿易に関する理事会、サービスの貿易に関する理事会又は貿易関連知的所有権理事会にそれぞれ提出する。当該理事会は、審議の期間の終了に当たって、閣僚会議に報告を提出する。

注　経過期間又は段階的な実施のための期間が設けられている義務であって、その免除を要請する加盟国が当該期間の終了までに履行しなかったものに関する免除の決定は、コンセンサス方式によってのみ行う。

4　閣僚会議による免除の決定には、その決定を正当化する例外的な事情、免除の適用に関する条件及び免除が終了する日を示すものとする。免除の期間が一年を超える場合には、当該免除の開始後一年以内に、及びその後は当該免除が終了するまで毎年、閣僚会議の審査を受ける。閣僚会議は、審査において、免除を正当化する例外的な事情が引き続き存在するかしないか及び免除に付された条件が満たされているかいないかを検討する。閣僚会議は、毎年の審査に基づき、免除を延長し、変更し又は終了させることができる。

5　複数国間貿易協定に関する決定(解釈及び免除に関する決定を含む。)については、当該協定の定めるところによる。

**第一〇条（改正）** 1　世界貿易機関の加盟国は、この協定又は附属書一の多角的貿易協定を改正する提案を、閣僚会議に提出することによって行うことができる。第四条5に規定する理事会も、自己が実施に関することをつかさどる附属書一の多角的貿易協定を改正する提案を閣僚会議に提出することができる。改正案を加盟国に対し受諾のために送付することについての閣僚会議の決定は、同会議が一層長い期間を定めない限り、提案が正式に同会議に提出された後九十日の間にコンセンサス方式によって行う。2、5又は6の規定が適用される場合を除くほか、当該決定には、3又は4のいずれの規定が適用されるかを明示するものとする。コンセンサスに達した場合には、閣僚会議は、直ちに改正案を加盟国に対し受諾のために送付する。定められた期間内にコンセンサスに達しない場合には、閣僚会議は、加盟国の三分の二以上の多数による議決で、改正案を加盟国に対し受諾のために送付するかしないかを決定する。2、5

又は6の規定が適用される場合を除くほか、3の規定が改正案について適用される。ただし、閣僚会議が加盟国の四分の三以上の多数による議決で4の規定が適用されると決定する場合は、この限りでない。

2　この条及び次に掲げる規定の改正は、すべての加盟国が受諾した時に効力を生ずる。

この協定の第九条

千九百九十四年のガットの第一条及び第二条

サービス貿易一般協定第二条1

貿易関連知的所有権協定第四条

3　この協定又は附属書一A及び附属書一Cの多角的貿易協定の改正(2及び6に掲げる規定の改正を除く。)であって、加盟国の権利及び義務を変更する性質のものは、加盟国の三分の二が受諾した時に当該改正を受諾した加盟国について効力を生じ、その後は、その他の各加盟国について、それぞれによる受諾の時に効力を生ずる。閣僚会議は、加盟国の四分の三以上の多数による議決で、この3の規定に基づいて効力を生じた改正が、それぞれの場合について閣僚会議の定める期間内に当該改正を受諾しなかった加盟国が世界貿易機関から脱退し又は閣僚会議の同意を得て加盟国としてとどまり得る性質のものである旨を決定することができる。

4　この協定又は附属書一A及び附属書一Cの多角的貿易協定の改正(2及び6に掲げる規定の改正を除く。)であって、加盟国の権利及び義務を変更しない性質のものは、加盟国の三分の二が受諾した時にすべての加盟国について効力を生ずる。

5　2の規定が適用される場合を除くほか、サービス貿易一般協定の第一部から第三部までの規定及び同協定の各附属書の改正は、加盟国の三分の二が受諾した時に当該改正を受諾した加盟国について効力を生じ、その後は、その他の加盟国について、それぞれによる受諾の時に効力を生ずる。閣僚会議は、加盟国の四分の三以上の多数による議決で、前段の規定に基づいて効力を生じた改正が、それぞれの場合について閣僚会議の定める期間内に当該改正を受諾しなかった加盟国が世界貿易機関から脱退し又は閣僚会議の同意を得て加盟国としてとどまり得る性質のものである旨を決定することができる。サービス貿易一般協定の第四部から第六部までの規定及び同協定の各附属書の改正は、加盟国の三分の二が受諾した時にすべての加盟国について効力を生ずる。

6　この条の他の規定にかかわらず、貿易関連知的所有権協定の改正であって同協定第七十一条2の要件を満たすものは、閣僚会議が採択することができるものとし、その後の正式な受諾の手続を要しない。

7　この協定又は附属書一の多角的貿易協定の改正を受諾する加盟国は、閣僚会議が定める受諾の期間内に受諾書を世界貿易機関事務局長に寄託する。

8　世界貿易機関の加盟国は、附属書二及び附属書三の多角的貿易協定を改正する提案を、閣僚会議に提出することによって行うことができる。附属書二の多角的貿易協定の改正を承認する決定は、コンセンサス方式によって行うものとし、当該改正は、閣僚会議が承認した時にすべての加盟国について効力を生ずる。附属書三の多角的貿易協定の改正を承認する決定は、閣僚会議が承認した時にすべての加盟国について効力を生ずる。

9　閣僚会議は、いずれかの貿易協定の締約国である加盟国の要請に基づき、当該協定を附属書四に追加することをコンセンサス方式によってのみ決定することができる。閣僚会議は、いずれかの複数国間貿易協定の締約国である加盟国の要請に基づき、当該協定を附属書四から削除することを決定することができる。

10　複数国間貿易協定の改正については、当該協定の定めるところによる。

**第十一条(原加盟国)**　1　この協定が効力を生ずる日における千九百四十七年のガットの締約国及び欧州共同体であって、この協定及び多角的貿易協定を受諾し、かつ、千九百九十四年のガットに自己の譲許表が附属され及びサービス貿易一般協定に自己の特定の約束に係る表が附属されているものは、世界貿易機関の原加盟国となる。

2　国際連合が後発開発途上国として認める国は、個別の開発上、資金上及び貿易上のニーズ又は行政上及び制度上の可能性と両立する範囲において、約束及び譲許を行うことを要求される。

**第十二条(加入)**　1　すべての国又は対外通商関係その他この協定及び多角的貿易協定に規定する事項の処理について完全な自治権を有する独立の関税地域は、自己と世界貿易機関との間において合意した条件によりこの協定に加入することができる。加入は、この協定及び多角的貿易協定の双方に係るものとする。

2　加入に関する決定は、閣僚会議が行う。閣僚会議は、世界貿易機関の加盟国の三分の二以上の多数による議決で、加入の条件に関する合意を承認する。

3　複数国間貿易協定への加入については、当該協定の定めるところによる。

**第十三条(特定の加盟国の間における多角的貿易協定の不適用)**

1　いずれかの加盟国が加盟国となった時に、当該いずれかの加盟国又はその他のいずれかの加盟国が、これらの加盟国の間におけるこの協定並びに附属書一及び附属書二の多角的貿易協定の適用に同意しなかった場合には、これらの協定は、これらの加盟国の間においては適用されない。

2　1の規定は、千九百四十七年のガットの締約国であった世界貿易機関の原加盟国の間において適用することができる。ただし、千九百四十七年のガット第三十五条の規定が、当該締約国の間において、当該締約国についてこの協定の効力発生前に適用され、かつ、効力発生時に有効であった場合に限る。

3　1の規定は、いずれかの加盟国と前条の規定に従って加入したその他のいずれかの加盟国との間においては、加入の条件に関する合意が閣僚会議によって承認される前にこれらの加盟国のいずれかが同会議に対し1に規定する協定の適用に同意しない旨を通報した場合に限り、適用する。

4　閣僚会議は、加盟国の要請に基づいて、特定の事案におけるこの条の規定の運用を検討し、適当な勧告を行うことができる。

5　複数国間貿易協定の締約国の間における当該協定の不適用については、当該協定の定めるところによる。

**第十四条(受諾、効力発生及び寄託)**　1　この協定は、第十一条の規定に基づき世界貿易機関の原加盟国となる資格を有する千九百四十七年のガットの締約国及び欧州共同体が署名その他の方法によって行う受諾のために開放しておく。受諾は、この協定及び多角的貿易協定の双方に係るものとする。この協定及び多角的貿易協定は、ウルグァイ・ラウンドの多角的貿易交渉の結果を収録する最終文書の3に従って閣僚が決定する日に効力を生ずるものとし、閣僚が別段の決定を行う場合を除くほか、効力を生じた日の後二年間受諾のために開放しておく。この協定が効力を生じた後の受諾は、受諾の日の後三十日目に効力を生ずる。

2　この協定が効力を生じた後にこの協定を受諾する加盟国は、この協定が効力を生じた日に受諾したならば実施すべき多角的貿易協定上の譲許及び義務（この協定が効力を生じた日に開始する期間に係るもの）を実施する。

3　この協定が効力を生ずるまでの間、この協定及び多角的貿易協定の原本は、千九百四十七年のガットの締約国団の事務局長に寄託する。同事務局長は、この協定を受諾した政府及び欧州共同体に対し、この協定及び多角的貿易協定の認証謄本並びにこの協定の受諾に関する通告書を速やかに送付する。この協定が効力を生じたときは、この協定及び多角的貿易協定並びにこれらの改正は、世界貿易機関事務局長に寄託する。

4　複数国間貿易協定の受諾及び効力発生については、当該協定の定めるところによる。複数国間貿易協定は、千九百四十七年のガットの締約国団の事務局長に寄託する。この協定が効力を生じたときは、複数国間貿易協定は、世界貿易機関事務局長に寄託する。

**第一五条（脱退）**　1　加盟国は、この協定から脱退することができる。脱退は、この協定及び多角的貿易協定の双方に係るものとし、世界貿易機関事務局長が書面による脱退の通告を受領した日から六箇月を経過した時に、効力を生ずる。

2　複数国間貿易協定からの脱退については、当該協定の定めるところによる。

**第一六条（雑則）**　1　世界貿易機関は、この協定又は多角的貿易協定に別段の定めがある場合を除くほか、千九百四十七年のガットの締約国団及び千九百四十七年のガットの枠組みの中で設置された機関が従う決定、手続及び慣行を指針とする。

2　実行可能な範囲において、千九百四十七年のガットの事務局は、世界貿易機関の事務局となるものとし、かつ、千九百四十七年のガットの締約国団の事務局長は、第六条2の規定に従って閣僚会議が事務局長を任命する時まで、世界貿易機関の事務局長としての職務を遂行する。

3　この協定の規定といずれかの多角的貿易協定の規定とが抵触する場合には、抵触する限りにおいて、この協定の規定が優先する。

4　加盟国は、自国の法令及び行政上の手続を附属書の協定に定める義務に適合したものとすることを確保する。

5　留保は、この協定のいかなる規定についても付することができない。多角的貿易協定の規定についての留保は、これらの協定に定めがある場合に限り、その限度において付することができる。複数国間貿易協定の規定についての留保は、当該協定の定めるところによる。

6　この協定は、国際連合憲章第百二条の規定に従って登録する。

注釈　この協定及び多角的貿易協定において用いられる「国」には、世界貿易機関の加盟国である独立の関税地域を含む。

この協定及び多角的貿易協定において「国」を含む表現（例えば、「国内制度」、「内国民待遇」）は、世界貿易機関の加盟国である独立の関税地域については、別段の定めがある場合を除くほか、当該関税地域に係るものとして読むものとする。

**附属書の一覧表**

附属書一（抄）

附属書一A　物品の貿易に関する多角的協定（抄）

千九百九十四年の関税及び貿易に関する一般協定（抄）

農業に関する協定（略）

衛生植物検疫措置の適用に関する協定（抜粋）

繊維及び繊維製品（衣類を含む。）に関する協定〔二〇〇四年末終了〕

貿易の技術的障害に関する協定（略）

貿易に関連する投資措置に関する協定（略）

千九百九十四年の関税及び貿易に関する一般協定第六条の実施に関する協定（略）

千九百九十四年の関税及び貿易に関する一般協定第七条の実施に関する協定（略）

船積み前検査に関する協定（略）

原産地規則に関する協定（略）

輸入許可手続に関する協定（略）

補助金及び相殺措置に関する協定（略）

セーフガードに関する協定（略）

貿易の円滑化に関する協定（略）

附属書一B　サービスの貿易に関する一般協定（抄）

附属書一C　知的所有権の貿易関連の側面に関する協定（抄）

附属書二

紛争解決に係る規則及び手続に関する了解

附属書三

貿易政策検討制度（略）

附属書四　複数国間貿易協定（略）

民間航空機貿易に関する協定（略）

政府調達に関する協定（略）

国際酪農品協定〔一九九七年末終了〕

国際牛肉協定〔一九九七年末終了〕

**附属書一**

**附属書一A　物品の貿易に関する多角的協定**

附属書一Aに関する解釈のための一般的注釈

千九百九十四年の関税及び貿易に関する一般協定の規定と世界貿易機関を設立する協定（附属書一Aの協定において「世界貿易機関協定」という。）附属書一Aのその他の協定の規定とが抵触する場合には、抵触する限りにおいて、当該その他の協定の規定が優先する。

## (2)　一九九四年の関税貿易一般協定（附属書一A）（抄）

（千九百九十四年の関税及び貿易に関する一般協定）

1　千九百九十四年の関税及び貿易に関する一般協定（千九百九十四年のガット）は、次のものにより構成される。

(a)　国際連合貿易雇用会議準備委員会第二会期の終了の時に採択された最終議定書（暫定的適用に関する議定書を除く。）に附属する千九百四十七年十月三十日付けの関税及び貿易に関する一般協定(世界貿易機関協定の効力発生の日前に効力を生じた法的文書により訂正され、改正され又は修正されたもの)

(b) 世界貿易機関協定の効力発生の日前に千九百四十七年のガットの下で効力を生じた次に掲げる法的文書

(i) 関税譲許に関連する議定書及び確認書

(ii) 加入議定書(暫定的適用に関する規定(当該加入議定書の日付の日に有効な法令に反しない最大限度において千九百四十七年のガット第二部の規定を暫定的に適用する旨定める規定を含む。)及び暫定的適用の撤回に関する規定を除く。)

(iii) 義務の免除に関する決定(千九百四十七年のガット第二十五条の規定に基づいて行われたもの)であって、世界貿易機関協定の効力発生の日に効力を有しているもの(注)

注　この規定の対象となる義務の免除については、千九百九十三年十二月十五日の文書(文書番号MTN―FA)の第二部の十一ページ及び十二ページの脚注7並びに千九百九十四年三月二十一日の文書(文書番号MTN―FA―訂正6)に掲げる。閣僚会議は、その第一回の会合においてこの規定の対象となる義務の免除に関するリストを改定する。その改定されたリストにおいては、千九百九十三年十二月十六日から世界貿易機関協定の効力発生の日前までに千九百四十七年のガットに基づいて決定される義務の免除を追加し、かつ、世界貿易機関協定の効力発生の日前に効力を失う義務の免除を削除する。

(iv) その他千九百四十七年のガットの締約国団が行った決定

(c) 次に掲げる了解

(i) 千九百九十四年の関税及び貿易に関する一般協定第二条1(b)の解釈に関する了解

(ii) 千九百九十四年の関税及び貿易に関する一般協定第十七条の解釈に関する了解

(iii) 千九百九十四年の関税及び貿易に関する一般協定の国際収支に係る規定に関する了解

(iv) 千九百九十四年の関税及び貿易に関する一般協定第二十四条の解釈に関する了解

(v) 千九百九十四年の関税及び貿易に関する一般協定に基づく義務の免除に関する了解

(vi) 千九百九十四年の関税及び貿易に関する一般協定第二十八条の解釈に関する了解

(d) 千九百九十四年の関税及び貿易に関する一般協定のマラケシュ議定書

2 注釈

(a) 千九百九十四年のガットの規定中「締約国」とあるのは「加盟国」と、「低開発締約国」及び「先進締約国」とあるのはそれぞれ「開発途上加盟国」及び「先進加盟国」と、「書記局長」とあるのは「世界貿易機関事務局長」と読み替えるものとする。

(b) 千九百九十四年のガットの第十五条の1、2及び8の規定、第三十八条の規定、附属書I(注釈及び補足規定)の「第十二条について」及び「第十八条について」の規定並びに第十五条の2、3、6、7及び9における特別為替取極に関する規定中「締約国団」(共同して行動する締約国をいう。)とあるのは、「世界貿易機関」と読み替えるものとする。千九百九十四年のガットが定める締約国団のその他の任務については、閣僚会議が割り振る。

(c) (略)

3 (略)

**千九百九十四年の関税及び貿易に関する一般協定第二条1(b)の解釈に関する了解**(略)

**千九百九十四年の関税及び貿易に関する一般協定第十七条の解釈に関する了解**(略)

**千九百九十四年の関税及び貿易に関する一般協定の国際収支に係る規定に関する了解**(略)

**千九百九十四年の関税及び貿易に関する一般協定第二十四条の解釈に関する了解**

加盟国は、

千九百九十四年のガット第二十四条の規定を考慮し、

関税同盟及び自由貿易地域が、千九百四十七年のガットが作成されて以来その数及び重要性において大幅に増大し並びに今日世界貿易の相当な部分を占めることを認め、

関税同盟を組織し及び自由貿易地域を設定する協定の締約国の経済の一層密接な統合によって可能となる世界貿易の拡大への貢献を認め、

構成関税地域間における関税その他の制限的な通商規則の撤廃がすべての貿易に及ぶ場合にはそのような貢献が増加し、他方において、貿易の主要な分野が当該撤廃の対象から除外される場合にはそのような貢献が減少することを認め、

これらの協定の目的は、構成関税地域間の貿易を促進することにあって、これらの関税地域と他の加盟国との間の貿易に対する障害を引き上げることにあるべきでないこと、及びこれらの協定の締約国が協定の作成又は拡大に際し他の加盟国の貿易に悪影響を及ぼすことを最大限可能な限り避けるべきであることを再確認し、

新たに作成され又は拡大された協定を評価するための基準及び手続を明確化することにより、第二十四条の規定に従って通報された協定を検討し及び第二十四条に規定するすべての協定の透明性を改善することについての物品の貿易に関する理事会の役割の実効性を補強する必要性を確信し、

第二十四条12の規定に基づく加盟国の義務に関する共通の理解の必要性を認めて、

ここに、次のとおり協定する。

1 第二十四条の規定に適合する関税同盟、自由貿易地域及び関税同盟を組織し又は自由貿易地域を設定するための中間協定は、特に、同条の5から8までの規定を満足するものでなければならない。

第二十四条5

2 関税同盟の組織前及び組織後に適用されている関税及びその他の通商規則の全般的な水準に関する第二十四条5(a)の規定に従って行う判断は、関税及び課徴金に関しては、加重平均関税率及び徴収された関税の全般的な評価に基づく。この評価については、当該関税同盟によって提供される過去の代表的な期間の輸入統計(関税品目分類に従い、かつ、世界貿易機関の原産地規則に基づき国別に区分された価額及び数量によるもの)に基づいて行う。事務局は、ウルグァイ・ラウンドの多角的貿易交渉において関税に関する提案の評価に使われた方法に従って、加重平均関税率及び徴収された関税を算定する。その算定のために考慮される関税及び課徴金は、実行税率とする。数量

化及び総額の算定が困難であるその他の通商規則の水準の全般的な評価については、個別の措置、規制、対象産品及び影響を受ける貿易の流れに関する検討が必要とされることがあることを認識する。

3 第二十四条5(c)に規定する「妥当な期間」は、例外的な場合を除くほか、十年を超えるべきでない。中間協定の締約国である加盟国が十年では十分でないと認める場合には、当該加盟国は、一層長い期間を必要とすることについて物品の貿易に関する理事会に十分な説明を行う。

第二十四条6

4 第二十四条6の規定は、関税同盟を組織する加盟国が譲許税率を引き上げることを提案する場合に従う手続を定めるものである。この点に関し、加盟国は、第二十八条に定められ、かつ、千九百八十年十一月十日に採択された「第二十八条の規定に基づく交渉のための手続」(ガット基本文書選集(BISD)追録第二十七巻二十六ページから二十八ページまで)及び千九百九十四年のガット第二十八条の解釈に関する了解によって詳細に定められる手続が、関税同盟の組織又は関税同盟を組織するための中間協定の締結に際して関税譲許の修正又は撤回が行われる前に開始されなければならないことを再確認する。

5 第二十四条6に規定する交渉は、相互に満足すべき補償的調整を図るため、誠実に行われる。これらの交渉において、関税同盟を組織するに際し同一の関税品目について当該同盟を構成する他の関税地域が行った関税の引下げに対し、同条6の規定に従って妥当な考慮が払われるものとする。そのような引下げが必要な補償的調整を提供するために十分でない場合には、当該同盟は、補償(他の関税品目の関税の引下げの形をとることができる。)を提供する。その補償の提供は、当該関税品目の譲許の修正又は撤回について交渉する権利を有する加盟国によって考慮されるものとする。補償的調整が受入れ可能なものでない場合には、交渉は、継続されるべきである。そのような努力にもかかわらず、千九百九十四年のガット第二十八条の解釈に関する了解によって詳細に定められる第二十八条に規定する補償的調整に関する交渉において、交渉の開始から妥当な期間内に合意を達成することができない場合には、当該同盟は、譲許を修正し又は撤回することができる。この場合において、影響を受ける加盟国は、同条の規定に従って実質的に等価値の譲許を撤回することができる。

6 千九百九十四年のガットは、関税同盟の組織又は関税同盟を組織するための中間協定の締結の結果生ずる関税の引下げにより利益を受ける加盟国に対し、当該同盟を構成する関税地域に対して補償的調整を行う義務を課するものではない。

関税同盟及び自由貿易地域に関する検討

7 第二十四条7(a)の規定に従って行われるすべての通報については、千九百九十四年のガットの関連規定及び1の規定に照らして作業部会が検討する。作業部会は、その検討の結果についての報告を物品の貿易に関する理事会に提出する。同理事会は、加盟国に対し、適当と認める勧告を行うことができる。

8 作業部会は、中間協定に関し、自己の報告において、関税同盟の組織又は自由貿易地域の設定に至るまでの時間的枠組みの案及びその組織又はその設定を完了するために必要な措置について適当な勧告を行うことができる。作業部会は、必要な場合には、当該協定に関し追加的な検討を行うことができる。

9 中間協定の締約国である加盟国は、物品の貿易に関する理事会に対し、当該協定に含まれる計画及び日程の実質的な変更を通報するものとし、理事会は、要請がある場合には、当該変更を検討する。

10 第二十四条7(a)の規定に従って通報される中間協定が同条5(c)の規定に反して計画及び日程を含まない場合には、作業部会は、その報告において、計画及び日程を勧告する。中間協定の締約国である加盟国は、その勧告に従って当該協定を修正する用意がないときは、状況に応じ、当該協定を維持し又は当該協定の効力を生じさせてはならない。勧告の実施に関するその後の検討のため、措置がとられるものとする。

11 地域的な取極に関する報告に係る千九百四十七年のガットの締約国団の千九百四十七年のガットの理事会への指示(ガット基本文書選集(BISD)追録第十八巻三十八ページ)において同締約国団が定めているように、関税同盟及び自由貿易地域を構成する関税地域は、関係取極の実施に関し、定期的に物品の貿易に関する理事会に報告する。当該取極に関する重要な変更及び進展については、これらが生じたときに報告すべきである。

紛争解決

12 紛争解決了解によって詳細に定められて適用される千九百九十四年のガットの第二十二条及び第二十三条の規定は、関税同盟、自由貿易地域又は関税同盟を組織し若しくは自由貿易地域を設定するための中間協定に関する第二十四条の規定の適用から生ずる問題について、適用することができる。

第二十四条12

13 各加盟国は、千九百九十四年のガットに基づき、千九百九十四年のガットのすべての規定を遵守する完全な責任を有しており、また、自国の領域内の地域及び地方の政府及び機関によるその遵守を確保するために利用することができる妥当な措置をとる。

14 紛争解決了解によって詳細に定められて適用される千九百九十四年のガットの第二十二条及び第二十三条の規定は、加盟国の領域内の地域又は地方の政府又は機関によりとられる措置であって千九百九十四年のガットの規定の遵守に影響を及ぼすものについて、適用することができる。紛争解決機関が千九百九十四年のガットの規定が遵守されていない旨の裁定を行う場合には、責任を有する加盟国は、その遵守を確保するために利用することができる妥当な措置をとる。そのような遵守を確保することができなかった場合には、代償及び譲許その他の義務の停止に関する規定を適用する。

15 各加盟国は、自国の領域においてとられた措置で千九百九十四年のガットの実施に影響を及ぼすものについて他の加盟国がした申立てに好意的な考慮を払い、かつ、その申立てに関する協議のための機会を十分に与えることを約束する。

**千九百九十四年の関税及び貿易に関する一般協定に基づく義務の免除に関する了解**(略)

**千九百九十四年の関税及び貿易に関する一般協定第二十八条の解釈に関する了解**(略)

**千九百九十四年の関税及び貿易に関する一般協定のマラケシュ議定書**(略)

## (3) 衛生植物検疫措置の適用に関する協定（附属書一A）（抜粋）

［SPS協定］

加盟国は、（中略）

衛生植物検疫措置の貿易に対する悪影響を最小限にするため、その企画、採用及び実施に当たっての指針となる規則及び規律の多数国間の枠組みを定めることを希望し、

この点に関し、国際的な基準、指針及び勧告が重要な役割を果たすことができることを認め、

加盟国が人、動物又は植物の生命又は健康に関する自国の適切な保護の水準を変更することを求められることなく、食品規格委員会及び国際獣疫事務局を含む関連国際機関並びに国際植物防疫条約の枠内で活動する関連国際機関及び関連地域機関が作成した国際的な基準、指針及び勧告に基づき、加盟国間で調和のとれた衛生植物検疫措置をとることが促進されることを希望し、

開発途上加盟国が、輸入加盟国による衛生植物検疫措置を遵守し及びその結果として市場へ進出するときに特別の困難に直面すること並びに自国の領域内において衛生植物検疫措置を定め及び適用するときに特別の困難に直面することがあることを認め、また、この点に関する開発途上加盟国の努力を支援することを希望し、

よって、衛生植物検疫措置をとることに関連する千九百九十四年のガットの規定、特にその第二十条(b)の規定(注)の適用のための規則を定めることを希望して、

ここに、次のとおり協定する。

注（略）

**第一条（一般規定）** 1　この協定は、国際貿易に直接又は間接に影響を及ぼすすべての衛生植物検疫措置について適用する。衛生植物検疫措置は、この協定に従って定められ、適用されるものとする。

2　この協定の適用上、附属書Aに掲げる用語の意義は、同附属書の定義に従う。

3　附属書は、この協定の不可分の一部を成す。

4　この協定は、その適用範囲外の措置について、貿易の技術的障害に関する協定に基づく加盟国の権利に影響を及ぼすものではない。

**第二条（基本的な権利及び義務）** 1　加盟国は、人、動物又は植物の生命又は健康を保護するために必要な衛生植物検疫措置をとる権利を有する。ただし、衛生植物検疫措置が、この協定に反しないことを条件とする。

2　加盟国は、衛生植物検疫措置を、人、動物又は植物の生命又は健康を保護するために必要な限度においてのみ適用すること、科学的な原則に基づいてとること及び、第五条7に規定する場合を除くほか、十分な科学的証拠なしに維持しないことを確保する。

3　加盟国は、自国の衛生植物検疫措置により同一又は同様の条件の下にある加盟国の間（自国の領域と他の加盟国の領域との間を含む。）において恣意的又は不当な差別をしないことを確保する。衛生植物検疫措置は、国際貿易に対する偽装した制限となるような態様で適用してはならない。

4　衛生植物検疫措置は、この協定の関連規定に適合する場合には、衛生植物検疫措置をとることに関連する千九百九十四年のガットの規定、特にその第二十条(b)の規定に基づく加盟国の義務に適合しているものと推定する。

**第三条（措置の調和）** 1　加盟国は、衛生植物検疫措置をできるだけ広い範囲にわたり調和させるため、この協定、特に3の規定に別段の定めがある場合を除くほか、国際的な基準、指針又は勧告がある場合には、自国の衛生植物検疫措置を当該国際的な基準、指針又は勧告に基づいてとる。

2　衛生植物検疫措置は、国際的な基準、指針又は勧告に適合する場合には、人、動物又は植物の生命又は健康を保護するために必要なものとみなすものとし、この協定及び千九百九十四年のガットの関連規定に適合しているものと推定する。

3　加盟国は、科学的に正当な理由がある場合又は当該加盟国が第五条の1から8までの関連規定に従い自国の衛生植物検疫上の適切な保護の水準を決定した場合には、関連する国際的な基準、指針又は勧告に基づく措置によって達成される水準よりも高い衛生植物検疫上の保護の水準をもたらす衛生植物検疫措置を導入し又は維持することができる(注)。ただし、関連する国際的な基準、指針又は勧告に基づく措置によって達成される衛生植物検疫上の保護の水準と異なる衛生植物検疫上の保護の水準をもたらすすべての措置は、この協定の他のいかなる規定にも反してはならない。

注（略）

4・5（略）

**第五条（危険性の評価及び衛生植物検疫上の適切な保護の水準の決定）** 1　加盟国は、関連国際機関が作成した危険性の評価の方法を考慮しつつ、自国の衛生植物検疫措置を人、動物又は植物の生命又は健康に対する危険性の評価であってそれぞれの状況において適切なものに基づいてとることを確保する。

2－4（略）

5　人の生命若しくは健康又は動物及び植物の生命若しくは健康に対する危険からの「衛生植物検疫上の適切な保護の水準」の定義の適用に当たり整合性を図るため、各加盟国は、異なる状況において自国が適切であると認める保護の水準について恣意的又は不当な区別を設けることが、国際貿易に対する差別又は偽装した制限をもたらすこととなる場合には、そのような区別を設けることを回避する。加盟国は、この5の規定の具体的な実施を促進するための指針を作成するため、第十二条の1から3までの規定に従って委員会において協力する。委員会は、指針の作成に当たり、人の健康に対する危険であって人が任意に自らをさらすものの例外的な性質を含むすべての関連要因を考慮する。

6　第三条2の規定が適用される場合を除くほか、加盟国は、衛生植物検疫上の適切な保護の水準を達成するため衛生植物検疫措置を定め又は維持する場合には、技術的及び経済的実行可能性を考慮し、当該衛生植物検疫措置が当該衛生植物検疫上の適切な保護の水準を達成するために必要である以上に貿易制限的でないことを確保する。(注)

注（略）

7　加盟国は、関連する科学的証拠が不十分な場合には、関連国際機関から得られる情報及び他の加盟国が適用している衛生植物検疫措置から得られる情報を含む入手可能な適切な情報に基づき、暫定的に衛生植物検疫措置を採用することができる。そのような状況において、加盟国は、一層客観的な危険性の評価

のために必要な追加の情報を得るよう努めるものとし、また、適当な期間内に当該衛生植物検疫措置を再検討する。

8 （略）

**第七条（透明性の確保）** 加盟国は、附属書Bの規定に従い、自国の衛生植物検疫措置の変更を通報するものとし、また、自国の衛生植物検疫措置についての情報を提供する。

## (4) サービス貿易一般協定（附属書一B）(抄)

（サービスの貿易に関する一般協定）［GATS］

加盟国は、

世界経済の成長及び発展にとってサービスの貿易の重要性が増大していることを認め、

透明性及び漸進的な自由化を確保しつつサービスの貿易を拡大することを目的として、また、すべての参加国の経済成長及び開発途上国の発展を促進する手段として、サービスの貿易に関する原則及び規則の多角的枠組みを設定することを希望し、

すべての参加国の利益を互恵的な基礎の上に増進し、かつ、権利及び義務の全体的な均衡を確保することを目的として引き続き行われる多角的交渉のラウンドを通じ、国家の政策目的に十分な考慮を払いつつ、漸進的かつ早期に一層高い水準のサービスの貿易の自由化を達成することを希望し、

国家の政策目的を実現するため自国の領域内におけるサービスの提供に関して規制を行い又は新たな規制を導入する権利を有すること及びサービスの規制に係る発展の程度に関して国の間に存在する不均衡にかんがみ開発途上国にはこの権利を行使する必要が特にあることを認め、

特に開発途上国の国内のサービスに関する能力並びにその効率性及び競争力を強化することにより、開発途上国のサービスの貿易への参加の増大及びサービスの輸出の拡大を促進することを希望し、

後発開発途上国の特別な経済的事情並びにこれらの国の開発上、貿易上及び資金上のニーズにかんがみ、後発開発途上国が重大な困難を有することに特に留意して、

ここに、次のとおり協定する。

### 第一部 適用範囲及び定義

**第一条（適用範囲及び定義）** 1 この協定は、サービスの貿易に影響を及ぼす加盟国の措置について適用する。

2 この協定の適用上、「サービスの貿易」とは、次の態様のサービスの提供をいう。

(a) いずれかの加盟国の領域から他の加盟国の領域へのサービスの提供

(b) いずれかの加盟国の領域内におけるサービスの提供であって他の加盟国のサービス消費者に対して行われるもの

(c) いずれかの加盟国のサービス提供者によるサービスの提供であって他の加盟国の領域内の業務上の拠点を通じて行われるもの

(d) いずれかの加盟国のサービス提供者によるサービスの提供であって他の加盟国の領域内の加盟国の自然人の存在を通じて行われるもの

3 この協定の適用上、

(a) 「加盟国の措置」とは、次の措置をいう。

(i) 中央、地域又は地方の政府及び機関がとる措置

(ii) 非政府機関が中央、地域又は地方の政府又は機関によって委任された権限を行使するに当たってとる措置

加盟国は、この協定に基づく自国の義務及び約束を履行するに当たり、自国の領域内の地域及び地方の政府及び機関並びに非政府機関による当該義務及び約束の遵守を確保するため、利用し得る妥当な措置をとる。

(b) 「サービス」とは、政府の権限の行使として提供されるサービス以外のすべての分野におけるすべてのサービスをいう。

(c) 「政府の権限の行使として提供されるサービス」とは、商業的な原則に基づかず、かつ、一又は二以上のサービス提供者との競争を行うことなく提供されるサービスをいう。

### 第二部 一般的な義務及び規律

**第二条（最恵国待遇）** 1 加盟国は、この協定の対象となる措置に関し、他の加盟国のサービス及びサービス提供者に対し、他の国の同種のサービス及びサービス提供者に与える待遇よりも不利でない待遇を即時かつ無条件に与える。

2 加盟国は、1の規定に合致しない措置であっても、「第二条の免除に関する附属書」に掲げられ、かつ、同附属書に定める要件を満たす場合においては、当該措置を維持することができる。

3 この協定の規定は、特定の地域で生産され、かつ、消費されるサービスを国境に隣接する地域に限定して交換することを容易にするため、加盟国が隣接国に対して有利な待遇を与えることを妨げるものと解してはならない。

**第三条（透明性）** 1 加盟国は、一般に適用されるすべての措置であってこの協定の運用に関連を有し又は影響を及ぼすものを速やかに、かつ、緊急の場合を除くほか遅くとも当該措置が効力を生ずる時までに公表する。サービスの貿易に関連を有し又は影響を及ぼす国際協定であって加盟国が締約国であるものも公表する。

2 1に規定する情報の公表が実行可能でない場合には、当該情報は、他の方法により公に利用可能なものとする。

3 加盟国は、この協定に基づく自国の特定の約束の対象となるサービスの貿易に対して著しい影響を及ぼす法令又は行政上の指針の導入又は変更を速やかに、かつ、少なくとも毎年、サービスの貿易に関する理事会に通報する。

4 加盟国は、1に規定する一般に適用される自国の措置又は国際協定に関する特定の情報についての他の加盟国の要請に対し速やかに応ずる。加盟国は、また、これらのすべての事項及び3に規定する通報の義務の対象となる事項に関する特定の情報を要請に応じて他の加盟国に提供するための一又は二以上の照会所を設置する。当該照会所は、世界貿易機関を設立する協定（この協定において「世界貿易機関協定」という。）が効力を生ずる日から二年以内に設置する。個々の開発途上加盟国について、当該照会所を設置する期限に関し適当と認める猶予について合意することができる。当該照会所は、法令の寄託所であることを要しない。

5 いずれの加盟国も、この協定の運用に影響を及ぼすと認める他の加盟国の措置をサービスの貿易に関する理事会に通報することができる。

**第三条の二（秘密の情報の開示）**　この協定のいかなる規定も、加盟国に対し、その開示が法令の実施を妨げる等公共の利益に反することとなり又は公私の特定の企業の正当な商業上の利益を害することとなる秘密の情報の提供を要求するものではない。

**第四条（開発途上国の参加の増大）**　１　世界貿易における開発途上加盟国の参加の増大については、第三部及び第四部の規定に従い加盟国が行う交渉に基づく次の事項に関連する特定の約束を通じて促進する。

(a)　特に商業的な原則に基づく技術の利用による開発途上加盟国の国内のサービスに関する能力並びにその効率性及び競争力の強化

(b)　開発途上加盟国による流通経路及び情報網の利用の改善

(c)　開発途上加盟国が輸出について関心を有する分野及び提供の態様における市場アクセスの自由化

２　先進加盟国及び可能な限り他の加盟国は、自国の市場に関連した次の事項に関する情報の開発途上加盟国のサービス提供者による利用を容易にするため、世界貿易機関協定が効力を生ずる日から二年以内に連絡所を設置する。

(a)　サービスの提供の商業的及び技術的側面

(b)　職業上の資格の登録、承認及び取得

(c)　サービスに係る技術の利用可能性

３　１及び２の規定の実施に当たっては、後発開発途上加盟国を特に優先する。後発開発途上国の特別な経済的事情並びにこれらの国の開発上、貿易上及び資金上のニーズにかんがみ、交渉に基づく特定の約束を受け入れるに際して後発開発途上国が重大な困難を有することを特に考慮する。

**第五条（経済統合）**　１　この協定は、いずれの加盟国についても、締約国間でサービスの貿易を自由化する協定の締約国であること又は当該協定を締結することを妨げるものではない。ただし、当該協定が次の(a)及び(b)の要件を満たす場合に限る。

(a)　相当な範囲の分野を対象とすること(注)。

注　この要件は、分野の数、影響を受ける貿易の量及び提供の態様により理解する。この要件を満たすためには、当該協定は、いずれの提供の態様についてもあらかじめ排除することを定めるものであってはならない。

(b)　第十一条、第十二条、第十四条及び第十四条の二の規定により認められる措置を除くほか、(a)の分野において、当該締約国間で第十七条の規定の意味における実質的にすべての差別が次の措置により当該協定の効力発生時に存在しないこと又は合理的な期間において撤廃されることを定めること。

(i)　現行の差別的な措置の撤廃

(ii)　新たな又は一層差別的な措置の禁止

２　１(b)の要件が満たされているかいないかを評価するに当たっては、１に規定する協定と関係国間の経済統合又は貿易の自由化の一層広範な進展との関係を考慮することができる。

３(a)　開発途上国が１に規定する協定の締約国である場合には、分野全体及び個々の分野における当該開発途上国の発展の水準に従い、１に定める要件、特に１(b)の要件を弾力的に適用する。

(b)　６の規定にかかわらず、開発途上国のみが関係する１に規定する協定については、当該協定の締約国の自然人が所有し又は支配する法人に対して一層有利な待遇を与えることができる。

４　１に規定する協定は、当該協定の締約国間の貿易を容易にすることを目的とするものとし、当該協定の締約国でない加盟国に対し、それぞれの分野におけるサービスの貿易に対する障害の一般的水準を当該協定が効力を生ずる前に適用されていた水準よりも引き上げるものであってはならない。

５　加盟国は、１に規定する協定の締結、拡大又は重大な修正を行うに当たり自国の特定の約束に係る表（この協定において「約束表」という。）に定める条件に反するような特定の約束の撤回又は修正を行うとの意図を有する場合には、その意図を当該撤回又は修正の少なくとも九十日前までに通報する。この場合において、第二十一条の２から４までに定める手続を適用する。

６　１に規定する協定のいずれかの締約国の法律に基づいて設立された法人である他の加盟国のサービス提供者は、当該協定の締約国の領域内で実質的な業務を行っている場合には、当該協定に基づいて与えられる待遇を享受する権利を有する。

７(a)　１に規定する協定の締約国である加盟国は、当該協定及びその拡大又は重大な修正をサービスの貿易に関する理事会に対して速やかに通報する。当該加盟国は、また、同理事会の要請する関連情報を同理事会に提供する。同理事会は、当該協定又はその拡大若しくは修正について検討するため及びこれがこの条の規定に適合するかしないかについて同理事会に報告するための作業部会を設置することができる。

(b)　１に規定する協定であって締約国間の差別の撤廃が特定の期間において実施されるものの締約国である加盟国は、その実施につきサービスの貿易に関する理事会に対して定期的に報告する。同理事会は、必要と認める場合には、その報告を検討するための作業部会を設置することができる。

(c)　サービスの貿易に関する理事会は、適当と認める場合には、(a)及び(b)に規定する作業部会の報告に基づき１に規定する協定の締約国に対して勧告を行うことができる。

８　１に規定する協定の締約国である加盟国は、当該協定により他の加盟国に与えられる貿易上の利益について補償を求めてはならない。

**第五条の二（労働市場の統合のための協定）**　この協定は、いずれの加盟国についても、締約国間で労働市場の完全な統合(注)を行うための協定の締約国であることを妨げるものではない。ただし、当該協定が次の(a)及び(b)の要件を満たす場合に限る。

注　典型的な例として、この統合は、締約国の雇用市場に自由に進出する機会を関係締約国の国民に与え、給与条件その他の雇用及び社会的給付についての条件に関する措置を含む。

(a)　当該協定の締約国の国民に対し、居住及び就労の許可のための要件の適用を免除すること。

(b)　サービスの貿易に関する理事会に通報されること。

**第六条（国内規制）**　１　加盟国は、特定の約束を行った分野において、一般に適用されるすべての措置であってサービスの貿易に影響を及ぼすものが合理的、客観的かつ公平な態様で実施されることを確保する。

２(a)　加盟国は、影響を受けたサービス提供者の要請に応じサービスの貿易に影響を及ぼす行政上の決定について速やかに審査し及び正当とされる場合には適当な救済を与える司法裁判所、仲裁裁判所若しくは行政裁判所又はそれらの訴訟手続を維持し、又は実行可能な限り速やかに設定する。加盟国は、当該訴訟手続が当該行政上の決定を行う機関から独立していない場合には、当該訴訟手続が客観的かつ公平な審査を実際に認めるものであることを確保する。

(b) (a)の規定は、加盟国に対し、その憲法上の構造又は法制の性質に反するような裁判所又は訴訟手続の設定を要求するものと解してはならない。

3 特定の約束が行われたサービスの提供のために許可が必要な場合には、加盟国の権限のある当局は、国内法令に基づき完全であると認められる申請が提出された後合理的な期間内に、当該申請に関する決定を申請者に通知する。加盟国の権限のある当局は、申請者の要請に応じ、当該申請の処理状況に関する情報を不当に遅滞することなく提供する。

4 サービスの貿易に関する理事会は、資格要件、資格の審査に係る手続、技術上の基準及び免許要件に関連する措置がサービスの貿易に対する不必要な障害とならないことを確保するため、同理事会が設置する適当な機関を通じて必要な規律を作成する。当該規律は、これらの要件、手続及び基準が特に次の基準に適合することを確保することを目的とする。

(a) 客観的な、かつ、透明性を有する基準(例えば、サービスを提供する能力)に基づくこと。

(b) サービスの質を確保するために必要である以上に大きな負担とならないこと。

(c) 免許の手続については、それ自体がサービスの提供に対する制限とならないこと。

5 (a) 加盟国は、特定の約束を行った分野において、当該分野に関し4の規定に従って作成される規律が効力を生ずるまでの間、次のいずれかの態様により当該特定の約束を無効にし又は侵害する免許要件、資格要件及び技術上の基準を適用してはならない。

(i) 4の(a)、(b)又は(c)に規定する基準に適合しない態様

(ii) 当該分野において特定の約束が行われた時に、当該加盟国について合理的に予想され得なかった態様

(b) 加盟国が(a)に基づく義務を遵守しているかいないかを決定するに当たり、当該加盟国が適用する関係国際機関(注)の国際的基準を考慮する。

注 「関係国際機関」とは、少なくとも世界貿易機関のすべての加盟国の関係機関が参加することのできる国際機関をいう。

6 加盟国は、自由職業サービスに関して特定の約束を行った分野において、他の加盟国の自由職業家の能力を確認するための適当な手続を定める。

**第七条(承認)** 1 加盟国は、サービス提供者に対し許可、免許又は資格証明を与えるための自国の基準が全部又は一部について満たされることを認める目的をもって、3に規定する義務に従い、いずれかの国において得られた教育若しくは経験、満たされた要件又は与えられた免許若しくは資格証明を承認することができる。その承認は、措置の調和その他の方法により行うことができるものとし、当該いずれかの国との間の協定若しくは取決めに基づいて又は自主的に行うことができる。

2 1に規定する協定又は取決めの当事者である加盟国は、当該協定又は取決めが現行のものであるか将来のものであるかを問わず、関心を有する他の加盟国が当該協定若しくは取決めへの自国の加入について交渉し又はこれと同等の協定若しくは取決めについて交渉するための機会を十分に与える。加盟国は、承認を自主的に与える場合には、他の加盟国に対し、当該他の加盟国の領域内で得られた教育、経験、免許若しくは資格証明又は満たされた要件が承認されるべきであることを明らかにするための機会を十分に与える。

3 加盟国は、サービス提供者に対し許可、免許又は資格証明を与えるための自国の基準を適用するに当たり、国の間を差別する手段又はサービスの貿易に対する偽装した制限となるような態様で承認を与えてはならない。

4 (略)

5 1の承認は、適当な場合には、多数国間で合意された基準に基づくべきである。加盟国は、適当な場合には、承認のための共通の国際的基準並びに自由職業等のサービスの業務のための共通の国際的基準を確立し及び採用するため、関連する政府間機関及び非政府機関と協力して作業を行う。

**第八条(独占及び排他的なサービス提供者)** 1 加盟国は、その領域内の独占的なサービス提供者が関連する市場において独占的なサービスを提供するに当たり第二条の規定及び特定の約束に基づく自国の義務に反する態様で活動しないことを確保する。

2 加盟国の独占的なサービス提供者が自己の独占権の範囲外のサービスであって当該加盟国の特定の約束に基づくものを提供するに当たって直接に又は提携する会社を通じて競争する場合には、加盟国は、当該サービス提供者が自国の領域内で当該約束に反する態様で活動することにより自己の独占的地位を濫用しないことを確保する。

3・4 (略)

5 この条の規定は、排他的なサービス提供者の場合、すなわち、加盟国が法令上又は事実上(a)少数のサービス提供者を許可し又は設立し、かつ、(b)自国の領域内でこれらのサービス提供者の間の競争を実質的に妨げる場合にも適用する。

**第九条(商慣習)** 1 加盟国は、サービス提供者の一定の商慣習(前条の規定に該当するものを除く。)が競争を抑制し及びこれによりサービスの貿易を制限することのあることを認める。

2 加盟国は、他の加盟国の要請に応じ、1の商慣習を撤廃することを目的として協議を行う。要請を受けた加盟国は、当該要請に対し十分かつ好意的な考慮を払うものとし、問題となっている事項に関連する秘密でない情報で公に利用可能なものを提供することにより協力する。要請を受けた加盟国は、また、その国内法に従い、かつ、要請をした加盟国による情報の秘密の保護に関し適切な協定が締結されることを条件として、利用可能な他の情報を当該要請をした加盟国に提供する。

**第一〇条(セーフガード措置)** 1 セーフガード措置の問題につき無差別の原則に基づいて多角的交渉を行う。この交渉の結果は、世界貿易機関協定が効力を生ずる日から三年以内に効力を生ずる。

2・3 (略)

**第一一条(支払及び資金移動)** 1 加盟国は、次条に規定する場合を除くほか、自国の特定の約束に関連する経常取引のための国際的な資金移動及び支払に対して制限を課してはならない。

2 この協定のいかなる規定も、国際通貨基金協定に基づく国際通貨基金の加盟国の権利及び義務に影響を及ぼすものではない。もっとも、加盟国は、次条の規定に基づく場合又は同基金の要請による場合を除くほか、資本取引に関する自国の特定の約束に反するような制限を資本取引に対して課してはならない。

**第一二条(国際収支の擁護のための制限)** 1 国際収支及び対外資金に関して重大な困難が生じている場合又は生ずるおそれのある場合には、加盟国は、特定の約束を行ったサービスの貿易に対する制限(当該約束に関連する取引のための支払又は資

金移動に対するものを含む。)を課し又は維持することができる。経済発展又は経済の移行の過程にある加盟国の国際収支に対する圧力により、特に経済発展又は経済の移行に係る当該加盟国の計画の実施のために十分な資金準備の水準を維持することを確保するために制限を課することが必要となり得ることが認められる。

2　1の制限は、次の(a)から(e)までの要件を満たすものとする。

(a)　加盟国間で差別しないものであること。

(b)　国際通貨基金協定の規定に適合するものであること。

(c)　他の加盟国の商業上、経済上又は資金上の利益に対し不必要な損害を与えることを避けるものであること。

(d)　1に規定する状況に対処するために必要な制限を超えないものであること。

(e)　一時的なものであり、1に規定する状況が改善するに伴い漸進的に廃止されるものであること。

3　加盟国は、1の制限を決定するに当たり、自国の経済又は開発の計画にとって一層重要なサービスの提供を優先させることができる。ただし、特定のサービスの分野を保護するために当該制限を採用し又は維持してはならない。

4　1の規定に基づいて採用し若しくは維持する制限又はその変更については、一般理事会に対して速やかに通報する。

5(a)　この条の規定を適用する加盟国は、この条の規定に基づいて採用した制限について、国際収支上の目的のための制限に関する委員会と速やかに協議する。

(b)　閣僚会議は、関係加盟国に対し適当と認める勧告を行うことができるようにすることを目的として、定期的な協議のための手続(注)を定める。

注　この5の規定に基づく手続は、千九百九十四年のガットの手続と同一であると了解する。

(c)　(a)の協議においては、特に次の事項に考慮を払い、関係加盟国の国際収支の状況及びこの条の規定に基づいて採用し又は維持する制限を評価する。

(i)　国際収支及び対外資金の困難の性質及び程度

(ii)　協議を行う加盟国の経済及び貿易の対外的な環境

(iii)　利用可能な代替的な是正措置

(d)　(a)の協議においては、1の制限の2の規定(特に当該制限が2(e)の規定に従って漸進的に廃止されるとの要件)との適合性を取り扱う。

(e)　(a)の協議においては、国際通貨基金が提出する外国為替、資金準備及び国際収支に関連する統計その他の事実のすべての調査結果を受理するものとし、協議を行う加盟国の国際収支及び対外資金の状況についての同基金の評価に基づいて結論を出す。

6　国際通貨基金の加盟国でないこの協定の加盟国がこの条の規定を適用することを希望する場合には、閣僚会議は、検討のための手続その他の必要な手続を定める。

**第一三条（政府調達）**　1　第二条、第十六条及び第十七条の規定は、政府機関が政府用として購入するサービスの調達(商業的再販売を行うこと又は商業的販売のためのサービスの提供に利用することを目的として購入するものを除く。)を規律する法令及び要件については、適用しない。

2　この協定に基づくサービスの政府調達に関する多角的交渉を世界貿易機関協定が効力を生ずる日から二年以内に行う。

**第一四条（一般的例外）**　この協定のいかなる規定も、加盟国が次のいずれかの措置を採用すること又は実施することを妨げるものと解してはならない。ただし、それらの措置を、同様の条件の下にある国の間において恣意的若しくは不当な差別の手段となるような態様で又はサービスの貿易に対する偽装した制限となるような態様で適用しないことを条件とする。

(a)　公衆の道徳の保護又は公の秩序(注)の維持のために必要な措置

注　公の秩序を理由とする例外は、社会のいずれかの基本的な利益に対し真正かつ重大な脅威がもたらされる場合に限り、適用する。

(b)　人、動物又は植物の生命又は健康の保護のために必要な措置

(c)　この協定の規定に反しない法令の遵守を確保するために必要な措置。この措置には、次の事項に関する措置を含む。

(i)　欺まん的若しくは詐欺的な行為の防止又はサービスの契約の不履行がもたらす結果の処理

(ii)　個人の情報を処理し及び公表することに関連する私生活の保護又は個人の記録及び勘定の秘密の保護

(iii)　安全

(d)　取扱いの差異が他の加盟国のサービス又はサービス提供者に関する直接税の公平な又は効果的な(注)賦課又は徴収を確保することを目的とする場合には、第十七条の規定に合致しない措置

注　直接税の公平な又は効果的な賦課又は徴収を確保することを目的とする措置には、加盟国がその税制の下でとる次の措置を含む。

(i)　非居住者の租税に係る義務が当該加盟国の領域内に源泉のある又は所在する課税項目に関して決定されるという事実にかんがみ、非居住者であるサービス提供者に適用する措置

(ii)　当該加盟国の領域内における租税の賦課又は徴収を確保するため、非居住者に適用する措置

(iii)　租税の回避又は脱税を防止するため、非居住者又は居住者に適用する措置(租税に係る義務の遵守のための措置を含む。)

(iv)　当該加盟国の領域内の源泉に基づき他の加盟国の領域内で又は他の加盟国の領域から提供されるサービスの消費者に対して課される租税の賦課又は徴収を確保するため、当該サービスの消費者に適用する措置

(v)　全世界の課税項目に対する租税が課されるサービス提供者と他のサービス提供者との間の課税の基盤の性質の差異にかんがみ、両者を区別する措置

(vi)　当該加盟国の課税の基盤を擁護するため、居住者若しくは支店について又は関連者の間若しくは同一の者の支店の間において所得、利得、収益、損失、所得控除又は税額控除を決定し、配分し又は割り当てる措置

この(d)及び注に規定する租税に関連する用語又は概念は、(i)から(vi)までのいずれかの措置をとる加盟国の国内法に基づく租税に関する定義及び概念又はこれらと同等の若しくは同様の定義及び概念に従って決定する。

(e)　取扱いの差異が加盟国の拘束される二重課税の回避に関する協定又は他の国際協定若しくは国際取極における二重課税の回避についての規定の結果による場合には、第二条の規定に合致しない措置

**第一四条の二（安全保障のための例外）**　1　この協定のいかなる規定も、次のいずれかのことを定めるものと解してはならない。

(a)　加盟国に対し、その開示が自国の安全保障上の重大な利益に反すると当該加盟国が認める情報の提供を要求すること。

(b) 加盟国が自国の安全保障上の重大な利益の保護のために必要であると認める次のいずれかの措置をとることを妨げること。

(i) 軍事施設のため直接又は間接に行われるサービスの提供に関する措置

(ii) 核分裂性物質若しくは核融合性物質又はこれらの生産原料である物質に関する措置

(iii) 戦時その他の国際関係の緊急時にとる措置

(c) 加盟国が国際の平和及び安全の維持のため国際連合憲章に基づく義務に従って措置をとることを妨げること。

2 サービスの貿易に関する理事会は、1の(b)及び(c)の規定に基づいてとられる措置並びにその終了について最大限に可能な範囲で通報を受ける。

**第一五条（補助金）** 1 加盟国は、補助金が一定の状況においてサービスの貿易を歪めるような影響を及ぼすことのあることを認める。加盟国は、この貿易を歪めるような影響を回避するために必要な多角的規律を作成することを目的として交渉を行う（注）。この交渉においては、相殺措置の妥当性も取り扱うものとし、また、開発途上国の開発計画に対する補助金の役割を認め、及び加盟国、特に開発途上加盟国が補助金の分野において柔軟性を必要とすることを考慮する。加盟国は、当該交渉のため、国内のサービス提供者に対して与えるサービスの貿易に関連するすべての補助金に関する情報を交換する。

注 将来の作業計画は、多角的規律についての交渉を行う方法及び期間を定める。

2 他の加盟国の補助金によって悪影響を受けていると認める加盟国は、当該他の加盟国に対し、その問題について協議を行うよう要請することができる。その要請に対しては、好意的な考慮を払うものとする。

## 第三部　特定の約束

**第一六条（市場アクセス）** 1 加盟国は、第一条に規定するサービスの提供の態様による市場アクセスに関し、他の加盟国のサービス及びサービス提供者に対し、自国の約束表において合意し、特定した制限及び条件に基づく待遇よりも不利でない待遇を与える（注）。

注 加盟国は、第一条2(a)に規定する提供の態様によるサービスの提供に関し市場アクセスに係る約束を行う場合において、国境を越える資本の移動が当該サービス自体の重要な部分であるときは、当該約束をもって当該資本の移動を認めることを約束したこととする。加盟国は、同条2(c)に規定する提供の態様によるサービスの提供に関し市場アクセスに係る約束を行う場合には、当該約束をもって自国の領域への関連する資本の移動を認めることを約束したこととする。

2 加盟国は、市場アクセスに係る約束を行った分野において、自国の約束表において別段の定めをしない限り、小地域を単位とするか自国の全領域を単位とするかを問わず次の措置を維持し又はとってはならない。

(a) サービス提供者の数の制限（数量割当て、経済上の需要を考慮するとの要件、独占又は排他的なサービス提供者のいずれによるものであるかを問わない。）

(b) サービスの取引総額又は資産総額の制限（数量割当てによるもの又は経済上の需要を考慮するとの要件によるもの）

(c) サービスの事業の総数又は指定された数量単位によって表示されたサービスの総産出量の制限（数量割当てによるもの又は経済上の需要を考慮するとの要件によるもの）（注）

注 この(c)の規定には、サービスの提供のための投入を制限する加盟国の措置を含まない。

(d) 特定のサービスの分野において雇用され又はサービス提供者が雇用する自然人であって、特定のサービスの提供に必要であり、かつ、その提供に直接関係するものの総数の制限（数量割当てによるもの又は経済上の需要を考慮するとの要件によるもの）

(e) サービスが合弁企業等の法定の事業体を通じサービス提供者によって提供される場合において、当該法定の事業体について特定の形態を制限し又は要求する措置

(f) 外国資本の参加の制限（外国の株式保有比率又は個別の若しくは全体の外国投資の総額の比率の上限を定めるもの）

**第一七条（内国民待遇）** 1 加盟国は、その約束表に記載した分野において、かつ、当該約束表に定める条件及び制限に従い、サービスの提供に影響を及ぼすすべての措置に関し、他の加盟国のサービス及びサービス提供者に対し、自国の同種のサービス及びサービス提供者に与える待遇よりも不利でない待遇を与える（注）。

注 この条の規定に基づいて行われる特定の約束は、加盟国に対し、関連するサービス又はサービス提供者が自国のものでないことにより生ずる競争上の固有の不利益を補償することを要求するものと解してはならない。

2 加盟国は、他の加盟国のサービス及びサービス提供者に対し、自国の同種のサービス及びサービス提供者に与える待遇と形式的に同一の待遇を与えるか形式的に異なる待遇を与えるかを問わず、1の義務を履行することができる。

3 加盟国が他の加盟国のサービス又はサービス提供者に対して与える形式的に同一の又は形式的に異なる待遇により競争条件が当該他の加盟国の同種のサービス又はサービス提供者と比較して当該加盟国のサービス又はサービス提供者にとって有利となる場合には、当該待遇は、当該加盟国のサービス又はサービス提供者に与える待遇よりも不利であると認める。

**第一八条（追加的な約束）** 加盟国は、第十六条又は前条の規定に基づく約束表への記載の対象となっていないサービスの貿易に影響を及ぼす措置（資格、基準又は免許についての事項に関するものを含む。）に関する約束について交渉することができる。当該約束については、加盟国の約束表に記載する。

## 第四部　漸進的な自由化

**第一九条（特定の約束についての交渉）** 1 加盟国は、この協定の目的に従い及び漸進的に一層高い水準の自由化を達成するため、世界貿易機関協定が効力を生ずる日から五年以内に引き続き交渉のラウンドを開始し、その後も定期的に行う。当該交渉は、効果的な市場アクセスを与える手段として、加盟国の措置がサービスの貿易に及ぼす悪影響を軽減し又は除去することを目的とする。この漸進的な自由化の過程は、すべての参加国の利益を互恵的な基礎の上に増進し、かつ、権利及び義務の全体的な均衡を確保することを目的として進める。

2 自由化の過程は、国家の政策目的並びに分野全体及び個々の分野における個々の加盟国の発展の水準に十分な考慮を払いつつ進める。個々の開発途上加盟国には、より少ない分野を開放し、より少ない種類の取引を自由化し及び自国の発展の状況に

従い漸進的に市場アクセスを拡大すること並びに、外国のサービス提供者に対し自国における市場アクセスを認める場合には、第四条に規定する目的を達成するための条件を当該市場アクセスに付することについて適当な柔軟性が認められる。

3　ラウンドごとに、交渉の指針及び手続を定める。サービスの貿易に関する理事会は、当該指針を定めるため、この協定の目的(第四条1に規定するものを含む。)に照らして、サービスの貿易の全体の及び分野ごとの評価を行う。当該指針は、前回の交渉の後に加盟国が自主的に行った自由化の取扱い及び同条3の規定に基づく後発開発途上加盟国に対する特別の待遇の態様を定める。

4　漸進的な自由化の過程は、各ラウンドにおいて、この協定に基づいて加盟国が行う特定の約束の一般的水準を引き上げることを目的とする二国間、複数国間又は多数国間の交渉により進める。

**第二〇条（特定の約束に係る表）**　1　加盟国は、第三部の規定に基づいて行う特定の約束を約束表に記載する。その約束表は、当該約束を行った分野に関し、次の事項を特定する。

(a) 市場アクセスの条件及び制限
(b) 内国民待遇についての条件及び制限
(c) 追加的な約束
(d) 適当な場合には、当該約束の履行のための期間
(e) 当該約束が効力を生ずる日

2　第十六条及び第十七条の規定の双方に合致しない措置は、第十六条に関する欄に記載する。この場合において、その記載は、第十七条の規定についての条件又は制限でもあるとみなす。

3　約束表は、この協定に附属するものとし、この協定の不可分の一部を成す。

**第二一条（特定の約束に係る表の修正）**

1 (a) 加盟国(この条において「修正を行う加盟国」という。)は、その約束表における約束が効力を生ずる日から三年の期間の経過の後いずれの時においても、この条の規定に従い、当該約束を修正し又は撤回することができる。

(b) 修正を行う加盟国は、この条の規定に従って約束を修正し又は撤回するとの自国の意図をその修正又は撤回の実施が予定される日の遅くとも三箇月前までにサービスの貿易に関する理事会に通報する。

2 (a) この協定に基づく自国の利益が1(b)の規定に従って通報された修正又は撤回の提案によって影響を受け得る加盟国(この条において「影響を受ける加盟国」という。)の要請に応じ、修正を行う加盟国は、必要な補償的な調整について合意に達することを目的として交渉を行う。これらの交渉及び合意において、関係加盟国は、当該交渉の前に約束表において与えられた水準よりもサービスの貿易にとって不利とならない互恵的な約束の一般的水準を維持するよう努める。

(b) 補償的な調整は、最恵国待遇の原則に基づいて行う。

3 (a) 修正を行う加盟国と影響を受ける加盟国との間で交渉のために与えられる期間の満了までに合意が成立しなかった場合には、当該影響を受ける加盟国は、その問題を裁定に付することができる。影響を受ける加盟国は、補償を受ける権利を行使することを希望する場合には、裁定に参加しなければならない。

(b) いずれの影響を受ける加盟国も裁定を要請しない場合には、修正を行う加盟国は、提案した修正又は撤回を自由に実施することができる。

4 (a) 修正を行う加盟国は、裁定の決定に従って補償的な調整を行うまでの間自国の約束を修正し又は撤回してはならない。

(b) 修正を行う加盟国が提案した修正又は撤回を実施する場合において裁定の決定に従わないときは、当該裁定に参加した影響を受ける加盟国は、当該決定に適合して実質的に等価値の利益を変更し又は撤回することができる。第二条の規定にかかわらず、その変更又は撤回は、当該修正を行う加盟国についてのみ実施することができる。

5　(略)

## 第五部　制度に関する規定(抄)

**第二二条（協議）**　1　加盟国は、この協定の運用に影響を及ぼす問題に関し他の加盟国が行う申立てに好意的な考慮を払うものとし、その申立てに関する協議を行うための機会を十分に与える。紛争解決了解は、当該協議について適用する。

2　サービスの貿易に関する理事会又は紛争解決機関は、1の規定に基づく協議により満足すべき解決が得られなかった問題について、加盟国の要請に応じいずれの加盟国とも協議することができる。

3　加盟国は、自国と他の加盟国との間の二重課税の回避に関する国際協定の対象となる当該他の加盟国の措置に関し、この条又は次条の規定の下で第十七条の規定を援用することができない。いずれかの措置が加盟国間の二重課税の回避に関する国際協定の対象となるかならないかについて当該加盟国間に意見の相違がある場合には、いずれか一方の加盟国は、その問題をサービスの貿易に関する理事会に付託することができる(注)。同理事会は、その問題を仲裁に付する。仲裁人の決定は、最終的なものとし、加盟国を拘束する。

注　世界貿易機関協定が効力を生ずる日に存在する二重課税の回避に関する協定については、この問題は、当該協定の両当事者の同意がある場合に限り、サービスの貿易に関する理事会に付託することができる。

**第二三条（紛争解決及び実施）**　1　加盟国は、他の加盟国がこの協定に基づく義務又は特定の約束を履行していないと認める場合には、その問題について相互に満足すべき解決を図るため、紛争解決了解を適用することができる。

2　紛争解決機関は、いずれかの加盟国においてその義務又は特定の約束の履行の停止を正当とするほど重大な事態が存在すると認める場合には、紛争解決了解第二十二条の規定に従い、当該加盟国の義務又は特定の約束の他の加盟国に対する履行を停止することを承認することができる。

3　加盟国は、第三部の規定に基づく他の加盟国の特定の約束に従って自国に与えられることが当然に予想された利益がこの協定の規定に反しない当該他の加盟国の措置の適用の結果無効にされ又は侵害されていると認める場合には、紛争解決了解を適用することができる。当該措置が当該利益を無効にし又は侵害したと紛争解決機関によって決定された場合には、影響を受けた加盟国は、第二十一条2の規定に基づき相互に満足すべき調整(当該措置の変更又は撤回を含むことができる。)を行う権利を有する。関係加盟国間で合意が成立しなかった場合には、紛争解決了解第二十二条の規定を適用する。

**第二四条（サービスの貿易に関する理事会）**　(略)

**第二五条（技術上の協力）**　(略)

**第二六条（他の国際機関との関係）**（略）

## 第六部　最終規定（抄）

**第二七条（利益の否認）**（略）

**第二八条（定義）** この協定の適用上、

(a)「措置」とは、加盟国の措置（法令、規則、手続、決定、行政上の行為その他のいずれの形式であるかを問わない。）をいう。

(b)「サービスの提供」には、サービスの生産、流通、マーケティング、販売及び納入を含む。

(c)「サービスの貿易に影響を及ぼす加盟国の措置」には、次の措置を含む。

(i) サービスの購入、支払又は利用に係る措置

(ii) サービスの提供に関連して、加盟国が公衆一般に提供されることを要求しているサービスへのアクセス及び当該サービスの利用に係る措置

(iii) 加盟国の領域内におけるサービスの提供のための他の加盟国の者の存在（業務上の拠点を含む。）に係る措置

(d)「業務上の拠点」とは、業務を行うための又は自由職業のための事業所をいい、これらの事業所には、サービスの提供を目的として加盟国の領域内で行われる次のいずれかの行為により置かれるものを含む。

(i) 法人の設立、取得又は維持

(ii) 支店又は代表事務所の設置又は維持

(e) サービスの「分野」とは、次のものをいう。

(i) 特定の約束に関し、加盟国の約束表に特定された当該サービスの一若しくは二以上の又はすべての小分野

(ii) 当該サービス分野全体（当該サービス分野のすべての小分野を含む。）

(f)「他の加盟国のサービス」とは、次のいずれかのサービスをいう。

(i) 他の加盟国の領域から又は領域内で提供されるサービス。ただし、海上運送については、他の加盟国の法律に従って登録されている船舶が提供するサービス又は船舶を運航し若しくは船舶の全体若しくは一部を利用することによってサービスを提供する他の加盟国の者が提供するサービス

(ii) 業務上の拠点又は自然人の存在を通じてサービスが提供される場合には、他の加盟国のサービス提供者が提供するサービス

(g)「サービス提供者」とは、サービスを提供する者をいう（注）。

注　サービスが法人によって直接提供されず、支店、代表事務所その他の形態の業務上の拠点を通じて提供される場合であっても、サービス提供者（すなわち、当該法人）に対し、当該業務上の拠点を通じこの協定に基づきサービス提供者に与えられる待遇が与えられる。当該待遇は、当該業務上の拠点に及ぼされるものとし、サービスが提供される領域の外に所在する当該サービス提供者の部分に及ぼされる必要はない。

(h)「独占的なサービス提供者」とは、加盟国がその領域の関連市場においてサービスの唯一の提供者として法令上又は事実上許可し又は設立する者（公私を問わない。）をいう。

(i)「サービス消費者」とは、サービスを受け又は利用する者をいう。

(j)「者」とは、自然人又は法人のいずれかをいう。

(k)「他の加盟国の自然人」とは、他の加盟国又は当該他の加盟国以外の加盟国の領域内に居住する自然人であって、当該他の加盟国の法律の下で次のいずれかの要件を満たすものをいう。

(i) 当該他の加盟国の国民であること。

(ii) 当該他の加盟国が次に掲げるいずれかの加盟国である場合には、当該他の加盟国において永住する権利を有すること。

1　国民を有しない加盟国

2　世界貿易機関協定の受諾又は加入に際して通報するところに従い、自国の永住者に対し、サービスの貿易に影響を及ぼす措置に関し自国民に与える待遇と実質的に同一の待遇を与える加盟国。ただし、いかなる加盟国も、当該永住者に対し、当該他の加盟国が当該永住者に与えることとなる待遇よりも有利な待遇を与える義務を負うものではない。その通報には、当該他の加盟国が自国の法令に従い自国民に対して負う責任と同一の責任を自国の永住者に対して負うことの保証を含む。

(l)「法人」とは、営利目的であるかないか、また、民間の所有であるか政府の所有であるかを問わず、関係法に基づいて適正に設立され又は組織される法定の事業体（社団、信託、組合、合弁企業、個人企業及び団体を含む。）をいう。

(m)「他の加盟国の法人」とは、次のいずれかの法人をいう。

(i) 他の加盟国の法律に基づいて設立され又は組織される法人であって、当該他の加盟国又は当該他の加盟国以外の加盟国の領域内で実質的な業務に従事しているもの

(ii) 業務上の拠点を通じてサービスが提供される場合には、次のいずれかの者が所有し又は支配する法人

1　他の加盟国の自然人

2　(i)に規定する他の加盟国の法人

(n)(i) 法人が加盟国の者によって「所有」されるとは、当該加盟国の者が当該法人の五十パーセントを超える持分を受益者として所有する場合をいう。

(ii) 法人が加盟国の者によって「支配」されるとは、当該加盟国の者が当該法人の役員の過半数を指名し又は当該法人の活動を法的に管理する権限を有する場合をいう。

(iii) 法人が他の者と「提携」するとは、当該法人が当該他の者を支配し若しくは当該他の者によって支配される場合又は当該法人及び当該他の者の双方が同一の者によって支配される場合をいう。

(o)「直接税」とは、所得若しくは財産の全部又は所得若しくは財産の要素に対するすべての租税（財産の譲渡によって生ずる収益に対する租税、遺産、相続及び贈与に対する租税、企業が支払う賃金又は給与の総額に対する租税並びに財産の価額の上昇に対する租税を含む。）をいう。

**第二九条（附属書）** この協定の附属書は、この協定の不可分の一部を成す。

**附属書**（略）

**日本国の特定の約束に係る表**（略）

**金融サービスに係る約束に関する了解**（略）

**サービスの貿易に関する一般協定の第二議定書**（略）

**サービスの貿易に関する一般協定の第四議定書**（略）

**サービスの貿易に関する一般協定の第五議定書**（略）

## (5) 貿易関連知的所有権協定(附属書一C)(抄)

(知的所有権の貿易関連の側面に関する協定)
[TRIPS協定]

加盟国は、

国際貿易にもたらされる歪み及び障害を軽減させることを希望し、並びに知的所有権の有効かつ十分な保護を促進し並びに知的所有権の行使のための措置及び手続自体が正当な貿易の障害とならないことを確保する必要性を考慮し、

このため、(a)千九百九十四年のガット及び知的所有権に関する関連国際協定又は関連条約の基本原則の適用可能性、(b)貿易関連の知的所有権の取得可能性、範囲及び使用に関する適当な基準及び原則の提供、(c)国内法制の相違を考慮した貿易関連の知的所有権の行使のための効果的かつ適当な手段の提供、(d)政府間の紛争を多数国間で防止し及び解決するための効果的かつ迅速な手続の提供並びに(e)交渉の成果への最大限の参加を目的とする経過措置に関し、新たな規則及び規律の必要性を認め、

不正商品の国際貿易に関する原則、規則及び規律の多数国間の枠組みの必要性を認め、

知的所有権が私権であることを認め、

知的所有権の保護のための国内制度における基本的な開発上及び技術上の目的その他の公の政策上の目的を認め、

後発開発途上加盟国が健全かつ存立可能な技術的基礎を創設することを可能とするために、国内における法令の実施の際の最大限の柔軟性に関するこれらの諸国の特別のニーズを認め、

貿易関連の知的所有権に係る問題に関する紛争を多数国間の手続を通じて解決することについての約束の強化を達成することにより緊張を緩和することの重要性を強調し、

世界貿易機関と世界知的所有権機関(この協定において「WIPO」という。)その他の関連国際機関との間の相互の協力関係を確立することを希望して、

ここに、次のとおり協定する。

### 第一部　一般規定及び基本原則

**第一条(義務の性質及び範囲)** 1　加盟国は、この協定を実施する。加盟国は、この協定の規定に反しないことを条件として、この協定において要求される保護よりも広範な保護を国内法令において実施することができるが、そのような義務を負わない。加盟国は、国内の法制及び法律上の慣行の範囲内でこの協定を実施するための適当な方法を決定することができる。

2　この協定の適用上、「知的所有権」とは、第二部の第一節から第七節までの規定の対象となるすべての種類の知的所有権をいう。

3　加盟国は、他の加盟国の国民(注1)に対しこの協定に規定する待遇を与える。該当する知的所有権に関しては、「他の加盟国の国民」とは、世界貿易機関のすべての加盟国が千九百六十七年のパリ条約、千九百七十一年のベルヌ条約、ローマ条約又は集積回路についての知的所有権に関する条約の締約国であるとしたならばそれぞれの条約に規定する保護の適格性の基準を満たすこととなる自然人又は法人をいう(注2)。ローマ条約の第五条3又は第六条2の規定を用いる加盟国は、知的所有権の貿易関連の側面に関する理事会(貿易関連知的所有権理事会)に対し、これらの規定に定めるような通告を行う。

注1　この協定において「国民」とは、世界貿易機関の加盟国である独立の関税地域については、当該関税地域に住所を有しているか又は現実かつ真正の工業上若しくは商業上の営業所を有する自然人又は法人をいう。

注2　この協定において、「パリ条約」とは、工業所有権の保護に関するパリ条約をいい、「千九百六十七年のパリ条約」とは、パリ条約の千九百六十七年七月十四日のストックホルム改正条約をいい、「ベルヌ条約」とは、文学的及び美術的著作物の保護に関するベルヌ条約をいい、「千九百七十一年のベルヌ条約」とは、ベルヌ条約の千九百七十一年七月二十四日のパリ改正条約をいい、「ローマ条約」とは、千九百六十一年十月二十六日にローマで採択された実演家、レコード製作者及び放送機関の保護に関する国際条約をいい、「集積回路についての知的所有権に関する条約」(IPIC条約)とは、千九百八十九年五月二十六日にワシントンで採択された集積回路についての知的所有権に関する条約をいい、「世界貿易機関協定」とは、世界貿易機関を設立する協定をいう。

**第二条(知的所有権に関する条約)** 1　加盟国は、第二部から第四部までの規定について、千九百六十七年のパリ条約の第一条から第十二条まで及び第十九条の規定を遵守する。

2　第一部から第四部までの規定は、パリ条約、ベルヌ条約、ローマ条約及び集積回路についての知的所有権に関する条約に基づく既存の義務であって加盟国が相互に負うことのあるものを免れさせるものではない。

**第三条(内国民待遇)** 1　各加盟国は、知的所有権の保護(注)に関し、自国民に与える待遇よりも不利でない待遇を他の加盟国の国民に与える。ただし、千九百六十七年のパリ条約、千九百七十一年のベルヌ条約、ローマ条約及び集積回路についての知的所有権に関する条約に既に規定する例外については、この限りでない。実演家、レコード製作者及び放送機関については、そのような義務は、この協定に規定する権利についてのみ適用する。ベルヌ条約第六条及びローマ条約第十六条1(b)の規定を用いる加盟国は、貿易関連知的所有権理事会に対し、これらの規定に定めるような通告を行う。(注略)

2　加盟国は、司法上及び行政上の手続(加盟国の管轄内における送達の住所の選定又は代理人の選任を含む。)に関し、1の規定に基づいて認められる例外を援用することができる。ただし、その例外がこの協定に反しない法令の遵守を確保するために必要であり、かつ、その例外の実行が貿易に対する偽装された制限とならない態様で適用される場合に限る。

**第四条(最恵国待遇)** 知的所有権の保護に関し、加盟国が他の国の国民に与える利益、特典、特権又は免除は、他のすべての加盟国の国民に対し即時かつ無条件に与えられる。加盟国が与える次の利益、特典、特権又は免除は、そのような義務から除外される。

(a)　一般的な性格を有し、かつ、知的所有権の保護に特に限定されない司法共助又は法の執行に関する国際協定に基づくもの

(b)　内国民待遇ではなく他の国において与えられる待遇に基づいて待遇を与えることを認める千九百七十一年のベルヌ条約又はローマ条約の規定に従って与えられるもの

(c)　この協定に規定していない実演家、レコード製作者及び放送機関の権利に関するもの

(d) 世界貿易機関協定の効力発生前に効力を生じた知的所有権の保護に関する国際協定に基づくもの。ただし、当該国際協定が、貿易関連知的所有権理事会に通報されること及び他の加盟国の国民に対し恣意的又は不当な差別とならないことを条件とする。

**第五条（保護の取得又は維持に関する多数国間協定）** 前二条の規定に基づく義務は、知的所有権の取得又は維持に関してＷＩＰＯの主催の下で締結された多数国間協定に規定する手続については、適用しない。

**第六条（消尽）** この協定に係る紛争解決においては、第三条及び第四条の規定を除くほか、この協定のいかなる規定も、知的所有権の消尽に関する問題を取り扱うために用いてはならない。

**第七条（目的）** 知的所有権の保護及び行使は、技術的知見の創作者及び使用者の相互の利益となるような並びに社会的及び経済的福祉の向上に役立つ方法による技術革新の促進並びに技術の移転及び普及に資するべきであり、並びに権利と義務との間の均衡に資するべきである。

**第八条（原則）** 1 加盟国は、国内法令の制定又は改正に当たり、公衆の健康及び栄養を保護し並びに社会経済的及び技術的発展に極めて重要な分野における公共の利益を促進するために必要な措置を、これらの措置がこの協定に適合する限りにおいて、とることができる。

2 加盟国は、権利者による知的所有権の濫用の防止又は貿易を不当に制限し若しくは技術の国際的移転に悪影響を及ぼす慣行の利用の防止のために必要とされる適当な措置を、これらの措置がこの協定に適合する限りにおいて、とることができる。

## 第二部　知的所有権の取得可能性、範囲及び使用に関する基準（抄）

### 第一節　著作権及び関連する権利（抄）

**第九条（ベルヌ条約との関係）** 1 加盟国は、千九百七十一年のベルヌ条約の第一条から第二十一条まで及び附属書の規定を遵守する。ただし、加盟国は、同条約第六条の二の規定に基づいて与えられる権利又はこれから派生する権利については、この協定に基づく権利又は義務を有しない。

2 著作権の保護は、表現されたものに及ぶものとし、思想、手続、運用方法又は数学的概念自体には及んではならない。

**第一〇条（コンピュータ・プログラム及びデータの編集物）** 1 コンピュータ・プログラム（ソース・コードのものであるかオブジェクト・コードのものであるかを問わない。）は、千九百七十一年のベルヌ条約に定める文学的著作物として保護される。

2 素材の選択又は配列によって知的創作物を形成するデータその他の素材の編集物（機械で読取可能なものであるか他の形式のものであるかを問わない。）は、知的創作物として保護される。その保護は、当該データその他の素材自体には及んではならず、また、当該データその他の素材自体について存在する著作権を害するものであってはならない。

**第一一条（貸与権）**（略）

**第一二条（保護期間）**（略）

**第一三条（制限及び例外）**（略）

**第一四条（実演家、レコード（録音物）製作者及び放送機関の保護）**（略）

### 第二節　商標（抄）

**第一五条（保護の対象）** 1 ある事業に係る商品若しくはサービスを他の事業に係る商品若しくはサービスから識別することができる標識又はその組合せは、商標とすることができるものとする。その標識、特に単語（人名を含む。）、文字、数字、図形及び色の組合せ並びにこれらの標識の組合せは、商標として登録することができるものとする。標識自体によっては関連する商品又はサービスを識別することができない場合には、加盟国は、使用によって獲得された識別性を商標の登録要件とすることができる。加盟国は、標識を視覚によって認識することができることを登録の条件として要求することができる。

2―5 （略）

**第一六条（与えられる権利）**（略）

**第一七条（例外）**（略）

**第一八条（保護期間）**（略）

**第一九条（要件としての使用）**（略）

**第二〇条（その他の要件）**（略）

**第二一条（使用許諾及び譲渡）**（略）

### 第三節　地理的表示（抄）

**第二二条（地理的表示の保護）** 1 この協定の適用上、「地理的表示」とは、ある商品に関し、その確立した品質、社会的評価その他の特性が当該商品の地理的原産地に主として帰せられる場合において、当該商品が加盟国の領域又はその領域内の地域若しくは地方を原産地とするものであることを特定する表示をいう。

2 地理的表示に関して、加盟国は、利害関係を有する者に対し次の行為を防止するための法的手段を確保する。

(a) 商品の特定又は提示において、当該商品の地理的原産地について公衆を誤認させるような方法で、当該商品が真正の原産地以外の地理的区域を原産地とするものであることを表示し又は示唆する手段の使用

(b) 千九百六十七年のパリ条約第十条の二に規定する不正競争行為を構成する使用

3・4 （略）

**第二三条（ぶどう酒及び蒸留酒の地理的表示の追加的保護）**（略）

**第二四条（国際交渉及び例外）**（略）

### 第四節　意匠（略）

**第二五条（保護の要件）**（略）

**第二六条（保護）**（略）

### 第五節　特許（抄）

**第二七条（特許の対象）** 1 2及び3の規定に従うことを条件として、特許は、新規性、進歩性及び産業上の利用可能性（注）のあるすべての技術分野の発明（物であるか方法であるかを問わない。）について与えられる。第六十五条4、第七十条8及びこの条の3の規定に従うことを条件として、発明地及び技術分野並びに物が輸入されたものであるか国内で生産されたものであるかについて差別することなく、特許が与えられ、及び特許権が享受される。（注略）

2・3 （略）

**第二八条（与えられる権利）**（略）

**第二九条（特許出願人に関する条件）**（略）

**第三〇条（与えられる権利の例外）**（略）

**第三一条（特許権者の許諾を得ていない他の使用）** 加盟国の国内法令により、特許権者の許諾を得ていない特許の対象の他の使用（政府による使用又は政府により許諾された第三者による使用を含む。）（注）を認める場合には、次の規定を尊重する。

注 「他の使用」とは、前条の規定に基づき認められる使用以外の使用をいう。

(a) 他の使用は、その個々の当否に基づいて許諾を検討する。

(b)―(e) （略）

(f) 他の使用は、主として当該他の使用を許諾する加盟国の国内市場への供給のために許諾される。

(g) （略）

(h) 許諾の経済的価値を考慮し、特許権者は、個々の場合における状況に応じ適当な報酬を受ける。

(i)―(l) （略）

**第三一条の二【医薬品についての他の使用】** 1 前条(f)に規定する輸出加盟国の義務は、この協定の附属書の2に定める条件に従い、医薬品を生産し、及びそれを輸入する資格を有する加盟国に輸出するために必要な範囲において当該輸出加盟国が与える強制実施許諾については、適用しない。

2 （略）

3 医薬品の購買力を高め、及びその現地生産を促進するために規模の経済を活用することを目的として、開発途上国又は後発開発途上国である世界貿易機関の加盟国が、千九百九十四年のガット第二十四条及び異なるかつ一層有利な待遇、相互主義及び開発途上国の一層完全な参加に関する千九百七十九年十一月二十八日付けの決定（文書番号L／四九〇三）に規定する地域貿易協定であって、その締約国の少なくとも半数が国際連合の後発開発途上国の一覧表に現に記載されている国から成るものの締約国である場合には、前条(f)に規定する当該加盟国の義務は、当該加盟国における強制実施許諾に基づいて生産し、又は輸入した医薬品を、関係する健康に関する問題を共有する当該地域貿易協定の他の開発途上締約国又は後発開発途上締約国の市場に輸出することができるようにするために必要な範囲においては、適用しない。このことは、関係する特許権の属地的な性格に影響を及ぼすものではないと了解する。

4 加盟国は、この条及びこの協定の附属書の規定に従ってとられる措置に対し、千九百九十四年のガット第二十三条1(b)及び(c)の規定に基づいて異議を申し立ててはならない。

5 （略）

**第三二条（取消し又は消滅）** （略）

**第三三条（保護期間）** （略）

**第三四条（方法の特許の立証責任）** （略）

### 第六節　集積回路の回路配置（抄）

**第三五条（集積回路についての知的所有権に関する条約との関係）** 加盟国は、集積回路の回路配置（この協定において「回路配置」という。）について、集積回路についての知的所有権に関する条約の第二条から第七条まで（第六条(3)の規定を除く。）、第十二条及び第十六条(3)並びに次条から第三十八条までの規定に従って保護を定めることに合意する。

**第三六条（保護の範囲）** （略）

**第三七条（権利者の許諾を必要としない行為）** （略）

**第三八条（保護期間）** （略）

### 第七節　開示されていない情報の保護

**第三九条** 1 千九百六十七年のパリ条約第十条の二に規定する不正競争からの有効な保護を確保するために、加盟国は、開示されていない情報を2の規定に従って保護し、及び政府又は政府機関に提出されるデータを3の規定に従って保護する。

2 自然人又は法人は、合法的に自己の管理する情報が次の(a)から(c)までの規定に該当する場合には、公正な商慣習に反する方法（注）により自己の承諾を得ないで他の者が当該情報を開示し、取得し又は使用することを防止することができるものとする。

注 この2の規定の適用上、「公正な商慣習に反する方法」とは、少なくとも契約違反、信義則違反、違反の教唆等の行為をいい、情報の取得の際にこれらの行為があったことを知っているか又は知らないことについて重大な過失がある第三者による開示されていない当該情報の取得を含む。

(a) 当該情報が一体として又はその構成要素の正確な配列及び組立てとして、当該情報に類する情報を通常扱う集団に属する者に一般的に知られておらず又は容易に知ることができないという意味において秘密であること。

(b) 秘密であることにより商業的価値があること。

(c) 当該情報を合法的に管理する者により、当該情報を秘密として保持するための、状況に応じた合理的な措置がとられていること。

3 加盟国は、新規性のある化学物質を利用する医薬品又は農業用の化学品の販売の承認の条件として、作成のために相当の努力を必要とする開示されていない試験データその他のデータの提出を要求する場合には、不公正な商業的使用から当該データを保護する。更に、加盟国は、公衆の保護に必要な場合又は不公正な商業的使用から当該データが保護されることを確保するための措置がとられる場合を除くほか、開示されることから当該データを保護する。

### 第八節　契約による実施許諾等における反競争的行為の規制

**第四〇条** 1 加盟国は、知的所有権に関する実施許諾等における行為又は条件であって競争制限的なものが貿易に悪影響を及ぼし又は技術の移転及び普及を妨げる可能性のあることを合意する。

2―4 （略）

## 第三部　知的所有権の行使（抄）

### 第一節　一般的義務

**第四一条** 1 加盟国は、この部に規定する行使手続によりこの協定が対象とする知的所有権の侵害行為に対し効果的な措置（侵害を防止するための迅速な救済措置及び追加の侵害を抑止するための救済措置を含む。）がとられることを可能にするため、当該行使手続を国内法において確保する。このような行使手続は、正当な貿易の新たな障害となることを回避し、かつ、濫用に対する保障措置を提供するような態様で適用する。

2―5 （略）

### 第二節　民事上及び行政上の手続及び救済措置（略）

**第四二条（公正かつ公平な手続）** （略）

第四三条（証拠）（略）
第四四条（差止命令）（略）
第四五条（損害賠償）（略）
第四六条（他の救済措置）（略）
第四七条（情報に関する権利）（略）
第四八条（被申立人に対する賠償）（略）
第四九条（行政上の手続）（略）

### 第三節 暫定措置（第五〇条）（略）

### 第四節 国境措置に関する特別の要件（略）

第五一条（税関当局による物品の解放の停止）（略）
第五二条（申立て）（略）
第五三条（担保又は同等の保証）（略）
第五四条（物品の解放の停止の通知）（略）
第五五条（物品の解放の停止の期間）（略）
第五六条（物品の輸入者及び所有者に対する賠償）（略）
第五七条（点検及び情報に関する権利）（略）
第五八条（職権による行為）（略）
第五九条（救済措置）（略）
第六〇条（少量の輸入）（略）

### 第五節 刑事上の手続

**第六一条** 加盟国は、少なくとも故意による商業的規模の商標の不正使用及び著作物の違法な複製について適用される刑事上の手続及び刑罰を定める。制裁には、同様の重大性を有する犯罪に適用される刑罰の程度に適合した十分に抑止的な拘禁刑又は罰金を含む。適当な場合には、制裁には、侵害物品並びに違反行為のために主として使用される材料及び道具の差押え、没収及び廃棄を含む。加盟国は、知的所有権のその他の侵害の場合、特に故意にかつ商業的規模で侵害が行われる場合において適用される刑事上の手続及び刑罰を定めることができる。

## 第四部 知的所有権の取得及び維持並びにこれらに関連する当事者間手続（第六二条）（略）

## 第五部 紛争の防止及び解決

**第六三条（透明性の確保）** 1 この協定が対象とする事項（知的所有権の取得可能性、範囲、取得、行使及び濫用の防止）に関し加盟国が実施する法令、最終的な司法上の決定及び一般に適用される行政上の決定は、各国政府及び権利者が知ることができるような方法により当該加盟国の国語で公表し又は、公表が実際的でない場合には、公に利用可能なものとする。各加盟国の政府又は政府機関の間において有効なこの協定が対象とする事項に関する合意も公表する。

2―4（略）

**第六四条（紛争解決）** 1 この協定に別段の定めがある場合を除くほか、紛争解決了解によって詳細に定められて適用される千九百九十四年のガットの第二十二条及び第二十三条の規定は、この協定に係る協議及び紛争解決について準用する。

2 千九百九十四年のガット第二十三条1の(b)及び(c)の規定は、世界貿易機関協定の効力発生の日から五年間、この協定に係る紛争解決については、準用しない。

3 2に規定する期間の間、貿易関連知的所有権理事会は、千九百九十四年のガット第二十三条1の(b)及び(c)に規定する種類の苦情であってこの協定に従って申し立てられるものの範囲及び態様を検討し、並びに承認のため閣僚会議に勧告を提出する。この勧告の承認又は2に規定する期間の延長は、閣僚会議がコンセンサス方式によってのみ決定する。承認された勧告は、その後の正式な受諾手続なしにすべての加盟国について効力を生ずる。

## 第六部 経過措置

第六五条（経過措置）（略）
第六六条（後発開発途上加盟国）（略）

**第六七条（技術協力）** この協定の実施を促進するため、先進加盟国は、開発途上加盟国及び後発開発途上加盟国のために、要請に応じ、かつ、相互に合意した条件により、技術協力及び資金協力を提供する。その協力には、知的所有権の保護及び行使並びにその濫用の防止に関する法令の準備についての支援並びにこれらの事項に関連する国内の事務所及び機関の設立又は強化についての支援（人材の養成を含む。）を含む。

## 第七部 制度上の措置及び最終規定（抄）

第六八条（知的所有権の貿易関連の側面に関する理事会）（略）
第六九条（国際協力）（略）
第七〇条（既存の対象の保護）（略）
第七一条（検討及び改正）（略）

**第七二条（留保）** この協定のいかなる規定についても、他のすべての加盟国の同意なしには、留保を付することができない。

**第七三条（安全保障のための例外）** この協定のいかなる規定も、次のいずれかのことを定めるものと解してはならない。

(a) 加盟国に対し、その開示が自国の安全保障上の重大な利益に反するとその加盟国が認める情報の提供を要求すること。

(b) 加盟国が自国の安全保障上の重大な利益の保護のために必要であると認める次のいずれかの措置をとることを妨げること。

(i) 核分裂性物質又はその生産原料である物質に関する措置

(ii) 武器、弾薬及び軍需品の取引並びに軍事施設に供給するため直接又は間接に行われるその他の物品及び原料の取引に関する措置

(iii) 戦時その他の国際関係の緊急時にとる措置

(c) 加盟国が国際の平和及び安全の維持のため国際連合憲章に基づく義務に従って措置をとることを妨げること。

**附属書**〔医薬分野に関する附属書〕（略）

### 参　考

◇**偽造品の取引の防止に関する協定**（二〇一一年一〇月一日署名、一二年一〇月五日受諾書寄託、未発効）

## 参考　TRIPS協定と公衆衛生に関する宣言 翻訳

［ドーハ宣言］

採　択　二〇〇一年一一月一四日（WTOドーハ閣僚会議）

1　われわれは、多くの開発途上国及び後発開発途上国を悩ませる公衆衛生問題、特にHIV・エイズ、結核、マラリア及び他の感染症に起因する問題の重要性を認識する。

2　われわれは、知的所有権の貿易関連の側面に関するWTO協定（TRIPS協定）がこの問題に向けて広範な国内的及び国際的な行動の一部となる必要性を強調する。

3　われわれは、知的所有権保護が新医薬の開発のために重要であることを認識する。われわれは、また知的所有権保護の価格への影響に関する懸念を認識する。

4　われわれは、加盟国が公衆衛生を保護するために措置をとることをTRIPS協定が妨害しておらず、また妨害すべきでないことに合意する。したがって、TRIPS協定へのわれわれの約束を協調する一方、われわれは、公衆衛生を保護し、特に全ての人の医薬品へのアクセスを促進するというWTO加盟国の権利を支持するような方法で、TRIPS協定が解釈及び実施され得るし、またされるべきだということを確認する。

この関連で、われわれは、この目的のために柔軟性を提供するTRIPS協定上の諸規定を、完全に利用するというWTO加盟国の権利を再確認する。

5　したがって、前記4に照らして、TRIPS協定におけるわれわれの約束を維持する一方、われわれは、このような柔軟性は次に掲げる事項を含むことを認識する。

a　国際公法の解釈に関する慣習的規則の適用に当たっては、TRIPS協定の各条項が、明示されている協定の趣旨及び目的、特にその目的条項及び原則条項に照らして解釈されなければならない。

b　各加盟国は、強制実施権を許諾する権利、及び強制実施権を許諾する根拠を決定する自由を有する。

c　各加盟国は、何が国家的緊急事態であり又は他の極端な緊急状況であるかを決定する権利を持ち、かつHIV・エイズ、結核、マラリア及び他の感染症に関するものを含む公衆衛生上の危機がそれら国家的緊急事態又は他の極端な緊急状況となり得ると了解する。

d　知的財産権の消尽に関するTRIPS協定上の諸条項の結果、第三条及び第四条の最恵国待遇及び内国民待遇条項に従うことを条件として、各加盟国は、異議を申し立てられることなく、自由に消尽制度を設定することができる。

6　われわれは、医薬品分野の製造能力を十分にはもたない又は全くもたないWTO加盟国が、TRIPS協定上の強制実施権を有効に利用することについて困難に直面し得ることを認識する。われわれは、TRIPS理事会がこの問題に対して効果的な解決策を見つけ、二〇〇二年末までに一般理事会に報告するように指示する。

7　われわれは、第六六条2に従って、後発開発途上国に対する技術移転を促進し及び奨励するために企業及び機関に対して奨励措置を提供するという先進加盟国の約束を再確認する。われわれは、また、医薬製品に関して、TRIPS協定第六六条1に規定される経過期間の延長を求めるという後発開発途上加盟国の権利を害することなく、二〇一六年一月一日まで、TRIPS協定第二部第五節及び第七節を履行又は適用すること、またこれらの節に規定されている権利を執行することを義務づけられないことに合意する。われわれは、TRIPS理事会がこの合意に効力を付与するように必要な行動をとることを指示する。

## (6)　紛争解決了解（附属書二）

（紛争解決に係る規則及び手続に関する了解）

加盟国は、ここに、次のとおり協定する。

**第一条（適用対象及び適用）**　1　この了解に定める規則及び手続は、附属書一に掲げる協定（この了解において「対象協定」という。）の協議及び紛争解決に関する規定に従って提起される紛争について適用する。この了解に定める規則及び手続は、また、世界貿易機関を設立する協定（この了解において「世界貿易機関協定」という。）及びこの了解に基づく権利及び義務に関する加盟国間の協議及び紛争解決（その他の対象協定に基づく権利及び義務にも係るものとして行われるものであるかないかを問わない。）について適用する。

2　この了解に定める規則及び手続の適用は、対象協定に含まれている紛争解決に関する特別又は追加の規則及び手続（附属書二に掲げるもの）の適用がある場合には、これに従う。この了解に定める規則及び手続と同附属書に掲げる特別又は追加の規則及び手続とが抵触する場合には、同附属書に掲げる特別又は追加の規則及び手続が優先する。二以上の対象協定に定める規則及び手続に関する紛争において、検討される当該二以上の対象協定に定める特別又は追加の規則及び手続が相互に抵触する場合であって、紛争当事国が小委員会の設置から二十日以内に規則及び手続について合意することができないときは、次条1に定める紛争解決機関の議長は、いずれかの加盟国の要請の後十日以内に、紛争当事国と協議の上、従うべき規則及び手続を決定する。議長は、特別又は追加の規則及び手続が可能な限り用いられるべきであり、かつ、この了解に定める規則及び手続は抵触を避けるために必要な限度において用いられるべきであるという原則に従う。

**第二条（運用）**　1　この了解に定める規則及び手続並びに対象協定の協議及び紛争解決に関する規定を運用するため、この了解により紛争解決機関を設置する。ただし、対象協定に係る運用について当該対象協定に別段の定めがある場合には、これによる。同機関は、小委員会を設置し、小委員会及び上級委員会の報告を採択し、裁定及び勧告の実施を継続的に監視し並びに対象協定に基づく譲許その他の義務の停止を承認する権限を有する。対象協定のうち複数国間貿易協定であるものの下で生ずる紛争に関し、この了解において「加盟国」とは、当該複数国間貿易協定の締約国である加盟国のみをいう。同機関がいずれかの複数国間貿易協定の紛争解決に関する規定を運用する場合には、当該協定の締約国である加盟国のみが、当該紛争に関する同機関の決定又は行動に参加することができる。

2 紛争解決機関は、世界貿易機関の関連する理事会及び委員会に対し各対象協定に係る紛争における進展を通報する。

3 紛争解決機関は、その任務をこの了解に定める各期間内に遂行するため、必要に応じて会合する。

4 この了解に定める規則及び手続に従って紛争解決機関が決定を行う場合には、その決定は、コンセンサス方式による(注)。

注 紛争解決機関がその審議のために提出された事項について決定を行う時にその会合に出席しているいずれの加盟国もその決定案に正式に反対しない場合には、同機関は、当該事項についてコンセンサス方式によって決定したものとみなす。

**第三条（一般規定）** 1 加盟国は、千九百四十七年のガットの第二十二条及び第二十三条の規定の下で適用される紛争の処理の原則並びにこの了解によって詳細に定められ、かつ、修正された規則及び手続を遵守することを確認する。

2 世界貿易機関の紛争解決制度は、多角的貿易体制に安定性及び予見可能性を与える中心的な要素である。加盟国は、同制度が対象協定に基づく加盟国の権利及び義務を維持し並びに解釈に関する国際法上の慣習的規則に従って対象協定の現行の規定の解釈を明らかにすることに資するものであることを認識する。紛争解決機関の勧告及び裁定は、対象協定に定める権利及び義務に新たな権利及び義務を追加し、又は対象協定に定める権利及び義務を減ずることはできない。

3 加盟国が、対象協定に基づき直接又は間接に自国に与えられた利益が他の加盟国がとる措置によって侵害されていると認める場合において、そのような事態を迅速に解決することは、世界貿易機関が効果的に機能し、かつ、加盟国の権利と義務との間において適正な均衡が維持されるために不可欠である。

4 紛争解決機関が行う勧告又は裁定は、この了解及び対象協定に基づく権利及び義務に従って問題の満足すべき解決を図ることを目的とする。

5 対象協定の協議及び紛争解決に関する規定に基づいて正式に提起された問題についてのすべての解決(仲裁判断を含む。)は、当該協定に適合するものでなければならず、また、当該協定に基づきいずれかの加盟国に与えられた利益を無効にし若しくは侵害し、又は当該協定の目的の達成を妨げるものであってはならない。

6 対象協定の協議及び紛争解決に関する規定に基づいて正式に提起された問題についての相互に合意された解決は、紛争解決機関並びに関連する理事会及び委員会に通報される。いずれの加盟国も、同機関並びに関連する理事会及び委員会において、当該解決に関する問題点を提起することができる。

7 加盟国は、問題を提起する前に、この了解に定める手続による措置が有益なものであるかないかについて判断する。紛争解決制度の目的は、紛争に関する明確な解決を確保することである。紛争当事国にとって相互に受け入れることが可能であり、かつ、対象協定に適合する解決は、明らかに優先されるべきである。相互に合意する解決が得られない場合には、同制度の第一の目的は、通常、関係する措置がいずれかの対象協定に適合しないと認められるときに当該措置の撤回を確保することである。代償に関する規定は、当該措置を直ちに撤回することが実行可能でない場合に限り、かつ、対象協定に適合しない措置を撤回するまでの間の一時的な措置としてのみ、適用すべきである。紛争解決手続を利用する加盟国は、この了解に定める最後の解決手段として、紛争解決機関の承認を得て、他の加盟国に対し対象協定に基づく譲許その他の義務の履行を差別的に停止することができる。

8 対象協定に基づく義務に違反する措置がとられた場合には、当該措置は、反証がない限り、無効化又は侵害の事案を構成するものと認められる。このことは、対象協定に基づく義務についての違反は当該対象協定の締約国である他の加盟国に悪影響を及ぼすとの推定が通常存在することを意味する。この場合において、違反の疑いに対し反証を挙げる責任は、申立てを受けた加盟国の側にあるものとする。

9 この了解の規定は、世界貿易機関協定又は対象協定のうち複数国間貿易協定であるものに基づく意思決定により対象協定について権威のある解釈を求める加盟国の権利を害するものではない。

10 調停及び紛争解決手続の利用についての要請は、対立的な行為として意図され又はそのような行為とみなされるべきでない。紛争が生じた場合には、すべての加盟国は、当該紛争を解決するために誠実にこれらの手続に参加する。また、ある問題についての申立てとこれに対抗するために行われる別個の問題についての申立てとは、関連付けられるべきでない。

11 この了解は、世界貿易機関協定が効力を生ずる日以後に対象協定の協議規定に基づいて行われた協議のための新たな要請についてのみ適用する。世界貿易機関協定が効力を生ずる日前に千九百四十七年のガット又は対象協定の前身であるその他の協定に基づいて協議の要請が行われた紛争については、世界貿易機関協定が効力を生ずる日の直前に有効であった関連する紛争解決に係る規則及び手続を引き続き適用する。(注)

注 この11の規定は、小委員会の報告が採択されず又は完全に実施されなかった紛争についても適用する。

12 11の規定にかかわらず、対象協定のいずれかに基づく申立てが開発途上加盟国により先進加盟国に対してされる場合には、当該開発途上加盟国は、次条から第六条まで及び第十二条の規定に代わるものとして、千九百六十六年四月五日の決定(ガット基本文書選集(BISD)追録第十四巻十八ページ)の対応する規定を適用する権利を有する。ただし、小委員会が、同決定の7に定める期間がその報告を作成するために不十分であり、かつ、当該開発途上加盟国の同意を得てその期間を延長することができると認める場合は、この限りでない。次条から第六条まで及び第十二条に定める規則及び手続と同決定に定める対応する規則及び手続とが抵触する場合には、抵触する限りにおいて、後者が優先する。

**第四条（協議）** 1 加盟国は、加盟国が用いる協議手続の実効性を強化し及び改善する決意を確認する。

2 各加盟国は、自国の領域においてとられた措置であっていずれかの対象協定の実施に影響を及ぼすものについて他の加盟国がした申立てに好意的な考慮を払い、かつ、その申立てに関する協議のための機会を十分に与えることを約束する。(注)

注 加盟国の領域内の地域又は地方の政府又は機関によってとられる措置に関する他の対象協定の規定がこの2の規定と異なる規定を含む場合には、当該他の対象協定の規定が優先する。

3 協議の要請が対象協定に従って行われる場合には、当該要請を受けた加盟国は、相互間の別段の合意がない限り、当該要請を受けた日の後十日以内に当該要請に対して回答し、かつ、相互に満足すべき解決を得るため、当該要請を受けた日の後三十日以内に誠実に協議を開始する。当該加盟国が当該要請を受けた日の後十日以内に回答せず又は当該要請を受けた日の後三十日以内若しくは相互に合意した期間内に協議を開始しない場合には、当該要請を行った加盟国は、直接小委員会の設置を要請することができる。

4　すべての協議の要請は、協議を要請する加盟国が紛争解決機関並びに関連する理事会及び委員会に通報する。協議の要請は、書面によって提出され、並びに要請の理由、問題となっている措置及び申立ての法的根拠を示すものとする。

5　加盟国は、この了解に基づいて更なる措置をとる前に、対象協定の規定に従って行う協議において、その問題について満足すべき調整を行うよう努めるべきである。

6　協議は、秘密とされ、かつ、その後の手続においていずれの加盟国の権利も害するものではない。

7　協議の要請を受けた日の後六十日の期間内に協議によって紛争を解決することができない場合には、申立てをした紛争当事国(この了解において「申立国」という。)は、小委員会の設置を要請することができる。協議を行っている国が協議によって紛争を解決することができなかったと共に認める場合には、申立国は、当該六十日の期間内に小委員会の設置を要請することができる。

8　緊急の場合(腐敗しやすい物品に関する場合等)には、加盟国は、要請を受けた日の後十日以内に協議を開始する。要請を受けた日の後二十日以内に協議によって紛争を解決することができなかった場合には、申立国は、小委員会の設置を要請することができる。

9　緊急の場合(腐敗しやすい物品に関する場合等)には、紛争当事国、小委員会及び上級委員会は、最大限可能な限り、手続が速やかに行われるようあらゆる努力を払う。

10　加盟国は、協議の間、開発途上加盟国の特有の問題及び利益に特別の注意を払うべきである。

11　協議を行っている加盟国以外の加盟国が、千九百九十四年のガット第二十二条1、サービス貿易一般協定第二十二条1又はその他の対象協定の対応する規定(注)によって行われている協議について実質的な貿易上の利害関係を有すると認める場合には、当該加盟国は、当該規定による協議の要請の送付の日の後十日以内に、協議を行っている加盟国及び紛争解決機関に対し、その協議に参加することを希望する旨を通報することができる。その通報を行った加盟国は、実質的な利害関係に関する自国の主張が十分な根拠を有することについて協議の要請を受けた加盟国が同意する場合には、協議に参加することができる。この場合において、両加盟国は、同機関に対しその旨を通報する。協議への参加の要請が受け入れられなかった場合には、要請を行った加盟国は、千九百九十四年のガットの第二十二条1若しくは第二十三条1、サービス貿易一般協定の第二十二条1若しくは第二十三条1又はその他の対象協定の対応する規定により協議を要請することができる。

注　対象協定の対応する協議規定は、次に掲げるとおりである。

|  |  |
|---|---|
| 農業に関する協定 | 第十九条 |
| 衛生植物検疫措置の適用に関する協定 | 第十一条1 |
| 繊維及び繊維製品(衣類を含む。)に関する協定 | 第八条4 |
| 貿易の技術的障害に関する協定 | 第十四条1 |
| 貿易に関連する投資措置に関する協定 | 第八条 |
| 千九百九十四年の関税及び貿易に関する一般協定第六条の実施に関する協定 | 第十七条2 |
| 千九百九十四年の関税及び貿易に関する一般協定第七条の実施に関する協定 | 第十九条2 |
| 船積み前検査に関する協定 | 第七条 |
| 原産地規則に関する協定 | 第七条 |
| 輸入許可手続に関する協定 | 第六条 |
| 補助金及び相殺措置に関する協定 | 第三十条 |
| セーフガードに関する協定 | 第十四条 |
| 知的所有権の貿易関連の側面に関する協定 | 第六十四条1 |
| 各複数国間貿易協定の権限のある内部機関が指定し、かつ、紛争解決機関に通報した当該協定の対応する協議規定 | |

**第五条（あっせん、調停及び仲介）**　1　あっせん〔good offices〕、調停〔conciliation〕及び仲介〔mediation〕は、紛争当事国の合意がある場合において任意に行われる手続である。

2　あっせん、調停及び仲介に係る手続の過程(特にこれらの手続の過程において紛争当事国がとる立場)は、秘密とされ、かつ、この了解に定める規則及び手続に従って進められるその後の手続においていずれの当事国の権利も害するものではない。

3　いずれの紛争当事国も、いつでも、あっせん、調停又は仲介を要請し並びに開始し及び終了することができる。あっせん、調停又は仲介の手続が終了した場合には、申立国は、小委員会の設置を要請することができる。

4　あっせん、調停又は仲介が協議の要請を受けた日の後六十日の期間内に開始された場合には、申立国は、当該六十日の期間内においては、小委員会の設置を要請することができない。紛争当事国があっせん、調停又は仲介の手続によって紛争を解決することができなかったことを共に認める場合には、申立国は、当該六十日の期間内に小委員会の設置を要請することができる。

5　紛争当事国が合意する場合には、小委員会の手続が進行中であっても、あっせん、調停又は仲介の手続を継続することができる。

6　事務局長は、加盟国が紛争を解決することを援助するため、職務上当然の資格で、あっせん、調停又は仲介を行うことができる。

**第六条（小委員会の設置）**　1　申立国が要請する場合には、小委員会〔panel〕を設置しないことが紛争解決機関の会合においてコンセンサス方式によって決定されない限り、遅くとも当該要請が初めて議事日程に掲げられた同機関の会合の次の会合において、小委員会を設置する。(注)

注　申立国が要請する場合には、紛争解決機関の会合は、その要請から十五日以内にこの目的のために開催される。この場合において、少なくとも会合の十日前に通知が行われる。

2　小委員会の設置の要請は、書面によって行われる。この要請には、協議が行われたという事実の有無及び問題となっている特定の措置を明示するとともに、申立ての法的根拠についての簡潔な要約(問題を明確に提示するために十分なもの)を付する。申立国が標準的な付託事項以外の付託事項を有する小委員会の設置を要請する場合には、書面による要請には、特別な付託事項に関する案文を含める。

**第七条（小委員会の付託事項）**　1　小委員会は、紛争当事国が小委員会の設置の後二十日以内に別段の合意をする場合を除くほか、次の付託事項を有する。

「(紛争当事国が引用した対象協定の名称)の関連規定に照らし(当事国の名称)により文書(文書番号)によって紛争解決機関に付された問題を検討し、及び同機関が当該協定に規定する勧告又は裁定を行うために役立つ認定を行うこと。」

2 小委員会は、紛争当事国が引用した対象協定の関連規定について検討する。

3 小委員会の設置に当たり、紛争解決機関は、その議長に対し、1の規定に従い紛争当事国と協議の上小委員会の付託事項を定める権限を与えることができる。このようにして定められた付託事項は、すべての加盟国に通報される。標準的な付託事項以外の付託事項について合意がされた場合には、いずれの加盟国も、同機関においてこれに関する問題点を提起することができる。

**第八条（小委員会の構成）** 1 小委員会は、次に掲げる者その他の十分な適格性を有する者（公務員であるかないかを問わない。）で構成する。

小委員会の委員を務め又は小委員会において問題の提起に係る陳述を行ったことがある者

加盟国又は千九百四十七年のガットの締約国の代表を務めたことがある者

事務局において勤務したことがある者

対象協定又はその前身である協定の理事会又は委員会への代表を務めたことがある者

国際貿易に関する法律又は政策について教授し又は著作を発表したことがある者

加盟国の貿易政策を担当する上級職員として勤務したことがある者

2 小委員会の委員は、委員の独立性、多様な経歴及び広範な経験が確保されるように選任されるべきである。

3 紛争当事国又は第十条2に定める第三国である加盟国の国民（注）は、紛争当事国が別段の合意をする場合を除くほか、当該紛争に関する小委員会の委員を務めることはできない。

注 関税同盟又は共同市場が紛争当事国である場合には、この3の規定は、当該関税同盟又は共同市場のすべての構成国の国民について適用する。

4 事務局は、小委員会の委員の選任に当たって参考となるようにするため、1に規定する資格を有する公務員及び公務員以外の者の候補者名簿を保持し、適当な場合には、その名簿から委員を選ぶことができるようにする。その名簿には、千九百八十四年十一月三十日に作成された公務員以外の者である委員の登録簿（ガット基本文書選集（ＢＩＳＤ）追録第三十一巻九ページに規定するもの）並びに対象協定に基づいて作成されるその他の登録簿及び候補者名簿を含めるものとし、世界貿易機関協定が効力を生ずる時におけるこれらの登録簿及び候補者名簿の氏名を継続して掲載する。加盟国は、第一段の候補者名簿に掲げるために公務員及び公務員以外の者の氏名を定期的に提案し、並びに国際貿易及び対象協定の分野又はその対象とする問題に関するこれらの者の知識についての関連情報を提供することができる。これらの氏名は、紛争解決機関が承認した時に当該候補者名簿に追加される。当該候補者名簿には、掲載される者について、対象協定の分野又はその対象とする問題における経験又は専門知識の具体的分野を記載する。

5 小委員会は、三人の委員で構成する。ただし、紛争当事国が小委員会の設置の後十日以内に合意する場合には、小委員会は、五人の委員で構成することができる。加盟国は、小委員会の構成について速やかに通報を受ける。

6 事務局は、紛争当事国に対し小委員会の委員の指名のための提案を行う。紛争当事国は、やむを得ない理由がある場合を除くほか、指名に反対してはならない。

7 小委員会の設置の日の後二十日以内に委員について合意がされない場合には、事務局長は、いずれか一方の紛争当事国の要請に基づき、紛争解決機関の議長及び関連する理事会又は委員会の議長と協議の上、紛争において問題となっている対象協定に定める関連する特別又は追加の規則及び手続に従い、自らが最も適当と認める委員を任命することによって、小委員会の構成を決定する。同機関の議長は、当該要請を受けた日の後十日以内に、このようにして組織された小委員会の構成を加盟国に対して通報する。

8 加盟国は、原則として、自国の公務員が小委員会の委員を務めることを認めることを約束する。

9 小委員会の委員は、政府又は団体の代表としてではなく、個人の資格で職務を遂行する。したがって、加盟国は、小委員会に付託された問題につき、小委員会の委員に指示を与えてはならず、また、個人として活動するこれらの者を左右しようとしてはならない。

10 紛争が開発途上加盟国と先進加盟国との間のものである場合において、開発途上加盟国が要請するときは、小委員会は、少なくとも一人の開発途上加盟国出身の委員を含むものとする。

11 小委員会の委員の旅費、滞在費その他の経費は、予算、財政及び運営に関する委員会の勧告に基づいて一般理事会が採択する基準に従い、世界貿易機関の予算から支弁する。

**第九条（複数の加盟国の申立てに関する手続）** 1 二以上の加盟国が同一の問題について小委員会の設置を要請する場合には、すべての関係加盟国の権利を考慮した上、これらの申立てを検討するために単一の小委員会を設置することができる。実行可能な場合には、このような申立てを検討するために単一の小委員会を設置すべきである。

2 単一の小委員会は、別々の小委員会が申立てを検討したならば紛争当事国が有したであろう権利がいかなる意味においても侵害されることのないように、検討を行い、かつ、認定を紛争解決機関に提出する。一の紛争当事国が要請する場合には、小委員会は、自己の取り扱う紛争について別々の報告を提出する。いずれの申立国も、他の申立国の意見書を入手することができるものとし、かつ、他の申立国が小委員会において意見を表明する場合には、当該小委員会に出席する権利を有する。

3 同一の問題に関する申立てを検討するために二以上の小委員会が設置される場合には、最大限可能な限り、同一の者がそれぞれの小委員会の委員を務めるものとし、そのような紛争における小委員会の検討の日程については、調整が図られるものとする。

**第一〇条（第三国）** 1 問題となっている対象協定に係る紛争当事国その他の加盟国の利害関係は、小委員会の手続において十分に考慮される。

2 小委員会に付託された問題について実質的な利害関係を有し、かつ、その旨を紛争解決機関に通報した加盟国（この了解において「第三国」という。）は、小委員会において意見を述べ及び小委員会に対し意見書を提出する機会を有する。意見書は、紛争当事国にも送付され、及び小委員会の報告に反映される。

3 第三国は、小委員会の第一回会合に対する紛争当事国の意見書の送付を受ける。

4 第三国は、既に小委員会の手続の対象となっている措置がいずれかの対象協定に基づき自国に与えられた利益を無効にし又は侵害すると認める場合には、この了解に基づく通常の紛争解決手続を利用することができる。そのような紛争は、可能な場合には、当該小委員会に付される。

**第一一条（小委員会の任務）** 小委員会の任務は、この了解及び対象協定に定める紛争解決機関の任務の遂行について同機関を補佐することである。したがって、小委員会は、自己に付託された問題の客観的な評価（特に、問題の事実関係、関連する対象協定の適用の可能性及び当該協定との適合性に関するもの）を行い、及び同機関が対象協定に規定する勧告又は裁定を行うために役立つその他の認定を行うべきである。小委員会は、紛争当事国と定期的に協議し、及び紛争当事国が相互に満足すべき解決を図るための適当な機会を与えるべきである。

**第一二条（小委員会の手続）** 1　小委員会は、紛争当事国と協議の上別段の決定を行う場合を除くほか、附属書三に定める検討手続に従う。

2　小委員会の手続は、その報告を質の高いものとするために十分に弾力的なものであるべきであるが、小委員会の検討の進行を不当に遅延させるべきでない。

3　小委員会の委員は、紛争当事国と協議の上、適当な場合には第四条9の規定を考慮して、実行可能な限り速やかに、可能な場合には小委員会の構成及び付託事項について合意がされた後一週間以内に、小委員会の検討の日程を定める。

4　小委員会は、その検討の日程を決定するに当たり、紛争当事国に対し、自国の意見を準備するために十分な時間を与える。

5　小委員会は、当事国による意見書の提出について明確な期限を定めるべきであり、当事国は、その期限を尊重すべきである。

6　各紛争当事国は、意見書を事務局に提出するものとし、事務局は、当該意見書を速やかに小委員会及びその他の紛争当事国に送付する。申立国は、申立てを受けた当事国が最初の意見書を提出する前に自国の最初の意見書を提出する。ただし、小委員会が、3の検討の日程を定めるに当たり、紛争当事国と協議の上、紛争当事国がその最初の意見書を同時に提出すべきである旨を決定する場合は、この限りでない。最初の意見書の提出について順序がある場合には、小委員会は、申立てを受けた当事国の意見書を当該小委員会が受理するための具体的な期間を定める。二回目以降の意見書は、同時に提出される。

7　紛争当事国が相互に満足すべき解決を図ることができなかった場合には、小委員会は、その認定を報告書の形式で紛争解決機関に提出する。この場合において、小委員会の報告には、事実認定、関連規定の適用の可能性並びに自己が行う認定及び勧告の基本的な理由を記載する。紛争当事国間で問題が解決された場合には、小委員会の報告は、当該問題に関する簡潔な記述及び解決が得られた旨の報告に限定される。

8　小委員会の検討期間（小委員会の構成及び付託事項について合意がされた日から最終報告が紛争当事国に送付される日まで）は、手続を一層効率的にするため、原則として六箇月を超えないものとする。緊急の場合（腐敗しやすい物品に関する場合等）には、小委員会は、三箇月以内に紛争当事国に対しその報告を送付することを目標とする。

9　小委員会は、六箇月以内又は緊急の場合は三箇月以内に報告を送付することができないと認める場合には、報告を送付するまでに要する期間の見込みと共に遅延の理由を書面により紛争解決機関に通報する。小委員会の設置から加盟国への報告の送付までの期間は、いかなる場合にも、九箇月を超えるべきでない。

10　当事国は、開発途上加盟国がとった措置に係る協議において、第四条の7及び8に定める期間を延長することについて合意することができる。当該期間が満了した場合において、協議を行っている国が協議が終了したことについて合意することができないときは、紛争解決機関の議長は、当該協議を行っている国と協議の上、当該期間を延長するかしないか及び、延長するときは、その期間を決定する。更に、小委員会は、開発途上加盟国に対する申立てを検討するに当たり、開発途上加盟国に対し、その立論を準備し及び提出するために十分な時間を与える。第二十条及び第二十一条4の規定は、この10の規定の適用によって影響を受けるものではない。

11　一又は二以上の当事国が開発途上加盟国である場合には、小委員会の報告には、紛争解決手続の過程で当該開発途上加盟国が引用した対象協定の規定であって、開発途上加盟国に対する異なるかつ一層有利な待遇に関するものについていかなる考慮が払われたかを明示するものとする。

12　小委員会は、申立国の要請があるときはいつでも、十二箇月を超えない期間その検討を停止することができる。この場合には、8及び9、第二十条並びに第二十一条4に定める期間は、その検討が停止された期間延長されるものとする。小委員会の検討が十二箇月を超えて停止された場合には、当該小委員会は、その設置の根拠を失う。

**第一三条（情報の提供を要請する権利）** 1　各小委員会は、適当と認めるいかなる個人又は団体に対しても情報及び技術上の助言の提供を要請する権利を有する。この場合において、小委員会は、いずれかの加盟国の管轄内にある個人又は団体に対して情報又は助言の提供を要請するに先立ち、当該加盟国の当局にその旨を通報する。加盟国は、小委員会が必要かつ適当と認める情報の提供を要請した場合には、速やかかつ完全に応ずるべきである。提供された秘密の情報は、当該情報を提供した個人、団体又は加盟国の当局の正式の同意を得ないで開示してはならない。

2　小委員会は、関連を有するいかなる者に対しても情報の提供を要請し、及び問題の一定の側面についての意見を得るために専門家と協議することができる。小委員会は、一の紛争当事国が提起した科学上又は技術上の事項に関する事実に係る問題については、専門家検討部会からの書面による助言的な報告を要請することができる。専門家検討部会の設置のための規則及び同部会の手続は、附属書四に定める。

**第一四条（秘密性）** 1　小委員会の審議は、秘密とされる。

2　小委員会の報告は、提供された情報及び行われた陳述を踏まえて起草されるものとし、その起草に際しては、紛争当事国の出席は、認められない。

3　小委員会の報告の中で各委員が表明した意見は、匿名とする。

**第一五条（検討の中間段階）** 1　小委員会は、書面及び口頭陳述による反論を検討した後、その報告案のうち事実及び陳述に関する説明部分を紛争当事国に送付する。当事国は、小委員会が定める期間内に、自国の意見を書面により提出する。

2　小委員会は、紛争当事国からの意見の受理に係る定められた期間の満了の後、中間報告（説明部分並びに小委員会の認定及び結論から成る。）を当事国に送付する。当事国は、小委員会が加盟国に最終報告を送付する前に中間報告の特定の部分を検討するよう要請することができる。その要請は、小委員会が定める期間内に、書面によって行われる。小委員会は、当事国の要請がある場合には、その書面の中で明示された事項に関し、当事国との追加的な会合を開催する。要請のための期間内にいずれの当事国も要請を行わなかった場合には、中間報告は、小委員会の最終報告とみなされ、速やかに加盟国に送付される。

3 小委員会の最終報告の認定には、検討の中間段階で行われた陳述における議論を含める。中間段階での検討は、第十二条8に定める期間内に行う。

**第一六条（小委員会の報告の採択）** 1 小委員会の報告は、加盟国にその検討のための十分な時間を与えるため、報告が加盟国に送付された日の後二十日間は紛争解決機関により採択のために検討されてはならない。

2 小委員会の報告に対して異議を有する加盟国は、小委員会の報告を検討する紛争解決機関の会合の少なくとも十日前に、当該異議の理由を説明する書面を提出する。

3 紛争当事国は、紛争解決機関による小委員会の報告の検討に十分に参加する権利を有するものとし、当該紛争当事国の見解は、十分に記録される。

4 小委員会の報告は、加盟国への送付の後六十日以内に、紛争解決機関の会合において採択される(注)。ただし、紛争当事国が上級委員会への申立ての意思を同機関に正式に通報し又は同機関が当該報告を採択しないことをコンセンサス方式によって決定する場合は、この限りでない。紛争当事国が上級委員会への申立ての意思を通報した場合には、小委員会の報告は、上級委員会による検討が終了するまでは、同機関により採択のために検討されてはならない。この4に定める採択の手続は、小委員会の報告について見解を表明する加盟国の権利を害するものではない。

注 紛争解決機関の会合が1及びこの4に定める要件を満たす期間内に予定されていない場合には、この目的のために開催される。

**第一七条（上級委員会による検討）**

常設の上級委員会

1 紛争解決機関は、常設の上級委員会（Appellate Body）を設置する。上級委員会は、小委員会が取り扱った問題についての申立てを審理する。上級委員会は、七人の者で構成するものとし、そのうちの三人が一の問題の委員を務める。上級委員会の委員は、順番に職務を遂行する。その順番は、上級委員会の検討手続で定める。

2 紛争解決機関は、上級委員会の委員を四年の任期で任命するものとし、各委員は、一回に限り、再任されることができる。ただし、世界貿易機関協定が効力を生じた後直ちに任命される七人の者のうちの三人の任期は、二年で終了するものとし、これらの三人の者は、くじ引で決定される。空席が生じたときは、補充される。任期が満了しない者の後任者として任命された者の任期は、前任者の任期の残余の期間とする。

3 上級委員会は、法律、国際貿易及び対象協定が対象とする問題一般についての専門知識により権威を有すると認められた者で構成する。上級委員会の委員は、いかなる政府とも関係を有してはならず、世界貿易機関の加盟国を広く代表する。上級委員会のすべての委員は、いつでも、かつ、速やかに勤務することが可能でなければならず、また、世界貿易機関の紛争解決に関する活動その他関連する活動に常に精通していなければならない。上級委員会の委員は、直接又は間接に自己の利益との衝突をもたらすこととなる紛争の検討に参加してはならない。

4 紛争当事国のみが、小委員会の報告について上級委員会への申立てをすることができる。第十条2の規定に基づき小委員会に提起された問題について実質的な利害関係を有する旨を紛争解決機関に通報した第三国は、上級委員会に意見書を提出することができるものとし、また、上級委員会において意見を述べる機会を有することができる。

5 紛争当事国が上級委員会への申立ての意思を正式に通報した日から上級委員会がその報告を送付する日までの期間は、原則として六十日を超えてはならない。上級委員会は、その検討の日程を定めるに当たり、適当な場合には、第四条9の規定を考慮する。上級委員会は、六十日以内に報告を作成することができないと認める場合には、報告を送付するまでに要する期間の見込みと共に遅延の理由を書面により紛争解決機関に通報する。第一段に定める期間は、いかなる場合にも、九十日を超えてはならない。

6 上級委員会への申立ては、小委員会の報告において対象とされた法的な問題及び小委員会が行った法的解釈に限定される。

7 上級委員会は、必要とする適当な運営上の及び法律問題に関する援助を受ける。

8 上級委員会の委員の旅費、滞在費その他の経費は、予算、財政及び運営に関する委員会の勧告に基づいて一般理事会が採択する基準に従い、世界貿易機関の予算から支弁する。

上級委員会による検討に関する手続

9 上級委員会は、紛争解決機関の議長及び事務局長と協議の上、検討手続を作成し、加盟国に情報として送付する。

10 上級委員会による検討は、秘密とされる。上級委員会の報告は、提供された情報及び行われた陳述を踏まえて起草されるものとし、その起草に際しては、紛争当事国の出席は、認められない。

11 上級委員会の報告の中で各委員が表明した意見は、匿名とする。

12 上級委員会は、その検討において、6の規定に従って提起された問題を取り扱う。

13 上級委員会は、小委員会の法的な認定及び結論を支持し、修正し又は取り消すことができる。

上級委員会の報告の採択

14 紛争解決機関は、上級委員会の報告を、加盟国への送付の後三十日以内に採択し(注)、紛争当事国は、これを無条件で受諾する。ただし、同機関が当該報告を採択しないことをコンセンサス方式によって決定する場合は、この限りでない。この14に定める採択の手続は、上級委員会の報告について見解を表明する加盟国の権利を害するものではない。

注 紛争解決機関の会合がこの期間内に予定されていない場合には、この目的のために開催される。

**第一八条（小委員会又は上級委員会との接触）** 1 小委員会又は上級委員会により検討中の問題に関し、小委員会又は上級委員会といずれか一方の紛争当事国のみとの間で接触があってはならない。

2 小委員会又は上級委員会に対する意見書は、秘密のものとして取り扱われるものとするが、紛争当事国が入手することができるようにする。この了解のいかなる規定も、紛争当事国が自国の立場についての陳述を公開することを妨げるものではない。加盟国は、他の加盟国が小委員会又は上級委員会に提出した情報であって当該他の加盟国が秘密であると指定したものを秘密のものとして取り扱う。紛争当事国は、また、加盟国の要請に基づき、意見書に含まれている情報の秘密でない要約であって公開し得るものを提供する。

**第一九条（小委員会及び上級委員会の勧告）**　1　小委員会又は上級委員会は、ある措置がいずれかの対象協定に適合しないと認める場合には、関係加盟国(注1)に対し当該措置を当該協定に適合させるよう勧告する(注2)。小委員会又は上級委員会は、更に、当該関係加盟国がその勧告を実施し得る方法を提案することができる。

注1　「関係加盟国」とは、小委員会又は上級委員会の勧告を受ける紛争当事国をいう。

注2　千九百九十四年のガットその他の対象協定についての違反を伴わない問題に関する勧告については、第二十六条を参照。

2　小委員会及び上級委員会は、第三条2の規定に従うものとし、その認定及び勧告において、対象協定に定める権利及び義務に新たな権利及び義務を追加し、又は対象協定に定める権利及び義務を減ずることはできない。

**第二〇条（紛争解決機関による決定のための期間）**　紛争解決機関が小委員会を設置した日から同機関が小委員会又は上級委員会の報告を採択するために審議する日までの期間は、紛争当事国が別段の合意をする場合を除くほか、原則として、小委員会の報告につき上級委員会への申立てがされない場合には九箇月、申立てがされる場合には十二箇月を超えてはならない。小委員会又は上級委員会が第十二条9又は第十七条5の規定に従い報告を作成するための期間を延長する場合には、追加的に要した期間が、前段に定める期間に加算される。

**第二一条（勧告及び裁定の実施の監視）**　1　紛争解決機関の勧告又は裁定[rulings]の速やかな実施は、すべての加盟国の利益となるような効果的な紛争解決を確保するために不可欠である。

2　紛争解決の対象となった措置に関し、開発途上加盟国の利害関係に影響を及ぼす問題については、特別の注意が払われるべきである。

3　関係加盟国は、小委員会又は上級委員会の報告の採択の日の後三十日以内に開催される紛争解決機関の会合において、同機関の勧告及び裁定の実施に関する自国の意思を通報する(注)。勧告及び裁定を速やかに実施することができない場合には、関係加盟国は、その実施のための妥当な期間を与えられる。妥当な期間は、次の(a)から(c)までに定めるいずれかの期間とする。

注　紛争解決機関の会合がこの期間内に予定されていない場合には、この目的のために開催される。

(a)　関係加盟国が提案する期間。ただし、紛争解決機関による承認を必要とする。

(b)　(a)の承認がない場合には、勧告及び裁定の採択の日の後四十五日以内に紛争当事国が合意した期間

(c)　(b)の合意がない場合には、勧告及び裁定の採択の日の後九十日以内に拘束力のある仲裁によって決定される期間(注1)。仲裁が行われる場合には、仲裁人(注2)に対し、小委員会又は上級委員会の勧告を実施するための妥当な期間がその報告の採択の日から十五箇月を超えるべきではないとの指針が与えられるべきである。この十五箇月の期間は、特別の事情があるときは、短縮し又は延長することができる。

注1　紛争当事国が問題を仲裁に付した後十日以内に仲裁人について合意することができない場合には、事務局長は、十日以内に、当該当事国と協議の上仲裁人を任命する。

注2　仲裁人は、個人であるか集団であるかを問わない。

4　紛争解決機関による小委員会の設置の日から妥当な期間の決定の日までの期間は、小委員会又は上級委員会が第十二条9又は第十七条5の規定に従いその報告を作成する期間を延長した場合を除くほか、十五箇月を超えてはならない。ただし、紛争当事国が別段の合意をする場合は、この限りでない。小委員会又は上級委員会がその報告を作成する期間を延長する場合には、追加的に要した期間が、この十五箇月の期間に加算される。ただし、合計の期間は、紛争当事国が例外的な事情があることについて合意する場合を除くほか、十八箇月を超えてはならない。

5　勧告及び裁定を実施するためにとられた措置の有無又は当該措置と対象協定との適合性について意見の相違がある場合には、その意見の相違は、この了解に定める紛争解決手続の利用によって解決される。この場合において、可能なときは、当該勧告及び裁定の対象となった紛争を取り扱った小委員会（この了解において「最初の小委員会」という。）にその意見の相違を付することができる。最初の小委員会は、その問題が付された日の後九十日以内にその報告を加盟国に送付する。最初の小委員会は、この期間内に報告を作成することができないと認める場合には、報告を送付するまでに要する期間の見込みと共に遅延の理由を書面により紛争解決機関に通報する。

6　紛争解決機関は、採択された勧告又は裁定の実施を監視する。加盟国は、勧告又は裁定が採択された後いつでも、これらの実施の問題を同機関に提起することができる。勧告又は裁定の実施の問題は、同機関が別段の決定を行う場合を除くほか、3の規定に従って妥当な期間が定められた日の後六箇月後に同機関の会合の議事日程に掲げられるものとし、当該問題が解決されるまでの間同機関の会合の議事日程に引き続き掲げられる。関係加盟国は、これらの各会合の少なくとも十日前に、勧告又は裁定の実施の進展についての状況に関する報告を書面により同機関に提出する。

7　問題が開発途上加盟国によって提起されたものである場合には、紛争解決機関は、同機関がその状況に応じて更にいかなる適当な措置をとり得るかを検討する。

8　問題が開発途上加盟国によって提起されたものである場合には、紛争解決機関は、同機関がいかなる適当な措置をとり得るかを検討するに当たり、申し立てられた措置の貿易に関する側面のみでなく、関係を有する開発途上加盟国の経済に及ぼす影響も考慮に入れる。

**第二二条（代償及び譲許の停止）**　1　代償[compensation]及び譲許その他の義務の停止は、勧告及び裁定が妥当な期間内に実施されない場合に利用することができる一時的な手段であるが、これらのいずれの手段よりも、当該勧告及び裁定の対象となった措置を対象協定に適合させるために勧告を完全に実施することが優先される。代償は、任意に与えられるものであり、また、代償が与えられる場合には、対象協定に適合するものでなければならない。

2　関係加盟国は、対象協定に適合しないと認定された措置を当該協定に適合させ又は前条3の規定に従って決定された妥当な期間内に勧告及び裁定に従うことができない場合において、要請があるときは、相互に受け入れることができる代償を与えるため、当該妥当な期間の満了までに申立国と交渉を開始する。当該妥当な期間の満了の日の後二十日以内に満足すべき代償に

ついて合意がされなかった場合には、申立国は、関係加盟国に対する対象協定に基づく譲許その他の義務の適用を停止するために紛争解決機関に承認を申請することができる。

3　申立国は、いかなる譲許その他の義務を停止するかを検討するに当たり、次に定める原則及び手続を適用する。

(a)　一般原則として、申立国は、まず、小委員会又は上級委員会により違反その他の無効化又は侵害があると認定された分野と同一の分野に関する譲許その他の義務の停止を試みるべきである。

(b)　申立国は、同一の分野に関する譲許その他の義務を停止することができず又は効果的でないと認める場合には、同一の協定のその他の分野に関する譲許その他の義務の停止を試みることができる。

(c)　申立国は、同一の協定のその他の分野に関する譲許その他の義務を停止することができず又は効果的でなく、かつ、十分重大な事態が存在すると認める場合には、その他の対象協定に関する譲許その他の義務の停止を試みることができる。

(d)　(a)から(c)までの原則を適用するに当たり、申立国は、次の事項を考慮する。

(i)　小委員会又は上級委員会により違反その他の無効化又は侵害があると認定された分野又は協定に関する貿易及び申立国に対するその貿易の重要性

(ii)　(i)の無効化又は侵害に係る一層広範な経済的要因及び譲許その他の義務の停止による一層広範な経済的影響

(e)　申立国は、(b)又は(c)の規定により譲許その他の義務を停止するための承認を申請することを決定する場合には、その申請においてその理由を示すものとする。当該申請は、紛争解決機関への提出の時に、関連する理事会に対しても及び、(b)の規定による申請の場合には、関連する分野別機関にも提出する。

(f)　この3の規定の適用上、

(i)　物品に関しては、すべての物品を一の分野とする。

(ii)　サービスに関しては、現行の「サービス分野分類表」に明示されている主要な分野(注)のそれぞれを一の分野とする。

注　サービス分野分類表(文書番号MTN・GNS－W－一二〇の文書中の表)は、十一の主要な分野を明示している。

(iii)　貿易関連の知的所有権に関しては、貿易関連知的所有権協定の第二部の第一節から第七節までの規定が対象とする各種類の知的所有権のそれぞれ並びに第三部及び第四部に定める義務のそれぞれを一の分野とする。

(g)　この3の規定の適用上、

(i)　物品に関しては、世界貿易機関協定附属書一Aの協定の全体(紛争当事国が複数国間貿易協定の締約国である場合には、当該複数国間貿易協定を含む。)を一の協定とする。

(ii)　サービスに関しては、サービス貿易一般協定を一の協定とする。

(iii)　知的所有権に関しては、貿易関連知的所有権協定を一の協定とする。

4　紛争解決機関が承認する譲許その他の義務の停止の程度は、無効化又は侵害の程度と同等のものとする。

5　紛争解決機関は、対象協定が禁じている譲許その他の義務の停止を承認してはならない。

6　2に規定する状況が生ずる場合には、申請に基づき、紛争解決機関は、同機関が当該申請を却下することをコンセンサス方式によって決定する場合を除くほか、妥当な期間の満了の後三十日以内に譲許その他の義務の停止を承認する。ただし、関係加盟国が提案された停止の程度について異議を唱える場合又は申立国が3の(b)若しくは(c)の規定により譲許その他の義務を停止するための承認を申請するに当たり3に定める原則及び手続を遵守していなかったと関係加盟国が主張する場合には、その問題は、仲裁に付される。仲裁は、最初の小委員会(その委員が職務を遂行することが可能である場合)又は事務局長が任命する仲裁人(注)によって行われるものとし、妥当な期間が満了する日の後六十日以内に完了する。譲許その他の義務は、仲裁の期間中は停止してはならない。

注　仲裁人は、個人であるか集団であるかを問わない。

7　6の規定に従って職務を遂行する仲裁人(注)は、停止される譲許その他の義務の性質を検討してはならないが、その停止の程度が無効化又は侵害の程度と同等であるかないかを決定する。仲裁人は、また、提案された譲許その他の義務の停止が対象協定の下で認められるものであるかないかを決定することができる。ただし、3に定める原則及び手続が遵守されていなかったという主張が仲裁に付された問題に含まれている場合には、仲裁人は、当該主張について検討する。当該原則及び手続が遵守されていなかった旨を仲裁人が決定する場合には、申立国は、3の規定に適合するように当該原則及び手続を適用する。当事国は、仲裁人の決定を最終的なものとして受け入れるものとし、関係当事国は、他の仲裁を求めてはならない。紛争解決機関は、仲裁人の決定について速やかに通報されるものとし、申請に基づき、当該申請が仲裁人の決定に適合する場合には、譲許その他の義務の停止を承認する。ただし、同機関が当該申請を却下することをコンセンサス方式によって決定する場合は、この限りでない。

注　仲裁人は、個人、集団又は最初の小委員会の委員(仲裁人の資格で職務を遂行する。)のいずれであるかを問わない。

8　譲許その他の義務の停止は、一時的なものとし、対象協定に適合しないと認定された措置が撤回され、勧告若しくは裁定を実施しなければならない加盟国により利益の無効化若しくは侵害に対する解決が提供され又は相互に満足すべき解決が得られるまでの間においてのみ適用される。紛争解決機関は、前条6の規定に従い、採択した勧告又は裁定の実施の監視を継続する。代償が与えられ又は譲許その他の義務が停止されたが、措置を対象協定に適合させるための勧告が実施されていない場合も、同様とする。

9　対象協定の紛争解決に関する規定は、加盟国の領域内の地域又は地方の政府又は機関によるこれらの協定の遵守に影響を及ぼす措置について適用することができる。紛争解決機関が対象協定の規定が遵守されていない旨の裁定を行う場合には、責任を有する加盟国は、当該協定の遵守を確保するために利用することができる妥当な措置をとる。代償及び譲許その他の義務の停止に関する対象協定及びこの了解の規定は、対象協定の遵守を確保することができなかった場合について適用する。(注)

注　加盟国の領域内の地域又は地方の政府又は機関がとる措置に関するいずれかの対象協定の規定が、この9の規定と異なる規定を含む場合には、当該対象協定の規定が優先する。

**第二三条（多角的体制の強化）**　1　加盟国は、対象協定に基づく義務についての違反その他の利益の無効化若しくは侵害又は対象協定の目的の達成に対する障害について是正を求める場合には、この了解に定める規則及び手続によるものとし、かつ、これらを遵守する。

2 1の場合において、加盟国は、

(a) この了解に定める規則及び手続に従って紛争解決を図る場合を除くほか、違反が生じ、利益が無効にされ若しくは侵害され又は対象協定の目的の達成が妨げられている旨の決定を行ってはならず、また、紛争解決機関が採択する小委員会又は上級委員会の報告に含まれている認定又はこの了解に従って行われた仲裁判断に適合する決定を行う。

(b) 関係加盟国が勧告及び裁定を実施するための妥当な期間の決定に当たっては、第二十一条に定める手続に従う。

(c) 譲許その他の義務の停止の程度の決定に当たっては、前条に定める手続に従うものとし、関係加盟国が妥当な期間内に勧告及び裁定を実施しないことに対応して対象協定に基づく譲許その他の義務を停止する前に、同条に定める手続に従って紛争解決機関の承認を得る。

**第二四条（後発開発途上加盟国に係る特別の手続）** 1 後発開発途上加盟国に係る紛争の原因の決定及び紛争解決手続のすべての段階において、後発開発途上加盟国の特殊な状況に特別の考慮が払われるものとする。加盟国は、特に、この了解に定める手続に従って、後発開発途上加盟国に係る問題を提起することについて妥当な自制を行う。無効化又は侵害が後発開発途上加盟国によってとられた措置に起因すると認定される場合には、申立国は、この了解に定める手続に従って代償を要求し又は譲許その他の義務の履行を停止するための承認を申請することについて、妥当な自制を行う。

2 後発開発途上加盟国に係る紛争解決の事案において、満足すべき解決が協議によって得られなかった場合には、事務局長又は紛争解決機関の議長は、後発開発途上加盟国の要請に基づき、小委員会の設置の要請が行われる前に、当事国が紛争を解決することを援助するために、あっせん、調停又は仲介を行う。事務局長又は同機関の議長は、その援助を与えるに当たり、適当と認めるいかなる者とも協議することができる。

**第二五条（仲裁）** 1 紛争解決の代替的な手段としての世界貿易機関における迅速な仲裁は、両当事国によって明示された問題に関する一定の紛争の解決を容易にすることを可能とするものである。

2 仲裁に付するためには、この了解に別段の定めがある場合を除くほか、当事国が合意しなければならず、当該当事国は、従うべき手続について合意する。仲裁に付することについての合意は、仲裁手続が実際に開始される前に十分な余裕をもってすべての加盟国に通報される。

3 他の加盟国は、仲裁に付することについて合意した当事国の合意によってのみ仲裁手続の当事国となることができる。仲裁手続の当事国は、仲裁判断に服することについて合意する。仲裁判断は、紛争解決機関及び関連する協定の理事会又は委員会（加盟国が仲裁判断に関する問題点を提起することができる理事会又は委員会）に通報される。

4 第二十一条及び第二十二条の規定は、仲裁判断について準用する。

**第二六条【非違反申立て・状態申立て】** 1 千九百九十四年のガット第二十三条1(b)に規定する類型の非違反措置に関する申立て

千九百九十四年のガット第二十三条1(b)の規定がいずれかの対象協定について適用され又は準用される場合において、小委員会又は上級委員会は、紛争当事国が、いずれかの加盟国が何らかの措置（当該対象協定に抵触するかしないかを問わない。）を適用した結果として、当該対象協定に基づき直接若しくは間接に自国に与えられた利益が無効にされ若しくは侵害されており又は当該対象協定の目的の達成が妨げられていると認めるときに限り、裁定及び勧告を行うことができる。問題が同条1(b)の規定の適用又は準用に係る対象協定に抵触しない措置に関するものである旨を当該紛争当事国が認め、かつ、小委員会又は上級委員会がその旨を決定する場合には、その限度において、この了解に定める手続は、次の規定に従って適用される。

(a) 申立国は、当該対象協定に抵触しない措置に関する申立てを正当化するための詳細な根拠を提示する。

(b) ある措置が当該対象協定に違反することなく、当該対象協定に基づく利益を無効にし若しくは侵害し又は当該対象協定の目的の達成を妨げていることが認定された場合には、関係加盟国は、当該措置を撤回する義務を負わない。この場合において、小委員会又は上級委員会は、当該関係加盟国に対し相互に満足すべき調整を行うよう勧告する。

(c) 第二十一条3に規定する仲裁は、同条の規定にかかわらず、いずれかの当事国の要請に基づき、無効にされ又は侵害された利益の程度についての決定を含むことができるものとし、かつ、相互に満足すべき調整を行う方法及び手段を提案することができる。これらの提案は、紛争当事国を拘束するものであってはならない。

(d) 代償は、第二十二条1の規定にかかわらず、紛争の最終的解決としての相互に満足すべき調整の一部とすることができる。

2 千九百九十四年のガット第二十三条1(c)に規定する類型に関する申立て

千九百九十四年のガット第二十三条1(c)の規定がいずれかの対象協定について適用され又は準用される場合において、小委員会は、当事国が、同条1の(a)及び(b)の規定が適用される状態以外の状態が存在する結果として、当該対象協定に基づき直接若しくは間接に自国に与えられた利益が無効にされ若しくは侵害されており又は当該対象協定の目的の達成が妨げられていると認めるときに限り、裁定及び勧告を行うことができる。問題がこの2の規定の対象となる旨を当該当事国が認め、かつ、小委員会がその旨を決定する場合には、その限度において、この了解の手続は、小委員会の報告が加盟国に送付される時以前のものに限って適用される。勧告及び裁定の採択のための検討、監視及び実施については、千九百八十九年四月十二日の決定（ガット基本文書選集（BISD）追録第三十六巻六十一ページから六十七ページまで）に含まれている紛争解決の規則及び手続が適用される。次の規定も、また、適用される。

(a) 申立国は、この2の規定が対象とする問題に関して行われる陳述を正当化するための詳細な根拠を提示する。

(b) 小委員会は、この2の規定が対象とする問題に係る紛争解決の事案において、当該事案がこの2の規定が対象とする問題以外の問題に関係すると認める場合には、それぞれの問題に関する別個の報告を紛争解決機関に送付する。

**第二七条（事務局の任務）** 1 事務局は、取り扱う問題の特に法律上、歴史上及び手続上の側面について小委員会を援助し並びに事務局としての支援及び技術的支援を提供する任務を有する。

2 事務局は、加盟国の要請に基づき紛争解決に関し加盟国を援助するに当たり、開発途上加盟国に対し紛争解決に関する追加的な法律上の助言及び援助を与える必要が生ずる可能性がある。事務局は、このため、要請を行う開発途上加盟国に対し、世界貿易機関の技術協力部門の能力を有する法律専門家による援助を利用することができるようにする。この専門家は、事務局の公平性が維持されるような方法で開発途上加盟国を援助する。

3 事務局は、関心を有する加盟国のために、当該加盟国の専門家が紛争解決のための手続及び慣行に関して理解を深めることができるように、これらに関する特別の研修を実施する。

**附属書一**
**この了解が対象とする協定**

(A) 世界貿易機関を設立する協定

(B) 多角的貿易協定

附属書一A　物品の貿易に関する多角的協定

附属書一B　サービスの貿易に関する一般協定

附属書一C　知的所有権の貿易関連の側面に関する協定

附属書二　紛争解決に係る規則及び手続に関する了解

(C) 複数国間貿易協定

附属書四　民間航空機貿易に関する協定

政府調達に関する協定

国際酪農品協定

国際牛肉協定

この了解は、複数国間貿易協定については、各協定についてのこの了解の適用の条件（附属書二に規定する特別又は追加の規則及び手続等）に関し当該協定の締約国が採択する決定に従って適用されるものとし、その決定は、紛争解決機関に通報される。

**附属書二から附属書四まで**　（略）

# 4 関税及び貿易に関する一般協定（抄）
［GATT・ガット］

作　成　一九四七年一〇月三〇日（ジュネーヴ）
適　用　一九四八年一月一日（暫定的適用）
日本国　一九五五年九月一〇日（同年六月七日署名、七月二九日国会承認、八月一二日ガット締約国の日本加入同意、九月一〇日公布・条約一三号）
改　正　日本国の加入後
前文、第二部及び第三部を改正する議定書（五五年三月一〇日署名、五七年一〇月七日発効）
貿易及び開発に関する第四部の追加のために改正する議定書（六五年二月八日署名、六六年六月二七日発効）
当事国　一六三（他にEU）

オーストラリア連邦、ベルギー王国、ブラジル合衆国、ビルマ、カナダ、セイロン、チリ共和国、中華民国、キューバ共和国、チェッコスロヴァキア共和国、フランス共和国、インド、レバノン、ルクセンブルグ大公国、オランダ王国、ニュー・ジーランド、ノールウェー王国、パキスタン、南ローデシア、シリア、南アフリカ連邦、グレート・ブリテン及び北部アイルランド連合王国及びアメリカ合衆国の政府は、

貿易及び経済の分野における締約国間の関係が、生活水準を高め、完全雇用並びに高度のかつ着実に増加する実質所得及び有効需要を確保し、世界の資源の完全な利用を発展させ、並びに貨物の生産及び交換を拡大する方向に向けられるべきであることを認め、

関税その他の貿易障害を実質的に軽減し、及び国際通商における差別待遇を廃止するための相互的かつ互恵的な取極を締結することにより、これらの目的に寄与することを希望して、

それぞれの代表者を通じて次のとおり協定した。

## 第一部

**第一条（一般的最恵国待遇）** 1 いずれかの種類の関税及び課徴金で、輸入若しくは輸出について若しくはそれらに関連して課され、又は輸入若しくは輸出のための支払手段の国際的移転について課せられるものに関し、それらの関税及び課徴金の徴収の方法に関し、輸入及び輸出に関連するすべての規則及び手続に関し、並びに第三条2及び4に掲げるすべての事項に関しては、いずれかの締約国が他国の原産の産品又は他国に仕向けられる産品に対して許与する利益、特典、特権又は免除は、他のすべての締約国の領域の原産の同種の産品又はそれらの領域に仕向けられる同種の産品に対して、即時かつ無条件に許与しなければならない。

2 前項の規定は、輸入税又は輸入に関する課徴金についての特恵で、4に定める限度をこえずかつ次に掲げるところに該当するものの廃止を要求するものではない。

(a) 附属書Aに掲げる地域のうちの二以上の地域の間にのみ有効な特恵。ただし、同附属書に定める条件に従わなければならない。

(b) 千九百三十九年七月一日に共通の主権又は保護関係若しくは宗主権関係によつて結合されていた二以上の地域で、附属書B、C及びDに掲げるものの間にのみ有効な特恵。ただし、それらの附属書に定める条件に従わなければならない。

(c) アメリカ合衆国とキューバ共和国との間にのみ有効な特恵

(d) 附属書E及びFに掲げる隣接国の間にのみ有効な特恵

3 1の規定は、以前オットマン帝国の一部であり、かつ、千九百二十三年七月二十四日に同帝国から分離した諸国間の特恵には適用しない。ただし、その特恵は、この点について第二十九条1の規定に照らして適用される第二十五条5(a)の規定に基いて承認されなければならない。

4 2の規定に基いて特恵を許与される産品に対する特恵の限度は、この協定に附属する該当の譲許表に特恵の最高限度が明示的に定められていない場合には、次のものをこえてはならない。

(a) 前記の譲許表に掲げる産品に対する輸入税又は課徴金については、その譲許表に定める最恵国税率と特恵税率との間の差。特恵税率が定められていない場合には、特恵税率は、この4の規定の適用上、千九百四十七年四月十日に有効であつたものとし、また、最恵国税率が定められていない場合には、その限度は、千九百四十七年四月十日における最恵国税率と

特恵税率との間の差をこえてはならない。

(b) 該当の譲許表に掲げられていない産品に対する輸入税又は課徴金については、千九百四十七年四月十日における最恵国税率と特恵税率との間の差

附属書Gに掲げる締約国の場合には、(a)及び(b)の千九百四十七年四月十日という日付は、同附属書に定めるそれぞれの日付と置き替える。

**第二条（譲許表）**

1 (a) 各締約国は、他の締約国の通商に対し、この協定に附属する該当の譲許表の該当の部に定める待遇より不利でない待遇を許与するものとする。

(b) いずれかの締約国の譲許表の第一部に掲げる産品に該当する他の締約国の領域の産品は、その譲許表が関係する領域への輸入に際し、その譲許表に定める条件又は制限に従うことを条件として、その譲許表に定める関税をこえる通常の関税を免除される。これらの産品は、また、輸入について又は輸入に関連して課せられるその他のすべての種類の租税又は課徴金で、この協定の日付の日に課せられているものをこえるもの又はその日にその輸入領域において有効である法令によりその後課することを直接にかつ義務的に要求されているものをこえるものを免除される。

(c) いずれかの締約国の譲許表の第二部に掲げる産品に該当するもので、その譲許表が関係する領域への輸入に際して特恵待遇を受ける権利を前条の規定によつて与えられている領域の産品であるものは、その輸入領域への輸入に際し、その譲許表に定める条件又は制限に従うことを条件として、その譲許表の第二部に定める関税をこえる通常の関税を免除される。これらの産品は、また、輸入について又は輸入に関連して課せられるその他のすべての種類の租税又は課徴金で、この協定の日付の日に課せられているものをこえるもの又はその日にその輸入領域において有効である法令によりその後課することを直接にかつ義務的に要求されているものをこえるものを免除される。この条のいかなる規定も、特恵税率による産品の輸入のための適格要件については、締約国がこの協定の日付の日に存在する要件を維持することを妨げるものではない。

2 この条のいかなる規定も、締約国が産品の輸入に際して次のものを随時課することを妨げるものではない。

(a) 同種の国内産品について、又は当該輸入産品の全部若しくは一部がそれから製造され若しくは生産されている物品について次条2の規定に合致して課せられる内国税に相当する課徴金

(b) 第六条の規定に合致して課せられるダンピング防止税又は相殺関税

(c) 提供された役務の費用に相応する手数料その他の課徴金

3 締約国は、課税価額の決定の方法又は通貨換算の方法をこの協定に附属する該当の譲許表に定める譲許の価値を減ずるように変更してはならない。

4 締約国が、この協定に附属する該当の譲許表に掲げるいずれかの産品の輸入の独占を、正式に又は事実上、設定し、維持し、又は認可するときは、その独占は、その譲許表に別段の定がある場合又は直接に当該譲許を交渉した当事国の間に別段の取極がある場合を除くほか、その譲許表に定める保護の量を平均してこえるように運用してはならない。この項の規定は、締約国がこの協定の他の規定により認められるいずれかの形式の援助を国内生産者に与えることを制限するものではない。

5 締約国は、他の締約国が、いずれかの産品に対して、この協定に附属する該当の譲許表に定める譲許によつて意図されていると考えられる待遇を与えていないと認めるときは、その問題について直接にその締約国の注意を喚起しなければならない。その締約国が、注意を喚起した締約国の要求に同意はするが、その締約国の関税に関する法律に基いてこの協定に意図された待遇を許与するように当該産品を分類することができないと裁判所その他の権限のある機関が裁定したためにその待遇を許与することができないと宣言するときは、これらの二締約国及び実質的に利害関係を有するその他の締約国は、その問題の補償的調整のための交渉を直ちに開始しなければならない。

6 (a) 国際通貨基金の加盟国たる締約国の譲許表に含まれている従量税及び従量課徴金並びにそれらの締約国が維持する従量税及び従量課徴金に関する特恵の限度は、この協定の日付の日に同基金が受諾し又は暫定的に認めた平価における該当の通貨により表示する。したがつて、その平価が国際通貨基金協定に従つて二十パーセントをこえて引き下げられる場合には、その従量税及び従量課徴金並びに特恵の限度は、その引下げを考慮して調整することができる。ただし、締約国団〔the CONTRACTING PARTIES〕（第二十五条の規定に従つて共同して行動する締約国をいう。）が、その調整の必要性又は緊急性に影響を及ぼすすべての要素を考慮に入れた上、その調整が該当の譲許表又はこの協定の他の部分に定める譲許の価値を減じないものであることに同意することを条件とする。

(b) 同基金の加盟国でない締約国は、同基金の加盟国となる日又はその締約国が第十五条に従つて特別為替取極を締結する日から、(a)の規定の適用を受ける。

7 協定附属譲許表は、この協定の第一部の不可分の一体をなす。

## 第二部

**第三条（内国の課税及び規則に関する内国民待遇）** 1 締約国は、内国税その他の内国課徴金と、産品の国内における販売、販売のための提供、購入、輸送、分配又は使用に関する法令及び要件並びに特定の数量又は割合による産品の混合、加工又は使用を要求する内国の数量規則は、国内生産に保護を与えるように輸入産品又は国内産品に適用してはならないことを認める。

2 いずれかの締約国の領域の産品で他の締約国の領域に輸入されるものは、同種の国内産品に直接又は間接に課せられるいかなる種類の内国税その他の内国課徴金をこえる内国税その他の内国課徴金も、直接であると間接であるとを問わず、課せられることはない。さらに、締約国は、前項に定める原則に反するその他の方法で内国税その他の内国課徴金を輸入産品又は国内産品に課してはならない。

3 現行の内国税で、前項の規定に反するが、千九百四十七年四月十日に有効であり、かつ、当該課税産品に対する輸入税を引き上げないように固定している貿易協定に基いて特に認められているものに関しては、それを課している締約国は、その貿易協定の義務を免除されてその内国税の保護的要素を撤廃する代償として必要な限度までその輸入税を引き上げることができるようになるまでは、その内国税に対する前項の規定の適用を延期することができる。

4 いずれかの締約国の領域の産品で他の締約国の領域に輸入されるものは、その国内における販売、販売のための提供、購入、輸送、分配又は使用に関するすべての法令及び要件に関し、国内原産の同種の産品に許与される待遇より不利でない待遇を許与される。この項の規定は、輸送手段の経済的運用にのみ基き産品の国籍には基いていない差別的国内輸送料金の適用を妨げるものではない。

5 締約国は、特定の数量又は割合による産品の混合、加工又は使用に関する内国の数量規則で、産品の特定の数量又は割合を国内の供給源から供給すべきことを直接又は間接に要求するものを設定し、又は維持してはならない。さらに、締約国は、1に定める原則に反するその他の方法で内国の数量規則を適用してはならない。

6 前項の規定は、締約国の選択により、千九百三十九年七月一日、千九百四十七年四月十日又は千九百四十八年三月二十四日にいずれかの締約国の領域において有効である内国の数量規則には適用されない。ただし、これらの規則で前項の規定に反するものは、輸入に対する障害となるように修正してはならず、また、交渉上は関税とみなして取り扱うものとする。

7 特定の数量又は割合による産品の混合、加工又は使用に関する内国の数量規則は、その数量又は割合を国外の供給源別に割り当てるような方法で適用してはならない。

8 (a) この条の規定は、商業的再販売のため又は商業的販売のための貨物の生産に使用するためではなく政府用として購入する産品の政府機関による調達を規制する法令又は要件には適用しない。

(b) この条の規定は、国内生産者のみに対する補助金(この条の規定に合致して課せられる内国税又は内国課徴金の収入から国内生産者に交付される補助金及び政府の国内産品購入の方法による補助金を含む。)の交付を妨げるものではない。

9 締約国は、内国の最高価格統制措置が、この条の他の規定に合致していてもなお、輸入産品を供給する締約国の利益に不利な影響を及ぼすことがあることを認める。よつて、その措置を執つている締約国は、その不利な影響をできる限り避けるため、輸出締約国の利益を考慮しなければならない。

10 この条の規定は、締約国が、露出済映画フィルムに関する内国の数量規則で第四条の要件に合致するものを設定し、又は維持することを妨げるものではない。

**第四条（露出済映画フィルムに関する特別規定）** 締約国が露出済映画フィルムに関する内国の数量規則を設定し、又は維持するときは、その規則は、次の要件に合致する映写時間割当の方式を採らなければならない。

(a) 映写時間割当は、すべての映画フィルム(原産地のいかんを問わない。)の商業的上映のため一年以上の一定期間に実際に利用される総映写時間のうち、最少限度の一定割合の時間国内原産フィルムを上映するように要求することができ、それは、各劇場当りの年間映写時間又はこれに相当するものを基礎として計算されなければならない。

(b) 映写時間割当に基いて国内原産フィルムのために保留された映写時間を除くほか、映写時間(国内原産フィルムのために保留された映写時間のうち行政的措置によつて解除された部分を含む。)は、法令上も事実上も供給源別に割り当ててはならない。

(c) (b)の規定にかかわらず、締約国は、(a)の要件に合致する映写時間割当で、その映写時間割当を課している締約国以外の特定の原産地のフィルムのため最少限度の割合の映写時間を保留するものを維持することができる。ただし、映写時間のこの最少限度の割合は、千九百四十七年四月十日現在の水準をこえてはならない。

(d) 映写時間割当の制限、緩和又は廃止については、交渉を行うことができる。

**第五条（通過の自由）** 1 貨物(手荷物を含む。)及び船舶その他の輸送手段は、一締約国の領域のそれらの通過が、積換、倉入れ、荷分け又は輸送方法の変更を伴うかどうかを問わず、その締約国の国境外から始まり国境外に終るその通過の全行程の一部にすぎないときは、その締約国の領域を通過しているものとみなす。この種の運送は、この条において「通過運送」という。

2 他の締約国の領域へ向かうか又は他の締約国の領域から来る通過運送に対しては、国際通過に最も便利な経路によつて各締約国の領域を通過する自由を与えなければならない。船舶の国籍、原産地、仕出地、入国地、出国地若しくは仕向地による差別、又は貨物若しくは船舶その他の輸送手段の所有の事情に基く差別を設けてはならない。

3 締約国は、自国の領域を通る通過運送について関係税関で所定の手続に従うことを要求することはできるが、関税に関して適用される法令を遵守しなかつた場合を除くほか、他の締約国の領域から来るか又は他の締約国の領域へ向かう通過運送を不必要に遅延させ、又は制限してはならず、また、その通過運送について、輸送料金又は通過に伴う行政的経費若しくは提供された役務の費用に相応する課徴金を除くほか、関税及びすべての通過税その他の通過に関して課せられる課徴金を免除しなければならない。

4 他の締約国の領域へ向かうか又は他の締約国の領域から来る通過運送について締約国が課するすべての課徴金及び規則は、その運送の条件を考慮した合理的なものでなければならない。

5 各締約国は、通過に関するすべての課徴金、規則及び手続に関し、他の締約国の領域へ向かうか又は他の締約国の領域から来る通過運送に対し、第三国へ向かうか又は第三国から来る通過運送に許与する待遇より不利でない待遇を許与しなければならない。

6 各締約国は、他の締約国の領域を通過してくる産品に対し、その産品が当該領域を通過しないで原産地から仕向地へ輸送される場合に許与する待遇より不利でない待遇を許与しなければならない。もつとも、締約国は、直接運送が特恵税率による輸入のための適格要件となつている場合又は当該締約国の関税上の評価方法と関連がある場合の貨物に関し、この協定の日付の日に存在する直接運送の要件を維持することができる。

7 この条の規定は、航空機の通過航行には適用しないが、貨物(手荷物を含む。)の空路による通過には適用する。

**第六条（ダンピング防止税及び相殺関税）** 1 締約国は、ある国の産品をその正常な価額より低い価額で他国の商業へ導入するダンピングが締約国の領域における確立された産業に実質的な損害[material injury]を与え若しくは与えるおそれがあり、又は国内産業の確立を実質的に遅延させるときは、そのダンピングを非難すべきものと認める。この条の規定の適用上、ある国から他国へ輸出される産品の価格が次のいずれかの価格より低いときは、その産品は、正常の価額より低い価額で輸入国の商業に導入されるものとみなす。

(a) 輸出国における消費に向けられる同種の産品の通常の商取引における比較可能の価格

(b) 前記の国内価格がない場合には、

(i) 第三国に輸出される同種の産品の通常の商取引における比較可能の最高価格

(ii) 原産国における産品の生産費に妥当な販売経費及び利潤を加えたもの

販売条件の差異、課税上の差異及び価格の比較に影響を及ぼすその他の差異に対しては、それぞれの場合について妥当な考慮を払わなければならない。

2 締約国は、ダンピングを相殺し又は防止するため、ダンピングされた産品に対し、その産品に関するダンピングの限度をこえない金額のダンピング防止税を課することができる。この条の適用上、ダンピングの限度とは、1の規定に従つて決定される価格差をいう。

3 いずれかの締約国の領域の産品で他の締約国の領域に輸入されるものは、原産国又は輸出国においてその産品の製造、生産又は輸出について直接又は間接に与えられていると認められる奨励金又は補助金(特定の産品の輸送に対する特別の補助金を含む。)の推定額に等しい金額をこえる相殺関税を課せられることはない。「相殺関税」とは、産品の製造、生産又は輸出について直接又は間接に与えられる奨励金又は補助金を相殺する目的で課する特別の関税をいう。

4 いずれかの締約国の領域の産品で他の締約国の領域に輸入されるものは、その産品が原産国若しくは輸出国における消費に向けられる同種の産品が課せられる租税を免除されることを理由として、又はその租税の払いもどしを受けることを理由としてダンピング防止税又は相殺関税を課せられることはない。

5 いずれかの締約国の領域の産品で他の締約国の領域に輸入されるものは、ダンピング又は輸出補助金から生ずる同一の事態を補償するためにダンピング防止税と相殺関税とを併課されることはない。

6 (a) 締約国は、他の締約国のダンピング又は補助金の影響が、自国の確立された国内産業に実質的な損害を与え若しくは与えるおそれがあり、又は自国の国内産業の確立を実質的に遅延させるものであると決定する場合を除くほか、当該他の国の領域の産品の輸入についてダンピング防止税又は相殺関税を課してはならない。

(b) 締約国団は、締約国が、輸入締約国の領域に当該産品を輸出する第三国たる締約国の領域における産業に実質的な損害を与え又は与えるおそれがあるダンピング又は補助金の交付を相殺するため当該産品の輸入にダンピング防止税又は相殺関税を課することができるように、(a)の要件を免除することができる。締約国団は、補助金が輸入締約国の領域に当該産品を輸出する第三国たる締約国の領域における産業に実質的な損害を与え又は与えるおそれがあると認める場合には、相殺関税を課することができるように、(a)の要件を免除しなければならない。

(c) もつとも、遅延すれば回復しがたい損害を生ずるような特別の場合においては、締約国は、(b)の目的のため、締約国団の事前の承認を得ないで相殺関税を課することができる。ただし、この措置は、直ちに締約国団に報告しなければならず、かつ、締約国団が否認するときは、相殺関税は、直ちに撤回されるものとする。

7 輸出価格の変動に関係なく、一次産品の国内価格又は国内生産者の収入を安定させるための制度であつて、同種の産品についての国内市場の買手に対する比較可能の価格より低い価格で当該産品を輸出のために販売することがあるものは、当該産品について実質的な利害関係を有する締約国間の協議によつて次の事実が確定されるときは、前項の規定の意味において実質的な損害を与えることになるものとみなさない。

(a) その制度が、また、同種の産品についての国内市場の買手に対する比較可能の価格より高い価格で当該産品を輸出のため販売することにもなつたこと及び

(b) その制度が、生産の実効的な規制その他の方法により不当に輸出を促進しないように、又はその他の締約国の利益を著しく害しないように運用されていること。

**第七条（関税上の評価）** 1 締約国は、次の諸項に定める関税上の評価の一般原則が妥当であることを認め、かつ、輸入及び輸出に関する関税その他の課徴金又は制限で価額に基くか又はなんらかの方法で価額によつて規制されるものを課せられるすべての産品について、それらの原則を実施することを約束する。さらに、締約国は、他の締約国の要請を受けたときは、関税上の価額に関する法令の実施について、前記の原則に照らして検討しなければならない。締約国団は、締約国に対し、この条の規定に従つて締約国が執つた措置に関する報告を提出するように要請することができる。

2 (a) 輸入貨物の関税上の価額は、関税を課せられる輸入貨物又は同種の貨物の実際の価額に基くものでなければならず、国内原産の産品の価額又は任意の若しくは架空の価額に基くものであつてはならない。

(b) 「実際の価額」とは、輸入国の法令で定める時に、及びその法令で定める場所で、その貨物又は同種の貨物が通常の商取引において完全な競争的条件の下に販売され、又は販売のために提供される価格をいう。その貨物又は同種の貨物の価格が特定の取引の数量によつて支配される限り、考慮される価格は、(i)比較可能の数量又は(ii)輸出国と輸入国との間の貿易において一層多量の貨物が販売される場合の数量より輸入業者にとつて不利でない数量のいずれかに関連を有するものでなければならない。

(c) 実際の価額を(b)の規定に従つて確定することができないときは、関税上の価額は、その価額に最も近い相当額に基くものでなければならない。

3 輸入産品の関税上の価額は、原産国又は輸出国において課せられる内国税で、当該輸入産品が免除されたもの又は払いもどしを受けたもの若しくはその後受けるものの金額を含まないものでなければならない。

4 (a) この4に別段の定がある場合を除くほか、2の規定の適用上締約国が他国の通貨により表示された価格を自国の通貨に換算することを必要とする場合には、使用すべき為替換算率は、各関係通貨につき、国際通貨基金協定に従つて設定された平価、同基金により認められた為替相場又はこの協定の第十五条の規定に基いて締結される特別為替取極に従つて設定された平価に基くものでなければならない。

(b) 前記の平価が設定されておらず、また、前記の為替相場が認められていないときは、換算率は、商取引における当該通貨の現在の価値を実効的に反映したものでなければならない。

(c) 締約国団は、国際通貨基金との取極により、国際通貨基金

協定に合致して維持されている複数為替相場に基き締約国が行う外国通貨の換算を規制する規則を定めなければならない。締約国は、その外国通貨に関し、2の規定の適用上、平価を基礎とする代りに、その規則を適用することができる。締約国団がその規則を採択するまでの間、締約国は、その外国通貨に関し、2の規定の適用上、商取引におけるその外国通貨の価値を実効的に反映させるような換算規則を適用することができる。

(d) この4のいかなる規定も、この協定の日付の日に締約国の領域において適用されている関税上の通貨換算方法の変更が関税の額を全般的に増加する効果を有する場合には、その変更を締約国に要求するものと解してはならない。

5 価額に基くか又は何らかの方法で価額によつて規制される関税その他の課徴金又は制限を課せられる産品の価額を決定するための基準及び方法は、安定したものでなければならず、また、貿易業者が相当の確実性をもつて関税上の価額を推定することができるように十分に公表されなければならない。

**第八条（輸入及び輸出に関する手数料及び手続）**

1 (a) 性質のいかんを問わず締約国が輸入若しくは輸出について又はそれらに関連して課するすべての手数料及び課徴金（輸入税、輸出税及び第三条の規定の範囲内の租税を除く。）は、提供された役務の概算の費用にその額を限定しなければならず、かつ、国内産品に対する間接的保護又は輸入若しくは輸出に対する財政上の目的のための課税となるものであつてはならない。

(b) 締約国は、(a)に掲げる手数料及び課徴金の数及び種類を減少する必要を認める。

(c) 締約国は、また、輸入及び輸出の手続の範囲及び複雑性を局限し、並びに輸入及び輸出の所要書類を少くしかつ簡易化する必要を認める。

2 締約国は、他の締約国又は締約国団の要請を受けたときは、この条の規定に照らして自国の法令の実施について検討しなければならない。

3 締約国は、税関規則又は税関手続上の要件の軽微な違反に対して、重い罰を課してはならない。特に、税関書類中の脱落又は誤記で、容易に訂正することができ、かつ、明らかに不正の意図又ははなはだしい怠慢によるものでないものに対する罰は、単に警告に相当するものをこえてはならない。

4 この条の規定は、輸入及び輸出に関連して政府機関が課する手数料、課徴金、手続及び要件（次の事項に関するものを含む。）についても適用する。

(a) 領事送状及び領事証明書等の領事手続
(b) 数量制限
(c) 許可
(d) 為替管理
(e) 統計事務
(f) 書類作成、書類交付及び証明
(g) 分析及び検査
(h) 検疫、衛生検査及び消毒

**第九条（原産地表示）** 1 各締約国は、他の締約国の領域の産品の表示の要件に関し、第三国の同種の産品に許与する待遇より不利でない待遇を許与しなければならない。

2 締約国は、原産地表示に関する法令の制定及び実施に当り、虚偽の表示又は誤解のおそれのある表示から消費者を保護する必要について妥当な考慮を払つた上で、そのような措置が輸出国の商業及び産業にもたらす困難及び不便を局限しなければならないことを認める。

3 締約国は、行政上可能なときはいつでも、所定の原産地表示を輸入の時に附することを許可しなければならない。

4 輸入産品の表示に関する締約国の法令は、産品に著しい損害を与えることなく、その価値を実質的に減ずることなく、又はその価格を過度に引き上げることなく、遵守することができるものでなければならない。

5 締約国は、表示の訂正が不当に遅延し、虚偽の表示が附され、又は所定の表示が故意に省かれた場合を除くほか、輸入前に表示の要件に従わなかつたことに対しては、原則として、特別税又は罰を課してはならない。

6 締約国は、産品の真の原産地を誤認させるような方法、すなわち、他の締約国の領域の産品の特殊の地方的の又は地理的の名称でその国の法令によつて保護されているものを侵害するような方法による商標の使用を防止するため相互に協力しなければならない。各締約国は、他の締約国が自国に通告した産品の名称に対する前記の侵害に関して当該他の締約国が行う要請又は申入れに対して、十分かつ好意的な考慮を払わなければならない。

**第一〇条（貿易規則の公表及び施行）** 1 締約国が実施する一般に適用される法令、司法上の判決及び行政上の決定で、産品の関税上の分類若しくは評価に関するもの、関税、租税その他の課徴金の率に関するもの、輸入、輸出若しくはそれらの支払手段の移転の要件、制限若しくは禁止に関するもの又は産品の販売、分配、輸送、保険、倉入れ、検査、展示、加工、混合その他の使用に影響を及ぼすものは、諸政府及び貿易業者が知ることができるような方法により、直ちに公表しなければならない。また、国際貿易政策に影響を及ぼす取極で、いずれかの締約国の政府又は政府機関と他の締約国の政府又は政府機関との間で効力を有するものも、公表しなければならない。この項の規定は、締約国に対し、法令の実施を妨げ、公共の利益に反し、又は公的若しくは私的の特定の企業の正当な商業上の利益を害することとなるような秘密の情報の提供を要求するものではない。

2 締約国が執る一般に適用される措置で、確立された統一的慣行に基いて輸入について課せられる関税その他の課徴金の率を増加し、又は輸入について若しくは輸入のための支払手段の移転について新たな若しくは一層重い要件、制限若しくは禁止を課するものは、その正式の公表前に実施してはならない。

3 (a) 各締約国は、1に掲げる種類のすべての法令、判決及び決定を一律の公平かつ合理的な方法で実施しなければならない。

(b) 各締約国は、特に、関税事項に関する行政上の措置をすみやかに審査し、及び是正するため、司法裁判所、調停裁判所若しくは行政裁判所又はそれらの訴訟手続を維持し、又はできる限りすみやかに設定しなければならない。これらの裁判所又は訴訟手続は、行政上の実施の任に当る機関から独立していなければならず、その判決は、輸入業者がその控訴のために定められた期間内に上級の裁判所に控訴しない限り、前記の機関により実施されるものとし、また、前記の機関の行動を規制するものとする。ただし、その機関の中央行政官庁は、その決定を法令の確立された原則又は事実と一致しないと信ずる十分な理由があるときは、その問題について他の手続による審査を受けるため措置を執ることができる。

(c) (b)の規定は、この協定の日付の日に締約国の領域において有効である訴訟手続で、行政上の実施の任に当る機関から完全に又は正式に独立していないが行政上の措置の客観的なかつ公平な審査について事実上規定しているものの廃止又は代替を要求するものではない。その訴訟手続を採用している締約国は、要請を受けたときは、その訴訟手続がこの(c)の要件に合致するかどうかを締約国団が決定することができるように、その訴訟手続に関する完全な情報を締約国団に提供しなければならない。

**第一一条（数量制限の一般的廃止）** 1 締約国は、他の締約国の領域の産品の輸入について、又は他の締約国の領域に仕向けられる産品の輸出若しくは輸出のための販売について、割当によると、輸入又は輸出の許可によると、その他の措置によるとを問わず、関税その他の課徴金以外のいかなる禁止又は制限も新設し、又は維持してはならない。

2 前項の規定は、次のものには適用しない。

(a) 輸出の禁止又は制限で、食糧その他輸出締約国にとつて不可欠の産品の危機的な不足を防止し、又は緩和するために一時的に課するもの

(b) 輸入及び輸出の禁止又は制限で、国際貿易における産品の分類、格付又は販売に関する基準又は規則の適用のために必要なもの

(c) 農業又は漁業の産品に対して輸入の形式のいかんを問わず課せられる輸入制限で、次のことを目的とする政府の措置の実施のために必要なもの

(i) 販売若しくは生産を許された同種の国内産品の数量又は、同種の産品の実質的な国内生産がないときは、当該輸入産品をもつて直接に代替することができる国内産品の数量を制限すること。

(ii) 同種の国内産品の一時的な過剰又は、同種の産品の実質的な国内生産がないときは、当該輸入産品をもつて直接に代替することができる国内産品の一時的な過剰を、無償で又は現行の市場価格より低い価格で一定の国内消費者の集団に提供することにより、除去すること。

(iii) 生産の全部又は大部分を輸入産品に直接に依存する動物産品について、当該輸入産品の国内生産が比較的にわずかなものである場合に、その生産許可量を制限すること。

このの(c)の規定に従つて産品の輸入について制限を課している締約国は、将来の特定の期間中に輸入することを許可する産品の総数量又は総価額及びその数量又は価額の変更を公表しなければならない。さらに、(i)の規定に基いて課せられる制限は、輸入の総計と国内生産の総計との割合を、その制限がない場合に両者の間に成立すると合理的に期待される割合より小さくするものであつてはならない。締約国は、この割合を決定するに当り、過去の代表的な期間に存在していた割合について、及び当該産品の取引に影響を及ぼしたか又は影響を及ぼしている特別の要因について、妥当な考慮を払わなければならない。

**第一二条（国際収支の擁護のための制限）** 1 前条1の規定にかかわらず、締約国は、自国の対外資金状況及び国際収支を擁護するため、この条の次の諸項の規定に従うことを条件として、輸入を許可する商品の数量又は価額を制限することができる。

2 (a) この条の規定に基いて締約国が新設し、維持し、又は強化する輸入制限は、次のいずれかの目的のために必要な限度をこえてはならない。

(i) 自国の貨幣準備の著しい減少の急迫した脅威の予防又はそのような減少の阻止

(ii) きわめて低い貨幣準備を有する締約国の場合には、その貨幣準備の合理的な率による増加

前記のいずれの場合においても、当該締約国の貨幣準備又はその貨幣準備の必要性に影響を及ぼしていると思われる特別の要因（その締約国が外国の特別の信用その他の資金を利用することができる場合には、その信用又は資金の適当な使用のための準備の必要性を含む。）について妥当な考慮を払わなければならない。

(b) (a)の規定に基く制限を課している締約国は、(a)に定める状態がその制限を課することを正当とする限度においてのみこれを維持するものとし、その状態が改善されるにしたがつてその制限を漸次緩和しなければならない。その締約国は、(a)の規定に基く制限の新設又は維持をもはや正当としないような状態になつたときは、その制限を廃止しなければならない。

3 (a) 締約国は、国内政策の実施に当り、自国の国際収支の均衡を健全かつ永続的な基礎の上に維持し、又は回復することの必要性について、及び生産資源の非経済的利用を防止することが望ましいことについて、妥当な考慮を払うことを約束する。締約国は、この目的を達成するため、国際貿易の縮少ではなくその拡大のための措置をできる限り採用することが望ましいことを認める。

(b) この条の規定に基く制限を課している締約国は、一層重要な産品の輸入に優先権を与えるように、産品別又は産品の種類別に輸入に対する制限の範囲を定めることができる。

(c) この条の規定に基く制限を課している締約国は、次のことを約束する。

(i) 他の締約国の商業上又は経済上の利益に対する不必要な損害を避けること。

(ii) いずれかの種類の貨物の商業上の最少限度の数量の輸入でそれを排除すれば正常な交易を阻害することとなるものを不当に妨げるような制限を課さないこと。

(iii) 商業上の見本の輸入を妨げ、又は特許権、商標権若しくは著作権に関する手続若しくは他の類似の手続に従うことを妨げるような制限を課さないこと。

(d) 締約国は、完全かつ生産的な雇用の達成及び維持又は経済資源の開発をめざす国内政策の結果として、いずれかの締約国において、2(a)にいうような貨幣準備に対する脅威をもたらす高水準の輸入需要が生ずることがあることを認める。よつて、この条の規定に従つている締約国は、これらの政策を変更すればこの条の規定に基いて自国が課している制限が不必要になるであろうということを理由として制限を撤回し又は修正するように要求されることはない。

4 (a) 新たな制限を課し、又は、この条の規定に基いて適用している措置の実質的な強化により、自国の現行の制限の全般的水準を引き上げる締約国は、その制限を新設し、若しくは強化した後直ちに（又は事前の協議が実際上可能な場合には、その制限を新設し、若しくは強化する前に）、自国の国際収支上の困難の性質、執ることができる代りの是正措置及びその制限が他の締約国の経済に及ぼす影響について、締約国団と協議しなければならない。

(b) 締約国団は、締約国団が定める日に、この条の規定に基い

てその日に課せられているすべての制限を審査しなければならない。この条の規定に基く輸入制限を課している締約国は、前記の日から一年が経過した後は、毎年、(a)の規定の例による協議を締約国団と行わなければならない。

(c)(i) 締約国団は、(a)又は(b)の規定に基く締約国との協議において、制限がこの条又は第十三条の規定（第十四条の規定を留保する。）に合致しないと認めるときは、その不一致の性質を指摘しなければならず、又、その制限を適当に修正するように助言することができる。

(ii) もつとも、締約国団は、協議の結果、制限がこの条又は第十三条の規定（第十四条の規定を留保する。）に著しく反するような方法で課せられており、かつ、それがいずれかの締約国の貿易に損害を与え又は与えるおそれがあると決定するときは、その制限を課している締約国にその旨を通報し、かつ、その締約国が特定の期間内に前記の規定に従うようにするため適当な勧告を行わなければならない。その締約国が特定の期間内に前記の勧告に従わなかつたときは、締約国団は、その制限により貿易に悪影響を受けた締約国について、その制限を課している締約国に対するこの協定に基く義務で締約国団が状況により適当であると決定するものを免除することができる。

(d) 締約国団は、この条の規定に基く制限を課している締約国に対し、その制限がこの条又は第十三条の規定（第十四条の規定を留保する。）に反すること及びそれにより自国の貿易が悪影響を受けていることを一見して明白に立証することができる他の締約国から要請を受けたときは、締約国団と協議するように勧誘しなければならない。もつとも、この勧誘は、関係締約国間の直接の討議が成功しなかつたことを締約国団が確認した場合でなければ行うことはできない。締約国団との協議の結果、合意に達することができず、かつ、制限が前記の規定に反して課せられていること及びその制限がこの手続を開始した締約国の貿易に損害を与え又は与えるおそれがあることを締約国団が決定するときは、締約国団は、その制限の撤回又は修正を勧告しなければならない。締約国団が定める期間内に制限が撤回され、又は修正されないときは、締約国団は、この手続を開始した締約国について、当該制限を課している締約国に対するこの協定に基く義務で締約国団が状況により適当であると決定するものを免除することができる。

(e) 締約国団は、この4の規定に基く手続を執るに際し、制限を課している締約国の輸出貿易に悪影響を及ぼしている特別の外的要因に妥当な考慮を払わなければならない。

(f) この4の規定に基く決定は、すみやかに、できれば協議の開始の日から六十日以内に行わなければならない。

5 この条の規定に基く輸入制限が持続的かつ広範囲に課せられており、国際貿易を制限するような一般的不均衡の存在を示しているときは、締約国団は、不均衡の根本原因を除去する目的をもつて、国際収支が逆調に向つている締約国、国際収支が異常に順調に向つている締約国又は適当な政府間機関のいずれかが他の措置を執りうるかどうかについて考慮するための討議を開始しなければならない。締約国は締約国団の勧誘を受けたときは、その討議に参加しなければならない。

**第十三条（数量制限の無差別適用）** 1 締約国は、他の締約国の領域の産品の輸入又は他の締約国の領域に仕向けられる産品の輸出について、すべての第三国の同種の産品の輸入又はすべての第三国に仕向けられる同種の産品の輸出が同様に禁止され、又は制限される場合を除くほか、いかなる禁止又は制限も課してはならない。

2 締約国は、産品に対して輸入制限を課するに当り、その制限がない場合に諸締約国が獲得すると期待される取分にできる限り近づくようにその産品の貿易量を配分することを目標としなければならず、このため次の規定を遵守しなければならない。

(a) 可能なときはいつでも、輸入許可品の総量を表わす割当量（供給国間に割り当てられているかどうかを問わない。）を決定し、かつ、その総量を3(b)の規定に従つて公表しなければならない。

(b) 割当量の決定が不可能である場合には、割当量を定めない輸入の許可又は免許によつて制限を課することができる。

(c) 締約国は、(d)の規定に従つて割り当てられる割当量を実施する場合を除くほか、当該産品を特定の国又は供給源から輸入するために輸入の許可又は免許を利用することを要求してはならない。

(d) 供給国間に割当量を割り当てる場合には、制限を課している締約国は、割当量の割当について、当該産品の供給について実質的な利害関係を有する他のすべての締約国と合意することができる。この方法が事実上実行不可能な場合には、関係締約国は、その産品の供給について実質的な利害関係を有する締約国に対し、その産品の貿易に影響を及ぼしたか又は及ぼしているすべての特別の要因に妥当な考慮を払い、過去の代表的な期間中にその締約国がその産品の輸入の総数量又は総価額に対して供給した割合に基いてその産品の取分を割り当てなければならない。いずれかの締約国が前記の総数量又は総価額のうち自国に割り当てられた取分の全部を使用することを妨げるような条件又は手続は、課してはならない。ただし、輸入が当該割当量に関する所定の期間内に行われることを条件とする。

3(a) 輸入制限に関連して輸入許可証を発給する場合には、制限を課している締約国は、当該産品の貿易について利害関係を有する締約国の要請があつたときは、その制限の実施、最近の期間について与えられた輸入許可証及び供給国間におけるその許可証の配分に関するすべての関係情報を提供しなければならない。ただし、輸入又は供給を行なう企業の名称に関する情報を提供する義務を負わない。

(b) 輸入制限が割当量の決定を伴う場合には、制限を課している締約国は、将来の特定の期間中に輸入することを許可する産品の総数量又は総価額及びその総数量又は総価額の変更を公表しなければならない。公表が行われた時に輸送の途中にあつた当該産品の輸入は、拒否してはならない。ただし、実行可能な場合には、当該期間中に輸入することを許可する数量からこれを差し引いて計算することができ、また、必要な場合には、その次の一又は二以上の期間中に輸入することを許可する数量からこれを差し引いて計算することもできる。さらに、締約国が、前記の公表の日の後三十日の期間内に消費のため輸入され、又は消費のため保税倉庫から引き取られる産品について、慣習的に前記の制限を免除するときは、その慣習は、この(b)の規定に完全に合致するものと認める。

(c) 供給国間に割当量を割り当てる場合には、制限を課している締約国は、その時に供給国間に割り当てた割当量の取分の数量又は価額を当該産品の供給について利害関係を有する他のすべての締約国に直ちに通報しなければならず、かつ、これを公表しなければならない。

4 2(d)の規定又は第十一条2(c)の規定に基いて課せられる制限に関し、産品に関する代表的な期間の選定及び産品の貿易に影響を及ぼしている特別の要因の評価は、当該制限を課している締約国が最初に行わなければならない。ただし、その締約国は、その産品の供給について実質的な利害関係を有する他の締約国又は締約国団の要請を受けたときは、決定した割当若しくは選定した基準期間の調整の必要について、関係のある特別の要因の再評価の必要について、又は適当な割当量の割当若しくはその割当の無制限使用に関して一方的に設定した条件、手続その他の規定の廃止の必要について、当該他の締約国又は締約国団と直ちに協議しなければならない。

5 この条の規定は、締約国が設定し、又は維持する関税割当に適用するものとし、この条の原則は、できる限り輸出制限にも適用するものとする。

**第一四条（無差別待遇の原則の例外）** 1 第十二条又は第十八条Bの規定に基く制限を課する締約国は、その制限を課するに当り、国際通貨基金協定第八条若しくは第十四条の規定に基き又はこの協定の第十五条6の規定により締結した特別為替取極の類似の規定に基き当該時にその締約国が経常的国際取引のための支払及び資金移動について課することができる制限と等しい効果を有するような方法で、第十三条の規定から逸脱することができる。

2 第十二条又は第十八条Bの規定に基く輸入制限を課している締約国は、自国の対外貿易の一小部分に関し、関係締約国の受ける利益が他の締約国の貿易に与える損害より実質的に大きいときは、締約国団の同意を得て、一時的に第十三条の規定から逸脱することができる。

3 第十三条の規定は、国際通貨基金において共同の割当額をもつ一群の地域が、相互間の輸入にではなく他国からの輸入に対し、第十二条又は第十八条Bの規定に従つて制限を課することを妨げるものではない。ただし、その制限は、他のすべての点で第十三条の規定に合致するものでなければならない。

4 第十二条又は第十八条Bの規定に基く輸入制限を課している締約国は、第十三条の規定から逸脱しないで使用しうる通貨の獲得を増加するように自国の輸出を導く措置を実施することを、この協定の第十一条から第十五条までの規定又は第十八条Bの規定によつて、妨げられることはない。

5 締約国は、次のいずれかの数量制限を課することを、この協定の第十一条から第十五条までの規定又は第十八条Bの規定によつて、妨げられることはない。

(a) 国際通貨基金協定第七条第三項(b)の規定に基いて許可された為替制限と等しい効果を有する数量制限

(b) この協定の附属書Aに定める交渉が成立するまでの間、同附属書に定める特恵取極に基く数量制限

**第一五条（為替取極）** 1 締約国団は、締約国団及び国際通貨基金が、同基金の権限内の為替上の問題並びに締約国団の権限内の数量制限の問題及び貿易上のその他の措置に関して調整された政策を遂行することができるように、同基金との協力に努めなければならない。

2 締約国団は、貨幣準備、国際収支又は外国為替取極に関する問題を審査し、又は処理することを求められるすべての場合に、国際通貨基金と十分に協議しなければならない。その協議において、締約国団は、外国為替、貨幣準備及び国際収支についての同基金が提示する統計その他の事実に関するすべての認定を受諾しなければならず、また、為替上の事項に関するいずれかの締約国の措置が国際通貨基金協定又は当該いずれかの締約国と締約国団との間の特別為替取極の条項に従つているかどうかについての同基金の決定を受諾しなければならない。締約国団は、第十二条2(a)又は第十八条9に定める基準に基いて最終的決定をするときは、締約国の貨幣準備の著しい減少、その貨幣準備のきわめて低い水準又はその貨幣準備の合理的な率による増加が何によるものであるかについての同基金の決定及びその場合に協議の対象となるその他の事項の金融的な面に関する同基金の決定を受諾しなければならない。

3 締約国団は、前項の規定に基く協議のための手続について、国際通貨基金との取極の締結を求めなければならない。

4 締約国は、為替上の措置によつてこの協定の規定の趣旨を没却してはならず、また、貿易上の措置によつて国際通貨基金協定の規定の趣旨を没却してはならない。

5 締約国団は、いずれかの締約国が数量制限に関しこの協定で定める例外に反する方法で輸入に関連する支払及び移転について為替制限を課していると認めるときはいつでも、その問題について国際通貨基金に報告しなければならない。

6 国際通貨基金の加盟国でない締約国は、締約国団が同基金と協議して定める期間内に、同基金の加盟国とならなければならず、それが不可能なときは、締約国団と特別為替取極を締結しなければならない。同基金の加盟国でなくなつた締約国は、直ちに締約国団と特別為替取極を締結しなければならない。この項の規定に基いて締約国が締結した特別為替取極は、その締結の時に、その締約国のこの協定に基く義務の一部となる。

7 (a) 前項の規定に基く締約国と締約国団との間の特別為替取極は、当該締約国の為替上の事項に関する措置の結果この協定の目的が没却されないことについて締約国団が必要と認める規定を含まなければならない。

(b) 前記の取極の条項は、為替上の事項について国際通貨基金協定が国際通貨基金の加盟国に課する義務より全般的に一層制限的な義務をその締約国に課するものであつてはならない。

8 国際通貨基金の加盟国でない締結国は、国際通貨基金協定第八条第五項の規定の一般的範囲内の情報であつて締約国団がこの協定に基くその任務の遂行のため要求するものを提供しなければならない。

9 この協定のいかなる規定も、次のことを妨げるものではない。

(a) 締約国が、国際通貨基金協定又は自国と締約国団との間の特別為替取極に従う為替管理又は為替制限を実施すること。

(b) 締約国が、第十一条、第十二条、第十三条及び第十四条の規定に基いて認められる効果のほか前記の為替管理又は為替制限を実効的にする効果がある輸入又は輸出の制限又は統制を実施すること。

**第一六条（補助金）**

A 補助金一般

1 締約国は、補助金（なんらかの形式による所得又は価格の支持を含む。）で、直接又は間接に自国の領域からの産品の輸出を増加させ又は自国の領域への産品の輸入を減少させるものを許与し、又は維持するときは、当該補助金の交付の範囲及び性格について、自国の領域に輸入され又は自国の領域から輸出される産品の数量に対して当該補助金の交付が及ぼすと推定される

効果について、並びにその補助金の交付を必要とする事情について、書面により締約国団に通告しなければならない。その補助金が他の締約国の利益に重大な損害(serious prejudice)を与え、又は与えるおそれがあると決定された場合には、補助金を許与している締約国は、要請を受けたときは、その補助金を制限する可能性について他の関係締約国又は締約国団と討議しなければならない。

B　輸出補助金に関する追加規定

2　締約国団は、締約国によるいずれかの産品に対する輸出補助金の許与が、他の輸入締約国及び輸出締約国に有害な影響を与え、それらの締約国の通常の商業上の利益に不当な障害をもたらし、及びこの協定の目的の達成を阻害することがあることを認める。

3　よつて、締約国は、一次産品の輸出補助金の許与を避けるように努めなければならない。ただし、締約国が自国の領域からの一次産品の輸出を増加するようないずれかの形式の補助金を直接又は間接に許与するときは、その補助金は、過去の代表的な期間における当該産品の世界輸出貿易におけるその締約国の取分及びこのような貿易に影響を与えたか又は与えていると思われる特別の要因を考慮して、当該産品の世界輸出貿易における当該締約国の衡平な取分をこえて拡大するような方法で与えてはならない。

4　さらに、締約国は、千九百五十八年一月一日に、又はその後のできる限り早い日に、一次産品以外の産品の輸出に対し、国内市場の買手が負担する同種の産品の比較可能な価格より低い価格で当該産品を輸出のため販売することとなるようないかなる形式の補助金も、直接であると間接であるとを問わず、許与することを終止するものとする。締約国は、千九百五十七年十二月三十一日までの間、補助金の交付の範囲を、補助金を新設することにより、又は現行の補助金を拡大することにより、千九百五十五年一月一日現在の補助金の交付の範囲をこえて拡大してはならない。

5　締約国団は、この条の規定が、この協定の目的の助長に対し、及び締約国の貿易又は利益に著しく有害な補助金の交付の防止に対し、有効であるかどうかを実際の経験に照らして審査するため、その規定の運用を随時検討しなければならない。

**第一七条（国家貿易企業）**

1(a)　各締約国は、所在地のいかんを問わず国家企業を設立し、若しくは維持し、又はいずれかの企業に対して排他的な若しくは特別の特権を正式に若しくは事実上許与するときは、その企業を、輸入又は輸出のいずれかを伴う購入又は販売に際し、民間貿易業者が行う輸入又は輸出についての政府の措置に関してこの協定に定める無差別待遇の一般原則に合致する方法で行動させることを約束する。

(b)　(a)の規定は、前記の企業が、この協定の他の規定に妥当な考慮を払つた上で、商業的考慮(価格、品質、入手の可能性、市場性、輸送等の購入又は販売の条件に対する考慮をいう。)のみに従つて前記の購入又は販売を行い、かつ、他の締約国の企業に対し、通常の商慣習に従つて前記の購入又は販売に参加するために競争する適当な機会を与えることを要求するものと了解される。

(c)　締約国は、自国の管轄権の下にある企業（(a)に定める企業であるかどうかを問わない。）が(a)及び(b)の原則に従つて行動することを妨げてはならない。

2　1の規定は、再販売するため又は販売のための貨物の生産に使用するための産品ではなく政府が直接に又は最終的に消費するための産品の輸入には、適用しない。その輸入については、各締約国は、他の締約国の貿易に対して公正かつ衡平な待遇を許与しなければならない。

3　締約国は、1(a)に定める種類の企業の運営が貿易に著しい障害を与えることがあること、よつて、その障害を制限し、又は減少するための相互的かつ互恵的な基礎における交渉が国際貿易の拡大のため重要であることを認める。

4(a)　締約国は、1(a)に定める種類の企業により自国の領域に輸入され、又はそこから輸出される産品を締約国団に通告しなければならない。

(b)　第二条の規定に基く譲許の対象とならない産品について輸入独占を設定し、維持し、又はその特権を与える締約国は、当該産品について実質的数量の貿易を行う他のいずれかの締約国の要請を受けたときは、最近の代表的な期間における当該産品の輸入差益を締約国団に通報しなければならず、その通報を行うことが不可能なときは、当該産品の再販売に当り課せられる価格を通報しなければならない。

(c)　締約国団は、この協定に基く自国の利益が1(a)に定める種類の企業の運営により悪影響を受けていると信ずべき根拠を有する締約国から要請を受けたときは、その企業を設立し、維持し、又はこれに特権を与えている締約国に対し、その企業の運営に関する情報でこの協定の規定の実施に関連のあるものを提供するように要請することができる。

(d)　この4の規定は、締約国に対し、法令の実施を妨げ、公共の利益に反し、又は特定の企業の正当な商業上の利益を害することとなるような秘密の情報の提供を要求するものではない。

**第一八条（経済開発に対する政府の援助）** 1　締約国は、この協定の目的の達成が、締約国、特に、経済が低生活水準を維持することができるにすぎず、かつ、開発の初期の段階にある締約国の経済の漸進的開発により容易にされることを認める。

2　締約国は、さらに、これらの締約国が、その国民の一般的生活水準を引き上げるための経済開発の計画及び政策を実施するため、輸入に影響する保護措置その他の措置を必要とする場合があること並びにそれらの措置が、この協定の目的の達成を容易にする限り、正当とされることを認める。よつて、締約国は、前記の締約国が、(a)特定の産業の確立のため必要な関税上の保護を与えることができるように、自国の関税構造に十分な弾力性を維持すること及び(b)自国の経済開発計画の実施により予想される継続的な高度の輸入需要を十分に考慮して国際収支のための数量制限を課することを可能ならしめる追加的便益を享有することに同意する。

3　締約国は、最後に、A及びBに定める追加的便益が与えられれば、この協定の規定が締約国にとつてその経済開発の要件を満たすために通常十分であることを認める。もつとも、締約国は、経済開発の過程にある締約国がその国民の一般的生活水準の引上げの意図をもつてする特定の産業の確立を促進するため必要な政府援助を許与するためには、A及びBの規定に合致するいかなる措置も実際上執りえないような事態が存在するかもしれないことに同意する。このような事態に対処するため、C及びDに特別の手続を定める。

4(a)　よつて、経済が低生活水準を維持することができるにすぎず、かつ、開発の初期の段階にある締約国は、A、B及びCに定めるとおり、この協定の他の条項の規定から一時的に逸脱することができるものとする。

(b) 経済が開発の過程にあるが(a)の規定の範囲内にはいらない締約国は、締約国団に対し、Dの規定に基く申請を行うことができる。

5 締約国は、経済が4(a)及び(b)にいう形態をそなえ、かつ、少数の一次産品の輸出に依存する締約国の輸出収入が、その産品の販売の低下により、著しく減少することがあることを認める。よつて、このような締約国は、自国の一次産品の輸出が他の締約国の執つた措置により著しい影響を受けるときは、この協定の第二十二条の協議規定を援用することができる。

6 締約国団は、毎年、C及びDの規定に従つて執られるすべての措置を審査しなければならない。

A

7(a) 4(a)の規定の範囲内にはいる締約国は、その国民の一般的生活水準を引き上げる意図をもつて特定の産業の確立を促進するため、この協定に附属する該当の譲許表に含まれる譲許を修正し、又は撤回することが望ましいと考えるときは、その旨を締約国団に通告し、かつ、その譲許について直接に交渉を行つた締約国及びその譲許について実質的な利害関係を有すると締約国団により決定された他の締約国と交渉を行わなければならない。これらの関係締約国の間で合意が成立したときは、これらの締約国は、その合意(関係する補償的調整を含む。)を実施するため、この協定の該当の譲許表に基く譲許を修正し、又は撤回することができるものとする。

(b) (a)に定める通告の日の後六十日以内に合意が成立しなかつたときは、譲許の修正又は撤回を申し出た締約国は、その問題を締約国団に付託することができ、締約国団は、直ちにその問題を審査しなければならない。譲許の修正又は撤回を申し出た締約国が合意に達するためあらゆる努力を払つたこと及びその締約国が提案する補償的調整が適当なものであることを締約国団が認めるときは、その締約国は、同時にその補償的調整を実施することを条件として、その譲許を修正し、又は撤回することができるものとする。締約国団が、譲許の修正又は撤回を申し出た締約国の提案する補償が適当なものであるとは認めないが、その締約国が適当な補償を提案するためあらゆる妥当な努力を払つたことを認めるときは、その締約国は、その修正又は撤回を行うことができるものとする。このような措置が執られたときは、(a)に掲げる他のいずれの締約国も、その措置を執つた締約国と直接に交渉した譲許のうちその措置と実質的に等価値の譲許を修正し、又は撤回することができるものとする。

B

8 締約国は、4(a)の規定の範囲内にはいる締約国が急速な開発過程にあるときは、そのような締約国においては、その国内市場を拡大するための努力及びその交易条件の不安定性から主として起る国際収支上の困難が生ずることを認める。

9 4(a)の規定の範囲内にはいる締約国は、自国の対外資金状況を擁護するため、及び自国の経済開発計画の実施のために十分な貨幣準備を確保するため、10から12までの規定に従うことを条件として、輸入を許可される商品の数量又は価格を制限することにより輸入の全般的水準を統制することができる。ただし、このようにして新設され、維持され、又は強化される輸入制限は、次のいずれかの目的のために必要な限度をこえてはならない。

(a) 自国の貨幣準備の著しい減少の脅威の予防又はそのような減少の阻止

(b) 十分な貨幣準備を有しない締約国の場合には、その貨幣準備の合理的な率による増加

前記のいずれの場合においても、当該締約国の貨幣準備又はその貨幣準備の必要性に影響を及ぼしていると思われる特別の要因(その締約国が外国の特別の信用その他の資金を利用することができる場合には、その信用又は資金の適当な使用のための準備の必要性を含む。)について妥当な考慮を払わなければならない。

10 締約国は、これらの制限を課するに当り、自国の経済開発政策に照らして一層重要な産品の輸入に優先権を与えるように、産品別又は産品の種類別に輸入に対する制限の範囲を定めることができる。ただし、その制限は、他の締約国の商業上又は経済上の利益に対する不必要な損害を避けるように、かつ、いずれかの種類の貨物の商業上の最少限度の数量の輸入でそれを排除すれば正常な交易を阻害することとなるものを不当に妨げないように課さなければならず、また、商業上の見本の輸入を妨げ、又は特許権、商標権若しくは著作権に関する手続若しくは他の類似の手続に従うことを妨げるように課してはならない。

11 締約国は、国内政策の実施に当り、自国の国際収支の均衡を健全かつ永続的な基礎の上に回復することの必要性について、及び生産資源の経済的利用を確保することが望ましいことについて、妥当な考慮を払わなければならない。締約国は、このBの規定に基いて課する制限を、9の条件に基き必要とされる限度においてのみ維持するものとし、状態が改善されるにしたがつて漸次緩和しなければならず、また、その制限の維持をもはや正当としないような状態になつたときは、その制限を廃止しなければならない。ただし、締約国は、その開発政策を変更すればこのBの規定に基いて自国が課している制限が不必要になるであろうということを理由としてその制限を撤回し又は修正するように要求されることはない。

12(a) 新たな制限を課し、又は、このBの規定に基いて適用している措置の実質的な強化により、自国の現行の制限の全般的水準を引き上げる締約国は、その制限を新設し、若しくは強化した後直ちに(又は事前の協議が実際上可能な場合には、その制限を新設し、若しくは強化する前に)、自国の国際収支上の困難の性質、執ることができる代りの是正措置及びその制限が他の締約国の経済に及ぼす影響について、締約国団と協議しなければならない。

(b) 締約国団は、締約国団が定める日に、このBの規定に基いてその日に課せられているすべての制限を審査しなければならない。このBの規定に基く制限を課している締約国は、前記の日から二年を経過した後は、締約国団が毎年作成する計画に従つて大体二年ごとに(その間隔は、二年より短くてはならない。)、(a)の規定の例による協議を締約国団と行わなければならない。ただし、この(b)の規定に基く協議は、この12の他の規定に基く一般的性質の協議の終結の後二年以内に行うことはできない。

(c)(i) 締約国団は、(a)又は(b)の規定に基く締約国との協議において、制限がこのB又は第十三条の規定(第十四条の規定を留保する。)に合致しないと認めるときは、その不一致の

性質を指摘しなければならず、また、その制限を適当に修正するように助言することができる。

(ii) もつとも、締約国団は、協議の結果、制限がこのB又は第十三条の規定（第十四条の規定を留保する。）に著しく反するような方法で課せられており、かつ、それがいずれかの締約国の貿易に損害を与え又は与えるおそれがあると決定するときは、その制限を課している締約国にその旨を通報し、かつ、その締約国が特定の期間内に前記の規定に従うようにするため適当な勧告を行わなければならない。その締約国が特定の期間内に前記の勧告に従わなかつたときは、締約国団は、その制限により貿易に悪影響を受けた締約国について、当該制限を課している締約国に対するこの協定に基く義務で締約国団が状況により適当であると決定するものを免除することができる。

(d) 締約国団は、このBの規定に基く制限を課している締約国に対し、その制限がこのB又は第十三条の規定（第十四条の規定を留保する。）に反すること及びそれにより自国の貿易が悪影響を受けていることを一見して明白に立証することができる他の締約国から要請を受けたときは、締約国団と協議するように勧誘しなければならない。もつとも、この勧誘は、関係締約国間の直接の討議が成功しなかつたことを締約国団が確認した場合でなければ行うことはできない。締約国団との協議の結果、合意に達することができず、かつ、制限が前記の規定に反して課せられていること及びその制限がこの手続を開始した締約国の貿易に損害を与え又は与えるおそれがあることを締約国団が決定するときは、締約国団は、その制限の撤回又は修正を勧告しなければならない。締約国団が定める期間内に制限が撤回され、又は修正されないときは、締約国団は、この手続を開始した締約国について、当該制限を課している締約国に対するこの協定に基く義務で締約国団が状況により適当であると決定するものを免除することができる。

(e) (c)(ii)又は(d)のいずれかの最後の文の規定に従つて執られた措置の適用を受けている締約国は、締約国団が認める義務の免除により自国の経済開発の計画及び政策の運営が悪影響を受けると認めるときは、その措置が執られた後六十日以内に、締約国団の書記局長に対し、この協定から脱退する意思を書面により通告することができるものとし、その脱退は、同書記局長がその通告書を受領した日の後六十日目に効力を生ずる。

(f) 締約国団は、この12の規定に基く手続を執るに際し、2に掲げる要因に妥当な考慮を払わなければならない。この12の規定に基く決定は、すみやかに、できれば協議の開始の日から六十日以内に行わなければならない。

## C

13　4(a)の規定の範囲内にはいる締約国は、その国民の一般的生活水準を引き上げる意図をもつて特定の産業の確立を促進するため、政府の援助が必要であるが、この目的のためにはこの協定の他の規定に合致するいかなる措置も実際上執りえないと認めるときは、このCの規定及び手続を援用することができる。

14　締約国は、13に定める目的を達成するに当つて生ずる特別の困難を締約国団に通告しなければならず、かつ、その困難を除去するために自国が執ることを申し出る特別の措置で輸入に影響を及ぼすものを示さなければならない。その締約国は、前記の措置を、15若しくは17に定める期間の満了前には、又は、その措置がこの協定に附属する該当の譲許表に含まれる譲許の対象たる産品の輸入に影響を及ぼすものであるときは、18の規定に従い締約国団の同意を得ない限り、執ることができない。ただし、援助を受けている産業がすでに生産を開始しているときは、当該締約国は、締約国団に通報した後、当該産品の輸入が通常の水準をこえて実質的に増加することを防ぐための措置を必要とする期間中執ることができる。

15　前記の措置の通告の日の後三十日以内に、締約国団が当該締約国に対して締約国団と協議するように要請しなかつたときは、その締約国は、申し出た措置を執るために必要な限度において、この協定の他の条項の該当の規定から逸脱することができるものとする。

16　締約国団の要請を受けたときは、当該締約国は、申し出た措置の目的、この協定に基いて執ることができる代りの措置並びに申し出た措置が他の締約国の商業上及び経済上の利益に及ぼす影響について、締約国団と協議しなければならない。その協議の結果、締約国団が、この協定の他の規定に合致する措置で13に定める目的の達成のために実際上執ることができるものがないことを認め、かつ、申し出られた措置に同意するときは、当該締約国は、その措置を執るために必要な限度において、この協定の他の条項の該当の規定に基く義務を免除されるものとする。

17　14の規定に基く申し出られた措置の通告の日の後九十日以内に、締約国団がその措置に同意しないときは、当該締約国は、締約国団に通報した後、申し出た措置を執ることができる。

18　申し出た措置がこの協定に附属する該当の譲許表に含まれる譲許の対象たる産品に影響を及ぼすものであるときは、当該締約国は、その譲許について直接に交渉を行つた他の締約国及びその譲許について実質的な利害関係を有すると締約国団により決定された他の締約国と協議を行なわなければならない。締約国団は、この協定の他の規定に合致する措置で13に定める目的の達成のために実際上執ることができるものがないこと及び次のいずれかのことを認めるときは、前記の措置に同意しなければならない。

(a) 前記の協議の結果、これらの他の締約国との合意が成立したこと。

(b) 締約国団が14に定める通告を受領した日の後六十日以内に、合意が成立しなかつたときは、このCの規定を援用する締約国が合意に達するためあらゆる妥当な努力を払つたこと及び他の締約国の利益が十分に擁護されていること。

このCの規定を援用する締約国は、前記の措置を執るために必要な限度において、この協定の他の条項の該当の規定に基く義務を免除される。

19　13の規定の例による申し出られた措置が、この協定の該当の規定に基いて関係締約国が国際収支上の目的で課した制限によつて附随的に与えられた保護によりその確立が初期において容易にされた産業に関係があるときは、その締約国は、このCの規定及び手続を援用することができる。ただし、その締約国は、締約国団の同意がなければ、申し出た措置を執つてはならない。

20　このCの前諸項のいかなる規定も、この協定の第一条、第二条及び第十三条の規定からの逸脱を認めるものではない。10のただし書は、このCの規定に基くすべての制限に適用する。

21　17の規定に基く措置が執られている間はいつでも、その措置により実質的な影響を受けた締約国は、このCの規定を援用している締約国の貿易に対し、この協定に基く実質的に等価値の譲許その他の義務であつてその適用の停止を締約国団が否認しないものの適用を停止することができる。ただし、影響を受ける締約国に実質的に不利となるように前記の措置が執られ、又は変更された後六箇月以内に、その停止について六十日の事前の通告を締約国団に対して行なわなければならない。この停止を行なう締約国は、この協定の第二十二条の規定に従い協議のための適当な機会を与えなければならない。

D

22　4(b)の規定の範囲内にはいる締約国は、自国の経済の開発のため、特定の産業の確立に関し13の規定の例による措置を執ることを希望するときは、その措置について承認を得るため締約国団に申請することができる。締約国団は、当該締約国と直ちに協議しなければならず、また、決定を下すに当つては、16に定める事項について考慮を払わなければならない。申し出られた措置に締約国団が同意したときは、当該締約国は、その措置を執るために必要な限度において、この協定の他の条項の該当の規定に基く義務を免除される。申し出られた措置が、この協定に附属する該当の譲許表に含まれる譲許の対象たる産品に影響を及ぼすものであるときは、18の規定が適用される。

23　このDの規定に基いて執られる措置は、20の規定に従わなければならない。

**第一九条（特定の産品の輸入に対する緊急措置）**

1 (a)　締約国は、事情の予見されなかつた発展の結果及び自国がこの協定に基いて負う義務（関税譲許を含む。）の効果により、産品が、自国の領域内における同種の産品又は直接的競争産品の国内生産者に重大な損害を与え又は与えるおそれがあるような増加した数量で、及びそのような条件で、自国の領域内に輸入されているときは、その産品について、前記の損害を防止し又は救済するために必要な限度及び期間において、その義務の全部若しくは一部を停止し、又はその譲許を撤回し、若しくは修正することができる。

(b)　特恵譲許の対象となつている産品が締約国の領域内に(a)に定める事情の下に輸入され、その結果、その特恵を受けているか又は受けていた他の締約国の領域内における同種の産品又は直接的競争産品の国内生産者に重大な損害を与え又は与えるおそれがある場合において、当該他の締約国の要請を受けたときは、輸入締約国は、当該産品について、前記の損害を防止し又は救済するために必要な限度及び期間において、該当の義務の全部若しくは一部を停止し、又は譲許を撤回し、若しくは修正することができる。

2　締約国は、1の規定に従つて措置を執るに先だち、提案する措置についてできる限り早目に書面により締約国団に通告しなければならず、また、自国と協議する機会を、締約国団及び当該産品の輸出国として実質的に利害関係を有する締約国に与えなければならない。特恵譲許について前記の通告を行うときは、その通告には、その措置を要請した締約国の名を掲げなければならない。遅延すれば回復しがたい損害を生ずるような急迫した事態においては、1の規定に基く措置は、事前の協議を行うことなく暫定的に執ることができる。ただし、その措置を執つた後直ちに協議を行うことを条件とする。

3 (a)　前記の措置について関係締約国間に合意が成立しなかつた場合にも、締約国は、希望するときは、その措置を執り、又は継続することができる。また、その措置が執られ、又は継続されるときは、それによつて影響を受ける締約国は、その措置が執られた後九十日以内に、かつ、締約国団が停止の通告書を受領した日から三十日の期間が経過した時に、その措置を執つている締約国の貿易に対し、又は1(b)に定める場合にはその措置を要請している締約国の貿易に対し、この協定に基く実質的に等価値の譲許その他の義務で締約国団が否認しないものの適用を停止することができる。

(b)　(a)の規定にかかわらず、締約国は、事前の協議を行うことなく2の規定に基いて措置が執られ、かつ、その措置がその影響を受ける産品の国内生産者に対して自国の領域内において重大な損害を与え又は与えるおそれがある場合において、遅延すれば回復しがたい損害を生ずるおそれがあるときは、その措置が執られると同時に、及び協議の期間を通じて、損害を防止し又は救済するために必要な譲許その他の義務を停止することができる。

**第二〇条（一般的例外）**　この協定の規定は、締約国が次のいずれかの措置を採用すること又は実施することを妨げるものと解してはならない。ただし、それらの措置を、同様の条件の下にある諸国の間において任意の〔arbitrary〕若しくは正当と認められない差別待遇の手段となるような方法で、又は国際貿易の偽装された制限となるような方法で、適用しないことを条件とする。

(a)　公徳の保護のために必要な措置

(b)　人、動物又は植物の生命又は健康の保護のために必要な措置

(c)　金又は銀の輸入又は輸出に関する措置

(d)　この協定の規定に反しない法令（税関行政に関する法令、第二条4及び第十七条の規定に基いて運営される独占の実施に関する法令、特許権、商標権及び著作権の保護に関する法令並びに詐欺的慣行の防止に関する法令を含む。）の遵守を確保するために必要な措置

(e)　刑務所労働の産品に関する措置

(f)　美術的、歴史的又は考古学的価値のある国宝の保護のために執られる措置

(g)　有限天然資源の保存に関する措置。ただし、この措置が国内の生産又は消費に対する制限と関連して実施される場合に限る。

(h)　締約国団に提出されて否認されなかつた基準に合致する政府間商品協定又は締約国団に提出されて否認されなかつた政府間商品協定のいずれかに基く義務に従つて執られる措置

(i)　国内原料の価格が政府の安定計画の一部として国際価格より低位に保たれている期間中、国内の加工業に対してその原料の不可欠の数量を確保するために必要な国内原料の輸出に制限を課する措置。ただし、この制限は、国内産業の産品の輸出を増加するように、又は国内産業に与えられる保護を増大するように運用してはならず、また、無差別待遇に関するこの協定の規定から逸脱してはならない。

(j)　一般的に又は地方的に供給が不足している産品の獲得又は分配のために不可欠の措置。ただし、このような措置は、すべての締約国が当該産品の国際的供給について衡平な取分を受ける権利を有するという原則に合致するものでなければならず、また、この協定の他の規定に反するこのような措置は、それを生ぜしめた条件が存在しなくなつたときは、直ちに終止しなければならない。締約国団は、千九百六十年六月三十日以前に、この(j)の規定の必要性について検討しなければな

らない。

**第二一条（安全保障のための例外）** この協定のいかなる規定も、次のいずれかのことを定めるものと解してはならない。

(a) 締約国に対し、発表すれば自国の安全保障上の重大な利益に反するとその締約国が認める情報の提供を要求すること。

(b) 締約国が自国の安全保障上の重大な利益の保護のために必要であると認める次のいずれかの措置を執ることを妨げること。

(i) 核分裂性物質又はその生産原料である物質に関する措置

(ii) 武器、弾薬及び軍需品の取引並びに軍事施設に供給するため直接又は間接に行なわれるその他の貨物及び原料の取引に関する措置

(iii) 戦時その他の国際関係の緊急時に執る措置

(c) 締約国が国際の平和及び安全の維持のため国際連合憲章に基く義務に従う措置を執ることを妨げること。

**第二二条（協議）** 1 各締約国は、この協定の運用に関して他の締約国が行う申立に対し好意的な考慮を払い、かつ、その申立に関する協議のため適当な機会を与えなければならない。

2 締約国団は、いずれかの締約国の要請を受けたときは、前項の規定に基く協議により満足しうる解決が得られなかつた事項について、いずれかの一又は二以上の締約国と協議することができる。

**第二三条（無効化又は侵害（Nullification or Impairment））**

1 締約国は、(a)他の締約国がこの協定に基く義務の履行を怠つた結果として、(b)他の締約国が、この協定の規定に抵触するかどうかを問わず、なんらかの措置を適用した結果として、又は(c)その他のなんらかの状態が存在する結果として、この協定に基き直接若しくは間接に自国に与えられた利益が無効にされ、若しくは侵害され、又はこの協定の目的の達成が妨げられていると認めるときは、その問題について満足しうる調整を行うため、関係があると認める他の締約国に対して書面により申立又は提案をすることができる。この申立又は提案を受けた締約国は、その申立又は提案に対して好意的な考慮を払わなければならない。

2 妥当な期間内に関係締約国間に満足しうる調整が行われなかつたとき、又は困難が前項(c)に掲げるものに該当するときは、その問題を締約国団に付託することができる。締約国団は、このようにして付託された問題を直ちに調査し、かつ、関係があると認める締約国に対して適当な勧告を行い、又はその問題について適当に決定（ruling）を行わなければならない。締約国団は、必要と認めるときは、締約国、国際連合経済社会理事会及び適当な政府間機関と協議することができる。締約国団は、事態が重大であるためそのような措置が正当とされると認めるときは、締約国に対し、この協定に基く譲許その他の義務でその事態にかんがみて適当であると決定するものの他の締約国に対する適用の停止を許可することができる。当該他の締約国に対するいずれかの譲許その他の義務の適用が実際に停止されたときは、その締約国は、停止の措置が執られた後六十日以内に、この協定から脱退する意思を書面により締約国団の書記局長に通告することができ、この脱退は、同書記局長がその脱退通告書を受領した日の後六十日目に効力を生ずる。

## 第三部（抄）

**第二四条（適用地域―国境貿易―関税同盟及び自由貿易地域（Free-trade Areas））** 1 この協定の規定は、締約国の本土関税地域及び第二十六条の規定に基いてこの協定が受諾され、又は第三十三条の規定に基いて若しくは暫定的適用に関する議定書に従つてこの協定が適用されている他の関税地域に適用する。これらの関税地域は、この協定の適用地域に関する場合に限り、それぞれ一締約国として取り扱うものとする。ただし、この項の規定は、単一の締約国が第二十六条の規定に基いてこの協定を受諾しており、又は第三十三条の規定に基いて若しくは暫定的適用に関する議定書に従つてこの協定を適用している二以上の関税地域の間になんらかの権利又は義務を発生させるものと解してはならない。

2 この協定の適用上、関税地域とは、当該地域とその他の地域との間の貿易の実質的な部分に対して独立の関税その他の通商規則を維持している地域をいう。

3 この協定の規定は、次のものを妨げるものと解してはならない。

(a) 締約国が国境貿易を容易にするため隣接国に与える利益

(b) トリエステ自由地域の隣接国が同地域との貿易に与える利益。ただし、その利益が第二次世界戦争の結果締結された平和条約に抵触しないことを条件とする。

4 締約国は、任意の協定により、その協定の当事国間の経済の一層密接な統合を発展させて貿易の自由を増大することが望ましいことを認める。締約国は、また、関税同盟又は自由貿易地域の目的が、その構成領域間の貿易を容易にすることにあり、そのような領域と他の締約国との間の貿易に対する障害を引き上げることにはないことを認める。

5 よつて、この協定の規定は、締約国の領域の間で、関税同盟を組織し、若しくは自由貿易地域を設定し、又は関税同盟の組織若しくは自由貿易地域の設定のために必要な中間協定を締結することを妨げるものではない。ただし、次のことを条件とする。

(a) 関税同盟又は関税同盟の組織のための中間協定に関しては、当該関税同盟の創設又は当該中間協定の締結の時にその同盟構成国又はその協定の当事国でない締約国との貿易に適用される関税その他の通商規則は、全体として、当該関税同盟の組織又は当該中間協定の締結の前にその構成地域において適用されていた関税の全般的な水準及び通商規則よりそれぞれ高度なものであるか又は制限的なものであつてはならない。

(b) 自由貿易地域又は自由貿易地域の設定のための中間協定に関しては、各構成地域において維持されている関税その他の通商規則で、その自由貿易地域の設定若しくはその中間協定の締結の時に、当該地域に含まれない締約国又は当該協定の当事国でない締約国の貿易に適用されるものは、自由貿易地域の設定又は中間協定の締結の前にそれらの構成地域に存在していた該当の関税その他の通商規則よりそれぞれ高度なものであるか又は制限的なものであつてはならない。

(c) (a)及び(b)に掲げる中間協定は、妥当な期間内に関税同盟を組織し、又は自由貿易地域を設定するための計画及び日程を含むものでなければならない。

6 5(a)の要件を満たすに当り、締約国が第二条の規定に反して税率を引き上げることを提案したときは、第二十八条に定める手続を適用する。補償的調整を決定するに当つては、関税同盟の他の構成国の対応する関税の引下げによつてすでに与えられた補償に対して妥当な考慮を払わなければならない。

7(a) 関税同盟若しくは自由貿易地域又は関税同盟の組織のため若しくは自由貿易地域の設定のために締結される中間協定に参加することを決定する締約国は、その旨を直ちに締約国団に通告し、かつ、締約国団が適当と認める報告及び勧告を締約国に対して行うことができるようにその関税同盟又は自由貿易地域に関する情報を締約国団に提供しなければならない。

(b) 締約国団は、5に掲げる中間協定に含まれる計画及び日程をその中間協定の当事国と協議して検討し、かつ、(a)の規定に従つて提供された情報に妥当な考慮を払つた後、その協定の当事国の意図する期間内に関税同盟が組織され若しくは自由貿易地域が設定される見込がないか又はその期間が妥当でないと認めたときは、その協定の当事国に対して勧告を行わなければならない。当事国は、その勧告に従つてその中間協定を修正する用意がないときは、それを維持し、又は実施してはならない。

(c) 5(c)に掲げる計画又は日程の実質的な変更は、締約国団に通報しなければならない。締約国団は、その変更が関税同盟の組織又は自由貿易地域の設定を危くし、又は不当に遅延させるものであると認めるときは、関係締約国に対し、締約国団と協議するように要請することができる。

8 この協定の適用上、

(a) 関税同盟とは、次のことのために単一の関税地域をもつて二以上の関税地域に替えるものをいう。

(i) 関税その他の制限的通商規則(第十一条、第十二条、第十三条、第十四条、第十五条及び第二十条の規定に基いて認められるもので必要とされるものを除く。)を同盟の構成地域間の実質上のすべての貿易について、又は少くともそれらの地域の原産の産品の実質上のすべての貿易について、廃止すること。

(ii) 9の規定に従うことを条件として、同盟の各構成国が、実質的に同一の関税その他の通商規則をその同盟に含まれない地域の貿易に適用すること。

(b) 自由貿易地域とは、関税その他の制限的通商規則(第十一条、第十二条、第十三条、第十四条、第十五条及び第二十条の規定に基いて認められるもので必要とされるものを除く。)がその構成地域の原産の産品の構成地域間における実質上のすべての貿易について廃止されている二以上の関税地域の集団をいう。

9 第一条2に掲げる特恵は、関税同盟の組織又は自由貿易地域の設定によつて影響を受けるものではないが、これによつて影響を受ける締約国との交渉によつて廃止し、又は調整することができる。影響を受ける締約国とのこの交渉の手続は、特に、8(a)(i)及び(b)の規定に合致するために必要とされる特恵の廃止に適用するものとする。

10 締約国団は、5から9までに定める要件に完全には合致しない提案を三分の二の多数によつて承認することができる。ただし、その提案は、この条の規定の意味における関税同盟の組織又は自由貿易地域の設定のためのものでなければならない。

11 締約国は、インド及びパキスタンの独立国としての確立の結果生ずる例外的な事態を考慮し、かつ、両国が長期にわたつて単一の経済単位を構成してきたことを認めるので、両国間の貿易関係が確定的な基礎の上に確立されるまでの間は、この協定の規定が、両国間の貿易に関する両国間の特別の取極の締結を妨げるものではないことに同意する。

12 各締約国は、自国の領域内の地域的な及び地方的な政府及び機関によるこの協定の規定の遵守を確保するため、執ることができる妥当な措置を講ずるものとする。

**第二五条（締約国の共同行動）** 1 締約国の代表者は、この協定の規定であつて、共同行動を伴うものを実施するため、並びに一般にこの協定の運用を容易にし、及びその目的を助長するため、随時会合しなければならない。この協定において、共同して行動する締約国を指すときはいつでも、締約国団という。

2 国際連合事務総長は、締約国団の第一回会合を招集するように要請される。その会合は、千九百四十八年三月一日以前に行うものとする。

3 各締約国は、締約国団のすべての会合において、一個の投票権を有する。

4 この協定に別段の定がある場合を除くほか、締約国団の決定は、投票の過半数によつて行うものとする。

5 締約国団は、この協定に規定されていない例外的な場合には、この協定により締約国に課せられる義務を免除することができる。ただし、その決定が投票の三分の二の多数により承認されること及びその多数には半数をこえる締約国を含むことを条件とする。締約国団は、また、このような表決方法により、次のことを行うことができる。

(i) 義務の免除[waiver]のため他の投票の要件が適用されるべき例外的場合の若干の種類を定めること。

(ii) この5の規定の適用のため必要な基準を定めること。

**第二六条（受諾、効力発生及び登録）** 1 この協定の日付は、千九百四十七年十月三十日とする。

2 この協定は、千九百五十五年三月一日にこの協定の締約国であつたか、又はこの協定への加入のため交渉を行つていた締約国による受諾のため、開放される。

3・4 (略)

5(a) この協定を受諾する各政府は、その本土領域及びその政府が国際的責任を有する他の地域についてこの協定を受諾するものとする。ただし、受諾の時に締約国団の書記局長に通告される独立の関税地域は、除外する。

(b) (a)のただし書に基いて同書記局長に前記の通告を行つた政府は、自国の受諾が、除外された独立の関税地域のいずれかについて適用される旨をいつでも同書記局長に通告することができ、その通告は、同書記局長がそれを受領した日の後三十日目に効力を生ずる。

(c) いずれかの関税地域で締約国がそれについてこの協定を受諾しているものは、その対外通商関係及びこの協定で定める他の事項の処理について完全な自治権を保持しているか又は取得したときは、責任を有する締約国の当該事実を確証する宣言による提唱に基いて締約国とみなされる。

6 この協定は、附属書Hの該当の欄の百分率に従つて算定して、同附属書に掲げる政府の領域の対外貿易総額の八十五パーセントを占める政府により受諾書が締約国団の書記局長に寄託された日の後三十日目に、この協定を受諾している政府の間で効力を生ずる。その他の各政府の受諾書は、それが寄託された日の後三十日目に効力を生ずる。

7 (略)

**第二七条（譲許の停止又は撤回）** 締約国は、この協定に附属する該当の譲許表に定める譲許で、締約国とならなかつた政府又は締約国でなくなつた政府と直接に交渉した譲許であると決定するものについては、いつでもその全部又は一部を停止し、又は撤回することができる。この措置を執る締約国は、その旨を締約国団に通告しなければならず、また、要請を受けたときは、当該産品について実質的な利害関係を有する締約国と協議しなければならない。

**第二八条（譲許表の修正）** 1　締約国（以下この条において「申請締約国」という。）は、この協定に附属する該当の譲許表に含まれる譲許を、その譲許について直接に交渉した締約国及び主要供給国としての利害関係を有すると締約国団により決定された他の締約国（これらの二種類の締約国は、申請締約国とともに、以下この条において「主要関係締約国」という。）と交渉し、かつ、合意することにより、及びその譲許について実質的な利害関係を有すると締約国団が決定する他の締約国と協議することを条件として、千九百五十八年一月一日から始まる各三年の期間の最初の日（又は締約国団が投票の三分の二の多数決により定めるその他の期間の最初の日）に、修正し、又は撤回することができる。

2　前記の交渉及び合意（他の産品に関する補償的調整の規定を含むことができる。）において、関係締約国は、その交渉前におけるこの協定に定められた水準より貿易にとつて不利でない相互的かつ互恵的な譲許の一般的水準を維持するように努めなければならない。

3(a)　千九百五十八年一月一日前に、又は1にいう期間の満了前に、主要関係締約国の間に合意が成立しなかつた場合においても、前記の譲許の修正又は撤回を申し出る締約国は、その修正又は撤回を行うことができ、この措置が執られた場合には、その譲許について直接に交渉した締約国、1の規定に基き主要供給国としての利害関係を有すると決定された締約国及び1の規定に基き実質的な利害関係を有すると決定された締約国は、申請締約国と直接に交渉した譲許のうちその措置と実質的に等価値の譲許の撤回を行なうことができる。ただし、その措置が執られた後六箇月以内に、その撤回について、締約国団が三十日の事前の通告書を受領していることを条件とする。

(b)　主要関係締約国の間に合意が成立した場合において、1の規定に基き実質的な利害関係を有すると決定された他の締約国がそれに満足しないときは、当該他の締約国は、申請締約国と直接に交渉した譲許のうち実質的に等価値の譲許の撤回を行うことができる。ただし、前記の合意に基く措置が執られた後六箇月以内に、その撤回について、締約国団が三十日の事前の通告書を受領していることを条件とする。

4　締約国団は、特別の事情があるときはいつでも、次の手続及び条件に従うことを条件として、締約国が、この協定に附属する該当の譲許表に含まれる譲許の修正又は撤回のための交渉を開始することを承認することができる。

(a)　この交渉及びそれに関連する協議は、1及び2の規定に従つて行わなければならない。

(b)　交渉において主要関係締約国の間に合意が成立したときは、3(b)の規定が適用される。

(c)　交渉を開始することが承認された日の後六十日の期間内に又は締約国団が定めるそれより長い期間内に主要関係締約国の間に合意が成立しなかつたときは、申請締約国は、その問題を締約国団に付託することができる。

(d)　締約国団は、前記の問題を付託されたときは、直ちにその問題を審査し、かつ、解決を得るために締約国団の見解を主要関係締約国に提示しなければならない。解決が得られたときは、主要関係締約国の間に合意が成立した場合と同様に、3(b)の規定が適用される。主要関係締約国の間で解決が得られなかつたときは、申請締約国は、適当な補償を提案しなかつたことが不当であると締約国団により決定されない限り、当該譲許を修正し、又は撤回することができる。この措置が執られたときは、その譲許について直接に交渉した締約国、(a)の規定に基き主要供給国としての利害関係を有すると決定された締約国及び(a)の規定に基き実質的な利害関係を有すると決定された締約国は、申請締約国と直接に交渉した譲許のうちその措置と実質的に等価値の譲許の修正又は撤回を行うことができる。ただし、その措置が執られた後六箇月以内に、その修正又は撤回について、締約国団が三十日の事前の通告書を受領していることを条件とする。

5　締約国は、締約国団に通告することにより、千九百五十八年一月一日前に、又は1にいう期間の満了前に、該当の譲許表を、次の期間中、1から3までに定める手続に従つて修正する権利を留保することができる。いずれかの締約国がこの権利を留保するときは、他の締約国は、当該期間中、その締約国と直接に交渉した譲許を、同一の手続に従つて修正し、又は撤回する権利を有する。

**第二八条の二（関税交渉）** 1　締約国は、関税がしばしば貿易に対する著しい障害となること、したがつて、関税その他輸入及び輸出に関する課徴金の一般的水準の実質的な引下げ、特に、最少限度の数量の輸入をも阻害するような高関税の引下げをめざし、かつ、この協定の目的及び各締約国の異なる必要に妥当な考慮を払つて行われる相互的かつ互恵的な交渉が国際貿易の拡大のためきわめて重要であることを認める。よつて、締約国団は、このような交渉を随時主催することができる。

2(a)　この条の規定に基く交渉は、個個の産品について、又は関係締約国が受諾する多角的手続を適用して、行うことができる。この交渉は、関税の引下げ、関税の現行水準におけるすえ置又は個個の関税若しくは特定の部類の産品に対する平均関税が特定の水準をこえてはならないという約束を目的とすることができる。低関税又は無税のすえ置は、原則として、高関税の引下げと等価値の譲許とみなされる。

(b)　締約国は、多角的交渉の成功が、相互間で行う貿易が自国の対外貿易の相当の部分を占めるすべての締約国の参加に依存するものであることを認める。

3　交渉は、次のことを十分に考慮して行わなければならない。

(a)　各締約国及び各産業の必要

(b)　低開発国がその経済開発を助長するため関税による保護を一層弾力的に利用することの必要及びこれらの国が歳入上の目的で関税を維持することの特別の必要

(c)　その他関連のあるすべての事情（関係締約国の財政上、開発上、戦略上その他の必要を含む。）

**第二九条（この協定とハヴァナ憲章との関係）** 1　締約国は、自国の憲法上の手続に従つてハヴァナ憲章を受諾するまでの間、同憲章の第一章から第六章まで及び第九章の一般原則を行政上の権限の最大限度まで遵守することを約束する。

2－6　（略）

**第三〇条（改正）**　（略）

**第三一条（脱退）**　締約国は、第十八条12、第二十三条又は第三十

条2の規定の適用を妨げることなく、この協定から脱退し、又は自国が国際的責任を有しかつ当該時に対外通商関係及びこの協定で定めるその他の事項の処理について完全な自治権を有する独立の関税地域のために各別に脱退することができる。脱退は、国際連合事務総長が脱退通告書を受領した日から六箇月が経過した時に効力を生ずる。

**第三二条（締約国）** 1 この協定の締約国とは、第二十六条若しくは第三十三条の規定に基いて又は暫定的適用に関する議定書に従つてこの協定の規定を適用している政府をいう。

2 第二十六条4の規定に従つてこの協定を受諾した締約国は、この協定が第二十六条6の規定に従つて効力を生じた後はいつでも、この協定を受諾しなかつた締約国が締約国でなくなることを決定することができる。

**第三三条（加入）** この協定の当事国でない国の政府又は対外通商関係及びこの協定で定めるその他の事項の処理について完全な自治権を有する独立の関税地域のために行動する政府は、その政府自身のため、又は当該関税地域のために、その政府と締約国団との間で合意される条件によりこの協定に加入することができる。この条の規定に基く締約国団の決定は、締約国の三分の二の多数により行われる。

**第三四条（附属書）** この協定の附属書は、この協定と不可分の一体をなす。

**第三五条（特定締約国間における協定の不適用）** 1 この協定又はこの協定の第二条の規定は、次の場合には、いずれかの締約国と他のいずれかの締約国との間には適用されないものとする。

(a) 両締約国が相互間の関税交渉を開始しておらず、かつ、

(b) 両締約国の一方が締約国となる時にそのいずれかの締約国がその適用に同意しない場合

2 締約国団は、締約国の要請を受けたときは、特定の場合におけるこの条の規定の運用を検討し、及び適当な勧告をすることができる。

## 第四部　貿易及び開発

**第三六条（原則及び目的）** 1 締約国は、

(a) この協定の基本的な目的がすべての締約国の生活水準の引上げ及び経済の漸進的開発を含むことを想起し、また、この目的の達成が低開発締約国にとつて特に緊急なものであることを考慮し、

(b) 低開発締約国の輸出収入がこれらの締約国の経済開発において決定的な役割を果たすことができること並びにこの寄与の程度が低開発締約国により不可欠な輸入に対して支払われる価格、これらの締約国の輸出の数量及びこれらの輸出に対して支払われる価格にかかつていることを考慮し、

(c) 低開発国における生活水準と他の国における生活水準との間に大きい格差があることに留意し、

(d) 低開発締約国の経済開発を促進し、かつ、これらの国における生活水準の急速な引上げをもたらすため、個別行動及び共同行動が不可欠であることを認め、

(e) 経済的及び社会的な発展を達成する手段としての国際貿易が、この条に定める目的に合致する規則及び手続並びにそのような規則及び手続に適合する措置によつて規律されるべきであることを認め、

(f) 低開発締約国がその貿易及び開発を促進するための特別の措置を執ることを締約国団が認めることができることに留意して、

次のとおり協定する。

2 低開発締約国の輸出収入の急速かつ持続的な増大が、必要である。

3 成長する国際貿易において低開発締約国がその経済開発上の必要に相応した取分を占めることを確保することを意図した積極的な努力が、必要である。

4 多くの低開発締約国が限られた範囲の一次産品の輸出に引き続き依存しているので、これらの産品の世界市場への進出のための一層有利な条件であつて受諾可能なものを可能な最大限度において設けることが必要であり、また、適当な場合にはいつでも、経済開発のための一層多くの資源をこれらの国に提供するために世界の貿易及び需要の拡大並びにこれらの国の実質的な輸出収入の不断のかつ着実な増大を可能にするように、これらの産品についての世界市場の条件の安定及び改善を意図した措置(特に、価格を安定した、衡平な、かつ、採算のとれるものにすることを意図した措置を含む。)を講ずることが必要である。

5 低開発締約国の経済の急速な拡大は、その経済構造の多様化及び一次産品の輸出に対する過度の依存の回避によつて容易にされる。したがつて、低開発締約国が輸出について特別の関心を現に有し又は将来有することがある加工品及び製品の有利な条件による市場への進出を可能な最大限度において増進することが、必要である。

6 低開発締約国における輸出収入その他の外国為替収入の慢性的な不足のため、貿易と開発のための資金上の援助との間には、重要な相互関係がある。したがつて、締約国団及び国際的な融資機関が、これらの低開発締約国によるその経済開発のための負担を軽減するために最も効果的に貢献することができるように、緊密かつ継続的な協力を行なうことが、必要である。

7 締約国団並びに低開発国の貿易及び経済開発に関連がある活動を行なつている他の政府間機関及び国際連合の諸機関が適切な協力を行なうことが、必要である。

8 先進締約国は、貿易交渉において行なつた関税その他低開発締約国の貿易に対する障害の軽減又は廃止に関する約束について相互主義を期待しない。

9 これらの原則及び目的を具体化するための措置を執ることは、締約国が個個に、及び共同して、目的意識をもつて努力すべき問題である。

**第三七条（約束）** 1 先進締約国は、可能な最大限度において、すなわち、やむを得ない理由(法的な理由を含む。)によつて不可能である場合を除くほか、次の規定を実施しなければならない。

(a) 低開発締約国が輸出について特別の関心を現に有し又は将来有することがある産品についての障害(加工されていない産品と加工された産品との間に不当な差別を設けるような関税その他の制限を含む。)の軽減及び廃止に高度の優先権を与えること。

(b) 低開発締約国が輸出について特別の関心を現に有し又は将来有することがある産品について関税又は関税以外の輸入障害を新設し又は強化することを差し控えること。

(c) 全部又は大部分が低開発締約国の領域内で生産される一次産品(加工されているといないとを問わない。)の消費の増大を著しく阻害する財政措置で特にこれらの産品に適用されるものについて、

(i) そのような財政措置を新たに執ることを差し控えること。

(ii) 財政政策の調整の際に、そのような財政措置の軽減及び廃止に高度の優先権を与えること。

2 (a) 1(a)、(b)又は(c)のいずれかの規定が実施されていないと認められるときはいつでも、その問題は、当該規定を実施していない締約国又は他の関係締約国によつて締約国団に報告されなければならない。

(b)(i) 締約国団は、いずれかの関係締約国から要請を受けたときは、この問題に関し、当該関係締約国及び他のすべての関係締約国と、第三十六条に定める目的を助長するためにすべての関係締約国にとつて満足な解決に到達することを目的として、協議しなければならない。この協議は、二国間協議を妨げるものではない。これらの協議においては、1(a)、(b)又は(c)の規定が実施されなかつた場合におけるその理由が検討されるものとする。

(ii) 他の先進締約国と共同で行動することによつて1(a)、(b)又は(c)の規定の個個の締約国による実施が一層容易に達成される場合があるので、前記の協議は、適当な場合には、そのような行動を目的として行なうことができる。

(iii) 締約国団による協議は、また、適当な場合には、第二十五条1に定めるこの協定の目的を助長するための共同行動についての合意を目的として行なうことができる。

3 先進締約国は、

(a) 全部又は大部分が低開発締約国の領域内で生産される産品の再販売価格を政府が直接又は間接に決定する場合には、販売差益を衡平な水準に維持するため、あらゆる努力を払わなければならない。

(b) 低開発締約国からの輸入の増進の可能性を増大させることを意図した他の措置を執ることを積極的に検討し、かつ、このため、適切な国際活動を行なうことに協力しなければならない。

(c) 特定の問題に対処するためにこの協定によつて許されている他の措置を執ることを検討する場合には、低開発締約国の貿易上の利益を特に考慮しなければならず、また、これらの措置がこれらの締約国の重大な利益に影響を及ぼすようなものであるときは、これを執るに先だつて、可能なすべての建設的な救済措置を検討しなければならない。

4 低開発締約国は、第四部の規定の実施にあたり、過去における貿易の推移及び低開発締約国全体の貿易上の利害関係を考慮して、現在及び将来における自国の開発上、資金上及び貿易上の必要に合致する限りにおいて、他の低開発締約国の貿易上の利益のために適切な措置を執ることに同意する。

5 各締約国は、1から4までに規定する約束の実施にあたり、生ずることがある問題又は困難に関してこの協定の通常の手続による協議を行なう十分な機会を直ちに他の関係締約国に与えなければならない。

**第三十八条（共同行動）** 1 締約国は、第三十六条に定める目的を助長するため、この協定の枠内で、又は適当な場合には他の態様で、共同して行動しなければならない。

2 特に、締約国団は、

(a) 適当な場合には、低開発締約国が特別の関心を有する一次産品の世界市場への進出のための改善された条件であつて受諾可能なものを設けるため、並びにこれらの産品についての世界市場の条件の安定及び改善を意図した措置(これらの産品の輸出のための価格を安定した、衡平な、かつ、採算のとれるものにすることを意図した措置を含む。)を講ずるための行動(国際取極による行動を含む。)をしなければならない。

(b) 貿易及び開発の政策の問題に関し、国際連合及びその諸機関(国際連合貿易開発会議の勧告に従つて設立される機関を含む。)と適切な協力を行なうように努めなければならない。

(c) 個個の低開発締約国の開発の計画及び政策を分析すること並びに潜在的な輸出能力の開発を促進し、及びそのようにして開発された産業の産品の輸出市場への進出を容易にするための具体的な措置を講ずるために貿易と援助との関係を検討することに協力しなければならず、また、この点に関し、個個の低開発締約国の貿易と援助との関係の組織的研究であつて、潜在的な輸出能力、市場の見通し及びさらに必要となることがある行動を明確に分析することを目的とするものにおいて、各国政府及び国際機関(特に、経済開発のための資金上の援助に関して権限のある機関)と適切な協力を行なうように努めなければならない。

(d) 低開発締約国の貿易の成長率を特に考慮しつつ世界貿易の推移を絶えず検討し、かつ、締約国に対し、その状況において適当と認められる勧告を行なわなければならない。

(e) 各国の政策及び規則の国際的な調和及び調整により、生産、輸送及び市場取引に関する技術上及び商業上の基準の設定により、並びに貿易に関する情報の供給の増大及び市場調査の発達のための措置を通ずる輸出の促進によつて経済開発のために貿易を拡大することにつき、実行可能な方法を求めることに協力しなければならない。

(f) 第三十六条に定める目的を助長し、かつ、この部の規定を実施するために必要な制度上の措置を講じなければならない。

**附属書Aから附属書Hまで** (略)

## 附属書I(抄)
## 注釈及び補足規定

(第一条について 及び 第二条について(略))

第三条について

内国税その他の内国課徴金又は1に定める種類の法令若しくは要件で、輸入産品について同種の国内産品と同様に適用され、かつ、輸入の時に又は輸入の地点において徴収され又は実施されるものは、内国税その他の内国課徴金又は1に定める種類の法令若しくは要件とみなすものとし、第三条の規定の適用を受けるものとする。

1について (略)

2について

2の第一文の要件に合致する租税は、一方課税される産品と他方そのように課税されない直接的競争産品又は代替可能の産品との間に競争が行われる場合にのみ、第二文の規定に合致しないと認める。

5について (略)

第五条について (略)

第六条について

1について

1 連合している商社が行う隠れたダンピング(輸入業者が、自己と連合している輸出業者の送状価格に相応する価格より低い価格で、かつ、輸出国における価格より低い価格で販売することをいう。)は、一種の価格ダンピングを構成するものとし、これに関しては、ダンピングの限度は、その輸入業者がその貨物を再販売する場合の価格に基いて計算することができる。

2　貿易の完全な又は実質的に完全な独占を設定している国ですべての国内価格が国家により定められているものからの輸入の場合には、1の規定の適用上比較可能の価格の決定が困難であり、また、このような場合には、輸入締約国にとつて、このような国における国内価格との厳密な比較が必ずしも適当でないことを考慮する必要があることを認める。

2及び3について

注1　税関行政における他の多くの場合と同様に、締約国は、ダンピング又は補助金の交付の疑のある場合には、それらの事実について最終的決定があるまでの間、ダンピング防止税又は相殺関税の支払のための妥当な保証(担保又は現金供託)を要求することができる。

注2　(略)

6(b)について

6(b)の規定に基く免除は、ダンピング防止税又は相殺関税を課することを申し出る締約国の申請に基いてのみ許与される。

第七条について

1について

「その他の課徴金」という表現は、輸入産品に対して又はそれに関連して課せられる内国税又は同等の課徴金を含むものとみなすべきではない。

2について

1　「実際の価額」が、送状価格に含まれない正当な費用のための負担額であつて「実際の価額」の本来の要素たるもの及び通常の競争価格からの異常な割引額その他の軽減額を送状価格に加算したものであると推定することは、第七条の規定に合致するものである。

2　締約国が、「通常の商取引において完全な競争的条件の下に」という表現を、買手と売手とが相互に独立しておらず、かつ、価格を唯一の考慮の対象としない取引を排除するものと解することは、第七条2(b)の規定に合致するものである。

3　(略)

4　(a)及び(b)の規定は、締約国に対し、(1)輸入貨物についての特定輸出業者の価格又は(2)同種の貨物の一般的な価格水準のいずれかを基礎として、関税上の価額を決定することを妨げるものではない。

第八条について

1　(略)

2　いずれかの締約国から他のいずれかの締約国への産品の輸入に際し、絶対に不可欠な限度においてのみ原産地証明書の提出を要求することは、1の規定に合致する。

第十一条、第十二条、第十三条、第十四条及び第十八条について

第十一条、第十二条、第十三条、第十四条及び第十八条を通じて、「輸入制限」又は「輸出制限」は、国家貿易の運用によつて実施される制限を含む。

第十一条について

2(c)について

2(c)において「形式のいかんを問わず」とは、加工の初期の段階にあつて保存のきかない同一の産品で、生鮮品と直接に競争し、かつ、自由に輸入されれば生鮮品に対する制限を無効にするようなものを含む。

2の最後の文について　(略)

第十二条について

締約国団は、この条の規定に基く協議を行うに当つて秘密を最高度に守るように措置を執らなければならない。

3(c)(i)について

制限を課している締約国は、いずれかの締約国の経済が大いに依存している産品の輸出に著しい損害を与えることを避けるように努めなければならない。

4(b)について　(略)

4(e)について　(略)

(第十三条について　から　第十五条について　まで(略))

第十六条について

いずれかの輸出産品が、国内消費に向けられる同種の産品に課せられる関税若しくは租税を免除されること又はそれらの関税若しくは租税が課せられたときにその額をこえない額だけ払いもどしを受けることは、補助金の交付とみなさない。

Bについて

1　(略)

2　Bの規定の適用上、「一次産品」とは、農業、林業若しくは漁業の産品又は鉱産物で、天然の形態のもの又は国際貿易における実質的な量の売買に備えるため慣習的に必要とされる加工を加えたものであると了解される。

3について

1　締約国が過去の代表的な期間において当該産品を輸出しなかつたという事実は、その締約国が当該産品の貿易における取分を獲得する権利を確立することを妨げるものではない。

2　輸出価格の変動に関係なく、一次産品の国内価格又はその国内生産者の収入を安定させるための制度であつて、同種の産品についての国内市場の買手に対する比較可能の価格より低い価格で当該産品を輸出のため販売することになることがあるものは、締約国団が次のことを決定するときは、3の規定の意味において輸出補助金の一形式とみなされない。

(a)　その制度が、また、同種の産品についての国内市場の買手に対する比較可能の価格より高い価格で当該産品を輸出のため販売することにもなつたこと又はそうなるように立案されていること及び

(b)　その制度が、生産の実効的な規制その他の方法により、不当に輸出を促進しないように、又は他の締約国の利益を著しく害しないように、運用されていること又は運用されるように立案されていること。締約国団による前記の決定にかかわらず、前記の制度の運用の資金の全部又は一部が、当該産品の生産者から徴集した資金のほか政府資金によつてまかなわれているときは、その運用は、3の規定に従わなければならない。

4について　(略)

(第十七条について　及び　第十八条について(略))

第二十条について

(h)について

(h)に定める例外は、経済社会理事会が千九百四十七年三月二十八日の決議第三十(IV)で承認した原則に合致する商品協定にも適用する。

第二十四条について

9について

第一条の規定は、関税同盟又は自由貿易地域の構成国の領域に

特恵税率で輸入された産品がその同盟又は地域の他の構成国の領域に再輸出された場合に、当該他の構成国に対し、支払済の関税とその産品がその領域に直接に輸入された場合に支払うべき一層高額の関税との差額に等しい関税の徴収を要求するものと了解される。

11について（略）

（第二十八条について　から　第三十七条について　まで（略））

# 5 投資紛争解決条約（抄）

（国家と他の国家の国民との間の投資紛争の解決に関する条約）

作　成　一九六五年三月一八日（ワシントン）
効力発生　一九六六年一〇月一四日
日本国　一九六七年九月一六日（六五年九月二三日署名、六七年七月二一日国会承認、八月八日内閣批准決定、八月一七日批准書寄託、八月二五日公布・条約一〇号）
当事国　一五五

**前文**

締約国は、

経済開発のための国際協力の必要性及びこの分野における国際的な民間投資の役割を考慮し、

締約国と他の締約国の国民との間でこの投資に関連して随時紛争が生ずる可能性に留意し、

これらの紛争が通常は国内の訴訟手続に従うものであるが、場合によつては、国際的な解決方法も適当であることを認め、

締約国及び他の締約国の国民が、希望するときは、これらの紛争を付託することができる国際的な調停又は仲裁のための施設を利用することができるようになることを特に重視し、

国際復興開発銀行の主唱により前記の施設を設けることを希望し、

前記の施設を通じてこれらの紛争を調停又は仲裁に付託する旨の両当事者の同意が、調停人のいかなる勧告に対しても妥当な考慮を払うこと又はいかなる仲裁判断にも服することが特に要求される拘束力のある合意を構成することを認め、また、

いかなる締約国も、その同意なしに、単にこの条約の批准、受諾又は承認の事実のみによつては、特定の紛争を調停又は仲裁に付託する義務を負うものとはみなされないことを宣言して、

次のとおり協定した。

## 第一章　投資紛争解決国際センター（抄）

### 第一節　設立及び組織

**第一条【センターの設立及び目的】**(1) 投資紛争解決国際センター（以下「センター」という。）をここに設立する。

(2) センターの目的は、締約国と他の締約国の国民との間の投資紛争をこの条約の規定に従つて解決する調停及び仲裁のための施設を提供することである。

**第二条【センターの所在地】** センターの所在地は、国際復興開発銀行（以下「銀行」という。）の主たる事務所とする。所在地は、理事会がその構成員の三分の二以上の多数をもつて採択する決定により、他の場所に移すことができる。

**第三条【センターの組織】** センターに、理事会及び事務局を設置し、並びに調停人名簿及び仲裁人名簿を常備する。

### 第二節　理事会　及び　第三節　事務局（第四条から第一一条まで）（略）

### 第四節　調停人名簿及び仲裁人名簿

**第一二条【調停人及び仲裁人名簿】** 調停人名簿及び仲裁人名簿は、それぞれ、次の規定に従つて指名される適格者で、これらの名簿に登載されることを受諾するものをもつて構成する。

**第一三条【調停人及び仲裁人の指名】**(1) 各締約国は、各名簿のためにそれぞれ四人を指名することができる。もつとも、それらの者は、当該国の国民であることを要しない。

(2) 議長は、各名簿のためにそれぞれ十人を指名することができる。このようにしていずれか一の名簿のために指名される者は、それぞれ異なる国籍を有する者でなければならない。

**第一四条【指名される者の資質】**(1) 名簿に登載されるために指名される者は、徳望高く、かつ、法律、商業、産業又は金融の分野で有能の名のある者であつて、独立の判断力を行使することができると信頼されるものでなければならない。仲裁人名簿に登載される者については、法律の分野で有能であることが特に重要である。

(2) 議長は、さらに、名簿に登載される者を指名するにあたつては、世界の主要法系及び経済活動の主要形態が名簿の上で代表されるように確保することの重要性についても、十分な考慮を払わなければならない。

**第一五条【調停人及び仲裁人の任期】**(1) 名簿の構成員の任期は、六年とし、更新することができる。

(2) 名簿の構成員の死亡又は辞任の場合には、その構成員を指名した当局は、その構成員の残任期間中在任する他の者を指名する権利を有する。

(3) 名簿の構成員は、後任者が指名されるまで在任する。

**第一六条【名簿への登載及び指名の効力】**(1) 一人の者が双方の名簿に登載されることができる。

(2) 一人の者が二以上の締約国により又は一若しくは二以上の締約国及び議長により、同一の名簿に登載されるために指名された場合には、その者は、これを最初に指名した当局により指名されたものとみなす。ただし、これらの当局の一がその者の国籍の属する締約国であるときは、その締約国により指名されたものとみなす。

(3) すべての指名は、事務局長に通告されるものとし、その通告が受領された日から効力を生ずる。

### 第五節　センターの財政　及び　第六節　地位、免除及び特権（第一七条から第二四条まで）（略）

## 第二章　センターの管轄

**第二五条【センターの管轄】**
(1) センターの管轄は、締約国(その行政区画又は機関でその締約国がセンターに対して指定するものを含む。)と他の締約国の国民との間で投資から直接生ずる法律上の紛争であつて、両紛争当事者がセンターに付託することにつき書面により同意したものに及ぶ。両当事者が同意を与えた後は、いずれの当事者も、一方的にその同意を撤回することはできない。
(2) 「他の締約国の国民」とは、次の者をいう。
(a) 両当事者が紛争を調停又は仲裁に付託することに同意した日及び第二十八条(3)又は第三十六条(3)の規定に基づいて請求が登録された日に紛争当事者である国以外の締約国の国籍を有していた自然人。ただし、そのいずれかの日に紛争当事者である締約国の国籍をも有していた者は、含まれない。
(b) 両当事者が紛争を調停又は仲裁に付託することに同意した日に紛争当事者である国以外の締約国の国籍を有していた法人及びその日に紛争当事者である締約国の国籍を有していた法人であつて外国人が支配しているために両当事者がこの条約の適用上他の締約国の国民として取り扱うことに合意したもの
(3) 締約国の行政区画又は機関の同意は、その国の承認を必要とする。ただし、その国がその承認を必要としない旨をセンターに通告する場合は、この限りでない。
(4) 締約国は、この条約の批准、受諾若しくは承認の時に、又はその後いつでも、センターの管轄に属させることを考慮し又は考慮しない紛争の種類をセンターに通告することができる。事務局長は、その通告を直ちにすべての締約国に通知する。この通告は、(1)に規定する同意とはならない。

**第二六条【仲裁付託の同意】** この条約に基づく仲裁に付託する旨の両当事者の同意は、別段の意思が表示されない限り、他のいかなる救済手段をも排除してその仲裁に付託することの同意とみなされる。締約国は、この条約に基づく仲裁に付託する旨の同意の条件として、その締約国における行政上又は司法上の救済手段を尽くすことを要求することができる。

**第二七条【外交的保護権の制限】**
(1) いかなる締約国も、その国民及び他の締約国がこの条約に基づく仲裁に付託することに同意し又は付託した紛争に関し、外交上の保護を与え、又は国家間の請求を行なうことができない。ただし、当該他の締約国がその紛争について行なわれた仲裁判断に服さなかつた場合は、この限りでない。
(2) (1)の規定の適用上、外交上の保護には、紛争の解決を容易にすることのみを目的とする非公式の外交上の交渉を含まない。

## 第三章　調停(抄)

### 第一節　調停の請求

**第二八条【調停手続の開始】**
(1) 調停手続を開始することを希望する締約国又は締約国の国民は、事務局長に対し書面によりその旨の請求を行なうものとし、事務局長は、その請求の謄本を他方の当事者に送付する。
(2) 前記の請求は、紛争の争点、両当事者の表示並びに調停及び仲裁の開始のための手続規則に従つて調停に付託する旨の両当事者の同意に関する情報を含むものとする。
(3) 事務局長は、請求に含まれた情報に基づいて紛争が明らかにセンターの管轄外のものであると認めない限り、その請求を登録する。事務局長は、登録又は登録の拒否を直ちに両当事者に通告する。

### 第二節　調停委員会の構成

**第二九条【調停委員会の構成】**
(1) 調停委員会(以下「委員会」という。)は、第二十八条の規定に基づいて請求が登録された後、できる限りすみやかに構成されなければならない。
(2)(a) 委員会は、両当事者の合意により任命された単独の調停人又は奇数の調停人により構成される。
(b) 委員会は、両当事者が調停人の数及びその任命の方法について合意に達しないときは、各当事者が任命する各一人の調停人と、両当事者の合意により任命され、委員長となる第三の調停人との三人の調停人により構成される。

**第三〇条【調停人の議長による任命】** 議長は、第二十八条(3)の規定に従つて事務局長が請求の登録の通告を発した後九十日以内又は両当事者が別に合意する期間内に委員会が構成されなかつたときは、いずれか一方の当事者の要請により、かつ、できる限り両当事者と協議した後、まだ任命されていない一人又は二人以上の調停人を任命する。

**第三一条【調停人名簿以外からの任命】**
(1) 調停人は、第三十条の規定に基づいて議長が任命する場合を除き、調停人名簿以外から任命することができる。
(2) 調停人名簿以外から任命される調停人は、第十四条(1)に定める資質を有しなければならない。

### 第三節　調停手続(第三二条から第三五条まで)(略)

## 第四章　仲裁

### 第一節　仲裁の請求

**第三六条【仲裁手続の開始】**
(1) 仲裁手続を開始することを希望する締約国又は締約国の国民は、事務局長に対し書面によりその旨の請求を行なうものとし、事務局長は、その請求の謄本を他方の当事者に送付する。
(2) 前記の請求は、紛争の争点、両当事者の表示並びに調停及び仲裁の開始のための手続規則に従つて仲裁に付託する旨の両当事者の同意に関する情報を含むものとする。
(3) 事務局長は、請求に含まれた情報に基づいて紛争が明らかにセンターの管轄外のものであると認めない限り、その請求を登録する。事務局長は、登録又は登録の拒否を直ちに両当事者に通告する。

### 第二節　裁判所の構成

**第三七条【仲裁裁判所の構成】**
(1) 仲裁裁判所(以下「裁判所」という。)は、第三十六条の規定に基づいて請求が登録された後、できる限りすみやかに構成されなければならない。

(2)(a)　裁判所は、両当事者の合意により任命された単独の仲裁人又は奇数の仲裁人により構成される。

(b)　裁判所は、両当事者が仲裁人の数及びその任命の方法について合意に達しないときは、各当事者が任命する各一人の仲裁人と、両当事者の合意により任命され、裁判長となる第三の仲裁人との三人の仲裁人により構成される。

**第三八条【仲裁人の議長による任命】** 議長は、第三十六条(3)の規定に従つて事務局長が請求の登録の通告を発した後九十日以内又は両当事者が別に合意する期間内に裁判所が構成されなかつたときは、いずれか一方の当事者の要請により、かつ、できる限り両当事者と協議した後、まだ任命されていない一人又は二人以上の仲裁人を任命する。この条の規定に基づいて議長により任命される仲裁人は、紛争当事者である締約国又は紛争当事者の国籍の属する締約国の国民であつてはならない。

**第三九条【仲裁人の国籍】** 仲裁人の過半数は、紛争当事者である締約国及び紛争当事者の国籍の属する締約国以外の国の国民でなければならない。ただし、単独の仲裁人又は裁判所のすべての構成員が両当事者の合意により任命された場合は、この限りでない。

**第四〇条【仲裁人名簿以外からの任命】**(1)　仲裁人は、第三十八条の規定に基づいて議長が任命する場合を除き、仲裁人名簿以外から任命することができる。

(2)　仲裁人名簿以外から任命される仲裁人は、第十四条(1)に定める資質を有しなければならない。

### 第三節　裁判所の権限及び任務

**第四一条【仲裁裁判所の管轄の判断】**(1)　裁判所は、自己の管轄について判断するものとする。

(2)　紛争がセンターの管轄に属しない旨又はその他の理由により裁判所の管轄に属しない旨の紛争当事者の抗弁は、裁判所が審理するものとし、裁判所は、これを先決問題として取り扱うか又は紛争の本案に併合させるかを決定する。

**第四二条【適用法規】**(1)　裁判所は、両当事者が合意する法規に従つて紛争について決定を行なう。この合意がない場合には、裁判所は、紛争当事者である締約国の法(法の抵触に関するその締約国の規則を含む。)及び該当する国際法の規則を適用するものとする。

(2)　裁判所は、法の沈黙又は法の不明確を理由として裁判拒否の決定を行なつてはならない。

(3)　(1)及び(2)の規定は、両当事者が合意する場合には、裁判所が衡平及び善に基づき紛争について決定を行なう権限を害するものではない。

**第四三条【証拠提出及び現場検証】** 裁判所は、両当事者が別段の合意をする場合を除き、手続のいかなる段階においても、必要と認めるときは、次のことを行なうことができる。

(a)　当事者に対し文書その他の証拠の提出を要求すること。

(b)　紛争に関連のある場所を検証し、かつ、適当と認める調査をその場所で行なうこと。

**第四四条【仲裁規則】** 仲裁手続は、この節の規定及び、両当事者が別段の合意をする場合を除き、両当事者が仲裁への付託に同意した日に効力を有する仲裁規則に従つて実施する。裁判所は、この節の規定又は仲裁規則若しくは両当事者が合意する規則に定めのない手続問題が生じたときは、その問題について決定を行なう。

**第四五条【当事者の欠席】**(1)　一方の当事者が出廷しないか又は自己の立場を表明しないときでも、その当事者は、他方の当事者の主張を認めたものとはみなされない。

(2)　一方の当事者が出廷しないか又は手続のいずれかの段階において自己の立場を表明しないときは、他方の当事者は、裁判所に対し、提出された問題を審理し、仲裁判断を行なうように要請することができる。裁判所は、仲裁判断を行なうに先だち、出廷しなかつたか又は自己の立場を表明しなかつた当事者に対し通告を行ない、及び猶予期間を与えるものとする。ただし、その当事者が出廷し、又は自己の立場を表明する意思を有しないことが明らかであると認められる場合は、この限りでない。

**第四六条【附随的、追加的又は反対請求】** 裁判所は、両当事者が別段の合意をする場合を除き、いずれか一方の当事者の要請があるときは、紛争の対象に直接関連する附随的な若しくは追加の請求又は反対請求について、それらが両当事者の同意の範囲内にあり、かつ、センターの管轄に属することを条件として、決定を行なうものとする。

**第四七条【保全措置の勧告】** 裁判所は、両当事者が別段の合意をする場合を除き、事情により必要と認めるときは、各当事者の権利を保全するために執られるべき保全措置を勧告することができる。

### 第四節　仲裁判断

**第四八条【仲裁裁判所の決定】**(1)　裁判所は、そのすべての構成員の投票の過半数により問題について決定を行なう。

(2)　裁判所の仲裁判断は、書面によるものとし、賛成の投票を行なつた裁判所の構成員がこれに署名するものとする。

(3)　仲裁判断は、裁判所に提出されたすべての問題を処理するものとし、その仲裁判断の基礎となつた理由を述べるものとする。

(4)　裁判所の構成員は、各自の意見(多数意見に同意しないものであるかどうかを問わない。)又はその不同意の表明を仲裁判断に添附することができる。

(5)　センターは、両当事者の同意を得ないで仲裁判断を公表してはならない。

**第四九条【仲裁判断の認証謄本】**(1)　事務局長は、仲裁判断の認証謄本をすみやかに両当事者に発送する。仲裁判断は、認証謄本が発送された日に行なわれたものとみなす。

(2)　裁判所は、仲裁判断が行なわれた日の後四十五日以内に行なわれるいずれか一方の当事者の要請に基づき、他方の当事者に通告を行なつた後、仲裁判断において脱落した問題について決定を行ない、及び仲裁判断における書損、違算その他これに類する誤りを訂正する。これらの決定は、仲裁判断の一部となり、それと同じ方法で両当事者に通告される。第五十一条(2)及び第五十二条(2)に定める期間は、これらの決定が行なわれた日から起算する。

### 第五節　仲裁判断の解釈、再審及び取消し

**第五〇条【仲裁判断の解釈】**(1)　仲裁判断の意味又は範囲に関し当事者間に紛争が生じたと

きは、いずれの一方の当事者も、事務局長にあてた書面により、その仲裁判断の解釈を請求することができる。

(2) その請求は、可能なときは、当該仲裁判断を行なつた裁判所に付託する。これが不可能なときは、新たな裁判所がこの章の第二節の規定に従つて構成される。裁判所は、事情により必要と認めるときは、決定を行なうまで仲裁判断の執行を停止することができる。

**第五一条【仲裁判断の再審】**

(1) いずれの一方の当事者も、仲裁判断に決定的な影響を及ぼす性質の事実の発見を理由として、事務局長にあてた書面により、仲裁判断の再審を請求することができる。ただし、仲裁判断が行なわれた時にその事実が裁判所及び再審の請求者に知られておらず、かつ、再審の請求者がその事実を知らなかつたことが過失によらなかつた場合に限る。

(2) その請求は、当該事実の発見の後九十日以内に行なわなければならず、かつ、いかなる場合にも、仲裁判断が行なわれた日の後三年以内に行なわなければならない。

(3) その請求は、可能なときは、当該仲裁判断を行なつた裁判所に付託する。これが不可能なときは、新たな裁判所がこの章の第二節の規定に従つて構成される。

(4) 裁判所は、事情により必要と認めるときは、決定を行なうまで仲裁判断の執行を停止することができる。再審の請求者がその請求において仲裁判断の執行の停止を要請するときは、執行は、裁判所がその要請について裁定を行なうまで暫定的に停止される。

**第五二条【仲裁判断の取消し】**

(1) いずれの一方の当事者も、次の一又は二以上の理由に基づき、事務局長にあてた書面により、仲裁判断の取消しを請求することができる。

(a) 裁判所が正当に構成されなかつたこと。
(b) 裁判所が明らかにその権限をこえていること。
(c) 裁判所の構成員に不正行為があつたこと。
(d) 手続の基本原則からの重大な離反があつたこと。
(e) 仲裁判断において、その仲裁判断の基礎となつた理由が述べられていないこと。

(2) その請求は、仲裁判断が行なわれた日の後百二十日以内に行なわなければならない。ただし、その請求は、不正行為を理由として取消しが請求されるときは、不正行為の発見の後百二十日以内に行なわなければならず、また、いかなる場合にも、仲裁判断が行なわれた日の後三年以内に行なわなければならない。

(3) 議長は、その請求を受けたときは、直ちに、仲裁人名簿のうちから三人の者を任命して、特別委員会を構成する。特別委員会の委員は、仲裁判断を行なつた裁判所の構成員、これらの構成員と同一の国籍を有する者、紛争当事国若しくは紛争当事者の国籍の属する国の国民、これらの国のいずれかによつて仲裁人名簿のために指名された者又は当該紛争について調停人として行動した者であつてはならない。特別委員会は、(1)に掲げるいずれかの理由により仲裁判断又はその一部の取消しを行なう権限を有する。

(4) 第四十一条から第四十五条まで、第四十八条、第四十九条、第五十三条及び第五十四条並びに第六章及び第七章の規定は、特別委員会の手続について準用する。

(5) 特別委員会は、事情により必要と認めるときは、決定を行なうまで仲裁判断の執行を停止することができる。仲裁判断の取消しの請求者がその請求において仲裁判断の執行の停止を要請するときは、執行は、特別委員会がその要請について裁定を行なうまで暫定的に停止される。

(6) 仲裁判断が取り消されたときは、紛争は、いずれか一方の当事者の要請により、この章の第二節の規定に従つて構成される新たな裁判所に付託されるものとする。

### 第六節　仲裁判断の承認及び執行

**第五三条【上訴の禁止】**

(1) 仲裁判断は、両当事者を拘束し、この条約に規定しないいかなる上訴その他の救済手段も、許されない。各当事者は、執行がこの条約の関係規定に従つて停止された場合を除き、仲裁判断の条項に服さなければならない。

(2) この節の規定の適用上「仲裁判断」には、第五十条、第五十一条又は第五十二条の規定に基づく仲裁判断の解釈、再審又は取消しの決定が含まれるものとする。

**第五四条【仲裁判断の拘束力及び執行】**

(1) 各締約国は、この条約に従つて行なわれた仲裁判断を拘束力があるものとして承認し、また、その仲裁判断を自国の裁判所の確定判決とみなしてその仲裁判断によつて課される金銭上の義務をその領域において執行するものとする。連邦制の締約国は、連邦裁判所により当該仲裁判断を執行することができ、また、連邦裁判所が当該仲裁判断を州裁判所の確定判決とみなして取り扱うことを定めることができる。

(2) いずれかの締約国の領域において仲裁判断の承認及び執行を求める当事者は、その締約国がこのために定める管轄裁判所その他権限のある当局に対し、事務局長により証明された仲裁判断の謄本を提出しなければならない。各締約国は、このための管轄裁判所その他権限のある当局の指定及びその後日の変更を事務局長に通告する。

(3) 仲裁判断の執行は、執行が求められている領域の属する国で現に適用されている判決の執行に関する法令に従つて行なわれる。

**第五五条【執行に関する現行国内法令】** 第五十四条のいかなる規定も、いずれかの締約国の現行法令でその締約国又は外国を執行から免除することに関するものに影響を及ぼすものと解してはならない。

## 第五章　調停人及び仲裁人の交代及び失格

(第五六条から第五八条まで)(略)

## 第六章　手続の費用(第五九条から第六一条まで)

(略)

## 第七章　手続の場所(第六二条及び第六三条)(略)

## 第八章　締約国間の紛争

**第六四条【締約国間の紛争】** この条約の解釈又は適用に関して締約国間に生ずる紛争で交渉により解決されないものは、関係国が他の解決方法について合意しない限り、その紛争のいずれかの当事国の請求により、国際司法裁判所に付託されるものとする。

## 第九章　改正（第六五条及び第六六条）（略）

## 第十章　最終規定（第六七条から第七五条まで）（略）

# 参考　天然資源に対する恒久主権に関する決議（国連総会決議一七／一八〇三）

翻訳

採　択　一九六二年一二月一四日（国連第一七回総会）
（賛成八七、反対二、棄権一二）

総会は、

一九五二年一月一二日の決議六／五二三及び一九五二年一二月二一日の決議七／六二六を想起し、

総会が一九五八年一二月一二日の決議一三／一三一四によって天然資源に対する恒久主権に関する委員会を設置し、この委員会に対して自決の権利の基本的構成要素としての天然の富と資源に対する恒久主権の地位を十分に調査し、かつ、必要な場合にはそれを強化するための勧告を行うよう指示し、さらに、天然の富と資源に対する人民及び民族[peoples and nations]の恒久主権の地位に関する十分な調査の実施に際しては、国際法上の国の権利義務及び発展途上国の経済発展における国際協力の促進の重要性を適切に考慮すべきであると決定したことに留意し、

富と天然資源の処分に対する全ての国の主権的権利が尊重されるべきことを総会が勧告した一九六〇年一二月一五日の決議一五／一五一五に留意し、

これに関連するいかなる措置も、全ての国が天然の富と資源を自国の国益に従って自由に処分する不可譲の権利を有することの承認及び国の経済的独立の尊重に基づかなければならないことを考慮し、

この決議の４は、かつて植民地統治下にあった国々が完全な主権を獲得する前に取得された財産に関して承継国及び承継政府が有する権利義務の問題のいかなる側面についても、加盟国の立場に何ら影響を及ぼすものではないことを考慮し、

国家承継及び政府承継の問題は国際法委員会によって優先的に審議されていることに留意し、

発展途上国の経済発展のためには国際協力を促進することが望ましく、かつ、先進国と発展途上国との間の経済的及び金融的取決めが平等並びに人民及び民族の自決の権利の原則に基づかなければならないことを考慮し、

経済的及び技術的援助、貸付け並びに拡大する外国投資の供与には、受入国の利益に反する条件を付してはならないことを考慮し、

このような資源と富の開発及び利用を促進する見込みがある技術的及び科学的情報の交換から生ずる利益[benefits]並びにこの点に関して国際連合及び他の国際組織が果たすことを求められる重要な役割を考慮し、

発展途上国の経済発展の促進及び経済的独立の確保の問題に特別な重要性を認め、

天然の富と資源に対する国の不可譲の主権の創設及び強化が、これらの国の経済的独立を強固なものにすることに留意し、

経済発展、特に発展途上国の経済発展の分野における国際協力の精神にのっとり、天然資源に対する恒久主権の問題が国際連合によって一層考慮されるべきことを希望して、

次のとおり宣言する。

１　天然の富と資源に対する恒久主権に関する人民及び民族の権利は、彼（女）らの国家的発展と当該国の人民の福利のために行使しなければならない[must]。

２　資源の探査、開発及び処分並びにこれらの目的のために必要とされる外国資本の導入は、人民及び民族がそのような活動の認可、制限又は禁止に関して、自由に必要又は望ましいと考える規則及び条件に合致すべきである[should]。

３　認可が与えられる場合には、導入される資本及びその資本に係る収益は、認可の条件、現行の国内法及び国際法によって規律される。得られた利潤は、天然の富と資源に対する受入国の主権をいかなる理由によっても傷つけないことを確保するよう十分な注意を払って、投資家と受入国との間でそれぞれの場合に自由に合意される割合に従って分配しなければならない。

４　国有化、収用又は徴発は、国内及び外国の純粋に個人的若しくは私的な利益に優先すると認められる公益、安全又は国益の根拠又は理由に基づくものとする[shall]。このような場合には、所有者には、主権を行使して当該措置をとる国で実施されている規則に従って、かつ、国際法に従って、適当な補償[appropriate compensation]が支払われる。補償の問題が紛争を生じさせる場合には、そのような措置をとる国の国内裁判手続を尽くすものとする[shall]。ただし、主権国家と他の当事者が合意する場合には、紛争の解決は、仲裁又は国際裁判によって行われるべきである[should]。

５　天然資源に対する人民及び民族の主権の自由かつ有益な行使は、主権平等に基礎を置く諸国の相互尊重によって促進されなければならない[must]。

６　発展途上国の経済発展のための国際協力は、公的若しくは私的な資本投資、物品及びサービスの交換、技術援助又は科学情報の交換のいずれの形態であるかを問わず、これらの国の自立的な国家的発展を促進し、かつ、これらの国の天然の富と資源に対する主権の尊重に基づくものとする[shall]。

７　天然の富と資源に対する主権に対する人民及び民族の権利の侵害は、国際連合憲章の精神と原則に反し、国際協力の発展及び平和の維持を阻害するものである。

８　主権国家によって又は主権国家間で自由に締結された外国投資協定は、誠実に遵守される[shall]。国及び国際組織は、国際連合憲章及びこの決議に定められた原則に従って、天然の富と資源に対する人民及び民族の主権を厳格かつ誠実に尊重する。

参　考

◇**天然資源に対する恒久主権に関する決議**（一九六六年一一月二五日採択。国連第二一回総会、決議第二一五八号）

◇**天然資源に対する恒久主権に関する決議**（一九七三年一二月一七日採択。国連第二八回総会、決議第三一七一号）

## 参考　国の経済的権利義務憲章（国連総会決議二九／三二八一）（抄）翻訳

［経済的権利義務憲章］

採　択　一九七四年一二月一二日（国連第二九回総会）
（賛成一二〇、反対六、棄権一〇）

### 前　文

総会は、
国際連合の基本目的、特に、国際の平和と安全の維持、国の間の友好関係の発展、並びに経済的及び社会的分野における国際問題解決のための国際協力の達成を再確認し、
これらの分野での国際協力を強化することが必要であることを確認し、
さらに発展のための国際協力を強化することが必要であることを再確認し、
経済的及び社会的体制の相違にかかわらず、全ての国の間における衡平、主権平等、相互依存、共通利益及び協力の基礎の上に、新国際経済秩序の樹立を促進することがこの憲章の基本目的であると宣言し、
次の(a)から(f)を達成するための諸条件の創出に寄与することを希望し、
(a) 全ての国の間における一層広範な繁栄及び全ての人民のための一層高い生活水準の達成
(b) 国際共同体全体による全ての国、特に、発展途上国の経済的及び社会的進歩の促進
(c) この憲章の規定を進んで実施しようとする全ての平和愛好国のための相互利益及び衡平な収益を基礎として、政治的、経済的又は社会的体制の相違にかかわらず、経済、貿易、科学及び技術の分野における協力の奨励
(d) 発展途上国の経済発展の途上における主要な障害の克服
(e) 発展途上国と先進国との間の経済格差を縮小するための発展途上国の経済成長の加速
(f) 環境の保護、保全及び改善
次の(a)から(d)を通して、公正かつ衡平な経済社会秩序を樹立し維持することが必要であることに留意し、
(a) 一層合理的かつ衡平な国際経済関係の達成、及び世界経済における構造変革の奨励
(b) 全ての国の間の貿易の一層の拡大及び経済協力の強化を可能にする諸条件の創出
(c) 発展途上国の経済的独立の強化
(d) 発展途上国の発展段階における合意された相違及びその特別の必要性を考慮に入れた、国際経済関係の樹立及び促進
各国の主権平等を厳格に尊重し、かつ、国際共同体全体の協力を通して、特に発展途上国の発展のための集団的経済安全保障を促進することを決意し、
国際経済問題に関する共同の討議及び協調的行動に基づく国の間の真の協力が、世界の全ての地域の公正かつ合理的な発展を達成しようとする国際共同体の共通の願望を充足するために不可欠であることを考慮し、
社会経済制度の相違にかかわらず、全ての国の間の正常な経済関係を処理するため、及び全ての人民の諸権利を十分に尊重するための適切な条件を確保し、並びに全ての人民の利益のための平和の確立の手段としての国際経済協力の機構を強化することが重要であることを強調し、
全ての国の主権平等、相互のかつ衡平な利益、及び諸利益の密接な相互関係に基づいて国際経済関係に関する制度を発展させることが必要であることを確信し、
各国の発展のための責任は、第一次的にはその国自身にあるものの、それに付随する効果的な国際協力が各国自身の発展目標を完全に達成するための本質的な要素であることを繰り返し強調し、
国際経済関係の実質的に改善された制度を発展させることが緊急に必要であることを確信して、
国の経済的権利義務憲章を厳粛に採択する。

### 第一章　国際経済関係の基礎

国の間の経済的、政治的及びその他の諸関係は、特に、次の諸原則により規律される。
(a) 国の主権、領土保全及び政治的独立
(b) 全ての国の主権平等
(c) 不侵略
(d) 不干渉
(e) 相互のかつ衡平な利益
(f) 平和共存
(g) 人民の同権及び自決
(h) 紛争の平和的解決
(i) 力によってもたらされ、国からその正常な発展に必要な自然な手段を奪うような不正義の除去
(j) 国際義務の誠実な履行
(k) 人権と基本的自由の尊重
(l) 覇権及び勢力圏の追求の禁止
(m) 国際的な社会正義の促進
(n) 発展のための国際協力
(o) 前記諸原則の枠内における内陸国の海への自由な出入り

### 第二章　国の経済的権利義務（抄）

**第一条【経済社会体制を自由に選択する権利】** いかなる国も、どのような形であれ、外部からの干渉、強制又は威嚇を受けることなく、人民の意思に従い、経済的体制並びに政治的、社会的及び文化的体制を選択する主権的かつ不可譲の権利を有する。

**第二条【天然資源の恒久主権、外国投資と多国籍企業の規制、国有化】** 1　いかなる国も、全ての富、天然資源及び経済活動に対して、それらを所有、使用及び処分することを含む完全な恒久主権を有し、かつ、それを自由に行使する。
2　いかなる国も、次の権利を有する。
(a) 自国の法令に基づき、並びに自国の国家目標及び優先順位に従い、自国の国家管轄権の範囲内で、外国投資を規制し、それに対して権限を行使すること。いかなる国も、外国投資に対して特恵待遇を与えることを強制されない。
(b) 自国の国家管轄権の範囲内で、多国籍企業の活動を規制し、監督し、及びその活動が国の法令及び規則を遵守し、かつ、自国の経済社会政策に合致することを確保するための措置をとること。多国籍企業は受入国の国内事項に干渉してはならない[shall not]。いかなる国も、その主権的権利に十分な考慮を払いつつ、本号に定める権利を行使するに当たっては、他国と協力すべきである[should]。

(c)　外国人財産を国有化し、収用し、又はその所有権を移転すること。ただし、その場合には、このような措置をとる国は、自国の関連法令及び自国が関連すると認める全ての事情を考慮して、適当な補償〔appropriate compensation〕を支払うべきである。補償問題で紛争が生ずる場合はいつでも、紛争は、国有化を行う国の国内法に基づき、かつ、その国の裁判所において解決される。ただし、全ての関係国が、国の主権平等に基づき、かつ、手段の選択の自由の原則に従い、他の平和的手段を追求することについて自由にかつ相互に合意した場合は、この限りでない。

**第三条【共有天然資源】**（略）

**第四条【貿易等の権利】**（略）

**第五条【一次産品生産国機構】**　全ての国は、国民経済を発展させ、発展のために安定した資金を調達するため、及び、国の目的を追求して、世界経済の持続的な成長の促進、特に、発展途上国の発展の加速化を支援するために、一次産品の生産国機構に参画する権利を有する。これに対応して、全ての国は、このような権利を制限する経済的及び政治的措置をとることを慎むことによって、この権利を尊重する義務を負う。

**第六条【国際商品協定】**　適当な場合には、特に取極及び長期の多国間商品協定の締結によって、生産国及び消費国の利益を勘案しつつ、物品の国際貿易の発展に寄与することは、国の義務である。全ての国は、安定した、採算のとれる、衡平な価格で取引される全ての商業物品の規則正しい流れとそれに対するアクセスを促進する責任を共有し、そのことにより、特に発展途上国の利益を勘案しつつ、世界経済の衡平な発展に貢献する。

**第七条【国内資源の動員】**（略）

**第八条【合理的で衡平な国際経済関係】**（略）

**第九条【世界全体の経済的・社会的進歩の促進のための協力】**（略）

**第一〇条【国際経済組織の決定過程への参加】**　全ての国は、法的に平等であり、国際共同体の平等な構成員として、特に世界の経済、金融及び通貨上の諸問題を、現行の及び形成途上の規則に従いつつ、適切な国際組織を通じて解決するための国際的な決定過程に十分かつ効果的に参加し、そこから生ずる収益を衡平に享受する権利を有する。

**第一一条【国際経済組織の効率改善】**（略）

**第一二条【地域協力組織】**（略）

**第一三条【科学技術の移転】**　1　いかなる国も、経済的及び社会的発展を促進するために、科学技術の進歩及び発展からの恩恵を受ける権利を有する。

2　全ての国は、全ての正当な利益、特に技術の所有者、提供者及び受益者の権利義務に適切な配慮を払いつつ、国際的科学技術協力及び技術移転を促進すべきである。特に、全ての国は、発展途上国の経済及び必要性に適合した形態と手続に従い、発展途上国の利益のために、発展途上国の近代的科学技術の成果の採用、技術移転及び固有の技術の創造を容易にすべきである。

3　したがって、先進国は、発展途上国の経済の拡大及び変革を支援するために、発展途上国の科学技術の基盤及び科学研究と技術活動の確立、強化及び発展のために、発展途上国と協力すべきである。

4　（略）

**第一四条【世界貿易における衡平なシェア】**　いかなる国も、世界貿易の着実かつ一層の拡大及び自由化、並びに全ての人民、特に発展途上国の人民の福祉と生活水準の改善を促進するために協力する義務を負う。したがって、全ての国は、特に、貿易障壁の漸進的な撤廃及び世界貿易を律する国際的な枠組みの改善に向けて協力すべきであり、これらの目的のために、発展途上国に特有の貿易問題を考慮しつつ、全ての国の貿易問題を衡平な方法によって解決するために協調的な努力が払われる。これとの関連において、国は、最大限可能な手段によって、発展途上国が関心をもつ産品の市場アクセス条件の実質的改善、及び、適当な場合にはいつでも、一次産品の安定した衡平なかつ採算のとれる価格を達成するための措置を通じて、発展途上国の外貨収入の実質的な増大、輸出の多様化、発展途上国の発展の必要性を考慮した上で、その貿易成長率の加速、世界貿易の拡大にこれらの国が参加する可能性の改善、及び貿易拡大から生ずる収益の分配において、発展途上国にとって一層有利な配分を達成することができるよう、発展途上国の国際貿易における追加的利益の確保を目的とする措置をとる。

**第一五条【軍縮による余剰資源を発展に向ける義務】**　全ての国は、効果的な国際的管理の下に全面的かつ完全な軍縮の達成を促進し、効果的な軍縮措置により解放された資源を国の経済的及び社会的発展のために利用する義務を負う。これらの資源の相当部分は発展途上国の発展の必要性のための追加的手段として配分される。

**第一六条【植民地主義等の排除】**　1　全ての国は、発展のための前提条件として、植民地主義、アパルトヘイト、人種差別、新植民地主義、あらゆる形態の外国の侵略、占領及び支配、並びにこれらから生ずる経済的及び社会的結果を、個別的及び集団的に排除する権利を有し、かつ、義務を負う。このような強圧的な政策を遂行する国は、その影響を受ける国、領域及び人民に対して、これら国、領域及び人民が有する天然資源その他全ての資源の搾取、枯渇及び損害に対して、原状回復及び完全な補償を行う経済的責任を負う。これら国、領域及び人民への援助を行うことは、全ての国の義務である。

2　いかなる国も、武力によって占領された領域の解放の障害となるような投資を促進又は奨励する権利を有しない。

**第一七条【発展のための国際協力】**　発展のための国際協力は、全ての国の分かち合うべき目的であり、共通の義務である。いかなる国も、発展途上国の発展の必要性と目的に従って、国の主権平等を厳守し、かつ、その主権を侵害するいかなる条件にも拘束されることなく、発展途上国に有利な外的条件を付与し、積極的な援助を行うことにより、経済的及び社会的発展を促進しようとする発展途上国の努力に協力すべきである。

**第一八条【一般特恵関税制度】**　先進国は、権限を有する国際組織の枠内において、本件に関して採択された関連合意及び関連決議に従って、発展途上国に対する一般的、非相互主義的、かつ無差別の特恵関税制度を供与し、改善し、かつ、拡大すべきである。先進国はまた、発展途上国の貿易及び発展の必要性を満たすため、実施可能かつ適当な分野において、特別な、かつ、一層有利な待遇を与えられるような方法で、その他の差別的優遇措置〔differential measures〕を採用するよう真剣な考慮を払うべきである。国際経済関係を処理するに当たっては、先進国は、一般特恵関税及び発展途上国に有利なその他の一般的に合意された差別的優遇措置を与えることにより促進される発展途上国の国民経済の発展に対して否定的な効果を与える措置をとることを避けるよう努力すべきである。

**第一九条【経済協力分野での特恵拡大】**　発展途上国の経済成長

を促進し、先進国と発展途上国間の経済格差を縮小するために、実施可能な場合には、先進国は、国際経済協力の分野において、発展途上国に対して、一般的、非相互主義的、かつ無差別の特恵制度を与えるべきである。

**第二〇条【発展途上国と社会主義国間の貿易拡大】**（略）

**第二一条【発展途上国間の特恵】** 発展途上国は、相互間の貿易拡大を促進するよう努めるべきであり、その目的のために、適用可能な現行の及び形成途上の国際協定の規定及び手続に従い、かつ、先進国に当該特恵を供与することを義務づけられることなく、他の発展途上国に貿易上の特恵を与えることができる。ただし、それらの取極が一般的な貿易の自由化及び拡大の障害にならないことを条件とする。

**第二二条【資金援助】** 1　全ての国は、経済的及び社会的発展を促進する発展途上国の努力を補強するために、関係諸国が引き受けた義務及び約束を考慮しつつ、全ての資金源から発展途上国への資金援助の純流入額の増加を促進することにより、一般的に承認された、又は相互に合意された発展途上国の発展の必要性及び目的に対応すべきである。

2　これとの関連において、全ての国は、前記の目的に従い、かつ、これに関して引き受けられた全ての義務及び約束を考慮しつつ、発展途上国に対する公的資金源からの資金援助の純額を増加しかつその条件を改善するよう、努力すべきである。

3　開発援助資源の移転は、経済援助及び技術援助を含むべきである。

**第二三条【発展途上国間の協力】**（略）

**第二四条【第三国への配慮】**（略）

**第二五条【後発・内陸・島嶼発展途上国】** 世界経済の発展を促進するに当たっては、国際共同体、特に先進加盟国は、後発発展途上国、内陸発展途上国及び島嶼発展途上国がその特有の困難を克服し、もって経済的及び社会的発展に貢献するのを援助するため、それらの諸国に特有の必要性及び問題に特別の配慮を払う。

**第二六条【異なる体制の国の間の貿易促進等】**（略）

**第二七条【貿易外取引の拡大】**（略）

**第二八条【価格調整】** 全ての国は、生産国にとって採算がとれ、かつ、生産国と消費国にとって衡平な方法で、発展途上国にとって公正かつ衡平な交易条件を促進するよう、発展途上国が輸入価格に対して輸出価格を調整することに協力する義務を負う。

## 第三章　国際共同体に対する共同責任

**第二九条【海底資源の開発】** 国家管轄権の範囲を越える海底、海床及びその地下は、その区域の資源と同様に、人類の共同の財産〔common heritage of mankind〕である。一九七〇年一二月一七日に第二五回国際連合総会が採択した決議二七四九号の諸原則に基づいて、全ての国は、当該区域の探査及びその区域の資源の開発が平和目的のためにのみ行われること、並びにそこから得られる収益が、発展途上国に特有な利益と必要性を考慮に入れつつ、全ての国により衡平に分配されることを確保する。当該区域及びその区域の資源に適用され、かつ、その規定を実施する適切な国際機構を含む国際制度は、一般的に合意された普遍的性格を有する国際条約によって設立される。

**第三〇条【環境保全】** 現在の及び将来にわたる世代のために環境を保護し、保全し、改善することは、全ての国の責任である。全ての国は、このような責任に従って、自国の環境及び発展政策を確立するよう努力する。全ての国の環境政策は、発展途上国の現在の及び将来にわたる発展の潜在力を高めるべきであり、それを損なうべきでない。全ての国は、自国の管轄又は管理下における活動が、他国の又は国家管轄権の範囲外の区域の環境に損害を与えないよう確保する責任を負う。全ての国は、環境の分野における国際的な規範及び規則を発展させることに協力すべきである。

## 第四章　最終規定（抄）

**第三一条【相互依存】** 全ての国は、先進国の福祉と発展途上国の成長及び発展との間の密接な相互関係並びに国際共同体全体の繁栄がその構成員の繁栄に依存している事実を正当に考慮に入れつつ、世界経済の均衡のとれた拡大に貢献する義務を負う。

**第三二条【強制措置の禁止】** いかなる国も、他国の主権的権利の行使を自国に従属させるために、経済的、政治的若しくはその他のいかなる態様の強制措置も使用し、又はその使用を奨励してはならない。

**第三三条【この憲章の解釈】**（略）

**第三四条【この憲章の再検討】** 国の経済的権利義務憲章に関する議題は、第三〇回国際連合総会及びそれ以後五会期ごとの国際連合総会の議事日程に上程される。このような方法によって、進捗状況並びに必要となる改善及び追加を含むこの憲章の実施状況の検討が系統的かつ包括的に行われ、また、適当な方策が勧告されることとなる。このような検討においては、この憲章によって立つ諸原則及びその目的に関連する全ての経済的、社会的、法的その他の要素の進展を考慮に入れるべきである。

# 6　持続可能な開発に関するヨハネスブルク宣言

（第11章3参照五八九頁）

# 7　欧州連合（EU）条約

（第1章14参照五一頁）

# 8　欧州連合運営条約

（第1章15参照六一頁）

# 9　日米通商航海条約（抄）

（日本国とアメリカ合衆国との間の友好通商航海条約及び関係文書）

署　　名　一九五三年四月二日（東京）
効力発生　一九五三年一〇月三〇日（日本国－同年八月七日国会承認、九月二日内閣批准、同日批准書認証、九月三〇日批准書交換、一〇月二八日公布・条約二七号）

日本国及びアメリカ合衆国は、両国の間に伝統的に存在する平和及び友好の関係を強化し、並びに両国の国民の間の一層緊密な経済的及び文化的関係を促進することを希望し、また、相互に有利な通商関係を助長し、相互に有益な投資を促進し、並びに相互の権利及び特権を定める取極によってそれらの目的の達成に寄与することができることを認識しているので、無条件に与えられる最恵国待遇及び内国民待遇の原則を一般的に基礎とする友好通商航海条約を締結することに決定し、そのため、次のとおりそれぞれの全権委員を任命した。（全権委員名略）

これらの全権委員は、互にその全権委任状を示し、それが妥当であると認められた後、次の諸条を協定した。

**第一条【入国及び在留】** 1　いずれの一方の締約国の国民も、(a)両締約国の領域の間における貿易を営み、若しくはこれに関連する商業活動を行う目的をもつて、(b)当該国民が相当な額の資本を投下した企業若しくは当該国民が現に相当な額の資本を投下する過程にある企業を発展させ、若しくはその企業の運営を指揮する目的をもつて、又は(c)外国人の入国及び在留に関する法令の認めるその他の目的をもつて、他方の締約国の領域に入り、及びその領域に在留することを許される。

2　いずれの一方の締約国の国民も、他方の締約国の領域内において、(a)自由に旅行し、及び自己が選んだ場所に居住し、(b)良心の自由を享有し、(c)公私の宗教上の儀式を行い、(d)国外の公衆に周知させるため資料を収集し、及び送付し、並びに(e)当該領域の内外にある他の者と郵便、電信その他一般に公衆の用に供される手段によつて通信することを許される。

3　本条の規定は、公の秩序を維持し、及び公衆の健康、道徳又は安全を保護するため必要な措置を執る締約国の権利の行使を妨げるものではない。

**第二条【身体の保護】** 1　いずれの一方の締約国の国民も、他方の締約国の領域内において、いかなる種類の不法な迫害も受けることはなく、且つ、いかなる場合にも国際法の要求する保護及び保障よりも少くない不断の保護及び保障を受けるものとする。

2　いずれか一方の締約国の領域内で他方の締約国の国民が抑留された場合には、その者の要求に基き、もよりの地にあるその者の本国の領事官に直ちに通告されるものとする。その者は、(a)相当且つ人道的な待遇を受け、(b)自己に対する被疑事実を正式に且つ直ちに告げられ、(c)自己の防ぎよのための適当な準備に支障がない限りすみやかに裁判に付され、及び(d)自己の防ぎよに当然必要なすべての手段(自己が選任する資格のある弁護人の役務を含む。)を与えられる。

**第三条【労働者保障及び社会保障】** 1　いずれの一方の締約国の国民も、他方の締約国の領域内において、雇用されている間に業務の結果生じた疾病、負傷若しくは死亡又は業務の性質に起因する疾病、負傷若しくは死亡を理由として行う金銭上の補償その他の給付又は役務の提供を定める法令の適用について、内国民待遇を与えられる。

2　本条1に規定する権利及び特権の外、いずれの一方の締約国の国民も、他方の締約国の領域内において、(a)老齢、失業、疾病若しくは身体障害による賃金若しくは所得の喪失又は(b)父、夫その他自己を扶養する者の死亡による経済的扶助の喪失に対し経済上の需要を個別的に審査しないで給付を行う強制的な社会保障制度を定める法令の適用について、内国民待遇を与えられる。

**第四条【出訴権及び商事仲裁】** 1　いずれの一方の締約国の国民及び会社も、その権利の行使及び擁護については、他方の締約国の領域内ですべての審級の裁判所の裁判を受け、及び行政機関に対して申立をする権利に関して、内国民待遇及び最恵国待遇を与えられる。いずれか一方の締約国の会社で他方の締約国の領域内で活動を行つていないものは、その領域内において、登記その他これに類する要件を課されないで、それらの裁判を受け、及び申立をする権利を有するものとする。

2　一方の締約国の国民又は会社と他方の締約国の国民又は会社との間に締結された仲裁による紛争の解決を規定する契約は、いずれの一方の締約国の領域内においても、仲裁手続のために指定された地がその領域外にあるという理由又は仲裁人のうちの一人若しくは二人以上がその締約国の国籍を有しないという理由だけでは、執行することができないものと認めてはならない。その契約に従つて正当にされた判断で、判断がされた地の法令に基いて確定しており、且つ、執行することができるものは、公の秩序及び善良の風俗に反しない限り、いずれの一方の締約国の管轄裁判所に提起される執行判決を求める訴に関しても既に確定しているものとみなされ、且つ、その判断についてその裁判所から執行判決の言渡を受けることができる。その言渡があつた場合には、その判断に対しては、その地でされる判断に対して与える特権及び執行の手段と同様の特権及び執行の手段を与えるものとする。アメリカ合衆国の領域外でされた判断は、アメリカ合衆国のいずれの州のいずれの裁判所においても、他の諸州でされる判断が受ける承認と同様の限度においてのみ、承認を受けることができるものとする。

**第五条【資本、技術の保護及び交流】** 1　いずれの一方の締約国も、他方の締約国の国民又は会社がその設立した企業、その資本又はその提供した技能、技芸若しくは技術に関し適法に取得した権利又は利益で当該一方の締約国の領域内にあるものを害する虞がある不当な又は差別的な措置を執つてはならない。いずれの一方の締約国も、他方の締約国の国民及び会社が自国の経済的発展のため必要な資本、技能、技芸及び技術を衡平な条件で取得することを不当に妨げてはならない。

2　両締約国は、特にそれぞれの領域内における生産力の増進及び生活水準の向上のため、科学及び技術に関する知識の交換及び利用を促進することに協力することを約束する。

**第六条【財産の保護】** 1　いずれの一方の締約国の国民及び会社の財産も、他方の締約国の領域内において、不断の保護及び保障を受けるものとする。

2　いずれの一方の締約国の国民及び会社も、その住居、事務所、倉庫、工場その他の建造物で他方の締約国の領域内にあるものについては、不法な侵入及び妨害を受けないものとする。当該建造物及びその中にある物件について必要がある場合に行う当局の捜索及び検査は、占有者の便宜及び業務の遂行に周到な考慮を払い、法令に従つてのみ行うものとする。

3　いずれの一方の締約国の国民及び会社の財産も、他方の締約国の領域内において、公共のためにする場合を除く外、収用し、又は使用してはならず、また、正当な補償を迅速に行わないで収用し、又は使用してはならない。その補償は、実際に換価することができるもので行わなければならず、また、収用し、又は使用した財産に充分相当する価額のものでなければならない。その補償を決定し、及び実施するため、収用若しくは使用の際又はその前に、適当な準備をしなければならない。

4　いずれの一方の締約国の国民及び会社も、他方の締約国の領域内において、本条2及び3に規定する事項に関しては、いかなる場合にも、内国民待遇及び最恵国待遇よりも不利でない待遇を与えられる。更に、いずれか一方の締約国の国民又は会社が実質的な利益を有する企業は、他方の締約国の領域内において、私有企業を公有に移し、又は公の管理の下に置くことに関するすべての事項について、内国民待遇及び最恵国待遇よりも不利でない待遇を与えられる。

**第七条【営利活動】** 1 いずれの一方の締約国の国民及び会社も、直接であると、代理人によつてであると、又は何らかの形態の適法な団体を通じてであるとを問わず、他方の締約国の領域内ですべての種類の商業、工業、金融業その他の事業の活動を行うこと、従つて、(a)支店、代理店、事務所、工場その他その事業の遂行のため適当な施設を設置し、及び維持し、(b)会社に関する当該他方の締約国の一般法に基いて会社を組織し、及び当該他方の締約国の会社における過半数の利益を取得し、並びに(c)自己が設立し、又は取得した企業を支配し、及び経営することに関して、内国民待遇を与えられる。更に、当該国民又は会社が支配する企業は、個人所有の形式であると、会社の形式その他のいずれの形式であるとを問わず、その事業の遂行に関連するすべての事項について、当該他方の締約国の国民又は会社が支配する同様の企業が与えられる待遇よりも不利でない待遇を与えられる。

2 各締約国は、外国人が、その締約国の領域内で公益事業を行う企業若しくは造船、航空運送、水上運送、銀行業務（預金業務又は信託業務に限る。）若しくは土地その他の天然資源の開発を行う企業を設立し、当該企業における利益を取得し、又は当該企業を営むことができる限度を定める権利を留保する。但し、いずれか一方の締約国が、その領域内でそれらの事業を営むことに関して外国人に内国民待遇を与える限度について新たに行う制限は、その実施の際その領域内でそれらの事業を行つており、且つ、他方の締約国の国民又は会社が所有し、又は支配している企業に対しては、適用しない。更に、いずれの一方の締約国も、他方の締約国の運送事業、通信事業又は銀行業を営む会社に対し、その会社が行うことを許される本質的に国際的な業務に必要な機能を営むための支店及び代理店を維持する権利を否認してはならない。

3 本条1の規定は、いずれか一方の締約国が外国人の支配する企業の自国領域内における設立に関して特別の手続を定めることを妨げるものではない。但し、その手続は、本条1に規定する権利を実質的に害するものであつてはならない。

4 各締約国の国民及び会社並びに当該国民又は会社が支配する企業は、本条に規定する事項については、いかなる場合にも、最恵国待遇を与えられる。

**第八条【自由職業及び非営利活動】** 1 いずれの一方の締約国の国民及び会社も、他方の締約国の領域内において、自己が選んだ会計士その他の技術者、高級職員、弁護士、代理を業とする者その他の専門家を用いることを許される。更に、当該国民及び会社は、当該領域内における自己の企業又は自己が財政的利益を有する企業の企画及び運営に関し、もつぱら自己のために検査、監査及び技術的調査を行わせ、並びに自己に報告させるという特定の目的で、当該領域内で自由職業に従事するための資格のいかんを問わず、会計士その他の技術者を用いることを許される。

2 いずれの一方の締約国の国民も、外国人たることのみを理由としては、他方の締約国の領域内で自由職業に従事することを禁止されることはない。当該国民は、資格、居住及び権限に関する要件で当該他方の締約国の国民に対して適用されるものに従うことを条件として、当該領域内で自由職業に従事することを許される。

3 いずれの一方の締約国の国民及び会社も、他方の締約国の領域内で学術、教育、宗教及び慈善の活動を行うことに関して、内国民待遇及び最恵国待遇を与えられ、且つ、その活動を行うため当該他方の締約国の法令に基いて団体を組織する権利を与えられる。

**第九条【財産権の取得】** 1 いずれの一方の締約国の国民及び会社も、他方の締約国の領域内において、(a)第七条又は第八条に基いて行うことを許される活動の遂行及び居住のため適当な土地、建物その他の不動産を賃借し、占有し、及び使用することに関する内国民待遇並びに(b)他方の締約国の関係法令で認められる不動産に関するその他の権利を与えられる。

2 いずれの一方の締約国の国民及び会社も、他方の締約国の領域内において、すべての種類の動産（無体財産を含む。）を購入、賃借その他の方法によつて取得し、所有し、及び占有することに関して、内国民待遇及び最恵国待遇を与えられる。但し、いずれの一方の締約国も、公共の安全の見地から危険と認められる物及び第七条2の第一文に掲げる活動を行う企業における利益を外国人が所有することについては、第七条その他この条約の規定によつて保障される権利及び特権を害しない範囲内において、制限することができる。

3 いずれの一方の締約国の国民及び会社も、他方の締約国の領域内にある財産を遺言によると否とを問わず遺産として取得することに関し、当該国民又は会社が外国人又は外国の会社であるという理由で内国民待遇を与えられない場合には、その財産を自由に処分することを許され、且つ、その処分をするため五年を下らない期間を与えられる。

4 いずれの一方の締約国の国民及び会社も、他方の締約国の領域内において、すべての種類の財産の処分に関して、内国民待遇及び最恵国待遇を与えられる。

**第一〇条【工業所得権】** いずれの一方の締約国の国民及び会社も、他方の締約国の領域内において、特許権の取得及び保有並びに商標、営業用の名称及び営業用の標章に関する権利並びにすべての種類の工業所有権に関して、内国民待遇及び最恵国待遇を与えられる。

**第一一条【課徴金】** 1 いずれか一方の締約国の国民で他方の締約国の領域内に居住するもの及びいずれか一方の締約国の国民又は会社で他方の締約国の領域内で貿易その他の営利的活動又は学術、教育、宗教若しくは慈善の活動を行うものは、当該領域内において、所得、資本、取引、活動その他の客体について課される租税、手数料その他の課徴金又はその賦課及び徴収に関する要件について、当該他方の締約国の国民又は会社が負担する課徴金又は要件よりも重い課徴金又は要件を課されることはない。

2 いずれか一方の締約国の国民で他方の締約国の領域内に居住せず、且つ、貿易その他の営利的活動を行わないもの及びいずれか一方の締約国の会社で他方の締約国の領域内で貿易その他の営利的活動を行わないものに関しては、当該他方の締約国は、本条1に規定する原則を一般に適用することを目標としなければならない。

3 いずれの一方の締約国の国民及び会社も、他方の締約国の領域内において、所得、資本、取引、活動その他の客体について課される租税、手数料その他の課徴金又はその賦課及び徴収に関する要件について、いかなる場合にも、第三国の国民、第三国に居住する者及び第三国の会社が負担する課徴金又は要件よりも重い課徴金又は要件を課されることはない。

4 いずれか一方の締約国の会社で他方の締約国の領域内で貿易その他の営利的活動を行うもの及びいずれか一方の締約国の国民で他方の締約国の領域内で貿易その他の営利的活動を行うが当該領域内に居住しないものについては、当該他方の締約国は、所得、資本その他の標準による租税、手数料その他の課徴金で当該領域に対して適正に割り当てられ、又はあん分される課徴金をこえるものを課してはならず、また、当該領域に対して適正に割り当てられ、又はあん分される額に達しない額の控除及び免除を認めてはならない。もつぱら学術、教育、宗教又は慈善の目的のため組織され、且つ、運営される会社についても、また、同様とする。

5 各締約国は、(a)相互主義に基いて租税に関する特定の利益を与える権利、(b)二重課税の防止又は歳入の相互的保護のための協定に基いて租税に関する特別の利益を与える権利並びに(c)自国民及び隣接国に居住する者に対し所得に関する租税及び相続税に関する個人的な免除で自国に居住しないその他の者に認める当該免除よりも有利なものを認める権利を留保する。

**第一二条【為替制度】** 1 いずれの一方の締約国の国民及び会社も、両締約国の領域の間及び他方の締約国の領域と第三国の領域との間における支払、送金及び資金又は金銭証券の移転に関して、当該他方の締約国により内国民待遇及び最恵国待遇を与えられる。

2 いずれの一方の締約国も、その通貨準備の水準が著しく低下することを防止し、又は著しく低い通貨準備を適度に増加するため必要な範囲内で行う場合を除く外、本条5に定める為替制限を行つてはならない。本条の規定は、いずれか一方の締約国が国際通貨基金に対して負う義務を変更するものではなく、また、国際通貨基金が特定の為替制限を行うことを締約国に特に認め、又は要請する場合にその為替制限を行うことを妨げるものではない。

3 いずれの一方の締約国も、前記の2に従つて為替制限を行う場合には、自国民の保健及び福祉に欠くことができない貨物及び役務のための外国為替の利用を確保するため必要なすべての準備をした後、(a)第六条3に掲げる補償として支払われた額、(b)給与、利子、配当金、手数料、権利の使用料、技術的役務に対する報酬その他の所得の額並びに(c)借入金の償還、直接投下資本の償却及び資本の移転に係る額の、他方の締約国の通貨で表示された外国為替による回収について、その他の取引のための特別の需要を考慮して適当な準備をしなければならない。二以上の為替相場が実施されている場合には、当該回収に適用される相場は、国際通貨基金によつて当該取引のため特に承認された相場又は、その承認された相場がないときは、正当な実効相場(為替の取引についての租税又は手数料を含む。)でなければならない。

4 為替制限は、いずれの一方の締約国も、他方の締約国の国民及び会社の請求権、投資、運送、貿易その他の利益又は競争的地位に対して不必要に有害な又はし意的に差別的な方法で行つてはならない。

5 本条において「為替制限」とは、いずれか一方の締約国が課するすべての制限、規制、課徴金、租税その他の要件で、両締約国の領域の間における支払、送金又は資金若しくは金銭証券の移転について負担又は妨害となるものをいう。

**第一三条【関税及び業務規則】** いずれか一方の締約国の国民及び会社で当該締約国の領域内で事業を行うものを代理する商業旅行者は、他方の締約国の領域に入り、及びその領域から出る際並びにその領域に在留する間、関税その他の事項(第十一条5に規定する例外に従うことを条件として、当該商業旅行者、その携帯する見本及び注文の取集めについて課される租税その他の課徴金を含む。)及びその業務の遂行を規律する規制に関して、最恵国待遇を与えられる。

**第一四条【輸出入に対する関税・課徴金及び禁止制限】** 1 各締約国は、いずれの場所から到着したかを問わず、また、運送手段の種類のいかんを問わず、他方の締約国の産品に対し、並びに、径路及び運送手段の種類のいかんを問わず、他方の締約国の領域への輸出に向けられる産品に対し、輸出若しくは輸入に対し若しくはこれに関連して課され、又は輸出品若しくは輸入品のための支払手段の国際的移転に対して課されるすべての種類の関税及び課徴金、当該関税及び課徴金の賦課の方法並びに輸出及び輸入に関連するすべての規則及び手続に関して、最恵国待遇を与える。

2 いずれの一方の締約国も、他方の締約国の産品の輸入又は他方の締約国の領域への産品の輸出について制限又は禁止をしてはならない。但し、すべての第三国の同様の産品の輸入又はすべての第三国への同様の産品の輸出が同様に制限され、又は禁止される場合は、この限りでない。

3 いずれの一方の締約国も、他方の締約国が重大な利害関係を有する産品の輸出又は輸入について量的制限をする場合には、

(a) 当該一方の締約国は、特定の期間中に輸出し、又は輸入することができる産品の総数量又は総価額及びその総数量若しくは総価額又は期間の変更について、原則として事前に公表しなければならない。

(b) 当該一方の締約国は、いずれかの第三国に割当を行うときは、その産品の貿易に影響を与える特別の要因に妥当な考慮を払つた上で、他方の締約国が以前の代表的な期間中に供給し、又は供給された産品の総数量又は総価額に比例する割当を当該他方の締約国に与えなければならない。

4 いずれの一方の締約国も、衛生上の理由その他商業的性質を有しない慣習上の理由により、又は詐欺的若しくは不公正な慣行を防止するため、禁止又は制限をすることができる。但し、その禁止又は制限は、他方の締約国の通商に対してし意的な差別をするものであつてはならない。

5 いずれの一方の締約国の国民及び会社も、輸出及び輸入に関するすべての事項について、他方の締約国により内国民待遇及び最恵国待遇を与えられる。

6 本条の規定は、いずれか一方の締約国が与える次の利益には適用しない。

(a) 内国漁業の産品に与える利益

(b) 国境貿易を容易にするため隣接国に与える利益

(c) 当該一方の締約国が加盟国となる関税同盟又は構成地域となる自由貿易地域の存在に基いて与える利益。但し、当該一方の締約国が、自国の計画を他方の締約国に通報し、且つ、協議のための適当な機会を当該他方の締約国に与える場合に限る。

7 本条2及び3(a)を除く。)の規定にかかわらず、締約国は、貨物の輸出及び輸入について、第十二条に従つて行われる為替

制限と同等の効果を有し、又はその為替制限を効果的にするため必要とされる制限又は統制をすることができる。但し、その制限又は統制は、それらの規定から不必要に逸脱してはならず、また、外国との間の非差別的な貿易の最大限度の発展を助長し、並びにその制限の必要を除去するに足りる国際収支状況及び通貨準備をもたらすための政策に適合するものでなければならない。

**第一五条【関税行政】** 1　各締約国は、法令及び一般に適用する行政上の決定で、関税、租税その他の課徴金の額、関税のための品目分類並びに輸出品及び輸入品若しくはそのための支払手段の移転についての要件若しくは制限に関するもの又は輸出品及び輸入品の販売、分配若しくは使用に影響を与えるものをすみやかに公表し、並びにその法令及び決定を一律、公平且つ適切に実施しなければならない。行政上新たに定められる要件又は制限で輸入品に影響を与えるものは、衛生上又は公共の安全上の理由で課するものを除く外、一般の慣行として、公表後三十日を経過するまでの間は実施せず、又は公表の際輸送中である産品には適用しないものとする。

2　各締約国は、他方の締約国の国民及び会社並びに他方の締約国の産品を輸入する者が関税に関する事項に関する行政処分（過料を科し、その他不利益処分を行うこと、没取並びに行政機関が行う関税のための分類及び評価の問題についての決定を含む。）について迅速且つ公平な審査を受け、及び正当と認められた場合にその是正を求めることができる訴願及び出訴の手続を定めなければならない。関税及び海運に関する法令に対する違反で書類の作成に関するものを理由とする不利益処分は、当該違反が記載上の過誤から生じた場合又は善意によることが証明された場合には、単に警告として行うため必要な限度をこえるものであつてはならない。

3　各締約国は、一方の締約国の産品を輸出し、又は輸入する者がその産品をいずれか一方の締約国の会社の海上保険に付することを妨げる差別的措置を執つてはならない。この規定は、第十二条の規定の適用を妨げるものではない。

**第一六条【輸入品及び外国商社製品の国内取扱い】** 1　いずれの一方の締約国の産品も、他方の締約国の領域内において、国内における課税、販売、分配、保管及び使用に影響があるすべての事項に関して、内国民待遇及び最恵国待遇を与えられる。

2　いずれか一方の締約国の国民若しくは会社又はいずれか一方の締約国の国民若しくは会社の支配する他方の締約国の会社が当該他方の締約国の領域内で生産する物品は、その領域内において、輸出、課税、販売、分配、保管及び使用に影響があるすべての事項に関して、生産する者又は会社のいかんを問わず内国原産の同様の物品が与えられる待遇よりも不利でない待遇を与えられる。

**第一七条【国家貿易】** 1　各締約国は、(a)その政府が所有し、又は支配する企業及びその領域内で排他的の又は特別の特権を与えられた独占企業又は機関が、他方の締約国の通商に影響を与える輸出又は輸入を伴う販売又は購入を商業的考慮（価格、品質、入手可能性、市場性、運送その他販売又は購入の条件等に関する考慮をいう。）によつてのみ行うべきこと並びに(b)他方の締約国の国民、会社及び通商が、(a)に規定する販売又は購入に参加するため競争する適当な機会を通常の商慣行に従つて与えられるべきことを約束する。

2　各締約国は、他方の締約国の国民、会社及び通商に対し、(a)政府による需品の購入、(b)特権の賦与その他政府による契約及び(c)政府又は排他的若しくは特別の特権を与えられた独占企業若しくは機関が行う役務の販売に関しては、第三国の国民、会社及び通商に与える待遇と比べて公正且つ衡平な待遇を与えなければならない。

**第一八条【制限的・独占的商慣行の排除】** 1　両締約国は、競争を制限し、市場への参加を制限し、又は独占的支配を助長する事業上の慣行で商業を行う一若しくは二以上の公私の企業又はそれらの企業の間における結合、協定その他の取極により行われるものが、それぞれの領域の間における通商に有害な影響を与えることがあることについて、一致した意見を有する。従つて、各締約国は他方の締約国の要請があるときは、それらのいかなる事業上の慣行に関しても協議し、及びその有害な影響を除去するため適当と認める措置を執ることに同意する。

2　いずれの一方の締約国の公の所有又は支配に属する企業（社団法人、団体及び政府機関を含む。）も、他方の締約国の領域内で商業、工業、海運業その他の事業の活動を行う場合には、自己又は自己の財産のため、私の所有又は支配に属する企業が課税され、訴えられ、又は裁判の執行を受けることその他当該領域内で負う義務を当該領域内で免除されることを請求し、又はその免除を享有しないものとする。

**第一九条【船舶】** 1　両締約国の領域の間においては、通商及び航海の自由があるものとする。

2　いずれか一方の締約国の国旗を掲げる船舶で、国籍の証明のため当該締約国の法令により要求される書類を備えているものは、公海並びに他方の締約国の港、場所及び水域において、当該一方の締約国の船舶と認められる。

3　いずれの一方の締約国の船舶も、他方の締約国の船舶及び第三国の船舶と均等の条件で、外国との間における通商及び航海のため開放された他方の締約国のすべての港、場所及び水域に積荷とともに入る自由を有する。その船舶及び積荷は、当該他方の締約国の港、場所及び水域において、すべての事項に関して内国民待遇及び最恵国待遇を与えられる。

4　いずれの一方の締約国の船舶も、他方の締約国の領域に又はその領域から船舶で輸送することができるすべての産品を輸送する権利に関して、当該他方の締約国によつて内国民待遇及び最恵国待遇を与えられる。それらの産品は、(a)関税その他の課徴金、(b)税関事務及び(c)奨励金、関税の払いもどしその他この種の特権に関して、当該他方の締約国の船舶で輸送される同様の産品が与えられる待遇よりも不利でない待遇を与えられる。

5　いずれの一方の締約国の船舶も、難破し、座礁し、又は他方の締約国の港、場所若しくは水域（外国との間における通商及び航海のため開放されているかどうかを問わない。）にやむを得ず入つた場合には、当該他方の締約国又は第三国の船舶が同様の場合に受ける援助及び保護と同様の援助及び保護を受けるものとし、また、当該他方の締約国又は第三国の船舶が同様の場合に支払うべき租税その他の課徴金と異なる租税その他の課徴金を課されないものとする。いずれか一方の締約国の当該船舶の積荷及びその船舶から救い上げられたすべての物品は、他方の締約国の領域内における消費のため搬入された場合を除く外、関税を免除されるものとする。但し、消費以外の目的のため搬入された物品については、それが当該他方の締約国から搬出されるまでは、歳入の保護のための措置を執ることができる。

6　この条約の他のいかなる規定にもかかわらず、各締約国は、沿岸貿易、内国漁業及び内水航行に関して自国の船舶のため排他的の権利及び特権を留保し、又は相互主義に基く限り外国の船舶に沿岸貿易、内国漁業及び内水航行を許すことができる。

7　本条において「船舶」とは、私の所有又は運航に係るものであると、公の所有又は運航に係るものであるとを問わず、すべての種類の船舶をいう。但し、本条2及び5の場合を除く外、漁船及び軍艦を含まないものとする。

**第二〇条【領域通過】**　次の人及び物については、国際通過のため最も便利な径路により各締約国の領域を通過する自由があるものとする。

(a)　他方の締約国の国民及びその手荷物

(b)　他方の締約国の領域への又はその領域からの途中にあるその他の者及びその手荷物

(c)　他方の締約国の領域への又はその領域からの途中にある産品(原産地のいかんを問わない。)

それらの通過中の人及び物は、関税、通過を理由として課される租税並びに不当な課徴金及び要件を免除されるものとし、また、不必要に遅延させられず、及び不必要な制限を受けないものとする。但し、それらの人及び物は、第一条3に掲げる措置及び通過の特権の濫用を防止するため必要な非差別的な規制に服するものとする。

**第二一条【例外的制限措置】**　1　この条約は、次の措置を執ることを妨げるものではない。

(a)　金又は銀の輸出又は輸入を規制する措置

(b)　核分裂性物質、核分裂性物質の利用若しくは加工による放射性副産物又は核分裂性物質の原料となる物質に関する措置

(c)　武器、弾薬及び軍需品の生産若しくは取引又は軍事施設に供給するため直接若しくは間接に行われるその他の物資の取引を規制する措置

(d)　国際の平和及び安全の維持若しくは回復に関する自国の義務を履行し、又は自国の重大な安全上の利益を保護するため必要な措置

(e)　第三国の国民がその所有又は管理について直接又は間接に支配的利益を有する会社に対してこの条約に定める利益(法律上の地位を認めること並びに裁判所の裁判を受け、及び行政機関に対して申立をする権利を除く。)を拒否する措置

2　(略)

3　この条約中の貨物の待遇に関する規定は、いずれか一方の締約国が関税及び貿易に関する一般協定の当事国である間は、その締約国が同協定で要求され、又は特に許される措置を執ることを妨げるものではない。更に、いずれの一方の締約国も、その意思によつて同協定の当事国となつていない国に対しては、同協定に基いて取り極めた利益を与えなくてもよい。

4　いずれか一方の締約国の国民で特定の目的のため他方の締約国の領域に入ることを許されるものは、その入国許可の条件として法令により明示的に課される制限に反して営利的職業に従事する権利を有しない。

5　この条約のいかなる規定も、政治的活動を行う権利を与え、又は認めるものと解してはならない。

**第二二条【内国民待遇・最恵国待遇・会社】**　1　「内国民待遇」とは、一締約国の領域内で与えられる待遇で、当該締約国のそれぞれ国民、会社、産品、船舶又はその他の対象が同様の場合にその領域内で与えられる待遇よりも不利でないものをいう。

2　「最恵国待遇」とは、一締約国の領域内で与えられる待遇で、第三国のそれぞれ国民、会社、産品、船舶又はその他の対象が同様の場合にその領域内で与えられる待遇よりも不利でないものをいう。

3　この条約において「会社」とは、有限責任のものであるかどうかを問わず、また、金銭的利益を目的とするものであるかどうかを問わず、社団法人、組合、会社その他の団体をいう。いずれか一方の締約国の領域内で関係法令に基いて成立した会社は、当該締約国の会社と認められ、且つ、その法律上の地位を他方の締約国の領域内で認められる。

4　この条約の規定に基いて日本国の会社に与えられる内国民待遇は、アメリカ合衆国のいずれの州、準州又は属地においても、当該地域においてアメリカ合衆国の他の州、準州又は属地で創設され、又は組織される会社に与えられる待遇とする。

**第二三条【適用地域の制限】**　この条約の適用を受ける領域は、各締約国の主権又は権力の下にある陸地及び水域のすべての区域とする。但し、パナマ運河地帯及び太平洋諸島の信託統治地域(アメリカ合衆国大統領が宣言によりこの条約の規定を適用する当該信託統治地域の部分を除く。)を除く。

**第二四条【協議及び紛争処理】**　1　各締約国は、他方の締約国がこの条約の実施に関する事項について行う申入れに対しては、好意的考慮を払い、且つ、その申入れに関する協議のため適当な機会を与えなければならない。

2　この条約の解釈又は適用に関する両締約国の間の紛争で外交交渉により満足に調整されないものは、両締約国が何らかの平和的手段による解決について合意しなかつたときは、国際司法裁判所に付託するものとする。

**第二五条【批准及び廃棄】**　1　この条約は、批准されなければならない。批准書は、できるだけすみやかにワシントンで交換されるものとする。

2　この条約は、批准書の交換の日の後一箇月で効力を生ずる。この条約は、十年間効力を有し、その後は、本条で定めるところにより終了するまで効力を存続する。

3　いずれの一方の締約国も、他方の締約国に対し一年前に文書による予告を与えることによつて、最初の十年の期間の満了の際又はその後いつでもこの条約を終了させることができる。

**議定書**　(略)

## 10　日中韓投資協定(抄)

(投資の促進、円滑化及び保護に関する日本国政府、大韓民国政府及び中華人民共和国政府の間の協定)

署　名　二〇一二年五月一三日(北京)
効力発生　二〇一四年五月一七日(日本国―一三年一一月二二日国会承認、一四年五月一四日公布・条約五号)

日本国政府、大韓民国政府及び中華人民共和国政府は、

日本国、大韓民国及び中華人民共和国(以下この協定において「全締約国」という。)の間の経済関係を強化するために投資を更に促進することを希望し、

一の締約国の投資家による他の締約国の領域内における投資のための安定した、良好なかつ透明性のある条件を作り出すことを意図し、

投資の相互の促進、円滑化及び保護並びに投資の漸進的な自由化が、事業に係る投資家の自発的活動を促進することに貢献し、及び全締約国間の一層の繁栄をもたらすこととなることを認識し、

一般に適用される健康上、安全上及び環境上の措置を緩和することなしに、これらの目的を達成することが可能であることを認識し、

投資家がその領域内で投資活動を行っている締約国の法令であって、経済、社会及び環境政策の進歩に寄与するものを当該投資家が遵守することの重要性を認識し、

世界貿易機関設立協定その他の協力に関する多数国間の文書に基づく権利及び義務を想起して、

次のとおり協定した。

**第一条（定義）** この協定の適用上、

(1) 「投資財産」とは、投資家が直接又は間接に所有し、又は支配する全ての種類の資産であって、資本その他の資源の約束、収益若しくは利得についての期待又は危険の負担等の投資としての性質を有するものをいう。投資財産の形態には、次のものを含む。

(a) 企業及び企業の支店

(b) 株式、出資その他の形態の企業の持分（その持分から派生する権利を含む。）

(c) 債券、社債、貸付金その他の債務証書（その債務証書から派生する権利を含む。）

(d) 契約（完成後引渡し、建設、経営、生産又は利益配分に関する契約を含む。）に基づく権利

(e) 金銭債権及び金銭的価値を有する契約に基づく給付の請求権であって、投資に関連するもの

(f) 知的財産権（著作権及び関連する権利、特許権並びに実用新案、商標、意匠、集積回路の回路配置、植物の新品種、営業用の名称、原産地表示又は地理的表示及び開示されていない情報に関する権利を含む。）

(g) 法令又は契約により与えられる権利（例えば、特許、免許、承認、許可）

(h) 他の全ての資産（有体であるか無体であるかを問わず、また、動産であるか不動産であるかを問わない。）及び賃借権、抵当権、先取特権、質権その他の関連する財産権

注釈　投資財産には、投資財産から生ずる価値、特に、利益、利子、資本利得、配当、使用料及び手数料を含む。投資される資産の形態の変更は、その投資財産としての性質に影響を及ぼすものではない。

(2)―(10) （略）

**第二条（投資の促進及び保護）** （略）

**第三条（内国民待遇）** 1　各締約国は、自国の領域内において、投資活動に関し、他の締約国の投資家及びその投資財産に対し、同様の状況において自国の投資家及びその投資財産に与える待遇よりも不利でない待遇を与える。

2　1の規定は、これに適合しない措置であって、この協定の効力発生の日において各締約国が自国の法令に基づいて維持しているものがある場合には、当該措置及びその改正又は修正については、適用しない。ただし、当該措置の改正又は修正については、当該改正又は修正の直前における当該措置と1の規定との適合性の水準を低下させない場合に限る。

許可された投資に対して与えられる待遇は、いかなる場合にも、最初に投資が行われた時点において与えられた待遇よりも不利なものであってはならない。

3　各締約国は、2に規定する適合しない措置がある場合には、全ての当該措置を漸進的に撤廃するためのあらゆる適切な措置をとる。

注釈　中華人民共和国は、自国の2に規定する措置が、千九百八十八年八月二十七日に北京で署名された投資の奨励及び相互保護に関する日本国と中華人民共和国との間の協定の第三条2及び議定書3の規定に適合しないものでないことを確認する。

**第四条（最恵国待遇）** 1　各締約国は、自国の領域内において、投資活動及び投資の許可に関連する事項に関し、第二条2の規定に従い、他の締約国の投資家及びその投資財産に対し、同様の状況において第三の締約国の投資家又は非締約国の投資家及びそれらの投資財産に与える待遇よりも不利でない待遇を与える。

2　1の規定は、各締約国が、次のいずれかのものの当事国であることに伴う特恵的な待遇を、他の締約国の投資家及びその投資財産に与えることを義務付けるものと解してはならない。

(a) 関税同盟、自由貿易地域若しくは通貨同盟、これらに類する同盟若しくは自由貿易地域の実現を内容とする国際協定又は他の形態の地域的な経済協力

(b) 国境地域における小規模な貿易を容易にするための国際協定又は取決め

(c) 航空、漁業及び海事（海難救助を含む。）に関係する二国間及び多数国間の国際協定

3　1に規定する待遇であって、第三の締約国の投資家又は非締約国の投資家及びそれらの投資財産に対して与えられるものには、他の国際協定に定めるいずれかの締約国と当該第三の締約国の投資家との間又はいずれかの締約国と当該非締約国の投資家との間の投資紛争の解決に関する規定により、それぞれ当該第三の締約国の投資家及びその投資財産又は当該非締約国の投資家及びその投資財産に対して与えられる待遇を含まないことが了解される。

注釈　この条の規定の適用上、「非締約国」には、関税及び貿易に関する一般協定又は世界貿易機関設立協定に定める独立の関税地域であって、この協定の効力発生の日において世界貿易機関の加盟国であるものを含まない。

**第五条（投資財産に関する一般的待遇）** 1　各締約国は、他の締約国の投資家の投資財産に対し、公正かつ衡平な待遇並びに十分な保護及び保障を与える。「公正かつ衡平な待遇」及び「十分な保護及び保障」の概念は、一般的に受け入れられている国際法の規則に基づいて与えられる合理的かつ適当な水準の待遇以上の待遇を与えることを求めるものではない。この協定の他の規定又は他の国際協定の違反があった旨の決定は、その決定の事実によって、この1の規定の違反があったことを証明するものではない。

2　各締約国は、他の締約国の投資家の投資財産に関して取決め又は契約の形式で書面による約束を行うこととなった場合には、当該約束を遵守する。

**第六条（裁判所の裁判を受ける権利）** （略）

**第七条（特定措置の履行要求の禁止）** 1　世界貿易機関設立協

定附属書一A貿易に関連する投資措置に関する協定の規定は、必要な変更を加えた上で、この協定に組み込まれ、この協定の一部を成すものとし、この協定の下の全ての投資財産について適用される。

2　いずれの締約国も、自国の領域内において、輸出又は技術の移転についての特定措置の履行要求に関し、他の締約国の投資家の投資に対し、不当な又は差別的な措置を課してはならない。

**第八条（人員の入国）**（略）

**第九条（知的財産権）**（略）

**第一〇条（透明性）**（略）

**第一一条（収用及び補償）** 1　いずれの締約国も、自国の領域内にある他の締約国の投資家の投資財産の収用若しくは国有化又はこれに対する収用若しくは国有化と同等の措置（以下この協定において「収用」という。）を実施してはならない。ただし、次の全ての条件を満たす場合は、この限りでない。

(a)　公共の目的のためのものであること。

(b)　差別的なものでないこと。

(c)　自国の法律及び正当な法の手続に関する国際的な基準に従って行われるものであること。

(d)　2から4までの規定に従って行われる補償を伴うものであること。

2　補償は、収用が公表された時又は収用が行われた時のいずれか早い方の時における収用された投資財産の公正な市場価格に相当するものでなければならない。公正な市場価格には、収用が事前に公に知られることにより生じた市場価格の変化を反映させてはならない。

3　補償については、遅滞なく支払うものとし、収用の時から支払の時までの期間を考慮した商業的に妥当な利子を含めるものとする。当該補償については、実際に換価すること、自由に移転すること並びに収用の日の市場における為替相場により関係する投資家の締約国の通貨及び自由利用可能通貨に自由に交換することができるものとする。

4　収用の影響を受ける投資家は、当該投資家の事案及び補償の額に関し、この条に定める原則に従って速やかな審査を受けるため、収用を行う締約国の裁判所の裁判を受け、又はその行政機関に対して申立てをする権利を有する。ただし、第十五条の規定の適用を妨げない。

**第一二条（損失又は損害についての補償）** 1　各締約国は、武力紛争又は自国の領域内における革命、暴動、国内争乱若しくはこれらに類する事件その他の緊急事態により、自国の領域内にある投資財産に関して損失又は損害を被った他の締約国の投資家に対し、原状回復、損害賠償、補償その他の解決方法に関し、自国の投資家、第三の締約国の投資家又は非締約国の投資家に与える待遇のうち当該他の締約国の投資家にとっていずれか有利なものよりも不利でない待遇を与える。

2　1に規定する解決方法の手段としての支払が行われる場合には、実際に換価すること、自由に移転すること並びに市場における為替相場により関係する投資家の締約国の通貨及び自由利用可能通貨に自由に交換することができるものとする。

**第一三条（資金の移転）**（略）

**第一四条（代位）**（略）

**第一五条（一の締約国と他の締約国の投資家との間の投資紛争の解決）** 1　この条の規定の適用上、「投資紛争」とは、一の締約国と他の締約国の投資家との間の紛争であって、当該投資家又は当該一の締約国の領域内にある当該投資家の投資財産について、この協定に基づく当該一の締約国の義務の申し立てられた違反により損失又は損害が生じているものをいう。

2　投資紛争は、可能な限り、当該投資紛争の当事者である投資家（以下この条において「紛争投資家」という。）と当該投資紛争の当事者である締約国（以下この条において「紛争締約国」という。）との間の協議により友好的に解決する。紛争投資家は、投資紛争を3に規定する仲裁に付託する前に、書面による協議の要請を紛争締約国に提出する。この書面による要請には、次の事項を明記する。

(a)　当該紛争投資家の名称及び住所

(b)　違反があったとされるこの協定に基づく義務

(c)　当該投資紛争についての事実の簡潔な要約

(d)　当該紛争投資家が求める救済手段及び損害賠償額の概算

注釈　書面による協議の要請は、次の紛争締約国の権限のある当局に送付する。

(a)　中華人民共和国については、商務部条約法律司

(b)　日本国については、外務省又はそれに代わる機関

(c)　大韓民国については、法務部国際法務課

3　投資紛争は、紛争投資家の要請に基づき次のいずれかのものに付託される。

(a)　紛争締約国の権限のある裁判所

(b)　ＩＣＳＩＤ条約が利用可能である場合には、ＩＣＳＩＤ条約による仲裁

(c)　ＩＣＳＩＤ追加的制度規則が利用可能である場合には、ＩＣＳＩＤ追加的制度規則による仲裁

(d)　ＵＮＣＩＴＲＡＬ仲裁規則による仲裁

(e)　紛争締約国と合意する場合には、他の仲裁規則による仲裁

ただし、(b)から(e)までの規定の適用上、次の要件が満たされることを条件とする。

(i)　2に規定する書面による協議の要請が紛争締約国に提出された日から四箇月以内に当該協議により当該投資紛争を解決することができないこと。

(ii)　7に規定する行政上の審査手続を要求された場合には、当該審査手続に関する要件が満たされていること。

注釈　(a)の規定の適用上、この3の規定は、行政裁判所又は行政機関が前審として審判することとされている場合には、その前審としての審判を妨げるものと解してはならない。

4　各締約国は、紛争投資家が、投資紛争をこの条の規定に従って3に規定する仲裁に付託することに同意する。

5　紛争投資家が投資紛争を紛争締約国の権限のある裁判所又は3に規定するいずれかの仲裁に付託した場合には、当該紛争投資家によるその選択は、最終的なものとし、当該紛争投資家は、その後は3に規定する他の仲裁に同一の投資紛争を付託することができない。

6　3及び4の規定にかかわらず、3に規定する仲裁への請求の付託は、紛争投資家が、1に規定する違反を構成するとされる紛争締約国の措置に関し、当該紛争締約国の権限のある裁判所において手続を開始する権利を放棄する旨の書面を当該紛争締約国に提出する場合を除くほか、行うことができない。

7　紛争投資家が2の規定に基づき書面による協議の要請を紛争締約国に提出した場合には、当該紛争締約国は、当該紛争投資家に対し、3に規定する仲裁への付託に先立ち自国の法令に定める行政上の審査手続を経るよう、遅滞なく要求することがで

きる。

当該審査手続は、当該審査手続の申立てがあった日から四箇月を超えて継続してはならない。当該審査手続が四箇月の期間の満了までに完了しない場合には、当該審査手続は、終結したものとみなされ、紛争投資家は、投資紛争を3に規定する仲裁に付託することができる。紛争投資家は、3に規定する四箇月の協議の期間が経過するまでは、当該審査手続の申立てをすることができる。

注釈　この7に規定する行政上の審査手続におけるいかなる決定も、紛争投資家が投資紛争を3に規定する仲裁に付託することを妨げるものではないことが了解される。

8　適用される仲裁規則は、この条の規定によって修正する部分を除くほか、3に規定する仲裁を規律する。

9　3の規定により設置される仲裁裁判所(以下この条において「仲裁裁判所」という。)が下す裁定には、次の事項を含める。

(a)　紛争締約国が、紛争投資家及びその投資財産に関し、この協定に基づく義務に違反したか否かに関する認定

(b)　紛争投資家の損失又は損害がこの協定に基づく義務の違反によるものである場合には、次の(i)又は(ii)に規定する救済措置のいずれか一方又は双方

(i)　損害賠償及び適当な利子

(ii)　原状回復。この場合の裁定においては、紛争締約国が原状回復に代えて損害賠償及び適当な利子を支払うことができることを定めるものとする。

10　仲裁裁判所の裁定は、最終的なものであり、かつ、投資紛争の両当事者を拘束する。当該裁定は、その領域内で執行が求められている国における有効な裁定の執行に関する関係法令に従って執行される。

11　3の規定にかかわらず、3に規定する仲裁への請求の付託は、紛争投資家が1に規定する損失又は損害を被ったことを最初に知った日又は知るべきであった最初の日のいずれか早い方の日から三年が経過した場合には、行うことができない。

12　3((a)を除く。)及び4の規定は、次の事項に関する投資紛争については、適用しない。

(a)　第九条1(b)に規定する締約国の義務

(b)　第二十条の規定が規律する締約国の措置

**第一六条（特別な手続及び情報の要求）**（略）

**第一七条（締約国間の紛争の解決）**　1　いずれの締約国も、この協定の解釈又は適用に関する紛争を解決するため、書面により、他の締約国との協議を要請することができる。要請を行う締約国(以下この条において「申立国」という。)は、要請の際に、第三の締約国に対して当該要請の写しを送付する。第三の締約国は、自国が当該紛争について実質的な利害関係を有すると認める場合には、協議に参加することができる。

2(a)　1の規定に基づく要請が受領された日の後六箇月以内に1に規定する協議により紛争が満足に解決されない場合には、申立国及び当該要請を受けた締約国(以下この条において「両紛争当事国」と総称する。)のいずれかは、他方の紛争当事国に対する書面による要請に基づき、当該紛争を仲裁裁判所に付託することができる。

(b)　紛争を(a)に規定する仲裁裁判所に付託する紛争当事国は、(a)の規定に基づく仲裁の要請の写しを第三の締約国に送付する。

(c)　第三の締約国は、両紛争当事国に対して書面による通報を行った場合には、(a)に規定する仲裁裁判所に対し、この協定の解釈に関する問題につき意見を提出することができる。

(d)　第三の締約国は、紛争について実質的な利害関係を有すると認める場合には、両紛争当事国及び(a)に規定する仲裁裁判所に対して書面により参加の意図を通報した上で、両紛争当事国のいずれか一方の側に参加することにより、仲裁手続に参加することができる。この書面による通報は、可能な限り速やかに、いかなる場合にも(b)の規定による要請の写しの送付の日の後七日以内に、両紛争当事国に送付する。

3　この条に別段の定めがある場合又は両紛争当事国の別段の合意がある場合を除くほか、仲裁裁判所の手続については、UNCITRAL仲裁規則を準用する。ただし、両紛争当事国は、準用されるUNCITRAL仲裁規則を修正することができるものとし、4の規定に従って任命された仲裁人は、いずれの紛争当事国も異議がないときは、準用されるUNCITRAL仲裁規則を修正することができる。仲裁裁判所は、自己の規則及び手続を定めることができる。

4　2(a)に規定する要請の受領の日から六十日以内に、各紛争当事国は、各一人の仲裁人を任命する。このようにして任命された二人の仲裁人は、両紛争当事国と協議の上、仲裁裁判長となる者として第三の仲裁人(非締約国の国民でなければならない。)を選定する。仲裁裁判所の仲裁人の任命に関する他の事項については、三人の仲裁委員で構成される仲裁委員会の仲裁委員の任命に適用されるUNCITRAL仲裁規則を準用する。この場合において、UNCITRAL仲裁規則中の任命権者は、国際司法裁判所長とする。国際司法裁判所長がいずれかの締約国の国民である場合又はこの任務を遂行することができない場合には、国際司法裁判所次長に対し仲裁人の任命を行うよう要請する。国際司法裁判所次長がいずれかの締約国の国民である場合又はこの任務を遂行することができない場合には、国際司法裁判所の裁判官のうち国際司法裁判所次長に次ぐ席次の者であって、いずれの締約国の国民でもないものに対し当該任命を行うよう要請する。

5　両紛争当事国が別段の合意をする場合を除くほか、第三の仲裁人の選定の日から百八十日以内に全ての文書の提出が行われ、かつ、全ての弁論が終了しなければならない。仲裁裁判所は、この協定及び両紛争当事国に適用可能な国際法の規則に基づき、最後の文書の提出の日又は弁論の終結の日のうちいずれか遅い方の日から六十日以内に裁定を行う。当該裁定は、最終的なものであり、かつ、両紛争当事国を拘束する。

6　第三の締約国は、2(d)の規定に従って仲裁手続に参加しない場合には、両紛争当事国及び仲裁裁判所に対し書面による通報を送付した上で、全ての弁論に出席し、仲裁裁判所に対して書面で意見を提出し、及び口頭で意見を陳述し、並びに両紛争当事国から仲裁裁判所に対して提出された文書の写しを受領することができる。

7　両紛争当事国が別段の合意をする場合を除くほか、仲裁裁判長その他の仲裁人に係る費用及び仲裁手続に係る他の費用は、両紛争当事国が均等に負担する。

**第一八条（安全保障のための例外）**　1　この協定の他の規定(第十二条の規定を除く。)にかかわらず、各締約国は、次の措置をとることができる。

(a)　自国の安全保障上の重大な利益の保護のために必要であると認める次の措置

(i) 戦時、武力紛争の時その他の自国内又は国際関係における緊急時にとる措置
(ii) 兵器の不拡散に係る国内政策又は国際協定の実施に関連してとる措置
(b) 国際の平和及び安全の維持のため国際連合憲章に基づく自国の義務に従ってとる措置

2 各締約国は、この協定(第十二条の規定を除く。)に基づく義務に適合しない措置を1の規定によりとる場合であっても、当該義務を回避するための手段として当該措置を用いてはならない。

**第一九条(一時的なセーフガード措置)**(略)

**第二〇条(信用秩序の維持のための措置)** 1 この協定の他の規定にかかわらず、締約国は、信用秩序の維持のための金融サービスに関連する措置(投資家、預金者、保険契約者若しくは信託上の義務を金融サービスを提供する企業が負う者を保護し、又は金融体系の健全性及び安定性を確保するための措置を含む。)をとることを妨げられない。

2 1に規定する措置は、この協定に適合しない場合には、この協定に基づく締約国の義務を回避するための手段として用いてはならない。

**第二一条(租税)**(略)

**第二二条(利益の否認)** 1 一の締約国は、他の締約国の投資家であって当該他の締約国の企業であるものが非締約国の投資家によって所有され、又は支配されており、かつ、次のいずれかの場合に該当するときは、当該他の締約国の投資家及びその投資財産に対し、この協定による利益を否認することができる。
(a) 当該一の締約国が当該非締約国と正常な経済関係を有していない場合
(b) 当該一の締約国が、当該非締約国に関する措置であって、当該企業との取引を禁止するもの又は当該企業若しくはその投資財産に対してこの協定による利益を与えることにより当該措置に違反し、若しくは当該措置を阻害することとなるものを採用し、又は維持する場合

2 一の締約国は、他の締約国の投資家であって当該他の締約国の企業であるものが非締約国の投資家又は自国の投資家によって所有され、又は支配されており、かつ、当該企業が当該他の締約国の領域内において実質的な事業活動を行っていないときは、当該他の締約国の投資家及びその投資財産に対し、この協定による利益を否認することができる。

注釈 この条の規定の適用上、「非締約国」には、関税及び貿易に関する一般協定又は世界貿易機関設立協定に定める独立の関税地域であって、この協定の効力発生の日において世界貿易機関の加盟国であるものを含まない。

**第二三条(環境に関する措置)**(略)

**第二四条(合同委員会)**(略)

**第二五条(他の協定との関係)** この協定のいかなる規定も、二の締約国間の投資に関する二国間協定であってこの協定の効力発生の日に存在するものが効力を有する限り、当該二国間協定に基づく締約国の権利及び義務(他の締約国の投資家に与えられる待遇に関するものを含む。)に影響を及ぼすものではない。

注釈 この協定のいかなる規定も、一の締約国の投資家と他の締約国との間に問題が生じた場合において、当該投資家がこの協定よりも有利であると認めるこれらの締約国間の投資に関する二国間協定に依拠することを妨げるものと解してはならないことが確認される。

**第二六条(見出し)**(略)

**第二七条(最終規定)**(略)

**議定書**(略)

## 11 環太平洋パートナーシップ協定(抜粋)

[TPP協定]

署名 二〇一六年二月四日(オークランド)
効力発生 (未発効)
日本国
当事国

目次



**前文**

この協定の締約国は、

貿易及び投資を自由化し、経済成長及び社会的利益をもたらし、労働者及び企業のための新たな機会を創出し、生活水準の向上に寄与し、消費者に利益をもたらし、貧困を削減し、並びに持続可能な成長を促進するため、経済統合を促進する包括的な地域的協定を作成すること、

締約国間及び締約国の人々の間の友好及び協力の関係を強化すること、

世界貿易機関を設立するマラケシュ協定に基づく各締約国の権利及び義務を強化すること、

締約国間の開発の水準の相違及び経済の多様性を認めること、

地域的なサプライチェーンの発展及び強化の促進を含む企業のための機会の促進により、世界市場における締約国の企業の競争力を強化し、及び締約国の経済の競争力を高めること、

零細企業及び中小企業がこの協定によって創出される機会に関与する能力及び当該機会から利益を得る能力を向上させることにより、これらの企業の成長及び発展を支援すること、

互恵的な規則を通じ、貿易及び投資のための予見可能な法的及び商業的な枠組みを設定すること、

締約国の輸入者及び輸出者のために費用を軽減し、及び予見可

能性を確保する効率的な、かつ、透明性のある税関手続を促進することにより、地域内の貿易を円滑にすること、

締約国が規制を行う固有の権利を有することを認めるとともに、立法上及び規制上の優先事項を定め、公共の福祉を保護し、並びに公共の福祉に係る正当な目的（公衆衛生、安全、環境、有限天然資源（生物であるか非生物であるかを問わない。）の保存、金融システムの健全性及び安定性、公衆の道徳等）を保護するための締約国の柔軟性を保持することを決意すること、

さらに、保健制度を採用し、維持し、又は変更する締約国の固有の権利を認めること、

国有企業に対する不公正な利益の供与が公正で開かれた貿易及び投資を損なうことを認めつつ、国有企業が締約国の多様な経済において正当な役割を果たし得ることを確認するとともに、私有企業との対等な競争条件、透明性及び健全な商慣習を促進する国有企業に関する規則を定めることを決意すること、

環境法令の効果的な執行等を通じて高い水準の環境の保護を促進し、並びに貿易及び環境に関する相互に補完的な政策及び慣行等を通じて持続可能な開発の目的を推進すること、

労働者の権利を保護し、当該権利の行使を確保し、労働条件及び生活水準を向上させ、並びに労働に関する事項についての協力及び締約国の能力を強化すること、

透明性、良い統治及び法の支配を促進し、並びに貿易及び投資における贈収賄及び腐敗行為を除去すること、

締約国の関連当局が適当な場において経済全般に関する協力（為替に係る事項に関するものを含む。）を強化するために行っている重要な活動を認めること、

締約国間及び締約国内の文化的な同一性及び多様性の重要性並びに貿易及び投資が国内及び国外の文化的な同一性及び多様性を豊かにする機会を拡大し得ることを認めること、

世界貿易の調和のとれた発展及び拡大に寄与し、並びに一層広範な地域的及び国際的な協力の触媒を提供すること、

貿易及び投資に関する将来の課題及び機会に対処するための協定を作成し、並びに各締約国の長期的な優先事項の推進に寄与すること並びに

地域的な経済統合を一層促進し、及びアジア太平洋における自由貿易地域の基礎を創設するため、他の国又は独立の関税地域の加入を奨励することにより締約国のパートナーシップを拡大することを決意して、

次のとおり協定した。

## 第一章　冒頭の規定及び一般的定義

### 第A節　冒頭の規定

**第一・一条（自由貿易地域の設定）**　締約国は、千九百九十四年のガット第二十四条及びサービス貿易一般協定第五条の規定に従い、ここにこの協定の規定に基づいて自由貿易地域を設定する。

**第一・二条（他の協定との関係）**　1　各締約国は、この協定と締約国の現行の国際協定とを共存させるとの締約国の意図を認めつつ、次の権利及び義務を確認する。

(a)　全ての締約国が締結している現行の国際協定（世界貿易機関設立協定を含む。）との関係において、他の締約国に対して当該各締約国が有する現行の権利及び義務

(b)　当該各締約国及び少なくとも一の他の締約国が締結している現行の国際協定との関係において、当該他の締約国に対して当該各締約国が有する現行の権利及び義務

2　締約国がこの協定の規定について当該締約国及び少なくとも一の他の締約国が締結している他の協定の規定と抵触していると認める場合において、当該締約国が要請するときは、当該他の協定を締結している関係する締約国は、相互に満足すべき解決を得るために協議する。この2の規定は、第二十八章（紛争解決）の規定に基づく締約国の権利及び義務に影響を及ぼすものではない（注）。

注　この協定の適用上、締約国は、一の協定が物品、サービス、投資又は者に対しこの協定に基づいて与えられる待遇よりも有利な待遇を与えるという事実をもって、この2の規定の意味における抵触が存在することを意味するものではないことに合意する。

## 第二章　内国民待遇及び物品の市場アクセス

### 第B節　内国民待遇及び物品の市場アクセス

**第二・三条（内国民待遇）**　1　各締約国は、千九百九十四年のガット第三条の規定（その解釈に係る注釈を含む。）の例により、他の締約国の産品に対して内国民待遇を与える。このため、同条の規定及びその解釈に係る注釈は、必要な変更を加えた上で、この協定に組み込まれ、この協定の一部を成す。

2　1の規定に従って締約国が与える内国民待遇は、地域政府については、当該地域政府が属する締約国の産品であって、輸入産品と同種のもの、直接に競合するもの又は代替可能なものに対して当該地域政府が与える最も有利な待遇よりも不利でない待遇とする。

3　1の規定は、附属書二－A（内国民待遇並びに輸入及び輸出の制限）に掲げる措置については、適用しない。

**第二・四条（関税の撤廃）**　1　いずれの締約国も、この協定に別段の定めがある場合を除くほか、原産品について、現行の関税を引き上げ、又は新たな関税を採用してはならない。

**第二・一〇条（輸入及び輸出の制限）**　1　いずれの締約国も、この協定に別段の定めがある場合を除くほか、他の締約国の産品の輸入について、又は他の締約国の領域に仕向けられる産品の輸出若しくは輸出のための販売について、千九百九十四年のガット第十一条の規定及びその解釈に係る注釈に基づく場合を除くほか、いかなる禁止又は制限も採用し、又は維持してはならない。このため、同条の規定及びその解釈に係る注釈は、必要な変更を加えた上で、この協定に組み込まれ、この協定の一部を成す。

2　締約国は、1の規定により組み込まれた千九百九十四年のガットの権利及び義務が、他のいかなる制限も禁止されていないいかなる場合にも、次の事項を採用し、又は維持することを禁止していることを了解する。

(a)　輸出価格及び輸入価格に関する要件（相殺関税及びダンピング防止税に関する命令及び約束の実施のために認められる場合を除く。）

(b)　特定措置の履行要求の実施を条件とする輸入許可手続

(c)　補助金及び相殺措置に関する協定第十八条及びダンピング防止協定第八条1の規定に従って実施される千九百九十四年のガット第六条の規定に適合しない輸出自主規制

6　この協定のいかなる規定も、締約国が非締約国からの産品の輸入又は非締約国への産品の輸出について禁止又は制限を採用し、又は維持する場合には、当該締約国が次のことを行うこと

を妨げるものと解してはならない。

(a) 他の締約国の領域からの非締約国の産品の輸入を制限し、又は禁止すること。

(b) 当該締約国の産品を他の締約国の領域に輸出する条件として、当該産品が、当該他の締約国の領域において消費されることなく直接又は間接に非締約国に再輸出されないことを要求すること。

7 一の締約国が、非締約国からの産品の輸入について禁止又は制限を採用し、又は維持する場合には、締約国は、いずれかの締約国の要請に応じ、他の締約国における価格の決定、マーケティング又は流通に関する取決めに対する不当な妨害又は歪曲を回避するために協議する。

8 いずれの締約国も、他の締約国の者に対し、輸入に従事し、又は産品を輸入する条件として、自国の領域にある流通業者との間で契約上の関係その他の関係を確立し、又は維持することを要求してはならない。

**第二・一二条（輸入許可手続）** 1 いずれの締約国も、輸入許可手続に関する協定に適合しない措置を採用し、又は維持してはならない。

**第二・一五条（輸出税、租税その他の課徴金）** いずれの締約国も、附属書二—C（輸出税、租税その他の課徴金）に定める場合を除くほか、他の締約国の領域への産品の輸出について、関税、租税その他の課徴金を採用し、又は維持してはならない。ただし、そのような関税、租税その他の課徴金が、国内消費に向けられる場合の当該産品について採用され、又は維持される場合は、この限りでない。

**第二・一七条（情報技術製品の貿易）** 各締約国は、千九百九十六年十二月十三日付けのWTOの情報技術製品の貿易に関する閣僚宣言（以下この条において「情報技術協定」という。）の参加者でなければならず、かつ、情報技術協定の2の規定に従い、千九百八十年三月二十六日付けの決定（文書番号L／四九六二）に定める自国の譲許表の修正及び訂正の手続を完了していなければならない。

### 第C節 農業

**第二・二一条（農業輸出補助金）** 1 締約国は、農産品に関する輸出補助金を多数国間において撤廃するという目的を共有するとともに、当該輸出補助金を撤廃し、及び当該輸出補助金のあらゆる形態の再導入を防止するための合意を達成するため、WTOにおいて協力する。

2 いずれの締約国も、他の締約国の領域に輸出される農産品について、いかなる輸出補助金も採用し、又は維持してはならない（注）。

注 この条の規定は、WTOにおける締約国の立場を害するものではなく、農業協定第十条の規定の下でとられる措置を対象とするものではない。

**第二・二四条（輸出制限（食糧安全保障））** 1 締約国は、各締約国が、農業協定第十二条1の規定に従うことを条件として、千九百九十四年のガット第十一条2(a)の規定に基づき、食料の危機的な不足を防止し、又は緩和するため、同条1の規定により禁止される輸出の禁止又は制限を食料について一時的に課することができることを認める。

## 第六章 貿易上の救済

### 第A節 セーフガード措置

**第六・二条（世界向けのセーフガード）** 1 この協定のいかなる規定も、千九百九十四年のガット第十九条の規定及びセーフガード協定に基づく締約国の権利及び義務に影響を及ぼすものではない。

**第六・三条（経過的セーフガード措置の実施）** 1 締約国は、この協定に従って関税を引き下げ、又は撤廃した結果として、次のいずれかに該当する場合には、経過期間中に限り、2に定める経過的セーフガード措置をとることができる。

(a) 原産品が他の一の締約国から当該締約国の領域に絶対量又は国内生産量に比較しての相対量において増加した数量で輸入されている場合において、当該増加した数量が同種の又は直接に競合する産品を生産する国内産業に対する重大な損害又は重大な損害のおそれを引き起こしているとき。

(b) 原産品が他の二以上の締約国から当該締約国の領域に絶対量又は国内生産量に比較しての相対量において増加した数量で輸入されている場合において、当該増加した数量が同種の又は直接に競合する産品を生産する国内産業に対する重大な損害又は重大な損害のおそれを引き起こしているとき。ただし、当該経過的セーフガード措置をとろうとする締約国が、当該経過的セーフガード措置の対象となる各締約国からの輸入に関し、当該各締約国からの原産品の輸入が当該各締約国についてのこの協定の効力発生日の後から絶対量又は国内生産量に比較しての相対量において増加していることを証明する場合に限る。

2 締約国は、1に定める条件が満たされる場合には、重大な損害を防止し、又は救済し、かつ、調整を容易にするために必要な範囲において、次のいずれかの措置をとることができる。

(a) 原産品についてこの協定に定める関税の更なる引下げを停止すること。

(b) 次の税率のうちいずれか低いものを超えない水準まで原産品の関税を引き上げること。

(i) この(b)に定める措置をとる時における実行最恵国税率

(ii) この協定が当該締約国について効力を生ずる日の前日における実行最恵国税率

締約国は、関税割当て及び数量制限が経過的セーフガード措置の形態として許容されないことを了解する。

**第六・四条（経過的セーフガード措置の基準）** 1 締約国は、重大な損害を防止し、又は救済し、かつ、調整を容易にするために必要な期間においてのみ、経過的セーフガード措置を維持する。

2 1に規定する期間は、二年を超えてはならない。ただし、経過的セーフガード措置が重大な損害を防止し、又は救済し、かつ、調整を容易にするために引き続き必要であると当該経過的セーフガード措置をとる締約国の権限のある当局が次条（調査手続及び透明性の要件）に定める手続に従って決定した場合には、当該期間を一年を限度として延長することができる。

**第六・七条（補償）** 1 経過的セーフガード措置をとる締約国は、産品に対して当該経過的セーフガード措置がとられる各締約国と協議した後、当該経過的セーフガード措置の結果生ずると予想される関税の増大分と実質的に同等の貿易の効果を有する譲許又は当該増大分と等価値の譲許を行うことにより、相互に合意する貿易の自由化に資する補償を提供する。当該締約国は、当該経過的セーフガード措置をとった後三十日以内に、当該協議の機会を与える。

### 第B節　ダンピング防止税及び相殺関税

**第六・八条（ダンピング防止税及び相殺関税）**　1　各締約国は、千九百九十四年のガット第六条の規定、ダンピング防止協定及び補助金及び相殺措置に関する協定に基づく自国の権利及び義務を留保する。

2　この協定のいかなる規定も、千九百九十四年のガット第六条の規定、ダンピング防止協定又は補助金及び相殺措置に関する協定に基づいてとられる手続又は措置について、権利を与え、又は義務を課するものではない。

3　いずれの締約国も、この節及び附属書六―A（ダンピング防止税及び相殺関税の手続に関する慣行）の規定の下で生ずる事項について、第二十八章（紛争解決）の規定による紛争解決を求めてはならない。

## 第八章　貿易の技術的障害

**第八・二条（目的）**　この章の規定は、不必要な貿易の技術的障害を撤廃し、透明性を高め、規制に関する一層の協力及び規制に関する良い慣行を促進すること等により貿易を円滑にすることを目的とする。

**第八・五条（国際規格、指針及び勧告）**　1　締約国は、国際規格、指針及び勧告が、規制に関する一層の調和及び規制に関する良い慣行を支援し、並びに貿易に対する不必要な障害を削減する上で、重要な役割を果たし得ることを認める。

2　この点に関し、貿易の技術的障害に関する協定2.4、5.4及び附属書三の規定を適用するほか、各締約国は、貿易の技術的障害に関する協定第二条、第五条及び附属書三に規定する国際規格、指針又は勧告があるかどうかを判断するため、WTOの貿易の技術的障害に関する委員会が発出した千九百九十五年一月一日以降に世界貿易機関の貿易の技術的障害に関する委員会によって採択された決定及び勧告（文書番号G／TBT／一／Rev・十二）（その改正を含む。）を用いる。

3　締約国は、実行可能かつ適当な場合には、強制規格及び適合性評価手続の基礎となる可能性がある国際規格、指針及び勧告が国際貿易に不必要な障害をもたらすことのないようにすることを確保するため、相互に協力する。

## 第九章　投資

### 第A節

**第九・一条（定義）**　この章の規定の適用上、（中略）

「締約国の企業」とは、締約国の法令に従って設立され、若しくは組織される企業又は締約国の領域内に所在する支店であって、当該締約国の領域内で事業活動を行うものをいう（注）。

注　「企業」及び「締約国の企業」の定義に「支店」を含めることは、締約国がその法令に従い、支店を独立の法的な存在ではなく、かつ、別個に組織されていない事業体として取り扱うことができることに影響を及ぼすものではない。（中略）

「投資財産」とは、投資家が直接又は間接に所有し、又は支配している全ての資産であって、投資としての性質（資本その他の資源の約束、収益若しくは利得についての期待又は危険の負担を含む。）を有するものをいう。投資財産の形態には、次のものを含む。

(a) 企業

(b) 株式、出資その他の形態の企業の持分

(c) 債券、社債その他の債務証書及び貸付金（注1、注2）

注1　債券、社債、長期債等の形態の貸付債権は、投資としての性質を有する可能性が高く、その他の形態の貸付債権、例えば、物品又はサービスの販売から生ずる金銭債権であって直ちに支払期限が到達するものは、投資財産としての性質を有する可能性が低い。

注2　締約国が他の締約国に貸し付ける貸付金は、投資財産ではない。

(d) 先物、オプションその他の派生商品

(e) 完成後引渡し、建設、経営、生産、特許又は利益配分に関する契約その他これらに類する契約

(f) 知的財産権

(g) 免許、承認、許可及び締約国の法令によって与えられる類似の権利（注）

注　特定の形式の免許、承認、許可その他これらに類する文書（当該文書の性格を有する限り、特許を含む。）が投資としての性質を有するかどうかは、当該文書を保有する者が締約国の国内法令に基づいて有する権利の性質、範囲等の要素による。投資としての性質を有しない文書には、締約国の国内法令に基づいて保護されるいかなる権利も創設しない文書が含まれる。このことは、当該文書に関連する資産が投資としての性質を有するかどうかに影響を及ぼすものではない。

(h) 他の資産（有体であるか無体であるかを問わず、また、動産であるか不動産であるかを問わない。）及び賃借権、抵当権、先取特権、質権その他関連する財産権

ただし、投資財産は、司法上又は行政上の措置として下される命令又は決定を意味するものではない。

**第九・四条（内国民待遇）**（注）

注　待遇がこの条又は次条（最恵国待遇）に規定する「同様の状況」において与えられるものであるかどうかは、当該状況の全体（当該待遇が公共の福祉に係る正当な目的に基づいて投資家又は投資財産を区別するものであるかどうかを含む。）によって判断する。

1　各締約国は、自国の領域内で行われる投資財産の設立、取得、拡張、経営、管理、運営及び売却その他の処分に関し、他の締約国の投資家に対し、同様の状況において自国の投資家に与える待遇よりも不利でない待遇を与える。

2　各締約国は、投資財産の設立、取得、拡張、経営、管理、運営及び売却その他の処分に関し、対象投資財産に対し、同様の状況において自国の領域内にある自国の投資家の投資財産に与える待遇よりも不利でない待遇を与える。

3　1及び2の規定に従って締約国が与える待遇は、地域政府に関し、当該締約国に属する当該地域政府が同様の状況において当該締約国の投資家及びその投資財産に与える最も有利な待遇よりも不利でない待遇とする。

**第九・五条（最恵国待遇）**　1　各締約国は、自国の領域内で行われる投資財産の設立、取得、拡張、経営、管理、運営及び売却その他の処分に関し、他の締約国の投資家に対し、同様の状況において他のいずれかの締約国の投資家又は非締約国の投資家に与える待遇よりも不利でない待遇を与える。

2　各締約国は、投資財産の設立、取得、拡張、経営、管理、運営及び売却その他の処分に関し、対象投資財産に対し、同様の状況において他のいずれかの締約国の投資家又は非締約国

の投資財産であって、自国の領域内にあるものに与える待遇よりも不利でない待遇を与える。

3　この条に規定する待遇には、次節（投資家と国との間の紛争解決）に定める手続のような国際的な紛争解決のための手続又は制度を含まない。

**第九・六条（待遇に関する最低基準）**（注）

注　この条の規定は、附属書九－A（国際慣習法）の規定に従って解釈する。

1　各締約国は、対象投資財産に対し、適用される国際慣習法上の原則に基づく待遇（公正かつ衡平な待遇並びに十分な保護及び保障を含む。）を与える。

2　1の規定は、対象投資財産に与えられるべき待遇の基準として、外国人の待遇に関する国際慣習法上の最低基準を用いることについて定めたものである。「公正かつ衡平な待遇」及び「十分な保護及び保障」の概念は、当該基準が要求する待遇以上の待遇を与えることを求めるものではなく、かつ、追加の実質的な権利を創設するものではない。1に規定する義務は、次のとおりである。

(a)　「公正かつ衡平な待遇」には、世界の主要な法制に具現された正当な手続の原則に従った刑事上若しくは民事上の訴訟手続又は行政上の裁決手続における裁判を行うことを拒否しないとの義務を含む。

(b)　「十分な保護及び保障」の要件により、各締約国は、国際慣習法上求められる程度の警察の保護を与えることが義務付けられる。

3　この協定の他の規定又は他の国際協定に対する違反があった旨の決定が行われることは、この条の規定に対する違反があったことを証明するものではない。

4　締約国が投資家の期待に反する行動をとる又はとらないという事実のみでは、結果として対象投資財産に対する損失又は損害があった場合であっても、この条の規定に対する違反を構成しない。

5　締約国が補助金又は贈与を実施せず、更新せず、若しくは維持しなかった又は修正し、若しくは減額したという事実のみでは、結果として対象投資財産に対する損失又は損害があった場合であっても、この条の規定に対する違反を構成しない。

**第九・七条（武力紛争又は内乱の際の待遇）**　1　各締約国は、第九・十二条（適合しない措置）6(b)の規定にかかわらず、他の締約国の投資家及び対象投資財産に対し、武力紛争又は内乱により自国の領域内の投資財産が被った損失に関して自国が採用し、又は維持する措置について、差別的でない待遇を与える。

2　1の規定にかかわらず、締約国の投資家が1に規定する事態に他の締約国の領域において次に掲げる行為によって損失を被った場合には、当該他の締約国は、当該投資家に対し、当該損失について必要に応じて原状回復、補償又はその双方を与える。

(a)　当該他の締約国の軍隊又は当局による対象投資財産の全部又は一部の徴発

(b)　当該他の締約国の軍隊又は当局による対象投資財産の全部又は一部の破壊であって当該事態において必要とはされなかったもの

3　1の規定は、第九・十二条（適合しない措置）6(b)の規定がないとしたならば第九・四条（内国民待遇）の規定に反することとなる補助金又は贈与に関する既存の措置については、適用しない。

**第九・八条（収用及び補償）**（注）

注　この条の規定は、附属書九－B（収用）の規定に従って解釈するものとし、かつ、附属書九－C（土地に関する収用）の規定に従うものとする。

1　いずれの締約国も、対象投資財産について、直接的に、又は収用若しくは国有化と同等の措置を通じて間接的に、収用又は国有化（以下この章において「収用」という。）を実施してはならない。ただし、次の全ての要件を満たす場合は、この限りでない。

(a)　公共の目的のためのものであること（注1）。

注1　この条の規定の適用上、「公共の目的」とは、国際慣習法における概念をいう。国内法令は、この概念又はこれに類する概念を「公共上の必要」、「公共の利益」、「公共の用」等の他の異なる用語を用いて表現することがある。

(b)　差別的なものでないこと。

(c)　2から4までの規定に従い迅速、適当かつ実効的な補償の支払を伴うものであること。

(d)　正当な法の手続に従って行われるものであること。

2　補償は、次の全ての要件を満たすものとする。

(a)　遅滞なく支払われるものであること。

(b)　収用が行われた時（以下この条において「収用の日」という。）の直前における収用された投資財産の公正な市場価格に相当するものであること。

(c)　予定された収用が事前に公に知られることにより生じた市場価格の変化を反映させないものであること。

(d)　完全に換価することができ、かつ、自由に移転することができるものであること。

**第九・九条（移転）**　1　各締約国は、対象投資財産に関連する全ての移転が、自国の領域に向け又は自国の領域から、自由に、かつ、遅滞なく行われることを認める。この移転には、次のものの移転を含める。

(a)　資本に対する拠出

(b)　利益、配当、利子、資本利得、使用料、運営に関する報酬、技術支援に関する報酬その他報酬

(c)　対象投資財産の全部若しくは一部の売却又は対象投資財産の一部若しくは全部の清算によって得られる収入

(d)　融資契約その他の契約に基づいて行われる支払

(e)　第九・七条（武力紛争又は内乱の際の待遇）及び前条（収用及び補償）の規定に従って行われる支払

(f)　紛争の結果として生ずる支払

**第九・一〇条（特定措置の履行要求）**　1　いずれの締約国も、自国の領域における締約国又は非締約国の投資家の投資財産の設立、取得、拡張、経営、管理、運営又は売却その他の処分に関し、次の事項の要求を課してはならず、又は強制してはならず、また、当該事項を約束し、又は履行することを強制してはならない（注）。

注　2に規定する利益の享受又はその継続のための条件は、この1の規定の適用上、「要求」又は「約束若しくはその履行」を構成しない。

(a)　一定の水準又は割合の物品又はサービスを輸出すること。

(b)　一定の水準又は割合の現地調達を達成すること。

(c)　自国の領域において生産された物品を購入し、利用し、若しくは優先し、又は自国の領域内の者から物品を購入すること。

(d)　輸入数量又は輸入価額を、輸出数量若しくは輸出価額又は当該投資財産に関連する外国為替の流入の量と何らかの形

で関連付けること。

(e) 当該投資財産により生産される物品又は提供されるサービスの自国の領域における販売を、輸出数量若しくは輸出価額と又は外国為替収入と何らかの形で関連付けることにより制限すること。

(f) 特定の技術、製造工程その他の財産的価値を有する知識を自国の領域内の者に移転すること。

(g) 当該投資財産が生産する物品又は当該投資財産が提供するサービスを特定地域の市場又は世界市場に向けて自国の領域のみから供給すること。

(h)(i) 自国の領域において自国又は自国の者の技術(注)を購入し、利用し、又は優先すること。

注 この条の規定の適用上、「自国又は自国の者の技術」には、自国又は自国の者が所有する技術及び自国又は自国の者がその排他的な実施許諾を有する技術を含む。

(ii) 自国の領域において特定の技術を購入し、利用し、又は優先することを妨げることとなる事項

**第九・一三条（代位）** 締約国又はその指定する機関、組織、法令に基づく団体若しくは社団が、自国の投資家に対し、対象投資財産に関して行った保証、保険契約その他の形態の損害の塡補に基づいて支払を行う場合には、当該対象投資財産への投資がその領域内で行われた他の締約国は、代位がないとしたならばこの章の規定に基づき当該投資家が当該対象投資財産に関して保有していたであろう権利の代位又は移転を承認するものとし、当該投資家は、当該代位の限度において、当該権利を行使することを妨げられる。

**第九・一六条（投資及び環境、健康その他の規制上の目的）** この章のいかなる規定も、締約国が自国の領域内の投資活動が環境、健康その他の規制上の目的に配慮した方法で行われることを確保するために適当と認める措置（この章の規定に適合するものに限る。）を採用し、維持し、又は強制することを妨げるものと解してはならない。

### 第B節 投資家と国との間の紛争解決

**第九・一九条（請求の仲裁への付託）** 1 前条（協議及び交渉）2の規定に従って被申立人が書面による協議の要請を受領した日から六箇月以内に投資紛争が解決されなかった場合には、申立人は、次のことを行うことができる。

(a) 自己のために、次の(i)及び(ii)の事項から成る請求をこの節の規定による仲裁に付託すること。

(i) 被申立人が次のいずれかに違反したこと。

(A) 前節の規定に基づく義務

(B) 投資の許可

(C) 投資に関する合意

(ii) (i)に定める違反を理由とする又はその違反から生ずる損失又は損害を申立人が被ったこと。

(b) 当該申立人が直接又は間接に所有し、又は支配している法人である被申立人の企業のために、次の(i)及び(ii)の事項から成る請求をこの節の規定による仲裁に付託すること。

(i) 被申立人が次のいずれかに違反したこと。

(A) 前節の規定に基づく義務

(B) 投資の許可

(C) 投資に関する合意

(ii) (i)に定める違反を理由とする又はその違反から生ずる損失又は損害を当該企業が被ったこと。

ただし、申立人は、請求の対象である事項及び請求に係る損害が、関連する投資に関する合意に依拠して設立され、若しくは取得された又は設立され、若しくは取得されようとした対象投資財産に直接関連する場合にのみ、(a)(i)(C)又は(b)(i)(C)の規定に従い当該投資に関する合意に対する違反についての請求を付託することができる。

4 申立人は、1に規定する請求を次のいずれかに付託することができる。

(a) ICSID条約及びICSIDの仲裁手続に関する手続規則による仲裁。ただし、被申立人及び申立人の締約国の双方がICSID条約の当事国である場合に限る。

(b) ICSID追加的制度規則による仲裁。ただし、被申立人又は申立人の締約国のいずれか一方のみがICSID条約の当事国である場合に限る。

(c) UNCITRAL仲裁規則による仲裁

(d) 申立人及び被申立人が合意する場合には、他の仲裁機関による仲裁又は他の仲裁規則による仲裁

**第九・二〇条（各締約国の仲裁への同意）** 1 各締約国は、この節の規定による仲裁にこの協定の規定に従って請求を付託することに同意する。

2 1の規定による同意及びこの節の規定による仲裁への請求の付託は、次の(a)から(c)までの規定の要件を満たすものとみなす。

(a) ICSID条約第二章（センターの管轄）の規定及びICSID追加的制度規則の規定であって、紛争の両当事者の書面による同意に関するもの

(b) 「書面による合意」に関するニューヨーク条約第二条の規定

(c) 「合意」に関する米州条約第一条の規定

**第九・二二条（仲裁人の選定）** 1 仲裁廷は、紛争当事者が別段の合意をする場合を除くほか、紛争当事者それぞれが任命する各一人の仲裁人及び紛争当事者の合意により任命されて仲裁廷の長となる第三の仲裁人から成る三人の仲裁人により構成する。

2 事務局長は、この節の規定による仲裁に関する仲裁人任命権者としての役割を果たす。

**第九・二五条（準拠法）** 1 仲裁廷は、第九・十九条（請求の仲裁への付託）1(a)(i)(A)又は(b)(i)(A)の規定により請求が付託される場合には、3の規定に従うことを条件として、この協定及び関係する国際法の規則に従い、係争中の事案について決定する。

2 仲裁廷は、第九・十九条（請求の仲裁への付託）1(a)(i)(B)若しくは(C)又は(b)(i)(B)若しくは(C)の規定により請求が付託される場合には、3の規定及びこの節の他の規定に従うことを条件として、次のものを適用する。

(a) 関連する投資の許可に適用可能な法規又は関連する投資の許可若しくは投資に関する合意に規定する法規その他紛争当事者が合意する法規

(b) 関連する投資に関する合意において法規が規定されていない場合その他紛争当事者により合意されていない場合には、次の(i)及び(ii)に掲げるもの

(i) 被申立人の法令（法の抵触に関する規則を含む。）(注)

注 「被申立人の法令」とは、同一の事案において適正な管轄権を有する国内の裁判所が適用することとなる法令をいう。被申立人の法令には、投資に関する合意を規律する関連する法令（損害賠償、軽減、利息及び禁反言に関する法令を含む。）を含む。

3 (ii) 適用のある国際法の規則

第二十七・二条(委員会の任務)2(f)の規定によるこの協定の規定の解釈についての委員会の決定は、仲裁廷を拘束するものとし、仲裁廷が下すいかなる決定又は裁定も、当該委員会の決定に適合するものでなければならない。

**第九・二九条（裁定）** 1 仲裁廷は、最終的な裁定を下す場合には、次の(a)若しくは(b)のいずれか又はこれらの組合せについてのみ裁定を下すことができる。

(a) 損害賠償金及び適当な利子

(b) 原状回復。この場合の裁定においては、被申立人が原状回復に代えて損害賠償金及び適当な利子を支払うことができることを定めるものとする。

2 締約国の投資家は、第九・十九条(請求の仲裁への付託)1(a)の規定による仲裁に請求を付託する場合には、締約国の投資家として被った損失又は損害のみを回復することができる。

5 1の規定に従うことを条件として、請求が第九・十九条(請求の仲裁への付託)1(b)の規定により仲裁に付託され、企業に有利な裁定が下される場合には、

(a) 原状回復を命ずる裁定においては、原状回復が企業に対して行われることを定めるものとする。

(b) 損害賠償金及び適当な利子の支払を命ずる裁定においては、支払が企業に対して行われることを定めるものとする。

(c) 裁定においては、その裁定に定める救済について関係する国内法令に基づきいかなる者が有するいかなる権利にも当該裁定が影響を及ぼすものではないことを定めるものとする。

6 仲裁廷は、懲罰的損害賠償の支払を命ずる裁定を下してはならない。

7 仲裁廷による裁定は、紛争当事者間において、かつ、特定の事件に関してのみ、拘束力を有する。

8 一方の紛争当事者は、9の規定及び暫定的な裁定について適用される審査手続に従うことを条件として、遅滞なく裁定に従う。

9 一方の紛争当事者は、次のいずれかの時まで、最終的な裁定の執行を求めてはならない。

(a) ＩＣＳＩＤ条約による仲裁において下される最終的な裁定の場合には、次の(i)又は(ii)のいずれかの時

(i) 当該裁定が下された日から百二十日が経過し、かつ、一方の紛争当事者のいずれも当該裁定の再審又は取消しの要請を行わなかった時

(ii) 再審又は取消しの手続が終了した時

(b) ＩＣＳＩＤ追加的制度規則による仲裁、ＵＮＣＩＴＲＡＬ仲裁規則による仲裁又は第九・十九条(請求の仲裁への付託)4(d)の規定に従って選択された仲裁において下される最終的な裁定の場合には、次の(i)又は(ii)のいずれかの時

(i) 裁定が下された日から九十日が経過し、かつ、一方の紛争当事者のいずれも当該裁定の再審又は取消しの手続を開始しなかった時

(ii) 裁判所が再審又は取消しの申請を棄却し、又は認め、かつ、上訴が行われない時

10 各締約国は、自国の領域において裁定を執行するために必要な手段を定める。

11 被申立人が最終的な裁定に従わない場合には、申立人の締約国が要請を送付した後、第二十八・七条(パネルの設置)の規定に従ってパネルが設置される。この場合には、当該申立人の締約国は、当該パネルの手続において、次の事項を求めることができる。

(a) 当該最終的な裁定に従わないことがこの協定上の義務に反する旨を決定すること。

(b) 第二十八・十七条(最初の報告書)の規定に従い、当該被申立人が当該最終的な裁定に従うべきである旨を勧告すること。

12 一方の紛争当事者は、11の規定により手続が行われているかどうかにかかわらず、ＩＣＳＩＤ条約、ニューヨーク条約又は米州条約に従って仲裁の裁定の執行を求めることができる。

### 附属書九―Ａ　国際慣習法

締約国は、「国際慣習法」全般及び特に第九・六条(待遇に関する最低基準)に規定する「国際慣習法」が、各国が法的義務であるとの認識により従う各国の一般的なかつ一貫した慣行から生ずるとの理解を共有していることを確認する。外国人の待遇に関する国際慣習法上の最低基準とは、外国人の投資財産を保護するためのあらゆる国際慣習法上の原則をいう。

## 第十章　国境を越えるサービスの貿易

**第一〇・三条（内国民待遇）**（注）

注　待遇がこの条又は次条(最恵国待遇)に規定する「同様の状況」において与えられるものであるかどうかは、当該状況の全体(当該待遇が公共の福祉に係る正当な目的に基づいてサービス又はサービス提供者を区別するものであるかどうかを含む。)によって判断する。

1 各締約国は、他の締約国のサービス及びサービス提供者に対し、同様の状況において自国のサービス及びサービス提供者に与える待遇よりも不利でない待遇を与える。

2 1の規定に従って締約国が与える待遇は、地域政府に関しては、当該締約国に属する当該地域政府が同様の状況において当該締約国のサービス提供者に与える最も有利な待遇よりも不利でない待遇とする。

**第一〇・四条（最恵国待遇）** 各締約国は、他の締約国のサービス及びサービス提供者に対し、同様の状況においてその他のいずれかの締約国又は非締約国のサービス及びサービス提供者に与える待遇よりも不利でない待遇を与える。

**第一〇・五条（市場アクセス）** いずれの締約国も、小地域を単位とするか自国の全領域を単位とするかを問わず、次の措置を採用し、又は維持してはならない。

(a) 次の制限を課する措置

(i) サービス提供者の数の制限(数量割当て、独占、排他的なサービス提供者又は経済上の需要を考慮するとの要件のいずれによるものであるかを問わない。)

(ii) サービスの取引総額又は資産総額の制限(数量割当てによるもの又は経済上の需要を考慮するとの要件によるもの)

(iii) サービスの事業の総数又は指定された数量単位によって表示されたサービスの総産出量の制限(数量割当てによるもの又は経済上の需要を考慮するとの要件によるもの)

(iv) 特定のサービスの分野において雇用され、又はサービス提供者が雇用する自然人であって、特定のサービスの提供に必要であり、かつ、当該提供に直接関係するものの総数の制限(数量割当てによるもの又は経済上の需要を考慮するとの要件によるもの)

(b) サービス提供者がサービスを提供するに当たり、法定の事

業体又は合弁企業について特定の形態を制限し、又は要求する措置

**第一〇・六条（現地における拠点）** いずれの締約国も、他の締約国のサービス提供者に対し、国境を越えるサービスの提供を行うための条件として、自国の領域において、代表事務所若しくは何らかの形態の企業を設立し、若しくは維持し、又は居住することを要求してはならない。

**第一〇・一〇条（利益の否認）** 1　締約国は、他の締約国のサービス提供者が非締約国の者によって所有され、又は支配されている企業である場合において、当該締約国が当該非締約国又は当該非締約国の者に関する措置であって、当該企業との取引を禁止するもの又は当該企業に対してこの章の規定による利益を与えることにより当該措置に違反し、若しくは当該措置を阻害することとなるものを採用し、又は維持するときは、当該他の締約国のサービス提供者に対してこの章の規定による利益を否認することができる。

2　締約国は、他の締約国のサービス提供者が非締約国の者又は当該締約国の者によって所有され、又は支配されている企業であって、当該締約国以外のいずれの締約国の領域においても実質的な事業活動を行っていないものである場合には、当該他の締約国のサービス提供者に対してこの章の規定による利益を否認することができる。

## 第十二章　ビジネス関係者の一時的な入国

**第一二・四条（一時的な入国の許可）** 1　各締約国は、ビジネス関係者の一時的な入国に関して自国が行う約束であって、自国が特定するビジネス関係者の各区分について入国及び一時的な滞在の条件及び制限（滞在期間を含む。）を特定するものを附属書十二―Aに記載する。

2　締約国は、他の締約国のビジネス関係者が次の要件を満たす場合には、当該ビジネス関係者に対し、1の規定に従って行った約束に定める範囲内で、一時的な入国又は一時的な滞在の延長を許可する。

(a)　関連する出入国管理に関する文書についての申請手続であって、許可を与える締約国が定めるものに従うこと。

(b)　一時的な入国又は一時的な滞在の延長のための関連する全ての資格要件を満たすこと。

## 第十五章　政府調達

**第一五・四条（一般原則）**

内国民待遇及び無差別待遇

1　各締約国（その調達機関を含む。）は、対象調達に関する措置について、他の締約国の物品及びサービス並びに他の締約国の供給者に対し、即時にかつ無条件で、次の物品、サービス及び供給者に与える待遇よりも不利でない待遇を与える。この1に規定する義務については、この協定に基づいて他の締約国の物品、サービス及び供給者に与えられる待遇についてのみ定める。

(a)　国内の物品、サービス及び供給者

(b)　当該他の締約国以外の締約国の物品、サービス及び供給者

2　締約国（その調達機関を含む。）は、対象調達に関する措置について、次のことを行ってはならない。

(a)　国内に設立された特定の供給者を、当該供給者が有している外国企業等との関係（所有関係を含む。）の程度に基づいて、国内に設立された他の供給者より不利に取り扱うこと。

(b)　国内に設立された供給者を、当該供給者が特定の調達のために提供する物品又はサービスが他の締約国の物品又はサービスであることに基づいて差別すること。

3　対象調達のために締結される契約に基づく全ての発注は、1及び2の規定に従って行う。

調達の方法

4　調達機関は、第十五・九条（供給者の資格の審査）又は第十五・十条（限定入札）の規定が適用される場合を除くほか、対象調達について公開入札の手続を用いる。

原産地規則

5　各締約国は、物品に関する対象調達について、通常の貿易において当該物品について適用する原産地規則を適用する。

調達の効果を減殺する措置

6　締約国（その調達機関を含む。）は、対象調達について、調達のいかなる段階においても調達の効果を減殺する措置を求め、考慮し、課し、又は強制してはならない。

調達に固有ではない措置

7　1及び2の規定は、輸入について又は輸入に関連して課される全ての種類の関税及び課徴金、これらの徴収の方法その他の輸入に関連する規則又は手続並びにサービスの貿易に影響を及ぼす措置（対象調達を規律する措置を除く。）については、適用しない。

電子的手段の利用　（略）

## 第十六章　競争政策

**第一六・一条（競争法令及び競争当局並びに反競争的な事業行為）**

1　各締約国は、経済効率及び消費者の福祉を促進することを目的として、反競争的な事業行為を禁止する競争に関する国の法令（以下この章において「国の競争法令」という。）を制定し、又は維持し、並びに反競争的な事業行為に関連して適当な手段をとる。国の競争法令については、千九百九十九年九月十三日にオークランドで作成された競争及び規制改革を強化するためのAPECの原則を考慮すべきである。

2　各締約国は、自国の領域における全ての商業活動について自国の国の競争法令を適用するよう努める（注）。もっとも、各締約国は、自国の国の競争法令の適用除外について、当該適用除外が透明性を有し、かつ、公共政策又は公共の利益に基づくものである場合には、これを定めることができる。

注　この2のいかなる規定も、締約国が自国の国境の外における商業活動であって、自国の管轄内で反競争的な効果を有するものについて自国の国の競争法令を適用することを妨げるものと解してはならない。

3　各締約国は、自国の国の競争法令の執行について責任を負う一又は二以上の当局（以下この章において「国の競争当局」という。）を維持する。各締約国は、1に規定する目的に従って行動すること及び国籍に基づく差別を行わないことが自国の国の競争当局の執行政策であることを定める。

## 第十七章　国有企業及び指定独占企業

**第一七・一条（定義）** この章の規定の適用上、（中略）

「国有企業」とは、主として商業活動に従事する企業であって、次のいずれかに該当するものをいう。

(a)　締約国が五十パーセントを超える株式を直接に所有する企業

(b) 締約国が持分を通じて五十パーセントを超える議決権の行使を支配している企業

(c) 締約国が取締役会その他これに相当する経営体の構成員の過半数を任命する権限を有する企業

**第十七・四条（無差別待遇及び商業的考慮）** 1 各締約国は、自国の各国有企業が、商業活動に従事する場合には、次のことを行うことを確保する（注）。

注 この1の規定は、他の企業への資本参加の手段として国有企業が行う株式、出資その他の形態の持分の購入又は販売については、適用しない。

(a) 物品又はサービスの購入又は販売に当たり、商業的考慮に従って行動すること（当該国有企業がその公共サービスの任務の条件を(c)(ii)の規定に反しない態様で満たす場合を除く。）。

(b) 物品又はサービスの購入に当たり、

(i) 他の締約国の企業によって提供される物品又はサービスに対し、自国、その他のいずれかの締約国又は非締約国の企業によって提供される同種の物品又はサービスに与える待遇よりも不利でない待遇を与えること。

(ii) 自国の領域内の対象投資財産である企業によって提供される物品又はサービスに対し、自国、その他のいずれかの締約国又は非締約国の投資家の投資財産である企業によって自国の領域内の関連市場において提供される同種の物品又はサービスに与える待遇よりも不利でない待遇を与えること。

(c) 物品又はサービスの販売に当たり、

(i) 他の締約国の企業に対し、自国、その他のいずれかの締約国又は非締約国の企業に与える待遇よりも不利でない待遇を与えること。

(ii) 自国の領域内の対象投資財産である企業に対し、自国の領域内の関連市場において、自国、その他のいずれかの締約国又は非締約国の投資家の投資財産である企業に与える待遇よりも不利でない待遇を与えること。

2 各締約国は、自国の各指定独占企業が次のことを行うことを確保する。

(a) その独占する物品又はサービスの関連市場における購入又は販売に当たり、商業的考慮に従って行動すること（当該指定独占企業の指定に係る条件を(b)から(d)までの規定に反しない態様で満たす場合を除く。）。

(b) その独占する物品又はサービスの購入に当たり、

(i) 他の締約国の企業によって提供される物品又はサービスに対し、自国、その他のいずれかの締約国又は非締約国の企業によって提供される同種の物品又はサービスに与える待遇よりも不利でない待遇を与えること。

(ii) 自国の領域内の対象投資財産である企業によって提供される物品又はサービスに対し、自国、その他のいずれかの締約国又は非締約国の投資家の投資財産である企業によって自国の領域内の関連市場において提供される同種の物品又はサービスに与える待遇よりも不利でない待遇を与えること。

(c) その独占する物品又はサービスの販売に当たり、

(i) 他の締約国の企業に対し、自国、その他のいずれかの締約国又は非締約国の企業に与える待遇よりも不利でない待遇を与えること。

(ii) 自国の領域内の対象投資財産である企業に対し、自国の領域内の関連市場において、自国、その他のいずれかの締約国又は非締約国の投資家の投資財産である企業に与える待遇よりも不利でない待遇を与えること。

(d) その独占的地位を利用して、自国の領域内の非独占的な市場において締約国間の貿易又は投資に悪影響を及ぼす反競争的行為に直接又は間接に従事しないこと（当該指定独占企業がその親会社（政府である場合を含む。）、子会社又は当該締約国若しくは当該指定独占企業が所有する他の事業体と取引することを通じてそのような反競争的行為に従事しないことを含む。）（注）。

注 締約国は、自国の一般的に適用される競争に関する国の法令、自国の経済活動を規制する法令その他の適当な措置の執行又は実施により、この(d)に定める要件を満たすことができる。

3 1(b)及び(c)並びに2(b)及び(c)の規定は、国有企業又は指定独占企業が、商業的考慮に従って行うことを条件として、次のことを行うことを妨げるものではない。

(a) 異なる条件（価格に関する条件を含む。）で物品又はサービスを購入し、又は販売すること。

(b) 物品又はサービスの購入又は販売を拒否すること。

**第十七・五条（裁判所及び行政機関）** 1 各締約国は、外国政府が所有し、又は持分を通じて支配している企業に対する民事請求について、自国の領域において行われる商業活動に基づき、管轄権を自国の裁判所に与える（注）。第一文の規定は、締約国が、外国政府が所有し、又は持分を通じて支配している企業でない企業に対する同様の請求について管轄権を与えない場合には、そのような請求について管轄権を与えることを当該締約国に要求するものと解してはならない。

注 この1の規定は、締約国が、外国政府が所有し、又は持分を通じて支配している企業に対する請求について、この1に規定する請求以外に自国の裁判所に対して管轄権を与えることを妨げるものと解してはならない。

2 各締約国は、自国が設立し、又は維持する行政機関であって国有企業を規制するものが、その規制する企業（国有企業でない企業を含む。）に関して公平な態様で自己の規制上の裁量を行使することを確保する（注）。

注 行政機関が自己の規制上の裁量を行使するに当たっての公平性については、当該行政機関の慣行に照らして評価する。

## 第十九章 労働

**第十九・三条（労働者の権利）** 1 各締約国は、自国の法律及び規則並びに当該法律及び規則に基づく慣行において、ＩＬＯ宣言に述べられている次の権利を採用し、及び維持する。

(a) 結社の自由及び団体交渉権の実効的な承認

(b) あらゆる形態の強制労働の撤廃

(c) 児童労働の実効的な廃止及びこの協定の適用上、最悪の形態の児童労働の禁止

(d) 雇用及び職業に関する差別の撤廃

2 各締約国は、法律及び規則並びに当該法律及び規則に基づく慣行であって、最低賃金、労働時間並びに職業上の安全及び健康に関する受入れ可能な労働条件を規律するものを採用し、及び維持する。

**第十九・四条（逸脱の禁止）** 締約国は、各締約国の労働法令において与えられる保護を弱め、又は低下させることにより、貿易又は投資を奨励することが適当でないことを認める。このた

め、いずれの締約国も、締約国間の貿易又は投資に影響を及ぼす態様により、次の自国の法律又は規則について免除その他の逸脱措置をとってはならず、又はとる旨提案してはならない。

(a) 前条(労働者の権利)1の規定を実施する自国の法律又は規則（その免除その他の逸脱措置が同条1に規定する権利と両立しないこととなる場合に限る。）

(b) 前条(労働者の権利)1又は2の規定を実施する自国の法律又は規則（その免除その他の逸脱措置が自国の領域内の特別貿易地域又は特別関税地域（輸出加工地区、外国貿易地区等）における同条1に規定する権利又は同条2に規定する労働条件の遵守を弱め、又は低下させることとなる場合に限る。）

**第十九・五条（労働法令の執行）** 1　いずれの締約国も、この協定の効力発生の日の後、一連の作為又は不作為を締約国間の貿易又は投資に影響を及ぼす態様で継続し、又は反復することにより、自国の労働法令の効果的な執行を怠ってはならない。

2　締約国がこの章の規定に基づく義務を遵守しない場合には、当該締約国が執行のための資源の提供について行った決定は、当該義務の不遵守を許容するものではない。各締約国は、第十九・三条(労働者の権利)1及び2に規定する基本的な労働者の権利及び受入れ可能な労働条件に関する労働についての執行活動における執行に係る資源の配分について、合理的な執行上の裁量を行使し、及び誠実な決定を行う権利を保持する。ただし、当該裁量の行使及び当該決定が、この章の規定に基づく自国の義務に反するものでないことを条件とする。

3　この章のいかなる規定も、締約国の当局に対し、他の締約国の領域において労働法令の執行活動を行う権限を与えるものと解してはならない。

**第十九・六条（強制労働）** 各締約国は、あらゆる形態の強制労働（児童の強制労働を含む。）を撤廃するとの目標を認める。各締約国は、締約国が第十九・三条（労働者の権利）の規定に基づき関連する義務を負っていることを考慮しつつ、自国が適当と認める自発的活動を通じ、全部又は一部が強制労働（児童の強制労働を含む。）によって生産された物品を他の輸入源から輸入しないよう奨励する(注)。

注　この条の規定は、締約国がこの協定の他の規定、世界貿易機関設立協定又は他の国際貿易協定に基づく自国の義務に反することとなる自発的活動を行うことを承認するものではない。

## 第二十章　環境

**第二十・二条（目的）** 1　この章の規定は、相互に補完的な貿易及び環境に関する政策を促進すること、高い水準の環境の保護及び効果的な環境法令の執行を促進すること並びに貿易に関連する環境問題に対処するための締約国の能力を高めること（協力を通じて行うことを含む。）を目的とする。

2　締約国は、自国の優先事項及び事情を考慮しつつ、環境を保護し、及び保全し、並びに自国の天然資源を持続可能な方法で管理するために協力を推進することが、持続可能な開発に貢献し、環境の管理を強化し、及びこの協定の目的を補完することができるという利益をもたらすことを認める。

3　締約国は、更に、締約国間の貿易又は投資に対する偽装した制限となるような態様により、自国の環境法令その他の措置を定め、又は用いることが適当でないことを認める。

**第二〇・三条（一般的な約束）** 1　締約国は、持続可能な開発を促進するに当たり環境の保護を改善するため、相互に補完的な貿易及び環境に関する政策及び慣行の重要性を認める。

2　締約国は、環境に関する自国の保護の水準及び優先事項を定め、並びにそれらに従って自国の環境法令及び環境に関する政策を定め、採用し、又は修正する各締約国の主権的権利を認める。

3　各締約国は、自国の環境法令及び環境に関する政策が高い水準の環境の保護について定め、及びこれを奨励することを確保するよう努め、並びに環境の保護に関する自国の水準を引き続き向上させるよう努める。

4　いずれの締約国も、この協定が自国について効力を生ずる日の後、一連の作為又は不作為を締約国間の貿易又は投資に影響を及ぼす態様で継続し、又は反復することにより、自国の環境法令の効果的な執行を怠ってはならない。

5　締約国は、(a)調査、訴追、規制及び遵守に関する事項について、並びに(b)一層高い優先度を有すると決定される他の環境法令に対して環境に関する執行に係る資源を配分することについて、各締約国が裁量を行使し、及び決定を行う権利を保持することを認める。このため、締約国は、一の締約国による環境法令の執行についての一連の作為又は不作為が、当該裁量の合理的な行使を反映し、又は当該一の締約国の環境法令の執行のための優先度に基づく当該資源の配分に関する誠実な決定によって生ずる場合には、当該一の締約国が4の規定を遵守しているものと了解する。

6　2の規定の適用を妨げることなく、締約国は、各締約国の環境法令において与えられる保護を弱め、又は低下させることにより、貿易又は投資を奨励することが適当でないことを認める。このため、締約国は、締約国間の貿易又は投資を奨励する目的で、自国の環境法令において与えられる保護を弱め、又は低下させる態様により、当該環境法令について免除その他の逸脱措置をとってはならず、又はとる旨提案してはならない。

7　この章のいかなる規定も、締約国の当局に対し、他の締約国の領域において環境法令の執行活動を行う権限を与えるものと解してはならない。

**第二〇・四条（環境に関する多数国間協定）** 1　締約国は、自国が締結している環境に関する多数国間協定が環境を保護するに当たり世界的に及び国内で重要な役割を果たすこと並びに自国による当該協定の実施が当該協定の環境上の目的を達成するために不可欠であることを認める。このため、各締約国は、自国が締結している環境に関する多数国間協定を実施することについての自国の約束を確認する。

2　締約国は、貿易及び環境に関する共通の関心事項（特に、関連する環境及び貿易に関する多数国間協定の交渉及び実施）に係る締約国間の対話を通じ、貿易に関する法令及び政策と環境法令及び環境に関する政策との間の相互の補完性を高める必要性を強調する。

## 第二十六章　透明性及び腐敗行為の防止

### 第Ｂ節　透明性

**第二六・二条（公表）** 1　各締約国は、この協定の対象となる事項に関する法令、手続及び一般に適用される行政上の決定を、利害関係者及び締約国が知ることができるような方法により速やかに、公表し、又は入手可能なものとすることを確保する。

2　各締約国は、可能な限り、次のことを行う。

(a) 自国がとろうとする1に規定する措置を事前に公表すること。

(b) 利害関係者及び他の締約国に対し、(a)に規定する措置の案に関する意見の提出のための合理的な機会を与えること。

**第二六・四条（審査及び上訴）**(注)

注　審査は、実体的な審査を含む必要はなく、また、コモン・ローに基づく司法審査の形式をとることができる。最終的な行政上の行為の是正には、当該行為を行った機関への差戻しを含むことができる。

1　各締約国は、この協定の対象となる事項に関する最終的な行政上の行為の速やかな審査及び正当な理由がある場合にはその是正のため、司法裁判所、準司法的な機関若しくは行政裁判所又は司法上、準司法上若しくは行政上の手続を採用し、又は維持する。これらの裁判所又は機関は、公平であり、かつ、行政の執行について責任を有する機関又は当局から独立しているものとし、事案の結果について実質的な利害関係を有してはならない。

## 第二十七章　運用及び制度に関する規定

**第二七・一条（環太平洋パートナーシップ委員会の設置）**　締約国は、ここに各締約国の政府の代表者（大臣又は上級職員のレベルとする。）から成る環太平洋パートナーシップ委員会を設置する。各締約国は、自国の代表団の構成について責任を負う。

**第二七・二条（委員会の任務）**　1　委員会は、次のことを行う。

(a) この協定の実施又は運用に関する問題を検討すること。

(b) この協定の効力発生の日から三年以内に、及びその後は少なくとも五年ごとに、締約国間の経済上の関係及び連携を見直すこと。

(c) この協定の改正又は修正の提案を検討すること。

(d) この協定に基づいて設置される全ての小委員会、作業部会その他の補助機関の活動を監督すること。

(e) 締約国間の貿易及び投資を一層拡大するための方法を検討すること。

(f) 第二十八・十三条（パネルの手続規則）に規定する手続規則を定め、及び適当な場合には当該手続規則を改正すること。

(g) 第二十八・十一条（パネルの議長の登録簿及び締約国別の名簿）の規定に従って作成されるパネルの議長の登録簿を三年ごとに見直し、及び適当な場合には新たな登録簿を作成すること。

(h) 第三十・五条（効力発生）4の規定に従って通報を行った原署名国についてこの協定が効力を生ずるかどうかを決定すること。

## 第二十八章　紛争解決

### 第A節　紛争解決

**第二八・四条（場の選択）**　1　申立国は、この協定及び紛争当事国が締結している他の国際貿易協定（世界貿易機関設立協定を含む。）の下でいずれかの問題に関する紛争が生ずる場合には、紛争を解決するための場を選択することができる。

2　紛争当事国は、申立国がパネル若しくは1に規定する協定に基づく他の裁判所の設置を要請した場合又はパネル若しくは当該裁判所に問題を付託した場合には、選択した場以外の場を利用してはならない。

**第二八・七条（パネルの設置）**　1　第二十八・五条（協議）1の規定に基づいて協議を要請した締約国は、協議国が問題を次のいずれかの期間内に解決することができない場合には、被申立国に宛てた書面による通報によりパネルの設置を要請することができる。

(a) 第二十八・五条（協議）1の規定に基づく協議の要請の受領の日の後六十日の期間

(b) 腐敗しやすい物品に関する問題については、第二十八・五条（協議）1の規定に基づく協議の要請の受領の日の後三十日の期間

(c) 協議国が合意するその他の期間

**第二八・九条（パネルの構成）**　1　パネルは、三人の構成員から成る。

**第二八・一二条（パネルの任務）**　1　パネルの任務は、パネルに付託される問題の客観的な評価（事実関係の調査並びにこの協定の適用の可能性及びこの協定との適合性に関する調査を含む。）を行うこと並びにパネルの付託事項に定める認定、決定及び勧告であって紛争の解決のために必要なものを行うことである。

2　パネルは、紛争当事国が別段の合意をする場合を除くほか、この章及び手続規則の規定に適合する方法により、任務を遂行し、及び手続を実施する。

3　パネルは、千九百六十九年の条約法に関するウィーン条約第三十一条及び第三十二条の規定に反映されている国際法上の解釈の規則に従って、この協定について検討する。パネルは、また、この協定に組み込まれた世界貿易機関設立協定の規定に関し、WTOの紛争解決機関によって採択される小委員会及び上級委員会の報告における関連する解釈について検討する。パネルの認定、決定及び勧告は、この協定に基づく締約国の権利及び義務に新たな権利及び義務を追加してはならず、並びにこの協定に基づく締約国の権利及び義務を減じてはならない。

4　パネルは、コンセンサス方式によって決定を行う。ただし、パネルは、コンセンサスに達することができない場合には、過半数による議決によって決定を行うことができる。

**第二八・一八条（最終報告書）**　1　パネルは、紛争当事国が別段の合意をする場合を除くほか、最初の報告書の提示の後三十日以内に、紛争当事国に対し、最終報告書（全会一致の合意が得られない問題に関する別個の意見を含む。）を提示する。紛争当事国は、秘密の情報を保護する手段をとった後、当該最終報告書の提示の後十五日以内に当該最終報告書を公表する。

**第二八・一九条（最終報告書の実施）**　1　締約国は、紛争の明確な解決を確保するためのこの章に定める紛争解決手続の目的を達成する上で、パネルが前条（最終報告書）の規定に従って行う決定の速やかな履行の重要性を認める。

2　被申立国は、パネルが最終報告書において次のいずれかのことを決定する場合には、可能な限り、その違反又は無効化若しくは侵害を除去する。

(a) 問題となっている措置がこの協定に基づく締約国の義務に適合しないこと。

(b) 締約国がこの協定に基づく義務を履行しなかったこと。

(c) 問題となっている措置が第二十八・三条（適用範囲）1(c)の規定の意味における無効化又は侵害を引き起こしていること。

3　被申立国は、違反又は無効化若しくは侵害を直ちに除去することができない場合には、紛争当事国が別段の合意をする場合を除くほか、これらを除去するための合理的な期間を与えられる。

4 紛争当事国は、3に規定する合理的な期間について合意するよう努める。紛争当事国が前条(最終報告書)1の規定に基づく最終報告書の提示の後四十五日の期間内に当該合理的な期間について合意することができない場合には、いずれの紛争当事国も、当該合理的な期間を仲裁によって決定するため、同条1の規定に基づく最終報告書の提示の後六十日以内にその問題を議長に付託することができる。

**第二八・二〇条（未実施（代償及び利益の停止））** 1 被申立国は、次のいずれかの場合において、一又は二以上の申立国から要請があるときは、当該要請の受領の後十五日以内に、相互に受け入れることができる代償を策定するため、当該一又は二以上の申立国と交渉を開始する。

(a) 被申立国が違反又は無効化若しくは侵害を除去する意図を有しないことを当該一又は二以上の申立国に通報した場合

(b) 前条(最終報告書の実施)の規定に従って定める合理的な期間の満了後、被申立国が違反又は無効化若しくは侵害を除去したかどうかについて紛争当事国間に意見の相違がある場合

2 申立国は、次のいずれかの場合には、3の規定に基づいて利益を停止することができる。

(a) 当該申立国及び被申立国が、代償を策定するための期間が開始した後三十日の期間内に当該代償について合意することができなかった場合

(b) 当該申立国及び被申立国が代償について合意したが、被申立国がその合意の条件を遵守しなかったと関係する申立国が認める場合

3 申立国は、自国について2に規定する条件が満たされた後はいつでも、同等の効果を有する利益を停止する意図を被申立国に対して書面により通報することができる。その通報は、当該申立国が停止することを提案する利益の程度を特定する。当該申立国は、場合に応じ、当該申立国がこの3の規定に基づいて通報する日又はパネルが5の規定に従って決定を行う日のいずれか遅い日の後三十日目の日に、利益の停止を開始することができる。

## 第二十九章　例外及び一般規定

### 第A節　例外

**第二九・一条（一般的例外）** 1 第二章(内国民待遇及び物品の市場アクセス)、第三章(原産地規則及び原産地手続)、第四章(繊維及び繊維製品)、第五章(税関当局及び貿易円滑化)、第七章(衛生植物検疫措置)、第八章(貿易の技術的障害)及び第十七章(国有企業及び指定独占企業)の規定の適用上、千九百九十四年のガット第二十条の規定及びその解釈に係る注釈は、必要な変更を加えた上で、この協定に組み込まれ、この協定の一部を成す。

**第二九・二条（安全保障のための例外）** この協定のいかなる規定も、次のいずれかのことを定めるものと解してはならない。

(a) 締約国に対し、その開示が自国の安全保障上の重大な利益に反すると当該締約国が決定する情報の提供又はそのような情報へのアクセスを要求すること。

(b) 締約国が国際の平和若しくは安全の維持若しくは回復に関する自国の義務の履行又は自国の安全保障上の重大な利益の保護のために必要であると認める措置を適用することを妨げること。

**第二九・三条（一時的なセーフガード措置）** 1 この協定のいかなる規定も、国際収支及び対外支払に関して重大な困難が生じている場合又は生ずるおそれがある場合において、締約国が経常勘定取引のための支払又は移転について制限的な措置を採用し、又は維持することを妨げるものと解してはならない。

## 第三十章　最終規定

**第三〇・一条（附属書、付録及び注）** この協定の附属書、付録及び注は、この協定の不可分の一部を成す。

**第三〇・二条（改正）** 締約国は、この協定の改正につき書面により合意することができる。改正は、全ての締約国によって合意され、かつ、各締約国の関係する国内法上の手続に従って承認される場合には、全ての締約国がそれぞれの関係する国内法上の手続に従って当該改正の承認を書面により寄託者に通報した日の後六十日で、又は締約国が合意する他の日に効力を生ずる。

**第三〇・四条（加入）** 1 この協定は、この協定に基づく義務を履行する用意がある次の国又は独立の関税地域による加入のために開放しておく。加入は、当該国又は独立の関税地域と締約国との間で合意する条件に従うものとし、かつ、各締約国及び加入しようとする国又は独立の関税地域(以下この条において「加入候補国」という。)の関係する国内法上の手続による承認の後に行われるものとする。

(a) APECに参加する国又は独立の関税地域

(b) 締約国が合意する他の国又は独立の関税地域

6 加入候補国は、委員会の決定において承認された加入のための条件に従い、次に掲げる日のいずれか遅い日に、この協定の締約国となる。

(a) 当該加入候補国が当該条件を受け入れることを示す加入書を寄託者に寄託した日の後六十日目の日

(b) 全ての締約国がそれぞれの関係する国内法上の手続を完了した旨を寄託者に通報した日

**第三〇・五条（効力発生）** 1 この協定は、全ての原署名国がそれぞれの関係する国内法上の手続を完了した旨を書面により寄託者に通報した日の後六十日で効力を生ずる。

2 この協定は、この協定の署名の日から二年の期間内に全ての原署名国がそれぞれの関係する国内法上の手続を完了した旨を書面により寄託者に通報しなかった場合において、少なくとも六の原署名国であって、これらの二千十三年における国内総生産の合計が原署名国の二千十三年における国内総生産の合計の八十五パーセント以上を占めるものが当該期間内にそれぞれの関係する国内法上の手続を完了した旨を書面により寄託者に通報したときは、当該期間の満了の後六十日で効力を生ずる。

3 この協定は、1又は2の規定に従って効力を生じない場合には、少なくとも六の原署名国であって、これらの二千十三年における国内総生産の合計が原署名国の二千十三年における国内総生産の合計の八十五パーセント以上を占めるものがそれぞれの関係する国内法上の手続を完了した旨を書面により寄託者に通報した日の後六十日で効力を生ずる。

4 2又は3の規定に基づくこの協定の効力発生の日の後、この協定が自国について効力を生じていない原署名国は、自国の関係する国内法上の手続を完了した旨及びこの協定の締約国となる意図を締約国に通報する。委員会は、当該原署名国による通

報の日から三十日以内に、当該通報を行った原署名国についてこの協定が効力を生ずるかどうかを決定する。

5 この協定は、委員会と4に規定する通報を行った原署名国とが別段の合意をする場合を除くほか、委員会が肯定的な決定を行った日の後三十日で当該通報を行った原署名国について効力を生ずる。

**第三〇・六条（脱退）** 1 締約国は、書面により寄託者に対して脱退の通告を行うことにより、この協定から脱退することができる。脱退する締約国は、同時に、第二十七・五条（連絡部局）の規定に従って指定される総合的な連絡部局を通じて、他の締約国に対して自国の脱退を通報する。

2 脱退は、締約国が異なる期間について合意する場合を除くほか、いずれかの締約国が1の規定に従って書面により寄託者に対して通告を行った後六箇月で効力を生ずる。この協定は、いずれかの締約国が脱退する場合には、残余の締約国について引き続き効力を有する。

**第三〇・七条（寄託者）** 1 この協定の英語、スペイン語及びフランス語の原本は、ここにこの協定の寄託者として指定されるニュージーランドに寄託する。

**第三〇・八条（正文）** この協定は、英語、スペイン語及びフランス語をひとしく正文とする。これらの本文の間に相違がある場合には、英語の本文による。

## 12 包括的・先進的TPP協定

（環太平洋パートナーシップに関する包括的及び先進的な協定）

署名 二〇一八年三月八日（サンティアゴ）
効力発生 二〇一八年一二月三〇日
日本国 二〇一八年一二月三〇日（三月八日署名、六月一三日国会承認、七月六日寄託者への通報、一二月二七日公布・条約一六号）
当事国 七

### 前文

この協定の締約国は、

二千十六年二月四日にオークランドで作成された環太平洋パートナーシップ協定（以下「TPP」という。）の前文に規定する事項を再確認すること、

この協定を通じてもたらされるTPPの利益並びにTPP及びこの協定の戦略上及び経済上の意義を迅速に実現すること、

開放された市場を維持し、世界貿易を増大し、並びにあらゆる所得及び経済的背景の人々に新たな経済的機会を創出することに寄与すること、

締約国間の一層の地域的な経済統合及び協力を促進すること、地域における貿易の自由化及び投資の促進のための機会を増大させること、

企業の社会的責任、文化的な同一性及び多様性、環境の保護及び保全、性の平等、先住民の権利、労働者の権利、包摂的な貿易、持続可能な開発並びに伝統的な知識を促進することの重要性並びに公共の利益のために締約国が規制を行う権利を有することの重要性を再確認すること並びに

他の国又は独立の関税地域のこの協定への加入を歓迎することを決意して、

次のとおり協定した。

**第一条（環太平洋パートナーシップ協定の組込み）** 1 締約国は、二千十六年二月四日にオークランドで作成された環太平洋パートナーシップ協定（TPP）（第三十・四条（加入）、第三十・五条（効力発生）、第三十・六条（脱退）及び第三十・八条（正文）を除く。）の規定が、この協定の規定に従い、必要な変更を加えた上で、この協定に組み込まれ、この協定の一部を成すことをここに合意する（注）。

注 この協定の規定は、この協定の非締約国に対していかなる権利も与えるものではない。

2 この協定の適用上、TPPにおける署名の日については、この協定の署名の日を意味するものとする。

3 TPPが効力を有する場合において、この協定とTPPとが抵触するときは、その抵触の限りにおいて、この協定が優先する。

**第二条（特定の規定の適用の停止）** 締約国は、この協定の効力発生の日に、この協定の附属書に掲げる規定の適用を停止する。締約国は、これらの規定のうち一又は二以上の規定の適用の停止を終了させることに締約国が合意する時まで、当該規定の適用を停止する（注）。

注 適用の停止を終了させるための締約国によるいかなる合意も、一の締約国の関係する国内法上の手続の完了後にのみ、当該締約国について適用する。

**第三条（効力発生）** 1 この協定は、この協定の署名国のうち少なくとも六又は少なくとも半数のいずれか少ない方の国がそれぞれの関係する国内法上の手続を完了した旨を書面により寄託者に通報した日の後六十日で効力を生ずる。

2 この協定は、1の規定に従ってこの協定が自国について効力を生じていないこの協定の署名国については、当該署名国が自国の関係する国内法上の手続を完了した旨を書面により寄託者に通報した日の後六十日で効力を生ずる。

**第四条（脱退）** 1 締約国は、書面により寄託者に対して脱退の通告を行うことにより、この協定から脱退することができる。脱退する締約国は、同時に、TPP第二十七・五条（連絡部局）の規定に従って指定される総合的な連絡部局を通じて、他の締約国に対して自国の脱退を通報する。

2 脱退は、締約国が異なる期間について合意する場合を除くほか、いずれかの締約国が1の規定に従って書面により寄託者に対して通告を行った後六箇月で効力を生ずる。この協定は、いずれかの締約国が脱退する場合には、残余の締約国について引き続き効力を有する。

**第五条（加入）** 国又は独立の関税地域は、この協定の効力発生の日の後、締約国と当該国又は独立の関税地域との間で合意する条件に従ってこの協定に加入することができる。

**第六条（環太平洋パートナーシップに関する包括的及び先進的な協定の見直し）** 締約国は、TPP第二十七・二条（委員会の任務）の規定を適用するほか、TPPの効力発生が差し迫っている場合又はTPPが効力を生ずる見込みがない場合には、いずれかの締約国の要請に応じ、この協定の改正及び関係する事項を検討するため、この協定の運用を見直す。

**第七条（正文）** この協定は、英語、スペイン語及びフランス語をひとしく正文とする。これらの本文の間に相違がある場合には、英語の本文による。

**附属書**

1 第五章(税関当局及び貿易円滑化)中次に掲げる規定／第五・七条(急送貨物)1(f)第二文の規定

2 第九章(投資)のうち次に掲げる規定

(a) 第九・一条(定義)中次に掲げる規定〈(i) 「投資に関する合意」の定義(注を含む。)に係る規定／(ii) 「投資の許可」の定義(注を含む。)に係る規定〉／(b) 第九・十九条(請求の仲裁への付託)のうち次に掲げる規定〈(i) 第九・十九条(請求の仲裁への付託)1中次に掲げる規定［(A) 第九・十九条(請求の仲裁への付託)1(a)(i)(B)(注を含む。)の規定／(B) 第九・十九条(請求の仲裁への付託)1(a)(i)(C)の規定／(C) 第九・十九条(請求の仲裁への付託)1(b)(i)(B)の規定／(D) 第九・十九条(請求の仲裁への付託)1(b)(i)(C)の規定／(E) 第九・十九条(請求の仲裁への付託)1ただし書(「ただし、申立人は、請求の対象である事項及び請求に係る損害が、関連する投資に関する合意に依拠して設立され、若しくは取得され、又は設立され、若しくは取得されようとした対象投資財産に直接関連する場合にのみ、(a)(i)(C)又は(b)(i)(C)の規定に従い当該投資に関する合意に対する違反についての請求を付託することができる。」)の規定］／(ii) 第九・十九条(請求の仲裁への付託)2(注を含む。)の規定／(iii) 第九・十九条(請求の仲裁への付託)3(b)中「投資の許可又は投資に関する合意」の規定〉／(c) 第九・二十二条(仲裁人の選定)5の規定／(d) 第九・二十五条(準拠法)2(注を含む。)の規定／(e) 附属書九－L(投資に関する合意)の規定

3 第十章(国境を越えるサービスの貿易)のうち次に掲げる規定／附属書十－B(急送便サービス)中次に掲げる規定

(a) 附属書十－B(急送便サービス)5(注を含む。)の規定／(b) 附属書十－B(急送便サービス)6(注を含む。)の規定

4 第十一章(金融サービス)のうち次に掲げる規定

(a) 第十一・二条(適用範囲)2(b)中「第九・六条(待遇に関する最低基準)」(注1を含む。)の規定／(b) 附属書十一－Eの規定

5 第十三章(電気通信)中次に掲げる規定／第十三・二十一条(電気通信に関する紛争の解決)1(d)(見出し(「再検討」)及び当該見出しの注を含む。)の規定

6 第十五章(政府調達)のうち次に掲げる規定

(a) 第十五・八条(参加のための条件)5(注を含む。)の規定／(b) 第十五・二十四条(追加的な交渉)2中「この協定の効力発生の日の後三年以内に」の規定(注)

注 締約国は、締約国が別段の合意をする場合を除くほか、第十五・二十四条(追加的な交渉)2に規定する交渉をこの協定の効力発生の後五年以後に開始することに合意する。当該交渉は、いずれかの締約国の要請に応じて開始する。

7 第十八章(知的財産)のうち次に掲げる規定

(a) 第十八・八条(内国民待遇)1の注2第三文及び第四文の規定／(b) 第十八・三十七条(特許を受けることができる対象事項)中次に掲げる規定〈(i) 第十八・三十七条(特許を受けることができる対象事項)2の規定／(ii) 第十八・三十七条(特許を受けることができる対象事項)4第二文の規定〉／(c) 第十八・四十六条(特許を与える当局の不合理な遅延についての特許期間の調整)(注を含む。)の規定／(d) 第十八・四十八条(不合理な短縮についての特許期間の調整)(注を含む。)の規定／(e) 第十八・五十条(開示されていない試験データその他のデータの保護)(注を含む。)の規定／(f) 第十八・五十一条(生物製剤)(注を含む。)の規定／(g) 第十八・六十三条(著作権及び関連する権利の保護期間)(注を含む。)の規定／(h) 第十八・六十八条(技術的保護手段)(注を含む。)の規定／(i) 第十八・六十九条(権利管理情報)(注を含む。)の規定／(j) 第十八・七十九条(衛星放送用及びケーブル放送用の暗号化された番組伝送信号の保護)(注を含む。)の規定／(k) 第十八・八十二条(法的な救済措置及び免責)(注を含む。)の規定／(l) 附属書十八－E(第J節(インターネット・サービス・プロバイダ)の附属書)の規定／(m) 附属書十八－F(第J節(インターネット・サービス・プロバイダ)の附属書)の規定

8 第二十章(環境)のうち次に掲げる規定／第二十・十七条(保存及び貿易)5中「又は他の関係法令」(注2を含む。)の規定

9 第二十六章(透明性及び腐敗行為の防止)中次に掲げる規定／附属書二十六－A(医薬品及び医療機器に関する透明性及び手続の公正な実施)第三条(手続の公正な実施)(注を含む。)の規定

10 附属書IIのうち次に掲げる規定／ブルネイ・ダルサラーム国の表の留保事項九の概要3中「この協定の署名の後」の規定(注)

注 締約国は、この規定の適用の停止の結果、「この協定の署名の後」とは、この協定がブルネイ・ダルサラーム国について効力を生じた後をいうものとすることに合意する。したがって、締約国は、当該留保事項の概要3中「採用し、又は維持する適合しない措置」とは、この協定がブルネイ・ダルサラーム国について効力を生ずる日の後に採用し、又は維持する適合しない措置を意味することを了解する。

11 附属書IVのうち次に掲げる規定／マレーシアの表の留保事項二の適合しない活動の範囲(以下この11の規定において「範囲」という。)中「この協定の署名の後」の規定(注)

注 締約国は、この規定の適用の停止の結果、「この協定の署名の後」とは、この協定がマレーシアについて効力を生じた後をいうものとすることに合意する。したがって、締約国は、範囲中の各規定であって次に掲げるものについては、この協定がマレーシアについて効力を生ずる日から起算する次に掲げる期間とすることを了解する。

(a) 「一年目」とは、最初の一年間／(b) 「二年目及び三年目」とは、二番目及び三番目の一年間／(c) 「四年目」とは、四番目の一年間／(d) 「五年目」とは、五番目の一年間／(e) 「六年目」とは、六番目の一年間

## 13 日米貿易協定

（日本国とアメリカ合衆国との間の貿易協定）

署　名　二〇一九年一〇月七日（ワシントン）
効力発生　二〇二〇年一月一日（日本国―一九年一二月四日国会承認、同月一〇日相互通告、同月一三日公布・条約一〇号）

日本国及びアメリカ合衆国（以下「両締約国」という。）は、次のとおり協定した。

**第一条【定義】** この協定の適用上、
(a) 「関税」とは、産品の輸入に際し、又は産品の輸入に関連して課される税その他あらゆる種類の課徴金並びに産品の輸入に関連して課される付加税及び加重税をいう。ただし、次のものを含まない。
(i) 千九百九十四年のガット第三条2の規定に適合して課される内国税に相当する課徴金
(ii) 輸入に関連する手数料その他の課徴金であって、提供された役務の費用に応じたもの
(iii) ダンピング防止税又は相殺関税
(b) 「現行の」とは、この協定の効力発生の日において効力を有することをいう。
(c) 「千九百九十四年のガット」とは、世界貿易機関設立協定附属書一A千九百九十四年の関税及び貿易に関する一般協定をいう。
(d) 「原産」とは、日本国においては附属書Ⅰの規定に従って原産品とされることをいい、アメリカ合衆国においては附属書Ⅱの規定に従って原産品とされることをいう。
(e)(f) （略）

**第二条【現行の権利及び義務の確認】** 各締約国は、世界貿易機関設立協定及び両締約国が締結しているその他の協定に基づいて他方の締約国に対して自国が有する現行の権利及び義務を確認する。

**第三条【ガット第二〇条の適用】** 千九百九十四年のガット第二十条の規定及びその解釈に係る注釈は、必要な変更を加えた上で、この協定に組み込まれ、この協定の一部を成す。

**第四条【安全保障のための例外】** この協定のいかなる規定も、次のいずれかのことを定めるものと解してはならない。
(a) 締約国に対し、その開示が自国の安全保障上の重大な利益に反すると当該締約国が決定する情報の提供又はそのような情報へのアクセスを要求すること。
(b) 締約国が国際の平和若しくは安全の維持若しくは回復に関する自国の義務の履行又は自国の安全保障上の重大な利益の保護のために必要であると認める措置を適用することを妨げること。

**第五条【WTO協定との関係】** 1　各締約国は、この協定に別段の定めがある場合を除くほか、世界貿易機関設立協定に基づく自国の現行の約束に加え、附属書Ⅰ又は附属書Ⅱの規定に従って、市場アクセスを改善する。
2　この協定のいかなる規定も、千九百九十四年のガット第十九条の規定及び世界貿易機関設立協定附属書一Aセーフガードに関する協定に基づく両締約国の現行の権利及び義務に影響を及ぼすものではない。
3　この協定のいかなる規定も、締約国が関税の維持又は引上げを含む行動であって、WTOの紛争解決機関によって承認されるものをとることを妨げるものと解してはならない。

**第六条【協議】** 両締約国は、いずれかの締約国の要請の後三十日以内に、この協定の運用又は解釈に影響を及ぼす可能性のある問題について、六十日以内に相互に満足すべき解決に達するために協議を行う。

**第七条【附属書】** この協定の附属書は、この協定の不可分の一部を成す。

**第八条【改正】** 両締約国は、この協定の改正につき書面により合意することができる。改正は、両締約国がそれぞれの関係する国内法上の手続に従って当該改正の承認を書面により相互に通告した日の後三十日で、又は両締約国が決定する他の日に効力を生ずる。

**第九条【効力発生】** この協定は、両締約国がそれぞれの関係する国内法上の手続を完了した旨を書面により相互に通告した日の後三十日で、又は両締約国が決定する他の日に効力を生ずる。

**第一〇条【終了】** いずれの一方の締約国も、他方の締約国に対し書面による終了の通告を行うことにより、この協定を終了させることができる。その終了は、一方の締約国が他方の締約国に対して書面による通告を行った日の後四箇月で、又は両締約国が決定する他の日に効力を生ずる。

**第一一条【正文】** この協定は、日本語及び英語をひとしく正文とする。ただし、附属書Ⅱは、英語のみを正文とする。

**附属書Ⅰ　日本国の関税及び関税に関連する規定**　（略）
**附属書Ⅱ　TARIFFS AND TARIFF-RELATED PROVISIONS OF THE UNITED STATES**　（略）

## 14 日・EU経済連携協定（抜粋）

（経済上の連携に関する日本国と欧州連合との間の協定）

署　名　二〇一八年七月一七日（東京）
効力発生　二〇一九年二月一日（日本国―一八年一二月八日国会承認、一二月二一日公文交換、一二月二七日公布・条約一五号）

**前　文**

日本国及び欧州連合（以下「締約国」という。）は、
共通の原則及び価値観に基づく両締約国間の多年にわたる強固な連携並びに両締約国間の重要な経済、貿易及び投資の関係を意識し、（中略）
国際化及び世界経済の一層緊密な統合によってもたらされる活発なかつ急速に変化する国際環境において、新たな多数の経済上の課題及び機会が両締約国に提示されていることを理解し、
両締約国の経済がお互いを補完する条件に恵まれていること並びにそのような補完性が両締約国間の貿易及び投資の活動を通じたそれぞれの経済力の利用により両締約国間の貿易及び投資の発

展を一層促進することに寄与するものであることを認識し、(中略)

世界貿易機関設立協定その他の両締約国が締結している多数国間の、地域的な及び二国間の協定に基づく各締約国の権利及び義務を強化し、

両締約国間の経済上の連携の強化のための法的枠組みを設定することを決意して、

次のとおり協定した。

## 第一章　総則

**第一・一条（目的）** この協定は、貿易及び投資を自由化し、及び円滑にすること並びに両締約国間の一層緊密な経済関係を促進することを目的とする。

**第一・三条（地理的適用）** 1　この協定は、次の領域について適用する。

(a) 欧州連合については、欧州連合に関する条約及び欧州連合運営条約がこれらの条約に定める条件の下に適用される領域

(b) 日本国については、その領域

**第一・五条（安全保障のための例外）** 1　この協定のいかなる規定も、次のいずれかのことを定めるものと解してはならない。

(a) 締約国に対し、その開示が自国の安全保障上の重大な利益に反すると当該締約国が認める情報の提供を要求すること。

(b) 締約国が自国の安全保障上の重大な利益の保護のために必要であると認める次のいずれかの措置をとることを妨げること。

(i) 核分裂性物質若しくは核融合性物質又はこれらの生産原料である物質に関する措置

(ii) 武器、弾薬及び軍需品の生産又は取引並びに軍事施設に供給するため直接又は間接に行われるその他の貨物及び原料の生産又は取引に関する措置

(iii) 軍事施設のため直接又は間接に行われるサービスの提供に関する措置

(iv) 戦時その他の国際関係の緊急時にとる措置

(c) 締約国が国際の平和及び安全の維持のため国際連合憲章に基づく義務に従う措置をとることを妨げること。

**第一・六条（秘密の情報）** 1　この協定に別段の定めがある場合を除くほか、この協定のいかなる規定も、締約国に対し、秘密の情報であって、その開示が法令の実施を妨げ、若しくは公共の利益に反することとなるもの又は公私の特定の企業の正当な商業上の利益を害することとなるものの提供を要求するものではない。

2　この協定において一方の締約国がその法令により秘密とされる情報を他方の締約国に提供する場合には、他方の締約国は、当該情報を提供する締約国が同意するときを除くほか、当該情報の秘密性を保持する。

**第一・七条（義務の履行及び委任された権限）** 1　各締約国は、この協定を実施するために必要な全ての措置がとられることを確保する。

2　各締約国は、この協定に別段の定めがある場合を除くほか、この協定に基づく自国の義務を履行するために自国が規制上又は行政上の権限を委任した者又は団体が、その委任された権限の行使に当たり自国の義務に従って活動することを確保する。

3　各締約国は、自国のいずれかの段階の政府又は自国によって委任された権限を行使するいずれかの非政府機関がこの協定の規定に従わない場合であっても、この協定に基づく義務を免れることはできない。

**第一・八条（法令及びその改正）** この協定において締約国の法令というときは、別段の定めがある場合を除くほか、その改正を含むものと了解する。

**第一・九条（他の協定との関係）** 1　欧州連合又は欧州連合構成国と日本国との間の現行の協定は、この協定によって代替されず、又は終了されない。

2　この協定のいかなる規定も、締約国に対し、世界貿易機関設立協定に基づく義務に反する態様で行動することを要求するものではない。

3　この協定と両締約国が締結している協定（世界貿易機関設立協定を除く。）とが抵触する場合には、両締約国は、相互に満足すべき解決を得るため、直ちに相互に協議する。

4　この協定において、国際協定(注)の全部又は一部が引用されており、又は組み込まれている場合には、当該国際協定には、当該国際協定の改正又は当該国際協定を承継する協定であって、この協定の署名の日以後に両締約国について効力を生ずるものが含まれるものと了解する。当該国際協定の改正又は当該国際協定を承継する協定の結果、この協定の実施又は適用について問題が生ずる場合において、いずれかの締約国の要請があったときは、両締約国は、当該問題について相互に満足すべき解決を得るため、必要に応じて相互に協議することができる。

注　この協定において引用されており、又は組み込まれている国際協定は、この協定の署名の日前に両締約国について効力を生じている直近の改正を含むものと了解する。

## 第二章　物品の貿易

### 第A節　一般規定

**第二・一条（目的）** この章の規定は、この協定に従って、両締約国間の物品の貿易を円滑化し、及び物品の貿易を漸進的に自由化することを目的とする。

**第二・二条（適用範囲）** この章の規定は、この協定に別段の定めがある場合を除くほか、両締約国間の物品の貿易について適用する。

### 第B節　内国民待遇及び物品の市場アクセス

**第二・七条（内国民待遇）** 一方の締約国は、千九百九十四年のガット第三条の規定の例により、他方の締約国の産品に対して内国民待遇を与える。このため、同条の規定は、必要な変更を加えた上で、この協定に組み込まれ、この協定の一部を成す。

**第二・八条（輸入関税の引下げ及び撤廃）** 1　一方の締約国は、この協定に別段の定めがある場合を除くほか、附属書二―Aの規定に従って、他方の締約国の原産品について関税を引き下げ、又は撤廃する。

2　一方の締約国は、実行最恵国税率を引き下げる場合において、引下げ後の実行最恵国税率が附属書二―Aの規定に従って計算される他方の締約国の原産品に関する関税率を下回るときに限り、当該実行最恵国税率を当該原産品について適用する。

**第二・一三条（現状維持）** 1　一方の締約国は、この協定に別段の定めがある場合を除くほか、他方の締約国の原産品について、附属書二―Aの規定に従って適用される税率より関税を引き上げてはならない。

**第二・一五条（輸入及び輸出の制限）**　１　一方の締約国は、千九百九十四年のガット第十一条の規定に基づく場合を除くほか、他方の締約国の産品の輸入についての関税以外の禁止若しくは制限又は他方の締約国の関税領域に仕向けられる産品の輸出若しくは輸出のための販売についての関税以外の禁止若しくは制限を採用し、又は維持してはならない。このため、同条の規定は、必要な変更を加えた上で、この協定に組み込まれ、この協定の一部を成す。

**第二・二一条（原産地表示）**　締約国は、この協定に別段の定めがある場合を除くほか、自国の法令において規定する食品、農産品及び水産品以外の産品について、原産国の義務的な表示に関する要件を適用するときは、欧州連合については「Made in EU」の表示又は輸入国の現地の言語によるこれに類する表示を、日本国については「Made in Japan」の表示又は日本語によるこれに類する表示を、当該要件を満たしているものとして受け入れる。次章の規定は、この条の規定については、適用しない。

**第二・二二条（一般的例外）**　１　この章の規定の適用上、千九百九十四年のガット第二十条の規定は、必要な変更を加えた上で、この協定に組み込まれ、この協定の一部を成す。

## 第三章　原産地規則及び原産地手続（略）

## 第四章　税関に係る事項及び貿易円滑化（略）

## 第五章　貿易上の救済

### 第B節　二国間セーフガード措置

**第五・二条（二国間セーフガード措置の適用）**　１　第二・八条の規定に従って関税を撤廃し、又は引き下げた結果として、一方の締約国からの原産品が他方の締約国に絶対量において又は国内生産量に比較しての相対量において増加した数量で輸入されている場合において、当該増加した数量が他方の締約国の国内産業に対する重大な損害又は重大な損害のおそれを引き起こしているときは、他方の締約国は、当該国内産業に対する重大な損害を防止し、又は救済し、かつ、当該国内産業の調整を容易にするために必要な範囲において、２に規定する措置をとることができる。

２　二国間セーフガード措置とは、次のいずれかの措置をいう。

(a)　原産品の関税の更なる引下げであって第二章に定めるものを停止する措置

(b)　次の税率のうちいずれか低いものを超えない水準まで原産品の関税を引き上げる措置

(i)　二国間セーフガード措置をとる日における実行最恵国税率

(ii)　この協定の効力発生の日の前日における実行最恵国税率

### 第C節　世界向けのセーフガード措置

**第五・九条（一般規定）**　１　この章のいかなる規定も、一方の締約国が千九百九十四年のガット第十九条の規定及びセーフガード協定に従い他方の締約国の原産品に対してセーフガード措置をとることを妨げるものではない。

２　この節の規定は、第二十一章の規定による紛争解決の対象とならない。

**第五・一〇条（セーフガード措置の適用）**　締約国は、同一の産品について、次の措置を同時にとり、又は維持してはならない。

(a)　前節に規定する二国間セーフガード措置

(b)　千九百九十四年のガット第十九条の規定及びセーフガード協定に基づく措置

(c)　附属書二－A第三編第C節に定めるセーフガード措置

### 第D節　ダンピング防止措置及び相殺措置

**第五・一一条（一般規定）**　１　両締約国は、ダンピング防止協定及び補助金及び相殺措置に関する協定に基づく権利及び義務を維持する。

２　この節の規定は、第二十一章の規定による紛争解決の対象とならない。

３　第三章の規定は、この協定に基づくダンピング防止措置及び相殺措置については、適用しない。

## 第六章　衛生植物検疫措置（略）

## 第七章　貿易の技術的障害（略）

## 第八章　サービスの貿易、投資の自由化及び電子商取引

### 第A節　一般規定

**第八・一条（適用範囲）**　１　両締約国は、世界貿易機関設立協定に基づくそれぞれの締約国の義務並びに両締約国間の貿易及び投資を発展させるためにより良い環境を作り出すことについての両締約国の約束を確認しつつ、サービスの貿易及び投資の漸進的かつ相互主義的な自由化のため並びに電子商取引に関する協力のために必要な措置を定める。

２　この章の規定の適用上、両締約国は、公衆衛生、安全、環境又は公衆の道徳の保護、社会的な保護、消費者の保護、文化の多様性の促進及び保護その他の正当な政策目的を達成するために必要な規制措置を自国の領域内で採用する権利を確認する。

### 第B節　投資の自由化

**第八・七条（市場アクセス）**　一方の締約国は、他方の締約国の企業家又は対象企業による設立又は運営を通じた市場アクセスに関し、小地域を単位とするか自国の全領域を単位とするかを問わず、次の措置を維持し、又は採用してはならない。

(a)　次の制限を課する措置（注）

注　(i)から(iii)までに規定する制限には、農産品の生産を制限するためにとられる措置を含まない。

(i)　企業の数の制限（数量割当て、独占、排他的権利又は経済上の需要を考慮するとの要件のいずれによるものであるかを問わない。）

(ii)　取引総額又は資産総額の制限（数量割当てによるもの又は経済上の需要を考慮するとの要件によるもの）

(iii)　事業の総数又は指定された数量単位によって表示された総産出量の制限（数量割当てによるもの又は経済上の需要を考慮するとの要件によるもの）

(iv)　外国資本の参加の制限（外国資本による株式保有の比率の上限を定めるもの又は外国資本による個別若しくは全体

の投資総額の比率の上限を定めるもの)

(v) 特定の分野において雇用され、又は企業が雇用する自然人であって、経済活動の実施に必要であり、かつ、直接関係するものの総数の制限(数量割当てによるもの又は経済上の需要を考慮するとの要件によるもの)

(b) 他方の締約国の企業家が法定の事業体又は合弁企業を通じて経済活動を実施するに当たり、当該法定の事業体又は合弁企業について特定の形態を制限し、又は要求する措置

**第八・八条（内国民待遇）** 1　一方の締約国は、自国の領域における設立に関し、他方の締約国の企業家及び対象企業に対し、同様の状況において自国の企業家及びその企業に与える待遇よりも不利でない待遇を与える。

2　一方の締約国は、自国の領域における運営に関し、他方の締約国の企業家及び対象企業に対し、同様の状況において自国の企業家及びその企業に与える待遇よりも不利でない待遇を与える。

**第八・九条（最恵国待遇）** 1　一方の締約国は、自国の領域における設立に関し、他方の締約国の企業家及び対象企業に対し、同様の状況において第三国の企業家及びその企業に与える待遇よりも不利でない待遇を与える。

2　一方の締約国は、自国の領域における運営に関し、他方の締約国の企業家及び対象企業に対し、同様の状況において第三国の企業家及びその企業に与える待遇よりも不利でない待遇を与える。

**第八・一一条（特定措置の履行要求の禁止）** 1　締約国は、自国の領域におけるいかなる企業の設立又は運営に関しても、次の事項の要求を課し、又は強制してはならず、また、当該事項を約束し、又は履行することを強制してはならない。(注)

注　2に規定する利益の享受又はその継続のための条件は、この1の規定の適用上、要求又は約束若しくは履行を構成しない。

(a) 一定の水準又は割合の物品又はサービスを輸出すること。

(b) 一定の水準又は割合の現地調達を達成すること。

(i) 一定の数又は割合の自国民を雇用すること。

## 第C節　国境を越えるサービスの貿易

**第八・一四条（適用範囲）** 1　この節の規定は、一方の締約国による措置であって、他方の締約国のサービス提供者による国境を越えるサービスの貿易に影響を及ぼすものについて適用する。当該措置には、特に次の措置を含む。

(a) サービスの生産、流通、マーケティング、販売又は納入に影響を及ぼす措置

(b) サービスの購入若しくは利用又はサービスに対する支払に影響を及ぼす措置

(c) サービスの提供に関連して、公衆一般に提供されるサービスへのアクセス及び当該サービスの利用に影響を及ぼす措置

**第八・一五条（市場アクセス）** 締約国は、小地域を単位とするか自国の全領域を単位とするかを問わず、次の措置を維持し、又は採用してはならない。

(a) 次の制限を課する措置

(i) サービス提供者の数の制限(数量割当て、独占、排他的なサービス提供者又は経済上の需要を考慮するとの要件のいずれによるものであるかを問わない。)(注)

注　この(i)に規定する制限には、一方の締約国による措置であって、他方の締約国のサービス提供者に対し、国境を越えるサービスの提供を行うための条件として、一方の締約国の領域において、何らかの形態の企業を設立し、若しくは維持し、又は居住することを要求するものを含む。

(ii) サービスの取引総額又は資産総額の制限(数量割当てによるもの又は経済上の需要を考慮するとの要件によるもの)

(iii) サービスの事業の総数又は指定された数量単位によって表示されたサービスの総産出量の制限(数量割当てによるもの又は経済上の需要を考慮するとの要件によるもの)(注)

注　この(iii)に規定する制限には、サービスの提供のための投入を制限する締約国による措置を含まない。

**第八・一六条（内国民待遇）** 1　一方の締約国は、他方の締約国のサービス及びサービス提供者に対し、自国の同種のサービス及びサービス提供者に与える待遇よりも不利でない待遇を与える。

2　一方の締約国は、他方の締約国のサービス及びサービス提供者に対し、自国の同種のサービス及びサービス提供者に与える待遇と形式的に同一の待遇を与えるか形式的に異なる待遇を与えるかのいずれかにより、1の規定の義務を履行することができる。

3　一方の締約国が他方の締約国のサービス又はサービス提供者に対して与える形式的に同一の又は形式的に異なる待遇により競争条件が他方の締約国の同種のサービス又はサービス提供者と比較して自国のサービス又はサービス提供者にとって有利となる場合には、当該待遇は、自国のサービス又はサービス提供者に与える待遇よりも不利であると認める。

**第八・一七条（最恵国待遇）** 1　一方の締約国は、他方の締約国のサービス及びサービス提供者に対し、第三国の同種のサービス及びサービス提供者に与える待遇よりも不利でない待遇を与える。

## 第九章　資本移動、支払及び資金の移転並びに一時的なセーフガード措置(略)

## 第十章　政府調達(略)

## 第十一章　競争政策(略)

## 第十二章　補助金(略)

## 第十三章　国有企業、特別な権利又は特権を付与された企業及び指定独占企業(略)

## 第十四章　知的財産(略)

## 第十五章　企業統治(略)

## 第十六章　貿易及び持続可能な開発(略)

## 第十七章　透明性(略)

## 第十八章　規制に関する良い慣行及び規制に関する協力（略）

## 第十九章　農業分野における協力（略）

## 第二十章　中小企業（略）

## 第二十一章　紛争解決

### 第C節　パネルの手続

**第二十一・七条（パネルの設置）** 1　第二十一・五条の規定に基づいて協議を要請した締約国は、次のいずれかの場合には、パネルの設置を要請することができる。

(a) 他方の締約国が当該協議の要請を受領した日の後、十日以内に当該要請に回答しない場合又は三十日以内に当該協議を開始しない場合

(b) 両締約国が当該協議を開始しないことに合意する場合

(c) 両締約国が別段の合意をするときを除くほか、当該協議の要請が受領された日の後四十五日以内に、又は緊急の場合には二十五日以内に、当該協議により紛争を解決することができない場合

**第二十一・八条（パネルの構成）** 1　パネルは、三人の仲裁人から成る。

**第二十一・一二条（パネルの任務）** 第二十一・七条の規定に従って設置されるパネルは、

(a) パネルに付託された事案の客観的な評価（問題の事実関係、対象規定の適用の可能性及び問題となっている措置の対象規定との適合性に関する客観的な評価を含む。）を行う。

(b) パネルの決定において、事実及び法に関する認定並びに当該パネルによる認定及び結論の理由を示す。

(c) 両締約国と定期的に協議すべきであり、及び相互に合意する解決を得るための十分な機会を与えるべきである。

**第二十一・一六条（解釈に関する規則）** パネルは、解釈に関する国際法上の慣習的規則（条約法に関するウィーン条約として法典化されているものを含む。）に従って対象規定を解釈する。また、パネルは、紛争解決機関によって採択される小委員会及び上級委員会の報告における関連する解釈を考慮に入れる。

**第二十一・一八条（中間報告書）** 1　パネルは、両締約国が中間報告書（説明部分並びにパネルの認定及び結論を示したもの）を検討することができるように、両締約国に対し、当該パネルの設置の日の後百二十日以内に、当該中間報告書を送付する。（以下略）

**第二十一・一九条（最終報告書）** 1　パネルは、両締約国に対し、中間報告書を送付した日の後三十日以内に、最終報告書を送付する。（以下略）

**第二十一・二〇条（最終報告書の履行）** 1　被申立国は、前条の規定に従って送付された最終報告書を迅速かつ誠実に履行するために必要なあらゆる措置をとる。

2　被申立国は、申立国に対し、最終報告書が送付された日の後三十日以内に、当該最終報告書を履行するための合理的な期間を通報するものとし、両締約国は、履行のために必要とされる合理的な期間について合意するよう努める。（以下略）

**第二十一・二一条（履行状況の審査）** 1　被申立国は、申立国に対し、最終報告書を履行するための合理的な期間が満了する日までに、当該最終報告書を履行するためにとった措置を通報する。

**第二十一・二二条（不履行の場合における暫定的な救済措置）** 1　被申立国は、次のいずれかの場合において、申立国の要請があったときは、相互に満足すべき代償その他の代替措置について合意するために協議を開始する。

(a) 当初のパネルが、前条の規定に従い、被申立国が通報した最終報告書を履行するためにとった措置が関連する対象規定に抵触すると認定する場合

(b) 被申立国が、第二十一・二十条2の規定に従って決定された合理的な期間が満了する前に、最終報告書を履行するためにとった措置について通報しない場合

(c) 被申立国が、申立国に対し、第二十一・二十条2の規定に従って決定された合理的な期間内に最終報告書を履行することができない旨を通報する場合

2　申立国は、1の規定による要請を行わないことを決定した場合又は1の規定により要請を行い、当該要請が受領された日の後二十日以内に相互に満足すべき代償その他の代替措置について合意することができなかった場合には、被申立国に対し、対象規定に基づく譲許その他の義務の適用を停止する意図を有することを書面により通告することができる。その通告には、意図する譲許その他の義務の適用の停止の程度を明記する。

**第二十一・二七条（紛争解決の場の選択）** 1　特定の措置について、この協定に基づく義務及び両締約国が締結している他の国際協定（世界貿易機関設立協定を含む。）に基づく義務であって、この協定に基づく義務と実質的に同等のもののいずれにも抵触すると申し立て得る紛争が生じた場合には、申立国は、当該紛争を解決するための場を選択することができる。

2　締約国は、1に規定する特定の措置に関し、紛争解決の場を選択し、この章の規定又は他の国際協定による紛争解決手続のいずれかを開始した場合には、当初選択した紛争解決の場が管轄上又は手続上の理由により係争中の事案に関して認定を行うことができないときを除くほか、当該特定の措置について他方の紛争解決の場において紛争解決手続を開始してはならない。

## 第二十二章　制度に関する規定（略）

## 第二十三章　最終規定

**第二十三・一条（一般的な見直し）** 両締約国は、他の章における見直しに関する規定の適用を妨げることなく、この協定の実施及び運用についての一般的な見直しをこの協定の効力発生の日の属する年の後十年目の年又は両締約国が合意する時期において行う。

**第二十三・二条（改正）** 1　この協定は、両締約国間の合意により改正することができる。

**第二十三・三条（効力発生）** この協定は、両締約国が別段の合意をする場合を除くほか、この協定の効力発生のためのそれぞれの関係する国内法上の要件及び手続について、当該要件を満たしたこと及び当該手続が完了したことを両締約国が相互に通告する日の属する月の後二番目の月の初日に効力を生ずる。両締約国は、その通告を欧州連合と日本国政府との間の外交上の公文の交換を通じて行う。

**第二十三・四条（終了）** 1　この協定は、2の規定に基づいて終了

しない限り、効力を有する。

2 いずれの一方の締約国も、他方の締約国に対しこの協定を終了させる意思を書面により通告することができる。その終了は、両締約国が別段の合意をする場合を除くほか、他方の締約国によるその通告の受領の日の後六箇月で効力を生ずる。

**第二三・五条（者に対する直接的効果の不存在）** 他の国際法に基づく者の権利及び義務に影響を及ぼすことなく、この協定のいかなる規定も、者に対して権利を与え、又は義務を課するものと解してはならない。

**第二三・七条（欧州連合への将来の加盟）** 1 欧州連合は、第三国の欧州連合への加盟の要請を日本国に通報する。

2 欧州連合と1に規定する第三国との間の交渉の間、欧州連合は、次のことを行う。

(a) 日本国の要請があった場合には、可能な範囲内で、この協定の対象となる事項に関する情報を提供すること。

(b) 日本国が表明する懸念を考慮に入れること。

**第二三・八条（正文）** 1 この協定は、ひとしく正文であるブルガリア語、クロアチア語、チェコ語、デンマーク語、オランダ語、英語、エストニア語、フィンランド語、フランス語、ドイツ語、ギリシャ語、ハンガリー語、イタリア語、ラトビア語、リトアニア語、マルタ語、ポーランド語、ポルトガル語、ルーマニア語、スロバキア語、スロベニア語、スペイン語、スウェーデン語及び日本語により本書二通を作成した。（以下略）

2 解釈に相違がある場合には、この協定が交渉された言語の本文による。

## 15 日・EU戦略的パートナーシップ協定（抜粋）

（日本国と欧州連合及び欧州連合構成国との間の戦略的パートナーシップ協定）

署名 二〇一八年七月一七日（東京）

効力発生 二〇一九年二月一日（日本国―一八年一二月八日国会承認、一八年一二月二一日批准通告、一二月二七日公布・外務省告示四一五号）

**第一条（目的及び一般原則）** 1 この協定は、両締約者が次のことを行うことを目的とする。

(a) 共通の関心事項（地域の課題及び地球的規模の課題等）に関する政治的な協力及び分野別の協力並びに共同行動を促進することにより、両締約者間の全般的なパートナーシップを強化すること。

(b) 両締約者間の協力並びに国際機関及び地域機関並びに国際的な場及び地域的な場における協力を促進するための長期的な法的基礎を提供すること。

(c) 正義の原則及び国際法の原則に従って紛争を平和的に解決することを促進することにより、国際の平和及び安定に共同で貢献すること。

(d) 共通の価値及び原則（特に、民主主義、法の支配、人権及び基本的自由）の促進に共同で貢献すること。

2 両締約者は、1に定める目的を達成するため、相互尊重、平等なパートナーシップ及び国際法の尊重の原則に基づいてこの協定を実施する。

**第二条（民主主義、法の支配、人権及び基本的自由）** 1 両締約者は、両締約者の内外の政策を支える民主主義、法の支配、人権及び基本的自由という共通の価値及び原則を引き続き擁護する。この点に関し、両締約者は、世界人権宣言及び関連する人権に関する国際条約であって両締約者が締結しているものを尊重することを再確認する。

2 両締約者は、国際的な場において1に規定する共通の価値及び原則を促進する。両締約者は、適当な場合には、これらの共通の価値及び原則の促進及び実現に当たり、第三国と共に又は第三国において行うことを含め、協力し、及び調整する。

**第三条（平和及び安全の促進）** 1 両締約者は、国際及び地域の平和及び安全を促進するために協力する。

2 両締約者は、紛争（それぞれの地域におけるもの等）の平和的解決を共同で促進するものとし、国際社会に対し、国際法に従いあらゆる紛争を平和的手段によって解決するよう奨励する。

**第五条（大量破壊兵器）** 1 両締約者は、大量破壊兵器及びその運搬手段の拡散を防止するため、国際法に基づく義務（両締約者に適用可能な関連する国際協定及び他の国際的な義務を含む。）の完全な遵守及び実施により、不拡散及び軍備縮小に関する制度の強化に当たって協力する。

**第四三条（紛争解決）** 1 両締約者は、相互尊重、平等なパートナーシップ及び国際法の尊重の原則に基づき、この協定に基づく義務を履行するために必要なあらゆる一般的な又は個別の行動をとる。

2 両締約者は、この協定の解釈、適用又は実施に関する紛争が生じた場合には、適時に、かつ、友好的な方法により当該紛争を解決するため、相互に協議し、及び協力するための努力を強化する。

3 2の規定によっても紛争を解決することができなかった場合には、いずれの締約者も、更なる討議及び検討のため当該紛争を合同委員会に付託することを要請することができる。

4 両締約者は、それぞれこの協定に基づく協力の基礎の不可欠の要素を成す第二条1及び第五条1に規定する義務の特に深刻かつ重大な違反が、平和及び安全を脅かし、かつ、国際的な影響を及ぼすその例外的な重大性及び性質により、特に緊急を要する事案として取り扱われ得ることを認識する。

## 16 日米独禁協力協定

（反競争的行為に係る協力に関する日本国政府とアメリカ合衆国政府との間の協定）

署名 一九九九年一〇月七日（ワシントン）

効力発生 一九九九年一〇月七日（二〇〇〇年一月六日公布・外務省告示三号）

日本国政府及びアメリカ合衆国政府（以下「両締約国政府」という。）は、

世界の経済、特に日本国及びアメリカ合衆国の経済の相互関連

が一層強まりつつあることを認識し、
それぞれの国の競争法の健全かつ効果的な執行が、それぞれの国の市場の効率的な機能及び両国間の貿易にとって重要であることに留意し、
それぞれの国の競争法の健全かつ効果的な執行が、競争法の適用における両締約国政府の間の協力及び適切な場合に行われる調整によって強化されることに留意し、
両締約国政府の間に、それぞれの国の競争法の適用に関する相違が随時生じることがあることに留意し、
競争法の適用においてそれぞれの締約国政府の重要な利益を慎重に考慮すると両締約国政府が誓約することに留意し、
千九百五十三年四月二日に署名された日本国とアメリカ合衆国との間の友好通商航海条約第十八条、千九百九十五年七月二十七日及び二十八日に修正された国際貿易に影響のある反競争的慣行に係る加盟国の間の協力に関する経済協力開発機構理事会の勧告並びに千九百九十八年三月二十五日に採択されたハード・コア・カルテルを防止するための効果的な行動に関する経済協力開発機構理事会の勧告を考慮して、
次のとおり協定した。

**第一条【目的と定義】** 1　この協定は、両締約国政府の競争当局の間の協力関係の進展を通じて、それぞれの国の競争法の効果的な執行に貢献することを目的とする。両締約国政府の競争当局は、この協定に従い、その執行活動において、それぞれの締約国政府の重要な利益に合致する限り、互いに協力し及び支援を提供する。
2　この協定の適用上、
(a)　「反競争的行為」とは、いずれか一方の国の競争法の下で刑罰又は救済措置の対象となることのある行動又は取引をいう。
(b)　「競争当局」とは、
(i)　アメリカ合衆国にあっては合衆国司法省及び連邦取引委員会をいい、
(ii)　日本国にあっては公正取引委員会をいう。
(c)　「競争法」とは、
(i)　アメリカ合衆国にあっては、シャーマン法(合衆国法律集第一五巻一から七)、クレイトン法(合衆国法律集第一五巻一二から二七)、ウィルソン関税法(合衆国法律集第一五巻八から一一)及び不公正な競争方法に適用される限りにおける連邦取引委員会法(合衆国法律集第一五巻四一から五八)並びにこれらの法律の実施のための規則をいい、
(ii)　日本国にあっては、私的独占の禁止及び公正取引の確保に関する法律(千九百四十七年四月十四日の法律第五十四号)(以下「独占禁止法」という。)及びその実施について定める命令及び規則をいう。
(d)　「執行活動」とは、締約国政府が自国の競争法に関連して行うあらゆる審査若しくは捜査又は手続であって、次のものに該当しないものをいう。
(i)　事業活動の監視又は通常の届出、報告若しくは申請の審査
(ii)　全般的な経済状況又は特定の産業の全般的な状況を調べることを目的とする研究、検討又は調査

**第二条【通報】** 1　それぞれの締約国政府の競争当局は、他方の締約国政府の重要な利益に影響を及ぼすことがあると認める自国政府の執行活動について、他方の締約国政府の競争当局に通報する。
2　他方の締約国政府の重要な利益に影響を及ぼすことがある執行活動は、次のものを含む。
(a)　他方の締約国政府の執行活動に関連する執行活動
(b)　他方の国の国民に対して行う執行活動又は他方の国の領域内における関係法令に基づいて設立され若しくは組織された会社に対して行う執行活動
(c)　企業結合以外の反競争的行為であって、その実質的な部分が他方の国の領域において行われるものに関する執行活動
(d)　企業結合であって、当事者の一若しくは二以上又は当事者の一若しくは二以上を支配する会社が他方の国の領域内における関係法令に基づいて設立され又は組織された会社であるものに関する執行活動
(e)　通報する競争当局が、他方の締約国政府が要求し、奨励し又は承認したと認める行為に関する執行活動
(f)　他方の国の領域における行為を要求し又は禁止する救済措置を含む執行活動
3　1の規定による通報は、一方の締約国政府の執行活動が他方の締約国政府の重要な利益に影響を及ぼすことがあることを当該一方の締約国政府の競争当局が了知した場合にできる限り速やかに、かつ、いかなる場合にも4及び5の規定に従って行う。
4　企業結合に関して1の規定による通報が必要となる場合には、この通報は次の時点までに行われる。
(a)　アメリカ合衆国の競争当局にあっては、一の競争当局が一九七六年ハート・スコット・ロディーノ反トラスト強化法(合衆国法律集第一五巻一八a(e))、連邦取引委員会法(合衆国法律集第一五巻四九、五七b−1)又は反トラスト民事手続法(合衆国法律集第一五巻一三一二)に従って、企業結合計画に関する情報又は文書資料を求める時。
(b)　日本国の競争当局にあっては、
(i)　競争当局が、企業結合計画に関する文章、報告その他の情報の提出を独占禁止法に従って求める時、又は、
(ii)　競争当局が、当初の企業結合計画に独占禁止法上の重大な問題があることを企業結合のいずれかの当事者に対し通知する時(ただし、その通知の時点においていずれの当事者も当該企業結合を公表していない場合には、いずれかの当事者が当該企業結合又は企業結合計画を公表した後できる限り早い時)、
のうちいずれか早い時点。
5　企業結合以外の事項について1の規定に従って通報を行うことが必要となる場合において、次の措置の通報は、当該措置を執るに先立ち、実行可能な限り早期に行う。
(a)　アメリカ合衆国政府にあっては、
(i)　刑事手続の開始
(ii)　民事又は行政上の措置の開始(暫定的差止命令及び予備的差止命令の申立てを含む。)
(iii)　同意判決又は排除措置命令の確定
(iv)　ビジネス・レビュー又は勧告的意見であって競争当局によって最終的に公表されるものの発出
(b)　日本国政府にあっては、
(i)　刑事告発
(ii)　緊急停止命令の申立て
(iii)　勧告又は審判開始決定
(iv)　課徴金納付命令(ただし、納付者に対して事前の勧告が

発出されていない場合に限る。）
(v) 事前相談への回答であって競争当局が最終的には公表するものの発出
(vi) 警告

6 それぞれの締約国政府の競争当局は、他方の締約国政府の重要な利益に影響を及ぼすことがあると認める調査を開始する場合には、他方の締約国政府の競争当局に通報する。

7 それぞれの締約国政府の競争当局は、競争法又は競争政策に係る問題に関連して、当該国の行政手続、規制に関する手続又は司法手続（当該競争当局が開始したものを除く。）に公に参加する場合であって、当該手続において取り上げられる問題が他方の締約国政府の重要な利益に影響を与えることがあると認めるときは、他方の締約国政府の競争当局に通報する。この通報は、そのような手続への参加の時又はその後できる限り速やかに行われる。

8 それぞれの締約国政府は、他方の国の競争法に違反することを根拠として金銭賠償その他の救済措置を求めるために、当該他方の国の裁判所において私人に対する民事訴訟を提起する場合には、他方の締約国政府に対して通報する。

9 通報の内容は、通報を受けた競争当局がその締約国政府の重要な利益への影響について当初の評価を行うことができるよう、十分詳細に行う。

10 (a) それぞれの締約国政府の競争当局は、自国の競争法の改正について他方の締約国政府の競争当局に速やかに通報する。
(b) それぞれの締約国政府の競争当局は、当該競争当局が当該国の競争法に関連して発出し公表したガイドライン、規則又は政策声明の写しを他方の締約国政府の競争当局に提供する。
(c) それぞれの締約国政府の競争当局は、当該国の競争法に関連するガイドライン、規則又は政策声明に係る提案であって一般に入手可能なものの写しを他方の締約国政府の競争当局に提供する。このガイドライン、規則又は政策声明に関する意見を提出する機会を一般の公衆に与える場合には、それぞれの締約国政府の競争当局は、当該ガイドライン、規則又は政策声明を確定するに先立って他方の締約国政府が提出する意見を受領し、その意見に適切な考慮を払う。

**第三条【執行協力】** 1 それぞれの締約国政府の競争当局は、自国の法令及び自国政府の重要な利益に合致する限りにおいて、かつ、自己の合理的に利用可能な資源の範囲内で、他方の締約国政府の競争当局に対しその執行活動について支援を提供する。

2 それぞれの締約国政府の競争当局は、自国の法令及び自国政府の重要な利益に合致する限りにおいて、次のことを行う。
(a) 他方の国の領域内における競争に対しても悪影響を及ぼすことがあると認める反競争的行為に係る自己の執行活動に関して他方の締約国政府の競争当局に通知すること
(b) 自己が保有し、かつ、気付くに至った反競争的行為に関する重要な情報であって他方の締約国政府の競争当局の執行活動に関連し又はかかる執行活動を正当化することがあると認めるものを当該他方の締約国政府の競争当局に対し提供すること
(c) 要請に応じ、かつ、この協定の規定に従い、自己の保有する情報であって他方の締約国政府の競争当局の執行活動に関連するものを当該他方の締約国政府の競争当局に提供すること

**第四条【執行活動の調整】** 1 両締約国政府の競争当局は、関連する事案に関して執行活動を行おうとする場合には、その執行活動の調整を検討する。

2 特定の執行活動について調整を行うべきかどうかを検討するに当たり、両締約国政府の競争当局は、特に次の要素を考慮すべきである。
(a) 当該執行活動の目的を達成するための両締約国政府の競争当局の能力に対して調整が及ぼす影響
(b) 当該執行活動に必要な情報を入手するために両締約国政府の競争当局が有する相対的な能力
(c) いずれか一方の締約国政府の競争当局が、関連する反競争的行為に対する有効な救済措置を確保することのできる程度
(d) 両締約国政府及び当該執行活動の対象者が削減することのできる費用
(e) 救済措置が調整された場合に両締約国政府及び当該執行活動の対象者に及ぼす潜在的利益

3 いかなる執行活動の調整を行う場合にも、それぞれの締約国政府の競争当局は他方の締約国政府の競争当局の執行活動の目的に慎重な考慮を払って執行活動を行うよう努める。

4 両締約国政府の競争当局が関連する事案に関して執行活動を行おうとする場合には、それぞれの締約国政府の競争当局は、他方の締約国政府の競争当局の要請により、自国政府の重要な利益に合致する限りにおいて、当該執行活動に関連して秘密の情報を提供した者が当該他方の締約国政府の競争当局が当該情報を共有することに同意するかどうかを照会することを検討する。

5 いずれの一方の締約国政府の競争当局も、他方の締約国政府の競争当局に適切な通報を行うことを条件として、執行活動の調整をいつでも限定し又は終了し、執行活動を独自に行うことができる。

**第五条【積極礼譲】** 1 締約国政府の競争当局は、他方の国の領域において行われた反競争的行為が自国政府の重要な利益に悪影響を及ぼすと信ずる場合には、管轄権に関する紛争を回避することの重要性及び他方の締約国政府の競争当局が当該反競争的行為に関してより効果的な執行活動を行うことができる可能性があることに留意しつつ、当該他方の締約国政府の競争当局に対して適切な執行活動を開始するよう要請することができる。この要請は、当該反競争的行為の性質及び要請する競争当局の締約国政府の重要な利益に対して当該反競争的行為が及ぼす影響に関してできる限り具体的なものとし、当該要請する競争当局が提供することのできる追加情報及び他の協力に関する申出を含むものとする。

2 要請を受けた競争当局は、当該要請において特定される反競争的行為に関し、執行活動を開始するかどうか、又は現に行われている執行活動を拡大するかどうかについて注意深く検討する。要請を受けた競争当局は、要請を行った競争当局に対し、実行可能な限り速やかに自己の決定を通知する。執行活動を開始する場合には、要請を受けた競争当局は、要請を行った競争当局に対し、当該執行活動の結果を通知し、可能な範囲で重要な進捗状況を通知する。

**第六条【消極礼譲】** 1 それぞれの締約国政府は、執行活動のあらゆる局面（執行活動の開始、執行活動の範囲及びそれぞれの事案において求められる刑罰又は救済措置の性格に関する決定を含む。）において他方の締約国政府の重要な利益に慎重な考慮を払う。

2　いずれか一方の締約国政府が、他方の締約国政府に対し、当該他方の締約国政府による特定の執行活動が自国政府の重要な利益に影響を及ぼすことがあることを通知したときは、当該他方の締約国政府は、当該執行活動の重要な進展について適時に通報するよう努める。

3　一方の締約国政府の執行活動が他方の締約国政府の重要な利益に悪影響を及ぼすおそれがあるといずれかの締約国政府が認める場合には、両締約国政府は、その競合する利益の適切な調整を図るに当たって、状況に応じて関連することのある他の要素に加えて次の要素を考慮すべきである。

(a)　他方の国の領域内において生じている行動又は取引と比較したときに執行する側の締約国政府の国の領域内において生じている行動又は取引が当該反競争的行為に対して有する相対的な重要性

(b)　当該反競争的行為がそれぞれの締約国政府の重要な利益に及ぼす相対的な影響

(c)　当該反競争的行為に関与している者が、執行活動を行う締約国政府の国の領域内における消費者、供給者又は競争相手に影響を及ぼす意図を有することに関する証拠の存否

(d)　当該反競争的行為がそれぞれの国の市場における競争を実質的に減殺する程度

(e)　一方の締約国政府による執行活動と他方の国の法律又は他方の締約国政府の政策若しくは重要な利益との間の抵触又は一致の程度

(f)　私人(自然人か法人かを問わない。)が両締約国政府による相反する要求の下に置かれるかどうか

(g)　関連する資産及び取引の当事者の所在地

(h)　当該反競争的行為に対する締約国政府の当該執行活動によって効果的な刑罰又は救済措置が確保される程度

(i)　同一の者(自然人か法人かを問わない。)に関する他方の締約国政府の執行活動が影響を受ける程度

**第七条【外交上の協議】**1　両締約国政府は、この協定の実施に当たって生じることのあるいかなる事項についても、必要に応じ外交上の経路を通じて協議することができる。

2　この条の規定に基づく協議の要請は、外交上の経路を通じて行われる。

**第八条【競争当局間の協議と年次会合】**1　両締約国政府の競争当局は、いずれか一方の締約国政府の競争当局の要請に応じて、この協定に関連して生じることのあるいかなる事項についても、相互に協議する。

2　両締約国政府の競争当局は、少なくとも年一回、次の目的のために会合する。

(a)　それぞれの国の競争法に係る、当該時期における執行努力及び重点事項に関する情報を交換すること

(b)　共通の関心を有する経済分野に関する情報を交換すること

(c)　それぞれの競争当局が検討している政策変更に関して討議すること

(d)　それぞれの国の競争法の適用に係る他の事項であって双方の関心事項を討議すること

**第九条【情報の取扱い】**1(a)　この協定に従って一方の締約国政府から他方の締約国政府に伝達された情報(公開情報を除く。)は、当該情報を提供した締約国政府が別段の承認を行った場合を除くほか、当該情報を入手した締約国政府により、第一条1に定める目的のためにのみ使用される。

(b)　この協定に従って競争当局又は関連する法執行当局から提供された情報(公開情報を除く。)は、当該情報を提供した競争当局又は関連する法執行当局が別段の承認を行った場合を除くほか、第三者又は他の当局に伝達されてはならない。

2　1(b)の規定にかかわらず、この協定に従って伝達された情報を入手した競争当局は、情報を提供する競争当局が別段の通知を行う場合を除くほか、当該情報を競争法の執行のために自国政府の関連する法執行当局に提供することができる。当該法執行当局は、次条に定める条件に従って当該情報を使用することができる。

3　それぞれの締約国政府は、自国の法令に従い、この協定に従って他方の締約国政府から秘密として伝達されたあらゆる情報の秘密を保持する。ただし、他方の締約国政府が当該情報の開示に同意した場合はこの限りでない。

4　それぞれの締約国政府は、秘密の保持又は情報の使用目的の限定に関して自国政府が要請する保証を他方の締約国政府が与えることができない場合には、他方の締約国政府に伝達する情報を限定することができる。

5　この協定の他のいかなる規定にもかかわらず、いずれの締約国政府も、自国の法令によって禁止されている場合又は自国政府の重要な利益と両立しない場合には、他方の締約国政府に情報を伝達することを要しない。

6　この条は、情報を入手した締約国政府の国の法令に基づき義務付けられている限度において、情報が使用され又は開示されることを妨げない。当該締約国政府は、可能な限り、情報を提供した締約国政府に対し当該使用又は開示について事前に通知する。

**第一〇条【刑事手続における情報の取扱い】**1　この協定に従って一方の締約国政府から他方の締約国政府に伝達された情報(公開情報を除く。)は、刑事手続において大陪審又は裁判所若しくは裁判官に提示されてはならない。

2　この協定に基づき一方の締約国政府から他方の締約国政府に伝達された情報(公開情報を除く。)を、刑事手続において大陪審又は裁判所若しくは裁判官に提示することが必要とされる場合には、当該他方の締約国政府は、当該一方の締約国政府に当該情報に対する要請を外交上の経路又は要請を受ける国の法律に従って定められた他の経路を通じて提出する。要請を受ける締約国政府は、要請に基づき、要請する締約国政府が示す正当な期限までに迅速に回答するよう最善の努力を払う。

**第一一条【協定の実施】**1　この協定は、両締約国政府により、それぞれの国において効力を有する法令に従って、かつ、それぞれの競争当局の利用可能な資源の範囲内で実施される。

2　この協定を実施するための詳細な取決めは、両締約国政府の競争当局の間で行うことができる。

3　この協定のいかなる規定も、両締約国政府の間の他の二国間又は多国間の協定又は取極に従って両締約国政府が相互に支援を求め又は与えることを妨げるものではない。

4　この協定のいかなる規定も、管轄権に関連するあらゆる問題に関するいずれの締約国政府の政策又は法的立場も害するものと解してはならない。

5　この協定のいかなる規定も、他の国際協定又はその国の法律の下でのいずれの締約国政府の権利及び義務にも影響を及ぼすものと解してはならない。

**第一二条【連絡の方法】** この協定に別段の定めがある場合を除くほか、この協定の下での連絡は両締約国政府の競争当局の間において直接行うことができる。ただし、本協定第二条の規定(同条8の規定を除く。)に基づく通報及び第五条1の規定に基づく要請は、外交上の経路を通じ、書面によって確認される。その確認は、両締約国政府の競争当局間の当該連絡が行われた後実行可能な限り速やかに行う。

**第一三条【効力発生、終了手続、運用の検討】** 1　この協定は、署名により効力を生ずる。

2　いずれの一方の締約国政府も、外交上の経路を通じて、二箇月前に他方の締約国政府に対して文書による通告を与えることにより、この協定を終了させることができる。

3　両締約国政府は、この協定が効力を生じる日から五年以内に、この協定の運用について検討する。

## 17　日・オランダ租税条約(抜粋)

(所得に対する租税に関する二重課税の回避及び脱税の防止のための日本国とオランダ王国との間の条約)

署　　名　二〇一〇年八月二五日(東京)
効力発生　二〇一一年一二月二九日(日本国―四月一五日国会承認、一一月二九日公文交換、一二月二日公布・条約一五号)

日本国及びオランダ王国は、
所得に対する租税に関し、二重課税を回避し、及び脱税を防止するための新たな条約を締結することを希望して、
次のとおり協定した。

**第一条(対象となる者)** この条約は、一方又は双方の締約国の居住者である者に適用する。

**第二条(対象となる租税)** 1　この条約は、一方の締約国又は一方の締約国の地方政府若しくは地方公共団体のために課される所得に対する租税(課税方法のいかんを問わない。)について適用する。

2―4　(略)

**第四条(居住者)** 1　この条約の適用上、「一方の締約国の居住者」とは、当該一方の締約国の法令の下において、住所、居所、本店又は主たる事務所の所在地、事業の管理の場所その他これらに類する基準により当該一方の締約国において課税を受けるべきものとされる者をいい、次のものを含む。(以下略)

2　(略)

3　1の規定により双方の締約国の居住者に該当する者で個人以外のものについては、その者の本店又は主たる事務所が存在する締約国の居住者とみなす。

4・5　(略)

**第五条(恒久的施設)** 1　この条約の適用上、「恒久的施設」とは、事業を行う一定の場所であって企業がその事業の全部又は一部を行っているものをいう。

2―7　(略)

**第七条(事業利得)** 1　一方の締約国の企業の利得に対しては、その企業が他方の締約国内にある恒久的施設を通じて当該他方の締約国内において事業を行わない限り、当該一方の締約国においてのみ租税を課することができる。一方の締約国の企業が他方の締約国内にある恒久的施設を通じて当該他方の締約国内において事業を行う場合には、その企業の利得のうち当該恒久的施設に帰せられる部分に対してのみ、当該他方の締約国において租税を課することができる。

2―7　(略)

**第二二条(二重課税の除去)** 1　日本国以外の国において納付される租税を日本国の租税から控除することに関する日本国の法令の規定に従い、日本国の居住者がこの条約の規定に従ってオランダにおいて租税を課される所得をオランダ内から取得する場合には、当該所得について納付されるオランダの租税の額は、当該居住者に対して課される日本国の租税の額から控除する。ただし、控除の額は、日本国の租税の額のうち当該所得に対応する部分を超えないものとする。

2―7　(略)

**第二四条(相互協議手続)** 1　一方の又は双方の締約国の措置によりこの条約の規定に適合しない課税を受けたと認める者又は受けることになると認める者は、当該事案について、当該一方の又は双方の締約国の法令に定める救済手段とは別に、自己が居住者である締約国の権限のある当局に対して、又は当該事案が前条1の規定の適用に関するものである場合には自己が国民である締約国の権限のある当局に対して、申立てをすることができる。当該申立ては、この条約の規定に適合しない課税に係る措置の最初の通知の日から三年以内に、しなければならない。

2　権限のある当局は、1に規定する申立てを正当と認めるが、自ら満足すべき解決を与えることができない場合には、この条約の規定に適合しない課税を回避するため、他方の締約国の権限のある当局との合意によって当該事案を解決するよう努める。成立した全ての合意は、両締約国の法令上のいかなる期間制限にもかかわらず、実施されなければならない。

3　両締約国の権限のある当局は、この条約の解釈又は適用に関して生ずる困難又は疑義を合意によって解決するよう努める。(以下略)

4　両締約国の権限のある当局は、2及び3に規定する合意に達するため、直接相互に通信すること(両締約国の権限のある当局及びその代表者により構成される合同委員会を通じて通信することを含む。)ができる。

5
(a)　一方の又は双方の締約国の措置によりある者がこの条約の規定に適合しない課税を受けた事案について、1の規定に従い、当該者が一方の締約国の権限のある当局に対して申立てをし、かつ、
(b)　当該一方の締約国の権限のある当局から他方の締約国の権限のある当局に対し当該事案に関する協議の申立てをした日から二年以内に、2の規定に従い、両締約国の権限のある当局が当該事案を解決するために合意に達することができない場合において、

当該者が要請するときは、当該事案の未解決の事項は、仲裁に付託される。ただし、当該未解決の事項についていずれかの締約国の裁判所又は行政審判所が既に決定を行った場合には、当該未解決の事項は仲裁に付託されない。当該事案によって直接に影響を受ける者が、仲裁決定を実施する両締約国の権限のあ

る当局の合意を受け入れない場合を除くほか、当該仲裁決定は、両締約国を拘束するものとし、両締約国の法令上のいかなる期間制限にもかかわらず実施される。両締約国の権限のある当局は、この5の規定の実施方法を合意によって定める。

**第二五条（情報の交換）**１　両締約国の権限のある当局は、この条約の規定の実施又は両締約国若しくはそれらの地方政府若しくは地方公共団体が課する全ての種類の租税に関する両締約国の法令（当該法令に基づく課税がこの条約の規定に反しない場合に限る。）の規定の運用若しくは執行に関連する情報を交換する。情報の交換は、第一条及び第二条の規定による制限を受けない。

２―５（略）

**第二六条（租税の徴収の共助）**１　各締約国は、この条約に基づいて他方の締約国の認める租税の免除又は税率の軽減が、このような特典を受ける権利を有しない者によって享受されることのないようにするため、当該他方の締約国が課する租税を徴収するよう努める。その徴収を行う締約国は、このようにして徴収された金額につき当該他方の締約国に対して責任を負う。

２（略）

**第二七条（外交使節団及び領事機関の構成員）**この条約のいかなる規定も、国際法の一般原則又は特別の協定に基づく外交使節団又は領事機関の構成員の租税上の特権に影響を及ぼすものではない。

## 18　ＢＥＰＳ防止措置実施条約（抄）

（税源浸食及び利益移転を防止するための租税条約関連措置を実施するための多数国間条約）

採択　二〇一六年一一月二四日（パリ）
効力発生　二〇一八年七月一日
日本国　二〇一九年一月一日（一七年六月七日署名、一八年五月一八日国会承認、九月二六日受諾書寄託、九月二八日公布・条約八号）
当事国　五九

この条約の締約国は、

利益に対する租税が課されず、又は軽減される場所に人為的に利益を移転させる効果を有する積極的な国際タックス・プランニングによって政府が多大な法人税の収入を失うことを認識し、

税源浸食及び利益移転（ＢＥＰＳ）が、先進国のみでなく新興経済国及び開発途上国にとっても喫緊の課題であることに留意し、

利益を生み出す実質的な経済活動が行われ、かつ、価値が創造される場所において当該利益に対して租税が課されることを確保することの重要性を認識し、

ＯＥＣＤ／Ｇ20ＢＥＰＳプロジェクトの下において策定された一連の措置（以下「ＯＥＣＤ／Ｇ20ＢＥＰＳ措置」という。）を歓迎し、

ＯＥＣＤ／Ｇ20ＢＥＰＳ措置が、二以上の国又は地域における課税上の取扱いの差異（ハイブリッド・ミスマッチ）を利用する仕組みに対処し、条約の濫用を防止し、恒久的施設の地位の人為的な回避に対処し、及び紛争の解決を改善するための租税条約関連措置を含むことに留意し、

多数国間において、税源浸食及び利益移転を防止するための租税条約関連措置を迅速に、協調して、及び一致して実施することを確保することの必要性を認識し、

所得に対する二重課税を回避するための既存の協定が、当該協定の対象となる租税に関して、脱税又は租税回避を通じた非課税又は租税の軽減（当事国以外の国又は地域の居住者の間接的な利益のために当該協定において与えられる租税の免除又は軽減を得ることを目的とする条約漁りの仕組みを通じたものを含む。）の機会を生じさせることなく、二重課税を除去するものと解されることを確保することの必要性に留意し、

所得に対する二重課税を回避するための既存の協定のネットワーク全体において、当該協定のそれぞれについて二国間で再交渉することを要することなく、合意された変更を同時に、かつ、効率的な方法によって実施するための効果的な枠組みの必要性を認識して、

次のとおり協定した。

### 第一部　適用範囲及び用語の解釈

**第一条（条約の適用範囲）**この条約は、次条（用語の解釈）1(a)に規定する全ての対象租税協定を修正する。

**第二条（用語の解釈）**１　この条約の適用上、次の定義を適用する。

(a)「対象租税協定」とは、所得に対する租税に関する二重課税を回避するための協定（他の租税を対象とするか否かを問わない。）であって、次の全ての要件を満たすものをいう。

(i)　次のいずれかに該当する国又は地域であって二以上のものの間において効力を有すること。

(A)　締約国

(B)　当該協定の当事者である地域であって、締約国が国際関係について責任を負うもの

(ii)　各締約国が、この条約の対象とすることを希望する協定として寄託者に通告した協定及び当該協定を改正する文書又は当該協定に附属する文書であって、題名、当事者の名称、署名の日及びその通告の時において効力を生じている場合には効力発生の日によって特定されるものであること。

(b)「締約国」とは、次のものをいう。

(i)　第三十四条（効力発生）の規定に従ってこの条約が効力を有する国

(ii)　第二十七条（署名及び批准、受諾又は承認）1(b)又は(c)の規定に従ってこの条約に署名した地域であって、第三十四条（効力発生）の規定に従ってこの条約が効力を有するもの

(c)「当事国」とは、対象租税協定の当事者をいう。

(d)「署名国」とは、この条約に署名した国又は地域であって、この条約が効力を有していないものをいう。

２　締約国によるこの条約の適用に際しては、この条約において定義されていない用語は、文脈により別に解釈すべき場合を除くほか、関連する対象租税協定において当該用語がその適用の時点で有する意義を有するものとする。

# BEPS防止措置実施条約

## 第二部　ハイブリッド・ミスマッチ（略）

**第三条（課税上存在しない団体）**（略）

**第四条（双方居住者に該当する団体）**（略）

**第五条（二重課税の除去のための方法の適用）**（略）

## 第三部　条約の濫用（抄）

**第六条（対象租税協定の目的）**　1　対象租税協定の前文に次の段落を加えるように修正する。

この協定の対象となる租税に関して、脱税又は租税回避を通じた非課税又は租税の軽減（当事国以外の国又は地域の居住者の間接的な利益のためにこの協定において与えられる租税の免除又は軽減を得ることを目的とする条約漁りの仕組みを通じたものを含む。）の機会を生じさせることなく、二重課税を除去することを意図して、

2　1に規定する段落は、二重課税を除去する意図に言及する対象租税協定の前文の文言（非課税又は租税の軽減の機会を生じさせない意図に言及するか否かを問わない。）に代わり、又は当該前文の文言がない対象租税協定に加わる。

3　締約国は、経済関係の発展を図り、又は租税に関する協力を強化することを希望することに言及する前文の文言を含まない対象租税協定の前文に次の段落を加えることを選択することができる。

当事国間の経済関係の一層の発展を図ること及び租税に関する当事国間の協力を強化することを希望し、

4　締約国は、非課税又は租税の軽減の機会を生じさせることなく二重課税を除去する当事国の意図に言及する前文の文言（脱税又は租税回避（当事国以外の国又は地域の居住者の間接的な利益のために対象租税協定において与えられる租税の免除又は軽減を得ることを目的とする条約漁りの仕組みを含む。）を通じた非課税又は租税の軽減にのみ言及する文言であるか、より広い場合における非課税又は租税の軽減に言及する文言であるかを問わない。）を含む対象租税協定について、1の規定を適用しない権利を留保することができる。

5―6（略）

**第七条（条約の濫用の防止）**　1　対象租税協定のいかなる規定にもかかわらず、全ての関連する事実及び状況を考慮して、当該対象租税協定に基づく特典を受けることが当該特典を直接又は間接に得ることとなる仕組み又は取引の主たる目的の一つであったと判断することが妥当である場合には、そのような場合においても当該特典を与えることが当該対象租税協定の関連する規定の目的に適合することが立証されるときを除くほか、その所得又は財産については、当該特典は、与えられない。

2―17（略）

**第八条（配当を移転する取引）**（略）

**第九条（主として不動産から価値が構成される団体の株式又は持分の譲渡から生ずる収益）**（略）

**第一〇条（当事国以外の国又は地域の内に存在する恒久的施設に関する濫用を防止する規則）**（略）

**第一一条（自国の居住者に対して租税を課する締約国の権利を制限する租税協定の適用）**（略）

## 第四部　恒久的施設の地位の回避（略）

**第一二条（問屋契約及びこれに類する方策を通じた恒久的施設の地位の人為的な回避）**（略）

**第一三条（特定の活動に関する除外を利用した恒久的施設の地位の人為的な回避）**（略）

**第一四条（契約の分割）**（略）

**第一五条（企業と密接に関連する者の定義）**（略）

## 第五部　紛争解決の改善（略）

**第一六条（相互協議手続）**（略）

**第一七条（対応的調整）**（略）

## 第六部　仲裁（抄）

**第一八条（第六部の規定の適用の選択）**　締約国は、対象租税協定について、この部の規定を適用することを選択することができる。締約国は、この部の規定を適用することを選択する場合には、その旨を寄託者に通告する。この部の規定は、二の当事国がその通告を行った場合に限り、当該二の当事国に関して対象租税協定について適用する。

**第一九条（義務的かつ拘束力を有する仲裁）**

1
(a)　一方又は双方の当事国の措置により対象租税協定の規定（この条約によって修正される場合には、その修正の後のもの）に適合しない課税を受けたと認める者又は受けることとなると認める者がその事案について一方の当事国の権限のある当局に対して申立てをすることができることを規定する当該対象租税協定の規定（第十六条（相互協議手続）1の規定によって修正される場合には、その修正の後のもの）に従い、一方又は双方の当事国の措置により当該対象租税協定の規定（この条約によって修正される場合には、その修正の後のもの）に適合しない課税を受けたと認める者が、その事案について、一方の当事国の権限のある当局に対して申立てをし、かつ、

(b)　一方の当事国の権限のある当局が他方の当事国の権限のある当局との合意によって事案を解決するよう努めることを規定する対象租税協定の規定（第十六条（相互協議手続）2の規定によって修正される場合には、その修正の後のもの）に従い、両当事国の権限のある当局が、8又は9に規定する起算日から起算して二年以内（当該期間が満了する前に、両当事国の権限のある当局が、その事案について異なる期間について合意し、かつ、当該事案の申立てをした者に対してその合意を通知した場合には、その合意された期間内）に、当該事案を解決するための合意に達することができない場合において、

当該者が書面によって要請するときは、当該事案の未解決の事項は、10の規定に基づいて両当事国の権限のある当局が合意する規則又は手続に従い、この部に規定する方法によって仲裁に付託される。

2・3（略）

4
(a)　仲裁に付託された事項に関する仲裁決定は、1に規定する事案に関する両当事国の権限のある当局の合意によって実施される。仲裁決定は、最終的な決定とする。

(b)　仲裁決定は、次の場合を除くほか、両当事国を拘束する。

(i)　事案によって直接に影響を受ける者が、当該仲裁決定を実施する両当事国の権限のある当局の合意を受け入れない場合。この場合には、当該事案について、両当事国の権限のある当局による更なる検討は、行われない。当該事案に

よって直接に影響を受けるいずれかの者が、当該合意についての通知がその者に送付された日の後六十日以内に、裁判所若しくは行政審判所に対し当該合意において解決された全ての事項に関する訴訟若しくは審査請求を取り下げない場合又は当該合意と整合的な方法によって当該事項に関する係属中の訴訟手続若しくは行政手続を終了させない場合には、当該合意は、当該事案によって直接に影響を受ける者によって受け入れられなかったものとする。

(ii) いずれかの当事国の裁判所による最終的な決定によって当該仲裁決定が無効とされる場合。この場合には、1に規定する仲裁の要請は、行われなかったものとし、仲裁手続(第二十一条(仲裁手続の秘密)及び第二十五条(仲裁手続の費用)の規定に係るものを除く。)は、行われなかったものとする。この場合には、両当事国の権限のある当局が新たな仲裁の要請は認められないことについて合意する場合を除くほか、新たな仲裁の要請を行うことができる。

(iii) 当該事案によって直接に影響を受ける者が、当該仲裁決定を実施する両当事国の権限のある当局の合意によって解決された事項について、いずれかの裁判所又は行政審判所において訴訟又は審査請求による解決を求める場合

5―12 (略)

**第二〇条**(仲裁のための委員会の構成員の任命)(略)

**第二一条**(仲裁手続の秘密)(略)

**第二二条**(仲裁決定に先立つ事案の解決)(略)

**第二三条**(仲裁手続の種類)(略)

**第二四条**(異なる解決についての合意)(略)

**第二五条**(仲裁手続の費用)(略)

**第二六条**(第六部の規定の適用対象)(略)

### 第七部 最終規定(略)

**第二七条**(署名及び批准、受諾又は承認)(略)

**第二八条**(留保)(略)

**第二九条**(通告)(略)

**第三〇条**(対象租税協定の修正後の改正)(略)

**第三一条**(締約国会議)(略)

**第三二条**(解釈及び実施)(略)

**第三三条**(改正)(略)

**第三四条**(効力発生)(略)

**第三五条**(適用の開始)(略)

**第三六条**(第六部の規定の適用の開始)(略)

**第三七条**(脱退)(略)

**第三八条**(議定書との関係)(略)

**第三九条**(寄託者)(略)

## 19 日米社会保障協定(抜粋)

(社会保障に関する日本国とアメリカ合衆国との間の協定)

署名 二〇〇四年二月一九日(ワシントン)

効力発生 二〇〇五年一〇月一日(日本国―六月三日国会承認、七月二六日公文交換、七月二九日公布・条約一〇号)

日本国及びアメリカ合衆国は、

社会保障の分野における両国間の関係を規律することを希望して、

次のとおり協定した。

**第一条【定義】** 1 この協定の適用上、

(a)―(c) (略)

(d) 「法令」とは、日本国については、次条1に掲げる日本国の年金制度及び日本国の医療保険制度に関する日本国の法律及び規則をいい、合衆国については、次条2に掲げる合衆国の法律及び規則をいう。

ただし、法令には、一方の締約国と第三国との間で締結された社会保障に関する条約その他の国際約束又はそれらの条約その他の国際約束の実施のために制定された法律及び規則を含めない。

(e)―(h) (略)

2 (略)

**第二条【適用範囲】** この協定は、

1 日本国については、

(a) 次の日本国の年金制度について適用する。

(i) 国民年金(国民年金基金を除く。)

(ii) 厚生年金保険(厚生年金基金を除く。)

(iii) 国家公務員共済年金

(iv) 地方公務員等共済年金(地方議会議員の年金制度を除く。)

(v) 私立学校教職員共済年金(以下略)

(b) 次の法律(その改正を含む。)により実施される日本国の医療保険制度について適用する。(以下略)

2 合衆国については、

連邦老齢・遺族・障害保険制度に関する次の法律及び規則(その改正を含む。)について適用する。(以下略)

**第四条【強制加入に関する法令の二重適用の回避】** 1 この条に別段の定めがある場合を除くほか、いずれか一方の締約国の領域内において被用者又は自営業者として就労する者については、その被用者又は自営業者としての就労に関し、当該一方の締約国の法令のみを適用する。

2 5から7までの規定に従うことを条件として、一方の締約国の法令に基づく年金制度及び医療保険制度に加入し、かつ、当該一方の締約国の領域内に事業所を有する雇用者に当該領域内において通常雇用されている者が、当該雇用者により当該一方の締約国の領域から他方の締約国の領域内において就労するために派遣される場合には、その派遣の期間が五年を超えるものと見込まれないことを条件として、その被用者が当該一方の締約国の領域内において就労しているものとみなして当該一方の締約国の法令のみを適用する。(後略)

3―9 (略)

10 この条の規定は、各締約国の法令における強制加入についてのみ適用する。(後略)

**第五条【合衆国の給付】** 合衆国については、次の規定を適用する。

1 合衆国の法令により六加入四半期以上の保険期間を有するが、合衆国の法令による給付を受ける権利の取得のための要件を満たすために十分な保険期間を有しない者について、この条の規定に基づいて給付を受ける権利を確立するため、合衆国の

実施機関は、日本国の法令により付与された保険期間であって、合衆国の法令により既に付与された保険期間と重複しないものを考慮する。

2 （略）

3 合衆国の法令による給付を受ける権利が1の規定に基づいて確立される場合には、合衆国の実施機関は、合衆国の法令に従い、次のものに基づいて比例配分された基本年金額を算定する。

(a) 合衆国の法令にのみ従って算定されたその者の平均収入

(b) 合衆国の法令に従って決定された生涯保険期間の長さに対する合衆国の法令によるその者の保険期間の長さの比率

合衆国の法令により支払われる給付は、比例配分された基本年金額に基づいて行う。

4・5 （略）

**第六条【日本国の給付】** 日本国については、次の規定を適用する。

1 (a) 日本国の法令による給付を受ける権利の取得のための要件を満たすのに十分な保険期間を有しない者について、この条の規定に基づいて給付を受ける権利を確立するため、日本国の実施機関は、合衆国の法令により付与された保険期間を考慮する。

(b) （略）

2・3 （略）

4 1(a)又は3(a)の規定の適用により日本国の法令による給付を受ける権利が確立される場合には、5から9までの規定に従うことを条件として、日本国の実施機関は、日本国の法令に従って当該給付の額を計算する。

5−9 （略）

**第一四条【協議】** この協定の解釈又は適用についての意見の相違は、両締約国間の協議により解決する。

## 20 国際原子力機関憲章（抄）

［IAEA憲章］

作成　一九五六年一〇月二六日（ニューヨーク）

効力発生　一九五七年七月二九日（改正―六三年一月三一日、七三年六月一日、八九年一二月二八日）

日本国　一九五七年七月二九日（同年七月一六日批准書寄託、八月七日公布・条約一四号）　改正―六三年一月三一日発効（三月一五日公布・外務省告示二五号）、七三年六月一日発効（六月一五日公布・条約五号）、八九年一二月二八日発効（九〇年三月二〇日公布・条約一号）

当事国　一七二

**第一条（機関の設立）** この憲章の当事国は、以下に定める条件に基き国際原子力機関（以下「機関」という。）を設立する。

**第二条（目的）** 機関は、全世界における平和、保健及び繁栄に対する原子力の貢献を促進し、及び増大するように努力しなければならない。機関は、できる限り、機関がみずから提供し、その要請により提供され、又はその監督下若しくは管理下において提供された援助がいずれかの軍事的目的を助長するような方法で利用されないことを確保しなければならない。

**第三条（任務）** A 機関は、次のことを行う権限を有する。

1 全世界における平和的利用のための原子力の研究、開発及び実用化を奨励しかつ援助し、要請を受けたときは、機関のいずれかの加盟国による他の加盟国のための役務の実施又は物質、設備及び施設の供給を確保するため仲介者として行動し、並びに平和的目的のための原子力の研究、開発又は実用化に役だつ活動又は役務を行うこと。

2 平和的目的のための原子力の研究、開発及び実用化（電力の生産を含む。）の必要を満たすため、世界の低開発地域における必要に妥当な考慮を払った上で、この憲章に従つて、物質、役務、設備及び施設を提供すること。

3 原子力の平和的利用に関する科学上及び技術上の情報の交換を促進すること。

4 原子力の平和的利用の分野における科学者及び専門家の交換及び訓練を奨励すること。

5 機関がみずから提供し、その要請により提供され、又はその監督下若しくは管理下において提供された特殊核分裂性物質その他の物質、役務、設備、施設及び情報がいずれかの軍事的目的を助長するような方法で利用されないことを確保するための保障措置を設定し、かつ、実施すること並びに、いずれかの二国間若しくは多数国間の取極の当事国の要請を受けたときは、その取極に対し、又はいずれかの国の要請を受けたときは、その国の原子力の分野におけるいずれかの活動に対して、保障措置を適用すること。

6 国際連合の権限のある機関及び関係専門機関と協議し、かつ、適当な場合にはそれらと協力して、健康を保護し、並びに人命及び財産に対する危険を最小にするための安全上の基準（労働条件のための基準を含む。）を設定し、又は採用すること、機関みずからの活動並びに機関がみずから提供し、その要請により提供され、又はその管理下若しくは監督下において提供された物質、役務、設備、施設及び情報を利用する活動に対して、前記の基準が適用されるように措置を執ること並びに、いずれかの二国間若しくは多数国間の取極の当事国の要請を受けたときは、その取極に基く活動に対し、又はいずれかの国の要請を受けたときは、その国の原子力の分野におけるいずれかの活動に対して、前記の基準が適用されるように措置を執ること。

7 関係地域で機関が利用しうる施設、工場及び設備が、不適当であるか、又は機関の不満足であると考える条件によるほか利用しえないときはいつでも、機関が認められた任務を遂行するため必要な施設、工場及び設備を取得し、又は設置すること。

B 機関は、その任務を遂行するため、次のことを行うものとする。

1 平和及び国際協力を助長する国際連合の目的及び原則に従い、並びに保障された世界的軍備縮小の確立を促進する国際連合の政策及びその政策に従つて締結されるすべての国際協定に従つて、機関の事業を行うこと。

2 機関が受領する特殊核分裂性物質の利用につき、それらの物質が平和的目的にのみ利用されることを確保するため、管理を設定すること。

3 機関の資源を、世界の低開発地域における特別の必要を考慮した上で、世界のすべての地域における効果的な利用及び最大限の一般的利益を確保するような方法により、配分すること。

4 機関の事業に関する報告を毎年国際連合総会に提出し、かつ、適当な場合には、安全保障理事会に提出すること。機関の事業に関して安全保障理事会の権限内の問題が生じたときは、機関は、国際の平和及び安全の維持に関する主要な責任を負う機関である安全保障理事会に通告するものとし、また、この憲章に基き機関にとつて可能な措置(第十二条Cに定める措置を含む。)を執ることができる。

5　国際連合の経済社会理事会その他の機関に対し、それらの機関の権限内の事項に関し、報告を提出すること。

C　(略)

D　機関の事業は、この憲章の規定及びいずれかの国又は一群の国と機関との間で締結され、かつ、この憲章の規定に合致する諸協定の条項に従うことを条件として、諸国の主権に対して妥当な尊敬を払つて実施しなければならない。

**第四条（加盟国の地位）**（略）

**第五条（総会）**（略）

**第六条（理事会）**A　理事会は、次のとおり構成される。

1　任期の終了する理事会は、理事国として、原子力に関する技術(原料物質の生産を含む。)の最も進歩した十の加盟国及び、次の地域のうちこれらの十の加盟国のいずれも含まれない地域のそれぞれにおいて、原子力に関する技術(原料物質の生産を含む。)の最も進歩した一の加盟国を指定する。

(1)　北アメリカ
(2)　ラテン・アメリカ
(3)　西ヨーロッパ
(4)　東ヨーロッパ
(5)　アフリカ
(6)　中東及び南アジア
(7)　東南アジア及び太平洋
(8)　極東

2　(略)

B－J　(略)

**第七条（職員）**（略）

**第八条（情報の交換）**（略）

**第九条（物質の供給）**（略）

**第一〇条（役務、設備及び施設）**（略）

**第一一条（機関の計画）**A　機関のいずれかの加盟国又は加盟国群は、平和的目的のための原子力の研究、開発又は実用化の計画を設定することを希望するときは、このため必要な特殊核分裂性物質及び他の物質、役務、設備並びに施設の確保に当つて、機関の援助を要請することができる。この要請には、計画の目的及び範囲の説明を添えるものとし、理事会は、その要請を検討するものとする。

B　機関は、また、要請を受けたときは、いずれかの加盟国又は加盟国群が前記の計画を遂行するため必要な融資を外部から確保するように取りきめることについて、援助することができる。この援助の供与に当つては、機関は、その計画のために、いかなる担保の提供又は財政的責任の負担をも要求されないものとする。

C－G　(略)

**第一二条（機関の保障措置）**A　機関は、機関のいずれかの計画に関し、又は、他の取極の関係当事国が機関に対して保障措置の適用を要請する場合に、その取極に関し、その計画又は取極に関連する限度において、次のことを行う権利及び責任を有する。

1　専門的設備及び施設(原子炉を含む。)の設計を検討すること並びに、その設計が軍事的目的を助長するものでなく、妥当な保健上及び安全上の基準に合致しており、かつ、この条に定める保障措置を実効的に適用しうるものであることを確保するという見地からのみ、その設計を承認すること。

2　機関が定める保健上及び安全上の措置の遵守を要求すること。

3　前記の計画又は取極において使用され、又は生産される原料物質及び特殊核分裂性物質の計量性の確保に役だつ操作記録の保持及び提出を要求すること。

4　経過報告を要求し、及び受領すること。

5　照射を受けた物質の化学処理のため用いられる方法を、その化学処理が物質の軍事的目的への転用に役だてられるものでなく、かつ、妥当な保健上及び安全上の基準に合致するものであることを確保することのみを目的として、承認すること、回収され又は副産物として生産された特殊核分裂性物質が、関係加盟国の指定する研究のため、又はその指定する既存の若しくは建設中の原子炉において、継続的に機関の保障措置の下で、平和的目的に利用されるように要求すること並びに回収され又は副産物として生産された特殊核分裂性物質で前記の利用のため必要な量をこえる余分のものを、その蓄積を防ぐため、機関に寄託するように要求すること。ただし、機関に寄託されたその特殊核分裂性物質は、その後関係加盟国が要請したときは、前記の規定に基く利用のため、関係加盟国にすみやかに返還されるものとする。

6　機関が関係国と協議の後指定した視察員を受領国の領域に派遣すること。その視察員は、いつでも、供給された原料物質及び特殊核分裂性物質並びに核分裂性生産物の計量のため、並びに第十一条F4にいう軍事的目的の助長のために利用しないことについての約束、この条のA2にいう保健上及び安全上の措置並びに機関と関係国との間の協定に定める他のいずれかの条件に対する違反の有無の決定のために必要なすべての場所、資料及び人(この憲章に基き保障措置の適用が要求される物質、設備又は施設に職掌上関係する者)に近づくことができる。機関が指定した視察員は、関係国の要請を受けたときは、自己の職務の執行を遅滞させられ、又は防げられないことを条件として、その国の当局の代表者を伴わなければならない。

7　違反が存在し、かつ、受領国が要請された是正措置を適当な期間内に執らなかつたときは、援助を停止し、又は終止し、並びに当該計画の促進のため機関又は加盟国が提供したいずれかの物質及び設備を撤収すること。

B　機関は、必要な場合には、視察部を設置するものとする。視察部は、機関の承認、監督又は管理を受ける計画に対して適用するために定めた保健上及び安全上の措置に機関が違反していないかどうか、並びに機関が保管し、又はその作業において使用され若しくは生産される原料物質及び特殊核分裂性物質がいずれかの軍事的目的の助長のため使用されることを防止するために、機関が十分な措置を執つているかどうかを決定するため、機関がみずから行うすべての作業を検査する責任を負うものとする。機関は、前記の違反が存在すること又は前記の十分な措置が執られていないことを是正するための改善の措置を直ちに執らなければならない。

C　視察部は、また、この条のA6にいう計量の結果を入手しかつ検認する責任並びに第十一条F4にいう約束、この条のA2にいう措置及び機関と関係国との間の協定に定める計画の他のすべての条件に対する違反の有無を決定する責任を負うものとする。視察員は、違反を事務局長に報告しなければならず、事務局長は、その報告を理事会に伝達しなければならない。理事会は、発生したと認める違反を直ちに改善するように受領国に要求しなければならない。理事会は、その違反をすべての加盟国並びに国際連合の安全保障理事会及び総会に報告しなければならない。受領国が適当な期間内に十分な是正措置を執らなかつた場合には、理事会は、機関又は加盟国が提供する援助の削減又は停止を命ずる措置並びに受領加盟国又は受領加盟国群に提供された物質及び設備の返還を要求する措置のうちの一方又は双方を執ることができる。機関は、また、第十九条の規定に従い、違反を行つた加盟国に対し、加盟国としての特権及び権利の行使を停止することができる。

**第一三条（加盟国に対する償還）**（略）

**第一四条（会計）**（略）

**第一五条（特権及び免除）**（略）

**第一六条（他の機関との関係）**（略）

**第一七条（紛争の解決）** A　この憲章の解釈又は適用に関する問題又は紛争で交渉によつて解決されないものは、関係国が他の解決方法について合意する場合を除くほか、国際司法裁判所規程に従い、国際司法裁判所に付託するものとする。

B　総会及び理事会は、それぞれ、国際連合総会の許可を得ることを条件として、機関の活動の範囲内で生ずる法律上の問題に関して、国際司法裁判所の勧告的意見を要請する権能を与えられる。

**第一八条（改正及び脱退）**（略）

**第一九条（特権の停止）**（略）

**第二〇条（定義）**（略）

**第二一条（署名、受諾及び効力発生）**（略）

**第二二条（国際連合への登録）**（略）

**第二三条（正文及び認証謄本）**（略）

**附属書**（略）

## 21 日・IAEA保障措置協定（抄）

（核兵器の不拡散に関する条約第三条1及び4の規定の実施に関する日本国政府と国際原子力機関との間の協定）

作　　成　一九七七年三月四日（ウィーン）
効力発生　一九七七年一二月二日（同日公布・条約一三号）

（前略）条約（核兵器の不拡散に関する条約）第三条4は、締約国である非核兵器国は、同条に定める要件を満たすため、憲章（国際原子力機関憲章）に従い、個々に又は他の国と共同して機関（国際原子力機関）と協定を締結するものとすると規定しているので、

機関は、憲章第三条A5の規定に基づき、いずれかの二国間若しくは多数国間の取極の当事国の要請を受けたときは、その取極に対し、又はいずれかの国の要請を受けたときは、その国の原子力の分野におけるいずれかの活動に対して、保障措置を適用する権限を有するので、（中略）

よつて、ここに、日本国政府及び機関は、次のとおり協定した。

### 第一部

**第一条（基本的約束）** 日本国政府は、条約第三条1の規定に従い、日本国の領域内若しくはその管轄下で又は場所のいかんを問わずその管理の下で行われるすべての平和的な原子力活動に係るすべての原料物質及び特殊核分裂性物質につき、その物質が核兵器その他の核爆発装置に転用されていないことを確認することのみを目的として、この協定の規定に従つて保障措置を受諾することを約束する。

**第二条（保障措置の適用）** 機関は、日本国の領域内若しくはその管轄下で又は場所のいかんを問わずその管理の下で行われるすべての平和的な原子力活動に係るすべての原料物質及び特殊核分裂性物質につき、その物質が核兵器その他の核爆発装置に転用されていないことを確認することのみを目的として、この協定の規定に従つて保障措置が適用されることを確保する権利及び義務を有する。

**第三条【国内制度】** (a)　日本国政府は、この協定に基づく保障措置の対象となるすべての核物質についての計量管理制度（その核物質についての独立の検認を含む。以下「国内制度」という。）を維持する。日本国政府は、国内制度を「国内保障措置制度」と称することができる。

(b)　日本国政府は、日本国の領域内のすべての平和的な原子力活動に係る原料物質及び特殊核分裂性物質について国内制度を適用するに当たり、その原料物質及び特殊核分裂性物質が核兵器その他の核爆発装置に転用されていないことを確認することについて、この協定の規定に従つて機関と協力することを約束する。

(c)　機関は、核物質が平和的利用から核兵器その他の核爆発装置に転用されていないことを確認するに当たり、この協定の規定に従い、国内制度による認定を検認することが可能となるような方法で機関の保障措置を適用する。機関の検認には、特に、機関がこの協定に規定する手続に従つて行う独立の測定及び観察を含む。機関は、その検認を行うに当たり、国内制度の技術的な実効性に妥当な考慮を払う。

**第四条（日本国政府と機関との間の協力）**（略）

**第五条（保障措置の実施）** この協定に規定する保障措置は、次の態様で実施する。

(a)　日本国の経済的及び技術的発展又は平和的な原子力活動の分野における国際協力（核物質の国際的交換を含む。）を妨げないような態様

(b)　日本国の平和的な原子力活動、特に施設の使用に対して不当に干渉しないような態様

(c)　原子力活動の経済的かつ安全な実施に必要とされる綿密な管理の方法に適合するような態様

**第六条【秘密の保護】**（略）

**第七条【技術的発展の考慮】**（略）

**第八条（機関に対する情報の提供）**（略）

**第九条（機関の査察員）**（略）

**第一〇条（特権及び免除）**（略）

**第一一条（核物質の消耗又は希釈）**（略）

**第一二条（核物質の日本国外への移転）**（略）

**第一三条（非原子力活動に使用される核物質）**（略）

**第一四条（保障措置の適用除外）**（略）

**第一五条（財政）**（略）

**第一六条（原子力損害に関する第三者損害賠償責任）**（略）

**第一七条（国際的な責任）**（略）

**第一八条（不転用の確認に関する措置）** 理事会が、事務局長の報告に基づいて、この協定に基づく保障措置の対象となる核物質が核兵器その他の核爆発装置に転用されていないことの確認を確実にするために日本国政府の措置が不可欠かつ緊急であると決定する場合には、理事会は、紛争の解決のために第二十二条に規定する手続が援用されているかどうかを問わず、日本国政府に対し遅滞なく必要な措置をとることを要求することができる。

**第一九条【核兵器等への転用不確認の場合の対応】** 理事会は、事務局長により報告された関係情報の検討に基づき、この協定に基づく保障措置の適用を必要とする核物質の核兵器その他の核爆発装置への転用がなかつたことを機関が確認することができないと認める場合には、憲章第十二条Cに規定する報告を行うことができ、また、可能な場合には、同条Cに規定するその他の措置をとることができる。理事会は、このような行動をとるに当たり、適用された保障措置の手段によりもたらされる保証の程度を考慮するものとし、かつ、必要な追加的な保証を理事会に提示するためのあらゆる適当な機会を日本国政府に与える。

**第二〇条（この協定の解釈及び適用並びに紛争の解決）**（略）

**第二一条【理事会への要請権】**（略）

**第二二条【仲裁裁判】**（略）

**第二三条（他の協定に基づく機関の保障措置の適用停止）**（略）

**第二四条（この協定の改正）**（略）

**第二五条（効力発生及び有効期間）**（略）

**第二六条（議定書）**（略）

## 第二部（第二七条から第九八条まで）（略）

**議定書**（略）

# 22 日米原子力平和的利用協力協定（抄）

（原子力の平和的利用に関する協力のための日本国政府とアメリカ合衆国政府との間の協定）

署　名　一九八七年一一月四日（東京）

効力発生　一九八八年七月一七日（日本国—同年三月一一日国会承認、六月一七日内閣承認、同日相互通告の公文交換、七月二日公布・条約五号）

日本国政府及びアメリカ合衆国政府は、

千九百六十八年二月二十六日に署名された原子力の非軍事的利用に関する協力のための日本国政府とアメリカ合衆国政府との間の協定（その改正を含む。）（以下「旧協定」という。）の下での原子力の平和的利用における両国間の緊密な協力を考慮し、

平和的目的のための原子力の研究、開発及び利用の重要性を確認し、

両国政府の関係国家計画を十分に尊重しつつこの分野における協力を継続させ、かつ、拡大させることを希望し、

両国政府の原子力計画の長期性の要請を勘案した予見可能性及び信頼性のある基礎の上に原子力の平和的利用のための取極を締結することを希望し、

両国政府が核兵器の不拡散に関する条約（以下「不拡散条約」という。）の締約国政府であることに留意し、

両国政府が世界における平和的利用のための原子力の研究、開発及び利用が不拡散条約の目的を最大限に促進する態様で行われることを確保することを誓約していることを再確認し、

両国政府が国際原子力機関（以下「機関」という。）の目的を支持していること及び両国政府が不拡散条約への参加が普遍的に行われるようになることを促進することを希望していることを確認して、

次のとおり協定した。

**第一条【用語の定義】** この協定の適用上、

(a)「両当事国政府」とは、日本国政府及びアメリカ合衆国政府をいう。「当事国政府」とは、両当事国政府のいずれか一方をいう。

(b)「者」とは、いずれか一方の当事国政府の領域的管轄の下にある個人又は団体をいい、両当事国政府を含まない。

(c)「原子炉」とは、ウラン、プルトニウム若しくはトリウム又はその組合せを使用することにより自己維持的核分裂連鎖反応がその中で維持される装置（核兵器その他の核爆発装置を除く。）をいう。

(d)「設備」とは、原子炉の完成品（主としてプルトニウム又はウラン二三三の生産のために設計され又は使用されるものを除く。）及びこの協定の附属書AのA部に掲げるその他の品目をいう。

(e)「構成部分」とは、設備の構成部分その他の品目であつて、両当事国政府の合意により指定されるものをいう。

(f)「資材」とは、原子炉用の資材であつてこの協定の附属書AのB部に掲げるものをいい、核物質を含まない。

(g)「核物質」とは、次に定義する「原料物質」又は「特殊核分裂性物質」をいう。

(i)「原料物質」とは、次の物質をいう。

ウランの同位元素の天然の混合率から成るウラン

同位元素ウラン二三五の劣化ウラン

トリウム

金属、合金、化合物又は高含有物の形状において前記のいずれかの物質を含有する物質

他の物質であつて両当事国政府により合意される含有率において前記の物質の一又は二以上を含有するもの

両当事国政府により合意されるその他の物質

(ii)「特殊核分裂性物質」とは、次の物質をいう。

プルトニウム

ウラン二三三

同位元素ウラン二三三又は二三五の濃縮ウラン

前記の物質の一又は二以上を含有する物質

両当事国政府により合意されるその他の物質

「特殊核分裂性物質」には「原料物質」を含めない。

(h)「高濃縮ウラン」とは、同位元素ウラン二三五の濃縮度が二十パーセント以上になるように濃縮されたウランをいう。

(i)「秘密資料」とは、(i)核兵器の設計、製造若しくは使用、(ii)特殊核分裂性物質の生産又は(iii)エネルギーの生産における特

殊核分裂性物質の使用に関する資料をいい、一方の当事国政府により非公開の指定から解除され又は秘密資料の範囲から除外された当該当事国政府の資料を含まない。

(j) 「機微な原子力技術」とは、公衆が入手することのできない資料であつて濃縮施設、再処理施設又は重水生産施設の設計、建設、製作、運転又は保守に係る重要なもの及び両当事国政府の合意により指定されるその他の資料をいう。

**第二条【相互協力の方法及び資材等に対する協定の適用等】** 1 (a) 両当事国政府は、両国における原子力の平和的利用のため、この協定の下で次の方法により協力する。

(i) 両当事国政府は、専門家の交換による両国の公私の組織の間における協力を助長する。日本国の組織と合衆国の組織との間におけるこの協定の下での取決め又は契約の実施に伴い専門家の交換が行われる場合には、両当事国政府は、それぞれこれらの専門家の自国の領域への入国及び自国の領域における滞在を容易にする。

(ii) 両当事国政府は、その相互の間、その領域的管轄の下にある者の間又はいずれか一方の当事国政府と他方の当事国政府の領域的管轄の下にある者との間において、合意によつて定める条件で情報を提供し及び交換することを容易にする。対象事項には、保健上、安全上及び環境上の考慮事項が含まれる。

(iii) 一方の当事国政府又はその認められた者は、供給者と受領者との間の合意によつて定める条件で、資材、核物質、設備及び構成部分を他方の当事国政府若しくはその認められた者に供給し又はこれらから受領することができる。

(iv) 一方の当事国政府又はその認められた者は、この協定の範囲内において、提供者と受領者との間の合意によつて定める条件で、他方の当事国政府若しくはその認められた者に役務を提供し又はこれらから役務の提供を受けることができる。

(v) 両当事国政府は、両当事国政府が適当と認めるその他の方法で協力することができる。

(b) (a)の規定にかかわらず、秘密資料及び機微な原子力技術は、この協定の下では移転してはならない。

2 1に定める両当事国政府の間の協力は、この協定の規定並びにそれぞれの国において効力を有する関係条約、法令及び許可要件に従うものとし、かつ、1(a)(iii)に定める協力の場合については、次の要件に従う。

(a) 日本国政府又はその認められた者が受領者となる場合には、日本国の領域内若しくはその管轄下で又は場所のいかんを問わずその管理の下で行われるすべての原子力活動に係るすべての核物質について、機関の保障措置が適用されること。不拡散条約に関連する日本国政府と機関との間の協定が実施されるときは、この要件が満たされるものとみなす。

(b) アメリカ合衆国政府又はその認められた者が受領者となる場合には、アメリカ合衆国の領域内若しくはその管轄下で又は場所のいかんを問わずその管理の下で行われるすべての非軍事的原子力活動に係るすべての核物質について、機関の保障措置が適用されること。アメリカ合衆国における保障措置の適用のためのアメリカ合衆国と機関との間の協定が実施されるときは、この要件が満たされるものとみなす。

3 直接であると第三国を経由してであるとを問わず、両国間で移転される資材、核物質、設備及び構成部分は、供給当事国政府が受領当事国政府に対し予定される移転を文書により通告した場合に限り、かつ、これらが受領当事国政府の領域的管轄に入る時から、この協定の適用を受ける。供給当事国政府は、通告された当該品目の移転に先立ち、移転される当該品目がこの協定の適用を受けることとなること及び予定される受領者が受領当事国政府でない場合には当該受領者がその認められた者であることの文書による確認を受領当事国政府から得なければならない。

4 この協定の適用を受ける資材、核物質、設備及び構成部分は、次の場合には、この協定の適用を受けないこととなるものとする。

(a) 当該品目がこの協定の関係規定に従い受領当事国政府の領域的管轄の外に移転された場合

(b) 核物質について、(i)機関が、2に規定する日本国政府又はアメリカ合衆国と機関との間の協定中保障措置の終了に係る規定に従い、当該核物質が消耗したこと、保障措置の適用が相当とされるいかなる原子力活動にも使用することができないような態様で希釈されたこと又は実際上回収不可能となつたことを決定した場合。ただし、いずれか一方の当事国政府が機関の決定に関して異論を唱えるときは、当該異論について解決がされるまで、当該核物質は、この協定の適用を受ける。(ii)機関の決定がないときにおいても、当該核物質がこの協定の適用を受けないこととなることを両当事国政府が合意する場合

(c) 資材、設備及び構成部分について、両当事国政府が合意する場合

**第三条【核物質の貯蔵】** プルトニウム及びウラン二三三(照射を受けた燃料要素に含有されるプルトニウム及びウラン二三三を除く。)並びに高濃縮ウランであつて、この協定に基づいて移転されたもの又はこの協定に基づいて移転された核物質若しくは設備において使用され若しくはその使用を通じて生産されたものは、両当事国政府が合意する施設においてのみ貯蔵される。

**第四条【資材等の移転】** この協定に基づいて移転された資材、核物質、設備及び構成部分並びにこれらの資材、核物質又は設備の使用を通じて生産された特殊核分裂性物質は、受領当事国政府によつて認められた者に対してのみ移転することができる。ただし、両当事国政府が合意する場合には、受領当事国政府の領域的管轄の外に移転することができる。

**第五条【核物質の再処理及び形状又は内容の変更】** 1 この協定に基づいて移転された核物質及びこの協定に基づいて移転された資材、核物質若しくは設備において使用され又はその使用を通じて生産された特殊核分裂性物質は、両当事国政府が合意する場合には、再処理することができる。

2 プルトニウム、ウラン二三三、高濃縮ウラン及び照射を受けた核物質であつて、この協定に基づいて移転され又はこの協定に基づいて移転された資材、核物質若しくは設備において使用され若しくはその使用を通じて生産されたものは、照射により形状又は内容を変更することができるものとし、また、両当事国政府が合意する場合には、照射以外の方法で形状又は内容を変更することができる。

**第六条【ウランの濃縮】** この協定に基づいて移転され又はこの協定に基づいて移転された設備において使用されたウランは、同位元素ウラン二三五の濃縮度が二十パーセント未満である範囲で濃縮することができるものとし、また、両当事国政府が合

意する場合には、同位元素ウラン二三五の濃縮度が二十パーセント以上になるように濃縮することができる。

**第七条【核物質の防護】** この協定に基づいて移転された核物質及びこの協定に基づいて移転された資材、核物質若しくは設備において使用され又はその使用を通じて生産された特殊核分裂性物質に関し、適切な防護の措置が、最小限この協定の附属書Bに定めるところと同様の水準において、維持される。

**第八条【資材等の平和的非爆発目的利用等】** 1 この協定の下での協力は、平和的目的に限つて行う。

2 この協定に基づいて移転された資材、核物質、設備及び構成部分並びにこれらの資材、核物質、設備若しくは構成部分において使用され又はその使用を通じて生産された核物質は、いかなる核爆発装置のためにも、いかなる核爆発装置の研究又は開発のためにも、また、いかなる軍事的目的のためにも使用してはならない。

**第九条【機関の保障措置の適用】** 1 第八条2の規定の遵守を確保するため、

(a) この協定に基づいて日本国政府の領域的管轄に移転された核物質及びこの協定に基づいて日本国政府の領域的管轄に移転された資材、核物質、設備若しくは構成部分において使用され又はその使用を通じて生産された核物質は、第二条2(a)に規定する日本国政府と機関との間の協定の適用を受ける。

(b) この協定に基づいてアメリカ合衆国政府の領域的管轄に移転された核物質及びこの協定に基づいてアメリカ合衆国政府の領域的管轄に移転された資材、核物質、設備若しくは構成部分において使用され又はその使用を通じて生産された核物質は、(i)第二条2(b)に規定するアメリカ合衆国と機関との間の協定並びに(ii)当該核物質の実施可能な範囲内での代替のため又は当該核物質の追跡及び計量のための補助的措置の適用を受ける。

2 いずれか一方の当事国政府が、機関が何らかの理由により1の規定によつて必要とされる保障措置を適用していないこと又は適用しないであろうことを知つた場合には、両当事国政府は、是正措置をとるため直ちに協議するものとし、また、そのような是正措置がとられないときは、機関の保障措置の原則及び手続に合致する取極で、1の規定によつて必要とされる保障措置が意図するところと同等の効果及び適用範囲を有するものを速やかに締結する。

**第一〇条【第三国に対する権利の付与に関する合意】** いずれか一方の当事国政府と他の国又は国の集団との間の合意が、当該他の国又は国の集団に対し、この協定の適用を受ける資材、核物質、設備又は構成部分につき第三条から第六条まで又は第十二条に定める権利の一部又は全部と同等の権利を付与する場合には、両当事国政府は、いずれか一方の当事国政府の要請に基づき、当該他の国又は国の集団により該当する権利が実現されることとなることを合意することができる。

**第一一条【実施取極の締結】**（略）

**第一二条【資材等の返還請求権】** 1 いずれか一方の当事国政府が、この協定の効力発生後のいずれかの時点において、

(a) 第三条から第九条まで若しくは第十一条の規定若しくは第十四条に規定する仲裁裁判所の決定に従わない場合又は

(b) 機関との保障措置協定を終了させ若しくはこれに対する重大な違反をする場合には、

他方の当事国政府は、この協定の下でのその後の協力を停止し、この協定を終了させて、この協定に基づいて移転された資材、核物質、設備若しくは構成部分又はこれらの資材、核物質、設備若しくは構成部分の使用を通じて生産された特殊核分裂性物質のいずれの返還をも要求する権利を有する。

2 アメリカ合衆国がこの協定に基づいて移転された資材、核物質、設備若しくは構成部分又はこれらの資材、核物質、設備若しくは構成部分において使用され若しくはその使用を通じて生産された核物質を使用して核爆発装置を爆発させる場合には、日本国政府は、1に定める権利と同じ権利を有する。

3 日本国が核爆発装置を爆発させる場合には、アメリカ合衆国政府は、1に定める権利と同じ権利を有する。

4 両当事国政府は、いずれか一方の当事国政府がこの協定の下での協力を停止し、この協定を終了させ及び返還を要求する行動をとる前に、必要な場合には他の適当な取極を行うことの必要性を考慮しつつ、是正措置をとることを目的として協議し、かつ、当該行動の経済的影響を慎重に検討する。

5 いずれか一方の当事国政府がこの条の規定に基づき資材、核物質、設備又は構成部分の返還を要求する権利を行使する場合には、当該当事国政府は、その公正な市場価額について、他方の当事国政府又は関係する者に補償を行う。

**第一三条【旧協定との関係】**（略）

**第一四条【両国政府間の協議及び紛争の仲裁裁判所への付託】**（略）

**第一五条【附属書】**（略）

**第一六条【効力発生、有効期間、終了等】**（略）

**附属書**（略）

## 23 日印原子力協定（抜粋）

（原子力の平和的利用における協力のための日本国政府とインド共和国政府との間の協定）

署名 二〇一六年一一月一一日（東京）

効力発生 二〇一七年七月二〇日（日本国—同年六月七日国会承認、七月二〇日相互通告の公文交換、同日公布・条約二五号）

日本国政府及びインド共和国政府（以下「両締約国政府」という。）は、（中略）

日本国が千九百六十八年七月一日に作成された核兵器の不拡散に関する条約の当事国であることを考慮し、

日本国及びインド共和国の双方が国際原子力機関（以下「機関」という。）の原加盟国であることを認識し、

機関の目的並びに日本国及びインド共和国のそれぞれに適用される機関の保障措置制度に対する両国の支持並びに平和的目的のための原子力の開発及び利用についての国際的な協力における機関の重要性を再確認し、（中略）

原子力の平和的利用における核不拡散、原子力の安全及び核セキュリティについての両国の誓約（効果的な国内の輸出管理及び核物質の適切な防護を含む。）に留意し、

また、主権の尊重、平等、互恵及び相互主義の基礎の上に両国間の協力を発展させることを希望し、

## 日印原子力協定

安定性、信頼性及び予見可能性を基礎として平和的目的のための原子力の開発及び利用における両国間の十分な協力を促進することを希望して、

次のとおり協定した。

**第三条【平和的目的】**1　この協定の下での協力は、平和的非爆発目的に限って行う。

2　この協定に基づいて移転された核物質、核物質ではない資材、設備及び技術、技術に基づく設備並びに回収され又は副産物として生産された核物質は、平和的目的以外の目的で使用してはならず、また、いかなる核爆発装置のためにも又はいかなる核爆発装置の研究若しくは開発のためにも使用してはならない。

**第四条【機関の保障措置の適用】**1　この協定の下での協力は、日本国と機関との間及びインド共和国と機関との間の関係する協定に従って両国について適用される機関の保障措置が適用されていることを要件として行う。

2　この協定に基づいて移転された核物質、核物質ではない資材及び設備、技術に基づく設備並びに回収され又は副産物として生産された核物質は、

(a)　日本国内においては、千九百九十八年十二月四日に作成された追加議定書により補足された千九百七十七年三月四日に作成された核兵器の不拡散に関する条約第三条1及び4の規定の実施に関する日本国政府と国際原子力機関との間の協定に従って適用される機関の保障措置の適用を常に受ける。

(b)　インド共和国内においては、二千九年五月十五日に作成された追加議定書により補足された同年二月二日に作成された民生用の原子力施設への保障措置の適用のためのインド共和国政府と国際原子力機関との間の協定に従って適用される機関の保障措置の適用を常に受ける。

3　機関が2の規定の下で必要とされる機関の保障措置の適用が可能でないと決定した場合には、両締約国政府は、適当な検証のための措置について協議し、及び合意する。

**第一一条【再処理】**1　この協定に基づいて移転されたウラン及びこの協定に基づいて移転された設備において使用され、又は当該設備の使用を通じて生産されたウランは、同位元素ウラン二三五の濃縮度が二十パーセント未満である範囲で濃縮することができる。この協定に基づいて移転されたウラン及びこの協定に基づいて移転された設備において使用され、又は当該設備の使用を通じて生産されたウランの同位元素ウラン二三五の濃縮度が二十パーセント以上になる濃縮は、供給締約国政府の書面による同意が得られた場合に限り行うことができる。

2　この協定に基づいて移転された核物質及び回収され又は副産物として生産された核物質は、この協定の附属書Bの規定に従い、インド共和国の管轄内において再処理することができる。

3　2の規定は、次の(a)から(c)までに掲げることを条件として適用する。

(a)　二千九年五月十五日に作成された追加議定書により補足された同年二月二日に作成された民生用の原子力施設への保障措置の適用のためのインド共和国政府と国際原子力機関との間の協定がインド共和国について効力を有していること。

(b)　分離され得るいかなる特殊核分裂性物質も、インド共和国の平和的目的のための予定された原子力計画を実施するための施設であって、機関の保障措置の下にある同国に所在するもののための核燃料を生産する目的のためにのみ貯蔵され、又は使用されること。

(c)　この協定の附属書Bに定める条件が引き続き適用されていること。

**第一四条【終了と協力の停止】**1　各締約国政府は、この協定の有効期間の満了前に、他の締約国政府に対して一年前に書面による通告を行うことによりこの協定を終了させる権利を有する。終了の通告を行う締約国政府は、終了を求める理由を示す。この協定は、当該書面による通告の日から一年で終了する。ただし、当該通告を行った締約国政府がこの協定の終了の日に先立ち書面により当該通告を撤回した場合又は両締約国政府が別段の合意をする場合は、この限りでない。

2－8　(略)

9　第十一条の規定に基づく再処理は、この協定の附属書Bに規定する施設におけるこの協定の適用を受ける核物質の再処理の継続が自国の国家安全保障に対する重大な脅威を生じさせるおそれがある又は当該施設の防護に対する重大な脅威が存在するといずれか一方の締約国政府が判断する場合に限られる例外的な状況において、いずれか一方の締約国政府により停止される。両締約国政府の間で行われる未解決の問題についての相互に受入れ可能な解決を得ることを目的とする協議の後に行う停止のための決定は、当該例外的な状況に対処するために必要とされる最小限の範囲及び最小限の期間に限られるものとし、三箇月を超えない期間とする(ただし、当該停止を行う締約国政府が他方の締約国政府に対して書面によって提出する特定の理由のために延長される場合を除く。)。そのような決定については、平和的目的のための原子力を提供する原子炉の継続的な運転への当該停止による影響、当該停止によるインドの経済への損失の可能性及び当該停止によるエネルギー安全保障への影響に考慮を払う。当該停止が六箇月の期間を超える場合には、両締約国政府は、発電の中断がインドの経済に及ぼす悪影響についての補償及び契約上の義務の中断を理由とする損失についての補償につき協議する。

**附属書B　インド共和国の管轄内にあるこの協定に基づいて移転された核物質及び回収され又は副産物として生産された核物質の再処理**　(略)

### 見解及び了解に関する公文

一　本日署名された原子力の平和的利用における協力のための日本国政府とインド共和国政府との間の協定(以下「協定」という。)に関連し、下名は、次のとおり記録する。

(i)　日本側代表団の代表は、当時のインド共和国外務大臣プラナーブ・ムカジー氏が二千八年九月五日に行った声明(以下「九月五日の声明」という。)が協定の下での両国間の協力の不可欠の基礎を成す旨述べた。

(ii)　協定第十四条の規定を実施するに当たり、日本側代表団の代表は、(i)に規定する基礎に何らかの変更がある場合には、日本国政府が同条に規定する権利を行使し、及び同条に定める手続を開始することができる旨述べた。

(iii)　日本側代表団の代表は、九月五日の声明に違反するインドの行動は通常の状況からの深刻な逸脱とみなされることとなる旨述べた。そのような場合において、協定の適用を受ける核物質の再処理は、協定第十四条9の規定に従って停止され

る。

(iv)　日本側代表団の代表は、更に、そのような場合において、発電の中断がインドの経済に及ぼす悪影響についての補償及び契約上の義務の中断を理由とする損失についての補償に関するインドの請求に対し、日本国が協定第十四条9に規定する協議を通じて異議を申し立てる権利を留保する旨述べた。

(v)　インド側代表団の代表は、九月五日の声明をインド共和国政府が再確認する旨述べた。

二　前記については、両国の見解の正確な反映であることが了解される。

# 第10章　文化

## 1　国際連合教育科学文化機関憲章（抄）

［ユネスコ憲章］

採択（作成）一九四五年一一月一六日（ロンドン）
効力発生　一九四六年一一月四日（最終改正―二〇〇一年一一月一日（第三一回総会））
日本国　一九五一年七月二日加入（受諾書寄託）（同年三月二七日内閣受諾、五月二一日国会承認、七月二日署名、一〇月六日公布・条約四号　最終改正―二〇〇一年一一月一日発効（〇二年六月一三日公布・外務省告示二五八号））
当事国　一九三

この憲章の当事国政府は、その国民に代つて次のとおり宣言する。

戦争は人の心の中で生れるものであるから、人の心の中に平和のとりでを築かなければならない。

相互の風習と生活を知らないことは、人類の歴史を通じて世界の諸人民の間に疑惑と不信をおこした共通の原因であり、この疑惑と不信のために、諸人民の不一致があまりにもしばしば戦争となつた。

ここに終りを告げた恐るべき大戦争は、人間の尊厳・平等・相互の尊重という民主主義の原理を否認し、これらの原理の代りに、無知と偏見を通じて人間と人種の不平等という教義をひろめることによつて可能にされた戦争であつた。

文化の広い普及と正義・自由・平和のための人類の教育とは、人間の尊厳に欠くことのできないものであり、且つ、すべての国民が相互の援助及び相互の関心の精神をもつて果さなければならない神聖な義務である。

政府の政治的及び経済的取極のみに基く平和は、世界の諸人民の、一致した、しかも永続する誠実な支持を確保できる平和ではない。よつて、平和は、失われないためには、人類の知的及び精神的連帯の上に築かなければならない。

これらの理由によつて、この憲章の当事国は、すべての人に教育の充分で平等な機会が与えられ、客観的真理が拘束を受けずに探究され、且つ、思想と知識が自由に交換されるべきことを信じて、その国民の間における伝達の方法を発展させ及び増加させること並びに相互に理解し及び相互の生活を一層真実に一層完全に知るためにこの伝達の方法を用いることに一致し及び決意している。

その結果、当事国は、世界の諸人民の教育、科学及び文化上の関係を通じて、国際連合の設立の目的であり、且つ、その憲章が宣言している国際平和と人類の共通の福祉という目的を促進するために、ここに国際連合教育科学文化機関を創設する。

**第一条（目的及び任務）**　1　この機関の目的は、国際連合憲章が世界の諸人民に対して人種、性、言語又は宗教の差別なく確認している正義、法の支配、人権及び基本的自由に対する普遍的な尊重を助長するために教育、科学及び文化を通じて諸国民の間の協力を促進することによつて、平和及び安全に貢献することである。

2　この目的を実現するために、この機関は、次のことを行う。

(a)　大衆通報（マス・コミュニケーション）のあらゆる方法を通じて諸人民が相互に知り且つ理解することを促進する仕事に協力すること並びにこの目的で言語及び表象による思想の自由な交流を促進するために必要な国際協定を勧告すること。

(b)　次のようにして一般の教育と文化の普及とに新しい刺激を与えること。

加盟国の要請によつて教育事業の発展のためにその国と協力すること。

人種、性又は経済的若しくは社会的な差別にかかわらない教育の機会均等の理想を進めるために、諸国民の間における協力の関係をつくること。

自由の責任に対して世界の児童を準備させるのに最も適した教育方法を示唆すること。

(c)　次のようにして知識を維持し、増進し、且つ、普及すること。

世界の遺産である図書、芸術作品並びに歴史及び科学の記念物の保存及び保護を確保し、且つ、関係諸国民に対して必要な国際条約を勧告すること。

教育、科学及び文化の分野で活動している人々の国際的交換並びに出版物、芸術的及び科学的に意義のある物その他の参考資料の交換を含む知的活動のすべての部門における諸国民の間の協力を奨励すること。

いずれの国で作成された印刷物及び刊行物でもすべての国の人民が利用できるようにする国際協力の方法を発案すること。

3　この機関の加盟国の文化及び教育制度の独立、統一性及び実りの多い多様性を維持するために、この機関は、加盟国の国内管轄権に本質的に属する事項に干渉することを禁止される。

**第二条（加盟国の地位）**　1　国際連合の加盟国は、国際連合教育科学文化機関の加盟国となる権利を伴う。

2　この憲章の第十条によつて承認されるべきこの機関と国際連合との間の協定の条件に従うことを条件として、国際連合の加盟国でない国は、執行委員会の勧告に基き、総会の三分の二の多数の投票でこの機関の加盟国となることを認められることができる。

3　国際関係の処理について責任を負わない地域又は地域群は、その国際関係について責任を負う加盟国その他の当局が当該地域又は地域群に代つて行つた申請に基き、総会が、出席し且つ投票する加盟国の三分の二の多数によつて準加盟国として認めることができる。準加盟国の権利及び義務の性質及び範囲は、総会が決定する。

4　この機関の加盟国で国際連合の加盟国の権利及び特権の行使を停止されたものは、国際連合の要請に基き、この機関の加盟国の権利及び特権を停止される。

5　この機関の加盟国で国際連合から除名されたものは、自動的にこの機関の加盟国でなくなる。

6　機関の加盟国又は準加盟国は、事務局長にあてた通告により機関から脱退することができる。この通告は、それが行われた年の翌年の十二月三十一日に効力を生ずる。このような脱退は、それが効力を生じた日に機関に対して負つている財政上の義務に影響を及ぼすものではない。準加盟国の脱退の通告は、その準加盟国の国際関係について責任を負う加盟国その他の当局がその準加盟国に代つて行う。

7　各加盟国は、この機関に対する常駐代表を任命する権利がある。

8　加盟国の常駐代表は、この機関の事務局長に信任状を提出しなければならず、信任状提出の日から公式に職務を遂行する。

**第三条（諸機関）**　この機関は、総会、執行委員会及び事務局をもつ。

**第四条（総会）**（略）

**第五条（執行委員会）**（略）

**第六条（事務局）**（略）

**第七条（国内協力団体）**　1　各加盟国は、教育、科学及び文化の事項にたずさわっている自国の主要な団体をこの機関の事業に参加させるために、その特殊事情に即する措置を執らなければならない。その措置としては、広く政府及びこれらの団体を代表する国内委員会の設立によることが望ましい。

2　国内委員会又は国内協力団体があるところでは、これらは、この機関に関係がある事項について総会における各自国の代表団、執行委員会における各自国の代表者及び代表者代理並びに自国の政府に対して、助言的資格で行動し、かつ、この機関に関係があるすべての事項について連絡機関としての任務を行う。

3　この機関は、加盟国の要請に基いて、その国の国内委員会に対し、その事業の発展を援助するために臨時的に又は恒久的に事務局員一人を派遣することができる。

**第八条（加盟国による報告）**（略）

**第九条（予算）**（略）

**第一〇条（国際連合との関係）**（略）

**第一一条（他の国際専門諸機関との関係）**（略）

**第一二条（この機関の法的地位）**（略）

**第一三条（改正）**（略）

**第一四条（解釈）**　1　（略）

2　この憲章の解釈に関する疑義又は紛争は、総会がその手続規則に基いて決定するところにより、国際司法裁判所又は仲裁裁判に決定のために付託する。

**第一五条（効力の発生）**（略）

## 2　世界遺産条約（抄）

（世界の文化遺産及び自然遺産の保護に関する条約）

採　択　一九七二年一一月一六日（パリ）
効力発生　一九七五年一二月一七日
日本国　一九九二年九月三〇日（同年六月一九日国会承認、六月二六日内閣受諾決定、六月三〇日受諾書寄託、九月二八日公布・条約七号）
当事国　一九四

国際連合教育科学文化機関の総会は、（中略）

この条約を千九百七十二年十一月十六日に採択する。

### Ⅰ　文化遺産及び自然遺産の定義

**第一条【文化遺産の定義】**　この条約の適用上、「文化遺産」とは、次のものをいう。

記念工作物　建築物、記念的意義を有する彫刻及び絵画、考古学的な性質の物件及び構造物、金石文、洞穴住居並びにこれらの物件の組合せであって、歴史上、芸術上又は学術上顕著な普遍的価値を有するもの

建造物群　独立し又は連続した建造物の群であって、その建築様式、均質性又は景観内の位置のために、歴史上、芸術上又は学術上顕著な普遍的価値を有するもの

遺跡　人工の所産（自然と結合したものを含む。）及び考古学的遺跡を含む区域であって、歴史上、芸術上、民族学上又は人類学上顕著な普遍的価値を有するもの

**第二条【自然遺産の定義】**　この条約の適用上、「自然遺産」とは、次のものをいう。

無生物又は生物の生成物又は生成物群から成る特徴のある自然の地域であって、観賞上又は学術上顕著な普遍的価値を有するもの

地質学的又は地形学的形成物及び脅威にさらされている動物又は植物の種の生息地又は自生地として区域が明確に定められている地域であって、学術上又は保存上顕著な普遍的価値を有するもの

自然の風景地及び区域が明確に定められている自然の地域であって、学術上、保存上又は景観上顕著な普遍的価値を有するもの

**第三条【締約国の役割】**　前二条に規定する種々の物件で自国の領域内に存在するものを認定し及びその区域を定めることは、締約国の役割である。

### Ⅱ　文化遺産及び自然遺産の国内的及び国際的保護

**第四条【締約国の義務】**　締約国は、第一条及び第二条に規定する文化遺産及び自然遺産で自国の領域内に存在するものを認定し、保護し、保存し、整備し及び将来の世代へ伝えることを確保することが第一義的には自国に課された義務であることを認識する。このため、締約国は、自国の有するすべての能力を用いて並びに適当な場合には取得し得る国際的な援助及び協力、特に、財政上、芸術上、学術上及び技術上の援助及び協力を得て、最善を尽くすものとする。

**第五条【締約国の努力事項】**　締約国は、自国の領域内に存在する文化遺産及び自然遺産の保護、保存及び整備のための効果的かつ積極的な措置がとられることを確保するため、可能な範囲内で、かつ、自国にとって適当な場合には、次のことを行うよう努める。

(a)　文化遺産及び自然遺産に対し社会生活における役割を与え並びにこれらの遺産の保護を総合的な計画の中に組み入れるための一般的な政策をとること。

(b)　文化遺産及び自然遺産の保護、保存及び整備のための機関が存在しない場合には、適当な職員を有し、かつ、任務の遂行に必要な手段を有する一又は二以上の機関を自国の領域内に設置すること。

(c)　学術的及び技術的な研究及び調査を発展させること並びに自国の文化遺産又は自然遺産を脅かす危険に対処することを可能にする実施方法を開発すること。

(d)　文化遺産及び自然遺産の認定、保護、保存、整備及び活用のために必要な立法上、学術上、技術上、行政上及び財政上の適当な措置をとること。

(e)　文化遺産及び自然遺産の保護、保存及び整備の分野におけ

る全国的又は地域的な研修センターの設置又は発展を促進し、並びにこれらの分野における学術的調査を奨励すること。

**第六条【国際協力】** 1　締約国は、第一条及び第二条に規定する文化遺産及び自然遺産が世界の遺産であること並びにこれらの遺産の保護について協力することが国際社会全体の義務であることを認識する。この場合において、これらの遺産が領域内に存在する国の主権は、これを十分に尊重するものとし、また、国内法令に定める財産権は、これを害するものではない。

2　締約国は、この条約に従い、第十一条の2及び4に規定する文化遺産及び自然遺産の認定、保護、保存及び整備につき、当該遺産が領域内に存在する国の要請に応じて援助を与えることを約束する。

3　締約国は、第一条及び第二条に規定する文化遺産及び自然遺産で他の締約国の領域内に存在するものを直接又は間接に損傷することを意図した措置をとらないことを約束する。

**第七条【国際的保護に関する了解】** この条約において、世界の文化遺産及び自然遺産の国際的保護とは、締約国がその文化遺産及び自然遺産を保存し及び認定するために努力することを支援するための国際的な協力及び援助の体制を確立することであると了解される。

### III　世界の文化遺産及び自然遺産の保護のための政府間委員会(抄)

**第八条【世界遺産委員会の設置】** 1　この条約により国際連合教育科学文化機関に、顕著な普遍的価値を有する文化遺産及び自然遺産の保護のための政府間委員会(以下「世界遺産委員会」という。)を設置する。同委員会は、同機関の総会の通常会期の間に開催される締約国会議において締約国により選出される十五の締約国によって構成される。同委員会の構成国の数は、この条約が少なくとも四十の国について効力を生じた後における最初の総会の通常会期からは二十一とする。

2　世界遺産委員会の構成国の選出に当たっては、世界の異なる地域及び文化が衡平に代表されることを確保する。

3　世界遺産委員会の会議には、文化財の保存及び修復の研究のための国際センター(ローマ・センター)の代表一人、記念物及び遺跡に関する国際会議(ICOMOS)の代表一人及び自然及び天然資源の保全に関する国際同盟(IUCN)の代表一人が、顧問の資格で出席することができるものとし、国際連合教育科学文化機関の総会の通常会期の間に開催される締約国会議における締約国の要請により、同様の目的を有する他の政府間機関又は非政府機関の代表も、顧問の資格で出席することができる。

**第九条【構成国の任期】**(略)

**第一〇条【手続規則・諮問機関の設置】**(略)

**第一一条【世界遺産一覧表の作成・公表】** 1　締約国は、できる限り、文化遺産又は自然遺産の一部を構成する物件で、自国の領域内に存在し、かつ、2に規定する一覧表に記載することが適当であるものの目録を世界遺産委員会に提出する。この目録は、すべてを網羅したものとはみなされないものとし、当該物件の所在地及び重要性に関する資料を含む。

2　世界遺産委員会は、1の規定に従って締約国が提出する目録に基づき、第一条及び第二条に規定する文化遺産又は自然遺産の一部を構成する物件であって、同委員会が自己の定めた基準に照らして顕著な普遍的価値を有すると認めるものの一覧表を「世界遺産一覧表」の表題の下に作成し、常時最新のものとし及び公表する。最新の一覧表は、少なくとも二年に一回配布される。

3　世界遺産一覧表に物件を記載するに当たっては、当該国の同意を必要とする。二以上の国が主権又は管轄権を主張している領域内に存在する物件を記載することは、その紛争の当事国の権利にいかなる影響も及ぼすものではない。

4　世界遺産委員会は、事情により必要とされる場合には、世界遺産一覧表に記載されている物件であって、保存のために大規模な作業が必要とされ、かつ、この条約に基づいて援助が要請されているものの一覧表を「危険にさらされている世界遺産一覧表」の表題の下に作成し、常時最新のものとし及び公表する。(以下略)

5　世界遺産委員会は、文化遺産又は自然遺産を構成する物件が2及び4に規定するいずれかの一覧表に記載されるための基準を定める。

6　世界遺産委員会は、2及び4に規定する一覧表のいずれかへの記載の要請を拒否する前に、当該文化遺産又は自然遺産が領域内に存在する締約国と協議する。

7　世界遺産委員会は、当該国の同意を得て、2及び4に規定する一覧表の作成に必要な研究及び調査を調整し及び奨励する。

**第一二条【一覧表不記載物件の意味】** 文化遺産又は自然遺産を構成する物件が前条の2及び4に規定する一覧表のいずれにも記載されなかったという事実は、いかなる場合においても、これらの一覧表に記載されることによって生ずる効果については別として、それ以外の点について顕著な普遍的価値を有しないという意味に解してはならない。

**第一三条【世界遺産委員会による国際的援助の検討】** 1　世界遺産委員会は、文化遺産又は自然遺産の一部を構成する物件であって、締約国の領域内に存在し、かつ、第十一条の2及び4に規定する一覧表に記載されており又は記載されることが適当であるがまだ記載されていないものにつき、当該締約国が表明する国際的援助の要請を受理し、検討する。当該要請は、当該物件を保護し、保存し、整備し又は活用することを確保するために行うことができる。

2　1の国際的援助の要請は、また、予備調査の結果更に調査を行うことが必要と認められる場合には、第一条及び第二条に規定する文化遺産及び自然遺産を認定するためにも行うことができる。

3　世界遺産委員会は、これらの要請についてとられる措置並びに適当な場合には援助の性質及び範囲を決定するものとし、同委員会のための当該政府との間の必要な取極の締結を承認する。

4　世界遺産委員会は、その活動の優先順位を決定するものとし、その優先順位の決定に当たり、保護を必要とする物件が世界の文化遺産及び自然遺産において有する重要性、自然環境又は世界の諸国民の特質及び歴史を最もよく代表する物件に対して国際的援助を与えることの必要性、実施すべき作業の緊急性並びに脅威にさらされている物件が領域内に存在する国の利用し得る能力、特に、当該国が当該物件を自力で保護することができる程度を考慮する。

5　世界遺産委員会は、国際的援助が供与された物件の一覧表を作成し、常時最新のものとし及び公表する。

6　世界遺産委員会は、第十五条の規定によって設定される基金の資金の使途を決定する。同委員会は、当該資金を増額するための方法を追求し、及びこのためすべての有用な措置をとる。

7 （略）

8 世界遺産委員会の決定は、出席しかつ投票する構成国の三分の二以上の多数による議決で行う。同委員会の会合においては、過半数の構成国が出席していなければならない。

**第一四条【ユネスコ事務局の役割】**（略）

IV 世界の文化遺産及び自然遺産の保護のための基金（略）

**第一五条【世界遺産基金の設立】**（略）

**第一六条【世界遺産基金への分担金】**（略）

**第一七条【国内協力団体】**（略）

**第一八条【国際的募金運動】**（略）

V 国際的援助の条件及び態様（略）

**第一九条【国際的援助の要請】**（略）

**第二〇条【国際的援助の対象物件】**（略）

**第二一条【国際的援助要請の手続】**（略）

**第二二条【国際的援助の形態】**（略）

**第二三条【研修センターに対する国際的援助】**（略）

**第二四条【国際的援助の条件】**（略）

**第二五条【被援助国の責任】**（略）

**第二六条【国際的援助のための協定】**（略）

VI 教育事業計画（略）

**第二七条【世界遺産に関する教育強化】**（略）

**第二八条【国際的援助の役割に関する広報】**（略）

VII 報告

**第二九条【ユネスコ総会への報告】** 1 締約国は、国際連合教育科学文化機関の総会が決定する期限及び様式で同総会に提出する報告において、この条約を適用するために自国がとった立法措置、行政措置その他の措置及びこの分野で得た経験の詳細に関する情報を提供する。

2 1の報告については、世界遺産委員会に通知する。

3 世界遺産委員会は、その活動に関する報告書を国際連合教育科学文化機関の総会の通常会期ごとに提出する。

VIII 最終条項（第三〇条から第三八条まで）（略）

## 3 文化財不法輸出入禁止条約（抄）

（文化財の不法な輸入、輸出及び所有権移転を禁止し及び防止する手段に関する条約）

採択 一九七〇年一一月一四日（パリ）
効力発生 一九七二年四月二四日
日本国 二〇〇二年一二月九日（同年六月一二日国会承認、九月九日受諾書寄託、九月一〇日公布・条約一四号）
当事国 一四〇

国際連合教育科学文化機関の総会は、千九百七十年十月十二日から十一月十四日までパリにおいてその第十六回会期として会合し、

総会の第十四回会期において採択した文化に関する国際協力の原則に関する宣言の重要性を想起し、

科学的、文化的及び教育的目的のために行われる文化財の諸国間の交流により、人類の文明に関する知識が増大し、すべての人民の文化的な生活が豊かになり並びに諸国間が相互に尊重し及び評価するようになることを考慮し、

文化財が文明及び国の文化の基本的要素の一であること並びに文化財の真価はその起源、歴史及び伝統についてのできる限り十分な情報に基づいてのみ評価することができるものであることを考慮し、

自国の領域内に存在する文化財を盗難、盗掘及び不法な輸出の危険から保護することが各国の義務であることを考慮し、

これらの危険を回避するため、各国が自国及び他のすべての国の文化遺産を尊重する道義的責任を一層認識することが重要であることを考慮し、

文化施設としての博物館、図書館及び公文書館が世界的に認められた道義上の原則に従って収集を行うことを確保すべきであることを考慮し、

国際連合教育科学文化機関は国際条約を関係諸国に勧告することにより諸国間の理解の促進を図ることをその任務の一としているが、文化財の不法な輸入、輸出及び所有権移転はこの諸国間の理解の障害となることを考慮し、

文化遺産の保護は、各国の国内において、かつ、諸国間で緊密に協力して行われる場合にのみ効果的に行われ得るものであることを考慮し、

国際連合教育科学文化機関の総会が千九百六十四年にこの趣旨の勧告を採択したことを考慮し、

総会の第十六回会期の議事日程の第十九議題である文化財の不法な輸入、輸出及び所有権移転を禁止し及び防止する手段に関する新たな提案を受け、

総会の第十五回会期において、この問題が国際条約の対象となるべきことを決定して、

この条約を千九百七十年十一月十四日に採択する。

**第一条【文化財の定義】** この条約の適用上、「文化財」とは、宗教的理由によるか否かを問わず、各国が考古学上、先史学上、史学上、文学上、美術上又は科学上重要なものとして特に指定した物件であって、次の分類に属するものをいう。

(a) 動物学上、植物学上、鉱物学上又は解剖学上希少な収集品及び標本並びに古生物学上関心の対象となる物件
(b) 科学技術史、軍事史、社会史その他の歴史、各国の指導者、思想家、科学者又は芸術家の生涯及び各国の重大な事件に関する物件
(c) 正規の発掘、盗掘その他の考古学上の発掘又は考古学上の発見によって得られた物件
(d) 美術的若しくは歴史的記念工作物又は分断された考古学的遺跡の部分
(e) 製作後百年を超える古代遺物（例えば、金石文、貨幣、刻印）
(f) 民族学的関心の対象となる物件
(g) 美術的関心の対象となる物件であって、例えば、次の(i)から(iv)までに掲げるもの
(i) 肉筆の書画（画布及び材料を問わないものとし、意匠及

## 文化財不法輸出入禁止条約

び手作業で装飾した加工物を除く。）

(ii) 彫刻、塑像、鋳像その他これらに類する美術品（材料を問わない。）

(iii) 銅版画、木版画、石版画その他の版画

(iv) 美術的に構成し又は合成した物件（材料を問わない。）

(h) 単独で又は一括されることにより特別な関心（歴史的、美術的、科学的、文学的その他の関心）の対象となる希少な手書き文書、インキュナブラ、古い書籍、文書及び出版物

(i) 単独の又は一括された郵便切手、収入印紙その他これらに類する物件

(j) 音声、写真又は映画による記録その他の記録

(k) 古い楽器及び製作後百年を超える家具

**第二条【不法輸出入等の防止】** 1 締約国は、文化財の不法な輸入、輸出及び所有権移転が当該文化財の原産国の文化遺産を貧困化させる主要な原因の一であること並びに国際協力がこれらの不法な行為によって生ずるあらゆる危険から各国の文化財を保護するための最も効果的な手段の一であることを認める。

2 締約国は、このため、自国のとり得る手段、特に、不法な輸入、輸出及び所有権移転の原因を除去し、現在行われている行為を停止させ並びに必要な回復を行うために援助することにより、不法な輸入、輸出及び所有権移転を阻止することを約束する。

**第三条【不法な文化財輸出入等】** 締約国がこの条約に基づいてとる措置に反して行われた文化財の輸入、輸出又は所有権移転は、不法とする。

**第四条【文化遺産】** この条約の適用上、締約国は、次の種類の文化財が各国の文化遺産を成すものであることを認める。

(a) 各国の国民（個人であるか集団であるかを問わない。）の才能によって創造された文化財、及び各国の領域内に居住する外国人又は無国籍者によりその領域内で創造された文化財であって当該国にとって重要なもの

(b) 各国の領域内で発見された文化財

(c) 考古学、民族学又は自然科学の調査団がその原産国の権限のある当局の同意を得て取得した文化財

(d) 自由な合意に基づいて交換された文化財

(e) その原産国の権限のある当局の同意を得て、贈与され又は合法的に購入した文化財

**第五条【国内機関の設置】**（略）

**第六条【文化財輸出の規制】** 締約国は、次のことを約束する。

(a) 当該文化財の輸出が許可されたものであることを輸出国が明記する適当な証明書を導入すること。この証明書は、規則に従って輸出される文化財のすべての物件に添付されるべきである。

(b) (a)に規定する輸出許可についての証明書が添付されない限り、文化財が自国の領域から輸出されることを禁止すること。

(c) (b)に規定する禁止を適当な手段により、特に、文化財を輸出し又は輸入する可能性のある者に対して公表すること。

**第七条【文化財輸入の規制】** 締約国は、次のことを約束する。

(a) 自国の領域内に所在する博物館その他これに類する施設が他の締約国を原産国とする文化財であってこの条約が関係国について効力を生じた後に不法に輸出されたものを取得することを防止するため、国内法に従って必要な措置をとること。この条約がこれらの国について効力を生じた後に当該文化財の原産国である締約国から不法に持ち出された文化財の提供の申出があった場合には、当該原産国に対し、できる限りその旨を通報すること。

(b)(i) 他の締約国の領域内に所在する博物館、公共の記念工作物（宗教的なものであるかないかを問わない。）その他これらに類する施設からこの条約が関係国について効力を生じた後に盗取された文化財（当該施設の所蔵品目録に属することが証明されたものに限る。）の輸入を禁止すること。

(ii) 原産国である締約国が要請する場合には、(i)に規定する文化財であってこの条約が関係国について効力を生じた後に輸入されたものを回復し及び返還するため適当な措置をとること。ただし、要請を行う締約国が当該文化財の善意の購入者又は当該文化財に対して正当な権原を有する者に対し適正な補償金を支払うことを条件とする。回復及び返還の要請は、外交機関を通じて行う。要請を行う締約国は、回復及び返還についての権利を確立するために必要な書類その他の証拠資料を自国の負担で提出する。締約国は、この条の規定に従って返還される文化財に対し関税その他の課徴金を課してはならない。文化財の返還及び引渡しに係るすべての経費は、要請を行う締約国が負担する。

**第八条【刑罰と行政罰】**（略）

**第九条【危険に対する措置】**（略）

**第一〇条【不法持出し等の規制】** 締約国は、次のことを約束する。

(a) 教育、情報提供及び監視を行うことにより、締約国から不法に持ち出された文化財の移動を制限すること。また、自国にとって適当な場合には、文化財の各物件ごとの出所、供給者の氏名及び住所並びに売却した各物件の特徴及び価格を記録した台帳を常備すること並びに文化財の買手に対し当該文化財について輸出禁止の措置がとられることがある旨を知らせることを古物商に義務付けること。この義務に違反した者には、刑罰又は行政罰を科する。

(b) 文化財の価値並びに盗取、盗掘及び不法な輸出が文化遺産にもたらす脅威につき教育を通じて国民に認識させ及びそのような認識を高めるよう努めること。

**第一一条【占領起因の強制的輸出】** 外国による国土占領に直接又は間接に起因する強制的な文化財の輸出及び所有権移転は、不法であるとみなす。

**第一二条【不法輸出入等の規制】** 締約国は、自国が国際関係について責任を有する領域内に存在する文化遺産を尊重するものとし、当該領域における文化財の不法な輸入、輸出及び所有権移転を禁止し及び防止するためすべての適当な措置をとる。

**第一三条【補充的措置】** 締約国は、また、自国の法令に従い、次のことを約束する。

(a) 文化財の不法な輸入又は輸出を促すおそれのある所有権移転をすべての適当な手段によって防止すること。

(b) 不法に輸出された文化財がその正当な所有者にできる限り速やかに返還されることを容易にするために自国の権限のある機関が協力することを確保すること。

(c) 亡失し若しくは盗取された文化財の物件の正当な所有者又はその代理人が提起する当該物件の回復の訴えを認めること。

(d) 各締約国が特定の文化財について譲渡を禁止し、その結果当然に輸出も禁止するものとして分類し及び宣言することは当該締約国の奪い得ない権利であることを認め、並びに当該締約国が輸出された場合には当該締約国がそれを回復することを容易にすること。

**第一四条【予算措置】**（略）
**第一五条【特別協定との関係】**（略）
**第一六条【情報提供】**（略）
**第一七条【技術援助】**（略）
**第一八条【正文】**（略）
**第一九条【批准】**（略）
**第二〇条【加入】**（略）
**第二一条【効力発生】**（略）
**第二二条【適用領域】**（略）
**第二三条【廃棄】**（略）
**第二四条【批准等の通報】**（略）
**第二五条【改正】**（略）
**第二六条【登録】**（略）

## 4　無形文化遺産条約（抄）

（無形文化遺産の保護に関する条約）

採　　択　二〇〇三年一〇月一七日（パリ）
効力発生　二〇〇六年四月二〇日
日 本 国　二〇〇六年四月二〇日（〇四年五月一九日国会承認、六月一五日受諾書寄託、〇六年四月一四日公布・条約三号）
当 事 国　一八〇

国際連合教育科学文化機関（以下「ユネスコ」という。）の総会は、（中略）

地球規模化及び社会の変容の過程は、社会［communities］間の新たな対話のための状況を作り出すと同時に、不寛容の現象と同様に、特に無形文化遺産の保護のための資源の不足により、無形文化遺産の衰退、消滅及び破壊の重大な脅威をもたらすことを認識し、

人類の無形文化遺産の保護に対する普遍的な意思及び共通の関心を認識し、

社会（特に原住民の社会［indigenous communities］）、集団及び場合により個人が無形文化遺産の創出、保護、維持及び再現［re-creation］に重要な役割を果たすことにより、文化の多様性及び人類の創造性を高めることに役立っていることを認識し、（中略）

人々をより緊密にさせ並びに人々の間の交流及び理解を確保する要素としての無形文化遺産の極めて重要な役割を考慮し、

この条約を二千三年十月十七日に採択する。

### I　一般規定

**第一条（条約の目的）** この条約の目的は、次のとおりとする。

(a) 無形文化遺産を保護すること。
(b) 関係のある社会、集団及び個人の無形文化遺産を尊重することを確保すること。
(c) 無形文化遺産の重要性及び無形文化遺産を相互に評価することを確保することの重要性に関する意識を地域的、国内的及び国際的に高めること。
(d) 国際的な協力及び援助について規定すること。

**第二条（定義）** この条約の適用上、

1 「無形文化遺産」とは、慣習、描写［representations］、表現、知識及び技術並びにそれらに関連する器具、物品、加工品及び文化的空間であって、社会、集団及び場合によっては個人が自己の文化遺産の一部として認めるものをいう。この無形文化遺産は、世代から世代へと伝承され、社会及び集団が自己の環境、自然との相互作用及び歴史に対応して絶えず再現し、かつ、当該社会及び集団に同一性及び継続性の認識を与えることにより、文化の多様性及び人類の創造性に対する尊重を助長するものである。この条約の適用上、無形文化遺産については、既存の人権に関する国際文書並びに社会、集団及び個人間の相互尊重並びに持続可能な開発の要請と両立するものにのみ考慮を払う。

2 1に定義する「無形文化遺産」は、特に、次の分野において明示される。

(a) 口承による伝統及び表現（無形文化遺産の伝達手段としての言語を含む。）
(b) 芸能
(c) 社会的慣習、儀式及び祭礼行事
(d) 自然及び万物［universe］に関する知識及び慣習
(e) 伝統工芸技術

3 「保護」［safeguarding］とは、無形文化遺産の存続を確保するための措置（認定、記録の作成、研究、保存、保護、促進、拡充、伝承（特に正規の又は正規でない教育を通じたもの）及び無形文化遺産の種々の側面の再活性化を含む。）をいう。

4・5（略）

**第三条（他の国際文書との関係）** この条約のいかなる規定も、次のように解してはならない。

(a) 無形文化遺産が直接関連する世界遺産を構成する物件に関し、千九百七十二年の世界の文化遺産及び自然遺産の保護に関する条約の下での地位を変更し又は保護の水準を低下させる。
(b) 締約国が知的財産権又は生物学的及び生態学的な資源の利用に関する国際文書の当事国であることにより生ずる権利及び義務に影響を及ぼす。

### II　条約の機関（抄）

**第四条（締約国会議）** 1 この条約により、締約国会議を設置する。締約国会議は、この条約の最高機関である。

2 締約国会議は、通常会期として二年ごとに会合する。（後略）

3（略）

**第五条（無形文化遺産の保護のための政府間委員会）** 1 この条約により、ユネスコに無形文化遺産の保護のための政府間委員会（以下「委員会」という。）を設置する。委員会は、第三十四条に基づきこの条約が効力を生じた後は、締約国会議に出席する締約国により選出される十八の締約国の代表者によって構成される。

2 委員会の構成国の数は、この条約の締約国の数が五十に達した後は、二十四に増加する。

**第六条（委員会の構成国の選出及び任期）** 1 委員会の構成国の選出は、衡平な地理的代表及び輪番の原則に従う。

2―6（略）

7 委員会の構成国は、自国の代表として無形文化遺産の種々の分野における専門家を選定する。

**第七条（委員会の任務）** 委員会の任務は、次のとおりとする。た

だし、この条約により与えられる他の権限を害するものではない。

(a) 条約の目的を促進し並びにその実施を奨励し及び監視すること。

(b) 無形文化遺産を保護するための最良の実例に関する指針を提供し及びそのための措置の勧告を行うこと。

(c) 第二十五条に従って、基金の資金の使途に関する計画案を作成し及び承認を得るため締約国会議に提出すること。

(d) 第二十五条に従って、基金の資金を増額するための方法を追求し及びこのために必要な措置をとること。

(e) この条約の実施のための運用指示書を作成し及びその承認を得るため締約国会議に提出すること。

(f) 第二十九条に従って締約国が提出する報告を検討し及び締約国会議のために当該報告を要約すること。

(g) 締約国が提出する次の要請について、検討し並びに委員会が定め及び締約国会議が承認する客観的な選考基準に従って決定すること。

(i) 第十六条、第十七条及び第十八条に規定する一覧表への記載及び提案

(ii) 第二十二条による国際的な援助の供与

**第八条（委員会の活動方法）**（略）

**第九条（助言団体の認定）** 1　委員会は、無形文化遺産の分野において能力を認められた民間団体の認定〔accreditation〕を締約国会議に提案する。当該民間団体は、委員会の顧問の資格で行動する。

2　委員会は、また、締約国会議にその認定の基準及び方法を提案する。

**第一〇条（事務局）**（略）

### III　無形文化遺産の国内的保護

**第一一条（締約国の役割）** 締約国は、次のことを行う。

(a) 自国の領域内に存在する無形文化遺産の保護を確保するために必要な措置をとること。

(b) 第二条3に規定する保護のための措置のうち自国の領域内に存在する種々の無形文化遺産の認定〔identify and define〕を、社会、集団及び関連のある民間団体の参加を得て、行うこと。

**第一二条（目録）** 1　締約国は、保護を目的とした認定を確保するため、各国の状況に適合した方法により、自国の領域内に存在する無形文化遺産について一又は二以上の目録を作成する。これらの目録は、定期的に更新する。

2（略）

**第一三条（保護のための他の措置）** 締約国は、自国の領域内に存在する無形文化遺産の保護、発展及び振興のために次のことを行うよう努める。

(a) 社会における無形文化遺産の役割を促進し及び計画の中に無形文化遺産の保護を組み入れるための一般的な政策をとること。

(b) 自国の領域内に存在する無形文化遺産の保護のため、一又は二以上の権限のある機関を指定し又は設置すること。

(c) 無形文化遺産、特に危険にさらされている無形文化遺産を効果的に保護するため、学術的、技術的及び芸術的な研究並びに調査の方法を促進すること。

(d) 次のことを目的とする立法上、技術上、行政上及び財政上の適当な措置をとること。

(i) 無形文化遺産の管理に係る訓練を行う機関の設立又は強化を促進し並びに無形文化遺産の実演又は表現のための場及び空間を通じた無形文化遺産の伝承を促進すること。

(ii) 無形文化遺産の特定の側面へのアクセスを規律する慣行を尊重した上で無形文化遺産へのアクセスを確保すること。

(iii) 無形文化遺産の記録の作成のための機関を設置し及びその機関の利用を促進すること。

**第一四条（教育、意識の向上及び能力形成）**（略）

**第一五条（社会、集団及び個人の参加）** 締約国は、無形文化遺産の保護に関する活動の枠組みの中で、無形文化遺産を創出し、維持し及び伝承する社会、集団及び適当な場合には個人のできる限り広範な参加を確保するよう努め並びにこれらのものをその管理に積極的に参加させるよう努める。

### IV　無形文化遺産の国際的保護

**第一六条（人類の無形文化遺産の代表的な一覧表）** 1　委員会は、無形文化遺産の一層の認知及びその重要性についての意識の向上を確保するため並びに文化の多様性を尊重する対話を奨励するため、関係する締約国の提案に基づき、人類の無形文化遺産の代表的な一覧表を作成し、常時最新のものとし及び公表する。

2　委員会は、この代表的な一覧表の作成、更新及び公表のための基準を定め並びにその基準を承認のため締約国会議に提出する。

**第一七条（緊急に保護する必要がある無形文化遺産の一覧表）** 1　委員会は、適当な保護のための措置をとるため、緊急に保護する必要がある無形文化遺産の一覧表を作成し、常時最新のものとし及び公表し並びに関係する締約国の要請に基づいて当該一覧表にそのような遺産を記載する。

2　委員会は、この一覧表の作成、更新及び公表のための基準を定め並びにその基準を承認のため締約国会議に提出する。

3　極めて緊急の場合（その客観的基準は、委員会の提案に基づいて締約国会議が承認する。）には、委員会は、関係する締約国と協議した上で、1に規定する一覧表に関係する遺産を記載することができる。

**第一八条（無形文化遺産の保護のための計画、事業及び活動）** 1　委員会は、締約国の提案に基づき並びに委員会が定め及び締約国会議が承認する基準に従って、また、発展途上国の特別のニーズを考慮して、無形文化遺産を保護するための国家的、小地域的及び地域的な計画、事業及び活動であってこの条約の原則及び目的を最も反映していると判断するものを定期的に選定し並びに促進する。

2　このため、委員会は、このような提案の準備のための締約国からの国際的な援助の要請を受領し、検討し及び承認する。

3　委員会は、そのような計画、事業及び活動を実施する場合、自らが決定した方法により最良の実例を普及させる。

### V　国際的な協力及び援助（第一九条から第二四条まで）（略）

### VI　無形文化遺産基金（抄）

**第二五条（基金の性質及び資金）** 1　この条約により、「無形文化遺産の保護のための基金」（以下「基金」という。）を設立する。

2－6（略）

**第二六条（基金に対する締約国の分担金及び任意拠出金）**（略）

**第二七条（基金への追加の任意拠出金）**（略）

**第二八条（国際的な募金運動）**（略）

Ⅶ　報告（第二九条及び第三〇条）（略）

Ⅷ　経過規定

**第三一条（人類の口承及び無形遺産に関する傑作の宣言との関係）**

1　委員会は、この条約の効力発生前に「人類の口承及び無形遺産に関する傑作」として宣言されたものを、人類の無形文化遺産の代表的な一覧表に記載する。

2　人類の無形文化遺産の代表的な一覧表へのこれらのものの記載は、第十六条2の規定に従って決定する将来の記載基準に何ら予断を与えるものではない。

3　（略）

Ⅸ　最終規定（第三二条から第四〇条まで）（略）

## 5　文化的表現多様性条約（抄）翻訳

（文化的表現の多様性の保護及び促進に関する条約）

採　　択　二〇〇五年一〇月二〇日（パリ）
効力発生　二〇〇七年三月一八日
日本国
当事国　一四八（他にEU）

国際連合教育科学文化機関の総会は、（中略）

文化の多様性が人類の固有の特性であることを確認し、

文化の多様性が人類の共同の財産[common heritage of humanity]であり、全人類の利益のためにはぐくまれ、保全されるべきであることを意識し、（中略）

この条約を二〇〇五年一〇月二〇日に採択する。

Ⅰ　目的及び指針となる原則

**第一条（目的）** この条約の目的は、次のとおりとする。

(a)　文化的表現の多様性を保護及び促進すること。

(b)　文化を豊かなものにし、かつ、相互に有益なかたちで自由に作用し合うことができる条件を創出すること。

(c)　異文化間の尊重及び平和の文化のために世界における一層広範な均衡のとれた文化交流を確保するために文化間の対話を奨励すること。

(d)　諸国民の間を架橋する精神に従って文化的な相互作用を発展させるために文化的絡み合い[interculturality]を育成すること。

(e)　文化的表現の多様性を尊重することを促進し、かつ、その価値に関する意識を地方、国内及び国際面で高めること。

(f)　全ての国、特に発展途上国にとって文化と発展との関連性が重要であることを再確認すること、及びその関連性の真価を認識することを確保するため、国内的及び国際的にとられる行動を支援すること。

(g)　同一性、価値観及び意味の伝達手段としての文化的な活動、物品及びサービスの特有の性質を認識すること。

(h)　自国の領域内で文化的表現の多様性を保護し、促進するために国が適当と認める政策及び措置を維持し、採用し、また実施するための国の主権的権利を再確認すること。

(i)　文化的表現の多様性を保護し、促進するため、特に発展途上国の能力を向上させるために共生[partnership]の精神をもって、国際協力及び連帯を強化すること。

**第二条（指針となる原則）**

1　人権及び基本的自由の尊重の原則

文化の多様性は、表現、情報及び通信の自由のような人権及び基本的自由並びに文化的表現を選択する個人の能力が保障される場合にのみ、保護され、かつ、促進される。いかなる者も、世界人権宣言に規定され若しくは国際法によって保障された人権及び基本的自由を侵害するために、又は当該人権及び基本的自由の範囲を制限するために、この条約の規定を援用することはできない。

2　主権の原則

国は、国際連合憲章及び国際法の原則に従って、自国の領域内で文化的表現の多様性を保護し、促進するための措置及び政策を採用する主権的権利を有する。

3　全ての文化の平等な尊厳及び尊重の原則

文化的表現の多様性を保護しかつ促進することは、全ての文化（少数者及び先住民族に属する人々の文化を含む。）の平等な尊厳及び尊重の承認を前提とする。

4　国際的な連帯及び協力の原則

国際的な協力及び連帯は、国、特に発展途上国が文化的な産業を含む文化的表現（文化的な産業が初期段階のものであるか、又は確立されたものであるかを問わない。）の手段を地方、国内及び国際面で創り出し、強化することができるようになることを目的とすべきである。

5　発展の経済的及び文化的側面の補完性の原則

文化が発展の基本的推進力の一つであることから、発展の文化的側面は、発展の経済的側面と同様に重要であり、個人及び諸国民は発展の文化的側面に参加し、かつ、これを享有する基本的権利を有する。

6　持続可能な発展の原則

文化の多様性は、個人及び社会にとって豊かな資産である。文化の多様性の保護、促進及び維持は、現在及び将来の世代の利益のための持続可能な発展にとって不可欠の要件である。

7　公平なアクセスの原則

豊かで多様な範囲の文化的表現への世界中からの公平なアクセス並びに表現及び普及の手段への諸文化のアクセスは、文化の多様性を高め、かつ相互の理解を奨励するための重要な要素である。

8　開放及び均衡の原則

国は、自国が文化的表現の多様性を支援する措置をとる場合には、適当な方法で世界の他の文化への開放を促進し、またそのような措置がこの条約の下で達成される目的に適合していることを確保するよう努めるべきである。

Ⅱ　適用範囲

**第三条（適用範囲）** この条約は、文化的表現の多様性の保護及び促進に関して締約国が採用する政策及び措置について適用する。

# 文化的表現多様性条約

### Ⅲ　定義

**第四条（定義）**　この条約の適用上、次のことが了解される。

1　文化の多様性

「文化の多様性」とは、集団及び社会の文化が表現を見いだす方法の多様性をいう。これらの表現は、集団及び社会の中で並びにこれらの間で継受される。

文化の多様性は、人類の文化遺産が種々の文化的表現により表現され、高められ、また伝えられる多様な方法によるだけでなく、用いられる手段及び科学技術のいかんを問わず、芸術的な創造、生産、普及、配布及び享受の多様な様式によっても示される。

2　文化的内容

「文化的内容」とは、象徴的な意味、芸術的な側面及び文化的価値であって、文化的同一性から発生し、又はそれを表現するものをいう。

3　文化的表現

「文化的表現」とは、個人、集団及び社会の創造性から生まれ、かつ、文化的内容を有する表現をいう。

4　文化的な活動、物品及びサービス

「文化的な活動、物品及びサービス」とは、文化的表現が有する商業的価値のいかんを問わず、特定の性質、使用又は目的が認められるときに、文化的表現を体現し、又は伝える活動、物品及びサービスをいう。文化的な活動は、活動そのものが目的であることも、また文化的な物品及びサービスの生産に貢献することもある。

5　文化的な産業

「文化的な産業」とは、4に規定する文化的な物品又はサービスを生産し、配布する産業をいう。

6　文化に関する政策及び措置

「文化に関する政策及び措置」とは、地方、国内、地域又は国際面で文化それ自体に焦点を合わせるか、個人、集団又は社会の文化的表現（文化的な活動、物品及びサービスの創造、生産、普及及び配布並びに文化的な活動、物品、サービスへのアクセスを含む。）に直接的な影響を与えることを意図されているかにかかわりなく、文化に関する政策及び措置をいう。

7　保護

「保護」とは、文化的表現の多様性の保全、保護及び向上を目的とする措置をとることをいう。

「保護する」とは、そのような措置をとることをいう。

8　文化的絡み合い

「文化的絡み合い」とは、多様な文化の存在及び衡平な相互作用並びに対話及び相互の尊重により共通の文化的表現を生み出す可能性をいう。

### Ⅳ　締約国の権利及び義務（抄）

**第五条（権利及び義務に関する一般規則）**　1　締約国は、国際連合憲章、国際法の原則及び普遍的に認められた人権に関する文書に従って、文化に関する政策を策定し、実施し、かつ、文化的表現の多様性を保護し、促進する措置をとり、さらにこの条約の目的を達成するための国際協力を強化する主権的権利を再確認する。

2　自国の領域内で文化的表現の多様性を保護し、促進するための政策を実施し、措置をとる場合には、そのような政策及び措置はこの条約の規定に適合するものでなければならない〔shall be consistent with〕。

**第六条（締約国の国内的権利）**　1　締約国は、第四条6に規定する文化に関する政策及び措置の枠組みの中で、かつ、独自の状況及び必要を考慮しつつ、自国の領域内で文化的表現の多様性を保護しかつ促進することを目的とする措置をとることができる。

2　そのような措置には、次のものを含むことができる。

(a)　文化的表現の多様性の保護及び促進を目的とする規制措置

(b)　領域内で利用可能な全ての文化的な活動、物品及びサービスの中で、国内の文化的な活動、物品及びサービスが適当な方法で創造、生産、普及、配布及び享受される機会を与える措置（そのような活動、物品及びサービスに使用する言語に関する規定を含む。）

(c)　国内の独立した文化的な産業及び非公式部門における活動に、文化的な活動、物品及びサービスの生産、普及及び配布の手段への効果的なアクセスを提供することを目的とする措置

(d)　公的な資金援助の提供を目的とする措置

(e)　非営利団体、公私の機関及び芸術家その他の文化の専門家が、思想、文化的表現並びに文化的な活動、物品及びサービスの自由な交流及び流通を発展させ、促進し、並びにこれらの活動における創造的及び起業家の精神の双方に刺激を与えることを奨励することを目的とする措置

(f)　適当な方法で、公共の機関を設立し、支援することを目的とする措置

(g)　芸術家及び文化的表現の創造に関わる者を育成し、支援することを目的とする措置

(h)　公共放送サービスを通じたものを含めてメディアの多様性を高めることを目的とする措置

**第七条（文化的表現を促進するための措置）**　1　締約国は、自国の領域内で個人及び社会集団に対して次のことを奨励する環境を創り出すよう努める。

(a)　女性及び種々の社会集団（少数者及び先住民族に属する人々を含む。）の特殊な状況及び必要に注意を払い、独自の文化的表現を創造し、生産し、普及させ、かつ配布すること並びに当該文化的表現にアクセスすること。

(b)　自国の領域内及び世界の他の国々からの多様な文化的表現にアクセスすること。

2　締約国は、また、芸術家、創造的な過程に関わる者、文化的な共同体及びこれらの仕事を支援する組織の重要な貢献並びに文化的表現の多様性を育成するに当たってこれらが果たす中心的役割を認めるよう努める。

**第八条（文化的表現を保護するための措置）**　1　締約国は、第五条及び第六条の規定の適用を妨げることなく、自国の領域内の文化的表現が消滅の危険にさらされている場合若しくは重大な脅威の下にある場合、又は当該文化的表現を緊急に保護する必要がある場合には、これらの特別な事態の存在を認定することができる。

2　締約国は、この条約の規定に合致する方法で、1にいう事態にある文化的表現を保護しかつ保全する全ての適当な措置をとることができる。

3　締約国は、事態の緊急性に合致するためにとられた全ての措置について第二三条にいう政府間委員会に報告し、同委員会は

適当な勧告を行うことができる。

**第九条（情報の共有及び透明性）**（略）

**第一〇条（教育及び公衆の啓発）**（略）

**第一一条（市民社会の参加）**（略）

**第一二条（国際協力の促進）**（略）

**第一三条（持続可能な発展における文化の統合）**（略）

**第一四条（発展のための協力）**（略）

**第一五条（協力の取極）**（略）

**第一六条（発展途上国の優先待遇）**（略）

**第一七条（文化的表現への重大な脅威がある事態における国際協力）**（略）

**第一八条（文化の多様性のための国際基金）**（略）

**第一九条（情報の交換、分析及び普及）**（略）

### V　他の文書との関係（抄）

**第二〇条（他の条約との関係―相互支持、補完及び非従属）**

1　締約国は、この条約に基づく義務及び自国が締約国である他の全ての条約に基づく義務を誠実に履行することを確認する。したがって、締約国は、この条約を他のいかなる条約にも従属させることなく、次のことを行う。

(a)　この条約と自国が締約国である他の条約とが相互に支持し合うように促す。

(b)　自国が締約国である他の条約を解釈しかつ適用するとき、又は他の国際的義務を負うときは、締約国は、この条約の関係規定を考慮する。

2　この条約のいかなる規定も、自国が締約国である他のいかなる条約に基づく締約国の権利及び義務を変更するものと解してはならない。

**第二一条（国際的な協議及び協調）**（略）

### VI　条約の機関（第二二条から第二四条まで）（略）

### VII　最終規定（第二五条から第三五条まで）（略）

**附属書　調停手続**（略）

## 6　武力紛争文化財保護条約（第14章第3節7参照 七九六頁）

# 第11章　環境

## 1　人間環境宣言 翻訳

［ストックホルム宣言］

採　択　一九七二年六月一六日（国連人間環境会議）（コンセンサス）

国際連合人間環境会議は、

一九七二年六月五日から一六日までストックホルムで開催され、人間環境を保全しその質を高める上で、世界の人々を鼓舞し、かつ、導くため共通の見解と原則が必要であると考え、

次のとおり宣言する。

1　人は、環境の創造物であると同時に、環境の形成者である。環境は、人間の生存を支え、かつ、知的、道徳的、社会的及び精神的な成長の機会を人に与えるものである。地球上の人類の苦難にみちた長い進化の過程で、人は、科学技術の加速度的な進歩により、自らの環境を無数の方法により、かつ、前例のない規模で変革する力を持つ段階に到達した。自然の環境と人が創り出した環境は、ともに人間の福利及び基本的人権ひいては生存権そのものの享有にとって不可欠である。

2　人間環境の保護と改善は、世界中の人々の福利と経済発展に影響を及ぼす主要な課題である。これは、全世界の人々の切望するところであり、かつ、全ての政府の義務である。

3　人は、絶えず経験を生かし、かつ、発見、発明、創造及び進歩を続けなければならない。今日周辺の環境を変革する人間の力は、賢明に用いるならば、全ての人々に開発の恩恵と生活の質を高める機会をもたらすことができる。誤って又は不注意に用いるならば、同じ力は、人間と人間環境に対して計り知れない害をもたらすことにもなる。われわれは、地球上の多くの地域において、人が創り出した害が増大しつつあることを知っている。その害とは、水、大気、陸地及び生物において危険なレベルに達した汚染、生物圏の生態学的均衡に対する重大な望ましからざる攪乱、かけがえのない資源の破壊と枯渇、及び、人が創り出した環境、特に生活環境と労働環境における人間の肉体的、精神的及び社会的健康に害を与える重大な欠陥である。

4　発展途上国では、環境問題の大部分が低開発から生じている。何百万の人々が十分な食料、衣服、住居、教育、健康及び衛生を奪われた状態で、人間らしい生活を維持する最低水準をはるかに下回る生活を続けている。それゆえ発展途上国は、自国の優先順位と環境を保護し改善する必要性を念頭におきつつ、その努力を開発に向けなければならない。同じ目的のため先進工業国は、自らと発展途上国との間の格差を縮めるよう努めなければならない。先進工業国では、環境問題は一般に工業化と技術開発に関連している。

5　人口の自然増加は、絶えず環境の保全に関わる問題を提起している。この問題を解決するため、必要に応じて適切な政策と措置をとらなければならない。人間は、万物の中で、最も貴重なものである。社会の進歩を推し進め、社会の富を創り出し、科学技術を発達させ、困難な作業を通じて不断に人間環境を変えてゆくのは人間にほかならない。社会の発展、生産及び科学技術の進歩とともに、環境を改善する人間の能力は日に日に向上する。

6　われわれは、歴史の転回点に到達した。今やわれわれは、世界中で、環境への影響に一層慎重な注意を払いながら行動をしなければならない。われわれは、無知又は無関心であれば、われわれの生命と福利が依存する地球環境に対し、重大かつ回復不可能な害を与えることになる。逆に十分な知識と賢明な行動をもってすれば、われわれは、われわれ自身と子孫のため、人類の必要性と希望にかなった環境で、一層良い生活を実現することができる。環境の質を高め良い生活を創り出すための展望は広く開けている。今求められているものは、熱烈ではあるが冷静な精神と、強烈ではあるが秩序だった作業である。自然の世界で自由を確保するためには、人は、自然と協調しつつ、一層良い環境を創るよう知識を活用しなければならない。現在及び将来の世代のために人間環境を守りかつ改善することは、人類にとって至上の目標、すなわち平和と世界的な経済社会発展という確立した基本的目標と並んで、かつ、調和を保って、追求すべき目標となっている。

7　この環境上の目標を達成するには、市民及び共同体並びに企業及び団体が、あらゆる場において責任を引き受け、かつ、共通の努力を衡平に分担する必要がある。あらゆる立場の個人も、全ての分野の組織も、それぞれの行動の質と量によって、将来の世界の環境を形成する。地方自治体及び国の政府は、その管轄の範囲内で大規模な環境政策とその実施に関して最大の責任を負う。この分野で発展途上国が責任を遂行するのを助けるため、財源調達の国際協力も求められる。深刻化する環境問題は、その広がりにおいて地域的又は全地球的なものであり、また共通の国際領域に影響を及ぼすものであるので、共通の利益のため国家間の広範囲な協力と国際組織による行動が必要となるだろう。国際連合人間環境会議は、諸国の政府と人々に対し、人類とその子孫のため、人間環境の保全と改善を目指して共に努力するよう求める。

### 原則

共通の信念を次のとおり表明する。

**第一原則【環境に関する権利と責任】** 人は、その生活において尊厳と福利を保つことができる環境で、自由、平等及び十分な生活水準を享受する基本的権利を有するとともに、現在及び将来の世代のため環境を保護し改善する厳粛な責任を負う。これに関し、アパルトヘイト、人種隔離、差別及び植民地主義その他の圧制と外国支配を促進し又は恒久化する政策は非難され、撤廃されなければならない。

**第二原則【天然資源の保護】** 大気、水、大地、動植物及び特に自然の生態系の代表的なものを含む地球上の天然資源は、現在及び将来の世代のために、適当な場合には、注意深い計画と管理により十分に保護しなければならない。

**第三原則【再生可能な資源】** 再生可能な重要な資源を生み出す地球の能力を維持し、可能な限り回復又は改善しなければならない。

**第四原則【野生生物の保護】** 祖先から受け継いできた野生生物とその生息地は、今日種々の有害な要因により重大な危機にさらされており、人はこれを保護し、賢明に管理する特別な責任を負う。経済開発の計画立案に当たっては、野生生物を含む自然の保護を重視しなければならない。

**第五原則【再生不能な資源】**地球上の再生不能な資源は、将来の枯渇の危険に備え、かつ、その利用がもたらす利益が全ての人類に分かち与えられるような方法で、利用しなければならない。

**第六原則【有害物質の排出規制】**生態系に重大な又は回復できない損害を与えないため、それらを無害なものとする環境の能力を超えるような量又は濃度の有害物質その他の物質の排出及び熱の放出は、停止しなければならない。環境汚染に反対する全ての国の人々の正しい闘いは、支持しなければならない。

**第七原則【海洋汚染の防止】**国は、人間の健康に危険をもたらし、生物資源と海洋生物に害を与え、海洋の快適な環境を損なうか又は海洋の正当な利用を妨げるおそれのある物質による海洋の汚染を防止するため、全ての可能な措置をとらなければならない。

**第八原則【経済社会開発】**経済と社会の開発は、人間にとって好ましい生活環境と労働環境を確保するため、かつ、生活の質を改善する上で必要な条件を地球上に創り出すために不可欠のものである。

**第九原則【開発の促進と援助】**低開発と自然災害に起因する環境上の諸問題は、重大な問題を提起している。これを救う最善の道は、発展途上国の自助努力を補うための相当量の資金援助及び技術援助の提供並びに必要な際の時宜を得た援助により促進される開発である。

**第一〇原則【一次産品の価格安定】**発展途上国にとって、生態学的な過程及び経済的な要素を考慮しなければならないため、一次産品と原材料の価格の安定及びそれによる十分な収益は、環境の管理に不可欠である。

**第一一原則【環境政策の影響】**全ての国の環境政策は、発展途上国の現在及び将来の開発の可能性を高めるものでなければならず、その可能性に対して悪影響を及ぼすものであってはならない。それは、また、全ての人のより良い生活条件の達成を妨げるものであってはならない。国及び国際組織は、環境上の措置の結果生ずる可能性のある国内及び国際的な経済的影響への対応に関し合意に達するため、適当な措置をとらなければならない。

**第一二原則【環境保護のための援助】**発展途上国の事情とその特別の必要性、開発計画に環境保護措置を組み入れることから生ずる費用、並びにさらに要求があった場合にはこの目的のための追加的な技術援助及び資金援助をこれらの国に提供することが必要であることを考慮して、環境を保全し、かつ、改善するための資金が提供されなければならない。

**第一三原則【総合的な開発計画】**資源の合理的な管理を行い、かつ、環境を改善するため、国は、その開発計画の立案に当たり住民の利益のため人間環境を保護し改善する必要性と開発が両立し得るよう、統一的で調和のとれた方法をとらなければならない。

**第一四原則【合理的計画】**合理的な計画は、開発の必要性と環境の保護及び改善の必要性との間の矛盾を調和する不可欠の手段である。

**第一五原則【居住及び都市化の計画】**居住及び都市化の計画は、環境に及ぼす悪影響を回避し、かつ、全ての者が最大限の社会的、経済的及び環境上の利益を得るように立案しなければならない。これに関して、植民地主義者及び人種差別主義者による支配のために立案された計画は廃棄しなければならない。

**第一六原則【人口政策】**基本的人権を害することなく、かつ、関係政府が適切なものと考える人口政策は、人口増加率若しくは過度の人口集中が環境上若しくは開発上悪影響を及ぼすような地域、又は人口の過疎が人間環境の改善と開発を妨げるような地域において、実施しなければならない。

**第一七原則【環境所管庁】**国は、環境の質を高めるため、その適当な機関に、当該国の環境資源を計画し、管理し、規制する任務を与えなければならない。

**第一八原則【科学技術】**科学技術は、経済及び社会の発展への寄与の一環として、環境の危険を明らかにし、回避し、規制すること、環境問題を解決すること、及び人類の共通の利益のために用いなければならない。

**第一九原則【環境教育】**恵まれない人々への十分な配慮をもって若い世代及び成人のために行われる環境問題に関する教育は、人間のあらゆる側面において環境を保護し改善する上で、個人、企業及び共同体が開かれた考え方を持ち、かつ、責任ある行動をとるための基盤を広げる上で不可欠である。マスメディアが環境悪化に力を借すことなく、人があらゆる面でその資質を伸ばすことができるよう、環境を保護し改善する必要性に関して教育的な情報を広めることもまた不可欠である。

**第二〇原則【研究開発の促進と交流】**国内及び国際的な環境問題に関わる科学的な研究と開発は、全ての国、特に発展途上国において促進しなければならない。これに関連して、環境問題の解決を促進するため最新の科学的情報の自由な流れと経験を伝えることを支持し、援助しなければならない。環境に関わる技術は、発展途上国に経済的負担を負わせることなしに、かつ、広く普及しやすいような条件で発展途上国の利用に供しなければならない。

**第二一原則【環境に対する国の権利と責任】**国は、国際連合憲章及び国際法の原則に基づき、自国の資源をその環境政策に従って開発する主権的権利を有し、かつ、自国の管轄又は管理の下における活動が他国の環境又は国の管轄外の地域の環境を害さないことを確保する責任を負う。

**第二二原則【責任と補償に関する国際法の発展】**国は、自国の管轄又は管理の下における活動が、自国の管轄外の地域に及ぼした汚染その他の環境損害の被害者に対する責任及び補償に関する国際法を一層発展させるよう、協力しなければならない。

**第二三原則【基準の設定要因】**国際共同体が合意する基準又は各国が決定すべき基準を害することなく、あらゆる場合において、それぞれの国に支配的な価値体系を考慮し、かつ、最も進んだ先進国にとっては妥当であっても発展途上国にとっては不適当であり、かつ、不当な社会的費用をもたらすことのある基準の適用限度について考慮しなければならない。

**第二四原則【国際協力】**環境の保護と改善に関する国際問題は、国の大小を問わず全ての国が平等の立場で、協調的な精神をもって扱わなければならない。多国間取極、二国間取極その他の適当な方法による協力は、全ての国の主権と利益を十分に考慮して、全ての分野における活動から生ずる環境への悪影響を効果的に規制し、防止し、軽減し、除去するために不可欠のものである。

**第二五原則【国際組織の役割】**国は、環境の保護と改善のため、協調的かつ能率的で力強い役割を国際組織が果たすことができるよう、協力しなければならない。

**第二六原則【核兵器その他の大量破壊兵器】**人及びその環境は、核兵器その他全ての大量破壊の手段の影響から免れなければならない。国は、関連する国際組織において、このような兵器の除去及び完全な廃棄について速やかに合意に達するよう努めなければならない。

## 2 環境と開発に関するリオ宣言 翻訳

採択 一九九二年六月一四日(環境と開発に関する国連会議)(コンセンサス)

### 前文

環境と開発に関する国際連合会議は、

一九九二年六月三日から一四日までリオデジャネイロで開催され、

一九七二年六月一六日にストックホルムで採択された国際連合人間環境会議の宣言を再確認し、かつ、これを発展させることを目指し、

各国、社会の重要部門及び人々の間に新たな水準の協力を創り出すことによって新しい衡平な地球的規模で共に生きる関係を構築するという目標を持ち、

全ての者のための利益を尊重し、かつ、地球的規模の環境及び開発の体系の一体性を保護する国際的合意に向けて作業し、

われわれの家である地球の一体性と相互依存性を認識して、

次のとおり宣言する。

**第一原則【人の権利】** 人は、持続可能な開発を考える際の中心に位置する。人は、自然と調和しつつ、健康で生産的な生活を営む権利を有する。

**第二原則【環境に対する国の権利と責任】** 国は、国際連合憲章及び国際法の原則に従い、自国の資源をその環境政策及び開発政策に基づいて開発する主権的権利及び自国の管轄又は管理の下における活動が他国の環境又は国の管轄外の地域の環境に損害を与えないように確保する責任を有する。

**第三原則【発展の権利】** 発展の権利は、現在及び将来の世代の開発と環境上の必要性を衡平に満たすことができるよう行使しなければならない。

**第四原則【持続可能な開発】** 持続可能な開発を達成する上で、環境保護は、開発過程の不可分の一部をなすものであり、それから切り離して考えることができない。

**第五原則【貧困の根絶】** 全ての国及び全ての人民は、生活水準の格差を減少させ、世界の多数の人々の必要性を一層良く満たすため、持続可能な開発に不可欠の条件として、貧困の根絶という重要な任務について協力しなければならない。

**第六原則【途上国の特別な状況】** 発展途上国、特に最貧国及び環境の影響を受けやすい国の特別な状況と必要性は、特別に優先されなければならない。また、環境と開発の分野における国際的な行動は、全ての国の利益と必要性に向けられるべきである。

**第七原則【共通に有しているが差異のある責任】** 国は、地球の生態系の健全さと一体性を保存、保護、回復するため地球的規模で共に生きる者の精神により協力しなければならない。地球環境の悪化にそれぞれが原因となっているという観点から、各国は、共通に有しているが差異のある責任〔common but differentiated responsibilities〕を有する。先進国は、彼(女)らの社会が地球環境に課している負荷並びに彼(女)らが自由にできる技術及び財源の観点から、持続可能な開発の国際的な追求において負っている責任を認識する。

**第八原則【生産消費様式と人口政策】** 持続可能な開発と全ての人々の一層質の高い生活を達成するために、各国は、持続可能でない生産及び消費の様式を減少させ、撤廃するとともに、適切な人口政策を促進すべきである。

**第九原則【科学的理解の改善】** 各国は、科学的及び技術的な知見の交換を通じて科学的な理解を改善し、また、新しい革新的な技術を含む技術の開発、適応、普及及び移転を促進することにより、持続可能な開発のための各国内の対応能力を強化するよう協力すべきである。

**第一〇原則【市民参加と救済手続】** 環境問題は、それぞれの場で、関心のある全ての市民が参加することにより最も適切に扱われる。国内では、各個人が、有害物質と地域での活動の情報を含め、公的機関が有している環境関連情報を適正に入手し、かつ、意思決定過程に参加する機会をもたなければならない。各国は、情報を広く利用可能なものとすることにより、国民の啓発と参加を促進し、かつ、奨励しなければならない。補償と救済を含む司法手続及び行政手続に対する実効的な参加の権利が与えられなければならない。

**第一一原則【環境立法】** 各国は、実効的な環境法令を制定しなければならない。環境基準、管理の目的及び優先順位は、それらが適用される環境と開発の状況を反映するものとすべきである。一部の国により適用された基準が、他国、特に発展途上国にとっては不適切であり、かつ、不当な経済的及び社会的な負担をもたらすものとなり得る。

**第一二原則【環境と貿易】** 各国は、環境の悪化の問題に一層適切に対処するため、全ての国における経済成長と持続可能な開発をもたらすような、協力的で開かれた国際経済体制を推進するよう協力すべきである。環境目的のための貿易政策上の措置は、国際貿易に対する恣意的な、若しくは不当な差別又は偽装された規制手段とすべきではない。輸入国がその管轄権の外で環境問題に対処するために行う一方的な行動は、避けるべきである。国境を越えるか地球的規模の環境問題に向けた環境政策は、可能な限り、国際的な合意に基づくべきである。

**第一三原則【国内法整備】** 各国は、汚染その他の環境損害の被害者への責任と補償に関する国内法を整備しなければならない。さらに、各国は、迅速かつ一層確固とした方法で、自国の管轄又は管理の下における活動により、その管轄外の地域に及ぼされた環境悪化の影響に対する責任と補償に関する国際法を、一層発展させるよう協力しなければならない。

**第一四原則【有害物質の移転防止】** 各国は、深刻な環境悪化を引き起こし、又は人間の健康に有害であるとされるいかなる活動及び物質も、他国へ移動及び移転されることを妨げ、又は防止するよう効果的に協力すべきである。

**第一五原則【予防的アプローチ】** 環境を保護するため、予防的アプローチ〔the precautionary approach〕は、各国により、その能力に応じて広く適用しなければならない。深刻な又は回復し難い損害のおそれが存在する場合には、完全な科学的確実性の欠如を、環境悪化を防止する上で費用対効果の大きい措置を延期する理由として用いてはならない。

**第一六原則【汚染者負担】** 国の機関は、汚染者が原則として汚染

による費用を負担すべきであるという考え方を考慮に入れ、また、公共の利益に適切に配慮し、かつ、国際的な貿易及び投資をゆがめることなく、環境費用の内部化〔internalization of environmental costs〕及び経済的手段の使用の促進に努めるべきである。

**第一七原則【環境影響評価】** 環境影響評価は、国の手段として、環境に重大な悪影響を及ぼすおそれがあり、かつ、権限ある国家機関の決定に服する活動について、実施しなければならない。

**第一八原則【緊急事態通知と支援】** 各国は、突発の有害な効果を他の諸国の環境にもたらすおそれのある自然災害その他の緊急事態を、それらの国に直ちに通知しなければならない。被災した国を支援するため国際共同体によるあらゆる努力がなされなければならない。

**第一九原則【事前通知と情報提供】** 各国は、国境を越えて環境に重大な悪影響をもたらすおそれのある活動について、潜在的に影響を被るおそれのある国に対し、事前の時宜にかなった通知及び関連情報の提供を行い、並びに早期にかつ誠実にこれらの国と協議しなければならない。

**第二〇原則【女性の役割】** 女性は、環境の管理と開発において重要な役割を有する。そのため、女性の全面的な参加が持続可能な開発の達成に不可欠である。

**第二一原則【青年の役割】** 持続可能な開発を達成し、全ての者のためのより良い未来を確保するため、世界の若者の創造力、理想及び勇気が、地球的規模の共生関係を構築するよう結集されるべきである。

**第二二原則【先住民の役割】** 先住民〔indigenous people〕とその共同体及びその他の地域共同体は、その知識と伝統のゆえに、環境の管理と開発において重要な役割を有する。各国は、彼(女)らの主体性、文化及び利益を認め、十分に支持し、持続可能な開発の達成への効果的な参加を可能とさせるべきである。

**第二三原則【抑圧下の人民の保護】** 抑圧、支配及び占領の下にある人民の環境及び天然資源は、保護されなければならない。

**第二四原則【武力紛争時の環境保護】** 戦争行為は、本来的に持続可能な開発を破壊するものである。このため、各国は、武力紛争時における環境保護に関する国際法を尊重し、必要に応じて、その一層の発展のため協力しなければならない。

**第二五原則【相互依存性】** 平和、開発及び環境保護は、相互に依存し、かつ、不可分である。

**第二六原則【紛争の平和的解決】** 各国は、その全ての環境に関する紛争を平和的に、かつ、国際連合憲章に従った適切な手段により解決しなければならない。

**第二七原則【国際協力】** 国及び人民は、この宣言に示された原則の実施及び持続可能な開発の分野における国際法の一層の発展のため、誠実にかつ共に生きる者の精神で協力しなければならない。

## 3　持続可能な開発に関するヨハネスブルク宣言　翻訳

採　択　二〇〇二年九月四日（持続可能な開発に関する世界首脳会議）（コンセンサス）

**われわれの起源から未来へ**

1　二〇〇二年九月二日から四日まで南アフリカのヨハネスブルクの持続可能な開発に関する世界サミットに結集したわれわれ世界の人民の代表は、持続可能な開発への決意を再確認する。

2　われわれは、全ての人の尊厳の必要を認め、人間らしい、衡平で思いやりのある地球社会を建設することを約束する。

3　本サミットの冒頭、世界のこどもたちがわれわれに、単純なしかし明確な声で、未来は彼(女)らのものであることを語り、したがって、貧困、環境の悪化、持続可能でない開発様式によって引き起こされる侮辱や俗悪のない世界を彼(女)らが引き継ぐよう、われわれの行動を通じて確保することをわれわれ全てに求めた。

4　われわれの共通の未来を代表するこれらのこどもたちへの一つの回答として、世界のあらゆる地域から集まり、様々な生活体験を知るわれわれは、力をあわせて、新しくより輝かしい希望の世界を創り出す緊急の必要があることを強く感じている。

5　したがって、われわれは、経済開発、社会開発及び環境保護という相互依存的で互いに補強し合う持続可能な開発の柱を、地方、国家、地域、そして地球レベルで推進し強化する集団的責任を負う。

6　われわれは、人類発祥の地であるこの大陸から、実施計画とこの宣言を通じて、相互に、より大きな生命の共同体に、そしてこどもたちに対して負っている責任を宣言する。

7　われわれは、人類が岐路に立っていることを認識し、貧困の撲滅と人類の発展を実現する実際的で具体的な計画を創り出す必要に積極的にこたえるため決然と努力することを共に決意して結集した。

**ストックホルムからリオデジャネイロを経てヨハネスブルクへ**

8　われわれは、三〇年前にストックホルムで、環境悪化問題に対応する緊急の必要性について合意した。一〇年前、リオデジャネイロで開催された環境と開発に関する国際連合会議において、われわれは、リオ原則に基づいて、環境保護と社会経済開発が持続可能な開発の基礎となることに合意した。このような開発を達成するため、われわれは地球的な計画であるアジェンダ21とリオ宣言を採択した。われわれはこれらに対する決意を再確認する。リオサミットは、持続可能な開発のための新しい課題を設定した重要な一里塚であった。

9　リオからヨハネスブルクに至る間に、世界の諸国は、開発金融のためのモンテレイ会議やドーハ閣僚会議を含め、国際連合の指導の下に数次の主要な会議を開催した。これらの会議は、人類の未来のための包括的な展望を世界に示した。

10　ヨハネスブルクサミットにおいて、われわれは、持続可能な開発の展望を尊重し実施する世界に向けた共同の道筋を建設的に探求する上で、多くの人々と考え方を結集させることに大きな成果を挙げた。ヨハネスブルクではまた、全世界的な合意と協力の達成に向けて重要な進展が見られたことが確認された。

**われわれが直面する課題**

11　われわれは、貧困の撲滅、消費と生産様式の変化、及び経済社会開発のための天然資源の基盤の保護と管理が、持続可能な開発の主要な目標であり、かつ、不可欠な要件であることを認める。

12　人間社会を富める者と貧しい者に分断する深い誤った線、そして先進世界と発展途上世界との間の拡大し続ける格差は、地球の繁栄と安定に大きな脅威となっている。

13 地球環境は被害を受け続けている。生物の多様性は失われ続け、漁業資源は減少し続け、砂漠化により不毛の土地が増え続け、気候変動の悪影響は既に明らかである。自然災害はより頻繁で破壊的になり、発展途上国は一層被害を受けやすくなっている。大気、水そして海洋の汚染は、何百万人もの人々からまともな暮らしを奪い続けている。

14 グローバル化は、これらの課題に新たな次元を付け加えた。世界中の市場の急速な統合、資本の流動性と投資の流れの急増は、持続可能な開発の追求にとって新しい課題と機会を開いた。しかし、グローバル化の利益と費用は不均等に配分されており、発展途上国はこの課題に立ち向かう上で特別の困難に直面している。

15 われわれはこれらの地球的な不均衡に対する防壁を危険にさらしており、われわれが世界の貧しい人たちの生活を根本的に変えるように行動しなければ、貧しい人たちは、彼(女)らの代表及びわれわれが支持し続けている民主的体制に対する信頼を失い、彼(女)らの代表を響き渡る金管楽器や鳴り響くシンバルに過ぎないとみることになるおそれがある。

**持続可能な開発へのわれわれの決意**

16 われわれは、われわれにとって集団的な強さとなっている豊かな多様性が、変革のための建設的な協力関係及び持続可能な開発という共通の目標の達成のために用いられるよう確保することを決意する。

17 われわれは、人類の連帯を築き上げることの重要性を認識して、人種、障害、宗教、言語、文化や伝統を問わず、世界の諸文明と諸人民の間の対話と協力を推進するよう強く主張する。

18 われわれは、ヨハネスブルクサミットが人間の尊厳の不可分性に焦点を当てたことを歓迎し、目標、予定表及び協力関係に関する決定を通じて、清浄な水、衛生、適切な住居、エネルギー、健康管理、食品の安全や生物多様性の保護などの基本的な必要条件を利用する機会を急速に増大させることを決意する。同時に、われわれは、資金源を利用し、市場開放から利益を得、人材育成を確保し、開発を実現するために最新の技術を用い、低開発を恒久的に除去するために技術移転、人的資源の開発、教育と訓練が行われることを確保するよう、互いに助け合うために協力する。

19 われわれは、人々の持続可能な開発に深刻な脅威となっている世界の諸条件に対する戦いに特別の焦点を当て、優先して注意を払うというわれわれの誓約を再確認する。これらの諸条件には以下のものが含まれる。慢性的な飢餓、栄養不良、外国による占領、武力紛争、不正薬物問題、組織犯罪、腐敗、自然災害、不法な武器売買、人身売買、テロリズム、人種的、民族的、宗教的その他の憎悪の対象に対する不寛容と扇動、排外主義、風土病、伝染病及び慢性疾患、特にエイズ、マラリアと結核。

20 われわれは、女性の力の向上と解放、そして両性の平等が、アジェンダ21、ミレニアム開発目標及びヨハネスブルク実施計画に含まれる全ての活動に統合されるよう確保することを約束する。

21 われわれは、地球社会が、全ての人類が直面している貧困の撲滅と持続可能な開発という課題に立ち向かう手段とそのための資源を有しているという現実を認識する。われわれは共同して、これらの利用可能な資源が人類の利益のために用いられることを確保するために特別の措置をとる。

22 この点に関して、われわれは、国際的に合意された政府開発援助の水準に到達していない先進国に対して、開発の目標達成に貢献するために、水準の到達に向けて具体的に努力することを強く求める。

23 われわれは、たとえば「アフリカ開発のための新しい協力」(NEPAD)のような、地域協力と国際協力の改善を推進し、持続可能な開発を推進する、より強力な地域的集団や連携を歓迎し、支援する。

24 われわれは、小島嶼国と後発途上国の開発の必要性に特別の注意を払い続ける。

25 われわれは、持続可能な開発における先住民族の決定的に重要な役割を再確認する。

26 われわれは、持続可能な開発が長期的な視点と全ての面での政策形成、意思決定及び実施への広範な参加を必要とすることを認める。社会の協働者として、われわれは、各集団の独立で重要な役割を尊重しつつ、全ての主要な集団と安定的な協力関係を構築する努力を続けるだろう。

27 われわれは、民間部門は、大企業も小企業も、その正当な活動を追求する際に、衡平で持続可能な共同体と社会の進化のために貢献する義務を負っていることについて合意する。

28 われわれはまた、国際労働機関の労働に関する基本原則と権利宣言を考慮しつつ、所得を創出する雇用機会の増大のための援助を提供することについて合意する。

29 われわれは、民間部門の企業が企業の説明責任を果たす必要があることについて合意する。これは、透明性が高く安定的な規制環境の中で実現されるべきである。

30 われわれは、アジェンダ21、ミレニアム開発目標及びヨハネスブルク実施計画の有効な実施のために、全ての面で統治を強化し改善することを約束する。

**多国間主義に未来がある**

31 持続可能な開発という目標を達成するために、われわれは一層有効で民主的で説明責任を負う国際制度と多国間制度を必要としている。

32 われわれは、国際連合憲章の原則と目的、国際法及び多国間主義の強化に対する支持を再確認する。われわれは、世界で最も普遍的で代表的な組織であり、持続可能な開発の推進のために最も適当な地位を占める国際連合の指導的役割を支持する。

33 われわれはさらに、持続可能な開発という目標の達成に向けた進歩を定期的に監視することを約束する。

**ことを起こそう!**

34 われわれは、以上のことが、歴史的なヨハネスブルクサミットに参加した全ての主要な集団と政府を含む包括的な過程でなければならないということについて合意する。

35 われわれは、地球を救い、人類の発展を推進し、世界の繁栄と平和を達成するという共通の決意の下に結集し、共に行動することを約束する。

36 われわれは、ヨハネスブルク実施計画を支持し、それに含まれる期限付きの社会経済的目標と環境目標の達成を促進することを約束する。

37 人類発祥の地であるアフリカ大陸から、われわれは、世界の諸人民及び確実にこの地球を引き継ぐ世代の人々に対して、持続可能な開発というわれわれの共通の希望の実現を確保することを決意したことを厳粛に誓約する。

# 4 オゾン層保護条約

## (1) オゾン層の保護のためのウィーン条約

作成　一九八五年三月二二日(ウィーン)
効力発生　一九八八年九月二二日
日本国　一九八八年一二月二九日(同年四月二七日国会承認、九月三〇日内閣加入決定、同日加入書寄託、一二月二七日公布・条約八号)
当事国　一九七(他にEU)

前　文

この条約の締約国は、

オゾン層の変化が人の健康及び環境に有害な影響を及ぼすおそれのあることを認識し、

国際連合人間環境会議の宣言の関連規定、特に、「諸国は、国際連合憲章及び国際法の諸原則に基づき、自国の資源をその環境政策に従つて開発する主権的権利を有し、及び自国の管轄又は管理の下における活動が他国の環境又は国の管轄の外の区域の環境を害しないことを確保することについて責任を有する」と規定する原則21を想起し、

開発途上国の事情及び特別な必要を考慮し、

国際機関及び国内機関において進められている作業及び研究、特に国際連合環境計画のオゾン層に関する世界行動計画に留意し、

国内的及び国際的に既にとられているオゾン層の保護のための予防措置に留意し、

人の活動に起因するオゾン層の変化を防止するための措置は、国際的な協力及び活動を必要とすること並びに関連のある科学的及び技術的考慮に基づくべきであることを認識し、

オゾン層及びその変化により生ずるおそれのある悪影響についての科学的知識を一層増進させるため、一層の研究及び組織的観測が必要であることを認識し、

オゾン層の変化により生ずる悪影響から人の健康及び環境を保護することを決意して、

次のとおり協定した。

**第一条（定義）** この条約の適用上、

1 「オゾン層」とは、大気境界層よりも上の大気オゾンの層をいう。

2 「悪影響」とは、自然環境又は生物相の変化（気候の変化を含む。）であつて、人の健康、自然の生態系及び管理された生態系の構成、回復力及び生産力又は人類に有用な物質に対し著しく有害な影響を与えるものをいう。

3 「代替技術」又は「代替装置」とは、その使用により、オゾン層に悪影響を及ぼし又は及ぼすおそれのある物質の放出を削減し又は実質的に無くすことを可能にする技術又は装置をいう。

4 「代替物質」とは、オゾン層に対する悪影響が削減され、除去され又は回避される物質をいう。

5 「締約国」とは、文脈により別に解釈される場合を除くほか、この条約の締約国をいう。

6 「地域的な経済統合のための機関」とは、特定の地域の主権国家によつて構成され、この条約又はその議定書が規律する事項に関して権限を有し、かつ、その内部手続に従つてこの条約若しくはその議定書の署名、批准、受諾、承認又はこれらへの加入が正当に委任されている機関をいう。

7 「議定書」とは、この条約の議定書をいう。

**第二条（一般的義務）** 1 締約国は、この条約及び自国が締約国であり、かつ、効力が生じている議定書に基づき、オゾン層を変化させ又は変化させるおそれのある人の活動の結果として生じ又は生ずるおそれのある悪影響から人の健康及び環境を保護するために適当な措置をとる。

2 締約国は、この目的のため、利用することができる手段により及び自国の能力に応じ、

(a) 人の活動がオゾン層に及ぼす影響並びにオゾン層の変化が人の健康及び環境に及ぼす影響を一層理解し及び評価するため、組織的観測、研究及び情報交換を通じて協力する。

(b) 自国の管轄又は管理の下における人の活動がオゾン層を変化させ又は変化させるおそれがあり、その変化により悪影響が生じ又は生ずるおそれのあることが判明した場合には、当該活動を規制し、制限し、縮小し又は防止するため、適当な立法措置又は行政措置をとり及び適当な政策の調整に協力する。

(c) 議定書及び附属書の採択を目的として、この条約の実施のための合意された措置、手続及び基準を定めることに協力する。

(d) この条約及び自国が締約国である議定書を効果的に実施するため、関係国際団体と協力する。

3 この条約は、締約国が1及び2の措置のほかに追加的な国内措置を国際法に従つてとる権利に影響を及ぼすものではなく、また、締約国により既にとられている追加的な国内措置に影響を及ぼすものではない。ただし、当該追加的な国内措置は、この条約に基づく締約国の義務に抵触するものであつてはならない。

4 この条の規定は、関連のある科学的及び技術的考慮に基づいて適用する。

**第三条（研究及び組織的観測）** 1 締約国は、適宜、直接に又は関係国際団体を通じて次の事項並びに附属書I及び附属書IIに定める事項に関する研究及び科学的評価に着手すること並びにその実施に協力することを約束する。

(a) オゾン層に影響を及ぼす可能性のある物理学的及び化学的過程

(b) オゾン層の変化が及ぼす人の健康に対する影響その他の生物学的影響、特に、生物学的影響のある太陽紫外放射（UV－B）の変化が及ぼす影響

(c) オゾン層の変化が及ぼす気候的影響

(d) オゾン層の変化及びそれに伴うUV－Bの変化が人類に有用な天然及び合成の物質に及ぼす影響

(e) オゾン層に影響を及ぼす可能性のある物質、習慣、製法及び活動並びにこれらの累積作用

(f) 代替物質及び代替技術

(g) 関連のある社会経済問題

2 締約国は、附属書Iに定めるオゾン層の状態及び他の関連要素の組織的観測のための共同の又は相互に補完的な計画を、直接に又は関係国際団体を通じ、国内法並びに国内的及び国際的に行われている関連活動を十分に考慮して適宜推進し又は策定することを約束する。

3 締約国は、適当な世界的な資料センターを通じた研究資料及び観測資料の収集、確認及び送付が定期的かつ適時に行われることを確保するため直接に又は関係国際団体を通じて協力することを約束する。

**第四条（法律、科学及び技術の分野における協力）** 1 締約国は、附属書IIに定めるところにより科学、技術、社会経済、商業及び法律に関する情報であつてこの条約に関連のあるものの交換を円滑にし及び奨励する。当該情報は、締約国の合意する団体に提供する。当該団体は、情報を提供する締約国により秘密とされた情報を提供された場合には、当該情報がすべての締約国により入手可能となるまで、その秘密性を保護するため、当該情報を開示しないことを確保し、一括して保管する。

2 締約国は、自国の法令及び慣行に従い、開発途上国の必要を特に考慮して、技術及び知識の発展及び移転を直接に又は関係国際団体を通じて促進することに協力する。その協力は、特に次の手段を通じて実施する。

(a) 他の締約国による代替技術の取得の円滑化

(b) 代替技術及び代替装置に関する情報及び特別の手引書又は案内書の提供

(c) 研究及び組織的観測に必要な装置及び設備の提供

(d) 科学上及び技術上の要員の適当な訓練

**第五条（情報の送付）** 締約国は、次条の規定に基づいて設置される締約国会議に対し、事務局を通じて、この条約及び自国が締約国である議定書の実施のためにとつた措置に関する情報を、この条約又は関連議定書の締約国の会合が決定する書式及び間隔で送付する。

**第六条（締約国会議）** 1 この条約により締約国会議を設置する。締約国会議の第一回会合は、次条の規定により暫定的に指定される事務局がこの条約の効力発生の後一年以内に招集する。その後は、締約国会議の通常会合は、第一回会合において決定する一定の間隔で開催する。

2 締約国会議の特別会合は、締約国会議が必要と認めるとき又は締約国から書面による要請のある場合において事務局がその要請を締約国に通報した後六箇月以内に締約国の少なくとも三分の一がその要請を支持するとき、開催する。

3 締約国会議は、締約国会議及び締約国会議が設置する補助機関の手続規則及び財政規則並びに事務局の任務の遂行のための財政規定をコンセンサス方式により合意し及び採択する。

4 締約国会議は、この条約の実施状況を絶えず検討し、更に次のことを行う。

(a) 前条の規定に従つて提出される情報の送付のための書式及び間隔を決定すること並びに当該情報及び補助機関により提出される報告を検討すること。

(b) オゾン層、生ずる可能性のあるオゾン層の変化及びその変化により生ずる可能性のある影響に関する科学上の情報を検討すること。

(c) オゾン層を変化させ又は変化させる可能性のある物質の放出を最小にするための適当な政策、戦略及び措置の調整を第二条の規定に基づき促進すること並びにこの条約に関連のある他の措置に関して勧告を行うこと。

(d) 第三条及び第四条の規定に基づき、研究、組織的観測、科学上及び技術上の協力、情報の交換並びに技術及び知識の移転のための計画を採択すること。

(e) 必要に応じ、第九条及び第十条の規定に基づいてこの条約及びその附属書の改正を検討し及び採択すること。

(f) 議定書及びその附属書の改正を検討すること並びに改正が決定された場合には、当該議定書の締約国に対し当該改正を採択するよう勧告すること。

(g) 必要に応じ、第十条の規定に基づいてこの条約の追加附属書を検討し及び採択すること。

(h) 必要に応じ、第八条の規定に基づいて議定書を検討し及び採択すること。

(i) この条約の実施に必要と認められる補助機関を設置すること。

(j) 適当な場合には、関係国際団体及び科学委員会、特に世界気象機関、世界保健機関及びオゾン層調整委員会に対し、科学的研究、組織的観測その他この条約の目的に関連する活動に係る役務の提供を求めること並びに適宜これらの団体及び委員会からの情報を利用すること。

(k) この条約の目的の達成のために必要な追加的な行動を検討し及びとること。

5 国際連合、その専門機関及び国際原子力機関並びにこの条約の締約国でない国は、締約国会議の会合にオブザーバーを出席させることができる。オゾン層の保護に関連のある分野において認められた団体又は機関（国内若しくは国際の又は政府若しくは非政府のもののいずれであるかを問わない。）であつて、締約国会議の会合にオブザーバーを出席させることを希望する旨事務局に通報したものは、当該会合に出席する締約国の三分の一以上が反対しない限り、オブザーバーを出席させることを認められる。オブザーバーの出席及び参加は、締約国会議が採択する手続規則の適用を受ける。

**第七条（事務局）** 1 事務局は、次の任務を遂行する。

(a) 前条及び次条から第十条までに規定する会合を準備し及びその会合のための役務を提供すること。

(b) 第四条及び第五条の規定により受領した情報並びに前条の規定により設置される補助機関の会合から得られる情報に基づく報告書を作成し及び送付すること。

(c) 議定書により課された任務を遂行すること。

(d) この条約に基づく任務を遂行するために行つた活動に関する報告書を作成し及びその報告書を締約国会議に提出すること。

(e) 他の関係国際団体との必要な調整を行うこと。特に、その任務の効果的な遂行のために必要な事務的及び契約上の取決めを行うこと。

(f) 締約国会議が決定する他の任務を遂行すること。

2 事務局の任務は、前条の規定に従つて開催される締約国会議の第一回通常会合が終了するまでは、国際連合環境計画が暫定的に遂行する。締約国会議は、第一回通常会合において、この条約に基づく事務局の任務を遂行する意思を表明した既存の関係国際機関の中から事務局を指定する。

**第八条（議定書の採択）** 1 締約国会議は、その会合において、第二条の規定により議定書を採択することができる。

2 議定書案は、締約国会議の会合の少なくとも六箇月前に事務局が締約国に通報する。

**第九条（この条約及び議定書の改正）** 1 締約国は、この条約及び議定書の改正を提案することができる。改正に当たつては、特に、関連のある科学的及び技術的考慮を十分に払うこととする。

2　この条約の改正は、締約国会議の会合において採択する。議定書の改正は、当該議定書の締約国の会合において採択する。この条約及び議定書の改正案は、当該議定書に別段の定めがある場合を除くほか、その採択が提案される会合の少なくとも六箇月前に事務局が締約国に通報する。事務局は、改正案をこの条約の署名国にも参考のために通報する。

3　締約国は、この条約の改正案につき、コンセンサス方式により合意に達するようあらゆる努力を払う。コンセンサスのためのあらゆる努力にもかかわらず合意に達しない場合には、改正案は、最後の解決手段として、当該会合に出席しかつ投票する締約国の四分の三以上の多数票による議決で採択するものとし、寄託者は、これをすべての締約国に対し批准、承認又は受諾のために送付する。

4　3の手続は、議定書の改正について準用する。ただし、議定書の改正案の採択は、当該会合に出席しかつ投票する当該議定書の締約国の三分の二以上の多数票による議決で足りる。

5　改正の批准、承認又は受諾は、寄託者に対して書面により通告する。3又は4の規定に従つて採択された改正は、この条約の締約国の少なくとも四分の三又は関連議定書の締約国の少なくとも三分の二の批准、承認又は受諾の通告を寄託者が受領した後九十日目の日に、当該改正を批准し、承認し又は受諾した締約国の間で効力を生ずる。その後は、改正は、他の締約国が当該改正の批准書、承認書又は受諾書を寄託した後九十日目の日に当該他の締約国について効力を生ずる。

6　この条の規定の適用上、「出席しかつ投票する締約国」とは、出席しかつ賛成票又は反対票を投ずる締約国をいう。

**第一〇条（附属書の採択及び改正）**　1　この条約の附属書又は議定書の附属書は、それぞれ、この条約又は当該議定書の不可分の一部を成すものとし、「この条約」又は「議定書」というときは、別段の明示の定めがない限り、附属書を含めていうものとする。附属書は、科学的、技術的及び管理的な事項に限定される。

2　この条約の追加附属書又は議定書の附属書の提案、採択及び効力発生については、次の手続を適用する。ただし、議定書に当該議定書の附属書に関して別段の定めがある場合を除く。

(a)　この条約の附属書は前条の2及び3に定める手続を準用して提案され及び採択され、議定書の附属書は同条の2及び4に定める手続を準用して提案され及び採択される。

(b)　締約国は、この条約の追加附属書又は自国が締約国である議定書の附属書を承認することができない場合には、その旨を、寄託者が採択を通報した日から六箇月以内に寄託者に対して書面により通告する。寄託者は、受領した通告をすべての締約国に遅滞なく通報する。締約国は、いつでも、先に行つた異議の宣言に代えて受諾を行うことができるものとし、この場合において、附属書は、当該締約国について効力を生ずる。

(c)　附属書は、寄託者による採択の通報の送付の日から六箇月を経過した時に、(b)の規定に基づく通告を行わなかつたこの条約又は関連議定書のすべての締約国について効力を生ずる。

3　この条約の附属書及び議定書の附属書の改正の提案、採択及び効力発生は、この条約の附属書及び議定書の附属書の提案、採択及び効力発生と同一の手続に従う。附属書の作成及び改正に当たつては、特に、関連のある科学的及び技術的考慮を十分に払うこととする。

4　附属書の追加又は改正がこの条約又は議定書の改正を伴うものである場合には、追加され又は改正された附属書は、この条約又は当該議定書の改正が効力を生ずる時まで効力を生じない。

**第一一条（紛争の解決）**　1　この条約の解釈又は適用に関して締約国間で紛争が生じた場合には、紛争当事国は、交渉により紛争の解決に努める。

2　紛争当事国は、交渉により合意に達することができなかつた場合には、第三者によるあつせん又は仲介を共同して求めることができる。

3　国及び地域的な経済統合のための機関は、1又は2の規定により解決することができなかつた紛争について、次の紛争解決手段の一方又は双方を義務的なものとして受け入れることをこの条約の批准、受諾、承認若しくはこれへの加入の際に又はその後いつでも、寄託者に対し書面により宣言することができる。

(a)　締約国会議が第一回通常会合において採択する手続に基づく仲裁

(b)　国際司法裁判所への紛争の付託

4　紛争は、紛争当事国が3の規定に従つて同一の紛争解決手段を受け入れている場合を除くほか、当該紛争当事国が別段の合意をしない限り、5の規定により調停に付する。

5　いずれかの紛争当事国の要請があつたときは、調停委員会が設置される。調停委員会は、各紛争当事国が指名する同数の委員及び指名された委員が共同で選出する委員長によつて構成される。調停委員会は、最終的かつ勧告的な裁定を行い、紛争当事国は、その裁定を誠実に検討する。

6　この条の規定は、別段の定めがある議定書を除くほか、すべての議定書について準用する。

**第一二条（署名）**　この条約は、千九百八十五年三月二十二日から同年九月二十一日まではウィーンにあるオーストリア共和国連邦外務省において、同年九月二十二日から千九百八十六年三月二十一日まではニュー・ヨークにある国際連合本部において、国及び地域的な経済統合のための機関による署名のために開放しておく。

**第一三条（批准、受諾又は承認）**　1　この条約及び議定書は、国及び地域的な経済統合のための機関により批准され、受諾され又は承認されなければならない。批准書、受諾書又は承認書は、寄託者に寄託する。

2　この条約又は議定書の締約国となる1の機関で当該機関のいずれの構成国も締約国となつていないものは、この条約又は関連議定書に基づくすべての義務を負う。当該機関及びその一又は二以上の構成国がこの条約又は同一の議定書の締約国である場合には、当該機関及びその構成国は、この条約又は当該議定書に基づく義務の履行につきそれぞれの責任を決定する。この場合において、当該機関及びこの構成国は、この条約又は当該議定書に基づく権利を同時に行使することができない。

3　1の機関は、この条約又は議定書の規律する事項に関する当該機関の権限の範囲をこの条約又は関連議定書の批准書、受諾書又は承認書において宣言する。当該機関は、また、その権限の範囲の実質的な変更を寄託者に通報する。

**第一四条（加入）**　1　この条約及び議定書は、この条約及び議定書の署名のための期間の終了後は、国及び地域的な経済統合のための機関による加入のために開放しておく。加入書は、寄託者に寄託する。

2　1の機関は、この条約又は議定書の規律する事項に関する当該機関の権限の範囲をこの条約又は関連議定書への加入書において宣言する。当該機関は、また、その権限の範囲の実質的な変更を寄託者に通報する。

3　前条2の規定は、この条約又は議定書に加入する地域的な経済統合のための機関についても適用する。

**第一五条（投票権）**　1　この条約又は議定書の各締約国は、一の票を有する。

2　地域的な経済統合のための機関は、1の規定にかかわらず、その権限の範囲内の事項について、この条約又は関連議定書の締約国であるその構成国の数と同数の票を投票する権利を行使する。当該機関は、その構成国が自国の投票権を行使する場合には、投票権を行使してはならない。その逆の場合も、同様とする。

**第一六条（この条約と議定書との関係）**　1　国及び地域的な経済統合のための機関は、この条約の締約国である場合又は同時にこの条約の締約国となる場合を除くほか、議定書の締約国となることができない。

2　議定書に関する決定は、当該議定書の締約国が行う。

**第一七条（効力発生）**　1　この条約は、二十番目の批准書、受諾書、承認書又は加入書の寄託の日の後九十日目の日に効力を生ずる。

2　議定書は、当該議定書に別段の定めがある場合を除くほか、十一番目の批准書、受諾書、承認書又は加入書の寄託の日の後九十日目の日に効力を生ずる。

3　この条約は、二十番目の批准書、受諾書、承認書又は加入書の寄託の後にこれを批准し、受諾し、承認し又はこれに加入する締約国については、当該締約国による批准書、受諾書、承認書又は加入書の寄託の日の後九十日目の日に効力を生ずる。

4　議定書は、当該議定書に別段の定めがある場合を除くほか、2の規定に基づいて効力が生じた後にこれを批准し、受諾し、承認し又はこれに加入する締約国については、当該締約国が批准書、受諾書、承認書又は加入書を寄託した日の後九十日目の日又はこの条約が当該締約国について効力を生ずる日のいずれか遅い日に効力を生ずる。

5　地域的な経済統合のための機関によって寄託される文書は、1及び2の規定の適用上、当該機関の構成国によって寄託されたものに追加して数えてはならない。

**第一八条（留保）**　この条約については、留保は、付することができない。

**第一九条（脱退）**　1　締約国は、自国についてこの条約が効力を生じた日から四年を経過した後いつでも、寄託者に対して書面による脱退の通告を行うことにより、この条約から脱退することができる。

2　議定書の締約国は、当該議定書に別段の定めがある場合を除くほか、自国について当該議定書が効力を生じた日から四年を経過した後いつでも、寄託者に対して書面による脱退の通告を行うことにより、当該議定書から脱退することができる。

3　1及び2の脱退は、寄託者が脱退の通告を受領した日の後一年を経過した日又はそれよりも遅い日であって脱退の通告において指定されている日に効力を生ずる。

4　この条約から脱退する締約国は、自国が締約国である議定書からも脱退したものとみなす。

**第二〇条（寄託者）**　1　国際連合事務総長は、この条約及び議定書の寄託者の任務を行う。

2　寄託者は、締約国に対し、特に次の事項を通報する。

(a)　この条約及び議定書の署名並びに第十三条及び第十四条の規定に基づく批准書、受諾書、承認書又は加入書の寄託

(b)　第十七条の規定に基づきこの条約及び議定書が効力を生ずる日

(c)　前条の規定に基づく脱退の通告

(d)　第九条の規定に基づくこの条約及び議定書に関して採択された改正、締約国によるその受諾並びにその効力発生の日

(e)　第十条の規定に基づいて行われる附属書の採択、承認及び改正に関するすべての通告

(f)　この条約及び議定書の規律する事項に関する地域的な経済統合のための機関の権限の範囲及びその変更についての当該機関による通報

(g)　第十一条3の規定に基づく宣言

**第二一条（正文）**　アラビア語、中国語、英語、フランス語、ロシア語及びスペイン語をひとしく正文とするこの条約の原本は、国際連合事務総長に寄託する。

**附属書I　研究及び組織的観測**（略）

**附属書II　情報の交換**（略）

## (2)　オゾン層を破壊する物質に関するモントリオール議定書（抄）

作　成　一九八七年九月一六日（モントリオール）

効力発生　一九八九年一月一日（改正―九二年八月一〇日（九〇年六月二九日ロンドン）、九四年六月一四日（九二年一一月二五日コペンハーゲン）、九九年一一月一〇日（九七年九月一七日モントリオール）、〇二年二月二五日（九九年一二月三日北京）、一九年一月一日（一六年一〇月一五日キガリ））

日本国　一九八九年一月一日（八七年九月一六日署名、八八年四月二七日国会承認、九月三〇日内閣受諾決定、同日受諾書寄託、一二月二七日公布・条約九号　改正―九二年八月一〇日発効（七月一七日公布・条約五号）、九五年三月二〇日発効（九四年一二月二六日公布・条約一四号）、〇二年一一月二八日発効（九月九日公布・条約一二号）、〇二年一一月二八日発効（九月九日公布・条約一三号）、一九年一月一日発効（一八年一二月二一日公布・条約一四号）　調整―九一年三月七日発効（二月一三日公布・外務省告示六七号）、九三年九月二二日発効（八月二四日公布・外務省告示四〇四号）、九六年八月五日発効（八月六日公布・外務省告示三七七号）、九八年六月五日発効（同日公布・外務省告示一九七号）、〇八年五月一四日発効（四月一四日公布・外務省告示二四三号）、一九年六月二一日発効（四月四日公布・外務省告示一一五号））

当事国　一九七（ロンドン改正議定書―一九六、コペンハーゲン改正議定書―一九六、モントリオール改正議定書―一九六、北京改正議定書―一九六、キガリ改正議定書―一一二）（他にEU）

この議定書の締約国は、

オゾン層の保護のためのウィーン条約の締約国として、

同条約に基づく、オゾン層を変化させ又は変化させるおそれのある人の活動の結果として生じ又は生ずるおそれのある悪影響から人の健康及び環境を保護するために適当な措置をとる義務があることに留意し、

ある種の物質の世界的規模における放出が、人の健康及び環境に悪影響を及ぼすおそれのある態様でオゾン層の著しい破壊その他の変化を生じさせる可能性のあることを認識し、

この物質の放出が気候に及ぼす潜在的な影響を意識し、

オゾン層を保護するための措置が、技術的及び経済的考慮を払ったものであり、かつ、関連のある科学的知識に基づいたものであるべきことを認識し、

技術的及び経済的考慮を払い、かつ、開発途上国の開発の必要に留意しつつ、科学的知識の発展の成果に基づきオゾン層を破壊する物質の放出を無くすことを最終の目標として、この物質の世界における総放出量を衡平に規制する予防措置をとることによりオゾン層を保護することを決意し、

開発途上国の必要を満たすため、追加的な財源及び関連のある技術の利用に関する措置を含む特別な措置が必要であることを確認し、また、必要な資金の規模が予測できること並びにこの資金が科学的に確認されたオゾン層の破壊及びその有害な影響の問題に取り組むための世界の能力を実質的に高めることが期待できることに留意し、

国内的及び地域的に既にとられているある種のクロロフルオロカーボンの放出を規制する予防措置に留意し、

開発途上国の必要に特に留意しつつ、オゾン層を破壊する物質の放出の規制及び削減に関連のある代替技術の研究、開発及び移転における国際協力を推進することが重要であることを考慮して、

次のとおり協定した。

**第一条（定義）** この議定書の適用上、

1 「条約」とは、千九百八十五年三月二十二日に採択されたオゾン層の保護のためのウィーン条約をいう。

2 「締約国」とは、文脈により別に解釈される場合を除くほか、この議定書の締約国をいう。

3 「事務局」とは、条約の事務局をいう。

4 「規制物質」とは、附属書A、附属書B、附属書C、附属書E又は附属書Fに掲げる物質（他の物質と混合してあるかないかを問わない。）をいい、関係附属書に別段の定めがない限り、当該物質の異性体を含む。ただし、製品（輸送又は貯蔵に使用する容器を除く。）の中にあるものを除く。

5 「生産量」とは、規制物質の生産された量から締約国により承認された技術によつて破壊された量及び他の化学物質の製造のための原料として完全に使用された量を減じた量をいう。再利用された量は、「生産量」とはみなされない。

6 「消費量」とは、生産量に規制物質の輸入量を加え、輸出量を減じた量をいう。

7 生産量、輸入量、輸出量及び消費量の「算定値」とは、第三条の規定に従つて決定される値をいう。

8 「産業合理化」とは、経済効率を高めること又は工場閉鎖の結果として予想される供給の不足に対応することを目的として、生産量の算定値の全部又は一部をいずれかの締約国から他の締約国に移転することをいう。

**第二条（規制措置）** 1―4〔削除（平成三外告六七）〕

5 締約国は、一又は二以上の規制期間において、第二条のAから第二条のFまで、第二条のH及び第二条のJに定める生産量の算定値の一部又は全部を他の締約国に移転することができる。ただし、規制物質のグループごとの関係締約国の生産量の算定値の合計がグループごとにこれらの条に定める生産量の算定値の限度を超えないことを条件とする。関係締約国は、この生産量の移転を、その移転の条件及び対象となる期間を示して、事務局に通報する。

5の二 議定書第五条1の規定の適用を受けない締約国は、一又は二以上の規制期間において、第二条のFに定める消費量の算定値の一部又は全部を議定書第五条1の規定の適用を受けない他の締約国に移転することができる。ただし、当該消費量の算定値の一部又は全部の移転を受ける締約国の附属書AのグループⅠに属する規制物質の消費量の算定値が千九百八十九年において一人当たり〇・二五キログラムを超えていないこと及び関係締約国の消費量の算定値の合計が第二条のFに定める消費量の算定値の限度を超えないことを条件とする。関係締約国は、この消費量の算定値の移転を、その移転の条件及び対象となる期間を示して、事務局に通報する。

6 第五条の規定の適用を受けない締約国は、千九百八十七年一月一日前に国内法に基づき計画された施設のうち附属書A又は附属書Bに掲げる規制物質の生産のためのもので同年九月十六日前に着工し又は契約したものを有する場合には、千九百八十六年の生産量に当該施設の生産量を加えることができる。ただし、当該施設が千九百九十年十二月三十一日までに完成し、かつ、当該施設の生産量を加えた場合にも当該締約国の規制物質の消費量の算定値が一人当たり〇・五キログラムを超えないことを条件とする。

7 生産量の5の規定に基づく移転及び6の規定に基づく追加は、当該移転又は追加の時までに事務局に通報する。

8(a) 条約第一条6に定義する地域的な経済統合のための機関の構成国である締約国は、この条から第二条のJまでに定める消費量に関する義務を共同して履行することを合意することができる。ただし、当該締約国の消費量の算定値の合計がこれらの条に定める限度を超えないことを条件とする。その合意には、第二条のJに定める消費量又は生産量に関する義務を含めることができる。ただし、関係締約国の消費量又は生産量の算定値の合計が同条に定める限度を超えないことを条件とする。

(b) (a)の合意を行つた締約国は、当該合意に係る消費量の削減の日前に当該合意の内容を事務局に通報する。

(c) (a)の合意は、地域的な経済統合のための機関のすべての構成国及び当該機関がこの議定書の締約国となり、かつ、当該締約国の実施の方法を事務局に通報した場合にのみ、実施可能となる。

9(a) 締約国は、第六条の評価に基づいて、次の事項を決定することができる。

(i) 附属書A、附属書B、附属書C又は附属書Eに掲げるオゾン破壊係数を調整すること及び調整する場合にはその内容

(ii) 附属書AのグループⅠ、附属書C及び附属書Fに掲げる地球温暖化係数を調整すること並びに調整する場合にはその内容

(iii) 規制物質の生産量又は消費量を更に調整し又は削減すること並びに調整し又は削減する場合にはその範囲、量及び時期

(b) (a)(i)から(iii)までの調整に関する提案は、その採択が提案される締約国の会合の少なくとも六箇月前に事務局が締約国に通報する。

(c) 締約国は、(a)の決定を行うに当たり、コンセンサス方式により合意に達するようあらゆる努力を払う。コンセンサスのためのあらゆる努力にもかかわらず合意に達しない場合には、当該決定は、最後の解決手段として、出席しかつ投票する締約国の三分の二以上の多数であつて出席しかつ投票する第五条1の規定の適用を受ける締約国の過半数及び出席しかつ投票する同条1の規定の適用を受けない締約国の過半数を代表するものによる議決で採択する。

(d) この9の決定は、すべての締約国を拘束するものとし、寄託者は、これを直ちに締約国に通告する。当該決定は、当該決定に別段の定めがある場合を除くほか、寄託者による通告の送付の日から六箇月を経過した時に効力を生ずる。

10 締約国は、第六条の評価に基づき及び条約第九条に定める手続に従つて、次の事項を決定することができる。

(i) いずれかの物質をこの議定書の附属書に追加し又は当該附属書から削除すること。

(ii) (i)の規定に基づいて追加し又は削除する物質に適用すべき規制措置の仕組み、範囲及び時期

11 締約国は、この条から第二条のJまでの規定にかかわらず、これらの条に定める措置よりも厳しい措置をとることができる。

**第二条のA（クロロフルオロカーボン）** 1 締約国は、この議定書が効力を生じた日から七番目の月の初日に始まる十二箇月の期間及びその後の十二箇月の期間ごとの附属書AのグループIに属する規制物質の消費量の算定値が千九百八十六年における当該物質の消費量の算定値を超えないことを確保する。当該物質の一又は二以上を生産する締約国は、これらの期間ごとの当該物質の生産量の算定値が千九百八十六年の生産量の算定値を超えないことを確保する。ただし、当該締約国の生産量の算定値は、第五条の規定の適用を受ける締約国の基礎的な国内需要を満たすため及び締約国間の産業合理化のためにのみ、千九百八十六年の算定値をその十パーセントを限度として超えることができる。

2 締約国は、千九百九十一年七月一日から千九百九十二年十二月三十一日までの期間の附属書AのグループIに属する規制物質の消費量及び生産量の算定値が千九百八十六年における当該物質の消費量及び生産量の算定値の百五十パーセントを超えないことを確保する。当該物質に係る十二箇月の規制期間は、千九百九十三年一月一日以降各年の一月一日から十二月三十一日までとする。

3 締約国は、千九百九十四年一月一日に始まる十二箇月の期間及びその後の十二箇月の期間ごとの附属書AのグループIに属する規制物質の消費量の算定値が千九百八十六年における当該物質の消費量の算定値の二十五パーセントを超えないことを確保する。当該物質の一又は二以上を生産する締約国は、これらの期間ごとの当該物質の生産量の算定値が千九百八十六年の生産量の算定値の二十五パーセントを超えないことを確保する。ただし、当該締約国の生産量の算定値は、第五条1の規定の適用を受ける締約国の基礎的な国内需要を満たすため、千九百八十六年の生産量の算定値の十パーセントを限度として当該算定値の二十五パーセントを超えることができる。

4 締約国は、千九百九十六年一月一日に始まる十二箇月の期間及びその後の十二箇月の期間ごとの附属書AのグループIに属する規制物質の消費量の算定値が零を超えないことを確保する。当該物質の一又は二以上を生産する締約国は、これらの期間ごとの当該物質の生産量の算定値が零を超えないことを確保する。ただし、当該締約国の生産量の算定値は、第五条1の規定の適用を受ける締約国の基礎的な国内需要を満たすため、千九百八十六年の生産量の算定値の十五パーセントを限度として零を超えることができる。この4の規定は、不可欠なものとして合意された用途を満たすために必要であると締約国が認めた生産量及び消費量については、適用しない。

**第二条のB（ハロン）**（略）

**第二条のC（他の完全にハロゲン化されたクロロフルオロカーボン）**（略）

**第二条のD（四塩化炭素）**（略）

**第二条のE（一・一・一―トリクロロエタン（メチルクロロホルム））**（略）

**第二条のF（ハイドロクロロフルオロカーボン）**（略）

**第二条のG（ハイドロブロモフルオロカーボン）**（略）

**第二条のH（臭化メチル）**（略）

**第二条のI（ブロモクロロメタン）**（略）

**第二条のJ（ハイドロフルオロカーボン）** 1 締約国は、二千十九年一月一日に始まる十二箇月の期間及びその後の十二箇月の期間ごとの附属書Fに掲げる規制物質の消費量の算定値（二酸化炭素換算で表示されたもの）が、附属書Fに掲げる規制物質の二千十一年から二千十三年までの各年の消費量の算定値の平均値に附属書CのグループIに属する規制物質の第二条のF1に定める消費量の算定値の十五パーセントを加えた値（二酸化炭素換算で表示されたもの）に対して、次の年ごとに定める比率を超えないことを確保する。

(a) 二千十九年から二千二十三年までは、九十パーセント
(b) 二千二十四年から二千二十八年までは、六十パーセント
(c) 二千二十九年から二千三十三年までは、三十パーセント
(d) 二千三十四年及び二千三十五年は、二十パーセント
(e) 二千三十六年以降は、十五パーセント

2 1の規定にかかわらず、締約国は、二千二十年一月一日に始まる十二箇月の期間及びその後の十二箇月の期間ごとの附属書Fに掲げる規制物質の消費量の算定値（二酸化炭素換算で表示されたもの）が、附属書Fに掲げる規制物質の二千十一年から二千十三年までの各年の消費量の算定値の平均値に附属書CのグループIに属する規制物質の第二条のF1に定める消費量の算定値の二十五パーセントを加えた値（二酸化炭素換算で表示されたもの）に対して、次の年ごとに定める比率を超えないことを、特定の締約国が確保することを決定することができる。

(a) 二千二十年から二千二十四年までは、九十五パーセント
(b) 二千二十五年から二千二十八年までは、六十五パーセント
(c) 二千二十九年から二千三十三年までは、三十パーセント
(d) 二千三十四年及び二千三十五年は、二十パーセント
(e) 二千三十六年以降は、十五パーセント

3 附属書Fに掲げる規制物質を生産する締約国は、二千十九年一月一日に始まる十二箇月の期間及びその後の十二箇月の期間

ごとの附属書Fに掲げる規制物質の生産量の算定値（二酸化炭素換算で表示されたもの）が、附属書Fに掲げる規制物質の二千十一年から二千十三年までの各年の生産量の算定値の平均値に附属書CのグループⅠに属する規制物質の第二条のF2に定める生産量の算定値の十五パーセントを加えた値（二酸化炭素換算で表示されたもの）に対して、次の年ごとに定める比率を超えないことを確保する。

(a) 二千十九年から二千二十三年までは、九十パーセント
(b) 二千二十四年から二千二十八年までは、六十パーセント
(c) 二千二十九年から二千三十三年までは、三十パーセント
(d) 二千三十四年及び二千三十五年は、二十パーセント
(e) 二千三十六年以降は、十五パーセント

4 3の規定にかかわらず、締約国は、二千二十年一月一日に始まる十二箇月の期間及びその後の十二箇月の期間ごとの附属書Fに掲げる規制物質の生産量の算定値（二酸化炭素換算で表示されたもの）が、附属書Fに掲げる規制物質の二千十一年から二千十三年までの各年の生産量の算定値の平均値に附属書CのグループⅠに属する規制物質の第二条のF2に定める生産量の算定値の二十五パーセントを加えた値（二酸化炭素換算で表示されたもの）に対して、次の年ごとに定める比率を超えないことを、附属書Fに掲げる規制物質を生産する締約国が確保することを決定することができる。

(a) 二千二十年から二千二十四年までは、九十五パーセント
(b) 二千二十五年から二千二十八年までは、六十五パーセント
(c) 二千二十九年から二千三十三年までは、三十パーセント
(d) 二千三十四年及び二千三十五年は、二十パーセント
(e) 二千三十六年以降は、十五パーセント

5 1から4までの規定は、適用が除外されるものとして合意された用途を満たすために必要であると締約国が認めた生産量及び消費量については、適用しない。

6 附属書CのグループⅠに属する規制物質又は附属書Fに掲げる規制物質を製造する締約国は、二千二十年一月一日に始まる十二箇月の期間及びその後の十二箇月の期間ごとの附属書CのグループⅠに属する規制物質又は附属書Fに掲げる規制物質を製造する各生産施設において発生し及び放出された附属書FのグループⅡに属する規制物質が、実行可能な範囲において、締約国により承認された技術を用いてその放出と同一の十二箇月の期間内に破壊されることを確保する。

7 締約国は、附属書CのグループⅠに属する規制物質又は附属書Fに掲げる規制物質を生産する施設において発生した附属書FのグループⅡに属する規制物質の破壊が、締約国により承認された技術によってのみ行われることを確保する。

**第三条（規制値の算定）**（略）

**第四条（非締約国との貿易の規制）** 1 締約国は、千九百九十年一月一日以降この議定書の締約国でない国から附属書Aに掲げる規制物質を輸入することを禁止するものとする。

1の二―1の六 （略）

2 締約国は、千九百九十三年一月一日以降この議定書の締約国でない国に対し附属書Aに掲げる規制物質を輸出することを禁止するものとする。

2の二―2の六 （略）

3 締約国は、千九百九十二年一月一日までに、条約第十条に定める手続に従って、附属書Aに掲げる規制物質を含んでいる製品の表を附属書として作成するものとする。当該附属書に対し当該手続に従って異議の申立てを行わなかった締約国は、この議定書の締約国でない国から当該製品を輸入することを当該附属書の効力発生の日から一年以内に禁止するものとする。

3の二・3の三 （略）

4 締約国は、千九百九十四年一月一日までに、この議定書の締約国でない国から附属書Aに掲げる規制物質を用いて生産された製品（規制物質を含まないものに限る。）を輸入することを禁止し又は制限することの実行可能性について決定するものとする。締約国は、実行可能であると決定した場合には、条約第十条に定める手続に従って、当該製品の表を附属書として作成する。当該附属書に対し当該手続に従って異議の申立てを行わなかった締約国は、この議定書の締約国でない国から当該製品を輸入することを当該附属書の効力発生の日から一年以内に禁止し又は制限するものとする。

4の二・4の三 （略）

5 締約国は、附属書A、附属書B、附属書C及び附属書Eに掲げる規制物質を生産し及び利用するための技術をこの議定書の締約国でない国に対し輸出することをできる限り抑制することを約束する。

6 締約国は、附属書A、附属書B、附属書C及び附属書Eに掲げる規制物質の生産に役立つ製品、装置、工場又は技術をこの議定書の締約国でない国に輸出するための新たな補助金、援助、信用、保証又は保険の供与を行わないようにする。

7 5及び6の規定は、附属書A、附属書B、附属書C及び附属書Eに掲げる規制物質の封じ込め、回収、再利用若しくは破壊の方法を改善し、代替物質の開発を促進し又は他の方法により附属書A、附属書B、附属書C及び附属書Eに掲げる規制物質の放出の削減に寄与する製品、装置、工場及び技術については、適用しない。

8 （略）

9 この条の規定の適用上、「この議定書の締約国でない国」とは、国又は地域的な経済統合のための機関であって、特定の規制物質に関して当該規制物質に適用される規制措置に拘束されることについて同意していないものをいう。

10 （略）

注 キガリ改正議定書による第四条の改正は、二〇三三年一月一日以降発効日より効力を生ずる。本文に改正を織り込まず、同議定書による改正の規定を次に掲げる。

第四条に次のとおり、1の七及び2の七を加え、5から7までの規定中「及び附属書E」を「、附属書E及び附属書F」に改める。

1の七 締約国は、この議定書の締約国でない国から附属書Fに掲げる規制物質を輸入することをこの1の七の規定の効力発生の時から禁止するものとする。

2の七 締約国は、この議定書の締約国でない国に対し附属書Fに掲げる規制物質を輸出することをこの2の七の規定の効力発生の時から禁止するものとする。

**第四条のA（締約国との貿易の規制）** 1 締約国は、議定書に基づく自国の義務を履行するためにあらゆる実行可能な措置をとったにもかかわらず、特定の規制物質の生産量の算定値が零を超えないことを確保する期間の開始日（自国について適用されるもの）を経過した後においても、国内消費のために当該物質の生産量（締約国により不可欠なものとして合意された用途を満たすための量を除く。）の算定値が零を超えないことを確保することができない場合には、当該物質で使用済みのもの、再

利用されるもの及び再生されたものの輸出を禁止する。ただし、破壊の目的で輸出する場合は、この限りでない。

2　1の規定は、条約第十一条の運用及び議定書第八条の規定により定められる違反に関する手続の運用を妨げることなく適用する。

**第四条のB（ライセンスの制度）**（略）

**第五条（開発途上国の特別な事情）**　1　開発途上国である締約国で、当該締約国の附属書Aに掲げる規制物質の消費量の算定値が当該締約国についてこの議定書が効力を生ずる日において又はその後千九百九十九年一月一日までのいずれかの時点において一人当たり〇・三キログラム未満であるものは、基礎的な国内需要を満たすため、第二条のAから第二条のEまでに定める規制措置の実施時期を十年遅らせることができる。ただし、千九百九十年六月二十九日にロンドンにおける締約国の第二回会合において採択された調整又は改正に対するその後の調整又は改正は、8に規定する検討が行われた後に、かつ、当該検討の結論に従つて、この1の規定の適用を受ける締約国に適用する。

1の二—7　（略）

8　締約国の会合は、千九百九十五年までに、1の規定の適用を受ける締約国の状況（当該締約国に対する資金協力及び技術移転の効果的な実施を含む。）を検討し、当該締約国に適用される規制措置の計画に関して必要な修正を採択する。

8の二・8の三　（略）

8の四(a)　1の規定の適用を受ける締約国は、第二条のJの規制措置について行われる第二条9の規定に基づく調整に従うことを条件として、第二条のJ1(a)から(e)まで及び3(a)から(e)までに定める規制措置の実施時期を遅らせ並びに当該規制措置を次のように修正することができる。

(i)　二千二十四年から二千二十八年までは、百パーセント

(ii)　二千二十九年から二千三十四年までは、九十パーセント

(iii)　二千三十五年から二千三十九年までは、七十パーセント

(iv)　二千四十年から二千四十四年までは、五十パーセント

(v)　二千四十五年以降は、二十パーセント

(b)　(a)の規定にかかわらず、締約国は、1の規定の適用を受ける締約国が、第二条のJの規制措置について行われる第二条9の規定に基づく調整に従うことを条件として、第二条のJ1(a)から(e)まで及び3(a)から(e)までに定める規制措置の実施時期を遅らせ並びに当該規制措置を次のように修正することができることを決定することができる。

(i)　二千二十八年から二千三十一年までは、百パーセント

(ii)　二千三十二年から二千三十六年までは、九十パーセント

(iii)　二千三十七年から二千四十一年までは、八十パーセント

(iv)　二千四十二年から二千四十六年までは、七十パーセント

(v)　二千四十七年以降は、十五パーセント

(c)　1の規定の適用を受ける締約国は、第二条のJの規定に基づく消費量の基準値を算定するため、附属書Fに掲げる規制物質の二千二十年から二千二十二年までの消費量の算定値の平均値に附属書CのグループIに属する規制物質の8の三に定める消費量の基準値の六十五パーセントを加えた値を使用することができる。

(d)　(c)の規定にかかわらず、締約国は、1の規定の適用を受ける締約国が、第二条のJの規定に基づく消費量の基準値を算定するため、附属書Fに掲げる規制物質の二千二十四年から二千二十六年までの消費量の算定値の平均値に附属書CのグループIに属する規制物質の8の三に定める消費量の基準値の六十五パーセントを加えた値を使用することができることを決定することができる。

(e)　1の規定の適用を受ける締約国であつて附属書Fに掲げる規制物質を生産するものは、第二条のJの規定に基づく生産量の基準値を算定するため、附属書Fに掲げる規制物質の二千二十年から二千二十二年までの生産量の算定値の平均値に附属書CのグループIに属する規制物質の8の三に定める生産量の基準値の六十五パーセントを加えた値を使用することができる。

(f)　(e)の規定にかかわらず、締約国は、1の規定の適用を受ける締約国であつて附属書Fに掲げる規制物質を生産するものが、第二条のJの規定に基づく生産量の基準値を算定するため、附属書Fに掲げる規制物質の二千二十四年から二千二十六年までの生産量の算定値の平均値に附属書CのグループIに属する規制物質の8の三に定める生産量の基準値の六十五パーセントを加えた値を使用することができることを決定することができる。

(g)　(a)から(f)までの規定は、締約国が決定する基準に従つて高温地域除外が適用される生産量及び消費量の算定値については、適用しない。

9　4、6及び7の規定に基づく締約国の決定は、第十条の規定に基づいて行う決定に適用される手続と同じ手続に従つて行う。

**第六条（規制措置の評価及び再検討）**　締約国は、千九百九十年に及び同年以降少なくとも四年ごとに、科学、環境、技術及び経済の分野の入手し得る情報に基づいて、第二条から第二条のJまでに定める規制措置を評価する。締約国は、その評価の少なくとも一年前に、当該分野において認められた専門家から成る適当な委員会を招集し並びに委員会の構成及び付託事項を決定する。委員会は、その招集の日から一年以内に、その結論を事務局を通じて締約国に報告する。

**第七条（資料の提出）**（略）

**第八条（違反）**　締約国は、その第一回会合において、この議定書に対する違反の認定及び当該認定をされた締約国の処遇に関する手続及び制度を検討し及び承認する。

**第九条（研究、開発、周知及び情報交換）**（略）

**第一〇条（資金供与の制度）**　1　締約国は、第五条1の規定の適用を受ける締約国による第二条のAから第二条のEまで、第二条のI及び第二条のJに定める規制措置並びに第五条1の二の規定に従つて決定される第二条のFから第二条のHまでの規定に係る規制措置の実施を可能とするために、当該締約国に対し資金協力及び技術協力（技術移転を含む。）を行うことを目的とする制度を設ける。当該制度に対する拠出は、当該締約国に対する他の資金の移転とは別に追加的に行われるものとし、当該制度は、当該締約国によるこの議定書に定める規制措置の実施を可能とするためにすべての合意された増加費用を賄うものとする。増加費用の種類を示す表は、締約国がその会合において決定する。第五条1の規定の適用を受ける締約国が、合意された増加費用の一部を賄うことにつながり得る他の資金供与の制度を利用することを選択する場合には、当該増加費用の一部については、この条の規定に基づく資金供与の制度によつては賄われない。

2　1の規定に基づき設けられる制度は、多数国間基金を含むものとする。また、当該制度は、多数国間協力、地域的協力及び

二国間協力による他の手段を含むことができる。

3―10 (略)

**第一〇条のA (技術移転)** 締約国は、次のことを確保するため、資金供与の制度によって支援される計画に合致したすべての実行可能な措置をとるものとする。

(a) 最も有効で環境上安全な代替品及び関連技術を第五条1の規定の適用を受ける締約国に対し速やかに移転すること。

(b) (a)の移転が公正で最も有利な条件の下に行われること。

**第一一条 (締約国の会合)** (略)

**第一二条 (事務局)** (略)

**第一三条 (財政規定)** (略)

**第一四条 (この議定書と条約との関係)** 条約における議定書に関する規定は、この議定書に別段の定めがある場合を除くほか、この議定書について適用する。

**第一五条 (署名)** (略)

**第一六条 (効力発生)** (略)

**第一七条 (効力発生の後に参加する締約国)** (略)

**第一八条 (留保)** この議定書については、留保は、付することができない。

**第一九条 (脱退)** 締約国は、第二条のA1に定める義務を四年間負った後いつでも、寄託者に対して書面による通告を行うことにより、この議定書から脱退することができる。脱退は、寄託者が脱退の通告を受領した日の後一年を経過した日又はそれよりも遅い日であって脱退の通告において指定されている日に効力を生ずる。

**第二〇条 (正文)** (略)

**附属書A** 規制物質 (略)

**附属書B** 規制物質 (略)

**附属書C** 規制物質 (略)

**附属書D** 附属書Aに掲げる規制物質を含んでいる製品の表 (略)

**附属書E** 規制物質 (略)

**附属書F** 規制物質 (略)

## (3) モントリオール議定書の附属書Ⅳ 翻訳

**(オゾン層を破壊する物質に関するモントリオール議定書の附属書Ⅳ 不遵守手続)**

決　定　一九九二年一一月二五日(第四回締約国会合・コペンハーゲン)
改　正　一九九八年一一月二四日(第一〇回締約国会合)

次の手続は、モントリオール議定書第八条に従って作成された。この手続の適用は、ウィーン条約第一一条に定める紛争解決手続の適用を妨げるものでない。

1 一又は二以上の締約国は、議定書に基づく他の締約国の義務の履行に関して疑念を有する場合には、この懸念を事務局に書面で伝えることができる。この通報は、その証拠となる情報によって裏付けられなければならない。

2 事務局は、通報の受領から二週間以内に、議定書の特定の条項の実施が疑問視されている締約国に対して、当該通報の写しを送付する。いかなる回答及びその回答を裏付ける情報も、送付の日から三箇月以内、又はそれを超えて具体的な事案の事情が必要とする期間内に、事務局及び関連締約国に提出しなければならない。事務局は、最初の通報を送付して三箇月を経過した後も当該締約国から回答を受領していない場合には、回答を提出しなければならない旨の督促を当該締約国に送付する。事務局は、当該締約国からの回答及び情報を受領した後できる限り速やかに、かつ、通報を受領して六箇月以内に、通報、回答及び締約国が提供した情報がある場合にはその情報を、5に定める実施委員会に送付する。実施委員会は、できる限り速やかに当該問題を検討する。

3 事務局は、報告書を作成する過程で、いずれかの締約国による議定書に基づく義務の不遵守の可能性を認めた場合には、当該事案に関する必要な情報を提供するよう当該締約国に要請することができる。当該締約国から三箇月以内若しくはそれを超えて具体的な事案の事情が必要とする期間内に回答がない場合又は当該事案が行政上の行為若しくは外交的接触を通して解決されない場合には、事務局は、議定書第一二条(c)に従って締約国会合に提出する報告に当該事案を含め、かつ、実施委員会に通知する。実施委員会は、できる限り速やかに当該事案を検討する。

4 締約国は、その最善の努力をしたにもかかわらず議定書に基づく義務を十分に遵守することができないと判断する場合には、事務局に対して、特にこの不遵守の原因と考える具体的な事情を説明する書面による通報を送付することができる。事務局は、当該通報を実施委員会に送付する。実施委員会は、できる限り速やかに当該問題を検討する。

5 本附属書により実施委員会を設置する。これは、公平な地理的配分に基づいて二年間の任期で締約国会合が選出した一〇の締約国で構成する。委員会に選出された各締約国は、選出されてから二箇月以内に自国代表者の氏名を事務局に通知するよう要請され、任期中の全期間を通して同一の代表者がとどまることを確保するよう努力する。任期満了となる締約国は、引き続き一期についてのみ再選され得る。委員会の構成国として二年の任期を連続して二回終了した締約国は、委員会の構成国を一年離れた後にのみ再選されることができる。委員会は、委員長と副委員長を選出する。さらに、副委員長は、委員会の報告者を務める。委員長及び副委員長の任期は、一期一年とする。

6 実施委員会は、別段の決定を行う場合を除くほか、毎年二回会合を開催する。事務局は、会合を準備し役務を提供する。

7 実施委員会は、次のことを行う。

(a) 1、2及び4に基づく通報を受理し、検討し、かつ、報告すること。

(b) 議定書第一二条(c)に定める報告書の作成に関連して事務局が送付する情報又は見解及び議定書の規定の遵守に関して事務局が受理し送付する他の全ての情報を受理し、検討し、かつ、報告すること。

(c) 必要と考える場合には、事務局を通して検討中の事案に関する追加情報を要請すること。

(d) 委員会に付託される個別の不遵守の事例について、事実及びあり得る原因を可能な限り特定し、締約国会合に適当な勧告を行うこと。

(e) 関係締約国の招聘に基づいて、委員会の任務を遂行するために、当該締約国の領域内で情報収集を行うこと。

(f) 特に勧告を作成するために、議定書第五条1に基づいて行われる締約国への技術移転を含む財政上及び技術上の協力の提供に関連した情報の交換を、多数国間基金執行委員会との間で維持すること。

8 実施委員会は、議定書の規定の尊重を基礎として、事案の友好的な解決を確保するために、7に定める通報、情報及び見解を検討する。

9 実施委員会は、締約国会合に委員会が適当と考える勧告を含めて報告する。その報告は、締約国会合の遅くとも六週間前までに、締約国に送付する。委員会からの報告の受領後、締約国は、事案の事情を考慮して、締約国による議定書の遵守を援助するための措置を含めて、議定書の十分な遵守をもたらすための措置及び議定書の目的を促進するための措置を決定し、かつ、要請することができる。

10 実施委員会の構成国でない締約国が、1に基づく通報の対象とされる場合又はそのような通報を自ら行う場合には、当該締約国は、実施委員会による当該通報の検討に参加することができる。

11 実施委員会の構成国であるか否かにかかわらず、実施委員会が検討する事案に関係するいかなる締約国も、委員会の報告に含まれる当該事案に関する勧告の作成及び採択に参加してはならない。

12 1、3又は4に定める事案に関係する締約国は、生じ得る不遵守に関して条約第一一条に基づいてとられた措置の結果を、また、その結果の実施及び9に基づく締約国の決定の実施について、事務局を通じて締約国会合に通知する。

13 締約国会合は、条約第一一条に基づいてとられた措置が完了するまでの間、暫定的な要請及び勧告、又はそのいずれかを行うことができる。

14 締約国会合は、生じ得る不遵守の事案の会合での検討を助けるため、実施委員会に対して勧告を行うよう要請することができる。

15 実施委員会の構成国及びその討議に関係するいかなる締約国も、非公開で受領した情報の機密を保護しなければならない。

16 非公開で受領した情報を含まない報告は、いかなる者に対しても要請に基づいて提供される。実施委員会から締約国会合への勧告に関連する情報で、実施委員会により又は実施委員会との間で交わされた全てのものは、いかなる締約国に対しても要請に基づいて事務局から提供される。当該締約国は、非公開で受領した情報の機密性を確保する。

## (4) モントリオール議定書第四回締約国会合報告書の附属書Ｖ 翻訳

（この議定書の不遵守に関する締約国会合によりとられることのある措置の指示一覧）

採　択　一九九二年一一月二五日（第四回締約国会合決定IV/5（不遵守手続））

A 情報の収集及び報告のための援助、技術援助、技術移転及び財政援助、情報移転並びに訓練を含む、適当な援助

B 警告を発すること。

C 条約の運用停止に関する適用可能な国際法規則に従って、産業の合理化、生産、消費、貿易、技術移転、財政的仕組み及び制度的取極を含む、この議定書に基づく特定の権利及び特権の期限つき又は無期限の停止

## 5 有害廃棄物越境移動規制条約（抄）

（有害廃棄物の国境を越える移動及びその処分の規制に関するバーゼル条約）

作　成　一九八九年三月二二日（バーゼル）
効力発生　一九九二年五月五日
日本国　一九九三年一二月一六日（九二年一二月一〇日国会承認、九三年九月一七日内閣加入決定、同日加入書寄託、一二月六日公布・条約七号）
当事国　一八七（他にＥＵ）

### 前　文

この条約の締約国は、

有害廃棄物及び他の廃棄物並びにこれらの廃棄物の国境を越える移動によって引き起こされる人の健康及び環境に対する損害の危険性を認識し、

有害廃棄物及び他の廃棄物の発生の増加及び一層の複雑化並びにこれらの廃棄物の国境を越える移動によってもたらされる人の健康及び環境に対する脅威の増大に留意し、

これらの廃棄物によってもたらされる危険から人の健康及び環境を保護する最も効果的な方法は、これらの廃棄物の発生を量及び有害性の面から最小限度とすることであることに留意し、

諸国が、処分の場所のいかんを問わず、有害廃棄物及び他の廃棄物の処理（国境を越える移動及び処分を含む。）を人の健康及び環境の保護に適合させるために必要な措置をとるべきであることを確信し、

諸国が、処分の場所のいかんを問わず、発生者が有害廃棄物及び他の廃棄物の運搬及び処分に関する義務を環境の保護に適合する方法で履行することを確保すべきであることに留意し、

いずれの国も、自国の領域において外国の有害廃棄物及び他の廃棄物の搬入又は処分を禁止する主権的権利を有することを十分に認め、

有害廃棄物の国境を越える移動及びその処分を他の国特に開発途上国において行うことを禁止したいとの願望が増大していることを認め、

有害廃棄物及び他の廃棄物は、環境上適正かつ効率的な処理と両立する限り、これらの廃棄物の発生した国において処分されるべきであることを確信し、

これらの廃棄物の発生した国から他の国への国境を越える移動は、人の健康及び環境を害することのない条件並びにこの条約の規定に従う条件の下で行われる場合に限り許可されるべきであることを認識し、

有害廃棄物及び他の廃棄物の国境を越える移動の規制を強化することが、これらの廃棄物を環境上適正に処理し、及びその国境を越える移動の量を削減するための誘因となることを考慮し、

諸国が有害廃棄物及び他の廃棄物の国境を越える移動に関する適当な情報交換及び規制を行うための措置をとるべきであることを確信し、

種々の国際的及び地域的な協定が危険物の通過に関する環境の保護及び保全の問題を取り扱っていることに留意し、

国際連合人間環境会議の宣言(千九百七十二年ストックホルム)、国際連合環境計画(UNEP)管理理事会が千九百八十七年六月十七日の決定十四―三十により採択した有害廃棄物の環境上適正な処理のためのカイロ・ガイドライン及び原則、危険物の運搬に関する国際連合専門家委員会の勧告(千九百五十七年に作成され、その後二年ごとに修正されている。)、国際連合及びその関連機関において採択された関連する勧告、宣言、文書及び規則並びに他の国際的及び地域的な機関において行われた活動及び研究を考慮し、

第三十七回国際連合総会(千九百八十二年)において人間環境の保護及び自然資源の保全に関する倫理的規範として採択された世界自然憲章の精神、原則、目的及び機能に留意し、

諸国が、人の健康の保護並びに環境の保護及び保全に関する国際的義務の履行に責任を有し、並びに国際法に従って責任を負うことを確認し、

この条約又はこの条約の議定書の規定に対する重大な違反があった場合には、条約に関する関連国際法が適用されることを認め、

有害廃棄物及び他の廃棄物の発生を最小限度とするため、環境上適正な廃棄物低減技術、再生利用の方法並びに良好な管理及び処理の体制の開発及び実施を引き続き行うことの必要性を認識し、

有害廃棄物及び他の廃棄物の国境を越える移動を厳重に規制することの必要性について国際的な関心が高まっていること並びに可能な限りそのような移動を最小限度とすることの必要性を認識し、

有害廃棄物及び他の廃棄物の国境を越える不法な取引の問題について懸念し、

有害廃棄物及び他の廃棄物を処理する開発途上国の能力に限界があることを考慮し、

現地で発生する有害廃棄物及び他の廃棄物の適正な処理のため、カイロ・ガイドライン及び環境保護に関する技術の移転の促進に関するUNEP管理理事会の決定十四―十六の精神に従い、特に開発途上国に対する技術移転を促進することの必要性を認め、

有害廃棄物及び他の廃棄物が、関連する国際条約及び国際的な勧告に従って運搬されるべきであることを認め、

有害廃棄物及び他の廃棄物の国境を越える移動は、これらの廃棄物の運搬及び最終的な処分が環境上適正である場合に限り許可されるべきであることを確信し、

有害廃棄物及び他の廃棄物の発生及び処理から生ずることがある悪影響から人の健康及び環境を厳重な規制によって保護することを決意して、

次のとおり協定した。

**第一条（条約の適用範囲）** 1 この条約の適用上、次の廃棄物であって国境を越える移動の対象となるものは、「有害廃棄物」とする。

(a) 附属書Ⅰに掲げるいずれかの分類に属する廃棄物(附属書Ⅲに掲げるいずれの特性も有しないものを除く。)

(b) (a)に規定する廃棄物には該当しないが、輸出国、輸入国又は通過国である締約国の国内法令により有害であると定義され又は認められている廃棄物

2 この条約の適用上、附属書Ⅱに掲げるいずれかの分類に属する廃棄物であって国境を越える移動の対象となるものは、「他の廃棄物」とする。

3 放射能を有することにより、特に放射性物質について適用される国際文書による規制を含む他の国際的な規制の制度の対象となる廃棄物は、この条約の適用範囲から除外する。

4 船舶の通常の運航から生ずる廃棄物であってその排出について他の国際文書の適用があるものは、この条約の適用範囲から除外する。

**第二条（定義）** この条約の適用上、

1 「廃棄物」とは、処分がされ、処分が意図され又は国内法の規定により処分が義務付けられている物質又は物体をいう。

2 「処理」とは、有害廃棄物又は他の廃棄物の収集、運搬及び処分をいい、処分場所の事後の管理を含む。

3 「国境を越える移動」とは、有害廃棄物又は他の廃棄物が、その移動に少なくとも二以上の国が関係する場合において、一の国の管轄の下にある地域から、他の国の管轄の下にある地域へ若しくは他の国の管轄の下にある地域を通過して、又はいずれの国の管轄の下にもない地域へ若しくはいずれの国の管轄の下にもない地域を通過して、移動することをいう。

4 「処分」とは、附属書Ⅳに掲げる作業をいう。

5 「承認された場所又は施設」とは、場所又は施設が存在する国の関係当局により、有害廃棄物又は他の廃棄物の処分のための作業を行うことが認められ又は許可されている場所又は施設をいう。

6 「権限のある当局」とは、締約国が適当と認める地理的区域内において、第六条の規定に従って有害廃棄物又は他の廃棄物の国境を越える移動に関する通告及びこれに関係するすべての情報を受領し並びに当該通告に対し回答する責任を有する一の政府当局として締約国によって指定されたものをいう。

7 「中央連絡先」とは、第十三条及び第十六条に規定する情報を受領し及び提供する責任を有する第五条に規定する締約国の機関をいう。

8 「有害廃棄物又は他の廃棄物の環境上適正な処理」とは、有害廃棄物又は他の廃棄物から生ずる悪影響から人の健康及び環境を保護するような方法でこれらの廃棄物が処理されることを確保するために実行可能なあらゆる措置をとることをいう。

9 「一の国の管轄の下にある地域」とは、人の健康又は環境の保護に関し、国際法に従って一の国が行政上及び規制上の責任を遂行する陸地、海域又は空間をいう。

10 「輸出国」とは、有害廃棄物又は他の廃棄物の自国からの国境を越える移動が計画され又は開始されている締約国をいう。

11 「輸入国」とは、自国における処分を目的として又はいずれの国の管轄の下にもない地域における処分に先立つ積込みを目的として、有害廃棄物又は他の廃棄物の自国への国境を越える移動が計画され又は行われている締約国をいう。

12 「通過国」とは、輸出国又は輸入国以外の国であって、自国を通過する有害廃棄物又は他の廃棄物の国境を超える移動が計画され又は行われているものをいう。

13 「関係国」とは、締約国である輸出国又は輸入国及び締約国であるかないかを問わず通過国をいう。

14 「者」とは、自然人又は法人をいう。

15 「輸出者」とは、有害廃棄物又は他の廃棄物の輸出を行う者であって輸出国の管轄の下にあるものをいう。

# 有害廃棄物越境移動規制条約

16「輸入者」とは、有害廃棄物又は他の廃棄物の輸入を行う者であって輸入国の管轄の下にあるものをいう。

17「運搬者」とは、有害廃棄物又は他の廃棄物の運搬を行う者をいう。

18「発生者」とは、その活動が有害廃棄物又は他の廃棄物を発生させる者をいい、その者が不明であるときは、当該有害廃棄物又は他の廃棄物を保有し又は支配している者をいう。

19「処分者」とは、有害廃棄物又は他の廃棄物がその者に対し運搬される者であって当該有害廃棄物又は他の廃棄物の処分を行うものをいう。

20「政治統合又は経済統合のための機関」とは、主権国家によって構成される機関であって、この条約が規律する事項に関しその加盟国から権限の委譲を受け、かつ、その内部手続に従ってこの条約の署名、批准、受諾、承認若しくは正式確認又はこれへの加入の正当な委任を受けたものをいう。

21「不法取引」とは、第九条に規定する有害廃棄物又は他の廃棄物の国境を越える移動をいう。

**第三条（有害廃棄物に関する国内の定義）**（略）

**第四条（一般的義務）**

1(a) 有害廃棄物又は他の廃棄物の処分のための輸入を禁止する権利を行使する締約国は、第十三条の規定に従ってその決定を他の締約国に通報する。

(b) 締約国は、(a)の規定に従って通報を受けた場合には、有害廃棄物及び他の廃棄物の輸入を禁止している締約国に対する当該有害廃棄物及び他の廃棄物の輸出を許可せず、又は禁止する。

(c) 締約国は、輸入国が有害廃棄物及び他の廃棄物の輸入を禁止していない場合において当該輸入国がこれらの廃棄物の特定の輸入につき書面により同意しないときは、その輸入の同意のない廃棄物の輸出を許可せず、又は禁止する。

2 締約国は、次の目的のため、適当な措置をとる。

(a) 社会的、技術的及び経済的側面を考慮して、国内における有害廃棄物及び他の廃棄物の発生を最小限度とすることを確保する。

(b) 有害廃棄物及び他の廃棄物の環境上適正な処理のため、処分の場所のいかんを問わず、可能な限り国内にある適当な処分施設が利用できるようにすることを確保する。

(c) 国内において有害廃棄物又は他の廃棄物の処理に関与する者が、その処理から生ずる有害廃棄物及び他の廃棄物による汚染を防止するため、並びに汚染が生じた場合には、人の健康及び環境についてその影響を最小のものにとどめるために必要な措置をとることを確保する。

(d) 有害廃棄物及び他の廃棄物の国境を越える移動が、これらの廃棄物の環境上適正かつ効率的な処理に適合するような方法で最小限度とされ、並びに当該移動から生ずる悪影響から人の健康及び環境を保護するような方法で行われることを確保する。

(e) 締約国特に開発途上国である国又は国家群（経済統合又は政治統合のための機関に加盟しているもの）に対する有害廃棄物又は他の廃棄物の輸出は、これらの国若しくは国家群が国内法令によりこれらの廃棄物のすべての輸入を禁止した場合又はこれらの廃棄物が締約国の第一回会合において決定される基準に従う環境上適正な方法で処理されないと信ずるに足りる理由がある場合には、許可しない。

(f) 計画された有害廃棄物及び他の廃棄物の国境を越える移動が人の健康及び環境に及ぼす影響を明らかにするため、当該移動に関する情報が附属書ＶＡに従って関係国に提供されることを義務付ける。

(g) 有害廃棄物及び他の廃棄物が環境上適正な方法で処理されないと信ずるに足りる理由がある場合には、当該有害廃棄物及び他の廃棄物の輸入を防止する。

(h) 有害廃棄物及び他の廃棄物の環境上適正な処理を改善し及び不法取引の防止を達成するため、有害廃棄物及び他の廃棄物の国境を越える移動に関する情報の提供その他の活動について、直接及び事務局を通じ、他の締約国及び関係機関と協力する。

3 締約国は、有害廃棄物又は他の廃棄物の不法取引を犯罪性のあるものと認める。

4 締約国は、この条約の規定を実施するため、この条約の規定に違反する行為を防止し及び処罰するための措置を含む適当な法律上の措置、行政上の措置その他の措置をとる。

5 締約国は、有害廃棄物又は他の廃棄物を非締約国へ輸出し又は非締約国から輸入することを許可しない。

6 締約国は、国境を越える移動の対象となるかならないかを問わず、南緯六十度以南の地域における処分のための有害廃棄物又は他の廃棄物の輸出を許可しないことに合意する。

7 締約国は、更に、次のことを行う。

(a) 有害廃棄物又は他の廃棄物の運搬又は処分を行うことが認められ又は許可されている者を除くほか、その管轄の下にあるすべての者に対し、当該運搬又は処分を行うことを禁止すること。

(b) 国境を越える移動の対象となる有害廃棄物及び他の廃棄物が、こん包、表示及び運搬の分野において一般的に受け入れられかつ認められている国際的規則及び基準に従ってこん包され、表示され及び運搬されること並びに国際的に認められている関連する慣行に妥当な考慮が払われることを義務付けること。

(c) 有害廃棄物及び他の廃棄物には、国境を越える移動が開始される地点から処分の地点まで移動書類が伴うことを義務付けること。

8 締約国は、輸出されることとなる有害廃棄物又は他の廃棄物が輸入国又は他の場所において環境上適正な方法で処理されることを義務付ける。この条約の対象となる廃棄物の環境上適正な処理のための技術上の指針は、締約国の第一回会合において決定する。

9 締約国は、有害廃棄物及び他の廃棄物の国境を越える移動が次のいずれかの場合に限り許可されることを確保するため、適当な措置をとる。

(a) 輸出国が当該廃棄物を環境上適正かつ効率的な方法で処分するための技術上の能力及び必要な施設、処分能力又は適当な処分場所を有しない場合

(b) 当該廃棄物が輸入国において再生利用産業又は回収産業のための原材料として必要とされている場合

(c) 当該国境を越える移動が締約国全体として決定する他の基準に従って行われる場合。ただし、当該基準がこの条約の目的に合致することを条件とする。

10 有害廃棄物及び他の廃棄物を発生させた国がこの条約の下において負う当該有害廃棄物及び他の廃棄物を環境上適正な方法

で処理することを義務付ける義務は、いかなる状況においても、輸入国又は通過国へ移転してはならない。

11　この条約のいかなる規定も、締約国が人の健康及び環境を一層保護するためこの条約の規定に適合しかつ国際法の諸規則に従う追加的な義務を課することを妨げるものではない。

12　この条約のいかなる規定も、国際法に従って確立している領海に対する国の主権、国際法に従い排他的経済水域及び大陸棚において国が有する主権的権利及び管轄権並びに国際法に定められ及び関連する国際文書に反映されている航行上の権利及び自由をすべての国の船舶及び航空機が行使することに何ら影響を及ぼすものではない。

13　締約国は、他の国特に開発途上国に対して輸出される有害廃棄物及び他の廃棄物の量及び汚染力を減少させる可能性について定期的に検討する。

**第五条（権限のある当局及び中央連絡先の指定）**（略）

**第六条（締約国間の国境を越える移動）**1　輸出国は、書面により、その権限のある当局の経路を通じ、有害廃棄物又は他の廃棄物の国境を越える移動の計画を関係国の権限のある当局に対し通告し又は発生者若しくは輸出者に通告させる。その通告は、輸入国の受け入れ可能な言語により記載された附属書ⅤＡに掲げる申告及び情報を含む。各関係国に対し送付する通告は、一通のみで足りる。

2　輸入国は、通告をした者に対し、書面により、移動につき条件付若しくは無条件で同意し、移動に関する許可を拒否し又は追加的な情報を要求する旨を回答する。輸入国の最終的な回答の写しは、締約国である関係国の権限のある当局に送付する。

3　輸出国は、次の事項を書面により確認するまでは、発生者又は輸出者が国境を越える移動を開始することを許可してはならない。

(a)　通告をした者が輸入国の書面による同意を得ていること。

(b)　通告をした者が、廃棄物について環境上適正な処理がされることを明記する輸出者と処分者との間の契約の存在につき、輸入国から確認を得ていること。

4　締約国である通過国は、通告をした者に対し通告の受領を速やかに確認する。当該通過国は、更に、通告をした者に対し、六十日以内に、移動につき条件付若しくは無条件で同意し、移動に関する許可を拒否し又は追加的な情報を要求する旨を書面により回答する。輸出国は、当該通過国の書面による同意を得るまでは、国境を越える移動を開始することを許可してはならない。ただし、いかなる時点においても、締約国が、有害廃棄物又は他の廃棄物の通過のための国境を越える移動に関し、書面による事前の同意を一般的に若しくは特定の条件の下において義務付けないことを決定し、又は事前の同意に係る要件を変更する場合には、当該締約国は、第十三条の規定に従い他の締約国に直ちにその旨を通報する。事前の同意を義務付けない場合において通過国が通告を受領した日から六十日以内に輸出国が当該通過国の回答を受領しないときは、当該輸出国は、当該通過国を通過して輸出を行うことを許可することができる。

5　特定の国によってのみ有害であると法的に定義され又は認められている廃棄物の国境を越える移動の場合において、

(a)　輸出国によってのみ定義され又は認められているときは、輸入者又は処分者及び輸入国について適用する9の規定は、必要な変更を加えて、それぞれ輸出者及び輸出国について適用する。

(b)　輸入国によってのみ又は輸入国及び締約国である通過国によってのみ定義され又は認められているときは、輸出者及び輸出国について適用する1、3、4及び6の規定は、必要な変更を加えて、それぞれ輸入者又は処分者及び輸入国について適用する。

(c)　締約国である通過国によってのみ定義され又は認められているときは、4の規定を当該通過国について適用する。

6　輸出国は、同一の物理的及び化学的特性を有する有害廃棄物又は他の廃棄物が、輸出国の同一の出国税関及び輸入国の同一の入国税関を経由して、並びに通過のときは通過国の同一の入国税関及び出国税関を経由して、同一の処分者に定期的に運搬される場合には、関係国の書面による同意を条件として、発生者又は輸出者が包括的な通告を行うことを許可することができる。

7　関係国は、運搬される有害廃棄物又は他の廃棄物に関する一定の情報（正確な量、定期的に作成する一覧表等）が提供されることを条件として、6に規定する包括的な通告を行うことにつき書面により同意することができる。

8　6及び7に規定する包括的な通告及び書面による同意は、最長十二箇月の期間における有害廃棄物又は他の廃棄物の二回以上の運搬について適用することができる。

9　締約国は、有害廃棄物又は他の廃棄物の国境を越える移動に責任を有するそれぞれの者が当該有害廃棄物又は他の廃棄物の引渡し又は受領の際に移動書類に署名することを義務付ける。締約国は、また、処分者が、輸出者及び輸出国の権限のある当局の双方に対し、当該有害廃棄物又は他の廃棄物を受領したことを通報し及び通告に明記する処分が完了したことを相当な期間内に通報することを義務付ける。これらの通報が輸出国において受領されない場合には、輸出国の権限のある当局又は輸出者は、その旨を輸入国に通報する。

10　この条の規定により義務付けられる通告及び回答は、関係締約国の権限のある当局又は非締約国の適当と認める政府当局に送付する。

11　有害廃棄物又は他の廃棄物の国境を越えるいかなる移動も、輸入国又は締約国である通過国が義務付けることのある保険、供託金その他の保証によって担保する。

**第七条（締約国から非締約国を通過して行われる国境を越える移動）**前条1の規定は、必要な変更を加えて、締約国から非締約国を通過して行われる有害廃棄物又は他の廃棄物の国境を越える移動について適用する。

**第八条（再輸入の義務）**この条約の規定に従うことを条件として関係国の同意が得られている有害廃棄物又は他の廃棄物の国境を越える移動が、契約の条件に従って完了することができない場合において、輸入国が輸出国及び事務局に対してその旨を通報した時から九十日以内に又は関係国が合意する他の期間内に当該有害廃棄物又は他の廃棄物が環境上適正な方法で処分されるための代替措置をとることができないときは、輸出国は、輸出者が当該有害廃棄物又は他の廃棄物を輸出国内に引き取ることを確保する。このため、輸出国及び締約国である通過国は、当該有害廃棄物又は他の廃棄物の輸出国への返還に反対し、及びその返還を妨害し又は防止してはならない。

**第九条（不法取引）**1　この条約の適用上、次のいずれかに該当する有害廃棄物又は他の廃棄物の国境を越える移動は、不法取引とする。

(a) この条約の規定に従う通告がすべての関係国に対して行われていない移動
(b) 関係国からこの条約の規定に従う同意が得られていない移動
(c) 関係国の同意が偽造、虚偽の表示又は詐欺により得られている移動
(d) 書類と重要な事項において不一致がある移動
(e) この条約の規定及び国際法の一般原則に違反して有害廃棄物又は他の廃棄物を故意に処分すること(例えば、投棄すること。)となる移動

2 有害廃棄物又は他の廃棄物の国境を越える移動が輸出者又は発生者の行為の結果として不法取引となる場合には、輸出国は、輸出国に当該不法取引が通報された時から三十日以内又は関係国が合意する他の期間内に、当該有害廃棄物又は他の廃棄物に関し次のことを確保する。
(a) 輸出者若しくは発生者又は必要な場合には輸出国が自国に引き取ること又はこれが実際的でないときは、
(b) この条約の規定に従って処分されること。
このため、関係締約国は、当該有害廃棄物又は他の廃棄物の輸出国への返還に反対し、及びその返還を妨害し又は防止してはならない。

3 有害廃棄物又は他の廃棄物の国境を越える移動が輸入者又は処分者の行為の結果として不法取引となる場合には、輸入国は、当該不法取引を輸入国が知るに至った時から三十日以内又は関係国が合意する他の期間内に、輸入者若しくは処分者又は必要なときは輸入国が当該有害廃棄物又は他の廃棄物を環境上適正な方法で処分することを確保する。このため、関係締約国は、必要に応じ、当該有害廃棄物又は他の廃棄物を環境上適正な方法で処分することについて協力する。

4 不法取引の責任を輸出者若しくは発生者又は輸入者若しくは処分者のいずれにも帰することができない場合には、関係締約国又は適当なときは他の締約国は、協力して、輸出国若しくは輸入国又は適当なときは他の場所において、できる限り速やかに当該有害廃棄物又は他の廃棄物を環境上適正な方法で処分することを確保する。

5 締約国は、不法取引を防止し及び処罰するため、適当な国内法令を制定する。締約国は、この条の目的を達成するため、協力する。

**第一〇条（国際協力）**（略）

**第一一条（二国間の、多数国間の及び地域的な協定）**（略）

**第一二条（損害賠償責任に関する協議）** 締約国は、有害廃棄物及び他の廃棄物の国境を越える移動及び処分から生ずる損害に対する責任及び賠償の分野において適当な規則及び手続を定める議定書をできる限り速やかに採択するため、協力する。

**第一三条（情報の送付）**（略）

**第一四条（財政的な側面）**（略）

**第一五条（締約国会議）** 1 この条約により締約国会議を設置する。締約国会議の第一回会合は、UNEP事務局長がこの条約の効力発生の後一年以内に招集する。その後は、締約国会議の通常会合は、第一回会合において決定する一定の間隔で開催する。

2 締約国会議の特別会合は、締約国会議が必要と認めるとき又はいずれかの締約国から書面による要請のある場合において事務局がその要請を締約国に通報した後六箇月以内に締約国の少なくとも三分の一がその要請を支持するときに開催する。

3 締約国会議は、締約国会議及び締約国会議が設置する補助機関の手続規則並びに特にこの条約に基づく締約国の財政的な参加について定める財政規則をコンセンサス方式により合意し及び採択する。

4 締約国は、その第一回会合において、この条約の規定の範囲内で海洋環境の保護及び保全に関する責任を果たす上で役立つ必要な追加的措置を検討する。

5 締約国会議は、この条約の効果的な実施について絶えず検討し及び評価し、更に、次のことを行う。
(a) 有害廃棄物及び他の廃棄物による人の健康及び環境に対する害を最小のものにとどめるための適当な政策、戦略及び措置の調整を促進すること。
(b) 必要に応じ、利用可能な科学、技術、経済及び環境に関する情報を特に考慮して、この条約及びその附属書の改正を検討し及び採択すること。
(c) この条約の実施並びに第十一条に規定する協定及び取決めの実施から得られる経験に照らして、この条約の目的の達成のために必要な追加的行動を検討し及びとること。
(d) 必要に応じ、議定書を検討し及び採択すること。
(e) この条約の実施に必要と認められる補助機関を設置すること。

6 国際連合及びその専門機関並びにこの条約の締約国でない国は、締約国会議の会合にオブザーバーを出席させることができる。有害廃棄物又は他の廃棄物に関連のある分野において認められた団体又は機関(国内若しくは国際の又は政府若しくは非政府のもののいずれであるかを問わない。)であって、締約国会議の会合にオブザーバーを出席させることを希望する旨事務局に通報したものは、当該会合に出席する締約国の三分の一以上が反対しない限り、オブザーバーを出席させることを認められる。オブザーバーの出席及び参加は、締約国会議が採択する手続規則の適用を受ける。

7 締約国会議は、この条約の効力発生の三年後に及びその後は少なくとも六年ごとに、この条約の有効性について評価を行い、並びに必要と認める場合には、最新の科学、環境、技術及び経済に関する情報に照らして有害廃棄物及び他の廃棄物の国境を越える移動の完全な又は部分的な禁止措置の採用について検討を行う。

**第一六条（事務局）**（略）

**第一七条（この条約の改正）**（略）

**第一八条（附属書の採択及び改正）**（略）

**第一九条（検証）** いずれの締約国も、他の締約国がこの条約に基づく義務に違反して行動し又は行動したと信ずるに足りる理由がある場合には、その旨を事務局に通報することができるものとし、その通報を行うときは、同時かつ速やかに、直接又は事務局を通じ、申立ての対象となった当該他の締約国にその旨を通報する。すべての関連情報は、事務局が締約国に送付するものとする。

**第二〇条（紛争の解決）** 1 この条約又は議定書の解釈、適用又は遵守に関して締約国間で紛争が生じた場合には、当該締約国は、交渉又はその選択する他の平和的手段により紛争の解決に努める。

2 関係締約国が1に規定する手段により紛争を解決することができない場合において紛争当事国が合意するときは、紛争は、

国際司法裁判所に付託し又は仲裁に関する附属書Ⅵに規定する条件に従い仲裁に付する。もっとも、紛争を国際司法裁判所へ付託し又は仲裁に付することについて合意に達しなかった場合においても、当該締約国は、1に規定する手段のいずれかにより紛争を解決するため引き続き努力する責任を免れない。

3　国及び政治統合又は経済統合のための機関は、この条約の批准、受諾、承認若しくは正式確認若しくはこれへの加入の際に又はその後いつでも、同一の義務を受諾する締約国との関係において紛争の解決のための次のいずれかの手段を当然にかつ特別の合意なしに義務的であると認めることを宣言することができる。

(a)　国際司法裁判所への紛争の付託

(b)　附属書Ⅵに規定する手続に従う仲裁

その宣言は、事務局に対し書面によって通告するものとし、事務局は、これを締約国に送付する。

**第二一条（署名）**（略）

**第二二条（批准、受諾、正式確認又は承認）**（略）

**第二三条（加入）**（略）

**第二四条（投票権）**（略）

**第二五条（効力発生）**（略）

**第二六条（留保及び宣言）**　1　この条約については、留保を付することも、また、適用除外を設けることもできない。

2　1の規定は、この条約の署名、批准、受諾、承認若しくは正式確認又はこれへの加入の際に、国及び政治統合又は経済統合のための機関が、特に当該国又は当該機関の法令をこの条約に調和させることを目的として、用いられる文言及び名称のいかんを問わず、宣言又は声明を行うことを排除しない。ただし、このような宣言又は声明は、当該国に対するこの条約の適用において、この条約の法的効力を排除し又は変更することを意味しない。

**第二七条（脱退）**（略）

**第二八条（寄託者）**（略）

**第二九条（正文）**（略）

**附属書Ⅰから附属書Ⅸまで**（略）

## 6　気候変動枠組条約

### (1)　気候変動に関する国際連合枠組条約（抄）

［地球温暖化防止条約］

採　択　一九九二年五月九日（ニューヨーク）

効力発生　一九九四年三月二一日（改正―一九八年八月一三日（九二年五月九日ニューヨーク））

日本国　一九九四年三月二一日（九三年五月一四日国会承認、五月二八日内閣受諾決定、同日受諾書寄託、九四年六月二一日公布・条約六号　改正―一九八年八月一三日発効（二〇〇一年一二月一七日公布・外務省告示四七三号）、〇二年六月二八日発効（〇三年一月二一日公布・外務省告示一五号）、一〇年一〇月二六日発効（同日公布・外務省告示四五三号））

当事国　一九六（他にＥＵ）

この条約の締約国は、

地球の気候の変動及びその悪影響が人類の共通の関心事であることを確認し、

人間活動が大気中の温室効果ガスの濃度を著しく増加させてきていること、その増加が自然の温室効果を増大させていること並びにこのことが、地表及び地球の大気を全体として追加的に温暖化することとなり、自然の生態系及び人類に悪影響を及ぼすおそれがあることを憂慮し、

過去及び現在における世界全体の温室効果ガスの排出量の最大の部分を占めるのは先進国において排出されたものであること、開発途上国における一人当たりの排出量は依然として比較的少ないこと並びに世界全体の排出量において開発途上国における排出量が占める割合はこれらの国の社会的な及び開発のためのニーズに応じて増加していくことに留意し、

温室効果ガスの吸収源及び貯蔵庫の陸上及び海洋の生態系における役割及び重要性を認識し、

気候変動の予測には、特に、その時期、規模及び地域的な特性に関して多くの不確実性があることに留意し、

気候変動が地球的規模の性格を有することから、すべての国が、それぞれ共通に有しているが差異のある責任、各国の能力並びに各国の社会的及び経済的状況に応じ、できる限り広範な協力を行うこと及び効果的かつ適当な国際的対応に参加することが必要であることを確認し、

千九百七十二年六月十六日にストックホルムで採択された国際連合人間環境会議の宣言の関連規定を想起し、

諸国は、国際連合憲章及び国際法の諸原則に基づき、その資源を自国の環境政策及び開発政策に従って開発する主権的権利を有すること並びに自国の管轄又は管理の下における活動が他国の環境又はいずれの国の管轄にも属さない区域の環境を害さないことを確保する責任を有することを想起し、

気候変動に対処するための国際協力における国家の主権の原則を再確認し、

諸国が環境に関する効果的な法令を制定すべきであること、環境基準、環境の管理に当たっての目標及び環境問題における優先度はこれらが適用される環境及び開発の状況を反映すべきであること、並びにある国の適用する基準が他の国（特に開発途上国）にとって不適当なものとなり、不当な経済的及び社会的損失をもたらすものとなるおそれがあることを認め、

国際連合環境開発会議に関する千九百八十九年十二月二十二日の国際連合総会決議第二百二十八号（第四十四回会期）並びに人類の現在及び将来の世代のための地球的規模の気候の保護に関する千九百八十八年十二月六日の国際連合総会決議第五十三号（第四十三回会期）、千九百八十九年十二月二十二日の同決議第二百七号（第四十四回会期）、千九百九十年十二月二十一日の同決議第二百十二号（第四十五回会期）及び千九百九十一年十二月十九日の同決議第百六十九号（第四十六回会期）を想起し、

海面の上昇が島及び沿岸地域（特に低地の沿岸地域）に及ぼし得る悪影響に関する千九百八十九年十二月二十二日の国際連合総会決議第二百六号（第四十四回会期）の規定及び砂漠化に対処するための行動計画の実施に関する千九百八十九年十二月十九日の国際連合総会決議第百七十二号（第四十四回会期）の関連規定を想起し、

更に、千九百八十五年のオゾン層の保護のためのウィーン条約並びに千九百九十年六月二十九日に調整され及び改正された千九

百八十七年のオゾン層を破壊する物質に関するモントリオール議定書（以下「モントリオール議定書」という。）を想起し、

千九百九十年十一月七日に採択された第二回世界気候会議の閣僚宣言に留意し、

多くの国が気候変動に関して有益な分析を行っていること並びに国際連合の諸機関（特に、世界気象機関、国際連合環境計画）その他の国際機関及び政府間機関が科学的研究の成果の交換及び研究の調整について重要な貢献を行っていることを意識し、

気候変動を理解し及びこれに対処するために必要な措置は、関連する科学、技術及び経済の分野における考察に基礎を置き、かつ、これらの分野において新たに得られた知見に照らして絶えず再評価される場合には、環境上、社会上及び経済上最も効果的なものになることを認め、

気候変動に対処するための種々の措置は、それ自体経済的に正当化し得ること及びその他の環境問題の解決に役立ち得ることを認め、

先進国が、明確な優先順位に基づき、すべての温室効果ガスを考慮に入れ、かつ、それらのガスがそれぞれ温室効果の増大に対して与える相対的な影響を十分に勘案した包括的な対応戦略（地球的、国家的及び合意がある場合には地域的な規模のもの）に向けた第一歩として、直ちに柔軟に行動することが必要であることを認め、

更に、標高の低い島嶼国その他の島嶼国、低地の沿岸地域、乾燥地域若しくは半乾燥地域又は洪水、干ばつ若しくは砂漠化のおそれのある地域を有する国及びぜい弱な山岳の生態系を有する開発途上国は、特に気候変動の悪影響を受けやすいことを認め、

経済が化石燃料の生産、使用及び輸出に特に依存している国（特に開発途上国）について、温室効果ガスの排出抑制に関してとられる措置の結果特別な困難が生ずることを認め、

持続的な経済成長の達成及び貧困の撲滅という開発途上国の正当かつ優先的な要請を十分に考慮し、気候変動への対応については、社会及び経済の開発に対する悪影響を回避するため、これらの開発との間で総合的な調整が図られるべきであることを確認し、

すべての国（特に開発途上国）が社会及び経済の持続可能な開発の達成のための資源の取得の機会を必要としていること、並びに開発途上国がそのような開発の達成という目標に向かって前進するため、一層高いエネルギー効率の達成及び温室効果ガスの排出の一般的な抑制の可能性（特に、新たな技術が経済的にも社会的にも有利な条件で利用されることによるそのような可能性）をも考慮に入れつつ、そのエネルギー消費を増加させる必要があることを認め、

現在及び将来の世代のために気候系を保護することを決意して、次のとおり協定した。

**第一条（定義）**（注）

注　各条の表題は、専ら便宜のために付するものである。

この条約の適用上、

1　「気候変動の悪影響」とは、気候変動に起因する自然環境又は生物相の変化であって、自然の及び管理された生態系の構成、回復力若しくは生産力、社会及び経済の機能又は人の健康及び福祉に対し著しく有害な影響を及ぼすものをいう。

2　「気候変動」とは、地球の大気の組成を変化させる人間活動に直接又は間接に起因する気候の変化であって、比較可能な期間において観測される気候の自然な変動に対して追加的に生ずるものをいう。

3　「気候系」とは、気圏、水圏、生物圏及び岩石圏の全体並びにこれらの間の相互作用をいう。

4　「排出」とは、特定の地域及び期間における温室効果ガス又はその前駆物質の大気中への放出をいう。

5　「温室効果ガス」とは、大気を構成する気体（天然のものであるか人為的に排出されるものであるかを問わない。）であって、赤外線を吸収し及び再放射するものをいう。

6　「地域的な経済統合のための機関」とは、特定の地域の主権国家によって構成され、この条約又はその議定書が規律する事項に関して権限を有し、かつ、その内部手続に従ってこの条約若しくはその議定書の署名、批准、受諾若しくは承認又はこの条約若しくはその議定書への加入が正当に委任されている機関をいう。

7　「貯蔵庫」とは、温室効果ガス又はその前駆物質を貯蔵する気候系の構成要素をいう。

8　「吸収源」とは、温室効果ガス、エーロゾル又は温室効果ガスの前駆物質を大気中から除去する作用、活動又は仕組みをいう。

9　「発生源」とは、温室効果ガス、エーロゾル又は温室効果ガスの前駆物質を大気中に放出する作用又は活動をいう。

**第二条（目的）**　この条約及び締約国会議が採択する関連する法的文書は、この条約の関連規定に従い、気候系に対して危険な人為的干渉を及ぼすこととならない水準において大気中の温室効果ガスの濃度を安定化させることを究極的な目的とする。そのような水準は、生態系が気候変動に自然に適応し、食糧の生産が脅かされず、かつ、経済開発が持続可能な態様で進行することができるような期間内に達成されるべきである。

**第三条（原則）**　締約国は、この条約の目的を達成し及びこの条約を実施するための措置をとるに当たり、特に、次に掲げるところを指針とする。

1　締約国は、衡平の原則に基づき、かつ、それぞれ共通に有しているが差異のある責任及び各国の能力に従い、人類の現在及び将来の世代のために気候系を保護すべきである。したがって、先進締約国は、率先して気候変動及びその悪影響に対処すべきである。

2　開発途上締約国（特に気候変動の悪影響を著しく受けやすいもの）及びこの条約によって過重又は異常な負担を負うこととなる締約国（特に開発途上締約国）の個別のニーズ及び特別な事情について十分な考慮が払われるべきである。

3　締約国は、気候変動の原因を予測し、防止し又は最小限にするための予防措置をとるとともに、気候変動の悪影響を緩和すべきである。深刻な又は回復不可能な損害のおそれがある場合には、科学的な確実性が十分にないことをもって、このような予防措置をとることを延期する理由とすべきではない。もっとも、気候変動に対処するための政策及び措置は、可能な限り最小の費用によって地球的規模で利益がもたらされるように費用対効果の大きいものとすることについても考慮を払うべきである。このため、これらの政策及び措置は、社会経済状況の相違が考慮され、包括的なものであり、関連するすべての温室効果ガスの発生源、吸収源及び貯蔵庫並びに適応のための措置を網羅し、かつ、経済のすべての部門を含むべきである。気候変動に対処するための努力は、関心を有する締約国の協力によっても行われ得る。

4　締約国は、持続可能な開発を促進する権利及び責務を有する。

気候変動に対処するための措置をとるためには経済開発が不可欠であることを考慮し、人に起因する変化から気候系を保護するための政策及び措置については、各締約国の個別の事情に適合したものとし、各国の開発計画に組み入れるべきである。

5 締約国は、すべての締約国(特に開発途上締約国)において持続可能な経済成長及び開発をもたらし、もって締約国が一層気候変動の問題に対処することを可能にするような協力的かつ開放的な国際経済体制の確立に向けて協力すべきである。気候変動に対処するためにとられる措置(一方的なものを含む。)は、国際貿易における恣意的若しくは不当な差別の手段又は偽装した制限となるべきではない。

**第四条(約束)** 1 すべての締約国は、それぞれ共通に有しているが差異のある責任、各国及び地域に特有の開発の優先順位並びに各国特有の目的及び事情を考慮して、次のことを行う。

(a) 締約国会議が合意する比較可能な方法を用い、温室効果ガス(モントリオール議定書によって規制されているものを除く。)について、発生源による人為的な排出及び吸収源による除去に関する自国の目録を作成し、定期的に更新し、公表し及び第十二条の規定に従って締約国会議に提供すること。

(b) 自国の(適当な場合には地域の)計画を作成し、実施し、公表し及び定期的に更新すること。この計画には、気候変動を緩和するための措置(温室効果ガス(モントリオール議定書によって規制されているものを除く。)の発生源による人為的な排出及び吸収源による除去を対象とするもの)及び気候変動に対する適応を容易にするための措置を含めるものとする。

(c) エネルギー、運輸、工業、農業、林業、廃棄物の処理その他すべての関連部門において、温室効果ガス(モントリオール議定書によって規制されているものを除く。)の人為的な排出を抑制し、削減し又は防止する技術、慣行及び方法の開発、利用及び普及(移転を含む。)を促進し、並びにこれらについて協力すること。

(d) 温室効果ガス(モントリオール議定書によって規制されているものを除く。)の吸収源及び貯蔵庫(特に、バイオマス、森林、海その他陸上、沿岸及び海洋の生態系)の持続可能な管理を促進すること並びにこのような吸収源及び貯蔵庫の保全(適当な場合には強化)を促進し並びにこれらについて協力すること。

(e) 気候変動の影響に対する適応のための準備について協力すること。沿岸地域の管理、水資源及び農業について、並びに干ばつ及び砂漠化により影響を受けた地域(特にアフリカにおける地域)並びに洪水により影響を受けた地域の保護及び回復について、適当かつ総合的な計画を作成すること。

(f) 気候変動に関し、関連する社会、経済及び環境に関する自国の政策及び措置において可能な範囲内で考慮を払うこと。気候変動を緩和し又はこれに適応するために自国が実施する事業又は措置の経済、公衆衛生及び環境に対する悪影響を最小限にするため、自国が案出し及び決定する適当な方法(例えば影響評価)を用いること。

(g) 気候変動の原因、影響、規模及び時期並びに種々の対応戦略の経済的及び社会的影響についての理解を増進し並びにこれらについて残存する不確実性を減少させ又は除去することを目的として行われる気候系に関する科学的、技術的、社会経済的研究その他の研究、組織的観測及び資料の保管制度の整備を促進し、並びにこれらについて協力すること。

(h) 気候系及び気候変動並びに種々の対応戦略の経済的及び社会的影響に関する科学上、技術上、社会経済上及び法律上の情報について、十分な、開かれた及び迅速な交換を促進し、並びにこれらについて協力すること。

(i) 気候変動に関する教育、訓練及び啓発を促進し、これらについて協力し、並びにこれらへの広範な参加(民間団体の参加を含む。)を奨励すること。

(j) 第十二条の規定に従い、実施に関する情報を締約国会議に送付すること。

2 附属書Ⅰに掲げる先進締約国その他の締約国(以下「附属書Ⅰの締約国」という。)は、特に、次に定めるところに従って約束する。

(a) 附属書Ⅰの締約国は、温室効果ガスの人為的な排出を抑制すること並びに温室効果ガスの吸収源及び貯蔵庫を保護し及び強化することによって気候変動を緩和するための自国の政策を採用し、これに沿った措置をとる(注)。これらの政策及び措置は、温室効果ガスの人為的な排出の長期的な傾向をこの条約の目的に沿って修正することについて、先進国が率先してこれを行っていることを示すこととなる。二酸化炭素その他の温室効果ガス(モントリオール議定書によって規制されているものを除く。)の人為的な排出の量を千九百九十年代の終わりまでに従前の水準に戻すことは、このような修正に寄与するものであることが認識される。また、附属書Ⅰの締約国の出発点、対処の方法、経済構造及び資源的基盤がそれぞれ異なるものであること、強力かつ持続可能な経済成長を維持する必要があること、利用可能な技術その他の個別の事情があること、並びにこれらの締約国がこの条約の目的のための世界的な努力に対して衡平かつ適当な貢献を行う必要があることについて、考慮が払われる。附属書Ⅰの締約国が、これらの政策及び措置を他の締約国と共同して実施すること並びに他の締約国によるこの条約の目的、特に、この(a)の規定の目的の達成への貢献について当該他の締約国を支援することもあり得る。

注 これらの政策及び措置には、地域的な経済統合のための機関がとるものが含まれる。

(b) (a)の規定の目的の達成を促進するため、附属書Ⅰの締約国は、(a)に規定する政策及び措置並びにこれらの政策及び措置をとった結果(a)に規定する期間について予測される二酸化炭素その他の温室効果ガス(モントリオール議定書によって規制されているものを除く。)の発生源による人為的な排出及び吸収源による除去に関する詳細な情報を、この条約が自国について効力を生じた後六箇月以内に及びその後は定期的に、第十二条の規定に従って送付する。その送付は、二酸化炭素その他の温室効果ガス(モントリオール議定書によって規制されているものを除く。)の人為的な排出の量を個別に又は共同して千九百九十年の水準に戻すという目的をもって行われる。締約国会議は、第七条の規定に従い、第一回会合において及びその後は定期的に、当該情報について検討する。

(c) (b)の規定の適用上、温室効果ガスの発生源による排出の量及び吸収源による除去の量の算定に当たっては、入手可能な最良の科学上の知識(吸収源の実効的な能力及びそれぞれの温室効果ガスの気候変動への影響の度合に関するものを含む。)を考慮に入れるべきである。締約国会議は、この算定のための方法について、第一回会合において検討し及び合意し、その後は定期的に検討する。

(d) 締約国会議は、第一回会合において、(a)及び(b)の規定の妥当性について検討する。その検討は、気候変動及びその影響に関する入手可能な最良の科学的な情報及び評価並びに関連する技術上、社会上及び経済上の情報に照らして行う。締約国会議は、この検討に基づいて適当な措置((a)及び(b)に定める約束に関する改正案の採択を含む。)をとる。締約国会議は、また、第一回会合において、(a)に規定する共同による実施のための基準に関する決定を行う。(a)及び(b)の規定に関する二回目の検討は、千九百九十八年十二月三十一日以前に行い、その後は締約国会議が決定する一定の間隔で、この条約の目的が達成されるまで行う。

(e) 附属書Ⅰの締約国は、次のことを行う。

(i) 適当な場合には、この条約の目的を達成するために開発された経済上及び行政上の手段を他の附属書Ⅰの締約国と調整すること。

(ii) 温室効果ガス(モントリオール議定書によって規制されているものを除く。)の人為的な排出の水準を一層高めることとなるような活動を助長する自国の政策及び慣行を特定し及び定期的に検討すること。

(f) 締約国会議は、関係する締約国の承認を得て附属書Ⅰ及び附属書Ⅱの一覧表の適当な改正について決定を行うために、千九百九十八年十二月三十一日以前に、入手可能な情報について検討する。

(g) 附属書Ⅰの締約国以外の締約国は、批准書、受諾書、承認書若しくは加入書において又はその後いつでも、寄託者に対し、自国が(a)及び(b)の規定に拘束される意図を有する旨を通告することができる。寄託者は、他の署名国及び締約国に対してその通告を通報する。

3 附属書Ⅱに掲げる先進締約国(以下「附属書Ⅱの締約国」という。)は、開発途上締約国が第十二条1の規定に基づく義務を履行するために負担するすべての合意された費用に充てるため、新規のかつ追加的な資金を供与する。附属書Ⅱの締約国は、また、1の規定の対象とされている措置であって、開発途上締約国と第十一条に規定する国際的組織との間で合意するものを実施するためのすべての合意された増加費用を負担するために開発途上締約国が必要とする新規のかつ追加的な資金(技術移転のためのものを含む。)を同条の規定に従って供与する。これらの約束の履行に当たっては、資金の流れの妥当性及び予測可能性が必要であること並びに先進締約国の間の適当な責任分担が重要であることについて考慮を払う。

4 附属書Ⅱの締約国は、また、気候変動の悪影響を特に受けやすい開発途上締約国がそのような悪影響に適応するための費用を負担することについて、当該開発途上締約国を支援する。

5 附属書Ⅱの締約国は、他の締約国(特に開発途上締約国)がこの条約を実施することができるようにするため、適当な場合には、これらの他の締約国に対する環境上適正な技術及びノウハウの移転又は取得の機会の提供について、促進し、容易にし及び資金を供与するための実施可能なすべての措置をとる。この場合において、先進締約国は、開発途上締約国の固有の能力及び技術の開発及び向上を支援する。技術の移転を容易にすることについてのこのような支援は、その他の締約国及び機関によっても行われ得る。

6 締約国会議は、附属書Ⅰの締約国のうち市場経済への移行の過程にあるものによる2の規定に基づく約束の履行については、これらの締約国の気候変動に対処するための能力を高めるために、ある程度の弾力的適用(温室効果ガス(モントリオール議定書によって規制されているものを除く。)の人為的な排出の量の基準として用いられる過去の水準に関するものを含む。)を認めるものとする。

7 開発途上締約国によるこの条約に基づく約束の効果的な履行の程度は、先進締約国によるこの条約に基づく資金及び技術移転に関する約束の効果的な履行に依存しており、経済及び社会の開発並びに貧困の撲滅が開発途上締約国にとって最優先の事項であることが十分に考慮される。

8 締約国は、この条に規定する約束の履行に当たり、気候変動の悪影響又は対応措置の実施による影響(特に、次の(a)から(i)までに掲げる国に対するもの)に起因する開発途上締約国の個別のニーズ及び懸念に対処するためにこの条約の下でとるべき措置(資金供与、保険及び技術移転に関するものを含む。)について十分な考慮を払う。

(a) 島嶼国

(b) 低地の沿岸地域を有する国

(c) 乾燥地域、半乾燥地域、森林地域又は森林の衰退のおそれのある地域を有する国

(d) 自然災害が起こりやすい地域を有する国

(e) 干ばつ又は砂漠化のおそれのある地域を有する国

(f) 都市の大気汚染が著しい地域を有する国

(g) ぜい弱な生態系(山岳の生態系を含む。)を有する地域を有する国

(h) 化石燃料及び関連するエネルギー集約的な製品の生産、加工及び輸出による収入又はこれらの消費に経済が大きく依存している国

(i) 内陸国及び通過国

更に、この8の規定に関しては、適当な場合には締約国会議が措置をとることができる。

9 締約国は、資金供与及び技術移転に関する措置をとるに当たり、後発開発途上国の個別のニーズ及び特別な事情について十分な考慮を払う。

10 締約国は、第十条の規定に従い、この条約に基づく約束の履行に当たり、気候変動に対応するための措置の実施による悪影響を受けやすい経済を有する締約国(特に開発途上締約国)の事情を考慮に入れる。この場合において、特に、化石燃料及び関連するエネルギー集約的な製品の生産、加工及び輸出による収入若しくはこれらの消費にその経済が大きく依存している締約国又は化石燃料の使用にその経済が大きく依存し、かつ、代替物への転換に重大な困難を有する締約国の事情を考慮に入れる。

**第五条(研究及び組織的観測)** (略)

**第六条(教育、訓練及び啓発)** (略)

**第七条(締約国会議)** 1 この条約により締約国会議を設置する。

2 締約国会議は、この条約の最高機関として、この条約及び締約国会議が採択する関連する法的文書の実施状況を定期的に検討するものとし、その権限の範囲内で、この条約の効果的な実施を促進するために必要な決定を行う。このため、締約国会議は、次のことを行う。

(a) この条約の目的、この条約の実施により得られた経験並びに科学上及び技術上の知識の進展に照らして、この条約に基づく締約国の義務及びこの条約の下における制度的な措置について定期的に検討すること。

(b) 締約国の様々な事情、責任及び能力並びにこの条約に基づくそれぞれの締約国の約束を考慮して、気候変動及びその影響に対処するために締約国が採用する措置に関する情報の交換を促進し及び円滑にすること。

(c) 二以上の締約国の要請に応じ、締約国の様々な事情、責任及び能力並びにこの条約に基づくそれぞれの締約国の約束を考慮して、気候変動及びその影響に対処するために締約国が採用する措置の調整を円滑にすること。

(d) 締約国会議が合意することとなっている比較可能な方法、特に、温室効果ガスの発生源による排出及び吸収源による除去に関する目録を作成するため並びに温室効果ガスの排出の抑制及び除去の増大に関する措置の効果を評価するための方法について、この条約の目的及び規定に従い、これらの開発及び定期的な改善を促進し及び指導すること。

(e) この条約により利用が可能となるすべての情報に基づき、締約国によるこの条約の実施状況、この条約に基づいてとられる措置の全般的な影響（特に、環境、経済及び社会に及ぼす影響並びにこれらの累積的な影響）及びこの条約の目的の達成に向けての進捗状況を評価すること。

(f) この条約の実施状況に関する定期的な報告書を検討し及び採択すること並びに当該報告書の公表を確保すること。

(g) この条約の実施に必要な事項に関する勧告を行うこと。

(h) 第四条の3から5までの規定及び第十一条の規定に従って資金が供与されるよう努めること。

(i) この条約の実施に必要と認められる補助機関を設置すること。

(j) 補助機関により提出される報告書を検討し、及び補助機関を指導すること。

(k) 締約国会議及び補助機関の手続規則及び財政規則をコンセンサス方式により合意し及び採択すること。

(l) 適当な場合には、能力を有する国際機関並びに政府間及び民間の団体による役務、協力及び情報の提供を求め及び利用すること。

(m) その他この条約の目的の達成のために必要な任務及びこの条約に基づいて締約国会議に課されるすべての任務を遂行すること。

3－6 （略）

**第八条（事務局）** （略）

**第九条（科学上及び技術上の助言に関する補助機関）** （略）

**第一〇条（実施に関する補助機関）** （略）

**第一一条（資金供与の制度）** 1 贈与又は緩和された条件による資金供与（技術移転のためのものを含む。）のための制度についてここに定める。この制度は、締約国会議の指導の下に機能し、締約国会議に対して責任を負う。締約国会議は、この条約に関連する政策、計画の優先度及び適格性の基準について決定する。当該制度の運営は、一又は二以上の既存の国際的組織に委託する。

2－5 （略）

**第一二条（実施に関する情報の送付）** （略）

**第一三条（実施に関する問題の解決）** 締約国会議は、第一回会合において、この条約の実施に関する問題の解決のための多数国間の協議手続（締約国がその要請により利用することができるもの）を定めることを検討する。

**第一四条（紛争の解決）** 1 この条約の解釈又は適用に関して締約国間で紛争が生じた場合には、紛争当事国は、交渉又は当該紛争当事国が選択するその他の平和的手段により紛争の解決に努める。

2 地域的な経済統合のための機関でない締約国は、この条約の解釈又は適用に関する紛争について、同一の義務を受諾する締約国との関係において次の一方又は双方の手段を当然にかつ特別の合意なしに義務的であると認めることをこの条約の批准、受諾若しくは承認若しくはこれへの加入の際に又はその後いつでも、寄託者に対し書面により宣言することができる。

(a) 国際司法裁判所への紛争の付託

(b) 締約国会議ができる限り速やかに採択する仲裁に関する附属書に定める手続による仲裁

地域的な経済統合のための機関である締約国は、(b)に規定する手続による仲裁に関して同様の効果を有する宣言を行うことができる。

3 2の規定に基づいて行われる宣言は、当該宣言の期間が満了するまで又は書面による当該宣言の撤回の通告が寄託者に寄託された後三箇月が経過するまでの間、効力を有する。

4 新たな宣言、宣言の撤回の通告又は宣言の期間の満了は、紛争当事国が別段の合意をしない限り、国際司法裁判所又は仲裁裁判所において進行中の手続に何ら影響を及ぼすものではない。

5 2の規定が適用される場合を除くほか、いずれかの紛争当事国が他の紛争当事国に対して紛争が存在する旨の通告を行った後十二箇月以内にこれらの紛争当事国が1に定める手段によって当該紛争を解決することができなかった場合には、当該紛争は、いずれかの紛争当事国の要請により調停に付される。

6 いずれかの紛争当事国の要請があったときは、調停委員会が設置される。調停委員会は、各紛争当事国が指名する同数の委員及び指名された委員が共同で選任する委員長によって構成される。調停委員会は、勧告的な裁定を行い、紛争当事国は、その裁定を誠実に検討する。

7 1から6までに定めるもののほか、調停に関する手続は、締約国会議ができる限り速やかに採択する調停に関する附属書に定める。

8 この条の規定は、締約国会議が採択する関連する法的文書に別段の定めがある場合を除くほか、当該法的文書について準用する。

**第一五条（この条約の改正）** （略）

**第一六条（この条約の附属書の採択及び改正）** 1 この条約の附属書は、この条約の不可分の一部を成すものとし、「この条約」というときは、別段の明示の定めがない限り、附属書を含めていうものとする。附属書は、表、書式その他科学的、技術的、手続的又は事務的な性格を有する説明的な文書に限定される（ただし、第十四条の2(b)及び7の規定については、この限りでない。）。

2 この条約の附属書は、前条の2から4までに定める手続を準用して提案され及び採択される。

3 2の規定に従って採択された附属書は、寄託者がその採択を締約国に通報した日の後六箇月で、その期間内に当該附属書を受諾しない旨を寄託者に対して書面により通告した締約国を除くほか、この条約のすべての締約国について効力を生ずる。当該附属書は、当該通告を撤回する旨の通告を寄託者が受領した日の後九十日目の日に、当該通告を撤回した締約国について効力を生ずる。

4　この条約の附属書の改正の提案、採択及び効力発生は、2及び3の規定によるこの条約の附属書の提案、採択及び効力発生と同一の手続に従う。

5　附属書の採択又は改正がこの条約の改正を伴うものである場合には、採択され又は改正された附属書は、この条約の改正が効力を生ずる時まで効力を生じない。

**第一七条（議定書）**　1　締約国会議は、その通常会合において、この条約の議定書を採択することができる。

2　議定書案は、1の通常会合の少なくとも六箇月前に事務局が締約国に通報する。

3　議定書の効力発生の要件は、当該議定書に定める。

4　この条約の締約国のみが、議定書の締約国となることができる。

5　議定書に基づく決定は、当該議定書の締約国のみが行う。

**第一八条（投票権）**（略）

**第一九条（寄託者）**（略）

**第二〇条（署名）**（略）

**第二一条（暫定的措置）**（略）

**第二二条（批准、受諾、承認又は加入）**（略）

**第二三条（効力発生）**　1　この条約は、五十番目の批准書、受諾書、承認書又は加入書の寄託の日の後九十日目の日に効力を生ずる。

2・3（略）

**第二四条（留保）**　この条約には、いかなる留保も付することができない。

**第二五条（脱退）**　1　締約国は、自国についてこの条約が効力を生じた日から三年を経過した後いつでも、寄託者に対して書面による脱退の通告を行うことにより、この条約から脱退することができる。

2　1の脱退は、寄託者が脱退の通告を受領した日から一年を経過した日又はそれよりも遅い日であって脱退の通告において指定されている日に効力を生ずる。

3　この条約から脱退する締約国は、自国が締約国である議定書からも脱退したものとみなす。

**第二六条（正文）**（略）

**附属書Ⅰ**

オーストラリア、オーストリア、ベラルーシ(注)、ベルギー、ブルガリア(注)、カナダ、クロアチア(注)、チェッコ(注)、デンマーク、欧州経済共同体、エストニア(注)、フィンランド、フランス、ドイツ、ギリシャ、ハンガリー(注)、アイスランド、アイルランド、イタリア、日本国、ラトヴィア(注)、リヒテンシュタイン、リトアニア(注)、ルクセンブルグ、マルタ、モナコ、オランダ、ニュー・ジーランド、ノールウェー、ポーランド(注)、ポルトガル、ルーマニア(注)、ロシア連邦(注)、スロヴァキア(注)、スロヴェニア(注)、スペイン、スウェーデン、スイス、トルコ、ウクライナ(注)、グレート・ブリテン及び北部アイルランド連合王国、アメリカ合衆国

注　市場経済への移行の過程にある国

**附属書Ⅱ**

オーストラリア、オーストリア、ベルギー、カナダ、デンマーク、欧州経済共同体、フィンランド、フランス、ドイツ、ギリシャ、アイスランド、アイルランド、イタリア、日本国、ルクセンブルグ、オランダ、ニュー・ジーランド、ノールウェー、ポルトガル、スペイン、スウェーデン、スイス、グレート・ブリテン及び北部アイルランド連合王国、アメリカ合衆国

## (2)　京都議定書（抄）

（気候変動に関する国際連合枠組条約の京都議定書）

採　　択　一九九七年一二月一一日（京都）（コンセンサス）
効力発生　二〇〇五年二月一六日
日 本 国　二〇〇五年二月一六日（〇二年五月三一日国会承認、六月四日内閣受諾決定、同日受諾書寄託、〇五年一月二〇日公布・条約一号）
当 事 国　一九一（他にＥＵ）

この議定書の締約国は、

気候変動に関する国際連合枠組条約（以下「条約」という。）の締約国として、

条約第二条に定められた条約の究極的な目的を達成するため、

条約を想起し、

条約第三条の規定を指針とし、

条約の締約国会議における第一回会合の決定第一号（第一回会合）により採択されたベルリン会合における授権に関する合意に従って、

次のとおり協定した。

**第一条【定義】**　この議定書の適用上、条約第一条の定義を適用する。さらに、

1　「締約国会議」とは、条約の締約国会議をいう。

2　「条約」とは、千九百九十二年五月九日にニュー・ヨークで採択された気候変動に関する国際連合枠組条約をいう。

3　「気候変動に関する政府間パネル」とは、千九百八十八年に世界気象機関及び国際連合環境計画が共同で設置した気候変動に関する政府間パネルをいう。

4　「モントリオール議定書」とは、千九百八十七年九月十六日にモントリオールで採択され並びにその後調整され及び改正されたオゾン層を破壊する物質に関するモントリオール議定書をいう。

5　「出席しかつ投票する締約国」とは、出席しかつ賛成票又は反対票を投ずる締約国をいう。

6　「締約国」とは、文脈により別に解釈される場合を除くほか、この議定書の締約国をいう。

7　「附属書Ⅰに掲げる締約国」とは、条約附属書Ⅰ（その最新のもの）に掲げる締約国又は条約第四条2(g)の規定に基づいて通告を行った締約国をいう。

**第二条【措置】**　1　附属書Ⅰに掲げる締約国は、次条の規定に基づく排出の抑制及び削減に関する数量化された約束の達成に当たり、持続可能な開発を促進するため、次のことを行う。

(a)　自国の事情に応じて、次のような政策及び措置について実施し又は更に定めること。

(i)　自国の経済の関連部門におけるエネルギー効率を高める

こと。

(ii) 関連の環境に関する国際取極に基づく約束を考慮に入れた温室効果ガス(モントリオール議定書によって規制されているものを除く。)の吸収源及び貯蔵庫の保護及び強化並びに持続可能な森林経営の慣行、新規植林及び再植林の促進

(iii) 気候変動に関する考慮に照らして持続可能な形態の農業を促進すること。

(iv) 新規のかつ再生可能な形態のエネルギー、二酸化炭素隔離技術並びに進歩的及び革新的な環境上適正な技術を研究し、促進し、開発し、及びこれらの利用を拡大すること。

(v) すべての温室効果ガス排出部門における市場の不完全性、財政による奨励、内国税及び関税の免除並びに補助金であって条約の目的に反するものの漸進的な削減又は段階的な廃止並びに市場を通じた手段の適用

(vi) 温室効果ガス(モントリオール議定書によって規制されているものを除く。)の排出を抑制し又は削減する政策及び措置を促進することを目的として関連部門において適当な改革を奨励すること。

(vii) 運輸部門における温室効果ガス(モントリオール議定書によって規制されているものを除く。)の排出を抑制し又は削減する措置

(viii) 廃棄物の処理並びにエネルギーの生産、輸送及び分配における回収及び使用によりメタンの排出を抑制し又は削減すること。

(b) 条約第四条2(e)(i)の規定に従い、この条の規定に基づいて採用される政策及び措置の個別の及び組み合わせた効果を高めるため、他の附属書Iに掲げる締約国と協力すること。このため、附属書Iに掲げる締約国は、当該政策及び措置について、経験を共有し及び情報を交換するための措置(政策及び措置の比較可能性、透明性及び効果を改善する方法の開発を含む。)をとる。この議定書の締約国の会合としての役割を果たす締約国会議は、第一回会合において又はその後できる限り速やかに、すべての関連する情報を考慮して、そのような協力を促進する方法について検討する。

2 附属書Iに掲げる締約国は、国際民間航空機関及び国際海事機関を通じて活動することにより、航空機用及び船舶用の燃料からの温室効果ガス(モントリオール議定書によって規制されているものを除く。)の排出の抑制又は削減を追求する。

3 附属書Iに掲げる締約国は、条約第三条の規定を考慮して、悪影響(気候変動の悪影響、国際貿易への影響並びに他の締約国(特に開発途上締約国とりわけ条約第四条8及び9に規定する国)に対する社会上、環境上及び経済上の影響を含む。)を最小限にするような方法で、この条の規定に基づく政策及び措置を実施するよう努力する。この議定書の締約国の会合としての役割を果たす締約国会議は、適当な場合には、この3の規定の実施を促進するため、追加の措置をとることができる。

4 この議定書の締約国の会合としての役割を果たす締約国会議は、各国の異なる事情及び潜在的な影響を考慮して1(a)に規定する政策及び措置を調整することが有益であると決定する場合には、当該政策及び措置の調整を実施する方法及び手段を検討する。

**第三条【約束】** 1 附属書Iに掲げる締約国は、附属書Iに掲げる締約国により排出される附属書Aに掲げる温室効果ガスの全体の量を二千八年から二千十二年までの約束期間中に千九百九十年の水準より少なくとも五パーセント削減することを目的として、個別に又は共同して、当該温室効果ガスの二酸化炭素に換算した人為的な排出量の合計が、附属書Bに記載する排出の抑制及び削減に関する数量化された約束に従って並びにこの条の規定に従って算定される割当量を超えないことを確保する。

2 附属書Iに掲げる締約国は、二千五年までに、この議定書に基づく約束の達成について明らかな前進を示す。

3 土地利用の変化及び林業に直接関係する人の活動(千九百九十年以降の新規植林、再植林及び森林を減少させることに限る。)に起因する温室効果ガスの発生源による排出量及び吸収源による除去量の純変化(各約束期間における炭素蓄積の検証可能な変化量として計測されるもの)は、附属書Iに掲げる締約国がこの条の規定に基づく約束を履行するために用いられる。これらの活動に関連する温室効果ガスの発生源による排出及び吸収源による除去については、透明性のあるかつ検証可能な方法により報告し、第七条及び第八条の規定に従って検討する。

4 附属書Iに掲げる締約国は、この議定書の締約国の会合としての役割を果たす締約国会議の第一回会合に先立ち、科学上及び技術上の助言に関する補助機関による検討のため、千九百九十年における炭素蓄積の水準を設定し及びその後の年における炭素蓄積の変化量に関する推計を可能とするための資料を提供する。この議定書の締約国の会合としての役割を果たす締約国会議は、第一回会合において又はその後できる限り速やかに、不確実性、報告の透明性、検証可能性、気候変動に関する政府間パネルによる方法論に関する作業、第五条の規定に従い科学上及び技術上の助言に関する補助機関により提供される助言並びに締約国会議の決定を考慮に入れて、農用地の土壌並びに土地利用の変化及び林業の区分における温室効果ガスの発生源による排出量及び吸収源による除去量の変化に関連する追加的な人の活動のいずれに基づき、附属書Iに掲げる締約国の割当量をどのように増加させ又は減ずるかについての方法、規則及び指針を決定する。この決定は、二回目及びその後の約束期間について適用する。締約国は、当該決定の対象となる追加的な人の活動が千九百九十年以降に行われたものである場合には、当該決定を一回目の約束期間について適用することを選択することができる。

5 附属書Iに掲げる締約国のうち市場経済への移行の過程にある国であって、当該国の基準となる年又は期間が締約国会議の第二回会合の決定第九号(第二回会合)に従って定められているものは、この条の規定に基づく約束の履行のために当該基準となる年又は期間を用いる。附属書Iに掲げる締約国のうち市場経済への移行の過程にある他の締約国であって、条約第十二条の規定に基づく一回目の自国の情報を送付していなかったものも、この議定書の締約国の会合としての役割を果たす締約国会議に対して、この条の規定に基づく約束の履行のために千九百九十年以外の過去の基準となる年又は期間を用いる意図を有する旨を通告することができる。この議定書の締約国の会合としての役割を果たす締約国会議は、当該通告の受諾について決定する。

6 この議定書の締約国の会合としての役割を果たす締約国会議は、条約第四条6の規定を考慮して、附属書Iに掲げる締約国のうち市場経済への移行の過程にある国によるこの議定書に基づく約束(この条の規定に基づくものを除く。)の履行については、ある程度の弾力的適用を認める。

7　附属書Ⅰに掲げる締約国の割当量は、排出の抑制及び削減に関する数量化された約束に係る一回目の期間(二千八年から二千十二年まで)においては、千九百九十年又は5の規定に従って決定される基準となる年若しくは期間における附属書Aに掲げる温室効果ガスの二酸化炭素に換算した人為的な排出量の合計に附属書Bに記載する百分率を乗じたものに五を乗じて得た値に等しいものとする。土地利用の変化及び林業が千九百九十年において温室効果ガスの排出の純発生源を成す附属書Ⅰに掲げる締約国は、自国の割当量を算定するため、千九百九十年又は基準となる年若しくは期間における排出量に、土地利用の変化に起因する千九百九十年における二酸化炭素に換算した発生源による人為的な排出量の合計であって吸収源による除去量を減じたものを含める。

8　附属書Ⅰに掲げる締約国は、7に規定する算定のため、ハイドロフルオロカーボン、パーフルオロカーボン及び六ふっ化硫黄について基準となる年として千九百九十五年を用いることができる。

9　附属書Ⅰに掲げる締約国のその後の期間に係る約束については、第二十一条7の規定に従って採択される附属書Bの改正において決定する。この議定書の締約国の会合としての役割を果たす締約国会議は、1に定める一回目の約束期間が満了する少なくとも七年前に当該約束の検討を開始する。

10　第六条又は第十七条の規定に基づいて一の締約国が他の締約国から取得する排出削減単位又は割当量の一部は、取得する締約国の割当量に加える。

11　第六条又は第十七条の規定に基づいて一の締約国が他の締約国に移転する排出削減単位又は割当量の一部は、移転する締約国の割当量から減ずる。

12　第十二条の規定に基づいて一の締約国が他の締約国から取得する認証された排出削減量は、取得する締約国の割当量に加える。

13　一の附属書Ⅰに掲げる締約国の約束期間における排出量がこの条の規定に基づく割当量より少ない場合には、その量の差は、当該附属書Ⅰに掲げる締約国の要請により、その後の約束期間における当該附属書Ⅰに掲げる締約国の割当量に加える。

14　附属書Ⅰに掲げる締約国は、開発途上締約国(特に条約第四条8及び9に規定する国)に対する社会上、環境上及び経済上の悪影響を最小限にするような方法で、1に規定する約束を履行するよう努力する。条約第四条8及び9の規定の実施に関する締約国会議の関連する決定に従い、この議定書の締約国の会合としての役割を果たす締約国会議は、第一回会合において、条約第四条8及び9に規定する締約国に対する気候変動の悪影響又は対応措置の実施による影響を最小限にするためにとるべき措置について検討する。検討すべき問題には、資金供与、保険及び技術移転の実施を含める。

**第四条【共同履行】**　1　前条の規定に基づく約束を共同で履行することについて合意に達した附属書Ⅰに掲げる締約国は、附属書Aに掲げる温室効果ガスの二酸化炭素に換算した人為的な排出量の合計についての当該附属書Ⅰに掲げる締約国の総計が、附属書Bに記載する排出の抑制及び削減に関する数量化された約束に従って並びに前条の規定に従って算定された割当量について当該附属書Ⅰに掲げる締約国の総計を超えない場合には、約束を履行したものとみなされる。当該附属書Ⅰに掲げる締約国にそれぞれ割り当てられる排出量の水準は、当該合意で定める。

2　1の合意に達した締約国は、この議定書の批准書、受諾書若しくは承認書又はこの議定書への加入書の寄託の日に、事務局に対し当該合意の条件を通報する。事務局は、当該合意の条件を条約の締約国及び署名国に通報する。

3　1の合意は、前条7に規定する約束期間を通じて維持される。

4　共同して行動する締約国が地域的な経済統合のための機関の枠組みにおいて、かつ、当該地域的な経済統合のための機関と共に行動する場合には、この議定書の採択の後に行われる当該地域的な経済統合のための機関の構成のいかなる変更も、この議定書に基づく既存の約束に影響を及ぼすものではない。当該地域的な経済統合のための機関の構成のいかなる変更も、その変更の後に採択される前条の規定に基づく約束についてのみ適用する。

5　1の合意に達した締約国が排出削減量について当該締約国の総計の水準を達成することができない場合には、当該締約国は、当該合意に規定する自国の排出量の水準について責任を負う。

6　共同して行動する締約国が、この議定書の締約国である地域的な経済統合のための機関の枠組みにおいて、かつ、当該地域的な経済統合のための機関と共に行動する場合において、排出削減量の総計の水準を達成することができないときは、当該地域的な経済統合のための機関の構成国は、個別に、かつ、第二十四条の規定に従って行動する当該地域的な経済統合のための機関と共に、この条の規定に従って通報した自国の排出量の水準について責任を負う。

**第五条【温室効果ガスの見積り】**（略）

**第六条【排出削減単位の取引】**　1　附属書Ⅰに掲げる締約国は、第三条の規定に基づく約束を履行するため、次のことを条件として、経済のいずれかの部門において温室効果ガスの発生源による人為的な排出を削減し又は吸収源による人為的な除去を強化することを目的とする事業から生ずる排出削減単位を他の附属書Ⅰに掲げる締約国に移転し又は他の附属書Ⅰに掲げる締約国から取得することができる。

(a)　当該事業が関係締約国の承認を得ていること。

(b)　当該事業が発生源による排出の削減又は吸収源による除去の強化をもたらすこと。ただし、この削減又は強化が当該事業を行わなかった場合に生ずるものに対して追加的なものである場合に限る。

(c)　当該附属書Ⅰに掲げる締約国が前条及び次条の規定に基づく義務を遵守していない場合には、排出削減単位を取得しないこと。

(d)　排出削減単位の取得が第三条の規定に基づく約束を履行するための国内の行動に対して補足的なものであること。

2　この議定書の締約国の会合としての役割を果たす締約国会議は、第一回会合において又はその後できる限り速やかに、この条の規定の実施(検証及び報告を含む。)のための指針を更に定めることができる。

3　附属書Ⅰに掲げる締約国は、自国の責任において、法人がこの条の規定に基づく排出削減単位の発生、移転又は取得に通ずる行動に参加することを承認することができる。

4　（略）

**第七条【実施に関する情報の送付】**（略）

**第八条【実施に関する情報の検討】**（略）

**第九条【この議定書の検討】**　1　この議定書の締約国の会合と

しての役割を果たす締約国会議は、気候変動及びその影響に関する入手可能な最良の科学的情報及び評価並びに関連する技術上、社会上及び経済上の情報に照らして、この議定書を定期的に検討する。その検討は、条約に基づく関連する検討(特に条約第四条2(d)及び第七条2(a)の規定によって必要とされる検討)と調整する。この議定書の締約国の会合としての役割を果たす締約国会議は、その検討に基づいて適当な措置をとる。

2　一回目の検討は、この議定書の締約国の会合としての役割を果たす締約国会議の第二回会合において行う。その後の検討は、一定の間隔でかつ適切な時期に行う。

**第一〇条【技術移転及び資金供与に関する協力】**(略)

**第一一条【資金供与の制度】**(略)

**第一二条【低排出型の開発の制度】**1　低排出型の開発の制度〔clean development mechanism〕についてここに定める。

2　低排出型の開発の制度は、附属書Iに掲げる締約国以外の締約国が持続可能な開発を達成し及び条約の究極的な目的に貢献することを支援すること並びに附属書Iに掲げる締約国が第三条の規定に基づく排出の抑制及び削減に関する数量化された約束の遵守を達成することを支援することを目的とする。

3　低排出型の開発の制度の下で、

(a)　附属書Iに掲げる締約国以外の締約国は、認証された排出削減量を生ずる事業活動から利益を得る。

(b)　附属書Iに掲げる締約国は、第三条の規定に基づく排出の抑制及び削減に関する数量化された約束の一部の遵守に資するため、(a)の事業活動から生ずる認証された排出削減量をこの議定書の締約国の会合としての役割を果たす締約国会議が決定するところに従って用いることができる。

4　低排出型の開発の制度は、この議定書の締約国の会合としての役割を果たす締約国会議の権限及び指導に従い、並びに低排出型の開発の制度に関する理事会の監督を受ける。

5　事業活動から生ずる排出削減量は、次のことを基礎として、この議定書の締約国の会合としての役割を果たす締約国会議が指定する運営組織によって認証される。

(a)　関係締約国が承認する自発的な参加

(b)　気候変動の緩和に関連する現実の、測定可能なかつ長期的な利益

(c)　認証された事業活動がない場合に生ずる排出量の削減に追加的に生ずるもの

6　低排出型の開発の制度は、必要に応じて、認証された事業活動に対する資金供与の措置をとることを支援する。

7　この議定書の締約国の会合としての役割を果たす締約国会議は、第一回会合において、事業活動の検査及び検証が独立して行われることによって透明性、効率性及び責任を確保することを目的として、方法及び手続を定める。

8　この議定書の締約国の会合としての役割を果たす締約国会議は、認証された事業活動からの収益の一部が、運営経費を支弁するために及び気候変動の悪影響を特に受けやすい開発途上締約国が適応するための費用を負担することについて支援するために用いられることを確保する。

9　低排出型の開発の制度の下での参加(3(a)に規定する活動及び認証された排出削減量の取得への参加を含む。)については、民間の又は公的な組織を含めることができるものとし、及び低排出型の開発の制度に関する理事会が与えるいかなる指導にも従わなければならない。

10　二千年から一回目の約束期間の開始までの間に得られた認証された排出削減量は、一回目の約束期間における遵守の達成を支援するために利用することができる。

**第一三条【締約国会合】**1　条約の最高機関である締約国会議は、この議定書の締約国の会合としての役割を果たす。

2　条約の締約国であってこの議定書の締約国でないものは、この議定書の締約国の会合としての役割を果たす締約国会議の会合の審議にオブザーバーとして参加することができる。締約国会議がこの議定書の締約国の会合としての役割を果たす場合には、この議定書に基づく決定は、この議定書の締約国のみによって行われる。

3　(略)

4　この議定書の締約国の会合としての役割を果たす締約国会議は、この議定書の実施状況を定期的に検討するものとし、その権限の範囲内で、この議定書の効果的な実施を促進するために必要な決定を行う。この議定書の締約国の会合としての役割を果たす締約国会議は、この議定書により課された任務を遂行し、及び次のことを行う。

(a)　この議定書により利用が可能となるすべての情報に基づき、締約国によるこの議定書の実施状況、この議定書に基づいてとられる措置の全般的な影響(特に、環境、経済及び社会に及ぼす影響並びにこれらの累積的な影響)及び条約の目的の達成に向けての進捗状況を評価すること。

(b)　条約第四条2(d)及び第七条2に規定する検討を十分に勘案して、条約の目的、条約の実施により得られた経験並びに科学上及び技術上の知識の進展に照らして、この議定書に基づく締約国の義務について定期的に検討すること。このことに関して、この議定書の実施状況に関する定期的な報告書を検討し及び採択すること。

(c)―(j)　(略)

5―8　(略)

**第一四条【事務局】**1　条約第八条の規定によって設置された事務局は、この議定書の事務局としての役割を果たす。

2　事務局の任務に関する条約第八条2の規定及び事務局の任務の遂行のための措置に関する条約第八条3の規定は、この議定書について準用する。さらに、事務局は、この議定書に基づいて課される任務を遂行する。

**第一五条【科学上及び技術上の助言並びに実施に関する補助機関】**(略)

**第一六条【実施に関する多国間協議】**(略)

**第一七条【排出削減単位取引の規制】**締約国会議は、排出量取引(特にその検証、報告及び責任)に関する原則、方法、規則及び指針を定める。附属書Bに掲げる締約国は、第三条の規定に基づく約束を履行するため、排出量取引に参加することができる。排出量取引は、同条の規定に基づく排出の抑制及び削減に関する数量化された約束を履行するための国内の行動に対して補足的なものとする。

**第一八条【不遵守に関する手続】**この議定書の締約国の会合としての役割を果たす締約国会議は、第一回会合において、不遵守の原因、種類、程度及び頻度を考慮して、この議定書の規定の不遵守の事案を決定し及びこれに対処すること(不遵守に対する措置を示す表の作成を通ずるものを含む。)のための適当かつ効果的な手続及び制度を承認する。この条の規定に基づく手続及び制度であって拘束力のある措置を伴うものは、この議

定書の改正によって採択される。

**第一九条【紛争の解決】** 紛争の解決に関する条約第十四条の規定は、この議定書について準用する。

**第二〇条【この議定書の改正】** 1　締約国は、この議定書の改正を提案することができる。

2　この議定書の改正は、この議定書の締約国の会合としての役割を果たす締約国会議の通常会合において採択する。この議定書の改正案は、その採択が提案される会合の少なくとも六箇月前に事務局が締約国に通報する。また、事務局は、改正案を条約の締約国及び署名国並びに参考のために寄託者に通報する。

3　締約国は、この議定書の改正案につき、コンセンサス方式により合意に達するようあらゆる努力を払う。コンセンサスのためのあらゆる努力にもかかわらず合意に達しない場合には、改正案は、最後の解決手段として、その採択が提案される会合に出席しかつ投票する締約国の四分の三以上の多数による議決で採択する。採択された改正は、事務局が寄託者に通報するものとし、寄託者がすべての締約国に対し受諾のために送付する。

4　改正の受諾書は、寄託者に寄託する。3の規定に従って採択された改正は、この議定書の締約国の少なくとも四分の三の受諾書を寄託者が受領した日の後九十日目の日に、当該改正を受諾した締約国について効力を生ずる。

5　改正は、他の締約国が当該改正の受諾書を寄託者に寄託した日の後九十日目の日に当該他の締約国について効力を生ずる。

**第二一条【この議定書の附属書の採択及び改正】** 1　この議定書の附属書は、この議定書の不可分の一部を成すものとし、「この議定書」というときは、別段の明示の定めがない限り、附属書を含めていうものとする。この議定書が効力を生じた後に採択される附属書は、表、書式その他科学的、技術的、手続的又は事務的な性格を有する説明的な文書に限定される。

2　締約国は、この議定書の附属書を提案し、また、この議定書の附属書の改正を提案することができる。

3―7　(略)

**第二二条【投票権】** 1　各締約国は、2に規定する場合を除くほか、一の票を有する。

2　地域的な経済統合のための機関は、その権限の範囲内の事項について、この議定書の締約国であるその構成国の数と同数の票を投ずる権利を行使する。地域的な経済統合のための機関は、その構成国が自国の投票権を行使する場合には、投票権を行使してはならない。その逆の場合も、同様とする。

**第二三条【寄託者】**(略)

**第二四条【批准、受諾、承認又は加入】** 1　この議定書は、条約の締約国である国家及び地域的な経済統合のための機関による署名のために開放されるものとし、批准され、受諾され又は承認されなければならない。この議定書は、千九百九十八年三月十六日から千九百九十九年三月十五日までニュー・ヨークにある国際連合本部において、署名のために開放しておく。この議定書は、この議定書の署名のための期間の終了の日の後は、加入のために開放しておく。批准書、受諾書、承認書又は加入書は、寄託者に寄託する。

2　この議定書の締約国となる地域的な経済統合のための機関でそのいずれの構成国も締約国となっていないものは、この議定書に基づくすべての義務を負う。地域的な経済統合のための機関及びその一又は二以上の構成国がこの議定書の締約国である場合には、当該地域的な経済統合のための機関及びその構成国は、この議定書に基づく義務の履行につきそれぞれの責任を決定する。この場合において、当該地域的な経済統合のための機関及びその構成国は、この議定書に基づく権利を同時に行使することができない。

3　(略)

**第二五条【効力発生】** 1　この議定書は、五十五以上の条約の締約国であって、附属書Iに掲げる締約国の千九百九十年における二酸化炭素の総排出量のうち少なくとも五十五パーセントを占める二酸化炭素を排出する附属書Iに掲げる締約国を含むものが、批准書、受諾書、承認書又は加入書を寄託した日の後九十日目の日に効力を生ずる。

2　この条の規定の適用上、「附属書Iに掲げる締約国の千九百九十年における二酸化炭素の総排出量」とは、附属書Iに掲げる締約国がこの議定書の採択の日以前の日に、条約第十二条の規定に従って送付した一回目の自国の情報において通報した量をいう。

3　この議定書は、1に規定する効力発生のための要件を満たした後にこれを批准し、受諾し若しくは承認し又はこれに加入する国又は地域的な経済統合のための機関については、批准書、受諾書、承認書又は加入書の寄託の日の後九十日目の日に効力を生ずる。

4　(略)

**第二六条【留保】** この議定書には、いかなる留保も付することができない。

**第二七条【脱退】** 1　締約国は、自国についてこの議定書が効力を生じた日から三年を経過した後いつでも、寄託者に対して書面による脱退の通告を行うことにより、この議定書から脱退することができる。

2　1の脱退は、寄託者が脱退の通告を受領した日から一年を経過した日又はそれよりも遅い日であって脱退の通告において指定されている日に効力を生ずる。

3　条約から脱退する締約国は、この議定書からも脱退したものとみなす。

**第二八条【正文】**(略)

## 附属書A

温室効果ガス

二酸化炭素($CO_2$)/メタン($CH_4$)/一酸化二窒素($N_2O$)/ハイドロフルオロカーボン(HFCs)/パーフルオロカーボン(PFCs)/六ふっ化硫黄($SF_6$)

部門及び発生源の区分

エネルギー

燃料の燃焼

エネルギー産業/製造業及び建設業/運輸/その他の部門/その他

燃料からの漏出

固体燃料/石油及び天然ガス/その他

産業の工程

鉱物製品/化学産業/金属の生産/その他の生産/ハロゲン元素を含む炭素化合物及び六ふっ化硫黄の生産/ハロゲン元素を含む炭素化合物及び六ふっ化硫黄の消費/その他

溶剤その他の製品の利用

農業

消化管内発酵/家畜排せつ物の管理/稲作/農用地の土壌

／サバンナを計画的に焼くこと。／野外で農作物の残留物を焼くこと。／その他

廃棄物

固形廃棄物の陸上における処分／廃水の処理／廃棄物の焼却／その他

**附属書B**

| 締約国 | 排出の抑制及び削減に関する数量化された約束（基準となる年又は期間に乗ずる百分率） |
|---|---|
| オーストラリア | 一〇八 |
| オーストリア | 九二 |
| ベルギー | 九二 |
| ブルガリア（注） | 九二 |
| カナダ | 九四 |
| クロアチア（注） | 九五 |
| チェッコ共和国（注） | 九二 |
| デンマーク | 九二 |
| エストニア（注） | 九二 |
| 欧州共同体 | 九二 |
| フィンランド | 九二 |
| フランス | 九二 |
| ドイツ | 九二 |
| ギリシャ | 九二 |
| ハンガリー（注） | 九四 |
| アイスランド | 一一〇 |
| アイルランド | 九二 |
| イタリア | 九二 |
| 日本国 | 九四 |
| ラトヴィア（注） | 九二 |
| リヒテンシュタイン | 九二 |
| リトアニア（注） | 九二 |
| ルクセンブルグ | 九二 |
| モナコ | 九二 |
| オランダ | 九二 |
| ニュー・ジーランド | 一〇〇 |
| ノールウェー | 一〇一 |
| ポーランド（注） | 九四 |
| ポルトガル | 九二 |
| ルーマニア（注） | 九二 |
| ロシア連邦（注） | 一〇〇 |
| スロヴァキア（注） | 九二 |
| スロヴェニア（注） | 九二 |
| スペイン | 九二 |
| スウェーデン | 九二 |
| スイス | 九二 |
| ウクライナ（注） | 一〇〇 |
| グレート・ブリテン及び北部アイルランド連合王国 | 九二 |
| アメリカ合衆国 | 九三 |

注　市場経済への移行の過程にある国

## （3）パリ協定（抄）

採　　択　二〇一五年一二月一二日（パリ）（コンセンサス）
効力発生　二〇一六年一一月四日
日 本 国　二〇一六年一一月八日（同年四月二二日署名、一一月八日国会承認、同日内閣受諾決定、同日受諾書寄託、一一月一四日公布・条約一六号）
当 事 国　一八八（他にEU）

この協定の締約国は、

気候変動に関する国際連合枠組条約（以下「条約」という。）の締約国として、

条約の締約国会議第十七回会合における決定第一号（第十七回会合）によって設けられた強化された行動のためのダーバン・プラットフォームに従い、

条約の目的を達成するため、また、条約の諸原則（衡平の原則並びに各国の異なる事情に照らした共通に有しているが差異のある責任及び各国の能力に関する原則を含む。）を指針とし、

気候変動という緊急の脅威に対し、利用可能な最良の科学上の知識に基づき効果的かつ進歩的に対応することが必要であることを認め、

また、条約に定めるところに従い、開発途上締約国（特に気候変動の悪影響を著しく受けやすいもの）の個別のニーズ及び特別な事情を認め、

資金供与及び技術移転に関し、後発開発途上国の個別のニーズ及び特別な事情について十分な考慮を払い、

締約国が気候変動のみでなく、気候変動に対応してとられる措置によっても影響を受けるおそれがあることを認め、

気候変動に対処するための行動、気候変動に対する対応及び気候変動の影響と持続可能な開発のための衡平な機会及び貧困の撲滅との間に存在する内在的な関係を強調し、

食糧安全保障及び飢餓の撲滅という基本的な優先事項並びに気候変動の悪影響に対する食糧生産体系の著しいぜい弱性を認め、

自国が定める開発の優先順位に基づく労働力の公正な移動並びに適切な仕事及び質の高い雇用の創出が必要不可欠であることを考慮し、

気候変動が人類の共通の関心事であることを確認しつつ、締約国が、気候変動に対処するための行動をとる際に、人権、健康についての権利、先住民、地域社会、移民、児童、障害者及び影響を受けやすい状況にある人々の権利並びに開発の権利に関するそれぞれの締約国の義務の履行並びに男女間の平等、女子の自律的な力の育成及び世代間の衡平を尊重し、促進し、及び考慮すべきであり、

条約に規定する温室効果ガスの吸収源及び貯蔵庫を保全し、及び適当な場合には強化することの重要性を認め、

気候変動に対処するための行動をとる際に、全ての生態系（海洋を含む。）の本来のままの状態における保全及び生物の多様性の保全（「母なる地球」として一部の文化によって認められるもの）を確保することの重要性に留意し、並びに「気候の正義」の概念の一部の者にとっての重要性に留意し、

この協定において取り扱う事項に関するあらゆる段階における教育、訓練、啓発、公衆の参加、情報の公開及び協力の重要性を確認し、

締約国のそれぞれの国内法令に従い全ての段階の政府及び種々の関係者が気候変動への対処に従事することの重要性を認め、

また、持続可能な生活様式並びに消費及び生産の持続可能な態様が、気候変動への対処において、先進締約国が率先することにより、重要な役割を果たすことを認めて、

次のとおり協定した。

**第一条【定義】** この協定の適用上、条約第一条の定義を適用する。さらに、

(a) 「条約」とは、千九百九十二年五月九日にニューヨークで採択された気候変動に関する国際連合枠組条約をいう。

(b) 「締約国会議」とは、条約の締約国会議をいう。

(c) 「締約国」とは、この協定の締約者をいう。

**第二条【目的】** 1　この協定は、条約（その目的を含む。）の実施を促進する上で、持続可能な開発及び貧困を撲滅するための努力の文脈において、気候変動の脅威に対する世界全体での対応を、次のことによるものを含め、強化することを目的とする。

(a) 世界全体の平均気温の上昇を工業化以前よりも摂氏二度高い水準を十分に下回るものに抑えること並びに世界全体の平均気温の上昇を工業化以前よりも摂氏一・五度高い水準までのものに制限するための努力を、この努力が気候変動のリスク及び影響を著しく減少させることとなるものであることを認識しつつ、継続すること。

(b) 食糧の生産を脅かさないような方法で、気候変動の悪影響に適応する能力並びに気候に対する強靱性を高め、及び温室効果ガスについて低排出型の発展を促進する能力を向上させること。

(c) 温室効果ガスについて低排出型であり、及び気候に対して強靱である発展に向けた方針に資金の流れを適合させること。

2　この協定は、衡平並びに各国の異なる事情に照らした共通に有しているが差異のある責任及び各国の能力に関する原則を反映するように実施される。

**第三条【締約国の努力】** 全ての締約国は、気候変動に対する世界全体での対応に向けた自国が決定する貢献（以下「国が決定する貢献」という。）に関し、前条に規定するこの協定の目的を達成するため、次条、第七条、第九条から第十一条まで及び第十三条に定める野心的な努力に取り組み、並びにその努力を通報する。全ての締約国の努力については、この協定の効果的な実施のために開発途上締約国を支援することの必要性についての認識の下で、時間とともに前進を示すものとなる。

**第四条【排出削減のための取組】** 1　締約国は、第二条に定める長期的な気温に関する目標を達成するため、衡平に基づき並びに持続可能な開発及び貧困を撲滅するための努力の文脈において、今世紀後半に温室効果ガスの人為的な発生源による排出量と吸収源による除去量との間の均衡を達成するために、開発途上締約国の温室効果ガスの排出量がピークに達するまでには一層長い期間を要することを認識しつつ、世界全体の温室効果ガスの排出量ができる限り速やかにピークに達すること及びその後は利用可能な最良の科学に基づいて迅速な削減に取り組むことを目的とする。

2　各締約国は、自国が達成する意図を有する累次の国が決定する貢献を作成し、通報し、及び維持する。締約国は、当該国が決定する貢献の目的を達成するため、緩和に関する国内措置を遂行する。

3　各締約国による累次の国が決定する貢献については、各締約国によるその直前の国が決定する貢献を超える前進を示し、並びに各国の異なる事情に照らした共通に有しているが差異のある責任及び各国の能力を考慮しつつ、各締約国のできる限り高い野心を反映するものとなる。

4　先進締約国は、経済全体における排出の絶対量での削減目標に取り組むことによって、引き続き先頭に立つべきである。開発途上締約国は、自国の緩和に関する努力を引き続き強化すべきであり、各国の異なる事情に照らして経済全体における排出の削減目標又は抑制目標に向けて時間とともに移行していくことが奨励される。

5　開発途上締約国に対しては、開発途上締約国に対する強化された支援がその行動を一層野心的なものにすることを可能にするとの認識の下で、この条の規定を実施するための支援を第九条から第十一条までの規定に従って提供する。

6　後発開発途上国及び開発途上にある島嶼国は、温室効果ガスについて低排出型の発展のための戦略、計画及び行動であって、自国の特別な事情を反映するものを作成し、及び通報することができる。

7－11　（略）

12　締約国が通報する国が決定する貢献については、事務局が管理する公的な登録簿に記録する。

13　締約国は、国が決定する貢献の計算を行う。締約国は、国が決定する貢献に関し、人為的な排出量及び除去量の計算を行うに際しては、この協定の締約国の会合としての役割を果たす締約国会議が採択する指針に従い、環境の保全、透明性、正確性、完全性、比較可能性及び整合性を促進し、並びに二重の計上の回避を確保する。

14　締約国は、国が決定する貢献の文脈においては、13の規定に照らし、人為的な排出及び除去に係る緩和に関する行動を確認し、及び実施する際に、適当なときは、条約に基づく既存の方法及び指針を考慮に入れるべきである。

15　締約国は、この協定の実施に際し、対応措置により最も影響を受ける経済を有する締約国（特に開発途上締約国）の懸念を考慮に入れる。

16　2の規定の下で共同して行動することについて合意に達した締約国（地域的な経済統合のための機関及びその構成国を含

む。)は、国が決定する貢献を通報する際に、事務局に対し、当該合意の条件(各締約国に割り当てられた該当する期間内の排出量の水準を含む。)を通報する。事務局は、条約の締約国及び署名国に対し、当該合意の条件を通報する。

17　16に規定する合意に達した各締約国は、13及び14の規定並びに第十三条及び第十五条の規定に従い、当該合意に定める自国の排出量の水準について責任を負う。

18　共同して行動する締約国がこの協定の締約国である地域的な経済統合のための機関の枠組みにおいて、かつ、当該地域的な経済統合のための機関と共に行動する場合には、当該地域的な経済統合のための機関の構成国は、個別に、かつ、当該地域的な経済統合のための機関と共に、13及び14の規定並びに第十三条及び第十五条の規定に従い、16の規定に基づいて通報した合意に定める自国の排出量の水準について責任を負う。

19　全ての締約国は、各国の異なる事情に照らした共通に有しているが差異のある責任及び各国の能力を考慮しつつ、第二条の規定に留意して、温室効果ガスについて低排出型の発展のための長期的な戦略を立案し、及び通報するよう努力すべきである。

**第五条【吸収源及び貯蔵庫】**1　締約国は、条約第四条1(d)に規定する温室効果ガスの吸収源及び貯蔵庫(森林を含む。)を保全し、及び適当な場合には強化するための行動をとるべきである。

2　(略)

**第六条【任意の協力】**1　締約国は、一部の締約国が、国が決定する貢献の実施に際し、緩和及び適応に関する行動を一層野心的なものにすることを可能にし、並びに持続可能な開発及び環境の保全を促進するため、任意の協力を行うことを選択することを認識する。

2　締約国は、国際的に移転される緩和の成果を国が決定する貢献のために利用することを伴う協力的な取組に任意に従事する際には、持続可能な開発を促進し、並びに環境の保全及び透明性(管理におけるものを含む。)を確保するものとし、この協定の締約国の会合としての役割を果たす締約国会議が採択する指針に適合する確固とした計算方法(特に二重の計上の回避を確保するためのもの)を適用する。

3　国が決定する貢献を達成するための国際的に移転される緩和の成果のこの協定に基づく利用については、任意によるものとし、参加する締約国が承認する。

4　温室効果ガスの排出に係る緩和に貢献し、及び持続可能な開発を支援する制度を、締約国が任意で利用するため、この協定により、この協定の締約国の会合としての役割を果たす締約国会議の権限及び指導の下で設立する。当該制度は、この協定の締約国の会合としての役割を果たす締約国会議が指定する機関の監督を受けるものとし、次のことを目的とする。

(a)　持続可能な開発を促しつつ、温室効果ガスの排出に係る緩和を促進すること。

(b)　締約国により承認された公的機関及び民間団体が温室効果ガスの排出に係る緩和に参加することを奨励し、及び促進すること。

(c)　受入締約国(他の締約国が国が決定する貢献を履行するために用いることもできる排出削減量を生ずる緩和に関する活動により利益を得ることとなるもの)における排出量の水準の削減に貢献すること。

(d)　世界全体の排出における総体的な緩和を行うこと。

5　受入締約国は、4に規定する制度から生ずる排出削減量について、他の締約国が国が決定する貢献を達成したことを証明するために用いる場合には、当該受入締約国が国が決定する貢献を達成したことを証明するために用いてはならない。

6－9　(略)

**第七条【適応】**1　締約国は、第二条に定める気温に関する目標の文脈において、持続可能な開発に貢献し、及び適応に関する適当な対応を確保するため、この協定により、気候変動への適応に関する能力の向上並びに気候変動に対する強靱性の強化及びぜい弱性の減少という適応に関する世界全体の目標を定める。

2　締約国は、気候変動の悪影響を著しく受けやすい開発途上締約国の緊急かつ即時のニーズを考慮しつつ、適応が地区、地方、国及び地域の規模並びに国際的な規模で全ての者が直面する世界全体の課題であること並びに適応が人、生活の手段及び生態系を守るための気候変動に対する長期的な世界全体での対応の重要な構成要素であり、かつ、当該対応に貢献するものであることを認識する。

3－14　(略)

**第八条【損失及び損害】**1　締約国は、気候変動の悪影響(気象についての極端な事象及び緩やかに進行する事象を含む。)に伴う損失及び損害を回避し、及び最小限にし、並びにこれらに対処することの重要性を認め、並びに損失及び損害の危険性を減少させる上での持続可能な開発の役割を認識する。

2　気候変動の影響に伴う損失及び損害に関するワルシャワ国際制度(以下「ワルシャワ国際制度」という。)は、この協定の締約国の会合としての役割を果たす締約国会議の権限及び指導に従うものとし、この協定の締約国の会合としての役割を果たす締約国会議が決定するところに従って改善し、及び強化することができる。

3　締約国は、気候変動の悪影響に伴う損失及び損害に関し、協力及び促進に基づき、適当な場合には、例えばワルシャワ国際制度を通じ、理解を増進し、並びに行動及び支援を強化すべきである。

4　3に規定する理解の増進並びに行動及び支援の強化のための協力及び促進の分野には、次のものを含むことができる。

(a)　早期警戒体制

(b)　緊急事態のための準備

(c)　緩やかに進行する事象

(d)　回復不可能及び半永久的な損失及び損害を伴い得る事象

(e)　包括的なリスクの評価及び管理

(f)　リスクに対処する保険の制度、気候リスクの共同管理その他保険による解決

(g)　経済外の損失

(h)　地域社会、生活の手段及び生態系の強靱性

5　ワルシャワ国際制度は、この協定の下にある既存の機関及び専門家団体並びにこの協定の外にある関連の機関及び専門家団体と協力する。

**第九条【資金】**1　先進締約国は、条約に基づく既存の義務を継続するものとして、緩和及び適応に関し、開発途上締約国を支援するため、資金を供与する。

2　1に規定する支援について、他の締約国は、任意に、提供すること又は引き続き提供することが奨励される。

3　先進締約国は、世界全体の努力の一環として、種々の行動(各国主導の戦略を支援することを含む。)を通じ、公的資金の重要な役割

に留意して、多様な資金源及び経路から並びに多様な手段により気候に関する資金を動員することに引き続き率先して取り組むべきである。そのような気候に関する資金の動員については、従前の努力を超える前進を示すものとすべきである。

4－9 (略)

**第一〇条【技術開発及び技術移転】** 1 締約国は、気候変動に対する強靱性を向上させ、及び温室効果ガスの排出を削減するために技術開発及び技術移転を十分に実現することについての重要性に関する長期的な展望を共有する。

2 締約国は、この協定に基づく緩和及び適応に関する行動を実施するための技術の重要性に留意しつつ、技術の導入及び普及に関して既に行われている努力を認識して、技術開発及び技術移転に関する協力的な行動を強化する。

3－6 (略)

**第一一条【能力開発】** 1 この協定に基づく能力の開発については、気候変動に対処するための効果的な行動(特に適応及び緩和に関する行動を実施するためのものを含む。)をとるため、開発途上締約国、特に最も能力に制約がある国(例えば、後発開発途上国)及び気候変動の悪影響を著しく受けやすい国(例えば、開発途上にある島嶼国)の能力を向上させるものとすべきであり、並びに技術開発、技術の普及及び導入、気候に関する資金を利用する機会、教育、訓練及び啓発における関連の側面並びに透明性のある方法による適時のかつ正確な情報の通報を容易にするものとすべきである。

2 能力の開発については、各国主導であり、各締約国のニーズに基づきかつ対応し、及び締約国、特に開発途上締約国の当事者意識(国、地方及び地区の段階におけるものを含む。)を育成するものとすべきである。能力の開発については、得られた教訓(条約に基づく能力の開発に関する活動から得られたものを含む。)を指針とすべきであり、並びに効果的及び反復的な過程であって、参加型及び横断的であり、並びにジェンダーに配慮したものとすべきである。

3 全ての締約国は、この協定を実施するための開発途上締約国の能力を向上させるために協力すべきである。先進締約国は、開発途上締約国における能力の開発に関する行動に対する支援を強化すべきである。

4・5 (略)

**第一二条【行動の強化】** (略)

**第一三条【透明性】** 1 相互の信用及び信頼を構築し、並びに効果的な実施を促進するため、この協定により、行動及び支援に関する強化された透明性の枠組みであって、締約国の異なる能力を考慮し、及び全体としての経験に立脚した内在的な柔軟性を備えるものを設定する。

2 透明性の枠組みにおいては、開発途上締約国が自国の能力に照らしてこの条の規定の実施について柔軟性を必要とする場合には、当該開発途上締約国に対し、当該柔軟性を与える。13に規定する方法、手続及び指針には、当該柔軟性を反映する。

3 透明性の枠組みについては、後発開発途上国及び開発途上にある島嶼国の特別な事情についての認識の下で、条約に基づく透明性に関する措置に立脚し、及び当該措置を強化するものとし、各締約国の主権を尊重しつつ、促進的であり、干渉的でなく、及び懲罰的でない方法で実施し、並びに締約国に対して過度の負担を生じさせることを回避する。

4－6 (略)

7 各締約国は、定期的に次の情報を提供する。

(a) 温室効果ガスの人為的な発生源による排出及び吸収源による除去に関する自国の目録に係る報告書であって、気候変動に関する政府間パネルが受諾し、この協定の締約国の会合としての役割を果たす締約国会議が合意する良い事例に基づく方法を用いて作成されたもの

(b) 第四条の規定に基づく国が決定する貢献の実施及び達成における進捗状況を追跡するために必要な情報

8 各締約国は、更に、適当な場合には、第七条の規定に基づく気候変動の影響及び適応に関する情報を提供すべきである。

9 先進締約国は、第九条から第十一条までの規定に基づいて開発途上締約国に提供される資金上の支援、技術移転に関する支援及び能力の開発に関する支援についての情報を提供する。また、支援を提供する他の締約国は、当該情報を提供すべきである。

10 (略)

11 各締約国が7及び9の規定に基づいて提供する情報は、締約国会議第二十一回会合における決定第一号(第二十一回会合)に従い技術専門家による検討を受ける。能力の開発に関するニーズを特定するための支援を開発途上締約国が自国の能力に照らして必要とする場合には、当該検討の過程には、当該支援を含む。さらに、各締約国は、第九条の規定に基づく努力並びに国が決定する貢献の実施及び達成に関する進捗状況についての促進的な多数国間の検討に参加する。

12 (略)

13 この協定の締約国の会合としての役割を果たす締約国会議は、第一回会合において、適当な場合には、条約に基づく透明性に関する措置から得られた経験に立脚しつつ、この条の規定を十分に考慮して、行動及び支援の透明性のための共通の方法、手続及び指針を採択する。

14・15 (略)

**第一四条【世界全体の実施状況の検討】** 1 この協定の締約国の会合としての役割を果たす締約国会議は、この協定の目的及び長期的な目標の達成に向けた全体としての進捗状況を評価するためのこの協定の実施状況に関する定期的な検討(この協定において「世界全体としての実施状況の検討」という。)を行う。この協定の締約国の会合としての役割を果たす締約国会議は、包括的及び促進的な方法で、緩和、適応並びに実施及び支援の手段を考慮して並びに衡平及び利用可能な最良の科学に照らして、世界全体としての実施状況の検討を行う。

2 この協定の締約国の会合としての役割を果たす締約国会議は、この協定の締約国の会合としての役割を果たす締約国会議が別段の決定を行わない限り、最初の世界全体としての実施状況の検討を二千二十三年に行い、その後は五年ごとに行う。

3 (略)

**第一五条【実施及び遵守の促進】** 1 この協定により、この協定の規定の実施及び遵守を促進するための制度を設立する。

2 1に規定する制度は、専門家により構成され、かつ、促進的な性格を有する委員会であって、透明性があり、敵対的でなく、及び懲罰的でない方法によって機能するものから成る。当該委員会は、各締約国の能力及び事情に特別の注意を払う。

3 (略)

**第一六条【締約国会議】** 1 条約の最高機関である締約国会議は、この協定の締約国の会合としての役割を果たす。

2　条約の締約国であってこの協定の締約国でないものは、この協定の締約国の会合としての役割を果たす締約国会議の会合の審議にオブザーバーとして参加することができる。締約国会議がこの協定の締約国の会合としての役割を果たす場合には、この協定に基づく決定は、この協定の締約国のみによって行われる。

3－8　（略）

**第一七条【事務局】**　1　条約第八条の規定によって設置された事務局は、この協定の事務局としての役割を果たす。

2　（略）

**第一八条【補助機関】**（略）

**第一九条【同前】**（略）

**第二〇条【批准、受諾、承認又は加入】**　1　この協定は、条約の締約国である国及び地域的な経済統合のための機関による署名のために開放されるものとし、批准され、受諾され、又は承認されなければならない。この協定は、二千十六年四月二十二日から二千十七年四月二十一日までニューヨークにある国際連合本部において、署名のために開放しておく。その後は、この協定は、この協定の署名のための期間の終了の日の翌日から加入のために開放しておく。批准書、受諾書、承認書又は加入書は、寄託者に寄託する。

2・3　（略）

**第二一条【効力発生】**　1　この協定は、五十五以上の条約の締約国であって、世界全体の温室効果ガスの総排出量のうち推計で少なくとも五十五パーセントを占める温室効果ガスを排出するものが、批准書、受諾書、承認書又は加入書を寄託した日の後三十日目の日に効力を生ずる。

2　専ら1の規定を適用する限りにおいて、「世界全体の温室効果ガスの総排出量」とは、条約の締約国がこの協定の採択の日以前の日に通報した最新の量をいう。

3　この協定は、1に規定する効力発生のための要件を満たした後にこれを批准し、受諾し、若しくは承認し、又はこれに加入する国又は地域的な経済統合のための機関については、当該国又は地域的な経済統合のための機関による批准書、受諾書、承認書又は加入書の寄託の日の後三十日目の日に効力を生ずる。

4　地域的な経済統合のための機関によって寄託される文書は、1の規定の適用上、その構成国によって寄託されたものに追加して数えてはならない。

**第二二条【改正】**　条約の改正の採択に関する条約第十五条の規定は、この協定について準用する。

**第二三条【附属書】**　1　条約の附属書の採択及び改正に関する条約第十六条の規定は、この協定について準用する。

2　この協定の附属書は、この協定の不可分の一部を成すものとし、「この協定」というときは、別段の明示の定めがない限り、附属書を含めていうものとする。附属書は、表、書式その他科学的、技術的、手続的又は事務的な性格を有する説明的な文書に限定される。

**第二四条【紛争の解決】**　紛争の解決に関する条約第十四条の規定は、この協定について準用する。

**第二五条【投票権】**　1　各締約国は、2に規定する場合を除くほか、一の票を有する。

2　地域的な経済統合のための機関は、その権限の範囲内の事項について、この協定の締約国であるその構成国の数と同数の票を投ずる権利を行使する。地域的な経済統合のための機関は、その構成国が自国の投票権を行使する場合には、投票権を行使してはならない。その逆の場合も、同様とする。

**第二六条【寄託者】**　国際連合事務総長は、この協定の寄託者とする。

**第二七条【留保】**　この協定には、いかなる留保も付することができない。

**第二八条【脱退】**　1　締約国は、この協定が自国について効力を生じた日から三年を経過した後いつでも、寄託者に対して書面による脱退の通告を行うことにより、この協定から脱退することができる。

2　1に規定する脱退は、寄託者が脱退の通告を受領した日から一年を経過した日又はそれよりも遅い日であって脱退の通告において指定されている日に効力を生ずる。

3　条約から脱退する締約国は、この協定からも脱退したものとみなす。

**第二九条【正文】**　アラビア語、中国語、英語、フランス語、ロシア語及びスペイン語をひとしく正文とするこの協定の原本は、国際連合事務総長に寄託する。

# 7　生物多様性条約

## (1)　生物の多様性に関する条約（抄）

採　択　一九九二年六月五日（リオデジャネイロ）
効力発生　一九九三年一二月二九日
日本国　一九九三年一二月二九日（九二年六月一三日署名、九三年五月一四日国会承認、五月二八日内閣受諾決定、同日受諾書寄託、一二月二一日公布・条約九号）
当事国　一九五（他にEU）

### 前文

締約国は、

生物の多様性が有する内在的な価値並びに生物の多様性及びその構成要素が有する生態学上、遺伝上、社会上、経済上、科学上、教育上、文化上、レクリエーション上及び芸術上の価値を意識し、

生物の多様性が進化及び生物圏における生命保持の機構の維持のため重要であることを意識し、

生物の多様性の保全が人類の共通の関心事であることを確認し、

諸国が自国の生物資源について主権的権利を有することを再確認し、

諸国が、自国の生物の多様性の保全及び自国の生物資源の持続可能な利用について責任を有することを再確認し、

生物の多様性がある種の人間活動によって著しく減少していることを懸念し、

生物の多様性に関する情報及び知見が一般的に不足していること並びに適当な措置を計画し及び実施するための基本的な知識を与える科学的、技術的及び制度的能力を緊急に開発する必要があることを認識し、

生物の多様性の著しい減少又は喪失の根本原因を予想し、防止し及び取り除くことが不可欠であることに留意し、

生物の多様性の著しい減少又は喪失のおそれがある場合には、科学的な確実性が十分にないことをもって、そのようなおそれを回避し又は最小にするための措置をとることを延期する理由とすべきではないことに留意し、

更に、生物の多様性の保全のための基本的な要件は、生態系及び自然の生息地の生息域内保全並びに存続可能な種の個体群の自然の生息環境における維持及び回復であることに留意し、

更に、生息域外における措置も重要な役割を果たすこと及びこの措置は原産国においてとることが望ましいことに留意し、

伝統的な生活様式を有する多くの原住民の社会及び地域社会が生物資源に緊密にかつ伝統的に依存していること並びに生物の多様性の保全及びその構成要素の持続可能な利用に関して伝統的な知識、工夫及び慣行の利用がもたらす利益を衡平に配分することが望ましいことを認識し、

生物の多様性の保全及び持続可能な利用において女子が不可欠の役割を果たすことを認識し、また、生物の多様性の保全のための政策の決定及び実施のすべての段階における女子の完全な参加が必要であることを確認し、

生物の多様性の保全及びその構成要素の持続可能な利用のため、国家、政府間機関及び民間部門の間の国際的、地域的及び世界的な協力が重要であること並びにそのような協力の促進が必要であることを強調し、

新規のかつ追加的な資金の供与及び関連のある技術の取得の適当な機会の提供が生物の多様性の喪失に取り組むための世界の能力を実質的に高めることが期待できることを確認し、

更に、開発途上国のニーズに対応するため、新規のかつ追加的な資金の供与及び関連のある技術の取得の適当な機会の提供を含む特別な措置が必要であることを確認し、

この点に関して後発開発途上国及び島嶼国の特別な事情に留意し、

生物の多様性を保全するため多額の投資が必要であること並びに当該投資から広範な環境上、経済上及び社会上の利益が期待されることを確認し、

経済及び社会の開発並びに貧困の撲滅が開発途上国にとって最優先の事項であることを認識し、

生物の多様性の保全及び持続可能な利用が食糧、保健その他増加する世界の人口の必要を満たすために決定的に重要であること、並びにこの目的のために遺伝資源及び技術の取得の機会の提供及びそれらの配分が不可欠であることを認識し、

生物の多様性の保全及び持続可能な利用が、究極的に、諸国間の友好関係を強化し、人類の平和に貢献することに留意し、

生物の多様性の保全及びその構成要素の持続可能な利用のための既存の国際的な制度を強化し及び補完することを希望し、

現在及び将来の世代のため生物の多様性を保全し及び持続可能であるように利用することを決意して、

次のとおり協定した。

**第一条（目的）** この条約は、生物の多様性の保全、その構成要素の持続可能な利用及び遺伝資源の利用から生ずる利益の公正かつ衡平な配分をこの条約の関係規定に従って実現することを目的とする。この目的は、特に、遺伝資源の取得の適当な機会の提供及び関連のある技術の適当な移転（これらの提供及び移転は、当該遺伝資源及び当該関連のある技術についてのすべての権利を考慮して行う。）並びに適当な資金供与の方法により達成する。

**第二条（用語）** この条約の適用上、

「生物の多様性」とは、すべての生物（陸上生態系、海洋その他の水界生態系、これらが複合した生態系その他生息又は生育の場のいかんを問わない。）の間の変異性をいうものとし、種内の多様性、種間の多様性及び生態系の多様性を含む。

「生物資源」には、現に利用され若しくは将来利用されることがある又は人類にとって現実の若しくは潜在的な価値を有する遺伝資源、生物又はその部分、個体群その他生態系の生物的な構成要素を含む。

「バイオテクノロジー」とは、物又は方法を特定の用途のために作り出し又は改変するため、生物システム、生物又はその派生物を利用する応用技術をいう。

「遺伝資源の原産国」とは、生息域内状況において遺伝資源を有する国をいう。

「遺伝資源の提供国」とは、生息域内の供給源（野生種の個体群であるか飼育種又は栽培種の個体群であるかを問わない。）から採取された遺伝資源又は生息域外の供給源から取り出された遺伝資源（自国が原産国であるかないかを問わない。）を提供する国をいう。

「飼育種又は栽培種」とは、人がその必要を満たすため進化の過程に影響を与えた種をいう。

「生態系」とは、植物、動物及び微生物の群集とこれらを取り巻く非生物的な環境とが相互に作用して一の機能的な単位を成す動的な複合体をいう。

「生息域外保全」とは、生物の多様性の構成要素を自然の生息地の外において保全することをいう。

「遺伝素材」とは、遺伝の機能的な単位を有する植物、動物、微生物その他に由来する素材をいう。

「遺伝資源」とは、現実の又は潜在的な価値を有する遺伝素材をいう。

「生息地」とは、生物の個体若しくは個体群が自然に生息し若しくは生育している場所又はその類型をいう。

「生息域内状況」とは、遺伝資源が生態系及び自然の生息地において存在している状況をいい、飼育種又は栽培種については、当該飼育種又は栽培種が特有の性質を得た環境において存在している状況をいう。

「生息域内保全」とは、生態系及び自然の生息地を保全し、並びに存続可能な種の個体群を自然の生息環境において維持し及び回復することをいい、飼育種又は栽培種については、存続可能な種の個体群を当該飼育種又は栽培種が特有の性質を得た環境において維持し及び回復することをいう。

「保護地域」とは、保全のための特定の目的を達成するために指定され又は規制され及び管理されている地理的に特定された地域をいう。

「地域的な経済統合のための機関」とは、特定の地域の主権国家によって構成される機関であって、この条約が規律する事項に関しその加盟国から権限の委譲を受け、かつ、その内部手続に従ってこの条約の署名、批准、受諾若しくは承認又はこれへの加入の正当な委任を受けたものをいう。

「持続可能な利用」とは、生物の多様性の長期的な減少をもたらさない方法及び速度で生物の多様性の構成要素を利用し、もって、現在及び将来の世代の必要及び願望を満たすように生物の多様性の可能性を維持することをいう。

「技術」には、バイオテクノロジーを含む。

**第三条（原則）** 諸国は、国際連合憲章及び国際法の諸原則に基づき、自国の資源をその環境政策に従って開発する主権的権利を有し、また、自国の管轄又は管理の下における活動が他国の環境又はいずれの国の管轄にも属さない区域の環境を害さないこ

とを確保する責任を有する。

**第四条（適用範囲）** この条約が適用される区域は、この条約に別段の明文の規定がある場合を除くほか、他国の権利を害さないことを条件として、各締約国との関係において、次のとおりとする。

(a) 生物の多様性の構成要素については、自国の管轄の下にある区域

(b) 自国の管轄又は管理の下で行われる作用及び活動（それらの影響が生ずる場所のいかんを問わない。）については、自国の管轄の下にある区域及びいずれの国の管轄にも属さない区域

**第五条（協力）**（略）

**第六条（保全及び持続可能な利用のための一般的な措置）** 締約国は、その個々の状況及び能力に応じ、次のことを行う。

(a) 生物の多様性の保全及び持続可能な利用を目的とする国家的な戦略若しくは計画を作成し、又は当該目的のため、既存の戦略若しくは計画を調整し、特にこの条約に規定する措置で当該締約国に関連するものを考慮したものとなるようにすること。

(b) 生物の多様性の保全及び持続可能な利用について、可能な限り、かつ、適当な場合には、関連のある部門別の又は部門にまたがる計画及び政策にこれを組み入れること。

**第七条（特定及び監視）** 締約国は、可能な限り、かつ、適当な場合には、特に次条から第十条までの規定を実施するため、次のことを行う。

(a) 附属書Ｉに列記する区分を考慮して、生物の多様性の構成要素であって、生物の多様性の保全及び持続可能な利用のために重要なものを特定すること。

(b) 生物の多様性の構成要素であって、緊急な保全措置を必要とするもの及び持続可能な利用に最大の可能性を有するものに特別の考慮を払いつつ、標本抽出その他の方法により、(a)の規定に従って特定される生物の多様性の構成要素を監視すること。

(c) 生物の多様性の保全及び持続可能な利用に著しい悪影響を及ぼし又は及ぼすおそれのある作用及び活動の種類を特定し並びに標本抽出その他の方法によりそれらの影響を監視すること。

(d) (a)から(c)までの規定による特定及び監視の活動から得られる情報を何らかの仕組みによって維持し及び整理すること。

**第八条（生息域内保全）** 締約国は、可能な限り、かつ、適当な場合には、次のことを行う。

(a) 保護地域又は生物の多様性を保全するために特別の措置をとる必要がある地域に関する制度を確立すること。

(b) 必要な場合には、保護地域又は生物の多様性を保全するために特別の措置をとる必要がある地域の選定、設定及び管理のための指針を作成すること。

(c) 生物の多様性の保全のために重要な生物資源の保全及び持続可能な利用を確保するため、保護地域の内外を問わず、当該生物資源について規制を行い又は管理すること。

(d) 生態系及び自然の生息地の保護並びに存続可能な種の個体群の自然の生息環境における維持を促進すること。

(e) 保護地域における保護を補強するため、保護地域に隣接する地域における開発が環境上適正かつ持続可能なものとなることを促進すること。

(f) 特に、計画その他管理のための戦略の作成及び実施を通じ、劣化した生態系を修復し及び復元し並びに脅威にさらされている種の回復を促進すること。

(g) バイオテクノロジーにより改変された生物であって環境上の悪影響（生物の多様性の保全及び持続可能な利用に対して及び得るもの）を与えるおそれのあるものの利用及び放出に係る危険について、人の健康に対する危険も考慮して、これを規制し、管理し又は制御するための手段を設定し又は維持すること。

(h) 生態系、生息地若しくは種を脅かす外来種の導入を防止し又はそのような外来種を制御し若しくは撲滅すること。

(i) 現在の利用が生物の多様性の保全及びその構成要素の持続可能な利用と両立するために必要な条件を整えるよう努力すること。

(j) 自国の国内法令に従い、生物の多様性の保全及び持続可能な利用に関連する伝統的な生活様式を有する原住民の（indigenous）社会及び地域社会の知識、工夫及び慣行を尊重し、保存し及び維持すること、そのような知識、工夫及び慣行を有する者の承認及び参加を得てそれらの一層広い適用を促進すること並びにそれらの利用がもたらす利益の衡平な配分を奨励すること。

(k) 脅威にさらされている種及び個体群を保護するために必要な法令その他の規制措置を定め又は維持すること。

(l) 前条の規定により生物の多様性に対し著しい悪影響があると認められる場合には、関係する作用及び活動の種類を規制し又は管理すること。

(m) (a)から(l)までに規定する生息域内保全のための財政的な支援その他の支援（特に開発途上国に対するもの）を行うことについて協力すること。

**第九条（生息域外保全）** 締約国は、可能な限り、かつ、適当な場合には、主として生息域内における措置を補完するため、次のことを行う。

(a) 生物の多様性の構成要素の生息域外保全のための措置をとること。この措置は、生物の多様性の構成要素の原産国においてとることが望ましい。

(b) 植物、動物及び微生物の生息域外保全及び研究のための施設を設置し及び維持すること。その設置及び維持は、遺伝資源の原産国において行うことが望ましい。

(c) 脅威にさらされている種を回復し及びその機能を修復するため並びに当該種を適当な条件の下で自然の生息地に再導入するための措置をとること。

(d) (c)の規定により生息域外における特別な暫定的措置が必要とされる場合を除くほか、生態系及び生息域内における種の個体群を脅かさないようにするため、生息域外保全を目的とする自然の生息地からの生物資源の採取を規制し及び管理すること。

(e) (a)から(d)までに規定する生息域外保全のための財政的な支援その他の支援を行うことについて並びに開発途上国における生息域外保全のための施設の設置及び維持について協力すること。

**第一〇条（生物の多様性の構成要素の持続可能な利用）** 締約国は、可能な限り、かつ、適当な場合には、次のことを行う。

(a) 生物資源の保全及び持続可能な利用についての考慮を自国の意思決定に組み入れること。

(b) 生物の多様性への悪影響を回避し又は最小にするため、生

物資源の利用に関連する措置をとること。

(c) 保全又は持続可能な利用の要請と両立する伝統的な文化的慣行に沿った生物資源の利用慣行を保護し及び奨励すること。

(d) 生物の多様性が減少した地域の住民による修復のための作業の準備及び実施を支援すること。

(e) 生物資源の持続可能な利用のための方法の開発について、自国の政府機関と民間部門との間の協力を促進すること。

**第一一条（奨励措置）**（略）

**第一二条（研究及び訓練）** 締約国は、開発途上国の特別のニーズを考慮して、次のことを行う。

(a) 生物の多様性及びその構成要素の特定、保全及び持続可能な利用のための措置に関する科学的及び技術的な教育訓練事業のための計画を作成し及び維持すること並びに開発途上国の特定のニーズに対応するためこのような教育及び訓練を支援すること。

(b) 特に科学上及び技術上の助言に関する補助機関の勧告により締約国会議が行う決定に従い、特に開発途上国における生物の多様性の保全及び持続可能な利用に貢献する研究を促進し及び奨励すること。

(c) 第十六条、第十八条及び第二十条の規定の趣旨に沿い、生物資源の保全及び持続可能な利用のための方法の開発について、生物の多様性の研究における科学の進歩の利用を促進し及びそのような利用について協力すること。

**第一三条（公衆のための教育及び啓発）** 締約国は、次のことを行う。

(a) 生物の多様性の保全の重要性及びその保全に必要な措置についての理解、各種の情報伝達手段によるそのような理解の普及並びにこのような題材の教育事業の計画への導入を促進し及び奨励すること。

(b) 適当な場合には、生物の多様性の保全及び持続可能な利用に関する教育啓発事業の計画の作成に当たり、他国及び国際機関と協力すること。

**第一四条（影響の評価及び悪影響の最小化）** 1 締約国は、可能な限り、かつ、適当な場合には、次のことを行う。

(a) 生物の多様性への著しい悪影響を回避し又は最小にするため、そのような影響を及ぼすおそれのある当該締約国の事業計画案に対する環境影響評価を定める適当な手続を導入し、かつ、適当な場合には、当該手続への公衆の参加を認めること。

(b) 生物の多様性に著しい悪影響を及ぼすおそれのある計画及び政策の環境への影響について十分な考慮が払われることを確保するため、適当な措置を導入すること。

(c) 適宜、二国間の、地域的な又は多数国間の取極を締結することについて、これを促進することにより、自国の管轄又は管理の下における活動であって、他国における又はいずれの国の管轄にも属さない区域における生物の多様性に著しい悪影響を及ぼすおそれのあるものに関し、相互主義の原則に基づき、通報、情報の交換及び協議を行うことを促進すること。

(d) 自国の管轄又は管理の下で生ずる急迫した又は重大な危険又は損害が他国の管轄の下にある区域又はいずれの国の管轄にも属さない区域における生物の多様性に及ぶ場合には、このような危険又は損害を受ける可能性のある国に直ちに通報すること及びこのような危険又は損害を防止し又は最小にするための行動を開始すること。

(e) 生物の多様性に重大なかつ急迫した危険を及ぼす活動又は事象（自然に発生したものであるかないかを問わない。）に対し緊急に対応するための国内的な措置を促進し及びそのような国内的な努力を補うための国際協力（適当であり、かつ、関連する国又は地域的な経済統合のための機関の同意が得られる場合には、共同の緊急時計画を作成するための国際協力を含む。）を促進すること。

2 締約国会議は、今後実施される研究を基礎として、生物の多様性の損害に対する責任及び救済（原状回復及び補償を含む。）についての問題を検討する。ただし、当該責任が純粋に国内問題である場合を除く。

**第一五条（遺伝資源の取得の機会）** 1 各国は、自国の天然資源に対して主権的権利を有するものと認められ、遺伝資源の取得の機会につき定める権限は、当該遺伝資源が存する国の政府に属し、その国の国内法令に従う。

2 締約国は、他の締約国が遺伝資源を環境上適正に利用するために取得することを容易にするような条件を整えるよう努力し、また、この条約の目的に反するような制限を課さないよう努力する。

3 この条約の適用上、締約国が提供する遺伝資源でこの条、次条及び第十九条に規定するものは、当該遺伝資源の原産国である締約国又はこの条約の規定に従って当該遺伝資源を獲得した締約国が提供するものに限る。

4 取得の機会を提供する場合には、相互に合意する条件で、かつ、この条の規定に従ってこれを提供する。

5 遺伝資源の取得の機会が与えられるためには、当該遺伝資源の提供国である締約国が別段の決定を行う場合を除くほか、事前の情報に基づく当該締約国の同意を必要とする。

6 締約国は、他の締約国が提供する遺伝資源を基礎とする科学的研究について、当該他の締約国の十分な参加を得て及び可能な場合には当該他の締約国において、これを準備し及び実施するよう努力する。

7 締約国は、遺伝資源の研究及び開発の成果並びに商業的利用その他の利用から生ずる利益を当該遺伝資源の提供国である締約国と公正かつ衡平に配分するため、次条及び第十九条の規定に従い、必要な場合には第二十条及び第二十一条の規定に基づいて設ける資金供与の制度を通じ、適宜、立法上、行政上又は政策上の措置をとる。その配分は、相互に合意する条件で行う。

**第一六条（技術の取得の機会及び移転）** 1 締約国は、技術にはバイオテクノロジーを含むこと並びに締約国間の技術の取得の機会の提供及び移転がこの条約の目的を達成するための不可欠の要素であることを認識し、生物の多様性の保全及び持続可能な利用に関連のある技術又は環境に著しい損害を与えることなく遺伝資源を利用する技術について、他の締約国に対する取得の機会の提供及び移転をこの条の規定に従って行い又はより円滑なものにすることを約束する。

2 開発途上国に対する1の技術の取得の機会の提供及び移転については、公正で最も有利な条件（相互に合意する場合には、緩和されたかつ特恵的な条件を含む。）の下に、必要な場合には第二十条及び第二十一条の規定に基づいて設ける資金供与の制度に従って、これらを行い又はより円滑なものにする。特許権その他の知的所有権によって保護される技術の取得の機会の提供及び移転については、当該知的所有権の十分かつ有効な保護を承認し及びそのような保護と両立する条件で行う。この2の規定は、3から5までの規定と両立するように適用する。

3　締約国は、遺伝資源を利用する技術(特許権その他の知的所有権によって保護される技術を含む。)について、当該遺伝資源を提供する締約国(特に開発途上国)が、相互に合意する条件で、その取得の機会を与えられ及び移転を受けられるようにするため、必要な場合には第二十条及び第二十一条の規定の適用により、国際法に従い並びに4及び5の規定と両立するような形で、適宜、立法上、行政上又は政策上の措置をとる。

4　締約国は、開発途上国の政府機関及び民間部門の双方の利益のために自国の民間部門が1の技術の取得の機会の提供、共同開発及び移転をより円滑なものにするよう、適宜、立法上、行政上又は政策上の措置をとり、これに関し、1から3までに規定する義務を遵守する。

5　締約国は、特許権その他の知的所有権がこの条約の実施に影響を及ぼす可能性があることを認識し、そのような知的所有権がこの条約の目的を助長しかつこれに反しないことを確保するため、国内法令及び国際法に従って協力する。

**第一七条（情報の交換）**　1　締約国は、開発途上国の特別のニーズを考慮して、生物の多様性の保全及び持続可能な利用に関連する公に入手可能なすべての情報源からの情報の交換を円滑にする。

2　1に規定する情報の交換には、技術的、科学的及び社会経済的な研究の成果の交換を含むものとし、また、訓練計画、調査計画、専門知識、原住民が有する知識及び伝統的な知識に関する情報並びに前条1の技術と結び付いたこれらの情報の交換を含む。また、実行可能な場合には、情報の還元も含む。

**第一八条（技術上及び科学上の協力）**　1　締約国は、必要な場合には適当な国際機関及び国内の機関を通じ、生物の多様性の保全及び持続可能な利用の分野における国際的な技術上及び科学上の協力を促進する。

2　締約国は、この条約の実施に当たり、特に自国の政策の立案及び実施を通じ、他の締約国(特に開発途上国)との技術上及び科学上の協力を促進する。この協力の促進に当たっては、人的資源の開発及び組織の整備という手段によって、各国の能力を開発し及び強化することに特別の考慮を払うべきである。

3　締約国会議は、その第一回会合において、技術上及び科学上の協力を促進し及び円滑にするために情報の交換の仕組みを確立する方法について決定する。

4　締約国は、この条約の目的を達成するため、自国の法令及び政策に従い、技術(原住民が有する技術及び伝統的な技術を含む。)の開発及び利用についての協力の方法を開発し並びにそのような協力を奨励する。このため、締約国は、また、人材の養成及び専門家の交流についての協力を促進する。

5　締約国は、相互の合意を条件として、この条約の目的に関連のある技術の開発のための共同研究計画の作成及び合弁事業の設立を促進する。

**第一九条（バイオテクノロジーの取扱い及び利益の配分）**　1　締約国は、バイオテクノロジーの研究のために遺伝資源を提供する締約国(特に開発途上国)の当該研究の活動への効果的な参加(実行可能な場合には当該遺伝資源を提供する締約国における参加)を促進するため、適宜、立法上、行政上又は政策上の措置をとる。

2　締約国は、他の締約国(特に開発途上国)が提供する遺伝資源を基礎とするバイオテクノロジーから生ずる成果及び利益について、当該他の締約国が公正かつ衡平な条件で優先的に取得する機会を与えられることを促進し及び推進するため、あらゆる実行可能な措置をとる。その取得の機会は、相互に合意する条件で与えられる。

3　締約国は、バイオテクノロジーにより改変された生物であって、生物の多様性の保全及び持続可能な利用に悪影響を及ぼす可能性のあるものについて、その安全な移送、取扱い及び利用の分野における適当な手続(特に事前の情報に基づく合意についての規定を含むもの)を定める議定書の必要性及び態様について検討する。

4　締約国は、3に規定する生物の取扱いについての自国の規則(利用及び安全に係るもの)並びに当該生物が及ぼす可能性のある悪影響に関する入手可能な情報を当該生物が導入される締約国に提供する。その提供は、直接に又は自国の管轄の下にある自然人若しくは法人で当該生物を提供するものに要求することにより、行う。

**第二〇条（資金）**　1　締約国は、その能力に応じ、自国の計画及び優先度に従い、この条約の目的を達成するための各国の活動に関して財政的に支援し及び奨励することを約束する。

2　先進締約国は、開発途上締約国が、この条約に基づく義務を履行するための措置の実施に要するすべての合意された増加費用を負担すること及びこの条約の適用から利益を得ることを可能にするため、新規のかつ追加的な資金を供与する。その増加費用は、締約国会議が立案する政策、戦略、計画の優先度、適格性の基準及び増加費用の一覧表に従い、開発途上締約国と次条に規定する制度的組織との間で合意される。先進締約国以外の締約国(市場経済への移行の過程にある国を含む。)は、先進締約国の義務を任意に負うことができる。この条の規定の適用のため、締約国会議は、その第一回会合において、先進締約国及び先進締約国の義務を任意に負うその他の締約国の一覧表を作成する。締約国会議は、定期的に当該一覧表を検討し、必要に応じて改正する。その他の国及び資金源からの任意の拠出も勧奨される。これらの約束は、資金の妥当性、予測可能性及び即応性が必要であること並びに当該一覧表に掲げる拠出締約国の間の責任分担が重要であることを考慮して履行する。

3　先進締約国は、また、二国間の及び地域的その他の多数国間の経路を通じて、この条約の実施に関連する資金を供与することができるものとし、開発途上締約国は、これを利用することができる。

4　開発途上締約国によるこの条約に基づく約束の効果的な履行の程度は、先進締約国によるこの条約に基づく資金及び技術の移転に関する約束の効果的な履行に依存しており、経済及び社会の開発並びに貧困の撲滅が開発途上締約国にとって最優先の事項であるという事実が十分に考慮される。

5　締約国は、資金供与及び技術の移転に関する行動をとるに当たり、後発開発途上国の特定のニーズ及び特別な状況を十分に考慮に入れる。

6　締約国は、開発途上締約国(特に島嶼国)における生物の多様性への依存並びに生物の多様性の分布及び所在から生ずる特別な事情も考慮に入れる。

7　開発途上国(特に、環境上最も害を受けやすいもの、例えば、乾燥地帯、半乾燥地帯、沿岸地域及び山岳地域を有するもの)の特別な状況も考慮に入れる。

**第二一条（資金供与の制度）**　1　この条約の目的のため、贈与又は緩和された条件により開発途上締約国に資金を供与するための制度を設けるものとし、その制度の基本的な事項は、この条に定める。この条約の目的のため、当該制度は、締約国会議の管理及び指導の下に機能し、締約国会議に対して責任を負う。当該制度は、締約国会議がその第一回会合において決定する制度的組織によって運営する。この条約の目的のため、締約国会議は、第一文の資金の利用（その機会の提供を含む。）についての政策、戦略、計画の優先度及び適格性の基準を決定する。拠出については、締約国会議が定期的に決定する必要な資金の額に基づき、前条に規定する資金の予測可能性、妥当性及び即応性が必要であること並びに同条2に規定する一覧表に掲げる拠出締約国の間の責任分担が重要であることを考慮に入れる。先進締約国その他の国及び資金源から任意の拠出を行うこともできる。当該制度は、民主的で透明な管理の仕組みの下で運営する。

2　締約国会議は、この条約の目的を達成するため、その第一回会合において、資金の利用（その機会の提供を含む。）についての政策、戦略及び計画の優先度並びに適格性の詳細な基準及び指針に関する決定（資金の利用を定期的に監視し及び評価することについてのものを含む。）を行う。締約国会議は、資金供与の制度の運営を委託された制度的組織との協議の後、1の規定を実施するための取決めを決定する。

3　締約国会議は、この条約の効力発生の日から少なくとも二年を経過した日及びその後は定期的に、この条の規定に基づいて設けられる制度の有効性（2の基準及び指針の有効性を含む。）について検討するものとし、その検討に基づき、必要に応じ、当該制度の有効性を高めるために適当な措置をとる。

4　締約国は、生物の多様性の保全及び持続可能な利用のための資金を供与するため、既存の資金供与の制度を強化することについて検討する。

**第二二条（他の国際条約との関係）**　1　この条約の規定は、現行の国際協定に基づく締約国の権利及び義務に影響を及ぼすものではない。ただし、当該締約国の権利の行使及び義務の履行が生物の多様性に重大な損害又は脅威を与える場合は、この限りでない。

2　締約国は、海洋環境に関しては、海洋法に基づく国家の権利及び義務に適合するようこの条約を実施する。

**第二三条（締約国会議）**　1　この条約により締約国会議を設置する。締約国会議の第一回会合は、国際連合環境計画事務局長がこの条約の効力発生の後一年以内に招集する。その後は、締約国会議の通常会合は、第一回会合において決定する一定の間隔で開催する。

2・3　（略）

4　締約国会議は、この条約の実施状況を常時検討し、このため、次のことを行う。

(a)　第二十六条の規定に従って提出される情報の送付のための形式及び間隔を決定すること並びにそのような情報及び補助機関により提出される報告を検討すること。

(b)　第二十五条の規定に従って提供される生物の多様性に関する科学上及び技術上の助言を検討すること。

(c)　必要に応じ、第二十八条の規定に基づいて議定書を検討し及び採択すること。

(d)　必要に応じ、第二十九条及び第三十条の規定に基づいてこの条約及びその附属書の改正を検討し及び採択すること。

(e)　議定書及びその附属書の改正を検討すること並びに改正が決定された場合には、当該議定書の締約国に対し当該改正を採択するよう勧告すること。

(f)　必要に応じ、第三十条の規定に基づいてこの条約の追加附属書を検討し及び採択すること。

(g)　特に科学上及び技術上の助言を行うため、この条約の実施に必要と認められる補助機関を設置すること。

(h)　この条約が対象とする事項を扱っている他の条約の執行機関との間の協力の適切な形態を設定するため、事務局を通じ、当該執行機関と連絡をとること。

(i)　この条約の実施から得られる経験に照らして、この条約の目的の達成のために必要な追加的行動を検討し及びとること。

5　（略）

**第二四条（事務局）**（略）

**第二五条（科学上及び技術上の助言に関する補助機関）**（略）

**第二六条（報告）**（略）

**第二七条（紛争の解決）**〔オゾン層の保護のためのウィーン条約第一一条1から4及び6とほぼ同じ。ただし、3(a)中「締約国会議が第一回通常会合において採択する手続に基づく」を「附属書Ⅱ第一部に規定する手続による」と、4中「5の規定」を「附属書Ⅱ第二部の規定」と読み替える。〕

**第二八条（議定書の採択）**　1　締約国は、この条約の議定書の作成及び採択について協力する。

2　議定書は、締約国会議の会合において採択する。

3　議定書案は、2の会合の少なくとも六箇月前に事務局が締約国に通報する。

**第二九条（この条約及び議定書の改正）**（略）

**第三〇条（附属書の採択及び改正）**（略）

**第三一条（投票権）**（略）

**第三二条（この条約と議定書との関係）**　1　いずれの国又は地域的な経済統合のための機関も、この条約の締約国である場合又は同時にこの条約の締約国となる場合を除くほか、議定書の締約国となることができない。

2　議定書に基づく決定は、当該議定書の締約国のみが行う。当該議定書の批准、受諾又は承認を行わなかったこの条約の締約国は、当該議定書の締約国の会合にオブザーバーとして参加することができる。

**第三三条（署名）**（略）

**第三四条（批准、受諾又は承認）**（略）

**第三五条（加入）**（略）

**第三六条（効力発生）**（略）

**第三七条（留保）**　この条約には、いかなる留保も付することができない。

**第三八条（脱退）**（略）

**第三九条（資金供与に関する暫定的措置）**（略）

**第四〇条（事務局に関する暫定的措置）**（略）

**第四一条（寄託者）**（略）

**第四二条（正文）**（略）

## 附属書Ⅰ

### 特定及び監視

1　生態系及び生息地

高い多様性を有するもの、固有の若しくは脅威にさらされた種を多く有するもの又は原生地域を有するもの

移動性の種が必要とするもの

社会的、経済的、文化的又は科学的に重要であるもの
代表的であるもの、特異なもの又は重要な進化上その他生物学上の過程に関係しているもの

2 種及び群集

脅威にさらされているもの

飼育種又は栽培種と近縁の野生のもの

医学上、農業上その他経済上の価値を有するもの

社会的、科学的又は文化的に重要であるもの

指標種のように生物の多様性の保全及び持続可能な利用に関する研究のために重要であるもの

3 社会的、科学的又は経済的に重要であり、かつ、記載がされたゲノム及び遺伝子

**附属書II**（略）

## (2) バイオセーフティに関するカルタヘナ議定書（抄）

（生物の多様性に関する条約のバイオセーフティに関するカルタヘナ議定書）

採　択　二〇〇〇年一月二九日（モントリオール）
効力発生　二〇〇三年九月一一日
日本国　二〇〇四年二月一九日（〇三年五月二二日国会承認、一一月二一日加入書寄託、一一月二七日公布・条約七号）
当事国　一七二（他にEU）

この議定書の締約国は、

生物の多様性に関する条約（以下「条約」という。）の締約国として、

条約第十九条3及び4、第八条(g)並びに第十七条の規定を想起し、

また、特に、事前の情報に基づく合意のための適当な手続を検討のために示しつつ、現代のバイオテクノロジーにより改変された生物であって生物の多様性の保全及び持続可能な利用に悪影響を及ぼす可能性のあるものの国境を越える移動に特に焦点を合わせたバイオセーフティに関する議定書を作成するとの条約の締約国会議による千九百九十五年十一月十七日の決定第五号（第二回会合）を想起し、

環境及び開発に関するリオ宣言の原則15に規定する予防的な取組方法を再確認し、

現代のバイオテクノロジーが急速に拡大していること及び現代のバイオテクノロジーが生物の多様性に及ぼす可能性のある悪影響（人の健康に対する危険も考慮したもの）について公衆の懸念が増大していることを認識し、

環境及び人の健康のための安全上の措置が十分にとられた上で開発され及び利用されるならば、現代のバイオテクノロジーは人類の福祉にとって多大な可能性を有することを認識し、

また、起原の中心及び遺伝的多様性の中心が人類にとって決定的に重要であることを認識し、

改変された生物に係る既知の及び潜在的な危険の性質及び規模に対処するための多くの国、特に開発途上国の能力は限られていることを考慮し、

貿易及び環境に関する諸協定が持続可能な開発を達成するために相互に補完的であるべきことを認識し、

この議定書が現行の国際協定に基づく締約国の権利及び義務を変更することを意味するものと解してはならないことを強調し、

このことは、この議定書を他の国際協定に従属させることを意図するものではないことを了解して、

次のとおり協定した。

**第一条（目的）** この議定書は、環境及び開発に関するリオ宣言の原則15に規定する予防的な取組方法に従い、特に国境を越える移動に焦点を合わせて、現代のバイオテクノロジーにより改変された生物であって生物の多様性の保全及び持続可能な利用に悪影響（人の健康に対する危険も考慮したもの）を及ぼす可能性のあるものの安全な移送、取扱い及び利用の分野において十分な水準の保護を確保することに寄与することを目的とする。

**第二条（一般規定）** 1 締約国は、この議定書に基づく義務を履行するため、必要かつ適当な法律上の措置、行政上の措置その他の措置をとる。

2 締約国は、人の健康に対する危険も考慮して、改変された生物の作成、取扱い、輸送、利用、移送及び放出が生物の多様性に対する危険を防止し又は減少させる方法で行われることを確保する。

3 この議定書のいかなる規定も、国際法に従って確立している領海に対する国の主権、国際法に従い排他的経済水域及び大陸棚において国が有する主権的権利及び管轄権並びに国際法に定められ及び関連する国際文書に反映されている航行上の権利及び自由をすべての国の船舶及び航空機が行使することに何ら影響を及ぼすものではない。

4 この議定書のいかなる規定も、締約国が生物の多様性の保全及び持続可能な利用につきこの議定書に定める措置に比し一層の保護を与える措置をとる権利を制限するものと解してはならない。ただし、そのような措置がこの議定書の目的及び規定に適合し、かつ、国際法に基づく当該締約国の他の義務に従うものであることを条件とする。

5 締約国は、専門知識、文書及び人の健康に対する危険の分野において権限を有する国際的な場で行われる作業であって利用可能なものを適宜考慮することを奨励される。

**第三条（用語）** この議定書の適用上、

(a) 「締約国会議」とは、条約の締約国会議をいう。

(b) 「拡散防止措置の下での利用」とは、施設、設備その他の物理的な構造物の中で行われる操作であって、外部の環境との接触及び外部の環境に対する影響を効果的に制限する特定の措置によって制御されている改変された生物に係るものをいう。

(c) 「輸出」とは、一の締約国から他の締約国への意図的な国境を越える移動をいう。

(d) 「輸出者」とは、改変された生物の輸出を行う法人又は自然人であって輸出締約国の管轄の下にあるものをいう。

(e) 「輸入」とは、一の締約国への他の締約国からの意図的な国境を越える移動をいう。

(f) 「輸入者」とは、改変された生物の輸入を行う法人又は自然人であって輸入締約国の管轄の下にあるものをいう。

(g) 「改変された生物」とは、現代のバイオテクノロジーの利用

によって得られる遺伝素材の新たな組合せを有する生物をいう。

(h) 「生物」とは、遺伝素材を移転し又は複製する能力を有するあらゆる生物学上の存在(不稔性の生物、ウイルス及びウイロイドを含む。)をいう。

(i) 「現代のバイオテクノロジー」とは、自然界における生理学上の生殖又は組換えの障壁を克服する技術であって伝統的な育種及び選抜において用いられない次のものを適用することをいう。

a 生体外における核酸加工の技術(組換えデオキシリボ核酸(組換えDNA)の技術及び細胞又は細胞小器官に核酸を直接注入することを含む。)

b 異なる分類学上の科に属する生物の細胞の融合

(j) 「地域的な経済統合のための機関」とは、特定の地域の主権国家によって構成される機関であって、この議定書が規律する事項に関しその加盟国から権限の委譲を受け、かつ、その内部手続に従いこの議定書の署名、批准、受諾若しくは承認又はこれへの加入について正当な委任を受けたものをいう。

(k) 「国境を越える移動」とは、第十七条及び第二十四条の規定の適用上締約国と非締約国との間の移動について適用される場合を除くほか、改変された生物の一の締約国から他の締約国への移動をいう。

**第四条（適用範囲）** この議定書は、生物の多様性の保全及び持続可能な利用に悪影響(人の健康に対する危険も考慮したもの)を及ぼす可能性のあるすべての改変された生物の国境を越える移動、通過、取扱い及び利用について適用する。

**第五条（医薬品）** この議定書は、前条の規定にかかわらず、他の関連する国際協定又は国際機関において取り扱われる人のための医薬品である改変された生物の国境を越える移動については、適用しない。もっとも、締約国が輸入の決定に先立ちすべての改変された生物を危険性の評価の対象とする権利を害するものではない。

**第六条（通過及び拡散防止措置の下での利用）** 1 事前の情報に基づく合意の手続に関するこの議定書の規定は、第四条の規定にかかわらず、改変された生物の通過については、適用しない。もっとも、通過国である締約国がその領域を通過する改変された生物の輸送を規制する権利及び特定の改変された生物の当該領域の通過について行われる決定であって第二条3の規定に従うものをバイオセーフティに関する情報交換センターに提供する権利を害するものではない。

2 事前の情報に基づく合意の手続に関するこの議定書の規定は、第四条の規定にかかわらず、輸入締約国の基準に従って行われる拡散防止措置の下での利用を目的とする改変された生物の国境を越える移動については、適用しない。もっとも、締約国が輸入の決定に先立ちすべての改変された生物を危険性の評価の対象とする権利及びその管轄内における拡散防止措置の下での利用のための基準を設定する権利を害するものではない。

**第七条（事前の情報に基づく合意の手続の適用）** 1 次条から第十条まで及び第十二条に定める事前の情報に基づく合意の手続は、第五条及び前条の規定に従うことを条件として、輸入締約国の環境への意図的な導入を目的とする改変された生物の最初の意図的な国境を越える移動に先立って適用する。

2 1にいう「環境への意図的な導入」は、食料若しくは飼料として直接利用し又は加工することを目的とする改変された生物についていうものではない。

3 食料若しくは飼料として直接利用し又は加工することを目的とする改変された生物については、その最初の国境を越える移動に先立って、第十一条の規定を適用する。

4 事前の情報に基づく合意の手続は、この議定書の締約国の会合としての役割を果たす締約国会議の決定により、生物の多様性の保全及び持続可能な利用に悪影響(人の健康に対する危険も考慮したもの)を及ぼすおそれがないものとして特定された改変された生物の意図的な国境を越える移動については、適用しない。

**第八条（通告）** 1 輸出締約国は、前条1の規定の対象となる改変された生物の意図的な国境を越える移動に先立ち、輸入締約国の権限のある当局に対して書面により当該移動について通告し、又は輸出者がその通告を確実に行うよう義務付ける。その通告には、少なくとも附属書Ⅰに定める情報を含める。

2 輸出締約国は、輸出者の提供する情報を正確なものとするための法的要件を設けることを確保する。

**第九条（通告の受領の確認）** 1 輸入締約国は、通告を受領してから九十日以内に、当該通告をした者に対して書面により当該通告の受領を確認する。

2 1に規定する確認には、次の事項を記載する。

(a) 通告の受領の日

(b) 通告が前条に規定する情報を一応含むものであるか否か。

(c) 輸入締約国の国内規制の枠組み又は次条に定める手続のいずれに従って処理するか。

3 2(c)の国内規制の枠組みは、この議定書に適合するものでなければならない。

4 輸入締約国が通告の受領を確認しないことは、当該輸入締約国が意図的な国境を越える移動について同意することを意味するものではない。

**第一〇条（決定手続）** 1 輸入締約国による決定は、第十五条の規定に従って行う。

2 輸入締約国は、前条に定める期間内に、通告をした者に対して次のいずれかのことを書面により通報する。

(a) 自国が書面による同意を与えた後においてのみ、意図的な国境を越える移動を行うことができること。

(b) 少なくとも九十日を経過した後、その後の書面による同意なしに意図的な国境を越える移動を行うことができること。

3 輸入締約国は、2(a)の通報を行ったときは、通告の受領の日から二百七十日以内に、次のいずれかの決定につき、通告をした者及びバイオセーフティに関する情報交換センターに対して書面により通報する。

(a) 条件付又は無条件で輸入を承認すること(この決定が同一の改変された生物の二回目以降の輸入についてどのように適用されるかということを含む。)。

(b) 輸入を禁止すること。

(c) 自国の国内規制の枠組み又は附属書Ⅰの規定に基づいて追加的な関連情報を要請すること。この場合において、輸入締約国が回答すべき期限の計算に当たっては、当該輸入締約国が追加的な関連情報を待たなければならない日数は、算入しない。

(d) 通告をした者に対しこの3に定める期限を特定の期間延長することを通報すること。

4 3に規定する決定には、無条件の同意である場合を除くほか、その決定の理由を明示する。

5　輸入締約国が通告の受領の日から二百七十日以内にその決定を通報しないことは、当該輸入締約国が意図的な国境を越える移動について同意することを意味するものではない。

6　改変された生物が輸入締約国における生物の多様性の保全及び持続可能な利用に及ぼす可能性のある悪影響（人の健康に対する危険も考慮したもの）の程度に関し、関連する科学的な情報及び知識が不十分であるために科学的な確実性のないことは、当該輸入締約国がそのような悪影響を回避し又は最小にするため、適当な場合には、当該改変された生物の輸入について3に規定する決定を行うことを妨げるものではない。

7　この議定書の締約国の会合としての役割を果たす締約国会議は、その第一回会合において、輸入締約国の意思決定を容易にするための適当な手続及び制度について決定する。

**第一一条（食料若しくは飼料として直接利用し又は加工することを目的とする改変された生物のための手続）**　1　食料若しくは飼料として直接利用し又は加工することを目的として行われる国境を越える移動の対象となり得る改変された生物の国内利用（市場取引に付することを含む。）について最終的な決定を行う締約国は、当該決定から十五日以内に、バイオセーフティに関する情報交換センターを通じて当該決定を他の締約国に通報する。その通報には、少なくとも附属書IIに定める情報を含める。当該締約国は、同センターを利用することができないことを事前に事務局に通報した締約国の中央連絡先に対して、書面により通報の写しを提供する。この1の規定は、屋外試験についての決定については、適用しない。

2—9（略）

**第一二条（決定の再検討）**　1　輸入締約国は、生物の多様性の保全及び持続可能な利用に及ぼす可能性のある悪影響（人の健康に対する危険も考慮したもの）に関する新たな科学的な情報に照らし、意図的な国境を越える移動についての決定をいつでも再検討し、変更することができる。そのような場合には、当該輸入締約国は、三十日以内に、先に当該決定に係る改変された生物の移動について通告をした者及びバイオセーフティに関する情報交換センターに通報するとともに、その変更についての決定の理由を明示する。

2　輸出締約国又は通告をした者は、次のいずれかのことがあると認める場合には、輸入締約国に対し、当該輸入締約国が第十条の規定に従って自国について行った決定を再検討するよう要請することができる。

(a)　当該決定の基礎となった危険性の評価の結果に影響を及ぼし得る状況の変化が生じたこと。

(b)　追加的な関連の科学的又は技術的な情報が利用可能となったこと。

3　輸入締約国は、2に規定する要請に対する決定を九十日以内に書面により回答するとともに、当該決定の理由を明示する。

4　輸入締約国は、その裁量により、二回目以降の輸入について危険性の評価を実施することを義務付けることができる。

**第一三条（簡易な手続）**　1　輸入締約国は、改変された生物の意図的な国境を越える移動が安全に行われることをこの議定書の目的に従って確保するために適当な措置が適用されることを条件として、事前に次の事項を特定し、バイオセーフティに関する情報交換センターに通報することができる。

(a)　意図的な国境を越える移動についての自国への通告と同時に自国への当該移動が行われることのできる事例

(b)　自国への改変された生物の輸入であって事前の情報に基づく合意の手続を免除されるもの

(a)の通告は、同一の輸入締約国へのその後の同様の移動について適用することができる。

2　1(a)の通告において提供される意図的な国境を越える移動に関する情報は、附属書Iに定めるものとする。

**第一四条（二国間の、地域的な及び多数国間の協定及び取決め）**（略）

**第一五条（危険性の評価）**　1　この議定書に従って行われる危険性の評価は、附属書IIIの規定に従い、認められた危険性の評価の技術を考慮して、科学的に適正な方法で実施する。そのような危険性の評価は、改変された生物が生物の多様性の保全及び持続可能な利用に及ぼす可能性のある悪影響（人の健康に対する危険も考慮したもの）を特定し及び評価するため、少なくとも、第八条の規定により提供される情報及びその他の入手可能な科学的な証拠に基づいて実施する。

2　輸入締約国は、危険性の評価が第十条の規定に従って行われる決定のために実施されることを確保する。輸入締約国は、輸出者に対し危険性の評価を実施することを要求することができる。

3　危険性の評価の費用は、輸入締約国が要求する場合には、通告をした者が負担する。

**第一六条（危険の管理）**（略）

**第一七条（意図的でない国境を越える移動及び緊急措置）**（略）

**第一八条（取扱い、輸送、包装及び表示）**（略）

**第一九条（国内の権限のある当局及び中央連絡先）**（略）

**第二〇条（情報の共有及びバイオセーフティに関する情報交換センター）**（略）

**第二一条（秘密の情報）**（略）

**第二二条（能力の開発）**（略）

**第二三条（公衆の啓発及び参加）**（略）

**第二四条（非締約国）**（略）

**第二五条（不法な国境を越える移動）**　1　締約国は、この議定書を実施するための自国の国内措置に違反して行われる改変された生物の国境を越える移動を防止し及び適当な場合には処罰するための適当な国内措置をとる。そのような移動は、不法な国境を越える移動とする。

2　不法な国境を越える移動があった場合には、その影響を受けた締約国は、当該移動が開始された締約国に対し、当該改変された生物を当該移動が開始された締約国の負担で適宜送り返し又は死滅させることによって処分することを要請することができる。

3　締約国は、自国についての不法な国境を越える移動の事例に関する情報をバイオセーフティに関する情報交換センターに対して利用可能にする。

**第二六条（社会経済上の配慮）**（略）

**第二七条（責任及び救済）**　この議定書の締約国の会合としての役割を果たす締約国会議は、その第一回会合において、改変された生物の国境を越える移動から生ずる損害についての責任及び救済の分野における国際的な規則及び手続を適宜作成することに関する方法を、これらの事項につき国際法の分野において進められている作業を分析し及び十分に考慮しつつ採択し、並びにそのような方法に基づく作業を四年以内に完了するよう努める。

第二八条（資金供与の制度及び資金）（略）

第二九条（この議定書の締約国の会合としての役割を果たす締約国会議）（略）

第三〇条（補助機関）（略）

第三一条（事務局）（略）

第三二条（条約との関係）（略）

第三三条（監視及び報告）締約国は、この議定書に基づく自国の義務の履行状況を監視し、及びこの議定書を実施するためにとった措置につき、この議定書の締約国の会合としての役割を果たす締約国会議が決定する一定の間隔で、この議定書の締約国の会合としての役割を果たす締約国会議に報告する。

第三四条（遵守）この議定書の締約国の会合としての役割を果たす締約国会議は、その第一回会合において、この議定書の規定を遵守することを促進し及び不履行の事案に対処するための協力についての手続及びそのための組織的な制度を検討し、及び承認する。これらの手続及び制度には、適当な場合には、助言又は支援を行うための規定を含める。これらの手続及び制度は、条約第二十七条に定める紛争解決のための手続及び制度とは別個のものであり、また、これらに影響を及ぼすものではない。

第三五条（評価及び再検討）（略）

第三六条（署名）（略）

第三七条（効力発生）（略）

第三八条（留保）（略）

第三九条（脱退）（略）

第四〇条（正文）（略）

附属書Ⅰ　第八条、第十条及び第十三条の規定により通告において必要とされる情報（略）

附属書Ⅱ　第十一条の規定により食料若しくは飼料として直接利用し又は加工することを目的とする改変された生物に関して必要とされる情報（略）

附属書Ⅲ　危険性の評価（抄）

目的

1　この議定書に基づく危険性の評価は、改変された生物が潜在的な受容環境において生物の多様性の保全及び持続可能な利用に及ぼす可能性のある悪影響（人の健康に対する危険も考慮したもの）を特定し及び評価することを目的とする。

危険性の評価の利用

2　危険性の評価は、特に、権限のある当局が改変された生物について情報に基づく意思決定を行うために用いる。

一般原則

3　危険性の評価は、科学的に適正なかつ透明性のある方法で実施されるべきであり、関連する国際機関の専門的な助言及びこれらの機関によって作成された指針を考慮することができる。

4　科学的な知識又は科学的な意見の一致がないことは、必ずしも、特定の水準の危険があること、危険がないこと又は危険が許容することのできるものであることを示すと解すべきではない。

5　改変された生物又はこれに係る産品（改変された生物に由来する加工された素材であって、現代のバイオテクノロジーの利用によって得られる複製可能な遺伝素材の新たな組合せ（検出することのできるもの）を有するもの）に係る危険は、改変されていない受容体生物又は親生物が潜在的な受容環境において及ぼす危険との関係において考慮すべきである。

6　危険性の評価は、個々にその事例に応じて実施すべきである。必要とされる情報の性質及び詳細の程度は、関係する改変された生物、その予定される用途及び潜在的な受容環境に応じて事例ごとに異なり得る。

方法

7　危険性の評価の過程では、一方において、特定の事項に関する追加的な情報であって評価の過程で特定され及び要請される可能性のあるものが必要となることがあり、他方において、その他の事項についての情報が場合によっては関係のないものとなることがある。

8　危険性の評価は、その目的を達成するために適宜次の手順により実施する。

(a)　潜在的な受容環境における生物の多様性に悪影響（人の健康に対する危険も考慮したもの）を及ぼす可能性のある改変された生物に係る新たな遺伝子型及び表現型の特性の特定

(b)　潜在的な受容環境の改変された生物への曝露の程度及び種類を考慮した上での(a)の悪影響が現実のものとなる可能性についての評価

(c)　(a)の悪影響が現実のものとなった場合の結果についての評価

(d)　特定された悪影響が現実のものとなる可能性及び現実のものとなった場合の結果についての評価に基づく改変された生物が及ぼす全般的な危険についての評価

(e)　危険が許容することのできるものであるか否か又は管理することのできるものであるか否かについての勧告であって、必要な場合にはこれらの危険を管理するための戦略の特定を含むもの

(f)　危険の水準が確実でない場合には、特定の関心事項に関する追加的な情報を要請し又は受容環境において適当な危険管理の戦略を実施し若しくは改変された生物を監視することによって対応することができる。

考慮すべき点

9　（略）

## (3)　遺伝資源の取得と利益配分に関する名古屋議定書（抄）

（生物の多様性に関する条約の遺伝資源の取得の機会及びその利用から生ずる利益の公正かつ衡平な配分に関する名古屋議定書）

採　　択　二〇一〇年一〇月二九日（名古屋）
効力発生　二〇一四年一〇月一二日
日 本 国　二〇一七年八月二〇日（一一年五月一一日署名、一七年五月一〇日国会承認、同月一九日内閣受諾決定、同月二二日受諾書寄託、同月二四日公布・条約一〇号）
当 事 国　一二八（他にEU）

この議定書の締約国は、

生物の多様性に関する条約(以下「条約」という。)の締約国として、

遺伝資源の利用から生ずる利益の公正かつ衡平な配分が条約の三つの中核的な目的の一つであることを想起し、及びこの議定書が条約の枠組みにおけるこの目的の実現を追求することを認識し、

諸国が自国の天然資源に対して及び条約に基づいて有する主権的権利を再確認し、

さらに、条約第十五条の規定を想起し、

条約第十六条及び第十九条の規定に従い、開発途上国における遺伝資源に価値を付加するための研究及びイノベーションの能力を開発することを目的とする技術移転及び協力が持続可能な開発に果たす重要な貢献を認識し、

生態系及び生物の多様性の経済的価値について公衆を啓発すること並びにこの経済的価値を生物の多様性の管理者と公正かつ衡平に配分することが、生物の多様性の保全及びその構成要素の持続可能な利用を奨励する重要な措置であることを認識し、

取得の機会及び利益の配分が、生物の多様性の保全及び持続可能な利用、貧困の撲滅並びに環境の持続可能性の確保に貢献し、これによりミレニアム開発目標の達成に貢献する潜在的な役割を有することを認め、(中略)

さらに、遺伝資源の提供者と利用者との間の相互に合意する条件についての交渉における衡平及び公正を促進することの重要性を認識し、(中略)

遺伝資源及び遺伝資源に関連する伝統的な知識であって、国境を越えた状況で存在するもの又は情報に基づく事前の同意を与えること若しくは得ることができないものの利用から生ずる利益の公正かつ衡平な配分に対処するため、革新的な解決策が必要とされることを認識し、(中略)

条約第八条(j)の規定が遺伝資源に関連する伝統的な知識及びその利用から生ずる利益の公正かつ衡平な配分について有する関連性を想起し、(中略)

次のとおり協定した。

**第一条（目的）** この議定書は、遺伝資源の利用から生ずる利益を公正かつ衡平に配分し(遺伝資源及び関連のある技術についての全ての権利を考慮に入れた上での当該遺伝資源の取得の適当な機会及び当該関連のある技術の適当な移転並びに適当な資金供与によって配分することを含む。)、これによって生物の多様性の保全及びその構成要素の持続可能な利用に貢献することを目的とする。

**第二条（用語）** 条約第二条に定義する用語は、この議定書に適用する。さらに、この議定書の適用上、

(a) 「締約国会議」とは、条約の締約国会議をいう。

(b) 「条約」とは、生物の多様性に関する条約をいう。

(c) 「遺伝資源の利用」とは、遺伝資源の遺伝的又は生化学的な構成に関する研究及び開発(条約第二条に定義するバイオテクノロジーを用いるものを含む。)を行うことをいう。

(d) 条約第二条に定義する「バイオテクノロジー」とは、物又は方法を特定の用途のために作り出し、又は改変するため、生物システム、生物又はその派生物を利用する応用技術をいう。

(e) 「派生物」とは、天然に存在する生化学的化合物であって、生物資源又は遺伝資源の遺伝的な発現又は代謝の結果として生ずるもの(遺伝の機能的な単位を有していないものを含む。)をいう。

**第三条（適用範囲）** この議定書は、条約第十五条の規定の範囲内の遺伝資源及びその利用から生ずる利益について適用する。この議定書は、遺伝資源に関連する伝統的な知識であって条約の範囲内のもの及び当該伝統的な知識の利用から生ずる利益についても適用する。

**第四条（国際協定及び国際文書との関係）** 1 この議定書は、現行の国際協定に基づく締約国の権利及び義務に影響を及ぼすものではない。ただし、当該締約国の権利の行使及び義務の履行が生物の多様性に重大な損害又は脅威を与える場合は、この限りでない。この1の規定は、この議定書と他の国際文書との間に序列を設けることを意図するものではない。

2 この議定書のいかなる規定も、締約国が他の関連する国際協定(取得の機会及び利益の配分に関する他の専門的な協定を含む。)を作成し、及び実施することを妨げるものではない。ただし、当該国際協定が条約及びこの議定書の目的を助長し、かつ、これらに反しない場合に限る。

3 この議定書は、この議定書に関連する他の国際文書と相互に補完的な方法で実施する。当該国際文書及び関連する国際機関の下での有用なかつ関連する実施中の作業又は慣行に対して、妥当な考慮が払われるべきである。ただし、当該作業又は当該慣行が条約及びこの議定書の目的を助長し、かつ、これらに反しない場合に限る。

4 この議定書は、条約の取得の機会及び利益の配分に関する規定を実施するための文書である。取得の機会及び利益の配分に関する専門的な国際文書であって、条約及びこの議定書の目的と適合し、かつ、これらに反しないものが適用される場合には、この議定書は、当該国際文書が対象とし、及び適用される特定の遺伝資源に関しては、当該国際文書の当事国については、適用しない。

**第五条（公正かつ衡平な利益の配分）** 1 遺伝資源の利用並びにその後の応用及び商業化から生ずる利益は、条約第十五条3及び7の規定に従い、当該遺伝資源を提供する締約国(当該遺伝資源の原産国であるもの又は条約の規定に従って当該遺伝資源を獲得した締約国であるものに限る。)と公正かつ衡平に配分する。その配分は、相互に合意する条件に基づいて行う。

2 締約国は、遺伝資源についての先住民の社会及び地域社会の確立された権利に関する国内法令に従って先住民の社会及び地域社会が保有する遺伝資源の利用から生ずる利益が、相互に合意する条件に基づいて、当該先住民の社会及び地域社会と公正かつ衡平に配分されることを確保することを目指して、適宜、立法上、行政上又は政策上の措置をとる。

3 締約国は、1の規定を実施するため、適宜、立法上、行政上又は政策上の措置をとる。

4 利益には、金銭的及び非金銭的な利益(附属書に掲げるものを含むが、これらに限らない。)を含めることができる。

5 締約国は、遺伝資源に関連する伝統的な知識の利用から生ずる利益が当該伝統的な知識を有する先住民の社会及び地域社会と公正かつ衡平に配分されるよう、適宜、立法上、行政上又は政策上の措置をとる。その配分は、相互に合意する条件に基づいて行う。

**第六条（遺伝資源の取得の機会）** 1 遺伝資源の利用のための取得の機会が与えられるためには、当該遺伝資源を提供する締約国(当該遺伝資源の原産国であるもの又は条約の規定に従っ

て当該遺伝資源を獲得した締約国であるものに限る。）が、天然資源に対する主権的権利の行使として、かつ、取得の機会及び利益の配分に関する国内の法令又は規則に従い、情報に基づいて事前に同意することを必要とする。ただし、当該締約国が別段の決定を行う場合を除く。

2　締約国は、先住民の社会及び地域社会が遺伝資源の取得の機会を与える確立された権利を有する場合における当該遺伝資源の取得の機会について、当該先住民の社会及び地域社会の情報に基づく事前の同意又は当該先住民の社会及び地域社会の承認及び関与が得られることを確保することを目指して、適宜、国内法令に従って措置をとる。

3　情報に基づく事前の同意を得ることを要求する締約国は、1の規定に従い、次のことを行うため、適宜、必要な立法上、行政上又は政策上の措置をとる。

(a)　取得の機会及び利益の配分に関する国内の法令又は規則の法的な確実性、明確性及び透明性を確保すること。

(b)　遺伝資源の取得の機会に関する公正な、かつ、恣意的でない規則及び手続を定めること。

(c)　情報に基づく事前の同意を申請する方法に関する情報を提供すること。

(d)　自国の権限のある当局が費用対効果の大きい方法で、かつ、合理的な期間内に、明確な、かつ、透明性のある決定であって書面によるものを行うことについて定めること。

(e)　情報に基づく事前の同意を与えるとの決定及び相互に合意する条件の設定を証明するものとして取得の機会の提供の際に許可証又はこれに相当するものを発給することについて定め、並びに取得の機会及び利益の配分に関する情報交換センターに通報すること。

(f)　該当する場合には、遺伝資源の取得の機会について先住民の社会及び地域社会の情報に基づく事前の同意又は先住民の社会及び地域社会の承認及び関与を得るための基準又は手続を国内法令に従って定めること。

(g)　相互に合意する条件を要求し、及び設定するための明確な規則及び手続を確立すること。当該条件は、書面により明示されなければならず、及び特に次の事項を含むことができる。

(i)　紛争解決条項

(ii)　利益の配分に関する条件（知的財産権に関するものを含む。）

(iii)　第三者によるその後の利用がある場合には、当該利用に関する条件

(iv)　該当する場合には、目的の変更に関する条件

**第七条（遺伝資源に関連する伝統的な知識の取得の機会）**　締約国は、遺伝資源に関連する伝統的な知識であって先住民の社会及び地域社会が有するものが当該先住民の社会及び地域社会の情報に基づく事前の同意又は当該先住民の社会及び地域社会の承認及び関与を得て取得されること並びに相互に合意する条件が設定されていることを確保することを目指して、適宜、国内法令に従って措置をとる。

**第八条（特別の考慮事項）**　締約国は、取得の機会及び利益の配分に関する自国の法令又は規則を定め、及び実施するに当たり、次のことを行う。

(a)　特に開発途上国において、生物の多様性の保全及び持続可能な利用に貢献する研究を促進し、及び奨励するための条件（非商業的な目的の研究のための取得の機会について、当該研究の目的の変更に対処する必要性を考慮しつつ、簡易な措置によることとすることを含む。）を整えること。

(b)　人、動物又は植物の健康に脅威又は損害を与える現在の又は差し迫った緊急事態であると国内で又は国際的に認められた事態に妥当な考慮を払うこと。締約国は、遺伝資源の迅速な取得の機会及び当該遺伝資源の利用から生ずる利益の迅速で公正かつ衡平な配分（特に開発途上国において、治療を必要とする者が負担しやすい費用で治療を受けることができることを含む。）の必要性を考慮することができる。

(c)　食料及び農業のための遺伝資源の重要性並びにそれらが食糧安全保障に果たす特別な役割を考慮すること。

**第九条（保全及び持続可能な利用への貢献）**　締約国は、利用者及び提供者に対し、遺伝資源の利用から生ずる利益を生物の多様性の保全及びその構成要素の持続可能な利用に充てるよう奨励する。

**第一〇条（地球的規模の多数国間の利益の配分の仕組み）**（略）

**第一一条（国境を越える協力）**（略）

**第一二条（遺伝資源に関連する伝統的な知識）**　1　締約国は、この議定書に基づく義務の履行に当たり、遺伝資源に関連する伝統的な知識について、該当する場合には先住民の社会及び地域社会の慣習法、規範及び手続を国内法令に従って考慮する。

2　締約国は、関係する先住民の社会及び地域社会の効果的な参加を得て、遺伝資源に関連する伝統的な知識の潜在的な利用者に対し当該伝統的な知識の利用者の義務（伝統的な知識の取得の機会及び当該伝統的な知識の利用から生ずる利益の公正かつ衡平な配分に関する措置であって、取得の機会及び利益の配分に関する情報交換センターを通じて参照することができるものを含む。）を知らせるための仕組みを設ける。

3　締約国は、適当な場合には、先住民の社会及び地域社会（これらの社会に属する女性を含む。）が次のことを行うことを支援するよう努める。

(a)　遺伝資源に関連する伝統的な知識の取得の機会及び当該伝統的な知識の利用から生ずる利益の公正かつ衡平な配分に関する規範を定めること。

(b)　遺伝資源に関連する伝統的な知識の利用から生ずる利益の公正かつ衡平な配分を確保するための相互に合意する条件に関する最低限の要件を定めること。

(c)　遺伝資源に関連する伝統的な知識の利用から生ずる利益の配分のための契約の条項のひな型を作成すること。

4　締約国は、この議定書の実施に当たり、条約の目的に従い、先住民の社会及び地域社会の内部並びにこれらの社会の間における遺伝資源及び関連する伝統的な知識の利用慣行及び交換をできる限り制限しない。

**第一三条（中央連絡先及び権限のある当局）**（略）

**第一四条（取得の機会及び利益の配分に関する情報交換センター及び情報の共有）**　1　取得の機会及び利益の配分に関する情報交換センターは、条約第十八条3の規定に基づく情報交換の仕組みの一部として設置する。同センターは、取得の機会及び利益の配分に関する情報の共有のための媒体としての役割を果たす。特に、同センターは、この議定書の実施に関して締約国によって利用可能とされる情報へのアクセスを提供する。

2　締約国は、秘密の情報の保護を妨げられることなく、この議定書によって必要とされている情報及びこの議定書の締約国の会合としての役割を果たす締約国会議による決定に従って必要

とされる情報を取得の機会及び利益の配分に関する情報交換センターに提供する。これらの情報には、次のものを含める。
(a) 取得の機会及び利益の配分に関する立法上、行政上及び政策上の措置
(b) 自国の中央連絡先及び権限のある当局に関する情報
(c) 情報に基づく事前の同意を与えるとの決定及び相互に合意する条件の設定を証明するものとして取得の機会の提供の際に発給された許可証又はこれに相当するもの

3 追加的な情報には、入手可能であり、かつ、適当な場合には、次のものを含めることができる。
(a) 先住民の社会及び地域社会の権限のある関係機関並びに当該機関が権限を有することの決定についての情報
(b) 契約の条項のひな型
(c) 遺伝資源について監視するために定められた方法及び手段
(d) 行動規範及び最良の実例

4 取得の機会及び利益の配分に関する情報交換センターの活動の態様(その活動に関する報告を含む。)については、この議定書の締約国の会合としての役割を果たす締約国会議の第一回会合において検討し、及び決定し、その後継続して検討する。

**第一五条(取得の機会及び利益の配分に関する国内の法令又は規則の遵守)** 1 締約国は、取得の機会及び利益の配分に関する他の締約国の国内の法令又は規則に従い、自国の管轄内で利用される遺伝資源が情報に基づく事前の同意によって取得されており、及び相互に合意する条件が設定されていることとなるよう、適当で効果的な、かつ、相応と認められる立法上、行政上又は政策上の措置をとる。

2 締約国は、1の規定に従ってとった措置の不遵守の状況に対処するため、適当で効果的な、かつ、相応と認められる措置をとる。

3 締約国は、1に規定する取得の機会及び利益の配分に関する他の締約国の国内の法令又は規則の違反が申し立てられた事案について、可能かつ適当な場合には協力する。

**第一六条(遺伝資源に関連する伝統的な知識の取得の機会及び利益の配分に関する国内の法令又は規則の遵守)**(略)

**第一七条(遺伝資源の利用の監視)**(略)

**第一八条(相互に合意する条件の遵守)** 1 締約国は、第六条3(g)(i)及び第七条の規定の実施に当たり、遺伝資源又は遺伝資源に関連する伝統的な知識の提供者及び利用者に対し、次の(a)から(c)までに規定するものを含む紛争解決に関する規定を適当な場合には相互に合意する条件に含めるよう奨励する。
(a) 紛争解決手続において提供者及び利用者が服する管轄権
(b) 準拠法
(c) 仲介、仲裁その他の紛争解決の選択肢

2 締約国は、相互に合意する条件から紛争が生ずる場合には、自国の法制度の下で、適用される管轄権に係る要件に従って訴訟を提起することができることを確保する。

3 締約国は、適当な場合には、次の事項について効果的な措置をとる。
(a) 司法手続の利用
(b) 外国における判決及び仲裁判断の相互承認及び執行に関する制度の利用

4 この条の規定の有効性は、第三十一条の規定に従い、この議定書の締約国の会合としての役割を果たす締約国会議が再検討する。

**第一九条(契約の条項のひな型)**(略)

**第二〇条(行動規範、指針及び最良の実例又は基準)**(略)

**第二一条(啓発)**(略)

**第二二条(能力)**(略)

**第二三条(技術移転、共同及び協力)**(略)

**第二四条(非締約国)**(略)

**第二五条(資金供与の制度及び資金)**(略)

**第二六条(この議定書の締約国の会合としての役割を果たす締約国会議)**(略)

**第二七条(補助機関)**(略)

**第二八条(事務局)**(略)

**第二九条(監視及び報告)**

**第三〇条(この議定書の遵守を促進するための手続及び制度)**

〔第二九条及び第三〇条　バイオセーフティに関するカルタヘナ議定書第三三条及び第三四条とほぼ同じ。〕

**第三一条(評価及び再検討)**(略)

**第三二条(署名)**(略)

**第三三条(効力発生)**(略)

**第三四条(留保)**(略)

**第三五条(脱退)**(略)

**第三六条(正文)**(略)

**附属書　金銭的及び非金銭的な利益**(略)

## (4) カルタヘナ議定書の責任及び救済に関する名古屋・クアラルンプール補足議定書(抄)

(バイオセーフティに関するカルタヘナ議定書の責任及び救済に関する名古屋・クアラルンプール補足議定書)

採　　択　二〇一〇年一〇月一五日(名古屋)
効力発生　二〇一八年三月五日
日 本 国　二〇一八年三月五日(二〇一二年三月二日署名、一七年五月一〇日国会承認、一二月五日内閣受諾決定、同日受諾書寄託、同月八日公布・条約三一号)
当 事 国　四七(他にEU)

この補足議定書の締約国は、
生物の多様性に関する条約のバイオセーフティに関するカルタヘナ議定書(以下「議定書」という。)の締約国として、
環境及び開発に関するリオ宣言の原則13を考慮し、
環境及び開発に関するリオ宣言の原則15に規定する予防的な取組方法を再確認し、
損害がある場合又は損害の可能性が高い場合における適当な対応措置について議定書に適合するよう定めることの必要性を認識し、
議定書第二十七条の規定を想起して、
次のとおり協定した。

## 責任及び救済に関する名古屋・クアラルンプール補足議定書

**第一条（目的）** この補足議定書は、改変された生物に関する責任及び救済の分野における国際的な規則及び手続を定めることにより、人の健康に対する危険も考慮しつつ、生物の多様性の保全及び持続可能な利用に寄与することを目的とする。

**第二条（用語）** 1 生物の多様性に関する条約（以下「条約」という。）第二条及び議定書第三条に定める用語は、この補足議定書について適用する。

2 さらに、この補足議定書の適用上、

(a) 「議定書の締約国の会合としての役割を果たす締約国会議」とは、議定書の締約国の会合としての役割を果たす条約の締約国会議をいう。

(b) 「損害」とは、生物の多様性の保全及び持続可能な利用への悪影響（人の健康に対する危険も考慮したもの）であって、次のいずれの要件も満たすものをいう。

(i) 測定することができる悪影響であること、又は人に起因する他の変化及び自然の変化を考慮して権限のある当局が認める科学的に確立された基準が存在する場合には、当該基準を考慮して観察することができる悪影響であること。

(ii) 3に規定する著しい悪影響であること。

(c) 「管理者」とは、改変された生物を直接又は間接に管理する者をいい、適当な場合には、国内法令によって決定するところに従い、特に、許可を受けた者、改変された生物を市場取引に付した者、開発者、生産者、通告をした者、輸出者、輸入者、運送者又は供給者を含むことができる。

(d) 「対応措置」とは、次のことを行うための合理的な行為をいう。

(i) 状況に応じ、損害を防止し、最小限にし、封じ込め、緩和し、又は他の方法で回避すること。

(ii) 次の優先順位によりとられる行為を通じて生物の多様性を復元すること。

a 損害が発生する前に存在した状態又はこれに相当する最も近い状態に生物の多様性を復元すること。

b 権限のある当局がaに定める復元が可能でないと決定する場合には、生物の多様性の喪失について、特に、同一の場所又は適当な場合にはこれに代替する場所において、同一又は他の目的で利用される生物の多様性の他の構成要素によって当該喪失を埋め合わせることにより、生物の多様性を復元すること。

3 「著しい」悪影響は、次のような要素に基づいて決定される。

(a) 合理的な期間内に自然に回復することがない変化として理解される長期的又は恒久的な変化

(b) 生物の多様性の構成要素に悪影響を及ぼす質的又は量的な変化の程度

(c) 生物の多様性の構成要素が財及びサービスを提供する能力の低下

(d) 人の健康に及ぼす悪影響（議定書の文脈におけるもの）の程度

**第三条（適用範囲）** 1 この補足議定書は、国境を越える移動に起源を有する改変された生物から生ずる損害について適用する。当該改変された生物は、次のものとする。

(a) 食料若しくは飼料として直接利用し、又は加工することを目的とするもの

(b) 拡散防止措置の下での利用を目的とするもの

(c) 環境への意図的な導入を目的とするもの

2 この補足議定書は、意図的な国境を越える移動に関しては、1に定める改変された生物の認められた利用から生ずる損害について適用する。

3 この補足議定書は、議定書第十七条に規定する意図的でない国境を越える移動から生ずる損害及び議定書第二十五条に規定する不法な国境を越える移動から生ずる損害についても適用する。

4 この補足議定書は、改変された生物の国境を越える移動が自国の管轄内へ行われた締約国については、この補足議定書が当該締約国について効力を生じた後に開始した当該国境を越える移動から生ずる損害について適用する。

5 この補足議定書は、締約国の管轄の下にある区域において生じた損害について適用する。

6 締約国は、自国の管轄の下において生ずる損害に対処するために自国の国内法令に定める基準を用いることができる。

7 この補足議定書を実施する国内法令は、非締約国からの改変された生物の国境を越える移動から生ずる損害についても適用する。

**第四条（因果関係）** 損害と問題となる改変された生物との間の因果関係は、国内法令に従って確定される。

**第五条（対応措置）** 1 締約国は、損害が生ずる場合には、一又は二以上の適当な管理者に対し、権限のある当局の求めに応じて次のことを行うよう要求する。

(a) 権限のある当局に直ちに報告すること。

(b) 損害を評価すること。

(c) 適当な対応措置をとること。

2 権限のある当局は、次のことを行う。

(a) 損害を引き起こした管理者を特定すること。

(b) 損害を評価すること。

(c) 管理者がとるべき対応措置を決定すること。

3 時宜を得た対応措置がとられない場合には損害が生ずる可能性が高いことを関連情報（利用可能な科学的な情報及びバイオセーフティに関する情報交換センターにおいて利用可能な情報を含む。）が示すときは、管理者は、当該損害を回避するために適当な対応措置をとることを要求される。

4 権限のある当局は、特に管理者が適当な対応措置をとることができなかった場合を含め、適当な対応措置をとることができる。

5 権限のある当局は、損害の評価及び4に規定する適当な対応措置の実施により生じ、又はこれらに付随する費用及び経費を管理者から回収する権利を有する。もっとも、締約国は、自国の国内法令において、管理者がそれらの費用及び経費を負担することを要求されない場合について定めることができる。

6 管理者に対し対応措置をとることを要求する権限のある当局の決定は、理由を示すべきである。当該決定は、当該管理者に通告すべきである。国内法令は、救済措置（当該決定の行政上又は司法上の見直しのための機会を含む。）について定める。権限のある当局は、また、国内法令に従い、利用可能な救済措置について当該管理者に通知する。当該救済措置の請求は、国内法令に別段の定めがある場合を除くほか、権限のある当局が適当な状況の下において対応措置をとることを妨げてはならない。

7 締約国は、この条の規定を実施するに当たり、権限のある当局が要求し、又はとる特定の対応措置を決定するため、適当な

場合には、民事上の責任に関する自国の国内法令において対応措置について既に定められているか否かについて評価することができる。

8 対応措置については、国内法令に従って実施する。

**第六条（免責）** 1 締約国は、自国の国内法令において、次の場合における免責について定めることができる。

(a) 天災又は不可抗力の場合

(b) 戦争又は国内争乱の場合

2 締約国は、自国の国内法令において、適当と認めるその他の場合における免責又は責任の緩和について定めることができる。

**第七条（期限）** 締約国は、自国の国内法令において、次の事項について定めることができる。

(a) 相対的又は絶対的な期限（対応措置に関連する行為に係るものを含む。）

(b) 期限を適用する期間の開始

**第八条（限度額）** 締約国は、自国の国内法令において、対応措置に関連する費用及び経費の回収に係る限度額について定めることができる。

**第九条（求償の権利）** この補足議定書は、管理者が他の者に対して有する求償又は補償についての権利を限定し、又は制限するものではない。

**第一〇条（金銭上の保証）** 1 締約国は、自国の国内法令において金銭上の保証について定める権利を保持する。

2 締約国は、議定書前文の第九段落から第十一段落までの規定を考慮しつつ、国際法に基づく自国の権利及び義務に反しない方法で1に規定する権利を行使する。

3 この補足議定書の効力発生の後最初に開催される議定書の締約国の会合としての役割を果たす締約国会議の会合は、事務局に対し、特に次の事項を対象とする包括的な研究を行うことを要請する。

(a) 金銭上の保証の仕組みの態様

(b) 金銭上の保証の仕組みの環境上、経済上及び社会上の影響（特に開発途上国に対するもの）の評価

(c) 金銭上の保証を提供する適当な主体の特定

**第一一条（国際的に不法な行為についての国家の責任）** この補足議定書は、国際的に不法な行為についての国家の責任に関する一般国際法の規則に基づく国家の権利及び義務に影響を及ぼすものではない。

**第一二条（履行及び民事上の責任との関係）** 1 締約国は、自国の国内法令において、損害に対処するための規則及び手続について定める。締約国は、この義務を履行するため、この補足議定書に従って対応措置について定めるものとし、適当な場合には、次のいずれかのことを行うことができる。

(a) 自国の既存の国内法令（適用可能な場合には、民事上の責任に関する規則及び手続であって、一般的なものを含む。）を適用すること。

(b) 民事上の責任に関する規則及び手続であって、特に当該義務を履行するためのものを適用し、又は定めること。

(c) (a)に規定する国内法令を適用し、かつ、(b)に規定する規則及び手続を適用し、又は定めること。

2 締約国は、民事上の責任に関する自国の国内法令において第二条2(b)に定義する損害に関連する物的又は人的な損害についての適当な規則及び手続を定めることを目指して、次のいずれかのことを行う。

(a) 民事上の責任に関する自国の既存の法令であって、一般的なものを引き続き適用すること。

(b) 民事上の責任に関する法令であって、特に当該規則及び手続を定めるものを制定の上適用し、又は引き続き適用すること。

(c) (a)に規定する法令を引き続き適用し、かつ、(b)に規定する法令を制定の上適用し、又は引き続き適用すること。

3 締約国は、1(b)若しくは(c)又は2(b)若しくは(c)に定める民事上の責任に関する法令を制定する際は、状況に応じて、特に次の要素を取り扱う。

(a) 損害

(b) 責任の基準（厳格責任、過失に基づく責任等）

(c) 適当な場合における責任の所在の特定

(d) 請求を行う権利

**第一三条（評価及び再検討）**（略）

**第一四条（議定書の締約国の会合としての役割を果たす締約国会議）**（略）

**第一五条（事務局）**（略）

**第一六条（条約及び議定書との関係）** 1 この補足議定書は、議定書を補足するものとし、議定書を修正し、又は改正するものではない。

2 この補足議定書は、この補足議定書の締約国の条約及び議定書に基づく権利及び義務に影響を及ぼすものではない。

3 条約及び議定書は、この補足議定書に別段の定めがある場合を除くほか、この補足議定書について準用する。

4 この補足議定書は、国際法に基づく締約国の権利及び義務に影響を及ぼすものではない。ただし、3の規定の適用を妨げるものではない。

**第一七条（署名）**（略）

**第一八条（効力発生）**（略）

**第一九条（留保）**（略）

**第二〇条（脱退）**（略）

**第二一条（正文）**（略）

## 8 ワシントン野生動植物取引規制条約（抄）

（絶滅のおそれのある野生動植物の種の国際取引に関する条約）

作　成　一九七三年三月三日（ワシントン）

効力発生　一九七五年七月一日（改正―八七年四月一三日）（七九年六月二二日ボン）

日本国　一九八〇年一一月四日（七三年四月三〇日署名、八〇年四月二五日国会承認、七月二九日内閣受諾決定、八月六日受諾書寄託、八月二三日公布・条約二五号　改正―八七年四月一三日発効（四月一〇日公布・条約一号））

当事国　一八二（他にEU）

締約国は、

美しくかつ多様な形体を有する野生動植物が現在及び将来の世代のために保護されなければならない地球の自然の系のかけがえのない一部をなすものであることを認識し、

## ワシントン野生動植物取引規制条約

野生動植物についてはその価値が芸術上、科学上、文化上、レクリエーション上及び経済上の見地から絶えず増大するものであることを意識し、

国民及び国家がそれぞれの国における野生動植物の最良の保護者であり、また、最良の保護者でなければならないことを認識し、

更に、野生動植物の一定の種が過度に国際取引に利用されることのないようこれらの種を保護するために国際協力が重要であることを認識し、

このため、適当な措置を緊急にとる必要があることを確信して、次のとおり協定した。

**第一条（定義）** この条約の適用上、文脈によつて別に解釈される場合を除くほか、

(a)「種」とは、種若しくは亜種又は種若しくは亜種に係る地理的に隔離された個体群をいう。

(b)「標本」とは、次のものをいう。

(i) 生死の別を問わず動物又は植物の個体

(ii) 動物にあつては、附属書Ⅰ若しくは附属書Ⅱに掲げる種の個体の部分若しくは派生物であつて容易に識別することができるもの、又は附属書Ⅲに掲げる種の個体の部分若しくは派生物であつて容易に識別することができるもののうちそれぞれの種について附属書Ⅲにより特定されるもの

(iii) 植物にあつては、附属書Ⅰに掲げる種の個体の部分若しくは派生物であつて容易に識別することができるもの、又は附属書Ⅱ若しくは附属書Ⅲに掲げる種の個体の部分若しくは派生物であつて容易に識別することができるもののうちそれぞれの種について附属書Ⅱ若しくは附属書Ⅲにより特定されるもの

(c)「取引」とは、輸出、再輸出、輸入又は海からの持込みをいう。

(d)「再輸出」とは、既に輸入されている標本を輸出することをいう。

(e)「海からの持込み」とは、いずれの国の管轄の下にもない海洋環境において捕獲され又は採取された種の標本をいずれかの国へ輸送することをいう。

(f)「科学当局」とは、第九条の規定により指定される国の科学機関をいう。

(g)「管理当局」とは、第九条の規定により指定される国の管理機関をいう。

(h)「締約国」とは、その国についてこの条約が効力を生じている国をいう。

**第二条（基本原則）** 1 附属書Ⅰには、絶滅のおそれのある種であつて取引による影響を受けており又は受けることのあるものを掲げる。これらの種の標本の取引は、これらの種の存続を更に脅かすことのないよう特に厳重に規制するものとし、取引が認められるのは、例外的な場合に限る。

2 附属書Ⅱには、次のものを掲げる。

(a) 現在必ずしも絶滅のおそれのある種ではないが、その存続を脅かすこととなる利用がされないようにするためにその標本の取引を厳重に規制しなければ絶滅のおそれのある種となるおそれのある種

(b) (a)の種以外の種であつて、(a)の種の標本の取引を効果的に取り締まるために規制しなければならない種

3 附属書Ⅲには、いずれかの締約国が、捕獲又は採取を防止し又は制限するための規制を自国の管轄内において行う必要があると認め、かつ、取引の取締りのために他の締約国の協力が必要であると認める種を掲げる。

4 締約国は、この条約に定めるところによる場合を除くほか、附属書Ⅰ、附属書Ⅱ及び附属書Ⅲに掲げる種の標本の取引を認めない。

**第三条（附属書Ⅰに掲げる種の標本の取引に対する規制）** 1 附属書Ⅰに掲げる種の標本の取引は、この条に定めるところにより行う。

2 附属書Ⅰに掲げる種の標本の輸出については、事前に発給を受けた輸出許可書を事前に提出することを必要とする。輸出許可書は、次の条件が満たされた場合にのみ発給される。

(a) 輸出国の科学当局が、標本の輸出が当該標本に係る種の存続を脅かすこととならないと助言したこと。

(b) 輸出国の管理当局が、標本が動植物の保護に関する自国の法令に違反して入手されたものでないと認めること。

(c) 生きている標本の場合には、輸出国の管理当局が、傷を受け、健康を損ね若しくは生育を害し又は虐待される危険性をできる限り小さくするように準備され、かつ、輸送されると認めること。

(d) 輸出国の管理当局が、標本につき輸入許可書の発給を受けていると認めること。

3 附属書Ⅰに掲げる種の標本の輸入については、事前に発給を受けた輸入許可書及び輸出許可書又は輸入許可書及び再輸出証明書を事前に提出することを必要とする。輸入許可書は、次の条件が満たされた場合にのみ発給される。

(a) 輸入国の科学当局が、標本の輸入が当該標本に係る種の存続を脅かす目的のために行われるものでないと助言したこと。

(b) 生きている標本の場合には、輸入国の科学当局が、受領しようとする者がこれを収容し及びその世話をするための適当な設備を有していると認めること。

(c) 輸入国の管理当局が、標本が主として商業的目的のために使用されるものでないと認めること。

4 附属書Ⅰに掲げる種の標本の再輸出については、事前に発給を受けた再輸出証明書を事前に提出することを必要とする。再輸出証明書は、次の条件が満たされた場合にのみ発給される。

(a) 再輸出国の管理当局が、標本がこの条約に定めるところにより自国に輸入されたと認めること。

(b) 生きている標本の場合には、再輸出国の管理当局が、傷を受け、健康を損ね若しくは生育を害し又は虐待される危険性をできる限り小さくするように準備され、かつ、輸送されると認めること。

(c) 生きている標本の場合には、再輸出国の管理当局が、輸入許可書の発給を受けていると認めること。

5 附属書Ⅰに掲げる種の標本の海からの持込みについては、当該持込みがされる国の管理当局から事前に証明書の発給を受けていることを必要とする。証明書は、次の条件が満たされた場合にのみ発給される。

(a) 当該持込みがされる国の科学当局が、標本の持込みが当該標本に係る種の存続を脅かすこととならないと助言していること。

(b) 生きている標本の場合には、当該持込みがされる国の管理当局が、受領しようとする者がこれを収容し及びその世話をするための適当な設備を有していると認めること。

(c) 当該持込みがされる国の管理当局が、標本が主として商業的目的のために使用されるものでないと認めること。

**第四条（附属書IIに掲げる種の標本の取引に対する規制）** 1 附属書IIに掲げる種の標本の取引は、この条に定めるところにより行う。

2 附属書IIに掲げる種の標本の輸出については、事前に発給を受けた輸出許可書を事前に提出することを必要とする。輸出許可書は、次の条件が満たされた場合にのみ発給される。

(a) 輸出国の科学当局が、標本の輸出が当該標本に係る種の存続を脅かすこととならないと助言したこと。

(b) 輸出国の管理当局が、標本が動植物の保護に関する自国の法令に違反して入手されたものでないと認めること。

(c) 生きている標本の場合には、輸出国の管理当局が、傷を受け、健康を損ね若しくは生育を害し又は虐待される危険性をできる限り小さくするように準備され、かつ、輸送されると認めること。

3 締約国の科学当局は、附属書IIに掲げる種の標本に係る輸出許可書の自国による発給及びこれらの標本の実際の輸出について監視する。科学当局は、附属書IIに掲げるいずれかの種につき、その属する生態系における役割を果たすことのできる個体数の水準を及び附属書Iに掲げることとなるような当該いずれかの種の個体数の水準よりも十分に高い個体数の水準を当該いずれかの種の分布地域全体にわたつて維持するためにその標本の輸出を制限する必要があると決定する場合には、適当な管理当局に対し、その標本に係る輸出許可書の発給を制限するためにとるべき適当な措置を助言する。

4 附属書IIに掲げる種の標本の輸入については、輸出許可書又は再輸出証明書を事前に提出することを必要とする。

5 附属書IIに掲げる種の標本の再輸出については、事前に発給を受けた再輸出証明書を事前に提出することを必要とする。再輸出証明書は、次の条件が満たされた場合にのみ発給される。

(a) 再輸出国の管理当局が、標本がこの条約に定めるところにより自国に輸入されたと認めること。

(b) 生きている標本の場合には、再輸出国の管理当局が、傷を受け、健康を損ね若しくは生育を害し又は虐待される危険性をできる限り小さくするように準備され、かつ、輸送されると認めること。

6 附属書IIに掲げる種の標本の海からの持込みについては、当該持込みがされる国の管理当局から事前に証明書の発給を受けていることを必要とする。証明書は、次の条件が満たされた場合にのみ発給される。

(a) 当該持込みがされる国の科学当局が、標本の持込みが当該標本に係る種の存続を脅かすこととならないと助言していること。

(b) 生きている標本の場合には、当該持込みがされる国の管理当局が、傷を受け、健康を損ね若しくは生育を害し又は虐待される危険性をできる限り小さくするように取り扱われると認めること。

7 6の証明書は、科学当局が自国の他の科学機関及び適当な場合には国際科学機関と協議の上行う助言に基づき、一年を超えない期間につきその期間内に持込みが認められる標本の総数に限り発給することができる。

**第五条（附属書IIIに掲げる種の標本の取引に対する規制）** 1 附属書IIIに掲げる種の標本の取引は、この条に定めるところにより行う。

2 附属書IIIに掲げる種の標本の輸出で附属書IIIに当該種を掲げた国から行われるものについては、事前に発給を受けた輸出許可書を事前に提出することを必要とする。輸出許可書は、次の条件が満たされた場合にのみ発給される。

(a) 輸出国の管理当局が、標本が動植物の保護に関する自国の法令に違反して入手されたものでないと認めること。

(b) 生きている標本の場合には、輸出国の管理当局が、傷を受け、健康を損ね若しくは生育を害し又は虐待される危険性をできる限り小さくするように準備され、かつ、輸送されると認めること。

3 附属書IIIに掲げる種の標本の輸入については、4の規定が適用される場合を除くほか、原産地証明書及びその輸入が附属書IIIに当該種を掲げた国から行われるものである場合には輸出許可書を事前に提出することを必要とする。

4 輸入国は、再輸出に係る標本につき、再輸出国内で加工された標本であること又は再輸出される標本であることを証する再輸出国の管理当局が発給した証明書をこの条約が遵守されている証拠として認容する。

**第六条（許可書及び証明書）** 1 前三条の許可書及び証明書の発給及び取扱いは、この条に定めるところにより行う。

2 輸出許可書には、附属書IVのひな形に明示する事項を記載するものとし、輸出許可書は、その発給の日から六箇月の期間内に行われる輸出についてのみ使用することができる。

3―7 （略）

**第七条（取引に係る免除等に関する特別規定）** 1 第三条から第五条までの規定は、標本が締約国の領域を通過し又は締約国の領域において積み替えられる場合には、適用しない。ただし、これらの標本が税関の管理の下にあることを条件とする。

2 第三条から第五条までの規定は、標本につき、この条約が当該標本に適用される前に取得されたものであると輸出国又は再輸出国の管理当局が認める場合において、当該管理当局がその旨の証明書を発給するときは、適用しない。

3 第三条から第五条までの規定は、手回品又は家財である標本については、適用しない。ただし、次の標本（標本の取得がこの条約の当該標本についての適用前になされたと管理当局が認める標本を除く。）については、適用する。

(a) 附属書Iに掲げる種の標本にあつては、その所有者が通常居住する国の外において取得して当該通常居住する国へ輸入するもの

(b) 附属書IIに掲げる種の標本にあつては、(i)その所有者が通常居住する国以外の国（その標本が野生の状態で捕獲され又は採取された国に限る。）において取得し、(ii)当該所有者が通常居住する国へ輸入し、かつ、(iii)その標本が野生の状態で捕獲され又は採取された国においてその輸出につき輸出許可書の事前の発給が必要とされているもの

4 附属書Iに掲げる動物の種の標本であつて商業的目的のため飼育により繁殖させたもの又は附属書Iに掲げる植物の種の標本であつて商業的目的のため人工的に繁殖させたものは、附属書IIに掲げる種の標本とみなす。

5 動物の種の標本が飼育により繁殖させたものであり若しくは植物の種の標本が人工的に繁殖させたものであり又は動物若しくは植物の種の標本がこれらの繁殖させた標本の部分若しくは派生物であると輸出国の管理当局が認める場合には、当該管理

当局によるその旨の証明書は、第三条から第五条までの規定により必要とされる許可書又は証明書に代わるものとして認容される。

6 第三条から第五条までの規定は、管理当局が発給し又は承認したラベルの付された腊葉標本その他の保存され、乾燥され又は包埋された博物館用の標本及び当該ラベルの付された生きている植物が、管理当局に登録されている科学者又は科学施設の間で商業的目的以外の目的の下に貸与され、贈与され又は交換される場合には、適用しない。

7 管理当局は、移動動物園、サーカス、動物展、植物展その他の移動する展示会を構成する標本の移動について第三条から第五条までの要件を免除し、許可書又は証明書なしにこれらの標本の移動を認めることができる。ただし、次のことを条件とする。

(a) 輸出者又は輸入者が、標本の詳細について管理当局に登録すること。

(b) 標本が2又は5のいずれかに規定する標本に該当するものであること。

(c) 生きている標本の場合には、管理当局が、傷を受け、健康を損ね若しくは生育を害し又は虐待される危険性をできる限り小さくするように輸送され及び世話をされると認めること。

**第八条（締約国のとる措置）** 1 締約国は、この条約を実施するため及びこの条約に違反して行われる標本の取引を防止するため、適当な措置をとる。この措置には、次のことを含む。

(a) 違反に係る標本の取引若しくは所持又はこれらの双方について処罰すること。

(b) 違反に係る標本の没収又はその輸出国への返送に関する規定を設けること。

2 締約国は、1の措置に加え、必要と認めるときは、この条約を適用するためにとられた措置に違反して行われた取引に係る標本の没収の結果負うこととなつた費用の国内における求償方法について定めることができる。

3 締約国は、標本の取引上必要な手続が速やかに完了することをできる限り確保する。締約国は、その手続の完了を容易にするため、通関のために標本が提示される輸出港及び輸入港を指定することができる。締約国は、また、生きている標本につき、通過、保管又は輸送の間に傷を受け、健康を損ね若しくは生育を害し又は虐待される危険性をできる限り小さくするように適切に世話をすることを確保する。

4 1の措置がとられることにより生きている標本が没収される場合には、

(a) 当該標本は、没収した国の管理当局に引き渡される。

(b) (a)の管理当局は、当該輸出国との協議の後、当該標本を、当該輸出国の負担する費用で当該輸出国に返送し又は保護センター若しくは管理当局の適当かつこの条約の目的に沿うと認める他の場所に送る。

(c) (a)の管理当局は、(b)の規定に基づく決定（保護センター又は他の場所の選定に係る決定を含む。）を容易にするため、科学当局の助言を求めることができるものとし、望ましいと認める場合には、事務局と協議することができる。

5 4にいう保護センターとは、生きている標本、特に、没収された生きている標本の健康を維持し又は生育を助けるために管理当局の指定する施設をいう。

6 締約国は、附属書Ⅰ、附属書Ⅱ及び附属書Ⅲに掲げる種の標本の取引について次の事項に関する記録を保持する。

(a) 輸出者及び輸入者の氏名又は名称及び住所

(b) 発給された許可書及び証明書の数及び種類、取引の相手国、標本の数又は量及び標本の種類、附属書Ⅰ、附属書Ⅱ及び附属書Ⅲに掲げる種の名称並びに可能な場合には標本の大きさ及び性別

7 締約国は、この条約の実施に関する次の定期的な報告書を作成し、事務局に送付する。

(a) 6(b)に掲げる事項に関する情報の概要を含む年次報告書

(b) この条約を実施するためにとられた立法措置、規制措置及び行政措置に関する二年ごとの報告書

8 7の報告書に係る情報は、関係締約国の法令に反しない限り公開される。

**第九条（管理当局及び科学当局）**（略）

**第一〇条（この条約の締約国でない国との取引）** 締約国は、この条約の締約国でない国との間で輸出、輸入又は再輸出を行う場合においては、当該この条約の締約国でない国の権限のある当局が発給する文書であつて、その発給の要件がこの条約の許可書又は証明書の発給の要件と実質的に一致しているものを、この条約にいう許可書又は証明書に代わるものとして認容することができる。

**第一一条（締約国会議）** 1 事務局は、この条約の効力発生の後二年以内に、締約国会議を招集する。

2 その後、事務局は、締約国会議が別段の決定を行わない限り少なくとも二年に一回通常会合を招集するものとし、締約国の少なくとも三分の一が書面により要請する場合にはいつでも特別会合を招集する。

3 締約国は、通常会合又は特別会合のいずれにおいてであるかを問わず、この条約の実施状況を検討するものとし、次のことを行うことができる。

(a) 事務局の任務の遂行を可能にするために必要な規則を作成すること及び財政規則を採択すること。

(b) 第十五条の規定に従つて附属書Ⅰ及び附属書Ⅱの改正を検討し及び採択すること。

(c) 附属書Ⅰ、附属書Ⅱ及び附属書Ⅲに掲げる種の回復及び保存に係る進展について検討すること。

(d) 事務局又は締約国の提出する報告書を受領し及び検討すること。

(e) 適当な場合には、この条約の実効性を改善するための勧告を行うこと。

4－7（略）

**第一二条（事務局）** 1 事務局の役務は、この条約の効力発生に伴い、国際連合環境計画事務局長が提供する。同事務局長は、適当と認める程度及び方法で、野生動植物の保護、保存及び管理について専門的な能力を有する政府間の若しくは非政府の適当な国際機関若しくは国際団体又は政府の若しくは非政府の適当な国内の機関若しくは団体の援助を受けることができる。

2 事務局は、次の任務を遂行する。

(a)－(e)（略）

(f) 最新の内容の附属書Ⅰ、附属書Ⅱ及び附属書Ⅲをこれらの附属書に掲げる種の標本の識別を容易にする情報とともに定期的に刊行し、締約国に配布すること。

(g)－(i)（略）

**第一三条（国際的な措置）** 1 事務局は、受領した情報を参考に

して、附属書I又は附属書IIに掲げる種がその標本の取引によつて望ましくない影響を受けていると認める場合又はこの条約が効果的に実施されていないと認める場合には、当該情報を関係締約国の権限のある管理当局に通告する。

2 締約国は、1の通告を受けたときは、関連する事実を自国の法令の認める限度においてできる限り速やかに事務局に通報するものとし、適当な場合には、是正措置を提案する。当該締約国が調査を行うことが望ましいと認めるときは、当該締約国によつて明示的に権限を与えられた者は、調査を行うことができる。

3 締約国会議は、締約国の提供した情報又は2の調査の結果得られた情報につき、次回の会合において検討するものとし、適当と認める勧告を行うことができる。

**第一四条（国内法令及び国際条約に対する影響）** 1 この条約は、締約国が次の国内措置をとる権利にいかなる影響も及ぼすものではない。

(a) 附属書I、附属書II及び附属書IIIに掲げる種の標本の取引、捕獲若しくは採取、所持若しくは輸送の条件に関する一層厳重な国内措置又はこれらの取引、捕獲若しくは採取、所持若しくは輸送を完全に禁止する国内措置

(b) 附属書I、附属書II及び附属書IIIに掲げる種以外の種の標本の取引、捕獲若しくは採取、所持若しくは輸送を制限し又は禁止する国内措置

2 この条約は、標本の取引、捕獲若しくは採取、所持又は輸送についてこの条約に定めているもの以外のものを定めている条約又は国際協定であつて締約国について現在効力を生じており又は将来効力を生ずることのあるものに基づく国内措置又は締約国の義務にいかなる影響も及ぼすものではない。これらの国内措置又は義務には、関税、公衆衛生、動植物の検疫の分野に関するものを含む。

3 この条約は、共通の対外関税規制を設定し若しくは維持し、かつ、その構成国間の関税規制を撤廃する同盟若しくは地域的な貿易機構を創設する条約若しくは国際協定であつて現在締結されており若しくは将来締結されることのある条約若しくは国際協定の規定のうち又はこれらの条約若しくは国際協定に基づく義務のうち、これらの同盟又は地域的な貿易機構の構成国間の貿易に関するものにいかなる影響も及ぼすものではない。

4 この条約の締約国は、自国がその締約国である他の条約又は国際協定がこの条約の効力発生の時に有効であり、かつ、当該他の条約又は国際協定に基づき附属書IIに掲げる海産の種に対し保護を与えている場合には、自国において登録された船舶が当該他の条約又は国際協定に基づいて捕獲し又は採取した附属書IIに掲げる種の標本の取引についてこの条約に基づく義務を免除される。

5 4の規定により捕獲され又は採取された標本の輸出については、第三条から第五条までの規定にかかわらず、当該標本が4に規定する他の条約又は国際協定に基づいて捕獲され又は採取された旨の持込みがされた国の管理当局の発給する証明書のみを必要とする。

6 この条約のいかなる規定も、国際連合総会決議第二千七百五十号C(第二十五回会期)に基づいて招集される国際連合海洋法会議による海洋法の法典化及び発展を妨げるものではなく、また、海洋法に関し並びに沿岸国及び旗国の管轄権の性質及び範囲に関する現在又は将来におけるいずれの国の主張及び法的見解も害するものではない。

**第一五条（附属書I及び附属書IIの改正）** 1 締約国会議の会合において附属書I及び附属書IIの改正をする場合には、次の規定を適用する。

(a) 締約国は、会合における検討のため、附属書I又は附属書IIの改正を提案することができる。改正案は、会合の少なくとも百五十日前に事務局に通告する。事務局は、改正案の他の締約国への通告及び改正案についての関係団体との協議については、2(b)又は2(c)の規定を準用するものとし、会合の遅くとも三十日前に改正案に係る回答をすべての締約国に通告する。

(b) 改正は、出席しかつ投票する締約国の三分の二以上の多数による議決で採択する。この1(b)の規定の適用上、「出席しかつ投票する締約国」とは、出席しかつ賛成票又は反対票を投ずる締約国をいう。投票を棄権する締約国は、改正の採択に必要な三分の二に算入しない。

(c) 会合において採択された改正は、会合の後九十日ですべての締約国について効力を生ずる。ただし、3の規定に基づいて留保を付した締約国については、この限りでない。

2 締約国会議の会合と会合との間において附属書I及び附属書IIの改正をする場合には、次の規定を適用する。

(a) 締約国は、会合と会合との間における検討のため、この2に定めるところにより、郵便手続による附属書I又は附属書IIの改正を提案することができる。

(b) 事務局は、海産の種に関する改正案を受領した場合には、直ちに改正案を締約国に通告する。事務局は、また、当該海産の種に関連を有する活動を行つている政府間団体の提供することができる科学的な資料の入手及び当該政府間団体の実施している保存措置との調整の確保を特に目的として、当該政府間団体と協議する。事務局は、当該政府間団体の表明した見解及び提供した資料を事務局の認定及び勧告とともにできる限り速やかに締約国に通告する。

(c) 事務局は、海産の種以外の種に関する改正案を受領した場合には、直ちに改正案を締約国に通告するものとし、その後できる限り速やかに自己の勧告を締約国に通告する。

(d) 締約国は、事務局が(b)又は(c)の規定に従つてその勧告を締約国に通告した日から六十日以内に、関連する科学的な資料及び情報とともに改正案についての意見を事務局に送付することができる。

(e) 事務局は、(d)の規定に基づいて受領した回答を自己の勧告とともにできる限り速やかに締約国に通告する。

(f) 事務局が(e)の規定により回答及び勧告を通告した日から三十日以内に改正案に対する異議の通告を受領しない場合には、改正は、その後九十日ですべての締約国について効力を生ずる。ただし、3の規定に基づいて留保を付した締約国については、この限りでない。

(g) 事務局がいずれかの締約国による異議の通告を受領した場合には、改正案は、(h)から(j)までの規定により郵便投票に付される。

(h) 事務局は、異議の通告を受領したことを締約国に通報する。

(i) 事務局が(h)の通報の日から六十日以内に受領した賛成票、反対票及び棄権票の合計が締約国の総数の二分の一に満たない場合には、改正案は、更に検討の対象とするため締約国会議の次回の会合に付託する。

(j) 受領した票の合計が締約国の総数の二分の一に達した場合には、改正案は、賛成票及び反対票を投じた締約国の三分の二以上の多数による議決で採択される。

(k) 事務局は、投票の結果を締約国に通報する。

(l) 改正案が採択された場合には、改正は、事務局によるその旨の通報の日の後九十日ですべての締約国について効力を生ずる。ただし、3の規定に基づいて留保を付した締約国については、この限りでない。

3 いずれの締約国も、1(c)又は2(l)に規定する九十日の期間内に寄託政府に対し書面による通告を行うことにより、改正について留保を付することができる。締約国は、留保を撤回するまでの間、留保に明示した種に係る取引につきこの条約の締約国でない国として取り扱われる。

**第一六条（附属書Ⅲ及びその改正）** 1 締約国は、いつでも、その種について第二条3にいう規制を自国の管轄内において行う必要があると認める種を記載した表を事務局に提出することができる。附属書Ⅲには、附属書Ⅲに掲げるべき種を記載した表を提出した締約国の国名、これらの種の学名及び第一条(b)の規定の適用上これらの種の個体の部分又は派生物であつてそれぞれの種について特定されたものを掲げる。

2 事務局は、1の規定により提出された表を受領した後できる限り速やかに当該表を締約国に送付する。当該表は、その送付の日の後九十日で附属書Ⅲの一部として効力を生ずる。締約国は、当該表の受領の後いつでも、寄託政府に対して書面による通告を行うことにより、いずれの種又はいずれの種の個体の部分若しくは派生物についても留保を付することができる。締約国は、留保を撤回するまでの間、留保に明示した種又は種の個体の部分若しくは派生物に係る取引につきこの条約の締約国でない国として取り扱われる。

3 附属書Ⅲに掲げるべき種を記載した表を提出した締約国は、事務局に対して通報を行うことによりいつでも特定の種の記載を取り消すことができるものとし、事務局は、その取消しをすべての締約国に通告する。取消しは、通告の日の後三十日で効力を生ずる。

4 (略)

**第一七条（この条約の改正）** 1 事務局は、締約国の少なくとも三分の一からの書面による要請があるときは、この条約の改正を検討し及び採択するため、締約国会議の特別会合を招集する。改正は、出席しかつ投票する締約国の三分の二以上の多数による議決で採択する。この1の規定の適用上、「出席しかつ投票する締約国」とは、出席しかつ賛成票又は反対票を投ずる締約国をいう。投票を棄権する締約国は、改正の採択に必要な三分の二に算入しない。

2 事務局は、1の特別会合の少なくとも九十日前に改正案を締約国に通告する。

3 改正は、締約国の三分の二が改正の受諾書を寄託政府に寄託した後六十日で、改正を受諾した締約国について効力を生ずる。その後、改正は、他の締約国についても、当該他の締約国が改正の受諾書を寄託した後六十日で、効力を生ずる。

**第一八条（紛争の解決）** 1 締約国は、この条約の解釈又は適用について他の締約国との間に紛争が生じた場合には、当該紛争について当該他の締約国と交渉する。

2 締約国は、1の規定によつても紛争を解決することができなかつた場合には、合意により当該紛争を仲裁、特に、ハーグ常設仲裁裁判所の仲裁に付することができる。紛争を仲裁に付した締約国は、仲裁裁定に従うものとする。

**第一九条（署名）** (略)

**第二〇条（批准、受諾及び承認）** この条約は、批准され、受諾され又は承認されなければならない。批准書、受諾書又は承認書は、寄託政府であるスイス連邦政府に寄託する。

**第二一条（加入）** この条約は、加入のため無期限に開放しておく。加入書は、寄託政府に寄託する。

**第二二条（効力発生）** (略)

**第二三条（留保）** 1 この条約については、一般的な留保は、付することができない。特定の留保は、この条、第十五条及び第十六条の規定に基づいて付することができる。

2 いずれの国も、批准書、受諾書、承認書又は加入書を寄託する際に、次のものについて特定の留保を付することができる。

(a) 附属書Ⅰ、附属書Ⅱ又は附属書Ⅲに掲げる種

(b) 附属書Ⅲに掲げる種の個体の部分又は派生物であつて附属書Ⅲにより特定されるもの

3 締約国は、この条の規定に基づいて付した留保を撤回するまでの間、留保に明示した特定の種又は特定の種の個体の部分若しくは派生物に係る取引につきこの条約の締約国でない国として取り扱われる。

**第二四条（廃棄）** いずれの締約国も、寄託政府に対して書面による通告を行うことにより、この条約をいつでも廃棄することができる。廃棄は、寄託政府が通告を受領した後十二箇月で効力を生ずる。

**第二五条（寄託政府）** (略)

**附属書Ⅰから附属書Ⅳまで** (略)

## 9 湿地保全条約（抄）

（特に水鳥の生息地として国際的に重要な湿地に関する条約）［ラムサール条約］

作　　成　一九七一年二月二日（ラムサール）
効力発生　一九七五年一二月二一日（改正－八六年一〇月一日（八二年一二月三日パリ）、九四年五月一日（八七年五月二八日レジャイナ））
日 本 国　一九八〇年一〇月一七日（同年五月九日国会承認、六月一七日加入書寄託、九月二二日公布・条約二八号　改正－八七年六月二六日発効（同日公布・条約八号）、九四年五月一日発効（四月二九日公布・条約一号））
当 事 国　一七一

締約国は、

人間とその環境とが相互に依存していることを認識し、

水の循環を調整するものとしての湿地の及び湿地特有の動植物特に水鳥の生息地としての湿地の基本的な生態学的機能を考慮し、

湿地が経済上、文化上、科学上及びレクリエーション上大きな価値を有する資源であること及び湿地を喪失することが取返しのつかないことであることを確信し、

湿地の進行性の侵食及び湿地の喪失を現在及び将来とも阻止す

ることを希望し、

水鳥が、季節的移動に当たつて国境を越えることがあることから、国際的な資源として考慮されるべきものであることを認識し、

湿地及びその動植物の保全が将来に対する見通しを有する国内政策と、調整の図られた国際的行動とを結び付けることにより確保されるものであることを確信して、

次のとおり協定した。

**第一条【定義】** 1 この条約の適用上、湿地とは、天然のものであるか人工のものであるか、永続的なものであるか一時的なものであるかを問わず、更には水が滞つているか流れているか、淡水であるか汽水であるか鹹水であるかを問わず、沼沢地、湿原、泥炭地又は水域をいい、低潮時における水深が六メートルを超えない海域を含む。

2 この条約の適用上、水鳥とは、生態学上湿地に依存している鳥類をいう。

**第二条【登録簿】** 1 各締約国は、その領域内の適当な湿地を指定するものとし、指定された湿地は、国際的に重要な湿地に係る登録簿(以下「登録簿」という。第八条の規定により設けられる事務局が保管する。)に掲げられる。湿地の区域は、これを正確に記述し、かつ、地図上に表示するものとし、また、特に水鳥の生息地として重要である場合には、水辺及び沿岸の地帯であつて湿地に隣接するもの並びに島又は低潮時における水深が六メートルを超える海域であつて湿地に囲まれているものを含めることができる。

2 湿地は、その生態学上、植物学上、動物学上、湖沼学上又は水文学上の国際的重要性に従つて、登録簿に掲げるため選定されるべきである。特に、水鳥にとつていずれの季節においても国際的に重要な湿地は、掲げられるべきである。

3 登録簿に湿地を掲げることは、その湿地の存する締約国の排他的主権を害するものではない。

4 各締約国は、第九条の規定によりこの条約に署名し又は批准書若しくは加入書を寄託する際に、登録簿に掲げるため少なくとも一の湿地を指定する。

5 いずれの締約国も、その領域内の湿地を登録簿に追加し、既に登録簿に掲げられている湿地の区域を拡大し又は既に登録簿に掲げられている湿地の区域を緊急な国家的利益のために廃止し若しくは縮小する権利を有するものとし、当該変更につき、できる限り早期に、第八条に規定する事務局の任務について責任を有する機関又は政府に通報する。

6 各締約国は、その領域内の湿地につき、登録簿への登録のため指定する場合及び登録簿の登録を変更する権利を行使する場合には、渡りをする水鳥の保護、管理及び適正な利用についての国際的責任を考慮する。

**第三条【湿地の保全】** 1 締約国は、登録簿に掲げられている湿地の保全を促進し及びその領域内の湿地をできる限り適正に利用することを促進するため、計画を作成し、実施する。

2 各締約国は、その領域内にあり、かつ、登録簿に掲げられている湿地の生態学的特徴が技術の発達、汚染その他の人為的干渉の結果、既に変化しており、変化しつつあり又は変化するおそれがある場合には、これらの変化に関する情報をできる限り早期に入手することができるような措置をとる。これらの変化に関する情報は、遅滞なく、第八条に規定する事務局の任務について責任を有する機関又は政府に通報する。

**第四条【自然保護区】** 1 各締約国は、湿地が登録簿に掲げられているかどうかにかかわらず、湿地に自然保護区を設けることにより湿地及び水鳥の保全を促進し、かつ、その自然保護区の監視を十分に行う。

2 締約国は、登録簿に掲げられている湿地の区域を緊急な国家的利益のために廃止し又は縮小する場合には、できる限り湿地資源の喪失を補うべきであり、特に、同一の又は他の地域において水鳥の従前の生息地に相当する生息地を維持するために、新たな自然保護区を創設すべきである。

3 締約国は、湿地及びその動植物に関する研究並びに湿地及びその動植物に関する資料及び刊行物の交換を奨励する。

4 締約国は、湿地の管理により、適当な湿地における水鳥の数を増加させるよう努める。

5 締約国は、湿地の研究、管理及び監視について能力を有する者の訓練を促進する。

**第五条【協議】** 締約国は、特に二以上の締約国の領域に湿地がわたつている場合又は二以上の締約国に水系が及んでいる場合には、この条約に基づく義務の履行につき、相互に協議する。また、締約国は、湿地及びその動植物の保全に関する現在及び将来の施策及び規制について調整し及びこれを支援するよう努める。

**第六条【締約国会議】** 1 この条約の実施について検討し及びこの条約の実施を促進するため、締約国会議を設置する。第八条1の事務局は、締約国会議が別段の決定を行わない限り三年を超えない間隔で締約国会議の通常会合を招集し、また、締約国の少なくとも三分の一が書面により要請する場合には特別会合を招集する。締約国会議の通常会合は、次回の通常会合の時期及び場所を決定する。

2 締約国会議は、次のことを行う権限を有する。

(a) この条約の実施について討議すること。

(b) 登録簿に係る追加及び変更について討議すること。

(c) 登録簿に掲げられている湿地の生態学的特徴の変化に関する情報であつて第三条2の規定により通報されるものについて検討すること。

(d) 締約国に対し、湿地及びその動植物の保全、管理及び適正な利用に関して一般的又は個別的勧告を行うこと。

(e) 湿地に関係のある事項であつて本来国際的性格を有するものについての報告及び統計を作成するよう関係国際機関に要請すること。

(f) この条約の実施を促進するため、その他の勧告又は決議を採択すること。

3 締約国は、湿地の管理につきそれぞれの段階において責任を有する者が湿地及びその動植物の保全、管理及び適正な利用に関する1の会議の勧告について通知を受けること及びこれらの者が当該勧告を考慮に入れることを確保する。

4—6 (略)

**第七条【代表と議決】** 1 前条1の会議に出席する締約国の代表には、科学、行政その他の適当と認められる分野において得られた知識及び経験により湿地又は水鳥の専門家とされる者を含めるべきである。

2 会議に代表を出席させる各締約国は、一の票を有するものとし、勧告、決議及び決定は、この条約に別段の定めがある場合を除くほか、出席しかつ投票する締約国の単純過半数による議決で採択する。

**第八条【事務局】** 1 自然及び天然資源の保全に関する国際同盟は、他の機関又は政府がすべての締約国の三分の二以上の多数による議決で指定される時まで、この条約に規定する事務局の任務を行う。

2（略）

**第九条【署名、批准、加入】**（略）

**第一〇条【効力発生】**（略）

**第一〇条の二【改正】**（略）

**第一一条【脱退】**（略）

**第一二条【寄託者の任務】**（略）

## 10 南極海洋生物資源保存条約（第5章第2節5参照二四二頁）

## 11 国際捕鯨取締条約（第5章第2節6参照二四六頁）

## 12 みなみまぐろの保存のための条約（第5章第2節7参照二四九頁）

## 13 原子力事故通報条約

（原子力事故の早期通報に関する条約）

採　択　一九八六年九月二六日（ウィーン）
効力発生　一九八六年一〇月二七日
日本国　一九八七年七月一〇日（同年三月六日署名、五月二七日国会承認、六月五日内閣受諾決定、六月九日受諾書寄託、七月一日公布・条約九号）
当事国　一二三（他に世界保健機関（WHO）、世界気象機関（WMO）、国際連合食糧農業機関（FAO）、EURATOMが受諾宣言）

この条約の締約国は、

原子力活動が多数の国において行われていることを認識し、

原子力事故を防止すること及びいかなる原子力事故が発生した場合にもその影響を最小のものにとどめることを目的として、原子力活動における高い水準の安全性を確保するために、広範な措置がとられてきたこと、また、とられつつあることに留意し、

原子力の安全な開発及び利用における国際協力を一層強化することを希望し、

国境を越えて及ぼされる放射線の影響が最小のものにとどめられるよう、各国が原子力事故についての関連情報を可能な限り早期に提供することが必要であることを確信し、

この分野における情報交換に関する二国間及び多数国間取極が有用であることに留意して、

次のとおり協定した。

**第一条（適用範囲）** 1 この条約は、締約国又はその管轄若しくは管理の下にある自然人若しくは法人の2に定める施設又は活動に関係する事故であって、放射性物質を放出しており又は放出するおそれがあり、かつ、他国に対し放射線安全に関する影響を及ぼし得るような国境を越える放出をもたらしており又はもたらすおそれがある事故の場合に適用する。

2 1の施設及び活動は、次のものとする。
(a) すべての原子炉（所在のいかんを問わない。）
(b) すべての核燃料サイクル施設
(c) すべての放射性廃棄物取扱施設
(d) 核燃料又は放射性廃棄物の輸送及び貯蔵
(e) 農業、工業、医療、科学及び研究の目的のための放射性同位元素の製造、利用、貯蔵、廃棄及び輸送
(f) 宇宙物体における発電のための放射性同位元素の利用

**第二条（通報及び情報）** 前条に規定する事故（以下「原子力事故」という。）が発生した場合には、同条に規定する締約国は、
(a) 直接に又は国際原子力機関（以下「機関」という。）を通じて前条に定める物理的な影響を受けており又は受けるおそれがある国に対し、及び機関に対し、原子力事故の発生した事実、その種類、発生時刻及び適当な場合にはその正確な場所を直ちに通報する。
(b) 直接に又は機関を通じて(a)に規定する国に対し、及び機関に対し、その国における放射線の影響を最小のものにとどめるための提供可能な情報であって第五条に定めるものを速やかに提供する。

**第三条（他の原子力に関する事故）** 締約国は、放射線の影響を最小のものにとどめるため、第一条に規定する事故以外の原子力に関する事故の場合にも通報をすることができる。

**第四条（機関の任務）** 機関は、
(a) 締約国、加盟国、第一条に定める物理的な影響を受けており又は受けるおそれがあるその他の国及び関係する政府間国際機関（以下「国際機関」という。）に対し、第二条(a)の規定により受領した通報を直ちに伝達する。
(b) いずれの締約国、加盟国又は関係する国際機関に対しても、その要請に応じ、第二条(b)の規定により受領した情報を速やかに提供する。

**第五条（提供される情報）** 1 第二条(b)の規定により提供される情報は、次のデータのうちその時点で通報締約国が利用し得るものから成る。
(a) 原子力事故の発生時刻、適当な場合にはその正確な場所及びその種類
(b) 原子力事故に関係する施設又は活動
(c) 国境を越える放射性物質の放出に関係する原子力事故について想定され又は確定した原因及び予想される進展
(d) 放射性物質の放出の全般的な特徴（実行可能なかつ適当な限り、放射性物質の放出の性質、予想される物理的又は化学的形態、量、構成及び有効高さを含む。）
(e) 提供の時点までの及び予測される気象学的又は水文学的条件に関する情報であって、国境を越える放射性物質の放出を予測するために必要なもの
(f) 国境を越える放射性物質の放出に関する環境の監視の結果
(g) 既にとられ又は計画されている敷地外の防護措置
(h) 放射性物質の放出の挙動で予見されるもの

2 1の情報は、緊急事態の進展（緊急事態の終結の予想又は事実を含む。）に関する追加的な情報により適当な間隔で補足する。

3 第二条(b)の規定により受領された情報は、当該情報が通報締約国により秘密のものとして提供された場合を除き、取扱いに

関する制限なしに用いられる。

**第六条（協議）** 第二条(b)の規定に従い情報を提供する締約国は、影響を受ける締約国が自国における放射線の影響を最小のものにとどめるため追加的な情報の提供又は協議を求めて行う要請に対し、合理的に実行可能な限り、速やかに応ずる。

**第七条（権限のある当局及び連絡上の当局）** 1 締約国は、機関に対し及び直接に又は機関を通じて他の締約国に対し、自国の権限のある当局並びに第二条に規定する通報及び情報の発出及び受領について責任を有する連絡上の当局を通知する。当該連絡上の当局及び機関内の中央連絡先は、常に連絡が可能でなければならない。

2 締約国は、1の規定に従つて通知した事項について生ずるすべての変更を機関に対し速やかに通知する。

3 機関は、各国の1に規定する権限のある当局及び連絡上の当局並びに関係する国際機関の連絡先に関する最新の一覧表を保持し、これを締約国、加盟国及び関係する国際機関に提供する。

**第八条（締約国に対する援助）** 機関は、その憲章に従い、かつ、自国では原子力活動を行つていない締約国であつて現に遂行中の原子力計画を有している非締約国に接しているものの要請に応じ、この条約の目的の達成を容易にするため、適当な放射線監視体制の実現可能性及び確立に関する調査を行う。

**第九条（二国間及び多数国間取極）** 締約国は、相互の利益の一層の促進のため、適当と認められる場合には、この条約の対象となつている事項に関する二国間又は多数国間取極を締結することを考慮することができる。

**第一〇条（他の国際協定との関係）** この条約は、この条約の対象となつている事項に関する現行の国際協定又はこの条約の趣旨及び目的に従つて締結される将来の国際協定に基づく締約国の相互の権利及び義務に影響を及ぼすものではない。

**第一一条（紛争の解決）** 1 この条約の解釈又は適用に関して締約国間又は締約国と機関との間に紛争が生じた場合には、紛争当事者は、交渉又は紛争当事者が受け入れることができるその他の平和的紛争解決手段により紛争を解決するため、協議する。

2 締約国間の1に規定する紛争であつて1の規定に基づく協議の要請から一年以内に解決することができないものは、いずれかの紛争当事国の要請により、決定のため仲裁又は国際司法裁判所に付託する。紛争が仲裁に付託された場合において、要請の日から六箇月以内に仲裁の組織について紛争当事国が合意に達しないときは、いずれの紛争当事国も、国際司法裁判所長又は国際連合事務総長に対し、一人又は二人以上の仲裁人の指名を要請することができる。紛争当事国の要請が抵触する場合には、国際連合事務総長に対する要請が優先する。

3 締約国は、この条約の署名、批准、受諾若しくは承認又はこの条約への加入の際に、2に定める紛争解決手続の一方又は双方に拘束されない旨を宣言することができる。他の締約国は、そのような宣言が効力を有している締約国との関係において、2に定める当該紛争解決手続に拘束されない。

4 3の規定に基づいて宣言を行つた締約国は、寄託者に対する通告により、いつでもその宣言を撤回することができる。

**第一二条（効力発生）** 1 この条約は、ウィーンにある国際原子力機関本部においては千九百八十六年九月二十六日から、ニューヨークにある国際連合本部においては千九百八十六年十月六日から、その効力発生までの期間又は十二箇月間のいずれか長い方の期間、すべての国及び国際連合ナミビア理事会によつて代表されるナミビアによる署名のために開放しておく。

2 すべての国及び国際連合ナミビア理事会によつて代表されるナミビアは、署名により、批准、受諾若しくは承認を条件とする署名の後の批准書、受諾書若しくは承認書の寄託により、又は加入書の寄託により、この条約に拘束されることについての同意を表明することができる。批准書、受諾書、承認書又は加入書は、寄託者に寄託する。

3 この条約は、三の国が拘束されることについての同意を表明した日の後三十日を経過した日に効力を生ずる。

4 この条約は、これに拘束されることについての同意をこの条約の効力発生後に表明した国については、同意の表明の日の後三十日を経過した日に効力を生ずる。

5 (a) この条約は、国際機関及び主権国家によつて構成される地域的な統合のための機関であつてこの条約の対象となつている事項に関する国際協定の交渉、締結及び適用を行う権限を有するものによる加入のため、この条の規定に従つて開放しておく。

(b) (a)に規定する機関は、その権限の範囲内の事項に関し、当該機関のために、この条約により締約国に帰せられる権利を行使し、及び義務を履行する。

(c) 当該機関は、加入書の寄託の際に、寄託者に対し、この条約の対象となつている事項に関する当該機関の権限の範囲を示す宣言書を送付する。

(d) 当該機関は、その加盟国が投票権を有していることがあるほか、いかなる投票権も有しない。

**第一三条（暫定的適用）** いずれの国も、署名の際に又は署名の後この条約が当該国について効力を生ずるまでの間いつでも、この条約を暫定的に適用する旨を宣言することができる。

**第一四条（改正）** 1 締約国は、この条約の改正を提案することができる。改正案は、寄託者に提出するものとし、寄託者は、これを他のすべての締約国に対し直ちに送付する。

2 締約国の過半数が寄託者に対し改正案の審議のための会議の招集を要請した場合には、寄託者は、当該会議に出席するようすべての締約国を招請するものとし、当該会議は、招請状の発送から三十日以後に開催される。この会議においてすべての締約国の三分の二以上の多数による議決で採択された改正は、議定書に定められるものとし、この議定書は、ウィーン及びニューヨークにおいてすべての締約国による署名のために開放される。

3 2の議定書は、三の国がこれに拘束されることについての同意を表明した日の後三十日を経過した日に効力を生ずる。この議定書は、これに拘束されることについての同意をこの議定書の効力発生後に表明した国については、同意の表明の日の後三十日を経過した日に効力を生ずる。

**第一五条（廃棄）** 1 締約国は、寄託者に対して書面による通告を行うことにより、この条約を廃棄することができる。

2 廃棄は、寄託者が1の通告を受領した日の後一年を経過した日に効力を生ずる。

**第一六条（寄託者）** 1 国際原子力機関事務局長は、この条約の寄託者とする。

2 国際原子力機関事務局長は、締約国及び他のすべての国に対し、次の事項を速やかに通報する。

(a) この条約又は改正議定書の署名

(b) この条約又は改正議定書に関する批准書、受諾書、承認書

又は加入書の寄託

(c) 第十一条の規定に基づく宣言又はその撤回

(d) 第十三条の規定に基づくこの条約の暫定的適用の宣言

(e) この条約の効力発生及びこの条約の改正の効力発生

(f) 第十五条の規定に基づく廃棄

**第一七条（正文及び認証謄本）** アラビア語、中国語、英語、フランス語、ロシア語及びスペイン語をひとしく正文とするこの条約の原本は、国際原子力機関事務局長に寄託する。同事務局長は、その認証謄本を締約国及び他のすべての国に送付する。

## 14　原子力事故援助条約

（原子力事故又は放射線緊急事態の場合における援助に関する条約）

採　択　一九八六年九月二六日（ウィーン）

効力発生　一九八七年二月二六日

日本国　一九八七年七月一〇日（同年三月六日署名、五月二七日国会承認、六月五日内閣受諾決定、六月九日受諾書寄託、七月一日公布・条約一〇号）

当事国　一一八（他にWHO、WMO、FAO、EURATOMが受諾宣言）

この条約の締約国は、

原子力活動が多数の国において行われていることを認識し、

原子力事故を防止すること及びいかなる原子力事故が発生した場合にもその影響を最小のものにとどめることを目的として、原子力活動における高い水準の安全性を確保するために、広範な措置がとられてきたこと、また、とられつつあることに留意し、

原子力の安全な開発及び利用における国際協力を一層強化することを希望し、

原子力事故又は放射線緊急事態の場合においてその影響を緩和するため援助の迅速な提供を容易にする国際的な枠組みが必要であることを確信し、

この分野における相互援助に関する二国間及び多数国間取極が有用であることに留意し、

原子力事故又は放射線緊急事態に関する相互緊急援助の取極のための指針の作成における国際原子力機関の活動に留意して、

次のとおり協定した。

**第一条（一般規定）** 1　締約国は、原子力事故又は放射線緊急事態の場合において、その影響を最小のものにとどめ並びに放射性物質の放出の影響から生命、財産及び環境を保護するための迅速な援助を容易にするため、この条約に従い、締約国間で及び国際原子力機関（以下「機関」という。）と協力する。

2　1の協力を容易にするため、締約国は、原子力事故又は放射線緊急事態の場合に生ずることがある傷害及び損害を防止し又は最小のものにとどめるために二国間若しくは多数国間取極について又は適当な場合にはこれらを組み合わせたものについて合意することができる。

3　締約国は、国際原子力機関憲章の枠内で活動する機関に対し、この条約に定める締約国間の協力を促進し、容易にし及び支援するためこの条約に従い最善の努力を払うよう要請する。

**第二条（援助の提供）** 1　締約国は、原子力事故又は放射線緊急事態の場合（当該事故又は緊急事態が当該締約国の領域内又はその管轄若しくは管理下で発生したものであるかないかを問わない。）において、援助を必要とするときは、直接に若しくは機関を通じて他の締約国に対し、又は機関若しくは適当な場合には他の政府間国際機関（以下「国際機関」という。）に対し、援助を要請することができる。

2　援助を要請する締約国は、必要な援助の範囲及び種類を特定し、並びに、実行可能な場合には、援助提供者に対し、当該援助提供者が要請に応じ得る程度を決定するために必要となり得る情報を提供する。必要な援助の範囲及び種類を要請締約国が特定することができない場合には、要請締約国及び援助提供者は、協議を行い、必要な援助の範囲及び種類を決定する。

3　援助の要請を受けた締約国は、速やかに、要請された援助を与えることができるかできないか並びに与え得る援助の範囲及び条件を決定し、直接に又は機関を通じて要請締約国に通報する。

4　締約国は、可能な範囲内で、原子力事故又は放射線緊急事態の場合における他の締約国に対する援助の提供のため利用可能となることがあり得る専門家、機材及び資材を、当該援助を提供し得る条件、特に財政的条件とともに明らかにし、機関に通報する。

5　いずれの締約国も、原子力事故又は放射線緊急事態の影響を受けた者の他の締約国の領域内での治療又は他の締約国の領域内への一時的な移転に関して援助を要請することができる。

6　機関は、その憲章に従い、かつ、この条約に従い、次の方法により、原子力事故又は放射線緊急事態の場合における要請締約国又は加盟国の援助の要請に応ずる。

(a) この目的のため配分された適当な資源を利用可能とすること。

(b) 他の国及び国際機関であって、機関の情報により、必要な資源を有する可能性があると認められるものに対し、当該要請を速やかに伝達すること。

(c) 要請国の要請があるときは、(a)又は(b)の規定により提供可能となり得る援助を国際的に調整すること。

**第三条（援助の指導及び管理）** 別段の合意がない限り、

(a) 援助の全般的な指導、管理、調整及び監視は、要請国の領域内においては、要請国の任務とする。援助提供者は、援助に人員を必要とする場合には、要請国と協議した上で、援助提供者が提供する人員及び機材の作業上の直接的な監視を担当する者を指名するものとし、指名された者は、要請国の関係当局と協力してその監視をするものとする。

(b) 要請国は、可能な範囲内で、援助の適切かつ効果的な実施のため現地の施設及び役務を提供する。要請国は、また、援助の目的のため援助提供者により又は援助提供者のために要請国の領域内に派遣される人員並びに持ち込まれる機材及び資材の保護を確保する。

(c) 援助の期間中要請国又は援助提供者が提供する機材及び資材の所有権は、影響を受けないものとし、当該機材及び資材の返還は、確保される。

(d) 前条5の要請に応じて援助を提供する締約国は、自国の領域内において援助を調整する。

**第四条（権限のある当局及び連絡上の当局）** 1　締約国は、機関

に対し及び直接に又は機関を通じて他の締約国に対し、自国の権限のある当局並びに援助の要請を行い、援助の要請を受領し及び援助の申出を受理する責任を有する連絡上の当局を通知する。当該連絡上の当局及び機関内の中央連絡先は、常に連絡が可能でなければならない。

2　締約国は、1の規定に従つて通知した事項について生ずるすべての変更を機関に対し速やかに通知する。

3　機関は、1及び2の規定により通知された事項を締約国、加盟国及び関係する国際機関に対し規則的かつ速やかに伝達する。

**第五条（機関の任務）**　締約国は、第一条3の規定に従い、かつ、この条約の他の規定の適用を妨げることなく、機関に対し、次のことを要請する。

(a)　次の事項に関する情報を収集し、締約国及び加盟国に提供すること。

(i)　原子力事故又は放射線緊急事態の場合において利用可能となることがあり得る専門家、機材及び資材

(ii)　原子力事故又は放射線緊急事態への対応に関する方法、技術及び利用可能な研究成果

(b)　次の事項その他適当な事項について要請がある場合には、締約国又は加盟国を援助すること。

(i)　原子力事故及び放射線緊急事態の場合における緊急計画並びに適当な法令の準備

(ii)　原子力事故及び放射線緊急事態の処理をする人員のための適当な訓練計画の作成

(iii)　原子力事故又は放射線緊急事態の場合における援助の要請及び関連情報の伝達

(iv)　放射線監視に関する適当な計画、手続及び基準の作成

(v)　適当な放射線監視体制の確立の実現可能性に関する調査の実施

(c)　原子力事故又は放射線緊急事態の場合において援助を要請する締約国又は加盟国のために、その事故又は緊急事態の当初の評価のため配分された適当な資源を利用可能とすること。

(d)　原子力事故又は放射線緊急事態の場合において締約国及び加盟国のためにあつせんを行うこと。

(e)　関連のある情報及びデータの入手及び交換のため関係する国際機関との連絡を確立し及び維持し、並びに当該機関の一覧表を締約国、加盟国及び関係する国際機関に提供すること。

**第六条（秘密性及び公表）**　1　要請国及び援助提供者は、原子力事故又は放射線緊急事態の場合における援助に関連して入手した秘密情報の秘密性を保護するものとし、当該情報は、合意された援助のためにのみ用いられる。

2　援助提供者は、原子力事故又は放射線緊急事態に関して提供した援助に関する情報を公開するに先立つて、要請国と調整を行うためあらゆる努力を払う。

**第七条（経費の償還）**　1　援助提供者は、要請国に対し、援助を無償で提供することができる。援助の提供を無償でするかしないかについて検討するに当たり、援助提供者は、次の事項を考慮する。

(a)　原子力事故又は放射線緊急事態の種類

(b)　原子力事故又は放射線緊急事態の発生の場所

(c)　開発途上国の必要

(d)　原子力施設を有しない国の特別の必要

(e)　その他の関連要因

2　援助が全部又は一部について有償で提供される場合には、要請国は、援助提供者のために行動する者（団体を含む。）が提供する役務に要する経費及び援助に関係するすべての経費（当該要請国が直接支払つていない部分に限る。）を援助提供者に償還する。別段の合意がない限り、償還は、援助提供者が要請国に請求をした後、速やかに行われなければならず、また、現地の経費以外の経費の償還は、自由に移転することができるもので行われなければならない。

3　2の規定にかかわらず、援助提供者は、いつでも、経費の全部又は一部について、償還の請求を放棄し又は償還の延期に同意することができる。この放棄又は延期を検討するに当たり、援助提供者は、開発途上国の必要に十分な考慮を払う。

**第八条（特権、免除及び便益）**　1　要請国は、援助提供者の人員及び援助提供者のために行動する人員に対し、援助の任務の遂行のために必要な特権、免除及び便益を与える。

2　要請国は、援助提供者の人員及び援助提供者のために行動する人員であつて当該要請国に対し正当に通知され、かつ、当該要請国が受け入れたものに対し、次の特権及び免除を与える。

(a)　当該人員の任務の遂行中の作為又は不作為に関し、抑留、拘禁及び訴訟手続の免除（刑事裁判権、民事裁判権及び行政裁判権からの免除を含む。）

(b)　援助の任務の遂行に関し、内国税、関税その他の課徴金（商品の価格に通常含められるもの及び提供される役務に対して支払われるものを除く。）の免除

3　要請国は、

(a)　援助提供者に対し、援助提供者が援助のために要請国の領域内に持ち込んだ機材及び財産に関する内国税、関税その他の課徴金を免除する。

(b)　(a)の機材及び財産の押収、差押え及び徴発を免除する。

4　要請国は、3の機材及び財産の返還を確保するものとし、また、援助提供者の要請があるときは、援助に使用された機材で再使用が可能なものに関しその返還前に必要な汚染の除去が行われるよう、可能な範囲内で措置する。

5　要請国は、2の規定により通知された人員並びに援助に使用される機材及び財産について、その領域への入国、その領域における滞在及びその領域からの出国を容易にする。

6　この条のいかなる規定も、要請国に対し、前各項に定める特権及び免除を自国民又は自国に通常居住している者に与えることを求めるものではない。

7　この条の規定に基づく特権及び免除を享受するすべての者は、特権及び免除を害されることなく、要請国の法令を尊重する義務を負う。これらの者は、また、要請国の国内問題に介入しない義務を負う。

8　この条のいかなる規定も、他の国際協定又は国際慣習法の諸規則に基づいて与えられる特権及び免除に関する権利及び義務を害するものではない。

9　いずれの国も、この条約の署名、批准、受諾若しくは承認又はこの条約への加入の際に、2及び3の規定の全部又は一部に拘束されない旨を宣言することができる。

10　9の規定に基づいて宣言を行つた締約国は、寄託者に対する通告により、いつでもその宣言を撤回することができる。

**第九条（人員、機材及び財産の通過）**　締約国は、要請国又は援助提供者の要請があるときは、正当に通知された人員並びに援助に使用される機材及び財産が要請国に入国し及び要請国から出国する際に当該締約国の領域を通過することを容易にするよう

努める。

**第一〇条（請求及び補償）** 1　締約国は、この条の規定により訴訟及び請求の解決を容易にするため密接に協力する。

2　要請国は、別段の合意がない限り、要請された援助の提供中に自国の領域内又はその管轄若しくは管理の下にある他の区域内において引き起こされた人の死亡若しくは身体の傷害、財産の損傷若しくは滅失又は環境に対する損害に関し、

(a)　援助提供者又はそのために行動する者（法人を含む。）に対し、いかなる訴訟も提起しない。

(b)　援助提供者又はそのために行動する者（法人を含む。）に対する第三者からの訴訟及び請求を処理する責任を負う。

(c)　(b)に規定する訴訟及び請求に関し、援助提供者又はそのために行動する者（法人を含む。）に損害を与えないようにする。

(d)　援助提供者及びそのために行動する者（法人を含む。）に対し、次の事項について補償をする。

(i)　援助提供者の人員及び援助提供者のために行動する人員の死亡及び傷害

(ii)　援助に使用される非消耗機材及び資材の滅失及び損傷

ただし、死亡、傷害、滅失又は損害を引き起こした個人に悪意があつた場合を除く。

3　この条の規定は、適用することができるいずれかの国際協定又はいずれかの国の国内法の定めるところにより可能となる補償及び賠償を妨げるものではない。

4　この条のいかなる規定も、要請国に対し、2の規定のいずれをも自国民又は自国に通常居住している者について適用することを求めるものではない。

5　いずれの国も、この条約の署名、批准、受諾若しくは承認又はこの条約への加入の際に、次の事項について宣言をすることができる。

(a)　2の規定の全部又は一部に拘束されないこと。

(b)　死亡、傷害、滅失又は損害を引き起こした個人に重大な過失があつた場合には、2の規定の全部又は一部を適用しないこと。

6　5の規定に基づいて宣言を行つた締約国は、寄託者に対する通告により、いつでもその宣言を撤回することができる。

**第一一条（援助の終了）**　要請国及び援助提供者は、いつでも、適当な協議の後書面による通告を行うことにより、この条約に基づき受け入れられ又は提供された援助の終了を要請することができる。関係当事者は、この要請が行われた場合には、援助を適切に終了させるための措置をとるため協議する。

**第一二条（他の国際協定との関係）**　この条約は、この条約の対象となつている事項に関する現行の国際協定又はこの条約の趣旨及び目的に従つて締結される将来の国際協定に基づく締約国の相互の権利及び義務に影響を及ぼすものではない。

**第一三条（紛争の解決）**〔原子力事故通報条約第一一条と同じ。〕

**第一四条（効力発生）** 1　この条約は、ウィーンにある国際原子力機関本部においては千九百八十六年九月二十六日から、ニュー・ヨークにある国際連合本部においては千九百八十六年十月六日から、その効力発生までの期間又は十二箇月間のいずれか長い方の期間、すべての国及び国際連合ナミビア理事会によつて代表されるナミビアによる署名のために開放しておく。

2　すべての国及び国際連合ナミビア理事会によつて代表されるナミビアは、署名により、批准、受諾若しくは承認を条件とする署名の後の批准書、受諾書若しくは承認書の寄託により、又は加入書の寄託により、この条約に拘束されることについての同意を表明することができる。　批准書、受諾書、承認書又は加入書は、寄託者に寄託する。

3　この条約は、これに拘束されることについての同意を三の国が表明した日の後三十日を経過した日に効力を生ずる。

4　この条約は、これに拘束されることについての同意をこの条約の効力発生後に表明した国については、同意の表明の日の後三十日を経過した日に効力を生ずる。

5(a)　この条約は、国際機関及び主権国家によつて構成される地域的な統合のための機関であつてこの条約の対象となつている事項に関する国際協定の交渉、締結及び適用を行う権限を有するものによる加入のため、この条の規定に従つて開放しておく。

(b)　(a)に規定する機関は、その権限の範囲内の事項に関し、当該機関のために、この条約により締約国に帰せられる権利を行使し、及び義務を履行する。

(c)　当該機関は、加入書の寄託の際に、寄託者に対し、この条約の対象となつている事項に関する当該機関の権限の範囲を示す宣言書を送付する。

(d)　当該機関は、その加盟国が投票権を有していることがあるほか、いかなる投票権も有しない。

**第一五条（暫定的適用）**　いずれの国も、署名の際に又は署名の後この条約が当該国について効力を生ずるまでの間いつでも、この条約を暫定的に適用する旨を宣言することができる。

**第一六条（改正）** 1　締約国は、この条約の改正を提案することができる。改正案は、寄託者に提出するものとし、寄託者は、これを他のすべての締約国に対し直ちに送付する。

2　締約国の過半数が寄託者に対し改正案の審議のための会議の招集を要請した場合には、寄託者は、当該会議に出席するようすべての締約国を招請するものとし、当該会議は、招請状の発送から三十日以後に開催される。この会議においてすべての締約国の三分の二以上の多数による議決で採択された改正は、議定書に定められるものとし、この議定書は、ウィーン及びニュー・ヨークにおいてすべての締約国による署名のために開放される。

3　2の議定書は、これに拘束されることについての同意を三の国が表明した日の後三十日を経過した日に効力を生ずる。この議定書は、これに拘束されることについての同意をこの議定書の効力発生後に表明した国については、同意の表明の日の後三十日を経過した日に効力を生ずる。

**第一七条（廃棄）** 1　締約国は、寄託者に対して書面による通告を行うことにより、この条約を廃棄することができる。

2　廃棄は、寄託者が1の通告を受領した日の後一年を経過した日に効力を生ずる。

**第一八条（寄託者）** 1　国際原子力機関事務局長は、この条約の寄託者とする。

2　国際原子力機関事務局長は、締約国及び他のすべての国に対し、次の事項を速やかに通報する。

(a)　この条約又は改正議定書の署名

(b)　この条約又は改正議定書に関する批准書、受託書、承認書又は加入書の寄託

(c)　第八条、第十条又は第十三条の規定に基づく宣言又はその撤回

(d)　第十五条の規定に基づくこの条約の暫定的適用の宣言

(e) この条約の効力発生及びこの条約の改正の効力発生

(f) 第十七条の規定に基づく廃棄

**第一九条（正文及び認証謄本）** アラビア語、中国語、英語、フランス語、ロシア語及びスペイン語をひとしく正文とするこの条約の原本は、国際原子力機関事務局長に寄託する。同事務局長は、その認証謄本を締約国及び他のすべての国に送付する。

## 15 原子力安全条約（抄）

（原子力の安全に関する条約）

作成 一九九四年九月二〇日（ウィーン）
効力発生 一九九六年一〇月二四日
日本国 一九九六年一〇月二四日（九四年九月二〇日署名、九五年四月一四日国会承認、五月一二日受諾書寄託、九六年一〇月一八日公布・条約一一号）
当事国 八九（他にEURATOM）

### 前文

締約国は、

(i) 原子力の利用が安全であり、十分に規制されており及び環境上適正であることを確保することが国際社会にとって重要であることを認識し、

(ii) 原子力の安全の水準を世界的に高めていくことを継続する必要性を再確認し、

(iii) 原子力の安全に関する責任は原子力施設について管轄権を有する国が負うことを再確認し、

(iv) 原子力安全文化を十分に醸成することを希望し、

(v) 原子力施設における事故が国境を越えて影響を及ぼすおそれがあることを認識し、

(vi) 核物質の防護に関する条約（千九百七十九年）、原子力事故の早期通報に関する条約（千九百八十六年）及び原子力事故又は放射線緊急事態の場合における援助に関する条約（千九百八十六年）に留意し、

(vii) 既存の二国間及び多数国間の制度を通じ並びに各締約国の取組を奨励するこの条約の作成を通じて原子力の安全を向上させるための国際協力を行うことが重要であることを確認し、

(viii) この条約が原子力施設のための安全に関する詳細な基準ではなく基本的な原則の適用についての約束を含むこと及び国際的に作成された安全に関する指針であって随時更新され、それゆえに高い水準の安全を達成するための最新の方法を示し得るものが存在することを認識し、

(ix) 放射性廃棄物管理の安全に関する原則を定めるために進められている作業の結果、国際的に広範な合意が得られた場合には、放射性廃棄物管理の安全に関する国際条約の作成を速やかに開始することが必要であることを確認し、

(x) 核燃料サイクルにおけるその他の部分の安全に関する技術的な作業を一層進めることが有用であること及びその作業が現在又は将来の国際文書の作成を促進し得ることとなることを認識して、

次のとおり協定した。

### 第一章 目的、定義及び適用範囲

**第一条（目的）** この条約の目的は、次のとおりとする。

(i) 国内措置及び国際協力（適当な場合には、安全に関する技術協力を含む。）の拡充を通じ、原子力の高い水準の安全を世界的に達成し及び維持すること。

(ii) 原子力施設に起因する電離放射線による有害な影響から個人、社会及び環境を保護するため、原子力施設において、放射線による潜在的な危険に対する効果的な防護を確立し及び維持すること。

(iii) 放射線による影響を伴う事故を防止し及び、事故が発生した場合には、その影響を緩和すること。

**第二条（定義）** この条約の適用上、

(i) 「原子力施設」とは、各締約国について、その管轄の下にある陸上に設置された民生用の原子力発電所（放射性物質の貯蔵、取扱い及び処理のための施設であって、当該原子力発電所と同一の敷地内にあり、かつ、その運転に直接関係するものを含む。）をいう。原子力発電所は、すべての核燃料要素が原子炉の炉心から永久に除去され、承認された手続に従って安全に貯蔵され、かつ、廃止措置に関する計画が規制機関によって同意された時に原子力施設でなくなる。

(ii) 「規制機関」とは、各締約国について、許可を付与し及び原子力施設の立地、設計、建設、試運転、運転又は廃止措置を規制する法的権限を当該締約国によって与えられた機関をいう。

(iii) 「許可」とは、規制機関が申請者に与える権利であって、当該申請者が自らの責任で原子力施設の立地、設計、建設、試運転、運転又は廃止措置を実施するためのものをいう。

**第三条（適用範囲）** この条約は、原子力施設の安全について適用する。

### 第二章 義務（抄）

(a) 一般規定

**第四条（実施のための措置）** 締約国は、自国の国内法の枠組みの中で、この条約に基づく義務を履行するために必要な法令上、行政上その他の措置をとる。

**第五条（報告）** 締約国は、第二十条に規定する会合に先立ち、その会合における検討のために、この条約に基づく義務を履行するためにとった措置に関する報告を提出する。

**第六条（既存の原子力施設）** 締約国は、この条約が自国について効力を生じた時に既に存在している原子力施設の安全について可能な限り速やかに検討が行われることを確保するため、適当な措置をとる。締約国は、この条約により必要な場合には、原子力施設の安全性を向上させるためにすべての合理的に実行可能な改善のための措置が緊急にとられることを確保するため、適当な措置をとる。当該施設の安全性を向上させることができない場合には、その使用を停止するための計画が実行可能な限り速やかに実施されるべきである。使用の停止の時期を決定するに当たっては、総合的なエネルギー事情、可能な代替エネルギー並びに社会上、環境上及び経済上の影響を考慮に入れることができる。

(b)　法令

**第七条（法令上の枠組み）**　1　締約国は、原子力施設の安全を規律するため、法令上の枠組みを定め及び維持する。

2　法令上の枠組みは、次の事項について定める。

(i)　国内的な安全に関して適用される要件及び規制

(ii)　原子力施設に関する許可の制度であって許可を受けることなく原子力施設を運転することを禁止するもの

(iii)　原子力施設に対する規制として行われる検査及び評価に関する制度であって適用される規制及び許可の条件の遵守を確認するためのもの

(iv)　適用される規制及び許可の条件の実施方法(停止、変更、取消し等)

**第八条（規制機関）**　1　締約国は、前条に定める法令上の枠組みを実施することを任務とする規制機関を設立し又は指定するものとし、当該機関に対し、その任務を遂行するための適当な権限、財源及び人的資源を与える。

2　締約国は、規制機関の任務と原子力の利用又はその促進に関することをつかさどるその他の機関又は組織の任務との間の効果的な分離を確保するため、適当な措置をとる。

**第九条（許可を受けた者の責任）**　締約国は、原子力施設の安全のための主要な責任は関係する許可を受けた者が負うことを確保するものとし、また、許可を受けた者がその責任を果たすことを確保するため適当な措置をとる。

(c)　安全に関する一般的な考慮

**第一〇条（安全の優先）**　締約国は、原子力施設に直接関係する活動に従事するすべての組織が原子力の安全に妥当な優先順位を与える方針を確立することを確保するため、適当な措置をとる。

**第一一条（財源及び人的資源）**　1　締約国は、原子力施設の安全の確保を支援するために適当な財源が当該施設の供用期間中利用可能であることを確保するため、適当な措置をとる。

2　締約国は、適当な教育、訓練及び再訓練を受けた能力を有する十分な数の職員が、原子力施設の供用期間中、当該施設における又は当該施設のための安全に関するすべての活動のために利用可能であることを確保するため、適当な措置をとる。

**第一二条（人的な要因）**　締約国は、人間の行動に係る能力及び限界が原子力施設の供用期間中考慮されることを確保するため、適当な措置をとる。

**第一三条（品質保証）**　締約国は、原子力の安全にとって重要なすべての活動のための特定の要件が原子力施設の供用期間中満たされていることについて信頼を得るために品質保証に関する計画が作成され及び実施されることを確保するため、適当な措置をとる。

**第一四条（安全に関する評価及び確認）**　締約国は、次のことを確保するため、適当な措置をとる。

(i)　原子力施設の建設前、試運転前及び供用期間中、安全に関する包括的かつ体系的な評価が実施されること。その評価は、十分に記録され、その後運転経験及び重要かつ新たな安全に関する情報に照らして更新され、並びに規制機関の権限の下で検討を受ける。

(ii)　原子力施設の物理的状態及び運転が当該施設の設計、適用される国内的な安全に関する要件並びに運転上の制限及び条件に継続的に従っていることを確保するため、解析、監視、試験及び検査による確認が実施されること。

**第一五条（放射線防護）**　締約国は、作業員及び公衆が原子力施設に起因する放射線にさらされる程度がすべての運転状態において合理的に達成可能な限り低く維持されること並びにいかなる個人も国内で定める線量の限度を超える放射線量にさらされないことを確保するため、適当な措置をとる。

**第一六条（緊急事態のための準備）**　1　締約国は、原子力施設のための敷地内及び敷地外の緊急事態計画(適当な間隔で試験が行われ、かつ、緊急事態の際に実施される活動を対象とするもの)が準備されることを確保するため、適当な措置をとる。この計画は、新規の原子力施設については、当該施設の運転が規制機関によって同意された低い出力の水準を超える水準で行われる前に、その準備及び試験が行われる。

2　締約国は、自国の住民及び原子力施設の近隣にある国の権限のある当局が、放射線緊急事態の影響を受けるおそれがある限りにおいて、緊急事態計画を作成し及び緊急事態に対応するための適当な情報の提供を受けることを確保するため、適当な措置をとる。

3　自国の領域内に原子力施設を有しない締約国は、近隣の原子力施設における放射線緊急事態の影響を受けるおそれがある限りにおいて、自国の領域に係る緊急事態計画(緊急事態の際に実施される活動を対象とするもの)を準備し及びその試験を行うため、適当な措置をとる。

(d)　施設の安全(抄)

**第一七条（立地）**　締約国は、次のことについて適当な手続が定められ及び実施されることを確保するため、適当な措置をとる。

(i)　原子力施設の計画された供用期間中その安全に影響を及ぼすおそれのある立地に関するすべての関連要因が評価されること。

(ii)　計画されている原子力施設が個人、社会及び環境に対して及ぼすおそれのある安全上の影響が評価されること。

(iii)　原子力施設が継続的に安全上許容され得るものであることを確保するため、必要に応じ、(i)及び(ii)に定めるすべての関連要因が再評価されること。

(iv)　計画されている原子力施設がその近隣にある締約国の領域に及ぼすおそれのある安全上の影響について、当該締約国が独自に評価することを可能とするため、当該締約国がそのような影響を受けるおそれのある限りにおいて当該締約国との間で協議が行われ及び、要請に応じ、当該締約国に対して必要な情報が提供されること。

**第一八条（設計及び建設）**（略）

**第一九条（運転）**　締約国は、次のことを確保するため、適当な措置をとる。

(i)　原子力施設を運転するための最初の許可が、適切な安全解析及び試運転計画であって建設された当該施設が設計及び安全に関する要件に合致していることを示すものに基づいて与えられること。

(ii)　運転のための安全上の限界を明示するため、必要に応じ、安全解析、試験及び運転経験から得られる運転上の制限及び条件が定められ及び修正されること。

(iii)　原子力施設の運転、保守、検査及び試験が承認された手続に従って行われること。

(iv)　事故及び運転上予想される安全上の事象に対応するための

手続が定められること。

(v) 原子力施設の供用期間中、安全に関するすべての分野における必要な工学的及び技術的な支援が利用可能であること。

(vi) 関係する許可を受けた者が安全上重大な事象につき規制機関に対し時宜を失することなく報告すること。

(vii) 運転経験についての情報を蓄積し及び解析するための計画が作成され、得られた結果及び結論に基づいて行動がとられ、並びに国際的な団体、運転を行う他の組織及び規制機関との間で重要な経験を共有するため既存の制度が利用されること。

(viii) 原子力施設の運転による放射性廃棄物の発生が、関係する過程においてその放射能及び分量の双方について実行可能な最小限にとどめられ、並びに当該運転に直接関係し、かつ、当該施設と同一の敷地内で行われる使用済燃料及び廃棄物の必要な処理及び貯蔵が、調整及び処分を考慮して行われること。

## 第三章　締約国の会合（第二〇条から第二八条まで）（略）

## 第四章　最終条項その他の規定（抄）

**第二九条（意見の相違の解決）**　この条約の解釈又は適用について二以上の締約国の間で意見の相違がある場合には、締約国は、その意見の相違を解決するため、締約国の会合の枠組みの中で協議する。

**第三〇条から第三五条まで**　（略）

# 16　原子力損害補完的補償条約（抄）

（原子力損害の補完的な補償に関する条約）

採　　択　一九九七年九月一二日（ウィーン）
効力発生　二〇一五年四月一五日
日 本 国　二〇一五年四月一五日（一四年一一月一九日国会承認、一五年一月一五日署名、同日受託書寄託、一月一六日公布・条約一号）
当 事 国　一一

締約国は、

原子力損害についての民事責任に関するウィーン条約及び原子力の分野における第三者に対する責任に関するパリ条約並びにこれらの条約の原則に適合する原子力損害の賠償又は補償に関する国内法令が定める措置の重要性を認識し、

原子力損害の賠償又は補償の額を増加することを目的として、当該措置を補完し、及び拡充するための世界的な責任制度を設けることを希望し、

さらに、当該世界的な責任制度が、国際的な連携及び連帯の原則に従って、原子力の安全の水準を更に向上させる地域的及び世界的な協力を奨励するであろうことを認識して、

次のとおり協定した。

## 第一章　総則

**第一条（定義）**　この条約の適用上、

(a) 「ウィーン条約」とは、千九百六十三年五月二十一日の原子力損害についての民事責任に関するウィーン条約（同条約の改正であって、この条約の締約国について効力を有しているものを含む。）をいう。

(b) 「パリ条約」とは、千九百六十年七月二十九日の原子力の分野における第三者に対する責任に関するパリ条約（同条約の改正であって、この条約の締約国について効力を有しているものを含む。）をいう。

(c) 「特別引出権」（以下「SDR」という。）とは、国際通貨基金の定める計算単位であって、同基金がその操作及び取引のために使用するものをいう。

(d) 「原子炉」とは、核燃料を収納する構造物であって、中性子源を追加することなく自己維持的な核分裂の連鎖の過程が内部で起こり得る仕組みのものをいう。

(e) 原子力施設について「施設国」とは、当該原子力施設が自国の領域内に所在する締約国をいい、当該原子力施設がいずれの国の領域内にも所在しない場合には、当該原子力施設の事業を行う締約国又は当該原子力施設の事業が自国の権限の下で行われる締約国をいう。

(f) 「原子力損害」とは、(i)及び(ii)に掲げる損害並びに権限のある裁判所が属する国の法令によりその範囲が決定される(iii)から(vii)までに掲げる損害をいう。この場合において、(i)から(v)まで及び(vii)に掲げる損害については、原子力施設内部の放射線源、原子力施設内の核燃料、放射性生成物若しくは放射性廃棄物又は原子力施設から搬出され、原子力施設に由来し、若しくは原子力施設に送付される核物質から放出される電離放射線により生じ、又は起因するもの（当該損害が、それらの物の放射性により生じたか、それらの物の放射性とそれらの物の有毒性、爆発性その他の有害性との組合せにより生じたかを問わない。）に限る。

(i) 人の死亡又は人的な損害

(ii) 財産の滅失又は損傷

(iii) (i)又は(ii)に掲げる損害から生ずる経済的損失。ただし、(i)又は(ii)に掲げる損害に関して請求権を有する者が受けたものについては、(i)又は(ii)に掲げる損害に含まれないものに限る。

(iv) 環境の悪化（重大でないものを除く。）に対する回復措置の費用。ただし、実際にとられた措置又はとられる措置の費用であって、(ii)に掲げる損害に含まれないものに限る。

(v) 環境の利用又は享受に係る経済的利益から生ずる収入の喪失であって、その環境の重大な悪化の結果として生ずるもの。ただし、(ii)に掲げる損害に含まれないものに限る。

(vi) 防止措置の費用及び防止措置により生ずる損害

(vii) その他経済的損失。ただし、環境の悪化によるものを除き、権限のある裁判所が属する国の民事責任に関する一般法により認められるものに限る。

(g) 「回復措置」とは、措置がとられる国の権限のある当局により承認された合理的な措置であって、損害を受け、若しくは破壊された環境の構成要素を回復し、若しくは修復すること又は合理的な場合には当該構成要素に相当するものを環境に導入することを目的とするものをいう。当該合理的な措置をとることができる者については、損害が生じた国の法令により定める。

(h)「防止措置」とは、(f)(i)から(v)まで又は(vii)に掲げる損害を防止し、又は最小限にするため、原子力事故が生じた後にいずれかの者によりとられる合理的な措置をいう。ただし、当該合理的な措置がとられる国の法令により必要とされる権限のある当局の承認を条件とする。

(i)「原子力事故」とは、一の出来事又は同一の原因による一連の出来事であって、原子力損害を生じさせるもの又は防止措置のみに関しては原子力損害をもたらす重大かつ急迫の脅威を生じさせるものをいう。

(j)「原子力設備容量」とは、各締約国について、第四条2に規定する計算式により得られる単位数の合計をいい、「熱出力」とは、権限のある国内当局により認可された最大熱出力をいう。

(k)「権限のある裁判所が属する国の法令」とは、この条約に従い管轄権を有する裁判所が属する国の法令(法の抵触に関する規則を含む。)をいう。

(l)「合理的な措置」とは、権限のある裁判所が属する国の法令の下で、次に掲げる事情その他の全ての事情について考慮した場合において、適切かつ相応と認められる措置をいう。

(i) 生じた損害の性質及び程度。防止措置の場合には、損害の危険性の性質及び程度

(ii) 措置がとられる時点において予想される当該措置の有効性の程度

(iii) 関連する科学的及び技術的な知見

**第二条（目的及び適用）** 1　この条約は、次に掲げる国内法令により設けられる賠償又は補償の制度を補完することを目的とする。

(a) 前条(a)及び(b)に定義する条約のいずれかを実施する国内法令

(b) この条約の附属書の規定に適合する国内法令

2　この条約の制度は、締約国の領域内に所在し、かつ、平和的目的のために使用される原子力施設の事業者が前条に定義する条約のいずれか又は1(b)に規定する国内法令の下で責任を負う原子力損害に適用する。

3　1(b)に規定する附属書は、この条約の不可分の一部を成す。

## 第二章　賠償又は補償(抄)

**第三条（約束）** 1　一の原子力事故当たりの原子力損害に関する賠償又は補償は、次に掲げる措置により確保される。

(a)(i) 施設国は、三億SDR若しくはこれよりも高い特定の金額であって原子力事故に先立ついずれかの時点において寄託者に明示するもの又は(ii)の規定に基づき暫定的に設定する金額を利用可能とすることを確保する。

(ii) 締約国は、この条約が署名のために開放された日から最長十年の間については、その期間内に生ずる原子力事故に関し、一億五千万SDR以上の金額を暫定的に設定することができる。

(b) (a)の規定に従って利用可能とされる金額に加え、締約国は、次条に規定する計算式に従って算定される公的資金の金額を利用可能とする。

2(a) 1(a)の規定に基づく原子力損害の賠償又は補償は、国籍、住所又は居所による差別なく、かつ、公平に分配される。ただし、施設国の法令において、原子力に関する責任に係る他の条約に基づく当該施設国の義務に従うことを条件として、非締約国において生じた原子力損害を対象から除外することができる。

(b) 1(b)の規定に基づく原子力損害の補償は、第五条及び第十一条1(b)の規定に従うことを条件として、国籍、住所又は居所による差別なく、かつ、公平に分配される。

3　賠償又は補償が行われる原子力損害について、1(b)に規定する資金の総額が必要でない場合には、拠出金は、これに応じて減額される。

4　原子力損害の賠償又は補償の請求の訴えにおいて裁判所が裁定する利息及び費用は、1(a)及び(b)の規定に従って提供される金額に加えて、責任を負う事業者、当該事業者の原子力施設が自国の領域内に所在する締約国及びその他の締約国が1(a)及び(b)の規定に従って支払う実際の拠出金の金額にそれぞれ比例して、それらにより共同で支払われる。

**第四条（拠出金の計算）**(略)

**第五条（地理的な適用範囲）** 1　第三条1(b)に規定する資金は、締約国の裁判所が第十三条の規定に従って管轄権を有することを条件として、次に掲げる原子力損害に使用する。

(a) 締約国の領域内において生ずる原子力損害

(b) 締約国の領海を越える海域又はその上空において生ずる原子力損害(この条約の締約国でない国の領海又はその上空で生ずる損害を除く。)であって、次に掲げるもの

(i) 締約国を旗国とする船舶内において生じ、若しくは当該船舶が受ける原子力損害、締約国の領域で登録された航空機内において生じ、若しくは当該航空機が受ける原子力損害又は締約国の管轄の下にある人工島、施設若しくは構築物において生じ、若しくはこれらが受ける原子力損害

(ii) 締約国の国民が受ける原子力損害

(c) 締約国の排他的経済水域若しくはその上空又は締約国の大陸棚において、当該排他的経済水域又は当該大陸棚の天然資源の開発又は探査に関連して生ずる原子力損害

2　いずれの署名国又は加入国も、この条約への署名若しくは加入の際又は批准書の寄託の際に、1(b)(ii)の規定の適用上、自国の領域内に常居所を有すると自国の国内法令の下で認められる個人又はそのうちの一定の範囲の者を自国の国民とみなすことを宣言することができる。

3　この条において「締約国の国民」とは、締約国若しくはその行政区画又は組合若しくは公私の団体(締約国の領域において設立されたものに限り、法人であるかどうかを問わない。)を含むものとする。

## 第三章　補完的な資金調達の制度(第六条から第十一条まで)(略)

## 第四章　選択権の行使

**第十二条【他の関連条約との関係】** 1　この条約に別段の定めがある場合を除くほか、締約国は、ウィーン条約又はパリ条約により付与される権限を行使することができるものとし、ウィーン条約又はパリ条約のいかなる規定も、他の締約国が第三条1(b)に規定する公的資金を利用可能とするため当該他の締約国について援用することができるものとする。

2　この条約のいかなる規定も、締約国がウィーン条約若しくは

パリ条約又はこの条約の範囲外の規定を設けることを妨げるものではない。ただし、当該規定は、他の締約国にとっての追加的な義務を含まないものとし、自国の領域内に原子力施設を有しない締約国における損害は、相互主義の欠如を理由として追加的な賠償又は補償の対象から除外されないものとする。

3(a) この条約のいかなる規定も、締約国が第三条1(a)の規定に基づく義務を履行し、又は原子力損害の賠償若しくは補償のために追加的な資金を提供するため、地域的な協定その他の協定(他の締約国についてこの条約に基づく義務に追加的な義務を含まないものに限る。)を締結することを妨げるものではない。

(b) (a)に規定する協定を締結する意図を有する締約国は、他の全ての締約国に対し当該意図を通報する。締結された協定については、寄託者に通報する。

## 第五章　管轄権及び準拠法

**第一三条（管轄権）** 1　この条に別段の定めがある場合を除くほか、原子力事故による原子力損害に関する訴えの管轄権は、当該原子力事故が自国内で生じた締約国の裁判所に専属する。

2　原子力事故が、締約国の排他的経済水域又は排他的経済水域を設定していない締約国については仮に当該締約国が排他的経済水域を設定した場合における当該排他的経済水域の限界を越えない水域において生じた場合には、当該原子力事故による原子力損害に関する訴えの管轄権は、この条約の適用上、その締約国の裁判所に専属する。前段の規定は、当該締約国が原子力事故に先立ってそれらの水域を寄託者に通報した場合に適用する。この2のいかなる規定も、海洋法に関する国際連合条約を含む海洋に関する国際法に反する方法で管轄権を行使することを認めるものと解してはならない。もっとも、この条約の締約国でない国との関係において、締約国による同段に規定する管轄権の行使がウィーン条約第十一条又はパリ条約第十三条の規定に基づく当該締約国の義務に反する場合には、管轄権は、これらの規定に従って決定される。

3　原子力事故が生じた場所が締約国の領域若しくは2の規定に従って通報された水域でない場合又は原子力事故が生じた場所を確定することができない場合には、当該原子力事故による原子力損害に関する訴えの管轄権は、施設国の裁判所に専属する。

4　二以上の締約国の裁判所が原子力損害に関する訴えの管轄権を有する可能性がある場合には、当該二以上の締約国は、いずれの締約国の裁判所が管轄権を有するかを合意により決定する。

5　管轄権を有する締約国の裁判所が下した判決であって、再び通常の方式で審理されることがないものは、次に掲げる場合を除くほか、承認される。

(a)　当該判決が詐欺により得られた場合

(b)　当該判決を言い渡された当事者が自己の主張を陳述するための公平な機会を与えられなかった場合

(c)　当該判決の承認が自国の領域内で求められる締約国において、当該判決が当該締約国の公の秩序に反する場合又は司法の基本的な基準に合致しない場合

6　5の規定に従って承認される判決は、執行が求められる締約国の法令により必要とされる手続に従って執行が求められる場合には、当該締約国の裁判所の判決とみなされ、執行力を付与される。判決が下された請求の当否は、更なる手続の対象としてはならない。

7　第三条1(b)に規定する公的資金による賠償又は補償の支払に関して行われる処分であって、国内法令が定める条件に基づくものは、他の締約国により承認される。

**第一四条（準拠法）** 1　一の原子力事故については、ウィーン条約若しくはパリ条約又はこの条約の附属書のいずれかが、場合に応じ他を排除して適用される。

2　この条約、ウィーン条約又はパリ条約のいずれかの規定が場合に応じ適用される場合を除くほか、準拠法は、権限のある裁判所が属する国の法令とする。

**第一五条（国際法）** この条約は、国際法の一般原則に基づく締約国の権利及び義務に影響を及ぼすものではない。

## 第六章　紛争解決

**第一六条【紛争解決】**〔原子力事故通報条約第一一条とほぼ同じ。ただし、2中「一年以内に解決」を「六箇月以内に解決」と読み替える。〕

## 第七章　最終条項（抄）

**第一七条（署名）**（略）

**第一八条（批准、受諾及び承認）**（略）

**第一九条（加入）**（略）

**第二〇条（効力発生）** 1　この条約は、五以上の国であって、その原子力設備容量の合計が四十万単位以上となるものが第十八条に規定する文書を寄託した日の後九十日目の日に効力を生ずる。

2　この条約は、その後にこの条約を批准し、受諾し、若しくは承認し、又はこの条約に加入する国については、当該国が該当する文書を寄託した後九十日目の日に効力を生ずる。

**第二一条（廃棄）**（略）

**第二二条（終了）**（略）

**第二三条（従前の権利及び義務の継続）**（略）

**第二四条（改正）**（略）

**第二五条（簡易な手続による改正）**（略）

**第二六条（寄託者の任務）**（略）

**第二七条（正文）**（略）

**附属書**（略）

# 第12章　国際紛争処理

## 1　国際司法裁判所規程

### (1)　国際司法裁判所規程

［ＩＣＪ規程］

署　　名　一九四五年六月二六日（サンフランシスコ）
効力発生　一九四五年一〇月二四日
日 本 国　一九五四年四月二日加入（受諾書寄託）（同年三月一七日国会承認、三月二三日内閣受諾、四月二日公布・条約二号）
当 事 国　一九三

**第一条【国連の主要司法機関】**　国際連合の主要な司法機関として国際連合憲章によつて設置される国際司法裁判所は、この規程の規定に従つて組織され、且つ、任務を遂行する。

#### 第一章　裁判所の構成

**第二条【裁判官の被選挙資格】**　裁判所は、徳望が高く、且つ、各自の国で最高の司法官に任ぜられるのに必要な資格を有する者又は国際法に有能の名のある法律家のうちから、国籍のいかんを問わず、選挙される独立の裁判官の一団で構成する。

**第三条【裁判所の構成】**　1　裁判所は、十五人の裁判官で構成し、そのうちのいずれの二人も、同一国の国民であつてはならない。

2　二以上の国の国民と認められることのある者は、裁判所における裁判官の地位については、私権及び公権を通常行使する国の国民とみなす。

**第四条【裁判官候補者の指名者】**　1　裁判所の裁判官は、常設仲裁裁判所の国別裁判官団によつて指名される者の名簿の中から、以下の規定に従つて総会及び安全保障理事会が選挙する。

2　常設仲裁裁判所に代表されない国際連合加盟国については、候補者は、国際紛争の平和的処理に関する千九百七年のヘーグ条約の第四十四条によつて常設仲裁裁判所裁判官について規定される条件と同一の条件で政府が指名のために任命する国別裁判官団が指名する。

3　この規程の当事国であるが国際連合加盟国でない国が裁判所の裁判官の選挙に参加することができるための条件は、特別の協定がない場合には、安全保障理事会の勧告に基いて総会が定める。

**第五条【裁判官候補者の指名】**　1　国際連合事務総長は、選挙の日の少くとも三箇月前に、この規程の当事国たる国に属する常設仲裁裁判所の裁判官及び第四条2に基いて任命される国別裁判官団の構成員に対して、裁判所の裁判官の任務を遂行する地位にある者の指名を一定の期間内に国別裁判官団ごとに行うことを書面で要請しなければならない。

2　いかなる国別裁判官団も、四人をこえて指名することができない。そのうち、自国の国籍を有する者は、二人をこえてはならない。いかなる場合にも、一国別裁判官団の指名する候補者の数は、補充すべき席の数の二倍をこえてはならない。

**第六条【候補者の指名の条件】**　各国別裁判官団は、この指名をする前に自国の最高司法裁判所、法律大学及び法律学校並びに法律研究に従事する学士院及び国際学士院の自国の部の意見を求めることを勧告される。

**第七条【候補者名簿】**　1　事務総長は、こうして指名されるすべての者のアルファベット順の名簿を作成する。第十二条2に規定する場合を除く外、これらの者のみが選挙される資格を有する。

2　事務総長は、この名簿を総会及び安全保障理事会に提出する。

**第八条【裁判官の選挙】**　総会及び安全保障理事会は、各別に裁判所の裁判官の選挙を行う。

**第九条【選挙人の留意すべき事項】**　各選挙において、選挙人は、選挙されるべき者が必要な資格を各自に具備すべきものであることのみならず、裁判官全体のうちに世界の主要文明形態及び主要法系が代表されるべきものであることに留意しなければならない。

**第一〇条【候補者の当選】**　1　総会及び安全保障理事会で投票の絶対多数を得た候補者は、当選したものとする。

2　安全保障理事会の投票は、裁判官の選挙のためのものであると第十二条に規定する協議会の構成員の任命のためのものであるとを問わず、安全保障理事会の常任理事国と非常任理事国との区別なしに行う。

3　同一国の国民の二人以上が総会及び安全保障理事会の双方の投票の絶対多数を得た場合には、最年長者だけを当選したものとする。

**第一一条【選挙の会議】**　選挙のために開かれた第一回の会の後になお補充すべき一以上の席がある場合には、第二回の会を、また、必要があるときは第三回の会を開く。

**第一二条【合同協議会】**　1　第三回の会の後に一以上の席がなお補充されないときは、なお空席たる各席について一人を総会及び安全保障理事会の各別の採択に付するために絶対多数の投票によつて選出する目的で、三人は総会によつて、三人は安全保障理事会によつて任命される六人からなる連合協議会を総会又は安全保障理事会のいずれかの要請によつていつでも設けることができる。

2　必要な条件をみたす者について連合協議会が全会一致で合意した場合には、この者は、第七条に掲げる指名名簿に記載されていなかつたときでも、協議会の名簿に記載されることができる。

3　連合協議会が当選者を確保することができないと認めるときは、既に選挙された裁判所の裁判官は、総会又は安全保障理事会のいずれかで投票を得た候補者のうちから選定して、安全保障理事会の定める期間内に空席の補充を行う。

4　裁判官の間で投票が同数である場合には、最年長の裁判官は、決定投票権を有する。

**第一三条【裁判官の任期】**　1　裁判所の裁判官は、九年の任期で選挙され、再選されることができる。但し、第一回の選挙で選挙された裁判官のうち、五人の裁判官の任期は三年の終に終了し、他の五人の裁判官の任期は六年の終に終了する。

2　前記の最初の三年及び六年の期間の終に任期が終了すべき裁判官は、第一回の選挙が完了した後直ちに事務総長がくじで選定する。

3　裁判所の裁判官は、後任者の補充に至るまで職務の執行を継続し、補充後も、既に着手した事件を完結しなければならない。

4　裁判所の裁判官が辞任する場合には、辞表は、裁判所長に提出され、事務総長に転達される。この転達によつて空席が生ずる。

第一四条【補欠選挙】空席は、後段の規定に従うことを条件として、第一回の選挙について定める方法と同一の方法で補充しなければならない。事務総長は、空席が生じた時から一箇月以内に第五条に規定する招請状を発するものとし、選挙の日は、安全保障理事会が定める。

第一五条【補欠裁判官の任期】任期がまだ終了しない裁判官の後任者として選挙される裁判所の裁判官は、前任者の残任期間中在任するものとする。

第一六条【他の業務の禁止】1　裁判所の裁判官は、政治上又は行政上のいかなる職務を行うことも、職業的性質をもつ他のいかなる業務に従事することもできない。

2　この点に関する疑義は、裁判所の裁判で決定する。

第一七条【裁判事件に関与することの禁止】1　裁判所の裁判官は、いかなる事件においても、代理人、補佐人又は弁護人として行動することができない。

2　裁判所の裁判官は、一方の当事者の代理人、補佐人若しくは弁護人として、国内裁判所若しくは国際裁判所の裁判官として、調査委員会の構成員として、又はその他の資格において干与したことのあるいかなる事件の裁判にも参与することができない。

3　この点に関する疑義は、裁判所の裁判で決定する。

第一八条【解任】1　裁判所の裁判官は、必要な条件をみたさないようになったと他の裁判官が全員一致で認める場合を除く外、解任することができない。

2　解任の正式の通告は、裁判所書記が事務総長に対して行う。

3　この通告によって空席が生ずる。

第一九条【外交特権】裁判所の裁判官は、裁判所の事務に従事する間、外交官の特権及び免除を享有する。

第二〇条【宣誓】裁判所の各裁判官は、職務をとる前に、公平且つ誠実にその職権を行使すべきことを公開の法廷で厳粛に宣言しなければならない。

第二一条【裁判所長、裁判所次長及び裁判所書記】1　裁判所は、三年の任期で裁判所長及び裁判所次長を選挙する。裁判所長及び裁判所次長は、再選されることができる。

2　裁判所は、裁判所書記を任命するものとし、その他の必要な職員の任命について規定することができる。

第二二条【所在地】1　裁判所の所在地は、ヘーグとする。但し、裁判所が望ましいと認める場合に他の地で開廷して任務を遂行することを妨げない。

2　裁判所長及び裁判所書記は、裁判所の所在地に居住しなければならない。

第二三条【常時開廷、裁判官の休暇】1　裁判所は、裁判所の休暇中を除く外、常に開廷され、休暇の時期及び期間は、裁判所が定める。

2　裁判所の裁判官は、定期休暇をとる権利を有する。その時期及び期間は、ヘーグと各裁判官の家庭との間の距離を考慮して、裁判所が定める。

3　裁判所の裁判官は、休暇の場合又は病気その他裁判所長が正当と認める重大な事由による故障の場合を除く外、常に裁判所の指示の下にある義務を負う。

第二四条【回避】1　裁判所の裁判官は、特別の理由によって特定の事件の裁判に自己が参与すべきでないと認めるときは、裁判所長にその旨を通報しなければならない。

2　裁判所長は、裁判所の裁判官が特別の理由によって特定の事件に参与すべきでないと認めるときは、その者にその旨を通告するものとする。

3　前記のいずれの場合においても、裁判所の裁判官及び裁判所長の意見が一致しないときは、裁判所の裁判で決定する。

第二五条【開廷】1　この規程に別段の明文規定がある場合を除く外、裁判所は、全員が出席して開廷する。

2　裁判所を構成するために指示の下にある裁判官の数が十一人を下らないことを条件として、裁判所規則は、事情に応じ且つ順番に一人又は二人以上の裁判官の出席を免除することができる旨を規定することができる。

3　裁判所を成立させるに足りる裁判官の定足数は、九人とする。

第二六条【特別裁判部】1　裁判所は、特定の部類の事件、たとえば、労働事件並びに通過及び運輸通信に関する事件の処理のために、裁判所が決定するところにより三人以上の裁判官からなる一又は二以上の部を随時設けることができる。

2　裁判所は、特定の事件の処理のためにいつでも部を設けることができる。この部を構成する裁判官の数は、当事者の承認を得て裁判所が決定する。

3　当事者の要請があるときは、事件は、本条に規定する部が審理し、及び裁判する。

第二七条【部の判決】第二十六条及び第二十九条に定める部のいずれかが言い渡す判決は、裁判所が言い渡したものとみなす。

第二八条【所在地以外における部の開廷】第二十六条及び第二十九条に定める部は、当事者の同意を得てヘーグ以外の地で開廷して任務を遂行することができる。

第二九条【簡易手続部】事務の迅速な処理のために、裁判所は、当事者の要請によって簡易手続で事件を審理し、及び裁判をすることができる五人の裁判官からなる部を毎年設ける。なお、出席することができない裁判官に交替するために、二人の裁判官を選定する。

第三〇条【裁判所規則】1　裁判所は、その任務を遂行するために規則を定める。裁判所は、特に、手続規則を定める。

2　裁判所規則は、裁判所又はその部に投票権なしで出席する補佐員について規定することができる。

第三一条【国籍裁判官】1　各当事者の国籍裁判官は、裁判所に係属する事件について出席する権利を有する。

2　裁判所がその裁判官席に当事者の一の国籍裁判官を有する場合には、他のいずれの当事者も、裁判官として出席する者一人を選定することができる。この者は、第四条及び第五条の規定により候補者として指名された者のうちから選定されることが望ましい。

3　裁判所が裁判官席に当事者の国籍裁判官を有しない場合には、各当事者は、本条2の規定により裁判官を選定することができる。

4　本条の規定は、第二十六条及び第二十九条の場合に適用する。この場合には、裁判所長は、部を構成する裁判官中の一人又は必要があるときは二人に対して、関係当事者の国籍裁判官のために、また、国籍裁判官がないとき又は出席することができないときは当事者が特に選定する裁判官のために、席を譲るように要請しなければならない。

5　多数当事者が同一利害関係にある場合には、その多数当事者は、前記の規定の適用上、一当事者とみなす。この点に関する疑義は、裁判所の裁判で決定する。

6　本条2、3及び4の規定によって選定される裁判官は、この規程の第二条、第十七条2、第二十条及び第二十四条が要求する条件をみたさなければならない。これらの裁判官は、その同僚と完全に平等の条件で裁判に参与する。

**第三二条【裁判官と書記の待遇】** 1　裁判所の各裁判官は、年俸を受ける。

2　裁判所長は、特別の年手当を受ける。

3　裁判所次長は、裁判所長の職務をとる各日について特別の手当を受ける。

4　第三十一条により選定される裁判官で裁判所の裁判官でないものは、その職務をとる各日について補償を受ける。

5　これらの俸給、手当及び補償は、総会が定めるものとし、任期中は減額してはならない。

6　裁判所書記の俸給は、裁判所の提議に基いて総会が定める。

7　裁判所の裁判官及び書記に恩給を支給する条件並びに裁判所の裁判官及び書記がその旅費の弁償を受ける条件は、総会が採択する規則によつて定める。

8　前記の俸給、手当及び補償は、すべての租税を免除されなければならない。

**第三三条【裁判所の費用】** 裁判所の費用は、総会が定める方法で国際連合が負担する。

## 第二章　裁判所の管轄

**第三四条【裁判事件の当事国、事件に関する情報】** 1　国のみが、裁判所に係属する事件の当事者となることができる。

2　裁判所は、その規則で定める条件で、裁判所に係属する事件に関係のある情報を公的国際機関から請求することができ、また、同機関が自発的に提供するこのような情報を受領する。

3　公的国際機関の組織文書又はこの文書に基いて採択される国際条約の解釈が裁判所に係属する事件において問題となる場合には、裁判所書記は、当該公的国際機関にその旨を通告し、且つ、すべての書面手続の謄本を送付する。

**第三五条【訴訟の当事国】** 1　裁判所は、この規程の当事国である諸国に開放する。

2　裁判所をその他の国に開放するための条件は、現行諸条約の特別の規定を留保して、安全保障理事会が定める。但し、この条件は、いかなる場合にも、当事者を裁判所において不平等の地位におくものであつてはならない。

3　国際連合加盟国でない国が事件の当事者である場合には、裁判所は、その当事者が裁判所の費用について負担する額を定める。但し、この規定は、その国が裁判所の費用を分担しているときは、適用しない。

**第三六条【裁判所の管轄】** 1　裁判所の管轄は、当事者が裁判所に付託するすべての事件及び国際連合憲章又は現行諸条約に特に規定するすべての事項に及ぶ。

2　この規程の当事国である国は、次の事項に関するすべての法律的紛争についての裁判所の管轄を同一の義務を受諾する他の国に対する関係において当然に且つ特別の合意なしに義務的であると認めることを、いつでも宣言することができる。

a　条約の解釈

b　国際法上の問題

c　認定されれば国際義務の違反となるような事実の存在

d　国際義務の違反に対する賠償[reparation]の性質又は範囲

3　前記の宣言は、無条件で、多数の国若しくは一定の国との相互条件で、又は一定の期間を付して行うことができる。

4　その宣言書は、国際連合事務総長に寄託され、事務総長は、その謄本を規程の当事国及び裁判所書記に送付する。

5　常設国際司法裁判所規程第三十六条に基いて行われた宣言でなお効力を有するものは、この規程の当事国の間では、宣言が今後存続すべき期間中及び宣言の条項に従つて国際司法裁判所の義務的管轄を受諾しているものとみなす。

6　裁判所が管轄権を有するかどうかについて争がある場合には、裁判所の裁判で決定する。

**第三七条【常設国際司法裁判所に付託すべき紛争】** 現行諸条約が国際連盟の設けた裁判所又は常設国際司法裁判所にある事項を付託することを規定している場合には、その事項は、この規程の当事国の間では国際司法裁判所に付託される。

**第三八条【裁判の基準】** 1　裁判所は、付託される紛争を国際法に従つて裁判することを任務とし、次のものを適用する。

a　一般又は特別の国際条約で係争国が明らかに認めた規則を確立しているもの

b　法として認められた一般慣行の証拠としての国際慣習

c　文明国が認めた法の一般原則

d　法則決定の補助手段としての裁判上の判決及び諸国の最も優秀な国際法学者の学説。但し、第五十九条の規定に従うことを条件とする。

2　この規定は、当事者の合意があるときは、裁判所が衡平及び善に基いて裁判をする権限を害するものではない。

## 第三章　手続

**第三九条【用語】** 1　裁判所の公用語は、フランス語及び英語とする。事件をフランス語で処理することに当事者が同意したときは、判決は、フランス語で行う。事件を英語で処理することに当事者が同意したときは、判決は、英語で行う。

2　いずれの公用語を使用するかについて合意がないときは、各当事者は、その選択する公用語を争訟において使用することができ、裁判所の裁判は、フランス語及び英語で行う。この場合には、裁判所は、両本文中のいずれを正文とするかをあわせて決定する。

3　裁判所は、いずれかの当事者の要請があつたときは、この当事者がフランス語又は英語以外の言語を使用することを許可しなければならない。

**第四〇条【起訴の手続】** 1　裁判所に対する事件の提起は、場合に応じて、特別の合意の通告によつて、又は書面の請求によつて、裁判所書記にあてて行う。いずれの場合にも、紛争の主題及び当事者が示されていなければならない。

2　裁判所書記は、この請求を直ちにすべての利害関係者に通知する。

3　裁判所書記は、また、事務総長を経て国際連合加盟国に、及び裁判所で裁判を受けることができる国に通告する。

**第四一条【暫定措置】** 1　裁判所は、事情によつて必要と認めるときは、各当事者のそれぞれの権利[rights of either party]を保全するためにとられるべき暫定措置を指示する[indicate]権限を有する。

2　終結判決があるまでは、指示される措置は、直ちに当事者及び安全保障理事会に通告される。

**第四二条【代理人、補佐人、弁護人】** 1　当事者は、代理人によつて代表される。

2　当事者は、裁判所で補佐人又は弁護人の援助を受けることができる。

3 裁判所における当事者の代理人、補佐人及び弁護人は、その職務の独立の遂行に必要な特権及び免除を享有する。

**第四三条【書面手続と口頭手続】** 1 手続は、書面及び口頭の二部分からなる。

2 書面手続とは、申述書、答弁書及び必要があるときは抗弁書並びに援用のためのすべての文書及び書類を裁判所及び当事者に送付することをいう。

3 この送付は、裁判所が定める順序及び期間内において、裁判所書記を経て行う。

4 一方の当事者から提出したすべての書類の認証謄本は、他方の当事者に送付する。

5 口頭手続とは、裁判所が証人、鑑定人、代理人、補佐人及び弁護人から行う聴取をいう。

**第四四条【代理人、補佐人、弁護人以外の者への通告】** 1 代理人、補佐人及び弁護人以外の者に対するすべての通告の送達については、裁判所は、その通告が送達されるべき地の属する国の政府にあてて直接に行う。

2 1の規定は、実地について証拠を収集するために手続を行うべきすべての場合に適用する。

**第四五条【弁論の指揮】** 弁論は、裁判所長又は、所長が指揮することができないときは、裁判所次長の統制の下にあるものとし、所長及び次長がいずれも指揮することができないときは、出席する先任の裁判官が指揮するものとする。

**第四六条【弁論の公開】** 裁判所における弁論は、公開とする。但し、裁判所が別段の決定をするとき、又は両当事者が公開としないことを請求したときは、この限りでない。

**第四七条【弁論調書】** 1 調書は、弁論ごとに作成し、裁判所書記及び裁判所長がこれに署名する。

2 この調書のみを公正の記録とする。

**第四八条【事件の進行に関する措置】** 裁判所は、事件の進行について命令を発し、各当事者が陳述を完結すべき方式及び時期を定め、且つ、証拠調に関するすべての措置をとる。

**第四九条【弁論開始前の書類の提出】** 裁判所は、弁論の開始前でも、書類を提出し、又は説明をするように代理人に要請することができる。拒絶があつたときは、そのことを正式に記録にとどめる。

**第五〇条【調査と鑑定の嘱託】** 裁判所は、その選択に従つて、個人、団体、官公庁、委員会その他の機関に、取調を行うこと又は鑑定をすることをいつでも嘱託することができる。

**第五一条【証人と鑑定人に対する質問】** 弁論中は、関係のある質問は、第三十条に掲げる手続規則中に裁判所が定める条件に基いて、証人及び鑑定人に対して行われる。

**第五二条【証拠と証言の受理】** 裁判所は、証拠及び証言を裁判所が定める期間内に受理した後は、一方の当事者の同意がない限り、他方の当事者が提出することを希望する新たな人証又は書証の受理を拒否することができる。

**第五三条【欠席判決】** 1 一方の当事者が出廷せず、又はその事件の防禦をしない場合には、他方の当事者は、自己の請求に有利に裁判するように裁判所に要請することができる。

2 裁判所は、この裁判をする前に、裁判所が第三十六条及び第三十七条に従つて管轄権を有することのみならず、請求が事実上及び法律上充分に根拠をもつことを確認しなければならない。

**第五四条【弁論の終結】** 1 裁判所の指揮の下に代理人、補佐人及び弁護人が事件の主張を完了したときは、裁判所長は、弁論の終結を言い渡す。

2 裁判所は、判決を議するために退廷する。

3 裁判所の評議は、公開せず、且つ、秘密とする。

**第五五条【決定】** 1 すべての問題は、出席した裁判官の過半数で決定する。

2 可否同数のときは、裁判所長又はこれに代る裁判官は、決定投票権を有する。

**第五六条【判決】** 1 判決には、その基礎となる理由を掲げる。

2 判決には、裁判に参与した裁判官の氏名を掲げる。

**第五七条【反対意見】** 判決がその全部又は一部について裁判官の全員一致の意見を表明していないときは、いずれの裁判官も、個別の意見を表明する権利を有する。

**第五八条【判決の朗読】** 判決には、裁判所長及び裁判所書記が署名する。判決は、代理人に正当に通告して公開の法廷で朗読する。

**第五九条【決定の拘束力】** 裁判所の裁判は、当事者間において且つその特定の事件に関してのみ拘束力を有する。

**第六〇条【判決の終結と解釈】** 判決は、終結とし、上訴を許さない。判決の意義又は範囲について争がある場合には、裁判所は、いずれかの当事者の要請によつてこれを解釈する。

**第六一条【再審】** 1 判決の再審の請求は、決定的要素となる性質をもつ事実で判決があつた時に裁判所及び再審請求当事者に知られていなかつたものの発見を理由とする場合に限り、行うことができる。但し、その事実を知らなかつたことが過失によらなかつた場合に限る。

2 再審の手続は、新事実の存在を確認し、この新事実が事件を再審に付すべき性質をもつものであることを認め、且つ、請求がこの理由から許すべきものであることを言い渡す裁判所の判決によつて開始する。

3 裁判所は、再審の手続を許す前に、原判決の条項に予め従うべきことを命ずることができる。

4 再審の請求は、新事実の発見の時から遅くとも六箇月以内に行わなければならない。

5 判決の日から十年を経過した後は、いかなる再審の請求も、行うことができない。

**第六二条【訴訟参加】** 1 事件の裁判によつて影響を受けることのある法律的性質の利害関係をもつと認める国は、参加の許可の要請を裁判所に行うことができる。

2 裁判所は、この要請について決定する。

**第六三条【第三国の加入している協定の解釈】** 1 事件に関係する国以外の国が当事国である条約の解釈が問題となる場合には、裁判所書記は、直ちにこれらのすべての国に通告する。

2 この通告を受けた各国は、手続に参加する権利を有するが、この権利を行使した場合には、判決によつて与えられる解釈は、その国もひとしく拘束する。

**第六四条【訴訟費用】** 裁判所が別段の決定をしない限り、各当事者は、各自の費用を負担する。

## 第四章 勧告的意見

**第六五条【勧告的意見の要請】** 1 裁判所は、国際連合憲章によつて又は同憲章に従つて要請することを許可される団体の要請があつたときは、いかなる法律問題についても勧告的意見を与えることができる。

2 裁判所の勧告的意見を求める問題は、意見を求める問題の正確な記述を掲げる請求書によつて裁判所に提出するものとする。この請求書には、問題を明らかにすることができるすべての書類を添付するものとする。

**第六六条【要請の通告】** 1　裁判所書記は、勧告的意見の要請を、裁判所で裁判を受けることができるすべての国に直ちに通告する。

2　裁判所書記は、また、裁判所で裁判を受けることができる国又は国際機関で問題に関する資料を提供することができると裁判所又は、開廷中でないときは、裁判所長が認めるものに対して、裁判所が裁判所長の定める期間内にこの問題に関する陳述書を受理し、又は特に開かれる公開の法廷でこの問題に関する口頭陳述を聴取する用意があることを、特別の且つ直接の通知によつて通告する。

3　裁判所で裁判を受けることができる前記の国は、本条2に掲げる特別の通知を受領しなかつたときは、陳述書を提出し、又は聴取される希望を表明することができる。裁判所は、これについて決定する。

4　書面若しくは口答の陳述又はこの双方の陳述を行つた国及び機関は、裁判所又は、開廷中でないときは、裁判所長が各個の事件について決定する形式、範囲及び期間内において、他の国又は機関が行つた陳述について意見を述べることを許される。このために、裁判所書記は、前記の書面の陳述を、同様の陳述を行つた国及び機関に適当な時期に送付する。

**第六七条【勧告の発表】** 裁判所は、事務総長並びに直接に関係のある国際連合加盟国、その他の国及び国際機関の代表者に通告した後に、公開の法廷で勧告的意見を発表する。

**第六八条【裁判手続の準用】** 勧告の任務の遂行については、以上の外、裁判所は、適用することができると認める範囲内で、係争事件に適用されるこの規程の規定による。

### 第五章　改正

**第六九条【改正】** この規程の改正は、国際連合憲章が同憲章の改正について規定する手続と同一の手続で行う。但し、総会がこの規程の当事国で国際連合加盟国でないものの参加に関して安全保障理事会の勧告に基いて採択することのある規定には従うものとする。

**第七〇条【改正の提案】** 裁判所は、必要と認めるこの規程の改正を、第六十九条の規定による審議のために事務総長にあてた通告書で提案する権限を有する。

## (2) 強制管轄受諾に関する日本国の宣言

（国際司法裁判所規程第三十六条2の規定に基づく国際司法裁判所の強制管轄を承認する日本国の宣言）

効力発生　二〇一五年一〇月六日

書簡をもって啓上いたします。本使は、外務大臣の命により、日本国が、国際司法裁判所規程第三十六条2の規定に従い、千九百五十八年九月十五日以後の事態又は事実に関して同日以後に発生するすべての紛争であって他の平和的解決方法によって解決されないものについて、国際司法裁判所の管轄を、同一の義務を受諾する他の国に対する関係において、かつ、相互条件で、当然にかつ特別の合意なしに義務的であると認めることを日本国政府のために宣言する光栄を有します。

この宣言は、以下の紛争には適用がないものとします。

(1)　紛争の当事国が、最終的かつ拘束力のある決定のために、仲裁裁判又は司法的解決に付託することに合意したか又は合意する紛争

(2)　紛争の他のいずれかの当事国が当該紛争との関係においてのみ若しくは当該紛争を目的としてのみ国際司法裁判所の義務的管轄を受諾した紛争、又は紛争の他のいずれかの当事国による裁判所の義務的管轄の受諾についての寄託若しくは批准が当該紛争を裁判所に付託する請求の提出に先立つ十二か月未満の期間内に行われる場合の紛争

(3)　海洋生物資源の調査、保存、管理又は開発について、これらから生ずる、これらに関する又はこれらに関係のある紛争

日本国政府は、いかなる時にも、国際連合事務総長に対する書面による通告によって、及びかかる通告の時点から効力を有するものとして、この宣言を修正し、又は廃棄する権利を留保します。

以上を申し進めるに際し、本使は、貴事務総長に向かって敬意を表します。

二千十五年十月六日

国際連合日本政府代表部　特命全権大使　吉川元偉

国際連合事務総長　潘基文閣下

## 参考　強制管轄受諾に関するアメリカ合衆国の宣言 翻訳

（国際司法裁判所規程第三六条2の規定に基づく国際司法裁判所の強制管轄を承認するアメリカ合衆国の宣言）

効力発生　一九四六年八月二六日
終　了　一九八六年四月六日

私、アメリカ合衆国大統領ハリー・S・トルーマンは、国際司法裁判所規程第三六条2の下で、かつ、アメリカ合衆国上院の一九四六年八月二日の決議（出席した上院議員の三分の二の同意）に従い、アメリカ合衆国が、今後生じる次の事項に関する全ての法律的紛争についての国際司法裁判所の管轄を同一の義務を受諾する他の国に対する関係において当然にかつ特別の合意なしに義務的であると認めることを、アメリカ合衆国のために宣言する。

a　条約の解釈
b　国際法上の問題
c　認定されれば国際義務の違反となるような事実の存在
d　国際義務の違反に対する賠償[reparation]の性質又は範囲

ただし、この宣言は次のものには適用されない。

a　既に存在し又は将来締結される協定によって、当事国が他の法廷[tribunals]に解決を付託すべき紛争

b アメリカ合衆国が決定するところに従い、本質上アメリカ合衆国の国内管轄権内にある事項に関する紛争

c (1)判決によって影響される全ての条約当事国が裁判所[Court]に提起された事件の当事者である場合、又は(2)アメリカ合衆国が特に管轄権に同意する場合を除き、多国間条約の下で生ずる紛争

この宣言は五年の期間効力を有し、その後はこの宣言を終了させる通告がなされた後、六箇月が満了する時まで効力を有する。

一九四六年八月一四日ワシントンにおいて作成

# 参考 国際司法裁判所規則 翻訳

［ICJ規則］

採　択　一九七八年四月一四日
効力発生　一九七八年七月一日
改　正　二〇〇一年二月一日(発効)、〇五年四月一四日(発効)・九月二九日(発効)、一九年一〇月二一日(発効)

前文

裁判所は、
国際連合憲章第一四章を考慮し、
同憲章に附属する裁判所規程を考慮し、
同規程の第三〇条の規定に基づいて、
この規則を採択する。

## 第一章 裁判所

### A節 裁判官及び補佐員

#### 第一款 裁判所の裁判官

**第一条【裁判所の構成】** 1 裁判所は、規程第二条から第一五条までに従って選挙された裁判官で構成する。

2 裁判所は、特定の事件のために、特任裁判官として出席するために規程第三一条に基づいて選定された一人又はそれ以上の者を裁判官席に加えることができる。

3 以下の規則において、「裁判所の裁判官」とは選挙された裁判官をいい、「裁判官」とは裁判所の裁判官及び特任裁判官をいう。

**第二条【裁判官の任期開始日】** 1 三年ごとに行われる選挙において選挙された裁判所の裁判官の任期は、裁判官が選挙されるための空席が生ずる年の二月六日から始まる。

2 任期終了前の裁判所の裁判官の後任者として選挙される裁判所の裁判官の任期は、その選挙の日から始まる。

**第三条【席次】** 1 裁判所の裁判官は、その任務の遂行にあたっては、年齢、選出された順序又は在職期間の長さに関係なく同等の地位を有する。

2 裁判所の裁判官は、本条4及び5に定める場合を除き、この規則の第二条に従い各自の任期が始まる日に応じて席次を占める。

3 任期が同一の日に始まる裁判所の裁判官は、その相互の間では年長順に従い席次を占める。

4 前の任期に引き続いて新たな任期に再選された裁判所の裁判官は、元の席次を保有する。

5 裁判所長及び裁判所次長は、その職にある間は、裁判所の他の全ての裁判官に優先する席次を占める。

6 前記の各項に従って、裁判所長及び裁判所次長の次の席次を有する裁判所の裁判官を、この規則において「上席裁判官」という。その裁判官が職務を遂行することができない場合には、当該裁判官の次の席次を有し、かつ、職務を遂行することができる裁判所の裁判官を、上席裁判官とする。

**第四条【裁判官の宣誓】** 1 規程第二〇条に従って裁判所の各裁判官が行う宣言は、次のとおりとする。

「私は、名誉にかけて、誠実に、公平に、かつ良心に従い、裁判官としての任務を遂行しその権限を行使することを厳粛に宣言します。」

2 この宣言は、裁判所の裁判官が出席する最初の公開廷で行われる。この法廷は、当該裁判官の任期が始まった後できる限り速やかに開廷し、必要な場合には、この目的のために特別な法廷を開廷する。

3 再選された裁判所の裁判官は、その新たな任期が前の任期に継続しない場合にのみ、新たな宣言を行う。

**第五条【辞任】** 1 辞任しようとする裁判所の裁判官は、その意思を裁判所長に通知するものとし、辞任は、規程第一三条4に定めるところにより効力を生ずる。

2 辞任しようとする裁判所の裁判官が裁判所長である場合には、その意思を裁判所に通知するものとし、辞任は、規程第一三条4に定めるところにより効力を生ずる。

**第六条【解任】** 規程第一八条の適用が審議される場合には、裁判所の当該裁判官は、裁判所長又は場合によっては裁判所次長から、その理由及び関係証拠を含む書面による通知を受ける。当該裁判官は、その後、この目的のために特別に招集される裁判所の非公開の会合において陳述をし、自らが希望する情報を提供し又は釈明を行い、かつ、自らに対する質問に口頭又は書面で答弁する機会を与えられる。この問題は、裁判所の当該裁判官の出席が認められない次の非公開の会合において、討議される。裁判所の各裁判官は意見を述べるものとし、かつ、要請があった場合には、投票が行われる。

#### 第二款 特任裁判官

**第七条【特任裁判官の地位】** 1 規程第三一条に基づき特定の事件のために選任された特任裁判官は、この規則の第一七条2、第三五条、第三六条、第三七条、第九一条2及び第一〇二条3に定める状況において、かつこれらの手続に従って、裁判官席に着くことが認められる。

2 特任裁判官は、他の裁判官と完全に平等に裁判官席に着き、その事件に参加する。

3 特任裁判官は、裁判所の裁判官の次に、かつ、年長順に席次を占める。

**第八条【特任裁判官の宣誓】** 1 規程第二〇条及び第三一条6に従って全ての特任裁判官が厳粛に行う宣言は、この規則の第四条1に定めるところによる。

2 この宣言は、特任裁判官が参加する事件の公開廷で行われる。事件が裁判所の部によって扱われる場合には、その宣言は、当該部において同一の方法により行われる。

3 特任裁判官は、以前の事件において既に宣言をしている場合でも、出席する事件ごとに宣言を行う。ただし、同一事件のそ

の後の段階においては、新たな宣言は行わないものとする。

### 第三款　補佐員

**第九条【補佐員の任命・権限・就任宣言】**1　裁判所は、職権により、又は遅くとも書面手続の終結前までに行われる要請を受けて、係争事件又は勧告的意見の要請のために、投票権なしで裁判所に出席する補佐員の任命を決定することができる。

2　裁判所がこの決定を行った場合には、裁判所長は、補佐員の選任に関係する全ての情報を得るための措置をとる。

3　補佐員は、当該事件に関して裁判所を構成する裁判官の秘密投票により、かつその過半数の票により、任命される。

4　規程第二六条及び第二九条に規定する部及びその長は、同一の権限を有し、かつ同一の方法でこれを行使することができる。

5　補佐員は、その職務に就く前に、公開廷において次の宣言を行う。

「私は、名誉にかけて、公平に、かつ良心に従い、補佐員としての職務を遂行し、かつ、裁判所規程及び規則の全ての規定を誠実に遵守することを厳粛に宣言します。」

## B節　裁判所長

**第一〇条【裁判所長と次長の任期】**1　裁判所長及び裁判所次長の任期は、三年ごとに行われる選挙において選挙された裁判所の裁判官の任期がこの規則の第二条に従って始まる日から始まる。

2　裁判所長及び裁判所次長の選挙は、その期日に、又はその後に速やかに行われる。前裁判所長は、引き続き裁判所の裁判官である場合には、裁判所長の選挙が行われるまで引き続きその任務を遂行する。

**第一一条【裁判所長選挙】**1　前裁判所長は、裁判所長の選挙の日になお裁判所の裁判官である場合には、選挙を実施する。前裁判所長が裁判所の裁判官でない場合、又はその職務を行うことができない場合には、選挙は、この規則の第一三条1により任務を遂行する裁判所の裁判官が実施する。

2　選挙は、選挙を主宰する裁判所の裁判官が当選に必要な賛成投票の数を宣言した後に、秘密投票により行われる。指名は行わない。選挙において裁判所を構成する裁判官の過半数の票を得た裁判所の裁判官は、当選したものと宣言され、それ以後その任務に就く。

3　新裁判所長は、同一の会合又は次の会合において、裁判所次長の選挙を実施する。本条2の規定は、この選挙にも等しく適用される。

**第一二条【所長の職務】**裁判所長は、裁判所の全ての会議を主宰する。裁判所長は、裁判所の事務を指揮し、かつ、運営を監督する。

**第一三条【所長職務の代行】**1　裁判所長が欠員である場合又は裁判所長がその任務を遂行することができない場合には、裁判所長の任務は裁判所次長が遂行する。裁判所次長に支障がある場合には、上席裁判官が遂行する。

2　裁判所長は、規程又はこの規則の規定により特定の事件に参加し又は主宰することができない場合にも、当該事件を除く全ての事項について裁判所長の任務を引き続き遂行する。

3　裁判所長は、裁判所の所在地において裁判所長の任務が継続して遂行されるようにするために必要な措置をとる。裁判所長は、自らが不在の場合には規程及びこの規則と両立する限りにおいて、裁判所次長に、又は裁判所次長に支障がある場合には上席裁判官に、その任務を遂行させることができる。

4　裁判所長は、裁判所長の職を辞任しようとする場合には、裁判所次長を通じて、又は裁判所次長に支障がある場合には上席裁判官を通じて、裁判所にその旨を書面により通知する。裁判所次長は、その職を辞任しようとする場合には、裁判所長にその旨を通知する。

**第一四条【所長又は次長の空席の補充】**裁判所長又は裁判所次長の空席が、規程第二一条1及びこの規則の第一〇条1に基づく現在の任期の終了前に生じた場合には、裁判所は、残任期間につき空席を補充するか否かを決定する。

## C節　部

**第一五条【簡易手続部】**1　規程第二九条に基づいて毎年設けられる簡易手続部は、職務上当然に裁判官となる裁判所長及び裁判所次長並びにこの規則の第一八条1に従って選挙される三人の裁判官からなる五人の裁判所の裁判官で構成する。さらに、二人の裁判所の裁判官を予備裁判官として毎年選挙する。

2　本条1にいう選挙は、毎年二月六日以後できる限り速やかに行う。部の裁判官は、選挙されるとともに任務を開始し、次の選挙まで在任する。部の裁判官は、再選されることができる。

3　部の裁判官が理由のいかんを問わず事件に出席できない場合には、当該事件について、二人の予備裁判官のうち上席の者がこれに交替する。

4　部の裁判官が辞任する場合又はその他の理由で部の裁判官でなくなった場合には、二人の予備裁判官のうち上席の者が交替し、部の正式の裁判官となり、その者に交替するために、新たに予備裁判官が選挙される。部の裁判官の欠員が現在の予備裁判官の数を超えて生じた場合には、予備裁判官が部の正式の裁判官になった後なお存在する部の欠員及び予備裁判官の欠員に関して、できる限り速やかに選挙を行う。

**第一六条【特定部類事件裁判部】**1　裁判所は、規程第二六条1に定める一又は二以上の部の設置を決定する場合には、当該各部が設けられた事件の特定の部類、部の裁判官の数、これらの裁判官が在任する期間及び裁判官の職務を開始する日を決定する。

2　部の裁判官は、その部が処理するために設けられている事件の部類について裁判所の裁判官の有する専門知識、専門能力又は以前の経験を考慮して、裁判所の裁判官の中からこの規則の第一八条1に従って選挙される。

3　裁判所は、部の廃止を決定することができる。ただし、係属中の事件を結審すべき当該部の職務を妨げてはならない。

**第一七条【特定事件裁判部】**1　規程第二六条2に定める特定の事件を処理する部を設けるための要請は、書面手続が終結するまでの間いつでも提出することができる。裁判所長は、一方の当事者から要請を受けた場合には、他方の当事者がそれに同意するか否かを確認する。

2　裁判所長は、両当事者が同意した場合には、部の構成について両当事者の意見を確認し、かつ、それを裁判所に報告する。裁判所長は、また、規程第三一条4を実施するために必要な措置をとる。

3　裁判所は、当事者の承認を得て部を構成する裁判所の裁判官の数を決定した場合には、この規則の第一八条1に従って当該裁判官の選挙を行う。部に生じた欠員の補充に関しても、同一の手続に従う。

4　本条に基づいて設けられる部の裁判官であって、任期の終了により規程第一三条に従って交替する者は、交替のときに事件がいかなる段階にあろうとも、当該事件の全ての段階に引き続き出席する。

**第一八条【部の選挙と部の長】** 1　全ての部の選挙は、秘密投票により行われる。選挙の時点で裁判所を構成している裁判官の過半数による投票で最も多くの投票を得た裁判官は、当選したものと宣言される。欠員を補充するために必要な場合は、補充される欠員数を限度として、二回以上の投票が行われる。

2　設置された部が裁判所長若しくは裁判所次長又はその両者を含んでいる場合には、場合に応じて、裁判所長又は裁判所次長がその部を主宰する。その他の場合には、部は、秘密投票により裁判官の投票の過半数によってその長を選挙する。本項に基づいて部が設置された時に部を主宰する裁判所の裁判官は、その部の裁判官である限り、引き続き部を主宰する。

3　部の長は、その部によって処理される事件に関しては、裁判所に付託される事件について裁判所長が有する全ての任務を遂行する。

4　部の長が出席できない場合、又は長として職務を遂行することができない場合には、部の長の任務は、上席でかつ職務を遂行することができる部の裁判官によって遂行される。

### D節　裁判所の内部的任務

**第一九条【内部規律】** 裁判所の内部的な司法実務は、規程及びこの規則の規定に従うことを条件として、裁判所が当該事項について採択する決議により規律される。

**第二〇条【定足数と裁判官の出廷】** 1　規程第二五条3に定める定足数は、裁判所の全ての会議に適用する。

2　規程第二三条3により常に裁判所の指示の下にある義務を負う裁判所の裁判官は、病気その他裁判所長に対して適切に説明した重大な事由により出席できない場合を除くほか、全ての会議に出席しなければならない。裁判所長は、裁判所に前記の事由を通知する。

3　同様に、特任裁判官は、裁判所の指示の下におかれ、その参加する事件について開かれる全ての会議に出席する義務を負う。特任裁判官は、定足数の計算上は考慮に入れない。

4　裁判所は、総件名簿の状況及び当面の活動の必要性を考慮して、裁判所の休暇の期日及び期間並びに規程第二三条2に基づいて裁判所の各裁判官に与えられる休暇の期間及び条件を定める。

5　裁判所は、同様の考慮を条件として、裁判所の開廷地で慣行となっている公の休日に従う。

6　裁判所長は、緊急の場合には、いつでも裁判所を招集することができる。

**第二一条【評議】** 1　裁判所の評議は、公開せず、かつ、秘密とする。ただし、裁判所は、裁判に関する事項以外の事項の評議については、そのいずれかの部分を公表し、又は公表を許可することをいつでも決定することができる。

2　裁判官、並びに補佐員がいる場合には裁判官及び補佐員のみが、裁判所の裁判の評議に参加する。裁判所書記又は裁判所書記補、及び必要な場合にはその他の書記局員が出席する。他のいかなる者も、裁判所の許可のない限り出席できない。

3　裁判所の裁判の評議の調書には、評議の主題又は事項の件名又は性質、及び表決の結果のみを記録する。調書には、評議の詳細又は表明された見解のいずれも記録しない。ただし、いずれの裁判官も自らの行った陳述を調書に挿入することを求めることができる。

## 第二章　書記局

**第二二条【書記の選挙と任期】** 1　裁判所は、秘密投票により裁判所書記を選挙する。裁判所書記は、七年の任期で選挙され、再選されることができる。

2　裁判所は、裁判所書記の空席が生じた場合には直ちに、又はその空席が任期の終了により生ずる場合には少なくともその六箇月前に、空席又は予定される空席について公表する。裁判所は、候補者に関する情報を、十分な時間をもって受理することができるように候補者名簿の締切日を定める。候補者は、裁判所が定めた締切日までにその応募書類を提出するよう招請される。

3　応募書類には、候補者に関する情報、特に候補者の年齢、国籍、現在の職業、学位、語学知識及び国際公法、外交又は国際組織や機構運営の活動における経験に関する情報を記載する。

4　選挙の時点で裁判所を構成する裁判官の過半数の票を得た候補者は、当選したものと宣言される。

注　本条の改正は、二〇一九年一〇月二一日に効力を生じた。

**第二三条【書記補】** 裁判所は、裁判所書記補を選出する。この規則の第二二条の規定は、裁判所書記補の選挙及び任期に適用する。

注　本条の改正は、二〇一九年一〇月二一日に効力を生じた。

**第二四条【書記の就任宣言】** 1　裁判所書記は、職務をとる前に、裁判所の会合において次の宣言を行う。

「私は、忠実に、思慮深く、かつ良心に従い、国際司法裁判所の書記として課せられた職務を遂行し、かつ、裁判所規程及び規則の全ての規定を誠実に遵守することを厳粛に宣言します。」

2　裁判所書記補は、職務をとる前に、裁判所の会合において同様の宣言を行う。

**第二五条【職員の任命と就任宣言】** 1　書記局の職員は、裁判所書記の提案に基づき裁判所が任命する。ただし、裁判所が決定する職の任命は、裁判所長の承認を得て、裁判所書記がこれを行うことができる。

2　全ての書記局の職員は、職務をとる前に、裁判所書記の立会いの下に裁判所長の前で次の宣言を行う。

「私は、忠実に、思慮深く、かつ良心に従い、国際司法裁判所の職員として課せられた職務を遂行し、かつ、裁判所規程及び規則の全ての規定を誠実に遵守することを厳粛に宣言します。」

**第二六条【書記の任務】** 1　裁判所書記は、次の任務を行う。

(a)　裁判所への通知の受付及び裁判所からの通知を発送すること。特に規程又はこの規則により必要とされる全ての通知、通告及び文書を発送すること並びにそれらの発送及び受領の日付を直ちに確認できるようにしておくこと。

(b)　裁判所長の監督の下で、かつ、裁判所の定める形式で、訴訟を提起し又は勧告的意見を要請する文書を書記局が受領した日付順に記載し、かつ、番号を付した全ての事件の総件名簿を備えておくこと。

(c) 規程第三五条2に基づき安全保障理事会が採択した決議に従って規程の当事国でない国が行う裁判所の管轄を受諾する宣言を保管し、かつ、その謄本を、全ての規程当事国、宣言を寄託しているその他の全ての国及び国際連合事務総長に対して送付すること。

(d) 書記局が受領した全ての訴答書面及び付属書類の写しを受領後直ちに当事者に送付すること。

(e) 裁判所又は部が開廷している国の政府その他の関係政府に対し、規程及び関係協定に基づき、特権、免除又は便宜を受ける資格のある者についての情報を随時提供すること。

(f) 裁判所の会議及び部の会議に自ら又はその代理が出席し、かつ、その会議の調書の準備に責任をもつこと。

(g) 裁判所が必要とする裁判所の公用語への翻訳及び通訳の提供又は検証のための措置をとること。

(h) 裁判所の全ての判決、勧告的意見、及び命令、並びに(f)にいう調書に署名すること。

(i) 裁判所の判決、勧告的意見、命令、訴答書面及び陳述、並びに各事件の公開廷の調書の印刷及び公表、並びに裁判所が公表を指示するその他の文書の印刷及び公表に責任をもつこと。

(j) 全ての行政事務、特に国際連合の財務手続に従って会計及び財務の責任を負うこと。

(k) 裁判所及びその活動に関する照会を処理すること。

(l) 裁判所と、国際連合の他の機関、専門機関、国際法の法典化及び漸進的発達に関する国際機関並びに国際会議との間の関係の維持を補佐すること。

(m) 裁判所及びその活動に関する情報を、各国政府、各国の最高司法裁判所、法曹団体及び学術団体、大学法学部及び法科大学院並びに報道機関が入手できるよう措置をとること。

(n) 裁判所の紋章及び印章、裁判所の公文書、並びに裁判所に寄託されるその他の公文書を保管すること。

2 裁判所は、1に定めるほか、いつでも裁判所書記の任務を追加することができる。

3 裁判所書記は、その任務の遂行について裁判所に対して責任を負う。

**第二七条【書記補の任務】** 1 裁判所書記官補は、裁判所書記を補佐し、その不在時には裁判所書記としての任務を行い、裁判所書記が欠員となった場合には、欠員が補充されるまで裁判所書記としての任務を遂行する。

2 裁判所書記及び裁判所書記補のいずれもが裁判所書記の任務を遂行することができない場合には、裁判所長は、必要な期間、これらの任務を行う書記局職員一名を任命する。裁判所書記及び裁判所書記補の双方が同時に欠員の場合には、裁判所長は、裁判所の裁判官と協議した後に、新たに裁判所書記が選任されるまで裁判所書記の任務を行う書記局職員一名を任命する。

**第二八条【書記局の構成】** 1 書記局は、裁判所書記、裁判所書記補及び裁判所書記がその任務の効率的な遂行のために必要とするその他の職員をもって構成する。

2 裁判所は、書記局の組織を定め、この目的のために提案を行うように裁判所書記に要請する。

3 書記局に対する指示は、裁判所書記が起草し、裁判所が承認する。

4 書記局の職員は、裁判所書記が起草し裁判所が承認する職員規程に従う。職員規程は、可能な限り国際連合の職員規程及び職員規則に合致させて起草する。

**第二九条【解任】** 1 裁判所書記は、その決定の時点で裁判所を構成する裁判官の三分の二の意見により、その任務を遂行することが永続的にできなくなった場合又はその義務の重大な違反を行った場合にのみ、解任することができる。その決定は、秘密投票により行われる。

2 本条に基づいて決定が行われる前に、裁判所書記は、とられる処置についてその理由と関係証拠を含む書面による通知を、裁判所長から受ける。裁判所書記は、その後に裁判所の非公開の会合において陳述し、情報を提供し又は釈明を行い、かつ自らに対する質問に口頭又は書面で答弁する機会を与えられる。

3 裁判所書記補は、同じ理由によりかつ同じ手続によってのみ、解任することができる。

注　本条の改正は、二〇一九年一〇月二一日に効力を生じた。

## 第三章　訴訟手続

### A節　裁判所に対する通知及び協議

**第三〇条【通知の宛先】** この規則に基づき裁判所に対してなされる全ての通知は、別段の定めがある場合を除くほか、裁判所書記に宛てられる。当事者が行ういずれの要請も、口頭手続中の公開の法廷において行われる場合を除き、同様に裁判所書記に宛てられる。

**第三一条【手続問題の確認】** 裁判所長は、裁判所に付託される全ての事件において、手続問題に関する当事者の意見を確認する。裁判所長は、このため当事者の代理人が任命された後直ちに、かつ、その後も必要なときはいつでも、当該代理人の出頭を求める。

### B節　特定の事件に関する裁判所の構成

**第三二条【所長職務の回避】** 1 裁判所長が事件の当事者の一方の国民である場合には、裁判所長は当該事件について裁判所長の権限を行使しない。裁判所次長又は上席裁判官が裁判所長として行動するよう求められている場合にも、同一の規則を適用する。

2 裁判所が口頭手続のために招集する日に事件を主宰している裁判所の裁判官は、新たに裁判所長又は裁判所次長が選挙された場合においても、現行の段階が終了するまで当該事件を引き続き主宰する。その裁判官が主宰することができなくなった場合には、当該事件の裁判長は、この規則の第一三条に従って、かつ口頭手続のために招集された日の裁判所の構成に基づいて、決定される。

**第三三条【退任裁判官の出席義務】** この規則の第一七条に定める場合を除き、任期の終了により規程第一三条3に従って退任した裁判所の裁判官は、その退任の日以前に口頭手続のために裁判所が招集した事件の全ての段階が終了するまで、引き続き出席して同項に定める職務を果たす。

**第三四条【裁判関与に関する疑義】** 1 規程第一七条2の適用に関して疑義が生じた場合又は規程第二四条の適用に関して意見が一致しない場合には、裁判所長は、それについて決定を行う裁判所の裁判官に通知しなければならない。

2　当事者が、前項に定める規程の適用に関連があると考え、かつ、裁判所に知られていないと信ずる事実を裁判所に知らせようとする場合には、その当事者は、その事実を書面により内密に裁判所長に通知する。

**第三五条【特任裁判官の選定】** 1　当事者は、事件において特任裁判官を選定するため規程第三一条により与えられた権利を行使しようとする場合には、できる限り速やかにその旨を裁判所に通知する。その際に選定されるべき裁判官の氏名及び国籍を示すことができない場合には、当事者は、答弁書の提出のために定められた期限の二箇月前までに裁判所に対して選定した裁判官の氏名及び国籍を通知し、かつ、簡潔な経歴書を提出する。特任裁判官は、その者を選定する当事者の国籍以外の者でもよい。

2　当事者は、他方の当事者が同様に差し控えることを条件に特任裁判官の選定を差し控えようとする場合には、裁判所にその旨を通知する。この場合、裁判所は、このことを他方の当事者に通知する。この後に他方の当事者が特任裁判官を選定する意思を通知し、又は選定した場合には、裁判所長は、裁判官の選定を先に差し控えていた当事者のために期限を延長することができる。

3　特任裁判官の選定に関する全ての通知の写しは、裁判所書記が他方の当事者に送付する。他方の当事者は、意見表明を希望する場合には、裁判所長が定める期限内に意見を提出するよう要請される。この期限内に他方の当事者から異議が提出されず、かつ、裁判所が何ら異議を認めない場合には、両当事者は、その旨を通知される。

4　異議又は疑義が生じた場合には、その問題は、必要があれば当事者から意見を聴取した後に、裁判所が決定する。

5　任命を受諾した後に出席することができなくなった特任裁判官は、他の者に差し替えることができる。

6　特任裁判官は、参加する理由が存在しなくなったと認められる場合には、裁判官席に着くことをやめなければならない。

**第三六条【同一の利害関係にある当事者】** 1　二以上の当事者が同一の利害関係にあるため一当事者とみなされ、かつ、裁判官席にそれらの当事者のいずれかの国籍を有する裁判所の裁判官がいないと裁判所が認める場合には、裁判所は、それらの当事者が共同して一人の特任裁判官を選定するための期限を定める。

2　同一の利害関係にあると裁判所が認めた当事者のいずれかが、自らの独自の利害関係が存在することを主張し、又はその他の何らかの異議を提起した場合には、その問題は、必要があれば当事者から意見を聴取した後に、裁判所が決定する。

**第三七条【特任裁判官選定の権利】** 1　当事者のいずれかの国籍を有する裁判所の裁判官が事件のいずれかの段階において出席せず又は出席できなくなった場合には、その当事者は、裁判所が定める又は裁判所が開廷中でないときには裁判所長が定める期限内に、特任裁判官を選定する権利を有する。

2　同一の利害関係にある当事者は、それらの国のいずれかの国籍を有する裁判所の裁判官が事件のいずれかの段階において出席せず又は出席できなくなった場合には、裁判官席にそれらの国のいずれかの国籍を有する裁判官も有しないものとみなされる。

3　当事者の国籍を有する裁判所の裁判官が、事件の書面手続段階の終了前に出席することができるようになった場合には、その裁判官は、当該事件において再び裁判官席に着く。

## C節　裁判所の手続

### 第一款　手続の開始

**第三八条【請求による提訴】** 1　裁判所の手続が規程第四〇条1に定める請求により開始される場合には、その請求には、請求を提起する当事者、請求の相手国及び紛争の主題を示す。

2　請求には、裁判所の管轄権の基礎となるべき法的根拠をできる限り明確に記載する。請求には、また、その性質を正確に記載し、並びに請求の基礎となる事実及び理由を簡潔に記載する。

3　請求の原本には、それを提出する当事者の代理人、裁判所が所在する国に駐在する当該当事者の外交代表又は正当に授権された他の者が署名する。請求が当事者の外交代表以外の者によって署名された場合には、その署名は、当事者の外交代表又は原告の外務省の権限ある機関によって認証されなければならない。

4　裁判所書記は、請求の謄本一通を被告に直ちに送付する。

5　原告国が、請求の相手国がまだ与えていない同意又は表明されていない同意に裁判所の管轄権を基礎づけようとする場合には、その請求は、当該相手国に送付される。ただし、請求の相手国が当該事件のための裁判所の管轄権に同意するまでは、その請求を総件名簿に記載してはならず、また、手続上いかなる措置もとってはならない。

**第三九条【特別の合意による提訴】** 1　規程第四〇条1に従い、特別の合意の通告によって手続を裁判所に提起する場合には、当事者は、その通告を共同で、又は一若しくはそれ以上の当事者で行うことができる。通告が共同のものでない場合には、裁判所書記は、通告の謄本一通を他方の当事者に直ちに送付する。

2　いずれの場合においても、通告には特別の合意の原本又は謄本を添付する。この通告には、特別の合意からは明らかでない場合には、紛争の正確な主題を記載し、かつ、紛争の当事者を明示する。

**第四〇条【代理人】** 1　この規則の第三八条5に定める場合を除くほか、手続が開始された後の当事者のための全ての手続は、代理人によって行われる。代理人は、事件に関する全ての通知が送付されるべき住所を裁判所の所在地にもたなければならない。当事者の代理人に宛てられた通知は、当該当事者に宛てられたものとみなす。

2　請求によって手続を開始する場合には、原告の代理人の氏名を記載する。被告は、請求の謄本を受領すると同時に、又はその後できる限り速やかに、代理人の氏名を裁判所に通知する。

3　特別の合意の通告によって手続を開始する場合には、通告を行う当事者はその代理人の氏名を記載する。特別の合意の他の全ての当事者は、まだその通知をしていない場合には、右の通告の謄本を裁判所書記から受領すると同時に、又はできる限り速やかに、代理人の氏名を裁判所に通知する。

**第四一条【規程の非当事国による提訴】** 規程の当事国でないが、規程第三五条2に基づき安全保障理事会が採択した決議に従って宣言を行うことにより裁判所の管轄を受諾した国が手続を開始する場合であって、当該宣言をあらかじめ裁判所書記に寄託していないときは、当該国は、手続開始の際に当該宣言を寄託する。この宣言の有効性又は効力に関して問題が生じた場合には、裁判所が決定する。

**第四二条【請求謄本の送付】** 裁判所書記は、裁判所に手続を開始する請求又は特別の合意の通告の写しを(a)国際連合事務総長、(b)国際連合加盟国、及び(c)裁判所で裁判を受けることができるその他の国に送付する。

**第四三条【条約の解釈の場合の措置】** 1　事件に関係する国以外の国が当事国である条約の解釈が、規程第六三条1の意味で問題となる場合には、裁判所は、その問題に関していかなる指示を裁判所書記に与えるかを検討する。

2　裁判所に付託された事件において、いずれかの公的国際組織がその当事者である条約の解釈が問題となり得るときはいつでも、裁判所は、裁判所書記が関係する公的国際組織にその旨を通知すべきかを検討する。裁判所書記による通知を受けたいずれの公的国際組織も、その事件で解釈が問題となる特定の条約規定に関して意見を提示することができる。

3　公的国際組織が本条2に従って意見を提示することが適当であると認めるときは、その手続はこの規則の第六九条2が規定するところに従う。

注　本条の改正は、二〇〇五年九月二九日に効力を生じた。

### 第二款　書面手続

**第四四条【訴答書面の提出】** 1　裁判所は、この規則の第三一条に基づき裁判所長が入手した情報に照らして、特に訴答書面の数及び提出順序並びに提出期限を決定するために必要な命令を発する。

2　本条1に定める命令を発するにあたっては、不当な遅延を生じさせない当事者間のいかなる合意も考慮に入れる。

3　裁判所は、関係当事者の要請がある場合であって、その要請が十分に根拠をもつことを確認したときは、期限を延長し、又は定められた期限の終了後にとられたいずれの措置も有効とみなすことができる。いずれの場合にも、他方の当事者は、その見解を述べる機会を与えられる。

4　裁判所が開廷中でないときは、本条に基づく裁判所の権限は、裁判所長が行使する。ただし、裁判所の事後の決定を妨げない。第三一条に定める意見の確認の結果、この規則の第四五条2又は第四六条2の適用に関して当事者の間に最後まで意見の相違のあることが明らかとなった場合には、この問題を決定するために裁判所が招集される。

**第四五条【請求による提訴の場合の手続】** 1　請求によって開始される事件の訴答書面は、原告の申述書、被告の答弁書からなり、この順序で提出する。

2　裁判所は、当事者が合意した場合、又は裁判所が職権により若しくは一方の当事者の要請によって原告の抗弁書及び被告の再抗弁書が必要なことを決定した場合には、それらの訴答書面の提出を許可し又は指示することができる。

**第四六条【特別の合意による場合の手続】** 1　特別の合意の通告によって開始される事件においては、訴答書面の数及び順序は、裁判所が当事者の意見を確認した後に別段の決定を行わない限り、当該合意の規定に従う。

2　特別の合意がそのような規定を含まず、かつ、当事者がその後訴答書面の数及び順序に関して合意しない場合には、各当事者は、同一期限内に申述書及び答弁書を提出する。裁判所は、必要と認めない限り抗弁書及び再抗弁書の提出を許可しない。

**第四七条【事件の併合】** 裁判所は、いつでも二以上の事件の手続を併合することを指示することができる。裁判所は、また、書面又は口頭手続(証人の召喚を含む。)を同時に行うことを指示することができる。裁判所は、さらに、正式の併合を行うことなく、これらのいかなる点に関しても、同時に手続を行うことを指示することができる。

**第四八条【各段階の終了期限】** 手続の各段階の終了期限は、一定期間を指定して定めることができる。ただし、常に特定の日を指定しなければならない。この期限は、事件の性質が許す限り短いものとする。

**第四九条【訴答書面の記載事項】** 1　申述書には、関連事実の陳述、法の陳述及び申立てを記載する。

2　答弁書には、申述書に記載された事実の容認又は否認、必要があるときは事実の追加、申述書にある法の陳述に関する意見、陳述書に応答する法の陳述及び申立てを記載する。

3　裁判所の許可を得て提出される抗弁書及び再抗弁書は、当事者の主張を反復するだけでなく、当事者の主張がなお分かれる争点を明らかにするようにする。

4　いずれの訴答書面も、既に提出された議論とは異なる事件の関連段階における当事者の申立てを掲げるか、又は以前に行った申立てを確認する。

**第五〇条【付属書類】** 1　全ての訴答書面の原本には、訴答書面に記載した主張を支持するために引用した一切の関連する書類の謄本を添付する。

2　書類の一部のみが関連する場合には、当該訴答書面の目的に必要な部分のみの抜粋を添付することを要する。書類全体の写しは、それが既に公表されており、かつ、容易に入手し得るものである場合を除き、書記局に寄託する。

3　訴答書面に添付する全ての書類の目録は、訴答書面を提出するときに提出する。

**第五一条【訴答書面の用語】** 1　当事者が書面手続を裁判所の二つの公用語のうちの一つで全て行うことに同意した場合には、訴答書面はその公用語のみで提出する。当事者がこのように合意しない場合には、いかなる訴答書面も、また訴答書面のいかなる部分も、いずれか一つの公用語で提出する。

2　規程第三九条3に従ってフランス語又は英語以外の言語を使用する場合には、訴答書面を提出する当事者が正確なものと認証したフランス語又は英語の訳文を各訴答書面の原本に添付する。

3　訴答書面の付属書類が裁判所のいずれかの公用語にもよるものでない場合には、訴答書面を提出する当事者が正確なものと認証した裁判所の公用語のうちのいずれか一つの訳文を添付する。訳文は、付属書類の一部又は付属書類の抜粋に限ることができる。この場合には、どの部分の訳文であるかを示す説明を添付する。ただし、裁判所は、一層広範な又は完全な訳文を提出するよう要求することができる。

**第五二条【訴答書面の提出】** 1　全ての訴答書面の原本は、代理人が署名して書記局に提出する。この原本には、規程第四三条4に従って他方の当事者に送付するための訴答書面の謄本、付属書類及び訳文を添付する。また、書記局が要求する数の写しを追加して添付する。ただし、その後に必要が生じたときは、その数を増加することを妨げない。

2　全ての訴答書面には日付を付する。訴答書面を一定の期日までに提出しなければならない場合に、裁判所が重要な日付とするのは、書記局において当該訴答書面を受理する日とする。

3　既に提出された書類中の誤りは、他方の当事者の同意又は裁判所長の許可を得て、いつでも訂正することができる。このように行われた訂正は、その訂正が関係する訴答書面と同じ方法で、他方の当事者に通知する。

注 本条の改正は、二〇〇五年四月一四日に効力を生じた。

**第五三条【訴答書面の公表】** 1 裁判所、又は裁判所が開廷中でないときは裁判所長は、当事者の意見を確認した後、裁判所で裁判を受けることができる国であってこのような写しの提供を求めた国が訴答書面及び付属書類の写しを入手できるように、いつでも決定することができる。

2 裁判所は、当事者の意見を確認した後、訴答書面及び付属書類の写しを口頭手続の開始のときに、又はその後に、公開することを決定することができる。

### 第三款 口頭手続

**第五四条【口頭手続の開始】** 1 事件は、書面手続の終結とともに弁論に付する用意ができたものとする。口頭手続の開始の日は、裁判所が定める。また裁判所は、必要な場合には、口頭手続の開始又は継続を延期することを決定することができる。

2 裁判所は、口頭手続の開始の日を定め又は延期する場合には、具体的事件の緊急性を含めて、この規則の第七四条に定める優先順位及びその他の特別の事情を考慮する。

3 裁判所が開廷中でないときは、本条に基づく裁判所の権限は裁判所長が行使する。

**第五五条【所在地以外での開廷】** 裁判所は、望ましいと認める場合には、規程第二二条1に従って、事件のその後の手続の全部又は一部を裁判所の所在地以外の地で行うことを決定することができる。裁判所は、この決定をする前に当事者の意見を確認する。

**第五六条【追加書類の提出】** 1 いずれの当事者も、書面手続の終結後は、他方の当事者が同意する場合又は本条2に規定する場合を除くほか、さらに書類を裁判所に提出することはできない。新たな書類の提出を希望する当事者は、その書類の原本又は謄本を書記局が要求する数の写しを添えて提出する。書記局は、他方の当事者にその旨を通報する責任を負い、かつ、その旨を裁判所に通知する。他方の当事者は、この書類の提出に異議を申し立てない場合には、同意を与えたものとみなされる。

2 裁判所は、同意がない場合であっても、両当事者から意見を聴取した後に、当該書類を必要と認めるときは、その提出を許可することができる。

3 新たな書類が本条1又は2に基づいて提出される場合には、他方の当事者は、その書類について意見を述べ、かつ、その意見を補強するための書類を提出する機会を与えられる。

4 規程第四三条又は本条に従って提出されたのではない書類については、その書類が容易に入手し得る刊行物の一部でない限り、口頭手続中にその内容について言及することができない。

5 本条の規定の適用は、それ自体、口頭手続の開始又は進行を遅延させる根拠とはならない。

**第五七条【証拠・証人等の通知】** 各当事者は、書類の提出に関するこの規則の規定を妨げることなく、その提出しようとする証拠又は裁判所に対して入手を要請しようとする証拠に関する情報を、口頭手続の開始前に十分な時間の余裕をもって、裁判所書記に通知する。この通知には、当事者が召喚しようとする証人及び鑑定人の氏名、国籍、経歴及び住所を記載し、かつ、その証拠の目的となる一又は二以上の論点の要旨を併記する。さらに、他方の当事者に送付するための当該通知の写し一通を提出する。

**第五八条【弁論方法等の決定】** 1 裁判所は、当事者が弁論を証拠の提出の前後いずれに行うべきかを決定する。ただし、当事者は提出された証拠に関して意見を述べる権利を保持する。

2 当事者が聴取を受ける順序、証拠を取扱う方法並びに証人及び鑑定人を尋問する方法、並びに各当事者のために聴取を受ける弁護人及び補佐人の数は、この規則の第三一条に従って当事者の意見を確認した後、裁判所が決定する。

**第五九条【弁論の公開】** 裁判所における弁論は、公開とする。ただし、裁判所が別段の決定をした場合、又は両当事者が公開としないことを請求した場合は、この限りでない。この決定又は請求は、弁論の全部又は一部のいずれについても、また、いつでも行うことができる。

**第六〇条【口頭陳述の範囲】** 1 当事者のために行われる口頭陳述は、弁論における当該当事者の主張を十分に提示するために必要とされる限度内で、できる限り簡潔に行う。したがって口頭陳述は、当事者の意見が分かれる争点に向けられなければならず、かつ、訴答書面において取り扱った事項全般に言及したり当該書面に掲げられた事実及び議論を単に反復するものであってはならない。

2 弁論において当事者が行う最後の陳述を終了するにあたって、その代理人は、議論の要点を繰り返さずに当該当事者の最終的申立てを朗読する。代理人が署名したこの申立ての写しは、裁判所に提出され、かつ、他方の当事者に送付される。

**第六一条【裁判所による指示と質問】** 1 裁判所は、弁論前又は弁論中いつでも、裁判所が特に当事者による申述を希望する論点若しくは争点又は裁判所が十分に議論し尽くされたと考える論点若しくは争点を指摘することができる。

2 裁判所は、弁論中、代理人、弁護人及び補佐人に質問を行い、並びに、これらの者に説明を求めることができる。

3 各裁判官は、質問を行う同様の権利を有する。ただし、各裁判官は、この権利を行使する前に、規程第四五条により弁論を統制する責任をもつ裁判所長にその意向を知らせなければならない。

4 代理人、弁護人及び補佐人は、直ちに又は裁判所長が定める期限内に答弁することができる。

**第六二条【証拠調べ】** 1 裁判所は、争点となっている問題のいかなる点についても、それらを明らかにするために裁判所が必要と考える証拠を提出し若しくは説明を行うよう当事者にいつでも求めることができ、又はこの目的のために自らその他の情報を収集することができる。

2 裁判所は、必要な場合には、手続中、証拠事実を述べるための証人又は鑑定人の出頭を求めるための措置をとることができる。

**第六三条【証人と鑑定人の召喚】** 1 当事者は、この規則の第五七条に従って裁判所に通知された名簿に記載されている証人又は鑑定人を召喚することができる。弁論中のいかなるときでも、一方の当事者が前記の名簿にその氏名が記載されていない証人又は鑑定人の召喚を希望する場合には、その当事者は、裁判所及び他方の当事者にその旨を通知し、かつ、第五七条が要求する情報を提出する。証人又は鑑定人は、他方の当事者が異議を唱えず又はその証拠が関連性を有すると裁判所が認める場合には、召喚することができる。

2　裁判所、又は裁判所が開廷中でないときは裁判所長は、一方の当事者の要請により又は職権により、裁判所以外の場所で証人の尋問を行うため必要な措置をとる。

**第六四条【証人と鑑定人の宣言】**　裁判所が特別な事情のために別の様式を決定しない限り、

(a)　全ての証人は、証言を行う前に次の宣言を行う。

「私は、真実を、全ての真実を、そして真実だけを述べることを、私の名誉及び良心にかけて、厳粛に宣言します。」

(b)　全ての鑑定人は、陳述を行う前に次の宣言を行う。

「私は、真実を、全ての真実を、そして真実だけを述べること、並びに私の陳述は私の偽りのない信念に従ったものであることを、私の名誉及び良心にかけて、厳粛に宣言します。」

**第六五条【証人と鑑定人の尋問】**　証人及び鑑定人は、裁判所長の指揮の下で、両当事者の代理人、弁護人又は補佐人の尋問を受ける。裁判所長及び裁判官は、質問を行うことができる。証言を行う前には、証人は法廷の外にいなければならない。

**第六六条【証拠の収集】**　裁判所はいつでも、職権により又は当事者の要請に基づいて、両当事者の意見を確かめた後に決定する条件に従って、証拠の収集に関する任務を、事件が関係する場所又は地域において行うことを決定することができる。必要な措置は、規程第四四条に従ってなされる。

**第六七条【調査と鑑定意見】**　1　裁判所は、調査又は鑑定意見を準備する必要があると認める場合には、両当事者から聴取を行った後、その旨の命令を発する。この命令には、調査又は鑑定意見の主題を明示し、調査を行う者又は鑑定人の人数及び任命方法を記載し、並びに、従うべき手続を定める。裁判所は、適当な場合には、調査を実施し又は鑑定意見を提出するために任命された者に対して、厳粛な宣言を行うことを求める。

2　調査に関する全ての報告又は記録並びに全ての鑑定意見は、両当事者に通知され、両当事者はそれについて意見を述べる機会を与えられる。

**第六八条【証人と鑑定人の手当】**　この規則の第六二条2に基づいて出廷する証人及び鑑定人、並びに第六七条1に基づいて調査を実施し又は鑑定意見を提出するために任命された者は、適当な場合には、裁判所の財源から手当を受ける。

**第六九条【国際組織からの情報】**　1　裁判所は、口頭手続の終結前のいつでも、職権により又はこの規則の第五七条に規定する通知を受けた一方の当事者の要請により、規程第三四条に従って、公的国際組織に対して裁判所に係属する事件に関連する情報を提供するように要請することができる。裁判所は、当該組織の行政職員の長と協議の後、この情報が口頭で提出されるべきか又は書面で提出されるべきか及びその提出期限を決定する。

2　公的国際組織は、裁判所に係属する事件に関連する情報を自発的に提供することが適当であると認める場合には、書面手続の終結前に、申述書の形式で書記局に提出する。裁判所は、裁判所が適当であると認める質問に対する回答の形式で口頭又は書面によりこの情報を補足することを要求する権利を有し、また当事者がこのように提供された情報に関して口頭又は書面により意見を述べることを許可する権利を有する。

3　裁判所書記は、規程第三四条3に定める状況が生じた場合には、裁判所の指示又は裁判所が開廷中でないときは裁判所長の指示に基づき、同項に規定する手続をとる。裁判所、又は裁判所が開廷中でないときは裁判所長は、裁判所書記が書面手続の写しを送付した日から、かつ、当該公的国際組織の行政職員の長と協議の後に、当該国際組織がその意見を書面で裁判所に提出することができる期限を定める。この意見は、当事者に送付され、口頭手続中に当事者及び当該国際組織の代表者によって討議されることができる。

4　前各項において、「公的国際組織」という用語は、国家によって構成される国際組織をいう。

**第七〇条【弁論における通訳】**　1　裁判所による反対の決定がない限り、弁論において裁判所の公用語の一つで行われた発言、陳述及び証言は、全て他の公用語に通訳される。この発言、陳述及び証言が公用語以外の言語で行われた場合には、裁判所の二つの公用語に通訳される。

2　規程第三九条3に従ってフランス語又は英語以外の言語が使用される場合には、二つの公用語のうちの一つに通訳するために必要な措置は、その使用を要請した当事者がとる。ただし、裁判所書記は、当事者のために行われた証言につき当該当事者が提供した通訳を検証するために必要な措置をとる。裁判所の召喚により出頭する証人又は鑑定人の場合には、通訳のための措置は、書記局がとる。

3　当事者は、自己のために裁判所の公用語以外の言語で発言、陳述又は証言を行おうとする場合には、裁判所書記が必要な措置をとるために十分な時間の余裕をおいて、その旨を裁判所書記に対して通知する。

4　当事者が提供する通訳者は、当該事件において最初に通訳をする前に、公開の法廷で次の宣言を行う。

「私は、私の通訳が忠実かつ完全なものであることを、私の名誉及び良心にかけて、厳粛に宣言します。」

**第七一条【弁論の記録・調書】**　1　全ての弁論の逐語記録は、使用された裁判所の公用語で、裁判所書記が作成する。使用された言語が裁判所の二つの公用語のいずれでもない場合には、逐語記録は、裁判所の公用語の一つで作成される。

2　発言又は陳述が裁判所の公用語ではない言語で行われた場合には、そのような発言又は陳述を行った当事者は、その本文を公用語の一つであらかじめ書記局に提出し、この本文が、逐語記録の該当部分を構成する。

3　逐語記録の謄本には、出廷する裁判官並びに当事者の代理人、弁護人及び補佐人の氏名を記載する。

4　謄本の写しは、当該事件に出席した裁判官及び当事者に配付される。当事者は、裁判所の監督の下で、自国のために行われた発言又は陳述の謄本を訂正することができる。ただし、その修正は、いかなる場合にも陳述の意味及び趣旨に影響を及ぼすものであってはならない。裁判官も同様に、その行ったとされる発言の謄本に訂正を行うことができる。

5　証人及び鑑定人は、その提供した証拠又はその行った陳述が関係する謄本の該当部分を示され、かつ、当事者と同様の方法で、これを訂正することができる。

6　最終的に訂正された謄本の真実性が認証された写しに、裁判所長及び裁判所書記が署名し、規程第四七条に定める公正な調書とされる。公開弁論の調書は、裁判所が印刷し公表する。

**第七二条【口頭手続終了後の答弁・証拠等の扱い】**　この規則の第六一条に基づいて提起された質問に対する一方の当事者による書面による答弁又は第六二条に基づいて一方の当事者が提出した証拠若しくは説明で口頭手続の終結後に裁判所が受領したものは、他方の当事者に通知され、他方の当事者は、それについて意見を述べる機会を与えられる。必要な場合には、このために口頭手続を再開することができる。

### D節 付随手続

#### 第一款 仮保全

**第七三条【申請】** 1 暫定措置の指示を求める書面による要請は、その要請の関係する事件の手続中いつでも一方の当事者が行うことができる。

2 この要請には、その理由、要請が認められなかった場合に生じ得る結果及び要請する措置を明示する。裁判所書記は、直ちに謄本一通を他方の当事者に送付する。

**第七四条【暫定措置申請の優先】** 1 暫定措置の指示の要請は、他の全ての事件に優先する。

2 裁判所は、この要請が行われたときに裁判所が開廷中でない場合には、緊急事項としてこの要請に関する決定の手続を行うために直ちに招集される。

3 裁判所、又は裁判所が開廷中でないときは裁判所長は、両当事者に申述の機会を与えるための弁論の期日を定める。裁判所は、口頭手続の終結前に裁判所に提出されるいかなる意見も受理し、かつ、考慮に入れる。

4 裁判所長は、裁判所の評議の間、両当事者に対して、暫定措置の要請について裁判所が下すいかなる命令も適切な効果を有するように行動することを求めることができる。

**第七五条【職権による指示】** 1 裁判所は、事件の状況がいずれか若しくは全ての当事者がとるか又は遵守すべき暫定措置の指示を必要としているか否かを職権により検討することを、いつでも決定することができる。

2 裁判所は、暫定措置の要請があったときには、要請された措置とは全体的に若しくは部分的に異なる措置を指示し、又は要請を行った当事者自らがとるか若しくは遵守すべき措置を指示することができる。

3 暫定措置の指示の要請の却下は、その要請を行った当事者が同一の事件において新たな事実に基づいて新たに要請することを妨げない。

**第七六条【暫定措置決定の撤回と修正】** 1 裁判所は、一方の当事者の要請により又は職権により、事情の変更によって暫定措置に関する決定を撤回又は修正することが正当であると判断する場合には、事件の最終判決前の段階においていつでも、この措置に関する決定を撤回又は修正することができる。

2 この撤回又は修正を提議する当事者のいかなる請求も、関連すると考えられる事情の変更を明示する。

3 裁判所は、本条1に基づいて決定を行う前に、当事者に対してこの問題に関する意見を提出する機会を与える。

注 本条の改正は、二〇一九年一〇月二一日に効力を生じた。

**第七七条【安全保障理事会への通告】** この規則の第七三条及び第七五条に基づいて裁判所が指示する全ての措置並びに第七六条1に基づいて裁判所が行う全ての決定は、規程第四一条2に従って安全保障理事会に通告するために、国際連合事務総長に直ちに送付する。

**第七八条【履行に関する情報】** 裁判所は、裁判所が指示した暫定措置の履行に関連するいずれの問題についても、当事者に情報を要請することができる。

#### 第二款 先決的抗弁

**第七九条【先決的問題】** 1 請求の付託を受けて、かつ、裁判所長が両当事者と面会し協議した後に、裁判所は、管轄権及び受理可能性に関するいずれの問題についても、それぞれ別個に判断する旨決定することができる。

2 裁判所が決定する場合には、両当事者は、管轄権及び受理可能性に関する訴答書面を、裁判所が定める期限内に、かつ、裁判所が定める順序に従って提出する。各訴答書面には、それが依拠する証拠を含む意見及び申立てを記載し、援用書類の写しを添付する。

注 本条の改正は二〇〇一年二月一日に効力を生じ、その後二〇一九年一〇月二一日に効力を生じた。

**第七九条の二【先決的抗弁】** 1 裁判所が前条に基づく決定を行っていない場合、裁判所の管轄権若しくは請求の受理可能性についての抗弁又は被告が本案手続に進む前に決定することを求めるその他の抗弁は、申述書の提出後三箇月以内に、できるだけ速やかに書面により提出する。被告以外に当事者によってなされる全ての抗弁は、当該当事者の最初の訴答書面の提出につき定められた期限内に提出する。

2 先決的抗弁には、抗弁の基礎となる事実及び法、申立て及び援用書類の目録を掲げ、当事者が依拠する証拠を含める。援用書類の写しを添付する。

3 先決的抗弁を書記局が受領すると同時に、本案手続は停止される。裁判所、又は裁判所が開廷中でないときは裁判所長は、他方の当事者がその意見及び申立てについて書面による陳述を提出する期限を定める。この書面には、当事者が依拠する証拠を含むものとし、援用書類の写しを添付する。

4 裁判所は、本条1に従って提出された抗弁が本案の手続内で意見聴取及び決定されるべきであるとする当事者間のいかなる合意も有効なものとする。

注 本条の改正は、二〇一九年一〇月二一日に効力を生じた。

**第七九条の三【先決的問題又は先決的抗弁に関する手続】** 1 第七九条2又は第七九条の二1及び3に定める先決的問題又は先決的抗弁に関する訴答書面は、先決的問題又は先決的抗弁に関係のある事項に限定される。

2 裁判所が別段の決定をしない限り、その後の手続は、口頭によって行う。

3 裁判所は、必要なときはいつでも、両当事者に対して法及び事実に関する全ての問題を議論し、かつ、先決的問題又は先決的抗弁に関する全ての証拠を提示するよう要請することができる。

4 裁判所は、当事者から意見を聴取した後、先決的問題に決定を下し、又は先決的抗弁を認容し若しくは却下する。裁判所は、その事件の状況に鑑み、問題又は抗弁が専ら先決的な性質を有するものではないことを宣言することができる。

5 裁判所は、判決の形式で決定を下す。判決が事件を解決するものでなかった場合には、裁判所はその後の手続の期限を定める。

注 本条の改正は、二〇一九年一〇月二一日に効力を生じた。

#### 第三款 反訴

**第八〇条【反訴】** 1 裁判所は、反訴が裁判所の管轄権の範囲内にあり、かつ、他方の当事者の請求の主題と直接に関連する場合にのみ、当該反訴を認めることができる。

2　反訴は、答弁書の中でなされ、かつ、そこでなされる申立ての一部として記載される。追加的な訴答書面において反訴に関する見解を書面により提出する他方の当事者の権利は、書面手続における書面の追加的提出に関して、この規則の第四五条2に従って裁判所が行ういかなる決定にもかかわらず、維持される。

3　1の適用に関して異議が申し立てられた場合又は裁判所が必要と認めるときはいつでも、裁判所は、両当事者から意見聴取をした後、これについて決定する。

注　本条の改正は、二〇〇一年二月一日に効力を生じた。

### 第四款　訴訟参加

**第八一条【第三国の参加要請】**　1　規程第六二条の条件の下で参加の許可を求める請求は、この規則の第三八条3に定める方法で署名した上で、できる限り速やかに、かつ、書面手続の終結前に提出する。ただし、特別の事情がある場合には、その後の段階で提出された請求も認められる。

2　請求には、代理人の氏名を記載する。この要請には、関係する事件を明記し、かつ、次の事項を記載する。

(a)　参加を請求する国が、その事件の裁判によって影響を受けると考える法的な利益

(b)　参加の詳細な目的

(c)　参加を請求する国と事件の当事者との間に存在すると主張されるあらゆる管轄権の根拠

3　この請求には、添付する援用書類の目録を記載する。

**第八二条【条約解釈の場合の参加要請】**　1　規程第六三条により付与された参加の権利を援用しようとする国は、この規則の第三八条3に定める方法で署名したその旨の宣言を提出する。この宣言は、できる限り速やかに、かつ、口頭手続の開始期日と定められた日より前に、提出する。ただし、特別の事情がある場合には、その後の段階で提出された宣言も認められる。

2　この宣言には、代理人の氏名を記載する。宣言には、事件及び関係する条約を明記し、並びに次の事項を記載する。

(a)　宣言を提出する国が自ら条約の当事者であると考える根拠の詳細

(b)　解釈が問題であると考える条約の具体的な規定の特定

(c)　問題とする規定の解釈についての陳述

(d)　添付する援用書類の目録

3　この宣言は、解釈が問題となっている条約の当事国であると自ら考える国で、規程第六三条に定める通告を受けなかった国も提出することができる。

**第八三条【参加要請の送付】**　1　規程第六二条に基づく参加許可の要請の謄本又は規程第六三条に基づく参加の宣言の謄本は、直ちに事件の当事者に送付される。当該事件の当事者は、裁判所が定める又は裁判所が開廷中でないときは裁判所長が定める期限内に、意見書を提出するよう要請される。

2　裁判所書記はまた、(a)国際連合事務総長、(b)国際連合加盟国、(c)裁判所で裁判を受けることができるその他の国、及び(d)規程第六三条に基づいて通知を受けるその他の国に、謄本を送付する。

**第八四条【参加要請の決定】**　1　裁判所は、規程第六二条に基づく参加の許可を求める請求が認められるか否か、及び規程第六三条に基づく参加が認められるか否かを、裁判所が事件の状況を考慮して別段の決定をしない限り、優先事項として決定する。

2　この規則の第八三条に基づいて定められた期限内に参加の許可を求める要請又は参加の宣言の受理可能性について異議が生じた場合には、裁判所は、決定を行う前に、参加を求める国及び両当事者から意見を聴取する。

**第八五条【利害関係国の参加の許可に伴う手続】**　1　規程第六二条に基づく参加の許可の要請が認められた場合には、参加する国は、訴答書面及び付属書類の写しの提供を受け、かつ、裁判所が定める期限内に陳述書により提出することができる。当事者が口頭手続の前にこの陳述書について意見書を提出することを希望する場合には、その提出のためさらに期限を定める。裁判所が開廷中でないときは、これらの期限は裁判所長が定める。

2　前項に従って定められる期限は、当該事件の訴答書面に関して既に定められている期限にできる限り一致させなければならない。

3　参加する国は、口頭手続中に、参加の主題について意見を提出することができる。

**第八六条【条約解釈の場合の参加の許可に伴う手続】**　1　規程第六三条に基づく参加が認められた場合には、参加する国は、訴答書面及び付属書類の写しの提供を受け、かつ、裁判所が定める又は裁判所が開廷中でないときは裁判所長が定める期限内に、参加の主題について意見書を提出することができる。

2　この意見書は、当事者及び参加を認められたその他の国に送付される。参加する国は、口頭手続中に、参加の主題について意見を提出することができる。

### 第五款　裁判所への特別付託

**第八七条【他の国際機関で扱われた事件】**　1　他の国際機関において手続の対象となった問題に関して、係争事件が現行の条約又は協定に従って本裁判所に提起された場合には、係争事件に関する規程及びこの規則の規定を適用する。

2　手続を開始する請求には、関係国際機関の決定その他の行為を明記し、かつ、その写しを添付する。この請求には、右の決定又は行為に関して生じ、かつ、本裁判所に付託される紛争の主題である問題の明確な陳述を記載する。

### 第六款　訴えの取下げ

**第八八条【訴えの取下げと和解】**　1　裁判所は、本案に関する最終判決が言い渡される前に、当事者が訴えの取下げに合意した旨を書面により共同で又は単独で裁判所に通知した場合には、訴えの取下げを記録し、かつ、当該事件を総件名簿から削除することを指示する命令を発する。

2　裁判所は、当事者が和解に達したことにより訴えの取下げに合意し、かつ、当事者が希望する場合には、総件名簿から当該事件を削除するための命令にこの事実を記録し、又は和解条件を命令に記載若しくは添付することができる。

3　裁判所が開廷中でないときは、本条に基づく命令は、裁判所長が発することができる。

**第八九条【原告による取下げ】**　1　請求によって開始された手続中に、原告が手続を続行しないことを裁判所に書面で通知し、かつ、書記局がこの通知を受領した日に被告がまだその手続において何らの措置もとっていなかった場合には、裁判所は、訴えの取下げを公式に記録し、かつ、当該事件を総件名簿から削除することを指示する命令を発する。裁判所書記は、この命令の写しを被告に送付する。

2　訴えの取下げの通知を受領したときに被告が既にその手続において何らかの措置をとっていた場合には、裁判所は、被告が訴えの取下げに異議があるか否かを述べる期限を定める。この期限の満了時に訴えの取下げに関して異議の申立てがない場合には、黙認されたものとみなし、裁判所は、訴えの取下げを公式に記録し、かつ、当該事件を総件名簿から削除することを指示する命令を発する。異議の申立てがあったときは、手続を続行する。

3　裁判所が開廷中でないときは、本条に基づく裁判所の権限は、裁判所長が行使することができる。

### E節　部の手続

**第九〇条【部に適用される規定】**　規程第二六条及び第二九条に定める部の手続は、規程及びこの規則の特に部に関する規定に従うことを条件として、裁判所における係争事件に適用されるこの規則の第一章から第三章までの規定によって規律される。

**第九一条【部による裁判の要請】**　1　規程第二六条1又は第二九条に従って設けられるいずれか一つの部により事件を処理することが希望されるときは、その要請は、手続を開始する書類で行うか、又はその書類に添付する。両当事者が合意した場合には、この要請が認められる。

2　裁判所長は、書記局がこの要請を受領すると同時に、それを当該部の裁判官に通知する。裁判所長は、規程第三一条4の規定を実施するために必要な措置をとる。

3　裁判所長は、手続上の要件に合致する最も早い日に、部を招集する。

**第九二条【部の書面手続と口頭手続】**　1　部に係属する事件の書面手続は、双方の当事者各一通の単一の訴答書面からなる。請求によって開始される手続においては、訴答書面は、順次に期限内に提出する。特別の合意の通告によって開始される手続においては、訴答書面は、当事者がそれらの訴答書面を順次に提出する旨を合意していない限り、同一の期限内に提出する。本項にいう期限は、部が既に構成されている場合には当該部と協議して、裁判所又は裁判所が開廷中でないときは裁判所長が定める。

2　部は、さらに訴答書面が必要であることに当事者が合意した場合又は部が職権により若しくは一方の当事者の要請によりその旨の決定をした場合には、それらの訴答書面の提出を許可し又は指示することができる。

3　当事者が口頭手続を省略することに合意し、かつ、部がそれに同意するのでない限り、口頭手続が行われる。口頭手続が行われない場合にも、部は、当事者に対して口頭で情報を提供し又は説明を与えるよう求めることができる。

**第九三条【部の判決の言渡し】**　部の判決は、当該部の公開廷で朗読される。

### F節　判決、解釈及び再審

#### 第一款　判決

**第九四条【判決の朗読と拘束力の発生】**　1　裁判所は、評議を完了し、判決を採択した場合には、当事者に判決を朗読する期日を通知する。

2　判決は、裁判所の公開廷で朗読され、朗読された日から当事者に対して拘束力を有する。

**第九五条【判決の記載事項と個別意見】**　1　判決は、裁判所又は部のいずれかが与えたかを明示し、次の事項を掲げる。

判決を朗読した日付
判決に参加した裁判官の氏名
当事者名
当事者の代理人、弁護人及び補佐人の氏名
手続の概要
当事者の申立て
事実の陳述
法的な理由
判決主文
費用に関する決定があった場合にはその決定
多数を構成する裁判官の数及び氏名
正文となる判決の文言に関する言及

2　いずれの裁判官も、多数意見に反対であると否とにかかわらず、希望するならば、自己の個別の意見を判決に付すことができる。自己の理由を述べずに同意又は反対を記録にとどめることを望む裁判官は、宣言の形式で行うことができる。裁判所の命令についても同様とする。

3　正式に署名され、かつ、捺印された判決の写しの一通は、裁判所の記録に保管され、他の一通は、各当事者に交付される。裁判所書記は、その写しを、(a)国際連合事務総長、(b)国際連合加盟国、及び(c)裁判所で裁判を受けることができるその他の国に、送付する。

**第九六条【判決の正文】**　当事者間の合意により、書面手続及び口頭手続が裁判所の二つの公用語のうちの一つで行われ、かつ、規程第三九条1に従って判決がその公用語で言い渡された場合には、その公用語の判決文を正文とする。

**第九七条【訴訟費用】**　裁判所は、規程第六四条に基づいて、一方の当事者の費用の全部又は一部を他方の当事者が支払うべきことを決定した場合には、その決定を実施するために命令を発することができる。

#### 第二款　判決の解釈又は再審の要請

**第九八条【判決解釈の要請】**　1　判決の意義又は範囲について争いがある場合には、いずれの当事者も、原手続が請求によって開始されたか又は特別の合意の通告によって開始されたかを問わず、その判決の解釈を要請することができる。

2　判決の解釈の要請は、請求によって又は当事者間の特別の合意の通告によって行うことができる。そこでは、判決の意義又は範囲に関する一又はそれ以上の争点を明瞭に示さなければならない。

3　解釈の要請が請求によって行われる場合には、要請を行う当事者の主張は、その請求の中で述べる。他方の当事者は、裁判所が定める又は裁判所が開廷中でないときは裁判所長が定める期限内に、それについて書面で意見を提出することができる。

4　裁判所は、要請が請求によって行われるか又は特別の合意の通告によって行われるかを問わず、必要な場合には、当事者に対してさらに書面又は口頭で説明を行う機会を与えることができる。

**第九九条【再審の要請】**　1　判決の再審の要請は、請求によって行う。請求には、規程第六一条に定める条件を満たしていることを示すために必要な事項を掲げる。援用書類は、請求に添付する。

2　他方の当事者は、裁判所が定める又は裁判所が開廷中でないときは裁判所長が定める期限内に、請求の受理可能性について意見書を提出することができる。この意見書は、請求を行っている当事者に通知する。

3　裁判所は、請求の受理可能性について判決を下す前に、さらにそれについて意見を提出する機会を当事者に与えることができる。

4　裁判所は、請求を受理すべきものと認めた場合には、当事者の意見を確認した後に、請求の本案について裁判所が必要と考えるその後の手続についての期限を定める。

5　裁判所は、原判決が遵守されていることを条件として再審手続を許可する旨を決定する場合には、その条件に従って命令を発する。

**第一〇〇条【再審ないし解釈を扱う法廷】**1　再審又は解釈されるべき判決が裁判所の言い渡したものである場合には、その再審又は解釈の要請は、裁判所が扱う。判決が部の言い渡したものである場合には、その再審又は解釈の要請は、当該部が扱う。

2　判決の解釈又は再審の要請に関する裁判所又は部の決定は、判決の形式で言い渡す。

### G節　当事者の修正提案

**第一〇一条【この規則に対する例外の提案】**事件の当事者は、本章に掲げる規則(第九三条から第九七条までを除く。)に対する特別の修正又は追加を、共同で提案することができる。裁判所又は部は、その事件の状況に照らして適当と認める場合には、この修正又は追加を採用することができる。

## 第四章　勧告的意見の手続

**第一〇二条【勧告的意見に適用される規定】**1　裁判所は、規程第六五条に基づく勧告的意見の任務を行使するにあたっては、国際連合憲章第九六条及び規程第四章の規定のほか、本章の規定を適用する。

2　裁判所は、適用することができると認める範囲内で、係争事件に適用する規程及びこの規則の規定にも準拠する。裁判所は、このため、特に勧告的意見の要請が二以上の国の間で現に係争中の法的問題に関係するものであるか否かを検討する。

3　二以上の国の間で現に係争中の法的問題について勧告的意見が要請された場合には、規程第三一条を、同条の適用に関するこの規則の規定とともに適用する。

**第一〇三条【緊急の回答】**国際連合憲章によって又は同憲章に従って勧告的意見を要請することを許可される団体が、裁判所に対してその要請が緊急の回答を必要とするものであることを通知した場合、又は裁判所が速やかな回答が望ましいと認める場合には、裁判所は、手続を促進するために全ての必要な措置をとり、かつ、この要請について聴取及び評議を行うためにできる限り速やかに招集される。

**第一〇四条【勧告的意見の要請】**全ての勧告的意見の要請は、場合に応じて、国際連合事務総長又は要請することを許可された団体の行政職員の長によって、裁判所に提出される。規程第六五条2にいう書類は、要請と同時に、又はその後できる限り速やかに、書記局が要求する数の写しを添えて、裁判所に提出する。

**第一〇五条【陳述書の送付と期日等の決定】**1　裁判所に提出された陳述書は、裁判所書記から既に陳述書を提出している全ての国及び組織に対して送付される。

2　裁判所、又は裁判所が開廷中でないときは裁判所長は、

(a)　規程第六六条4に基づいて述べることを許される意見を受理するための形式及び範囲を決定し、並びに書面による意見が提出されるための期限を定める。

(b)　口頭手続を行うか否かを決定し、かつ、この口頭手続の開始の期日を定める。口頭手続では、規程第六六条の規定に基づいて陳述及び意見を裁判所に提出することができる。

**第一〇六条【陳述書の公開】**裁判所、又は裁判所が開廷中でないときは裁判所長は、陳述書及び付属書類を、口頭手続の開始のときに又はその後に公開することを決定することができる。勧告的意見の要請が、二以上の国の間で現に係争中の法的問題に関係する場合には、これらの国の意見をまず確認する。

**第一〇七条【意見の発表、記載事項、個別意見】**1　裁判所は、評議を完了し、かつ、勧告的意見を採択した場合には、意見を裁判所の公開廷で発表する。

2　勧告的意見には、次の事項を掲げる。

勧告的意見を発表した日付
参加した裁判官の氏名
手続の概要
事実の陳述
法的な理由
裁判所に提出された問題に対する回答
多数を構成する裁判官の数及び氏名
正文となる意見の文言に関する言及

3　いずれの裁判官も、多数意見に反対であると否とにかかわらず、希望するならば、自己の個別の意見を裁判所の勧告的意見に付することができる。自己の理由を述べずに同意又は反対を記録にとどめることを望む裁判官は、宣言の形式で行うことができる。

**第一〇八条【朗読日の通知】**裁判所書記は、国際連合事務総長及び、適当な場合には、勧告的意見を要請した団体の行政職員の長に対して、意見の朗読のために開かれる公開廷の日時を通知する。裁判所書記は、国際連合加盟国の代表並びに直接に関係する他の国、専門機関及び公的国際組織に対しても通知する。

**第一〇九条【意見の送付】**正式に署名されかつ捺印された勧告的意見の写し一通は、裁判所の書庫に保管し、他の一通は、国際連合事務総長に送付し、適当な場合には、三通目を裁判所に意見を要請した団体の行政職員の長に送付する。写しは、裁判所書記が国際連合加盟国並びに直接に関係する他の国、専門機関及び公的国際組織に送付する。

## 2　国際海洋法裁判所規程(第5章第2節1(5)参照二二四頁)

## 参考　国際海洋法裁判所規則(第5章第2節1(5)参考参照二二七頁)

# 3 国際紛争平和的処理条約

署名 一九〇七年一〇月一八日（ハーグ）
効力発生 一九一〇年一月二六日
日本国 一九一二年二月一一日（一一年一一月六日批准、一二月一三日批准書寄託、一二年一月一三日公布・条約一号）
当事国 一〇二

独逸〔ドイツ〕皇帝普魯西〔プロシア〕国皇帝陛下（以下署名国元首名略）ハ、一般平和ノ維持ニ協力スルノ堅実ナル意思ヲ有シ、全力ヲ竭シテ国際紛争ノ友好的処理ヲ幇助スルニ決シ、文明国団ノ各員ヲ結合スル連帯責務ヲ認識シ、法ノ領域ヲ拡張スルト共ニ国際的正義ノ感ヲ鞏固ナラシメムコトヲ欲シ、諸独立国ノ間ニ於ケル各国ノ頼ルヲ得ヘキ仲裁裁判ノ常設制度カ右ノ目的ヲ達スルニ有効ナルヘキヲ確信シ、仲裁裁判手続ニ関スル一般且正則ナル組織ノ有益ナルコトヲ考慮シ、万国平和会議ノ至尊ナル発議者ト共ニ国安民福ノ基礎タル公平正理ノ原則ヲ国際的合意ニ依リテ定立スルノ須要ナルヲ認メ、之カ為審査委員会及仲裁裁判部ノ実地ノ運用ヲ一層確実ニ保障シ、且簡易ナル手続ニ依リ得ヘキ性質ノ紛争ヲ仲裁裁判ニ付スルコトヲ容易ナラシメムコトヲ希望シ、国際紛争平和的処理ニ関スル第一回平和会議ノ事業ニ若干ノ修正ヲ加ヘ、且之ヲ増補スルヲ必要ト認メタリ。締約国ハ、之カ為新ナル条約ヲ締結スルニ決シ、各左ノ全権委員ヲ任命セリ。（全権委員名略）

因テ各全権委員ハ、其ノ良好妥当ナリト認メラレタル委任状ヲ寄託シタル後、左ノ条項ヲ協定セリ。

## 第一章 一般平和ノ維持

**第一条【紛争の平和的処理】** 国家間ノ関係ニ於テ兵力ニ訴フルコトヲ成ルヘク予防セムカ為、締約国ハ、国際紛争ノ平和的処理ヲ確保スルニ付、其ノ全力ヲ竭サムコトヲ約定ス。

## 第二章 周旋及居中調停

**第二条【紛争当事国の義務】** 締約国ハ、重大ナル意見ノ衝突又ハ紛争ヲ生シタル場合ニ於テ、兵力ニ訴フルニ先チ、事情ノ許ス限其ノ交親国中ノ一国又ハ数国ノ周旋〔good offices〕又ハ居中調停〔mediation〕ニ依頼スルコトヲ約定ス。

**第三条【第三国の提供】** 締約国ハ、右依頼ニ関係ナク、紛争以外ニ立ツ一国又ハ数国カ、事情ノ許ス限、自己ノ発意ヲ以テ周旋又ハ居中調停ヲ紛争国ニ提供スルコトヲ有益ニシテ且希望スヘキコトト認ム。

紛争以外ニ立ツ国ハ、交戦中ト雖、其ノ周旋又ハ居中調停ヲ提供スルノ権利ヲ有ス。

紛争国ハ、右権利ノ行使ヲ友誼ニ戻レルモノト看做スコトヲ得ス。

**第四条【調停者の本分】** 居中調停者ノ本分ハ、紛争国ノ主張ヲ調停シ、且其ノ間ニ悪感情ヲ生シタルトキ之ヲ融和スルニ在ルモノトス。

**第五条【調停者の職務の終了】** 居中調停者ノ職務ハ、其ノ提供シタル調停方法ノ受諾セラレサルコトヲ紛争当事者ノ一方又ハ居中調停者ニ於テ認メタル時終止スルモノトス。

**第六条【効力】** 周旋及居中調停ハ、紛争国ノ依頼ニ因ルト紛争以外ニ立ツ国ノ発意ニ出ツルトヲ問ハス、全ク勧告ノ性質ヲ有スルニ止リ、決シテ拘束力ヲ有スルコトナシ。

**第七条【居中調停の受諾】** 居中調停ノ受諾ハ、反対ノ約定アルニ非サレハ、之カ為動員其ノ他戦争ノ準備ヲ中止シ遅延シ又ハ阻害スルノ結果ヲ生スルコトナシ。

開戦ノ後右ノ受諾アリタルトキハ、反対ノ約定アルニ非サレハ、之カ為進行中ノ軍事的行動ヲ中止スルコトナシ。

**第八条【特別居中調停】** 締約国ハ、事情ノ許ス限左ノ手続ニ依ル特別居中調停ノ適用ヲ慫慂スルコトニ一致ス。

平和ヲ破ルノ虞アル重大ナル紛争ヲ生シタル場合ニ於テハ、紛争国ハ、平和関係ノ断絶ヲ予防スル為、各一国ヲ選定シ、他方ノ選定シタル国ト直接ノ交渉ヲ開クノ任務ヲ委託ス。

右委任ノ期間ハ、反対ノ規定アルニ非サレハ、三十日ヲ超エサルモノトシ、其ノ期間中、紛争国ハ、紛争事件ヲ居中調停国ニ一任シタルモノト看做シ、之ニ関スル一切ノ直接交渉ヲ中止ス。右居中調停国ハ、紛争ヲ処理スルニ全力ヲ竭スヘキモノトス。

平和関係ノ現実ニ断絶シタル場合ニ於テ、右居中調停国ハ、尚平和ヲ回復スル機会アル毎ニ之ヲ利用スルノ共同任務ヲ負フモノトス。

## 第三章 国際審査委員会

**第九条【審査】** 締約国ハ、名誉又ハ重要ナル利益ニ関係セス、単ニ事実上ノ見解ノ異ナルヨリ生シタル国際紛争ニ関シ、外交上ノ手段ニ依リ妥協ヲ遂クルコト能ハサリシ当事者カ事情ノ許ス限国際審査委員会ヲ設ケ、之ヲシテ公平誠実ナル審理ニ依リテ事実問題ヲ明ニシ、右紛争ノ解決ヲ容易ニスルノ任ニ当ラシムルヲ以テ、有益ニシテ且希望スヘキコトト認ム。

**第一〇条【審査条約】** 国際審査委員会ハ、紛争当事者間ノ特別条約ヲ以テ之ヲ構成ス。

審査条約ハ、審理スヘキ事実ヲ明定シ、委員会組織ノ方法及期限並委員ノ権限ヲ定ム。

審査条約ハ、又場合ニ依リ委員会ノ開会地及之ヲ変更スルノ権能、委員会ノ使用スヘキ国語及委員会ニ於テ使用スルコトヲ許スヘキ国語、各当事者カ事実ノ説明書ヲ提出スヘキ期日其ノ他当事者間ニ約定セル一切ノ条件ヲ定ム。

当事者カ補助委員ノ任命ヲ必要ト認ムルトキハ、審査条約ヲ以テ其ノ任命方法及権限ヲ定ム。

**第一一条【開会地】** 審査条約ヲ以テ委員会ノ開会地ヲ指定セサリシトキハ、海牙〔ハーグ〕ニ於テ開会スルモノトス。

審査委員会ハ、当事者ノ承諾ヲ得ルニ非サレハ、一旦定メタル開会地ヲ変更スルコトヲ得ス。

審査条約ヲ以テ使用スヘキ国語ヲ定メサリシトキハ、委員会之ヲ定ム。

**第一二条【委員会の構成】** 審査委員会ハ、反対ノ規定アルニ非サレハ、本条約第四十五条及第五十七条ニ定メタル方法ニ依リ之ヲ組織スルモノトス。

**第一三条【委員の補欠】** 委員ノ一人又ハ補助委員アル場合ニ於テ、其ノ一人死亡シ辞任シ又ハ原因ノ如何ニ拘ラス支障アルトキハ、其ノ任命ノ為ニ定メタル方法ニ依リ之ヲ補闕ス。

**第一四条【特別代理人、顧問、弁護人】** 当事者ハ、自己ヲ代表シ且自己ト審査委員会トノ間ノ媒介者タルヘキ特別代理人ヲ審査委員会ニ簡派スルコトヲ得。

当事者ハ、又顧問又ハ弁護人ヲ任命シテ、委員会ニ於テ自己ノ利益ヲ開陳弁護セシムルコトヲ得。

**第一五条【ハーグで開会する場合の書記局】** 常設仲裁裁判所国際事務局ハ、之ヲ海牙ニ開会スル委員会ノ書記局ニ充テ、且其ノ庁舎及施設ヲ審査委員会執務ノ為締約国ノ用ニ供スヘシ。

**第一六条【ハーグ以外で開会する場合の書記局】** 委員会ハ、海牙以外ノ地ニ開会スルトキハ、書記官長一人ヲ任命シ、其ノ事務所ヲ以テ委員会ノ書記局ニ充ツ。

書記局ハ、委員長ノ指揮ノ下ニ委員会会場ノ設備、調書ノ作成及審査継続中記録ノ保管ヲ掌リ、記録ハ、後之ヲ海牙国際事務局ニ引渡スヘキモノトス。

**第一七条【審査手続】** 締約国ハ、審査委員会ノ設置及執務ヲ容易ナラシムル為、当事者ニ於テ別段ノ規則ヲ採用セサル限、左ノ規定ヲ審査手続ニ適用スルコトヲ慫慂ス。

**第一八条【手続に関する委員会の権限】** 委員会ハ、特別審査条約又ハ本条約中ニ規定セサル手続ノ細目ヲ定メ、且証拠調ニ関スル一切ノ手続ヲ行フ。

**第一九条【対審】** 審査ハ、対審ノ上之ヲ行フ。

各当事者ハ、予定ノ期日ニ於テ場合ニ依リ事実ノ説明書及如何ナル場合ニ於テモ事実ノ真相ヲ示スニ有益ナリト認メタル証書、文書其ノ他ノ書類並陳述ヲ為サシメムト欲スル証人及鑑定人ノ名簿ヲ委員会及他ノ当事者ニ送付スヘシ。

**第二〇条【開会地の移転】** 委員会ハ、当事者ノ承諾ヲ得タル上、取調ノ為有益ナリト認メタル地ニ一時移転シ、又ハ一人若ハ数人ノ委員ヲ同地ニ派遣スルコトヲ得。但シ右取調ヲ為スヘキ地ノ所属国ノ許可ヲ得ルコトヲ要ス。

**第二一条【検証と臨検】** 一切ノ事実上ノ検証及実地ノ臨検ハ、当事者ノ代理人及顧問出席ノ上又ハ之ニ対シ正式ニ呼出ヲ為シタル後之ヲ行フコトヲ要ス。

**第二二条【説明と報告】** 委員会ハ、有益ナリト認ムル説明又ハ報告ヲ一方又ハ他方ノ当事者ニ請求スルコトヲ得。

**第二三条【証拠の提供】** 当事者ハ、係争事実ヲ完全ニ知悉シ且精確ニ会得スルニ必要ナル一切ノ方法及便宜ヲ其ノ為シ得ヘシト認ムル限充分ニ審査委員会ニ提供スヘキモノトス。

当事者ハ、委員会ノ呼出ヲ受ケタル自国領土ニ在ル証人又ハ鑑定人ノ出頭ヲ保障スル為、国内法規ニ依リ為シ得ル手段ヲ尽スヘキモノトス。

証人又ハ鑑定人ニシテ委員会ニ出頭スルコト能ハサルトキハ、当事者ハ、其ノ当該官憲ヲシテ之カ訊問ヲ為サシムヘシ。

**第二四条【第三国に対する通告】** 委員会カ締約国タル第三国ノ領土ニ於テ為スコトアルヘキ一切ノ通告ハ、委員会ヨリ直接ニ当該国政府ニ宛テ之ヲ為スヘシ。実地ニ就キ一切ノ証拠蒐集手続ヲ行フトキ亦同シ。

右請求ヲ受ケタル国ハ、其ノ国内法規ニ遵ヒ為シ得ヘキ方法ニ依リ其ノ請求ヲ履行スヘク、且其ノ主権又ハ安寧ニ害アリト認ムル場合ヲ除クノ外之ヲ拒ムコトヲ得ス。

委員会ハ、又常ニ其ノ開会地ノ所属国ノ媒介ニ依頼スルコトヲ得。

**第二五条【証人と鑑定人の呼出し】** 証人及鑑定人ノ呼出ハ、当事者ノ請求ニ依リ又ハ職権ヲ以テ委員会之ヲ為シ、且如何ナル場合ニ於テモ証人及鑑定人所在地ノ所属国政府ノ媒介ニ依ルモノトス。

証人ノ訊問ハ、委員会ノ定ムル順序ニ従ヒ、代理人及顧問出席ノ上順次各別ニ之ヲ行フ。

**第二六条【証人の訊問】** 証人ノ訊問ハ、委員長之ヲ行フ。

委員会ノ委員ハ、各証人ニ対シ、其ノ供述ヲ明瞭ナラシメ若ハ之ヲ補充スル為、又ハ事実ノ真相ヲ明ニスルニ必要ナル程度ニ於テ証人ニ関係アル一切ノ事項ヲ取調フル為、適当ナリト認ムル質問ヲ為スコトヲ得。

当事者ノ代理人及顧問ハ、証人ノ供述ヲ中断シ又ハ証人ニ直接ノ質問ヲ為スコトヲ得ス。但シ、其ノ有益ナリト認ムル補足的質問ヲ証人ニ対シ為サムコトヲ委員長ニ請求スルコトヲ得。

**第二七条【証人の供述】** 証人ハ、供述ヲ為スニ当リ何等ノ文案ヲモ朗読スルコトヲ得ス。但シ、報告スヘキ事実ノ性質上覚書又ハ文書ヲ用ヰルコトヲ必要トスルトキハ、委員長ノ許可ヲ得テ之ヲ使用スルコトヲ得。

**第二八条【供述の調書】** 証人供述ノ調書ハ、即時ニ之ヲ作成シ、証人ニ読聞カスヘシ。証人ハ之ニ対シ所要ノ変更又ハ追加ヲ為スコトヲ得。右変更及追加ハ、之ヲ供述ノ次ニ記載ス。

供述ノ全部ヲ読聞カセタル後ハ、証人ヲシテ署名ヲ為サシムヘシ。

**第二九条【代理人による書面の提出】** 代理人ハ、審査ノ進行中又ハ其ノ終ニ於テ、事実ノ真相ヲ知ル為、有益ナリト認ムル言明、請求又ハ事実ノ要領ヲ書面ヲ以テ委員会及相手方ニ提出スルコトヲ得。

**第三〇条【決定】** 委員会ノ評議ハ、秘密会ニ於テ之ヲ行ヒ、且之ヲ秘密ニ付ス。

一切ノ決定ハ、委員ノ多数決ニ依ル。

委員中投票ニ加ルコトヲ拒ム者アルトキハ、其ノ旨調書ニ記載スヘシ。

**第三一条【非公開性】** 委員会ハ、公開セス、且審査ニ関スル調書其ノ他ノ文書ハ、当事者ノ同意ヲ得テ為シタル委員会ノ決定ニ依ルニ非サレハ、之ヲ公表セス。

**第三二条【審査の終結】** 当事者ヨリ一切ノ説明及証拠ヲ提出シ、各証人ノ訊問終了シタルトキハ、委員長ハ、審査ノ終結ヲ宣告シ、委員会ハ、評議及報告書調製ノ為停会ス。

**第三三条【報告書の署名】** 委員会ノ各委員ハ、報告書ニ署名ス。委員中署名ヲ拒ム者アルトキハ、其ノ旨ヲ記載ス。但シ、報告書ハ、之ニ拘ラス有効トス。

**第三四条【報告書の朗読】** 委員会ノ報告書ハ、当事者ノ代理人及顧問出席ノ上又ハ之ニ対シ正式ニ呼出ヲ為シタル後、公開廷ニ於テ之ヲ朗読ス。

各当事者ニ報告書ノ謄本ヲ交付ス。

**第三五条【報告書の効力】** 委員会ノ報告書ハ、単ニ事実ノ認定ニ止リ、仲裁判決ノ性質ヲ有スルコトナシ。右認定ニ対シ如何ナル結果ヲ付スヘキヤハ、全ク当事者ノ自由タルヘシ。

**第三六条【費用】** 当事者ハ、各自ノ費用ヲ負担シ、且委員会ノ費用ヲ均等ニ分担ス。

## 第四章　国際仲裁裁判

### 第一節　仲裁裁判

**第三七条【仲裁裁判の性質】** 国際仲裁裁判ハ、国家間ノ紛争ヲ其ノ選定シタル裁判官ヲシテ法ノ尊重ヲ基礎トシ処理セシムルコトヲ目的トス。

仲裁裁判ニ依頼スルコトハ、誠実ニ其ノ判決ニ服従スルノ約定ヲ包含ス。

**第三八条【仲裁裁判の依頼】** 締約国ハ、法律問題就中国際条約ノ解釈又ハ適用ノ問題ニ関シ、外交上ノ手段ニ依リ解決スルコト能ハサリシ紛争ヲ処理スルニハ、仲裁裁判ヲ以テ最有効ニシテ且最公平ナル方法ナリト認ム。

故ニ前記ノ問題ニ関スル紛争ヲ生シタルトキハ、締約国ニ於テ、事情ノ許ス限、仲裁裁判ニ依頼セムコトヲ希望ス。

**第三九条【仲裁裁判条約】** 仲裁裁判条約ハ、既ニ生シタル又ハ将来生スルコトアルヘキ紛争ノ為ニ之ヲ締結ス。

仲裁裁判条約ハ、総テノ紛争又ハ特種ノ紛争ノミニ関スルコトヲ得。

**第四〇条【仲裁裁判義務】** 締約国間ニ仲裁裁判ニ依頼スヘキ義務ヲ現ニ規定シタル総括的又ハ特別的条約ノ有無ニ拘ラス、締約国ハ、仲裁裁判ニ付スルコトヲ得ヘシト認ムル一切ノ場合ニ、義務的仲裁裁判ヲ普及セシメムカ為、総括的又ハ特別的新協定ヲ締結スヘキコトヲ留保ス。

### 第二節　常設仲裁裁判所

**第四一条【常設仲裁裁判所の維持】** 締約国ハ、外交上ノ手段ニ依リテ処理スルコト能ハサリシ国際紛争ヲ直ニ仲裁裁判ニ付スルヲ容易ナラシムルノ目的ヲ以テ、何時タリトモ依頼スルコトヲ得ヘク且当事者間ニ反対ノ規約ナキ限本条約ニ掲ケタル手続ニ依リテ其ノ職務ヲ行フヘキ常設仲裁裁判所ヲ第一回平和会議ニ依リ設置セラレタル儘維持スルコトヲ約定ス。

**第四二条【管轄】** 常設裁判所ハ、特別裁判ヲ開クコトニ付、当事者間ニ協定アル場合ヲ除クノ外、一切ノ仲裁事件ヲ管轄スルモノトス。

**第四三条【国際事務局】** 常設裁判所ハ、之ヲ海牙ニ置ク。

国際事務局ハ、之ヲ裁判所書記局ニ充テ、裁判開廷ニ関スル通信ヲ媒介シ、記録ヲ保管シ、及一切ノ事務ヲ処理ス。

締約国ハ、其ノ相互間ニ定メタル仲裁裁判ニ関スル一切ノ約款及自国ニ関シ特別裁判ニ於テ為シタル一切ノ仲裁判決ノ認証謄本ヲ成ルヘク速ニ事務局ニ送付スルコトヲ約定ス。

締約国ハ、又裁判所ノ下シタル判決ノ執行ヲ証スルニ足ルヘキ法律、規則及文書ヲ事務局ニ送付スルコトヲ約定ス。

**第四四条【仲裁裁判官の任命】** 各締約国ハ、国際法上ノ問題ニ堪能ノ名アリテ徳望高ク且仲裁裁判官ノ任務ヲ受諾スルノ意アル者四人以下ヲ任命ス。

前項ニ依リ任命セラレタル者ハ、裁判所裁判官トシテ名簿ニ記入シ、右名簿ハ、事務局ヨリ之ヲ各締約国ニ通告スヘシ。

事務局ハ、仲裁裁判官ノ名簿ニ変更アル毎ニ之ヲ締約国ニ通告ス。

二国又ハ数国ハ協議ノ上一人又ハ数人ノ裁判官ヲ共同ニ任命スルコトヲ得。

同一人ハ、数国ヨリ任命セラルルコトヲ得。

裁判所裁判官ノ任期ハ、六年トス。但シ、再任セラルルコトヲ得。

裁判所裁判官中死亡又ハ退職シタル者アルトキハ、其ノ任命ノ為ニ定メタル方法ニ依リ、更ニ六年ヲ任期トシテ之カ補闕ヲ行フ。

**第四五条【仲裁裁判官の選定】** 締約国カ其ノ相互間ニ生シタル紛争ヲ処理セムカ為常設裁判所ニ訴ヘムト欲スル場合ニ於テ、其ノ紛争ヲ判定スルニ付当該裁判部ヲ組織スヘキ仲裁裁判官ノ選定ハ、裁判所裁判官ノ総名簿ニ就キテ之ヲ為スコトヲ要ス。

仲裁裁判部ノ構成ニ付、当事者ノ合意ナキ場合ニ於テハ、左ノ方法ニ依ル。

当事者ハ、各自二人ノ仲裁裁判官ヲ指定スヘシ。其ノ内一人ニ限リ、自国民又ハ自国カ常設裁判所裁判官トシテ任命シタル者ノ中ヨリ之ヲ選定スルコトヲ得。右仲裁裁判官ハ、合同シテ一人ノ上級仲裁裁判官ヲ選定ス。

投票相半シタル場合ニ於テハ、当事者ノ協議ヲ以テ指定シタル第三国ニ上級仲裁裁判官ノ選定ヲ委託ス。

右指定ニ関スル合意成立セサルトキハ、当事者ハ、各自異ナル一国ヲ指定シ、其ノ指定セラレタル国ハ、協議ヲ以テ上級仲裁裁判官ヲ選定ス。

二月ノ期間内ニ、右両国間ニ合意成立シ能ハサルトキハ、両国ハ、常設裁判所裁判官名簿ニ就キ当事者ノ指定シタル裁判官ニ非ス且当事者ノ孰レノ国民ニモ非サル者ノ中ヨリ各二人ノ候補者ヲ出シ、抽籤ヲ以テ該候補者中上級仲裁裁判官タルヘキ者ヲ定ム。

**第四六条【仲裁契約】** 裁判部構成セラレタルトキハ、当事者ハ、直ニ裁判所ニ訴フルノ決意、仲裁契約ノ正文及仲裁裁判官ノ氏名ヲ事務局ニ通告スヘシ。

事務局ハ遅滞ナク各仲裁裁判官ニ対シ仲裁契約及其ノ裁判部ノ他ノ裁判官ノ氏名ヲ通知スヘシ。

裁判部ハ、当事者ノ定メタル期日ヲ以テ開廷シ、事務局ハ、其ノ準備ヲ為スヘシ。

裁判部裁判官ハ、其ノ職務ノ執行ニ関シ、自国以外ニ於テ外交官ノ特権及免除ヲ享有ス。

**第四七条【事務局庁舎の使用、非締約国との紛争】** 事務局ハ、仲裁裁判ニ関スル一切ノ特別裁判ノ執務ノ為、其ノ庁舎及施設ヲ締約国ノ用ニ供スルコトヲ得。

常設裁判所ノ裁判権ハ、当事者カ其ノ裁判ニ訴フルコトヲ約定シタルトキハ、規則ニ定メタル条件ニ従ヒ、之ヲ非締約国間又ハ締約国ト非締約国トノ間ニ存スル紛争ニ及ホスコトヲ得。

**第四八条【出訴の勧告】** 締約国ハ、其ノ二国又ハ数国ノ間ニ激烈ナル紛争ノ起ラムトスル場合ニ於テハ、常設仲裁裁判所ニ訴フルノ途アルコトヲ之ニ注意スルヲ以テ其ノ義務ナリト認ム。

故ニ締約国ハ、紛争当事者ニ対シ本条約ノ規定アルコトヲ注意シ、且平和ノ重要ナル利益ノ為常設裁判所ニ訴フヘキコトヲ勧告スルハ、全ク周旋ノ行為ニ外ナラサルモノト認ムヘキコトヲ宣言ス。

両国間ニ紛争ヲ生シタル場合ニ於テハ、其ノ一方ハ、何時ニテモ国際事務局ニ宛テ該紛争ヲ仲裁裁判ニ付スルノ意向アル旨ノ宣言ヲ含ム文書ヲ送ルコトヲ得。

事務局ハ、直ニ右宣言ヲ他ノ一方ニ通知スルコトヲ要ス。

**第四九条【常設評議会】** 常設評議会ハ、和蘭〔オランダ〕国ニ駐箚スル締約国ノ外交代表者及和蘭国外務大臣ヲ以テ組織シ、国際事務局ヲ指揮監督ス。和蘭国外務大臣ハ、議長ノ職務ヲ行フ。

評議会ハ、庶務規程其ノ他必要ナル諸規則ヲ定ム。

評議会ハ、裁判所ノ職務執行ニ関シテ生スルコトアルヘキ事務上ノ一切ノ問題ヲ決定ス。

評議会ハ、事務局ノ役員及雇員ノ任命、停職及罷免ニ関スル全権ヲ有ス。

評議会ハ俸給及手当ヲ定メ、且全般ノ支出ヲ監督ス。

評議会ハ、正式ニ召集セラレタル会合ニ於テ九人以上ノ出席者アルトキハ、有効ノ評議ヲ為スコトヲ得。決議ハ、多数決ニ依ル。

評議会ハ、其ノ採用シタル諸規則ヲ遅滞ナク締約国ニ通知シ、毎年裁判所ノ事業、事務ノ執行及支出ニ関スル報告書ヲ締約国ニ提出ス。報告書中ニハ又本条約第四十三条第三項及第四項ニ基キ各国ヨリ事務局ニ送付スル書類中重要事項ノ要領ヲ掲クヘシ。

第五〇条【費用】事務局ノ費用ハ、万国郵便聯合総理局ノ為ニ定メタル比例ニ依リ、締約国之ヲ負担ス。

加盟国ノ負担スヘキ費用ハ、其ノ加盟カ効力ヲ生スル日ヨリ之ヲ計算ス。

### 第三節　仲裁裁判手続

第五一条【仲裁裁判手続に関する規則】仲裁裁判ノ発達ヲ助クルノ目的ヲ以テ、締約国ハ、当事者カ別段ノ規則ヲ協定セサリシ場合ニ於テ仲裁裁判手続ニ適用スヘキ左ノ規則ヲ定ム。

第五二条【仲裁契約の記載事項】仲裁裁判ニ依頼スル諸国ハ、其ノ紛争ノ目的、仲裁裁判官ヲ指定スヘキ期間、第六十三条ノ送達ヲ為スヘキ方式、順序及期間並各当事者カ費用ノ予納金トシテ寄託スヘキ金額ヲ定メタル仲裁契約ニ記名ス。

仲裁契約ハ、又必要ニ応シ仲裁裁判官指定ノ方法、裁判部ノ有スルコトアルヘキ一切ノ特別権能、其ノ開廷地、其ノ使用スヘキ国語及裁判部ニ於テ使用スルコトヲ許スヘキ国語、其ノ他当事者間ニ約定セル一切ノ条件ヲ定ム。

第五三条【仲裁契約の作成に関する常設裁判所の権限】常設裁判所ハ、当事者カ仲裁契約ノ作成ヲ該裁判所ニ委託スルコトニ一致シタルトキハ、之ヲ作成スルノ権限ヲ有ス。

裁判所ハ、左ノ場合ニ於テハ、外交上ノ手段ニ依リ合意ノ成立セサリシ後ハ、単ニ当事者ノ一方ヨリ請求アルトキニ於テモ、亦前項ノ権限ヲ有ス。

一　本条約実施後締結セラレ又ハ更新セラレタル総括的仲裁裁判条約ニシテ、各紛争ニ付仲裁契約ノ作成ヲ予見シ且明白ニモ又暗黙ニモ其ノ作成ニ関スル裁判所ノ権限ヲ否認セサルモノノ中ニ規定スル紛争ニ関スルトキ。但シ、他ノ当事者ニ於テ該紛争カ義務的仲裁裁判ニ付スヘキ紛争ノ種類ニ属セスト認ムルコトヲ宣言シタルトキハ、仲裁裁判条約カ此ノ先決問題ヲ決定スルノ権能ヲ仲裁裁判部ニ付与シタル場合ヲ除クノ外、裁判所ノ干与スル限ニ在ラス。

二　一国ニ対シ他ノ一国カ其ノ国民ニ支払ハルヘキモノトシテ請求スル契約上ノ債務ヨリ生シタル紛争ニシテ、其ノ解決ニ付仲裁裁判ノ提議カ受諾セラレタルモノニ関スルトキ。但シ、他ノ方法ニ依リ仲裁契約ヲ定ムルコトヲ受諾ノ条件トシタルトキハ、右規定ヲ適用セス。

第五四条【仲裁契約作成の方法】前条ノ場合ニ於テハ、第四十五条第三項乃至第六項ニ定メタル方法ニ依リテ指定セラルル五人ノ委員ヲ以テ組織スヘキ委員会ニ於テ、仲裁契約ヲ作成ス。

第五ノ委員ハ、当然委員長タルモノトス。

第五五条【仲裁裁判の職務の委託】仲裁裁判ノ職務ハ、之ヲ当事者カ随意ニ指定シ又ハ本条約ニ依リテ設置シタル常設仲裁裁判所ノ裁判官中ヨリ選定シタル一人又ハ数人ノ仲裁裁判官ニ委託スルコトヲ得。

裁判部ノ構成ニ付、当事者ノ合意ナキトキハ、第四十五条第三項乃至第六項ニ規定スル方法ニ従フモノトス。

第五六条【元首による仲裁裁判】君主其ノ他国ノ元首ニシテ仲裁者ニ選定セラレタルトキハ、仲裁裁判手続ハ、仲裁者之ヲ定ム。

第五七条【裁判長】上級仲裁裁判官ハ、当然裁判長タルモノトス。

裁判部ニ上級仲裁裁判官ナキトキハ、裁判部自ラ其ノ裁判長ヲ指定ス。

第五八条【仲裁裁判部】第五十四条ニ規定スル委員会ニ於テ仲裁契約ヲ作成シタル場合ニハ、反対ノ規約アルニ非サレハ、該委員会自ラ仲裁裁判部ヲ組織ス。

第五九条【仲裁裁判官の補欠】仲裁裁判官中死亡シ、辞職シ、又ハ原因ノ如何ニ拘ラス支障ヲ生シタル者アルトキハ、其ノ指定ノ為ニ定メタル方法ニ依リ之カ補闕ヲ行フ。

第六〇条【開廷地】裁判部ハ、当事者ニ於テ指定ヲ為ササルトキハ、之ヲ海牙ニ開ク。

裁判部ハ、第三国ノ領土ニ於テハ、其ノ同意ヲ得ルニ非サレハ、開廷スルコトヲ得ス。

裁判部ハ、当事者ノ承諾ヲ得ルニ非サレハ、一旦定メタル開廷地ヲ変更スルコトヲ得ス。

第六一条【用語】仲裁契約ヲ以テ使用スヘキ国語ヲ定メサリシトキハ、裁判部之ヲ定ム。

第六二条【特別代理人、顧問、弁護人】当事者ハ、自己ト裁判部トノ間ノ媒介者タルヘキ特別代理人ヲ裁判部ニ簡派スルコトヲ得。

当事者ハ、又顧問又ハ弁護人ヲ任命シ、裁判部ニ於テ其ノ権利及利益ヲ弁護セシムルコトヲ得。

常設裁判所裁判官ハ、之ヲ裁判所裁判官ニ任命シタル国ノ為ニスルノ外、代理人、顧問又ハ弁護人ノ職務ヲ行フコトヲ得ス。

第六三条【仲裁裁判手続】仲裁裁判手続ハ、原則トシテ準備書面提出及弁論ノ二段ニ分ツ。

準備書面提出トハ、各代理人ヨリ陳述書、答弁書及必要アルトキハ弁駁書ヲ裁判部裁判官及相手方ニ送達スルヲ謂フ。当事者ハ、右書面ニ其ノ申立中ニ援用シタル一切ノ文書其ノ他ノ書類ヲ添附ス。送達ハ、仲裁契約ヲ以テ定メタル順序及期間ニ於テ直接ニ又ハ国際事務局ヲ経テ之ヲ行フモノトス。

仲裁契約ヲ以テ定メタル期間ハ、合意アルトキハ当事者ニ於テ、又裁判部カ正当ナル決定ヲ与フル為必要アリト認ムルトキハ裁判部ニ於テ、之ヲ伸長スルコトヲ得。

弁論トハ、裁判部ニ於ケル当事者ノ事由ノ口頭演述ヲ謂フ。

第六四条【文書の送達】当事者ノ一方ヨリ提出シタル一切ノ文書ハ、其ノ認証謄本ヲ他ノ一方ニ送達スヘキモノトス。

第六五条【開廷の時期】特別ナル事情アル場合ヲ除クノ外、裁判部ハ、準備書面提出終結ノ後ニ非サレハ開廷セス。

第六六条【弁論】弁論ハ、裁判長之ヲ指揮ス。

弁論ハ、当事者ノ承諾ヲ経テ為シタル裁判部ノ決定ニ依ルノ外、之ヲ公開セス。

弁論ハ、之ヲ裁判長ノ任命スル書記官ノ作成スル調書ニ記載シ、裁判長及書記官ノ一名之ニ署名ス。此ノ調書ニ限公正ナル性質ヲ有ス。

第六七条【弁論の終結】裁判部ハ、準備書面提出終結ノ後ハ、当事者ノ一方ヨリ相手方ノ承諾ヲ得スシテ提出セムト欲スル新ナル一切ノ証書其ノ他ノ書類ニ付、弁論ヲ拒絶スルコトヲ得。

第六八条【新たな文書の参酌】裁判部ハ、当事者ノ代理人又ハ顧問カ其ノ注意ヲ求ムルコトアルヘキ新ナル証書其ノ他ノ書類ヲ参酌スルノ自由ヲ有ス。

右ノ場合ニ於テ、裁判部ハ、右証書其ノ他ノ書類ノ提出ヲ請求スルコトヲ得。但シ、其ノ旨相手方ニ通知スルコトヲ要ス。

第六九条【証書の提出】裁判部ハ、又当事者ノ代理人ニ一切ノ証書ノ提出ヲ請求シ、且必要ナル一切ノ説明ヲ求ムルコトヲ得。

其ノ拒絶アリタル場合ニハ、其ノ旨ヲ記録ス。

第七〇条【口頭の陳述】当事者ノ代理人及顧問ハ、其ノ申立ヲ弁護スル為有益ナリト認ムル一切ノ事由ヲ口頭ニテ仲裁裁判部ニ陳述スルコトヲ得。

**第七一条【抗弁と中間争議】** 当事者ノ代理人及顧問ハ、抗弁ヲ為シ、又ハ中間争議ヲ起スコトヲ得。之ニ関スル裁判部ノ決定ハ、確定的ニシテ更ニ之ヲ論議スルコトヲ得サルモノトス。

**第七二条【代理人及び顧問に対する質問】** 裁判部裁判官ハ、当事者ノ代理人及顧問ニ質問ヲ為シ、且疑ハシキ事項ニ関シテ説明ヲ求ムルコトヲ得。

弁論ノ進行中裁判部裁判官カ為シタル質問又ハ発言ハ、裁判部全体又ハ裁判官各員ノ意見ヲ表明シタルモノト認ムルコトヲ得ス。

**第七三条【仲裁契約の解釈】** 裁判部ハ、仲裁契約及事件ニ関シテ援用シ得ヘキ其ノ他ノ証書及書類ヲ解釈シ、且法律上ノ原則ヲ適用シテ、自己ノ権限ヲ定ムルコトヲ得。

**第七四条【裁判の指揮】** 裁判部ハ、裁判指揮ノ為手続上ノ命令ヲ発シ、各当事者カ弁論ヲ終結スヘキ方式、順序及期間ヲ定メ、且証拠調ニ関スル一切ノ手続ヲ行フコトヲ得。

**第七五条【決定のために必要な方法の提出】** 当事者ハ紛争決定ノ為必要ナル一切ノ方法ヲ其ノ為シ得ヘシト認ムル限充分ニ裁判部ニ提出スヘシ。

**第七六条【第三国における調査】** 裁判部カ締約国タル第三国ノ領土ニ於テ為スヘキ一切ノ通告ハ、裁判部ヨリ直接ニ当該国政府ニ宛テ之ヲ為スヘシ。実地ニ就キ一切ノ証拠蒐集手続ヲ行フトキ亦同シ。

右ニ関スル請求ヲ受ケタル国ハ、其ノ国内法規ニ遵ヒ為シ得ヘキ方法ニ依リ其ノ請求ヲ履行スヘク、且其ノ主権又ハ安寧ニ害アリト認ムル場合ヲ除クノ外之ヲ拒ムコトヲ得ス。

裁判部ハ、又常ニ其ノ開廷地ノ所属国ノ媒介ニ依頼スルコトヲ得。

**第七七条【弁論の終結】** 当事者ノ代理人及顧問カ各其ノ申立ヲ支持スル一切ノ説明及証拠提出ヲ終リタルトキハ、裁判長ハ、弁論ノ終結ヲ宣告ス。

**第七八条【評議】** 裁判部ノ評議ハ、秘密会ニ於テ行ヒ、且之ヲ秘密ニ付ス。

一切ノ決定ハ、裁判官ノ多数決ニ依ル。

**第七九条【仲裁判決】** 仲裁判決ニハ理由ヲ附シ、裁判官ノ氏名ヲ掲ケ、裁判長及裁判部書記局員又ハ其ノ職務ヲ行フ書記官之ニ署名ス。

**第八〇条【判決の朗読】** 判決ハ、当事者ノ代理人及顧問出席ノ上又ハ之ニ対シ正式ノ呼出ヲ為シタル後、公開廷ニ於テ之ヲ朗読ス。

**第八一条【判決の効力】** 正式ニ言渡ヲ為シ且当事者ノ代理人ニ通告シタル判決ハ、確定的ニ終審トシテ紛争ヲ決定ス。

**第八二条【判決の解釈と執行に関する紛争】** 判決ノ解釈及執行ニ関シ当事者間ニ起ルコトアルヘキ一切ノ紛争ハ、反対ノ規約アルニ非サレハ、該判決ヲ言渡シタル裁判部ノ裁判ニ付スヘシ。

**第八三条【再審】** 当事者ハ、仲裁契約ニ於テ仲裁判決ニ対スル再審ノ請求ヲ留保スルコトヲ得。

右ノ場合ニ於テハ、反対ノ規約アルニ非サレハ、判決ヲ為シタル裁判部ニ請求ヲ為スコトヲ要ス。右請求ハ、判決ニ対シ決定的影響ヲ与フヘキ性質ヲ有スル新事実ニシテ弁論終結ノトキ裁判部及再審ヲ請求スル当事者カ知ラサリシモノヲ発見シタル場合ニ限、之ヲ為スコトヲ得。

再審ノ手続ハ、裁判部ニ於テ特ニ新事実ノ存在ヲ確認シ、其ノ事実カ前項ニ掲クル特質ヲ有スルコトヲ認識シ、且之ニ因リ請求カ受理スヘキモノナルコトヲ宣言スル決定ヲ為スニ非サレハ、之ヲ開始スルコトヲ得ス。

再審ノ請求ヲ為スヘキ期間ハ、仲裁契約ニ於テ之ヲ定ム。

**第八四条【仲裁判決の拘束力】** 仲裁判決ハ、紛争当事者ニ対シテノミ効力ヲ有ス。

若紛争当事者以外ノ諸国カ加リタル条約ノ解釈ニ関スルモノナルトキハ、紛争当事者ハ、適当ノ時期ニ之ヲ各記名国ニ通知スヘシ。右諸国ハ、各訴訟ニ参加スルノ権利ヲ有ス。一国又ハ数国カ此ノ権能ヲ利用シタルトキハ、判決中ニ包含スル解釈ハ、其ノ国ニ対シテモ亦等シク効力ヲ有スルモノトス。

**第八五条【費用】** 当事者ハ各自ノ費用ヲ負担シ、且裁判部ノ費用ヲ均等ニ分担ス。

### 第四節　仲裁裁判簡易手続

**第八六条【簡易手続の規則】** 締約国ハ、簡易ナル手続ニ依リ得ヘキ性質ノ紛争ニ関シ、仲裁裁判ノ運用ヲ容易ナラシムル為、別段ナル規約ナキ場合ニ適用スヘキ次ノ規定ヲ設ク。但シ、第三節ノ条項ニシテ右規定ニ抵触セサルモノハ、之ヲ適用ス。

**第八七条【仲裁裁判官の選定】** 紛争当事者ハ、各一人ノ仲裁裁判官ヲ指定ス。右両人ノ仲裁裁判官ハ、一人ノ上級仲裁裁判官ヲ選定ス。若其選定ニ関シ合意成立セサルトキハ、仲裁裁判官ハ、常設裁判所裁判官ノ総名簿ニ就キ各当事者ノ指定シタル裁判官ニ非ス且其ノ孰レノ国民ニモ非サル者ノ中ヨリ各二人ノ候補者ヲ出シ、抽籤ヲ以テ該候補者中上級仲裁裁判官タルヘキ者ヲ定ム。

上級仲裁裁判官ハ、裁判長ト為ル。裁判部ノ決定ハ、多数決ニ依ル。

**第八八条【陳述書の提出】** 裁判部ハ、予メ何等ノ合意ナキトキハ、其ノ構成後直ニ当事者双方ヨリ陳述書ヲ提出スヘキ期間ヲ定ム。

**第八九条【代理人】** 各当事者ハ、一人ノ代理人ヲシテ裁判部ニ於テ自己ヲ代表セシム。右代理人ハ、裁判部ト之ヲ任命シタル政府トノ間ノ媒介者タルヘキモノトス。

**第九〇条【裁判手続】** 裁判手続ハ、悉ク書面ニ依ルモノトス。但シ、各当事者ハ、証人及鑑定人ノ出頭ヲ請求スルコトヲ得。裁判部ハ、当事者双方ノ代理人並出頭セシムルヲ有益ナリト認メタル鑑定人及証人ニ対シ口頭ノ説明ヲ求ムルコトヲ得。

## 第五章　附則

**第九一条【一八九九年の条約】** 本条約ハ、正式ニ批准セラレタル上、締約国間ノ関係ニ於テ千八百九十九年七月二十九日ノ国際紛争平和的処理条約ニ代ルヘキモノトス。

**第九二条【批准】** 本条約ハ、成ルヘク速ニ批准スヘシ。

批准書ハ、海牙ニ寄託ス。

第一回ノ批准書寄託ハ、之ニ加リタル諸国ノ代表者及和蘭国外務大臣ノ署名シタル調書ヲ以テ之ヲ証ス。

爾後ノ批准書寄託ハ、和蘭国政府ニ宛テ、且批准書ヲ添附シタル通告書ヲ以テ之ヲ為ス。

第一回ノ批准書寄託ニ関スル調書、前項ニ掲ケタル通告書及批准書ノ認証謄本ハ、和蘭国政府ヨリ、外交上ノ手続ヲ以テ、直ニ之ヲ第二回平和会議ニ招請セラレタル諸国及本条約ニ加盟スル他ノ諸国ニ交付スヘシ。前項ニ掲ケタル場合ニ於テハ、和蘭国政府ハ、同時ニ通告ヲ接受シタル日ヲ通知スルモノトス。

**第九三条【第二回平和会議に参加した国の加盟】** 第二回平和会議ニ招請セラレタル諸国ニシテ記名国ニ非サルモノハ、本条約ニ加盟スルコトヲ得。

加盟セムト欲スル国ハ、書面ヲ以テ其ノ意思ヲ和蘭国政府ニ通告シ、且加盟書ヲ送付シ、之ヲ和蘭国政府ノ文庫ニ寄託スヘシ。和蘭国政府ハ、直ニ通告書及加盟書ノ認証謄本ヲ第二回平和会議ニ招請セラレタル爾余ノ諸国ニ送付シ、且通告書ヲ接受シタル日ヲ通知スヘシ。

**第九四条【第二回平和会議に参加しなかった国の加盟】** 第二回平和会議ニ招請セラレサリシ諸国カ本条約ニ加盟シ得ヘキ条件ハ、後日締約国間ノ協商ニ依リテ之ヲ定ム。

**第九五条【効力発生】** 本条約ハ、第一回ノ批准書寄託ニ加リタル諸国ニ対シテハ、其ノ寄託ノ調書ノ日附ヨリ六十日ノ後、又其ノ後ニ批准シ又ハ加盟スル諸国ニ対シテハ、和蘭国政府カ右批准又ハ加盟ノ通告ヲ接受シタルトキヨリ六十日ノ後ニ、其ノ効力ヲ生スルモノトス。

**第九六条【廃棄】** 締約国中本条約ヲ廃棄セムト欲スルモノアルトキハ、書面ヲ以テ其ノ旨和蘭国政府ニ通告スヘシ。和蘭国政府ハ直ニ通告書ノ認証謄本ヲ爾余ノ諸国ニ送付シ且通告書ヲ接受シタル日ヲ通知スヘシ。

廃棄ハ、其ノ通告カ和蘭国政府ニ到達シタルトキヨリ一年ノ後、右通告ヲ為シタル国ニ対シテノミ其ノ効力ヲ生スルモノトス。

**第九七条【批准書寄託記入の帳簿】** 和蘭国外務省ハ、帳簿ヲ備ヘ置キ、第九十二条第三項及第四項ニ依リ為シタル批准書寄託ノ日並加盟(第九十三条第二項)又ハ廃棄(第九十六条第一項)ノ通告ヲ接受シタル日ヲ記入スルモノトス。

各締約国ハ、右帳簿ヲ閲覧シ、且其ノ認証抄本ヲ請求スルコトヲ得。

**留　保**

日本国　第四十八条第三項、第四項、第五十三条第二項及第五十四条ヲ留保ス。

(アメリカ合衆国、ブラジル国、チリ国、ギリシア国、ルーマニア国、スイス国、トルコ国の留保略)

## 4 国際紛争の平和的解決に関する改正一般議定書 翻訳

採　　択　一九四九年四月二八日(国連総会)
効力発生　一九五〇年九月二〇日(旧一般議定書—二八年九月二六日国際聯盟総会採択、二九年八月一六日発効)
当 事 国　八(原議定書一九)

### 第一章　調停

**第一条【調停手続に付託される紛争】** この一般議定書の二以上の締約国の間のあらゆる性質の紛争であって、外交上の手段により処理できなかったものは、第三九条に基づき付することができる留保に従うことを条件として、本章に定める条件に従って調停手続に付託される。

**第二条【調停委員会への付託】** 前条にいう紛争は、紛争当事国により設置される常設又は特別調停委員会に付託される。

**第三条【常設調停委員会の設置】** 締約国が他の締約国に対して常設調停委員会の設置を要請するときは、委員会は、六箇月以内に設置される。

**第四条【調停委員会の構成】** 関係当事国が別段の合意をしない限り、この調停委員会は、次のように設置される。

(1) 委員会は、五人の委員で構成される。当事国は、それぞれ一人の委員を選任する。この委員は、各当事国の国民の中から選任することができる。他の三人の委員は、合意により、第三国の国民の中から選任される。この三人の委員は、異なる国籍の者であり、いずれの当事国の領域にも通常居住しておらず、かつ、いずれの当事国の役務にも従事していない者でなければならない。当事国は、この三人の委員の中から委員長を選任する。

(2) 委員は、三年の任期で選任される。委員は、再任されることがある。当事国が共同で選任した委員は、その任期中であっても、当事国間の合意により交代させることができる。ただし、いずれの当事国も、自らが選任した委員をいつでも交代させることができる。委員は、交代させられる場合でも、現に扱っている作業が終了するまでその任務を継続する。

(3) 死亡、辞任その他の事由により生じることのある欠員は、選任のため定められた方法により、可能な限り短期間の内に補充する。

**第五条【特別調停委員会の設置】** 紛争が発生した時に紛争当事国により設置される常設調停委員会が存在しないときは、一方の当事国が他の当事国に対して要請した日から三箇月以内に、当該紛争を審理するために特別委員会が設置される。当事国が別段の決定を行わない限り、必要な委員の選任は、前条に定める方法により行われる。

**第六条【当事国が合意できない場合の委員の任命】** 1　当事国が合意により共同で選任すべき委員の任命が、第三条及び第五条に定める期間内に行われない場合には、必要な選任は、当事国間の合意により指定する第三国に、又は、当事国の要請により国際連合総会の議長に若しくは総会が閉会中の場合には前会期の総会の議長に委任される。

2　これら手続のいずれに関しても合意に達しなかった場合には、各当事国は、異なる一国を指定し、選任は、このように指定された国が一致して行う。

3　2にいう二国が三箇月以内に合意に達することができなかった場合には、両国は、それぞれ任命すべき委員の数と同数の候補者を推薦する。推薦された候補者のうちいずれを選任すべきかは、抽籤により決定する。

**第七条【付託の手続】** 1　紛争は、合意によって行動する二の当事国による又はこの合意がないときはいずれか一方の当事国による委員長に対する請求により、調停委員会に付託される。

2　この請求は、紛争の主題を簡略に記述した後に、調停委員会に対して友好的な解決に達するために必要な全ての措置をとるように求める要請を含む。

3　この請求が一方の当事国のみから行われる場合には、その当事国は、遅滞なくこれを他の当事国に通知する。

**第八条【委員の交代】** 1　一方の当事国が常設調停委員会に紛争を付託した日から一五日以内に、いずれの当事国も、その特定の紛争を審理するために、自国の委員を当該事項に関して特別の権限を有する者に交代させることができる。

2　1の権利を行使する当事国は、直ちにこれを他の当事国に通知する。この場合、他の当事国は、当該通知が到達した日から一五日以内に、同様の措置をとる権利を有する。

**第九条【委員会の会合】** 1　当事国間に別段の合意がない限り、調停委員会は、国際連合の所在地又は委員長が指定する他の場所において会合する。

2　委員会は、いかなる場合にも、国際連合事務総長に対して、委員会に援助を与えるように要請することができる。

**第一〇条【手続の非公開】** 調停委員会の手続は、委員会が当事国の同意を得て公開で行うことを決定しない限り、公開しない。

**第一一条【審査手続】** 1　調停委員会は、当事国間に別段の合意がない限り、自らの手続を定める。その手続は、いかなる場合にも、対審によるものでなければならない。事実の審査に関しては、委員会が全会一致により別段の決定を行わない限り、国際紛争の平和的処理に関する一九〇七年一〇月一八日のハーグ条約第三章の規定に従う。

2　紛争当事国は、調停委員会において、当事国と委員会との間の仲介者として行動することを任務とする代理人によって代表される。さらに当事国は、特にそのために任命する顧問及び専門家から援助を受けることができる。また当事国は、当事国がその証言を有益と認める全ての者を聴取することを要請することができる。

3　委員会は、両当事国の代理人、顧問及び専門家並びにその所属する政府の同意を得て委員会が召喚することを有益と認める全ての者に対して、口頭で説明を求める権利を有する。

**第一二条【決定の方法】** 調停委員会の決定は、当事国間に別段の合意がない限り、多数決によって行われる。委員会は、全ての委員が出席している場合にのみ、紛争の実質事項について決定することができる。

**第一三条【委員会に対する援助】** 当事国は、調停委員会の手続に進んで協力することを約束する。当事国は、特に、最大限可能な範囲で、全ての有益な関連文書及び情報を委員会に提供すること、委員会が当該当事国の領域に赴くこと、当該当事国の法律に従って証人又は専門家の召喚及び聴取を行うこと並びに関係する場所を訪問することを可能にするため、当該当事国が利用できる手段を用いることを約束する。

**第一四条【委員会の経費】** 1　各委員は、委員会の手続の期間中、報酬を受ける。報酬の額は、紛争当事国間の合意により定められ、各当事国は、これを均等に分担する。

2　委員会の作業から生じる一般的経費は、同一の方法で割り当てられる。

**第一五条【委員会の任務】** 1　調停委員会は、係争事項を明らかにすること、事実の審査その他の手段により全ての有益な情報を集めること、及び当事国が合意に達するよう努めることを任務とする。委員会は、事件を審理した後、適当と認める解決条件を当事国に提示し、かつ、当事国がその意見を明らかにすべき期限を定めることができる。

2　委員会は、手続の終結に際して、当事国が合意したこと、及び、必要があれば、合意の条件を記載した調書又は解決をもたらすことができなかったことを記載した調書のいずれかを作成する。委員会の決定が全会一致により行われたか又は多数決により行われたかは、調書に記載しない。

3　委員会の手続は、当事国が別段の合意を行わない限り、委員会に紛争が付託された日から六箇月以内に終了しなければならない。

**第一六条【委員会の調書】** 委員会の調書は、遅滞なく当事国に通知される。当事国は、調書を公表するか否かを決定する。

## 第二章　司法的解決

**第一七条【国際司法裁判所への付託】** 当事国が相互にその権利を争う全ての紛争は、当事国が次条に規定する方法により仲裁裁判所に付託することに合意しない場合には、第三九条に基づき付すことのある留保に従うことを条件として、裁判のために国際司法裁判所に付託される。これらの紛争には、特に国際司法裁判所規程第三六条に掲げる紛争が含まれる。

**第一八条【仲裁裁判所への付託】** 当事国は、前条に掲げる紛争を仲裁裁判所に付託することに合意する場合には、紛争の主題、仲裁裁判官の選任及び従うべき手続を定める特別合意を作成する。この特別合意が十分詳細な記載を欠く場合には、必要に応じて、国際紛争の平和的処理に関する一九〇七年一〇月一八日のハーグ条約の規定を適用する。特別合意に仲裁裁判官が適用すべき実体規則について規定がない場合には、仲裁裁判所は、国際司法裁判所規程第三八条に掲げる実体規則を適用する。

**第一九条【国際司法裁判所への移管】** 当事国が前条にいう特別合意に関して合意できない場合又は仲裁裁判官を選任できない場合には、いずれの当事国も、三箇月の予告期間をおいて請求することにより、この紛争を国際司法裁判所に直接に付託する権利を有する。

**第二〇条【調停との関係】** 1　第一条の規定にかかわらず、本章に規定する義務を受諾した締約国の間に生ずる第一七条の種類の紛争は、紛争当事国が合意する場合に限り、調停手続に付託される。

2　調停手続に付託する義務は、専ら第三九条に基づく留保によって司法的解決の対象から除外される紛争についてのみ適用する。

3　紛争が調停に付され、かつ、調停が失敗した場合には、いずれの当事国も、調停委員会の手続が終了した後一箇月が経過するまでは、紛争を国際司法裁判所に付託し、又は第一八条に定める仲裁裁判所の設置を求めることができない。

## 第三章　仲裁裁判

**第二一条【仲裁裁判所に付託される紛争】** 第一七条に掲げる種類の紛争以外の紛争で、第一章に規定した調停委員会の手続の終了後一箇月以内に当事国間で合意の対象とならなかった全ての紛争は、第三九条に基づき付すことができる留保に従うことを条件として、仲裁裁判所に付託される。この仲裁裁判所は、当事国が別段の合意を行わない限り、次条以下の方法で設置される。

**第二二条【仲裁裁判所の構成】** 仲裁裁判所は、五人の裁判官で構成する。当事国は、それぞれ一人の裁判官を選任する。この裁判官は、各当事国の国民の中から選任することができる。他の二人の裁判官及び裁判長は、当事国の合意により、第三国の国民の中から選任される。この三人の裁判官は、異なる国籍の者であり、いずれの当事国の領域にも通常居住しておらず、かつ、いずれの当事国の役務にも従事していない者でなければならない。

**第二三条【裁判官の選任手続】** 1　一方の当事国が他の当事国

# 国際紛争の平和的解決に関する改正一般議定書

に仲裁裁判所の設置を要請した日から三箇月以内に仲裁裁判所の裁判官の選任が行われない場合には、必要な選任の手続は、当事国間の合意によって指定する第三国に委任される。

2　1の合意が成立しない場合には、各当事国は異なる一国を指定し、選任は、これら指定された国が一致して行う。

3　2の規定により指定された二国が、三箇月以内に合意に達することができなかった場合には、必要な選任は、国際司法裁判所長が行う。この者に支障がある場合又はこの者が当事国のいずれか一方の国民である場合には、選任は、国際司法裁判所次長が行う。この者にも支障がある場合又はこの者が当事国のいずれか一方の国民である場合には、選任は、いずれの当事国の国民でもない最年長の国際司法裁判所裁判官により行われる。

**第二四条【欠員の補充】** 死亡、辞任その他の事由により生ずることのある欠員は、選任のために定められた方法に従い、可能な限り短期間の内に補充する。

**第二五条【特別合意の作成】** 紛争当事国は、特別合意を作成し、かつ、紛争の主題と従うべき手続の詳細を決定する。

**第二六条【ハーグ条約の規定の適用】** 特別合意が、前条に掲げる事項について十分詳細な記載を欠く場合には、必要に応じて、国際紛争の平和的処理に関する一九〇七年一〇月一八日のハーグ条約の規定を適用する。

**第二七条【請求による一方的付託】** 仲裁裁判所が設置された日から三箇月を経過しても特別合意が締結されない場合には、いずれか一方の当事国の請求により、仲裁裁判所に紛争を付託することができる。

**第二八条【仲裁裁判の準則】** 特別合意に定めがない場合又は特別合意が締結されなかった場合には、仲裁裁判所は、国際司法裁判所規程第三八条に掲げる実体規則を適用する。当該紛争に適用できる規則が存在しない場合には、仲裁裁判所は、衡平及び善に基づいて裁判を行う。

## 第四章　一般規定

**第二九条【紛争当事国間の現行の協定及び合意との関係】**

1　紛争当事国間の他の現行協定により特別な解決手続が規定されている紛争は、その協定の規定に従い解決される。

2　この一般議定書は、締約国間に調停手続を定めるいかなる現行協定又は仲裁裁判若しくは司法的解決によって紛争の解決を確保する義務を課するいかなる現行協定にも影響を及ぼさない。ただし、これらの協定が調停手続のみを規定している場合には、その調停手続が失敗した後に、この一般議定書の司法的解決又は仲裁裁判に関する規定が、当事国がこの議定書に加入している場合に限って、適用される。

**第三〇条【調停委員会の審理の停止】** 一方の当事国が当事国間の現行協定に基づいて既に国際司法裁判所又は仲裁裁判所に付託している紛争を他の当事国が調停委員会に提起した場合には、委員会は、国際司法裁判所又は仲裁裁判所が管轄権の競合について決定を下すまでの間、紛争の審議を延期する。調停手続の間に、いずれかの当事国により事件が国際司法裁判所又は仲裁裁判所に付託された場合も、同じ規則を適用する。

**第三一条【国の管轄に属する紛争】** 1　紛争がいずれかの当事国の国内法によりその国の司法機関又は行政機関の権限に属する場合には、その当事国は、権限ある機関により合理的な期間の内に確定的な効果をもつ決定が下されるまでの間、紛争に係る事項をこの一般議定書に定める各種の方式による解決の手続に付託することに異議を申し立てることができる。

2　1に定める場合には、この一般議定書に定める手続に付託することを求める当事国は、1にいう決定が下された日から一年以内に、他方の当事国に対してその意思を通知する。

**第三二条【判決の効力】** 国際司法裁判所又は仲裁裁判所の判決において、いずれか一方の紛争当事国の司法機関により下された判決又はその他の機関により命じられた措置の全部又は一部が国際法に違反すると宣言された場合であって、その当事国の憲法が当該判決又は措置の効果を取り消すことを許さないか、又は部分的にのみ取り消すことを許すときは、両当事国は、国際司法裁判所の判決又は仲裁裁判所の判決が被害当事国に衡平な満足を与えるものであることに合意する。

**第三三条【暫定措置】** 1　紛争が仲裁又は司法手続の対象となる全ての場合、特に紛争当事国が互いに意見を異にする問題が既に行われた行為又はまさに行われている行為から生ずる場合には、国際司法裁判所規程第四一条に従い決定を下す国際司法裁判所又は仲裁裁判所は、可能な限り短期間の内にとられるべき暫定措置を定める。紛争当事国は、この暫定措置に従う義務を負う。

2　紛争が調停委員会に付託される場合には、委員会は、有益と認める暫定措置を当事国に勧告することができる。

3　当事国は、司法判決若しくは仲裁判決の履行又は調停委員会が提示する解決案を阻害するおそれがあるいかなる措置もとらず、かつ、一般に紛争を悪化させ又は拡大させるおそれがあるいかなる種類の行為もとらない義務を負う。

**第三四条【手続の適用方式】** この一般議定書の三以上の締約国の間で紛争が発生した場合には、前掲の諸規定に定める手続の適用については、次の規則に従う。

(a)　調停手続に関しては、特別委員会を必ず設置する。この委員会の構成は、紛争当事国の全てが互いに異なる利害関係をもつか又は当事国のうちの二以上の国が共通の利害に基づいて行動しているかによって異なる。

第一の場合には、当事国は各一人の委員を選任し、かつ、紛争当事国でない第三国の国民である委員を共同して選任する。この第三国の委員の数は、当事国がそれぞれ選任する委員の数より常に一人多い数とする。

第二の場合には、共通の利害に基づいて行動する当事国は、その当事国間の合意により、共同して一人の委員を選任し、かつ、一以上の他方の当事国と協力して、第三国の委員を選任する。

いずれの場合にも、当事国は、別段の合意を行わない限り、この議定書の第五条以下の条文を、本条の規定に反しない限度で適用する。

(b)　司法手続に関しては、国際司法裁判所規程を適用する。

(c)　仲裁手続に関しては、各当事国は、第一七条に掲げる紛争について、仲裁裁判所の構成に関して合意が成立しない場合には、請求の手続により、紛争を国際司法裁判所に直接に付託する権利を有する。第二一条に掲げる紛争については、この議定書の第二二条以下の条文を適用する。ただし、互いに異なる利害関係をもつ当事国は、それぞれ一人の仲裁裁判官を選任し、かつ、当事国がそれぞれ選任する仲裁裁判官の数は、その他の仲裁裁判官の数より常に一人少ない数とする。

**第三五条【第三国が利害関係をもつ紛争】** 1　第三国が紛争に利害関係をもつ場合には、当該第三国がこの一般議定書の締約国であるか否かを問わず、この一般議定書の締約国間においてはこの議定書を適用する。

2　調停手続においては、当事国間の合意により、当該第三国に参加を求めることができる。

**第三六条【第三国の訴訟参加】**1　司法手続又は仲裁手続においては、第三国が事件の判決によって影響を受けることのある法的性質の利害関係をもつと認める場合には、当該第三国は、訴訟参加の要請を、国際司法裁判所又は仲裁裁判所に対して行うことができる。

2　国際司法裁判所又は仲裁裁判所は、この要請について決定する。

**第三七条【第三国が締約国である協定の解釈】**1　事件に関係する国以外の国が締約国である条約の解釈が問題となる場合には、国際司法裁判所書記又は仲裁裁判所は、直ちに、これら全ての国に通告する。

2　この通告を受けた各国は、手続に参加する権利を有する。ただし、この権利を行使した場合には、判決によって与えられる解釈は、その国を拘束する。

**第三八条【加入】**この一般議定書への加入は、次のいずれかについて行うことができる。

A　この議定書の全ての規定(第一章、第二章、第三章及び第四章)

B　調停及び司法的解決のみに関する規定(第一章及び第二章)並びにこれらの手続に関する一般規定(第四章)

C　調停のみに関する規定(第一章)及びこの手続に関する一般規定(第四章)

**第三九条【留保】**1　前条に掲げる権能のほかに、締約国は、この一般議定書に加入する際に、2に限定的に列挙される留保に従うことを条件として受諾することができる。この留保は、加入する際に表明されなければならない。

2　この留保は、この議定書に定める手続から次の紛争を除外するように付することができる。

(a)　留保を付す締約国の加入又はその国との間に紛争が生ずることのある他の締約国の加入のいずれかより前の事実から生ずる紛争

(b)　国際法上専ら国の排他的管轄に属する問題に関する紛争

(c)　特定の事件若しくは領土の地位のように明確に特定された事項に関する紛争又は明確に定められた種類に属する紛争

3　一方の紛争当事国が留保を付している場合には、他の当事国は、この当事国に対して同一の留保を援用することができる。

4　この議定書の司法的解決又は仲裁に関する規定を受諾した締約国については、この締約国が付した留保は、別段の明文の規定がない限り、調停手続には適用されないものとみなす。

**第四〇条【加入範囲の拡大と留保の撤回】**部分的な加入又は留保を付すことを条件として加入した全ての締約国は、いつでも、宣言のみにより、加入の範囲を拡大し又は留保の全部若しくは一部を撤回することができる。

**第四一条【解釈と適用に関する紛争】**紛争の性質及び留保の範囲に関する紛争を含め、この一般議定書の解釈又は適用に関する紛争は、国際司法裁判所に付託する。

**第四二条【正文の日付】**この一般議定書は、一九四九年四月二八日の日付を有する。

**第四三条【加入】**1　この一般議定書は、国際連合の加盟国、国際司法裁判所規程の当事国となった非加盟国及び国際連合総会がそのために議定書の謄本を送付した非加盟国の加入のために開放される。

2　加入書及び第四〇条に規定する追加の宣言は、国際連合事務総長に提出される。同事務総長は、これを受領したことを、全ての国際連合の加盟国及び1にいう非加盟国に通知する。

3　国際連合事務総長は、この議定書の第三八条に規定する加入の三方式にそれぞれ対応するA、B及びCの各文字を付した三つの表を作成する。この表には、締約国の加入及び追加の宣言を記載する。この表は、常に最新のものに改訂され、同事務総長により国際連合総会に提出される年次報告書の中で公表される。

**第四四条【効力発生】**1　この一般議定書は、国際連合事務総長が少なくとも二の締約国の加入書を受領した日から九〇日後に効力を生ずる。

2　この一般議定書が効力を生じた後の加入は、1に従い、国際連合事務総長が加入書を受領した日から九〇日後に効力を生ずる。同一の規則は、第四〇条に定める締約国の追加の宣言にも適用する。

**第四五条【有効期間と離脱】**1　この一般議定書は、効力を生じた日から五年間効力を有する。

2　この一般議定書は、現行の有効期間が満了する日の六箇月前までに離脱の通告をしなかった締約国に関しては、順次五年間効力が存続する。

3　離脱は、国際連合事務総長に対して書面による通告によって行われる。同事務総長は、全ての国際連合加盟国及び第四三条に掲げる非加盟国にこれを通知する。

4　離脱は、一部についてのみ行うことも、又は新たな留保の通告の形で行うこともできる。

5　紛争の当事国である一方の締約国の離脱にもかかわらず、一般議定書の現行期間が満了する時に係属中の全ての手続は、それが完了するまで継続される。

**第四六条【寄託】**国際連合総会議長及び国際連合事務総長による署名を付したこの一般議定書は、国際連合事務局に寄託される。同事務総長は、正文と一致する認証謄本を、国際連合の各加盟国、国際司法裁判所規程の当事国となった非加盟国及び国際連合総会により指定された非加盟国に送付する。

**第四七条【登録】**この一般議定書は、その効力を生ずる日に、国際連合事務総長により登録される。

## 5　投資紛争解決条約(第9章5参照五二五頁)

# 第13章　安全保障

## 第1節　一般

### 1　契約上ノ債務回収ノ為ニスル兵力使用ノ制限ニ関スル条約（抄）

（以下の条約の全文はWeb）

署　名　一九〇七年一〇月一八日（ハーグ）
効力発生　一九一〇年一月二六日
日本国　一九一二年二月一一日（一一年一一月六日批准、一二月一三日批准書寄託、一二年一月一三日公布・条約二号）
当事国　二八

独逸（ドイツ）皇帝普魯西（プロシア）国皇帝陛下（以下署名国元首名略）ハ、一国ノ政府ニ対シ他ノ一国ノ政府カ其ノ国民ニ支払ハルヘキモノトシテ請求スル契約上ノ債務ヨリ生スル金銭上ノ原因ニ基ク武力的衝突ノ国家間ニ生スルヲ避ケムコトヲ希望シ、之カ為条約ヲ締結スルニ決シ、各左ノ全権委員ヲ任命セリ。（全権委員名略）
因テ各全権委員ハ、其ノ良好妥当ナリト認メラレタル委任状ヲ寄託シタル後、左ノ条項ヲ協定セリ。

**第一条【兵力使用の禁止】** 締約国ハ、一国ノ政府ニ対シ他ノ一国ノ政府カ其ノ国民ニ支払ハルヘキモノトシテ請求スル契約上ノ債務ヲ回収スル為ニ、兵力ニ訴ヘサルコトヲ約定ス。
右規定ハ、債務国カ仲裁裁判ノ申出ヲ拒絶スルカ、之ニ対シテ回答ヲ与ヘサルカ、之ヲ受諾スルモ仲裁契約ノ作成ヲ不能ナラシムルカ、又ハ仲裁裁判ノ後其ノ判決ニ遵ハサル場合ニハ、其ノ適用ナキモノトス。

**第二条【仲裁裁判】** 前条第二項ニ掲クル仲裁裁判ハ、国際紛争平和的処理ニ関スル海牙（ハーグ）条約第四章第三節ニ規定セル手続ニ依ルモノトス。仲裁裁判ノ判決ハ、当事者間ニ特別ナル取極アルニ非サレハ、請求ノ当否、債務ノ金額並支払ノ時期及方法ヲ定ム。

**第三条【批准】**（略）
**第四条【加入】**（略）
**第五条【効力発生】**（略）
**第六条【廃棄】**（略）
**第七条【寄託の帳簿】**（略）

留　保

（アルゼンチン国、ボリヴィア国、コロンビア国、ドミニカ国、エクァドル国、ギリシア国、グヮテマラ国、ペルー国、サルヴァドル国、ウルグェー国の留保略）

### 2　不戦条約

（戦争抛棄ニ関スル条約）［ブリアン・ケロッグ規約］

署　名　一九二八年八月二七日（パリ）
効力発生　一九二九年七月二四日
日本国　一九二九年七月二四日（同年六月二日批准、七月二四日批准書寄託、七月二五日公布・条約一号）
当事国　六七

独逸（ドイツ）国大統領、亜米利加（アメリカ）合衆国大統領、白耳義（ベルギー）国皇帝陛下、仏蘭西（フランス）共和国大統領、「グレート、ブリテン」「アイルランド」及「グレート、ブリテン」海外領土皇帝印度（インド）皇帝陛下、伊太利（イタリア）国皇帝陛下、日本国皇帝陛下、波蘭（ポーランド）共和国大統領、「チェッコスロヴァキア」共和国大統領ハ、
人類ノ福祉ヲ増進スベキ其ノ厳粛ナル責務ヲ深ク感銘シ、
其ノ人民間ニ現存スル平和及友好ノ関係ヲ永久ナラシメンガ為、国家ノ政策ノ手段トシテノ戦争ヲ卒直ニ抛棄スベキ時機ノ到来セルコトヲ確信シ、
其ノ相互関係ニ於ケル一切ノ変更ハ、平和的手段ニ依リテノミ之ヲ求ムベク、又平和的ニシテ秩序アル手続ノ結果タルベキコト、及今後戦争ニ訴ヘテ国家ノ利益ヲ増進セントスル署名国ハ、本条約ノ供与スル利益ヲ拒否セラルベキモノナルコトヲ確信シ、
其ノ範例ニ促サレ世界ノ他ノ一切ノ国ガ此ノ人道的努力ニ参加シ且本条約ノ実施後速ニ之ニ加入スルコトニ依リテ其ノ人民ヲシテ本条約ノ規定スル恩沢ニ浴セシメ、以テ国家ノ政策ノ手段トシテノ戦争ノ共同抛棄ニ世界ノ文明諸国ヲ結合センコトヲ希望シ、
茲ニ条約ヲ締結スルコトニ決シ、之ガ為左ノ如ク其ノ全権委員ヲ任命セリ。（全権委員名略）
因テ各全権委員ハ、互ニ其ノ全権委任状ヲ示シ、之ガ良好妥当ナルヲ認メタル後、左ノ諸条ヲ協定セリ。

**第一条【戦争放棄】** 締約国ハ、国際紛争解決ノ為戦争ニ訴フルコトヲ非トシ、且其ノ相互関係ニ於テ国家ノ政策ノ手段トシテノ戦争ヲ抛棄スルコトヲ其ノ各自ノ人民ノ名ニ於テ厳粛ニ宣言ス。

**第二条【紛争の平和的解決】** 締約国ハ、相互間ニ起ルコトアルベキ一切ノ紛争又ハ紛議ハ、其ノ性質又ハ起因ノ如何ヲ問ハズ、平和的手段ニ依ルノ外之ガ処理又ハ解決ヲ求メザルコトヲ約ス。

**第三条【批准、加入】** 本条約ハ、前文ニ掲ゲラルル締約国ニ依リ其ノ各自ノ憲法上ノ要件ニ従ヒ批准セラルベク、且各国ノ批准書ガ総テ「ワシントン」ニ於テ寄託セラレタル後直ニ締約国間ニ実施セラルベシ。
本条約ハ、前項ニ定ムル所ニ依リ実施セラレタルトキハ、世界ノ他ノ一切ノ国ノ加入ノ為必要ナル間開キ置カルベシ。一国ノ加入ヲ証スル各文書ハ、「ワシントン」ニ於テ寄託セラルベク、本条約ハ、右寄託ノ時ヨリ直ニ該加入国ト本条約ノ他ノ当事国トノ間ニ実施セラルベシ。
亜米利加合衆国政府ハ、前文ニ掲ゲラルル各国政府及爾後本条約ニ加入スル各国政府ニ対シ、本条約及一切ノ批准書又ハ加入書ノ認証謄本ヲ交付スルノ義務ヲ有ス。亜米利加合衆国政府ハ、各批准書又ハ加入書ガ同国政府ニ寄託アリタルトキハ、直ニ右諸国政府ニ電報ヲ以テ通告スルノ義務ヲ有ス。

**日本国政府宣言書**（昭和四年六月二七日）

帝国政府ハ、千九百二十八年八月二十七日巴里ニ於テ署名セラレタル戦争抛棄ニ関スル条約第一条中ノ「其ノ各自ノ人民ノ名ニ於テ」ナル字句ハ、帝国憲法ノ条章ヨリ観テ、日本国ニ限リ適用

ナキモノト了解スルコトヲ宣言ス。

**アメリカ合衆国政府公文**（抜粋）

不戦条約の米国案は、いかなる形においても自衛権を制限し又は毀損するなにものも含むものではない。この権利は各主権国家に固有のものであり、全ての条約に暗黙に含まれている。各国は、いかなる場合にも、また条約の規定に関係なく、自国の領土を攻撃又は侵入から守る自由をもち、また事態が自衛のための戦争に訴えることを必要とするか否かを独自に決定する権限をもつ。

## 3　国際連合憲章（第1章1参照一五頁）

## 4　平和のための結集決議（国連総会決議五／三七七）

採　択　一九五〇年一一月三日（国連第五回総会）（賛成五二、反対五、棄権二、欠席一）

決議A

総会は、

国際連合の目的の最初の二つのものが、

「国際の平和及び安全を維持すること。そのために、平和に対する脅威の防止及び除去と侵略行為その他の平和の破壊の鎮圧とのため有効な集団的措置をとること並びに平和を破壊するに至るおそれのある国際的の紛争又は事態の調整又は解決を平和的手段によつてかつ正義及び国際法の原則に従つて実現すること。」及び

「人民の同権及び自決の原則の尊重に基礎をおく諸国間の友好関係を発展させること並びに世界平和を強化するために他の適当な措置をとること。」であることを確認し、

国際的紛争に関係した場合には、憲章第六章に定める手続に従つて平和的手段によりこのような紛争の解決を求めることがすべての国際連合加盟国の主要な義務であることを再確認し、かつ、この点に関して国際連合が過去数回にわたつて成功した事例を想起し、

国際的緊張が危険な程度にまで存在することを認め、

国際的緊張が続いていることの原因が主として国際連合憲章の諸原則の無視にあると述べている「平和の本質」と題する総会決議四／二百九十を想起し、かつ、その決議の目的に一層寄与することを希望し、

安全保障理事会が国際の平和及び安全の維持に関する同理事会の主要な責任を遂行することの重要性並びに全員一致の追求及び拒否権の使用の抑制に関する常任理事国の義務を再確認し、

憲章第四十三条に定める軍隊に関する協定の交渉が安全保障理事会の発議によるものであることを再確認し、かつ、その協定が締結されるまでの間は、国際連合が国際の平和及び安全の維持のための手段を持ちうることを確保することを希望し、

安全保障理事会がその責任、とくに前記の二段に掲げる責任をすべての加盟国に代わつて遂行することに失敗したことは、憲章に基づく国際の平和及び安全の維持に関する加盟国の義務及び国際連合の責任を免ずるものでないことを認識し、

とくに、この失敗が、憲章に基づく国際の平和及び安全の維持に関する総会の権利を奪い、又はその責任を免ずるものではないことを確認し、

総会がこれらの点に関してその責任を遂行するためには、事実を確認しかつ侵略者を発見するための観察の可能性、集団的に使用しうる兵力の存在及び効果的であるためには迅速でなければならない集団的行動について総会が国際連合加盟国に時宜を得た勧告を行なうことの可能性等を必要とすることを確認し、

A

1　平和に対する脅威、平和の破壊又は侵略行為があると思われる場合において、安全保障理事会が、常任理事国の全員一致を得られなかつたために国際の平和及び安全の維持に関するその主要な責任を遂行しえなかつたときは、総会は、国際の平和及び安全を維持し又は回復するための集団的措置（平和の破壊又は侵略行為の場合には必要に応じ兵力を使用することを含む。）を執るように加盟国に対し適当な勧告を行なう目的をもつて、直ちにその問題を審議すべきことを決議する。総会は、その時会期中でない場合には、要請があつた時から二十四時間以内に緊急特別会期を開くことができる。この緊急特別会期は、いずれかの七理事国の投票に基づく安全保障理事会の要請又は国際連合加盟国の過半数の要請があつたときに招集されるものとする。

〔注　本項中「いずれかの七理事国」とあるのは、形式的には変更されていないが、一九六五年に改正された国連憲章第二七条2に従い「いずれかの九理事国」と読み替えられるものと解される。〕

2　この目的のため、この決議の附属書に定める総会手続規則の改正を採択する。

B

3　千九百五十一年及び千九百五十二年においては次の十四加盟国、すなわち、中華民国、コロンビア、チェッコスロヴァキア、フランス、インド、イラク、イスラエル、ニュー・ジーランド、パキスタン、スウェーデン、ソヴィエト社会主義共和国連邦、グレート・ブリテン及び北部アイルランド連合王国、アメリカ合衆国及びウルグァイによつて構成され、かつ、継続すれば国際の平和及び安全の維持を危うくするおそれのある国際的緊張が存在するすべての地域の事態を視察し並びにこれについて報告を行なうことのできる平和観察委員会を設置する。総会（総会が会期中でないときは、中間委員会）は、安全保障理事会がその問題に関し憲章によつて同理事会に課された任務を遂行していない場合において、平和観察委員会の視察の対象となつている地域の属する国の招請又は同意を受けた上で、平和観察委員会を利用することができる。この委員会の利用についての決定は、出席しかつ投票する加盟国の三分の二以上の賛成投票によつて行なわれるものとする。安全保障理事会も、また、憲章に基づくその権能に従つて平和観察委員会を使用することができる。

4　平和観察委員会は、その任務を遂行するにあたつて、その裁量により、小委員会を任命し、同委員会を補佐するオブザーヴァーの役務を利用する権限を有するものと決定する。

5　すべての政府及び当局に対し、平和観察委員会が任務を遂行するにあたつて、同委員会と協力し、これを援助するよう勧告する。

6　事務総長に対し、平和観察委員会が指示するときは総会決議四／二百九十七Bに定める国際連合現地観察者名簿を使用して、必要な職員及び便宜を提供するよう要請する。

C

7　国際連合加盟国に対し、国際の平和及び安全の回復に関する安全保障理事会又は総会の勧告を支持して提供することができる援助の性質、及び範囲を決定するため、自国の資源を調査するよう勧誘する。

8　国際連合加盟国に対し、安全保障理事会又は総会の勧告があつたときは自国の憲法上の手続に従つて直ちに国際連合の部隊として利用に供しうるように訓練し、組織し、及び装備された部隊を自国の軍隊内に維持するよう勧告する。ただし、この部隊は、憲章第五十一条において認められている個別的又は集団的自衛権の行使にあたつての使用を妨げられない。

9　国際連合加盟国に対し、前項の規定の実施にあたつて執つた措置をできる限りすみやかに第11項に定める集団的措置委員会に通報するよう勧誘する。

10　事務総長に対し、第8項に定める部隊が国際連合部隊として迅速に服務するための組織、訓練及び装備に関し技術上の助言を求めている加盟国の要請に応じて利用に供されうる軍事専門家団を、第11項に定める集団的措置委員会の承認を得て、任命するよう要請する。

D

11　次の十四加盟国、すなわち、オーストラリア、ベルギー、ブラジル、ビルマ、カナダ、エジプト、フランス、メキシコ、フィリピン、トルコ、グレート・ブリテン及び北部アイルランド連合王国、アメリカ合衆国、ヴェネズエラ及びユーゴースラヴィアによつて構成される集団的措置委員会を設置し、同委員会に対し、事務総長及びこの委員会が適当と認める加盟国と協議した上で、集団的自衛及び地域的取極（憲章第五十一条及び第五十二条）を考慮に入れて、憲章の目的及び原則に従つて国際の平和及び安全を維持し強化するために使用される方法（この決議のCの方法を含む。）について研究し、かつ、安全保障理事会及び総会に対し千九百五十一年九月一日までに報告するよう指令する。

12　すべての加盟国に対し、同委員会と協力し、かつ、同委員会の任務の遂行にあたつて、これを援助するよう勧告する。

13　事務総長に対し、この決議のC及びDに定める目的を効果的に達成するために必要な職員及び便宜を提供するよう要請する。

E

14　前記の諸提案を採択するにあたつて、恒久的平和は、国際平和の破壊及び侵略行為に対する集団的安全保障取極のみによつて保障されるものではなく、真の永続的な平和は、国際連合憲章に定めるすべての原則及び目的の遵守、国際の平和及び安全の維持の実現を目的とする安全保障理事会、総会及び国際連合の他の主要機関の決議の実施並びに、とくに、すべての人のための人権及び基本的自由の尊重及び遵守並びにすべての国における経済的及び社会的福祉の状態の確立及び維持にも依存することを十分に認識し、よつて、

15　加盟国に対し、人権及び基本的自由の一般的尊重及び遵守を啓発及び促進させるために、国際連合と協力して、共同行動を十分に尊重及び、強化し、かつ、とくに低開発国及び低開発地域の開発を通じて、経済的安定及び社会的発展の状態を実現するための個別的及び集団的努力を強化するよう奨励する。

**附属書**（略）

**決議B及び決議C**（略）

## 5　国際軍事裁判所憲章（ニュルンベルク裁判）（第8章第1節3参照四一九頁）

## 6　極東国際軍事裁判所憲章（東京裁判）（第8章第1節4参照四二二頁）

## 7　侵略の定義に関する決議（国連総会決議二九／三三一四）翻訳

採　択　一九七四年一二月一四日（国連第二九回総会）（コンセンサス）

総会は、

国際連合の基本目的の一つが、国際の平和と安全を維持すること、並びに平和に対する脅威の防止と除去及び侵略行為その他の平和の破壊の鎮圧とのため有効な集団的措置をとることであるとの事実に基づき、

安全保障理事会が、国際連合憲章第三九条に従い、平和に対する脅威、平和の破壊又は侵略行為の存在を決定し、並びに国際の平和と安全を維持し又は回復するために、勧告をし、又は第四一条及び第四二条に従っていかなる措置をとるかを決定することを想起し、

また、国際紛争を平和的手段によって国際の平和と安全及び正義を危うくしないように解決しなければならない諸国の憲章上の義務を想起し、

この定義のいかなる規定も国際連合の諸機関の任務と権限に関する憲章の規定の範囲に影響を及ぼすものと解してはならないことに留意し、

また、侵略は、あらゆる種類の大量破壊兵器の存在により創出された状況において、世界的紛争及びその全ての破局的結果の発生のおそれを伴う最も深刻かつ危険な形態の違法な武力行使であるので、現段階で侵略を定義すべきであることを考慮し、

人民からその自決、自由及び独立の権利を奪うため、又は領土保全を破壊するために武力を行使してはならないという諸国の義務を再確認し、

また、国の領域は、一時的にせよ他国による憲章違反の軍事占領その他の武力的措置の対象とされることにより侵されてはならないこと、及びこのような措置又はその威嚇の結果として他国による取得の対象とされてはならないことを再確認し、

また、「国際連合憲章に従った諸国間の友好関係及び協力についての国際法の原則に関する宣言」の諸規定を再確認し、

侵略の定義の採択は、潜在的侵略者を抑止する効果を有するであろうこと、侵略行為の決定とこれを鎮圧するための措置の実施を容易にするであろうこと、並びに犠牲者の権利と合法的利益の保護及び犠牲者に対する援助の供与を容易にするであろうことを確信し、

侵略行為が行われたか否かの問題は、個々の事件ごとのあらゆる状況に照らして判断されなければならないが、それにもかかわらずそのような判定のための指針として基本的な原則を定めることが望ましいことを信じて、

次の侵略の定義を採択する。

**第一条【侵略の一般的定義】** 侵略とは、一国による他国の主権、領土保全若しくは政治的独立に対する、又は国際連合憲章と両立しないその他の方法による武力の行使であって、この定義に定めるものをいう。

注 この定義において「国」は、

(a) 承認の問題又はある国が国際連合加盟国であるかどうかとは関係なく用いられ、かつ、

(b) 適当な場合には、「国家群」という概念を含む。

**第二条【武力の先制行使】** 国による憲章に違反する武力の先制行使は、侵略行為の一応の証拠となる。ただし、安全保障理事会は、憲章に従い、侵略行為が行われたとの決定が他の関連状況(当該行為又はその結果が十分な重大性を有するものではないという事実を含む。)に照らして正当化されないとの結論を下すことができる。

**第三条【侵略の具体的行為】** 次に掲げるいずれの行為も、宣戦布告の有無にかかわりなく、第二条の規定に従って、侵略行為とされる。

(a) 一国の兵力による他国の領域への侵入若しくは攻撃、一時的なものであってもこのような侵入若しくは攻撃の結果として生じた軍事占領又は武力の行使による他国の領域の全部若しくは一部の併合

(b) 一国の兵力による他国の領域に対する砲爆撃又は一国による他国の領域に対する兵器の使用

(c) 一国の兵力による他国の港又は沿岸の封鎖

(d) 一国の兵力による他国の陸軍、海軍若しくは空軍又は船隊若しくは航空隊に対する攻撃

(e) 受入国との合意に基づきその国の領域内に駐留する軍隊の合意に定められた条件に反する使用又は当該合意終了後の右領域内における当該軍隊の駐留の継続

(f) 他国の使用に供した領域を、当該他国が第三国に対する侵略行為を行うために使用することを許容する国の行為

(g) 前記の諸行為に相当する重大性を有する武力行為を他国に対して実行する武装部隊、集団、不正規兵又は傭兵の国による派遣若しくは国のための派遣又はこのような行為に対する国の実質的関与[substantial involvement]

**第四条【安保理の認定権】** 前条に列挙された行為は、網羅的なものではない。安全保障理事会は、その他の行為が憲章の規定に定める侵略を構成すると認定することができる。

**第五条【侵略の絶対的禁止】** 1 政治的、経済的、軍事的又はその他のいかなる性質の事由も侵略を正当化するものではない。

2 侵略戦争は、国際の平和に対する罪である。侵略は、国際責任を生じさせる。

3 侵略による領域の取得又は特殊権益は、合法的なものではなく、また合法的なものと承認してはならない。

**第六条【憲章規定の不変性】** この定義のいかなる規定も、武力の行使が合法的である場合の規定を含め、憲章の範囲をいかなる意味においても拡大し、又は縮小するものと解してはならない。

**第七条【自決権】** この定義のいかなる規定も、特に第三条は、憲章から導き出された自決、自由及び独立の権利を強制的に奪われ、かつ「国際連合憲章に従った諸国間の友好関係及び協力についての国際法の原則に関する宣言」にいう人民の自決、自由及び独立の権利をいかなる意味でも害するものではない。これらの人民には、特に植民地体制及び人種差別体制その他の外国支配体制の下にある人民が含まれる。また、この定義中の規定、特に第三条は、憲章の諸原則に従い、かつ、前記宣言に従ってそうした目的のために闘争し、並びに支援を求め又は受けるこれらの人民の権利を、いかなる意味でも害するものではない。

**第八条【解釈原則】** 前記の諸規定は、その解釈及び適用上、相互に関連するものであり、各規定は、他の規定との関連において解釈しなければならない。

## 参考 侵略の定義に関する条約 翻訳

署名 一九三三年七月三日(ロンドン)
効力発生 一九三三年一〇月一六日
当事国 七

ルーマニア国王陛下、エストニア共和国大統領、ラトヴィア共和国大統領、ポーランド共和国大統領、トルコ共和国大統領、ソヴィエト社会主義共和国連邦中央執行委員会、ペルシア国皇帝陛下及びアフガニスタン国王陛下は、

その各国間の平和を強固にすることを希望し、

その各国が署名国であるブリアン・ケロッグ規約が全ての侵略を禁止していることに留意し、

侵略を正当化する全ての口実を防ぐために、できる限り明確な方法で侵略を定義することが一般的安全保障のために必要であると認め、

全ての国が独立、安全、その領域の防衛及び体制の自由な発展の権利をひとしく有することを認め、

一般的平和のために、その各国の領域の不可侵性を全ての人民に確保することを希望し、

侵略を定義する明確な規則が普遍的なものとなるまでの間、これらの規則をその各国間に実施することが一般的平和のために有益であると認め、

右の目的で、この条約を締結することを決定し、そのために以下の者を正当に任命した。(全権委員名略)

右の者は、以下の諸規定に合意した。

**第一条【ポリティス報告書の受諾】** 各締約国は、その相互関係において、かつ、この条約が効力を生じた日から、ソヴィエト代表の提案の結果作成され、軍備の縮小及び制限のための会議に提出された一九三三年五月二四日の安全保障問題委員会の報告書(ポリティス報告書)で説明された侵略の定義を受諾することを約束する。

**第二条【侵略の定義】** したがって、紛争当事国間で効力を有する協定に従うことを条件に、以下の行為のいずれかを最初に行っ

た国は、国際紛争における侵略者とみなされる。

(1) 他国に対する開戦宣言

(2) 開戦宣言の有無にかかわらず、他国の領域への軍隊による侵入

(3) 開戦宣言の有無にかかわらず、他国の領域、船舶又は航空機に対する陸軍、海軍又は空軍による攻撃

(4) 他国の沿岸又は港湾の海上封鎖

(5) 自国領域において組織され、他国の領域に侵入した武装集団に対する支援の供与、又は、被侵入国の要請にもかかわらず、これら武装集団から全ての援助若しくは保護を奪うために自国の領域でなし得るあらゆる措置をとることの拒否

**第三条【正当化の禁止】** 政治的、軍事的、経済的その他のいかなる考慮も、第二条にいう侵略の弁解又は正当化のために用いることができない（例として、附属書参照）。

**第四条【批准、寄託、効力発生】** この条約は、締約国により各自の国内法に従って批准に付される。

批准書は、各締約国によりソヴィエト社会主義共和国連邦政府に寄託される。

この条約は、批准書が締約国中の二国により寄託されたときは、当該二国間で直ちに効力を生ずる。他の各締約国との関係では、各締約国がその批准書を寄託したときに、それぞれについて効力を生ずる。

批准書の各寄託は、ソヴィエト社会主義共和国連邦政府により、この条約の全ての署名国に直ちに通告される。

**第五条【署名】** この条約は、八通の謄本に署名され、各締約国は、その一通を受領した。

### 侵略の定義に関する条約第三条の附属書

「侵略の定義に関する条約」の署名国である締約国は、

条約第三条に定める規則の及ぶ絶対的な範囲をいかなる意味においても制限しないことを明示的に留保した上で、侵略者を決定するためのある種の指針を提供することを希望し、

条約第二条の意味におけるいかなる侵略行為も、特に以下のいずれの理由によっても正当化することができないことを宣言する。

A 国の国内的事態、たとえば、その政治的、経済的又は社会的構造、その統治に関する欠陥と主張されるもの、及びストライキ、革命、反革命又は内乱から生じる騒乱

B 国の国際的行為、たとえば、外国又はその国民の物質的若しくは精神的な権益の侵害又は侵害の脅威、外交上又は経済上の関係の断絶、経済上又は金融上のボイコット、外国に対する経済的、金融的又はその他の義務に関する紛争、第二条に規定される侵略のいずれにも含まれない国境事件

締約国は、他方で、この条約が右に列挙した事情に包含される可能性のあるいかなる国際法違反も決して合法化するものではないと認めることを合意する。

## 8 湾岸戦争関係安保理決議

### (1) 安全保障理事会決議六六一（対イラク経済制裁） 翻訳

採択　一九九〇年八月六日（安保理第二九三三回会合）

安全保障理事会は、

一九九〇年八月二日の決議六六〇（一九九〇）を再確認し、

同決議が履行されておらず、イラクのクウェート侵攻が更なる人命の喪失と破壊を伴いつつ続いていることに深い懸念を有し、

イラクによるクウェートの侵攻及び占領に終止符を打ち、クウェートの主権、独立及び領土保全を回復することを決意し、

クウェートの正当政府が決議六六〇（一九九〇）を遵守する用意があるとの意向を表明したことに留意し、

国際連合憲章の下での国際の平和と安全の維持についてのその責任を想起し、

イラクによるクウェートへの武力攻撃に対する憲章第五一条の下での個別的又は集団的自衛の固有の権利を確認し、

国際連合憲章第七章に基づいて行動して、

1 イラクが決議六六〇（一九九〇）の2をこれまで遵守していないこと及びクウェートの正当政府の権威を侵奪したことを認定する。

2 この結果、イラクによる決議六六〇（一九九〇）の2の遵守を確保し、クウェートの正当政府の権威を回復するため、以下の措置をとることを決定する。

3 全ての国は次のことを防止しなければならない。

(a) イラク又はクウェートを原産地とし、かつ、この決議の日の後にイラク又はクウェートから輸出される全ての産品又は製品の自国領域への輸入

(b) イラク又はクウェートからの産品又は製品の輸出又は積替えを促進する又は促進することを目的とする活動で、自国民によって又は自国領域内で行われるもの、及び、イラク又はクウェートを原産地とし、かつ、この決議の日の後にイラク又はクウェートから輸出される産品又は製品にかかる取引で、自国民若しくは自国旗船によって又は自国領域において行われるもの（特に、そのような活動又は取引を目的とするイラク又はクウェートへの資金の移動を含む。）

(c) イラク若しくはクウェートにおけるいずれかの人若しくは団体に対して、又は、イラク若しくはクウェートにおいて又はイラク若しくはクウェートから運営される事業を目的としていずれかの人若しくは団体に対して行われる自国民によるか、自国旗船の使用によるか又は自国領域からの産品若しくは製品（武器若しくはその他の軍事装備を含み、また自国領域を原産地とするか否かを問わないが、厳密に医療目的のもの及び人道上の事情がある場合の食糧を含まない。）の販売又は供給、及び、そのような販売若しくは供給を促進する又は促進することを目的とする活動で、自国民によって又は自国領域内で行われるもの

4 全ての国が、イラク政府に対して、又はイラク若しくはクウェートにおけるいかなる商業、工業若しくは公益企業に対して、いかなる資金又はその他の財政的若しくは経済的財源ないし資源も利用させてはならないこと、並びに、自国民及び自国領域内のいかなる者にも、同国政府又はそのような企業に対してそのような資金又は財源ないし資源を自国領域から移転し若しくは利用させ、又はイラク若しくはクウェート内の人若しくは団体にその他の資金を送金すること（専ら、厳密に医療上又は人道上の目的のため及び人道上の事情がある場合の食糧のた

めの支払を除く。）を防止することを決定する。

5　国際連合非加盟国を含む全ての国に対し、この決議の日の前に締結された契約又は与えられた許可にかかわらず、厳格にこの決議に従って行動するよう求める。

6　安全保障理事会仮手続規則二八に従い、安全保障理事会の全理事国により構成される同理事会の委員会を設置することを決定する。同委員会は、次の任務を遂行するとともに、その見解及び勧告を付して同理事会に報告する。

(a)　この決議の実施状況に関して事務総長から提出される報告を検討すること。

(b)　この決議の規定を効果的に実施する上でとられた行動に関する一層の情報を全ての国から求めること。

7　全ての国に対し、この決議に従って同委員会により求められる情報を提供することを含め、同委員会がその任務を遂行するのに十分に協力するよう求める。

8　事務総長に対し、同委員会に必要な全ての援助を与えるとともに、この目的のために事務局において必要な手だてを整えるよう要請する。

9　4から8までの規定にかかわらず、この決議のいかなる規定もクウェートの正当政府に対する援助を禁ずるものでないということを決定し、全ての国に対して次のことを求める。

(a)　クウェートの正当政府及びその機関の資産を保護するために適切な措置をとること。

(b)　占領国によって設立されるいかなる政権も承認しないこと。

10　事務総長に対し、この決議の実施状況について安全保障理事会に報告するよう要請する。第一回の報告は三〇日以内に提出されるべきものとする。

11　この議題を安全保障理事会の議事日程に掲げておくとともに、イラクによる侵攻を早急に終わらせるための努力を継続することを決定する。

## (2)　安全保障理事会決議六七八（対イラク武力行使容認）翻訳

採択　一九九〇年一一月二九日（安保理第二九六三回会合）（賛成一二、反対二、棄権一）

安全保障理事会は、

一九九〇年八月二日の決議六六〇号（一九九〇）、一九九〇年八月六日の決議六六一号（一九九〇）、一九九〇年八月九日の決議六六二号（一九九〇）、一九九〇年八月一八日の決議六六四号（一九九〇）、一九九〇年八月二五日の決議六六五号（一九九〇）、一九九〇年九月一三日の決議六六六号（一九九〇）、一九九〇年九月一六日の決議六六七号（一九九〇）、一九九〇年九月二四日の決議六六九号（一九九〇）、一九九〇年九月二五日の決議六七〇号（一九九〇）、一九九〇年一〇月二九日の決議六七四号（一九九〇）及び一九九〇年一一月二八日の決議六七七号（一九九〇）を想起し、かつ、再確認し、

国際連合のあらゆる努力にもかかわらず、イラクが安全保障理事会に対する甚だしい侮辱をもって決議六六〇号（一九九〇）及びそれに引き続く右の関連諸決議に従うのを拒否していることに留意し、

国際連合憲章の下での国際の平和と安全の維持及び確保についての安全保障理事会の義務と責任を想起し、

安全保障理事会決定の完全な遵守を確保することを決意し、

国際連合憲章第七章に基づいて行動して、

1　イラクが、決議六六〇号（一九九〇）及びそれに引き続く全ての関連諸決議を完全に遵守することを要求し、かつ、全ての安全保障理事会決定を維持しつつ、善意の猶予として、イラクに対して諸決議の完全遵守のための最後の機会を与えることを決定する。

2　イラクが、一九九一年一月一五日以前に、前記1に示されたように、前述の決議を完全に履行しない限り、クウェート政府に協力している加盟国に対して、決議六六〇号（一九九〇）及びそれに引き続く全ての関連諸決議を堅持し、かつ、履行し、その地域における国際の平和と安全を回復するために、必要な全ての手段をとる権限を与える。

3　全ての国に対して、本決議の2を履行するためにとられる行動に適切な支援を与えるよう要請する。

4　関係諸国に対して、本決議の2及び3を履行するためにとられる行動の進捗状況について、安全保障理事会に定期的に報告するよう要請する。

5　この問題に引き続き取り組むことを決定する。

## (3)　安全保障理事会決議六八七（湾岸戦争停戦）（抄）翻訳

採択　一九九一年四月三日（安保理第二九八一回会合）

安全保障理事会は、

一九九〇年八月二日の決議六六〇号（一九九〇）、一九九〇年八月六日の六六一号（一九九〇）、一九九〇年八月九日の六六二号（一九九〇）、一九九〇年八月一八日の六六四号（一九九〇）、一九九〇年八月二五日の六六五号（一九九〇）、一九九〇年九月一三日の六六六号（一九九〇）、一九九〇年九月一六日の六六七号（一九九〇）、一九九〇年九月二四日の六六九号（一九九〇）、一九九〇年九月二五日の六七〇号（一九九〇）、一九九〇年一〇月二九日の六七四号（一九九〇）、一九九〇年一〇月二八日の六七七号（一九九〇）、一九九〇年一一月二九日の六七八号（一九九〇）及び一九九一年三月二日の六八六号（一九九一）を想起し、

クウェートの主権、独立及び領土保全の回復並びに同国の正統政府の復帰を歓迎し、

クウェート及びイラクの主権、領土保全及び政治的独立を全ての加盟国が尊重することを確認し、かつ、決議六七八号（一九九〇）の2に基づいてクウェートに協力している加盟国により表明された、決議六八六号（一九九一）の8に合致するようイラクにおける自国軍の存在をできる限り速やかに終了させるとの意図に留意し、

イラクによる違法なクウェートへの侵攻及び同国の占領にかんがみ、イラクの平和を希求する意図を確認する必要があることを

## 安全保障理事会決議六八七（湾岸戦争停戦）

再確認し、

一九九一年二月二七日にイラク外相から送付された書簡及び決議六八六号(一九九一)に従って送付された書簡に留意し、(中略)

一九二五年六月一七日にジュネーヴにおいて署名された「窒息性ガス、毒性ガス又はこれらに類するガス及び細菌学的手段の戦争における使用の禁止に関する議定書」に基づく義務に反して兵器を使用するとの威嚇がイラクによりなされたこと、及び同国が過去に化学兵器を使用したことを認識し、それらの兵器のイラクによるさらなる使用が重大な結果をもたらすであろうことを確認し、

一九八九年一月七日から一一日までパリで開催された一九二五年のジュネーヴ議定書の締約国及び他の関係国の会議に参加した全ての国によって採択された化学兵器及び生物兵器の全面廃棄を目的とする宣言にイラクが賛同したことを想起し、

さらに、一九七二年四月一〇日の「細菌兵器(生物兵器)及び毒素兵器の開発、生産及び貯蔵の禁止並びに廃棄に関する条約」にイラクが署名していることを想起し、

イラクがこの条約を批准することの重要性に留意し、(中略)

イラクが弾道ミサイルを先制攻撃に使用したこと、それゆえイラクに配置されているそれらのミサイルにつき具体的な措置をとる必要があることを考え、

イラクが一九六八年七月一日の「核兵器の不拡散に関する条約」に基づく義務に反して核兵器計画のための物資を入手しようとしたという、加盟国が有している報告に懸念を抱き、

中東地域に非核兵器地帯を設立するという目的を想起し、

同地域の平和と安全に対してあらゆる大量破壊兵器がもたらす脅威、及び中東地域にそれらの兵器のない地帯を設立することに向けて作業を行うことの必要性を認識し、(中略)

最近の紛争の間イラクがイラク国外の標的に対してテロリズムを行うと威嚇したこと及び人質をとったことを非難し、

事務総長の一九九一年三月二〇日の報告及び一九九一年三月二八日の報告に重大な懸念をもって留意し、かつ、クウェート及びイラクにおける人道的必要性を緊急に満たすことが求められていることを認識し、

同地域における国際の平和と安全の回復という、最近の安全保障理事会決議において定められた同理事会の目的を念頭に置き、憲章第七章に基づいて行動して次の措置をとる必要があることを認識して、

1　この決議の目的(正式な停戦を含む。)を達成するため以下において明示的に変更されたものを除いて、前記一三の全ての決議を確認する。

### A

2・3　(略)

4　前記国境の不可侵を保障し、そのために適当なあらゆる措置を憲章に従ってとることを決定する。

### B

5　(略)

6　事務総長が安全保障理事会に国連監視隊の展開が完了したことを報告し次第、決議六七八号(一九九〇)に従ってクウェートに協力している加盟国がイラクにおける自国軍の存在を終了させるための条件が、決議六八六号(一九九一)に沿って達成されることになることに留意する。

### C

7　(略)

8　イラクが、次に掲げるものを国際的監視の下で破壊、撤去又は無害化することを無条件に受け入れるべきことを決定する。

(a)　全ての化学兵器及び全ての生物兵器並びに全ての化学剤及び生物剤の在庫並びに全ての関連補助装置及び構成部分並びにそれらに関連する全ての研究、開発、援助及び製造のための施設

(b)　射程距離一五〇キロメートルを超える全ての弾道ミサイル及び主要関連部品並びに修理及び生産施設

9　8の実施のため、次のとおり決定する。

(a)　イラクは、この決議採択後一五日以内に、8に定める全てのものの所在地、数量、種類を明らかにする申告書を事務総長に提出し、次に定める緊急現地査察に同意しなければならない[shall agree to]。

(b)　事務総長は、適当な政府、また適当と認める場合には世界保健機関事務局長と協議して、この決議採択後四五日以内に、安全保障理事会の承認を得るために、当該承認後四五日以内に次の行動の完了を求める計画を作成し、理事会に提出する。

(i)　イラクの生物兵器、化学兵器及びミサイルの能力の即時現地査察を実施する特別委員会の設置。この査察は、イラクによる申告又は特別委員会自身による所在地の追加指定に基づいて行われる。

(ii)　8(a)に定めるもので、(i)の下で特別委員会により追加して指定される所在地にあるものを含む全てのものを、公共の安全の必要性を考慮しつつ、破壊、撤去又は無害化するため、イラクが特別委員会に引き渡すこと、及び、8(b)に定める全てのミサイルの能力(発射装置を含む。)をイラクが特別委員会の監視の下に破壊すること。

(iii)　12及び13で求められている、国際原子力機関事務局長に対する特別委員会の援助及び協力の提供

10　さらに、イラクが8及び9に定める全てのものを使用、開発、建設又は取得しないことに無条件に同意すべきことを決定し、事務総長に対し、特別委員会と協議して、イラクがこの規定を遵守することを将来にわたって継続的に監視し、かつ、検証するための計画を作成し、この決議採択後一二〇日以内に安全保障理事会の承認を得るため理事会に提出することを要請する。

11　(略)

12　イラクが次のことに無条件に同意しなければならない[shall]と決定する。同国は、核兵器、核兵器に利用され得る物資、核兵器のいかなる補助装置若しくは構成部分又はこれらに関係するいかなる研究、開発、援助若しくは製造のための施設の取得又は開発も行わない。同国は、この決議採択後一五日以内に、前記の全てのものの所在地、数量及び種類を事務総長及び国際原子力機関事務局長に申告する。同国は、核兵器に利用できる同国が有する全ての物資を、9(b)にいう事務総長の計画に定められる特別委員会の援助と協力の下での保管及び撤去のために、国際原子力機関による排他的管理の下に置く。同国は、13に定める取極に従って、緊急現地査察及び前記の全てのものを適宜破壊、撤去又は無害化することを受け入れる。並びに、同国は、13にいう同国のこれらの約束の遵守を将来にわたって継続的に監視し、検証するための計画を受け入れる。

13　国際原子力機関事務局長に対して、事務総長を通じて、また9(b)にいう事務総長の計画が定める特別委員会の援助と協力の下で、次のことを行うよう要請する。イラクの申告及び特別委員会による所在地の追加指定に基づいて、イラクの核能力の現地査察を直ちに実施すること。12に掲げる全てのものの破壊、

撤去又は無害化に関する計画を安全保障理事会に四五日以内に提出するため作成すること。同計画を理事会の承認後四五日以内に実施すること。及び、核兵器の不拡散に関する条約に基づくイラクの権利と義務を勘案しつつ、12をイラクが遵守することを将来にわたって継続的に監視し検証するための計画(国際原子力機関の保障措置がイラクの全ての関連原子力活動に適用されることを確認するため、同機関の検証及び査察の対象となるイラクの全ての核物質の一覧表を含む。)を作成し、この決議採択後一二〇日以内に理事会による承認を求めるため理事会に提出すること。

14 (略)

(D 及び E(略))

F

20―23 (略)

24 安全保障理事会により新たな決定が行われるまでの間、全ての国が決議六六一号(一九九〇)及びそれに引き続く関連諸決議に従って、自国民により若しくは自国領域から、又は自国旗船若しくは自国航空機を利用して次のものをイラクに販売若しくは供給し、又は販売若しくは供給を促進若しくは助長することを引き続き防止すべきことを決定する。

(a) 武器及びあらゆる種類の関連物資(特に、準軍事的組織に対するものを含むあらゆる形態の通常軍事装備、これらの装備のための交換部品及び構成部品、並びに、これらのものの生産手段の販売又は他の手段による移転を含む。)

(b) 8及び12で特定され定義された品目で、(a)に該当しないもの

(c) (a)及び(b)に定めるものの生産、利用又は貯蔵のために許諾取極その他の移転取極に基づいて使用される技術

(d) (a)及び(b)に定めるものの設計、開発、製造、使用、保全若しくは維持に係る訓練若しくは技術援助のための人員又は物資

25 全ての国及び国際組織に対して、契約、合意、許諾取極その他のいかなる取極の存在にかかわらず、厳格に24に従って行動することを求める。

26 (略)

27 全ての国に対して、24の規定を遵守するため、必要に応じて、26の下で安全保障理事会が定める指針に合致するよう、国家による管理及び手続を維持し、並びにその他の行動をとることを求めるとともに、国際組織に対して、このような完全な遵守の確保を支援するために全ての適当な手段をとることを求める。

28 イラクによるこの決議の遵守及び当該地域における軍備管理に向けての全体的進捗状況を勘案しつつ、8及び12で特定され定義された品目に係るものを除く22から25までの決定を、定期的に、かつ、いかなる場合もこの決議の採択後一二〇日以内に、再検討することに合意する。

29 (略)

(G 及び H(略))

I

33 イラクが前記の諸規定を受諾する旨を事務総長及び安全保障理事会に公式に通告することによって、イラクとクウェート及び決議六七八号(一九九〇)に従って同国に協力している加盟国との間に正式の休戦の効力が発生することを宣言する。

34 この問題に引き続き取り組み、この決議を実施し、当該地域の平和と安全を確保するために必要なさらなる措置をとることを決定する。

## 9 対イラク関係安保理決議

### (1) 安全保障理事会決議一四四一(対イラク査察関係)(抄) 翻訳

(以下の決議の詳細は Web)

採択　二〇〇二年一一月八日(安保理第四六四四回会合)

安全保障理事会は、(中略)

イラクによる安全保障理事会決議の不履行並びに大量破壊兵器及び長距離ミサイルの拡散が国際の平和と安全に与える脅威を認識し、(中略)

安全保障理事会の決定の完全な履行を確保することを決意し、

国際連合憲章第七章に基づいて行動して、

1 イラクが、特に国際連合査察団及びIAEAへの協力並びに決議六八七号(一九九一)8ないし13に基づき要求されている行動の完全実施を怠っていることによって、決議六八七号(一九九一)を含む関連諸決議に基づく義務の重大な違反を犯してきたこと、また現在もなお犯していると決定する。

2・3 (略)

4 本決議に従ってイラクにより提出された申告書中の虚偽の供述又は遺漏、並びにいかなる時点においてであれイラクが本決議を遵守せず、実施のための完全な協力を行わないことは、イラクの義務の一層の重大な違反を構成し、かつ、後記11及び12に従って、評価のために安全保障理事会に報告されることを決定する。

5―10 (略)

11 UNMOVIC委員長及びIAEA事務局長に対して、査察活動に対するイラクのいかなる妨害、及び本決議に基づく査察に関する諸義務を含む、武装解除の義務についてのイラクのいかなる不遵守も直ちに安全保障理事会に報告することを指示する。

12 国際の平和と安全を確保するために、情勢及び関連する安全保障理事会決議の全ての完全な履行の必要性を検討するため、前記4又は11に従った報告を受領したときは、即時に会合することを決定する。

13 その文脈において、安全保障理事会がイラクに対して、その義務の継続的な違反の結果として、深刻な帰結に直面することになると繰り返し警告してきたことを想起する。

14 この問題に引き続き取り組むことを決定する。

## (2) 安全保障理事会決議一四八三(対イラク制裁解除)(抄) 翻訳

(以下の決議の詳細はWeb)

採択　二〇〇三年五月二二日(安保理第四七六一回会合)

安全保障理事会は、(中略)
イラクの情勢は、改善されたものの、引き続き国際の平和と安全に対する脅威を構成すると認定し、
国際連合憲章第七章に基づいて行動して、

1―9 (略)

10 この決議及びその他の関連決議の目的を果たすために当局により必要とされるもの以外の武器及び関連物資のイラクへの売却及び供給に関する禁止措置を除いて、(中略)関連決議により設定されたイラクとの取引及びイラクへの金融又は経済資源の提供に関する全ての禁止措置は、もはや適用しないことを決定する。

11―27 (略)

## (3) 安全保障理事会決議一五一一(対イラク多国籍軍派遣)(抄) 翻訳

(以下の決議の詳細はWeb)

採択　二〇〇三年一〇月一六日(安保理第四八四四回会合)(全会一致(賛成一五))

安全保障理事会は、(中略)
イラクの状況は、改善されたものの、引き続き国際の平和と安全に対する脅威を構成すると認定し、
国際連合憲章第七章に基づいて行動して、

1―6 (略)

7 統治評議会に対して、当局及び状況が許す場合には事務総長特別代表と協力して、イラクの新憲法の起草及び同憲法の下での民主的選挙の実施のための日程表及び計画を二〇〇三年一二月一五日までに、その検討のため、安全保障理事会に提出するよう求める。

8―12 (略)

13 安全と安定を提供することが、前記7において定められている政治過程を成功裡に完了すること並びに国際連合がその過程及び決議一四八三号(二〇〇三)の実施に効果的に貢献できるようにするために不可欠であると認定し、また、統合された司令部の下の多国籍軍に対して、日程表及び計画の実施のために必要な条件を確保する目的のものを含め、イラクにおける安全と安定の維持に貢献するため、また、国際連合イラク支援団、イラク統治評議会及びイラク暫定行政機構の他の機関並びに主要な人道・経済施設の安全に貢献するため、あらゆる必要な措置をとる権限を与える。

14 加盟国に対して、前記13にいう多国籍軍に対して、軍隊を含む支援を国際連合のこの任務の下に提供するよう求める。

15―26 (略)

# 10 安全保障理事会決議一五四〇(大量破壊兵器不拡散)(抄)

採択　二〇〇四年四月二八日(安保理第四九五六回会合)
六月七日官報(外務省告示二三九号)

安全保障理事会は、
核兵器、化学兵器及び生物兵器並びにそれらの運搬手段の拡散が国際の平和及び安全に対する脅威を構成することを確認し、(中略)
核兵器、化学兵器及び生物兵器並びにそれらの運搬手段の拡散によって生ずる国際の平和及び安全に対するいかなる脅威に対しても、国連憲章に規定されているその主要な責任に従って、適切かつ有効な行動をとる決意を確認し、(中略)
平和的利用の目標は拡散の隠蔽に用いられるべきではないが、核兵器、化学兵器及び生物兵器の拡散の防止が平和的目的のための物資、設備及び技術に関する国際協力を妨げるべきではないことを確認し、
テロリズムの脅威、並びに、安全保障理事会決議第一二六七号に基づいて設立された委員会により定められ保全されている国連の一覧表において明らかにされている者及び決議第一三七三号が適用される者といった非国家主体が、核兵器、化学兵器及び生物兵器並びにそれらの運搬手段を取得、開発、取引又は使用することの危険性を重大に懸念し、
核兵器、化学兵器及び生物兵器の拡散の問題に新たな広がりを付加し、国際の平和及び安全に対して脅威を与えるそのような兵器及びそれらの運搬手段並びに関連物資の不正取引の脅威を重大に懸念し、(中略)
国連憲章に従い、あらゆる手段を尽くしてテロリストの行為によって生ずる国際の平和及び安全に対する脅威に対処する必要性を再確認し、
今後、不拡散の分野における世界的な脅威に対する効果的な対応を促進することを決意し、
国連憲章第七章の下で行動して、

1 すべての国は、核兵器、化学兵器又は生物兵器及びそれらの運搬手段の開発、取得、製造、所持、輸送、移転又は使用を企てる非国家主体に対し、いかなる形態の支援も提供することを差し控えることを決定する。

2 また、すべての国は、自らの国内手続に従って、いかなる非国家主体も、特にテロリストの目的のために、核兵器、化学兵器又は生物兵器及びそれらの運搬手段の製造、取得、所持、開発、輸送、移転又は使用並びにこれらの活動に従事することを企てること、共犯としてこれらの活動に参加すること、これらの活動を援助又はこれらの活動に資金を供することを禁ずる適切で効果的な法律を採択し執行することを決定する。

3 また、すべての国は、関連物質に対する適切な管理を確立することを含め、核兵器、化学兵器又は生物兵器及びそれらの運搬手段の拡散を防止する国内管理を確立するための効果的な措

置を採用し実施することを決定し、この目的のため、すべての国が、以下を行うことを決定する。

(a) 生産、使用、貯蔵又は輸送において、そのような品目の使途を明らかにし、安全を確保するための適切かつ効果的な措置を策定し維持すること。

(b) 適切で効果的な防護措置を策定し維持すること。

(c) 自らの国内法的権限及び法律に従って、並びに、国際法に合致して、必要なときは国際的な協力を通ずることを含め、そのような品目の不正取引及び不正仲介を探知し、抑止し、防止し及び対処するための適切で効果的な国境管理及び法執行の努力を策定し維持すること。

(d) 輸出、通過、積換及び再輸出を管理する適切な法令、資金供与及び拡散に貢献する輸送といったそのような輸出及び積換に関連する資金及び役務の提供に対する管理並びに最終需要者管理の確立を含め、そのような品目に対する適切で効果的な国内的輸出及び積換管理を確立し、発展させ、再検討し及び維持すること。また、そのような輸出管理に関する法令の違反に対する適切な刑事上又は民事上の罰則を確立し及び執行すること。

4 安全保障理事会の仮手続規則二十八に従って、二年を超えない期間の間、すべての同理事会理事国により構成される同理事会の委員会を設置し、この委員会が、適当な場合には他の専門的意見も求めつつ、この決議の実施状況について、安全保障理事会の検討のために同理事会に対して報告することを決定するとともに、この目的のため、国に対し、この決議の採択から六か月以内に、この決議の実施のためにとった又はとろうとする措置に関する最初の報告を委員会に提出するよう要請する。

5 この決議に規定するいかなる義務も、核兵器不拡散条約（NPT）、化学兵器禁止条約（CWC）及び生物兵器禁止条約（BWC）の締結国の権利及び義務と抵触する若しくはこれらを変更するものとして解してはならず、又は、国際原子力機関（IAEA）若しくは化学兵器禁止機関（OPCW）の責任を変更するものとして解してはならないことを決定する。

6・7 （略）

8 すべての国に対して以下を要請する。

(a) 核兵器、化学兵器又は生物兵器の拡散を防止することを目的とし、自らが締約国となっている多数国間条約の普遍的な採択、完全な実施及び必要な場合には強化を促進すること。

(b) 不拡散に関する主要な多数国間条約の下での約束の遵守を確保するための国内法令を採択していない場合には、これを行うこと。

(c) 不拡散の分野における共通の目的を追求し達成するため及び平和的目的のための国際協力を促進するための重要な手段として、特に国際原子力機関（IAEA）、化学兵器禁止機関（OPCW）及び生物兵器禁止条約（BWC）の枠内において、多国間の協力への約束を新たにし、これを満たすこと。

(d) そのような法律の下での義務について産業界や公衆に通報し、これらとともに作業する適当な方法を策定すること。

9 すべての国に対し、核兵器、化学兵器又は生物兵器及びそれらの運搬手段の拡散による脅威に対応するよう不拡散に関する対話及び協力を促進するよう要請する。

10 さらに、その脅威に対処するため、すべての国に対し、自らの国内法的権限及び法律に従って、並びに、国際法に合致して、核兵器、化学兵器又は生物兵器、それらの運搬手段及び関連物資の不正取引を防止するための協力行動をとるよう要請する。

11・12 （略）

＊この決議のみを目的とする定義　（略）

## 11 安全保障理事会決議一九七三（対リビア武力行使容認）（抄）

採択　二〇一一年三月一七日（安保理六四九八回会合）（賛成一〇、反対〇、棄権五）
三月二四日官報（外務省告示九二号）

安全保障理事会は、

二〇一一年二月二六日付けの理事会決議第一九七〇号（二〇一一年）を想起し、

リビア当局が決議第一九七〇号（二〇一一年）を遵守していないことを遺憾とし、

悪化している状況、暴力の激化及び大量の文民の犠牲者に対し深刻な懸念を表明し、

リビアの住民を保護するリビア当局の責任を改めて表明し、武力紛争の当事者が文民の保護を確保するために全ての実行可能な措置をとる主要な責任を負うことを再確認し、

恣意的な抑留、人の強制失踪、拷問及び即決処刑を含む重大で組織的な人権侵害を非難し、（中略）

リビア当局が傭兵を継続的に使用していることを遺憾とし、

リビアの空域において全ての飛行の禁止を設定することが、文民の保護及び人道支援の提供の安全のための重要な要素並びにリビアにおける敵対行為の停止のための決定的措置を構成するものであることを考慮し、（中略）

リビアの主権、独立、領土保全及び国家の統一に対する強い約束を再確認し、

リビアにおける事態が国際の平和及び安定に対する脅威を引き続き構成することを認定し、

国際連合憲章第七章の下で行動して、

1 停戦の即時確立並びに暴力及び文民に対する全ての攻撃及び虐待の完全な停止を要求する。

2 リビア国民の正当な要求に対応する危機の解決策を見いだすための努力を強化する必要性を強調し、平和的で持続可能な解決策を見いだすために必要な政治改革につながる対話を促進することを目的とする国連事務総長による特使のリビアへの派遣及びアフリカ連合の平和・安全保障理事会による特別高級委員会のリビアへの派遣の決定に留意する。

3 リビア当局が、国際人道法、人権及び難民法を含む国際法の下での義務に従い、文民を保護し、文民の基本的な必要を満たし、人道支援の迅速で妨げられることのない通過を確保するために全ての措置をとることを要求する。

文民の保護

4 国連事務総長に通知を行い、独自に又は地域的機関若しくは取極を通じて行動し、また、国連事務総長と協力して行動する加盟国に対し、ベンガジを含むリビアにおいて攻撃の脅威の下にある文民及び文民居住地域を保護するために、決議第一九七

〇号(二〇一一年)9の規定にかかわらず、全ての必要な措置をとる権限を与える(ただし、リビア領域のいかなる部分におけるいかなる形態の外国占領軍も排除する。)。また、関係する加盟国に対し、この規定によって付与された権限に基づきとった措置を直ちに国連事務総長に通報するよう要請し、これは直ちに安全保障理事会に報告されるものとする。

5　この地域における国際の平和及び安全の維持に関係する事項に関するアラブ連盟の重要な役割を認識し、国際連合憲章第八章に留意しつつ、4の規定の実施に当たり、アラブ連盟の加盟国が、他の国際連合加盟国と協力するよう要請する。

飛行禁止区域

6　文民保護に資するため、リビアの空域において、全ての飛行の禁止を設定することを決定する。

7　(略)

8　国連事務総長及びアラブ連盟事務総長に通知を行い、独自に又は地域的機関若しくは取極を通じて行動する加盟国に対し、上記6の規定によって課される飛行の禁止を遵守させるため、必要に応じ、全ての必要な措置をとる権限を与え、関係国に対し、アラブ連盟と協力しつつ、上記6及び7の規定を実施するための適切なメカニズムを設置することによるものを含め、この禁止を実施するためにとっている措置について国連事務総長と緊密に調整するよう要請する。

9—12　(略)

武器禁輸の実施

13—16　(略)

飛行の禁止

17・18　(略)

資産凍結

19—21　(略)

指定

22・23　(略)

専門家パネル

24—29　(略)

別添附属書Ⅰ　渡航禁止(略)

別添附属書Ⅱ　資産凍結(略)／団体(略)

## 第2節　地域安全保障・集団的自衛権

### 1　日米安全保障条約

#### (1)　日米相互協力及び安全保障条約

(日本国とアメリカ合衆国との間の相互協力及び安全保障条約)

署　名　一九六〇年一月一九日(ワシントン)

効力発生　一九六〇年六月二三日(日本国—同年六月一九日国会承認、六月二一日内閣批准、同日批准書認証、六月二三日批准書交換、同日公布・条約六号)

日本国及びアメリカ合衆国は、

両国の間に伝統的に存在する平和及び友好の関係を強化し、並びに民主主義の諸原則、個人の自由及び法の支配を擁護することを希望し、

また、両国の間の一層緊密な経済的協力を促進し、並びにそれぞれの国における経済的安定及び福祉の条件を助長することを希望し、

国際連合憲章の目的及び原則に対する信念並びにすべての国民及びすべての政府とともに平和のうちに生きようとする願望を再確認し、

両国が国際連合憲章に定める個別的又は集団的自衛の固有の権利を有していることを確認し、

両国が極東における国際の平和及び安全の維持に共通の関心を有することを考慮し、

相互協力及び安全保障条約を締結することを決意し、

よつて、次のとおり協定する。

**第一条【国連憲章との関係】**　締約国は、国際連合憲章に定めるところに従い、それぞれが関係することのある国際紛争を平和的手段によつて国際の平和及び安全並びに正義を危うくしないように解決し、並びにそれぞれの国際関係において、武力による威嚇又は武力の行使を、いかなる国の領土保全又は政治的独立に対するものも、また、国際連合の目的と両立しない他のいかなる方法によるものも慎むことを約束する。

締約国は、他の平和愛好国と協同して、国際の平和及び安全を維持する国際連合の任務が一層効果的に遂行されるように国際連合を強化することに努力する。

**第二条【経済的協力】**　締約国は、その自由な諸制度を強化することにより、これらの制度の基礎をなす原則の理解を促進することにより、並びに安定及び福祉の条件を助長することによつて、平和的かつ友好的な国際関係の一層の発展に貢献する。締約国は、その国際経済政策におけるくい違いを除くことに努め、また、両国の間の経済的協力を促進する。

**第三条【自助及び相互援助】**　締約国は、個別的に及び相互に協力して、継続的かつ効果的な自助及び相互援助により、武力攻撃に抵抗するそれぞれの能力を、憲法上の規定に従うことを条件として、維持し発展させる。

**第四条【協議】**　締約国は、この条約の実施に関して随時協議し、また、日本国の安全又は極東における国際の平和及び安全に対する脅威が生じたときはいつでも、いずれか一方の締約国の要請により協議する。

**第五条【共同防衛】**　各締約国は、日本国の施政の下にある領域における、いずれか一方に対する武力攻撃が、自国の平和及び安全を危うくするものであることを認め、自国の憲法上の規定及び手続に従つて共通の危険に対処するように行動することを宣言する。

前記の武力攻撃及びその結果として執つたすべての措置は、国際連合憲章第五十一条の規定に従つて直ちに国際連合安全保障理事会に報告しなければならない。その措置は、安全保障理事会が国際の平和及び安全を回復し及び維持するために必要な措置を執つたときは、終止しなければならない。

**第六条【基地許与】**　日本国の安全に寄与し、並びに極東における国際の平和及び安全の維持に寄与するため、アメリカ合衆国は、その陸軍、空軍及び海軍が日本国において施設及び区域を使用することを許される。

前記の施設及び区域の使用並びに日本国における合衆国軍隊の地位は、千九百五十二年二月二十八日に東京で署名された日

本国とアメリカ合衆国との間の安全保障条約第三条に基く行政協定(改正を含む。)に代わる別個の協定及び合意される他の取極により規律される。

**第七条【国連加盟国たる地位との関係】** この条約は、国際連合憲章に基づく締約国の権利及び義務又は国際の平和及び安全を維持する国際連合の責任に対しては、どのような影響も及ぼすものではなく、また、及ぼすものと解釈してはならない。

**第八条【批准】** この条約は、日本国及びアメリカ合衆国により各自の憲法上の手続に従つて批准されなければならない。この条約は、両国が東京で批准書を交換した日に効力を生ずる。

**第九条【安全保障条約の失効】** 千九百五十一年九月八日にサン・フランシスコ市で署名された日本国とアメリカ合衆国との間の安全保障条約は、この条約の効力発生の時に効力を失う。

**第一〇条【効力終了】** この条約は、日本区域における国際の平和及び安全の維持のため十分な定めをする国際連合の措置が効力を生じたと日本国政府及びアメリカ合衆国政府が認める時まで効力を有する。

もつとも、この条約が十年間効力を存続した後は、いずれの締約国も、他方の締約国に対しこの条約を終了させる意思を通告することができ、その場合には、この条約は、そのような通告が行なわれた後一年で終了する。

## 交換公文

### (条約第六条の実施に関する交換公文)

書簡をもつて啓上いたします。本大臣は、本日署名された日本国とアメリカ合衆国との間の相互協力及び安全保障条約に言及し、次のことが同条約第六条の実施に関する日本国政府の了解であることを閣下に通報する光栄を有します。

合衆国軍隊の日本国への配置における重要な変更、同軍隊の装備における重要な変更並びに日本国から行なわれる戦闘作戦行動(前記の条約第五条の規定に基づいて行なわれるものを除く。)のための基地としての日本国内の施設及び区域の使用は、日本国政府との事前の協議の主題とする。

本大臣は、閣下が、前記のことがアメリカ合衆国政府の了解でもあることを貴国政府に代わつて確認されれば幸いであります。

本大臣は、以上を申し進めるに際し、ここに重ねて閣下に向かつて敬意を表します。

千九百六十年一月十九日にワシントンで

岸信介

アメリカ合衆国国務長官　クリスチャン・A・ハーター閣下

書簡をもつて啓上いたします。本長官は、本日付けの閣下の次の書簡を受領したことを確認する光栄を有します。

(日本側書簡略)

本長官は、前記のことがアメリカ合衆国政府の了解でもあることを本国政府に代わつて確認する光栄を有します。

本長官は、以上を申し進めるに際し、ここに重ねて閣下に向かつて敬意を表します。

千九百六十年一月十九日

アメリカ合衆国国務長官　クリスチャン・A・ハーター

日本国総理大臣　岸信介閣下

### (吉田・アチソン交換公文等に関する交換公文)

書簡をもつて啓上いたします。本長官は、千九百五十一年九月八日にサン・フランシスコ市で署名されたアメリカ合衆国と日本国との間の安全保障条約、同日日本国内閣総理大臣吉田茂とアメリカ合衆国国務長官ディーン・アチソンとの間に行なわれた交換公文、千九百五十四年二月十九日に東京で署名された日本国における国際連合の軍隊の地位に関する協定及び本日署名されたアメリカ合衆国と日本国との間の相互協力及び安全保障条約に言及する光栄を有します。次のことが、本国政府の了解であります。

1　前記の交換公文は、日本国における国際連合の軍隊の地位に関する協定が効力を有する間、引き続き効力を有する。

2　前記の協定第五条2にいう「日本国とアメリカ合衆国との間の安全保障条約に基いてアメリカ合衆国の使用に供せられている施設及び区域」とは、相互協力及び安全保障条約に基づいてアメリカ合衆国が使用を許される施設及び区域を意味するものと了解される。

3　千九百五十年七月七日の安全保障理事会決議に従つて設置された国際連合統一司令部の下にある合衆国軍隊による施設及び区域の使用並びに同軍隊の日本国における地位は、相互協力及び安全保障条約に従つて行なわれる取極により規律される。

本長官は、閣下が、前各号に述べられた本国政府の了解が貴国政府の了解でもあること及びこの了解が千九百六十年一月十九日にワシントンで署名された相互協力及び安全保障条約の効力の発生の日から実施されるものであることを貴国政府に代わつて確認されれば幸いであります。

本長官は、以上を申し進めるに際し、ここに重ねて閣下に向かつて敬意を表します。

千九百六十年一月十九日

アメリカ合衆国国務長官　クリスチャン・A・ハーター

日本国総理大臣　岸信介閣下

書簡をもつて啓上いたします。本大臣は、本日付けの閣下の次の書簡を受領したことを確認する光栄を有します。

(アメリカ側書簡略)

本大臣は、前記のことが日本国政府の了解でもあることを本国政府に代わつて確認する光栄を有します。

本大臣は、以上を申し進めるに際し、ここに重ねて閣下に向かつて敬意を表します。

千九百六十年一月十九日にワシントンで

岸信介

アメリカ合衆国国務長官　クリスチャン・A・ハーター閣下

(以下の交換公文略)

## (2) 在日米軍の地位に関する日米協定(抄)

(日本国とアメリカ合衆国との間の相互協力及び安全保障条約第六条に基づく施設及び区域並びに日本国における合衆国軍隊の地位に関する協定)〔日米地位協定〕

(以下の協定の全文はWeb)

署名　一九六〇年一月一九日(ワシントン)
効力発生　一九六〇年六月二三日(日本国―同年六月一九日国会承認、六月二一日内閣承認、六月二三日承認を通知する公文交換、同日公布・条約七号)

日本国及びアメリカ合衆国は、千九百六十年一月十九日にワシントンで署名された日本国とアメリカ合衆国との間の相互協力及び安全保障条約第六条の規定に従い、次に掲げる条項によりこの協定を締結した。

**第一条【定義】** この協定において、
(a) 「合衆国軍隊の構成員」とは、日本国の領域にある間におけるアメリカ合衆国の陸軍、海軍又は空軍に属する人員で現に服役中のものをいう。
(b) 「軍属」とは、合衆国の国籍を有する文民で日本国にある合衆国軍隊に雇用され、これに勤務し、又はこれに随伴するもの(通常日本国に居住する者及び第十四条1に掲げる者を除く。)をいう。この協定のみの適用上、合衆国及び日本国の二重国籍者で合衆国が日本国に入れたものは、合衆国国民とみなす。
(c) 「家族」とは、次のものをいう。
(1) 配偶者及び二十一才未満の子
(2) 父、母及び二十一才以上の子で、その生計費の半額以上を合衆国軍隊の構成員又は軍属に依存するもの

**第二条【施設及び区域】**
1 (a) 合衆国は、相互協力及び安全保障条約第六条の規定に基づき、日本国内の施設及び区域の使用を許される。個個の施設及び区域に関する協定は、第二十五条に定める合同委員会を通じて両政府が締結しなければならない。「施設及び区域」には、当該施設及び区域の運営に必要な現存の設備、備品及び定着物を含む。
(b) 合衆国が日本国とアメリカ合衆国との間の安全保障条約第三条に基く行政協定の終了の時に使用している施設及び区域は、両政府が(a)の規定に従つて合意した施設及び区域とみなす。
2 日本国政府及び合衆国政府は、いずれか一方の要請があるときは、前記の取極を再検討しなければならず、また、前記の施設及び区域を日本国に返還すべきこと又は新たに施設及び区域を提供することを合意することができる。
3 合衆国軍隊が使用する施設及び区域は、この協定の目的のため必要でなくなつたときは、いつでも、日本国に返還しなければならない。合衆国は、施設及び区域の必要性を前記の返還を目的としてたえず検討することに同意する。
4 (a) 合衆国軍隊が施設及び区域を一時的に使用していないときは、日本国政府は、臨時にそのような施設及び区域をみずから使用し、又は日本国民に使用させることができる。ただし、この使用が、合衆国軍隊による当該施設及び区域の正規の使用の目的にとつて有害でないことが合同委員会を通じて両政府間に合意された場合に限る。
(b) 合衆国軍隊が一定の期間を限つて使用すべき施設及び区域に関しては、合同委員会は、当該施設及び区域に関する協定中に、適用があるこの協定の規定の範囲を明記しなければならない。

**第三条【合衆国の権利】** 1 合衆国は、施設及び区域内において、それらの設定、運営、警護及び管理のため必要なすべての措置を執ることができる。日本国政府は、施設及び区域の支持、警護及び管理のための合衆国軍隊の施設及び区域への出入の便を図るため、合衆国軍隊の要請があつたときは、合同委員会を通ずる両政府間の協議の上で、それらの施設及び区域に隣接し又はそれらの近傍の土地、領水及び空間において、関係法令の範囲内で必要な措置を執るものとする。合衆国も、また、合同委員会を通ずる両政府間の協議の上で前記の目的のため必要な措置を執ることができる。
2 合衆国は、1に定める措置を、日本国の領域への、領域からの又は領域内の航海、航空、通信又は陸上交通を不必要に妨げるような方法によつては執らないことに同意する。合衆国が使用する電波放射の装置が用いる周波数、電力及びこれらに類する事項に関するすべての問題は、両政府の当局間の取極により解決しなければならない。日本国政府は、合衆国軍隊が必要とする電気通信用電子装置に対する妨害を防止し又は除去するためのすべての合理的な措置を関係法令の範囲内で執るものとする。
3 合衆国軍隊が使用している施設及び区域における作業は、公共の安全に妥当な考慮を払つて行なわなければならない。

**第四条【施設・区域の返還】** 1 合衆国は、この協定の終了の際又はその前に日本国に施設及び区域を返還するに当たつて、当該施設及び区域をそれらが合衆国軍隊に提供された時の状態に回復し、又はその回復の代りに日本国に補償する義務を負わない。
2 日本国は、この協定の終了の際又はその前における施設及び区域の返還の際、当該施設及び区域に加えられている改良又はそこに残される建物若しくはその他の工作物について、合衆国にいかなる補償をする義務も負わない。
3 前記の規定は、合衆国政府が日本国政府との特別取極に基づいて行なう建設には適用しない。

**第五条【公の船舶・航空機の出入国】** 1 合衆国及び合衆国以外の国の船舶及び航空機で、合衆国によつて、合衆国のために又は合衆国の管理の下に公の目的で運航されるものは、入港料又は着陸料を課されないで日本国の港又は飛行場に出入することができる。この協定による免除を与えられない貨物又は旅客がそれらの船舶又は航空機で運送されるときは、日本国の当局にその旨の通告を与えなければならず、その貨物又は旅客の日本国への入国及び同国からの出国は、日本国の法令による。
2 1に掲げる船舶及び航空機、合衆国政府所有の車両(機甲車両を含む。)並びに合衆国軍隊の構成員及び軍属並びにそれらの家族は、合衆国軍隊が使用している施設及び区域に出入し、これらのものの間を移動し、及びこれらのものと日本国の港又は飛行場との間を移動することができる。合衆国の軍用車両の施設及び区域への出入並びにこれらのものの間の移動には、道

路使用料その他の課徴金を課さない。

3　1に掲げる船舶が日本国の港に入る場合には、通常の状態においては、日本国の当局に適当な通告をしなければならない。その船舶は、強制水先を免除される。もつとも、水先人を使用したときは、応当する料率で水先料を支払わなければならない。

**第六条【航空・通信の協力】**1　すべての非軍用及び軍用の航空交通管理及び通信の体系は、緊密に協調して発達を図るものとし、かつ、集団安全保障の利益を達成するため必要な程度に整合するものとする。この協調及び整合を図るため必要な手続及びそれに対するその後の変更は、両政府の当局間の取極によつて定める。

2　合衆国軍隊が使用している施設及び区域並びにそれらに隣接し又はそれらの近傍の領水に置かれ、又は設置される灯火その他の航行補助施設及び航空保安施設は、日本国で使用されている様式に合致しなければならない。これらの施設を設置した日本国及び合衆国の当局は、その位置及び特徴を相互に通告しなければならず、かつ、それらの施設を変更し、又は新たに設置する前に予告をしなければならない。

**第七条【利用優先権】**合衆国軍隊は、日本国政府の各省その他の機関に当該時に適用されている条件よりも不利でない条件で、日本国政府が有し、管理し、又は規制するすべての公益事業及び公共の役務を利用することができ、並びにその利用における優先権を享有するものとする。

**第八条【気象業務の提供】**日本国政府は、両政府の当局間の取極に従い、次の気象業務を合衆国軍隊に提供することを約束する。

(a)　地上及び海上からの気象観測(気象観測船からの観測を含む。)

(b)　気象資料(気象庁の定期的概報及び過去の資料を含む。)

(c)　航空機の安全かつ正確な運航のため必要な気象情報を報ずる電気通信業務

(d)　地震観測の資料(地震から生ずる津波の予想される程度及びその津波の影響を受ける区域の予報を含む。)

**第九条【出入国】**1　この条の規定に従うことを条件として、合衆国は、合衆国軍隊の構成員及び軍属並びにそれらの家族である者を日本国に入れることができる。

2　合衆国軍隊の構成員は、旅券及び査証に関する日本国の法令の適用から除外される。合衆国軍隊の構成員及び軍属並びにそれらの家族は、外国人の登録及び管理に関する日本国の法令の適用から除外される。ただし、日本国の領域における永久的な居所又は住所を要求する権利を取得するものとみなされない。

3　合衆国軍隊の構成員は、日本国への入国又は日本国からの出国に当たつて、次の文書を携帯しなければならない。

(a)　氏名、生年月日、階級及び番号、軍の区分並びに写真を掲げる身分証明書

(b)　その個人又は集団が合衆国軍隊の構成員として有する地位及び命令された旅行の証明となる個別的又は集団的旅行の命令書

合衆国軍隊の構成員は、日本国にある間の身分証明のため、前記の身分証明書を携帯していなければならない。身分証明書は、要請があるときは日本国の当局に提示しなければならない。

4　軍属、その家族及び合衆国軍隊の構成員の家族は、合衆国の当局が発給した適当な文書を携帯し、日本国への入国若しくは日本国からの出国に当たつて又は日本国にある間その身分を日本国の当局が確認することができるようにしなければならない。

5　1の規定に基づいて日本国に入国した者の身分に変更があつてその者がそのような入国の資格を有しなくなつた場合には、合衆国の当局は、日本国の当局にその旨を通告するものとし、また、その者が日本国から退去することを日本国の当局によつて要求されたときは、日本国政府の負担によらないで相当の期間内に日本国から輸送することを確保しなければならない。

6　日本国政府が合衆国軍隊の構成員若しくは軍属の日本国の領域からの送出を要請し、又は合衆国軍隊の旧構成員若しくは旧軍属に対し若しくは合衆国軍隊の構成員、軍属、旧構成員若しくは旧軍属の家族に対し退去命令を出したときは、合衆国の当局は、それらの者を自国の領域内に受け入れ、その他日本国外に送出することにつき責任を負う。この項の規定は、日本国民でない者で合衆国軍隊の構成員若しくは軍属として又は合衆国軍隊の構成員若しくは軍属となるために日本国に入国したもの及びそれらの者の家族に対してのみ適用する。

**第一〇条【自動車】**1　日本国は、合衆国が合衆国軍隊の構成員及び軍属並びにそれらの家族に対して発給した運転許可証若しくは運転免許証又は軍の運転許可証を、運転者試験又は手数料を課さないで、有効なものとして承認する。

2　合衆国軍隊及び軍属用の公用車両は、それを容易に識別させる明確な番号標又は個別の記号を付けていなければならない。

3　合衆国軍隊の構成員及び軍属並びにそれらの家族の私有車両は、日本国民に適用される条件と同一の条件で取得する日本国の登録番号標を付けていなければならない。

**第一一条【税関】**1　合衆国軍隊の構成員及び軍属並びにそれらの家族は、この協定中に規定がある場合を除くほか、日本国の税関当局が執行する法令に服さなければならない。

2　合衆国軍隊、合衆国軍隊の公認調達機関又は第十五条に定める諸機関が合衆国軍隊の公用のため又は合衆国軍隊の構成員及び軍属並びにそれらの家族の使用のため輸入するすべての資材、需品及び備品並びに合衆国軍隊が専用すべき資材、需品及び備品又は合衆国軍隊が使用する物品若しくは施設に最終的には合体されるべき資材、需品及び備品は、日本国に入れることを許される。この輸入には、関税その他の課徴金を課さない。前記の資材、需品及び備品は、合衆国軍隊、合衆国軍隊の公認調達機関又は第十五条に定める諸機関が輸入するものである旨の適当な証明書(合衆国軍隊が専用すべき資材、需品及び備品又は合衆国軍隊が使用する物品若しくは施設に最終的には合体されるべき資材、需品及び備品にあつては、合衆国軍隊が前記の目的のために受領すべき旨の適当な証明書)を必要とする。

3　合衆国軍隊の構成員及び軍属並びにそれらの家族に仕向けられ、かつ、これらの者の私用に供される財産には、関税その他の課徴金を課する。ただし、次のものについては、関税その他の課徴金を課さない。

(a)　合衆国軍隊の構成員若しくは軍属が日本国で勤務するため最初に到着した時に輸入し、又はそれらの家族が当該合衆国軍隊の構成員若しくは軍属と同居するため最初に到着した時に輸入するこれらの者の私用のための家具及び家庭用品並びにこれらの者が入国の際持ち込む私用のための身回品

(b)　合衆国軍隊の構成員又は軍属が自己又はその家族の私用のため輸入する車両及び部品

(c)　合衆国軍隊の構成員及び軍属並びにそれらの家族の私用のため合衆国において通常日常用として購入される種類の合理的な数量の衣類及び家庭用品で、合衆国軍事郵便局を通じて日本国に郵送されるもの

4　2及び3で与える免除は、物の輸入の場合のみに適用するものとし、関税及び内国消費税がすでに徴収された物を購入する場合に、当該物の輸入の際税関当局が徴収したその関税及び内国消費税を払いもどすものと解してはならない。

5　税関検査は、次のものの場合には行なわないものとする。

(a)　命令により日本国に入国し、又は日本国から出国する合衆国軍隊の部隊

(b)　公用の封印がある公文書及び合衆国軍事郵便路線上にある公用郵便物

(c)　合衆国政府の船荷証券により船積みされる軍事貨物

6　関税の免除を受けて日本国に輸入された物は、日本国及び合衆国の当局が相互間で合意する条件に従つて処分を認める場合を除くほか、関税の免除を受けて当該物を輸入する権利を有しない者に対して日本国内で処分してはならない。

7　2及び3の規定に基づき関税その他の課徴金の免除を受けて日本国に輸入された物は、関税その他の課徴金の免除を受けて再輸出することができる。

8　合衆国軍隊は、日本国の当局と協力して、この条の規定に従つて合衆国軍隊、合衆国軍隊の構成員及び軍属並びにそれらの家族に与えられる特権の濫用を防止するため必要な措置を執らなければならない。

9(a)　日本国の当局及び合衆国軍隊は、日本国政府の税関当局が執行する法令に違反する行為を防止するため、調査の実施及び証拠の収集について相互に援助しなければならない。

(b)　合衆国軍隊は、日本国政府の税関当局によつて又はこれに代わつて行なわれる差押えを受けるべき物件がその税関当局に引き渡されることを確保するため、可能なすべての援助を与えなければならない。

(c)　合衆国軍隊は、合衆国軍隊の構成員若しくは軍属又はそれらの家族が納付すべき関税、租税及び罰金の納付を確保するため、可能なすべての援助を与えなければならない。

(d)　合衆国軍隊に属する車両及び物件で、日本国政府の関税又は財務に関する法令に違反する行為に関連して日本国政府の税関当局が差し押えたものは、関係部隊の当局に引き渡さなければならない。

**第一二条【調達】** 1　合衆国は、この協定の目的のため又はこの協定で認められるところにより日本国で供給されるべき需品又は行なわれるべき工事のため、供給者又は工事を行なう者の選択に関して制限を受けないで契約することができる。そのような需品又は工事は、また、両政府の当局間で合意されるときは、日本国政府を通じて調達することができる。

2　現地で供給される合衆国軍隊の維持のため必要な資材、需品、備品及び役務でその調達が日本国の経済に不利な影響を及ぼすおそれがあるものは、日本国の権限のある当局との調整の下に、また、望ましいときは日本国の権限のある当局を通じて又はその援助を得て、調達しなければならない。

3　合衆国軍隊又は合衆国軍隊の公認調達機関が適当な証明書を附して日本国で公用のため調達する資材、需品、備品及び役務は、日本の次の租税を免除される。

(a)　物品税

(b)　通行税

(c)　揮発油税

(d)　電気ガス税

最終的には合衆国軍隊が使用するため調達される資材、需品、備品及び役務は、合衆国軍隊の適当な証明書があれば、物品税及び揮発油税を免除される。両政府は、この条に明示していない日本の現在の又は将来の租税で、合衆国軍隊によつて調達され、又は最終的には合衆国軍隊が使用するため調達される資材、需品、備品及び役務の購入価格の重要なかつ容易に判別することができる部分をなすと認められるものに関しては、この条の目的に合致する免税又は税の軽減を認めるための手続について合意するものとする。

4　現地の労務に対する合衆国軍隊及び第十五条に定める諸機関の需要は、日本国の当局の援助を得て充足される。

5　所得税、地方住民税及び社会保障のための納付金を源泉徴収して納付するための義務並びに、相互間で別段の合意をする場合を除くほか、賃金及び諸手当に関する条件その他の雇用及び労働の条件、労働者の保護のための条件並びに労働関係に関する労働者の権利は、日本国の法令で定めるところによらなければならない。

6　合衆国軍隊又は、適当な場合には、第十五条に定める機関により労働者が解職され、かつ、雇用契約が終了していない旨の日本国の裁判所又は労働委員会の決定が最終的のものとなつた場合には、次の手続が適用される。

(a)　日本国政府は、合衆国軍隊又は前記の機関に対し、裁判所又は労働委員会の決定を通報する。

(b)　合衆国軍隊又は前記の機関が当該労働者を就労させることを希望しないときは、合衆国軍隊又は前記の機関は、日本国政府から裁判所又は労働委員会の決定について通報を受けた後七日以内に、その旨を日本国政府に通告しなければならず、暫定的にその労働者を就労させないことができる。

(c)　前記の通告が行なわれたときは、日本国政府及び合衆国軍隊又は前記の機関は、事件の実際的な解決方法を見出すため遅滞なく協議しなければならない。

(d)　(c)の規定に基づく協議の開始の日から三十日の期間内にそのような解決に到達しなかつたときは、当該労働者は、就労することができない。このような場合には、合衆国政府は、日本国政府に対し、両政府間で合意される期間の当該労働者の雇用の費用に等しい額を支払わなければならない。

7　軍属は、雇用の条件に関して日本国の法令に服さない。

8　合衆国軍隊の構成員及び軍属並びにそれらの家族は、日本国における物品及び役務の個人的購入について日本国の法令に基づいて課される租税又は類似の公課の免除をこの条の規定を理由として享有することはない。

9　3に掲げる租税の免除を受けて日本国で購入した物は、日本国及び合衆国の当局が相互間で合意する条件に従つて処分を認める場合を除くほか、当該租税の免除を受けて当該物を購入する権利を有しない者に対して日本国内で処分してはならない。

**第一三条【課税】** 1　合衆国軍隊は、合衆国軍隊が日本国において保有し、使用し、又は移転する財産について租税又は類似の公課を課されない。

2　合衆国軍隊の構成員及び軍属並びにそれらの家族は、これらの者が合衆国軍隊に勤務し、又は合衆国軍隊若しくは第十五条に定める諸機関に雇用された結果受ける所得について、日本国政府又は日本国にあるその他の課税権者に日本の租税を納付する義務を負わない。この条の規定は、これらの者に対し、日本国の源泉から生ずる所得についての日本の租税の納付を免除するものではなく、また、合衆国の所得税のために日本国に居所

を有することを申し立てる合衆国市民に対し、所得についての日本の租税の納付を免除するものではない。これらの者が合衆国軍隊の構成員若しくは軍属又はそれらの家族であるという理由のみによつて日本国にある期間は、日本の租税の賦課上、日本国に居所又は住所を有する期間とは認めない。

3　合衆国軍隊の構成員及び軍属並びにそれらの家族は、これらの者が一時的に日本国にあることのみに基づいて日本国に所在する有体又は無体の動産の保有、使用、これらの者相互間の移転又は死亡による移転についての日本国における租税を免除される。ただし、この免除は、投資若しくは事業を行なうため日本国において保有される財産又は日本国において登録された無体財産権には適用しない。この条の規定は、私有車両による道路の使用について納付すべき租税の免除を与える義務を定めるものではない。

**第一四条【特殊契約者】**（略）

**第一五条【販売】**（略）

**第一六条【日本法令の尊重】**日本国において、日本国の法令を尊重し、及びこの協定の精神に反する活動、特に政治的活動を慎むことは、合衆国軍隊の構成員及び軍属並びにそれらの家族の義務である。

**第一七条【刑事裁判権】**1　この条の規定に従うことを条件として、

(a)　合衆国の軍当局は、合衆国の軍法に服するすべての者に対し、合衆国の法令により与えられたすべての刑事及び懲戒の裁判権を日本国において行使する権利を有する。

(b)　日本国の当局は、合衆国軍隊の構成員及び軍属並びにそれらの家族に対し、日本国の領域内で犯す罪で日本国の法令によつて罰することができるものについて、裁判権を有する。

2 (a)　合衆国の軍当局は、合衆国の軍法に服する者に対し、合衆国の法令によつて罰することができる罪で日本国の法令によつては罰することができないもの（合衆国の安全に関する罪を含む。）について、専属的裁判権を行使する権利を有する。

(b)　日本国の当局は、合衆国軍隊の構成員及び軍属並びにそれらの家族に対し、日本国の法令によつて罰することができる罪で合衆国の法令によつては罰することができないもの（日本国の安全に関する罪を含む。）について、専属的裁判権を行使する権利を有する。

(c)　2及び3の規定の適用上、国の安全に関する罪は、次のものを含む。

(i)　当該国に対する反逆

(ii)　妨害行為（サボタージュ）、諜報行為又は当該国の公務上若しくは国防上の秘密に関する法令の違反

3　裁判権を行使する権利が競合する場合には、次の規定が適用される。

(a)　合衆国の軍当局は、次の罪については、合衆国軍隊の構成員又は軍属に対して裁判権を行使する第一次の権利を有する。

(i)　もつぱら合衆国の財産若しくは安全のみに対する罪又はもつぱら合衆国軍隊の他の構成員若しくは軍属若しくは合衆国軍隊の構成員若しくは軍属の家族の身体若しくは財産のみに対する罪

(ii)　公務執行中の作為又は不作為から生ずる罪

(b)　その他の罪については、日本国の当局が、裁判権を行使する第一次の権利を有する。

(c)　第一次の権利を有する国は、裁判権を行使しないことに決定したときは、できる限りすみやかに他方の国の当局にその旨を通告しなければならない。第一次の権利を有する国の当局は、他方の国がその権利の放棄を特に重要であると認めた場合において、その他方の国の当局から要請があつたときは、その要請に好意的考慮を払わなければならない。

4　前諸項の規定は、合衆国の軍当局が日本国民又は日本国に通常居住する者に対し裁判権を行使する権利を有することを意味するものではない。ただし、それらの者が合衆国軍隊の構成員であるときは、この限りでない。

5 (a)　日本国の当局及び合衆国の軍当局は、日本国の領域内における合衆国軍隊の構成員若しくは軍属又はそれらの家族の逮捕及び前諸項の規定に従つて裁判権を行使すべき当局へのそれらの者の引渡しについて、相互に援助しなければならない。

(b)　日本国の当局は、合衆国の軍当局に対し、合衆国軍隊の構成員若しくは軍属又はそれらの家族の逮捕についてすみやかに通告しなければならない。

(c)　日本国が裁判権を行使すべき合衆国軍隊の構成員又は軍属たる被疑者の拘禁は、その者の身柄が合衆国の手中にあるときは、日本国により公訴が提起されるまでの間、合衆国が引き続き行なうものとする。

6 (a)　日本国の当局及び合衆国の軍当局は、犯罪についてのすべての必要な捜査の実施並びに証拠の収集及び提出（犯罪に関連する物件の押収及び相当な場合にはその引渡しを含む。）について、相互に援助しなければならない。ただし、それらの物件の引渡しは、引渡しを行なう当局が定める期間内に還付されることを条件として行なうことができる。

(b)　日本国の当局及び合衆国の軍当局は、裁判権を行使する権利が競合するすべての事件の処理について、相互に通告しなければならない。

7 (a)　死刑の判決は、日本国の法制が同様の場合に死刑を規定していない場合には、合衆国の軍当局が日本国内で執行してはならない。

(b)　日本国の当局は、合衆国の軍当局がこの条の規定に基づいて日本国の領域内で言い渡した自由刑の執行について合衆国の軍当局から援助の要請があつたときは、その要請に好意的考慮を払わなければならない。

8　被告人がこの条の規定に従つて日本国の当局又は合衆国の軍当局のいずれかにより裁判を受けた場合において、無罪の判決を受けたとき、又は有罪の判決を受けて服役しているとき、服役したとき、若しくは赦免されたときは、他方の国の当局は、日本国の領域内において同一の犯罪について重ねてその者を裁判してはならない。ただし、この項の規定は、合衆国の軍当局が合衆国軍隊の構成員を、その者が日本国の当局により裁判を受けた犯罪を構成した作為又は不作為から生ずる軍紀違反について、裁判することを妨げるものではない。

9　合衆国軍隊の構成員若しくは軍属又はそれらの家族は、日本国の裁判権に基づいて公訴を提起された場合には、いつでも、次の権利を有する。

(a)　遅滞なく迅速な裁判を受ける権利

(b)　公判前に自己に対する具体的な訴因の通知を受ける権利

(c)　自己に不利な証人と対決する権利

(d)　証人が日本国の管轄内にあるときは、自己のために強制的手続により証人を求める権利

(e)　自己の弁護のため自己の選択する弁護人をもつ権利又は日

本国でその当時通常行なわれている条件に基づき費用を要しないで若しくは費用の補助を受けて弁護人をもつ権利

(f) 必要と認めたときは、有能な通訳を用いる権利

(g) 合衆国の政府の代表者と連絡する権利及び自己の裁判にその代表者を立ち会わせる権利

10 (a) 合衆国軍隊の正規に編成された部隊又は編成隊は、第二条の規定に基づき使用する施設及び区域において警察権を行なう権利を有する。合衆国軍隊の軍事警察は、それらの施設及び区域において、秩序及び安全の維持を確保するためすべての適当な措置を執ることができる。

(b) 前記の施設及び区域の外部においては、前記の軍事警察は、必ず日本国の当局との取極に従うことを条件とし、かつ、日本国の当局と連絡して使用されるものとし、その使用は、合衆国軍隊の構成員の間の規律及び秩序の維持のため必要な範囲内に限るものとする。

11 相互協力及び安全保障条約第五条の規定が適用される敵対行為が生じた場合には、日本国政府及び合衆国政府のいずれの一方も、他方の政府に対し六十日前に予告を与えることによつて、この条のいずれの規定の適用も停止させる権利を有する。この権利が行使されたときは、日本国政府及び合衆国政府は、適用を停止される規定に代わるべき適当な規定を合意する目的をもつて直ちに協議しなければならない。

12 この条の規定は、この協定の効力発生前に犯したいかなる罪にも適用しない。それらの事件に対しては、日本国とアメリカ合衆国との間の安全保障条約第三条に基く行政協定第十七条の当該時に存在した規定を適用する。

**第一八条【請求権、民事裁判権】** 1 各当事国は、自国が所有し、かつ、自国の陸上、海上又は航空の防衛隊が使用する財産に対する損害については、次の場合には、他方の当事国に対するすべての請求権を放棄する。

(a) 損害が他方の当事国の防衛隊の構成員又は被用者によりその者の公務の執行中に生じた場合

(b) 損害が他方の当事国が所有する車両、船舶又は航空機でその防衛隊が使用するものの使用から生じた場合。ただし、損害を与えた車両、船舶若しくは航空機が公用のため使用されていたとき、又は損害が公用のため使用されている財産に生じたときに限る。

海難救助についての一方の当事国の他方の当事国に対する請求権は、放棄する。ただし、救助された船舶又は積荷が、一方の当事国が所有し、かつ、その防衛隊が公用のため使用しているものであつた場合に限る。

2 (a) いずれか一方の当事国が所有するその他の財産で日本国内にあるものに対して1に掲げるようにして損害が生じた場合には、両政府が別段の合意をしない限り、(b)の規定に従つて選定される一人の仲裁人が、他方の当事国の責任の問題を決定し、及び損害の額を査定する。仲裁人は、また、同一の事件から生ずる反対の請求を裁定する。

(b) (a)に掲げる仲裁人は、両政府間の合意によつて、司法関係の上級の地位を現に有し、又は有したことがある日本国民の中から選定する。

(c) 仲裁人が行なつた裁定は、両当事国に対して拘束力を有する最終的のものとする。

(d) 仲裁人が裁定した賠償の額は、5(e)(i)、(ii)及び(iii)の規定に従つて分担される。

(e) 仲裁人の報酬は、両政府間の合意によつて定め、両政府が、仲裁人の任務の遂行に伴う必要な費用とともに、均等の割合で支払う。

(f) もつとも、各当事国は、いかなる場合においても千四百合衆国ドル又は五十万四千円までの額については、その請求権を放棄する。これらの通貨の間の為替相場に著しい変動があつた場合には、両政府は、前記の額の適当な調整について合意するものとする。

3 1及び2の規定の適用上、船舶について「当事国が所有する」というときは、その当事国が裸用船した船舶、裸の条件で徴発した船舶又は拿捕した船舶を含む。ただし、損失の危険又は責任が当該当事国以外の者によつて負担される範囲については、この限りでない。

4 各当事国は、自国の防衛隊の構成員がその公務の執行に従事している間に被つた負傷又は死亡については、他方の当事国に対するすべての請求権を放棄する。

5 公務執行中の合衆国軍隊の構成員若しくは被用者の作為若しくは不作為又は合衆国軍隊が法律上責任を有するその他の作為、不作為若しくは事故で、日本国において日本国政府以外の第三者に損害を与えたものから生ずる請求権(契約による請求権及び6又は7の規定の適用を受ける請求権を除く。)は、日本国が次の規定に従つて処理する。

(a) 請求は、日本国の自衛隊の行動から生ずる請求権に関する日本国の法令に従つて、提起し、審査し、かつ、解決し、又は裁判する。

(b) 日本国は、前記のいかなる請求をも解決することができるものとし、合意され、又は裁判により決定された額の支払を日本円で行なう。

(c) 前記の支払(合意による解決に従つてされたものであると日本国の権限のある裁判所による裁判に従つてされたものであるとを問わない。)又は支払を認めない旨の日本国の権限のある裁判所による確定した裁判は、両当事国に対し拘束力を有する最終的のものとする。

(d) 日本国が支払をした各請求は、その明細並びに(e)(i)及び(ii)の規定による分担案とともに、合衆国の当局に通知しなければならない。二箇月以内に回答がなかつたときは、その分担案は、受諾されたものとみなす。

(e) (a)から(d)まで及び2の規定に従い請求を満たすために要した費用は、両当事国が次のとおり分担する。

(i) 合衆国のみが責任を有する場合には、裁定され、合意され、又は裁判により決定された額は、その二十五パーセントを日本国が、その七十五パーセントを合衆国が分担する。

(ii) 日本国及び合衆国が損害について責任を有する場合には、裁定され、合意され、又は裁判により決定された額は、両当事国が均等に分担する。損害が日本国又は合衆国の防衛隊によつて生じ、かつ、その損害をこれらの防衛隊のいずれか一方又は双方の責任として特定することができない場合には、裁定され、合意され、又は裁判により決定された額は、日本国及び合衆国が均等に分担する。

(iii) 比率に基づく分担案が受諾された各事件について日本国が六箇月の期間内に支払つた額の明細書は、支払要請書とともに、六箇月ごとに合衆国の当局に送付する。その支払は、できる限りすみやかに日本円で行なわなければならない。

(f) 合衆国軍隊の構成員又は被用者(日本の国籍のみを有する被用者を除く。)は、その公務の執行から生ずる事項については、日本国においてその者に対して与えられた判決の執行手続に服さない。

(g) この項の規定は、(e)の規定が2に定める請求権に適用される範囲を除くほか、船舶の航行若しくは運用又は貨物の船積み、運送若しくは陸揚げから生じ、又はそれらに関連して生ずる請求権には適用しない。ただし、4の規定の適用を受けない死亡又は負傷に対する請求権については、この限りでない。

6 日本国内における不法の作為又は不作為で公務執行中に行なわれたものでないものから生ずる合衆国軍隊の構成員又は被用者(日本国民である被用者又は通常日本国に居住する被用者を除く。)に対する請求権は、次の方法で処理する。

(a) 日本国の当局は、当該事件に関するすべての事情(損害を受けた者の行動を含む。)を考慮して、公平かつ公正に請求を審査し、及び請求人に対する補償金を査定し、並びにその事件に関する報告書を作成する。

(b) その報告書は、合衆国の当局に交付するものとし、合衆国の当局は、遅滞なく、慰謝料の支払を申し出るかどうかを決定し、かつ、申し出る場合には、その額を決定する。

(c) 慰謝料の支払の申出があつた場合において、請求人がその請求を完全に満たすものとしてこれを受諾したときは、合衆国の当局は、みずから支払をしなければならず、かつ、その決定及び支払つた額を日本国の当局に通知する。

(d) この項の規定は、支払が請求を完全に満たすものとして行なわれたものでない限り、合衆国軍隊の構成員又は被用者に対する訴えを受理する日本国の裁判所の裁判権に影響を及ぼすものではない。

7 合衆国軍隊の車両の許容されていない使用から生ずる請求権は、合衆国軍隊が法律上責任を有する場合を除くほか、6の規定に従つて処理する。

8 合衆国軍隊の構成員又は被用者の不法の作為又は不作為が公務執行中にされたものであるかどうか、また、合衆国軍隊の車両の使用が許容されていたものであるかどうかについて紛争が生じたときは、その問題は、2(b)の規定に従つて選任された仲裁人に付託するものとし、この点に関する仲裁人の裁定は、最終的のものとする。

9 (a) 合衆国は、日本国の裁判所の民事裁判権に関しては、5(f)に定める範囲を除くほか、合衆国軍隊の構成員又は被用者に対する日本国の裁判所の裁判権からの免除を請求してはならない。

(b) 合衆国軍隊が使用している施設及び区域内に日本国の法律に基づき強制執行を行なうべき私有の動産(合衆国軍隊が使用している動産を除く。)があるときは、合衆国の当局は、日本国の裁判所の要請に基づき、その財産を差し押えて日本国の当局に引き渡さなければならない。

(c) 日本国及び合衆国の当局は、この条の規定に基づく請求の公平な審理及び処理のための証拠の入手について協力するものとする。

10 合衆国軍隊による又は合衆国軍隊のための資材、需品、備品、役務及び労務の調達に関する契約から生ずる紛争でその契約の当事者によつて解決されないものは、調停のため合同委員会に付託することができる。ただし、この項の規定は、契約の当事者が有することのある民事の訴えを提起する権利を害するものではない。

11 この条にいう「防衛隊」とは、日本国についてはその自衛隊をいい、合衆国についてはその軍隊をいうものと了解される。

12 2及び5の規定は、非戦闘行為に伴つて生じた請求権についてのみ適用する。

13 この条の規定は、この協定の効力発生前に生じた請求権には適用しない。それらの請求権は、日本国とアメリカ合衆国との間の安全保障条約第三条に基く行政協定第十八条の規定によつて処理する。

**第一九条【為替管理】**(略)

**第二〇条【軍票】**(略)

**第二一条【軍事郵便局】**(略)

**第二二条【軍事訓練】** 合衆国は、日本国に在留する適格の合衆国市民で合衆国軍隊の予備役団体への編入の申請を行なうものを同団体に編入し、及び訓練することができる。

**第二三条【安全措置】** 日本国及び合衆国は、合衆国軍隊、合衆国軍隊の構成員及び軍属並びにそれらの家族並びにこれらのものの財産の安全を確保するため随時に必要となるべき措置を執ることについて協力するものとする。日本国政府は、その領域において合衆国の設備、備品、財産、記録及び公務上の情報の十分な安全及び保護を確保するため、並びに適用されるべき日本国の法令に基づいて犯人を罰するため、必要な立法を求め、及び必要なその他の措置を執ることに同意する。

**第二四条【経費負担】** 1 日本国に合衆国軍隊を維持することに伴うすべての経費は、2に規定するところにより日本国が負担すべきものを除くほか、この協定の存続期間中日本国に負担をかけないで合衆国が負担することが合意される。

2 日本国は、第二条及び第三条に定めるすべての施設及び区域並びに路線権(飛行場及び港における施設及び区域のように共同に使用される施設及び区域を含む。)をこの協定の存続期間中合衆国に負担をかけないで提供し、かつ、相当の場合には、施設及び区域並びに路線権の所有者及び提供者に補償を行なうことが合意される。

3 この協定に基づいて生ずる資金上の取引に適用すべき経理のため、日本国政府と合衆国政府との間に取極を行なうことが合意される。

**第二五条【合同委員会】** 1 この協定の実施に関して相互間の協議を必要とするすべての事項に関する日本国政府と合衆国政府との間の協議機関として、合同委員会を設置する。合同委員会は、特に、合衆国が相互協力及び安全保障条約の目的の遂行に当たつて使用するため必要とされる日本国内の施設及び区域を決定する協議機関として、任務を行なう。

2 合同委員会は、日本国政府の代表者一人及び合衆国政府の代表者一人で組織し、各代表者は、一人又は二人以上の代理及び職員団を有するものとする。合同委員会は、その手続規則を定め、並びに必要な補助機関及び事務機関を設ける。合同委員会は、日本国政府又は合衆国政府のいずれか一方の代表者の要請があるときはいつでも直ちに会合することができるように組織する。

3 合同委員会は、問題を解決することができないときは、適当な経路を通じて、その問題をそれぞれの政府にさらに考慮されるように移すものとする。

**第二六条【効力】** 1 この協定は、日本国及び合衆国によりそれぞれの国内法上の手続に従つて承認されなければならず、その承認を通知する公文が交換されるものとする。

2　この協定は、1に定める手続が完了した後、相互協力及び安全保障条約の効力発生の日に効力を生じ、千九百五十二年二月二十八日に東京で署名された日本国とアメリカ合衆国との間の安全保障条約第三条に基く行政協定（改正を含む。）は、その時に終了する。

3　この協定の各当事国の政府は、この協定の規定中その実施のため予算上及び立法上の措置を必要とするものについて、必要なその措置を立法機関に求めることを約束する。

**第二七条【改正】**　いずれの政府も、この協定のいずれの条についてもその改正をいつでも要請することができる。その場合には、両政府は、適当な経路を通じて交渉するものとする。

**第二八条【終期】**　この協定及びその合意された改正は、相互協力及び安全保障条約が有効である間、有効とする。ただし、それ以前に両政府間の合意によつて終了させたときは、この限りでない。

## (3)　日米物品役務相互提供協定

（日本国の自衛隊とアメリカ合衆国軍隊との間における後方支援、物品又は役務の相互の提供に関する日本国政府とアメリカ合衆国政府との間の協定）

署　　名　二〇一六年九月二六日（東京）
効力発生　二〇一七年四月二五日（日本国—同年四月一四日国会承認、四月二五日公文交換、同日公布・条約七号）

日本国政府及びアメリカ合衆国政府（以下個別に「当事国政府」といい、「両当事国政府」と総称する。）は、

日本国の自衛隊とアメリカ合衆国軍隊との間における後方支援、物品又は役務の相互の提供に関する枠組みを設けることが、日本国の自衛隊とアメリカ合衆国軍隊との間の緊密な協力を促進し、千九百六十年一月十九日にワシントンで署名された日本国とアメリカ合衆国との間の相互協力及び安全保障条約（以下「条約」という。）の円滑かつ効果的な運用に寄与することを認識し、

このような枠組みを設けることが、相互の後方支援について、日米防衛協力のための指針において言及されている二国間協力の実効性に寄与することを認識し、

このような枠組みを設けることが、日本国の自衛隊及びアメリカ合衆国軍隊が行う活動においてそれぞれの役割を一層効率的に果たすことを促進し、並びに国際の平和及び安全に積極的に寄与することを理解して、

次のとおり協定した。

**第一条【定義・目的】**　1　この協定の適用上、次の用語は、次のとおり定義される。

a　「後方支援、物品又は役務」とは、後方支援において提供される物品又は役務をいう。この協定に基づいて提供される後方支援、物品又は役務は、次に掲げる区分に係るものとする。

食料、水、宿泊、輸送（空輸を含む。）、燃料・油脂・潤滑油、被服、通信業務、衛生業務、基地活動支援（基地活動支援に付随する建設を含む。）、保管業務、施設の利用、訓練業務、部品・構成品、修理・整備業務（校正業務を含む。）、空港・港湾業務及び弾薬

それぞれの区分に係る後方支援、物品又は役務の例については、付表1において定める。

i　後方支援、物品又は役務には、汎用車両その他の非致死性の軍事上の装備品の一時的な使用であって、それぞれ自国の国内法令により認められるものを含む。

ii　後方支援、物品又は役務の提供には、日本国の自衛隊による武器の提供又はアメリカ合衆国軍隊による武器システムの提供を含まない。

b　「重要影響事態」とは、日本国の平和及び安全に重要な影響を与える事態をいう。

c　「武力攻撃事態」とは、日本国に対する武力攻撃が発生した事態又は日本国に対する武力攻撃が発生する明白な危険が切迫していると認められるに至った事態をいう。

d　「武力攻撃予測事態」とは、武力攻撃事態には至っていないが、事態が緊迫し、日本国に対する武力攻撃が予測されるに至った事態をいう。

e　「存立危機事態」とは、日本国と密接な関係にある国に対する武力攻撃が発生し、これにより日本国の存立が脅かされ、日本国民の生命、自由及び幸福追求の権利が根底から覆される明白な危険がある事態をいう。

2　この協定は、日本国の自衛隊及びアメリカ合衆国軍隊がそれぞれ自国の法令に従って行う活動であって、次条から第六条までに定めるもののための後方支援、物品又は役務の日本国の自衛隊とアメリカ合衆国軍隊との間における相互の提供に関する基本的な条件を定めることを目的とする。

3　この協定は、相互主義の原則に基づく後方支援、物品又は役務の提供のための枠組みについて定める。

4　この協定に基づいて提供される後方支援、物品又は役務の使用は、国際連合憲章その他の適用可能な国際法と両立するものでなければならない。

5　この協定に基づいて行われる後方支援、物品又は役務の要請、提供、受領及び決済については、日本国の自衛隊及びアメリカ合衆国軍隊（この協定の適用上、アメリカ合衆国国防省の全ての機関を含む。）が実施する。

**第二条【提供の範囲】**　いずれか一方の当事国政府が、日本国の自衛隊及びアメリカ合衆国軍隊の双方の参加を得て行われる訓練のための後方支援、物品又は役務の提供を他方の当事国政府に対してこの協定に基づいて要請する場合には、当該他方の当事国政府は、その権限の範囲内で、要請された後方支援、物品又は役務を提供することができる。

**第三条【国際平和協力業務との関係】**

1 a　いずれか一方の当事国政府が、日本国の自衛隊若しくはアメリカ合衆国軍隊が行う国際連合平和維持活動、国際連携平和安全活動若しくは人道的な国際救援活動又は大規模な災害に係る活動のための後方支援、物品又は役務の提供を他方の当事国政府に対してこの協定に基づいて要請する場合には、当該他方の当事国政府は、その権限の範囲内で、要請された後方支援、物品又は役務を提供することができる。

b　aに規定する大規模な災害に係る活動とは、アメリカ合衆

国軍隊が災害救援活動を行い、かつ、日本国の自衛隊が国際連合平和維持活動等に対する協力に関する法律(平成四年法律第七十九号)に定める業務を実施する場合における当該活動を意味する。

2　日本国の自衛隊が1の規定に基づいてアメリカ合衆国軍隊により後方支援、物品又は役務の提供を要請される場合には、日本国の自衛隊によるアメリカ合衆国軍隊に対する後方支援、物品又は役務の提供は、1bに規定する法律に従って行われるものと了解される。

**第四条【重要影響事態の際の提供の範囲】** 1　いずれか一方の当事国政府が、重要影響事態に際して日本国の自衛隊又はアメリカ合衆国軍隊が行う活動であって、条約の目的の達成に寄与するもの又はその他の国際連合憲章の目的の達成に寄与するもののための後方支援、物品又は役務の提供を他方の当事国政府に対してこの協定に基づいて要請する場合には、当該他方の当事国政府は、その権限の範囲内で、要請された後方支援、物品又は役務を提供することができる。

2　日本国の自衛隊が1の規定に基づいてアメリカ合衆国軍隊により後方支援、物品又は役務の提供を要請される場合には、日本国の自衛隊によるアメリカ合衆国軍隊に対する後方支援、物品又は役務の提供は、重要影響事態に対処するための日本国の措置について定めた日本国の関連の法律に従って行われるものと了解される。

**第五条【武力攻撃の際の提供の範囲】** 1　いずれか一方の当事国政府が、日本国の自衛隊又はアメリカ合衆国軍隊が行う次の活動のための後方支援、物品又は役務の提供を他方の当事国政府に対してこの協定に基づいて要請する場合には、当該他方の当事国政府は、その権限の範囲内で、要請された後方支援、物品又は役務を提供することができる。

a　武力攻撃事態又は武力攻撃予測事態に際して、日本国に対する武力攻撃を排除するために必要な活動

b　存立危機事態に際して、日本国と密接な関係にある国に対する武力攻撃であって、これにより日本国の存立が脅かされ、日本国民の生命、自由及び幸福追求の権利が根底から覆される明白な危険があるものを排除するために必要な活動

2　日本国の自衛隊が1の規定に基づいてアメリカ合衆国軍隊により後方支援、物品又は役務の提供を要請される場合には、日本国の自衛隊によるアメリカ合衆国軍隊に対する後方支援、物品又は役務の提供は、武力攻撃事態、武力攻撃予測事態及び存立危機事態に対処するための日本国の措置について定めた日本国の関連の法律に従って行われるものと了解される。

**第六条【その他の活動に関する提供の範囲】** 1　いずれか一方の当事国政府が、第二条から前条までの規定の適用を受ける活動以外の活動であって、国際の平和及び安全に寄与するための国際社会の努力の促進、大規模災害への対処その他の目的のために日本国の自衛隊又はアメリカ合衆国軍隊が行うもののための後方支援、物品又は役務の提供を他方の当事国政府に対してこの協定に基づいて要請する場合には、当該他方の当事国政府は、その権限の範囲内で、要請された後方支援、物品又は役務を提供することができる。

2　日本国の自衛隊が1の規定に基づいてアメリカ合衆国軍隊により後方支援、物品又は役務の提供を要請される場合には、日本国の自衛隊によるアメリカ合衆国軍隊に対する後方支援、物品又は役務の提供は、国際社会の平和及び安全を脅かす事態であって、国際社会が共同して対処するものに対処するための日本国の措置について定めた日本国の関連の法律又は付表2に定める日本国の法律の規定であってその時に有効なものに従って行われるものと了解される。

**第七条【提供に係る決済】** 1　この協定に基づく後方支援の提供に係る決済の手続は、次のとおりとする。

a　物品の提供については、

i　物品を受領した当事国政府(以下「受領当事国政府」という。)は、当該物品を提供した当事国政府(以下「提供当事国政府」という。)にとって満足のできる状態及び方法で当該物品を返還する。ただし、iiの規定の適用を妨げるものではない。

ii　提供された物品が消耗品である場合又は受領当事国政府が当該物品を提供当事国政府にとって満足のできる状態及び方法で返還することができない場合には、受領当事国政府は、同種、同等及び同量の物品を提供当事国政府にとって満足のできる状態及び方法で返還する。ただし、iiiの規定の適用を妨げるものではない。

iii　受領当事国政府が提供された物品と同種、同等及び同量の物品を提供当事国政府にとって満足のできる状態及び方法で返還することができない場合には、受領当事国政府は、提供当事国政府に対して提供当事国政府の指定する通貨により償還する。

b　役務の提供については、提供当事国政府の指定する通貨により提供された役務を償還するか又は同種であり、かつ、同等の価値を有する役務を提供することによって決済する。決済の方法については、当該役務が提供される前に両当事国政府の間で合意する。

2　両当事国政府は、それぞれの国の法律が許容する範囲内で又は適用される国際協定に基づき、この協定に基づいて提供される後方支援、物品又は役務に対していかなる税も課されないことを確保する。いずれの当事国政府も、この協定に基づいて提供される役務に対して内国消費税を課さないものとする。

**第八条【価格】** 前条1aiii及びbの規定に従って償還される後方支援、物品又は役務の価格は、第十条に規定する手続取極に定める関連規定に基づいて決定される。

**第九条【第三国部隊への移転の制限】** この協定に基づいて提供される後方支援、物品又は役務については、提供当事国政府の書面による事前の同意を得ないで、一時的であれ又は永続的であれ、いかなる手段によっても日本国の自衛隊又はアメリカ合衆国軍隊以外の者又は団体に移転してはならない。

**第一〇条【手続取極】** この協定に基づいて行われる後方支援、物品又は役務の要請、提供、受領及び決済の実施については、この協定の下で締結され、及びこの協定により規律され、並びに条件の補足的な細目及び手続であってこの協定を実施するためのものを定める手続取極にのみ従うものとする。手続取極は、日本国防衛省とアメリカ合衆国国防省との間で締結される。

**第一一条【協議】** 1　この協定は、千九百六十年一月十九日にワシントンで署名された日本国とアメリカ合衆国との間の相互協力及び安全保障条約第六条に基づく施設及び区域並びに日本国における合衆国軍隊の地位に関する協定に基づく両当事国政府の権利及び義務に影響を及ぼすものではない。

2　両当事国政府は、この協定の実施に関し相互に緊密に協議する。

3　この協定及び手続取極の解釈又は適用に関するいかなる事項も、両当事国政府の間の協議によってのみ解決されるものとする。

**第一二条【効力】** 1　この協定は、日本国及びアメリカ合衆国によりそれぞれの国内法上の手続に従って承認されなければならない。この協定は、その承認を通知する外交上の公文が交換された日に効力を生ずる。この協定は、十年間効力を有するものとし、その後は、いずれか一方の当事国政府がそれぞれの十年の期間が満了する少なくとも六箇月前に他方の当事国政府に対してこの協定を終了させる意思を書面により通告しない限り、順次それぞれ十年の期間、自動的に効力を延長されるものとする。

2　1の規定にかかわらず、各当事国政府は、他方の当事国政府に対して一年前に書面により通告することによって、いつでもこの協定を終了させることができる。この協定の終了の後においても、この協定の条件に従った財政上の義務及び合意された移転は、別段の合意がない限り、履行されるまで拘束力を有する。

3　この協定は、両当事国政府の書面による合意によって改正することができる。この協定の改正は、アメリカ合衆国政府が日本国政府から日本国が当該改正を承認した旨の書面による通告を受領した日に効力を生じ、この協定が有効である限り効力を有する。ただし、この協定の付表2は、両当事国政府の書面による合意により、この協定を改正することなく修正することができる。付表2の修正は、両当事国政府間の外交上の公文の交換によって確認された日に効力を生ずる。

4　千九百九十六年四月十五日に東京で署名された日本国の自衛隊とアメリカ合衆国軍隊との間における後方支援、物品又は役務の相互の提供に関する日本国政府とアメリカ合衆国政府との間の協定(千九百九十八年四月二十八日及び二千四年二月二十七日にそれぞれ東京で署名された日本国の自衛隊とアメリカ合衆国軍隊との間における後方支援、物品又は役務の相互の提供に関する日本国政府とアメリカ合衆国政府との間の協定を改正する協定による改正を含む。)(以下「千九百九十六年協定」という。)は、この協定の効力発生の日に効力を失う。千九百九十六年協定の条件に従った財政上の義務及び合意された移転は、別段の合意がない限り、履行されるまで拘束力を有する。

付表1

| 区分 | 各区分の例 |
|---|---|
| 食料 | 食料、食事の提供、調理器具及びこれらに類するもの |
| 水 | 水、給水、給水に必要な用具及びこれらに類するもの |
| 宿泊 | 宿泊設備及び入浴設備の利用、寝具類並びにこれらに類するもの |
| 輸送(空輸を含む。) | 人又は物の輸送、輸送用資材及びこれらに類するもの |
| 燃料・油脂・潤滑油 | 燃料、油脂及び潤滑油、給油、給油に必要な用具並びにこれらに類するもの |
| 被服 | 被服、被服の補修及びこれらに類するもの |
| 通信業務 | 通信設備の利用、通信業務、通信機器及びこれらに類するもの |
| 衛生業務 | 診療、衛生機具及びこれらに類するもの |
| 基地活動支援(基地活動支援に付随する建設を含む。) | 廃棄物の収集及び処理、洗濯、給電、環境面の支援、建設、消毒機具及び消毒並びにこれらに類するもの |
| 保管業務 | 倉庫又は冷蔵貯蔵室における一時的保管及びこれに類するもの |
| 施設の利用 | 建物、施設及び土地の一時的利用並びにこれらに類するもの |
| 訓練業務 | 指導員の派遣、教育訓練用資材、訓練用消耗品及びこれらに類するもの |
| 部品・構成品 | 軍用航空機、軍用車両及び軍用船舶の部品又は構成品並びにこれらに類するもの |
| 修理・整備業務(校正業務を含む。) | 修理及び整備、修理及び整備用機器並びにこれらに類するもの |
| 空港・港湾業務 | 航空機の離発着及び艦船の出入港に対する支援、積卸作業並びにこれらに類するもの |
| 弾薬 | 弾薬、弾薬の提供、弾薬の提供に必要な用具及びこれらに類するもの |

付表2

| 日本国の法律の規定 |
|---|
| 自衛隊法(昭和二十九年法律第百六十五号)第百条の六(同条第一項第一号に掲げるアメリカ合衆国の軍隊に対する物品又は役務の提供に係る部分を除く。) |

## (4) 日米防衛協力のための指針(抄)

[日米ガイドライン]

(一九九七年の指針はWeb)

共同発表　二〇一五年四月二七日(日米安全保障協議委員会・ニューヨーク)

I　防衛協力と指針の目的

平時から緊急事態までのいかなる状況においても日本の平和及び安全を確保するため、また、アジア太平洋地域及びこれを越えた地域が安定し、平和で繁栄したものとなるよう、日米両国間の安全保障及び防衛協力は、次の事項を強調する。

・切れ目のない、力強い、柔軟かつ実効的な日米共同の対応
・日米両政府の国家安全保障政策間の相乗効果
・政府一体となっての同盟としての取組
・地域の及び他のパートナー並びに国際機関との協力

・日米同盟のグローバルな性質
日米両政府は、日米同盟を継続的に強化する。各政府は、その国家安全保障政策に基づき、各自の防衛態勢を維持する。日本は、「国家安全保障戦略」及び「防衛計画の大綱」に基づき防衛力を保持する。米国は、引き続き、その核戦力を含むあらゆる種類の能力を通じ、日本に対して拡大抑止を提供する。米国はまた、引き続き、アジア太平洋地域において即応態勢にある戦力を前方展開するとともに、それらの戦力を迅速に増強する能力を維持する。

日米防衛協力のための指針（以下「指針」という。）は、二国間の安全保障及び防衛協力の実効性を向上させるため、日米両国の役割及び任務並びに協力及び調整の在り方についての一般的な大枠及び政策的な方向性を示す。これにより、指針は、平和及び安全を促進し、紛争を抑止し、経済的な繁栄の基盤を確実なものとし、日米同盟の重要性についての国内外の理解を促進する。

II 基本的な前提及び考え方

指針並びにその下での行動及び活動は、次の基本的な前提及び考え方に従う。

A 日本国とアメリカ合衆国との間の相互協力及び安全保障条約（日米安全保障条約）及びその関連取極に基づく権利及び義務並びに日米同盟関係の基本的な枠組みは、変更されない。

B 日本及び米国により指針の下で行われる全ての行動及び活動は、紛争の平和的解決及び国家の主権平等に関するものその他の国際連合憲章の規定並びにその他の関連する国際約束を含む国際法に合致するものである。

C 日本及び米国により行われる全ての行動及び活動は、各々の憲法及びその時々において適用のある国内法令並びに国家安全保障政策の基本的な方針に従って行われる。日本の行動及び活動は、専守防衛、非核三原則等の日本の基本的な方針に従って行われる。

D 指針は、いずれの政府にも立法上、予算上、行政上又はその他の措置をとることを義務付けるものではなく、また、指針は、いずれの政府にも法的権利又は義務を生じさせるものではない。しかしながら、二国間協力のための実効的な態勢の構築が指針の目標であることから、日米両政府が、各々の判断に従い、このような努力の結果を各々の具体的な政策及び措置に適切な形で反映することが期待される。

III 強化された同盟内の調整

指針の下での実効的な二国間協力のため、平時から緊急事態まで、日米両政府が緊密な協議並びに政策面及び運用面の的確な調整を行うことが必要となる。

二国間の安全保障及び防衛協力の成功を確かなものとするため、日米両政府は、十分な情報を得て、様々なレベルにおいて調整を行うことが必要となる。この目標に向かって、日米両政府は、情報共有を強化し、切れ目のない、実効的な、全ての関係機関を含む政府全体にわたる同盟内の調整を確保するため、あらゆる経路を活用する。この目的のため、日米両政府は、新たな、平時から利用可能な同盟調整メカニズムを設置し、運用面の調整を強化し、共同計画の策定を強化する。

A 同盟調整メカニズム

持続する、及び発生する脅威は、日米両国の平和及び安全に対し深刻かつ即時の影響を与え得る。日米両政府は、日本の平和及び安全に影響を与える状況その他の同盟としての対応を必要とする可能性があるあらゆる状況に切れ目のない形で実効的に対処するため、同盟調整メカニズムを活用する。このメカニズムは、平時から緊急事態までのあらゆる段階において自衛隊及び米軍により実施される活動に関連した政策面及び運用面の調整を強化する。このメカニズムはまた、適時の情報共有並びに共通の情勢認識の構築及び維持に寄与する。日米両政府は、実効的な調整を確保するため、必要な手順及び基盤（施設及び情報通信システムを含む。）を確立するとともに、定期的な訓練・演習を実施する。

日米両政府は、同盟調整メカニズムにおける調整の手順及び参加機関の構成の詳細を状況に応じたものとする。この手順の一環として、平時から、連絡窓口に係る情報が共有され及び保持される。

B 強化された運用面の調整

柔軟かつ即応性のある指揮・統制のための強化された二国間の運用面の調整は、日米両国にとって決定的に重要な中核的能力である。この文脈において、日米両政府は、自衛隊と米軍との間の協力を強化するため、運用面の調整機能が併置されることが引き続き重要であることを認識する。自衛隊及び米軍は、緊密な情報共有を確保し、平時から緊急事態までの調整を円滑にし及び国際的な活動を支援するため、要員の交換を行う。自衛隊及び米軍は、緊密に協力し及び調整しつつ、各々の指揮系統を通じて行動する。

C 共同計画の策定

日米両政府は、自衛隊及び米軍による整合のとれた運用を円滑かつ実効的に行うことを確保するため、引き続き、共同計画を策定し及び更新する。日米両政府は、計画の実効性及び柔軟、適時かつ適切な対処能力を確保するため、適切な場合に、運用面及び後方支援面の所要並びにこれを満たす方策をあらかじめ特定することを含め、関連情報を交換する。

日米両政府は、平時において、日本の平和及び安全に関連する緊急事態について、各々の政府の関係機関を含む改良された共同計画策定メカニズムを通じ、共同計画の策定を行う。共同計画は、適切な場合に、関係機関からの情報を得つつ策定される。日米安全保障協議委員会は、引き続き、方向性の提示、このメカニズムの下での計画の策定に係る進捗の確認及び必要に応じた指示の発出について責任を有する。日米安全保障協議委員会は、適切な下部組織により補佐される。

共同計画は、日米両政府双方の計画に適切に反映される。

IV 日本の平和及び安全の切れ目のない確保

持続する、及び発生する脅威は、日本の平和及び安全に対し深刻かつ即時の影響を与え得る。この複雑さを増す安全保障環境において、日米両政府は、日本に対する武力攻撃を伴わない時の状況を含め、平時から緊急事態までのいかなる段階においても、切れ目のない形で、日本の平和及び安全を確保するための措置をとる。この文脈において、日米両政府はまた、パートナーとの更なる協力を推進する。

日米両政府は、これらの措置が、各状況に応じた柔軟、適時かつ実効的な二国間の調整に基づいてとられる必要があること、及び同盟としての適切な対応のためには省庁間調整が不可欠であることを認識する。したがって、日米両政府は、適切な場合に、次の目的のために政府全体にわたる同盟調整メカニズムを活用する。

・状況を評価すること

・情報を共有すること、及び
・柔軟に選択される抑止措置及び事態の緩和を目的とした行動を含む同盟としての適切な対応を実施するための方法を立案すること

日米両政府はまた、これらの二国間の取組を支えるため、日本の平和及び安全に影響を与える可能性がある事項に関する適切な経路を通じた戦略的な情報発信を調整する。

A　平時からの協力措置

日米両政府は、日本の平和及び安全の維持を確保するため、日米同盟の抑止力及び能力を強化するための、外交努力によるものを含む広範な分野にわたる協力を推進する。

自衛隊及び米軍は、あらゆるあり得べき状況に備えるため、相互運用性、即応性及び警戒態勢を強化する。このため、日米両政府は、次のものを含むが、これに限られない措置をとる。

1　情報収集、警戒監視及び偵察(略)
2　防空及びミサイル防衛(略)
3　海洋安全保障(略)
4　アセット(装備品等)の防護(略)
5　訓練・演習(略)
6　後方支援(略)
7　施設の使用(略)

B　日本の平和及び安全に対して発生する脅威への対処

同盟は、日本の平和及び安全に重要な影響を与える事態に対処する。当該事態については地理的に定めることはできない。この節に示す措置は、当該事態にいまだ至ってない状況において、両国の各々の国内法令に従ってとり得るものを含む。早期の状況把握及び二国間の行動に関する状況に合わせた断固たる意思決定は、当該事態の抑止及び緩和に寄与する。

日米両政府は、日本の平和及び安全を確保するため、平時からの協力的措置を継続することに加え、外交努力を含むあらゆる手段を追求する。日米両政府は、同盟調整メカニズムを活用しつつ、各々の決定により、次に掲げるものを含むが、これらに限らない追加的措置をとる。

1　非戦闘員を退避させるための活動(略)
2　海洋安全保障(略)
3　避難民への対応のための措置(略)
4　捜索・救難(略)
5　施設・区域の警護(略)
6　後方支援(略)
7　施設の使用(略)

C　日本に対する武力攻撃への対処行動

日本に対する武力攻撃への共同対処行動は、引き続き、日米間の安全保障及び防衛協力の中核的要素である。

日本に対する武力攻撃が予測される場合、日米両政府は、日本の防衛のために必要な準備を行いつつ、武力攻撃を抑止し及び事態を緩和するための措置をとる。

日本に対する武力攻撃が発生した場合、日米両政府は、極力早期にこれを排除し及び更なる攻撃を抑止するため、適切な共同対処行動を実施する。日米両政府はまた、第Ⅳ章に掲げるものを含む必要な措置をとる。

1　日本に対する武力攻撃が予測される場合

日本に対する武力攻撃が予測される場合、日米両政府は、攻撃を抑止し及び事態を緩和するため、包括的かつ強固な政府一体となっての取組を通じ、情報共有及び政策面の協議を強化し、外交努力を含むあらゆる手段を追求する。

自衛隊及び米軍は、必要な部隊展開の実施を含め、共同作戦のための適切な態勢をとる。日本は、米軍の部隊展開を支援するための基盤を確立し及び維持する。日米両政府による準備には、施設・区域の共同使用、補給、整備、輸送、施設及び衛生を含むが、これらに限らない相互の後方支援及び日本国内の米国の施設・区域の警護の強化を含み得る。

2　日本に対する武力攻撃が発生した場合

a　整合のとれた対処行動のための基本的考え方

外交努力及び抑止にもかかわらず、日本に対する武力攻撃が発生した場合、日米両国は、迅速に武力攻撃を排除し及び更なる攻撃を抑止するために協力し、日本の平和及び安全を回復する。当該整合のとれた行動は、この地域の平和及び安全の回復に寄与する。

日本は、日本の国民及び領域の防衛を引き続き主体的に実施し、日本に対する武力攻撃を極力早期に排除するため直ちに行動する。自衛隊は、日本及びその周辺海空域並びに海空域の接近経路における防勢作戦を主体的に実施する。米国は、日本と緊密に調整し、適切な支援を行う。米軍は、日本を防衛するため、自衛隊を支援し及び補完する。米国は、日本の防衛を支援し並びに平和及び安全を回復するような方法で、この地域の環境を形成するための行動をとる。

日米両政府は、日本を防衛するためには国力の全ての手段が必要となることを認識し、同盟調整メカニズムを通じて行動を調整するため、各々の指揮系統を活用しつつ、各々政府一体となっての取組を進める。

米国は、日本に駐留する兵力を含む前方展開兵力を運用し、所要に応じその他のあらゆる地域からの増援兵力を投入する。日本は、これらの部隊展開を円滑にするために必要な基盤を確立し及び維持する。

日米両政府は、日本に対する武力攻撃への対処において、各々米軍又は自衛隊及びその施設を防護するための適切な行動をとる。

b　作戦構想

i　空域を防衛するための作戦(略)

ii　弾道ミサイル攻撃に対処するための作戦

自衛隊及び米軍は、日本に対する弾道ミサイル攻撃に対処するため、共同作戦を実施する。

自衛隊及び米軍は、弾道ミサイル発射を早期に探知するため、リアルタイムの情報交換を行う。弾道ミサイル攻撃の兆候がある場合、自衛隊及び米軍は、日本に向けられた弾道ミサイル攻撃に対して防衛し、弾道ミサイル防衛作戦に従事する部隊を防護するための実効的な態勢を維持する。

自衛隊は、日本を防衛するため、弾道ミサイル防衛作戦を主体的に実施する。

米軍は、自衛隊の作戦を支援し及び補完するための作戦を実施する。

iii　海域を防衛するための作戦(略)
iv　陸上攻撃に対処するための作戦(略)
v　領域横断的な作戦(略)

c 作戦支援活動(略)

i 通信電子活動(略)

ii 捜索・救難(略)

iii 後方支援(略)

iv 施設の使用(略)

v CBRN(化学・生物・放射線・核)防護(略)

D 日本以外の国に対する武力攻撃への対処行動

日米両国が、各々、米国又は第三国に対する武力攻撃に対処するため、主権の十分な尊重を含む国際法並びに各々の憲法及び国内法に従い、武力の行使を伴う行動をとることを決定する場合であって、日本が武力攻撃を受けるに至っていないとき、日米両国は、当該武力攻撃への対処及び更なる攻撃の抑止において緊密に協力する。共同対処は、政府全体にわたる同盟調整メカニズムを通じて調整される。

日米両国は、当該武力攻撃への対処行動をとっている他国と適切に協力する。

自衛隊は、日本と密接な関係にある他国に対する武力攻撃が発生し、これにより日本の存立が脅かされ、国民の生命、自由及び幸福追求の権利が根底から覆される明白な危険がある事態に対処し、日本の存立を全うし、日本国民を守るため、武力の行使を伴う適切な作戦を実施する。

協力して行う作戦の例は、次に概要を示すとおりである。

1 アセットの防護(略)

2 捜索・救難(略)

3 海上作戦

自衛隊及び米軍は、適切な場合に、海上交通の安全を確保することを目的とするものを含む機雷掃海において協力する。

自衛隊及び米軍は、適切な場合に、関係機関と協力しつつ、艦船を防護するための護衛作戦において協力する。

自衛隊及び米軍は、適切な場合に、関係機関と協力しつつ、当該武力攻撃に関与している敵に支援を行う船舶活動の阻止において協力する。

4 弾道ミサイル攻撃に対処するための作戦

自衛隊及び米軍は、各々の能力に基づき、適切な場合に、弾道ミサイルの迎撃において協力する。日米両政府は、弾道ミサイル発射の早期探知を確実に行うため、情報交換を行う。

5 後方支援(略)

E 日本における大規模災害への対処における協力(略)

V 地域の及びグローバルな平和と安全のための協力

相互の関係を深める世界において、日米両国は、アジア太平洋地域及びこれを越えた地域の平和、安全、安定及び経済的な繁栄の基盤を提供するため、パートナーと協力しつつ、主導的役割を果たす。半世紀をはるかに上回る間、日米両国は、世界の様々な地域における課題に対して実効的な解決策を実行するため協力してきた。

日米両政府の各々がアジア太平洋地域及びこれを越えた地域の平和及び安全のための国際的な活動に参加することを決定する場合、自衛隊及び米軍を含む日米両政府は、適切なときは、次に示す活動等において、相互に及びパートナーと緊密に協力する。この協力はまた、日米両国の平和及び安全に寄与する。

A 国際的な活動における協力

日米両政府は、各々の判断に基づき、国際的な活動に参加する。共に活動を行う場合、自衛隊及び米軍は、実行可能な限り最大限協力する。(中略)地域的及び国際的な活動における日米両政府による一般的な協力分野は次のものを含む。

1 平和維持活動(略)

2 国際的な人道支援・災害救援(略)

3 海洋安全保障(略)

4 パートナーの能力構築支援(略)

5 非戦闘員を退避させるための活動(略)

6 情報収集、警戒監視及び偵察(略)

7 訓練・演習(略)

8 後方支援(略)

B 三か国及び多国間協力

日米両政府は、三か国及び多国間の安全保障及び防衛協力を推進し及び強化する。特に、日米両政府は、地域の及び他のパートナー並びに国際機関と協力するための取組を強化し、並びにそのための更なる機会を追求する。

日米両政府はまた、国際法及び国際的な基準に基づく協力を推進すべく、地域及び国際機関を強化するために協力する。

VI 宇宙及びサイバー空間に関する協力

A 宇宙に関する協力

日米両政府は、宇宙空間の安全保障の側面を認識し、責任ある、平和的かつ安全な宇宙の利用を確実なものとするための両政府の連携を維持し及び強化する。(後略)

B サイバー空間に関する協力

日米両政府は、サイバー空間の安全かつ安定的な利用の確保に資するため、適切な場合に、サイバー空間における脅威及び脆弱性に関する情報を適時かつ適切な方法で共有する。(後略)

VII 日米共同の取組

日米両政府は、二国間協力の実効性を更に向上させるため、安全保障及び防衛協力の基盤として、次の分野を発展させ及び強化する。

A 防衛装備・技術協力(略)

B 情報協力・情報保全(略)

C 教育・研究交流(略)

VIII 見直しのための手順

日米安全保障協議委員会は、適切な下部組織の補佐を得て、この指針が変化する情況に照らして適切なものであるか否かを定期的に評価する。日米同盟関係に関連する諸情勢に変化が生じ、その時の状況を踏まえて必要と認める場合には、日米両政府は、適時かつ適切な形でこの指針を更新する。

## 参考　日米安全保障条約（旧）

（日本国とアメリカ合衆国との間の安全保障条約）
（以下の条約の全文は Web）

署　名　一九五一年九月八日（サンフランシスコ）
効力発生　一九五二年四月二八日（日本国―五一年一一月一八日国会承認、同日批准、五二年四月二八日公布・条約六号）
失　効　一九六〇年六月二三日（新日米安保条約第九条参照）

日本国は、本日連合国との平和条約に署名した。日本国は、武装を解除されているので、平和条約の効力発生の時において固有の自衛権を行使する有効な手段をもたない。

無責任な軍国主義がまだ世界から駆逐されていないので、前記の状態にある日本国には危険がある。よつて、日本国は、平和条約が日本国とアメリカ合衆国の間に効力を生ずるのと同時に効力を生ずべきアメリカ合衆国との安全保障条約を希望する。

平和条約は、日本国が主権国として集団的安全保障取極を締結する権利を有することを承認し、さらに、国際連合憲章は、すべての国が個別的及び集団的自衛の固有の権利を有することを承認している。

これらの権利の行使として、日本国は、その防衛のための暫定措置として、日本国に対する武力攻撃を阻止するため日本国内及びその附近にアメリカ合衆国がその軍隊を維持することを希望する。

アメリカ合衆国は、平和と安全のために、現在、若干の自国軍隊を日本国内及びその附近に維持する意思がある。但し、アメリカ合衆国は、日本国が、攻撃的な脅威となり又は国際連合憲章の目的及び原則に従つて平和と安全を増進すること以外に用いられうべき軍備をもつことを常に避けつつ、直接及び間接の侵略に対する自国の防衛のため漸増的に自ら責任を負うことを期待する。

よつて、両国は、次のとおり協定した。

**第一条【駐留軍の使用目的】** 平和条約及びこの条約の効力発生と同時に、アメリカ合衆国の陸軍、空軍及び海軍を日本国内及びその附近に配備する権利を、日本国は、許与し、アメリカ合衆国は、これを受諾する。この軍隊は、極東における国際の平和と安全の維持に寄与し、並びに、一又は二以上の外部の国による教唆又は干渉によつて引き起された日本国における大規模の内乱及び騒じようを鎮圧するため日本国政府の明示の要請に応じて与えられる援助を含めて、外部からの武力攻撃に対する日本国の安全に寄与するために使用することができる。

**第二条【第三国の駐兵の禁止】** 第一条に掲げる権利が行使される間は、日本国は、アメリカ合衆国の事前の同意なくして、基地、基地における若しくは基地に関する権利、権力若しくは権能、駐兵若しくは演習の権利又は陸軍、空軍若しくは海軍の通過の権利を第三国に許与しない。

**第三条【行政協定】** アメリカ合衆国の軍隊の日本国内及びその附近における配備を規律する条件は、両政府間の行政協定で決定する。

**第四条【効力終了】** この条約は、国際連合又はその他による日本区域における国際の平和と安全の維持のため充分な定をする国際連合の措置又はこれに代る個別的若しくは集団的の安全保障措置が効力を生じたと日本国及びアメリカ合衆国の政府が認めた時はいつでも効力を失うものとする。

**第五条【批准】** この条約は、日本国及びアメリカ合衆国によつて批准されなければならない。この条約は、批准書が両国によつてワシントンで交換された時に効力を生ずる。

**吉田アチソン交換公文**　（略）

## 2　米韓相互防衛条約　翻訳

（アメリカ合衆国と大韓民国との間の相互防衛条約）

署　名　一九五三年一〇月一日（ワシントン）
効力発生　一九五四年一一月一七日

この条約の締約国は、

全ての国民及び全ての政府とともに平和のうちに生きようとする願望を再確認し、及び太平洋地域における平和機構を強化することを希望し、

いかなる潜在的侵略者も、いずれか一方の締約国が太平洋地域において孤立しているという錯覚を起こすことがないようにするため、外部からの武力攻撃に対して自らを防衛しようとする共同の決意を公然とかつ正式に宣言することを希望し、また、

太平洋地域における地域的安全保障の一層包括的かつ有効な制度が発達するまでの間、平和及び安全を維持するための集団的防衛についての両国の努力を強化することを希望して、

次のとおり協定した。

**第一条【紛争の平和的解決、武力行使の禁止】** 締約国は、それぞれが関係することのある国際紛争を平和的手段によって、国際の平和及び安全並びに正義を危うくしないように解決し、並びにそれぞれの国際関係において、武力による威嚇又は武力の行使を、国際連合の目的又は締約国が国際連合に対して負っている義務と両立しないいかなる方法によるものも慎むことを約束する。

**第二条【協議】** 締約国は、いずれか一方の締約国の政治的独立又は安全が外部からの武力攻撃によって脅かされているといずれか一方の締約国が認めたときはいつでも協議する。締約国は、この条約を実施しその目的を達成するため、単独で及び共同して、自助及び相互援助により、武力攻撃を阻止するための適当な手段を維持し発展させ、並びに協議と合意とによる適当な措置をとるものとする。

**第三条【武力攻撃に対する行動】** 各締約国は、現在それぞれの行政的管理の下にある領域又はいずれか一方の締約国が他方の締約国の行政的管理の下に適法に置かれることになったものと今後認める領域における、いずれかの締約国に対する太平洋地域における武力攻撃が、自国の平和及び安全を危うくするものであることを認め、自国の憲法上の手続に従って共通の危険に対処するように行動することを宣言する。

**第四条【米軍の配備】** アメリカ合衆国の陸軍、空軍及び海軍を、

相互の合意により定めるところに従って、大韓民国の領域内及びその附近に配備する権利を大韓民国は許与し、アメリカ合衆国は、これを受諾する。

**第五条【批准、効力発生】** この条約は、アメリカ合衆国及び大韓民国により各自の憲法上の手続に従って批准されなければならない。この条約は、両国がワシントンで批准書を交換した時に効力を生ずる。

**第六条【有効期間】** この条約は、無期限に効力を有する。いずれの一方の締約国も、他方の締約国に通告を行ってから一年後にこの条約を終了させることができる。

**合衆国の了解**

次のことが合衆国の了解である。すなわち、いずれの締約国も、この条約の第三条の下では、他方の国に対する外部からの武力攻撃の場合を除いては、その援助に赴く義務を負うものではない。また、この条約のいかなる規定も、大韓民国の行政的管理の下に適法に置かれることになったものと合衆国によって認められた領域に対する武力攻撃の場合を除いては、合衆国が大韓民国に対して援助を与えることを義務づけるものと解されてはならない。

〔注　合衆国は一九五四年一月二八日付けの文書でこの了解文を大韓民国に通告した。大韓民国は一九五四年二月一日付けの文書でその受領を確認した。〕

## 3　全米相互援助条約 翻訳

署　名　一九四七年九月二日（リオデジャネイロ）
効力発生　一九四八年一二月三日
当事国　一九

各自の人民の名において、大陸の平和と安全の維持に関する全米会議に代表者を出した各政府は、各自の間の友好及び善隣の関係を強固にすることを希望し、かつ、

メキシコシティに会合した戦争と平和の問題に関する全米会議決議第八が、アメリカ諸国のうちのいずれかに対する侵略の脅威及び行為を防止し、かつ、除去するための条約の締結を勧告したこと

締約国が、国際連合の目的及び原則と両立する全米機構の形の結合を保持し続ける意思を再び示すこと、及び、国際の平和と安全の維持に関する事項であって地域的行動に適当であるものについて締約国の締結した協定の存在を再確認していること

締約国が、全米の連帯性及び協力の原則、特にチャプルテペック協定の前文及び宣言に掲げられ、かつ、締約国の相互の関係の基準及び全米機構の法的基礎として受諾されるものと了解されなければならない諸原則を各自が遵守することを再確認していること

アメリカの諸国が、各自の間の紛争の平和的解決に関する手続を改善するため、戦争と平和の問題に関する全米会議の決議第九及び第三九において意図されている全米平和機構に関する条約を締結することを企図していること

アメリカの諸共和国の相互援助及び共同防衛の義務が、これらの諸国の民主的理想並びに平和政策の諸原則及び目的の遂行に恒久的に協力するというこれらの共和国の意思と本質上関係を有していること

アメリカの地域的共同体が、法的組織が平和と安全の必要な前提要件であること、並びに、平和が正義及び道徳的秩序、したがって人権及び自由の国際的承認及び保護、人民の不可欠の福祉並びに正義及び安全の国際的実現のための民主主義の実効性を基礎としていることを明白な真理として確認していることを考慮して、

適当な手段によって平和を確保するため及びこれらの国のうちのいずれに対する侵略の脅威にも対処するため、アメリカのいずれの国に対する武力攻撃にも対抗する効果的な相互援助を定める次の条約を、各自の国民の名において締結することを、前記の目的に従って決定した。

**第一条【戦争の否認】** 締約国は、正式に戦争を否認し、及び各自の国際関係において、国際連合憲章又はこの条約の規定に合致しないいかなる方法による武力による威嚇又は行使も慎むことを約束する。

**第二条【紛争の平和的解決】** 前条に掲げる原則の結果として、締約国は、相互の間に生じることのあるあらゆる紛争を平和的解決手段に付託すること、及びそれらの相互間の紛争を、国際連合総会又は安全保障理事会に付託するに先だって、全米機構において効力を有する手続によって解決することに努めることを約束する。

**第三条【武力攻撃に対する措置】** 1　締約国は、アメリカの一国に対するいかなる国の武力攻撃も、アメリカの全ての国に対する攻撃とみなされることに合意する。したがって、各締約国は、国際連合憲章第五一条によって認められている個別的又は集団的自衛の固有の権利を行使して、右の攻撃に対抗するために援助することを約束する。

2　直接に攻撃を受けた一又は二以上の国の要請があった場合には、全米機構の協議機関の決定があるまでは、各締約国は、前号に掲げる義務の遂行として、かつ、大陸連帯性の原則に従って、自国が個別にとることができる即時の措置を決定することができる。協議機関は、これらの措置を検討し、かつ、とるべき集団的な性質を有する措置に合意する目的をもって遅滞なく会合する。

3　この条の規定は、第四条に定める地域内又はアメリカの一国の領域内で行われるいかなる武力攻撃の場合にも適用される。武力攻撃が右地域外で行われる場合には、第六条の規定が適用される。

4　この条に定める自衛措置は、国際連合安全保障理事会が、国際の平和と安全の維持に必要な措置をとるまでの間とることができる。

**第四条【適用地域】** この条約が関係する地域は、次のとおり画定される。すなわち北極に始まり、次いで真南に向かい、北緯七四度、西経一〇度の地点に至る。次いで航程線により、北緯四七度三〇分、西経五〇度の地点に至る。次いで航程線により、北緯三五度、西経六〇度の地点に至る。次いで真南に向かい、北緯二〇度の地点に至る。次いで航程線により、北緯五度、西経二四度の地点に至る。次いで真南に向かい、南極に至る。次いで真北に向かい、南緯三〇度、西経九〇度の地点に至る。次いで航程線により、赤道上の西経九七度の地点に至る。次いで航程線により、北緯一五度、西経一二〇度の地点に至る。次いで航程線により北緯五〇度、東経一七〇度の地点に至る。次い

で真北に向かい、北緯五四度の地点に至る。次いで航程線により、北緯六五度三〇分、西経一六八度五八分五秒の地点に至る。次いで真北に向かい北極に至る。

**第五条【自衛措置に関する情報】** 締約国は、自衛権の行使として又は全米の平和と安全を維持するために、着手されたか、又は計画中である活動に関する完全な情報を、国際連合憲章第五一条及び第五四条に従って、国際連合安全保障理事会に直ちに送付する。

**第六条【共同防衛措置の協議】** アメリカのいずれかの国の領域の不可侵若しくは保全又は主権若しくは政治的独立が、武力攻撃ではない侵略によって、アメリカ外若しくはアメリカ内の紛争によって又はアメリカの平和を危うくするおそれのある他の何らかの事実若しくは事態によって影響を受ける場合には、協議機関は、侵略の場合にはその侵略の犠牲国を援助するためにとるべき措置、又はいかなる場合でも共同防衛のため及び大陸の平和と安全の維持のためにとるべき措置に合意するために、直ちに会合する。

**第七条【アメリカ諸国間の紛争】** アメリカの二以上の国の間の紛争の場合には、国際連合憲章第五一条に合致した自衛権を害することなしに、締約国は、協議のために会合し、紛争当事国に対し戦闘を停止して事態を紛争前の原状に回復することを求め、かつ、全米内の平和と安全の再確立又は維持のため、及び紛争の平和的手段による解決のため、他のあらゆる必要な措置をとる。平和をもたらす行動を拒む行動は、侵略者の決定及び協議会が合意する措置の適用に当たって考慮される。

**第八条【協議機関が合意する措置】** この条約の適用上、協議機関が合意する措置は、次の一又は二以上を含む。外交使節団の団長の召還、外交関係の断絶、領事関係の断絶、経済関係又は鉄道、海運、航空、郵便、電信、電話及び無線電話若しくは無線電信による交通又は通信の一部又は全部の停止、武力の行使。

**第九条【侵略の定義】** 協議機関が侵略であるとする行為のほか、次の行為が侵略とみなされる。

(a) 一国による他国の領域、人民、又は陸軍、海軍若しくは空軍に対する挑発によらない武力攻撃。

(b) 条約、司法上の決定、若しくは仲裁判決に従って画定された境界を越えることによって、一国の武装兵力が行うアメリカの一国の領域への侵入、又はこのように画定された国境がない場合には、他国の実効的な管轄権の下にある地域への侵入。

**第一〇条【国連との関係】** この条約のいずれの規定も、国際連合憲章に基づく締約国の権利及び義務を害するものと解釈してはならない。

**第一一条【協議機関】** この条約に掲げる協議は、この条約を批准したアメリカの諸共和国の外務大臣の会合又は将来合意されることのある方法若しくは機関によって行われなければならない。

**第一二条【協議機関の代行】** 全米連合理事会は、前条に掲げる協議機関の会合が行われるまでの間、暫定的に協議機関として行動することができる。

**第一三条【協議の開始】** 協議は、条約を批准した署名国のうちのいずれかが全米連合理事会に対して提出する要請によって開始される。

**第一四条【投票】** この条約に掲げる投票には、条約を批准した署名国の代表者だけが参加することができる。

**第一五条【連絡機関】** 全米連合理事会は、この条約に関する一切の事項について、この条約を批准した署名国の間及びこれらの国と国際連合との間の連絡機関として行動する。

**第一六条【全米連合理事会の決定方法】** 第一三条及び第一五条に定める全米連合理事会の決定は、投票する権利を有する理事の絶対多数によって行われる。

**第一七条【協議機関の決定方法】** 協議機関は、条約を批准した署名国の三分の二の投票によって決定を行う。

**第一八条【当事国の除外】** アメリカ諸国の間の事態又は紛争の場合には、直接に利害関係を有する当事国は、前二条に掲げられる投票から除外される。

**第一九条【定足数】** 前諸条に掲げる一切の会合において定足数を確保するためには、代表者を出している国の数は、決定を行うために必要な票数と少なくとも等しくなければならない。

**第二〇条【決定の拘束力】** 第八条に掲げる措置の適用を要求する決定は、この条約を批准した全ての署名国を拘束する。ただし、いかなる国も自国の同意なしに武力を行使することを求められることはない。

**第二一条【合意された措置の実施】** 協議機関によって合意された措置は、現に存在しているか又は将来設定されることのある手続及び機関を通じて実施される。

**第二二条【効力発生】** この条約は、署名国の三分の二の批准書が寄託された時に、これを批准した国の間で効力を生ずる。

**第二三条【批准】** この条約は、リオデジャネイロ市において、アメリカ諸国による署名のために開放され、署名国によって、各自の憲法上の手続に従ってできる限り速やかに批准される。批准書は、全米連合に寄託され、また連合は、各寄託を署名国に通告する。右通告は、批准書の交換とみなされる。

**第二四条【登録】** この条約は、署名国の三分の二が各自の批准書を寄託した時に、全米連合を通じて、国際連合事務局に登録される。

**第二五条【有効期間、離脱】** この条約は、無期限に有効である。ただし、いずれの締約国も、全米連合に宛てた文書による通告によってこれから離脱することができる。全米連合は、受領した離脱通告を他の全ての締約国に通知する。いずれかの締約国の離脱通告を全米連合が受領した日から二年が経過した後は、この条約は、当該国に関して効力を失う。ただし、他の全ての締約国については引き続き完全に効力を有する。

**第二六条【全米機構との関係】** この条約の原則及び基本規定は、全米機構の組織規約に加えられる。

## 4　北大西洋条約　翻訳

署　　名　一九四九年四月四日（ワシントン）
効力発生　一九四九年八月二四日
当 事 国　三〇

### 前　文

この条約の締約国は、国際連合憲章の目的及び原則に対する信念並びに全ての国民及び政府とともに平和のうちに生きようとする願望を再確認する。

締約国は、民主主義の諸原則、個人の自由及び法の支配のもとに築かれたその国民の自由、共同の遺産及び文明を擁護する決意を有する。

締約国は、北大西洋地域における安定及び福利の促進に努める。

締約国は、集団的防衛並びに平和と安全の維持のためにその努力を結集する決意を有する。

よって、締約国は、この北大西洋条約を協定する。

**第一条【紛争の平和的解決と武力行使の禁止】** 締約国は、国際連合憲章に規定するように、それぞれが関係する国際紛争を平和的手段によって国際の平和と安全並びに正義を危うくしないように解決し、並びに国際関係において、国際連合の目的と両立しない方法による武力による威嚇又は武力の行使を慎むことを約束する。

**第二条【国際協力】** 締約国は、その自由な諸制度を強化すること、これらの制度の基礎をなす原則の理解を促進すること、並びに安定及び福利の条件を促進することによって、平和的かつ友好的な国際関係の一層の発展に貢献する。締約国は、その国際経済政策における対立を除去することに努め、また、いずれかの又は全ての締約国の間の経済協力を奨励する。

**第三条【武力攻撃に対抗する能力の発展】** 締約国は、この条約の目的を一層有効に達成するために、単独に及び共同して、継続的かつ実効的な自助及び相互援助により、武力攻撃に対抗する個別的及び集団的な能力を維持し、発展させる。

**第四条【協議】** 締約国は、いずれかの締約国の領土保全、政治的独立又は安全が脅かされているといずれかの締約国が認めたときはいつでも協議する。

**第五条【武力攻撃に対する共同防衛】** 締約国は、欧州又は北米における一又は二以上の締約国に対する武力攻撃を全締約国に対する攻撃とみなすことに同意する。したがって、締約国は、そのような武力攻撃が発生した場合には、各締約国が国際連合憲章第五一条の規定によって認められている個別的又は集団的自衛権を行使して、北大西洋地域の安全を回復し維持するために必要と認める行動（武力の使用を含む。）を個別的に及び他の締約国と共同して直ちにとることにより、その攻撃を受けた締約国を援助することに同意する。

前記の武力攻撃及びその結果としてとった全ての措置は、直ちに安全保障理事会に報告しなければならない。その措置は、安全保障理事会が国際の平和と安全を回復し、かつ、維持するために必要な措置をとったときは、終了しなければならない。

**第六条【武力攻撃の対象】** 第五条の規定の適用上、一又は二以上の締約国に対する武力攻撃とは、次のものに対する武力攻撃を含むものとする。

(i) 欧州若しくは北米におけるいずれかの締約国の領域、フランス領アルジェリアの諸県(注)、トルコの領域又は北回帰線以北の北大西洋地域におけるいずれかの締約国の管轄下にある島

注 北大西洋理事会は、旧フランス領アルジェリア諸県に関するかぎり、本条約の関連条項は、一九六二年七月三日以降適用されない点確認した。

(ii) いずれかの締約国の軍隊、船舶又は航空機で、前記の地域、いずれかの締約国の占領軍がこの条約の効力発生の日に駐留していた欧州の他の地域、地中海若しくは北回帰線以北の北大西洋地域、又は、それらの上空にあるもの

**第七条【憲章に対する影響】** この条約は、国際連合の加盟国たる締約国の憲章に基づく権利及び義務又は国際の平和と安全を維持する安全保障理事会の主要な責任に対しては、いかなる影響も及ぼすものではなく、また、及ぼすものと解釈してはならない。

**第八条【他の協定との関係】** 各締約国は、自国と他のいずれかの締約国又はいずれかの第三国との間の効力を有するいかなる国際約束もこの条約の規定に抵触しないことを宣言し、かつ、この条約の規定に抵触するいかなる国際約束をも締結しないことを約束する。

**第九条【理事会】** 締約国は、この条約の実施に関する事項を審議するため、各締約国の代表が参加する理事会を設置する。理事会は、いつでも速やかに会合することができるように組織される。理事会は、必要な補助機関を設置し、特に、第三条及び第五条の規定の実施に関する措置を勧告する防衛委員会を直ちに設置する。

**第一〇条【加入】** 締約国は、この条約の諸原則を促進し、かつ、北大西洋地域の安全に貢献することができる他の欧州の国に対し、この条約に加入するよう、全員一致の合意により招請することができる。招請された国は、その加入書をアメリカ合衆国政府に寄託することによりこの条約の締約国となることができる。アメリカ合衆国政府は、その加入書の寄託を各締約国に通報する。

**第一一条【批准、効力発生】** この条約は、締約国により各自の憲法上の手続に従って、批准され、かつ、実施されなければならない。批准書は、できる限り速やかにアメリカ合衆国政府に寄託する。同政府は、その寄託を他の全ての署名国に通告する。この条約は、ベルギー、カナダ、フランス、ルクセンブルク、オランダ、連合王国及び合衆国の批准書を含む署名国の過半数の批准書が寄託された時に、この条約を批准した国の間で効力を生じ、その他の国については、その批准書の寄託の日に効力を生ずる。

**第一二条【再協議】** 締約国は、この条約が一〇年間効力を存続した後に又はその後いつでも、いずれかの締約国の要請があったときは、その時に北大西洋地域の平和と安全に影響を及ぼしている諸要素（国際連合憲章に基づく国際の平和と安全の維持のための世界的及び地域的取極の発展を含む。）を考慮して、この条約を再検討するために協議する。

**第一三条【離脱】** 締約国は、この条約が二〇年間効力を存続した後は、アメリカ合衆国政府に対し離脱通告を行ってから一年後に締約国でなくなることができる。アメリカ合衆国政府は、離脱通告の寄託を他の締約国政府に通知する。

**第一四条【正文】** この条約は、英語及びフランス語の本文をひとしく正文とし、アメリカ合衆国政府の記録書庫に寄託する。この条約の認証謄本は、同政府により他の署名国政府に送付される。

## 参考 ヴァンデンバーグ決議 翻訳

一九四八年六月一一日米国上院決議

正義に基づく平和並びに人権及び基本的自由の擁護は、国際連合の一層効果的な活用による国際協力を必要とする。よって、次のとおり決議する。

上院は、共通の利益のためにする場合を除くほか、武力の行使が行われないように国際連合を通じて国際の平和と安全を達成するという合衆国の政策を再確認し、かつ、合衆国政府が、憲法上の手続に従って、国際連合憲章の範囲内で特に次の目標を追求すべきであるという上院の見解を大統領に助言するものとする。

1　国際的な紛争及び事態の平和的解決に関係のあるあらゆる問題並びに新加盟国の加入の承認について拒否権を排除することに自発的に合意すること。

2　憲章の目的、原則及び諸規定に従った個別的及び集団的自衛のための地域的その他の集団的取極を漸進的に発展させること。

3　継続的かつ効果的な自助及び相互援助を基礎とし、かつ、合衆国の国家的安全に影響を及ぼす地域的その他の集団的取極に、憲法上の手続に従って、合衆国が参加すること。

4　合衆国の国家的安全に影響を及ぼす武力攻撃が発生した場合には(憲章)第五一条に基づき個別的又は集団的自衛権を行使するという合衆国の決意を明らかにすることによって平和の維持に貢献すること。

5　憲章の定めるところに従って、国際連合に対して兵力を提供する合意を成立させるため、並びに違反に対する十分な、かつ、信頼できる保証のある世界的な軍備の規制及び縮小に関する加盟国間の合意を成立させるために最大限の努力を払うこと。

6　必要な場合には、国際連合の強化に向けた十分な努力を払った後、(憲章)第一〇九条に基づいて招集される全体会議、又は総会により、適当な時機に憲章を再審議すること。

## 参考 ワルシャワ条約(抄) 翻訳

(アルバニア人民共和国、ブルガリア人民共和国、ハンガリー人民共和国、ドイツ民主主義共和国、ポーランド人民共和国、ルーマニア人民共和国、ソヴィエト連邦及びチェコスロバキア間の友好、協力及び相互援助条約)

署　　名　一九五五年五月一四日(ワルシャワ)
効力発生　一九五五年六月六日(九一年七月一日、政治諮問委員会にて解散議定書に署名)
当 事 国　六(解散時)

締約国は、(中略)
国際連合憲章の目的及び原則に導かれて、
国家の独立及び主権の尊重並びに内政不干渉の原則に従い、友好、協力及び相互援助の一層の強化と増進のために
友好、協力及び相互援助に関するこの条約を締結することに決定し、よってその全権委員を次の通り任命した。(全権委員名略)
これらの全権委員は、その全権委任状を示しそれが妥当であると認められた後、次の諸条を協定した。

**第一条【紛争の平和的解決】** 締約国は、国際連合憲章に従い、その国際関係において武力による威嚇又は武力の行使を慎み、かつ、その国際紛争を平和的手段によって国際の平和及び安全を危うくしないように解決することを約束する。

**第二条【国際協力】** 締約国は、国際の平和及び安全を確保することを目的とする全ての国際行動に、真正な協力の精神をもって参加する用意があることを宣言し、かつ、これらの目的を実現するためにその全力を尽くす。

なお、締約国は、この問題について協力を希望する他の諸国との合意において、一般的な軍縮並びに原子及び水素兵器、その他の大量破壊兵器の禁止についての効果的な措置をとることについて努力する。

**第三条【協議】** 締約国は、その共通の利益に関する全ての重要な国際問題について相互に協議する。この協議に当たっては、締約国は国際の平和及び安全の強化の視点によって導かれる。

締約国は、締約国の一又は二以上の国に対する武力攻撃の危険が生じたといずれかの締約国が認めたときには、その共同防衛を確保し、かつ、平和と安全を維持するために、その都度遅滞なく相互に協議する。

**第四条【武力攻撃に対する共同防衛】** ヨーロッパにおける締約国の一又は二以上の国に対するいずれかの国若しくは国家群からの武力攻撃の場合には、各締約国は、国際連合憲章第五一条に従い、個別的又は集団的な自衛権の行使として、このような攻撃を受けた一又は二以上の国に対し、個別に、又は他の締約国との合意により、その必要と認める全ての手段(武力の行使を含む。)により、即時の援助を与えなければならない。締約国は、国際の平和及び安全の回復及び維持のためにとるべき共同の措置について直ちに協議しなければならない。

国際連合憲章の規定に従い、安全保障理事会は、この条に基づいてとられる措置について通告を受けるものとする。これらの措置は、安全保障理事会が、国際の平和及び安全の回復及び維持のために必要な措置をとった場合には速やかに終止されなければならない。

**第五条【統一司令部の創設と防衛能力の強化】** 締約国は、共同して定めた原則に基づいて行動する統一司令部を創設することに合意した。この司令部には、締約国間の協定によって締約国の軍隊の一部が配置される。締約国は、また、その国民の平和的労働を保護し、その国境及び領域の不可侵を保障し、かつ、可能な侵略に対する防衛を確保するために、その防衛能力の強化に必要な他の合意による措置をとるものとする。

**第六条【政治協議委員会】** この条約に規定する締約国間の協議の実施、及びこの条約の実施に関連して生ずる諸問題の検討のために、政治協議委員会を設置する。各締約国は、政府の構成員又は他のいずれかの特に任命された代表者をこの委員会に派遣する。

委員会は、必要に応じて補助機関を創設することができる。

**第七条【他の協定との関係】** 締約国は、この条約の目的に反する目的をもついずれの連合若しくは同盟にも参加せず、また、そのようないかなる協定も締結しないことを約束する。(後略)

**第八条【行動原則】** 締約国は、締約国がその独立及び主権の相互

尊重並びに内政不干渉の原則に従って、締約国間の経済的及び文化的関係の発展及び強化のために、友好と協力の精神で行動することを宣言する。

**第九条【加入】**(略)

**第一〇条【批准、効力発生】**(略)

**第一一条【有効期間、失効、正文】**(略)

# 5 欧州安全保障協力会議最終決定書(抄) 翻訳

[ヘルシンキ最終決定書]

採　択　一九七五年八月一日(ヘルシンキ)

一九七三年七月三日ヘルシンキで開始され、一九七三年九月一八日から一九七五年七月二一日までジュネーヴで続けられた欧州安全保障・協力会議は、オーストリア、ベルギー、ブルガリア、カナダ、サイプラス、チェッコ・スロヴァキア、デンマーク、フィンランド、フランス、ドイツ民主共和国、ドイツ連邦共和国、ギリシャ、ヴァチカン、ハンガリー、アイスランド、アイルランド、イタリア、リヒテンシュタイン、ルクセンブルグ、マルタ、モナコ、オランダ、ノールウェー、ポーランド、ポルトガル、ルーマニア、サン・マリノ、スペイン、スウェーデン、スイス、トルコ、ソヴィエト社会主義連邦共和国、連合王国、アメリカ合衆国及びユーゴスラヴィアの代表によって、一九七五年八月一日ヘルシンキにおいて終了した。(中略)

諸国民の利益のために、参加国間の関係を改善強化し、欧州における平和、安全、正義、協力並びに参加国間及び世界の他の国々との間の関係改善に貢献するという政治的意志に基づき、

それゆえ、会議の成果を実効的なものとすること、参加国間及び欧州全域においてこれらの成果から生ずる利益を確保すること、並びにこれによって緊張緩和を拡大し、深め、さらにこれを継続的かつ永続的なものにすることを決意して、

参加国代表は次の事項を厳粛に採択した。

## A 欧州の安全保障に関する諸問題

欧州安全保障・協力会議参加国は、

参加国の目的が、参加国相互間の関係改善を促進し、参加国の国民が自らの安全に対するいかなる脅威からもまた侵害の企てからも守られて、真正かつ永続的な平和の中で生活できる条件を確保することにあることを再確認し、

緊張緩和を持続的で活力に満ちた、包括的なかつ全世界に及ぶものとするために努力することが必要であること、及び欧州安全保障・協力会議の成果を実施することがこの過程に対する大きな貢献となることを確信し、

諸国民間の連帯及び欧州安全保障・協力会議の掲げる目的を達成しようという参加国共通の決意が、あらゆる分野における参加国間のより良いかつ緊密な関係を発展させるとともに、参加国の過去の関係のあり方から生ずる対立がこうして克服され、より良い相互関係がもたらされると考え、

参加国の共通の歴史を想起し、参加国の伝統と価値に共通する要素の存在が参加国間の相互関係の発展にとって助けとなり得ることを認め、参加国の立場及び見解の独自性と多様性を十分考慮しつつ、不信感を克服し、信頼感を増大させ、参加国の立場を隔てている諸問題を解決し、かつ、人類の利益のために協力できるよう、参加国の努力を結集する可能性を探ることを希望し、

欧州における安全が不可分であること、並びに欧州全域及び参加国間の協力の進展に参加国が共通の利益をもつことを認めるとともに、そうした努力を継続する意図を表明し、

欧州における平和と安全及び全世界の平和と安全との間に密接な関係があることを認め、各参加国が世界の安全と平和の強化並びに全ての人々の基本的権利、経済的、社会的進歩及び福利の増進に貢献する必要を認識して、

次の事項を採択した。

### 一

### (a) 参加国間の関係を律する原則に関する宣言

参加国は、

参加国が平和、安全及び正義並びに友好関係と協力の持続的な発展を約束していることを再確認し、

諸国民の関心と希望を反映するこの約束が、各参加国にとって、過去の経験によって高められた現在と将来の責任となることを認め、

参加国の国際連合加盟国としての地位に従い、かつ、国際連合の目的と原則に従って、国際連合に対する全面的かつ積極的な支持並びに国際の平和、安全及び正義の強化並びに国際問題の解決の促進及び国家間の友好関係と協力の発展に当たっての国際連合の役割と有効性の強化に対する全面的かつ積極的支持を再確認し、

国際連合憲章に合致する次の諸原則に対する参加国の共通の同意、及び、これらの原則の適用に当たって国際連合憲章の目的と原則に従って行動するという参加国の共通の意志を表明し、

各参加国が他の全ての参加国との関係において、政治、経済若しくは社会体制又はその国の規模、地理的位置若しくは経済発展の水準のいかんにかかわらず、次の諸原則を尊重し、これを実行する決意をもつことを宣言する。これらの原則は、いずれも枢要な意義を有し、参加国間の相互関係を律するものである。

#### I 主権平等、主権に固有の諸権利の尊重

参加国は、相互の主権の平等と独自性及び主権に固有の権利と主権に含まれる全ての権利(特に、あらゆる国がもつ法的平等、領土保全、自由と政治的独立への権利を含む。)を尊重する。参加国は、また、各国がそれぞれの政治、社会、経済及び文化のあり方を自由に選び、発展させる権利、並びにその法律と規則を制定する権利を尊重する。

全ての参加国は、国際法の枠内で平等な権利を有し義務を負う。参加国は、各々が国際法に従い、かつ、この宣言の精神に則り、自らの意志に基づいて他国との関係を定め、処理していく権利を尊重する。参加国は、国際法に従って平和的手段と合意により彼らの国境を変更することができると考える。参加国は、また、国際組織に加盟するか否か、また二国間又は多国間条約の当事国となるか否か(同盟条約の当事国となるか否かを含む。)を決める権利を有する。参加国はまた、中立を保つ権利を有する。

#### II 武力による威嚇又は武力行使の放棄

参加国は、相互間の関係及び国際関係一般において、武力に

よる威嚇又は武力の行使を、いかなる国の領土保全又は政治的独立に対するものも、また、国際連合の目的及びこの宣言と両立しない他のいかなる方法によるものも慎む。この原則に反して武力による威嚇又は武力の行使に訴えることを正当化するいかなる事由も援用することはできない。

それゆえ、参加国は、他の参加国に対する武力による威嚇又は武力の直接的若しくは間接的な行使となるような一切の行動を慎む。同様に、参加国は、他の参加国に主権の完全な行使を断念させる目的で武力を誇示する一切の行動を慎む。同様に、参加国は、その相互間の関係においてあらゆる武力による復仇行為を慎む。

これらの武力による威嚇又は武力の行使は、参加国間の紛争又は参加国間で紛争に至るおそれのある問題を解決する手段として用いることはできない。

III　国境の不可侵

参加国は、全ての参加国の国境及び全ての欧州諸国の国境を不可侵のものとみなし、それゆえ、現在及び将来にわたってこれらの国境に対する攻撃を慎む。

それゆえ、参加国は、また、他の参加国の領土の一部又は全部を獲得ないし奪取するための要求を行うこと、又はそうした行動をとることを慎む。

IV　国家の領土保全

参加国は、他の各参加国の領土保全を尊重する。

それゆえ、参加国は、あらゆる参加国の領土保全、政治的独立又は一体性に対する行動で国際連合憲章の目的と原則に反するもの、とりわけ武力による威嚇又は武力の行使となるあらゆる行動を慎む。

同様に、参加国は、他の参加国の領土を軍事占領若しくはその他国際法に違反する直接、又は間接の武力措置の対象とし、又はこのような措置若しくは措置の威嚇によって取得する対象とすることを慎む。このような領土の占領又は取得は合法的とは認められない。

V　紛争の平和的解決

参加国は、参加国間の紛争を国際の平和と安全及び正義を危うくしないように平和的手段で解決する。

参加国は、信義誠実に基づき、かつ、協力の精神をもって、国際法を基礎として迅速かつ衡平な解決に達するよう努力する。

この目的のため参加国は、交渉、審査、仲介、調停、仲裁裁判、司法的解決又は参加国が当事国となる紛争についてあらかじめ合意されているあらゆる解決手続を含め、各国が選択するその他の平和的手段を利用する。

前記の平和的手段のいずれによっても解決に達しない場合には、紛争当事国は、紛争を平和的に解決するために相互に合意できる手段を引き続き探求する。

参加国間の紛争の当事国たる参加国及び他の参加国は、国際の平和と安全の維持を危うくし、もって紛争の平和的解決を一層困難にするほど事態を悪化させる可能性をもつ一切の行動を慎む。

VI　国内事項への不干渉

参加国は、その相互関係のいかんにかかわらず、他の参加国の国内管轄権内にある国内又は対外の事項に対し、直接に若しくは間接に、また単独で若しくは集団で干渉することを慎む。

それゆえ、参加国は、他の参加国に対するいかなる形態の武力干渉又はこのような干渉による威嚇も慎む。

同様に、参加国は、いかなる事情の下でも、他の参加国の主権に固有の権利の行使を自国の利益に従属させ、これにより何らかの利益を確保するための他のいかなる軍事的、政治的、経済的又はその他の強制も慎む。

それゆえ、参加国は、とりわけ、テロリスト活動、又は他の参加国の体制の暴力による転覆を目的とする破壊活動若しくはその他の活動を、直接的又は間接的に援助することを慎む。

VII　思想、良心、宗教、信条の自由を含む人権と基本的自由の尊重

参加国は、人種、性、言語又は宗教による差別なしに、全ての者に対して、思想、良心、宗教又は信条の自由を含む人権と基本的自由を尊重する。

参加国は、人間に固有の尊厳に由来し、かつ、人間の自由で完全な発展に不可欠な市民的、政治的、経済的、社会的、文化的その他の権利及び自由を効果的に行使できるよう促進し、奨励する。

参加国は、右の枠内で、個人の良心に命ずるところに従って行動し、かつ、単独に又は共同で、宗教又は信条を表明し、実行する個人の自由を認め、及び尊重する。

領域内に少数民族が存在する参加国は、これらの少数民族に属する人々の法の前の平等の権利を尊重し、これらの人々に人権と基本的自由を実際に享有する完全な機会を与え、それによってこの分野でのこれらの人々の正当な利益を保護する。

参加国は、人権と基本的自由の普遍的意義を認める。人権と基本的自由の尊重は、参加国間及び全ての国家間の友好関係並びに協力の発展を確保するために必要な平和、正義及び福利に不可欠の要素である。

参加国は、その相互関係においてこれらの権利と自由を常に尊重し、かつ、国際連合との協力を含め、共同でまた個別に、これらの権利と自由の普遍的かつ実効的な尊重を促進するよう努力する。

参加国は、この分野における自己の権利と義務を知り、これに基づいて行動する個人の権利を確認する。

人権と基本的自由の分野において、参加国は、国際連合憲章の目的と原則及び世界人権宣言に従って行動する。参加国は、また、とりわけ国際人権規約を含めこの分野で参加国が拘束されている国際宣言及び国際協定に定められている義務を履行する。

VIII　人民の同権と自決

参加国は、国際連合憲章の目的と原則及び国際法の関連諸規範（国家の領土保全に関するものを含む。）に常に従って行動することにより、人民の同権と自決権を尊重する。

人民の同権と自決の原則に基づき、全ての人民は、いかなるときにも、完全に自由にかつ外部からの干渉なしに、自らの欲するときに自らの欲する方法でその対内的及び対外的な政治的地位を決定し、かつ、自らの政治的、経済的、社会的及び文化的な発展を追求する権利を有する。

参加国は、参加国間及び全ての国家間の友好関係の発展のために、人民の同権と自決の尊重及びその実効的な行使の普遍的意義を再確認する。参加国は、また、この原則に対するあらゆ

る形態の侵犯を除去することの重要性を想起する。

IX　諸国間の協力

参加国は、国際連合憲章の目的と原則に従って、相互にまた全ての国と全ての分野で協力を進める。このような協力を進めるに当たって、参加国は、完全な平等の条件の下でそれぞれ貢献しつつ、欧州安全保障・協力会議の枠内に定められている分野に特に重点を置く。

参加国は、相互の平等を基礎として協力を発展させるに当たり、参加国間の相互理解及び信頼、友好善隣関係、国際の平和と安全及び正義を推進するよう努力する。参加国は、また、その協力を進めるに当たり、諸国民の福利を改善し、並びに特に相互理解の増進、並びに経済、科学、技術、社会、文化及び人道の分野での進歩及び成果から生ずる諸利益を通じて諸国民の願望が達成されるよう努力する。参加国は、これらの利益を全ての人が享有できるような状況を促進するための措置をとる。すなわち、参加国は、経済発展の水準の格差を縮小させる上で、全ての国、とりわけ世界中の発展途上国の利害を考慮に入れる。

参加国は、これらの協力の目的の達成に向けて貢献する上で、政府、機関、組織及び個人がしかるべき積極的な役割を果たすべきことを確認する。

参加国は、以上述べられたような協力を増大させるに当たって、改善されたより永続的な基礎の上に、参加国間の一層緊密な関係を諸国民の利益となるように発展させるよう努力する。

X　国際法の義務の誠実な履行

参加国は、国際法の一般に認められた原則及び規則から生ずる義務であるか、自らが当事国となっており、かつ、国際法に合致する条約その他の協定から生ずる義務であるかを問わず、国際法上の義務を誠実に履行する。

参加国は、自国の法令を制定する権利を含め、その主権を行使するに際して国際法上の法的義務に従う。参加国は、さらに、欧州安全保障・協力会議の最終文書の規定を尊重し、履行する。

参加国は、国際連合憲章に基づく国際連合加盟国の義務といずれかの条約その他の国際協定に基づく義務とが抵触するときは、国際連合憲章第一〇三条に従って国際連合憲章に基づく義務が優先することを確認する。

以上の諸原則は、全て枢要な意義を有するものであり、したがって、各原則とも他の原則を考慮に入れつつ解釈され、平等にかつ留保なしに適用される。

参加国は、これらの原則が全ての参加国により尊重され、適用されることから生ずる利益をあらゆる参加国に対して確保するため、その相互関係と協力のあらゆる面においてこの宣言に規定されている諸原則を完全に尊重し、適用する決意を表明する。

参加国は、以上の諸原則、特に第一〇原則「国際法の義務の誠実な履行」第一節に妥当な考慮を払うことにより、この宣言が参加国の権利及び義務並びにこれらの権利及び義務に関する条約及びその他の協定並びに取決めに影響するものでないことに留意する。

参加国は、これらの原則の尊重が参加国間の正常かつ友好的な関係を発展させ、また、あらゆる分野における協力の進展を促進するという確信を表明する。参加国は、また、これらの原則の尊重が参加国間の政治的接触の進展を促進し、ひいては参加国間の立場と見解についてのより良い相互理解に貢献するであろうという確信を表明する。

参加国は、この宣言に掲げる諸原則の精神に則って他の全ての国との関係を進める意図を有することを宣言する。

(b)　以上の諸原則のいくつかを実施することに関連する事項

(i)　参加国は、

武力による威嚇又は武力行使の放棄を尊重し、かつ、実効的なものとすることを再確認し、並びにこれを国際生活の実効的規範とすることが必要であることを確信して、

相互の関係において、特に参加国間の関係を律する原則に関する宣言に合致する以下の規定を尊重し、適用することを宣言する。

—参加国が適当と考えるあらゆる手段と形式によって、参加国の相互関係において武力による威嚇又は武力の行使を慎む義務を実効的なものとし、かかる原則を表明する。

—国際連合憲章の目的及び原則並びに参加国間の関係を律する原則に関する宣言の規定と一致しない他の参加国へのあらゆる武力行使、特にその領土への侵入又は攻撃を慎む。

—他の参加国にその主権の完全な行使を放棄させるため武力を誇示することを慎む。

—他の参加国の主権に固有の諸権利の行使を自国の利益に従わせ、それにより何らかの利益を確保することを目的とするあらゆる経済的強制を慎む。

—その規模と性格において、厳格で実効的な国際管理の下での全面的かつ完全な軍縮という究極の目標達成への一過程となる実効的な措置をとる。

—各参加国が適当と考えるあらゆる手段によって、国際連合憲章の目的及び参加国間の関係を律する原則に関する宣言に反する他の参加国への侵略戦争又はあらゆる武力による威嚇若しくは武力行使の宣伝を慎む義務に調和する諸国民間の信頼と尊重の雰囲気を醸成する。

—それが持続した場合欧州における国際の平和と安全の維持を危くするおそれのある参加国間の全ての紛争を専ら平和的手段によって解決するためあらゆる努力を払い、第一に国際連合憲章第三三条の定める平和的手段による解決を求める。参加国間の紛争の平和的解決の妨げとなり得るいかなる行動も慎む。

(ii)　参加国は、

紛争の平和的解決の原則が定める参加国間の紛争を解決する決意を再確認し、

紛争の平和的解決は武力による威嚇又は武力の行使の放棄を補完するものであり、両者は平和と安全の維持及び強化の唯一ではないにせよ不可欠の要素であることを確信し、

紛争の平和的解決に参加国が利用できる諸方策を強化し、改善することを希望して、

1　現在の方法を補完する紛争の平和的解決のため一般に受け入れられる方法を検討し、作成するよう努力を重ねること、並びに、この目的のために欧州安全保障・協力会議第二段階にスイスが提案した「紛争の平和的解決のための欧州体制に関する協定案」、及びこれに関連し、かつ、そうした方法を練り上げるためのその他の提案についても作業を続けることを決意する。

2　「会議の事後措置」の章に定める事後措置の枠内でかつその手続に従って前記1に定める任務を果たすため、スイスの

招待で全参加国の専門家の会合を招集することを決定する。

３　この専門家の会合は、「会議の事後措置」の章に一九七七年に予定されており、参加国の外務大臣の任命する代表者からなる会議の後に開催される。この専門家の会合の作業の結果は、各政府に送付される。

## 二　信頼醸成措置及び安全保障と軍縮の若干の側面に関する文書

参加国は、

参加国間にみられる緊張の原因を除去し、それによって世界の平和と安全の強化に貢献することを希望し、

参加国間の信頼関係を強化し、それによって欧州の安定と安全の増大に貢献することを決意し、

さらに参加国相互間の関係及び国際関係一般において、武力による威嚇又は武力の行使を、いかなる国の領土保全又は政治的独立に対するものも、また国際連合の目的及び本最終文書で採択された参加国間の関係を律する原則に関する宣言に対する他のいかなる方法によるものも慎むことを決意し、

特に参加国に軍事活動の性格についての明確でその時々に適切な情報が不足している事態において、武力紛争の危険性及び軍事活動についての憂慮すべき誤解又は誤認の危険性を減少させることに貢献する必要を認め、

緊張を減少させ、軍縮を促進することを目的とする努力に適切な考慮を払い、

軍事演習への招待によるオブザーバーの交換が、接触と相互理解を促進する上で助けとなるであろうことを認め、

信頼醸成の文脈における主要な軍隊移動の事前通告の問題を検討し、

各参加国がその共通の目標にさらに貢献することができる他の方法があることを認め、

相互理解の増進並びに信頼、安定及び安全の強化のため主要な軍事演習の事前通告の政治的重要性を確信し、

これらの目的を推進し、かつ、その実現に不可欠の、参加国が受け入れる基準と方法に従ってこの措置を履行するという各参加国の責任を認め、

政治的決定に由来するこの措置が自発的な基礎に基づくものであることを確認して、

次の事項を採択した。

### Ｉ

#### 主要な軍事演習の事前通告

参加国は次の規定に従い、通常の外交経路を通じて、他の全ての参加国に自国の主要な軍事演習を通告する。

通告は、地上軍部隊単独であるか、空軍又は海軍の兵力と合同であるかを問わず、総計二五〇〇〇人を超える主要な軍事演習について行われる(この文脈において「地上軍部隊」という言葉は、水陸両用部隊及び空挺部隊を含む)。水陸両用部隊若しくは空挺部隊単独の演習又はこれらを含む合同演習の場合には、これらの部隊は、この総計に含まれる。さらに、以上の総計には達しないが、水陸両用部隊又は空挺部隊のいずれかの相当数又はその両者を含む地上軍の合同演習の場合にも、通告することができる。

通告は、参加国のいずれかの欧州の領域、並びに、可能な場合には隣接する海域及び空域で行われる主要な軍事演習について行われる。

その領域が欧州以外に及んでいる参加国の場合には、他の欧州参加国と対向し又はこれと接する国境から二五〇キロメートル以内の地域で行われる演習についてのみ、通告を行うことが求められる。その演習地域が欧州以外の非参加国と対向し又はこれと接する国境にも隣接している場合には、通告は必要とされない。

通告は、演習開始の二一日以上前に、又はそれより短い予告で準備された演習の場合には演習開始に先立ち可能な限り早い機会に行う。

通告は、演習の名称があればその名称、一般的目的、演習に参加する国、使用兵力数であれば、その種類、演習地域及び推定所要時間についての情報を含む。参加国は、また可能であれば、補足的な関連情報とりわけ使用兵力の構成とこれらの兵力の参加期間についての情報を提供する。

#### その他の軍事演習の事前通告

参加国は、信頼の強化及び安全と安定の増大にさらに貢献できることを認め、この目的のためより小規模な軍事演習も、そうした演習地域に隣接する参加国に特に配慮して、他の参加国に通告することができる。

同じ目的のため、参加国は、また自国が行う他の軍事演習を通告することができることを認める。

#### オブザーバーの交換

参加国は、自発的にかつ二国間で、全参加国に対する相互主義と善意の精神に則り、他の参加国に軍事演習出席のためオブザーバーを送るよう招待する。

招待国は、それぞれの場合に、オブザーバーの数、参加の手続及び条件を定め、有用と考えるその他の情報を提供する。招待国は、適切な便宜及び待遇を与える。

招待は、通常の外交経路を通じて事情の許す限り早い機会に行われる。

#### 主要な軍隊移動の事前通告

ヘルシンキ準備会議の最終勧告に従って、参加国は、信頼を強化する措置として主要な軍隊移動の事前通告問題を検討した。

その結果、参加国は、参加国自身の判断でかつ信頼醸成に貢献する目的で、主要な軍隊移動を通告できることを認める。

同様な精神に基づいて、欧州安全保障・協力会議参加国は、特に本文書に定められた措置を履行することにより得られる経験に留意して、主要な軍隊移動の事前通告問題に対して一層の考慮を払う。

#### その他の信頼醸成措置

参加国は、その共通の目的を促進することができる他の手段があることを認める。

特に参加国は、相互主義に適切な考慮を払い、かつ、より良い相互理解を目指して、軍の代表団の訪問を含む軍人間の招待による交流を奨励する。

信頼醸成の共通目的にさらに十分に貢献するため、参加国は、主要な軍事演習の事前通告に関する規定が適用される地域で軍事演習を行うに当たっては、この目的に適切な考慮を

払い、かつ、これを尊重する。

参加国は、また、前記に掲げる規定の履行により得られる経験が、一層の努力と組み合わされることにより、信頼強化を目的とする措置の進展と拡大を導き得ることを認める。

II 軍縮に関する問題

参加国は、欧州における政治的緊張緩和を補完し参加国の安全の強化を意図して行われる軍事的対決の減少と軍縮の促進を目的とする努力に対し、全参加国が関心をもつことを認める。

参加国は、その規模と性格において、厳格で実効的な国際管理の下での全面的でかつ完全な軍縮という究極の目標達成への一過程となり、かつ、全世界の平和と安全を強化することになるこれらの分野での実効的な措置をとる必要性を確信する。

III 一般的考察(略)

## B 経済、科学技術及び環境の分野における協力(略)

## C 地中海地域の安全と協力に関する諸問題

(略)

## D 人道及びその他の分野における協力

参加国は、

人種、性、言語又は宗教による差別なしに、諸国民間の平和と理解を強め、人間性を高めるのに貢献することを希望し、

文化及び教育の分野での交流の増大、情報の一層広範な伝播及び人間の接触の拡大並びに人道上の諸問題の解決がこれらの目的の達成に資することを認識し、

それゆえ、前記の分野におけるより良い条件を作り出し、現在の協力の形を強化し、かつ、これらの目的に沿った新たな手段と方法を作り出すため、各国の政治、経済及び社会体制にかかわりなく協力することを決意し、

このような協力が、当該文書に定められた参加国間関係を律する原則を尊重しつつ実施されるべきことを確信して、

次の事項を採択した。

### 一 人の接触

参加国は、

人の接触の進展が、諸国民間の友好関係と信頼を強化する重要な要素と考え、

この分野での事態の改善のため現在なされている努力に関連して参加国が払っている人道上の配慮の重要性を確認し、

こうした精神に基づいて、緊張緩和とともに、この分野での継続的な進歩をもたらすためのさらなる努力を推し進めることを希望し、

これに関連する諸問題が、関係諸国により、相互に受入れ可能な条件の下に解決さるべきことを認識し、

個人であると集団であると、私的たると公的たるとを問わず、参加国の個人、組織及び機関の間の一層自由な移動と接触を推進すること、並びに、これに関連して生ずる人道上の諸問題の解決に資することを目標とし、

こうした目的のため参加国が適当と判断する措置をとり、また必要に応じて参加国の間で協定又は取決めを締結する用意があることを宣言して、

次のことを履行する意図を表明する。

(a) 家族の絆に基づく接触及び定期的再会

家族の絆に基づく接触をさらに推進するため、参加国は、家族の構成員を訪問するための一時的及び希望がある場合には定期的な自国への入国又は自国からの出国の申請を好意的に審査する。

家族と再会するための一時的な訪問についての申請は、出生国又は渡航先の国による差別なしに扱われる。旅行関係書類及び査証の発給に必要な手続もこの精神に則って適用される。旅行関係書類及び査証は、合理的な期間内に作成発給され、重病又は死亡などの緊急の場合には優先的な取扱いを受ける。参加国は、公の旅行関係書類及び査証の取得のための手続料が妥当な額に納まるよう必要な措置をとる。

家族の絆に基づく接触に関わる申請書の提示は、申請者及びその家族構成員の権利及び義務を変更するものでない。

(b) 家族の再結合

参加国は、病人又は老齢者などのように緊急を要する申請に特別の注意を払いつつ、家族構成員との再結合のため提出された申請を積極的かつ人道的精神に基づいて取り扱う。

参加国は、この分野における申請を可能な限り迅速に処理する。

参加国は、必要な場合にはこれらの申請に関して課せられる手数料を適度な額となるよう引き下げる。

家族の再結合を目的とする申請が不許可になった場合には、適当な機関に再申請することができる。再申請は、申請者の滞在国又は渡航先の国の関係当局により、合理的と考えられる短い期間内に審査される。このような場合、手数料は、申請が許可された場合にのみ課せられる。

家族との再結合のための申請が許可された者は、家財及び身の回り品を携え又は送ることができる。このため参加国は、現行規則が認めるあらゆる可能な手段を講ずる。(後略)

(c) 異なる国の国民同士の結婚(略)

(d) 私的又は職業上の理由による旅行(略)

(e) 個人又は団体による観光旅行の条件の改善(略)

(f) 青年の会合(略)

(g) スポーツ(略)

(h) 接触の拡大(略)

### 二 情報(抄)

参加国は、

他の参加国における生活の多様な側面について絶えず知識と理解を広げていくことの必要性を認識し、

そのような進展が諸国民間の信頼の発展に資することを認め、

参加国間の相互理解の発展と関係のさらなる改善とともに、この分野での進展を目指す一層の努力を継続することを希望し、

他の参加国からの情報の伝播とそうした情報のより良い理解の重要性を認め、

それゆえ、出版、ラジオ、テレビ、映画及び通信社並びにこれらの分野で活動するジャーナリストが果たす不可欠の役割とその

影響力を強調し、

あらゆる種類の情報の一層自由で広範な普及を推進すること、情報の分野での協力と他の国々との情報交換を奨励すること、及び、参加国のジャーナリストが他の参加国で行う職業活動の条件を改善することを目的として、

特に次のことを行う意図を表明する。

(a) 情報の普及、入手及び交換の改善（略）
(b) 情報分野における協力（略）
(c) ジャーナリストの活動条件の改善（略）

### 三　文化分野における協力と交流（略）

### 四　教育分野における協力と交流（略）

## E　会議の事後措置

参加国は、

欧州安全保障・協力会議で達成された進展を考慮し、かつ、これを評価し、

さらに、世界のより広い文脈においてこの会議が欧州における安全の改善と協力の進展の過程の重要な一環であること、及び、その成果がこの過程に大きく貢献するであろうことを考慮し、

その成果を完全に実現し及び欧州における安全の改善及び協力の進展をさらに推進することができるよう、この会議の最終文書の規定を履行する意図を有し、

この会議の求める目的を達成するために、参加国は、単独、二国間及び多国間のさらなる努力を進め、かつ、次に述べる適当な形で、この会議に始まる多国間過程を継続すべきことを確信して、

1　この会議後の期間に、次のような方法で、会議の最終文書の規定に妥当な考慮を払い、かつ、これらの規定を履行する決意を宣言する。

(a) 単独では、このような行動に適う全ての場合に。
(b) 二国間では、他の参加国との交渉によって。
(c) 多国間では、参加国の専門家会合によって、並びに国際連合欧州経済委員会及び教育、科学及び文化の分野についてはユネスコ等の既存の国際組織の枠内で。

2　さらに、次のような方法で、会議に始まる多国間過程を継続する決意を宣言する。

(a) 最終文書の規定の履行及び会議の定める任務の遂行並びに会議が扱った諸問題の文脈における相互関係の深化、欧州における安全の改善と協力の発展、及び将来の緊張緩和過程の発展に関して十分な意見の交換を推進することによって。
(b) この目的のため外務大臣が任命する代表者の会合から始まる代表者間の会合を組織することによって。この代表者会合は、さらに開催されるであろう同様の会合及び新たな会議の可能性を含む他の会合を開催するための適当な方式を定める。

3　前記会合の第一回会合は一九七七年にベオグラードで開催される。この会合を組織するための準備会議は、一九七七年六月一五日にベオグラードで開催される。準備会議は、外務大臣が任命する代表者会合の日程、検討項目及びその他の事項を定める。

4　（略）

（前略）この最終文書は、各参加国において公表される。各参加国は、これを可能な限り広い範囲に配布し、周知させる。

フィンランド共和国政府は、国際連合の公式文書として国際連合の全ての加盟国に配布するためこの最終文書を国際連合事務総長に送付するよう要請される。ただし、この最終文書は国際連合憲章第一〇二条に基づく登録の対象とはならない。（後略）

以上の証拠として、下名の参加国の代表は、参加国が会議の成果に対して付与する高度の政治的意義を認識し、かつ、本文に定める規定に従って行動する決意を宣言して、次のとおり署名した。

# 6　アフリカ連合平和安全保障会議設立議定書

（第1章17参照八九頁）

# 7　中朝相互援助条約　翻訳

（中華人民共和国と朝鮮民主主義人民共和国との間の友好、協力相互援助条約）

署　名　一九六一年七月一一日（北京）
効力発生　一九六一年九月一〇日

中華人民共和国主席及び朝鮮民主主義人民共和国最高人民会議常任委員会は、マルクス・レーニン主義及びプロレタリア国際主義の原則に基づき、かつ、国家主権及び領土保全の相互の尊重、相互不可侵、内政相互不干渉、平等互恵並びに相互の援助及び支持の基礎の上に、全力をあげて両国間の兄弟のような友好、協力及び相互援助関係を一層強化発展させ、両国人民の安全を共同で保障し、アジア及び全世界の平和を守り、かつ、強固にすることを決意し、また、両国間の友好、協力及び相互援助関係の発展強化が、両国人民の根本的利益に合致するのみでなく、世界各国人民の利益に合致するものであることを確信し、このために、この条約を締結することに決定し、それぞれ次のとおり全権代表を任命した。

中華人民共和国首席は中華人民共和国国務院総理周恩来を特派し、朝鮮民主主義人民共和国最高人民会議常任委員会は、朝鮮民主主義人民共和国内閣首相金日成を特派した。

これらの全権代表は、互いにその全権委任状を示し、それが良好妥当であると認められた後、次のとおり協定した。

**第一条【平和と安全に関する誓約】** 両締約国は、アジア及び全世界の平和並びに各国人民の安全を守るため、引き続きあらゆる努力を払う。

**第二条【共同防衛】** 両締約国は、共同で全ての措置をとりいずれの一方の締約国に対するいかなる国の侵略をも防止する。いずれか一方の締約国がいずれかの国又は同盟国家群から武力攻撃を受けて、それによって戦争状態に陥ったときは他方の締約国は、直ちに全力をあげて軍事上その他の援助を与える。

**第三条【他の同盟への不参加】** いずれの締約国も、他方の締約国に対するいかなる同盟をも結ばず、また、他方の締約国に対す

るいかなるブロック、行動又は措置にも参加しない。

**第四条【協議】** 両締約国は、両国に共通の利害関係がある全ての重大な国際問題について、引き続き互いに協議するものとする。

**第五条【相互援助と技術協力】** 両締約国は、主権の相互の尊重、内政の相互不干渉及び平等互恵の原則並びに友好的協力の精神に基づき、両国の社会主義建設事業において、可能な経済上及び技術上の援助を引き続き相互に与え、かつ、両国間の経済上、文化上、科学上及び技術上の協力を引き続き強化発展させる。

**第六条【朝鮮の統一】** 両締約国は、朝鮮の統一は平和民主の基礎の上に実現されるべきであり、このような解決は朝鮮人民の民族利益及び極東における平和の擁護の目的に合致するものであることを認める。

**第七条【批准、効力発生】** この条約は、批准されなければならない。この条約は、批准書の交換の日に効力を生ずる。批准書は、平壌で交換される。

この条約は、両締約国が改正又は終了について合意しない限り、引き続き効力を有する。

## 参考　中ソ同盟条約 翻訳

（ソヴィエト社会主義共和国連邦と中華人民共和国との間の友好、同盟及び相互援助条約）

署　　名　一九五〇年二月一四日（モスクワ）
効力発生　一九五〇年四月一一日
失　　効　一九八〇年四月一一日（七九年四月一一日中国が廃棄通告をした。）

ソヴィエト社会主義共和国連邦最高会議幹部会及び中華人民共和国中央人民政府は、ソヴィエト社会主義共和国連邦と中華人民共和国間の友好及び協力を強化し、日本帝国主義の復活及び日本国の侵略又は侵略行為についてなんらかの形で日本国と連合する国の侵略の繰り返しを共同で防止することを決意し、

国際連合の目的及び原則に従って極東及び世界の長期にわたる平和及び全般的安全を強化することを希望し、

ソヴィエト社会主義共和国連邦と中華人民共和国との間の善隣及び友好の関係を強化することが、ソヴィエト連邦及び中国の人民の基本的利益に合致することを深く確信して、

この目的のためにこの条約を締結することに決定し、次のとおりその全権委員を任命した。（全権委員名略）

両全権委員は、その全権委任状を交換しそれが良好妥当であると認めた後、次のとおり協定した。

**第一条【日本に対する共同防衛、世界平和への協力】** 両締約国は、日本国又は直接に若しくは間接に侵略行為について日本国と連合する他の国の侵略の繰り返し及び平和の破壊を防止するため、両国のなし得る全ての必要な措置を共同してとることを約束する。

締約国の一方が日本国又はこれと同盟している他の国から攻撃を受け、戦争状態に陥った場合には、他方の締約国は、直ちにとることができる全ての手段をもって軍事的及び他の援助を与える。

また、締約国は、世界の平和及び安全を確保することを目的とするあらゆる国際的行動に誠実な協力の精神をもって参加する用意があることを宣言し、かつ、これらの目的の最も速やかな実現のために全力を尽くす。

**第二条【対日講和の促進】** 両締約国は、相互の合意の下に、第二次世界大戦の間同盟していた他の国とともに日本国との平和条約をできる限り短期間内に締結するために、努力することを約束する。

**第三条【敵対的同盟への不参加】** 両締約国は、他の締約国に反対するいかなる同盟をも締結せず、また、他の締約国に反対するいかなる連合及びいかなる行動若しくは措置にも参加しない。

**第四条【一般的協議】** 両締約国は、平和の強化及び全般的安全のためにソヴィエト連邦と中国との共通の利害に関する全ての重要な国際問題については、相互に協議する。

**第五条【経済的協力】** 両締約国は、友好と協力との精神をもって、また、平等、互恵、国家主権及び領土保全に対する相互尊重の原則、並びに他方の締約国の国内事項に対する不干渉の原則に従い、ソヴィエト連邦と中国との間の経済的及び文化的連携を発展強化し、互いにあらゆる可能な経済的援助を与え、かつ、必要な経済的協力を行なうことを約束する。

**第六条【批准】** この条約は、その批准の日から直ちに効力を生ずるものとし、批准書は、北京で交換される。

この条約の有効期間は、三〇年とし、一方の締約国が期間満了の一年前までに廃棄する希望を表明しない場合には五年間延長されるものとし、この方法により順次延長される。

# 第14章　武力紛争

## 第1節　一般

### 1 開戦条約

(開戦ニ関スル条約)

署　名　一九〇七年一〇月一八日(ハーグ)
効力発生　一九一〇年一月二六日
日本国　一九一二年二月一一日(一一年一一月六日批准、一二月一三日批准書寄託、一二年一月一三日公布・条約三号)
当事国　三九

独逸(ドイツ)皇帝普魯西(プロシア)国皇帝陛下(以下締約国元首名略)ハ、平和関係ノ安固ヲ期スル為、戦争ハ予告ナクシテ之ヲ開始セサルヲ必要トスルコト、及戦争状態ハ遅滞ナク之ヲ中立国ニ通告スルヲ必要トスルコトヲ考慮シ、之カ為条約ヲ締結セムコトヲ希望シ、各左ノ全権委員ヲ任命セリ。(全権委員名略)

因テ各全権委員ハ、其ノ良好妥当ナリト認メラレタル委任状ヲ寄託シタル後、左ノ条項ヲ協定セリ。

**第一条【宣戦】** 締約国ハ、理由ヲ附シタル開戦宣言ノ形式又ハ条件附開戦宣言ヲ含ム最後通牒ノ形式ヲ有スル明瞭且事前ノ通告ナクシテ、其ノ相互間ニ、戦争[hostilities]ヲ開始スヘカラサルコトヲ承認ス。

**第二条【戦争状態の通告】** 戦争状態ハ遅滞ナク中立国ニ通告スヘク、通告受領ノ後ニ非サレハ、該国ニ対シ其ノ効果ヲ生セサルモノトス。該通告ハ、電報ヲ以テ之ヲ為スコトヲ得。但シ、中立国カ実際戦争状態ヲ知リタルコト確実ナルトキハ、該中立国ハ、通告ノ欠缺ヲ主張スルコトヲ得ス。

**第三条【拘束力】** 本条約第一条ハ、締約国中ノ二国又ハ数国間ノ戦争ノ場合ニ効力ヲ有スルモノトス。

第二条ハ、締約国タル一交戦国ト均シク締約国タル諸中立国間ノ関係ニ付拘束力ヲ有ス。

**第四条【批准】** 本条約ハ、成ルヘク速ニ批准スヘシ。

批准書ハ、海牙(ハーグ)ニ寄託ス。

第一回ノ批准書寄託ハ、之ニ加リタル諸国ノ代表者及和蘭(オランダ)国外務大臣ノ署名シタル調書ヲ以テ之ヲ証ス。

爾後ノ批准書寄託ハ、和蘭国政府ニ宛テ、且批准書ヲ添附シタル通告書ヲ以テ之ヲ為ス。

第一回ノ批准書寄託ニ関スル調書、前項ニ掲ケタル通告書及批准書ノ認証謄本ハ、和蘭国政府ヨリ、外交上ノ手続ヲ以テ、直ニ之ヲ第二回平和会議ニ招請セラレタル諸国及本条約ニ加盟スル他ノ諸国ニ交付スヘシ。前項ニ掲ケタル場合ニ於テハ、和蘭国政府ハ同時ニ通告書ヲ接受シタル日ヲ通知スルモノトス。

**第五条【非記名国】** 記名国ニ非サル諸国ハ、本条約ニ加盟スルコトヲ得。

加盟セムト欲スル国ハ、書面ヲ以テ其ノ意思ヲ和蘭国政府ニ通告シ、且加盟書ヲ送付シ、之ヲ和蘭国政府ノ文庫ニ寄託スヘシ。

和蘭国政府ハ、直ニ通告書及加盟書ノ認証謄本ヲ爾余ノ諸国ニ送付シ、且右通告書ヲ接受シタル日ヲ通知スヘシ。

**第六条【効力発生】** 本条約ハ、第一回ノ批准書寄託ニ加リタル諸国ニ対シテハ、其ノ寄託ノ調書ノ日附ヨリ六十日ノ後、又其ノ後ニ批准シ又ハ加盟スル諸国ニ対シテハ、和蘭国政府カ右批准又ハ加盟ノ通告ヲ接受シタルトキヨリ六十日ノ後ニ、其ノ効力ヲ生スルモノトス。

**第七条【廃棄】** 締約国中本条約ヲ廃棄セムト欲スルモノアルトキハ、書面ヲ以テ、其ノ旨和蘭国政府ニ通告スヘシ。和蘭国政府ハ、直ニ通告書ノ認証謄本ヲ爾余ノ諸国ニ送付シ、且右通告書ヲ接受シタル日ヲ通知スヘシ。

廃棄ハ、其ノ通告カ和蘭国政府ニ到達シタルトキヨリ一年ノ後、右通告ヲ為シタル国ニ対シテノミ効力ヲ生スルモノトス。

**第八条【批准書寄託の帳簿】** 和蘭国外務省ハ、帳簿ヲ備ヘ置キ、第四条第三項及第四項ニ依リ為シタル批准書寄託ノ日並加盟(第五条第二項)又ハ廃棄(第七条第一項)ノ通告ヲ接受シタル日ヲ記入スルモノトス。

各締約国ハ、右帳簿ヲ閲覧シ、且其ノ認証抄本ヲ請求スルコトヲ得。

### 2 陸戦法規慣例条約

(陸戦ノ法規慣例ニ関スル条約)[ハーグ陸戦条約]

採　択　一九〇七年一〇月一七日(ハーグ)(全会一致(賛成四四))
署　名　一九〇七年一〇月一八日(ハーグ)
効力発生　一九一〇年一月二六日
日本国　一九一二年二月一二日(一一年一一月六日批准、一二月一三日批准書寄託、一二年一月一三日公布・条約四号)
当事国　四二

独逸(ドイツ)皇帝普魯西(プロシア)国皇帝陛下(以下締約国元首名略)ハ、平和ヲ維持シ且諸国間ノ戦争ヲ防止スルノ方法ヲ講スルト同時ニ、其ノ所期ニ反シ避クルコト能ハサル事件ノ為兵力ニ訴フルコトアルヘキ場合ニ付攻究ヲ為スノ必要ナルコトヲ考慮シ、斯ノ如キ非常ノ場合ニ於テモ尚能ク人類ノ福利ト文明ノ駸駸トシテ止ムコトナキ要求トニ副ハムコトヲ希望シ、之カ為戦争ニ関スル一般ノ法規慣例[(仏)coutumes]ハ一層之ヲ精確ナラシムルヲ目的トシ、又ハ成ルヘク戦争ノ惨害ヲ減殺スヘキ制限ヲ設クルヲ目的トシテ、之ヲ修正スルノ必要ヲ認メ、千八百七十四年ノ比律悉(ブリュッセル)会議ノ後ニ於テ、聰明仁慈ナル先見ヨリ出テタル前記ノ思想ヲ体シテ、陸戦ノ慣習[(仏)usages]ヲ制定スルヲ以テ目的トスル諸条規ヲ採用シタル第一回平和会議ノ事業ヲ或点ニ於テ補充シ、且精確ニスルヲ必要ト判定セリ。

締約国ノ所見ニ依レハ、右条規ハ、軍事上ノ必要ノ許ス限、努メテ戦争ノ惨害ヲ軽減スルノ希望ヲ以テ定メラレタルモノニシテ、交戦者相互間ノ関係及人民トノ関係ニ於テ、交戦者ノ行動ノ一般ノ準縄タルヘキモノトス。

但シ、実際ニ起ル一切ノ場合ニ普ク適用スヘキ規定ハ、此ノ際之ヲ協定シ置クコト能ハサリシト雖、明文ナキノ故ヲ以テ、規定セラレサル総テノ場合ヲ軍隊指揮者ノ擅断ニ委スルハ、亦締約国ノ意思ニ非サリシナリ。

一層完備シタル戦争法規ニ関スル法典ノ制定セラルルニ至ル迄ハ、締約国ハ、其ノ採用シタル条規ニ含マレサル場合ニ於テモ、人民及交戦者カ依然文明国ノ間ニ存立スル慣習、人道ノ法則及公共良心ノ要求ヨリ生スル国際法ノ原則ノ保護及支配ノ下ニ立ツコトヲ確認スルヲ以テ適当ト認ム。

締約国ハ、採用セラレタル規則ノ第一条及第二条ハ、特ニ右ノ趣旨ヲ以テ之ヲ解スヘキモノナルコトヲ宣言ス。

締約国ハ、之カ為新ナル条約ヲ締結セムコトヲ欲シ、各左ノ全権委員ヲ任命セリ。(全権委員名略)

因テ各全権委員ハ、其ノ良好妥当ナリト認メラレタル委任状ヲ寄託シタル後、左ノ条項ヲ協定セリ。

**第一条【軍隊に対する訓令】** 締約国ハ、其ノ陸軍軍隊ニ対シ、本条約ニ附属スル陸戦ノ法規慣例ニ関スル規則ニ適合スル訓令ヲ発スヘシ。

**第二条【この条約の適用】** 第一条ニ掲ケタル規則及本条約ノ規定ハ、交戦国カ悉ク本条約ノ当事者ナルトキニ限、締約国間ニノミ之ヲ適用ス。

**第三条【違反】** 前記規則ノ条項ニ違反シタル交戦当事者ハ、損害アルトキハ、之カ賠償〔compensation, (仏)indemnité〕ノ責ヲ負フヘキモノトス。交戦当事者ハ、其ノ軍隊ヲ組成スル人員ノ一切ノ行為ニ付責任ヲ負フ。

**第四条【一八九九年の条約】** 本条約ハ、正式ニ批准セラレタル上、締約国間ノ関係ニ於テハ、陸戦ノ法規慣例ニ関スル千八百九十九年七月二十九日ノ条約ニ代ルヘキモノトス。

千八百九十九年ノ条約ハ、該条約ニ記名シタルモ、本条約ヲ批准セサル諸国間ノ関係ニ於テハ、依然効力ヲ有スルモノトス。

**第五条【批准】** 本条約ハ、成ルヘク速ニ批准スヘシ。

批准書ハ、海牙〔ハーグ〕ニ寄託ス。

第一回ノ批准書寄託ハ、之ニ加リタル諸国ノ代表者及和蘭〔オランダ〕国外務大臣ノ署名シタル調書ヲ以テ之ヲ証ス。

爾後ノ批准書寄託ハ、和蘭国政府ニ宛テ、且批准書ヲ添附シタル通告書ヲ以テ之ヲ為ス。

第一回ノ批准書寄託ニ関スル調書、前項ニ掲ケタル通告書及批准書ノ認証謄本ハ、和蘭国政府ヨリ、外交上ノ手続ヲ以テ、直ニ之ヲ第二回平和会議ニ招請セラレタル諸国及本条約ニ加盟スル他ノ諸国ニ交付スヘシ。前項ニ掲ケタル場合ニ於テハ、和蘭国政府ハ、同時ニ通告書ヲ接受シタル日ヲ通知スルモノトス。

**第六条【非記名国】** 記名国ニ非サル諸国ハ、本条約ニ加盟スルコトヲ得。

加盟セムト欲スル国ハ、書面ヲ以テ、其ノ意思ヲ和蘭国政府ニ通告シ、且加盟書ヲ送付シ、之ヲ和蘭国政府ノ文庫ニ寄託スヘシ。

和蘭国政府ハ、直ニ通告書及加盟書ノ認証謄本ヲ爾余ノ諸国ニ送付シ、且右通告書ヲ接受シタル日ヲ通知スヘシ。

**第七条【効力発生】** 本条約ハ、第一回ノ批准書寄託ニ加リタル諸国ニ対シテハ、其ノ寄託ノ調書ノ日附ヨリ六十日ノ後、又其ノ後ニ批准シ又ハ加盟スル諸国ニ対シテハ、和蘭国政府カ右批准又ハ加盟ノ通告ヲ接受シタルトキヨリ六十日ノ後ニ、其ノ効力ヲ生スルモノトス。

**第八条【廃棄】** 締約国中本条約ヲ廃棄セムト欲スルモノアルトキハ、書面ヲ以テ、其ノ旨和蘭国政府ニ通告スヘシ。和蘭国政府ハ、直ニ通告書ノ認証謄本ヲ爾余ノ諸国ニ送付シ、且右通告書ヲ接受シタル日ヲ通知スヘシ。

廃棄ハ、其ノ通告書カ和蘭国政府ニ到達シタルトキヨリ一年ノ後、右通告ヲ為シタル国ニ対シテノミ、効力ヲ生スルモノトス。

**第九条【批准書寄託の帳簿】** 和蘭国外務省ハ、帳簿ヲ備ヘ置キ、第五条第三項及第四項ニ依リ為シタル批准書寄託ノ日並加盟(第六条第二項)又ハ廃棄(第八条第一項)ノ通告ヲ接受シタル日ヲ記入スルモノトス。

各締約国ハ、右帳簿ヲ閲覧シ、且其ノ認証抄本ヲ請求スルコトヲ得。

## 留　保

独逸国　附属規則第四十四条ヲ留保ス。

墺地利洪牙利〔オーストリア＝ハンガリー〕国　千九百七年八月十七日ノ総会議ニ於テ為シタル宣言ヲ留保ス。

日本国　第四十四条ヲ留保ス。

「モンテネグロ」国　本条約附属規則第四十四条ニ関シテ表明シ、且千九百七年八月十七日ノ第四回総会議議事録ニ記入セラレタル留保ヲ為ス。

露西亜〔ロシア〕国　本条約附属規則第四十四条ニ関シテ表明シ、且千九百七年八月十七日ノ第四回総会議議事録ニ記入セラレタル留保ヲ為ス。

土耳其〔トルコ〕国　第三条ヲ留保ス。

## 条約附属書
## 陸戦ノ法規慣例ニ関スル規則

## 第一款　交戦者

### 第一章　交戦者ノ資格

**第一条【民兵と義勇兵】** 戦争ノ法規及権利義務ハ、単ニ之ヲ軍ニ適用スルノミナラス、左ノ条件ヲ具備スル民兵及義勇兵団ニモ亦之ヲ適用ス。

一　部下ノ為ニ責任ヲ負フ者其ノ頭ニ在ルコト
二　遠方ヨリ認識シ得ヘキ固著ノ特殊徽章ヲ有スルコト
三　公然兵器ヲ携帯スルコト
四　其ノ動作ニ付戦争ノ法規慣例ヲ遵守スルコト

民兵又ハ義勇兵団ヲ以テ軍ノ全部又ハ一部ヲ組織スル国ニ在リテハ、之ヲ軍ノ名称中ニ包含ス。

**第二条【群民兵】** 占領セラレサル地方ノ人民ニシテ、敵ノ接近スルニ当リ、第一条ニ依リテ編成ヲ為スノ遑ナク、侵入軍隊ニ抗敵スル為自ラ兵器ヲ操ル者カ公然兵器ヲ携帯シ、且戦争ノ法規慣例ヲ遵守スルトキハ、之ヲ交戦者ト認ム。

**第三条【兵力の構成員】** 交戦当事者ノ兵力ハ、戦闘員及非戦闘員ヲ以テ之ヲ編成スルコトヲ得。敵ニ捕ハレタル場合ニ於テハ、二者均シク俘虜ノ取扱ヲ受クルノ権利ヲ有ス。

### 第二章　俘虜

**第四条【取扱い】** 俘虜ハ、敵ノ政府ノ権内ニ属シ、之ヲ捕ヘタル個人又ハ部隊ノ権内ニ属スルコトナシ。

俘虜ハ人道ヲ以テ取扱ハルヘシ。

俘虜ノ一身ニ属スルモノハ、兵器、馬匹及軍用書類ヲ除クノ外、依然其ノ所有タルヘシ。

**第五条【留置】** 俘虜ハ、一定ノ地域外ニ出テサル義務ヲ負ハシメテ之ヲ都市、城寨、陣営其ノ他ノ場所ニ留置スルコトヲ得。但シ、已ムヲ得サル保安手段トシテ、且該手段ヲ必要トスル事情ノ継続中ニ限、之ヲ幽閉スルコトヲ得。

**第六条【使役】** 国家ハ、将校ヲ除クノ外、俘虜ヲ其ノ階級及技能ニ応シ労務者トシテ使役スルコトヲ得。其ノ労務ハ、過度ナルヘカラス。又一切作戦動作ニ関係ヲ有スヘカラス。

俘虜ハ、公務所、私人又ハ自己ノ為ニ労務スルコトヲ許可セラルルコトアルヘシ。

国家ノ為ニスル労務ニ付テハ、同一労務ニ使役スル内国陸軍軍人ニ適用スル現行定率ニ依リ支払ヲ為スヘシ。右定率ナキトキハ、其ノ労務ニ対スル割合ヲ以テ支払フヘシ。

公務所又ハ私人ノ為ニスル労務ニ関シテハ、陸軍官憲ト協議ノ上条件ヲ定ムヘシ。

俘虜ノ労銀ハ、其ノ境遇ノ艱苦ヲ軽減スルノ用ニ供シ、剰余ハ、解放ノ時給養ノ費用ヲ控除シテ之ヲ俘虜ニ交付スヘシ。

**第七条【給養】** 政府ハ、其ノ権内ニ在ル俘虜ヲ給養スヘキ義務ヲ有ス。

交戦者間ニ特別ノ協定ナキ場合ニ於テハ、俘虜ハ、糧食、寝具及被服ニ関シ之ヲ捕ヘタル政府ノ軍隊ト対等ノ取扱ヲ受クヘシ。

**第八条【処罰】** 俘虜ハ、之ヲ其ノ権内ニ属セシメタル国ノ陸軍現行法律、規則及命令ニ服従スヘキモノトス。総テ不従順ノ行為アルトキハ、俘虜ニ対シ必要ナル厳重手段ヲ施スコトヲ得。

逃走シタル俘虜ニシテ其ノ軍ニ達スル前又ハ之ヲ捕ヘタル軍ノ占領シタル地域ヲ離ルルニ先チ再ヒ捕ヘラレタル者ハ、懲罰ニ付セラルヘシ。

俘虜逃走ヲ遂ケタル後再ヒ俘虜ト為リタル者ハ、前ノ逃走ニ対シテハ何等ノ罰ヲ受クルコトナシ。

**第九条【氏名と階級】** 俘虜其ノ氏名及階級ニ付訊問ヲ受ケタルトキハ、実ヲ以テ答フヘキモノトス。若此ノ規定ニ背クトキハ、同種ノ俘虜ニ与ヘラルヘキ利益ヲ減殺セラルルコトアルヘシ。

**第一〇条【解放】** 俘虜ハ、其ノ本国ノ法律カ之ヲ許ストキハ、宣誓ノ後解放セラルルコトアルヘシ。此ノ場合ニ於テハ、本国政府及之ヲ捕ヘタル政府ニ対シ、一身ノ名誉ヲ賭シテ、其ノ誓約ヲ厳密ニ履行スルノ義務ヲ有ス。

前項ノ場合ニ於テ、俘虜ノ本国政府ハ、之ニ対シ其ノ宣誓ニ違反スル勤務ヲ命シ、又ハ之ニ服セムトノ申出ヲ受諾スヘカラサルモノトス。

**第一一条【宣誓解放】** 俘虜ハ、宣誓解放ノ受諾ヲ強制セラルルコトナク、又敵ノ政府ハ、宣誓解放ヲ求ムル俘虜ノ請願ニ応スルノ義務ナシ。

**第一二条【宣誓解放後の再捕】** 宣誓解放ヲ受ケタル俘虜ニシテ、其ノ名誉ヲ賭シテ誓約ヲ為シタル政府又ハ其ノ政府ノ同盟国ニ対シテ兵器ヲ操リ、再ヒ捕ヘラレタル者ハ、俘虜ノ取扱ヲ受クルノ権利ヲ失フヘク、且裁判ニ付セラルルコトアルヘシ。

**第一三条【軍の一部でない従軍者】** 新聞ノ通信員及探訪者並酒保用達人等ノ如キ、直接ニ軍ノ一部ヲ為ササル従軍者ニシテ、敵ノ権内ニ陥リ、敵ニ於テ之ヲ抑留スルヲ有益ナリト認メタル者ハ、其ノ所属陸軍官憲ノ証明書ヲ携帯スル場合ニ限リ、俘虜ノ取扱ヲ受クルノ権利ヲ有ス。

**第一四条【捕虜情報局】** 各交戦国ハ、戦争開始ノ時ヨリ、又中立国ハ、交戦者ヲ其ノ領土ニ収容シタル時ヨリ、俘虜情報局ヲ設置ス。情報局ハ、俘虜ニ関スル一切ノ問合ニ答フルノ任務ヲ有シ、俘虜ノ留置、移動、宣誓解放、交換、逃走、入院、死亡ニ関スル事項其ノ他各俘虜ニ関シ銘銘票ヲ作成補修スル為ニ、必要ナル通報ヲ各当該官憲ヨリ受クルモノトス。情報局ハ、該票ニ番号、氏名、年齢、本籍地、階級、所属部隊、負傷並捕獲、留置、負傷及死亡ノ日附及場所其ノ他一切ノ備考事項ヲ記載スヘシ。銘銘票ハ、平和克復ノ後之ヲ他方交戦国ノ政府ニ交付スヘシ。

情報局ハ、又宣誓解放セラレ交換セラレ逃走シ又ハ病院若ハ繃帯所ニ於テ死亡シタル俘虜ノ遺留シ並戦場ニ於テ発見セラレタル一切ノ自用品、有価物、信書等ヲ収集シテ、之ヲ其ノ関係者ニ伝送スルノ任務ヲ有ス。

**第一五条【捕虜救恤協会】** 慈善行為ノ媒介者タル目的ヲ以テ、自国ノ法律ニ従ヒ正式ニ組織セラレタル俘虜救恤協会ハ、其ノ人道的事業ヲ有効ニ遂行スル為、軍事上ノ必要及行政上ノ規則ニ依リテ定メラレタル範囲内ニ於テ、交戦者ヨリ自己及其ノ正当ノ委任アル代表者ノ為ニ一切ノ便宜ヲ受クヘシ。右協会ノ代表者ハ、各自陸軍官憲ヨリ免許状ノ交付ヲ受ケ、且該官憲ノ定メタル秩序及風紀ニ関スル一切ノ規律ニ服従スヘキ旨書面ヲ以テ約シタル上、俘虜収容所及送還俘虜ノ途中休泊所ニ於テ救恤品ヲ分与スルコトヲ許サルヘシ。

**第一六条【郵便料金の免除等】** 情報局ハ、郵便料金ノ免除ヲ享ク。俘虜ニ宛テ又ハ其ノ発シタル信書、郵便為替、有価物件及小包郵便物ハ、差出国、名宛国及通過国ニ於テ一切ノ郵便料金ヲ免除セラルヘシ。

俘虜ニ宛テタル贈与品及救恤品ハ、輸入税其ノ他ノ諸税及国有鉄道ノ運賃ヲ免除セラルヘシ。

**第一七条【捕虜将校】** 俘虜将校ハ、其ノ抑留セラルル国ノ同一階級ノ将校カ受クルト同額ノ俸給ヲ受クヘシ。右俸給ハ、其ノ本国政府ヨリ償還セラルヘシ。

**第一八条【宗教の自由】** 俘虜ハ、陸軍官憲ノ定メタル秩序及風紀ニ関スル規律ニ服従スヘキコトヲ唯一ノ条件トシテ、其ノ宗教ノ遵行ニ付一切ノ自由ヲ与ヘラレ、其ノ宗教上ノ礼拝式ニ参列スルコトヲ得。

**第一九条【遺言】** 俘虜ノ遺言ハ、内国陸軍軍人ト同一ノ条件ヲ以テ之ヲ領置シ、又ハ作成ス。

俘虜ノ死亡ノ証明ニ関スル書類及埋葬ニ関シテモ、亦同一ノ規則ニ遵ヒ、其ノ階級及身分ニ相当スル取扱ヲ為スヘシ。

**第二〇条【帰還】** 平和克復ノ後ハ、成ルヘク速ニ俘虜ヲ其ノ本国ニ帰還セシムヘシ。

### 第三章　病者及傷者

**第二一条【取扱い】** 病者及傷者ノ取扱ニ関スル交戦者ノ義務ハ、「ジェネヴァ」条約ニ依ル。

## 第二款　戦闘

### 第一章　害敵手段、攻囲及砲撃

**第二二条【害敵手段の制限】** 交戦者ハ、害敵手段ノ選択ニ付、無制限ノ権利ヲ有スルモノニ非ス。

**第二三条【禁止事項】** 特別ノ条約ヲ以テ定メタル禁止ノ外、特ニ禁止スルモノ左ノ如シ。

イ　毒又ハ毒ヲ施シタル兵器ヲ使用スルコト

ロ　敵国又ハ敵軍ニ属スル者ヲ背信ノ行為ヲ以テ殺傷スルコト

ハ　兵器ヲ捨テ又ハ自衛ノ手段尽キテ降ヲ乞ヘル敵ヲ殺傷スルコト

ニ　助命セサルコトヲ宣言スルコト

ホ　不必要ノ苦痛ヲ与フヘキ兵器、投射物其ノ他ノ物質ヲ使用スルコト

ヘ　軍使旗、国旗其ノ他ノ軍用ノ標章、敵ノ制服又ハ「ジェ

ネヴァ」条約ノ特殊徽章ヲ擅ニ使用スルコト

ト　戦争ノ必要上万已ムヲ得サル場合ヲ除クノ外敵ノ財産ヲ破壊シ又ハ押収スルコト

チ　対手当事国国民ノ権利及訴権ノ消滅、停止又ハ裁判上不受理ヲ宣言スルコト

交戦者ハ、又対手当事国ノ国民ヲ強制シテ其ノ本国ニ対スル作戦動作ニ加ラシムルコトヲ得ス。戦争開始前其ノ役務ニ服シタル場合ト雖亦同シ。

**第二四条【奇計】** 奇計並敵情及地形探知ノ為必要ナル手段ノ行使ハ、適法ト認ム。

**第二五条【防守されない都市の攻撃】** 防守セサル都市、村落、住宅又ハ建物ハ、如何ナル手段ニ依ルモ、之ヲ攻撃又ハ砲撃スルコトヲ得ス。

**第二六条【砲撃の通告】** 攻撃軍隊ノ指揮官ハ、強襲ノ場合ヲ除クノ外、砲撃ヲ始ムルニ先チ其ノ旨官憲ニ通告スル為、施シ得ヘキ一切ノ手段ヲ尽スヘキモノトス。

**第二七条【砲撃の制限】** 攻囲及砲撃ヲ為スニ当リテハ、宗教、技芸、学術及慈善ノ用ニ供セラルル建物、歴史上ノ紀念建造物、病院並病者及傷者ノ収容所ハ、同時ニ軍事上ノ目的ニ使用セラレサル限、之ヲシテ成ルヘク損害ヲ免レシムル為、必要ナル一切ノ手段ヲ執ルヘキモノトス。

被囲者ハ、看易キ特別ノ徽章ヲ以テ、右建物又ハ収容所ヲ表示スルノ義務ヲ負フ。右徽章ハ予メ之ヲ攻囲者ニ通告スヘシ。

**第二八条【掠奪】** 都市其ノ他ノ地域ハ、突撃ヲ以テ攻取シタル場合ト雖、之ヲ掠奪ニ委スルコトヲ得ス。

## 第二章　間諜

**第二九条【間諜の定義】** 交戦者ノ作戦地帯内ニ於テ、対手交戦者ニ通報スルノ意思ヲ以テ、隠密ニ又ハ虚偽ノ口実ノ下ニ行動シテ、情報ヲ蒐集シ又ハ蒐集セムトスル者ニ非サレハ、之ヲ間諜ト認ムルコトヲ得ス。

故ニ変装セサル軍人ニシテ情報ヲ蒐集セムカ為敵軍ノ作戦地帯内ニ進入シタル者ハ、之ヲ間諜ト認メス。又、軍人タルト否トヲ問ハス、自国軍又ハ敵軍ニ宛テタル通信ヲ伝達スルノ任務ヲ公然執行スル者モ亦之ヲ間諜ト認メス。通信ヲ伝達スル為、及総テ軍又ハ地方ノ各部間ノ聯絡ヲ通スル為、軽気球ニテ派遣セラレタルモノ亦同シ。

**第三〇条【間諜の裁判】** 現行中捕ヘラレタル間諜ハ、裁判ヲ経ルニ非サレハ、之ヲ罰スルコトヲ得ス。

**第三一条【前の間諜行為に対する責任】** 一旦所属軍ニ復帰シタル後ニ至リ敵ノ為ニ捕ヘラレタル間諜ハ、俘虜トシテ取扱ハルヘク、前ノ間諜行為ニ対シテハ、何等ノ責ヲ負フコトナシ。

## 第三章　軍使

**第三二条【軍使の不可侵権】** 交戦者ノ一方ノ命ヲ帯ヒ、他ノ一方ト交渉スル為、白旗ヲ掲ケテ来ル者ハ、之ヲ軍使トス。軍使並之ニ随従スル喇叭手、鼓手、旗手及通訳ハ、不可侵権ヲ有ス。

**第三三条【軍使を受ける義務】** 軍使ヲ差向ケラレタル部隊長ハ、必シモ之ヲ受クルノ義務ナキモノトス。

部隊長ハ、軍使カ軍情ヲ探知スル為其ノ使命ヲ利用スルヲ防クニ必要ナル一切ノ手段ヲ執ルコトヲ得。

濫用アリタル場合ニ於テハ、部隊長ハ、一時軍使ヲ抑留スルコトヲ得。

**第三四条【背信行為】** 軍使カ背信ノ行為ヲ教唆シ、又ハ自ラ之ヲ行フ為其ノ特権アル地位ヲ利用シタルノ証迹明確ナルトキハ、其ノ不可侵権ヲ失フ。

## 第四章　降伏規約

**第三五条【軍人の名誉に関する例規】** 締約当事者間ニ協定セラルル降伏規約ニハ、軍人ノ名誉ニ関スル例規ヲ参酌スヘキモノトス。

降伏規約一旦確定シタル上ハ、当事者双方ニ於テ厳密ニ之ヲ遵守スヘキモノトス。

## 第五章　休戦

**第三六条【作戦動作の停止】** 休戦ハ、交戦当事者ノ合意ヲ以テ作戦動作ヲ停止ス。若其ノ期間ノ定ナキトキハ、交戦当事者ハ、何時ニテモ再ヒ動作ヲ開始スルコトヲ得。但シ、休戦ノ条件ニ遵依シ、所定ノ時期ニ於テ其ノ旨敵ニ通告スヘキモノトス。

**第三七条【全般的と部分的の休戦】** 休戦ハ、全般的又ハ部分的タルコトヲ得。全般的休戦ハ、普ク交戦国ノ作戦動作ヲ停止シ、部分的休戦ハ、単ニ特定ノ地域ニ於テ交戦軍ノ或部分間ニ之ヲ停止スルモノトス。

**第三八条【通告】** 休戦ハ、正式ニ且適当ノ時期ニ於テ之ヲ当該官憲及軍隊ニ通告スヘシ。通告ノ後直ニ又ハ所定ノ時期ニ至リ、戦闘ヲ停止ス。

**第三九条【人民との関係】** 戦地ニ於ケル交戦者ト人民トノ間及人民相互間ノ関係ヲ休戦規約ノ条項中ニ規定スルコトハ、当事者ニ一任スルモノトス。

**第四〇条【違反】** 当事者ノ一方ニ於テ休戦規約ノ重大ナル違反アリタルトキハ、他ノ一方ハ、規約廃棄ノ権利ヲ有スルノミナラス、緊急ノ場合ニ於テハ、直ニ戦闘ヲ開始スルコトヲ得。

**第四一条【処罰】** 個人カ自己ノ発意ヲ以テ休戦規約ノ条項ニ違反シタルトキハ、唯其ノ違反者ノ処罰ヲ要求シ、且損害アリタル場合ニ賠償ヲ要求スルノ権利ヲ生スルニ止ルヘシ。

## 第三款　敵国ノ領土ニ於ケル軍ノ権力

**第四二条【占領地域】** 一地方ニシテ事実上敵軍ノ権力内ニ帰シタルトキハ、占領セラレタルモノトス。

占領ハ右権力ヲ樹立シタル且之ヲ行使シ得ル地域ヲ以テ限トス。

**第四三条【占領地の法律の尊重】** 国ノ権力カ事実上占領者ノ手ニ移リタル上ハ、占領者ハ、絶対的ノ支障ナキ限、占領地ノ現行法律ヲ尊重シテ、成ルヘク公共ノ秩序及生活ヲ回復確保スル為施シ得ヘキ一切ノ手段ヲ尽スヘシ。

**第四四条【情報の供与】** 交戦者ハ、占領地ノ人民ヲ強制シテ他方ノ交戦者ノ軍又ハ其ノ防禦手段ニ付情報ヲ供与セシムルコトヲ得ス。

**第四五条【宣誓】** 占領地ノ人民ハ、之ヲ強制シテ其ノ敵国ニ対シ忠誠ノ誓ヲ為サシムルコトヲ得ス。

**第四六条【私権の尊重】** 家ノ名誉及権利、個人ノ生命、私有財産並宗教ノ信仰及其ノ遵行ハ、之ヲ尊重スヘシ。

私有財産ハ、之ヲ没収スルコトヲ得ス。

**第四七条【掠奪の禁止】** 掠奪ハ、之ヲ厳禁ス。

**第四八条【租税その他の徴収】** 占領者カ占領地ニ於テ国ノ為ニ定メラレタル租税、賦課金及通過税ヲ徴収スルトキハ、成ルヘク現行ノ賦課規則ニ依リ之ヲ徴収スヘシ。此ノ場合ニ於テハ、占領者ハ、国ノ政府カ支弁シタル程度ニ於テ占領地ノ行政費ヲ支弁スルノ義務アルモノトス。

**第四九条【取立金】** 占領者カ占領地ニ於テ前条ニ掲ケタル税金以外ノ取立金ヲ命スルハ、軍又ハ占領地行政上ノ需要ニ応スル為ニスル場合ニ限ルモノトス。

**第五〇条【連坐罰】** 人民ニ対シテハ、連帯ノ責アリト認ムヘカラサル個人ノ行為ノ為、金銭上其ノ他ノ連坐罰ヲ科スルコトヲ得ス。

**第五一条【取立金の徴収方法】** 取立金ハ、総テ総指揮官ノ命令書ニ依リ、且其ノ責任ヲ以テスルニ非サレハ、之ヲ徴収スルコトヲ得ス。

取立金ハ、成ルヘク現行ノ租税賦課規則ニ依リ之ヲ徴収スヘシ。

一切ノ取立金ニ対シテハ、納付者ニ領収証ヲ交付スヘシ。

**第五二条【徴発と課役】** 現品徴発及課役ハ、占領軍ノ需要ノ為ニスルニ非サレハ、市区町村又ハ住民ニ対シテ之ヲ要求スルコトヲ得ス。徴発及課役ハ、地方ノ資力ニ相応シ、且人民ヲシテ其ノ本国ニ対スル作戦動作ニ加ルノ義務ヲ負ハシメサル性質ノモノタルコトヲ要ス。

右徴発及課役ハ、占領地方ニ於ケル指揮官ノ許可ヲ得ルニ非サレハ、之ヲ要求スルコトヲ得ス。

現品ノ供給ニ対シテハ、成ルヘク即金ニテ支払ヒ、然ラサレハ領収証ヲ以テ之ヲ証明スヘク、且成ルヘク速ニ之ニ対スル金額ノ支払ヲ履行スヘキモノトス。

**第五三条【国有動産】** 一地方ヲ占領シタル軍ハ、国ノ所有ニ属スル現金、基金及有価証券、貯蔵兵器、輸送材料、在庫品及糧秣其ノ他総テ作戦動作ニ供スルコトヲ得ヘキ国有動産ノ外、之ヲ押収スルコトヲ得ス。

海上法ニ依リ支配セラルル場合ヲ除クノ外、陸上、海上及空中ニ於テ報道ノ伝送又ハ人若ハ物ノ輸送ノ用ニ供セラルル一切ノ機関、貯蔵兵器其ノ他各種ノ軍需品ハ、私人ニ属スルモノト雖、之ヲ押収スルコトヲ得。但シ、平和克復ニ至リ、之ヲ還付シ、且之カ賠償ヲ決定スヘキモノトス。

**第五四条【海底電線】** 占領地ト中立地トヲ連結スル海底電線ハ、絶対的ノ必要アル場合ニ非サレハ、之ヲ押収シ又ハ破壊スルコトヲ得ス。右電線ハ、平和克復ニ至リ之ヲ還付シ、且之カ賠償ヲ決定スヘキモノトス。

**第五五条【国有不動産】** 占領国ハ、敵国ニ属シ且占領地ニ在ル公共建物、不動産、森林及農場ニ付テハ、其ノ管理者及用益権者タルニ過キサルモノナリト考慮シ、右財産ノ基本ヲ保護シ、且用益権ノ法則ニ依リテ之ヲ管理スヘシ。

**第五六条【公共用建設物】** 市区町村ノ財産並国ニ属スルモノト雖、宗教、慈善、教育、技芸及学術ノ用ニ供セラルル建設物ハ、私有財産ト同様ニ之ヲ取扱フヘシ。

右ノ如キ建設物、歴史上ノ紀念建造物、技芸及学術上ノ製作品ヲ故意ニ押収、破壊又ハ毀損スルコトハ、総テ禁セラレ且訴追セラルヘキモノトス。

## 3 パリ宣言

(海上法ノ要義ヲ確定スル為メ西暦千八百五十六年四月十六日巴里公会ニ於テ決定セシ宣言)

署　　名　一八五六年四月一六日(パリ)
効力発生　一八五六年四月一六日
日 本 国　一八八六年一〇月三〇日(同日加入書寄託、八七年三月二四日公布・勅令)
当 事 国　二五

千八百五十六年三月三十日巴里(パリ)条約ニ署名セル各全権委員ハ、茲ニ会議ヲ開キ、戦時海上法ノ古来久シク痛嘆スヘキ紛議ノ原因ト為リ且本件ニ関スル法律及ヒ義務ノ明確ナラサルハ、局外中立国ト交戦国トノ間意見ノ相合ハサルノ基ニシテ、随テ容易ナラサル困難或ハ葛藤ヲ惹起スルノ恐レアルコトヲ悟リ、此緊要ナル事項ニ関シ一定ノ主義ヲ設クルノ利益アル事、並ニ巴里公会ニ参集セル各全権委員ニ於テ、本件ニ関スル列国交際上一定ノ原則ヲ議定スルハ、最モ能ク各自政府ノ希図ニ応スルモノナル事ヲ認メタリ。

因テ右全権委員ハ、各其政府ヨリ妥当ノ委任ヲ受ケ、此目的ヲ達スルノ方法ヲ協議センコトニ決シ、評議ノ上左ノ宣言ヲ採用セリ。

第一　私船ヲ拿捕ノ用ニ供スルハ、自今之ヲ廃止スル事

第二　局外中立国ノ旗章ヲ掲クル船舶ニ搭載セル敵国ノ貨物ハ、戦時禁制品ヲ除クノ外之ヲ拿獲スヘカラサル事

第三　敵国ノ旗章ヲ掲クル船舶ニ搭載セル局外中立国ノ貨物ハ、戦時禁制品ヲ除クノ外之ヲ拿獲スヘカラサル事

第四　港口ノ封鎖ヲ有効ナラシムルニハ、実力ヲ用ヰサルヘカラス。即チ敵国ノ海岸ニ接到スルヲ実際防止スルニ足ルヘキ充分ノ兵備ヲ要スル事

下ニ記名スル各全権委員ノ本国政府ハ、本宣言ヲ巴里ノ会議ニ参同セサリシ諸国ニ通知シテ、其加盟ヲ勧誘スルコトヲ約ス。

各全権委員ノ声明シタル要義ハ、全世界ノ歓迎セサルヲ得サルモノト確信スルニ因リ、其採用ヲ一般ニ普及セントスル各国政府ノ尽力カ全然成功スヘキハ信シテ疑ハサル所ナリ。

本宣言ハ、之ニ加盟シ若ハ将来加盟スヘキ諸国ノ間ニ於テノミ、遵守ノ義務アルモノトス。

## 4 ロンドン宣言 翻訳

(海戦法規に関する宣言)

署　　名　一九〇九年二月二六日(ロンドン)
効力発生　(未発効)
日 本 国　(一九〇九年六月一〇日署名)

### 総　則

署名国は、次の諸章に規定する規則が、その内容において、一般に承認された国際法の原則にかなったものであることについて合意する。

### 第一章　戦時における封鎖

**第一条【封鎖地域】** 封鎖は、敵国又は敵国占領地の港及び沿岸に限り実施すべきものとする。

**第二条【封鎖の実効性】** 一八五六年のパリ宣言に従って封鎖に拘束力があるためには、封鎖は実効的でなければならない。す

なわち、実際に敵岸に到達することを防止するのに足りる十分な兵力をもって維持されなければならない。

**第三条【同前】** 封鎖に関して実効的であるかどうかの問題は、事実の問題とする。

**第四条【封鎖艦隊の一時的不在】** 封鎖は、封鎖艦隊が荒天のため一時その場所を離れても、そのために解除されたものとは認められない。

**第五条【封鎖の公平な適用】** 封鎖は、各国の船舶に対して公平に適用されなければならない。

**第六条【出入りの許可】** 封鎖艦隊の指揮官は、軍艦に対して、封鎖港内に入りその後出港する許可を与えることができる。

**第七条【中立船舶に対する特例】** 中立船舶は、封鎖艦隊に属する官憲によってその船舶が海難に遭遇したことを認定された場合には、載貨の積卸しを行わないことを条件として、封鎖水域内に入りその後出港することができる。

**第八条【宣言と通告】** 封鎖に拘束力があるためには、第九条に従って宣言されなければならず、かつ、第一一条及び第一六条に従って通告されなければならない。

**第九条【宣言】** 封鎖の宣言は、封鎖を実施する国又はその名において行動する海軍当局により行われる。

宣言には、次の事項を記載しなければならない。

(1) 封鎖開始の日
(2) 封鎖水域の地理的範囲
(3) 中立船舶に認める退去期限

**第一〇条【宣言の無効】** 封鎖を実施する国又はその名において行動する海軍当局が、第九条(1)及び(2)に従ってその封鎖宣言中に記載しなければならない事項に合致しないときは、宣言は無効であり、封鎖を有効にするためには、新たな宣言が必要である。

**第一一条【通告】** 封鎖の宣言は、次の者に対して通告される。

(1) 各中立国　この通告は、封鎖を実施する国により直接に中立国の政府に宛てた通報、又は封鎖を実施する国に駐在する中立国の代表者に宛てた通報をもって行われる。
(2) 地方当局　この通告は、封鎖艦隊の指揮官が行う。地方当局は、できる限り速やかに封鎖港又は封鎖沿岸でその職務を執行する外国の領事官にこれを通知する。

**第一二条【封鎖水域の拡張】** 封鎖の宣言及び通告に関する規則は、封鎖水域を拡張する場合又は一度封鎖を解除した後に再び実施する場合に適用する。

**第一三条【封鎖の解除と制限】** 自ら封鎖を解除した場合及び封鎖に関して制限を設けた場合には、第一一条によりこれを通告しなければならない。

**第一四条【封鎖の知識】** 封鎖侵犯として中立船舶を拿捕するには、この船舶が現に封鎖の事実を知っているか又は知っていると推定されることを要件とする。

**第一五条【通告後に出港した船舶】** 出航港の所属する中立国に対して適当な時期に封鎖の通告があった後に船舶がその中立国の港を出港した場合には、この船舶は、反証を挙げるのでなければ、封鎖の事実を知っていたものと推定される。

**第一六条【船舶に対する通告】** 封鎖港に到達しようとする船舶であって、現に封鎖の存在を知らないか又はこれを知っていたものと推定することができない場合には、封鎖艦隊に属する船舶の士官は、この船舶に対して封鎖を通告しなければならない。この通告は、船舶書類に記入されるものとし、通告を行った日及び時並びにその時点における船舶の地理上の位置を明記しなければならない。

封鎖艦隊の指揮官の怠慢によりまだ封鎖の宣言を地方当局に通告していなかった場合又は通告した宣言中に退去期間を規定していなかった場合には、封鎖港を出港しようとする中立船舶は、封鎖線を自由に越えることができる。

**第一七条【拿捕可能な水域】** 中立船舶は、封鎖を実効的に確保する任務を帯びる軍艦の行動水域内でなければ、封鎖侵犯として拿捕することができない。

**第一八条【中立港封鎖の禁止】** 封鎖艦隊は、中立港及び中立沿岸に到達することを遮断してはならない。

**第一九条【非封鎖港へ航行する船舶】** 船舶が現に封鎖されていない港に向かって航行している場合には、船舶又は載貨の最終仕向地のいかんにかかわらず、封鎖侵犯として拿捕することができない。

**第二〇条【追跡権】** 封鎖を破って封鎖港を出港するか封鎖港に入ることを企てる船舶は、封鎖艦隊に属する船舶がその追跡を継続する間は、拿捕することができる。既に追跡を放棄したか又は封鎖を解除した場合には、これを拿捕することができない。

**第二一条【封鎖侵犯船と載貨の没収】** 封鎖侵犯を犯したと認定された船舶は、没収される。載貨についても同様とする。ただし、荷積人が載貨を積み込んだ時点において封鎖侵犯の意図を知らないか、又は知ることができなかったことを証明するときは、この限りでない。

## 第二章　戦時禁制品

**第二二条【絶対的禁制品】** 次に掲げる物品及び材料は、絶対的禁制品の名の下に、当然に戦時禁制品とみなす。

(1) 全ての武器（狩猟用武器を含む。）及びその部品であることが明らかなもの
(2) 全ての弾丸、装薬、弾薬包及びその部品であることが明らかなもの
(3) 特に戦争用に製造された火薬及び爆発物
(4) 砲架、弾薬車、前車、軍用運搬車、野戦鍛工器及びその部品であることが明らかなもの
(5) 軍用であることが明らかな被服及び装備品
(6) 軍用であることが明らかな全ての馬具
(7) 戦争用に供することができる乗用、牽引用及び駄載用の獣類
(8) 野営具及びその部品であることが明らかなもの
(9) 装甲板
(10) 軍艦及び軍用小舟艇並びに特に軍用艦艇に使用し得ることが明らかな部品
(11) 専ら兵器と弾薬の製造のため又は陸軍用若しくは海軍用の武器及び材料の製造用若しくは修理用のために作製された機械器具

**第二三条【絶対的禁制品の追加】** 専ら戦争用に供される物品及び材料は、通告の宣言により、絶対的禁制品の品目表中に追加することができる。

前段の通告は、他国政府又は宣言を行う国に駐在するその代表者になされなければならない。敵対行為開始後に行われる通告は、中立国に対してのみ行う。

**第二四条【条件付禁制品】** 戦争用にも平和用にも供することができる次の物品及び材料は、条件付禁制品の名の下に、当然に戦時禁制品とみなす。

(1) 食糧
(2) 獣類の飼料用に適するまぐさ及び穀類
(3) 戦争用に適する衣服、被服用織物及び靴類
(4) 金銀貨幣及びその地金、紙幣
(5) 戦争用に供することができる全ての車輌及びその部品
(6) 全ての船舶及び舟艇、浮ドック、ドックの部分及びその部品
(7) 鉄道の固定的及び運転用材料並びに電信、無線電信及び電話用の材料
(8) 飛行船、気球及び飛行機、並びにそれらの部品であることが明らかなもの、並びに航空用に供されるものと認められる付属品及び材料
(9) 燃料及び機械潤滑用品
(10) 特に戦争用に製造されたものでない火薬及び爆発物
(11) 有刺鉄線並びにその架設用及び切断用に供する機械器具
(12) 蹄鉄及び蹄鉄用材料
(13) 牽引及び鞍に用いる物品
(14) 双眼鏡、望遠鏡、クロノメートル及び各種の航海用具

**第二五条【条件付禁制品の追加】** 第二二条及び第二四条に列記した物品及び材料以外のものであって、戦争用にも平和用にも供することができるものは、第二三条後段に従って通告される宣言により、条件付禁制品の品目表中に追加することができる。

**第二六条【戦時禁制品品目表からの除外】** 自国に関する限りにおいて第二二条及び第二四条に列記した品目中にあるいずれかの物品及び材料を戦時禁制品とみなすことを放棄する国は、第二三条後段に従って通告される宣言により、その意思を明らかにする。

**第二七条【自由品の性質】** 戦争用に供することができない物品及び材料は、戦時禁制品と宣言することができない。

**第二八条【自由品の種目】** 次のものは、戦時禁制品と宣言することができない。
(1) 生綿、羊毛、絹、黄麻、亜麻、苧麻並びにその他の織物業用原料及びその織糸
(2) 油製造の原料である堅果、穀種及びコプラ
(3) 生ゴム、樹脂、ゴム、漆及びホップ
(4) 生皮、角、骨及び象牙
(5) 天然及び人造肥料(農業用に使用することができる硝酸塩及び燐酸塩を含む。)
(6) 鉱石
(7) 土、粘土、石灰、チョーク、石(大理石を含む。)、煉瓦、板石及び瓦
(8) 磁器及びガラス器
(9) 紙類及びその製造用に作られた材料
(10) 石鹸、彩料(専らこれを製造するのに用いる材料を含む。)及び洋漆
(11) 漂白粉、ソーダ灰、苛性ソーダ、ソルト・ケーキ、アンモニア、硫化アンモニア及び硫化銅
(12) 農業用、採鉱用、織物業用及び印刷用の機械
(13) 宝石、准宝石、真珠、真珠母及び珊瑚
(14) 掛時計、置時計及びクロノメートル以外の懐中時計
(15) 嗜好品及び奢侈品
(16) 各種の羽毛、剛毛類
(17) 家具用及び装飾用物品並びに事務用器具及び付属品

**第二九条【特別な自由品】** 同様に次のものも、戦時禁制品とみなすことができない。
(1) 専ら病者傷者の看護の用に供する物品及び材料。ただし、軍事上重大な必要がある場合には、この物品及び材料であって第三〇条に規定した仕向地を有するときは、補償金を支払って徴発することができる。
(2) 船舶自体の使用に供する船舶内にある物品及び材料、並びに航行中この船舶の乗員及び乗客の使用に供する物品及び材料

**第三〇条【絶対的禁制品の没収】** 絶対的禁制品は、敵国領域、敵国占領地又は敵国軍に仕向けられたことが立証されたときは、没収することができる。この物品が直接に輸送されるか、転載又は陸路によって輸送されるかは、問題とならない。

**第三一条【仕向地の証明】** 第三〇条に規定する仕向地は、次に掲げる場合には、確定的に証明されたものとする。
(1) 貨物が敵港に陸揚げされ又はその軍隊に引き渡されることが船舶書類に記載してあるとき。
(2) 船舶が敵港にのみ到達することになっているとき、又は船舶が船舶書類上貨物の陸揚地である中立港に達する前に敵港に寄港し若しくは敵国軍に合流することになっているとき。

**第三二条【船舶書類】** 船舶書類は、絶対的禁制品を輸送する船舶の航路に関する完全な証拠とされる。ただし、この船舶が船舶書類の記載により航行する航路を明らかに離れ、かつ、その航路の変更について十分な理由を弁明することができない場合には、この限りでない。

**第三三条【条件付禁制品の没収】** 条件付禁制品は、敵国の軍隊又は行政官庁の使用に仕向けられたことが立証されたときは、没収することができる。ただし、行政官庁に仕向けられた場合において、この物品が実際には現に行われている戦争のために使用されないことが諸般の状況により立証されたときは、この限りでない。このただし書の規定は、第二四条(4)に規定する物品の輸送については適用しない。

**第三四条【仕向地の推定】** 敵国当局に宛てて輸送されるとき、又は敵国に在住する商人がこの種の物品及び材料を敵に供給することが周知の場合にこの商人に宛てて輸送されるときは、この物品は、第三三条に規定する仕向地へ向かうものと推定する。敵の防備がある場所又は敵国軍の基地であるその他の場所を仕向地として輸送されるときも、同様とする。ただし、これらの場所の一に向かって航行する商船自体に関してそれが戦時禁制品であることを立証しようとする場合には、この推定を適用しない。

前記の推定をすることができない場合には、仕向地は無害なものと推定する。

本条に規定する推定に対しては、反証が許される。

**第三五条【敵国に向かう船舶内の条件付禁制品の没収】** 条件付禁制品は、敵国領域、敵国占領地又は敵国軍に向けて航行する船舶内にあり、かつ、この物品が中間の中立港において陸揚げされない場合にのみ、没収することができる。

船舶書類は、船舶の航路及び貨物の陸揚場所に関する完全な証拠とされる。ただし、この船舶が船舶書類の記載により航行する航路を明らかに離れ、かつ、その航路の変更について十分な理由を弁明することができない場合には、この限りでない。

**第三六条【海に面しない敵国に仕向けられた条件付禁制品の没収】** 第三五条に対する例外として、敵国領域が海に面する国境を有しない場合において、条件付禁制品が第三三条に規定する

仕向地に向けられたことが立証されたときは、この物品は没収することができる。

**第三七条【戦時禁制品を輸送する船舶の拿捕】** 絶対的又は条件付禁制品として没収される物品を輸送する船舶は、敵国である仕向地に到達する前に中間港に寄港しようとしている場合であっても、公海又は交戦国領海内においては、その航海中いつでも拿捕することができる。

**第三八条【拿捕の時期】** 戦時禁制品の輸送が既に実行され、かつ、現に終了してしまったことを理由としては、船舶を拿捕することはできない。

**第三九条【戦時禁制品の没収】** 戦時禁制品は、没収の対象となる。

**第四〇条【没収の基準】** 戦時禁制品を輸送する船舶は、その禁制品が価格上、重量上、容積上又は運賃上全載貨の半分を超える場合には、没収することができる。

**第四一条【審検中の費用】** 戦時禁制品を輸送する船舶が解放されるときは、各国捕獲審検所における審検手続に関して、並びに審検中この船舶及びその載貨の保存に関して捕獲者の支出した費用は、この船舶の負担とする。

**第四二条【戦時禁制品所有者に属する貨物の没収】** 戦時禁制品の所有者に属し、かつ、同一船舶内にある貨物は、没収の対象となる。

**第四三条【善意の船舶に対する措置】** 船舶が、敵対行為の事実又はその載貨に対して適用される戦時禁制品の宣言を知ることなく航海中海上で軍艦に遭遇した場合には、戦時禁制品は、補償金を支払わなければ没収することができない。この船舶及び載貨の残りは、没収及び第四一条にいう費用の支弁を免除される。船長が敵対行為の開始又は戦時禁制品に関する宣言を知っていたが、戦時禁制品を陸揚げすることができなかったときも、同様とする。

　中立港の所属国に対して適当な時期に敵対行為の開始又は戦時禁制品の宣言の通告があった後に船舶がこの港を出港したときは、この船舶は、戦争状態又は戦時禁制品の宣言を知っていたものとみなす。また、船舶が敵対行為の開始後に敵港を出港したときは、この船舶は、戦争状態を知っていたものとみなす。

**第四四条【戦時禁制品輸送船舶の航海継続】** 戦時禁制品の輸送という理由により停船を命じられたが、戦時禁制品の分量の関係上拿捕されない船舶は、船長が交戦国の軍艦に戦時禁制品を引き渡す場合には、事情によって、その航海の継続を許可されることがある。

　捕獲者は、戦時禁制品の引渡しを、停船を命じた船舶の書類に記入する。船舶の船長は、必要な全ての船舶書類の認証謄本を捕獲者に交付しなければならない。

　捕獲者は、引渡しを受けた戦時禁制品を破壊する権限を有する。

## 第三章　軍事的幇助

**第四五条【軽度の軍事的幇助】** 中立船舶は、次の場合には、没収され、かつ、一般に戦時禁制品の輸送のために没収される中立船舶が受けるのと同一の処分を受ける。

(1)　この船舶が敵国軍に編入された乗客を輸送する目的をもって又は敵を利するため情報を伝達する目的をもって、特に航海する場合

(2)　船舶の所有者、船舶全体を雇い入れた者又は船長が、事情を知って、敵の軍隊の一部又は敵の作戦に対して航海中直接の援助を与える一人若しくはそれより多くの者を輸送する場合

　前二号に規定する場合には、船舶所有者に属する貨物は、同じく没収の対象とされる。

　船舶が、まだ敵対行為の事実を知らずに海上で軍艦に遭遇した場合、又は船長が敵対行為の開始を知っていてもまだその輸送人員を上陸させることができない場合には、本条の規定を適用しない。船舶が敵対行為の開始の後に敵港を出港したとき、又は中立港の所属国に対し適当な時期に敵対行為の開始の通告があった後にこの港を出港したときは、この船舶は、戦争状態を知っていたものとみなす。

**第四六条【重度の軍事的幇助】** 中立船舶は、次の場合には、没収され、かつ、一般に敵国の商船として取り扱われる。

(1)　この船舶が敵対行為に直接に加わる場合

(2)　この船舶が、敵国の政府がこの船舶に乗り組ませた代理人の命令又は監督を受ける場合

(3)　この船舶が、全体として敵国の政府のために雇い入れられた場合

(4)　この船舶が、現に、かつ、専ら敵国の軍隊の輸送又は敵を利するため情報の伝達に従事する場合

　本条に規定する場合には、船舶の所有者に属する貨物も、同じく没収の対象とされる。

**第四七条【敵国軍に編入された人員】** 敵国軍に編入された人員であって中立商船内にある全てのものは、この船舶を拿捕することができない場合でも、捕虜とすることができる。

## 第四章　中立捕獲船の破壊

**第四八条【破壊の禁止】** 捕獲者は、拿捕した中立船舶を破壊することができない。拿捕した船舶は、捕獲の有効性に関して判断するのに適当な港に引致しなければならない。

**第四九条【破壊し得る場合】** 第四八条を遵守することにより軍艦の安全を害し又はその現に従事する作戦の遂行の成功を害する可能性がある場合には、交戦国軍艦によって拿捕され、かつ没収することができる中立船舶は、例外として破壊することができる。

**第五〇条【破壊の手続】** 破壊する前に、船舶内にある人員は安全な場所に移動させ、かつ、利害関係人が捕獲の有効性に関する判断に必要と認める全ての船舶書類その他の書類を、軍艦に移さなければならない。

**第五一条【破壊の必要性と補償】** 中立船舶を破壊した捕獲者は、捕獲の有効性に関する全ての決定に先立ち、第四九条に規定する例外的必要があったためこの手段をとるほかはなかったことを証明しなければならない。捕獲者がこの証明をしないときは、この捕獲者は、捕獲が有効であるかどうかの審問なしに、利害関係人に補償金を支払わなければならない。

**第五二条【破壊された船舶の補償】** 中立船舶の破壊が証明された場合においても、後にこの船舶の捕獲が無効であると判定されたときは、捕獲者は、返還を受ける権利を有する利害関係人に対して、その代償として補償金を支払わなければならない。

**第五三条【破壊された貨物の補償】** 没収することができない中立貨物が船舶とともに破壊されたときは、この貨物の所有者は、補償を受ける権利を有する。

**第五四条【貨物の引渡しと破壊】** 捕獲者は、没収すべき船舶を第四九条に従って破壊することができる状況があるときは、船舶

それ自体を没収してはならない場合であっても、この船舶内にある没収すべき貨物の引渡しを要求し、又は破壊する手続をとる権限を有する。捕獲者は、引渡しを受け又は破壊した物品を、停船を命じた船舶の書類に記入し、かつ、船長から全ての関係書類の認証謄本を受領する。引渡しを受け、又は破壊し、かつ、この手続が終了したときは、船長にその航海を継続することを許可しなければならない。

中立船舶を破壊した捕獲者の責任に関する第五一条及び第五二条の規定は、前段の場合に適用する。

## 第五章　国旗の移転

**第五五条【敵対行為開始前の国旗の移転】** 敵対行為の開始前に敵国船舶を中立国籍に移転した場合には、この移転が敵国船舶という性質から生ずる結果を免れるために行われたものであることが立証された場合のほかは、これを有効とする。船舶が敵対行為の開始前の六〇日未満の期間内に交戦国の国籍を喪失し、かつ、船舶内に移転証書を有しないときは、この移転は無効と推定する。ただし、反証が許される。

敵対行為の開始前の三〇日を超える日より前に行われた移転が無条件に、完全にかつ関係国の法令に従ってなされ、移転の結果この船舶の監督及びその使用から生ずる利益が移転前におけるのと同一人に属しないようになったときは、この移転は、絶対に有効とみなす。ただし、船舶が敵対行為の開始前の六〇日未満の期間内に交戦国の国籍を喪失し、かつ、船舶内に移転証書を有しないときは、この船舶の拿捕は、補償を受ける権利を与えるものではない。

**第五六条【敵対行為開始後の国旗の移転】** 敵対行為の開始後に敵国船舶を中立国籍に移転した場合には、この移転は、敵国船舶という性質から生ずる結果を免れるために行われたものでないことが立証された場合を除き、無効とする。

もっとも、次の場合には、移転は、絶対に無効とみなす。

(1)　移転が船舶の航行中に又は封鎖港内にある間に行われた場合

(2)　移転が買戻し又は返還の条件付である場合

(3)　国旗の掲揚の権利に関して国旗所属国の国内法に規定する条件を遵守していない場合

## 第六章　敵性

**第五七条【船舶の敵性の判断】** 国旗の移転に関する規定を除き、船舶が中立性を有するか又は敵性を有するかは、この船舶が掲揚する権利を有する国旗により判断する。

中立船舶が平時において禁止された航海に従事する場合は、この規則の適用範囲外とし、この規則によって何ら影響を受けない。

**第五八条【貨物の敵性の判断】** 敵国船舶内にある貨物が中立性を有するか又は敵性を有するかは、この貨物の所有者が中立性を有するか又は敵性を有するかにより判断する。

**第五九条【貨物の敵性の推定】** 敵国船舶内にある貨物の中立性を立証することができないときは、この貨物は、敵性を有すると推定する。

**第六〇条【輸送中の貨物の敵性】** 敵国船舶内に積載する貨物の敵性は、敵対行為の開始後その輸送中に行われた移転にかかわらず、その仕向地に到着するまでは、なお継続する。

もっとも、現所有者である敵国人が破産した場合に、前所有者である中立国人が、捕獲に先立ってこの貨物に対して適法な取戻権を行使したときは、この貨物は、再び中立性を取得する。

## 第七章　軍艦の護送

**第六一条【臨検の免除】** 本国の軍艦の護送を受ける中立船舶に対しては、臨検を免除する。護送軍艦の指揮官は、交戦国の軍艦の指揮官の請求があるときは、この船舶の性質及び載貨に関し、臨検によって知ることができる全ての情報を書面により提供する。

**第六二条【検証】** 交戦国の軍艦の指揮官が、護送軍艦の指揮官の任務が悪用されていると疑う根拠がある場合には、嫌疑の旨を護送軍艦の指揮官に伝える。この場合、検証を行うのは護送軍艦の指揮官に限る。この検証の結果は、調書を作成して証明しなければならず、その謄本一通を交戦国の軍艦の士官に交付する。この検証の結果、護送軍艦の指揮官が、その護送船舶の一隻又はそれ以上の船舶の拿捕を正当とする事実があると認めるときは、この船舶に対しては軍艦の護送による保護を撤回しなければならない。

## 第八章　臨検に対する抵抗

**第六三条【抵抗船舶の没収】** 停船、臨検及び拿捕の権利の適法な行使に対し武力で抵抗した船舶は、全ての場合に没収する。その載貨は、敵国船舶内にある載貨が受けるのと同一の処分を受け、船長又はこの船舶の所有者に属する貨物は、敵貨とみなされる。

## 第九章　補償

**第六四条【補償を受ける権利】** 捕獲審検所が船舶の拿捕又は貨物の没収を無効であると判断した場合、又は審検に付託せずに拿捕又は没収した物を解放した場合には、利害関係人は、補償を受ける権利を有する。ただし、この船舶又は貨物を拿捕又は没収するために十分な理由があったときは、この限りでない。

## 最終規定

**第六五条【この宣言の不可分性】** この宣言の規定は、分割することのできない一体のものとして扱われなければならない。

**第六六条【この宣言の適用】** 署名国は、戦争の際全ての交戦国がこの宣言に加わっている場合には、この宣言に規定する規則を相互に遵守することを約束する。したがって、署名国は、その当局及び軍隊に対して必要な訓令を与え、かつ、その裁判所、特に捕獲審検所においてこの宣言の適用を保障するために必要な手段をとる。

**第六七条【批准】** この宣言は、できる限り速やかに批准に付される。

批准書は、ロンドンにおいて寄託する。

第一回の批准書の寄託は、これに加わった国の代表者及び英国外務大臣の署名した口上書をもって証する。

その後の批准書の寄託は、英国政府に宛て、かつ、批准書を添付した通告書による。

第一回の批准書の寄託に関する口上書、前段に掲げた通告書及びこれに添付された批准書の認証謄本は、英国政府から外交上の経路を通じて直ちに署名国に送付する。前段に掲げた場合には、英国政府は、同時に通告書を受領した日を通知する。

**第六八条【効力発生】** この宣言は、第一回の批准書の寄託に加わった国に対しては、その寄託の口上書の日付の後六〇日で、また、その後に批准した国に対しては、英国政府が各批准の通告を受領した後六〇日で、その効力を生ずる。

**第六九条【離脱】** 署名国のうち一国がこの宣言を離脱しようとする場合には、第一回の批准書の寄託の後六〇日から起算して一二年を経過した後でなければ、離脱することができない。一二年の期間が経過した後であっても、各六年の終わりでなければ、離脱することができない。

離脱は、少なくとも一年前に書面により英国政府に通告しなければならない。英国政府は、直ちにこれを他の署名国に通報する。

離脱は、通告をした国に対してのみ効力を生ずる。

**第七〇条【加入】** ロンドン海戦法規会議に参加した諸国は、採択した規則が一般に承認されることを特に重視し、これに参加しなかった国もこの宣言に加入するよう希望する。参加国は、英国政府に対して不参加国に加入を勧誘するよう要請する。

この宣言に加入しようとする国は、英国政府に対して書面によりその意思を通告し、加入書を送付する。この加入書は、英国政府の公文書館に寄託する。

英国政府は、直ちに前段の通告書及び加入書の認証謄本をその他の国に送付し、かつ、その通告書を受領した日を通知する。

加入は、通告書の受領の日の後六〇日で、効力を生ずる。

加入国の地位は、この宣言に関する全ての事項について署名国の地位に準ずる。

**第七一条【署名】** 海戦法規会議に参加した国の全権委員は、一九〇九年六月三〇日に至るまで、ロンドンにおいて一九〇九年二月二六日の日付を有するこの宣言に署名することができる。

## 5　陸戦中立条約（抄）

（陸戦ノ場合ニ於ケル中立国及中立人ノ権利義務ニ関スル条約）

署　名　一九〇七年一〇月一八日（ハーグ）
効力発生　一九一〇年一月二六日
日本国　一九一二年二月一一日（一一年一一月六日批准、一二月一三日批准書寄託、一二年一月一三日公布・条約五号）
当事国　三五

独逸（ドイツ）皇帝普魯西（プロシア）国皇帝陛下（以下締約国元首名略）ハ、陸戦ノ場合ニ於ケル中立国ノ権利義務ヲ一層明確ナラシメ、且中立領土ニ避退シタル交戦者ノ地位ヲ規定セムコトヲ欲シ、又交戦者トノ関係ニ於ケル中立人ノ地位ヲ其ノ全体ニ付テ規定スルコトハ之ヲ後日ニ期待シ、茲ニ中立人ノ資格ヲ定メムコトヲ希望シ、之カ為条約ヲ締結スルニ決シ、各左ノ全権委員ヲ任命セリ。（全権委員名略）

因テ各全権委員ハ、其ノ良好妥当ナリト認メラレタル委任状ヲ寄託シタル後、左ノ条項ヲ協定セリ。

### 第一章　中立国ノ権利義務

**第一条【中立領土の不可侵】** 中立国ノ領土ハ、不可侵トス。

**第二条【中立領土の通過】** 交戦者ハ、軍隊又ハ弾薬若ハ軍需品ノ輜重ヲシテ中立国ノ領土ヲ通過セシムルコトヲ得ス。

**第三条【通信機関の設置】** 交戦者ハ、又左ノ事項ヲ為スコトヲ得ス。

イ　無線電信局又ハ陸上若ハ海上ニ於ケル交戦国兵力トノ通信ノ用ニ供スヘキ一切ノ機械ヲ中立国ノ領土ニ設置スルコト

ロ　交戦者カ戦争前ニ全然軍事上ノ目的ヲ以テ中立国ノ領土ニ設置シタル此ノ種ノ設備ニシテ公衆通信ノ用ニ供セラレサルモノヲ利用スルコト

**第四条【戦闘部隊の編成】** 交戦者ノ為中立国ノ領土ニ於テ戦闘部隊ヲ編成シ、又ハ徴募事務所ヲ開設スルコトヲ得ス。

**第五条【中立国の不寛容の義務】** 中立国ハ、其ノ領土ニ於テ第二条乃至第四条ニ掲ケタル一切ノ行為ヲ寛容スヘカラサルモノトス。

中立国ハ、其ノ領土ニ於テ行ハレタルモノニ非サレハ、中立違反ノ行為ヲ処罰スルヲ要セサルモノトス。

**第六条【義勇兵】** 中立国ハ、交戦者ノ一方ノ勤務ニ服スル為個人カ箇箇ニ其ノ国境ヲ通過スルノ事実ニ付其ノ責ニ任セス。

**第七条【兵器弾薬の輸出と通過】** 中立国ハ、交戦者ノ一方又ハ他方ノ為ニスル兵器、弾薬其ノ他軍隊又ハ艦隊ノ用ニ供シ得ヘキ一切ノ物件ノ輸出又ハ通過ヲ防止スルヲ要セサルモノトス。

**第八条【通信機関の使用】** 中立国ハ、其ノ所有ニ属スルト会社又ハ個人ノ所有ニ属スルトヲ問ハス、交戦者ノ為ニ電信又ハ電話ノ線条並無線電信機ヲ使用スルコトヲ禁止シ、又ハ制限スルヲ要セサルモノトス。

**第九条【規定適用の公平】** 第七条及第八条ニ規定シタル事項ニ関シ、中立国ノ定ムル一切ノ制限又ハ禁止ハ、両交戦者ニ対シ一様ニ之ヲ適用スヘキモノトス。

中立国ハ、電信若ハ電話ノ線条又ハ無線電信機ノ所有者タル会社又ハ個人ヲシテ右ノ義務ヲ履行セシムル様監視スヘシ。

**第一〇条【兵力の使用】** 中立国カ其ノ中立ノ侵害ヲ防止スル事実ハ、兵力ヲ用キル場合ト雖、之ヲ以テ敵対行為ト認ムルコトヲ得ス。

### 第二章　中立国内ニ於テ留置スル交戦者及救護スル傷者

**第一一条【交戦国軍隊の留置】** 交戦国ノ軍ニ属スル軍隊カ中立国領土ニ入リタルトキハ、該中立国ハ、成ルヘク戦地ヨリ隔離シテ之ヲ留置スヘシ。

中立国ハ、右軍隊ヲ陣営内ニ監置シ、且城寨若ハ特ニ之カ為ニ設備シタル場所ニ幽閉スルコトヲ得。

将校ニ許可ナクシテ中立領土ヲ去ラサルノ宣誓ヲ為サシメテ、自由ヲ与フルト否トハ、中立国ニ於テ之ヲ決スヘシ。

**第一二条【糧食等の供与】** 特別ノ条約ナキトキハ、中立国ハ、其ノ留置シタル人員ニ糧食、被服及人道ニ基ク救助ヲ供与スヘシ。

留置ノ為ニ生シタル費用ハ、平和克復ニ至リ償却セラルヘシ。

**第一三条【捕虜】** 逃走シタル俘虜カ中立国ニ入リタルトキハ、該中立国ハ、之ヲ自由ニ任スヘシ。若其ノ領土内ニ滞留スルコトヲ寛容スルトキハ、之カ居所ヲ指定スルコトヲ得。

右規定ハ、中立国ノ領土ニ避退スル軍隊ノ引率シタル俘虜ニ之ヲ適用ス。

**第一四条【傷病者の通過】** 中立国ハ、交戦国ノ軍ニ属スル傷者又ハ病者カ其ノ領土ヲ通過スルヲ許スコトヲ得。但シ、之ヲ輸送スル列車ニハ、戦闘ノ人員及材料ヲ搭載スルコトヲ得サルモノトス。此ノ場合ニ於テハ、中立国ハ、之カ為必要ナル保安及監督ノ処置ヲ執ルヘキモノトス。

交戦者ノ一方カ前記条件ノ下ニ中立領土内ニ引率シタル傷者又ハ病者ニシテ対手交戦者ニ属スヘキ者ハ、再ヒ作戦動作ニ加ルコトヲ得サル様、該中立国ニ於テ之ヲ監守スヘシ。右中立国ハ、自己ニ委ネラレタル他方軍隊ノ傷者又ハ病者ニ付同一ノ義務ヲ有スルモノトス。

**第一五条【赤十字条約の適用】** 「ジェネヴァ」条約ハ、中立領土ニ留置セラレタル病者及傷者ニ之ヲ適用ス。

## 第三章　中立人

**第一六条【中立人】** 戦争ニ与ラサル国ノ国民ハ、中立人トス。

**第一七条【中立を主張し得ない場合】** 左ノ場合ニ於テ、中立人ハ、其ノ中立ヲ主張スルコトヲ得ス。

イ　交戦者ニ対シ敵対行為ヲ為ストキ。

ロ　交戦者ノ利益ト為ルヘキ行為ヲ為ストキ、殊ニ任意ニ交戦国ノ一方ノ軍ニ入リテ服務スルトキ。

右ノ場合ニ於テ、交戦者ニ対シ中立ヲ守ラサリシ中立人ハ、該交戦者ヨリ同一ノ行為ヲ為シタル他方交戦国ノ国民ニ比シ、一層厳ナル取扱ヲ受クルコトナシ。

**第一八条【中立に違反しない行為】** 左ニ掲クル事項ハ、第十七条ロ号ニ所謂交戦者ノ一方ノ利益ト為ルヘキ行為ト認メス。

イ　交戦者ノ一方ニ供給ヲ為シ、又ハ其ノ公債ニ応スルコト。但シ、供給者又ハ債主カ他方ノ交戦者ノ領土又ハ其ノ占領地ニ住居セス且供給品カ此等地方ヨリ来ラサルモノナルトキニ限ル。

ロ　警察又ハ民政ニ関スル勤務ニ服スルコト。

## 第四章　鉄道材料　及び　第五章　附則（第一九条から第二五条まで）（略）

## 6　海戦中立条約（抄）

（海戦ノ場合ニ於ケル中立国ノ権利義務ニ関スル条約）

署　　名　一九〇七年一〇月一八日（ハーグ）
効力発生　一九一〇年一月二六日
日 本 国　一九一二年二月一一日（一一年一一月六日批准、一二月一三日批准書寄託、一二年一月一三日公布・条約一二号）
当 事 国　三一

独逸（ドイツ）皇帝普魯西（プロシア）国皇帝陛下（以下締約国元首名略）ハ、海戦ノ場合ニ於テ、中立国ト交戦国トノ関係ニ付今尚存在スル意見ノ相違ヲ少ナカラシメ、且右意見ノ相違ヨリ生スルコトアルヘキ紛争ヲ予防セムト欲シ、実際ニ起リ得ヘキ一切ノ場合ニ適用スヘキ規定ヲ今ヨリ協定シ置クコト能ハスト雖、不幸ニシテ戦争ノ起リタル場合ニ対スル共通ノ規則ヲ為シ得ル限制定スルハ争フヘカラサル利益ナルコトヲ考慮シ、本条約ニ規定ナキ場合ニハ国際法ノ一般ノ原則ニ依ルヘキモノナルコトヲ考慮シ、各国カ其ノ採ルコトアルヘキ中立状態ノ結果ヲ律スル為精確ナル規定ヲ設クルノ希望スヘキコトヲ考慮シ、中立国カ其ノ採用シタル規則ヲ公平ニ諸交戦者ニ適用スルハ一般ニ認メラレタル該国ノ義務ナルコトヲ考慮シ、此ノ趣旨ニ基キ右規則ハ中立国ニ於テ経験上其ノ権利ヲ擁護スル為必要ト認メタル場合ヲ除クノ外戦争中ハ主義トシテ之ヲ変更スヘカラサルコトヲ考慮シ、現行ノ一般的諸条約ノ規定ニ何等抵触スルコトナカルヘキ次ノ共通規則ヲ遵守スルコトヲ約シ、各左ノ全権委員ヲ任命セリ。（全権委員名略）

因テ各全権委員ハ、其ノ良好妥当ナリト認メラレタル委任状ヲ寄託シタル後、左ノ条項ヲ協定セリ。

**第一条【中立の尊重】** 交戦者ハ、中立国ノ主権ヲ尊重シ、且中立国ニ於テ寛容ノ結果其ノ中立違反ヲ構成スルニ至ルヘキ一切ノ行為ヲ中立領土又ハ領水ニ於テ行フコトヲ避クルコトヲ要ス。

**第二条【中立侵犯の行為】** 交戦国軍艦カ中立国領水ニ於テ捕獲及臨検捜索権ノ行使其ノ他一切ノ敵対行為ヲ行フコトハ、中立ノ侵犯ヲ構成スルモノトシ、之ヲ厳禁ス。

**第三条【捕獲された船舶の取扱い】** 船舶カ中立国領水ニ於テ捕獲セラレタル場合ニ於テ、該国ハ、捕獲セラレタル船舶カ尚其ノ管轄内ニ在ルトキハ、其ノ職員及船員ト共ニ之ヲ解放スル為、且捕獲者カ右船舶ニ乗込マシメタル艦員ヲ抑留スル為、施シ得ヘキ一切ノ手段ヲ尽スコトヲ要ス。

右捕獲セラレタル船舶カ既ニ中立国ノ管轄外ニ在ルトキハ、捕獲国政府ハ、右中立国ノ要求ニ依リ該船舶ヲ其ノ職員及船員ト共ニ解放スルコトヲ要ス。

**第四条【捕獲審検所】** 交戦者ハ、中立領土内又ハ中立領水ニ在ル船舶内ニ捕獲審検所ヲ設クルコトヲ得ス。

**第五条【通信機関の設置】** 交戦者ハ、中立ノ港及領水ヲ以テ敵ニ対スル海軍作戦根拠地ト為スコトヲ得ス。殊ニ無線電信局又ハ陸上若ハ海上ニ於ケル交戦国兵力トノ通信ノ用ニ供スヘキ一切ノ器械ヲ設置スルコトヲ得ス。

**第六条【軍艦等の交付】** 中立国ハ、如何ナル名義ヲ以テスルヲ問ハス、交戦国ニ対シ直接又ハ間接ニ軍艦、弾薬又ハ一切ノ軍用材料ヲ交付スルコトヲ得ス。

**第七条【兵器弾薬の輸出】** 中立国ハ、交戦者ノ一方又ハ他方ノ為ニスル兵器、弾薬其ノ他軍隊又ハ艦隊ノ用ニ供シ得ヘキ一切ノ物件ノ輸出又ハ通過ヲ防止スルヲ要セサルモノトス。

**第八条【艤装等の防止】** 中立国政府ハ、自己ト平和関係ヲ有スル国ニ対シ巡邏ノ用ニ供シ又ハ敵対行為ニ加ルヘキモノト信スヘキ相当ノ理由アル一切ノ船舶カ其ノ管轄内ニ於テ艤装又ハ武装セラルルコトヲ防止スル為、施シ得ヘキ手段ヲ尽スコトヲ要ス。中立国政府ハ、又巡邏ノ用ニ供シ又ハ敵対行為ニ加ルヘキ船舶ニシテ其ノ管轄内ニ於テ全部又ハ一部戦争ノ用途ニ適合セシメタルモノハ、総テ其ノ管轄外ニ出発スルコトヲ防止スル為、同様ノ監視ヲ為スコトヲ要ス。

**第九条【交戦者の平等待遇】** 中立国ハ、其ノ港、泊地又ハ領水ニ交戦国軍艦又ハ其ノ捕獲シタル船舶ヲ入ラシムルコトニ関シテ定メタル条件、制限又ハ禁止ヲ交戦者双方ニ対シテ均等ニ適用スルコトヲ要ス。

中立国ハ、其ノ定メタル命令及規則ヲ遵守スルコトヲ怠リ又ハ中立ヲ侵害シタル交戦国艦船ニ対シ、其ノ港又ハ泊地ニ入ルヲ禁スルコトヲ得。

**第一〇条【交戦国軍艦の通過】** 交戦国軍艦及其ノ捕獲シタル船舶カ単ニ中立領水ヲ通過スルコトハ、其ノ国ノ中立ヲ侵害スルモノニ非ス。

**第一一条【水先人】** 中立国ハ、其ノ公許水先人ヲ交戦国軍艦ニ於テ使用スルニ任スコトヲ得。

**第一二条【交戦国軍艦の碇泊】** 中立国ノ法令中別段ノ規定ナキトキハ、交戦国軍艦ハ、本条約ニ規定シタル場合ヲ除クノ外、二十四時間以上中立国ノ港、泊地又ハ領水ニ碇泊スルコトヲ得ス。

**第一三条【開戦の際の出港期間】** 開戦ノ通知ヲ受ケタル国カ自国ノ港、泊地又ハ領水ニ交戦国軍艦ノ在ルコトヲ知リタルトキハ、該国ハ、右軍艦ニ対シ二十四時間内又ハ自国法令ニ規定シタル期間内ニ出発スヘキコトヲ通告スルコトヲ要ス。

**第一四条【破損等の場合の例外】** 交戦国軍艦ハ、破損ノ為又ハ海上ノ状態ニ因ル場合ヲ除クノ外、法定期間以上中立港内ノ碇泊ヲ延長スルコトヲ得ス。右軍艦ハ、遅延ノ原因止ムトキハ、直ニ出発スヘキモノトス。

中立ノ港、泊地及領水ニ於ケル碇泊ノ制限ニ関スル規則ハ、専ラ宗教、学術又ハ博愛ノ任務ヲ有スル軍艦ニ之ヲ適用セス。

**第一五条【碇泊軍艦の数】** 中立国ノ法令中別段ノ規定ナキトキハ、該国ノ港又ハ泊地ノ一ニ同時ニ滞在シ得ヘキ各交戦国軍艦ノ数ハ、三隻ヲ超ユルコトヲ得ス。

**第一六条【出港の間隔】** 交戦国双方ノ軍艦カ同時ニ中立国ノ港又ハ泊地ノ一ニ在ルトキハ、一方ノ軍艦ノ出発ト他方ノ軍艦ノ出発トノ間ニ、少クモ二十四時間ヲ経過セシムルコトヲ要ス。出発ノ順序ハ、到著ノ順序ニ依リテ之ヲ定ム。但シ、最初到著シタル軍艦ニシテ碇泊ノ法定期間ノ延長ヲ許可セラルル場合ハ、此ノ限ニ在ラス。

交戦国軍艦ハ、其ノ対手国ノ国旗ヲ掲クル商船カ中立ノ港又ハ泊地ヲ出発シタル後二十四時間内ニ出発スルコトヲ得ス。

**第一七条【修理】** 交戦国軍艦ハ、中立ノ港及泊地ニ於テ、航海ノ安全ニ欠クヘカラサル程度以上ニ其ノ破損ヲ修理シ、且如何ナル方法ニ依ルヲ問ハス其ノ戦闘力ヲ増加スルコトヲ得ス。中立国官憲ハ、実行スヘキ修理ノ範囲ヲ定メ、為シ得ル限速ニ之ヲ行ハシムヘシ。

**第一八条【軍需品の更新その他】** 交戦国軍艦ハ、其ノ軍需品又ハ武装ヲ更新又ハ増加スル為、及其ノ艦員ヲ補充スル為、中立ノ港、泊地及領水ヲ使用スルコトヲ得ス。

**第一九条【軍需の補充】** 交戦国軍艦ハ、平時ニ於ケル軍需品ノ通常搭載量ヲ補充スル場合ニ限、中立ノ港又ハ泊地ニ於テ其ノ積入ヲ為スコトヲ得。

右軍艦ハ、又最近本国港ニ達スル為ニ必要ナル量ニ限、燃料ヲ積入ルルコトヲ得。中立国カ供給スヘキ燃料額ヲ定ムルニ付軍艦ノ燃料艙ノ全容量ヲ補充スルヲ許スノ制ヲ採レル場合ニ於テハ、交戦国軍艦ハ、該中立国ニ在リテハ前記ノ量ヲ補充スルニ必要ナル燃料ヲ積入ルルコトヲ得。

中立国ノ法規ニ依リ、軍艦カ其ノ到著ヨリ二十四時間ノ後ニ非サレハ石炭ノ供給ヲ受クルヲ得サルトキハ、法定ノ碇泊期間ヲ二十四時間延長スルモノトス。

**第二〇条【燃料の積入】** 交戦国軍艦ニシテ中立国ノ港ニ於テ燃料ヲ積入レタルモノハ、三月ヲ経過スルニ非サレハ、同一中立国ノ港ニ於テ再ヒ其ノ積入ヲ為スコトヲ得ス。

**第二一条【捕獲船舶の入港】** 捕獲シタル船舶ハ、航海ノ不能、海上ノ険悪又ハ燃料若ハ糧食ノ欠乏ノ事由ニ因ルニ非サレハ、之ヲ中立港内ニ引致スルコトヲ得ス。

右船舶ハ、其ノ入港ヲ正当ナラシムルノ事由止ミタルトキハ、直ニ出発スヘキモノトス。出発セサルトキハ、中立国ハ、直ニ出発ヲ命スヘク、之ニ従ハサルトキハ、其ノ職員及船員ト共ニ該船舶ヲ解放シ、且捕獲者カ船内ニ乗組マシメタル艦員ヲ留置スル為施シ得ヘキ手段ヲ尽スヘキモノトス。

**第二二条【捕獲船舶の解放】** 中立国ハ、又捕獲セラレタル船舶ニシテ第二十一条ニ規定シタル条件ニ依ラスシテ引致セラレタルモノヲ解放スルコトヲ要ス。

**第二三条【留置のための捕獲船舶の入港】** 捕獲セラレタル船舶カ捕獲審検所ノ検定アル迄之ヲ拘置スル為引致セラレタル場合ニ於テハ、中立国ハ、其ノ護送セラルルト否トヲ問ハス、之カ自国ノ港又ハ泊地ニ入ルヲ許スコトヲ得。該中立国ハ、右船舶ヲ自国ノ他ノ港ニ移サシムルコトヲ得ヘシ。

捕獲セラレタル船舶カ軍艦ニ由リ護送セラレタルトキハ、捕獲者カ該船ニ乗組マシメタル将校其ノ他ノ艦員ハ、護送艦ニ転乗スルコトヲ許サルヘシ。

捕獲セラレタル船舶カ単独ニ航行シ来ルトキハ、捕獲者カ之ニ乗組マシメタル艦員ハ自由ニ任スヘシ。

**第二四条**（略）

**第二五条【違反の防止】** 中立国ハ、其ノ港、泊地及領水ニ於テ前記規定ニ対スル一切ノ違反ヲ防止セムカ為、施シ得ヘキ手段ニ依ル監視ヲ行フコトヲ要ス。

**第二六条【中立国の権利の実行】** 中立国カ本条約ニ規定スル権利ヲ実行スルコトハ、之ニ関スル条項ヲ承認シタル交戦者ノ一方又ハ他方ニ於テ、友誼ニ戻リタル行為ト認ムルコトヲ得サルモノトス。

**第二七条【国内法令の通告】** 各締約国ハ、其ノ港及領水ニ於ケル交戦国軍艦ノ取扱ヲ定メタル一切ノ法令其ノ他ノ規定ヲ適当ナル時期ニ於テ相互ニ通知スヘク、之カ為当該国ヨリ和蘭〔オランダ〕国政府ニ通告ヲ為シ、同国政府ヨリ直ニ之ヲ他ノ締約国ニ移牒スルモノトス。

**第二八条から第三三条まで**（略）

## 第2節　害敵手段

### 1　サンクト・ペテルブルク宣言 翻訳

（戦時におけるある種の発射物の使用の禁止に関する宣言）

署　名　一八六八年一二月一一日（サンクト・ペテルブルク）
効力発生　一八六八年一二月一一日
日本国
当事国　一七

ロシア帝国政府の提案に基づき、文明諸国間の戦争においてある種の発射物の使用を禁止することが適当であるかどうかを検討するため国際軍事委員会がサンクト・ペテルブルクで開催され、同委員会は、戦争の必要が人道の要求に譲歩すべき技術上の制限を全会一致で確定したので、下名は、その本国政府の命により以下のように宣言する権限を与えられた。

文明の進歩は、戦争の惨禍をできる限り軽減する効果をもたらさなければならないこと。

戦時において諸国が達成しようと努める唯一の正当な目的は、敵国の軍隊の弱体化であること。

その目的を達成するためには、できる限り多くの者の戦闘能力を奪えば足りること。

既に戦闘能力を奪われた者の苦痛を無益に増大させ、又はその死を避け難いものにする兵器の使用は、この目的の範囲を超えること。

それゆえ、このような兵器の使用は、人道の法〔(仏)lois de l'humanité〕に反すること。

以上を考慮して、

締約国は、その相互の間の戦争の場合に、重量四〇〇グラム未満の発射物であって炸裂性のもの又は爆発性若しくは燃焼性の物質を充塡したものを、その陸軍又は海軍が使用することを相互に放棄することを約束する。

締約国は、サンクト・ペテルブルクで開催された国際軍事委員会に代表団を派遣して審議に参加することのなかった諸国に、この約束に加わるよう勧誘する。

この約束は、二以上の締約国又は加入国の間の戦争の場合にはそれらの国に対してのみ拘束力を有するものとし、非締約国又は加入していない国については適用されない。

また、この約束は、締約国又は加入国の間の戦争に非締約国又は未加入国が交戦国として加わったときから拘束力を失う。

締約国又は加入国は、科学がもたらす軍隊の兵器の将来の発展にかんがみて詳細な提案をなすべき場合はいつでも、ここに確立した諸原則を維持し、かつ、戦争の必要を人道の法に調和させるため、さらに協議することを留保する。

### 2　ダムダム弾禁止宣言

（外包硬固ナル弾丸ニシテ其ノ外包中心ノ全部ヲ蓋包セス若ハ其ノ外包ニ截刻ヲ施シタルモノノ如キ人体内ニ入テ容易ニ開展シ又ハ扁平ト為ルヘキ弾丸ノ使用ヲ各自ニ禁止スル宣言）

署　名　一八九九年七月二九日（ハーグ）
効力発生　一九〇〇年九月四日
日本国　一九〇〇年一〇月六日（同年九月三日批准、一〇月六日批准書寄託、一一月二二日公布・勅令）
当事国　三四

下ニ記名スル海牙（ハーグ）万国平和会議ニ賛同シタル諸国ノ全権委員ハ、之カ為各本国政府ノ委任ヲ受ケ、千八百六十八年十一月二十九日（十二月十一日）ノ聖彼得堡（サンクト・ペテルブルク）宣言書ニ掲ケタル趣旨ヲ体シテ、左ノ宣言ヲ為セリ。

締盟国ハ、外包硬固ナル弾丸ニシテ其ノ外包中心ノ全部ヲ蓋包セス若ハ其ノ外包ニ截刻ヲ施シタルモノノ如キ人体内ニ入テ容易ニ開展シ又ハ扁平ト為ルヘキ弾丸ノ使用ヲ各自ニ禁止ス。

締盟国中ノ二国又ハ数国ノ間ニ戦ヲ開キタル場合ニ限リ、締盟国ハ、本宣言ヲ遵守スルノ義務アルモノトス。

前項ノ義務ハ、締盟国間ノ戦闘ニ於テ、一ノ非締盟国カ交戦国ノ一方ニ加ハリタル時ヨリ消滅スルモノトス。

本宣言ハ、成ルヘク速ニ批准スヘシ。（中略）

若締盟国中ノ一国ニ於テ本宣言ヲ廃棄スルトキハ、書面ヲ以テ其ノ旨ヲ和蘭（オランダ）国政府ニ通告シタル後一箇年ヲ経過スルニ非サレハ廃棄ノ効力ヲ生スルコトナシ。右通告ハ和蘭国政府ヨリ直ニ爾余ノ締盟国ニ通知ス。

右廃棄ノ効力ハ之ヲ通告シタル国ノミニ止ルモノトス。

（以下略）

### 3　自動触発水雷禁止条約（抄）

（自動触発海底水雷ノ敷設ニ関スル条約）

署　名　一九〇七年一〇月一八日（ハーグ）
効力発生　一九一〇年一月二六日
日本国　一九一二年二月一一日（一一年一一月六日批准、一二年一月一三日批准書寄託、一二年一月一三日公布・条約八号）
当事国　三一

独逸（ドイツ）皇帝普魯西（プロシア）国皇帝陛下（以下締約国元首名略）ハ、各国民ニ対シテ開放セラレタル海路ノ自由ノ原則ニ鑑ミ、現時ノ状態ニ於テハ、自動触発海底水雷ノ使用ヲ禁止スルコト能ハストスルモ、戦争ノ禍害ヲ軽減シ、且戦争ノ存在ニ拘ラス為シ得ル限平和的航海ニ対シテ其ノ当然主張シ得ヘキ安全ヲ付与セムカ為、之カ使用ヲ制限シ、且之ニ付規定ヲ設クルノ必要ナルコトヲ考慮シ、本件ハ之ニ関スル利害関係ニ対シ一切ノ望マシキ保障ヲ与フル様規定スルコトハ之ヲ後日ニ期待シ、之カ為条約ヲ締結スルニ決シ、各左ノ全権委員ヲ任命セリ。（全権委員名略）

因テ各全権委員ハ、其ノ良好妥当ナリト認メラレタル委任状ヲ寄託シタル後、左ノ条項ヲ協定セリ。

**第一条【禁止事項】** 左ノ事項ハ、之ヲ禁止ス。

一　敷設者ノ監理ヲ離レテヨリ長クトモ一時間以内ニ、無害ト為ルノ構造ヲ有スルモノヲ除クノ外、無繋維自動触発水雷ヲ敷設スルコト。
二　繋維ヲ離レタル後直ニ無害ト為ラサル繋維自動触発水雷ヲ敷設スルコト。
三　命中セサル場合ニ無害ト為ラサル魚形水雷ヲ使用スルコト。

**第二条【商業上の航海】**単ニ商業上ノ航海ヲ遮断スルノ目的ヲ以テ、敵ノ沿岸及港ノ前面ニ、自動触発水雷ヲ敷設スルコトヲ禁ス。

**第三条【予防手段】**繋維自動触発水雷ヲ使用スルトキハ、平和的航海ヲ安全ナラシムル為一切ノ為シ得ヘキ予防手段ヲ執ルヘシ。

交戦者ハ、為シ得ル限、右水雷ヲシテ一定ノ期間経過後ハ無害タラシムルノ装置ヲ施スヘキコト、及右水雷ニシテ監視セラレサルニ至リタルトキハ、軍事ノ必要上差支ナキ限、速ニ航海者ニ対スル告示ヲ以テ其ノ危険区域ヲ指示スヘキコトヲ約定ス。

右告示ハ、外交上ノ手続ニ依リ之ヲ各国政府ニ通告スヘキモノトス。

**第四条【中立国の敷設】**中立国ニシテ其ノ沿岸ノ前面ニ自動触発水雷ヲ敷設スルモノハ、交戦者ト同一ノ規定ニ遵拠シ、且同一ノ予防手段ヲ執ルコトヲ要ス。

中立国ハ、予メ告示ヲ以テ自動触発水雷ヲ敷設セムトスル区域ヲ航海者ニ知ラシムルコトヲ要ス。右告示ハ、外交上ノ手続ニ依リ至急之ヲ各国政府ニ通知スヘキモノトス。

**第五条【水雷の引上げ】**締約国ハ、戦争終了シタルトキハ、各自其ノ敷設シタル水雷ヲ引上クル為、施シ得ヘキ総テノ手段ヲ尽スヘキコトヲ約定ス。

交戦国ノ一方カ他ノ交戦国ノ沿岸ニ敷設シタル繋維自動触発水雷ニ関シテハ、之ヲ敷設シタル国ハ、其ノ敷設面ヲ他ノ国ニ通告シ、各国ハ、最短期限内ニ自国ノ水域中ニ在ル敷設水雷ヲ引上クルノ手段ヲ執ルヘシ。

**第六条【水雷の改良】**締約国ニシテ未タ本条約ニ規定スルカ如キ完全ナル敷設水雷ヲ有セス従テ現ニ第一条及第三条ニ定メタル規則ニ準拠スルコト能ハサルモノハ、前記規定ニ適応セシムル為、其ノ水雷材料ヲ速ニ改良スヘキコトヲ約定ス。

**第七条【総加入条項】**（略）

**第八条【批准】**（略）

**第九条【非加盟国】**（略）

**第一〇条【効力発生】**（略）

**第一一条【有効期間】**本条約ハ、第一回批准書寄託ノ日以後第六十日ヨリ七年間有効ナルモノトス。

本条約ハ、廃棄アルニ非サレハ、右期間満了後引続キ効力ヲ有ス。

廃棄ハ、書面ヲ以テ和蘭（オランダ）国政府ニ通告スヘシ。和蘭国政府ハ、直ニ通告書ノ認証謄本ヲ爾余ノ諸国ニ送付シ、且右通告書ヲ接受シタル日ヲ通知スヘシ。

廃棄ハ、其ノ通告カ和蘭国政府ニ到達シタルトキヨリ六月ノ後、右通告ヲ為シタル国ニ対シテノミ、効力ヲ生スルモノトス。

**第一二条【再審議】**締約国ハ、自動触発水雷使用ノ問題カ前条第一項ノ期間満了ヨリ六月前ニ於テ第三回平和会議ニ由リテ審議決定セラレサリシ場合ニハ、右六月前ニ於テ該問題ヲ審議セムコトヲ約定ス。

締約国ニ於テ敷設水雷使用ニ関スル新条約ヲ締結スルトキハ、本条約ハ、其ノ実施ノ時ヨリ之ヲ適用セス。

**第一三条【寄託の帳簿】**和蘭国外務省ハ、帳簿ヲ備ヘ置キ、第八条第三項及第四項ニ依リ為シタル批准書寄託ノ日並加盟（第九条第二項）又ハ廃棄（第十一条第三項）ノ通告ヲ接受シタル日ヲ記入スルモノトス。

各締約国ハ、右帳簿ヲ閲覧シ、且其ノ認証抄本ヲ請求スルコトヲ得。

### 留　保

独逸国　第二条ヲ留保ス。
「ドミニカ」共和国　第一条第一号ヲ留保ス。
仏蘭西（フランス）国　第二条ヲ留保ス。
大不列顛（グレートブリテン）国　左ノ宣言ヲ留保ス。
　英国全権委員ハ、本条約ニ署名スルニ当リ、本条約カ或行為又ハ方法ヲ禁止セサルノ単純ナル事実ハ、英国皇帝陛下ノ政府ヨリ前記ノ行為又ハ方法ノ当否ヲ争フノ権利ヲ奪フモノニ非サルコトヲ宣言ス。
暹羅（シャム）国　第一条第一号ヲ留保ス。
土耳其（トルコ）国　千九百七年十月九日ノ第八回総会議ノ議事録ニ記入セラレタル宣言ヲ留保ス。

## 4　空戦規則 翻訳

（空戦に関する規則）

採　択　一九二三年二月一二日（ハーグ法律家委員会起草）

### 第一章　適用範囲、種類及び標識

**第一条【適用対象】**空戦法規は、全ての航空機に対して、それが空気より軽いか重いかを問わず、また水上に浮かぶことができるかどうかにかかわらず、適用する。

**第二条【公航空機】**次に掲げるものは、公航空機とみなす。
(a)　軍用航空機
(b)　専ら公務に用いられる非軍用航空機
他の全ての航空機は、私航空機とみなす。

**第三条【軍用航空機】**軍用航空機は、その国籍及び軍用の資格を示す外部標識を掲げる。

**第四条【税関・警察用の非軍用の公航空機】**税関用又は警察用に使用される非軍用の公航空機は、専ら公務に用いられる事実を証明する書類を携帯する。この航空機は、その国籍及び非軍用で公の資格を示す外部標識を掲げる。

**第五条【その他の非軍用の公航空機】**税関用又は警察用のものでない非軍用の公航空機は、戦時においては私航空機と同一の外部標識を掲げ、かつ、この規則の適用上、私航空機と同様に取り扱われる。

**第六条【私航空機】**第三条及び第四条に含まれず私航空機とみなされる航空機は、本国における現行規則が定めるとおり書類を携帯し、かつ、外部標識を掲げる。標識は、国籍及び資格を示さなければならない[must]。

**第七条【外部標識】**前諸条で定める外部標識は、飛行中変更することができないように固着する。この標識は、できる限り大きく、かつ、上方、下方及び各側方から見ることができるものとする。

**第八条【外部標識の通告】**各国の現行規則により定められた外部標識は、速やかに他の全ての国に通告する。

外部標識を定める規則の平時における変更は、その施行前に、他の全ての国に通告する。

開戦の際又は敵対行為中における右の規則の変更は、各国においてできる限り速やかに、かつ、遅くとも自国の戦闘部隊に通知するときまでに、他の全ての国に通告する。

**第九条【軍用航空機への変更】** 交戦国の非軍用航空機は、公航空機であるか私航空機であるかを問わず、軍用航空機に変更することができる。ただし、この変更は、航空機が属する交戦国の管轄内で行うものとし、公海上では行うことができない。

**第一〇条【航空機の国籍】** 航空機は、二以上の国籍を有することができない。

## 第二章　一般原則

**第一一条【空中通過と着陸・着水】** 全ての航空機は、交戦国であるか中立国であるかを問わず、国の管轄外において、空中通過及び着陸又は着水の完全な自由を有する。

**第一二条【戦時における進入】** 戦時には、交戦国であるか中立国であるかを問わず、全ての国は、その管轄内において航空機の進入、移動若しくは滞在を禁止し、又は規制することができる。

## 第三章　交戦者

**第一三条【交戦権】** 交戦権は、軍用航空機に限って行使することができる。

**第一四条【軍用航空機の要件】** 軍用航空機は、国の軍務に関して正式に任命されるか、又は軍役に編入された者の指揮の下に置かれる。その乗員は、軍人に限られなければならない。

**第一五条【乗員の記章】** 軍用航空機の乗員は、航空機から離れた場合においても遠方から認識することができるような固着された特徴のある記章を身に着ける。

**第一六条【非軍用航空機の敵対行為の禁止】** 交戦国の軍用航空機以外の航空機は、形式のいかんを問わず、敵対行為に従事しない。

「敵対行為」という語は、交戦者が直接使用するために軍事情報を飛行中に伝達することを含む。

私航空機は、本国の管轄外においては、戦時に武装しない。

**第一七条【赤十字条約の原則の適用】** 一九〇六年のジュネーヴ条約及びジュネーヴ条約ノ原則ヲ海戦ニ応用スル条約(一九〇七年の第一〇条約)中に定められた原則は、空戦及び救護航空機に適用する。交戦国の指揮官が救護航空機に対して行う監督についても、同じである。

一九〇六年のジュネーヴ条約によって移動衛生部隊に許された保護及び特権を享有するためには、救護航空機は、通常の識別標識のほか、特徴のある赤十字の記章を掲げなければならない。

## 第四章　敵対行為、爆撃及び間諜

**第一八条【爆弾の使用】** 航空機により又は航空機に対して曳光弾、焼夷性又は爆発性の投射物を使用することは、禁止しない。

この規定は、一八六八年のサンクト・ペテルブルク宣言の当事国及び非当事国に、ひとしく適用する。

**第一九条【虚偽の外部標識の禁止】** 虚偽の外部標識を使用することは、禁止する。

**第二〇条【落下傘使用者への攻撃禁止】** 航空機がその機能を失い、機上にあった者が落下傘で避難しようと試みるときは、降下中にその者を攻撃してはならない。

**第二一条【宣伝流布目的の航空機使用】** 宣伝流布の目的で航空機を使用することは、不法な[illegitimate]戦闘手段として取り扱ってはならない。

右の航空機の乗員が右の行為をしたという理由で、彼らの捕虜としての権利を奪ってはならない。

**第二二条【非戦闘員等への爆撃の禁止】** 文民たる住民を威嚇し、軍事的性質を有しない私有財産を破壊し若しくは毀損し、又は非戦闘員を損傷することを目的とする空襲は、禁止する。

**第二三条【徴発と取立金のための爆撃の禁止】** 現物徴発又は取立金の支払を強制することを目的とする空襲は、禁止する。

**第二四条【爆撃の目標】** 1　空襲は、軍事目標、すなわち、その破壊又は毀損が明らかに交戦国に軍事的利益を与えるような目標に対して行われた場合に限り、適法とする[is legitimate]。

2　右の爆撃は、専ら次の目標、すなわち軍隊、軍事工作物、軍事建設物若しくは軍事貯蔵所、兵器弾薬若しくは明らかに軍需品の製造に従事する工場であって重要なかつ公知の中心施設を構成するもの、又は軍事目的に使用される連絡路若しくは輸送路に対して行われた場合に限り、適法とする。

3　陸上部隊の作戦行動の直近地域でない都市、町村、住宅又は建物の爆撃は、禁止する。2に掲げた目標が文民たる住民に対して無差別の爆撃を行うのでなければ爆撃することができない位置にある場合には、航空機は爆撃を控えなければならない。

4　陸上部隊の作戦行動の直近地域においては、都市、町村、住宅又は建物の爆撃は、文民たる住民に与える危険を考慮してもなお、そのような爆撃を正当化するのに十分なほどに、兵力の集中が重要であると考えることに理由がある場合に限り、適法とする。

5　交戦国は、その士官又は部隊が本条の規定に違反したことによって生じた身体又は財産に対する損害につき、金銭賠償を支払う責任を負う。

**第二五条【爆撃から保護される建物等】** 航空機により爆撃を行う場合には、公衆の礼拝、芸術、学術又は慈善の用に供される建物、歴史上の記念建造物、病院船、病院並びに病者及び傷者の収容所は、これらの建物、物件又は場所が同時に軍事目的に使用されているのでない限り、指揮官は、できる限り損害を免れさせるため、必要な全ての措置をとらなければならない。これらの建物、物件及び場所は、昼間は航空機から見ることができる標識をもって表示しなければならない。前記以外の建物、物件又は場所を表示するために標識を使用することは、背信行為とみなす。この標識は、ジュネーヴ条約により保護される建物の場合には白地に赤十字であり、その他の保護建物の場合には、長方形の大きな板で対角線により黒色と白色との両三角形に分割したものとする。

前段に掲げた病院及び特権を有する他の建物に関する保護を夜間に確保しようとする交戦国は、前段にいう特別標章を十分見やすくするために必要な措置をとらなければならない。

**第二六条【保護地帯に関する特別規則】** 各国の領域内に存在する重要な歴史上の記念建造物に関して一層有効な保護を与えるため、その国がこの記念建造物及びその周辺地帯を軍事目的に使用することを避け、かつ、その査察のための特別の制度を受諾することを条件として、次の特別規則を採用する。

(一)　各国は、適当と認める場合には、領域内にあるこの記念建造物の周囲に、保護地帯を設けることができる。この地帯は、戦時にも爆撃を免れる。

㈡ 周囲に地帯を設けなければならない記念建造物は、平時に外交上の経路により他国に通告する。この通告は、右の地帯の限界も表示する。この通告は、戦時に撤回することができない。

㈢ 保護地帯は、記念建造物又はその集団が現に占める地域のほか、右の地域の周線から測って幅員五〇〇メートルを超えない外側の地帯を含むことができる。

㈣ 交戦国の航空機の乗員が右の地帯の限界を確実に識別することができるようにするため、昼夜を問わず航空機から明確に見ることができる標識を用いる。

㈤ 記念建造物自体の標識は、第二五条に定めるものである。周辺地帯を表示するために用いる標識は、本条の規定を採用する各国において定め、かつ、記念建造物及び地帯の通告と同時に他国に通告する。

㈥ ㈤に掲げた地帯を表示する標識のいかなる濫用も、背信行為とみなされる。

㈦ 本条の規定を採用する国は、記念建造物及びその周辺地帯を軍事目的のため若しくは方法のいかんを問わず軍事機関の利益のために使用すること、又はこの記念建造物内若しくはこの地帯内において軍事上の目的を有する何らかの行為を行うことを、控えなければならない。

㈧ ㈦の規定の違反が行われないことを確保するため、本条の規定を採用する国に駐在する三人の中立国の代表又はその代理からなる査察委員会が任命される。この査察委員会委員の中の一人は、敵対交戦国の利益を委託された国の代表(又はその代理)とする。

**第二七条【乗員の間諜行為】** 交戦国又は中立国の航空機の乗員は、交戦国の管轄内又は交戦国の作戦地帯内において、敵対交戦国に通報する意思をもって隠密に又は虚偽の口実の下に行動して、飛行中に情報を収集し又は収集しようとする者でない限り、間諜とみなすことができない。

**第二八条【飛行後の間諜行為】** 航空機の乗員又はその輸送する乗客が航空機を離れた後に犯した間諜行為に関しては、陸戦ノ法規慣例ニ関スル規則の規定による。

**第二九条【間諜行為の処罰】** 第二七条及び第二八条に掲げた間諜行為の処罰に関しては、陸戦ノ法規慣例ニ関スル規則の第三〇条及び第三一条による。

## 第五章 敵国及び中立国の航空機並びにその搭乗者に対する軍の権力

**第三〇条【飛行の制限】** 交戦国の指揮官は、航空機の存在が現に従事する作戦行動の成功を害すると認めるときは、自らの軍隊の直近地域における中立国の航空機の通過を禁止し、又はこれに一定の航路をとることを強制することができる。交戦国の指揮官が発したこの指令の通告を受けたにもかかわらず、これに従わなかった中立国の航空機に対しては、射撃することができる。

**第三一条【中立国の私航空機の徴発】** 陸戦ノ法規慣例ニ関スル規則第五三条の原則に従い、交戦国の占領軍が敵国の管轄内に入って発見した中立国の私航空機は、十分な金銭賠償を支払うことを条件として、これを徴発することができる。

**第三二条【敵国の公航空機の没収】** 敵国の公航空機は、私航空機と同様に取り扱われるものを除き、捕獲審検手続によらないで没収される。

**第三三条【敵国軍用航空機接近時の非軍用航空機への射撃】** 自国の管轄内を飛行する交戦国の非軍用航空機は、公航空機であるか私航空機であるかを問わず、敵国の軍用航空機が接近する場合には、もっとも近い適当な場所に着陸又は着水しない限り射撃される。

**第三四条【敵国管轄地域等の交戦国の非軍用航空機への射撃】** 交戦国の非軍用航空機は、公航空機であるか私航空機であるかを問わず、㈠敵国の管轄内、㈡敵国の管轄の直近地域であって航空機の所属国の管轄外、又は㈢陸上若しくは海上における敵国の軍事行動の直近区域を飛行する場合には、射撃される。

**第三五条【中立国航空機への射撃】** 交戦国の管轄内を飛行する中立国の航空機であって敵対交戦国の軍用航空機の接近について警告を受けたものは、もっとも近い適当な場所に着陸又は着水しなければならない。これに従わない場合には、この中立国の航空機は、射撃される危険がある。

**第三六条【敵国に捕えられた軍用航空機の乗員と乗客】** 敵国の軍用航空機が交戦国の手に陥った場合には、その乗員及び、乗客があるときは、その乗客は捕虜にすることができる。

敵国の非軍用の公航空機の乗員及び、乗客があるときは、その乗客についても同一の規定を適用する。ただし、非軍用の公航空機が専ら旅客の輸送に用いられる場合には、その乗客は、敵国の役務に従事する者又は軍役に適する敵国人でない限り、解放される権利を有する。

敵国の私航空機が交戦国の手に陥った場合には、敵国人又は敵国の役務に従事する中立国人である乗員は、捕虜にすることができる。敵国の役務に従事しない中立国人である乗員は、敵対行為の継続中敵国の航空機において勤務しないことを誓約する書面に署名するときは、解放される権利を有する。乗客は、敵国の役務に従事する者又は軍役に適する敵国人に限って捕虜にすることができ、その他の者は解放される権利を有する。

解放は、交戦国の軍事上の必要があるときは、いかなる場合であっても延期することができる。

交戦国は、いかなる乗員又は乗客であっても、捕われた際の飛行中に敵国に対する特別かつ積極的な援助をした者を、捕虜として留置することができる。

本条第三段に従い、書面による誓約をした後に解放された個人の氏名は、敵対交戦国に通告する。敵対交戦国は、故意にこの個人をその誓約に違反して使用してはならない。

**第三七条【交戦国に抑留された中立国航空機の乗員と乗客】** 交戦国により抑留された中立国の航空機の乗員は、中立国人であって敵国の役務に従事しないときは、無条件で解放される。乗員が敵国人であるか又は敵国の役務に従事するときは、捕虜とすることができる。

乗客は、敵国の役務に従事する者又は軍役に適する敵国人に限って捕虜にすることができ、その他の者は解放される権利を有する。

解放は、交戦国の軍事上の必要があるときは、いかなる場合でも延期することができる。

交戦国は、いかなる乗員又は乗客であっても、捕われた際の飛行中に敵国に対する特別かつ積極的な援助をした者を、捕虜として留置することができる。

**第三八条【軍隊の構成員でない捕虜の取扱い】** 第三六条及び第

三七条の規定により乗員又は乗客を捕虜とすることができる旨を定めた場合に、この乗員又は乗客は、軍隊の構成員でないとしても、捕虜に比べて不利益な取扱いを受けないという権利を有する。

## 第六章　中立国に対する交戦国の義務及び交戦国に対する中立国の義務

**第三九条【中立国の権利の尊重】**交戦国の航空機は、中立国の権利を尊重し、かつ、中立国の管轄内において中立国が防止する義務を負う行為を控えなければならない。

**第四〇条【中立国への進入の禁止】**交戦国の軍用航空機が中立国の管轄内に入ることは禁止する。

**第四一条【軍艦に搭載する航空機】**軍艦（航空母艦を含む。）に搭載中の航空機は、軍艦の一部とみなされる。

**第四二条【中立国の義務】**中立国の政府は、交戦国の軍用航空機がその管轄内に入ることを防止するため、及び、その管轄内に入ったときは着陸又は着水を強制するために、利用可能な手段を使用しなければならない。

　中立国の政府は、原因のいかんを問わず、その管轄内に着陸し又は着水した交戦国の軍用航空機を、乗員及び、乗客があるときはその乗客とともに抑留するために、利用可能な手段を使用する。

**第四三条【中立国に救助された交戦国の軍用航空機の乗員】**機能を失った交戦国の軍用航空機の乗員であって、中立国の軍用航空機により中立国の領水外において救助され、かつ、中立国の管轄内に送致されて上陸した者は、抑留される。

**第四四条【交戦国に対する航空機の供給】**中立国の政府が、交戦国に対して航空機、その部品又は航空機の用に供する材料、供給品若しくは軍需品を、直接又は間接に供給することは、方法のいかんを問わず禁止する。

**第四五条【航空機等の輸出と通過】**第四六条の規定に従うことを条件として、中立国は、交戦国のためにする航空機、その部品又は航空機の用に供する材料、供給品若しくは軍需品の輸出又は通過を防止することを要しない。

**第四六条【中立国の防止事項】**中立国の政府は、次の事項を防止するために利用可能な手段を使用しなければならない〔is bound to〕。

㈠　交戦国に対して攻撃することができる状態にある航空機、又は据付け若しくは利用すれば攻撃することができるようになる器具又は材料を搭載し若しくは携帯する航空機が、交戦国に対して使用されるものであると信ずる理由があるときに、この航空機が自国の管轄内から出発すること。

㈡　航空機の乗員中に交戦国の戦闘部隊の構成員を含むときにこの航空機が出発すること。

㈢　本条の目的に反して出発する準備のために航空機に作業を行うこと。

　中立国の管轄内にある個人又は会社が交戦国の注文に応じて発送する航空機が空路により出発するときは、中立国の政府は、この航空機に対して、敵対交戦国の軍事行動の付近を避ける航空路を指令し、かつ、この航空機が指令した航空路に従うことを確保するために必要な保証を求めなければならない。

**第四七条【空中からの偵察】**中立国は、他方の交戦国に通報する意思をもって一方の交戦国の移動、作戦行動又は防護を自国の管轄内において空中から偵察することを防止するために、利用可能な措置をとらなければならない。

　右の規定は、軍艦に搭載される交戦国の軍用航空機にも、ひとしく適用する。

**第四八条【中立国による兵力の行使】**中立国がこの規則に基づく権利又は義務の行使において兵力又は他の利用可能な手段を用いる行為は、敵対行為とみなすことができない。

## 第七章　臨検捜索、捕獲及び没収

**第四九条【私航空機の臨検、捜索、捕獲】**私航空機は、交戦国の軍用航空機による臨検、捜索及び捕獲を免れない。

**第五〇条【非軍用航空機に着陸等を命ずる権利】**交戦国の軍用航空機は、非軍用の公航空機及び私航空機に対して、臨検及び捜索のため相応に接近することができる適当な場所に着陸若しくは着水し又は進航すべきことを命ずる権利を有する。

　取調べのため前記の場所に着陸若しくは着水し又は進航しなければならないとの命令に従うことを、警告を受けた後に拒んだときは、この航空機は、射撃される危険がある。

**第五一条【中立国の非軍用の公航空機の臨検】**中立国の非軍用の公航空機は、私航空機として取り扱われるものを除くほか、その書類の検証のための臨検のみを受けるものとする。

**第五二条【敵国の私航空機の捕獲】**敵国の私航空機は、全ての場合において捕獲を免れない。

**第五三条【中立国の私航空機の捕獲】**中立国の私航空機は、次に掲げる場合には、捕獲を免れない。

(a)　交戦権の正当な行使に抵抗するとき。

(b)　第三〇条に従い交戦国の指揮官が発した禁止の通告を受けたにもかかわらず、これを犯すとき。

(c)　非中立的役務に従事するとき。

(d)　戦時に本国の管轄外において武装するとき。

(e)　外部標識を有しないか、又は虚偽の標識を使用するとき。

(f)　書類を有しないか、又は不十分な若しくは正規でない書類を有するとき。

(g)　その書類に示された出発地と目的地との間の航空路を明らかに離れ、かつ、交戦国が必要と認める調査の後、この航空路の変更に対する十分な理由を提示しないとき。交戦国は、この調査中、乗員及び、乗客があるときは乗客とともに、この航空機を抑留することができる。

(h)　戦時禁制品を輸送し、又はこの航空機自体が戦時禁制品であるとき。

(i)　正当に設定されかつ実効的に維持される封鎖を侵犯するとき。

(k)　敵国の航空機として受ける帰結を免れる意思があることを示す時期及び事情において、交戦国の国籍から中立国の国籍に移転していたとき。〔注　(j)が抜けているのは原文のまま〕

　ただし、いずれの場合(kを除く。)にも、捕獲の理由は、この中立国の航空機が交戦国の手に帰した際の飛行中、すなわち、その出発地を離れてからその目的地に到達するまでに行われた行為でなければならない。

**第五四条【私航空機の書類の不備】**私航空機の書類であって、この航空機の国籍を明確にせず、かつ、乗員及び乗客の氏名及び国籍、飛行の出発地及び目的地並びに積荷の細目及び輸送条件を表示しないものは、不十分又は正規でないものとみなされる。この中には航空日誌も含まれる。

**第五五条【航空機及び搭載貨物の捕獲】** 航空機又は機内にある貨物の捕獲は、中立者の請求を正当に聴取しかつ判定するため、捕獲審検手続に付す。

**第五六条【私航空機の没収】** 外部標識を有しなかったか若しくは虚偽の標識を使用していたこと、又は戦時に本国の管轄外において武装していたことを理由として捕獲された私航空機は、没収を免れない。

第三〇条による交戦国の指揮官の指令に従わなかったことを理由として捕獲された中立国の私航空機は、この禁止区域内にいたことが正当であったことを示すことができなければ、没収を免れない。

他の全ての場合において、捕獲審検所は、航空機又はその積荷若しくは機内にある郵便信書の捕獲に関する全ての事件を審検する場合、商船又はその積荷若しくは船内にある郵便信書に対する規定と同一のものを適用する。

**第五七条【敵国の私航空機の破壊】** 私航空機であって臨検捜索の結果敵国の航空機であると認められたものは、交戦国の指揮官が必要であると認めるときは、全ての搭乗者をあらかじめ安全な地へ移し、この航空機の全ての書類を保存することを条件として、破壊することができる。

**第五八条【中立国の私航空機の破壊】** 私航空機であって、臨検捜索の結果、非中立的役務を理由として、又は外部標識を有しなかったか若しくは虚偽の標識を掲げていたという理由により没収を免れない中立国の航空機であると認められたものは、審検のため送致することが不可能な場合、又は交戦国の航空機の安全若しくは従事する作戦行動の成功を害する場合には、破壊することができる。前記以外の場合においては、中立国の私航空機は、もっとも重大な軍事上の緊急状態のため交戦国の指揮官が解放し又は審検のため送致することができない場合を除くほか、破壊することができない。

**第五九条【中立国の私航空機の破壊手続】** 中立国の私航空機を破壊するのに先立ち、全ての搭乗者は安全な地へ移し、この航空機の全ての書類は保存しなければならない。

中立国の私航空機を破壊した捕獲者は、この捕獲事件を捕獲審検所に提起し、かつ、第五八条に従って破壊することが認められていたことをまず立証しなければならない。捕獲者が立証しないときは、この航空機又はその積荷の利害関係人は、金銭賠償を受ける権利を有する。捕獲が無効と審検されたときは、破壊の行為が正当であると審検された場合でも、権利を有する者への返還に代えて利害関係人に金銭賠償を支払わなければならない。

**第六〇条【中立国航空機上の禁制品の引渡しと破壊】** 中立国の私航空機が禁制品を輸送していたという理由により捕獲された場合において、審検のため送致することが不可能な場合、又は交戦国の航空機の安全若しくは従事する作戦行動の成功を害する場合には、捕獲者は、機内にある絶対的禁制品の引渡しを要求し、又はこれを破壊する手段をとることができる。捕獲者は、航空機の航空日誌に貨物の引渡し又は破壊の旨を記入し、かつ、航空機の関係書類の正本又は謄本を入手した後、この中立国航空機にその飛行の継続を許さなければならない。

第五九条後段の規定は、中立国の私航空機内にある絶対的禁制品を引き渡し又は破壊する場合に適用する。

## 第八章　定義

**第六一条【軍の定義】** この規則を通じて、「軍」という語は、全ての部門の兵力、すなわち、陸上部隊、海上部隊及び航空部隊を指すものと解される。

**第六二条【敵対行為に従事する乗員】** この規則に特別の規定がある場合及びこの規則の第七章の規定又は国際条約において海上法及びその手続が適用されなければならないことが示される場合を除くほか、敵対行為に従事する航空機の乗員は、国際法の慣習及び実行並びに関係国が当事者である宣言及び条約に基づいて陸上部隊に適用される戦争法規及び中立法規に従わなければならない。

# 5　毒ガス等禁止議定書

（窒息性ガス、毒性ガス又はこれらに類するガス及び細菌学的手段の戦争における使用の禁止に関する議定書）〔窒息性ガス等禁止議定書〕

署　　名　一九二五年六月一七日（ジュネーヴ）
効力発生　一九二八年二月八日
日 本 国　一九七〇年五月二一日（二五年六月一七日署名、七〇年五月一三日国会承認、五月二一日批准書寄託、同日公布・条約四号）
当 事 国　一四四

下名の全権委員は、各自の政府の名において、

窒息性ガス、毒性ガス又はこれらに類するガス〔other gases, (仏) gaz similaires〕及びこれらと類似のすべての液体、物質又は考案を戦争に使用することが、文明世界の世論によつて正当にも非難されているので、

前記の使用の禁止が、世界の大多数の国が当事国である諸条約中に宣言されているので、

この禁止が、諸国の良心及び行動をひとしく拘束する国際法の一部として広く受諾されるために、

次のとおり宣言する。

締約国は、前記の使用を禁止する条約の当事国となつていない限りこの禁止を受諾し、かつ、この禁止を細菌学的戦争手段の使用についても適用すること及びこの宣言の文言に従つて相互に拘束されることに同意する。

締約国は、締約国以外の国がこの議定書に加入するように勧誘するためあらゆる努力を払うものとする。その加入は、フランス共和国政府に通告され、同政府によりすべての署名国及び加入国に通告されるものとし、同政府による通告の日に効力を生ずる。

この議定書は、フランス語及び英語の本文をともに正文とし、できる限りすみやかに批准されなければならない。この議定書には、本日の日付を付する。

この議定書の批准書は、フランス共和国政府に送付するものと

し、同政府は、直ちに各署名国及び各加入国に対し当該批准書の寄託を通告する。

この議定書の批准書及び加入書は、フランス共和国政府に寄託しておく。

この議定書は、各署名国につきその批准書の寄託の日に効力を生ずるものとし、その署名国は、その時から、すでに批准書を寄託している他の署名国との関係において拘束される。

## 6 潜水艦戦闘行為議定書 翻訳

（一九三〇年四月二二日のロンドン条約第四編に掲げられる潜水艦の戦闘行為についての規則に関する調書）

署　　名　一九三六年一一月六日（ロンドン）
効力発生　一九三六年一一月六日
日 本 国　一九三六年一一月六日
当 事 国　五〇

一九三〇年四月二二日にロンドンで署名された海軍軍備ノ制限及縮少ニ関スル条約は、全ての署名国によっては批准されておらず、

同条約は、国際法の確立した規則として商船に対する潜水艦の行動に関する諸規則を掲げ、かつ、無期限に引き続き効力を有する第四編を除くほかは、一九三六年一二月三一日の後に効力を有しなくなり、

その第四編第二二条の最終節には、締約国が他の全ての国に対し前記の諸規則への同意を表明するように勧誘すると規定されており、

フランス共和国及びイタリア王国の政府は、同条約に署名することにより生ずる前記の諸規則の受諾を確認しており、

同条約の全ての署名国は、できる限り多くの国が前記の第四編に掲げた諸規則を国際法の確立した規則として受諾することを希望しているので、

各自の政府の代表者である下名は、同条約の第二二条に留意し、グレートブリテン及び北アイルランド連合王国政府に対して、ここに添付する前記の諸規則に確定的にかつ無期限に加入するようにという勧誘を添えて、同条約の署名国でない全ての国の政府に速やかにこの諸規則を通報するようここに要請する。

規　則

(1) 潜水艦は、商船に対する行動については、水上艦が従うべき国際法の規則に従わなければならない。

(2) 特に、商船が正当に停船を要求されたときに、これを一貫して拒否するか、又は臨検若しくは捜索に対して積極的に抵抗する場合を除くほか、軍艦は水上艦であるか潜水艦であるかを問わず、まず乗客、乗組員及び船舶書類を安全な場所に置かない限り、商船を沈没させ又はその航海能力を奪うことができない。この規定の適用上、船舶のボートは、その時の海上及び天候の状態において、陸地に近いこと又は乗客及び乗組員を船内に収容できる他の船舶が存在することにより乗客及び乗組員の安全が確保されない限り、安全な場所とみなされない。

## 7 環境改変技術敵対的使用禁止条約

（環境改変技術の軍事的使用その他の敵対的使用の禁止に関する条約）

採　　択　一九七六年一二月一〇日（国連第三一回総会）
署名開放　一九七七年五月一八日（ジュネーヴ）
効力発生　一九七八年一〇月五日
日 本 国　一九八二年六月九日（同年六月四日国会承認、同日内閣加入決定、六月九日加入書寄託、同日公布・条約七号）
当 事 国　七八

この条約の締約国は、

平和を強化することの利益に導かれ、軍備競争を停止すること、厳重かつ効果的な国際管理の下における全面的かつ完全な軍備縮小を達成すること及び新たな戦争手段の使用のもたらす危険から人類を守ることに貢献することを希望し、

軍備縮小の分野において更にとるべき措置に関し効果的な進展を図るため交渉を継続することを決意し、

科学及び技術の進歩が新たな環境改変の可能性をもたらすことを認識し、

千九百七十二年六月十六日にストックホルムで採択された国際連合人間環境会議の宣言を想起し、

環境改変技術の平和的目的のための使用が、人間と自然との関係を改善し得ること並びに現在及び将来の世代のための環境の保全及び改善に貢献し得ることを認め、

他方、環境改変技術の軍事的使用その他の敵対的使用が人類の福祉に極めて有害な影響を与えるおそれのあることを認識し、

環境改変技術の軍事的使用その他の敵対的使用が人類にもたらす危険を無くすため環境改変技術の軍事的使用その他の敵対的使用を効果的に禁止することを希望し、この目的の達成のために努力するとの締約国の意思を確認し、

国際連合憲章の目的及び原則に従つて諸国間の信頼の強化及び国際関係の一層の改善に貢献することを希望して、

次のとおり協定した。

**第一条【敵対的使用の禁止】** 1　締約国は、破壊、損害又は傷害を引き起こす手段として広範な、長期的な又は深刻な効果をもたらすような環境改変技術の軍事的使用その他の敵対的使用を他の締約国に対して行わないことを約束する。

2　締約国は、1の規定に違反する行為につき、いかなる国、国の集団又は国際機関に対しても、援助、奨励又は勧誘を行わないことを約束する。

**第二条【定義】** 前条にいう「環境改変技術」とは、自然の作用を意図的に操作することにより地球（生物相、岩石圏、水圏及び気圏を含む。）又は宇宙空間の構造、組成又は運動に変更を加える技術をいう。

**第三条【平和的使用】** 1　この条約は、環境改変技術の平和的目的のための使用を妨げるものではなく、また、環境改変技術の

平和的目的のための使用に関し一般的に認められた国際法の諸原則及び適用のある国際法の諸規則を害するものではない。

2　締約国は、環境改変技術の平和的目的のための使用に関する科学的及び技術的情報を可能な最大限度まで交換することを容易にすることを約束し、また、その交換に参加する権利を有する。締約国は、可能なときは、単独で又は他の国若しくは国際機関と共同して、世界の開発途上地域の必要に妥当な考慮を払つて、環境の保全、改善及び平和的利用に関する経済的及び科学的国際協力に貢献する。

**第四条【締約国のとるべき措置】** 締約国は、自国の憲法上の手続に従い、その管轄又は管理の下にあるいかなる場所においても、この条約に違反する行為を禁止し及び防止するために必要と認める措置をとることを約束する。

**第五条【相互協議・協力、苦情申立て】** 1　締約国は、この条約の目的に関連して生ずる問題又はこの条約の適用に際して生ずる問題の解決に当たつて相互に協議し及び協力することを約束する。この条の規定に基づく協議及び協力は、国際連合の枠内で及び国際連合憲章に従つて、適当な国際的手続により行うことができる。この国際的手続には、適当な国際機関及び2に規定する専門家協議委員会による作業を含めることができる。

2　1の規定の適用上、寄託者は、締約国から要請を受けた後一箇月以内に専門家協議委員会を招集する。いずれの締約国も、同委員会の委員として一人の専門家を任命することができる。同委員会の任務及び手続規則については、この条約の不可分の一部を成す附属書に定める。同委員会は、その作業中に得たすべての見解及び情報を織り込んだ事実認定の概要を寄託者に送付する。寄託者は、この概要をすべての締約国に配布する。

3　締約国は、他の締約国がこの条約に基づく義務に違反していると信ずるに足りる理由があるときは、国際連合安全保障理事会に苦情を申し立てることができる。苦情の申立てには、すべての関連情報及びその申立ての妥当性を裏付けるすべての証拠を含めるものとする。

4　締約国は、安全保障理事会がその受理した苦情の申立てに基づき国際連合憲章に従つて行う調査に対し協力することを約束する。同理事会は、この調査の結果を締約国に通知する。

5　締約国は、この条約の違反によりいずれかの締約国が被害を受けたと又は被害を受けるおそれがあると安全保障理事会が決定する場合には、援助又は支援を要請する当該いずれかの締約国に対し国際連合憲章に従つて援助又は支援を行うことを約束する。

**第六条【改正】** 1　いずれの締約国も、この条約の改正を提案することができる。改正案は、寄託者に提出するものとし、寄託者は、これをすべての締約国に速やかに送付する。

2　改正は、締約国の過半数が改正の受諾書を寄託者に寄託した時に、改正を受諾した締約国について効力を生ずる。その後は、改正は、改正の受諾書を寄託する他のいずれの締約国についても、その寄託の日に効力を生ずる。

**第七条【有効期間】** この条約の有効期間は、無期限とする。

**第八条【検討会議】** 1　寄託者は、この条約の効力発生の五年後に、スイスのジュネーヴに締約国の会議を招集する。この会議は、この条約の目的の実現及び規定の遵守を確保するため、この条約の運用を検討するものとし、特に、環境改変技術の軍事的使用その他の敵対的使用の危険を無くす上で第一条1の規定が実効的であるかないかを審議する。

2　その後は、締約国の過半数の寄託者に対する提案に基づき、五年以上の間隔を置いて1に規定する会議と同様の目的を有する会議を招集する。

3　前回の締約国の会議の終了の日から十年以内に2の規定による会議の招集がされなかつた場合には、寄託者は、会議の招集に関してすべての締約国の意見を求める。少なくとも締約国の三分の一又は十の締約国が賛成する場合には、寄託者は、会議を招集するため速やかに措置をとる。

**第九条【署名、批准、加入、効力発生】** 1　この条約は、署名のためにすべての国に開放される。3の規定に基づくこの条約の効力発生前にこの条約に署名しなかつた国は、いつでもこの条約に加入することができる。

2　この条約は、署名国によつて批准されなければならない。批准書及び加入書は、国際連合事務総長に寄託する。

3　この条約は、2の規定により二十の国の政府が批准書を寄託した時に効力を生ずる。

4　この条約は、その効力発生の後に批准書又は加入書を寄託する国については、その批准書又は加入書の寄託の日に効力を生ずる。

5　寄託者は、すべての署名国及び加入国に対し、署名の日、批准書又は加入書の寄託の日、この条約及びその改正の効力発生の日並びに他の通知の受領を速やかに通報する。

6　この条約は、寄託者が国際連合憲章第百二条の規定により登録する。

**第一〇条【正文及び寄託】** この条約は、英語、アラビア語、中国語、フランス語、ロシア語及びスペイン語をひとしく正文とするものとし、国際連合事務総長に寄託する。同事務総長は、この条約の認証謄本を署名国及び加入国の政府に送付する。

## 附属書
### 専門家協議委員会

1　専門家協議委員会は、その招集を要請する締約国が第五条1の規定に基づき提起する問題に関し、適当な事実認定を行い及び専門的な見解を提供する。

2　専門家協議委員会の作業は、1に定める任務を遂行することのできるような方法で実施する。同委員会は、作業の実施に係る手続問題について、可能なときは意見の一致により、又は出席しかつ投票する専門家の過半数により決定する。実質問題については、投票は行わない。

3　寄託者又はその代理人は、専門家協議委員会の議長を務める。

4　各専門家は、専門家協議委員会の会合において一人以上の顧問の補佐を受けることができる。

5　各専門家は、専門家協議委員会の作業の遂行のために有益であると認める情報及び援助を同委員会の議長を通じて国及び国際機関に要請する権利を有する。

## 8 特定通常兵器使用禁止制限条約

(過度に傷害を与え又は無差別に効果を及ぼすことがあると認められる通常兵器の使用の禁止又は制限に関する条約)

採　択　一九八〇年一〇月一〇日(ジュネーヴ)
効力発生　一九八三年一二月二日(改正―二〇〇四年五月一八日(〇一年一二月二一日ジュネーヴ))
日 本 国　一九八三年一二月二日(八一年九月二二日署名、八二年六月四日国会承認、同日内閣受諾決定、六月九日受諾書寄託、八三年九月一六日公布・条約一二号　改正―二〇〇四年五月一八日発効(〇四年一月三〇日公布・条約一号))
当 事 国　一二五

締約国は、

国際連合憲章に基づき、各国が、その国際関係において、武力による威嚇又は武力の行使を、いかなる国の主権、領土保全又は政治的独立に対するものも、また、国際連合の目的と両立しない他のいかなる方法によるものも慎む義務を負っていることを想起し、

敵対行為の及ぼす影響から文民たる住民を保護するという一般原則を想起し、

武力紛争の当事者が戦闘の方法及び手段を選ぶ権利は無制限ではないという国際法の原則並びに武力紛争においてその性質上過度の傷害又は無用の苦痛を与える兵器、投射物及び物質並びに戦闘の方法を用いることは禁止されているという原則に立脚し、

自然環境に対して広範な、長期的なかつ深刻な損害を与えることを目的とする又は与えることが予想される戦闘の方法及び手段を用いることは禁止されていることを想起し、

文民たる住民及び戦闘員は、この条約及びこの条約の附属議定書又は他の国際取極がその対象としていない場合においても、確立された慣習、人道の諸原則及び公共の良心に由来する国際法の原則に基づく保護並びにこのような国際法の原則の支配の下に常に置かれるべきであるとの決意を確認し、

国際間の緊張の緩和、軍備競争の終止及び諸国間の信頼の醸成に貢献し、もって、平和のうちに生活することに対するすべての人民の願望の実現に貢献することを希望し、

厳重かつ効果的な国際管理の下における全面的かつ完全な軍備縮小への進展に貢献するためにあらゆる努力を継続することの重要性を認識し、

武力紛争の際に適用される国際法の諸規則の法典化及び漸進的発達を引き続き図ることの必要性を再確認し、

ある種の通常兵器の使用の禁止又は制限を促進することを希望し、その使用の禁止又は制限の分野において達成される成果が、当該兵器の生産、貯蔵及び拡散の終止を目的とする軍備縮小についての主要な討議を容易にすることができるものと信じ、

すべての国、特に軍事面で主要な国がこの条約及びこの条約の附属議定書の締約国となることが望ましいことを強調し、

国際連合総会及び国際連合軍縮委員会(the United Nations Disarmament Commission)が、この条約及びこの条約の附属議定書に規定する禁止及び制限の範囲を拡大する可能性について検討することを決定することができることに留意し、

軍縮委員会(the Committee on Disarmament)が、ある種の通常兵器の使用の禁止又は制限のための新たな措置の採択について審議することを決定することができることに留意して、

次のとおり協定した。

**第一条(適用範囲)**　1　この条約及びこの条約の附属議定書は、戦争犠牲者の保護に関する千九百四十九年八月十二日のジュネーヴ諸条約のそれぞれの第二条に共通して規定する事態(ジュネーヴ諸条約の追加議定書I第一条4に規定する事態を含む。)について適用する。

2　この条約及びこの条約の附属議定書は、1に規定する事態に加え、千九百四十九年八月十二日のジュネーヴ諸条約のそれぞれの第三条に共通して規定する事態についても適用する。この条約及びこの条約の附属議定書は、暴動、独立の又は散発的な暴力行為その他これらに類する性質の行為等国内における騒乱及び緊張の事態については、武力紛争に当たらないものとして適用しない。

3　締約国の一の領域内に生ずる国際的性質を有しない武力紛争の場合には、各紛争当事者は、この条約及びこの条約の附属議定書に規定する禁止及び制限を適用しなければならない。

4　この条約又はこの条約の附属議定書のいかなる規定も、国の主権又は、あらゆる正当な手段によって、国の法律及び秩序を維持し若しくは回復し若しくは国の統一を維持し及び領土を保全するための政府の責任に影響を及ぼすことを目的として援用してはならない。

5　この条約又はこの条約の附属議定書のいかなる規定も、武力紛争が生じている締約国の領域内における当該武力紛争又は武力紛争が生じている締約国の国内問題若しくは対外的な問題に直接又は間接に介入することを、その介入の理由のいかんを問わず、正当化するために援用してはならない。

6　この条約及びこの条約の附属議定書を受諾した締約国でない紛争当事者に対するこの条約及びこの条約の附属議定書の規定の適用は、当該紛争当事者の法的地位又は紛争中の領域の法的地位を明示的又は黙示的に変更するものではない。

7　2から6までの規定は、二千二年一月一日以後に採択される追加の議定書に影響を及ぼすものではなく、当該追加の議定書は、この条との関係において、これらの規定の適用範囲を適用し、除外し又は変更することができる。

**第二条(他の国際取極との関係)**　この条約又はこの条約の附属議定書のいかなる規定も、武力紛争の際に適用される国際人道法により締約国に課される他の義務を軽減するものと解してはならない。

**第三条(署名)**　この条約は、千九百八十一年四月十日から十二箇月の間、ニューヨークにある国際連合本部において、すべての国による署名のために開放しておく。

**第四条(批准、受諾、承認又は加入)**　1　この条約は、署名国によって批准され、受諾され又は承認されなければならない。この条約に署名しなかったいずれの国も、この条約に加入することができる。

2　批准書、受諾書、承認書又は加入書は、寄託者に寄託する。

3　各国は、この条約のいずれの附属議定書に拘束されることに同意するかを選択することができるものとし、この条約の批准書、受諾書、承認書又は加入書の寄託に際し、この条約の二以上の附属議定書に拘束されることに同意する旨を寄託者に通告

しなければならない。

4　締約国は、この条約の批准書、受諾書、承認書又は加入書を寄託した後いつでも、自国が拘束されていないこの条約の附属議定書に拘束されることに同意する旨を寄託者に通告することができる。

5　いずれかの締約国を拘束するこの条約の附属議定書は、当該締約国について、この条約の不可分の一部を成す。

**第五条（効力発生）** 1　この条約は、二十番目の批准書、受諾書、承認書又は加入書が寄託された日の後六箇月で効力を生ずる。

2　この条約は、二十番目の批准書、受諾書、承認書又は加入書が寄託された日の後に批准書、受諾書、承認書又は加入書を寄託する国については、当該国が批准書、受諾書、承認書又は加入書を寄託した日の後六箇月で効力を生ずる。

3　この条約の各附属議定書は、前条3又は4の規定に基づいて二十の国が当該各附属議定書に拘束されることに同意する旨を通告した日の後六箇月で効力を生ずる。

4　二十の国がこの条約のいずれかの附属議定書に拘束されることに同意する旨を通告した日の後に当該附属議定書に拘束されることに同意する旨を通告する国については、当該附属議定書は、当該国が拘束されることに同意する旨を通告した日の後六箇月で効力を生ずる。

**第六条（周知）** 締約国は、武力紛争が生じているか生じていないかを問わず、自国において、できる限り広い範囲においてこの条約及び自国が拘束されるこの条約の附属議定書の周知を図ること並びに、特に、この条約及び当該附属議定書を自国の軍隊に周知させるため自国の軍隊の教育の課目にこの条約及び当該附属議定書についての学習を取り入れることを約束する。

**第七条（この条約の効力発生の後の条約関係）** 1　いずれか一の紛争当事者がこの条約のいずれかの附属議定書に拘束されていない場合においても、この条約及び当該附属議定書に拘束される二以上の紛争当事者相互の関係においては、当該二以上の紛争当事者は、この条約及び当該附属議定書に拘束される。

2　締約国は、第一条に規定する事態において、この条約の締約国でない国又はこの条約のいずれかの附属議定書に拘束されていない国がこの条約又は当該附属議定書を受諾し、適用し、かつ、その旨を寄託者に通告する場合には、当該国との関係において、この条約及び当該附属議定書（自国について効力を生じていることを条件とする。）に拘束される。

3　寄託者は、2の規定により受領した通告を直ちに関係締約国に通報する。

4　千九百四十九年八月十二日の戦争犠牲者の保護に関するジュネーヴ諸条約の追加議定書Ｉ第一条4に規定する武力紛争であつてこの条約の締約国が当事者となつているものについては、この条約及び当該締約国が拘束されるこの条約の附属議定書は、次の場合に適用される。

(a)　当該締約国が追加議定書Ｉの締約国で、追加議定書Ｉ第九十六条3に規定する当局が、同条3の規定に基づいてジュネーヴ諸条約及び追加議定書Ｉの規定を適用することを約束しており、かつ、当該武力紛争に関しこの条約及び当該締約国が拘束されるこの条約の附属議定書を適用することを約束する場合

(b)　当該締約国が追加議定書Ｉの締約国ではなく、(a)に規定する当局が、当該武力紛争に関しジュネーヴ諸条約の義務並びにこの条約及び当該締約国が拘束されるこの条約の附属議定書の義務を受諾し、かつ、履行する場合。その受諾及び履行は、当該武力紛争に関し、次の効果を有する。

(i)　ジュネーヴ諸条約並びにこの条約及び当該締約国が拘束されるこの条約の附属議定書は、紛争当事者について直ちに効力を生ずる。

(ii)　(a)に規定する当局は、ジュネーヴ諸条約並びにこの条約及び当該締約国が拘束されるこの条約の附属議定書の締約国の有する権利及び義務と同一の権利及び義務を有する。

(iii)　ジュネーヴ諸条約並びにこの条約及び当該締約国が拘束されるこの条約の附属議定書は、すべての紛争当事者を平等に拘束する。

当該締約国及び当該当局は、相互主義に基づき、ジュネーヴ諸条約の追加議定書Ｉの義務を受諾し及び履行することを合意することができる。

**第八条（検討及び改正）**

1 (a)　いずれの締約国も、この条約の効力発生の後いつでも、この条約又は自国が拘束されるこの条約の附属議定書の改正を提案することができる。改正案は、寄託者に送付する。寄託者は、改正案をすべての締約国に通報するものとし、改正案を検討するために会議を招集するかしないかについて締約国の意見を求める。過半数の締約国（十八以上の締約国であることを条件とする。）が会議の招集に同意する場合には、寄託者は、速やかにすべての締約国を招請して会議を招集する。この条約の締約国でない国は、オブザーバーとして会議に招請される。

(b)　(a)に規定する会議は、この条約及びこの条約の附属議定書の改正を合意することができる。改正は、この条約及びこの条約の附属議定書の場合と同様の方式により、採択され、効力を生ずる。もつとも、この条約の改正は、締約国のみにより採択されるものとし、この条約の附属議定書の改正は、当該附属議定書によつて拘束される締約国のみにより採択されるものとする。

2 (a)　いずれの締約国も、この条約の効力発生の後いつでも、この条約の附属議定書の対象となつていない種類の通常兵器に関する追加の議定書を提案することができる。提案は、寄託者に送付するものとし、寄託者は、1(a)の規定によりすべての締約国に当該提案を通報する。過半数の締約国（十八以上の締約国であることを条件とする。）が会議の招集に同意する場合には、寄託者は、速やかにすべての国を招請して会議を招集する。

(b)　(a)に規定する会議は、出席するすべての国の完全な参加を得て追加の議定書を合意することができる。追加の議定書は、この条約の採択と同様の方式により採択され、この条約の附属議定書となり、第五条3及び4の規定の例により効力を生ずる。

3 (a)　この条約が効力を生じた日から十年の期間の満了の日までに1(a)又は2(a)の規定に基づき会議が招集されなかつた場合には、いずれの締約国も、寄託者に対し、この条約及びこの条約の附属議定書の適用範囲及び運用について検討するため並びにこの条約の改正案又はこの条約の附属議定書の改正案を検討するため、すべての締約国が招請される会議を招集するよう要請することができる。この条約の締約国でない国は、オブザーバーとして会議に招請される。会議は、この条約及びこの条約の附属議定書の改正を合意することができる。改

正は、1(b)の定めるところにより、採択され、効力を生ずる。

(b)　(a)に規定する会議においては、この条約の附属議定書の対象となつていない種類の通常兵器に関する追加の議定書の提案についても検討することができる。会議に出席するすべての国は、その検討に完全に参加することができる。追加の議定書は、この条約の採択と同様の方式により採択され、この条約の附属議定書となり、第五条3及び4の規定の例により効力を生ずる。

(c)　(a)に規定する会議は、会議後(a)に定める期間と同様の期間が経過するまでに1(a)又は2(a)の規定に基づき会議が招集されない場合に締約国の要請に基づいて新たな会議を招集することの当否につき、検討することができる。

**第九条（廃棄）**　1　いずれの締約国も、寄託者に廃棄の通告を行うことにより、この条約又はこの条約のいずれの附属議定書も廃棄することができる。

2　廃棄は、寄託者が廃棄の通告を受領した後一年で効力を生ずる。ただし、廃棄を行う締約国は、当該一年の期間の満了の時において第一条に規定する事態に巻き込まれている場合には、武力紛争又は占領の終了の時まで、及びいかなる場合においても、武力紛争の際に適用される国際法により保護されている者の最終的解放、送還又は居住地の設定に関連する業務の終了の時まで、この条約及びこの条約の附属議定書の義務に引き続き拘束される。関係地域において国際連合の軍隊又は使節団による平和維持、監視その他これらに類する任務の遂行がある事態において当該事態に関する規定を含むこの条約の附属議定書の廃棄を行う場合には、廃棄を行う締約国は、これらの任務の終了の時まで、当該附属議定書の義務に引き続き拘束される。

3　この条約の廃棄を行う場合には、廃棄を行う締約国が拘束されているこの条約のすべての附属議定書についても廃棄を行うものとみなされる。

4　廃棄は、廃棄を行う締約国についてのみ効力を有する。

5　廃棄は、廃棄が有効となる前に行われた行為について、廃棄を行う締約国がこの条約及びこの条約の附属議定書に基づき負つている武力紛争を理由とする義務に影響を及ぼすものではない。

**第一〇条（寄託者）**　1　国際連合事務総長は、この条約及びこの条約の附属議定書の寄託者とする。

2　寄託者は、通常の任務を行うほか、すべての国に対し次の事項を通報する。

(a)　第三条の規定によるこの条約への署名

(b)　第四条の規定によるこの条約の批准書、受諾書、承認書又は加入書の寄託

(c)　第四条の規定によりこの条約の附属議定書に拘束されることに同意する旨の通告

(d)　第五条の規定に基づきこの条約及びこの条約の附属議定書が効力を生ずる日

(e)　前条の規定により受領した廃棄の通告及び当該廃棄が効力を生ずる日

**第一一条（正文）**　アラビア語、中国語、英語、フランス語、ロシア語及びスペイン語をひとしく正文とするこの条約及びこの条約の附属議定書の原本は、寄託者に寄託する。寄託者は、この条約及びこの条約の附属議定書の認証謄本をすべての国に送付する。

## 検出不可能な破片を利用する兵器に関する議定書（議定書I）

人体内に入つた場合にエックス線で検出することができないような破片によつて傷害を与えることを第一義的な効果とするいかなる兵器の使用も、禁止する。

## 地雷、ブービートラップ及び他の類似の装置の使用の禁止又は制限に関する議定書（千九百九十六年五月三日に改正された議定書II）

**第一条（適用範囲）**　1　この議定書は、この議定書に定義する地雷、ブービートラップ及び他の類似の装置の陸上における使用（海岸上陸、水路横断又は渡河を阻止するための地雷の敷設を含む。）に関するものであり、海又は内水航路における対艦船用の機雷の使用については、適用しない。

2　この議定書は、条約第一条に規定する事態に加え、千九百四十九年八月十二日のジュネーヴ諸条約のそれぞれの第三条に共通して規定する事態について適用する。この議定書は、暴動、独立の又は散発的な暴力行為その他これらに類する性質の行為等国内における騒乱及び緊張の事態については、武力紛争に当たらないものとして適用しない。

3　締約国の一の領域内に生ずる国際的性質を有しない武力紛争の場合には、各紛争当事者は、この議定書に規定する禁止及び制限を適用しなければならない。

4　この議定書のいかなる規定も、国の主権又は、あらゆる正当な手段によつて、国の法律及び秩序を維持し若しくは回復し若しくは国の統一を維持し及び領土を保全するための政府の責任に影響を及ぼすことを目的として援用してはならない。

5　この議定書のいかなる規定も、武力紛争が生じている締約国の領域内における当該武力紛争又は武力紛争が生じている締約国の国内問題若しくは対外的な問題に直接又は間接に介入することを、その介入の理由のいかんを問わず、正当化するために援用してはならない。

6　この議定書を受諾した締約国でない紛争当事者に対するこの議定書の規定の適用は、当該紛争当事者の法的地位又は紛争中の領域の法的地位を明示的又は黙示的に変更するものではない。

**第二条（定義）**　この議定書の適用上、

1　「地雷」とは、土地若しくは他の物の表面に又は土地若しくは他の物の表面の下方若しくは周辺に敷設され、人又は車両の存在、接近又は接触によつて爆発するように設計された弾薬類をいう。

2　「遠隔散布地雷」とは、直接敷設されず、大砲、ミサイル、ロケット、追撃砲若しくはこれらと類似の手段で投射される地雷又は航空機から投下される地雷をいう。ただし、陸上における設備から五百メートル未満の範囲内に投射される地雷については、第五条及びこの議定書の他の関連する規定に従つて使用される場合は、遠隔散布地雷とみなさない。

3　「対人地雷」とは、人の存在、接近又は接触によつて爆発することを第一義的な目的として設計された地雷であつて、一人若しくは二人以上の者の機能を著しく害し又はこれらの者を殺傷するものをいう。

4　「ブービートラップ」とは、外見上無害な物を何人かが動かし若しくはこれに接近し又は一見安全と思われる行為を行つたとき突然に機能する装置又は物質で、殺傷を目的として設計され、組み立てられ又は用いられるものをいう。

5 「他の類似の装置」とは、殺傷し又は損害を与えることを目的として設計され、取り付けられた弾薬類及び装置(現場において作製された爆発装置を含む。)であつて、手動操作若しくは遠隔操作により又は一定時間の経過後自動的に作動するものをいう。

6 「軍事目標」とは、物については、その性質、位置、用途又は使用が軍事活動に効果的に貢献する物で、その全面的又は部分的な破壊、奪取又は無効化がその時点における状況の下において明確な軍事的利益をもたらすものをいう。

7 「民用物」とは、6に定義する軍事目標以外のすべての物をいう。

8 「地雷原」とは、地雷が敷設された特定の地域をいい、「地雷敷設地域」とは、地雷の存在により危険な地域をいう。「疑似地雷原」とは、地雷原を模した地雷のない地域をいう。「地雷原」には、疑似地雷原が含まれる。

9 「記録」とは、公式の記録に登録することを目的として、地雷原、地雷敷設地域並びに地雷、ブービートラップ及び他の類似の装置の位置の確認を容易にするすべての入手可能な情報を取得するための物理的、行政的及び技術的作業を行うことをいう。

10 「自己破壊のための装置」とは、弾薬類に内蔵され又は外部から取り付けられた自動的に機能する装置であつて、当該弾薬類の破壊を確保するためのものをいう。

11 「自己無力化のための装置」とは、弾薬類に内蔵された自動的に機能する装置であつて、当該弾薬類の機能を失わせるためのものをいう。

12 「自己不活性化」とは、弾薬類が機能するために不可欠な構成要素(例えば、電池)を不可逆的に消耗させる方法によつて当該弾薬類の機能を自動的に失わせることをいう。

13 「遠隔操作」とは、遠くからの指令によつて制御することをいう。

14 「処理防止のための装置」とは、地雷の一部を成し、地雷を保護することを目的とする地雷に連接され若しくは取り付けられ又は地雷の下に設置されている装置であつて、地雷を処理しようとすると作動するものをいう。

15 「移譲」とは、地雷が領域へ又は領域から物理的に移動し、かつ、当該地雷に対する権原及び管理が移転することをいう。ただし、地雷の敷設された領域の移転に伴つて生ずるものを除く。

**第三条(地雷、ブービートラップ及び他の類似の装置の使用に関する一般的制限)** 1 この条の規定は、次の兵器に適用する。

(a) 地雷
(b) ブービートラップ
(c) 他の類似の装置

2 いずれの締約国又は紛争当事者も、自らが使用したすべての地雷、ブービートラップ及び他の類似の装置についてこの議定書の規定に従つて責任を有するものとし、第十条の定めるところによつて、それらを除去し、破壊し又は維持することを約束する。

3 過度の傷害若しくは無用の苦痛を与えるように設計された又はその性質上過度の傷害若しくは無用の苦痛を与える地雷、ブービートラップ又は他の類似の装置の使用は、いかなる状況の下においても、禁止する。

4 この条の規定の適用を受ける兵器については、技術的事項に関する附属書においてそれぞれの特定された種類について定める基準及び制限に厳格に適合させなければならない。

5 一般に入手可能な地雷探知機の存在が、その磁気の影響その他の接触によらない影響により、探知活動における通常の使用中に弾薬類を起爆させるよう特に設計された装置を用いる地雷、ブービートラップ又は他の類似の装置の使用は、禁止する。

6 自己不活性化地雷については、地雷としての機能が失われた後においても機能するように設計された処理防止のための装置を備えたものの使用は、禁止する。

7 この条の規定の適用を受ける兵器については、いかなる状況の下においても、文民たる住民全体若しくは個々の文民又は民用物に対して攻撃若しくは防御のため又は復仇の手段として使用することを禁止する。

8 この条の規定の適用を受ける兵器については、無差別に使用することを禁止する。「無差別に使用する」とは、当該兵器に係る次の設置をいう。

(a) 軍事目標でないものへの設置又は軍事目標を対象としない設置。礼拝所、家屋その他の住居、学校等通常民生の目的のために供される物が、軍事活動に効果的に貢献するものとして使用されているか否かについて疑義がある場合には、そのようなものとして使用されていないと推定される。

(b) 特定の軍事目標のみを対象とすることのできない投射の方法及び手段による設置

(c) 予期される具体的かつ直接的な軍事的利益との比較において、巻き添えによる文民の死亡、文民の傷害、民用物の損傷又はこれらの複合した事態を過度に引き起こすことが予測される場合における設置

9 都市、町村その他の文民又は民用物の集中している地域に位置する複数の軍事目標で相互に明確に分離された別個のものについては、単一の軍事目標とみなしてはならない。

10 この条の規定の適用を受ける兵器の及ぼす効果から文民を保護するため、すべての実行可能な予防措置をとる。「実行可能な予防措置」とは、人道上及び軍事上の考慮を含むその時点におけるすべての事情を勘案して実施し得る又は実際に可能と認められる予防措置をいう。これらの事情には、少なくとも次のものが含まれる。

(a) 地雷原の存在する期間を通じて地雷が地域の文民たる住民に対して短期的及び長期的に及ぼす効果
(b) 文民を保護するための可能な措置(例えば、囲い、標識、警告及び監視)
(c) 代替措置の利用可能性及び実行可能性
(d) 地雷原の短期的及び長期的な軍事上の必要性

11 文民たる住民に影響を及ぼす地雷、ブービートラップ及び他の類似の装置については、状況の許す限り、効果的な事前の警告を与える。

**第四条(対人地雷の使用に関する制限)** 技術的事項に関する附属書2に定める探知不可能な対人地雷の使用は、禁止する。

**第五条(遠隔散布地雷ではない対人地雷の使用に関する制限)**

1 この条の規定は、遠隔散布地雷ではない対人地雷に適用する。

2 この条の規定が適用される兵器であつて技術的事項に関する附属書の自己破壊及び自己不活性化に関する規定に適合しないものの使用は、禁止する。ただし、次の(a)及び(b)の条件が満たされる場合を除く。

(a) 当該兵器が、その地域から文民を効果的に排除することを確保するため、軍事上の要員によつて監視されかつ囲いその他の方法によつて保護されている地域であつて外縁が明示されたものの内に敷設されていること。ただし、その外縁の表

示は、明瞭で耐久性のあるものであり、かつ、当該地域に立ち入ろうとする者にとって少なくとも識別し得るものでなければならない。

(b) 当該兵器が、(a)の地域が放棄される前に除去されること。ただし、当該地域が、この条の規定によって必要とされる保護措置を維持すること及びこれらの兵器を後に除去することについての責任を受け入れる他の国の軍隊に引き渡される場合は、この限りでない。

3 紛争当事者は、敵の軍事活動の結果、当該地域の支配権が強制的に失われたことによって、2(a)及び(b)の規定を遵守することが実行可能でなくなった場合(敵の直接の軍事活動によって遵守することが不可能となった場合を含む。)に限り、当該規定を遵守する義務を免除される。当該紛争当事者は、当該地域の支配権を回復した場合には、当該規定を遵守する義務を再び負う。

4 紛争当事者の軍隊が、この条の規定の適用を受ける兵器が敷設された地域の支配権を得た場合には、当該軍隊は、当該兵器が除去されるまでの間、実行可能な最大限度まで、この条の規定によって必要とされる保護措置を維持するものとし、必要な場合には、当該保護措置を新たにとる。

5 外縁が明示された地域の外縁を設置するために使用された装置、設備又は資材が許可なく除去され、破損され、破壊され又は隠蔽されることを防止するため、すべての実行可能な措置がとられなければならない。

6 この条の規定の適用を受ける兵器であって、破片を九十度未満の水平角にまき、かつ、土地の表面又はその上方に設置されるものについては、次の(a)及び(b)の条件が満たされる場合には、2(a)に規定する措置をとることなく最長七十二時間使用することができる。

(a) 当該兵器を設置した部隊に極めて近接して位置していること。

(b) 文民を効果的に排除することを確保するため、軍事上の要員によって監視されている地域であること。

**第六条(遠隔散布地雷の使用に関する制限)** 1 遠隔散布地雷については、技術的事項に関する附属書1(b)の規定に従って記録されるものを除くほか、その使用を禁止する。

2 技術的事項に関する附属書の自己破壊及び自己不活性化に関する規定に適合しない遠隔散布地雷である対人地雷の使用は、禁止する。

3 対人地雷ではない遠隔散布地雷の使用については、当該遠隔散布地雷が、実行可能な限度において、効果的な自己破壊のための装置又は自己無力化のための装置及び地雷がその敷設の所期の軍事目的に役立たなくなった時に地雷として機能しなくなるように設計された予備の自己不活性化のための機能を備えているものでない限り、禁止する。

4 文民たる住民に影響を及ぼす遠隔散布地雷の投射又は投下については、状況の許す限り、効果的な事前の警告を与える。

**第七条(ブービートラップ及び他の類似の装置の使用の禁止)**

1 武力紛争における背信に関する国際法の規則の適用を妨げることなく、方法のいかんを問わず、次のものに取り付け又は次のものを利用するブービートラップ及び他の類似の装置の使用は、いかなる状況の下においても、禁止する。

(a) 国際的に認められた保護標章、保護標識又は保護信号

(b) 病者、傷者又は死者

(c) 埋葬地、火葬地又は墓

(d) 医療施設、医療機器、医療用品又は医療用輸送手段

(e) 児童のがん具又は児童の食事、健康、衛生、被服若しくは教育に役立つように考案された製品若しくは持運び可能な物

(f) 食料又は飲料

(g) 厨房用品又は厨房器具(軍事施設、軍隊所在地又は軍の補給所内にあるものを除く。)

(h) 宗教的性質を有することの明らかな物

(i) 国民の文化的又は精神的遺産を構成する歴史的建造物、芸術品又は礼拝所

(j) 動物又はその死体

2 外見上無害で持運び可能な物の形態をしたブービートラップ又は他の類似の装置で爆発性の物質を含むよう特別に設計され、組み立てられたものの使用は、禁止する。

3 この条の規定の適用を受ける兵器については、次に掲げる場合を除くほか、地上兵力による戦闘が発生していない又は地上兵力による戦闘が急迫していると認められない都市、町村その他の文民の集中している地域において使用することを禁止する。ただし、第三条の規定の適用を妨げない。

(a) 当該兵器が、軍事目標に設置され又はこれに極めて近接して設置される場合

(b) 当該兵器の及ぼす効果から文民を保護するための措置、例えば、警告のための歩哨の配置、警告の発出又は囲いの設置の措置がとられる場合

**第八条(移譲)** 1 締約国は、この議定書の目的を推進するため、次のことを約束する。

(a) この議定書によって使用が禁止されているいかなる地雷の移譲も行わないこと。

(b) いかなる地雷の移譲も、国又は受領することを認められている国の機関に対するものを除くほか、行わないこと。

(c) この議定書によって使用が制限されているいかなる地雷の移譲も抑制すること。特に、締約国は、この議定書に拘束されない国に対するいかなる対人地雷の移譲も、受領する国がこの議定書を適用することに合意しない限り、行わないこと。

(d) この条の規定に従って行われるいかなる移譲も、移譲する国及び受領する国によりこの議定書の関連する規定及び適用のある国際人道法の規範が完全に遵守されることを確保して行うこと。

2 技術的事項に関する附属書の定めるところにより、一定の地雷の使用に関する特定の規定を遵守することを延期する旨を締約国が宣言した場合であっても、1(a)の規定は、当該地雷に適用する。

3 すべての締約国は、この議定書が効力を生ずるまでの間、1(a)の規定と両立しないいかなる行為も慎むものとする。

**第九条(地雷原、地雷敷設地域並びに地雷、ブービートラップ及び他の類似の装置に関する情報の記録及び利用)** 1 地雷原、地雷敷設地域並びに地雷、ブービートラップ及び他の類似の装置に関するすべての情報については、技術的事項に関する附属書の規定に従って記録する。

2 1に規定するすべての記録については、紛争当事者が保持するものとし、当該紛争当事者は、現実の敵対行為の停止の後遅滞なく、その支配下にある地域において地雷原、地雷敷設地域並びに地雷、ブービートラップ及び他の類似の装置の及ぼす効果から文民を保護するため、すべての必要かつ適切な措置(当

該情報を利用することを含む。)をとる。

当該紛争当事者は、同時に、その支配下になくなつた地域に自らが設置した地雷原、地雷敷設地域並びに地雷、ブービートラップ及び他の類似の装置に関し自己の保有するすべての情報を、他の紛争当事者及び国際連合事務総長に対して利用可能にする。ただし、紛争当事者の兵力が敵対する紛争当事者の領域内に存在する場合には、いずれの紛争当事者も、いずれかの紛争当事者が他の紛争当事者の領域内に存在する間は、相互主義に従うことを条件として、安全保障上の利益のために必要な限度において国際連合事務総長及び他の紛争当事者に対する当該情報の提供を行わないことができる。その提供を行わない場合には、当該情報については、安全保障上の利益が許す限りできるだけ速やかに開示する。紛争当事者は、可能な場合にはいつでも、相互の合意により、できる限り早期に各紛争当事者の安全保障上の利益に合致するような方法によつて当該情報を公開するよう努めるものとする。

3 この条の規定は、次条及び第十二条の規定の適用を妨げるものではない。

**第一〇条（地雷原、地雷敷設地域並びに地雷、ブービートラップ及び他の類似の装置の除去並びに国際協力）** 1 すべての地雷原、地雷敷設地域並びに地雷、ブービートラップ及び他の類似の装置については、現実の敵対行為の停止の後遅滞なく、第三条及び第五条2の規定に従つて、除去し、破壊し又は維持する。

2 締約国及び紛争当事者は、その支配下にある地域にある地雷原、地雷敷設地域並びに地雷、ブービートラップ及び他の類似の装置に関し、1に規定する責任を負う。

3 紛争当事者は、地雷原、地雷敷設地域並びに地雷、ブービートラップ及び他の類似の装置を自らが設置した地域が支配下になくなつた場合には、当該地域を支配する2に定める紛争当事者に対し、その紛争当事者の容認する範囲内で、1に規定する責任を果たすために必要な技術的及び物的援助を提供する。

4 紛争当事者は、必要な場合にはいつでも、技術的及び物的援助の提供（適当な状況の下においては、1に規定する責任を果たすために必要な共同作業を行うことを含む。）に関し、紛争当事者間の合意の達成並びに適当な場合には他の国及び国際機関との合意の達成に努める。

**第一一条（技術に関する協力及び援助）** 1 締約国は、この議定書の実施及び地雷の除去の方法に関連する装置、資材並びに科学的な及び技術に関する情報を可能な最大限度まで交換することを容易にすることを約束するものとし、また、その交換に参加する権利を有する。締約国は、特に、地雷の除去のための装置及び関連する技術に関する情報の人道的目的のための提供に関して不当な制限を課してはならない。

2 締約国は、国際連合及びその関連機関に設置される地雷の除去に関するデータベースに対し情報（特に、地雷の除去のための各種の方法及び技術に関するもの並びに地雷の除去に関する専門家、専門的な機関又は国内の連絡先の名簿）を提供することを約束する。

3 締約国は、可能な場合には、国際連合及びその関連機関若しくは他の国際機関を通じ若しくは二国間で地雷の除去のための援助を提供し、又は「地雷の除去を援助するための任意の国際連合信託基金」に拠出する。

4 援助を求める締約国の要請については、当該要請を裏付ける関連する情報を付して国際連合その他適当な機関又は他の国に対して提出することができる。当該要請については、国際連合事務総長に対して提出することができるものとし、同事務総長は、当該要請をすべての締約国及び関係国際機関に送付する。

5 国際連合に対して要請が行われた場合には、国際連合事務総長は、同事務総長の利用可能な資源の範囲内で、状況を評価するための適当な措置をとり、及び地雷の除去又はこの議定書の実施に関する適当な援助の提供について、要請した締約国と協力して決定することができる。同事務総長は、また、その評価並びに必要な援助の種類及び範囲について締約国に報告することができる。

6 締約国は、憲法その他法令の範囲内で、この議定書に規定する禁止及び制限の実施を容易にするために、協力し及び技術を移転することを約束する。

7 締約国は、技術的事項に関する附属書による延期の期間を短縮するため、兵器に関する技術以外の特定の関連する技術に関する技術的援助であつて必要かつ実現可能なものについて、適当な場合には、他の締約国に求め及び他の締約国より受領する権利を有する。

**第一二条（地雷原、地雷敷設地域並びに地雷、ブービートラップ及び他の類似の装置の及ぼす効果からの保護）**

1 適用

(a) この条の規定は、2(a)(i)に規定する軍隊及び使節団を除くほか、関係地域において任務を遂行している使節団であつて、当該任務がその領域内において遂行されている締約国の同意を得ているものについてのみ適用する。

(b) 締約国でない紛争当事者に対するこの条の規定の適用は、当該紛争当事者の法的地位又は紛争中の領域の法的地位を明示的又は黙示的に変更するものではない。

(c) この条の規定は、現存の国際人道法、適用のある他の国際文書又は国際連合安全保障理事会の決定であつて、この条の規定に従つて任務を遂行している要員に対してより高い水準の保護を与えるものを害するものではない。

2 平和維持のための軍隊及び使節団並びに他の特定の軍隊及び使節団

(a) この2の規定は、次の軍隊又は使節団に適用する。

(i) 国際連合憲章に従い関係地域において平和維持、監視その他これらに類する任務を遂行している国際連合の軍隊又は使節団

(ii) 国際連合憲章第八章の規定によつて設けられ、紛争地域において任務を遂行している使節団

(b) 締約国又は紛争当事者は、この2の規定が適用される軍隊又は使節団の長が要請する場合には、次のことを行う。

(i) 自己の支配下にある関係地域における地雷、ブービートラップ及び他の類似の装置の及ぼす効果から当該軍隊又は使節団を保護するために、可能な限り、必要な措置をとること。

(ii) 要員を効果的に保護するために必要な場合には、可能な限り、関係地域にあるすべての地雷、ブービートラップ及び他の類似の装置を除去し又は無害なものにすること。

(iii) 当該軍隊又は使節団の長に対し、当該軍隊又は使節団が任務を遂行している関係地域にあるすべての判明している地雷原、地雷敷設地域並びに地雷、ブービートラップ及び他の類似の装置について、その位置を通報し並びに、実行可能な限り、これらの地雷原、地雷敷設地域並びに地雷、

ブービートラップ及び他の類似の装置に関し自己の保有するすべての情報を利用可能にすること。

3 国際連合及びその関連機関の人道的使節団及び事実調査使節団

(a) この3の規定は、国際連合及びその関連機関の人道的使節団又は事実調査使節団について適用する。

(b) 締約国又は紛争当事者は、この3の規定が適用される使節団の長が要請する場合には、次のことを行う。

(i) 当該使節団の要員に対して、2(b)(i)に規定する保護のための措置をとること。

(ii) 自己の支配下にある場所への通行又は当該場所の通過が当該使節団の任務の遂行のために必要である場合には、その要員が当該場所へ安全に通行することができるよう又は当該場所を安全に通過することができるようにするため、次のいずれかのことを行うこと。

(aa) 情報が入手可能なときは、進行中の敵対行為によって妨げられない限り、当該使節団の長に対し当該場所への安全な経路を通報すること。

(bb) 安全な経路を明らかにする情報が(aa)の規定に従って提供されない場合には、必要かつ実行可能である限り、地雷原を通過する通路を開設すること。

4 赤十字国際委員会の使節団

(a) この4の規定は、千九百四十九年八月十二日のジュネーヴ諸条約及び、適用がある場合には、同諸条約の追加議定書に規定する受入国の同意を得て任務を遂行している赤十字国際委員会の使節団に適用する。

(b) 締約国又は紛争当事者は、この4の規定が適用される使節団の長が要請する場合には、次のことを行う。

(i) 当該使節団の要員に対して、2(b)(i)に規定する保護のための措置をとること。

(ii) 3(b)(ii)に規定する措置をとること。

5 他の人道的使節団及び調査使節団

(a) この5の規定は、2から4までの規定が適用される場合を除くほか、紛争地域において又は紛争の犠牲者を援助するため任務を遂行している次の使節団に適用する。

(i) 各国の赤十字社若しくは赤新月社又はそれらの機関の国際連盟の人道的使節団

(ii) 公平な人道的機関の使節団(地雷の除去のための公平な人道的使節団を含む。)

(iii) 千九百四十九年八月十二日のジュネーヴ諸条約及び、適用がある場合には、同諸条約の追加議定書の規定によって設置された調査使節団

(b) 締約国又は紛争当事者は、この5の規定が適用される使節団の長が要請する場合には、実行可能な限り、次のことを行う。

(i) 当該使節団の要員に対して、2(b)(i)に規定する保護のための措置をとること。

(ii) 3(b)(ii)に規定する措置をとること。

6 秘密の取扱い

この条の規定により秘密のものとして提供されたすべての情報については、当該情報を受領した者は、厳格に秘密のものとして取り扱い、また、当該情報を提供した者の明示の許可なしに関係する軍隊又は使節団以外の者に開示してはならない。

7 法令の尊重

この条に規定する軍隊及び使節団に参加する要員は、当該要員が享受することのできる特権及び免除が害されず又は当該要員の任務が妨げられない限り次のことを行う。

(a) 受入国の法令を尊重すること。

(b) 任務の公平かつ国際的な性質と両立しないいかなる行為又は活動も慎むこと。

**第一三条(締約国間の協議)** 1 締約国は、この議定書の運用に関連するすべての問題に関して、相互に協議し及び協力することを約束する。この目的のために、締約国会議を毎年開催する。

2 年次締約国会議への参加については、合意された当該会議の手続規則によって決定する。

3 締約国会議の活動には、次に掲げる事項に関するものが含まれる。

(a) この議定書の運用及び状況に関する検討

(b) 4に規定する締約国の報告から生ずる問題に関する検討

(c) 検討のための会議の準備

(d) 地雷の及ぼす無差別な効果から文民を保護するための技術の開発に関する検討

4 締約国は、次に掲げる事項の一部又は全部に関する年次報告を寄託者に提出するものとし、寄託者は、締約国会議の前にすべての締約国に対して当該報告を送付する。

(a) 自国の軍隊及び文民に対するこの議定書に関する情報の周知

(b) 地雷の除去及び復旧計画

(c) この議定書の技術上の要件を満たすためにとられた措置及び当該措置に関連する他の情報

(d) この議定書に関連する法令

(e) 技術に関する情報の国際的な交換、地雷の除去に関する国際協力並びに技術的な協力及び援助に関してとられた措置

(f) その他の関連する事項

5 締約国会議の費用は、適切に調整された国際連合の分担率に従い、締約国及び締約国会議の活動に参加する締約国でない国が負担する。

**第一四条(遵守)** 1 締約国は、その管轄若しくは管理の下にある者による又はその管轄若しくは管理の下にある領域におけるこの議定書の違反を防止し及び抑止するため、立法その他の措置を含むあらゆる適当な措置をとる。

2 1に規定する措置には、武力紛争に関連し、かつ、この議定書の規定に違反して故意に文民を殺害し又は文民に重大な傷害を加えた者に対して刑罰を科することを確保するための適当な措置及びそのような者を司法手続に付するための適当な措置が含まれる。

3 締約国は、その軍隊が適切な軍事上の命令を発し及び運用手続を整備するよう義務付けるとともに、軍隊の要員がこの議定書を遵守するためにその任務及び責任に応じた訓練を受けるよう義務付けるものとする。

4 締約国は、この議定書の解釈及び適用に関して生ずるあらゆる問題を解決するため、二国間で又は国際連合事務総長若しくは他の適当な国際的手続を通じて相互に協議し及び協力することを約束する。

**技術的事項に関する附属書**(略)

**付表**(略)

### 焼夷兵器の使用の禁止又は制限に関する議定書(議定書III)

**第一条(定義)** この議定書の適用上、

1 「焼夷兵器」とは、目標に投射された物質の化学反応によつて生ずる火炎、熱又はこれらの複合作用により、物に火災を生じさせ又は人に火傷を負わせることを第一義的な目的として設計された武器又は弾薬類をいう。

(a) 焼夷兵器は、例えば、火炎発射機、火炎瓶、砲弾、ロケット弾、擲弾、地雷、爆弾及び焼夷物質を入れることのできるその他の容器の形態をとることができる。

(b) 焼夷兵器には、次のものを含めない。

(i) 焼夷効果が付随的である弾薬類。例えば、照明弾、曳光弾、発煙弾又は信号弾

(ii) 貫通、爆風又は破片による効果と付加的な焼夷効果とが複合するように設計された弾薬類。例えば、徹甲弾、破片弾、炸薬爆弾その他これらと同様の複合的効果を有する弾薬類であつて、焼夷効果により人に火傷を負わせることを特に目的としておらず、装甲車両、航空機、構築物その他の施設のような軍事目標に対して使用されるもの

2 「人口周密」とは、恒久的であるか一時的であるかを問わず、都市の居住地区及び町村のほか、難民若しくは避難民の野営地若しくは行列又は遊牧民の集団にみられるような文民の集中したすべての状態をいう。

3 「軍事目標」とは、物については、その性質、位置、用途又は使用が軍事活動に効果的に貢献する物で、その全面的又は部分的な破壊、奪取又は無効化がその時点における状況の下において明確な軍事的利益をもたらすものをいう。

4 「民用物」とは、3に定義する軍事目標以外のすべての物をいう。

5 「実行可能な予防措置」とは、人道上及び軍事上の考慮を含めその時点におけるすべての事情を勘案して実施し得る又は実際に可能と認められる予防措置をいう。

**第二条(文民及び民用物の保護)** 1 いかなる状況の下においても、文民たる住民全体、個々の文民又は民用物を焼夷兵器による攻撃の対象とすることは、禁止する。

2 いかなる状況の下においても、人口周密の地域内に位置する軍事目標を空中から投射する焼夷兵器による攻撃の対象とすることは、禁止する。

3 人口周密の地域内に位置する軍事目標を空中から投射する方法以外の方法により焼夷兵器による攻撃の対象とすることも、禁止する。ただし、軍事目標が人口周密の地域から明確に分離され、焼夷効果を軍事目標に限定し並びに巻添えによる文民の死亡、文民の傷害及び民用物の損傷を防止し、また、少なくともこれらを最小限にとどめるため実行可能なすべての予防措置をとる場合を除く。

4 森林その他の植物群落を焼夷兵器による攻撃の対象とすることは、禁止する。ただし、植物群落を、戦闘員若しくは他の軍事目標を覆い、隠蔽し若しくは偽装するために利用している場合又は植物群落自体が軍事目標となつている場合を除く。

### 失明をもたらすレーザー兵器に関する議定書(議定書IV)

**第一条【禁止】** その唯一の戦闘のための機能又は戦闘のための機能の一として、視力の強化されていない眼(裸眼又は視力矯正装置をつけたものをいう。)に永久に失明をもたらすように特に設計されたレーザー兵器を使用することは、禁止する。締約国は、当該兵器をいかなる国又は国以外の主体に対しても移譲してはならない。

**第二条【予防措置】** 締約国は、レーザー装置を使用する場合には、視力の強化されていない眼に永久に失明をもたらすことを防止するため、すべての実行可能な予防措置をとる。当該予防措置には、軍隊の訓練及び他の実際的な措置を含む。

**第三条【除外】** レーザー装置(光学機器に対して使用されるものを含む。)の正当な軍事的使用の付随的又は副次的な効果としてもたらされる失明については、この議定書に規定する禁止の対象としない。

**第四条【定義】** この議定書の適用上、「永久に失明をもたらす」とは、回復不可能かつ治癒不可能な視力の低下であつて回復の見込みのない重度の視力の障害であるものをもたらすことをいう。「重度の視力の障害」とは、両眼で二百分の二十スネレン未満の視力と同等のものをいう。

### 爆発性戦争残存物(ERW)に関する議定書(議定書V)

(日本国――未加入)

## 9 生物毒素兵器禁止条約(第15章14参照八二〇頁)

## 10 化学兵器禁止条約(第15章15参照八二二頁)

## 11 対人地雷禁止条約(第15章16参照八三一頁)

## 12 クラスター弾に関する条約(第15章18参照八三九頁)

## 第3節　犠牲者等の保護

### 1　一九四九年ジュネーヴ第一条約（傷病者保護条約）（抄）

（戦地にある軍隊の傷者及び病者の状態の改善に関する千九百四十九年八月十二日のジュネーヴ条約）［ジュネーヴ（赤十字）第一条約］

採　　択　一九四九年八月一二日（ジュネーヴ）（賛成四七、反対〇、棄権一）
署　　名　一九四九年八月一二日（ジュネーヴ）
効力発生　一九五〇年一〇月二一日
日 本 国　一九五三年一〇月二一日（同年四月二一日内閣加入決定、同日加入通告、七月二九日国会承認、一〇月二一日公布・条約二三号）
当 事 国　一九六

戦地軍隊における傷者及び病者の状態改善に関する千九百二十九年七月二十七日のジュネーヴ条約を改正するために千九百四十九年四月二十一日から同年八月十二日までジュネーヴで開催された外交会議に代表された政府の全権委員たる下名は、次のとおり協定した。

#### 第一章　総則（抄）

**第一条【条約の尊重】**締約国は、すべての場合において、この条約を尊重し、且つ、この条約の尊重を確保することを約束する。

**第二条【戦争以外の武力紛争及び占領における適用、総加入条項の排除】**平時に実施すべき規定の外、この条約は、二以上の締約国の間に生ずるすべての宣言された戦争又はその他の武力紛争の場合について、当該締約国の一が戦争状態を承認するとしないとを問わず、適用する。

この条約は、また、一締約国の領域の一部又は全部が占領されたすべての場合について、その占領が武力抵抗を受けると受けないとを問わず、適用する。

紛争当事国の一がこの条約の締約国でない場合にも、締約国たる諸国は、その相互の関係においては、この条約によつて拘束されるものとする。更に、それらの諸国は、締約国でない紛争当事国がこの条約の規定を受諾し、且つ、適用するときは、その国との関係においても、この条約によつて拘束されるものとする。

**第三条【内乱の場合】**締約国の一の領域内に生ずる国際的性質を有しない武力紛争の場合には、各紛争当事者は、少くとも次の規定を適用しなければならない。

(1) 敵対行為に直接に参加しない者（武器を放棄した軍隊の構成員及び病気、負傷、抑留その他の事由により戦闘外に置かれた者を含む。）は、すべての場合において、人種、色、宗教若しくは信条、性別、門地若しくは貧富又はその他類似の基準による不利な差別をしないで人道的に待遇しなければならない。

このため、次の行為は、前記の者については、いかなる場合にも、また、いかなる場所でも禁止する。

(a) 生命及び身体に対する暴行、特に、あらゆる種類の殺人、傷害、虐待及び拷問
(b) 人質
(c) 個人の尊厳に対する侵害、特に、侮辱的で体面を汚す待遇
(d) 正規に構成された裁判所で文明国民が不可欠と認めるすべての裁判上の保障を与えるものの裁判によらない判決の言渡及び刑の執行

(2) 傷者及び病者は、収容して看護しなければならない。

赤十字国際委員会のような公平な人道的機関は、その役務を紛争当事者に提供することができる。

紛争当事者は、また、特別の協定によつて、この条約の他の規定の全部又は一部を実施することに努めなければならない。

前記の規定の適用は、紛争当事者の法的地位に影響を及ぼすものではない。

**第四条【中立国による収容・抑留】**中立国は、その領域内に収容し、又は抑留した紛争当事国の軍隊の傷者、病者、衛生要員及び宗教要員並びにその領域内に収容した死者に対し、この条約の規定を準用しなければならない。

**第五条【適用の終期】**この条約によつて保護される者で敵の権力内に陥つたものについては、この条約は、それらの者の送還が完全に終了する時まで適用があるものとする。

**第六条【特別協定】**締約国は、第十条、第十五条、第二十三条、第二十八条、第三十一条、第三十六条、第三十七条及び第五十二条に明文で規定する協定の外、別個に規定を設けることを適当と認めるすべての事項について、他の特別協定を締結することができる。いかなる特別協定も、この条約で定める傷者、病者、衛生要員及び宗教要員の地位に不利な影響を及ぼし、又はこの条約でそれらの者に与える権利を制限するものであつてはならない。

傷者、病者、衛生要員及び宗教要員は、この条約の適用を受ける間は、前記の協定の利益を引き続き享有する。但し、それらの協定に反対の明文規定がある場合又は紛争当事国の一方若しくは他方がそれらの者について一層有利な措置を執つた場合は、この限りでない。

**第七条【権利放棄の禁止】**傷者、病者、衛生要員及び宗教要員は、いかなる場合にも、この条約及び、前条に掲げる特別協定があるときは、その協定により保障される権利を部分的にも又は全面的にも放棄することができない。

**第八条【利益保護国】**この条約は、紛争当事国の利益の保護を任務とする利益保護国の協力により、及びその監視の下に適用されるものとする。このため、利益保護国は、その外交職員又は領事職員の外、自国の国民又は他の中立国の国民の中から代表を任命することができる。それらの代表は、任務を遂行すべき国の承認を得なければならない。

紛争当事国は、利益保護国の代表者又は代表の職務の遂行をできる限り容易にしなければならない。

利益保護国の代表者又は代表は、いかなる場合にも、この条約に基く自己の使命の範囲をこえてはならない。それらの者は、特に、任務を遂行する国の安全上絶対に必要なことには考慮を払わなければならない。それらの者の活動は、絶対的な軍事上の必要がある場合に限り、例外的且つ一時的措置として制限することができる。

**第九条【人道的団体】**この条約の規定は、赤十字国際委員会その

他の公平な人道的団体が傷者、病者、衛生要員及び宗教要員の保護及び救済のため関係紛争当事国の同意を得て行う人道的活動を妨げるものではない。

**第一〇条【利益保護の確保】** 締約国は、公平及び有効性についてすべての保障をする団体に対し、いつでも、この条約に基く利益保護国の任務を委任することに同意することができる。

傷者、病者、衛生要員及び宗教要員が、理由のいかんを問わず、利益保護国若しくは前項に規定するいずれかの団体の活動による利益を受けない場合又はその利益を受けなくなつた場合には、抑留国は、中立国又は同項に規定するいずれかの団体に対し、紛争当事国により指定された利益保護国がこの条約に基いて行う任務を引き受けるように要請しなければならない。

保護が前項により確保されなかつたときは、抑留国は、赤十字国際委員会のような人道的団体に対し、利益保護国がこの条約に基いて行う人道的任務を引き受けるように要請し、又は、本条の規定を留保して、その団体による役務の提供の申出を承諾しなければならない。

前記の目的のため当該国の要請を受け、又は役務の提供を申し出る中立国又は団体は、この条約によつて保護される者が属する紛争当事国に対する責任を自覚して行動することを要求され、また、その任務を引き受けて公平にこれを果す能力があることについて充分な保障を与えることを要求されるものとする。

軍事的事件、特に、領域の全部又は主要な部分が占領されたことにより、一時的にでも相手国又はその同盟国と交渉する自由を制限された一国を含む諸国間の特別協定は、前記の規定とてい触するものであつてはならない。

この条約において利益保護国とは、本条にいう団体をも意味するものとする。

**第一一条【利益保護国による紛議解決の仲介】** 利益保護国は、この条約によつて保護される者の利益のために望ましいと認める場合、特に、この条約の規定の適用又は解釈に関して紛争当事国の間に紛議がある場合には、その紛議を解決するために仲介をしなければならない。

このため、各利益保護国は、紛争当事国の一の要請又は自国の発意により、紛争当事国に対し、それぞれの代表者、特に、傷者、病者、衛生要員及び宗教要員について責任を負う当局ができれば適当に選ばれた中立の地域で会合するように提案することができる。紛争当事国は、自国に対するこのための提案に従わなければならない。利益保護国は、必要がある場合には、紛争当事国に対し、その承認を求めるため、中立国に属する者又は赤十字国際委員会の委任を受けた者で前記の会合に参加するように招請されるものの氏名を提出することができる。

## 第二章　傷者及び病者

**第一二条【傷病者の保護】** 次条に掲げる軍隊の構成員及びその他の者で、傷者又は病者であるものは、すべての場合において、尊重し、且つ、保護しなければならない。

それらの者をその権力内に有する紛争当事国は、それらの者を性別、人種、国籍、宗教、政治的意見又はその他類似の基準による差別をしないで人道的に待遇し、且つ、看護しなければならない。それらの者の生命又は身体に対する暴行は、厳重に禁止する。特に、それらの者は、殺害し、みな殺しにし、拷問に付し、又は生物学的実験に供してはならない。それらの者は、治療及び看護をしないで故意に遺棄してはならず、また、伝染又は感染の危険にさらしてはならない。

治療の順序における優先権は、緊急な医療上の理由がある場合に限り、認められる。

女子は、女性に対して払うべきすべての考慮をもつて待遇しなければならない。

紛争当事国は、傷者又は病者を敵側に遺棄することを余儀なくされた場合には、軍事上の事情が許す限り、それらの者の看護を援助するためにその衛生要員及び衛生材料の一部をそれらの者に残さなければならない。

**第一三条【適用を受ける傷病者の範囲】** この条約は、次の部類に属する傷者及び病者に適用する。（以下略）〔一九四九年ジュネーヴ第三条約第四条A(1)―(6)と同じ。ただし、(4)中「このため、」以下を含まない。〕

**第一四条【捕虜の規定の適用】** 第十二条の規定に従うことを条件として、交戦国の傷者及び病者で敵の権力内に陥つたものは、捕虜となるものとし、また、捕虜に関する国際法の規定がそれらの者に適用される。

**第一五条【傷病者の収容】** 紛争当事国は、常に、特に交戦の後に、傷者及び病者を捜索し、及び収容し、それらの者をりやく奪及び虐待から保護し、それらの者に充分な看護を確保し、並びに死者を捜索し、及び死者がはく奪を受けることを防止するため、遅滞なくすべての可能な措置を執らなければならない。

事情が許すときは、いつでも、戦場に残された傷者の収容、交換及び輸送を可能にするため、休戦、戦闘停止又は現地取極について合意しなければならない。

同様に、攻囲され、又は包囲された地域にある傷者及び病者の収容又は交換並びにそれらの地域へ向う衛生要員、宗教要員及び衛生材料の通過に関し、紛争当事国相互間で現地取極を結ぶことができる。

**第一六条【傷病・死者の記録】** 紛争当事国は、その権力内に陥つた敵国の傷者、病者及び死者に関し、それらの者の識別に役立つ明細をできる限りすみやかに記録しなければならない。

それらの記録は、できる限り次の事項を含むものでなければならない。

(a)　その者が属する国
(b)　軍の名称、連隊の名称、個人番号又は登録番号
(c)　姓
(d)　名
(e)　生年月日
(f)　身分証明書又は識別票に掲げるその他の明細
(g)　捕虜とされた年月日及び場所又は死亡の年月日及び場所
(h)　負傷若しくは疾病に関する明細又は死亡の原因

前記の情報は、捕虜の待遇に関する千九百四十九年八月十二日のジュネーヴ条約第百二十二条に掲げる捕虜情報局にできる限りすみやかに送付しなければならない。捕虜情報局は、利益保護国及び中央捕虜情報局の仲介により、それらの者が属する国にその情報を伝達しなければならない。

紛争当事国は、死亡証明書又は正当に認証された死者名簿を作成し、且つ、捕虜情報局を通じて相互にこれを送付しなければならない。紛争当事国は、同様に、死者について発見された複式の識別票の一片、遺書その他近親者にとつて重要な書類、金銭及び一般に内在的価値又は感情的価値のあるすべての物品を取り集め、且つ、捕虜情報局を通じて相互にこれらを送付しなければならない。それらの物品は、所属不明の物品ととも

に、封印した小包で送らなければならない。それらの小包には、死亡した所有者の識別に必要なすべての明細を記載した記述書及び小包の内容を完全に示す表を附さなければならない。

**第一七条【死者の取扱い】** 紛争当事国は、死亡を確認すること、死者を識別すること及び報告書の作成を可能にすることを目的として、事情が許す限り各別に行われる死者の土葬又は火葬を行う前に、死体の綿密な検査、できれば医学的検査を行うことを確保しなければならない。複式の識別票の一片又は、単式の識別票の場合には、識別票は、死体に残さなければならない。

死体は、衛生上絶対に必要とされる場合及び死者の宗教に基く場合を除く外、火葬に付してはならない。火葬に付した場合には、死亡証明書又は正当に認証された死者名簿に火葬の事情及び理由を詳細に記載しなければならない。

紛争当事国は、更に、死者をできる限りその属する宗教の儀式に従つて丁重に埋葬すること並びにその死者の墓が尊重され、できればその国籍に従つて区分され、適当に維持され、及びいつでも見出されるように標示されることを確保しなければならない。このため、紛争当事国は、敵対行為の開始の際、埋葬後の発掘を可能にし、並びに墓が所在する場所のいかんを問わず死体の識別及び本国へのその輸送を確保するため、公の墳墓登録機関を設置しなければならない。これらの規定は、本国の希望に従つて適当な措置が執られるまで墳墓登録機関が保管しなければならない遺骨に対しても、同様に適用する。

前記の墳墓登録機関は、事情が許す限りすみやかに、遅くとも敵対行為の終了の際、第十六条第二項に掲げる捕虜情報局を通じて、墓の正確な所在地及び標示並びにそこに埋葬されている死者に関する明細を示す表を交換しなければならない。

**第一八条【住民の協力】** 軍当局は、住民に対し、軍当局の指示の下に自発的に傷者及び病者を収容し、且つ、看護するように、その慈善心に訴えることができる。軍当局は、この要請に応じた者に対して必要な保護及び便益を与えるものとする。敵国がその地域の支配権を掌握し、又は奪還するに至つた場合には、その敵国は、同様に、それらの者に同一の保護及び便益を与えなければならない。

軍当局は、侵略され、又は占領された地域においても、住民及び救済団体に対し、自発的に傷者又は病者をその国籍のいかんを問わず収容し、且つ、看護することを許さなければならない。文民たる住民は、これらの傷者及び病者を尊重しなければならず、特に、それらの者に対して暴行を加えないようにしなければならない。

いかなる者も、傷者又は病者を看護したことを理由としてこれを迫害し、又は有罪としてはならない。

本条の規定は、傷者及び病者に衛生上及び精神上の看護を与える義務を占領国に対して免除するものではない。

## 第三章　衛生部隊及び衛生施設

**第一九条【衛生施設及び部隊の尊重】** 紛争当事国は、いかなる場合にも、衛生機関の固定施設及び移動衛生部隊を攻撃してはならず、常にこれを尊重し、且つ、保護しなければならない。それらの固定施設及び移動衛生部隊が敵国の権力内に陥つた場合には、それらの施設及び部隊の要員は、抑留国がそれらの施設及び部隊の中にある傷者及び病者に必要な看護を自ら確保しない限り、自由にその任務を行うことができる。

責任のある当局は、前記の施設及び部隊が、できる限り、軍事目標に対する攻撃によつてその安全を危くされることのないような位置に置かれることを確保しなければならない。

**第二〇条【病院船】** 海上にある軍隊の傷者、病者及び難船者の状態の改善に関する千九百四十九年八月十二日のジュネーヴ条約の保護を受ける権利を有する病院船は、陸上から攻撃してはならない。

**第二一条【衛生施設及び部隊の保護の消滅】** 衛生機関の固定施設及び移動衛生部隊が享有することができる保護は、それらの施設及び部隊がその人道的任務から逸脱して敵に有害な行為を行うために使用された場合を除く外、消滅しないものとする。但し、その保護は、すべての適当な場合に合理的な期限を定めた警告が発せられ、且つ、その警告が無視された後でなければ、消滅させることができない。

**第二二条【保護の剥奪理由とならない場合】** 次の事実は、第十九条により保障される保護を衛生部隊又は衛生施設からはく奪する理由としてはならない。

(1)　当該部隊又は施設の要員が武装しており、且つ、自衛又はその責任の下にある傷者及び病者の防衛のために武器を使用すること。

(2)　武装した衛生兵がいないために当該部隊又は施設が監視兵、しよう兵又は護衛兵によつて保護されていること。

(3)　傷者及び病者から取り上げた小武器及び弾薬でまだ適当な機関に引き渡されていないものが当該部隊又は施設内にあること。

(4)　獣医機関の要員及び材料が当該部隊又は施設内にあること。但し、当該部隊又は施設の不可欠な部分を構成しない場合に限る。

(5)　当該部隊及び施設又はそれらの要員の人道的活動が文民たる傷者及び病者の看護に及んでいること。

**第二三条【病院地帯及び地区】** 締約国は平時において、紛争当事国は敵対行為の開始の時以後、自国の領域及び必要がある場合には占領地区において、傷者及び病者を戦争の影響から保護するために組織される病院地帯及び病院地区を設定し、並びにそれらの地帯及び地区の組織及び管理並びにそれらの中に収容される者の看護の責任を負う要員を定めることができる。

関係当事国は、敵対行為の開始に当り、及び敵対行為の期間中、それらが設定した病院地帯及び病院地区を相互に承認するための協定を締結することができる。このため、関係当事国は、必要と認める修正を加えて、この条約に附属する協定案の規定を実施することができる。

利益保護国及び赤十字国際委員会は、これらの病院地帯及び病院地区の設定及び承認を容易にするために仲介を行うよう勧誘される。

## 第四章　要員(抄)

**第二四条【衛生要員及び宗教要員の尊重】** 傷者若しくは病者の捜索、収容、輸送若しくは治療又は疾病の予防にもつぱら従事する衛生要員、衛生部隊及び衛生施設の管理にもつぱら従事する職員並びに軍隊に随伴する宗教要員は、すべての場合において、尊重し、且つ、保護しなければならない。

**第二五条【特別要員の保護】** 必要が生じた場合に衛生兵、看護婦又は補助担架手として傷者及び病者の収容、輸送又は治療に当るために特別に訓練された軍隊の構成員も、これらの任務を遂行しつつある時に敵と接触し、又は敵国の権力内に陥るに至つた場合には、同様に尊重し、且つ、保護しなければならない。

**第二六条【赤十字等救済団体の職員】** 各国赤十字社及びその他の篤志救済団体でその本国政府が正当に認めたものの職員のうち第二十四条に掲げる要員と同一の任務に当るものは、同条に掲げる要員と同一の地位に置かれるものとする。但し、それらの団体の職員は、軍法に従わなければならない。

各締約国は、平時において又は敵対行為の開始の際若しくは敵対行為が行われている間に、自国の軍隊の正規の衛生機関に援助を与えることを自国の責任で認めた団体の名称を他の締約国に通告しなければならない。但し、その通告は、いかなる場合にも、当該団体を実際に使用する前に行わなければならない。

**第二七条【中立国の団体】**（略）

**第二八条【衛生要員の抑留】** 第二十四条及び第二十六条に掲げる要員で敵国の権力内に陥つたものは、捕虜の健康状態、宗教上の要求及び人数により必要とされる限度をこえて抑留してはならない。

こうして抑留された要員は、捕虜と認めてはならない。但し、それらの要員は、少くとも捕虜の待遇に関する千九百四十九年八月十二日のジュネーヴ条約のすべての規定による利益を享有する。それらの要員は、抑留国の軍法の範囲内で、抑留国の権限のある機関の管理の下に、その職業的良心に従つて、捕虜、特に、自己の所属する軍隊の捕虜に対する医療上及び宗教上の任務を引き続き遂行しなければならない。それらの要員は、更に、その医療上又は宗教上の任務の遂行のため、次の便益を享有する。

(a) それらの要員は、収容所外にある労働分遣所又は病院にいる捕虜を定期的に訪問することを許される。抑留国は、それらの要員に対し、必要な輸送手段を自由に使用させなければならない。

(b) 各収容所においては、先任軍医たる衛生要員は、抑留されている衛生要員の職業的活動について、収容所の軍当局に対して責任を負う。このため、紛争当事国は、敵対行為の開始の時から、自国の衛生要員（第二十六条に掲げる団体の衛生要員を含む。）の相互に相当する階級に関して合意しなければならない。この先任軍医及び宗教要員は、その任務から生ずるすべての問題について、収容所の軍当局及び医療当局と直接に交渉することができる。それらの当局は、これらの者に対し、それらの問題に関する通信のためにそれらの者が必要とする便益を与えなければならない。

(c) 収容所内に抑留された要員は、収容所の内部の紀律に従わなければならないが、その医療上又は宗教上の任務以外の労働を行うことを要求されないものとする。

紛争当事国は、敵対行為の継続中に、抑留された要員を可能な場合に交替するための取極をし、及びその交替の手続を定めなければならない。

前記の規定は、抑留国に対し、捕虜の医療上及び宗教上の福祉に関して抑留国に課せられる義務を免除するものではない。

**第二九条【捕虜となる特別要員】** 第二十五条に掲げる要員で敵の権力内に陥つたものは、捕虜となるものとする。但し、必要がある場合には、医療上の任務に使用されるものとする。

**第三〇条【帰還する衛生要員】** 第二十八条の規定により抑留を必要としない要員は、その帰路が開かれ、且つ、軍事上の要求が許すときは、直ちにそれらの要員が属する紛争当事国に帰還させなければならない。

それらの要員は、帰還するまでの間、捕虜と認めてはならない。但し、それらの要員は、少くとも、捕虜の待遇に関する千九百四十九年八月十二日のジュネーヴ条約のすべての規定による利益を享有する。それらの要員は、敵国の命令の下に自己の任務を引き続き遂行し、且つ、なるべく自己の属する紛争当事国の傷者及び病者の看護に従事しなければならない。

それらの要員は、出発の際、その所有に属する個人用品、有価物及び器具を持ち去るものとする。

**第三一条【帰還衛生要員の選択】** 第三十条に基いて帰還させる要員の選択は、その人種、宗教又は政治的意見のいかんを問わず、なるべくそれらの要員が捕えられた順序及びそれらの要員の健康状態に従つて行わなければならない。

紛争当事国は、敵対行為の開始の時から、特別協定により、捕虜の人数に比例して抑留すべき要員の割合及び収容所におけるそれらの要員の配置を定めることができる。

**第三二条【中立衛生要員の取扱い】**（略）

## 第五章　建物及び材料

**第三三条【衛生材料及び施設の尊重】** 敵の権力内に陥つた軍隊の移動衛生部隊の材料は、傷者及び病者の看護のために抑留されるものとする。

軍隊の固定衛生施設の建物、材料及び貯蔵品は、引き続き戦争法規の適用を受けるものとする。但し、それらの建物、材料及び貯蔵品は、傷者及び病者の看護のために必要とされる限り、その使用目的を変更してはならない。もつとも、戦地にある軍隊の指揮官は、緊急な軍事上の必要がある場合には、前記の施設内で看護される傷者及び病者の福祉のためにあらかじめ措置を執ることを条件として、それらの建物、材料及び貯蔵品を使用することができる。

本条に掲げる材料及び貯蔵品は、故意に破壊してはならない。

**第三四条【救済団体の財産の尊重】** この条約による特権を与えられる救済団体の不動産及び動産は、私有財産と認める。

戦争の法規及び慣例によつて交戦国に認められる徴発権は、緊急の必要がある場合において、傷者及び病者の福祉が確保されたときを除く外、行使してはならない。

## 第六章　衛生上の輸送手段

**第三五条【衛生上の輸送手段の尊重】** 傷者及び病者又は衛生材料の輸送手段は、移動衛生部隊と同様に尊重し、且つ、保護しなければならない。

それらの輸送手段、すなわち、車両は、敵国の権力内に陥つた場合には、それらを捕獲した紛争当事国がすべての場合においてそれらの中にある傷者及び病者の看護を確保することを条件として、戦争法規の適用を受けるものとする。

徴発によつて得た文民たる要員及びすべての輸送手段は、国際法の一般原則の適用を受けるものとする。

**第三六条【衛生航空機】** 交戦国は、衛生航空機、すなわち、もつぱら傷者及び病者の収容並びに衛生要員及び衛生材料の輸送に使用される航空機を、それらの航空機が関係交戦国の間で特別に合意された高度、時刻及び路線に従つて飛行している間、攻撃してはならず、尊重しなければならない。

衛生航空機は、その下面、上面及び側面に、第三十八条に定める特殊標章を自国の国旗とともに明白に表示しなければならない。衛生航空機は、敵対行為の開始の際又は敵対行為が行われている間に交戦国の間で合意される他の標識又は識別の手段となるものを付さなければならない。

反対の合意がない限り、敵の領域又は占領地域の上空の飛行は、禁止する。

衛生航空機は、すべての着陸要求に従わなければならない。この要求によつて着陸した場合には、航空機及びその乗員は、検査があるときはそれを受けた後、飛行を継続することができる。

傷者及び病者並びに衛生航空機の乗員は、敵の領域又は占領地域内に不時着した場合には、捕虜となるものとする。衛生要員は、第二十四条以下の規定に従つて待遇されるものとする。

**第三七条【衛生航空機と中立国】** 紛争当事国の衛生航空機は、第二項の規定に従うことを条件として、中立国の領域の上空を飛行し、必要がある場合にはその領域に着陸し、又はその領域を寄航地として使用することができる。それらの衛生航空機は、当該領域の上空の通過を事前に中立国に通告し、且つ、着陸又は着水のすべての要求に従わなければならない。それらの衛生航空機は、紛争当事国と関係中立国との間で特別に合意された路線、高度及び時刻に従つて飛行している場合に限り、攻撃を免かれるものとする。

もつとも、中立国は、衛生航空機が自国の領域の上空を飛行すること又は自国の領域内に着陸することに関し、条件又は制限を附することができる。それらの条件又は制限は、すべての紛争当事国に対して平等に適用しなければならない。

中立国と紛争当事国との間に反対の合意がない限り、現地当局の同意を得て衛生航空機が中立地域に積み卸す傷者及び病者は、国際法上必要がある場合には、軍事行動に再び参加することができないように中立国が抑留するものとする。それらの者の入院及び収容のための費用は、それらの者が属する国が負担しなければならない。

## 第七章　特殊標章

**第三八条【赤十字紋章】** スイスに敬意を表するため、スイス連邦の国旗の配色を転倒して作成した白地に赤十字の紋章は、軍隊の衛生機関の標章及び特殊記章として維持されるものとする。

もつとも、赤十字の代りに白地に赤新月又は赤のライオン及び太陽を標章として既に使用している国については、それらの標章は、この条約において同様に認められるものとする。

**第三九条【標章の表示】** 標章は、権限のある軍当局の指示に基き、衛生機関が使用する旗、腕章及びすべての材料に表示しなければならない。

**第四〇条【衛生要員の腕章及び証明書】** 第二十四条、第二十六条及び第二十七条に掲げる要員は、特殊標章を付した防水性の腕章で軍当局が発給し、且つ、その印章を押したものを左腕につけなければならない。

前記の要員は、第十六条に掲げる身分証明書の外、特殊標章を付した特別の身分証明書を携帯しなければならない。この証明書は、防水性で、且つ、ポケットに入る大きさのものでなければならない。この証明書は、自国語で書かれていなければならず、また、この証明書には、少くとも所持者の氏名、生年月日、階級及び番号が示され、且つ、その者がいかなる資格においてこの条約の保護を受ける権利を有するかが記載されていなければならない。この証明書には、所持者の写真及び署名若しくは指紋又はそれらの双方を附さなければならない。この証明書には、軍当局の印章を浮出しにして押さなければならない。

身分証明書は、同一の軍隊を通じて同一の型式のものであり、且つ、できる限りすべての締約国の軍隊を通じて類似の型式のものでなければならない。紛争当事国は、この条約に例として附属するひな型にならうことができる。紛争当事国は、敵対行為の開始の際、その使用する身分証明書のひな型を相互に通報しなければならない。身分証明書は、できれば少くとも二通作成しなければならず、その一通は、本国が保管しなければならない。

いかなる場合にも、前記の要員は、その記章又は身分証明書を奪われないものとし、また、腕章をつける権利をはく奪されないものとする。それらの要員は、身分証明書又は記章を紛失した場合には、身分証明書の複本を受領し、又は新たに記章の交付を受ける権利を有する。

**第四一条【特別要員の腕章及び証明書】** 第二十五条に掲げる要員は、衛生上の任務の遂行中に限り、中心に小型の特殊記章を付した白色の腕章をつけるものとする。その腕章は、軍当局が発給し、且つ、その印章を押したものでなければならない。

それらの要員が携帯すべき軍の身分証明書類には、それらの要員が受けた特別訓練の内容、それらの要員が従事している任務が一時的な性質のものであること及びそれらの要員が腕章をつける権利を有することを明記しなければならない。

**第四二条【旗の使用】** この条約で定める特殊の旗は、この条約に基いて尊重される権利を有する衛生部隊及び衛生施設で軍当局の同意を得たものに限り、掲揚するものとする。

移動部隊及び固定施設においては、それらの部隊又は施設が属する紛争当事国の国旗を前記の旗とともに掲揚することができる。

もつとも、敵の権力内に陥つた衛生部隊は、この条約で定める旗以外の旗を掲揚してはならない。

紛争当事国は、軍事上の事情が許す限り、敵対的行為が行われる可能性を除くため、敵の陸軍、空軍又は海軍が衛生部隊及び衛生施設を表示する特殊標章を明白に識別することができるようにするために必要な措置を執らなければならない。

**第四三条【中立国衛生部隊の旗】** 中立国の衛生部隊で、第二十七条に定める条件に基いて交戦国に役務を提供することを認められたものは、その交戦国が第四十二条によつて与えられる権利を行使するときは、いつでも、その交戦国の国旗をこの条約で定める旗とともに掲揚しなければならない。

それらの衛生部隊は、責任のある軍当局の反対の命令がない限り、すべての場合（敵国の権力内に陥つた場合を含む。）に自国の国旗を掲揚することができる。

**第四四条【赤十字の名称及び標章の使用】** 本条の次項以下の項に掲げる場合を除く外、白地に赤十字の標章及び「赤十字」又は「ジュネーヴ十字」という語は、平時であると戦時であるとを問わず、この条約及びこの条約と同様な事項について定める他の条約によつて保護される衛生部隊、衛生施設、要員及び材料を表示し、又は保護するためでなければ、使用してはならない。第三十八条第二項に掲げる標章に関しても、それらを使用する国に対しては同様である。各国赤十字社及び第二十六条に掲げるその他の団体は、この条約の保護を与える特殊標章を本項の範囲内でのみ使用する権利を有する。

　更に、各国赤十字社（赤新月社又は赤のライオン及び太陽社）は、平時において、自国の国内法令に従い、赤十字国際会議が定める原則に適合する自己のその他の活動のために赤十字の名称及び標章を使用することができる。それらの活動が戦時に行われるときは、標章は、その使用によりこの条約の保護が与えられると認められる虞がないような条件で使用しなければならない。すなわち、この標章は、比較的小型のものでなければならず、また、腕章又は建物の屋根に付してはならない。

　赤十字国際機関及び正当に権限を与えられたその職員は、いつでも白地に赤十字の標章を使用することを許される。

　例外的措置として、この条約で定める標章は、国内法令に従い、且つ、各国赤十字社（赤新月社又は赤のライオン及び太陽社）の一から明示の許可を受けて、救急車として使用される車両を識別するため、及び傷者又は病者に無償で治療を行うためにもっぱら充てられる救護所の位置を表示するため、平時において使用することができる。

## 第八章　条約の実施

**第四五条【実施の確保】**　各紛争当事国は、その総指揮官を通じ、この条約の一般原則に従い、前各条の細目にわたる実施を確保し、且つ、この条約の予見しない事件に備えなければならない。

**第四六条【報復措置の禁止】**　この条約によつて保護される傷者、病者、要員、建物又は材料に対する報復的措置〔reprisals〕は、禁止する。

**第四七条【条約文の弘布】**　締約国は、この条約の原則を自国のすべての住民、特に、戦闘部隊、衛生要員及び宗教要員に知らせるため、平時であると戦時であるとを問わず、自国においてこの条約の本文をできる限り普及させること、特に、軍事教育及びできれば非軍事教育の課目中にこの条約の研究を含ませることを約束する。

**第四八条【条約訳文と関係国内法令の相互通知】**　締約国は、スイス連邦政府を通じて、また、敵対行為が行われている間は利益保護国を通じて、この条約の公の訳文及び締約国がこの条約の適用を確保するために制定する法令を相互に通知しなければならない。

## 第九章　濫用及び違反の防止

**第四九条【この条約に対する重大な違反行為】**　締約国は、次条に定義するこの条約に対する重大な違反行為の一を行い、又は行うことを命じた者に対する有効な刑罰を定めるため必要な立法を行うことを約束する。

　各締約国は、前記の重大な違反行為を行い、又は行うことを命じた疑のある者を捜査する義務を負うものとし、また、その者の国籍のいかんを問わず、自国の裁判所に対して公訴を提起しなければならない。各締約国は、また、希望する場合には、自国の法令の規定に従つて、その者を他の関係締約国に裁判のため引き渡すことができる。但し、前記の関係締約国が事件について一応充分な証拠を示した場合に限る。

　各締約国は、この条約の規定に違反する行為で次条に定義する重大な違反行為以外のものを防止するため必要な措置を執らなければならない。

　被告人は、すべての場合において、捕虜の待遇に関する千九百四十九年八月十二日のジュネーヴ条約第百五条以下に定めるところよりも不利でない正当な裁判及び防ぎよの保障を享有する。

**第五〇条【重大な違反行為】**　前条にいう重大な違反行為とは、この条約が保護する人又は物に対して行われる次の行為、すなわち、殺人、拷問若しくは非人道的待遇（生物学的実験を含む。）、身体若しくは健康に対して故意に重い苦痛を与え、若しくは重大な傷害を加えること又は軍事上の必要によつて正当化されない不法且つし意的な財産の広はんな破壊若しくは徴発を行うことをいう。

**第五一条【締約国の責任】**　締約国は、前条に掲げる違反行為に関し、自国が負うべき責任を免かれ、又は他の締約国をしてその国が負うべき責任から免かれさせてはならない。

**第五二条【違反行為に対する調査】**　この条約の違反の容疑に関しては、紛争当事国の要請により、関係国の間で定める方法で調査を行わなければならない。

　調査の手続について合意が成立しなかつた場合には、前記の関係国は、その手続を決定する審判者の選任について合意しなければならない。

　違反行為が確認されたときは、紛争当事国は、できる限りすみやかに、違反行為を終止させ、且つ、これに対して処置しなければならない。

**第五三条【赤十字の標章及び名称の濫用の禁止】**　公のものであると私のものであるとを問わず、個人、団体、商社又は会社でこの条約に基いて使用の権利を与えられていないものが「赤十字」若しくは「ジュネーヴ十字」の標章若しくは名称又はそれを模倣した記章若しくは名称を使用することは、その使用の目的及び採用の日付のいかんを問わず、常に禁止する。

　スイス連邦の国旗の配色を転倒して作成した紋章の採用により同国に対して払われる敬意並びにスイスの紋章及びこの条約の特殊標章との間に生ずることのある混同を考慮して、商標としてであると又はその一部としてであるとを問わず、商業上の道徳に反する目的で又はスイス人の国民感情を害する虞のある状態で私人、団体又は商社がスイス連邦の紋章又はそれを模倣した記章を使用することは、常に禁止する。

　もつとも、この条約の締約国で千九百二十九年七月二十七日のジュネーヴ条約の締約国でなかつたものは、第一項に掲げる標章、名称又は記章を既に使用していた者に対し、その使用をやめさせるため、この条約の効力発生の時から三年をこえない猶予期間を与えることができる。但し、その使用が戦時においてこの条約の保護を与えるものと認められる虞がある場合は、この限りでない。

　本条第一項に定める禁止は、第三十八条第二項に掲げる標章及び記章に対しても、適用する。但し、従前からの使用により取得されている権利に影響を及ぼさないものとする。

**第五四条【濫用防止措置】**　締約国は、自国の法令が充分なものでないときは、第五十三条に掲げる濫用を常に防止し、且つ、抑止するため必要な措置を執らなければならない。

最終規定（略）

**第五五条【正文・訳文】**（略）

**第五六条【署名のための開放】**（略）

**第五七条【批准】**（略）

**第五八条【効力発生】**（略）

**第五九条【旧条約】**（略）

第六〇条【加入】（略）
第六一条【加入の効力発生】（略）
第六二条【紛争当事国の批准又は加入】（略）
第六三条【廃棄】（略）
第六四条【登録・国連への通知】（略）

## 2　一九四九年ジュネーヴ第二条約（海上傷病者保護条約）（抄）

（海上にある軍隊の傷者、病者及び難船者の状態の改善に関する千九百四十九年八月十二日のジュネーヴ条約）〔ジュネーヴ（赤十字）第二条約〕

採　　択　一九四九年八月一二日（ジュネーヴ）（賛成四八、反対〇、棄権一）
署　　名　一九四九年八月一二日（ジュネーヴ）
効力発生　一九五〇年一〇月二一日
日 本 国　一九五三年一〇月二一日（同年四月二一日内閣加入決定、同日加入通告、七月二九日国会承認、一〇月二一日公布・条約二四号）
当 事 国　一九六

千九百六年のジュネーヴ条約の原則を海戦に応用するための千九百七年十月十八日の第十ヘーグ条約を改正するために千九百四十九年四月二十一日から同年八月十二日までジュネーヴで開催された外交会議に代表された政府の全権委員たる下名は、次のとおり協定した。

### 第一章　総則（抄）

**第一条【条約の尊重】**
**第二条【戦争以外の武力紛争及び占領における適用、総加入条項の排除】**
〔第一条及び第二条　一九四九年ジュネーヴ第一条約第一条及び第二条と同じ。〕

**第三条【内乱の場合】**〔一九四九年ジュネーヴ第一条約第三条と同じ。ただし、「傷者及び病者」を「傷者、病者及び難船者」と読み替える。〕

**第四条【船内の軍隊・上陸した軍隊】**　紛争当事国の陸軍と海軍との間の敵対行為の場合には、この条約の規定は、船内の軍隊にのみ適用する。

上陸した軍隊は、直ちに、戦地にある軍隊の傷者及び病者の状態の改善に関する千九百四十九年八月十二日のジュネーヴ条約の規定の適用を受けるものとする。

**第五条【中立国による収容・抑留】**〔一九四九年ジュネーヴ第一条約第四条と同じ。ただし、「病者、」の下に「難船者、」を加える。〕

**第六条【特別協定】**（略）

**第七条【権利放棄の禁止】**〔一九四九年ジュネーヴ第一条約第七条と同じ。ただし、「病者、」の下に「難船者、」を加える。〕

**第八条【利益保護国】**〔一九四九年ジュネーヴ第一条約第八条と同じ。〕

**第九条【人道的団体】**〔一九四九年ジュネーヴ第一条約第九条と同じ。ただし、「病者、」の下に「難船者、」を加える。〕

**第一〇条【利益保護の確保】**〔一九四九年ジュネーヴ第一条約第一〇条と同じ。ただし、「衛生要員及び宗教要員」を「難船者、衛生要員又は宗教要員」と読み替える。〕

**第一一条【利益保護国による紛議解決の仲介】**〔一九四九年ジュネーヴ第一条約第一一条と同じ。ただし、「病者、」の下に「難船者、」を加える。〕

### 第二章　傷者、病者及び難船者（抄）

**第一二条【海上傷病者及び難船者の保護】**〔一九四九年ジュネーヴ第一条約第一二条とほぼ同じ。〕

**第一三条【適用を受ける海上傷病者・難船者の範囲】**　この条約は、海上にある傷者、病者及び難船者で次の部類に属するものに適用する。（以下略）〔一九四九年ジュネーヴ第三条約第四条Ａ(1)－(6)と同じ。ただし、(4)中「このため、」以下を含まない。〕

**第一四条【軍艦の引渡要求権】**　一交戦国のすべての軍艦は、船舶又は舟艇の国籍のいかんを問わず、軍用病院船、救済団体又は私人に属する病院船、商船、ヨット及びその他の舟艇内の傷者、病者及び難船者の引渡を要求する権利を有する。但し、傷者及び病者が移動することができる状態にあり、且つ、当該軍艦が必要な医療上の手当を行うのに充分な便益を提供することができる場合に限る。

**第一五条【中立国軍艦又は軍用航空機による収容】**　傷者、病者又は難船者が中立国の軍艦又は軍用航空機に収容された場合においては、国際法上の要求があるときは、それらの者が軍事行動に再び参加することができないようにしなければならない。

**第一六条【捕虜の規定の適用】**　第十二条の規定に従うことを条件として、交戦国の傷者、病者及び難船者で敵の権力内に陥つたものは、捕虜となるものとし、捕虜に関する国際法の規定が、それらの者に適用される。それらの者を捕虜とした者は、それらの捕虜を抑留すべきか又は自国の港、中立国の港若しくは敵国の領域内の港に送るべきかを事情に応じて決定することができる。この最後の場合には、本国に送還された捕虜は、戦争の継続中、軍務に服してはならない。

**第一七条【中立港に上陸の場合】**　現地当局の同意を得て中立国の港に上陸する傷者、病者及び難船者は、国際法上の要求があるときは、中立国と交戦国との間に反対の取極がない限り、軍事行動に再び参加することができないように中立国が監視しなければならない。

それらの者の入院及び抑留の費用は、傷者、病者及び難船者が属する国が負担する。

**第一八条【傷病者・難船者の収容】**　紛争当事国は、交戦の後には、傷者、病者及び難船者を捜索し、及び収容し、それらの者をりやく奪及び虐待から保護し、それらの者に対する充分な看護を確保し、並びに死者を捜索し、及び死者がはく奪を受けることを防止するため、遅滞なくすべての可能な措置を執らなければならない。

事情が許すときはいつでも、攻囲され、又は包囲された地域にある傷者及び病者の海路による収容並びにそれらの地域へ向う衛生要員、宗教要員及び衛生材料の通過に関し、紛争当事国相互間で現地取極を結ぶことができる。

**第一九条【傷病者・難船者の記録】**〔一九四九年ジュネーヴ第一条約第一六条と同じ。ただし、「病者」の下に「、難船者」を、「一片」の下に「又は、単式の識別票の場合には、識別票」を加え、「、封印した」を「封印して」と読み替える。〕

**第二〇条【死者の取扱い】**　紛争当事国は、死亡を確認すること、死者を識別すること及び報告書の作成を可能にすることを目的として、事情が許す限り各別に行われる死者の水葬を行う前に、死体の綿密な検査、できれば医学的検査を行うことを確保しなければならない。複式の識別票が使用されている場合には、その一片は、死体に残さなければならない。

　死者は、陸に移された後は、戦地にある軍隊の傷者及び病者の状態の改善に関する千九百四十九年八月十二日のジュネーヴ条約の規定の適用を受けるものとする。

**第二一条【中立船の協力】**（略）

## 第三章　病院船（抄）

**第二二条【軍用病院船の尊重】**軍用病院船、すなわち、傷者、病者及び難船者に援助を与え、それらの者を治療し、並びにそれらの者を輸送することを唯一の目的として国が特別に建造し、又は設備した船舶は、いかなる場合にも、攻撃し、又は捕獲してはならないものとし、また、それらの船舶が使用される十日前にその船名及び細目が紛争当事国に通告されることを条件として、常に尊重し、且つ、保護しなければならない。

　前記の通告において掲げる細目は、登録総トン数、船首から船尾までの長さ並びにマスト及び煙突の数を含むものでなければならない。

**第二三条【海岸衛生施設の保護】**戦地にある軍隊の傷者及び病者の状態の改善に関する千九百四十九年八月十二日のジュネーヴ条約の保護を受ける権利を有する海岸施設は、海上からの砲撃又は攻撃から保護しなければならない。

**第二四条【民間病院船】**各国赤十字社、公に承認された救済団体又は私人により使用される病院船は、それらが属する紛争当事国により公の使命を与えられ、且つ、第二十二条に定める通告が行われた場合には、軍用病院船と同一の保護を受けるものとし、また、捕獲されないものとする。

　これらの船舶は、責任のある当局が発給した証明書でそれらの船舶がぎ装中及び発航の際その監督下にあつた旨を記載するものを備えなければならない。

**第二五条【中立国の病院船】**中立国の赤十字社、公に承認された救済団体又は私人により使用される病院船は、あらかじめ自国政府の同意及び関係紛争当事国の認可を得て紛争当事国の一の管理の下にあることを条件として、第二十二条に定める通告が行われた場合に限り、軍用病院船と同一の保護を受けるものとし、また、捕獲されないものとする。

**第二六条【病院船の保護】**第二十二条、第二十四条及び第二十五条に掲げる保護は、いかなるトン数の病院船及びその救命艇についても、それらが作業を行つている場所のいかんを問わず、適用する。紛争当事国は、安楽及び安全を最大限に確保するため、公海における遠距離にわたる傷者、病者及び難船者の輸送には、総トン数二千トン以上の病院船のみを使用するように努めなければならない。

**第二七条【沿岸救助用小舟艇】**沿岸救助作業のため国又は公に承認された救助団体により使用される小舟艇は、第二十二条及び第二十四条に定める条件と同様の条件で、作戦上の要求が許す限り、同様に尊重し、且つ、保護しなければならない。

　前項の規定は、人道的使命のためもつぱらそれらの小舟艇が使用する沿岸固定施設についても、できる限り適用する。

**第二八条【艦内戦闘と病室】**（略）

**第二九条【敵の占領した港と病院船】**（略）

**第三〇条【病院船の無差別活動と軍用避止】**（略）

**第三一条【病院船の監督】**（略）

**第三二条【中立港の碇泊】**（略）

**第三三条【改装病院船】**（略）

**第三四条【病院船及び艦内病室の保護の消滅】**病院船及び軍艦内の病室が享有することができる保護は、それらが人道的任務から逸脱して敵に有害な行為を行うために使用された場合を除く外、消滅しないものとする。但し、その保護は、すべての適当な場合に合理的な期限を定めた警告が発せられ、且つ、その警告が無視された後でなければ、消滅させることができない。

　病院船は、特に、その無線電信その他の通信手段のために暗号を所持し、又は使用してはならない。

**第三五条【保護の剝奪理由とならない場合】**次の事実は、病院船又は軍艦内の病室に与えられる保護をはく奪する理由としてはならない。

(1)　当該病院船又は軍艦内の病室の乗組員が秩序の維持並びに自衛又は傷者及び病者の防衛のために武装していること。

(2)　もつぱら航海又は通信を容易にするための装置が船内にあること。

(3)　傷者、病者及び難船者から取り上げた携帯用武器及び弾薬でまだ適当な機関に引き渡されていないものが当該病院船又は軍艦内の病室にあること。

(4)　当該病院船及び軍艦内の病室又はそれらの乗組員の人道的活動が文民たる傷者、病者又は難船者の看護に及んでいること。

(5)　当該病院船がもつぱら衛生上の任務に充てられる設備及び要員を通常の必要以上に輸送していること。

## 第四章　要員（略）

**第三六条【病院船の要員の尊重】**（略）

**第三七条【捕えた宗教・衛生・看護要員の取扱い】**（略）

## 第五章　衛生上の輸送手段

**第三八条【衛生用輸送船の尊重】**衛生上の輸送の目的のために用いられた船舶は、その航海に関する明細が敵国に通告され、且つ、敵国によつて承認されていることを条件として、もつぱら軍隊の傷者及び病者の治療又は疾病の予防のために充てられる設備を輸送することを許される。敵国は、輸送船を臨検する権利を有する。但し、それらを捕獲し、又はそれらが輸送中の設備を押収する権利は、有しない。

　紛争当事国間の合意により、輸送中の設備の検査証明に当らせるため、前記の船舶に中立国のオブザーヴァーを乗り込ませることができる。このため、そのオブザーヴァーは、それらの設備を自由に検査することができる。

**第三九条【衛生航空機】**紛争当事国は、衛生航空機、すなわち、もつぱら傷者、病者及び難船者の収容並びに衛生要員及び衛生材料の輸送に使用される航空機を、それらの航空機が関係紛争当事国の間で特別に合意された高度、時刻及び路線に従つて飛行している間、攻撃の対象としてはならず、尊重しなければならない。

　衛生航空機は、その下面、上面及び側面に、第四十一条に定める特殊標章を自国の国旗とともに明白に表示しなければならない。衛生航空機は、敵対行為の開始の際又は敵対行為が行われている間に交戦国の間で合意される他の標識又は識別の手段となるものを付さなければならない。

反対の合意がない限り、敵の領域又は占領地域の上空の飛行は、禁止する。

衛生航空機は、着陸又は着水を要求された場合には、その要求に従わなければならない。こうして着陸を強制された場合には、航空機及びその要員は、検査があるときはそれを受けた後、飛行を継続することができる。

傷者、病者及び難船者並びに衛生航空機の乗員は、敵の領域又は占領地域内に不時着陸又は不時着水した場合には、捕虜となるものとする。衛生要員は、第三十六条及び第三十七条の規定に従つて待遇されるものとする。

**第四〇条【衛生航空機と中立国】**〔一九四九年ジュネーヴ第一条約第三七条と同じ。ただし、「傷者及び病者」を「傷者、病者及び難船者」と読み替える。〕

## 第六章　特殊標章（略）

**第四一条【赤十字紋章】**（略）

**第四二条【要員の腕章及び証明書】**（略）

**第四三条【病院船の表示】**（略）

**第四四条【識別用標章の使用の限定】**（略）

**第四五条【標章の濫用防止措置】**（略）

## 第七章　条約の実施

**第四六条【実施の確保】**〔一九四九年ジュネーヴ第一条約第四五条と同じ。〕

**第四七条【報復措置の禁止】** この条約によつて保護される傷者、病者、難船者、要員、船舶、小舟艇又は材料に対する報復的措置（reprisals）は、禁止する。

**第四八条【条約文の弘布】**

**第四九条【条約訳文と関係国内法令の相互通知】**

〔第四八条及び第四九条　一九四九年ジュネーヴ第一条約第四七条及び第四八条と同じ。〕

## 第八章　濫用及び違反の防止

**第五〇条【この条約に対する違反行為】**

**第五一条【重大な違反行為】**

**第五二条【締約国の責任】**

**第五三条【違反行為に対する調査】**

〔第五〇条から第五三条まで　一九四九年ジュネーヴ第一条約第四九条から第五二条までと同じ。〕

## 最終規定（第五四条から第六三条まで）（略）

〔一九四九年ジュネーヴ第一条約最終規定（第五五条から第六四条まで）を参照〕

# 3　一九四九年ジュネーヴ第三条約（捕虜待遇条約）（抄）

（捕虜の待遇に関する千九百四十九年八月十二日のジュネーヴ条約）〔ジュネーヴ（赤十字）第三条約〕

採　　択　一九四九年八月一二日（ジュネーヴ）（全会一致（賛成四九））
署　　名　一九四九年八月一二日（ジュネーヴ）
効力発生　一九五〇年一〇月二一日
日 本 国　一九五三年一〇月二一日（同年四月二一日内閣加入決定、同日加入通告、七月二九日国会承認、一〇月二一日公布・条約二五号）
当 事 国　一九六

千九百二十九年七月二十七日にジュネーヴで締結された捕虜の待遇に関する条約を改正するために千九百四十九年四月二十一日から同年八月十二日までジュネーヴで開催された外交会議に代表された政府の全権委員たる下名は、次のとおり協定した。

## 第一編　総則（抄）

**第一条【条約の尊重】**

**第二条【戦争以外の武力紛争及び占領における適用、総加入条項の排除】**

**第三条【内乱の場合】**

〔第一条から第三条まで　一九四九年ジュネーヴ第一条約第一条から第三条までと同じ。〕

**第四条【捕虜となるもの】** A　この条約において捕虜とは、次の部類の一に属する者で敵の権力内に陥つたものをいう。

(1) 紛争当事国の軍隊の構成員及びその軍隊の一部をなす民兵隊又は義勇隊の構成員

(2) 紛争当事国に属するその他の民兵隊及び義勇隊の構成員（組織的抵抗運動団体の構成員を含む。）で、その領域が占領されているかどうかを問わず、その領域の内外で行動するもの。但し、それらの民兵隊又は義勇隊（組織的抵抗運動団体を含む。）は、次の条件を満たすものでなければならない。

(a) 部下について責任を負う一人の者が指揮していること。

(b) 遠方から認識することができる固着の特殊標章を有すること。

(c) 公然と武器を携行していること。

(d) 戦争の法規及び慣例に従つて行動していること。

(3) 正規の軍隊の構成員で、抑留国が承認していない政府又は当局に忠誠を誓つたもの

(4) 実際には軍隊の構成員でないが軍隊に随伴する者、たとえば、文民たる軍用航空機の乗組員、従軍記者、需品供給者、労務隊員又は軍隊の福利機関の構成員等。但し、それらの者がその随伴する軍隊の認可を受けている場合に限る。このため、当該軍隊は、それらの者に附属書のひな型と同様の身分証明書を発給しなければならない。

(5) 紛争当事国の商船の乗組員（船長、水先人及び見習員を含む。）及び民間航空機の乗組員で、国際法の他のいかなる規定によつても一層有利な待遇の利益を享有することがないもの

(6) 占領されていない領域の住民で、敵の接近に当り、正規の軍隊を編成する時日がなく、侵入する軍隊に抵抗するために自発的に武器を執るもの。但し、それらの者が公然と武器を携行し、且つ、戦争の法規及び慣例を尊重する場合に限る。

B　次の者も、また、この条約に基いて捕虜として待遇しなければならない。

(1) 被占領国の軍隊に所属する者又は当該軍隊に所属していた者で、特に戦闘に従事している所属軍隊に復帰しようとして失敗した場合又は抑留の目的でされる召喚に応じなかつた場

合に当該軍隊への所属を理由として占領国が抑留することを必要と認めるもの。その占領国が、その者を捕虜とした後、その占領する領域外で敵対行為が行われていた間にその者を解放したかどうかを問わない。

(2)　本条に掲げる部類の一に属する者で、中立国又は非交戦国が自国の領域内に収容しており、且つ、その国が国際法に基いて抑留することを要求されるもの。但し、それらの者に対しては、その国がそれらの者に与えることを適当と認める一層有利な待遇を与えることを妨げるものではなく、また、第八条、第十条、第十五条、第三十条第五項、第五十八条から第六十七条まで、第九十二条及び第百二十六条の規定並びに、紛争当事国と前記の中立国又は非交戦国との間に外交関係があるときは、この条約の利益保護国に関する規定を適用しないものとする。前記の外交関係がある場合には、それらの者が属する紛争当事国は、それらの者に対し、この条約で規定する利益保護国の任務を行うことを認められる。但し、当該紛争当事国が外交上及び領事業務上の慣習及び条約に従つて通常行う任務を行うことを妨げない。

C　本条は、この条約の第三十三条に規定する衛生要員及び宗教要員の地位に何らの影響を及ぼすものではない。

**第五条【適用の期間】**　この条約は、第四条に掲げる者に対し、それらの者が敵の権力内に陥つた時から最終的に解放され、且つ、送還される時までの間、適用する。

交戦行為を行つて敵の権力内に陥つた者が第四条に掲げる部類の一に属するかどうかについて疑が生じた場合には、その者は、その地位が権限のある裁判所によつて決定されるまでの間、この条約の保護を享有する。

**第六条【特別協定】**（略）

**第七条【権利放棄の禁止】**〔一九四九年ジュネーヴ第一条約第七条と同じ。ただし、「傷者、病者、衛生要員及び宗教要員」を「捕虜」と読み替える。〕

**第八条【利益保護国】**〔一九四九年ジュネーヴ第一条約第八条と同じ。ただし、最後の一文「それらの者の活動は、絶対的な軍事上の必要がある場合に限り、例外的且つ一時的措置として制限することができる。」を削る。〕

**第九条【人道的団体】**　この条約の規定は、赤十字国際委員会その他の公平な人道的団体が捕虜の保護及び救済のため関係紛争当事国の同意を得て行う人道的活動を妨げるものではない。

**第一〇条【利益保護の確保】**

**第一一条【利益保護国による紛議解決の仲介】**

〔第一〇条及び第一一条　一九四九年ジュネーヴ第一条約第一〇条及び第一一条と同じ。ただし、「傷者、病者、衛生要員及び宗教要員」を「捕虜」と読み替える。〕

## 第二編　捕虜の一般的保護

**第一二条【捕虜の地位及び移送】**　捕虜は、敵国の権力内にあるものとし、これを捕えた個人又は部隊の権力内にあるものではない。抑留国は、個人の責任があるかどうかを問わず、捕虜に与える待遇について責任を負う。

捕虜は、抑留国が、この条約の締約国に対し、当該締約国がこの条約を適用する意思及び能力を有することを確認した後にのみ、移送することができる。捕虜が前記により移送されたときは、捕虜を受け入れた国は、捕虜を自国に抑留している間、この条約を適用する責任を負う。

もつとも、捕虜を受け入れた国がいずれかの重要な点についてこの条約の規定を実施しなかつた場合には、捕虜を移送した国は、利益保護国の通告に基いて、その状態を改善するために有効な措置を執り、又は捕虜の返還を要請しなければならない。この要請には、従わなければならない。

**第一三条【人道的待遇、報復の禁止】**　捕虜は、常に人道的に待遇しなければならない。抑留国の不法の作為又は不作為で、抑留している捕虜を死に至らしめ、又はその健康に重大な危険を及ぼすものは、禁止し、且つ、この条約の重大な違反と認める。特に、捕虜に対しては、身体の切断又はあらゆる種類の医学的若しくは科学的実験で、その者の医療上正当と認められず、且つ、その者の利益のために行われるものでないものを行つてはならない。

また、捕虜は、常に保護しなければならず、特に、暴行又は脅迫並びに侮辱及び公衆の好奇心から保護しなければならない。

捕虜に対する報復[reprisal]措置は、禁止する。

**第一四条【身体・名誉・行為能力・女性に対する考慮】**　捕虜は、すべての場合において、その身体及び名誉を尊重される権利を有する。

女子は、女性に対して払うべきすべての考慮をもつて待遇されるものとし、いかなる場合にも、男子に与える待遇と同等に有利な待遇の利益を受けるものとする。

捕虜は、捕虜とされた時に有していた完全な私法上の行為能力を保持する。抑留国は、捕虜たる身分のためやむを得ない場合を除く外、当該国の領域の内外においてその行為能力に基く権利の行使を制限してはならない。

**第一五条【給養・医療】**　捕虜を抑留する国は、無償で、捕虜を給養し、及びその健康状態に必要な医療を提供しなければならない。

**第一六条【無差別待遇】**　階級及び性別に関するこの条約の規定に考慮を払い、また、健康状態、年令又は職業上の能力を理由として与えられる有利な待遇を留保して、捕虜は、すべて、抑留国が人種、国籍、宗教的信条若しくは政治的意見に基く差別又はこれらに類する基準によるその他の差別をしないで均等に待遇しなければならない。

## 第三編　捕虜たる身分（抄）

### 第一部　捕虜たる身分の開始

**第一七条【尋問・身分証明書】**　各捕虜は、尋問を受けた場合には、その氏名、階級及び生年月日並びに軍の番号、連隊の番号、個人番号又は登録番号（それらの番号がないときは、それに相当する事項）については答えなければならない。

捕虜は、故意に前記の規定に違反したときは、その階級又は地位に応じて与えられる特権に制限を受けることがあるものとする。

各紛争当事国は、その管轄の下にある者で捕虜となることがあるもののすべてに対し、その氏名、階級、軍の番号、連隊の番号、個人番号若しくは登録番号又はそれらの番号に相当する事項及び生年月日を示す身分証明書を発給しなければならない。身分証明書には、更に、本人の署名若しくは指紋又はその双方及び紛争当事国が自国の軍隊に属する者に関し追加することを希望するその他の事項を掲げることができる。身分証明書は、できる限り、縦横がそれぞれ六・五センチメートル及び十センチメートルの規格で二部作成するものとする。捕虜は、要求があつた場合には、身分証明書を呈示しなければならない。但し、身分証明書は、いかなる場合にも、取り上げてはならない。

捕虜からいかなる種類の情報を得るためにも、これに肉体的又は精神的拷問その他の強制を加えてはならない。回答を拒む捕虜に対しては、脅迫し、侮辱し、又は種類のいかんを問わず不快若しくは不利益な待遇を与えてはならない。

肉体的又は精神的状態によつて自己が何者であるかを述べることができない捕虜は、衛生機関に引き渡さなければならない。それらの捕虜が何者であるかは、前項の規定に従うことを留保して、すべての可能な方法によつて識別して置かなければならない。

捕虜に対する尋問は、その者が理解する言語で行わなければならない。

**第一八条【捕虜の所持物】** すべての個人用品（武器、馬、軍用装具及び軍用書類を除く。）及び金属かぶと、防毒面その他の身体の防護のために交付されている物品は、捕虜が引き続いて所持するものとする。捕虜の衣食のために用いられる物品も、それが正規の軍用装具に属するかどうかを問わず、捕虜が引き続いて所持するものとする。

捕虜は、常に身分証明書を携帯しなければならない。抑留国は、身分証明書を所持していない捕虜に対しては、これを与えなければならない。

階級及び国籍を示す記章、勲章並びに主として個人的又は感情的価値のみを有する物品は、捕虜から取り上げてはならない。

捕虜が所持する金銭は、将校の命令によつてでなければ、且つ、金額及び所持者の詳細を特別の帳簿に記入し、並びに受領証発行人の氏名、階級及び部隊を読みやすく記載した詳細な受領証を発給した後でなければ、取り上げてはならない。抑留国の通貨で有する額又は捕虜の要請により抑留国の通貨に両替した額は、第六十四条に定めるところにより、捕虜の勘定に貸記しなければならない。

抑留国は、安全を理由とする場合にのみ、捕虜から有価物を取り上げることができる。有価物を取り上げる場合には、金銭を取り上げる場合について定める手続と同一の手続を適用しなければならない。

前記の有価物は、捕虜から取り上げた金銭で抑留国の通貨でなく、且つ、所持者からその両替を要請されなかつたものとともに、抑留国が保管し、及び捕虜たる身分の終了の際原状で捕虜に返還しなければならない。

**第一九条【後送】** 捕虜は、捕虜とされた後できる限りすみやかに、戦闘地域から充分に離れた危険の圏外にある地域の収容所に後送しなければならない。

負傷又は病気のため、後送すれば現在地にとどめるよりも大きな危険にさらすこととなる捕虜に限り、これを一時的に危険地帯にとどめることができる。

捕虜は、戦闘地域から後送するまでの間に、不必要に危険にさらしてはならない。

**第二〇条【同前】** 捕虜の後送は、常に、人道的に、且つ、抑留国の軍隊の移駐の場合に適用される条件と同様の条件で行わなければならない。

抑留国は、後送中の捕虜に対し、食糧及び飲料水を充分に供給し、且つ、必要な被服及び医療上の手当を与えなければならない。抑留国は、捕虜の後送中その安全を確保するために適当なすべての予防措置を執り、且つ、後送される捕虜の名簿をできる限りすみやかに作成しなければならない。

捕虜が後送中に通過収容所を経由しなければならない場合には、その収容所における捕虜の滞在は、できる限り短期間のものとしなければならない。

## 第三部　捕虜の抑留(抄)

### 第一章　総則

**第二一条【抑留・解放】** 抑留国は、捕虜を抑留して置くことができる。抑留国は、捕虜に対し、抑留されている収容所から一定の限界をこえて離れない義務又は、その収容所にさくをめぐらしてある場合には、そのさくの外に出ない義務を課することができる。刑罰及び懲戒罰に関するこの条約の規定を留保し、捕虜は、衛生上の保護のために必要な場合を除く外、拘禁してはならない。この拘禁は、その時の状況により必要とされる期間をこえてはならない。

捕虜は、その属する国の法令により許される限り、宣誓又は約束に基いて不完全又は完全に解放することができる。この措置は、特に、捕虜の健康状態を改善するために役立つ場合に執るものとする。捕虜に対しては、宣誓又は約束に基く解放を受諾することを強制してはならない。

各紛争当事国は、敵対行為が始まつたときは、自国民が宣誓又は約束に基いて解放されることを受諾することを許可し、又は禁止する法令を敵国に通告しなければならない。こうして通告された法令に従つて宣誓又は約束をした捕虜は、その個人的名誉に基いて、その者が属する国及びその者を捕虜とした国に対して宣誓及び約束に係る約定を果す義務を負う。この場合には、その者が属する国は、宣誓又は約束に反する役務をその者に要求し、また、その者から受けてはならない。

**第二二条【抑留の建物及び地域】** 捕虜は、衛生上及び保健上のすべての保障を与える地上の建物にのみ抑留することができる。捕虜は、捕虜自身の利益になると認められる特別の場合を除く外、懲治所に抑留してはならない。

不健康な地域又は気候が捕虜にとつて有害である地域に抑留されている捕虜は、できる限りすみやかに一層気候の良い地域に移さなければならない。

抑留国は、捕虜の国籍、言語及び習慣に応じて、捕虜を二以上の収容所又は収容所内の区画に分類収容しなければならない。但し、捕虜が同意しない限り、その者が捕虜となつた時に勤務していた軍隊に属する捕虜と分離してはならない。

**第二三条【危険からの隔離】** 捕虜は、いかなる場合にも、戦闘地域の砲火にさらされる虞のある地域に送り、又は抑留してはならず、捕虜の所在は、特定の地点又は区域が軍事行動の対象とならないようにするために利用してはならない。

捕虜は、現地の住民と同じ程度に空襲その他の戦争の危険に対する避難所を利用する権利を有する。捕虜は、前記の危険からその営舎を防護する作業に従事する者を除く外、警報があつた後できる限りすみやかに避難所に入ることができる。住民のために執るその他の防護措置は、捕虜にも適用しなければならない。

抑留国は、利益保護国の仲介により、関係国に対し、捕虜収容所の地理的位置に関するすべての有益な情報を提供しなければならない。

捕虜収容所は、軍事上許される場合にはいつでも、昼間は、空中から明白に識別することができるPW又はPGという文字によつて表示しなければならない。但し、関係国は、その他の表示の方法についても合意することができる。それらの表示は、捕虜収容所のみに使用するものとする。

**第二四条【常設的収容所】** 通過又は審査のための常設的性質を有する収容所には、この部に定める条件と同様の条件で設備を施さなければならず、それらの収容所にある捕虜は、他の収容所にある場合と同一の待遇を受けるものとする。

## 第二章　捕虜の営舎、食糧及び被服

**第二五条【営舎】** 捕虜の宿営条件は、同一の地域に宿営する抑留国の軍隊についての宿営条件と同様に良好なものでなければならない。この条件は、捕虜の風俗及び習慣を考慮に入れたものでなければならず、いかなる場合にも、捕虜の健康に有害なものであつてはならない。

前項の規定は、特に捕虜の寝室に対し、その総面積及び最少限度の空間並びに一般的設備、寝具及び毛布について適用があるものとする。

捕虜の個人的又は集団的使用に供する建物は、完全に湿気を防止し、並びに充分に保温し、及び点燈しなければならない。特に、日没から消燈時までの間は、点燈しなければならない。火災の危険に対しては、万全の予防措置を執らなければならない。

女子の捕虜が男子の捕虜とともに宿泊する収容所においては、女子のために分離した寝室を設けなければならない。

**第二六条【食糧】** 毎日の食糧の基準配給の量、質及び種類は、捕虜を良好な健康状態に維持し、且つ、体重の減少又は栄養不良を防止するのに充分なものでなければならない。捕虜の食習慣も、また、考慮に入れなければならない。

抑留国は、労働する捕虜に対し、その者が従事する労働に必要な食糧の増配をしなければならない。

捕虜に対しては、飲料水を充分に供給しなければならない。喫煙は、許さなければならない。

捕虜は、できる限り、その食事の調理に参加させなければならない。このため、捕虜は、炊事場で使用することができる。捕虜に対しては、また、その所持する別の食糧を自ら調理する手段を与えなければならない。

捕虜に食堂として使用させるため、適当な場所を提供しなければならない。

食糧に影響を及ぼす集団的の懲戒は、禁止する。

**第二七条【被服】** 抑留国は、捕虜が抑留されている地域の気候に考慮を払い、捕虜に被服、下着及びはき物を充分に供給しなければならない。抑留国が獲得した敵の軍隊の制服は、気候に適する場合には、捕虜の被服としてその用に供しなければならない。

抑留国は、前記の物品の交換及び修繕を規則的に行わなければならない。更に、労働する捕虜に対しては、労働の性質上必要な場合には、適当な被服を支給しなければならない。

**第二八条【酒保】** すべての収容所には、捕虜が食糧、石けん及びたばこ並びに通常の日用品を買うことができる酒保を設備しなければならない。それらの価額は、現地の市場価額をこえるものであつてはならない。

収容所の酒保が得た益金は、捕虜のために用いなければならない。このため、特別の基金を設けなければならない。捕虜代表は、酒保及びその基金の運営に協力する権利を有する。

収容所が閉鎖された場合には、前記の特別の基金の残額は、その基金を積み立てた捕虜と同一の国籍を有する捕虜のために用いられるように、人道的な国際機関に引き渡さなければならない。全般的の送還の場合には、関係国間に反対の協定がない限り、前記の益金は、抑留国に残されるものとする。

## 第三章　衛生及び医療

**第二九条【衛生】** 抑留国は、収容所の清潔及び衛生の確保並びに伝染病の防止のために必要なすべての衛生上の措置を執らなければならない。

捕虜に対しては、日夜、衛生上の原則に合致する設備で常に清潔な状態に維持されるものをその用に供しなければならない。女子の捕虜が宿営している収容所においては、女子のために分離した設備を設けなければならない。

また、捕虜に対しては、収容所に設備することを必要とする浴場及びシャワーの外、身体の清潔及び被服の洗たくのために水及び石けんを充分に供給しなければならない。このため、捕虜に対しては、必要な設備、便益及び時間を与えなければならない。

**第三〇条【医療】** 各収容所には、捕虜がその必要とする治療及び適当な食事を受けることができる適当な病舎を備えなければならない。必要がある場合には、伝染病及び精神病にかかつた患者のために隔離室を設けなければならない。

重病の捕虜又は特別の治療、外科手術若しくは入院を必要とする状態にある捕虜は、その送還が近い将来に予定されている場合にも、適当な処置をする能力がある軍又は軍以外の医療施設に収容しなければならない。身体障害者、特に、盲者に与えるべき救護及びその更生については、その者の送還までの間、特別の便益を与えなければならない。

捕虜は、なるべくその属する国の衛生要員、できれば自己と同一の国籍を有する衛生要員によつて治療を受けるものとする。

捕虜に対しては、診察を受けるために医療当局に出頭することを妨げてはならない。抑留国の当局は、要請があつたときは、治療を受けた各捕虜に対し、その病気又は負傷の性質並びに治療の期間及び種類を記載した公の証明書を発給しなければならない。その証明書の写一通は、中央捕虜情報局に送付しなければならない。

治療の費用（捕虜を良好な健康状態に保つために必要なすべての器具、特に、義歯その他の補装具及びめがねの費用を含む。）は、抑留国が負担しなければならない。

**第三一条【身体検査】** 捕虜の身体検査は、少くとも月に一回行わなければならない。その検査は、各捕虜の体重の測定及び記録を含むものでなければならない。その検査は、特に、捕虜の健康、栄養及び清潔状態の一般的状態を監視し、並びに伝染病、特に結核、マラリヤ及び性病を検出することを目的としなければならない。このため、結核の早期検出のためのエックス線による集団的な小型写真の定期的撮影等利用可能な最も有効な方法を用いなければならない。

**第三二条【捕虜たる衛生要員】** 抑留国は、軍隊の衛生機関に属さない捕虜で医師、歯科医師、看護婦又は看護員であるものに対し、同一の国に属する捕虜のために医療上の業務に従事することを要求することができる。この場合には、その者は、引き続き捕虜とされるが、抑留国が抑留する同階級の衛生要員の待遇に相当する待遇を受けるものとする。その者は、第四十九条に基く他の労働を免除される。

## 第四章　捕虜を援助するため抑留される衛生要員及び宗教要員

**第三三条【衛生要員及び宗教要員の抑留】** 抑留国が捕虜を援助するため抑留する衛生要員及び宗教要員は、捕虜と認めてはならない。但し、それらの要員は、少くともこの条約の利益及び保護を受けるものとし、また、捕虜に対して医療上の看護及び宗教上の役務を提供するため必要なすべての便益を与えられるものとする。

それらの要員は、抑留国の軍法の範囲内で、抑留国の権限のある機関の管理の下に、職業的良心に従つて、捕虜、特に自己が属する軍隊に属する捕虜の利益のために医療又は宗教に関する任務を引き続き遂行しなければならない。それらの要員は、また、医療上又は宗教上の任務を遂行するため、次の便益を与えられるものとする。

(a)　それらの要員は、収容所外にある労働分遣所又は病院にいる捕虜を定期的に訪問することを許される。このため、抑留国は、それらの要員に対し、必要な輸送手段を自由に使用させなければならない。

(b)　各収容所の先任軍医たる衛生要員は、抑留されている衛生要員の活動に関連するすべての事項について、収容所の軍当局に対して責任を負う。このため、紛争当事国は、敵対行為の開始の際、衛生要員（戦地にある軍隊の傷者及び病者の状態の改善に関する千九百四十九年八月十二日のジュネーヴ条約第二十六条に掲げる団体の衛生要員を含む。）の相互に相当する階級に関して合意しなければならない。この先任軍医及び宗教要員は、その任務に関するすべての事項について、収容所の権限のある当局と直接に交渉する権利を有する。その当局は、それらの者に対し、それらの事項に関する通信のため必要なすべての便益を与えなければならない。

(c)　それらの要員は、抑留されている収容所の内部の紀律に従わなければならないが、その医療上又は宗教上の任務に関係がない労働を強制されないものとする。

紛争当事国は、敵対行為の継続中に、前記の抑留された要員について行うことがある交替に関して合意し、及びその手続を定めなければならない。

前記の規定は、捕虜に関する医療又は宗教の分野における抑留国の義務を免除するものではない。

## 第五章　宗教的、知的及び肉体的活動

**第三四条【宗教的活動】** 捕虜は、軍当局が定める日常の紀律に従うことを条件として、自己の宗教上の義務の履行（自己の宗教の儀式に出席することを含む。）について完全な自由を享有する。

捕虜に対しては、宗教的儀式を行う適当な場所を提供しなければならない。

**第三五条【抑留宗教要員の活動】** 敵の権力内に陥つた宗教要員で、捕虜を援助するために残留し、又は抑留されているものは、その宗教的良心に従つて捕虜に対して宗教上の任務を行うこと及び同一の宗教に属する捕虜に対して自由に自己の聖職を行うことを許さなければならない。それらの要員は、同一の軍隊に属し、同一の言語を話し、又は同一の宗教に属する捕虜がいる各種の収容所及び労働分遣所に配属しなければならない。それらの要員は、所属する収容所外にある捕虜を訪問するため必要な便益（第三十三条に規定する輸送手段を含む。）を享有する。それらの要員は、検閲を受けることを条件として、その宗教上の任務に関する事項について抑留国の宗教機関及び国際的宗教団体と通信する自由を有する。それらの要員がこのために発送する手紙及び葉書は、第七十一条に規定する割当外のものとする。

**第三六条【捕虜たる聖職者】** 聖職者たる捕虜でその属する軍隊の宗教要員となつていないものは、宗派のいかんを問わず、同一の宗派に属する者に対して自由に宗教上の任務を行うことを許される。このため、その者は、抑留国が抑留する宗教要員と同様の待遇を受けるものとする。その者は、他のいかなる労働も強制されないものとする。

**第三七条【捕虜に対する宗教的援助】** 捕虜が、抑留された宗教要員又は自己の宗派に属する聖職者たる捕虜の援助を受けない場合には、その捕虜の宗派その他これに類する宗派に属する聖職者又は、その聖職者がないときは、宗教的見地から可能であれば資格がある非聖職者が、当該捕虜の要請に応じて援助の任務を果すために指名されなければならない。この指名は、抑留国の承認を条件として、当該捕虜及び、必要があるときは、同一の宗教の現地の宗教機関の同意を得て行わなければならない。こうして指名された者は、抑留国が紀律及び軍事上の安全のために設ける規制に服さなければならない。

**第三八条【捕虜の知的、肉体的活動】** 抑留国は、各捕虜の個人的趣味を尊重して、捕虜の知的、教育的及び娯楽的活動並びに運動競技を奨励しなければならない。抑留国は、捕虜に適当な場所及び必要な設備を提供して、捕虜がそれらの活動をするため必要な措置を執らなければならない。

捕虜に対しては、身体の運動（運動競技を含む。）をする機会及び戸外にいる機会を与えなければならない。このため、すべての収容所で充分な空地を提供しなければならない。

## 第六章　紀律

**第三九条【捕虜収容所内の紀律】** 各捕虜収容所は、抑留国の正規の軍隊に属する責任のある将校の直接の指揮下に置かなければならない。その将校は、この条約の謄本を所持し、収容所職員及び警備員がこの条約の規定を確実に知つているようにし、並びに自国の政府の指示の下でこの条約の適用について責任を負わなければならない。

捕虜（将校を除く。）は、抑留国のすべての将校に対し、敬礼をし、及び自国の軍隊で適用する規則に定める敬意の表示をしなければならない。

将校たる捕虜は、抑留国の上級の将校に対してのみ敬礼をするものとする。但し、収容所長に対しては、その階級のいかんを問わず、敬礼をしなければならない。

**第四〇条【記章・勲章の着用】** 階級及び国籍を示す記章並びに勲章の着用は、許さなければならない。

**第四一条【協定・規則等の掲示】** 各収容所には、この条約及びその附属書の本文並びに第六条に規定するすべての特別協定の内容を、捕虜の用いる言語により、すべての捕虜が読むことができる場所に掲示して置かなければならない。この掲示の写は、掲示に接する機会がない捕虜に対しては、その請求があつたときに与えなければならない。

捕虜の行動に関する各種の規則、命令、通告及び公示は、捕虜が理解する言語によつて伝えなければならない。それらの規則、命令、通告及び公示は、前項に定める方法で掲示しなければならず、その写は、捕虜代表に交付しなければならない。捕虜に対して個人的に発する命令及び指令も、当該捕虜が理解する言語によらなければならない。

**第四二条【捕虜に対する武器の使用】** 捕虜、特に、逃走し、又は逃走を企てる捕虜に対する武器の使用は、最後の手段とし、それに先だつて時宜に適した警告を必ず与えなければならない。

## 第七章　捕虜の階級(略)

**第四三条【捕虜の名称・階級の通知】**(略)

**第四四条【将校たる捕虜】**(略)

**第四五条【将校以外の捕虜】**(略)

## 第八章　収容所に到着した後の捕虜の移動

**第四六条【捕虜の移動】** 抑留国は、捕虜の移動を決定するに当つては、捕虜自身の利益について、特に、捕虜の送還を一層困難にしないことについて考慮しなければならない。

捕虜の移動は、常に、人道的に、且つ、抑留国の軍隊の移動の条件よりも不利でない条件で行わなければならない。捕虜の移動については、常に、捕虜が慣れている気候条件を考慮しなければならず、移動の条件は、いかなる場合にも、捕虜の健康を害するものであつてはならない。

抑留国は、移動中の捕虜に対し、その健康を維持するために充分な食糧及び飲料水並びに必要な被服、宿舎及び医療上の手当を供与しなければならない。抑留国は、特に、海上又は空中の輸送の場合には、移動中の捕虜の安全を確保するため、適当な予防措置を執らなければならない。抑留国は、移動される捕虜の完全な名簿をその出発前に作成しなければならない。

**第四七条【傷病者たる捕虜・戦線近くの捕虜の移動】** 傷者又は病者たる捕虜は、移動によつて回復を妨げられる虞がある間は、移動してはならない。但し、それらの者の安全のために絶対に移動を必要とする場合は、この限りでない。

戦線が収容所に接近した場合には、その収容所の捕虜は、移動を充分に安全な条件で行うことができるとき、又は捕虜を現地にとどめれば移動した場合におけるよりも一層大きな危険にさらすこととなるときを除く外、移動してはならない。

**第四八条【移動の場合の通信・所持品・費用】** 移動の場合には、捕虜に対し、その出発及び新たな郵便用あて名について正式に通知しなければならない。その通知は、捕虜がその荷物を準備し、及びその家族に通報することができるように、充分に早く与えなければならない。

捕虜に対しては、その個人用品並びに受領した通信及び小包を携帯することを許さなければならない。それらの物品の重量は、移動の条件により必要とされるときは、各捕虜が運ぶことができる適当な重量に制限することができる。その重量は、いかなる場合にも、捕虜一人について二十五キログラムをこえてはならない。

旧収容所にあてられた通信及び小包は、遅滞なく捕虜に転送しなければならない。収容所長は、捕虜代表と協議して、捕虜の共有物及び本条第二項に基いて課せられる制限により捕虜が携帯することができない荷物の輸送を確保するため必要な措置を執らなければならない。

移動の費用は、抑留国が負担しなければならない。

# 第三部　捕虜の労働(抄)

**第四九条【捕虜の階級等と労働】** 抑留国は、特に捕虜の身体的及び精神的健康状態を良好にして置くため、捕虜の年令、性別、階級及び身体的適性を考慮して、健康な捕虜を労働者として使用することができる。

下士官たる捕虜に対しては、監督者としての労働のみを要求することができる。その要求を受けなかつた下士官たる捕虜は、自己に適する他の労働を求めることができる。この労働は、できる限り、それらの者に与えなければならない。

将校又はこれに相当する地位の者が自己に適する労働を求めたときは、その労働は、できる限り、それらの者に与えなければならない。但し、それらの者に対しては、いかなる場合にも、労働を強制してはならない。

**第五〇条【課し得る労働】** 捕虜に対しては、収容所の管理、営繕又は維持に関連する労働の外、次の種類に含まれる労働に限り、これに従事することを強制することができる。

(a)　農業

(b)　原料の生産又は採取に関連する産業、製造工業(や金業、機械工業及び化学工業を除く。)並びに軍事的性質又は軍事的目的を有しない土木業及び建築業

(c)　軍事的性質又は軍事的目的を有しない運送業及び倉庫業

(d)　商業並びに芸術及び工芸

(e)　家内労働

(f)　軍事的性質又は軍事的目的を有しない公益事業

前項の規定に対する違反があつた場合には、捕虜は、第七十八条に従つて、苦情を申し立てる権利を行使することができる。

**第五一条【労働条件】** 捕虜に対しては、特に宿営、食糧、被服及び器具に関し、適当な労働条件を与えなければならない。その条件は、類似の労働に従事する抑留国の国民が享有する条件よりも低い条件であつてはならない。また、気候条件も、考慮しなければならない。

抑留国は、捕虜を労働者として使用するに当つては、捕虜が労働する地域において、労働の保護に関する国内法令、特に、労働者の安全に関する法令を正当に適用することを確保しなければならない。

捕虜に対しては、作業訓練をしなければならず、また、捕虜が従事すべき労働に適した保護のための用具で抑留国の国民に与える保護のための用具と同様のものを与えなければならない。第五十二条の規定を留保して、文民たる労働者が負担する通常の危険は、捕虜にも負担させることができる。

労働条件は、いかなる場合にも、懲戒の方法によつて一層苦しいものとしてはならない。

**第五二条【禁止労働】** 捕虜は、自ら希望しない限り、不健康又は危険な労働に使用してはならない。

捕虜は、抑留国の軍隊の構成員にとつても屈辱的であると認められる労働には使用してはならない。

機雷、地雷その他これらに類する機器の除去は、危険な労働と認める。

**第五三条【労働時間】** 捕虜の毎日の労働時間(往復に要する時間を含む。)は、過度であつてはならず、いかなる場合にも、抑留国の国民で同一の労働に使用される当該地方の文民たる労働者について許される労働時間をこえてはならない。

捕虜に対しては、毎日の労働の中間において少くとも一時間の休憩時間を与えなければならない。この休憩時間は、抑留国の労働者が一層長い休憩時間を与えられる場合には、その休憩時間と同一のものとする。この休憩時間の外、なるべく日曜日又は出身国における休日に、一週間について連続二十四時間の休暇を与えなければならない。更に、一年間労働に従事した捕虜に対しては、連続八日間の有給休暇を与えなければならない。

出来高払の労働のような労働の方法が採用されるときは、それによつて労働時間を過度にすることがあつてはならない。

**第五四条【労働賃金、労働による災害・疾病】** 捕虜に支払うべき労働賃金は、この条約の第六十二条の規定に従つて定める。

労働災害を被つた捕虜又は労働の際若しくは労働の結果疾病にかかつた捕虜に対しては、その者の状態により必要とされるすべての看護を施さなければならない。更に、抑留国は、当該捕虜に対し、その者が属する国に請求をすることができるように診断書を発給し、また、その診断書の写一通を第百二十三条に定める中央捕虜情報局に送付しなければならない。

**第五五条【医療上の配慮】** 捕虜の労働上の適性は、少くとも毎月一回、身体検査によつて定期的に確かめなければならない。その検査においては、捕虜に対して要求する労働の性質を特に考慮しなければならない。

捕虜は、労働することができないと自ら認めたときは、その収容所の医療当局に出頭することを許される。医師は、労働することができないと自ら認めた捕虜が労働を免除されるように勧告することができる。

**第五六条【労働分遣所】**（略）

**第五七条【私人のためにする労働】** 私人のために労働する捕虜の待遇は、その私人がその捕虜の監視及び保護について責任を負う場合にも、この条約で定める待遇よりも不利な待遇であつてはならない。抑留国並びにその捕虜が属する収容所の軍当局及び所長は、その捕虜の給養、看護、待遇及び労働賃金の支払について完全な責任を負う。

その捕虜は、その従属する収容所の捕虜代表と連絡を保つ権利を有する。

## 第四部　捕虜の金銭収入（抄）

**第五八条【所持金】** 敵対行為が始まつたときは、抑留国は、利益保護国と取極をするまでの間、現金又はそれに類する形式で捕虜が所持することができる最高限度の額を定めることができる。捕虜の正当な所有に属するこれをこえる額で、取り上げられ、又は留置されたものは、捕虜が預託した金銭とともに捕虜の勘定に入れなければならず、また、捕虜の同意を得ないで他の通貨に両替してはならない。

捕虜が収容所外で役務又は物品を購入して現金を支払うことを許される場合には、その支払は、捕虜自身又は収容所の当局が行うものとし、当該捕虜の勘定に借記するものとする。抑留国は、これに関して必要な規則を定めるものとする。

**第五九条【捕虜の勘定】** 捕虜となつた時に捕虜から第十八条に従つて取り上げた抑留国の通貨たる現金は、この部の第六十四条の規定に従つて各捕虜の勘定に貸記しなければならない。

捕虜となつた時に捕虜から取り上げたその他の通貨を抑留国の通貨に両替した額も、各捕虜の勘定に貸記しなければならない。

**第六〇条【俸給額】**（略）

**第六一条【追加給与】** 抑留国は、捕虜が属する国が捕虜に送付する額を捕虜に対する追加給与として分配することを受諾しなければならない。但し、分配される額が、同一の類の各捕虜について同額であり、当該国に属する同一の類のすべての捕虜に分配され、且つ、できる限りすみやかに第六十四条の規定に従つて各捕虜の勘定に貸記される場合に限る。その追加給与は、抑留国に対し、この条約に基く義務を免除するものではない。

**第六二条【労働賃金の支払】** 捕虜に対しては、抑留当局が直接に公正な労働賃金を支払わなければならない。その賃金は、抑留当局が定めるが、いかなる場合にも、一労働日に対し四分の一スイス・フラン未満であつてはならない。抑留国は、自国が定めた日給の額を捕虜及び、利益保護国の仲介によつて、捕虜が属する国に通知しなければならない。

労働賃金は、収容所の管理、営繕又は維持に関連する任務又は熟練労働若しくは半熟練労働を恒常的に割り当てられている捕虜及び捕虜のための宗教上又は医療上の任務の遂行を要求される捕虜に対し、抑留当局が、同様に支払わなければならない。

捕虜代表並びにその顧問及び補助者の労働賃金は、酒保の利益で維持する基金から支払わなければならない。その賃金の額は、捕虜代表が定め、且つ、収容所長の承認を得なければならない。前記の基金がない場合には、抑留当局は、これらの捕虜に公正な労働賃金を支払わなければならない。

**第六三条【金銭の送付・支払】** 捕虜に対しては、個人的又は集団的に当該捕虜にあてて送付された金銭を受領することを許さなければならない。

各捕虜は、抑留国が定める範囲内において、次条に規定する自己の勘定の貸方残高を処分することができるものとし、抑留国は、要請があつた支払をしなければならない。捕虜は、また、抑留国が肝要と認める財政上又は通貨上の制限に従うことを条件として、外国へ向けた支払をすることができる。この場合には、抑留国は、捕虜が被扶養者にあてる支払に対して優先権を与えなければならない。

捕虜は、いかなる場合にも、その属する国の同意があつたときは、次のようにして自国へ向けた支払をすることができる。すなわち、抑留国は、捕虜が属する国に対し、利益保護国を通じ、捕虜、受領者及び抑留国の通貨で表示した支払額に関するすべての必要な細目を記載した通告書を送付する。その通告書には、当該捕虜が署名し、且つ、収容所長が副署する。抑留国は、前記の額を捕虜の勘定に借記し、こうして借記された額は、抑留国が、捕虜が属する国の勘定に貸記する。

抑留国は、前記の規定を適用するため、この条約の第五附属書に掲げるひな型規則を有効に利用することができる。

**第六四条【捕虜の勘定】** 抑留国は、各捕虜について、少くとも次の事項を示す勘定を設けなければならない。

(1)　捕虜に支払うべき額、捕虜が俸給の前払若しくは労働賃金として得た額又はその他の源泉から得た額、捕虜から取り上げた抑留国の通貨の額及び捕虜から取り上げた金銭でその要請によつて抑留国の通貨に両替したものの額

(2)　現金その他これに類する形式で捕虜に支払われた額、捕虜のためにその要請によつて支払われた額及び前条第三項に基いて振り替えられた額

**第六五条【同前】**（略）

**第六六条【捕虜の終了と勘定】** 捕虜たる身分が解放又は送還によつて終了したときは、抑留国は、捕虜たる身分が終了した時における捕虜の貸方残高を示す証明書で抑留国の権限のある将校が署名したものを捕虜に交付しなければならない。抑留国は、また、捕虜が属する国に対し、利益保護国を通じ、送還、解放、逃走、死亡その他の事由で捕虜たる身分が終了したすべての捕虜に関するすべての適当な細目及びそれらの捕虜の貸方残高を示す表を送付しなければならない。その表は、一枚ごとに抑留国の権限のある代表者が証明しなければならない。

本条の前記の規定は、紛争当事国間の相互の協定で変更することができる。

捕虜が属する国は、捕虜たる身分が終了した時に抑留国から捕虜に支払うべき貸方残高を当該捕虜に対して決済する責任を負う。

**第六七条【捕虜への支払に関する取極】** 第六十条に従つて捕虜に支給される俸給の前払は、捕虜が属する国に代つてされる前払と認める。その俸給の前払並びに第六十三条第三項及び第六十八条に基いて当該国が行つたすべての支払は、敵対行為の終了の際、関係国の間の取極の対象としなければならない。

**第六八条【補償】** 労働による負傷又はその他の身体障害に関する捕虜の補償の請求は、利益保護国を通じ、捕虜が属する国に対してしなければならない。抑留国は、第五十四条に従つて、いかなる場合にも、負傷又は身体障害について、その性質、それが生じた事情及びそれに与えた医療上の又は病院における処置に関する細目を示す証明書を当該捕虜に交付するものとする。この証明書には、抑留国の責任のある将校が署名し、医療の細目は、軍医が証明するものとする。

第十八条に基いて抑留国が取り上げた個人用品、金銭及び有価物で送還の際返還されなかつたもの並びに捕虜が被つた損害で抑留国又はその機関の責に帰すべき事由によると認められるものに関する捕虜の補償の請求も、捕虜が属する国に対してしなければならない。但し、前記の個人用品で捕虜が捕虜たる身分にある間その使用を必要とするものについては、抑留国がその費用で現物補償しなければならない。抑留国は、いかなる場合にも、前記の個人用品、金銭又は有価物が捕虜に返還されなかつた理由に関する入手可能なすべての情報を示す証明書で責任のある将校が署名したものを捕虜に交付するものとする。この証明書の写一通は、第百二十三条に定める中央捕虜情報局を通じ、捕虜が属する国に送付するものとする。

## 第五部　捕虜と外部との関係(抄)

**第六九条【本国に対する通知】**〔一九四九年ジュネーヴ第四条約第一〇五条とほぼ同じ。〕

**第七〇条【家族及び中央捕虜情報局に対する通知票】**〔一九四九年ジュネーヴ第四条約第一〇六条とほぼ同じ。〕

**第七一条【通信】** 捕虜に対しては、手紙及び葉書を送付し、及び受領することを許さなければならない。抑留国が各捕虜の発送する手紙及び葉書の数を制限することを必要と認めた場合には、その数は、毎月、手紙二通及び葉書（第七十条に定める通知票を除く。）四通より少いものであつてはならない。それらの手紙及び葉書は、できる限りこの条約の附属のひな型と同様の形式のものでなければならない。その他の制限は、抑留国が必要な検閲の実施上有能な翻訳者を充分に得ることができないために翻訳に困難をきたし、従つて、当該制限を課することが捕虜の利益であると利益保護国が認める場合に限り、課することができる。捕虜にあてた通信が制限されなければならない場合には、その制限は、通常抑留国の要請に基いて、捕虜が属する国のみが命ずることができる。前記の手紙及び葉書は、抑留国が用いることができる最もすみやかな方法で送付するものとし、懲戒の理由で、遅延させ、又は留置してはならない。

〔「被抑留者」を「捕虜」と読み替えつつ、一九四九年ジュネーヴ第四条約第一〇七条第二段落及び三段落とほぼ同じ。〕

捕虜の郵便を入れる郵袋は、確実に封印し、且つ、その内容を明示する札を附した上で、名あて郵便局に送付しなければならない。

**第七二条【郵便荷物】** 捕虜に対しては、特に、食糧、被服、医療品及び捕虜の必要を満たす宗教、教育又は娯楽用物品（図書、宗教用品、科学用品、試験用紙、楽器、運動具及び捕虜がその研究又は文化活動をすることを可能にする用品を含む。）を内容とする個人又は集団あての荷物を郵便その他の径路により受領することを許さなければならない。

それらの荷物は、抑留国に対し、この条約で抑留国に課せられる義務を免除するものではない。

前記の荷物に対して課することができる唯一の制限は、利益保護国が捕虜自身の利益のために提案する制限又は赤十字国際委員会その他捕虜に援助を与える団体が運送上の異常な混雑を理由として当該団体自身の荷物に関してのみ提案する制限とする。

〔「被抑留者」を「捕虜」と読み替えつつ、一九四九年ジュネーヴ第四条約第一〇八条第三段落とほぼ同じ。〕

**第七三条【集団的救済品】**（略）

**第七四条【救済品・通信等に対する費用免除】**（略）

**第七五条【送付品の輸送手段の確保】**〔一九四九年ジュネーヴ第四条約第一一一条と最終段落を除きほぼ同じ。〕

**第七六条【通信の検閲・禁止、荷物の検査】** 捕虜にあてられ、又は捕虜が発送する通信の検閲は、できる限りすみやかに行わなければならない。その通信は、差出国及び名あて国のみがそれぞれ一回に限り検閲することができる。

〔「被抑留者」を「捕虜」と読み替えつつ、一九四九年ジュネーヴ第四条約第一一二条第二段落及び三段落とほぼ同じ。〕

**第七七条【書類の伝達・作成に対する便益供与】**（略）

## 第六部　捕虜と当局との関係(抄)

### 第一章　抑留条件に関する捕虜の苦情

**第七八条【抑留条件に対する苦情申立て】** 捕虜は、自己を権力内に有する軍当局に対し、抑留条件に関する要請を申し立てる権利を有する。

捕虜は、また、その抑留条件に関して苦情を申し立てようとする事項に対して利益保護国の代表者の注意を喚起するため、捕虜代表を通じ、又は必要と認めるときは直接に、利益保護国の代表者に対して申入れをする権利を無制限に有する。

前記の要請及び苦情は、制限してはならず、また、第七十一条に定める通信の割当数の一部を構成するものと認めてはならない。この要請及び苦情は、直ちに伝達しなければならない。この要請及び苦情は、理由がないと認められた場合にも、処罰の理由としてはならない。

捕虜代表は、利益保護国の代表者に対し、収容所の状態及び捕虜の要請に関する定期的報告をすることができる。

## 第二章　捕虜代表（略）

**第七九条【捕虜代表の選挙】**（略）
**第八〇条【捕虜代表の任務】**（略）
**第八一条【捕虜代表に対する便益】**（略）

## 第三章　刑罰及び懲戒罰（抄）

### I　総則

**第八二条【司法上・懲戒上の措置】** 捕虜は、抑留国の軍隊に適用される法律、規則及び命令に服さなければならない。抑留国は、その法律、規則及び命令に対する捕虜の違反行為について司法上又は懲戒上の措置を執ることができる。但し、その手続又は処罰は、本章の規定に反するものであつてはならない。

抑留国の法律、規則又は命令が、捕虜が行つた一定の行為について処罰すべきものと定めている場合において、抑留国の軍隊の構成員が行つた同一の行為については処罰すべきものでないときは、その行為については、懲戒罰のみを科することができる。

**第八三条【懲戒上の措置の優先】** 抑留国は、捕虜が行つたと認められる違反行為に対する処罰が司法上又は懲戒上の手続のいずれによるべきかを決定するに当つては、権限のある当局が最大の寛容を示し、且つ、できる限り司法上の措置よりも懲戒上の措置を執ることを確保しなければならない。

**第八四条【裁判所】** 捕虜は、軍事裁判所のみが裁判することができる。但し、非軍事裁判所が、捕虜が犯したと主張されている当該違反行為と同一の行為に関して抑留国の軍隊の構成員を裁判することが抑留国の現行の法令によつて明白に認められている場合は、この限りでない。

捕虜は、いかなる場合にも、裁判所のいかんを問わず、一般に認められた独立及び公平についての不可欠の保障を与えない裁判所、特に、その手続が第百五条に定める防ぎよの権利及び手段を被告人に与えない裁判所では、裁判してはならない。

**第八五条【捕虜となる前の行為】** 捕虜とされる前に行つた行為について抑留国の法令に従つて訴追された捕虜は、この条約の利益を引き続き享有する。有罪の判決を受けても、同様である。

**第八六条【一事不再理】** 捕虜は、同一の行為又は同一の犯罪事実については、重ねて処罰することができない。

**第八七条【刑罰】** 抑留国の軍当局及び裁判所は、捕虜に対しては、同一の行為を行つた抑留国の軍隊の構成員に関して規定された刑罰以外の刑罰を科してはならない。

抑留国の裁判所又は当局は、刑罰を決定するに当つては、被告人が抑留国の国民ではなくて同国に対し忠誠の義務を負わない事実及び被告人がその意思に関係のない事情によつて抑留国の権力内にある事実をできる限り考慮に入れなければならない。前記の裁判所又は当局は、捕虜が訴追された違反行為に関して定める刑罰を自由に減軽することができるものとし、従つて、このためには、所定の最も軽い刑罰にかかわりなく刑罰を科することができる。

個人の行為に関して集団に科する刑罰、肉体に加える刑罰、日光が入らない場所における拘禁及び一般にあらゆる種類の拷問又は残虐行為は、禁止する。

抑留国は、捕虜の階級を奪つてはならず、また、捕虜の階級章の着用を妨げてはならない。

**第八八条【科罰上の配慮】** 懲戒罰又は刑罰に服する捕虜たる将校、下士官及び兵に対しては、同一の罰に関して抑留国の軍隊の同等の階級に属する構成員に適用される待遇よりもきびしい待遇を与えてはならない。

女子の捕虜に対しては、抑留国の軍隊の構成員たる女子が同様の違反行為について受けるところよりも、きびしい罰を科してはならず、又はきびしい待遇を罰に服する間与えてはならない。

女子の捕虜に対しては、いかなる場合にも、抑留国の軍隊の構成員たる男子が同様の違反行為について受けるところよりも、きびしい罰を科してはならず、又はきびしい待遇を罰に服する間与えてはならない。

捕虜は、懲戒罰又は刑罰に服した後は、他の捕虜と差別して待遇してはならない。

### II　懲戒罰（抄）

**第八九条【懲戒罰】**（略）

**第九〇条【懲戒罰の期間】**（略）

**第九一条【逃走】** 捕虜の逃走は、次の場合には、成功したものと認める。

(1) 捕虜がその属する国又はその同盟国の軍隊に帰着した場合
(2) 捕虜が抑留国又はその同盟国の支配下にある地域を去つた場合
(3) 捕虜がその属する国又はその同盟国の国旗を掲げる船舶で抑留国の領水内にあるものに帰着した場合。但し、その船舶が抑留国の支配下にある場合を除く。

本条の意味における逃走に成功した後に再び捕虜とされた者に対しては、以前の逃走について罰を科してはならない。

**第九二条【逃走に対する処罰】** 逃走を企てた捕虜で第九十一条の意味における逃走に成功する前に再び捕虜とされたものに対しては、その行為が重ねて行われたものであるとないとを問わず、その行為については懲戒罰のみを科することができる。

再び捕虜とされた者は、権限のある軍当局に遅滞なく引き渡さなければならない。

第八十八条第四項の規定にかかわらず、成功しなかつた逃走の結果として処罰された捕虜は、特別の監視の下に置くことができる。その監視は、捕虜の健康状態を害するものであつてはならず、捕虜収容所内で行われるものでなければならず、また、この条約によつて捕虜に与えられる保護のいずれをも排除するものであつてはならない。

**第九三条【逃走に伴う犯罪行為】** 逃走又は逃走の企図は、その行為が重ねて行われたものであるとないとを問わず、捕虜が逃走中又は逃走の企図中に行つた犯罪行為について司法手続による裁判に付されたときに刑を加重する情状と認めてはならない。

捕虜が逃走を容易にする意思のみをもつて行つた違反行為で生命及び身体に対する暴行を伴わないもの、たとえば、公の財産に対して行つた違反行為、利得の意思を伴わない盗取、偽造文書の作成又は行使、軍服以外の被服の着用等については、第八十三条に掲げる原則に従つて懲戒罰のみを科することができる。

逃走又は逃走の企図をほう助し、又はそのかした捕虜に対しては、その行為について懲戒罰のみを科することができる。

**第九四条【逃走捕虜の逮捕の通告】**（略）

**第九五条【紀律違反】**（略）

**第九六条【懲戒の執行】**（略）

**第九七条【懲戒の場所】** 捕虜は、いかなる場合にも、懲治施設（監獄、懲治所、徒刑場等）に移動して懲戒罰に服させてはならない。

捕虜を懲戒罰に服させるすべての場所は、第二十五条に掲げる衛生上の要件を満たすものでなければならない。懲戒罰に服する捕虜については、第二十九条の規定に従つて、清潔な状態を保つことができるようにしなければならない。

将校及びこれに相当する者は、下士官又は兵と同一の場所に拘禁してはならない。

懲戒罰に服する女子の捕虜は、男子の捕虜と分離した場所に拘禁し、且つ、女子の直接の監視の下に置かなければならない。

**第九八条【懲戒に付せられた捕虜の待遇】** 懲戒罰として拘禁される捕虜は、拘禁された事実だけでこの条約の規定の適用が必然的に不可能となつた場合を除く外、引き続きこの条約の規定の利益を享有する。第七十八条及び第百二十六条の規定の利益は、いかなる場合にも、その捕虜から奪つてはならない。

懲戒罰に服する捕虜からは、その階級に伴う特権を奪つてはならない。

懲戒罰に服する捕虜に対しては、一日に少くとも二時間、運動し、及び戸外にあることを許さなければならない。

それらの捕虜に対しては、その請求があつたときは、日日の検診を受けることを許さなければならない。それらの捕虜は、その健康状態により必要とされる治療を受けるものとし、また、必要がある場合には、収容所の病室又は病院に移されるものとする。

それらの捕虜に対しては、読むこと、書くこと及び信書を発受することを許さなければならない。但し、送付を受けた小包及び金銭は、処罰が終了するまでの間、留置することができる。その間は、送付を受けた小包及び金銭は、捕虜代表に委託しなければならず、捕虜代表は、その荷物の中にある変敗しやすい物を病室に引き渡さなければならない。

### Ⅲ　司法手続（抄）

**第九九条【裁判上・処罰上の保護】** 捕虜は、実行の時に効力があつた抑留国の法令又は国際法によつて禁止されていなかつた行為については、これを裁判に付し、又はこれに刑罰を科してはならない。

捕虜に対しては、責任を問われた行為について有罪であると認めさせるために精神的又は肉体的強制を加えてはならない。

捕虜は、防ぎよ方法を提出する機会を与えられ、且つ、資格のある弁護人の援助を受けた後でなければ、これに対して有罪の判決をしてはならない。

**第一〇〇条【死刑】** 捕虜及び利益保護国に対しては、抑留国の法令に基いて死刑を科することができる犯罪行為について、できる限りすみやかに通知しなければならない。

その他の犯罪行為は、その後は、捕虜が属する国の同意を得ないでは、死刑を科することができる犯罪行為としてはならない。

死刑の判決は、第八十七条第二項に従つて、被告人が抑留国の国民ではなくて同国に対し忠誠の義務を負わない事実及び被告人がその意思に関係のない事情によつて抑留国の権力内にある事実を裁判所が特に留意した後でなければ、捕虜に言い渡してはならない。

**第一〇一条【死刑の執行】** 捕虜に対して死刑の判決の言渡があつた場合には、その判決は、利益保護国が第百七条に定める詳細な通告を指定のあて先で受領した日から少くとも六箇月の期間が経過する前に執行してはならない。

**第一〇二条【判決】** 捕虜に対して言い渡された判決は、抑留国の軍隊の構成員の場合と同一の裁判所により同一の手続に従つて行われ、且つ、本章の規定が遵守された場合でなければ、効力を有しない。

**第一〇三条【裁判前の勾留】** 捕虜に関する司法上の取調は、事情が許す限りすみやかに、且つ、裁判ができる限りすみやかに開始されるように、行わなければならない。捕虜は、抑留国の軍隊の構成員が同様の犯罪行為について責任を問われれば勾留される場合又は国の安全上その勾留を必要とする場合を除く外、裁判があるまでの間、勾留してはならない。いかなる場合にも、この勾留の期間は、三箇月をこえてはならない。

裁判があるまでの間に捕虜が勾留された期間は、当該捕虜に科する拘禁の本刑に通算しなければならず、また、刑の決定に当つて考慮に入れなければならない。

本章第九十七条及び第九十八条の規定は、裁判があるまでの間において勾留される捕虜に適用する。

**第一〇四条【利益保護国に対する通知】** 抑留国は、捕虜について司法手続を開始することに決定した場合には、利益保護国に対し、できる限りすみやかに、且つ、少くとも裁判の開始の三週間前に、その旨を通知しなければならない。この三週間の期間は、その通知が、利益保護国があらかじめ抑留国に対して指定したあて先において利益保護国に到達した日から起算する。

前記の通知書には、次の事項を掲げなければならない。

(1)　捕虜の氏名、階級、軍の番号、連隊の番号、個人番号又は登録番号、生年月日及び職業
(2)　抑留又は勾留の場所
(3)　捕虜に関する公訴事実の細目及び適用される法令の規定
(4)　事件を裁判する裁判所並びに裁判の開始の期日及び場所

抑留国は、捕虜代表に対しても同一の通知をしなければならない。

利益保護国、当該捕虜及び関係のある捕虜代表が裁判の開始の少くとも三週間前に前記の通知を受領した旨の証拠が裁判の開始に当つて提出されなかつた場合には、裁判は、開始してはならず、延期しなければならない。

**第一〇五条【弁護人等】** 捕虜は、同僚の捕虜の一人に補佐を受け、防ぎよのため資格のある弁護人を選任し、証人の喚問を求め、及び必要と認めるときは有能な通訳人に通訳をさせる権利を有する。抑留国は、捕虜に対し、裁判の開始前の適当な時期に、これらの権利を有する旨を告げなければならない。

利益保護国は、捕虜が弁護人を選任しなかつた場合には、捕虜に弁護人を附さなければならない。このため、利益保護国は、少くとも一週間の猶予期間を与えなければならない。抑留国は、利益保護国の請求があつたときは、これに弁護人たる資格のある者の名簿を交付しなければならない。抑留国は、捕虜及び利益保護国が弁護人を選任しなかつた場合には、防ぎよに当らせるため、資格のある弁護人を指名しなければならない。

捕虜の防ぎよに当る弁護人に対しては、被告人の防ぎよの準備をさせるため、裁判の開始前に少くとも二週間の猶予期間を与え、及び必要な便益を与えなければならない。この弁護人は、特に、自由に被告人を訪問し、且つ、立会人なしで被告人と接見

することができる。この弁護人は、また防ぎよのために証人（捕虜を含む。）と協議することができる。この弁護人は、不服申立又は請願の期間が満了するまでの間、前記の便益を享有する。

捕虜に関する起訴状及び抑留国の軍隊に適用される法令に従つて通常被告人に送達される書類は、捕虜が理解する言語で記載して、裁判の開始前に充分に早く被告人たる捕虜に送達しなければならない。捕虜の防ぎよに当る弁護人に対しても、同一の条件で同一の送達をしなければならない。

利益保護国の代表者は、事件の裁判に立ち会う権利を有する。但し、例外的に国の安全のため裁判が非公開で行われる場合は、この限りでない。この場合には、抑留国は、利益保護国にその旨を通知しなければならない。

**第一〇六条【判決に対する不服申立て】** 各捕虜は、自己について言い渡された判決に関しては、抑留国の軍隊の構成員と同様に、判決の破棄若しくは訂正又は再審を請求するため不服を申し立て、又は請願をする権利を有する。その捕虜に対しては、不服申立又は請願の権利及びこれを行使することができる期間について完全に告げなければならない。

**第一〇七条【利益保護国に対する判決の通知】**（略）

**第一〇八条【判決の執行と受刑者の待遇】** 適法に確定した有罪の判決により捕虜に対して言い渡した刑は、抑留国の軍隊の構成員の場合と同一の営造物において同一の条件で執行しなければならない。この条件は、いかなる場合にも、衛生上及び人道上の要件を満たすものでなければならない。

前記の刑を言い渡された女子の捕虜は、分離した場所に拘禁し、且つ、女子の監視の下に置かなければならない。

自由刑を言い渡された捕虜は、いかなる場合にも、この条約の第七十八条及び第百二十六条の規定による利益を引き続いて享有する。更に、それらの捕虜は、通信を発受し、毎月少くとも一個の救済小包を受領し、規則的に戸外で運動し、並びにその健康状態により必要とされる医療及び希望する宗教上の援助を受けることを許されるものとする。それらの捕虜に科せられる刑罰は、第八十七条第三項の規定に従うものでなければならない。

## 第四編　捕虜たる身分の終了（抄）

### 第一部　直接送還及び中立国における入院（略）

**第一〇九条【直接送還及び中立国における入院・抑留】**（略）

**第一一〇条【直接送還及び中立国入院の対象となる捕虜】**（略）

**第一一一条【中立国抑留のための協定】**（略）

**第一一二条【混成医療委員会】**（略）

**第一一三条【混成医療委員会の診察を受け得る傷病捕虜】**（略）

**第一一四条【災害を受けた捕虜】**（略）

**第一一五条【処罰されている捕虜】**（略）

**第一一六条【送還・移送の費用】**（略）

**第一一七条【軍務の禁止】**（略）

### 第二部　敵対行為の終了の際における捕虜の解放及び送還

**第一一八条【解放、送還と送還の費用】** 捕虜は、実際の敵対行為が終了した後遅滞なく解放し、且つ、送還しなければならない。

このための規定が敵対行為を終了するために紛争当事国間で締結した協定中にない場合又はそのような協定がない場合には、各抑留国は、前項に定める原則に従つて、遅滞なく送還の計画を自ら作成し、且つ、実施しなければならない。

前記のいずれの場合にも、採択した措置は、捕虜に知らせなければならない。

捕虜の送還の費用は、いかなる場合にも、抑留国及び捕虜が属する国に公平に割り当てなければならない。この割当は、次の基礎に基いて行うものとする。

(a) 両国が隣接国であるときは、捕虜が属する国は、抑留国の国境からの送還の費用を負担しなければならない。

(b) 両国が隣接国でないときは、抑留国は、自国の国境に至るまで又は捕虜が属する国の領域に最も近い自国の乗船港に至るまでの自国の領域内における捕虜の輸送の費用を負担しなければならない。関係国は、その他の送還の費用を公平に割り当てるために相互に協定しなければならない。この協定の締結は、いかなる場合にも、捕虜の送還を遅延させる理由としてはならない。

**第一一九条【送還の実施】** 送還は、第百十八条及び次項以下の規定を考慮して、捕虜の移動についてこの条約の第四十六条から第四十八条までに定める条件と同様の条件で、実施しなければならない。

送還に当つては、第十八条の規定に基いて捕虜から取り上げた有価物及び抑留国の通貨に両替されなかつた外国通貨は、捕虜に返還しなければならない。理由のいかんを問わず送還に当つて捕虜に返還されなかつた有価物及び外国通貨は、第百二十二条に基いて設置される捕虜情報局に引き渡さなければならない。

捕虜は、その個人用品並びに受領した通信及び小包を携帯することを許される。それらの物品の重量は、送還の条件により必要とされるときは、各捕虜が携帯することができる適当な重量に制限することができる。各捕虜は、いかなる場合にも、少くとも二十五キログラムの物品を携帯することを許される。

送還された捕虜のその他の個人用品は、抑留国が保管しなければならない。それらの個人用品は、抑留国が、捕虜が属する国との間で輸送条件及び輸送費用の支払を定める協定を締結した場合には、直ちに捕虜に送付しなければならない。

訴追することができる違反行為についての刑事訴訟手続がその者について進行中の捕虜は、司法手続及び必要があるときは刑の執行を終るまでの間、抑留して置くことができる。訴追することができる違反行為について既に有罪の判決を受けた捕虜についても、同様とする。

紛争当事国は、司法手続又は刑の執行を終るまでの間抑留して置く捕虜の氏名を相互に通知しなければならない。

紛争当事国は、離散した捕虜を捜索し、且つ、できる限り短期間内に送還することを確保するため、協定で委員会を設置しなければならない。

### 第三部　捕虜の死亡（略）

**第一二〇条【遺言書・死亡証明書・死亡確認・埋葬及び墓】**（略）

**第一二一条【死亡原因の調査】**（略）

## 第五編　捕虜に関する情報局及び救済団体（抄）

**第一二二条【捕虜情報局】** 各紛争当事国は、紛争の開始の際及び占領のあらゆる場合に、その権力内にある捕虜に関する公の情報局を設置しなければならない。第四条に掲げる部類の一に属する者を領域内に収容した中立国又は非交戦国は、それらの者に関して同一の措置を執らなければならない。それらの国は、捕虜情報局に対してその能率的な運営のため必要な建物、設備及び職員を提供することを確保しなければならない。それらの国は、この条約中の捕虜の労働に関する部に定める条件に基いて、捕虜情報局で捕虜を使用することができる。

各紛争当事国は、その権力内に陥つた第四条に掲げる部類の一に属する敵人に関し、本条第四項、第五項及び第六項に掲げる情報をできる限りすみやかに自国の捕虜情報局に提供しなければならない。中立国又は非交戦国は、その領域内に収容した前記の部類に属する者に関し、同様の措置を執らなければならない。

捕虜情報局は、利益保護国及び第百二十三条に定める中央捕虜情報局の仲介により、関係国に対してその情報を最もすみやかな方法で直ちに通知しなければならない。

その情報は、関係のある近親者にすみやかに了知させることを可能にするものでなければならない。第十七条の規定を留保して、その情報は、捕虜情報局にとつて入手可能である限り、各捕虜について、氏名、階級、軍の番号、連隊の番号、個人番号又は登録番号、出生地及び生年月日、その属する国、父の名及び母の旧姓、通知を受ける者の氏名及び住所並びに捕虜に対する通信を送付すべきあて名を含むものでなければならない。

捕虜情報局は、捕虜の移動、解放、送還、逃走、入院及び死亡に関する情報を各種の機関から得て、その情報を前記の第三項に定める方法で通知しなければならない。

同様に、重病又は重傷の捕虜の健康状態に関する情報も、定期的に、可能なときは毎週、提供しなければならない。

捕虜情報局は、また、捕虜（捕虜たる身分にある間に死亡した者を含む。）に関するすべての問合せに答える責任を負う。捕虜情報局は、情報を求められた場合において、その情報を有しないときは、それを入手するために必要な調査を行うものとする。

捕虜情報局のすべての通知書は、署名又は押印によつて認証しなければならない。

捕虜情報局は、更に、送還され、若しくは解放された捕虜又は逃走し、若しくは死亡した捕虜が残したすべての個人的な有価物（抑留国の通貨以外の通貨及び近親者にとつて重要な書類を含む。）を取り集めて関係国に送付しなければならない。捕虜情報局は、それらの有価物を封印袋で送付しなければならない。その封印袋には、それらの有価物を所持していた者を識別するための明確且つ完全な明細書及び内容の完全な目録を附さなければならない。前記の捕虜のその他の個人用品は、関係紛争当事国間に締結される取極に従つて送付しなければならない。

**第一二三条【中央捕虜情報局】**（略）

**第一二四条【通信料金の免除】**（略）

**第一二五条【捕虜に援助を与える団体】**　抑留国は、その安全を保障し、又はその他合理的な必要を満たすために肝要であると認める措置を留保して、宗教団体、救済団体その他捕虜に援助を与える団体の代表者及びその正当な委任を受けた代理人に対し、捕虜の訪問、出所のいかんを問わず宗教的、教育的又は娯楽的目的に充てられる救済用の需品及び物資の捕虜に対する分配並びに収容所内における捕虜の余暇の利用の援助に関してすべての必要な便益を与えなければならない。前記の団体は、抑留国の領域内にも、また、その他の国にも設立することができる。

抑留国は、代表が抑留国の領域内で抑留国の監督の下に任務を行うことを許される団体の数を制限することができる。但し、その制限は、すべての捕虜に対する充分な救済の効果的な実施を妨げないものでなければならない。

この分野における赤十字国際委員会の特別の地位は、常に、認め、且つ、尊重しなければならない。

前記の目的に充てられる需品又は物資が捕虜に交付されたときは、直ちに又は交付の後短期間内に、捕虜代表が署名した各送付品の受領証を、その送付品を発送した救済団体その他の団体に送付しなければならない。同時に、捕虜の保護について責任を負う当局は、その送付品の受領証を送付しなければならない。

## 第六編　条約の実施（抄）

### 第一部　総則

**第一二六条【利益保護国代表の捕虜訪問】**　利益保護国の代表者又は代表は、捕虜がいるすべての場所、特に、収容、拘禁及び労働の場所に行くことを許されるものとし、且つ、捕虜が使用するすべての施設に出入することができるものとする。それらの者は、また、移動中の捕虜の出発、通過又は到着の場所に行くことを許される。それらの者は、立会人なしで、直接に又は通訳人を通じて、捕虜、特に、捕虜代表と会見することができる。

利益保護国の代表者及び代表は、訪問する場所を自由に選定することができる。その訪問の期間及び回数は、制限してはならない。訪問は、絶対的な軍事上の必要を理由とする例外的且つ一時的な措置として行われる場合を除く外、禁止されないものとする。

抑留国及び前記の訪問を受ける捕虜が属する国は、必要がある場合には、それらの捕虜の同国人が訪問に参加することに合意することができる。

赤十字国際委員会の代表も、同一の特権を享有する。その代表の任命は、訪問を受ける捕虜を抑留している国の承認を必要とする。

**第一二七条【条約文の弘布】**〔一九四九年ジュネーヴ第四条約第一四四条と同じ。ただし、「住民」を「軍隊及び住民」と、「被保護者」を「捕虜」と、「文民の当局、軍当局、警察当局」を「軍当局」と読み替える。〕

**第一二八条【条約訳文と関係国内法令の相互通知】**〔一九四九年ジュネーヴ第一条約第四八条と同じ。〕

**第一二九条【この条約に対する違反行為】**〔一九四九年ジュネーヴ第一条約第四九条第一段落から三段落と同じ。〕

被告人は、すべての場合において、この条約の第百五条以下に定めるところよりも不利でない正当な裁判及び防ぎよの保障を享有する。

**第一三〇条【重大な違反行為】**　前条にいう重大な違反行為とは、この条約が保護する人又は物に対して行われる次の行為、すなわち、殺人、拷問若しくは非人道的待遇（生物学的実験を含む。）、身体若しくは健康に対して故意に重い苦痛を与え、若しくは重大な傷害を加えること、捕虜を強制して敵国の軍隊で服務させること又はこの条約に定める公正な正式の裁判を受ける権利を奪うことをいう。

**第一三一条【締約国の責任】**

**第一三二条【違反行為に対する調査】**〔第一三一条及び第一三二条　一九四九年ジュネーヴ第一条約第五一条及び第五二条と同じ。〕

## 第二部　最終規定（第一三三条から第一四三条まで）

（略）

〔一九四九年ジュネーヴ第一条約最終規定（第五五条から第六四条まで）を参照〕

# 4　一九四九年ジュネーヴ第四条約（文民保護条約）（抄）

（戦時における文民の保護に関する千九百四十九年八月十二日のジュネーヴ条約）［ジュネーヴ（赤十字）第四条約］

採　　択　一九四九年八月一二日（ジュネーヴ）（賛成四七、反対〇、棄権二）
署　　名　一九四九年八月一二日（ジュネーヴ）
効力発生　一九五〇年一〇月二一日
日 本 国　一九五三年一〇月二一日（同年四月二一日内閣加入決定、同日加入通告、七月二九日国会承認、一〇月二一日公布・条約二六号）
当 事 国　一九六

## 第一編　総則（抄）

**第一条【条約の尊重】**

**第二条【戦争以外の武力紛争及び占領における適用、総加入条項の排除】**

**第三条【内乱の場合】**〔第一条から第三条まで　一九四九年ジュネーヴ第一条約第一条から第三条までと同じ。〕

**第四条【保護を受ける者の範囲】** この条約によつて保護される者は、紛争又は占領の場合において、いかなる時であると、また、いかなる形であるとを問わず、紛争当事国又は占領国の権力内にある者でその紛争当事国又は占領国の国民でないものとする。

この条約によつて拘束されない国の国民は、この条約によつて保護されることはない。中立国の国民で交戦国の領域内にあるもの及び共同交戦国の国民は、それらの者の本国が、それらの者を権力内に有する国に通常の外交代表を駐在させている間は、被保護者と認められない。

もつとも、第二編の規定の適用範囲は、第十三条に定めるとおり一層広いものである。

戦地にある軍隊の傷者及び病者の状態の改善に関する千九百四十九年八月十二日のジュネーヴ条約、海上にある軍隊の傷者、病者及び難船者の状態の改善に関する千九百四十九年八月十二日のジュネーヴ条約又は捕虜の待遇に関する千九百四十九年八月十二日のジュネーヴ条約によつて保護される者は、この条約における被保護者と認められない。

**第五条【条約上の権利の制限】** 紛争当事国の領域内において、被保護者が個人として紛争当事国の安全に対する有害な活動を行つた明白なけん疑があること又はそのような活動に従事していることを当該紛争当事国が確認した場合には、その被保護者は、この条約に基く権利及び特権でその者のために行使されれば当該紛争当事国の安全を害するようなものを主張することができない。

占領地域内において、被保護者が間ちよう若しくは怠業者（サボタージュを行う者）又は個人として占領国の安全に対する有害な活動を行つた明白なけん疑がある者として抑留された場合において、軍事上の安全が絶対に必要とするときは、その被保護者は、この条約に基く通信の権利を失うものとする。

もつとも、いずれの場合においても、前記の者は、人道的に待遇されるものとし、また、訴追された場合には、この条約で定める公平な且つ正式の裁判を受ける権利を奪われない。それらの者は、また、それぞれ紛争当事国又は占領国の安全が許す限り、すみやかにこの条約に基く被保護者の権利及び特権を完全に許与されるものとする。

**第六条【適用の期間】** この条約は、第二条に定める紛争又は占領の開始の時から適用する。

この条約は、紛争当事国の領域内においては、軍事行動の全般的終了の時にその適用を終る。

この条約は、占領地域内においては、軍事行動の全般的終了の後一年でその適用を終る。但し、占領国は、その地域で管理を行つている限り、占領の継続期間中、この条約の第一条から第十二条まで、第二十七条、第二十九条から第三十四条まで、第四十七条、第四十九条、第五十一条、第五十二条、第五十三条、第五十九条、第六十一条から第七十七条まで及び第百四十三条の規定により拘束されるものとする。

被保護者は、その解放、送還又は居住地の設定がそれらの期間の終了の後に行われる場合には、それまでの間、この条約による利益を引き続き受けるものとする。

**第七条【特別協定】**（略）

**第八条【権利放棄の禁止】**〔一九四九年ジュネーヴ第一条約第七条と同じ。ただし、「傷者、病者、衛生要員及び宗教要員」を「被保護者」と読み替える。〕

**第九条【利益保護国】**〔一九四九年ジュネーヴ第一条約第八条と同じ。ただし、最後の一文「それらの者の活動は、絶対的な軍事上の必要がある場合に限り、例外的且つ一時的措置として制限することができる。」を削る。〕

**第一〇条【人道的団体】**〔一九四九年ジュネーヴ第一条約第九条と同じ。ただし、「傷者、病者、衛生要員及び宗教要員」を「文民」と読み替える。〕

**第一一条【利益保護の確保】**〔一九四九年ジュネーヴ第一条約第一〇条と同じ。ただし、「傷者、病者、衛生要員及び宗教要員」を「被保護者」と読み替え、最終段落として「本条の規定は、中立国の国民で、占領地域内にあるもの又はその本国が通常の外交代表を駐在させていない交戦国の領域内にあるものについても、準用する。」を加える。〕

**第一二条【利益保護国による紛議解決の仲介】**〔一九四九年ジュネーヴ第一条約第一一条と同じ。ただし、「この条約によつて保護される者」及び「傷者、病者、衛生要員及び宗教要員」を「被保護者」と読み替える。〕

## 第二編　戦争の影響に対する住民の一般的保護

**第一三条【無差別適用】** 第二編の規定は、特に人種、国籍、宗教又は政治的意見による不利な差別をしないで、紛争当事国の住民全体に適用されるものとし、また、戦争によつて生ずる苦痛を軽減することを目的とする。

**第一四条【病院・安全地帯の設定】** 締約国は平時において、紛争当事国は敵対行為の開始の時以後、自国の領域及び必要がある場合には占領地区において、傷者、病者、老者、十五歳未満の児童、妊産婦及び七歳未満の幼児の母を戦争の影響から保護するために組織される病院及び安全のための地帯及び地区を設定することができる。

関係当事国は、敵対行為の開始に当り、及び敵対行為の期間中、それらが設定した地帯及び地区を相互に承認するための協定を締結することができる。このため、関係当事国は、必要と認める修正を加えて、この条約に附属する協定案の規定を実施することができる。

利益保護国及び赤十字国際委員会は、これらの地帯及び地区の設定及び承認を容易にするために仲介を行うように勧誘される。

**第一五条【中立地帯の設定】** 紛争当事国は、次の者を差別しないで戦争の危険から避難させるための中立地帯を戦闘が行われている地域内に設定することを、直接に又は中立国若しくは人道的団体を通じて、敵国に提案することができる。

(a) 傷者及び病者（戦闘員であると非戦闘員であるとを問わない。）

(b) 敵対行為に参加せず、且つ、その地帯に居住する間いかなる軍事的性質を有する仕事にも従事していない文民

関係当事国が提案された中立地帯の地理的位置、管理、食糧の補給及び監視について合意したときは、紛争当事国の代表者は、文書による協定を確定し、且つ、これに署名しなければならない。その協定は、その地帯の中立化の開始の時期及び存続期間を定めなければならない。

**第一六条【特別の保護・尊重】** 傷者、病者、虚弱者及び妊産婦は、特別の保護及び尊重を受けるものとする。

各紛争当事国は、軍事上の事情が許す限り、死者及び傷者を捜索し、難船者その他重大な危険にさらされた者を救援し、並びにそれらの者をりやく奪及び虐待から保護するために執られる措置に便益を与えなければならない。

**第一七条【避難及び通過のための現地協定】** 紛争当事国は、傷者、病者、虚弱者、老者、児童及び妊産婦を攻囲され、又は包囲された地域から避難させるため、並びにそれらの地域へ向うすべての宗教の聖職者、衛生要員及び衛生材料を通過させるため、現地協定を締結するように努めなければならない。

**第一八条【文民病院】** 傷者、病者、虚弱者及び妊産婦を看護するために設けられる文民病院は、いかなる場合にも、攻撃してはならず、常に紛争当事国の尊重及び保護を受けるものとする。

紛争当事国は、すべての文民病院に対し、それらの病院が文民病院であること及びそれらの病院が使用する建物が第十九条の規定に従つて病院の保護を失うこととなるような目的に使用されていないことを示す証明書を発給しなければならない。

文民病院は、国の許可がある場合に限り、戦地にある軍隊の傷者及び病者の状態の改善に関する千九百四十九年八月十二日のジュネーヴ条約第三十八条に定める標章によつて表示するものとする。

紛争当事国は、軍事上の事情が許す限り、敵対的行為が行われる可能性を除くため、敵の陸軍、空軍又は海軍が文民病院を表示する特殊標章を明白に識別することができるようにするために必要な措置を執らなければならない。

それらの病院は、軍事目標に近接しているためさらされる危険にかんがみ、できる限り軍事目標から離れた位置にあることが望ましい。

**第一九条【文民病院の保護】** 文民病院が享有することができる保護は、それらの病院がその人道的任務から逸脱して敵に有害な行為を行うために使用された場合を除く外、消滅しないものとする。但し、その保護は、すべての適当な場合に合理的な期限を定めた警告が発せられ、且つ、その警告が無視された後でなければ、消滅させることができない。

傷者若しくは病者たる軍隊の構成員がそれらの文民病院で看護を受けている事実又はそれらの戦闘員から取り上げられたがまだ正当な機関に引き渡されていない小武器及び弾薬の存在は、敵に有害な行為と認めてはならない。

**第二〇条【文民病院の職員】** 文民病院の運営及び管理に正規にもつぱら従事する職員（傷者及び病者たる文民、虚弱者並びに妊産婦の捜索、収容、輸送及び看護に従事する者を含む。）は、尊重し、且つ、保護しなければならない。

前記の職員は、占領地域及び作戦地帯においては、身分を証明し、本人の写真を添附し、且つ、責任のある当局の印を浮出しにして押した身分証明書及び任務の遂行中左腕につけなければならない押印した防水性の腕章によつて識別することができるようにしなければならない。この腕章は、国が交付するものとし、且つ、この腕章には、戦地にある軍隊の傷者及び病者の状態の改善に関する千九百四十九年八月十二日のジュネーヴ条約第三十八条に定める標章を付さなければならない。

文民病院の運営及び管理に従事するその他の職員は、その任務を遂行する間、本条で定めるところにより、且つ、本条に定める条件の下に、尊重及び保護を受け、並びに腕章をつけることができる。身分証明書には、それらの職員が従事する任務を記載しなければならない。

各病院の事務所は、常に、それらの職員の最新の名簿を自国又は占領軍の権限のある当局に自由に使用させるため備えて置かなければならない。

**第二一条【保証のための車両・列車・船舶】** 陸上にある護送車両隊若しくは病院列車又は海上にある特別仕立の船舶で傷者及び病者たる文民、虚弱者並びに妊産婦を輸送するものは、第十八条に定める病院と同様に尊重し、且つ、保護しなければならず、また、国の同意を得て、戦地にある軍隊の傷者及び病者の状態の改善に関する千九百四十九年八月十二日のジュネーヴ条約第三十八条に定める特殊標章を掲げて表示しなければならない。

**第二二条【保護のための航空機】** 傷者及び病者たる文民、虚弱者並びに妊産婦の輸送又は衛生要員及び衛生材料の輸送にもつぱら使用される航空機は、すべての紛争当事国の間で特別に合意された高度、時刻及び路線に従つて飛行している間、攻撃してはならず、尊重しなければならない。

それらの航空機は、戦地にある軍隊の傷者及び病者の状態の改善に関する千九百四十九年八月十二日のジュネーヴ条約第三十八条に定める特殊標章で表示しなければならない。

反対の合意がない限り、敵の領域又は敵の占領地域の上空の

飛行は、禁止する。

　それらの航空機は、すべての着陸要求に従わなければならない。この要求によつて着陸した場合には、航空機及びその乗員は、検査があるときはそれを受けた後、飛行を継続することができる。

**第二三条【文民宛ての送付品】** 各締約国は、他の締約国(敵国である場合を含む。)の文民のみにあてられた医療品及び病院用品並びに宗教上の行事に必要な物品からなるすべての送付品の自由通過を許可しなければならない。各締約国は、また、十五歳未満の児童及び妊産婦にあてられた不可欠の食糧品、被服及び栄養剤からなるすべての送付品の自由通過を許可しなければならない。

　締約国は、次のことをおそれる重大な理由がないと認めた場合に限り、前項に掲げる送付品の自由通過を許可する義務を負う。

(a) 当該送付品についてその名あて地が変えられるかもしれないこと。

(b) 管理が有効に実施されないこと。

(c) 敵国が、当該送付品がなければ自ら供給し、若しくは生産しなければならない物品の代りにその送付品を充当することにより、又は当該送付品がなければそれらの物品の生産に必要となる原料、役務若しくは設備を使用しないですむことによつて、その軍事力又は経済に明白な利益を受けること。

　本条第一項に掲げる送付品の通過を許可する国は、その送付品の利益を受ける者に対する分配が現地における利益保護国の監督の下に行われることをその許可の条件とすることができる。

　前記の送付品は、できる限りすみやかに輸送しなければならず、また、送付品の自由通過を許可する国は、その通過を許可するための技術的条件を定める権利を有する。

**第二四条【孤児その他の児童】** 紛争当事国は、戦争の結果孤児となり、又はその家族から離散した十五歳未満の児童が遺棄されないこと並びにその生活、信仰の実践及び教育がすべての場合に容易にされることを確保するために必要な措置を執らなければならない。それらの者の教育は、できる限り、文化的伝統の類似する者に任せなければならない。

　紛争当事国は、第一項に掲げる諸原則が遵守されるという適当な保障がある場合には、利益保護国があればその同意を得て、紛争が継続している間、前記の児童が中立国に収容されることを容易にしなければならない。

　紛争当事国は、また、十二歳未満のすべての児童の身元が名札その他の方法によつて識別されるように措置を執ることに努めなければならない。

**第二五条【家族との間の通信】** 紛争当事国の領域又はその占領地域にあるすべての者に対しては、それらの者の家族が所在する場所のいかんを問わず、厳密に私的性質を有する消息をその家族との間で相互に伝えることができるようにしなければならない。それらの通信は、すみやかに、且つ、不当に遅延させることなく送付しなければならない。

　何らかの事情により家族との間で通常の郵便により通信を交換することが困難又は不可能となつた場合には、関係紛争当事国は、第百四十条に定める中央被保護者情報局のような中立の仲介機関に依頼して、その仲介機関と協議の上、特に各国赤十字社(赤新月社又は赤のライオン及び太陽社)の協力を得て、最も良い条件でその義務の遂行を確保する方法を決定しなければならない。

　紛争当事国は、家族との間の通信を制限する必要があると認めた場合においても、自由に選択された二十五の単語からなる標準書式を使用させること及びその書式による通信の数を毎月一通に制限すること以上の制限を課してはならない。

**第二六条【家族の捜索】** 各紛争当事国は、戦争のため離散した家族が相互に連絡を回復し、できれば再会しようとする目的で行う捜索を容易にしなければならない。各紛争当事国は、特に、この事業に従事する団体が自国にとつて許容し得るものであり、且つ、その団体が自国の安全措置に従うものである限り、その団体の活動を助成しなければならない。

## 第三編　被保護者の地位及び取扱(抄)

### 第一部　紛争当事国の領域及び占領地域に共通する規定

**第二七条【被保護者の地位及び取扱い】** 被保護者は、すべての場合において、その身体、名誉、家族として有する権利、信仰及び宗教上の行事並びに風俗及び習慣を尊重される権利を有する。それらの者は、常に人道的に待遇しなければならず、特に、すべての暴行又は脅迫並びに侮辱及び公衆の好奇心から保護しなければならない。

　女子は、その名誉に対する侵害、特に、強かん、強制売いんその他あらゆる種類のわいせつ行為から特別に保護しなければならない。

　被保護者を権力内に有する紛争当事国は、健康状態、年令及び性別に関する規定を害することなく、特に人種、宗教又は政治的意見に基く不利な差別をしないで、すべての被保護者に同一の考慮を払つてこれを待遇しなければならない。

　もつとも、紛争当事国は、被保護者に関して、戦争の結果必要とされる統制及び安全の措置を執ることができる。

**第二八条【軍事的利用の禁止】** 被保護者の所在は、特定の地点又は区域が軍事行動の対象とならないようにするために利用してはならない。

**第二九条【抑留紛争当事国の責任】** 被保護者を権力内に有する紛争当事国は、その機関がそれらの被保護者に与える待遇については、個人に責任があるかどうかを問わず、自らその責任を負う。

**第三〇条【援助を与える団体の便益】** 被保護者は、利益保護国、赤十字国際委員会、その在留する国の赤十字社(赤新月社又は赤のライオン及び太陽社)並びに被保護者に援助を与える団体に申し立てるためのあらゆる便益を有する。

　前記の諸団体は、軍事上又は安全上の考慮によつて定められる制限の範囲内で、この目的のためのすべての便益を当局から受けるものとする。

　抑留国又は占領国は、利益保護国及び赤十字国際委員会の代表による第百四十三条に定める訪問の外、被保護者に対して精神的援助又は物質的救済を与えることを目的とするその他の団体の代表者による被保護者の訪問をできる限り容易にしなければならない。

**第三一条【強制的情報取得の禁止】** 特に被保護者又は第三者から情報を得るために、被保護者に肉体的又は精神的強制を加えてはならない。

**第三二条【虐待・殺戮の禁止】** 締約国は、特に、その権力内にある被保護者に肉体的苦痛を与え、又はそれらの者をみな殺しにするような性質の措置を執ることを禁止することに同意する。この禁止は、被保護者の殺害、拷問、肉体に加える罰、身体の切断及びそれらの者の医療上必要でない医学的又は科学的実験に適用されるばかりでなく、文民機関によつて行われると軍事機関によつて行われるとを問わず、その他の残虐な措置にも適用される。

**第三三条【連座刑・掠奪・報復の禁止】** 被保護者は、自己が行わない違反行為のために罰せられることはない。集団に科する罰及びすべての脅迫又は恐かつによる措置は、禁止する。

りやく奪は、禁止する。

被保護者及びその財産に対する報復〔reprisals〕は、禁止する。

**第三四条【人質の禁止】** 人質は、禁止する。

## 第二部　紛争当事国の領域にある外国人

**第三五条【紛争当事国領域の退去】** 紛争の開始に当り又はその期間中に紛争当事国の領域を去ることを希望するすべての被保護者は、その退去がその国の国家的利益に反しない限り、その領域を去る権利を有する。それらの者の退去の申請に対しては、正規に定める手続に従つて決定しなければならず、この決定は、できる限りすみやかに行わなければならない。退去を許されたそれらの者は、その旅行に必要な金銭を所持し、及び適当な量の個人用品を携帯することができる。

当該領域を去ることを拒否された者は、再審査のために抑留国が指定する適当な裁判所又は行政庁で、その拒否についてできる限りすみやかに再審査を受ける権利を有する。

利益保護国の代表者に対しては、その要請に基き、当該領域を去る許可の申請に対する拒否の理由及び退去が拒否された者の氏名をできる限りすみやかに通知しなければならない。但し、安全上の理由がこれを妨げ、又は関係者が反対したときは、この限りでない。

**第三六条【退去の実施】** 前条に基き許される退去は、安全、衛生、保健及び食糧について満足すべき条件で実施しなければならない。それらに関するすべての費用は、抑留国の領域の出国地点からは目的国が負担し、中立国へ退去する場合には、利益を受ける者が属する国が負担するものとする。その移動の実施細目は、必要があるときは、関係国間の特別協定で定めることができる。

前項の規定は、紛争当事国が敵の権力内にある自国民の交換及び送還に関して特別協定を締結することを妨げるものではない。

**第三七条【拘禁中の被保護者】** 訴訟係属中拘禁されている被保護者又は自由刑に服している被保護者は、その拘禁中人道的に待遇しなければならない。

それらの者は、釈放されたときは、直ちに、前各条に従つて領域を去ることを要求することができる。

**第三八条【被保護者の待遇】** 被保護者の地位は、この条約、特に、第二十七条及び第四十一条により認められる特別の措置を例外として、原則として平時における外国人に関する規定によつて引き続き規律されるものとする。いかなる場合にも、被保護者に対しては、次の権利を与えなければならない。

(1) 被保護者は、送付される個人又は集団あての救済品を受領することができること。

(2) 被保護者は、その健康状態により必要とされる場合には、関係国の国民が受けると同等の程度まで医療上の手当及び入院治療を受けること。

(3) 被保護者は、信仰を実践し、且つ、同一の宗派に属する聖職者から宗教上の援助を受けることを許されること。

(4) 被保護者は、戦争の危険に特にさらされている地区に居住している場合には、関係国の国民に許されると同等の程度までその地区から移転することを許されること。

(5) 十五歳未満の児童、妊産婦及び七歳未満の幼児の母は、それらに該当する関係国の国民が享有する有利な待遇と同等な待遇を享有すること。

**第三九条【職業・生活の保障】** 戦争の結果収入を得る職業を失つた被保護者に対しては、有給の職業につく機会を与えなければならない。その機会は、安全上の考慮及び第四十条の規定に従うことを条件として、被保護者が在留する国の国民が享有する機会と同等のものでなければならない。

紛争当事国が被保護者に対し自ら生活を維持することができなくなるような統制措置を適用した場合、特に、安全上の理由により被保護者が適当な条件で有給の職業につくことを妨げられた場合には、その紛争当事国は、被保護者及びその扶養を受ける者の生活を保障しなければならない。

被保護者は、いかなる場合にも、本国、利益保護国又は第三十条に掲げる救済団体から手当の支給を受けることができる。

**第四〇条【労働】** 被保護者は、その在留する紛争当事国の国民と同等の程度以上には労働を強制されないものとする。

被保護者が敵国の国民である場合には、それらの者は、人間としての食糧、住居、被服、輸送及び健康を確保するために通常必要な労働であつて軍事行動の遂行に直接関係がないもの以外は、強制されないものとする。

前二項に掲げる場合において、労働を強制された被保護者は、特に賃金、労働時間、被服及び器具、予備的作業訓練並びに業務上の災害及び疾病に対する補償に関し、在留する国の労働者と同一の労働条件及び保護の利益を享有する。

前記の規定に対する違反があつたときは、被保護者は、第三十条に従つて苦情申立の権利を行使することを許されるものとする。

**第四一条【統制措置】** 被保護者を権力内に有する国は、この条約に掲げる統制措置が不充分と認める場合においても、第四十二条及び第四十三条の規定による住居指定又は抑留の措置以上にきびしい統制措置を執つてはならない。

住居を指定する決定によつて通常の住居から他の場所に移転を要求された者に対して第三十九条第二項の規定を適用するに当つては、抑留国は、できる限りこの条約の第三編第四部に定める福祉の基準に従わなければならない。

**第四二条【抑留・住居指定】** 被保護者の抑留又は住居指定は、抑留国の安全がこれを絶対に必要とする場合に限り、命ずることができる。

利益保護国の代表者を通じて自発的に抑留を求める者があつて、その者の事情が抑留を必要とするときは、その者を権力内に有する国は、その者を抑留しなければならない。

**第四三条【再審査、氏名の通知】** 被保護者で抑留され、又は住居を指定されたものは、再審査のために抑留国が指定する適当な裁判所又は行政庁で、その処分についてできる限りすみやかに再審査を受ける権利を有する。抑留又は住居指定が継続される場合には、前記の裁判所又は行政庁は、事情が許すときは、原決定に対して有利な変更をするため、定期的に且つ少くとも年に二回、各事件の審査を行わなければならない。

抑留国は、抑留され、若しくは住居を指定され、又は抑留若しくは住居指定から解放された被保護者の氏名をできる限りすみやかに利益保護国に通知しなければならない。但し、それらの者が反対した場合は、この限りでない。本条第一項に掲げる裁判所又は行政庁の決定は、同一の条件の下に、できる限りすみやかに利益保護国に通告しなければならない。

**第四四条【亡命者】** 抑留国は、この条約に掲げる統制措置を適用するに当つては、事実上いずれの政府の保護をも享有していない亡命者を、それらの者が法律上敵国の国籍を有するということのみに基いて敵性を有する外国人として取り扱つてはならない。

**第四五条【移送・送還・帰還・引渡し】** 被保護者は、この条約の締約国以外の国に移送してはならない。

この規定は、敵対行為の終了後における被保護者の送還又はその居住国への帰還を妨げるものではない。

抑留国は、この条約の締約国に、当該締約国がこの条約を適用する意思及び能力を有することを確認した後にのみ、被保護者を移送することができる。被保護者が前記により移送されたときは、被保護者を受け入れた国は、被保護者がその保護の下にある間、この条約を適用する責任を負う。但し、被保護者を受け入れた国がいずれかの重要な点についてこの条約の規定を実施しなかつた場合には、被保護者を移送した国は、利益保護国の通告に基いて、その状態を改善するために有効な措置を執り、又は被保護者の返還を要請しなければならない。この要請には、従わなければならない。

被保護者は、いかなる場合にも、その政治的意見又は信仰のために迫害を受ける虞のある国に移送してはならない。

本条の規定は、敵対行為の開始前に締結されている犯罪人引渡条約に従つて、普通の刑法上の違反行為のために訴追されている被保護者の引渡を妨げるものではない。

**第四六条【制限的措置の廃止】** 被保護者に関して執られた制限的措置は、まだ廃止されていない限り、敵対行為の終了後できる限りすみやかに廃止しなければならない。

被保護者の財産に関して執られた制限的措置は、抑留国の法令に従つて、敵対行為の終了後できる限りすみやかに廃止しなければならない。

## 第三部　占領地域

**第四七条【条約上の利益の保障】** 占領地域にある被保護者は、いかなる場合にも及びいかなる形においても、占領の結果その地域の制度若しくは政治にもたらされる変更、占領地域の当局と占領国との間に締結される協定又は占領国による占領地域の全部若しくは一部の併合によつてこの条約の利益を奪われることはない。

**第四八条【非占領地域国民の場合】** 領域を占領された国の国籍を有しない被保護者は、第三十五条の規定に従うことを条件として、その領域を去る権利を行使することができる。これに関する決定は、同条に基いて占領国が定める手続に従つて行わなければならない。

**第四九条【移送及び立ちのき】** 被保護者を占領地域から占領国の領域に又は占領されていると占領されていないとを問わず他の国の領域に、個人的若しくは集団的に強制移送し、又は追放することは、その理由のいかんを問わず、禁止する。

もつとも、占領国は、住民の安全又は軍事上の理由のため必要とされるときは、一定の区域の全部又は一部の立ちのきを実施することができる。この立ちのきは、物的理由のためやむを得ない場合を除く外、被保護者を占領地域の境界外に移送するものであつてはならない。こうして立ちのかされた者は、当該地区における敵対行為が終了した後すみやかに、各自の家庭に送還されるものとする。

前記の移送又は立ちのきを実施する占領国は、できる限り、被保護者を受け入れる適当な施設を設けること、その移転が衛生、保健、安全及び給食について満足すべき条件で行われること並びに同一家族の構成員が離散しないことを確保しなければならない。

移送及び立ちのきを実施するときは、直ちに、利益保護国に対し、その移送及び立ちのきについて通知しなければならない。

占領国は、住民の安全又は緊急の軍事上の理由のため必要とされる場合を除く外、戦争の危険に特にさらされている地区に被保護者を抑留してはならない。

占領国は、その占領している地域へ自国の文民の一部を追放し、又は移送してはならない。

**第五〇条【児童】** 占領国は、国又は現地の当局の協力の下に、児童の監護及び教育に充てられるすべての施設の適当な運営を容易にしなければならない。

占領国は、児童の身元の識別及び親子関係の登録を容易にするため必要なすべての措置を執らなければならない。占領国は、いかなる場合にも、児童の身分上の地位を変更し、又は自国に従属する団体若しくは組織にこれを編入してはならない。

現地の施設が適当でない場合には、占領国は、戦争の結果孤児となり、又はその両親と離別し、且つ、近親者又は友人によつて適当な監護を受けることができない児童の扶養及び教育が、できる限り、その児童と同一の国籍、言語及び宗教の者によつて行われるように措置を執らなければならない。

第百三十六条に従つて設置される被保護者情報局の特別の課は、身元不明の児童を識別するため必要なすべての措置を執る責任を負う。その児童の親又は近親者に関し入手することができる明細は、常に記録しなければならない。

占領国は、食糧、医療上の手当及び戦争の影響に対する保護に関して、十五歳未満の児童、妊産婦及び七歳未満の幼児の母のために占領前に採用されていた有利な措置の適用を妨げてはならない。

**第五一条【労働】** 占領国は、被保護者に対し、自国の軍隊又は補助部隊において勤務することを強制してはならない。自発的志願を行わせることを目的とする圧迫又は宣伝は、禁止する。

占領国は、被保護者が十八歳をこえている場合であつて、その者を占領軍の需要、公益事業又は被占領国の住民の給食、住居、被服、輸送若しくは健康のために必要な労働に従事させるときを除く外、被保護者に対し、労働を強制してはならない。被保護者は、軍事行動に参加する義務を負わされるような労働に従事することを強制されない。占領国は、被保護者に対し、それらの者が強制労働に服している施設の安全を強制手段を用いて確保するよう強制してはならない。

労働は、役務を徴発された者が所在する占領地域においてのみ行わせるものとする。それらの者は、できる限り従前の労働の場所に引き続き置かなければならない。労働者に対しては、公正な賃金を支払わなければならず、労働は、労働者の肉体的及び知的能力に相応するものでなければならない。被占領国において実施されている法令で労働条件及び保護に関するもの、特に、賃金、労働時間、設備、予備的作業訓練並びに業務上の災害及び疾病に対する補償に関するものは、本条に掲げる労働に従事する被保護者に適用される。

労務の徴発は、いかなる場合にも、軍事的又は準軍事的性質を有する組織の中に労働者を動員することとなつてはならない。

**第五二条【同前】** いかなる契約、協定又は規則も、労働者の自発的意志があるとないとを問わず、また、その者の在留する場所のいかんを問わず、利益保護国の介入を要請するため同国の代表者に申し立てる労働者の権利を害するものであつてはならない。

占領国のために労働者を働かせる目的で占領地域において失業を生じさせ、又は労働者の就職の機会を制限するためのすべての措置は、禁止する。

**第五三条【破壊の禁止】** 個人的であると共同的であるとを問わず私人に属し、又は国その他の当局、社会的団体若しくは協同団体に属する不動産又は動産の占領軍による破壊は、その破壊が軍事行動によつて絶対的に必要とされる場合を除く外、禁止する。

**第五四条【公務員・裁判官】** 占領国は、占領地域にある公務員又は裁判官が良心に従い自己の職務の遂行を避ける場合にも、それらの公務員若しくは裁判官の身分を変更し、又は何らかの方法でそれらの者に対して制裁を加え、若しくは強制的若しくは差別的措置を執つてはならない。

この禁止は、第五十一条第二項の適用を妨げるものではない。この禁止は、公務員の職を免ずる占領国の権利に影響を及ぼすものではない。

**第五五条【食糧及び医療品】** 占領国は、利用することができるすべての手段をもつて、住民の食糧及び医療品の供給を確保する義務を負う。特に、占領国は、占領地域の資源が不充分である場合には、必要な食糧、医療品その他の物品を輸入しなければならない。

占領国は、占領軍及び占領行政機関の要員の使用に充てる場合であつて、文民たる住民の要求を考慮したときを除く外、占領地域にある食糧、物品又は医療品を徴発してはならない。占領国は、他の国際条約の規定に従うことを条件として、徴発された貨物に対して公正な対価が支払われることを確保するため必要な措置を執らなければならない。

利益保護国は、いつでも、占領地域における食糧及び医療品の供給状態を自由に調査することができる。但し、緊急の軍事上の要求により一時的制限が必要とされる場合は、この限りでない。

**第五六条【医療施設・衛生措置】** 占領国は、利用することができるすべての手段をもつて、占領地域における医療上及び病院の施設及び役務並びに公衆の健康及び衛生を、国及び現地の当局の協力の下に、確保し、且つ、維持する義務を負う。占領国は、特に、伝染病及び流行病のまん延を防止するため必要な予防措置を採用し、且つ、実施しなければならない。すべての種類の衛生要員は、その任務の遂行を許されるものとする。

占領地域において新しい病院が設立され、且つ、被占領国の権限のある機関がその地域で活動していない場合には、占領当局は、必要があるときは、それらの病院に対して第十八条に定める承認を与えなければならない。また、この場合には、占領当局は、第二十条及び第二十一条の規定に基いて、病院の職員及び輸送車両に対しても承認を与えなければならない。

占領国は、健康及び衛生の措置の採用並びにその実施に当つては、占領地域の住民の道徳的及び倫理的感情を考慮しなければならない。

**第五七条【文民病院の徴発】** 占領国は、軍の傷者及び病者の看護のため緊急の必要がある場合に限り、且つ、患者の看護及び療養のため並びに文民たる住民の入院に対する要求のため適当な措置が適当な時に執られることを条件として、単に一時的にのみ文民病院を徴発することができる。

文民病院の材料及び貯蔵品は、それらが文民たる住民の要求にとつて必要である限り、徴発することができない。

**第五八条【聖職者・宗教的送付品】** 占領国は、聖職者に対し、その者と同一の宗派に属する者に宗教上の援助を与えることを許さなければならない。

占領国は、また、宗教上の要求から必要とされる書籍及び物品からなる送付品を受領し、且つ、占領地域におけるそれらの送付品の分配を容易にしなければならない。

**第五九条【救済計画・送付品】** 占領地域の住民の全部又は一部に対する物資の供給が不充分である場合には、占領国は、その住民のための救済計画に同意し、且つ、その使用することができるすべての手段によりその計画の実施を容易にしなければならない。

国又は赤十字国際委員会のような公平な人道的団体によつて実施される前記の計画は、特に、食糧、医療品及び被服の送付を内容とするものでなければならない。

すべての締約国は、それらの送付品の自由通過を許可し、且つ、それらの保護を保障しなければならない。

もつとも、敵国によつて占領されている地域にあてられた送付品に自由通過を許可する国は、送付品を検査し、指定する時刻及び径路による通過を規律し、並びにそれらの送付品が窮乏した住民の救済のために使用されるものであつて占領国の利益のために使用されるものでないことを利益保護国を通じて充分に確かめる権利を有する。

**第六〇条【救済品】** 救済品は、第五十五条、第五十六条及び第五十九条に基く占領国の責任を免除するものではない。占領国は、いかなる形においても、救済品の指定された用途を変更してはならない。但し、緊急の必要がある場合であつて、占領地域の住民の利益のためであり、且つ、利益保護国の同意を得たときは、この限りでない。

**第六一条【同前】** 前各条に掲げる救済品の分配は、利益保護国の協力及び監督の下に行わなければならない。この任務は、また、占領国と利益保護国との間の協定によつて、中立国、赤十字国際委員会又はその他の公平な人道的団体に委任することができる。

前記の救済品は、占領地域の経済のため必要である場合を除く外、その地域においてすべての課徴金、租税又は関税を免除される。占領国は、それらの救済品のすみやかな分配を容易にしなければならない。

すべての締約国は、占領地域にあてられたそれらの救済品の無償の通過又は輸送を許可するように努めなければならない。

**第六二条【同前】** 占領地域にある被保護者は、緊急の安全上の考慮に従うことを条件として、個人あての救済品を受領することを許されるものとする。

**第六三条【赤十字その他の団体の活動】** 占領国が緊急の安全上の考慮から課する一時的且つ例外的措置に従うことを条件として、

(a) 認められた各国赤十字社(赤新月社又は赤のライオン及び太陽社)は、赤十字国際会議によつて定められた赤十字の諸原則に従つて、それぞれの活動を遂行することができる。その他の救済団体は、同様の条件で、その人道的活動を継続することを許される。

(b) 占領国は、それらの赤十字社(赤新月社又は赤のライオン及び太陽社)及び団体の職員又は組織について、前記の活動を害するような変更を要求してはならない。

同様の諸原則は、重要な公益事業を維持し、救済品を分配し、及び救援事業を組織化することによつて文民たる住民の生活条件を確保することを目的として既に存在し、又は将来設立される非軍事的性質を有する特別の団体の活動及び職員に対しても、適用する。

**第六四条【被占領国及び占領国の刑罰法令】** 被占領国の刑罰法令は、それらの法令が占領国の安全を脅かし、又はこの条約の適用を妨げる場合において、占領国が廃止し、又は停止するときを除く外、引き続き効力を有する。占領地域の裁判所は、このことを考慮し、且つ、裁判の能率的な運営を確保する必要を認め、前記の法令で定めるすべての犯罪行為についてその任務を引き続き行わなければならない。

もつとも、占領国は、占領地域の住民をして、自国がこの条約に基くその義務を履行し、当該地域の秩序ある政治を維持し、且つ、占領国の安全、占領軍又は占領行政機関の構成員及び財産の安全並びにそれらが使用する施設及び通信線の安全を確保することができるようにするため必要な規定に従わせることができる。

**第六五条【占領国の刑罰規定】** 占領国が制定した刑罰規定は、住民の言語で公布し、且つ、住民に周知させた後でなければ、効力を生じない。それらの刑罰規定の効力は、そ及しないものとする。

**第六六条【違反行為に対する裁判所】** 第六十四条第二項に基き占領国が公布した刑罰規定に違反する行為があつた場合には、占領国は、被疑者を占領国の正当に構成された非政治的な軍事裁判所に引き渡すことができる。但し、この軍事裁判所は、被占領国で開廷しなければならない。上訴のための裁判所は、なるべく被占領国で開廷しなければならない。

**第六七条【事後法禁止・罪刑相応の原則】** 裁判所は、犯罪行為が行われる前に適用されており、且つ、法の一般原則、特に、刑罰は犯罪行為に相応するものでなければならないという原則に合致する法令の規定のみを適用しなければならない。裁判所は、被告人が占領国の国民ではないという事実を考慮に入れなければならない。

**第六八条【占領国に対する犯罪行為の処置】** 占領国を害する意思のみをもつて行つた犯罪行為であつて、占領軍又は占領行政機関の構成員の生命又は身体に危害を加えず、重大な集団的危険を生ぜず、且つ、占領軍若しくは占領行政機関の財産又はそれらが使用する施設に対して重大な損害を与えないものを行つた被保護者は、抑留又は単なる拘禁に処せられる。但し、その抑留又は拘禁の期間は、犯罪行為に相応するものでなければならない。また、抑留又は拘禁は、そのような犯罪行為に関し被保護者から自由を奪うために執る唯一の措置としなければならない。この条約の第六十六条に定める裁判所は、その裁量により、拘禁の刑を同期間の抑留の刑に変えることができる。

第六十四条及び第六十五条に従つて占領国が公布する刑罰規定は、被保護者が間ちようとして行つた行為、占領国の軍事施設に対して行つた重大な怠業(サボタージュ)又は一人若しくは二人以上の者を死に至らしめた故意による犯罪行為のため有罪とされた場合にのみ、その被保護者に対し死刑を科することができる。但し、占領開始前に実施されていた占領地域の法令に基いてそのような犯罪行為に死刑を科することができた場合に限る。

死刑の判決は、被告人が占領国の国民ではなくて同国に対し忠誠の義務を負わない事実を裁判所が特に留意した後でなければ、被保護者に言い渡してはならない。

死刑の判決は、いかなる場合にも、犯罪行為のあつた時に十八歳未満であつた被保護者に言い渡してはならない。

**第六九条【裁判前の勾留期間】** すべての場合において、犯罪行為について責任を問われた被保護者が裁判があるまでの間に勾留された期間は、当該被保護者に科する拘禁の本刑に通算しなければならない。

**第七〇条【占領の中断中及び敵対行為開始前の行為】** 被保護者は、占領前若しくは占領の一時的中断の間に行つた行為又はそれらの期間中に発表した意見のために、占領国によつて逮捕され、訴追され、又は有罪とされることはない。但し、戦争の法規及び慣例に違反した場合は、この限りでない。

敵対行為の開始前に被占領国の領域内に亡命していた占領国の国民は、敵対行為の開始後に行つた犯罪行為に係る場合又は敵対行為の開始前に行つた普通法上の犯罪行為で被占領国の法令によれば平時において犯罪人引渡が行われるものに係る場合を除く外、逮捕され、訴追され、有罪とされ、又は占領地域から追放されることはない。

**第七一条【裁判手続】** 占領国の権限のある裁判所は、正式の裁判を行つた後でなければ、判決を言い渡してはならない。

占領国により訴追された被告人は、自己が理解する言語で書かれた文書により自己に対する公訴事実の細目をすみやかに通知され、且つ、できる限りすみやかに裁判に付されるものとする。利益保護国は、死刑又は二年以上の拘禁の刑に係る公訴事実に関し占領国が被保護者に対して開始したすべての司法手続を通知されるものとする。利益保護国は、また、それらの司法手続の状況についていつでも情報を得ることができる。利益保護国は、また、その要請により、前記の司法手続及び被保護者に対して占領国が開始したその他の司法手続のすべての細目を通知される権利を有する。

利益保護国に対する前記の第二項に定める通知書は、直ちに送付され、且つ、いかなる場合にも第一回公判の期日の三週間前に到達しなければならない。裁判は、本条の規定が完全に遵守されている旨の証拠が裁判の開始に当つて提出されなかつた場合には、開始してはならない。通知書には、次の事項を記載しなければならない。

(a) 被告人の身元

(b) 居住又は抑留の場所

(c) 公訴事実の細目(訴追が行われる基礎となつた刑罰規定の記載を含む。)

(d) 事件を裁判する裁判所

(e) 第一回の公判の場所及び期日

**第七二条【弁護人等】** 被告人は、防ぎよのため必要な証拠を提出する権利を有し、特に、証人の喚問を求めることができる。被告人は、自ら選任した資格のある弁護人の援助を受ける権利を有し、その弁護人は、自由に被告人を訪問することができるものとし、また、防ぎよの準備のため必要な便益を享有する。

利益保護国は、被告人が弁護人を選任しなかつた場合には、被告人に弁護人を附することができる。被告人が重大な犯罪につき訴追を受け、且つ、利益保護国が活動していないときは、占領国は、被告人の同意を得て弁護人を附さなければならない。

被告人は、通訳人の援助を受ける権利を自己の意思により放棄しない限り、予備的な取調及び裁判の間、通訳人の援助を受けるものとする。被告人は、いつでもその通訳人を忌避し、且つ、その交替を求める権利を有する。

**第七三条【不服申立て】** 有罪の判決を受けた者は、裁判所が適用する法令で定める不服申立の権利を有する。その者に対しては、不服申立又は請願の権利及びこれを行使することができる期間について完全に告げなければならない。

この部に定める刑事手続は、不服申立があつた場合に準用するものとする。裁判所が適用する法令が不服申立について規定していない場合には、有罪の判決を受けた者は、事実認定及び判決について、占領国の権限のある当局に請願する権利を有する。

**第七四条【裁判と利益保護国】** 利益保護国の代表者は、被保護者の裁判に立ち会う権利を有する。但し、例外的に占領国の安全のため裁判が非公開で行われる場合は、この限りでない。この場合には、占領国は、利益保護国にその旨を通知しなければならない。裁判の期日及び場所に関する通知書は、利益保護国に送付しなければならない。

死刑又は二年以上の拘禁の刑を含む判決は、理由を附してできる限りすみやかに利益保護国に通知しなければならない。その通知書には、第七十一条に基いて行われる通知との関係及び、拘禁の刑の場合には、刑が執行される場所を記載しなければならない。それらの判決以外の判決の記録は、裁判所が保存し、且つ、利益保護国の代表者の閲覧に供しなければならない。死刑又は二年以上の拘禁の刑を含む判決の場合において許される不服申立の期間は、利益保護国が判決の通知書を受領した時から起算する。

**第七五条【死刑の場合】** 死刑の判決を受けた者は、いかなる場合にも、特赦又は死刑の執行の停止を請願する権利を奪われないものとする。

いかなる死刑の判決も、死刑を確定する終局判決又は特赦若しくは死刑の執行の停止を拒否する決定の通知書を利益保護国が受領した日から少くとも六箇月の期間が経過する前に執行してはならない。

前項に定める六箇月の期間は、占領国又は占領軍の安全に対する組織的な脅威となる重大な緊急の事情がある場合には、個個の事件について短縮することができる。但し、利益保護国は、この期間の短縮について常に通告を受け、且つ、この死刑の判決に関して権限のある占領当局に対して申入れをするための充分な時間及び機会を与えられるものとする。

**第七六条【勾留・受刑者の待遇】** 犯罪行為の責任を問われた被保護者は、被占領国で勾留されるものとし、有罪の判決を受けた場合には、被占領国で刑に服するものとする。それらの者は、できる限り、勾留されている他の者から分離されなければならず、また、食糧及び衛生の条件については、良好な健康状態を保つに充分であり、且つ、被占領国の監獄で与えられる条件と少くとも同等である条件を享有する。

それらの者は、その健康状態により必要とされる医療を受けるものとする。

それらの者は、また、その要求する宗教上の援助を受ける権利を有する。

女子は、分離した場所に拘禁し、且つ、女子の直接の監視の下に置かなければならない。

未成年者に対する特別の待遇については、適当に考慮しなければならない。

拘禁中の被保護者は、第百四十三条の規定に従い、利益保護国及び赤十字国際委員会の代表の訪問を受ける権利を有する。

それらの者は、毎月少くとも一個の救済小包を受領する権利を有する。

**第七七条【有罪の被保護者の引渡し】** 占領地域の裁判所で犯罪行為の責任を問われ、又は有罪の判決を受けた被保護者は、占領の終了に当り、解放された地域の当局に関係記録とともに引き渡さなければならない。

**第七八条【住居指定・抑留】** 占領国は、安全上の絶対的理由のために被保護者に関して安全措置を執ることが必要であると認めた場合においても、住居指定又は抑留の措置以上の措置を執ることができない。

その住居指定又は抑留に関する決定は、占領国がこの条約の規定に従つて定める正規の手続に従つて行わなければならない。この手続は、関係当事者の訴願の権利を含むものとする。訴願に対しては、できる限りすみやかに決定を与えなければならない。住居指定又は抑留の決定が確認された場合には、その決定は、占領国が設置する権限のある機関によつて、定期的に、できれば六箇月ごとに、審査を受けるものとする。

住居指定の措置に服するため自己の住居から移転することを要求された被保護者は、この条約の第三十九条の利益を完全に享有する。

## 第四部　被抑留者の待遇に関する規則（抄）

### 第一章　総則

**第七九条【抑留しうべき場合】** 紛争当事国は、第四十一条、第四十二条、第四十三条、第六十八条及び第七十八条の規定による場合を除く外、被保護者を抑留してはならない。

**第八〇条【行為能力】** 被抑留者は、完全な私法上の行為能力を保持し、且つ、その行為能力に伴う権利で被抑留者としての地位と矛盾しないものを行使するものとする。

**第八一条【給養・医療】** 被保護者を抑留する紛争当事国は、無償で、それらの者を給養し、及びその健康状態に必要な医療をそれらの者に提供しなければならない。

被抑留者の手当、俸給又は債権の額は、前記の費用の支払に充てるために減額してはならない。

被抑留者の扶養を受ける者が生活を維持するための適当な手段を有しない場合又は生計を営むことができない場合には、抑留国は、それらの者の生活を支持しなければならない。

**第八二条【血縁等の尊重】** 抑留国は、被抑留者をできる限りその国籍、言語及び習慣に応じて収容しなければならない。同一国の国民である被抑留者は、言語が異なるという理由だけで分離してはならない。

同一家族の構成員、特に親子は、抑留の期間中、収容所の同一場所に居住させなければならない。但し、作業上若しくは健康上の理由のため又はこの部の第九章の規定の実施のために一時的別居が必要とされる場合は、この限りでない。被抑留者は、その監護を受けないで放置されている自己の子が自己とともに収容されるよう要請することができる。

同一家族の構成員たる被抑留者は、できる限り、同一の建物内に居住させなければならず、且つ、それらの者に対しては、他の被抑留者から分離した収容施設及び正常な家庭生活を送るための便益を与えなければならない。

## 第二章　抑留の場所（抄）

**第八三条【収容所の位置】** 抑留国は、戦争の危険に特にさらされている地区に収容所を設けてはならない。

抑留国は、利益保護国の仲介により、敵国に対し、収容所の地理的位置に関するすべての有益な情報を提供しなければならない。

収容所は、軍事上許される場合にはいつでも、昼間は、空中から明白に識別することができるICという文字によつて表示しなければならない。但し、関係国は、その他の表示の方法についても合意することができる。それらの表示は、収容所のみに使用するものとする。

**第八四条【捕虜等との区別】** 被抑留者は、捕虜及び他の何らかの理由で自由を奪われている者と分離して収容し、且つ、管理しなければならない。

**第八五条【衛生、保健上の保障】** 抑留国は、被保護者を、その抑留の開始の時から、衛生上及び保健上のすべての保障を与え、且つ、気候のきびしさ及び戦争の影響に対する有効な保護を与える建物又は区画に収容することを確保するため、必要且つ可能なすべての措置を執らなければならない。いかなる場合にも、常設的な収容所は、不健康な地域又は気候が被抑留者にとつて有害である地域に設けてはならない。被保護者が一時的に抑留されている地域が不健康地であるか、又はその地域の気候がその者の健康にとつて有害である場合には、当該被保護者は、事情が許す限りすみやかに一層適当な収容所に移さなければならない。

建物は、完全に湿気を防止し、並びに充分に保温し、及び点燈しなければならない。特に、日没から消燈時までの間は、点燈しなければならない。寝室は、充分な広さを有するものとし、且つ、よく換気しなければならない。被抑留者に対しては、気候並びに被抑留者の年令、性別及び健康状態を考慮して、適当な寝具及び充分な毛布を与えなければならない。

被抑留者に対しては、日夜、衛生上の原則に合致する衛生設備で常に清潔な状態に維持されるものをその使用に供しなければならない。被抑留者に対しては、日常の身体の清潔及び被服の洗たくのために水及び石けんを充分に供給しなければならない。被抑留者に対しては、このため必要な設備及び便益を与えなければならない。被抑留者に対しては、シャワー又は浴場を利用させなければならない。それらの者に対しては、洗たく及び清掃のため必要な時間を与えなければならない。

例外的且つ一時的措置として、男子と同一の収容所に家族の構成員でない女子の被抑留者を収容する必要があるときは、常に、その女子の被抑留者の用に供するため、分離した寝室及び衛生設備を設けなければならない。

**第八六条【宗教的儀式】** 抑留国は、被抑留者に対し、その宗派のいかんを問わず、宗教的儀式を行うための適当な場所を自由に使用させなければならない。

**第八七条【酒保】**（略）

**第八八条【空襲避難所等】** 空襲その他の戦争の危険にさらされているすべての収容所には、必要な保護を確保するため適当な数及び構造の避難所を設備しなければならない。警報があつた場合には、被抑留者は、前記の危険から宿舎を防護するために残存する者を除く外、できる限りすみやかに避難所に入ることができる。住民のために執る防護措置は、被抑留者にも適用しなければならない。

収容所では、火災の危険に対して適切なすべての予防措置を執らなければならない。

## 第三章　食糧及び被服

**第八九条【食糧】** 被抑留者の毎日の食糧配給の量、質及び種類は、それらの者を良好な健康状態に維持し、且つ、栄養不良を防止するのに充分なものでなければならない。被抑留者の食習慣も、また、考慮に入れなければならない。

被抑留者に対しては、また、その所持する別の食糧を自ら調理する手段を与えなければならない。

被抑留者に対しては、飲料水を充分に供給しなければならない。喫煙は、許さなければならない。

労働する被抑留者に対しては、その者が従事する労働の種類に応じて、食糧の増配をしなければならない。

妊産婦及び十五歳未満の児童に対しては、その生理的必要に応じて食糧の増配をしなければならない。

**第九〇条【被服】** 被抑留者は、抑留されたときは、必要な被服、はき物及び着替の下着を携行し、且つ、その後必要が生じた場合にそれらを入手するため、すべての便益を与えられるものとする。被抑留者が、気候に対して充分な被服を所持せず、且つ、これを入手することができない場合には、抑留国は、それらの者に被服を無償で与えなければならない。

抑留国が被抑留者に供給する被服及びその被服に附する外部的標識は、侮辱的なもの又は被抑留者をちょう笑にさらすようなものであつてはならない。

労働者に対しては、労働の性質上必要な場合には、適当な労働服（保護用の被服を含む。）を支給しなければならない。

## 第四章　衛生及び医療（抄）

**第九一条【医療・衛生】** 各収容所には、資格のある医師の指揮の下に置かれ、且つ、被抑留者が必要とする治療及び適当な食事を受けることができる適当な病舎を備えなければならない。伝染病及び精神病にかかつた患者のために隔離室を設けなければならない。

妊産婦及び重病の被抑留者又は特別の治療、外科手術若しくは入院を必要とする状態にある被抑留者は、適当な処置をする能力がある施設に収容されるものとし、また、一般住民に与えられる治療より劣らない治療を受けるものとする。

被抑留者は、なるべく、自己と同一の国籍を有する衛生要員によつて治療を受けるものとする。

被抑留者に対しては、診察を受けるために医療当局に出頭することを妨げてはならない。抑留国の医療当局は、要請があつたときは、治療を受けた各被抑留者に対し、その病気又は負傷の性質並びに治療の期間及び種類を記載した公の証明書を発給しなければならない。その証明書の写一通は、第百四十条に定める中央被保護者情報局に送付しなければならない。

治療（被抑留者を良好な健康状態に保つため必要なすべての器具、特に、義歯その他の補装具及びめがねの供給を含む。）は、被抑留者に対して無償とする。

**第九二条【身体検査】**（略）

## 第五章　宗教的、知的及び肉体的活動（抄）

**第九三条【宗教的活動】** 被抑留者は、抑留当局が定める日常の紀律に従うことを条件として、自己の宗教上の義務の履行（自己の宗教の儀式に出席することを含む。）について完全な自由を享有する。

抑留された聖職者は、同一の宗派に属する被抑留者に対して自由に自己の聖職を行うことを許される。このため、抑留国は、同一の言語を話し、又は同一の宗教に属する被抑留者がいる各種の収容所にそれらの聖職者が衡平に配属されることを確保しなければならない。聖職者の数がきわめて少い場合には、抑留国は、それらの者に対し、一の場所から他の場所に巡回するため必要な便益（輸送手段を含む。）を与え、且つ、入院中の被抑留者を訪問することを許さなければならない。聖職者は、自己の聖職に関する事項について抑留国の宗教機関及び、できる限り、自己の宗派に属する国際的宗教団体と通信する自由を有する。その通信は、第百七条に定める割当数の一部と認めてはならない。但し、その通信については、第百十二条の規定に従わなければならない。

被抑留者がその宗派に属する聖職者の援助を受けられない場合又はそれらの聖職者の数がきわめて少い場合には、その宗派に属する現地の宗教機関は、抑留国との合意により、当該被抑留者の宗派に属する聖職者又は、宗教的見地から可能であれば、類似の宗派に属する聖職者若しくは資格がある非聖職者を指名することができる。それらの非聖職者は、自己が引き受ける聖職に対して与えられる便益を享有する。こうして指名された者は、抑留国が紀律及び安全のため設ける規制に服さなければならない。

**第九四条【知的、肉体的活動】** 抑留国は、被抑留者の知的、教育的及び娯楽的活動並びに運動競技を奨励しなければならない。但し、それらの活動及び競技に参加するかどうかは、被抑留者の自由に任さなければならない。抑留国は、特に適当な場所を提供して、被抑留者がそれらの活動及び競技をするため可能なすべての措置を執らなければならない。

被抑留者に対しては、その者が研究を継続し、又は新たな研究課題に着手するため、可能なすべての便益を与えなければならない。児童及び青年の教育は、確保しなければならない。それらの者に対しては、学校が収容所の内にあると外にあるとを問わず、通学することを許さなければならない。

被抑留者に対しては、身体の運動、運動競技及び戸外競技をする機会を与えなければならない。このため、すべての収容所で充分な空地を確保しなければならない。児童及び青年のために特別の運動場を確保しなければならない。

**第九五条【労働】**（略）

**第九六条【労働分遣所】**（略）

## 第六章　個人財産及び金銭収入

**第九七条【個人財産】** 被抑留者は、個人用品を保持することを許されるものとする。被抑留者が所持する金銭、小切手、証券等及び有価物は、正規の手続による場合を除く外、取り上げることができない。取り上げた物に対しては、詳細な受取証を発給しなければならない。

前記の金銭は、第九十八条で定めるところにより、各被抑留者の勘定に貸記しなければならない。その金銭は、その所有者が抑留されている地域で施行されている法令が要求する場合又は被抑留者が同意した場合を除く外、他の通貨に両替することができない。

主として個人的又は感情的価値のみを有する物品は、取り上げてはならない。

女子の被抑留者は、女子以外の者が捜索してはならない。

被抑留者は、解放され、又は送還されるに当つて、抑留中に取り上げられたすべての物品、金銭その他の有価物を返還されるものとし、また、第九十八条に従つて有する勘定の貸方残高を現金で受け取るものとする。但し、施行中の法令によつて抑留国が留置する物品又は金額は、この限りでない。被抑留者の財産がこうして留置された場合には、所有者は、詳細な受取証を受領するものとする。

被抑留者が所持する家族に関する文書又は身分証明書を取り上げるに当つては、受取証を発給しなければならない。被抑留者に対しては、常に身分証明書を携帯させなければならない。抑留当局は、身分証明書を所持していない被抑留者に対しては、特別証明書を発給しなければならない。その特別証明書は、抑留の終了の時まで、身分証明書に代るものとする。

被抑留者は、物品を購入するため、現金又は購入券で一定の金額を携帯することができる。

**第九八条【金銭収入及び被抑留者勘定】** すべての被抑留者は、たばこ、化粧用品等の物品を購入するために充分な手当を定期的に支給されるものとする。その手当の支払は、勘定への貸記又は購入券の形によつて行うことができる。

被抑留者は、また、自己の本国、利益保護国、被抑留者を援助する団体又は自己の家族から手当を支給され、且つ、抑留国の法令に従い、自己の財産から生ずる所得を受け取ることができる。被抑留者の本国が支給する手当の額は、被抑留者の種類（虚弱者、病者、妊産婦等）について同一のものでなければならず、また、この条約の第二十七条で禁止されている被抑留者間の差別に基いて、被抑留者の本国が割り当て、又は抑留国が分配してはならない。

抑留国は、各被抑留者について正規の勘定を開かなければならない。本条に掲げる手当、被抑留者が得た賃金及び被抑留者が受領した送金並びに被抑留者から取り上げた金額でその者が抑留されている領域に施行されている法令に基いて使用することができるものは、その勘定に貸記しなければならない。被抑留者は、その家族及びその他自己が扶養する者に送金するため、その領域に施行されている法令と矛盾しないすべての便益を与えられるものとする。被抑留者は、抑留国が定める制限内で、自己の勘定からその個人的経費のため必要な額を引き出すことができる。被抑留者は、常に、自己の勘定を調べ、又はその写を得る適当な便益を与えられるものとする。勘定の明細書は、請求があつたときは、利益保護国に与えなければならず、また、被抑留者が移動される場合には、被抑留者に携行させなければならない。

## 第七章　管理及び紀律（抄）

**第九九条【収容所の管理】** 各収容所は、抑留国の正規の軍隊又は行政庁から選ばれた責任のある将校又は公務員の指揮下に置かなければならない。収容所を指揮する将校又は公務員は、自国の公用語（公用語が二以上あるときは、そのうちの一）で書かれたこの条約の謄本を所持し、且つ、この条約の適用について責任を負わなければならない。被抑留者を監督する職員は、この条約及びその適用を確保するため執られる行政措置の諸規定について教育を受けるものとする。

　この条約及びこの条約に基いて締結される特別協定の本文は、被抑留者が理解する言語により収容所の内部に掲示するか、又は被抑留者委員会に所持させなければならない。

　各種の規則、命令、通告及び公示は、被抑留者に通知し、且つ、被抑留者が理解する言語により収容所の内部に掲示しなければならない。

　被抑留者に対して個人的に発する命令及び指令も、当該被抑留者が理解する言語によらなければならない。

**第一〇〇条【収容所における紀律】** 収容所における紀律制度は、人道の原則に合致するものでなければならず、且つ、いかなる場合にも、被抑留者に対しその健康に危険な肉体的疲労を与え、又は肉体的若しくは精神的苦痛を伴う規定を含むものであつてはならない。入墨による識別又は身体に対する記号若しくは標示の押印による識別は、禁止する。

　特に、長時間にわたる直立及び点呼、懲戒のための訓練、軍事的訓練及び演習並びに食糧配給量の減配は、禁止する。

**第一〇一条【苦情申立て】** 被抑留者は、自己を権力内に有する当局に対し、抑留条件に関する要請を申し立てる権利を有する。

　被抑留者は、また、抑留条件に関して苦情を申し立てようとする事項に対して利益保護国の代表者の注意を喚起するため、被抑留者委員会を通じ、又は必要と認めるときは直接に、利益保護国の代表者に対して申入れをする権利を無制限に有する。

　前記の要請及び苦情は、直ちに、且つ、変更を加えないで伝達しなければならず、また、その苦情は、理由がないと認められた場合にも、処罰の理由としてはならない。

　被抑留者委員会は、利益保護国の代表者に対し、収容所の状態及び被抑留者の要求に関する定期的報告をすることができる。

**第一〇二条【被抑留者委員会委員の選挙】**（略）

**第一〇三条【被抑留者委員会の任務】**（略）

**第一〇四条【被抑留者委員会委員の待遇】**（略）

## 第八章　外部との関係

**第一〇五条【本国及び利益保護国に対する通知】** 抑留国は、被保護者を抑留したときは、直ちに、被保護者の本国及び利益保護国に対し、本章の規定を実施するために執る措置を通知しなければならない。抑留国は、その措置が後に変更されたときは、その変更についても同様に前記の関係者に通知しなければならない。

**第一〇六条【家族及び中央被保護者情報局に対する通知】** 各被抑留者に対しては、その者が、抑留された時直ちに、又は収容所に到着した後遅くとも一週間以内に、また、病気になつた場合又は他の収容所若しくは病院に移動された場合にもその後一週間以内に、その家族及び第百四十条に定める中央被保護者情報局に対し、抑留された事実、あて名及び健康状態を通知する葉書を直接に送付することができるようにしなければならない。その葉書は、なるべくこの条約の附属のひな型と同様の形式のものでなければならない。その葉書は、できる限りすみやかに送付するものとし、いかなる場合にも、遅延することがあつてはならない。

**第一〇七条【被抑留者の通信】** 被抑留者に対しては、手紙及び葉書を送付し、及び受領することを許さなければならない。抑留国が、各被抑留者の発送する手紙及び葉書の数を制限することを必要と認めた場合には、その数は、毎月、手紙二通及び葉書四通より少いものであつてはならない。それらの手紙及び葉書は、できる限りこの条約の附属のひな型と同様の形式で作成しなければならない。被抑留者にあてた通信が制限されなければならない場合には、その制限は、通常抑留国の要請に基いて、被抑留者の本国のみが命ずることができる。前記の手紙及び葉書は、適当な期間内に発送するものとし、懲戒の理由で、遅延させ、又は留置してはならない。

　長期にわたり家族から消息を得ない被抑留者又は家族との間で通常の郵便路線により相互に消息を伝えることができない被抑留者及び家族から著しく遠い場所にいる被抑留者に対しては、電報を発信することを許さなければならない。その料金は、被抑留者が処分することができる通貨で支払うものとする。被抑留者は、緊急と認められる場合にも、この規定による利益を受けるものとする。

　被抑留者の通信は、原則として、母国語で書かなければならない。紛争当事国は、その他の言語で通信することを許すことができる。

**第一〇八条【郵便荷物】** 被抑留者に対しては、特に、食糧、被服、医療品、書籍及び被抑留者の必要を満たす宗教、教育又は娯楽用物品を内容とする個人又は集団あての荷物を郵便その他の径路により受領することを許さなければならない。それらの荷物は、抑留国に対し、この条約で抑留国に課せられる義務を免除するものではない。

　軍事上の必要から前記の荷物の数量を制限しなければならない場合には、利益保護国、赤十字国際委員会又は被抑留者に援助を与えるその他の団体で荷物の伝達について責任を負うものに対し、その制限について適当な通告を与えなければならない。

　個人又は集団あての荷物の発送に関する条件は、必要があるときは、関係国間の特別協定の対象としなければならない。関係国は、いかなる場合にも、被抑留者による救済品の受領を遅延させてはならない。図書は、被服又は食糧の荷物の中に入れてはならない。医療救済品は、原則として、集団あての荷物として送付しなければならない。

**第一〇九条【集団的救済品】** 集団あての救済品の受領及び分配の条件に関して紛争当事国間に特別協定がない場合には、この条約に附属する集団的救済に関する規則を適用しなければならない。

　前記の特別協定は、いかなる場合にも、被抑留者委員会が被抑留者にあてられた集団的救済品を保有し、分配し、及び受取人の利益となるように処分する権利を制限するものであつてはならない。

　前記の特別協定は、また、利益保護国、赤十字国際委員会又は被抑留者に援助を与えるその他の団体で集団あての荷物の伝達について責任を負うものの代表者が受取人に対する当該荷物の分配を監督する権利を制限するものであつてはならない。

**第一一〇条【救済品・通信等に対する費用免除】** 被抑留者のためのすべての救済品は、輸入税、税関手数料その他の課徴金を免除される。

他の国から被抑留者にあてられ、又は被抑留者が発送するすべての物品（小包郵便で発送する救済小包を含む。）及び送金で郵便によるものは、直接に送付されると第百三十六条に定める被保護者情報局又は第百四十条に定める中央被保護者情報局を通じて送付されるとを問わず、差出国、名あて国及び仲介国において郵便料金を免除される。このため、特に、抑留所又は普通刑務所内に留置される敵国の文民のための千九百四十七年の万国郵便条約及び万国郵便連合の諸約定で定める免除は、この条約によつて保護されるその他の被抑留者にも許与するものとする。それらの諸約定の非締約国は、同一の条件で料金の免除を許与しなければならない。

被抑留者にあてられた救済品が重量その他の理由により郵便で送付することができない場合には、その輸送費は、抑留国の管理の下にあるすべての領域においては、抑留国が負担しなければならない。この条約のその他の締約国は、それぞれの領域における輸送費を負担しなければならない。

それらの救済品の輸送に関連する費用で前各項に規定しないものは、発送人が負担しなければならない。

締約国は、被抑留者が発信し、又は被抑留者にあてられる電報の料金をできる限り低額にするように努めなければならない。

**第一一一条【郵便及び救済品輸送の確保】** 軍事行動のため、関係国が第百六条、第百七条、第百八条及び第百十三条に定める郵便及び救済品の輸送を確保する義務を遂行することができなかつた場合には、関係利益保護国、赤十字国際委員会又は紛争当事国が正当に承認したその他の団体は、適当な輸送手段（鉄道車両、自動車、船舶、航空機等）によりその郵便及び救済品を伝達することを確保するように企画することができる。このため、締約国は、それらのものに前記の輸送手段を提供することに努め、且つ、特に、必要な安導券を与えて輸送手段の使用を許さなければならない。

前記の輸送手段は、次のものの輸送のためにも使用することができる。

(a) 第百四十条に定める中央被保護者情報局と第百三十六条に定める各国の被保護者情報局との間で交換される通信、名簿及び報告書

(b) 利益保護国、赤十字国際委員会又は被抑留者に援助を与えるその他の団体がその代表又は紛争当事国との間で交換する被抑留者に関する通信及び報告書

前記の規定は、紛争当事国が希望した場合に他の輸送手段について取極をする権利を制限するものではなく、また、安導券が相互に同意された条件でその輸送手段に関して与えられることを排除するものでもない。

輸送手段の使用に要する費用は、それによつて利益を得る者の国籍が属する紛争当事国が、荷物の重要性に応じて負担しなければならない。

**第一一二条【通信の検閲・禁止、荷物検査】** 被抑留者にあてられ、又は被抑留者が発送する通信の検閲は、できる限りすみやかに行わなければならない。

被抑留者にあてられた荷物の検査は、その中の物品をそこなう虞のある条件の下で行つてはならない。その検査は、名あて人又は名あて人が正当に委任した被抑留者の立会の下に行わなければならない。被抑留者に対する個人又は集団あての荷物の引渡は、検査の困難を理由として遅滞することがあつてはならない。

紛争当事国が命ずる通信の禁止は、軍事的理由によるものであると政治的理由によるものであるとを問わず、一時的なものでなければならず、その禁止の期間は、できる限り短いものでなければならない。

**第一一三条【書類の伝達・作成に対する便益供与】** 抑留国は、被抑留者にあてられ、又は被抑留者が発送する遺言状、委任状その他の文書が利益保護国若しくは第百四十条に定める中央被保護者情報局を通じて又はその他必要な方法で伝達されるように、すべての適当な便益を提供しなければならない。

抑留国は、いかなる場合にも、前記の文書の妥当且つ適法な様式による作成及び認証について被抑留者に便益を与えなければならない。特に、抑留国は、被抑留者が法律家に依頼することを許さなければならない。

**第一一四条【財産管理に対する便益供与】** 抑留国は、被抑留者に対し、抑留条件及び適用がある法令に違反しない限り、その財産を管理することができるようにすべての便益を与えなければならない。抑留国は、このため、緊急の場合において事情が許すときは、被抑留者に収容所を離れることを許すことができる。

**第一一五条【被抑留者の訴訟事件】** 抑留国は、被抑留者が裁判所における訴訟当事者であるすべての場合において、その者の要請があつたときは、当該裁判所にその抑留の事実を通知しなければならず、また、その被抑留者が、抑留されているという理由で、その訴訟事件の準備及び進行に関し又は裁判所の判決の執行に関して何らの不利益をも被ることがないようにするため必要なすべての措置を執ることを法令の範囲内で確保しなければならない。

**第一一六条【近親者の訪問】** 各被抑留者は、定期的に、できる限りしばしば、訪問、特にその近親者の訪問を受けることを許されるものとする。

各被抑留者は、緊急の場合、特に、近親者が死亡したとき、又は重病のときは、できる限り帰宅を許されるものとする。

## 第九章　刑罰及び懲戒罰

**第一一七条【抑留中の違反行為の処罰】** 被抑留者が抑留されている領域内で施行されている法令は、本章の規定に従うことを条件として、抑留中に違反行為を行つた被抑留者に対して引き続き適用する。

一般の法律、規則又は命令が、被抑留者が行つた一定の行為について処罰すべきものと定めている場合において、被抑留者でない者が行つた同一の行為については処罰すべきものでないときは、その行為については、懲戒罰のみを科することができる。

被抑留者は、同一の行為又は同一の犯罪事実については、重ねて処罰することができない。

**第一一八条【科刑】** 裁判所又は当局は、刑罰を決定するに当つては、被告人が抑留国の国民ではないという事実をできる限り考慮に入れなければならない。裁判所又は当局は、被抑留者が訴追された違反行為に関して定める刑罰を自由に減軽することができるものとし、従つて、このためには、所定の最も軽い刑罰にかかわりなく刑罰を科することができる。

日光が入らない場所における拘禁及び一般にあらゆる種類の残虐行為は、禁止する。

被抑留者は、懲戒罰又は刑罰に服した後は、他の被抑留者と差別して待遇してはならない。

懲戒又は裁判があるまでの間における被抑留者の拘禁又は勾留の期間は、被抑留者に言い渡す拘禁の懲戒罰又は刑罰に通算しなければならない。

被抑留者委員会は、同委員会が代表する被抑留者に対して執られるすべての司法手続及びその結果について通知を受けるものとする。

**第一一九条【懲戒罰】** 被抑留者に対して科することができる懲戒罰は、次のものとする。

(1) 三十日以内の期間について行う、第九十五条の規定に基いて被抑留者が受領すべき賃金の百分の五十以下の減給

(2) この条約で定める待遇以外に与えられている特権の停止

(3) 収容所の維持に関連する一日につき二時間以内の労役

(4) 拘置

懲戒罰は、いかなる場合にも、非人道的なもの、残虐なもの又は被抑留者の健康を害するものであつてはならない。被抑留者の年令、性別及び健康状態については、考慮を払わなければならない。

一の懲戒罰の期間は、被抑留者が懲戒の決定を受ける場合において、二以上の紀律違反行為について責任を問われているときでも、それらの違反行為の間に関連があるかどうかを問わず、最大限連続三十日をこえてはならない。

**第一二〇条【逃走】** 逃走し、又は逃走を企てた被抑留者で再び捕えられたものに対しては、その行為が重ねて行われたものであるとないとを問わず、その行為については懲戒罰のみを科することができる。

第百十八条第三項の規定にかかわらず、逃走し、又は逃走を企てた結果として処罰された被抑留者は、特別の監視の下に置くことができる。その監視は、被抑留者の健康状態を害するものであつてはならず、収容所内で行われるものでなければならず、また、この条約によつて被抑留者に与えられる保護のいずれをも排除するものであつてはならない。

逃走又は逃走の企図をほう助し、又はそのかした被抑留者に対しては、その行為について懲戒罰のみを科することができる。

**第一二一条【同前】** 逃走又は逃走の企図は、その行為が重ねて行われたものであるとないとを問わず、被抑留者が逃走中に行つた犯罪行為について訴追されたときに刑を加重する情状と認めてはならない。

紛争当事国は、被抑留者の違反行為について、特に、逃走が成立したかどうかを問わず逃走に関連して行われた行為について、懲戒罰を科するか又は刑罰を科するかを決定するに当つては、権限のある当局が寛容を示すことを確保しなければならない。

**第一二二条【紀律違反】** 紀律に対する違反行為を構成する行為は、直ちに調査しなければならない。この規定は、特に、逃走又は逃走の企図について適用する。再び捕えられた被抑留者は、権限のある当局にできる限りすみやかに引き渡さなければならない。

紀律に対する違反行為の場合には、懲戒の決定があるまでの間における拘禁の期間は、すべての被抑留者について最少限度としなければならず、また、十四日をこえてはならない。その期間は、いかなる場合にも、拘置の本罰に通算しなければならない。

第百二十四条及び第百二十五条の規定は、紀律に対する違反行為に関して懲戒の決定があるまでの間に拘禁されている被抑留者に準用する。

**第一二三条【懲戒の言渡し】** 懲戒罰は、収容所長又はその代理をし、若しくはその懲戒権を委任される責任のある将校若しくは公務員のみが、言い渡すことができる。但し、裁判所及び上級の当局の権限を害するものではない。

違反行為の責任を問われた被抑留者に対しては、懲戒の決定の言渡の前に、責任を問われた違反行為に関する正確な情報を告げ、且つ、当該被抑留者が自己の行為を弁明し、及び自己を防ぎよする機会を与えなければならない。その被抑留者に対しては、特に、証人の喚問を求めること及び必要があるときは資格のある通訳人に通訳させることを許さなければならない。決定は、当該被抑留者及び被抑留者委員会の委員に対して言い渡さなければならない。

懲戒の言渡と執行との間の期間は、一箇月をこえてはならない。

被抑留者について重ねて懲戒の決定があつた場合において、いずれかの懲戒罰の期間が十日以上であるときは、いずれの二の懲戒についても、その執行の間には、少くとも三日の期間を置かなければならない。

懲戒の記録は、収容所長が保存し、且つ、利益保護国の代表者の閲覧に供しなければならない。

**第一二四条【懲戒の場所】**〔「捕虜」を「被抑留者」と読み替えつつ、一九四九年ジュネーヴ第三条約第九七条第一、二、四段落とほぼ同じ。〕

**第一二五条【被懲戒者の待遇】**〔「捕虜」を「被抑留者」と読み替えつつ、一九四九年ジュネーヴ第三条約第九八条第三段落以降とほぼ同じ。〕

**第一二六条【準用規定】** 第七十一条から第七十六条までの規定は、抑留国の領域内にある被抑留者に対する司法手続に準用する。

## 第十章　被抑留者の移動

**第一二七条【移動の実施】** 被抑留者の移動は、常に人道的に行わなければならない。その移動は、原則として、鉄道その他の輸送手段によつて、少くとも抑留国の軍隊の移駐の条件と同等の条件で行わなければならない。移動を例外的に徒歩で行わなければならない場合において、被抑留者の健康状態がその移動に適していないときは、その移動は、行つてはならず、また、いかなる場合にも、被抑留者を過度に疲労させるものであつてはならない。

抑留国は、移動中の被抑留者に対し、その健康を維持するために量、質及び種類において充分な飲料水及び食糧並びに必要な被服、適当な宿舎及び必要な医療上の手当を供与しなければならない。抑留国は、移動中の被抑留者の安全を確保するため、すべての適当な予防措置を執らなければならない。抑留国は、移動される被抑留者の完全な名簿をその出発前に作成しなければならない。

病者、傷者又は虚弱者たる被抑留者及び妊産婦は、移動がそれらの者の健康にとつて極めて有害であるときは、移動してはならない。但し、それらの者の安全のために絶対に移動を必要とする場合は、この限りでない。

戦線が収容所に接近した場合には、その収容所の被抑留者は、

移動を充分に安全な条件で行うことができるとき、又は被抑留者を現地にとどめれば移動した場合におけるよりも一層大きな危険にさらすこととなるときを除く外、移動してはならない。

抑留国は、被抑留者の移動を決定するに当つては、被抑留者自身の利益を考慮に入れなければならず、特に、それらの者の送還又は家庭への復帰を一層困難にするようなことをしてはならない。

**第一二八条【被移動者の取扱い】** 移動の場合には、被抑留者に対し、その出発及び新たな郵便あて名について正式に通知しなければならない。その通知は、被抑留者がその荷物を準備し、及びその家族に通報することができるように、充分に早く与えなければならない。

被抑留者に対しては、その個人用品並びに受領した通信及び小包を携帯することを許さなければならない。それらの物品の重量は、移動の条件により必要とされるときは、制限することができる。但し、いかなる場合にも、被抑留者一人について二十五キログラム未満に制限してはならない。

旧収容所にあてられた通信及び小包は、遅滞なく被抑留者に転送しなければならない。

収容所長は、被抑留者委員会と協議して、被抑留者の共有物及び第二項に基いて課せられる制限により被抑留者が携帯することができない荷物の輸送を確保するため必要な措置を執らなければならない。

### 第十一章　死亡（略）

**第一二九条【遺言書・死亡証明書等】**（略）

**第一三〇条【墓】**（略）

**第一三一条【傷害・死亡原因の調査】**（略）

### 第十二章　解放、送還及び中立国における入院

**第一三二条【解放】** 抑留国は、各被抑留者についてその抑留を必要とする原因が存在しなくなつたときは、それらの被抑留者を直ちに解放しなければならない。

紛争当事国は、また、敵対行為の期間中に、特定の種類の被抑留者、特に、児童、妊産婦、幼児及び児童の母、傷者及び病者並びに長期間抑留されていた被抑留者の解放、送還、居住地への復帰又は中立国における入院のための協定を締結するように努めなければならない。

**第一三三条【抑留の終了】** 抑留は、敵対行為の終了後できる限りすみやかに終止しなければならない。

紛争当事国の領域内にある被抑留者で、もつぱら懲戒罰のみを科することができる違反行為以外の違反行為についての刑事訴訟手続がその者について進行中のものは、その手続及び事情により必要とされるときは刑の執行を終るまでの間、拘禁して置くことができる。既に自由刑の判決を受けた被抑留者についても、同様とする。

抑留国及び関係国は、離散した被抑留者を捜索するため、敵対行為又は地域の占領の終了の後に、協定で委員会を設置することができる。

**第一三四条【復帰及び送還】** 締約国は、敵対行為又は占領の終了に当り、すべての被抑留者がその最後の居住地に復帰することを確保し、又はそれらの者の送還を容易にするように努めなければならない。

**第一三五条【費用】** 抑留国は、解放された被抑留者が抑留された時に居住していた場所に復帰するための費用又は、抑留国がそれらの者を旅行中に若しくは公海で捕えた場合には、それらの者が旅行を完了し、若しくはその出発地点に復帰するための費用を負担しなければならない。

抑留国は、抑留前にその国に恒久的な居所を有していた者に対しその領域内に居住することを許可しない場合には、それらの被抑留者の送還の費用を支払わなければならない。但し、被抑留者が自己の責任において又は本国政府の命令に従つて帰国することを希望する場合には、抑留国は、その領域の出国地点からの旅行の費用を支払うことを要しない。抑留国は、自己の要請に基いて抑留された被抑留者の送還の費用を支払うことを要しない。

被抑留者が第四十五条に従つて移送される場合には、被抑留者の移送を行う国及びそれらの者を受け入れる国は、自国が負担する費用の割当について合意しなければならない。

前記の規定は、紛争当事国が敵国の権力内にある自国民の交換及び送還に関し特別協定を締結することを妨げるものではない。

## 第五部　被保護者情報局及び中央被保護者情報局（抄）

**第一三六条【被保護者情報局】** 各紛争当事国は、紛争の開始の際及び占領のあらゆる場合に、その権力内にある被保護者に関する情報の受領及び伝達について責任を負う公の情報局を設置しなければならない。

各紛争当事国は、二週間をこえて捕えられ、住居を指定され、又は抑留されているすべての被保護者に関して執つた措置について、自国の被保護者情報局に対しできる限りすみやかに情報を提供しなければならない。各紛争当事国は、また、自国の諸関係機関に対し、被保護者に関するすべての異動（たとえば、移動、解放、送還、逃走、入院、出生、死亡等）に関する情報をすみやかに前記の被保護者情報局に提供するように要求しなければならない。

**第一三七条【同前】** 各国の被保護者情報局は、利益保護国及び第百四十条に定める中央被保護者情報局の仲介により、被保護者の本国又はそれらの者がその領域内に居住していた国に対し、被保護者に関する情報を最もすみやかな方法で直ちに通知しなければならない。被保護者情報局は、また、被保護者に関し受領するすべての問合せに回答しなければならない。

被保護者情報局は、被保護者に関する情報を伝達しなければならない。但し、その伝達が本人又はその近親者にとつて有害である場合は、この限りでない。この場合においても、その情報は、中央被保護者情報局には提供しなければならない。同情報局は、その事情について通知を受けたときは、第百四十条に掲げる必要な措置を執るものとする。

被保護者情報局のすべての通知書は、署名又は押印によつて認証しなければならない。

**第一三八条【同前】** 被保護者情報局が受領し、及び伝達する情報は、被保護者の身元を正確に識別し、及び近親者にすみやかに了知させることを可能にするような性質のものでなければならない。各被保護者についての情報は、少くとも氏名、出生地及

び生年月日、国籍、最後の居住地、特徴、父の名及び母の旧姓、本人に関して執られた措置の日付、場所及び性質、被抑留者に対する通信を送付すべきあて名並びに通知を受ける者の氏名及びあて名を含むものでなければならない。

同様に、重病又は重傷の被抑留者の健康状態に関する情報も、定期的に、可能なときは毎週、提供しなければならない。

**第一三九条【同前】** 各国の被保護者情報局は、更に、第百三十六条に掲げる被保護者、特に、送還され、若しくは解放された被保護者又は逃走し、若しくは死亡した被保護者が残したすべての個人的な有価物の収集について責任を負うものとし、また、その有価物を、直接に又は必要がある場合には中央被保護者情報局を通じて、関係者に送付しなければならない。被保護者情報局は、それらの有価物を封印袋で送付しなければならない。その封印袋には、それらの有価物を所持していた者を識別するための明確且つ完全な明細書及び内容の完全な目録を附さなければならない。それらのすべての有価物の受領及び発送については、詳細に記録して置かなければならない。

**第一四〇条【中央被保護者情報局】**（略）

**第一四一条【料金免除】** 各国の被保護者情報局及び中央被保護者情報局は、すべての郵便料金の免除及び第百十条に定める免除を受けるものとし、更に、できる限り電報料金の免除又は少くともその著しい減額を受けるものとする。

## 第四編　条約の実施

### 第一部　総則

**第一四二条【援助団体による援助】** 抑留国は、その安全を保障し、又はその他合理的な必要を満たすために肝要であると認める措置を留保して、宗教団体、救済団体その他被保護者に援助を与える団体の代表者及びその正当な委任を受けた代理人に対し、被保護者の訪問、出所のいかんを問わず宗教的、教育的又は娯楽的目的に充てられる救済用の需品及び物資の被保護者に対する分配並びに収容所内における被保護者の余暇の利用の援助に関してすべての必要な便益を与えなければならない。前記の団体は、抑留国の領域内にも、また、その他の国にも設立することができる。また、前記の団体には、国際的性質をもたせることができる。

抑留国は、代表が抑留国の領域内で抑留国の監督の下に任務を行うことを許される団体の数を制限することができる。但し、その制限は、すべての被保護者に対する充分な救済の効果的な実施を妨げないものでなければならない。

この分野における赤十字国際委員会の特別の地位は、常に、認め、且つ、尊重しなければならない。

**第一四三条【利益保護国に与えられる便益】** 利益保護国の代表者又は代表は、被保護者がいるすべての場所、特に、収容、拘禁及び労働の場所に行くことを許されるものとする。

利益保護国の代表者又は代表は、被保護者が使用するすべての施設に出入することができるものとし、また、立会人なしで、直接に又は通訳人を通じて、被保護者と会見することができる。

前記の訪問は、絶対的な軍事上の必要を理由とする例外的且つ一時的な措置として行われる場合を除く外、禁止されないものとする。その訪問の期間及び回数は、制限してはならない。

利益保護国の代表者及び代表は、訪問する場所を自由に選定することができる。抑留国又は占領国、利益保護国及び必要がある場合には訪問を受ける者の本国は、それらの被抑留者の同国人が訪問に参加することに合意することができる。

赤十字国際委員会の代表も、同一の特権を享有する。その代表の任命は、当該代表が任務を遂行する領域を支配する国の承認を必要とする。

**第一四四条【条約文の弘布】** 締約国は、この条約の原則を自国のすべての住民に知らせるため、平時であると戦時であるとを問わず、自国においてこの条約の本文をできる限り普及させること、特に、軍事教育及びできれば非軍事教育の課目中にこの条約の研究を含ませることを約束する。

戦時において被保護者について責任を負う文民の当局、軍当局、警察当局その他の当局は、この条約の本文を所持し、及び同条約の規定について特別の教育を受けなければならない。

**第一四五条【条約訳文と関係国内法令の相互通知】**

**第一四六条【この条約に対する違反行為】**

〔第一四五条及び第一四六条　一九四九年ジュネーヴ第一条約第四八条及び第四九条と同じ。〕

**第一四七条【重大な違反行為】** 前条にいう重大な違反行為とは、この条約が保護する人又は物に対して行われる次の行為、すなわち、殺人、拷問若しくは非人道的待遇（生物学的実験を含む。）、身体若しくは健康に対して故意に重い苦痛を与え、若しくは重大な傷害を加えること、被保護者を不法に追放し、移送し、若しくは拘禁すること、被保護者を強制して敵国の軍隊で服務させること、この条約に定める公正な正式の裁判を受ける権利を奪うこと、人質にすること又は軍事上の必要によつて正当化されない不法且つし意的な財産の広はんな破壊若しくは徴発を行うことをいう。

**第一四八条【締約国の責任】**

**第一四九条【違反行為に対する調査】**

〔第一四八条及び第一四九条　一九四九年ジュネーヴ第一条約第五一条及び第五二条と同じ。〕

### 第二部　最終規定（第一五〇条から第一五九条まで）

（略）

〔一九四九年ジュネーヴ第一条約最終規定（第五五条から第六四条まで）を参照〕

## 5　一九四九年ジュネーヴ条約第一追加議定書（国際武力紛争）（抄）

（千九百四十九年八月十二日のジュネーヴ諸条約の国際的な武力紛争の犠牲者の保護に関する追加議定書（議定書Ⅰ））〔ジュネーヴ（赤十字）条約第一追加議定書・国際的武力紛争の犠牲者の保護に関する追加議定書〕

採　　択　一九七七年六月八日（ジュネーヴ）（コンセンサス）
署名（開放）一九七七年一二月一二日（ベルン）
効力発生　一九七八年一二月七日
日 本 国　二〇〇五年二月二八日（〇四年六月一四日国会承認、八月三一日内閣加入決定、同日加入書寄託、九月三日公布・条約一二号）
当 事 国　一七四

**前　文**

締約国は、

人々の間に平和が広まることを切望することを宣明し、

国際連合憲章に基づき、各国が、その国際関係において、武力による威嚇又は武力の行使であって、いかなる国の主権、領土保全又は政治的独立に対するものも、また、国際連合の目的と両立しない他のいかなる方法によるものも慎む義務を負っていることを想起し、

それにもかかわらず、武力紛争の犠牲者を保護する諸規定を再確認し及び発展させること並びにそれらの規定の適用を強化するための措置を補完することが必要であると確信し、

この議定書又は千九百四十九年八月十二日のジュネーヴ諸条約のいかなる規定も、侵略行為その他の国際連合憲章と両立しない武力の行使を正当化し又は認めるものと解してはならないとの確信を表明し、

千九百四十九年八月十二日のジュネーヴ諸条約及びこの議定書が、武力紛争の性質若しくは原因又は紛争当事者が掲げ若しくは紛争当事者に帰せられる理由に基づく不利な差別をすることなく、これらの文書によって保護されているすべての者について、すべての場合において完全に適用されなければならないことを再確認して、

次のとおり協定した。

### 第一編　総則

**第一条（一般原則及び適用範囲）**　1　締約国は、すべての場合において、この議定書を尊重し、かつ、この議定書の尊重を確保することを約束する。

2　文民及び戦闘員は、この議定書その他の国際取極がその対象としていない場合においても、確立された慣習、人道の諸原則及び公共の良心に由来する国際法の諸原則に基づく保護並びにこのような国際法の諸原則の支配の下に置かれる。

3　この議定書は、戦争犠牲者の保護に関する千九百四十九年八月十二日のジュネーヴ諸条約を補完するものであり、同諸条約のそれぞれの第二条に共通して規定する事態について適用する。

4　3に規定する事態には、国際連合憲章並びに国際連合憲章による諸国間の友好関係及び協力についての国際法の諸原則に関する宣言にうたう人民の自決の権利の行使として人民が植民地支配及び外国による占領並びに人種差別体制に対して戦う武力紛争を含む。

**第二条（定義）**　この議定書の適用上、

(a)　「第一条約」、「第二条約」、「第三条約」及び「第四条約」とは、それぞれ、戦地にある軍隊の傷者及び病者の状態の改善に関する千九百四十九年八月十二日のジュネーヴ条約、海上にある軍隊の傷者、病者及び難船者の状態の改善に関する千九百四十九年八月十二日のジュネーヴ条約、捕虜の待遇に関する千九百四十九年八月十二日のジュネーヴ条約及び戦時における文民の保護に関する千九百四十九年八月十二日のジュネーヴ条約をいう。「諸条約」とは、戦争犠牲者の保護に関する千九百四十九年八月十二日の四のジュネーヴ条約をいう。

(b)　「武力紛争の際に適用される国際法の諸規則」とは、紛争当事者が締約国となっている国際取極に定める武力紛争の際に適用される諸規則並びに一般的に認められた国際法の諸原則及び諸規則であって武力紛争について適用されるものをいう。

(c)　「利益保護国」とは、一の紛争当事者によって指定され、かつ、敵対する紛争当事者によって承諾された中立国その他の紛争当事者でない国であって、諸条約及びこの議定書に基づいて利益保護国に与えられる任務を遂行することに同意したものをいう。

(d)　「代理」とは、第五条の規定に従い利益保護国に代わって行動する団体をいう。

**第三条（適用の開始及び終了）**　常に適用される規定の適用を妨げることなく、

(a)　諸条約及びこの議定書は、第一条に規定する事態が生じた時から適用する。

(b)　諸条約及びこの議定書については、紛争当事者の領域においては軍事行動の全般的終了の時に、また、占領地域においては占領の終了の時に、適用を終了する。ただし、軍事行動の全般的終了又は占領の終了の後に最終的解放、送還又は居住地の設定が行われる者については、この限りでない。これらの者は、その最終的解放、送還又は居住地の設定の時まで諸条約及びこの議定書の関連規定による利益を引き続き享受する。

**第四条（紛争当事者の法的地位）**　諸条約及びこの議定書の適用並びに諸条約及びこの議定書に規定する取極の締結は、紛争当事者の法的地位に影響を及ぼすものではない。領域の占領又は諸条約若しくはこの議定書の適用のいずれも、関係する領域の法的地位に影響を及ぼすものではない。

**第五条（利益保護国及びその代理の任命）**　1　紛争当事者は、紛争の開始の時から、2から7までの規定に従って利益保護国の制度を適用すること（特に、利益保護国の指定及び承諾を含む。）により、諸条約及びこの議定書について監視し及びこれらを実施することを確保する義務を負う。利益保護国は、紛争当事者の利益を保護する義務を負う。

2　紛争当事者は、第一条に規定する事態が生じた時から、諸条約及びこの議定書を適用する目的で利益保護国を遅滞なく指定し、並びに同様に遅滞なく、かつ、同一の目的で、敵対する紛争当事者による指定の後に自らが承諾した利益保護国の活動を認める。

3　赤十字国際委員会は、第一条に規定する事態が生じた時から

## 一九四九年ジュネーヴ条約第一追加議定書（国際武力紛争）

利益保護国が指定されておらず又は承諾されていない場合には、他の公平な人道的団体が同様のことを行う権利を害することなく、紛争当事者の同意する利益保護国を遅滞なく指定するために紛争当事者に対してあっせんを行う。このため、同委員会は、特に、紛争当事者に対し、当該紛争当事者が敵対する紛争当事者との関係で自らのために利益保護国として行動することを受け入れることができると認める少なくとも五の国を掲げる一覧表を同委員会に提出するよう要請し、及び敵対する紛争当事者に対し、当該敵対する紛争当事者が当該紛争当事者の利益保護国として承諾することができる少なくとも五の国を掲げる一覧表を提出するよう要請することができる。これらの一覧表は、その要請の受領の後二週間以内に同委員会に送付する。同委員会は、これらの一覧表を比較し、及び双方の一覧表に記載されたいずれかの国について合意を求める。

4　3の規定にかかわらず利益保護国がない場合には、紛争当事者は、赤十字国際委員会又は公平性及び有効性についてすべてを保障する他の団体が当該紛争当事者と十分に協議した後その協議の結果を考慮に入れて行う代理として行動する旨の申出を遅滞なく受け入れ又は承諾する。代理の任務の遂行は、紛争当事者の同意を条件とする。紛争当事者は、諸条約及びこの議定書に基づく任務の遂行における代理の活動を容易にするため、あらゆる努力を払う。

5　諸条約及びこの議定書の適用を目的とする利益保護国の指定及び承諾は、前条の規定に従い、紛争当事者の法的地位又はいずれの領域（占領された領域を含む。）の法的地位に影響を及ぼすものではない。

6　紛争当事者間に外交関係が維持されていること又は外交関係に関する国際法の諸規則に従い紛争当事者及び紛争当事者の国民の利益の保護を第三国にゆだねることは、諸条約及びこの議定書の適用を目的とする利益保護国の指定を妨げるものではない。

7　以下、この議定書における利益保護国には、代理を含む。

**第六条（資格を有する者）**　1　締約国は、平時においても、各国の赤十字社、赤新月社又は赤のライオン及び太陽社の援助を得て、諸条約及びこの議定書の適用、特に利益保護国の活動を容易にするため、資格を有する者を養成するよう努める。

2　1の資格を有する者の採用及び養成は、国内管轄権に属する。

3　赤十字国際委員会は、締約国が作成し及び同委員会に送付した資格を有する者として養成された者の名簿を締約国の利用に供するために保管する。

4　資格を有する者の自国の領域外における使用を規律する条件は、それぞれの場合において関係締約国間の特別の合意に従う。

**第七条（会議）**　この議定書の寄託者は、一又は二以上の締約国の要請により、かつ、締約国の過半数の承認に基づき、諸条約及びこの議定書の適用に関する一般的な問題を検討するために締約国会議を招集する。

## 第二編　傷者、病者及び難船者

### 第一部　一般的保護

**第八条（用語）**　この議定書の適用上、

(a)「傷者」及び「病者」とは、軍人であるか文民であるかを問わず、外傷、疾病その他の身体的又は精神的な疾患又は障害のために治療又は看護を必要とし、かつ、いかなる敵対行為も差し控える者をいう。これらの者には、産婦、新生児及び直ちに治療又は看護を必要とする者（例えば、虚弱者、妊婦）であって、いかなる敵対行為も差し控えるものを含む。

(b)「難船者」とは、軍人であるか文民であるかを問わず、自己又は自己を輸送している船舶若しくは航空機が被った危難の結果として海その他の水域において危険にさらされており、かつ、いかなる敵対行為も差し控える者をいう。これらの者は、敵対行為を差し控えている限り、救助の間においても、諸条約又はこの議定書に基づいて他の地位を得るまで引き続き難船者とみなす。

(c)「医療要員」とは、紛争当事者により、専ら(e)に規定する医療上の目的、医療組織の管理又は医療用輸送手段の運用若しくは管理のために配属された者をいう。その配属は、常時のものであるか臨時のものであるかを問わない。医療要員には、次の者を含む。

(i)　紛争当事者の医療要員（軍人であるか文民であるかを問わない。また、第一条約及び第二条約に規定する衛生要員並びに文民保護組織に配属された医療要員を含む。）

(ii)　各国の赤十字社、赤新月社又は赤のライオン及び太陽社及び紛争当事者が正当に認める各国のその他の篤志救済団体の医療要員

(iii)　次条2に規定する医療組織又は医療用輸送手段における医療要員

(d)「宗教要員」とは、聖職者等専ら宗教上の任務に従事する軍人又は文民であって次のいずれかに配置されているものをいう。

(i)　紛争当事者の軍隊

(ii)　紛争当事者の医療組織又は医療用輸送手段

(iii)　次条2に規定する医療組織又は医療用輸送手段

(iv)　紛争当事者の文民保護組織

宗教要員の配置は、常時のものであるか臨時のものであるかを問わない。また、宗教要員については、(k)の規定の関連部分を準用する。

(e)「医療組織」とは、軍のものであるか軍のもの以外のものであるかを問わず、医療上の目的、すなわち、傷者、病者及び難船者の捜索、収容、輸送、診断若しくは治療（応急治療を含む。）又は疾病の予防のために設置された施設その他の組織をいう。これらのものには、例えば、病院その他の類似の組織、輸血施設、予防医療に関する施設及び研究所、医療物資貯蔵庫並びにこれらの組織の医薬品の保管所を含む。医療組織は、固定されたものであるか移動するものであるか、また、常時のものであるか臨時のものであるかを問わない。

(f)「医療上の輸送」とは、諸条約及びこの議定書によって保護される傷者、病者、難船者、医療要員、宗教要員、医療機器又は医療用品の陸路、水路又は空路による輸送をいう。

(g)「医療用輸送手段」とは、軍のものであるか軍のもの以外のものであるか、また、常時のものであるか臨時のものであるかを問わず、専ら医療上の輸送に充てられ、かつ、紛争当事者の権限のある当局の監督の下にある輸送手段をいう。

(h)「医療用車両」とは、陸路による医療用輸送手段をいう。

(i)「医療用船舶及び医療用舟艇」とは、水路による医療用輸送手段をいう。

(j)「医療用航空機」とは、空路による医療用輸送手段をいう。

(k)「常時の医療要員」、「常時の医療組織」及び「常時の医療用輸

送手段」とは、期間を限定することなく専ら医療目的に充てられた医療要員、医療組織及び医療用輸送手段をいう。「臨時の医療要員」、「臨時の医療組織」及び「臨時の医療用輸送手段」とは、限られた期間につきその期間を通じて専ら医療目的に充てられた医療要員、医療組織及び医療用輸送手段をいう。別段の定めがない限り、「医療要員」、「医療組織」及び「医療用輸送手段」には、それぞれ、常時のもの及び臨時のものを含む。

(l)「特殊標章」とは、医療組織、医療用輸送手段、医療要員、医療機器、医療用品、宗教要員、宗教上の器具及び宗教上の用品の保護のために使用される場合における白地に赤十字、赤新月又は赤のライオン及び太陽から成る識別性のある標章をいう。

(m)「特殊信号」とは、専ら医療組織又は医療用輸送手段の識別のためにこの議定書の附属書Ｉ第三章に規定する信号又は通報をいう。

**第九条（適用範囲）** 1 この編の規定は、傷者、病者及び難船者の状態を改善することを目的としたものであり、人種、皮膚の色、性、言語、宗教又は信条、政治的意見その他の意見、国民的又は社会的出身、貧富、出生又は他の地位その他これらに類する基準による不利な差別をすることなく、第一条に規定する事態によって影響を受けるすべての者について適用する。

2 第一条約第二十七条及び第三十二条の関連する規定は、常時の医療組織及び常時の医療用輸送手段（第二条約第二十五条の規定が適用される病院船を除く。）並びにこれらの要員であって、次に掲げる国又は団体が人道的目的で紛争当事者の利用に供するものについて適用する。

(a) 中立国その他の紛争当事者でない国
(b) (a)に規定する国の認められた救済団体
(c) 公平で国際的な人道的団体

**第一〇条（保護及び看護）** 1 すべての傷者、病者及び難船者は、いずれの締約国に属する者であるかを問わず、尊重され、かつ、保護される。

2 傷者、病者及び難船者は、すべての場合において、人道的に取り扱われるものとし、また、実行可能な限り、かつ、できる限り速やかに、これらの者の状態が必要とする医療上の看護及び手当を受ける。医療上の理由以外のいかなる理由によっても、これらの者の間に差別を設けてはならない。

**第一一条（身体の保護）** 1 敵対する紛争当事者の権力内にある者又は第一条に規定する事態の結果収容され、抑留され若しくは他の方法によって自由を奪われた者の心身が健康かつ健全であることを、不当な作為又は不作為によって脅かしてはならない。このため、この条に規定する者に対し、その者の健康状態が必要としない医療上の措置又はその措置をとる締約国の国民であり何ら自由を奪われていない者について類似の医学的状況の下で適用される一般に受け入れられている医療上の基準に適合しない医療上の措置をとることは、禁止する。

2 特に、1に規定する者に対し次の行為を行うこと（1に定める条件によって正当とされる場合を除く。）は、本人の同意がある場合であっても、禁止する。

(a) 身体の切断
(b) 医学的又は科学的実験
(c) 移植のための組織又は器官の除去

3 2(c)に規定する禁止に対する例外は、輸血のための献血又は移植のための皮膚の提供であって、自発的に及び強制又は誘引なしに行われ、かつ、一般に受け入れられている医療上の基準並びに提供者及び受領者双方の利益のための規制に適合する条件の下で治療を目的として行われるものについてのみ認める。

4 いかなる者についても、その者の属する締約国以外の締約国の権力内にある場合において心身が健康かつ健全であることを著しく脅かす故意の作為又は不作為であって、1及び2の禁止の規定に違反するもの又は3に定める条件に合致しないものは、この議定書の重大な違反行為とする。

5 1に規定する者は、いかなる外科手術も拒否する権利を有する。医療要員は、拒否された場合には、その旨を記載した書面であって当該者が署名し又は承認したものを取得するよう努める。

6 紛争当事者は、1に規定する者が行う輸血のための献血又は移植のための皮膚の提供が当該紛争当事者の責任の下で行われる場合には、このような献血又は皮膚の提供についての医療記録を保管する。さらに、紛争当事者は、第一条に規定する事態の結果収容され、抑留され又は他の方法によって自由を奪われた者についてとったすべての医療上の措置の記録を保管するよう努める。これらの記録は、利益保護国がいつでも検査することができるようにしておく。

**第一二条（医療組織の保護）** 1 医療組織は、常に尊重され、かつ、保護されるものとし、また、これを攻撃の対象としてはならない。

2 1の規定は、次のいずれかの場合には、軍の医療組織以外の医療組織について適用する。

(a) 紛争当事者の一に属する場合
(b) 紛争当事者の一の権限のある当局が認める場合
(c) 第九条2又は第一条約第二十七条の規定に基づいて承認を得た場合

3 紛争当事者は、自己の固定された医療組織の位置を相互に通報するよう求められる。通報のないことは、紛争当事者の1の規定に従う義務を免除するものではない。

4 いかなる場合にも、医療組織を軍事目標を攻撃から保護することを企図して利用してはならない。紛争当事者は、可能なときはいつでも、医療組織が軍事目標に対する攻撃によってその安全を危うくされることのないような位置に置かれることを確保する。

**第一三条（軍の医療組織以外の医療組織の保護の終了）** 1 軍の医療組織以外の医療組織が受けることのできる保護は、当該軍の医療組織以外の医療組織がその人道的任務から逸脱して敵に有害な行為を行うために使用される場合を除くほか、消滅しない。ただし、この保護は、適当な場合にはいつでも合理的な期限を定める警告が発せられ、かつ、その警告が無視された後においてのみ、消滅させることができる。

2 次のことは、敵に有害な行為と認められない。

(a) 軍の医療組織以外の医療組織の要員が自己又はその責任の下にある傷者及び病者の防護のために軽量の個人用の武器を装備していること。
(b) 軍の医療組織以外の医療組織が監視兵、歩哨又は護衛兵によって警護されていること。
(c) 傷者及び病者から取り上げた小型武器及び弾薬であってまだ適当な機関に引き渡されていないものが軍の医療組織以外の医療組織の中にあること。
(d) 軍隊の構成員又は他の戦闘員が医療上の理由により軍の医

療組織以外の医療組織の中にいること。

**第一四条（軍の医療組織以外の医療組織に対する徴発の制限）**

1 占領国は、占領地域の文民たる住民の医療上の必要が常に満たされることを確保する義務を負う。

2 占領国は、文民たる住民に対する適当な医療の提供並びに既に治療中の傷者及び病者の治療の継続に必要な限り、軍の医療組織以外の医療組織、その設備、その物品又はその要員の役務を徴発してはならない。

3 占領国は、2に定める一般的な規則が遵守されている限り、次に掲げる条件に従って2に規定する資源を徴発することができる。

(a) 当該資源が占領国の軍隊の構成員であって傷者及び病者であるもの又は捕虜の適切かつ迅速な治療のために必要であること。

(b) 徴発が(a)に規定する必要のある間に限り行われること。

(c) 文民たる住民の医療上の必要並びに徴発によって影響を受ける治療中の傷者及び病者の医療上の必要が常に満たされることを確保するため直ちに措置をとること。

**第一五条（軍の医療要員以外の医療要員及び軍の宗教要員以外の宗教要員の保護）** 1 軍の医療要員以外の医療要員は、尊重され、かつ、保護される。

2 軍の医療要員以外の医療要員は、戦闘活動のために軍の医療活動以外の医療活動が中断されている地域において、必要なときは、すべての利用可能な援助を与えられる。

3 占領国は、占領地域の軍の医療要員以外の医療要員に対し、その軍の医療要員以外の医療要員が最善を尽くして人道的任務を遂行することができるようにするためにすべての援助を与える。占領国は、当該軍の医療要員以外の医療要員がその任務を遂行するに当たり、医療上の理由に基づく場合を除くほか、いずれかの者の治療を優先させるよう求めてはならない。軍の医療要員以外の医療要員は、その人道的使命と両立しない任務を遂行することを強要されない。

4 軍の医療要員以外の医療要員は、関係紛争当事者が必要と認める監督及び安全のための措置に従うことを条件として、当該軍の医療要員以外の医療要員の役務を必要とするいずれの場所にも立ち入ることができる。

5 軍の宗教要員以外の宗教要員は、尊重され、かつ、保護される。医療要員の保護及び識別に関する諸条約及びこの議定書の規定は、軍の宗教要員以外の宗教要員についてもひとしく適用する。

**第一六条（医療上の任務の一般的保護）** 1 いずれの者も、いかなる場合においても、医療上の倫理に合致した医療活動（その受益者のいかんを問わない。）を行ったことを理由として処罰されない。

2 医療活動に従事する者は、医療上の倫理に関する諸規則若しくは傷者及び病者のために作成された他の医療上の諸規則又は諸条約若しくはこの議定書の規定に反する行為又は作業を行うことを強要されず、また、これらの諸規則及び規定によって求められる行為又は作業を差し控えることを強要されない。

3 医療活動に従事する者は、自己が現に看護しているか又は看護していた傷者及び病者に関する情報がこれらの傷者及び病者又はその家族にとって有害となると認める場合には、自国の法律によって求められている場合を除くほか、敵対する紛争当事者又は自国のいずれかに属する者に対し当該情報を提供することを強要されない。もっとも、伝染病の義務的通報に関する諸規則は、尊重する。

**第一七条（文民たる住民及び救済団体の役割）** 1 文民たる住民は、傷者、病者及び難船者が敵対する紛争当事者に属する場合においても、これらの者を尊重し、また、これらの者に対していかなる暴力行為も行ってはならない。文民たる住民及び各国の赤十字社、赤新月社又は赤のライオン及び太陽社のような救済団体は、自発的に行う場合であっても、侵略され又は占領された地域においても、傷者、病者及び難船者を収容し及び看護することを許される。いずれの者も、このような人道的な行為を理由として危害を加えられ、訴追され、有罪とされ又は処罰されることはない。

2 紛争当事者は、1に規定する文民たる住民及び救済団体に対して、傷者、病者及び難船者を収容し及び看護し並びに死者を捜索し及びその死者の位置を報告するよう要請することができる。紛争当事者は、要請に応じた者に対し、保護及び必要な便益の双方を与える。敵対する紛争当事者は、そのような保護及び必要な便益の双方を与えられる地域を支配し又はその地域に対する支配を回復した場合には、必要な限り、同様の保護及び便益を与える。

**第一八条（識別）** 1 紛争当事者は、医療要員、宗教要員、医療組織及び医療用輸送手段が識別されることのできることを確保するよう努める。

2 紛争当事者は、また、特殊標章及び特殊信号を使用する医療組織及び医療用輸送手段の識別を可能にする方法及び手続を採用し及び実施するよう努める。

3 軍の医療要員以外の医療要員及び軍の宗教要員以外の宗教要員は、占領地域及び戦闘が現に行われ又は行われるおそれのある地域において、特殊標章及び身分証明書によって識別されることができるようにすべきである。

4 医療組織及び医療用輸送手段は、権限のある当局の同意を得て、特殊標章によって表示する。第二十二条に規定する船舶及び舟艇は、第二条約に従って表示する。

5 紛争当事者は、特殊標章に加え、附属書I第三章に定めるところにより、医療組織及び医療用輸送手段を識別するために特殊信号の使用を許可することができる。同章に規定する特別の場合には、例外的に、医療用輸送手段は、特殊標章を表示することなく特殊信号を使用することができる。

6 1から5までの規定の適用は、附属書I第一章から第三章までに定めるところによる。医療組織及び医療用輸送手段が専ら使用するために同附属書第三章に指定する信号は、同章に定める場合を除くほか、同章の医療組織及び医療用輸送手段を識別する目的以外の目的で使用してはならない。

7 この条の規定は、平時において第一条約第四十四条に規定する使用よりも広範な特殊標章の使用を認めるものではない。

8 特殊標章の使用についての監督並びに特殊標章の濫用の防止及び抑止に関する諸条約及びこの議定書の規定は、特殊信号について適用する。

**第一九条（中立国その他の紛争当事者でない国）** 中立国その他の紛争当事者でない国は、この編の規定によって保護される者であってこれらの国が自国の領域において受け入れ又は収容するもの及びこれらの国によって発見される紛争当事者の死者について、この議定書の関連規定を適用する。

**第二〇条（復仇の禁止）** この編の規定によって保護される者及

び物に対する復仇は、禁止する。

## 第二部　医療上の輸送

**第二一条（医療用車両）** 医療用車両は、諸条約及びこの議定書における移動する医療組織と同様の方法により尊重され、かつ、保護される。

**第二二条（病院船及び沿岸救助艇）** 1　次の(a)から(d)までに掲げるものに関する諸条約の規定は、(a)及び(b)に規定する船舶が第二条約第十三条に規定するいずれの部類にも属しない文民たる傷者、病者及び難船者を輸送する場合についても適用する。もっとも、これらの者は、自国以外の締約国に引き渡され又は海上において捕らえられない。これらの者が自国以外の紛争当事者の権力内にある場合には、これらの者は、第四条約及びこの議定書の対象となる。

(a)　第二条約第二十二条、第二十四条、第二十五条及び第二十七条に規定する船舶

(b)　(a)の船舶の救命艇及び小舟艇

(c)　(a)の船舶の要員及び乗組員

(d)　船舶上の傷者、病者及び難船者

2　第二条約第二十五条に規定する船舶に対し諸条約によって与えられる保護は、次の(a)及び(b)に掲げるものが人道的目的で紛争当事者の利用に供した病院船に及ぶものとする。

(a)　中立国その他の紛争当事者でない国

(b)　公平で国際的な人道的団体

ただし、いずれの場合にも、同条の要件が満たされることを条件とする。

3　第二条約第二十七条に規定する小舟艇は、同条に定めるところによる通告が行われなかった場合にも、保護される。もっとも、紛争当事者は、当該小舟艇の識別を容易にする要目を相互に通報するよう求められる。

**第二三条（他の医療用船舶及び他の医療用舟艇）** 1　医療用船舶及び医療用舟艇であって前条及び第二条約第三十八条に規定するもの以外のものは、海上であるか他の水域であるかを問わず、諸条約及びこの議定書における移動する医療組織と同様の方法により尊重され、かつ、保護される。その保護は、当該医療用船舶及び医療用舟艇が医療用船舶及び医療用舟艇として識別されることができるときにのみ実効的となるので、当該医療用船舶及び医療用舟艇は、特殊標章によって表示され、かつ、できる限り第二条約第四十三条第二項の規定に従うべきである。

2　1に規定する医療用船舶及び医療用舟艇は、戦争の法規の適用を受ける。自己の命令に直ちに従わせることのできる海上の軍艦は、当該医療用船舶及び医療用舟艇に対し、停船若しくは退去を命ずること又は航路を指定することができる。当該医療用船舶及び医療用舟艇は、これらのすべての命令に従う。当該医療用船舶及び医療用舟艇が船舶上にある傷者、病者及び難船者のために必要とされる限り、その医療上の任務は、他のいかなる方法によっても変更することができない。

3　1に規定する保護は、第二条約第三十四条及び第三十五条に定める条件によってのみ消滅する。2の規定による命令に従うことを明確に拒否することは、同条約第三十四条に規定する敵に有害な行為とする。

4　紛争当事者は、敵対する紛争当事者に対し、1に規定する医療用船舶又は医療用舟艇（特に総トン数二千トンを超える船舶）の船名、要目、予想される出航時刻、航路及び推定速度を出航のできる限り前に通報することができ、並びに識別を容易にする他の情報を提供することができる。敵対する紛争当事者は、そのような情報の受領を確認する。

5　第二条約第三十七条の規定は、1に規定する医療用船舶又は医療用舟艇における医療要員及び宗教要員について適用する。

6　第二条約は、同条約第十三条及びこの議定書の第四十四条に規定する部類に属する傷者、病者及び難船者であって1に規定する医療用船舶及び医療用舟艇にあるものについて適用する。第二条約第十三条に規定するいずれの部類にも属しない文民たる傷者、病者及び難船者は、海上では自国以外のいずれの締約国にも引き渡されず、また、当該医療用船舶又は医療用舟艇から移動させられない。これらの者が自国以外の紛争当事者の権力内にある場合には、これらの者は、第四条約及びこの議定書の対象となる。

**第二四条（医療用航空機の保護）** 医療用航空機は、この編の規定により尊重され、かつ、保護される。

**第二五条（敵対する紛争当事者が支配していない区域における医療用航空機）** 友軍が実際に支配している地域及びその上空又は敵対する紛争当事者が実際に支配していない海域及びその上空においては、紛争当事者の医療用航空機の尊重及び保護は、敵対する紛争当事者との合意に依存しない。もっとも、そのような区域において当該医療用航空機を運航する紛争当事者は、一層の安全のため、特に当該医療用航空機が敵対する紛争当事者の地対空兵器システムの射程内を飛行するときは、第二十九条の規定により、敵対する紛争当事者に通報することができる。

**第二六条（接触地帯又は類似の地域における医療用航空機）** 1　接触地帯のうち友軍が実際に支配している地域及びその上空並びに実際の支配が明確に確立していない地域及びその上空においては、医療用航空機の保護は、第二十九条に定めるところにより、紛争当事者の権限のある軍当局の間の事前の合意によってのみ十分に実効的となる。このような合意のない場合には、医療用航空機は、自己の責任で運航されるが、医療用航空機であると識別された後は尊重される。

2　「接触地帯」とは、敵対する軍隊の前線部隊が相互に接触している地域、特に前線部隊が地上からの直接の砲火にさらされている地域をいう。

**第二七条（敵対する紛争当事者が支配している区域における医療用航空機）** 1　紛争当事者の医療用航空機は、敵対する紛争当事者が実際に支配している地域又は海域の上空を飛行している間、敵対する紛争当事者の権限のある当局からその飛行に対する事前の同意を得ていることを条件として、引き続き保護される。

2　医療用航空機であって航行上の過誤又は飛行の安全に影響を及ぼす緊急事態のため1に規定する同意なしに又は同意の条件に相違して敵対する紛争当事者が実際に支配している地域の上空を飛行するものは、自己が識別され及びその状況を敵対する紛争当事者に通報するようあらゆる努力を払う。当該敵対する紛争当事者は、当該医療用航空機を識別した場合には直ちに、第三十条1に規定する着陸若しくは着水を命令し又は自国の利益を保護するための他の措置をとるよう、及びいずれの場合にも当該医療用航空機に対して攻撃を加える前にその命令又は措置に従うための時間を与えるよう、すべての合理的な努力を払う。

**第二八条（医療用航空機の運航の制限）** 1　紛争当事者が敵対

する紛争当事者に対して軍事的利益を得ることを企図して自国の医療用航空機を使用することは、禁止する。医療用航空機の所在は、軍事目標が攻撃の対象とならないようにすることを企図して利用してはならない。

2 医療用航空機は、情報データを収集し又は伝達するために使用してはならず、また、このような目的に使用するための機器を備えてはならない。医療用航空機が第八条(f)の定義に該当しない者又は積荷を輸送することは、禁止する。搭乗者の手回品又は航行、通信若しくは識別を容易にすることのみを目的とした機器を搭載することは、禁止されるものと認められない。

3 医療用航空機は、機上の傷者、病者及び難船者から取り上げた小型武器及び弾薬であってまだ適当な機関に引き渡されていないもの並びに機上の医療要員が自己及びその責任の下にある傷者、病者及び難船者の防護のために必要な軽量の個人用の武器を除くほか、いかなる武器も輸送してはならない。

4 医療用航空機は、前二条に係る飛行を実施している間、敵対する紛争当事者との事前の合意による場合を除くほか、傷者、病者及び難船者を捜索するために使用してはならない。

**第二九条（医療用航空機に関する通報及び合意）** 1 第二十五条の規定に基づく通報又は第二十六条、第二十七条、前条4若しくは第三十一条の規定に基づく事前の合意のための要請については、医療用航空機の予定されている数、その飛行計画及び識別方法を明示し、並びにすべての飛行が前条の規定を遵守して実施されることを意味するものと了解する。

2 第二十五条の規定に基づいて行われる通報を受領した締約国は、その通報の受領を直ちに確認する。

3 第二十六条、第二十七条、前条4又は第三十一条の規定に基づく事前の合意のための要請を受領した締約国は、要請を行った締約国に対しできる限り速やかに次のいずれかのことを通報する。

(a) 要請に同意すること。

(b) 要請を拒否すること。

(c) 要請に対する合理的な代わりの提案。また、要請のあった飛行が実施される期間及び地域における他の飛行の禁止又は制限を提案することができる。要請を行った締約国が代わりの提案を受諾する場合には、当該要請を行った締約国は、その受諾を当該要請を受領した締約国に通報する。

4 締約国は、通報及び合意が速やかに行われることを確保するために必要な措置をとる。

5 締約国は、通報及び合意の内容を関係部隊に速やかに周知させるために必要な措置をとり、並びに医療用航空機の使用する識別方法について当該関係部隊に指示を与える。

**第三〇条（医療用航空機の着陸及び検査）** 1 敵対する紛争当事者が実際に支配している地域又は実際の支配が明確に確立していない地域の上空を飛行する医療用航空機については、2から4までに定める規定に従って検査を受けるため着陸し又は着水するよう命ずることができる。医療用航空機は、その命令に従う。

2 命令によるか他の理由によるかを問わず1に規定する医療用航空機が着陸し又は着水した場合には、3及び4に規定する事項を決定するためにのみ当該医療用航空機を検査することができる。検査は、遅滞なく開始し、迅速に実施する。検査を行う締約国は、検査のために不可欠である場合を除くほか、傷者及び病者を当該医療用航空機から移動させるよう求めてはならない。当該検査を行う締約国は、いかなる場合にも、傷者及び病者の状態が検査又は移動によって不利な影響を受けないことを確保する。

3 検査によって次のすべてのことが明らかになった場合には、その検査を受けた航空機及び敵対する紛争当事者又は中立国その他の紛争当事者でない国に属する当該航空機の搭乗者は、飛行を継続することを遅滞なく認められる。

(a) 当該航空機が第八条(j)の規定の意味における医療用航空機であること。

(b) 当該航空機が第二十八条に定める条件に違反していないこと。

(c) 事前の合意が求められている場合に、当該航空機が当該合意なしに又は当該合意に違反して飛行していなかったこと。

4 検査によって次のいずれかのことが明らかになった場合には、その検査を受けた航空機は、捕獲することができる。当該航空機の搭乗者は、諸条約及びこの議定書の関連規定に従って取り扱われる。捕獲した航空機が常時の医療用航空機として充てられていたものである場合には、これを医療用航空機としてのみ、その後も使用することができる。

(a) 当該航空機が第八条(j)の規定の意味における医療用航空機でないこと。

(b) 当該航空機が第二十八条に定める条件に違反していること。

(c) 事前の合意が求められている場合に、当該航空機が当該合意なしに又は当該合意に違反して飛行していたこと。

**第三一条（中立国その他の紛争当事者でない国）** 1 医療用航空機は、事前の同意がある場合を除くほか、中立国その他の紛争当事者でない国の領域の上空を飛行し又は当該領域に着陸してはならない。医療用航空機は、同意がある場合には、その飛行中及び当該領域における寄港中、尊重される。もっとも、医療用航空機は、着陸又は着水の命令に従う。

2 医療用航空機は、航行上の過誤又は飛行の安全に影響を及ぼす緊急事態のため同意なしに又は同意の条件に相違して中立国その他の紛争当事者でない国の領域の上空を飛行する場合には、その飛行を通報し及び自己が識別されるようあらゆる努力を払う。当該中立国その他の紛争当事者でない国は、当該医療用航空機を識別した場合には直ちに、前条1に規定する着陸若しくは着水を命令し又は自国の利益を保護するための他の措置をとるよう、及びいずれの場合にも当該医療用航空機に対して攻撃を加える前にその命令又は措置に従うための時間を与えるよう、すべての合理的な努力を払う。

3 医療用航空機は、同意がある場合又は2に規定する状況において、命令によるか他の理由によるかを問わず中立国その他の紛争当事者でない国の領域に着陸し又は着水したときは、実際に医療用航空機であるか否かを決定するための検査を受ける。検査は、遅滞なく開始し、迅速に実施する。検査を行う締約国は、検査のために不可欠である場合を除くほか、当該航空機を運航している紛争当事者の傷者及び病者を航空機から移動させるよう求めてはならない。当該検査を行う締約国は、いかなる場合にも、傷者及び病者の状態が検査又は移動によって不利な影響を受けないことを確保する。検査によって当該航空機が実際に医療用航空機であることが明らかになった場合には、当該航空機は、搭乗者（武力紛争の際に適用される国際法の諸規則に従って抑留しなければならない者を除く。）とともに、飛行を再開することを認められ、飛行の継続のために合理的な便益を与えられる。検査によって当該航空機が医療用航空機でないことが明らかになった場合には、当該航空機は、捕獲され、及び当該搭乗者は、4の規定によって取り扱われる。

4 中立国その他の紛争当事者でない国は、武力紛争の際に適用される国際法の諸規則が求める場合には、自己と紛争当事者との間に別段の合意がない限り、自国の領域で現地当局の同意を得て医療用航空機から降機（一時的な場合を除く。）した傷者、病者及び難船者が敵対行為に再び参加することのできないようにそれらの者を抑留する。病院における治療及び収容の費用は、これらの者の属する国が負担する。

5 中立国その他の紛争当事者でない国は、医療用航空機が自国の領域の上空を飛行すること又は自国の領域に着陸することに関する条件及び制限をすべての紛争当事者についてひとしく適用する。

## 第三部 行方不明者及び死者

**第三二条（一般原則）** 締約国、紛争当事者並びに諸条約及びこの議定書に規定する国際的な人道的団体の活動は、この部の規定の実施に当たり、主として家族がその近親者の運命を知る権利に基づいて促進される。

**第三三条（行方不明者）** 1 紛争当事者は、事情が許す限り速やかに、遅くとも現実の敵対行為の終了の時から、敵対する紛争当事者により行方不明であると報告された者を捜索する。当該敵対する紛争当事者は、その捜索を容易にするため、これらの者に関するすべての関連情報を伝達する。

2 紛争当事者は、1の規定に基づき情報の収集を容易にするため、諸条約及びこの議定書に基づく一層有利な考慮が払われない者について、次のことを行う。

(a) 敵対行為又は占領の結果二週間以上抑留され、投獄され若しくは他の方法で捕らわれた場合又は捕らわれている期間中に死亡した場合には、第四条約第百三十八条に規定する情報を記録すること。

(b) 敵対行為又は占領の結果他の状況において死亡した場合には、その者に関する情報の収集及び記録を、できる限り、容易にし及び必要な場合に行うこと。

3 1の規定に基づき行方不明であると報告された者に関する情報及びその情報についての要請は、直接に又は利益保護国、赤十字国際委員会の中央安否調査部若しくは各国の赤十字社、赤新月社若しくは赤のライオン及び太陽社を通じて伝達する。紛争当事者は、赤十字国際委員会及びその中央安否調査部を通じて情報を伝達しない場合には、当該情報を中央安否調査部に対しても提供することを確保する。

4 紛争当事者は、死者を捜索し、識別し及び戦場から収容するための調査団に関する取極（適当な場合には、敵対する紛争当事者の支配している地域において調査団がその任務を行っている間、当該敵対する紛争当事者の要員に伴われるためのものを含む。）に合意するよう努める。調査団の要員は、専らその任務を行っている間、尊重され、かつ、保護される。

**第三四条（遺体）** 1 占領に関連する理由のために死亡し又は占領若しくは敵対行為に起因して捕らわれている期間中に死亡した者及び敵対行為の結果自国以外の国で死亡した者の遺体又は墓地に対して諸条約及びこの議定書に基づく一層有利な考慮が払われない場合には、これらの者の遺体は、尊重されるものとし、また、これらの者の墓地は、第四条約第百三十条に定めるところにより尊重され、維持され、かつ、表示される。

2 締約国は、敵対行為の結果として又は占領中若しくは捕らわれている期間中に死亡した者の墓その他遺体のある場所が自国の領域にある場合には、事情及び敵対する紛争当事者との関係が許す限り速やかに、次のことを行うため取極を締結する。

(a) 死亡した者の近親者及び公の墳墓登録機関の代表者による墓地への立入りを容易にすること並びに当該立入りのための実際的な手続を定めること。

(b) 墓地を永続的に保護し、かつ、維持すること。

(c) 本国の要請又は本国が反対しない限り近親者の要請に基づいて遺体及び個人用品を本国へ返還することを容易にすること。

3 自国の領域に墓地のある締約国は、2(b)又は(c)の規定に係る取極のない場合及び死亡した者の本国が自国の費用で墓地の維持を行う意思を有しない場合には、本国への遺体の返還を容易にするよう提案することができる。締約国は、その提案が受諾されなかった場合には、当該提案の日から五年を経過した後に、かつ、本国への適当な通報を行った後に、墓地及び墓に関する自国の法律に定める手続をとることができる。

4 この条に規定する墓地が自国の領域にある締約国は、次のいずれかの場合にのみ、遺体を発掘することを許される。

(a) 2(c)及び3の規定による場合

(b) 発掘が優先的な公共上の必要事項である場合（衛生上及び調査上必要な場合を含む。）。締約国は、この場合において、常に遺体を尊重し、並びに遺体を発掘する意図及び再埋葬予定地の詳細を本国へ通報する。

# 第三編 戦闘の方法及び手段並びに戦闘員及び捕虜の地位

## 第一部 戦闘の方法及び手段

**第三五条（基本原則）** 1 いかなる武力紛争においても、紛争当事者が戦闘の方法及び手段を選ぶ権利は、無制限ではない。

2 過度の傷害又は無用の苦痛を与える兵器、投射物及び物質並びに戦闘の方法を用いることは、禁止する。

3 自然環境に対して広範、長期的かつ深刻な損害を与えることを目的とする又は与えることが予測される戦闘の方法及び手段を用いることは、禁止する。

**第三六条（新たな兵器）** 締約国は、新たな兵器又は戦闘の手段若しくは方法の研究、開発、取得又は採用に当たり、その使用がこの議定書又は当該締約国に適用される他の国際法の諸規則により一定の場合又はすべての場合に禁止されているか否かを決定する義務を負う。

**第三七条（背信行為の禁止）** 1 背信行為により敵を殺傷し又は捕らえることは、禁止する。武力紛争の際に適用される国際法の諸規則に基づく保護を受ける権利を有するか又は保護を与える義務があると敵が信ずるように敵の信頼を誘う行為であって敵の信頼を裏切る意図をもって行われるものは、背信行為を構成する。背信行為の例として、次の行為がある。

(a) 休戦旗を掲げて交渉の意図を装うこと、又は投降を装うこと。

(b) 負傷又は疾病による無能力を装うこと。

(c) 文民又は非戦闘員の地位を装うこと。

(d) 国際連合又は中立国その他の紛争当事者でない国の標章又

は制服を使用して、保護されている地位を装うこと。

2　奇計は、禁止されない。奇計とは、敵を欺くこと又は無謀に行動させることを意図した行為であって、武力紛争の際に適用される国際法の諸規則に違反せず、かつ、そのような国際法に基づく保護に関して敵の信頼を誘うことがないために背信的ではないものをいう。奇計の例として、偽装、囮、陽動作戦及び虚偽の情報の使用がある。

**第三八条（認められた標章）**　1　赤十字、赤新月若しくは赤のライオン及び太陽の特殊標章又は諸条約若しくはこの議定書に規定する他の標章若しくは信号を不当に使用することは、禁止する。また、休戦旗を含む国際的に認められた他の保護標章又は信号及び文化財の保護標章を武力紛争において故意に濫用することは、禁止する。

2　国際連合によって認められた場合を除くほか、国際連合の特殊標章を使用することは、禁止する。

**第三九条（国の標章）**　1　中立国その他の紛争当事者でない国の旗、軍の標章、記章又は制服を武力紛争において使用することは、禁止する。

2　攻撃を行っている間、又は軍事行動を掩護し、有利にし、保護し若しくは妨げるため、敵対する紛争当事者の旗、軍の標章、記章又は制服を使用することは、禁止する。

3　この条及び第三十七条1(d)の規定は、諜報活動又は海上の武力紛争における旗の使用に適用される現行の一般に認められた国際法の諸規則に影響を及ぼすものではない。

**第四〇条（助命）**　生存者を残さないよう命令すること、そのような命令で敵を威嚇すること又はそのような方針で敵対行為を行うことは、禁止する。

**第四一条（戦闘外にある敵の保護）**　1　戦闘外にあると認められる者又はその状況において戦闘外にあると認められるべき者は、攻撃の対象としてはならない。

2　次の者は、戦闘外にある。

(a)　敵対する紛争当事者の権力内にある者

(b)　投降の意図を明確に表明する者

(c)　既に無意識状態となっており又は負傷若しくは疾病により無能力となっているため自己を防御することができない者

ただし、いずれの者も、いかなる敵対行為も差し控え、かつ、逃走を企てないことを条件とする。

3　捕虜としての保護を受ける権利を有する者が第三条約第三編第一部に規定する後送を妨げる通常と異なる戦闘の状態の下で敵対する紛争当事者の権力内に陥った場合には、そのような権利を有する者を解放し、及びその者の安全を確保するためにすべての実行可能な予防措置をとる。

**第四二条（航空機の搭乗者）**　1　遭難航空機から落下傘で降下する者は、降下中は攻撃の対象としてはならない。

2　遭難航空機から落下傘で降下した者は、敵対する紛争当事者が支配する地域に着地したときは、その者が敵対行為を行っていることが明白でない限り、攻撃の対象とされる前に投降の機会を与えられる。

3　空挺部隊は、この条の規定による保護を受けない。

## 第二部　戦闘員及び捕虜の地位

**第四三条（軍隊）**　1　紛争当事者の軍隊は、部下の行動について当該紛争当事者に対して責任を負う司令部の下にある組織され及び武装したすべての兵力、集団及び部隊から成る（当該紛争当事者を代表する政府又は当局が敵対する紛争当事者によって承認されているか否かを問わない。）。このような軍隊は、内部規律に関する制度、特に武力紛争の際に適用される国際法の諸規則を遵守させる内部規律に関する制度に従う。

2　紛争当事者の軍隊の構成員（第三条約第三十三条に規定する衛生要員及び宗教要員を除く。）は、戦闘員であり、すなわち、敵対行為に直接参加する権利を有する。

3　紛争当事者は、準軍事的な又は武装した法執行機関を自国の軍隊に編入したときは、他の紛争当事者にその旨を通報する。

**第四四条（戦闘員及び捕虜）**　1　前条に規定する戦闘員であって敵対する紛争当事者の権力内に陥ったものは、捕虜とする。

2　すべての戦闘員は、武力紛争の際に適用される国際法の諸規則を遵守する義務を負うが、これらの諸規則の違反は、3及び4に規定する場合を除くほか、戦闘員である権利又は敵対する紛争当事者の権力内に陥った場合に捕虜となる権利を戦闘員から奪うものではない。

3　戦闘員は、文民たる住民を敵対行為の影響から保護することを促進するため、攻撃又は攻撃の準備のための軍事行動を行っている間、自己と文民たる住民とを区別する義務を負う。もっとも、武装した戦闘員は、武力紛争において敵対行為の性質のため自己と文民たる住民とを区別することができない状況があると認められるので、当該状況において次に規定する間武器を公然と携行することを条件として、戦闘員としての地位を保持する。

(a)　交戦の間

(b)　自己が参加する攻撃に先立つ軍事展開中に敵に目撃されている間

この3に定める条件に合致する行為は、第三十七条1(c)に規定する背信行為とは認められない。

4　3中段に定める条件を満たすことなく敵対する紛争当事者の権力内に陥った戦闘員は、捕虜となる権利を失う。もっとも、第三条約及びこの議定書が捕虜に与える保護と同等のものを与えられる。この保護には、当該戦闘員が行った犯罪のため裁判され及び処罰される場合に、第三条約が捕虜に与える保護と同等のものを含む。

5　攻撃又は攻撃の準備のための軍事行動を行っていない間に敵対する紛争当事者の権力内に陥った戦闘員は、それ以前の活動を理由として戦闘員である権利及び捕虜となる権利を失うことはない。

6　この条の規定は、いずれかの者が第三条約第四条の規定に基づいて捕虜となる権利を害するものではない。

7　この条の規定は、紛争当事者の武装し、かつ、制服を着用した正規の部隊に配属された戦闘員について、その者が制服を着用することに関する各国の慣行であって一般に受け入れられているものを変更することを意図するものではない。

8　第一条約第十三条及び第二条約第十三条に規定する部類に属する者に加え、前条に規定する紛争当事者の軍隊のすべての構成員は、傷者若しくは病者又は海その他の水域における難船者（ただし、難船者については、第二条約に係るもの）である場合には、これらの条約に基づく保護を受ける権利を有する。

**第四五条（敵対行為に参加した者の保護）**　1　敵対行為に参加して敵対する紛争当事者の権力内に陥った者については、その者が捕虜の地位を要求した場合、その者が捕虜となる権利を有すると認められる場合又はその者が属する締約国が抑留国若しくは利益保護国に対する通告によりその者のために捕虜の地位を要求した場合には、捕虜であると推定し、第三条約に基づいて保護する。その者が捕虜となる権利を有するか否かについて疑義が生じた場合には、その者の地位が権限のある裁判所によって決定されるまでの間、引き続き捕虜の地位を有し、第三条約及びこの議定書によって保護する。

2　敵対する紛争当事者の権力内に陥った者が捕虜としては捕らえられない場合において敵対行為に係る犯罪について当該敵対する紛争当事者による裁判を受けるときは、その者は、司法裁判所において捕虜となる権利を有することを主張し及びその問題について決定を受ける権利を有する。この決定については、適用される手続に従って可能なときはいつでも、当該犯罪についての裁判の前に行う。利益保護国の代表者は、その問題が決定される手続に立ち会う権利を有する。ただし、例外的に手続が国の安全のために非公開で行われる場合は、この限りでない。この場合には、抑留国は、利益保護国にその旨を通知する。

3　敵対行為に参加した者であって、捕虜となる権利を有せず、また、第四条約に基づく一層有利な待遇を受けないものは、常にこの議定書の第七十五条に規定する保護を受ける権利を有する。いずれの者も、占領地域においては、間諜として捕らえられない限り、第四条約第五条の規定にかかわらず、同条約に基づく通信の権利を有する。

**第四六条（間諜）**　1　諸条約又はこの議定書の他の規定にかかわらず、紛争当事者の軍隊の構成員であって諜報活動を行っている間に敵対する紛争当事者の権力内に陥ったものについては、捕虜となる権利を有せず、間諜として取り扱うことができる。

2　紛争当事者の軍隊の構成員であって、当該紛争当事者のために及び敵対する紛争当事者が支配する地域において、情報を収集し又は収集しようとしたものは、そのような活動の間に自国の軍隊の制服を着用していた場合には、諜報活動を行っていたとは認められない。

3　敵対する紛争当事者が占領している地域の居住者である紛争当事者の軍隊の構成員であって、自己が属する紛争当事者のために当該地域において軍事的価値のある情報を収集し又は収集しようとしたものは、虚偽の口実に基づく行為による場合又は故意にひそかな方法で行われた場合を除くほか、諜報活動を行っていたとは認められない。さらに、当該居住者は、諜報活動を行っている間に捕らえられた場合を除くほか、捕虜となる権利を失わず、また、間諜として取り扱われない。

4　敵対する紛争当事者が占領している地域の居住者でない紛争当事者の軍隊の構成員であって、当該地域において諜報活動を行ったものは、その者の属する軍隊に復帰する前に捕らえられる場合を除くほか、捕虜となる権利を失わず、また、間諜として取り扱われない。

**第四七条（傭兵）**　1　傭兵は、戦闘員である権利又は捕虜となる権利を有しない。

2　傭兵とは、次のすべての条件を満たす者をいう。

(a)　武力紛争において戦うために現地又は国外で特別に採用されていること。

(b)　実際に敵対行為に直接参加していること。

(c)　主として私的な利益を得たいとの願望により敵対行為に参加し、並びに紛争当事者により又は紛争当事者の名において、当該紛争当事者の軍隊において類似の階級に属し及び類似の任務を有する戦闘員に対して約束され又は支払われる額を相当上回る物質的な報酬を実際に約束されていること。

(d)　紛争当事者の国民でなく、また、紛争当事者が支配している地域の居住者でないこと。

(e)　紛争当事者の軍隊の構成員でないこと。

(f)　紛争当事者でない国が自国の軍隊の構成員として公の任務で派遣した者でないこと。

# 第四編　文民たる住民

## 第一部　敵対行為の影響からの一般的保護

### 第一章　基本原則及び適用範囲

**第四八条（基本原則）**　紛争当事者は、文民たる住民及び民用物を尊重し及び保護することを確保するため、文民たる住民と戦闘員とを、また、民用物と軍事目標とを常に区別し、及び軍事目標のみを軍事行動の対象とする。

**第四九条（攻撃の定義及び適用範囲）**　1　「攻撃」とは、攻勢としてであるか防御としてであるかを問わず、敵に対する暴力行為をいう。

2　この議定書の攻撃に関する規定は、いずれの地域（紛争当事者に属する領域であるが敵対する紛争当事者の支配の下にある地域を含む。）で行われるかを問わず、すべての攻撃について適用する。

3　この部の規定は、陸上の文民たる住民、個々の文民又は民用物に影響を及ぼす陸戦、空戦又は海戦について適用するものとし、また、陸上の目標に対して海又は空から行われるすべての攻撃についても適用する。もっとも、この部の規定は、海上又は空中の武力紛争の際に適用される国際法の諸規則に影響を及ぼすものではない。

4　この部の規定は、第四条約特にその第二編及び締約国を拘束する他の国際取極に含まれる人道的保護に関する諸規則並びに陸上、海上又は空中の文民及び民用物を敵対行為の影響から保護することに関する他の国際法の諸規則に追加される。

### 第二章　文民及び文民たる住民

**第五〇条（文民及び文民たる住民の定義）**　1　文民とは、第三条約第四条A(1)から(3)まで及び(6)並びにこの議定書の第四十三条に規定する部類のいずれにも属しない者をいう。いずれの者も、文民であるか否かについて疑義がある場合には、文民とみなす。

2　文民たる住民とは、文民であるすべての者から成るものをいう。

3　文民の定義に該当しない者が文民たる住民の中に存在することは、文民たる住民から文民としての性質を奪うものではない。

**第五一条（文民たる住民の保護）**　1　文民たる住民及び個々の文民は、軍事行動から生ずる危険からの一般的保護を受ける。この保護を実効的なものとするため、適用される他の国際法の諸規則に追加される2から8までに定める規則は、すべての場合において、遵守する。

2　文民たる住民それ自体及び個々の文民は、攻撃の対象としてはならない。文民たる住民の間に恐怖を広めることを主たる目的とする暴力行為又は暴力による威嚇は、禁止する。

3　文民は、敵対行為に直接参加していない限り、この部の規定によって与えられる保護を受ける。

4　無差別な攻撃は、禁止する。無差別な攻撃とは、次の攻撃であって、それぞれの場合において、軍事目標と文民又は民用物とを区別しないでこれらに打撃を与える性質を有するものをいう。

(a) 特定の軍事目標のみを対象としない攻撃

(b) 特定の軍事目標のみを対象とすることのできない戦闘の方法及び手段を用いる攻撃

(c) この議定書で定める限度を超える影響を及ぼす戦闘の方法及び手段を用いる攻撃

5　特に、次の攻撃は、無差別なものと認められる。

(a) 都市、町村その他の文民又は民用物の集中している地域に位置する多数の軍事目標であって相互に明確に分離された別個のものを単一の軍事目標とみなす方法及び手段を用いる砲撃又は爆撃による攻撃

(b) 予期される具体的かつ直接的な軍事的利益との比較において、巻き添えによる文民の死亡、文民の傷害、民用物の損傷又はこれらの複合した事態を過度に引き起こすことが予測される攻撃

6　復仇の手段として文民たる住民又は個々の文民を攻撃することは、禁止する。

7　文民たる住民又は個々の文民の所在又は移動は、特定の地点又は区域が軍事行動の対象とならないようにするために、特に、軍事目標を攻撃から掩護し又は軍事行動を掩護し、有利にし若しくは妨げることを企図して利用してはならない。紛争当事者は、軍事目標を攻撃から掩護し又は軍事行動を掩護することを企図して文民たる住民又は個々の文民の移動を命じてはならない。

8　この条に規定する禁止の違反があったときにおいても、紛争当事者は、文民たる住民及び個々の文民に関する法的義務（第五十七条の予防措置をとる義務を含む。）を免除されない。

## 第三章　民用物

**第五二条（民用物の一般的保護）** 1　民用物は、攻撃又は復仇の対象としてはならない。民用物とは、2に規定する軍事目標以外のすべての物をいう。

2　攻撃は、厳格に軍事目標に対するものに限定する。軍事目標は、物については、その性質、位置、用途又は使用が軍事活動に効果的に資する物であってその全面的又は部分的な破壊、奪取又は無効化がその時点における状況において明確な軍事的利益をもたらすものに限る。

3　礼拝所、家屋その他の住居、学校等通常民生の目的のために供される物が軍事活動に効果的に資するものとして使用されているか否かについて疑義がある場合には、軍事活動に効果的に資するものとして使用されていないと推定される。

**第五三条（文化財及び礼拝所の保護）** 千九百五十四年五月十四日の武力紛争の際の文化財の保護に関するハーグ条約その他の関連する国際文書の規定の適用を妨げることなく、次のことは、禁止する。

(a) 国民の文化的又は精神的遺産を構成する歴史的建造物、芸術品又は礼拝所を対象とする敵対行為を行うこと。

(b) (a)に規定する物を軍事上の努力を支援するために利用すること。

(c) (a)に規定する物を復仇の対象とすること。

**第五四条（文民たる住民の生存に不可欠な物の保護）** 1　戦闘の方法として文民を飢餓の状態に置くことは、禁止する。

2　食糧、食糧生産のための農業地域、作物、家畜、飲料水の施設及び供給設備、かんがい設備等文民たる住民の生存に不可欠な物をこれらが生命を維持する手段としての価値を有するが故に文民たる住民又は敵対する紛争当事者に与えないという特定の目的のため、これらの物を攻撃し、破壊し、移動させ又は利用することができないようにすることは、文民を飢餓の状態に置き又は退去させるという動機によるかその他の動機によるかを問わず、禁止する。

3　2に規定する禁止は、2に規定する物が次の手段として敵対する紛争当事者によって利用される場合には、適用しない。

(a) 専ら当該敵対する紛争当事者の軍隊の構成員の生命を維持する手段

(b) 生命を維持する手段でないときであっても軍事行動を直接支援する手段。ただし、いかなる場合においても、2に規定する物に対し、文民たる住民の食糧又は水を十分でない状態とし、その結果当該文民たる住民を飢餓の状態に置き又はその移動を余儀なくさせることが予測される措置をとってはならない。

4　2に規定する物は、復仇の対象としてはならない。

5　いずれの紛争当事者にとっても侵入から自国の領域を防衛する重大な必要があることにかんがみ、紛争当事者は、絶対的な軍事上の必要によって要求される場合には、自国の支配の下にある領域において2に規定する禁止から免れることができる。

**第五五条（自然環境の保護）** 1　戦闘においては、自然環境を広範、長期的かつ深刻な損害から保護するために注意を払う。その保護には、自然環境に対してそのような損害を与え、それにより住民の健康又は生存を害することを目的とする又は害することが予測される戦闘の方法及び手段の使用の禁止を含む。

2　復仇の手段として自然環境を攻撃することは、禁止する。

**第五六条（危険な力を内蔵する工作物及び施設の保護）** 1　危険な力を内蔵する工作物及び施設、すなわち、ダム、堤防及び原子力発電所は、これらの物が軍事目標である場合であっても、これらを攻撃することが危険な力の放出を引き起こし、その結果文民たる住民の間に重大な損失をもたらすときは、攻撃の対象としてはならない。これらの工作物又は施設の場所又は近傍に位置する他の軍事目標は、当該他の軍事目標に対する攻撃がこれらの工作物又は施設からの危険な力の放出を引き起こし、その結果文民たる住民の間に重大な損失をもたらす場合には、攻撃の対象としてはならない。

2　1に規定する攻撃からの特別の保護は、次の場合にのみ消滅する。

(a) ダム又は堤防については、これらが通常の機能以外の機能のために、かつ、軍事行動に対し常時の、重要なかつ直接の支援を行うために利用されており、これらに対する攻撃がそのような支援を終了させるための唯一の実行可能な方法である場合

(b) 原子力発電所については、これが軍事行動に対し常時の、重要なかつ直接の支援を行うために電力を供給しており、これに対する攻撃がそのような支援を終了させるための唯一の実行可能な方法である場合

(c) 1に規定する工作物又は施設の場所又は近傍に位置する他の軍事目標については、これらが軍事行動に対し常時の、重要なかつ直接の支援を行うために利用されており、これらに対する攻撃がそのような支援を終了させるための唯一の実行可能な方法である場合

3　文民たる住民及び個々の文民は、すべての場合において、国際法によって与えられるすべての保護（次条の予防措置による保護を含む。）を受ける権利を有する。特別の保護が消滅し、1に規定する工作物、施設又は軍事目標が攻撃される場合には、危険な力の放出を防止するためにすべての実際的な予防措置をとる。

4　1に規定する工作物、施設又は軍事目標を復仇の対象とすることは、禁止する。

5　紛争当事者は、1に規定する工作物又は施設の近傍にいかなる軍事目標も設けることを避けるよう努める。もっとも、保護される工作物又は施設を攻撃から防御することのみを目的として構築される施設は、許容されるものとし、攻撃の対象としてはならない。ただし、これらの構築される施設が、保護される工作物又は施設に対する攻撃に対処するために必要な防御措置のためのものである場合を除くほか、敵対行為において利用されず、かつ、これらの構築される施設の装備が保護される工作物又は施設に対する敵対行為を撃退することのみが可能な兵器に限られていることを条件とする。

6　締約国及び紛争当事者は、危険な力を内蔵する物に追加的な保護を与えるために新たな取極を締結するよう要請される。

7　紛争当事者は、この条の規定によって保護される物の識別を容易にするため、この議定書の附属書I第十六条に規定する一列に並べられた三個の明るいオレンジ色の円から成る特別の標章によってこれらの保護される物を表示することができる。その表示がないことは、この条の規定に基づく紛争当事者の義務を免除するものではない。

## 第四章　予防措置

**第五七条（攻撃の際の予防措置）**　1　軍事行動を行うに際しては、文民たる住民、個々の文民及び民用物に対する攻撃を差し控える〔spare〕よう不断の注意を払う。

2　攻撃については、次の予防措置をとる。

(a)　攻撃を計画し又は決定する者は、次のことを行う。

(i)　攻撃の目標が文民又は民用物でなく、かつ、第五十二条2に規定する軍事目標であって特別の保護の対象ではないものであること及びその目標に対する攻撃がこの議定書によって禁止されていないことを確認するためのすべての実行可能なこと。

(ii)　攻撃の手段及び方法の選択に当たっては、巻き添えによる文民の死亡、文民の傷害及び民用物の損傷を防止し並びに少なくともこれらを最小限にとどめるため、すべての実行可能な予防措置をとること。

(iii)　予期される具体的かつ直接的な軍事的利益との比較において、巻き添えによる文民の死亡、文民の傷害、民用物の損傷又はこれらの複合した事態を過度に引き起こすことが予測される攻撃を行う決定を差し控えること。

(b)　攻撃については、その目標が軍事目標でないこと若しくは特別の保護の対象であること、又は当該攻撃が、予期される具体的かつ直接的な軍事的利益との比較において、巻き添えによる文民の死亡、文民の傷害、民用物の損傷若しくはこれらの複合した事態を過度に引き起こすことが予測されることが明白となった場合には、中止し又は停止する。

(c)　文民たる住民に影響を及ぼす攻撃については、効果的な事前の警告を与える。ただし、事情の許さない場合は、この限りでない。

3　同様の軍事的利益を得るため複数の軍事目標の中で選択が可能な場合には、選択する目標は、攻撃によって文民の生命及び民用物にもたらされる危険が最小であることが予測されるものでなければならない。

4　紛争当事者は、海上又は空中における軍事行動を行うに際しては、文民の死亡及び民用物の損傷を防止するため、武力紛争の際に適用される国際法の諸規則に基づく自国の権利及び義務に従いすべての合理的な予防措置をとる。

5　この条のいかなる規定も、文民たる住民、個々の文民又は民用物に対する攻撃を認めるものと解してはならない。

**第五八条（攻撃の影響に対する予防措置）**　紛争当事者は、実行可能な最大限度まで、次のことを行う。

(a)　第四条約第四十九条の規定の適用を妨げることなく、自国の支配の下にある文民たる住民、個々の文民及び民用物を軍事目標の近傍から移動させるよう努めること。

(b)　人口の集中している地域又はその付近に軍事目標を設けることを避けること。

(c)　自国の支配の下にある文民たる住民、個々の文民及び民用物を軍事行動から生ずる危険から保護するため、その他の必要な予防措置をとること。

## 第五章　特別の保護の下にある地区及び地帯

**第五九条（無防備地区）**　1　紛争当事者が無防備地区を攻撃することは、手段のいかんを問わず、禁止する。

2　紛争当事者の適当な当局は、軍隊が接触している地帯の付近又はその中にある居住地区であって敵対する紛争当事者による占領に対して開放されるものを、無防備地区として宣言することができる。無防備地区は、次のすべての条件を満たしたものとする。

(a)　すべての戦闘員が撤退しており並びにすべての移動可能な兵器及び軍用設備が撤去されていること。

(b)　固定された軍事施設の敵対的な使用が行われないこと。

(c)　当局又は住民により敵対行為が行われないこと。

(d)　軍事行動を支援する活動が行われないこと。

3　諸条約及びこの議定書によって特別に保護される者並びに法及び秩序の維持のみを目的として保持される警察が無防備地区に存在することは、2に定める条件に反するものではない。

4　2の規定に基づく宣言は、敵対する紛争当事者に対して行われ、できる限り正確に無防備地区の境界を定め及び記述したものとする。その宣言が向けられた紛争当事者は、その受領を確認し、2に定める条件が実際に満たされている限り、当該地区を無防備地区として取り扱う。条件が実際に満たされていない場合には、その旨を直ちに、宣言を行った紛争当事者に通報する。2に定める条件が満たされていない場合にも、当該地区は、この議定書の他の規定及び武力紛争の際に適用される他の国際法の諸規則に基づく保護を引き続き受ける。

5　紛争当事者は、2に定める条件を満たしていない地区であっても、当該地区を無防備地区とすることについて合意することができる。その合意は、できる限り正確に無防備地区の境界を定め及び記述したものとすべきであり、また、必要な場合には監視の方法を定めたものとすることができる。

6　5に規定する合意によって規律される地区を支配する紛争当事者は、できる限り、他の紛争当事者と合意する標章によって当該地区を表示するものとし、この標章は、明瞭に見ることができる場所、特に当該地区の外縁及び境界並びに幹線道路に表示する。

7　2に定める条件又は5に規定する合意に定める条件を満たさなくなった地区は、無防備地区としての地位を失う。そのような場合にも、当該地区は、この議定書の他の規定及び武力紛争の際に適用される他の国際法の諸規則に基づく保護を引き続き受ける。

**第六〇条（非武装地帯）**　1　紛争当事者がその合意によって非武装地帯の地位を与えた地帯に軍事行動を拡大することは、その拡大が当該合意に反する場合には、禁止する。

2　合意は、明示的に行う。合意は、直接に又は利益保護国若しくは公平な人道的団体を通じて口頭又は文書によって、また、相互的なかつ一致した宣言によって行うことができる。合意は、平時に及び敵対行為の開始後に行うことができるものとし、また、できる限り正確に非武装地帯の境界を定め及び記述したものとし並びに必要な場合には監視の方法を定めたものとすべきである。

3　合意の対象である地帯は、通常、次のすべての条件を満たしたものとする。

(a)　すべての戦闘員が撤退しており並びにすべての移動可能な兵器及び軍用設備が撤去されていること。

(b)　固定された軍事施設の敵対的な使用が行われないこと。

(c)　当局又は住民により敵対行為が行われないこと。

(d)　軍事上の努力に関連する活動が終了していること。

紛争当事者は、(d)に定める条件についての解釈及び4に規定する者以外の者であって非武装地帯に入ることを認められるものについて合意する。

4　諸条約及びこの議定書によって特別に保護される者並びに法及び秩序の維持のみを目的として保持される警察が非武装地帯に存在することは、3に定める条件に反するものではない。

5　非武装地帯を支配する紛争当事者は、できる限り、他の紛争当事者と合意する標章によって当該非武装地帯を表示するものとし、この標章は、明瞭に見ることができる場所、特に当該非武装地帯の外縁及び境界並びに幹線道路に表示する。

6　戦闘が非武装地帯の付近に迫ってきたときであっても、紛争当事者が合意している場合には、いずれの紛争当事者も、軍事行動を行うことに関する目的のために当該非武装地帯を利用し又はその地位を一方的に取り消すことができない。

7　一の紛争当事者が3又は6の規定に対する重大な違反を行った場合には、他の紛争当事者は、非武装地帯にその地位を与えている合意に基づく義務を免除される。その場合において、当該非武装地帯は、非武装地帯としての地位を失うが、この議定書の他の規定及び武力紛争の際に適用される他の国際法の諸規則に基づく保護を引き続き受ける。

## 第六章　文民保護

**第六一条（定義及び適用範囲）**　この議定書の適用上、

(a)　「文民保護」とは、文民たる住民を敵対行為又は災害の危険から保護し、文民たる住民が敵対行為又は災害の直接的な影響から回復することを援助し、及び文民たる住民の生存のために必要な条件を整えるため次の人道的任務の一部又は全部を遂行することをいう。

(i)　警報の発令

(ii)　避難の実施

(iii)　避難所の管理

(iv)　灯火管制に係る措置の実施

(v)　救助

(vi)　応急医療その他の医療及び宗教上の援助

(vii)　消火

(viii)　危険地域の探知及び表示

(ix)　汚染の除去及びこれに類する防護措置の実施

(x)　緊急時の収容施設及び需品の提供

(xi)　被災地域における秩序の回復及び維持のための緊急援助

(xii)　不可欠な公益事業に係る施設の緊急の修復

(xiii)　死者の応急処理

(xiv)　生存のために重要な物の維持のための援助

(xv)　(i)から(xiv)までに掲げる任務のいずれかを遂行するために必要な補完的な活動（計画立案及び準備を含む。）

(b)　「文民保護組織」とは、(a)に規定する任務を遂行するために紛争当事者の権限のある当局によって組織され又は認められる団体その他の組織であって、専らこれらの任務に充てられ、従事するものをいう。

(c)　文民保護組織の「要員」とは、紛争当事者により専ら(a)に規定する任務を遂行することに充てられる者（当該紛争当事者の権限のある当局により専ら当該文民保護組織を運営することに充てられる者を含む。）をいう。

(d)　文民保護組織の「物品」とは、当該文民保護組織が(a)に規定する任務を遂行するために使用する機材、需品及び輸送手段をいう。

**第六二条（一般的保護）**　1　軍の文民保護組織以外の文民保護組織及びその要員は、この議定書の規定、特にこの部の規定に基づき尊重され、かつ、保護される。これらの者は、絶対的な軍事上の必要がある場合を除くほか、文民保護の任務を遂行する権利を有する。

2　1の規定は、軍の文民保護組織以外の文民保護組織の構成員ではないが、権限のある当局の要請に応じて当該権限のある当局の監督の下に文民保護の任務を遂行する文民についても適用する。

3　文民保護のために使用される建物及び物品並びに文民たる住民に提供される避難所は、第五十二条の規定の適用を受ける。文民保護のために使用される物は、破壊し又はその本来の使用目的を変更することができない。ただし、その物が属する締約国によって行われる場合を除く。

**第六三条（占領地域における文民保護）**　1　軍の文民保護組織以外の文民保護組織は、占領地域において、その任務の遂行に必要な便益を当局から与えられる。軍の文民保護組織以外の文民保護組織の要員は、いかなる場合においても、その任務の適正な遂行を妨げるような活動を行うことを強要されない。占領国は、軍の文民保護組織以外の文民保護組織の任務の効率的な遂行を妨げるような方法で当該軍の文民保護組織以外の文民保護組織の機構又は要員を変更してはならない。軍の文民保護組織以外の文民保護組織は、占領国の国民又は利益を優先させることを求められない。

2　占領国は、軍の文民保護組織以外の文民保護組織に対し文民たる住民の利益を害する方法でその任務を遂行することを強要し、強制し又は誘引してはならない。

3　占領国は、安全保障上の理由により文民保護の要員の武装を解除することができる。

4　占領国は、文民保護組織に属し若しくは文民保護組織が使用する建物若しくは物品の本来の使用目的を変更し又はこれらを徴発することが文民たる住民に有害であるような場合には、その変更又は徴発を行うことができない。

5　占領国は、4に定める一般的な規則が遵守されている限り、次の特別の条件に従い、4に規定する資源を徴発し又はその使用目的を変更することができる。

(a)　建物又は物品が文民たる住民の他の要求にとって必要であること。

(b)　徴発又は使用目的の変更が(a)に規定する必要のある間に限り行われること。

6　占領国は、文民たる住民の使用のために提供され又は文民たる住民が必要とする避難所の使用目的を変更し又はこれらを徴発してはならない。

**第六四条（軍の文民保護組織以外の文民保護組織であって中立国その他の紛争当事者でない国のもの及び国際的な調整を行う団体）**　1　前二条、次条及び第六十六条の規定は、紛争当事者の領域において、当該紛争当事者の同意を得て、かつ、その監督の下に第六十一条に規定する文民保護の任務を遂行する軍の文民保護組織以外の文民保護組織であって中立国その他の紛争当事者でない国のものの要員及び物品についても適用する。軍の文民保護組織以外の文民保護組織であって中立国その他の紛争当事者でない国のものによる援助については、敵対する紛争当事者に対しできる限り速やかに通報する。この活動については、いかなる場合においても、紛争への介入とみなしてはならない。もっとも、この活動については、関係紛争当事者の安全保障上の利益に妥当な考慮を払って行うべきである。

2　1に規定する援助を受ける紛争当事者及び当該援助を与える締約国は、適当な場合には、文民保護の活動の国際的な調整を容易なものとすべきである。その場合には、関連する国際的な団体は、この章の規定の適用を受ける。

3　占領国は、占領地域において、自国の資源又は当該占領地域の資源により文民保護の任務の適切な遂行を確保することができる場合にのみ、軍の文民保護組織以外の文民保護組織であって中立国その他の紛争当事者でない国のもの及び国際的な調整を行う団体の活動を排除し又は制限することができる。

**第六五条（保護の消滅）**　1　軍の文民保護組織以外の文民保護組織並びにその要員、建物、避難所及び物品が受けることのできる保護は、これらのものが本来の任務から逸脱して敵に有害な行為を行い又は行うために使用される場合を除くほか、消滅しない。ただし、この保護は、適当な場合にはいつでも合理的な期限を定める警告が発せられ、かつ、その警告が無視された後においてのみ、消滅させることができる。

2　次のことは、敵に有害な行為と認められない。

(a)　文民保護の任務が軍当局の指示又は監督の下に遂行されること。

(b)　文民保護の文民たる要員が文民保護の任務の遂行に際して軍の要員と協力すること又は軍の要員が軍の文民保護組織以外の文民保護組織に配属されること。

(c)　文民保護の任務の遂行が軍人たる犠牲者特に戦闘外にある者に付随的に利益を与えること。

3　文民保護の文民たる要員が秩序の維持又は自衛のために軽量の個人用の武器を携行することも、敵に有害な行為と認められない。もっとも、紛争当事者は、陸上における戦闘が現に行われており又は行われるおそれのある地域においては、文民保護の要員と戦闘員との区別に資するようにそのような武器をピストル又は連発けん銃のようなけん銃に制限するための適当な措置をとる。文民保護の要員は、そのような地域において他の軽量の個人用の武器を携行する場合であっても、文民保護の要員であると識別されたときは、尊重され、かつ、保護される。

4　軍の文民保護組織以外の文民保護組織において軍隊に類似した編成がとられており又は強制的な役務が課されていることは、この章の規定に基づく保護をこれらの軍の文民保護組織以外の文民保護組織から奪うものではない。

**第六六条（識別）**　1　紛争当事者は、自国の文民保護組織並びにその要員、建物及び物品が専ら文民保護の任務の遂行に充てられている間、これらのものが識別されることのできることを確保するよう努める。文民たる住民に提供される避難所も、同様に識別されることができるようにすべきである。

2　紛争当事者は、また、文民保護の国際的な特殊標章が表示される文民のための避難所並びに文民保護の要員、建物及び物品の識別を可能にする方法及び手続を採用し及び実施するよう努める。

3　文民保護の文民たる要員については、占領地域及び戦闘が現に行われており又は行われるおそれのある地域においては、文民保護の国際的な特殊標章及び身分証明書によって識別されることができるようにすべきである。

4　文民保護の国際的な特殊標章は、文民保護組織並びにその要員、建物及び物品の保護並びに文民のための避難所のために使用するときは、オレンジ色地に青色の正三角形とする。

5　紛争当事者は、特殊標章に加えて文民保護に係る識別のための特殊信号を使用することについて合意することができる。

6　1から4までの規定の適用は、この議定書の附属書Ⅰ第五章の規定によって規律される。

7　4に規定する標章は、平時において、権限のある国内当局の同意を得て、文民保護に係る識別のために使用することができる。

8　締約国及び紛争当事者は、文民保護の国際的な特殊標章の表示について監督し並びにその濫用を防止し及び抑止するために必要な措置をとる。

9　文民保護の医療要員、宗教要員、医療組織及び医療用輸送手段の識別は、第十八条の規定によっても規律される。

**第六七条（文民保護組織に配属される軍隊の構成員及び部隊）**　1　文民保護組織に配属される軍隊の構成員及び部隊は、次のことを条件として、尊重され、かつ、保護される。

(a)　要員及び部隊が第六十一条に規定する任務のいずれかの遂行に常時充てられ、かつ、専らその遂行に従事すること。

(b)　(a)に規定する任務の遂行に充てられる要員が紛争の間他のいかなる軍事上の任務も遂行しないこと。

(c)　文民保護の国際的な特殊標章であって適当な大きさのものを明確に表示することにより、要員が他の軍隊の構成員から明瞭に区別されることができること及び要員にこの議定書の附属書Ⅰ第五章に規定する身分証明書が与えられていること。

(d)　要員及び部隊が秩序の維持又は自衛のために軽量の個人用の武器のみを装備していること。第六十五条3の規定は、この場合についても準用する。

(e)　要員が敵対行為に直接参加せず、かつ、その文民保護の任務から逸脱して敵対する紛争当事者に有害な行為を行わず又は行うために使用されないこと。

(f) 要員及び部隊が文民保護の任務を自国の領域においてのみ遂行すること。

(a)及び(b)に定める条件に従う義務を負う軍隊の構成員が(e)に定める条件を遵守しないことは、禁止する。

2 文民保護組織において任務を遂行する軍の要員は、敵対する紛争当事者の権力内に陥ったときは、捕虜とする。そのような軍の要員は、占領地域においては、必要な限り、その文民たる住民の利益のためにのみ文民保護の任務に従事させることができる。ただし、この作業が危険である場合には、そのような軍の要員がその任務を自ら希望するときに限る。

3 文民保護組織に配属される部隊の建物並びに主要な設備及び輸送手段は、文民保護の国際的な特殊標章によって明確に表示する。この特殊標章は、適当な大きさのものとする。

4 文民保護組織に常時配属され、かつ、専ら文民保護の任務の遂行に従事する部隊の物品及び建物は、敵対する紛争当事者の権力内に陥ったときは、戦争の法規の適用を受ける。そのような物品及び建物については、絶対的な軍事上の必要がある場合を除くほか、文民保護の任務の遂行にとって必要とされる間、文民保護上の使用目的を変更することができない。ただし、文民たる住民の必要に適切に対応するためにあらかじめ措置がとられている場合は、この限りでない。

## 第二部 文民たる住民のための救済

**第六八条（適用範囲）** この部の規定は、この議定書に定める文民たる住民について適用するものとし、また、第四条約第二十三条、第五十五条及び第五十九条から第六十二条までの規定その他の関連規定を補完する。

**第六九条（占領地域における基本的な必要）** 1 占領国は、食糧及び医療用品について第四条約第五十五条に定める義務のほか、利用することができるすべての手段により、かつ、不利な差別をすることなく、占領地域の文民たる住民の生存に不可欠な被服、寝具、避難のための手段その他の需品及び宗教上の行事に必要な物品の供給を確保する。

2 占領地域の文民たる住民のための救済活動については、第四条約第五十九条から第六十二条まで及び第百八条から第百十一条までの規定並びにこの議定書の第七十一条の規定により規律し、かつ、遅滞なく実施する。

**第七〇条（救済活動）** 1 占領地域以外の地域であって紛争当事者の支配の下にあるものの文民たる住民が前条に規定する物資を適切に供給されない場合には、性質上人道的かつ公平な救済活動であって不利な差別をすることなく行われるものが実施されるものとする。ただし、そのような救済活動については、関係締約国の同意を条件とする。そのような救済の申出は、武力紛争への介入又は非友好的な行為と認められない。救済品の分配に当たっては、第四条約又はこの議定書により有利な待遇又は特別の保護を受けることとされている児童、妊産婦等を優先させる。

2 紛争当事者及び締約国は、この部の規定に従って提供されるすべての救済品、救済設備及び救済要員の迅速な、かつ、妨げられることのない通過について、これらによる援助が敵対する紛争当事者の文民たる住民のために提供される場合においても、許可し及び容易にする。

3 2の規定に従い救済品、救済設備及び救済要員の通過を許可する紛争当事者及び締約国は、次の権利及び義務を有する。

(a) 通過を許可するための技術的条件（検査を含む。）を定める権利

(b) 援助の分配が利益保護国による現地での監督の下に行われることを許可の条件とすることができること。

(c) 関係する文民たる住民の利益のために緊急の必要がある場合を除くほか、いかなる形においても、救済品の指定された用途を変更してはならず、また、その送付を遅延させてはならないこと。

4 紛争当事者は、救済品を保護し、及びその迅速な分配を容易にする。

5 紛争当事者及び関係締約国は、1の救済活動の効果的で国際的な調整を奨励し及び容易にする。

**第七一条（救済活動に参加する要員）** 1 救済要員については、必要な場合には、特に救済品の輸送及び分配のため救済活動における援助の一部として提供することができる。救済要員の参加は、当該救済要員がその任務を遂行する領域の属する締約国の同意を条件とする。

2 救済要員は、尊重され、かつ、保護される。

3 救済品を受領する締約国は、実行可能な限り、1の救済要員が救済のための任務を遂行することを支援するものとし、絶対的な軍事上の必要がある場合に限り、救済要員の活動を制限し、又はその移動を一時的に制限することができる。

4 救済要員は、いかなる場合においても、この議定書に基づくその任務の範囲を超えることができないものとし、特に、その任務を遂行している領域の属する締約国の安全保障上の要求を考慮する。これらの条件を尊重しない救済要員の任務は、終了させることができる。

## 第三部 紛争当事者の権力内にある者の待遇

### 第一章 適用範囲並びに人及び物の保護

**第七二条（適用範囲）** この部の規定は、第四条約特にその第一編及び第三編に定める紛争当事者の権力内にある文民及び民用物の人道上の保護に関する諸規則並びに国際的な武力紛争の際に基本的人権の保護に関して適用される他の国際法の諸規則に追加される。

**第七三条（難民及び無国籍者）** 敵対行為の開始前に、関係締約国が受諾した関連する国際文書又は避難国若しくは居住国の国内法令により無国籍者又は難民と認められていた者については、すべての場合において、かつ、不利な差別をすることなく、第四条約第一編及び第三編に定める被保護者とする。

**第七四条（離散した家族の再会）** 締約国及び紛争当事者は、武力紛争の結果離散した家族の再会をあらゆる可能な方法で容易にするものとし、また、特に、諸条約及びこの議定書の規定並びに自国の安全上の諸規則に従ってこの任務に従事する人道的団体の活動を奨励する。

**第七五条（基本的な保障）** 1 紛争当事者の権力内にある者であって諸条約又はこの議定書に基づく一層有利な待遇を受けないものは、第一条に規定する事態の影響を受ける限り、すべての場合において人道的に取り扱われるものとし、また、人種、皮膚の色、性、言語、宗教又は信条、政治的意見その他の意見、国民的又は社会的出身、貧富、出生又は他の地位その他これら

に類する基準による不利な差別を受けることなく、少なくともこの条に規定する保護を受ける。紛争当事者は、これらのすべての者の身体、名誉、信条及び宗教上の実践を尊重する。

2 次の行為は、いかなる場合においても、また、いかなる場所においても、文民によるものか軍人によるものかを問わず、禁止する。

(a) 人の生命、健康又は心身の健全性に対する暴力、特に次の行為

(i) 殺人

(ii) あらゆる種類の拷問（身体的なものであるか精神的なものであるかを問わない。）

(iii) 身体刑

(iv) 身体の切断

(b) 個人の尊厳に対する侵害、特に、侮辱的で体面を汚す待遇、強制売春及びあらゆる形態のわいせつ行為

(c) 人質をとる行為

(d) 集団に科する刑罰

(e) (a)から(d)までに規定する行為を行うとの脅迫

3 武力紛争に関連する行為のために逮捕され、抑留され又は収容される者は、これらの措置がとられた理由をその者が理解する言語で直ちに知らされるものとする。これらの者は、犯罪を理由として逮捕され又は抑留される場合を除くほか、できる限り遅滞なく釈放されるものとし、いかなる場合においてもその逮捕、抑留又は収容を正当化する事由が消滅したときは、直ちに釈放される。

4 通常の司法手続に関する一般的に認められている諸原則を尊重する公平かつ正規に構成された裁判所が言い渡す有罪の判決によることなく、武力紛争に関連する犯罪について有罪とされる者に刑を言い渡すことはできず、また、刑を執行することはできない。これらの原則には、次のものを含む。

(a) 司法手続は、被告人が自己に対する犯罪の容疑の詳細を遅滞なく知らされることを定めるものとし、被告人に対し裁判の開始前及び裁判の期間中すべての必要な防御の権利及び手段を与える。

(b) いずれの者も、自己の刑事責任に基づく場合を除くほか、犯罪について有罪の判決を受けない。

(c) いずれの者も、実行の時に国内法又は国際法により犯罪を構成しなかった作為又は不作為を理由として訴追され又は有罪とされない。いずれの者も、犯罪が行われた時に適用されていた刑罰よりも重い刑罰を科されない。犯罪が行われた後に一層軽い刑罰を科する規定が法律に設けられる場合には、当該犯罪を行った者は、その利益を享受する。

(d) 罪に問われている者は、法律に基づいて有罪とされるまでは、無罪と推定される。

(e) 罪に問われている者は、自ら出席して裁判を受ける権利を有する。

(f) いずれの者も、自己に不利益な供述又は有罪の自白を強要されない。

(g) 罪に問われている者は、自己に不利な証人を尋問し又はこれに対し尋問させる権利並びに自己に不利な証人と同じ条件での自己のための証人の出席及びこれに対する尋問を求める権利を有する。

(h) いずれの者も、無罪又は有罪の確定判決が既に言い渡された犯罪について、同一の締約国により同一の法律及び司法手続に基づいて訴追され又は処罰されない。

(i) 訴追された者は、公開の場で判決の言渡しを受ける権利を有する。

(j) 有罪の判決を受ける者は、その判決の際に、司法上その他の救済措置及びこれらの救済措置をとることのできる期限について告知される。

5 武力紛争に関連する理由で自由を制限されている女子は、男子の区画から分離した区画に収容され、かつ、女子の直接の監視の下に置かれる。ただし、家族が抑留され又は収容される場合には、これらの者は、できる限り同一の場所に家族単位で置かれる。

6 武力紛争に関連する理由で逮捕され、抑留され又は収容される者は、武力紛争が終了した後も、その最終的解放、送還又は居住地の設定の時までこの条の規定に基づく保護を受ける。

7 戦争犯罪又は人道に対する犯罪について責任を問われる者の訴追及び裁判に関する疑義を避けるため、次の原則を適用する。

(a) 戦争犯罪又は人道に対する犯罪について責任を問われる者は、適用される国際法の諸規則に従って訴追され及び裁判に付されるべきである。

(b) 諸条約又はこの議定書に基づく一層有利な待遇を受けない者は、その責任を問われる犯罪が諸条約又はこの議定書に対する重大な違反行為であるか否かを問わず、この条の規定に基づく待遇を与えられる。

8 この条のいかなる規定も、適用される国際法の諸規則に基づき1に規定する者に対して一層厚い保護を与える他の一層有利な規定を制限し又は侵害するものと解してはならない。

## 第二章　女子及び児童のための措置

**第七六条（女子の保護）** 1 女子は、特別の尊重を受けるものとし、特に強姦、強制売春その他のあらゆる形態のわいせつ行為から保護される。

2 武力紛争に関連する理由で逮捕され、抑留され又は収容される妊婦及び依存する幼児を有する母については、その事案を最も優先させて審理する。

3 紛争当事者は、実行可能な限り、妊婦又は依存する幼児を有する母に対し武力紛争に関連する犯罪を理由とする死刑の判決を言い渡すことを避けるよう努める。武力紛争に関連する犯罪を理由とする死刑は、これらの女子に執行してはならない。

**第七七条（児童の保護）** 1 児童は、特別の尊重を受けるものとし、あらゆる形態のわいせつ行為から保護される。紛争当事者は、児童に対し、年齢その他の理由によって必要とされる保護及び援助を与える。

2 紛争当事者は、十五歳未満の児童が敵対行為に直接参加しないようすべての実行可能な措置をとるものとし、特に、これらの児童を自国の軍隊に採用することを差し控える。紛争当事者は、十五歳以上十八歳未満の者の中から採用するに当たっては、最年長者を優先させるよう努める。

3 十五歳未満の児童は、2の規定にかかわらず、敵対行為に直接参加して敵対する紛争当事者の権力内に陥った例外的な場合にも、これらの児童が捕虜であるか否かを問わず、この条の規定によって与えられる特別の保護を受ける。

4 児童は、武力紛争に関連する理由で逮捕され、抑留され又は収容される場合には、第七十五条5の規定により家族単位で置かれる場合を除くほか、成人の区画から分離した区画に置かれ

る。

5　武力紛争に関連する犯罪を理由とする死刑は、その犯罪を実行した時に十八歳未満であった者に執行してはならない。

**第七八条（児童の避難）** 1　いかなる紛争当事者も、児童の健康若しくは治療又は児童の安全（占領地域における場合を除く。）のためやむを得ない理由で一時的に避難させる必要がある場合を除くほか、自国の国民でない児童を外国に避難させる措置をとってはならない。父母又は法定保護者を発見することができる場合には、その避難についてこれらの者の書面による同意を必要とする。これらの者を発見することができない場合には、その避難につき、法律又は慣習により児童の保護について主要な責任を有する者の書面による同意を必要とする。利益保護国は、児童の避難につき、関係締約国、すなわち、避難の措置をとる締約国、児童を受け入れる締約国及びその国民が避難させられる締約国との合意によって監視する。すべての紛争当事者は、それぞれの場合に、児童の避難が危険にさらされることを避けるためのすべての実行可能な予防措置をとる。

2　1の規定に従って避難が行われるときは、児童の教育（その父母が希望する宗教的及び道徳的教育を含む。）については、当該児童が避難させられている間、最大限可能な限り継続して与える。

3　この条の規定によって避難させられた児童がその家族の下に及び自国に帰ることを容易にするため、避難の措置をとる締約国の当局及び適当な場合には受入国の当局は、当該児童のためにその写真をはり付けたカードを作成し、赤十字国際委員会の中央安否調査部に送付する。このカードには、可能な限り、かつ、当該児童に対して害を及ぼすおそれがない限り、次の情報を記載する。

(a) 児童の姓
(b) 児童の名
(c) 児童の性別
(d) 出生地及び生年月日（生年月日が明らかでないときは、およその年齢）
(e) 父の氏名
(f) 母の氏名及び旧姓
(g) 児童の近親者
(h) 児童の国籍
(i) 児童の母国語及び当該児童が話すその他の言語
(j) 児童の家族の住所
(k) 児童の識別のための番号
(l) 児童の健康状態
(m) 児童の血液型
(n) 特徴
(o) 児童が発見された年月日及び場所
(p) 児童が避難の措置をとる国から出国した年月日及び場所
(q) 児童の宗教があるときはその宗教
(r) 受入国における児童の現在の住所
(s) 児童が帰国する前に死亡した場合には、死亡した年月日、場所及び状況並びに埋葬の場所

## 第三章　報道関係者

**第七九条（報道関係者のための保護措置）** 1　武力紛争の行われている地域において職業上の危険な任務に従事する報道関係者は、第五十条1に規定する文民と認められる。

2　報道関係者は、諸条約及びこの議定書に基づき文民として保護される。ただし、その保護は、文民としての地位に不利な影響を及ぼす活動を行わないことを条件とするものとし、また、軍隊の認可を受けている従軍記者が第三条約第四条A(4)に規定する地位を与えられる権利を害するものではない。

3　報道関係者は、この議定書の附属書IIのひな型と同様の身分証明書を取得することができる。この身分証明書は、報道関係者がその国籍を有し若しくはその領域に居住する国又は雇用される報道機関の所在する国の政府によって発行され、報道関係者としての地位を証明する。

# 第五編　諸条約及びこの議定書の実施

## 第一部　総則

**第八〇条（実施のための措置）** 1　締約国及び紛争当事者は、諸条約及びこの議定書に基づく義務を履行するため、遅滞なくすべての必要な措置をとる。

2　締約国及び紛争当事者は、諸条約及びこの議定書の遵守を確保するために命令及び指示を与え、並びにその実施について監督する。

**第八一条（赤十字その他の人道的団体の活動）** 1　紛争当事者は、赤十字国際委員会に対し、同委員会が紛争の犠牲者に対する保護及び援助を確保するために諸条約及びこの議定書によって与えられる人道的任務を遂行することのできるよう、可能なすべての便益を与える。また、赤十字国際委員会は、関係紛争当事者の同意を得ることを条件として、紛争の犠牲者のためにその他の人道的活動を行うことができる。

2　紛争当事者は、自国の赤十字、赤新月又は赤のライオン及び太陽の団体に対し、これらの団体が諸条約及びこの議定書の規定並びに赤十字国際会議によって作成された赤十字の基本原則に従って紛争の犠牲者のための人道的活動を行うため、必要な便益を与える。

3　締約国及び紛争当事者は、赤十字、赤新月又は赤のライオン及び太陽の団体及び赤十字社連盟が諸条約及びこの議定書の規定並びに赤十字国際会議によって作成された赤十字の基本原則に従って紛争の犠牲者に与える援助を、できる限りの方法で容易にする。

4　締約国及び紛争当事者は、諸条約及びこの議定書にいう他の人道的団体であって、それぞれの紛争当事者によって正当に認められ、かつ、諸条約及びこの議定書の規定に従って人道的活動を行うものが2及び3に規定する便益と同様の便益を、できる限り、利用することのできるようにする。

**第八二条（軍隊における法律顧問）** 締約国はいつでも、また、紛争当事者は武力紛争の際に、諸条約及びこの議定書の適用並びにその適用について軍隊に与えられる適当な指示に関して軍隊の適当な地位の指揮官に助言する法律顧問を必要な場合に利用することができるようにする。

**第八三条（周知）** 1　締約国は、平時において武力紛争の際と同様に、自国において、できる限り広い範囲において諸条約及びこの議定書の周知を図ること、特に、諸条約及びこの議定書を自国の軍隊及び文民たる住民に周知させるため、軍隊の教育の課目に諸条約及びこの議定書についての学習を取り入れ並びに文民たる住民によるその学習を奨励することを約束する。

2　武力紛争の際に諸条約及びこの議定書の適用について責任を

有する軍当局又は軍当局以外の当局は、諸条約及びこの議定書の内容を熟知していなければならない。

**第八四条（細目手続）** 締約国は、寄託者及び適当な場合には利益保護国を通じて、この議定書の自国の公の訳文及びその適用を確保するために自国が制定する法令をできる限り速やかに相互に通知する。

## 第二部 諸条約及びこの議定書に対する違反行為の防止

**第八五条（この議定書に対する違反行為の防止）** 1 この部の規定によって補完される違反行為及び重大な違反行為の防止に関する諸条約の規定は、この議定書に対する違反行為及び重大な違反行為の防止について適用する。

2 諸条約において重大な違反行為とされている行為は、敵対する紛争当事者の権力内にある者であって第四十四条、第四十五条及び第七十三条の規定によって保護されるもの、敵対する紛争当事者の傷者、病者及び難船者であってこの議定書によって保護されるもの又は敵対する紛争当事者の支配の下にある医療要員、宗教要員、医療組織若しくは医療用輸送手段であってこの議定書によって保護されるものに対して行われる場合には、この議定書に対する重大な違反行為とする。

3 第十一条に規定する重大な違反行為のほか、次の行為は、この議定書の関連規定に違反して故意に行われ、死亡又は身体若しくは健康に対する重大な傷害を引き起こす場合には、この議定書に対する重大な違反行為とする。

(a) 文民たる住民又は個々の文民を攻撃の対象とすること。

(b) 第五十七条2(a)(iii)に規定する文民の過度な死亡若しくは傷害又は民用物の過度な損傷を引き起こすことを知りながら、文民たる住民又は民用物に影響を及ぼす無差別な攻撃を行うこと。

(c) 第五十七条2(a)(iii)に規定する文民の過度な死亡若しくは傷害又は民用物の過度な損傷を引き起こすことを知りながら、危険な力を内蔵する工作物又は施設に対する攻撃を行うこと。

(d) 無防備地区及び非武装地帯を攻撃の対象とすること。

(e) 戦闘外にある者であることを知りながら、その者を攻撃の対象とすること。

(f) 赤十字、赤新月若しくは赤のライオン及び太陽の特殊標章又は諸条約若しくはこの議定書によって認められている他の保護標章を第三十七条の規定に違反して背信的に使用すること。

4 2及び3並びに諸条約に定める重大な違反行為のほか、次の行為は、諸条約又はこの議定書に違反して故意に行われる場合には、この議定書に対する重大な違反行為とする。

(a) 占領国が、第四条約第四十九条の規定に違反して、その占領地域に自国の文民たる住民の一部を移送すること又はその占領地域の住民の全部若しくは一部を当該占領地域の内において若しくはその外に追放し若しくは移送すること。

(b) 捕虜又は文民の送還を不当に遅延させること。

(c) アパルトヘイトの慣行その他の人種差別に基づき個人の尊厳に対する侵害をもたらす非人道的で体面を汚す慣行

(d) 明確に認められている歴史的建造物、芸術品又は礼拝所であって、国民の文化的又は精神的遺産を構成し、かつ、特別の取極（例えば、権限のある国際機関の枠内におけるもの）によって特別の保護が与えられているものについて、敵対する紛争当事者が第五十三条(b)の規定に違反しているという証拠がなく、かつ、これらの歴史的建造物、芸術品及び礼拝所が軍事目標に極めて近接して位置していない場合において、攻撃の対象とし、その結果広範な破壊を引き起こすこと。

(e) 諸条約によって保護される者又は2に規定する者から公正な正式の裁判を受ける権利を奪うこと。

5 諸条約及びこの議定書に対する重大な違反行為は、これらの文書の適用を妨げることなく、戦争犯罪と認める。

**第八六条（不作為）** 1 締約国及び紛争当事者は、作為義務を履行しなかったことの結果生ずる諸条約又はこの議定書に対する重大な違反行為を防止し、及び作為義務を履行しなかったことの結果生ずる諸条約又はこの議定書に対するその他のすべての違反行為を防止するために必要な措置をとる。

2 上官は、部下が諸条約若しくはこの議定書に対する違反行為を行っており若しくは行おうとしていることを知っており又はその時点における状況においてそのように結論することができる情報を有していた場合において、当該違反行為を防止し又は抑止するためにすべての実行可能な措置をとらなかったときは、当該違反行為が当該部下によって行われたという事実により場合に応じた刑事上又は懲戒上の責任を免れない。

**第八七条（指揮官の義務）** 1 締約国及び紛争当事者は、軍の指揮官に対し、その指揮の下にある軍隊の構成員及びその監督の下にあるその他の者による諸条約及びこの議定書に対する違反行為を防止するよう、並びに必要な場合にはこれらの違反行為を抑止し及び権限のある当局に報告するよう求める。

2 締約国及び紛争当事者は、違反行為を防止し及び抑止するため、指揮官に対し、その指揮の下にある軍隊の構成員が諸条約及びこの議定書に基づく自己の義務について了知していることをその責任の程度に応じて確保するよう求める。

3 締約国及び紛争当事者は、指揮官であってその部下又はその監督の下にあるその他の者が諸条約又はこの議定書に対する違反行為を行おうとしており又は行ったことを認識しているものに対し、諸条約又はこの議定書に対するそのような違反行為を防止するために必要な措置を開始するよう、及び適当な場合にはそのような違反行為を行った者に対する懲戒上又は刑事上の手続を開始するよう求める。

**第八八条（刑事問題に関する相互援助）** 1 締約国は、諸条約又はこの議定書に対する重大な違反行為についてとられる刑事訴訟手続に関し、相互に最大限の援助を与える。

2 締約国は、諸条約及び第八十五条1に定める権利及び義務に従うことを条件として、事情が許すときは、犯罪人引渡しに関する事項について協力する。締約国は、犯罪が行われたとされる領域の属する国の要請に妥当な考慮を払う。

3 すべての場合において、相互援助の要請を受けた締約国の法令が適用される。もっとも、1及び2の規定は、刑事問題についての相互援助に関する事項の全部又は一部を現在規律しており又は将来規律する他の二国間又は多数国間の条約に基づく義務に影響を及ぼすものではない。

**第八九条（協力）** 締約国は、諸条約又はこの議定書に対する著しい違反がある場合には、国際連合と協力して、かつ、国際連合憲章に従って、単独で又は共同して行動することを約束する。

**第九〇条（国際事実調査委員会）** 1(a) 徳望が高く、かつ、公平と認められる十五人の委員で構成する国際事実調査委員会（以下「委員会」という。）を設置する。

(b) 寄託者は、二十以上の締約国が2の規定に従って委員会の権限を受け入れることに同意したときは、その時に及びその後五年ごとに、委員会の委員を選出するためにこれらの締約国の代表者の会議を招集する。代表者は、その会議において、これらの締約国によって指名された者（これらの締約国は、それぞれ一人を指名することができる。）の名簿の中から秘密投票により委員会の委員を選出する。

(c) 委員会の委員は、個人の資格で職務を遂行するものとし、次回の会議において新たな委員が選出されるまで在任する。

(d) 締約国は、選出に当たり、委員会に選出される者が必要な能力を個々に有していること及び委員会全体として衡平な地理的代表が保証されることを確保する。

(e) 委員会は、臨時の空席が生じたときは、(a)から(d)までの規定に妥当な考慮を払ってその空席を補充する。

(f) 寄託者は、委員会がその任務の遂行のために必要な運営上の便益を利用することのできるようにする。

2 (a) 締約国は、この議定書の署名若しくは批准若しくはこれへの加入の際に又はその後いつでも、同一の義務を受諾する他の締約国との関係において、この条の規定によって認められる当該他の締約国による申立てを調査する委員会の権限について当然に、かつ、特別の合意なしに認めることを宣言することができる。

(b) (a)に規定する宣言については、寄託者に寄託するものとし、寄託者は、その写しを締約国に送付する。

(c) 委員会は、次のことを行う権限を有する。

(i) 諸条約及びこの議定書に定める重大な違反行為その他の諸条約又はこの議定書に対する著しい違反であると申し立てられた事実を調査すること。

(ii) あっせんにより、諸条約及びこの議定書を尊重する態度が回復されることを容易にすること。

(d) その他の場合には、委員会は、紛争当事者の要請がある場合であって、他の関係紛争当事者の同意があるときにのみ調査を行う。

(e) (a)から(d)までの規定に従うことを条件として、第一条約第五十二条、第二条約第五十三条、第三条約第百三十二条及び第四条約第百四十九条の規定は、諸条約の違反の容疑について引き続き適用するものとし、また、この議定書の違反の容疑についても適用する。

3 (a) すべての調査は、関係紛争当事者の間に別段の合意がない限り、次のとおり任命される七人の委員で構成する部が行う。

(i) 委員会の委員長が、紛争当事者と協議した後、地理的地域が衡平に代表されることを基準として任命する委員会の紛争当事者の国民でない五人の委員

(ii) 双方の紛争当事者が一人ずつ任命する紛争当事者の国民でない二人の特別の委員

(b) 委員会の委員長は、調査の要請を受けたときは、部を設置する適当な期限を定める。委員長は、特別の委員が当該期限内に任命されなかったときは、部の定数を満たすために必要な追加の委員会の委員を直ちに任命する。

4 (a) 調査を行うために3の規定に従って設置される部は、紛争当事者に対し、援助及び証拠の提出を求める。また、部は、適当と認める他の証拠を求めることができるものとし、現地において状況を調査することができる。

(b) すべての証拠は、紛争当事者に十分に開示されるものとし、当該紛争当事者は、その証拠について委員会に対して意見を述べる権利を有する。

(c) 紛争当事者は、(b)に規定する証拠について異議を申し立てる権利を有する。

5 (a) 委員会は、適当と認める勧告を付して、事実関係の調査結果に関する部の報告を紛争当事者に提出する。

(b) 委員会は、部が公平な事実関係の調査結果を得るための十分な証拠を入手することのできない場合には、入手することのできない理由を明示する。

(c) 委員会は、すべての紛争当事者が要請した場合を除くほか、調査結果を公表しない。

6 委員会は、その規則（委員会の委員長及び部の長に関する規則を含む。）を定める。この規則は、委員会の委員長の任務がいつでも遂行されること及び調査の場合についてはその任務が紛争当事者の国民でない者によって遂行されることを確保するものとする。

7 委員会の運営経費は、2の規定に基づく宣言を行った締約国からの分担金及び任意の拠出金をもって支弁する。調査を要請する紛争当事者は、部が要する費用のために必要な資金を前払し、当該費用の五十パーセントを限度として申立てを受けた紛争当事者による償還を受ける。対抗する申立てが部に対して行われた場合には、それぞれの紛争当事者が必要な資金の五十パーセントを前払する。

**第九一条（責任）** 諸条約又はこの議定書に違反した紛争当事者は、必要な場合には、賠償を行う責任を負う。紛争当事者は、自国の軍隊に属する者が行ったすべての行為について責任を負う。

## 第六編　最終規定（抄）

**第九二条（署名）**（略）

**第九三条（批准）**（略）

**第九四条（加入）**（略）

**第九五条（効力発生）**（略）

**第九六条（この議定書の効力発生の後の条約関係）** 1・2（略）

3 第一条4に規定する武力紛争においていずれかの締約国と戦う人民を代表する当局は、寄託者にあてた一方的な宣言により、当該武力紛争について諸条約及びこの議定書を適用することを約束することができる。この宣言は、寄託者がこれを受領したときは、当該武力紛争に関し、次の効果を有する。

(a) 諸条約及びこの議定書は、紛争当事者としての当該当局について直ちに効力を生ずる。

(b) 当該当局は、諸条約及びこの議定書の締約国の有する権利及び義務と同一の権利及び義務を有する。

(c) 諸条約及びこの議定書は、すべての紛争当事者をひとしく拘束する。

**第九七条（改正）**（略）

**第九八条（附属書Ⅰの改正）**（略）

**第九九条（廃棄）**（略）

**第一〇〇条（通報）**（略）

**第一〇一条（登録）**（略）

**第一〇二条（正文）**（略）

**附属書Ⅰ　識別に関する規則**（略）

**附属書Ⅱ　職業上の危険な任務に従事する報道関係者のための身**

分証明書（略）

### 一九四九年ジュネーヴ条約第一追加議定書（国際武力紛争）の加入書寄託に際しての日本国政府の宣言

（平成一六・九・三外告五七九）

（前略）日本国政府は、同議定書の加入書の寄託に際し、同議定書第四十四条3中段に規定する状況は、占領地域又は同議定書第一条4に規定する武力紛争においてのみ存在し得ると理解するものであること、及び同議定書第四十四条3(b)の「展開」とは、攻撃が行われる場所へのあらゆる移動をいうものと解釈するものであることを宣言し、また、同議定書第九十条の規定に基づき、国際事実調査委員会の権限を認める旨の宣言を行った。

## 6　一九四九年ジュネーヴ条約第二追加議定書（非国際武力紛争）（抄）

（千九百四十九年八月十二日のジュネーヴ諸条約の非国際的な武力紛争の犠牲者の保護に関する追加議定書（議定書Ⅱ））［ジュネーヴ（赤十字）条約第二追加議定書・非国際的武力紛争の犠牲者の保護に関する追加議定書］

採　択　一九七七年六月八日（ジュネーヴ）（コンセンサス）
署名（開放）一九七七年一二月一二日（ベルン）
効力発生　一九七八年一二月七日
日本国　二〇〇五年二月二八日（〇四年六月一四日国会承認、八月三一日内閣加入決定、同日加入書寄託、九月三日公布・条約一三号）
当事国　一六九

### 前文

締約国は、

国際的性質を有しない武力紛争の場合には、千九百四十九年八月十二日のジュネーヴ諸条約のそれぞれの第三条に共通してうたう人道上の諸原則が人間に対する尊重の基礎を成すものであることを想起し、

さらに、人権に関する国際文書が人間に基本的保護を与えていることを想起し、

国際的性質を有しない武力紛争の犠牲者のためにより良い保護を確保することが必要であることを強調し、

有効な法の対象とされていない場合においても、人間が人道の諸原則及び公共の良心の保護の下に置かれていることを想起して、

次のとおり協定した。

### 第一編　この議定書の適用範囲

**第一条（適用範囲）**　1　この議定書は、千九百四十九年八月十二日のジュネーヴ諸条約のそれぞれの第三条に共通する規定をその現行の適用条件を変更することなく発展させかつ補完するものであり、千九百四十九年八月十二日のジュネーヴ諸条約の国際的な武力紛争の犠牲者の保護に関する追加議定書（議定書Ⅰ）第一条の対象とされていない武力紛争であって、締約国の領域において、当該締約国の軍隊と反乱軍その他の組織された武装集団（持続的にかつ協同して軍事行動を行うこと及びこの議定書を実施することができるような支配を責任のある指揮の下で当該領域の一部に対して行うもの）との間に生ずるすべてのものについて適用する。

2　この議定書は、暴動、独立の又は散発的な暴力行為その他これらに類する性質の行為等国内における騒乱及び緊張の事態については、武力紛争に当たらないものとして適用しない。

**第二条（人的適用範囲）**　1　この議定書は、人種、皮膚の色、性、言語、宗教又は信条、政治的意見その他の意見、国民的又は社会的出身、貧富、出生又は他の地位その他これらに類する基準による不利な差別（以下「不利な差別」という。）をすることなく、前条に規定する武力紛争によって影響を受けるすべての者について適用する。

2　武力紛争の終了時に武力紛争に関連する理由で自由を奪われ又は制限されているすべての者及び武力紛争の後に同様の理由で自由を奪われ又は制限されるすべての者は、その自由のはく奪又は制限が終了する時まで、第五条及び第六条に規定する保護を受ける。

**第三条（不介入）**　1　この議定書のいかなる規定も、国の主権又は、あらゆる正当な手段によって、国の法及び秩序を維持し若しくは回復し若しくは国の統一を維持し及び領土を保全するための政府の責任に影響を及ぼすことを目的として援用してはならない。

2　この議定書のいかなる規定も、武力紛争が生じている締約国の領域における当該武力紛争又は武力紛争が生じている締約国の国内問題若しくは対外的な問題に直接又は間接に介入することを、その介入の理由のいかんを問わず、正当化するために援用してはならない。

### 第二編　人道的待遇

**第四条（基本的な保障）**　1　敵対行為に直接参加せず又は敵対行為に参加しなくなったすべての者は、その自由が制限されているか否かにかかわらず、身体、名誉並びに信条及び宗教上の実践を尊重される権利を有する。これらの者は、すべての場合において、不利な差別を受けることなく、人道的に取り扱われる。生存者を残さないよう命令することは、禁止する。

2　1の原則の適用を妨げることなく、1に規定する者に対する次の行為は、いかなる場合においても、また、いかなる場所においても禁止する。

(a)　人の生命、健康又は心身の健全性に対する暴力、特に、殺人及び虐待（拷問、身体の切断、あらゆる形態の身体刑等）
(b)　集団に科する刑罰
(c)　人質をとる行為
(d)　テロリズムの行為
(e)　個人の尊厳に対する侵害、特に、侮辱的で体面を汚す待遇、強姦、強制売春及びあらゆる形態のわいせつ行為
(f)　あらゆる形態の奴隷制度及び奴隷取引
(g)　略奪
(h)　(a)から(g)までに規定する行為を行うとの脅迫

3　児童は、その必要とする保護及び援助を与えられる。特に、

(a)　児童は、その父母の希望又は父母がいない場合には児童の保護について責任を有する者の希望に沿って、教育（宗教的

及び道徳的教育を含む。）を受ける。

(b) 一時的に離散した家族の再会を容易にするために、すべての適当な措置がとられなければならない。

(c) 十五歳未満の児童については、軍隊又は武装した集団に採用してはならず、また、敵対行為に参加することを許してはならない。

(d) 十五歳未満の児童は、(c)の規定にかかわらず敵対行為に直接参加し、捕らえられた場合には、この条の規定によって与えられる特別の保護を引き続き受ける。

(e) 児童については、必要な場合には、その父母又は法律若しくは慣習によりその保護について主要な責任を有する者の同意を可能な限り得て、敵対行為が行われている地域から国内の一層安全な地域へ一時的に移動させる措置並びにその安全及び福祉について責任を有する者の同行を確保するための措置がとられなければならない。

**第五条（自由を制限されている者）** 1 武力紛争に関連する理由で自由を奪われた者（収容されているか抑留されているかを問わない。以下この条において「自由を奪われた者」という。）については、前条の規定のほか、少なくとも次の規定を尊重する。

(a) 傷者及び病者は、第七条の規定に従って取り扱われる。

(b) 自由を奪われた者は、地域の文民たる住民と同じ程度に、食糧及び飲料水を提供され、並びに保健上及び衛生上の保護並びに気候の厳しさ及び武力紛争の危険からの保護を与えられる。

(c) 自由を奪われた者は、個人又は集団あての救済品を受領することができる。

(d) 自由を奪われた者は、自己の宗教を実践することができるものとし、また、要請しかつ適当である場合には、聖職者等の宗教上の任務を遂行する者から宗教上の援助を受けることができる。

(e) 自由を奪われた者は、労働させられる場合には、地域の文民たる住民が享受する労働条件及び保護と同様の労働条件及び保護の利益を享受する。

2 自由を奪われた者の収容又は抑留について責任を有する者は、可能な範囲内で、自由を奪われた者に関する次の規定を尊重する。

(a) 家族である男子及び女子が共に収容される場合を除くほか、女子は、男子の区画から分離した区画に収容され、かつ、女子の直接の監視の下に置かれる。

(b) 自由を奪われた者は、手紙及び葉書を送付し及び受領することができる。権限のある当局は、必要と認める場合には、手紙及び葉書の数を制限することができる。

(c) 収容及び抑留の場所は、戦闘地帯に近接して設けてはならない。自由を奪われた者については、収容され又は抑留されている場所が特に武力紛争から生ずる危険にさらされることとなった場合において、安全に関する適切な条件の下で避難を実施することができるときは、避難させる。

(d) 自由を奪われた者は、健康診断の利益を享受する。

(e) 自由を奪われた者の心身が健康かつ健全であることを、不当な作為又は不作為によって脅かしてはならない。このため、自由を奪われた者に対し、その者の健康状態が必要としない医療上の措置又は自由を奪われていない者について類似の医学的状況の下で適用される一般に受け入れられている医療上の基準に適合しない医療上の措置をとることは、禁止する。

3 1の規定の対象とされない者であって、武力紛争に関連する理由で何らかの方法によって自由が制限されているものは、前条並びにこの条の1(a)、(c)及び(d)並びに2(b)の規定に従って人道的に取り扱われる。

4 自由を奪われた者を解放することを決定した場合には、その決定を行った者は、当該自由を奪われた者の安全を確保するために必要な措置をとる。

**第六条（刑事訴追）** 1 この条の規定は、武力紛争に関連する犯罪の訴追及び処罰について適用する。

2 不可欠な保障としての独立性及び公平性を有する裁判所が言い渡す有罪の判決によることなく、犯罪について有罪とされる者に刑を言い渡してはならず、また、刑を執行してはならない。特に、

(a) 司法手続は、被告人が自己に対する犯罪の容疑の詳細を遅滞なく知らされることを定めるものとし、被告人に対し裁判の開始前及び裁判の期間中すべての必要な防御の権利及び手段を与える。

(b) いずれの者も、自己の刑事責任に基づく場合を除くほか、犯罪について有罪の判決を受けない。

(c) いずれの者も、実行の時に法により犯罪を構成しなかった作為又は不作為を理由として有罪とされない。いずれの者も、犯罪が行われた時に適用されていた刑罰よりも重い刑罰を科されない。犯罪が行われた後に一層軽い刑罰を科する規定が法律に設けられる場合には、当該犯罪を行った者は、その利益を享受する。

(d) 罪に問われている者は、法律に基づいて有罪とされるまでは、無罪と推定される。

(e) 罪に問われている者は、自ら出席して裁判を受ける権利を有する。

(f) いずれの者も、自己に不利益な供述又は有罪の自白を強要されない。

3 有罪の判決を受ける者は、その判決の際に、司法上その他の救済措置及びこれらの救済措置をとることのできる期限について告知される。

4 死刑の判決は、犯罪を行った時に十八歳未満であった者に対して言い渡してはならない。また、死刑は、妊婦又は幼児の母に執行してはならない。

5 敵対行為の終了の際に、権限のある当局は、武力紛争に参加した者又は武力紛争に関連する理由で自由を奪われた者（収容されているか抑留されているかを問わない。）に対して、できる限り広範な恩赦を与えるよう努力する。

## 第三編　傷者、病者及び難船者

**第七条（保護及び看護）** 1 すべての傷者、病者及び難船者は、武力紛争に参加したか否かを問わず、尊重され、かつ、保護される。

2 傷者、病者及び難船者は、すべての場合において、人道的に取り扱われるものとし、また、実行可能な限り、かつ、できる限り速やかに、これらの者の状態が必要とする医療上の看護及び手当を受ける。医療上の理由以外のいかなる理由によっても、これらの者の間に差別を設けてはならない。

**第八条（捜索）** 事情が許す場合には、特に交戦の後に、傷者、病者及び難船者を捜索し及び収容し、これらの者を略奪及び虐待から保護し、これらの者に十分な看護を確保し並びに死者を捜

索し、死者がはく奪を受けることを防止し及び死者を丁重に処理するため、遅滞なくすべての可能な措置がとられなければならない。

**第九条（医療要員及び宗教要員の保護）** 1 医療要員及び宗教要員は、尊重され、かつ、保護されるものとし、また、その任務の遂行のためすべての利用可能な援助を与えられる。これらの者は、その人道的使命と両立しない任務を遂行することを強要されない。

2 医療要員は、その任務の遂行に当たり、医療上の理由に基づく場合を除くほか、いずれかの者を優先させるよう求められない。

**第一〇条（医療上の任務の一般的保護）** 1 いずれの者も、いかなる場合においても、医療上の倫理に合致した医療活動（その受益者のいかんを問わない。）を行ったことを理由として処罰されない。

2 医療活動に従事する者は、医療上の倫理に関する諸規則若しくは傷者及び病者のために作成された他の諸規則又はこの議定書に反する行為又は作業を行うことを強要されず、また、これらの諸規則又はこの議定書によって求められる行為を差し控えることを強要されない。

3 医療活動に従事する者が自己が看護している傷者及び病者について取得する情報に関して負う職業上の義務については、国内法に従うことを条件として尊重する。

4 医療活動に従事する者は、国内法に従うことを条件として、自己が現に看護しているか又は看護していた傷者及び病者に関する情報を提供することを拒否し又は提供しなかったことを理由として処罰されない。

**第一一条（医療組織及び医療用輸送手段の保護）** 1 医療組織及び医療用輸送手段は、常に尊重され、かつ、保護されるものとし、また、これらを攻撃の対象としてはならない。

2 医療組織及び医療用輸送手段が受けることのできる保護は、当該医療組織及び医療用輸送手段がその人道的任務から逸脱して敵対行為を行うために使用される場合を除くほか、消滅しない。ただし、この保護は、適当な場合にはいつでも合理的な期限を定める警告が発せられ、かつ、その警告が無視された後においてのみ、消滅させることができる。

**第一二条（特殊標章）** 医療要員及び宗教要員、医療組織並びに医療用輸送手段は、権限のある関係当局の監督の下で、白地に赤十字、赤新月又は赤のライオン及び太陽の特殊標章を表示する。特殊標章は、すべての場合において尊重するものとし、また、不当に使用してはならない。

## 第四編 文民たる住民

**第一三条（文民たる住民の保護）** 1 文民たる住民及び個々の文民は、軍事行動から生ずる危険からの一般的保護を受ける。この保護を実効的なものとするため、2及び3に定める規則は、すべての場合において、遵守する。

2 文民たる住民それ自体及び個々の文民は、攻撃の対象としてはならない。文民たる住民の間に恐怖を広めることを主たる目的とする暴力行為又は暴力による威嚇は、禁止する。

3 文民は、敵対行為に直接参加していない限り、この編の規定によって与えられる保護を受ける。

**第一四条（文民たる住民の生存に不可欠な物の保護）** 戦闘の方法として文民を飢餓の状態に置くことは、禁止する。したがって、食糧、食糧生産のための農業地域、作物、家畜、飲料水の施設及び供給設備、かんがい設備等文民たる住民の生存に不可欠な物を、文民を飢餓の状態に置くことを目的として攻撃し、破壊し、移動させ又は利用することができないようにすることは、禁止する。

**第一五条（危険な力を内蔵する工作物及び施設の保護）** 危険な力を内蔵する工作物及び施設、すなわち、ダム、堤防及び原子力発電所は、これらの物が軍事目標である場合であっても、これらを攻撃することが危険な力の放出を引き起こし、その結果文民たる住民の間に重大な損失をもたらすときは、攻撃の対象としてはならない。

**第一六条（文化財及び礼拝所の保護）** 千九百五十四年五月十四日の武力紛争の際の文化財の保護に関するハーグ条約の規定の適用を妨げることなく、国民の文化的又は精神的遺産を構成する歴史的建造物、芸術品又は礼拝所を対象とする敵対行為を行うこと及びこれらの物を軍事上の努力を支援するために利用することは、禁止する。

**第一七条（文民の強制的な移動の禁止）** 1 文民たる住民の移動は、その文民の安全又は絶対的な軍事上の理由のために必要とされる場合を除くほか、紛争に関連する理由で命令してはならない。そのような移動を実施しなければならない場合には、文民たる住民が住居、衛生、保健、安全及び栄養について満足すべき条件で受け入れられるよう、すべての可能な措置がとられなければならない。

2 文民は、紛争に関連する理由で自国の領域を離れることを強要されない。

**第一八条（救済団体及び救済活動）** 1 赤十字、赤新月又は赤のライオン及び太陽の団体等締約国の領域にある救済団体は、武力紛争の犠牲者に関する伝統的な任務を遂行するため役務を提供することができる。文民たる住民は、傷者、病者及び難船者を収容し及び看護することを自発的に申し出ることができる。

2 文民たる住民が食糧、医療用品等生存に不可欠な物資の欠乏のため著しい苦難を被っている場合には、関係締約国の同意を条件として、専ら人道的で公平な性質を有し、かつ、不利な差別をすることなく行われる当該文民たる住民のための救済活動を実施する。

## 第五編 最終規定（第一九条から第二八条まで）（略）

## 一九四九年ジュネーヴ条約第三追加議定書（特殊標章の追加的採用）

（略）

## 7 武力紛争文化財保護条約（抜粋）

（武力紛争の際の文化財の保護に関する条約）

署　名　一九五四年五月一四日（ハーグ）
効力発生　一九五六年八月七日
日本国　二〇〇七年一二月一〇日（一九五四年九月六日署名、二〇〇七年五月二五日国会承認、九月一〇日批准書寄託、九月一二日公布・条約一〇号）
当事国　一三三

締約国は、

文化財が近年の武力紛争において重大な損傷を受けてきたこと及び戦闘技術の発達により文化財が増大する破壊の危険にさらされていることを認識し、

各人民が世界の文化にそれぞれ寄与していることから、いずれの人民に属する文化財に対する損傷も全人類の文化遺産に対する損傷を意味するものであることを確信し、

文化遺産の保存が世界のすべての人民にとって極めて重要であること及び文化遺産が国際的な保護を受けることが重要であることを考慮し、

千八百九十九年のハーグ条約、千九百七年のハーグ条約及び千九百三十五年四月十五日のワシントン条約に定める武力紛争の際の文化財の保護に関する諸原則に従い、

このような保護は、そのための国内的及び国際的な措置が平時においてとられない限り、効果的に行われ得ないことを認め、

文化財を保護するためにあらゆる可能な措置をとることを決意して、

次のとおり協定した。

**第一条（文化財の定義）**　この条約の適用上、「文化財」とは、出所又は所有者のいかんを問わず、次に掲げるものをいう。

(a)　各人民にとってその文化遺産として極めて重要である動産又は不動産。例えば、次のものをいう。

建築学上、芸術上又は歴史上の記念工作物（宗教的なものであるか否かを問わない。）

考古学的遺跡

全体として歴史的又は芸術的な関心の対象となる建造物群

芸術品

芸術的、歴史的又は考古学的な関心の対象となる手書き文書、書籍その他のもの

学術上の収集品、書籍若しくは記録文書の重要な収集品又はこの(a)に掲げるものの複製品の重要な収集品

(b)　(a)に規定する動産の文化財を保存し、又は展示することを主要な及び実際の目的とする建造物。例えば、次のものをいう。

博物館

大規模な図書館及び記録文書の保管施設

武力紛争の際に(a)に規定する動産の文化財を収容するための避難施設

(c)　(a)及び(b)に規定する文化財が多数所在する地区（以下「記念工作物集中地区」という。）

**第二条（文化財の保護）**　この条約の適用上、文化財の保護は、文化財の保全及び尊重から成る。

**第三条（文化財の保全）**　締約国は、適当と認める措置をとることにより、自国の領域内に所在する文化財を武力紛争による予見可能な影響から保全することにつき、平時において準備することを約束する。

**第四条（文化財の尊重）**　1　締約国は、自国及び他の締約国の領域内に所在する文化財、その隣接する周囲並びに当該文化財の保護のために使用されている設備を武力紛争の際に当該文化財を破壊又は損傷の危険にさらすおそれがある目的のために利用することを差し控えること並びに当該文化財に対する敵対行為を差し控えることにより、当該文化財を尊重することを約束する。

2　1に定める尊重する義務は、軍事上の必要に基づき当該義務の免除が絶対的に要請される場合に限り、免除され得る。

3　締約国は、いかなる方法により文化財を盗取し、略奪し、又は横領することも、また、いかなる行為により文化財を損壊することも禁止し、防止し、及び必要な場合には停止させることを約束する。締約国は、他の締約国の領域内に所在する動産の文化財の徴発を差し控える。

4　締約国は、復仇の手段として行われる文化財に対するいかなる行為も差し控える。

5　締約国は、他の締約国が前条に定める保全の措置を実施しなかったことを理由として、当該他の締約国についてこの条の規定に従って自国が負う義務を免れることはできない。

**第八条（特別の保護の付与）**　1　武力紛争の際に動産の文化財を収容するための限定された数の避難施設、限定された数の記念工作物集中地区及びその他の特に重要な不動産の文化財は、これらの避難施設等が次の(a)及び(b)の条件を満たす場合に限り、特別の保護の下に置くことができる。

(a)　大規模な工業の中心地又は攻撃を受けやすい地点となっている重要な軍事目標（飛行場、放送局、国家の防衛上の業務に使用される施設、比較的重要な港湾又は鉄道停車場、幹線道路等）から十分な距離を置いて所在すること。

(b)　軍事的目的のために利用されていないこと。

2　動産の文化財のための避難施設は、いかなる状況においても爆弾による損傷を受けることがないように建造されている場合には、その所在地のいかんを問わず、特別の保護の下に置くことができる。

3　記念工作物集中地区は、軍事上の要員又は資材の移動のために利用されている場合（通過の場合を含む。）には、軍事的目的のために利用されているものとみなす。軍事行動、軍事上の要員の駐屯又は軍需品の生産に直接関連する活動が記念工作物集中地区内で行われる場合についても、同様とする。

4　1に規定する文化財の警備について特に権限を与えられた武装した管理者が当該文化財の警備を行うこと又は公の秩序の維持について通常責任を有する警察が当該文化財の付近に所在することは、当該文化財の軍事的目的のための利用には該当しないものとする。

5　1に規定する文化財のいずれかが1に規定する重要な軍事目標の付近に所在する場合であっても、特別の保護を要請する締約国が武力紛争の際に当該軍事目標を使用しないこと及び特に港湾、鉄道停車場又は飛行場について当該港湾等を起点とするすべての運送を他に振り替えることを約束するときは、当該文化財を特別の保護の下に置くことができる。この場合において

は、その振替は、平時において準備するものとする。

6 特別の保護は、文化財を「特別の保護の下にある文化財の国際登録簿」に登録することにより、当該文化財に対して与えられる。この登録は、この条約の規定に従って、かつ、この条約の施行規則に定める条件に従ってのみ行う。

**第九条（特別の保護の下にある文化財に関する特別な取扱い）**
締約国は、前条6に規定する国際登録簿への登録の時から、特別の保護の下にある文化財に対する敵対行為を差し控えること及び同条5に規定する場合を除くほか当該文化財又はその周囲の軍事的目的のための利用を差し控えることにより、当該文化財に関する特別な取扱いを確保することを約束する。

## 8 武力紛争における児童の関与に関する児童の権利条約選択議定書

(第7章第1節11(2)参照三三七頁)

# 第15章　軍縮・軍備管理

## 1　部分的核実験禁止条約

（大気圏内、宇宙空間及び水中における核兵器実験を禁止する条約）

採　択　一九六三年八月五日（モスクワ）
署　名　一九六三年八月一四日（ワシントン、ロンドン、モスクワ）
効力発生　一九六三年一〇月一〇日
日本国　一九六四年六月一五日（同年五月二五日国会承認、六月二日内閣批准、同日批准書認証、六月一五日批准書寄託、同日公布・条約一〇号）
当事国　一二五

アメリカ合衆国、グレート・ブリテン及び北部アイルランド連合王国及びソヴィエト社会主義共和国連邦（以下「原締約国」という。）の政府は、

国際連合の目的に従つて厳重な国際管理の下における全面的かつ完全な軍備縮小に関する合意をできる限りすみやかに達成し、その合意により、軍備競争を終止させ、かつ、核兵器を含むすべての種類の兵器の生産及び実験への誘因を除去することをその主要な目的として宣言し、

核兵器のすべての実験的爆発の永久的停止の達成を求め、その目的のために交渉を継続することを決意し、また、放射性物質による人類の環境の汚染を終止させることを希望して、

次のとおり協定した。

**第一条【核爆発の禁止】**　1　この条約の各締約国は、その管轄又は管理の下にあるいかなる場所においても、次の環境における核兵器の実験的爆発及び他の核爆発を禁止すること、防止すること及び実施しないことを約束する。

a　大気圏内、宇宙空間を含む大気圏外並びに領水及び公海を含む水中

b　そのような爆発がその管轄又は管理の下でその爆発が行なわれる国の領域外において放射性残渣が存在するという結果をもたらすときは、その他の環境。この点に関して、締約国が、この条約の前文で述べたように締結を達成しようとしている条約、すなわち、地下における実験的核爆発を含むすべての実験的核爆発を永久に禁止することとなる条約の締結がこのbの規定により妨げられるものではないことが了解される。

2　この条約の各締約国は、さらに、いかなる場所においても、1に掲げるいずれかの環境の中で行なわれ、又は1に規定する結果をもたらす核兵器の実験的爆発又は他の核爆発の実施を実現させ、奨励し、又はいかなる態様によるかを問わずこれに参加することを差し控えることを約束する。

**第二条【改正】**　1　いずれの締約国も、この条約の改正を提案することができる。改正案の本文は、寄託国政府に提出するものとし、寄託国政府は、これをこの条約のすべての締約国に送付する。その後、締約国の三分の一以上の要請があつたときは、寄託国政府は、その改正を審議するため会議を招集し、すべての締約国をその会議に招請する。

2　この条約のいかなる改正も、すべての原締約国の票を含むこの条約のすべての締約国の過半数の票により承認されなければならない。その改正は、すべての原締約国の批准書を含むすべての締約国の過半数の批准書が寄託された時に、すべての締約国について効力を生ずる。

**第三条【署名、批准、加入、効力発生】**　1　この条約は、署名のためすべての国に開放される。この条約が3の規定に従つて効力を生ずる前にこの条約に署名しない国は、いつでもこの条約に加入することができる。

2　この条約は、署名国により批准されなければならない。批准書及び加入書は、ここに寄託国政府として指定される原締約国の政府、すなわち、アメリカ合衆国、グレート・ブリテン及び北部アイルランド連合王国及びソヴィエト社会主義共和国連邦の政府に寄託するものとする。

3　この条約は、すべての原締約国による批准及びその批准書の寄託の後に効力を生ずる。

4　この条約の効力発生後に批准書又は加入書を寄託する国については、この条約は、その批准書又は加入書の寄託の日に効力を生ずる。

5　寄託国政府は、すべての署名国及び加入国に対し、各署名の日、この条約の各批准書及び加入書の寄託の日、その効力発生の日並びに会議の招集の要請を受領した日又は他の通知をすみやかに通報する。

6　この条約は、寄託国政府が国際連合憲章第百二条の規定に従つて登録する。

**第四条【有効期間及び脱退】**　この条約の有効期間は、無期限とする。

各締約国は、この条約の対象である事項に関連する異常な事態が自国の至高の利益を危うくしていると認めるときは、その主権の行使として、この条約から脱退する権利を有する。各締約国は、そのような脱退をこの条約の他のすべての締約国に対し三箇月前に予告するものとする。

**第五条【正文】**　この条約は、英語及びロシア語による本文をひとしく正文とし、寄託国政府に寄託するものとする。この条約の認証謄本は、寄託国政府が署名国及び加入国の政府に送付するものとする。

## 2　包括的核実験禁止条約（抄）

［ＣＴＢＴ］

採　択　一九九六年九月一〇日（国連第五〇回総会）（賛成一五八、反対三、棄権五）
署　名　一九九六年九月二四日（ニューヨーク）
効力発生　（未発効）
日本国　（一九九六年一二月二四日署名、九七年六月六日国会承認、七月四日内閣批准決定、七月八日批准書寄託）
当事国

**前　文**

この条約の締約国（以下「締約国」という。）は、

核軍備の縮小（軍備における核兵器の削減を含む。）及びすべて

の側面における核拡散の防止の分野における近年の国際協定その他の積極的措置を歓迎し、

これらの国際協定その他の積極的措置を完全かつ迅速に実施することの重要性を強調し、

現在の国際情勢が核軍備の縮小に向けて及びすべての側面における核兵器の拡散に対して一層効果的な措置をとる機会を与えていることを確信し、また、そのような措置をとる意図を有することを宣言し、

核兵器の除去及び厳重かつ効果的な国際管理の下における全面的かつ完全な軍備縮小を究極的な目標として世界的規模で核兵器を削減するための系統的かつ漸進的な努力を継続することの必要性を強調し、

核兵器のすべての実験的爆発及び他のすべての核爆発を停止することは、核兵器の開発及び質的な改善を抑制し並びに高度な新型の核兵器の開発を終了させることによって核軍備の縮小及びすべての側面における核不拡散のための効果的な措置となることを認識し、

更に、核兵器のすべての実験的爆発及び他のすべての核爆発を終了させることが核軍備の縮小を達成するための系統的な過程を実現させる上での有意義な一歩となることを認識し、

核実験の終了を達成するための最も効果的な方法が軍備縮小及び不拡散の分野において長期にわたって国際社会(international community)の最優先の目標の一であった普遍的な及び国際的かつ効果的に検証することのできる包括的核実験禁止条約を締結することであることを確信し、

千九百六十三年の大気圏内、宇宙空間及び水中における核兵器実験を禁止する条約の締約国が核兵器のすべての実験的爆発の永久的停止の達成を希求する旨を表明したことに留意し、

更に、この条約が環境の保護に貢献し得るとの見解が表明されたことに留意し、

すべての国によるこの条約への参加を得るという目的並びにすべての側面における核兵器の拡散の防止、核軍備の縮小の過程の進展並びに国際の平和及び安全の強化に効果的に貢献するというこの条約の趣旨を確認して、

次のとおり協定した。

**第一条（基本的義務）** 1　締約国は、核兵器の実験的爆発又は他の核爆発を実施せず並びに自国の管轄又は管理の下にあるいかなる場所においても核兵器の実験的爆発及び他の核爆発を禁止し及び防止することを約束する。

2　締約国は、更に、核兵器の実験的爆発又は他の核爆発の実施を実現させ、奨励し又はいかなる態様によるかを問わずこれに参加することを差し控えることを約束する。

**第二条（機関）**

Ａ　一般規定

1　締約国は、この条約の趣旨及び目的を達成し、この条約の規定（この条約の遵守についての国際的な検証に関する規定を含む。）の実施を確保し並びに締約国間の協議及び協力のための場を提供するため、この条約により包括的核実験禁止条約機関（以下「機関」という。）を設立する。

2　すべての締約国は、機関の加盟国となる。締約国は、機関の加盟国としての地位を奪われることはない。

3　機関の所在地は、オーストリア共和国ウィーンとする。

4　機関の内部機関として、締約国会議、執行理事会及び技術事務局（国際データセンターを含む。）をこの条約により設置する。

5　締約国は、この条約に従い機関がその任務を遂行することに協力する。締約国は、この条約の趣旨及び目的又はその規定の実施に関して提起される事項について、締約国間で直接又は機関若しくは他の適当な国際的な手続（国際連合憲章に基づく国際連合の枠内の手続を含む。）を通じて協議する。

6　機関は、できる限り干渉の程度が低く、かつ、検証活動の目的の適時の及び効果的な達成に合致する方法で、この条約に規定する検証活動を行う。機関は、この条約に基づく自己の責任を果たすために必要な情報及び資料のみを要請する。機関は、この条約の実施を通じて知るに至った非軍事上及び軍事上の活動及び施設に関する情報の秘密を保護するためにすべての措置をとるものとし、特に、秘密の保護に関するこの条約の規定を遵守する。

7　締約国は、この条約の実施に関連して機関から秘密のものとして受領する情報及び資料を秘密のものとして取り扱い、並びに当該情報及び資料に対して特別の取扱いを行う。締約国は、当該情報及び資料をこの条約に基づく自国の権利及び義務との関連においてのみ利用する。

8　機関は、独立の機関として、国際原子力機関等の他の国際機関との間の協力のための措置を通じ、可能な場合には既存の専門的知識及び施設を利用するよう及び費用対効果を最大にするよう努める。当該措置については、軽微な及び通常の商業的かつ契約的な性質を有するものを除くほか、承認のために締約国会議に提出される協定で定める。

9　機関の活動に要する費用については、国際連合と機関との間の加盟国の相違を考慮して調整される国際連合の分担率に従って締約国が毎年負担する。

10　準備委員会に対する締約国の財政的負担については、適当な方法によって機関の通常予算に対する当該締約国の分担金から控除する。

11　機関に対する分担金の支払が延滞している機関の加盟国は、その未払の額が当該年に先立つ二年の間に当該加盟国から支払われるべきであった分担金の額に等しい場合又はこれを超える場合には、機関において投票権を有しない。ただし、締約国会議は、支払の不履行が当該加盟国にとってやむを得ない事情によると認めるときは、当該加盟国に投票を許すことができる。

（Ｂ　締約国会議　から　Ｅ　特権及び免除　まで（略））

**第三条（国内の実施措置）** 1　締約国は、自国の憲法上の手続に従いこの条約に基づく自国の義務を履行するために必要な措置をとる。締約国は、特に、次のことのために必要な措置をとる。

(a)　自国の領域内のいかなる場所又は国際法によって認められる自国の管轄の下にあるその他のいかなる場所においても、自然人及び法人がこの条約によって締約国に対して禁止されている活動を行うことを禁止すること。

(b)　自然人及び法人が自国の管理の下にあるいかなる場所においても(a)の活動を行うことを禁止すること。

(c)　自国の国籍を有する自然人がいかなる場所においても(a)の活動を行うことを国際法に従って禁止すること。

2　締約国は、1の規定に基づく義務の履行を容易にするため、他の締約国と協力し、及び適当な形態の法律上の援助を与える。

3　締約国は、この条の規定に従ってとる措置を機関に通報する。

4　締約国は、この条約に基づく自国の義務を履行するため、国内当局を指定し又は設置し及び、この条約が自国について効力

を生じたときは、その指定又は設置について機関に通報する。国内当局は、機関及び他の締約国との連絡のための国内の連絡先となる。

**第四条（検証）**

A　一般規定

1　この条約の遵守について検証するために、次のものから成る検証制度を設ける。当該検証制度は、この条約が効力を生ずる時に検証についてこの条約が定める要件を満たすことができるものとする。

(a) 国際監視制度
(b) 協議及び説明
(c) 現地査察
(d) 信頼の醸成についての措置

2　検証活動については、客観的な情報に基づくものとし、この条約の対象である事項に限定し、並びに締約国の主権を十分に尊重することを基礎として並びにできる限り干渉の程度が低く、かつ、当該検証活動の目的の効果的な及び適時の遂行に合致する方法で実施する。締約国は、検証についての権利の濫用を差し控える。

3　締約国は、この条約の遵守についての検証を容易にするために、この条約に従って、前条4の規定に従って設置する国内当局を通じて特に次のことによって機関及び他の締約国と協力することを約束する。

(a) 当該検証のための措置に参加するために必要な施設及び通信手段を設置すること。
(b) 国際監視制度の一部を成す国内の観測所から得られたデータを提供すること。
(c) 適当な場合には協議及び説明の手続に参加すること。
(d) 現地査察の実施を認めること。
(e) 適当な場合には信頼の醸成についての措置に参加すること。

4　すべての締約国は、技術的及び財政的な能力のいかんを問わず、検証についての平等の権利を有し、及び検証を受け入れる平等の義務を負う。

5　この条約の適用上、いかなる締約国も、一般的に認められている国際法の原則（国の主権の尊重の原則を含む。）に適合する方法で国内の検証技術によって得た情報を使用することを妨げられない。

6　締約国は、この条約の検証制度又は5の規定による国内の検証技術の運用を妨げてはならない。ただし、この条約に関係しない機微に係る設備、活動又は場所を保護する締約国の権利を害するものではない。

7　締約国は、この条約に関係しない機微に係る設備を保護し並びにこの条約に関係しない秘密の情報及び資料の開示を防止するための措置をとる権利を有する。

8　更に、非軍事上及び軍事上の活動及び施設に関する情報であって検証活動の間に得られたものの秘密を保護するためのすべての必要な措置がとられるものとする。

9　機関がこの条約によって設けられた検証制度を通じて得た情報については、8の規定に従うことを条件として、この条約及び議定書の関連規定に従ってすべての締約国が利用することができる。

10　この条約は、科学的な目的のために行われる資料の国際的な交換を制限するものと解してはならない。

11　締約国は、適当な場合にはこの条約の検証制度の効率及び費用対効果を高めることとなる特定の措置を開発するため、検証制度を改善し及び追加的な監視技術（電磁衝撃波監視及び衛星による監視を含む。）の潜在的な検証能力を検討することについて機関及び他の締約国と協力することを約束する。そのような特定の措置は、合意される場合には、第七条の規定に従ってこの条約の現行の規定若しくは議定書に若しくは議定書の追加的な規定として含められ又は、適当な場合には、第二条44の規定に従って運用手引書に反映される。

12　締約国は、すべての締約国が国内における検証措置の実施を強化し及びこの条約の検証制度において使用される技術の平和的目的のための応用から利益を受けることを可能にするために、当該技術についての交流を可能な最大限度まで行うことを容易にし及びその交流に参加することについての相互間の協力を促進することを約束する。

13　この条約は、平和的目的のための原子力の応用を一層発展させるための締約国の経済的及び技術的な発展を妨げないような態様で実施する。

技術事務局の検証の分野における任務

14・15（略）

B　国際監視制度

16　国際監視制度は、地震学的監視施設、放射性核種監視施設（公認された実験施設を含む。）、水中音波監視施設及び微気圧振動監視施設並びにその各通信手段によって構成され、並びに技術事務局の国際データセンターの支援を受ける。

17　国際監視制度は、技術事務局の権限の下に置かれる。国際監視制度のすべての監視施設については、議定書に従い、当該監視施設を受け入れ又はその他の方法によってこれについて責任を負う国が所有し及び運用する。

18　締約国は、データの国際的な交換に参加し及び国際データセンターが利用し得るすべてのデータへのアクセスが認められる権利を有する。締約国は、自国の国内当局を通じて国際データセンターと協力する。

国際監視制度についての費用負担

19－22（略）

国際監視制度の変更

23－25（略）

暫定的措置

26（略）

国内の協力施設

27・28（略）

C　協議及び説明（略）

D　現地査察

現地査察の要請

34　締約国は、この条及び議定書第二部の規定に基づき、いかなる締約国の領域内若しくはいかなる締約国の管轄若しくは管理の下にあるその他の場所についても又はいずれの国の管轄若しくは管理の下にもない場所について現地査察を要請する権利を有する。

35　現地査察の唯一の目的は、核兵器の実験的爆発又は他の核爆発が第一条の規定に違反して実施されたか否かを明らかにし及び違反した可能性のある者の特定に資する事実を可能な限り収集することとする。

36　要請締約国は、現地査察の要請をこの条約の範囲内で行い、及び37の規定に従って当該要請において情報を提供する義務を負う。要請締約国は、根拠がない又は濫用にわたる査察の要請を差し控える。

37　現地査察の要請は、国際監視制度によって収集された情報若しくは一般的に認められている国際法の原則に適合する方法で国内の検証技術によって得られた関連する技術上の情報又はこれらの組合せに基づくものとする。当該要請には、議定書第二部41に規定する事項を含める。

38　要請締約国は、執行理事会に対して現地査察の要請を行い、及び事務局長が速やかに手続を開始することができるよう同時に事務局長に対して当該要請を提出する。

現地査察の要請を提出した後の措置

39　執行理事会は、現地査察の要請を受領したときは、直ちにその検討を開始する。

40　事務局長は、現地査察の要請を受領した後、二時間以内に要請締約国に対して当該要請の受領を確認し、六時間以内に当該要請を査察が行われることが求められている締約国に通報する。事務局長は、当該要請が議定書第二部41に定める要件を満たしていることを確認し、必要な場合には要請締約国が当該要件に従って当該要請を行うことを援助し、並びに当該要請を受領した後二十四時間以内に執行理事会及び他のすべての締約国に対して当該要請を通報する。

41　技術事務局は、現地査察の要請が40の要件を満たしている場合には、現地査察のための準備を遅滞なく開始する。

42　事務局長は、いずれかの締約国の管轄又は管理の下にある査察区域に係る現地査察の要請を受領したときは、査察が行われることが求められている締約国に対し、当該要請において提起された懸念について明らかにされ及びこれが解決されるように直ちに説明を求める。

43　42の規定によって説明の求めを受領する締約国は、当該説明の求めを受領した後できる限り速やかに、遅くとも七十二時間以内に、事務局長に対して、説明を行い及び利用可能な他の関連する情報を提供する。

44　事務局長は、執行理事会が現地査察の要請について決定する前に、当該要請において特定される事象に関する利用可能な追加の情報であって国際監視制度によって得られるもの又は締約国が提供するもの（42及び43の規定に従って行われる説明を含む。）及び事務局長が関連すると認め又は執行理事会が要請する技術事務局内のその他の情報を執行理事会に対して直ちに送付する。

45　執行理事会は、要請締約国が現地査察の要請において提起した懸念が解決されたと認めて当該要請を撤回する場合を除くほか、46の規定に従って当該要請について決定する。

執行理事会の決定

46－52（略）

執行理事会が現地査察を承認した後の措置

53－55（略）

現地査察の実施

56　締約国は、自国の領域内又は自国の管轄若しくは管理の下にある場所において機関がこの条約及び議定書に従って現地査察を実施することを認める。ただし、いかなる締約国も、自国の領域内又は自国の管轄若しくは管理の下にある場所における二以上の現地査察を同時に受け入れることを要しない。

57　被査察締約国は、この条約及び議定書によって、次の権利を有し、及び次の義務を負う。

(a)　この条約の遵守を証明するためにあらゆる合理的な努力を払う権利及び義務並びにこのために査察団がその査察命令を遂行することができるようにする権利及び義務

(b)　国家の安全保障上の利益を保護し及び査察の目的に関係しない秘密の情報の開示を防止するために必要と認める措置をとる権利

(c)　(b)の規定並びに財産権又は捜索及び押収に関する自国の憲法上の義務を考慮して、査察の目的に関連する事実を確定するための査察区域内へのアクセスを認める義務

(d)　第一条に規定する義務の違反を隠すためにこの57又は議定書第二部88の規定を援用しない義務

(e)　査察団がこの条約及び議定書に従って査察区域内を移動し及び査察活動を実施することを妨げない義務

現地査察に関する規定において「アクセス」とは、査察団及び査察のための装置の査察区域への物理的なアクセス並びに当該査察区域内における査察活動の実施の双方をいう。

58　現地査察は、議定書に定める手続に従い、できる限り干渉の程度が低く、かつ、査察命令の効果的な及び適時の遂行に合致する方法で実施される。査察団は、できる限り、最も干渉の程度が低い手続からとり、その後、この条約の違反の可能性の懸念について明らかにするための十分な情報を収集するために必要と認める場合にのみ、より干渉の程度が高い手続に移行する。査察員は、査察の目的のために必要な情報及び資料のみを求め、並びに被査察締約国における正常な活動を妨げることを最小限にするよう努める。

59　被査察締約国は、現地査察が行われている間を通じて査察団を援助し、及びその任務の遂行を容易にする。

60　被査察締約国は、議定書第二部の86から96までの規定に基づいて査察区域内のアクセスを制限する場合には、査察団との協議の上、代替的な手段によってこの条約の遵守を証明するためにあらゆる合理的な努力を払う。

オブザーバー

61　オブザーバーについては、次の規定を適用する。

(a)　各要請締約国は、被査察締約国の同意を得て、自国又は第三の締約国のいずれか一方の国民である一人の代表者を現地査察の実施に立ち会わせるために派遣することができる。

(b)　被査察締約国は、事務局長に対し、執行理事会が現地査察を承認した後十二時間以内に、提案されたオブザーバーを受け入れるか否かを通告する。

(c)　被査察締約国は、提案されたオブザーバーを受け入れる場合には、議定書に従ってそのオブザーバーに対してアクセスを認める。

(d)　被査察締約国は、原則として、提案されたオブザーバーを受け入れる。もっとも、被査察締約国がその受入れを拒否する場合には、その事実は、査察報告に記録される。

オブザーバーの合計は、三人を超えてはならない。

現地査察についての報告

62－66（略）

根拠がない又は濫用された現地査察の要請

67（略）

E　信頼の醸成についての措置

68　締約国は、次のことのため、議定書第三部に規定する関連する措置を実施するに当たり、機関及び他の締約国と協力することを約束する。

(a)　化学的爆発に関連する検証のためのデータを誤って解釈することから生ずるこの条約の遵守についての懸念を適時に解決することに貢献すること。

(b)　国際監視制度の観測所網の一部である観測所の特性を把握することについて援助すること。

**第五条（事態を是正し及びこの条約の遵守を確保するための措置（制裁を含む。））**　1　会議は、特に執行理事会の勧告を考慮して、この条約の遵守を確保し並びにこの条約に違反する事態を是正し及び改善するため、2及び3に規定する必要な措置をとる。

2　締約国が自国によるこの条約の遵守に関して問題を引き起こしている事態を是正することを会議又は執行理事会によって要請され、かつ、一定の期間内に当該要請に応じなかった場合には、会議は、特に、当該締約国がこの条約に基づく権利及び特権を行使することを、別段の決定を行うまでの間制限し又は停止することを決定することができる。

3　この条約の基本的義務の違反によってこの条約の趣旨及び目的に対する障害が生ずる可能性のある場合には、会議は、締約国に対して国際法に適合する集団的措置を勧告することができる。

4　会議又は事態が緊急である場合には執行理事会は、問題（関連する情報及び判断を含む。）について国際連合の注意を喚起することができる。

**第六条（紛争の解決）**〔化学兵器禁止条約第一四条とほぼ同じ。ただし、4中「第八条21(f)」を「第二条26(j)」と、5中「第八条34(a)」を「第二条38(h)」と、6中「第九条の規定又は事態を是正し及びこの条約の遵守を確保するための措置（制裁を含む。）に関する規定」を「前二条の規定」と読み替える。〕

**第七条（改正）**（略）

**第八条（この条約の検討）**（略）

**第九条（有効期間及び脱退）**　1　この条約の有効期間は、無期限とする。

2　締約国は、この条約の対象である事項に関係する異常な事態が自国の至高の利益を危うくしていると認める場合には、その主権を行使してこの条約から脱退する権利を有する。

3　脱退は、他のすべての締約国、執行理事会、寄託者及び国際連合安全保障理事会に対してその六箇月前に通告することによって行う。脱退の通告には、締約国が自国の至高の利益を危うくしていると認める異常な事態についても記載する。

**第一〇条（議定書及び附属書の地位）**（略）

**第一一条（署名）**（略）

**第一二条（批准）**（略）

**第一三条（加入）**（略）

**第一四条（効力発生）**　1　この条約は、その附属書二に掲げるすべての国の批准書が寄託された日の後百八十日で効力を生ずる。ただし、いかなる場合にも、署名のための開放の後二年を経過するまで効力を生じない。

2　この条約がその署名のための開放の日の後三年を経過しても効力を生じない場合には、寄託者は、既に批准書を寄託している国の過半数の要請によってこれらの国の会議を招集する。この会議は、1に定める要件が満たされている程度について検討し並びに、この条約が早期に効力を生ずることを容易にするため、批准の過程を促進するため国際法に適合するいかなる措置をとることができるかについて検討し及びコンセンサス方式によって決定する。

3　2に定める手続は、2に規定する会議又はその後のそのような会議が別段の決定を行わない限り、この条約が効力を生ずるまで、その後のこの条約の署名のための開放の日に対応する各年の日について繰り返し適用される。

4　すべての署名国は、2に規定する会議及び3に規定するその後の会議にオブザーバーとして出席するよう招請される。

5　この条約は、その効力を生じた後に批准書又は加入書を寄託する国については、その批准書又は加入書の寄託の日の後三十日目の日に効力を生ずる。

**第一五条（留保）**　この条約の各条の規定及びこの条約の附属書については、留保を付することができない。この条約の議定書及びその附属書については、この条約の趣旨及び目的と両立しない留保を付することができない。

**第一六条（寄託者）**（略）

**第一七条（正文）**（略）

**条約の附属書一　第二条28に規定する国の一覧表**（略）

**条約の附属書二　第十四条に規定する国の一覧表**（略）

**包括的核実験禁止条約の議定書**（略）

## 3　核兵器不拡散条約

### (1)　核兵器の不拡散に関する条約

［NPT］

採択（作成）　一九六八年七月一日（ロンドン、モスクワ、ワシントン）
効力発生　一九七〇年三月五日
日本国　一九七六年六月八日（七〇年二月三日署名、七六年五月二四日国会承認、六月八日批准書寄託、同日公布・条約六号）
当事国　一九二

この条約を締結する国（以下「締約国」という。）は、

核戦争が全人類に惨害をもたらすものであり、したがつて、このような戦争の危険を回避するためにあらゆる努力を払い、及び人民の安全を保障するための措置をとることが必要であることを考慮し、

核兵器の拡散が核戦争の危険を著しく増大させるものであることを信じ、

核兵器の一層広範にわたる分散の防止に関する協定を締結することを要請する国際連合総会の諸決議に従い、

平和的な原子力活動に対する国際原子力機関の保障措置の適用を容易にすることについて協力することを約束し、

一定の枢要な箇所において機器その他の技術的手段を使用することにより原料物質及び特殊核分裂性物質の移動に対して効果的に保障措置を適用するという原則を、国際原子力機関の保障措置制度のわく内で適用することを促進するための研究、開発その他の努力に対する支持を表明し、

核技術の平和的応用の利益（核兵器国が核爆発装置の開発から得ることができるすべての技術上の副産物を含む。）が、平和的目

的のため、すべての締約国（核兵器国であるか非核兵器国であるかを問わない。）に提供されるべきであるという原則を確認し、

この原則を適用するに当たり、すべての締約国が、平和的目的のための原子力の応用を一層発展させるため可能な最大限度まで科学的情報を交換することに参加し、及び単独で又は他の国と協力してその応用の一層の発展に貢献する権利を有することを確信し、

核軍備競争の停止をできる限り早期に達成し、及び核軍備の縮小の方向で効果的な措置をとる意図を宣言し、

この目的の達成についてすべての国が協力することを要請し、

千九百六十三年の大気圏内、宇宙空間及び水中における核兵器実験を禁止する条約の締約国が、同条約前文において、核兵器のすべての実験的爆発の永久的停止の達成を求め及びそのために交渉を継続する決意を表明したことを想起し、

厳重かつ効果的な国際管理の下における全面的かつ完全な軍備縮小に関する条約に基づき核兵器の製造を停止し、貯蔵されたすべての核兵器を廃棄し、並びに諸国の軍備から核兵器及びその運搬手段を除去することを容易にするため、国際間の緊張の緩和及び諸国間の信頼の強化を促進することを希望し、

諸国が、国際連合憲章に従い、その国際関係において、武力による威嚇又は武力の行使を、いかなる国の領土保全又は政治的独立に対するものも、また、国際連合の目的と両立しない他のいかなる方法によるものも慎まなければならないこと並びに国際の平和及び安全の確立及び維持が世界の人的及び経済的資源の軍備のための転用を最も少なくして促進されなければならないことを想起して、

次のとおり協定した。

**第一条【核兵器国の拡散防止義務】** 締約国である各核兵器国は、核兵器その他の核爆発装置又はその管理をいかなる者に対しても直接又は間接に移譲しないこと及び核兵器その他の核爆発装置の製造若しくはその他の方法による取得又は核兵器その他の核爆発装置の管理の取得につきいかなる非核兵器国に対しても何ら援助、奨励又は勧誘を行わないことを約束する。

**第二条【非核兵器国の拡散避止義務】** 締約国である各非核兵器国は、核兵器その他の核爆発装置又はその管理をいかなる者からも直接又は間接に受領しないこと、核兵器その他の核爆発装置を製造せず又はその他の方法によつて取得しないこと及び核兵器その他の核爆発装置の製造についていかなる援助をも求めず又は受けないことを約束する。

**第三条【非核兵器国の原子力平和利用の義務】** 1　締約国である各非核兵器国は、原子力が平和的利用から核兵器その他の核爆発装置に転用されることを防止するため、この条約に基づいて負う義務の履行を確認することのみを目的として国際原子力機関憲章及び国際原子力機関の保障措置制度に従い国際原子力機関との間で交渉しかつ締結する協定に定められる保障措置を受諾することを約束する。この条の規定によつて必要とされる保障措置の手続は、原料物質又は特殊核分裂性物質につき、それが主要な原子力施設において生産され、処理され若しくは使用されているか又は主要な原子力施設の外にあるかを問わず、遵守しなければならない。この条の規定によつて必要とされる保障措置は、当該非核兵器国の領域内若しくはその管轄下で又は場所のいかんを問わずその管理の下で行われるすべての平和的な原子力活動に係るすべての原料物質及び特殊核分裂性物質につき、適用される。

2　各締約国は、(a)原料物質若しくは特殊核分裂性物質又は(b)特殊核分裂性物質の処理、使用若しくは生産のために特に設計され若しくは作成された設備若しくは資材を、この条の規定によつて必要とされる保障措置が当該原料物質又は当該特殊核分裂性物質について適用されない限り、平和的目的のためいかなる非核兵器国にも供給しないことを約束する。

3　この条の規定によつて必要とされる保障措置は、この条の規定及び前文に規定する保障措置の原則に従い、次条の規定に適合する態様で、かつ、締約国の経済的若しくは技術的発展又は平和的な原子力活動の分野における国際協力（平和的目的のため、核物質及びその処理、使用又は生産のための設備を国際的に交換することを含む。）を妨げないような態様で、実施するものとする。

4　締約国である非核兵器国は、この条に定める要件を満たすため、国際原子力機関憲章に従い、個々に又は他の国と共同して国際原子力機関と協定を締結するものとする。その協定の交渉は、この条約が最初に効力を生じた時から百八十日以内に開始しなければならない。この百八十日の期間の後に批准書又は加入書を寄託する国については、その協定の交渉は、当該寄託の日までに開始しなければならない。その協定は、交渉開始の日の後十八箇月以内に効力を生ずるものとする。

**第四条【原子力平和利用の権利】** 1　この条約のいかなる規定も、無差別にかつ第一条及び第二条の規定に従つて平和的目的のための原子力の研究、生産及び利用を発展させることについてのすべての締約国の奪い得ない権利に影響を及ぼすものと解してはならない。

2　すべての締約国は、原子力の平和的利用のため設備、資材並びに科学的及び技術的情報を可能な最大限度まで交換することを容易にすることを約束し、また、その交換に参加する権利を有する。締約国は、また、可能なときは、単独で又は他の国若しくは国際機関と共同して、世界の開発途上にある地域の必要に妥当な考慮を払つて、平和的目的のための原子力の応用、特に締約国である非核兵器国の領域におけるその応用の一層の発展に貢献することに協力する。

**第五条【核爆発の平和的応用に関する非核兵器国の援助】** 各締約国は、核爆発のあらゆる平和的応用から生ずることのある利益が、この条約に従い適当な国際的監視の下でかつ適当な国際的手続により無差別の原則に基づいて締約国である非核兵器国に提供されること並びに使用される爆発装置についてその非核兵器国の負担する費用が、できる限り低額であり、かつ、研究及び開発のためのいかなる費用をも含まないことを確保するため、適当な措置をとることを約束する。締約国である非核兵器国は、特別の国際協定に従い、非核兵器国が十分に代表されている適当な国際機関を通じてこのような利益を享受することができる。この問題に関する交渉は、この条約が効力を生じた後できる限り速やかに開始するものとする。締約国である非核兵器国は、希望するときは、二国間協定によつてもこのような利益を享受することができる。

**第六条【核軍縮】** 各締約国は、核軍備競争の早期の停止及び核軍備の縮小に関する効果的な措置につき、並びに厳重かつ効果的な国際管理の下における全面的かつ完全な軍備縮小に関する条約について、誠実に交渉を行うことを約束する。

**第七条【地域的非核条約】** この条約のいかなる規定も、国の集団

がそれらの国の領域に全く核兵器の存在しないことを確保するため地域的な条約を締結する権利に対し、影響を及ぼすものではない。

**第八条【改正・再審議】** 1　いずれの締約国も、この条約の改正を提案することができる。改正案は、寄託国政府に提出するものとし、寄託国政府は、これをすべての締約国に配布する。その後、締約国の三分の一以上の要請があつたときは、寄託国政府は、その改正を審議するため、すべての締約国を招請して会議を開催する。

2　この条約のいかなる改正も、すべての締約国の過半数の票（締約国であるすべての核兵器国の票及び改正案が配布された日に国際原子力機関の理事国である他のすべての締約国の票を含む。）による議決で承認されなければならない。その改正は、すべての締約国の過半数の改正の批准書（締約国であるすべての核兵器国の改正の批准書及び改正案が配布された日に国際原子力機関の理事国である他のすべての締約国の改正の批准書を含む。）が寄託された時に、その批准書を寄託した各締約国について効力を生ずる。その後は、改正は、改正の批准書を寄託する他のいずれの締約国についても、その寄託の時に効力を生ずる。

3　前文の目的の実現及びこの条約の規定の遵守を確保するようにこの条約の運用を検討するため、この条約の効力発生の五年後にスイスのジュネーヴで締約国の会議を開催する。その後五年ごとに、締約国の過半数が寄託国政府に提案する場合には、条約の運用を検討するという同様の目的をもつて、更に会議を開催する。

**第九条【署名、批准、加入、効力発生、核兵器国の定義】** 1　この条約は、署名のためすべての国に開放される。この条約が3の規定に従つて効力を生ずる前にこの条約に署名しない国は、いつでもこの条約に加入することができる。

2　この条約は、署名国によつて批准されなければならない。批准書及び加入書は、ここに寄託国政府として指定されるグレート・ブリテン及び北部アイルランド連合王国、ソヴィエト社会主義共和国連邦及びアメリカ合衆国の政府に寄託する。

3　この条約は、その政府が条約の寄託者として指定される国及びこの条約の署名国である他の四十の国が批准しかつその批准書を寄託した後に、効力を生ずる。この条約の適用上「核兵器国」とは、千九百六十七年一月一日前に核兵器その他の核爆発装置を製造しかつ爆発させた国をいう。

4　この条約は、その効力発生の後に批准書又は加入書を寄託する国については、その批准書又は加入書の寄託の日に効力を生ずる。

5　寄託国政府は、すべての署名国及び加入国に対し、各署名の日、各批准書又は各加入書の寄託の日、この条約の効力発生の日、会議の開催の要請を受領した日及び他の通知を速やかに通報する。

6　この条約は、寄託国政府が国際連合憲章第百二条の規定に従つて登録する。

**第一〇条【期限・脱退】** 1　各締約国は、この条約の対象である事項に関連する異常な事態が自国の至高の利益を危うくしていると認める場合には、その主権を行使してこの条約から脱退する権利を有する。当該締約国は、他のすべての締約国及び国際連合安全保障理事会に対し三箇月前にその脱退を通知する。その通知には、自国の至高の利益を危うくしていると認める異常な事態についても記載しなければならない。

2　この条約の効力発生の二十五年後に、条約が無期限に効力を有するか追加の一定期間延長されるかを決定するため、会議を開催する。その決定は、締約国の過半数による議決で行う。

**第一一条【正文】** この条約は、英語、ロシア語、フランス語、スペイン語及び中国語をひとしく正文とし、寄託国政府に寄託される。この条約の認証謄本は、寄託国政府が署名国政府及び加入国政府に送付する。

## (2)　核兵器の不拡散に関する条約の延長（決定三）翻訳

採　択　一九九五年五月一一日（ニューヨーク）

核兵器の不拡散に関する条約の締約国会議は、核兵器の不拡散に関する条約の第八条3及び第一〇条2に従って、一九九五年四月一七日から五月一二日までニューヨークにおいて開催され、

条約の運用を再検討し、条約の完全な遵守、条約の延長及び条約への普遍的な加盟の必要性が存在しており、それらが国際の平和と安全のため及び核兵器の完全な廃棄と厳重かつ効果的な国際管理の下における全面的かつ完全な軍備縮小に関する条約という究極的な目標の達成のために不可欠であることを確認し、

条約第八条3及び強化された方法でその実施を継続する必要性を再確認し、かつ、この目的のために、同じく会議によって採択された、条約の再検討過程の強化に関する決定、並びに、核の不拡散及び軍備縮小のための原則及び目標に関する決定を強調し、

条約第一〇条2に従い、会議が定足数に達していることを確認し、

条約の締約国の過半数がその無期限延長を支持しているので、条約第一〇条2に従い、条約は無期限に効力を有するものと決定する。

# 4　核兵器の禁止に関する条約（抄）翻訳

採　択　二〇一七年七月七日（ニューヨーク）
効力発生　二〇二一年一月二二日
日本国
当事国　五一

この条約の締約国は、

国際連合憲章の目的及び原則の実現に貢献することを決意し、

核兵器のいかなる使用からももたらされる壊滅的な人道上の帰結について深く憂慮し、また、そのような兵器を完全に廃絶することが必然的に求められ、このことがいかなる場合にも核兵器が決して再び使用されないことを保証する唯一の方法であり続けていることを認識し、（中略）

核軍縮を求める倫理的な要請並びに最高次の地球公共財であって国家及び集団の両方の安全保障の利益に資する核兵器のない世

界を達成しかつ維持する緊急性を認め、

核兵器の使用の被害者(ヒバクシャ)及び核兵器の実験によって影響を受けた被害者にもたらされた容認し難い苦難及び害に留意し、

先住民族に対する核兵器の活動の不均衡な影響を認識し、

全ての国が適用可能な国際法(国際人道法及び国際人権法を含む。)を常に遵守する必要があることを再確認し、(中略)

核兵器のいかなる使用も、武力紛争に適用される国際法の規則、特に国際人道法の原則及び規則に反するであろうことを考慮し、

核兵器のいかなる使用も、また人道の諸原則及び公共の良心に反するであろうことを再確認し、(中略)

一九四六年一月二四日に採択された国際連合総会の最初の決議及び核兵器の廃絶を求めるその後の決議を想起し、(中略)

核兵器の法的拘束力のある禁止は(不可逆的な、検証可能な、及び透明性のある核兵器の廃棄を含む。)核兵器のない世界の達成及び維持のために重要な貢献となることを認識し、また、このために行動することを決意し、(中略)

厳重かつ効果的な国際管理の下でのあらゆる側面における核軍縮に導く交渉を誠実に行い、かつ完了させる義務が存在することを再確認し、

核軍縮及び核不拡散制度の礎石をなす核兵器の不拡散に関する条約の完全かつ効果的な実施は国際の平和及び安全を促進するに当たり不可欠の役割を持つことを再確認し、

核軍縮及び核不拡散制度の中核的要素としての包括的核実験禁止条約及びその検証制度の不可欠の重要性を認識し、(中略)

核兵器の全面的な廃絶の要請に示された人道の諸原則の推進における公共の良心の役割を強調し、また、このために国際連合、国際赤十字・赤新月社運動、その他国際及び地域組織、非政府団体、宗教指導者、議員、学術研究者並びにヒバクシャが行っている努力を認識し、

次のとおり協定した。

**第一条(禁止)** 1 締約国は、いかなる場合にも、次のことを行わないことを約束する。

(a) 核兵器その他の核爆発装置を開発し、実験し、生産し、製造、その他の方法によって取得し、占有し又は貯蔵すること。

(b) 核兵器その他の核爆発装置又はその管理をいずれかの者に対して直接又は間接に移譲すること。

(c) 核兵器その他の核爆発装置又はその管理を直接又は間接に受領すること。

(d) 核兵器その他の核爆発装置を使用すること、又は使用すると威嚇すること。

(e) この条約によって締約国に禁止されている活動を行うことにつき、いずれかの者に対して、いかなる態様によるかを問わず、援助し、奨励し又は勧誘すること。

(f) この条約によって締約国に禁止されている活動を行うことにつき、いずれかの者から、いかなる態様によるかを問わず、いかなる援助を求めること又は援助を受けること。

(g) 自国の領域内又は自国の管轄若しくは管理の下にある場所において核兵器その他の核爆発装置の配置、設置又は配備を認めること。

**第二条(申告)** 1 締約国は、この条約が自国について効力を生じた後三〇日以内に、国際連合事務総長に対して申告を行うものとし、当該申告において、

(a) この条約が自国について効力を生ずる前に、自国が核兵器その他の核爆発装置を所有していたか否か、占有していたか否か、又は管理していたか否か、及び自国の核兵器計画を廃棄していたか否か(全ての核兵器関連施設の廃棄又は不可逆的な転換を含む。)を申告する。

(b) 前条(a)にかかわらず、核兵器その他の核爆発装置を所有するか否か、占有するか否か、又は管理しているか否かを申告する。

(c) 前条(g)にかかわらず、自国の領域内又は自国の管轄若しくは管理の下にある場所に、他の国が所有し、占有し又は管理する核兵器その他の核爆発装置が存在するか否かを申告する。

2 国際連合事務総長は、受領した申告の全てを全締約国に送付する。

**第三条(保障措置)**(略)

**第四条(核兵器の完全な廃絶に向けて)** 1 二〇一七年七月七日以降に核兵器その他の核爆発装置を所有し、占有し又は管理し、かつ、この条約が自国について効力を生ずる前に、自国の核兵器計画(全ての核兵器関連施設の廃棄又は不可逆的な転換を含む。)を廃棄した締約国は、当該核兵器計画の不可逆的な廃棄を検証することを目的として、この条の6に従い、指定された権限ある国際当局に協力する。権限ある国際当局は全締約国に報告する。当該締約国は、申告された核物質が平和的な原子力活動から転用されていないこと及び申告されていない核物質又は原子力活動が当該締約国全体に存在しないことの信頼に足る保証を提供するために十分な保障措置協定を国際原子力機関と締結する。その協定の交渉は、この条約が当該締約国に効力を生じた時から一八〇日以内に開始しなければならない。協定は、この条約が当該締約国に効力を生じた時から一八箇月以内に効力を生ずるものとする。その後、当該締約国は、将来において自国が採用するいかなる追加的な関連文書も害することなく、少なくとも、これらの保障措置に関する義務を維持する。

2 第一条(a)にかかわらず、核兵器その他の核爆発装置を所有し、占有し又は管理している締約国は、これらを直ちに運用態勢から撤去し、当該締約国の核兵器計画(全ての核兵器関連施設の廃棄又は不可逆的な転換を含む。)の検証に基づきかつ不可逆的な廃棄のための法的拘束力があり期限が定められた計画に従い、できる限り速やかにかつ最初の締約国会合によって決定される期限までに廃棄する。締約国は、この条約が自国について効力を生じた後六〇日以内に、当該計画を全締約国又は全締約国によって指定された権限ある国際当局に提出する。当該計画はその後権限ある国際当局との交渉に付され、権限ある国際当局は手続規則に従い承認のためにこれを次の締約国会合と検討会議のいずれか先に開催される方に提出する。

3 前項が適用される締約国は、申告された核物質が平和的な原子力活動から転用されていないこと及び申告されていない核物質又は原子力活動が当該締約国全体に存在しないことの信頼に足る保証を提供するのに十分な保障措置協定を国際原子力機関と締結する。その協定の交渉は、前項に規定する計画の実施が完了する日までに開始しなければならない。協定は、交渉開始の日の後一八箇月以内に効力を生ずる。その後、当該締約国は、将来において自国が採用するいかなる追加的な関連文書も害することなく、少なくとも、これらの保障措置に関する義務を維持する。この項に規定する協定が効力を生じた後、当該締約国は、この条に基づく自国の義務を履行したという最終の申

告を国際連合事務総長に提出する。

4　第一条(b)及び(g)にかかわらず、自国の領域内又は自国の管轄若しくは管理の下にある場所に他の国が所有し、占有し又は管理する核兵器その他の核爆発装置が存在する締約国は、できる限り速やかにかつ最初の締約国会合によって決定される期限までに、当該兵器の速やかな撤去を確保する。当該兵器その他の爆発装置の撤去後、当該締約国は、この条に基づく自国の義務を履行したという申告を国際連合事務総長に提出する。

5　この条が適用される締約国は、当該義務が履行されるまでの間、この条に基づく義務の実施に向けての進展に関して各締約国会合及び各検討会議に報告書を提出する。

6　全締約国は、この条の1、2及び3に従い、核兵器計画の不可逆的な廃棄(全ての核兵器関連施設の廃棄又は不可逆的な転換を含む。)について交渉し及び検証するために権限ある国際当局又は諸当局を指定する。この条の1又は2が適用される締約国について、この条約が効力を生ずる前に当該指定がなされていない場合、国際連合事務総長は、必要となる決定を行うために特別締約国会合を招集する。

**第五条(国内の実施)**(略)

**第六条(被害者に対する援助及び環境の回復)** 1　締約国は、自国の管轄の下にある個人であって核兵器の使用又は実験によって影響を受けた者について、適用可能な国際人道法及び国際人権法に従い、年齢及び性別に配慮した援助(医療、リハビリテーション及び心理的な支援を含む。)を差別なしに適切に提供し、並びに当該個人が社会的及び経済的に包容されるようにする。

2・3(略)

**第七条(国際的な協力及び援助)** 1—5(略)

6　国際法上負う他のいかなる責務又は義務を害することなく、核兵器その他の核爆発装置を使用し又は実験した締約国は、被害者に対する援助及び環境の回復を目的として、影響を受けた締約国に対し、適切な援助を提供する責任を有する。

**第八条(締約国会合)** 1　締約国は、関連規定に従い、この条約の適用又は実施に関する次の事項を含む問題及び核軍縮のための更なる措置に関する問題について検討するため、及び必要な場合には決定を行うために、定期的に会合する。

(a)　この条約の実施及び締結状況

(b)　核兵器計画の検証に基づき、期限が定められ、かつ不可逆的な廃棄のための措置(この条約の追加議定書を含む。)

(c)　この条約の規定に従い、かつ両立するその他のいかなる問題

2・3(略)

4　この条約の効力発生から五年の期間の後に、国際連合事務総長は、条約の運用及び条約の目的を達成するに当たっての進展を検討する会議を招集する。国際連合事務総長は、締約国によって別段の合意が行われる場合を除くほか、六年ごとに同様の目的をもってその後の検討会議を招集する。

5　締約国会合及び検討会議には、この条約の締約国でない国並びに国連体制の関連団体、その他関連する国際組織又は機関、地域組織、赤十字国際委員会、国際赤十字・赤新月社連盟、及び関連する非政府団体を、オブザーバーとして出席するよう招請する。

**第九条(費用)**(略)

**第一〇条(改正)**(略)

**第一一条(紛争の解決)** 1　この条約の解釈又は適用に関して二以上の締約国間で紛争が生ずる場合には、関係当事国は、交渉又は国際連合憲章第三三条に従い当該関係当事国が選択するその他の平和的手段によって紛争を解決するため、協議する。

2　締約国会合は、この条約及び国際連合憲章の関連規定に従い、紛争の解決に貢献することができる(あっせんを提供すること、関係締約国に対し当該関係締約国が選択する解決のための手続を開始するよう求めること、及び合意された手続に従って解決するための期限を勧告することを含む。)。

**第一二条(普遍性)**(略)

**第一三条(署名)**(略)

**第一四条(批准、受諾、承認又は加入)**(略)

**第一五条(効力発生)**(略)

**第一六条(留保)**　この条約の各条の規定には、留保を付することができない。

**第一七条(有効期間及び脱退)** 1　この条約の有効期間は、無期限とする。

2　締約国は、条約の対象である事項に関係する異常な事態が自国の至高の利益を危うくしていると認める場合には、その主権を行使してこの条約から脱退する権利を有する。この権利を行使する締約国は、寄託者に対しその旨を通告する。その通告には、自国の至高の利益を危うくしていると認める異常な事態についても記載する。

3　脱退は、寄託者が脱退の通告を受領した日の後一二箇月で効力を生ずる。ただし、脱退する締約国が当該一二箇月の期間の満了の時において武力紛争の当事者である場合には、当該締約国は、武力紛争の当事者でなくなるまで、この条約及び追加議定書の義務に引き続き拘束される。

**第一八条(他の協定との関係)**　この条約の実施は、締約国が当事国である既存の国際協定に関して当該締約国が負う義務に影響を及ぼすものではない。ただし、当該義務が条約と両立する場合に限る。

**第一九条(寄託者)**(略)

**第二〇条(正文)**(略)

## 5　国際原子力機関(IAEA)憲章(第9章20参照五六八頁)

## 6　日・IAEA保障措置協定(第9章21参照五七〇頁)

## 7　核物質防護条約(第8章第2節8参照四三七頁)

# 8 海底非核化条約

（核兵器及び他の大量破壊兵器の海底における設置の禁止に関する条約）〔核兵器海底設置禁止条約〕

署名（作成）一九七一年二月一一日（ワシントン、ロンドン、モスクワ）
効力発生　一九七二年五月一八日
日本国　一九七二年五月一八日（七一年二月一一日署名、五月二四日国会承認、六月三日批准、六月二一日批准書寄託、七二年六月二日公布・条約四号）
当事国　九五

この条約の締約国は、
平和的目的のための海底の探査及び利用の進歩が人類の共同の利益であることを認識し、
海底における核軍備競争の防止が、世界平和の維持に貢献し、国際間の緊張を緩和し、また、諸国間の友好関係を強化することを考慮し、
この条約が海底を軍備競争の圏外におくことへの一歩となることを確信し、
この条約が厳重かつ効果的な国際管理の下における全面的かつ完全な軍備縮小に関する条約への一歩となることを確信し、かつ、この目的のために交渉を継続することを決意し、
この条約が、国際法の諸原則に適合した方法で、かつ、公海の自由を侵害することなく、国際連合憲章の目的及び原則を助長するものであることを確信して、
次のとおり協定した。

**第一条【核兵器等の設置の禁止】** 1　締約国は、核兵器及び他の種類の大量破壊兵器並びにこれらの兵器を貯蔵し、実験し又は使用することを特に目的とした構築物、発射設備その他の施設を次条に定める海底区域の限界の外側の海底に据え付けず又は置かないことを約束する。
2　1の約束は、1の海底区域についても適用する。ただし、1の海底区域内では、当該沿岸国には適用がなく、また、当該沿岸国の領海の海底については適用しない。
3　締約国は、いかなる国に対しても1の設置を援助せず、奨励せず及び勧誘しないこと並びにその他のいかなる態様によつてもその設置に参加しないことを約束する。

**第二条【海底区域の限界】** この条約の適用上、前条の海底区域の限界は、千九百五十八年四月二十九日にジュネーヴで署名された領海及び接続水域に関する条約第二部に定める十二海里の幅の水域の限界に合致するものとし、同条約第一部第二章の規定及び国際法に従つて測定される。

**第三条【海底活動の観察と検証】** 1　各締約国は、この条約の目的を促進し及びこの条約の遵守を確保するため、第一条の海底区域の外側の海底における他の締約国の活動を観察によつて検証する権利を有する。ただし、その観察は、当該活動を妨げないで行なうものとする。
2　1の観察の後この条約に基づく義務の履行について妥当な疑惑が残る場合には、疑惑をもつた締約国と疑惑をひき起こした活動について責任を有する締約国とは、疑惑を除くために協議する。疑惑がなお残る場合には、疑惑をもつた締約国は、その旨を他のすべての締約国に通告するものとし、関係締約国は、合意すべきその後の検証手続（第一条に規定する種類のものであると合理的に推定される物体又は構築物、設備その他の施設の適当な査察を含む。）について相互に協力する。1の活動に係る地域内にある沿岸国その他の締約国及び要請するその他の締約国は、それらの協議及び協力に参加することができる。当該検証手続を開始した締約国は、これを完了した後、他の締約国に対して適当な報告書を配布する。
3　妥当な疑惑をひき起こした活動について責任を有する国が物体又は構築物、設備その他の施設の観察によつて識別されない場合には、その疑惑をもつた締約国は、当該活動に係る地域内の締約国その他の締約国に対し、その旨を通告し、適当な照会を行なう。その照会により特定の締約国が当該活動について責任を有することが確認された場合には、その特定の締約国は、2の規定に従つて他の締約国と協議し又は協力する。その照会を行なつた締約国は、その照会により当該活動について責任を有する国を確認することができない場合には、その後の検証手続（査察を含む。）を行なうことができるものとし、当該活動に係る地域内にある沿岸国その他の締約国及び協力を希望するその他の締約国をその検証手続に参加するよう招請する。
4　2及び3の規定に基づく協議及び協力により当該活動に関する疑惑が除かれておらず、この条約に基づく義務の履行につき重大な疑惑が残る場合には、締約国は、その問題を国際連合憲章に従つて安全保障理事会に付託することができるものとし、同理事会は、同憲章に従つて行動をとることができる。
5　いずれの締約国も、自国の手段を用いて、他の締約国の全面的若しくは部分的援助を得て、又は国際連合憲章に基づき国際連合のわく内の適当な国際的手続を通じて、この条の規定による検証を行なうことができる。
6　この条約の規定による検証の活動は、他の締約国の活動を妨げることなく、かつ、国際法によつて認められた権利（公海の自由並びに沿岸国が大陸棚の探査及び開発について有する権利を含む。）に適当な考慮を払つて行なう。

**第四条【他の条約等との関連】** この条約のいかなる規定も、現行の国際条約（千九百五十八年の領海及び接続水域に関する条約を含む。）に関し、また、地先沖合水域（特に領海及び接続水域をいう。）又は海底（大陸棚を含む。）に関連する締約国の権利若しくは主張又は他の国の権利若しくは主張の承認若しくは不承認に関し、いかなる締約国の立場をも支持し又は害するものと解してはならない。

**第五条【軍縮の交渉】** 締約国は、海底における軍備競争を防止するため、軍備縮小の分野においてさらにとるべき措置に関し、誠実に交渉を継続することを約束する。

**第六条【改正】** いずれの締約国も、この条約の改正を提案することができる。改正は、締約国の過半数がこれを受諾した時に、受諾した各締約国について効力を生じ、その後は、他の締約国につき当該他の締約国による受諾の日に効力を生ずる。

**第七条【再検討の会議】** 前文の目的の実現及びこの条約の規定の遵守を確保するようにこの条約の運用を検討するため、この条約の効力発生の五年後にスイスのジュネーヴで締約国の会議を開催する。その検討にあたつては、関連するすべての技術の進歩を考慮する。その検討のための会議は、出席する締約国の過半数の意見に従い、検討のためさらに会議を開催するかどうか及びその開催の時期について決定する。

**第八条【脱退】** 各締約国は、この条約の対象である事項に関連する異常な事態が自国の至高の利益を危うくしていると認める場合には、その主権を行使してこの条約から脱退する権利を有する。当該締約国は、他のすべての締約国及び国際連合安全保障理事会に対し三箇月前にその脱退を通知する。その通知には、自国の至高の利益を危うくしていると認める異常な事態についても記載しなければならない。

**第九条【非核地域との関係】** この条約の規定は、核兵器のない地域を設定する国際文書に基づく締約国の義務にいかなる影響をも及ぼすものではない。

**第一〇条【署名、加入、批准、効力発生】** 1　この条約は、署名のためすべての国に開放される。この条約が3の規定に従つて効力を生ずる前にこの条約に署名しない国は、いつでもこの条約に加入することができる。

2　この条約は、署名国によつて批准されなければならない。批准書及び加入書は、この条約により寄託国政府として指定されるアメリカ合衆国、グレート・ブリテン及び北部アイルランド連合王国及びソヴィエト社会主義共和国連邦の政府に寄託する。

3　この条約は、寄託国政府として指定される政府を含む二十二の政府が批准書を寄託した時に効力を生ずる。

4　この条約は、その効力発生の後に批准書又は加入書を寄託する国については、その批准書又は加入書の寄託の日に効力を生ずる。

5　寄託国政府は、すべての署名国政府及び加入国政府に対し、各署名の日、各批准書又は各加入書の寄託の日、この条約の効力発生の日及び他の通知の受領をすみやかに通報する。

6　この条約は、寄託国政府が国際連合憲章第百二条の規定に従つて登録する。

**第一一条【正文】** この条約は、英語、ロシア語、フランス語、スペイン語及び中国語による本文をひとしく正文とし、寄託国政府に寄託される。この条約の認証謄本は、寄託国政府が署名国政府及び加入国政府に送付する。



# 9 ラテン・アメリカ核兵器禁止条約(抄) 翻訳

(ラテン・アメリカ及びカリブ地域における核兵器の禁止に関する条約)〔トラテロルコ条約〕

署　　名　一九六七年二月一四日(メキシコシティ)
効力発生　一九六八年四月二二日
改　　正　一九九〇年七月三日(採択)、九一年五月一〇日(採択)、九二年八月二六日(採択)
当 事 国　三三

## 前　文

「ラテン・アメリカ及びカリブ地域における核兵器の禁止に関する条約」に署名する各国の政府は、自国の国民の名において、

また、自国の国民の希望と願望を忠実に受け止め、

軍備競争、特に核兵器の分野における競争に終止符を打ち、かつ、国の主権平等、相互尊重及び善隣友好に基づく世界平和を強化するため、その権限の範囲内で貢献することを希望し、

国際連合総会が、その決議第八〇八号(第九会期)により、軍備縮小に関する調整計画の三項目のうちの一項目として「核兵器及びあらゆる種類の大量破壊兵器の使用及び製造の全面禁止」を全会一致で採択したことを想起し、

非核兵器地帯は、それ自体が目的でなく、将来における全面的かつ完全な軍備縮小を達成するための手段であることを想起し、

ラテン・アメリカ及びカリブ地域の非核兵器化のために合意されるべき措置が「国際連合憲章及び地域的な協定の原則に照らして」とられなければならないことを定める国際連合総会決議第一九一一号(第一八会期)を想起し、

核兵器国及び非核兵器国に関する相互の責任及び義務について受諾可能な均衡の原則を定める国際連合総会決議第二〇二八号(第二〇会期)を想起し、

米州機構憲章が、西半球の平和と安全を強化することが米州機構の基本的な目的であることを宣言していることを想起し、

核兵器の計り知れない破壊力から文明と人類自身の存続を確保するために戦争の法的禁止を実際に厳格に遵守することが不可欠になったこと、

軍隊及び文民にひとしく、無差別にかつ冷酷に恐るべき影響を及ぼす核兵器が、その放出する放射能の持続性により人類全体を攻撃するものとなり、究極的には全地球を居住不可能にすることさえできるものであること、

実効的な国際管理の下における全面的かつ完全な軍備縮小が、世界の全ての国民がひとしく求める最重要な問題であること、

各国がその主権的権利の行使に当たって防止のため自主的な規制を行わない限り不可避と思われる核兵器の拡散が、軍備縮小に関するいかなる合意も著しく困難にし、かつ、核戦争の勃発の危険を増大させるものであること、

非核兵器地帯の創設が、各地域の平和と安全の維持に密接な関係があること、

地理的に広範囲にわたる地域においてその地域内の国の主権的な決定によって採択された非核兵器化は、同様の条件が存在する他の地域に有益な影響を及ぼすこと、

署名国は、自国の領域が核兵器から完全に解放されているという特権的な立場にあることにより、自国の利益のため及び人類の幸福のためにそのような立場を維持すべきであるという免れ難い義務を課されていること、

ラテン・アメリカ及びカリブ地域のいずれの国における核兵器の存在も、ラテン・アメリカ及びカリブ地域を核攻撃の目標とし、ラテン・アメリカ及びカリブ地域全体に経済的及び社会的発展に必要な限られた資源の戦争目的への不当な転用を伴う破滅的な核兵器の競争を必然的に引き起こすこと、

これらの理由並びにラテン・アメリカ及びカリブ地域の伝統的な平和愛好の気風から、原子力は、ラテン・アメリカ及びカリブ地域においては平和目的にのみ利用されるべきであり、また、ラテン・アメリカ及びカリブ地域諸国は、この新たなエネルギー源の最大のかつ最も衡平な利用の権利を自国の国民の経済的及び社会的発展を促進するために行使すべきであるという不可避の必然性が生ずること

を確信し、

ラテン・アメリカ及びカリブ地域の非核兵器化(この条約において核兵器から自国の領域を永久に解放するため国際的に取り決めた約束を意味するものと了解される。)は、自国の国民が限られた資源を核軍備のために浪費することを防止し、かつ、

その領域に対して加えられることがある核攻撃から国民を保護する措置となるものであり、また、核兵器の拡散を防止するための重要な貢献及び全面的かつ完全な軍備縮小への強力な要因となるものであること、

普遍性の伝統に忠実なラテン・アメリカ及びカリブ地域諸国は、自国から核戦争の惨害を一掃するために努力するだけでなく、国際連合憲章及び米州機構憲章に定める原則及び目的に従って、その国民の福利及び進歩を促進するために努力し、同時に、人類の理想の達成、すなわち、全ての人の権利の平等、経済上の公正及び社会正義に基づく恒久的平和の強化に協力しなければならないこと

を確信して、

次のとおり協定した。

**第一条（義務）** 1　締約国は、自国の管轄下にある核物質及び核施設を平和目的のためにのみ使用すること、並びに、次のことを自国の領域において禁止し、防止することをこの条約によって約束する。

(a)　締約国自身が直接若しくは間接に、第三者のために又は他のいずれかの態様によって、核兵器をいかなる手段によっても実験し、使用し、製造し、生産し又は取得すること。

(b)　締約国自身が、締約国のために第三者が、又は他のいずれかの態様によって、直接又は間接に、核兵器を受領し、保管し、取り付け、配備し又は形態のいかんを問わず所有すること。

2　締約国は、また、核兵器の実験、使用、製造、生産、所有若しくは管理に直接若しくは間接に関与し、これらを奨励し若しくは許可し、又はいかなる方法によってもこれらに参加することを差し控えることを約束する。

**第二条（締約国の定義）**　この条約の適用上、締約国とは、この条約の効力が生じている国をいう。

**第三条（領域の定義）**　この条約の適用上「領域」には、領海、領空及び当該国が自国の法令に従って主権を行使するその他の空間を含む。

**第四条（適用地域）** 1　この条約の適用地域は、この条約が効力を有する領域全体とする。

2　第二九条1の要件が満たされた場合には、この条約の適用地域は、西半球における次の境界内の地域（アメリカ合衆国の大陸部分及びその領海を除く。）とする。

北緯三五度西経七五度の点から真南へ北緯三〇度西経七五度の点まで、そこから真東へ北緯三〇度西経五〇度の点まで、そこから斜航線に沿って北緯五度西経二〇度の点まで、そこから真南へ南緯六〇度西経二〇度の点まで、そこから真西へ南緯六〇度西経一一五度の点まで、そこから真北へ緯度零度西経一一五度の点まで、そこから斜航線に沿って北緯三五度西経一五〇度の点まで、そこから真東へ北緯三五度西経七五度の点までの境界

**第五条（核兵器の定義）**　この条約の適用上、核兵器とは、原子力を制御されない方法で放出することができる装置であって、戦争目的に使用することに適当な一群の性質を有するものをいう。装置の輸送又は推進のために使用される器具は、それから分離可能であり、かつ、その不可分の一部ではない場合は、この定義に含まない。

**第六条（署名国会議）**　いずれかの署名国の要請がある場合又は第七条によって設立された機構が決定する場合には、この条約（その改正を含む。）の本質に影響を及ぼすことがある共通の問題を審議するため、全ての署名国の会議を招集することができる。いずれの場合にも、事務局長が会議を招集する。

**第七条（組織）** 1　締約国は、この条約の義務の履行を確保するため、「ラテン・アメリカ及びカリブ地域における核兵器の禁止のための機構」（以下「機構」という。）と称する国際組織を設立する。機構の決定は、締約国に対してのみ影響を及ぼす。

2　機構は、この条約に定める目的、措置及び手続並びにこの条約から生ずる義務の履行の監督に関する問題につき加盟国間の定期又は特別の協議を行うことについて責任を負う。

3　締約国は、この条約、締約国が機構と締結することがある協定及び機構が他の国際組織又は国際団体と締結することがある協定に従って、機構に対して十分かつ迅速な協力を行うことについて合意する。

4　機構の本部は、メキシコシティに置く。

**第八条（機関）** 1　機構の主要機関として、総会、理事会及び事務局を設置する。

2　（略）

**第九条（総会）**（略）

**第一〇条（理事会）**（略）

**第一一条（事務局）**（略）

**第一二条（管理制度）** 1　第一条に従って締約国が受諾した義務の遵守を検証するため、ここに管理制度を創設する。管理制度は、この条約の第一三条から第一八条までの規定に従って実施する。

2　管理制度は、特に次のことを検証するために用いる。

(a)　原子力の平和利用のための装置、役務及び施設を核兵器の実験及び製造に利用しないこと。

(b)　この条約の第一条によって禁止されるいずれの活動も、締約国の領域内において、外国から持ち込まれた核物質又は核兵器によって行わないこと。

(c)　平和目的のための爆発が、この条約の第一八条に抵触していないこと。

**第一三条（国際原子力機関の保障措置）**　各締約国は、自国の原子力活動に対する国際原子力機関の保障措置を適用するため、同機関と多国間又は二国間の協定について交渉する。各締約国は、この条約の批准書の寄託の日の後一八〇日以内に交渉を開始する。当該協定は、不測の状況又は不可抗力の場合を除くほか、交渉の開始日の後一八箇月以内に各締約国について効力を生ずる。

**第一四条（締約国の報告）** 1　締約国は、この条約に基づいて禁止されるいかなる活動も自国の領域において行われなかったことを記載した半年ごとの報告書を、情報のため機構及び国際原子力機関に送付する。

2　締約国は、国際原子力機関に提出する報告であって、機構の業務に関連するこの条約が対象とする事項に関係するものの写しを、同時に機構にも送付する。

3　報告の受領者は、締約国によって提供される情報を、全体としてもまた部分的にも、第三者に開示し、又は伝達してはならない。ただし、締約国が明示の同意を与える場合は、この限りでない。

**第一五条（補完的又は補足的情報）** 1　事務局長は、いずれかの締約国による要請及び理事会の許可により、締約国に対して、

この条約の遵守に影響を及ぼすいかなる異常な事態又は状況に関しても、補完的又は補足的情報を機構に提供するよう、理由を付して要請することができる。締約国は、事務局長に速やかにかつ十分に協力することを約束する。

2　事務局長は、この要請及びその回答を理事会及び締約国に直ちに通知する。

**第一六条（特別査察）**　1　国際原子力機関は、この条約の第一二条に従って、また第一三条にいう協定に従って、特別査察を実施する権限を有する。

2　理事会は、いずれの締約国による要請によっても、この条約の第一五条に定める手続に従って、特別査察の実施に必要な手続の開始を求める要請を国際原子力機関による検討に付することができる。

3　事務局長は、特別査察の結果に関して国際原子力機関の理事会に提出された情報を同事務局長に時宜を得た方法で送付するよう、国際原子力機関の事務局長に要請する。事務局長は、この情報を速やかに理事会が利用できるようにする。

4　理事会は、事務局長を通じて、3の情報を全ての締約国に送付する。

**第一七条（平和目的のための原子力の利用）**　この条約のいかなる規定も、この条約に合致して、平和目的、特に経済的発展及び社会的進歩のために原子力を利用する締約国の権利を害するものではない。

**第一八条（平和目的のための爆発）**　1　締約国は、本条及びこの条約の他の規定、特に第一条及び第五条の規定に従うことを条件として、平和目的のための核装置の爆発(核兵器に用いられる装置に類似するものの爆発を含む。)を行い、又はそのために第三国と協力することができる。

2　このような爆発を行い又はこれを行うことに協力する意図を有する締約国は、機構及び国際原子力機関に対して、状況が必要とするできるだけ前に、爆発の期日を通告するとともに次の情報を提供する。

(a)　核装置の性質及びその入手源
(b)　予定される爆発の場所及び目的
(c)　本条3を遵守するためにとられる措置
(d)　装置の予定出力
(e)　爆発から生ずることがある放射性降下物並びに他の締約国の住民、植物、動物及び領域に対する危険を回避するためにとられる措置に関するできる限り十分な情報

3　事務局長並びに理事会及び国際原子力機関が指名した技術要員は、全ての準備(装置の爆発を含む。)を監視することができ、また、その装置及び爆発の過程でとられる措置が本条2及びこの条約の他の規定に基づいて提出された情報に合致しているかどうかを確認するため、爆発の場所の近辺のいかなる区域にも無制限に立ち入ることができる。

4　締約国は、本条1の目的のため、2及び3に従って第三国の協力を受けることができる。

**第一九条（国際原子力機関との関係）**　機構は、総会が承認し、かつ、機構がこの条約によって創設される管理制度の効率的な運用を促進すると認める協定を、国際原子力機関と締結することができる。

**第二〇条（他の国際組織との関係）**（略）

**第二一条（条約の違反に対する措置）**　1　総会は、締約国がこの条約に基づく義務を完全に履行していないと認める全ての場合に留意し、かつ、関係締約国の注意を喚起して、適当と認める勧告を行う。

2　総会は、1の不履行が平和と安全を危うくするようなこの条約の違反を構成すると認める場合には、同時に、そのような不履行について、国際連合事務総長を通じて国際連合安全保障理事会及び国際連合総会並びに米州機構理事会に報告する。総会は、国際原子力機関憲章に従って関連する目的のため、同機関にも同様に報告する。

**第二二条（国際連合と米州機構）**　この条約のいかなる規定も、国際連合憲章に基づく締約国の権利及び義務又は、米州機構の加盟国については、現行の地域的な条約に基づく加盟国の権利及び義務を害するものと解してはならない。

**第二三条（特権と免除）**（略）

**第二四条（他の協定の通告）**（略）

**第二五条（紛争の解決）**　この条約の解釈若しくは適用に関する問題又は紛争で解決されないものは、関係締約国が他の平和的解決の方法について合意する場合を除くほか、紛争当事国の事前の同意を得て、国際司法裁判所に付託する。

**第二六条（署名）**　1　この条約は、次の国による署名のために無期限に開放される。

(a)　全てのラテン・アメリカ及びカリブ地域の共和国
(b)　西半球において国全体が北緯三五度以南にある他の全ての主権国家、及び本条2に規定する場合を除くほか、総会によって承認される全ての主権国家

2　この条約の締約国としての地位は、第四条に従って条約の適用地域に含まれ、かつ、本条1に含まれる独立国であって、一九八五年一二月一〇日に国際連合の加盟国であった国及び一九八五年一一月五日の文書 OEA/CER.P.AG/doc.1939/85にいう非自治地域であって後に独立した国に限られる。

**第二七条（批准と寄託）**（略）

**第二八条（留保）**　この条約には、留保を付することができない。

**第二九条（効力発生）**　1　この条約は、本条2の規定が適用される場合を除くほか、次の要件が満たされたときに、これを批准した国の間で直ちに効力を生ずる。

(a)　第二六条に規定する国でこの条約が署名のために開放された日に存在し、かつ、同条2の規定によって影響を受けない国の政府による寄託国政府への批准書の寄託
(b)　この条約の適用地域内にある領域に対して、法律上又は事実上国際的な責任を負う大陸外又は大陸内の全ての国によるこの条約の追加議定書Ⅰへの署名及び批准
(c)　全ての核兵器保有国によるこの条約の追加議定書Ⅱへの署名及び批准
(d)　この条約の第一三条による国際原子力機関の保障措置の適用に関する二国間又は多国間の協定の締結

2　全ての署名国は、1に掲げる要件の全部又は一部を放棄する絶対的権利を有する。全ての署名国は、批准書の寄託の際にそれぞれの批准書に付して行う宣言により又はその後に行う宣言により、この権利を行使することができる。この条約は、この権利を行使する国については、その宣言の寄託の際又は明示的に放棄しなかった要件が満たされたときに直ちに、効力を生ずる。

3　寄託国政府は、2の規定に従って、この条約が一一の国について効力を生じたときは直ちに、機構を設立し、かつ、その活動を開始するためそれらの国による予備会議を招集する。

4　この条約がその適用地域内の全ての国について効力を生じた後に新たな核兵器保有国が出現した場合には、本条1(c)の要件を放棄することなしにこの条約を批准した国で条約の実施を停止するよう要求するものについては、この条約の実施が停止される効果を有する。この場合において、この条約は、その新たな核兵器保有国が自己の発意により又は総会の要請に応じて追加議定書IIを批准するまでの間、引き続き停止する。

**第三〇条（改正）**（略）

**第三一条（有効期間と離脱）** 1　この条約は、永久的性質を有し、無期限に効力を有する。ただし、いずれの締約国も、条約並びに追加議定書I及びIIの内容に関連する事態で一又は二以上の締約国の至高の利益並びに平和と安全に影響を及ぼすものが発生しており、又は発生するおそれがあると認める場合には、事務局長に通告することにより、この条約から離脱することができる。

2　離脱は、機構の事務局長に対して関係署名国政府が通告を行った後三箇月で効力を生ずる。事務局長は、その離脱通告を、他の締約国に対して並びに国際連合安全保障理事会及び国際連合総会の情報のため国際連合事務総長に対して、直ちに通報する。事務局長は、また、その離脱通告を米州機構事務局長にも通報する。

**第三二条（正文と登録）**（略）

**経過規定**

第二九条2にいう宣言からの離脱は、それぞれの通告を送付した日に効力を生ずる場合を除くほか、この条約からの離脱の手続と同一の手続に従う。

## 追加議定書I

当事国　四（英国、オランダ、米国、フランス―批准の日付順）

下名の全権委員は、それぞれの政府から全権を委任されて、一九六三年一一月二七日の国際連合総会決議第一九一一号（第一八会期）の勧告に従って交渉されかつ署名された「ラテン・アメリカ及びカリブ地域における核兵器の禁止に関する条約」が、核兵器の不拡散を確保するための重要な一歩となることを確信し、

核兵器の不拡散は、それ自体が目的でなく、将来における全面的かつ完全な軍備縮小の達成のための手段であることを認識し、

軍備競争、特に核兵器の分野における競争を終止し、かつ、国の相互尊重及び主権平等に基づく世界平和を強化するため、その権限の範囲内で貢献することを希望して、

次のとおり協定した。

**第一条【地域内領域の非核兵器化】**「ラテン・アメリカ及びカリブ地域における核兵器の禁止に関する条約」第一条、第三条、第五条及び第一三条に規定する戦争目的のための非核兵器化の規則を、同条約に定める地理的範囲内にある領域で各自の政府が法律上又は事実上国際的な責任を負うものについて適用することを約束する。

**第二条【有効期間、批准、離脱】** この議定書の有効期間は、この議定書が附属する「ラテン・アメリカ及びカリブ地域における核兵器の禁止に関する条約」の有効期間と同一とする。同条約に含まれる批准及び離脱に関する規定は、この議定書について適用する。

**第三条【批准書寄託】** この議定書は、これを批准した国について、それぞれの批准書の寄託の日に効力を生ずる。

## 追加議定書II

当事国　五（英国、米国、フランス、中国、ロシア―批准の日付順）

**前　文**（追加議定書Iと同じ。ただし、前文第四項の「世界平和を」の下に「促進しかつ」を付加する。）

**第一条【条約の非核兵器化諸規則の尊重】** この議定書が附属する「ラテン・アメリカ及びカリブ地域における核兵器の禁止に関する条約」に規定するラテン・アメリカ及びカリブ地域における戦争目的のための非核兵器化の規則は、この議定書の締約国により、この議定書の全ての明示の目的及び規定に従って完全に尊重される。

**第二条【地域内における非核兵器化義務の違反行為の助長禁止】** したがって、下名の全権委員によって代表される政府は、同条約第四条に従って適用される領域における同条約第一条の義務の違反となる行為の遂行にいかなる方法によってもかかわらないことを約束する。

**第三条【条約締約国に対する核兵器使用・威嚇の禁止】** 下名の全権委員によって代表される政府は、また、「ラテン・アメリカ及びカリブ地域における核兵器の禁止に関する条約」の締約国に対して、核兵器を使用し、又は使用するとの威嚇を行わないことを約束する。

**第四条【有効期間、批准、留保、離脱等】** この議定書の有効期間は、この議定書が附属する「ラテン・アメリカ及びカリブ地域における核兵器の禁止に関する条約」の有効期間と同一とする。同条約第三条の領域の定義及び第五条の核兵器の定義並びに第二七条、第二八条、第三一条及び第三二条に含まれる批准、留保、離脱、正文及び登録に関する規定は、この議定書について適用する。

**第五条【批准書寄託】** この議定書は、これを批准した国について、それぞれの批准書の寄託の日に効力を生ずる。

## 10　南太平洋非核地帯条約 翻訳

［ラロトンガ条約］

署　名　一九八五年八月六日(ラロトンガ)
効力発生　一九八六年一二月一一日
当事国　一三

### 前　文

この条約の締約国は、

平和な世界への誓約のため結束し、

継続する核軍備競争が全ての人々に破滅的な結果をもたらす核戦争の危険を示していることを深く懸念し、

全ての国が、核兵器、核兵器が人類に与えている恐怖及び核兵器が地球上の生命に与えている脅威を除去するという目的を達成するために、あらゆる努力を払う義務を負うことを確信し、

地域的な軍備管理措置が、核軍備競争を押し戻すための世界的な努力に貢献し、その地域の各国の国家安全保障及び全ての国の共通の安全保障を促進することを信じ、

その地域の陸地と海洋の恵みと美しさが、締約国の人民及びその子孫の遺産であり続け、永遠に全ての人々によって平和のうちに享有されるように権限の範囲内で確保することを決意し、

核兵器の拡散を防止し、世界の安全保障に貢献している「核兵器の不拡散に関する条約(NPT)」の重要性を再確認し、

特に、NPT第七条が、いずれの国の集団にも、それぞれの領域において核兵器が全く存在しないことを保証するため地域的な条約を締結する権利を認めていることに留意し、

「核兵器及び他の大量破壊兵器の海底における設置の禁止に関する条約」に含まれる核兵器の海底における設置の禁止が、南太平洋にも適用されることに留意し、

また、「大気圏内、宇宙空間及び水中における核兵器実験を禁止する条約」に含まれる大気圏内、又は領海及び公海を含む水中における核兵器実験の禁止が、南太平洋にも適用されることにも留意し、

この地域を放射性廃棄物その他の放射性物質による環境汚染から守ることを決意し、

ツバルで開かれた第一五回南太平洋フォーラムの会合のコミュニケのなかで示された原則に従って、この地域においてできる限り早い機会に非核地帯を創設すべきであるとする同会合の決定を指針として、

次のとおり協定した。

**第一条（用語法）** この条約及びその議定書の適用上、

(a)「南太平洋非核地帯」とは、附属書1に規定された地域で、同附属書に添付された地図に示された地域をいう。

(b)「領域」とは、内水、領海及び群島水域、その海底及びその地下、陸地並びにそれらの上空をいう。

(c)「核爆発装置」とは、それが使用される目的のいかんを問わず、あらゆる核兵器又は原子力を放出することのできるその他の爆発装置をいう。この定義には、組み立てられていないか若しくは部分的に組み立てられている形態の兵器又は装置が含まれるが、そのような兵器若しくは装置の輸送又は運搬手段は、それから分離可能であり、かつ、その不可分の一部ではない場合は、含まない。

(d)「配置」とは、据付け、設置、陸地又は内水における輸送、貯蔵、保管、取付け及び配備をいう。

**第二条（条約の適用）** 1　別段の規定がある場合を除くほか、この条約及びその議定書は南太平洋非核地帯内の領域に適用される。

2　この条約のいかなる規定も、海洋の自由に関する国際法上の国の権利又は権利行使を害するものでなく、また、いかなる影響を与えるものでもない。

**第三条（核爆発装置の放棄）** 各締約国は、次のことを約束する。

(a)南太平洋非核地帯の内部又は外部のいかなる場所でも、いかなる手段によっても、核爆発装置を製造せず、又はその他の方法で取得し、所有し若しくは管理しないこと。

(b)核爆発装置の製造又は取得について、いかなる援助も求めず、又は受けないこと。

(c)いかなる国による核爆発装置の製造又は取得を援助し、又は奨励するいかなる行動もとらないこと。

**第四条（平和的な原子力活動）** 各締約国は、次のことを約束する。

(a)(i)非核兵器国に対しては、NPT第三条1により要求される保障措置に従わない限り、又は(ii)核兵器国に対しては、国際原子力機関(IAEA)との間の適用可能な保障措置協定に従わない限り、原料物質若しくは特殊核分裂性物質又は特殊核分裂性物質の平和目的のための処理、使用若しくは生産のために特に設計され若しくは作成された設備又は資材を供給しないこと。いかなる供給も専ら平和的な非爆発利用であることを保証する厳格な核不拡散措置に合致しなければならない。

(b)NPT及びIAEAの保障措置制度に基づく国際的な核不拡散制度の継続的な実効性を支持すること。

**第五条（核爆発装置の配置の防止）** 1　各締約国は、その領域においていかなる核爆発装置の配置も防止することを約束する。

2　各締約国は、その主権的権利の行使において、外国の船舶による当該締約国の港への寄港及び外国の航空機による当該締約国の飛行場への着陸、外国の航空機による当該締約国の領空の通過並びに無害通航、群島航路帯通航又は海峡の通過通航の権利に含まれない態様での外国の船舶による当該締約国の領海又は群島水域の航行を許可するか否かを自ら決定する自由を有する。

**第六条（核爆発装置の実験の防止）** 各締約国は、次のことを約束する。

(a)その領域においていかなる核爆発装置の実験も防止すること。

(b)いかなる国によるいかなる核爆発装置の実験も援助し、又は奨励するいかなる行動もとらないこと。

**第七条（投棄の防止）** 1　各締約国は、次のことを約束する。

(a)南太平洋非核地帯内のいかなる海洋にも放射性廃棄物その他の放射性物質を投棄しないこと。

(b)その領海における放射性廃棄物その他の放射性物質のいかなる者による投棄も防止すること。

(c)南太平洋非核地帯内の海洋のいかなる場所においても、放射性廃棄物その他の放射性物質のいかなる者による投棄も援助し、又は奨励するいかなる行動もとらないこと。

(d)南太平洋地域のいかなる場所におけるいかなる者による放射性廃棄物その他の放射性物質の海洋における投棄も排除するために提案されている「南太平洋地域の天然資源及び環境の保護に関する条約」並びに同条約の「投棄による南太平洋

地域の汚染の防止のための議定書」のできる限り速やかな締結を支持すること。

2　本条1(a)及び1(b)は、1(d)にいう条約及び議定書が効力を生じている南太平洋非核地帯の地域には適用しない。

**第八条（管理制度）** 1　締約国は、この条約に基づく義務の遵守を検証するため、ここに管理制度を創設する。

2　管理制度は次のものから構成される。

(a)　第九条に規定する報告及び情報の交換

(b)　第一〇条及び附属書4(1)に規定する協議

(c)　附属書2に規定するIAEAによる平和的な原子力活動への保障措置の適用

(d)　附属書4に規定する苦情申立手続

**第九条（報告書と情報交換）** 1　各締約国は、この条約の実施に影響を与えるその管轄権内の重大な事態を、できる限り速やかに南太平洋経済協力事務局の事務局長（以下「事務局長」という。）に報告する。事務局長は、その報告書を全ての締約国に速やかに送付する。

2　締約国は、この条約の下で又はこの条約に関して生ずる問題について相互に十分情報を得ることができるよう努力する。締約国は、事務局長に通報することにより情報を交換することができる。事務局長は、当該情報を全ての締約国に送付する。

3　事務局長は、この条約の地位についてまた条約の下で若しくは条約に関して生ずる問題について南太平洋フォーラムに毎年報告する。この報告には、本条1及び2の下でなされた報告及び通報並びに第八条2(d)、第一〇条及び附属書2(4)の下で生ずる問題が含まれる。

**第一〇条（協議と再検討）** 他の手段による締約国間での協議の実施を害することなく、事務局長は、いずれかの締約国の要請がある場合、この条約に関して生ずるあらゆる問題の協議と協力のため又はその実施の再検討のため、附属書3により設置される協議委員会の会合を開催する。

**第一一条（改正）** 協議委員会は、いずれかの締約国によって提案されるこの条約の規定の改正のための提案を審議する。事務局長は、この目的のために開催される協議委員会の少なくとも三箇月前までに、当該提案を締約国に送付する。協議委員会によってコンセンサスで合意された提案は事務局長に通報され、事務局長はそれを全ての締約国に受諾のため送付する。改正は、全ての締約国からの受諾書が寄託者により受領された日の三〇日後に効力を生ずる。

**第一二条（署名と批准）** 1　この条約は、南太平洋フォーラムのあらゆる加盟国による署名のために開放される。

2　この条約は批准に付される。批准書は、この条約及びその議定書の寄託者としてここに指定される事務局長に寄託する。

3　南太平洋非核地帯の外側に領域がある南太平洋フォーラムの加盟国がこの条約の締約国になる場合には、附属書1は、少なくともその締約国の領域を南太平洋非核地帯の境界内に含めるのに必要な範囲において改正されたものとみなされる。この条項に従って追加される地域の画定は、南太平洋フォーラムにより承認されなければならない。

**第一三条（脱退）** 1　この条約は永久的性質を有し、無期限に効力を有する。ただし、いずれかの締約国が条約の目的又はその精神の達成に不可欠なこの条約の規定に違反した場合には、他のいずれの締約国も条約から脱退する権利を有する。

2　脱退は、事務局長にその一二箇月前に通告することにより効力を生ずる。事務局長は、その通告を全ての他の締約国に送付する。

**第一四条（留保）** この条約には、留保を付することができない。

**第一五条（効力発生）** 1　この条約は、八番目の批准書の寄託の日に効力を生ずる。

2　八番目の批准書の寄託の日の後にこの条約を批准する署名国については、条約はその批准書の寄託の日に効力を生ずる。

**第一六条（寄託者の任務）** 寄託者は、国際連合憲章第一〇二条に従いこの条約及びその議定書を登録し、この条約及びその議定書の認証謄本を南太平洋フォーラムの全ての加盟国及び条約の議定書の締約国になる資格のある全ての国に送付し、条約及びその議定書の署名及び批准についてそれらの国に通告する。

**附属書1　南太平洋非核地帯**（略）

**附属書2　IAEA保障措置**（略）

**附属書3　協議委員会**（略）

## 附属書4　苦情申立手続

1　他の締約国がこの条約上の義務に違反しているという苦情を申し立てる根拠が存在するとみなす締約国は、苦情を事務局長に申し立てる前に、苦情の主題について申立ての対象となる国の注意を喚起し、同国に対して説明を行い問題を解決するための合理的な機会を与えなければならない。

2　問題がそのようにして解決されない場合には、苦情を申し立てようとする締約国は、その審議のために協議委員会を開催すべきであるという要請とともに、苦情を事務局長に申し立てることができる。苦情申立ては、申立国が知っている義務違反の証拠の説明により根拠付けられなければならない。苦情申立てを受理した場合、事務局長はそれを審議するためできる限り速やかに協議委員会を開催する。

3　協議委員会は、1の下でなされた努力を考慮し、被申立国が問題の説明を行うための合理的な機会を与えなければならない。

4　被申立国の代表が行った説明を審議した後、協議委員会がその締約国の領域又は他の場所における特別査察を正当とする十分な理由が苦情申立てにあると決定した場合には、協議委員会は申立国及び被申立国と協議しつつ、協議委員会により指名される査察の能力をもつ三人の特別査察員からなる特別査察団により特別査察ができる限り速やかに行われるよう命令する。ただし、苦情に関わるいずれの当事国の国民も、特別査察団に加わることはできない。被申立国からの要請がある場合には、当該締約国の代表が特別査察団に随伴する。特別査察員の指名に関する協議の権利も特別査察員を随伴させる権利も、特別査察団の作業を遅延させてはならない。

5　特別査察を行うに当たり、特別査察員は協議委員会のみの命令に服し、作業、目的、機密及び手続に関して協議委員会が決定する指示に従う。指示は、他の国際的な義務及び約束を遵守するに際しての被申立国の正当な利益を考慮し、附属書2(1)にいう協定に従ってIAEAが実施している保障措置手続と重複してはならない。特別査察員は、被申立国の法令を適切に尊重してその任務を遂行する。

6　各締約国は、特別査察員が協議委員会により与えられた指示を実施することを可能にするため、必要なあらゆる情報及び領域内のあらゆる場所への完全かつ自由なアクセスを認める。

7　被申立国は、特別査察を容易にするためあらゆる適当な措置をとり、特別査察員に対して、あらゆる書類及び文書の不可侵、特別査察のために行った行為並びに口頭及び書面での発言について逮捕、拘留及び法的手続からの免除を含め、任務の遂行に必要な特権及び免除を与える。

8　特別査察員は、協議委員会に対して、その活動の概略を示し、適当な証拠及び文書を添えて、特別査察員が確認した関連事実及び情報を記述し、かつ、結論を示した報告をできる限り速やかに書面により行う。協議委員会は南太平洋フォーラムの全ての加盟国に十分な報告を行い、被申立国がこの条約に基づく義務に違反したか否かについての協議委員会の決定を伝える。

9　協議委員会が、被申立国がこの条約上の義務に違反していると決定した場合若しくは前記の諸規定が遵守されなかったと決定した場合、又は申立国若しくは被申立国が要請する場合にはいつでも、締約国は南太平洋フォーラムの会合を速やかに開催する。

## 議定書1

署　名　一九八六年八月八日
当事国　二(フランス、英国—批准の日付順)

この議定書の締約国は、
「南太平洋非核地帯条約」(以下「条約」という。)に留意し、
次のとおり協定した。

**第一条【地帯内領域の非核化】**　各締約国は、南太平洋非核地帯内に位置し、かつ、各締約国が国際的に責任を負っている領域に関して、同領域内での核爆発装置の製造、配置及び実験の禁止に関わる限りにおいて第三条、第五条及び第六条に含まれる禁止、並びに第八条2(c)及び条約の附属書2に規定されている保障措置を適用することを約束する。

**第二条【条約改正に伴う受諾通告】**　各締約国は、条約第一一条に従って条約の改正が効力を発生することにより生ずるこの議定書に基づく義務の変更を、寄託者に対する書面の通告によって、その通告の日から受諾する意思を表明することができる。

**第三条【署名国】**　この議定書はフランス共和国、グレートブリテン・北アイルランド連合王国及びアメリカ合衆国による署名のために開放される。

**第四条【批准】**　この議定書は批准に付される。

**第五条【脱退】**　この議定書は永久的性質を有し、無期限に効力を有する。ただし、各締約国は、この議定書の対象である事項に関連する異常な事態が自国の至高の利益を危うくしていると認める場合には、その主権を行使してこの議定書から脱退する権利を有する。当該締約国は、寄託者に対して三箇月前にその脱退を通告する。その通告には、自国の至高の利益を危うくしていると認める異常な事態についても記載しなければならない。

**第六条【批准書寄託】**　この議定書は、寄託者に対する批准書の寄託の日にその国について効力を生ずる。

## 議定書2

署　名　一九八六年八月八日
当事国　四(ロシア、中国、フランス、英国—批准の日付順)

**前　文**〔議定書1と同じ。〕

**第一条【地帯内核使用・威嚇の禁止】**　各締約国は、(a)条約締約国に対して、又は、(b)議定書1の締約国になった国が国際的に責任を負っている南太平洋非核地帯内の領域に対して、いかなる核爆発装置も使用し、又は使用するとの威嚇を行わないことを約束する。

**第二条【違反行為の抑制】**　各締約国は、条約の違反となる条約締約国のいかなる行為、又は議定書の違反となる他の議定書締約国のいかなる行為にもかかわらないことを約束する。

**第三条【条約改正に伴う受諾通告】**　各締約国は、条約第一一条に従って同条約の改正が効力を生ずることにより、又は条約第一二条3に従って南太平洋非核地帯が拡張されることによってもたらされるこの議定書上の義務の変更を、寄託者に対する書面の通告によって、その通告の日から受諾する意思を表明することができる。

**第四条【署名国】**　この議定書は、フランス共和国、中華人民共和国、ソヴィエト社会主義共和国連邦、グレートブリテン・北アイルランド連合王国及びアメリカ合衆国による署名のために開放される。

**第五条【批准】**
**第六条【脱退】**
**第七条【批准書寄託】**
〔第五条から第七条まで　議定書1第四条から第六条までと同じ。〕

## 議定書3

署　名　一九八六年八月八日
当事国　四(ロシア、中国、フランス、英国—批准の日付順)

**前　文**〔議定書1と同じ。〕

**第一条【地帯内核実験の禁止】**　各締約国は、南太平洋非核地帯内のいかなる場所においても核爆発装置の実験を行わないことを約束する。

**第二条【条約改正に伴う受諾通告】**
**第三条【署名国】**
〔第二条及び第三条　議定書2第三条及び第四条と同じ。〕

**第四条【批准】**
**第五条【脱退】**
**第六条【批准書寄託】**
〔第四条から第六条まで　議定書1第四条から第六条までと同じ。〕

## 11 東南アジア非核兵器地帯条約(抄) 翻訳

[バンコク条約]

署　名　一九九五年一二月一五日(バンコク)
効力発生　一九九七年三月二七日
当事国　一〇

この条約の締約国は、

国際連合憲章の目的と原則の実現に貢献することを希望し、

核兵器の全面的かつ完全な軍備縮小に向けての進展及び国際の平和と安全の促進に貢献する具体的な行動を起こすことを決意し、

各種のコミュニケ、宣言その他の法文書において表明された平和共存、相互理解及び相互協力の精神にのっとり、この地域における平和と安定を維持したいとの東南アジア諸国の希望を再確認し、

一九七一年一一月二七日にクアラルンプールで署名された「平和・自由・中立地帯(ZOPFAN)宣言」及び一九九三年七月にシンガポールで開かれた第二六回ASEAN外相会議で採択された「ZOPFANに関する行動計画」を想起し、

ZOPFANの不可欠な構成要素として東南アジア非核兵器地帯を創設することが、同地帯内の諸国の安全を強化し、国際の平和と安全全般を強化するのに役立つことを確信し、

核兵器の拡散を防止し、かつ、国際の平和と安全に貢献する点において、「核兵器の不拡散に関する条約(NPT)」の重要性を再確認し、

NPT第七条が、いずれの国の集団にも、それぞれの領域において核兵器が全く存在しないことを保証するため地域的な条約を締結する権利を認めていることを想起し、

非核兵器地帯の創設を奨励する国際連合総会第一〇回特別会期の最終文書を想起し、

全ての核兵器国による協力とそれらの国による関連議定書の尊重と支持が、この非核兵器地帯条約とその関連議定書の実効性を最大限に確保するために重要であるとする一九九五年のNPT締約国の再検討・延長会議で採択された「核不拡散と核軍縮のための原則と目的」を想起し、

この地域を、放射性廃棄物その他の放射性物質による環境汚染と危険から守ることを決意して、

次のとおり協定した。

**第一条（用語法）** この条約及びその議定書の適用上、

(a) 「東南アジア非核兵器地帯」(以下「地帯」という。)とは、東南アジアの全ての国、すなわち、ブルネイ・ダルサラーム、カンボジア、インドネシア、ラオス、マレーシア、ミャンマー、フィリピン、シンガポール、タイ及びベトナムの領域並びにこれら各国の大陸棚及び排他的経済水域からなる地域をいう。

(b) 「領域」とは、領土、内水、領海、群島水域、これらの海底及びその地下並びにそれらの上空をいう。

(c) 「核兵器」とは、原子力を制御されない方法で放出することのできるあらゆる爆発装置をいうが、そのような装置の輸送又は運搬手段は、それから分離可能であり、かつ、その不可分の一部ではない場合は、含まない。

(d) 「配置」とは、配備、設置、据付け、取付け、貯蔵及び保管をいう。

(e) 「放射性物質」とは、国際原子力機関(IAEA)の勧告する利用許可レベル[clearance level]又は免除レベルを超える放射性核種を含む物質をいう。

(f) 「放射性廃棄物」とは、濃縮又は放射能によってIAEAの勧告する利用許可レベルを超える放射性核種を含み、又はそのような放射性核種によって汚染された物質であって、いかなる使用も予想されないものをいう。

(g) 「投棄」とは、次のことをいう。

(i) 船舶、航空機、海上作業台又はその他の人工海洋構築物から、放射性廃棄物その他の物を、海底及びその地下への埋設を含め、海洋に故意に処分すること。

(ii) 放射性物質を含む船舶、航空機、海上作業台又はその他の人工海洋構築物を、海底及びその地下への埋設を含め海洋に故意に処分すること。

船舶、航空機又は海上作業台その他の人工海洋構築物及びこれらのものの設備の通常の運用に付随し、又はこれに伴って生ずる廃棄物その他の物を海洋において処分することは、「投棄」には含まない。ただし、廃棄物その他の物であって、その処分に従事する船舶、航空機又は海上作業台その他の人工海洋構築物によって又はこれらに向けて輸送されるもの及び当該船舶、航空機又は海上作業台その他の人工海洋構築物における当該廃棄物その他の物の処理に伴って生ずるものを処分することを除く。

**第二条（条約の適用）** 1　この条約とその議定書は、この条約が効力を有する地帯内にある締約国の領域、大陸棚及びEEZに適用される。

2　この条約のいかなる規定も、一九八二年の「海洋法に関する国際連合条約」の規定に基づく権利、特に公海の自由、無害通航権、群島航路帯通航権又は船舶及び航空機の通過通航権、並びに、いずれの国によるかを問わずこれらの権利の行使であって、国際連合憲章に合致するものを害するものではない。

**第三条（基本約束）** 1　各締約国は、地帯の内外を問わず、いかなる場所においても次のことを行わないことを約束する。

(a) 核兵器を開発し、製造し若しくはその他の方法で取得し、所有し、又は管理すること。

(b) いかなる手段によっても、核兵器を配置し、又は輸送すること。

(c) 核兵器を実験し、又は使用すること。

2　各締約国はまた、その領域内において、他のいかなる国であれ次のことを行うことを許可しないことを約束する。

(a) 核兵器を開発し、製造し若しくはその他の方法で取得し、所有し、又は管理すること。

(b) 核兵器を配置すること。

(c) 核兵器を実験し、又は使用すること。

3　各締約国はまた、次のことを行わないことを約束する。

(a) 地帯内のいかなる場所であれ、放射性物質若しくは放射性廃棄物を海洋に投棄し、又は大気中に放出すること。

(b) 第四条2(e)に規定する場合を除くほか、放射性物質若しくは放射性廃棄物を、他国の領域内又は他国の管轄下にある陸地において処分すること。

(c) その領域内において、他国が放射性物質若しくは放射性廃棄物を、海洋に投棄し、又は大気中に放出することを許可すること。

4　各締約国は、次のことを行わないことを約束する。

(a) 本条1、2及び3の規定に違反する行為を実行するに当たって援助を求め、又は受けること。

(b) 本条1、2及び3の規定に違反する行為の実行を援助し、又は奨励する行動をとること。

**第四条（平和目的のための原子力の利用）** 1 この条約のいかなる規定も、締約国が原子力を、特にその経済的発展及び社会的進歩のために利用する権利を害するものではない。

2 したがって各締約国は、次のことを約束する。

(a) その領域内及びその管轄又は管理の下にある地域内に所在する核物質及び核施設を専ら平和目的のために利用すること。

(b) 平和的な原子力計画の開始に先立って、その原子力計画を、IAEA憲章第三条6に従って、健康を保護し、また人命及び財産に対する危険を最小にするためにIAEAによって勧告されたガイドラインと基準に合致した厳格な原子力安全評価に付すること。

(c) 要請がある場合には、当該評価を他の締約国が利用できるようにすること。ただし、個人に関するデータ、知的財産権又は商業若しくは産業上の秘密保護制度によって保護されている情報及び国家の安全保障に関する情報を除く。

(d) 「核兵器の不拡散に関する条約(NPT)」及びIAEAの保障措置制度に基づく国際的な核不拡散制度の継続的な実効性を支持すること。

(e) 放射性廃棄物その他の放射性物質の処分を、IAEAの基準及び手続に従って、自国領域内の陸地又はそのような処分に同意を与えた他国の領域内の陸地において行うこと。

3 各締約国はさらに、原料物質若しくは特殊核分裂性物質又は特殊核分裂性物質の処理、使用若しくは生産のために特に設計され若しくは作成された設備又は資材を、(a)非核兵器国に対しては、NPT第三条1により要求される保障措置に基づく条件に従わない限り、又は(b)核兵器国に対しては、IAEAとの間の適用可能な保障措置協定に従わない限り、供給しないことを約束する。

**第五条（IAEAの保障措置）** IAEAとの間で、平和的な原子力活動に対して全面的な保障措置を適用するための協定を締結していない各締約国は、この条約が当該締約国について効力を生じた後一八箇月以内にこの協定を締結する。

**第六条（原子力事故の早期通報）** 「原子力事故の早期通報に関する条約」に加入していない各締約国は、加入するよう努力する。

**第七条（外国の船舶と航空機）** 各締約国は、通告があった場合、外国の船舶による当該締約国の港への寄港及び外国の航空機による飛行場への着陸、外国の航空機による当該締約国の領空の通過並びに無害通航、群島航路帯通航又は海峡の通過通航の権利に含まれない態様での外国の船舶による当該締約国の領海又は群島水域の航行及び外国航空機によるこれら水域上空の飛行を許可するか否かを自ら決定することができる。

**第八条（東南アジア非核兵器地帯委員会の設置）** 1 東南アジア非核兵器地帯委員会(以下「委員会」という。)を設置する。

2 全ての締約国は当然に委員会の構成員となる。各締約国は、外務大臣又はその代理によって代表され、代表代理及び随員を伴う。

3 委員会の任務は、この条約の実施を監視し、その規定の遵守を確保することである。

4 委員会は、いずれかの締約国の要請による場合を含め、この条約の規定に従って必要に応じて会合する。委員会は、できる限りASEAN外相会議に合わせて会合する。

5 委員会は、各会合の冒頭に議長その他の必要な役員を選出する。議長及び役員の任期は、その次の会合で議長その他の役員が新たに選出されるまでとする。

6 この条約に別段の規定がある場合を除くほか、定足数に達するには委員会構成員の三分の二が出席しなければならない。

7 委員会の構成員は、それぞれ一票の投票権を有する。

8 この条約に規定されている場合を除くほか、委員会の決定はコンセンサスによることとし、コンセンサスが成立しない場合には、出席しかつ投票する構成員の三分の二の多数による。

9 委員会は、コンセンサスにより、委員会の手続規則並びに委員会及びその下部機関の資金に関する財政規則に合意し、かつ、それらを採択する。

**第九条（執行委員会）** 1 委員会の下部機関として、執行委員会を設置する。

2－8 （略）

**第一〇条（管理制度）** 1 この条約に基づく締約国による義務の遵守を検証するため、ここに管理制度を創設する。

2 管理制度は次のものから構成される。

(a) 第五条に規定するIAEAの保障措置制度

(b) 第一一条に規定する報告及び情報の交換

(c) 第一二条に規定する説明の要請

(d) 第一三条に規定する事実調査団に関する要請及び手続

**第一一条（報告書と情報交換）** 1 各締約国は、自国領域内並びにその管轄及び管理の下にある地域内におけるこの条約の実施に影響を与える重大な事態について、執行委員会に報告書を提出する。

2 締約国は、この条約の下で又はこの条約に関して生ずる問題について、情報を交換することができる。

**第一二条（説明の要請）** 1 各締約国は、他の締約国によるこの条約の遵守についてあいまいとみなされ又は疑惑を生じさせる事態に関して、当該他の締約国に説明を要請する権利を有する。当該締約国は、要請について執行委員会に通知する。要請を受けた締約国は、必要な情報を遅滞なく提供することによって適宜対応し、要請を行った締約国に対する回答を執行委員会に通知する。

2 各締約国は、他の締約国によるこの条約の遵守についてあいまいとみなされ又は疑惑を生じさせる事態に関して、当該他の締約国に説明を求めるよう執行委員会に要請する権利を有する。要請を受けた執行委員会は、要請されている説明を得る目的をもって、説明を求められている締約国と協議する。

**第一三条（事実調査団に関する要請）** 締約国は、この条約の規定の遵守についてあいまいとみなされ又は疑惑を生じさせる事態を究明し、かつ、解決するため、この条約の附属書に含まれる手続に従って、事実調査団を当該他の締約国に派遣するよう執行委員会に要請する権利を有する。

**第一四条（是正措置）** 1 執行委員会が附属書に従って締約国によるこの条約の違反があると決定した場合には、当該締約国は合理的な期間内に、この条約を完全に遵守するために必要なあらゆる措置をとり、自国が既にとった行動又はとることを提案する行動について速やかに執行委員会に通知する。

2 締約国が本条1の規定に従わず又は従うことを拒否した場合には、執行委員会は委員会に対して、第九条3(e)の規定に従って会合を招集するよう要請する。

3　本条2に従って招集された会合において、委員会は、当該緊急事態について審議し、当該事態に対処するため適当と認める措置を決定する。そのような措置には、当該問題のＩＡＥＡへの付託や、国際の平和と安全を危うくしかねない事態である場合には国際連合安全保障理事会及び国際連合総会への当該問題の付託が含まれる。

4　この条約に附属する議定書の締約国による議定書の違反の場合には、執行委員会は、とるべき適当な措置につき決定するため、委員会の特別会合を招集する。

**第一五条（署名、批准、加入、寄託、登録）**　1　この条約は東南アジアの全ての国、すなわち、ブルネイ・ダルサラーム、カンボジア、インドネシア、ラオス、マレーシア、ミャンマー、フィリピン、シンガポール、タイ及びベトナムによる署名のために開放される。

2　（略）

3　この条約は加入のために開放される。加入書は寄託国に寄託する。

4・5　（略）

**第一六条（効力発生）**（略）

**第一七条（留保）**　この条約には、留保を付することができない。

**第一八条（他の国際組織との関係）**（略）

**第一九条（改正）**（略）

**第二〇条（再検討）**（略）

**第二一条（紛争の解決）**（略）

**第二二条（有効期間と脱退）**　1　この条約は無期限に効力を有する。

2　この条約の目的の達成にとってきわめて重要なこの条約の違反が締約国によって行われた場合には、他のいずれの締約国もこの条約から脱退する権利を有する。

3　第二二条2に基づく脱退は、委員会の構成員にその一二箇月前に通告することにより効力を生ずる。

**附属書　事実調査団の手続**　（略）

## 議定書

署　名　一九九五年一二月一五日（バンコク）
当事国

この議定書の締約国は、

核兵器の全面的かつ完全な軍備縮小の達成に向けての努力に貢献し、それによって東南アジアを含む国際の平和と安全を確保することに向けての努力に貢献することを希望し、

一九九五年一二月一五日にバンコクで署名された「東南アジア非核兵器地帯条約」に留意して、

次のとおり協定した。

**第一条【非核兵器地帯条約の尊重】**　各締約国は、「東南アジア非核兵器地帯条約」（以下「条約」という。）を尊重し、締約国による条約又はその議定書の違反となるいかなる行為にもかかわらないことを約束する。

**第二条【核兵器の不使用】**　各締約国は、いずれの条約締約国に対しても、核兵器を使用し、又は使用するとの威嚇を行わないことを約束する。各締約国はさらに、東南アジア非核兵器地帯内において核兵器を使用し、又は使用するとの威嚇を行わないことを約束する。

**第三条【署名国】**　この議定書は、中華人民共和国、フランス共和国、ロシア連邦、グレートブリテン・北アイルランド連合王国及びアメリカ合衆国による署名のために開放される。

**第四条【条約改正に伴う受諾通告】**　各締約国は、条約第一九条に基づく同条約の改正の効力発生によってもたらされ得るこの議定書に基づく義務の変更を受諾するか否かについて、寄託国に対する書面の通告により意思を表明することを約束する。

**第五条【脱退】**　この議定書は永久的性質を有し、無期限に効力を有する。ただし、各締約国は、この議定書の対象である事項に関連する異常な事態が自国の至高の利益を危うくしていると認める場合には、その主権を行使してこの議定書から脱退する権利を有する。当該締約国は、寄託国に対して一二箇月前にその脱退を通告する。その通告には、自国の至高の利益を危うくしていると認める異常な事態についても記載しなければならない。

**第六条【批准】**　この議定書は批准に付される。

**第七条【効力発生】**　この議定書は、各締約国について、その批准書の寄託国への寄託の日に効力を生ずる。寄託国は、批准書の寄託について条約及びこの議定書の他の締約国に通知する。

## 12　アフリカ非核兵器地帯条約（抄）翻訳

［ペリンダバ条約］

署　名　一九九六年四月一一日（カイロ）
効力発生　二〇〇九年七月一五日
当事国　四一

この条約の締約国は、

国際連合の主催の下で結ばれる国際協定により、核兵器を製造せず、また、核兵器の管理を取得しないことを約束する用意があることを厳粛に宣言した、一九六四年七月一七日から二一日にカイロにおいて開催されたアフリカ統一機構（以下「ＯＡＵ」という。）の元首首長会議の第一回通常会期において採択された「アフリカの非核化に関する宣言（AHG/Res. 11(Ⅰ)）」を指針とし、

また、国際状況の進展が、カイロ宣言並びに安全保障、軍縮及び発展に関する一九八六年ＯＡＵ宣言の関連諸規定の実施に資することを確認した、一九九一年五月二七日から六月一日にアブジャで及び一九九二年六月二二日から二八日にダカールでそれぞれ開催されたＯＡＵ閣僚理事会の第五四回及び第五六回通常会期の決議（CM/Res. 1342(LIV)及び CM/Res. 1395(LVI)）も指針とし、

非核兵器地帯が、核兵器の水平的及び垂直的拡散を防止する最も有効な手段の一つであると考える一九七五年一二月一一日の国際連合総会決議三四七二Ｂ（XXX）を想起し、

世界の核兵器の完全な廃絶という究極の目標を達成するためにあらゆる措置をとる必要性、及び、この目標に向けて貢献する全ての国の義務を確信し、

また、アフリカ非核兵器地帯が、核不拡散体制を強化し、原子力の平和利用における協力を促進し、一般的かつ完全な軍縮を促進し、さらに地域及び国際の平和と安全を強化するための重要な前進となるであろうことも確信し、

地域的軍縮措置が世界的な軍縮努力に貢献することを認識し、

アフリカ非核兵器地帯が、アフリカ諸国領域に対する核攻撃から、アフリカ諸国を守るであろうことを信じ、

既存の非核兵器地帯を満足の意をもって留意し、また、他の、特に中東における非核兵器地帯の設定がアフリカ非核兵器地帯締約国の安全を強化するであろうことを認識し、

「核兵器の不拡散に関する条約」(以下「ＮＰＴ」という。)の重要性及びその全ての規定の実施の必要性を再確認し、

差別なく平和目的のために原子力の研究、生産及び利用を発展させることについての、並びに、この目的のために設備、資材並びに科学的及び技術的情報を可能な最大限度まで交換することを容易にすることについての全ての締約国の奪うことのできない権利を認めたＮＰＴ第四条を利用することを希望し、

アフリカ大陸の持続可能な社会的及び経済的発展のために、平和目的での原子力の開発及び実際的な利用のための地域協力を促進することを決意し、

放射性廃棄物その他の放射性物質による環境汚染からアフリカを守ることを決意し、

これらの目標の達成のための全ての国並びに政府組織及び非政府団体の協力を歓迎し、

この条約によりアフリカ非核兵器地帯の創設を決定し、ここに次のとおり協定した。

**第一条（用語の定義と用法）** この条約及びその議定書の適用上、

(a)「アフリカ非核兵器地帯」とは、アフリカ大陸、ＯＡＵ加盟島嶼国及びアフリカ統一機構の決議によりアフリカの一部とみなされる全ての島の領域をいう。

(b)「領域」とは、領土、内水、領海及び群島水域、並びにそれらの上空並びにそれらの海底及びその地下をいう。

(c)「核爆発装置」とは、それが使用される目的のいかんを問わず、あらゆる核兵器又は原子力を放出することのできるその他の爆発装置をいう。この定義には、組み立てられていないか若しくは部分的に組み立てられている形態の兵器又は装置が含まれるが、そのような兵器若しくは装置の輸送又は運搬手段は、それから分離可能であり、かつ、その不可分の一部ではない場合は、含まない。

(d)「配置」とは、据付け、設置、陸地又は内水における輸送、貯蔵、保管、取付け及び配備をいう。

(e)「核施設」とは、原子炉、実験用原子炉、臨界施設、転換施設、組立施設、再生施設、アイソトープ分離施設、分離保管施設及び新たな若しくは放射線を帯びた核物質又は相当な量の放射性物質が存在するその他のあらゆる施設又は場所をいう。

(f)「核物質」とは、国際原子力機関(ＩＡＥＡ)憲章第二〇条(ＩＡＥＡにより随時行われる改正を含む。)において定義されるあらゆる原料物質又は特殊核分裂性物質をいう。

**第二条（条約の適用）** 1　別段の規定がある場合を除くほか、この条約及びその議定書は、附属書Ｉの地図に示されたアフリカ非核兵器地帯内の領域に適用される。

2　この条約のいかなる規定も、海洋の自由に関する国際法上の国の権利又は権利行使を害するものでなく、また、いかなる影響を与えるものでもない。

**第三条（核爆発装置の放棄）** 各締約国は、次のことを約束する。

(a)いかなる場所でも、いかなる手段によっても、核爆発装置の研究、開発、製造若しくは貯蔵せず、又はその他の方法で取得し、所有し若しくは管理しないこと。

(b)核爆発装置の研究、開発、製造、貯蔵若しくは取得又は所有について、いかなる援助も求めず、又は受けないこと。

(c)核爆発装置の研究、開発、製造、貯蔵若しくは取得又は所有を援助し、又は奨励するいかなる行動もとらないこと。

**第四条（核爆発装置の配置の防止）** 1　各締約国は、その領域におけるいかなる核爆発装置の配置も禁止することを約束する。

2　各締約国は、この条約の目的を害することなく、その主権的権利の行使において、外国の船舶による当該締約国の港への寄港及び外国の航空機による飛行場への着陸、外国の航空機による当該締約国の領空の通過並びに無害通航、群島航路帯通航又は海峡の通過通航の権利に含まれない態様での外国の船舶による当該締約国の領海又は群島水域の航行を許可するか否かを自ら決定する自由を有する。

**第五条（核爆発装置の実験の禁止）** 各締約国は、次のことを約束する。

(a)いかなる核爆発装置も実験しないこと。

(b)自国領域内でいかなる核爆発装置の実験も禁止すること。

(c)いかなる場所での、いかなる国による、いかなる核爆発装置の実験も援助し、又は奨励しないこと。

**第六条（核爆発装置とその製造施設の公表、分解、破壊又は転換）** 各締約国は、次のことを約束する。

(a)核爆発装置の製造のいかなる能力も公表すること。

(b)この条約の効力発生以前に製造したいかなる核爆発装置も分解し破壊すること。

(c)核爆発装置の製造施設を破壊し、又は可能な場合はそれを平和利用に転換すること。

(d)国際原子力機関(以下「ＩＡＥＡ」という。)及び第一二条において創設される委員会に、核爆発装置の分解及び破壊の過程並びにその生産施設の破壊又は転換を検証することを認めること。

**第七条（放射性廃棄物の投棄の禁止）** 各締約国は、次のことを約束する。

(a)「有害廃棄物のアフリカへの輸入禁止並びにアフリカ内における国境を越える移動及び取扱いの管理に関するバマコ条約」に含まれる措置を、放射性廃棄物に関連する限度において、効果的に実施し、又は指針として利用すること。

(b)アフリカ非核兵器地帯内のいかなる場所においても、放射性廃棄物その他の放射性物質の投棄を援助し、又は奨励するいかなる行為も行わないこと。

**第八条（平和的な原子力活動）** 1　この条約のいかなる規定も、平和目的での原子力科学及び技術の利用を妨げるものと解釈されてはならない。

2　締約国は、自国の安全、安定性及び発展を強化する試みの一部として、個別にまた共同して、経済的及び社会的発展のための原子力科学及び技術の利用を促進することを約束する。このために、締約国は、二国間、小地域及び地域における協力のための機構を設立し、かつ、強化することを約束する。

3　締約国に、ＩＡＥＡにおいて利用可能な援助計画を利用し、

さらにこの関連で「原子力科学及び技術に関係する研究、訓練及び発展のためのアフリカ地域協力協定」（以下「ＡＦＲＡ」という。）の下での協力を強化するよう奨励する。

**第九条（平和利用の検証）** 各締約国は、次のことを約束する。

(a) 平和利用のみを保証する厳重な核不拡散措置の下で、原子力の平和利用のためのあらゆる活動を行うこと。

(b) 本条(a)の約束の遵守を検証するためにＩＡＥＡとの間で包括的保障措置協定を締結すること。

(c) ＩＡＥＡと締結した包括的保障措置協定に従わない限り、原料物質若しくは特殊核分裂性物質又は特殊核分裂性物質の処理、使用若しくは生産のために特に設計され若しくは作成された設備又は資材を、平和目的のためにいかなる非核兵器国にも供給しないこと。

**第一〇条（核物質と施設の防護）** 各締約国は、窃取並びに不正使用及び不正取扱いを防止するため、核物質、施設及び設備の最高水準の安全と有効な防護を維持することを約束する。このために、各締約国は、特に、「核物質の防護に関する条約」並びにＩＡＥＡがこのために策定した勧告及び指針において規定される防護措置と同等のものを適用することを約束する。

**第一一条（核施設に対する武力攻撃の禁止）** 各締約国は、アフリカ非核兵器地帯内の核施設に対する通常手段その他の手段による武力攻撃を目的とするいかなる行動もとらず、又はこれを援助し若しくは奨励しないことを約束する。

**第一二条（遵守の仕組み）** 1　この条約に基づく約束の遵守を確保するため、締約国は、附属書Ⅲに規定する原子力に関するアフリカ委員会（以下「委員会」という。）を創設することに合意する。

2　委員会は、特に、以下のことについて責任を負う。

(a) 第一三条に規定する報告書及び情報交換を取りまとめること。

(b) 附属書Ⅳに規定する協議を取り計らうこと及びこの条約の実施から生ずるあらゆる問題に関して、締約国の単純多数の同意に基づいて、締約国会議を招集すること。

(c) 附属書Ⅱに規定するＩＡＥＡによる保障措置の平和的な原子力活動への適用を再検討すること。

(d) 附属書Ⅳに規定する苦情申立手続を実施すること。

(e) 原子力科学及び技術の平和利用における協力のための地域的及び小地域的計画を奨励すること。

(f) 原子力科学及び技術の平和利用のために、アフリカ非核兵器地帯外の諸国との国際協力を促進すること。

3　委員会は、年一度通常会期の形で会合する。また、附属書Ⅳにおける苦情申立て及び紛争解決手続により要請される特別会期の形でも会合することができる。

**第一三条（報告書と情報交換）** 1　各締約国は、委員会により作成される報告書式に従って、各締約国の原子力活動及び条約に関するその他の事項について年次報告を委員会に提出する。

2　各締約国は、この条約の履行に影響を与えるいかなる重大事件も委員会に速やかに報告する。

3　委員会は、ＩＡＥＡに対して、ＡＦＲＡの活動に関する年次報告を委員会に提出することを要請する。

**第一四条（締約国会議）** 1　この条約の全ての締約国の会議は、この条約の効力発生後できる限り速やかに、寄託者によって、特に委員会の委員を選出し、かつ、その本部を決定するために招集される。締約国の会議は、その後必要に応じて、少なくとも二年ごとに開催され、第一二条2(b)に従って招集される。

2　この条約の全ての締約国の会議は、委員会の予算及び締約国により支払われる分担金の比率を採択する。

**第一五条（条約の解釈）** この条約の解釈から生ずるいかなる紛争も、交渉、委員会への付託又は締約国により合意されるその他の手続（仲裁委員会あるいは国際司法裁判所への付託を含む。）によって解決される。

**第一六条（留保）** この条約には、留保を付することができない。

**第一七条（有効期間）** この条約は、無期限に存続し、無期限に効力を有する。

**第一八条（署名、批准、効力発生）** 1　この条約は、アフリカ非核兵器地帯内の全ての国による署名のために開放される。（後略）

2・3　（略）

**第一九条（改正）**（略）

**第二〇条（脱退）** 1　各締約国は、この条約の対象である事項に関連する異常な事態が自国の至高の利益を危うくしていると認める場合には、その主権を行使してこの条約から脱退する権利を有する。

2　脱退は、締約国が寄託者にその一二箇月前に通告することにより効力を生ずる。その通告には、自国の至高の利益を危うくしていると認める異常な事態についても記載する。寄託者は、そのような通告を他の全ての締約国に送付する。

**第二一条（寄託者の任務）**（略）

**第二二条（附属書の地位）**（略）

**附属書Ⅰ　アフリカ非核兵器地帯の地図**（略）

**附属書Ⅱ　国際原子力機関の保障措置**（略）

**附属書Ⅲ　原子力に関するアフリカ委員会**（略）

**附属書Ⅳ　苦情申立手続及び紛争解決**（略）

## 議定書Ⅰ

署　名　一九九六年四月一一日（カイロ）

当事国　四（フランス、中国、英国、ロシア―批准の日付順）

前　文（略）

**第一条【地帯内の核の使用と威嚇の禁止】** 各議定書締約国は、次のいずれに対しても、核爆発装置を使用し、又は使用の威嚇を行わないことを約束する。

(a) 条約の締約国

(b) 附属書Ⅰに定めるアフリカ非核兵器地帯内の領域のうち議定書Ⅲの締約国が国際的に責任を負っている領域

**第二条【違反行為の抑制】** 各議定書締約国は、条約又はこの議定書の違反となるいかなる行為にもかかわらないことを約束する。

**第三条【条約改正に伴う受諾通告】** 各議定書締約国は、条約第一九条に従った同条約改正の効力発生によってもたらされるこの議定書に基づく義務の変更を受諾するか否かについて、寄託者に対する書面の通告により、明らかにすることを約束する。

**第四条【署名国】** この議定書は、中国、フランス、ロシア連邦、グレートブリテン・北アイルランド連合王国及びアメリカ合衆国による署名のために開放される。

**第五条【批准】**（略）

**第六条【脱退】**（略）

**第七条【批准書寄託】**（略）

**議定書Ⅱ**（略）

**議定書Ⅲ**（略）

## 13　中央アジア非核兵器地帯条約（抄）　翻訳

署　名　二〇〇六年九月八日（セミパラチンスク）
効力発生　二〇〇九年三月二一日
当事国　五

**第一条（用語の定義及び用法）**（略）

**第二条（条約の適用）**

(a)　中央アジア非核兵器地帯の適用範囲は、専らこの条約の適用上、カザフスタン共和国、キルギス共和国、タジキスタン共和国、トルクメニスタン国及びウズベキスタン共和国に属する領土、全ての水域（港、湖及び河川）及びその上空と定義される。

(b)　この条約のいかなる規定も、この地帯に含まれるか否かを問わず、領土又は水域に対する所有権又は主権に関する紛争における、中央アジア諸国の権利を害するものでなく、また、いかなる影響を与えるものでもない。

**第三条（基本的義務）**　1　各締約国は、次のことを約束する。

(a)　いかなる場所でも、いかなる手段によっても、核兵器若しくは他の核爆発装置の研究、開発、製造、貯蔵又はその他の方法による取得、所有若しくは管理を行わないこと。

(b)　核兵器又は他の核爆発装置の研究、開発、製造、貯蔵、取得若しくは管理について、いかなる援助も求めず又は受けないこと。

(c)　核兵器又は他の核爆発装置の研究、開発、製造、貯蔵、取得若しくは所有を援助し又は奨励するいかなる行動もとらないこと。

(d)　その領域内で、次の事項を許可しないこと。

(i)　核兵器又は他の核爆発装置の生産、取得、配置、保管若しくは使用

(ii)　核兵器又は他の核爆発装置の受領、保管、貯蔵、取付け若しくはその他の方法による取得又は管理

(iii)　いかなる者によるものであれ、核兵器又は他の核爆発装置の開発、生産、貯蔵、取得、所有若しくは管理を援助し又は奨励する全ての行動

2　各締約国は、その領域内において、他国の放射性廃棄物の処分を許可しないことを約束する。

**第四条（外国の船舶、航空機及び陸上輸送）**（略）

**第五条（核兵器又は他の核爆発装置の実験の禁止）**　各締約国は、包括的核実験禁止条約（CTBT）に従い、次のことを約束する。

(a)　核兵器の実験的爆発又は他の核爆発を実施しないこと。

(b)　自国の管轄又は管理の下にあるいかなる場所においても核兵器の実験的爆発又は他の核爆発を禁止し及び防止すること。

(c)　核兵器の実験的爆発又は他の核爆発の実施を実現させ、奨励し又はいかなる態様によるかを問わずこれに参加することを差し控えること。

**第六条（環境保全）**（略）

**第七条（平和目的のための原子力の利用）**（略）

**第八条（国際原子力機関（IAEA）の保障措置）**（略）

**第九条（核物質及び施設の防護）**（略）

**第一〇条（協議会合）**　締約国は、条約の遵守又は実施に関わるその他の問題を検討するため、締約国代表者からなる年次会合を順に開催すること、又はいずれかの締約国の要請による特別会合を開催することに合意する。

**第一一条（紛争の解決）**（略）

**第一二条（他の協定）**（略）

**第一三条（留保）**（略）

**第一四条（署名及び批准）**（略）

**第一五条（効力発生及び有効期間）**（略）

**第一六条（条約からの脱退）**（略）

**第一七条（改正）**（略）

**第一八条（寄託者）**（略）

**議定書**（略）

**中央アジア非核兵器地帯条約一〇条実施のための手続規則（中央アジア非核兵器地帯条約締約国の協議会合）**（略）

## 14　生物毒素兵器禁止条約

（細菌兵器（生物兵器）及び毒素兵器の開発、生産及び貯蔵の禁止並びに廃棄に関する条約）

署　名　一九七二年四月一〇日（ロンドン、ワシントン、モスクワ）
効力発生　一九七五年三月二六日
日本国　一九八二年六月八日（七二年四月一〇日署名、八二年六月四日国会承認、同日内閣批准決定、六月八日批准書寄託、同日公布・条約六号）
当事国　一八四

この条約の締約国は、

あらゆる種類の大量破壊兵器の禁止及び廃棄を含む全面的かつ完全な軍備縮小への効果的な進展を図ることを決意し、効果的な措置による化学兵器及び細菌兵器（生物兵器）の開発、生産及び貯蔵の禁止並びに廃棄が厳重かつ効果的な国際管理の下における全面的かつ完全な軍備縮小の達成を容易にすることを確信し、

千九百二十五年六月十七日にジュネーヴで署名された窒息性ガス、毒性ガス又はこれらに類するガス及び細菌学的手段の戦争における使用の禁止に関する議定書の有する重要な意義を認識し、

同議定書が戦争の恐怖の軽減に貢献しており、また、引き続きその軽減に貢献することを認識し、

同議定書の目的及び原則を堅持することを再確認し、すべての国に対しその目的及び原則を厳守することを要請し、

国際連合総会が同議定書の目的及び原則に反するすべての行為を繰り返し非難してきたことを想起し、

諸国民間の信頼の強化及び国際関係の全般的な改善に貢献することを希望し、

国際連合憲章の目的及び原則の実現に貢献することを希望し、

化学剤又は細菌剤(生物剤)を利用した兵器のような危険な大量破壊兵器を効果的な措置により諸国の軍備から除去することが重要かつ緊急であることを確信し、

細菌兵器(生物兵器)及び毒素兵器の禁止に関する取極が化学兵器の開発、生産及び貯蔵の禁止のための効果的な措置について合意を達成するための第一歩となるものであることを認識し、この合意の達成のために交渉を継続することを決意し、

全人類のため、兵器としての細菌剤(生物剤)及び毒素の使用の可能性を完全に無くすことを決意し、

このような使用が人類の良心に反するものであること及びこのような使用のおそれを最小にするためにあらゆる努力を払わなければならないことを確信して、

次のとおり協定した。

**第一条【取得・保有等の禁止】**締約国は、いかなる場合にも、次の物を開発せず、生産せず、貯蔵せず若しくはその他の方法によつて取得せず又は保有しないことを約束する。

(1) 防疫の目的、身体防護の目的その他の平和的目的による正当化ができない種類及び量の微生物剤その他の生物剤又はこのような種類及び量の毒素(原料又は製法のいかんを問わない。)

(2) 微生物剤その他の生物剤又は毒素を敵対的目的のために又は武力紛争において使用するために設計された兵器、装置又は運搬手段

**第二条【廃棄と平和目的への転用】**締約国は、この条約の効力発生の後できる限り速やかに、遅くとも九箇月以内に、自国の保有し又は自国の管轄若しくは管理の下にある前条に規定するすべての微生物剤その他の生物剤、毒素、兵器、装置及び運搬手段を廃棄し又は平和的目的のために転用することを約束する。この条の規定の実施に当たつては、住民及び環境の保護に必要なすべての安全上の予防措置をとるものとする。

**第三条【移譲と取得援助の禁止】**締約国は、第一条に規定する微生物剤その他の生物剤、毒素、兵器、装置又は運搬手段をいかなる者に対しても直接又は間接に移譲しないこと及びこれらの物の製造又はその他の方法による取得につき、いかなる国、国の集団又は国際機関に対しても、何ら援助、奨励又は勧誘を行わないことを約束する。

**第四条【領域内での禁止防止措置】**締約国は、自国の憲法上の手続に従い、その領域内及びその管轄又は管理の下にあるいかなる場所においても、第一条に規定する微生物剤その他の生物剤、毒素、兵器、装置及び運搬手段の開発、生産、貯蔵、取得又は保有を禁止し及び防止するために必要な措置をとる。

**第五条【相互協議】**締約国は、この条約の目的に関連して生ずる問題又はこの条約の適用に際して生ずる問題の解決に当たつて相互に協議し及び協力することを約束する。この条の規定に基づく協議及び協力は、国際連合の枠内で及び国際連合憲章に従つて、適当な国際的手続により行うことができる。

**第六条【苦情申立て】**(1) 締約国は、他の締約国がこの条約に基づく義務に違反していると認めるときは、国際連合安全保障理事会に苦情を申し立てることができる。苦情の申立てには、同理事会に対する審議の要請のほか、その申立ての妥当性を裏付けるすべての証拠を含めるものとする。

(2) 締約国は、安全保障理事会がその受理した苦情の申立てに基づき国際連合憲章に従つて行う調査に対し協力することを約束する。同理事会は、この調査の結果を締約国に通知する。

**第七条【被害締約国の援助】**締約国は、この条約の違反によりいずれかの締約国が危険にさらされていると安全保障理事会が決定する場合には、援助又は支援を要請する当該いずれかの締約国に対し国際連合憲章に従つて援助又は支援を行うことを約束する。

**第八条【毒ガス等禁止議定書の尊重】**この条約のいかなる規定も、千九百二十五年六月十七日にジュネーヴで署名された窒息性ガス、毒性ガス又はこれらに類するガス及び細菌学的手段の戦争における使用の禁止に関する議定書に基づく各国の義務を限定し又は軽減するものと解してはならない。

**第九条【化学兵器禁止の交渉】**締約国は、化学兵器についてその効果的な禁止が目標とされていることを確認し、化学兵器の開発、生産及び貯蔵の禁止並びに廃棄のための効果的な措置について並びに兵器用化学剤の生産又は使用のため特に設計された装置及び運搬手段に係る適当な措置について早期に合意に達するため、誠実に交渉を継続することを約束する。

**第一〇条【平和的利用】**(1) 締約国は、細菌剤(生物剤)及び毒素の平和的目的のための使用に資する装置、資材並びに科学的及び技術的情報を可能な最大限度まで交換することを容易にすることを約束し、また、その交換に参加する権利を有する。締約国は、可能なときは、単独で又は他の国若しくは国際機関と共同して、疾病の予防その他の平和的目的に資するため、細菌学(生物学)に係る科学的知見の拡大及び応用に貢献することに協力する。

(2) この条約は、締約国の経済的若しくは技術的発展又は細菌学(生物学)の平和的利用に関する国際協力を妨げないような態様で実施する。この国際協力は、この条約に従つて平和的目的のため細菌剤(生物剤)及び毒素並びにこれらの加工、使用又は生産のための装置を交換することを含む。

**第一一条【改正】**いずれの締約国も、この条約の改正を提案することができる。改正は、締約国の過半数が改正を受諾した時に、受諾した締約国について効力を生ずるものとし、その後に改正を受諾する他の締約国については、その受諾の日に効力を生ずる。

**第一二条【検討会議】**前文の目的の実現及びこの条約の規定(化学兵器についての交渉に関する規定を含む。)の遵守を確保するようにこの条約の運用を検討するため、この条約の効力発生の五年後に又は寄託政府に対する提案により締約国の過半数が要請する場合にはそれ以前に、スイスのジュネーヴで締約国の会議を開催する。検討に際しては、この条約に関連するすべての科学及び技術の進歩を考慮するものとする。

**第一三条【有効期間及び脱退】**(1) この条約の有効期間は、無期限とする。

(2) 締約国は、この条約の対象である事項に関連する異常な事態が自国の至高の利益を危うくしていると認める場合には、主権を行使してこの条約から脱退する権利を有する。この権利を行使する締約国は、他のすべての締約国及び国際連合安全保障理事会に対し三箇月前にその旨を通知する。通知には、自国の至高の利益を危うくしていると認める異常な事態についても記載しなければならない。

**第一四条【署名、批准、効力発生】**(1) この条約は、署名のため

すべての国に開放される。(3)の規定に基づくこの条約の効力発生前にこの条約に署名しなかつた国は、いつでもこの条約に加入することができる。

(2) この条約は、署名国によつて批准されなければならない。批准書及び加入書は、この条約により寄託政府として指定されるグレート・ブリテン及び北部アイルランド連合王国、ソヴィエト社会主義共和国連邦及びアメリカ合衆国の政府に寄託する。

(3) この条約は、寄託政府として指定される政府を含む二十二の政府が批准書を寄託した時に効力を生ずる。

(4) この条約は、その効力発生の後に批准書又は加入書を寄託する国については、その批准書又は加入書の寄託の日に効力を生ずる。

(5) 寄託政府は、すべての署名国及び加入国に対し、署名の日、批准書又は加入書の寄託の日、この条約の効力発生の日及び他の通知の受領を速やかに通報する。

(6) この条約は、寄託政府が国際連合憲章第百二条の規定により登録する。

**第一五条【正文及び寄託】** この条約は、英語、ロシア語、フランス語、スペイン語及び中国語をひとしく正文とするものとし、寄託政府に寄託する。この条約の認証謄本は、寄託政府が署名国及び加入国の政府に送付する。

## 15 化学兵器禁止条約（抄）

（化学兵器の開発、生産、貯蔵及び使用の禁止並びに廃棄に関する条約）

作　成　一九九三年一月一三日（パリ）
効力発生　一九九七年四月二九日
日本国　一九九七年四月二九日（九五年四月二八日国会承認、九月一二日内閣批准決定、九月一五日批准書寄託、九七年四月二一日公布・条約三号）
当事国　一九三

### 前文

この条約の締約国は、

厳重かつ効果的な国際管理の下における全面的かつ完全な軍備縮小（あらゆる種類の大量破壊兵器の禁止及び廃棄を含む。）に向けての効果的な進展を図ることを決意し、

国際連合憲章の目的及び原則の実現に貢献することを希望し、

国際連合総会が、千九百二十五年六月十七日にジュネーヴで署名された窒息性ガス、毒性ガス又はこれらに類するガス及び細菌学的手段の戦争における使用の禁止に関する議定書（以下「千九百二十五年のジュネーヴ議定書」という。）の原則及び目的に反するすべての行為を繰り返し非難してきたことを想起し、

この条約は、千九百二十五年のジュネーヴ議定書並びに千九百七十二年四月十日にロンドン、モスクワ及びワシントンで署名された細菌兵器（生物兵器）及び毒素兵器の開発、生産及び貯蔵の禁止並びに廃棄に関する条約の原則及び目的並びに同議定書及び同条約に基づく義務を再確認するものであることを認識し、

細菌兵器（生物兵器）及び毒素兵器の開発、生産及び貯蔵の禁止並びに廃棄に関する条約第九条に規定する目標に留意し、

全人類のため、千九百二十五年のジュネーヴ議定書に基づく義務を補完するこの条約の実施によって化学兵器の使用の可能性を完全に無くすことを決意し、

戦争の方法としての除草剤の使用の禁止が関連する協定及び国際法の原則において定められていることを認識し、

化学の分野における成果は人類の利益のためにのみ使用されるべきであることを考慮し、

すべての締約国の経済的及び技術的発展を促進するため、この条約によって禁止されていない目的のために、化学に関する活動の分野における国際協力並びに科学的及び技術的情報の交換並びに化学物質の自由な貿易を促進することを希望し、

化学兵器の開発、生産、取得、貯蔵、保有、移譲及び使用の完全かつ効果的な禁止並びに廃棄が、これらの共通の目的を達成するために必要な措置であることを確信して、

次のとおり協定した。

**第一条（一般的義務）** 1　締約国は、いかなる場合にも、次のことを行わないことを約束する。

(a) 化学兵器を開発し、生産その他の方法によって取得し、貯蔵し若しくは保有し又はいずれかの者に対して直接若しくは間接に移譲すること。
(b) 化学兵器を使用すること。
(c) 化学兵器を使用するための軍事的な準備活動を行うこと。
(d) この条約によって締約国に対して禁止されている活動を行うことにつき、いずれかの者に対して、援助し、奨励し又は勧誘すること。

2　締約国は、この条約に従い、自国が所有し若しくは占有する化学兵器又は自国の管轄若しくは管理の下にある場所に存在する化学兵器を廃棄することを約束する。

3　締約国は、この条約に従い、他の締約国の領域内に遺棄したすべての化学兵器を廃棄することを約束する。

4　締約国は、この条約に従い、自国が所有し若しくは占有する化学兵器生産施設又は自国の管轄若しくは管理の下にある場所に存在する化学兵器生産施設を廃棄することを約束する。

5　締約国は、暴動鎮圧剤を戦争の方法として使用しないことを約束する。

**第二条（定義及び基準）** この条約の適用上、

1　「化学兵器」とは、次の物を合わせたもの又は次の物を個別にいう。
(a) 毒性化学物質及びその前駆物質。ただし、この条約によって禁止されていない目的のためのものであり、かつ、種類及び量が当該目的に適合する場合を除く。
(b) 弾薬類及び装置であって、その使用の結果放出されることとなる(a)に規定する毒性化学物質の毒性によって、死その他の害を引き起こすように特別に設計されたもの
(c) (b)に規定する弾薬類及び装置の使用に直接関連して使用するように特別に設計された装置

2　「毒性化学物質」とは、生命活動に対する化学作用により、人又は動物に対し、死、一時的に機能を著しく害する状態又は恒久的な害を引き起こし得る化学物質（原料及び製法のいかんを問わず、また、施設内、弾薬内その他のいかなる場所において生産されるかを問わない。）をいう。
（この条約の実施上、検証措置の実施のために特定された毒性化学物質は、化学物質に関する附属書の表に掲げる。）

3 「前駆物質」とは、毒性化学物質の生産(製法のいかんを問わない。)のいずれかの段階で関与する化学反応体をいうものとし、二成分又は多成分の化学系の必須成分を含む。
(この条約の実施上、検証措置の実施のために特定された前駆物質は、化学物質に関する附属書の表に掲げる。)

4 「二成分又は多成分の化学系の必須成分」(以下「必須成分」という。)とは、最終生成物の毒性を決定する上で最も重要な役割を果たし、かつ、二成分又は多成分の化学系の中で他の化学物質と速やかに反応する前駆物質をいう。

5 「老朽化した化学兵器」とは、次のものをいう。
(a) 千九百二十五年より前に生産された化学兵器
(b) 千九百二十五年から千九百四十六年までの間に生産された化学兵器であって、化学兵器として使用することができなくなるまでに劣化したもの

6 「遺棄化学兵器」とは、千九百二十五年一月一日以降にいずれかの国が他の国の領域内に当該他の国の同意を得ることなく遺棄した化学兵器(老朽化した化学兵器を含む。)をいう。

7 「暴動鎮圧剤」とは、化学物質に関する附属書の表に掲げていない化学物質であって、短時間で消失するような人間の感覚に対する刺激又は行動を困難にする身体への効果を速やかに引き起こすものをいう。

8 「化学兵器生産施設」とは、
(a) 千九百四十六年一月一日以降のいずれかの時に、次の(i)に該当するものとして又は次の(ii)のために設計され、建造され又は使用された設備及びこれを収容する建物をいう。
(i) 化学物質の生産段階(「技術の最終段階」)の一部であって、当該設備が稼働している時に物質の流れが次のいずれかの化学物質を含むもの
(1) 化学物質に関する附属書の表1に掲げる化学物質
(2) 化学兵器のために使用され得る他の化学物質であって、締約国の領域内又はその管轄若しくは管理の下にあるその他の場所において、この条約によって禁止されていない目的のためには年間一トンを超える用途がないもの
(ii) 化学兵器の充塡(特に、化学物質に関する附属書の表1に掲げる化学物質の弾薬類、装置又はばらの状態で貯蔵するための容器への充塡、組立て式の二成分型弾薬類及び装置の部分を構成する容器への充塡、組立て式の単一成分型弾薬類及び装置の部分を構成する化学物質充塡子爆弾弾薬類への充塡並びに充塡された容器及び化学物質充塡子爆弾弾薬類の弾薬類及び装置への搭載を含む。)
(b) もっとも、次のものを意味するものではない。
(i) (a)(i)に規定する化学物質を合成するための生産能力を有する施設であって当該能力が一トン未満のもの
(ii) (a)(i)に規定する化学物質をこの条約によって禁止されていない目的のための活動の不可避の副産物として生産し又は生産した施設。ただし、当該化学物質が総生産量の三パーセントを超えないこと並びに当該施設が実施及び検証に関する附属書(以下「検証附属書」という。)に従って申告及び査察の対象となることを条件とする。
(iii) この条約によって禁止されていない目的のために化学物質に関する附属書の表1に掲げる化学物質を生産する検証附属書第六部に規定する単一の小規模な施設

9 「この条約によって禁止されていない目的」とは、次のものをいう。
(a) 工業、農業、研究、医療又は製薬の目的その他の平和的目的
(b) 防護目的、すなわち、毒性化学物質及び化学兵器に対する防護に直接関係する目的
(c) 化学兵器の使用に関連せず、かつ、化学物質の毒性を戦争の方法として利用するものではない軍事的目的
(d) 国内の暴動の鎮圧を含む法の執行のための目的

10 「生産能力」とは、関係する施設において実際に使用されている技術的工程又はこの工程がまだ機能していない場合には使用される予定の技術的工程に基づいて特定の化学物質を一年間に製造し得る量をいう。生産能力は、標示された能力又はこれが利用可能でない場合には設計上の能力と同一であるとみなす。標示された能力は、生産施設にとっての最大量を生産するための最適な条件の下における生産量であって、一又は二以上の実験によって証明されたものとする。設計上の能力は、標示された能力に対応する理論的に計算された生産量とする。

11 「機関」とは、第八条の規定に基づいて設立する化学兵器の禁止のための機関をいう。

12 第六条の規定の適用上、
(a) 化学物質の「生産」とは、化学反応により化学物質を生成することをいう。
(b) 化学物質の「加工」とは、化学物質が他の化学物質に転換することのない物理的な工程(例えば、調合、抽出、精製)をいう。
(c) 化学物質の「消費」とは、化学物質が化学反応により他の化学物質に転換することをいう。

**第三条（申告）** 1 締約国は、この条約が自国について効力を生じた後三十日以内に、機関に対して申告を行うものとし、当該申告において、
(a) 化学兵器に関し、
(i) 自国が化学兵器を所有するか否か若しくは占有するか否か又は自国の管轄若しくは管理の下にある場所に化学兵器が存在するか否かを申告する。
(ii) 検証附属書第四部(A)の1から3までの規定に従い、自国が所有し若しくは占有する化学兵器又は自国の管轄若しくは管理の下にある場所に存在する化学兵器の正確な所在地、総量及び詳細な目録を明示する。ただし、(iii)に規定する化学兵器を除く。
(iii) 検証附属書第四部(A)4の規定に従い、他の国が所有し及び占有し、かつ、他の国の管轄又は管理の下にある場所に存在する化学兵器であって、自国の領域内にあるものを報告する。
(iv) 千九百四十六年一月一日以降自国が直接又は間接に化学兵器を移譲したか否か又は受領したか否かを申告し、及び検証附属書第四部(A)5の規定に従って化学兵器の移譲又は受領について明示する。
(v) 検証附属書第四部(A)6の規定に従い、自国が所有し若しくは占有する化学兵器又は自国の管轄若しくは管理の下にある場所に存在する化学兵器の廃棄のための全般的な計画を提出する。
(b) 老朽化した化学兵器及び遺棄化学兵器に関し、
(i) 自国の領域内に老朽化した化学兵器を有するか否かを申告し、及び検証附属書第四部(B)3の規定に従ってすべての入手可能な情報を提供する。

(ii) 自国の領域内に遺棄化学兵器が存在するか否かを申告し、及び検証附属書第四部(B)8の規定に従ってすべての入手可能な情報を提供する。

(iii) 他の国の領域内に化学兵器を遺棄したか否かを申告し、及び検証附属書第四部(B)10の規定に従ってすべての入手可能な情報を提供する。

(c) 化学兵器生産施設に関し、

(i) 千九百四十六年一月一日以降のいずれかの時に、自国が化学兵器生産施設を所有し若しくは占有するか否か若しくは所有し若しくは占有していたか否か又は自国の管轄若しくは管理の下にある場所に化学兵器生産施設が存在するか否か若しくは存在していたか否かを申告する。

(ii) 検証附属書第五部1の規定に従い、千九百四十六年一月一日以降のいずれかの時に、自国が所有し若しくは占有し若しくは所有していた若しくは占有していた化学兵器生産施設又は自国の管轄若しくは管理の下にある場所に存在し若しくは存在していた化学兵器生産施設を明示する。ただし、(iii)に規定する化学兵器生産施設を除く。

(iii) 検証附属書第五部2の規定に従い、千九百四十六年一月一日以降のいずれかの時に、他の国が所有し及び占有し又は所有していた及び占有していた化学兵器生産施設であって、他の国の管轄又は管理の下にある場所に存在し又は存在していたもの(自国の領域内にあるものに限る。)を報告する。

(iv) 千九百四十六年一月一日以降自国が直接又は間接に化学兵器の生産のための設備を移譲したか否か又は受領したか否かを申告し、及び検証附属書第五部の3から5までの規定に従って当該設備の移譲又は受領について明示する。

(v) 検証附属書第五部6の規定に従い、自国が所有し若しくは占有する化学兵器生産施設又は自国の管轄若しくは管理の下にある場所に存在する化学兵器生産施設の廃棄のための全般的な計画を提出する。

(vi) 検証附属書第五部1(i)の規定に従い、自国が所有し若しくは占有する化学兵器生産施設又は自国の管轄若しくは管理の下にある場所に存在する化学兵器生産施設の閉鎖のためにとるべき措置を明示する。

(vii) 検証附属書第五部7の規定に従い、自国が所有し若しくは占有する化学兵器生産施設又は自国の管轄若しくは管理の下にある場所に存在する化学兵器生産施設を一時的に化学兵器の廃棄施設に転換する場合には、そのための全般的な計画を提出する。

(d) 他の施設に関し、自国が所有し若しくは占有する施設又は自国の管轄若しくは管理の下にある場所に存在する施設であって、千九百四十六年一月一日以降主に化学兵器の開発のために設計され、建設され又は使用されたものの正確な所在地並びに活動の性質及び全般的な範囲を明示する。この申告には、特に、実験施設及び試験評価場を含める。

(e) 暴動鎮圧剤に関し、暴動の鎮圧のために保有する化学物質の化学名、構造式及びケミカル・アブストラクツ・サービス(以下「CAS」という。)登録番号が付されている場合には当該番号を明示する。この申告は、その内容に変更が生じた後三十日以内に改定する。

2 この条の規定及び検証附属書第四部の関連規定は、千九百七十七年一月一日前に締約国の領域内に埋められた化学兵器であって引き続き埋められたままであるもの又は千九百八十五年一月一日前に海洋に投棄された化学兵器については、当該締約国の裁量により適用しないことができる。

**第四条（化学兵器）** 1 この条の規定及びその実施のための詳細な手続は、締約国が所有し若しくは占有するすべての化学兵器又はその管轄若しくは管理の下にある場所に存在するすべての化学兵器について適用する。ただし、検証附属書第四部(B)の規定が適用される老朽化した化学兵器及び遺棄化学兵器を除く。

2 この条の規定を実施するための詳細な手続は、検証附属書に定める。

3 1に規定する化学兵器が貯蔵され又は廃棄されるすべての場所は、検証附属書第四部(A)の規定に従い、現地査察及び現地に設置する機器による監視を通じた体系的な検証の対象とする。

4 締約国は、現地査察を通じた申告の体系的な検証のため、前条1(a)の規定に基づく申告を行った後直ちに1に規定する化学兵器へのアクセスを認める。締約国は、その後、当該化学兵器のいずれも移動させてはならないものとし(化学兵器の廃棄施設への移動を除く。)、体系的な現地検証のため、当該化学兵器へのアクセスを認める。

5 締約国は、現地査察及び現地に設置する機器による監視を通じた体系的な検証のため、自国が所有し若しくは占有する化学兵器の廃棄施設及びその貯蔵場所又は自国の管轄若しくは管理の下にある場所に存在する化学兵器の廃棄施設及びその貯蔵場所へのアクセスを認める。

6 締約国は、検証附属書並びに合意された廃棄についての比率及び順序(以下「廃棄の規律」という。)に従い、1に規定するすべての化学兵器を廃棄する。廃棄は、この条約が自国について効力を生じた後二年以内に開始し、この条約が自国について効力を生じた後十年以内に完了する。締約国は、当該化学兵器をより速やかに廃棄することを妨げられない。

7 締約国は、次のことを行う。

(a) 検証附属書第四部(A)29の規定に従い、1に規定する化学兵器の廃棄のための詳細な計画を各年の廃棄期間の開始の遅くとも六十日前までに提出すること。その詳細な計画には、当該年の廃棄期間中に廃棄するすべての貯蔵されている化学兵器を含めるものとする。

(b) 1に規定する化学兵器の廃棄のための自国の計画の実施状況に関する申告を毎年、各年の廃棄期間の満了の後六十日以内に行うこと。

(c) 廃棄の過程が完了した後三十日以内に、1に規定するすべての化学兵器を廃棄したことを証明すること。

8 締約国は、6に規定する十年の廃棄のための期間が経過した後にこの条約を批准し又はこの条約に加入する場合には、1に規定する化学兵器をできる限り速やかに廃棄する。当該締約国のための廃棄の規律及び厳重な検証の手続については、執行理事会が決定する。

9 化学兵器に関する冒頭申告の後に締約国がその存在を知った化学兵器については、検証附属書第四部(A)の規定に従って、報告し、保全し及び廃棄する。

10 締約国は、化学兵器の輸送、試料採取、貯蔵及び廃棄に当たっては、人の安全を確保し及び環境を保護することを最も優先させる。締約国は、安全及び排出に関する自国の基準に従って、化学兵器の輸送、試料採取、貯蔵及び廃棄を行う。

11 締約国は、他の国が所有し若しくは占有する化学兵器又は他の国の管轄若しくは管理の下にある場所に存在する化学兵器を自国の領域内に有する場合には、この条約が自国について効力を生じた後一年以内にこれらの化学兵器が自国の領域から撤去されることを確保するため、最大限度の努力を払う。これらの化学兵器が一年以内に撤去されない場合には、当該締約国は、機関及び他の締約国に対し、これらの化学兵器の廃棄のために援助を提供するよう要請することができる。

12　締約国は、二国間で又は技術事務局を通じて化学兵器の安全かつ効率的な廃棄のための方法及び技術に関する情報又は援助の提供を要請する他の締約国に対して協力することを約束する。

13　機関は、この条の規定及び検証附属書第四部(A)の規定に従って検証活動を行うに当たり、化学兵器の貯蔵及び廃棄の検証に関する締約国間の二国間又は多数国間の協定との不必要な重複を避けるための措置を検討する。このため、執行理事会は、次のことを認める場合には、当該二国間又は多数国間の協定に従って実施する措置を補完する措置に検証を限定することを決定する。

(a)　当該二国間又は多数国間の協定の検証に関する規定がこの条及び検証附属書第四部(A)の検証に関する規定に適合すること。

(b)　当該二国間又は多数国間の協定の実施によってこの条約の関連規定の遵守が十分に確保されること。

(c)　当該二国間又は多数国間の協定の締約国がその検証活動について機関に対し常時十分な情報の提供を行うこと。

14　執行理事会が13の規定に従って決定する場合には、機関は、13に規定する二国間又は多数国間の協定の実施を監視する権利を有する。

15　13及び14のいかなる規定も、締約国が前条、この条及び検証附属書第四部(A)の規定に従って申告を行う義務に影響を及ぼすものではない。

16　締約国は、自国が廃棄の義務を負う化学兵器の廃棄の費用を負担する。また、締約国は、執行理事会が別段の決定を行う場合を除くほか、当該化学兵器の貯蔵及び廃棄の検証の費用を負担する。執行理事会が13の規定に従い機関の検証措置を限定することを決定した場合には、機関が行う補完的な検証及び監視の費用については、第八条7に規定する国際連合の分担率に従って支払う。

17　この条の規定及び検証附属書第四部の関連規定は、千九百七十七年一月一日前に締約国の領域内に埋められた化学兵器であって引き続き埋められたままであるもの又は千九百八十五年一月一日前に海洋に投棄された化学兵器については、当該締約国の裁量により適用しないことができる。

**第五条（化学兵器生産施設）**　1　この条の規定及びその実施のための詳細な手続は、締約国が所有し若しくは占有するすべての化学兵器生産施設又はその管轄若しくは管理の下にある場所に存在するすべての化学兵器生産施設について適用する。

2　この条の規定を実施するための詳細な手続は、検証附属書に定める。

3　1に規定するすべての化学兵器生産施設は、検証附属書第五部の規定に従い、現地査察及び現地に設置する機器による監視を通じた体系的な検証の対象とする。

4　締約国は、閉鎖のために必要な活動を除くほか、1に規定する化学兵器生産施設におけるすべての活動を直ちに停止する。

5　いかなる締約国も、化学兵器の生産又はこの条約によって禁止されているその他のすべての活動のため、新たな化学兵器生産施設を建設してはならず、又は既存の施設を変更してはならない。

6　締約国は、現地査察を通じた申告の体系的な検証のため、第三条1(c)の規定に基づく申告を行った後直ちに1に規定する化学兵器生産施設へのアクセスを認める。

7　締約国は、次のことを行う。

(a)　この条約が自国について効力を生じた後九十日以内に1に規定するすべての化学兵器生産施設を検証附属書第五部の規定に従って閉鎖し、その旨を通報すること。

(b)　1に規定する化学兵器生産施設の閉鎖の後、当該施設が引き続き閉鎖されていること及びその後に廃棄されることを確保するため、現地査察及び現地に設置する機器による監視を通じた体系的な検証のために当該施設へのアクセスを認めること。

8　締約国は、検証附属書並びに合意された廃棄についての比率及び順序(以下「廃棄の規律」という。)に従い、1に規定するすべての化学兵器生産施設並びに関連する施設及び設備を廃棄する。廃棄は、この条約が自国について効力を生じた後一年以内に開始し、この条約が自国について効力を生じた後十年以内に完了する。締約国は、当該化学兵器生産施設並びに関連する施設及び設備をより速やかに廃棄することを妨げられない。

9　締約国は、次のことを行う。

(a)　1に規定する化学兵器生産施設の廃棄のための詳細な計画を各施設の廃棄の開始の遅くとも百八十日前までに提出すること。

(b)　1に規定するすべての化学兵器生産施設の廃棄のための自国の計画の実施状況に関する申告を毎年、各年の廃棄期間の満了の後九十日以内に行うこと。

(c)　廃棄の過程が完了した後三十日以内に、1に規定するすべての化学兵器生産施設を廃棄したことを証明すること。

10　締約国は、8に規定する十年の廃棄のための期間が経過した後にこの条約を批准し又はこの条約に加入する場合には、1に規定する化学兵器生産施設をできる限り速やかに廃棄する。当該締約国のための廃棄の規律及び厳重な検証の手続については、執行理事会が決定する。

11　締約国は、化学兵器生産施設の廃棄に当たっては、人の安全を確保し及び環境を保護することを最も優先させる。締約国は、安全及び排出に関する自国の基準に従って化学兵器生産施設を廃棄する。

12　1に規定する化学兵器生産施設は、検証附属書第五部の18から25までの規定に従って化学兵器の廃棄のために一時的に転換することができる。転換した施設については、化学兵器の廃棄のために使用しなくなった場合には速やかに、いかなる場合にもこの条約が効力を生じた後十年以内に廃棄しなければならない。

13　締約国は、やむを得ず必要となる例外的な場合には、この条約によって禁止されていない目的のために1に規定する化学兵器生産施設を使用するための承認を要請することができる。締約国会議は、検証附属書第五部Dの規定に従い、執行理事会の勧告に基づき、当該要請を承認するか否かを決定し、及び承認のための条件を定める。

14　化学兵器生産施設は、工業、農業、研究、医療又は製薬の目的その他の平和的目的のために使用する施設であって、化学物質に関する附属書の表1に掲げる化学物質に関係しないものよりも、化学兵器生産施設に再転換する可能性が高くならないように転換する。

15 すべての転換した施設は、検証附属書第五部Dの規定に従い、現地査察及び現地に設置する機器による監視を通じた体系的な検証の対象とする。

16 機関は、この条の規定及び検証附属書第五部の規定に従って検証活動を行うに当たり、化学兵器生産施設及びその廃棄の検証に関する締約国間の二国間又は多数国間の協定との不必要な重複を避けるための措置を検討する。

このため、執行理事会は、次のことを認める場合には、当該二国間又は多数国間の協定に従って実施する措置を補完する措置に検証を限定することを決定する。

(a) 当該二国間又は多数国間の協定の検証に関する規定がこの条及び検証附属書第五部の検証に関する規定に適合すること。

(b) 当該二国間又は多数国間の協定の実施によってこの条約の関連規定の遵守が十分に確保されること。

(c) 当該二国間又は多数国間の協定の締約国がその検証活動について機関に対し常時十分な情報の提供を行うこと。

17 執行理事会が16の規定に従って決定する場合には、機関は、16に規定する二国間又は多数国間の協定の実施を監視する権利を有する。

18 16及び17のいかなる規定も、締約国が第三条、この条及び検証附属書第五部の規定に従って申告を行う義務に影響を及ぼすものではない。

19 締約国は、自国が廃棄の義務を負う化学兵器生産施設の廃棄の費用を負担する。また、締約国は、執行理事会が別段の決定を行う場合を除くほか、この条の規定に基づく検証の費用を負担する。執行理事会が16の規定に従い機関の検証措置を限定することを決定した場合には、機関が行う補完的な検証及び監視の費用については、第八条7に規定する国際連合の分担率に従って支払う。

**第六条（この条約によって禁止されていない活動）** 1 締約国は、この条約に従い、この条約によって禁止されていない目的のため毒性化学物質及びその前駆物質を開発し、生産その他の方法によって取得し、保有し、移譲し及び使用する権利を有する。

2 締約国は、毒性化学物質及びその前駆物質が、自国の領域内又は自国の管轄若しくは管理の下にあるその他の場所において、この条約によって禁止されていない目的のためにのみ開発され、生産その他の方法によって取得され、保有され、移譲され及び使用されることを確保するために必要な措置をとる。このため及びこれらの活動がこの条約に規定する義務に適合していることを検証するため、締約国は、化学物質に関する附属書の表1から表3までに掲げる毒性化学物質及びその前駆物質並びにこのような化学物質に関係する施設及び検証附属書に規定するその他の施設であって、自国の領域内又は自国の管轄若しくは管理の下にあるその他の場所に存在するものを検証附属書に規定する検証措置の対象とする。

3 締約国は、化学物質に関する附属書の表1に掲げる化学物質（以下「表1の化学物質」という。）を検証附属書第六部に規定する生産、取得、保有、移譲及び使用の禁止の対象とする。締約国は、検証附属書第六部の規定に従い、表1の化学物質及び同附属書第六部に規定する施設を現地査察及び現地に設置する機器による監視を通じた体系的な検証の対象とする。

4 締約国は、検証附属書第七部の規定に従い、化学物質に関する附属書の表2に掲げる化学物質（以下「表2の化学物質」という。）及び検証附属書第七部に規定する施設を資料による監視及び現地検証の対象とする。

5 締約国は、検証附属書第八部の規定に従い、化学物質に関する附属書の表3に掲げる化学物質（以下「表3の化学物質」という。）及び検証附属書第八部に規定する施設を資料による監視及び現地検証の対象とする。

6 締約国は、検証附属書第九部22の規定に従って締約国会議が別段の決定を行う場合を除くほか、同附属書第九部の規定に従い、同附属書第九部に規定する施設を資料による監視及び最終的には現地検証の対象とする。

7 締約国は、この条約が自国について効力を生じた後三十日以内に、検証附属書に従い、関連する化学物質及び施設に関する冒頭申告を行う。

8 締約国は、検証附属書に従い、関連する化学物質及び施設に関する年次申告を行う。

9 締約国は、現地検証のため、検証附属書に従って査察員に対して施設へのアクセスを認める。

10 技術事務局は、検証活動を行うに当たり、この条約によって禁止されていない目的のための締約国の化学に関する活動に対する不当な干渉を回避し、及び特に、秘密情報の保護に関する附属書（以下「秘密扱いに関する附属書」という。）に定める規定を遵守する。

11 この条の規定については、締約国の経済的又は技術的発展及びこの条約によって禁止されていない目的のための化学に関する活動の分野における国際協力（この条約によって禁止されていない目的のための化学物質の生産、加工又は使用に関する科学的及び技術的情報、化学物質並びに装置の国際的な交換を含む。）を妨げないように実施する。

**第七条（国内の実施措置）**

一般的約束

1 締約国は、自国の憲法上の手続に従い、この条約に基づく自国の義務を履行するために必要な措置をとる。締約国は、特に、次のことを行う。

(a) 自国の領域内のいかなる場所又は国際法によって認められる自国の管轄の下にあるその他のいかなる場所においても、自然人及び法人がこの条約によって締約国に対して禁止されている活動を行うことを禁止すること（当該活動に対する罰則を規定する法令を制定することを含む。）。

(b) 自国の管理の下にあるいかなる場所においても、この条約によって締約国に対して禁止されている活動を認めないこと。

(c) 自国の国籍を有する自然人が行った活動（場所のいかんを問わない。）であってこの条約によって締約国に対して禁止されているものに対し、国際法に従い、(a)の規定に従って制定する罰則を規定する法令を適用すること。

2 締約国は、1の規定に基づく義務の履行を容易にするため、他の締約国と協力し、及び適当な形態の法律上の援助を与える。

3 締約国は、この条約に基づく自国の義務を履行するに当たっては、人の安全を確保し及び環境を保護することを最も優先させるものとし、適当な場合にはこの点に関して他の締約国と協力する。

締約国と機関との関係

4 締約国は、この条約に基づく自国の義務を履行するため、機関及び他の締約国との効果的な連絡のための国内の連絡先となる国内当局を指定し又は設置する。締約国は、この条約が自国について効力を生ずる時に自国の国内当局を機関に通報する。

5 締約国は、この条約を実施するためにとる立法措置及び行政措置を機関に通報する。

6 締約国は、この条約の実施に関連して機関から秘密のものとして受領する情報及び資料を秘密情報として取り扱い、並びに当該情報及び資料に対し特別の取扱いを行う。締約国は、当該情報及び資料を、この条約に基づく自国の権利及び義務との関連においてのみ利用するものとし、秘密扱いに関する附属書に定める規定に従って取り扱う。

7 締約国は、機関のすべての任務の遂行に当たって機関に協力すること及び特に技術事務局に対する援助を提供することを約束する。

**第八条（機関）**

A 一般規定

1 締約国は、この条約の趣旨及び目的を達成し、この条約の規定（この条約の遵守についての国際的な検証に関する規定を含む。）の実施を確保し並びに締約国間の協議及び協力のための場を提供するため、この条約により化学兵器の禁止のための機関を設立する。

2 すべての締約国は、機関の加盟国となる。締約国は、機関の加盟国としての地位を奪われることはない。

3 機関の本部の所在地は、オランダ王国ヘーグとする。

4 機関の内部機関として、締約国会議、執行理事会及び技術事務局をこの条約により設置する。

5 機関は、できる限り干渉の程度が低く、かつ、検証活動の目的の適時の及び効果的な達成に合致する方法で、この条約に規定する検証活動を行う。機関は、この条約に基づく自己の責任を果たすために必要な情報及び資料のみを要請する。機関は、この条約の実施を通じて知るに至った非軍事上及び軍事上の活動及び施設に関する情報の秘密を保護するためにすべての措置をとるものとし、特に、秘密扱いに関する附属書に定める規定を遵守する。

6 機関は、その検証活動を行うに当たり、科学及び技術の進歩を利用するための措置を検討する。

7 機関の活動に要する費用は、国際連合と機関との間の加盟国の相違を考慮して調整される国際連合の分担率に従い並びに第四条及び第五条に定めるところにより、締約国が支払う。準備委員会に対する締約国の財政的負担については、適当な方法により、機関の通常予算に対する当該締約国の分担金から控除する。機関の予算は、運営費その他の費用に関連するもの及び検証の費用に関連するものの二の別個の項目から成る。

8 機関に対する分担金の支払が延滞している機関の加盟国は、その未払の額が当該年に先立つ二年の間に当該加盟国から支払われるべきであった分担金の額に等しい場合又はこれを超える場合には、機関において投票権を有しない。ただし、締約国会議は、支払の不履行が当該加盟国にとってやむを得ない事情によると認めるときは、当該加盟国に投票を許すことができる。

B 締約国会議（略）

C 執行理事会（略）

D 技術事務局（略）

E 特権及び免除（略）

**第九条（協議、協力及び事実調査）** 1 締約国は、この条約の趣旨及び目的又は実施に関連して問題が生ずる場合には、当該問題について、締約国間で直接に又は機関を通じて若しくは他の適当な国際的手続（国際連合の枠内で及び国際連合憲章に従って行われる手続を含む。）により、協議し及び協力する。

2 締約国は、この条約の遵守について疑義を引き起こす問題又はあいまいと認められる関連する事項について懸念を引き起こす問題を、まず締約国間の情報交換及び協議により明らかにし及び解決するため、可能なときはいつでもあらゆる努力を払うべきである。もっとも、すべての締約国の申立てによる査察を要請する権利は害されない。締約国は、このような疑義又は懸念を引き起こすと他の締約国が認める問題を明らかにするよう当該他の締約国から要請される場合には、できる限り速やかに、いかなる場合にも当該要請の後十日以内に、当該他の締約国に対し、提起された疑義又は懸念に答えるために十分な情報を提供し、及びその情報がどのようにして当該問題を解決するかについての説明を行う。この条約のいかなる規定も、二以上の締約国が、遵守について疑義を引き起こす問題又はあいまいと認められる関連する事項について懸念を引き起こす問題を明らかにし及び解決するため、相互の合意により締約国間で査察その他の手続について取り決める権利に影響を及ぼすものではない。このような取決めは、この条約の他の規定に基づく締約国の権利及び義務に影響を及ぼすものではない。

事態を明らかにするための説明を要請する手続

3 締約国は、あいまいと認められる事態又は他の締約国によるこの条約の違反の可能性について懸念を引き起こす事態を明らかにするに当たって援助するよう執行理事会に要請する権利を有する。執行理事会は、このような懸念に関連する自己の保有する適当な情報を提供する。

4 締約国は、あいまいと認められる事態又は他の締約国によるこの条約の違反の可能性について懸念を引き起こす事態を明らかにするための説明を当該他の締約国から得るよう執行理事会に要請する権利を有する。この場合において、次の規定を適用する。

(a) 執行理事会は、事務局長を通じ、説明の要請の受領の後二十四時間以内に当該他の締約国に対しこれを送付する。

(b) 説明の要請を受けた締約国は、できる限り速やかに、いかなる場合にも要請の受領の後十日以内に、執行理事会に説明を行う。

(c) 執行理事会は、(b)の規定に従って行われた説明に留意し、当該説明の受領の後二十四時間以内に、説明の要請を行った締約国に対しこれを送付する。

(d) 説明の要請を行った締約国が(b)の規定に従って行われた説明が十分でないと認める場合には、当該締約国は、説明の要請を受けた締約国から更に説明を得るよう執行理事会に要請する権利を有する。

(e) (d)の規定により更に説明を得るため、執行理事会は、事務局長に対し、懸念を引き起こす事態に関連するすべての利用可能な情報及び資料を検討するために、技術事務局の職員により構成される専門家の会合又は技術事務局において適当な職員を利用することができない場合には技術事務局の職員以外の専門家の会合を設置するよう要請することができる。専門家の会合は、その検討結果に基づく事実関係についての報告を執行理事会に提出する。

(f) 説明の要請を行った締約国が(d)及び(e)の規定に基づいて得

た説明が十分でないと認める場合には、当該締約国は、執行理事会の理事国でない関係締約国が参加することのできる執行理事会の特別会期を要請する権利を有する。執行理事会は、当該特別会期において、この問題を検討し、及び事態を解決するために適当と認める措置を勧告することができる。

5　締約国は、また、自国についてあいまいと認められた事態又は自国によるこの条約の違反の可能性について懸念を引き起こした事態について明らかにするよう執行理事会に要請する権利を有する。執行理事会は、これに対し、適当と認める援助を提供する。

6　執行理事会は、この条に規定する説明の要請について締約国に通報する。

7　締約国は、この条約の違反の可能性について自国が提起した疑義又は懸念が、説明の要請を執行理事会に提出した後六十日以内に解消されなかった場合又はこのような疑義が緊急な検討を正当化するに足りるものであると信ずる場合には、前条12(c)の規定に基づき、会議（「締約国会議」のこと。以下同じ。）の特別会期を要請することができる。もっとも、申立てによる査察を要請する当該締約国の権利は害されない。会議は、当該特別会期において、この問題を検討し、及び事態を解決するために適当と認める措置を勧告することができる。

申立てによる査察のための手続

8　締約国は、この条約の違反の可能性についての問題を明らかにし及び解決することのみを目的として他の締約国の領域内又は他の締約国の管轄若しくは管理の下にあるその他の場所におけるいかなる施設又は区域に対しても申立てによる現地査察を要請する権利並びにこの査察がいかなる場所においても事務局長が指名する査察団により遅滞なく、かつ、検証附属書に従って行われることを求める権利を有する。

9　締約国は、査察の要請をこの条約の範囲内で行う義務を負い、及びこの条約の違反の可能性について懸念を引き起こす基礎となったすべての適当な情報を検証附属書に従って当該査察の要請の中で提供する義務を負う。締約国は、濫用を避けるために注意を払い、根拠のない査察の要請を慎まなければならない。申立てによる査察は、この条約の違反の可能性に関係する事実を決定することのみを目的として行う。

10　この条約の遵守の検証のため、締約国は、技術事務局が8の規定に従い申立てによる現地査察を行うことを認める。

11　被査察締約国は、施設又は区域に対する申立てによる査察の要請及び検証附属書に規定する手続に従い、次の権利を有し、又は義務を負う。

(a)　自国によるこの条約の遵守を証明するためにあらゆる合理的な努力を払う権利及び義務並びにこのために査察団がその査察命令を遂行することができるようにする権利及び義務

(b)　専らこの条約の違反の可能性についての懸念に関連する事実を確認することを目的として、要請される施設又は区域内へのアクセスを認める義務

(c)　この条約に関係しない機微に係る設備を保護し並びにこの条約に関係しない秘密の情報及び資料の開示を防止するための措置をとる権利

12　オブザーバーについては、次の規定を適用する。

(a)　要請締約国は、被査察締約国の同意を得て、自国又は第三の締約国のいずれか一方の国民である代表者を申立てによる査察の実施に立ち会わせるために派遣することができる。

(b)　(a)の場合において、被査察締約国は、検証附属書に従ってオブザーバーに対してアクセスを認める。

(c)　被査察締約国は、原則として、提案されたオブザーバーを受け入れる。ただし、被査察締約国が拒否する場合には、その事実は、最終報告に記録される。

13　要請締約国は、執行理事会に対し申立てによる現地査察のための査察の要請を行い、また、速やかな手続の開始のために同時に事務局長に対して当該要請を行う。

14　事務局長は、直ちに、査察の要請が検証附属書第十部4に定める要件を満たすことを確認し及び、必要な場合には、要請締約国が当該要件に従って査察の要請を行うことを援助する。査察の要請が当該要件を満たす場合には、申立てによる査察のための準備を開始する。

15　事務局長は、被査察締約国に対し、査察団の入国地点への到着予定時刻の少なくとも十二時間前までに、査察の要請を伝達する。

16　執行理事会は、査察の要請を受領した後、当該要請に基づいて事務局長がとる措置に留意するものとし、査察が行われている間を通じてこの問題を検討する。ただし、執行理事会の検討は、査察を遅滞させるものであってはならない。

17　執行理事会は、査察の要請が根拠がなく、権利を濫用するものであり又は8に定めるこの条約の範囲を明らかに超えると認める場合には、査察の要請を受領した後十二時間以内に、執行理事会のすべての理事国の四分の三以上の多数による議決で、申立てによる査察の実施に反対することを決定することができる。その決定には、要請締約国及び被査察締約国は参加してはならない。執行理事会が申立てによる査察について反対することを決定する場合には、査察のための準備は停止され、査察の要請に基づく新たな措置はとられず、及び関係締約国に対しその旨の通報が行われる。

18　事務局長は、申立てによる査察の実施のための査察命令を与える。査察命令は、8及び9に規定する査察の要請を遂行するためのものであり、かつ、査察の要請に適合するものとする。

19　申立てによる査察は、検証附属書第十部の規定に従い又は化学兵器の使用若しくは戦争の方法としての暴動鎮圧剤の使用の疑いがある場合には同附属書第十一部の規定に従って行う。査察団は、できる限り干渉の程度が低く、かつ、任務の効果的な及び適時の遂行に合致する方法で申立てによる査察を行うとの原則を指針とする。

20　被査察締約国は、申立てによる査察が行われている間を通じて、査察団を援助し、及びその任務の遂行を容易にする。被査察締約国は、検証附属書第十部Cの規定に従い、この条約の遵守を証明するための措置であって十分かつ包括的なアクセスに代わるものを提案する場合には、この条約の遵守を証明することを目的として事実を確認する方法について合意に達するため、査察団との協議を通じてあらゆる合理的な努力を払う。

21　最終報告には、事実関係の調査結果並びに申立てによる査察の十分な実施のために認められたアクセス及び協力の程度及び性質についての査察団による評価を含める。事務局長は、要請締約国、被査察締約国、執行理事会及び他のすべての締約国に対し、査察団の最終報告を速やかに送付する。事務局長は、更に、執行理事会に対し、要請締約国及び被査察締約国による評価並びに評価のため他の締約国の見解が事務局長に提出される場合には当該見解を速やかに送付し、その後これらをすべての

締約国に送付する。

22 執行理事会は、その権限及び任務に従い、査察団の最終報告が提出された後直ちに当該最終報告を検討し、及び次の事項について検討する。

(a) 違反があったか否か。

(b) 査察の要請がこの条約の範囲内で行われたか否か。

(c) 申立てによる査察を要請する権利が濫用されたか否か。

23 執行理事会は、その権限及び任務に従い、22の規定に関して更に措置が必要となるとの結論に到達する場合には、事態を是正し及びこの条約の遵守を確保するための適当な措置(会議に対する具体的な勧告を含む。)をとる。要請する権利が濫用された場合には、執行理事会は、要請締約国が申立てによる査察の財政的負担の一部を負うべきであるか否かについて検討する。

24 要請締約国及び被査察締約国は、22に規定する検討に参加する権利を有する。執行理事会は、このような検討の結果につき、締約国に対し及び次の会期において会議に対し報告する。

25 執行理事会が会議に対して具体的な勧告を行った場合には、会議は、第十二条の規定に従って措置を検討する。

**第一〇条 (援助及び化学兵器に対する防護)** 1 この条の規定の適用上「援助」とは、化学兵器に対する防護(特に、探知装置及び警報装置、防護機具、除染装置及び除染剤、解毒剤及び治療並びにこれらの防護手段に関する助言を含む。)につき調整し及び締約国に対しその防護を提供することをいう。

2 この条約のいかなる規定も、締約国が、この条約によって禁止されていない目的のため化学兵器に対する防護手段を研究し、開発し、生産し、取得し、移譲し又は使用する権利を妨げるものと解してはならない。

3 締約国は、化学兵器に対する防護手段に関する装置、資材並びに科学的及び技術的情報を可能な最大限度まで交換することを容易にすることを約束し、また、その交換に参加する権利を有する。

4 締約国は、防護目的に関係する自国の計画の透明性を増進するため、第八条21(i)の規定に基づき会議が検討し及び承認する手続に従い、毎年、当該計画に関する情報を技術事務局に提供する。

5 技術事務局は、要請する締約国の使用に供するため、化学兵器に対する各種の防護手段に関する自由に入手可能な情報及び締約国が提供する情報から成るデータバンクをこの条約が効力を生じた後百八十日以内に設置し及び維持する。

技術事務局は、また、その利用可能な資源の範囲内で、かつ、締約国の要請に応じ、締約国が化学兵器に対する防護能力の開発及び向上のための計画をいかなる方法で実施することができるかについて特定するに当たり、当該締約国に専門的な助言を行い、及び援助する。

6 この条約のいかなる規定も、締約国が、二国間で援助を要請し及び提供する権利並びに援助の緊急な調達に関して他の締約国と個別の協定を締結する権利を妨げるものと解してはならない。

7 締約国は、機関を通じて援助を提供すること及びこのため次の一又は二以上の措置を選択することを約束する。

(a) 会議の第一回会期において設置される援助のための任意の基金に拠出すること。

(b) この条約が自国について効力を生じた後できる限り百八十日以内に、要請に基づく援助の調達に関して機関と協定を締結すること。

(c) この条約が自国について効力を生じた後百八十日以内に、機関の要請に応じ提供することのできる援助の種類を申告すること。締約国は、その後、申告した援助を提供することができなくなった場合にも、引き続き、この7の規定に従って援助を提供する義務を負う。

8 締約国は、次のことを認める場合には、援助及び化学兵器の使用又は使用の脅威に対する防護を要請し並びに9から11までに規定する手続に従ってこれらを受ける権利を有する。

(a) 自国に対し化学兵器が使用されたこと。

(b) 自国に対し暴動鎮圧剤が戦争の方法として使用されたこと。

(c) 自国が、いずれかの国の措置又は活動であって、第一条の規定によって締約国に対し禁止されているものにより脅威を受けていること。

9 8の要請については、当該要請を裏付ける関連する情報を付して事務局長に対して行うものとし、事務局長は、当該要請を直ちに執行理事会及びすべての締約国に伝達する。事務局長は、当該要請を、7の(b)及び(c)の規定に従い、化学兵器の使用又は戦争の方法としての暴動鎮圧剤の使用の場合においては緊急の援助、化学兵器の使用又は戦争の方法としての暴動鎮圧剤の使用の重大な脅威の場合においては人道上の援助を要請の受領の後十二時間以内に関係締約国に提供することを自発的に申し出た締約国に対し、直ちに伝達する。事務局長は、当該要請の受領の後二十四時間以内に、更にとるべき措置のための基礎を提供するために調査を開始する。事務局長は、七十二時間以内に調査を完了し、執行理事会に対し報告を提出する。調査を完了するために追加の期間を必要とする場合には、当該七十二時間以内に中間報告を提出する。調査に必要な当該追加の期間は、七十二時間を超えてはならない。ただし、同様の期間により更に一回又は二回以上の期間の追加をすることができる。各追加の期間の終了の時に執行理事会に報告を提出する。調査は、適当な場合には、要請及び要請に付された情報に従い、要請に関係する事実並びに必要とされる追加的な援助及び防護の種類及び範囲を確定する。

10 執行理事会は、調査の報告の受領の後二十四時間以内に事態を検討するために会合するものとし、技術事務局に対し追加的な援助を提供するよう指示するか否かを次の二十四時間以内に単純多数による議決で決定する。技術事務局は、すべての締約国及び関係国際機関に対し、当該報告及び執行理事会の決定を直ちに送付する。執行理事会が技術事務局に対し追加的な援助を提供するよう指示することを決定する場合には、事務局長は、直ちに援助を提供する。このため、事務局長は、要請した締約国、他の締約国及び関係国際機関と協力することができる。締約国は、援助を提供するために可能な最大限度の努力をする。

11 化学兵器の使用による犠牲者が存在すること及び速やかな措置が不可欠であることが実施中の調査又は他の信頼し得る情報源からの入手可能な情報により十分に明らかとなる場合には、事務局長は、すべての締約国に通報するものとし、会議がこのような事態のために事務局長の利用に供した資源を用いて援助のための緊急措置をとる。事務局長は、この11の規定に従ってとる措置を常時執行理事会に通報する。

**第一一条 (経済的及び技術的発展)** 1 この条約は、締約国の経済的又は技術的発展及びこの条約によって禁止されていない目的のための化学に関する活動の分野における国際協力(この条約によって禁止されていない目的のための化学物質の生産、加工又は使用に関する科学的及び技術的情報、化学物質並びに装置の国際的な交換を含む。)を妨げないように実施する。

2　締約国は、この条約の規定に従うことを条件として、かつ、国際法の諸原則及び適用のある国際法の諸規則を害することなく、

(a)　単独で又は共同して、化学物質を研究し、開発し、生産し、取得し、保有し、移譲し及び使用する権利を有する。

(b)　この条約によって禁止されていない目的のための化学の開発及び利用に関係する化学物質、装置並びに科学的及び技術的情報を可能な最大限度まで交換することを容易にすることを約束し、また、その交換に参加する権利を有する。

(c)　工業、農業、研究、医療又は製薬の目的その他の平和的目的のための化学の分野における貿易並びに科学的及び技術的知識の開発及び促進を妨げる制限(国際協定による制限を含む。)であって、この条約に基づく義務に反するものは、締約国間で維持してはならない。

(d)　この条約に規定され又はこの条約が認める措置以外の措置を実施するための根拠としてこの条約を利用してはならず、及びこの条約に適合しない目的を追求するために他のいかなる国際協定も利用してはならない。

(e)　この条約の趣旨及び目的に適合したものにすることを目的として、化学物質の貿易の分野における既存の国内法令を検討することを約束する。

**第一二条（事態を是正し及びこの条約の遵守を確保するための措置(制裁を含む。)）**　1　会議は、この条約の遵守を確保し並びにこの条約に違反する事態を是正し及び改善するため、2から4までに規定する必要な措置をとる。会議は、この1の規定に基づく措置を検討するに当たり、問題に関し執行理事会が提出するすべての情報及び勧告を考慮する。

2　締約国が、自国によるこの条約の遵守に関して問題を引き起こしている事態を是正する措置をとることを執行理事会により要請され、かつ、一定の期間内に当該要請に応ずることができなかった場合には、会議は、特に、執行理事会の勧告に基づき、当該締約国がこの条約に基づく義務に従うための必要な措置をとるまでの間、この条約に基づく当該締約国の権利及び特権を制限し又は停止することができる。

3　この条約の趣旨及び目的に対する重大な障害がこの条約(特に第一条の規定)によって禁止されている活動から生ずる可能性のある場合には、会議は、締約国に対して国際法に適合する集団的な措置を勧告することができる。

4　会議は、特に重大な場合には、問題(関連する情報及び判断を含む。)につき、国際連合総会及び国際連合安全保障理事会の注意を喚起する。

**第一三条（他の国際協定との関係）**　この条約のいかなる規定も、千九百二十五年のジュネーヴ議定書並びに千九百七十二年四月十日にロンドン、モスクワ及びワシントンで署名された細菌兵器(生物兵器)及び毒素兵器の開発、生産及び貯蔵の禁止並びに廃棄に関する条約に基づく各国の義務を限定し又は軽減するものと解してはならない。

**第一四条（紛争の解決）**　1　この条約の適用又は解釈に関して生ずる紛争は、この条約の関連規定に従い及び国際連合憲章の規定によって解決する。

2　この条約の解釈又は適用に関して二以上の締約国間で又は一若しくは二以上の締約国と機関との間で紛争が生ずる場合には、関係当事者は、交渉又は当該関係当事者が選択するその他の平和的手段(この条約に規定する適当な内部機関に対し提起すること及び合意により国際司法裁判所規程に従って国際司法裁判所に付託することを含む。)によって紛争を速やかに解決するため、協議する。関係締約国は、いかなる措置がとられるかについて常時執行理事会に通報する。

3　執行理事会は、執行理事会が適当と認める手段(あっせんを提供すること、紛争当事国である締約国に対し当該締約国が選択する解決のための手続を開始するよう要請すること及び合意された手続に従って解決するための期限を勧告することを含む。)によって紛争の解決に貢献することができる。

4　会議は、締約国が提起し又は執行理事会が注意を喚起する紛争に関係する問題を検討する。会議は、必要と認める場合には、第八条21(f)の規定に従い、これらの紛争の解決に関連して補助機関を設置し又は補助機関に任務を委託する。

5　会議及び執行理事会は、それぞれ、国際連合総会が許可することを条件として、機関の活動の範囲内において生ずる法律問題について勧告的意見を与えるよう国際司法裁判所に要請する権限を与えられる。このため、機関と国際連合との間の協定を第八条34(a)の規定に基づいて締結する。

6　この条の規定は、第九条の規定又は事態を是正し及びこの条約の遵守を確保するための措置(制裁を含む。)に関する規定を害するものではない。

**第一五条（改正）**　1　いずれの締約国も、この条約の改正を提案することができるものとし、また、4に規定するこの条約の附属書の修正を提案することができる。改正のための提案は、2及び3に規定する手続に従う。4に規定する修正のための提案は、5に規定する手続に従う。

2　改正案については、すべての締約国及び寄託者に対して回章に付するため事務局長に提出する。改正案は、改正会議においてのみ検討する。改正会議は、改正案の回章の後三十日以内に、三分の一以上の締約国が改正案を更に検討することを支持する旨を事務局長に通報する場合に開催される。改正会議は、改正案の検討を要請する締約国が早期の開催を要請する場合を除くほか、会議の通常会期の後直ちに開催される。いかなる場合にも、改正会議は、改正案の回章の後六十日を経過するまで開催されない。

3　改正は、次の(a)及び(b)の要件が満たされる場合には、(b)に規定するすべての締約国が批准書又は受諾書を寄託した後三十日で、すべての締約国について効力を生ずる。

(a)　改正会議において、いかなる締約国も反対票を投ずることなく、すべての締約国の過半数の賛成票により採択されること。

(b)　改正会議において賛成票を投じたすべての締約国が批准し又は受諾すること。

4　この条約の実行可能性及び実効性を確保するため、附属書の規定は、修正案が運営上の又は技術的な性質の事項にのみ関連する場合には、5の規定に従って行われる修正の対象とする。化学物質に関する附属書のすべての修正は、5の規定に従って行われる。秘密扱いに関する附属書のA及びCの規定、検証附属書第十部の規定並びに検証附属書第一部に規定する定義であって申立てによる査察にのみ関係するものは、5の規定に従って行われる修正の対象としない。

(a) 4に規定する修正については、次の手続に従って行う。修正案は、必要な情報と共に事務局長に送付する。すべての締約国及び事務局長は、当該修正案を評価するための追加の情報を提供することができる。事務局長は、すべての締約国、執行理事会及び寄託者に対し、当該修正案及び情報を速やかに通報する。

(b) 事務局長は、修正案の受領の後六十日以内に、この条約の規定及び実施に及ぼし得るすべての影響を把握するために当該修正案を評価するものとし、その結果についての情報をすべての締約国及び執行理事会に通報する。

(c) 執行理事会は、すべての入手可能な情報に照らして修正案を検討する（当該修正案が4に定める要件を満たすか否かについての検討を含む。）。執行理事会は、当該修正案の受領の後九十日以内に、適当な説明を付して、執行理事会の勧告を検討のためにすべての締約国に通報する。締約国は、十日以内にその受領を確認する。

(d) 執行理事会がすべての締約国に対し修正案を採択することを勧告する場合において、いずれの締約国もその勧告の受領の後九十日以内に異議を申し立てないときは、当該修正案については、承認されたものとみなす。執行理事会が修正案を拒否することを勧告する場合において、いずれの締約国もその勧告の受領の後九十日以内に異議を申し立てないときは、当該修正案については、拒否されたものとみなす。

(e) 執行理事会の勧告が(d)の規定に従って締約国によって受け入れられない場合には、会議は、次の会期において実質事項として修正案の承認についての決定（当該修正案が4に定める要件を満たすか否かについての判断を含む。）を行う。

(f) 事務局長は、この5の規定に基づく決定をすべての締約国及び寄託者に通報する。

(g) この5に定める手続に従って承認された修正は、他の期間を執行理事会が勧告し又は会議が決定する場合を除くほか、すべての締約国につき、事務局長が当該承認を通報した日の後百八十日で効力を生ずる。

**第一六条（有効期間及び脱退）** 1 この条約の有効期間は、無期限とする。

2 締約国は、この条約の対象である事項に関係する異常な事態が自国の至高の利益を危うくしていると認める場合には、その主権を行使してこの条約から脱退する権利を有する。この権利を行使する締約国は、他のすべての締約国、執行理事会、寄託者及び国際連合安全保障理事会に対しその九十日前にその旨を通告する。その通告には、自国の至高の利益を危うくしていると認める異常な事態についても記載する。

3 この条約からの締約国の脱退は、国際法の関連規則、特に千九百二十五年のジュネーヴ議定書に基づく義務を引き続き履行することについての国の義務に何ら影響を及ぼすものではない。

**第一七条（附属書の地位）** 附属書は、この条約の不可分の一部を成す。「この条約」というときは、附属書を含めていうものとする。

**第一八条（署名）** この条約は、効力を生ずる前はすべての国による署名のために開放しておく。

**第一九条（批准）** この条約は、署名国により、それぞれ自国の憲法上の手続に従って批准されなければならない。

**第二〇条（加入）** この条約が効力を生ずる前にこの条約に署名しない国は、その後はいつでもこの条約に加入することができる。

**第二一条（効力発生）** 1 この条約は、六十五番目の批准書が寄託された日の後百八十日で効力を生ずる。ただし、いかなる場合にも、署名のための開放の後二年を経過するまで効力を生じない。

2 この条約が効力を生じた後に批准書又は加入書を寄託する国については、その批准書又は加入書の寄託の日の後三十日目の日に効力を生ずる。

**第二二条（留保）** この条約の本文については、留保は付することができない。この条約の附属書については、この条約の趣旨及び目的と両立しない留保は付することができない。

**第二三条（寄託者）** 国際連合事務総長は、ここに、この条約の寄託者として指名されるものとし、特に、次のことを行う。

(a) すべての署名国及び加入国に対し、各署名の日、各批准書又は各加入書の寄託の日、この条約の効力発生の日及びその他の事項に係る通告の受領を速やかに通報すること。

(b) この条約の認証謄本をすべての署名国政府及び加入国政府に送付すること。

(c) 国際連合憲章第百二条の規定に従ってこの条約を登録すること。

**第二四条（正文）** この条約は、アラビア語、中国語、英語、フランス語、ロシア語及びスペイン語をひとしく正文とし、国際連合事務総長に寄託する。

**化学物質に関する附属書** （略）

**実施及び検証に関する附属書（「検証附属書」）** （略）

**秘密情報の保護に関する附属書（「秘密扱いに関する附属書」）** （略）

## 16 対人地雷禁止条約

（対人地雷の使用、貯蔵、生産及び移譲の禁止並びに廃棄に関する条約）〔地雷禁止条約〕

採択（作成）　一九九七年九月一八日（オスロ）
効力発生　一九九九年三月一日
日本国　一九九九年三月一日（九七年一二月三日署名、九八年九月三〇日国会承認、同日受諾書寄託、一〇月二八日公布・条約一五号）
当事国　一六四

### 前文

締約国は、

毎週数百人の人々、主として罪のないかつ無防備な文民、特に児童を殺し又はその身体に障害を与え、経済の発展及び再建を妨げ、難民及び国内の避難民の帰還を阻止しその他の深刻な結果をその敷設後長年にわたってもたらす対人地雷によって引き起こされる苦痛及び犠牲を終止させることを決意し、

世界各地に敷設された対人地雷を除去するという目標に取り組み及びこれらの対人地雷の廃棄を確保することに効果的なかつ調整の図られた方法で貢献するために全力を尽くすことが必要であると確信し、

地雷による被害者の治療及びリハビリテーション（社会的及び経済的復帰を含む。）に係る援助の提供に全力を尽くすことを希望し、

対人地雷の全面的禁止は信頼の醸成についての重要な措置にも

なることを認識し、

過度に傷害を与え又は無差別に効果を及ぼすことがあると認められる通常兵器の使用の禁止又は制限に関する条約に附属する千九百九十六年五月三日に改正された地雷、ブービートラップ及び他の類似の装置の使用の禁止又は制限に関する議定書の採択を歓迎し、また、同議定書を締結していないすべての国による同議定書の早期の締結を要請し、

また、対人地雷の使用、貯蔵、生産及び移譲を禁止する国際的な合意であって、効果的なかつ法的拘束力のあるものを精力的に追求するようすべての国に要請している千九百九十六年十二月十日の国際連合総会決議第四十五S号(第五十一回会期)を歓迎し、

更に、対人地雷の使用、貯蔵、生産及び移譲を禁止し、制限し又は停止するためにこの数年間にわたって、一方的に及び多数国間においてとられた措置を歓迎し、

対人地雷の全面的禁止の要請に示された人道の諸原則の推進における公共の良心の役割を強調し、また、このために国際赤十字・赤新月運動、「地雷廃絶国際キャンペーン」その他の世界各地にある多数の非政府機関が行っている努力を認識し、

対人地雷の使用、貯蔵、生産及び移譲を禁止する国際的なかつ法的拘束力のある合意について交渉することを国際社会(international community)に要請している千九百九十六年十月五日のオタワ宣言及び千九百九十七年六月二十七日のブラッセル宣言を想起し、

すべての国によるこの条約への参加を奨励することが望ましいことを強調し、また、すべての関連する場、特に国際連合、軍縮会議、地域的機関及び集団並びに過度に傷害を与え又は無差別に効果を及ぼすことがあると認められる通常兵器の使用の禁止又は制限に関する条約の検討のための会議において、この条約の普遍化を促進するために精力的に努力することを決意し、

武力紛争の当事者が戦闘の方法及び手段を選ぶ権利は無制限ではないという国際人道法の原則、武力紛争においてその性質上過度の傷害又は無用の苦痛を与える兵器、投射物及び物質並びに戦闘の方法を用いることは禁止されているという原則並びに文民と戦闘員とは区別されなければならないという原則に立脚して、

次のとおり協定した。

**第一条（一般的義務）**　1　締約国は、いかなる場合にも、次のことを行わないことを約束する。

(a)　対人地雷を使用すること。

(b)　対人地雷を開発し、生産し、生産その他の方法によって取得し、貯蔵し若しくは保有し又はいずれかの者に対して直接若しくは間接に移譲すること。

(c)　この条約によって締約国に対して禁止されている活動を行うことにつき、いずれかの者に対して、援助し、奨励し又は勧誘すること。

2　締約国は、この条約に従ってすべての対人地雷を廃棄し又はその廃棄を確保することを約束する。

**第二条（定義）**　1　「対人地雷」とは、人の存在、接近又は接触によって爆発するように設計された地雷であって、一人若しくは二人以上の者の機能を著しく害し又はこれらの者を殺傷するものをいう。人ではなく車両の存在、接近又は接触によって起爆するように設計された地雷で処理防止のための装置を備えたものは、当該装置を備えているからといって対人地雷であるとはされない。

2　「地雷」とは、土地若しくは他の物の表面に又は土地若しくは他の物の表面の下方若しくは周辺に敷設されるよう及び人又は車両の存在、接近又は接触によって爆発するように設計された弾薬類をいう。

3　「処理防止のための装置」とは、地雷を保護することを目的とする装置であって、地雷の一部を成し若しくは地雷に連接され若しくは取り付けられ又は地雷の下に設置され、かつ、地雷を処理その他の方法で故意に妨害しようとすると作動するものをいう。

4　「移譲」とは、対人地雷が領域へ又は領域から物理的に移動し、かつ、当該対人地雷に対する権原及び管理が移転することをいう。ただし、対人地雷の敷設された領域の移転に伴って生ずるものを除く。

5　「地雷敷設地域」とは、地雷の存在又は存在の疑いがあることにより危険な地域をいう。

**第三条（例外）**　1　第一条の一般的義務にかかわらず、地雷の探知、除去又は廃棄の技術の開発及び訓練のための若干数の対人地雷の保有又は移譲は、認められる。その総数は、そのような開発及び訓練のために絶対に必要な最少限度の数を超えてはならない。

2　廃棄のための対人地雷の移譲は、認められる。

**第四条（貯蔵されている対人地雷の廃棄）**　締約国は、前条に規定する場合を除くほか、自国が所有し若しくは占有する又は自国の管轄若しくは管理の下にあるすべての貯蔵されている対人地雷につき、この条約が自国について効力を生じた後できる限り速やかに、遅くとも四年以内に、廃棄し又はその廃棄を確保することを約束する。

**第五条（地雷敷設地域における対人地雷の廃棄）**　1　締約国は、自国の管轄又は管理の下にある地雷敷設地域におけるすべての対人地雷につき、この条約が自国について効力を生じた後できる限り速やかに、遅くとも十年以内に、廃棄し又はその廃棄を確保することを約束する。

2　締約国は、自国の管轄又は管理の下にあり、かつ、対人地雷が敷設されていることが知られ又は疑われているすべての地域を特定するためにあらゆる努力を払うものとし、自国の管轄又は管理の下にある地雷敷設地域におけるすべての対人地雷につき、当該地雷敷設地域におけるすべての対人地雷が廃棄されるまでの間文民を効果的に排除することを確保するためこれらの地域の外縁を明示し並びにこれらの地域を監視し及び囲いその他の方法によって保護することをできる限り速やかに確保する。その外縁の表示は、少なくとも、過度に傷害を与え又は無差別に効果を及ぼすことがあると認められる通常兵器の使用の禁止又は制限に関する条約に附属する千九百九十六年五月三日に改正された地雷、ブービートラップ及び他の類似の装置の使用の禁止又は制限に関する議定書に定める基準に従ったものとする。

3　締約国は、1のすべての対人地雷について1に規定する期間内に廃棄し又はその廃棄を確保することができないと認める場合には、当該対人地雷の廃棄の完了の期限を最長十年の期間延長することについて締約国会議又は検討会議に対して要請を行うことができる。

4　3の要請には、次の事項を含める。

(a)　延長しようとする期間

(b)　延長の理由についての詳細な説明（次の事項を含む。）

(i)　国の地雷除去計画によって行われる作業の準備及び状況

(ii) 自国がすべての対人地雷を廃棄するために利用可能な財政的及び技術的手段

(iii) 自国による地雷敷設地域におけるすべての対人地雷の廃棄を妨げる事情

(c) 延長から生ずる人道上の、社会的な、経済的な及び環境上の影響

(d) 延長の要請に関するその他の情報

5 締約国会議又は検討会議は、4に規定する要素を考慮の上、期間延長の要請を評価し、出席しかつ投票する締約国の票の過半数による議決で当該要請を認めるかどうかを決定する。

6 延長は、3から5までの規定を準用して新たな要請を行うことによって更新することができる。締約国は、新たな期間延長を要請するに当たり、その前の期間延長においてこの条の規定に従って実施してきたことについての関連する追加的な情報を提出する。

**第六条（国際的な協力及び援助）** 1 締約国は、この条約に基づく義務を履行するに当たり、実現可能な場合には、可能な限りにおいて他の締約国の援助を求め及び受ける権利を有する。

2 締約国は、この条約の実施に関連する装置、資材並びに科学的な及び技術に関する情報を可能な最大限度まで交換することを容易にすることを約束するものとし、また、その交換に参加する権利を有する。締約国は、地雷の除去のための装置及び関連する技術に関する情報の人道的目的のための提供に関して不当な制限を課してはならない。

3 締約国は、可能な場合には、地雷による被害者の治療、リハビリテーション並びに社会的及び経済的復帰並びに地雷についての啓発計画のための援助を提供する。この援助は、特に、国際連合及びその関連機関、国際的、地域的若しくは国の機関、赤十字国際委員会、各国の赤十字社及び赤新月社、国際赤十字・赤新月社連盟若しくは非政府機関を通じて又は二国間で提供することができる。

4 締約国は、可能な場合には、地雷の除去及び関連する活動のための援助を提供する。この援助は、特に、国際連合及びその関連機関、国際的若しくは地域的機関若しくは非政府機関を通じて、二国間で又は「地雷の除去を援助するための任意の国際連合信託基金」若しくは他の地雷の除去に対処する地域的な基金に拠出することによって提供することができる。

5 締約国は、可能な場合には、貯蔵されている対人地雷の廃棄のための援助を提供する。

6 締約国は、国際連合及びその関連機関に設置される地雷の除去に関するデータベースに対して情報（特に、地雷の除去のための各種の方法及び技術に関する情報並びに地雷の除去に関する専門家、専門的な機関又は自国の連絡先の名簿）を提供することを約束する。

7 締約国は、国際連合、地域的機関、他の締約国その他適当な政府間又は民間の場に対し、特に次の事項を定める地雷除去計画の策定に当たって自国の当局への援助を要請することができる。

(a) 対人地雷に関する問題の程度及び範囲

(b) 当該地雷除去計画の実施に必要な資金、技術及び人的資源

(c) 自国の管轄又は管理の下にある地雷敷設地域におけるすべての対人地雷の廃棄のために必要であると見込まれる年数

(d) 地雷による傷害又は死亡の発生を減少させるための地雷についての啓発活動

(e) 地雷の被害者への援助

(f) 自国の政府と当該地雷除去計画の実施に当たる政府機関、政府間機関又は非政府機関との関係

8 この条の規定により援助を提供する締約国及び当該援助を受ける締約国は、合意された援助計画の完全かつ迅速な実施を確保するために協力する。

**第七条（透明性についての措置）** 1 締約国は、次の事項につき、国際連合事務総長に対し、この条約が自国について効力を生じた後できる限り速やかに、遅くとも百八十日以内に報告する。

(a) 第九条にいう国内の実施措置

(b) 自国が所有し若しくは占有する又は自国の管轄若しくは管理の下にあるすべての貯蔵されている対人地雷の総数並びに貯蔵されている対人地雷の型式ごとの数量及び可能な場合には型式ごとのロット番号の内訳

(c) 可能な場合には、自国の管轄又は管理の下にあり、かつ、対人地雷が存在する又は存在の疑いがあるすべての地雷敷設地域の位置並びに各地雷敷設地域における対人地雷の型式ごとの数量及び敷設された時期に関する可能な限りの詳細

(d) 第三条の規定に従い、地雷の探知、除去若しくは廃棄の技術の開発及び訓練のために保有しており若しくは移譲した対人地雷又は廃棄のために移譲した対人地雷のすべての型式、数量及び可能な場合にはロット番号並びに対人地雷を保有し又は移譲することを自国によって認められた機関

(e) 対人地雷生産施設の転換又は稼働の停止のための計画の状況

(f) 第四条及び第五条の規定に基づく対人地雷の廃棄のための計画の状況（廃棄に用いる方法、廃棄を行うすべての場所の位置並びに安全及び環境についての適用可能な基準であって廃棄に際して従う必要のあるものの詳細を含む。）

(g) この条約が自国について効力を生じた後に廃棄されたすべての対人地雷の型式及び数量（第四条及び第五条の規定に従ってそれぞれ廃棄された対人地雷の型式ごとの数量並びに第四条の規定に従って廃棄された対人地雷については、可能な場合には、型式ごとのロット番号の内訳を含む。）

(h) 自国の生産した対人地雷の各型式の技術上の特徴（判明しているものに限る。）及び自国がその時点で所有し又は占有する対人地雷の各型式の技術上の特徴であって、合理的に可能である場合には、対人地雷の識別及び除去を容易にすることができるような情報を与えるもの。この情報には、少なくとも、寸法、信管、使用されている火薬及び金属、カラー写真その他の情報であって地雷の除去を容易にすることができるものを含める。

(i) 第五条2の規定に従って特定されたすべての地域に関して住民に対する迅速かつ効果的な警告を発するためにとられた措置

2 締約国は、この条の規定に従って提供する情報につき、直近の暦年を対象として毎年更新し、毎年四月三十日までに国際連合事務総長に報告する。

3 国際連合事務総長は、受領した報告のすべてを全締約国に送付する。

**第八条（遵守の促進及び遵守についての説明）** 1 締約国は、この条約の実施に関して相互に協議し及び協力し並びに締約国がこの条約に基づく義務を履行することを促進するために協調の精神に基づいて協力することを合意する。

2 一又は二以上の締約国は、他の締約国によるこの条約の遵守に関連する問題を明らかにし及びその解決を求めることを希望する場合には、当該他の締約国に対し、国際連合事務総長を通じて、そのような問題についての「説明の要請」を行うことができる。この要請には、すべての適当な情報を添付する。締約国は、濫用を避けるために注意を払い、根拠のない「説明の要請」を慎まなければならない。「説明の要請」を受けた締約国は、要請を行った締約国に対し、国際連合事務総長を通じて、当該問題を明らかにする上で有用なすべての情報を二十八日以内に提供する。

3 要請を行った締約国は、2に規定する期間内に国際連合事務総長を通じて回答が得られなかったとき又は「説明の要請」に対する回答が十分でないと認めたときは、同事務総長を通じて、次回の締約国会議に問題を付託することができる。国際連合事務総長は、すべての締約国に対し、付託された問題を、関連する「説明の要請」についてのすべての適当な情報と共に送付する。この情報は、要請を受けた締約国にすべて提示されるものとし、当該要請を受けた締約国は、意見を述べる権利を有する。

4 いずれの関係締約国も、締約国によるいずれかの会議が招集されるまでの間、国際連合事務総長に対し、要請された説明を促進するためのあっせんを行うよう要請することができる。

5 要請を行った締約国は、国際連合事務総長を通じて、問題を検討するための締約国特別会議の招集を提案することができる。国際連合事務総長は、直ちに、すべての締約国に対し、その提案及び関係締約国が提出したすべての情報を送付するものとし、締約国による当該問題の審議のための締約国特別会議の開催に賛成するかどうかを示すよう要請する。その送付の日から十四日以内に締約国の三分の一以上が当該締約国特別会議の開催に賛成する場合には、国際連合事務総長は、その後の十四日以内に当該締約国特別会議を招集する。当該締約国特別会議には、締約国の過半数が出席していなければならない。

6 締約国会議又は締約国特別会議は、関係締約国が提出したすべての情報を考慮の上、問題を更に検討するかどうかをまず決定する。締約国会議又は締約国特別会議は、コンセンサス方式によって決定を行うようあらゆる努力を払うものとし、この決定を行うためのあらゆる努力にもかかわらず合意に達しなかったときは、出席しかつ投票する締約国の過半数による議決で決定を行う。

7 すべての締約国は、締約国会議又は締約国特別会議による問題の検討（8の規定に従って決定される事実調査使節団の設置を含む。）を行うため、これらの会議に十分に協力する。

8 締約国会議又は締約国特別会議は、問題を更に明らかにする必要がある場合には、出席しかつ投票する締約国の過半数による議決で事実調査使節団の設置及びその任務を決定する。要請を受けた締約国は、いつでも、自国の領域への事実調査使節団の派遣を招請することができる。この場合においては、事実調査使節団は、締約国会議又は締約国特別会議の決定によることなく設置されるものとする。事実調査使節団は、9及び10の規定に従って指名され及び承認される九人以内の専門家により構成されるものとし、遵守について申し立てられた問題に直接関連する地点その他の場所であって、要請を受けた締約国の管轄又は管理の下にある場所において、追加的な情報を収集することができる。

9 国際連合事務総長は、資格を有する専門家の氏名、国籍その他関連するデータを記載した単一の名簿を、各締約国の提供する名簿に基づいて作成し及び改定し、並びにこれをすべての締約国に送付する。この単一の名簿に含められる専門家は、いずれかの締約国が書面により受け入れられない旨を宣言する場合を除くほか、すべての事実調査使節団のために指名されたものとみなす。受け入れられない場合には、受け入れられない旨が個別の事実調査使節団のための専門家の任命に先立って宣言されたときに限り、当該専門家は、受け入れられない旨の宣言を行った締約国の領域内又はその管轄若しくは管理の下にあるその他の場所において、当該事実調査使節団に参加しない。

10 国際連合事務総長は、締約国会議又は締約国特別会議の求めに応じ、要請を受けた締約国と協議した後、事実調査使節団の構成員（使節団の長を含む。）を任命する。関係する事実調査使節団の設置を決定するよう求めた締約国又は当該事実調査使節団により直接影響を受ける締約国の国民については、当該事実調査使節団に任命してはならない。事実調査使節団の構成員は、千九百四十六年二月十三日に採択された国際連合の特権及び免除に関する条約第六条にいう特権及び免除を享受する。

11 事実調査使節団の構成員は、できる限り速やかに、かつ、七十二時間前までに通告した上で、要請を受けた締約国の領域に到着する。要請を受けた締約国は、事実調査使節団を受け入れ、輸送し及び宿泊させるために必要な行政上の措置をとり、並びに当該事実調査使節団が自国の管理の下にある領域にある間は当該事実調査使節団の安全を可能な最大限度まで確保する。

12 事実調査使節団は、要請を受けた締約国の主権を害することなく、必要な装置を、遵守について申し立てられた問題に関する情報を収集するためにのみ使用することを条件として、当該要請を受けた締約国の領域内に持ち込むことができる。事実調査使節団は、その到着に先立ち、要請を受けた締約国に対して、自己の任務の遂行において使用することとしている装置について通報する。

13 要請を受けた締約国は、事実調査使節団に対し遵守について申し立てられた問題に関連する情報を提供することができるすべての者と話す機会を与えることを確保するためにあらゆる努力を払う。

14 要請を受けた締約国は、事実調査使節団に対し自国の管理の下にあるすべての地域及び施設であって遵守についての問題に関連する事実を収集することができると予想されるものへのアクセスを認める。ただし、要請を受けた締約国が次の事項のために必要と認める措置をとることを妨げるものではない。要請を受けた締約国は、当該措置をとる場合には、この条約を遵守していることを代替的な手段により明らかにするためにあらゆる合理的な努力を払う。

(a) 機微に係る装置、情報及び地域の保護

(b) 要請を受けた締約国が財産権その他の憲法上の権利並びに捜索及び押収について負う憲法上の義務の保護

(c) 事実調査使節団の構成員の防護及び安全

15 事実調査使節団は、別段の合意がある場合を除くほか、要請を受けた締約国の領域内に十四日以内（特定の施設については七日以内）の間滞在することができる。

16 秘密のものとして提供され、かつ、事実調査の対象である事項に関連しないすべての情報については、秘密のものとして取り扱う。

17 事実調査使節団は、締約国会議又は締約国特別会議に対し、

国際連合事務総長を通じて、その調査結果を報告する。

18　締約国会議又は締約国特別会議は、すべての関連する情報（事実調査使節団が提出した報告を含む。）を検討するものとし、要請を受けた締約国に対し遵守についての問題を特定の期間内に取り扱う措置をとるよう求めることができる。当該要請を受けた締約国は、その求めに応じてとったすべての措置について報告する。

19　締約国会議又は締約国特別会議は、関係締約国に対し、検討中の問題を一層明らかにし又は解決するための方法及び手段（国際法に適合する適当な手続の開始を含む。）を提案することができる。締約国会議又は締約国特別会議は、問題となっている事項が要請を受けた締約国にとってやむを得ない事情によるものであると認める場合には、適当な措置（第六条に規定する協力のための措置の利用を含む。）を勧告することができる。

20　締約国会議又は締約国特別会議は、18及び19に規定する決定をコンセンサス方式によって行うようあらゆる努力を払うものとし、合意に達しなかったときは、出席しかつ投票する締約国の三分の二以上の多数による議決で当該決定を行う。

**第九条（国内の実施措置）**　締約国は、この条約によって締約国に対して禁止されている活動であって、自国の管轄若しくは管理の下にある者によるもの又は自国の管轄若しくは管理の下にある領域におけるものを防止し及び抑止するため、立法上、行政上その他のあらゆる適当な措置（罰則を設けることを含む。）をとる。

**第一〇条（紛争の解決）**　1　締約国は、この条約の適用又は解釈に関して生ずる紛争を解決するため、相互に協議し及び協力する。締約国は、締約国会議に当該紛争を提起することができる。

2　締約国会議は、適当と認める手段（あっせんを提供すること、紛争当事国である締約国に対し当該締約国が選択する解決のための手続を開始するよう要請すること及び合意された手続に従って解決するための期限を勧告することを含む。）により、紛争の解決に貢献することができる。

3　この条の規定は、遵守の促進及び遵守についての説明に関するこの条約の規定を害するものではない。

**第一一条（締約国会議）**　1　締約国は、この条約の適用又は実施につき次の事項を含む問題を検討するために定期的に会合する。

(a)　この条約の運用及び締結状況

(b)　この条約の規定に従って提出される報告から生ずる問題

(c)　第六条の規定に従って行われる国際的な協力及び援助

(d)　対人地雷を除去する技術の開発

(e)　第八条の規定に基づき締約国により付託された問題

(f)　第五条に規定する締約国の要請に関する決定

2　第一回締約国会議については、この条約が効力を生じた後一年以内に国際連合事務総長が招集する。その後の締約国会議は、第一回検討会議が開催されるまでの間においては毎年、国際連合事務総長が招集する。

3　国際連合事務総長は、第八条に規定する条件に従って締約国特別会議を招集する。

4　締約国会議及び締約国特別会議には、この条約の締約国でない国、国際連合その他関連する国際機関、地域的機関、赤十字国際委員会及び関連する非政府機関に、合意される手続規則に従いオブザーバーとして出席するよう招請することができる。

**第一二条（検討会議）**　1　検討会議は、この条約の効力発生の五年後に国際連合事務総長が招集する。その後の検討会議は、一又は二以上の締約国の要請があった場合には、検討会議の間隔をいかなる場合にも五年以上とすることを条件として、国際連合事務総長が招集する。この条約のすべての締約国は、検討会議に招請されるものとする。

2　検討会議の目的は、次のとおりとする。

(a)　この条約の運用及び締結状況を検討すること。

(b)　前条2にいう締約国会議を更に開催する必要性及び会議の間隔を検討すること。

(c)　第五条に規定する締約国の要請について決定すること。

(d)　必要な場合には、この条約の実施に関する結論を最終報告において採択すること。

3　検討会議には、この条約の締約国でない国、国際連合その他関連する国際機関、地域的機関、赤十字国際委員会及び関連する非政府機関に、合意される手続規則に従いオブザーバーとして出席するよう招請することができる。

**第一三条（改正）**　1　いずれの締約国も、この条約が効力を生じた後いつでもこの条約の改正を提案することができる。改正の提案については、寄託者に通報するものとし、寄託者は、当該改正のための提案をすべての締約国に対して回章に付し、当該改正のための提案を検討するために改正会議を開催すべきかどうかについての締約国の見解を求める。寄託者は、締約国の過半数が当該改正のための提案を更に検討することを支持する旨を当該改正のための提案の回章の後三十日以内に寄託者に通報する場合には、すべての締約国が招請される改正会議を招集する。

2　改正会議には、この条約の締約国でない国、国際連合その他関連する国際機関、地域的機関、赤十字国際委員会及び関連する非政府機関に、合意される手続規則に従いオブザーバーとして出席するよう招請することができる。

3　改正会議は、締約国の過半数が一層早期の開催を要請する場合を除くほか、締約国会議又は検討会議の後直ちに開催する。

4　改正は、改正会議に出席しかつ投票する締約国の三分の二以上の多数による議決で採択する。寄託者は、採択された改正を締約国に通報する。

5　改正は、締約国の過半数が受諾書を寄託者に寄託した時に、改正を受諾したすべての締約国について効力を生ずるものとし、その後に改正の受諾書を寄託する他の締約国については、受諾書の寄託の日に効力を生ずる。

**第一四条（費用）**　1　締約国会議、締約国特別会議、検討会議及び改正会議の費用については、適切に調節された国際連合の分担率に従い、締約国及びこれらの会議に参加するこの条約の締約国でない国が負担する。

2　第七条及び第八条の規定により国際連合事務総長が要する費用並びに事実調査使節団の費用は、適切に調整された国際連合の分担率に従って締約国が負担する。

**第一五条（署名）**　千九百九十七年九月十八日にノールウェーのオスロで作成されたこの条約は、千九百九十七年十二月三日及び四日にカナダのオタワにおいて並びに千九百九十七年十二月五日からその効力発生までの期間はニュー・ヨークにある国際連合本部においてすべての国による署名のために開放しておく。

**第一六条（批准、受諾、承認又は加入）**　1　この条約は、署名国によって批准され、受諾され又は承認されなければならない。

2　この条約は、この条約に署名しなかった国による加入のために開放しておく。

3　批准書、受諾書、承認書又は加入書は、寄託者に寄託する。

**第一七条（効力発生）**　1　この条約は、四十番目の批准書、受諾書、承認書又は加入書が寄託された月の後六番目の月の初日に効力を生ずる。

2　四十番目の批准書、受諾書、承認書又は加入書が寄託された日の後に批准書、受諾書、承認書又は加入書を寄託する国については、この条約は、その批准書、受諾書、承認書又は加入書が寄託された日の後六番目の月の初日に効力を生ずる。

**第一八条（暫定的適用）**　いずれの国も、自国の批准、受諾、承認又は加入の時に、この条約の効力発生までの間第一条1の規定を暫定的に適用する旨を宣言することができる。

**第一九条（留保）**　この条約の各条の規定については、留保を付することができない。

**第二〇条（有効期間及び脱退）**　1　この条約の有効期間は、無期限とする。

2　締約国は、その主権を行使してこの条約から脱退する権利を有する。この権利を行使する締約国は、他のすべての締約国、寄託者及び国際連合安全保障理事会に対してその旨を通告する。脱退の通告には、脱退しようとする理由についての十分な説明を記載する。

3　脱退は、寄託者が脱退の通告を受領した後六箇月で効力を生ずる。ただし、脱退する締約国が当該六箇月の期間の満了の時において武力紛争に巻き込まれている場合には、脱退は、武力紛争の終了の時まで効力を生じない。

4　この条約からの締約国の脱退は、国際法の関連規則に基づく義務を引き続き履行することについての国の義務に何ら影響を及ぼすものではない。

**第二一条（寄託者）**　国際連合事務総長は、ここに、この条約の寄託者として指名される。

**第二二条（正文）**　アラビア語、中国語、英語、フランス語、ロシア語及びスペイン語をひとしく正文とするこの条約の原本は、国際連合事務総長に寄託する。

## 17　武器貿易条約（抄）

採　択　二〇一三年四月二日（国連第六七回総会）
効力発生　二〇一四年一二月二四日
日本国　二〇一四年一二月二四日（一三年六月三日署名、一四年四月二三日国会承認、五月九日受諾書寄託、一一月六日公布・条約一六号）
当事国　一一〇

### 前　文

この条約の締約国は、

国際連合憲章の目的及び原則に従い、

世界の人的及び経済的資源を軍備のために転用することを最も少なくして国際の平和及び安全の確立及び維持を促進することを目的とする国際連合憲章第二十六条の規定を想起し、

通常兵器の不正な取引を防止し、及び根絶するとともに、通常兵器の不正な市場への流出又は認められていない最終用途への若しくは認められていない最終使用者による流用（テロリズムの行為の実行への流用を含む。）を防止することの必要性を強調し、

通常兵器の国際貿易に関する各国の政治上、安全保障上、経済上及び商業上の正当な利益を認識し、

全ての国が専ら自国の領域内で自国の法律上又は憲法上の制度により通常兵器を規制し、及び管理する主権的権利を有することを再確認し、

平和及び安全、開発並びに人権が国際連合及びその関連機関の活動の支柱を成し、並びに集団的安全保障の基盤であることを認め、また、開発、平和及び安全並びに人権が相互に関連し、かつ、相互に補強し合うものであることを認識し、

千九百九十一年十二月六日の国際連合総会決議第三十六号H（第四十六回会期）に関連する国際的な武器の移転に関する国際連合軍縮委員会の指針を想起し、

あらゆる側面において小型武器及び軽兵器の不正な取引を防止し、これと戦い、及びこれを根絶するための国際連合行動計画、国際的な組織犯罪の防止に関する国際連合条約を補足する銃器並びにその部品及び構成部分並びに弾薬の不正な製造及び取引の防止に関する議定書並びに各国が不正な小型武器及び軽兵器を適時に及び信頼することができる方法で特定し、及び追跡することを可能とするための国際文書による貢献に留意し、

通常兵器の不正な及び規制されていない取引が及ぼす安全保障上、社会上、経済上及び人道上の影響を認識し、

文民（特に女性及び児童）が、武力紛争及び武力による暴力によって悪影響を受ける者の大多数を占めることに留意し、

武力紛争の犠牲者が直面する課題並びにこれらの者が十分な看護、リハビリテーション並びに社会的及び経済的に包容されることを必要とすることを認識し、

この条約のいかなる規定も、各国がこの条約の趣旨及び目的を促進するための追加的かつ効果的な措置を維持し、及び採用することを妨げるものではないことを強調し、

レクリエーション、文化、歴史及びスポーツに係る活動のためのある種の通常兵器の正当な貿易並びに合法的な所有及び使用（当該貿易、所有及び使用が法律により許可され、又は保護される場合に限る。）に留意し、

締約国によるこの条約の実施に当たり要請に応じて当該締約国を援助する上で、地域的機関が果たすことができる役割に留意し、

この条約の趣旨及び目的についての意識を高め、並びにその実施を支援する上で、市民社会（非政府機関を含む。）及び産業が果たすことができる自発的及び積極的な役割を認識し、

通常兵器の国際貿易の規制及び通常兵器の流用の防止が、平和的目的のための国際協力並びに物品、装置及び技術の正当な貿易を妨げるべきでないことを認め、

この条約への普遍的な参加が達成されることが望ましいことを強調し、

全ての国が国際連合憲章第五十一条の規定において認められる個別的又は集団的自衛の固有の権利を有し、同憲章第二条3に定めるところにより国際紛争を平和的手段によって国際の平和及び安全並びに正義を危うくしないように解決し、同条4に定めるところにより国際関係において武力による威嚇又は武力の行使をいかなる国の領土保全又は政治的独立に対するものも、また、国際連合の目的と両立しない他のいかなる方法によるものも慎み、同条7に定めるところにより本質上いずれかの国の国内管轄権内にある事項に干渉せず、特に千九百四十九年のジュネーヴ諸条約に

定めるところにより国際人道法を尊重しかつその尊重を確保するとともに、特に同憲章及び世界人権宣言に定めるところにより人権を尊重しかつその尊重を確保し、全ての国がそれぞれの国際的義務に基づく通常兵器の国際貿易の効果的な規制及びその流用の防止の責任並びにそれぞれの国内的な管理制度の確立及び実施の第一義的な責任を有し、自衛の権利の行使及び平和維持活動のための通常兵器の取得並びに通常兵器の生産、輸出、輸入及び移転を行う各国の正当な利益を尊重し、一貫性があり、客観的かつ無差別な方法でこの条約を実施するという原則に従って行動することを決意して、

次のとおり協定した。

**第一条（趣旨及び目的）**この条約は、国際的及び地域的な平和、安全及び安定に寄与し、人類の苦しみを軽減し、並びに通常兵器の国際貿易における締約国間の協力、透明性及び責任ある行動を促進し、もって締約国間の信頼を醸成するため、通常兵器の国際貿易を規制し、又はその規制を改善するための可能な最高水準の共通の国際的基準を確立すること並びに通常兵器の不正な取引を防止し、及び根絶し、並びに通常兵器の流用を防止することを目的とする。

**第二条（適用範囲）**1　この条約は、次の区分の全ての通常兵器について適用する。

(a) 戦車
(b) 装甲戦闘車両
(c) 大口径火砲システム
(d) 戦闘用航空機
(e) 攻撃ヘリコプター
(f) 軍艦
(g) ミサイル及びその発射装置
(h) 小型武器及び軽兵器

2　この条約の適用上、国際貿易の活動は、輸出、輸入、通過、積替え及び仲介から成り、以下「移転」という。

3　この条約は、締約国が使用する通常兵器の国際的な移動であって、当該締約国によって又は当該締約国のために行われるものについては、適用しない。ただし、当該通常兵器が引き続き当該締約国の所有の下にある場合に限る。

**第三条（弾薬類）**締約国は、前条1の規定の対象となる通常兵器により発射され、打ち上げられ、又は投射される弾薬類の輸出を規制するための国内的な管理制度を確立し、及び維持し、並びに当該弾薬類の輸出を許可する前に第六条及び第七条の規定を適用する。

**第四条（部品及び構成品）**締約国は、部品及び構成品の輸出が第二条1の規定の対象となる通常兵器を組み立てる能力を提供する方法で行われる場合において当該部品及び構成品の輸出を規制するための国内的な管理制度を確立し、及び維持し、並びに当該部品及び構成品の輸出を許可する前に第六条及び第七条の規定を適用する。

**第五条（実施全般）**1　締約国は、この条約に規定する原則に留意して、一貫性があり、客観的かつ無差別な方法でこの条約を実施する。

2　締約国は、この条約の規定を実施するため、国内的な管理制度（国内的な管理リストを含む。）を確立し、及び維持する。

3　締約国は、この条約の規定を最も広い範囲の通常兵器について適用することが奨励される。第二条1(a)から(g)までの規定の対象となるいずれの区分についても、各国の定義は、この条約の効力発生時における国際連合軍備登録制度において用いられるものよりも狭い範囲の通常兵器を対象とするものであってはならない。第二条1(h)の規定の対象となる区分については、各国の定義は、この条約の効力発生時における国際連合の関連文書において用いられるものよりも狭い範囲の通常兵器を対象とするものであってはならない。

4　締約国は、自国の国内法に従い、その国内的な管理リストを事務局に提供し、事務局は、これを他の締約国の利用に供する。締約国は、その管理リストを公の利用に供することが奨励される。

5　締約国は、この条約の規定を実施するために必要な措置をとるものとし、第二条1の規定の対象となる通常兵器並びに第三条及び前条の規定の対象となる物品の移転を規制する効果的な及び透明性のある国内的な管理制度を備えるため、権限のある当局を指定する。

6　締約国は、この条約の実施に関連する事項に関する情報を交換するための一又は二以上の自国の連絡先を指定する。締約国は、第十八条の規定により設置される事務局に対し、自国の連絡先を通報し、及びその情報を常に最新のものとする。

**第六条（禁止）**1　締約国は、第二条1の規定の対象となる通常兵器又は第三条若しくは第四条の規定の対象となる物品の移転が、国際連合憲章第七章の規定に基づいて行動する国際連合安全保障理事会によって採択された措置に基づく自国の義務（特に武器の輸出入禁止）に違反する場合には、当該移転を許可してはならない。

2　締約国は、第二条1の規定の対象となる通常兵器又は第三条若しくは第四条の規定の対象となる物品の移転が、自国が当事国である国際協定に基づく自国の関連する国際的な義務（特に、通常兵器の移転又は不正な取引に関連するもの）に違反する場合には、当該移転を許可してはならない。

3　締約国は、第二条1の規定の対象となる通常兵器又は第三条若しくは第四条の規定の対象となる物品の移転について許可を与えようとする時において、当該通常兵器又は物品が集団殺害、人道に対する犯罪、千九百四十九年のジュネーヴ諸条約に対する重大な違反行為、民用物若しくは文民として保護されるものに対する攻撃又は自国が当事国である国際協定に定める他の戦争犯罪の実行に使用されるであろうことを知っている場合には、当該移転を許可してはならない。

**第七条（輸出及び輸出評価）**1　輸出が前条の規定により禁止されない場合には、輸出を行う締約国は、第二条1の規定の対象となる通常兵器又は第三条若しくは第四条の規定の対象となる物品の輸出であって、自国の管轄の下で、かつ、その国内的な管理制度に従って行われるものについて許可を与えようとする前に、関連要素（輸入を行う締約国から次条1の規定に従って提供される情報を含む。）を考慮し、客観的かつ無差別な方法で、当該通常兵器又は物品が有する次の可能性について評価を行う。

(a) 平和及び安全に寄与し、又はこれらを損なう可能性
(b) 次のいずれかの目的のために使用される可能性
(i) 国際人道法の重大な違反を犯し、又はこれを助長すること。
(ii) 国際人権法の重大な違反を犯し、又はこれを助長すること。
(iii) 当該輸出を行う国が当事国であるテロリズムに関する国

際条約又は議定書に基づく犯罪を構成する行為を行い、又は助長すること。

(iv) 当該輸出を行う国が当事国である国際的な組織犯罪に関する国際条約又は議定書に基づく犯罪を構成する行為を行い、又は助長すること。

2 輸出を行う締約国は、1(a)又は(b)の規定において特定される危険性を緩和するために実施され得る措置、例えば、信頼の醸成のための措置又は輸出を行う国及び輸入を行う国が共同で作成し、合意した計画があるか否かを検討する。

3 輸出を行う締約国は、1の評価を行い、及び危険性の緩和のために実施され得る措置を検討した後、1に規定するいずれかの否定的な結果を生ずる著しい危険性が存在すると認める場合には、当該輸出を許可してはならない。

4 輸出を行う締約国は、1の評価を行うに当たり、第二条1の規定の対象となる通常兵器又は第三条若しくは第四条の規定の対象となる物品が性別に基づく重大な暴力行為又は女性及び児童に対する重大な暴力行為を行い、又は助長するために使用される危険性を考慮する。

5 輸出を行う締約国は、第二条1の規定の対象となる通常兵器又は第三条若しくは第四条の規定の対象となる物品の輸出のための全ての許可が、詳細なものであり、かつ、当該輸出に先立って与えられることを確保するための措置をとる。

6 輸出を行う締約国は、自国の法律、慣行又は政策に従うことを条件として、輸入を行う締約国及び通過又は積替えが行われる締約国の要請に応じ、当該輸出に係る許可に関する適切な情報を利用に供する。

7 輸出を行う締約国は、許可を与えた後に新たな関連する情報を知った場合には、適当なときは輸入を行う国との協議の後、当該許可について評価を見直すことが奨励される。

**第八条（輸入）** 1 輸入を行う締約国は、輸出を行う締約国が前条の規定に基づき国内の輸出評価を行うことを支援するため、輸出を行う締約国の要請に応じ、適切な及び関連する情報が自国の国内法に従って提供されることを確保するための措置をとる。その措置には、最終用途又は最終使用者に係る文書の提供を含めることができる。

2 輸入を行う締約国は、第二条1の規定の対象となる通常兵器の輸入であって自国の管轄の下で行われるものを必要なときに規制することを可能とする措置をとる。その措置には、輸入に係る諸制度の整備を含めることができる。

3 輸入を行う締約国は、自国が最終仕向国である場合には、輸出を行う締約国に対し、検討中の又は既に与えられた輸出許可に関する情報を要請することができる。

**第九条（通過又は積替え）** 締約国は、関連国際法に従い、必要かつ実行可能な場合には、第二条1の規定の対象となる通常兵器の通過又は積替えであって、自国の管轄の下で行われるものを規制するための適切な措置をとる。

**第一〇条（仲介）** 締約国は、自国の国内法に従い、第二条1の規定の対象となる通常兵器の仲介であって自国の管轄の下で行われるものを規制するための措置をとる。その措置には、仲介者に対し、仲介に従事する前に登録又は書面による許可の取得を要求することを含めることができる。

**第一一条（流用）** 1 第二条1の規定の対象となる通常兵器の移転に関与する締約国は、当該通常兵器の流用を防止するための措置をとる。

2 輸出を行う締約国は、当該輸出についての流用の危険性を評価すること並びに信頼の醸成のための措置、当該輸出を行う国及び輸入を行う国が共同で作成し、合意した計画等の危険性の緩和のための措置が実施されるか否かを検討することにより、第五条2の規定に従って確立される国内的な管理制度を通じ、第二条1の規定の対象となる通常兵器の移転についての流用を防止するよう努める。防止のための他の措置には、適当な場合には、当該輸出に関与する当事者の調査、追加的な文書、証明書及び保証の要求、輸出を許可しないことその他の適切な措置を含めることができる。

3 輸入を行う締約国、通過が行われる締約国、積替えが行われる締約国及び輸出を行う締約国は、自国の国内法に従い、適当かつ実行可能な場合には、第二条1の規定の対象となる通常兵器の移転についての流用の危険性を緩和するため、協力し、及び情報を交換する。

4 締約国は、第二条1の規定の対象となる通常兵器であって移転されたものの流用を探知する場合には、自国の国内法及び国際法に従い、当該流用に対処するための適切な措置をとる。その措置には、影響を受ける可能性がある締約国に警報を発すること、仕向地が変更された当該通常兵器の貨物を調査すること並びに捜査及び法令の実施を通じて事後措置をとることを含めることができる。

5 締約国は、第二条1の規定の対象となる通常兵器であって移転されるものの流用の更なる把握及び防止のため、流用に対処するための効果的な措置について関連する情報を相互に共有することが奨励される。当該情報は、不正な活動（腐敗行為、国際的な取引の経路、不正な仲介者、不正な供給源、秘匿のための方法、一般的な発送地点又は組織された集団が従事する流用における仕向地を含む。）に関する情報を含み得る。

6 締約国は、第二条1の規定の対象となる通常兵器であって移転されるものの流用に対処するに当たってとられた措置について、事務局を通じ他の締約国に報告することが奨励される。

**第一二条（記録の保存）** 1 締約国は、自国の国内法令に従い、第二条1の規定の対象となる通常兵器の輸出許可の発給又は実際の輸出に関する国の記録を保持する。

2 締約国は、第二条1の規定の対象となる通常兵器であって、最終仕向地として自国の領域に移転されたもの又はその管轄の下にある領域を通過し、若しくは当該領域において積み替えることを許可されたものについて、記録を保持することが奨励される。

3 締約国は、適当な場合には、1及び2に規定する記録に、第二条1の規定の対象となる通常兵器の数量、価値、モデル又は型式及び許可された国際的な移転、実際に移転された通常兵器並びに輸出を行う国、輸入を行う国、通過又は積替えが行われる国及び最終使用者の詳細を含めることが奨励される。

4 記録は、少なくとも十年間、保存するものとする。

**第一三条（報告）** 1 締約国は、この条約が第二十二条の規定に従い自国について効力を生じた後一年以内に、この条約の実施のためにとられた措置（国内法、国内的な管理リスト並びに他の規則及び行政措置を含む。）について事務局に最初の報告を提出する。締約国は、適当な場合には、この条約の実施のためにとられた新たな措置について事務局に報告する。これらの報告は、閲覧することができるものとし、事務局が締約国に配布する。

2 締約国は、第二条1の規定の対象となる通常兵器であって移転されるものの流用に対処する上で効果的であることが判明した措置に関する情報を事務局を通じ他の締約国に報告することが奨励される。

3　締約国は、毎年五月三十一日までに、第二条1の規定の対象となる通常兵器の前暦年における許可された又は実際の輸出及び輸入に関する報告を事務局に提出する。報告は、閲覧することができるものとし、事務局が締約国に配布する。事務局に提出される報告には、当該報告を提出する締約国が関連する国際連合の枠組み（国際連合軍備登録制度を含む。）に提出した情報と同一の情報を含めることができる。報告には、商業上機微な情報又は国家の安全保障に関する情報を含めないことができる。

**第一四条（執行）** 締約国は、この条約の規定を実施する国内法令を執行するための適切な措置をとる。

**第一五条（国際協力）**（略）

**第一六条（国際的援助）**（略）

**第一七条（締約国会議）**（略）

**第一八条（事務局）**（略）

**第一九条（紛争解決）** 1　締約国は、この条約の解釈又は適用に関して締約国間に生ずることがある紛争の解決を追求するために協議し、及び相互の合意により交渉、仲介、調停、司法的解決その他の平和的手段を通じて協力する。

2　締約国は、相互の合意により、この条約の解釈又は適用に関する問題についての締約国間の紛争を解決するために仲裁を求めることができる。

**第二〇条（改正）**（略）

**第二一条（署名、批准、受諾、承認又は加入）**（略）

**第二二条（効力発生）**（略）

**第二三条（暫定的適用）** いずれの国も、自国の署名又は批准書、受諾書、承認書若しくは加入書の寄託の時に、この条約が自国について効力を生ずるまでの間第六条及び第七条の規定を暫定的に適用する旨を宣言することができる。

**第二四条（有効期間及び脱退）** 1　この条約の有効期間は、無期限とする。

2　締約国は、その主権を行使してこの条約から脱退する権利を有する。この権利を行使する締約国は、寄託者に対してその旨を通告し、寄託者は、他の全ての締約国にその旨を通報する。脱退の通告には、脱退しようとする理由についての説明を記載することができる。脱退の通告は、一層遅い日が通告に明記されている場合を除くほか、寄託者が当該脱退の通告を受領した後九十日で効力を生ずる。

3　いずれの国も、その脱退を理由として、この条約の締約国であった間のこの条約に基づく義務（その間に生じた財政上の義務を含む。）を免除されない。

**第二五条（留保）** 1　各国は、署名、批准、受諾、承認又は加入の時に、留保を付することができる。ただし、当該留保がこの条約の趣旨及び目的と両立する場合に限る。

2　締約国は、その留保を寄託者に宛てた通告によりいつでも撤回することができる。

**第二六条（他の国際協定との関係）** 1　この条約の実施は、締約国が当事国である既存又は将来の国際協定との関連で当該締約国が負う義務に影響を及ぼすものではない。ただし、当該義務がこの条約と両立する場合に限る。

2　この条約は、この条約の締約国の間で締結された防衛協力協定を無効とする根拠として引用してはならない。

**第二七条（寄託者）**（略）

**第二八条（正文）**（略）

## 18　クラスター弾に関する条約（抄）

採　択　二〇〇八年五月三〇日（ダブリン）
署　名　二〇〇八年一二月三日（オスロ）
効力発生　二〇一〇年八月一日
日本国　二〇一〇年八月一日（二〇〇八年一二月三日署名、〇九年六月一〇日国会承認、七月一四日受諾書寄託、一〇年七月九日公布・条約五号）
当事国　一一〇

この条約の締約国は、

文民たる住民及び個々の文民が引き続き武力紛争の矢面に立たされていることを深く憂慮し、

クラスター弾が使用されたとき、意図されたとおりに作動しなかったとき又は遺棄されたときにもたらす苦痛及び犠牲を永久に終止させることを決意し、

クラスター弾残存物が、女性及び児童を含む文民を殺害し、又はその身体に障害を残し、特に生活手段の喪失により経済的及び社会的な発展を妨げ、紛争後の復旧及び再建を阻害し、難民及び国内の避難民の帰還を遅らせ、又は妨げ、国内的及び国際的な平和構築及び人道的援助の努力に対して悪影響を及ぼし、並びにクラスター弾の使用後長年にわたって残存する他の深刻な結果をもたらすことを憂慮し、

作戦上の使用のために保有するクラスター弾を国が大量に貯蔵することによる危険性について深く憂慮し、また、これらのクラスター弾の迅速な廃棄を確保することを決意し、

世界各地に存在するクラスター弾残存物を除去するという課題の解決に効果的なかつ調整の図られた方法で有効に貢献し、及びこれらのクラスター弾残存物の廃棄を確保することが必要であることを信じ、

すべてのクラスター弾による被害者の権利の完全な実現を確保することを決意し、また、クラスター弾による被害者の固有の尊厳を認識し、

クラスター弾による被害者に対して医療、リハビリテーション及び心理的な支援を含む援助を提供し、並びにクラスター弾による被害者が社会的及び経済的に包容されるようにするために全力を尽くすことを決意し、

クラスター弾による被害者に対して年齢及び性別に配慮した援助を提供し、並びに弱い立場にある人々の特別なニーズに対応することが必要であることを認識し、

障害者の権利に関する条約において、特に、その締約国に対し、障害に基づくいかなる差別もなしに、すべての障害者のあらゆる人権及び基本的自由の完全な実現を確保し、及び促進することを約束することが求められていることに留意し、

各種の兵器による被害者の権利及びニーズに対応する様々な場で行われている努力を適切に調整することが必要であることに留意し、また、各種の兵器による被害者の間の差別を回避することを決意し、

文民及び戦闘員は、この条約その他の国際取極がその対象としていない場合においても、確立された慣習、人道の諸原則及び公共の良心に由来する国際法の諸原則に基づく保護並びにこのような国際法の諸原則の支配の下に置かれることを再確認し、

国の軍隊とは別個の武装集団が、この条約の締約国に対して禁止されている活動を行うことは、いかなる場合にも許されないことを決定し、

千九百九十七年の対人地雷の使用、貯蔵、生産及び移譲の禁止並びに廃棄に関する条約にうたう対人地雷を禁止する国際的な規範に対する広範な国際的な支持を歓迎し、

過度に傷害を与え又は無差別に効果を及ぼすことがあると認められる通常兵器の使用の禁止又は制限に関する条約に附属する戦争による爆発性の残存物に関する議定書が採択され、及び二千六年十一月十二日に効力を生じたことを歓迎し、また、紛争後の環境において、クラスター弾残存物の及ぼす影響からの文民の保護を強化することを希望し、

女性、平和及び安全に関する国際連合安全保障理事会決議第千三百二十五号及び武力紛争における児童に関する国際連合安全保障理事会決議第千六百十二号に留意し、

クラスター弾の使用、貯蔵、生産及び移譲を禁止し、制限し、又は停止するため、近年、国内的、地域的及び世界的にとられた措置を歓迎し、

クラスター弾がもたらす文民の苦痛を終止させる世界的な要請に示された人道の諸原則の推進における公共の良心の役割を強調し、また、このために国際連合、赤十字国際委員会、クラスター弾連合その他世界各地にある多数の非政府機関が行っている努力を認識し、

クラスター弾に関するオスロ会議の宣言において、特に、各国が、クラスター弾の使用がもたらす重大な結果を認識したこと並びに文民に容認し難い害をもたらすクラスター弾の使用、生産、移譲及び貯蔵を禁止し、並びに被害者に対する治療及びリハビリテーションの適切な提供、クラスター弾汚染地域に存在するクラスター弾残存物の除去、危険の低減を目的とする教育並びに貯蔵されているクラスター弾の廃棄を確保する協力及び援助のための枠組みを定める法的拘束力のある文書を二千八年までに作成するとの約束を行ったことを再確認し、

すべての国によるこの条約への参加を得ることが望ましいことを強調し、また、この条約の普遍化及び完全な実施を促進するために精力的に努力することを決意し、

国際人道法の諸原則及び諸規則、特に武力紛争の当事者が戦闘の方法及び手段を選ぶ権利は無制限ではないという原則並びに紛争の当事者が文民たる住民と戦闘員とを及び民用物と軍事目標とを常に区別し、かつ、軍事目標のみを軍事行動の対象とするという規則並びに軍事行動を行うに際しては文民たる住民、個々の文民及び民用物に対する攻撃を差し控えるよう不断の注意を払うという規則並びに文民たる住民及び個々の文民が軍事行動から生ずる危険からの一般的保護を受けるという規則に立脚して、

次のとおり協定した。

**第一条（一般的義務及び適用範囲）**　1　締約国は、いかなる場合にも、次のことを行わないことを約束する。

(a)　クラスター弾を使用すること。

(b)　クラスター弾を開発し、生産し、生産以外の方法によって取得し、貯蔵し若しくは保有し、又はいずれかの者に対して直接若しくは間接に移譲すること。

(c)　この条約によって締約国に対して禁止されている活動を行うことにつき、いずれかの者に対して、援助し、奨励し、又は勧誘すること。

2　1の規定は、航空機に取り付けられたディスペンサーから散布され、又は投下されるよう特に設計された爆発性の小型爆弾について準用する。

3　この条約は、地雷については、適用しない。

**第二条（定義）**　この条約の適用上、

1　「クラスター弾による被害者」とは、クラスター弾の使用によって殺害され、又は身体的若しくは心理的な傷害、経済的損失、社会的な疎外若しくは自己の権利の実現に対する著しい侵害を被ったすべての者をいい、クラスター弾により直接に被害を受けた者並びにこのような者の関係する家族及び地域社会を含む。

2　「クラスター弾」とは、それぞれの重量が二十キログラム未満の爆発性の子弾を散布し、又は投下するように設計された通常の弾薬であって、これらの爆発性の子弾を内蔵するものをいう。ただし、次のものを意味するものではない。

(a)　フレア、煙、料薬火工品若しくはチャフを放出するように設計された弾薬若しくは子弾又は防空の役割のためにのみ設計された弾薬

(b)　電気的又は電子的な効果を引き起こすように設計された弾薬又は子弾

(c)　無差別かつ地域的に効果を及ぼすこと及び不発の子弾がもたらす危険を避けるため、次のすべての特性を有している弾薬

(i)　それぞれの弾薬が十未満の爆発性の子弾を内蔵していること。

(ii)　それぞれの爆発性の子弾の重量が四キログラムを超えていること。

(iii)　それぞれの爆発性の子弾が単一の攻撃目標を探知し、及び攻撃するように設計されていること。

(iv)　それぞれの爆発性の子弾が電子式の自己破壊のための装置を備えていること。

(v)　それぞれの爆発性の子弾が電子式の自己不活性化のための機能を備えていること。

3　「爆発性の子弾」とは、通常の弾薬であって、その役割を果たすため、クラスター弾から散布され、又は投下され、かつ、衝突前、衝突時又は衝突後に爆発性の炸薬を起爆させることによって機能するように設計されたものをいう。

4　「失敗したクラスター弾」とは、発射され、投下され、打ち上げられ、射出され、又は他の方法によって投射されたクラスター弾であって、爆発性の子弾を散布し、又は投下するはずであったが、散布し、又は投下することに失敗したものをいう。

5　「不発の子弾」とは、クラスター弾から散布され若しくは投下され、又は他の方法によってクラスター弾から分離された爆発性の子弾であって、意図されたとおりに爆発することに失敗したものをいう。

6　「遺棄されたクラスター弾」とは、使用されておらず、かつ、放置され、又は投棄されたクラスター弾又は子弾であって、これらを放置し、又は投棄した者の管理の下にないものをいい、使用のための準備が行われていたか否かを問わない。

7　「クラスター弾残存物」とは、失敗したクラスター弾、遺棄さ

れたクラスター弾、不発の子弾及び不発の小型爆弾をいう。

8　「移譲」とは、クラスター弾が領域へ又は領域から物理的に移動し、かつ、当該クラスター弾に対する権原及び管理が移転することをいう。ただし、クラスター弾残存物の存在する領域の移転に伴って生ずるものを除く。

9　「自己破壊のための装置」とは、弾薬の主要な起爆装置のほかに当該弾薬に内蔵された自動的に機能する装置であって、当該弾薬の破壊を確保するためのものをいう。

10　「自己不活性化」とは、弾薬が機能するために不可欠な構成要素(例えば、電池)を不可逆的に消耗させる方法によって当該弾薬の機能を自動的に失わせることをいう。

11　「クラスター弾汚染地域」とは、クラスター弾残存物が存在することが知られ、又は疑われている地域をいう。

12　「地雷」とは、土地若しくは他の物の表面に又は土地若しくは他の物の表面の下方若しくは周辺に敷設されるよう及び人又は車両の存在、接近又は接触によって爆発するように設計された弾薬をいう。

13　「爆発性の小型爆弾」とは、重量が二十キログラム未満の自動推進式でない通常の弾薬であって、その役割を果たすため、ディスペンサーから散布され、又は投下され、かつ、衝突前、衝突時又は衝突後に爆発性の炸薬を起爆させることによって機能するように設計されたものをいう。

14　「ディスペンサー」とは、爆発性の小型爆弾を散布し、又は投下するように設計された容器であって、その散布又は投下の時点において航空機に取り付けられているものをいう。

15　「不発の小型爆弾」とは、ディスペンサーから散布され、投下され、又は他の方法によって分離された爆発性の小型爆弾であって、意図されたとおりに爆発することに失敗したものをいう。

**第三条（貯蔵されているクラスター弾の廃棄）**　1　締約国は、国内法令に従い、作戦上の使用のために保有する弾薬から自国の管轄及び管理の下にあるすべてのクラスター弾を区別し、かつ、当該クラスター弾に廃棄のための識別措置をとる。

2　締約国は、1に規定するすべてのクラスター弾につき、この条約が自国について効力を生じた後できる限り速やかに、遅くとも八年以内に廃棄し、又はその廃棄を確保することを約束する。締約国は、廃棄の方法が公衆の健康及び環境の保護のための適用可能な国際的な基準に適合するよう確保することを約束する。

3　締約国は、1に規定するすべてのクラスター弾につき、この条約が自国について効力を生じた後八年以内に廃棄し、又はその廃棄を確保することができないと認める場合には、当該クラスター弾の廃棄の完了の期限を最長四年までの期間延長することについて締約国会議又は検討会議に対して要請を行うことができる。締約国は、例外的な事情がある場合には、最長四年までの期間追加的な延長を要請することができる。要請する延長は、当該締約国が2の規定に基づく義務の履行を完了するために真に必要な年数を超えてはならない。

4　3に規定する延長の要請には、次に掲げるすべての事項を記載する。

(a)　延長しようとする期間

(b)　当該延長についての詳細な説明（自国が1に規定するすべてのクラスター弾を廃棄するために利用可能な又は必要とする財政的及び技術的手段並びに該当する場合には当該延長を正当化する例外的な事情を含む。）

(c)　貯蔵されているクラスター弾の廃棄を完了させる方法及び時期に関する計画

(d)　この条約が自国について効力を生じた時に保管されていたクラスター弾及び爆発性の子弾並びにこの条約が自国について効力を生じた後に新たに発見されたクラスター弾又は爆発性の子弾の数量及び型式

(e)　2に規定する期間において廃棄されたクラスター弾及び爆発性の子弾の数量及び型式

(f)　延長しようとする期間において廃棄する予定の残りのクラスター弾及び爆発性の子弾の数量及び型式並びに達成が予想される年間廃棄率

5　締約国会議又は検討会議は、4に掲げる事項を考慮に入れて、延長の要請を評価し、及び出席し、かつ、投票する締約国の票の過半数による議決で当該要請を認めるか否かを決定する。これらの締約国は、要請された延長よりも短い延長を認めることを決定することができるものとし、適当な場合には、延長の基準を提案することができる。延長の要請は、当該要請が検討される締約国会議又は検討会議の少なくとも九箇月前までに行う。

6　第一条の規定にかかわらず、クラスター弾及び爆発性の子弾の探知、除去若しくは廃棄の技術の開発及び訓練のため又はクラスター弾への対抗措置の開発のための限られた数のクラスター弾及び爆発性の子弾の保有又は取得は、認められる。保有され、又は取得される爆発性の子弾の総数は、これらの目的のために絶対に必要な最小限度の数を超えてはならない。

7　第一条の規定にかかわらず、廃棄の目的及び6に規定する目的のための他の締約国へのクラスター弾の移譲は、認められる。

8　6及び7に規定する目的のためにクラスター弾又は爆発性の子弾を保有し、取得し、又は移譲する締約国は、これらのクラスター弾及び爆発性の子弾の予定する使用及び実際の使用並びにそれらの型式、数量及びロット番号に関する詳細な報告を提出する。これらの目的のためにクラスター弾又は爆発性の子弾を他の締約国に移譲する場合には、移譲を受ける国への言及を当該報告に含める。当該報告は、当該締約国がクラスター弾又は爆発性の子弾を保有し、取得し、又は移譲している間は毎年作成し、及びその翌年の四月三十日までに国際連合事務総長に提出する。

**第四条（クラスター弾残存物の除去及び廃棄並びに危険の低減を目的とする教育）**　1　締約国は、自国の管轄又は管理の下にあるクラスター弾汚染地域に存在するクラスター弾残存物につき、次の(a)から(c)までの定めるところにより、除去し、及び廃棄し、又はその除去及び廃棄を確保することを約束する。

(a)　この条約が自国について効力を生ずる日にクラスター弾残存物が自国の管轄又は管理の下にある地域に存在する場合には、できる限り速やかに、その日から遅くとも十年以内に、このような除去及び廃棄を完了する。

(b)　この条約が自国について効力を生じた後にクラスター弾が自国の管轄又は管理の下にある地域に存在するクラスター弾残存物となった場合には、できる限り速やかに、当該クラスター弾がクラスター弾残存物となった現実の敵対行為が終了した後遅くとも十年以内に、このような除去及び廃棄を完了しなければならない。

(c)　締約国は、(a)又は(b)のいずれかに規定する自国の義務を履行したときは、次回の締約国会議に対して義務を履行した旨の宣言を行う。

2　締約国は、1に規定する義務を履行するに当たり、国際的な協力及び援助に関する第六条の規定を考慮に入れて、できる限り速やかに、次の措置をとる。
(a)　自国の管轄又は管理の下にあるすべてのクラスター弾汚染地域を特定するためにあらゆる努力を払いつつ、クラスター弾残存物がもたらす脅威を調査し、評価し、及び記録すること。
(b)　標示、文民の保護、除去及び廃棄に関するニーズを評価し、並びにこれらについての優先順位を決定し、並びに適当な場合には既存の組織、経験及び方法に依拠して、これらの活動を実施するために資源を調達し、及び国の計画を作成するための措置をとること。
(c)　自国の管轄又は管理の下にあるすべてのクラスター弾汚染地域につき、囲いその他の文民を効果的に排除することを確保する手段によって、クラスター弾汚染地域の外縁を標示し、並びにクラスター弾汚染地域を監視し、及び防護することを確保するためのすべての実行可能な措置をとること。危険性が疑われている地域を標示する場合においては、関係する地域社会が容易に認識することのできる標示方法に基づく警告標識を使用すべきである。標識その他の危険な地域を示す境界の標示は、できる限り、視認及び判読が可能であり、かつ、耐久性及び環境の影響に対する耐性のあるものとすべきであり、また、標示された境界のいずれの側がクラスター弾汚染地域であると認められ、いずれの側が安全であると認められるかを明確に特定すべきである。
(d)　自国の管轄又は管理の下にある地域に存在するすべてのクラスター弾残存物を除去し、及び廃棄すること。
(e)　クラスター弾汚染地域又はその周辺に居住する文民の間においてクラスター弾残存物がもたらす危険についての認識を確保するため、危険の低減を目的とする教育を行うこと。
3　締約国は、2に規定する措置をとるに当たり、「地雷対策活動に関する国際基準」(IMAS)を含む国際的な基準を考慮に入れる。
4　この4の規定は、この条約が一の締約国について効力を生ずる前に当該一の締約国によって使用され、又は遺棄されたクラスター弾が、この条約が他の締約国について効力を生ずる時に当該他の締約国の管轄又は管理の下にある地域に存在するクラスター弾残存物となった場合について適用する。
(a)　このような場合において、この条約がこれらの締約国双方について効力を生じた時は、当該一の締約国は、当該他の締約国に対し、当該クラスター弾残存物の標示、除去及び廃棄を容易にするため、二国間で又は相互に合意した第三者(国際連合及びその関連機関並びに他の関連する機関を含む。)を通じて、特に、技術的、財政的、物的又は人的資源の援助を提供することを強く奨励される。
(b)　このような援助には、可能な場合には、使用されたクラスター弾の型式及び数量、クラスター弾による攻撃を行った正確な位置並びにクラスター弾残存物が存在することが知られている地域についての情報を含める。
5　締約国は、1に規定するすべてのクラスター弾残存物につき、この条約が自国について効力を生じた後十年以内に除去し、及び廃棄し、又はその除去及び廃棄を確保することができないと認める場合には、当該クラスター弾残存物の除去及び廃棄の完了の期限を最長五年までの期間延長することについて締約国会議又は検討会議に対して要請を行うことができる。要請する延長は、当該締約国が1の規定に基づく義務の履行を完了するために真に必要な年数を超えてはならない。
6　5に規定する延長の要請は、当該締約国について1に定める期間が満了する前に締約国会議又は検討会議に対して行う。当該要請は、当該要請が検討される予定の締約国会議又は検討会議の少なくとも九箇月前までに行う。当該要請には、次に掲げるすべての事項を記載する。
(a)　延長しようとする期間
(b)　延長しようとする理由についての詳細な説明(延長しようとする期間において自国がすべてのクラスター弾残存物を除去し、及び廃棄するために利用可能な及び必要とする財政的及び技術的手段を含む。)
(c)　将来の作業の準備並びに1に定める最初の十年間及びその後の延長において除去及び廃棄に関する国の計画に基づいて既に行われた作業の状況
(d)　この条約が自国について効力を生じた時にクラスター弾残存物が存在した地域の総面積及びこの条約が自国について効力を生じた後に新たに発見されたクラスター弾残存物が存在する地域の面積
(e)　この条約が効力を生じた後に除去されたクラスター弾残存物が存在した地域の総面積
(f)　延長しようとする期間において除去する予定の残りのクラスター弾残存物が存在する地域の総面積
(g)　1に定める最初の十年間において自国の管轄又は管理の下にある地域に存在するすべてのクラスター弾残存物を廃棄することを妨げた事情及び当該延長においてこのような廃棄を妨げる可能性のある事情
(h)　当該延長から生ずる人道上の、社会的な、経済的な及び環境上の影響
(i)　当該延長の要請に関連するその他の情報
7　締約国会議又は検討会議は、6に掲げる事項(特に、報告されたクラスター弾残存物の量を含む。)を考慮に入れて、延長の要請を評価し、及び出席し、かつ、投票する締約国の票の過半数による議決で当該要請を認めるか否かを決定する。これらの締約国は、要請された延長よりも短い延長を認めることを決定することができるものとし、適当な場合には、延長の基準を提案することができる。
8　延長は、5から7までの規定を準用して新たな要請を行うことにより最長五年までの期間更新することができる。締約国は、更なる延長を要請するに当たり、この条の規定に従って認められたその前の延長において行ったことについての追加的な関連情報を提出する。

**第五条（被害者に対する援助）**　1　締約国は、自国の管轄又は管理の下にある地域に所在するクラスター弾による被害者について、適用可能な国際人道法及び国際人権法に従い、年齢及び性別に配慮した援助(医療、リハビリテーション及び心理的な支援を含む。)を適切に提供し、並びにクラスター弾による被害者が社会的及び経済的に包容されるようにする。締約国は、クラスター弾による被害者についての信頼し得る関連資料を収集するためにあらゆる努力を払う。
2　締約国は、1に規定する義務を履行するに当たり、次のことを行う。
(a)　クラスター弾による被害者のニーズを評価すること。

(b)　必要な政策及び国内法令を作成し、実施し、及び執行すること。

(c)　関係者の特別な役割及び貢献を尊重しつつ、障害、開発及び人権に係る自国の既存の枠組み及び仕組みにクラスター弾による被害者を組み入れるため、国の計画及び予算（これらを実施するための時間的な枠組みを含む。）を作成すること。

(d)　国内的及び国際的な資源を調達するための措置をとること。

(e)　クラスター弾による被害者に対して若しくはクラスター弾による被害者の間に又はクラスター弾による被害者と他の理由により傷害若しくは障害を被った者との間に差別を設けないこと。取扱いの差異は、医療上、リハビリテーション上、心理上又は社会経済上のニーズにのみ基づくものとすべきである。

(f)　クラスター弾による被害者及びクラスター弾による被害者を代表する団体と緊密に協議し、並びにこれらを積極的に関与させること。

(g)　この条の規定の実施に関する事項を調整するための政府内の中央連絡先を指定すること。

(h)　特に、医療、リハビリテーション及び心理的な支援並びに社会的及び経済的な包容の分野において、関連する指針及び良い慣行を取り入れるよう努めること。

**第六条（国際的な協力及び援助）**（略）

**第七条（透明性についての措置）**（略）

**第八条（遵守の促進及び遵守についての説明）**　1―4〔対人地雷禁止条約第八条1から4までとほぼ同じ。〕

5・6（略）

**第九条（国内の実施措置）**〔対人地雷禁止条約第九条とほぼ同じ。〕

**第一〇条（紛争の解決）**（略）

**第一一条（締約国会議）**（略）

**第一二条（検討会議）**（略）

**第一三条（改正）**（略）

**第一四条（費用及び管理業務）**（略）

**第一五条（署名）**（略）

**第一六条（批准、受諾、承認又は加入）**（略）

**第一七条（効力発生）**（略）

**第一八条（暫定的適用）**（略）

**第一九条（留保）**　この条約の各条の規定については、留保を付することができない。

**第二〇条（有効期間及び脱退）**（略）

**第二一条（この条約の締約国でない国との関係）**　1　締約国は、すべての国によるこの条約への参加を得ることを目標として、この条約の締約国でない国に対し、この条約を批准し、受諾し、承認し、又はこれに加入するよう奨励する。

2　締約国は、3に規定するすべてのこの条約の締約国でない国の政府に対してこの条約に基づく自国の義務について通報し、及びこの条約が定める規範を奨励するものとし、これらの国がクラスター弾の使用を抑制するよう最善の努力を払う。

3　第一条の規定にかかわらず、及び国際法に従い、締約国又はその軍事上の要員若しくは国民は、この条約の締約国でない国であって締約国に対して禁止されている活動を行うことのあるものとの間で軍事的な協力及び軍事行動を行うことができる。

4　3の規定は、締約国に対し、次のことを行うことを認めるものではない。

(a)　クラスター弾を開発し、生産し、又は生産以外の方法によって取得すること。

(b)　自らクラスター弾を貯蔵し、又は移譲すること。

(c)　自らクラスター弾を使用すること。

(d)　使用される弾薬の選択権が専ら自国の管理の下にある場合において、クラスター弾の使用を明示的に要請すること。

**第二二条（寄託者）**（略）

**第二三条（正文）**（略）

## 参考　米ソＩＮＦ廃棄条約（抄）翻訳

（中距離及び準中距離ミサイルの廃棄に関するアメリカ合衆国とソヴィエト社会主義共和国連邦との間の条約）

署　名　一九八七年一二月八日（ワシントン）

効力発生　一九八八年六月一日

失　効　二〇一九年八月二日（同年二月二日にアメリカ合衆国が脱退通告をした）

アメリカ合衆国とソヴィエト社会主義共和国連邦（以下「当事国」という。）は、

核戦争が全ての人類に破滅的な結果をもたらすことを自覚し、

戦略的安定の強化という目標を指針とし、

この条約に定める措置が、戦争発生の危険性の減少と、国際の平和と安全の強化に寄与することを確信し、かつ、

核兵器の不拡散に関する条約第六条に基づく義務に留意して、

次のとおり協定した。

**第一条【ミサイルシステムの廃棄】**　いずれの当事国も、この条約並びにこれと不可分の一部をなす了解覚書及び議定書の規定に従って、中距離及び準中距離ミサイルを廃棄し、今後これらの兵器システムを保有せず、かつ、この条約の定めるその他の義務を履行する。

**第二条【定義】**　この条約の適用上、

1　「弾道ミサイル」とは、その飛行経路の大部分が弾道軌道であるミサイルをいう。「地上発射弾道ミサイル（ＧＬＢＭ）」とは、兵器運搬手段である地上発射の弾道ミサイルをいう。

2　「巡航ミサイル」とは、その飛行経路の大部分について空気浮揚力の利用により飛行を維持する無人で自己推進力を持つ運搬手段をいう。「地上発射巡航ミサイル（ＧＬＣＭ）」とは、兵器運搬手段である地上発射の巡航ミサイルをいう。

3　「ＧＬＢＭ発射基」とは、ＧＬＢＭを発射するための固定された発射基又は陸上に基部を有する移動可能な輸送・起立式発射基の機構をいう。

4　「ＧＬＣＭ発射基」とは、ＧＬＣＭを発射するための固定された発射基又は陸上に基部を有する移動可能な輸送・起立式発射基の機構をいう。

5　「中距離ミサイル」とは、ＧＬＢＭ又はＧＬＣＭであって、射程能力が一〇〇〇キロメートルを超え、五五〇〇キロメートル以下のものをいう。

6　「準中距離ミサイル」とは、ＧＬＢＭ又はＧＬＣＭであって、射程能力が五〇〇キロメートル以上一〇〇〇キロメートル以下

のものをいう。

7―15 (略)

**第三条【現存ミサイルの型】**(略)

**第四条【中距離ミサイルの廃棄】** 1　いずれの当事国も、全ての中距離ミサイル及びこれらのミサイルの発射基、並びにこれらのミサイル及び発射基と関連する全ての支援構築物及び支援設備であって、了解覚書に掲げる種類のものを廃棄する。その結果、いずれの当事国も、この条約の効力発生の後三年以内にこれらのミサイル、発射基、支援構築物又は支援設備を保有しない状態とし、それ以後も保有しない。

2　1を実施するために、この条約の規定に従い、配備済み及び未配備の全ての型の中距離ミサイル及びこれらのミサイルの発射基、並びにこれらのミサイル及び発射基に関連する支援構築物及び支援設備の削減を開始し、かつ、各段階の期間を通じてこれを継続する。これらの削減は次のように二段階で実施される。

(a) 第一段階の終わりまでに、すなわち、この条約の効力発生の後二九箇月以内に、

(i) いずれの当事国についても、配備済みの中距離ミサイルの発射基の数は、一七一個の弾頭を運搬すると両当事国が認めるミサイルを一時に運搬し又は収納することができる発射基の数を超えないものとする。

(ii) いずれの当事国についても、配備済みの中距離ミサイルの数は、一八〇個の弾頭を運搬すると両当事国が認めるこれらのミサイルの数を超えないものとする。

(iii) いずれの当事国についても、配備済み及び未配備の中距離ミサイルの発射基の合計数は、二〇〇個の弾頭を運搬すると両当事国が認めるミサイルを一時に運搬し又は収納することができる発射基の数を超えないものとする。

(iv) いずれの当事国についても、配備済み及び未配備の中距離ミサイルの合計数は、二〇〇個の弾頭を運搬すると両当事国が認めるこれらのミサイルの数を超えないものとする。

(v) いずれの当事国についても、その当事国が保有する現存する型の配備済み及び未配備の中距離ミサイルに対する、現存する型の配備済み及び未配備の中距離のＧＬＢＭの合計数の比率は、了解覚書に定める一九八七年一一月一日におけるその当事国について、これらの中距離ミサイルに対する、これらの中距離のＧＬＢＭの合計数の比率を超えないものとする。

(b) 第二段階の終わりまでに、すなわち、この条約の効力発生の後三年以内に、いずれの当事国の中距離ミサイル、これらのミサイルの発射基並びにこれらのミサイル及び発射基と関連する了解覚書に掲げる種類の支援構築物及び支援設備も、全てこれを廃棄する。

**第五条【準中距離ミサイルの廃棄】** 1　いずれの当事国も、全ての準中距離ミサイル及びこれらのミサイルの発射基、並びにこれらのミサイル及び発射基と関連する全ての支援設備であって、了解覚書に掲げる種類のものを廃棄する。その結果、いずれの当事国も、この条約の効力発生の後一八箇月以内にこれらのミサイル、発射基又は支援設備を保有しない状態とし、それ以後も保有しない。

2　いずれの当事国も、この条約の効力発生の後九〇日以内に、全ての配備済みの準中距離ミサイル及び配備済み及び未配備のこれらのミサイルの発射基の廃棄施設への移転を完了し、かつ、廃棄に関する議定書の定める手続に従って廃棄されるまでの間、この場所にそれらを保管する。いずれの当事国も、この条約の効力発生の後一二箇月以内に、未配備の全ての準中距離ミサイルの移転を完了し、廃棄に関する議定書に定める手続に従って廃棄されるまでの間、この場所にそれらを保管する。

3　準中距離ミサイル及びこれらのミサイルの発射基は、同一の廃棄施設に置いてはならない。これらの廃棄施設は、少なくとも一〇〇〇キロメートル以上隔離する。

**第六条【ミサイル等の製造・実験の禁止】** 1　本条約が効力を発生して以後、両当事国は以下いずれをも行わない。

(a) いかなる中距離ミサイルの製造若しくは飛行実験、及びこれらのミサイルのいかなる段若しくはそれらの発射基の製造

(b) いかなる準中距離ミサイルの製造、飛行実験若しくは発射又はこれらのミサイルのいかなる段若しくはそれらの発射基の製造

2　本条1にかかわらず、いずれの当事国も、二以上の段を有する現存する型の中距離のＧＬＢＭと外見上類似するが互換不能な段を使用するものであって、この条約によって制限されない型のＧＬＢＭを製造する権利を有する。ただし、当該当事国は、それ以外の現存する型の中距離のＧＬＢＭのいずれかの段と外見上類似するが互換不能なその他のいかなる段も製造しない。

**第七条【算定の準則】**(略)

**第八条【配置の制限】**(略)

**第九条【通告】**(略)

**第一〇条【廃棄の方法】**(略)

**第一一条【現地査察】** 1　この条約の規定の履行の検証を確保するために、いずれの当事国も現地査察を行う権利を有する。当事国は、本条、査察に関する議定書及び廃棄に関する議定書に従って、現地査察を行う。

2　いずれの当事国も、他の当事国の領域内及び配備国の領域内のいずれにおいても、本条に規定される査察を行う権利を有する。

3　いずれの当事国も、この条約の効力発生の後三〇日が経過した後に、了解覚書に特定される全てのミサイル実戦配備基地及びミサイル製造施設を除くミサイル支援施設、並びに第九条3によって必要とされる初回の情報更新に含まれる全ての廃棄施設において、査察を行う権利を有する。これらの査察は、この条約の効力発生の後九〇日以内に実施される。これらの査察は、この条約の効力発生の日におけるミサイル、発射基、支援構築物及び支援設備の数並びにその他の情報で第九条3に基づいて提供されるものを検証することを目的とする。

4　いずれの当事国も、ミサイル実戦配備基地及びミサイル製造施設を除くミサイル支援施設について、この条約の第九条5(a)に基づいて通告された廃棄を検証するために、査察を行う権利を有する。したがって、これらの基地及び施設は、本条5(a)に基づく査察の対象とはならない。この査察は、当該施設の廃棄予定日の後六〇日以内に実施される。当事国が特定の施設の廃棄予定日の後に、前項に基づいてその施設で査察を行う場合には、本項に基づく施設の追加査察は許されない。

5　いずれの当事国も、この条約の効力発生の後一三年間、本項に基づく査察を行う権利を有する。いずれの当事国も、この条約の効力発生の後、当初の三年間は暦年ごとに二〇回の査察、次の五年間は暦年ごとに一五回の査察、及び最後の五年間は暦年ごとに一〇回の査察を行う権利を有する。いずれの当事国

も、この暦年ごとの査察の回数の半数以上を、いずれか一つの配備国の領域内で行ってはならない。いずれの当事国も、次のことを行う権利を有する。

(a) この条約の効力発生の後九〇日が経過した後に、了解覚書に特定される種類の資料に従って、査察の時点で各ミサイル実戦配備基地又はミサイル支援施設に存在するミサイル、発射基、支援構築物及び支援設備の数を確認するために行う査察であって、ミサイル実戦配備基地に対して並びに廃棄施設及びミサイル製造施設を除くミサイル支援施設に対して行われるもの

(b) 前条8に基づいて廃棄される旧ミサイル実戦配備基地及び旧ミサイル支援施設で、旧ミサイル製造施設を除くものの査察

6―8 (略)

**第一二条【自国の検証手段使用の自由】** (略)

**第一三条【特別検証委員会と核危機軽減センター】** (略)

**第一四条【義務の履行】** (略)

**第一五条【期限と脱退】** 1 この条約は、無期限とする。

2 いずれの当事国も、この条約の対象である事項に関連する異常な事態が自国の至高の利益を危うくしていると認める場合には、その主権を行使してこの条約から脱退する権利を有する。当該当事国は、この条約からの脱退の六箇月前に、脱退の決定を他の当事国に対して通告する。その通告には、自国の至高の利益を危うくしていると認める異常な事態についての記載を含む。

**第一六条【改正】** (略)

**第一七条【批准、効力発生、登録】** (略)

**了解覚書** (略)

**廃棄に関する議定書** (略)

**査察に関する議定書** (略)

## 19 米ロ戦略攻撃力削減条約 翻訳

(戦略攻撃力の削減に関するアメリカ合衆国とロシア連邦との間の条約)

署名 二〇〇二年五月二四日(モスクワ)
効力発生 二〇〇三年六月一日

アメリカ合衆国とロシア連邦(以下「当事国」という。)は、

新世紀に向けて新たな関係の行程の一歩を踏み出し、協力と友好を通じた関係の強化という目標に合意し、

新しい地球規模の課題と脅威が、当事国間の戦略的な関係のための質的に新たな基礎の構築を必要としていると信じ、

相互の安全、協力、信頼、公開及び予測可能性の原則を基礎とした真の協力関係の樹立を希望し、

戦略攻撃兵器の大幅な削減の実施を約束し、

二〇〇一年七月二二日にジェノヴァで発表された戦略問題に関するアメリカ合衆国大統領とロシア連邦大統領の共同声明、及び、二〇〇一年一一月一三日にワシントンで発表された合衆国とロシアとの間の新たな関係に関するアメリカ合衆国大統領とロシア連邦大統領の共同声明を出発点として、

一九九一年七月三一日の戦略攻撃兵器の削減及び制限に関するアメリカ合衆国とソヴィエト社会主義共和国連邦との間の条約(以下「START条約」という。)に基づく義務に留意し、

一九六八年七月一日の核兵器の不拡散に関する条約の第六条に基づく義務に留意し、

この条約が、安全と協力を積極的に促進し、国際的な安定を強化するための一層望ましい状況を確立する助けになると確信して、

次のとおり協定した。

**第一条【戦略核弾頭の総数制限】** 各当事国は、二〇〇一年一一月一三日にアメリカ合衆国大統領が、また二〇〇一年一二月一三日にロシア連邦大統領がそれぞれ述べたように、戦略核弾頭を削減及び制限して、二〇一二年一二月三一日までに各当事国につき戦略核弾頭の総数が一七〇〇ないし二二〇〇を超えないようにする。各当事国は、このように定められた戦略核弾頭数の総数制限に基づいて、戦略攻撃兵器の構成と構造を独自に決定する。

**第二条【START条約の効力継続】** 当事国は、START条約がその条項に従い、引き続き効力を有することに合意する。

**第三条【二国間実施委員会】** 当事国は、この条約の実施のため、少なくとも年二回、二国間実施委員会の会合を開催する。

**第四条【効力発生・脱退】** 1 この条約は、各当事国の憲法上の手続に従って批准に付される。この条約は、批准書の交換の日に効力を生ずる。

2 この条約は、二〇一二年一二月三一日まで効力を有するものとし、当事国の合意により延長し、又は、同日までに後の協定に代えることができる。

3 各当事国は、他方の当事国に三箇月前に書面で通告することにより、その主権を行使してこの条約から脱退することができる。

**第五条【登録】** この条約は、国際連合憲章第一〇二条に従って登録される。

## 20 米ロ核軍縮条約(抜粋) 翻訳

(戦略攻撃兵器のさらなる削減及び制限のための措置に関するアメリカ合衆国とロシア連邦の間の条約)

署名 二〇一〇年四月八日(プラハ)
効力発生 二〇一一年二月五日

アメリカ合衆国とロシア連邦(以下「当事国」という。)は、(中略)一九六八年七月一日の核兵器の不拡散に関する条約の第六条に基づく義務の履行及び核の脅威から人類を解放するという歴史的な目標の達成を約束し、(中略)

この条約に基づく義務の遵守を検証するために一九九一年七月三一日の戦略攻撃兵器の削減及び制限に関するアメリカ合衆国とソヴィエト社会主義共和国連邦との間の条約(以下「START

条約」という。）に比べて適合的で簡素化されかつ費用の一層少ない仕組みを創設することを希望し、（中略）

二〇〇二年五月二四日の戦略攻撃力の削減に関するアメリカ合衆国とロシア連邦との間の条約の実施を歓迎して、

次のとおり協定した。

**第一条【戦略攻撃兵器の削減・制限】** 1　各当事国はこの条約の規定に従って戦略攻撃兵器を削減及び制限し、かつ、この条約及び議定書に定めるその他の義務を履行する。

2　（略）

**第二条【戦略攻撃兵器の総数制限】** 1　各当事国は大陸間弾道ミサイル〔ICBM〕及びICBM発射機、潜水艦発射弾道ミサイル〔SLBM〕及びSLBM発射機、重爆撃機、ICBM弾頭、SLBM弾頭並びに重爆撃機核装備を削減及び制限して、この条約の効力発生後七年以後はこの条約の第三条に従って数えられた総数が次を超えないようにする。

(a)　七〇〇（ただし、配備済みのICBM、配備済みのSLBM及び配備済みの重爆撃機について）

(b)　一五五〇（ただし、配備済みのICBMの弾頭、配備済みのSLBMの弾頭及び配備済みの重爆撃機として数えられる核弾頭について）

(c)　八〇〇（ただし、配備済み及び未配備のICBM発射機、配備済み及び未配備のSLBM発射機並びに配備済み及び未配備の重爆撃機について）

2　各当事国は戦略攻撃兵器の構成と構造を独自に決定する権利を有する。

**第一二条【二国間協議委員会】** この条約の規定の目標及び実施を促進するため、当事国はここに二国間協議委員会を設立する。委員会の任務及び運営の手続は、この条約の議定書の第六部に定める。

**第一四条【効力発生と脱退】** 1　（略）

2　この条約は、戦略攻撃兵器の削減及び制限に関する後の協定に一層早期に代えられない限り、一〇年間効力を有する。いずれかの当事国がこの条約の延長の問題を提起する場合、当事国はこの問題を共同で検討する。当事国がこの条約の延長を決定する場合、この条約は、戦略攻撃兵器の削減及び制限に関する後の協定に一層早期に代えられない限り、五年を超えない期間延長される。

3　各当事国は、この条約の対象である事項に関連する異常な事態が自国の至高の利益を危うくしていると決定する場合には、その国家主権を行使してこの条約から脱退する権利を有する。当該当事国はその決定を他方の当事国に対して通告する。その通告には、自国の至高の利益を危うくしていると認める異常な事態についての記載を含める。この条約は、通告が後の日付を特定していない限り、他方の当事国が前記通告を受領した日から三箇月で終了する。

4　（略）

**議定書**　（略）

# 第16章 第二次大戦と日本

## 第1節 戦後日本の国際関係

### 1 日本国との平和条約

［サンフランシスコ平和条約・対日平和条約］

署名 一九五一年九月八日(サンフランシスコ)
効力発生 一九五二年四月二八日
日本国 一九五二年四月二八日(五一年一一月一八日国会承認、同日内閣批准、一一月一九日批准書認証、一一月二八日批准書寄託、五二年四月二八日公布・条約五号)
当事国 四六

連合国及び日本国は、両者の関係が、今後、共通の福祉を増進し且つ国際の平和及び安全を維持するために主権を有する対等のものとして友好的な連携の下に協力する国家の間の関係でなければならないことを決意し、よつて、両者の間の戦争状態の存在の結果として今なお未決である問題を解決する平和条約を締結することを希望するので、

日本国としては、国際連合への加盟を申請し且つあらゆる場合に国際連合憲章の原則を遵守し、世界人権宣言の目的を実現するために努力し、国際連合憲章第五十五条及び第五十六条に定められ且つ既に降伏後の日本国の法制によつて作られはじめた安定及び福祉の条件を日本国内に創造するために努力し、並びに公私の貿易及び通商において国際的に承認された公正な慣行に従う意思を宣言するので、

連合国は、前項に掲げた日本国の意思を歓迎するので、

よつて、連合国及び日本国は、この平和条約を締結することに決定し、これに応じて下名の全権委員を任命した。これらの全権委員は、その全権委任状を示し、それが良好妥当であると認められた後、次の規定を協定した。

#### 第一章 平和

**第一条【戦争の終了、主権の承認】**(a) 日本国と各連合国との間の戦争状態は、第二十三条の定めるところによりこの条約が日本国と当該連合国との間に効力を生ずる日に終了する。

(b) 連合国は、日本国及びその領水に対する日本国民の完全な主権を承認する。

#### 第二章 領域

**第二条【領土権の放棄】**(a) 日本国は、朝鮮の独立を承認して、済州島、巨文島及び鬱陵島を含む朝鮮に対するすべての権利、権原及び請求権を放棄する。

(b) 日本国は、台湾及び澎湖諸島に対するすべての権利、権原及び請求権を放棄する。

(c) 日本国は、千島列島[the Kurile Islands]並びに日本国が千九百五年九月五日のポーツマス条約の結果として主権を獲得した樺太の一部及びこれに近接する諸島に対するすべての権利、権原及び請求権を放棄する。

(d) 日本国は、国際連盟の委任統治制度に関連するすべての権利、権原及び請求権を放棄し、且つ、以前に日本国の委任統治の下にあつた太平洋の諸島に信託統治制度を及ぼす千九百四十七年四月二日の国際連合安全保障理事会の行動を受諾する。

(e) 日本国は、日本国民の活動に由来するか又は他に由来するかを問わず、南極地域のいずれの部分に対する権利若しくは権原又はいずれの部分に関する利益についても、すべての請求権を放棄する。

(f) 日本国は、新南群島及び西沙群島に対するすべての権利、権原及び請求権を放棄する。

**第三条【信託統治】** 日本国は、北緯二十九度以南の南西諸島(琉球諸島及び大東諸島を含む。)、孀婦岩の南の南方諸島(小笠原群島、西之島及び火山列島を含む。)並びに沖の鳥島及び南鳥島を合衆国を唯一の施政権者とする信託統治制度の下におくこととする国際連合に対する合衆国のいかなる提案にも同意する。このような提案が行われ且つ可決されるまで、合衆国は、領水を含むこれらの諸島の領域及び住民に対して、行政、立法及び司法上の権力の全部及び一部を行使する権利を有するものとする。

**第四条【財産】**(a) この条の(b)の規定を留保して、日本国及びその国民の財産で第二条に掲げる地域にあるもの並びに日本国及びその国民の請求権[claims](債権を含む。)で現にこれらの地域の施政を行つている当局及びそこの住民(法人を含む。)に対するものの処理並びに日本国におけるこれらの当局及び住民の財産並びに日本国及びその国民に対するこれらの当局及び住民の請求権(債権を含む。)の処理は、日本国とこれらの当局との間の特別取極の主題とする。第二条に掲げる地域にある連合国又はその国民の財産は、まだ返還されていない限り、施政を行つている当局が現状で返還しなければならない。(国民という語は、この条約で用いるときはいつでも、法人を含む。)

(b) 日本国は、第二条及び第三条に掲げる地域のいずれかにある合衆国軍政府により、又はその指令に従つて行われた日本国及びその国民の財産の処理の効力を承認する。

(c) 日本国とこの条約に従つて日本国の支配から除かれる領域とを結ぶ日本所有の海底電線は、二等分され、日本国は、日本の終点施設及びこれに連なる電線の半分を保有し、分離される領域は、残りの電線及びその終点施設を保有する。

#### 第三章 安全

**第五条【国連の集団保障、自衛権】**(a) 日本国は、国際連合憲章第二条に掲げる義務、特に次の義務を受諾する。

(i) その国際紛争を、平和的手段によつて国際の平和及び安全並びに正義を危うくしないように解決すること。

(ii) その国際関係において、武力による威嚇又は武力の行使は、いかなる国の領土保全又は政治的独立に対するものも、また、国際連合の目的と両立しない他のいかなる方法によるものも慎むこと。

(iii) 国際連合が憲章に従つてとるいかなる行動についても国際連合にあらゆる援助を与え、且つ、国際連合が防止行動又は強制行動をとるいかなる国に対しても援助の供与を慎むこと。

(b) 連合国は、日本国との関係において国際連合憲章第二条の原則を指針とすべきことを確認する。

(c) 連合国としては、日本国が主権国として国際連合憲章第五十一条に掲げる個別的又は集団的自衛の固有の権利を有すること及び日本国が集団的安全保障取極を自発的に締結することがで

きることを承認する。

**第六条【占領の終了】**(a) 連合国のすべての占領軍は、この条約の効力発生の後なるべくすみやかに、且つ、いかなる場合にもその後九十日以内に、日本国から撤退しなければならない。但し、この規定は、一又は二以上の連合国を一方とし、日本国を他方として双方の間に締結された若しくは締結される二国間若しくは多数国間の協定に基く、又はその結果としての外国軍隊の日本国の領域における駐とん又は駐留を妨げるものではない。

(b) 日本国軍隊の各自の家庭への復帰に関する千九百四十五年七月二十六日のポツダム宣言の第九項の規定は、まだその実施が完了されていない限り、実行されるものとする。

(c) まだ代価が支払われていないすべての日本財産で、占領軍の使用に供され、且つ、この条約の効力発生の時に占領軍が占有しているものは、相互の合意によつて別段の取極が行われない限り、前記の九十日以内に日本国政府に返還しなければならない。

## 第四章 政治及び経済条項

**第七条【二国間条約の効力】**(a) 各連合国は、自国と日本国との間にこの条約が効力を生じた後一年以内に、日本国との戦前のいずれの二国間の条約又は協約を引き続いて有効とし又は復活させることを希望するかを日本国に通告するものとする。こうして通告された条約又は協約は、この条約に適合することを確保するための必要な修正を受けるだけで、引き続いて有効とされ、又は復活される。こうして通告された条約及び協約は、通告の日の後三箇月で、引き続いて有効なものとみなされ、又は復活され、且つ、国際連合事務局に登録されなければならない。日本国にこうして通告されないすべての条約及び協約は、廃棄されたものとみなす。

(b) この条の(a)に基いて行う通告においては、条約又は協約の実施又は復活に関し、国際関係について通告国が責任をもつ地域を除外することができる。この除外は、除外の適用を終止することが日本国に通告される日の三箇月後まで行われるものとする。

**第八条【終戦関係条約の承認、特定条約上の権益の放棄】**(a) 日本国は、連合国が千九百三十九年九月一日に開始された戦争状態を終了するために現に締結し又は今後締結するすべての条約及び連合国が平和の回復のため又はこれに関連して行う他の取極の完全な効力を承認する。日本国は、また、従前の国際連盟及び常設国際司法裁判所を終止するために行われた取極を受諾する。

(b) 日本国は、千九百十九年九月十日のサン・ジェルマン＝アン＝レイの諸条約及び千九百三十六年七月二十日のモントルーの海峡条約の署名国であることに由来し、並びに千九百二十三年七月二十四日にローザンヌで署名されたトルコとの平和条約の第十六条に由来するすべての権利及び利益を放棄する。

(c) 日本国は、千九百三十年一月二十日のドイツと債権国との間の協定及び千九百三十年五月十七日の信託協定を含むその附属書並びに千九百三十年一月二十日の国際決済銀行に関する条約及び国際決済銀行の定款に基いて得たすべての権利、権原及び利益を放棄し、且つ、それから生ずるすべての義務を免かれる。日本国は、この条約の最初の効力発生の後六箇月以内に、この項に掲げる権利、権原及び利益の放棄をパリの外務省に通告するものとする。

**第九条【漁業協定】**日本国は、公海における漁猟の規制又は制限並びに漁業の保存及び発展を規定する二国間及び多数国間の協定を締結するために、希望する連合国とすみやかに交渉を開始するものとする。

**第一〇条【中国における権益】**日本国は、千九百一年九月七日に北京で署名された最終議定書並びにこれを補足するすべての附属書、書簡及び文書の規定から生ずるすべての利得及び特権を含む中国におけるすべての特殊の権利及び利益を放棄し、且つ、前記の議定書、附属書、書簡及び文書を日本国に関して廃棄することに同意する。

**第一一条【戦争犯罪】**日本国は、極東国際軍事裁判所並びに日本国内及び国外の他の連合国戦争犯罪法廷の裁判を受諾し〔accepts the judgments〕、且つ、日本国で拘禁されている日本国民にこれらの法廷が課した刑を執行するものとする。これらの拘禁されている者を赦免し、減刑し、及び仮出獄させる権限は、各事件について刑を課した一又は二以上の政府の決定及び日本国の勧告に基く場合の外、行使することができない。極東国際軍事裁判所が刑を宣告した者については、この権限は、裁判所に代表者を出した政府の過半数の決定及び日本国の勧告に基く場合の外、行使することができない。

**第一二条【通商航海条約】**(a) 日本国は、各連合国と、貿易、海運その他の通商の関係を安定した且つ友好的な基礎の上におくために、条約又は協定を締結するための交渉をすみやかに開始する用意があることを宣言する。

(b) 該当する条約又は協定が締結されるまで、日本国は、この条約の最初の効力発生の後四年間、

(1) 各連合国並びにその国民、産品及び船舶に次の待遇を与える。

(i) 貨物の輸出入に対する、又はこれに関連する関税、課金、制限その他の規制に関する最恵国待遇

(ii) 海運、航海及び輸入貨物に関する内国民待遇並びに自然人、法人及びその利益に関する内国民待遇。この待遇は、税金の賦課及び徴収、裁判を受けること、契約の締結及び履行、財産権(有体財産及び無体財産に関するもの)、日本国の法律に基いて組織された法人への参加並びに一般にあらゆる種類の事業活動及び職業活動の遂行に関するすべての事項を含むものとする。

(2) 日本国の国営商企業の国外における売買が商業的考慮にのみ基くことを確保する。

(c) もつとも、いずれの事項に関しても、日本国は、連合国が当該事項についてそれぞれ内国民待遇又は最恵国待遇を日本国に与える限度においてのみ、当該連合国に内国民待遇又は最恵国待遇を与える義務を負うものとする。前段に定める相互主義は、連合国の非本土地域の産品、船舶、法人及びそこに住所を有する人の場合並びに連邦政府をもつ連合国の邦又は州の法人及びそこに住所を有する人の場合には、その地域、邦又は州において日本国に与えられる待遇に照らして決定される。

(d) この条の適用上、差別的措置であつて、それを適用する当事国の通商条約に通常規定されている例外に基くもの、その当事国の対外的財政状態若しくは国際収支を保護する必要に基くもの(海運及び航海に関するものを除く。)又は重大な安全上の利益を維持する必要に基くものは、事態に相応しており、且つ、ほしいままな又は不合理な方法で適用されない限り、それぞれ内国民待遇又は最恵国待遇の許与を害するものと認めてはなら

ない。

(e)　この条に基く日本国の義務は、この条約の第十四条に基く連合国の権利の行使によつて影響されるものではない。また、この条の規定は、この条約の第十五条によつて日本国が引き受ける約束を制限するものと了解してはならない。

**第一三条【国際民間航空】**(a)　日本国は、国際民間航空運送に関する二国間又は多数国間の協定を締結するため、一又は二以上の連合国の要請があつたときはすみやかに、当該連合国と交渉を開始するものとする。

(b)　一又は二以上の前記の協定が締結されるまで、日本国は、この条約の最初の効力発生の時から四年間、この効力発生の日にいずれかの連合国が行使しているところよりも不利でない航空交通の権利及び特権に関する待遇を当該連合国に与え、且つ、航空業務の運営及び発達に関する完全な機会均等を与えるものとする。

(c)　日本国は、国際民間航空条約第九十三条に従つて同条約の当事国となるまで、航空機の国際航空に適用すべきこの条約の規定を実施し、且つ、同条約の条項に従つて同条約の附属書として採択された標準、方式及び手続を実施するものとする。

## 第五章　請求権及び財産

**第一四条【賠償、在外財産】**(a)　日本国は、戦争中に生じさせた損害及び苦痛に対して、連合国に賠償を支払うべきことが承認される。しかし、また、存立可能な経済を維持すべきものとすれば、日本国の資源は、日本国がすべての前記の損害及び苦痛に対して完全な賠償を行い且つ同時に他の債務を履行するためには現在充分でないことが承認される。よつて、

1　日本国は、現在の領域が日本国軍隊によつて占領され、且つ、日本国によつて損害を与えられた連合国が希望するときは、生産、沈船引揚げその他の作業における日本人の役務を当該連合国の利用に供することによつて、与えた損害を修復する費用をこれらの国に補償することに資するために、当該連合国とすみやかに交渉を開始するものとする。その取極は、他の連合国に追加負担を課することを避けなければならない。また、原材料からの製造が必要とされる場合には、外国為替上の負担を日本国に課さないために、原材料は、当該連合国が供給しなければならない。

2　(I)　次の(II)の規定を留保して、各連合国は、次に掲げるもののすべての財産、権利及び利益でこの条約の最初の効力発生の時にその管轄の下にあるものを差し押え、留置し、清算し、その他何らかの方法で処分する権利を有する。

(a)　日本国及び日本国民

(b)　日本国又は日本国民の代理者又は代行者並びに

(c)　日本国又は日本国民が所有し、又は支配した団体

この(I)に明記する財産、権利及び利益は、現に、封鎖され、若しくは所属を変じており、又は連合国の敵産管理当局の占有若しくは管理に係るもので、これらの資産が当該当局の管理の下におかれた時に前記の(a)、(b)又は(c)に掲げるいずれかの人又は団体に属し、又はこれらのために保有され、若しくは管理されていたものを含む。

(II)　次のものは、前記の(I)に明記する権利から除く。

(i)　日本国が占領した領域以外の連合国の一国の領域に当該政府の許可を得て戦争中に居住した日本の自然人の財産。但し、戦争中に制限を課され、且つ、この条約の最初の効力発生の日にこの制限を解除されない財産を除く。

(ii)　日本国政府が所有し、且つ、外交目的又は領事目的に使用されたすべての不動産、家具及び備品並びに日本国の外交職員又は領事職員が所有したすべての個人の家具及び用具類その他の投資的性質をもたない私有財産で外交機能又は領事機能の遂行に通常必要であつたもの

(iii)　宗教団体又は私的慈善団体に属し、且つ、もつぱら宗教又は慈善の目的に使用した財産

(iv)　関係国と日本国との間における千九百四十五年九月二日後の貿易及び金融の関係の再開の結果として日本国の管轄内にはいつた財産、権利及び利益。但し、当該連合国の法律に反する取引から生じたものを除く。

(v)　日本国若しくは日本国民の債務、日本国に所在する有体財産に関する権利、権原若しくは利益、日本国の法律に基いて組織された企業に関する利益又はこれらについての証書。但し、この例外は、日本国の通貨で表示された日本国及びその国民の債務にのみ適用する。

(III)　前記の例外(i)から(v)までに掲げる財産は、その保存及び管理のために要した合理的な費用が支払われることを条件として、返還しなければならない。これらの財産が清算されているときは、代りに売得金を返還しなければならない。

(IV)　前記の(I)に規定する日本財産を差し押え、留置し、清算し、その他何らかの方法で処分する権利は、当該連合国の法律に従つて行使され、所有者は、これらの法律によつて与えられる権利のみを有する。

(V)　連合国は、日本の商標並びに文学的及び美術的著作権を各国の一般的事情が許す限り日本国に有利に取り扱うことに同意する。

(b)　この条約に別段の定がある場合を除き、連合国は、連合国のすべての賠償請求権、戦争の遂行中に日本国及びその国民がとつた行動から生じた連合国及びその国民の他の請求権並びに占領の直接軍事費に関する連合国の請求権を放棄する。

**第一五条【連合国財産の返還】**(a)　この条約が日本国と当該連合国との間に効力を生じた後九箇月以内に申請があつたときは、日本国は、申請の日から六箇月以内に、日本国にある各連合国及びその国民の有体財産及び無体財産並びに種類のいかんを問わずすべての権利又は利益で、千九百四十一年十二月七日から千九百四十五年九月二日までの間のいずれかの時に日本国内にあつたものを返還する。但し、所有者が強迫又は詐欺によることなく自由にこれらを処分した場合は、この限りでない。この財産は、戦争があつたために課せられたすべての負担及び課金を免除して、その返還のための課金を課さずに返還しなければならない。所有者により若しくは所有者のために又は所有者の政府により所定の期間内に返還が申請されない財産は、日本国政府がその定めるところに従つて処分することができる。この財産が千九百四十一年十二月七日に日本国に所在し、且つ、返還することができず、又は戦争の結果として損傷若しくは損害を受けている場合には、日本国内閣が千九百五十一年七月十三日に決定した連合国財産補償法案の定める条件よりも不利でない条件で補償される。

(b)　戦争中に侵害された工業所有権については、日本国は、千九百四十九年九月一日施行の政令第三百九号、千九百五十年一月二十八日施行の政令第十二号及び千九百五十年二月一日施行の

政令第九号（いずれも改正された現行のものとする。）によりこれまで与えられたところよりも不利でない利益を引き続いて連合国及びその国民に与えるものとする。但し、前記の国民がこれらの政令に定められた期限までにこの利益の許与を申請した場合に限る。

(c)(i) 日本国は、公にされ及び公にされなかつた連合国及びその国民の著作物に関して千九百四十一年十二月六日に日本国に存在した文学的及び美術的著作権がその日以後引き続いて効力を有することを認め、且つ、その日に日本国が当事国であつた条約又は協定が戦争の発生の時又はその時以後日本国又は当該連合国の国内法によつて廃棄され又は停止されたかどうかを問わず、これらの条約及び協定の実施によりその日以後日本国において生じ、又は戦争がなかつたならば生ずるはずであつた権利を承認する。

(ii) 権利者による申請を必要とすることなく、且つ、いかなる手数料の支払又は他のいかなる手続もすることなく、千九百四十一年十二月七日から日本国と当該連合国との間にこの条約が効力を生ずるまでの期間は、これらの権利の通常期間から除算し、また、日本国において翻訳権を取得するために文学的著作物が日本語に翻訳されるべき期間からは、六箇月の期間を追加して除算しなければならない。

**第一六条【非連合国にある日本資産】** 日本国の捕虜であつた間に不当な苦難を被つた連合国軍隊の構成員に償いをする願望の表現として、日本国は、戦争中中立であつた国にある又は連合国のいずれかと戦争していた国にある日本国及びその国民の資産又は、日本国が選択するときは、これらの資産と等価のものを赤十字国際委員会に引き渡すものとし、同委員会は、これらの資産を清算し、且つ、その結果生ずる資金を、同委員会が衡平であると決定する基礎において、捕虜であつた者及びその家族のために、適当な国内機関に対して分配しなければならない。この条約の第十四条(a)2(II)の(ii)から(v)までに掲げる種類の資産は、条約の最初の効力発生の時に日本国に居住しない日本の自然人の資産とともに、引渡しから除外する。またこの条の引渡規定は、日本国の金融機関が現に所有する一万九千七百七十株の国際決済銀行の株式には適用がないものと了解する。

**第一七条【裁判の再審査】** (a) いずれかの連合国の要請があつたときは、日本国政府は、当該連合国の国民の所有権に関係のある事件に関する日本国の捕獲審検所の決定又は命令を国際法に従い再審査して修正し、且つ、行われた決定及び発せられた命令を含めて、これらの事件の記録を構成するすべての文書の写を提供しなければならない。この再審査又は修正の結果、返還すべきことが明らかになつた場合には、第十五条の規定を当該財産に適用する。

(b) 日本国政府は、いずれかの連合国の国民が原告又は被告として事件について充分な陳述ができなかつた訴訟手続において、千九百四十一年十二月七日から日本国と当該連合国との間にこの条約が効力を生ずるまでの期間に日本国の裁判所が行つた裁判を、当該国民が前記の効力発生の後一年以内にいつでも適当な日本国の機関に再審査のため提出することができるようにするために、必要な措置をとらなければならない。日本国政府は、当該国民が前記の裁判の結果損害を受けた場合には、その者をその裁判が行われる前の地位に回復するようにし、又はその者にそれぞれの事情の下において公正且つ衡平な救済が与えられるようにしなければならない。

**第一八条【戦前からの債務】** (a) 戦争状態の介在は、戦争状態の存在前に存在した債務及び契約（債券に関するものを含む。）並びに戦争状態の存在前に取得された権利から生ずる金銭債務で、日本国の政府若しくは国民が連合国の一国の政府若しくは国民に対して、又は連合国の一国の政府若しくは国民が日本国の政府若しくは国民に対して負つているものを支払う義務に影響を及ぼさなかつたものと認める。戦争状態の介在は、また、戦争状態の存在前に財産の滅失若しくは損害又は身体傷害若しくは死亡に関して生じた請求権で、連合国の一国の政府が日本国政府に対して、又は日本国政府が連合国政府のいずれかに対して提起し又は再提起するものの当否を審議する義務に影響を及ぼすものとみなしてはならない。この項の規定は、第十四条によつて与えられる権利を害するものではない。

(b) 日本国は、日本国の戦前の対外債務に関する責任と日本国が責任を負うと後に宣言された団体の債務に関する責任とを確認する。また、日本国は、これらの債務の支払再開に関して債権者とすみやかに交渉を開始し、他の戦前の請求権及び債務に関する交渉を促進し、且つ、これに応じて金額の支払を容易にする意図を表明する。

**第一九条【戦争請求権の放棄】** (a) 日本国は、戦争から生じ、又は戦争状態が存在したためにとられた行動から生じた連合国及びその国民に対する日本国及びその国民のすべての請求権を放棄し、且つ、この条約の効力発生の前に日本国領域におけるいずれかの連合国の軍隊又は当局の存在、職務遂行又は行動から生じたすべての請求権を放棄する。

(b) 前記の放棄には、千九百三十九年九月一日からこの条約の効力発生までの間に日本国の船舶に関していずれかの連合国がとつた行動から生じた請求権並びに連合国の手中にある日本人捕虜及び被抑留者に関して生じた請求権及び債権が含まれる。但し、千九百四十五年九月二日以後いずれかの連合国が制定した法律で特に認められた日本人の請求権を含まない。

(c) 相互放棄を条件として、日本国政府は、また、政府間の請求権及び戦争中に受けた滅失又は損害に関する請求権を含むドイツ及びドイツ国民に対するすべての請求権（債権を含む。）を日本国政府及び日本国民のために放棄する。但し、(a)千九百三十九年九月一日前に締結された契約及び取得された権利に関する請求権並びに(b)千九百四十五年九月二日後に日本国とドイツとの間の貿易及び金融の関係から生じた請求権を除く。この放棄は、この条約の第十六条及び第二十条に従つてとられる行動を害するものではない。

(d) 日本国は、占領期間中に占領当局の指令に基いて若しくはその結果として行われ、又は当時の日本国の法律によつて許可されたすべての作為又は不作為の効力を承認し、連合国民をこの作為又は不作為から生ずる民事又は刑事の責任に問ういかなる行動もとらないものとする。

**第二〇条【ドイツ財産】** 日本国は、千九百四十五年のベルリン会議の議事の議定書に基いてドイツ財産を処分する権利を有する諸国が決定した又は決定する日本国にあるドイツ財産の処分を確実にするために、すべての必要な措置をとり、これらの財産の最終的処分が行われるまで、その保存及び管理について責任を負うものとする。

**第二一条【中国と朝鮮の受益権】** この条約の第二十五条の規定にかかわらず、中国は、第十条及び第十四条(a)2の利益を受ける権利を有し、朝鮮は、この条約の第二条、第四条、第九条及び第十二条の利益を受ける権利を有する。

## 第六章　紛争の解決

**第二二条【条約の解釈】** この条約のいずれかの当事国が特別請求権裁判所への付託又は他の合意された方法で解決されない条約の解釈又は実施に関する紛争が生じたと認めるときは、紛争は、いずれかの紛争当事国の要請により、国際司法裁判所に決定のため付託しなければならない。日本国及びまだ国際司法裁判所規程の当事国でない連合国は、それぞれがこの条約を批准する時に、且つ、千九百四十六年十月十五日の国際連合安全保障理事会の決議に従つて、この条に掲げた性質をもつすべての紛争に関して一般的に同裁判所の管轄権を特別の合意なしに受諾する一般的宣言書を同裁判所書記に寄託するものとする。

## 第七章　最終条項

**第二三条【批准】** (a) この条約は、日本国を含めて、これに署名する国によつて批准されなければならない。この条約は、批准書が日本国により、且つ、主たる占領国としてのアメリカ合衆国を含めて、次の諸国、すなわちオーストラリア、カナダ、セイロン、フランス、インドネシア、オランダ、ニュー・ジーランド、パキスタン、フィリピン、グレート・ブリテン及び北部アイルランド連合王国及びアメリカ合衆国の過半数により寄託された時に、その時に批准しているすべての国に関して効力を生ずる。この条約は、その後これを批准する各国に関しては、その批准書の寄託の日に効力を生ずる。

(b) この条約が日本国の批准書の寄託の日の後九箇月以内に効力を生じなかつたときは、これを批准した国は、日本国の批准書の寄託の日の後三年以内に日本国政府及びアメリカ合衆国政府にその旨を通告して、自国と日本国との間にこの条約の効力を生じさせることができる。

**第二四条【批准書の寄託】** すべての批准書は、アメリカ合衆国政府に寄託しなければならない。同政府は、この寄託、第二十三条(a)に基くこの条約の効力発生の日及びこの条約の第二十三条(b)に基いて行われる通告をすべての署名国に通告する。

**第二五条【連合国の定義】** この条約の適用上、連合国とは、日本国と戦争していた国又は以前に第二十三条に列記する国の領域の一部をなしていたものをいう。但し、各場合に当該国がこの条約に署名し且つこれを批准したことを条件とする。第二十一条の規定を留保して、この条約は、ここに定義された連合国の一国でないいずれの国に対しても、いかなる権利、権原又は利益も与えるものではない。また、日本国のいかなる権利、権原又は利益も、この条約のいかなる規定によつても前記のとおり定義された連合国の一国でない国のために減損され、又は害されるものとみなしてはならない。

**第二六条【二国間の平和条約】** 日本国は、千九百四十二年一月一日の連合国宣言に署名し若しくは加入しており且つ日本国に対して戦争状態にある国又は以前に第二十三条に列記する国の領域の一部をなしていた国で、この条約の署名国でないものと、この条約に定めるところと同一の又は実質的に同一の条件で二国間の平和条約を締結する用意を有すべきものとする。但し、この日本国の義務は、この条約の最初の効力発生の後三年で満了する。日本国が、いずれかの国との間で、この条約で定めるところよりも大きな利益をその国に与える平和処理又は戦争請求権処理を行つたときは、これと同一の利益は、この条約の当事国にも及ぼされなければならない。

**第二七条【条約文の保管】** この条約は、アメリカ合衆国政府の記録に寄託する。同政府は、その認証謄本を各署名国に交付する。

以上の証拠として、下名の全権委員は、この条約に署名した。

千九百五十一年九月八日にサン・フランシスコ市で、ひとしく正文である英語、フランス語及びスペイン語により、並びに日本語により作成した。

### 議定書

下名は、このために正当に権限を与えられて、日本国との平和が回復した時に契約、時効期間及び流通証券の問題並びに保険契約の問題を律するために、次の規定を協定した。

（以下略）

### 宣言

本日署名された平和条約に関して、日本国政府は、次の宣言を行う。

1 この平和条約に別段の定がある場合を除き、日本国は、現に有効なすべての多数国間の国際文書で千九百三十九年九月一日に日本国が当事国であつたものが完全に効力を有することを承認し、且つ、平和条約の最初の効力発生の時にこれらの文書に基くすべての権利及び義務を回復することを宣言する。但し、いずれかの文書の当事国であるために日本国が千九百三十九年九月一日以後加盟国でなくなつた国際機関の加盟国であることを必要とする場合には、この項の規定は、日本国の当該機関への再加盟をまつて効力を生ずるものとする。

2 日本国政府は、実行可能な最短期間内に、且つ、平和条約の最初の効力発生の後一年以内に、次の国際文書に正式に加入する意思を有する。

(1) 千九百十二年一月二十三日、千九百二十五年二月十一日、千九百二十五年二月十九日、千九百三十一年七月十三日、千九百三十一年十一月二十七日及び千九百三十六年六月二十六日の麻薬に関する協定、条約及び議定書を改正する千九百四十六年十二月十一日にレーク・サクセスで署名のために開放された議定書

(2) 千九百四十六年十二月十一日にレーク・サクセスで署名された議定書によつて改正された麻薬の製造制限及び分配取締に関する千九百三十一年七月十三日の条約の範囲外の薬品を国際統制の下におく千九百四十八年十一月十九日にパリで署名のために開放された議定書

(3) 千九百二十七年九月二十六日にジュネーヴで署名された外国の仲裁判決の執行に関する国際条約

(4) 千九百二十八年十二月十四日にジュネーヴで署名された経済統計に関する国際条約及び議定書並びに千九百二十八年の経済統計に関する国際条約を改正する千九百四十八年十二月九日にパリで署名された議定書

(5) 千九百二十三年十一月三日にジュネーヴで署名された税関手続の簡易化に関する国際条約及び署名議定書

(6) 千九百十一年六月二日にワシントンで、千九百二十五年十一月六日にヘーグで、及び千九百三十四年六月二日にロンドンで修正された貨物の原産地虚偽表示の防止に関する千八百九十一年四月十四日のマドリッド協定

(7) 千九百二十九年十月十二日にワルソーで署名された国際航空運送についてのある規則の統一に関する条約及び追加議定書

(8) 千九百四十八年六月十日にロンドンで署名のために開放された海上における人命の安全に関する条約

(9) 千九百四十九年八月十二日の戦争犠牲者の保護に関するジュネーヴ諸条約

3　日本国政府は、また、平和条約の最初の効力発生の後六箇月以内に、(a)千九百四十四年十二月七日にシカゴで署名のために開放された国際民間航空条約への参加の承認を申請し、且つ、日本国がその条約の当事国となつた後なるべくすみやかに、同じく千九百四十四年十二月七日にシカゴで署名のために開放された国際航空業務通過協定を受諾し、及び(b)千九百四十七年十月十一日にワシントンで署名のために開放された世界気象機関条約への参加の承認を申請する意思を有する。

(以下略)

## 2　日ソ共同宣言

(日本国とソヴィエト社会主義共和国連邦との共同宣言)

署　名　一九五六年一〇月一九日(モスクワ)
効力発生　一九五六年一二月一二日(日本国―同年一二月五日国会承認、一二月七日内閣批准、一二月八日批准書認証、一二月一二日批准書交換、同日公布・条約二〇号)

相互理解と協力のふん囲気のうちに行われた交渉を通じて、日本国とソヴィエト社会主義共和国連邦との相互関係について隔意のない広範な意見の交換が行われた。日本国及びソヴィエト社会主義共和国連邦は、両国間の外交関係の回復が極東における平和及び安全の利益に合致する両国間の理解と協力との発展に役だつものであることについて完全に意見が一致した。

日本国及びソヴィエト社会主義共和国連邦の全権団の間で行われたこの交渉の結果、次の合意が成立した。

1　日本国とソヴィエト社会主義共和国連邦との間の戦争状態は、この宣言が効力を生ずる日に終了し、両国の間に平和及び友好善隣関係が回復される。

2　日本国とソヴィエト社会主義共和国連邦との間に外交及び領事関係が回復される。両国は、大使の資格を有する外交使節を遅滞なく交換するものとする。また、両国は、外交機関を通じて、両国内におけるそれぞれの領事館の開設の問題を処理するものとする。

3　日本国及びソヴィエト社会主義共和国連邦は、相互の関係において、国際連合憲章の諸原則、なかんずく同憲章第二条に掲げる次の原則を指針とすべきことを確認する。

(a)　その国際紛争を、平和的手段によつて、国際の平和及び安全並びに正義を危くしないように、解決すること。

(b)　その国際関係において、武力による威嚇又は武力の行使は、いかなる国の領土保全又は政治的独立に対するものも、また、国際連合の目的と両立しない他のいかなる方法によるものも慎むこと。

日本国及びソヴィエト社会主義共和国連邦は、それぞれ他方の国が国際連合憲章第五十一条に掲げる個別的又は集団的自衛の固有の権利を有することを確認する。

日本国及びソヴィエト社会主義共和国連邦は、経済的、政治的又は思想的のいかなる理由であるとを問わず、直接間接に一方の国が他方の国の国内事項に干渉しないことを、相互に、約束する。

4　ソヴィエト社会主義共和国連邦は、国際連合への加入に関する日本国の申請を支持するものとする。

5　ソヴィエト社会主義共和国連邦において有罪の判決を受けたすべての日本人は、この共同宣言の効力発生とともに釈放され、日本国へ送還されるものとする。

また、ソヴィエト社会主義共和国連邦は、日本国の要請に基いて、消息不明の日本人について引き続き調査を行うものとする。

6　ソヴィエト社会主義共和国連邦は、日本国に対し一切の賠償請求権を放棄する。

日本国及びソヴィエト社会主義共和国連邦は、千九百四十五年八月九日以来の戦争の結果として生じたそれぞれの国、その団体及び国民のそれぞれ他方の国、その団体及び国民に対するすべての請求権を、相互に、放棄する。

7　日本国及びソヴィエト社会主義共和国連邦は、その貿易、海運その他の通商の関係を安定したかつ友好的な基礎の上に置くために、条約又は協定を締結するための交渉をできる限りすみやかに開始することに同意する。

8　千九百五十六年五月十四日にモスクワで署名された北西太平洋の公海における漁業に関する日本国とソヴィエト社会主義共和国連邦との間の条約及び海上において遭難した人の救助のための協力に関する日本国とソヴィエト社会主義共和国連邦との間の協定は、この宣言の効力発生と同時に効力を生ずる。

日本国及びソヴィエト社会主義共和国連邦は、魚類その他の海洋生物資源の保存及び合理的利用に関して日本国及びソヴィエト社会主義共和国連邦が有する利害関係を考慮し、協力の精神をもつて、漁業資源の保存及び発展並びに公海における漁猟の規制及び制限のための措置を執るものとする。

9　日本国及びソヴィエト社会主義共和国連邦は、両国間に正常な外交関係が回復された後、平和条約の締結に関する交渉を継続することに同意する。

ソヴィエト社会主義共和国連邦は、日本国の要望にこたえかつ日本国の利益を考慮して、歯舞群島及び色丹島を日本国に引き渡す((露) передать)ことに同意する。ただし、これらの諸島は、日本国とソヴィエト社会主義共和国連邦との間の平和条約が締結された後に現実に引き渡されるものとする。

10　この共同宣言は、批准されなければならない。この共同宣言は、批准書の交換の日に効力を生ずる。批准書の交換は、できる限りすみやかに東京で行われなければならない。

以上の証拠として、下名の全権委員は、この共同宣言に署名した。

### 交換公文〔鳩山―ブルガーニン〕

書簡をもつて啓上いたします。

日ソ両国間に恒久的の友好関係を樹立するため、すみやかに両国間の国交正常化を図ることは、本大臣のかねて抱懐する念願であること、閣下の承知せられるとおりであります。

本大臣は、今日に至るまでの両国間の交渉経緯にかんがみ、この際領土問題に関する交渉は後日継続して行うことを条件とし、まず㈠両国間の戦争状態終了、㈡大使館の相互設置、㈢抑留者の即時送還、㈣漁業条約の発効及び㈤日本国の国際連合加盟に対するソ連邦の支持の五点について、あらかじめソ連邦の同意を表明せられるにおいては、両国間の国交正常化を実現するため交渉に入る用意がある旨を通報いたします。

前記の五条件については、在東京貴国漁業代表部首席チフヴィンスキー氏より河野農林大臣及び高碕国務大臣との数回にわたる非公式会談において、ソ連邦政府としては同意である旨の意思表示が行われました。

本大臣は、前記非公式会談においてチフヴィンスキー氏の表明したとおり、ソ連邦政府が前記の五条件を受諾する用意がある旨の閣下の文書による確認を入手しうれば幸甚とするものであります。閣下による右の確認を接受する場合は、日本国政府はすみやかにモスコーにおいて交渉を再開する用意があります。なお右の交渉においては、従来のロンドン及びモスコーにおける交渉当事者間の妥結事項もできうる限り採択せらるべきことを希望するものであります。

本大臣は、以上を申し進めるに際し、ここに閣下に向つて敬意を表します。

昭和三十一年九月十一日

日本国総理大臣　鳩山一郎

ソヴィエト社会主義共和国連邦閣僚会議議長
エヌ・ア・ブルガーニン閣下

書簡をもつて啓上いたします。

本議長は、貴総理大臣が日ソ交渉を直ちにモスクワにおいて再開すべき日本国政府の用意を表明せられ、かつ、両国間の関係の正常化に関するソヴィエト連邦政府の同意の確認を要請された千九百五十六年九月十一日付の貴簡を受領したことを通報する光栄を有します。

ソヴィエト政府は、両国が相互にあらかじめ討議してきた次の事項から生ずる貴簡に述べられた考慮に即応して、この際平和条約を締結することなく、日ソ関係の正常化に関する交渉をモスクワにおいて再開する同政府の用意を確認するものであります。

1　ソヴィエト社会主義共和国連邦と日本国との間の戦争状態の終結の宣明
2　外交関係の回復及び大使館の相互設置
3　ソヴィエト社会主義共和国連邦において刑を宣告されたすべての日本国民の釈放及び送還
4　千九百五十六年五月十四日に署名された漁業条約の効力発生
5　国際連合加盟に関する日本国の要請の支持

なお、本議長は、ロンドン及びモスクワにおける交渉の過程において合意に到達した諸点に関する貴要望に関しては、双方がこれらの諸点に関し意見を交換することができるものと考えるものであります。

本議長は、以上を申し進めるに際し、ここに閣下に向つて敬意を表します。

千九百五十六年九月十三日モスクワにおいて

ソヴィエト社会主義共和国連邦閣僚会議議長
ニコライ・ブルガーニン

日本国総理大臣　鳩山一郎閣下

### 交換書簡〔松本―グロムイコ〕

書簡をもつて啓上いたします。

本全権は、千九百五十六年九月十一日付鳩山総理大臣の書簡とこれに対する同年九月十三日付ブルガーニン議長の返簡に言及し、次のとおり申し述べる光栄を有します。

前記鳩山総理大臣の書簡に明らかにせられたとおり、日本国政府は、現在は、平和条約を締結することなく、日ソ関係の正常化に関し、モスクワにて交渉に入る用意がある次第でありますが、この交渉の結果外交関係が再開せられた後といえども、日本国政府は、日ソ両国の関係が、領土問題をも含む正式の平和条約の基礎の下に、より確固たるものに発展することがきわめて望ましいものであると考える次第であります。

これに関連して、日本国政府は、領土問題を含む平和条約締結に関する交渉は両国間の正常な外交関係の再開後に継続せられるものと了解するものであります。

鳩山総理大臣の書簡により交渉に入るに当り、この点についてソ連邦政府においても同様の意図を有せられることをあらかじめ確認しうれば幸甚に存ずる次第であります。

本全権は、以上を申し進めるに際し、ここに閣下に向つて敬意を表します。

千九百五十六年九月二十九日

日本国政府全権委員　松本俊一

ソヴィエト社会主義共和国連邦第一外務次官
ア・ア・グロムイコ閣下

書簡をもつて啓上いたします。

本次官は、千九百五十六年九月二十九日付の閣下の次のとおりの書簡を受領したことを確認する光栄を有します。

（日本側書簡略）

これに関連して本次官は、ソヴィエト社会主義共和国連邦政府の委任により、次のとおり申し述べる光栄を有します。すなわち、ソヴィエト政府は、前記の日本国政府の見解を了承し、両国間の正常な外交関係が再開された後、領土問題をも含む平和条約締結に関する交渉を継続することに同意することを言明します。

本次官は、以上を申し進めるに際し、閣下に向つて敬意を表します。

千九百五十六年九月二十九日モスクワにおいて

ソヴィエト社会主義共和国連邦第一外務次官
ア・ア・グロムイコ

日本国政府全権委員　松本俊一閣下

# 3　日韓条約

## (1)　日韓基本関係条約

（日本国と大韓民国との間の基本関係に関する条約）

署　　名　一九六五年六月二二日（東京）
効力発生　一九六五年一二月一八日（日本国―同年一二月一一日国会承認、一二月一四日内閣批准、同日批准書認証、一二月一八日批准書交換、同日公布・条約二五号）

日本国及び大韓民国は、

両国民間の関係の歴史的背景と、善隣関係及び主権の相互尊重の原則に基づく両国間の関係の正常化に対する相互の希望とを考慮し、

両国の相互の福祉及び共通の利益の増進のため並びに国際の平和及び安全の維持のために、両国が国際連合憲章の原則に適合して緊密に協力することが重要であることを認め、

千九百五十一年九月八日にサン・フランシスコ市で署名された日本国との平和条約の関係規定及び千九百四十八年十二月十二日に国際連合総会で採択された決議第百九十五号(Ⅲ)を想起し、

この基本関係に関する条約を締結することに決定し、よつて、その全権委員として次のとおり任命した。（全権委員名略）

これらの全権委員は、互いにその全権委任状を示し、それが良好妥当であると認められた後、次の諸条を協定した。

**第一条【外交及び領事関係】**　両締約国間に外交及び領事関係が開設される。両締約国は、大使の資格を有する外交使節を遅滞なく交換するものとする。また、両締約国は、両国政府により合意される場所に領事館を設置する。

**第二条【旧条約の効力】**　千九百十年八月二十二日以前に大日本帝国と大韓帝国との間で締結されたすべての条約及び協定は、もはや(already)無効であることが確認される。

**第三条【韓国政府の地位】**　大韓民国政府は、国際連合総会決議第百九十五号(Ⅲ)に明らかに示されているとおりの朝鮮にある唯一の合法的な政府であることが確認される。

**第四条【国連憲章の原則の尊重】**(a)　両締約国は、相互の関係において、国際連合憲章の原則を指針とするものとする。

(b)　両締約国は、その相互の福祉及び共通の利益を増進するに当たつて、国際連合憲章の原則に適合して協力するものとする。

**第五条【貿易、海運、通商等に関する協定の締結】**　両締約国は、その貿易、海運その他の通商の関係を安定した、かつ、友好的な基礎の上に置くために、条約又は協定を締結するための交渉を実行可能な限りすみやかに開始するものとする。

**第六条【航空協定の締結】**　両締約国は、民間航空運送に関する協定を締結するための交渉を実行可能な限りすみやかに開始するものとする。

**第七条【批准】**　この条約は、批准されなければならない。批准書は、できる限りすみやかにソウルで交換されるものとする。この条約は、批准書の交換の日に効力を生ずる。

以上の証拠として、それぞれの全権委員は、この条約に署名調印した。

千九百六十五年六月二十二日に東京で、ひとしく正文である日本語、韓国語及び英語により本書二通を作成した。解釈に相違がある場合には、英語の本文による。

## (2)　日韓請求権協定

（財産及び請求権に関する問題の解決並びに経済協力に関する日本国と大韓民国との間の協定）

署　　名　一九六五年六月二二日（東京）
効力発生　一九六五年一二月一八日（日本国―同年一二月一一日国会承認、一二月一四日内閣批准、同日批准書認証、一二月一八日批准書交換、同日公布・条約二七号）

日本国及び大韓民国は、

両国及びその国民の財産並びに両国及びその国民の間の請求権に関する問題を解決することを希望し、

両国間の経済協力を増進することを希望して、

次のとおり協定した。

**第一条【経済協力】**　1　日本国は、大韓民国に対し、

(a)　現在において千八十億円（一〇八、〇〇〇、〇〇〇、〇〇〇円）に換算される三億合衆国ドル（三〇〇、〇〇〇、〇〇〇ドル）に等しい円の価値を有する日本国の生産物及び日本人の役務を、この協定の効力発生の日から十年の期間にわたつて無償で供与するものとする。各年における生産物及び役務の供与は、現在において百八億円（一〇、八〇〇、〇〇〇、〇〇〇円）に換算される三千万合衆国ドル（三〇、〇〇〇、〇〇〇ドル）に等しい円の額を限度とし、各年における供与がこの額に達しなかつたときは、その残額は、次年以降の供与額に加算されるものとする。ただし、各年の供与の限度額は、両締約国政府の合意により増額されることができる。

(b)　現在において七百二十億円（七二、〇〇〇、〇〇〇、〇〇〇円）に換算される二億合衆国ドル（二〇〇、〇〇〇、〇〇〇ドル）に等しい円の額に達するまでの長期低利の貸付けで、大韓民国政府が要請し、かつ、3の規定に基づいて締結される取極に従つて決定される事業の実施に必要な日本国の生産物及び日本人の役務の大韓民国による調達に充てられるものをこの協定の効力発生の日から十年の期間にわたつて行なうものとする。この貸付けは、日本国の海外経済協力基金により行なわれるものとし、日本国政府は、同基金がこの貸付けを各年において均等に行ないうるために必要とする資金を確保することができるように、必要な措置を執るものとする。

前記の供与及び貸付けは、大韓民国の経済の発展に役立つものでなければならない。

2　両締約国政府は、この条の規定の実施に関する事項について勧告を行なう権限を有する両政府間の協議機関として、両政府の代表者で構成される合同委員会を設置する。

3　両締約国政府は、この条の規定の実施のため、必要な取極を締結するものとする。

**第二条【財産・請求権―問題の解決】** 1 両締約国は、両締約国及びその国民(法人を含む。)の財産、権利及び利益並びに両締約国及びその国民の間の請求権((韓)청구권)に関する問題が、千九百五十一年九月八日にサン・フランシスコ市で署名された日本国との平和条約第四条(a)に規定されたものを含めて、完全かつ最終的に解決されたこととなる((韓)완전히 그리고 최종적으로 해결된 것이 된다)ことを確認する。

2 この条の規定は、次のもの(この協定の署名の日までにそれぞれの締約国が執つた特別の措置の対象となつたものを除く。)に影響を及ぼすものではない。

(a) 一方の締約国の国民で千九百四十七年八月十五日からこの協定の署名の日までの間に他方の締約国に居住したことがあるものの財産、権利及び利益

(b) 一方の締約国及びその国民の財産、権利及び利益であつて千九百四十五年八月十五日以後における通常の接触の過程において取得され又は他方の締約国の管轄の下にはいつたもの

3 2の規定に従うことを条件として、一方の締約国及びその国民の財産、権利及び利益であつてこの協定の署名の日に他方の締約国の管轄の下にあるものに対する措置並びに一方の締約国及びその国民の他方の締約国及びその国民に対するすべての請求権であつて同日以前に生じた事由に基づくものに関しては、いかなる主張もすることができないものとする。

**第三条【紛争の解決】** 1 この協定の解釈及び実施に関する両締約国間の紛争は、まず、外交上の経路を通じて解決するものとする。

2 1の規定により解決することができなかつた紛争は、いずれか一方の締約国の政府が他方の締約国の政府から紛争の仲裁を要請する公文を受領した日から三十日の期間内に各締約国政府が任命する各一人の仲裁委員と、こうして選定された二人の仲裁委員が当該期間の後の三十日の期間内に合意する第三の仲裁委員又は当該期間内にその二人の仲裁委員が合意する第三国の政府が指名する第三の仲裁委員との三人の仲裁委員からなる仲裁委員会に決定のため付託するものとする。ただし、第三の仲裁委員は、両締約国のうちいずれかの国民であつてはならない。

3 いずれか一方の締約国の政府が当該期間内に仲裁委員を任命しなかつたとき、又は第三の仲裁委員若しくは第三国について当該期間内に合意されなかつたときは、仲裁委員会は、両締約国政府のそれぞれが三十日の期間内に選定する国の政府が指名する各一人の仲裁委員とそれらの政府が協議により決定する第三国の政府が指名する第三の仲裁委員をもつて構成されるものとする。

4 両締約国政府は、この条の規定に基づく仲裁委員会の決定に服するものとする。

**第四条【批准】** この協定は、批准されなければならない。批准書は、できる限りすみやかにソウルで交換されるものとする。この協定は、批准書の交換の日に効力を生ずる。

**第一議定書** (略)

**第二議定書** (略)

## 財産及び請求権に関する問題の解決並びに経済協力に関する日本国と大韓民国との間の協定についての合意された議事録(抄)

署名 一九六五年六月二二日(東京)
(日本国―一二月一八日外務省告示二五六号)

日本国政府代表及び大韓民国政府代表は、本日署名された財産及び請求権に関する問題の解決並びに経済協力に関する日本国と大韓民国との間の協定(以下「協定」という。)及び関連文書に関して次の了解に到達した。

1 協定第一条1に関し、

日本国が供与する生産物及び役務は、日本国内において営利目的のために使用されることはないことに意見の一致をみた。

2 協定第二条に関し、

(a) 「財産、権利及び利益」とは、法律上の根拠に基づき財産的価値を認められるすべての種類の実体的権利をいうことが了解された。

(b) 「特別の措置」とは、日本国については、第二次世界大戦の戦闘状態の終結の結果として生じた事態に対処して、千九百四十五年八月十五日以後日本国において執られた戦後処理のためのすべての措置(千九百五十一年九月八日にサン・フランシスコ市で署名された日本国との平和条約第四条(a)の規定に基づく特別取極を考慮して執られた措置を含む。)をいうことが了解された。

(c) 「居住した」とは、同条2(a)に掲げる期間内のいずれかの時までその国に引き続き一年以上在住したことをいうことが了解された。

(d) 「通常の接触」には、第二次世界大戦の戦闘状態の終結の結果として一方の国の国民で他方の国から引き揚げたもの(支店閉鎖を行なつた法人を含む。)の引揚げの時までの間の他方の国の国民との取引等、終戦後に生じた特殊な状態の下における接触を含まないことが了解された。

(e) 同条3により執られる措置は、同条1にいう両国及びその国民の財産、権利及び利益並びに両国及びその国民の間の請求権に関する問題の解決のために執られるべきそれぞれの国の国内措置をいうことに意見の一致をみた。

(f) 韓国側代表は、第二次世界大戦の戦闘状態の終結後千九百四十七年八月十五日前に帰国した韓国国民が日本国において所有する不動産について慎重な考慮が払われるよう希望を表明し、日本側代表は、これに対して、慎重に検討する旨を答えた。

(g) 同条1にいう完全かつ最終的に解決されたこととなる両国及びその国民の財産、権利及び利益並びに両国及びその国民の間の請求権に関する問題には、日韓会談において韓国側から提出された「韓国の対日請求要綱」(いわゆる八項目)の範囲に属するすべての請求が含まれており、したがつて、同対日請求要綱に関しては、いかなる主張もなしえないこととなることが確認された。

(h) 同条1にいう完全かつ最終的に解決されたこととなる両国及びその国民の財産、権利及び利益並びに両国及びその国民

の間の請求権に関する問題には、この協定の署名の日までに大韓民国による日本漁船のだ捕から生じたすべての請求権が含まれており、したがつて、それらのすべての請求権は、大韓民国政府に対して主張しえないこととなることが確認された。

3　協定第三条に関し、

同条3にいう両国政府のそれぞれが選定する国及びそれらの国の政府が協議により決定する第三国は、日本国及び大韓民国の双方と外交関係を有する国のうちから選ばれるものとすることに意見の一致をみた。

4　第一議定書第二条1に関し、

(a)　韓国側代表は、協定第一条1の規定に基づく供与又は貸付けにより行なわれる事業の遂行上必要であると予想される大韓民国の国内資金を確保するため、大韓民国は、日本国政府が一億五千万合衆国ドルに等しい円の額をこえる資本財以外の生産物を供与することを期待する旨を述べ、日本側代表は、これに対し考慮を払う用意がある旨を答えた。

(b)　日本国が供与する生産物は、武器及び弾薬を含まないものとすることに意見の一致をみた。

5−8（略）

千九百六十五年六月二十二日に東京で

**参考　日韓請求権協定措置法**（関係国内法34参照九四八頁）

## (3)　日韓法的地位協定

（日本国に居住する大韓民国国民の法的地位及び待遇に関する日本国と大韓民国との間の協定）

署　名　一九六五年六月二二日（東京）

効力発生　一九六六年一月一七日（日本国―六五年一二月一一日国会承認、一二月一四日内閣批准、同日批准書認証、一二月一八日批准書交換、同日公布・条約二八号）



日本国及び大韓民国は、

多年の間日本国に居住している大韓民国国民が日本国の社会と特別な関係を有するに至つていることを考慮し、

これらの大韓民国国民が日本国の社会秩序の下で安定した生活を営むことができるようにすることが、両国間及び両国民間の友好関係の増進に寄与することを認めて、

次のとおり協定した。

**第一条【協定永住】**1　日本国政府は、次のいずれかに該当する大韓民国国民が、この協定の実施のため日本国政府の定める手続に従い、この協定の効力発生の日から五年以内に永住許可の申請をしたときは、日本国で永住することを許可する。

(a)　千九百四十五年八月十五日以前から申請の時まで引き続き日本国に居住している者

(b)　(a)に該当する者の直系卑属として千九百四十五年八月十六日以後この協定の効力発生の日から五年以内に日本国で出生し、その後申請の時まで引き続き日本国に居住している者

2　日本国政府は、1の規定に従い日本国で永住することを許可されている者の子としてこの協定の効力発生の日から五年を経過した後に日本国で出生した大韓民国国民が、この協定の実施のため日本国政府の定める手続に従い、その出生の日から六十日以内に永住許可の申請をしたときは、日本国で永住することを許可する。

3　1(b)に該当する者でこの協定の効力発生の日から四年十箇月を経過した後に出生したものの永住許可の申請期限は、1の規定にかかわらず、その出生の日から六十日までとする。

4　前記の申請及び許可については、手数料は、徴収されない。

**第二条【協議】**1　日本国政府は、第一条の規定に従い日本国で永住することを許可されている者の直系卑属として日本国で出生した大韓民国国民の日本国における居住については、大韓民国政府の要請があれば、この協定の効力発生の日から二十五年を経過するまでは協議を行なうことに同意する。

2　1の協議に当たつては、この協定の基礎となつている精神及び目的が尊重されるものとする。

**第三条【退去強制】**第一条の規定に従い日本国で永住することを許可されている大韓民国国民は、この協定の効力発生の日以後の行為により次のいずれかに該当することとなつた場合を除くほか、日本国からの退去を強制されない。

(a)　日本国において内乱に関する罪又は外患に関する罪により禁錮以上の刑に処せられた者（執行猶予の言渡しを受けた者及び内乱に附和随行したことにより刑に処せられた者を除く。）

(b)　日本国において国交に関する罪により禁錮以上の刑に処せられた者及び外国の元首、外交使節又はその公館に対する犯罪行為により禁錮以上の刑に処せられ、日本国の外交上の重大な利益を害した者

(c)　営利の目的をもつて麻薬類の取締りに関する日本国の法令に違反して無期又は三年以上の懲役又は禁錮に処せられた者（執行猶予の言渡しを受けた者を除く。）及び麻薬類の取締りに関する日本国の法令に違反して三回（ただし、この協定の効力発生の日の前の行為により三回以上刑に処せられた者については二回）以上刑に処せられた者

(d)　日本国の法令に違反して無期又は七年をこえる懲役又は禁錮に処せられた者

**第四条【社会保障等への考慮】**日本国政府は、次に掲げる事項について、妥当な考慮を払うものとする。

(a)　第一条の規定に従い日本国で永住することを許可されている大韓民国国民に対する日本国における教育、生活保護及び国民健康保険に関する事項

(b)　第一条の規定に従い日本国で永住することを許可されている大韓民国国民（同条の規定に従い永住許可の申請をする資格を有している者を含む。）が日本国で永住する意思を放棄して大韓民国に帰国する場合における財産の携行及び資金の大韓民国への送金に関する事項

**第五条【法令の適用】**第一条の規定に従い日本国で永住することを許可されている大韓民国国民は、出入国及び居住を含むすべての事項に関し、この協定で特に定める場合を除くほか、すべての外国人に同様に適用される日本国の法令の適用を受ける

ことが確認される。

**第六条【批准】** この協定は、批准されなければならない。批准書は、できる限りすみやかにソウルで交換されるものとする。この協定は、批准書の交換の日の後三十日で効力を生ずる。

## (4)　日韓紛争解決交換公文

(紛争の解決に関する交換公文)

公　布　一九六五年一二月一八日(同日公布・条約三〇号)

**(韓国側書簡)**

書簡をもつて啓上いたします。本長官は、両国政府の代表の間で到達された次の了解を確認する光栄を有します。

両国政府は、別段の合意がある場合を除くほか、両国間の紛争は、まず、外交上の経路を通じて解決するものとし、これにより解決することができなかつた場合は、両国政府が合意する手続に従い、調停によつて解決を図るものとする。

本長官は、さらに、閣下が前記の了解を日本国政府に代わつて確認されることを希望する光栄を有します。

以上を申し進めるに際し、本長官は、ここに重ねて閣下に向かつて敬意を表します。

千九百六十五年六月二十二日

日本国外務大臣　椎名悦三郎閣下

外務部長官　李東元

**(日本側書簡)**

書簡をもつて啓上いたします。本大臣は、本日付けの閣下の次の書簡を受領したことを確認する光栄を有します。

**(韓国側書簡)**

本大臣は、さらに、前記の了解を日本国政府に代わつて確認する光栄を有します。

以上を申し進めるに際し、本大臣は、ここに重ねて閣下に向かつて敬意を表します。

千九百六十五年六月二十二日

日本国外務大臣　椎名悦三郎

大韓民国外務部長官　李東元閣下

外務大臣臨時代理
内閣総理大臣　佐藤　栄作

内閣総理大臣　佐藤　栄作

## 参考　朝鮮の独立問題に関する決議(国連総会決議三/一九五)(抄) 翻訳

採　択　一九四八年一二月一二日(国連第三回総会)

総会は、

朝鮮の独立問題に関する一九四七年一一月一四日の決議一一二(II)を尊重し、

国際連合朝鮮臨時委員会(以下「臨時委員会」という。)の報告及び臨時委員会との協議に関する総会の中間委員会の報告を考慮し、

臨時委員会の報告に述べられた困難のため一九四七年一一月一四日の決議に定める目的がまだ完全に達成されていないという事実、特に朝鮮の統一がまだ成就されていないという事実に留意し、

1　臨時委員会の報告の結論を承認し、

2　臨時委員会が観察し、及び協議することができたところの、全朝鮮の人民の大多数が居住している朝鮮の部分に対して有効な支配及び管轄権を及ぼしている合法的な政府(大韓民国政府)が樹立されたこと、この政府が、朝鮮のその部分の選挙民の自由意思の有効な表明であり、かつ、臨時委員会が観察した選挙に基づくものであること並びにこの政府が朝鮮における唯一のこの種の政府であることを宣言し、

3—8　(略)

9　加盟国その他の国に対し、それらの国が大韓民国政府と関係を設定するに当たつては、この決議の2に掲げる事実を考慮に入れることを勧告する。

## 4　日朝平壌宣言

署　名　二〇〇二年九月一七日(平壌)

小泉純一郎日本国総理大臣と金正日朝鮮民主主義人民共和国国防委員長は、二〇〇二年九月一七日、平壌(ピョンヤン)で出会い会談を行った。

両首脳は、日朝間の不幸な過去を清算し、懸案事項を解決し、実りある政治、経済、文化的関係を樹立することが、双方の基本利益に合致するとともに、地域の平和と安定に大きく寄与するものとなるとの共通の認識を確認した。

1　双方は、この宣言に示された精神及び基本原則に従い、国交正常化を早期に実現させるため、あらゆる努力を傾注することとし、そのために二〇〇二年一〇月中に日朝国交正常化交渉を再開することとした。

双方は、相互の信頼関係に基づき、国交正常化の実現に至る過程においても、日朝間に存在する諸問題に誠意をもって取り組む強い決意を表明した。

2　日本側は、過去の植民地支配によって、朝鮮の人々に多大の損害と苦痛を与えたという歴史の事実を謙虚に受け止め、痛切な反省と心からのお詫びの気持ちを表明した。

双方は、日本側が朝鮮民主主義人民共和国側に対して、国交正常化の後、双方が適切と考える期間にわたり、無償資金協力、低金利の長期借款供与及び国際機関を通じた人道主義的支援等

の経済協力を実施し、また、民間経済活動を支援する見地から国際協力銀行等による融資、信用供与等が実施されることが、この宣言の精神に合致するとの基本認識の下、国交正常化交渉において、経済協力の具体的な規模と内容を誠実に協議することとした。

双方は、国交正常化を実現するにあたっては、一九四五年八月一五日以前に生じた事由に基づく両国及びその国民のすべての財産及び請求権を相互に放棄するとの基本原則に従い、国交正常化交渉においてこれを具体的に協議することとした。

双方は、在日朝鮮人の地位に関する問題及び文化財の問題については、国交正常化交渉において誠実に協議することとした。

3　双方は、国際法を遵守し、互いの安全を脅かす行動をとらないことを確認した。また、日本国民の生命と安全にかかわる懸案問題については、朝鮮民主主義人民共和国側は、日朝が不正常な関係にある中で生じたこのような遺憾な問題が今後再び生じることがないよう適切な措置をとることを確認した。

4　双方は、北東アジア地域の平和と安定を維持、強化するため、互いに協力していくことを確認した。

双方は、この地域の関係各国の間に、相互の信頼に基づく協力関係が構築されることの重要性を確認するとともに、この地域の関係国間の関係が正常化されるにつれ、地域の信頼醸成を図るための枠組みを整備していくことが重要であるとの認識を一にした。

双方は、朝鮮半島の核問題の包括的な解決のため、関連するすべての国際的合意を遵守することを確認した。また、双方は、核問題及びミサイル問題を含む安全保障上の諸問題に関し、関係諸国間の対話を促進し、問題解決を図ることの必要性を確認した。

朝鮮民主主義人民共和国側は、この宣言の精神に従い、ミサイル発射のモラトリアムを二〇〇三年以降も更に延長していく意向を表明した。

双方は、安全保障にかかわる問題について協議を行っていくこととした。

## 5　日中共同声明

（日本国政府と中華人民共和国政府の共同声明）

一九七二年九月二九日

日本国内閣総理大臣田中角栄は、中華人民共和国国務院総理周恩来の招きにより、千九百七十二年九月二十五日から九月三十日まで、中華人民共和国を訪問した。田中総理大臣には大平正芳外務大臣、二階堂進内閣官房長官及びその他の政府職員が随行した。

毛沢東主席は、九月二十七日に田中角栄総理大臣と会見した。双方は、真剣かつ友好的な話合いを行なった。

田中総理大臣及び大平外務大臣と周恩来総理及び姫鵬飛外交部長は、日中両国間の国交正常化問題をはじめとする両国間の諸問題及び双方が関心を有するその他の諸問題について、終始、友好的な雰囲気のなかで真剣かつ率直に意見を交換し、次の両政府の共同声明を発出することに合意した。

日中両国は、一衣帯水の間にある隣国であり、長い伝統的友好の歴史を有する。両国国民は、両国間にこれまで存在していた不正常な状態に終止符を打つことを切望している。戦争状態の終結と日中国交の正常化という両国国民の願望の実現は、両国関係の歴史に新たな一頁を開くこととなろう。

日本側は、過去において日本国が戦争を通じて中国国民に重大な損害を与えたことについての責任を痛感し、深く反省する。また、日本側は、中華人民共和国政府が提起した「復交三原則」を十分理解する立場に立って国交正常化の実現をはかるという見解を再確認する。中国側は、これを歓迎するものである。

日中両国間には社会制度の相違があるにもかかわらず、両国は、平和友好関係を樹立すべきであり、また、樹立することが可能である。両国間の国交を正常化し、相互に善隣友好関係を発展させることは、両国国民の利益に合致するところであり、また、アジアにおける緊張緩和と世界の平和に貢献するものである。

一　日本国と中華人民共和国との間のこれまでの不正常な状態は、この共同声明が発出される日に終了する。

二　日本国政府は、中華人民共和国政府が中国の唯一の合法政府であることを承認する。

三　中華人民共和国政府は、台湾が中華人民共和国の領土の不可分の一部であることを重ねて表明する。日本国政府は、この中華人民共和国政府の立場を十分理解し、尊重し、ポツダム宣言第八項に基づく立場を堅持する。

四　日本国政府及び中華人民共和国政府は、千九百七十二年九月二十九日から外交関係を樹立することを決定した。両政府は、国際法及び国際慣行に従い、それぞれの首都における他方の大使館の設置及びその任務遂行のために必要なすべての措置をとり、また、できるだけすみやかに大使を交換することを決定した。

五　中華人民共和国政府は、中日両国国民の友好のために、日本国に対する戦争賠償の請求〔（中国語）要求〕を放棄することを宣言する。

六　日本国政府及び中華人民共和国政府は、主権及び領土保全の相互尊重、相互不可侵、内政に対する相互不干渉、平等及び互恵並びに平和共存の諸原則の基礎の上に両国間の恒久的な平和友好関係を確立することに合意する。

両政府は、右の諸原則及び国際連合憲章の原則に基づき、日本国及び中国が、相互の関係において、すべての紛争を平和的手段により解決し、武力又は武力による威嚇に訴えないことを確認する。

七　日中両国間の国交正常化は、第三国に対するものではない。両国のいずれも、アジア・太平洋地域において覇権を求めるべきではなく、このような覇権を確立しようとする他のいかなる国あるいは国の集団による試みにも反対する。

八　日本国政府及び中華人民共和国政府は、両国間の平和友好関係を強固にし、発展させるため、平和友好条約の締結を目的として、交渉を行なうことに合意した。

九　日本国政府及び中華人民共和国政府は、両国間の関係を一層発展させ、人的往来を拡大するため、必要に応じ、また、既存の民間取決めをも考慮しつつ、貿易、海運、航空、漁業等の事項に関する協定の締結を目的として、交渉を行なうことに合意した。

# 参考　日華平和条約
（日本国と中華民国との間の平和条約）

署　名　一九五二年四月二八日（台北）
効力発生　一九五二年八月五日（日本国—同年七月五日国会承認、七月八日内閣批准、七月九日批准書認証、八月五日批准書交換、同日公布・条約一〇号）
失　効　一九七二年九月二九日

日本国及び中華民国は、
その歴史的及び文化的のきずなと地理的の近さとにかんがみ、善隣関係を相互に希望することを考慮し、
その共通の福祉の増進並びに国際の平和及び安全の維持のための緊密な協力が重要であることを思い、
両者の間の戦争状態の存在の結果として生じた諸問題の解決の必要を認め、
平和条約を締結することに決定し、よつて、その全権委員として次のとおり任命した。
日本国政府　河田　烈
中華民国大統領　葉　公超
これらの全権委員は、互にその全権委任状を示し、それが良好妥当であると認められた後、次の諸条を協定した。

**第一条【戦争状態の終了】**日本国と中華民国との間の戦争状態は、この条約が効力を生ずる日に終了する。

**第二条【領土権の放棄】**日本国は、千九百五十一年九月八日にアメリカ合衆国のサン・フランシスコ市で署名された日本国との平和条約（以下「サン・フランシスコ条約」という。）第二条に基き、台湾及び澎湖諸島並びに新南群島及び西沙群島に対するすべての権利、権原及び請求権を放棄したことが承認される。

**第三条【財産及び請求権】**日本国及びその国民の財産で台湾及び澎湖諸島にあるもの並びに日本国及びその国民の請求権〔claims〕（債権を含む。）で台湾及び澎湖諸島における中華民国の当局及びそこの住民に対するものの処理並びに日本国におけるこれらの当局及び住民の財産並びに日本国及びその国民に対するこれらの当局及び住民の請求権（債権を含む。）の処理は、日本国政府と中華民国政府との間の特別取極の主題とする。国民及び住民という語は、この条約で用いるときはいつでも、法人を含む。

**第四条【条約の効力】**千九百四十一年十二月九日前に日本国と中国との間で締結されたすべての条約、協約及び協定は、戦争の結果として無効となつたことが承認される。

**第五条【特権の放棄】**日本国は、サン・フランシスコ条約第十条の規定に基き、千九百一年九月七日に北京で署名された最終議定書並びにこれを補足するすべての附属書、書簡及び文書の規定から生ずるすべての利得及び特権を含む中国におけるすべての特殊の権利及び利益を放棄し、且つ、前記の議定書、附属書、書簡及び文書を日本国に関して廃棄することに同意したことが承認される。

**第六条【国連憲章の遵守】**
(a) 日本国及び中華民国は、相互の関係において、国際連合憲章第二条の原則を指針とするものとする。
(b) 日本国及び中華民国は、国際連合憲章の原則に従つて協力するものとし、特に、経済の分野における友好的協力によりその共通の福祉を増進するものとする。

**第七条【条約の締結】**日本国及び中華民国は、貿易、海運その他の通商の関係を安定した且つ友好的な基礎の上におくために、条約又は協定をできる限りすみやかに締結することに努めるものとする。

**第八条【民間航空運送協定】**日本国及び中華民国は、民間航空運送に関する協定をできる限りすみやかに締結することに努めるものとする。

**第九条【漁業協定】**日本国及び中華民国は、公海における漁猟の規制又は制限並びに漁業の保存及び発展を規定する協定をできる限りすみやかに締結することに努めるものとする。

**第一〇条【中華民国の国民及び法人】**この条約の適用上、中華民国の国民には、台湾及び澎湖諸島のすべての住民及び以前にそこの住民であつた者並びにそれらの子孫で、台湾及び澎湖諸島において中華民国が現に施行し、又は今後施行する法令によつて中国の国籍を有するものを含むものとみなす。また、中華民国の法人には、台湾及び澎湖諸島において中華民国が現に施行し、又は今後施行する法令に基いて登録されるすべての法人を含むものとみなす。

**第一一条【サン・フランシスコ条約の準用】**この条約及びこれを補足する文書に別段の定がある場合を除く外、日本国と中華民国との間に戦争状態の存在の結果として生じた問題は、サン・フランシスコ条約の相当規定に従つて解決するものとする。

**第一二条【紛争の平和的解決】**この条約の解釈又は適用から生ずる紛争は、交渉又は他の平和的手段によつて解決するものとする。

**第一三条【批准、批准書交換、効力発生】**この条約は、批准されなければならない。批准書は、できる限りすみやかに台北で交換されなければならない。この条約は、批准書の交換の日に効力を生ずる。

**第一四条【正文】**この条約は、日本語、中国語及び英語によるものとする。解釈の相違がある場合には、英語の本文による。

## 議定書

本日日本国と中華民国との間の平和条約（以下「この条約」という。）に署名するに当り、下名の全権委員は、この条約の不可分の一部をなす次の条項を協定した。

1　この条約の第十一条の適用は、次の了解に従うものとする。
(a) サン・フランシスコ条約において、期間を定めて、日本国が義務を負い、又は約束をしているときは、いつでも、この期間は、中華民国の領域のいずれの部分に関しても、この条約がこれらの領域の部分に対して適用可能となつた時から直ちに開始する。
(b) 中華民国は、日本国民に対する寛厚と善意の表徴として、サン・フランシスコ条約第十四条(a)1に基き日本国が提供すべき役務の利益を自発的に放棄する。
(c) サン・フランシスコ条約第十一条及び第十八条は、この条約の第十一条の実施から除外する。

2　日本国と中華民国との間の通商及び航海は、次の取極によつて規律する。
(a) 各当事国は、相互に他の当事国の国民、産品及び船舶に対して、次の待遇を与える。
(I) 貨物の輸出及び輸入に対する、又はこれに関連する関

(Ⅱ)　税、課金、制限その他の規制に関する最恵国待遇

(Ⅱ)　海運、航海及び輸入貨物に関する最恵国待遇並びに自然人及び法人並びにその利益に関する最恵国待遇。この待遇には、税金の賦課及び徴収、裁判を受けること、契約の締結及び履行、財産権(無体財産に関するものを含み、鉱業権に関するものを除く。)、法人への参加並びに一般にあらゆる種類の事業活動及び職業活動(金融(保険を含む。)活動及び一方の当事国がその国民にもつぱら留保する活動を除く。)の遂行に関するすべての事項を含むものとする。

(b)　前記の(a)(Ⅱ)に明記する財産権、法人への参加並びに事業活動及び職業活動の遂行に関して、一方の当事国が他方の当事国に対し最恵国待遇を与えることが、実質的に内国民待遇を与えることとなるときは、いつでも、この当事国は、他の当事国が最恵国待遇に基き与える待遇よりも有利な待遇を与える義務を負わない。

(c)　政府の商企業の国外における売買は、商業的考慮にのみ基くものとする。

(d)　この取極の適用上、次のとおり了解する。

(Ⅰ)　中華民国の船舶には、台湾及び澎湖諸島において中華民国が現に施行し、又は今後施行する法令に基き登録されたすべての船舶を含むものとみなす。また、中華民国の産品には、台湾及び澎湖諸島を原産地とするすべての産品を含むものとみなす。

(Ⅱ)　差別的措置であつて、それを適用する当事国の通商条約に通常規定されている例外に基くもの、その当事国の対外的財政状態若しくは国際収支を保護する必要に基くもの(海運及び航海に関するものを除く。)又は重大な安全上の利益を維持する必要に基くものは、事態に相応しており、且つ、ほしいままな又は不合理な方法で適用されない限り、前記の待遇の許与を害するものと認めてはならない。

本項に定める取極は、この条約が効力を生ずる日から一年間効力を有する。

## 交換公文

### (日本国全権委員から中華民国全権委員に宛てた書簡)

第一号

書簡をもつて啓上いたします。本日署名された日本国と中華民国との間の平和条約に関して、本全権委員は、本国政府に代つて、この条約の条項が、中華民国に関しては、中華民国政府の支配下に現にあり、又は今後入るすべての領域に適用がある旨のわれわれの間で達した了解に言及する光栄を有します。

本全権委員は、貴全権委員が前記の了解を確認されれば幸であります。

以上を申し進めるのに際しまして、本全権委員は、貴全権委員に向つて敬意を表します。

千九百五十二年四月二十八日台北において

河田烈

中華民国全権委員　葉公超殿

### (中華民国全権委員から日本国全権委員に宛てた書簡)

第一号

書簡をもつて啓上いたします。本日署名された中華民国と日本国との間の平和条約に関して、本全権委員は、本日付の貴全権委員の次の書簡を受領したことを確認する光栄を有します。

(日本側書簡略)

本全権委員は、本国政府に代つて、ここに回答される貴全権委員の書簡に掲げられた了解を確認する光栄を有します。

以上を申し進めるのに際しまして、本全権委員は、貴全権委員に向つて敬意を表します。

千九百五十二年四月二十八日台北において

葉公超

日本国全権委員　河田烈殿

(交換公文第二号以下略)

## 同意された議事録

一、

中華民国代表

私は、本日交換された書簡の「又は今後入る」という表現は、「及び今後入る」という意味にとることができると了解する。その通りであるか。

日本国代表

然り、その通りである。私は、この条約が中華民国政府の支配下にあるすべての領域に適用があることを確言する。

(二以下略)

## 6　日中平和友好条約

### (日本国と中華人民共和国との間の平和友好条約)

署　　名　一九七八年八月一二日(北京)

効力発生　一九七八年一〇月二三日(日本国―同年一〇月一八日国会承認、一〇月二三日批准書交換、同日公布・条約一九号)

日本国及び中華人民共和国は、

千九百七十二年九月二十九日に北京で日本国政府及び中華人民共和国政府が共同声明を発出して以来、両国政府及び両国民の間の友好関係が新しい基礎の上に大きな発展を遂げていることを満足の意をもつて回顧し、

前記の共同声明が両国間の平和友好関係の基礎となるものであること及び前記の共同声明に示された諸原則が厳格に遵守されるべきことを確認し、

国際連合憲章の原則が十分に尊重されるべきことを確認し、

アジア及び世界の平和及び安定に寄与することを希望し、

両国間の平和友好関係を強固にし、発展させるため、

平和友好条約を締結することに決定し、このため、次のとおり

それぞれ全権委員を任命した。

日本国　外務大臣　園田直

中華人民共和国　外交部長　黄華

これらの全権委員は、互いにその全権委任状を示し、それが良好妥当であると認められた後、次のとおり協定した。

**第一条【平和五原則及び武力不行使】**１　両締約国は、主権及び領土保全の相互尊重、相互不可侵、内政に対する相互不干渉、平等及び互恵並びに平和共存の諸原則の基礎の上に、両国間の恒久的な平和友好関係を発展させるものとする。

２　両締約国は、前記の諸原則及び国際連合憲章の原則に基づき、相互の関係において、すべての紛争を平和的手段により解決し及び武力又は武力による威嚇に訴えないことを確認する。

**第二条【反覇権の原則】**両締約国は、そのいずれも、アジア・太平洋地域においても又は他のいずれの地域においても覇権を求めるべきではなく、また、このような覇権を確立しようとする他のいかなる国又は国の集団による試みにも反対することを表明する。

**第三条【経済・文化・交流関係】**両締約国は、善隣友好の精神に基づき、かつ、平等及び互恵並びに内政に対する相互不干渉の原則に従い、両国間の経済関係及び文化関係の一層の発展並びに両国民の交流の促進のために努力する。

**第四条【第三国関係】**この条約は、第三国との関係に関する各締約国の立場に影響を及ぼすものではない。

**第五条【批准、効力、廃棄】**１　この条約は、批准されるものとし、東京で行われる批准書の交換の日に効力を生ずる。この条約は、十年間効力を有するものとし、その後は、２の規定に定めるところによつて終了するまで効力を存続する。

２　いずれの一方の締約国も、一年前に他方の締約国に対して文書による予告を与えることにより、最初の十年の期間の満了の際又はその後いつでもこの条約を終了させることができる。

## 7　沖縄返還協定

（琉球諸島及び大東諸島に関する日本国とアメリカ合衆国との間の協定）

署　名　一九七一年六月一七日（東京、ワシントン）

効力発生　一九七二年五月一五日（日本国―七一年一二月二二日国会承認、七二年三月一五日批准書交換、三月二一日公布・条約二号）

日本国及びアメリカ合衆国は、

日本国総理大臣及びアメリカ合衆国大統領が、千九百六十九年十一月十九日、二十日及び二十一日に琉球諸島及び大東諸島（同年十一月二十一日に発表された総理大臣と大統領との間の共同声明にいう「沖縄」）の地位について検討し、これらの諸島の日本国への早期復帰を達成するための具体的な取極に関して日本国政府及びアメリカ合衆国政府が直ちに協議に入ることに合意したことに留意し、

両政府がこの協議を行ない、これらの諸島の日本国への復帰が前記の共同声明の基礎の上に行なわれることを再確認したことに留意し、

アメリカ合衆国が、琉球諸島及び大東諸島に関し千九百五十一年九月八日にサン・フランシスコ市で署名された日本国との平和条約第三条の規定に基づくすべての権利及び利益を日本国のために放棄し、これによつて同条に規定するすべての領域におけるアメリカ合衆国のすべての権利及び利益の放棄を完了することを希望することを考慮し、また、

日本国が琉球諸島及び大東諸島の領域及び住民に対する行政、立法及び司法上のすべての権力を行使するための完全な権能及び責任を引き受けることを望むことを考慮し、

よつて、次のとおり協定した。

**第一条【施政権返還】**１　アメリカ合衆国は、２に定義する琉球諸島及び大東諸島に関し、千九百五十一年九月八日にサン・フランシスコ市で署名された日本国との平和条約第三条の規定に基づくすべての権利及び利益を、この協定の効力発生の日から日本国のために放棄する。日本国は、同日に、これらの諸島の領域及び住民に対する行政、立法及び司法上のすべての権力を行使するための完全な権能及び責任を引き受ける。

２　この協定の適用上、「琉球諸島及び大東諸島」とは、行政、立法及び司法上のすべての権力を行使する権利が日本国との平和条約第三条の規定に基づいてアメリカ合衆国に与えられたすべての領土及び領水のうち、そのような権利が千九百五十三年十二月二十四日及び千九百六十八年四月五日に日本国とアメリカ合衆国との間に署名された奄美群島に関する協定並びに南方諸島及びその他の諸島に関する協定に従つてすでに日本国に返還された部分を除いた部分をいう。

**第二条【安保条約等の適用】**日本国とアメリカ合衆国との間に締結された条約及びその他の協定（千九百六十年一月十九日にワシントンで署名された日本国とアメリカ合衆国との間の相互協力及び安全保障条約及びこれに関連する取極並びに千九百五十三年四月二日に東京で署名された日本国とアメリカ合衆国との間の友好通商航海条約を含むが、これらに限られない。）は、この協定の効力発生の日から琉球諸島及び大東諸島に適用されることが確認される。

**第三条【基地の使用】**１　日本国は、千九百六十年一月十九日にワシントンで署名された日本国とアメリカ合衆国との間の相互協力及び安全保障条約及びこれに関連する取極に従い、この協定の効力発生の日に、アメリカ合衆国に対し琉球諸島及び大東諸島における施設及び区域の使用を許す。

２　アメリカ合衆国が１の規定に従つてこの協定の効力発生の日に使用を許される施設及び区域につき、千九百六十年一月十九日に署名された日本国とアメリカ合衆国との間の相互協力及び安全保障条約第六条に基づく施設及び区域並びに日本国における合衆国軍隊の地位に関する協定第四条の規定を適用するにあたり、同条１の「それらが合衆国軍隊に提供された時の状態」とは、当該施設及び区域が合衆国軍隊によつて最初に使用されることとなつた時の状態をいい、また、同条２の「改良」には、この協定の効力発生の日前に加えられた改良を含むことが了解される。

**第四条【請求権の放棄】**１　日本国は、この協定の効力発生の日前に琉球諸島及び大東諸島におけるアメリカ合衆国の軍隊若し

くは当局の存在、職務遂行若しくは行動又はこれらの諸島に影響を及ぼしたアメリカ合衆国の軍隊若しくは当局の存在、職務遂行若しくは行動から生じたアメリカ合衆国及びその国民並びにこれらの諸島の現地当局に対する日本国及びその国民のすべての請求権を放棄する。

2　もつとも、1の放棄には、琉球諸島及び大東諸島の合衆国による施政の期間中に適用されたアメリカ合衆国の法令又はこれらの諸島の現地法令により特に認められる日本国民の請求権の放棄を含まない。アメリカ合衆国政府は、日本国政府との協議のうえ定められる手続に従いこの協定の効力発生の日以後そのような請求権を取り扱いかつ解決するため、正当に権限を与えた職員を琉球諸島及び大東諸島に置くことを許される。

3　アメリカ合衆国政府は、琉球諸島及び大東諸島内の土地であつて合衆国の当局による使用中千九百五十年七月一日前に損害を受け、かつ、千九百六十一年六月三十日後この協定の効力発生の日前にその使用を解除されたものの所有者である日本国民に対し、土地の原状回復のための自発的支払を行なう。この支払は、千九百六十一年七月一日前に使用を解除された土地に対する損害で千九百五十年七月一日前に加えられたものに関する請求につき千九百六十七年の高等弁務官布令第六十号に基づいて行なつた支払に比し均衡を失しないように行なう。

4　日本国は、琉球諸島及び大東諸島の合衆国による施政の期間中に合衆国の当局若しくは現地当局の指令に基づいて若しくはその結果として行なわれ、又は当時の法令によつて許可されたすべての作為又は不作為の効力を承認し、合衆国国民又はこれらの諸島の居住者をこれらの作為又は不作為から生ずる民事又は刑事の責任に問ういかなる行動もとらないものとする。

**第五条【裁判の効力】**1　日本国は、公の秩序又は善良の風俗に反しない限り、琉球諸島及び大東諸島におけるいずれかの裁判所がこの協定の効力発生の日前にした民事の最終的裁判が有効であることを承認し、かつ、その効力を完全に存続させる。

2　日本国は、訴訟当事者の実質的な権利及び地位をいかなる意味においても害することなく、この協定の効力発生の日に琉球諸島及び大東諸島におけるいずれかの裁判所に係属している民事事件について裁判権を引き継ぎ、かつ、引き続き裁判及び執行をする。

3　日本国は、被告人又は被疑者の実質的な権利をいかなる意味においても害することなく、この協定の効力発生の日に琉球諸島及び大東諸島におけるいずれかの裁判所に係属しており又は同日前に手続が開始されていたとしたならば係属していたであろう刑事事件につき、裁判権を引き継ぐものとし、引き続き手続を行ない又は開始することができる。

4　日本国は、琉球諸島及び大東諸島におけるいずれかの裁判所がした刑事の最終的裁判を引き続き執行することができる。

**第六条【国公有財産の移転】**1　琉球電力公社、琉球水道公社及び琉球開発金融公社の財産は、この協定の効力発生の日に日本国政府に移転し、また、これらの公社の権利及び義務は、同政府が同日に日本国の法令に即して引き継ぐ。

2　その他のすべてのアメリカ合衆国政府の財産で、この協定の効力発生の日に琉球諸島及び大東諸島に存在し、かつ、第三条の規定に従つて同日に提供される施設及び区域の外にあるものは、同日に日本国政府に移転する。ただし、この協定の効力発生の日前に関係土地所有者に返還される土地の上にある財産及びアメリカ合衆国政府が日本国政府の同意を得て同日以後においても引き続き所有する財産は、この限りでない。

3　アメリカ合衆国政府が琉球諸島及び大東諸島において埋め立てた土地並びに同政府がこれらの諸島において取得したその他の埋立地であつて、同政府がこの協定の効力発生の日に保有しているものは、同日に日本国政府の財産となる。

4　アメリカ合衆国は、1及び2の規定に従つて日本国政府に移転する財産のある土地に対してこの協定の効力発生の日前に加えられたいかなる変更についても、日本国又は日本国民に補償する義務を負わない。

**第七条【資産等の移転に対する補償】**日本国政府は、合衆国の資産が前条の規定に従つて日本国政府に移転されること、アメリカ合衆国政府が琉球諸島及び大東諸島の日本国への返還を千九百六十九年十一月二十一日の共同声明第八項にいう日本国政府の政策に背馳しないよう実施すること、アメリカ合衆国政府が復帰後に雇用の分野等において余分の費用を負担することとなること等を考慮し、この協定の効力発生の日から五年の期間にわたり、合衆国ドルでアメリカ合衆国政府に対し総額三億二千万合衆国ドル（三二〇、〇〇〇、〇〇〇合衆国ドル）を支払う。日本国政府は、この額のうち、一億合衆国ドル（一〇〇、〇〇〇、〇〇〇合衆国ドル）をこの協定の効力発生の日の後一週間以内に支払い、また、残額を四回の均等年賦でこの協定が効力を生ずる年の後の各年の六月に支払う。

**第八条【VOAの暫定存続】**日本国政府は、アメリカ合衆国政府が、両政府の間に締結される取極に従い、この協定の効力発生の日から五年の期間にわたり、沖縄島におけるヴォイス・オヴ・アメリカ中継局の運営を継続することに同意する。両政府は、この協定の効力発生の日から二年後に沖縄島におけるヴォイス・オヴ・アメリカの将来の運営について協議に入る。

**第九条【批准】**この協定は、批准されなければならず、批准書は、東京で交換されるものとする。この協定は、批准書の交換の日の後二箇月で効力を生ずる。

## 参考　沖縄返還に関する日米共同声明（抜粋）

（佐藤栄作総理大臣とリチャード・M・ニクソン大統領との間の共同声明）

一九六九年一一月二一日

八　総理大臣は、核兵器に対する日本国民の特殊な感情及びこれを背景とする日本政府の政策について詳細に説明した。これに対し、大統領は、深い理解を示し、日米安保条約の事前協議制度に関する米国政府の立場を害することなく、沖縄の返還を、右の日本政府の政策に背馳しないよう実施する旨を総理大臣に確約した。

# 第2節　第二次大戦関係文書

## 1　英米共同宣言

［大西洋憲章］

署　名　一九四一年八月（大西洋上）
（同年八月一四日発表）

**千九百四十一年八月十四日に連合王国総理大臣及びアメリカ合衆国大統領が発表した大西洋憲章として知られる原則宣言**

アメリカ合衆国大統領及び連合王国における皇帝陛下の政府を代表するチャーチル総理大臣は、会合を行なつた後、両者が、世界の一層よい将来に対するその希望の基礎とする各自の国の国政上のある種の共通原則を公にすることは正しいことであると認める。

第一に、両者の国は、領土的たるとその他たるとを問わず、いかなる拡大も求めない。

第二に、両者は、関係国民の自由に表明する希望と一致しない領土的変更の行われることを欲しない。

第三に、両者は、すべての国民に対して、彼等がその下で生活する政体を選択する権利を尊重する。両者は、主権及び自治を強奪された者にそれらが回復されることを希望する。

第四に、両者は、その現に存する義務に対して正当な尊重を払いつつ、大国たると小国たるとを問わず、また、戦勝国たると敗戦国たるとを問わず、すべての国に対して、その経済的繁栄に必要な世界の通商及び原料の均等な解放がなされるよう努力する。

第五に、両者は、改善された労働条件、経済的進歩及び社会保障をすべての者に確保するため、すべての国の間の、経済的分野における完全な協力をつくりだすことを希望する。

第六に、ナチ暴政の最終的破壊の後、両者は、すべての国民に対して、各自の国境内において安全に居住することを可能とし、かつ、すべての国のすべての人類が恐怖及び欠乏から解放されてその生命を全うすることを保障するような平和が確立されることを希望する。

第七に、このような平和は、すべての人類が妨害を受けることなく海洋を航行することを可能ならしめるものでなければならない。

第八に、両者は、世界のすべての国民が、実際的および精神的のいずれの見地からみても、武力の使用の放棄に到達しなければならないと信ずる。陸、海又は空の軍備が、自国の国境外における侵略の脅威を与え又は与えることのある国々において引続き使用される限り、いかなる将来の平和も維持され得ないのであるから、両者は、一層広範かつ恒久的な一般的安全保障制度が確立されるまでは、このような国々の武装解除は欠くことのできないものであると信ずる。両者は、また、平和を愛好する国民のために、恐るべき軍備の負担を軽減する他のすべての実行可能な措置を援助し、かつ、助長する。

フランクリン・D・ルーズヴェルト
ウィンストン・S・チャーチル

## 2　連合国共同宣言

（アメリカ合衆国、グレート・ブリテン及び北部アイルランド連合王国、ソヴィエト社会主義共和国連邦、中華民国、オーストラリア、ベルギー、カナダ、コスタリカ、キューバ、チェコスロヴァキア、ドミニカ共和国、エル・サルヴァドル、ギリシア、グァテマラ、ハイティ、ホンデュラス、インド、ルクセンブルグ、オランダ、ニュー・ジーランド、ニカラグァ、ノールウェー、パナマ、ポーランド、南アフリカ連邦及びユーゴースラヴィアの共同宣言）

署　名　一九四二年一月一日（ワシントン）
効力発生　一九四二年一月一日
当事国　四七

この宣言の署名国政府は、大西洋憲章として知られる千九百四十一年八月十四日付のアメリカ合衆国大統領並びにグレート・ブリテン及び北部アイルランド連合王国総理大臣の共同宣言に包含された目的及び原則に関する共同綱領書に賛意を表し、

各政府の敵国に対する完全な勝利が、生命、自由、独立及び宗教的自由を擁護するため並びに自国の領土及び他国の領土において人類の権利及び正義を保持するために欠くことのできないものであること並びに、これらの政府が、世界を征服しようと努めている野蛮で獣的な軍隊に対する共同の闘争に現に従事していることを確信し、次のとおり宣言する。

(1)　各政府は、三国条約の締約国及びその条約の加入国でその政府が戦争を行っているものに対し、その政府の軍事的又は経済的な全部の資源を使用することを誓約する。

(2)　各政府は、この宣言の署名国政府と協力すること及び敵国と単独の休戦又は講和を行わないことを誓約する。

この宣言は、ヒトラー主義に対する勝利のための闘争において物質的援助及び貢献をしている又はすることのある他の国が加入することができる。

## 3　カイロ宣言

署　名　一九四三年一一月二七日（カイロ）

ローズヴェルト大統領、蒋介石総統及びチャーチル総理大臣は、各自の軍事及び外交顧問とともに北アフリカで会議を終了し、次の一般的声明を発した。

「各軍事使節は、日本国に対する将来の軍事行動を協定した。三大同盟国は、海路、陸路及び空路によつて野蛮な敵国に仮

借のない圧力を加える決意を表明した。この圧力は、既に増大しつつある。

三大同盟国は、日本国の侵略を制止し罰するため、今次の戦争を行つている。

同盟国は、自国のためには利得も求めず、また領土拡張の念も有しない。

同盟国の目的は、千九百十四年の第一次世界戦争の開始以後に日本国が奪取し又は占領した太平洋におけるすべての島を日本国からはく奪すること、並びに満洲、台湾及び澎湖島のような日本国が清国人から盗取したすべての地域を中華民国に返還することにある。

日本国は、また、暴力及び強慾により日本国が略取した他のすべての地域から駆逐される。

前記の三大国は、朝鮮の人民の奴隷状態に留意し、やがて朝鮮を自由独立のものにする決意を有する。

以上の目的で、三同盟国は、同盟諸国中の日本国と交戦中の諸国と協調し、日本国の無条件降伏をもたらすのに必要な重大で長期間の行動を続行する。」

## 4　ヤルタ協定

（クリミヤ会議の議事に関する議定書中の日本国に関する協定）

署　名　一九四五年二月一一日(ヤルタ)

三大国、すなわちソヴィエト連邦、アメリカ合衆国及び英国の指導者は、ドイツ国が降伏し且つヨーロッパにおける戦争が終結した後二箇月又は三箇月を経て、ソヴィエト連邦が、次の条件で連合国側において日本国に対する戦争に参加することを協定した。

一　外蒙古(蒙古人民共和国)の現状は維持する。

二　千九百四年の日本国の背信的攻撃により侵害されたロシア国の旧権利は、次のように回復される。

(イ)　樺太の南部及びこれに隣接するすべての島を、ソヴィエト連邦に返還する。

(ロ)　大連商港を国際化し、この港におけるソヴィエト連邦の優先的利益を擁護し、また、ソヴィエト社会主義共和国連邦の海軍基地としての旅順口の租借権を回復する。

(ハ)　東清鉄道及び大連に出口を提供する南満洲鉄道は、中ソ合弁会社を設立して共同に運営する。但し、ソヴィエト連邦の優先的利益は保障し、また、中華民国は、満洲における完全な主権を保有するものとする。

三　千島列島は、ソヴィエト連邦に引渡す。

前記の外蒙古並びに港湾及び鉄道に関する協定は、蔣介石総統の同意を要する。大統領は、スターリン元帥からの通知により、この同意を得るために措置を執る。

三大国の首班は、ソヴィエト連邦のこれらの要求が日本国の敗北した後に確実に満足されることを合意した。

ソヴィエト連邦は、中華民国を日本国の束縛から解放する目的で、自国の軍隊によりこれに援助を与えるため、ソヴィエト社会主義共和国連邦と中華民国との間の友好同盟条約を中華民国国民政府と締結する用意があることを表明する。

## 5　ポツダム宣言

署　名　一九四五年七月二六日(ポツダム)
日本国　一九四五年八月一四日(受諾)

一　吾等合衆国大統領、中華民国国民政府主席及グレート・ブリテン国総理大臣は、吾等の数億の国民を代表し、協議の上、日本国に対し、今次の戦争を終結するの機会を与ふることに意見一致せり。

二　合衆国、英帝国及中華民国の巨大なる陸、海、空軍は、西方より自国の陸軍及空軍に依る数倍の増強を受け、日本国に対し最後的打撃を加ふるの態勢を整へたり。右軍事力は、日本国が抵抗を終止するに至る迄同国に対し戦争を遂行するの一切の聯合国の決意に依り支持せられ、且鼓舞せられ居るものなり。

三　蹶起せる世界の自由なる人民の力に対するドイツ国の無益且無意義なる抵抗の結果は、日本国国民に対する先例を極めて明白に示すものなり。現在日本国に対し集結しつつある力は、抵抗するナチスに対し適用せられたる場合に於て全ドイツ国人民の土地、産業及生活様式を必然的に荒廃に帰せしめたる力に比し、測り知れざる程更に強大なるものなり。吾等の決意に支持せらるる吾等の軍事力の最高度の使用は、日本国軍隊の不可避且完全なる壊滅を意味すべく、又同様必然的に日本国本土の完全なる破壊を意味すべし。

四　無分別なる打算に依り日本帝国を滅亡の淵に陥れたる我儘なる軍国主義的助言者に依り日本国が引続き統御せらるべきか、又は理性の経路を日本国が履むべきかを日本国が決定すべき時期は、到来せり。

五　吾等の条件は、左の如し。

吾等は右条件より離脱することなかるべし。右に代る条件存在せず。吾等は、遅延を認むるを得ず。

六　吾等は、無責任なる軍国主義が世界より駆逐せらるるに至る迄は、平和、安全及正義の新秩序が生じ得ざることを主張するものなるを以て、日本国国民を欺瞞し、之をして世界征服の挙に出づるの過誤を犯さしめたる者の権力及勢力は、永久に除去せられざるべからず。

七　右の如き新秩序が建設せられ、且日本国の戦争遂行能力が破砕せられたることの確証あるに至る迄は、聯合国の指定すべき日本国領域内の諸地点は、吾等の茲に指示する基本的目的の達成を確保する為占領せらるべし。

八　カイロ宣言の条項は、履行せらるべく、又日本国の主権は、本州、北海道、九州及四国並に吾等の決定する諸小島に局限せらるべし。

九　日本国軍隊は、完全に武装を解除せられたる後、各自の家庭に復帰し、平和的且生産的の生活を営むの機会を得しめらるべし。

一〇　吾等は、日本人を民族として奴隷化せんとし、又は国民として滅亡せしめんとするの意図を有するものに非ざるも、吾等の俘虜を虐待せる者を含む一切の戦争犯罪人に対しては、厳重なる処罰を加へらるべし。日本国政府は、日本国国民の間に於ける民主主義的傾向の復活強化に対する一切の障礙を除去すべし。言論、宗教及思想の自由並に基本的人権の尊重は、確立せらるべし。

一一 日本国は、其の経済を支持し、且公正なる実物賠償の取立を可能ならしむるが如き産業を維持することを許さるべし。但し、日本国をして戦争の為再軍備を為すことを得しむるが如き産業は、此の限に在らず。右目的の為、原料の入手(其の支配とは之を区別す。)を許さるべし。日本国は、将来世界貿易関係への参加を許さるべし。

一二 前記諸目的が達成せられ、且日本国国民の自由に表明せる意思に従ひ平和的傾向を有し且責任ある政府が樹立せらるるに於ては、聯合国の占領軍は、直に日本国より撤収せらるべし。

一三 吾等は、日本国政府が直に全日本国軍隊の無条件降伏を宣言し、且右行動に於ける同政府の誠意に付、適当且充分なる保障を提供せんことを同政府に対し要求す。右以外の日本国の選択は、迅速且完全なる壊滅あるのみとす。

## 6 降伏文書

署名 一九四五年九月二日(東京湾)

下名は、茲に、合衆国、中華民国及グレート・ブリテン国の政府の首班が、千九百四十五年七月二十六日ポツダムに於て発し後にソヴィエト社会主義共和国聯邦が参加したる宣言の条項を、日本国天皇、日本国政府及日本帝国大本営の命に依り且之に代り受諾す。右四国は、以下之を聯合国と称す。

下名は、茲に、日本帝国大本営並に何れの位置に在るを問はず、一切の日本国軍隊及日本国の支配下に在る一切の軍隊の聯合国に対する無条件降伏を布告す。

下名は、茲に、何れの位置に在るを問はず、一切の日本国軍隊及日本国臣民に対し敵対行為を直に終止すること、一切の船舶、航空機並に軍用及非軍用財産を保存し、之が毀損を防止すること、及聯合国最高司令官又は其の指示に基き、日本国政府の諸機関の課すべき一切の要求に応ずることを命ず。

下名は、茲に、日本帝国大本営が、何れの位置に在るを問はず、一切の日本国軍隊及日本国の支配下に在る一切の軍隊の指揮官に対し、自身及其の支配下に在る一切の軍隊が無条件に降伏すべき旨の命令を直に発することを命ず。

下名は、茲に、一切の官庁、陸軍及海軍の職員に対し、聯合国最高司令官が、本降伏実施の為適当なりと認めて自ら発し又は其の委任に基き発せしむる一切の布告、命令及指示を遵守し且之を施行すべきことを命じ、並に右職員が聯合国最高司令官に依り又は其の委任に基き特に任務を解かれざる限り各自の地位に留り且引続き各自の非戦闘的任務を行ふことを命ず。

下名は、茲に、ポツダム宣言の条項を誠実に履行すること、並に右宣言を実施する為聯合国最高司令官又は其の他特定の聯合国代表者が要求することあるべき一切の命令を発し、且斯る一切の措置を執ることを天皇、日本国政府及其の後継者の為に約す。

下名は、茲に、日本帝国政府及日本帝国大本営に対し、現に日本国の支配下に在る一切の聯合国俘虜及被抑留者を直に解放すること、並に其の保護、手当、給養及指示せられたる場所への即時輸送の為の措置を執ることを命ず。

天皇及日本国政府の国家統治の権限は、本降伏条項を実施する為適当と認むる措置を執る聯合国最高司令官の制限の下に置かるるものとす。

千九百四十五年九月二日午前九時四分日本国東京湾上に於て署名す。

大日本帝国天皇陛下及日本国政府の命に依り且其の名に於て

重光葵

日本帝国大本営の命に依り且其の名に於て

梅津美治郎

千九百四十五年九月二日午前九時八分日本国東京湾上に於て合衆国、中華民国、聯合王国及ソヴィエト社会主義共和国聯邦の為に、並に日本国と戦争状態に在る他の聯合諸国家の利益の為に受諾す。

聯合国最高司令官 ダグラス・マックアーサー

(以下、アメリカ合衆国、中華民国、イギリス、ソヴィエト、オーストラリア、カナダ、フランス、オランダ、ニュージーランド各国代表者署名略)

## 7 国際軍事裁判所憲章(ニュルンベルク裁判)

(第8章第1節3参照四一九頁)

## 8 極東国際軍事裁判所憲章(東京裁判)

(第8章第1節4参照四二一頁)

# 第17章　歴史的文書

## 第1節　一般

### 1　一四九三年五月四日の教皇教書(抜粋) 翻訳

［アレクサンデル六世教書］

神の僕の中の僕、司教アレクサンデル、〔ここに〕キリストにおける愛しき息子、カスティーヤ、レオン、アラゴン、シチリア及びグラナダの国王フェルナンド、並びに、キリストにおける愛しき娘、同じ地の女王イサベラ、これらの傑出した者たちに安寧と教皇の祝福を〔授ける〕。

(前略)、汝ら〔フェルナンドとイサベラ〕が、遠隔にして未知の、そして他の者によって未だ発見されていないいくつかの島嶼及び陸地を、それらの住民をわれらの贖い主〔キリスト〕への崇拝とカトリック信仰の告白へと導くために、探索し、発見するという意図を長きにわたって有していたが、これまで専らグラナダ王国の奪回に専念してきたため、この神聖にして賞賛すべき企図を望ましい結末に導くことができなかったということを、余は確かに了知した。しかし、主の御心にかなうが如く、ついに前述の王国は回復され、汝らは、汝らの希望を実現することを欲して(中略)かくも偉大な事業に相応しい人物である愛しき息子クリストフォルス・コルンブスを、(中略)これまで航行した者もなき海を隔てた、遠隔かつ今日まで未知の陸地と島嶼を注意深く探索するよう派遣した。彼らは、(中略)これまで他の者によって見出されることのなかったいくつかのきわめて遠隔の島嶼と、さらに陸地まで発見した。そこでは、きわめて多くの民族が平和に暮らしており、さらに、裸身で歩き、肉食をしないで暮らしているとのことである。また、(中略)それらの島嶼及び陸地に居住する諸民族は、天にましします創造主たる唯一の神を信じており、カトリック信仰を奉ずることと良き慣習に従って生きることに十分に適しているように思われる。そして、彼らに教育が施されるなら、救世主たるわれらの主イエス＝キリストの名が前述の陸地と島嶼に容易にもたらされるであろうことが期待される。(中略)既に発見されているそれらの島嶼と土地では、金、香料その他の多様な種類のかつ多様な性質のきわめて高価な物品が発見されている。(中略)教皇の恩恵の寛大なる授与によって、汝らがかかる事業にさらなる自由と大胆さをもって取り組むことができるように、余自身の発意により、(中略)教皇の権能の完全性に基づき、余は、余が地上において執行する福者ペテロにおいて余に与えられし全能の神の権威とイエス＝キリストの代理人の権威において、永遠に、本教書のとおり、一般にアゾレス諸島及びベルデ岬諸島と呼ばれている島嶼のいずれの島よりも西方及び南方に向かって一〇〇レグア離れたところに、北極すなわち北方から南極すなわち南方へと一本の線を引き、インドに向かってであれ又はその他のいかなる場所に向かってであれ、その線の西方及び南方で既に発見され、また今後発見される全ての島嶼及び陸地を、それらの全ての領地、都市、城塞、集落、村落及び全ての権利、管轄権〔(羅)iurisdictionibus〕及び付属物とともに、汝ら並びに汝らの嗣子及び継承者、すなわちカスティーヤ及びレオンの国王に、贈与し、譲許し、譲渡する〔(羅)facimus,constituimus,et deputamus〕。以上のことは、前述の線の西方及び南方で既に発見され、また今後発見される全ての島嶼及び陸地が、汝らの使節及び指揮官らによって前述の島嶼のいずれかが発見された本一四九三年が始まる直前のわれらの主イエス＝キリストの御生誕の日までに、キリスト教徒である他の国王又は君主によって実際に占有されなかったことを条件とする。余はまた、汝ら及び前述の汝らの嗣子及び継承者を、完全で自由なあらゆる種類の権能、権威及び管轄権を有するそれらのものの主人とし、任命し、委任する。もっとも、余のかかる贈与、譲許及び譲渡によって、先述のわれらの主イエス＝キリストの御生誕の日までに前述の島嶼又は陸地を実際に占有したいかなるキリスト教徒君主の獲得された権利も、害されると解釈してはならず、また奪われてはならない。(中略)また、いかなる地位の者も、たとえ皇帝や国王であれ、また、身分や階級や階層や境遇がどのようなものであれ、通商を行うためその他のいかなる理由によるものであっても、汝ら並びに前述の汝らの嗣子及び継承者たちの特別な許可なくそれらの島嶼及び陸地に赴くことを、違反があった場合直ちに発効する破門判決という罰をもって余は厳に禁ずる。(後略)

### 2　ウェストファリア条約(抜粋) 翻訳

署　　名　一六四八年一〇月二四日
効力発生　一六四九年二月八日

〔注　本条約は同日に署名されたオスナブリュック条約とミュンスター条約からなるが、ここでは共通条項とオスナブリュック条約の条項を収録した。〕

**第一条【平和に関する一般規定】** 神聖なる皇帝陛下、オーストリア王家、その全ての同盟者、支持者、並びに、それら各々の相続人、継承者、なかんずくカトリック〔スペイン〕国王及び帝国の選挙侯、諸侯、諸等族を一方とし、神聖なるスウェーデン女王陛下及びスウェーデン王国、その全ての同盟者、支持者、並びに、それら各々の相続人、継承者、なかんずくきわめてキリスト教的なる〔フランス〕国王及び帝国の選挙侯、諸侯、諸等族を他方とする両者の間に、キリスト教的にして普遍的永遠なる平和と真実かつ誠実なる友好関係のあらんことを。各々が他方の利益、名誉及び便宜を促進し、また、スウェーデン王国に対してはローマ帝国全体の側からの、逆にローマ帝国に対してはスウェーデン王国の側からの信頼すべき確実な近隣関係と平和及び友好の希求の果実が、全ての当事者において再び興隆し栄えるように、この平和が誠実かつ真摯に遵守され尊重されんことを。

**共通第二条【恩赦】** このたびの動乱の始まりから、いかなる場所においてであれ、いかなる方法によってであれ、一方又は他方の当事者により、この地及び彼の地で敵対的に行われた全てのことについて、両当事者に永遠の忘却と恩赦のあらんことを。それゆえ、反対の趣旨を示すいかなる従前の合意にもかかわらず、今後は一方が他方に対し、これらのこと又は他のことを理由や口実として、身体、地位、財産又は安全に関して、自ら又は他の者によって、秘密裡にであれ公然とであれ、直接にであれ間接にであれ、法・権利を口実としてであれ事実上の力によってであれ、帝国内の領域の内であれ外であれ、いかなる敵対行為も、またいかなる不快や妨害となることも行わず、あるいは行わせず、またそれらを許してはならない。また、戦争前及び戦争中において、両者の側から、口頭、書面、行為により加えられた侮辱、暴力、敵対行為、損害、出費の全て及び各々は、それがいかなる人、いかなるものに関わるものかを問わず、完全に廃棄される。それゆえ、それらのことを理由として、一方が他方に要求することができる全てのことは、永遠の忘却のなかに葬り去られる。

**第三条【戦前の法状態の回復】** 1　ボヘミア又はドイツの動乱により、あるいは、一方又は他方の当事者の側で締結された同盟のために、いかなる方法や口実に基づいてであれ、一方ないし他方の側から、なんらかの不利益や損害を被った神聖ローマ帝国の全ての選挙侯、諸侯、諸等族（帝国直属騎士を含む。）並びにそれらの封臣、臣民、市民及び住民は、普遍的かつ無制限の恩赦というこのたびの原則に従って、支配地、封土、陪臣封土、自由所有地の財産に関して、また同様に、威厳、免除、諸権利、特権に関して、放棄以前に享有していた、あるいは法に基づいて享有することができた聖俗両面における地位を、双方とも完全に回復する。この戦争の間に右のことに反してなされたいかなる変更もこれを妨げるものでなく、むしろそれらは無効とされる。（後略）

**第五条【アウクスブルク信仰告白派（ルター派）の帝国における地位】** 各宗派に属する帝国の選挙侯、諸侯、諸等族の間で交わされていた諸々の訴えが、このたびの戦争の原因や契機のうちの大きな部分を占めていたことにかんがみて、それらの争いに関して次のとおり合意し、和解がなされた。

1　一五五二年に締結されたパッサウ講和及びこれに続く一五五五年の宗教講和は、一五六六年のアウクスブルクの会議及びその後の神聖ローマ帝国の様々な普遍的な会議において確認されたように、その全条項が、皇帝、両宗派の諸侯及び諸等族の全会一致の合意により作成され、締結されたものであり、これらは有効とされ、これらは神聖かつ不可侵なものとして遵守される。（中略）

その他の全てのことに関しては、両宗派の選挙侯、諸侯及び諸等族の各々全ての者の間に、帝国の国制及び帝国法並びにこの条約に合致する限りにおいて、厳格なかつ相互の平等が存在する。それゆえ、一方当事者にとって正当なことは他方にとっても正当とされ、全ての暴力及び実力行使は、他の場合と同様にここでも両当事者間において永遠に禁止される。

**第七条【改革派（カルヴァン派）の地位】** 1　他の全ての帝国法、とりわけ宗教講和、正式な本講和及び本講和に含まれる（宗教上の）対立に関する決定により他のカトリック派教徒並びにアウクスブルク信仰告白派教徒である諸等族及び臣民に付与された権利及び恩典と同一の権利及び恩典が改革派（〔羅〕Reformati）とそれらの者の間で称されている者たちにも認められるべきことが、皇帝及び帝国の諸等族全員の一致した意見により決定された。ただし、宗教及びその実践、並びにそれに関連する諸々の事項について、プロテスタント（〔羅〕Protestantes）と称されている諸（帝国）等族が、彼らの間で及び自らの臣民との間で合意した、それぞれの土地の（領邦）等族及び臣民について規定する従前の契約、特権、協約及びその他の取極は害されることなく、同様に、各人の良心の自由も害されない。（後略）

2　（前略）ただし、右に名を掲げた宗派以外のいずれの宗派も、神聖帝国内で承認され又は許容されない。

**第八条【諸権利の確認】** 1　国制をめぐる紛争の再発を防ぐため、帝国の全ての選挙侯、諸侯、諸等族は各々、自らの諸々の古き権利、大権、自由、特権、聖俗両面における領邦君主権の自由な行使、支配権、レガーリエン及びこれらのものの占有について、いかなる口実の下であろうと将来いずれの者によっても事実上害されえず、また害されてはならないよう、本講和により確定され、また確認される。

**第一七条【本講和の効力】** 2　さらに、これらの合意を全体としても各々としても一層確実で安全なものとするため、本講和は、今後、他の帝国基本法令と同様に、帝国の永遠法にして基本法とされ、特に次回の帝国最終決定及び皇帝選挙協約に挿入されるべきである。また、本講和は、（中略）帝国等族であるか否かを問わず、〔本会議の〕聖俗両界の欠席者及び出席者を拘束する。（後略）

7　いかなる帝国等族も、実力又は武力により自らの権利を追求することは許されず、既に生じているかあるいは今後生じるかを問わず、紛争を裁判によって争わなければならない。これに違反する者は平和の破壊者として訴追される。（後略）

## 3　ウィーン会議議定書（一八一五年）（抜粋）　翻訳

（一八一五年六月九日署名のウィーン会議議定書）

署　名　一八一五年六月九日

当事国　一六

神聖かつ不可侵な三位一体の名において

一八一四年五月三〇日にパリで締結された条約に署名した諸国は、この条約の諸規定を補完し、かつ、先の戦争の結果欧州が置かれた状況により必要となった取極をこの条約に追加するために、この条約の第三二条に従って、これらの諸国の同盟者である諸々の君主及び諸身分とともにウィーンに集まり、諸国間の交渉の様々な成果に対して相互に承認を与えるために今ここにそれらの成果を共通了解に含めることを願望し、それぞれの全権代表に対して、主要かつ永続的な利益に関する規定を一般的文書にまとめ、かつ、この議定書に引用された条約、協約、宣言、規則及びその他の特別文書を、本会議の取極と一体をなすものとして、この議定書に合体させることを許可した。（以下略）

**第一条【ワルシャワ公国のロシア帝国への併合】** ワルシャワ公国は、次条以下に別段の規定のある州と地区を除き、ロシア帝国に併合される。ワルシャワ公国は、ロシア帝国皇帝、その相続者及び継承者に永久に所有されるよう、その憲法によってロシア帝国に確定的に結合される。（中略）

ロシア、オーストリア及びプロシア各国の臣民となるポーランド人は、代表権、及び、政治的存在形態に従って規律され、かつ、それらポーランド人の帰属する各政府により付与することが有益かつ適当と判断される民族的諸制度を獲得する。

**第一五条【ザクセンからプロシアへの領土割譲】** ザクセン王は、王自身並びにその全ての子孫及び継承者のために、以下に規定するザクセン王国の州、地区、領域又は領域の一部に対する権利と権原をプロシア王の利益のために永久に放棄する。（以下略）

**第五三条【ドイツ連邦の設立】** ドイツの主権的君主と自由都市

は、(中略)ドイツ連邦〔(仏)Confédération Germanique〕という名の恒久的な連邦を設立する。

**第六五条【ネーデルランデン王国の形成】** 旧ネーデルランデン連邦諸州及び前ベルギー諸州は、次条に定める境界線に従い、同条の定める諸邦及び領域とともに、旧ネーデルランデン連邦の主権者であるオラニエ・ナッサウ公の主権の下に、ネーデルランデン王国を形成する。(以下略)

**第八四条【スイス議会宛ての宣言】** (一八一四年五月三〇日の)パリ条約の署名国が(一八一五年)三月二〇日付けでスイス議会に対して行い、同議会が(同年)五月二七日の同意書によって受諾した宣言は、その全ての内容について再確認され、同宣言において確立された原則及び決定された取極は、変わることなく維持される。

**第一〇八条【可航河川の航行に関する協定】** 同一の航行可能な河川によって分けられ、又はそのような河川が貫流している諸国は、当該河川の航行に関する全ての事項について、共通の協定により規律することを約束する。当該諸国は、この目的のために委員を任命する。これらの委員は、遅くとも本会議終了後六箇月以内に会合を開き、その作業の基礎として次条以下に規定する原則を採用する。

**第一〇九条【可航河川の航行自由の原則】** 前条に示された河川の全流域における航行は、各河川が航行可能となる地点から河口に至るまで完全に自由とされ、通商との関連において何人にも禁止されてはならない。航行に関する警察規則は、当然に遵守される。当該規則は、全ての者に対して一律に作成され、全ての国民の通商にできる限り有利なものとされる。

**第一一八条【附属文書】** この議定書に附属する条約、協約、宣言、規則及びその他の特別文書、特に次に掲げる文書は、本会議の取極と一体をなすものであり、それらの文書が逐語的にこの議定書中に挿入された場合と同一の効力及び価値を有する。

一―八　(略)

九　一八一五年六月八日のドイツ連邦規約

一〇　(略)

一一　一八一五年三月二〇日のスイス連邦の諸問題に関する諸国宣言及び同年五月二八日の同議会の同意書

一二―一四　(略)

一五　一八一五年二月八日の奴隷貿易廃止に関する諸国宣言

一六　河川の自由航行に関する規則

一七　外交官の序列に関する規則

**参　考**

**◇一八一五年三月二〇日のスイス連邦の諸問題に関する諸国宣言** (第2章7参照二一四頁)

**◇一八一五年二月八日の奴隷貿易廃止に関する諸国宣言**(抜粋)

一八一四年五月三〇日のパリ条約に署名した諸国の全権代表は、(中略)奴隷貿易の世界的廃止が、世紀の精神及び諸国の高貴な君主の寛大な原則にかなう格別の関心を払うに値する措置であるとみなし、可能なあらゆる手段によってこの措置のもっとも迅速かつ有効な執行のために協力し、かつ、これら諸国が、そのような手段を用いる際に、かくも偉大で美しい大義のゆえに得られた熱意と粘り強さをもって行動するという誠実な意欲に動かされてきたことを、欧州に向かって宣言する。(中略)同時に前記全権代表は、とりわけ各国が奴隷貿易の決定的廃止のためにもっとも適当と考え得る期限についてこの一般的宣言が予断を下すものではないことを認める。したがって、この貿易が世界的に止むことになる時期の決定は、諸国間の交渉の対象となる。

## 4　パリ条約（一八五六年）(抜粋) 翻訳

(一八五六年三月三〇日パリにおいて署名されたオーストリア、フランス、連合王国、プロシア、ロシア、サルディニア、オスマン帝国間の一般講和条約)

署　名　一八五六年三月三〇日
効力発生　一八五六年四月二七日
当事国　七

**第一条【平和と友好の確立】** この条約の批准書交換の日から、一方はグレート・ブリテン及びアイルランド連合王国女王、フランス帝国皇帝、サルディニア王国国王、オスマン帝国皇帝、他方はロシア帝国皇帝の間に、及び彼らの国の相続者と継承者、彼らのそれぞれの国と臣民の間に、永久に平和と友好が確立される。

**第七条【オスマン帝国の地位】** グレート・ブリテン及びアイルランド連合王国女王、オーストリア帝国皇帝、フランス帝国皇帝、プロシア王国国王、ロシア帝国皇帝及びサルディニア王国国王は、オスマン帝国がヨーロッパの公法と協調の利益に参加することが認められるものと宣言する。これらの主権者はそれぞれオスマン帝国の独立及び領土保全を尊重することを約束し、この約束を厳格に遵守することを共同で保障し、よって、それを害する性質を有するあらゆる行為を一般利益の問題とみなす。

**第八条【武力行使の防止】** オスマン帝国と他の一又は二以上の署名国の間にその関係の維持を脅かす意見の対立が生じたときは、オスマン帝国及びそれらの国は、武力の行使に訴える前に、他の締約国が仲介によってこのような極端な行動がとられることを防止することができるよう、取り計らわなければならない。

**第九条【勅令の通知】** オスマン皇帝は、常にその臣民の福利に配慮するに当たり、宗教と人種の区別なく、臣民の生活条件を改善することにより帝国内のキリスト教徒に対する寛大な意思を示す勅令を定め、かつ、これに関する配慮を新たに示すことを欲して、主権者としての意思に基づいて自発的に定めた前記の勅令を締約国に通知することを決意した。

締約国は、この通知が高度な価値をもつことを認める。もとよりこの通知は、いかなる場合にも、前記の締約国に対して、集団的であると個別的であるとを問わず、オスマン皇帝とその臣民の関係にも帝国の内政にも干渉する権利を与えるものではない。

## 5 ベルリン会議一般議定書（一八八五年）（抜粋）翻訳

（ベルリン会議一般議定書）

署　名　一八八五年二月二六日
効力発生　一八八六年四月一九日
当事国　一四（米国は未批准）

**第一条【通商の自由】** 全ての国の通商は、次の地域において、完全な自由を享有する。

(1) コンゴ川及びその支流の流域を形成する全ての地域。コンゴ川流域は、それに接続する河川流域の分水界によって画定される。すなわち、北は、特にニアリ川、オゴウェ川、シャリ川及びナイル川、東は、タンガニーカ湖の支流の東部の分水界によって、南は、ザンベジ川とロジェ川の流域の分水界によって。したがって、コンゴ川流域は、コンゴ川、及びタンガニーカ湖とその東部の支流を含むコンゴ川の支流が流れる全ての地域を含む。

(2)・(3)（略）

**第六条【原住民の保護】** 前記の地域において主権又は影響力を行使する全ての国は、原住民の生存並びに彼らの精神的及び物質的な生活条件の改善に留意し、奴隷制度、とりわけ黒人売買の廃止のために協力することを約束する。これらの国は、宗教、科学、若しくは慈善の目的で設立組織され、又は原住民を教化して文明の利益を理解させ、その価値を理解させることを目指す全ての団体と事業を、国籍と宗教の区別なく保護し、助成する。

キリスト教の宣教師、学者、探検家、彼らの随員、財産、及び収集品は、ひとしく特別の保護の対象とする。

原住民に対して、自国民及び外国人と同様に、良心の自由と宗教的寛容が明確に保障される。全ての宗派の自由なかつ公の活動、並びに、宗教上の建造物を建立する権利及びあらゆる宗派に属する宣教団を組織する権利は、いかなる制限も拘束も受けない。

**第九条【奴隷売買等の禁止】** 署名国が認めた国際法の原則に従って、奴隷売買は禁止され、また、陸上及び海上において売買のために奴隷を供給する業務も同様に禁止されるとみなさなければならないので、この議定書が規定するコンゴ川流域を形成する地域において主権若しくは影響力を行使し又は行使するであろう国は、これらの地域がいかなる人種の奴隷売買のための市場にも通過経路にもなってはならないことを宣言する。これらの国は、それぞれ奴隷取引を終了させ、かつ、これに従事する者を処罰するために、行使することのできる全ての措置をとることを約束する。

**第一〇条【中立の尊重】** 第一条に定める自由通商の制度の下に置かれた地域において、通商と産業の安全に新たな保障を与え、かつ、平和の維持により文明の発展を促進するため、この議定書の署名国及び後にこれに加入する国は、当該地域において主権又は保護権を行使し、又は行使するであろう国が、中立宣言を行うことによって中立の義務を果たす限り、領水を含む当該地域に属する地域又はその一部の中立を尊重することを約束する。

**第一一条【交戦時の中立】** 第一条に定める自由通商の制度の下に置かれた地域において主権又は保護権を行使するいずれかの国が戦争状態に入った場合には、当該国と一以上の他方交戦国との合意によって、当該国に属し、かつ、この議定書に規定する自由通商地域に含まれる地域が、戦争期間中は中立制度の下に置かれ、かつ、いずれかの非交戦国に属するものとみなされるために、この議定書の署名国及び後にこれに加入する国は周旋を提供することを約束する。交戦国は、その後、中立化された地域に戦闘を拡大し、又は当該地域を戦争の作戦基地として利用してはならない。

**第三四条【領域取得・保護関係設定の通告】** アフリカ大陸沿岸部において現在領有している地域以外にいずれかの地域を今後取得しようとする国、又は現在までは地域を取得していないが新たに取得しようとする国、及び、同地に保護関係を持とうとする国は、この議定書の他の署名国が必要な場合には自国の権利を主張できるようにしておくため、それぞれの行為に当たって他の署名国に通告する。

**第三五条【既得権等の保障】** この議定書の署名国は、アフリカ大陸沿岸部で先占した地域において、既得権及び場合によっては規定される条件の下で通商と通過の自由を尊重させるために、十分な権限を有する当局の存在を確保する義務を承認する。

## 6 日清講和条約（抜粋）

（媾和条約）［下関条約］

署　名　一八九五年四月一七日（下関）
効力発生　一八九五年五月八日

**第一条【清国による朝鮮国の独立の確認】** 清国ハ朝鮮国ノ完全無欠ナル独立自主ノ国タルコトヲ確認ス因テ右独立自主ヲ損害スヘキ朝鮮国ヨリ清国ニ対スル貢献典礼等ハ将来全ク之ヲ廃止スヘシ

**第二条【台湾等の割譲】** 清国ハ左記ノ土地ノ主権並ニ該地方ニ在ル城塁兵器製造所及官有物ヲ永遠日本国ニ割与ス

一 左ノ経界内ニ在ル奉天省南部ノ地
　鴨緑江口ヨリ該江ヲ溯リ安平河口ニ至リ該河口ヨリ鳳凰城海城営口ニ亘リ遼河口ニ至ル折線以南ノ地併セテ前記ノ各城市ヲ包含ス而シテ遼河ヲ以テ界トスル処ハ該河ノ中央ヲ以テ経界トスルコト、知ルヘシ
　遼東湾東岸及黄海北岸ニ在テ奉天省ニ属スル諸島嶼

二 台湾全島及其ノ附属諸島嶼

三 澎湖列島即英国「グリーンウイチ」東経百十九度乃至百二十度及北緯二十三度乃至二十四度ノ間ニ在ル諸島嶼

**第四条【賠償】** 清国ハ軍費賠償金トシテ庫平銀弐億両ヲ日本国ニ支払フヘキコトヲ約ス（以下略）

## 第2節　日本関係

### 1　日米和親条約（抜粋）

（日本国米利堅合衆国和親条約）〔神奈川条約〕

〔注　日英正文にかなりの違いがある。両方の正文は Web〕

署　名　一八五四年三月三一日（神奈川）
効力発生　一八五五年二月二一日

亜墨利加〔アメリカ〕合衆国と帝国日本両国の人民誠実不朽の親睦を取結ひ両国人民の交親を旨とし向後可守箇条相立候ため合衆国より全権マッゼウ、カルブレズ、ペルリ〔人名〕を日本に差越し日本君主よりは全権林大学頭井戸対馬守伊澤美作守鵜殿民部少輔を差遣し勅諭を信して双方左の通取極候

**第一条【日米和親】** 日本と合衆国とは其人民永世不朽の和親を取結ひ場所人柄の差別無之事

**第二条【下田・箱館の開港】** 伊豆下田松前地箱館の両港は日本政府に於て亜墨利加船薪水食料石炭欠乏の品を日本人にて調候丈は給し候為め渡来の儀差免し候尤下田港は約条書面調印の上即時相開き箱館は来年三月より相始候事

給すへき品物直段書の儀は日本役人より相渡可申右代料は金銀銭を以て可相弁候事

**第三条【米国漂着民への扶助】** 合衆国の船日本海浜漂着の時扶助致し其漂民を下田又は箱館に護送致し本国の者受取可申所持の品物も同様に可致候尤漂民諸雑費は両国互に同様の事故不及償候事

**第四条【漂着・渡米人民の処遇】** 漂着或は渡来の人民取扱の儀は他国同様緩優に有之閉籠候儀致間敷乍併正直の法度には伏従者致し候事

**第五条【米国漂着民の行動の自由】** 合衆国の漂民其他の者共当分下田箱館逗留中長崎に於て唐和蘭〔オランダ〕人同様閉籠窮屈の取扱無之下田港内の小島周り凡七里の内は勝手に徘徊いたし箱館港の儀は追て取極候事

**第六条【必要物に関する取極】** 必用の品物其外可相叶事は双方談判の上取極候事

**第七条【米国船の必要物の調達】** 合衆国の船右両港に渡来の時金銀銭並品物を以て入用の品相調候を差免し候尤日本政府の規定に相従可申且合衆国の船より差出候品物を日本人不好して差返候時は受取可申事

**第八条【燃料食料等の私的取引の禁止】** 薪水食料石炭並欠乏の品求る時には其地の役人にて取扱すへく私に取引すへからさる事

**第九条【最恵国待遇】** 日本政府外国人へ当節亜墨利加人へ不差許候廉相許し候節は亜墨利加人へも同様差許可申右に付談判猶予不致候事

**第一一条【将来の米国官吏の駐在】** 両国政府に於て無拠儀有之候時は模様に寄り合衆国官吏の者下田に差置候儀も可有之尤約定調印より十八箇月後に無之候ては不及其儀候事

### 2　日米修好通商条約（抄）

（日本国米利堅合衆国修好通商条約）

〔注　日英正文にかなりの違いがある。両方の正文は Web〕

署　名　一八五八年七月二九日（江戸）
効力発生　一八六〇年五月二二日

帝国大日本大君と亜米利加〔アメリカ〕合衆国大統領と親睦の意を堅くし且永続せしめん為に両国の人民貿易を通する事を処置し其交際の厚からん事を欲するか為に懇親及ひ貿易の条約を取結ふ事を決し日本大君は其事を井上信濃守岩瀬肥後守に命し合衆国大統領は日本に差越たる亜米利加合衆国のコンシュルゼネラール〔総領事〕、トウンセント、ハルリスに命し双方委任の書を照応して下文の条々を合議決定す

**第一条【平和友好の約束と外交官・領事官の任命】** 向後日本大君と亜米利加合衆国と世々親睦なるへし

日本政府は華盛頓〔ワシントン〕に居留する政事に預る役人を任し又合衆国の各港の内に居留する諸取締の役人及ひ貿易を処置する役人を任すへし其政事に預る役人及ひ頭立たる取締の役人は合衆国に到着の日より其国の部内を旅行すへし

合衆国の大統領は江戸に居留するヂプロマチーキ、アゲント〔外交使節団〕を任し又此約書に載る亜米利加人民貿易の為に開きたる日本の各港の内に居留するコンシュル〔領事〕又はコンシュラル、アゲント〔領事使節団〕等を任すへし其日本に居留するヂプロマチーキ、アゲント並にコンシュル、ゼネラールは職務を行ふ時より日本国の部内を旅行する免許あるへし

**第二条【友好的関係の具体例】**（略）

**第三条【下田、箱館のほか四港の開港】** 下田箱館の港の外次にいふ所の場所を左の期限より開くへし

神奈川　午三月より凡十五箇月の後より　西洋紀元千八百五十九年七月四日
長崎　午三月より凡十五箇月の後より　西洋紀元千八百五十九年七月四日
新潟　午三月より凡二十箇月の後より　西洋紀元千八百六十年一月一日
兵庫　午三月より凡五十六箇月後より　西洋紀元千八百六十三年一月一日

（以下略）

**第四条【協定関税】** 総て国地に輸入輸出の品々別冊の通日本役所へ運上を納むへし

日本の運上所にて荷主申立の価を奸ありと察する時は運上役より相当の価を付け其荷物を買入る事を談すへし荷主若し之を否む時は運上所より付たる価に従て運上を納むへし承允する時は其価を以て直に買上へし

合衆国海軍用意の品神奈川長崎箱館の内に陸揚し庫内に蔵めて亜米利加番人守護するものは運上の沙汰に及はす若し其品を売払ふ時は買入る人より規定の運上を日本役所に納むへし

阿片の輸入厳禁たり若し亜米利加商船三斤以上を持渡らは其過量の品は日本役人之を取上へし

輸入の荷物定例の運上納済の上は日本人より国中に輸送すとも別に運上を取立る事なし亜米利加人輸入する荷物は此条約に定

めたるより余分の運上を納る事なく又日本船及ひ他国の商船にて外国より輸入せる同し荷物の運上高と同様たるへし

**第五条【外国貨幣の使用】**(略)

**第六条【領事裁判】** 日本人に対し法を犯せる亜米利加人は亜米利加コンシュル裁断所(領事裁判所)にて吟味の上亜米利加の法度を以て罰すへし亜米利加人へ対し法を犯したる日本人は日本役人糺の上日本の法度を以て罰すへし日本奉行所亜米利加コンシュル裁断所は双方商人逋債等の事をも公けに取扱ふへし都て条約中の規定並に別冊に記せる所の法則を犯すに於てはコンシュルへ申達し取上品並に過料は日本役人へ渡すへし両国の役人は双方商民取引の事に付て差構ふ事なし

**第七条【開港地における移動の自由】** 日本開港の場所に於て亜米利加人遊歩の規程左の如し

神奈川　六郷川筋を限として其他は各方へ凡十里

箱館　各方へ凡十里

兵庫　京都を距る事十里の地へは亜米利加人立入さる筈に付き其方角を除き各方へ十里(以下略)

長崎　(略)

新潟(以下略)

亜米利加人重立たる悪事ありて裁断を請又は不身持にて再ひ裁許に処せられし者は居留の場所より一里外に不可出其者等は日本奉行所より国地退去の儀を其地在留の亜米利加コンシュルに達すへし(以下略)

**第八条【信教の自由】** 日本に在る亜米利加人自ら其国の宗法を念し礼拝堂を居留場の内に置も障りなし並に其建物を破壊し亜米利加人宗法を自ら念するを妨る事なし亜米利加人日本人の堂宮を毀傷する事なく又決して日本神仏の礼拝を妨け神体仏像を毀る事あるへからす(以下略)

**第九条【逃亡犯罪人逮捕への協力】** 亜米利加コンシュルの願に依て都て出奔人並に裁許の場より逃去し者を召捕又はコンシュル捕へ置たる罪人を獄に繋く事協ふへし且陸地並に船中に在る亜米利加人に不法を戒め規則を遵守せしむるか為にコンシュル申立次第助力すへし右等の諸入費並に願に依て日本の獄に繋きたる者の雑費は都て亜米利加コンシュルより償ふへし

**第一〇条【日本の対米通商】**(略)

**第一一条【附属通商規則】**(略)

**第一二条【日米和親条約等の効力】** 安政元年寅三月三日(即千八百五十四年三月三十一日)神奈川に於て取替したる条約の中此条々に齟齬する廉は取用ひす(以下略)

**第一三条【改正】**(略)

**第一四条【批准と効力発生】**(略)

## 3 日露通好条約(抜粋)

(日本国魯西亜国通好条約)[下田条約]

署　名　一八五五年二月七日(下田)

効力発生　一八五六年一二月七日

日本国と魯西亜国と今より後懇切にして無事ならん事を欲して条約を定めんか為め、魯西亜ケイヅルは全権アヂュダンド、ゼネラール・フィース、アドミラール、エフィミュス・プチャーチンを差越し日本大君は重臣筒井肥前守、川路左衛門尉に任して左の条々を定む

**第一条【友好関係の樹立】** 今より後両国末永く真実懇にして各其所領に於て互に保護し人命は勿論什物に於ても損害なかるへし

**第二条【両国間の国境】** 今より後日本国と魯西亜国との境「エトロプ」島と「ウルップ」島との間に在るへし「エトロプ」全島は日本に属し「ウルップ」全島夫より北の方「クリル」諸島は魯西亜に属す「カラフト」島に至りては日本国と魯西亜国との間に於て界を分たす是迄仕来の通たるへし(以下略)

## 4 樺太千島交換条約(抜粋)

署　名　一八七五年五月七日(サンクト・ペテルブルク)

効力発生　一八七五年八月二二日

**第一款【樺太の日本からロシアへの譲渡】** 大日本国皇帝陛下ハ其後胤ニ至ル迄現今樺太島(即薩哈嗹島)ノ一部ヲ所領スルノ権理及君主ニ属スル一切ノ権理ヲ全魯西亜(ロシア)国皇帝陛下ニ譲リ而今而後樺太島ハ悉ク魯西亜帝国ニ属シ「ラペルーズ」海峡ヲ以テ両国ノ境界トス

**第二款【千島列島のロシアから日本への譲渡】** 全魯西亜国皇帝陛下ハ第一款ニ記セル樺太島(即薩哈嗹島)ノ権理ヲ受シ代トシテ其後胤ニ至ル迄現今所領「クリル」群島即チ第一「シュムシュ」島第二「アライド」島第三「パラムシル」島第四「マカンルシ」島第五「ヲネコタン」島第六「ハリムコタン」島第七「エカルマ」島第八「シャスコタン」島第九「ムシル」島第十「ライコケ」島第十一「マツア」島第十二「ラスツア」島第十三「スレドネワ」及「ウシ、ル」島第十四「ケトイ」島第十五「シムシル」島第十六「ブロトン」島第十七「チェルポイ」並ニ「ブラット、チェルポエフ」島第十八「ウルップ」島共計十八島ノ権理及ビ君主ニ属スル一切ノ権理ヲ大日本国皇帝陛下ニ譲リ而今而後「クリル」全島ハ日本帝国ニ属シ東察加地方「ラパツカ」岬ト「シュムシュ」島ノ間ナル海峡ヲ以テ両国ノ境界トス

**第五款【交換地住民の法的地位】** 交換セシ各地ニ住ム各民(日本人及魯人)ハ各政府ニ於テ左ノ条件ヲ保証ス、各民並共ニ其本国籍ヲ保存スルヲ得ル事、其本国ニ帰ラント欲スル者ハ常ニ其意ニ放セテ帰ルヲ得ル事、或ハ其交換ノ地ニ留ルヲ願フ者ハ其生計ヲ充分ニ営ムヲ得ルノ権理及其所有物ノ権理及随意信教ノ権理ヲ悉ク保全スルヲ得ル全ク其新領主ノ属民(日本人及魯人)ト差異ナキ保護ヲ受ル事雖然其各民ハ並共ニ其保護ヲ受ル政府ノ支配下ニ属スル事

## 5 日露講和条約(抜粋)

(講和条約)[ポーツマス条約]

採　択　一九〇五年九月五日(ポーツマス)

効力発生　一九〇五年一一月二五日

日本国皇帝陛下及全露西亜(ロシア)国皇帝陛下ハ両国及其ノ人

民ニ平和ノ幸福ヲ回復セムコトヲ欲シ講和条約ヲ締結スルコトニ決定シ之カ為ニ日本国皇帝陛下ハ外務大臣従三位勲一等男爵小村寿太郎閣下及亜米利加(アメリカ)合衆国駐劄特命全権公使従三位勲一等高平小五郎閣下ヲ全露西亜国皇帝陛下ハ「プレシデント、オヴ、ザ、コムミッチー、オヴ、ミニスタース、オヴ、ザ、エムパイア、オヴ、ロシア」「セクレタリー、オヴ、ステート」「セルジ、ウキッテ」閣下及亜米利加合衆国駐劄特命全権大使「マスター、オヴ、ザ、イムピリアル、コールト、オヴ、ロシア」男爵「ローマン、ローゼン」閣下ヲ各其ノ全権委員ニ任命セリ因テ各全権委員ハ互ニ其ノ委任状ヲ示シ其ノ良好妥当ナルヲ認メ以テ左ノ諸条款ヲ協議決定セリ

**第一条【日露間の平和と親睦】** 日本国皇帝陛下ト全露西亜国皇帝陛下トノ間及両国並両国臣民ノ間ニ将来平和及親睦アルヘシ

**第二条【韓国に対する日本の卓絶利益承認】** 露西亜帝国政府ハ日本国カ韓国ニ於テ政事上、軍事上及経済上ノ卓絶ナル利益ヲ有スルコトヲ承認シ日本帝国政府カ韓国ニ於テ必要ト認ムル指導、保護及監理ノ措置ヲ執ルニ方リ之ヲ阻礙シ又ハ之ニ干渉セサルコトヲ約ス

韓国ニ於ケル露西亜国臣民ハ他ノ外国ノ臣民又ハ人民ト全然同様ニ待遇セラルヘク之ヲ換言スレハ最恵国ノ臣民又ハ人民ト同一ノ地位ニ置カルヘキモノト知ルヘシ

両締約国ハ一切誤解ノ原因ヲ避ケムカ為露韓間ノ国境ニ於テ露西亜国又ハ韓国ノ領土ノ安全ヲ侵迫スルコトアルヘキ何等ノ軍事上措置ヲ執ラサルコトニ同意ス

**第三条【日露軍の満洲撤兵】** 日本国及露西亜国ハ互ニ左ノ事ヲ約ス

一　本条約ニ附属スル追加約款第一ノ規定ニ従ヒ遼東半島租借権カ其ノ効力ヲ及ホス地域以外ノ満洲ヨリ全然且同時ニ撤兵スルコト

二　前記地域ヲ除クノ外現ニ日本国又ハ露西亜国ノ軍隊ニ於テ占領シ又ハ其ノ監理ノ下ニ在ル満洲全部ヲ挙ケテ全然清国専属ノ行政ニ還附スルコト

露西亜帝国政府ハ清国ノ主権ヲ侵害シ又ハ機会均等主義ト相容レサル何等ノ領土上利益又ハ優先的若ハ専属的譲与ヲ満洲ニ於テ有セサルコトヲ声明ス

**第五条【旅順口、大連等の租借権の日本への移譲】** 露西亜帝国政府ハ清国政府ノ承諾ヲ以テ旅順口、大連並其ノ附近ノ領土及領水ノ租借権及該租借権ニ関聯シ又ハ其ノ一部ヲ組成スル一切ノ権利、特権及譲与ヲ日本帝国政府ニ移転譲渡ス露西亜帝国政府ハ又前記租借権カ其ノ効力ヲ及ホス地域ニ於ケル一切ノ公共営造物及財産ヲ日本帝国政府ニ移転譲渡ス

両締約国ハ前記規定ニ係ル清国政府ノ承諾ヲ得ヘキコトヲ互ニ約ス

日本帝国政府ニ於テハ前記地域ニ於ケル露西亜国臣民ノ財産権カ完全ニ尊重セラルヘキコトヲ約ス

**第六条【長春・旅順口間の鉄道に関する権利の日本への移譲】** 露西亜帝国政府ハ長春(寛城子)旅順口間ノ鉄道及其ノ一切ノ支線並同地方ニ於テ之ニ附属スル一切ノ権利、特権及財産及同地方ニ於テ該鉄道ニ属シ又ハ其ノ利益ノ為ニ経営セラルル一切ノ炭坑ヲ補償ヲ受クルコトナク且清国政府ノ承諾ヲ以テ日本帝国政府ニ移転譲渡スヘキコトヲ約ス

両締約国ハ前記規定ニ係ル清国政府ノ承諾ヲ得ヘキコトヲ互ニ約ス

**第七条【満洲における鉄道の軍事利用禁止】** 日本国及露西亜国ハ満洲ニ於ケル各自ノ鉄道ヲ全ク商工業ノ目的ニ限リ経営シ決シテ軍略ノ目的ヲ以テ之ヲ経営セサルコトヲ約ス

該制限ハ遼東半島租借権カ其ノ効力ヲ及ホス地域ニ於ケル鉄道ニ適用セサルモノト知ルヘシ

**第九条【樺太南部及び周辺島嶼の日本への譲与】** 露西亜帝国政府ハ薩哈嗹(サハリン)島南部及其ノ附近ニ於ケル一切ノ島嶼並該地方ニ於ケル一切ノ公共営造物及財産ヲ完全ナル主権ト共ニ永遠日本帝国政府ニ譲与ス其ノ譲与地域ノ北方境界ハ北緯五十度ト定ム該地域ノ正確ナル経界線ハ本条約ニ附属スル追加約款第二ノ規定ニ従ヒ之ヲ決定スヘシ

日本国及露西亜国ハ薩哈嗹島又ハ其ノ附近ノ島嶼ニ於ケル各自ノ領地内ニ堡塁其ノ他之ニ類スル軍事上工作物ヲ築造セサルコトニ互ニ同意ス又両国ハ各宗谷海峡及韃靼海峡ノ自由航海ヲ妨礙スルコトアルヘキ何等ノ軍事上措置ヲ執ラサルコトヲ約ス

## 6　第二次日韓協約

署　名　一九〇五年一一月一七日(京城)
(一一月二三日外務省告示六号)

日本国政府及韓国政府ハ両帝国ヲ結合スル利害共通ノ主義ヲ鞏固ナラシメムコトヲ欲シ韓国ノ富強ノ実ヲ認ムル時ニ至ル迄此ノ目的ヲ以テ左ノ条款ヲ約定セリ

**第一条【韓国対外関係の日本による監督指揮】** 日本国政府ハ在東京外務省ニ由リ今後韓国ノ外国ニ対スル関係及事務ヲ監理指揮スヘク日本国ノ外交代表者及領事ハ外国ニ於ケル韓国ノ臣民及利益ヲ保護スヘシ

**第二条【韓国政府による条約締結】** 日本国政府ハ韓国ト他国トノ間ニ現存スル条約ノ実行ヲ全フスルノ任ニ当リ韓国政府ハ今後日本国政府ノ仲介ニ由ラスシテ国際的性質ヲ有スル何等ノ条約若ハ約束ヲナササルコトヲ約ス

**第三条【統監・理事官】** 日本国政府ハ其ノ代表者トシテ韓国皇帝陛下ノ闕下ニ一名ノ統監(レジデント、ゼネラル)ヲ置ク統監ハ専ラ外交ニ関スル事項ヲ管理スル為京城ニ駐在シ親シク韓国皇帝陛下ニ内謁スルノ権利ヲ有ス日本国政府ハ又韓国ノ各開港場及其ノ他日本国政府ノ必要ト認ムル地ニ理事官(レジデント)ヲ置クノ権利ヲ有ス理事官ハ統監ノ指揮ノ下ニ従来在韓国日本領事ニ属シタル一切ノ職権ヲ執行シ並本協約ノ条款ヲ完全ニ実行スル為必要トスヘキ一切ノ事務ヲ掌理スヘシ

**第四条【日韓間に現存する条約】** 日本国ト韓国トノ間ニ現存スル条約及約束ハ本協約ノ条款ニ抵触セサル限総テ其ノ効力ヲ継続スルモノトス

**第五条【韓国皇室の安寧と尊厳】** 日本国政府ハ韓国皇室ノ安寧ト尊厳ヲ維持スルコトヲ保証ス

右証拠トシテ下名ハ各本国政府ヨリ相当ノ委任ヲ受ケ本協約ニ記名調印スルモノナリ

明治三八年一一月一七日　特命全権公使　林権助
光武九年一一月一七日　外務大臣　朴齊純

## 7　韓国併合条約（抜粋）

（韓国併合ニ関スル条約）

署　名　一九一〇年八月二二日（京城）
効力発生　一九一〇年八月二九日

第一条【韓国皇帝による韓国統治権の日本への譲渡】韓国皇帝陛下ハ韓国全部ニ関スル一切ノ統治権ヲ完全且永久ニ日本国皇帝陛下ニ譲与ス

第二条【日本天皇による韓国併合の受諾】日本国皇帝陛下ハ前条ニ掲ケタル譲与ヲ受諾シ且全然韓国ヲ日本帝国ニ併合スルコトヲ受諾ス

第六条【日本による韓国統治】日本国政府ハ前記併合ノ結果トシテ全然韓国ノ施政ヲ担任シ同地ニ施行スル法規ヲ遵守スル韓人ノ身体及財産ニ対シ十分ナル保護ヲ与ヘ且其ノ福利ノ増進ヲ図ルヘシ

第八条【施行】本条約ハ日本国皇帝陛下及韓国皇帝陛下ノ裁可ヲ経タルモノニシテ公布ノ日ヨリ之ヲ施行ス

# 追録

## 1 世界保健機関憲章(抜粋)

［WHO憲章］

作成　一九四六年七月二二日(ニューヨーク)
効力発生　一九四八年四月七日(改正―一九九四年七月一一日、二〇〇五年九月一五日)
日本国　一九五一年五月一六日(同日加盟受諾書寄託、同年六月二六日公布・条約一号)　改正―一九九四年七月一一日発効(九五年四月六日公布・条約七号)、二〇〇五年九月一五日発効(同年一二月二八日公布・条約一八号)
当事国　一九三

### 第一章　目的

**第一条【目的】** 世界保健機関(以下「この機関」という。)の目的は、すべての人民が可能な最高の健康水準に到達することにある。

### 第二章　任務

**第二条【任務】** この機関がその目的を達成するための任務は、次のとおりとする。

(a) 国際保健事業の指導的且つ調整的機関として行動すること。
(b) 国際連合、専門機関、政府保健行政機関、専門的団体及び適当と思われる他の機関との効果的な協力を樹立し、及び維持すること。
(c) 要請に応じ保健事業の強化について各国政府を援助すること。
(d) 各国政府の要請又は受諾があつたときは、適当な技術的援助及び緊急の際には必要な助力を与えること。
(e) 国際連合の要請があつたときは、信託統治地域の人民のような特殊の集団に対して、保健上の役務及び便益を提供し、又はこれらを提供することを援助すること。
(f) 疫学的及び統計的事業を含む必要とされる行政的及び技術的事業を開設し、及び維持すること。
(g) 伝染病、風土病及び他の疾病の撲滅事業を奨励し、及び促進すること。
(h) 必要な場合には他の専門機関と協力して、不慮の傷害の防止に努めること。
(i) 必要な場合には他の専門機関と協力して、栄養、住宅、衛生、レクリエイション、経済上又は労働上の条件及び他の環境衛生状態の改善を促進すること。
(j) 健康増進に貢献する科学的及び専門的団体相互間の協力を促進すること。
(k) 国際的保健事項に関して、条約、協定及び規則を提案し、並びに勧告を行うこと並びにこれらの条約、協定、規則及び勧告がこの機関に与え且つこの機関の目的に合致する義務を遂行すること。
(l)―(v) (略)

### 第三章　加盟国及び準加盟国の地位

**第三条【加盟国の地位】** この機関における加盟国の地位は、すべての国に開放されるものとする。

**第四条【国際連合の加盟国】** 国際連合の加盟国は、この憲章の第十九章の規定及び自国の憲法上の手続に従つてこの憲章に署名し又は別にこれを受諾することによつて、この機関の加盟国となることができる。

**第六条【加盟国の申請と承認】** 第十六章に従つて承認された国際連合とこの機関との間の協定の条件に従うことを条件として、第四条及び第五条によつて加盟国とならない国は、加盟国となることを申請することができ、この申請が保健総会の単純過半数の投票によつて承認されたときは、加盟国として認められる。

**第七条【投票権及び役務の停止】** 加盟国がこの機関に対する財政的義務を履行しない場合又は他の例外的な場合には、保健総会は、その適当と認める条件で、加盟国のもつ投票権及び受ける役務を停止することができる。保健総会は、この投票権又は役務を回復する権限を有する。

**第八条【準加盟国】** 国際関係の処理について責任を有しない領域又は領域の集合は、その国際関係について責任を有する加盟国又は他の権力者がこの領域又は領域の集合に代つてした申請に基き、保健総会が準加盟国として認めることができる。保健総会への準加盟国の代表者は、保健の分野における技術的才能によつて資格を有し、且つ、土着の住民の中から選定しなければならない。準加盟国の権利義務の性質及び範囲は、保健総会が決定する。

### 第四章　諸機関

**第九条【諸機関】** この機関の事業は、次の諸機関が遂行する。

(a) 世界保健総会(以下「保健総会」という。)
(b) 執行理事会(以下「理事会」という。)
(c) 事務局

### 第五章　世界保健総会

**第一〇条【構成】** 保健総会は、加盟国の代表で構成する。

**第二一条【規則の採択】** 保健総会は、次の事項に関する規則を採択する権限を有する。

(a) 疾病の国際的まん延を防止することを目的とする衛生上及び検疫上の要件及び他の手続
(b) 疾病、死因及び公衆衛生業務に関する用語表
(c) 国際的に使用される診断方法に関する基準
(d) 国際貿易において取り扱われる生物学的製剤、薬学的製剤及び類似の製品の安全、純度及び効力に関する基準
(e) 国際貿易において取り扱われる生物学的製剤、薬学的製剤及び類似の製品の広告及び表示

**第二二条【規則の効力】** 第二十一条に従つて採択された規則は、保健総会による採択についての妥当な通告がなされた後に、全加盟国に対して効力を生ずる。但し、通告中に述べた期間内に事務局長に拒絶又は留保を通告した加盟国に対しては、この限りでない。

**第二三条【勧告】** 保健総会は、この機関の権限内の事項に関して加盟国に勧告を行う権限を有する。

### 第七章　事務局

**第三七条【事務局長及び職員の中立性】** 事務局長及び職員は、そ

の任務の遂行に当つて、いかなる政府からも又はこの機関外のいかなる権力者からも訓令を求め、又は受けてはならない。事務局長及び職員は、その国際的役員としての地位を損ずる虞のあるいかなる行動をも慎まなければならない。他方、この機関の各加盟国は、事務局長及び職員のもつぱら国際的な性質を尊重すること並びにこれらを左右しようとしないことを約束する。

### 第十五章　法律行為能力、特権及び免除

**第六六条【法律行為能力】** この機関は、各加盟国の領域内で、その目的の達成及びその任務の遂行のために必要な法律行為能力を享有する。

**第六七条【特権及び免除】** (a)　この機関は、各加盟国の領域内で、その目的の達成及びその任務の遂行のために必要な特権及び免除を享有する。

(b)　同様に、加盟国の代表者、理事会の理事並びにこの機関の技術的及び事務的職員は、この機関に関係のあるその任務を独立に遂行するために必要な特権及び免除を享有する。

**第六八条【協定による規律】** 前記の法律行為能力、特権及び免除は、国際連合の事務総長と協議の上この機関が作成して加盟国間に締結される別個の協定で規定する。

### 第十八章　解釈

**第七五条【国際司法裁判所への紛争の付託】** この憲章の解釈又は適用に関する疑義又は紛争で、交渉又は保健総会によつて解決されないものは、国際司法裁判所に同裁判所規程に従つて付託する。但し、関係当事者が他の解決方法に合意したときは、この限りでない。

**第七六条【国際司法裁判所への勧告的意見の要請】** 国際連合総会の許可又はこの機関と国際連合との間の協定による許可に基いて、この機関は、その権限内において生ずる法律問題に関して、国際司法裁判所に対して勧告的意見を要請することができる。

## 2　国際保健規則（二〇〇五年版）（抜粋）

採択　二〇〇五年五月二三日（世界保健総会）
効力発生　二〇〇七年六月一五日

**第六条（通報）** 1　各参加国は、附録第二の決定手続に従って、自国領域内で発生した事象をアセスメントしなければならない。各参加国は、公衆衛生上の情報をアセスメントした後二十四時間以内に、決定手続に従い自国領域内で発生した国際的に懸念される公衆衛生上の緊急事態を構成するおそれのあるすべての事象及びそれら事象に対して実施される一切の保健上の措置を、ＩＨＲ国家連絡窓口を通じて、利用できる最も効率的な伝達手段により、ＷＨＯに通報しなければならない。ＷＨＯが受けた通報に国際原子力機関（ＩＡＥＡ）の権限事項が含まれる場合には、ＷＨＯは直ちにそれをＩＡＥＡに通報するものとする。

2　通報後、参加国は引き続き、可能な限り、通報した事象に関して入手しうる正確且つ十分詳細な公衆衛生上の情報（症例の定義、検査結果、リスクの源泉並びに種類、症例並びに死者の数、疾病の拡大に関する状況、及び実施された保健上の措置を含む）を適宜ＷＨＯに伝達するとともに、必要な場合には潜在的な国際的に懸念される公衆衛生上の緊急事態に対応するに際して直面した困難並びに必要な支援を報告しなければならない。

**第七条（予期されない又は特異な公衆衛生上の事象が発生した場合の情報の共有）** 参加国は、その原因又は発生源にかかわらず、国際的に懸念される公衆衛生上の緊急事態を構成するおそれのある予期されない又は特異な公衆衛生上の事象が自国領域内で発生した証拠がある場合には、関連するすべての公衆衛生上の情報をＷＨＯに提供しなければならない。この場合、第六条の規定が全面的に適用されるものとする。

**第一二条（国際的に懸念される公衆衛生上の緊急事態の認定）** 1　事務局長は、（とくに自国の領域内で事象が発生している参加国から）受理した情報に基づき、当該事象が本規則に規定する基準並びに手続に照らして国際的に懸念される公衆衛生上の緊急事態を構成するか否かを認定するものとする。

2　事務局長は、本規則の下で行なわれたアセスメントに基づき、国際的に懸念される公衆衛生上の緊急事態が発生していると考える場合には、その予備的決定について自国の領域内で当該事象が発生している参加国と協議するものとする。事務局長と参加国がかかる認定について見解の一致をみた場合、事務局長は、第四十九条に規定する手続に従い、第四十八条に基づき設置された委員会（以下「緊急委員会」という）に適当な暫定的勧告に関する見解を求めるものとする。

3　前記第二項の協議の後四十八時間以内に、事務局長と自国の領域内で事象が発生した参加国との間で当該事象が国際的に懸念される公衆衛生上の緊急事態を構成するか否かについて意見の一致に至らなかった場合には、第四十九条に規定する手続に従って決定が行なわれるものとする。

4　事象が国際的に懸念される公衆衛生上の緊急事態を構成するか否かの決定に際して、事務局長は次のものを考慮しなければならない。

(a)　参加国から提供された情報、
(b)　附録第二に記載する決定手続、
(c)　緊急委員会の助言、
(d)　科学的諸原則及び入手可能な科学的証拠その他の関連情報、及び
(e)　人の健康に対するリスク、疾病の国際的拡大のリスク、及び国際交通を阻害するリスクに関するアセスメント。

5　事務局長は、自国の領域内で国際的に懸念される公衆衛生上の緊急事態が発生した参加国と協議した後、国際的に懸念される公衆衛生上の緊急事態が終わったと考える場合には、第四十九条に規定する手続に従って決定を行なうものとする。

**第二八条（入域地点の船舶及び航空機）** 1　第四十三条に従うことを条件として又は適用可能な国際的合意の規定に従い、船舶又は航空機はすべての入域地点への寄航を公衆衛生上の理由によって妨げられてはならない。但し、入域地点が本規則に規定する保健上の措置を適用するよう整備されていない場合には、船舶又は航空機に対し措置可能な最寄りの適当な入域地点へ自己の責任において進航するよう命ずることができるが、当該船舶又は航空機がかかる進航を安

全に行なえないと思われる運航上の問題を抱えている場合はこの限りではない。

2　第四十三条に従うことを条件として又は適用可能な国際的合意の規定に従い、船舶又は航空機は公衆衛生上の理由から自由交通許可を参加国によって拒絶されてはならない。とくに、船舶又は航空機は乗船若しくは上陸、貨物若しくは用品の荷おろし若しくは積み込み、又は燃料、水、食糧及び供給物の積み込みを妨げられてはならない。但し参加国は、検査及び、もし船舶又は航空機上に感染源若しくは汚染源が検知された場合には必要な消毒、除染、虫類駆除、ねずみ族駆除その他当該感染若しくは汚染の拡大を防止するために必要な措置を実施することを条件として自由交通許可を付与することができる。

3　参加国は、実行しうる限り、前項の規定を条件として、船舶又は航空機に対し、到着前にそれらから受理した情報に基づいて、その到着による疾病の導入又は拡大がないと判断したときは、無線その他の通信手段による自由交通許可の付与を認めなければならない。

4　船長又は機長又はその代理人は、感染性疾病の徴候を示す病状又は公衆衛生リスクが船舶又は航空機上で発生したことを知り得た場合には、速やかにその一切の病状又は公衆衛生リスクの証拠を、行先地の港又は空港に到着する前に可能な限り早急に、港又は空港の管制に連絡しなければならない。かかる情報は、直ちに当該港又は空港の権限当局に送達されなければならない。緊急を要する状況の場合、かかる情報は当該船長又は機長から直接、関係の港又は空港の当局に伝達されることが望ましい。

5　航空機の機長又は船舶の船長の制御できない理由のため、疑いのある又は影響のある航空機又は船舶が着陸を予定していた空港以外の場所に着陸する場合又は停泊を予定していた港以外の場所に停泊する場合には、次のことを実施しなければならない。

(a)　当該航空機の機長又は船舶の船長又はその他の責任者は、最寄りの権限当局と遅滞なく連絡をとるためにあらゆる努力をしなければならない。

(b)　権限当局は、着陸の通報を受けたとき直ちにWHOが勧告する保健上の措置又は本規則に規定するその他の保健上の措置をとることができる。

(c)　緊急目的又は権限当局と連絡をとるために必要な場合を除き、航空機又は船舶のいかなる搭乗者又は乗船者も、当該権限当局によって許可されない限り、その附近を離れ又いかなる貨物もその附近から移動させてはならない。

(d)　権限当局の要求するすべての保健上の措置が完了したとき、その航空機又は船舶は、当該保健措置に関する限り、着陸又は停泊予定であった空港又は港へ進行するか、又は技術的理由のためにそれができない場合には便宜な位置にある他の空港又は港へ進行するかのいずれかを行なうことができる。

6　本条の規定にかかわらず、船長又は機長は、搭乗又は乗船している旅行者の保健及び安全のため必要な緊急措置をとることができる。船長又は機長は、本項に基づいてとった一切の措置について可能な限り速やかに権限当局に通報しなければならない。

**第四三条（保健上の追加措置）**　1　本規則は、参加国が、自国の関連国内法及び国際法上の義務に従って、特定の公衆衛生リスク又は国際的に懸念される公衆衛生上の緊急事態に対応して、次のような保健上の措置を実施するのを妨げるものではない。

(a)　WHOの勧告と同じかそれ以上の保健水準を達成するもの。又は、

(b)　第二十五条、第二十六条、第二十八条第一項並びに第二項、第三十条、第三十一条第一項(c)号及び第三十三条により別段禁止されているもの。

但し、かかる措置は、本規則に合致することを条件とする。また、かかる保健上の措置は、適当な保健水準を満たすと思われる合理的に利用可能な代替措置よりも国際交通を制限せず且つ人に対して侵襲的又は立ち入ったものであってはならない。

2　参加国は、本条第一項に言及する保健上の措置又は第二十三条第二項、第二十七条第一項、第二十八条第二項及び第三十一条第二項(c)号に基づく保健上の追加措置を実施するか否かの決定に際しては、次のものに基づかなければならない。

(a)　科学的諸原則。

(b)　人の健康にリスクがあるという入手可能な科学的証拠、又はその証拠が不十分な場合には、WHOその他の関連政府間組織及び国際機関からのものを含む入手可能な情報。及び、

(c)　WHOから入手可能な一切の具体的指針又は助言。

3　本条第一項に言及する保健上の追加措置で国際交通を大幅に阻害するものを実施しようとする参加国は、その公衆衛生上の根拠と関連する科学的情報をWHOに提供しなければならない。WHOは、その情報を他の参加諸国と共有し、さらに実施される保健上の措置に関する情報も共有しなければならない。本条の適用上、大幅な阻害とは、国境を越える旅行者、手荷物、貨物、コンテナ、輸送機関、物品等の入出国の拒絶、又はその二十四時間以上の遅延を一般的に意味する。

4　WHOは、本条第三項並びに第五項に従い提供された情報及びその他の関連情報をアセスメントした後、関係参加国に対し、当該措置の適用を再検討するよう要請することができる。

5　本条第一項及び第二項に言及する保健上の追加措置で国際交通を大幅に阻害するものを実施する参加国は、実施の四十八時間以内に、その措置及び保健上の根拠をWHOに通報しなければならない。但し、それらが暫定的又は恒常的勧告に含まれる場合にはこの限りでない。

6　本条第一項又は第二項に従い保健上の措置を実施した参加国は、三箇月以内に、WHOの助言及び本条第二項の基準を斟酌してその措置を見直すものとする。

7　本条第一項又は第二項に従ってとられる措置の影響を受けるすべての参加国は、第五十六条に規定する自国の権利を損なうことなく、かかる措置を実施する参加国に協議を申し入れることができる。この協議の目的は、当該措置の基礎である科学的情報並びに公衆衛生上の根拠を明確にし、相互に受け入れられる解決を模索することにある。

8　本条の規定は、集会に参加する旅行者に対する措置の実施にも適用することができる。

出典：厚生労働省「国際保健規則(二〇〇五)(仮訳)」
(https://www.mhlw.go.jp/bunya/kokusaigyomu/kokusaihoken_j.html)

# 3　新型インフルエンザ等対策特別措置法

（抜粋）

公　布　平成二四年五月一一日（法三一）
施　行　平成二五年四月一三日
最終改正　令和二法七五

**第一条（目的）** この法律は、国民の大部分が現在その免疫を獲得していないこと等から、新型インフルエンザ等が全国的かつ急速にまん延し、かつ、これにかかった場合の病状の程度が重篤となるおそれがあり、また、国民生活及び国民経済に重大な影響を及ぼすおそれがあることに鑑み、新型インフルエンザ等対策の実施に関する計画、新型インフルエンザ等の発生時における措置、新型インフルエンザ等緊急事態措置その他新型インフルエンザ等に関する事項について特別の措置を定めることにより、感染症の予防及び感染症の患者に対する医療に関する法律（平成十年法律第百十四号。以下「感染症法」という。）その他新型インフルエンザ等の発生の予防及びまん延の防止に関する法律と相まって、新型インフルエンザ等に対する対策の強化を図り、もって新型インフルエンザ等の発生時において国民の生命及び健康を保護し、並びに国民生活及び国民経済に及ぼす影響が最小となるようにすることを目的とする。

**第五条（基本的人権の尊重）** 国民の自由と権利が尊重されるべきことに鑑み、新型インフルエンザ等対策を実施する場合において、国民の自由と権利に制限が加えられるときであっても、その制限は当該新型インフルエンザ等対策を実施するため必要最小限のものでなければならない。

**第一五条（政府対策本部の設置）** ① 内閣総理大臣は、前条の報告があったときは、当該報告に係る新型インフルエンザ等にかかった場合の病状の程度が、感染症法第六条第六項第一号に掲げるインフルエンザにかかった場合の病状の程度に比しておおむね同程度以下であると認められる場合を除き、内閣法（昭和二十二年法律第五号）第十二条第四項の規定にかかわらず、閣議にかけて、臨時に内閣に新型インフルエンザ等対策本部（以下「政府対策本部」という。）を設置するものとする。

② （略）

**第二二条（都道府県対策本部の設置及び所掌事務）** ① 第十五条第一項の規定により政府対策本部が設置されたときは、都道府県知事は、都道府県行動計画で定めるところにより、直ちに、都道府県対策本部を設置しなければならない。

② （略）

**第二四条（都道府県対策本部長の権限）** ①—⑧ （略）

⑨ 都道府県対策本部長は、当該都道府県の区域に係る新型インフルエンザ等対策を的確かつ迅速に実施するため必要があると認めるときは、公私の団体又は個人に対し、その区域に係る新型インフルエンザ等対策の実施に関し必要な協力の要請をすることができる。

**第三二条（新型インフルエンザ等緊急事態宣言等）** ① 政府対策本部長は、新型インフルエンザ等（国民の生命及び健康に著しく重大な被害を与えるおそれがあるものとして政令で定める要件に該当するものに限る。以下この章において同じ。）が国内で発生し、その全国的かつ急速なまん延により国民生活及び国民経済に甚大な影響を及ぼし、又はそのおそれがあるものとして政令で定める要件に該当する事態（以下「新型インフルエンザ等緊急事態」という。）が発生したと認めるときは、新型インフルエンザ等緊急事態が発生した旨及び次に掲げる事項の公示（第五項及び第三十四条第一項において「新型インフルエンザ等緊急事態宣言」という。）をし、並びにその旨及び当該事項を国会に報告するものとする。

一　新型インフルエンザ等緊急事態措置を実施すべき期間
二　新型インフルエンザ等緊急事態措置（第四十六条の規定による措置を除く。）を実施すべき区域
三　新型インフルエンザ等緊急事態の概要

② 前項第一号に掲げる期間は、二年を超えてはならない。

③ 政府対策本部長は、新型インフルエンザ等のまん延の状況並びに国民生活及び国民経済の状況を勘案して第一項第一号に掲げる期間を延長し、又は同項第二号に掲げる区域を変更することが必要であると認めるときは、当該期間を延長する旨又は当該区域を変更する旨の公示をし、及びこれを国会に報告するものとする。

④ 前項の規定により延長する期間は、一年を超えてはならない。

⑤⑥ （略）

**第四五条（感染を防止するための協力要請等）** ① 特定都道府県知事は、新型インフルエンザ等緊急事態において、新型インフルエンザ等のまん延を防止し、国民の生命及び健康を保護し、並びに国民生活及び国民経済の混乱を回避するため必要があると認めるときは、当該特定都道府県の住民に対し、新型インフルエンザ等の潜伏期間及び治癒までの期間並びに発生の状況を考慮して当該特定都道府県知事が定める期間及び区域において、生活の維持に必要な場合を除きみだりに当該者の居宅又はこれに相当する場所から外出しないことその他の新型インフルエンザ等の感染の防止に必要な協力を要請することができる。

② 特定都道府県知事は、新型インフルエンザ等緊急事態において、新型インフルエンザ等のまん延を防止し、国民の生命及び健康を保護し、並びに国民生活及び国民経済の混乱を回避するため必要があると認めるときは、新型インフルエンザ等の潜伏期間及び治癒までの期間を考慮して当該特定都道府県知事が定める期間において、学校、社会福祉施設（通所又は短期間の入所により利用されるものに限る。）、興行場（興行場法（昭和二十三年法律第百三十七号）第一条第一項に規定する興行場をいう。）その他の政令で定める多数の者が利用する施設を管理する者又は当該施設を使用して催物を開催する者（次項において「施設管理者等」という。）に対し、当該施設の使用の制限若しくは停止又は催物の開催の制限若しくは停止その他政令で定める措置を講ずるよう要請することができる。

③④ （略）

# 4　地域的な包括的経済連携協定（抜粋）

［RCEP協定］

署　名　二〇二〇年一一月一五日
効力発生（未発効）
日本国
当事国

目次



**前　文**

（前略）締約国間の既存の経済上の相互関係を基礎とするこの協定を通じて、地域における経済統合を拡大し、及び深化すること、経済成長及び衡平な経済発展を強化すること並びに経済協力を推進することを希望し、（中略）

各締約国の権利及び義務であって、千九百九十四年四月十五日にマラケシュで作成された世界貿易機関を設立するマラケシュ協定並びにASEANの構成国とその自由貿易パートナー、すなわち、オーストラリア、中国、日本国、韓国及びニュージーランドとの間の現行の自由貿易協定に基づくものを基礎とし、（中略）

次のとおり協定した。

**第一・一条（地域的な包括的経済連携の自由貿易地域としての設定）**　締約国は、千九百九十四年のガット第二十四条及びサービス貿易一般協定第五条の規定に従い、この協定の規定に基づいて地域的な包括的経済連携を自由貿易地域としてここに設定する。

**第一・三条（目的）**　この協定は、次のことを目的とする。

(a)　締約国、特に後発開発途上締約国の発展段階及び経済上のニーズを考慮しつつ、地域的な貿易及び投資の拡大を促進し、並びに世界的な経済成長及び発展に貢献するため、現代的な、包括的な、質の高い、及び互恵的な経済上の連携の枠組みを設定すること。

(b)　特に締約国間の実質的に全ての物品の貿易に対する関税及び非関税障壁の漸進的な撤廃を通じて、締約国間の物品の貿易を漸進的に自由化し、及び円滑化すること。

(c)　締約国間のサービスの貿易に関して制限及び差別的な措置の実質的な撤廃を達成するため、相当な範囲の分野を対象として締約国間のサービスの貿易を漸進的に自由化すること。

(d)　自由、促進的及び競争的な投資環境であって、投資の機会を拡大させ、並びに締約国間の投資の促進、保護、円滑化及び自由化を強化するものを地域において創出すること。

**第二・二条（適用範囲）**　この章の規定は、この協定に別段の定めがある場合を除くほか、締約国間の物品の貿易について適用する。

**第二・三条（内国の課税及び規則に関する内国民待遇）**　各締約国は、千九百九十四年のガット第三条の規定の例により、他の締約国の産品に対して内国民待遇を与える。このため、同条の規定は、必要な変更を加えた上で、この協定に組み込まれ、この協定の一部を成す。

**第二・四条（関税の引下げ又は撤廃）**　1　各締約国は、この協定に別段の定めがある場合を除くほか、附属書Ｉ（関税に係る約束の表）の自国の表に従って、他の締約国の原産品について関税を引き下げ、又は撤廃する。

**第二・一七条（数量制限の一般的廃止）**　1　いずれの締約国も、この協定に別段の定めがある場合を除くほか、他の締約国の産品の輸入又は他の締約国の領域に仕向けられる産品の輸出について、割当てによると、輸入又は輸出の許可によると、その他の措置によるとを問わず、いかなる禁止又は制限（関税、租税その他課徴金を除く。）も採用し、又は維持してはならない。ただし、世界貿易機関設立協定の関連規定に基づく自国の権利及び義務に基づく場合を除く。このため、千九百九十四年のガット第十一条の規定は、必要な変更を加えた上で、この協定に組み込まれ、この協定の一部を成す。

**第一〇・一三条（収用）**（注）

注　この条の規定は、附属書十Ｂ（収用）の規定に従って解釈する。

1　いずれの締約国も、対象投資財産について、直接的に、又は収用若しくは国有化と同等の措置を通じて、収用又は国有化（以下この章において「収用」という。）を実施してはならない。ただし、次の全ての要件を満たす場合は、この限りでない。

(a)　公共の目的のためのものであること。

(b)　差別的なものでないこと。

(c)　2及び3の規定に基づく補償の支払を伴うものであること。

(d)　正当な法の手続に従って実施するものであること。

2　1(c)に規定する補償は、次の全ての要件を満たすものとする。

(a)　遅滞なく支払われるものであること。（注）

注　締約国は、支払が行われる前に遵守する必要がある法律上及び行政上の手続があり得ることを了解する。

(b)　収用が公表された時又は収用が行われた時のいずれか早い方の時（以下この章において「収用の日」という。）における収用された投資財産の公正な市場価格に相当するものであること。

**第一七・一二条（一般的例外）**　1　第二章（物品の貿易）、第三章（原産地規則）、第四章（税関手続及び貿易円滑化）、第五章（衛生植物検疫措置）、第六章（任意規格、強制規格及び適合性評価手続）、第十章（投資）及び第十二章（電子商取引）の規定の適用上、千九百九十四年のガット第二十条の規定は、必要な変更を加えた上で、この協定に組み込まれ、この協定の一部を成す。（注）

注　締約国は、千九百九十四年のガット第二十条(b)に規定する措置には、人、動物又は植物の生命又は健康の保護のために必要な環境に関する措置が含まれること並びに同条(g)の規定が有限天然資源（生物資源であるかどうかを問わない。）の保存に関する措置について適用されることを了解する。

2　第八章（サービスの貿易）、第九章（自然人の一時的な移動）、

第十章（投資）及び第十二章（電子商取引）の規定の適用上、サービス貿易一般協定第十四条（注を含む。）の規定は、必要な変更を加えた上で、この協定に組み込まれ、この協定の一部を成す。（注）

注　締約国は、サービス貿易一般協定第十四条(b)に規定する措置には、人、動物又は植物の生命又は健康の保護のために必要な環境に関する措置が含まれることを了解する。

**第一七・一三条（安全保障のための例外）**　この協定のいかなる規定も、次のいずれかのことを定めるものと解してはならない。

(a)　締約国に対し、その開示が自国の安全保障上の重大な利益に反すると当該締約国が認める情報の提供を要求すること。

(b)　締約国が自国の安全保障上の重大な利益の保護のために必要であると認める次のいずれかの措置をとることを妨げること。

(i)　核分裂性物質若しくは核融合性物質又はこれらの生産原料である物質に関する措置

(ii)　武器、弾薬及び軍需品の取引並びに軍事施設に供給するため直接若しくは間接に行われるその他の貨物及び原料の取引に関する措置又は軍事施設のため直接若しくは間接に行われるサービスの提供に関する措置

(iii)　通信、電力及び水道の基盤を含む中枢的な公共基盤（注）を防護するためにとる措置

注　中枢的な公共基盤は、公有のものであるか私有のものであるかを問わない。

(iv)　国家の緊急時又は戦時その他の国際関係の緊急時にとる措置

(c)　締約国が国際の平和及び安全の維持のため国際連合憲章に基づく義務に従って措置をとることを妨げること。

**第一九・三条（適用範囲）**（注）

注　非違反措置に関する申立ては、この協定の下では認められない。

1　この協定に別段の定めがある場合を除くほか、この章の規定は、次の(a)の事項及び(b)の場合について適用する。

(a)　この協定の規定の解釈及び適用に関する締約国間の紛争の解決

(b)　締約国が、他の締約国の措置がこの協定に基づく義務に適合しないと認める場合又は他の締約国がこの協定に基づく自国の義務を履行しなかったと認める場合

2　第十九・五条（場の選択）の規定に従うことを条件として、この章の規定は、締約国が締結している他の協定により利用可能な紛争解決手続を利用する当該締約国の権利を害するものではない。

**第一九・四条（一般規定）**　1　この協定は、解釈に関する国際法上の慣習的規則に従って解釈する。

2　パネルは、また、この協定に組み込まれた世界貿易機関設立協定の規定に関し、WTOの紛争解決機関によって採択されるWTOの小委員会及び上級委員会の報告における関連する解釈について検討する。パネルの認定及び決定は、この協定に基づく権利及び義務に新たな権利及び義務を追加し、又はこの協定に基づく権利及び義務を減ずることはできない。（注）

注　この協定に組み込まれていない世界貿易機関設立協定の規定に関し、締約国は、この2の第一文の規定が、パネルがWTOの紛争解決機関によって採択されるWTOの小委員会及び上級委員会の報告における関連する解釈について検討することを妨げるものではないことを確認する。

**第一九・五条（場の選択）**　1　紛争が、この協定に基づく権利及び義務に関するものであり、かつ、全紛争当事国が締結している他の国際貿易協定又は国際投資協定に基づく権利及び義務であってこの協定に基づく権利及び義務と実質的に同等のものに関するものである場合には、申立国は、当該紛争を解決するための場を選択することができるものとし、また、その選択した場以外の場を利用してはならない。

**第一九・八条（パネルの設置の要請）**　1　申立国は、次のいずれかの場合には、被申立国への通報を行うことにより、事案を検討するためのパネルの設置の要請（以下この章において「パネル設置要請」という。）を行うことができる。

(a)　被申立国が次のいずれかのことを行わない場合

(i)　第十九・六条（協議）5(a)の規定に従って協議要請に回答すること。

(ii)　第十九・六条（協議）6の規定に従って協議を開始すること。

(b)　次のいずれかの期間内に協議によって紛争を解決することができない場合

(i)　緊急の場合（腐敗しやすい物品に関する場合等）には、被申立国が第十九・六条（協議）1の規定に基づいて行われた協議要請を受領した日の後二十日の期間

(ii)　その他の事案については、被申立国が第十九・六条（協議）1の規定に基づいて行われた協議要請を受領した日の後六十日の期間

**第一九・一一条（パネルの設置及び再招集）**　1　第十九・八条（パネルの設置の要請）1の規定に基づいてパネル設置要請が行われた場合には、パネルがこの条の規定に従って設置される。

2　パネルは、全紛争当事国が別段の合意をする場合を除くほか、三人のパネルの構成員から成る。この条の規定に基づくパネルの構成員の任命及び指名は、10及び13に規定する要件に適合するものとする。

**第一九・一三条（パネルの手続）**　6　パネルは、コンセンサス方式によって認定及び決定を行う。ただし、パネルは、コンセンサスに達することができない場合には、過半数による議決によって認定及び決定を行うことができる。パネルの構成員は、全会一致の合意が得られない事項について、反対意見又は別個の意見を提出することができる。個々のパネルの構成員が報告書において表明した意見は、匿名とする。

**第一九・一五条（最終報告書の実施）**　1　パネルの認定及び決定は、最終的なものとし、かつ、全紛争当事国を拘束する。被申立国は、次のいずれかのことを行う。

(a)　問題となっている措置がこの協定に基づく義務に適合しないとパネルが決定する場合には、当該措置を適合させること。

(b)　被申立国がこの協定に基づく義務を履行しなかったとパネルが決定する場合には、当該義務を履行すること。

**第一九・一七条（代償及び譲許その他の義務の停止）**　1　代償及び譲許その他の義務の停止は、被申立国が合理的な期間内に第十九・十五条（最終報告書の実施）1の規定に基づく義務を履行していない場合に利用することができる一時的な措置であるが、これらのいずれの措置よりも、同条1の規定に基づく義務を履行することが優先される。代償は、任意に与えられるものであり、また、代償が与えられる場合には、この協定に適合するものでなければならない。

# 5　持続可能な開発目標（国連総会決議七〇／一）（抜粋）翻訳［ＳＤＧｓ］

採　択　二〇一五年九月二五日（国連第七〇回総会）

## 宣言

### 導入部

1　我々、国家元首、政府の長その他の代表は、国連が七〇周年を迎えるに当たり、二〇一五年九月二五日から二七日までニューヨークの国連本部で会合し、今日、新たな地球規模の持続可能な開発目標を決定した。

2　我々の国民に代わり、我々は、包括的、遠大かつ人間中心の一連の普遍的かつ変革的な目標とターゲットにつき、歴史的な決定を行った。我々は、このアジェンダを二〇三〇年までに完全に実施するために休みなく取り組むことにコミットする。我々は、極端な貧困を含む、あらゆる形態と様相の貧困を撲滅することが最も大きな地球規模の課題であり、持続可能な開発のための不可欠な必要条件であると認識する。我々は、持続可能な開発を、経済、社会及び環境という三つの側面において、バランスがとれ統合された形で達成することにコミットしている。我々はまた、ミレニアム開発目標の達成を基にして、その未完の課題に取り組むことを追求する。

### 今日の世界

16　およそ一五年前、ミレニアム開発目標（ＭＤＧｓ）が合意された。これらは、開発のための重要な枠組みを与え、多くの分野で重要な進展が見られた。しかしながら、進展にはばらつきがあり、それはアフリカ、後発開発途上国、内陸開発途上国、小島嶼開発途上国で特にそうである。いくつかの目標、特に母子保健及び性と生殖に関する健康の目標は依然として達成に向けての軌道に乗っていない。我々は、そのような軌道に乗っていない目標を含めて、全てのＭＤＧｓの完全な達成に向けて、とりわけ後発開発途上国など重視すべき国に対して焦点を当てて拡大した支援を、適切な支援プログラムに沿って供与することを再度約束する。新アジェンダはミレニアム開発目標を基礎として、ミレニアム開発目標が達成できなかったもの、とりわけ最も脆弱な部分に取り組むことにより、これを完遂することを目指す。

17　我々が今日発表する枠組みは、その範囲においてミレニアム開発目標を遙かに越えるものである。貧困撲滅、保健、教育及び食料安全保障と栄養といった継続的な開発分野の優先項目に加えて、この枠組みは、幅広い経済・社会・環境の目的を提示している。また、より平和かつ包摂的な社会も約束している。さらに重要なことは、実施手段も提示している。我々が決定した統合的なアプローチを反映して、新たな目標とターゲットには、深い相互関連性と多くの分野横断的な要素がある。

### 新アジェンダ

18　本日、我々が発表する一七の持続可能な開発目標と一六九の関連づけられたターゲットは、統合され不可分のものである。このような広範で普遍的な政策目標について、世界の指導者が共通の行動と努力を表明したことはいまだかつてなかった。持続可能な開発に向けた道を進むに当たって、全ての国や地域に進展をもたらす地球規模の開発とウィン・ウィンの協力のために我々が共同して専念することを決めた。全ての国はその固有の財産、自然資源及び経済活動に対して恒久の主権を有しており、またその権利を自由に行使することを確認する。我々は現在及び将来の世代の便益のためのこのアジェンダを実施する。そのために、我々は国際法に対するコミットメントを確認するとともに、新たな開発目標は、国際法の下での権利と義務に整合する形で実施することを確認する。

## 持続可能な開発目標（ＳＤＧｓ）とターゲット

54　包摂的な政府間交渉プロセスを経て、かつ持続可能な開発に関する公開作業部会の提案（同提案の背景を説明するシャポーを含む）を踏まえ、下記の事項が、我々が合意した目標とターゲットである。

### 持続可能な開発目標

目標１　あらゆる場所におけるあらゆる形態の貧困を終了させる

目標２　飢餓を終了させ、食料安全保障及び栄養改善を実現し、持続可能な農業を促進する

目標３　あらゆる年齢の全ての人々の健康的な生活を確保し、福祉を促進する

目標４　全ての人々への包摂的かつ公平な質の高い教育を確保し、生涯学習の機会を促進する

目標５　ジェンダーの平等を達成し、全ての女性及び女子児童の能力強化を行う

目標６　全ての人々に水と衛生の利用可能性と持続可能な管理を確保する

目標７　全ての人々に安価で信頼でき持続可能な近代的エネルギーへのアクセスを確保する

目標８　持続的で包摂的で持続可能な経済成長及び全ての人々の完全かつ生産的な雇用と働きがいのある人間らしい雇用（ディーセント・ワーク）を促進する

目標９　強靱なインフラ構築、包摂的で持続可能な産業化の促進及びイノベーションの育成を図る

目標10　国内及び国家間における不平等を縮小する

目標11　都市と人間の居住地を包摂的で安全で強靱で持続可能なものにする

目標12　持続可能な消費と生産の形態を確保する

目標13　気候変動及びその影響に立ち向かうため緊急の行動をとる＊

目標14　持続可能な開発のために海洋及び海洋資源を保全し、持続可能な形で利用する

目標15　陸域生態系の保護、回復及び持続可能な利用の推進、持続可能な森林の経営、砂漠化への対処、土地の劣化の阻止及び回復、並びに生物多様性の喪失の阻止を図る

目標16　持続可能な開発のために平和で包摂的な社会を促進し、全ての人々に司法へのアクセスを提供し、あらゆるレベルにおいて効果的で説明責任のある包摂的な制度を構築する

目標17　実施手段を強化し、持続可能な開発のためのグローバル・パートナーシップを活性化する

＊国連気候変動枠組条約が、気候変動への世界的対応について交渉する第一次的な国際的かつ政府間のフォーラムであると認識している。

# 6 北朝鮮関係

## (1) 安全保障理事会決議二三九七（核不拡散・北朝鮮）

採択 二〇一七年一二月二二日（安保理第八一五一回会合）

一八年一月一八日官報（外務省告示七号）

安全保障理事会は、

決議第八二五号（一九九三年）、第一六九五号（二〇〇六年）、第一七一八号（二〇〇六年）、第一八七四号（二〇〇九年）、第一八八七号（二〇〇九年）、第二〇八七号（二〇一三年）、第二〇九四号（二〇一三年）、第二二七〇号（二〇一六年）、第二三二一号（二〇一六年）、第二三五六号（二〇一七年）、第二三七一号（二〇一七年）及び第二三七五号（二〇一七年）を含むこれまでの関連する決議並びに二〇〇六年一〇月六日の議長声明（S／PRST／二〇〇六／四一）、二〇〇九年四月一三日の議長声明（S／PRST／二〇〇九／七）、二〇一二年四月一六日の議長声明（S／PRST／二〇一二／一三）及び二〇一七年八月二九日の議長声明（S／PRST／二〇一七／一六）を想起し、

核、化学及び生物兵器並びにその運搬手段の拡散が、国際の平和及び安全に対する脅威を構成することを再確認し、

二〇一七年一一月二八日に北朝鮮により決議第一七一八号（二〇〇六年）、第一八七四号（二〇〇九年）、第二〇八七号（二〇一三年）、第二〇九四号（二〇一三年）、第二二七〇号（二〇一六年）、第二三二一号（二〇一六年）、第二三五六号（二〇一七年）、第二三七一号（二〇一七年）及び第二三七五号（二〇一七年）に違反して実施された弾道ミサイル発射、このような実験による核兵器の不拡散に関する条約（NPT）及び核兵器の不拡散に関する世界的な制度を強化するための国際的な努力に対する挑戦、並びに、それが地域内外の平和及び安定にもたらす危険に対し、最も重大な懸念を表明し、

北朝鮮が、北朝鮮にいる人々の福祉、固有の尊厳及び権利を尊重し確保することの必要性を含め、国際社会が有するその他の安全保障上及び人道上の懸念に対応することが重要であることを再度強調するとともに、北朝鮮にいる人々の需要が大きく満たされていない中、膨大な犠牲の下、北朝鮮が、北朝鮮にいる人々から決定的に必要な資源を流用して、核兵器及び弾道ミサイルの開発を継続していることに強い懸念を表明し、

特に、北朝鮮による分野別物品（石炭、鉄、鉄鉱石、鉛、鉛鉱石、繊維製品、海産物、金、銀、レア・アース及びその他の禁止された金属を含むがこれらに限られない。）の貿易の収益及び海外の北朝鮮の労働者等によって生み出される収入が、北朝鮮の核兵器及び弾道ミサイル計画に貢献することを認識し、

北朝鮮が継続中の核及び弾道ミサイル関連活動が地域内外を不安定化させていることに最も重大な懸念を表明するとともに、国際の平和及び安全に対する明白な脅威が引き続き存在することを認定し、

国際連合憲章第七章の下で行動し、同憲章第四一条に基づく措置をとって、

1 北朝鮮が、安全保障理事会の決議に違反し、また、それを甚だしく無視して、二〇一七年一一月二八日に弾道ミサイル発射を実施したことを最も強い表現で非難する。

2 北朝鮮が、弾道ミサイル技術を使用したいかなる発射、核実験、又は、その他のいかなる挑発もこれ以上実施せず、弾道ミサイル計画に関連する全ての活動を直ちに停止し、またこの文脈において、全てのミサイル発射モラトリアムに係る既存の約束を再確認し、全ての核兵器及び既存の核計画を、完全な、検証可能な、かつ、不可逆的な方法で直ちに放棄し、全ての関連する活動を直ちに停止するとともに、その他のいかなる既存の大量破壊兵器及び弾道ミサイル計画も、完全な、検証可能な、かつ、不可逆的な方法で放棄するとの決定を再確認する。

3 決議第一七一八号（二〇〇六年）8(d)の規定に定める措置が、この決議の附属書I及びIIに記載される個人及び団体、それらの代理として又はそれらの指示により行動するいかなる個人又は団体並びにそれらにより所有され又は管理される団体（不正な手段を通じたものを含む。）にも適用されることを決定するとともに、さらに、決議第一七一八号（二〇〇六年）8(e)の規定に定める措置が、この決議の附属書Iに記載される個人及びそれらの代理として又はそれらの指示により行動する個人にも適用されることを決定する。

4 全ての加盟国が、専ら北朝鮮国民の生計目的のためであり、また、北朝鮮の核若しくは弾道ミサイル計画又は決議第一七一八号（二〇〇六年）、第一八七四号（二〇〇九年）、第二〇八七号（二〇一三年）、第二〇九四号（二〇一三年）、第二二七〇号（二〇一六年）、第二三二一号（二〇一六年）、第二三五六号（二〇一七年）、第二三七一号（二〇一七年）、第二三七五号（二〇一七年）若しくはこの決議により禁止されているその他の活動と無関係な原油の輸送であると委員会が事前に個別の案件に応じて承認する場合を除くほか、自国の領域を通じた又は自国の国民による、又は自国の旗を掲げる船舶、航空機、パイプライン、鉄道若しくは車両を用いた、北朝鮮への全ての原油（自国の領域を原産地とするものであるか否かを問わない。）の直接又は間接の供給、販売又は移転を禁止することを決定し、さらに、この禁止は、この決議の採択の日から一二か月間及びその後は各一二か月間、一二か月間毎の総計が四〇〇万バレル又は五二万五〇〇〇トンを超えない原油には適用されないことを決定するとともに、原油を提供する全ての加盟国は、北朝鮮に提供された原油の量に関する報告を、この決議の採択の日から九〇日毎に委員会に対して提出することを決定する。

5 全ての加盟国が、自国の領域を通じた又は自国の国民による、又は自国の旗を掲げる船舶、航空機、パイプライン、鉄道若しくは車両を用いて北朝鮮への全ての石油精製品（自国の領域を原産地とするものであるか否かを問わない。）の直接又は間接の供給、販売又は移転を禁止することを決定し、北朝鮮がそのような製品を調達しないことを決定し、さらに、この規定が、(a)当該加盟国が三〇日毎に、北朝鮮への石油精製品のそのような供給、販売又は移転の量を、全ての取引関係者の情報と併せ、委員会に通報し、(b)当該石油精製品の供給、販売又は移転に、北朝鮮の核若しくは弾道ミサイル計画又は決議第一七一八号（二〇〇六年）、第一八七四号（二〇〇九年）、第二〇八七号（二〇一三年）、第二〇九四号（二〇一三年）、第二二七〇号（二〇一六年）、第二三二一号（二〇一六年）、第二三五六号（二〇一七年）、第二三七一号（二〇一七年）、第二三七五号（二〇一七年）若しくはこの決議により禁止されているその他の活動に関連している個人又は団体（指定された個人若しくは団体、又はそれ

らの代理として若しくはそれらの指示により行動する個人若しくは団体、又はそれらにより直接的若しくは間接的に所有され若しくは管理される団体、又は制裁回避を支援する個人若しくは団体を含む。）が関与しておらず、かつ(c)当該石油精製品の供給、販売又は移転が専ら北朝鮮国民の生計目的のためであり、また、北朝鮮の核若しくは弾道ミサイル計画又は決議第一七一八号（二〇〇六年）、第一八七四号（二〇〇九年）、第二〇八七号（二〇一三年）、第二〇九四号（二〇一三年）、第二二七〇号（二〇一六年）、第二三二一号（二〇一六年）、第二三五六号（二〇一七年）、第二三七一号（二〇一七年）、第二三七五号（二〇一七年）若しくはこの決議により禁止されているその他の活動のための収入を生み出すことに無関係である場合、二〇一八年一月一日から一二か月間及びその後は各一二か月間、総量五〇万バレルまでの石油精製品（ディーゼル及びケロシンを含む。自国の領域を原産地とするものであるか否かを問わない。）の、自国の領域を通じた又は自国の国民による、又は自国の旗を掲げる船舶、航空機、パイプライン、鉄道若しくは車両を用いて、北朝鮮による調達又は北朝鮮への直接若しくは間接の供給、販売若しくは移転には適用されないことを決定し、委員会書記長に対し、二〇一八年一月一日以降、北朝鮮に対して販売、供給又は移転された石油精製品の総量が、年間総計の七五パーセントに達したときに、全ての加盟国に通知することを指示し、また、委員会書記長に対し、二〇一八年一月一日以降、北朝鮮に対する石油精製品の販売、供給又は移転の総量が、年間総計の九〇パーセントに達したときに全ての加盟国に通知するよう指示し、さらに、委員会書記長に対し、二〇一八年一月一日以降、北朝鮮に対して販売、供給又は移転された石油精製品の総量が、年間総計の九五パーセントに達したときに全ての加盟国に通知するとともに、全ての加盟国に対してその年の残りの期間、北朝鮮に対する石油精製品の販売、供給又は移転を直ちに停止しなければならないことを通報するよう指示し、委員会に対し、北朝鮮に対する石油精製品の販売、供給又は移転の月毎及び原産国毎の合計をそのウェブサイトにおいて公に入手可能とすることを指示し、委員会に対し、加盟国から通知を受け次第この情報をリアルタイムで更新することを指示し、全ての加盟国に対し、二〇一八年一月一日以降、この規定で設定した石油精製品の年間上限を遵守するため、このウェブサイトを定期的に閲覧するよう要請し、専門家パネルに対し、支援の提供及び完全かつ世界的な遵守の確保のための、全ての加盟国の履行努力を厳密に監視することを指示するとともに、事務総長に対し、このために必要な措置をとるとともに、この点に関し追加的な資源を提供するよう要請する。

6　北朝鮮が、その領域からの、又はその国民による、又はその旗を掲げる船舶若しくは航空機を用いて、食料及び農産品（統一システム番号第一二類、第八類、第七類）、機械類（統一システム番号第八四類）、電気機器（統一システム番号第八五類）、マグネサイト及びマグネシアを含む土石類（統一システム番号第二五類）、木材（統一システム番号第四四類）及び船舶（統一システム番号第八九類）の直接又は間接の供給、販売又は移転を行わないこと、並びに、全ての国が、自国民による、又は自国の旗を掲げる船舶若しくは航空機を用いて、北朝鮮からの上記の商品及び製品（北朝鮮の領域を原産地とするものであるか否かを問わない。）の調達を禁じることを決定し、決議第二三七一号（二〇一七年）9の規定の海産物の完全な禁止は、北朝鮮が漁業権を直接的又は間接的に販売又は移転することを禁止することを明確にするとともに、さらに、全ての国が、この決議の採択よりも前に書面契約が確定された、この規定により北朝鮮による移転、供給又は販売が禁止されている北朝鮮からの全ての商品及び製品に関連する販売及び取引につき、この決議の採択の日から三〇日までの間であれば、この決議の採択の日から四五日以内に委員会に対して提供されるこれらの輸入品の詳細を含む通知をもってのみ、これらの船荷の自国の領域への輸入を認めることができることを決定する。

7　全ての加盟国が、自国の領域を通じた又は自国の国民による、又は自国の旗を掲げる船舶、航空機、パイプライン、鉄道若しくは車両を用いた、北朝鮮への全ての工業機械類（統一システム番号第八四類及び第八五類）、輸送車両（統一システム番号第八六類から第八九類まで）及び鉄、鉄鋼及びその他金属（統一システム番号第七二類から第八三類まで）（自国の領域を原産地とするものであるか否かを問わない。）の直接又は間接の供給、販売又は移転を禁止することを決定するとともに、さらに、この規定は、北朝鮮の商業民間旅客機（現在、以下の航空機のモデル及び型により構成される：An-24R/RV、An-148-100B、Il-18D、Il-62M、Tu-134B-3、Tu-154B、Tu-204-100B及びTu-204-300）の安全な運用を維持するために必要な予備部品の提供には適用されないことを決定する。

8　決議第二三七五号（二〇一七年）17の規定の採択にもかかわらず、北朝鮮国民が、北朝鮮の禁止されている核及び弾道ミサイル計画を支援するために北朝鮮が使用する対外輸出収入を生み出す目的で、他国で引き続き働いていることに懸念を表明し、加盟国が、当該北朝鮮国民が当該加盟国の自国民である、又は、適用可能な国内法及び国際法（国際難民法、国際人権法、国際連合本部協定並びに国際連合の特権及び免除に関する条約を含む。）に従って送還が禁止されていると認定する場合を除くほか、加盟国が、直ちに、ただし、この決議の採択の日から二四か月以内に、当該加盟国の管轄権内において収入を得ている全ての北朝鮮国民及び海外の北朝鮮労働者を監視する全ての北朝鮮政府の安全監督員を北朝鮮に送還することを決定するとともに、さらに、全ての加盟国が、この決議の採択の日から一五か月以内に、この決議の採択の日から一二か月間に送還された、当該加盟国の管轄権内において収入を得ていた全ての北朝鮮国民に関する中間報告（該当する場合には、なぜそのような北朝鮮国民の半数に満たない数しか当該一二か月の期間終了までに送還されなかったのかについての理由の説明を含む。）を提出すること、及び、全ての加盟国が、この決議の採択の日から二七か月以内に、最終報告を提出することを決定する。

9　北朝鮮が、詐欺的な海上行動を通じて石炭及びその他の禁止された品目を不正に輸出していること、及び、船舶間の移転を通じて石油を違法に入手していることに、強い懸念を持って留意し、加盟国が、当該船舶が決議第一七一八号（二〇〇六年）、第一八七四号（二〇〇九年）、第二〇八七号（二〇一三年）、第二〇九四号（二〇一三年）、第二二七〇号（二〇一六年）、第二三二一号（二〇一六年）、第二三五六号（二〇一七年）、第二三七一号（二〇一七年）、第二三七五号（二〇一七年）又はこの決議により禁止されている活動又は品目の輸送に関与していると信じる合理的根拠を有する場合には、当該加盟国が、自国の港にいるいかなる船舶も押収、検査及び凍結（留め置き）すること、及び、自国の領海内にいる、自国の管轄権に服するいかなる船舶も押収、検査及び凍結（留め置き）できることを決定し、加盟国に対し、当該船舶が押収、検査及び凍結（留め置き）され次第、関連する船舶の旗国と協議することを奨励するとともに、さらに、当該船舶が凍結（留め置き）された日から六か月後、委員会が、個別の案件に応じて、また、旗国の要請を受けて、当該船舶がこれらの決議の将来の違反に貢献することを防止するために十分な対応がとられた旨決定する場合には、この規定が適用されないことを決定する。

10　加盟国が、北朝鮮が不正な貨物を直接的又は間接的に供給、販売、移転又は調達しようと試みていることを疑う情報を有する場合、当該加盟国が、問題になっている品目、商品又は製品が北朝鮮を原産地とするものであるかを認定するためを含め、その他の関連する加盟国に対し、追加的な海上及び輸送情報を要請することができることを決定し、さらに、そのような照会を受領した全ての加盟国が、適当な方法で、可能な限り速やかに当該要請に対応することを決定し、委員会が、専門家パネルの支援を受けつつ、迅速な手続を通じて、そのような情報要請の適時の調整を容易にすることを決定するとともに、事務総長に対し、このために必要な対応をとるとともに、この点に関し委員会及び専門家パネルに追加的な資源を提供するよう要請する。

11　決議第二三二一号（二〇一六年）22の規定を再確認するとともに、委員会が個別の案件に応じて、当該船舶が、専ら生計目的であり北朝鮮の個人若しくは団体により収入を生み出すために用いられない活動に従事している又は専ら人道的目的の活動に従事していることを決定する場合を除くほか、各加盟国が、自国民、自国の管轄権に服する者及び自国の領域内で設立された又は自国の管轄権に服する団体が、決議第一七一八号（二〇〇六年）、第一八七四号（二〇〇九年）、第二〇八七号（二〇一三年）、第二〇九四号（二〇一三年）、第二二七〇号（二〇一六年）、第二三二一号（二〇一六年）、第二三五六号（二〇一七年）、第二三七一号（二〇一七年）、第二三七五号（二〇一七年）又はこの決議により禁止されている活動又は品目の輸送に関与していたと信じる合理的根拠を有する船舶に対する保険又は再保険サービスの提供を禁止することを決定する。

12　決議第二三二一号（二〇一六年）24の規定を再確認し、各加盟国が、委員会が個別の案件に応じて事前に承認する場合を除き、決議第一七一八号（二〇〇六年）、第一八七四号（二〇〇九年）、第二〇八七号（二〇一三年）、第二〇九四号（二〇一三年）、第二二七〇号（二〇一六年）、第二三二一号（二〇一六年）、第二三五六号（二〇一七年）、第二三七一号（二〇一七年）、第二三七五号（二〇一七年）又はこの決議により禁止されている活動又は品目の輸送に関与していたと信じる合理的根拠を有するいかなる船舶の登録も解除すること、及び、自国民、自国の管轄権に服する者及び自国の領域内で設立された又は自国の管轄権に服する団体が、以後、そのような船舶に対して船舶分類サービスを提供することを禁止することを決定するとともに、さらに、加盟国が、個別の案件に応じて委員会が事前に承認する場合を除き、この規定に従って他の加盟国が登録を解除したそのような船舶の登録を行わないことを決定する。

13　北朝鮮船籍の、又は、北朝鮮に管理され、チャーターされ若しくは運航される船舶が、安全保障理事会決議の制裁監視を回避するために、完全な移動履歴を隠蔽するために自動船舶識別装置（ＡＩＳ）を切り、当該装置を作動させる要求を故意に無視していることに懸念を表明するとともに、加盟国に対し、決議第一七一八号（二〇〇六年）、第一八七四号（二〇〇九年）、第二〇八七号（二〇一三年）、第二〇九四号（二〇一三年）、第二二七〇号（二〇一六年）、第二三二一号（二〇一六年）、第二三五六号（二〇一七年）、第二三七一号（二〇一七年）、第二三七五号（二〇一七年）又はこの決議により禁止されている活動を実施するそのような船舶に対する監視を強化することを要請する。

14　決議第二三二一号（二〇一六年）30の規定を想起するとともに、全ての加盟国が、個別の案件に応じて委員会が事前に承認する場合を除き、自国の領域を通じた又は自国の国民による、又は自国の旗を掲げる船舶若しくは航空機の使用による、北朝鮮へのいかなる新品の又は中古の船舶（自国の領域を原産地とするものであるか否かを問わない。）の直接又は間接の供給、販売又は移転を防ぐことを決定する。

15　加盟国が、安全保障理事会又は委員会によって、決議第一七一八号（二〇〇六年）8(d)の規定によって課された資産凍結、決議第二三二一号（二〇一六年）12の規定によって課された様々な措置、決議第二三七一号（二〇一七年）6の規定により課された入港禁止、又はこの決議の関連する措置の対象として指定され、自国の領域内又は公海上で遭遇した船舶の番号、名称及び登録に関する情報を有する場合には、当該加盟国が、委員会に対し、当該情報、並びに、検査、資産凍結及び留め置き又は決議第一七一八号（二〇〇六年）、第一八七四号（二〇〇九年）、第二〇八七号（二〇一三年）、第二〇九四号（二〇一三年）、第二二七〇号（二〇一六年）、第二三二一号（二〇一六年）、第二三七一号（二〇一七年）、第二三七五号（二〇一七年）若しくはこの決議の関連する規定で認められたその他の適切な行動を実施するためにいかなる措置がとられたかを、通報することを決定する。

16　この決議の規定が、決議第二三七一号（二〇一七年）8及び決議第二三七五号（二〇一七年）18の規定によって許可されている、ロシアと北朝鮮の間の羅津・ハサン港及び鉄道事業を通じた、他国へのロシア原産の石炭の輸送についてのみ、適用されないことを決定する。

17　加盟国が、この決議の採択から九〇日以内に、またその後は委員会の要請があれば、この決議の規定を効果的に履行するためにとった具体的な措置につき、安全保障理事会に報告することを決定するとともに、専門家パネルに対し、他の国連制裁モニタリング・グループと協力し、当該報告を適時に準備し提出することについて加盟国を支援する努力を継続するよう要請する。

18　全ての加盟国が、決議第一七一八号（二〇〇六年）、第一八七四号（二〇〇九年）、第二〇八七号（二〇一三年）、第二〇九四号（二〇一三年）、第二二七〇号（二〇一六年）、第二三二一号（二〇一六年）、第二三五六号（二〇一七年）、第二三七一号（二〇一七年）、第二三七五号（二〇一七年）及びこの決議が規定する措置を完全に履行するための努力を倍加すること、及びそうする上で、特にこれらの決議により移転が禁じられている品目の検査、探知及び押収に関し、相互に協力することを要請する。

19　決議第一七一八号（二〇〇六年）12の規定で定められた委員会の任務は、この決議により課された措置に関しても適用されることを決定するとともに、さらに、決議第一八七四号（二〇〇九年）26の規定に定められ、決議第二三四五号（二〇一七年）1の規定により修正された専門家パネルの任務は、この決議により課された措置に関しても適用されることを決定する。

20　全ての加盟国が、検査において特定された決議第一七一八号（二〇〇六）、第一八七四号（二〇〇九年）、第二〇八七号（二〇一三年）、第二〇九四号（二〇一三年）、第二二七〇号（二〇一六年）、第二三二一号（二〇一六年）、第二三五六号（二〇一七年）、第二三七一号（二〇一七年）、第二三七五号（二〇一七年）及びこの決議により供給、販売、移転又は輸出が禁止されている品目を、決議第一五四〇号（二〇〇四年）を含む関連の安全保障理事会決議の下での自国の義務並びにNPT、一九九七年四月二九日の化学兵器の開発、生産、貯蔵及び使用の禁止並びに廃棄に関する条約及び一九七二年四月一〇日の細菌兵器（生物兵器）及び毒素兵器の開発、生産及び貯蔵の禁止並びに廃棄に関する条約の締約国のいかなる義務にも反しない方法で押収及び処分すること（破壊、機能を失わせること若しくは使用することができない状態にすること、保管、又は処分のための当該品目の原産地若しくは目的地以外の国への移転を通じたものを含む。）を認め、かつ、全ての加盟国がこれを行うことを決定する。

21　北朝鮮を含む全ての国が、この決議又はこれまでの決議により課された措置によりその履行が妨げられたいかなる契約その他の取引に関連して、北朝鮮、又は北朝鮮に所在するいかなる者若しくは団体、又は決議第一七一八号（二〇〇六年）、第一八七四号（二〇〇九年）、第二〇八七号（二〇一三年）、第二〇九四号（二〇一三年）、第二二七〇号（二〇一六年）、第二三二一号（二〇一六年）、第二三五六号（二〇一七年）、第二三七一号（二〇一七年）、第二三七五号（二〇一七年）若しくはこの決議により定められた措置のために指定された者若しくは団体、又はそのような者若しくは団体を通じて若しくはこれらの利益のために請求を行ういかなる者の要求によっても、いかなる請求も受理されないことを確保するために必要な措置をとることの重要性を強調する。

22　決議第一七一八号（二〇〇六年）、第一八七四号（二〇〇九年）、第二〇八七号（二〇一三年）、第二〇九四号（二〇一三年）、第二二七〇号（二〇一六年）、第二三二一号（二〇一六年）、第二三五六号（二〇一七年）、第二三七一号（二〇一七年）、第二三七五号（二〇一七年）及びこの決議により定められた措置が、外交及び領事関係に関するウィーン条約に基づく、北朝鮮における外交又は領事使節団の活動を何ら阻害しないことを強調する。

23　北朝鮮にいる人々が受けている深刻な苦難に対し深い懸念を改めて表明し、北朝鮮にいる人々の需要が大きく満たされていない中で、北朝鮮が、北朝鮮の人々の福祉に代えて、核兵器及び弾道ミサイルを追求していることを非難し、北朝鮮が、北朝鮮にいる人々の福祉及び固有の尊厳を尊重し、確保することの必要性を強調するとともに、北朝鮮に対し、北朝鮮にいる人々を犠牲にして、乏しい資源を核兵器及び弾道ミサイルの開発に流用することを止めるよう要求する。

24　北朝鮮がその乏しい資源を核兵器の開発及び多数の高価な弾道ミサイル計画に大量に流用していることを遺憾とし、栄養失調の危険がある非常に多くの妊娠中の及び授乳中の女性並びに五歳未満の児童、さらには栄養不足である総人口の四一パーセントを含む、北朝鮮にいる半数を大きく上回る人々が食糧及び医療の大きな不足に苦しんでいるとの国連人道問題調整事務所（OCHA）の調査結果に留意するとともに、この文脈において、北朝鮮にいる人々が受けている深刻な苦難に対し深い懸念を表明する。

25　決議第一七一八号（二〇〇六年）、第一八七四号（二〇〇九年）、第二〇八七号（二〇一三年）、第二〇九四号（二〇一三年）、第二二七〇号（二〇一六年）、第二三二一号（二〇一六年）、第二三五六号（二〇一七年）、第二三七一号（二〇一七年）、第二三七五号（二〇一七年）及びこの決議により課された措置が、北朝鮮の一般市民に対して人道面の悪影響をもたらすこと、又は決議第一七一八号（二〇〇六年）、第一八七四号（二〇〇九年）、第二〇八七号（二〇一三年）、第二〇九四号（二〇一三年）、第二二七〇号（二〇一六年）、第二三二一号（二〇一六年）、第二三五六号（二〇一七年）、第二三七一号（二〇一七年）、第二三七五号（二〇一七年）及びこの決議により禁止されていない活動（経済活動及び協力、食糧援助及び人道支援を含む。）並びに北朝鮮の一般市民の利益のための北朝鮮における支援及び救援を実施している国際機関及び非政府組織の作業に悪影響をもたらす若しくはそれを制限することを意図するものではないことを再確認し、北朝鮮にいる人々の生活必需品を完全に提供する北朝鮮の一義的な責任及び必要性を強調するとともに、北朝鮮におけるそのような機関の作業を容易にするために又はこれらの決議の目的に適合するその他の目的のために必要であると委員会が決定する場合には、委員会が、個別の案件に応じて、これらの決議により課される措置からいかなる活動も除外することができることを決定する。

26　六者会合への支持を再確認し、その再開を要請するとともに、中国、北朝鮮、日本、大韓民国、ロシア連邦及びアメリカ合衆国によって二〇〇五年九月一九日に発出された共同声明に定める約束（NPTの締約国の権利及び義務に留意し、NPTの全ての締約国が自国の同条約上の義務を引き続き遵守することが必要であることを強調しつつ、六者会合の目標が、平和的な方法による朝鮮半島の検証可能な非核化並びにNPT及び国際原子力機関の保障措置への北朝鮮の速やかな復帰であること、アメリカ合衆国及び北朝鮮が相互の主権を尊重し、平和裡に共存することを約束したこと、六者は経済協力を推進することを約束したことを含む。）並びにその他の全ての関連する約束への支持を改めて表明する。

27　朝鮮半島及び北東アジア全体における平和と安定の維持が重要であることを改めて表明し、事態の平和的、外交的かつ政治的解決の約束を表明し、対話を通じた平和的かつ包括的な解決を容易にするための理事国及びその他の国による努力を歓迎するとともに、朝鮮半島内外の緊張を緩和するための取組の重要性を強調する。

28　北朝鮮の行動を絶えず検討すること、また、北朝鮮による遵守の状況に鑑み、必要に応じ、これらの措置を強化、調整、停止又は解除する用意があることを確認し、この関連で、北朝鮮による更なる核実験又は発射の場合には更なる重要な措置をとる決意を表明するとともに、北朝鮮が更なる核実験、又は大陸間射程に到達する能力を有する若しくはかかる射程の能力を有する弾道ミサイル・システムの開発に貢献する弾道ミサイル・システムの発射を実施する場合には、安全保障理事会が北朝鮮に対する石油の輸出を更に制限するための行動をとることを決定する。

29　この問題に引き続き関与することを決定する。

**附属書Ⅰ　渡航禁止／資産凍結（個人）**（略）

**附属書Ⅱ　資産凍結（団体）**（略）

## (2) 北朝鮮人権状況決議(国連総会決議六九／一八八)(抜粋) 翻訳

採択　二〇一四年一二月一八日(国連第六九回総会)

総会は、(中略)

1　北朝鮮における長期的かつ現在も続く組織的で、広範かつ甚だしい人権侵害(二〇一三年三月二一日の人権理事会決議二二／一三で同理事会により設置された北朝鮮における人権に関する調査委員会が人道に対する罪に相当し得ると述べたものを含む。)及びそのような侵害に対して継続する刑事責任の不処罰を非難する。

2　次のことについて、非常に深刻な懸念を表明する。

(a)　次のような人権侵害の報告が執拗に継続していること(調査委員会がその報告書において行った詳細な事実認定を含む。)。例えば、

(i)　拷問及び他の残虐な、非人道的な又は品位を傷つける取扱い又は刑罰(非人道的な抑留条件を含む。)、強姦、公開処刑、裁判によらない恣意的な抑留、適法手続及び法の支配(公正な裁判の保障及び独立した司法機関を含む。)の欠如、裁判によらない即決の及び恣意的な処刑、政治的及び宗教上の理由により死刑を科すこと、三世代に及ぶ連帯罰、強制労働の大規模な使用

(ii)　膨大な数の人々が自由を奪われ、遺憾な条件に晒され、及び憂慮すべき人権侵害が行われている政治犯収容所制度の大規模な存在。これに関連し、北朝鮮に対して、この実行を直ちにやめ、無条件かつ何ら遅滞なく全ての政治犯を解放するよう強く求める。

(d)　人権侵害(調査委員会が人道に対する罪に相当し得ると述べた侵害を含む。)に責任を有する者を北朝鮮当局が訴追しないこと。

3　大規模かつ国家政策として行われた人(他国出身者を含む。)の組織的な拉致、本国送還の拒否及びその後の強制失踪に対する非常に深刻な懸念を強調し、及び、これに関連し、北朝鮮政府に対して、これら国際的に懸念される課題を透明性ある手段で緊急に解決すること(拉致被害者の即時返還の実現を含む。)を強く求める。

4　様々な食料が著しく不足するに至った農業生産の構造上の脆弱性、食料の栽培及び貿易に関する国の規制、並びに特に最も脆弱な集団、妊婦、子ども、障害者及び高齢者の間の慢性的栄養失調の蔓延によって助長され、並びに自然災害に対する限定的な回復力並びに食料の利用及び入手可能性の制約をもたらしている政府の政策に帰すべき急速に悪化し得る同国の不安定な人道状況に対して非常に深い懸念を表明する。また、これに関連し、北朝鮮政府に対して国際援助機関と必要な場合には協力し、人道支援を監視するための国際基準に従い、予防及び救済の措置を講じるよう求める。

7　一連の収集された証拠及び受領された情報から、北朝鮮において人道に対する罪が、数十年の間、国の最高水準で確立された政策により犯されてきたと信じるに足る合理的な根拠が得られたとする委員会の事実認定を承認する。

8　調査委員会の報告書を安全保障理事会に提出することを決定し、並びに、理事会に対して同委員会の関連する結論及び勧告を審議すること並びに説明責任を確保するための適切な行動をとることを奨励する。これには北朝鮮における事態の国際刑事裁判所への付託の審議、及び同委員会が人道に対する罪を構成し得ると述べた行為について最も責任を有すると思われる者に対する実効的な狙い撃ち制裁の範囲の審議を通じたものを含む。

## (3) 北朝鮮船舶貨物検査法(関係国内法31参照九四〇頁)

## (4) 板門店宣言(抜粋) 翻訳

署名　二〇一八年四月二七日(板門店)

(前略)両首脳は、朝鮮半島にこれ以上戦争はなく、新たな平和の時代が開かれたことを八〇〇〇万の我が民族と全世界に厳粛に宣言した。(中略)

2　南と北は、朝鮮半島で先鋭化した軍事的緊張状態を緩和し、戦争の危険を実質的に解消するために共同で努力する。

朝鮮半島の軍事的緊張状態を緩和し戦争の危険を解消することは、民族の運命と関連する極めて重大な問題であり、我が民族の平和的かつ安定した暮らしを保障するための鍵となる問題である。

①　南と北は、地上と海上、空中をはじめとする全ての空間で、軍事的緊張と衝突の根源となる相手に対する一切の敵対行為を全面的に中止する。

差し当たって、五月一日から軍事境界線一帯で拡声器放送とビラ散布を含むあらゆる敵対行為を中止して、その手段を撤廃し、今後、非武装地帯を実質的な平和地帯とする。

②　南と北は、西海の北方限界線一帯を平和水域とし、偶発的な軍事衝突を防止し、安全な漁業活動を保障するための実際的な対策をとる。

③　南と北は、相互協力と交流、往来と接触が活性化することに伴う様々な軍事的保障対策を講じる。

南と北は、双方の間で提起される軍事的問題を遅滞なく協議、解決するために、国防部長官会談をはじめとする軍事当局者会談を頻繁に開催し、五月中にまず将官級軍事会談を開催する。

3　南と北は、朝鮮半島の恒久的かつ強固な平和体制構築のために、積極的に協力する。

朝鮮半島における非正常な現在の休戦状態を終息させ、確固たる平和体制を樹立することは、これ以上先送りできない歴史的課題である。

①　南と北は、いかなる形態の武力も互いに使用しないという

不可侵合意を再確認し、厳格に遵守する。

② 南と北は、軍事的緊張が解消され、互いの軍事的信頼が実質的に構築されることに伴い、段階的に軍縮を実現する。

③ 南と北は、休戦協定締結六五年となる今年、終戦を宣言して休戦協定を平和協定に転換し、恒久的かつ強固な平和体制を構築するために、南・北・米の三箇国、又は南・北・米・中の四箇国協議の開催を積極的に推進する。

④ 南と北は、完全な非核化を通じて、核のない朝鮮半島を実現するという共通の目標を確認した。（後略）

二〇一八年四月二七日　板門店

大韓民国大統領　文在寅
朝鮮民主主義人民共和国国務委員会委員長　金正恩

### (5) 米朝共同声明（抜粋）翻訳

署名　二〇一八年六月一二日（シンガポール）

ドナルド・J・トランプアメリカ合衆国大統領と金正恩・朝鮮民主主義人民共和国（北朝鮮）国務委員会委員長は、二〇一八年六月一二日、シンガポールにおいて初の歴史的首脳会談を開催した。

トランプ大統領と金正恩委員長は、新たな米朝関係の確立及び朝鮮半島における持続的かつ堅固な平和体制の構築に関する諸問題について、包括的であり徹底的、かつ、誠実な意見交換を行なった。トランプ大統領は、北朝鮮に対して安全の保障を提供することを約束し、金正恩委員長は、朝鮮半島の完全な非核化に対する確固たるかつ揺るぎない決意を再確認した。

トランプ大統領と金正恩委員長は、新たな米朝関係の確立が朝鮮半島及び世界の平和と繁栄に貢献することを確信し、また、相互の信頼醸成が朝鮮半島の非核化の促進を可能にすることを認識して、以下を表明する。

1 合衆国と北朝鮮は、平和及び繁栄への両国民の願いに従って、新たな米朝関係の確立を約束する。

2 合衆国と北朝鮮は、朝鮮半島に持続的かつ安定した平和体制を構築するため共に取り組む。

3 二〇一八年四月二七日の板門店宣言を再確認し、北朝鮮は、朝鮮半島の完全な非核化に向け取り組むことを約束する。

4 合衆国と北朝鮮は、既に身元が特定された遺骨の即時の送還を含む、戦争捕虜及び行方不明兵の遺骨の収容を約束する。

### (6) 九月平壌共同宣言（抜粋）翻訳

署名　二〇一八年九月一九日（平壌）

1 南と北は、非武装地帯をはじめ対峙（たいじ）地域における軍事的敵対関係の終息を朝鮮半島全地域での実質的な戦争の危険除去と根本的な敵対関係の解消に拡大する。

① 南と北は、今般の平壌首脳会談を契機に締結した「板門店宣言軍事分野履行合意書」を平壌共同宣言の附属合意書として採択し、これを徹底して遵守し誠実に履行し、朝鮮半島を恒久的な平和地帯とするための実践的な措置を積極的に講じる。

② 南と北は、南北軍事共同委員会を速やかに稼働し軍事分野合意書の履行の実態を点検し、偶発的な武力衝突防止のための常時の疎通と緊密な協議を進める。

5 南と北は、朝鮮半島を核兵器と核の脅威のない平和の地としていかなければならず、そのために必要な実質的な進展を速やかに成し遂げなければならないとの認識で一致した。

① 北側は、東倉里のエンジン実験場とミサイル発射台を、関係国専門家の参観の下で、まず永久的に廃棄する。

② 北側は、米国が六・一二米朝共同声明の精神にのっとり相応の措置をとれば、寧辺核施設の永久的な廃棄のような追加措置をとり続けていく用意があることを表明した。

③ 南と北は、朝鮮半島の完全な非核化を推進していく過程で共に緊密に協力する。

6 金正恩国務委員長は文在寅大統領の招請により、近い時期にソウルを訪問する。

## 7 安全保障理事会決議二一一八（シリア化学兵器使用関係）（抄）

採択　二〇一三年九月二七日（安保理第七〇三八回会合）
一二月九日官報（外務省告示三七二号）

安全保障理事会は、

二〇一一年八月三日、二〇一二年三月二一日及び二〇一二年四月五日の議長声明並びに安全保障理事会決議第一五四〇号（二〇〇四年）、決議第二〇四二号（二〇一二年）及び決議第二〇四三号（二〇一二年）を想起し、

シリア・アラブ共和国の主権、独立及び領土保全に対する強い約束を再確認し、

化学兵器及びその運搬手段の拡散が国際の平和と安全に対する脅威を構成することを再確認し、

シリア・アラブ共和国が、一九二五年六月一七日にジュネーブで署名された窒息性ガス、毒性ガス又はこれらに類するガス及び細菌学的手段の戦争における使用の禁止に関する議定書に一九六八年一一月二二日に加入したことを想起し、

シリア・アラブ共和国が、二〇一三年九月一四日に、化学兵器の開発、生産、貯蔵及び使用の禁止並びに廃棄に関する条約（以下「条約」という。）への加入書を事務総長に寄託し、また、シリア・アラブ共和国について効力を生ずるまでの間、条約を暫定的に適用しながら、その規定を誠実かつ真剣に遵守する旨を宣言したことに留意し、

一九八七年一一月三〇日の国際連合総会決議四二／三七C（一

九八七年）に基づき、一九八八年八月二六日の安全保障理事会決議第六二〇号（一九八八年）により再確認されたとおり、シリア・アラブ共和国における化学兵器使用事案に関する国際連合の調査団（以下「調査団」という。）が事務総長により設立されたことを歓迎し、また調査団の活動に謝意を表明し、

調査団による二〇一三年九月一六日の報告書（S／二〇一三／五五三）を認識し、調査団がその任務を遂行する必要性を強調し、また、シリア・アラブ共和国における化学兵器の使用についての将来的な信頼に足る主張が調査されるべきであることを強調し、

調査団の報告において結論付けられたとおり、二〇一三年八月二一日のリフ・ダマスカスにおける化学兵器の使用に深く憤慨し、それに起因する市民の殺戮を非難し、化学兵器の使用は深刻な国際法違反を構成することを確認し、また化学兵器のいかなる使用に対しても責任を負う者は説明責任が問われなければならないことを強調し、

全ての国は、化学兵器を含む大量破壊兵器及びその運搬手段の開発、取得、製造、所持、輸送、移転又は使用を企てる非国家主体に対し、いかなる形態の支援も提供することを差し控えるとの安全保障理事会決議第一五四〇号（二〇〇四年）の下での義務を想起し、

最も迅速かつ安全な方法でシリア・アラブ共和国の化学兵器計画の廃棄を確保することを目的とした、二〇一三年九月一四日のジュネーブにおけるロシア連邦及びアメリカ合衆国の間のシリアの化学兵器廃絶に向けた枠組み（S／二〇一三／五六五）を歓迎し、また、シリア・アラブ共和国における化学兵器及びその部品を即時に国際管理に置く約束を表明し、

シリア・アラブ共和国の化学兵器計画の迅速な廃棄及びそのための厳しい検証に向けた特別な手続を創設する二〇一三年九月二七日の化学兵器禁止機関（OPCW）執行理事会の決定を歓迎し、また二〇一三年九月二七日のOPCW執行理事会決定に含まれる予定表に基づき、シリア・アラブ共和国の化学兵器計画の廃棄を確保するとの決意を表明し、

シリア・アラブ共和国における現在の危機の唯一の解決は、二〇一二年六月三〇日のジュネーブ・コミュニケに基づく、包括的かつシリア人主導の政治プロセスを通じたものであることを強調し、また可能な限り早期にシリアに関する国際会議を開催する必要性を強調し、

シリア・アラブ共和国における化学兵器の使用は国際の平和と安全に対する脅威を構成することを認定し、

加盟国は、国際連合憲章第二五条の下で、安全保障理事会の決定を受諾しかつ履行することを義務づけられていることを強調し、

1　いかなる場所においても化学兵器の使用は国際の平和と安全に対する脅威を構成することを認定する。

2　シリア・アラブ共和国におけるいかなる化学兵器の使用、特に二〇一三年八月二一日の攻撃を、国際法違反として、最も強い表現で非難する。

3　シリア・アラブ共和国の化学兵器計画の迅速な廃棄及びその厳しい検証に向けた特別な手続を含む、二〇一三年九月二七日のOPCW執行理事会の決定を支持し、また、最も迅速かつ安全な方法でその完全な実施を要請する。

4　シリア・アラブ共和国は、化学兵器を使用、開発、生産、取得、貯蔵又は保有し、又は他国若しくは非国家主体に対し直接的若しくは間接的に移転してはならないことを決定する。

5　シリアにおけるいかなる当事者も化学兵器を使用、開発、生産、取得、貯蔵、保有又は移転してはならないことを強調する。

6　シリア・アラブ共和国は、二〇一三年九月二七日のOPCW執行理事会の決定（附属書I）の全ての側面を遵守することを決定する。

7　シリア・アラブ共和国は、関連の勧告を遵守し、OPCW又は国際連合により任命された人員を受け入れ、これら人員により行われる活動の安全性を提供及び確保し、これら人員が職務を果たすに当たり、あらゆる場所への即時かつ制限のないアクセス及び査察の権利を提供し、OPCWがその任務目的のために重要であると信じる根拠を有する個人に対する即時かつ制限のないアクセスを許可することを含め、OPCW及び国際連合に完全に協力することを決定し、また、この関連で、シリアにおける全ての当事者が完全に協力することを決定する。

8・9　（略）

10　加盟国に対し、OPCW事務局長及び事務総長と調整し、OPCW及び国際連合がシリア・アラブ共和国の化学兵器計画の廃絶を実施することを可能にするために、人員、専門技術、情報、装備並びに資金及びその他の資源及び援助を含む支援を提供することを奨励し、また、シリア・アラブ共和国の化学兵器計画の廃絶を最も迅速かつ安全な方法で確保するために、加盟国に対し、化学兵器禁止条約の目的に合致する形で、OPCW事務局長により特定された化学兵器を取得、管理、輸送、移転及び破壊する権限を付与することを決定する。

11—13　（略）

14　加盟国は、必要な措置をとるために、非国家主体による化学兵器、その運搬手段及び関連物質の取得を含め、安全保障理事会決議第一五四〇号（二〇〇四年）のいかなる違反も即時に安全保障理事会に報告することを決定する。

15　シリア・アラブ共和国における化学兵器の使用に責任を有する個人はその責任を問われるべきであるという強い確信を表明する。

16　現政権及び反体制集団並びに他の集団を含み、相互の合意に基づき形成され、完全な執行権限を行使する暫定統治機構の設立を始めとする多くの主要な措置を規定している二〇一二年六月三〇日のジュネーブ・コミュニケ（附属書II）を完全に支持する。

17　可能な限り早期に、ジュネーブ・コミュニケを実施するためのシリアに関する国際会議を開催することを要請し、また、全てのシリアの当事者に対し、真剣かつ建設的にシリアに関するジュネーブ会議に参加するよう要請し、また、彼らはシリア人の完全な代表であるべきであり、ジュネーブ・コミュニケの実施並びに安定及び和解の達成を約束すべきであることを強調する。

18　全ての加盟国は、核兵器、化学兵器又は生物兵器及びその運搬手段の開発、取得、製造、所持、輸送、移転又は使用を企てる非国家主体に対し、いかなる形態の支援も提供することを差し控えることを再確認し、また、全ての加盟国、特にシリア・アラブ共和国に隣接する加盟国に対し、本規定に適合しないいかなる行動も安全保障理事会に対し即時に報告するよう要請する。

19　非国家主体が核兵器、化学兵器又は生物兵器及びその運搬手段を開発、取得、製造、保持、輸送、移転又は使用しないことを要求し、また、全ての加盟国、特にシリア・アラブ共和国に

隣接する加盟国に対し、本規定に適合しないいかなる行動も安全保障理事会に即時に報告するよう要請する。

20　全ての加盟国は、シリア・アラブ共和国の領域を原産地とするか否かを問わず、自国民による又は自国の旗を掲げる船舶若しくは航空機の使用によるシリア・アラブ共和国からの化学兵器、関連機材、物品及び技術又は援助の調達を禁止することを決定する。

21　化学兵器の権限のない移転、又はシリア・アラブ共和国におけるあらゆる者によるいかなる化学兵器の使用も含め、本決議に対する違反がある場合には、国際連合憲章第七章の下での措置を課すことを決定する。

22　(略)

**附属書I　化学兵器禁止機関(OPCW)執行理事会決定**

シリアの化学兵器廃棄にかかる決定

執行理事会は、(中略)

1　シリア・アラブ共和国が次の措置をとることを決定する。

(a)　本決定の採択から七日以内に、シリア・アラブ共和国が所有し若しくは保有する化学兵器又は自国の管轄若しくは管理の下に有する条約(化学兵器禁止条約)第二条1に規定されている化学兵器に関する、二〇一三年九月一九日に提供された情報を補足する更なる情報、特に次の情報を、事務局に提出すること。

(i)―(iii)　(略)

(b)　この決定の採択から三〇日以内に、条約第三条により要請されている申告を事務局に提出すること。

(c)　二〇一三年一一月一五日までに理事会により決定される、中間の廃棄目標を含む詳細な要求に従って、全ての化学兵器の資材及び装置の除去を二〇一四年前半に完了すること。

(d)　化学兵器生産施設及び混合・充填装置の廃棄を可能な限り速やかに、いかなる場合においても二〇一三年一一月一日までに完了すること。

(e)　OPCWの人員がシリア・アラブ共和国のあらゆる施設を即時かつ自由に査察する権利を提供することを含め、本決定の実施に係る全ての面で完全に協力すること。

(f)　事務局との主たる連絡窓口となる当局者を任命すること、及び、当該当局者に本決定の完全な実施を確保するために必要な権限を付与すること。

2・3　(略)

**附属書II　シリアに関するアクション・グループ会合最終コミュニケ**　(略)

## 8　ウクライナの領土保全(国連総会決議六八／二六二)(抄)　翻訳

採　択　二〇一四年三月二七日(国連第六八回総会)

総会は、(中略)

クリミア自治共和国及びセヴァストポリ市において二〇一四年三月一六日に実施された住民投票がウクライナによって認められていないことに留意して、

1　国際的に認められた国境内におけるウクライナの主権、政治的独立、統一及び領土保全に対し総会が関与し続けることを確認する。

2　全ての国に対して、ウクライナの国民的統一及び領土保全の部分的又は全体的な破壊を目的とする行動(武力による威嚇若しくは武力の行使又はその他の違法な手段によってウクライナの国境を変更するいかなる試みも含む。)を停止し、かつ、これを差し控えるよう求める。

3　全ての当事者に対して、直接の政治的対話を通じてウクライナに関する事態の平和的解決を直ちに追求すること、自制を発揮すること、緊張を増大させ得る一方的行動及び煽動的な言辞を差し控えること、並びに国際的な仲介の努力に対して十分に取り組むことを強く求める。

4　少数者に属する人々の諸権利を含むウクライナにおける全ての者の諸権利の保護についてウクライナを援助する国際連合、欧州安全保障協力機構並びにその他の国際組織及び地域組織の努力を歓迎する。

5　クリミア自治共和国及びセヴァストポリ市において二〇一四年三月一六日に実施された住民投票は、いかなる効力も有さず、クリミア自治共和国又はセヴァストポリ市の地位のいかなる変更の根拠ともなり得ないことを強調する。

6　全ての国、国際組織及び専門機関に対して、前記住民投票を根拠とするクリミア自治共和国及びセヴァストポリ市の地位のいかなる変更も承認しないこと、並びにそのような変更された地位の承認と解され得るいかなる行動又は対処も差し控えることを求める。

## 9　国家管轄権外区域の海洋生物多様性の保全及び持続可能な利用に関する「海洋法に関する国際連合条約」の下の法的拘束力ある国際文書の作成(国連総会決議六九／二九二)(抜粋)　翻訳

採　択　二〇一五年六月一九日(国連第六九回総会)

総会は、(中略)

1　国家管轄権外区域の海洋生物多様性の保全及び持続可能な利用に関し、「海洋法に関する国際連合条約」の下で法的拘束力ある国際文書を作成することを決定し、そのために、

(a)　政府間会議を開催するのに先立って、国家管轄権外区域の海洋生物多様性の保全及び持続可能な利用に関する問題を検討するための非公式公開特別作業部会の作業についての共同議長による諸報告を考慮に入れて、条約の下の法的拘束力ある国際文書の草案の要素について総会に対して実質的な勧告を行うための、全ての国際連合の加盟国、専門機関の構成員及び条約締約国並びに国際連合の過去の慣行に従ってオブザ

ーバーとして招かれる他のものに開かれた準備委員会を設置すること、そして、準備委員会はその作業を二〇一六年に開始し、二〇一七年末までに、総会にその進捗状況について報告することを決定する。

2　また、交渉は、二〇一一年に合意された一括合意事項において特定された主題、すなわち、国家管轄権外区域の海洋生物多様性の保全及び持続可能な利用、特に、海洋遺伝資源（利益配分に関する問題を含む。）、区域型管理手段（海洋保護区を含む。）等の措置、環境影響評価、並びに能力構築及び海洋技術の移転を、一括かつ一体として対象とすることを決定する。

## 10　慰安婦問題に関する日韓合意

共同発表　二〇一五年一二月二八日（日韓外相会談・ソウル）

1　岸田外務大臣

日韓間の慰安婦問題については、これまで、両国局長協議等において、集中的に協議を行ってきた。その結果に基づき、日本政府として、以下を申し述べる。

(1)　慰安婦問題は、当時の軍の関与の下に、多数の女性の名誉と尊厳を深く傷つけた問題であり、かかる観点から、日本政府は責任を痛感している。

安倍内閣総理大臣は、日本国の内閣総理大臣として改めて、慰安婦として数多の苦痛を経験され、心身にわたり癒しがたい傷を負われた全ての方々に対し、心からおわびと反省の気持ちを表明する。

(2)　日本政府は、これまでも本問題に真摯に取り組んできたところ、その経験に立って、今般、日本政府の予算により、全ての元慰安婦の方々の心の傷を癒やす措置を講じる。具体的には、韓国政府が、元慰安婦の方々の支援を目的とした財団を設立し、これに日本政府の予算で資金を一括で拠出し、日韓両政府が協力し、全ての元慰安婦の方々の名誉と尊厳の回復、心の傷の癒やしのための事業を行うこととする。

(3)　日本政府は上記を表明するとともに、上記(2)の措置を着実に実施するとの前提で、今回の発表により、この問題が最終的かつ不可逆的に解決されることを確認する。

あわせて、日本政府は、韓国政府と共に、今後、国連等国際社会において、本問題について互いに非難・批判することは控える。

2　尹（ユン）外交部長官

韓日間の日本軍慰安婦被害者問題については、これまで、両国局長協議等において、集中的に協議を行ってきた。その結果に基づき、韓国政府として、以下を申し述べる。

(1)　韓国政府は、日本政府の表明と今回の発表に至るまでの取組を評価し、日本政府が上記1．(2)で表明した措置が着実に実施されるとの前提で、今回の発表により、日本政府と共に、この問題が最終的かつ不可逆的に解決されることを確認する。韓国政府は、日本政府の実施する措置に協力する。

(2)　韓国政府は、日本政府が在韓国日本大使館前の少女像に対し、公館の安寧・威厳の維持の観点から懸念していることを認知し、韓国政府としても、可能な対応方向について関連団体との協議を行う等を通じて、適切に解決されるよう努力する。

(3)　韓国政府は、今般日本政府の表明した措置が着実に実施されるとの前提で、日本政府と共に、今後、国連等国際社会において、本問題について互いに非難・批判することは控える。

## 11　日韓秘密軍事情報保護協定（抜粋）

（秘密軍事情報の保護に関する日本国政府と大韓民国政府との間の協定）

署　名　二〇一六年一一月二三日（ソウル）
効力発生　二〇一六年一一月二三日（同年一二月二日公布・外務省告示四五九号）

日本国政府及び大韓民国政府（以下「両締約国政府」といい、個別に「締約国政府」という。）は、

両締約国政府の間で交換される秘密軍事情報の相互保護を確保することを希望して、

次のとおり協定した。

**第一条（目的）**　両締約国政府は、この協定の規定が各締約国政府の施行されている国内法令に合致する限り、当該規定に従って、秘密軍事情報の保護を確保する。

**第二条（定義）**　この協定の適用上、

(a)　「秘密軍事情報」とは、日本国政府若しくは大韓民国政府の権限のある当局により作成され、それらの使用のために作成され、又はそれらにより保持されている防衛関連情報であって、各締約国政府の国家安全保障のために保護を必要とするものをいう。その情報には、秘密指定及び、必要な場合には、その情報が秘密軍事情報であることを識別するための適当な表示を付す。その情報は、口頭、映像、電子、磁気若しくは文書の形態又は装備若しくは技術の形態をとることができる。

**第九条（秘密軍事情報の送付）**　秘密軍事情報は、政府間の経路を通じて両締約国政府間で送付される。受領締約国政府は、送付に際し、当該秘密軍事情報の保管、管理及び秘密保持について責任を負う。

**第二一条（効力発生、改正、有効期間及び終了）**　3　この協定は、一年間効力を有し、一方の締約国政府が他方の締約国政府に対しこの協定を終了させる意思を九十日前に外交上の経路を通じて書面により通告しない限り、その効力は、毎年自動的に延長される。

# 関係国内法

## 1　憲法

### (1)　日本国憲法（抜粋）

公　布　昭和二一年一一月三日
施　行　昭和二二年五月三日

日本国民は、正当に選挙された国会における代表者を通じて行動し、われらとわれらの子孫のために、諸国民との協和による成果と、わが国全土にわたつて自由のもたらす恵沢を確保し、政府の行為によつて再び戦争の惨禍が起ることのないやうにすることを決意し、ここに主権が国民に存することを宣言し、この憲法を確定する。そもそも国政は、国民の厳粛な信託によるものであつて、その権威は国民に由来し、その権力は国民の代表者がこれを行使し、その福利は国民がこれを享受する。これは人類普遍の原理であり、この憲法は、かかる原理に基くものである。われらは、これに反する一切の憲法、法令及び詔勅を排除する。

日本国民は、恒久の平和を念願し、人間相互の関係を支配する崇高な理想を深く自覚するのであつて、平和を愛する諸国民の公正と信義に信頼して、われらの安全と生存を保持しようと決意した。われらは、平和を維持し、専制と隷従、圧迫と偏狭を地上から永遠に除去しようと努めてゐる国際社会において、名誉ある地位を占めたいと思ふ。われらは、全世界の国民が、ひとしく恐怖と欠乏から免かれ、平和のうちに生存する権利を有することを確認する。

われらは、いづれの国家も、自国のことのみに専念して他国を無視してはならないのであつて、政治道徳の法則は、普遍的なものであり、この法則に従ふことは、自国の主権を維持し、他国と対等関係に立たうとする各国の責務であると信ずる。

日本国民は、国家の名誉にかけ、全力をあげてこの崇高な理想と目的を達成することを誓ふ。

**第一条【天皇の地位・国民主権】** 天皇は、日本国の象徴であり日本国民統合の象徴であつて、この地位は、主権の存する日本国民の総意に基く。

**第七条【天皇の国事行為】** 天皇は、内閣の助言と承認により、国民のために、左の国事に関する行為を行ふ。

一　憲法改正、法律、政令及び条約を公布すること。
二―四　（略）
五　国務大臣及び法律の定めるその他の官吏の任免並びに全権委任状及び大使及び公使の信任状を認証すること。
六・七　（略）
八　批准書及び法律の定めるその他の外交文書を認証すること。
九　外国の大使及び公使を接受すること。
十　（略）

**第九条【戦争の放棄、戦力及び交戦権の否認】** ①　日本国民は、正義と秩序を基調とする国際平和を誠実に希求し、国権の発動たる戦争と、武力による威嚇又は武力の行使は、国際紛争を解決する手段としては、永久にこれを放棄する。

②　前項の目的を達するため、陸海空軍その他の戦力は、これを保持しない。国の交戦権は、これを認めない。

**第一〇条【国民の要件】** 日本国民たる要件は、法律でこれを定める。

**第一一条【基本的人権の享有】** 国民は、すべての基本的人権の享有を妨げられない。この憲法が国民に保障する基本的人権は、侵すことのできない永久の権利として、現在及び将来の国民に与へられる。

**第一二条【自由・権利の保持の責任とその濫用の禁止】** この憲法が国民に保障する自由及び権利は、国民の不断の努力によつて、これを保持しなければならない。又、国民は、これを濫用してはならないのであつて、常に公共の福祉のためにこれを利用する責任を負ふ。

**第一三条【個人の尊重・幸福追求権・公共の福祉】** すべて国民は、個人として尊重される。生命、自由及び幸福追求に対する国民の権利については、公共の福祉に反しない限り、立法その他の国政の上で、最大の尊重を必要とする。

**第一四条【法の下の平等、貴族の禁止、栄典】** ①　すべて国民は、法の下に平等であつて、人種、信条、性別、社会的身分又は門地により、政治的、経済的又は社会的関係において、差別されない。

②　華族その他の貴族の制度は、これを認めない。

③　栄誉、勲章その他の栄典の授与は、いかなる特権も伴はない。栄典の授与は、現にこれを有し、又は将来これを受ける者の一代に限り、その効力を有する。

**第一五条【公務員選定罷免権、公務員の本質、普通選挙の保障、秘密投票の保障】** ①　公務員を選定し、及びこれを罷免することは、国民固有の権利である。

②　すべて公務員は、全体の奉仕者であつて、一部の奉仕者ではない。

③　公務員の選挙については、成年者による普通選挙を保障する。

④　すべて選挙における投票の秘密は、これを侵してはならない。選挙人は、その選択に関し公的にも私的にも責任を問はれない。

**第一六条【請願権】** 何人も、損害の救済、公務員の罷免、法律、命令又は規則の制定、廃止又は改正その他の事項に関し、平穏に請願する権利を有し、何人も、かかる請願をしたためにいかなる差別待遇も受けない。

**第一七条【国及び公共団体の賠償責任】** 何人も、公務員の不法行為により、損害を受けたときは、法律の定めるところにより、国又は公共団体に、その賠償を求めることができる。

**第一八条【奴隷的拘束及び苦役からの自由】** 何人も、いかなる奴隷的拘束も受けない。又、犯罪に因る処罰の場合を除いては、その意に反する苦役に服させられない。

**第一九条【思想及び良心の自由】** 思想及び良心の自由は、これを侵してはならない。

**第二〇条【信教の自由】** ①　信教の自由は、何人に対してもこれを保障する。いかなる宗教団体も、国から特権を受け、又は政治上の権力を行使してはならない。

②　何人も、宗教上の行為、祝典、儀式又は行事に参加することを強制されない。

③　国及びその機関は、宗教教育その他いかなる宗教的活動もしてはならない。

**第二一条【集会・結社・表現の自由、通信の秘密】** ①　集会、結社及び言論、出版その他一切の表現の自由は、これを保障する。

②　検閲は、これをしてはならない。通信の秘密は、これを侵してはならない。

**第二二条【居住・移転及び職業選択の自由、外国移住及び国籍離脱の自由】**① 何人も、公共の福祉に反しない限り、居住、移転及び職業選択の自由を有する。
② 何人も、外国に移住し、又は国籍を離脱する自由を侵されない。

**第二三条【学問の自由】**学問の自由は、これを保障する。

**第二四条【家族生活における個人の尊厳と両性の平等】**① 婚姻は、両性の合意のみに基いて成立し、夫婦が同等の権利を有することを基本として、相互の協力により、維持されなければならない。
② 配偶者の選択、財産権、相続、住居の選定、離婚並びに婚姻及び家族に関するその他の事項に関しては、法律は、個人の尊厳と両性の本質的平等に立脚して、制定されなければならない。

**第二五条【生存権、国の社会的使命】**① すべて国民は、健康で文化的な最低限度の生活を営む権利を有する。
② 国は、すべての生活部面について、社会福祉、社会保障及び公衆衛生の向上及び増進に努めなければならない。

**第二六条【教育を受ける権利、教育の義務】**① すべて国民は、法律の定めるところにより、その能力に応じて、ひとしく教育を受ける権利を有する。
② すべて国民は、法律の定めるところにより、その保護する子女に普通教育を受けさせる義務を負ふ。義務教育は、これを無償とする。

**第二七条【勤労の権利及び義務、勤労条件の基準、児童酷使の禁止】**① すべて国民は、勤労の権利を有し、義務を負ふ。
② 賃金、就業時間、休息その他の勤労条件に関する基準は、法律でこれを定める。
③ 児童は、これを酷使してはならない。

**第二八条【勤労者の団結権】**勤労者の団結する権利及び団体交渉その他の団体行動をする権利は、これを保障する。

**第二九条【財産権】**① 財産権は、これを侵してはならない。
② 財産権の内容は、公共の福祉に適合するやうに、法律でこれを定める。
③ 私有財産は、正当な補償の下に、これを公共のために用ひることができる。

**第三〇条【納税の義務】**国民は、法律の定めるところにより、納税の義務を負ふ。

**第三一条【法定の手続の保障】**何人も、法律の定める手続によらなければ、その生命若しくは自由を奪はれ、又はその他の刑罰を科せられない。

**第三二条【裁判を受ける権利】**何人も、裁判所において裁判を受ける権利を奪はれない。

**第三三条【逮捕の要件】**何人も、現行犯として逮捕される場合を除いては、権限を有する司法官憲が発し、且つ理由となつてゐる犯罪を明示する令状によらなければ、逮捕されない。

**第三四条【抑留・拘禁の要件、不法拘禁に対する保障】**何人も、理由を直ちに告げられ、且つ、直ちに弁護人に依頼する権利を与へられなければ、抑留又は拘禁されない。又、何人も、正当な理由がなければ、拘禁されず、要求があれば、その理由は、直ちに本人及びその弁護人の出席する公開の法廷で示されなければならない。

**第三五条【住居の不可侵】**① 何人も、その住居、書類及び所持品について、侵入、捜索及び押収を受けることのない権利は、第三十三条の場合を除いては、正当な理由に基いて発せられ、且つ捜索する場所及び押収する物を明示する令状がなければ、侵されない。
② 捜索又は押収は、権限を有する司法官憲が発する各別の令状により、これを行ふ。

**第三六条【拷問及び残虐刑の禁止】**公務員による拷問及び残虐な刑罰は、絶対にこれを禁ずる。

**第三七条【刑事被告人の権利】**① すべて刑事事件においては、被告人は、公平な裁判所の迅速な公開裁判を受ける権利を有する。
② 刑事被告人は、すべての証人に対して審問する機会を充分に与へられ、又、公費で自己のために強制的手続により証人を求める権利を有する。
③ 刑事被告人は、いかなる場合にも、資格を有する弁護人を依頼することができる。被告人が自らこれを依頼することができないときは、国でこれを附する。

**第三八条【自己に不利益な供述、自白の証拠能力】**① 何人も、自己に不利益な供述を強要されない。
② 強制、拷問若しくは脅迫による自白又は不当に長く抑留若しくは拘禁された後の自白は、これを証拠とすることができない。
③ 何人も、自己に不利益な唯一の証拠が本人の自白である場合には、有罪とされ、又は刑罰を科せられない。

**第三九条【遡及処罰の禁止・一事不再理】**何人も、実行の時に適法であつた行為又は既に無罪とされた行為については、刑事上の責任を問はれない。又、同一の犯罪について、重ねて刑事上の責任を問はれない。

**第四〇条【刑事補償】**何人も、抑留又は拘禁された後、無罪の裁判を受けたときは、法律の定めるところにより、国にその補償を求めることができる。

**第四一条【国会の地位・立法権】**国会は、国権の最高機関であつて、国の唯一の立法機関である。

**第五九条【法律案の議決、衆議院の優越】**① 法律案は、この憲法に特別の定のある場合を除いては、両議院で可決したとき法律となる。
② 衆議院で可決し、参議院でこれと異なつた議決をした法律案は、衆議院で出席議員の三分の二以上の多数で再び可決したときは、法律となる。
③ 前項の規定は、法律の定めるところにより、衆議院が、両議院の協議会を開くことを求めることを妨げない。
④ 参議院が、衆議院の可決した法律案を受け取つた後、国会休会中の期間を除いて六十日以内に、議決しないときは、衆議院は、参議院がその法律案を否決したものとみなすことができる。

**第六〇条【衆議院の予算先議、予算議決に関する衆議院の優越】**① 予算は、さきに衆議院に提出しなければならない。
② 予算について、参議院で衆議院と異なつた議決をした場合に、法律の定めるところにより、両議院の協議会を開いても意見が一致しないとき、又は参議院が、衆議院の可決した予算を受け取つた後、国会休会中の期間を除いて三十日以内に、議決しないときは、衆議院の議決を国会の議決とする。

**第六一条【条約の承認に関する衆議院の優越】**条約の締結に必要な国会の承認については、前条第二項の規定を準用する。

**第七二条【内閣総理大臣の職務】**内閣総理大臣は、内閣を代表して議案を国会に提出し、一般国務及び外交関係について国会に報告し、並びに行政各部を指揮監督する。

**第七三条【内閣の職務】**内閣は、他の一般行政事務の外、左の事務を行ふ。

一 （略）

二 外交関係を処理すること。

三 条約を締結すること。但し、事前に、時宜によつては事後に、国会の承認を経ることを必要とする。

四―七 （略）

**第八一条【法令審査権と最高裁判所】** 最高裁判所は、一切の法律、命令、規則又は処分が憲法に適合するかしないかを決定する権限を有する終審裁判所である。

**第八五条【国費の支出及び国の債務負担】** 国費を支出し、又は国が債務を負担するには、国会の議決に基くことを必要とする。

**第九六条【改正の手続、その公布】** ① この憲法の改正は、各議院の総議員の三分の二以上の賛成で、国会が、これを発議し、国民に提案してその承認を経なければならない。この承認には、特別の国民投票又は国会の定める選挙の際行はれる投票において、その過半数の賛成を必要とする。

② 憲法改正について前項の承認を経たときは、天皇は、国民の名で、この憲法と一体を成すものとして、直ちにこれを公布する。

**第九八条【最高法規、条約及び国際法規の遵守】** ① この憲法は、国の最高法規であつて、その条規に反する法律、命令、詔勅及び国務に関するその他の行為の全部又は一部は、その効力を有しない。

② 日本国が締結した条約及び確立された国際法規は、これを誠実に遵守することを必要とする。

**第九九条【憲法尊重擁護の義務】** 天皇又は摂政及び国務大臣、国会議員、裁判官その他の公務員は、この憲法を尊重し擁護する義務を負ふ。

## (2) イタリア憲法（抜粋）翻訳

（イタリア共和国憲法）

公　布　一九四七年一二月二二日
施　行　一九四八年一月一日
最終改正　二〇二〇年一〇月一九日

**第一〇条【国際法の遵守、外国人の法的地位、庇護、政治犯不引渡し】** イタリアの法秩序は、一般に承認された国際法の規範に従う。（以下略）

**第一一条【戦争の否認、主権の制限】** イタリアは、他の人民の自由を侵害する道具としての、また、国際紛争の解決の手段としての戦争を否認する。イタリアは、他国と同等であることを条件として、諸国民の間での平和と正義を確保する秩序のために必要な主権の制限に同意する。イタリアは、そのような目的に向けられた国際組織の設立を促し、支援する。

**第七八条【戦争状態】** 両議院は、戦争状態を決定し、政府に必要な権限を付与する。

**第八〇条【議会承認条約】** 両議院は、国際条約が、政治的性質を有する場合、仲裁若しくは司法的解決をあらかじめ定めている場合、又は領域の変動、財政的負担若しくは法律の変更を伴う場合には、当該条約の批准を法律により承認する。

## (3) オランダ憲法（抜粋）翻訳

（ネーデルラント王国基本法）

公　布　一八一四年三月二九日
施　行　一八一四年三月三〇日
最終改正　二〇一八年一二月二一日

**第九〇条【国際的法秩序の促進】** 政府は国際的な法秩序の発展を促進する。

**第九一条【条約への同意】** 1 国会による事前の同意なしに、王国は条約に拘束されず、また条約は廃棄されない。同意を要しない場合は、法律がこれを定める。

2 同意が与えられる方法は、法律がこれを定める。同意は黙示の同意を含むことができる。

3 条約が、基本法に反する、又は反することとなる規定を含む場合には、両議院は、投票の三分の二以上の賛成がある場合にのみ、同意を与えることができる。

**第九二条【国際機関への権限委譲】** 立法、行政及び司法の権限は、必要がある場合には、第九一条3の規定に従うことを条件として、条約により又は条約に従って、国際法上の機関に委譲することができる。

**第九三条【条約等の効力】** その内容において何人も拘束し得る条約の規定及び国際法上の機関の決定の規定は、公示後に効力を有する。

**第九四条【条約等の優位】** 王国において効力を有する法律の規定は、その適用が条約又は国際法上の機関の決定であって何人も拘束する規定に反するときは、適用されない。

**第九五条【条約等の公示】** 条約及び国際法上の機関の決定の公示に関する規則は、法律で定める。

**第九六条【戦争状態の宣言】** 1 王国が戦争状態にあることの宣言は、国会による事前の承認の後でなければ行われない。

2 右の承認は、実際に存在する戦争状態の結果、国会との協議が不可能なことが明らかな場合には、必要とされない。

3 国会は、両院の合同会合においてその問題を協議し、決定する。

4 1及び3の規定は、戦争が終了したとの宣言についても準用する。

## (4) 中国憲法（抜粋）翻訳

（中華人民共和国憲法）

公　布　一九八二年一二月四日
施　行　一九八二年一二月四日
最終改正　二〇一八年三月一一日

**第三二条【外国人の権利の保護、外国人の法律遵守義務、外国人への庇護の付与】**（略）

**第五七条【最高国家権力機関とその常設機関】** 中華人民共和国全国人民代表大会は、最高国家権力機関である。その常設機関は、全国人民代表大会常務委員会である。

**第六二条【全国人民代表大会の職権】** 全国人民代表大会は、次の職権を行使する。

一—十四（略）

十五　戦争及び平和の問題について決定すること。

十六（略）

**第六七条【全国人民代表大会常務委員会の職権】** 全国人民代表大会常務委員会は、次の職権を行使する。

一—十四（略）

十五　外国と締結した条約及び重要な協定の批准及び廃棄について決定すること。

十六—十八（略）

十九　全国人民代表大会閉会期間において、国が武力侵犯を受けるか、又は国際的に共同して侵略を防止する条約を履行しなければならない状況となった場合に、戦争状態の宣言について決定すること。

二十—二十二（略）

**第八〇条【中華人民共和国主席の職務】** 中華人民共和国主席は、全国人民代表大会の決定又は全国人民代表大会常務委員会の決定に基づいて、（中略）戦争状態を宣言（中略）する。

**第八一条【中華人民共和国主席の外交的職務】** 中華人民共和国主席は、中華人民共和国を代表して国事活動を行い、外国使節を接受する。全国人民代表大会常務委員会の決定に基づき、外国に駐在する全権代表を派遣し、かつ、召還し、外国と締結した条約及び重要な協定を批准し、かつ、廃棄する。

**第八五条【国務院の地位】** 中華人民共和国国務院は、中央人民政府であって、最高国家権力機関の執行機関であり、かつ、最高国家行政機関である。

**第八九条【国務院の職権】** 国務院は、次の職権を行使する。

一—八（略）

九　対外事務を管理し、外国と条約及び協定を締結すること。

十—十八（略）

## (5) ドイツ憲法（抜粋）翻訳

（ドイツ連邦共和国基本法）

公布　一九四九年五月二三日
施行　一九四九年五月二四日
最終改正　二〇二〇年九月二九日

**第一六a条【庇護権】**（略）

**第二四条【国際的機構への主権の委譲】** (1) 連邦は、法律によって、主権的諸権利〔(独)Hoheitsrechte〕を国際的機構〔(独)zwischenstaatliche Einrichtungen〕に委譲することができる。

(1a)—(3)（略）

**第二五条【国際法と連邦法】** 国際法の一般的規則は連邦法の構成部分である。それは、法律に優先し、連邦領域の住民に対して直接に権利義務を生ずる。

**第五九条【国際法上の代表権】** (1) 連邦大統領は、国際法上、連邦を代表する。連邦大統領は、連邦の名において、外国と条約を締結する。連邦大統領は、使節を信任し、接受する。

(2) 連邦の政治的関係を規律し、又は連邦の立法事項に関わる条約は、それぞれ連邦の立法について権限を有する機関の連邦法律の形式での同意〔(独)Zustimmung〕又は協力を必要とする。行政協定については、連邦行政に関する規定を準用する。

**第一〇〇条【具体的規範統制】** (1)（略）

(2) 法律上の争訟において、国際法のある規則が連邦法の構成部分であるかどうか、及び、それが個人に対して直接に権利義務を生ずるかどうか（第二五条）について疑義があるときは、裁判所は、連邦憲法裁判所の決定を求めなければならない。

(3)（略）

**第一一五a条【防衛事態〔(独)Verteidigungsfall〕の確定】** (1) 連邦領域が武力により攻撃されていること又はそのような攻撃が目前に差し迫っていること（防衛事態）の確定は、連邦議会が、連邦参議院の同意を得て、これを行う。この確定は、連邦政府の申立てに基づいて行い、投票の三分の二の多数、かつ、少なくとも連邦議会議員の過半数を必要とする。

(2)—(4)（略）

(5) 防衛事態の確定が公布され、かつ、連邦領域が武力により攻撃されているときは、連邦大統領は、連邦議会の同意を得て、防衛事態の存在について国際法上の宣言をすることができる。（後略）

## (6) フランス憲法（抜粋）翻訳

（フランス共和国憲法）

公布　一九五八年一〇月五日
施行　一九五八年一〇月五日
最終改正　二〇〇八年七月二三日

〔注　項番号は編者により付加した。〕

**第三五条【戦争の宣言】** 戦争の宣言は、議会が承認する。

**第五二条【条約の交渉と批准】** 1　共和国大統領は、条約の交渉を行い、かつ、これを批准する。

2　大統領は、批准に付されない国際協定の締結に向けての全ての交渉について報告を受ける。

**第五三条【条約の批准と承認】** 1　平和条約、通商条約、国際組織に関する条約若しくは協定、国の財政を拘束する条約若しくは協定、法律の性格を有する規定を変更する条約若しくは協定、人の身分に関する条約若しくは協定、又は領土の割譲、交換若しくは付加を内容とする条約又は協定は、法律によるのでなければ、批准され又は承認されない。

2　前項の条約又は協定は、批准され又は承認された後でなければ効力を生じない。

3　領土のいかなる割譲、交換、付加も、関係する住民の同意なしには有効とはされない。

**第五三条の一【庇護権】**（略）

**第五三条の二【国際刑事裁判所】** 共和国は、一九九八年七月一八日に署名された条約〔国際刑事裁判所に関するローマ規程〕が定める要件に従い、国際刑事裁判所の管轄権を承認することができる。

**第五四条【違憲の国際約束】** 共和国大統領、首相、いずれかの議院の議長、又は六〇人の国民議会議員若しくは六〇人の上院議員の提訴により、国際約束が憲法に反する条項を含むと憲法院が宣言したときは、憲法改正の後でなければ、当該国際約束の批准又は承認は与えられない。

**第五五条【条約の法律に対する優位】** 適法に批准され又は承認された条約又は協定は、他方当事国がその協定又は条約を適用することを条件として、公布の時から法律に優越する効力〔仏 autorité〕を有する。

## (7) 米国憲法(抜粋) 翻訳

(アメリカ合衆国憲法)

採　択　一七八七年九月一七日
施　行　一七八八年六月二一日
最終改正　一九九二年五月七日

〔注　項番号は編者により付加した。〕

**第一条**〔立法府〕

**第八節**1　連邦議会は次の権限を有する。(後略)
2　(略)
3　外国との通商、州の間の通商、及びインディアンの部族との通商を規制すること。
4—9　(略)
10　公海において犯される海賊行為及び重罪、並びに諸国民の法〔Law of Nations〕に反する犯罪を定義し、これに対する刑罰を定めること。
11　戦争を宣言し、私掠免状を付与し、陸上及び海上における捕獲に関する規則を定めること。
12—18　(略)

**第二条**〔大統領〕

**第二節**1　大統領は、合衆国の陸海軍、及び合衆国の軍務に実際に召集されている州の民兵の最高司令官である。(後略)
2　大統領は、上院の助言と同意を得て、条約を締結する権限を有する。ただし、上院の出席議員の三分の二の賛成を要する。(後略)
3　(略)

**第六条**〔憲法制定前の債務、連邦法の優位、行政官及び司法官の宣誓〕

1　(略)
2　この憲法及びこの憲法に準拠して制定される合衆国の法律、並びに合衆国の権能に基づいて既に締結された又は将来締結される全ての条約は、国の最高法規である。全ての州の裁判官は、各州の憲法又は法律の中にこれと反対の規定がある場合であっても、これに拘束される。
3　(略)

## (8) 南アフリカ憲法(抜粋) 翻訳

(南アフリカ共和国憲法)

採　択　一九九六年五月八日
施　行　一九九七年二月七日
最終改正　二〇一三年二月一日

**第二三一条(国際協定)** 1　全ての国際協定の交渉及び署名は、行政府の責任とする。
2　3に定める協定を除き、国際協定は、国民議院と国民地方評議院の双方の決議によって承認された後でなければ、共和国を拘束しない。
3　行政府が締結した、技術的、行政的若しくは執行的な性質の国際協定又は批准若しくは加入を必要としない協定は、国民議院及び国民地方評議院の承認なしに共和国を拘束する。ただし、合理的な期間内に両院に提出しなければならない。
4　国際協定は、国内立法によって法制化された時に共和国の法となる。もっとも、議会が承認した協定の自己執行的な規定は、憲法又は議会の法律に反しない限り、共和国の法である。
5　共和国は、この憲法が効力を生じたときに共和国を拘束していた国際協定に拘束される。

**第二三二条(慣習国際法)** 慣習国際法は、憲法又は議会の法律に反しない限り、共和国の法である。

**第二三三条(国際法の適用)** 法令の解釈に当たり、全ての裁判所は、当該法令の国際法に適合する合理的な解釈を国際法に適合しない他のいかなる解釈よりも優先させなければならない。

## (9) ルーマニア憲法(抜粋) 翻訳

採　択　一九九一年一一月二一日
施　行　一九九一年一二月八日
最終改正　二〇〇三年一〇月二九日

**第二〇条(人権に関する国際条約)** (1)　市民の権利及び自由に関する憲法の条項は、世界人権宣言及びルーマニアが締約国である規約その他の条約に適合するように解釈し実施しなければならない。
(2)　ルーマニアが締約国である基本的人権に関する規約や条約と国内法との間に矛盾が存在するときは、国際的な規定が優先する。ただし、憲法又は国内法が人権により好意的な条項を含む場合を除く。

## 2 法の適用に関する通則法(抜粋)

公　布　平成一八年六月二一日(法七八)
施　行　平成一九年一月一日

### 第一章　総則(略)

### 第二章　法律に関する通則(抄)

**第三条（法律と同一の効力を有する慣習）** 公の秩序又は善良の風俗に反しない慣習は、法令の規定により認められたもの又は法令に規定されていない事項に関するものに限り、法律と同一の効力を有する。

### 第三章　準拠法に関する通則(抄)

#### 第一節　人(略)

#### 第二節　法律行為(抄)

**第七条（当事者による準拠法の選択）** 法律行為の成立及び効力は、当事者が当該法律行為の当時に選択した地の法による。

**第八条（当事者による準拠法の選択がない場合）** ① 前条の規定による選択がないときは、法律行為の成立及び効力は、当該法律行為の当時において当該法律行為に最も密接な関係がある地の法による。

② 前項の場合において、法律行為において特徴的な給付を当事者の一方のみが行うものであるときは、その給付を行う当事者の常居所地法（その当事者が当該法律行為に関係する事業所を有する場合にあっては当該事業所の所在地の法、その当事者が当該法律行為に関係する二以上の事業所で法を異にする地に所在するものを有する場合にあってはその主たる事業所の所在地の法）を当該法律行為に最も密接な関係がある地の法と推定する。

③ 第一項の場合において、不動産を目的物とする法律行為については、前項の規定にかかわらず、その不動産の所在地法を当該法律行為に最も密接な関係がある地の法と推定する。

**第九条（当事者による準拠法の変更）** 当事者は、法律行為の成立及び効力について適用すべき法を変更することができる。ただし、第三者の権利を害することとなるときは、その変更をその第三者に対抗することができない。

#### 第三節　物権等(略)

#### 第四節　債権(略)

#### 第五節　親族(略)

#### 第六節　相続(略)

#### 第七節　補則(抄)

**第三八条（本国法）** ① 当事者が二以上の国籍を有する場合には、その国籍を有する国のうちに当事者が常居所を有する国があるときはその国の法を、その国籍を有する国のうちに当事者が常居所を有する国がないときは当事者に最も密接な関係がある国の法を当事者の本国法とする。ただし、その国籍のうちのいずれかが日本の国籍であるときは、日本法を当事者の本国法とする。

② 当事者の本国法によるべき場合において、当事者が国籍を有しないときは、その常居所地法による。ただし、第二十五条（第二十六条第一項及び第二十七条において準用する場合を含む。）及び第三十二条の規定の適用については、この限りでない。

③ 当事者が地域により法を異にする国の国籍を有する場合には、その国の規則に従い指定される法（そのような規則がない場合にあっては、当事者に最も密接な関係がある地域の法）を当事者の本国法とする。

**第三九条（常居所地法）** 当事者の常居所地法によるべき場合において、その常居所が知れないときは、その居所地法による。ただし、第二十五条（第二十六条第一項及び第二十七条において準用する場合を含む。）の規定の適用については、この限りでない。

**第四〇条（人的に法を異にする国又は地の法）** ① 当事者が人的に法を異にする国の国籍を有する場合には、その国の規則に従い指定される法（そのような規則がない場合にあっては、当事者に最も密接な関係がある法）を当事者の本国法とする。

② 前項の規定は、当事者の常居所地が人的に法を異にする場合における当事者の常居所地法で第二十五条（第二十六条第一項及び第二十七条において準用する場合を含む。）、第二十六条第二項第二号、第三十二条又は第三十八条第二項の規定により適用されるもの及び夫婦に最も密接な関係がある地が人的に法を異にする場合における夫婦に最も密接な関係がある地の法について準用する。

**第四一条（反致）** 当事者の本国法によるべき場合において、その国の法に従えば日本法によるべきときは、日本法による。ただし、第二十五条（第二十六条第一項及び第二十七条において準用する場合を含む。）又は第三十二条の規定により当事者の本国法によるべき場合は、この限りでない。

**第四二条（公序）** 外国法によるべき場合において、その規定の適用が公の秩序又は善良の風俗に反するときは、これを適用しない。

## 3 外国等に対する我が国の民事裁判権に関する法律(抄)

公　布　平成二一年四月二四日(法二四)
施　行　平成二二年四月一日

### 第一章　総則

**第一条（趣旨）** この法律は、外国等に対して我が国の民事裁判権（裁判権のうち刑事に係るもの以外のものをいう。第四条において同じ。）が及ぶ範囲及び外国等に係る民事の裁判手続についての特例を定めるものとする。

**第二条（定義）** この法律において「外国等」とは、次に掲げるもの（以下「国等」という。）のうち、日本国及び日本国に係るものを除くものをいう。

一　国及びその政府の機関

二　連邦国家の州その他これに準ずる国の行政区画であって、主権的な権能を行使する権限を有するもの
三　前二号に掲げるもののほか、主権的な権能を行使する権限を付与された団体（当該権能の行使としての行為をする場合に限る。）
四　前三号に掲げるものの代表者であって、その資格に基づき行動するもの

**第三条（条約等に基づく特権又は免除との関係）** この法律の規定は、条約又は確立された国際法規に基づき外国等が享有する特権又は免除に影響を及ぼすものではない。

## 第二章　外国等に対して裁判権が及ぶ範囲

### 第一節　免除の原則

**第四条【免除の原則】** 外国等は、この法律に別段の定めがある場合を除き、裁判権（我が国の民事裁判権をいう。以下同じ。）から免除されるものとする。

### 第二節　裁判手続について免除されない場合

**第五条（外国等の同意）** ①　外国等は、次に掲げるいずれかの方法により、特定の事項又は事件に関して裁判権に服することについての同意を明示的にした場合には、訴訟手続その他の裁判所における手続（外国等の有する財産に対する保全処分及び民事執行の手続を除く。以下この節において「裁判手続」という。）のうち、当該特定の事項又は事件に関するものについて、裁判権から免除されない。
一　条約その他の国際約束
二　書面による契約
三　当該裁判手続における陳述又は裁判所若しくは相手方に対する書面による通知
②　外国等が特定の事項又は事件に関して日本国の法令を適用することについて同意したことは、前項の同意と解してはならない。

**第六条（同意の擬制）** ①　外国等が次に掲げる行為をした場合には、前条第一項の同意があったものとみなす。
一　訴えの提起その他の裁判手続の開始の申立て
二　裁判手続への参加（裁判権からの免除を主張することを目的とするものを除く。）
三　裁判手続において異議を述べないで本案についてした弁論又は申述
②　前項第二号及び第三号の規定は、当該外国等がこれらの行為をする前に裁判権から免除される根拠となる事実があることを知ることができなかったやむを得ない事情がある場合であって、当該事実を知った後当該事情を速やかに証明したときには、適用しない。
③　口頭弁論期日その他の裁判手続の期日において外国等が出頭しないこと及び外国等の代表者が証人として出頭したことは、前条第一項の同意と解してはならない。

**第七条【同前】** ①　外国等が訴えを提起した場合又は当事者として訴訟に参加した場合において、反訴が提起されたときは、当該反訴について、第五条第一項の同意があったものとみなす。
②　外国等が当該外国等を被告とする訴訟において反訴を提起したときは、本訴について、第五条第一項の同意があったものとみなす。

**第八条（商業的取引）** ①　外国等は、商業的取引（民事又は商事に係る物品の売買、役務の調達、金銭の貸借その他の事項についての契約又は取引（労働契約を除く。）をいう。次項及び第十六条において同じ。）のうち、当該外国等と当該外国等（国以外のものにあっては、それらが所属する国。以下この項において同じ。）以外の国の国民又は当該外国等以外の国若しくはこれに所属する国等の法令に基づいて設立された法人その他の団体との間のものに関する裁判手続について、裁判権から免除されない。
②　前項の規定は、次に掲げる場合には、適用しない。
一　当該外国等と当該外国等以外の国等との間の商業的取引である場合
二　当該商業的取引の当事者が明示的に別段の合意をした場合

**第九条（労働契約）** ①　外国等は、当該外国等と個人との間の労働契約であって、日本国内において労務の全部又は一部が提供され、又は提供されるべきものに関する裁判手続について、裁判権から免除されない。
②　前項の規定は、次に掲げる場合には、適用しない。
一　当該個人が次に掲げる者である場合
イ　外交関係に関するウィーン条約第一条(e)に規定する外交官
ロ　領事関係に関するウィーン条約第一条1(d)に規定する領事官
ハ　国際機関に派遣されている常駐の使節団若しくは特別使節団の外交職員又は国際会議において当該外国等（国以外のものにあっては、それらが所属する国。以下この項において同じ。）を代表するために雇用されている者
ニ　イからハまでに掲げる者のほか、外交上の免除を享有する者
二　前号に掲げる場合のほか、当該個人が、当該外国等の安全、外交上の秘密その他の当該外国等の重大な利益に関する事項に係る任務を遂行するために雇用されている場合
三　当該個人の採用又は再雇用の契約の成否に関する訴え又は申立て（いずれも損害の賠償を求めるものを除く。）である場合
四　解雇その他の労働契約の終了の効力に関する訴え又は申立て（いずれも損害の賠償を求めるものを除く。）であって、当該外国等の元首、政府の長又は外務大臣によって当該訴え又は申立てに係る裁判手続が当該外国等の安全保障上の利益を害するおそれがあるとされた場合
五　訴えの提起その他の裁判手続の開始の申立てがあった時において、当該個人が当該外国等の国民である場合。ただし、当該個人が日本国に通常居住するときは、この限りでない。
六　当該労働契約の当事者間に書面による別段の合意がある場合。ただし、労働者の保護の見地から、当該労働契約に関する訴え又は申立てについて日本国の裁判所が管轄権を有しないとするならば、公の秩序に反することとなるときは、この限りでない。

**第一〇条（人の死傷又は有体物の滅失等）** 外国等は、人の死亡若しくは傷害又は有体物の滅失若しくは毀損が、当該外国等が責任を負うべきものと主張される行為によって生じた場合において、当該行為の全部又は一部が日本国内で行われ、かつ、当該行為をした者が当該行為の時に日本国内に所在していたときは、これによって生じた損害又は損失の金銭によるてん補に関する裁判手続について、裁判権から免除されない。

**第一一条（不動産に係る権利利益等）** ①　外国等は、日本国内に

ある不動産に係る次に掲げる事項に関する裁判手続について、裁判権から免除されない。

一 当該外国等の権利若しくは利益又は当該外国等による占有若しくは使用

二 当該外国等の権利若しくは利益又は当該外国等による占有若しくは使用から生ずる当該外国等の義務

② 外国等は、動産又は不動産について相続その他の一般承継、贈与又は無主物の取得によって生ずる当該外国等の権利又は利益に関する裁判手続について、裁判権から免除されない。

**第一二条（裁判所が関与を行う財産の管理又は処分に係る権利利益）** 外国等は、信託財産、破産財団に属する財産、清算中の会社の財産その他の日本国の裁判所が監督その他の関与を行う財産の管理又は処分に係る当該外国等の権利又は利益に関する裁判手続について、裁判権から免除されない。

**第一三条（知的財産権）** 外国等は、次に掲げる事項に関する裁判手続について、裁判権から免除されない。

一 当該外国等が有すると主張している知的財産権（知的財産基本法（平成十四年法律第百二十二号）第二条第二項に規定する知的財産に関して日本国の法令により定められた権利又は日本国の法律上保護される利益に係る権利をいう。次号において同じ。）の存否、効力、帰属又は内容

二 当該外国等が日本国内においてしたものと主張される知的財産権の侵害

**第一四条（団体の構成員としての資格等）** ① 外国等は、法人その他の団体であって次の各号のいずれにも該当するものの社員その他の構成員である場合には、その資格又はその資格に基づく権利若しくは義務に関する裁判手続について、裁判権から免除されない。

一 国等及び国際機関以外の者をその社員その他の構成員とするものであること。

二 日本国の法令に基づいて設立されたものであること、又は日本国内に主たる営業所若しくは事務所を有するものであること。

② 前項の規定は、当該裁判手続の当事者間に当該外国等が裁判権から免除される旨の書面による合意がある場合又は当該団体の定款、規約その他これらに類する規則にその旨の定めがある場合には、適用しない。

**第一五条（船舶の運航等）** ① 船舶を所有し又は運航する外国等は、当該船舶の運航に関する紛争の原因となる事実が生じた時において当該船舶が政府の非商業的目的以外に使用されていた場合には、当該紛争に関する裁判手続について、裁判権から免除されない。

② 前項の規定は、当該船舶が軍艦又は軍の支援船である場合には、適用しない。

③ 船舶を所有し又は運航する外国等は、当該船舶による貨物の運送に関する紛争の原因となる事実が生じた時において当該船舶が政府の非商業的目的以外に使用されていた場合には、当該紛争に関する裁判手続について、裁判権から免除されない。

④ 前項の規定は、当該貨物が、軍艦若しくは軍の支援船により運送されていたものである場合又は国等が所有し、かつ、政府の非商業的目的のみに使用され、若しくは使用されることが予定されているものである場合には、適用しない。

**第一六条（仲裁合意）** 外国等は、当該外国等（国以外のものにあっては、それらが所属する国。以下この条において同じ。）以外の国の国民又は当該外国等以外の国若しくはこれに所属する国等の法令に基づいて設立された法人その他の団体との間の商業的取引に係る書面による仲裁合意に関し、当該仲裁合意の存否若しくは効力又は当該仲裁合意に基づく仲裁手続に関する裁判手続について、裁判権から免除されない。ただし、当事者間に書面による別段の合意がある場合は、この限りでない。

### 第三節 外国等の有する財産に対する保全処分及び民事執行の手続について免除されない場合

**第一七条（外国等の同意等）** ① 外国等は、次に掲げるいずれかの方法により、その有する財産に対して保全処分又は民事執行をすることについての同意を明示的にした場合には、当該保全処分又は民事執行の手続について、裁判権から免除されない。

一 条約その他の国際約束

二 仲裁に関する合意

三 書面による契約

四 当該保全処分又は民事執行の手続における陳述又は裁判所若しくは相手方に対する書面による通知（相手方に対する通知にあっては、当該保全処分又は民事執行が申し立てられる原因となった権利関係に係る紛争が生じた後に発出されたものに限る。）

② 外国等は、保全処分又は民事執行の目的を達することができるように指定し又は担保として提供した特定の財産がある場合には、当該財産に対する当該保全処分又は民事執行の手続について、裁判権から免除されない。

③ 第五条第一項の同意は、第一項の同意と解してはならない。

**第一八条（特定の目的に使用される財産）** ① 外国等は、当該外国等により政府の非商業的目的以外にのみ使用され、又は使用されることが予定されている当該外国等の有する財産に対する民事執行の手続について、裁判権から免除されない。

② 次に掲げる外国等の有する財産は、前項の財産に含まれないものとする。

一 外交使節団、領事機関、特別使節団、国際機関に派遣されている使節団又は国際機関の内部機関若しくは国際会議に派遣されている代表団の任務の遂行に当たって使用され、又は使用されることが予定されている財産

二 軍事的な性質を有する財産又は軍事的な任務の遂行に当たって使用され、若しくは使用されることが予定されている財産

三 次に掲げる財産であって、販売されておらず、かつ、販売されることが予定されていないもの

イ 当該外国等に係る文化遺産

ロ 当該外国等が管理する公文書その他の記録

ハ 科学的、文化的又は歴史的意義を有する展示物

③ 前項の規定は、前条第一項及び第二項の規定の適用を妨げない。

**第一九条（外国中央銀行等の取扱い）** ① 日本国以外の国の中央銀行又はこれに準ずる金融当局（次項において「外国中央銀行等」という。）は、その有する財産に対する保全処分及び民事執行の手続については、第二条第一号から第三号までに該当しない場合においても、これを外国等とみなし、第四条並びに第十七条第一項及び第二項の規定を適用する。

② 外国中央銀行等については、前条第一項の規定は適用しない。

## 第三章　民事の裁判手続についての特例(抄)

**第二〇条（訴状等の送達）** ① 外国等に対する訴状その他これに類する書類及び訴訟手続その他の裁判所における手続の最初の期日の呼出状(以下この条及び次条第一項において「訴状等」という。)の送達は、次に掲げる方法によりするものとする。

一　条約その他の国際約束で定める方法

二　前号に掲げる方法がない場合には、次のイ又はロに掲げる方法

イ　外交上の経路を通じてする方法

ロ　当該外国等が送達の方法として受け入れるその他の方法(民事訴訟法(平成八年法律第百九号)に規定する方法であるものに限る。)

② 前項第二号イに掲げる方法により送達をした場合においては、外務省に相当する当該外国等(国以外のものにあっては、それらが所属する国)の機関が訴状等を受領した時に、送達があったものとみなす。

③ 外国等は、異議を述べないで本案について弁論又は申述をしたときは、訴状等の送達の方法について異議を述べる権利を失う。

④ 第一項及び第二項に規定するもののほか、外国等に対する訴状等の送達に関し必要な事項は、最高裁判所規則で定める。

**第二一条（外国等の不出頭の場合の民事訴訟法の特例等）**(略)

**第二二条（勾引及び過料に関する規定の適用除外）**(略)

# 4　海洋基本法(抜粋)

公　布　平成一九年四月二七日(法三三)
施　行　平成一九年七月二〇日
最終改正　平成二七法六六

**第一条（目的）** この法律は、地球の広範な部分を占める海洋が人類をはじめとする生物の生命を維持する上で不可欠な要素であるとともに、海に囲まれた我が国において、海洋法に関する国際連合条約その他の国際約束に基づき、並びに海洋の持続可能な開発及び利用を実現するための国際的な取組の中で、我が国が国際的協調の下に、海洋の平和的かつ積極的な開発及び利用と海洋環境の保全との調和を図る新たな海洋立国を実現することが重要であることにかんがみ、海洋に関し、基本理念を定め、国、地方公共団体、事業者及び国民の責務を明らかにし、並びに海洋に関する基本的な計画の策定その他海洋に関する施策の基本となる事項を定めるとともに、総合海洋政策本部を設置することにより、海洋に関する施策を総合的かつ計画的に推進し、もって我が国の経済社会の健全な発展及び国民生活の安定向上を図るとともに、海洋と人類の共生に貢献することを目的とする。

**第二条（海洋の開発及び利用と海洋環境の保全との調和）** 海洋については、海洋の開発及び利用が我が国の経済社会の存立の基盤であるとともに、海洋の生物の多様性が確保されることその他の良好な海洋環境が保全されることが人類の存続の基盤であり、かつ、豊かで潤いのある国民生活に不可欠であることにかんがみ、将来にわたり海洋の恵沢を享受できるよう、海洋環境の保全を図りつつ海洋の持続的な開発及び利用を可能とすることを旨として、その積極的な開発及び利用が行われなければならない。

**第三条（海洋の安全の確保）** 海洋については、海に囲まれた我が国にとって海洋の安全の確保が重要であることにかんがみ、その安全の確保のための取組が積極的に推進されなければならない。

**第四条（海洋に関する科学的知見の充実）** 海洋の開発及び利用、海洋環境の保全等が適切に行われるためには海洋に関する科学的知見が不可欠である一方で、海洋については科学的に解明されていない分野が多いことにかんがみ、海洋に関する科学的知見の充実が図られなければならない。

**第五条（海洋産業の健全な発展）** 海洋の開発、利用、保全等を担う産業(以下「海洋産業」という。)については、我が国の経済社会の健全な発展及び国民生活の安定向上の基盤であることにかんがみ、その健全な発展が図られなければならない。

**第六条（海洋の総合的管理）** 海洋の管理は、海洋資源、海洋環境、海上交通、海洋の安全等の海洋に関する諸問題が相互に密接な関連を有し、及び全体として検討される必要があることにかんがみ、海洋の開発、利用、保全等について総合的かつ一体的に行われるものでなければならない。

**第七条（海洋に関する国際的協調）** 海洋が人類共通の財産であり、かつ、我が国の経済社会が国際的な密接な相互依存関係の中で営まれていることにかんがみ、海洋に関する施策の推進は、海洋に関する国際的な秩序の形成及び発展のために先導的な役割を担うことを旨として、国際的協調の下に行われなければならない。

**第八条（国の責務）** 国は、第二条から前条までに定める基本理念(以下「基本理念」という。)にのっとり、海洋に関する施策を総合的かつ計画的に策定し、及び実施する責務を有する。

**第一七条（海洋資源の開発及び利用の推進）** 国は、海洋環境の保全並びに海洋資源の将来にわたる持続的な開発及び利用を可能とすることに配慮しつつ海洋資源の積極的な開発及び利用を推進するため、水産資源の保存及び管理、水産動植物の生育環境の保全及び改善、漁場の生産力の増進、海底又はその下に存在する石油、可燃性天然ガス、マンガン鉱、コバルト鉱等の鉱物資源の開発及び利用の推進並びにそのための体制の整備その他の必要な措置を講ずるものとする。

**第一八条（海洋環境の保全等）** ① 国は、海洋が地球温暖化の防止等の地球環境の保全に大きな影響を与えること等にかんがみ、生育環境の保全及び改善等による海洋の生物の多様性の確保、海洋に流入する水による汚濁の負荷の低減、海洋への廃棄物の排出の防止、船舶の事故等により流出した油等の迅速な防除、海洋の自然景観の保全その他の海洋環境の保全を図るために必要な措置を講ずるものとする。

② 国は、前項の措置については、科学的知見を踏まえつつ、海洋環境に対する悪影響を未然に防止する観点から、これを実施するとともに、その適切な見直しを行うよう努めるものとする。

**第一九条（排他的経済水域等の開発等の推進）** 国は、排他的経済水域等(排他的経済水域及び大陸棚に関する法律(平成八年法律第七十四号)第一条第一項の排他的経済水域及び同法第二条の大陸棚をいう。以下同じ。)の開発、利用、保全等(以下「排他的経済水域等の開発等」という。)に関する取組の強化を図るこ

との重要性にかんがみ、海域の特性に応じた排他的経済水域等の開発等の推進、排他的経済水域等における我が国の主権的権利を侵害する行為の防止その他の排他的経済水域等の開発等の推進のために必要な措置を講ずるものとする。

**第二〇条（海上輸送の確保）** 国は、効率的かつ安定的な海上輸送の確保を図るため、日本船舶の確保、船員の育成及び確保、国際海上輸送網の拠点となる港湾の整備その他の必要な措置を講ずるものとする。

**第二一条（海洋の安全の確保）** ① 国は、海に囲まれ、かつ、主要な資源の大部分を輸入に依存する我が国の経済社会にとって、海洋資源の開発及び利用、海上輸送等の安全が確保され、並びに海洋における秩序が維持されることが不可欠であることにかんがみ、海洋について、我が国の平和及び安全の確保並びに海上の安全及び治安の確保のために必要な措置を講ずるものとする。

② （略）

**第二七条（国際的な連携の確保及び国際協力の推進）** ① 国は、海洋に関する国際約束等の策定に主体的に参画することその他の海洋に関する国際的な連携の確保のために必要な措置を講ずるものとする。

② 国は、海洋に関し、我が国の国際社会における役割を積極的に果たすため、海洋資源、海洋環境、海洋調査、海洋科学技術、海上における犯罪の取締り、防災、海難救助等に係る国際協力の推進のために必要な措置を講ずるものとする。

## 5 領海及び接続水域に関する法律

公　布　昭和五二年五月二日（法三〇）
施　行　昭和五二年七月一日
最終改正　平成八法七三

**第一条（領海の範囲）** ① 我が国の領海は、基線からその外側十二海里の線（その線が基線から測定して中間線を超えているときは、その超えている部分については、中間線（我が国と外国との間で合意した中間線に代わる線があるときは、その線）とする。）までの海域とする。

② 前項の中間線は、いずれの点をとつても、基線上の最も近い点からの距離と、我が国の海岸と向かい合つている外国の海岸に係るその外国の領海の幅を測定するための基線上の最も近い点からの距離とが等しい線とする。

**第二条（基線）** ① 基線は、低潮線、直線基線及び湾口若しくは湾内又は河口に引かれる直線とする。ただし、内水である瀬戸内海については、他の海域との境界として政令で定める線を基線とする。

② 前項の直線基線は、海洋法に関する国際連合条約（以下「国連海洋法条約」という。）第七条に定めるところに従い、政令で定める。

③ 前項に定めるもののほか、第一項に規定する線を基線として用いる場合の基準その他基線を定めるに当たつて必要な事項は、政令で定める。

**第三条（内水又は領海からの追跡に関する我が国の法令の適用）** 我が国の内水又は領海から行われる国連海洋法条約第百十一条に定めるところによる追跡に係る我が国の公務員の職務の執行及びこれを妨げる行為については、我が国の法令（罰則を含む。第五条において同じ。）を適用する。

**第四条（接続水域）** ① 我が国が国連海洋法条約第三十三条1に定めるところにより我が国の領域における通関、財政、出入国管理及び衛生に関する法令に違反する行為の防止及び処罰のために必要な措置を執る水域として、接続水域を設ける。

② 前項の接続水域（以下単に「接続水域」という。）は、基線からその外側二十四海里の線（その線が基線から測定して中間線（第一条第二項に規定する中間線をいう。以下同じ。）を超えているときは、その超えている部分については、中間線（我が国と外国との間で合意した中間線に代わる線があるときは、その線）とする。）までの海域（領海を除く。）とする。

③ 外国との間で相互に中間線を超えて国連海洋法条約第三十三条1に定める措置を執ることが適当と認められる海域の部分においては、接続水域は、前項の規定にかかわらず、政令で定めるところにより、基線からその外側二十四海里の線までの海域（外国の領海である海域を除く。）とすることができる。

**第五条（接続水域における我が国の法令の適用）** 前条第一項に規定する措置に係る接続水域における我が国の公務員の職務の執行（当該職務の執行に関して接続水域から行われる国連海洋法条約第百十一条に定めるところによる追跡に係る職務の執行を含む。）及びこれを妨げる行為については、我が国の法令を適用する。

附　則（抄）

**（特定海域に係る領海の範囲）**

② 当分の間、宗谷海峡、津軽海峡、対馬海峡東水道、対馬海峡西水道及び大隅海峡（これらの海域にそれぞれ隣接し、かつ、船舶が通常航行する経路からみてこれらの海域とそれぞれ一体をなすと認められる海域を含む。以下「特定海域」という。）については、第一条の規定は適用せず、特定海域に係る領海は、それぞれ、基線からその外側三海里の線及びこれと接続して引かれる線までの海域とする。

③ 特定海域の範囲及び前項に規定する線については、政令で定める。

## 6 領海外国船舶航行法（抜粋）

（領海等における外国船舶の航行に関する法律）

公　布　平成二〇年六月一一日（法六四）
施　行　平成二〇年七月一日
最終改正　平成二四法七一

**第二条（定義）**（略）

**第三条（領海等における外国船舶の航行方法）** 領海等における外国船舶の航行は、通過（内水においては、新内水に係るものに限る。）又は水域施設等との往来を目的として継続的かつ迅速に行われるものでなければならない。

**第四条【停留等】** ① 外国船舶の船長等は、領海等において、当該外国船舶に次に掲げる行為（以下「停留等」という。）を伴う航行をさせてはならない。ただし、当該停留等について荒天、海難その他の危難を避ける場合、人命、他の船舶又は航空機を救助する場合、海上衝突予防法(昭和五十二年法律第六十二号)その他の法令の規定を遵守する場合その他の国土交通省令で定めるやむを得ない理由がある場合は、この限りでない。

一　停留(水域施設におけるものを除く。)

二　びょう泊(水域施設におけるものを除く。)

三　係留(係留施設にするものを除く。)

四　はいかい等(気象、海象、船舶交通の状況、進路前方の障害物の有無その他周囲の事情に照らして、船舶の航行において通常必要なものとは認められない進路又は速力による進行をいう。)

②　(略)

**第五条(外国船舶の通報義務)**　(略)

**第六条(外国船舶に対する立入検査)**　①　海上保安庁長官は、領海等において現に停留等を伴う航行を行っており、又は内水において現に通過航行を行っている外国船舶と思料される船舶があり、当該停留等又は当該通過航行について、前条第一項若しくは第二項の規定による通報がされておらず、又はその通報の内容に虚偽の事実が含まれている疑いがあると認められる場合において、周囲の事情から合理的に判断して、当該船舶の船長等が第四条の規定に違反している疑いがあると認められ、かつ、この法律の目的を達成するため、当該船舶が当該停留等を伴う航行又は当該通過航行を行っている理由を確かめる必要があると認めるときは、海上保安官に、当該船舶に立ち入り、書類その他の物件を検査させ、又は当該船舶の乗組員その他の関係者に質問させることができる。

②③　(略)

**第七条(外国船舶に対する勧告)**　海上保安官は、領海等において現に停留等を伴う航行を行っている外国船舶と認められる船舶があり、当該船舶の外観、航海の態様、乗組員等の挙動その他周囲の事情から合理的に判断して、当該船舶の船長等が第四条第一項の規定に違反していることが明らかであると認められるときは、当該船長等に対し、領海等において当該船舶に停留等を伴わない航行をさせるべきことを勧告することができる。

**第八条(外国船舶に対する退去命令)**　①　海上保安庁長官は、第六条第一項の規定による立入検査の結果、当該船舶の船長等が第四条の規定に違反していると認めるときは、当該船長等に対し、当該船舶を領海等から退去させるべきことを命ずることができる。

②　海上保安庁長官は、前条の勧告を受けた船長等が当該勧告に従わない場合であって、領海等における外国船舶の航行の秩序を維持するために必要があると認めるときは、当該船長等に対し、当該船舶を領海等から退去させるべきことを命ずることができる。

## 7　排他的経済水域及び大陸棚に関する法律

公　布　平成八年六月一四日(法七四)
施　行　平成八年七月二〇日

**第一条(排他的経済水域)**　①　我が国が海洋法に関する国際連合条約(以下「国連海洋法条約」という。)に定めるところにより国連海洋法条約第五部に規定する沿岸国の主権的権利その他の権利を行使する水域として、排他的経済水域を設ける。

②　前項の排他的経済水域(以下単に「排他的経済水域」という。)は、我が国の基線(領海及び接続水域に関する法律(昭和五十二年法律第三十号)第二条第一項に規定する基線をいう。以下同じ。)から、いずれの点をとっても我が国の基線上の最も近い点からの距離が二百海里である線(その線が我が国の基線から測定して中間線(いずれの点をとっても、我が国の基線上の最も近い点からの距離と、我が国の海岸と向かい合っている外国の海岸に係るその外国の領海の幅を測定するための基線上の最も近い点からの距離とが等しい線をいう。以下同じ。)を超えているときは、その超えている部分については、中間線(我が国と外国との間で合意した中間線に代わる線があるときは、その線)とする。)までの海域(領海を除く。)並びにその海底及びその下とする。

**第二条(大陸棚)**　我が国が国連海洋法条約に定めるところにより沿岸国の主権的権利その他の権利を行使する大陸棚(以下単に「大陸棚」という。)は、次に掲げる海域の海底及びその下とする。

一　我が国の基線から、いずれの点をとっても我が国の基線上の最も近い点からの距離が二百海里である線(その線が我が国の基線から測定して中間線を超えているときは、その超えている部分については、中間線(我が国と外国との間で合意した中間線に代わる線があるときは、その線及びこれと接続して引かれる政令で定める線)とする。)までの海域(領海を除く。)

二　前号の海域(いずれの点をとっても我が国の基線上の最も近い点からの距離が二百海里である線によってその限界が画される部分に限る。)の外側に接する海域であって、国連海洋法条約第七十六条に定めるところに従い、政令で定めるもの

**第三条(我が国の法令の適用)**　①　次に掲げる事項については、我が国の法令(罰則を含む。以下同じ。)を適用する。

一　排他的経済水域又は大陸棚における天然資源の探査、開発、保存及び管理、人工島、施設及び構築物の設置、建設、運用及び利用、海洋環境の保護及び保全並びに海洋の科学的調査

二　排他的経済水域における経済的な目的で行われる探査及び開発のための活動(前号に掲げるものを除く。)

三　大陸棚の掘削(第一号に掲げるものを除く。)

四　前三号に掲げる事項に関する排他的経済水域又は大陸棚に係る水域における我が国の公務員の職務の執行(当該職務の執行に関してこれらの水域から行われる国連海洋法条約第百十一条に定めるところによる追跡に係る職務の執行を含む。)及びこれを妨げる行為

②　前項に定めるもののほか、同項第一号の人工島、施設及び構築物については、国内に在るものとみなして、我が国の法令を適用する。

③　前二項の規定による我が国の法令の適用に関しては、当該法令が適用される水域が我が国の領域外であることその他当該水域における特別の事情を考慮して合理的に必要と認められる範囲内において、政令で、当該法令の適用関係の整理又は調整のため必要な事項を定めることができる。

**第四条(条約の効力)**　この法律に規定する事項に関して条約に別段の定めがあるときは、その定めるところによる。

## 8 排他的経済水域主権的権利行使法(抜粋)

(排他的経済水域における漁業等に関する主権的権利の行使等に関する法律)

公　布　平成八年六月一四日(法七六)
施　行　平成八年七月二〇日
最終改正　平成三〇法九五

**第一条（趣旨）** この法律は、海洋法に関する国際連合条約に定める権利を的確に行使することにより海洋生物資源の適切な保存及び管理を図るため、排他的経済水域における漁業等に関する主権的権利の行使等について必要な措置を定めるものとする。

**第二条（定義）** ① この法律において「漁業」とは、水産動植物の採捕又は養殖の事業(漁業等付随行為を含む。)をいう。

② この法律において「漁業等付随行為」とは、水産動植物の採捕又は養殖に付随する探索、集魚、漁獲物の保蔵又は加工、漁獲物又はその製品の運搬、船舶への補給その他これらに準ずる行為で農林水産省令で定めるものをいう。

③ この法律において「探索」とは、水産動植物の採捕に資する水産動植物の生息状況の調査であって水産動植物の採捕を伴わないものをいい、「探査」とは、探索のうち漁業等付随行為に該当しないものをいう。

④ この法律において「外国人」とは、次に掲げるものをいう。

一 日本の国籍を有しない者。ただし、適法に我が国に在留する者で農林水産大臣の指定するものを除く。

二 外国、外国の公共団体若しくはこれに準ずるもの又は外国法に基づいて設立された法人その他の団体

**第三条（排他的経済水域における外国人の漁業等に関する法令の適用等）** ① 外国人が我が国の排他的経済水域(以下単に「排他的経済水域」という。)において行う漁業、水産動植物の採捕(漁業に該当するものを除き、漁業等付随行為を含む。以下同じ。)及び探査(以下この条において「排他的経済水域における外国人の漁業等」という。)に関しては、この法律の定めるところによる。

② 排他的経済水域における外国人の漁業等に関しては、排他的経済水域及び大陸棚に関する法律(平成八年法律第七十四号)第三条第一項の規定にかかわらず、漁業法(昭和二十四年法律第二百六十七号)(第百二十八条第一項、第二項、第四項及び第五項を除く。)その他政令で定める法律(これらに基づく命令を含む。)の規定は、適用しない。

③ 排他的経済水域における外国人の漁業等に関する漁業法第百二十八条の規定の適用については、同条第一項中「農林水産大臣又は都道府県知事」とあるのは「農林水産大臣」と、「漁業監督官又は漁業監督吏員」とあるのは「漁業監督官」とする。

④ 前項に定めるもののほか、排他的経済水域における外国人の漁業等に関する法令の適用に関する技術的読替えについては、政令で必要な規定を設けることができる。

**第四条（漁業等の禁止）** ① 外国人は、排他的経済水域のうち次に掲げる海域(その海底を含む。以下「禁止海域」という。)においては、漁業又は水産動植物の採捕を行ってはならない。ただし、その水産動植物の採捕が農林水産省令で定める軽易なものであるときは、この限りでない。

一 領海及び接続水域に関する法律(昭和五十二年法律第三十号)附則第二項に規定する特定海域である海域(我が国の基線(同法第二条第一項に規定する基線をいう。以下この号において同じ。)から、いずれの点をとっても我が国の基線上の最も近い点からの距離が十二海里である線までの海域に限る。)

二 海洋生物資源の保護又は漁業調整のため必要な海域として農林水産大臣の定める海域

② 外国人は、禁止海域(前項第一号の海域に限る。)においては、政令で定める場合を除き、漁獲物又はその製品を転載し、又は積み込んではならない。

**第五条（漁業等の許可）** ① 外国人は、排他的経済水域(禁止海域を除く。次条第一項及び第二項、第八条並びに第九条において同じ。)においては、農林水産省令で定めるところにより、漁業又は水産動植物の採捕に係る船舶ごとに、農林水産大臣の許可を受けなければ、漁業又は水産動植物の採捕を行ってはならない。ただし、次の各号の一に該当するときは、この限りでない。

一 その水産動植物の採捕が前条第一項ただし書の農林水産省令で定める軽易なものであるとき。

二 その水産動植物の採捕が第八条の承認を受けて行われるものであるとき。

三 その漁業等付随行為が第九条の承認を受けて行われるものであるとき。

② 農林水産大臣は、前項の許可をしたときは、農林水産省令で定めるところにより、その外国人に許可証を交付する。

③ 第一項の許可を受けた外国人は、農林水産省令で定めるところにより、その行う漁業又は水産動植物の採捕に係る船舶にその旨を見やすいように表示し、かつ、当該船舶に前項の許可証を備え付けておかなければならない。

**第六条（許可の基準等）** ① 農林水産大臣は、前条第一項の許可の申請があった場合において、その申請に係る漁業又は水産動植物の採捕が、国際約束その他の措置により的確に実施されること、外国人が排他的経済水域において行う漁業又は水産動植物の採捕につき農林水産大臣の定める漁獲量の限度を超えないことその他政令で定める基準に適合すると認められるときでなければ、当該申請に係る許可をしてはならない。

② 前項の規定による漁獲量の限度の決定は、政令で定めるところにより、排他的経済水域における科学的根拠を有する海洋生物資源の動向及び我が国漁業者の漁獲の実情を基礎とし、排他的経済水域における外国人による漁業の状況、外国周辺水域における我が国漁業の状況等を総合的に考慮して行われなければならない。

③ 漁業法第七条第一項に規定する漁獲可能量を定める同法第十一条第二項第三号に規定する特定水産資源について第一項の規定による漁獲量の限度の決定を行う場合には、前項に定めるところによるほか、当該漁獲可能量を基礎としなければならない。

**第七条（入漁料）** ① 外国人は、第五条第二項の規定により許可証の交付を受けるときに、政令で定める額の入漁料を国に納付しなければならない。

② 特別の事由がある場合には、政令で定めるところにより、前項の入漁料を減額し、又は免除することができる。

③ 前二項に定めるもののほか、入漁料に関し必要な事項は、政令で定める。

**第八条（試験研究等のための水産動植物の採捕の承認）** 外国人は、排他的経済水域において、試験研究その他の農林水産省令

で定める目的のために水産動植物の採捕を行おうとするときは、農林水産省令で定めるところにより、水産動植物の採捕に係る船舶ごとに、農林水産大臣の承認を受けなければならない。ただし、その水産動植物の採捕が第四条第一項ただし書の農林水産省令で定める軽易なものであるとき、又はその漁業等付随行為が次条の承認を受けて行われるものであるときは、この限りでない。

**第九条（外国人以外の者が行う漁業に係る漁業等付随行為等の承認）** 外国人以外の者が当該水域において行う漁業又は水産動植物の採捕に係る漁業等付随行為を行おうとするときは、農林水産省令で定めるところにより、漁業等付随行為に係る船舶ごとに、農林水産大臣の承認を受けなければならない。

**第一〇条（探査の承認）** 外国人は、排他的経済水域において、探査を行おうとするときは、農林水産省令で定めるところにより、探査に係る船舶ごとに、農林水産大臣の承認を受けなければならない。

**第二四条（担保金等の提供による釈放等）** ① この法律の規定に違反した罪その他の政令で定める罪に当たる事件（以下「事件」という。）に関して拿捕（船舶を押収し、又は船長その他の乗組員を逮捕することをいう。以下同じ。）が行われた場合には、司法警察員である者であつて政令で定めるもの（以下「取締官」という。）は、当該拿捕に係る船舶の船長（船長に代わつてその職務を行う者を含む。）及び違反者に対し、遅滞なく、次に掲げる事項を告知しなければならない。ただし、事件が政令で定める外国人が行う漁業、水産動植物の採捕又は探査に係るものであるときは、この限りでない。

一　担保金又はその提供を保証する書面が次条第一項の政令で定めるところにより主務大臣に対して提供されたときは、遅滞なく、違反者は釈放され、及び船舶その他の押収物（以下「押収物」という。）は返還されること。

二　提供すべき担保金の額

② 前項第二号の担保金の額は、事件の種別及び態様その他の情状に応じ、政令で定めるところにより、主務大臣の定める基準に従つて、取締官が決定するものとする。

**第二五条【同前】** ① 前条第一項の規定により告知した額の担保金又はその提供を保証する書面が政令で定めるところにより主務大臣に対して提供されたときは、主務大臣は、遅滞なく、その旨を取締官又は検察官に通知するものとする。

② 取締官は、前項の規定による通知を受けたときは、遅滞なく、違反者を釈放し、及び押収物を返還しなければならない。

③ 検察官は、第一項の規定による通知を受けたときは、遅滞なく、違反者の釈放及び押収物の返還に関し、必要な措置を講じなければならない。

**第二六条【同前】** ① 担保金は、主務大臣が保管する。

② 担保金は、事件に関する手続において、違反者がその求められた期日及び場所に出頭せず、又は返還された押収物で提出を求められたものがその求められた期日及び場所に提出されなかつたときは、当該期日の翌日から起算して一月を経過した日に、国庫に帰属する。ただし、当該期日の翌日から起算して一月を経過する日までに、当該期日の翌日から起算して三月を経過する日以前の特定の日に出頭し又は当該押収物を提出する旨の申出があつたときは、この限りでない。

③ 前項ただし書の場合において、当該申出に係る特定の日に違反者が出頭せず、又は当該押収物が提出されなかつたときは、担保金は、その日の翌日に、国庫に帰属する。

④ 担保金は、事件に関する手続が終結した場合等その保管を必要としない事由が生じた場合には、返還する。

附　則（抄）

**第二条（適用の特例）** 第四条から第十三条まで（中略）の規定については、政令で、当該規定ごとに外国人及び海域を指定して適用しないこととすることができる。ただし、政令で期限を定めたときは、その期限までの間に限る。

## 9　鉱業法（抜粋）

公　布　昭和二五年一二月二〇日（法二八九）
施　行　昭和二六年一月三一日
最終改正　平成二九法四五

**第二条（国の権能）** 国は、まだ掘採されない鉱物について、これを掘採し、及び取得する権利を賦与する権能を有する。

**第六条の二（特定鉱物）** この法律において「特定鉱物」とは、鉱物のうち石油、可燃性天然ガスその他国民経済上重要な鉱物であつてその合理的な開発が特に必要なものとして政令で定める鉱物をいう。

**第七条（鉱物の掘採及び取得）** まだ掘採されない鉱物は、鉱業権によるのでなければ、掘採してはならない。（以下略）

**第一一条（種類）** 鉱業権は、試掘権及び採掘権とする。

**第一七条（鉱業権者の資格）** 日本国民又は日本国法人でなければ、鉱業権者となることができない。但し、条約に別段の定があるときは、この限りでない。

**第三八条（特定区域の指定）** ① 経済産業大臣は、特定鉱物の鉱床が存在し、又は存在する可能性がある区域について、当該特定鉱物の開発により公共の利益の増進を図るためには、当該区域における当該特定鉱物の開発を最も適切に行うことができる者（以下「特定開発者」という。）を選定し、その特定開発者に当該特定鉱物の試掘又は採掘を行わせる必要があると認めるときは、当該区域を特定区域として指定することができる。

②―⑧（略）

**第三九条（設定の申請）** ① 前条第一項の規定により指定された特定区域（特定区域の変更があつたときは、その変更後のもの。以下同じ。）において特定鉱物を目的とする鉱業権の設定を受けようとする者は、当該特定区域に係る実施要項に従つて、経済産業大臣に申請して、その許可を受けなければならない。

②―④（略）

**第四〇条（特定開発者の選定等）** ① 経済産業大臣は、前条第二項の申請書を受理したときは、その申請に係る募集の期間の終了後遅滞なく、その申請が次に掲げる基準に適合しているかどうかを審査しなければならない。

一　その申請に係る鉱業権の設定の申請（以下「鉱業申請」という。）をした者（以下「鉱業申請人」という。）が特定区域において鉱物の合理的な開発を適確に遂行するに足りる経理的基礎及び技術的能力を有すること。

二　その申請に係る鉱業申請人が十分な社会的信用を有するこ

と。

三―五　（略）

六　前各号に掲げるもののほか、その申請に係る鉱業申請地における鉱物の掘採が内外の社会的経済的事情に照らして著しく不適切であり、公共の利益の増進に支障を及ぼすおそれがあるものでないこと。

②―⑧　（略）

**第一〇〇条の二【鉱物の探査の許可】**① 鉱物の探査（鉱物資源の開発に必要な地質構造等の調査（鉱物の掘採を伴わないものに限る。）であつて、地震探鉱法その他一定の区域を継続して使用するものとして経済産業省令で定める方法によるものをいう。以下単に「探査」という。）を行おうとする者は、経済産業大臣に申請して、その許可を受けなければならない。

②―⑤　（略）

**第一〇〇条の六【違反行為に対する措置】**経済産業大臣は、次の各号のいずれかに該当する者に対し、当該違反行為に係る作業の中止、当該違反行為に係る探査に使用した装置若しくは物件の除去又は原状の回復を命ずることができる。

一　第百条の二第一項又は第百条の四第一項の規定に違反して探査を行つた者

二　次条第一項の規定により付された条件に違反した者

**第一〇〇条の一一【探査の結果の報告】**経済産業大臣は、鉱物の存在状況を把握し、又は探査の適正な実施を確保するため必要があると認めるときは、経済産業省令で定めるところにより、第百条の二第一項の許可を受けた者に対し、その探査の結果を報告すべきことを命ずることができる。

**第一四四条【報告及び検査】**①　（略）

② 経済産業大臣は、この法律の施行に必要な限度において、探査を行う者に対し、その行為に関して報告若しくは資料の提出を命じ、又はその職員にその事業所、事務所若しくは自動車若しくは船舶（以下この項において「自動車等」という。）に立ち入り、その行為の状況、自動車等若しくは帳簿、書類その他の物件を検査させ、若しくは関係者に質問させることができる。

③④　（略）

**第一四七条【罰則】**① 次の各号のいずれかに該当する者は、五年以下の懲役若しくは三百万円以下の罰金に処し、又はこれを併科する。

一　第七条の規定に違反した者

二・三　（略）

②　（略）

**第一四八条【同前】**次の各号のいずれかに該当する者は、五年以下の懲役若しくは二百万円以下の罰金に処し、又はこれを併科する。

一　第百条の二第一項又は第百条の四第一項の規定に違反して探査を行つた者

二　偽りその他不正の行為により第百条の二第一項又は第百条の四第一項の許可を受けた者

三　第百条の六の規定による命令に違反した者

**第一五〇条【同前】**次の各号のいずれかに該当する者は、三十万円以下の罰金に処する。

一―八　（略）

九　第百四十四条第二項の規定による報告若しくは資料の提出をせず、若しくは虚偽の報告若しくは資料の提出をし、同項の規定による検査を拒み、妨げ、若しくは忌避し、又は同項の規定による質問に対して答弁をせず、若しくは虚偽の答弁をした者

## 鉱業法施行規則（昭和二六通産二）（抜粋）

**第四四条の二【法第百条の二第一項の経済産業省令で定める方法等】**① 法第百条の二第一項に規定する地震探鉱法については、人工的に振動を起こすことで地震波を発生させ、その反射波を検知する方法をいう。

② 法第百条の二第一項の経済産業省令で定める方法は、次に掲げる方法のうち一定の区域を継続して使用するものであつて、排他的経済水域及び大陸棚に関する法律（平成八年法律第七十四号）第一条第二項の規定による排他的経済水域若しくは同法第二条の規定による大陸棚に係る海域又は領海及び接続水域に関する法律（昭和五十二年法律第三十号）第一条第一項の規定による領海若しくは内水（内水面を除く。）において行うものとする。

一　電磁法（電磁波を海底面近くで発生させ、生じた電磁場の変化を検知する方法をいう。）

二　集中的サンプリング探査法（底質を収集する機器を用いて、底質を集中的に収集する方法をいう。）

# 10　海洋構築物安全水域設定法

（海洋構築物等に係る安全水域の設定等に関する法律）

公　布　平成一九年四月二七日（法三四）
施　行　平成一九年七月二〇日

**第一条【趣旨】**この法律は、海洋構築物等の安全及び当該海洋構築物等の周辺の海域における船舶の航行の安全を確保するため、海洋法に関する国際連合条約に定めるところにより、海洋構築物等に係る安全水域の設定等について必要な措置を定めるものとする。

**第二条【定義】**① この法律において「海洋構築物等」とは、排他的経済水域及び大陸棚に関する法律（平成八年法律第七十四号）第一条第一項の排他的経済水域又は同法第二条の大陸棚（以下「大陸棚」という。）における同法第三条第一項第一号から第三号までに規定する行為（以下「特定行為」という。）に係る工作物（その新設又は除去に関する工事の途中のものを含む。）及び大陸棚の掘削に従事する船舶（掘削をするために進行を停止しているものに限る。）をいう。

② この法律において「安全水域」とは、海洋法に関する国際連合条約第六十条4（同条約第八十条において準用する場合を含む。）に規定する安全水域であつて、海洋構築物等の周辺に次条第一項の規定により設定されるものをいう。

③ この法律において「特定行政機関の長」とは、海洋構築物等に係る特定行為を行う事業者の事業を所管する行政機関の長をいう。

**第三条【安全水域の設定等】**① 国土交通大臣は、海洋構築物等の安全及び当該海洋構築物等の周辺の海域における船舶の航行の安全を確保するため、海洋法に関する国際連合条約に定めるところにより、安全水域を設定することができる。

②前項に規定する安全水域の設定は、特定行政機関の長の要請に基づき行うものとする。
③（略）
④安全水域は、海洋構築物等の性質及び機能に応じ合理的に必要とされるものでなければならない。
⑤安全水域の幅は、海洋構築物等の外縁のいずれの点から測定した距離についても五百メートルを超えるものであってはならない。
⑥安全水域は、国際航行に不可欠と認められた航行帯の使用の妨げとなるような海域に設定してはならない。

**第四条【同前】**①国土交通大臣は、安全水域を設定したときは、遅滞なく、当該安全水域の位置及びその範囲を告示しなければならない。これを廃止したときも、同様とする。
②国土交通大臣は、安全水域を設定したときは、当該安全水域に係る前条第二項に規定する要請を行った特定行政機関の長に対し、当該安全水域の付近を航行する船舶に当該安全水域の位置及びその範囲を周知させるために必要な措置を講ずべきことを要請することができる。

**第五条（安全水域への入域の禁止等）**①何人も、国土交通省令で定めるところにより、国土交通大臣の許可を受けなければ、安全水域に入域してはならない。ただし、次の各号のいずれかに該当する場合は、この限りでない。
一　船舶の運転の自由を失った場合
二　人命又は急迫した危険のある船舶の救助に従事する場合
三　国又は都道府県の機関が海上の安全及び治安の確保のための業務を実施する場合
四　当該安全水域に係る海洋構築物等の業務に従事する場合
②―⑥（略）

**第六条（国際約束の誠実な履行）**この法律の施行に当たっては、我が国が締結した条約その他の国際約束の誠実な履行を妨げることがないよう留意しなければならない。

**第七条（罰則）**①次の各号のいずれかに該当する者は、一年以下の懲役又は五十万円以下の罰金に処する。
一　第五条第一項の規定に違反した者
二（略）
②（略）

## 11　海賊対処法

（海賊行為の処罰及び海賊行為への対処に関する法律）

公　布　平成二一年六月二四日（法五五）
施　行　平成二一年七月二四日
最終改正　平成二四法七一

**第一条（目的）**この法律は、海に囲まれ、かつ、主要な資源の大部分を輸入に依存するなど外国貿易の重要度が高い我が国の経済社会及び国民生活にとって、海上輸送の用に供する船舶その他の海上を航行する船舶の航行の安全の確保が極めて重要であること、並びに海洋法に関する国際連合条約においてすべての国が最大限に可能な範囲で公海等における海賊行為の抑止に協力するとされていることにかんがみ、海賊行為の処罰について規定するとともに、我が国が海賊行為に適切かつ効果的に対処するために必要な事項を定め、もって海上における公共の安全と秩序の維持を図ることを目的とする。

**第二条（定義）**この法律において「海賊行為」とは、船舶（軍艦及び各国政府が所有し又は運航する船舶を除く。）に乗り組み又は乗船した者が、私的目的で、公海（海洋法に関する国際連合条約に規定する排他的経済水域を含む。）又は我が国の領海若しくは内水において行う次の各号のいずれかの行為をいう。
一　暴行若しくは脅迫を用い、又はその他の方法により人を抵抗不能の状態に陥れて、航行中の他の船舶を強取し、又はほしいままにその運航を支配する行為
二　暴行若しくは脅迫を用い、又はその他の方法により人を抵抗不能の状態に陥れて、航行中の他の船舶内にある財物を強取し、又は財産上不法の利益を得、若しくは他人にこれを得させる行為
三　第三者に対して財物の交付その他義務のない行為をすること又は権利を行わないことを要求するための人質にする目的で、航行中の他の船舶内にある者を略取する行為
四　強取され若しくはほしいままにその運航が支配された航行中の他の船舶内にある者又は航行中の他の船舶内において略取された者を人質にして、第三者に対し、財物の交付その他義務のない行為をすること又は権利を行わないことを要求する行為
五　前各号のいずれかに係る海賊行為をする目的で、航行中の他の船舶に侵入し、又はこれを損壊する行為
六　第一号から第四号までのいずれかに係る海賊行為をする目的で、船舶を航行させて、航行中の他の船舶に著しく接近し、若しくはつきまとい、又はその進行を妨げる行為
七　第一号から第四号までのいずれかに係る海賊行為をする目的で、凶器を準備して船舶を航行させる行為

**第三条（海賊行為に関する罪）**①前条第一号から第四号までのいずれかに係る海賊行為をした者は、無期又は五年以上の懲役に処する。
②前項の罪（前条第四号に係る海賊行為に係るものを除く。）の未遂は、罰する。
③前条第五号又は第六号に係る海賊行為をした者は、五年以下の懲役に処する。
④前条第七号に係る海賊行為をした者は、三年以下の懲役に処する。ただし、第一項又は前項の罪の実行に着手する前に自首した者は、その刑を減軽し、又は免除する。

**第四条【同前】**①前条第一項又は第二項の罪を犯した者が、人を負傷させたときは無期又は六年以上の懲役に処し、死亡させたときは死刑又は無期懲役に処する。
②前項の罪の未遂は、罰する。

**第五条（海上保安庁による海賊行為への対処）**①海賊行為への対処は、この法律、海上保安庁法（昭和二十三年法律第二十八号）その他の法令の定めるところにより、海上保安庁がこれに必要な措置を実施するものとする。
②前項の規定は、海上保安庁法第五条第十九号に規定する警察行政庁が関係法令の規定により海賊行為への対処に必要な措置を実施する権限を妨げるものと解してはならない。

**第六条【同前】**海上保安官又は海上保安官補は、海上保安庁法第二十条第一項において準用する警察官職務執行法（昭和二十三年法律第百三十六号）第七条の規定により武器を使用する場合のほか、現に行われている第三条第三項の罪に当たる海賊行為（第二条第六号に係るものに限る。）の制止に当たり、当該海賊

行為を行っている者が、他の制止の措置に従わず、なお船舶を航行させて当該海賊行為を継続しようとする場合において、当該船舶の進行を停止させるために他に手段がないと信ずるに足りる相当な理由のあるときには、その事態に応じ合理的に必要と判断される限度において、武器を使用することができる。

**第七条（海賊対処行動）**① 防衛大臣は、海賊行為に対処するため特別の必要がある場合には、内閣総理大臣の承認を得て、自衛隊の部隊に海上において海賊行為に対処するため必要な行動をとることを命ずることができる。この場合においては、自衛隊法（昭和二十九年法律第百六十五号）第八十二条の規定は、適用しない。

② 防衛大臣は、前項の承認を受けようとするときは、関係行政機関の長と協議して、次に掲げる事項について定めた対処要項を作成し、内閣総理大臣に提出しなければならない。ただし、現に行われている海賊行為に対処するために急を要するときは、必要となる行動の概要を内閣総理大臣に通知すれば足りる。

一 前項の行動（以下「海賊対処行動」という。）の必要性
二 海賊対処行動を行う海上の区域
三 海賊対処行動を命ずる自衛隊の部隊の規模及び構成並びに装備並びに期間
四 その他海賊対処行動に関する重要事項

③ 内閣総理大臣は、次の各号に掲げる場合には、当該各号に定める事項を、遅滞なく、国会に報告しなければならない。

一 第一項の承認をしたとき　その旨及び前項各号に掲げる事項
二 海賊対処行動が終了したとき　その結果

**第八条（海賊対処行動時の自衛隊の権限）**① 海上保安庁法第十六条、第十七条第一項及び第十八条の規定は、海賊対処行動を命ぜられた海上自衛隊の三等海曹以上の自衛官の職務の執行について準用する。

② 警察官職務執行法第七条の規定及び第六条の規定は、海賊対処行動を命ぜられた自衛隊の自衛官の職務の執行について準用する。この場合において、同条中「海上保安庁法第二十条第一項」とあるのは、「第八条第二項」と読み替えるものとする。

③ 自衛隊法第八十九条第二項の規定は、前項において準用する警察官職務執行法第七条及び同項において準用する第六条の規定により自衛官が武器を使用する場合について準用する。

**第九条（我が国の法令の適用）** 第五条から前条までに定めるところによる海賊行為への対処に関する日本国外における我が国の公務員の職務の執行及びこれを妨げる行為については、我が国の法令（罰則を含む。）を適用する。

**第一〇条（関係行政機関の協力）** 関係行政機関の長は、第一条の目的を達成するため、海賊行為への対処に関し、海上保安庁長官及び防衛大臣に協力するものとする。

**第一一条（国等の責務）**① 国は、海賊行為による被害の防止を図るために必要となる情報の収集、整理、分析及び提供に努めなければならない。

② 海上運送法（昭和二十四年法律第百八十七号）第二十三条の三第二項に規定する船舶運航事業者その他船舶の運航に関係する者は、海賊行為による被害の防止に自ら努めるとともに、海賊行為に係る情報を国に適切に提供するよう努めなければならない。

**第一二条（国際約束の誠実な履行等）** この法律の施行に当たっては、我が国が締結した条約その他の国際約束の誠実な履行を妨げることがないよう留意するとともに、確立された国際法規を遵守しなければならない。

**第一三条（政令への委任）** この法律に定めがあるもののほか、この法律の実施のための手続その他この法律の施行に関し必要な事項は、政令で定める。

## 12 警察官職務執行法（抜粋）

公　布　昭和二三年七月一二日（法一三六）
施　行　昭和二三年七月一二日
最終改正　平成一八法九四

**第七条（武器の使用）** 警察官は、犯人の逮捕若しくは逃走の防止、自己若しくは他人に対する防護又は公務執行に対する抵抗の抑止のため必要であると認める相当な理由のある場合においては、その事態に応じ合理的に必要と判断される限度において、武器を使用することができる。但し、刑法（明治四十年法律第四十五号）第三十六条（正当防衛）若しくは同法第三十七条（緊急避難）に該当する場合又は左の各号の一に該当する場合を除いては、人に危害を与えてはならない。

一 死刑又は無期若しくは長期三年以上の懲役若しくは禁こにあたる兇悪な罪を現に犯し、若しくは既に犯したと疑うに足りる充分な理由のある者がその者に対する警察官の職務の執行に対して抵抗し、若しくは逃亡しようとするとき又は第三者がその者を逃がそうとして警察官に抵抗するとき、これを防ぎ、又は逮捕するために他に手段がないと警察官において信ずるに足りる相当な理由のある場合。

二 逮捕状により逮捕する際又は勾引状若しくは勾留状を執行する際その本人がその者に対する警察官の職務の執行に対して抵抗し、若しくは逃亡しようとするとき又は第三者がその者を逃がそうとして警察官に抵抗するとき、これを防ぎ、又は逮捕するために他に手段がないと警察官において信ずるに足りる相当な理由のある場合。

## 13 海賊多発海域における日本船舶の警備に関する特別措置法（抜粋）

公　布　平成二五年一一月二〇日（法七五）
施　行　平成二五年一一月三〇日
最終改正　平成二九法五二

**第一条（趣旨）** この法律は、海賊多発海域において、原油その他の国民生活に不可欠な物資であって輸入に依存するものの輸送の用に供する日本船舶の航行に危険が生じていることに鑑み、その航行の安全を確保するため、国土交通大臣の認定を受けた計画に係る日本船舶において、特定警備を実施することができる等の特別の措置について定めるものとする。

**第二条（定義）** この法律において、次の各号に掲げる用語の意義は、それぞれ当該各号に定めるところによる。

一（略）

二　海賊多発海域　海賊行為が多発している海域のうち、海賊行為による日本船舶の被害の防止を図ることが特に必要なものとして政令で定める海域をいう。

三（略）

四　特定日本船舶　原油その他の国民生活に不可欠であり、かつ、輸入に依存する物資として政令で定めるものの輸送の用に供する日本船舶であって、当該船舶の速力、船舷の高さその他の当該船舶に関する事項が海賊行為の対象となるおそれが大きいものとして国土交通省令で定める要件に適合し、かつ、当該船舶において乗組員及び乗船している者が避難するための設備の設置その他の国土交通省令で定める海賊行為による被害を低減するために必要な措置を講じているものをいう。

五　特定警備　海賊多発海域において、海賊行為による被害を防止するために特定日本船舶において小銃を用いて実施される警備をいう。

**第三条【特定警備実施要領の策定】** ①　国土交通大臣は、特定警備がその目的の達成に必要な範囲内において適正に実施されることを確保するために遵守すべき事項を定めた特定警備実施要領を策定するものとする。

②―⑤（略）

**第四条（特定警備計画の認定）** ①　特定日本船舶の所有者は、国土交通省令で定めるところにより、当該特定日本船舶における特定警備に関する計画（以下「特定警備計画」という。）を船舶ごとに作成し、これを国土交通大臣に提出して、当該特定警備計画が適当である旨の認定を受けることができる。

②③（略）

**第一一条（特定警備の適正な実施）** ①　認定船舶所有者は、特定警備実施要領及び認定計画に従って、特定警備事業者に特定警備を実施させなければならない。

②③（略）

**第一四条（小銃等の所持）** ①　確認特定警備従事者は、認定計画に係る特定警備に従事するため特定日本船舶に乗船している場合には、当該特定日本船舶が海賊多発海域（通過海域（海賊多発海域が外国の領海により二以上の海域に隔てられている場合において、当該領海のうち当該特定日本船舶が当該海域相互間を航行するために通過する必要があるものとして政令で定めるものをいう。）を含む。）にあるときに限り、小銃等を所持することができる。

②（略）

**第一五条（小銃等の所持の態様についての制限）** ①　確認特定警備従事者は、小銃等の積卸しを行う場合並びに第三項、第四項及び第六項の規定による場合を除いては、小銃等を携帯してはならない。

②　確認特定警備従事者は、次項、第四項及び第六項の規定による場合を除いては、小銃を発射してはならない。

③　確認特定警備従事者は、海賊多発海域において、当該特定日本船舶において次項又は第六項の規定による小銃の発射を安全かつ適確に行うために必要な最小限度の範囲に限り、周囲に他の船舶がないことを確認した上で、海面に向けて小銃を試験的に発射することができる。

④　確認特定警備従事者は、海賊多発海域において、海賊行為（海賊処罰対処法第二条第一号から第四号までのいずれかに係るものに限る。）をする目的で、船舶を航行させて、航行中の当該特定日本船舶に著しく接近し、若しくはつきまとい、又はその進行を妨げる行為であって、現に行われているものの制止に当たり、当該行為を行っている者が、他の制止の措置に従わず、なお船舶を航行させて当該行為を継続しようとする場合において、当該船舶の進行を停止させるために他に手段がないと信ずるに足りる相当な理由のあるときには、その事態に応じ警告を行うため合理的に必要と判断される限度において、当該者が乗り組み又は乗船している船舶に向けて小銃を所持していることを顕示し、小銃を構え、又は当該船舶の上空若しくは海面に向けて小銃を発射することができる。

⑤　確認特定警備従事者は、前二項の規定により小銃を発射する場合においては、あらかじめ周囲の確認その他の必要な措置を講ずることにより、人の生命、身体又は財産に危害を及ぼさないよう注意しなければならない。

⑥　第四項に規定するもののほか、確認特定警備従事者は、同項に規定する場合において、自己又は自己と共に乗船し、若しくは当該特定日本船舶に乗り組んでいる者の生命又は身体を防護するためやむを得ない必要があると認める相当な理由のあるときには、その事態に応じ合理的に必要と判断される限度において、小銃を使用することができる。

⑦　確認特定警備従事者は、前項の規定により小銃を発射する場合においては、刑法（明治四十年法律第四十五号）第三十六条又は第三十七条に該当する場合のほか、人に危害を与えてはならない。

⑧（略）

**第二〇条（他の法律の適用除外）** ①　特定日本船舶において実施される認定計画に係る特定警備については、警備業法（昭和四十七年法律第百十七号）の規定は、適用しない。

②　認定計画に係る特定警備の用に供する小銃については、銃砲刀剣類所持等取締法第二十八条の規定は、適用しない。

## 14　宇宙基本法（抄）

公布　平成二〇年五月二八日（法四三）
施行　平成二〇年八月二七日
最終改正　平成二七法六六

### 第一章　総則（抄）

**第一条（目的）** この法律は、科学技術の進展その他の内外の諸情勢の変化に伴い、宇宙の開発及び利用（以下「宇宙開発利用」という。）の重要性が増大していることにかんがみ、日本国憲法の平和主義の理念を踏まえ、環境との調和に配慮しつつ、我が国において宇宙開発利用の果たす役割を拡大するため、宇宙開発利用に関し、基本理念及びその実現を図るために基本となる事項を定め、国の責務等を明らかにし、並びに宇宙基本計画の作成について定めるとともに、宇宙開発戦略本部を設置すること等により、宇宙開発利用に関する施策を総合的かつ計画的に推進し、もって国民生活の向上及び経済社会の発展に寄与するとともに、世界の平和及び人類の福祉の向上に貢献することを目的とする。

**第二条（宇宙の平和的利用）** 宇宙開発利用は、月その他の天体を含む宇宙空間の探査及び利用における国家活動を律する原則に関する条約等の宇宙開発利用に関する条約その他の国際約束の定めるところに従い、日本国憲法の平和主義の理念にのっとり、行われるものとする。

**第三条（国民生活の向上等）** 宇宙開発利用は、国民生活の向上、安全で安心して暮らせる社会の形成、災害、貧困その他の人間の生存及び生活に対する様々な脅威の除去、国際社会の平和及び安全の確保並びに我が国の安全保障に資するよう行われなければならない。

**第四条（産業の振興）** 宇宙開発利用は、宇宙開発利用の積極的かつ計画的な推進、宇宙開発利用に関する研究開発の成果の円滑な企業化等により、我が国の宇宙産業その他の産業の技術力及び国際競争力の強化をもたらし、もって我が国産業の振興に資するよう行われなければならない。

**第五条（人類社会の発展）** 宇宙開発利用は、宇宙に係る知識の集積が人類にとっての知的資産であることにかんがみ、先端的な宇宙開発利用の推進及び宇宙科学の振興等により、人類の宇宙への夢の実現及び人類社会の発展に資するよう行われなければならない。

**第六条（国際協力等）** 宇宙開発利用は、宇宙開発利用に関する国際協力、宇宙開発利用に関する外交等を積極的に推進することにより、我が国の国際社会における役割を積極的に果たすとともに、国際社会における我が国の利益の増進に資するよう行われなければならない。

**第七条（環境への配慮）** 宇宙開発利用は、宇宙開発利用が環境に及ぼす影響に配慮して行われなければならない。

**第八条（国の責務）** 国は、第二条から前条までに定める宇宙開発利用に関する基本理念（以下「基本理念」という。）にのっとり、宇宙開発利用に関する総合的な施策を策定し、及び実施する責務を有する。

**第九条（地方公共団体の努力義務）**（略）

**第一〇条（連携の強化）**（略）

**第一一条（法制上の措置等）**（略）

**第一二条（行政組織の整備等）**（略）

## 第二章　基本的施策（抄）

**第一三条（国民生活の向上等に資する人工衛星の利用）** 国は、国民生活の向上、安全で安心して暮らせる社会の形成並びに災害、貧困その他の人間の生存及び生活に対する様々な脅威の除去に資するため、人工衛星を利用した安定的な情報通信ネットワーク、観測に関する情報システム、測位に関する情報システム等の整備の推進その他の必要な施策を講ずるものとする。

**第一四条（国際社会の平和及び安全の確保並びに我が国の安全保障）** 国は、国際社会の平和及び安全の確保並びに我が国の安全保障に資する宇宙開発利用を推進するため、必要な施策を講ずるものとする。

**第一五条（人工衛星等の自立的な打上げ等）**（略）

**第一六条（民間事業者による宇宙開発利用の促進）** 国は、宇宙開発利用において民間が果たす役割の重要性にかんがみ、民間における宇宙開発利用に関する事業活動（研究開発を含む。）を促進し、我が国の宇宙産業その他の産業の技術力及び国際競争力の強化を図るため、自ら宇宙開発利用に係る事業を行うに際しては、民間事業者の能力を活用し、物品及び役務の調達を計画的に行うよう配慮するとともに、打上げ射場（ロケットの打上げを行う施設をいう。）、試験研究設備その他の設備及び施設等の整備、宇宙開発利用に関する研究開発の成果の民間事業者への移転の促進、民間における宇宙開発利用に関する研究開発の成果の企業化の促進、宇宙開発利用に関する事業への民間事業者による投資を容易にするための税制上及び金融上の措置その他の必要な施策を講ずるものとする。

**第一七条（信頼性の維持及び向上）**（略）

**第一八条（先端的な宇宙開発利用等の推進）**（略）

**第一九条（国際協力の推進等）**（略）

**第二〇条（環境の保全）**（略）

**第二一条（人材の確保等）**（略）

**第二二条（教育及び学習の振興等）**（略）

**第二三条（宇宙開発利用に関する情報の管理）**（略）

## 第三章　宇宙基本計画（第二四条）（略）

## 第四章　宇宙開発戦略本部（第二五条から第三四条まで）（略）

## 第五章　宇宙活動に関する法制の整備

**第三五条①** 政府は、宇宙活動に係る規制その他の宇宙開発利用に関する条約その他の国際約束を実施するために必要な事項等に関する法制の整備を総合的、計画的かつ速やかに実施しなければならない。

② 前項の法制の整備は、国際社会における我が国の利益の増進及び民間における宇宙開発利用の推進に資するよう行われるものとする。

# 15　国籍法

公　布　昭和二五年五月四日（法一四七）
施　行　昭和二五年七月一日
最終改正　平成三〇法五九（成年年齢関係：令和四・四・一施行。織込み済み）

**第一条（この法律の目的）** 日本国民たる要件は、この法律の定めるところによる。

**第二条（出生による国籍の取得）** 子は、次の場合には、日本国民とする。

一　出生の時に父又は母が日本国民であるとき。
二　出生前に死亡した父が死亡の時に日本国民であつたとき。
三　日本で生まれた場合において、父母がともに知れないとき、又は国籍を有しないとき。

**第三条（認知された子の国籍の取得）①** 父又は母が認知した子で十八歳未満のもの（日本国民であつた者を除く。）は、認知をした父又は母が子の出生の時に日本国民であつた場合において、その父又は母が現に日本国民であるとき、又はその死亡の時に日本国民であつたときは、法務大臣に届け出ることによつて、日本の国籍を取得することができる。

② 前項の規定による届出をした者は、その届出の時に日本の国籍を取得する。

**第四条【帰化】**① 日本国民でない者(以下「外国人」という。)は、帰化によつて、日本の国籍を取得することができる。

② 帰化をするには、法務大臣の許可を得なければならない。

**第五条【同前】**① 法務大臣は、次の条件を備える外国人でなければ、その帰化を許可することができない。

一 引き続き五年以上日本に住所を有すること。

二 十八歳以上で本国法によつて行為能力を有すること。

三 素行が善良であること。

四 自己又は生計を一にする配偶者その他の親族の資産又は技能によつて生計を営むことができること。

五 国籍を有せず、又は日本の国籍の取得によつてその国籍を失うべきこと。

六 日本国憲法施行の日以後において、日本国憲法又はその下に成立した政府を暴力で破壊することを企て、若しくは主張し、又はこれを企て、若しくは主張する政党その他の団体を結成し、若しくはこれに加入したことがないこと。

② 法務大臣は、外国人がその意思にかかわらずその国籍を失うことができない場合において、日本国民との親族関係又は境遇につき特別の事情があると認めるときは、その者が前項第五号に掲げる条件を備えないときでも、帰化を許可することができる。

**第六条【同前】** 次の各号の一に該当する外国人で現に日本に住所を有するものについては、法務大臣は、その者が前条第一項第一号に掲げる条件を備えないときでも、帰化を許可することができる。

一 日本国民であつた者の子(養子を除く。)で引き続き三年以上日本に住所又は居所を有するもの

二 日本で生まれた者で引き続き三年以上日本に住所若しくは居所を有し、又はその父若しくは母(養父母を除く。)が日本で生まれたもの

三 引き続き十年以上日本に居所を有する者

**第七条【同前】** 日本国民の配偶者たる外国人で引き続き三年以上日本に住所又は居所を有し、かつ、現に日本に住所を有するものについては、法務大臣は、その者が第五条第一項第一号及び第二号の条件を備えないときでも、帰化を許可することができる。日本国民の配偶者たる外国人で婚姻の日から三年を経過し、かつ、引き続き一年以上日本に住所を有するものについても、同様とする。

**第八条【同前】** 次の各号の一に該当する外国人については、法務大臣は、その者が第五条第一項第一号、第二号及び第四号の条件を備えないときでも、帰化を許可することができる。

一 日本国民の子(養子を除く。)で日本に住所を有するもの

二 日本国民の養子で引き続き一年以上日本に住所を有し、かつ、縁組の時本国法により未成年であつたもの

三 日本の国籍を失つた者(日本に帰化した後日本の国籍を失つた者を除く。)で日本に住所を有するもの

四 日本で生まれ、かつ、出生の時から国籍を有しない者でその時から引き続き三年以上日本に住所を有するもの

**第九条【同前】** 日本に特別の功労のある外国人については、法務大臣は、第五条第一項の規定にかかわらず、国会の承認を得て、その帰化を許可することができる。

**第一〇条【同前】**① 法務大臣は、帰化を許可したときは、官報にその旨を告示しなければならない。

② 帰化は、前項の告示の日から効力を生ずる。

**第一一条(国籍の喪失)**① 日本国民は、自己の志望によつて外国の国籍を取得したときは、日本の国籍を失う。

② 外国の国籍を有する日本国民は、その外国の法令によりその国の国籍を選択したときは、日本の国籍を失う。

**第一二条【同前】** 出生により外国の国籍を取得した日本国民で国外で生まれたものは、戸籍法(昭和二十二年法律第二百二十四号)の定めるところにより日本の国籍を留保する意思を表示しなければ、その出生の時にさかのぼつて日本の国籍を失う。

**第一三条【同前】**① 外国の国籍を有する日本国民は、法務大臣に届け出ることによつて、日本の国籍を離脱することができる。

② 前項の規定による届出をした者は、その届出の時に日本の国籍を失う。

**第一四条(国籍の選択)**① 外国の国籍を有する日本国民は、外国及び日本の国籍を有することとなつた時が十八歳に達する以前であるときは二十歳に達するまでに、その時が十八歳に達した後であるときはその時から二年以内に、いずれかの国籍を選択しなければならない。

② 日本の国籍の選択は、外国の国籍を離脱することによるほかは、戸籍法の定めるところにより、日本の国籍を選択し、かつ、外国の国籍を放棄する旨の宣言(以下「選択の宣言」という。)をすることによつてする。

**第一五条【同前】**① 法務大臣は、外国の国籍を有する日本国民で前条第一項に定める期限内に日本の国籍の選択をしないものに対して、書面により、国籍の選択をすべきことを催告することができる。

② 前項に規定する催告は、これを受けるべき者の所在を知ることができないときその他書面によつてすることができないやむを得ない事情があるときは、催告すべき事項を官報に掲載してすることができる。この場合における催告は、官報に掲載された日の翌日に到達したものとみなす。

③ 前二項の規定による催告を受けた者は、催告を受けた日から一月以内に日本の国籍の選択をしなければ、その期間が経過した時に日本の国籍を失う。ただし、その者が天災その他その責めに帰することができない事由によつてその期間内に日本の国籍の選択をすることができない場合において、その選択をすることができるに至つた時から二週間以内にこれをしたときは、この限りでない。

**第一六条【同前】**① 選択の宣言をした日本国民は、外国の国籍の離脱に努めなければならない。

② 法務大臣は、選択の宣言をした日本国民で外国の国籍を失つていないものが自己の志望によりその外国の公務員の職(その国の国籍を有しない者であつても就任することができる職を除く。)に就任した場合において、その就任が日本の国籍を選択した趣旨に著しく反すると認めるときは、その者に対し日本の国籍の喪失の宣告をすることができる。

③ 前項の宣告に係る聴聞の期日における審理は、公開により行わなければならない。

④ 第二項の宣告は、官報に告示してしなければならない。

⑤ 第二項の宣告を受けた者は、前項の告示の日に日本の国籍を

失う。

**第一七条（国籍の再取得）**① 第十二条の規定により日本の国籍を失つた者で十八歳未満のものは、日本に住所を有するときは、法務大臣に届け出ることによつて、日本の国籍を取得することができる。

② 第十五条第二項の規定による催告を受けて同条第三項の規定により日本の国籍を失つた者は、第五条第一項第五号に掲げる条件を備えるときは、日本の国籍を失つたことを知つた時から一年以内に法務大臣に届け出ることによつて、日本の国籍を取得することができる。ただし、天災その他その者の責めに帰することができない事由によつてその期間内に届け出ることができないときは、その期間は、これをすることができるに至つた時から一月とする。

③ 前二項の規定による届出をした者は、その届出の時に日本の国籍を取得する。

**第一八条（法定代理人がする届出等）** 第三条第一項若しくは前条第一項の規定による国籍取得の届出、帰化の許可の申請、選択の宣言又は国籍離脱の届出は、国籍の取得、選択又は離脱をしようとする者が十五歳未満であるときは、法定代理人が代わつてする。

**第一八条の二（行政手続法の適用除外）** 第十五条第一項の規定による催告については、行政手続法（平成五年法律第八十八号）第三十六条の三の規定は、適用しない。

**第一九条（省令への委任）** この法律に定めるもののほか、国籍の取得及び離脱に関する手続その他この法律の施行に関し必要な事項は、法務省令で定める。

**第二〇条（罰則）**① 第三条第一項の規定による届出をする場合において、虚偽の届出をした者は、一年以下の懲役又は二十万円以下の罰金に処する。

② 前項の罪は、刑法（明治四十年法律第四十五号）第二条の例に従う。

## 16　出入国管理及び難民認定法（抜粋）

公　布　昭和二六年一〇月四日（政三一九）
施　行　昭和二六年一一月一日
最終改正　令和一法六三

**第一条（目的）** 出入国管理及び難民認定法は、本邦に入国し、又は本邦から出国する全ての人の出入国及び本邦に在留する全ての外国人の在留の公正な管理を図るとともに、難民の認定手続を整備することを目的とする。

**第二条（定義）** 出入国管理及び難民認定法及びこれに基づく命令において、次の各号に掲げる用語の意義は、それぞれ当該各号に定めるところによる。

一　削除
二　外国人　日本の国籍を有しない者をいう。
三　（略）
三の二　難民　難民の地位に関する条約（以下「難民条約」という。）第一条の規定又は難民の地位に関する議定書第一条の規定により難民条約の適用を受ける難民をいう。
四―十六　（略）

**第二条の二（在留資格及び在留期間）**① 本邦に在留する外国人は、出入国管理及び難民認定法及び他の法律に特別の規定がある場合を除き、それぞれ、当該外国人に対する上陸許可若しくは当該外国人の取得に係る在留資格（高度専門職の在留資格にあつては別表第一の二の表の高度専門職の項の下欄に掲げる第一号イからハまで又は第二号の区分を含み、特定技能の在留資格にあつては同表の特定技能の項の下欄に掲げる第一号又は第二号の区分を含み、技能実習の在留資格にあつては同表の技能実習の項の下欄に掲げる第一号イ若しくはロ、第二号イ若しくはロ又は第三号イ若しくはロの区分を含む。以下同じ。）又はそれらの変更に係る在留資格をもつて在留するものとする。

② 在留資格は、別表第一の上欄（高度専門職の在留資格にあつては二の表の高度専門職の項の下欄に掲げる第一号イからハまで又は第二号の区分を含み、特定技能の在留資格にあつては同表の特定技能の項の下欄に掲げる第一号又は第二号の区分を含み、技能実習の在留資格にあつては同表の技能実習の項の下欄に掲げる第一号イ若しくはロ、第二号イ若しくはロ又は第三号イ若しくはロの区分を含む。以下同じ。）又は別表第二の上欄に掲げるとおりとし、別表第一の上欄の在留資格をもつて在留する者は当該在留資格に応じそれぞれ本邦において同表の下欄に掲げる活動を行うことができ、別表第二の上欄の在留資格をもつて在留する者は当該在留資格に応じそれぞれ本邦において同表の下欄に掲げる身分若しくは地位を有する者としての活動を行うことができる。

③ 第一項の外国人が在留することのできる期間（以下「在留期間」という。）は、各在留資格について、法務省令で定める。この場合において、外交、公用、高度専門職及び永住者の在留資格（高度専門職の在留資格にあつては、別表第一の二の表の高度専門職の項の下欄第二号に係るものに限る。）以外の在留資格に伴う在留期間は、五年を超えることができない。

**第二条の三（特定技能の在留資格に係る制度の運用に関する基本方針）**① 政府は、特定技能の在留資格に係る制度の適正な運用を図るため、特定技能の在留資格に係る制度の運用に関する基本方針（以下「基本方針」という。）を定めなければならない。

② 基本方針は、次に掲げる事項について定めるものとする。

一　特定技能の在留資格に係る制度の意義に関する事項
二　人材を確保することが困難な状況にあるため外国人により不足する人材の確保を図るべき産業上の分野に関する基本的な事項
三　前号の産業上の分野において求められる人材に関する基本的な事項
四　特定技能の在留資格に係る制度の運用に関する関係行政機関の事務の調整に関する基本的な事項
五　前各号に掲げるもののほか、特定技能の在留資格に係る制度の運用に関する重要事項

③―⑤　（略）

**第二条の四（特定技能の在留資格に係る制度の運用に関する分野別の方針）**① 法務大臣は、基本方針にのつとり、人材を確保することが困難な状況にあるため外国人により不足する人材の確保を図るべき産業上の分野を所管する関係行政機関の長並

びに国家公安委員会、外務大臣及び厚生労働大臣（以下この条において「分野所管行政機関の長等」という。）と共同して、当該産業上の分野における特定技能の在留資格に係る制度の適正な運用を図るため、当該産業上の分野における特定技能の在留資格に係る制度の運用に関する方針（以下「分野別運用方針」という。）を定めなければならない。

② 分野別運用方針は、次に掲げる事項について定めるものとする。

一 当該分野別運用方針において定める人材を確保することが困難な状況にあるため外国人により不足する人材の確保を図るべき産業上の分野

二 前号の産業上の分野における人材の不足の状況（当該産業上の分野において人材が不足している地域の状況を含む。）に関する事項

三 第一号の産業上の分野において求められる人材の基準に関する事項

四 第一号の産業上の分野における第七条の二第三項及び第四項（これらの規定を同条第五項において準用する場合を含む。）の規定による同条第一項に規定する在留資格認定証明書の交付の停止の措置又は交付の再開の措置に関する事項

五 前各号に掲げるもののほか、第一号の産業上の分野における特定技能の在留資格に係る制度の運用に関する重要事項

③―⑤ （略）

**第二条の五（特定技能雇用契約等）** ① 別表第一の二の表の特定技能の項の下欄第一号又は第二号に掲げる活動を行おうとする外国人が本邦の公私の機関と締結する雇用に関する契約（以下この条及び第四章第一節第二款において「特定技能雇用契約」という。）は、次に掲げる事項が適切に定められているものとして法務省令で定める基準に適合するものでなければならない。

一 特定技能雇用契約に基づいて当該外国人が行う当該活動の内容及びこれに対する報酬その他の雇用関係に関する事項

二 前号に掲げるもののほか、特定技能雇用契約の期間が満了した外国人の出国を確保するための措置その他当該外国人の適正な在留に資するために必要な事項

② 前項の法務省令で定める基準には、外国人であることを理由として、報酬の決定、教育訓練の実施、福利厚生施設の利用その他の待遇について、差別的取扱いをしてはならないことを含むものとする。

③ 特定技能雇用契約の相手方となる本邦の公私の機関は、次に掲げる事項が確保されるものとして法務省令で定める基準に適合するものでなければならない。

一 前二項の規定に適合する特定技能雇用契約（第十九条の十九第二号において「適合特定技能雇用契約」という。）の適正な履行

二 第六項及び第七項の規定に適合する第六項に規定する一号特定技能外国人支援計画（第五項及び第四章第一節第二款において「適合一号特定技能外国人支援計画」という。）の適正な実施

④ 前項の法務省令で定める基準には、同項の本邦の公私の機関（当該機関が法人である場合においては、その役員を含む。）が、特定技能雇用契約の締結の日前五年以内に出入国又は労働に関する法令に関し不正又は著しく不当な行為をしていないことを含むものとする。

⑤ 特定技能所属機関（第十九条の十八第一項に規定する特定技能所属機関をいう。以下この項において同じ。）が契約により第十九条の二十七第一項に規定する登録支援機関に適合一号特定技能外国人支援計画の全部の実施を委託する場合には、当該特定技能所属機関は、第三項（第二号に係る部分に限る。）の規定に適合するものとみなす。

⑥ 別表第一の二の表の特定技能の項の下欄第一号に掲げる活動を行おうとする外国人と特定技能雇用契約を締結しようとする本邦の公私の機関は、法務省令で定めるところにより、当該機関が当該外国人に対して行う、同号に掲げる活動を行おうとする外国人が当該活動を安定的かつ円滑に行うことができるようにするための職業生活上、日常生活上又は社会生活上の支援（次項及び第四章第一節第二款において「一号特定技能外国人支援」という。）の実施に関する計画（第八項、第七条第一項第二号及び同款において「一号特定技能外国人支援計画」という。）を作成しなければならない。

⑦ 一号特定技能外国人支援には、別表第一の二の表の特定技能の項の下欄第一号に掲げる活動を行おうとする外国人と日本人との交流の促進に係る支援及び当該外国人がその責めに帰すべき事由によらないで特定技能雇用契約を解除される場合において他の本邦の公私の機関との特定技能雇用契約に基づいて同号に掲げる活動を行うことができるようにするための支援を含むものとする。

⑧⑨ （略）

**第五条（上陸の拒否）** ① 次の各号のいずれかに該当する外国人は、本邦に上陸することができない。

一 感染症の予防及び感染症の患者に対する医療に関する法律（平成十年法律第百十四号）に定める一類感染症、二類感染症、新型インフルエンザ等感染症若しくは指定感染症（同法第七条の規定に基づき、政令で定めるところにより、同法第十九条又は第二十条の規定を準用するものに限る。）の患者（同法第八条（同法第七条において準用する場合を含む。）の規定により一類感染症、二類感染症、新型インフルエンザ等感染症又は指定感染症の患者とみなされる者を含む。）又は新感染症の所見がある者

二 精神上の障害により事理を弁識する能力を欠く常況にある者又はその能力が著しく不十分な者で、本邦におけるその活動又は行動を補助する者として法務省令で定めるものが随伴しないもの

三 貧困者、放浪者等で生活上国又は地方公共団体の負担となるおそれのある者

四 日本国又は日本国以外の国の法令に違反して、一年以上の懲役若しくは禁錮又はこれらに相当する刑に処せられたことのある者。ただし、政治犯罪により刑に処せられた者は、この限りでない。

五 麻薬、大麻、あへん、覚醒剤又は向精神薬の取締りに関する日本国又は日本国以外の国の法令に違反して刑に処せられたことのある者

五の二 国際的規模若しくはこれに準ずる規模で開催される競技会若しくは国際的規模で開催される会議（以下「国際競技会等」という。）の経過若しくは結果に関連して、又はその円滑な実施を妨げる目的をもつて、人を殺傷し、人に暴行を加え、人を脅迫し、又は建造物その他の物を損壊したことにより、日本国若しくは日本国以外の国の法令に違反して刑に処

せられ、又は出入国管理及び難民認定法の規定により本邦からの退去を強制され、若しくは日本国以外の国の法令の規定によりその国から退去させられた者であつて、本邦において行われる国際競技会等の経過若しくは結果に関連して、又はその円滑な実施を妨げる目的をもつて、当該国際競技会等の開催場所又はその所在する市町村（特別区を含むものとし、地方自治法（昭和二十二年法律第六十七号）第二百五十二条の十九第一項の指定都市にあつては、区又は総合区）の区域内若しくはその近傍の不特定若しくは多数の者の用に供される場所において、人を殺傷し、人に暴行を加え、人を脅迫し、又は建造物その他の物を損壊するおそれのあるもの

六　麻薬及び向精神薬取締法（昭和二十八年法律第十四号）に定める麻薬若しくは向精神薬、大麻取締法（昭和二十三年法律第百二十四号）に定める大麻、あへん法（昭和二十九年法律第七十一号）に定めるけし、あへん若しくはけしがら、覚醒剤取締法（昭和二十六年法律第二百五十二号）に定める覚醒剤若しくは覚醒剤原料又はあへん煙を吸食する器具を不法に所持する者

七　売春又はその周旋、勧誘、その場所の提供その他売春に直接に関係がある業務に従事したことのある者（人身取引等により他人の支配下に置かれていた者が当該業務に従事した場合を除く。）

七の二　人身取引等を行い、唆し、又はこれを助けた者

八　銃砲刀剣類所持等取締法（昭和三十三年法律第六号）に定める銃砲若しくは刀剣類又は火薬類取締法（昭和二十五年法律第百四十九号）に定める火薬類を不法に所持する者

九　次のイからニまでに掲げる者で、それぞれ当該イからニまでに定める期間を経過していないもの

イ　第六号又は前号の規定に該当して上陸を拒否された者　拒否された日から一年

ロ　第二十四条各号（第四号オからヨまで及び第四号の三を除く。）のいずれかに該当して本邦からの退去を強制された者で、その退去の日前に本邦からの退去を強制されたこと及び第五十五条の三第一項の規定による出国命令により出国したことのないもの　退去した日から五年

ハ　第二十四条各号（第四号オからヨまで及び第四号の三を除く。）のいずれかに該当して本邦からの退去を強制された者（ロに掲げる者を除く。）　退去した日から十年

ニ　第五十五条の三第一項の規定による出国命令により出国した者　出国した日から一年

九の二　別表第一の上欄の在留資格をもつて本邦に在留している間に刑法（明治四十年法律第四十五号）第二編第十二章、第十六章から第十九章まで、第二十三章、第二十六章、第二十七章、第三十一章、第三十三章、第三十六章、第三十七章若しくは第三十九章の罪、暴力行為等処罰に関する法律（大正十五年法律第六十号）第一条、第一条ノ二若しくは第一条ノ三（刑法第二百二十二条又は第二百六十一条に係る部分を除く。）の罪、盗犯等の防止及び処分に関する法律（昭和五年法律第九号）の罪、特殊開錠用具の所持の禁止等に関する法律（平成十五年法律第六十五号）第十五条若しくは第十六条の罪又は自動車の運転により人を死傷させる行為等の処罰に関する法律（平成二十五年法律第八十六号）第二条若しくは第六条第一項の罪により懲役又は禁錮に処する判決の宣告を受けた者で、その後出国して本邦外にある間にその判決が確定し、確定の日から五年を経過していないもの

十　第二十四条第四号オからヨまでのいずれかに該当して本邦からの退去を強制された者

十一　日本国憲法又はその下に成立した政府を暴力で破壊することを企て、若しくは主張し、又はこれを企て若しくは主張する政党その他の団体を結成し、若しくはこれに加入している者

十二　次に掲げる政党その他の団体を結成し、若しくはこれに加入し、又はこれと密接な関係を有する者

イ　公務員であるという理由により、公務員に暴行を加え、又は公務員を殺傷することを勧奨する政党その他の団体

ロ　公共の施設を不法に損傷し、又は破壊することを勧奨する政党その他の団体

ハ　工場事業場における安全保持の施設の正常な維持又は運行を停廃し、又は妨げるような争議行為を勧奨する政党その他の団体

十三　第十一号又は前号に規定する政党その他の団体の目的を達するため、印刷物、映画その他の文書図画を作成し、頒布し、又は展示することを企てる者

十四　前各号に掲げる者を除くほか、法務大臣において日本国の利益又は公安を害する行為を行うおそれがあると認めるに足りる相当の理由がある者

②　法務大臣は、本邦に上陸しようとする外国人が前項各号のいずれにも該当しない場合でも、その者の国籍又は市民権の属する国が同項各号以外の事由により日本人の上陸を拒否するときは、同一の事由により当該外国人の上陸を拒否することができる。

**第五条の二（上陸の拒否の特例）**　法務大臣は、外国人について、前条第一項第四号、第五号、第七号、第九号又は第九号の二に該当する特定の事由がある場合であつても、当該外国人に第二十六条第一項の規定により再入国の許可を与えた場合その他の法務省令で定める場合において、相当と認めるときは、法務省令で定めるところにより、当該事由のみによつては上陸を拒否しないこととすることができる。

**第六条（上陸の申請）**　①　本邦に上陸しようとする外国人（乗員を除く。以下この節において同じ。）は、有効な旅券で日本国領事官等の査証を受けたものを所持しなければならない。ただし、国際約束若しくは日本国政府が外国政府に対して行つた通告により日本国領事官等の査証を必要としないこととされている外国人の旅券、第二十六条第一項の規定により再入国の許可を受けている者（第二十六条の二第一項又は第二十六条の三第一項の規定により再入国の許可を受けたものとみなされる者を含む。以下同じ。）の旅券又は第六十一条の二の十二第一項の規定により難民旅行証明書の交付を受けている者の当該証明書には、日本国領事官等の査証を要しない。

②　前項本文の外国人は、その者が上陸しようとする出入国港において、法務省令で定める手続により、入国審査官に対し上陸の申請をして、上陸のための審査を受けなければならない。

③　前項の申請をしようとする外国人は、入国審査官に対し、申請者の個人の識別のために用いられる法務省令で定める電子計算機の用に供するため、法務省令で定めるところにより、電磁的方式（電子的方式、磁気的方式その他人の知覚によつては認識することができない方式をいう。以下同じ。）によつて個人識別情報（指紋、写真その他の個人を識別することができる情

報として法務省令で定めるものをいう。以下同じ。)を提供しなければならない。ただし、次の各号のいずれかに該当する者については、この限りでない。

一　日本国との平和条約に基づき日本の国籍を離脱した者等の出入国管理に関する特例法(平成三年法律第七十一号)に定める特別永住者(以下「特別永住者」という。)

二　十六歳に満たない者

三　本邦において別表第一の一の表の外交の項又は公用の項の下欄に掲げる活動を行おうとする者

四　国の行政機関の長が招へいする者

五　前二号に掲げる者に準ずる者として法務省令で定めるもの

**第七条（入国審査官の審査）**①　入国審査官は、前条第二項の申請があつたときは、当該外国人が次の各号(第二十六条第一項の規定により再入国の許可を受けている者又は第六十一条の二の十二第一項の規定により交付を受けた難民旅行証明書を所持している者については、第一号及び第四号)に掲げる上陸のための条件に適合しているかどうかを審査しなければならない。

一　その所持する旅券及び、査証を必要とする場合には、これに与えられた査証が有効であること。

二　申請に係る本邦において行おうとする活動が虚偽のものでなく、別表第一の下欄に掲げる活動(二の表の高度専門職の項の下欄第二号に掲げる活動を除き、五の表の下欄に掲げる活動については、法務大臣があらかじめ告示をもつて定める活動に限る。)又は別表第二の下欄に掲げる身分若しくは地位(永住者の項の下欄に掲げる地位を除き、定住者の項の下欄に掲げる地位については、法務大臣があらかじめ告示をもつて定めるものに限る。)を有する者としての活動のいずれかに該当し、かつ、別表第一の二の表及び四の表の下欄に掲げる活動を行おうとする者については我が国の産業及び国民生活に与える影響その他の事情を勘案して法務省令で定める基準に適合すること(別表第一の二の表の特定技能の項の下欄第一号に掲げる活動を行おうとする外国人については、一号特定技能外国人支援計画が第二条の五第六項及び第七項の規定に適合するものであることを含む。)。

三　申請に係る在留期間が第二条の二第三項の規定に基づく法務省令の規定に適合するものであること。

四　当該外国人が第五条第一項各号のいずれにも該当しないこと(第五条の二の規定の適用を受ける外国人にあつては、当該外国人が同条に規定する特定の事由によつて同項第四号、第五号、第七号、第九号又は第九号の二に該当する場合であつて、当該事由以外の事由によつては同項各号のいずれにも該当しないこと。以下同じ。)。

②　前項の審査を受ける外国人は、同項に規定する上陸のための条件に適合していることを自ら立証しなければならない。この場合において、別表第一の二の表の高度専門職の項の下欄第一号イからハまで又は同表の特定技能の項の下欄第一号に掲げる活動を行おうとする外国人は、前項第二号に掲げる条件に適合していることの立証については、次条第一項に規定する在留資格認定証明書をもつてしなければならない。

③④　(略)

**第一八条の二（一時庇護のための上陸の許可）**①　入国審査官は、船舶等に乗つている外国人から申請があつた場合において、次の各号に該当すると思料するときは、一時庇護のための上陸を許可することができる。

一　その者が難民条約第一条A(2)に規定する理由その他これに準ずる理由により、その生命、身体又は身体の自由を害されるおそれのあつた領域から逃れて、本邦に入つた者であること。

二　(略)

②―④　(略)

**第一九条（活動の範囲）**①　別表第一の上欄の在留資格をもつて在留する者は、次項の許可を受けて行う場合を除き、次の各号に掲げる区分に応じ当該各号に掲げる活動を行つてはならない。

一　別表第一の一の表、二の表及び五の表の上欄の在留資格をもつて在留する者　当該在留資格に応じこれらの表の下欄に掲げる活動に属しない収入を伴う事業を運営する活動又は報酬(業として行うものではない講演に対する謝金、日常生活に伴う臨時の報酬その他の法務省令で定めるものを除く。以下同じ。)を受ける活動

二　別表第一の三の表及び四の表の上欄の在留資格をもつて在留する者　収入を伴う事業を運営する活動又は報酬を受ける活動

②　出入国在留管理庁長官は、別表第一の上欄の在留資格をもつて在留する者から、法務省令で定める手続により、当該在留資格に応じ同表の下欄に掲げる活動の遂行を阻害しない範囲内で当該活動に属しない収入を伴う事業を運営する活動又は報酬を受ける活動を行うことを希望する旨の申請があつた場合において、相当と認めるときは、これを許可することができる。この場合において、出入国在留管理庁長官は、当該許可に必要な条件を付することができる。

③④　(略)

**第一九条の三（中長期在留者）**　出入国在留管理庁長官は、本邦に在留資格をもつて在留する外国人のうち、次に掲げる者以外の者(以下「中長期在留者」という。)に対し、在留カードを交付するものとする。

一　三月以下の在留期間が決定された者

二　短期滞在の在留資格が決定された者

三　外交又は公用の在留資格が決定された者

四　前三号に準ずる者として法務省令で定めるもの

**第一九条の四（在留カードの記載事項等）**①　在留カードの記載事項は、次に掲げる事項とする。

一　氏名、生年月日、性別及び国籍の属する国又は第二条第五号ロに規定する地域

二　住居地(本邦における主たる住居の所在地をいう。以下同じ。)

三　在留資格、在留期間及び在留期間の満了の日

四　許可の種類及び年月日

五　在留カードの番号、交付年月日及び有効期間の満了の日

六　就労制限の有無

七　第十九条第二項の規定による許可を受けているときは、その旨

②―⑤　(略)

**第一九条の一八（特定技能所属機関による届出）**①　特定技能雇用契約の相手方である本邦の公私の機関(以下この款及び第八章において「特定技能所属機関」という。)は、次の各号のいずれかに該当するときは、法務省令で定めるところにより、出入国在留管理庁長官に対し、その旨及び法務省令で定める事項を

届け出なければならない。

一―四 （略）

② 特定技能所属機関は、前項の規定により届出をする場合を除くほか、法務省令で定めるところにより、出入国在留管理庁長官に対し、次に掲げる事項を届け出なければならない。

一―三 （略）

**第一九条の一九 （特定技能所属機関に対する指導及び助言）** 出入国在留管理庁長官は、次に掲げる事項を確保するために必要があると認めるときは、特定技能所属機関に対し、必要な指導及び助言を行うことができる。

一―五 （略）

**第一九条の二二 （特定技能所属機関による一号特定技能外国人支援等）** ① 特定技能所属機関は、適合一号特定技能外国人支援計画に基づき、一号特定技能外国人支援を行わなければならない。

② 特定技能所属機関は、契約により他の者に一号特定技能外国人支援の全部又は一部の実施を委託することができる。

**第一九条の二三 （登録支援機関の登録）** ① 契約により委託を受けて適合一号特定技能外国人支援計画の全部の実施の業務（以下「支援業務」という。）を行う者は、出入国在留管理庁長官の登録を受けることができる。

②③ （略）

**第一九条の三六 （中長期在留者に関する情報の継続的な把握）** ① 出入国在留管理庁長官は、中長期在留者の身分関係、居住関係、活動状況及び所属機関の状況（特定技能外国人（別表第一の二の表の特定技能の項の下欄第一号に掲げる活動を行う者に限る。以下この項において同じ。）については、一号特定技能外国人支援の状況（登録支援機関への委託の状況を含む。以下この項において同じ。）を含む。）を継続的に把握するため、出入国管理及び難民認定法その他の法令の定めるところにより取得した中長期在留者の氏名、生年月日、性別、国籍の属する国、住居地、所属機関その他在留管理に必要な情報（特定技能外国人については、一号特定技能外国人支援の状況に関する情報を含む。以下この条及び次条第一項において「中長期在留者に関する情報」という。）を整理しなければならない。

②③ （略）

**第二一条 （在留期間の更新）** ① 本邦に在留する外国人は、現に有する在留資格を変更することなく、在留期間の更新を受けることができる。

②―④ （略）

**第二二条 （永住許可）** ① 在留資格を変更しようとする外国人で永住者の在留資格への変更を希望するものは、法務省令で定める手続により、法務大臣に対し永住許可を申請しなければならない。

② 前項の申請があつた場合には、法務大臣は、その者が次の各号に適合し、かつ、その者の永住が日本国の利益に合すると認めたときに限り、これを許可することができる。ただし、その者が日本人、永住許可を受けている者又は特別永住者の配偶者又は子である場合においては、次の各号に適合することを要しない。

一 素行が善良であること。

二 独立の生計を営むに足りる資産又は技能を有すること。

③④ （略）

**第二四条 （退去強制）** 次の各号のいずれかに該当する外国人については、次章に規定する手続により、本邦からの退去を強制することができる。

一 第三条の規定に違反して本邦に入つた者

二 入国審査官から上陸の許可等を受けないで本邦に上陸した者

二の二 第二十二条の四第一項（第一号又は第二号に係るものに限る。）の規定により在留資格を取り消された者

二の三 第二十二条の四第一項（第五号に係るものに限る。）の規定により在留資格を取り消された者（同条第七項本文の規定により期間の指定を受けた者を除く。）

二の四 第二十二条の四第七項本文（第六十一条の二の八第二項において準用する場合を含む。）の規定により期間の指定を受けた者で、当該期間を経過して本邦に残留するもの

三 他の外国人に不正に前章第一節若しくは第二節の規定による証明書の交付、上陸許可の証印（第九条第四項の規定による記録を含む。）若しくは許可、同章第四節の規定による上陸の許可又は前二節若しくは次章第三節の規定による許可を受けさせる目的で、文書若しくは図画を偽造し、若しくは変造し、虚偽の文書若しくは図画を作成し、若しくは偽造若しくは変造された文書若しくは図画若しくは虚偽の文書若しくは図画を行使し、所持し、若しくは提供し、又はこれらの行為を唆し、若しくはこれを助けた者

三の二 公衆等脅迫目的の犯罪行為のための資金等の提供等の処罰に関する法律（平成十四年法律第六十七号）第一条に規定する公衆等脅迫目的の犯罪行為（以下この号において「公衆等脅迫目的の犯罪行為」という。）、公衆等脅迫目的の犯罪行為の予備行為又は公衆等脅迫目的の犯罪行為の実行を容易にする行為を行うおそれがあると認めるに足りる相当の理由がある者として法務大臣が認定する者

三の三 国際約束により本邦への入国を防止すべきものとされている者

三の四 次のイからハまでに掲げるいずれかの行為を行い、唆し、又はこれを助けた者

イ 事業活動に関し、外国人に不法就労活動（第十九条第一項の規定に違反する活動又は第七十条第一項第一号、第二号、第三号から第三号の三まで、第五号、第七号から第七号の三まで若しくは第八号の二から第八号の四までに掲げる者が行う活動であつて報酬その他の収入を伴うものをいう。以下同じ。）をさせること。

ロ 外国人に不法就労活動をさせるためにこれを自己の支配下に置くこと。

ハ 業として、外国人に不法就労活動をさせる行為又はロに規定する行為に関しあつせんすること。

三の五 （略）

四 本邦に在留する外国人（仮上陸の許可、寄港地上陸の許可、船舶観光上陸の許可、通過上陸の許可、乗員上陸の許可又は遭難による上陸の許可を受けた者を除く。）で次のイからヨまでに掲げる者のいずれかに該当するもの

イ 第十九条第一項の規定に違反して収入を伴う事業を運営する活動又は報酬を受ける活動を専ら行つていると明らかに認められる者（人身取引等により他人の支配下に置かれている者を除く。）

ロ 在留期間の更新又は変更を受けないで在留期間（第二十条第六項の規定により本邦に在留することができる期間を

含む。第二十六条第一項及び第二十六条の二第二項(第二十六条の三第二項において準用する場合を含む。)において同じ。)を経過して本邦に残留する者

ハ　人身取引等を行い、唆し、又はこれを助けた者

ニ　旅券法(昭和二十六年法律第二百六十七号)第二十三条第一項(第六号を除く。)から第三項までの罪により刑に処せられた者

ホ　第七十四条から第七十四条の六の三まで又は第七十四条の八の罪により刑に処せられた者

ヘ　第七十三条の罪により禁錮以上の刑に処せられた者

ト　少年法(昭和二十三年法律第百六十八号)に規定する少年で昭和二十六年十一月一日以後に長期三年を超える懲役又は禁錮に処せられたもの

チ　昭和二十六年十一月一日以後に麻薬及び向精神薬取締法、大麻取締法、あへん法、覚醒剤取締法、国際的な協力の下に規制薬物に係る不正行為を助長する行為等の防止を図るための麻薬及び向精神薬取締法等の特例等に関する法律(平成三年法律第九十四号)又は刑法第二編第十四章の規定に違反して有罪の判決を受けた者

リ　ニからチまでに掲げる者のほか、昭和二十六年十一月一日以後に無期又は一年を超える懲役若しくは禁錮に処せられた者。ただし、刑の全部の執行猶予の言渡しを受けた者及び刑の一部の執行猶予の言渡しを受けた者であつてその刑のうち執行が猶予されなかつた部分の期間が一年以下のものを除く。

ヌ　売春又はその周旋、勧誘、その場所の提供その他売春に直接に関係がある業務に従事する者(人身取引等により他人の支配下に置かれている者を除く。)

ル　次に掲げる行為をあおり、唆し、又は助けた者

(1)　他の外国人が不法に本邦に入り、又は上陸すること。

(2)　他の外国人が偽りその他不正の手段により、上陸の許可等を受けて本邦に上陸し、又は前節の規定による許可を受けること。

オ　日本国憲法又はその下に成立した政府を暴力で破壊することを企て、若しくは主張し、又はこれを企て若しくは主張する政党その他の団体を結成し、若しくはこれに加入している者

ワ　次に掲げる政党その他の団体を結成し、若しくはこれに加入し、又はこれと密接な関係を有する者

(1)　公務員であるという理由により、公務員に暴行を加え、又は公務員を殺傷することを勧奨する政党その他の団体

(2)　公共の施設を不法に損傷し、又は破壊することを勧奨する政党その他の団体

(3)　工場事業場における安全保持の施設の正常な維持又は運行を停廃し、又は妨げるような争議行為を勧奨する政党その他の団体

カ　オ又はワに規定する政党その他の団体の目的を達するため、印刷物、映画その他の文書図画を作成し、頒布し、又は展示した者

ヨ　イからカまでに掲げる者のほか、法務大臣が日本国の利益又は公安を害する行為を行つたと認定する者

四の二―四の四　(略)

五　仮上陸の許可を受けた者で、第十三条第三項の規定に基づき付された条件に違反して、逃亡し、又は正当な理由がなくて呼出しに応じないもの

五の二　第十条第七項若しくは第十一項又は第十一条第六項の規定により退去を命ぜられた者で、遅滞なく本邦から退去しないもの

六　寄港地上陸の許可、船舶観光上陸の許可、通過上陸の許可、乗員上陸の許可、緊急上陸の許可、遭難による上陸の許可又は一時庇護のための上陸の許可を受けた者で、旅券又は当該許可書に記載された期間を経過して本邦に残留するもの

六の二―九　(略)

十　第六十一条の二の二第一項若しくは第二項又は第六十一条の二の三の許可を受けて在留する者で、第六十一条の二の七第一項(第一号又は第三号に係るものに限る。)の規定により難民の認定を取り消されたもの

**第二六条（再入国の許可）**　①　出入国在留管理庁長官は、本邦に在留する外国人(仮上陸の許可を受けている者及び第十四条から第十八条までに規定する上陸の許可を受けている者を除く。)がその在留期間(在留期間の定めのない者にあつては、本邦に在留し得る期間)の満了の日以前に本邦に再び入国する意図をもつて出国しようとするときは、法務省令で定める手続により、その者の申請に基づき、再入国の許可を与えることができる。この場合において、出入国在留管理庁長官は、その者の申請に基づき、相当と認めるときは、当該許可を数次再入国の許可とすることができる。

②―⑧　(略)

**第二六条の二（みなし再入国許可）**　①　本邦に在留資格をもつて在留する外国人(第十九条の三第一号及び第二号に掲げる者を除く。)で有効な旅券(第六十一条の二の十二第一項に規定する難民旅行証明書を除く。)を所持するもの(中長期在留者にあつては、在留カードを所持するものに限る。)が、法務省令で定めるところにより、入国審査官に対し、再び入国する意図を表明して出国するときは、前条第一項の規定にかかわらず、同項の再入国の許可を受けたものとみなす。ただし、出入国の公正な管理のため再入国の許可を要する者として法務省令で定めるものに該当する者については、この限りでない。

②③　(略)

**第二六条の三（短期滞在に係るみなし再入国許可）**　(略)

**第三九条（収容）**　①　入国警備官は、容疑者が第二十四条各号の一に該当すると疑うに足りる相当の理由があるときは、収容令書により、その者を収容することができる。

②　(略)

**第四一条（収容の期間及び場所並びに留置の嘱託）**　①　収容令書によつて収容することができる期間は、三十日以内とする。但し、主任審査官は、やむを得ない事由があると認めるときは、三十日を限り延長することができる。

②③　(略)

**第四五条（入国審査官の審査）**　①　入国審査官は、前条の規定により容疑者の引渡しを受けたときは、容疑者が退去強制対象者(第二十四条各号のいずれかに該当し、かつ、出国命令対象者に該当しない外国人をいう。以下同じ。)に該当するかどうかを速やかに審査しなければならない。

②　(略)

**第四六条（容疑者の立証責任）**　前条の審査を受ける容疑者のうち第二十四条第一号(第三条第一項第二号に係る部分を除く。)又は第二号に該当するとされたものは、その号に該当するもの

でないことを自ら立証しなければならない。

**第四七条（審査後の手続）** ① 入国審査官は、審査の結果、容疑者が第二十四条各号のいずれにも該当しないと認定したときは、直ちにその者を放免しなければならない。

② 入国審査官は、審査の結果、容疑者が出国命令対象者に該当すると認定したときは、速やかに主任審査官にその旨を知らせなければならない。この場合において、入国審査官は、当該容疑者が第五十五条の三第一項の規定により出国命令を受けたときは、直ちにその者を放免しなければならない。

③ 入国審査官は、審査の結果、容疑者が退去強制対象者に該当すると認定したときは、速やかに理由を付した書面をもつて、主任審査官及びその者にその旨を知らせなければならない。

④ 前項の通知をする場合には、入国審査官は、当該容疑者に対し、第四十八条の規定による口頭審理の請求をすることができる旨を知らせなければならない。

⑤ （略）

**第四八条（口頭審理）** ① 前条第三項の通知を受けた容疑者は、同項の認定に異議があるときは、その通知を受けた日から三日以内に、口頭をもつて、特別審理官に対し口頭審理の請求をすることができる。

②－⑤ （略）

⑥ 特別審理官は、口頭審理の結果、前条第三項の認定が事実に相違すると判定したとき（容疑者が第二十四条各号のいずれにも該当しないことを理由とする場合に限る。）は、直ちにその者を放免しなければならない。

⑦ 特別審理官は、口頭審理の結果、前条第三項の認定が事実に相違すると判定したとき（容疑者が出国命令対象者に該当することを理由とする場合に限る。）は、速やかに主任審査官にその旨を知らせなければならない。この場合において、特別審理官は、当該容疑者が第五十五条の三第一項の規定により出国命令を受けたときは、直ちにその者を放免しなければならない。

⑧ 特別審理官は、口頭審理の結果、前条第三項の認定が誤りがないと判定したときは、速やかに主任審査官及び当該容疑者にその旨を知らせるとともに、当該容疑者に対し、第四十九条の規定により異議を申し出ることができる旨を知らせなければならない。

⑨ （略）

**第四九条（異議の申出）** ① 前条第八項の通知を受けた容疑者は、同項の判定に異議があるときは、その通知を受けた日から三日以内に、法務省令で定める手続により、不服の事由を記載した書面を主任審査官に提出して、法務大臣に対し異議を申し出ることができる。

② 主任審査官は、前項の異議の申出があつたときは、第四十五条第二項の審査に関する調書、前条第四項の口頭審理に関する調書その他の関係書類を法務大臣に提出しなければならない。

③－⑥ （略）

**第五〇条（法務大臣の裁決の特例）** ① 法務大臣は、前条第三項の裁決に当たつて、異議の申出が理由がないと認める場合でも、当該容疑者が次の各号のいずれかに該当するときは、その者の在留を特別に許可することができる。

一 永住許可を受けているとき。

二 かつて日本国民として本邦に本籍を有したことがあるとき。

三 人身取引等により他人の支配下に置かれて本邦に在留するものであるとき。

四 その他法務大臣が特別に在留を許可すべき事情があると認めるとき。

②－④ （略）

**第五三条（送還先）** ① 退去強制を受ける者は、その者の国籍又は市民権の属する国に送還されるものとする。

② 前項の国に送還することができないときは、本人の希望により、左に掲げる国のいずれかに送還されるものとする。

一 本邦に入国する直前に居住していた国

二 本邦に入国する前に居住していたことのある国

三 本邦に向けて船舶等に乗つた港の属する国

四 出生地の属する国

五 出生時にその出生地の属していた国

六 その他の国

③ 前二項の国には、次に掲げる国を含まないものとする。

一 難民条約第三十三条第一項に規定する領域の属する国（法務大臣が日本国の利益又は公安を著しく害すると認める場合を除く。）

二 拷問及び他の残虐な、非人道的な又は品位を傷つける取扱い又は刑罰に関する条約第三条第一項に規定する国

三 強制失踪からのすべての者の保護に関する国際条約第十六条第一項に規定する国

**第六一条の二（難民の認定）** ① 法務大臣は、本邦にある外国人から法務省令で定める手続により申請があつたときは、その提出した資料に基づき、その者が難民である旨の認定（以下「難民の認定」という。）を行うことができる。

② 法務大臣は、難民の認定をしたときは、法務省令で定める手続により、当該外国人に対し、難民認定証明書を交付し、その認定をしないときは、当該外国人に対し、理由を付した書面をもつて、その旨を通知する。

**第六一条の二の二（在留資格に係る許可）** ① 法務大臣は、前条第一項の規定により難民の認定をする場合であつて、同項の申請をした外国人が在留資格未取得外国人（別表第一又は別表第二の上欄の在留資格をもつて本邦に在留する者、一時庇護のための上陸の許可を受けた者で当該許可書に記載された期間を経過していないもの及び特別永住者以外の者をいう。以下同じ。）であるときは、当該在留資格未取得外国人が次の各号のいずれかに該当する場合を除き、その者に定住者の在留資格の取得を許可するものとする。

一 本邦に上陸した日（本邦にある間に難民となる事由が生じた者にあつては、その事実を知つた日）から六月を経過した後前条第一項の申請を行つたものであるとき。ただし、やむを得ない事情がある場合を除く。

二 本邦にある間に難民となる事由が生じた場合を除き、その者の生命、身体又は身体の自由が難民条約第一条A(2)に規定する理由によつて害されるおそれのあつた領域から直接本邦に入つたものでないとき。

三 第二十四条第三号から第三号の五まで又は第四号ハからヨまでに掲げる者のいずれかに該当するとき。

四 （略）

② 法務大臣は、前条第一項の申請をした在留資格未取得外国人について、難民の認定をしない処分をするとき、又は前項の許可をしないときは、当該在留資格未取得外国人の在留を特別に許可すべき事情があるか否かを審査するものとし、当該事情があると認めるときは、その在留を特別に許可することができる。

③ 法務大臣は、前二項の規定による許可をすることとしたときは、出入国在留管理庁長官に、当該外国人に対し、その旨を通知させるものとする。この場合において、その通知は、出入国在留管理庁長官が、入国審査官に、次の各号に掲げる区分に応じ、当該各号に定める措置をとらせることにより行うものとする。(以下略)

④⑤ (略)

**第六一条の二の三【同前】** (略)

**第六一条の二の四（仮滞在の許可）** ① 法務大臣は、在留資格未取得外国人から第六十一条の二第一項の申請があつたときは、当該在留資格未取得外国人が次の各号のいずれかに該当する場合を除き、その者に仮に本邦に滞在することを許可するものとする。

一 仮上陸の許可を受けているとき。

二 寄港地上陸の許可、船舶観光上陸の許可、通過上陸の許可、乗員上陸の許可、緊急上陸の許可又は遭難による上陸の許可を受け、旅券又は当該許可書に記載された期間を経過していないとき。

三 第二十二条の二第一項の規定により本邦に在留することができるとき。

四 本邦に入つた時に、第五条第一項第四号から第十四号までに掲げる者のいずれかに該当していたとき。

五 第二十四条第三号から第三号の五まで又は第四号ハからヨまでに掲げる者のいずれかに該当すると疑うに足りる相当の理由があるとき。

六 第六十一条の二の二第一項第一号又は第二号のいずれかに該当することが明らかであるとき。

七 (略)

八 退去強制令書の発付を受けているとき。

九 逃亡するおそれがあると疑うに足りる相当の理由があるとき。

② (略)

③ 法務大臣は、第一項の許可をする場合には、法務省令で定めるところにより、当該在留資格未取得外国人に対し、住居及び行動範囲の制限、活動の制限、呼出しに対する出頭の義務その他必要と認める条件を付し、かつ、必要があると認める場合は、指紋を押なつさせることができる。

④ 法務大臣は、第一項の許可を受けた外国人から仮滞在期間の更新の申請があつたときは、これを許可するものとする。この場合においては、第二項の規定を準用する。

⑤ (略)

**第六一条の二の六（退去強制手続との関係）** ① 第六十一条の二の二第一項又は第二項の許可を受けた外国人については、当該外国人が当該許可を受けた時に第二十四条各号のいずれかに該当していたことを理由としては、第五章に規定する退去強制の手続（第六十三条第一項の規定に基づく退去強制の手続を含む。以下この条において同じ。）を行わない。

②—④ (略)

**第六一条の二の七（難民の認定の取消し）** ① 法務大臣は、本邦に在留する外国人で難民の認定を受けているものについて、次の各号に掲げるいずれかの事実が判明したときは、法務省令で定める手続により、その難民の認定を取り消すものとする。

一 偽りその他不正の手段により難民の認定を受けたこと。

二 難民条約第一条C(1)から(6)までのいずれかに掲げる場合に該当することとなつたこと。

三 難民の認定を受けた後に、難民条約第一条F(a)又は(c)に掲げる行為を行つたこと。

②③ (略)

**第六一条の二の九（審査請求）** ① 次に掲げる処分又は不作為についての審査請求は、法務大臣に対し、法務省令で定める事項を記載した審査請求書を提出してしなければならない。

一 難民の認定をしない処分

二 第六十一条の二第一項の申請に係る不作為

三 第六十一条の二の七第一項の規定による難民の認定の取消し

② 前項第一号及び第三号に掲げる処分についての審査請求に関する行政不服審査法（平成二十六年法律第六十八号）第十八条第一項本文の期間は、第六十一条の二第二項又は第六十一条の二の七第二項の通知を受けた日から七日とする。

③ 法務大臣は、第一項の審査請求に対する裁決に当たつては、法務省令で定めるところにより、難民審査参与員の意見を聴かなければならない。

④ 法務大臣は、第一項の審査請求について行政不服審査法第四十五条第一項若しくは第二項又は第四十九条第一項若しくは第二項の規定による裁決をする場合には、当該裁決に付する理由において、前項の難民審査参与員の意見の要旨を明らかにしなければならない。

⑤ 難民審査参与員については、行政不服審査法第十一条第二項に規定する審理員とみなして、同法の規定を適用する。

⑥ 第一項の審査請求については、行政不服審査法第九条第一項、第十四条、第十七条、第二十九条、第四十一条第二項（第一号イに係る部分に限る。）、第二章第四節及び第五十条第二項の規定は適用しないものとし、同法の他の規定の適用については、次の表の上欄に掲げる同法の規定中同表の中欄に掲げる字句は、同表の下欄に掲げる字句とするほか、必要な技術的読替えは、政令で定める。(以下略)

**第六一条の二の一〇（難民審査参与員）** ① 法務省に、前条第一項の規定による審査請求について、難民の認定に関する意見を提出させるため、難民審査参与員若干人を置く。

②—④ (略)

**第六一条の二の一一（難民に関する永住許可の特則）** 難民の認定を受けている者から第二十二条第一項の永住許可の申請があつた場合には、法務大臣は、同条第二項本文の規定にかかわらず、その者が同項第二号に適合しないときであつても、これを許可することができる。

**第六一条の二の一二（難民旅行証明書）** ① 出入国在留管理庁長官は、本邦に在留する外国人で難民の認定を受けているものが出国しようとするときは、法務省令で定める手続により、その者の申請に基づき、難民旅行証明書を交付するものとする。ただし、出入国在留管理庁長官においてその者が日本国の利益又は公安を害する行為を行うおそれがあると認める場合は、この限りでない。

②—⑨ (略)

**第六一条の二の一四（事実の調査）** ① 法務大臣は、難民の認定、第六十一条の二の二第一項若しくは第二項、第六十一条の二の三若しくは第六十一条の二の四第一項の規定による許可、第六十一条の二の五の規定による許可の取消し、第六十一条の二の七第一項の規定による難民の認定の取消し又は第六十一条の二の八第一項の規定による在留資格の取消しに関する処分を行うため必要がある場合には、難民調査官に事実の調査をさせることができる。

② 難民調査官は、前項の調査のため必要があるときは、関係人に対し出頭を求め、質問をし、又は文書の提示を求めることができる。

③ 法務大臣又は難民調査官は、第一項の調査について、公務所又は公私の団体に照会して必要な事項の報告を求めることができる。

**第六一条の六（収容場）** 地方出入国在留管理局に、収容令書の執行を受ける者を収容する収容場を設ける。

**第六一条の七（被収容者の処遇）** ① 入国者収容所又は収容場（以下「入国者収容所等」という。）に収容されている者（以下「被収容者」という。）には、入国者収容所等の保安上支障がない範囲内においてできる限りの自由が与えられなければならない。

② 被収容者には、一定の寝具を貸与し、及び一定の糧食を給与するものとする。

③ 被収容者に対する給養は、適正でなければならず、入国者収容所等の設備は、衛生的でなければならない。

④ 入国者収容所長又は地方出入国在留管理局長（以下「入国者収容所長等」という。）は、入国者収容所等の保安上又は衛生上必要があると認めるときは、被収容者の身体、所持品又は衣類を検査し、及びその所持品又は衣類を領置することができる。

⑤ 入国者収容所長等は、入国者収容所等の保安上必要があると認めるときは、被収容者の発受する通信を検査し、及びその発受を禁止し、又は制限することができる。

⑥ 前各項に規定するものを除く外、被収容者の処遇に関し必要な事項は、法務省令で定める。

**第六一条の七の二（入国者収容所等視察委員会）** ① 法務省令で定める出入国在留管理官署に、入国者収容所等視察委員会（以下「委員会」という。）を置く。

② （略）

**第六一条の七の三（組織等）** （略）

**第六一条の九（情報提供）** ① 出入国在留管理庁長官は、出入国管理及び難民認定法に規定する出入国及び在留の管理並びに難民の認定の職務に相当する職務を行う外国の当局（以下この条において「外国出入国在留管理当局」という。）に対し、その職務（出入国管理及び難民認定法に規定する出入国及び在留の管理並びに難民の認定の職務に相当するものに限る。次項において同じ。）の遂行に資すると認める情報を提供することができる。

② 前項の規定による情報の提供については、当該情報が当該外国出入国在留管理当局の職務の遂行に資する目的以外の目的で使用されないよう適切な措置がとられなければならない。

③ 出入国在留管理庁長官は、外国出入国在留管理当局からの要請があつたときは、前項の規定にかかわらず、次の各号のいずれかに該当する場合を除き、第一項の規定により提供した情報を当該要請に係る外国の刑事事件の捜査又は審判（以下この項において「捜査等」という。）に使用することについて同意をすることができる。

一 当該要請に係る刑事事件の捜査等の対象とされている犯罪が政治犯罪であるとき、又は当該要請が政治犯罪について捜査等を行う目的で行われたものと認められるとき。

二 当該要請に係る刑事事件の捜査等の対象とされている犯罪に係る行為が日本国内において行われたとした場合において、その行為が日本国の法令によれば罪に当たるものでないとき。

三 日本国が行う同種の要請に応ずる旨の要請国の保証がないとき。

④ （略）

**第七〇条【罰則】** ① 次の各号のいずれかに該当する者は、三年以下の懲役若しくは禁錮若しくは三百万円以下の罰金に処し、又はその懲役若しくは禁錮及び罰金を併科する。

一 第三条の規定に違反して本邦に入つた者

二 入国審査官から上陸の許可等を受けないで本邦に上陸した者

二の二 偽りその他不正の手段により、上陸の許可等を受けて本邦に上陸し、又は第四章第二節の規定による許可を受けた者

三 第二十二条の四第一項（第一号又は第二号に係るものに限る。）の規定により在留資格を取り消された者で本邦に残留するもの

三の二 第二十二条の四第一項（第五号に係るものに限る。）の規定により在留資格を取り消された者（同条第七項本文の規定により期間の指定を受けた者を除く。）で本邦に残留するもの

三の三 第二十二条の四第七項本文（第六十一条の二の八第二項において準用する場合を含む。）の規定により期間の指定を受けた者で、当該期間を経過して本邦に残留するもの

四 第十九条第一項の規定に違反して収入を伴う事業を運営する活動又は報酬を受ける活動を専ら行つていると明らかに認められる者

五 在留期間の更新又は変更を受けないで在留期間（第二十条第六項（第二十一条第四項において準用する場合を含む。）の規定により本邦に在留することができる期間を含む。）を経過して本邦に残留する者

六 仮上陸の許可を受けた者で、第十三条第三項の規定に基づき付された条件に違反して、逃亡し、又は正当な理由がなくて呼出しに応じないもの

七 寄港地上陸の許可、船舶観光上陸の許可、通過上陸の許可、乗員上陸の許可、緊急上陸の許可、遭難による上陸の許可又は一時庇護のための上陸の許可を受けた者で、旅券又は当該許可書に記載された期間を経過して本邦に残留するもの

七の二―八の三 （略）

八の四 第六十一条の二の四第一項の許可を受けた者で、仮滞在期間を経過して本邦に残留するもの

九 偽りその他不正の手段により難民の認定を受けた者

② 前項第一号又は第二号に掲げる者が、本邦に上陸した後引き続き不法に在留するときも、同項と同様とする。

**第七〇条の二【刑の免除】** 前条第一項第一号から第二号の二まで、第五号若しくは第七号又は同条第二項の罪を犯した者については、次の各号に該当することの証明があつたときは、その刑を免除する。ただし、当該罪に係る行為をした後遅滞なく入国審査官の面前において、次の各号に該当することの申出をした場合に限る。

一 難民であること。

二 その者の生命、身体又は身体の自由が難民条約第一条A(2)に規定する理由によつて害されるおそれのあつた領域から、直接本邦に入つたものであること。

三 前号のおそれがあることにより当該罪に係る行為をしたものであること。

**別表第一**(第二条の二、第二条の五、第五条、第七条、第七条の二、第十九条、第十九条の十六、第十九条の十七、第十九条の三十六、第二十条の二、第二十二条の三、第二十二条の四、第二十四条、第六十一条の二の二、第六十一条の二の八関係)

〔注　別表第一の一―五については、二の特定技能の項のみ抜粋収録し(後掲参照)、その他は「在留資格」のみを列記して「本邦において行うことができる活動」は省略した。〕

一　外交／公用／教授／芸術／宗教／報道
二　高度専門職／経営・管理／法律・会計業務／医療／研究／教育／技術・人文知識・国際業務／企業内転勤／介護／興行／技能／特定技能／技能実習
三　文化活動／短期滞在
四　留学／研修／家族滞在
五　特定活動

**別表第一の二の表　特定技能の項**(抜粋)

| 在留資格 | 本邦において行うことができる活動 |
|---|---|
| 特定技能 | 一　法務大臣が指定する本邦の公私の機関との雇用に関する契約(第二条の五第一項から第四項までの規定に適合するものに限る。次号において同じ。)に基づいて行う特定産業分野(人材を確保することが困難な状況にあるため外国人により不足する人材の確保を図るべき産業上の分野として法務省令で定めるものをいう。同号において同じ。)であつて法務大臣が指定するものに属する法務省令で定める相当程度の知識又は経験を必要とする技能を要する業務に従事する活動<br>二　法務大臣が指定する本邦の公私の機関との雇用に関する契約に基づいて行う特定産業分野であつて法務大臣が指定するものに属する法務省令で定める熟練した技能を要する業務に従事する活動 |

**別表第二**(第二条の二、第七条、第二十二条の三、第二十二条の四、第六十一条の二の二、第六十一条の二の八関係)

| 在留資格 | 本邦において有する身分又は地位 |
|---|---|
| 永住者 | 法務大臣が永住を認める者 |
| 日本人の配偶者等 | 日本人の配偶者若しくは特別養子又は日本人の子として出生した者 |
| 永住者の配偶者等 | 永住者等の配偶者又は永住者等の子として本邦で出生しその後引き続き本邦に在留している者 |
| 定住者 | 法務大臣が特別な理由を考慮し一定の在留期間を指定して居住を認める者 |

## 17　入管特例法(抜粋)

(日本国との平和条約に基づき日本の国籍を離脱した者等の出入国管理に関する特例法)

公　布　平成三年五月一〇日(法七一)
施　行　平成三年一一月一日
最終改正　平成三〇法一〇二

**第一条(目的)**　この法律は、次条に規定する平和条約国籍離脱者及び平和条約国籍離脱者の子孫について、出入国管理及び難民認定法(昭和二十六年政令第三百十九号。以下「入管法」という。)の特例を定めることを目的とする。

**第二条(定義)**　①　この法律において「平和条約国籍離脱者」とは、日本国との平和条約の規定に基づき同条約の最初の効力発生の日(以下「平和条約発効日」という。)において日本の国籍を離脱した者で、次の各号の一に該当するものをいう。

一　昭和二十年九月二日以前から引き続き本邦に在留する者

二　昭和二十年九月三日から平和条約発効日までの間に本邦で出生し、その後引き続き本邦に在留する者であつて、その実親である父又は母が、昭和二十年九月二日以前から当該出生の時(当該出生前に死亡したときは、当該死亡の時)まで引き続き本邦に在留し、かつ、次のイ又はロに該当する者であつたもの

イ　日本国との平和条約の規定に基づき平和条約発効日において日本の国籍を離脱した者

ロ　平和条約発効日までに死亡し又は当該出生の時後平和条約発効日までに日本の国籍を喪失した者であつて、当該死亡又は喪失がなかつたとしたならば日本国との平和条約の規定に基づき平和条約発効日において日本の国籍を離脱したこととなるもの

②　この法律において「平和条約国籍離脱者の子孫」とは、平和条約国籍離脱者の直系卑属として本邦で出生しその後引き続き本邦に在留する者で、次の各号の一に該当するものをいう。

一　平和条約国籍離脱者の子

二　前号に掲げる者のほか、当該在留する者から当該平和条約

国籍離脱者の孫にさかのぼるすべての世代の者（当該在留する者が当該平和条約国籍離脱者の孫であるときは、当該孫。以下この号において同じ。）について、その父又は母が、平和条約国籍離脱者の直系卑属として本邦で出生し、その後当該世代の者の出生の時（当該出生前に死亡したときは、当該死亡の時）まで引き続き本邦に在留していた者であったもの

**第三条（法定特別永住者）** 平和条約国籍離脱者又は平和条約国籍離脱者の子孫でこの法律の施行の際次の各号の一に該当しているものは、この法律に定める特別永住者として、本邦で永住することができる。

一　次のいずれかに該当する者

イ　附則第十条の規定による改正前のポツダム宣言の受諾に伴い発する命令に関する件に基く外務省関係諸命令の措置に関する法律（昭和二十七年法律第百二十六号）（以下「旧昭和二十七年法律第百二十六号」という。）第二条第六項の規定により在留する者

ロ　附則第六条の規定による廃止前の日本国に居住する大韓民国国民の法的地位及び待遇に関する日本国と大韓民国との間の協定の実施に伴う出入国管理特別法（昭和四十年法律第百四十六号）（以下「旧日韓特別法」という。）に基づく永住の許可を受けている者

ハ　附則第七条の規定による改正前の入管法（以下「旧入管法」という。）別表第二の上欄の永住者の在留資格をもって在留する者

二　旧入管法別表第二の上欄の平和条約関連国籍離脱者の子の在留資格をもって在留する者

**第四条（特別永住許可）** ①　平和条約国籍離脱者の子孫で出生その他の事由により入管法第三章に規定する上陸の手続を経ることなく本邦に在留することとなるものは、出入国在留管理庁長官の許可を受けて、この法律に定める特別永住者として、本邦で永住することができる。

②　出入国在留管理庁長官は、前項に規定する者が、当該出生その他の事由が生じた日から六十日以内に同項の許可の申請をしたときは、これを許可するものとする。

③④　（略）

**第二二条（退去強制の特例）** ①　特別永住者については、入管法第二十四条の規定による退去強制は、その者が次の各号のいずれかに該当する場合に限って、することができる。

一　刑法（明治四十年法律第四十五号）第二編第二章又は第三章に規定する罪により禁錮以上の刑に処せられた者。ただし、刑の全部の執行猶予の言渡しを受けた者及び同法第七十七条第一項第三号の罪により刑に処せられた者を除く。

二　刑法第二編第四章に規定する罪により禁錮以上の刑に処せられた者

三　外国の元首、外交使節又はその公館に対する犯罪行為により禁錮以上の刑に処せられた者で、法務大臣においてその犯罪行為により日本国の外交上の重大な利益が害されたと認定したもの

四　無期又は七年を超える懲役又は禁錮に処せられた者で、法務大臣においてその犯罪行為により日本国の重大な利益が害されたと認定したもの

②　法務大臣は、前項第三号の認定をしようとするときは、あらかじめ外務大臣と協議しなければならない。

③　特別永住者に関しては、入管法第二十七条、第三十一条第三項、第三十九条第一項、第四十三条第一項、第四十七条第一項、第四十八条第六項、第四十九条第四項及び第六十二条第一項中「第二十四条各号」とあり、入管法第四十五条第一項中「退去強制対象者（第二十四条各号のいずれかに該当し、かつ、出国命令対象者に該当しない外国人をいう。）」とあり、並びに入管法第四十七条第三項、第五十五条の二第四項及び第六十三条第一項中「退去強制対象者」とあるのは、「日本国との平和条約に基づき日本の国籍を離脱した者等の出入国管理に関する特例法第二十二条第一項各号」とする。

**第二三条（再入国の許可の有効期間の特例等）** ①　特別永住者に関しては、入管法第二十六条第三項中「五年」とあるのは「六年」と、同条第五項中「六年」とあるのは「七年」とする。

②　（略）

③　出入国在留管理庁長官は、特別永住者に対する入管法第二十六条及び前項において準用する入管法第二十六条の二の規定の適用に当たっては、特別永住者の本邦における生活の安定に資するとのこの法律の趣旨を尊重するものとする。

## 18　ヘイトスピーチ対策法（抄）

（本邦外出身者に対する不当な差別的言動の解消に向けた取組の推進に関する法律）

公　布　平成二八年六月三日（法六八）
施　行　平成二八年六月三日

前　文（略）

### 第一章　総則

**第一条（目的）** この法律は、本邦外出身者に対する不当な差別的言動の解消が喫緊の課題であることに鑑み、その解消に向けた取組について、基本理念を定め、及び国等の責務を明らかにするとともに、基本的施策を定め、これを推進することを目的とする。

**第二条（定義）** この法律において「本邦外出身者に対する不当な差別的言動」とは、専ら本邦の域外にある国若しくは地域の出身である者又はその子孫であって適法に居住するもの（以下この条において「本邦外出身者」という。）に対する差別的意識を助長し又は誘発する目的で公然とその生命、身体、自由、名誉若しくは財産に危害を加える旨を告知し又は本邦外出身者を著しく侮蔑するなど、本邦の域外にある国又は地域の出身であることを理由として、本邦外出身者を地域社会から排除することを煽動する不当な差別的言動をいう。

**第三条（基本理念）** 国民は、本邦外出身者に対する不当な差別的言動の解消の必要性に対する理解を深めるとともに、本邦外出身者に対する不当な差別的言動のない社会の実現に寄与するよう努めなければならない。

**第四条（国及び地方公共団体の責務）** ①　国は、本邦外出身者に対する不当な差別的言動の解消に向けた取組に関する施策を実施するとともに、地方公共団体が実施する本邦外出身者に対する不当な差別的言動の解消に向けた取組に関する施策を推進するために必要な助言その他の措置を講ずる責務を有する。

②　地方公共団体は、本邦外出身者に対する不当な差別的言動の解消に向けた取組に関し、国との適切な役割分担を踏まえて、

当該地域の実情に応じた施策を講ずるよう努めるものとする。

**第二章　基本的施策**（第五条から第七条まで）（略）

## 19　アイヌ施策推進法（抜粋）

（アイヌの人々の誇りが尊重される社会を実現するための施策の推進に関する法律）

公　布　平成三一年四月二六日（法一六）
施　行　令和一年五月二四日

**第一条（目的）**　この法律は、日本列島北部周辺、とりわけ北海道の先住民族であるアイヌの人々の誇りの源泉であるアイヌの伝統及びアイヌ文化（以下「アイヌの伝統等」という。）が置かれている状況並びに近年における先住民族をめぐる国際情勢に鑑み、アイヌ施策の推進に関し、基本理念、国等の責務、政府による基本方針の策定、民族共生象徴空間構成施設の管理に関する措置、市町村（特別区を含む。以下同じ。）によるアイヌ施策推進地域計画の作成及びその内閣総理大臣による認定、当該認定を受けたアイヌ施策推進地域計画に基づく事業に対する特別の措置、アイヌ政策推進本部の設置等について定めることにより、アイヌの人々が民族としての誇りを持って生活することができ、及びその誇りが尊重される社会の実現を図り、もって全ての国民が相互に人格と個性を尊重し合いながら共生する社会の実現に資することを目的とする。

**第二条（定義）**　①　この法律において「アイヌ文化」とは、アイヌ語並びにアイヌにおいて継承されてきた生活様式、音楽、舞踊、工芸その他の文化的所産及びこれらから発展した文化的所産をいう。

②　この法律において「アイヌ施策」とは、アイヌ文化の振興並びにアイヌの伝統等に関する知識の普及及び啓発（以下「アイヌ文化の振興等」という。）並びにアイヌの人々が民族としての誇りを持って生活するためのアイヌ文化の振興等に資する環境の整備に関する施策をいう。

③　この法律において「民族共生象徴空間構成施設」とは、民族共生象徴空間（アイヌ文化の振興等の拠点として国土交通省令・文部科学省令で定める場所に整備される国有財産法（昭和二十三年法律第七十三号）第三条第二項に規定する行政財産をいう。）を構成する施設（その敷地を含む。）であって、国土交通省令・文部科学省令で定めるものをいう。

**第三条（基本理念）**　①　アイヌ施策の推進は、アイヌの人々の民族としての誇りが尊重されるよう、アイヌの人々の誇りの源泉であるアイヌの伝統等並びに我が国を含む国際社会において重要な課題である多様な民族の共生及び多様な文化の発展についての国民の理解を深めることを旨として、行われなければならない。

②　アイヌ施策の推進は、アイヌの人々が民族としての誇りを持って生活することができるよう、アイヌの人々の自発的意思の尊重に配慮しつつ、行われなければならない。

③　アイヌ施策の推進は、国、地方公共団体その他の関係する者の相互の密接な連携を図りつつ、アイヌの人々が北海道のみならず全国において生活していることを踏まえて全国的な視点に立って行われなければならない。

**第四条【同前】**　何人も、アイヌの人々に対して、アイヌであることを理由として、差別することその他の権利利益を侵害する行為をしてはならない。

**第五条（国及び地方公共団体の責務）**　①　国及び地方公共団体は、前二条に定める基本理念にのっとり、アイヌ施策を策定し、及び実施する責務を有する。

②　国及び地方公共団体は、アイヌ文化を継承する者の育成について適切な措置を講ずるよう努めなければならない。

③　国及び地方公共団体は、教育活動、広報活動その他の活動を通じて、アイヌに関し、国民の理解を深めるよう努めなければならない。

④　国は、アイヌ文化の振興等に資する調査研究を推進するよう努めるとともに、地方公共団体が実施するアイヌ施策を推進するために必要な助言その他の措置を講ずるよう努めなければならない。

**第六条（国民の努力）**　国民は、アイヌの人々が民族としての誇りを持って生活することができ、及びその誇りが尊重される社会の実現に寄与するよう努めるものとする。

## 20　刑法（抜粋）

公　布　明治四〇年四月二四日（法四五）
施　行　明治四一年一〇月一日
最終改正　平成三〇法七二

**第一条（国内犯）**　①　この法律は、日本国内において罪を犯したすべての者に適用する。

②　日本国外にある日本船舶又は日本航空機内において罪を犯した者についても、前項と同様とする。

**第二条（すべての者の国外犯）**　この法律は、日本国外において次に掲げる罪を犯したすべての者に適用する。

一　削除
二　第七十七条から第七十九条まで（内乱、予備及び陰謀、内乱等幇助）の罪
三　第八十一条（外患誘致）、第八十二条（外患援助）、第八十七条（未遂罪）及び第八十八条（予備及び陰謀）の罪
四　第百四十八条（通貨偽造及び行使等）の罪及びその未遂罪
五　第百五十四条（詔書偽造等）、第百五十五条（公文書偽造等）、第百五十七条（公正証書原本不実記載等）、第百五十八条（偽造公文書行使等）及び公務所又は公務員によって作られるべき電磁的記録に係る第百六十一条の二（電磁的記録不正作出及び供用）の罪
六　第百六十二条（有価証券偽造等）及び第百六十三条（偽造有価証券行使等）の罪
七　第百六十三条の二から第百六十三条の五まで（支払用カード電磁的記録不正作出等、不正電磁的記録カード所持、支払用カード電磁的記録不正作出準備、未遂罪）の罪
八　第百六十四条から第百六十六条まで（御璽偽造及び不正使用等、公印偽造及び不正使用等、公記号偽造及び不正使用等）

の罪並びに第百六十四条第二項、第百六十五条第二項及び第百六十六条第二項の罪の未遂罪

**第三条（国民の国外犯）** この法律は、日本国外において次に掲げる罪を犯した日本国民に適用する。

一　第百八条（現住建造物等放火）及び第百九条第一項（非現住建造物等放火）の罪、これらの規定の例により処断すべき罪並びにこれらの罪の未遂罪

二　第百十九条（現住建造物等浸害）の罪

三　第百五十九条から第百六十一条まで（私文書偽造等、虚偽診断書等作成、偽造私文書等行使）及び前条第五号に規定する電磁的記録以外の電磁的記録に係る第百六十一条の二の罪

四　第百六十七条（私印偽造及び不正使用等）の罪及び同条第二項の罪の未遂罪

五　第百七十六条から第百八十一条まで（強制わいせつ、強制性交等、準強制わいせつ及び準強制性交等、監護者わいせつ及び監護者性交等、未遂罪、強制わいせつ等致死傷）及び第百八十四条（重婚）の罪

六　第百九十八条（贈賄）の罪

七　第百九十九条（殺人）の罪及びその未遂罪

八　第二百四条（傷害）及び第二百五条（傷害致死）の罪

九　第二百十四条から第二百十六条まで（業務上堕胎及び同致死傷、不同意堕胎、不同意堕胎致死傷）の罪

十　第二百十八条（保護責任者遺棄等）の罪及び同条の罪に係る第二百十九条（遺棄等致死傷）の罪

十一　第二百二十条（逮捕及び監禁）及び第二百二十一条（逮捕等致死傷）の罪

十二　第二百二十四条から第二百二十八条まで（未成年者略取及び誘拐、営利目的等略取及び誘拐、身の代金目的略取等、所在国外移送目的略取及び誘拐、人身売買、被略取者等所在国外移送、被略取者引渡し等、未遂罪）の罪

十三　第二百三十条（名誉毀損）の罪

十四　第二百三十五条から第二百三十六条まで（窃盗、不動産侵奪、強盗）、第二百三十八条から第二百四十条まで（事後強盗、昏酔強盗、強盗致死傷）、第二百四十一条第一項及び第三項（強盗・強制性交等及び同致死）並びに第二百四十三条（未遂罪）の罪

十五　第二百四十六条から第二百五十条まで（詐欺、電子計算機使用詐欺、背任、準詐欺、恐喝、未遂罪）の罪

十六　第二百五十三条（業務上横領）の罪

十七　第二百五十六条第二項（盗品譲受け等）の罪

**第三条の二（国民以外の者の国外犯）** この法律は、日本国外において日本国民に対して次に掲げる罪を犯した日本国民以外の者に適用する。

一　第百七十六条から第百八十一条まで（強制わいせつ、強制性交等、準強制わいせつ及び準強制性交等、監護者わいせつ及び監護者性交等、未遂罪、強制わいせつ等致死傷）の罪

二　第百九十九条（殺人）の罪及びその未遂罪

三　第二百四条（傷害）及び第二百五条（傷害致死）の罪

四　第二百二十条（逮捕及び監禁）及び第二百二十一条（逮捕等致死傷）の罪

五　第二百二十四条から第二百二十八条まで（未成年者略取及び誘拐、営利目的等略取及び誘拐、身の代金目的略取等、所在国外移送目的略取及び誘拐、人身売買、被略取者等所在国外移送、被略取者引渡し等、未遂罪）の罪

六　第二百三十六条（強盗）、第二百三十八条から第二百四十条まで（事後強盗、昏酔強盗、強盗致死傷）並びに第二百四十一条第一項及び第三項（強盗・強制性交等及び同致死）の罪並びにこれらの罪（同条第一項の罪を除く。）の未遂罪

**第四条（公務員の国外犯）** この法律は、日本国外において次に掲げる罪を犯した日本国の公務員に適用する。

一　第百一条（看守者等による逃走援助）の罪及びその未遂罪

二　第百五十六条（虚偽公文書作成等）の罪

三　第百九十三条（公務員職権濫用）、第百九十五条第二項（特別公務員暴行陵虐）及び第百九十七条から第百九十七条の四まで（収賄、受託収賄及び事前収賄、第三者供賄、加重収賄及び事後収賄、あっせん収賄）の罪並びに第百九十五条第二項の罪に係る第百九十六条（特別公務員職権濫用等致死傷）の罪

**第四条の二（条約による国外犯）** 第二条から前条までに規定するもののほか、この法律は、日本国外において、第二編の罪であって条約により日本国外において犯したときであっても罰すべきものとされているものを犯したすべての者に適用する。

**第五条（外国判決の効力）** 外国において確定裁判を受けた者であっても、同一の行為について更に処罰することを妨げない。ただし、犯人が既に外国において言い渡された刑の全部又は一部の執行を受けたときは、刑の執行を減軽し、又は免除する。

## 21　逃亡犯罪人引渡法（抜粋）

公　布　昭和二八年七月二一日（法六八）
施　行　昭和二八年七月二一日
最終改正　平成一九法三七

**第一条（定義）** ①　この法律において「引渡条約」とは、日本国と外国との間に締結された犯罪人の引渡しに関する条約をいう。

②　この法律において「請求国」とは、日本国に対して犯罪人の引渡しを請求した外国をいう。

③　この法律において「引渡犯罪」とは、請求国からの犯罪人の引渡しの請求において当該犯罪人が犯したとする犯罪をいう。

④　この法律において「逃亡犯罪人」とは、引渡犯罪について請求国の刑事に関する手続が行なわれた者をいう。

**第二条（引渡に関する制限）** 左の各号の一に該当する場合には、逃亡犯罪人を引き渡してはならない。但し、第三号、第四号、第八号又は第九号に該当する場合において、引渡条約に別段の定があるときは、この限りでない。

一　引渡犯罪が政治犯罪であるとき。

二　引渡の請求が、逃亡犯罪人の犯した政治犯罪について審判し、又は刑罰を執行する目的でなされたものと認められるとき。

三　引渡犯罪が請求国の法令により死刑又は無期若しくは長期三年以上の拘禁刑にあたるものでないとき。

四　引渡犯罪に係る行為が日本国内において行なわれたとした場合において、当該行為が日本国の法令により死刑又は無期若しくは長期三年以上の懲役若しくは禁錮に処すべき罪にあたるものでないとき。

五　引渡犯罪に係る行為が日本国内において行われ、又は引渡

犯罪に係る裁判が日本国の裁判所において行われたとした場合において、日本国の法令により逃亡犯罪人に刑罰を科し、又はこれを執行することができないと認められるとき。

六　引渡犯罪について請求国の有罪の裁判がある場合を除き、逃亡犯罪人がその引渡犯罪に係る行為を行つたことを疑うに足りる相当な理由がないとき。

七　引渡犯罪に係る事件が日本国の裁判所に係属するとき、又はその事件について日本国の裁判所において確定判決を経たとき。

八　逃亡犯罪人の犯した引渡犯罪以外の罪に係る事件が日本国の裁判所に係属するとき、又はその事件について逃亡犯罪人が日本国の裁判所において刑に処せられ、その執行を終らず、若しくは執行を受けないこととなつていないとき。

九　逃亡犯罪人が日本国民であるとき。

**第三条（引渡しの請求を受けた外務大臣の措置）** 外務大臣は、逃亡犯罪人の引渡しの請求があつたときは、次の各号の一に該当する場合を除き、引渡請求書又は外務大臣の作成した引渡しの請求があつたことを証明する書面に関係書類を添附し、これを法務大臣に送付しなければならない。

一　請求が引渡条約に基づいて行なわれたものである場合において、その方式が引渡条約に適合しないと認めるとき。

二　請求が引渡条約に基づかないで行なわれたものである場合において、請求国から日本国が行なう同種の請求に応ずべき旨の保証がなされないとき。

**第四条（法務大臣の措置）** ①　法務大臣は、外務大臣から前条の規定による引渡しの請求に関する書面の送付を受けたときは、次の各号の一に該当する場合を除き、東京高等検察庁検事長に対し関係書類を送付して、逃亡犯罪人を引き渡すことができる場合に該当するかどうかについて東京高等裁判所に審査の請求をなすべき旨を命じなければならない。

一　明らかに逃亡犯罪人を引き渡すことができない場合に該当すると認めるとき。

二　第二条第八号又は第九号に該当する場合には逃亡犯罪人を引き渡すかどうかについて日本国の裁量に任せる旨の引渡条約の定めがある場合において、明らかに同条第八号又は第九号に該当し、かつ、逃亡犯罪人を引き渡すことが相当でないと認めるとき。

三　前号に定める場合のほか、逃亡犯罪人を引き渡すかどうかについて日本国の裁量に任せる旨の引渡条約の定めがある場合において、当該定めに該当し、かつ、逃亡犯罪人を引き渡すことが相当でないと認めるとき。

四　引渡しの請求が引渡条約に基づかないで行われたものである場合において、逃亡犯罪人を引き渡すことが相当でないと認めるとき。

②　法務大臣は、前項第三号又は第四号の認定をしようとするときは、あらかじめ外務大臣と協議しなければならない。

③　法務大臣は、第一項の規定による命令その他逃亡犯罪人の引渡しに関する措置をとるため必要があると認めるときは、逃亡犯罪人の所在その他必要な事項について調査を行うことができる。

**第八条（審査の請求）** ①　東京高等検察庁の検察官は、第四条第一項の規定による法務大臣の命令があつたときは、逃亡犯罪人の現在地が判らない場合を除き、すみやかに、東京高等裁判所に対し、逃亡犯罪人を引き渡すことができる場合に該当するかどうかについて審査の請求をしなければならない。拘禁許可状により逃亡犯罪人を拘束し、又は拘禁許可状により拘束された逃亡犯罪人を受け取つたときは、拘束した時又は受け取つた時から二十四時間以内に審査の請求をしなければならない。

②　前項の審査の請求は書面で行い、これに関係書類を添附しなければならない。

③　東京高等検察庁の検察官は、第一項の請求をしたときは、逃亡犯罪人に前項の請求書の謄本を送付しなければならない。

**第九条（東京高等裁判所の審査）** ①　東京高等裁判所は、前条の審査の請求を受けたときは、すみやかに、審査を開始し、決定をするものとする。逃亡犯罪人が拘禁許可状により拘禁されているときは、おそくとも、拘束を受けた日から二箇月以内に決定をするものとする。

②　逃亡犯罪人は、前項の審査に関し、弁護士の補佐を受けることができる。

③　東京高等裁判所は、第一項の決定をする前に、逃亡犯罪人及びこれを補佐する弁護士に対し、意見を述べる機会を与えなければならない。但し、次条第一項第一号又は第二号の決定をする場合は、この限りでない。

④　東京高等裁判所は、第一項の審査をするについて必要があるときは、証人を尋問し、又は鑑定、通訳若しくは翻訳を命ずることができる。この場合においては、その性質に反しない限り、刑事訴訟法第一編第十一章から第十三章まで及び刑事訴訟費用に関する法令の規定を準用する。

**第一〇条（東京高等裁判所の決定）** ①　東京高等裁判所は、前条第一項の規定による審査の結果に基いて、左の区別に従い、決定をしなければならない。

一　審査の請求が不適法であるときは、これを却下する決定

二　逃亡犯罪人を引き渡すことができない場合に該当するときは、その旨の決定

三　逃亡犯罪人を引き渡すことができる場合に該当するときは、その旨の決定

②　前項の決定は、その主文を東京高等検察庁の検察官に通知することによつて、その効力を生ずる。

③　東京高等裁判所は、第一項の決定をしたときは、すみやかに、東京高等検察庁の検察官及び逃亡犯罪人に裁判書の謄本を送達し、東京高等検察庁の検察官にその提出した関係書類を返還しなければならない。

**第一四条（引渡に関する法務大臣の命令等）** ①　法務大臣は、第十条第一項第三号の決定があつた場合において、逃亡犯罪人を引き渡すことが相当であると認めるときは、東京高等検察庁検事長に対し逃亡犯罪人の引渡を命ずるとともに、逃亡犯罪人にその旨を通知し、逃亡犯罪人を引き渡すことが相当でないと認めるときは、直ちに、東京高等検察庁検事長及び逃亡犯罪人にその旨を通知するとともに、東京高等検察庁検事長に対し拘禁許可状により拘禁されている逃亡犯罪人の釈放を命じなければならない。

②　東京高等検察庁の検察官は、前項の規定による釈放の命令があつたとき、又は第十条第三項の規定により同条第一項第三号の決定の裁判書の謄本の送達を受けた日から十日以内に前項の規定による引渡の命令がないときは、直ちに、拘禁許可状により拘禁されている逃亡犯罪人を釈放しなければならない。

③　法務大臣は、第一項の規定により逃亡犯罪人を引き渡すことが相当でないと認める旨の通知をした後は、当該引渡請求につ

き逃亡犯罪人の引渡を命ずることができない。但し、第二条第八号の場合に関し引渡条約に別段の定がある場合において、同条同号に該当するため逃亡犯罪人を引き渡すことが相当でないと認める旨の通知をした後同条同号に該当しないこととなつたときは、この限りでない。

**第三三条（引渡条約発効前に犯された犯罪に関する引渡の請求）** 日本国と外国との間に新たに引渡条約が締結された場合においては、引渡条約に締約国が日本国に対し当該引渡条約の効力発生前に犯された犯罪についても犯罪人の引渡を請求することができない旨の定がある場合を除き、この法律中引渡条約に基づく引渡しの請求に関する規定は、当該引渡条約の効力発生前に犯された犯罪につきその効力発生後になされた引渡の請求に関しても、適用されるものとする。

# 22 国際刑事裁判所協力法（抜粋）

（国際刑事裁判所に対する協力等に関する法律）

公　布　平成一九年五月一一日（法三七）
施　行　平成一九年一〇月一日
最終改正　平成二九法六七

## 第一章　総則

**第一条（目的）** この法律は、国際刑事裁判所に関するローマ規程（以下「規程」という。）が定める集団殺害犯罪その他の国際社会全体の関心事である最も重大な犯罪について、国際刑事裁判所の捜査、裁判及び刑の執行等についての必要な協力に関する手続を定めるとともに、国際刑事裁判所の運営を害する行為についての罰則を定めること等により、規程の的確な実施を確保することを目的とする。

**第二条（定義）** この法律において、次の各号に掲げる用語の意義は、それぞれ当該各号に定めるところによる。

一　国際刑事裁判所　規程第一条に規定する国際刑事裁判所をいう。

二　管轄刑事事件　規程第五条1及び第七十条1の規定により国際刑事裁判所が管轄権を有する犯罪について国際刑事裁判所がその管轄権を行使する事件をいう。

三　重大犯罪　規程第五条1の規定により国際刑事裁判所が管轄権を有する国際社会全体の関心事である最も重大な犯罪として規程に定める犯罪をいう。

四　証拠の提供　規程第九十三条1の規定による国際刑事裁判所の請求により、国際刑事裁判所の捜査又は裁判に係る手続（以下「国際刑事裁判所の手続」という。）に必要な証拠を国際刑事裁判所に提供することをいう。

五　裁判上の証拠調べ　規程第九十三条1の規定による国際刑事裁判所の請求により、規程第三十九条2に規定する上訴裁判部又は第一審裁判部が行う証拠調べについての援助として日本国の裁判所が行う証拠調べをいう。

六　書類の送達　規程第九十三条1の規定による国際刑事裁判所の請求により、規程第三十九条2に規定する上訴裁判部、第一審裁判部又は予審裁判部が行う書類の送達についての援助として日本国の裁判所が行う書類の送達をいう。

七　受刑者証人等移送　規程第九十三条1及び7の規定による国際刑事裁判所の請求により、証人その他の国際刑事裁判所の手続における関係人（国際刑事裁判所の捜査又は裁判の対象とされる者を除く。）として出頭させることを可能とするため、国内受刑者（日本国において懲役刑若しくは禁錮刑又は国際受刑者移送法（平成十四年法律第六十六号）第二条第二号に定める共助刑の執行として拘禁されている者をいう。以下同じ。）を移送することをいう。

八　引渡犯罪人の引渡し　規程第八十九条1又は第百十一条の規定による国際刑事裁判所の引渡しの請求により、その引渡しの対象とされた者（以下「引渡犯罪人」という。）の引渡しをすることをいう。

九　仮拘禁　規程第九十二条1の規定による国際刑事裁判所の仮逮捕の請求により、その仮逮捕の対象とされた者（以下「仮拘禁犯罪人」という。）を仮に拘禁することをいう。

十　執行協力　規程第七十五条5若しくは第百九条1の規定により罰金刑（国際刑事裁判所が規程第七十条3又は第七十七条2(a)の規定により命ずる罰金をいう。以下同じ。）、没収刑（国際刑事裁判所が規程第七十七条2(b)の規定により命ずる没収をいう。以下同じ。）若しくは被害回復命令（国際刑事裁判所が規程第七十五条2の規定により発する命令をいう。以下同じ。）の確定裁判の執行をすること又は規程第七十五条4若しくは第九十三条1の規定により没収刑若しくは被害回復命令のための保全をすることをいう。

十一　協力　証拠の提供、裁判上の証拠調べ、書類の送達、受刑者証人等移送、引渡犯罪人の引渡し、仮拘禁及び執行協力をいう。

十二　請求犯罪　協力（引渡犯罪人の引渡し及び仮拘禁を除く。）の請求において犯されたとされている犯罪をいう。

十三　引渡犯罪　引渡犯罪人の引渡し又は仮拘禁に係る協力の請求において当該引渡犯罪人又は仮拘禁犯罪人が犯したとされている犯罪をいう。

## 第二章　国際刑事裁判所に対する協力（抄）

**第三条（協力の請求の受理等）** 国際刑事裁判所に対する協力に関する次に掲げる事務は、外務大臣が行う。

一　国際刑事裁判所からの協力の請求の受理

二　国際刑事裁判所との協議及び国際刑事裁判所に対して行うべき通報

三　国際刑事裁判所に対する証拠の送付及び罰金刑、没収刑又は被害回復命令の確定裁判の執行に係る財産の引渡し並びに書類の送達についての結果の通知

**第六条（法務大臣の措置）** ① 法務大臣は、外務大臣から第四条の規定により証拠の提供に係る協力の請求に関する書面の送付を受けた場合において、次の各号のいずれにも該当しないときは、次項又は第三項に規定する措置をとるものとする。

一　当該協力の請求が国際捜査共助等に関する法律（昭和五十五年法律第六十九号）第一条第一号に規定する共助（以下この号及び第三十九条第一項第二号において「捜査共助」という。）の要請と競合し、かつ、規程の定めるところによりその要請を優先させることができる場合において、当該捜査共助をすることが相当であると認めるとき。

二　当該協力の請求に応ずることにより、規程第九十八条1に

規定する国際法に基づく義務に反することとなるとき。

三　当該協力の請求に応ずることにより、日本国の安全が害されるおそれがあるとき。

四　請求犯罪が規程第七十条1に規定する犯罪である場合において、当該請求犯罪に係る行為が日本国内において行われたとした場合にその行為が日本国の法令によれば罪に当たるものでないとき。

五　当該協力の請求に応ずることにより、請求犯罪以外の罪に係る事件で日本国の検察官、検察事務官若しくは司法警察職員によって捜査され又は日本国の裁判所に係属しているものについて、その捜査又は裁判を妨げるおそれがあり、直ちに当該請求に応ずることが相当でないと認めるとき。

六　その他直ちに当該協力の請求に応じないことに正当な理由があるとき。

②―④　（略）

**第一九条（引渡犯罪人の引渡しの要件）**①　引渡犯罪人の引渡しは、引渡犯罪が重大犯罪である場合には、次の各号のいずれかに該当する場合を除き、これを行うことができる。

一　引渡犯罪に係る事件が日本国の裁判所に係属するとき。ただし、当該事件について、国際刑事裁判所において、規程第十七条1の規定により事件を受理する旨の決定をし、又は公判手続を開始しているときは、この限りでない。

二　引渡犯罪に係る事件について日本国の裁判所において確定判決を経たとき。ただし、当該事件について、国際刑事裁判所において、規程第十七条1の規定により事件を受理する旨の決定をし、又は有罪の判決の言渡しをしているときは、この限りでない。

三　引渡犯罪について国際刑事裁判所において有罪の判決の言渡しがある場合を除き、引渡犯罪人が引渡犯罪を行っていないことが明らかに認められるとき。

②　引渡犯罪人の引渡しは、引渡犯罪が規程第七十条1に規定する犯罪である場合には、次の各号のいずれかに該当する場合を除き、これを行うことができる。

一　引渡犯罪に係る行為が日本国内において行われたとした場合において、当該行為が日本国の法令により死刑又は無期若しくは長期三年以上の懲役若しくは禁錮に処すべき罪に当たるものでないとき。

二　引渡犯罪に係る行為が日本国内において行われ、又は引渡犯罪に係る裁判が日本国の裁判所において行われたとした場合において、日本国の法令により引渡犯罪人に刑罰を科し、又はこれを執行することができないと認められるとき。

三　引渡犯罪について国際刑事裁判所において有罪の判決の言渡しがある場合を除き、引渡犯罪人がその引渡犯罪に係る行為を行ったことを疑うに足りる相当な理由がないとき。

四　引渡犯罪に係る事件が日本国の裁判所に係属するとき、又はその事件について日本国の裁判所において確定判決を経たとき。

五　引渡犯罪人の犯した引渡犯罪以外の罪に係る事件が日本国の裁判所に係属するとき、又はその事件について引渡犯罪人が日本国の裁判所において刑に処せられ、その執行を終わらず、若しくは執行を受けないこととなっていないとき。

六　引渡犯罪人が日本国民であるとき。

**第三八条（執行協力の要件）**①　執行協力は、請求犯罪が重大犯罪である場合には、次の各号のいずれかに該当する場合を除き、これを行うことができる。

一　没収刑のための保全に係る執行協力については、請求犯罪に係る事件が日本国の裁判所に係属するとき。ただし、当該事件について、国際刑事裁判所において、規程第十七条1の規定により事件を受理する旨の決定をし、又は公判手続を開始しているときは、この限りでない。

二　没収刑のための保全に係る執行協力については、請求犯罪に係る事件について日本国の裁判所において確定判決を経たとき。ただし、当該事件について、国際刑事裁判所において、規程第十七条1の規定により事件を受理する旨の決定をし、又は有罪の判決の言渡しをしているときは、この限りでない。

三　没収刑のための保全に係る執行協力については、請求犯罪につき日本国において刑罰を科すとした場合において、日本国の法令によれば当該執行協力の請求に係る財産が没収保全をすることができる財産に当たるものでないとき（当該請求に係る財産が、請求犯罪に係る行為によりその被害を受けた者から得た財産である場合には、その者又はその一般承継人に帰属することを理由として没収保全をすることができる財産に当たるものでないときを除く。）。

四　被害回復命令のための保全であってその内容及び性質を考慮して日本国の法令によれば没収の保全に相当するものに係る執行協力については、請求犯罪につき日本国において刑罰を科すとした場合において、日本国の法令によれば当該執行協力の請求に係る財産が没収保全をすることができる財産に当たるものでないとき（当該請求に係る財産が、重大犯罪に係る行為によりその被害を受けた者から得た財産であって、被害回復命令によりその者又はその一般承継人に返還すべきものである場合には、それらの者に帰属することを理由として没収保全をすることができる財産に当たるものでないときを除く。）。

五　被害回復命令のための保全であってその内容及び性質を考慮して日本国の法令によれば追徴の保全に相当するものに係る執行協力については、請求犯罪につき日本国において刑罰を科すとした場合において、日本国の法令によれば当該執行協力の請求に係る財産が追徴保全をすることができる財産に当たるものでないとき。

②　執行協力は、請求犯罪が規程第七十条1に規定する犯罪である場合には、次の各号のいずれかに該当する場合を除き、これを行うことができる。

一　請求犯罪に係る行為が日本国内において行われたとした場合において、日本国の法令によればこれについて刑罰を科すことができないと認められるとき。

二　請求犯罪に係る事件が日本国の裁判所に係属するとき、又はその事件について日本国の裁判所において確定判決を経たとき。

三　没収刑のための保全に係る執行協力については、請求犯罪につき日本国において刑罰を科すとした場合において、日本国の法令によれば当該執行協力の請求に係る財産が没収保全をすることができる財産に当たるものでないとき（当該請求に係る財産が、請求犯罪に係る行為によりその被害を受けた者から得た財産である場合には、その者又はその一般承継人に帰属することを理由として没収保全をすることができる財産に当たるものでないときを除く。）。

## 第三章　国際刑事警察機構に対する措置（略）

## 第四章　国際刑事裁判所の運営を害する罪（抄）

**第五三条（証拠隠滅等）**① 他人の管轄刑事事件に関する証拠を隠滅し、偽造し、若しくは変造し、又は偽造若しくは変造の証拠を使用した者は、三年以下の懲役又は三十万円以下の罰金に処する。
② 犯人の親族が犯人の利益のために前項の罪を犯したときは、その刑を免除することができる。

**第六五条（国民の国外犯）** この章の罪は、刑法第三条の例に従う。

# 23　外国為替及び外国貿易法（抜粋）

公　布　昭和二四年一二月一日（法二二八）
施　行（附則参照）
最終改正　令和一法六〇

**第一条（目的）** この法律は、外国為替、外国貿易その他の対外取引が自由に行われることを基本とし、対外取引に対し必要最小限の管理又は調整を行うことにより、対外取引の正常な発展並びに我が国又は国際社会の平和及び安全の維持を期し、もつて国際収支の均衡及び通貨の安定を図るとともに我が国経済の健全な発展に寄与することを目的とする。

**第六条（定義）**① この法律又はこの法律に基づく命令において、次の各号に掲げる用語の意義は、当該各号に定めるところによる。
一―四（略）
五　「居住者」とは、本邦内に住所又は居所を有する自然人及び本邦内に主たる事務所を有する法人をいう。非居住者の本邦内の支店、出張所その他の事務所は、法律上代理権があると否とにかかわらず、その主たる事務所が外国にある場合においても居住者とみなす。
六　「非居住者」とは、居住者以外の自然人及び法人をいう。
七―十四（略）
十五　「貨物」とは、貴金属、支払手段及び証券その他債権を化体する証書以外の動産をいう。
十六（略）
② 居住者又は非居住者の区別が明白でない場合については、財務大臣の定めるところによる。

**第一〇条【我が国の平和及び安全の維持のための措置】**① 我が国の平和及び安全の維持のため特に必要があるときは、閣議において、対応措置（この項の規定による閣議決定に基づき主務大臣により行われる第十六条第一項、第二十一条第一項、第二十三条第四項、第二十四条第一項、第二十五条第六項、第四十八条第三項及び第五十二条の規定による措置をいう。）を講ずべきことを決定することができる。
② 政府は、前項の閣議決定に基づき同項の対応措置を講じた場合には、当該対応措置を講じた日から二十日以内に国会に付議して、当該対応措置を講じたことについて国会の承認を求めなければならない。ただし、国会が閉会中の場合又は衆議院が解散されている場合には、その後最初に召集される国会において、速やかに、その承認を求めなければならない。
③ 政府は、前項の場合において不承認の議決があつたときは、速やかに、当該対応措置を終了させなければならない。

**第一六条（支払等）**① 主務大臣は、我が国が締結した条約その他の国際約束を誠実に履行するため必要があると認めるとき、国際平和のための国際的な努力に我が国として寄与するため特に必要があると認めるとき、又は第十条第一項の閣議決定が行われたときは、支払等が、これらと同一の見地から許可又は承認を受ける義務を課した取引又は行為に係る支払等である場合を除き、政令で定めるところにより、本邦から外国へ向けた支払をしようとする居住者若しくは非居住者又は非居住者との間で支払等をしようとする居住者に対し、当該支払又は支払等について、許可を受ける義務を課することができる。
②―⑤（略）

**第二一条（財務大臣の許可を受ける義務を課する資本取引等）**① 財務大臣は、居住者又は非居住者による資本取引（前条に規定する資本取引をいい、第二十四条第一項に規定する特定資本取引に該当するものを除く。次条第一項、第五十五条の三及び第七十条第一項において同じ。）が何らの制限なしに行われた場合には、我が国が締結した条約その他の国際約束を誠実に履行することを妨げ、若しくは国際平和のための国際的な努力に我が国として寄与することを妨げることとなる事態を生じ、この法律の目的を達成することが困難になると認めるとき、又は第十条第一項の閣議決定が行われたときは、政令で定めるところにより、当該資本取引を行おうとする居住者又は非居住者に対し、当該資本取引を行うことについて、許可を受ける義務を課することができる。
②―⑥（略）

**第二七条（対内直接投資等の届出及び変更勧告等）**① 外国投資家（前条第一項に規定する外国投資家をいう。以下この条、第二十八条、第二十九条第一項から第四項まで、第五十五条の五及び第九章において同じ。）は、対内直接投資等（前条第二項に規定する対内直接投資等をいい、相続、遺贈、法人の合併その他の事情を勘案して政令で定めるものを除く。以下この条、第二十九条第一項から第四項まで、第五十五条の五、第六十九条の二第二項及び第七十条第一項において同じ。）のうち第三項の規定による審査が必要となる対内直接投資等に該当するおそれがあるものとして政令で定めるものを行おうとするときは、政令で定めるところにより、あらかじめ、当該対内直接投資等について、事業目的、金額、実行の時期その他の政令で定める事項を財務大臣及び事業所管大臣に届け出なければならない。
②（略）
③ 財務大臣及び事業所管大臣は、第一項の規定による届出があつた場合において、当該届出に係る対内直接投資等が次に掲げるいずれかの対内直接投資等（以下「国の安全等に係る対内直接投資等」という。）に該当しないかどうかを審査する必要があると認めるときは、当該届出に係る対内直接投資等を行つてはならない期間を、当該届出を受理した日から起算して四月間に限り、延長することができる。
一　イ又はロに掲げるいずれかの事態を生ずるおそれがある対内直接投資等（我が国が加盟する対内直接投資等に関する多

数国間の条約その他の国際約束で政令で定めるもの（以下この号において「条約等」という。）の加盟国の外国投資家が行う対内直接投資等で対内直接投資等に関する制限の除去について当該条約等に基づく義務がないもの及び当該条約等の加盟国以外の国の外国投資家が行う対内直接投資等でその国が当該条約等の加盟国であるものとした場合に当該義務がないこととなるものに限る。）

イ　国の安全を損ない、公の秩序の維持を妨げ、又は公衆の安全の保護に支障を来すことになること。

ロ　我が国経済の円滑な運営に著しい悪影響を及ぼすことになること。

二　当該対内直接投資等が我が国との間に対内直接投資等に関し条約その他の国際約束がない国の外国投資家により行われるものであることにより、これに対する取扱いを我が国の投資家が当該国において行う直接投資等（前条第二項各号に掲げる対内直接投資等に相当するものをいう。）に対する取扱いと実質的に同等なものとするため、その内容の変更又は中止をさせる必要があると認められる対内直接投資等

三　資金の使途その他からみて、当該対内直接投資等の全部又は一部が第二十一条第一項又は第二項の規定により許可を受ける義務を課されている資本取引に当たるものとしてその内容の変更又は中止をさせる必要があると認められる対内直接投資等

④（略）

⑤　財務大臣及び事業所管大臣は、第三項の規定により対内直接投資等を行つてはならない期間を延長した場合において、同項の規定による審査をした結果、第一項の規定による届出に係る対内直接投資等が国の安全等に係る対内直接投資等に該当すると認めるときは、関税・外国為替等審議会の意見を聴いて、当該対内直接投資等の届出をしたものに対し、政令で定めるところにより、当該対内直接投資等に係る内容の変更又は中止を勧告することができる。ただし、当該変更又は中止を勧告することができる期間は、当該届出を受理した日から起算して第三項又は次項の規定により延長された期間の満了する日までとする。

⑥（略）

⑦　第五項の規定による勧告を受けたものは、当該勧告を受けた日から起算して十日以内に、財務大臣及び事業所管大臣に対し、当該勧告を応諾するかしないかを通知しなければならない。

⑧⑨（略）

⑩　第五項の規定による勧告を受けたものが、第七項の規定による通知をしなかつた場合又は当該勧告を応諾しない旨の通知をした場合には、財務大臣及び事業所管大臣は、当該勧告を受けたものに対し、当該対内直接投資等に係る内容の変更又は中止を命ずることができる。ただし、当該変更又は中止を命ずることができる期間は、当該届出を受理した日から起算して第三項又は第六項の規定により延長された期間の満了する日までとする。

⑪―⑭（略）

**第四七条（輸出の原則）** 貨物の輸出は、この法律の目的に合致する限り、最少限度の制限の下に、許容されるものとする。

**第四八条（輸出の許可等）** ①　国際的な平和及び安全の維持を妨げることとなると認められるものとして政令で定める特定の地域を仕向地とする特定の種類の貨物の輸出をしようとする者は、政令で定めるところにより、経済産業大臣の許可を受けなければならない。

②　経済産業大臣は、前項の規定の確実な実施を図るため必要があると認めるときは、同項の特定の種類の貨物を同項の特定の地域以外の地域を仕向地として輸出しようとする者に対し、政令で定めるところにより、許可を受ける義務を課することができる。

③　経済産業大臣は、前二項に定める場合のほか、特定の種類若しくは特定の地域を仕向地とする貨物を輸出しようとする者又は特定の取引により貨物を輸出しようとする者に対し、国際収支の均衡の維持のため、外国貿易及び国民経済の健全な発展のため、我が国が締結した条約その他の国際約束を誠実に履行するため、国際平和のための国際的な努力に我が国として寄与するため、又は第十条第一項の閣議決定を実施するために必要な範囲内で、政令で定めるところにより、承認を受ける義務を課することができる。

**第五二条（輸入の承認）** 外国貿易及び国民経済の健全な発展を図るため、我が国が締結した条約その他の国際約束を誠実に履行するため、国際平和のための国際的な努力に我が国として寄与するため、又は第十条第一項の閣議決定を実施するため、貨物を輸入しようとする者は、政令で定めるところにより、輸入の承認を受ける義務を課せられることがある。

附　則

この法律の施行期日は、各規定につき政令で定める（昭和二四政三七五・政四一三、昭和二五政一二二・政一九一・政二〇二）。但し、その期日は、昭和二十五年六月三十日後であつてはならない。

## 24　外務省設置法（抜粋）

公　布　平成一一年七月一六日（法九四）
施　行　平成一三年一月六日
最終改正　平成二七法六六

**第一条（目的）** この法律は、外務省の設置並びに任務及びこれを達成するため必要となる明確な範囲の所掌事務を定めるとともに、その所掌する行政事務を能率的に遂行するため必要な組織を定めることを目的とする。

**第二条（設置）** ①　国家行政組織法（昭和二十三年法律第百二十号）第三条第二項の規定に基づいて、外務省を設置する。

②　外務省の長は、外務大臣とする。

**第三条（任務）** ①　外務省は、平和で安全な国際社会の維持に寄与するとともに主体的かつ積極的な取組を通じて良好な国際環境の整備を図ること並びに調和ある対外関係を維持し発展させつつ、国際社会における日本国及び日本国民の利益の増進を図ることを任務とする。

②　前項に定めるもののほか、外務省は、同項の任務に関連する特定の内閣の重要政策に関する内閣の事務を助けることを任務とする。

③　外務省は、前項の任務を遂行するに当たり、内閣官房を助けるものとする。

**第四条（所掌事務）** ①　外務省は、前条第一項の任務を達成するため、次に掲げる事務をつかさどる。

一 次のイから二までに掲げる事項その他の事項に係る外交政策に関すること。
イ 日本国の安全保障
ロ 対外経済関係
ハ 経済協力
ニ 文化その他の分野における国際交流
二 日本国政府を代表して行う外国政府との交渉及び協力その他外国(本邦の域外にある国又は地域をいう。以下同じ。)に関する政務の処理に関すること。
三 日本国政府を代表して行う国際連合その他の国際機関及び国際会議その他国際協調の枠組み(以下「国際機関等」という。)への参加並びに国際機関等との協力に関すること。
四 条約その他の国際約束の締結に関すること。
五 条約その他の国際約束及び確立された国際法規の解釈及び実施に関すること。
六 日本国政府として処理する必要のある渉外法律事項に関すること。
七 国際情勢に関する情報の収集及び分析並びに外国及び国際機関等に関する調査に関すること。
八 日本国民の海外における法律上又は経済上の利益その他の利益の保護及び増進に関すること。
九 海外における邦人の生命及び身体の保護その他の安全に関すること。
十 海外における邦人の身分関係事項に関すること。
十一―十七 (略)
十八 外交官及び領事官の派遣に関すること。
十九 外交官及び領事官の接受並びに国際機関の要員の受入れに関すること。
二十―二十九 (略)
② 前項に定めるもののほか、外務省は、前条第二項の任務を達成するため、同条第一項の任務に関連する特定の内閣の重要政策について、当該重要政策に関して閣議において決定された基本的な方針に基づいて、行政各部の施策の統一を図るために必要となる企画及び立案並びに総合調整に関する事務をつかさどる。

**第六条【設置】**① 外務省に、在外公館を置く。
② 在外公館の種類は、大使館、公使館、総領事館、領事館及び政府代表部とする。
③ (略)

**第九条【在外公館長】**① 在外公館に、長(以下「在外公館長」という。)を置く。
② 大使館、公使館、総領事館、領事館及び政府代表部の長は、それぞれ特命全権大使、特命全権公使、総領事、領事及び特命全権大使とする。
③④ (略)

**第一三条【名誉総領事と名誉領事】**① 外務大臣は、外国において外務省の所掌事務の一部を遂行するため必要と認めるときは、名誉総領事又は名誉領事を任命し、これを所要の地に置くことができる。
② (略)

## 25 海上保安庁法(抜粋)

公　布　昭和二三年四月二七日(法二八)
施　行　昭和二三年五月一日
最終改正　平成二四法七一

**第一条【海上保安庁の設置、港と河川との境界】**① 海上において、人命及び財産を保護し、並びに法律の違反を予防し、捜査し、及び鎮圧するため、国家行政組織法(昭和二十三年法律第百二十号)第三条第二項の規定に基づいて、国土交通大臣の管理する外局として海上保安庁を置く。
② (略)

**第二条【任務】**① 海上保安庁は、法令の海上における励行、海難救助、海洋汚染等の防止、海上における船舶の航行の秩序の維持、海上における犯罪の予防及び鎮圧、海上における犯人の捜査及び逮捕、海上における船舶交通に関する規制、水路、航路標識に関する事務その他海上の安全の確保に関する事務並びにこれらに附帯する事項に関する事務を行うことにより、海上の安全及び治安の確保を図ることを任務とする。
② (略)

**第五条【所掌事務】**海上保安庁は、第二条第一項の任務を達成するため、次に掲げる事務をつかさどる。
一 法令の海上における励行に関すること。
二 海難の際の人命、積荷及び船舶の救助並びに天災事変その他救済を必要とする場合における援助に関すること。
三―十 (略)
十一 海洋汚染等(海洋汚染等及び海上災害の防止に関する法律(昭和四十五年法律第百三十六号)第三条第十五号の二に規定する海洋汚染等をいう。)及び海上災害の防止に関すること。
十二 海上における船舶の航行の秩序の維持に関すること。
十三 沿岸水域における巡視警戒に関すること。
十四 海上における暴動及び騒乱の鎮圧に関すること。
十五 海上における犯罪の予防及び鎮圧に関すること。
十六 海上における犯人の捜査及び逮捕に関すること。
十七 留置業務に関すること。
十八 国際捜査共助に関すること。
十九 警察庁及び都道府県警察(以下「警察行政庁」という。)、税関、検疫所その他の関係行政庁との間における協力、共助及び連絡に関すること。
二十 国際緊急援助隊の派遣に関する法律(昭和六十二年法律第九十三号)に基づく国際緊急援助活動に関すること。
二十一―三十 (略)
三十一 前各号に掲げるもののほか、第二条第一項に規定する事務

**第一〇条【長官】**① 海上保安庁の長は、海上保安庁長官とする。
② 海上保安庁長官は、国土交通大臣の指揮監督を受け、庁務を統理し、所部の職員を指揮監督する。ただし、国土交通大臣以外の大臣の所管に属する事務については、各々その大臣の指揮監督を受ける。

**第一四条【海上保安官・保安官補】**① 海上保安庁に海上保安官及び海上保安官補を置く。
②―④ (略)

**第一五条【海上保安官の地位】**海上保安官がこの法律の定めるところにより法令の励行に関する事務を行う場合には、その権

限については、当該海上保安官は、各〻の法令の施行に関する事務を所管する行政官庁の当該官吏とみなされ、当該法令の励行に関する事務に関し行政官庁の制定する規則の適用を受けるものとする。

**第一七条【書類の提出命令・立入検査・質問、服制】**① 海上保安官は、その職務を行うため必要があるときは、船長又は船長に代わつて船舶を指揮する者に対し、法令により船舶に備え置くべき書類の提出を命じ、船舶の同一性、船籍港、船長の氏名、直前の出発港又は出発地、目的港又は目的地、積荷の性質又は積荷の有無その他船舶、積荷及び航海に関し重要と認める事項を確かめるため船舶の進行を停止させて立入検査をし、又は乗組員及び旅客並びに船舶の所有者若しくは賃借人又は用船者その他海上の安全及び治安の確保を図るため重要と認める事項について知つていると認められる者に対しその職務を行うために必要な質問をすることができる。

②③（略）

**第一八条【強制的措置】**① 海上保安官は、海上における犯罪が正に行われようとするのを認めた場合又は天災事変、海難、工作物の損壊、危険物の爆発等危険な事態がある場合であつて、人の生命若しくは身体に危険が及び、又は財産に重大な損害が及ぶおそれがあり、かつ、急を要するときは、他の法令に定めのあるもののほか、次に掲げる措置を講ずることができる。

一　船舶の進行を開始させ、停止させ、又はその出発を差し止めること。

二　航路を変更させ、又は船舶を指定する場所に移動させること。

三　乗組員、旅客その他船内にある者（以下「乗組員等」という。）を下船させ、又はその下船を制限し、若しくは禁止すること。

四　積荷を陸揚げさせ、又はその陸揚げを制限し、若しくは禁止すること。

五　他船又は陸地との交通を制限し、又は禁止すること。

六　前各号に掲げる措置のほか、海上における人の生命若しくは身体に対する危険又は財産に対する重大な損害を及ぼすおそれがある行為を制止すること。

② 海上保安官は、船舶の外観、航海の態様、乗組員等の異常な挙動その他周囲の事情から合理的に判断して、海上における犯罪が行われることが明らかであると認められる場合その他海上における公共の秩序が著しく乱されるおそれがあると認められる場合であつて、他に適当な手段がないと認められるときは、前項第一号又は第二号に掲げる措置を講ずることができる。

**第一九条【武器の携帯】**海上保安官及び海上保安官補は、その職務を行うため、武器を携帯することができる。

**第二〇条【武器の使用】**① 海上保安官及び海上保安官補の武器の使用については、警察官職務執行法（昭和二十三年法律第百三十六号）第七条の規定を準用する。

② 前項において準用する警察官職務執行法第七条の規定により武器を使用する場合のほか、第十七条第一項の規定に基づき船舶の進行の停止を繰り返し命じても乗組員等がこれに応ぜずなお海上保安官又は海上保安官補の職務の執行に対して抵抗し、又は逃亡しようとする場合において、海上保安庁長官が当該船舶の外観、航海の態様、乗組員等の異常な挙動その他周囲の事情及びこれらに関連する情報から合理的に判断して次の各号のすべてに該当する事態であると認めたときは、海上保安官又は海上保安官補は、当該船舶の進行を停止させるために他に手段がないと信ずるに足りる相当な理由のあるときには、その事態に応じ合理的に必要と判断される限度において、武器を使用することができる。

一　当該船舶が、外国船舶（軍艦及び各国政府が所有し又は運航する船舶であつて非商業的目的のみに使用されるものを除く。）と思料される船舶であつて、かつ、海洋法に関する国際連合条約第十九条に定めるところによる無害通航でない航行を我が国の内水又は領海において現に行つていると認められること（当該航行に正当な理由がある場合を除く。）。

二　当該航行を放置すればこれが将来において繰り返し行われる蓋然性があると認められること。

三　当該航行が我が国の領域内において死刑又は無期若しくは長期三年以上の懲役若しくは禁錮に当たる凶悪な罪（以下「重大凶悪犯罪」という。）を犯すのに必要な準備のため行われているのではないかとの疑いを払拭することができないと認められること。

四　当該船舶の進行を停止させて立入検査をすることにより知り得べき情報に基づいて適確な措置を尽くすのでなければ将来における重大凶悪犯罪の発生を未然に防止することができないと認められること。

**第二五条【解釈規定】**この法律のいかなる規定も海上保安庁又はその職員が軍隊として組織され、訓練され、又は軍隊の機能を営むことを認めるものとこれを解釈してはならない。

**第二八条の二【遠方離島における犯罪対処】**① 海上保安官及び海上保安官補は、本土から遠隔の地にあることその他の理由により警察官が速やかに犯罪に対処することが困難であるものとして海上保安庁長官及び警察庁長官が告示する離島において、海上保安庁長官が警察庁長官に協議して定めるところにより、当該離島における犯罪に対処することができる。

② 警察官職務執行法第二条、第五条並びに第六条第一項、第三項及び第四項の規定は、前項の規定による海上保安官及び海上保安官補の職務の執行について準用する。この場合において、同法第二条第二項中「警察署、派出所又は駐在所」とあるのは「海上保安庁の施設、船舶又は航空機」と、同条第三項中「警察署、派出所若しくは駐在所」とあるのは「海上保安庁の施設、船舶若しくは航空機」と読み替えるものとする。

**第二八条の三【国際平和協力業務】**海上保安庁長官は、国際連合平和維持活動等に対する協力に関する法律（平成四年法律第七十九号）の定めるところにより、海上保安庁の任務遂行に支障を生じない限度において、その船舶又は航空機の乗組員たる海上保安庁の職員に、国際平和協力業務を行わせ、及び輸送の委託を受けてこれを実施させることができる。

**第三一条【司法警察職員としての地位】**① 海上保安官及び海上保安官補は、海上における犯罪について、海上保安庁長官の定めるところにより、刑事訴訟法（昭和二十三年法律第百三十一号）の規定による司法警察職員として職務を行う。

② 海上保安官及び海上保安官補は、第二十八条の二第一項に規定する場合において、同項の離島における犯罪について、海上保安庁長官が警察庁長官に協議して定めるところにより、刑事訴訟法の規定による司法警察職員として職務を行う。

## 26 自衛隊法（抜粋）

公布　昭和二九年六月九日（法一六五）
施行　昭和二九年七月一日
最終改正　令和二法六一

**第七六条（防衛出動）**① 内閣総理大臣は、次に掲げる事態に際して、我が国を防衛するため必要があると認める場合には、自衛隊の全部又は一部の出動を命ずることができる。この場合においては、武力攻撃事態等及び存立危機事態における我が国の平和と独立並びに国及び国民の安全の確保に関する法律（平成十五年法律第七十九号）第九条の定めるところにより、国会の承認を得なければならない。

一 我が国に対する外部からの武力攻撃が発生した事態又は我が国に対する外部からの武力攻撃が発生する明白な危険が切迫していると認められるに至つた事態

二 我が国と密接な関係にある他国に対する武力攻撃が発生し、これにより我が国の存立が脅かされ、国民の生命、自由及び幸福追求の権利が根底から覆される明白な危険がある事態

② 内閣総理大臣は、出動の必要がなくなつたときは、直ちに、自衛隊の撤収を命じなければならない。

**第七七条（防衛出動待機命令）** 防衛大臣は、事態が緊迫し、前条第一項の規定による防衛出動命令が発せられることが予測される場合において、これに対処するため必要があると認めるときは、内閣総理大臣の承認を得て、自衛隊の全部又は一部に対し出動待機命令を発することができる。

**第七七条の二（防御施設構築の措置）** 防衛大臣は、事態が緊迫し、第七十六条第一項（第一号に係る部分に限る。以下この条において同じ。）の規定による防衛出動命令が発せられることが予測される場合において、同項の規定により出動を命ぜられた自衛隊の部隊を展開させることが見込まれ、かつ、防備をあらかじめ強化しておく必要があると認める地域（以下「展開予定地域」という。）があるときは、内閣総理大臣の承認を得た上、その範囲を定めて、自衛隊の部隊等に当該展開予定地域内において陣地その他の防御のための施設（以下「防御施設」という。）を構築する措置を命ずることができる。

**第七七条の三（防衛出動下令前の行動関連措置）**① 防衛大臣又はその委任を受けた者は、事態が緊迫し、第七十六条第一項の規定による防衛出動命令が発せられることが予測される場合において、武力攻撃事態等及び存立危機事態におけるアメリカ合衆国等の軍隊の行動に伴い我が国が実施する措置に関する法律（平成十六年法律第百十三号）の定めるところにより、行動関連措置としての物品の提供を実施することができる。

②（略）

**第七七条の四（国民保護等派遣）**（略）

**第七八条（命令による治安出動）**① 内閣総理大臣は、間接侵略その他の緊急事態に際して、一般の警察力をもつては、治安を維持することができないと認められる場合には、自衛隊の全部又は一部の出動を命ずることができる。

② 内閣総理大臣は、前項の規定による出動を命じた場合には、出動を命じた日から二十日以内に国会に付議して、その承認を求めなければならない。ただし、国会が閉会中の場合又は衆議院が解散されている場合には、その後最初に召集される国会において、すみやかに、その承認を求めなければならない。

③ 内閣総理大臣は、前項の場合において不承認の議決があつたとき、又は出動の必要がなくなつたときは、すみやかに、自衛隊の撤収を命じなければならない。

**第七九条（治安出動待機命令）**（略）

**第七九条の二（治安出動下令前に行う情報収集）**（略）

**第八〇条（海上保安庁の統制）**① 内閣総理大臣は、第七十六条第一項（第一号に係る部分に限る。）又は第七十八条第一項の規定による自衛隊の全部又は一部に対する出動命令があつた場合において、特別の必要があると認めるときは、海上保安庁の全部又は一部を防衛大臣の統制下に入れることができる。

②③（略）

**第八一条の二（自衛隊の施設等の警護出動）**① 内閣総理大臣は、本邦内にある次に掲げる施設又は施設及び区域において、政治上その他の主義主張に基づき、国家若しくは他人にこれを強要し、又は社会に不安若しくは恐怖を与える目的で多数の人を殺傷し、又は重要な施設その他の物を破壊する行為が行われるおそれがあり、かつ、その被害を防止するため特別の必要があると認める場合には、当該施設又は施設及び区域の警護のため部隊等の出動を命ずることができる。

一 自衛隊の施設

二 日本国とアメリカ合衆国との間の相互協力及び安全保障条約第六条に基づく施設及び区域並びに日本国における合衆国軍隊の地位に関する協定第二条第一項の施設及び区域（同協定第二十五条の合同委員会において自衛隊の部隊等が警護を行うこととされたものに限る。）

②③（略）

**第八二条（海上における警備行動）** 防衛大臣は、海上における人命若しくは財産の保護又は治安の維持のため特別の必要がある場合には、内閣総理大臣の承認を得て、自衛隊の部隊に海上において必要な行動をとることを命ずることができる。

**第八二条の二（海賊対処行動）** 防衛大臣は、海賊行為の処罰及び海賊行為への対処に関する法律（平成二十一年法律第五十五号）の定めるところにより、自衛隊の部隊による海賊対処行動を行わせることができる。

**第八二条の三（弾道ミサイル等に対する破壊措置）**① 防衛大臣は、弾道ミサイル等（弾道ミサイルその他その落下により人命又は財産に対して重大な被害が生じると認められる物体であつて航空機以外のものをいう。以下同じ。）が我が国に飛来するおそれがあり、その落下による我が国領域における人命又は財産に対する被害を防止するため必要があると認めるときは、内閣総理大臣の承認を得て、自衛隊の部隊に対し、我が国に向けて現に飛来する弾道ミサイル等を我が国領域又は公海（海洋法に関する国際連合条約に規定する排他的経済水域を含む。）の上空において破壊する措置をとるべき旨を命ずることができる。

②（略）

③ 防衛大臣は、第一項の場合のほか、事態が急変し同項の内閣総理大臣の承認を得るいとまがなく我が国に向けて弾道ミサイル等が飛来する緊急の場合における我が国領域における人命又は財産に対する被害を防止するため、防衛大臣が作成し、内閣総理大臣の承認を受けた緊急対処要領に従い、あらかじめ、自衛隊の部隊に対し、同項の命令をすることができる。この場合において、防衛大臣は、その命令に係る措置をとるべき期間を定めるものとする。

④（略）

⑤内閣総理大臣は、第一項又は第三項の規定による措置がとられたときは、その結果を、速やかに、国会に報告しなければならない。

**第八四条（領空侵犯に対する措置）** 防衛大臣は、外国の航空機が国際法規又は航空法（昭和二十七年法律第二百三十一号）その他の法令の規定に違反してわが国の領域の上空に侵入したときは、自衛隊の部隊に対し、これを着陸させ、又はわが国の領域の上空から退去させるため必要な措置を講じさせることができる。

**第八四条の二（機雷等の除去）** 海上自衛隊は、防衛大臣の命を受け、海上における機雷その他の爆発性の危険物の除去及びこれらの処理を行うものとする。

**第八四条の三（在外邦人等の保護措置）** ①防衛大臣は、外務大臣から外国における緊急事態に際して生命又は身体に危害が加えられるおそれがある邦人の警護、救出その他の当該邦人の生命又は身体の保護のための措置（輸送を含む。以下「保護措置」という。）を行うことの依頼があつた場合において、外務大臣と協議し、次の各号のいずれにも該当すると認めるときは、内閣総理大臣の承認を得て、部隊等に当該保護措置を行わせることができる。

一　当該外国の領域の当該保護措置を行う場所において、当該外国の権限ある当局が現に公共の安全と秩序の維持に当たつており、かつ、戦闘行為（国際的な武力紛争の一環として行われる人を殺傷し又は物を破壊する行為をいう。第九十五条の二第一項において同じ。）が行われることがないと認められること。

二　自衛隊が当該保護措置（武器の使用を含む。）を行うことについて、当該外国（国際連合の総会又は安全保障理事会の決議に従つて当該外国において施政を行う機関がある場合にあつては、当該機関）の同意があること。

三　予想される危険に対応して当該保護措置をできる限り円滑かつ安全に行うための部隊等と第一号に規定する当該外国の権限ある当局との間の連携及び協力が確保されると見込まれること。

②内閣総理大臣は、前項の規定による外務大臣と防衛大臣の協議の結果を踏まえて、同項各号のいずれにも該当すると認める場合に限り、同項の承認をするものとする。

③防衛大臣は、第一項の規定により保護措置を行わせる場合において、外務大臣から同項の緊急事態に際して生命又は身体に危害が加えられるおそれがある外国人として保護することを依頼された者その他の当該保護措置と併せて保護を行うことが適当と認められる者（第九十四条の五第一項において「その他の保護対象者」という。）の生命又は身体の保護のための措置を部隊等に行わせることができる。

**第八四条の四（在外邦人等の輸送）** ①防衛大臣は、外務大臣から外国における災害、騒乱その他の緊急事態に際して生命又は身体の保護を要する邦人の輸送の依頼があつた場合において、当該輸送において予想される危険及びこれを避けるための方策について外務大臣と協議し、当該輸送を安全に実施することができると認めるときは、当該邦人の輸送を行うことができる。この場合において、防衛大臣は、外務大臣から当該緊急事態に際して生命若しくは身体の保護を要する外国人として同乗させることを依頼された者、当該外国との連絡調整その他の当該輸送の実施に伴い必要となる措置をとらせるため当該輸送の職務に従事する自衛官に同行させる必要があると認められる者又は当該邦人若しくは当該外国人の家族その他の関係者で当該邦人若しくは当該外国人に早期に面会させ、若しくは同行させることが適当であると認められる者を同乗させることができる。

②③（略）

**第八四条の五（後方支援活動等）** ①防衛大臣又はその委任を受けた者は、第三条第二項に規定する活動として、次の各号に掲げる法律の定めるところにより、それぞれ、当該各号に定める活動を実施することができる。

一　重要影響事態に際して我が国の平和及び安全を確保するための措置に関する法律（平成十一年法律第六十号）　後方支援活動としての物品の提供

二　重要影響事態等に際して実施する船舶検査活動に関する法律（平成十二年法律第百四十五号）　後方支援活動又は協力支援活動としての物品の提供

三　国際連合平和維持活動等に対する協力に関する法律（平成四年法律第七十九号）　大規模な災害に対処するアメリカ合衆国、オーストラリア、英国、フランス又はカナダの軍隊に対する物品の提供

四　国際平和共同対処事態に際して我が国が実施する諸外国の軍隊等に対する協力支援活動等に関する法律（平成二十七年法律第七十七号）　協力支援活動としての物品の提供

②防衛大臣は、第三条第二項に規定する活動として、次の各号に掲げる法律の定めるところにより、それぞれ、当該各号に定める活動を行わせることができる。

一　重要影響事態に際して我が国の平和及び安全を確保するための措置に関する法律　防衛省の機関又は部隊等による後方支援活動としての役務の提供及び部隊等による捜索救助活動

二　重要影響事態等に際して実施する船舶検査活動に関する法律　部隊等による船舶検査活動及びその実施に伴う後方支援活動又は協力支援活動としての役務の提供

三　国際緊急援助隊の派遣に関する法律（昭和六十二年法律第九十三号）　部隊等又は隊員による国際緊急援助活動及び当該活動を行う人員又は当該活動に必要な物資の輸送

四　国際連合平和維持活動等に対する協力に関する法律　部隊等による国際平和協力業務、委託に基づく輸送及び大規模な災害に対処するアメリカ合衆国、オーストラリア、英国、フランス又はカナダの軍隊に対する役務の提供

五　国際平和共同対処事態に際して我が国が実施する諸外国の軍隊等に対する協力支援活動等に関する法律　部隊等による協力支援活動としての役務の提供及び部隊等による捜索救助活動

**第八八条（防衛出動時の武力行使）** ①第七十六条第一項の規定により出動を命ぜられた自衛隊は、わが国を防衛するため、必要な武力を行使することができる。

②前項の武力行使に際しては、国際の法規及び慣例によるべき場合にあつてはこれを遵守し、かつ、事態に応じ合理的に必要と判断される限度をこえてはならないものとする。

**第九三条の二（海賊対処行動時の権限）** 第八十二条の二に規定する海賊対処行動を命ぜられた自衛隊の自衛官は、海賊行為の処罰及び海賊行為への対処に関する法律の定めるところにより、同法の規定による権限を行使することができる。

**第九三条の三（弾道ミサイル等に対する破壊措置のための武器**

の使用）第八十二条の三第一項又は第三項の規定により措置を命ぜられた自衛隊の部隊は、弾道ミサイル等の破壊のため必要な武器を使用することができる。

**第九四条の二【災害派遣時等の権限】**（略）

**第九四条の五（在外邦人等の保護措置の際の権限）**① 第八十四条の三第一項の規定により外国の領域において保護措置を行う職務に従事する自衛官は、同項第一号及び第二号のいずれにも該当する場合であつて、その職務を行うに際し、自己若しくは当該保護措置の対象である邦人若しくはその他の保護対象者の生命若しくは身体の防護又はその職務を妨害する行為の排除のためやむを得ない必要があると認める相当の理由があるときは、その事態に応じ合理的に必要と判断される限度で武器を使用することができる。ただし、刑法第三十六条又は第三十七条に該当する場合のほか、人に危害を与えてはならない。

② 第八十九条第二項の規定は、前項の規定により自衛官が武器を使用する場合について準用する。

③ 第一項に規定する自衛官は、第八十四条の三第一項第一号に該当しない場合であつても、その職務を行うに際し、自己若しくは自己と共に当該職務に従事する隊員又はその職務を行うに伴い自己の管理の下に入つた者の生命又は身体の防護のためやむを得ない必要があると認める相当の理由がある場合には、その事態に応じ合理的に必要と判断される限度で武器を使用することができる。ただし、刑法第三十六条又は第三十七条に該当する場合のほか、人に危害を与えてはならない。

**第九四条の六（在外邦人等の輸送の際の権限）**第八十四条の四第一項の規定により外国の領域において同項の輸送の職務に従事する自衛官は、当該輸送に用いる航空機、船舶若しくは車両の所在する場所、輸送対象者（当該自衛官の管理の下に入つた当該輸送の対象である邦人又は同項後段の規定により同乗させる者をいう。以下この条において同じ。）を当該航空機、船舶若しくは車両まで誘導する経路、輸送対象者が当該航空機、船舶若しくは車両に乗り込むために待機している場所又は輸送経路の状況の確認その他の当該車両の所在する場所を離れて行う当該車両による輸送の実施に必要な業務が行われる場所においてその職務を行うに際し、自己若しくは自己と共に当該輸送の職務に従事する隊員又は輸送対象者その他その職務を行うに伴い自己の管理の下に入つた者の生命又は身体の防護のためやむを得ない必要があると認める相当の理由がある場合には、その事態に応じ合理的に必要と判断される限度で武器を使用することができる。ただし、刑法第三十六条又は第三十七条に該当する場合のほか、人に危害を与えてはならない。

**第九四条の七（後方支援活動等の際の権限）**第三条第二項に規定する活動に従事する自衛官又はその実施を命ぜられた部隊等の自衛官であつて、次の各号に掲げるものは、それぞれ、当該各号に定める場合には、当該活動について定める法律の定めるところにより、武器を使用することができる。

一　第八十四条の五第二項第一号に規定する後方支援活動としての役務の提供又は捜索救助活動の実施を命ぜられた部隊等の自衛官　自己又は自己と共に現場に所在する他の隊員若しくは当該職務を行うに伴い自己の管理の下に入つた者若しくは自己と共にその宿営する宿営地（重要影響事態に際して我が国の平和及び安全を確保するための措置に関する法律第十一条第五項に規定する宿営地をいう。）に所在する者の生命又は身体を防護するためやむを得ない必要があると認める相当の理由がある場合

二　第八十四条の五第二項第二号に規定する船舶検査活動の実施を命ぜられた部隊等の自衛官　自己又は自己と共に現場に所在する他の隊員若しくは当該職務を行うに伴い自己の管理の下に入つた者の生命又は身体を防護するためやむを得ない必要があると認める相当の理由がある場合

三　第八十四条の五第二項第四号に規定する国際平和協力業務に従事する自衛官（次号及び第五号に掲げるものを除く。）　自己又は自己と共に現場に所在する他の隊員（第二条第五項に規定する隊員をいう。）、国際平和協力隊の隊員（国際連合平和維持活動等に対する協力に関する法律第十条に規定する協力隊の隊員をいう。）若しくは当該職務を行うに伴い自己の管理の下に入つた者若しくは自己と共にその宿営する宿営地（同法第二十五条第七項に規定する宿営地をいう。）に所在する者の生命又は身体を防護するためやむを得ない必要があると認める相当の理由がある場合

四　第八十四条の五第二項第四号に規定する国際平和協力業務であつて国際連合平和維持活動等に対する協力に関する法律第三条第五号トに掲げるもの又はこれに類するものとして同号ナの政令で定めるものに従事する自衛官　前号に定める場合又はその業務を行うに際し、自己若しくは他人の生命、身体若しくは財産を防護し、若しくはその業務を妨害する行為を排除するためやむを得ない必要があると認める相当の理由がある場合

五　第八十四条の五第二項第四号に規定する国際平和協力業務であつて国際連合平和維持活動等に対する協力に関する法律第三条第五号ラに掲げるものに従事する自衛官　第三号に定める場合又はその業務を行うに際し、自己若しくはその保護しようとする活動関係者（同条第五号ラに規定する活動関係者をいう。）の生命若しくは身体を防護するためやむを得ない必要があると認める相当の理由がある場合

六　第八十四条の五第二項第五号に規定する協力支援活動としての役務の提供又は捜索救助活動の実施を命ぜられた部隊等の自衛官　自己又は自己と共に現場に所在する他の隊員若しくは当該職務を行うに伴い自己の管理の下に入つた者若しくは自己と共にその宿営する宿営地（国際平和共同対処事態に際して我が国が実施する諸外国の軍隊等に対する協力支援活動等に関する法律第十一条第五項に規定する宿営地をいう。）に所在する者の生命又は身体を防護するためやむを得ない必要があると認める相当の理由がある場合

**第九四条の八（防衛出動時における海上輸送の規制のための権限）**第七十六条第一項の規定による出動を命ぜられた海上自衛隊の自衛官は、武力攻撃事態及び存立危機事態における外国軍用品等の海上輸送の規制に関する法律（平成十六年法律第百十六号）の定めるところにより、同法の規定による権限を行使することができる。

**第九四条の九（捕虜等の取扱いの権限）**自衛官は、武力攻撃事態及び存立危機事態における捕虜等の取扱いに関する法律の定めるところにより、同法の規定による権限を行使することができる。

**第九五条（自衛隊の武器等の防護のための武器の使用）**自衛官は、自衛隊の武器、弾薬、火薬、船舶、航空機、車両、有線電気通信設備、無線設備又は液体燃料（以下「武器等」という。）を職務上警護するに当たり、人又は武器等を防護するため必要で

あると認める相当の理由がある場合には、その事態に応じ合理的に必要と判断される限度で武器を使用することができる。ただし、刑法第三十六条又は第三十七条に該当する場合のほか、人に危害を与えてはならない。

**第九五条の二（合衆国軍隊等の部隊の武器等の防護のための武器の使用）** ① 自衛官は、アメリカ合衆国の軍隊その他の外国の軍隊その他これに類する組織（次項において「合衆国軍隊等」という。）の部隊であつて自衛隊と連携して我が国の防衛に資する活動（共同訓練を含み、現に戦闘行為が行われている現場で行われるものを除く。）に現に従事しているものの武器等を職務上警護するに当たり、人又は武器等を防護するため必要であると認める相当の理由がある場合には、その事態に応じ合理的に必要と判断される限度で武器を使用することができる。ただし、刑法第三十六条又は第三十七条に該当する場合のほか、人に危害を与えてはならない。

② 前項の警護は、合衆国軍隊等から要請があつた場合であつて、防衛大臣が必要と認めるときに限り、自衛官が行うものとする。

**第一〇〇条の六（合衆国軍隊に対する物品又は役務の提供）** ① 防衛大臣又はその委任を受けた者は、次に掲げる合衆国軍隊（アメリカ合衆国の軍隊をいう。以下この条及び次条において同じ。）から要請があつた場合には、自衛隊の任務遂行に支障を生じない限度において、当該合衆国軍隊に対し、自衛隊に属する物品の提供を実施することができる。

一　自衛隊及び合衆国軍隊の双方の参加を得て行われる訓練に参加する合衆国軍隊（重要影響事態に際して我が国の平和及び安全を確保するための措置に関する法律第三条第一項第一号に規定する合衆国軍隊等に該当する合衆国軍隊、武力攻撃事態等及び存立危機事態におけるアメリカ合衆国等の軍隊の行動に伴い我が国が実施する措置に関する法律第二条第六号に規定する特定合衆国軍隊、同条第七号に規定する外国軍隊に該当する合衆国軍隊及び国際平和共同対処事態に際して我が国が実施する諸外国の軍隊等に対する協力支援活動等に関する法律第三条第一項第一号に規定する諸外国の軍隊等に該当する合衆国軍隊を除く。次号から第四号まで及び第六号から第十一号までにおいて同じ。）

二　部隊等が第八十一条の二第一項第二号に掲げる施設及び区域に係る同項の警護を行う場合において、当該部隊等と共に当該施設及び区域内に所在して当該施設及び区域の警護を行う合衆国軍隊

三　自衛隊の部隊が第八十二条の二に規定する海賊対処行動を行う場合において、当該部隊と共に現場に所在して当該海賊対処行動と同種の活動を行う合衆国軍隊

四　自衛隊の部隊が第八十二条の三第一項又は第三項の規定により弾道ミサイル等を破壊する措置をとるため必要な行動をとる場合において、当該部隊と共に現場に所在して当該行動と同種の活動を行う合衆国軍隊

五　天災地変その他の災害に際して、政府の要請に基づき災害応急対策のための活動を行う合衆国軍隊であつて、第八十三条第二項又は第八十三条の三の規定により派遣された部隊等と共に現場に所在するもの

六　自衛隊の部隊が第八十四条の二に規定する機雷その他の爆発性の危険物の除去及びこれらの処理を行う場合において、当該部隊と共に現場に所在してこれらの活動と同種の活動を行う合衆国軍隊

七　部隊等が第八十四条の三第一項に規定する外国における緊急事態に際して同項の保護措置を行う場合又は第八十四条の四第一項に規定する外国における緊急事態に際して同項の邦人の輸送を行う場合において、当該部隊等と共に現場に所在して当該保護措置又は当該輸送と同種の活動を行う合衆国軍隊

八　部隊等が第八十四条の五第二項第三号に規定する国際緊急援助活動又は当該活動を行う人員若しくは当該活動に必要な物資の輸送を行う場合において、同一の災害に対処するために当該部隊等と共に現場に所在してこれらの活動と同種の活動を行う合衆国軍隊

九　自衛隊の部隊が船舶又は航空機により外国の軍隊の動向に関する情報その他の我が国の防衛に資する情報の収集のための活動を行う場合において、当該部隊と共に現場に所在して当該活動と同種の活動を行う合衆国軍隊

十　前各号に掲げるもののほか、訓練、連絡調整その他の日常的な活動のため、航空機、船舶又は車両により本邦内にある自衛隊の施設に到着して一時的に滞在する合衆国軍隊

十一　第一号から第九号までに掲げるもののほか、訓練、連絡調整その他の日常的な活動のため、航空機、船舶又は車両により合衆国軍隊の施設に到着して一時的に滞在する部隊等と共に現場に所在し、訓練、連絡調整その他の日常的な活動を行う合衆国軍隊

② 防衛大臣は、前項各号に掲げる合衆国軍隊から要請があつた場合には、自衛隊の任務遂行に支障を生じない限度において、防衛省の機関又は部隊等に、当該合衆国軍隊に対する役務の提供を行わせることができる。

③（略）

④ 第一項に規定する物品の提供には、武器の提供は含まないものとする。

**第一〇〇条の八（オーストラリア軍隊に対する物品又は役務の提供）**〔第一〇〇条の六とほぼ同じ。〕

**第一〇〇条の一〇（英国軍隊に対する物品又は役務の提供）**〔第一〇〇条の六とほぼ同じ。〕

**第一〇〇条の一二（フランス軍隊に対する物品又は役務の提供）**〔第一〇〇条の六とほぼ同じ。〕

**第一〇〇条の一四（カナダ軍隊に対する物品又は役務の提供）**〔第一〇〇条の六とほぼ同じ。〕

## 27 武力攻撃事態・存立危機事態対処法（抜粋）

（武力攻撃事態等及び存立危機事態における我が国の平和と独立並びに国及び国民の安全の確保に関する法律）

公　布　平成一五年六月一三日（法七九）
施　行　平成一五年六月一三日
最終改正　平成二七法七六

**第一条（目的）** この法律は、武力攻撃事態等（武力攻撃事態及び

武力攻撃予測事態をいう。以下同じ。）及び存立危機事態への対処について、基本理念、国、地方公共団体等の責務、国民の協力その他の基本となる事項を定めることにより、武力攻撃事態等及び存立危機事態への対処のための態勢を整備し、もって我が国の平和と独立並びに国及び国民の安全の確保に資することを目的とする。

**第二条（定義）** この法律（第一号に掲げる用語にあっては、第四号及び第八号ハ(1)を除く。）において、次の各号に掲げる用語の意義は、それぞれ当該各号に定めるところによる。

一　武力攻撃　我が国に対する外部からの武力攻撃をいう。

二　武力攻撃事態　武力攻撃が発生した事態又は武力攻撃が発生する明白な危険が切迫していると認められるに至った事態をいう。

三　武力攻撃予測事態　武力攻撃事態には至っていないが、事態が緊迫し、武力攻撃が予測されるに至った事態をいう。

四　存立危機事態　我が国と密接な関係にある他国に対する武力攻撃が発生し、これにより我が国の存立が脅かされ、国民の生命、自由及び幸福追求の権利が根底から覆される明白な危険がある事態をいう。

五　指定行政機関　次に掲げる機関で政令で定めるものをいう。

イ　内閣府、宮内庁並びに内閣府設置法（平成十一年法律第八十九号）第四十九条第一項及び第二項に規定する機関並びに国家行政組織法（昭和二十三年法律第百二十号）第三条第二項に規定する機関

ロ　内閣府設置法第三十七条及び第五十四条並びに宮内庁法（昭和二十二年法律第七十号）第十六条第一項並びに国家行政組織法第八条に規定する機関

ハ　内閣府設置法第三十九条及び第五十五条並びに宮内庁法第十六条第二項並びに国家行政組織法第八条の二に規定する機関

ニ　内閣府設置法第四十条及び第五十六条並びに国家行政組織法第八条の三に規定する機関

六　（略）

七　指定公共機関　独立行政法人（独立行政法人通則法（平成十一年法律第百三号）第二条第一項に規定する独立行政法人をいう。）、日本銀行、日本赤十字社、日本放送協会その他の公共的機関及び電気、ガス、輸送、通信その他の公益的事業を営む法人で、政令で定めるものをいう。

八　対処措置　第九条第一項の対処基本方針が定められてから廃止されるまでの間に、指定行政機関、地方公共団体又は指定公共機関が法律の規定に基づいて実施する次に掲げる措置をいう。

イ　武力攻撃事態等を終結させるためにその推移に応じて実施する次に掲げる措置

(1)　武力攻撃を排除するために必要な自衛隊が実施する武力の行使、部隊等の展開その他の行動

(2)　(1)に掲げる自衛隊の行動、アメリカ合衆国の軍隊が実施する日本国とアメリカ合衆国との間の相互協力及び安全保障条約（以下「日米安保条約」という。）に従って武力攻撃を排除するために必要な行動及びその他の外国の軍隊が実施する自衛隊と協力して武力攻撃を排除するために必要な行動が円滑かつ効果的に行われるために実施する物品、施設又は役務の提供その他の措置

(3)　(1)及び(2)に掲げるもののほか、外交上の措置その他の措置

ロ　（略）

ハ　存立危機事態を終結させるためにその推移に応じて実施する次に掲げる措置

(1)　我が国と密接な関係にある他国に対する武力攻撃であって、これにより我が国の存立が脅かされ、国民の生命、自由及び幸福追求の権利が根底から覆される明白な危険があるもの（以下「存立危機武力攻撃」という。）を排除するために必要な自衛隊が実施する武力の行使、部隊等の展開その他の行動

(2)　(1)に掲げる自衛隊の行動及び外国の軍隊が実施する自衛隊と協力して存立危機武力攻撃を排除するために必要な行動が円滑かつ効果的に行われるために実施する物品、施設又は役務の提供その他の措置

(3)　(1)及び(2)に掲げるもののほか、外交上の措置その他の措置

ニ　（略）

**第三条（武力攻撃事態等及び存立危機事態への対処に関する基本理念）** ①　武力攻撃事態等及び存立危機事態への対処においては、国、地方公共団体及び指定公共機関が、国民の協力を得つつ、相互に連携協力し、万全の措置が講じられなければならない。

②　武力攻撃予測事態においては、武力攻撃の発生が回避されるようにしなければならない。

③　武力攻撃事態においては、武力攻撃の発生に備えるとともに、武力攻撃が発生した場合には、これを排除しつつ、その速やかな終結を図らなければならない。ただし、武力攻撃が発生した場合においてこれを排除するに当たっては、武力の行使は、事態に応じ合理的に必要と判断される限度においてなされなければならない。

④　存立危機事態においては、存立危機武力攻撃を排除しつつ、その速やかな終結を図らなければならない。ただし、存立危機武力攻撃を排除するに当たっては、武力の行使は、事態に応じ合理的に必要と判断される限度においてなされなければならない。

⑤　武力攻撃事態等及び存立危機事態への対処においては、日本国憲法の保障する国民の自由と権利が尊重されなければならず、これに制限が加えられる場合にあっても、その制限は当該武力攻撃事態等及び存立危機事態に対処するため必要最小限のものに限られ、かつ、公正かつ適正な手続の下に行われなければならない。この場合において、日本国憲法第十四条、第十八条、第十九条、第二十一条その他の基本的人権に関する規定は、最大限に尊重されなければならない。

⑥　武力攻撃事態等及び存立危機事態においては、当該武力攻撃事態等及び存立危機事態並びにこれらへの対処に関する状況について、適時に、かつ、適切な方法で国民に明らかにされるようにしなければならない。

⑦　武力攻撃事態等及び存立危機事態への対処においては、日米安保条約に基づいてアメリカ合衆国と緊密に協力するほか、関係する外国との協力を緊密にしつつ、国際連合を始めとする国際社会の理解及び協調的行動が得られるようにしなければならない。

**第四条（国の責務）** ①　国は、我が国の平和と独立を守り、国及び国民の安全を保つため、武力攻撃事態等及び存立危機事態に

おいて、我が国を防衛し、国土並びに国民の生命、身体及び財産を保護する固有の使命を有することから、前条の基本理念にのっとり、組織及び機能の全てを挙げて、武力攻撃事態等及び存立危機事態に対処するとともに、国全体として万全の措置が講じられるようにする責務を有する。

② （略）

**第五条（地方公共団体の責務）**（略）

**第六条（指定公共機関の責務）**（略）

**第七条（国と地方公共団体との役割分担）**（略）

**第八条（国民の協力）**（略）

**第九条（対処基本方針）**① 政府は、武力攻撃事態等又は存立危機事態に至ったときは、武力攻撃事態等又は存立危機事態への対処に関する基本的な方針（以下「対処基本方針」という。）を定めるものとする。

② 対処基本方針に定める事項は、次のとおりとする。

一 対処すべき事態に関する次に掲げる事項

イ 事態の経緯、事態が武力攻撃事態であること、武力攻撃予測事態であること又は存立危機事態であることの認定及び当該認定の前提となった事実

ロ 事態が武力攻撃事態又は存立危機事態であると認定する場合にあっては、我が国の存立を全うし、国民を守るために他に適当な手段がなく、事態に対処するため武力の行使が必要であると認められる理由

二 当該武力攻撃事態等又は存立危機事態への対処に関する全般的な方針

三 対処措置に関する重要事項

③ 武力攻撃事態又は存立危機事態においては、対処基本方針には、前項第三号に定める事項として、次に掲げる内閣総理大臣の承認を行う場合はその旨を記載しなければならない。

一 防衛大臣が自衛隊法（昭和二十九年法律第百六十五号）第七十条第一項又は第八項の規定に基づき発する同条第一項第一号に定める防衛招集命令書による防衛招集命令に関して同項又は同条第八項の規定により内閣総理大臣が行う承認

二 防衛大臣が自衛隊法第七十五条の四第一項又は第六項の規定に基づき発する同条第一項第一号に定める防衛招集命令書による防衛招集命令に関して同項又は同条第六項の規定により内閣総理大臣が行う承認

三 防衛大臣が自衛隊法第七十七条の規定に基づき発する防衛出動待機命令に関して同条の規定により内閣総理大臣が行う承認

四 防衛大臣が自衛隊法第七十七条の二の規定に基づき命ずる防御施設構築の措置に関して同条の規定により内閣総理大臣が行う承認

五 防衛大臣が武力攻撃事態等及び存立危機事態におけるアメリカ合衆国等の軍隊の行動に伴い我が国が実施する措置に関する法律（平成十六年法律第百十三号）第十条第三項の規定に基づき実施を命ずる行動関連措置としての役務の提供に関して同項の規定により内閣総理大臣が行う承認

六 防衛大臣が武力攻撃事態及び存立危機事態における外国軍用品等の海上輸送の規制に関する法律（平成十六年法律第百十六号）第四条の規定に基づき命ずる同法第四章の規定による措置に関して同条の規定により内閣総理大臣が行う承認

④ 武力攻撃事態又は存立危機事態においては、対処基本方針には、前項に定めるもののほか、第二項第三号に定める事項として、第一号に掲げる内閣総理大臣が行う国会の承認（衆議院が解散されているときは、日本国憲法第五十四条に規定する緊急集会による参議院の承認。以下この条において同じ。）の求めを行う場合にあってはその旨を、内閣総理大臣が第二号に掲げる防衛出動を命ずる場合にあってはその旨を記載しなければならない。ただし、同号に掲げる防衛出動を命ずる旨の記載は、特に緊急の必要があり事前に国会の承認を得るいとまがない場合でなければ、することができない。

一・二 （略）

⑤ 武力攻撃予測事態においては、対処基本方針には、第二項第三号に定める事項として、次に掲げる内閣総理大臣の承認を行う場合はその旨を記載しなければならない。

一 防衛大臣が自衛隊法第七十条第一項又は第八項の規定に基づき発する同条第一項第一号に定める防衛招集命令書による防衛招集命令（事態が緊迫し、同法第七十六条第一項の規定による防衛出動命令が発せられることが予測される場合に係るものに限る。）に関して同法第七十条第一項又は第八項の規定により内閣総理大臣が行う承認

二 防衛大臣が自衛隊法第七十五条の四第一項又は第六項の規定に基づき発する同条第一項第一号に定める防衛招集命令書による防衛招集命令（事態が緊迫し、同法第七十六条第一項の規定による防衛出動命令が発せられることが予測される場合に係るものに限る。）に関して同法第七十五条の四第一項又は第六項の規定により内閣総理大臣が行う承認

三 防衛大臣が自衛隊法第七十七条の規定に基づき発する防衛出動待機命令に関して同条の規定により内閣総理大臣が行う承認

四 防衛大臣が自衛隊法第七十七条の二の規定に基づき命ずる防御施設構築の措置に関して同条の規定により内閣総理大臣が行う承認

五 防衛大臣が武力攻撃事態等及び存立危機事態におけるアメリカ合衆国等の軍隊の行動に伴い我が国が実施する措置に関する法律第十条第三項の規定に基づき実施を命ずる行動関連措置としての役務の提供に関して同項の規定により内閣総理大臣が行う承認

⑥ 内閣総理大臣は、対処基本方針の案を作成し、閣議の決定を求めなければならない。

⑦ 内閣総理大臣は、前項の閣議の決定があったときは、直ちに、対処基本方針（第四項第一号に規定する国会の承認の求めに関する部分を除く。）につき、国会の承認を求めなければならない。

⑧―⑮ （略）

**第一〇条（対策本部の設置）**① 内閣総理大臣は、対処基本方針が定められたときは、当該対処基本方針に係る対処措置の実施を推進するため、内閣法（昭和二十二年法律第五号）第十二条第四項の規定にかかわらず、閣議にかけて、臨時に内閣に事態対策本部（以下「対策本部」という。）を設置するものとする。

② （略）

**第一八条（国際連合安全保障理事会への報告）** 政府は、武力攻撃又は存立危機武力攻撃の排除に当たって我が国が講じた措置について、国際連合憲章第五十一条（武力攻撃の排除に当たって我が国が講じた措置にあっては、同条及び日米安保条約第五条第二項）の規定に従って、直ちに国際連合安全保障理事会に報告しなければならない。

**第二一条（その他の緊急事態対処のための措置）**① 政府は、我

が国の平和と独立並びに国及び国民の安全の確保を図るため、次条から第二十四条までに定めるもののほか、武力攻撃事態等及び存立危機事態以外の国及び国民の安全に重大な影響を及ぼす緊急事態に的確かつ迅速に対処するものとする。

② 政府は、前項の目的を達成するため、武装した不審船の出現、大規模なテロリズムの発生等の我が国を取り巻く諸情勢の変化を踏まえ、次に掲げる措置その他の必要な施策を速やかに講ずるものとする。

一 情勢の集約並びに事態の分析及び評価を行うための態勢の充実

二 各種の事態に応じた対処方針の策定の準備

三 警察、海上保安庁等と自衛隊の連携の強化

**第二二条（緊急対処事態対処方針）**① 政府は、緊急対処事態（武力攻撃の手段に準ずる手段を用いて多数の人を殺傷する行為が発生した事態又は当該行為が発生する明白な危険が切迫していると認められるに至った事態（後日対処基本方針において武力攻撃事態であることの認定が行われることとなる事態を含む。）で、国家として緊急に対処することが必要なものをいう。以下同じ。）に至ったときは、緊急対処事態に関する対処方針（以下「緊急対処事態対処方針」という。）を定めるものとする。

② 緊急対処事態対処方針に定める事項は、次のとおりとする。

一 緊急対処事態であることの認定及び当該認定の前提となった事実

二 当該緊急対処事態への対処に関する全般的な方針

三 緊急対処措置に関する重要事項

③ 前項第三号の緊急対処措置とは、緊急対処事態対処方針が定められてから廃止されるまでの間に、指定行政機関、地方公共団体又は指定公共機関が法律の規定に基づいて実施する次に掲げる措置をいう。

一 緊急対処事態を終結させるためにその推移に応じて実施する緊急対処事態における攻撃の予防、鎮圧その他の措置

二 緊急対処事態における攻撃から国民の生命、身体及び財産を保護するため、又は緊急対処事態における攻撃が国民生活及び国民経済に影響を及ぼす場合において当該影響が最小となるようにするために緊急対処事態の推移に応じて実施する警報の発令、避難の指示、被災者の救助、施設及び設備の応急の復旧その他の措置

④ 内閣総理大臣は、緊急対処事態対処方針の案を作成し、閣議の決定を求めなければならない。

⑤ 内閣総理大臣は、前項の閣議の決定があったときは、当該決定があった日から二十日以内に国会に付議して、緊急対処事態対処方針につき、国会の承認を求めなければならない。ただし、国会が閉会中の場合又は衆議院が解散されている場合には、その後最初に召集される国会において、速やかに、その承認を求めなければならない。

⑥ 内閣総理大臣は、第四項の閣議の決定があったときは、直ちに、緊急対処事態対処方針を公示してその周知を図らなければならない。

⑦ 内閣総理大臣は、第五項の規定に基づく緊急対処事態対処方針の承認があったときは、直ちに、その旨を公示しなければならない。

⑧ 第五項の規定に基づく緊急対処事態対処方針の承認の求めに対し、不承認の議決があったときは、当該議決に係る緊急対処措置は、速やかに、終了されなければならない。

⑨ 内閣総理大臣は、緊急対処措置を実施するに当たり、緊急対処事態対処方針に基づいて、内閣を代表して行政各部を指揮監督する。

⑩ 第四項から第八項までの規定は、緊急対処事態対処方針の変更について準用する。ただし、緊急対処措置を構成する措置の終了を内容とする変更については、第五項、第七項及び第八項の規定は、この限りでない。

⑪ 内閣総理大臣は、緊急対処措置を実施する必要がなくなったと認めるとき又は国会が緊急対処措置を終了すべきことを議決したときは、緊急対処事態対処方針の廃止につき、閣議の決定を求めなければならない。

⑫ 内閣総理大臣は、前項の閣議の決定があったときは、速やかに、緊急対処事態対処方針が廃止された旨及び緊急対処事態対処方針に定める緊急対処措置の結果を国会に報告するとともに、これを公示しなければならない。

**第二三条（緊急対処事態対策本部の設置）**（略）

**第二四条（準用）** 第三条（第二項、第三項ただし書、第四項及び第七項を除く。）、第四条から第八条まで、第十一条から第十三条まで、第十七条、第十九条及び第二十条の規定は、緊急対処事態及び緊急対処事態対策本部について準用する。この場合において、第三条第三項中「、武力攻撃」とあるのは「、緊急対処事態における攻撃」と、第四条第一項中「我が国を防衛し」とあるのは「公共の安全と秩序を維持し」と、第八条、第十三条第一項及び第十七条中「対処措置」とあるのは「緊急対処措置」と、第十二条第一号中「対処措置に関する対処基本方針」とあるのは「緊急対処措置に関する緊急対処事態対処方針」と、第十九条第一項中「対処基本方針」とあるのは「緊急対処事態対処方針」と読み替えるものとする。

## 28 重要影響事態法（抜粋）

（重要影響事態に際して我が国の平和及び安全を確保するための措置に関する法律）

公布 平成一一年五月二八日（法六〇）
施行 平成一一年八月二五日
最終改正 平成二七法七六

**第一条（目的）** この法律は、そのまま放置すれば我が国に対する直接の武力攻撃に至るおそれのある事態等我が国の平和及び安全に重要な影響を与える事態（以下「重要影響事態」という。）に際し、合衆国軍隊等に対する後方支援活動等を行うことにより、日本国とアメリカ合衆国との間の相互協力及び安全保障条約（以下「日米安保条約」という。）の効果的な運用に寄与することを中核とする重要影響事態に対処する外国との連携を強化し、我が国の平和及び安全の確保に資することを目的とする。

**第二条（重要影響事態への対応の基本原則）**① 政府は、重要影響事態に際して、適切かつ迅速に、後方支援活動、捜索救助活動、重要影響事態等に際して実施する船舶検査活動に関する法律（平成十二年法律第百四十五号）第二条に規定する船舶検査活動（重要影響事態に際して実施するものに限る。以下「船舶検査活動」という。）その他の重要影響事態に対応するため必要

な措置（以下「対応措置」という。）を実施し、我が国の平和及び安全の確保に努めるものとする。

② 対応措置の実施は、武力による威嚇又は武力の行使に当たるものであってはならない。

③ 後方支援活動及び捜索救助活動は、現に戦闘行為（国際的な武力紛争の一環として行われる人を殺傷し又は物を破壊する行為をいう。以下同じ。）が行われている現場では実施しないものとする。ただし、第七条第六項の規定により行われる捜索救助活動については、この限りでない。

④ 外国の領域における対応措置については、当該対応措置が行われることについて当該外国（国際連合の総会又は安全保障理事会の決議に従って当該外国において施政を行う機関がある場合にあっては、当該機関）の同意がある場合に限り実施するものとする。

⑤⑥ （略）

**第三条（定義等）** ① この法律において、次の各号に掲げる用語の意義は、それぞれ当該各号に定めるところによる。

一 合衆国軍隊等　重要影響事態に対処し、日米安保条約の目的の達成に寄与する活動を行うアメリカ合衆国の軍隊及びその他の国際連合憲章の目的の達成に寄与する活動を行う外国の軍隊その他これに類する組織をいう。

二 後方支援活動　合衆国軍隊等に対する物品及び役務の提供、便宜の供与その他の支援措置であって、我が国が実施するものをいう。

三 捜索救助活動　重要影響事態において行われた戦闘行為によって遭難した戦闘参加者について、その捜索又は救助を行う活動（救助した者の輸送を含む。）であって、我が国が実施するものをいう。

四 （略）

② 後方支援活動として行う自衛隊に属する物品の提供及び自衛隊による役務の提供（次項後段に規定するものを除く。）は、別表第一に掲げるものとする。

③ 捜索救助活動は、自衛隊の部隊等（自衛隊法（昭和二十九年法律第百六十五号）第八条に規定する部隊等をいう。以下同じ。）が実施するものとする。この場合において、捜索救助活動を行う自衛隊の部隊等において、その実施に伴い、当該活動に相当する活動を行う合衆国軍隊等の部隊に対して後方支援活動として行う自衛隊に属する物品の提供及び自衛隊による役務の提供は、別表第二に掲げるものとする。

**第五条（国会の承認）** ① 基本計画に定められた自衛隊の部隊等が実施する後方支援活動、捜索救助活動又は船舶検査活動については、内閣総理大臣は、これらの対応措置の実施前に、これらの対応措置を実施することにつき国会の承認を得なければならない。ただし、緊急の必要がある場合には、国会の承認を得ないで当該後方支援活動、捜索救助活動又は船舶検査活動を実施することができる。

② 前項ただし書の規定により国会の承認を得ないで後方支援活動、捜索救助活動又は船舶検査活動を実施した場合には、内閣総理大臣は、速やかに、これらの対応措置の実施につき国会の承認を求めなければならない。

③ 政府は、前項の場合において不承認の議決があったときは、速やかに、当該後方支援活動、捜索救助活動又は船舶検査活動を終了させなければならない。

**第六条（自衛隊による後方支援活動としての物品及び役務の提供の実施）** ① 防衛大臣又はその委任を受けた者は、基本計画に従い、第三条第二項の後方支援活動としての自衛隊に属する物品の提供を実施するものとする。

② 防衛大臣は、基本計画に従い、第三条第二項の後方支援活動としての自衛隊による役務の提供について、実施要項を定め、これについて内閣総理大臣の承認を得て、防衛省の機関又は自衛隊の部隊等にその実施を命ずるものとする。

③ 防衛大臣は、前項の実施要項において、実施される必要のある役務の提供の具体的内容を考慮し、防衛省の機関又は自衛隊の部隊等がこれを円滑かつ安全に実施することができるように当該後方支援活動を実施する区域（以下この条において「実施区域」という。）を指定するものとする。

④ 防衛大臣は、実施区域の全部又は一部において、自衛隊の部隊等が第三条第二項の後方支援活動を円滑かつ安全に実施することが困難であると認める場合又は外国の領域で実施する当該後方支援活動についての第二条第四項の同意が存在しなくなったと認める場合には、速やかに、その指定を変更し、又はそこで実施されている活動の中断を命じなければならない。

⑤ 第三条第二項の後方支援活動のうち我が国の領域外におけるものの実施を命ぜられた自衛隊の部隊等の長又はその指定する者は、当該後方支援活動を実施している場所又はその近傍において、戦闘行為が行われるに至った場合又は付近の状況等に照らして戦闘行為が行われることが予測される場合には、当該後方支援活動の実施を一時休止するなどして当該戦闘行為による危険を回避しつつ、前項の規定による措置を待つものとする。

⑥ 第二項の規定は、同項の実施要項の変更（第四項の規定により実施区域を縮小する変更を除く。）について準用する。

**第七条（捜索救助活動の実施等）** ① 防衛大臣は、基本計画に従い、捜索救助活動について、実施要項を定め、これについて内閣総理大臣の承認を得て、自衛隊の部隊等にその実施を命ずるものとする。

② 防衛大臣は、前項の実施要項において、実施される必要のある捜索救助活動の具体的内容を考慮し、自衛隊の部隊等がこれを円滑かつ安全に実施することができるように当該捜索救助活動を実施する区域（以下この条において「実施区域」という。）を指定するものとする。

③ 捜索救助活動を実施する場合において、戦闘参加者以外の遭難者が在るときは、これを救助するものとする。

④ 前条第四項の規定は、実施区域の指定の変更及び活動の中断について準用する。

⑤ 前条第五項の規定は、我が国の領域外における捜索救助活動の実施を命ぜられた自衛隊の部隊等の長又はその指定する者について準用する。この場合において、同項中「前項」とあるのは、「次条第四項において準用する前項」と読み替えるものとする。

⑥ 前項において準用する前条第五項の規定にかかわらず、既に遭難者が発見され、自衛隊の部隊等がその救助を開始しているときは、当該部隊等の安全が確保される限り、当該遭難者に係る捜索救助活動を継続することができる。

⑦ 第一項の規定は、同項の実施要項の変更（第四項において準用する前条第四項の規定により実施区域を縮小する変更を除く。）について準用する。

⑧ 前条の規定は、捜索救助活動の実施に伴う第三条第三項後段の後方支援活動について準用する。

**第九条（国以外の者による協力等）**（略）

**第一〇条（国会への報告）** 内閣総理大臣は、次の各号に掲げる事項を、遅滞なく、国会に報告しなければならない。

一　基本計画の決定又は変更があったときは、その内容

二　基本計画に定める対応措置が終了したときは、その結果

**第一一条（武器の使用）** ①　第六条第二項（第七条第八項において準用する場合を含む。第五項及び第六項において同じ。）の規定により後方支援活動としての自衛隊の役務の提供の実施を命ぜられ、又は第七条第一項の規定により捜索救助活動の実施を命ぜられた自衛隊の部隊等の自衛官は、自己又は自己と共に現場に所在する他の自衛隊員（自衛隊法第二条第五項に規定する隊員をいう。第六項において同じ。）若しくはその職務を行うに伴い自己の管理の下に入った者の生命又は身体の防護のためやむを得ない必要があると認める相当の理由がある場合には、その事態に応じ合理的に必要と判断される限度で武器（自衛隊が外国の領域で当該後方支援活動又は当該捜索救助活動を実施している場合については、第四条第二項第三号ニ又は第四号ニの規定により基本計画に定める装備に該当するものに限る。以下この条において同じ。）を使用することができる。

②　前項の規定による武器の使用は、当該現場に上官が在るときは、その命令によらなければならない。ただし、生命又は身体に対する侵害又は危難が切迫し、その命令を受けるいとまがないときは、この限りでない。

③　第一項の場合において、当該現場に在る上官は、統制を欠いた武器の使用によりかえって生命若しくは身体に対する危険又は事態の混乱を招くこととなることを未然に防止し、当該武器の使用が同項及び次項の規定に従いその目的の範囲内において適正に行われることを確保する見地から必要な命令をするものとする。

④　第一項の規定による武器の使用に際しては、刑法（明治四十年法律第四十五号）第三十六条又は第三十七条に該当する場合のほか、人に危害を与えてはならない。

⑤　第六条第二項の規定により後方支援活動としての自衛隊の役務の提供の実施を命ぜられ、又は第七条第一項の規定により捜索救助活動の実施を命ぜられた自衛隊の部隊等の自衛官は、外国の領域に設けられた当該部隊等の宿営する宿営地（宿営のために使用する区域であって、囲障が設置されることにより他と区別されるものをいう。以下この項において同じ。）であって合衆国軍隊等の要員が共に宿営するものに対する攻撃があった場合において、当該宿営地以外にその近傍に自衛隊の部隊等の安全を確保することができる場所がないときは、当該宿営地に所在する者の生命又は身体を防護するための措置をとる当該要員と共同して、第一項の規定による武器の使用をすることができる。この場合において、同項から第三項まで及び次項の規定の適用については、第一項中「現場に所在する他の自衛隊員（自衛隊法第二条第五項に規定する隊員をいう。第六項において同じ。）若しくはその職務を行うに伴い自己の管理の下に入った者」とあるのは「その宿営する宿営地（第五項に規定する宿営地をいう。次項及び第三項において同じ。）に所在する者」と、「その事態」とあるのは「第五項に規定する合衆国軍隊等の要員による措置の状況をも踏まえ、その事態」と、第二項及び第三項中「現場」とあるのは「宿営地」と、次項中「自衛隊員」とあるのは「自衛隊員（同法第二条第五項に規定する隊員をいう。）」とする。

⑥　自衛隊法第九十六条第三項の規定は、第六条第二項の規定により後方支援活動としての自衛隊の役務の提供（我が国の領域外におけるものに限る。）の実施を命ぜられ、又は第七条第一項の規定により捜索救助活動（我が国の領域外におけるものに限る。）の実施を命ぜられた自衛隊の部隊等の自衛官については、自衛隊員以外の者の犯した犯罪に関しては適用しない。

**別表第一（第三条関係）及び別表第二（第三条関係）**（略）

## 29　国際平和支援法（抄）

（国際平和共同対処事態に際して我が国が実施する諸外国の軍隊等に対する協力支援活動等に関する法律）

公　布　平成二七年九月三〇日（法七七）

施　行　平成二八年三月二九日

### 第一章　総則

**第一条（目的）** この法律は、国際社会の平和及び安全を脅かす事態であって、その脅威を除去するために国際社会が国際連合憲章の目的に従い共同して対処する活動を行い、かつ、我が国が国際社会の一員としてこれに主体的かつ積極的に寄与する必要があるもの（以下「国際平和共同対処事態」という。）に際し、当該活動を行う諸外国の軍隊等に対する協力支援活動等を行うことにより、国際社会の平和及び安全の確保に資することを目的とする。

**第二条（基本原則）** ①　政府は、国際平和共同対処事態に際し、この法律に基づく協力支援活動若しくは捜索救助活動又は重要影響事態等に際して実施する船舶検査活動に関する法律（平成十二年法律第百四十五号）第二条に規定する船舶検査活動（国際平和共同対処事態に際して実施するものに限る。第四条第二項第五号において単に「船舶検査活動」という。）（以下「対応措置」という。）を適切かつ迅速に実施することにより、国際社会の平和及び安全の確保に資するものとする。

②　対応措置の実施は、武力による威嚇又は武力の行使に当たるものであってはならない。

③　協力支援活動及び捜索救助活動は、現に戦闘行為（国際的な武力紛争の一環として行われる人を殺傷し又は物を破壊する行為をいう。以下同じ。）が行われている現場では実施しないものとする。ただし、第八条第六項の規定により行われる捜索救助活動については、この限りでない。

④　外国の領域における対応措置については、当該対応措置が行われることについて当該外国（国際連合の総会又は安全保障理事会の決議に従って当該外国において施政を行う機関がある場合にあっては、当該機関）の同意がある場合に限り実施するものとする。

⑤　内閣総理大臣は、対応措置の実施に当たり、第四条第一項に規定する基本計画に基づいて、内閣を代表して行政各部を指揮監督する。

⑥　関係行政機関の長は、前条の目的を達成するため、対応措置の実施に関し、防衛大臣に協力するものとする。

**第三条（定義等）** ①　この法律において、次の各号に掲げる用語

の意義は、それぞれ当該各号に定めるところによる。

一　諸外国の軍隊等　国際社会の平和及び安全を脅かす事態に関し、次のいずれかの国際連合の総会又は安全保障理事会の決議が存在する場合において、当該事態に対処するための活動を行う外国の軍隊その他これに類する組織（国際連合平和維持活動等に対する協力に関する法律（平成四年法律第七十九号）第三条第一号に規定する国際連合平和維持活動、同条第二号に規定する国際連携平和安全活動又は同条第三号に規定する人道的な国際救援活動を行うもの及び重要影響事態に際して我が国の平和及び安全を確保するための措置に関する法律（平成十一年法律第六十号）第三条第一項第一号に規定する合衆国軍隊等を除く。）をいう。

イ　当該外国が当該活動を行うことを決定し、要請し、勧告し、又は認める決議

ロ　イに掲げるもののほか、当該事態が平和に対する脅威又は平和の破壊であるとの認識を示すとともに、当該事態に関連して国際連合加盟国の取組を求める決議

二　協力支援活動　諸外国の軍隊等に対する物品及び役務の提供であって、我が国が実施するものをいう。

三　捜索救助活動　諸外国の軍隊等の活動に際して行われた戦闘行為によって遭難した戦闘参加者について、その捜索又は救助を行う活動（救助した者の輸送を含む。）であって、我が国が実施するものをいう。

②　協力支援活動として行う自衛隊に属する物品の提供及び自衛隊による役務の提供（次項後段に規定するものを除く。）は、別表第一に掲げるものとする。

③　捜索救助活動は、自衛隊の部隊等（自衛隊法（昭和二十九年法律第百六十五号）第八条に規定する部隊等をいう。以下同じ。）が実施するものとする。この場合において、その実施に伴い、当該活動に相当する活動を行う諸外国の軍隊等の部隊に対して協力支援活動として行う自衛隊に属する物品の提供及び自衛隊による役務の提供は、別表第二に掲げるものとする。

## 第二章　対応措置等（抄）

**第四条（基本計画）**　①　内閣総理大臣は、国際平和共同対処事態に際し、対応措置のいずれかを実施することが必要であると認めるときは、当該対応措置を実施すること及び当該対応措置に関する基本計画（以下「基本計画」という。）の案につき閣議の決定を求めなければならない。

②　基本計画に定める事項は、次のとおりとする。

一―六　（略）

③　協力支援活動又は捜索救助活動を外国の領域で実施する場合には、当該外国（第二条第四項に規定する機関がある場合にあっては、当該機関）と協議して、実施する区域の範囲を定めるものとする。

④　第一項及び前項の規定は、基本計画の変更について準用する。

**第五条（国会への報告）**　内閣総理大臣は、次に掲げる事項を、遅滞なく、国会に報告しなければならない。

一　基本計画の決定又は変更があったときは、その内容

二　基本計画に定める対応措置が終了したときは、その結果

**第六条（国会の承認）**　①　内閣総理大臣は、対応措置の実施前に、当該対応措置を実施することにつき、基本計画を添えて国会の承認を得なければならない。

②　前項の規定により内閣総理大臣から国会の承認を求められた場合には、先議の議院にあっては内閣総理大臣が国会の承認を求めた後国会の休会中の期間を除いて七日以内に、後議の議院にあっては先議の議院から議案の送付があった後国会の休会中の期間を除いて七日以内に、それぞれ議決するよう努めなければならない。

③　内閣総理大臣は、対応措置について、第一項の規定による国会の承認を得た日から二年を経過する日を超えて引き続き当該対応措置を行おうとするときは、当該日の三十日前の日から当該日までの間に、当該対応措置を引き続き行うことにつき、基本計画及びその時までに行った対応措置の内容を記載した報告書を添えて国会に付議して、その承認を求めなければならない。ただし、国会が閉会中の場合又は衆議院が解散されている場合には、その後最初に召集される国会においてその承認を求めなければならない。

④　政府は、前項の場合において不承認の議決があったときは、遅滞なく、当該対応措置を終了させなければならない。

⑤　前二項の規定は、国会の承認を得て対応措置を継続した後、更に二年を超えて当該対応措置を引き続き行おうとする場合について準用する。

**第七条（協力支援活動の実施）**　①　防衛大臣又はその委任を受けた者は、基本計画に従い、第三条第二項の協力支援活動としての自衛隊に属する物品の提供を実施するものとする。

②　防衛大臣は、基本計画に従い、第三条第二項の協力支援活動としての自衛隊による役務の提供について、実施要項を定め、これについて内閣総理大臣の承認を得て、自衛隊の部隊等にその実施を命ずるものとする。

③　防衛大臣は、前項の実施要項において、実施される必要のある役務の提供の具体的内容を考慮し、自衛隊の部隊等がこれを円滑かつ安全に実施することができるように当該協力支援活動を実施する区域（以下この条において「実施区域」という。）を指定するものとする。

④　防衛大臣は、実施区域の全部又は一部において、自衛隊の部隊等が第三条第二項の協力支援活動を円滑かつ安全に実施することが困難であると認める場合又は外国の領域で実施する当該協力支援活動についての第二条第四項の同意が存在しなくなったと認める場合には、速やかに、その指定を変更し、又はそこで実施されている活動の中断を命じなければならない。

⑤　第三条第二項の協力支援活動のうち我が国の領域外におけるものの実施を命ぜられた自衛隊の部隊等の長又はその指定する者は、当該協力支援活動を実施している場所若しくはその近傍において戦闘行為が行われるに至った場合若しくは付近の状況等に照らして戦闘行為が行われることが予測される場合又は当該部隊等の安全を確保するため必要と認める場合には、当該協力支援活動の実施を一時休止し又は避難するなどして危険を回避しつつ、前項の規定による措置を待つものとする。

⑥　第二項の規定は、同項の実施要項の変更（第四項の規定により実施区域を縮小する変更を除く。）について準用する。

**第八条（捜索救助活動の実施等）**　①　防衛大臣は、基本計画に従い、捜索救助活動について、実施要項を定め、これについて内閣総理大臣の承認を得て、自衛隊の部隊等にその実施を命ずるものとする。

②　防衛大臣は、前項の実施要項において、実施される必要のある捜索救助活動の具体的内容を考慮し、自衛隊の部隊等がこれ

を円滑かつ安全に実施することができるように当該捜索救助活動を実施する区域（以下この条において「実施区域」という。）を指定するものとする。

③　捜索救助活動を実施する場合において、戦闘参加者以外の遭難者が在るときは、これを救助するものとする。

④　前条第四項の規定は、実施区域の指定の変更及び活動の中断について準用する。

⑤　前条第五項の規定は、我が国の領域外における捜索救助活動の実施を命ぜられた自衛隊の部隊等の長又はその指定する者について準用する。この場合において、同項中「前項」とあるのは、「次条第四項において準用する前項」と読み替えるものとする。

⑥　前項において準用する前条第五項の規定にかかわらず、既に遭難者が発見され、自衛隊の部隊等がその救助を開始しているときは、当該部隊等の安全が確保される限り、当該遭難者に係る捜索救助活動を継続することができる。

⑦　第一項の規定は、同項の実施要項の変更（第四項において準用する前条第四項の規定により実施区域を縮小する変更を除く。）について準用する。

⑧　前条の規定は、捜索救助活動の実施に伴う第三条第三項後段の協力支援活動について準用する。

**第九条（自衛隊の部隊等の安全の確保等）**　防衛大臣は、対応措置の実施に当たっては、その円滑かつ効果的な推進に努めるとともに、自衛隊の部隊等の安全の確保に配慮しなければならない。

**第一〇条（関係行政機関の協力）**（略）

**第一一条（武器の使用）**①　第七条第二項（第八条第八項において準用する場合を含む。第五項及び第六項において同じ。）の規定により協力支援活動としての自衛隊の役務の提供の実施を命ぜられ、又は第八条第一項の規定により捜索救助活動の実施を命ぜられた自衛隊の部隊等の自衛官は、自己又は自己と共に現場に所在する他の自衛隊員（自衛隊法第二条第五項に規定する隊員をいう。第六項において同じ。）若しくはその職務を行うに伴い自己の管理の下に入った者の生命又は身体の防護のためやむを得ない必要があると認める相当の理由がある場合には、その事態に応じ合理的に必要と判断される限度で武器（自衛隊が外国の領域で当該協力支援活動又は当該捜索救助活動を実施している場合については、第四条第二項第三号ニ又は第四号ニの規定により基本計画に定める装備に該当するものに限る。以下この条において同じ。）を使用することができる。

②―④（重要影響事態法第一一条第二項から第四項までとほぼ同じ。）

⑤　第七条第二項の規定により協力支援活動としての自衛隊の役務の提供の実施を命ぜられ、又は第八条第一項の規定により捜索救助活動の実施を命ぜられた自衛隊の部隊等の自衛官は、外国の領域に設けられた当該部隊等の宿営する宿営地（宿営のために使用する区域であって、囲障が設置されることにより他と区別されるものをいう。以下この項において同じ。）であって諸外国の軍隊等の要員が共に宿営するものに対する攻撃があった場合において、当該宿営地以外にその近傍に自衛隊の部隊等の安全を確保することができる場所がないときは、当該宿営地に所在する者の生命又は身体を防護するための措置をとる当該要員と共同して、第一項の規定による武器の使用をすることができる。この場合において、同項から第三項まで及び次項の規定の適用については、第一項中「現場に所在する他の自衛隊員（自衛隊法第二条第五項に規定する隊員をいう。第六項において同じ。）若しくはその職務を行うに伴い自己の管理の下に入った者」とあるのは「その宿営する宿営地（第五項に規定する宿営地をいう。次項及び第三項において同じ。）に所在する者」と、「その事態」とあるのは「第五項に規定する諸外国の軍隊等の要員による措置の状況をも踏まえ、その事態」と、第二項及び第三項中「現場」とあるのは「宿営地」と、次項中「自衛隊員」とあるのは「自衛隊員（同法第二条第五項に規定する隊員をいう。）」とする。

⑥　自衛隊法第九十六条第三項の規定は、第七条第二項の規定により協力支援活動としての自衛隊の役務の提供（我が国の領域外におけるものに限る。）の実施を命ぜられ、又は第八条第一項の規定により捜索救助活動（我が国の領域外におけるものに限る。）の実施を命ぜられた自衛隊の部隊等の自衛官については、自衛隊員以外の者の犯した犯罪に関しては適用しない。

### 第三章　雑則（略）

**第一二条（物品の譲渡及び無償貸付け）**（略）

**第一三条（国以外の者による協力等）**（略）

**第一四条（請求権の放棄）**（略）

**第一五条（政令への委任）**（略）

**別表第一**（第三条関係）**及び別表第二**（第三条関係）（略）

## 30　船舶検査法（抜粋）

（重要影響事態等に際して実施する船舶検査活動に関する法律）

公　布　平成一二年一二月六日（法一四五）
施　行　平成一三年三月一日
最終改正　平成二七法七六

**第一条（目的）**　この法律は、重要影響事態（重要影響事態に際して我が国の平和及び安全を確保するための措置に関する法律（平成十一年法律第六十号。以下「重要影響事態安全確保法」という。）第一条に規定する重要影響事態をいう。以下同じ。）又は国際平和共同対処事態（国際平和共同対処事態に際して我が国が実施する諸外国の軍隊等に対する協力支援活動等に関する法律（平成二十七年法律第七十七号。以下「国際平和協力支援活動法」という。）第一条に規定する国際平和共同対処事態をいう。以下同じ。）に対応して我が国が実施する船舶検査活動に関し、その実施の態様、手続その他の必要な事項を定め、重要影響事態安全確保法及び国際平和協力支援活動法と相まって、我が国及び国際社会の平和及び安全の確保に資することを目的とする。

**第二条（定義）**　この法律において「船舶検査活動」とは、重要影響事態又は国際平和共同対処事態に際し、貿易その他の経済活動に係る規制措置であって我が国が参加するものの厳格な実施を確保する目的で、当該厳格な実施を確保するために必要な措置を執ることを要請する国際連合安全保障理事会の決議に基づいて、又は旗国（海洋法に関する国際連合条約第九十一条に規定するその旗を掲げる権利を有する国をいう。）の同意を得て、船舶（軍艦及び各国政府が所有し又は運航する船舶であって非商業的目的のみに使用されるもの（以下「軍艦等」という。）を除く。）の積荷及び目的地を検査し、確認する活動並びに必要に応じ当該船舶の航路又は目的港若しくは目的地の変更を要請する活動であって、我が国が実施するものをいう。

**第三条（船舶検査活動の実施）**① 重要影響事態における船舶検査活動は、自衛隊の部隊等（自衛隊法（昭和二十九年法律第百六十五号）第八条に規定する部隊等をいう。以下同じ。）が実施するものとする。この場合において、重要影響事態における船舶検査活動を行う自衛隊の部隊等において、その実施に伴い、当該活動に相当する活動を行う合衆国軍隊等（重要影響事態安全確保法第三条第一項第一号に規定する合衆国軍隊等をいう。）の部隊に対して後方支援活動（同項第二号に規定する後方支援活動をいう。以下同じ。）として行う自衛隊に属する物品の提供及び自衛隊による役務の提供は、重要影響事態安全確保法別表第二に掲げるものとする。

② 国際平和共同対処事態における船舶検査活動は、自衛隊の部隊等が実施するものとする。この場合において、国際平和共同対処事態における船舶検査活動を行う自衛隊の部隊等において、その実施に伴い、当該活動に相当する活動を行う諸外国の軍隊等（国際平和協力支援活動法第三条第一項第一号に規定する諸外国の軍隊等をいう。）の部隊に対して協力支援活動（同項第二号に規定する協力支援活動をいう。以下同じ。）として行う自衛隊に属する物品の提供及び自衛隊による役務の提供は、国際平和協力支援活動法別表第二に掲げるものとする。

**第四条（基本計画に定める事項）**（略）

**第五条（船舶検査活動の実施の態様等）**（略）

**第六条（武器の使用）**① 前条第一項の規定により船舶検査活動の実施を命ぜられ、又は同条第七項において準用する重要影響事態安全確保法第六条第二項の規定により重要影響事態における船舶検査活動の実施に伴う第三条第一項後段の後方支援活動としての自衛隊の役務の提供の実施を命ぜられ、若しくは前条第七項において準用する国際平和協力支援活動法第七条第二項の規定により国際平和共同対処事態における船舶検査活動の実施に伴う第三条第二項後段の協力支援活動としての自衛隊の役務の提供の実施を命ぜられた自衛隊の部隊等の自衛官は、自己又は自己と共に現場に所在する他の自衛隊員（自衛隊法第二条第五項に規定する隊員をいう。第五項において同じ。）若しくはその職務を行うに伴い自己の管理の下に入った者の生命又は身体の防護のためやむを得ない必要があると認める相当の理由がある場合には、その事態に応じ合理的に必要と判断される限度で武器（自衛隊が外国の領域で当該船舶検査活動又は当該後方支援活動若しくは当該協力支援活動を実施している場合については、第四条第一項第二号又は第二項第二号の規定により基本計画に定める装備に該当するものに限る。以下この条において同じ。）を使用することができる。

②―④〔重要影響事態法第一一条第二項から第四項までと同じ。〕

⑤ 自衛隊法第九十六条第三項の規定は、前条第一項の規定により船舶検査活動（我が国の領域外におけるものに限る。）の実施を命ぜられ、又は同条第七項において準用する重要影響事態安全確保法第六条第二項の規定により重要影響事態における船舶検査活動の実施に伴う第三条第一項後段の後方支援活動としての自衛隊の役務の提供（我が国の領域外におけるものに限る。）の実施を命ぜられ、若しくは前条第七項において準用する国際平和協力支援活動法第七条第二項の規定により国際平和共同対処事態における船舶検査活動の実施に伴う第三条第二項後段の協力支援活動としての自衛隊の役務の提供（我が国の領域外におけるものに限る。）の実施を命ぜられた自衛隊の部隊等の自衛官については、自衛隊員以外の者の犯した犯罪に関しては適用しない。

**別表**（第五条関係）（略）

## 31 北朝鮮船舶貨物検査法（抄）

（国際連合安全保障理事会決議第千八百七十四号等を踏まえ我が国が実施する貨物検査等に関する特別措置法）

公布　平成二二年六月四日（法四三）
施行　平成二二年七月四日

**第一条（目的）** この法律は、北朝鮮による核実験の実施、大量破壊兵器の運搬手段となり得る弾道ミサイルの発射等の一連の行為が国際社会の平和及び安全に対する脅威となっており、その脅威は近隣の我が国にとって特に顕著であること、並びにこの状況に対応し、国際連合安全保障理事会決議第千七百十八号が核関連、弾道ミサイル関連その他の大量破壊兵器関連の物資、武器その他の物資の北朝鮮への輸出及び北朝鮮からの輸入の禁止を決定し、同理事会決議第千八百七十四号が当該禁止の措置を強化するとともに、国際連合加盟国に対し当該禁止の措置の厳格な履行の確保を目的とした貨物についての検査等の実施の要請をしていることを踏まえ、我が国が特別の措置として実施する北朝鮮特定貨物についての検査その他の措置について定めることにより、外国為替及び外国貿易法（昭和二十四年法律第二百二十八号）、関税法（昭和二十九年法律第六十一号）その他の関係法律による措置と相まって、北朝鮮の一連の行為をめぐる同理事会決議による当該禁止の措置の実効性を確保するとともに、我が国を含む国際社会の平和及び安全に対する脅威の除去に資することを目的とする。

**第二条（定義）** この法律において、次の各号に掲げる用語の意義は、それぞれ当該各号に定めるところによる。

一 北朝鮮特定貨物　次のいずれかに該当する貨物（我が国から輸出しようとする貨物で外国為替及び外国貿易法第四十八条第一項の規定による許可を受けなければならないもの及び同条第三項の規定による輸出の承認を受ける義務を課せられているもの並びに我が国から輸出した貨物で当該許可又は当該承認を受けたもの並びに我が国に輸入しようとする貨物で同法第五十二条の規定による輸入の承認を受ける義務を課せられているもの及び我が国に輸入した貨物で当該承認を受けたものを除く。）をいう。

イ 北朝鮮を仕向地とする貨物のうち、国際連合安全保障理事会決議第千七百十八号、同理事会決議第千八百七十四号その他政令で定める同理事会決議により北朝鮮への輸出の禁止が決定された核関連、ミサイル関連その他の大量破壊兵器関連の物資、武器その他の物資であって政令で定めるもの

ロ 北朝鮮を仕出地とする貨物のうち、国際連合安全保障理事会決議第千七百十八号、同理事会決議第千八百七十四号その他政令で定める同理事会決議により北朝鮮からの輸入

の禁止が決定された核関連、ミサイル関連その他の大量破壊兵器関連の物資、武器その他の物資であって政令で定めるもの

二　船舶　軍艦等（軍艦及び各国政府が所有し又は運航する船舶であって非商業的目的のみに使用されるものをいう。以下この号において同じ。）以外の船舶であって、軍艦等に警護されていないものをいう。

三　船長等　船長又は船長に代わって船舶を指揮する者をいう。

四　日本船舶　船舶法（明治三十二年法律第四十六号）第一条に規定する日本船舶をいう。

**第三条（検査）** ① 海上保安庁長官は、我が国の内水にある船舶が北朝鮮特定貨物を積載していると認めるに足りる相当な理由があるときは、海上保安官に、次に掲げる措置をとらせることができる。

一　検査のため当該船舶の進行を停止させること。

二　当該船舶に立ち入り、貨物、書類その他の物件を検査し、又は当該船舶の乗組員その他の関係者に質問すること。

三　検査のため必要な最小限度の分量に限り試料を収去すること。

四　検査のため必要な限度において、貨物の陸揚げ若しくは積替えをし、又は船長等に貨物の陸揚げ若しくは積替えをするよう指示すること。

② 海上保安庁長官は、我が国の領海又は公海（海洋法に関する国際連合条約に規定する排他的経済水域を含む。以下同じ。）にある船舶が北朝鮮特定貨物を積載していると認めるに足りる相当な理由があるときは、海上保安官に、次に掲げる措置をとらせることができる。

一　船長等に、検査のため当該船舶の進行を停止するよう求めること。

二　船長等の承諾を得て、前項第二号又は第三号に掲げる措置をとること。

三　検査のため必要な限度において、船長等の承諾を得て貨物の陸揚げ若しくは積替えをし、又は船長等に貨物の陸揚げ若しくは積替えをするよう求めること。

③－⑥（略）

**第四条（提出命令）** ① 海上保安庁長官は、前条第一項又は第二項の規定による検査の結果、北朝鮮特定貨物があることを確認したときは、当該船舶の船長等に対し、その提出を命ずることができる。（後略）

②（略）

**第五条（保管）**（略）

**第六条（回航命令）**（略）

**第七条（日本船舶に対する回航命令）**（略）

**第八条（旗国の同意等）** ① 日本船舶以外の船舶で公海にあるものについての第三条第二項の規定による検査又は第四条若しくは第六条の規定による命令は、それぞれ、旗国（海洋法に関する国際連合条約第九十一条2に規定するその旗を掲げる権利を有する国をいう。）の同意がなければ、これをすることができない。ただし、同条約第九十一条1に規定する国籍を有しない船舶（同条約第九十二条2の規定により当該船舶とみなされるものを含む。）については、この限りでない。

② 前項に定めるもののほか、この法律の施行に当たっては、我が国が締結した条約その他の国際約束の誠実な履行を妨げることがないよう留意するとともに、確立された国際法規を遵守しなければならない。

**第九条（関係行政機関の協力）**（略）

**第一〇条（権限の委任）**（略）

**第一一条（行政手続法の適用除外）**（略）

**第一二条（政令への委任）**（略）

**第一三条（罰則）**（略）

**第一四条【同前】**（略）

**第一五条（我が国の法令の適用）**（略）

附　則（抄）

**（この法律の廃止）**

② この法律は、国際連合安全保障理事会決議第千八百七十四号（第一条に規定する要請に係る部分に限る。）がその効力を失ったときは、速やかに、廃止するものとする。

## 32　国際平和協力法（抜粋）

（国際連合平和維持活動等に対する協力に関する法律）

公　布　平成四年六月一九日（法七九）
施　行　平成四年八月一〇日
最終改正　平成三一法一九

**第一条（目的）** この法律は、国際連合平和維持活動、国際連携平和安全活動、人道的な国際救援活動及び国際的な選挙監視活動に対し適切かつ迅速な協力を行うため、国際平和協力業務実施計画及び国際平和協力業務実施要領の策定手続、国際平和協力隊の設置等について定めることにより、国際平和協力業務の実施体制を整備するとともに、これらの活動に対する物資協力のための措置等を講じ、もって我が国が国際連合を中心とした国際平和のための努力に積極的に寄与することを目的とする。

**第二条（国際連合平和維持活動等に対する協力の基本原則）** ① 政府は、この法律に基づく国際平和協力業務の実施、物資協力、これらについての国以外の者の協力等（以下「国際平和協力業務の実施等」という。）を適切に組み合わせるとともに、国際平和協力業務の実施等に携わる者の創意と知見を活用することにより、国際連合平和維持活動、国際連携平和安全活動、人道的な国際救援活動及び国際的な選挙監視活動に効果的に協力するものとする。

② 国際平和協力業務の実施等は、武力による威嚇又は武力の行使に当たるものであってはならない。

③ 内閣総理大臣は、国際平和協力業務の実施等に当たり、国際平和協力業務実施計画に基づいて、内閣を代表して行政各部を指揮監督する。

④（略）

**第三条（定義）** この法律において、次の各号に掲げる用語の意義は、それぞれ当該各号に定めるところによる。

一　国際連合平和維持活動　国際連合の総会又は安全保障理事会が行う決議に基づき、武力紛争の当事者（以下「紛争当事者」という。）間の武力紛争の再発の防止に関する合意の遵守の確

保、紛争による混乱に伴う切迫した暴力の脅威からの住民の保護、武力紛争の終了後に行われる民主的な手段による統治組織の設立及び再建の援助その他紛争に対処して国際の平和及び安全を維持することを目的として、国際連合の統括の下に行われる活動であって、国際連合事務総長（以下「事務総長」という。）の要請に基づき参加する二以上の国及び国際連合によって実施されるもののうち、次に掲げるものをいう。

イ　武力紛争の停止及びこれを維持するとの紛争当事者間の合意があり、かつ、当該活動が行われる地域の属する国（当該国において国際連合の総会又は安全保障理事会が行う決議に従って施政を行う機関がある場合にあっては、当該機関。以下同じ。）及び紛争当事者の当該活動が行われることについての同意がある場合に、いずれの紛争当事者にも偏ることなく実施される活動

ロ　武力紛争が終了して紛争当事者が当該活動が行われる地域に存在しなくなった場合において、当該活動が行われる地域の属する国の当該活動が行われることについての同意がある場合に実施される活動

ハ　武力紛争がいまだ発生していない場合において、当該活動が行われる地域の属する国の当該活動が行われることについての同意がある場合に、武力紛争の発生を未然に防止することを主要な目的として、特定の立場に偏ることなく実施される活動

二　国際連携平和安全活動　国際連合の総会、安全保障理事会若しくは経済社会理事会が行う決議、別表第一に掲げる国際機関が行う要請又は当該活動が行われる地域の属する国の要請（国際連合憲章第七条1に規定する国際連合の主要機関のいずれかの支持を受けたものに限る。）に基づき、紛争当事者間の武力紛争の再発の防止に関する合意の遵守の確保、紛争による混乱に伴う切迫した暴力の脅威からの住民の保護、武力紛争の終了後に行われる民主的な手段による統治組織の設立及び再建の援助その他紛争に対処して国際の平和及び安全を維持することを目的として行われる活動であって、二以上の国の連携により実施されるもののうち、次に掲げるもの（国際連合平和維持活動として実施される活動を除く。）をいう。

イ―ハ　〔本条第一号イからハまでとほぼ同じ。〕

三　人道的な国際救援活動　国際連合の総会、安全保障理事会若しくは経済社会理事会が行う決議又は別表第二に掲げる国際機関が行う要請に基づき、国際の平和及び安全の維持を危うくするおそれのある紛争（以下単に「紛争」という。）によって被害を受け若しくは受けるおそれがある住民その他の者（以下「被災民」という。）の救援のために又は紛争によって生じた被害の復旧のために人道的精神に基づいて行われる活動であって、当該活動が行われる地域の属する国の当該活動が行われることについての同意があり、かつ、当該活動が行われる地域の属する国が紛争当事者である場合においては武力紛争の停止及びこれを維持するとの紛争当事者間の合意がある場合に、国際連合その他の国際機関又は国際連合加盟国その他の国（次号及び第六号において「国際連合等」という。）によって実施されるもの（国際連合平和維持活動として実施される活動及び国際連携平和安全活動として実施される活動を除く。）をいう。

四　国際的な選挙監視活動　国際連合の総会若しくは安全保障理事会が行う決議又は別表第三に掲げる国際機関が行う要請に基づき、紛争によって混乱を生じた地域において民主的な手段により統治組織を設立しその他の混乱を解消する過程で行われる選挙又は投票の公正な執行を確保するために行われる活動であって、当該活動が行われる地域の属する国の当該活動が行われることについての同意があり、かつ、当該活動が行われる地域の属する国が紛争当事者である場合においては武力紛争の停止及びこれを維持するとの紛争当事者間の合意がある場合に、国際連合等によって実施されるもの（国際連合平和維持活動として実施される活動及び国際連携平和安全活動として実施される活動を除く。）をいう。

五　国際平和協力業務　国際連合平和維持活動のために実施される業務で次に掲げるもの、国際連携平和安全活動のために実施される業務で次に掲げるもの、人道的な国際救援活動のために実施される業務で次のワからツまで、ナ及びラに掲げるもの並びに国際的な選挙監視活動のために実施される業務で次のチ及びナに掲げるもの（これらの業務にそれぞれ附帯する業務を含む。以下同じ。）であって、海外で行われるものをいう。

イ　武力紛争の停止の遵守状況の監視又は紛争当事者間で合意された軍隊の再配置若しくは撤退若しくは武装解除の履行の監視

ロ　緩衝地帯その他の武力紛争の発生の防止のために設けられた地域における駐留及び巡回

ハ　車両その他の運搬手段又は通行人による武器（武器の部品及び弾薬を含む。ニにおいて同じ。）の搬入又は搬出の有無の検査又は確認

ニ　放棄された武器の収集、保管又は処分

ホ　紛争当事者が行う停戦線その他これに類する境界線の設定の援助

ヘ　紛争当事者間の捕虜の交換の援助

ト　防護を必要とする住民、被災民その他の者の生命、身体及び財産に対する危害の防止及び抑止その他特定の区域の保安のための監視、駐留、巡回、検問及び警護

チ　議会の議員の選挙、住民投票その他これらに類する選挙若しくは投票の公正な執行の監視又はこれらの管理

リ　警察行政事務に関する助言若しくは指導又は警察行政事務の監視

ヌ　矯正行政事務に関する助言若しくは指導又は矯正行政事務の監視

ル　リ及びヌに掲げるもののほか、立法、行政（ヲに規定する組織に係るものを除く。）又は司法に関する事務に関する助言又は指導

ヲ　国の防衛に関する組織その他のイからトまで又はワからネまでに掲げるものと同種の業務を行う組織の設立又は再建を援助するための次に掲げる業務

(1)　イからトまで又はワからネまでに掲げるものと同種の業務に関する助言又は指導

(2)　(1)に規定する業務の実施に必要な基礎的な知識及び技能を修得させるための教育訓練

ワ　医療（防疫上の措置を含む。）

カ　被災民の捜索若しくは救出又は帰還の援助

ヨ　被災民に対する食糧、衣料、医薬品その他の生活関連物資の配布

タ　被災民を収容するための施設又は設備の設置

レ　紛争によって被害を受けた施設又は設備であって被災民の生活上必要なものの復旧又は整備のための措置
ソ　紛争によって汚染その他の被害を受けた自然環境の復旧のための措置
ツ　イからソまでに掲げるもののほか、輸送、保管（備蓄を含む。）、通信、建設、機械器具の据付け、検査若しくは修理又は補給（武器の提供を行う補給を除く。）
ネ　国際連合平和維持活動又は国際連携平和安全活動を統括し、又は調整する組織において行うイからツまでに掲げる業務の実施に必要な企画及び立案並びに調整又は情報の収集整理
ナ　イからネまでに掲げる業務に類するものとして政令で定める業務
ラ　ヲからネまでに掲げる業務又はこれらの業務に類するものとしてナの政令で定める業務を行う場合であって、国際連合平和維持活動、国際連携平和安全活動若しくは人道的な国際救援活動に従事する者又はこれらの活動を支援する者（以下このラ及び第二十六条第二項において「活動関係者」という。）の生命又は身体に対する不測の侵害又は危難が生じ、又は生ずるおそれがある場合に、緊急の要請に対応して行う当該活動関係者の生命及び身体の保護

六　物資協力　次に掲げる活動を行っている国際連合等に対して、その活動に必要な物品を無償又は時価よりも低い対価で譲渡することをいう。
イ―ニ　（略）

七―九　（略）

**第四条（設置及び所掌事務）**①　内閣府に、国際平和協力本部（以下「本部」という。）を置く。
②　本部は、次に掲げる事務をつかさどる。
一　国際平和協力業務実施計画（以下「実施計画」という。）の案の作成に関すること。
二　国際平和協力業務実施要領（以下「実施要領」という。）の作成又は変更に関すること。
三　前号の変更を適正に行うための、派遣先国において実施される必要のある国際平和協力業務の具体的内容を把握するための調査、実施した国際平和協力業務の効果の測定及び分析並びに派遣先国における国際連合の職員その他の者との連絡に関すること。
四　国際平和協力隊（以下「協力隊」という。）の運用に関すること。
五　国際平和協力業務の実施のための関係行政機関への要請、輸送の委託及び国以外の者に対する協力の要請に関すること。
六　物資協力に関すること。
七　国際平和協力業務の実施等に関する調査（第三号に掲げるものを除く。）及び知識の普及に関すること。
八　前各号に掲げるもののほか、法令の規定により本部に属せられた事務

**第五条（組織）**①　本部の長は、国際平和協力本部長（以下「本部長」という。）とし、内閣総理大臣をもって充てる。
②―⑫　（略）

**第六条（実施計画）**①　内閣総理大臣は、我が国として国際平和協力業務を実施することが適当であると認める場合であって、次に掲げる同意があるとき（国際連合平和維持活動又は国際連携平和安全活動のために実施する国際平和協力業務であって第三条第五号トに掲げるもの若しくはこれに類するものとして同号ナの政令で定めるもの又は同号ラに掲げるものを実施する場合にあっては、同条第一号イからハまで又は第二号イからハまでに規定する同意及び第一号又は第二号に掲げる同意が当該活動及び当該業務が行われる期間を通じて安定的に維持されると認められるときに限り、人道的な国際救援活動のために実施する国際平和協力業務であって同条第五号ラに掲げるものを実施する場合にあっては、同条第三号に規定する同意及び第三号に掲げる同意が当該活動及び当該業務が行われる期間を通じて安定的に維持され、並びに当該活動が行われる地域の属する国が紛争当事者であるときは、紛争当事者の当該活動及び当該業務が行われることについての同意があり、かつ、その同意が当該活動及び当該業務が行われる期間を通じて安定的に維持されると認められるときに限る。）は、国際平和協力業務を実施すること及び実施計画の案につき閣議の決定を求めなければならない。
一　国際連合平和維持活動のために実施する国際平和協力業務については、紛争当事者及び当該活動が行われる地域の属する国の当該業務の実施についての同意（第三条第一号ロ又はハに該当する活動にあっては、当該活動が行われる地域の属する国の当該業務の実施についての同意（同号ハに該当する活動にあっては、当該地域において当該業務の実施に支障となる明確な反対の意思を示す者がいない場合に限る。））
二　国際連携平和安全活動のために実施する国際平和協力業務については、紛争当事者及び当該活動が行われる地域の属する国の当該業務の実施についての同意（第三条第二号ロ又はハに該当する活動にあっては、当該活動が行われる地域の属する国の当該業務の実施についての同意（同号ハに該当する活動にあっては、当該地域において当該業務の実施に支障となる明確な反対の意思を示す者がいない場合に限る。））
三　人道的な国際救援活動のために実施する国際平和協力業務については、当該活動が行われる地域の属する国の当該業務の実施についての同意
四　国際的な選挙監視活動のために実施する国際平和協力業務については、当該活動が行われる地域の属する国の当該業務の実施についての同意
②　実施計画に定める事項は、次のとおりとする。
一・二　（略）
③④　（略）
⑤　海上保安庁の船舶又は航空機を用いて行われる国際平和協力業務は、第三条第五号リ若しくはルに掲げる業務（海上保安庁法（昭和二十三年法律第二十八号）第五条に規定する事務に係るものに限る。）、同号ワからツまでに掲げる業務又はこれらの業務に類するものとして同号ナの政令で定める業務であって、同法第二十五条の趣旨に鑑み海上保安庁の船舶又は航空機を用いて行うことが適当であると認められるもののうちから、海上保安庁の任務遂行に支障を生じない限度において、実施計画に定めるものとする。
⑥　自衛隊の部隊等が行う国際平和協力業務は、第三条第五号イからトまでに掲げる業務、同号ヲからネまでに掲げる業務、これらの業務に類するものとして同号ナの政令で定める業務又は同号ラに掲げる業務であって自衛隊の部隊等が行うことが適当であると認められるもののうちから、自衛隊の主たる任務の遂行に支障を生じない限度において、実施計画に定めるものとする。
⑦　自衛隊の部隊等が行う国際連合平和維持活動又は国際連携平

和安全活動のために実施される国際平和協力業務であって第三条第五号イからトまでに掲げるもの又はこれらの業務に類するものとして同号ナの政令で定めるものについては、内閣総理大臣は、当該国際平和協力業務に従事する自衛隊の部隊等の海外への派遣の開始前に、我が国として国際連合平和維持隊に参加し、又は他国と連携して国際連携平和安全活動を実施するに際しての基本的な五つの原則（第三条第一号及び第二号、本条第一項（第三号及び第四号を除く。）及び第十三項（第一号から第六号まで、第九号及び第十号に係る部分に限る。）、第八条第一項第六号及び第七号、第二十五条並びに第二十六条の規定の趣旨をいう。）及びこの法律の目的に照らし、当該国際平和協力業務を実施することにつき、実施計画を添えて国会の承認を得なければならない。ただし、国会が閉会中の場合又は衆議院が解散されている場合には、当該国際平和協力業務に従事する自衛隊の部隊等の海外への派遣の開始後最初に召集される国会において、遅滞なく、その承認を求めなければならない。

⑧　前項本文の規定により内閣総理大臣から国会の承認を求められた場合には、先議の議院にあっては内閣総理大臣が国会の承認を求めた後国会の休会中の期間を除いて七日以内に、後議の議院にあっては先議の議院から議案の送付があった後国会の休会中の期間を除いて七日以内に、それぞれ議決するよう努めなければならない。

⑨　政府は、第七項ただし書の場合において不承認の議決があったときは、遅滞なく、同項の国際平和協力業務を終了させなければならない。

⑩　第七項の国際平和協力業務については、同項の規定による国会の承認を得た日から二年を経過する日を超えて引き続きこれを行おうとするときは、内閣総理大臣は、当該日の三十日前の日から当該日までの間に、当該国際平和協力業務を引き続き行うことにつき、実施計画を添えて国会に付議して、その承認を求めなければならない。ただし、国会が閉会中の場合又は衆議院が解散されている場合には、その後最初に召集される国会においてその承認を求めなければならない。

⑪　政府は、前項の場合において不承認の議決があったときは、遅滞なく、第七項の国際平和協力業務を終了させなければならない。

⑫　前二項の規定は、国会の承認を得て第七項の国際平和協力業務を継続した後、更に二年を超えて当該国際平和協力業務を引き続き行おうとする場合について準用する。

⑬　内閣総理大臣は、実施計画の変更（第一号から第八号までに掲げる場合に行うべき国際平和協力業務に従事する者の海外への派遣の終了及び第九号から第十一号までに掲げる場合に行うべき当該各号に規定する業務の終了に係る変更を含む。次項において同じ。）をすることが必要であると認めるとき、又は適当であると認めるときは、実施計画の変更の案につき閣議の決定を求めなければならない。

一―十一　（略）

⑭　（略）

**第七条（国会に対する報告）**　内閣総理大臣は、次の各号に掲げる場合には、それぞれ当該各号に規定する事項を、遅滞なく、国会に報告しなければならない。

一　実施計画の決定又は変更があったとき　当該決定又は変更に係る実施計画の内容

二　実施計画に定める国際平和協力業務が終了したとき　当該国際平和協力業務の実施の結果

三　実施計画に定める国際平和協力業務を行う期間に係る変更があったとき　当該変更前の期間における当該国際平和協力業務の実施の状況

**第八条（実施要領）**①　本部長は、実施計画に従い、国際平和協力業務を実施するため、次の第一号から第五号までに掲げる事項についての具体的内容及び第六号から第九号までに掲げる事項を定める実施要領を作成し、及び必要に応じこれを変更するものとする。

一―九　（略）

②　実施要領の作成及び変更は、国際連合平和維持活動として実施される国際平和協力業務に関しては、前項第六号及び第七号に掲げる事項に関し本部長が必要と認める場合を除き、事務総長又は派遣先国において事務総長の権限を行使する者が行う指図に適合するように行うものとする。

③　（略）

**第九条（国際平和協力業務等の実施）**①　協力隊は、実施計画及び実施要領に従い、国際平和協力業務を行う。

②―⑦　（略）

**第二三条（小型武器の保有及び貸与）**　本部は、隊員の安全保持のために必要な政令で定める種類の小型武器を保有することができる。

**第二四条【同前】**①　本部長は、第九条第一項の規定により協力隊が派遣先国において行う国際平和協力業務（第三条第五号チに掲げる業務及びこれに類するものとして同号ナの政令で定める業務を除く。）に隊員を従事させるに当たり、現地の治安の状況等を勘案して特に必要と認める場合には、当該隊員が派遣先国に滞在する間、前条の小型武器であって第六条第二項第二号ハ及び第四項の規定により実施計画に定める装備であるものを当該隊員に貸与することができる。

②　小型武器を管理する責任を有する者として本部の職員のうちから本部長により指定された者は、前項の規定により隊員に貸与するため、小型武器を保管することができる。

③　小型武器の貸与の基準、管理等に関し必要な事項は、政令で定める。

**第二五条（武器の使用）**①　前条第一項の規定により小型武器の貸与を受け、派遣先国において国際平和協力業務に従事する隊員は、自己又は自己と共に現場に所在する他の隊員若しくはその職務を行うに伴い自己の管理の下に入った者の生命又は身体を防護するためやむを得ない必要があると認める相当の理由がある場合には、その事態に応じ合理的に必要と判断される限度で、当該小型武器を使用することができる。

②　第九条第五項の規定により派遣先国において国際平和協力業務に従事する海上保安官又は海上保安官補（以下この条において「海上保安官等」という。）は、自己又は自己と共に現場に所在する他の海上保安庁の職員、隊員若しくはその職務を行うに伴い自己の管理の下に入った者の生命又は身体を防護するためやむを得ない必要があると認める相当の理由がある場合には、その事態に応じ合理的に必要と判断される限度で、第六条第二項第二号ニ(2)及び第四項の規定により実施計画に定める装備である第二十三条の政令で定める種類の小型武器で、当該海上保安官等が携帯するものを使用することができる。

③　第九条第五項の規定により派遣先国において国際平和協力業務に従事する自衛官は、自己又は自己と共に現場に所在する他

の自衛隊員、隊員若しくはその職務を行うに伴い自己の管理の下に入った者の生命又は身体を防護するためやむを得ない必要があると認める相当の理由がある場合には、その事態に応じ合理的に必要と判断される限度で、第六条第二項第二号ホ(2)及び第四項の規定により実施計画に定める装備である武器を使用することができる。

④—⑥ 〔重要影響事態法第一一条第二項から第四項までとほぼ同じ。〕

⑦ 第九条第五項の規定により派遣先国において国際平和協力業務に従事する自衛官は、その宿営する宿営地(宿営のために使用する区域であって、囲障が設置されることにより他と区別されるものをいう。以下この項において同じ。)であって当該国際平和協力業務に係る国際連合平和維持活動、国際連携平和安全活動又は人道的な国際救援活動に従事する外国の軍隊の部隊の要員が共に宿営するものに対する攻撃があったときは、当該宿営地に所在する者の生命又は身体を防護するための措置をとる当該要員と共同して、第三項の規定による武器の使用をすることができる。この場合において、同項から第五項までの規定の適用については、第三項中「現場に所在する他の自衛隊員、隊員若しくはその職務を行うに伴い自己の管理の下に入った者」とあるのは「その宿営する宿営地(第七項に規定する宿営地をいう。次項及び第五項において同じ。)に所在する者」と、「その事態」とあるのは「第七項に規定する外国の軍隊の部隊の要員による措置の状況をも踏まえ、その事態」と、第四項及び第五項中「現場」とあるのは「宿営地」とする。

⑧ 海上保安庁法第二十条の規定は、第九条第五項の規定により派遣先国において国際平和協力業務に従事する海上保安官等については、適用しない。

⑨ 自衛隊法第九十六条第三項の規定は、第九条第五項の規定により派遣先国において国際平和協力業務に従事する自衛官については、自衛隊員以外の者の犯した犯罪に関しては適用しない。

⑩ 第一項の規定は第八条第一項第六号に規定する国際平和協力業務の中断(以下この項において「業務の中断」という。)がある場合における当該国際平和協力業務に係る隊員について、第二項及び第八項の規定は業務の中断がある場合における当該国際平和協力業務に係る海上保安官等について、第三項、第七項及び前項の規定は業務の中断がある場合における当該国際平和協力業務に係る自衛官について、第四項及び第五項の規定はこの項において準用する第二項の規定及びこの項において準用する第三項(第七項の規定により読み替えて適用する場合を含む。)の規定による小型武器又は武器の使用について、第六項の規定はこの項において準用する第一項及び第二項の規定並びにこの項において準用する第三項(第七項の規定により読み替えて適用する場合を含む。)の規定による小型武器又は武器の使用について、それぞれ準用する。

**第二六条【同前】**① 前条第三項(同条第七項の規定により読み替えて適用する場合を含む。)に規定するもののほか、第九条第五項の規定により派遣先国において国際平和協力業務であって第三条第五号トに掲げるもの又はこれに類するものとして同号ナの政令で定めるものに従事する自衛官は、その業務を行うに際し、自己若しくは他人の生命、身体若しくは財産を防護し、又はその業務を妨害する行為を排除するためやむを得ない必要があると認める相当の理由がある場合には、その事態に応じ合理的に必要と判断される限度で、第六条第二項第二号ホ(2)及び第四項の規定により実施計画に定める装備である武器を使用することができる。

② 前条第三項(同条第七項の規定により読み替えて適用する場合を含む。)に規定するもののほか、第九条第五項の規定により派遣先国において国際平和協力業務であって第三条第五号ラに掲げるものに従事する自衛官は、その業務を行うに際し、自己又はその保護しようとする活動関係者の生命又は身体を防護するためやむを得ない必要があると認める相当の理由がある場合には、その事態に応じ合理的に必要と判断される限度で、第六条第二項第二号ホ(2)及び第四項の規定により実施計画に定める装備である武器を使用することができる。

③④ 〔重要影響事態法第一一条第四項とほぼ同じ。〕

**第二七条(自衛官の派遣)**① 防衛大臣は、国際連合の要請に応じ、国際連合の業務であって、国際連合平和維持活動に参加する自衛隊の部隊等又は外国の軍隊の部隊により実施される業務の統括に関するものに従事させるため、内閣総理大臣の同意を得て、自衛官を派遣することができる。

② 内閣総理大臣は、前項の規定により派遣される自衛官が従事することとなる業務に係る国際連合平和維持活動が行われることについての第三条第一号イからハまでに規定する同意が当該派遣の期間を通じて安定的に維持されると認められ、かつ、当該派遣を中断する事情が生ずる見込みがないと認められる場合に限り、当該派遣について同項の同意をするものとする。

③ 防衛大臣は、第一項の規定により自衛官を派遣する場合には、当該自衛官の同意を得なければならない。

**第二八条(身分及び処遇)** 前条第一項の規定により派遣された自衛官の身分及び処遇については、国際機関等に派遣される防衛省の職員の処遇等に関する法律(平成七年法律第百二十二号)第三条から第十四条までの規定を準用する。

**第二九条(小型武器の無償貸付け)** 防衛大臣又はその委任を受けた者は、第二十七条第一項の規定により派遣された自衛官の活動の用に供するため、国際連合から小型武器の無償貸付けを求める旨の申出があった場合において、当該活動の円滑な実施に必要であると認めるときは、当該申出に係る小型武器を国際連合に対し無償で貸し付けることができる。

**第三〇条【物資協力】**① 政府は、国際連合平和維持活動、国際連携平和安全活動、人道的な国際救援活動又は国際的な選挙監視活動に協力するため適当と認めるときは、物資協力を行うことができる。

②—⑤ (略)

# 33 有事関連法

## (1) 国民保護法（抜粋）

（武力攻撃事態等における国民の保護のための措置に関する法律）

公　布　平成一六年六月一八日（法一一二）
施　行　平成一六年九月一七日
最終改正　平成三〇法六七

**第一条（目的）** この法律は、武力攻撃事態等において武力攻撃から国民の生命、身体及び財産を保護し、並びに武力攻撃の国民生活及び国民経済に及ぼす影響が最小となるようにすることの重要性に鑑み、これらの事項に関し、国、地方公共団体等の責務、国民の協力、住民の避難に関する措置、避難住民等の救援に関する措置、武力攻撃災害への対処に関する措置その他の必要な事項を定めることにより、武力攻撃事態等及び存立危機事態における我が国の平和と独立並びに国及び国民の安全の確保に関する法律（平成十五年法律第七十九号。以下「事態対処法」という。）と相まって、国全体として万全の態勢を整備し、もって武力攻撃事態等における国民の保護のための措置を的確かつ迅速に実施することを目的とする。

**第三条（国、地方公共団体等の責務）**（略）

**第五条（基本的人権の尊重）** ① 国民の保護のための措置を実施するに当たっては、日本国憲法の保障する国民の自由と権利が尊重されなければならない。

② 前項に規定する国民の保護のための措置を実施する場合において、国民の自由と権利に制限が加えられるときであっても、その制限は当該国民の保護のための措置を実施するため必要最小限のものに限られ、かつ、公正かつ適正な手続の下に行われるものとし、いやしくも国民を差別的に取り扱い、並びに思想及び良心の自由並びに表現の自由を侵すものであってはならない。

## (2) 国際人道法違反行為処罰法

（国際人道法の重大な違反行為の処罰に関する法律）

公　布　平成一六年六月一八日（法一一五）
施　行　平成一七年二月二八日

**第一条（目的）** この法律は、国際的な武力紛争において適用される国際人道法に規定する重大な違反行為を処罰することにより、刑法（明治四十年法律第四十五号）等による処罰と相まって、これらの国際人道法の的確な実施の確保に資することを目的とする。

**第二条（定義）** この法律において、次の各号に掲げる用語の意義は、それぞれ当該各号に定めるところによる。

一　捕虜　次のイ又はロに掲げる者であって、捕虜の待遇に関する千九百四十九年八月十二日のジュネーヴ条約（以下「第三条約」という。）及び千九百四十九年八月十二日のジュネーヴ諸条約の国際的な武力紛争の犠牲者の保護に関する追加議定書（議定書Ⅰ）（以下「第一追加議定書」という。）において捕虜として取り扱われるものをいう。

イ　第三条約第四条に規定する者

ロ　第一追加議定書第四十四条1に規定する者（同条2から4までの規定により捕虜となる権利を失う者を除く。）

二　傷病捕虜　捕虜であって、第三条約第百十条第一項(1)から(3)までに該当する者をいう。

三　文民　次のイ又はロに掲げる者であって、戦時における文民の保護に関する千九百四十九年八月十二日のジュネーヴ条約（以下「第四条約」という。）及び第一追加議定書において被保護者として取り扱われるものをいう。

イ　第四条約第四条第一項に規定する者（同条第二項及び第四項の規定により被保護者と認められない者を除く。）

ロ　第一追加議定書第七十三条に規定する者

**第三条（重要な文化財を破壊する罪）** 次に掲げる事態又は武力紛争において、正当な理由がないのに、その戦闘行為として、歴史的記念物、芸術品又は礼拝所のうち、重要な文化財として政令で定めるものを破壊した者は、七年以下の懲役に処する。

一　第一追加議定書第一条3に規定する事態であって、次のイ又はロに掲げるもの

イ　第一追加議定書の締約国間におけるもの

ロ　第一追加議定書第九十六条2の規定により第一追加議定書の規定を受諾し、かつ、適用する第一追加議定書の非締約国と第一追加議定書の締約国との間におけるもの

二　第一追加議定書第一条4に規定する武力紛争（第一追加議定書第九十六条3の規定により寄託者にあてた宣言が受領された後のものに限る。）

**第四条（捕虜の送還を遅延させる罪）** ① 捕虜の送還に関する権限を有する者が、捕虜の抑留の原因となった武力紛争が終了した場合において、正当な理由がないのに、当該武力紛争の相手国（当該武力紛争の当事者間において合意された地を含む。次項において「送還地」という。）への捕虜の送還を遅延させたときは、五年以下の懲役に処する。

② 前項に規定する者が、正当な理由がないのに、送還に適する状態にある傷病捕虜の送還地への送還を遅延させたときも、同項と同様とする。

**第五条（占領地域に移送する罪）** 第三条第一号に掲げる事態において、占領に関する措置の一環としてその国が占領した地域（以下「占領地域」という。）に入植させる目的で、当該国の国籍を有する者又は当該国の領域内に住所若しくは居所を有する者を当該占領地域に移送した者は、五年以下の懲役に処する。

**第六条（文民の出国等を妨げる罪）** ① 出国の管理に関する権限を有する者が、正当な理由がないのに、文民の出国を妨げたときは、三年以下の懲役に処する。

② 占領地域からの出域（被占領国からの出国又は被占領国の国境を越えない占領地域外への移動をいう。以下同じ。）の管理に関する権限を有する者が、正当な理由がないのに、文民（被占領国の国籍を有する者を除く。）の占領地域からの出域を妨げたときも、前項と同様とする。

**第七条（国外犯）** 第三条から前条までの罪は、刑法第四条の二の例に従う。

附　則（抄）

**第二条（経過措置）** 第七条の規定は、この法律の施行の日以後に

日本国について効力を生ずる条約により日本国外において犯したときであっても罰すべきものとされる罪に限り適用する。

## (3) 外国軍用品等海上輸送規制法（抜粋）

（武力攻撃事態及び存立危機事態における外国軍用品等の海上輸送の規制に関する法律）

公　布　平成一六年六月一八日（法一一六）
施　行　平成一六年一二月一七日
最終改正　平成二八法五四

**第一条（目的）** この法律は、武力攻撃事態（武力攻撃事態等及び存立危機事態における我が国の平和と独立並びに国及び国民の安全の確保に関する法律（平成十五年法律第七十九号）第二条第二号に規定する武力攻撃事態をいう。以下同じ。）及び存立危機事態（同条第四号に規定する存立危機事態をいう。以下同じ。）に際して、外国軍用品等の海上輸送を規制するため、自衛隊法（昭和二十九年法律第百六十五号）第七十六条第一項の規定により出動を命ぜられた海上自衛隊の部隊が実施する停船検査及び回航措置の手続並びに防衛省に設置する外国軍用品審判所における審判の手続等を定め、もって我が国の平和と独立並びに国及び国民の安全の確保に資することを目的とする。

**第二条（定義）** この法律において、次の各号に掲げる用語の意義は、それぞれ当該各号に定めるところによる。

一　（略）

二　外国軍用品　次のイからチまでのいずれかに掲げる物品（政令で指定するものに限る。）で外国軍隊等が所在する地域を仕向地とするもの及び次のリからヲまでのいずれかに掲げる物品（政令で指定するものに限る。）で、武力攻撃事態においては外国軍隊等が所在する我が国の領域又は我が国周辺の公海（海洋法に関する国際連合条約に規定する排他的経済水域を含む。以下同じ。）上の地域を、存立危機事態においては外国軍隊等が所在する存立危機武力攻撃を受けている外国の領域又は当該外国周辺の公海上の地域を仕向地とするものをいう。

イ　核兵器、化学兵器、生物兵器若しくは毒素兵器（これらの運搬の用に供されるミサイルその他のこれらの運搬手段を含む。）又は対人地雷

ロ　銃砲

ハ　銃砲弾又は軍用の爆発物（イに掲げるものを除く。）

ニ　軍用の武器（イからハまでに掲げるものを除く。）

ホ　軍用の航空機、ロケット、船舶又は車両（イに掲げるものを除く。）

ヘ　軍用の通信機器又は電子機器

ト　イからへまでに掲げるものの部分品又は附属品

チ　軍用の火薬類（爆発物を除く。）又は軍用の燃料

リ　装甲板、軍用ヘルメット、防弾衣その他軍用の装備品（イからトまでに掲げるものを除く。）

ヌ　航空機、ロケット、船舶若しくは車両の修理若しくは整備に用いられる装置又はその部分品若しくは附属品

ル　航空機、ロケット、船舶又は自動車の燃料（チに掲げるものを除く。）、潤滑油又は作動油

ヲ　食糧（外国軍隊等に仕向けられたものに限る。）

三―八　（略）

**第七条（設置）** ①　防衛省に、臨時に、特別の機関として、外国軍用品審判所を置く。

②　（略）

**第八条（任務）** 外国軍用品審判所は、艦長等が停船検査を行った船舶に係る事件（以下単に「事件」という。）の調査及び審判を行うことを任務とする。

**第一六条（停船検査）** 艦長等は、武力攻撃が発生した事態又は存立危機事態において、実施区域を航行している船舶が外国軍用品等を輸送していることを疑うに足りる相当な理由があるときは、この節の定めるところにより、当該実施区域において、当該船舶について停船検査を行うことができる。ただし、当該船舶が軍艦等に警護されている場合は、この限りでない。

**第二七条（外国軍用品の引渡し）** ①　第二十五条の報告を受けた艦長等は、当該報告に係る船舶の積荷が外国軍用品であると認められ、かつ、当該積荷をその自衛艦に収容することができる場合において、第六条第四項各号のいずれにも該当しないと認めるときは、当該船舶の船長等に対し、当該積荷の引渡しを求めることができる。

②　（略）

③　艦長等は、第一項の引渡しを受けたときは、速やかに、書類及び当該積荷とともに事件を外国軍用品審判所に送致しなければならない。

**第三四条（外国軍用品審判所への送致）** 艦長等は、回航船舶が我が国の港に到着したときは、速やかに、書類とともに事件を外国軍用品審判所に送致しなければならない。

**第五二条（審決）** ①　外国軍用品審判所は、審判手続を経た後、積荷が第二条第二号イに該当する外国軍用品であると認めるときは、当該積荷について廃棄の審決をしなければならない。

②―⑤　（略）

## (4) 捕虜等取扱法（抜粋）

（武力攻撃事態及び存立危機事態における捕虜等の取扱いに関する法律）

公　布　平成一六年六月一八日（法一一七）
施　行　平成一七年二月二八日
最終改正　令和一法六三

**第一条（目的）** この法律は、武力攻撃事態及び存立危機事態における捕虜等の拘束、抑留その他の取扱いに関し必要な事項を定めることにより、武力攻撃又は存立危機武力攻撃を排除するために必要な自衛隊の行動が円滑かつ効果的に実施されるようにするとともに、武力攻撃事態及び存立危機事態において捕虜の待遇に関する千九百四十九年八月十二日のジュネーヴ条約（以下「第三条約」という。）その他の捕虜等の取扱いに係る国際人道法の的確な実施を確保することを目的とする。

**第二条（基本原則）** ①　国は、武力攻撃事態及び存立危機事態においてこの法律の規定により拘束され又は抑留された者（以下この条において「捕虜等」という。）の取扱いに当たっては、第三

条約その他の国際的な武力紛争において適用される国際人道法に基づき、常に人道的な待遇を確保するとともに、捕虜等の生命、身体、健康及び名誉を尊重し、これらに対する侵害又は危難から常に保護しなければならない。

② この法律(これに基づく命令を含む。)の規定により捕虜等に対して与えられる保護は、人種、国籍、宗教的又は政治的意見その他これに類する基準に基づく不当に差別的なものであってはならない。

③ 何人も、捕虜等に対し、武力攻撃又は存立危機武力攻撃に対する報復として、いかなる不利益をも与えてはならない。

**第四条（拘束措置）** 自衛隊法第七十六条第一項の規定により出動を命ぜられた自衛隊の自衛官(以下「出動自衛官」という。)は、武力攻撃が発生した事態又は存立危機事態において、服装、所持品の形状、周囲の状況その他の事情に照らし、抑留対象者に該当すると疑うに足りる相当の理由がある者があるときは、これを拘束することができる。

**第二四条（基本原則）** ① 捕虜収容所長は、捕虜収容所の適正な管理運営を図り、被収容者(抑留令書により捕虜収容所に収容されている捕虜、衛生要員、宗教要員、区別義務違反者、間諜及び傭兵並びに仮収容令書により捕虜収容所に収容されている者(以下「仮収容者」という。)をいう。以下同じ。)の人権を尊重しつつ、被収容者の抑留資格、階級等、性別及び年齢、その属する国における風俗慣習及び生活様式等に応じた適切な処遇を行うものとする。

② 被収容者には、捕虜収容所の規律及び秩序の維持その他管理運営上支障がない範囲内において、できる限りの自由が与えられなければならない。

**第九三条（捕虜資格認定等審査会）** 資格認定審査請求及び懲戒審査請求の事件を取り扱うため、防衛省本省に、臨時に捕虜資格認定等審査会(以下「審査会」という。)を置く。

## 34 日韓請求権協定措置法

(財産及び請求権に関する問題の解決並びに経済協力に関する日本国と大韓民国との間の協定第二条の実施に伴う大韓民国等の財産権に対する措置に関する法律)

公　布　昭和四〇年一二月一七日(法一四四)
施　行　昭和四〇年一二月一八日

① 次に掲げる大韓民国又はその国民(法人を含む。以下同じ。)の財産権であつて、財産及び請求権に関する問題の解決並びに経済協力に関する日本国と大韓民国との間の協定(以下「協定」という。)第二条3の財産、権利及び利益に該当するものは、次項の規定の適用があるものを除き、昭和四十年六月二十二日において消滅したものとする。ただし、同日において第三者の権利(同条3の財産、権利及び利益に該当するものを除く。)の目的となつていたものは、その権利の行使に必要な限りにおいて消滅しないものとする。

一 日本国又はその国民に対する債権

二 担保権であつて、日本国又はその国民の有する物(証券に化体される権利を含む。次項において同じ。)又は債権を目的とするもの

② 日本国又はその国民が昭和四十年六月二十二日において保管する大韓民国又はその国民の物であつて、協定第二条3の財産、権利及び利益に該当するものは、同日においてその保管者に帰属したものとする。この場合において、株券の発行されていない株式については、その発行会社がその株券を保管するものとみなす。

③ 大韓民国又はその国民の有する証券に化体される権利であつて、協定第二条3の財産、権利及び利益に該当するものについては、前二項の規定の適用があるものを除き、大韓民国又は同条3の規定に該当するその国民は、昭和四十年六月二十二日以後その権利に基づく主張をすることができないこととなつたものとする。

## 参考① 防衛装備移転三原則(抄)

平成二六年四月一日(国家安全保障会議決定・閣議決定)

(前略)我が国としては、国際連合憲章を遵守するとの平和国家としての基本理念及びこれまでの平和国家としての歩みを引き続き堅持しつつ、今後は次の三つの原則に基づき防衛装備の海外移転の管理を行うこととする。また、武器製造関連設備の海外移転については、これまでと同様、防衛装備に準じて取り扱うものとする。

1 移転を禁止する場合の明確化

次に掲げる場合は、防衛装備の海外移転を認めないこととする。

① 当該移転が我が国の締結した条約その他の国際約束に基づく義務に違反する場合、

② 当該移転が国際連合安全保障理事会の決議に基づく義務に違反する場合、又は

③ 紛争当事国(武力攻撃が発生し、国際の平和及び安全を維持し又は回復するため、国際連合安全保障理事会がとっている措置の対象国をいう。)への移転となる場合

2 移転を認め得る場合の限定並びに厳格審査及び情報公開

上記1以外の場合は、移転を認め得る場合を次の場合に限定し、透明性を確保しつつ、厳格審査を行う。具体的には、防衛装備の海外移転は、平和貢献・国際協力の積極的な推進に資する場合、同盟国たる米国を始め我が国との間で安全保障面での協力関係がある諸国(以下「同盟国等」という。)との国際共同開発・生産の実施、同盟国等との安全保障・防衛分野における協力の強化並びに装備品の維持を含む自衛隊の活動及び邦人の安全確保の観点から我が国の安全保障に資する場合等に認め得るものとし、仕向先及び最終需要者の適切性並びに当該防衛装備の移転が我が国の安全保障上及ぼす懸念の程度を厳格に審査し、国際輸出管理レジームのガイドラインも踏まえ、輸出審査時点において利用可能な情報に基づいて、総合的に判断する。

また、我が国の安全保障の観点から、特に慎重な検討を要す

る重要な案件については、国家安全保障会議において審議するものとする。国家安全保障会議で審議された案件については、行政機関の保有する情報の公開に関する法律（平成一一年法律第四二号）を踏まえ、政府として情報の公開を図ることとする。

3　目的外使用及び第三国移転に係る適正管理の確保

上記2を満たす防衛装備の海外移転に際しては、適正管理が確保される場合に限定する。具体的には、原則として目的外使用及び第三国移転について我が国の事前同意を相手国政府に義務付けることとする。ただし、平和貢献・国際協力の積極的な推進のため適切と判断される場合、部品等を融通し合う国際的なシステムに参加する場合、部品等をライセンス元に納入する場合等においては、仕向先の管理体制の確認をもって適正な管理を確保することも可能とする。

（以下略）

## 参考②　安全保障法制の整備に関する閣議決定（抄）

（国の存立を全うし、国民を守るための切れ目のない安全保障法制の整備について）

平成二六年七月一日（国家安全保障会議決定・閣議決定）

前　文（略）

1　武力攻撃に至らない侵害への対処（略）

2　国際社会の平和と安定への一層の貢献

(1)　いわゆる後方支援と「武力の行使との一体化」（略）

(2)　国際的な平和協力活動に伴う武器使用

ア・イ（略）

ウ（前略）我が国として、「国家又は国家に準ずる組織」が敵対するものとして登場しないことを確保した上で、国際連合平和維持活動などの「武力の行使」を伴わない国際的な平和協力活動におけるいわゆる「駆け付け警護」に伴う武器使用及び「任務遂行のための武器使用」のほか、領域国の同意に基づく邦人救出などの「武力の行使」を伴わない警察的な活動ができるよう、以下の考え方を基本として、法整備を進めることとする。

（ア）―（エ）（略）

3　憲法第九条の下で許容される自衛の措置

(1)（略）

(2)　憲法第九条はその文言からすると、国際関係における「武力の行使」を一切禁じているように見えるが、憲法前文で確認している「国民の平和的生存権」や憲法第一三条が「生命、自由及び幸福追求に対する国民の権利」は国政の上で最大の尊重を必要とする旨定めている趣旨を踏まえて考えると、憲法第九条が、我が国が自国の平和と安全を維持し、その存立を全うするために必要な自衛の措置を採ることを禁じているとは到底解されない。一方、この自衛の措置は、あくまで外国の武力攻撃によって国民の生命、自由及び幸福追求の権利が根底から覆されるという急迫、不正の事態に対処し、国民のこれらの権利を守るためのやむを得ない措置として初めて容認されるものであり、そのための必要最小限度の「武力の行使」は許容される。これが、憲法第九条の下で例外的に許容される「武力の行使」について、従来から政府が一貫して表明してきた見解の根幹、いわば基本的な論理であり、昭和四七年一〇月一四日に参議院決算委員会に対し政府から提出された資料「集団的自衛権と憲法との関係」に明確に示されているところである。

この基本的な論理は、憲法第九条の下では今後とも維持されなければならない。

(3)　これまで政府は、この基本的な論理の下、「武力の行使」が許容されるのは、我が国に対する武力攻撃が発生した場合に限られると考えてきた。しかし、冒頭で述べたように、パワーバランスの変化や技術革新の急速な進展、大量破壊兵器などの脅威等により我が国を取り巻く安全保障環境が根本的に変容し、変化し続けている状況を踏まえれば、今後他国に対して発生する武力攻撃であったとしても、その目的、規模、態様等によっては、我が国の存立を脅かすことも現実に起こり得る。

我が国としては、紛争が生じた場合にはこれを平和的に解決するために最大限の外交努力を尽くすとともに、これまでの憲法解釈に基づいて整備されてきた既存の国内法令による対応や当該憲法解釈の枠内で可能な法整備などあらゆる必要な対応を採ることは当然であるが、それでもなお我が国の存立を全うし、国民を守るために万全を期す必要がある。

こうした問題意識の下に、現在の安全保障環境に照らして慎重に検討した結果、我が国に対する武力攻撃が発生した場合のみならず、我が国と密接な関係にある他国に対する武力攻撃が発生し、これにより我が国の存立が脅かされ、国民の生命、自由及び幸福追求の権利が根底から覆される明白な危険がある場合において、これを排除し、我が国の存立を全うし、国民を守るために他に適当な手段がないときに、必要最小限度の実力を行使することは、従来の政府見解の基本的な論理に基づく自衛のための措置として、憲法上許容されると考えるべきであると判断するに至った。

(4)(5)（略）

4　今後の国内法整備の進め方（略）

## 35　台湾関係法（米国）（抜粋）翻訳

アメリカ合衆国第九六議会法律
〔22 USC § 3301―§ 3316〕

制定　一九七九年四月一〇日（一般法律第八号）
施行　一九七九年一月一日

**第三三〇一節（議会の判断及び政策の宣言）** (a)　判断　大統領が、一九七九年一月一日前に中華民国として合衆国により承認されていた台湾の統治当局と合衆国との間の政府間関係を終了させたことに伴い、議会は、この法律の制定が次の目的のために必要であると判断する。

(1)　西太平洋における平和、安全及び安定の維持に寄与する目

的

(2) 合衆国人民と台湾人民との間の通商、文化その他の関係の継続を承認することにより、合衆国の外交政策を促進する目的

(b) 政策　合衆国の政策は次のとおりである。

(1) (略)

(2) 当該地域における平和と安定が、合衆国の政治、安全保障及び経済上の利益であり、かつ、国際関心事項であることを宣言すること。

(3) 中華人民共和国と外交関係を樹立する合衆国の決定は、台湾の将来が平和的手段により決定されるであろうとの期待に基づくことを明確にすること。

(4) 台湾の将来を、ボイコット又は禁輸を含む非平和的手段により決定しようとするいかなる試みも、西太平洋地域の平和と安全に対する脅威であり、かつ、合衆国にとって重大な関心事項であるとみなすこと。

(5) 台湾に対して防衛的性格を有する武器を提供すること。

(6) (略)

(c) (略)

**第三三〇二節（台湾に関する合衆国の政策の実施）** (a) 防衛品目及び防衛役務　この法律の第三三〇一節に規定された政策を推進するため、合衆国は、台湾に対して、台湾が十分な自衛能力を維持することができるのに必要な量の防衛品目と防衛役務を供与する体制を維持する。

(b) (略)

(c) 台湾に対する脅威又は合衆国の利益に対する危険への合衆国の対応　台湾人民の安全又は社会的若しくは経済的体制に対するいかなる脅威についても、またそこから発生する合衆国の利益に対するいかなる危険についても、大統領は速やかに議会に通報する。大統領と議会は、憲法の手続に従って、全てのそのような危険に対する合衆国による適切な行動を決定する。

**第三三〇三節（法令及び国際協定の台湾への適用）** (a) 合衆国の法令の一般的適用　外交関係又は承認がないことは、台湾に関する合衆国の法令の適用に影響を及ぼすものではなく、また、合衆国の法令は、それらが一九七九年一月一日前に台湾に関して適用されていたのと同様に、台湾に関して適用される。

(b) (略)

(c) 条約その他の国際協定　合衆国の全ての裁判所における訴訟を含むあらゆる目的のために、議会は、一九七九年一月一日前に中華民国として合衆国により承認されていた台湾の統治当局と合衆国が加入し、一九七八年一二月三一日において両国間で有効であった多国間条約を含むあらゆる条約その他の国際協定について、これまでに法律に従い終了していない限り、かつ、将来法律に従い終了するまでの間、それらの効力を引き続き承認する。

(d) (略)

## 36　外国人不法行為請求権法（米国）翻訳

アメリカ合衆国第八〇議会法律
〔28 USC § 1350〕

制　定　一九四八年六月二五日（一般法律第七七三号）
（現行法）〔旧法は一七八九年九月二四日アメリカ合衆国裁判所設置法（裁判所法）第九節として制定〕
施　行　一九四八年九月一日

**第一三五〇節（外国人不法行為訴訟）**〔連邦〕地方裁判所は、諸国民の法〔law of nations〕又は合衆国の条約に反して行われた不法行為に関してのみ、外国人による民事訴権に関する第一審管轄権を有する。

## 37　一九九一年拷問被害者保護法（米国）（抜粋）翻訳

（拷問又は裁判手続に基づかない殺人に関わる個人からの損害回復を求める民事訴権を創設することにより国際連合憲章及び人権保護に関する他の国際協定に基づくアメリカ合衆国の義務を実施するための法律）

アメリカ合衆国第一〇二議会法律
〔28 USC § 1350 note〕

制　定　一九九二年三月一二日（一般法律第二五六号）
施　行　一九九二年三月一二日

**第一節（略称）** この法律は、「一九九一年拷問被害者保護法」として引用することができる。

**第二節（民事訴権の創設）** (a) 責任　いずれかの外国の現実の若しくは表見上の権限に基づき、又は、いずれかの外国の法律の外観のもとに、

(1) 個人を拷問にかける者は、民事訴訟において、当該個人に対し、その損害について責任を負う。

(2) 個人を裁判手続に基づくことなく殺す者は、民事訴訟において、当該個人の法律上の代理人に対し、又は、不法死亡訴訟における請求権者となることができる者に対し、その損害について責任を負う。

(b) 救済措置の完了　裁判所は、請求権者がその請求を生じさせる行為の行為地において適正かつ利用可能な救済措置を尽くしていない場合には、本条に基づく請求を審理することを拒否しなければならない。

(c) 出訴期限　いかなる訴訟も、訴訟原因が生じた後一〇年以内に提起されない場合には、本条に基づいて提起することはできない。

# 主要国際組織・関連用語略称一覧表

| | |
|---|---|
| AALCO | アジア・アフリカ法律諮問委員会 |
| ACABQ | 行財政問題諮問委員会 |
| ADB | アジア開発銀行 |
| AIIB | アジアインフラ投資銀行 |
| APEC | アジア太平洋経済協力 |
| ARF | 東南アジア諸国連合地域フォーラム |
| ASEAN | 東南アジア諸国連合 |
| ASEM | アジア欧州会合 |
| ATS | 南極条約事務局 |
| AU | アフリカ連合 |
| BIS | 国際決済銀行 |
| CAT | 拷問禁止委員会 |
| CBD | 生物多様性条約事務局 |
| CCPCJ | 犯罪防止刑事司法委員会 |
| CCSBT | みなみまぐろ委員会 |
| CD | 軍縮会議 |
| CEDAW | 女子差別撤廃委員会 |
| CERD | 人種差別撤廃委員会 |
| CESCR | 社会権規約委員会 |
| CIS | 独立国家共同体 |
| CITES | ワシントン条約事務局 |
| CLCS | 大陸棚の限界に関する委員会 |
| CTBT | 包括的核実験禁止条約 |
| CTBTO | 包括的核実験禁止条約機関準備委員会 |
| CTC | 国連テロ対策委員会 |
| CWC | 化学兵器禁止条約 |
| DSB | 紛争解決機関(WTO) |
| DSU | 紛争解決了解(WTO) |
| EBRD | 欧州復興開発銀行 |
| EC | 欧州共同体 |
| ECA | アフリカ経済委員会 |
| ECE | 欧州経済委員会 |
| ECLAC | ラテンアメリカ・カリブ経済委員会 |
| ECSC | 欧州石炭鉄鋼共同体 |
| ECT | エネルギー憲章条約事務局 |
| EDC | 欧州防衛共同体 |
| EEC | 欧州経済共同体 |
| EFTA | 欧州自由貿易連合 |
| ESCAP | アジア太平洋経済社会委員会 |
| ESCWA | 西アジア経済社会委員会 |
| EU | 欧州連合 |
| EURATOM | 欧州原子力共同体 |
| FAO | 国連食糧農業機関 |
| FATF | 金融活動作業部会 |
| GATT | 関税及び貿易に関する一般協定 |
| GEF | 地球環境ファシリティ |
| HRC, CCPR | 自由権規約委員会 |
| IAEA | 国際原子力機関 |
| IBRD | 国際復興開発銀行 |
| ICAO | 国際民間航空機関 |
| ICC | 国際刑事裁判所 |
| ICJ | 国際司法裁判所 |
| ICPO | 国際刑事警察機構(インターポール) |
| ICRC | 赤十字国際委員会 |
| ICSID | 投資紛争解決国際センター |
| ICTR | ルワンダ国際刑事裁判所 |
| ICTY | 旧ユーゴスラビア国際刑事裁判所 |
| IDA | 国際開発協会 |
| IDB | 米州開発銀行 |
| IEA | 国際エネルギー機関 |
| IFAD | 国際農業開発基金 |
| IFC | 国際金融公社 |
| ILC | 国際法委員会 |
| ILO | 国際労働機関 |
| IMF | 国際通貨基金 |
| IMO | 国際海事機関 |
| IMSO | 国際移動通信衛星機構 |
| INTELSAT | (旧)国際電気通信衛星機構 |
| IOM | 国際移住機関 |
| ISA | 国際海底機構 |
| ISAF | 国際治安支援部隊 |
| ITLOS | 国際海洋法裁判所 |
| ITSO | 国際電気通信衛星機構 |
| ITU | 国際電気通信連合 |
| IUCN | 国際自然保護連合事務局 |
| IWC | 国際捕鯨委員会 |
| JIU | 国連合同監査団 |
| KEDO | 朝鮮半島エネルギー開発機構 |
| KFOR | 国際安全保障部隊(コソボ) |
| MDGs | ミレニアム開発目標 |
| MICT | 国際刑事裁判所メカニズム |
| MIGA | 多数国間投資保証機関 |
| NAFTA | 北米自由貿易協定 |
| NATO | 北大西洋条約機構 |
| NGO | 非政府組織 |
| NIEO | 新国際経済秩序 |
| NPT | 核兵器不拡散条約 |
| OAPEC | アラブ石油輸出国機構 |
| OAS | 米州機構 |
| OCHA | 人道問題調整部 |
| OECD | 経済協力開発機構 |
| OHCHR | 国連人権高等弁務官事務所 |
| OPCW | 化学兵器禁止機関 |
| OPEC | 石油輸出国機構 |
| OSCE | 欧州安全保障協力機構 |
| PCIJ | 常設国際司法裁判所 |
| PKF | 国連平和維持軍 |
| PKO | 国連平和維持活動 |
| PLO | パレスチナ解放機構 |
| SDGs | 持続可能な開発目標 |
| STL | レバノン特別法廷 |
| TPP | 環太平洋パートナーシップ |
| UN | 国際連合 |
| UNCC | 国連賠償委員会 |
| UNCED | 国連環境開発会議 |
| UNCITRAL | 国連国際商取引法委員会 |
| UNCPD | 国連人口開発会議 |
| UNCTAD | 国連貿易開発会議 |
| UNDP | 国連開発計画 |
| UNEP | 国連環境計画 |
| UNESCO | 国連教育科学文化機関 |
| UNFPA | 国連人口基金 |
| UN-HABITAT | 国連人間居住計画 |
| UNHCR | 国連難民高等弁務官事務所 |
| UNHRC, HRC | 国連人権理事会 |
| UNICEF | 国連児童基金 |
| UNIDIR | 国連軍縮研究所 |
| UNIDO | 国連工業開発機関 |
| UNITAR | 国連訓練調査研修所 |
| UNMOVIC | 国連監視検証査察委員会 |
| UNODC | 国連薬物犯罪事務所 |
| UNRWA | 国連パレスチナ難民救済事業機関 |
| UNU | 国連大学 |
| UN Women | ジェンダー平等と女性のエンパワーメントのための国連機関(国連女性) |
| UNWTO | 世界観光機関 |
| UPR | 普遍定期審査 |
| UPU | 万国郵便連合 |
| WEU | 西欧同盟 |
| WFC | 世界食糧理事会 |
| WFP | 国連世界食糧計画 |
| WHO | 世界保健機関 |
| WIPO | 世界知的所有権機関 |
| WMO | 世界気象機関 |
| WTO | 世界貿易機関 |

| 名称 | | 根拠決議 |
|---|---|---|
| MIPONUH | 国連ハイチ文民警察ミッション | SCR 1141 (1997) |
| UNCPSG | 国連文民警察支援団 | SCR 1145 (1997) |
| MINURCA | 国連中央アフリカ・ミッション | SCR 1159 (1998) |
| UNOMSIL | 国連シエラレオネ監視団 | SCR 1181 (1998) |
| UNMIK | 国連コソボ暫定行政ミッション | SCR 1244 (1999) |
| UNAMSIL | 国連シエラレオネ・ミッション | SCR 1270 (1999) |
| UNTAET | 国連東ティモール暫定行政機構 | SCR 1272 (1999) |
| MONUC | 国連コンゴ民主共和国ミッション | SCR 1279 (1999) |
| UNMEE | 国連エチオピア・エリトリア・ミッション | SCR 1312 (2000) |
| UNMISET | 国連東ティモール支援団 | SCR 1410 (2002) |
| MINUCI | 国連コートジボワール・ミッション | SCR 1479 (2003) |
| UNMIL | 国連リベリア・ミッション | SCR 1509 (2003) |
| UNOCI | 国連コートジボワール活動 | SCR 1528 (2004) |
| MINUSTAH | 国連ハイチ安定化ミッション | SCR 1542 (2004) |
| ONUB | 国連ブルンジ活動 | SCR 1545 (2004) |
| UNMIS | 国連スーダン・ミッション | SCR 1590 (2005) |
| UNMIT | 国連東ティモール統合ミッション | SCR 1599 (2005)/SCR 1704 (2006) |
| UNAMID | 国連AU合同ダルフール・ミッション | SCR 1769 (2007) |
| MINURCAT | 国連中央アフリカ・チャド・ミッション | SCR 1778 (2007) |
| MONUSCO | 国連コンゴ民主共和国安定化ミッション | SCR 1925 (2010) |
| UNISFA | 国連アビエ暫定治安部隊 | SCR 1990 (2011) |
| UNMISS | 国連南スーダン共和国ミッション | SCR 1996 (2011) |
| UNSMIS | 国連シリア監視団 | SCR 2043 (2012) |
| MINUSMA | 国連マリ多元的統合安定化ミッション | SCR 2100 (2013) |
| MINUSCA | 国連中央アフリカ多面的統合安定化ミッション | SCR 2149 (2014) |
| MINUJUSTH | 国連ハイチ司法支援ミッション | SCR 2350 (2017) |

〔注〕

1. 根拠決議欄のSCRは安全保障理事会決議，GARは総会決議を示す。
2. ▒▒ は現在展開中の活動を示す。

# 国際連合平和維持活動(PKO)等一覧表

| 名称 | | 根拠決議 |
|---|---|---|
| UNTSO | 国連休戦監視機構 | SCR 50 (1948) |
| UNMOGIP | 国連インド・パキスタン軍事監視団 | SCR 47 (1948) |
| UNEF Ⅰ | 第1次国連緊急軍 | GAR 998 (1956)<br>GAR 1000 (1956) |
| UNOGIL | 国連レバノン監視団 | SCR 128 (1958) |
| ONUC | 国連コンゴ活動 | SCR 143 (1960)<br>SCR 161 (1961) |
| UNSF | 西イリアン国連保安隊 | GAR 1752 (1962) |
| UNYOM | 国連イエメン監視団 | SCR 179 (1963) |
| UNFICYP | 国連キプロス平和維持軍 | SCR 186 (1964) |
| DOMREP | ドミニカ事務総長代表使節団 | SCR 203 (1965) |
| UNIPOM | 国連インド・パキスタン監視団 | SCR 211 (1965) |
| UNEF Ⅱ | 第2次国連緊急軍 | SCR 340 (1973)<br>SCR 341 (1973) |
| UNDOF | 国連兵力引き離し監視軍 | SCR 350 (1974) |
| UNIFIL | 国連レバノン暫定軍 | SCR 425 (1978) |
| UNGOMAP | 国連アフガニスタン・パキスタン仲介ミッション | SCR 622 (1988) |
| UNIIMOG | 国連イラン・イラク軍事監視団 | SCR 619 (1988) |
| UNAVEM Ⅰ | 第1次国連アンゴラ検証団 | SCR 626 (1988) |
| UNTAG | 国連ナミビア独立移行支援グループ | SCR 435 (1978) |
| ONUCA | 国連中米監視団 | SCR 644 (1989) |
| UNIKOM | 国連イラク・クウェート監視団 | SCR 689 (1991) |
| MINURSO | 国連西サハラ住民投票ミッション | SCR 690 (1991) |
| UNAVEM Ⅱ | 第2次国連アンゴラ検証団 | SCR 696 (1991) |
| ONUSAL | 国連エルサルバドル監視団 | SCR 693 (1991) |
| UNAMIC | 国連カンボジア先遣隊 | SCR 717 (1991) |
| UNPROFOR | 国連保護軍 | SCR 743 (1992) |
| UNTAC | 国連カンボジア暫定統治機構 | SCR 745 (1992) |
| UNOSOM Ⅰ | 第1次国連ソマリア活動 | SCR 751 (1992) |
| ONUMOZ | 国連モザンビーク活動 | SCR 797 (1992) |
| UNOSOM Ⅱ | 第2次国連ソマリア活動 | SCR 814 (1993) |
| UNOMUR | 国連ウガンダ・ルワンダ監視団 | SCR 846 (1993) |
| UNOMIG | 国連ジョージア監視団 | SCR 858 (1993) |
| UNOMIL | 国連リベリア監視団 | SCR 866 (1993) |
| UNMIH | 国連ハイチ・ミッション | SCR 867 (1993) |
| UNAMIR | 国連ルワンダ支援団 | SCR 872 (1993) |
| UNASOG | 国連アオゾウ帯監視団 | SCR 915 (1994) |
| UNMOT | 国連タジキスタン監視団 | SCR 968 (1994) |
| UNAVEM Ⅲ | 第3次国連アンゴラ検証団 | SCR 976 (1995) |
| UNCRO | 国連クロアチア信頼回復活動 | SCR 981 (1995) |
| UNPREDEP | 国連予防展開軍 | SCR 983 (1995) |
| UNMIBH | 国連ボスニア・ヘルツェゴビナ・ミッション〔国際警察タスク・フォース(IPTF)を含む〕 | SCR 1035 (1995)〔IPTFの設立決議〕 |
| UNTAES | 国連東スラボニア，バラニャ及び西スレム暫定機構 | SCR 1037 (1996) |
| UNMOP | 国連プレブラカ監視団 | SCR 1038 (1996) |
| UNSMIH | 国連ハイチ支援団 | SCR 1063 (1996) |
| MINUGUA | 国連グアテマラ検証団 | SCR 1094 (1997)〔PKO部門〕 |
| MONUA | 国連アンゴラ監視団 | SCR 1118 (1997) |
| UNTMIH | 国連ハイチ移行ミッション | SCR 1123 (1997) |

| 事件名 | 当事国 | 上級委員会・パネル報告 | 事件番号等 | その他の判断 | 参考 |
|---|---|---|---|---|---|
| 日・韓国製ＤＲＡＭに対する相殺関税 | 韓対日 | 2007.12.17 上級委員会報告採択 | 336 | 2008.5.5 実施期限仲裁判断 | |
| 米・大型民間航空機補助金(二次申立て) | 米対ＥＣ | 2012.3.23 上級委員会報告採択 | 353 | 2019.4.11 遵守審査上級委員会報告採択<br>2020.10.13 対抗措置規模仲裁判断 | |
| 中・知的財産権の保護と行使 | 米対中 | 2009.3.20 パネル報告採択 | 362 | | |
| 中・出版物及び音響映像製品 | 米対中 | 2010.1.19 上級委員会報告採択 | 363 | | |
| 米・AD及び相殺関税 | 中対米 | 2011.3.25 上級委員会報告採択 | 379 | | |
| 米・マグロ及びマグロ製品 | 墨対米 | 2012.6.13 上級委員会報告採択 | 381 | 2015.12.3 遵守審査上級委員会報告採択<br>2017.4.25 対抗措置規模仲裁判断<br>2019.1.11 遵守審査上級委員会報告採択 | |
| 米・原産国ラベリング要求 | 加，墨対米 | 2012.7.23 上級委員会報告採択 | 384, 386 | 2012.12.4 実施期限仲裁判断<br>2015.5.29 遵守審査上級委員会報告採択<br>2015.12.7 対抗措置規模仲裁判断 | |
| EC・アザラシ製品 | 加，ノルウェー対EC | 2014.7.18 上級委員会報告採択 | 400, 401 | | |
| 米・クローブ入りたばこ | インドネシア対米 | 2012.4.24 上級委員会報告採択 | 406 | | |
| 加・再生可能エネルギーによる発電 | 日，EU対加 | 2013.5.24 上級委員会報告採択 | 412, 426 | | |
| 中・レアアース | 米，EU，日対中 | 2014.8.29 上級委員会報告採択 | 431,432,433 | | |
| アルゼンチン・金融サービス | パナマ対アルゼンチン | 2016.5.9 上級委員会報告採択 | 453 | | |
| ペルー・農産品 | グアテマラ対ペルー | 2015.7.31 上級委員会報告採択 | 457 | 2015.12.16 実施期限仲裁判断 | |
| インドネシア・鉄鋼及び鉄製品 | 台湾，ベトナム対インドネシア | 2018.8.15 上級委員会報告採択 | 490, 496 | | |
| 韓・水産物 | 日対韓 | 2019.4.26 上級委員会報告採択 | 495 | | |
| 露・貨物通過 | 露対ウクライナ | 2019.4.26 パネル報告採択 | 512 | | |
| 豪・たばこ包装規制 | ホンジュラス，ドミニカ共和国対豪 | 2020.6.29 上級委員会報告採択 | 435, 441 | | |

| 事件名 | 当事国 | 上級委員会・パネル報告 | 事件番号等 | その他の判断 | 参考 |
|---|---|---|---|---|---|
| 米・ガソリン基準 | ベネズエラ対米 | 1996.5.20 上級委員会報告採択 | 2 | | CB〔旧〕55, CB〔新〕54 |
| 日・酒税 | ＥＣ, 加, 米対日 | 1996.11.1 上級委員会報告採択 | 8, 10, 11 | 1997.2.14 実施期限仲裁判断 | CB〔旧〕16, CB〔新〕8, 百選〔2版〕75 |
| ＥＣ・ホルモン牛肉 | 米, 加対ＥＣ | 1998.2.13 上級委員会報告採択 | 26, 48 | 1998.5.29 実施期限仲裁判断<br>1999.7.12 対抗措置規模仲裁判断 | CB〔旧〕76・77, CB〔新〕64・67・85・101, 百選〔2版〕86 |
| ＥＣ・バナナ | エクアドル, グアテマラ, ホンジュラス, 墨, 米対ＥＣ | 1998.9.25 上級委員会報告採択 | 27 | 1998.1.7 実施期限仲裁判断<br>1999.4.6 対抗措置規模仲裁判断<br>1999.5.6 遵守審査パネル報告採択<br>2000.3.24 対抗措置規模仲裁判断<br>2008.12.22 遵守審査上級委員会報告採択 | CB〔旧〕46・47, CB〔新〕1・44・62・79・86・95 |
| トルコ・繊維衣料 | 印対トルコ | 1999.11.19 上級委員会報告採択 | 34 | | CB〔新〕93, 百選〔2版〕76 |
| 日・フィルム | 米対日 | 1998.4.22 パネル報告採択 | 44 | | CB〔旧〕64, CB〔新〕76 |
| 米・海老亀 | 印, マレーシア, パキスタン, タイ対米 | 1998.11.6 上級委員会報告採択 | 58 | 2001.11.21 遵守審査上級委員会報告採択 | CB〔新〕55・81, 百選〔2版〕77 |
| 日・りんご検疫Ⅰ | 米対日 | 1999.3.19 上級委員会報告採択 | 76 | | CB〔新〕102 |
| アルゼンチン・履物セーフガード | ＥＣ対アルゼンチン | 2000.1.12 上級委員会報告採択 | 121 | | CB〔新〕47・94 |
| ＥＣ・アスベスト | 加対ＥＣ | 2001.4.5 上級委員会報告採択 | 135 | | CB〔新〕11・56 |
| 墨・電気通信サービス | 米対墨 | 2004.6.1 パネル報告採択 | 204 | | CB〔新〕108 |
| 日・りんご検疫Ⅱ | 米対日 | 2003.12.10 上級委員会報告採択 | 245 | 2005.7.20 遵守審査パネル報告採択 | CB〔新〕84・103 |
| 米・賭博サービス | アンティグア・バーブーダ対米 | 2005.4.20 上級委員会報告採択 | 285 | 2005.8.19 実施期限仲裁判断<br>2007.5.22 遵守審査パネル報告採択<br>2007.12.21 対抗措置規模仲裁判断 | CB〔新〕58・109 |
| ＥＣ・遺伝子組み換え食品 | 米, 加, アルゼンチン対ＥＣ | 2006.11.21 パネル報告採択 | 291, 292, 293 | | CB〔新〕104 |
| ＥＣ・大型民間航空機補助金 | 米対ＥＣ, 仏, 独, 西, 英 | 2011.6.1 上級委員会報告採択 | 316 | 2018.5.28 遵守審査上級委員会報告採択<br>2019.10.2 対抗措置規模仲裁判断 | |
| 米・ゼロイング及びサンセット見直し | 日対米 | 2007.1.23 上級委員会報告採択 | 322 | 2009.8.31 遵守審査上級委員会報告採択 | |
| ブラジル・再生タイヤ | ＥＣ対ブラジル | 2007.12.17 上級委員会報告採択 | 332 | 2008.8.29 実施期限仲裁判断 | |

| 事件名 | 仲裁規則 | 申渡日 | 出典 |
|---|---|---|---|
| Metal-Tech 対 ウズベキスタン | ICSID | 2013.10.4 | *ILM*, Vol.54(2015), 185 |
| Philip Morris 対 ウルグアイ | ICSID | 2013.7.2(管轄権)<br>2016.7.8(本案) | *ILM*, Vol.56(2017), 1<br>*ICSID Reports*, Vol.18, 466 |
| Eiser 対 スペイン | ICSID | 2017.5.4<br>2020.6.11(特別委) | |

## (5) 国際刑事裁判所主要事件一覧表

国際刑事裁判所(ICC)の決定・判決の全文は，http://www.icc-cpi.int/ で閲覧できる。

| 付託年 | 問題とされる事態名 | 付託者 | 被告人 | 判決日 |
|---|---|---|---|---|
| 2004 | コンゴ民主共和国の事態 | コンゴ民主共和国 | Lubanga | 2012.3.14(第一審裁判部判決)<br>2014.12.1(上訴裁判部判決(14年の拘禁刑)) |
| | | | Katanga | 2014.3.7(第一審裁判部判決(12年の拘禁刑)) |
| | | | Ntaganda | 2019.7.8(第一審裁判部判決) |
| | 中央アフリカ共和国の事態 | 中央アフリカ共和国 | Bemba | 2016.3.21(第一審裁判部判決)<br>2018.6.8(上訴裁判部判決(無罪)) |
| | ウガンダの事態 | ウガンダ | Ongwen | |
| 2005 | スーダン・ダルフールの事態 | 国連安保理 | Al Bashir | |
| | | | Banda | 2011.3.7(予備裁判部犯罪事実確認決定) |
| | | | Abd-Al-Rahman | |
| 2009 | ケニヤ共和国の事態 | 国際刑事裁判所長 | Kenyatta | 2014.12.5(起訴取下げ) |
| 2011 | リビアの事態 | 国連安保理 | Muammer Gaddafi | 2011.11.22(死亡のため手続終了) |
| | コートジボワール共和国の事態 | 国際刑事裁判所長 | Gbagbo and Blé Goudé | 2019.1.15(第一審裁判部判決) |
| 2012 | マリ共和国の事態 | マリ共和国 | Al Mahdi | 2016.9.27(第一審裁判部判決(9年の拘禁刑)) |
| 2014 | 中央アフリカ共和国の事態Ⅱ | 中央アフリカ共和国 | Yekatom and Ngaïssona | 2019.12.11(予備裁判部犯罪事実確認決定) |
| 2016 | ジョージアの事態 | 国際刑事裁判所長 | | |
| 2017 | ブルンジの事態 | 国際刑事裁判所長 | | |
| 2019 | バングラデシュ及びミャンマーの事態 | 国際刑事裁判所長 | | |
| 2020 | アフガニスタンの事態 | 国際刑事裁判所長 | | |

## (6) ガット・ＷＴＯ主要事件一覧表

1. 事件番号等欄には，
   ①ガットのパネル報告のうち採択されているものについては文書番号(BISD：GATT Basic Instrument and Selected Documents)を示した。報告は WTO の web サイトからダウンロードできる(http://www.wto.org/english/tratop_e/dispu_e/gt47ds_e.htm)。
   ② WTO のパネル報告・上級委員会報告については事件番号(Dispute number: DS)を示した。報告は WTO の web サイトからダウンロードできる(http://www.wto.org/english/tratop_e/dispu_e/dispu_status_e.htm)。
2. 参考欄の「CB〔旧〕××」は「『ケースブック ガット・WTO 法』(有斐閣，2000)事件番号××」の，「CB〔新〕××」は「『ケースブック WTO 法』(有斐閣，2009)事件番号××」の略記である。

| 事件名 | 当事国 | 上級委員会・パネル報告 | 事件番号等 | その他の判断 | 参考 |
|---|---|---|---|---|---|
| 日・半導体 | ＥＣ対日 | 1988.5.4 パネル報告採択 | BISD 35S/116 | | CB〔旧〕44 |
| 米・まぐろイルカⅠ | 墨対米 | 1991.9.3 パネル報告提出(未採択) | BISD 39S/155 | | CB〔旧〕53 |
| 米・まぐろイルカⅡ | ＥＣ，蘭対米 | 1994.6.10 パネル報告提出(未採択) | | | CB〔旧〕54 |

| 事件名 | 当事国 | 判決日 | 出典 |
|---|---|---|---|
| エリトリア=エチオピア間紛争 | エリトリア=エチオピア | 2002.4.13(境界画定)<br>2005.12.19(*jus ad bellum*に関する部分判断) | *RIAA*, Vol.XXV, 83<br>*RIAA*, Vol.XXVI, 457 |
| OSPAR条約 | アイルランド対英 | 2003.7.2 | *RIAA*, Vol.XXIII, 59 |
| ライン川塩化物汚染保護条約等の適用 | 蘭=仏 | 2004.3.12 | *RIAA*, Vol.XXV, 267 |
| 鉄のライン | ベルギー=蘭 | 2005.5.24 | *RIAA*, Vol.XXVII, 35(百選〔2版〕81) |
| ABYEI地域境界画定 | スーダン=スーダン人民解放運動・軍 | 2009.7.22 | *RIAA*, Vol.XXX, 145 |
| インダス川水系キシェンガンガ | パキスタン対印 | 2013.12.20 | |
| 2009年11月4日署名クロアチア・スロヴェニア間仲裁合意に基づく仲裁 | クロアチア=スロヴェニア | 2016.6.30(部分判断)<br>2017.6.29(最終) | |

## ⓑ 投資家 対 国家

| 事件名 | 仲裁規則 | 申渡日 | 出典 |
|---|---|---|---|
| BP 対 リビア | 仲裁裁 | 1973.10.10 | *ILR*, Vol.53(1979), 297<br>(百選〔2版〕73) |
| Texaco 対 リビア | 仲裁裁 | 1977.1.19 | *ILM*, Vol.17(1978), 1<br>(百選〔初版〕71) |
| Amco Asiaほか 対 インドネシア | ICSID | 1984.11.20 | *ICSID Reports*, Vol.1, 376<br>(百選〔初版〕84) |
| AAPL 対 スリランカ | ICSID | 1990.6.27 | *ICSID Reports*, Vol.4, 245 |
| Maffezini 対 西 | ICSID | 2000.1.25(管轄権)<br><br>2000.11.13(本案) | *ICSID Reports*, Vol.5, 396<br>(百選〔2版〕72)<br>*ICSID Reports*, Vol.5, 419 |
| Metalclad 対 墨 | ICSID(追加的制度) | 2000.8.30 | *ICSID Reports*, Vol.5, 212 |
| Vivendi 対 アルゼンチン | ICSID | 2000.11.21(本案)<br>2002.7.3(特別委)<br>2005.11.14(管轄権決定)<br>2007.8.20(本案) | *ICSID Reports*, Vol.5, 299<br>*ICSID Reports*, Vol.6, 340<br><br>(百選〔2版〕74) |
| Pope and Talbot 対 加 | UNCITRAL | 2000.6.26(中間判断)<br>2001.4.10(本案)<br>2002.5.31(賠償額) | *ICSID Reports*, Vol.7, 69<br>*ICSID Reports*, Vol.7, 102<br>*ICSID Reports*, Vol.7, 148 |
| Salini 対 モロッコ | ICSID | 2001.7.23(管轄権) | *ICSID Reports*, Vol.6, 400 |
| Tecmed 対 墨 | ICSID | 2003.5.29 | *ICSID Reports*, Vol.10, 134 |
| Saluka 対 チェコ | UNCITRAL | 2004.5.7(反訴管轄)<br>2006.3.17(部分判断) | *ICSID Reports*, Vol.15, 256<br>*ICSID Reports*, Vol.15, 274<br>(百選〔2版〕71) |
| Plama 対 ブルガリア | ICSID | 2005.2.8(管轄権)<br>2008.8.27(本案) | *ICSID Reports*, Vol.13, 272<br>*ICSID Reports*, Vol.17, 664 |
| Azurix 対 アルゼンチン | ICSID | 2003.12.8(管轄権)<br>2006.7.14(本案) | *ICSID Reports*, Vol.10, 416<br>*ICSID Reports*, Vol.14, 374 |
| Sempra 対 アルゼンチン | ICSID | 2007.9.28(本案)<br>2010.6.29(特別委) | *ICSID Reports*, Vol.18, 126<br>*ICSID Reports*, Vol.18, 148 |
| Glamis Gold 対 米 | UNCITRAL | 2009.6.8(本案) | *ILM*, Vol.48(2009), 1035 |
| ATA 対 ヨルダン | ICSID | 2010.5.18(本案)<br>2011.3.7(解釈・暫定措置) | |
| Abaclat 対 アルゼンチン | ICSID | 2011.8.4(管轄権・受理可能性) | |

## (4) 主要仲裁事件一覧表

1. 仲裁機関欄，仲裁規則欄及び出典欄の略記は以下のとおりである。
   **仲裁裁**：仲裁裁判所　**ICSID**：投資紛争解決国際センター　**UNCITRAL**：国連国際商取引法委員会
   ***ILM***：*International Legal Materials*　***ILR***：*International Law Reports*　***RIAA***：*United Nations Reports of International Arbitral Awards*
2. 常設仲裁裁判所(PCA)を事務局として出された仲裁判決(仲裁判断)で公表されているものは，その全文を http://www.pca-cpa.org/ で閲覧できる。
3. *RIAA* 掲載の仲裁判決は，http://legal.un.org/riaa/ から閲覧できる。
4. 投資紛争解決国際センター(ICSID)手続による仲裁判断は，ICSID のサイト https://icsid.worldbank.org/ から閲覧できる。また 1996 年以降の投資協定に基づく投資家対国家の仲裁判断のうち(一部それ以前のものも含む。)，公表されているものは，http://italaw.com/ に掲載されている。
5. 国連海洋法条約関係の仲裁手続については(3)国連海洋法条約紛争解決手続を参照。

### ⓐ 国家 対 国家

| 事件名 | 当事国 | 判決日 | 出典 |
|---|---|---|---|
| アラバマ号 | 米＝英 | 1872.9.14 | *RIAA*, Vol.XXIX, 125(百選〔2版〕6) |
| ベーリング海オットセイ | 米＝英 | 1893.8.15 | *RIAA*, Vol.XXVIII, 263 |
| 家屋税 | 独，仏，英＝日本 | 1905.8.28 | *RIAA*, Vol.XI, 41 |
| エル・チャミザル | 米＝墨 | 1911.6.15 | *RIAA*, Vol.XI, 309(百選〔2版〕27) |
| ティノコ譲許契約 | 英＝コスタリカ | 1923.10.18 | *RIAA*, Vol.I, 369(百選〔2版〕17) |
| ザフィロ | 米＝英 | 1925.11.30 | *RIAA*, Vol.VI, 160 |
| カユガ・インディアン | 英＝米 | 1926.1.22 | *RIAA*, Vol.VI, 173 |
| テキサス北米浚渫(しゅんせつ)会社 | 米対墨 | 1926.3.31 | *RIAA*, Vol.IV, 26(百選〔初版〕66) |
| ニーア | 米＝墨 | 1926.10.15 | *RIAA*, Vol.IV, 60 |
| ジェーンズ | 米＝墨 | 1926.11.16 | *RIAA*, Vol.IV, 82 |
| パルマス島 | 米＝蘭 | 1928.4.4 | *RIAA*, Vol.II, 829(百選〔2版〕25) |
| ナウリラ | ポルトガル対独 | 1928.7.31 | *RIAA*, Vol.II, 1011(百選〔2版〕89) |
| ケール | 仏＝墨 | 1929.6.7 | *RIAA*, Vol.V, 516 |
| マルティニ | 伊対ベネズエラ | 1930.5.3 | *RIAA*, Vol.II, 975 |
| クリッパートン島 | 墨＝仏 | 1931.1.28 | *RIAA*, Vol.II, 1105(百選〔2版〕26) |
| アイム・アローン号 | 英＝米 | 1933.6.30(中間報告)<br>1935.1.5(最終) | *RIAA*, Vol.III, 1609(百選〔2版〕35) |
| チャコ | ボリビア＝パラグアイ | 1938.10.10 | *RIAA*, Vol.III, 1817(百選〔初版〕79) |
| トレイル熔鉱所 | 米＝加 | 1941.3.11 | *RIAA*, Vol.III, 1905(百選〔2版〕80) |
| ラヌー湖 | 西＝仏 | 1957.11.16 | *RIAA*, Vol.XII, 281(百選〔2版〕78) |
| フレーゲンハイマー | 米対伊 | 1958.9.20 | *RIAA*, Vol.XIV, 327 |
| 国境 | アルゼンチン＝チリ | 1966.12.9 | *RIAA*, Vol.XVI, 109 |
| 西部国境(カッチ) | 印＝パキスタン | 1968.2.19 | *RIAA*, Vol.XVII, 1 |
| ビーグル海峡 | アルゼンチン＝チリ | 1977.2.18 | *RIAA*, Vol.XXI, 53(百選〔2版〕83) |
| 英仏大陸棚境界画定 | 英＝仏 | 1977.6.30 | *RIAA*, Vol.XVIII, 3(百選〔初版〕44) |
| 米仏航空業務協定 | 米＝仏 | 1978.12.9 | *RIAA*, Vol.XVIII, 415(百選〔2版〕90) |
| 海洋境界画定 | ギニア＝ギニアビサウ | 1985.2.14 | *RIAA*, Vol.XIX, 149 |
| セント・ローレンス湾漁業 | 加＝仏 | 1986.7.17 | *RIAA*, Vol.XIX, 225 |
| タバ国境柱石 | イスラエル＝エジプト | 1988.9.29 | *ILR*, Vol.80, 226 |
| レインボー・ウォーリア号 | ニュージーランド＝仏 | 1990.4.30 | *RIAA*, Vol.XX, 217(百選〔2版〕63) |
| 領土主権・海洋境界画定 | エリトリア＝イエメン | 1998.10.9(領土主権)<br>1999.12.17(海洋境界画定) | *RIAA*, Vol.XXII, 209<br>*RIAA*, Vol.XXII, 335 |

| 要請年 | 事件名 | 当事国又は諮問機関 | 手続 | 決定日（決定種別） | 出典・参考 |
|---|---|---|---|---|---|
| 2009 | ベンガル湾海洋境界画定 | バングラデシュ対印 | 附属書VII仲裁 | 2014.7.7(本案・判決) | |
| | ベンガル湾におけるバングラデシュ・ミャンマー間の海洋境界 | バングラデシュ＝ミャンマー | ITLOS | 2012.3.14(本案・判決) | |
| 2010 | 深海底における活動に関して人及び団体を保証する国の責任及び義務 | 国際海底機構理事会 | ITLOS | 2011.2.11(勧告的意見) | |
| | ルイザ号 | セントビンセント対西 | ITLOS | 2010.12.23(暫定措置・命令)<br>2013.5.28(本案・判決) | |
| | チャゴス海洋保護区 | モーリシャス対英 | 附属書VII仲裁 | 2015.3.18(本案・判決) | |
| 2011 | ヴァージニアG号 | パナマ＝ギニアビサウ | ITLOS | 2014.4.14(本案・判決) | |
| 2012 | リベルタード号 | アルゼンチン対ガーナ | ITLOS | 2012.12.15(暫定措置・命令)<br>2013.11.11(訴訟取下・命令) | |
| 2013 | 南シナ海 | 比対中 | 附属書VII仲裁 | 2015.10.29(管轄権及受理可能性・判決)<br>2016.7.12(本案・判決) | |
| | 小地域漁業委員会(SRFC)による勧告的意見要請 | 小地域漁業委員会 | ITLOS | 2015.4.2(勧告的意見) | |
| | スカンジナビア・ニシン | デンマーク(フェロー諸島)対EU | 附属書VII仲裁 | 2014.9.23(訴訟取下・命令) | |
| | アークティック・サンライズ号 | 蘭対露 | ITLOS | 2013.11.22(暫定措置・命令) | |
| | | | 附属書VII仲裁 | 2014.11.26(管轄権・判決)<br>2015.8.14(本案・判決)<br>2017.7.10(判決・賠償額決定) | |
| | ドゥツギット・インテグリティ号 | マルタ対サントメプリンシペ | 附属書VII仲裁 | 2016.9.5(本案・判決) | |
| 2015 | 大西洋におけるガーナ・コートジボワール間の海洋境界 | ガーナ＝コートジボワール | ITLOS | 2015.4.25(暫定措置・命令(小法廷))<br>2017.9.23(本案・判決(小法廷)) | |
| | エンリカ・レクシー号 | 伊対印 | ITLOS | 2015.8.24(暫定措置・命令) | |
| | | | 附属書VII仲裁 | 2016.4.29(暫定措置・命令)<br>2020.5.21(本案・判決) | |
| | ノルスター号 | パナマ対伊 | ITLOS | 2016.11.4(先決的抗弁・判決)<br>2019.4.10(本案・判決) | |
| 2016 | 東ティモール・豪間の調停 | 東ティモール対豪 | 附属書V調停 | 2016.9.19(管轄権・決定)<br>2018.5.9(報告及び勧告) | |
| | 黒海，アゾフ海及びケルチ海峡における沿海国の権利に関する紛争 | ウクライナ対露 | 附属書VII仲裁 | 2020.2.21(先決的抗弁・判決) | |
| 2019 | ウクライナ海軍艦船の抑留 | ウクライナ対露 | ITLOS | 2019.5.25(暫定措置・命令) | |
| | | | 附属書VII仲裁 | | |
| | サン・パードレ・ピオ号 | スイス対ナイジェリア | ITLOS | 2019.7.6(暫定措置・命令) | |
| | モーリシャス・モルディブ間の海洋境界 | モーリシャス＝モルディブ | ITLOS | | |
| 2020 | サン・パードレ・ピオ号（第2事件） | スイス対ナイジェリア | ITLOS | | |

| 事件名 | 諮問機関 | 意見付与日 | 出典 |
|---|---|---|---|
| ダニューヴ河ヨーロッパ委員会の管轄権 | 国際連盟理事会 | 1927.12.8 | *Ser. B* No. 14 |
| ダンツィッヒ裁判所の管轄権 | 国際連盟理事会 | 1928.3.3 | *Ser. B* No. 15(百選〔2版〕53) |
| 1926年12月1日のギリシャ・トルコ協定の解釈 | 国際連盟理事会 | 1928.8.28 | *Ser. B* No. 16 |
| ギリシャ・ブルガリア「共同体」 | 国際連盟理事会 | 1930.7.31 | *Ser. B* No. 17 |
| ダンツィッヒ自由市とILO | 国際連盟理事会 | 1930.8.26 | *Ser. B* No. 18 |
| 上部シレジアのドイツ人少数民族学校 | 国際連盟理事会 | 1931.5.15 | *Ser. A/B* No. 40 |
| 独・オーストリア関税連合 | 国際連盟理事会 | 1931.9.5 | *Ser. A/B* No. 41 (百選〔2版〕10) |
| リトアニアとポーランドの鉄道運輸 | 国際連盟理事会 | 1931.10.15 | *Ser. A/B* No. 42 |
| ダンツィッヒ港におけるポーランド軍艦の入港・停泊 | 国際連盟理事会 | 1931.12.11 | *Ser. A/B* No. 43 |
| 在ダンツィッヒ・ポーランド人の待遇 | 国際連盟理事会 | 1932.2.4 | *Ser. A/B* No. 44 |
| 1927年のギリシャ・ブルガリア協定の解釈 | 国際連盟理事会 | 1932.3.8 | *Ser. A/B* No. 45 |
| 女子の夜間労働に関する条約の解釈 | 国際連盟理事会 | 1932.11.15 | *Ser. A/B* No. 50 |
| アルバニアの少数民族学校 | 国際連盟理事会 | 1935.4.6 | *Ser. A/B* No. 64 |
| ダンツィッヒ法令のダンツィッヒ自由市憲法適合性 | 国際連盟理事会 | 1935.12.4 | *Ser. A/B* No. 65 |

## (3) 国連海洋法条約紛争解決手続

1. 国際海洋法裁判所(ITLOS)の判決・決定・意見の全文は，http://www.itlos.org/ で閲覧できる。
2. 附属書VII仲裁のうち，常設仲裁裁判所(PCA)を事務局として出された判決の全文は，http://www.pca-cpa.org/ で閲覧できる。

| 要請年 | 事件名 | 当事国又は諮問機関 | 手続 | 決定日（決定種別） | 出典・参考 |
|---|---|---|---|---|---|
| 1997 | サイガ号（即時釈放） | セントビンセント対ギニア | ITLOS | 1997.12.4(判決) | |
| 1998 | サイガ号（第2事件） | セントビンセント対ギニア | ITLOS | 1998.3.11(暫定措置・命令)<br>1999.7.1(本案・判決) | (百選〔2版〕32, 37) |
| 1999 | ミナミマグロ | ニュージーランド対日 | ITLOS | 1999.8.27(暫定措置・命令) | |
| | | 豪対日 | 附属書VII仲裁 | 2000.8.4(管轄権・判決) | *RIAA*, Vol.XXIII, 1 |
| 2000 | カムコ号（即時釈放） | パナマ対仏 | ITLOS | 2000.2.7(判決) | |
| | モンテ・コンフルコ号（即時釈放） | セーシェル対仏 | ITLOS | 2000.12.8(判決) | |
| | 南東太平洋めかじき資源保存 | チリ＝欧州共同体 | ITLOS | 2009.12.15(訴訟取下・命令(小法廷)) | |
| 2001 | グランド・プリンス号（即時釈放） | ベリーズ対仏 | ITLOS | 2001.4.20(判決) | |
| | チャイシリ・リーファー2号（即時釈放） | パナマ対イエメン | ITLOS | 2001.7.13(訴訟取下・命令) | |
| | モックス製造工場 | アイルランド対英 | ITLOS | 2001.12.3(暫定措置・命令) | |
| | | | 附属書VII仲裁 | 2008.6.6(訴訟取下・命令) | |
| 2002 | ヴォルガ号（即時釈放） | 露対豪 | ITLOS | 2002.12.23(判決) | |
| 2003 | ジョホール海峡 | マレーシア対シンガポール | ITLOS | 2003.10.8(暫定措置・命令) | |
| | | | 附属書VII仲裁 | 2005.9.1(本案・判決) | |
| 2004 | 海洋境界画定 | バルバドス対トリニダード・トバゴ | 附属書VII仲裁 | 2006.4.11(本案・判決) | *RIAA*, Vol.XXVII, 147 |
| | 海洋境界画定 | ガイアナ対スリナム | 附属書VII仲裁 | 2007.9.17(本案・判決) | *RIAA*, Vol.XXX, 1(百選〔2版〕36) |
| | ジューノトラダー号（即時釈放） | セントビンセント対ギニアビサウ | ITLOS | 2004.12.18(判決) | |
| 2007 | 富進丸（即時釈放） | 日対露 | ITLOS | 2007.8.6(判決) | |
| | 富丸（即時釈放） | 日対露 | ITLOS | 2007.8.6(判決) | (百選〔2版〕103) |

| 事件名 | 当事国 | 決定日 | 決定種別 | 備考 | 出典 |
|---|---|---|---|---|---|
| ハンガリー・チェコ混合仲裁裁判所の判決の上訴 | チェコ・スロバキア対ハンガリー | 1933.12.15 | 本案・判決 | | *Ser. A/B* No. 61 |
| 仏・ギリシャ間の灯台 | 仏＝ギリシャ | 1934.3.17 | 本案・判決 | | *Ser. A/B* No. 62 |
| オスカー・チン | 英＝ベルギー | 1934.12.12 | 本案・判決 | | *Ser. A/B* No. 63 (百選〔初版〕73) |
| ユーゴスラビア農業改革(先決的抗弁) | ハンガリー対ユーゴスラビア | 1936.5.23 | 先決的抗弁・命令 | 本案併合 | *Ser. A/B* No. 66 |
| ロサンジェ会社(先決的抗弁) | スイス対ユーゴスラビア | 1936.6.27 | 先決的抗弁・命令 | 本案併合 | *Ser. A/B* No. 67 |
| ユーゴスラビア農業改革 | ハンガリー対ユーゴスラビア | 1936.12.16 | 本案・判決 | | *Ser. A/B* No. 68 |
| ロサンジェ会社(訴訟取下) | スイス対ユーゴスラビア | 1936.12.14 | 訴訟取下・命令 | | *Ser. A/B* No. 69 |
| ミューズ川からの引水 | 蘭対ベルギー | 1937.6.28 | 本案・判決 | | *Ser. A/B* No. 70 |
| クリート島とサモス島の灯台 | 仏＝ギリシャ | 1937.10.8 | 本案・判決 | | *Ser. A/B* No. 71 (百選〔初版〕36) |
| ボルクグラーヴ(先決的抗弁) | ベルギー＝西 | 1937.11.6 | 先決的抗弁・判決 | 管轄権否認 | *Ser. A/B* No. 72 |
| ボルクグラーヴ(訴訟取下) | ベルギー＝西 | 1938.4.30 | 訴訟中止・命令 | | *Ser. A/B* No. 73 |
| モロッコ燐酸塩(先決的抗弁) | 伊対仏 | 1938.6.14 | 先決的抗弁・判決 | 管轄権否認 | *Ser. A/B* No.74 |
| パネベジス・サルヅチスキス鉄道(先決的抗弁) | エストニア対リトアニア | 1938.6.30 | 先決的抗弁・命令 | 本案併合 | *Ser. A/B* No.75 |
| パネベジス・サルヅチスキス鉄道 | エストニア対リトアニア | 1939.2.28 | 先決的抗弁・判決 | 請求不受理 | *Ser. A/B* No. 76 |
| ソフィア・ブルガリア電力会社(先決的抗弁) | ベルギー対ブルガリア | 1939.4.4 | 先決的抗弁・判決 | 請求の一部につき管轄権確認 | *Ser. A/B* No. 77 |
| ベルギー商事会社 | ベルギー対ギリシャ | 1939.6.15 | 本案・判決 | | *Ser. A/B* No. 78 |
| ソフィア・ブルガリア電力会社(暫定措置) | ベルギー対ブルガリア | 1939.12.5 | 暫定措置・命令 | 暫定措置指示 | *Ser. A/B* No. 79 |
| ソフィア・ブルガリア電力会社 | ベルギー対ブルガリア | 1940.2.26 | 命令 | 書面提出に関する不可抗力の抗弁棄却 | *Ser. A/B* No. 80 |

### ⓑ 勧告的意見

| 事件名 | 諮問機関 | 意見付与日 | 出典 |
|---|---|---|---|
| ILOの蘭労働代表 | 国際連盟理事会 | 1922.7.31 | *Ser. B* No. 1 |
| ILOの権限 | 国際連盟理事会 | 1922.8.12 | *Ser. B* Nos. 2 & 3 |
| チュニスとモロッコの国籍法 | 国際連盟理事会 | 1923.2.7 | *Ser. B* No. 4(百選〔2版〕43) |
| 東部カレリアの地位 | 国際連盟理事会 | 1923.7.23 | *Ser. B* No. 5 |
| 独からポーランドに割譲された領域における独系農民 | 国際連盟理事会 | 1923.9.10 | *Ser. B* No. 6 |
| ポーランド国籍の取得 | 国際連盟理事会 | 1923.9.25 | *Ser. B* No. 7 |
| ポーランド・チェコ国境(ヤウォリナ)境界画定 | 国際連盟理事会 | 1923.12.6 | *Ser. B* No. 8 |
| 聖ナウム僧院(アルバニア国境) | 国際連盟理事会 | 1924.9.4 | *Ser. B* No. 9 |
| ギリシャ・トルコ間の住民交換(ローザンヌ条約第2条) | 国際連盟理事会 | 1925.2.21 | *Ser. B* No. 10 |
| ダンツィッヒにおけるポーランドの郵便事務 | 国際連盟理事会 | 1925.5.16 | *Ser. B* No. 11 |
| ローザンヌ条約第3条第2項(トルコ・イラク間の国境) | 国際連盟理事会 | 1925.11.21 | *Ser. B* No. 12 |
| 使用者労働に関するILOの規制権限 | 国際連盟理事会 | 1926.7.23 | *Ser. B* No. 13 |

| 事件名 | 当事国 | 決定日 | 決定種別 | 備考 | 出典 |
|---|---|---|---|---|---|
| 判決7及び8の解釈(ホルジョウ工場) | 独対ポーランド | 1927.12.16 | 解釈・判決 | | *Ser. A* No. 13 |
| 中・ベルギー間の条約の廃棄 | ベルギー対中 | 1928.2.21 | 命令 | 書面提出期限延長 | *Ser. A* No. 14 |
| 上部シレジアの少数民族の権利(少数民族学校) | 独対ポーランド | 1928.4.26 | 本案・判決 | | *Ser. A* No. 15 |
| 中・ベルギー間の条約の廃棄 | ベルギー対中 | 1928.8.13 | 命令 | 書面提出期限延長 | *Ser. A* No. 16 |
| ホルジョウ工場(賠償請求)(本案) | 独対ポーランド | 1928.9.13 | 本案・判決 | | *Ser. A* No. 17<br>(百選〔2版〕65) |
| 中・ベルギー間の条約の廃棄 | ベルギー対中 | 1929.5.25 | 訴訟取下・命令 | | *Ser. A* Nos. 18/19 |
| ホルジョウ工場(賠償) | 独対ポーランド | 1929.5.25 | 訴訟取下・命令 | 紛争の実質的解決 | *Ser. A* Nos. 18/19 |
| 仏で発行されたセルビア国債の支払 | 仏=セルブ・クロアート・スロヴェーヌ | 1929.7.12 | 本案・判決 | | *Ser. A* Nos. 20/21 |
| 仏で発行されたブラジル国債の金貨払 | 仏=ブラジル | 1929.7.12 | 本案・判決 | | *Ser. A* Nos. 20/21 |
| 上部サヴォアとジェクスの自由地帯 | 仏=スイス | 1929.8.19 | 命令 | 提示された解釈の下での交渉期間の設定 | *Ser. A* No. 22 |
| オーデル河国際委員会の領域管轄権 | 英, チェコ・スロバキア, デンマーク, 仏, 独, スウェーデン=ポーランド | 1929.9.10 | 本案・判決 | | *Ser. A* No. 23<br>(百選〔初版〕37) |
| 上部サヴォアとジェクスの自由地帯(第二段階) | 仏=スイス | 1930.12.6 | 命令 | 交渉期間の再設定 | *Ser. A* No. 24 |
| 上部サヴォアとジェクスの自由地帯 | 仏=スイス | 1932.6.7 | 本案・判決 | | *Ser. A/B* No. 46<br>(百選〔2版〕55) |
| メーメル領規程の解釈(先決的抗弁) | 英, 仏, 伊, 日対リトアニア | 1932.6.24 | 先決的抗弁・判決 | 管轄権確認 | *Ser. A/B* No. 47 |
| グリーンランド東南部地域の法的地位 | ノルウェー対デンマーク<br>デンマーク対ノルウェー | 1932.8.2<br>1932.8.3 | 訴訟併合・命令<br>暫定措置・命令 | <br>暫定措置要請却下 | *Ser. A/B* No. 48 |
| メーメル領規程の解釈 | 英, 仏, 伊, 日対リトアニア | 1932.8.11 | 本案・判決 | | *Ser. A/B* No. 49 |
| カルテロリゾ島・アナトリア海岸間の領海の境界画定 | トルコ=伊 | 1933.1.26 | 訴訟取下・命令 | | *Ser. A/B* No. 51 |
| プレス公の財産管理(先決的抗弁) | 独対ポーランド | 1933.2.4 | 先決的抗弁・命令 | 本案併合 | *Ser. A/B* No. 52 |
| 東部グリーンランドの法的地位 | デンマーク対ノルウェー | 1933.4.5 | 本案・判決 | | *Ser. A/B* No. 53<br>(百選〔初版〕33) |
| プレス公の財産管理(暫定措置) | 独対ポーランド | 1933.5.11 | 暫定措置・命令 | 暫定措置要請却下 | *Ser. A/B* No. 54 |
| グリーンランド東南部地域の法的地位 | ノルウェー対デンマーク<br>デンマーク対ノルウェー | 1933.5.11 | 訴訟取下・命令 | | *Ser. A/B* No. 55 |
| ハンガリー・チェコ混合仲裁裁判所の判決の上訴 | チェコ・スロバキア対ハンガリー | 1933.5.12 | 訴訟取下・命令 | | *Ser. A/B* No. 56 |
| プレス公の財産管理(延長) | 独対ポーランド | 1933.7.4 | 命令 | 書面提出期限延長 | *Ser. A/B* No. 57 |
| ポーランド農業改革と独系少数民族(暫定措置) | 独対ポーランド | 1933.7.29 | 暫定措置・命令 | 暫定措置要請却下 | *Ser. A/B* No. 58 |
| プレス公の財産管理 | 独対ポーランド | 1933.12.2 | 訴訟取下・命令 | | *Ser. A/B* No. 59 |
| ポーランド農業改革と独系少数民族 | 独対ポーランド | 1933.12.2 | 訴訟取下・命令 | | *Ser. A/B* No. 60 |

| 要請年 | 事件名 | 諮問機関 | 意見付与日 | 出典 |
|---|---|---|---|---|
| 1988 | 1947年6月26日の国連本部協定第21項の仲裁義務の適用可能性 | 国連総会 | 1988.4.26 | *1988 Reports* 12 |
| 1989 | 国連特権免除条約第6条第22項の適用可能性 | 国連経社理 | 1989.12.15 | *1989 Reports* 177 |
| 1993 | 武力紛争時の国家の核兵器使用の合法性 | WHO | 1996.7.8 | *1996 Reports* 66(百選〔2版〕40) |
| 1995 | 核兵器による威嚇又は核兵器使用の合法性 | 国連総会 | 1996.7.8 | *1996 Reports* 226 (百選〔2版〕104, 113) |
| 1998 | 人権委員会特別報告者の訴訟手続免除に関する紛争 | 国連経社理 | 1999.4.29 | *1999 Reports* 62 |
| 2003 | パレスチナ占領地域における壁建設の法的効果 | 国連総会 | 2004.7.9 | *2004 Reports* 136(百選〔2版〕109) |
| 2008 | コソボに関する一方的独立宣言の国際法適合性 | 国連総会 | 2010.7.22 | *2010 Reports* 403(百選〔2版〕12) |
| 2010 | 国際農業開発基金に対する苦情に関するILO行政裁判所の判決第2867号 | 国際農業開発基金 | 2012.2.1 | *2012 Reports* 10 |
| 2017 | 1965年のチャゴス諸島のモーリシャスからの分離の法的効果 | 国連総会 | 2019.2.25 | *2019 Reports* 95 |

## (2) 常設国際司法裁判所事件一覧表

1. 出典欄の略記は以下のとおりである。
   ***Ser. A*** : Permanent Court of International Justice, *Collection of Judgments*
   ***Ser. B*** : Permanent Court of International Justice, *Collection of Advisory Opinions*
   ***Ser. A/B*** : Permanent Court of International Justice, *Judgments, Orders and Advisory Opinions* 〔1931年以降〕
2. 常設国際司法裁判所(PCIJ)の判決・勧告的意見等の全文はICJのサイト http://www.icj-cij.org/ からPCIJに行けば閲覧できる。

### ⓐ 争訟事件

| 事件名 | 当事国 | 決定日 | 決定種別 | 備考 | 出典 |
|---|---|---|---|---|---|
| ウィンブルドン号 | 英, 仏, 伊, 日対独(参加:ポーランド) | 1923.6.28<br>1923.8.17 | 訴訟参加・判決<br>本案・判決 | ポーランドの参加申請認容 | *Ser. A* No. 1(百選〔2版〕18) |
| マヴロマティスのパレスチナ利権契約 | ギリシャ対英 | 1924.8.30 | 先決的抗弁・判決 | 請求の一部につき管轄権確認 | *Ser. A* No. 2(百選〔2版〕66) |
| ヌイイ条約第179条(解釈) | ブルガリア=ギリシャ | 1924.9.12 | 本案・判決(小法廷) | | *Ser. A* No. 3 |
| 判決3の解釈(ヌイイ条約第179条) | ギリシャ対ブルガリア | 1925.3.26 | 解釈・判決(小法廷) | | *Ser. A* No. 4 |
| マヴロマティスのエルサレム譲許協定 | ギリシャ対英 | 1925.3.26 | 本案・判決 | | *Ser. A* No. 5 |
| ポーランド領上部シレジアのドイツ人の利益 | 独対ポーランド | 1925.8.25 | 先決的抗弁・判決 | 請求受理 | *Ser. A* No. 6 |
| ポーランド領上部シレジアのドイツ人の利益(本案) | 独対ポーランド | 1926.5.25 | 本案・判決 | | *Ser. A* No. 7 (百選〔初版〕57) |
| 中・ベルギー間の条約の廃棄 | ベルギー対中 | 1927.1.8<br>1927.2.15<br>1927.6.18 | 命令<br>命令<br>命令 | 暫定措置指示<br>暫定措置の失効確認<br>書面提出期限延長 | *Ser. A* No. 8 |
| ホルジョウ工場(賠償請求)(管轄権) | 独対ポーランド | 1927.7.26 | 先決的抗弁・判決 | 管轄権確認 | *Ser. A* No. 9(百選〔2版〕65) |
| ロテュス号事件 | 仏=トルコ | 1927.9.7 | 本案・判決 | | *Ser. A* No. 10 (百選〔2版〕19) |
| マヴロマティスのエルサレム譲許協定の改訂(管轄権) | ギリシャ対英 | 1927.10.10 | 先決的抗弁・判決 | 管轄権否認 | *Ser. A* No. 11 |
| ホルジョウ工場(賠償) | 独対ポーランド | 1927.11.21 | 暫定措置・命令 | 暫定措置要請却下 | *Ser. A* No. 12 |

| 付託年 | 事件名 | 当事国 | 決定日 | 決定種別 | 備考 | 出典 |
|---|---|---|---|---|---|---|
| 2018 | 1899年10月3日仲裁判決 | ガイアナ対ベネズエラ | 2020.12.18 | 管轄権審理・判決 | 管轄権確認・一部否認 | |
| | 人種差別撤廃条約の適用 | カタール対アラブ首長国連邦 | 2018.7.23<br>2019.6.14 | 暫定措置・命令<br>暫定措置・命令 | 暫定措置指示<br>暫定措置要請却下 | *2018 Reports* 406<br>*2019 Reports* 361 |
| | 国際航空業務通過協定第2条2節に基づくICAO理事会の管轄権に関する上訴 | バーレーン，エジプト，アラブ首長国連邦対カタール | 2020.7.14 | 本案・判決 | | |
| | シカゴ条約第84条に基づくICAO理事会の管轄権に関する上訴 | バーレーン，エジプト，サウジアラビア，アラブ首長国連邦対カタール | 2020.7.14 | 本案・判決 | | |
| | 友好，経済関係及び領事権に関する1955年条約の違反 | イラン対米 | 2018.10.3 | 暫定措置・命令 | 暫定措置指示 | *2018 Reports* 623 |
| | 米国大使館のエルサレム移転 | パレスチナ対米 | | | | |
| 2019 | 領土･島･海洋に対するグアテマラの権原主張 | グアテマラ対ベリーズ | | | | |
| | ジェノサイド条約の適用 | ガンビア対ミャンマー | 2020.1.23 | 暫定措置・命令 | 暫定措置指示 | |

## ⓑ 勧告的意見

| 要請年 | 事件名 | 諮問機関 | 意見付与日 | 出典 |
|---|---|---|---|---|
| 1947 | 国家の国連加入の条件（憲章第4条） | 国連総会 | 1948.5.28 | *1948 Reports* 57 |
| 1948 | 国連の職務中に被った損害の賠償 | 国連総会 | 1949.4.11 | *1949 Reports* 174（百選〔2版〕38） |
| 1949 | ブルガリア，ハンガリー及びルーマニアとの平和諸条約の解釈<br>第一段階<br>第二段階 | 国連総会 | <br>1950.3.30<br>1950.7.18 | <br>*1950 Reports* 65<br>*1950 Reports* 221 |
| | 国家の国連加入に対する総会の権限 | 国連総会 | 1950.3.3 | *1950 Reports* 4（百選〔初版〕92） |
| | 南西アフリカの国際的地位 | 国連総会 | 1950.7.11 | *1950 Reports* 128（百選〔2版〕39） |
| 1950 | ジェノサイド条約の留保 | 国連総会 | 1951.5.28 | *1951 Reports* 15（百選〔2版〕56） |
| 1953 | 国連行政裁判所が下した補償裁定の効果 | 国連総会 | 1954.7.13 | *1954 Reports* 47 |
| 1954 | 南西アフリカ地域に関する報告と請願の問題に関する表決手続 | 国連総会 | 1955.6.7 | *1955 Reports* 67 |
| 1955 | ユネスコに対する苦情に関するILO行政裁判所の判決 | UNESCO | 1956.10.23 | *1956 Reports* 77 |
| | 南西アフリカ委員会による請願者聴取の許容性 | 国連総会 | 1956.6.1 | *1956 Reports* 20 |
| 1959 | IMCO海事安全委員会の構成 | IMCO | 1960.6.8 | *1960 Reports* 150 |
| 1961 | 国連経費（憲章第17条第2項） | 国連総会 | 1962.7.20 | *1962 Reports* 151（百選〔2版〕42） |
| 1970 | 安保理決議276（1970）にもかかわらず南アフリカがナミビア（南西アフリカ）に存在し続けることの諸国に対する法的効果 | 国連安保理 | 1971.6.21 | *1971 Reports* 16（百選〔2版〕59） |
| 1972 | 国連行政裁判所判決第158号の審査請求 | 国連行政裁審査委 | 1973.7.12 | *1973 Reports* 166 |
| 1974 | 西サハラ | 国連総会 | 1975.10.16 | *1975 Reports* 12（百選〔2版〕13） |
| 1980 | WHO・エジプト間の1951年3月25日協定の解釈 | WHO | 1980.12.20 | *1980 Reports* 73 |
| 1981 | 国連行政裁判所判決第273号の審査請求 | 国連行政裁審査委 | 1982.7.20 | *1982 Reports* 325 |
| 1984 | 国連行政裁判所判決第333号の審査請求 | 国連行政裁審査委 | 1987.5.27 | *1987 Reports* 18 |

| 付託年 | 事件名 | 当事国 | 決定日 | 決定種別 | 備考 | 出典 |
|---|---|---|---|---|---|---|
| 2013 | 太平洋へのアクセスに関する交渉義務 | ボリビア対チリ | 2015.9.24<br>2018.10.1 | 先決的抗弁・判決<br>本案・判決 | 管轄権確認 | *2015 Reports* 592<br>*2018 Reports* 507 |
| | ニカラグア沖合から200海里以遠のニカラグア・コロンビア間の大陸棚の境界画定 | ニカラグア対コロンビア | 2016.3.17 | 先決的抗弁・判決 | 管轄権確認・一部否認 | *2016 Reports* 100 |
| | カリブ海における主権的権利及び海域侵害 | ニカラグア対コロンビア | 2016.3.17<br>2017.11.15 | 先決的抗弁・判決<br>反訴・命令 | 管轄権確認・一部否認<br>反訴受理可能性・一部確認 | *2016 Reports* 3<br>*2017 Reports* 289 |
| | 書類及びデータの押収と留置に関する問題 | 東ティモール対豪 | 2014.3.3<br>2015.4.22<br>2015.6.11 | 暫定措置・命令<br>暫定措置修正・命令<br>訴訟取下・命令 | 暫定措置指示<br>修正指示 | *2014 Reports* 147<br>*2015 Reports* 556<br>*2015 Reports* 572 |
| 2014 | カリブ海及び太平洋における海洋境界画定 | コスタリカ対ニカラグア | 2017.2.2<br>2018.2.2 | 訴訟併合・命令<br>本案・判決 | 「ポルティージョス島北部における国境」事件との併合を指示 | *2017 Reports* 91<br>*2018 Reports* 139 |
| | 核軍拡停止及び核軍縮に関する交渉義務 | マーシャル諸島対印 | 2016.10.5 | 管轄権及び受理可能性審理・判決 | 請求不受理 | *2016 Reports* 255 |
| | 核軍拡停止及び核軍縮に関する交渉義務 | マーシャル諸島対パキスタン | 2016.10.5 | 管轄権及び受理可能性審理・判決 | 請求不受理 | *2016 Reports* 552 |
| | 核軍拡停止及び核軍縮に関する交渉義務 | マーシャル諸島対英 | 2016.10.5 | 先決的抗弁・判決 | 管轄権否認 | *2016 Reports* 833 |
| | インド洋における海洋境界画定 | ソマリア対ケニア | 2017.2.2 | 先決的抗弁・判決 | 管轄権確認 | *2017 Reports* 3 |
| 2016 | シララ水系の地位及び使用に関する紛争 | チリ対ボリビア | | | | |
| | 免除及び刑事手続 | 赤道ギニア対仏 | 2016.12.7<br>2018.6.6<br>2020.12.11 | 暫定措置・命令<br>先決的抗弁・判決<br>本案・判決 | 暫定措置指示<br>管轄権確認・一部否認 | *2016 Reports* 1148<br>*2018 Reports* 292 |
| | イラン資産 | イラン対米 | 2019.2.13 | 先決的抗弁・判決 | 管轄権確認・一部否認 | *2019 Reports* 7 |
| 2017 | ポルティージョス島北部における国境 | コスタリカ対ニカラグア | 2017.2.2<br>2018.2.2 | 訴訟併合・命令<br>本案・判決 | 「カリブ海及び太平洋における海洋境界画定」事件との併合を指示 | *2017 Reports* 91<br>*2018 Reports* 139 |
| | テロ資金供与防止条約及び人種差別撤廃条約の適用 | ウクライナ対露 | 2017.4.19<br>2019.11.8 | 暫定措置・命令<br>先決的抗弁・判決 | 暫定措置指示<br>管轄権確認 | *2017 Reports* 104<br>*2019 Reports* 558 |
| | ペドラ・ブランカ(バトゥ・プティ島), 中央岩礁及び南岩棚に対する主権事件2008年5月23日判決の再審請求 | マレーシア対シンガポール | 2018.5.29 | 訴訟取下・命令 | | *2018 Reports* 284 |
| | ジャダフ | 印対パキスタン | 2017.5.18<br>2019.7.17 | 暫定措置・命令<br>本案・判決 | 暫定措置指示 | *2017 Reports* 231<br>*2019 Reports* 418 |
| | ペドラ・ブランカ(バトゥ・プティ島), 中央岩礁及び南岩棚に対する主権事件2008年5月23日判決の解釈要請 | マレーシア対シンガポール | 2018.5.29 | 訴訟取下・命令 | | *2018 Reports* 288 |

| 付託年 | 事件名 | 当事国 | 決定日 | 決定種別 | 備考 | 出典 |
|---|---|---|---|---|---|---|
| 2006 | 国連に対する外交使節の接受国における地位 | ドミニカ国対スイス | 2006.6.9 | 訴訟取下・命令 | | *2006 Reports* 107 |
| | ウルグアイ川パルプ工場 | アルゼンチン対ウルグアイ | 2006.7.13<br>2007.1.23<br>2010.4.20 | 暫定措置・命令<br>暫定措置・命令<br>本案・判決 | 暫定措置要請却下<br>暫定措置要請却下 | *2006 Reports* 156<br>*2007 Reports* 3<br>*2010 Reports* 14<br>(百選〔2版〕79) |
| | 刑事共助 | ジブチ対仏 | 2008.6.4 | 本案・判決 | | *2008 Reports* 177<br>(百選〔2版〕95) |
| 2008 | 海洋紛争 | ペルー対チリ | 2014.1.27 | 本案・判決 | | *2014 Reports* 3 |
| | 除草剤空中散布 | エクアドル対コロンビア | 2013.9.13 | 訴訟取下・命令 | | *2013 Reports* 278 |
| | アヴェナその他のメキシコ国民事件2004年3月31日判決の解釈要請 | 墨対米 | 2008.7.16<br>2009.1.19 | 暫定措置・命令<br>本案・判決 | 暫定措置指示 | *2008 Reports* 311<br>*2009 Reports* 3 |
| | 人種差別撤廃条約の適用 | ジョージア対露 | 2008.10.15<br>2011.4.1 | 暫定措置・命令<br>先決的抗弁・判決 | 暫定措置指示<br>管轄権否認 | *2008 Reports* 353<br>*2011 Reports* 70 |
| | 1995年9月13日の暫定協定の適用 | マケドニア対ギリシャ | 2011.12.5 | 本案・判決 | | *2011 Reports* 644 |
| | 国家の裁判権免除 | 独対伊(参加：ギリシア) | 2011.7.4<br>2012.2.3 | 訴訟参加・命令<br>本案・判決 | ギリシアの参加申請認容 | *2011 Reports* 494<br>*2012 Reports* 99 |
| 2009 | 訴追又は引渡しの義務に関する問題 | ベルギー対セネガル | 2009.5.28<br>2012.7.20 | 暫定措置・命令<br>本案・判決 | 暫定措置要請却下 | *2009 Reports* 139<br>(百選〔2版〕102)<br>*2012 Reports* 422 |
| | 外交関係に関する問題 | ホンジュラス対ブラジル | 2010.5.12 | 訴訟取下・命令 | | *2010 Reports* 303 |
| | 民事及び商事事件における裁判管轄及び裁判の執行 | ベルギー対スイス | 2011.4.5 | 訴訟取下・命令 | | *2011 Reports* 341 |
| 2010 | 南極海捕鯨 | 豪対日(参加：ニュージーランド) | 2013.2.6<br>2014.3.31 | 訴訟参加・命令<br>本案・判決 | ニュージーランドの参加申請認容 | *2013 Reports* 3<br>*2014 Reports* 226 |
| | 国境紛争 | ブルキナファソ＝ニジェール | 2013.4.16 | 本案・判決 | | *2013 Reports* 44 |
| | 国境地帯においてニカラグアが行っている活動 | コスタリカ対ニカラグア | 2011.3.8<br>2013.4.17<br>2013.11.22<br>2015.12.16<br>2018.2.2 | 暫定措置・命令<br>訴訟併合・命令<br>暫定措置・命令<br>本案・判決<br>判決 | 暫定措置指示<br>「コスタリカにおけるサンファン川沿いの道路建設」事件との併合を指示<br>暫定措置指示<br>賠償額決定 | *2011 Reports* 6<br>*2013 Reports* 166<br>*2013 Reports* 354<br>*2015 Reports* 665<br>*2018 Reports* 15 |
| 2011 | プレア・ビヘア寺院事件1962年6月15日判決の解釈要請 | カンボジア対タイ | 2011.7.18<br>2013.11.11 | 暫定措置・命令<br>本案・判決 | 暫定措置指示 | *2011 Reports* 537<br>*2013 Reports* 281 |
| | コスタリカにおけるサンファン川沿いの道路建設 | ニカラグア対コスタリカ | 2013.4.17<br>2013.11.22<br>2015.12.16 | 訴訟併合・命令<br>暫定措置・命令<br>本案・判決 | 「国境地帯においてニカラグアが行っている活動」事件との併合を指示<br>暫定措置指示 | *2013 Reports* 184<br>*2013 Reports* 354<br>*2015 Reports* 665 |

| 付託年 | 事件名 | 当事国 | 決定日 | 決定種別 | 備考 | 出典 |
|---|---|---|---|---|---|---|
| 1999 | 武力行使の合法性 | ユーゴスラビア対米 | 1999.6.2 | 暫定措置・命令 | 暫定措置要請却下・管轄権否認 | *1999 Reports* 916 |
| | コンゴ領における軍事活動 | コンゴ民主共和国対ブルンジ | 2001.1.30 | 訴訟取下・命令 | | *2001 Reports* 3 |
| | コンゴ領における軍事活動 | コンゴ民主共和国対ウガンダ | 2000.7.1<br>2005.12.19 | 暫定措置・命令<br>本案・判決 | 暫定措置指示 | *2000 Reports* 111<br>*2005 Reports* 168<br>(百選〔2版〕112) |
| | コンゴ領における軍事活動 | コンゴ民主共和国対ルワンダ | 2001.1.30 | 訴訟取下・命令 | | *2001 Reports* 6 |
| | ジェノサイド条約の適用 | クロアチア対セルビア | 2008.11.18<br>2015.2.3 | 先決的抗弁・判決<br>本案・判決 | 管轄権確認 | *2008 Reports* 412<br>*2015 Reports* 3 |
| | 1999年8月10日航空機事故 | パキスタン対印 | 2000.6.21 | 管轄権審理・判決 | 管轄権否認 | *2000 Reports* 12 |
| | カリブ海におけるニカラグア・ホンジュラス間の領土・海洋紛争 | ニカラグア対ホンジュラス | 2007.10.8 | 本案・判決 | | *2007 Reports* 659 |
| 2000 | 2000年4月11日逮捕状 | コンゴ民主共和国対ベルギー | 2000.12.8<br>2002.2.14 | 暫定措置・命令<br>本案・判決 | 暫定措置要請却下 | *2000 Reports* 182<br>*2002 Reports* 3<br>(百選〔2版〕2) |
| 2001 | ジェノサイド条約適用事件1996年7月11日先決的抗弁判決の再審請求 | ユーゴスラビア対ボスニア・ヘルツェゴビナ | 2003.2.3 | 判決 | 請求不受理 | *2003 Reports* 7 |
| | 特定財産 | リヒテンシュタイン対独 | 2005.2.10 | 先決的抗弁・判決 | 管轄権否認 | *2005 Reports* 6 |
| | 領土と海洋紛争 | ニカラグア対コロンビア | 2007.12.13<br>2011.5.4<br>2011.5.4<br>2012.11.19 | 先決的抗弁・判決<br>訴訟参加・判決<br>訴訟参加・判決<br>本案・判決 | 管轄権確認・一部否認<br>コスタリカの参加申請却下<br>ホンジュラスの参加申請却下 | *2007 Reports* 832<br>*2011 Reports* 348<br>*2011 Reports* 420<br>*2012 Reports* 624 |
| 2002 | 国境紛争 | ベナン＝ニジェール | 2005.7.12 | 本案・判決(小法廷) | | *2005 Reports* 90<br>(百選〔2版〕30) |
| | コンゴ領における軍事活動 | コンゴ民主共和国対ルワンダ | 2002.7.10<br>2006.2.3 | 暫定措置・命令<br>先決的抗弁・判決 | 暫定措置要請却下<br>管轄権否認 | *2002 Reports* 219<br>*2006 Reports* 6 |
| | 陸・島・海洋境界紛争に関する事件1992年9月11日判決の再審請求 | エルサルバドル対ホンジュラス | 2003.12.18 | 判決(小法廷) | 請求不受理 | *2003 Reports* 392 |
| 2003 | アヴェナその他のメキシコ国民 | 墨対米 | 2003.2.5<br>2004.3.31 | 暫定措置・命令<br>本案・判決 | 暫定措置指示 | *2003 Reports* 77<br>*2004 Reports* 12 |
| | 仏における刑事手続 | コンゴ共和国対仏 | 2003.6.17<br>2010.11.16 | 暫定措置・命令<br>訴訟取下・命令 | 暫定措置要請却下 | *2003 Reports* 102<br>*2010 Reports* 635 |
| | ペドラ・ブランカ(バトゥ・プティ島)，中央岩礁，及び南岩棚に対する主権 | マレーシア＝シンガポール | 2008.5.23 | 本案・判決 | | *2008 Reports* 12<br>(百選〔2版〕29) |
| 2004 | 黒海における海洋境界画定 | ルーマニア対ウクライナ | 2009.2.3 | 本案・判決 | | *2009 Reports* 61<br>(百選〔2版〕34) |
| 2005 | 通航及び関連権利に関する紛争 | コスタリカ対ニカラグア | 2009.7.13 | 本案・判決 | | *2009 Reports* 213 |

| 付託年 | 事件名 | 当事国 | 決定日 | 決定種別 | 備考 | 出典 |
|---|---|---|---|---|---|---|
| 1993 | ガブチコボ・ナジマロシュ | ハンガリー＝スロバキア | 1997.9.25 | 本案・判決 | | *1997 Reports* 7 |
| 1994 | カメルーン＝ナイジェリア間の領域と海洋境界 | カメルーン対ナイジェリア(参加：赤道ギニア) | 1996.3.15<br>1998.6.11<br>1999.10.21<br><br>2002.10.10 | 暫定措置・命令<br>先決的抗弁・判決<br>訴訟参加・命令<br><br>本案・判決 | 暫定措置指示<br>管轄権確認<br>赤道ギニアの参加申請認容 | *1996 Reports* 13<br>*1998 Reports* 275<br>*1999 Reports* 1029<br><br>*2002 Reports* 303 |
| 1995 | 漁業管轄権 | 西対加 | 1998.12.4 | 管轄権審理・判決 | 管轄権否認 | *1998 Reports* 432<br>(百選〔2版〕93) |
| | 核実験事件1974年12月20日判決第63項に従った状況の点検要請 | ニュージーランド対仏 | 1995.9.22 | 命令 | 請求棄却 | *1995 Reports* 288 |
| 1996 | カシキリ(セドゥドゥ)島 | ボツワナ＝ナミビア | 1999.12.13 | 本案・判決 | | *1999 Reports* 1045 |
| 1998 | ウィーン領事関係条約 | パラグアイ対米 | 1998.4.9<br>1998.11.10 | 暫定措置・命令<br>訴訟取下・命令 | 暫定措置指示 | *1998 Reports* 248<br>*1998 Reports* 426 |
| | カメルーン＝ナイジェリア間の領域と海洋境界事件1998年6月11日先決的抗弁判決の解釈要請 | ナイジェリア対カメルーン | 1999.3.25 | 先決的抗弁・判決 | 請求不受理 | *1999 Reports* 31 |
| | リギタン島とシパダン島に対する主権 | インドネシア＝マレーシア | 2001.10.23<br><br>2002.12.17 | 訴訟参加・判決<br><br>本案・判決 | 比の参加申請却下 | *2001 Reports* 575<br><br>*2002 Reports* 625<br>(百選〔2版〕28) |
| | アーマドゥ・サディオ・ディアリォ | ギニア対コンゴ民主共和国 | 2007.5.24<br>2010.11.30<br>2012.6.19 | 先決的抗弁・判決<br>本案・判決<br>判決 | 請求受理<br><br>賠償額決定 | *2007 Reports* 582<br>*2010 Reports* 639<br>*2012 Reports* 324 |
| 1999 | ラグラン | 独対米 | 1999.3.3<br>2001.6.27 | 暫定措置・命令<br>本案・判決 | 暫定措置指示 | *1999 Reports* 9<br>*2001 Reports* 466<br>(百選〔2版〕54) |
| | 武力行使の合法性 | セルビア・モンテネグロ対ベルギー | 1999.6.2<br><br>2004.12.15 | 暫定措置・命令<br><br>先決的抗弁・判決 | 暫定措置要請却下<br><br>管轄権否認 | *1999 Reports* 124<br>(百選〔2版〕94)<br>*2004 Reports* 279 |
| | 武力行使の合法性 | セルビア・モンテネグロ対加 | 1999.6.2<br>2004.12.15 | 暫定措置・命令<br>先決的抗弁・判決 | 暫定措置要請却下<br>管轄権否認 | *1999 Reports* 259<br>*2004 Reports* 429 |
| | 武力行使の合法性 | セルビア・モンテネグロ対仏 | 1999.6.2<br>2004.12.15 | 暫定措置・命令<br>先決的抗弁・判決 | 暫定措置要請却下<br>管轄権否認 | *1999 Reports* 363<br>*2004 Reports* 575 |
| | 武力行使の合法性 | セルビア・モンテネグロ対独 | 1999.6.2<br>2004.12.15 | 暫定措置・命令<br>先決的抗弁・判決 | 暫定措置要請却下<br>管轄権否認 | *1999 Reports* 422<br>*2004 Reports* 720 |
| | 武力行使の合法性 | セルビア・モンテネグロ対伊 | 1999.6.2<br>2004.12.15 | 暫定措置・命令<br>先決的抗弁・判決 | 暫定措置要請却下<br>管轄権否認 | *1999 Reports* 481<br>*2004 Reports* 865 |
| | 武力行使の合法性 | セルビア・モンテネグロ対蘭 | 1999.6.2<br>2004.12.15 | 暫定措置・命令<br>先決的抗弁・判決 | 暫定措置要請却下<br>管轄権否認 | *1999 Reports* 542<br>*2004 Reports* 1011 |
| | 武力行使の合法性 | セルビア・モンテネグロ対ポルトガル | 1999.6.2<br>2004.12.15 | 暫定措置・命令<br>先決的抗弁・判決 | 暫定措置要請却下<br>管轄権否認 | *1999 Reports* 656<br>*2004 Reports* 1160 |
| | 武力行使の合法性 | ユーゴスラビア対西 | 1999.6.2 | 暫定措置・命令 | 暫定措置要請却下・管轄権否認 | *1999 Reports* 761 |
| | 武力行使の合法性 | セルビア・モンテネグロ対英 | 1999.6.2<br>2004.12.15 | 暫定措置・命令<br>先決的抗弁・判決 | 暫定措置要請却下<br>管轄権否認 | *1999 Reports* 826<br>*2004 Reports* 1307 |

| 付託年 | 事件名 | 当事国 | 決定日 | 決定種別 | 備考 | 出典 |
|---|---|---|---|---|---|---|
| 1986 | 国境・越境武力行動 | ニカラグア対ホンジュラス | 1988.3.31<br>1988.12.20<br><br>1992.5.27 | 暫定措置・命令<br>管轄権及受理可能性審理・判決<br>訴訟取下・命令 | 暫定措置要請取下<br>管轄権確認，請求受理<br><br>交渉の進展 | *1988 Reports* 9<br>*1988 Reports* 69<br><br>*1992 Reports* 222 |
| | 陸・島・海洋境界紛争 | エルサルバドル＝ホンジュラス(参加：ニカラグア) | 1990.9.13<br><br><br>1992.9.11 | 訴訟参加・判決(小法廷)<br><br>本案・判決(小法廷) | ニカラグアの参加申請認容 | *1990 Reports* 92<br>(百選〔2版〕100)<br><br>*1992 Reports* 351 |
| 1987 | シシリー電子工業会社(ELSI) | 米対伊 | 1989.7.20 | 本案・判決(小法廷) | | *1989 Reports* 15<br>(百選〔2版〕68) |
| 1988 | グリーンランド・ヤンマイエン間の海洋境界画定 | デンマーク対ノルウェー | 1993.6.14 | 本案・判決 | | *1993 Reports* 38<br>(百選〔2版〕84) |
| 1989 | 1988年7月3日航空機事故 | イラン対米 | 1996.2.22 | 訴訟取下・命令 | 紛争の実質的解決 | *1996 Reports* 9 |
| | ナウル燐鉱山 | ナウル対豪 | 1992.6.26<br>1993.9.13 | 先決的抗弁・判決<br>訴訟取下・命令 | 管轄権確認，請求受理<br>紛争の実質的解決 | *1992 Reports* 240<br>*1993 Reports* 322 |
| | 1989年7月31日仲裁判断 | ギニアビサウ対セネガル | 1990.3.2<br>1991.11.12 | 暫定措置・命令<br>本案・判決 | 暫定措置要請却下 | *1990 Reports* 64<br>*1991 Reports* 53 |
| 1990 | 領土紛争 | リビア＝チャド | 1990.10.26<br><br>1994.2.3 | 命令<br><br>本案・判決 | 付託合意の有効性確認 | *1990 Reports* 149<br><br>*1994 Reports* 6<br>(百選〔2版〕58) |
| 1991 | 東ティモール | ポルトガル対豪 | 1995.6.30 | 管轄権及受理可能性審理・判決 | | *1995 Reports* 90<br>(百選〔2版〕96) |
| | ギニアビサウ・セネガル間の海洋境界画定 | ギニアビサウ対セネガル | 1995.11.8 | 訴訟取下・命令 | 交渉の進展 | *1995 Reports* 423 |
| | グレートベルト橋通航 | フィンランド対デンマーク | 1991.7.29<br>1992.9.10 | 暫定措置・命令<br>訴訟取下・命令 | 暫定措置要請却下<br>紛争の実質的解決 | *1991 Reports* 12<br>*1992 Reports* 348 |
| | カタール・バーレーン間の海洋境界画定と領域問題 | カタール対バーレーン | 1994.7.1<br><br>1995.2.15<br><br>2001.3.16 | 管轄権及受理可能性審理・判決<br>管轄権及受理可能性審理・判決<br>本案・判決 | 交換文書の法的拘束力確認<br>管轄権確認，請求受理 | *1994 Reports*112<br>(百選〔初版〕90)<br>*1995 Reports* 6<br>(百選〔初版〕90)<br>*2001 Reports* 40 |
| 1992 | ロッカビー航空機事故から生じた1971年モントリオール条約の解釈適用問題 | リビア対英 | 1992.4.14<br>1998.2.27<br>2003.9.10 | 暫定措置・命令<br>先決的抗弁・判決<br>訴訟取下・命令 | 暫定措置要請却下<br>管轄権確認 | *1992 Reports* 3<br>*1998 Reports* 9<br>*2003 Reports* 149 |
| | ロッカビー航空機事故から生じた1971年モントリオール条約の解釈適用問題 | リビア対米 | 1992.4.14<br><br>1998.2.27<br>2003.9.10 | 暫定措置・命令<br><br>先決的抗弁・判決<br>訴訟取下・命令 | 暫定措置要請却下<br><br>管轄権確認 | *1992 Reports* 114<br>(百選〔2版〕105)<br>*1998 Reports* 115<br>*2003 Reports* 152 |
| | 油井やぐら | イラン対米 | 1996.12.12<br>2003.11.6 | 先決的抗弁・判決<br>本案・判決 | 管轄権確認 | *1996 Reports* 803<br>*2003 Reports* 161<br>(百選〔2版〕107) |
| 1993 | ジェノサイド条約の適用 | ボスニア・ヘルツェゴビナ対セルビア・モンテネグロ(1995年以前はユーゴスラビア) | 1993.4.8<br>1993.9.13<br><br>1996.7.11<br>2007.2.26 | 暫定措置・命令<br>暫定措置・命令<br><br>先決的抗弁・判決<br>本案・判決 | 暫定措置指示<br>暫定措置指示命令の確認<br>管轄権確認，請求受理 | *1993 Reports* 3<br>*1993 Reports* 325<br><br>*1996 Reports* 595<br>*2007 Reports* 43<br>(百選〔2版〕101) |

| 付託年 | 事件名 | 当事国 | 決定日 | 決定種別 | 備考 | 出典 |
|---|---|---|---|---|---|---|
| 1972 | 漁業管轄権 | 英対アイスランド | 1972.8.17<br>1973.2.2<br><br>1973.7.12<br>1974.7.25 | 暫定措置・命令<br>管轄権審理・判決<br><br>暫定措置継続・命令<br>本案・判決 | 暫定措置指示<br>管轄権確認<br><br>暫定措置の効果確認 | *1972 Reports* 12<br>*1973 Reports* 3<br>(百選〔2版〕60)<br>*1973 Reports* 302<br>*1974 Reports* 3<br>(百選〔初版〕41) |
| | 漁業管轄権 | 西独対アイスランド | 1972.8.17<br>1973.2.2<br>1973.7.12<br>1974.7.25 | 暫定措置・命令<br>管轄権審理・判決<br>暫定措置継続・命令<br>本案・判決 | 暫定措置指示<br>管轄権確認<br>暫定措置の効果確認 | *1972 Reports* 30<br>*1973 Reports* 49<br>*1973 Reports* 313<br>*1974 Reports* 175 |
| 1973 | 核実験 | 豪対仏 | 1973.6.22<br>1973.7.12<br>1974.12.20<br><br>1974.12.20 | 暫定措置・命令<br>訴訟参加・命令<br>判決<br><br>訴訟参加・命令 | 暫定措置指示<br>フィジーの申請保留<br>訴訟目的の消滅<br><br>申請却下 | *1973 Reports* 99<br>*1973 Reports* 320<br>*1974 Reports* 253<br>(百選〔2版〕99)<br>*1974 Reports* 530 |
| | 核実験 | ニュージーランド対仏 | 1973.6.22<br>1973.7.12<br>1974.12.20<br>1974.12.20 | 暫定措置・命令<br>訴訟参加・命令<br>判決<br>訴訟参加・命令 | 暫定措置指示<br>フィジーの申請保留<br>訴訟目的の消滅<br>申請却下 | *1973 Reports* 135<br>*1973 Reports* 324<br>*1974 Reports* 457<br>*1974 Reports* 535 |
| | パキスタン人捕虜裁判 | パキスタン対印 | 1973.7.13<br>1973.12.15 | 暫定措置・命令<br>訴訟取下・命令 | 暫定措置要請却下<br>交渉の進展 | *1973 Reports* 328<br>*1973 Reports* 347 |
| 1976 | エーゲ海大陸棚 | ギリシャ対トルコ | 1976.9.11<br><br>1978.12.19 | 暫定措置・命令<br><br>管轄権審理・判決 | 暫定措置要請却下<br><br>管轄権否認 | *1976 Reports* 3<br>(百選〔初版〕100)<br>*1978 Reports* 3 |
| 1978 | 大陸棚 | チュニジア＝リビア | 1981.4.14<br>1982.2.24 | 訴訟参加・判決<br>本案・判決 | マルタの参加申請却下 | *1981 Reports* 3<br>*1982 Reports* 18 |
| 1979 | 在テヘラン米外交使節団・領事機関職員 | 米対イラン | 1979.12.15<br>1980.5.24<br><br>1981.5.12 | 暫定措置・命令<br>本案・判決<br><br>訴訟取下・命令 | 暫定措置指示<br><br><br>交渉の進展 | *1979 Reports* 7<br>*1980 Reports* 3<br>(百選〔2版〕61)<br>*1981 Reports* 45 |
| 1981 | メイン湾海洋境界画定 | 加＝米 | 1984.10.12 | 本案・判決(小法廷) | | *1984 Reports* 246<br>(百選〔初版〕101) |
| 1982 | 大陸棚 | リビア＝マルタ | 1984.3.21<br>1985.6.3 | 訴訟参加・判決<br>本案・判決 | 伊の参加申請却下 | *1984 Reports* 3<br>*1985 Reports* 13<br>(百選〔初版〕42) |
| 1983 | 国境紛争 | ブルキナファソ＝マリ | 1986.1.10<br><br>1986.12.22 | 暫定措置・命令(小法廷)<br>本案・判決(小法廷) | 暫定措置指示 | *1986 Reports* 3<br><br>*1986 Reports* 554<br>(百選〔2版〕5) |
| 1984 | ニカラグアにおける及びニカラグアに対する軍事活動と準軍事活動 | ニカラグア対米 | 1984.5.10<br>1984.10.4<br><br>1984.11.26<br><br>1986.6.27<br><br>1991.9.26 | 暫定措置・命令<br>訴訟参加・命令<br><br>管轄権及受理可能性審理・判決<br><br>本案・判決<br><br>訴訟取下・命令 | 暫定措置指示<br>エルサルバドルの参加申請却下<br><br>管轄権確認，請求受理 | *1984 Reports* 169<br>*1984 Reports* 215<br><br>*1984 Reports* 392<br>(百選〔2版〕87,91)<br>*1986 Reports* 14<br>(百選〔2版〕106)<br>*1991 Reports* 47 |
| | 大陸棚事件1982年2月24日判決の再審と解釈の請求 | チュニジア対リビア | 1985.12.10 | 本案・判決 | | *1985 Reports* 192 |
| 1986 | 国境・越境武力行動 | ニカラグア対コスタリカ | 1987.8.19 | 訴訟取下・命令 | 交渉の進展 | *1987 Reports* 182 |

| 付託年 | 事件名 | 当事国 | 決定日 | 決定種別 | 備考 | 出典 |
|---|---|---|---|---|---|---|
| 1955 | ノルウェー公債 | 仏対ノルウェー | 1956.9.28<br>1957.7.6 | 先決的抗弁・判決<br>判決 | 本案併合<br>管轄権否認 | *1956 Reports* 73<br>*1957 Reports* 9<br>(百選〔2版〕92) |
| | 印領通行権 | ポルトガル対印 | 1957.11.26<br>1960.4.12 | 先決的抗弁・判決<br>本案・判決 | 抗弁の一部本案併合<br>抗弁棄却 | *1957 Reports* 125<br>*1960 Reports* 6<br>(百選〔初版〕3) |
| 1957 | 未成年者の後見に関する1902年条約の適用 | 蘭対スウェーデン | 1958.11.28 | 本案・判決 | | *1958 Reports* 55 |
| | インターハンデル | スイス対米 | 1957.10.24<br>1959.3.21 | 暫定措置・命令<br>先決的抗弁・判決 | 暫定措置要請却下<br>請求不受理 | *1957 Reports* 105<br>*1959 Reports* 6<br>(百選〔2版〕69) |
| | 1955年7月27日航空機事故 | イスラエル対ブルガリア | 1959.5.26 | 先決的抗弁・判決 | 管轄権否認 | *1959 Reports* 127 |
| | 1955年7月27日航空機事故 | 米対ブルガリア | 1960.5.30 | 訴訟取下・命令 | | *1960 Reports* 146 |
| | 1955年7月27日航空機事故 | 英対ブルガリア | 1959.8.3 | 訴訟取下・命令 | | *1959 Reports* 264 |
| | 特定の国境地域に対する主権 | ベルギー＝蘭 | 1959.6.20 | 本案・判決 | | *1959 Reports* 209 |
| 1958 | 1906年12月23日スペイン国王仲裁判決 | ホンジュラス対ニカラグア | 1960.11.18 | 本案・判決 | | *1960 Reports* 192 |
| | 1954年9月4日航空機事故 | 米対ソ連 | 1958.12.9 | 訴訟中止・命令 | | *1958 Reports* 158 |
| | バルセロナ・トラクション電力会社 | ベルギー対西 | 1961.4.10 | 訴訟取下・命令 | | *1961 Reports* 9 |
| 1959 | ベイルート港湾・埠頭・倉庫会社とラジオ・オリアン会社 | 仏対レバノン | 1960.8.31 | 訴訟取下・命令 | 紛争の実質的解決 | *1960 Reports* 186 |
| | 1954年11月7日航空機事故 | 米対ソ連 | 1959.10.7 | 訴訟中止・命令 | | *1959 Reports* 276 |
| | プレア・ビヘア寺院 | カンボジア対タイ | 1961.5.26<br>1962.6.15 | 先決的抗弁・判決<br>本案・判決 | 管轄権確認 | *1961 Reports* 17<br>*1962 Reports* 6<br>(百選〔2版〕3) |
| 1960 | 南西アフリカ | エチオピア対南アフリカ；リベリア対南アフリカ | 1961.5.20<br>1962.12.21<br>1966.7.18 | 訴訟併合・命令<br>先決的抗弁・判決<br>第二段階・判決 | 管轄権確認<br>請求不受理 | *1961 Reports* 13<br>*1962 Reports* 319<br>*1966 Reports* 6<br>(百選〔2版〕97) |
| 1961 | 北部カメルーン | カメルーン対英 | 1963.12.2 | 先決的抗弁・判決 | 請求不受理 | *1963 Reports* 15<br>(百選〔2版〕98) |
| 1962 | バルセロナ・トラクション電力会社(再提訴) | ベルギー対西 | 1964.7.24<br>1970.2.5 | 先決的抗弁・判決<br>第二段階・判決 | 抗弁の一部本案併合<br>請求不受理 | *1964 Reports* 6<br>*1970 Reports* 3<br>(百選〔2版〕70) |
| 1967 | 北海大陸棚 | 西独＝デンマーク；西独＝蘭 | 1968.4.26<br>1969.2.20 | 訴訟併合・命令<br>本案・判決 | | *1968 Reports* 9<br>*1969 Reports* 3<br>(百選〔2版〕1) |
| 1971 | ICAO理事会の管轄権に関する上訴 | 印対パキスタン | 1972.8.18 | 本案・判決 | | *1972 Reports* 46 |

# (1) 国際司法裁判所事件一覧表

1. 出典欄の略記は以下のとおりである。
   ***1948 Reports* 15** : International Court of Justice, *Reports of Judgments, Advisory Opinions and Orders 1948*, p.15
2. 国際司法裁判所(ICJ)の判決・勧告的意見等の全文は，http://www.icj-cij.org/ で閲覧できる。

## ⓐ 争訟事件

| 付託年 | 事件名 | 当事国 | 決定日 | 決定種別 | 備考 | 出典 |
|---|---|---|---|---|---|---|
| 1947 | コルフ海峡 | 英対アルバニア(先決的抗弁棄却後，合意付託に変更) | 1948.3.25<br>1948.3.26<br>1949.4.9<br>1949.12.15 | 先決的抗弁・判決<br>命令<br>本案・判決<br>判決 | 管轄権確認<br>管轄権基礎変更<br><br>賠償額決定 | *1948 Reports* 15 (百選〔初版〕94)<br>*1948 Reports* 53<br>*1949 Reports* 4 (百選〔2版〕31)<br>*1949 Reports* 244 |
| 1949 | 漁業 | 英対ノルウェー | 1951.12.18 | 本案・判決 | | *1951 Reports* 116 (百選〔2版〕4) |
| | 在エジプト仏国民・仏保護国民の保護 | 仏対エジプト | 1950.3.29 | 訴訟取下・命令 | 紛争の実質的解決 | *1950 Reports* 59 |
| | 庇護 | コロンビア=ペルー | 1950.11.20 | 本案・判決 | | *1950 Reports* 266 |
| 1950 | 在モロッコ米国民の権利 | 仏対米 | 1951.10.31<br>1952.8.27 | 命令<br>本案・判決 | 先決的抗弁取下 | *1951 Reports* 109<br>*1952 Reports* 176 (百選〔初版〕12) |
| | 庇護事件1950年11月20日判決の解釈要請 | コロンビア=ペルー | 1950.11.27 | 解釈・判決 | | *1950 Reports* 395 |
| | アヤ・デ・ラ・トーレ | コロンビア=ペルー | 1951.6.13 | 本案・判決 | キューバの参加申請認容 | *1951 Reports* 71 |
| 1951 | アムバティエロス | ギリシャ対英 | 1952.7.1<br>1953.5.19 | 先決的抗弁・判決<br>本案・判決 | 請求の一部につき管轄権確認 | *1952 Reports* 28<br>*1953 Reports* 10 |
| | アングロ・イラニアン石油会社 | 英対イラン | 1951.7.5<br>1952.7.22 | 暫定措置・命令<br>先決的抗弁・判決 | 暫定措置指示<br>管轄権否認 | *1951 Reports* 89<br>*1952 Reports* 93 (百選〔初版〕72) |
| | マンキエ島とエクレオ島 | 仏=英 | 1953.11.17 | 本案・判決 | | *1953 Reports* 47 |
| | ノッテボーム | リヒテンシュタイン対グアテマラ | 1953.11.18<br>1955.4.6 | 先決的抗弁・判決<br>第二段階・判決 | 抗弁棄却<br>請求不受理 | *1953 Reports* 111<br>*1955 Reports* 4 (百選〔2版〕67) |
| 1953 | 1943年ローマから移送された通貨用金塊 | 伊対仏，英，米 | 1954.6.15 | 先決的抗弁・判決 | 請求不受理 | *1954 Reports* 19 |
| | ベイルート電気会社 | 仏対レバノン | 1954.7.29 | 訴訟取下・命令 | 紛争の実質的解決 | *1954 Reports* 107 |
| 1954 | ハンガリーにおける米国の航空機と乗組員の扱い | 米対ハンガリー | 1954.7.12 | 訴訟中止・命令 | | *1954 Reports* 99 |
| | ハンガリーにおける米国の航空機と乗組員の扱い | 米対ソ連 | 1954.7.12 | 訴訟中止・命令 | | *1954 Reports* 103 |
| 1955 | 1953年3月10日航空機事故 | 米対チェコ・スロバキア | 1956.3.14 | 訴訟中止・命令 | | *1956 Reports* 6 |
| | 南極大陸 | 英対アルゼンチン | 1956.3.16 | 訴訟中止・命令 | | *1956 Reports* 12 |
| | 南極大陸 | 英対チリ | 1956.3.16 | 訴訟中止・命令 | | *1956 Reports* 15 |
| | 1952年10月7日航空機事故 | 米対ソ連 | 1956.3.14 | 訴訟中止・命令 | | *1956 Reports* 9 |

# 国際裁判一覧表

1．2021年1月1日現在，各裁判所で下された判決等の一覧を以下の収録順で掲載している。
(1) 国際司法裁判所事件一覧表(ⓐ争訟事件，ⓑ勧告的意見)
(2) 常設国際司法裁判所事件一覧表(ⓐ争訟事件，ⓑ勧告的意見)
(3) 国連海洋法条約紛争解決手続
(4) 主要仲裁事件一覧表
(5) 国際刑事裁判所主要事件一覧表
(6) ガット・WTO主要事件一覧表

2．当事者表記は，次のとおりである。
A 対 B：原告 対 被告
A ＝ B：共同付託
A，B，C：共同訴訟国

3．国名・地名は，原則として外務省の表記にあわせた。ただし，以下の国名表記は漢字の略語を用いた。
アメリカ：米，イギリス：英，イタリア：伊，インド：印，オーストラリア：豪，オランダ：蘭，カナダ：加，韓国：韓，スペイン：西，中国：中，ドイツ：独〔西ドイツ：西独〕，日本：日，フランス：仏，フィリピン：比，メキシコ：墨，ロシア：露

4．決定種別の表記の意味は，それぞれ次のとおりである。
(なお特別裁判部，あるいは簡易手続部によって下された判決・命令は，「(小法廷)」と併記した。)

| | | |
|---|---|---|
| ① | 本案・判決 | ：訴訟上の主請求に対する判決 |
| ② | 解釈・判決 | ：判決の解釈請求に対する判決 |
| ③ | 先決的抗弁・判決 | ：先決的抗弁に対する判決 |
| ④ | 管轄権審理・判決 | ：先決的抗弁によらない管轄権に関する判決 |
| ⑤ | 管轄権及受理可能性審理・判決 | ：先決的抗弁によらない管轄権及び受理可能性に関する判決 |
| ⑥ | 暫定措置・命令 | ：暫定措置に関する命令 |
| ⑦ | 訴訟参加・判決 | ：第三国の訴訟参加申請に対する判決 |
| ⑧ | 訴訟取下・命令 | ：原告が訴えを取り下げる場合に訴訟の終結を決定する命令 |
| ⑨ | 訴訟中止・命令 | ：管轄権の基礎を欠く訴訟の提起に対し，被告国が提訴に同意しない場合に訴訟の終結を決定する命令 |
| ⑩ | 訴訟併合・命令 | ：複数国が同一の請求目的で訴訟を提起した場合に，審理手続の統合を決定する命令 |

5．出典については個別に注記を付した。ただし，未公刊の場合は，出典欄を空白にしている。「(百選〔2版〕××)」とあるのは，「『国際法判例百選〔第2版〕』(有斐閣，2011) 事件番号××」，「(百選〔初版〕××)」とあるのは，「『国際法判例百選』(有斐閣，2001) 事件番号××」の略記である。百選〔初版〕の事件番号は、事件が百選〔第2版〕に掲載されていない場合にのみ掲げた。

ィリピン(平 20条16)，ブルネイ(平 20条6)，ベトナム(平 21条8)，マレーシア(平 18条7)，モンゴル(平 28条8)，ＡＳＥＡＮ構成国(平 20条12)／オーストラリア(平 26条19)，メキシコ(平 17条8)，エクアドル(令1条9)，チリ(平 19条8)，ペルー(平 24条2)／イギリス(令2条16)，スイス(平 21条5)，**ＥＵ**(平 30条15)

**航空協定**　アラブ首長国連邦(平 10条18)，イスラエル(平 12条1)，イラク(昭 54条3)，インド(昭 31条7)，インドネシア(昭 38条30)，オマーン(平 10条5)，カタール(平 11条10)，カンボジア(平 28条10)，クウェート(昭 38条22)，サウジアラビア(平 21条4)，シンガポール(昭 42条8)，スリランカ(昭 59条4)，タイ(昭 28条11)，大韓民国(昭 42条12)，中国(昭 49条2)，トルコ(平1条6)，ネパール(平6条5)，バーレーン(平 10条6)，パキスタン(昭 37条6)，バングラデシュ(昭 55条15)，フィリピン(昭 45条3)，ミャンマー(昭 47条8)，ブルネイ(平6条8)，ベトナム(平6条7)，マレーシア(昭 40条24)，モンゴル(平6条12)，ヨルダン(平7条1)，ラオス(平 28条9)，レバノン(昭 46条2)，(香港(平9条6))，マカオ(平 22条6)／エジプト(昭 38条21)，エチオピア(平9条4)，南アフリカ(平6条11)／オーストラリア(昭 31条6)，ニュージーランド(昭 55条18)，パプアニューギニア(平9条11)，フィジー(昭 55条19)／**アメリカ**(昭 28条19)，カナダ(昭 30条7)，メキシコ(昭 48条3)／ブラジル(昭 37条14)／イギリス(昭 28条14)，イタリア(昭 38条26)，オーストリア(平1条5)，オランダ(昭 28条12)，ギリシャ(昭 51条1)，スイス(昭 32条3)，スウェーデン(昭 28条13)，スペイン(昭 55条20)，デンマーク(昭 28条10)，ドイツ(昭 37条5)，ノルウェー(昭 28条9)，ハンガリー(平7条6)，フィンランド(昭 56条5)，フランス(昭 31条8)，ベルギー(昭 36条8)，ポーランド(平8条2)／ウズベキスタン(平 16条11)，ロシア(昭 42条2)

**刑事共助条約**　大韓民国(平 19条1)，中国(平 20条11)，(香港(平 21条6))／**アメリカ**(平 18条9)／ＥＵ(平 22条13)／ロシア(平 22条12)

**独禁協力協定**　**アメリカ**(平 12外告3)，カナダ(平 17外告930)／ＥＵ(平 15外告275)

**租税条約**　アラブ首長国連邦(平 26条18)，イスラエル(平5条8)，インド(平1条8)，インドネシア(昭 57条19)，オマーン(平 26条14)，カタール(平 27条8)，クウェート(平 25条2)，サウジアラビア(平 23条9)，シンガポール(平7条8)，スリランカ(昭 43条17)，タイ(平2条6)，大韓民国(平 11条14)，中国(昭 59条5)，トルコ(平6条13)，パキスタン(平 20条10)，バングラデシュ(平3条5)，フィリピン(昭 55条24)，ブルネイ(平 21条12)，ベトナム(平7条22)，マレーシア(平 11条16)，(香港(平 23条8))／エジプト(昭 44条9)，ザンビア(昭 46条1)，南アフリカ(平9条13)，モロッコ(令2条7)／オーストラリア(平 20条13)，ニュージーランド(平 25条10)，フィジー(昭 38条20〔昭 45外告217〕)／アメリカ(平 16条2)，カナダ(昭 62条12)，ジャマイカ(令2条5)，メキシコ(平8条10)／エクアドル(令1条9)，チリ(平 28条17)，ブラジル(昭 42条21)，ペルー(令2条4)／アイスランド(平 30条9)，アイルランド(昭 49条12)，イギリス(平 18条11)，イタリア(昭 48条2)，エストニア(平 30条4)，オーストリア(平 30条7)，**オランダ**(平 23条15)，クロアチア(令1条5)，スイス(昭 46条22)，スウェーデン(昭 58条11)，スペイン(令1条6)，スロバキア(昭 53条21〔平6外告390〕)，スロベニア(平 29条26)，チェコ(昭 53条21〔平6外告389〕)，デンマーク(平 30条12)，ドイツ(平 28条13)，ノルウェー(平4条8)，ハンガリー(昭 55条31)，フィンランド(昭 47条10)，フランス(平8条1)，ブルガリア(平3条6)，ベルギー(平 30条17)，ポーランド(昭 57条18)，ポルトガル(平 25条3)，ラトビア(平 29条20)，リトアニア(平 30条5)，ルクセンブルク(平4条11)，ルーマニア(昭 53条3)／アゼルバイジャン(昭 61条8〔平 17外告666〕)，アルメニア(昭 61条8〔平8外告263〕)，ウクライナ(昭 61条8〔平7外告258〕)，ウズベキスタン(令2条6)，カザフスタン(平 21条18)，キルギス(昭 61条8〔平5外告231〕)，ジョージア(昭 61条8〔平6外告325〕)，タジキスタン(昭 61条8〔平6外告326〕)，トルクメニスタン(昭 61条8〔平7外告235〕)，ベラルーシ(昭 61条8〔平9外告6〕)，モルドバ(昭 61条8〔平 10外告362〕)，ロシア(平 30条6)

**租税情報交換協定**　(マカオ(平 26外告170))／サモア(平 25外告218)／(ケイマン諸島(平 23条12))，(バージン諸島(平 26外告323))，パナマ(平 29外告64)，バハマ(平 23条10)，(バミューダ(平 22条4))／(ガーンジー(平 25条6))，(ジャージー(平 25条7))，(マン島(平 23外告281))，リヒテンシュタイン(平 24外告374)

**社会保障協定**　インド(平 28条12)，大韓民国(平 17条4)，中国(令1条1)，フィリピン(平 30条2)／オーストラリア(平 20条17)／**アメリカ**(平 17条10)，カナダ(平 19条19)／ブラジル(平 23条16)／アイルランド(平 22条10)，イギリス(平 13条1)，オランダ(平 20条18)，スイス(平 23条17)，スペイン(平 22条9)，スロバキア(平 31条1)，チェコ(平 21条2)，ドイツ(平 11条21)，ハンガリー(平 25条13)，フランス(平 19条4)，ベルギー(平 18条13)，ルクセンブルク(平 29条9)

**原子力協定**　アラブ首長国連邦(平 26条8)，**インド**(平 29条25)，大韓民国(平 23条19)，中国(昭 61条6)，トルコ(平 26条7)，ベトナム(平 23条20)，ヨルダン(平 24条1)／オーストラリア(昭 57条13)／**アメリカ**(昭 63条5)，カナダ(昭 35条8)／イギリス(平 10条13)，フランス(昭 47条9)，ＥＵＲＡＴＯＭ(平 18条14)／カザフスタン(平 23条5)，ロシア(平 24条4)

**秘密軍事情報保護協定**　インド(平 27外告447)，**大韓民国**(平 28外告459)／オーストラリア(平 25外告89)／アメリカ(平 19外告483)／イギリス(平 25外告363)，イタリア(平 28外告237)，フランス(平 23外告364)，ＮＡＴＯ(平 22外告330)

ノルウェー，ハンガリー，フィンランド，フランス，ベルギー，ルクセンブルク，ルーマニア

**潜水艦戦闘行為議定書**　当事国数 50　アフガニスタン，イラク，イラン，インド，サウジアラビア，タイ，トルコ，日本，ネパール／エジプト，南アフリカ／オーストラリア，トンガ，ニュージーランド，フィジー／アメリカ，エルサルバドル，カナダ，グアテマラ，コスタリカ，ハイチ，パナマ，メキシコ／ブラジル，ペルー／アイルランド，アルバニア，イギリス，イタリア，エストニア，オーストリア，オランダ，ギリシャ，スイス，スウェーデン，[セルビア]，[チェコ]，デンマーク，ドイツ，ノルウェー，バチカン，ハンガリー，フィンランド，フランス，ブルガリア，ベルギー，ポーランド，ラトビア，リトアニア／ロシア

**核兵器の禁止に関する条約**　当事国数 51　タイ，パレスチナ，バングラデシュ，ベトナム，マレーシア，モルディブ，ラオス／ガンビア，ナイジェリア，ナミビア，ベナン，ボツワナ，南アフリカ，レソト／キリバス，クック諸島，サモア，ツバル，ナウル，ニウエ，ニュージーランド，バヌアツ，パラオ，フィジー／アンティグア・バーブーダ，エルサルバドル，キューバ，コスタリカ，ジャマイカ，セントキッツ・ネービス，セントビンセント，セントルシア，ドミニカ国，トリニダード・トバゴ，ニカラグア，パナマ，ベリーズ，ホンジュラス，メキシコ／ウルグアイ，エクアドル，ガイアナ，パラグアイ，ベネズエラ，ボリビア／アイルランド，オーストリア，サンマリノ，バチカン，マルタ／カザフスタン

**ラテン・アメリカ核兵器禁止条約**　当事国数 33　アンティグア・バーブーダ，エルサルバドル，キューバ，グアテマラ，グレナダ，コスタリカ，ジャマイカ，セントキッツ・ネービス，セントビンセント，セントルシア，ドミニカ共和国，ドミニカ国，トリニダード・トバゴ，ニカラグア，ハイチ，パナマ，バハマ，バルバドス，ベリーズ，ホンジュラス，メキシコ／アルゼンチン，ウルグアイ，エクアドル，ガイアナ，コロンビア，スリナム，チリ，パラグアイ，ブラジル，ベネズエラ，ペルー，ボリビア

**南太平洋非核地帯条約**　当事国数 13　オーストラリア，キリバス，クック諸島，サモア，ソロモン，ツバル，トンガ，ナウル，ニウエ，ニュージーランド，バヌアツ，パプアニューギニア，フィジー

**東南アジア非核兵器地帯条約**　当事国数 10　インドネシア，カンボジア，シンガポール，タイ，フィリピン，ブルネイ，ベトナム，マレーシア，ミャンマー，ラオス

**アフリカ非核兵器地帯条約**　当事国数 41　アルジェリア，アンゴラ，エスワティニ，エチオピア，ガーナ，ガボン，カメルーン，ガンビア，ギニア，ギニアビサウ，ケニア，コートジボワール，コモロ，コンゴ共和国，ザンビア，ジンバブエ，セーシェル，赤道ギニア，セネガル，タンザニア，チャド，チュニジア，トーゴ，ナイジェリア，ナミビア，ニジェール，ブルキナファソ，ブルンジ，ベナン，ボツワナ，マダガスカル，マラウイ，マリ，南アフリカ，モザンビーク，モーリシャス，モーリタニア，リビア，ルワンダ，レソト，(西サハラ)

**中央アジア非核兵器地帯条約**　当事国数 5　ウズベキスタン，カザフスタン，キルギス，タジキスタン，トルクメニスタン

**日本国との平和条約**　当事国数 46　イラク，イラン，カンボジア，サウジアラビア，シリア，スリランカ，トルコ，日本，パキスタン，フィリピン，ベトナム，ラオス，レバノン／エジプト，エチオピア，南アフリカ，リベリア／オーストラリア，ニュージーランド／アメリカ，エルサルバドル，カナダ，キューバ，グアテマラ，コスタリカ，ドミニカ共和国，ニカラグア，ハイチ，パナマ，ホンジュラス，メキシコ／アルゼンチン，ウルグアイ，エクアドル，チリ，パラグアイ，ブラジル，ベネズエラ，ペルー，ボリビア／イギリス，オランダ，ギリシャ，ノルウェー，フランス，ベルギー

**連合国共同宣言**　当事国数 47　イラク，イラン，インド，サウジアラビア，シリア，中華民国，トルコ，フィリピン，レバノン／エジプト，エチオピア，南アフリカ，リベリア／オーストラリア，ニュージーランド／アメリカ，エルサルバドル，カナダ，キューバ，グアテマラ，コスタリカ，ドミニカ共和国，ニカラグア，ハイチ，パナマ，ホンジュラス，メキシコ／ウルグアイ，エクアドル，コロンビア，チリ，パラグアイ，ブラジル，ベネズエラ，ペルー，ボリビア／イギリス，オランダ，ギリシャ，ユーゴスラビア，チェコスロバキア，ノルウェー，フランス，ベルギー，ポーランド，ルクセンブルク，ソヴィエト連邦

## 【参考】二国間条約等(本書非収録のものを含む)

我が国との間で投資保護協定・経済連携協定・航空協定・刑事共助条約・独禁協力協定・租税条約・租税情報交換協定・社会保障協定・原子力協定・秘密軍事情報保護協定を締結している国を以下に掲げる。国名の後の(昭○条〔外告〕○)は，昭和○年条約〔外務省告示〕第○号を示す。太字は本書収録の文書。

**投資保護協定**　アラブ首長国連邦(令2条13)，イスラエル(平29条30)，イラク(平26条3)，イラン(平29条6)，オマーン(平29条19)，カンボジア(平20条7)，クウェート(平25条17)，サウジアラビア(平29条4)，スリランカ(昭57条10)，トルコ(平5条2)，大韓民国(平14条17)，中国(平1条3)，**大韓民国・中国**(平26条5)，パキスタン(平14条3)，バングラデシュ(平11条8)，ベトナム(平16条15)，ミャンマー(平26条11)，モンゴル(平14条2)，ヨルダン(令2条10)，ラオス(平20条9)，(香港(平9条7))／エジプト(昭53条1)，コートジボワール(令2条15)，ケニア(平29条27)，モザンビーク(平26条13)，モロッコ(令2条3)／パプアニューギニア(平25条12)／アメリカ(昭29条9)／アルゼンチン(令1条4)，ウルグアイ(平29条5)，コロンビア(平27条5)，ペルー(平21条11)／アルメニア(平31条2)，ウクライナ(平27条7)，ウズベキスタン(平21条7)，カザフスタン(平27条6)，ロシア(平12条3)

**経済連携協定**　インド(平23条7)，インドネシア(平20条2)，シンガポール(平14条16)，タイ(平19条14)，フ

オランダ，クロアチア，スイス，スウェーデン，スペイン，スロバキア，スロベニア，チェコ，デンマーク，ドイツ，ノルウェー，ハンガリー，フィンランド，フランス，ブルガリア，ラトビア，リトアニア，リベリア，ルクセンブルク，ルーマニア／モルドバ

**原子力損害補完的補償条約**　当事国数　11　アラブ首長国連邦，インド，日本／ガーナ，ベナン，モロッコ／アメリカ，カナダ／アルゼンチン／モンテネグロ，ルーマニア

**国際紛争の平和的解決に関する改正一般議定書**　当事国数　8　ブルキナファソ〔改正一般議定書のみに加盟〕／エストニア，オランダ，スウェーデン，デンマーク，ノルウェー，ベルギー，ルクセンブルク　〔原議定書のみに加盟＝パキスタン／エチオピア／オーストラリア，ニュージーランド／カナダ／ペルー／アイルランド，イタリア，ギリシャ，スイス，フィンランド，ラトビア〕

**契約上ノ債務回収ノ為ニスル兵力使用ノ制限ニ関スル条約**　当事国数　28　インド，〔中国＋〕，日本，パキスタン，ラオス／南アフリカ，リベリア／フィジー／アメリカ，エルサルバドル，グアテマラ，ニカラグア，ハイチ，パナマ／アイスランド，イギリス，オーストリア，オランダ，スペイン，デンマーク，ドイツ，ノルウェー，ハンガリー，フィンランド，フランス，ポルトガル／ウクライナ，ベラルーシ，ロシア

**侵略の定義に関する条約**　当事国数　7　アフガニスタン，イラン，トルコ／フィンランド，ポーランド，ルーマニア／ロシア

**全米相互援助条約**　当事国数　19　アメリカ，エルサルバドル，キューバ，グアテマラ，コスタリカ，ドミニカ共和国，トリニダード・トバゴ，ハイチ，パナマ，バハマ，ホンジュラス／アルゼンチン，ウルグアイ，コロンビア，チリ，パラグアイ，ブラジル，ベネズエラ，ペルー

**北大西洋条約**　当事国数　30　トルコ／アメリカ，カナダ／アイスランド，アルバニア，イギリス，イタリア，エストニア，オランダ，北マケドニア，ギリシャ，クロアチア，スペイン，スロバキア，スロベニア，チェコ，デンマーク，ドイツ，ノルウェー，ハンガリー，フランス，ブルガリア，ベルギー，ポーランド，ポルトガル，モンテネグロ，ラトビア，リトアニア，ルクセンブルク，ルーマニア

**ワルシャワ条約**　当事国数　6(解散時)　チェコスロバキア，ハンガリー，ブルガリア，ポーランド，ルーマニア／ソヴィエト連邦

**開戦条約**　当事国数　39　インド，タイ，〔中国＋〕，日本，パキスタン，ラオス／エチオピア，南アフリカ，リベリア／フィジー／アメリカ，エルサルバドル，グアテマラ，ニカラグア，ハイチ，パナマ，メキシコ／ブラジル，ボリビア／アイスランド，イギリス，オーストリア，オランダ，スイス，スウェーデン，スペイン，デンマーク，ドイツ，ノルウェー，ハンガリー，フィンランド，フランス，ベルギー，ポーランド，ポルトガル，ルクセンブルク，ルーマニア／ウクライナ，ベラルーシ，ロシア

**陸戦法規慣例条約**　当事国数　42　インド，タイ，〔中国＋〕，日本，パキスタン，パレスチナ，ラオス／エチオピア，南アフリカ，リベリア／フィジー／アメリカ，エルサルバドル，カナダ，キューバ，グアテマラ，ドミニカ共和国，ニカラグア，ハイチ，パナマ，メキシコ／ブラジル，ボリビア／アイスランド，イギリス，オーストリア，オランダ，スイス，スウェーデン，デンマーク，ドイツ，ノルウェー，ハンガリー，フィンランド，フランス，ベルギー，ポーランド，ポルトガル，ルクセンブルク，ルーマニア／ウクライナ，ベラルーシ，ロシア

**パリ宣言**　当事国数　25　トルコ，日本／エルサルバドル，グアテマラ，ハイチ，メキシコ／アルゼンチン，エクアドル，チリ，ブラジル，ペルー／イギリス，イタリア，オーストリア，オランダ，ギリシャ，スイス，スウェーデン，デンマーク，ドイツ，ノルウェー，フランス，ベルギー，ポルトガル／ロシア

**陸戦中立条約**　当事国数　35　タイ，〔中国＋〕，日本，ラオス／エチオピア，リベリア／アメリカ，エルサルバドル，キューバ，グアテマラ，ニカラグア，ハイチ，パナマ，メキシコ／ブラジル，ボリビア／アイスランド，オーストリア，オランダ，スイス，スウェーデン，スペイン，デンマーク，ドイツ，ノルウェー，ハンガリー，フィンランド，フランス，ベルギー，ポーランド，ポルトガル，ルクセンブルク，ルーマニア／ウクライナ，ベラルーシ，ロシア

**海戦中立条約**　当事国数　31　タイ，〔中国＋〕，日本，ラオス／エチオピア，リベリア／アメリカ，エルサルバドル，グアテマラ，ニカラグア，ハイチ，パナマ，メキシコ／ブラジル／アイスランド，オーストリア，オランダ，スイス，スウェーデン，デンマーク，ドイツ，ノルウェー，ハンガリー，フィンランド，フランス，ベルギー，ポルトガル，ルクセンブルク，ルーマニア／ウクライナ，ベラルーシ，ロシア

**サンクト・ペテルブルク宣言**　当事国数　17　イラン，トルコ／ブラジル／イギリス，イタリア，オーストリア，オランダ，ギリシャ，スイス，スウェーデン，デンマーク，ドイツ，ノルウェー，フランス，ベルギー，ポルトガル／ロシア

**ダムダム弾禁止宣言**　当事国数　34　イラン，インド，タイ，〔中国＋〕，トルコ，日本，パキスタン／エチオピア，南アフリカ／フィジー／ニカラグア，メキシコ／イギリス，イタリア，オーストリア，オランダ，ギリシャ，スイス，スウェーデン，スペイン，セルビア，デンマーク，ドイツ，ノルウェー，ハンガリー，フランス，ブルガリア，ベルギー，ポルトガル，モンテネグロ，ルクセンブルク，ルーマニア／ウクライナ，ベラルーシ，ロシア

**自動触発水雷禁止条約**　当事国数　31　インド，タイ，〔中国＋〕，日本，パキスタン，ラオス／エチオピア，南アフリカ，リベリア／フィジー／アメリカ，エルサルバドル，グアテマラ，ニカラグア，ハイチ，パナマ，メキシコ／ブラジル／アイスランド，イギリス，オーストリア，オランダ，スイス，デンマーク，ドイツ，

ナイジェリア，ニジェール，マラウイ，南アフリカ，モーリシャス，モーリタニア，リベリア，レソト／オーストラリア，キリバス，フィジー／アメリカ，エルサルバドル，キューバ／コロンビア，ブラジル／イギリス，オーストリア，オランダ，キプロス，スウェーデン，ベルギー，マルタ

**無国籍のある場合に関する議定書**　当事国数　23　インド，〔中国＋〕，パキスタン／ジンバブエ，ニジェール，マラウイ，南アフリカ，モーリシャス，レソト／オーストラリア，キリバス，フィジー／エルサルバドル，ジャマイカ／チリ，ブラジル／イギリス，オランダ，北マケドニア，キプロス，セルビア，ポーランド，マルタ

**無国籍に関する特別議定書**　当事国数　10　インド，パキスタン／ジンバブエ，南アフリカ／オーストラリア，フィジー／エルサルバドル／ブラジル／イギリス，ベルギー

**強制失踪からのすべての者の保護に関する国際条約**　当事国数　62　イラク，カンボジア，スリランカ，日本，モンゴル／ガボン，ガンビア，ザンビア，セーシェル，セネガル，中央アフリカ，チュニジア，トーゴ，ナイジェリア，ニジェール，ブルキナファソ，ベナン，マラウイ，マリ，モーリタニア，モロッコ，レソト／サモア，フィジー／キューバ，コスタリカ，ドミニカ国，パナマ，ベリーズ，ホンジュラス，メキシコ／アルゼンチン，ウルグアイ，エクアドル，コロンビア，チリ，パラグアイ，ブラジル，ペルー，ボリビア／アルバニア，イタリア，オーストリア，オランダ，ギリシャ，スイス，スペイン，スロバキア，セルビア，チェコ，ドイツ，ノルウェー，フランス，ベルギー，ボスニア・ヘルツェゴビナ，ポルトガル，マルタ，モンテネグロ，リトアニア／アルメニア，ウクライナ，カザフスタン

**個人通報手続に関する選択議定書**(児童の権利条約)　当事国数　46　タイ，トルコ，パレスチナ，モルディブ，モンゴル／ガボン，チュニジア，ベナン／サモア，マーシャル／エルサルバドル，コスタリカ，パナマ／アルゼンチン，ウルグアイ，エクアドル，チリ，パラグアイ，ブラジル，ペルー，ボリビア／アイルランド，アルバニア，アンドラ，イタリア，キプロス，クロアチア，サンマリノ，スイス，スペイン，スロバキア，スロベニア，チェコ，デンマーク，ドイツ，フィンランド，フランス，ベルギー，ボスニア・ヘルツェゴビナ，ポルトガル，モナコ，モンテネグロ，リヒテンシュタイン，ルクセンブルク／ウクライナ，ジョージア

**米州人権条約**　当事国数　24　エルサルバドル，グアテマラ，グレナダ，コスタリカ，ジャマイカ，ドミニカ共和国，ドミニカ国，ニカラグア，ハイチ，パナマ，バルバドス，ホンジュラス，メキシコ／アルゼンチン，ウルグアイ，エクアドル，コロンビア，スリナム，チリ，パラグアイ，ブラジル，ベネズエラ，ペルー，ボリビア

**人及び人民の権利に関するアフリカ憲章**　当事国数　54　アルジェリア，アンゴラ，ウガンダ，エジプト，エスワティニ，エチオピア，エリトリア，ガーナ，カーボベルデ，ガボン，カメルーン，ガンビア，ギニア，ギニアビサウ，ケニア，コートジボワール，コモロ，コンゴ共和国，コンゴ民主共和国，サントメ・プリンシペ，ザンビア，シエラレオネ，ジブチ，ジンバブエ，スーダン，セーシェル，赤道ギニア，セネガル，ソマリア，タンザニア，チャド，中央アフリカ，チュニジア，トーゴ，ナイジェリア，ナミビア，ニジェール，ブルキナファソ，ブルンジ，ベナン，ボツワナ，マダガスカル，マラウイ，マリ，南アフリカ，南スーダン，モザンビーク，モーリシャス，モーリタニア，リビア，リベリア，ルワンダ，レソト，(西サハラ)

**サイバー犯罪に関する条約**　当事国数　65　イスラエル，スリランカ，トルコ，日本，フィリピン／ガーナ，カーボベルデ，セネガル，モーリシャス，モロッコ／オーストラリア，トンガ／アメリカ，カナダ，コスタリカ，ドミニカ共和国，パナマ／アルゼンチン，コロンビア，チリ，パラグアイ，ペルー／アイスランド，アルバニア，アンドラ，イギリス，イタリア，エストニア，オーストリア，オランダ，北マケドニア，キプロス，ギリシャ，クロアチア，サンマリノ，スイス，スペイン，スロバキア，スロベニア，セルビア，チェコ，デンマーク，ドイツ，ノルウェー，ハンガリー，フィンランド，フランス，ブルガリア，ベルギー，ボスニア・ヘルツェゴビナ，ポーランド，ポルトガル，マルタ，モナコ，モンテネグロ，ラトビア，リトアニア，リヒテンシュタイン，ルクセンブルク，ルーマニア／アゼルバイジャン，アルメニア，ウクライナ，ジョージア，モルドバ

**環太平洋パートナーシップ(ＴＰＰ)協定**　(未発効 — 批准国　2)　日本／ニュージーランド

**包括的・先進的ＴＰＰ協定**　当事国数　7　シンガポール，日本，ベトナム／オーストラリア，ニュージーランド／カナダ，メキシコ

**ＢＥＰＳ防止措置実施条約**　当事国数　59　アラブ首長国連邦，イスラエル，インド，インドネシア，オマーン，カタール，サウジアラビア，シンガポール，大韓民国，日本，パキスタン，ヨルダン／エジプト，ブルキナファソ，モーリシャス／オーストラリア，ニュージーランド／カナダ，コスタリカ，パナマ／ウルグアイ，チリ，(キュラソー)／アイスランド，アイルランド，アルバニア，イギリス，オーストリア，オランダ，キプロス，サンマリノ，スイス，スウェーデン，スロバキア，スロベニア，セルビア，チェコ，デンマーク，ドイツ，ノルウェー，フィンランド，フランス，ベルギー，ボスニア・ヘルツェゴビナ，ポーランド，ポルトガル，マルタ，モナコ，ラトビア，リトアニア，リヒテンシュタイン，ルクセンブルク，(ガーンジー)，(ジャージー)，(マン島)／ウクライナ，カザフスタン，ジョージア，ロシア

**責任及び救済に関する名古屋・クアラルンプール補足議定書**　当事国数　47＋ＥＵ　アラブ首長国連邦，インド，カンボジア，シリア，朝鮮民主主義人民共和国，日本，ベトナム，モンゴル／ウガンダ，エスワティニ，ギニアビサウ，コンゴ共和国，コンゴ民主共和国，中央アフリカ，トーゴ，ブルキナファソ，マリ／キューバ，メキシコ／コロンビア，ベネズエラ／アイルランド，アルバニア，イギリス，イタリア，エストニア，

**公海に関する条約**　当事国数　63　アフガニスタン，イスラエル，インドネシア，カンボジア，タイ，日本，ネパール，マレーシア，モンゴル／ウガンダ，エスワティニ，ケニア，シエラレオネ，セネガル，中央アフリカ，ナイジェリア，ブルキナファソ，マダガスカル，マラウイ，南アフリカ，モーリシャス，レソト／オーストラリア，ソロモン，トンガ，フィジー／アメリカ，グアテマラ，コスタリカ，ジャマイカ，ドミニカ共和国，トリニダード・トバゴ，ハイチ，メキシコ／ベネズエラ／アルバニア，イギリス，イタリア，オーストリア，オランダ，キプロス，クロアチア，スイス，スペイン，スロバキア，スロベニア，セルビア，チェコ，デンマーク，ドイツ，ハンガリー，フィンランド，ブルガリア，ベルギー，ボスニア・ヘルツェゴビナ，ポーランド，ポルトガル，モンテネグロ，ラトビア，ルーマニア／ウクライナ，ベラルーシ，ロシア

**大陸棚に関する条約**　当事国数　59　イスラエル，カンボジア，タイ，マレーシア，(台湾)／ウガンダ，エスワティニ，ケニア，シエラレオネ，セネガル，ナイジェリア，マダガスカル，マラウイ，南アフリカ，モーリシャス，レソト／オーストラリア，ソロモン，トンガ，ニュージーランド，フィジー／アメリカ，カナダ，グアテマラ，コスタリカ，ジャマイカ，ドミニカ共和国，トリニダード・トバゴ，ハイチ，メキシコ／コロンビア，ベネズエラ／アルバニア，イギリス，オランダ，キプロス，ギリシャ，クロアチア，スイス，スウェーデン，スペイン，スロバキア，セルビア，チェコ，デンマーク，ノルウェー，フィンランド，フランス，ブルガリア，ボスニア・ヘルツェゴビナ，ポーランド，ポルトガル，マルタ，モンテネグロ，ラトビア，ルーマニア／ウクライナ，ベラルーシ，ロシア

**公海漁業保存措置遵守協定**　当事国数　43＋ＥＵ　オマーン，シリア，スリランカ，大韓民国，日本，フィリピン，ミャンマー／アンゴラ，エジプト，ガーナ，カーボベルデ，シエラレオネ，セーシェル，セネガル，タンザニア，ナミビア，ベナン，マダガスカル，モザンビーク，モーリシャス，モロッコ／オーストラリア，クック諸島，ニュージーランド，バヌアツ／アメリカ，カナダ，セントキッツ・ネービス，セントルシア，トリニダード・トバゴ，バルバドス，ベリーズ，メキシコ／アルゼンチン，ウルグアイ，チリ，ブラジル，ペルー／アルバニア，キプロス，スウェーデン，ノルウェー／ジョージア

**違法漁業防止寄港国措置協定**　当事国数　66＋ＥＵ　インドネシア，オマーン，カンボジア，スリランカ，タイ，大韓民国，トルコ，日本，バングラデシュ，フィリピン，ベトナム，ミャンマー，モルディブ／ガーナ，カーボベルデ，ガボン，ガンビア，ギニア，ケニア，コートジボワール，サントメ・プリンシペ，シエラレオネ，ジブチ，スーダン，セーシェル，セネガル，ソマリア，トーゴ，ナミビア，マダガスカル，南アフリカ，モザンビーク，モーリシャス，モーリタニア，リビア，リベリア／オーストラリア，トンガ，ニュージーランド，バヌアツ，パラオ，フィジー／アメリカ，カナダ，キューバ，グレナダ，コスタリカ，セントキッツ・ネービス，セントビンセント，ドミニカ国，トリニダード・トバゴ，ニカラグア，パナマ，バハマ，バルバドス／ウルグアイ，エクアドル，ガイアナ，チリ，ペルー／アイスランド，アルバニア，デンマーク，ノルウェー，フランス，モンテネグロ

**南極海洋生物資源保存条約**　当事国数　35＋ＥＵ　インド，大韓民国，中国，日本，パキスタン／ナミビア，南アフリカ，モーリシャス／オーストラリア，クック諸島，ニュージーランド，バヌアツ／アメリカ，カナダ，パナマ／アルゼンチン，ウルグアイ，チリ，ブラジル，ペルー／イギリス，イタリア，オランダ，ギリシャ，スウェーデン，スペイン，ドイツ，ノルウェー，フィンランド，フランス，ブルガリア，ベルギー，ポーランド／ウクライナ，ロシア

**みなみまぐろの保存のための条約**　当事国数　7＋ＥＵ　インドネシア，大韓民国，日本，(台湾)／南アフリカ／オーストラリア，ニュージーランド

**海港ノ国際制度ニ関スル条約及規程**　当事国数　41　イラク，インド，日本，マレーシア／コートジボワール，ジンバブエ，ナイジェリア，ブルキナファソ，マダガスカル，モーリシャス，モロッコ／オーストラリア，ニュージーランド，バヌアツ，フィジー，マーシャル／アンティグア・バーブーダ，セントビンセント，トリニダード・トバゴ，メキシコ／イギリス，イタリア，エストニア，オーストリア，オランダ，キプロス，ギリシャ，クロアチア，スイス，スウェーデン，スロバキア，[セルビア]，チェコ，デンマーク，ドイツ，ノルウェー，ハンガリー，フランス，ベルギー，マルタ，モナコ

**海峡制度ニ関スル条約**　当事国数　10　トルコ／オーストラリア／イギリス，イタリア，ギリシャ，[セルビア]，フランス，ブルガリア，ルーマニア／ロシア　〔日本＝平和条約により権利放棄〕

**アジア海賊対策地域協力協定**　当事国数　20　インド，カンボジア，シンガポール，スリランカ，タイ，大韓民国，中国，日本，バングラデシュ，フィリピン，ブルネイ，ベトナム，ミャンマー，ラオス／オーストラリア／アメリカ／イギリス，オランダ，デンマーク，ノルウェー

**月協定**　当事国数　18　クウェート，サウジアラビア，トルコ，パキスタン，フィリピン，レバノン／モロッコ／オーストラリア／メキシコ／ウルグアイ，チリ，ベネズエラ，ペルー／オーストリア，オランダ，ベルギー／アルメニア，カザフスタン

**宇宙基地協定**　当事国数　15　日本／アメリカ，カナダ／イギリス，イタリア，オランダ，スイス，スウェーデン，スペイン，デンマーク，ドイツ，ノルウェー，フランス，ベルギー／ロシア

**国籍法抵触条約**　当事国数　20　インド，〔中国＋〕，パキスタン／エスワティニ，ジンバブエ，モーリシャス，リベリア／オーストラリア，キリバス，フィジー／ブラジル／イギリス，オランダ，キプロス，スウェーデン，ノルウェー，ベルギー，ポーランド，マルタ，モナコ

 **二重国籍の場合における軍事的義務に関する議定書**　当事国数　26　インド／エスワティニ，ジンバブエ，

| ベルギー | ボスニア・ヘルツェゴビナ | ポーランド | ポルトガル | マルタ | モナコ | モンテネグロ | ラトビア | リトアニア | リヒテンシュタイン | ルクセンブルク | ルーマニア | アゼルバイジャン | アルメニア | ウクライナ | ウズベキスタン | カザフスタン | キルギス | ジョージア | タジキスタン | トルクメニスタン | ベラルーシ | モルドバ | ロシア | 当事国数 |
|---|---|---|---|---|---|---|---|---|---|---|---|---|---|---|---|---|---|---|---|---|---|---|---|---|
| ○ | ○ | ○ | ○ | ○ | ○ | ○ | ○ | ○ | ○ | ○ | ○ | ○ | ○ | ○ | | | | ○ | | | | ○ | ○ | 47 |
| ○ | ○ | ○ | ○ | ○ | | ○ | ○ | ○ | ○ | ○ | ○ | ○ | ○ | ○ | | | | ○ | | | | ○ | ○ | 45 |
| ○ | ○ | ○ | ○ | ○ | ○ | ○ | ○ | ○ | ○ | ○ | ○ | ○ | ○ | ○ | | | | ○ | | | | ○ | ○ | 43 |
| ○ | ○ | ○ | ○ | ○ | ○ | ○ | ○ | ○ | ○ | ○ | ○ | ○ | ○ | ○ | | | | ○ | | | | ○ | | 46 |
| ○ | ○ | ○ | ○ | ○ | ○ | ○ | ○ | ○ | ○ | ○ | ○ | ○ | ○ | ○ | | | | ○ | | | | ○ | ○ | 44 |
| | ○ | | ○ | ○ | | ○ | | | | ○ | ○ | | ○ | ○ | | | | ○ | | | | | | 20 |
| ○ | ○ | ○ | ○ | ○ | ○ | ○ | ○ | ○ | ○ | ○ | ○ | | | ○ | | | | ○ | | | | ○ | | 44 |
| | | | | | | | | ○ | | ○ | | | ○ | ○ | | | | ○ | | | | | | 15 |

シ，モルドバ

**国際関係を有する可航水路の制度に関する条約及び規程**　当事国数 30　カンボジア，タイ，トルコ，(香港)／エスワティニ，ジンバブエ，ナイジェリア，モロッコ／ソロモン，ニュージーランド，フィジー／アンティグア・バーブーダ，セントビンセント／チリ／アルバニア，イギリス，イタリア，オーストリア，ギリシャ，スウェーデン，スロバキア，デンマーク，ノルウェー，ハンガリー，フィンランド，フランス，ブルガリア，マルタ，ルクセンブルク，ルーマニア

**国際水路の非航行的利用の法に関する条約**　当事国数 37　イラク，カタール，シリア，パレスチナ，ベトナム，ヨルダン，レバノン／ガーナ，ギニアビサウ，コートジボワール，チャド，チュニジア，ナイジェリア，ナミビア，ニジェール，ブルキナファソ，ベナン，南アフリカ，モロッコ，リビア／アイルランド，イギリス，イタリア，オランダ，ギリシャ，スウェーデン，スペイン，デンマーク，ドイツ，ノルウェー，ハンガリー，フィンランド，フランス，ポルトガル，モンテネグロ，ルクセンブルク／ウズベキスタン

**ダニューヴ河の航行制度に関する条約**　当事国数 11　オーストリア，クロアチア，スロバキア，セルビア，ドイツ，ハンガリー，ブルガリア，ルーマニア／ウクライナ，モルドバ，ロシア

**スエズ運河条約**　当事国数 9　トルコ／イギリス，イタリア，オーストリア，オランダ，スペイン，ドイツ，フランス／ロシア

**パナマ運河の永久中立と運営に関する条約の附属議定書**　当事国数 41　イスラエル，サウジアラビア，大韓民国，中国，フィリピン，ベトナム，(台湾〔中華民国〕)／エジプト，赤道ギニア，チュニジア，マラウイ，モロッコ，リベリア／エルサルバドル，グアテマラ，コスタリカ，ジャマイカ，セントビンセント，ドミニカ共和国，ニカラグア，バルバドス，ベリーズ，ホンジュラス／アルゼンチン，ウルグアイ，エクアドル，チリ，パラグアイ，ベネズエラ，ボリビア／イギリス，イタリア，オランダ，スウェーデン，スペイン，デンマーク，ドイツ，ノルウェー，フィンランド，フランス／ロシア

**南極条約**　当事国数 54　インド，大韓民国，中国，朝鮮民主主義人民共和国，トルコ，日本，パキスタン，マレーシア，モンゴル／南アフリカ／オーストラリア，ニュージーランド，パプアニューギニア／アメリカ，カナダ，キューバ，グアテマラ／アルゼンチン，ウルグアイ，エクアドル，コロンビア，チリ，ブラジル，ベネズエラ，ペルー／アイスランド，イギリス，イタリア，エストニア，オーストリア，オランダ，ギリシャ，スイス，スウェーデン，スペイン，スロバキア，スロベニア，チェコ，デンマーク，ドイツ，ノルウェー，ハンガリー，フィンランド，フランス，ブルガリア，ベルギー，ポーランド，ポルトガル，モナコ，ルーマニア／ウクライナ，カザフスタン，ベラルーシ，ロシア

**環境保護に関する南極条約議定書**　当事国数 41　インド，大韓民国，中国，トルコ，日本，パキスタン，マレーシア／南アフリカ／オーストラリア，ニュージーランド／アメリカ，カナダ／アルゼンチン，ウルグアイ，エクアドル，コロンビア，チリ，ベネズエラ，ブラジル，ペルー／イギリス，イタリア，オランダ，ギリシャ，スイス，スウェーデン，スペイン，チェコ，ドイツ，ノルウェー，フィンランド，フランス，ブルガリア，ベルギー，ポーランド，ポルトガル，モナコ，ルーマニア／ウクライナ，ベラルーシ，ロシア

**領海及び接続水域に関する条約**　当事国数 52　イスラエル，カンボジア，タイ，日本，マレーシア／ウガンダ，エスワティニ，ケニア，シエラレオネ，セネガル，ナイジェリア，マダガスカル，マラウイ，南アフリカ，モーリシャス，レソト／オーストラリア，ソロモン，トンガ，フィジー／アメリカ，ジャマイカ，ドミニカ共和国，トリニダード・トバゴ，ハイチ，メキシコ／ベネズエラ／イギリス，イタリア，オランダ，クロアチア，スイス，スペイン，スロバキア，スロベニア，セルビア，チェコ，デンマーク，ハンガリー，フィンランド，ブルガリア，ベルギー，ボスニア・ヘルツェゴビナ，ポルトガル，マルタ，モンテネグロ，ラトビア，リトアニア，ルーマニア／ウクライナ，ベラルーシ，ロシア

欧州人権条約・同議定書

| 国名 | トルコ | アイスランド | アイルランド | アルバニア | アンドラ | イギリス | イタリア | エストニア | オーストリア | オランダ | 北マケドニア | キプロス | ギリシャ | クロアチア | コソボ | サンマリノ | スイス | スウェーデン | スペイン | スロバキア | スロベニア | セルビア | チェコ | デンマーク | ドイツ | ノルウェー | バチカン | ハンガリー | フィンランド | フランス | ブルガリア |
|---|---|---|---|---|---|---|---|---|---|---|---|---|---|---|---|---|---|---|---|---|---|---|---|---|---|---|---|---|---|---|---|
| 条約 | ○ | ○ | ○ | ○ | ○ | ○ | ○ | ○ | ○ | ○ | ○ | ○ | ○ | ○ |  | ○ | ○ | ○ | ○ | ○ | ○ | ○ | ○ | ○ | ○ | ○ |  | ○ | ○ | ○ | ○ |
| 議定書 1 | ○ | ○ | ○ | ○ | ○ | ○ | ○ | ○ | ○ | ○ | ○ | ○ | ○ | ○ |  | ○ |  | ○ | ○ | ○ | ○ | ○ | ○ | ○ | ○ | ○ |  | ○ | ○ | ○ | ○ |
| 議定書 4 |  | ○ | ○ | ○ | ○ |  | ○ | ○ | ○ | ○ | ○ | ○ |  | ○ |  | ○ |  | ○ | ○ | ○ | ○ | ○ | ○ | ○ | ○ | ○ |  | ○ | ○ | ○ | ○ |
| 議定書 6 | ○ | ○ | ○ | ○ | ○ | ○ | ○ | ○ | ○ | ○ | ○ | ○ | ○ | ○ |  | ○ | ○ | ○ | ○ | ○ | ○ | ○ | ○ | ○ | ○ | ○ |  | ○ | ○ | ○ | ○ |
| 議定書 7 | ○ | ○ | ○ | ○ | ○ |  | ○ | ○ | ○ |  | ○ | ○ | ○ | ○ |  | ○ | ○ | ○ | ○ | ○ | ○ | ○ | ○ | ○ |  | ○ |  | ○ | ○ | ○ | ○ |
| 議定書 12 |  |  |  | ○ | ○ |  |  |  |  | ○ | ○ | ○ |  | ○ |  | ○ |  |  | ○ |  | ○ | ○ |  |  |  |  |  |  | ○ |  |  |
| 議定書 13 | ○ | ○ | ○ | ○ | ○ | ○ | ○ | ○ | ○ | ○ | ○ | ○ | ○ | ○ |  | ○ | ○ | ○ | ○ | ○ | ○ | ○ | ○ | ○ | ○ | ○ |  | ○ | ○ | ○ | ○ |
| 議定書 16 |  |  |  | ○ | ○ |  |  | ○ |  | ○ |  |  | ○ |  |  | ○ |  |  |  | ○ | ○ |  |  |  |  |  |  |  | ○ | ○ |  |

**欧州連合(ＥＵ)条約／欧州連合運営条約**　当事国数　27　アイルランド，イタリア，エストニア，オーストリア，オランダ，キプロス，ギリシャ，クロアチア，スウェーデン，スペイン，スロバキア，スロベニア，チェコ，デンマーク，ドイツ，ハンガリー，フィンランド，フランス，ブルガリア，ベルギー，ポーランド，ポルトガル，マルタ，ラトビア，リトアニア，ルクセンブルク，ルーマニア

**アフリカ連合設立規約**　当事国数　55　アルジェリア，アンゴラ，ウガンダ，エジプト，エスワティニ，エチオピア，エリトリア，ガーナ，カーボベルデ，ガボン，カメルーン，ガンビア，ギニア，ギニアビサウ，ケニア，コートジボワール，コモロ，コンゴ共和国，コンゴ民主共和国，サントメ・プリンシペ，ザンビア，シエラレオネ，ジブチ，ジンバブエ，スーダン，セーシェル，赤道ギニア，セネガル，ソマリア，タンザニア，チャド，中央アフリカ，チュニジア，トーゴ，ナイジェリア，ナミビア，ニジェール，ブルキナファソ，ブルンジ，ベナン，ボツワナ，マダガスカル，マラウイ，マリ，南アフリカ，南スーダン，モザンビーク，モーリシャス，モーリタニア，モロッコ，リビア，リベリア，ルワンダ，レソト，(西サハラ)

**アフリカ連合平和安全保障会議設立議定書**　当事国数　52　アルジェリア，アンゴラ，ウガンダ，エジプト，エスワティニ，エチオピア，エリトリア，ガーナ，ガボン，カメルーン，ガンビア，ギニア，ギニアビサウ，ケニア，コートジボワール，コモロ，コンゴ共和国，サントメ・プリンシペ，ザンビア，シエラレオネ，ジブチ，ジンバブエ，スーダン，セーシェル，赤道ギニア，セネガル，ソマリア，タンザニア，チャド，中央アフリカ，チュニジア，トーゴ，ナイジェリア，ナミビア，ニジェール，ブルキナファソ，ブルンジ，ベナン，ボツワナ，マダガスカル，マラウイ，マリ，南アフリカ，モザンビーク，モーリシャス，モーリタニア，モロッコ，リビア，リベリア，ルワンダ，レソト，(西サハラ)

**東南アジア諸国連合憲章**　当事国数　10　インドネシア，カンボジア，シンガポール，タイ，フィリピン，ブルネイ，ベトナム，マレーシア，ミャンマー，ラオス

**国の権利及び義務に関する条約(米州)**　当事国数　17　アメリカ，エルサルバドル，キューバ，グアテマラ，コスタリカ，ドミニカ共和国，ニカラグア，ハイチ，パナマ，パラグアイ，ホンジュラス，メキシコ／エクアドル，コロンビア，チリ，ブラジル，ベネズエラ

**条約についての国家承継条約**　当事国数　23　イラク／エジプト，エチオピア，セーシェル，チュニジア，モロッコ，リベリア／セントビンセント，ドミニカ国／エクアドル，ブラジル／エストニア，北マケドニア，キプロス，クロアチア，スロバキア，スロベニア，セルビア，チェコ，ボスニア・ヘルツェゴビナ，モンテネグロ／ウクライナ，モルドバ

**国の財産等についての国家承継条約**　(未発効 ── 批准国　7)　リベリア／エストニア，北マケドニア，クロアチア，スロベニア／ウクライナ，ジョージア

**国連国家免除条約**　(未発効 ── 批准国　22)　イラク，イラン，サウジアラビア，日本，レバノン／赤道ギニア／メキシコ／イタリア，オーストリア，スイス，スウェーデン，スペイン，スロバキア，チェコ，ノルウェー，フィンランド，フランス，ポルトガル，ラトビア，リヒテンシュタイン，ルーマニア／カザフスタン

**スイス連邦の諸問題に関する諸国宣言**　当事国数　9　イギリス，オーストリア，スイス，スウェーデン，スペイン，ドイツ，フランス，ポルトガル／ロシア

**スイス永世中立宣言**　当事国数　8　イギリス，オーストリア，スウェーデン，スペイン，ドイツ，フランス，ポルトガル／ロシア

**国際組織条約法条約**　(未発効 ── 批准国　32)　パレスチナ／ガボン，セネガル，リベリア／オーストラリア／メキシコ／アルゼンチン，ウルグアイ，コロンビア／アルバニア，イギリス，イタリア，エストニア，オーストリア，オランダ，キプロス，ギリシャ，クロアチア，スイス，スウェーデン，スペイン，スロバキア，チェコ，デンマーク，ドイツ，ハンガリー，ブルガリア，ベルギー，マルタ，リヒテンシュタイン／ベラルー

| ッ | | | | | | | | パ | | | | | | | ロシア連邦その他のCIS諸国 | | | | | | | | | | | | 当事国数 |
|---|---|---|---|---|---|---|---|---|---|---|---|---|---|---|---|---|---|---|---|---|---|---|---|---|---|---|---|
| フィンランド | フランス | ブルガリア | ベルギー | ボスニア・ヘルツェゴビナ | ポーランド | ポルトガル | マルタ | モナコ | モンテネグロ | ラトビア | リトアニア | リヒテンシュタイン | ルクセンブルク | ルーマニア | アゼルバイジャン | アルメニア | ウクライナ | ウズベキスタン | カザフスタン | キルギス | ジョージア | タジキスタン | トルクメニスタン | ベラルーシ | モルドバ | ロシア | (201国) |
| ○ | ○ | ○ | ○ | ○ | ○ | ○ | ○ | ○ | ○ | ○ | ○ | ○ | ○ | ○ | ○ | ○ | ○ | | ○ | ○ | ○ | ○ | ○ | ○ | ○ | ○ | 149+EU |
| ○ | ○ | ○ | ○ | ○ | ○ | ○ | ○ | | ○ | ○ | ○ | ○ | ○ | ○ | ○ | ○ | ○ | ○ | ○ | ○ | ○ | ○ | ○ | ○ | ○ | ○ | 186+EU |
| ○ | ○ | ○ | ○ | ○ | ○ | ○ | ○ | | ○ | ○ | ○ | | ○ | ○ | ○ | ○ | ○ | ○ | ○ | ○ | ○ | ○ | ○ | ○ | ○ | ○ | 190 |
| ○ | ○ | ○ | ○ | ○ | ○ | ○ | ○ | | ○ | ○ | ○ | | ○ | ○ | ○ | ○ | ○ | ○ | ○ | ○ | ○ | ○ | ○ | ○ | ○ | ○ | 189 |
| ○ | ○ | ○ | ○ | | ○ | ○ | ○ | | ○ | ○ | ○ | ○ | ○ | ○ | | ○ | ○ | | ○ | ○ | ○ | ○ | | | ○ | ○ | 163+EU |
| ○ | ○ | ○ | ○ | ○ | | ○ | ○ | | ○ | ○ | ○ | | ○ | ○ | ○ | ○ | ○ | ○ | ○ | | ○ | | ○ | ○ | ○ | | 155 |
| ○ | ○ | ○ | ○ | ○ | ○ | ○ | ○ | ○ | ○ | ○ | ○ | ○ | ○ | ○ | ○ | ○ | ○ | ○ | ○ | ○ | ○ | ○ | ○ | ○ | ○ | ○ | 172 |
| ○ | ○ | ○ | ○ | ○ | ○ | ○ | ○ | ○ | ○ | ○ | ○ | | ○ | ○ | ○ | ○ | ○ | ○ | ○ | ○ | ○ | ○ | ○ | ○ | ○ | ○ | 193 |
| ○ | ○ | ○ | ○ | ○ | ○ | ○ | ○ | ○ | ○ | ○ | ○ | | ○ | ○ | ○ | ○ | ○ | ○ | ○ | ○ | ○ | ○ | ○ | ○ | ○ | ○ | 194 |
| ○ | ○ | ○ | ○ | ○ | ○ | ○ | | ○ | ○ | ○ | ○ | | ○ | ○ | ○ | ○ | ○ | ○ | ○ | ○ | ○ | ○ | | ○ | ○ | ○ | 140 |
| ○ | ○ | ○ | ○ | ○ | ○ | ○ | ○ | ○ | ○ | ○ | ○ | | ○ | ○ | ○ | ○ | ○ | ○ | ○ | ○ | ○ | ○ | ○ | ○ | ○ | | 180 |
| ○ | ○ | ○ | ○ | ○ | ○ | ○ | ○ | ○ | ○ | ○ | ○ | | ○ | ○ | ○ | ○ | ○ | ○ | | | ○ | ○ | | ○ | ○ | | 148+EU |
| ○ | ○ | ○ | ○ | ○ | ○ | ○ | ○ | ○ | ○ | ○ | ○ | ○ | ○ | ○ | ○ | ○ | ○ | ○ | ○ | ○ | ○ | ○ | ○ | ○ | ○ | ○ | 197+EU |
| ○ | ○ | ○ | ○ | ○ | ○ | ○ | ○ | ○ | ○ | ○ | ○ | ○ | ○ | ○ | ○ | ○ | ○ | ○ | ○ | ○ | ○ | ○ | ○ | ○ | ○ | ○ | 197+EU |
| ○ | ○ | ○ | ○ | ○ | ○ | ○ | ○ | ○ | ○ | ○ | ○ | ○ | ○ | ○ | ○ | ○ | ○ | ○ | ○ | ○ | ○ | ○ | ○ | ○ | ○ | ○ | 187+EU |
| ○ | ○ | ○ | ○ | ○ | ○ | ○ | ○ | ○ | ○ | ○ | ○ | ○ | ○ | ○ | ○ | ○ | ○ | ○ | ○ | ○ | ○ | ○ | ○ | ○ | ○ | ○ | 196+EU |
| ○ | ○ | ○ | ○ | ○ | ○ | ○ | ○ | ○ | ○ | ○ | ○ | ○ | ○ | ○ | ○ | ○ | ○ | ○ | ○ | ○ | ○ | ○ | ○ | ○ | ○ | ○ | 191+EU |
| ○ | ○ | ○ | ○ | ○ | ○ | ○ | ○ | ○ | ○ | ○ | ○ | ○ | ○ | ○ | ○ | ○ | ○ | ○ | ○ | | ○ | ○ | ○ | ○ | ○ | ○ | 188+EU |
| ○ | ○ | ○ | ○ | ○ | ○ | ○ | ○ | ○ | ○ | ○ | ○ | ○ | ○ | ○ | ○ | ○ | ○ | ○ | ○ | ○ | ○ | ○ | ○ | ○ | ○ | ○ | 195+EU |
| ○ | ○ | ○ | ○ | ○ | ○ | ○ | ○ | | ○ | ○ | ○ | | ○ | ○ | ○ | ○ | ○ | ○ | ○ | ○ | ○ | ○ | ○ | ○ | ○ | | 172+EU |
| ○ | ○ | ○ | ○ | | | ○ | ○ | | ○ | | | | ○ | ○ | | | | | ○ | ○ | | ○ | ○ | ○ | ○ | | 128+EU |
| ○ | ○ | ○ | ○ | ○ | ○ | ○ | ○ | ○ | ○ | ○ | ○ | ○ | ○ | ○ | ○ | ○ | ○ | ○ | ○ | ○ | ○ | ○ | | ○ | ○ | ○ | 182+EU |
| ○ | ○ | ○ | ○ | ○ | ○ | ○ | ○ | ○ | ○ | ○ | ○ | ○ | ○ | ○ | ○ | ○ | ○ | ○ | ○ | ○ | ○ | ○ | ○ | ○ | ○ | ○ | 171 |
| ○ | ○ | ○ | ○ | ○ | ○ | ○ | | ○ | ○ | ○ | ○ | ○ | ○ | ○ | | ○ | ○ | | ○ | | ○ | ○ | | ○ | ○ | ○ | 123 |
| ○ | ○ | ○ | ○ | ○ | ○ | ○ | | ○ | ○ | ○ | ○ | ○ | ○ | ○ | | ○ | ○ | | ○ | | ○ | ○ | | ○ | ○ | ○ | 118 |
| ○ | ○ | ○ | ○ | ○ | ○ | ○ | ○ | | ○ | ○ | ○ | | ○ | ○ | | ○ | ○ | | ○ | | | | | ○ | ○ | ○ | 89 |
| ◈ | ○ | ◈ | ◈ | ○ | ◈ | ◈ | ◈ | ○ | ○ | ○ | ◈ | ◈ | ◈ | ◈ | ○ | ○ | ○ | ○ | ○ | ○ | ◈ | ○ | ○ | ○ | ○ | ○ | 193〔73〕 |
| ○ | ○ | ○ | ○ | | ○ | ○ | ○ | | | ○ | ○ | ○ | ○ | ○ | | | ○ | | | ○ | ○ | | | ○ | | ○ | 102 |
| ○ | ○ | ○ | ○ | ○ | ○ | ○ | | | | ○ | ○ | | ○ | ○ | | | | | | | | | | | | ○ | 68 |
| ○ | ○ | ○ | ○ | | ○ | ○ | ○ | ○ | | ○ | ○ | ○ | ○ | ○ | | ○ | ○ | | ○ | ○ | | ○ | | | ○ | ○ | 144 |
| ○ | | ○ | ○ | | ○ | | | | | | ○ | | | ○ | | ○ | ○ | ○ | ○ | ○ | | ○ | | ○ | | ○ | 78 |
| ○ | ○ | ○ | ○ | ○ | ○ | ○ | ○ | ○ | ○ | ○ | ○ | ○ | ○ | ○ | | | ○ | ○ | ○ | | ○ | ○ | ○ | ○ | ○ | ○ | 125 |
| ○ | ○ | ○ | ○ | ○ | ○ | ○ | ○ | ○ | ○ | ○ | ○ | ○ | ○ | ○ | ○ | ○ | ○ | ○ | ○ | ○ | ○ | ○ | ○ | ○ | ○ | ○ | 196 |
| ○ | ○ | ○ | ○ | ○ | ○ | ○ | ○ | ○ | ○ | ○ | ○ | ○ | ○ | ○ | | ○ | ○ | ○ | ○ | ○ | ○ | ○ | ○ | ○ | ○ | ○ | 174 |
| ○ | ○ | ○ | ○ | ○ | ○ | ○ | ○ | ○ | ○ | ○ | ○ | ○ | ○ | ○ | | ○ | ○ | ○ | ○ | ○ | ○ | ○ | ○ | ○ | ○ | ○ | 169 |
| ○ | ○ | ○ | ○ | ○ | ○ | ○ | | ○ | ○ | ○ | ○ | ○ | ○ | ○ | ○ | ○ | ○ | ○ | ○ | ○ | ○ | ○ | ○ | ○ | ○ | ○ | 133 |
| ○ | | ○ | ○ | ○ | ○ | | ○ | | ○ | | | | ○ | ○ | | ○ | ○ | | | | | | | ○ | | ○ | 125 |
| ○ | ○ | ○ | ○ | ○ | ○ | ○ | ○ | ○ | ○ | ○ | ○ | ○ | ○ | ○ | ○ | ○ | ○ | ○ | ○ | ○ | ○ | ○ | ○ | ○ | ○ | ○ | (批准国 168) |
| ○ | ○ | ○ | ○ | ○ | ○ | ○ | ○ | ○ | ○ | ○ | ○ | ○ | ○ | ○ | ○ | ○ | ○ | ○ | ○ | ○ | ○ | ○ | ○ | ○ | ○ | ○ | 192 |
| ○ | | ○ | ○ | ○ | ○ | ○ | ○ | | ○ | ○ | | ○ | ○ | ○ | | | ○ | | | | | | | ○ | | ○ | 95 |
| ○ | ○ | ○ | ○ | ○ | ○ | ○ | ○ | ○ | ○ | ○ | ○ | ○ | ○ | ○ | ○ | ○ | ○ | ○ | ○ | ○ | ○ | ○ | ○ | ○ | ○ | ○ | 184 |
| ○ | ○ | ○ | ○ | ○ | ○ | ○ | ○ | ○ | ○ | ○ | ○ | ○ | ○ | ○ | ○ | ○ | ○ | ○ | ○ | ○ | ○ | ○ | ○ | ○ | ○ | ○ | 193 |
| ○ | ○ | ○ | ○ | ○ | ○ | ○ | ○ | ○ | ○ | ○ | ○ | ○ | ○ | ○ | | | ○ | | | | | ○ | ○ | ○ | ○ | | 164 |
| ○ | ○ | ○ | ○ | ○ | ○ | ○ | ○ | ○ | ○ | ○ | ○ | ○ | ○ | ○ | | | | | ○ | | ○ | | | | ○ | | 110 |
| | ○ | ○ | ○ | ○ | | ○ | ○ | ○ | ○ | | ○ | ○ | ○ | | | | | | | | | | | | ○ | | 110 |

| 章 | 節 | 条約 | ヨ | | | | | | | ー | | | | | | | ロ | | | |
|---|---|---|---|---|---|---|---|---|---|---|---|---|---|---|---|---|---|---|---|---|
| | | | オランダ | 北マケドニア | キプロス | ギリシャ | クロアチア | コソボ | サンマリノ | スイス | スウェーデン | スペイン | スロバキア | スロベニア | セルビア | チェコ | デンマーク | ドイツ | ノルウェー | バチカン | ハンガリー |
| 第8章 | 2節 | 移民密入国防止議定書 | ○ | ○ | ○ | ○ | ○ | | ○ | ○ | ○ | ○ | ○ | ○ | ○ | ○ | ○ | ○ | ○ | | ○ |
| | | 腐敗の防止に関する国際連合条約 | ○ | ○ | ○ | ○ | ○ | | | ○ | ○ | ○ | ○ | ○ | ○ | ○ | ○ | ○ | ○ | ○ | ○ |
| 第9章 | | 国際通貨基金協定 | ○ | ○ | ○ | ○ | ○ | ○ | ○ | ○ | ○ | ○ | ○ | ○ | ○ | ○ | ○ | ○ | ○ | | ○ |
| | | 国際復興開発銀行協定 | ○ | ○ | ○ | ○ | ○ | ○ | ○ | ○ | ○ | ○ | ○ | ○ | ○ | ○ | ○ | ○ | ○ | | ○ |
| | | WTO協定/GATT | ○ | ○ | ○ | ○ | ○ | | | ○ | ○ | ○ | ○ | ○ | | ○ | ○ | ○ | ○ | | ○ |
| | | 投資紛争解決条約 | ○ | ○ | ○ | ○ | ○ | ○ | ○ | ○ | ○ | ○ | ○ | ○ | ○ | ○ | ○ | ○ | ○ | | ○ |
| | | 国際原子力機関憲章 | ○ | ○ | ○ | ○ | ○ | | ○ | ○ | ○ | ○ | ○ | ○ | ○ | ○ | ○ | ○ | ○ | ○ | ○ |
| 第10章 | | 国際連合教育科学文化機関憲章 | ○ | ○ | ○ | ○ | ○ | | ○ | ○ | ○ | ○ | ○ | ○ | ○ | ○ | ○ | ○ | ○ | | ○ |
| | | 世界遺産条約 | ○ | ○ | ○ | ○ | ○ | | ○ | ○ | ○ | ○ | ○ | ○ | ○ | ○ | ○ | ○ | ○ | ○ | ○ |
| | | 文化財不法輸出入禁止条約 | ○ | ○ | ○ | ○ | ○ | | | ○ | ○ | ○ | ○ | ○ | ○ | ○ | ○ | ○ | ○ | | ○ |
| | | 無形文化遺産条約 | ○ | ○ | ○ | ○ | ○ | | | ○ | ○ | ○ | ○ | ○ | ○ | ○ | ○ | ○ | ○ | | ○ |
| | | 文化的表現多様性条約 | ○ | ○ | ○ | ○ | ○ | | | ○ | ○ | ○ | ○ | ○ | ○ | ○ | ○ | ○ | ○ | | ○ |
| 第11章 | | オゾン層の保護のためのウィーン条約 | ○ | ○ | ○ | ○ | ○ | | ○ | ○ | ○ | ○ | ○ | ○ | ○ | ○ | ○ | ○ | ○ | ○ | ○ |
| | | オゾン層破壊物質モントリオール議定書 | ○ | ○ | ○ | ○ | ○ | | ○ | ○ | ○ | ○ | ○ | ○ | ○ | ○ | ○ | ○ | ○ | ○ | ○ |
| | | 有害廃棄物越境移動規制条約 | ○ | ○ | ○ | ○ | ○ | | | ○ | ○ | ○ | ○ | ○ | ○ | ○ | ○ | ○ | ○ | | ○ |
| | | 気候変動枠組条約 | ○ | ○ | ○ | ○ | ○ | | ○ | ○ | ○ | ○ | ○ | ○ | ○ | ○ | ○ | ○ | ○ | | ○ |
| | | 京都議定書 | ○ | ○ | ○ | ○ | ○ | | ○ | ○ | ○ | ○ | ○ | ○ | ○ | ○ | ○ | ○ | ○ | | ○ |
| | | パリ協定 | ○ | ○ | ○ | ○ | ○ | | ○ | ○ | ○ | ○ | ○ | ○ | ○ | ○ | ○ | ○ | ○ | | ○ |
| | | 生物多様性条約 | ○ | ○ | ○ | ○ | ○ | | ○ | ○ | ○ | ○ | ○ | ○ | ○ | ○ | ○ | ○ | ○ | | ○ |
| | | カルタヘナ議定書 | ○ | ○ | ○ | ○ | ○ | | | ○ | ○ | ○ | ○ | ○ | ○ | ○ | ○ | ○ | ○ | | ○ |
| | | 名古屋議定書 | ○ | | | ○ | ○ | | | ○ | ○ | ○ | ○ | | ○ | ○ | ○ | ○ | ○ | | ○ |
| | | ワシントン野生動植物取引規制条約 | ○ | ○ | ○ | ○ | ○ | | ○ | ○ | ○ | ○ | ○ | ○ | ○ | ○ | ○ | ○ | ○ | | ○ |
| | | 湿地保全条約 | ○ | ○ | ○ | ○ | ○ | | | ○ | ○ | ○ | ○ | ○ | ○ | ○ | ○ | ○ | ○ | | ○ |
| | | 原子力事故通報条約 | ○ | ○ | ○ | ○ | ○ | | | ○ | ○ | ○ | ○ | ○ | ○ | ○ | ○ | ○ | ○ | | ○ |
| | | 原子力事故援助条約 | ○ | ○ | ○ | ○ | ○ | | | ○ | ○ | ○ | ○ | ○ | ○ | ○ | ○ | ○ | ○ | | ○ |
| | | 原子力安全条約 | ○ | ○ | ○ | ○ | ○ | | | ○ | ○ | ○ | ○ | ○ | ○ | ○ | ○ | ○ | ○ | | ○ |
| 第12章 | | 国際司法裁判所規程 | ◈ | ○ | ◈ | ◈ | ○ | | ○ | ◈ | ◈ | ◈ | ◈ | ○ | ○ | ○ | ◈ | ◈ | ◈ | | ◈ |
| | | 国際紛争平和的処理条約 | ○ | ○ | ○ | | | ○ | | ○ | ○ | ○ | ○ | ○ | | ○ | ○ | ○ | ○ | | ○ |
| 第13章 | | 不戦条約 | ○ | | | ○ | ○ | | | ○ | ○ | ○ | | ○ | [○] | ○ | ○ | ○ | ○ | | ○ |
| 第14章 | 2節 | 毒ガス等禁止議定書 | ○ | ○ | ○ | ○ | ○ | | | ○ | ○ | ○ | | ○ | [○] | [○] | ○ | ○ | ○ | ○ | ○ |
| | | 環境改変技術敵対的使用禁止条約 | ○ | | ○ | ○ | | | | ○ | ○ | ○ | ○ | ○ | | ○ | ○ | ○ | ○ | | ○ |
| | | 特定通常兵器使用禁止制限条約 | ○ | ○ | ○ | ○ | ○ | | | ○ | ○ | ○ | ○ | ○ | ○ | ○ | ○ | ○ | ○ | ○ | ○ |
| | 3節 | 1949年ジュネーヴ条約(第1−第4) | ○ | ○ | ○ | ○ | ○ | | ○ | ○ | ○ | ○ | ○ | ○ | ○ | ○ | ○ | ○ | ○ | ○ | ○ |
| | | 1949年ジュネーヴ条約第1追加議定書 | ○ | ○ | ○ | ○ | ○ | | ○ | ○ | ○ | ○ | ○ | ○ | ○ | ○ | ○ | ○ | ○ | ○ | ○ |
| | | 1949年ジュネーヴ条約第2追加議定書 | ○ | ○ | ○ | ○ | ○ | | ○ | ○ | ○ | ○ | ○ | ○ | ○ | ○ | ○ | ○ | ○ | ○ | ○ |
| | | 武力紛争文化財保護条約 | ○ | ○ | ○ | ○ | ○ | | ○ | ○ | ○ | ○ | ○ | ○ | ○ | ○ | ○ | ○ | ○ | ○ | ○ |
| 第15章 | | 部分的核実験停止条約 | ○ | | ○ | ○ | ○ | | ○ | ○ | ○ | ○ | ○ | ○ | ○ | ○ | ○ | ○ | ○ | | ○ |
| | | 包括的核実験禁止条約 | ○ | ○ | ○ | ○ | ○ | | ○ | ○ | ○ | ○ | ○ | ○ | ○ | ○ | ○ | ○ | ○ | ○ | ○ |
| | | 核兵器不拡散条約 | ○ | ○ | ○ | ○ | ○ | | ○ | ○ | ○ | ○ | ○ | ○ | ○ | ○ | ○ | ○ | ○ | ○ | ○ |
| | | 海底非核化条約 | ○ | | ○ | ○ | | | | ○ | ○ | ○ | ○ | ○ | ○ | ○ | ○ | ○ | ○ | | ○ |
| | | 生物毒素兵器禁止条約 | ○ | ○ | ○ | ○ | ○ | | ○ | ○ | ○ | ○ | ○ | ○ | ○ | ○ | ○ | ○ | ○ | ○ | ○ |
| | | 化学兵器禁止条約 | ○ | ○ | ○ | ○ | ○ | | ○ | ○ | ○ | ○ | ○ | ○ | ○ | ○ | ○ | ○ | ○ | ○ | ○ |
| | | 対人地雷禁止条約 | ○ | ○ | ○ | ○ | ○ | | ○ | ○ | ○ | ○ | ○ | ○ | ○ | ○ | ○ | ○ | ○ | ○ | ○ |
| | | 武器貿易条約 | ○ | ○ | ○ | ○ | ○ | | ○ | ○ | ○ | ○ | ○ | ○ | ○ | ○ | ○ | ○ | ○ | | ○ |
| | | クラスター弾に関する条約 | ○ | ○ | | | ○ | | ○ | ○ | ○ | ○ | ○ | ○ | | ○ | ○ | ○ | ○ | ○ | ○ |

| メ | | | | | リ | | | | | カ | | 南 | | ア | | | メ | | | リ | | カ | | ヨ | | ー | | ロ | ッ | | パ |
|---|---|---|---|---|---|---|---|---|---|---|---|---|---|---|---|---|---|---|---|---|---|---|---|---|---|---|---|---|---|---|---|
| セントルシア | ドミニカ共和国 | ドミニカ国 | トリニダード・トバゴ | ニカラグア | ハイチ | パナマ | バハマ | バルバドス | ベリーズ | ホンジュラス | メキシコ | アルゼンチン | ウルグアイ | エクアドル | ガイアナ | コロンビア | スリナム | チリ | パラグアイ | ブラジル | ベネズエラ | ペルー | ボリビア | アイスランド | アイルランド | アルバニア | アンドラ | イギリス | イタリア | エストニア | オーストリア |
| | ○ | ○ | ○ | ○ | ○ | ○ | ○ | ○ | ○ | ○ | ○ | ○ | ○ | ○ | ○ | | ○ | ○ | ○ | ○ | ○ | ○ | | | | ○ | | ○ | ○ | ○ | ○ |
| ○ | ○ | ○ | ○ | ○ | ○ | ○ | ○ | | ○ | ○ | ○ | ○ | ○ | ○ | ○ | ○ | | ○ | ○ | ○ | ○ | ○ | ○ | ○ | ○ | ○ | | ○ | ○ | ○ | ○ |
| ○ | ○ | ○ | ○ | ○ | ○ | ○ | ○ | ○ | ○ | ○ | ○ | ○ | ○ | ○ | ○ | ○ | ○ | ○ | ○ | ○ | ○ | ○ | ○ | ○ | ○ | ○ | ○ | ○ | ○ | ○ | ○ |
| ○ | ○ | ○ | ○ | ○ | ○ | ○ | ○ | ○ | ○ | ○ | ○ | ○ | ○ | ○ | ○ | ○ | ○ | ○ | ○ | ○ | ○ | ○ | ○ | ○ | ○ | ○ | | ○ | ○ | ○ | ○ |
| ○ | ○ | ○ | ○ | ○ | ○ | ○ | | ○ | ○ | ○ | ○ | ○ | ○ | ○ | ○ | ○ | ○ | ○ | ○ | ○ | ○ | ○ | ○ | ○ | ○ | ○ | | ○ | ○ | ○ | ○ |
| ○ | | | ○ | ○ | ○ | ○ | ○ | ○ | | ○ | ○ | ○ | ○ | | ○ | ○ | | ○ | ○ | | | ○ | | ○ | ○ | ○ | | ○ | ○ | ○ | ○ |
| ○ | ○ | ○ | ○ | ○ | ○ | ○ | ○ | ○ | ○ | ○ | ○ | ○ | ○ | ○ | ○ | ○ | | ○ | ○ | ○ | ○ | ○ | ○ | ○ | ○ | ○ | | ○ | ○ | ○ | ○ |
| ○ | ○ | ○ | ○ | ○ | ○ | ○ | ○ | ○ | ○ | ○ | ○ | ○ | ○ | ○ | ○ | ○ | ○ | ○ | ○ | ○ | ○ | ○ | ○ | ○ | ○ | ○ | ○ | ○ | ○ | ○ | ○ |
| ○ | ○ | ○ | ○ | ○ | ○ | ○ | ○ | ○ | ○ | ○ | ○ | ○ | ○ | ○ | ○ | ○ | ○ | ○ | ○ | ○ | ○ | ○ | ○ | ○ | ○ | ○ | ○ | ○ | ○ | ○ | ○ |
| | ○ | | | ○ | ○ | ○ | ○ | ○ | ○ | ○ | ○ | ○ | ○ | ○ | | ○ | | ○ | ○ | ○ | ○ | ○ | ○ | ○ | | ○ | | ○ | ○ | ○ | ○ |
| ○ | ○ | ○ | ○ | ○ | ○ | ○ | ○ | ○ | ○ | ○ | ○ | ○ | ○ | ○ | | ○ | ○ | ○ | ○ | ○ | ○ | ○ | ○ | ○ | ○ | ○ | ○ | | ○ | ○ | ○ |
| ○ | ○ | ○ | ○ | ○ | ○ | ○ | ○ | ○ | ○ | ○ | ○ | ○ | ○ | ○ | ○ | ○ | | ○ | ○ | ○ | ○ | ○ | ○ | ○ | ○ | ○ | ○ | ○ | ○ | ○ | ○ |
| ○ | ○ | ○ | ○ | ○ | ○ | ○ | ○ | ○ | ○ | ○ | ○ | ○ | ○ | ○ | ○ | ○ | ○ | ○ | ○ | ○ | ○ | ○ | ○ | ○ | ○ | ○ | ○ | ○ | ○ | ○ | ○ |
| ○ | ○ | ○ | ○ | ○ | ○ | ○ | ○ | ○ | ○ | ○ | ○ | ○ | ○ | ○ | ○ | ○ | ○ | ○ | ○ | ○ | ○ | ○ | ○ | ○ | ○ | ○ | ○ | ○ | ○ | ○ | ○ |
| ○ | ○ | ○ | ○ | ○ | | ○ | ○ | ○ | ○ | ○ | ○ | ○ | ○ | ○ | ○ | ○ | ○ | ○ | ○ | ○ | ○ | ○ | ○ | ○ | ○ | ○ | ○ | ○ | ○ | ○ | ○ |
| ○ | ○ | ○ | ○ | ○ | ○ | ○ | ○ | ○ | ○ | ○ | ○ | ○ | ○ | ○ | ○ | ○ | ○ | ○ | ○ | ○ | ○ | ○ | ○ | ○ | ○ | ○ | ○ | ○ | ○ | ○ | ○ |
| ○ | ○ | ○ | ○ | ○ | ○ | ○ | ○ | ○ | ○ | ○ | ○ | ○ | ○ | ○ | ○ | ○ | ○ | ○ | ○ | ○ | ○ | ○ | ○ | ○ | ○ | ○ | | ○ | ○ | ○ | ○ |
| ○ | ○ | ○ | ○ | ○ | ○ | ○ | ○ | ○ | ○ | ○ | ○ | ○ | ○ | ○ | ○ | ○ | ○ | ○ | ○ | ○ | ○ | ○ | ○ | ○ | ○ | ○ | ○ | ○ | ○ | ○ | ○ |
| ○ | ○ | ○ | ○ | ○ | ○ | ○ | ○ | ○ | ○ | ○ | ○ | ○ | ○ | ○ | ○ | ○ | ○ | ○ | ○ | ○ | ○ | ○ | ○ | ○ | ○ | ○ | ○ | ○ | ○ | ○ | ○ |
| ○ | ○ | ○ | ○ | ○ | | ○ | ○ | ○ | ○ | ○ | ○ | | ○ | ○ | ○ | ○ | ○ | | ○ | ○ | ○ | ○ | ○ | | ○ | ○ | | ○ | ○ | ○ | ○ |
| | ○ | | | ○ | | ○ | | | | ○ | ○ | ○ | ○ | ○ | ○ | | | | | | ○ | ○ | ○ | | | ○ | | ○ | | ○ | ○ |
| ○ | ○ | ○ | ○ | ○ | | ○ | ○ | ○ | ○ | ○ | ○ | ○ | ○ | ○ | ○ | ○ | ○ | ○ | ○ | ○ | ○ | ○ | ○ | ○ | ○ | ○ | | ○ | ○ | ○ | ○ |
| ○ | ○ | | ○ | ○ | | ○ | ○ | ○ | ○ | ○ | ○ | ○ | ○ | ○ | | ○ | ○ | ○ | ○ | ○ | ○ | ○ | ○ | ○ | ○ | ○ | ○ | ○ | ○ | ○ | ○ |
| | ○ | | | ○ | | ○ | | | | | ○ | ○ | ○ | ○ | | ○ | | ○ | ○ | ○ | ○ | ○ | ○ | ○ | ○ | ○ | | ○ | ○ | ○ | ○ |
| | | | | ○ | | ○ | | | | | ○ | ○ | ○ | ○ | | ○ | | ○ | ○ | ○ | | ○ | ○ | ○ | ○ | ○ | | ○ | ○ | ○ | ○ |
| | | | | | | | | | | | ○ | ○ | ○ | | | | | ○ | ○ | ○ | | ○ | ○ | ○ | ○ | ○ | | ○ | ○ | ○ | ○ |
| ○ | ◇ | ◇ | ○ | ◇ | ◇ | ◇ | ○ | ◇ | ○ | ◇ | ◇ | ○ | ◇ | ○ | ○ | ○ | ◇ | ○ | ◇ | ○ | ○ | ◇ | ○ | ○ | ◇ | ○ | ○ | ◇ | ◇ | ◇ | ◇ |
| | ○ | | | ○ | ○ | ○ | ○ | | ○ | ○ | ○ | | | | ○ | ○ | ○ | ○ | ○ | ○ | | | ○ | ○ | ○ | ○ | | ○ | | ○ | ○ |
| | ○ | ○ | | ○ | ○ | ○ | | ○ | | ○ | ○ | | | ○ | | ○ | | ○ | ○ | ○ | ○ | ○ | | ○ | ○ | ○ | | ○ | ○ | ○ | ○ |
| ○ | ○ | | ○ | ○ | | ○ | | ○ | | | ○ | ○ | ○ | ○ | | ○ | | ○ | ○ | ○ | ○ | ○ | ○ | ○ | ○ | ○ | | ○ | ○ | ○ | ○ |
| ○ | | ○ | | ○ | | ○ | | | | ○ | | ○ | ○ | | | | | ○ | | ○ | | | | | ○ | | | ○ | ○ | ○ | ○ |
| | ○ | | | ○ | | ○ | | | | ○ | ○ | ○ | ○ | ○ | | ○ | | ○ | ○ | ○ | ○ | ○ | ○ | ○ | ○ | ○ | | ○ | ○ | ○ | ○ |
| ○ | ○ | ○ | ○ | ○ | ○ | ○ | ○ | ○ | ○ | ○ | ○ | ○ | ○ | ○ | ○ | ○ | ○ | ○ | ○ | ○ | ○ | ○ | ○ | ○ | ○ | ○ | ○ | ○ | ○ | ○ | ○ |
| ○ | ○ | ○ | ○ | ○ | ○ | ○ | ○ | ○ | ○ | ○ | ○ | ○ | ○ | ○ | ○ | ○ | ○ | ○ | ○ | ○ | ○ | ○ | ○ | ○ | ○ | ○ | | ○ | ○ | ○ | ○ |
| ○ | ○ | ○ | ○ | ○ | ○ | ○ | ○ | ○ | ○ | ○ | | ○ | ○ | ○ | ○ | ○ | ○ | ○ | ○ | ○ | ○ | ○ | ○ | ○ | ○ | ○ | | ○ | ○ | ○ | ○ |
| | ○ | | | ○ | | ○ | | ○ | | ○ | ○ | ○ | ○ | ○ | | ○ | | ○ | ○ | ○ | ○ | ○ | ○ | | ○ | ○ | | ○ | ○ | ○ | ○ |
| | ○ | | ○ | ○ | | ○ | ○ | | | ○ | ○ | ○ | ○ | ○ | | ○ | ○ | ○ | | ○ | ○ | ○ | ○ | ○ | ○ | | | ○ | ○ | | ○ |
| ○ | ○ | | ○ | ○ | ○ | ○ | ○ | ○ | ○ | ○ | ○ | ○ | ○ | ○ | ○ | ○ | ○ | ○ | ○ | ○ | ○ | ○ | ○ | ○ | ○ | ○ | ○ | ○ | ○ | ○ | ○ |
| ○ | ○ | ○ | ○ | ○ | ○ | ○ | ○ | ○ | ○ | ○ | ○ | ○ | ○ | ○ | ○ | ○ | ○ | ○ | ○ | ○ | ○ | ○ | ○ | ○ | ○ | ○ | ○ | ○ | ○ | ○ | ○ |
| | ○ | | | ○ | | ○ | ○ | | | | ○ | ○ | | | | | | | | ○ | | | | ○ | ○ | | | ○ | ○ | | ○ |
| ○ | ○ | ○ | ○ | ○ | | ○ | ○ | ○ | ○ | ○ | ○ | ○ | ○ | ○ | ○ | ○ | ○ | ○ | ○ | ○ | ○ | ○ | ○ | ○ | ○ | ○ | ○ | ○ | ○ | ○ | ○ |
| ○ | ○ | ○ | ○ | ○ | ○ | ○ | ○ | ○ | ○ | ○ | ○ | ○ | ○ | ○ | ○ | ○ | ○ | ○ | ○ | ○ | ○ | ○ | ○ | ○ | ○ | ○ | ○ | ○ | ○ | ○ | ○ |
| ○ | ○ | ○ | ○ | ○ | ○ | ○ | ○ | ○ | ○ | ○ | ○ | ○ | ○ | ○ | ○ | ○ | ○ | ○ | ○ | ○ | ○ | ○ | ○ | ○ | ○ | ○ | ○ | ○ | ○ | ○ | ○ |
| ○ | ○ | ○ | ○ | | | ○ | ○ | ○ | ○ | ○ | ○ | ○ | ○ | | ○ | | ○ | ○ | ○ | ○ | | ○ | | ○ | ○ | ○ | | ○ | ○ | ○ | ○ |
| ○ | ○ | | ○ | ○ | | ○ | | | ○ | ○ | ○ | | ○ | ○ | ○ | ○ | | ○ | ○ | | | ○ | ○ | ○ | ○ | ○ | ○ | ○ | ○ | | ○ |

| 章 | 節 | 条約 | オセアニア | | | | | | | 北アメリカ | | | | | | | | | | |
|---|---|---|---|---|---|---|---|---|---|---|---|---|---|---|---|---|---|---|---|---|
| | | | ニュージーランド | バヌアツ | パプアニューギニア | パラオ | フィジー | マーシャル | ミクロネシア | アメリカ | アンティグア・バーブーダ | エルサルバドル | カナダ | キューバ | グアテマラ | グレナダ | コスタリカ | ジャマイカ | セントキッツ・ネービス | セントビンセント |
| 第8章 | 2節 | 移民密入国防止議定書 | ○ | | | ○ | ○ | | | ○ | ○ | ○ | ○ | ○ | ○ | ○ | ○ | ○ | ○ | ○ |
| | | 腐敗の防止に関する国際連合条約 | ○ | ○ | ○ | ○ | ○ | ○ | ○ | ○ | ○ | ○ | ○ | ○ | ○ | ○ | ○ | ○ | | |
| 第9章 | | 国際通貨基金協定 | ○ | ○ | ○ | ○ | ○ | ○ | ○ | ○ | ○ | ○ | ○ | | ○ | ○ | ○ | ○ | ○ | ○ |
| | | 国際復興開発銀行協定 | ○ | ○ | ○ | ○ | ○ | ○ | ○ | ○ | ○ | ○ | ○ | | ○ | ○ | ○ | ○ | ○ | ○ |
| | | WTO協定／GATT | ○ | ○ | ○ | | ○ | | | ○ | ○ | ○ | ○ | ○ | ○ | ○ | ○ | ○ | ○ | ○ |
| | | 投資紛争解決条約 | ○ | | ○ | | ○ | | ○ | ○ | | ○ | ○ | | ○ | ○ | ○ | ○ | ○ | ○ |
| | | 国際原子力機関憲章 | ○ | ○ | ○ | ○ | ○ | ○ | | ○ | ○ | ○ | ○ | ○ | ○ | ○ | ○ | ○ | | ○ |
| 第10章 | | 国際連合教育科学文化機関憲章 | ○ | ○ | ○ | ○ | ○ | ○ | ○ | | ○ | ○ | ○ | ○ | ○ | ○ | ○ | ○ | ○ | ○ |
| | | 世界遺産条約 | ○ | ○ | ○ | ○ | ○ | ○ | ○ | ○ | ○ | ○ | ○ | ○ | ○ | ○ | ○ | ○ | ○ | ○ |
| | | 文化財不法輸出入禁止条約 | ○ | | | | | | | ○ | | ○ | ○ | ○ | ○ | ○ | ○ | | | |
| | | 無形文化遺産条約 | | ○ | ○ | ○ | ○ | ○ | ○ | | ○ | ○ | | ○ | ○ | ○ | ○ | ○ | ○ | ○ |
| | | 文化的表現多様性条約 | ○ | | | | | | | | ○ | ○ | ○ | ○ | ○ | ○ | ○ | ○ | ○ | ○ |
| 第11章 | | オゾン層の保護のためのウィーン条約 | ○ | ○ | ○ | ○ | ○ | ○ | ○ | ○ | ○ | ○ | ○ | ○ | ○ | ○ | ○ | ○ | ○ | ○ |
| | | オゾン層破壊物質モントリオール議定書 | ○ | ○ | ○ | ○ | ○ | ○ | ○ | ○ | ○ | ○ | ○ | ○ | ○ | ○ | ○ | ○ | ○ | ○ |
| | | 有害廃棄物越境移動規制条約 | ○ | ○ | ○ | ○ | | ○ | ○ | | ○ | ○ | ○ | ○ | ○ | | ○ | ○ | ○ | ○ |
| | | 気候変動枠組条約 | ○ | ○ | ○ | ○ | ○ | ○ | ○ | ○ | ○ | ○ | ○ | ○ | ○ | ○ | ○ | ○ | ○ | ○ |
| | | 京都議定書 | ○ | ○ | ○ | ○ | ○ | ○ | ○ | | ○ | ○ | | ○ | ○ | ○ | ○ | ○ | ○ | ○ |
| | | パリ協定 | ○ | ○ | ○ | ○ | ○ | ○ | ○ | ○ | ○ | ○ | ○ | ○ | ○ | ○ | ○ | ○ | ○ | ○ |
| | | 生物多様性条約 | ○ | ○ | ○ | ○ | ○ | ○ | ○ | | ○ | ○ | ○ | ○ | ○ | ○ | ○ | ○ | ○ | ○ |
| | | カルタヘナ議定書 | ○ | | ○ | ○ | ○ | ○ | | | ○ | ○ | | ○ | ○ | ○ | ○ | ○ | ○ | ○ |
| | | 名古屋議定書 | | ○ | | ○ | ○ | ○ | ○ | | ○ | | | ○ | ○ | | | | ○ | |
| | | ワシントン野生動植物取引規制条約 | ○ | ○ | ○ | ○ | ○ | | | ○ | ○ | ○ | ○ | ○ | ○ | ○ | ○ | ○ | ○ | ○ |
| | | 湿地保全条約 | ○ | ○ | ○ | ○ | ○ | ○ | | ○ | ○ | ○ | ○ | ○ | ○ | ○ | ○ | ○ | | |
| | | 原子力事故通報条約 | ○ | | | | | | | ○ | | ○ | ○ | ○ | ○ | | ○ | | | ○ |
| | | 原子力事故援助条約 | ○ | | | | | | | ○ | | ○ | ○ | ○ | ○ | | ○ | | | ○ |
| | | 原子力安全条約 | | | | | | | | ○ | | | ○ | ○ | | | | | | |
| 第12章 | | 国際司法裁判所規程 | ◇ | ○ | ○ | ○ | ○ | ◇ | ○ | ○ | ○ | ○ | ◇ | ○ | ○ | ○ | ◇ | ○ | ○ | ○ |
| | | 国際紛争平和的処理条約 | ○ | | | | | | | ○ | | ○ | ○ | ○ | ○ | | ○ | | | |
| 第13章 | | 不戦条約 | ○ | | | | ○ | | | ○ | ○ | | ○ | ○ | ○ | | ○ | | | |
| 第14章 | 2節 | 毒ガス等禁止議定書 | ○ | | ○ | | ○ | | | ○ | ○ | ○ | ○ | ○ | ○ | ○ | ○ | ○ | ○ | ○ |
| | | 環境改変技術敵対的使用禁止条約 | ○ | | ○ | | | | | ○ | ○ | | ○ | ○ | ○ | | ○ | | | ○ |
| | | 特定通常兵器使用禁止制限条約 | ○ | | | | | | | ○ | ○ | ○ | ○ | ○ | ○ | ○ | ○ | ○ | | ○ |
| | 3節 | 1949年ジュネーヴ条約（第1－第4） | ○ | ○ | ○ | ○ | ○ | ○ | ○ | ○ | ○ | ○ | ○ | ○ | ○ | ○ | ○ | ○ | ○ | ○ |
| | | 1949年ジュネーヴ条約第1追加議定書 | ○ | ○ | | ○ | ○ | | ○ | | ○ | ○ | ○ | ○ | ○ | ○ | ○ | ○ | ○ | ○ |
| | | 1949年ジュネーヴ条約第2追加議定書 | ○ | ○ | | ○ | ○ | | ○ | | ○ | ○ | ○ | ○ | ○ | ○ | ○ | ○ | ○ | ○ |
| | | 武力紛争文化財保護条約 | ○ | | | | | | | ○ | | ○ | ○ | ○ | ○ | | ○ | | | |
| 第15章 | | 部分的核実験停止条約 | ○ | | ○ | | ○ | | | ○ | ○ | ○ | ○ | | ○ | | ○ | ○ | | |
| | | 包括的核実験禁止条約 | ○ | ○ | △ | ○ | ○ | ○ | ○ | △ | ○ | ○ | ○ | | ○ | ○ | ○ | ○ | ○ | ○ |
| | | 核兵器不拡散条約 | ○ | ○ | ○ | ○ | ○ | ○ | ○ | ○ | ○ | ○ | ○ | ○ | ○ | ○ | ○ | ○ | ○ | ○ |
| | | 海底非核化条約 | ○ | | | | | | | ○ | ○ | | ○ | ○ | ○ | | | ○ | ○ | ○ |
| | | 生物毒素兵器禁止条約 | ○ | ○ | ○ | ○ | ○ | ○ | | ○ | ○ | ○ | ○ | ○ | ○ | ○ | ○ | ○ | ○ | ○ |
| | | 化学兵器禁止条約 | ○ | ○ | ○ | ○ | ○ | ○ | ○ | ○ | ○ | ○ | ○ | ○ | ○ | ○ | ○ | ○ | ○ | ○ |
| | | 対人地雷禁止条約 | ○ | ○ | ○ | ○ | ○ | | | | ○ | ○ | ○ | | ○ | ○ | ○ | ○ | ○ | ○ |
| | | 武器貿易条約 | ○ | | | ○ | | | | | ○ | ○ | ○ | | ○ | ○ | ○ | ○ | ○ | ○ |
| | | クラスター弾に関する条約 | ○ | | | ○ | ○ | | | | ○ | ○ | ○ | ○ | ○ | ○ | ○ | | ○ | ○ |

| リカ | | | | | | | | | | | | | | | | | | | | | | | | オセアニア | | | | | | | | |
|---|---|---|---|---|---|---|---|---|---|---|---|---|---|---|---|---|---|---|---|---|---|---|---|---|---|---|---|---|---|---|---|---|
| チャド | 中央アフリカ | チュニジア | トーゴ | ナイジェリア | ナミビア | ニジェール | ブルキナファソ | ブルンジ | ベナン | ボツワナ | マダガスカル | マラウイ | マリ | 南アフリカ | 南スーダン | モザンビーク | モーリシャス | モーリタニア | モロッコ | リビア | リベリア | ルワンダ | レソト | オーストラリア | キリバス | クック諸島 | サモア | ソロモン | ツバル | トンガ | ナウル | ニウエ |
| | ○ | ○ | ○ | ○ | ○ | ○ | ○ | ○ | ○ | ○ | ○ | ○ | ○ | ○ | | ○ | ○ | ○ | | ○ | ○ | ○ | ○ | ○ | ○ | | | | | | ○ | |
| ○ | ○ | ○ | ○ | ○ | ○ | ○ | ○ | ○ | ○ | ○ | ○ | ○ | ○ | ○ | ○ | ○ | ○ | ○ | ○ | ○ | ○ | ○ | ○ | ○ | ○ | ○ | ○ | ○ | ○ | ○ | ○ | ○ |
| ○ | ○ | ○ | ○ | ○ | ○ | ○ | ○ | ○ | ○ | ○ | ○ | ○ | ○ | ○ | ○ | ○ | ○ | ○ | ○ | ○ | ○ | ○ | ○ | ○ | ○ | | ○ | ○ | ○ | ○ | ○ | |
| ○ | ○ | ○ | ○ | ○ | ○ | ○ | ○ | ○ | ○ | ○ | ○ | ○ | ○ | ○ | ○ | ○ | ○ | ○ | ○ | ○ | ○ | ○ | ○ | ○ | ○ | | ○ | ○ | ○ | ○ | ○ | |
| ○ | ○ | ○ | ○ | ○ | ○ | ○ | ○ | ○ | ○ | ○ | ○ | ○ | ○ | ○ | | ○ | ○ | ○ | ○ | | ○ | ○ | ○ | ○ | | | ○ | ○ | | ○ | | |
| ○ | ○ | ○ | ○ | ○ | | ○ | ○ | ○ | ○ | ○ | ○ | ○ | ○ | | ○ | ○ | ○ | ○ | ○ | | ○ | ○ | ○ | ○ | | | ○ | ○ | | ○ | ○ | |
| ○ | ○ | ○ | ○ | ○ | ○ | ○ | ○ | ○ | ○ | ○ | ○ | ○ | ○ | ○ | | ○ | ○ | ○ | ○ | ○ | ○ | ○ | ○ | ○ | | | | | | | | |
| ○ | ○ | ○ | ○ | ○ | ○ | ○ | ○ | ○ | ○ | ○ | ○ | ○ | ○ | ○ | ○ | ○ | ○ | ○ | ○ | ○ | ○ | ○ | ○ | ○ | ○ | ○ | ○ | ○ | ○ | ○ | ○ | ○ |
| ○ | ○ | ○ | ○ | ○ | ○ | ○ | ○ | ○ | ○ | ○ | ○ | ○ | ○ | ○ | ○ | ○ | ○ | ○ | ○ | ○ | ○ | ○ | ○ | ○ | ○ | ○ | ○ | ○ | | ○ | | ○ |
| ○ | ○ | ○ | ○ | ○ | | ○ | ○ | | ○ | ○ | ○ | | ○ | ○ | | | ○ | ○ | ○ | ○ | | ○ | ○ | ○ | | | | | ○ | | | |
| ○ | ○ | ○ | ○ | ○ | ○ | ○ | ○ | ○ | ○ | ○ | ○ | ○ | ○ | | ○ | ○ | ○ | ○ | ○ | | | ○ | ○ | | ○ | ○ | ○ | ○ | ○ | ○ | ○ | |
| ○ | ○ | ○ | ○ | ○ | ○ | ○ | ○ | ○ | ○ | ○ | ○ | ○ | ○ | ○ | ○ | ○ | ○ | ○ | ○ | | | ○ | ○ | ○ | | | ○ | | | | | ○ |
| ○ | ○ | ○ | ○ | ○ | ○ | ○ | ○ | ○ | ○ | ○ | ○ | ○ | ○ | ○ | ○ | ○ | ○ | ○ | ○ | ○ | ○ | ○ | ○ | ○ | ○ | ○ | ○ | ○ | ○ | ○ | ○ | ○ |
| ○ | ○ | ○ | ○ | ○ | ○ | ○ | ○ | ○ | ○ | ○ | ○ | ○ | ○ | ○ | ○ | ○ | ○ | ○ | ○ | ○ | ○ | ○ | ○ | ○ | ○ | ○ | ○ | ○ | ○ | ○ | ○ | ○ |
| ○ | ○ | ○ | ○ | ○ | ○ | ○ | ○ | ○ | ○ | ○ | ○ | ○ | ○ | ○ | | ○ | ○ | ○ | ○ | ○ | ○ | ○ | ○ | ○ | ○ | ○ | ○ | | | ○ | ○ | |
| ○ | ○ | ○ | ○ | ○ | ○ | ○ | ○ | ○ | ○ | ○ | ○ | ○ | ○ | ○ | ○ | ○ | ○ | ○ | ○ | ○ | ○ | ○ | ○ | ○ | ○ | ○ | ○ | ○ | ○ | ○ | ○ | ○ |
| ○ | ○ | ○ | ○ | ○ | ○ | ○ | ○ | ○ | ○ | ○ | ○ | ○ | ○ | ○ | | ○ | ○ | ○ | ○ | ○ | ○ | ○ | ○ | ○ | ○ | ○ | ○ | ○ | ○ | ○ | ○ | ○ |
| ○ | ○ | ○ | ○ | ○ | ○ | ○ | ○ | ○ | ○ | ○ | ○ | ○ | ○ | ○ | | ○ | ○ | ○ | ○ | | ○ | ○ | ○ | ○ | ○ | ○ | ○ | ○ | ○ | ○ | ○ | ○ |
| ○ | ○ | ○ | ○ | ○ | ○ | ○ | ○ | ○ | ○ | ○ | ○ | ○ | ○ | ○ | ○ | ○ | ○ | ○ | ○ | ○ | ○ | ○ | ○ | ○ | ○ | ○ | ○ | ○ | ○ | ○ | ○ | ○ |
| ○ | ○ | ○ | ○ | ○ | ○ | ○ | ○ | ○ | ○ | ○ | ○ | ○ | ○ | ○ | | ○ | ○ | ○ | ○ | ○ | ○ | ○ | ○ | | ○ | | ○ | ○ | | ○ | ○ | ○ |
| ○ | ○ | | ○ | | ○ | ○ | ○ | ○ | ○ | ○ | ○ | ○ | ○ | ○ | | ○ | ○ | ○ | | | ○ | ○ | ○ | | | | ○ | ○ | ○ | ○ | | |
| ○ | ○ | ○ | ○ | ○ | ○ | ○ | ○ | ○ | ○ | ○ | ○ | ○ | ○ | ○ | | ○ | ○ | ○ | ○ | ○ | ○ | ○ | ○ | ○ | | | ○ | ○ | | ○ | | |
| ○ | ○ | ○ | ○ | ○ | ○ | ○ | ○ | ○ | ○ | ○ | ○ | ○ | ○ | ○ | ○ | ○ | ○ | ○ | ○ | ○ | ○ | ○ | ○ | ○ | ○ | | ○ | | | | | |
| | | ○ | | ○ | ○ | | ○ | | ○ | ○ | ○ | | ○ | ○ | | ○ | ○ | ○ | ○ | ○ | | | ○ | ○ | | | | | | | | |
| | | ○ | | ○ | ○ | ○ | ○ | | ○ | ○ | ○ | | ○ | ○ | | ○ | ○ | ○ | ○ | ○ | | | ○ | ○ | | | | | | | | |
| | | ○ | | ○ | | ○ | | | ○ | | ○ | | ○ | ○ | | | | | ○ | ○ | | | | ○ | | | | | | | | |
| ○ | ○ | ○ | ◇ | ◇ | ○ | ○ | ○ | ○ | ○ | ◇ | ◇ | ◇ | ○ | ○ | ○ | ○ | ◇ | ○ | ○ | ○ | ◇ | ○ | ◇ | ◇ | ○ | | ○ | ○ | ○ | ○ | ○ | |
| | | | ○ | ○ | | | ○ | | ○ | | ○ | | | ○ | | | | | ○ | ○ | | ○ | | ○ | | | | | | | | |
| | | | | | | | | | | | | | | ○ | | | | | | | ○ | | | ○ | | | | | | | | |
| | ○ | ○ | ○ | ○ | | ○ | ○ | | ○ | | ○ | ○ | | ○ | | | ○ | | ○ | ○ | ○ | ○ | ○ | ○ | | | | ○ | | ○ | | |
| | | ○ | | | | ○ | | | ○ | | | ○ | | | | | ○ | | | | | | | ○ | | | | ○ | | | | |
| | | ○ | ○ | | | ○ | ○ | ○ | ○ | | ○ | | ○ | ○ | | | ○ | | ○ | | ○ | | ○ | ○ | | | | | | | ○ | |
| ○ | ○ | ○ | ○ | ○ | ○ | ○ | ○ | ○ | ○ | ○ | ○ | ○ | ○ | ○ | ○ | ○ | ○ | ○ | ○ | ○ | ○ | ○ | ○ | ○ | ○ | ○ | ○ | ○ | ○ | ○ | ○ | |
| ○ | ○ | ○ | ○ | ○ | ○ | ○ | ○ | ○ | ○ | ○ | ○ | ○ | ○ | ○ | ○ | ○ | ○ | ○ | ○ | ○ | ○ | ○ | ○ | ○ | | ○ | ○ | ○ | | ○ | ○ | |
| ○ | ○ | ○ | ○ | ○ | ○ | ○ | ○ | ○ | ○ | ○ | ○ | ○ | ○ | ○ | ○ | ○ | ○ | ○ | ○ | ○ | ○ | ○ | ○ | ○ | | ○ | ○ | ○ | | ○ | ○ | |
| ○ | | ○ | ○ | ○ | | ○ | ○ | | ○ | ○ | ○ | | ○ | ○ | | | ○ | | ○ | ○ | | ○ | | ○ | | | | | | | | |
| ○ | ○ | ○ | ○ | ○ | | ○ | | | ○ | ○ | ○ | ○ | | ○ | | | ○ | ○ | ○ | ○ | ○ | ○ | | ○ | | | ○ | | | ○ | | |
| ○ | ○ | ○ | ○ | ○ | ○ | ○ | ○ | ○ | ○ | ○ | ○ | ○ | ○ | ○ | | ○ | | ○ | ○ | ○ | ○ | ○ | ○ | ○ | ○ | ○ | ○ | △ | △ | | ○ | ○ |
| ○ | ○ | ○ | ○ | ○ | ○ | ○ | ○ | ○ | ○ | ○ | ○ | ○ | ○ | ○ | | ○ | ○ | ○ | ○ | ○ | ○ | ○ | ○ | ○ | ○ | | ○ | ○ | ○ | ○ | ○ | |
| | ○ | ○ | ○ | | | ○ | | | ○ | ○ | | | | ○ | | | ○ | | ○ | ○ | | ○ | ○ | ○ | | | | ○ | | | | |
| | ○ | ○ | ○ | ○ | | ○ | ○ | ○ | ○ | ○ | ○ | ○ | ○ | ○ | | ○ | ○ | ○ | ○ | ○ | ○ | ○ | ○ | ○ | | ○ | ○ | ○ | | ○ | ○ | ○ |
| ○ | ○ | ○ | ○ | ○ | ○ | ○ | ○ | ○ | ○ | ○ | ○ | ○ | ○ | ○ | | ○ | ○ | ○ | ○ | ○ | ○ | ○ | ○ | ○ | ○ | ○ | ○ | ○ | ○ | ○ | ○ | ○ |
| ○ | ○ | ○ | ○ | ○ | ○ | ○ | ○ | ○ | ○ | ○ | ○ | ○ | ○ | ○ | ○ | ○ | ○ | ○ | | | ○ | ○ | ○ | ○ | ○ | ○ | ○ | ○ | ○ | | ○ | ○ |
| ○ | ○ | | ○ | ○ | ○ | ○ | ○ | | ○ | ○ | ○ | | ○ | ○ | | ○ | ○ | ○ | | | ○ | | ○ | ○ | | | ○ | | ○ | | | ○ |
| ○ | | ○ | ○ | | ○ | ○ | ○ | ○ | ○ | ○ | ○ | ○ | ○ | ○ | | ○ | ○ | ○ | | | | ○ | ○ | ○ | | ○ | ○ | | | | ○ | ○ |

| 章 | 節 | 条約 | ア | | | | | | | | | | | | | | | | フ | | |
|---|---|---|---|---|---|---|---|---|---|---|---|---|---|---|---|---|---|---|---|---|---|
| | | | ガンビア | ギニア | ギニアビサウ | ケニア | コートジボワール | コモロ | コンゴ共和国 | コンゴ民主共和国 | サントメ・プリンシペ | ザンビア | シエラレオネ | ジブチ | ジンバブエ | スーダン | セーシェル | 赤道ギニア | セネガル | ソマリア | タンザニア |
| 第8章 | 2節 | 移民密入国防止議定書 | ○ | ○ | | ○ | ○ | ○ | | ○ | ○ | ○ | ○ | ○ | | ○ | ○ | | ○ | | ○ |
| | | 腐敗の防止に関する国際連合条約 | ○ | ○ | ○ | ○ | ○ | ○ | ○ | ○ | ○ | ○ | ○ | ○ | ○ | ○ | ○ | ○ | ○ | | ○ |
| 第9章 | | 国際通貨基金協定 | ○ | ○ | ○ | ○ | ○ | ○ | ○ | ○ | ○ | ○ | ○ | ○ | ○ | ○ | ○ | ○ | ○ | ○ | ○ |
| | | 国際復興開発銀行協定 | ○ | ○ | ○ | ○ | ○ | ○ | ○ | ○ | ○ | ○ | ○ | ○ | ○ | ○ | ○ | ○ | ○ | ○ | ○ |
| | | WTO協定／GATT | ○ | ○ | ○ | ○ | ○ | | ○ | ○ | | ○ | ○ | ○ | ○ | | ○ | | ○ | | ○ |
| | | 投資紛争解決条約 | ○ | ○ | | ○ | ○ | ○ | ○ | ○ | ○ | ○ | ○ | ○ | ○ | ○ | ○ | | ○ | ○ | ○ |
| | | 国際原子力機関憲章 | | | | ○ | ○ | ○ | ○ | ○ | | ○ | ○ | ○ | ○ | ○ | ○ | | ○ | | ○ |
| 第10章 | | 国際連合教育科学文化機関憲章 | ○ | ○ | ○ | ○ | ○ | ○ | ○ | ○ | ○ | ○ | ○ | ○ | ○ | ○ | ○ | ○ | ○ | ○ | ○ |
| | | 世界遺産条約 | ○ | ○ | ○ | ○ | ○ | ○ | ○ | ○ | ○ | ○ | ○ | ○ | ○ | ○ | ○ | ○ | ○ | ○ | ○ |
| | | 文化財不法輸出入禁止条約 | | ○ | | | ○ | | | ○ | | ○ | | ○ | ○ | | ○ | ○ | ○ | | ○ |
| | | 無形文化遺産条約 | ○ | ○ | ○ | ○ | ○ | ○ | ○ | ○ | ○ | ○ | | ○ | ○ | ○ | ○ | ○ | ○ | ○ | ○ |
| | | 文化的表現多様性条約 | ○ | ○ | | ○ | ○ | ○ | ○ | ○ | | | | ○ | ○ | ○ | ○ | ○ | ○ | | ○ |
| 第11章 | | オゾン層の保護のためのウィーン条約 | ○ | ○ | ○ | ○ | ○ | ○ | ○ | ○ | ○ | ○ | ○ | ○ | ○ | ○ | ○ | ○ | ○ | ○ | ○ |
| | | オゾン層破壊物質モントリオール議定書 | ○ | ○ | ○ | ○ | ○ | ○ | ○ | ○ | ○ | ○ | ○ | ○ | ○ | ○ | ○ | ○ | ○ | ○ | ○ |
| | | 有害廃棄物越境移動規制条約 | ○ | ○ | ○ | ○ | ○ | ○ | ○ | ○ | ○ | ○ | ○ | ○ | ○ | ○ | ○ | ○ | ○ | ○ | ○ |
| | | 気候変動枠組条約 | ○ | ○ | ○ | ○ | ○ | ○ | ○ | ○ | ○ | ○ | ○ | ○ | ○ | ○ | ○ | ○ | ○ | ○ | ○ |
| | | 京都議定書 | ○ | ○ | ○ | ○ | ○ | ○ | ○ | ○ | ○ | ○ | ○ | ○ | ○ | ○ | ○ | ○ | ○ | ○ | ○ |
| | | パリ協定 | ○ | ○ | ○ | ○ | ○ | ○ | ○ | ○ | ○ | ○ | ○ | ○ | ○ | ○ | ○ | ○ | ○ | ○ | ○ |
| | | 生物多様性条約 | ○ | ○ | ○ | ○ | ○ | ○ | ○ | ○ | ○ | ○ | ○ | ○ | ○ | ○ | ○ | ○ | ○ | ○ | ○ |
| | | カルタヘナ議定書 | ○ | ○ | ○ | ○ | ○ | ○ | ○ | ○ | | ○ | ○ | ○ | ○ | ○ | ○ | | ○ | ○ | ○ |
| | | 名古屋議定書 | ○ | ○ | ○ | ○ | ○ | ○ | ○ | ○ | ○ | ○ | ○ | ○ | ○ | ○ | ○ | | ○ | | ○ |
| | | ワシントン野生動植物取引規制条約 | ○ | ○ | ○ | ○ | ○ | ○ | ○ | ○ | ○ | ○ | ○ | ○ | ○ | ○ | ○ | ○ | ○ | ○ | ○ |
| | | 湿地保全条約 | ○ | ○ | ○ | ○ | ○ | ○ | ○ | ○ | ○ | ○ | ○ | ○ | ○ | ○ | ○ | ○ | ○ | | ○ |
| | | 原子力事故通報条約 | | | | | ○ | | | | | | | | | | | | ○ | | ○ |
| | | 原子力事故援助条約 | | | | | ○ | | | | | | | | | | | | ○ | | ○ |
| | | 原子力安全条約 | | | | | | | | | | | | | | | | | ○ | | |
| 第12章 | | 国際司法裁判所規程 | ◎ | ◎ | ◎ | ◎ | ◎ | ○ | ○ | ◎ | ○ | ○ | ○ | ◎ | ○ | ◎ | ○ | ◎ | ◎ | ◎ | ○ |
| | | 国際紛争平和的処理条約 | | | | ○ | | | | ○ | ○ | ○ | | ○ | | ○ | | | ○ | | |
| 第13章 | | 不戦条約 | | | | | | | | | | | | | | | | | | | |
| 第14章 | 2節 | 毒ガス等禁止議定書 | ○ | | ○ | ○ | ○ | | | | | | ○ | | | ○ | | ○ | ○ | | ○ |
| | | 環境改変技術敵対的使用禁止条約 | | | | | | | | | ○ | | | | | | | | | | |
| | | 特定通常兵器使用禁止制限条約 | | | | | ○ | | | | | ○ | ○ | ○ | | | ○ | ○ | ○ | | |
| | 3節 | 1949年ジュネーヴ条約（第1－第4） | ○ | ○ | ○ | ○ | ○ | ○ | ○ | ○ | ○ | ○ | ○ | ○ | ○ | ○ | ○ | ○ | ○ | ○ | ○ |
| | | 1949年ジュネーヴ条約第1追加議定書 | ○ | ○ | ○ | ○ | ○ | ○ | ○ | ○ | ○ | ○ | ○ | ○ | ○ | ○ | ○ | ○ | ○ | | ○ |
| | | 1949年ジュネーヴ条約第2追加議定書 | ○ | ○ | ○ | ○ | ○ | ○ | ○ | ○ | ○ | ○ | ○ | ○ | ○ | ○ | ○ | ○ | ○ | | ○ |
| | | 武力紛争文化財保護条約 | | ○ | | | ○ | | | ○ | | | | ○ | ○ | ○ | ○ | ○ | ○ | | ○ |
| 第15章 | | 部分的核実験停止条約 | ○ | | ○ | ○ | ○ | | | ○ | | ○ | ○ | | | ○ | ○ | ○ | ○ | | ○ |
| | | 包括的核実験禁止条約 | △ | ○ | ○ | ○ | ○ | △ | ○ | ○ | △ | ○ | ○ | ○ | ○ | ○ | ○ | △ | ○ | | ○ |
| | | 核兵器不拡散条約 | ○ | ○ | ○ | ○ | ○ | ○ | ○ | ○ | ○ | ○ | ○ | ○ | ○ | ○ | ○ | ○ | ○ | ○ | ○ |
| | | 海底非核化条約 | | | ○ | | ○ | | ○ | | ○ | ○ | | | | | ○ | | | | |
| | | 生物毒素兵器禁止条約 | ○ | ○ | ○ | ○ | ○ | | ○ | ○ | ○ | ○ | ○ | | ○ | ○ | ○ | ○ | ○ | | ○ |
| | | 化学兵器禁止条約 | ○ | ○ | ○ | ○ | ○ | ○ | ○ | ○ | ○ | ○ | ○ | ○ | ○ | ○ | ○ | ○ | ○ | ○ | ○ |
| | | 対人地雷禁止条約 | ○ | ○ | ○ | ○ | ○ | ○ | ○ | ○ | ○ | ○ | ○ | ○ | ○ | ○ | ○ | ○ | ○ | ○ | ○ |
| | | 武器貿易条約 | | ○ | ○ | | ○ | | | | ○ | ○ | ○ | | | | ○ | | ○ | | |
| | | クラスター弾に関する条約 | ○ | ○ | ○ | | ○ | ○ | ○ | | ○ | ○ | ○ | | | | ○ | | ○ | ○ | |

| ジ | | | | | | | | | | | | ア | | | | | | | | | | | | | ア | | フ | | | リ | | カ | |
|---|---|---|---|---|---|---|---|---|---|---|---|---|---|---|---|---|---|---|---|---|---|---|---|---|---|---|---|---|---|---|---|---|---|
| 朝鮮民主主義人民共和国 | トルコ | 日本 | ネパール | パキスタン | バーレーン | パレスチナ | バングラデシュ | 東ティモール | フィリピン | ブータン | ブルネイ | ベトナム | マレーシア | ミャンマー | モルディブ | モンゴル | ヨルダン | ラオス | レバノン | （台湾（中華民国）） | （香港） | （マカオ） | アルジェリア | アンゴラ | ウガンダ | エジプト | エスワティニ | エチオピア | エリトリア | ガーナ | カーボベルデ | ガボン | カメルーン |
|  | ○ | ○ |  |  | ○ |  |  | ○ | ○ |  |  |  |  | ○ |  | ○ |  | ○ | ○ |  |  |  | ○ | ○ |  | ○ | ○ | ○ |  | ○ | ○ | ○ | ○ |
|  | ○ | ○ | ○ | ○ | ○ | ○ | ○ | ○ | ○ | ○ | ○ | ○ | ○ | ○ | ○ | ○ | ○ | ○ | ○ |  |  |  | ○ | ○ | ○ | ○ | ○ | ○ |  | ○ | ○ | ○ | ○ |
|  | ○ | ○ | ○ | ○ | ○ |  | ○ | ○ | ○ | ○ | ○ | ○ | ○ | ○ | ○ | ○ | ○ | ○ | ○ |  |  |  | ○ | ○ | ○ | ○ | ○ | ○ | ○ | ○ | ○ | ○ | ○ |
|  | ○ | ○ | ○ | ○ | ○ |  | ○ | ○ | ○ | ○ | ○ | ○ | ○ | ○ | ○ | ○ | ○ | ○ | ○ |  |  |  | ○ | ○ | ○ | ○ | ○ | ○ | ○ | ○ | ○ | ○ | ○ |
|  | ○ | ○ | ○ | ○ | ○ |  | ○ |  | ○ |  | ○ | ○ | ○ | ○ | ○ | ○ | ○ | ○ |  | ○ | ○ | ○ |  | ○ | ○ | ○ | ○ |  |  | ○ | ○ | ○ | ○ |
|  | ○ | ○ | ○ | ○ | ○ |  | ○ | ○ | ○ |  | ○ |  | ○ |  |  | ○ | ○ |  | ○ |  |  |  | ○ |  | ○ | ○ | ○ |  |  | ○ | ○ | ○ | ○ |
|  | ○ | ○ | ○ | ○ | ○ |  | ○ |  | ○ |  | ○ | ○ | ○ | ○ |  | ○ | ○ | ○ | ○ |  |  |  | ○ | ○ | ○ | ○ | ○ | ○ | ○ | ○ |  | ○ | ○ |
| ○ | ○ | ○ | ○ | ○ | ○ | ○ | ○ | ○ | ○ | ○ | ○ | ○ | ○ | ○ | ○ | ○ | ○ | ○ | ○ |  |  |  | ○ | ○ | ○ | ○ | ○ | ○ | ○ | ○ | ○ | ○ | ○ |
| ○ | ○ | ○ | ○ | ○ | ○ | ○ | ○ | ○ | ○ | ○ | ○ | ○ | ○ | ○ | ○ | ○ | ○ | ○ | ○ |  |  |  | ○ | ○ | ○ | ○ | ○ | ○ | ○ | ○ | ○ | ○ | ○ |
| ○ | ○ | ○ | ○ | ○ | ○ | ○ | ○ |  |  | ○ |  | ○ |  | ○ |  | ○ | ○ | ○ | ○ |  |  |  | ○ | ○ |  | ○ | ○ | ○ |  | ○ |  | ○ | ○ |
| ○ | ○ | ○ | ○ | ○ | ○ | ○ | ○ | ○ | ○ | ○ | ○ | ○ | ○ | ○ |  | ○ | ○ | ○ | ○ |  |  |  | ○ | ○ | ○ | ○ | ○ | ○ | ○ | ○ | ○ | ○ | ○ |
|  | ○ |  |  |  |  | ○ | ○ | ○ |  |  |  | ○ |  |  |  | ○ | ○ | ○ |  |  |  |  | ○ | ○ | ○ | ○ | ○ | ○ |  | ○ |  | ○ | ○ |
| ○ | ○ | ○ | ○ | ○ | ○ | ○ | ○ | ○ | ○ | ○ | ○ | ○ | ○ | ○ | ○ | ○ | ○ | ○ | ○ |  |  |  | ○ | ○ | ○ | ○ | ○ | ○ | ○ | ○ | ○ | ○ | ○ |
| ○ | ○ | ○ | ○ | ○ | ○ | ○ | ○ | ○ | ○ | ○ | ○ | ○ | ○ | ○ | ○ | ○ | ○ | ○ | ○ |  |  |  | ○ | ○ | ○ | ○ | ○ | ○ | ○ | ○ | ○ | ○ | ○ |
| ○ | ○ | ○ | ○ | ○ | ○ | ○ | ○ |  | ○ | ○ | ○ | ○ | ○ | ○ | ○ | ○ | ○ | ○ | ○ |  |  |  | ○ | ○ | ○ | ○ | ○ | ○ | ○ | ○ | ○ | ○ | ○ |
| ○ | ○ | ○ | ○ | ○ | ○ | ○ | ○ | ○ | ○ | ○ | ○ | ○ | ○ | ○ | ○ | ○ | ○ | ○ | ○ |  |  |  | ○ | ○ | ○ | ○ | ○ | ○ | ○ | ○ | ○ | ○ | ○ |
| ○ | ○ | ○ | ○ | ○ | ○ |  | ○ | ○ | ○ | ○ | ○ | ○ | ○ | ○ | ○ | ○ | ○ | ○ | ○ |  |  |  | ○ | ○ | ○ | ○ | ○ | ○ | ○ | ○ | ○ | ○ | ○ |
| ○ |  | ○ | ○ | ○ | ○ | ○ | ○ | ○ | ○ | ○ | ○ | ○ | ○ | ○ | ○ | ○ | ○ | ○ | ○ |  |  |  | ○ | ○ | ○ | ○ | ○ | ○ |  | ○ | ○ | ○ | ○ |
| ○ | ○ | ○ | ○ | ○ | ○ | ○ | ○ | ○ | ○ | ○ | ○ | ○ | ○ | ○ | ○ | ○ | ○ | ○ | ○ |  |  |  | ○ | ○ | ○ | ○ | ○ | ○ | ○ | ○ | ○ | ○ | ○ |
| ○ | ○ | ○ |  | ○ | ○ | ○ | ○ |  | ○ | ○ |  | ○ | ○ | ○ | ○ | ○ | ○ | ○ | ○ |  |  |  | ○ | ○ | ○ | ○ | ○ | ○ | ○ | ○ | ○ | ○ | ○ |
| ○ |  | ○ | ○ | ○ |  |  |  |  | ○ | ○ |  | ○ | ○ | ○ | ○ | ○ | ○ | ○ | ○ |  |  |  |  | ○ | ○ | ○ | ○ | ○ | ○ | ○ |  | ○ | ○ |
|  | ○ | ○ | ○ | ○ | ○ |  | ○ |  | ○ | ○ | ○ | ○ | ○ | ○ | ○ | ○ | ○ | ○ | ○ |  |  |  | ○ | ○ | ○ | ○ | ○ | ○ | ○ | ○ | ○ | ○ | ○ |
| ○ | ○ | ○ | ○ | ○ | ○ |  | ○ |  | ○ | ○ |  | ○ | ○ | ○ |  | ○ | ○ | ○ | ○ |  |  |  | ○ |  | ○ | ○ | ○ |  |  | ○ | ○ | ○ | ○ |
|  | ○ | ○ |  | ○ | ○ |  | ○ |  | ○ |  |  | ○ | ○ | ○ |  | ○ | ○ | ○ | ○ |  |  |  | ○ | ○ |  | ○ |  |  | ○ | ○ |  | ○ | ○ |
|  | ○ | ○ |  | ○ |  |  | ○ |  | ○ |  |  | ○ | ○ |  |  | ○ | ○ | ○ | ○ |  |  |  | ○ |  |  | ○ |  |  | ○ | ○ |  | ○ | ○ |
|  | ○ | ○ |  | ○ | ○ |  | ○ |  |  |  |  | ○ |  | ○ |  |  | ○ |  | ○ |  |  |  |  | ○ |  |  |  |  |  | ○ |  |  |  |
| ○ | ○ | ◇ | ○ | ◇ | ○ |  | ○ | ◇ | ◇ | ○ | ○ | ○ | ○ | ○ | ○ | ○ | ○ | ○ | ○ |  |  |  | ○ | ○ | ◇ | ◇ | ◇ | ○ | ○ | ○ | ○ | ○ | ◇ |
|  |  | ○ |  |  | ○ | ○ | ○ |  | ○ |  |  | ○ | ○ |  |  |  | ○ | ○ | ○ |  |  |  |  |  | ○ | ○ | ○ |  | ○ |  |  |  | ○ |
|  | ○ | ○ |  |  |  |  |  |  |  |  |  |  |  |  |  |  |  |  |  |  |  |  |  |  |  | ○ |  | ○ |  |  |  |  |  |
| ○ | ○ | ○ | ○ | ○ | ○ | ○ | ○ |  | ○ | ○ |  | ○ | ○ |  | ○ | ○ | ○ | ○ | ○ |  |  |  | ○ | ○ | ○ | ○ | ○ | ○ |  | ○ | ○ |  | ○ |
| ○ |  | ○ |  | ○ |  | ○ | ○ |  |  |  |  | ○ |  |  |  | ○ |  | ○ |  |  |  |  | ○ |  |  | ○ |  |  |  | ○ | ○ |  | ○ |
|  | ○ | ○ |  | ○ | ○ | ○ | ○ |  | ○ |  |  |  |  |  | ○ | ○ | ○ | ○ | ○ |  |  |  | ○ |  | ○ |  |  |  |  |  | ○ | ○ | ○ |
| ○ | ○ | ○ | ○ | ○ | ○ | ○ | ○ | ○ | ○ | ○ | ○ | ○ | ○ | ○ | ○ | ○ | ○ | ○ | ○ |  |  |  | ○ | ○ | ○ | ○ | ○ | ○ | ○ | ○ | ○ | ○ | ○ |
| ○ |  | ○ |  |  | ○ | ○ | ○ | ○ | ○ |  | ○ | ○ |  |  | ○ | ○ | ○ | ○ | ○ |  |  |  | ○ | ○ | ○ | ○ | ○ | ○ |  | ○ | ○ | ○ | ○ |
|  |  | ○ |  |  | ○ | ○ | ○ | ○ | ○ |  | ○ |  |  |  | ○ | ○ | ○ | ○ | ○ |  |  |  | ○ | ○ | ○ | ○ | ○ | ○ |  | ○ | ○ | ○ | ○ |
|  | ○ | ○ |  | ○ | ○ | ○ | ○ |  |  |  |  |  | ○ | ○ |  | ○ | ○ |  | ○ |  |  |  |  | ○ |  | ○ |  | ○ | ○ | ○ |  | ○ | ○ |
|  | ○ | ○ | ○ | ○ |  |  | ○ |  | ○ | ○ |  |  | ○ | ○ |  | ○ | ○ | ○ | ○ |  |  |  |  |  | ○ | ○ | ○ |  |  | ○ | ○ | ○ |  |
|  | ○ | ○ | △ |  | ○ |  | ○ | △ | ○ |  | ○ | ○ | ○ | ○ | ○ | ○ | ○ | ○ | ○ |  |  |  | ○ | ○ | ○ | △ | ○ | ○ | ○ | ○ | ○ | ○ | ○ |
| ○ | ○ | ○ | ○ |  | ○ | ○ | ○ | ○ | ○ | ○ | ○ | ○ | ○ | ○ | ○ | ○ | ○ | ○ | ○ | † |  |  | ○ | ○ | ○ | ○ | ○ | ○ | ○ | ○ | ○ | ○ | ○ |
|  | ○ | ○ | ○ |  |  |  |  |  | ○ |  |  | ○ | ○ |  |  | ○ | ○ | ○ |  | † |  |  | ○ |  |  |  | ○ | ○ |  | ○ | ○ |  |  |
| ○ | ○ | ○ | ○ | ○ | ○ | ○ | ○ | ○ | ○ | ○ | ○ | ○ | ○ | ○ | ○ | ○ | ○ | ○ | ○ | † |  |  | ○ | ○ | ○ |  | ○ | ○ |  | ○ | ○ | ○ | ○ |
|  | ○ | ○ | ○ | ○ | ○ | ○ | ○ | ○ | ○ | ○ | ○ | ○ | ○ | ○ | ○ | ○ | ○ | ○ | ○ |  |  |  | ○ | ○ | ○ |  | ○ | ○ | ○ | ○ | ○ | ○ | ○ |
|  | ○ | ○ |  |  |  | ○ | ○ | ○ | ○ | ○ | ○ |  | ○ |  | ○ |  | ○ |  |  |  |  |  | ○ | ○ | ○ |  | ○ | ○ | ○ | ○ | ○ | ○ | ○ |
|  |  | ○ |  |  |  | ○ |  |  |  |  |  |  |  |  | ○ |  |  |  | ○ |  |  |  |  |  |  |  |  |  |  | ○ | ○ |  | ○ |
|  |  | ○ |  |  |  | ○ |  |  | ○ |  |  |  |  |  | ○ |  |  | ○ | ○ |  |  |  |  |  |  |  | ○ |  |  | ○ | ○ |  | ○ |

| 章 | 節 | 条約 | アフガニスタン | アラブ首長国連邦 | イエメン | イスラエル | イラク | イラン | インド | インドネシア | オマーン | カタール | カンボジア | クウェート | サウジアラビア | シリア | シンガポール | スリランカ | タイ | 大韓民国 | 中国 |
|---|---|---|---|---|---|---|---|---|---|---|---|---|---|---|---|---|---|---|---|---|---|
| | | | ア | | | | | | | | | | | | | | | | | | |
| 第8章 | 2節 | 移民密入国防止議定書 | ○ | | | | ○ | | ○ | ○ | ○ | | ○ | ○ | ○ | ○ | | | | ○ | |
| | | 腐敗の防止に関する国際連合条約 | ○ | ○ | ○ | ○ | ○ | ○ | ○ | ○ | ○ | ○ | ○ | ○ | ○ | | ○ | ○ | ○ | ○ | ○ |
| 第9章 | | 国際通貨基金協定 | ○ | ○ | ○ | ○ | ○ | ○ | ○ | ○ | ○ | ○ | ○ | ○ | ○ | ○ | ○ | ○ | ○ | ○ | ○ |
| | | 国際復興開発銀行協定 | ○ | ○ | ○ | ○ | ○ | ○ | ○ | ○ | ○ | ○ | ○ | ○ | ○ | ○ | ○ | ○ | ○ | ○ | ○ |
| | | WTO協定/GATT | ○ | ○ | ○ | ○ | | | ○ | ○ | ○ | ○ | ○ | ○ | ○ | | ○ | ○ | ○ | ○ | ○ |
| | | 投資紛争解決条約 | ○ | ○ | ○ | ○ | ○ | | | ○ | ○ | ○ | ○ | ○ | ○ | ○ | ○ | ○ | | ○ | ○ |
| | | 国際原子力機関憲章 | ○ | ○ | ○ | ○ | ○ | ○ | ○ | ○ | ○ | ○ | ○ | ○ | ○ | ○ | ○ | ○ | ○ | ○ | ○ |
| 第10章 | | 国際連合教育科学文化機関憲章 | ○ | ○ | ○ | | ○ | ○ | ○ | ○ | ○ | ○ | ○ | ○ | ○ | ○ | ○ | ○ | ○ | ○ | ○ |
| | | 世界遺産条約 | ○ | ○ | ○ | ○ | ○ | ○ | ○ | ○ | ○ | ○ | ○ | ○ | ○ | ○ | ○ | ○ | ○ | ○ | ○ |
| | | 文化財不法輸出入禁止条約 | ○ | ○ | ○ | | ○ | ○ | ○ | | ○ | ○ | ○ | ○ | ○ | ○ | | ○ | | ○ | ○ |
| | | 無形文化遺産条約 | ○ | ○ | ○ | | ○ | ○ | ○ | ○ | ○ | ○ | ○ | ○ | ○ | ○ | ○ | ○ | ○ | ○ | ○ |
| | | 文化的表現多様性条約 | ○ | ○ | | | ○ | | ○ | ○ | ○ | ○ | ○ | ○ | | ○ | | | | ○ | ○ |
| 第11章 | | オゾン層の保護のためのウィーン条約 | ○ | ○ | ○ | ○ | ○ | ○ | ○ | ○ | ○ | ○ | ○ | ○ | ○ | ○ | ○ | ○ | ○ | ○ | ○ |
| | | オゾン層破壊物質モントリオール議定書 | ○ | ○ | ○ | ○ | ○ | ○ | ○ | ○ | ○ | ○ | ○ | ○ | ○ | ○ | ○ | ○ | ○ | ○ | ○ |
| | | 有害廃棄物越境移動規制条約 | ○ | ○ | ○ | ○ | ○ | ○ | ○ | ○ | ○ | ○ | ○ | ○ | ○ | ○ | ○ | ○ | ○ | ○ | ○ |
| | | 気候変動枠組条約 | ○ | ○ | ○ | ○ | ○ | ○ | ○ | ○ | ○ | ○ | ○ | ○ | ○ | ○ | ○ | ○ | ○ | ○ | ○ |
| | | 京都議定書 | ○ | ○ | ○ | ○ | ○ | ○ | ○ | ○ | ○ | ○ | ○ | ○ | ○ | ○ | ○ | ○ | ○ | ○ | ○ |
| | | パリ協定 | ○ | ○ | | ○ | | | ○ | ○ | ○ | ○ | ○ | ○ | ○ | ○ | ○ | ○ | ○ | ○ | ○ |
| | | 生物多様性条約 | ○ | ○ | ○ | ○ | ○ | ○ | ○ | ○ | ○ | ○ | ○ | ○ | ○ | ○ | ○ | ○ | ○ | ○ | ○ |
| | | カルタヘナ議定書 | ○ | ○ | ○ | | ○ | ○ | ○ | ○ | ○ | ○ | ○ | ○ | ○ | ○ | | ○ | ○ | ○ | ○ |
| | | 名古屋議定書 | ○ | ○ | | | | | ○ | ○ | ○ | ○ | ○ | ○ | ○ | ○ | | | | ○ | ○ |
| | | ワシントン野生動植物取引規制条約 | ○ | ○ | ○ | ○ | ○ | ○ | ○ | ○ | ○ | ○ | ○ | ○ | ○ | ○ | ○ | ○ | ○ | ○ | ○ |
| | | 湿地保全条約 | | ○ | ○ | ○ | ○ | ○ | ○ | ○ | ○ | | ○ | ○ | | ○ | | ○ | ○ | ○ | ○ |
| | | 原子力事故通報条約 | | ○ | | ○ | ○ | ○ | ○ | ○ | ○ | ○ | ○ | ○ | ○ | ○ | ○ | ○ | ○ | ○ | ○ |
| | | 原子力事故援助条約 | | ○ | | ○ | ○ | ○ | ○ | ○ | ○ | ○ | | ○ | ○ | ○ | ○ | ○ | ○ | ○ | ○ |
| | | 原子力安全条約 | | ○ | | | | | ○ | ○ | ○ | ○ | ○ | ○ | ○ | ○ | ○ | ○ | ○ | ○ | ○ |
| 第12章 | | 国際司法裁判所規程 | ○ | ○ | ○ | ○ | ○ | ○ | ◇ | ○ | ○ | ○ | ◇ | ○ | ○ | ○ | ○ | ○ | ○ | ○ | ○ |
| | | 国際紛争平和的処理条約 | | ○ | | ○ | ○ | | | | | ○ | ○ | ○ | ○ | | ○ | | ○ | ○ | ○ |
| 第13章 | | 不戦条約 | ○ | | | | ○ | ○ | ○ | | | | | | ○ | | | | ○ | | + |
| 第14章 | 2節 | 毒ガス等禁止議定書 | ○ | | ○ | ○ | ○ | ○ | ○ | ○ | | ○ | ○ | ○ | ○ | ○ | | ○ | ○ | ○ | ○ |
| | | 環境改変技術敵対的使用禁止条約 | ○ | | ○ | | | | ○ | | | | | ○ | | | | ○ | | ○ | ○ |
| | | 特定通常兵器使用禁止制限条約 | ○ | ○ | | ○ | ○ | | ○ | | | ○ | ○ | ○ | ○ | | | ○ | | ○ | ○ |
| | 3節 | 1949年ジュネーヴ条約(第1―第4) | ○ | ○ | ○ | ○ | ○ | ○ | ○ | ○ | ○ | ○ | ○ | ○ | ○ | ○ | ○ | ○ | ○ | ○ | ○ |
| | | 1949年ジュネーヴ条約第1追加議定書 | ○ | ○ | ○ | | ○ | | | | ○ | ○ | ○ | ○ | ○ | ○ | | | | ○ | ○ |
| | | 1949年ジュネーヴ条約第2追加議定書 | ○ | ○ | ○ | | | | | | ○ | ○ | ○ | ○ | ○ | | | | | ○ | ○ |
| | | 武力紛争文化財保護条約 | ○ | | ○ | ○ | ○ | ○ | ○ | ○ | ○ | ○ | ○ | ○ | ○ | ○ | | ○ | ○ | | ○ |
| 第15章 | | 部分的核実験停止条約 | ○ | | ○ | ○ | ○ | ○ | ○ | ○ | | | | ○ | | ○ | ○ | ○ | ○ | ○ | |
| | | 包括的核実験禁止条約 | ○ | ○ | △ | △ | ○ | △ | | ○ | ○ | ○ | ○ | ○ | | | ○ | △ | ○ | ○ | △ |
| | | 核兵器不拡散条約 | ○ | ○ | ○ | | ○ | ○ | | ○ | ○ | ○ | ○ | ○ | ○ | ○ | ○ | ○ | ○ | ○ | ○ |
| | | 海底非核化条約 | ○ | | ○ | | ○ | ○ | ○ | | | ○ | | | ○ | | ○ | | | ○ | ○ |
| | | 生物毒素兵器禁止条約 | ○ | ○ | ○ | | ○ | ○ | ○ | ○ | ○ | ○ | ○ | ○ | ○ | | ○ | ○ | ○ | ○ | ○ |
| | | 化学兵器禁止条約 | ○ | ○ | ○ | | ○ | ○ | ○ | ○ | ○ | ○ | ○ | ○ | ○ | ○ | ○ | ○ | ○ | ○ | ○ |
| | | 対人地雷禁止条約 | ○ | | ○ | | ○ | | | ○ | ○ | ○ | ○ | ○ | | | | ○ | ○ | | |
| | | 武器貿易条約 | ○ | | | | | | | | | | | | | | | | | ○ | ○ |
| | | クラスター弾に関する条約 | ○ | | | | ○ | | | | | | | | | | | ○ | | | |

| ッ | | | | パ | | | | | | | | | | | ロシア連邦その他のCIS諸国 | | | | | | | | | | | | 当事国数 |
|---|---|---|---|---|---|---|---|---|---|---|---|---|---|---|---|---|---|---|---|---|---|---|---|---|---|---|---|
| フィンランド | フランス | ブルガリア | ベルギー | ボスニア・ヘルツェゴビナ | ポーランド | ポルトガル | マルタ | モナコ | モンテネグロ | ラトビア | リトアニア | リヒテンシュタイン | ルクセンブルク | ルーマニア | アゼルバイジャン | アルメニア | ウクライナ | ウズベキスタン | カザフスタン | キルギス | ジョージア | タジキスタン | トルクメニスタン | ベラルーシ | モルドバ | ロシア | (201国) |
| ○ | ◎ | ○ | ◎ | ○ | ◎ | ○ | ○ | ○ | ○ | ○ | ○ | ○ | ◎ | ○ | ○ | ○ | ◎ | ○ | ○ | ○ | ○ | ○ | ○ | ◎ | ○ | ◎ | 193 |
| ○ | × | ○ | ○ | | ○ | ○ | | | | ○ | ○ | | ○ | × | | | | | | | | | | | | ※ | 40(解散時) |
| ○ | ○ | ○ | ○ | ○ | ○ | ○ | ○ | | ○ | ○ | ○ | | ○ | ○ | ○ | ○ | ○ | ○ | ○ | ○ | ○ | ○ | ○ | ○ | ○ | ○ | 187 |
| ⊙ | ⊙ | ⊙ | ⊙ | ⊙ | ○ | ○ | ⊙ | ○ | ⊙ | ○ | ⊙ | ⊙ | ⊙ | ⊙ | ○ | ○ | ○ | ○ | ○ | ○ | ○ | ○ | ○ | ○ | ○ | ○ | 193(70) |
| ⊙ | ⊙ | ⊙ | ⊙ | ○ | ○ | ○ | ○ | ○ | ○ | ○ | ⊙ | ⊙ | ⊙ | ⊙ | ○ | ○ | ○ | ○ | ○ | ○ | ○ | ○ | ○ | ○ | ○ | ○ | 180(52) |
| ○ | ○ | ○ | ○ | ○ | ○ | ○ | ○ | ○ | ○ | ○ | ○ | ○ | ○ | ○ | ○ | ○ | ○ | | ○ | ○ | ○ | ○ | ○ | ○ | ○ | ○ | 162 |
| ○ | | ○ | ○ | ○ | ○ | ○ | ○ | | ○ | ○ | ○ | ○ | ○ | | ○ | ○ | ○ | ○ | ○ | ○ | ○ | ○ | ○ | ○ | ○ | ○ | 116 |
| ○ | ○ | ○ | ○ | ○ | ○ | ○ | ○ | ○ | ○ | ○ | ○ | | ○ | ○ | ○ | ○ | ○ | | | | ○ | | | ○ | ○ | ○ | 167+EU |
| ○ | ○ | ○ | ○ | | ○ | ○ | ○ | ○ | ○ | ○ | ○ | | ○ | ○ | ○ | ○ | ○ | | | | ○ | | | ○ | ○ | ○ | 149+EU |
| ○ | ○ | ○ | ○ | | ○ | ○ | ○ | ○ | | ○ | ○ | | ○ | ○ | | | ○ | | | | | | | | | ○ | 90+EU |
| ○ | ○ | ○ | ○ | | ○ | ○ | | ○ | | | ○ | | ○ | ○ | | | | | | | | | | | | ○ | 88 |
| ○ | ○ | ○ | ○ | ○ | ○ | ○ | ○ | ○ | ○ | ○ | ○ | | ○ | ○ | ○ | ○ | ○ | ○ | ○ | ○ | ○ | ○ | ○ | ○ | ○ | ○ | 193 |
| ○ | ○ | ○ | ○ | | ○ | ○ | ○ | | | | ○ | | ○ | ○ | ○ | | ○ | | ○ | | | | | ○ | | ○ | 106 |
| ○ | ○ | ○ | ○ | ○ | ○ | ○ | | | ○ | | ○ | | | ○ | | | ○ | | ○ | | ○ | | | ○ | | ○ | 96 |
| ○ | ○ | ○ | ○ | ○ | ○ | | ○ | | ○ | | ○ | ○ | ○ | ○ | | | ○ | | ○ | | | | | ○ | | ○ | 95 |
| ○ | ○ | ○ | ○ | | ○ | ○ | | | ○ | | ○ | ○ | | | | ○ | ○ | | ○ | | | | | ○ | | ○ | 69 |
| ⊙ | ⊙ | ○ | ⊙ | ⊙ | ○ | ⊙ | ○ | ○ | ⊙ | ○ | ○ | ○ | ⊙ | ○ | ○ | ⊙ | ○ | ○ | ○ | ○ | ○ | ○ | ○ | ○ | ○ | ○ | 171(26) |
| ⊕ | ○ | ⊕ | ⊕ | ⊕ | ⊕ | ○ | ⊕ | ○ | ○ | ○ | ○ | ⊕ | ⊕ | ○ | ○ | ○ | ⊕ | ○ | ○ | ○ | ○ | ○ | ○ | ⊕ | ○ | ⊕ | 173 |
| ○ | ○ | ○ | ○ | ○ | ○ | ○ | ○ | | ○ | ○ | ○ | ○ | ○ | ○ | ○ | ○ | ○ | ○ | ○ | ○ | ○ | ○ | ○ | ○ | ○ | ○ | 116 |
| ○ | ○ | ○ | ○ | ○ | ○ | ○ | ○ | ○ | ○ | ○ | ○ | ○ | ○ | ○ | ○ | | ○ | ○ | | ○ | ○ | | ○ | | ○ | | 88 |
| ○ | ○ | ○ | ○ | ○ | ○ | ○ | ○ | ○ | ○ | ○ | ○ | ○ | ○ | ○ | ○ | ○ | ○ | ○ | ○ | ○ | ○ | ○ | ○ | ○ | ○ | ○ | 182 |
| ⊙ | ⊙ | ⊙ | ⊙ | ⊙ | ⊙ | ⊙ | ⊙ | ⊙ | ⊙ | ○ | ⊙ | ⊙ | ⊙ | ⊙ | ⊙ | ⊙ | ⊙ | ○ | ⊙ | ⊙ | ⊙ | ⊙ | ⊙ | ⊙ | ⊙ | ⊙ | 189(114) |
| ⊙ | ⊙ | ⊙ | ○ | ⊙ | ⊙ | ⊙ | ⊙ | ○ | ⊙ | ○ | ⊙ | ⊙ | ⊙ | ⊙ | ⊙ | ⊙ | ⊙ | ○ | ⊙ | ⊙ | ⊙ | ○ | ○ | ○ | ⊙ | ○ | 171(90) |
| ○ | ○ | ○ | ○ | ○ | ○ | ○ | ○ | ○ | ○ | ○ | ○ | ○ | ○ | ○ | ○ | ○ | ○ | ○ | ○ | ○ | ○ | ○ | ○ | ○ | ○ | ○ | 196 |
| ○ | ○ | ○ | ○ | ○ | ○ | ○ | ○ | ○ | ○ | ○ | ○ | ○ | ○ | ○ | ○ | ○ | ○ | ○ | ○ | ○ | ○ | ○ | ○ | ○ | ○ | ○ | 170 |
| ○ | ○ | ○ | ○ | ○ | ○ | ○ | ○ | ○ | ○ | ○ | ○ | ○ | ○ | ○ | ○ | ○ | ○ | ○ | ○ | ○ | ○ | ○ | ○ | ○ | ○ | ○ | 176 |
| ○ | ○ | ○ | ○ | ○ | ○ | ○ | ○ | ○ | ○ | ○ | ○ | | ○ | ○ | | ○ | ○ | ○ | ○ | | ○ | | ○ | ○ | ○ | ○ | 102 |
| ○ | ○ | ○ | ○ | ○ | ○ | ○ | ○ | ○ | ○ | ○ | ○ | | ○ | ○ | ○ | ○ | ○ | | ○ | ○ | ○ | | ○ | ○ | ○ | ○ | 181+EU |
| ⊙ | ⊙ | ⊙ | ⊙ | ⊙ | ⊙ | ⊙ | ⊙ | ⊙ | ⊙ | ⊙ | ⊙ | ⊙ | ⊙ | ⊙ | ⊙ | ⊙ | ⊙ | | ⊙ | ⊙ | ⊙ | ⊙ | ⊙ | ⊙ | ⊙ | ⊙ | 146(147) |
| ○ | ○ | ○ | ○ | ○ | ○ | ○ | ○ | | ○ | ○ | ○ | | ○ | ○ | ○ | ○ | ○ | ○ | ○ | ○ | ○ | ○ | ○ | ○ | ○ | ○ | 178 |
| ○ | ○ | ○ | ○ | ○ | ○ | ○ | ○ | | ○ | ○ | ○ | | ○ | ○ | ○ | ○ | ○ | ○ | ○ | ○ | ○ | ○ | ○ | ○ | ○ | ○ | 155 |
| ○ | ○ | ○ | ○ | ○ | ○ | ○ | ○ | | ○ | ○ | ○ | | ○ | ○ | ○ | ○ | ○ | ○ | ○ | ○ | ○ | ○ | ○ | ○ | ○ | ○ | 167 |
| ○ | ○ | ○ | ○ | ○ | ○ | ○ | ○ | | ○ | ○ | ○ | | ○ | ○ | ○ | ○ | ○ | ○ | ○ | ○ | ○ | ○ | ○ | ○ | ○ | ○ | 173 |
| ○ | ○ | ○ | ○ | ○ | ○ | ○ | ○ | | ○ | ○ | ○ | ○ | ○ | ○ | | | | | | | ○ | ○ | | | ○ | | 123 |
| ○ | ○ | ○ | ○ | ○ | ○ | ○ | ○ | ○ | ○ | ○ | ○ | ○ | ○ | ○ | ○ | ○ | ○ | ○ | ○ | ○ | ○ | ○ | ○ | ○ | ○ | ○ | 153 |
| ○ | ○ | ○ | ○ | ○ | ○ | ○ | ○ | ○ | ○ | ○ | ○ | ○ | ○ | ○ | ○ | ○ | ○ | ○ | ○ | ○ | ○ | ○ | ○ | ○ | ○ | ○ | 185 |
| ○ | ○ | ○ | ○ | ○ | ○ | ○ | ○ | ○ | ○ | ○ | ○ | ○ | ○ | ○ | ○ | ○ | ○ | ○ | ○ | ○ | ○ | ○ | ○ | ○ | ○ | ○ | 188 |
| ○ | ○ | ○ | ○ | ○ | ○ | ○ | ○ | ○ | ○ | ○ | ○ | ○ | ○ | ○ | ○ | ○ | ○ | ○ | ○ | | ○ | ○ | ○ | ○ | ○ | ○ | 168 |
| ○ | ○ | ○ | ○ | ○ | ○ | ○ | ○ | ○ | ○ | ○ | ○ | ○ | ○ | ○ | ○ | ○ | ○ | ○ | ○ | ○ | ○ | ○ | ○ | ○ | ○ | ○ | 176 |
| ○ | ○ | ○ | ○ | ○ | ○ | ○ | ○ | ○ | ○ | ○ | ○ | ○ | ○ | ○ | ○ | ○ | ○ | ○ | ○ | ○ | ○ | ○ | ○ | ○ | ○ | ○ | 180 |
| ⊙ | ⊙ | ○ | ⊙ | ⊙ | ⊙ | ○ | | ⊙ | ○ | | ○ | ⊙ | ○ | ○ | ⊙ | | ○ | ○ | | | | | ⊙ | ○ | | ○ | 95(33) |
| ○ | ○ | ○ | ○ | ○ | ○ | ○ | ○ | ○ | ○ | ○ | ○ | ○ | ○ | ○ | ○ | ○ | ○ | ○ | ○ | ○ | ○ | ○ | ○ | ○ | ○ | ○ | 161 |
| ○ | ○ | ○ | ○ | ○ | ○ | ○ | ○ | ○ | ○ | ○ | ○ | ○ | ○ | ○ | ○ | ○ | ○ | ○ | ○ | ○ | ○ | ○ | ○ | ○ | ○ | ○ | 170 |
| ○ | ○ | ○ | ○ | ○ | ○ | ○ | ○ | ○ | ○ | ○ | ○ | ○ | ○ | ○ | ○ | ○ | ○ | ○ | ○ | ○ | ○ | ○ | ○ | ○ | ○ | ○ | 189 |
| ○ | ○ | | ○ | ○ | ○ | ○ | ○ | | ○ | ○ | ○ | ○ | ○ | ○ | ○ | ○ | ○ | ○ | ○ | ○ | ○ | | ○ | ○ | ○ | ○ | 117 |
| ○ | ○ | ○ | ○ | ○ | ○ | ○ | ○ | ○ | ○ | ○ | ○ | ○ | ○ | ○ | ○ | ○ | ○ | ○ | ○ | ○ | ○ | ○ | ○ | ○ | ○ | ○ | 189+EU |
| ○ | ○ | ○ | ○ | ○ | ○ | ○ | ○ | ○ | ○ | ○ | ○ | ○ | ○ | ○ | ○ | ○ | ○ | ○ | ○ | ○ | ○ | ○ | ○ | ○ | ○ | ○ | 177+EU |

| 章 | 節 | 条約 | | | | | | ヨ | | | | | ー | | | | | ロ | | | |
|---|---|---|---|---|---|---|---|---|---|---|---|---|---|---|---|---|---|---|---|---|---|
| | | | オランダ | 北マケドニア | キプロス | ギリシャ | クロアチア | コソボ | サンマリノ | スイス | スウェーデン | スペイン | スロバキア | スロベニア | セルビア | チェコ | デンマーク | ドイツ | ノルウェー | バチカン | ハンガリー |
| 第1章 | | 国際連合憲章 | ◎ | ○ | ○ | ◎ | ○ | | ○ | ○ | ○ | ○ | ○ | ○ | ○ | ○ | ◎ | ○ | ◎ | | ○ |
| 第1章 | | 国際聯盟規約 | ○ | | | ○ | | | | ○ | ○ | × | | | [○] | [×] | ○ | × | ○ | | × |
| 第1章 | | 国際労働機関憲章 | ○ | ○ | ○ | ○ | ○ | | ○ | ○ | ○ | ○ | ○ | ○ | ○ | ○ | ○ | ○ | ○ | | ○ |
| 第3章 | | 外交関係条約・同選択議定書(紛争義務的解決) | ⊙ | ⊙ | ○ | ○ | ○ | | ○ | ⊙ | ⊙ | ⊙ | ⊙ | ⊙ | ⊙ | ○ | ⊙ | ⊙ | ⊙ | ○ | ⊙ |
| 第3章 | | 領事関係条約・同選択議定書(紛争義務的解決) | ⊙ | ○ | ○ | ○ | ○ | | | ⊙ | ⊙ | ⊙ | ⊙ | ○ | ○ | ○ | ⊙ | ⊙ | ⊙ | ○ | ⊙ |
| 第3章 | | 国連特権免除条約 | ○ | ○ | ○ | ○ | ○ | | ○ | ○ | ○ | ○ | ○ | ○ | ○ | ○ | ○ | ○ | ○ | | ○ |
| 第4章 | | 条約法条約 | ○ | ○ | ○ | ○ | ○ | | | ○ | ○ | ○ | ○ | ○ | ○ | ○ | ○ | ○ | | ○ | ○ |
| 第5章 | 2節 | 海洋法に関する国際連合条約 | ○ | ○ | ○ | ○ | ○ | | | ○ | ○ | ○ | ○ | ○ | ○ | ○ | ○ | ○ | ○ | | ○ |
| 第5章 | 2節 | 国連海洋法条約第11部実施協定 | ○ | ○ | ○ | ○ | ○ | | | ○ | ○ | ○ | ○ | ○ | ○ | ○ | ○ | ○ | ○ | | ○ |
| 第5章 | 2節 | 国連公海漁業協定 | ○ | | ○ | ○ | ○ | | | | ○ | ○ | ○ | ○ | | ○ | ○ | ○ | ○ | | ○ |
| 第5章 | 2節 | 国際捕鯨取締条約 | ○ | | ○ | | ○ | | ○ | ○ | ○ | ○ | ○ | ○ | | ○ | ○ | ○ | ○ | | ○ |
| 第5章 | 3節 | 国際民間航空条約 | ○ | ○ | ○ | ○ | ○ | | ○ | ○ | ○ | ○ | ○ | ○ | ○ | ○ | ○ | ○ | ○ | | ○ |
| 第5章 | 3節 | 宇宙条約 | ○ | | ○ | ○ | | | ○ | ○ | ○ | ○ | ○ | | | ○ | ○ | ○ | ○ | | ○ |
| 第5章 | 3節 | 宇宙救助返還協定 | ○ | | ○ | ○ | ○ | | ○ | ○ | ○ | ○ | ○ | ○ | [○] | ○ | ○ | ○ | ○ | | ○ |
| 第5章 | 3節 | 宇宙損害責任条約 | ○ | | ○ | ○ | ○ | | | ○ | ○ | ○ | ○ | ○ | [○] | ○ | ○ | ○ | ○ | | ○ |
| 第5章 | 3節 | 宇宙物体登録条約 | ○ | | ○ | ○ | | | | ○ | ○ | ○ | ○ | ○ | ○ | ○ | ○ | ○ | ○ | | ○ |
| 第7章 | 1節 | 国際人権規約 経済的社会的文化的権利・同選択議定書 | ○ | ○ | ○ | ○ | ○ | | ⊙ | ○ | ○ | ⊙ | ⊙ | ○ | ○ | ○ | ○ | ○ | ○ | | ○ |
| 第7章 | 1節 | 国際人権規約 市民的政治的権利 | ⊕ | ○ | ○ | ○ | ⊕ | | ⊕ | ⊕ | ⊕ | ⊕ | ⊕ | ⊕ | ○ | ⊕ | ⊕ | ⊕ | ⊕ | | ⊕ |
| 第7章 | 1節 | 国際人権規約 選択議定書(市民的政治的権利) | ○ | ○ | ○ | ○ | ○ | | ○ | | ○ | ○ | ○ | ○ | ○ | ○ | ○ | ○ | ○ | | ○ |
| 第7章 | 1節 | 国際人権規約 死刑廃止議定書 | ○ | ○ | ○ | ○ | ○ | | ○ | ○ | ○ | ○ | ○ | ○ | ○ | ○ | ○ | ○ | ○ | | ○ |
| 第7章 | 1節 | 人種差別撤廃条約 | ○ | ○ | ○ | ○ | ○ | | ○ | ○ | ○ | ○ | ○ | ○ | ○ | ○ | ○ | ○ | ○ | ○ | ○ |
| 第7章 | 1節 | 女子差別撤廃条約・同選択議定書 | ⊙ | ⊙ | ⊙ | ⊙ | ⊙ | | ⊙ | ⊙ | ⊙ | ⊙ | ⊙ | ⊙ | ⊙ | ⊙ | ⊙ | ⊙ | ⊙ | | ⊙ |
| 第7章 | 1節 | 拷問等禁止条約・同選択議定書 | ⊙ | ⊙ | ⊙ | ⊙ | ⊙ | | ○ | ⊙ | ⊙ | ⊙ | ○ | ⊙ | ⊙ | ⊙ | ⊙ | ⊙ | ⊙ | ○ | ⊙ |
| 第7章 | 1節 | 児童の権利条約 | ○ | ○ | ○ | ○ | ○ | | ○ | ○ | ○ | ○ | ○ | ○ | ○ | ○ | ○ | ○ | ○ | ○ | ○ |
| 第7章 | 1節 | 選択議定書(武力紛争) | ○ | ○ | ○ | ○ | ○ | | ○ | ○ | ○ | ○ | ○ | ○ | ○ | ○ | ○ | ○ | ○ | ○ | ○ |
| 第7章 | 1節 | 選択議定書(児童売買) | ○ | ○ | ○ | ○ | ○ | | ○ | ○ | ○ | ○ | ○ | ○ | ○ | ○ | ○ | ○ | ○ | ○ | ○ |
| 第7章 | 1節 | ハーグ子奪取条約 | ○ | ○ | ○ | ○ | ○ | | ○ | ○ | ○ | ○ | ○ | ○ | ○ | ○ | ○ | ○ | ○ | | ○ |
| 第7章 | 1節 | 障害者権利条約 | ○ | ○ | ○ | ○ | ○ | | ○ | ○ | ○ | ○ | ○ | ○ | ○ | ○ | ○ | ○ | ○ | | ○ |
| 第7章 | 1節 | 難民条約・同議定書 | ⊙ | ⊙ | ⊙ | ⊙ | ⊙ | | | ⊙ | ⊙ | ⊙ | ⊙ | ⊙ | ⊙ | ⊙ | ⊙ | ⊙ | ⊙ | ⊙ | ⊙ |
| 第7章 | 1節 | ＩＬＯ29号条約 | ○ | ○ | ○ | ○ | ○ | | ○ | ○ | ○ | ○ | ○ | ○ | ○ | ○ | ○ | ○ | ○ | | ○ |
| 第7章 | 1節 | ＩＬＯ87号条約 | ○ | ○ | ○ | ○ | ○ | | ○ | ○ | ○ | ○ | ○ | ○ | ○ | ○ | ○ | ○ | ○ | | ○ |
| 第7章 | 1節 | ＩＬＯ98号条約 | ○ | ○ | ○ | ○ | ○ | | ○ | ○ | ○ | ○ | ○ | ○ | ○ | ○ | ○ | ○ | ○ | | ○ |
| 第7章 | 1節 | ＩＬＯ105号条約 | ○ | ○ | ○ | ○ | ○ | | ○ | ○ | ○ | ○ | ○ | ○ | ○ | ○ | ○ | ○ | ○ | | ○ |
| 第8章 | 1節 | 国際刑事裁判所規程 | ○ | ○ | ○ | ○ | ○ | | ○ | ○ | ○ | ○ | ○ | ○ | ○ | ○ | ○ | ○ | ○ | | ○ |
| 第8章 | 2節 | ジェノサイド条約 | ○ | ○ | ○ | ○ | ○ | | ○ | ○ | ○ | ○ | ○ | ○ | ○ | ○ | ○ | ○ | ○ | | ○ |
| 第8章 | 2節 | 航空機不法奪取防止条約 | ○ | ○ | ○ | ○ | ○ | | | ○ | ○ | ○ | ○ | ○ | ○ | ○ | ○ | ○ | ○ | | ○ |
| 第8章 | 2節 | 民間航空不法行為防止条約 | ○ | ○ | ○ | ○ | ○ | | | ○ | ○ | ○ | ○ | ○ | ○ | ○ | ○ | ○ | ○ | | ○ |
| 第8章 | 2節 | 海洋航行不法行為防止条約 | ○ | ○ | ○ | ○ | ○ | | ○ | ○ | ○ | ○ | ○ | ○ | ○ | ○ | ○ | ○ | ○ | | ○ |
| 第8章 | 2節 | 人質行為禁止条約 | ○ | ○ | ○ | ○ | ○ | | ○ | ○ | ○ | ○ | ○ | ○ | ○ | ○ | ○ | ○ | ○ | | ○ |
| 第8章 | 2節 | 国家代表等に対する犯罪防止条約 | ○ | ○ | ○ | ○ | ○ | | ○ | ○ | ○ | ○ | ○ | ○ | ○ | ○ | ○ | ○ | ○ | ○ | ○ |
| 第8章 | 2節 | 国連要員安全条約・同選択議定書 | ⊙ | ○ | ○ | ○ | ○ | | | ⊙ | ⊙ | ⊙ | ⊙ | ⊙ | ○ | ⊙ | ⊙ | ⊙ | ⊙ | | ○ |
| 第8章 | 2節 | 核物質防護条約 | ○ | ○ | ○ | ○ | ○ | | ○ | ○ | ○ | ○ | ○ | ○ | ○ | ○ | ○ | ○ | ○ | | ○ |
| 第8章 | 2節 | 爆弾テロ防止条約 | ○ | ○ | ○ | ○ | ○ | | ○ | ○ | ○ | ○ | ○ | ○ | ○ | ○ | ○ | ○ | ○ | | ○ |
| 第8章 | 2節 | テロ資金供与防止条約 | ○ | ○ | ○ | ○ | ○ | | ○ | ○ | ○ | ○ | ○ | ○ | ○ | ○ | ○ | ○ | ○ | ○ | ○ |
| 第8章 | 2節 | 核テロ防止条約 | ○ | ○ | ○ | | ○ | | ○ | ○ | ○ | ○ | ○ | ○ | ○ | ○ | ○ | ○ | ○ | | ○ |
| 第8章 | 2節 | 国際組織犯罪防止条約 | ○ | ○ | ○ | ○ | ○ | | ○ | ○ | ○ | ○ | ○ | ○ | ○ | ○ | ○ | ○ | ○ | ○ | ○ |
| 第8章 | 2節 | 人身取引防止議定書 | ○ | ○ | ○ | ○ | ○ | | ○ | ○ | ○ | ○ | ○ | ○ | ○ | ○ | ○ | ○ | ○ | | ○ |

| メ | | | リ | | | | カ | | | | | 南 | | | ア | | | メ | | | リ | | カ | ヨ | | ー | | ロ | | ッ | パ |
|---|---|---|---|---|---|---|---|---|---|---|---|---|---|---|---|---|---|---|---|---|---|---|---|---|---|---|---|---|---|---|---|
| セントルシア | ドミニカ共和国 | ドミニカ国 | トリニダード・トバゴ | ニカラグア | ハイチ | パナマ | バハマ | バルバドス | ベリーズ | ホンジュラス | メキシコ | アルゼンチン | ウルグアイ | エクアドル | ガイアナ | コロンビア | スリナム | チリ | パラグアイ | ブラジル | ベネズエラ | ペルー | ボリビア | アイスランド | アイルランド | アルバニア | アンドラ | イギリス | イタリア | エストニア | オーストリア |
| ○ | ◎ | ○ | ○ | ◎ | ◎ | ◎ | ○ | ○ | ○ | ◎ | ◎ | ◎ | ◎ | ◎ | ○ | ◎ | ○ | ◎ | ◎ | ◎ | ◎ | ◎ | ◎ | ○ | ○ | ○ | ○ | ◎ | ○ | ○ | ○ |
|  | ○ |  |  | × | × | ○ |  |  |  | × | ○ | ○ | ○ | ○ |  | ○ |  | × | × | × | × | × | ○ |  | ○ | × |  | ○ | × | ○ | × |
| ○ | ○ | ○ | ○ | ○ | ○ | ○ | ○ | ○ | ○ | ○ | ○ | ○ | ○ | ○ | ○ | ○ | ○ | ○ | ○ | ○ | ○ | ○ | ○ | ○ | ○ | ○ |  | ○ | ○ | ○ | ○ |
| ○ | ⊙ | ⊙ | ○ | ⊙ | ○ | ⊙ | ⊙ | ○ | ○ | ○ | ○ | ○ | ○ | ⊙ | ○ | ○ | ⊙ | ○ | ⊙ | ○ | ○ | ○ | ○ | ⊙ | ○ | ○ | ○ | ⊙ | ⊙ | ⊙ | ⊙ |
| ○ | ⊙ | ○ | ○ | ⊙ | ○ | ⊙ | ○ | ○ | ○ | ○ | ⊙ | ○ | ○ | ○ | ○ | ○ | ⊙ | ○ | ⊙ | ○ | ○ | ⊙ | ○ | ⊙ | ○ | ○ | ○ | ⊙ | ⊙ | ⊙ | ⊙ |
| ○ | ○ | ○ | ○ | ○ | ○ | ○ | ○ | ○ | ○ | ○ | ○ | ○ | ○ | ○ | ○ | ○ |  | ○ | ○ | ○ | ○ | ○ | ○ | ○ | ○ | ○ |  | ○ | ○ | ○ | ○ |
|  | ○ |  |  |  | ○ | ○ |  | ○ |  | ○ | ○ | ○ | ○ | ○ | ○ | ○ | ○ | ○ | ○ | ○ |  | ○ |  |  | ○ | ○ | ○ | ○ | ○ | ○ | ○ |
| ○ | ○ | ○ | ○ | ○ | ○ | ○ | ○ | ○ | ○ | ○ | ○ | ○ | ○ | ○ | ○ |  | ○ | ○ | ○ | ○ |  |  | ○ | ○ | ○ | ○ |  | ○ | ○ | ○ | ○ |
|  | ○ |  | ○ | ○ | ○ | ○ | ○ | ○ | ○ | ○ | ○ | ○ | ○ | ○ | ○ |  | ○ | ○ | ○ | ○ |  |  | ○ | ○ | ○ | ○ |  | ○ | ○ | ○ | ○ |
| ○ |  |  | ○ |  |  | ○ | ○ | ○ | ○ |  |  |  | ○ | ○ |  |  |  | ○ |  | ○ |  |  |  | ○ | ○ |  |  | ○ | ○ | ○ | ○ |
| ○ | ○ | ○ |  | ○ |  | ○ |  |  | ○ |  | ○ | ○ | ○ | ○ |  | ○ | ○ | ○ |  | ○ |  | ○ |  | ○ | ○ |  |  | ○ | ○ | ○ | ○ |
| ○ | ○ | ○ | ○ | ○ | ○ | ○ | ○ | ○ | ○ | ○ | ○ | ○ | ○ | ○ | ○ | ○ | ○ | ○ | ○ | ○ | ○ | ○ | ○ | ○ | ○ | ○ | ○ | ○ | ○ | ○ | ○ |
|  | ○ |  |  |  |  |  | ○ | ○ |  |  | ○ | ○ | ○ | ○ |  |  |  | ○ | ○ | ○ | ○ | ○ |  | ○ | ○ |  |  | ○ | ○ | ○ | ○ |
|  |  |  |  |  |  |  | ○ | ○ |  |  | ○ | ○ | ○ | ○ | ○ |  |  | ○ |  | ○ |  | ○ |  | ○ | ○ |  |  | ○ | ○ |  | ○ |
|  | ○ |  | ○ |  |  | ○ |  |  |  |  | ○ | ○ | ○ | ○ |  | ○ |  | ○ |  | ○ | ○ | ○ |  |  | ○ |  |  | ○ | ○ |  | ○ |
|  |  |  |  | ○ |  |  |  |  |  |  | ○ | ○ | ○ |  |  | ○ |  | ○ |  | ○ | ○ | ○ |  |  |  |  |  | ○ | ○ |  | ○ |
|  | ○ | ○ | ○ | ○ | ○ | ○ | ○ | ○ | ○ | ⊙ | ○ | ⊙ | ⊙ | ⊙ | ○ | ○ | ○ | ○ | ○ | ○ | ⊙ | ○ | ⊙ | ○ | ○ | ○ |  | ○ | ⊙ | ○ | ○ |
|  | ○ | ○ | ○ | ○ | ○ | ○ | ○ | ○ | ○ | ○ | ○ | ⊕ | ○ | ⊕ | ⊕ | ○ | ○ | ⊕ | ○ | ○ | ○ | ⊕ | ○ | ⊕ | ⊕ | ○ | ○ | ⊕ | ⊕ | ○ | ⊕ |
|  | ○ |  |  | ○ |  | ○ |  | ○ |  | ○ | ○ | ○ | ○ | ○ | ○ | ○ | ○ | ○ | ○ | ○ | ○ | ○ | ○ | ○ | ○ | ○ | ○ |  | ○ | ○ | ○ |
|  | ○ |  |  | ○ |  | ○ |  |  |  | ○ | ○ | ○ | ○ | ○ |  | ○ |  | ○ | ○ | ○ | ○ |  | ○ | ○ | ○ | ○ | ○ | ○ | ○ | ○ | ○ |
| ○ | ○ | ○ | ○ | ○ | ○ | ○ | ○ | ○ | ○ | ○ | ○ | ○ | ○ | ○ | ○ | ○ | ○ | ○ | ○ | ○ | ○ | ○ | ○ | ○ | ○ | ○ | ○ | ○ | ○ | ○ | ○ |
| ○ | ⊙ | ○ | ○ | ○ | ○ | ⊙ | ○ | ○ | ⊙ | ○ | ⊙ | ⊙ | ⊙ | ⊙ | ○ | ⊙ | ○ | ⊙ | ⊙ | ⊙ | ⊙ | ⊙ | ⊙ | ⊙ | ⊙ | ⊙ | ⊙ | ⊙ | ⊙ | ○ | ⊙ |
|  | ○ |  |  | ⊙ |  | ⊙ | ○ |  | ⊙ | ⊙ | ⊙ | ⊙ | ⊙ | ⊙ | ○ | ○ |  | ⊙ | ⊙ | ⊙ | ○ | ⊙ | ⊙ | ⊙ | ○ | ⊙ | ○ | ⊙ | ⊙ | ⊙ | ⊙ |
| ○ | ○ | ○ | ○ | ○ | ○ | ○ | ○ | ○ | ○ | ○ | ○ | ○ | ○ | ○ | ○ | ○ | ○ | ○ | ○ | ○ | ○ | ○ | ○ | ○ | ○ | ○ | ○ | ○ | ○ | ○ | ○ |
| ○ | ○ | ○ |  | ○ |  | ○ | ○ |  | ○ | ○ | ○ | ○ | ○ | ○ | ○ | ○ |  | ○ | ○ | ○ | ○ | ○ | ○ | ○ | ○ | ○ | ○ | ○ | ○ | ○ | ○ |
| ○ | ○ | ○ |  | ○ | ○ | ○ | ○ |  | ○ | ○ | ○ | ○ | ○ | ○ | ○ | ○ | ○ | ○ | ○ | ○ | ○ | ○ | ○ | ○ |  | ○ | ○ | ○ | ○ | ○ | ○ |
|  | ○ |  | ○ | ○ |  | ○ | ○ | ○ | ○ | ○ | ○ | ○ | ○ | ○ | ○ | ○ |  | ○ | ○ | ○ | ○ | ○ | ○ | ○ | ○ | ○ | ○ | ○ | ○ | ○ | ○ |
| ○ | ○ | ○ | ○ | ○ | ○ | ○ | ○ | ○ | ○ | ○ | ○ | ○ | ○ | ○ | ○ | ○ | ○ | ○ | ○ | ○ | ○ | ○ | ○ | ○ | ○ | ○ | ○ | ○ | ○ | ○ | ○ |
|  | ⊙ | ⊙ | ⊙ | ⊙ | ⊙ | ⊙ | ⊙ |  | ⊙ | ⊙ | ⊙ | ⊙ | ⊙ | ⊙ |  | ⊙ | ⊙ | ⊙ | ⊙ | ⊙ | • | ⊙ | ⊙ | ⊙ | ⊙ | ⊙ |  | ⊙ | ⊙ | ⊙ | ⊙ |
| ○ | ○ | ○ | ○ | ○ | ○ | ○ | ○ | ○ | ○ | ○ | ○ | ○ | ○ | ○ | ○ | ○ | ○ | ○ | ○ | ○ | ○ | ○ | ○ | ○ | ○ | ○ |  | ○ | ○ | ○ | ○ |
| ○ | ○ | ○ | ○ | ○ | ○ | ○ | ○ | ○ | ○ | ○ | ○ | ○ | ○ | ○ | ○ | ○ | ○ | ○ | ○ |  | ○ | ○ | ○ | ○ | ○ | ○ |  | ○ | ○ | ○ | ○ |
| ○ | ○ | ○ | ○ | ○ | ○ | ○ | ○ | ○ | ○ | ○ | ○ | ○ | ○ | ○ | ○ | ○ | ○ | ○ | ○ | ○ | ○ | ○ | ○ | ○ | ○ | ○ |  | ○ | ○ | ○ | ○ |
| ○ | ○ | ○ | ○ | ○ | ○ | ○ | ○ | ○ | ○ | ○ | ○ | ○ | ○ | ○ | ○ | ○ | ○ | ○ | ○ | ○ | ○ | ○ | ○ | ○ | ○ | ○ |  | ○ | ○ | ○ | ○ |
| ○ | ○ | ○ | ○ |  |  | ○ |  | ○ | ○ | ○ | ○ | ○ | ○ | ○ | ○ | ○ | ○ | ○ | ○ | ○ | ○ | ○ | ○ | ○ | ○ | ○ | ○ | ○ | ○ | ○ | ○ |
|  |  | ○ | ○ | ○ | ○ | ○ | ○ | ○ | ○ | ○ | ○ | ○ | ○ | ○ |  | ○ |  | ○ | ○ | ○ | ○ | ○ | ○ | ○ | ○ | ○ | ○ | ○ | ○ | ○ | ○ |
| ○ | ○ | ○ | ○ | ○ | ○ | ○ | ○ | ○ | ○ | ○ | ○ | ○ | ○ | ○ | ○ | ○ | ○ | ○ | ○ | ○ | ○ | ○ | ○ | ○ | ○ | ○ | ○ | ○ | ○ | ○ | ○ |
| ○ | ○ | ○ | ○ | ○ | ○ | ○ | ○ | ○ | ○ | ○ | ○ | ○ | ○ | ○ | ○ | ○ | ○ | ○ | ○ | ○ | ○ | ○ | ○ | ○ | ○ | ○ | ○ | ○ | ○ | ○ | ○ |
| ○ | ○ | ○ | ○ | ○ |  | ○ | ○ | ○ |  | ○ | ○ | ○ | ○ | ○ | ○ |  |  | ○ | ○ | ○ |  | ○ | ○ | ○ | ○ | ○ | ○ | ○ | ○ | ○ | ○ |
| ○ | ○ | ○ | ○ | ○ | ○ | ○ | ○ | ○ | ○ | ○ | ○ | ○ | ○ | ○ | ○ | ○ | ○ | ○ | ○ | ○ | ○ | ○ | ○ | ○ | ○ | ○ | ○ | ○ | ○ | ○ | ○ |
| ○ | ○ | ○ | ○ | ○ | ○ | ○ | ○ | ○ | ○ | ○ | ○ | ○ | ○ | ○ | ○ | ○ |  | ○ | ○ | ○ | ○ | ○ | ○ | ○ | ○ | ○ | ○ | ○ | ○ | ○ | ○ |
|  | ⊙ |  |  |  |  | ○ |  |  |  |  |  | ○ | ○ | ○ | ○ | ⊙ |  | ○ | ○ | ○ |  |  | ○ | ○ | ○ | ○ |  | ⊙ | ○ | ○ | ⊙ |
| ○ | ○ | ○ | ○ | ○ |  | ○ | ○ |  |  | ○ | ○ | ○ | ○ | ○ | ○ | ○ |  | ○ | ○ | ○ |  | ○ | ○ | ○ | ○ | ○ | ○ | ○ | ○ | ○ | ○ |
| ○ | ○ | ○ | ○ | ○ |  | ○ | ○ | ○ | ○ | ○ | ○ | ○ | ○ |  | ○ | ○ |  | ○ | ○ | ○ | ○ | ○ | ○ | ○ | ○ | ○ | ○ | ○ | ○ | ○ | ○ |
| ○ | ○ | ○ | ○ | ○ | ○ | ○ | ○ | ○ | ○ | ○ | ○ | ○ | ○ | ○ | ○ | ○ | ○ | ○ | ○ | ○ | ○ | ○ | ○ | ○ | ○ | ○ | ○ | ○ | ○ | ○ | ○ |
| ○ | ○ |  |  | ○ |  | ○ |  |  |  |  | ○ | ○ | ○ |  |  |  |  | ○ | ○ | ○ |  | ○ |  |  |  |  |  | ○ | ○ |  | ○ |
| ○ | ○ | ○ | ○ | ○ | ○ | ○ | ○ | ○ | ○ | ○ | ○ | ○ | ○ | ○ | ○ | ○ | ○ | ○ | ○ | ○ | ○ | ○ | ○ | ○ | ○ | ○ | ○ | ○ | ○ | ○ | ○ |
| ○ | ○ | ○ | ○ | ○ | ○ | ○ | ○ | ○ | ○ | ○ | ○ | ○ | ○ | ○ | ○ | ○ | ○ | ○ | ○ | ○ | ○ | ○ | ○ | ○ | ○ | ○ |  | ○ | ○ | ○ | ○ |

| 章 | 節 | 条約 | オセアニア |  |  |  |  |  |  | 北アメリカ |  |  |  |  |  |  |  |  |  |  |
|---|---|---|---|---|---|---|---|---|---|---|---|---|---|---|---|---|---|---|---|---|
|  |  |  | ニュージーランド | バヌアツ | パプアニューギニア | パラオ | フィジー | マーシャル | ミクロネシア | アメリカ | アンティグア・バーブーダ | エルサルバドル | カナダ | キューバ | グアテマラ | グレナダ | コスタリカ | ジャマイカ | セントキッツ・ネービス | セントビンセント |
| 第1章 |  | 国際連合憲章 | ◎ | ○ | ○ | ○ | ○ | ○ | ○ | ◎ | ○ | ◎ | ◎ | ◎ | ◎ | ○ | ◎ | ○ | ○ | ○ |
| 第1章 |  | 国際聯盟規約 | ○ |  |  |  |  |  |  |  |  | × | ○ | ○ | × |  | × |  |  |  |
| 第1章 |  | 国際労働機関憲章 | ○ | ○ | ○ | ○ | ○ | ○ |  | ○ | ○ | ○ | ○ | ○ | ○ | ○ | ○ | ○ | ○ | ○ |
| 第3章 |  | 外交関係条約・同選択議定書(紛争義務的解決) | ⊙ | ○ | ○ |  | ⊙ | ○ | ○ | ⊙ | ○ | ○ | ○ | ○ | ○ | ○ | ⊙ | ○ | ○ | ○ |
| 第3章 |  | 領事関係条約・同選択議定書(紛争義務的解決) | ⊙ | ○ | ○ |  | ○ | ○ | ○ | ○ | ○ | ○ | ○ | ○ | ○ | ○ | ○ | ○ | ○ | ○ |
| 第3章 |  | 国連特権免除条約 | ○ |  | ○ |  | ○ |  | ○ | ○ | ○ | ○ | ○ | ○ | ○ |  | ○ | ○ |  |  |
| 第4章 |  | 条約法条約 | ○ |  |  |  |  |  |  |  |  |  | ○ | ○ | ○ |  | ○ | ○ |  | ○ |
| 第5章 | 2節 | 海洋法に関する国際連合条約 | ○ | ○ | ○ | ○ | ○ | ○ | ○ |  | ○ |  | ○ | ○ | ○ | ○ | ○ | ○ | ○ | ○ |
| 第5章 | 2節 | 国連海洋法条約第11部実施協定 | ○ | ○ | ○ | ○ | ○ |  | ○ |  | ○ |  | ○ | ○ | ○ | ○ | ○ | ○ |  |  |
| 第5章 | 2節 | 国連公海漁業協定 | ○ | ○ | ○ | ○ | ○ | ○ | ○ | ○ |  |  | ○ |  |  |  | ○ |  | ○ | ○ |
| 第5章 | 2節 | 国際捕鯨取締条約 | ○ |  |  | ○ |  | ○ |  | ○ | ○ |  |  |  |  | ○ | ○ |  | ○ | ○ |
| 第5章 | 3節 | 国際民間航空条約 | ○ | ○ | ○ | ○ | ○ | ○ | ○ | ○ | ○ | ○ | ○ | ○ | ○ | ○ | ○ | ○ | ○ | ○ |
| 第5章 | 3節 | 宇宙条約 | ○ |  | ○ |  | ○ |  |  | ○ | ○ | ○ | ○ | ○ |  |  |  | ○ |  | ○ |
| 第5章 | 3節 | 宇宙救助返還協定 | ○ |  | ○ |  | ○ |  |  | ○ | ○ | ○ | ○ | ○ |  |  |  |  |  | ○ |
| 第5章 | 3節 | 宇宙損害責任条約 | ○ |  | ○ |  | ○ |  |  | ○ | ○ | ○ | ○ | ○ |  |  |  |  |  | ○ |
| 第5章 | 3節 | 宇宙物体登録条約 | ○ |  |  |  |  |  |  | ○ | ○ |  | ○ | ○ |  |  | ○ |  |  | ○ |
| 第7章 | 1節 | 国際人権規約 経済的社会的文化的権利・同選択議定書 | ○ |  | ○ |  | ○ | ○ |  |  | ○ | ⊙ | ○ |  | ○ | ○ | ⊙ | ○ |  | ○ |
| 第7章 | 1節 | 国際人権規約 市民的政治的権利 | ⊕ | ○ | ○ |  | ○ | ○ |  | ⊕ | ○ | ○ | ⊕ |  | ○ | ○ | ○ | ○ |  | ○ |
| 第7章 | 1節 | 国際人権規約 選択議定書（市民的政治的権利） | ○ |  |  |  |  |  |  |  |  | ○ | ○ |  | ○ |  | ○ |  |  | ○ |
| 第7章 | 1節 | 国際人権規約 死刑廃止議定書 | ○ |  |  |  |  |  |  |  |  | ○ | ○ |  |  |  | ○ |  |  |  |
| 第7章 | 1節 | 人種差別撤廃条約 | ○ |  | ○ |  | ○ | ○ |  | ○ | ○ | ○ | ○ | ○ | ○ | ○ | ○ | ○ | ○ | ○ |
| 第7章 | 1節 | 女子差別撤廃条約・同選択議定書 | ⊙ | ⊙ | ○ |  | ○ | ⊙ | ○ |  | ⊙ | ○ | ⊙ | ○ | ⊙ | ○ | ⊙ | ○ | ⊙ | ○ |
| 第7章 | 1節 | 拷問等禁止条約・同選択議定書 | ⊙ | ○ |  |  | ○ | ○ |  | ○ | ○ | ○ | ○ | ○ | ⊙ | ○ | ⊙ |  | ○ | ○ |
| 第7章 | 1節 | 児童の権利条約 | ○ | ○ | ○ | ○ | ○ | ○ | ○ |  | ○ | ○ | ○ | ○ | ○ | ○ | ○ | ○ | ○ | ○ |
| 第7章 | 1節 | 選択議定書（武力紛争） | ○ | ○ |  |  |  |  | ○ | ○ |  | ○ | ○ | ○ | ○ | ○ | ○ | ○ |  | ○ |
| 第7章 | 1節 | 選択議定書（児童売買） | ○ | ○ |  |  |  | ○ | ○ | ○ | ○ | ○ | ○ | ○ | ○ | ○ | ○ | ○ |  | ○ |
| 第7章 | 1節 | ハーグ子奪取条約 | ○ |  |  |  | ○ |  |  | ○ |  | ○ | ○ | ○ | ○ |  | ○ | ○ | ○ |  |
| 第7章 | 1節 | 障害者権利条約 | ○ | ○ | ○ | ○ | ○ | ○ | ○ |  | ○ | ○ | ○ | ○ | ○ | ○ | ○ | ○ | ○ | ○ |
| 第7章 | 1節 | 難民条約・同議定書 | ⊙ |  | ⊙ |  | ⊙ |  |  | • | ⊙ | ⊙ | ⊙ |  | ⊙ |  | ⊙ | ⊙ | ○ | ⊙ |
| 第7章 | 1節 | ＩＬＯ29号条約 | ○ | ○ | ○ |  | ○ |  |  |  | ○ | ○ | ○ | ○ | ○ | ○ | ○ | ○ | ○ | ○ |
| 第7章 | 1節 | ＩＬＯ87号条約 |  | ○ | ○ |  | ○ |  |  |  | ○ | ○ | ○ | ○ | ○ | ○ | ○ | ○ | ○ | ○ |
| 第7章 | 1節 | ＩＬＯ98号条約 | ○ | ○ | ○ |  | ○ |  |  |  | ○ | ○ | ○ | ○ | ○ | ○ | ○ | ○ | ○ | ○ |
| 第7章 | 1節 | ＩＬＯ105号条約 | ○ | ○ | ○ |  | ○ |  |  | ○ | ○ | ○ | ○ | ○ | ○ | ○ | ○ | ○ | ○ | ○ |
| 第8章 | 1節 | 国際刑事裁判所規程 | ○ | ○ |  |  | ○ | ○ |  |  | ○ | ○ | ○ |  | ○ | ○ | ○ |  | ○ | ○ |
| 第8章 | 2節 | ジェノサイド条約 | ○ |  | ○ |  | ○ |  |  | ○ | ○ | ○ | ○ | ○ | ○ |  | ○ | ○ |  | ○ |
| 第8章 | 2節 | 航空機不法奪取防止条約 | ○ | ○ | ○ | ○ | ○ | ○ |  | ○ | ○ | ○ | ○ | ○ | ○ | ○ | ○ | ○ | ○ | ○ |
| 第8章 | 2節 | 民間航空不法行為防止条約 | ○ | ○ | ○ | ○ | ○ | ○ | ○ | ○ | ○ | ○ | ○ | ○ | ○ | ○ | ○ | ○ | ○ | ○ |
| 第8章 | 2節 | 海洋航行不法行為防止条約 | ○ | ○ |  | ○ | ○ | ○ | ○ | ○ | ○ | ○ | ○ | ○ | ○ | ○ | ○ | ○ | ○ | ○ |
| 第8章 | 2節 | 人質行為禁止条約 | ○ |  | ○ | ○ | ○ | ○ | ○ | ○ | ○ | ○ | ○ | ○ | ○ | ○ | ○ | ○ | ○ | ○ |
| 第8章 | 2節 | 国家代表等に対する犯罪防止条約 | ○ |  | ○ | ○ | ○ | ○ | ○ | ○ | ○ | ○ | ○ | ○ | ○ | ○ | ○ | ○ | ○ | ○ |
| 第8章 | 2節 | 国連要員安全条約・同選択議定書 | ⊙ |  |  |  | ○ |  |  |  |  | ○ | ○ |  | ⊙ |  | ○ | ⊙ |  |  |
| 第8章 | 2節 | 核物質防護条約 | ○ |  |  | ○ | ○ | ○ |  | ○ | ○ | ○ | ○ | ○ | ○ | ○ | ○ | ○ | ○ |  |
| 第8章 | 2節 | 爆弾テロ防止条約 | ○ |  | ○ | ○ | ○ | ○ | ○ | ○ | ○ | ○ | ○ | ○ | ○ | ○ | ○ | ○ | ○ | ○ |
| 第8章 | 2節 | テロ資金供与防止条約 | ○ | ○ | ○ | ○ | ○ | ○ | ○ | ○ | ○ | ○ | ○ | ○ | ○ | ○ | ○ | ○ | ○ | ○ |
| 第8章 | 2節 | 核テロ防止条約 | ○ |  |  |  | ○ |  |  | ○ | ○ | ○ | ○ | ○ | ○ |  | ○ | ○ | ○ | ○ |
| 第8章 | 2節 | 国際組織犯罪防止条約 | ○ | ○ |  | ○ | ○ | ○ | ○ | ○ | ○ | ○ | ○ | ○ | ○ | ○ | ○ | ○ | ○ | ○ |
| 第8章 | 2節 | 人身取引防止議定書 | ○ |  |  | ○ | ○ |  | ○ | ○ | ○ | ○ | ○ | ○ | ○ | ○ | ○ | ○ | ○ | ○ |

| | | | | | | リ | | | | | | | | | カ | | | | | | | | | オセアニア | | | | | | | | |
|---|---|---|---|---|---|---|---|---|---|---|---|---|---|---|---|---|---|---|---|---|---|---|---|---|---|---|---|---|---|---|---|---|
| チャド | 中央アフリカ | チュニジア | トーゴ | ナイジェリア | ナミビア | ニジェール | ブルキナファソ | ブルンジ | ベナン | ボツワナ | マダガスカル | マラウイ | マリ | 南アフリカ | 南スーダン | モザンビーク | モーリシャス | モーリタニア | モロッコ | リビア | リベリア | ルワンダ | レソト | オーストラリア | キリバス | クック諸島 | サモア | ソロモン | ツバル | トンガ | ナウル | ニウエ |
| ○ | ○ | ○ | ○ | ○ | ○ | ○ | ○ | ○ | ○ | ○ | ○ | ○ | ○ | ◎ | ○ | ○ | ○ | ○ | ○ | ○ | ◎ | ○ | ○ | ◎ | ○ | | ○ | ○ | ○ | ○ | ○ | |
| | | | | | | | | | | | | | | ○ | | | | | | | ○ | | | ○ | | | | | | | | |
| ○ | ○ | ○ | ○ | ○ | ○ | ○ | ○ | ○ | ○ | ○ | ○ | ○ | ○ | ○ | ○ | ○ | ○ | ○ | ○ | ○ | ○ | ○ | ○ | ○ | ○ | ○ | ○ | ○ | ○ | ○ | | |
| ○ | ⊙ | ○ | ○ | ○ | ○ | ⊙ | ○ | ○ | ○ | ⊙ | ⊙ | ⊙ | ○ | ○ | | ○ | ⊙ | ○ | ○ | ○ | ⊙ | ○ | ○ | ⊙ | ○ | | ○ | | ○ | ○ | ⊙ | |
| | | ○ | ○ | ○ | ○ | ⊙ | ⊙ | | ○ | ⊙ | ⊙ | ⊙ | ○ | ○ | | ○ | ⊙ | ○ | ○ | ○ | ○ | ○ | ○ | ⊙ | ○ | | ○ | | ○ | ○ | ○ | |
| | ○ | ○ | ○ | ○ | ○ | ○ | ○ | ○ | | | ○ | ○ | ○ | ○ | | ○ | ○ | | ○ | ○ | ○ | ○ | ○ | ○ | | | | | | | | |
| | ○ | ○ | ○ | ○ | | ○ | ○ | | ○ | | | ○ | ○ | | | ○ | ○ | | ○ | ○ | ○ | ○ | ○ | ○ | ○ | | | ○ | | | ○ | |
| ○ | | ○ | ○ | ○ | ○ | ○ | ○ | | ○ | ○ | ○ | ○ | ○ | ○ | | ○ | ○ | ○ | ○ | | ○ | | ○ | ○ | ○ | ○ | ○ | ○ | ○ | ○ | ○ | ○ |
| ○ | | ○ | ○ | ○ | ○ | ○ | ○ | | ○ | ○ | ○ | ○ | | ○ | | ○ | ○ | ○ | ○ | | ○ | | ○ | ○ | ○ | ○ | ○ | ○ | ○ | ○ | ○ | ○ |
| | | | | ○ | ○ | | | | ○ | | | | | ○ | | ○ | ○ | | ○ | | ○ | | | ○ | ○ | ○ | ○ | ○ | ○ | ○ | ○ | ○ |
| | | | ○ | | | | | | ○ | | | | ○ | ○ | | | | ○ | ○ | | ○ | | | ○ | ○ | | | ○ | ○ | | ○ | |
| ○ | ○ | ○ | ○ | ○ | ○ | ○ | ○ | ○ | ○ | ○ | ○ | ○ | ○ | ○ | ○ | ○ | ○ | ○ | ○ | ○ | ○ | ○ | ○ | ○ | ○ | ○ | ○ | ○ | ○ | ○ | ○ | |
| | | ○ | ○ | ○ | | ○ | ○ | | ○ | | ○ | | | ○ | | | ○ | | ○ | ○ | | | | ○ | | | | | | ○ | | |
| | | ○ | | ○ | | ○ | | | | ○ | ○ | | | ○ | | | ○ | | ○ | ○ | | | | ○ | | | | | | ○ | | |
| | | ○ | ○ | ○ | | ○ | | | ○ | ○ | | | ○ | ○ | | | | | ○ | ○ | | | | ○ | | | | | | | | |
| | | | | ○ | | ○ | | | | | | | | ○ | | | | | ○ | ○ | | | | ○ | | | | | | | | |
| ○ | ⊙ | ○ | ○ | ○ | ○ | ⊙ | ○ | ○ | ○ | | ○ | ○ | ○ | ○ | | | ○ | ○ | ○ | ○ | ○ | ○ | ○ | ○ | | | | ○ | | | | |
| ○ | ○ | ⊕ | ○ | ○ | ○ | ○ | ○ | ○ | ○ | ○ | ○ | ○ | ○ | ⊕ | | ○ | ○ | ○ | ○ | ○ | ○ | ○ | ○ | ⊕ | | | ○ | | | | | |
| ○ | ○ | ○ | ○ | | ○ | ○ | ○ | | ○ | | ○ | ○ | ○ | ○ | | | ○ | | | ○ | | | ○ | ○ | | | | | | | | |
| | | | ○ | | ○ | | | | ○ | | ○ | | | ○ | | ○ | | | | | ○ | ○ | | ○ | | | | | | | | |
| ○ | ○ | ○ | ○ | ○ | ○ | ○ | ○ | ○ | ○ | ○ | ○ | ○ | ○ | ○ | | ○ | ○ | ○ | ○ | ○ | ○ | ○ | ○ | ○ | | | | ○ | | ○ | | |
| ○ | ⊙ | ⊙ | ○ | ⊙ | ⊙ | ⊙ | ⊙ | ○ | ⊙ | ⊙ | ○ | ○ | ⊙ | ⊙ | ⊙ | ⊙ | ⊙ | ○ | ○ | ⊙ | ○ | ⊙ | ⊙ | ⊙ | ○ | ⊙ | ○ | ⊙ | ○ | | ○ | |
| ○ | ⊙ | ⊙ | ⊙ | ⊙ | ○ | ⊙ | ⊙ | ⊙ | ⊙ | ○ | ⊙ | ○ | ⊙ | ⊙ | ⊙ | ⊙ | ⊙ | ⊙ | ⊙ | ○ | ⊙ | ⊙ | ○ | ⊙ | ○ | | ○ | | | | ⊙ | |
| ○ | ○ | ○ | ○ | ○ | ○ | ○ | ○ | ○ | ○ | ○ | ○ | ○ | ○ | ○ | ○ | ○ | ○ | ○ | ○ | ○ | ○ | ○ | ○ | ○ | ○ | ○ | ○ | ○ | ○ | ○ | ○ | ○ |
| ○ | ○ | ○ | ○ | ○ | ○ | ○ | ○ | ○ | ○ | ○ | ○ | ○ | ○ | ○ | ○ | ○ | ○ | | ○ | ○ | | ○ | ○ | ○ | ○ | | ○ | | | | | |
| ○ | ○ | ○ | ○ | ○ | ○ | ○ | ○ | ○ | ○ | ○ | ○ | ○ | ○ | ○ | ○ | ○ | ○ | ○ | ○ | ○ | | ○ | ○ | ○ | ○ | | ○ | | | | | |
| | | ○ | | | | | ○ | | | | | | | ○ | | | ○ | | ○ | | | | ○ | ○ | | | | | | | | |
| ○ | ○ | ○ | ○ | ○ | ○ | ○ | ○ | ○ | ○ | | ○ | ○ | ○ | ○ | | ○ | ○ | ○ | ○ | ○ | ○ | ○ | ○ | ○ | ○ | ○ | ○ | | ○ | | ○ | |
| ⊙ | ⊙ | ⊙ | ⊙ | ⊙ | ⊙ | ⊙ | ⊙ | ⊙ | ⊙ | ⊙ | ○ | ⊙ | ⊙ | ⊙ | ⊙ | ⊙ | | ⊙ | ⊙ | | ⊙ | ⊙ | ⊙ | ⊙ | | | ⊙ | ⊙ | ⊙ | | ⊙ | |
| ○ | ○ | ○ | ○ | ○ | ○ | ○ | ○ | ○ | ○ | ○ | ○ | ○ | ○ | ○ | ○ | ○ | ○ | ○ | ○ | ○ | ○ | ○ | ○ | ○ | ○ | ○ | ○ | ○ | | | | |
| ○ | ○ | ○ | ○ | ○ | ○ | ○ | ○ | ○ | ○ | ○ | ○ | ○ | ○ | ○ | | ○ | ○ | ○ | | ○ | ○ | ○ | ○ | ○ | ○ | | ○ | ○ | | | | |
| ○ | ○ | ○ | ○ | ○ | ○ | ○ | ○ | ○ | ○ | ○ | ○ | ○ | ○ | ○ | ○ | ○ | ○ | ○ | ○ | ○ | ○ | ○ | ○ | ○ | ○ | | ○ | ○ | | | | |
| ○ | ○ | ○ | ○ | ○ | ○ | ○ | ○ | ○ | ○ | ○ | ○ | ○ | ○ | ○ | ○ | ○ | ○ | ○ | ○ | ○ | ○ | ○ | ○ | ○ | ○ | ○ | ○ | ○ | | | | |
| ○ | ○ | ○ | | ○ | ○ | ○ | ○ | | ○ | ○ | ○ | ○ | ○ | ○ | | | ○ | | | | ○ | | ○ | ○ | ○ | ○ | ○ | | | | ○ | |
| | | ○ | ○ | ○ | ○ | | ○ | ○ | ○ | | | ○ | ○ | ○ | | ○ | ○ | | ○ | ○ | ○ | ○ | ○ | ○ | | | | | | ○ | | |
| ○ | ○ | ○ | ○ | ○ | ○ | ○ | ○ | | ○ | ○ | ○ | ○ | ○ | ○ | | ○ | ○ | ○ | ○ | ○ | ○ | ○ | ○ | ○ | | ○ | ○ | | | ○ | ○ | ○ |
| ○ | ○ | ○ | ○ | ○ | ○ | ○ | ○ | ○ | ○ | ○ | ○ | ○ | ○ | ○ | | ○ | ○ | ○ | ○ | ○ | ○ | ○ | ○ | ○ | | ○ | ○ | ○ | | ○ | ○ | ○ |
| | | ○ | ○ | ○ | ○ | ○ | ○ | | ○ | ○ | ○ | ○ | ○ | ○ | | ○ | ○ | ○ | ○ | ○ | ○ | | ○ | ○ | ○ | ○ | ○ | | ○ | ○ | ○ | ○ |
| ○ | ○ | ○ | ○ | ○ | ○ | ○ | ○ | | ○ | ○ | ○ | ○ | ○ | ○ | | ○ | ○ | ○ | ○ | ○ | ○ | ○ | ○ | ○ | ○ | | | | | ○ | ○ | ○ |
| | ○ | ○ | ○ | ○ | ○ | ○ | ○ | ○ | ○ | ○ | ○ | ○ | ○ | ○ | | ○ | ○ | ○ | ○ | ○ | ○ | ○ | ○ | ○ | ○ | | | | | ○ | ○ | ○ |
| | | ⊙ | ○ | | | | ○ | | ⊙ | ⊙ | | ○ | ⊙ | | | | | | | ○ | ○ | | ○ | ○ | | | ○ | | | | ○ | |
| ○ | ○ | ○ | ○ | ○ | ○ | ○ | ○ | | ○ | ○ | ○ | ○ | ○ | ○ | | ○ | | ○ | ○ | ○ | | ○ | ○ | ○ | | | | | | ○ | ○ | ○ |
| | ○ | ○ | ○ | ○ | ○ | ○ | ○ | | ○ | ○ | ○ | ○ | ○ | ○ | | ○ | ○ | ○ | ○ | ○ | ○ | ○ | ○ | ○ | ○ | | | ○ | | ○ | ○ | ○ |
| | ○ | ○ | ○ | ○ | ○ | ○ | ○ | | ○ | ○ | ○ | ○ | ○ | ○ | | ○ | ○ | ○ | ○ | ○ | ○ | ○ | ○ | ○ | ○ | ○ | ○ | ○ | | ○ | ○ | ○ |
| | ○ | ○ | | ○ | ○ | ○ | | ○ | ○ | | ○ | ○ | ○ | ○ | | | | ○ | ○ | ○ | | | ○ | ○ | ○ | | | ○ | | | ○ | |
| ○ | ○ | ○ | ○ | ○ | ○ | ○ | ○ | ○ | ○ | ○ | ○ | ○ | ○ | ○ | | ○ | ○ | ○ | ○ | ○ | ○ | ○ | ○ | ○ | ○ | ○ | ○ | | | ○ | ○ | ○ |
| ○ | ○ | ○ | ○ | ○ | ○ | ○ | ○ | ○ | ○ | ○ | ○ | ○ | ○ | ○ | | ○ | ○ | ○ | ○ | ○ | ○ | ○ | ○ | ○ | ○ | | | | | | ○ | |

| 章 | 節 | 条約 | ガンビア | ギニア | ギニアビサウ | ケニア | コートジボワール | コモロ | コンゴ共和国 | コンゴ民主共和国 | サントメ・プリンシペ | ザンビア | シエラレオネ | ジブチ | ジンバブエ | スーダン | セーシェル | 赤道ギニア | セネガル | ソマリア | タンザニア |
|---|---|---|---|---|---|---|---|---|---|---|---|---|---|---|---|---|---|---|---|---|---|
| | | | | | | | | | | | ア | | | | | | | | | フ | |
| 第1章 | | 国際連合憲章 | ○ | ○ | ○ | ○ | ○ | ○ | ○ | ○ | ○ | ○ | ○ | ○ | ○ | ○ | ○ | ○ | ○ | ○ | ○ |
| 第1章 | | 国際聯盟規約 | | | | | | | | | | | | | | | | | | | |
| 第1章 | | 国際労働機関憲章 | ○ | ○ | ○ | ○ | ○ | ○ | ○ | ○ | ○ | ○ | ○ | ○ | ○ | ○ | ○ | ○ | ○ | ○ | ○ |
| 第3章 | | 外交関係条約・同選択議定書(紛争義務的解決) | ○ | ⊙ | ○ | ⊙ | ○ | ○ | ○ | ⊙ | ○ | ○ | ○ | ○ | ○ | ○ | ⊙ | ⊙ | ○ | ○ | ⊙ |
| 第3章 | | 領事関係条約・同選択議定書(紛争義務的解決) | ○ | ○ | | ⊙ | | | | ○ | ○ | ○ | ○ | ○ | ○ | ○ | ⊙ | ○ | ⊙ | ○ | ○ |
| 第3章 | | 国連特権免除条約 | ○ | ○ | | ○ | ○ | | ○ | ○ | | ○ | ○ | ○ | ○ | ○ | ○ | | ○ | ○ | ○ |
| 第4章 | | 条約法条約 | | ○ | | | | | ○ | ○ | | | | | | ○ | | | ○ | | ○ |
| 第5章 | 2節 | 海洋法に関する国際連合条約 | ○ | ○ | ○ | ○ | ○ | ○ | ○ | ○ | ○ | ○ | ○ | ○ | ○ | ○ | ○ | ○ | ○ | ○ | ○ |
| 第5章 | 2節 | 国連海洋法条約第11部実施協定 | | ○ | | ○ | ○ | | ○ | | | ○ | ○ | | ○ | | ○ | ○ | ○ | | ○ |
| 第5章 | 2節 | 国連公海漁業協定 | | ○ | | ○ | | | | | | | | | | | ○ | | ○ | | |
| 第5章 | 2節 | 国際捕鯨取締条約 | ○ | ○ | ○ | ○ | ○ | | ○ | | ○ | | | | | | | | ○ | | ○ |
| 第5章 | 3節 | 国際民間航空条約 | ○ | ○ | ○ | ○ | ○ | ○ | ○ | ○ | ○ | ○ | ○ | ○ | ○ | ○ | ○ | ○ | ○ | ○ | ○ |
| 第5章 | 3節 | 宇宙条約 | | | ○ | ○ | | | | | | ○ | ○ | | | | ○ | ○ | | | |
| 第5章 | 3節 | 宇宙救助返還協定 | ○ | | ○ | | | | | | | ○ | | | | | ○ | | | | |
| 第5章 | 3節 | 宇宙損害責任条約 | | | | ○ | | | | | | ○ | | | | | ○ | | ○ | | |
| 第5章 | 3節 | 宇宙物体登録条約 | | | | | | | | | | | | | | | ○ | | | | |
| 第7章 | 1節 | 国際人権規約 経済的社会的文化的権利・同選択議定書 | ○ | ○ | ○ | ○ | ○ | | ○ | ○ | ○ | ○ | ○ | ○ | ○ | ○ | ○ | ○ | ○ | ○ | ○ |
| 第7章 | 1節 | 国際人権規約 市民的政治的権利 | ⊕ | ○ | ⊕ | ○ | ○ | | ⊕ | ○ | ○ | ○ | ○ | ○ | ⊕ | ○ | ○ | ○ | ⊕ | ○ | ○ |
| 第7章 | 1節 | 国際人権規約 選択議定書(市民的政治的権利) | ○ | ○ | ○ | | ○ | | ○ | ○ | ○ | ○ | ○ | ○ | | | ○ | ○ | ○ | ○ | |
| 第7章 | 1節 | 国際人権規約 死刑廃止議定書 | ○ | | ○ | | | | | | ○ | | | ○ | | | ○ | | | | |
| 第7章 | 1節 | 人種差別撤廃条約 | ○ | ○ | ○ | ○ | ○ | ○ | ○ | ○ | ○ | ○ | ○ | ○ | ○ | ○ | ○ | ○ | ○ | ○ | ○ |
| 第7章 | 1節 | 女子差別撤廃条約・同選択議定書 | ○ | ○ | ⊙ | ○ | ⊙ | ○ | ○ | ○ | ⊙ | ○ | ○ | ○ | ○ | | ⊙ | ⊙ | ⊙ | | ⊙ |
| 第7章 | 1節 | 拷問等禁止条約・同選択議定書 | ○ | ○ | ○ | ○ | ○ | ○ | ○ | ⊙ | ○ | ○ | ○ | ○ | | | ○ | ○ | ⊙ | ○ | |
| 第7章 | 1節 | 児童の権利条約 | ○ | ○ | ○ | ○ | ○ | ○ | ○ | ○ | ○ | ○ | ○ | ○ | ○ | ○ | ○ | ○ | ○ | ○ | ○ |
| 第7章 | 1節 | 選択議定書(武力紛争) | ○ | ○ | ○ | ○ | ○ | | ○ | ○ | | | ○ | ○ | ○ | ○ | ○ | | ○ | | ○ |
| 第7章 | 1節 | 選択議定書(児童売買) | ○ | ○ | ○ | | ○ | ○ | ○ | ○ | | | ○ | ○ | ○ | ○ | ○ | ○ | ○ | | ○ |
| 第7章 | 1節 | ハーグ子奪取条約 | | ○ | | | | | | | | ○ | | | ○ | | ○ | | | | |
| 第7章 | 1節 | 障害者権利条約 | ○ | ○ | ○ | ○ | ○ | ○ | ○ | ○ | ○ | ○ | ○ | ○ | ○ | ○ | ○ | | ○ | ○ | ○ |
| 第7章 | 1節 | 難民条約・同議定書 | ⊙ | ⊙ | ⊙ | ⊙ | ⊙ | | ⊙ | ⊙ | ⊙ | ⊙ | ⊙ | ⊙ | ⊙ | ⊙ | ⊙ | ⊙ | ⊙ | ⊙ | ⊙ |
| 第7章 | 1節 | ILO29号条約 | ○ | ○ | ○ | ○ | ○ | ○ | ○ | ○ | ○ | ○ | ○ | ○ | ○ | ○ | ○ | ○ | ○ | ○ | ○ |
| 第7章 | 1節 | ILO87号条約 | ○ | ○ | | | ○ | ○ | ○ | ○ | ○ | ○ | ○ | ○ | ○ | | ○ | ○ | ○ | ○ | ○ |
| 第7章 | 1節 | ILO98号条約 | ○ | ○ | ○ | ○ | ○ | ○ | ○ | ○ | ○ | ○ | ○ | ○ | ○ | ○ | ○ | ○ | ○ | ○ | ○ |
| 第7章 | 1節 | ILO105号条約 | ○ | ○ | ○ | ○ | ○ | ○ | ○ | ○ | ○ | ○ | ○ | ○ | ○ | ○ | ○ | ○ | ○ | ○ | ○ |
| 第8章 | 1節 | 国際刑事裁判所規程 | ○ | ○ | | ○ | ○ | ○ | ○ | ○ | | ○ | ○ | ○ | | | ○ | | ○ | | ○ |
| 第8章 | 2節 | ジェノサイド条約 | ○ | ○ | ○ | | ○ | ○ | | ○ | | | | | ○ | ○ | ○ | | ○ | | ○ |
| 第8章 | 2節 | 航空機不法奪取防止条約 | ○ | ○ | ○ | ○ | ○ | ○ | ○ | ○ | ○ | ○ | ○ | ○ | ○ | ○ | ○ | ○ | ○ | | ○ |
| 第8章 | 2節 | 民間航空不法行為防止条約 | ○ | ○ | ○ | ○ | ○ | ○ | ○ | ○ | ○ | ○ | ○ | ○ | ○ | ○ | ○ | ○ | ○ | | ○ |
| 第8章 | 2節 | 海洋航行不法行為防止条約 | ○ | ○ | ○ | ○ | ○ | ○ | ○ | | ○ | | | ○ | | ○ | ○ | ○ | ○ | | ○ |
| 第8章 | 2節 | 人質行為禁止条約 | | ○ | ○ | ○ | ○ | ○ | | | ○ | ○ | ○ | ○ | | ○ | ○ | ○ | ○ | | ○ |
| 第8章 | 2節 | 国家代表等に対する犯罪防止条約 | | ○ | ○ | ○ | ○ | ○ | | ○ | ○ | ○ | ○ | ○ | | ○ | ○ | ○ | ○ | | |
| 第8章 | 2節 | 国連要員安全条約・同選択議定書 | | ○ | | ⊙ | ○ | | ○ | | | | | | | | | | ○ | | |
| 第8章 | 2節 | 核物質防護条約 | | ○ | ○ | ○ | ○ | ○ | | ○ | | ○ | | ○ | | ○ | ○ | ○ | ○ | | ○ |
| 第8章 | 2節 | 爆弾テロ防止条約 | | ○ | ○ | ○ | ○ | ○ | | ○ | ○ | ○ | ○ | ○ | | ○ | ○ | ○ | ○ | | ○ |
| 第8章 | 2節 | テロ資金供与防止条約 | ○ | ○ | ○ | ○ | ○ | ○ | ○ | ○ | ○ | ○ | ○ | ○ | ○ | ○ | ○ | ○ | ○ | | ○ |
| 第8章 | 2節 | 核テロ防止条約 | | | ○ | ○ | ○ | ○ | | ○ | | ○ | | ○ | | | | | | | |
| 第8章 | 2節 | 国際組織犯罪防止条約 | ○ | ○ | ○ | ○ | ○ | ○ | | ○ | ○ | ○ | ○ | ○ | ○ | ○ | ○ | ○ | ○ | | ○ |
| 第8章 | 2節 | 人身取引防止議定書 | ○ | ○ | ○ | ○ | ○ | ○ | | ○ | ○ | ○ | ○ | ○ | ○ | ○ | ○ | ○ | ○ | | ○ |

| アジア | | | | | | | | | | | | | | | | | | | | | | | アフリカ | | | | | | | | | | |
|---|---|---|---|---|---|---|---|---|---|---|---|---|---|---|---|---|---|---|---|---|---|---|---|---|---|---|---|---|---|---|---|---|---|
| 朝鮮民主主義人民共和国 | トルコ | 日本 | ネパール | パキスタン | バーレーン | パレスチナ | バングラデシュ | 東ティモール | フィリピン | ブータン | ブルネイ | ベトナム | マレーシア | ミャンマー | モルディブ | モンゴル | ヨルダン | ラオス | レバノン | (台湾(中華民国)) | (香港) | (マカオ) | アルジェリア | アンゴラ | ウガンダ | エジプト | エスワティニ | エチオピア | エリトリア | ガーナ | カーボベルデ | ガボン | カメルーン |
| ○ | ◎ | ○ | ○ | ○ | ○ | | ○ | ○ | ◎ | ○ | ○ | ○ | ○ | ○ | ○ | ○ | ○ | ○ | ◎ | | | | ○ | ○ | ○ | ◎ | ○ | ◎ | ○ | ○ | ○ | ○ | ○ |
| | ○ | × | | | | | | | | | | | | | | | | | | ○ | | | | | | ○ | | × | | | | | |
| | ○ | ○ | ○ | ○ | ○ | | ○ | ○ | ○ | | ○ | ○ | ○ | ○ | ○ | ○ | ○ | ○ | ○ | | | | ○ | ○ | ○ | ○ | ○ | ○ | ○ | ○ | ○ | ○ | ○ |
| ○ | ○ | ⊙ | ⊙ | ⊙ | ○ | ○ | ○ | ○ | ⊙ | ○ | ○ | ○ | ⊙ | ○ | ○ | ○ | ○ | ⊙ | ○ | (†) | | | ○ | ○ | ○ | ○ | ○ | ○ | ○ | ○ | ○ | ⊙ | ○ |
| ○ | ○ | ⊙ | ⊙ | ⊙ | ○ | ⊙ | ○ | ○ | ⊙ | ○ | ○ | ⊙ | ○ | ○ | ○ | ○ | ○ | ⊙ | ○ | | | | ○ | ○ | | ○ | ○ | | ○ | ○ | ○ | ⊙ | ○ |
| | ○ | ○ | ○ | ○ | ○ | | ○ | ○ | ○ | | ○ | ○ | ○ | ○ | | ○ | ○ | ○ | ○ | | | | ○ | ○ | ○ | ○ | | ○ | | ○ | | ○ | ○ |
| | | ○ | | | | ○ | | ○ | ○ | | | ○ | ○ | ○ | ○ | ○ | | ○ | | | | | ○ | | | ○ | | | | | | ○ | ○ |
| | | ○ | ○ | ○ | ○ | ○ | ○ | ○ | ○ | | ○ | ○ | ○ | ○ | ○ | ○ | ○ | ○ | ○ | | | | ○ | ○ | ○ | ○ | ○ | | | ○ | ○ | ○ | ○ |
| | | ○ | ○ | ○ | | ○ | ○ | ○ | ○ | | ○ | ○ | ○ | ○ | ○ | ○ | ○ | ○ | ○ | | | | ○ | ○ | ○ | | ○ | | | ○ | ○ | ○ | ○ |
| | | ○ | | | | | ○ | | ○ | | | ○ | | | ○ | | | | | | | | | | | | | | | ○ | | | |
| | | | | | | | | | | | | | | | | ○ | | ○ | | | | | | | | | | | ○ | ○ | | ○ | ○ |
| ○ | ○ | ○ | ○ | ○ | ○ | | ○ | ○ | ○ | ○ | ○ | ○ | ○ | ○ | ○ | ○ | ○ | ○ | ○ | | | | ○ | ○ | ○ | ○ | ○ | ○ | ○ | ○ | ○ | ○ | ○ |
| ○ | ○ | ○ | ○ | ○ | | | ○ | | | | | ○ | | ○ | | ○ | | ○ | ○ | (†) | | | ○ | | ○ | ○ | | | | | | | |
| ○ | ○ | ○ | ○ | ○ | | | | | | | | | | | ○ | ○ | | ○ | ○ | (†) | | | | | | ○ | ○ | | | | | ○ | ○ |
| ○ | ○ | ○ | | ○ | | | | | | | | | | | | ○ | | ○ | ○ | (†) | | | ○ | | | | | | | | | ○ | |
| ○ | ○ | ○ | | ○ | | | | | | | | | | | | ○ | | | ○ | | | | ○ | | | | | | | | | | |
| ○ | ○ | ○ | ○ | ○ | ○ | ○ | ○ | ○ | ○ | | | ○ | | ○ | ⊙ | ⊙ | ○ | ○ | ○ | | | | ○ | ○ | ○ | ○ | ○ | ○ | ○ | ○ | ⊙ | ⊙ | ○ |
| ○ | ○ | ○ | ○ | ○ | ○ | ○ | ○ | ○ | ⊕ | | | ○ | | | ○ | ○ | ○ | ○ | ○ | | | | ⊕ | ○ | ○ | ○ | ○ | ○ | ○ | ⊕ | ○ | ○ | ○ |
| | ○ | | ○ | | | | | | ○ | | | | | | ○ | ○ | | | | | | | ○ | ○ | ○ | | | | | ○ | ○ | | ○ |
| | ○ | | ○ | | | ○ | | ○ | ○ | | | | | | | ○ | | | | | | | | ○ | | | | | | | ○ | ○ | |
| | ○ | ○ | ○ | ○ | ○ | ○ | ○ | ○ | ○ | | | ○ | | | ○ | ○ | ○ | ○ | ○ | | | | ○ | ○ | ○ | ○ | ○ | ○ | ○ | ○ | ○ | ○ | ○ |
| ○ | ⊙ | ○ | ⊙ | ○ | ○ | ⊙ | ⊙ | ⊙ | ⊙ | ○ | ○ | ○ | ○ | ○ | ⊙ | ⊙ | ○ | ○ | ○ | | | | ○ | ⊙ | ○ | ○ | ○ | ○ | ○ | ⊙ | ⊙ | ⊙ | ⊙ |
| | ⊙ | ○ | ○ | ○ | ○ | ⊙ | ○ | ○ | ⊙ | | | ○ | | | ⊙ | ⊙ | ○ | ○ | ⊙ | | | | ○ | ○ | ○ | ○ | ○ | ○ | ○ | ⊙ | ⊙ | ⊙ | ○ |
| ○ | ○ | ○ | ○ | ○ | ○ | ○ | ○ | ○ | ○ | ○ | ○ | ○ | ○ | ○ | ○ | ○ | ○ | ○ | ○ | | | | ○ | ○ | ○ | ○ | ○ | ○ | ○ | ○ | ○ | ○ | ○ |
| | ○ | ○ | ○ | ○ | ○ | ○ | ○ | ○ | ○ | ○ | ○ | ○ | ○ | ○ | ○ | ○ | ○ | ○ | | | | | ○ | ○ | ○ | ○ | ○ | ○ | ○ | ○ | ○ | ○ | ○ |
| ○ | ○ | ○ | ○ | ○ | ○ | ○ | ○ | ○ | ○ | ○ | ○ | ○ | ○ | ○ | ○ | ○ | ○ | ○ | ○ | | | | ○ | ○ | ○ | ○ | ○ | ○ | ○ | | ○ | ○ | |
| | ○ | ○ | | ○ | | | | | ○ | | | | | | | | | | | | ○ | ○ | | | | | | | | | | ○ | |
| ○ | ○ | ○ | ○ | ○ | ○ | ○ | ○ | | ○ | | ○ | ○ | ○ | ○ | ○ | ○ | ○ | ○ | | | | | ○ | ○ | ○ | ○ | ○ | ○ | | ○ | ○ | ○ | |
| | ⊙ | ⊙ | | | | | | ⊙ | ⊙ | | | | | | | | | | | | | | ⊙ | ⊙ | ⊙ | ⊙ | ⊙ | ⊙ | | ⊙ | • | ⊙ | ⊙ |
| | ○ | ○ | ○ | ○ | ○ | | ○ | ○ | ○ | | | ○ | ○ | ○ | ○ | ○ | ○ | ○ | ○ | | | | ○ | ○ | ○ | ○ | ○ | ○ | ○ | ○ | ○ | ○ | ○ |
| | ○ | ○ | | ○ | | | ○ | ○ | ○ | | | | | ○ | ○ | ○ | | | | | | | ○ | ○ | ○ | ○ | ○ | ○ | ○ | ○ | ○ | ○ | ○ |
| | ○ | ○ | ○ | ○ | | | ○ | ○ | ○ | | | ○ | ○ | | ○ | ○ | ○ | | ○ | | | | ○ | ○ | ○ | ○ | ○ | ○ | ○ | ○ | ○ | ○ | ○ |
| | ○ | | ○ | ○ | ○ | | ○ | | ○ | | | | | | ○ | ○ | ○ | | ○ | | | | ○ | ○ | ○ | ○ | ○ | ○ | ○ | ○ | ○ | ○ | ○ |
| | | ○ | | | | ○ | ○ | ○ | | | | | | | ○ | ○ | ○ | | | | | | | | ○ | | | | | ○ | ○ | ○ | |
| ○ | ○ | | ○ | ○ | ○ | ○ | ○ | | ○ | | | ○ | ○ | ○ | ○ | ○ | ○ | ○ | ○ | (†) | | | ○ | | ○ | ○ | | ○ | | ○ | ○ | ○ | |
| ○ | ○ | ○ | ○ | ○ | ○ | | ○ | | ○ | ○ | ○ | ○ | ○ | ○ | ○ | ○ | ○ | ○ | ○ | | | | ○ | ○ | ○ | ○ | ○ | ○ | | ○ | ○ | ○ | ○ |
| ○ | ○ | ○ | ○ | ○ | ○ | | ○ | | ○ | ○ | ○ | ○ | ○ | ○ | ○ | ○ | ○ | ○ | ○ | | | | ○ | ○ | ○ | ○ | ○ | ○ | | ○ | ○ | ○ | ○ |
| | ○ | ○ | | ○ | ○ | | ○ | | ○ | | ○ | ○ | | ○ | ○ | ○ | ○ | ○ | ○ | | ○ | ○ | ○ | | ○ | ○ | ○ | ○ | | ○ | ○ | | |
| ○ | ○ | ○ | ○ | ○ | ○ | | ○ | | ○ | ○ | ○ | ○ | ○ | ○ | | ○ | ○ | ○ | ○ | | | | ○ | | ○ | ○ | ○ | ○ | | ○ | ○ | ○ | ○ |
| ○ | ○ | ○ | ○ | ○ | ○ | ○ | ○ | | ○ | ○ | ○ | ○ | ○ | ○ | ○ | ○ | ○ | ○ | ○ | | | | ○ | | ○ | ○ | ○ | ○ | | ○ | ○ | ○ | ○ |
| ○ | ○ | ○ | ○ | | | ⊙ | ○ | | ○ | | ○ | | | | | ○ | | ○ | ○ | | | | | | | | | | | | | | |
| | ○ | ○ | | ○ | ○ | ○ | ○ | | ○ | | | ○ | | ○ | | ○ | ○ | ○ | ○ | | | | ○ | ○ | ○ | | ○ | | ○ | ○ | ○ | ○ | ○ |
| | ○ | ○ | | ○ | ○ | | ○ | | ○ | | ○ | ○ | ○ | ○ | ○ | ○ | | ○ | | | | | ○ | | ○ | ○ | ○ | ○ | | ○ | ○ | ○ | ○ |
| ○ | ○ | ○ | ○ | ○ | ○ | | ○ | ○ | ○ | ○ | ○ | ○ | ○ | ○ | ○ | ○ | ○ | ○ | ○ | | | | ○ | ○ | ○ | ○ | ○ | ○ | | ○ | ○ | ○ | ○ |
| | ○ | ○ | | | ○ | ○ | ○ | | | | | ○ | | | | ○ | ○ | | ○ | | | | ○ | | | | | | | | | ○ | |
| ○ | ○ | ○ | ○ | ○ | ○ | ○ | ○ | ○ | ○ | | ○ | ○ | ○ | ○ | ○ | ○ | ○ | ○ | ○ | | | | ○ | ○ | ○ | ○ | ○ | ○ | ○ | ○ | ○ | ○ | ○ |
| | ○ | ○ | ○ | | ○ | ○ | ○ | ○ | ○ | | ○ | ○ | ○ | ○ | ○ | ○ | ○ | ○ | ○ | | | | ○ | ○ | | ○ | ○ | ○ | ○ | ○ | ○ | ○ | ○ |

# 条約の当事国表

| 章 | 節 | 条約 | ア | | | | | | | | | | | | | | | | | | |
|---|---|---|---|---|---|---|---|---|---|---|---|---|---|---|---|---|---|---|---|---|---|
| | | | アフガニスタン | アラブ首長国連邦 | イエメン | イスラエル | イラク | イラン | インド | インドネシア | オマーン | カタール | カンボジア | クウェート | サウジアラビア | シリア | シンガポール | スリランカ | タイ | 大韓民国 | 中国 |
| 第1章 | | 国際連合憲章 | ○ | ○ | ○ | ○ | ◎ | ◎ | ◎ | ○ | ○ | ○ | ○ | ○ | ◎ | ◎ | ○ | ○ | ○ | ○ | ◎ |
| 第1章 | | 国際聯盟規約 | ○ | | | | ○ | ○ | ○ | | | | | | | | | | ○ | | |
| 第1章 | | 国際労働機関憲章 | ○ | ○ | ○ | ○ | ○ | ○ | ○ | ○ | ○ | ○ | ○ | ○ | ○ | ○ | ○ | ○ | ○ | ○ | ○ |
| 第3章 | | 外交関係条約・同選択議定書(紛争義務的解決) | ○ | ○ | ○ | ○ | ⊙ | ⊙ | ⊙ | ○ | ⊙ | ○ | ⊙ | ⊙ | ○ | ○ | ○ | ⊙ | ○ | ⊙ | ○ |
| 第3章 | | 領事関係条約・同選択議定書(紛争義務的解決) | | ○ | ○ | | ○ | ⊙ | ⊙ | ○ | ⊙ | ○ | ○ | ○ | ○ | ○ | ○ | ○ | ○ | ⊙ | ○ |
| 第3章 | | 国連特権免除条約 | ○ | ○ | ○ | ○ | ○ | ○ | ○ | ○ | | ○ | ○ | ○ | ○ | ○ | ○ | ○ | ○ | ○ | ○ |
| 第4章 | | 条約法条約 | | | | | | | | | ○ | | | ○ | ○ | ○ | | | | ○ | ○ |
| 第5章 | 2節 | 海洋法に関する国際連合条約 | | | ○ | | ○ | | ○ | ○ | ○ | ○ | | ○ | ○ | | ○ | ○ | ○ | ○ | ○ |
| 第5章 | 2節 | 国連海洋法条約第11部実施協定 | | | ○ | | | | ○ | ○ | ○ | ○ | | ○ | ○ | | ○ | ○ | ○ | ○ | ○ |
| 第5章 | 2節 | 国連公海漁業協定 | | | | | | ○ | ○ | ○ | ○ | | ○ | | | | | ○ | ○ | ○ | |
| 第5章 | 2節 | 国際捕鯨取締条約 | | | | ○ | | | ○ | | ○ | | ○ | | | | | | | ○ | ○ |
| 第5章 | 3節 | 国際民間航空条約 | ○ | ○ | ○ | ○ | ○ | ○ | ○ | ○ | ○ | ○ | ○ | ○ | ○ | ○ | ○ | ○ | ○ | ○ | ○ |
| 第5章 | 3節 | 宇宙条約 | ○ | ○ | ○ | ○ | ○ | | ○ | ○ | | ○ | | ○ | ○ | ○ | ○ | ○ | ○ | ○ | ○ |
| 第5章 | 3節 | 宇宙救助返還協定 | | | | ○ | ○ | ○ | ○ | ○ | | ○ | | ○ | | ○ | ○ | | ○ | ○ | ○ |
| 第5章 | 3節 | 宇宙損害責任条約 | | ○ | | ○ | ○ | ○ | ○ | ○ | | ○ | | ○ | ○ | ○ | ○ | ○ | | ○ | ○ |
| 第5章 | 3節 | 宇宙物体登録条約 | | ○ | | | | | ○ | ○ | | ○ | | ○ | ○ | | | | | ○ | ○ |
| 第7章 | 1節 | 国際人権規約 経済的社会的文化的権利・同選択議定書 | ○ | | ○ | ○ | ○ | ○ | ○ | ○ | ○ | ○ | ○ | ○ | | ○ | | ○ | ○ | ○ | ○ |
| 第7章 | 1節 | 国際人権規約 市民的政治的権利 | ○ | | ○ | ○ | ○ | ○ | ○ | ○ | | ○ | ○ | ○ | | ○ | | ⊕ | ○ | ⊕ | |
| 第7章 | 1節 | 国際人権規約 選択議定書(市民的政治的権利) | | | | | | | | | | | | | | | | ○ | | ○ | |
| 第7章 | 1節 | 国際人権規約 死刑廃止議定書 | | | | | | | | | | | | | | | | | | | |
| 第7章 | 1節 | 人種差別撤廃条約 | ○ | ○ | ○ | ○ | ○ | ○ | ○ | ○ | ○ | ○ | ○ | ○ | ○ | ○ | ○ | ○ | ○ | ○ | ○ |
| 第7章 | 1節 | 女子差別撤廃条約・同選択議定書 | ○ | ○ | ○ | ○ | ○ | | ○ | ○ | ○ | ○ | ⊙ | ○ | ○ | ○ | ○ | ⊙ | ⊙ | ⊙ | ○ |
| 第7章 | 1節 | 拷問等禁止条約・同選択議定書 | ⊙ | ○ | ○ | ○ | ○ | | | ○ | ○ | ○ | ⊙ | ○ | ○ | ○ | | ⊙ | ○ | ○ | ○ |
| 第7章 | 1節 | 児童の権利条約 | ○ | ○ | ○ | ○ | ○ | ○ | ○ | ○ | ○ | ○ | ○ | ○ | ○ | ○ | ○ | ○ | ○ | ○ | ○ |
| 第7章 | 1節 | 選択議定書(武力紛争) | ○ | | ○ | ○ | ○ | | ○ | ○ | ○ | ○ | ○ | ○ | ○ | ○ | ○ | ○ | ○ | ○ | ○ |
| 第7章 | 1節 | 選択議定書(児童売買) | ○ | ○ | ○ | ○ | ○ | ○ | ○ | ○ | ○ | ○ | ○ | ○ | ○ | ○ | | ○ | ○ | ○ | ○ |
| 第7章 | 1節 | ハーグ子奪取条約 | | | | ○ | ○ | | | | | | | | | | ○ | ○ | ○ | ○ | |
| 第7章 | 1節 | 障害者権利条約 | ○ | ○ | ○ | ○ | ○ | ○ | ○ | ○ | ○ | ○ | ○ | ○ | ○ | ○ | ○ | ○ | ○ | ○ | ○ |
| 第7章 | 1節 | 難民条約・同議定書 | ⊙ | | ⊙ | ⊙ | | ⊙ | | | | | ⊙ | | | | | | | ⊙ | ⊙ |
| 第7章 | 1節 | ＩＬＯ29号条約 | | ○ | ○ | ○ | ○ | ○ | ○ | ○ | ○ | ○ | ○ | ○ | ○ | ○ | ○ | ○ | ○ | | |
| 第7章 | 1節 | ＩＬＯ87号条約 | | | ○ | ○ | ○ | | | ○ | | | ○ | ○ | | ○ | | ○ | | | |
| 第7章 | 1節 | ＩＬＯ98号条約 | | | ○ | ○ | ○ | | | ○ | | | ○ | ○ | | ○ | ○ | ○ | | | |
| 第7章 | 1節 | ＩＬＯ105号条約 | ○ | ○ | ○ | ○ | ○ | ○ | ○ | ○ | ○ | ○ | ○ | ○ | ○ | ○ | | ○ | ○ | | |
| 第8章 | 1節 | 国際刑事裁判所規程 | ○ | | | | | | | | | | ○ | | | | | | | ○ | |
| 第8章 | 2節 | ジェノサイド条約 | ○ | ○ | ○ | ○ | ○ | ○ | ○ | | | | ○ | ○ | ○ | ○ | ○ | ○ | | ○ | ○ |
| 第8章 | 2節 | 航空機不法奪取防止条約 | ○ | ○ | ○ | ○ | ○ | ○ | ○ | ○ | ○ | ○ | ○ | ○ | ○ | ○ | ○ | ○ | ○ | ○ | ○ |
| 第8章 | 2節 | 民間航空不法行為防止条約 | ○ | ○ | ○ | ○ | ○ | ○ | ○ | ○ | ○ | ○ | ○ | ○ | ○ | ○ | ○ | ○ | ○ | ○ | ○ |
| 第8章 | 2節 | 海洋航行不法行為防止条約 | ○ | ○ | ○ | ○ | ○ | ○ | ○ | | ○ | ○ | ○ | ○ | ○ | ○ | ○ | ○ | | ○ | ○ |
| 第8章 | 2節 | 人質行為禁止条約 | ○ | ○ | ○ | | ○ | ○ | ○ | | ○ | ○ | ○ | ○ | ○ | | ○ | ○ | ○ | ○ | ○ |
| 第8章 | 2節 | 国家代表等に対する犯罪防止条約 | ○ | ○ | ○ | ○ | ○ | ○ | ○ | | ○ | ○ | ○ | ○ | ○ | ○ | ○ | ○ | ○ | ○ | ○ |
| 第8章 | 2節 | 国連要員安全条約・同選択議定書 | | | | | | | | | | | | ○ | ○ | | ⊙ | ○ | | ○ | ○ |
| 第8章 | 2節 | 核物質防護条約 | ○ | ○ | ○ | ○ | ○ | | ○ | ○ | ○ | ○ | ○ | ○ | ○ | ○ | ○ | | ○ | ○ | ○ |
| 第8章 | 2節 | 爆弾テロ防止条約 | ○ | ○ | ○ | ○ | ○ | | ○ | ○ | | ○ | ○ | ○ | ○ | | ○ | ○ | ○ | ○ | ○ |
| 第8章 | 2節 | テロ資金供与防止条約 | ○ | ○ | ○ | ○ | ○ | | ○ | ○ | ○ | ○ | ○ | ○ | ○ | ○ | ○ | ○ | ○ | ○ | ○ |
| 第8章 | 2節 | 核テロ防止条約 | ○ | ○ | ○ | | ○ | | ○ | ○ | | ○ | | ○ | ○ | | ○ | ○ | ○ | ○ | ○ |
| 第8章 | 2節 | 国際組織犯罪防止条約 | ○ | ○ | ○ | ○ | ○ | | ○ | ○ | ○ | ○ | ○ | ○ | ○ | ○ | ○ | ○ | ○ | ○ | ○ |
| 第8章 | 2節 | 人身取引防止議定書 | ○ | ○ | | ○ | ○ | | ○ | ○ | ○ | ○ | ○ | ○ | ○ | ○ | ○ | ○ | ○ | ○ | ○ |

# 条約の当事国表

(2021年1月1日までの資料により，編集部においてこれを作成した。)

○ 当事国（未発効条約については批准書寄託国）
◎ 国際連合憲章原加盟国
× 脱退
※ 除名 }（国際聯盟規約のみについて。なお，ロシア欄はソ連時代のもの）
△ 署名国（未発効条約のみについて）

⊕ 市民的政治的権利に関する国際人権規約第41条宣言国

⊙ {外交関係条約・同選択議定書（紛争の義務的解決），領事関係条約・同選択議定書（紛争の義務的解決），経済的社会的文化的権利に関する国際人権規約・同選択議定書，女子差別撤廃条約・同選択議定書，拷問等禁止条約・同選択議定書及び国連要員安全条約・同選択議定書においては，○は条約の加盟国，●は選択議定書の加盟国
難民条約・同議定書においては，○は条約の加盟国，●は議定書の加盟国

◇ 国際司法裁判所規程においては，○は条約の加盟国，◇は国際司法裁判所強制管轄受諾宣言国

中国の条約関係については，現在なお不確定な要素をもつものがある。そのうち，＋は1949年の中華人民共和国成立以前に中国が批准・加入したが，その承継又は効力承認は現在の中国政府によって明確になされていないもの，㊉は1949年の中華人民共和国成立以後に中国国民党政府（在台湾）が中国の名義で批准・加入したもの（なお，そうした行為は中国政府により違法かつ無効であると宣言されている）。

旧ユーゴスラビア，旧セルビア・モンテネグロ及び旧チェコ・スロバキア時代のそれぞれが当事国であった条約については，分離後承継関係が明らかでないものが多数ある。それらの条約については，とりあえず，旧ユーゴスラビア及び旧セルビア・モンテネグロのものについてはセルビア欄に，旧チェコ・スロバキアのものについてはチェコ欄に［ ］内に入れて示した。

国家ではないが，香港等の自治領についても，当事国数に数え，かつ，当事国表に表示されているものもある。

なお，多国間条約のうち，当事国数の少ないものは，当事国表の次に条約ごとに当事国の国名を列挙して掲げた。その際検索の便を図るため，地域ごとに／で区切り，国名を五十音順に配列した。

1949 …… 748
1949年ジュネーヴ第4条約(文民保護条約)　Geneva Convention relative to the Protection of Civilian Persons in Time of War of August 12, 1949 …… 760
1949年ジュネーヴ条約第1追加議定書(国際武力紛争)　Protocol Additional to the Geneva Conventions of 12 August 1949, and relating to the Protection of Victims of International Armed Conflicts (Protocol I) …… 775
1949年ジュネーヴ条約第2追加議定書(非国際武力紛争)　Protocol Additional to the Geneva Conventions of 12 August 1949, and relating to the Protection of Victims of Non-International Armed Conflicts (Protocol II) …… 793
武力紛争文化財保護条約　Convention for the Protection of Cultural Property in the Event of Armed Conflict …… 796
〔第15章　軍縮〕
部分的核実験禁止条約　Treaty Banning Nuclear Weapon Tests in the Atmosphere, in Outer Space and Under Water …… 798
包括的核実験禁止条約　Comprehensive Nuclear-test-ban Treaty …… 798
核兵器の不拡散に関する条約　Treaty on the Non-Proliferation of Nuclear Weapons …… 802
核兵器の禁止に関する条約　Treaty on the Prohibition of Nuclear Weapons …… 804
海底非核化条約　Treaty on the Prohibition of the Emplacement of Nuclear Weapons and Other Weapons of Mass Destruction on the Seabed and the Ocean Floor and in the Subsoil Thereof …… 807
ラテン・アメリカ核兵器禁止条約　Treaty for the Prohibition of Nuclear Weapons in Latin America and the Caribbean …… 808
南太平洋非核地帯条約　South Pacific Nuclear Free Zone Treaty …… 812
東南アジア非核兵器地帯条約　Treaty on the Southeast Asia Nuclear Weapon-Free Zone …… 815
アフリカ非核兵器地帯条約　African Nuclear-Weapon-Free Zone Treaty …… 817
中央アジア非核兵器地帯条約　Treaty on a Nuclear-Weapon-Free Zone in Central Asia …… 820
生物毒素兵器禁止条約　Convention on the Prohibition of the Development, Production and Stockpiling of Bacteriological (Biological) and Toxin Weapons and on Their Destruction …… 820
化学兵器禁止条約　Convention on the Prohibition of the Development, Production, Stockpiling and Use of Chemical Weapons and on Their Destruction …… 822
対人地雷禁止条約　Convention on the Prohibition of the Use, Stockpiling, Production and Transfer of Anti-Personnel Mines and on their Destruction …… 831
武器貿易条約　Arms Trade Treaty …… 836
クラスター弾に関する条約　Convention on Cluster Munitions …… 839
米ソINF廃棄条約　Treaty Between the United States of America and the Union of Soviet Socialist Republics on the Elimination of Their Intermediate-Range and Shorter-Range Missiles …… 843
米ロ戦略攻撃力削減条約　Treaty Between the United States of America and the Russian Federation on Strategic Offensive Reductions …… 845
米ロ核軍縮条約　Treaty Between the United States of America and the Russian Federation on Measures for the Further Reduction and Limitation of Strategic Offensive Arms …… 845
〔第16章　第二次世界大戦と日本〕
日本国との平和条約　Treaty of Peace with Japan …… 847
朝鮮の独立問題に関する決議　The Problem of the Independence of Korea …… 857
英米共同宣言(大西洋憲章)　The Atlantic Charter …… 863
連合国共同宣言　Declaration by United Nations …… 863
ポツダム宣言　Proclamation Defining Terms for Japanese Surrender …… 864
〔第17章　歴史的文書〕
ウェストファリア条約(オスナブリュック条約とミュンスター条約をあわせた名称)　Instrumentum pacis Osnabrugense〔羅〕 Instrumentum pacis Monasteriense〔羅〕 …… 866
ウィーン会議議定書(1815年)　Acte du Congrès de Vienne, signé le 9 Juin 1815〔仏〕 …… 867
パリ条約(1856年)　Traité général de paix entre l'Autriche, la France, la Grande-Bretagne, la Prusse, la Russie, la Sardaigne et la Porte Ottomane, signé à Paris, le 30 mars 1856〔仏〕 …… 868
ベルリン会議一般議定書(1885年)　Acte général de la Conférence de Berlin〔仏〕 …… 869
〔追録〕
世界保健機関(WHO)憲章　Constitution of the World Health Organization …… 874
国際保健規則(2005年版)　International Health Regulations (2005) …… 875
地域的な包括的経済連携(RCEP)協定　Regional Comprehensive Economic Partnership Agreement …… 878
持続可能な開発目標(SDGs)　Transforming our world：the 2030 Agenda for Sustainable Development …… 880
日韓秘密軍事情報保護協定　Agreement between the Government of Japan and the Government of the Republic of Korea on the Protection of Classified Military information …… 889

Their Disposal ………… 600
気候変動に関する国際連合枠組条約　United Nations Framework Convention on Climate Change ………… 605
京都議定書　Kyoto Protocol to the United Nations Framework Convention on Climate Change ………… 610
パリ協定(気候変動枠組条約)　Paris Agreement ………… 615
生物の多様性に関する条約　Convention on Biological Diversity ………… 619
バイオセーフティに関するカルタヘナ議定書　Cartagena Protocol on Biosafety to the Convention on Biological Diversity ………… 625
遺伝資源の取得と利益配分に関する名古屋議定書　Nagoya Protocol on Access to Genetic Resources and the Fair and Equitable Sharing of Benefits Arising from their Utilization to the Convention on Biological Diversity ………… 628
責任及び救済に関する名古屋・クアラルンプール補足議定書　Nagoya - Kuala Lumpur Supplementary Protocol on Liability and Redress to the Cartagena Protocol on Biosafety ………… 631
ワシントン野生動植物取引規制条約　Convention on International Trade in Endangered Species of Wild Fauna and Flora ………… 633
湿地保全条約　Convention on Wetlands of International Importance Especially as Waterfowl Habitat ………… 638
原子力事故通報条約　Convention on Early Notification of a Nuclear Accident ………… 640
原子力事故援助条約　Convention on Assistance in the Case of a Nuclear Accident or Radiological Emergency ………… 642
原子力安全条約　Convention on Nuclear Safety ………… 645
原子力損害補完的補償条約　Convention on Supplementary Compensation for Nuclear Damage ………… 647
〔第 12 章　国際紛争処理〕
国際司法裁判所規程　Statute of the International Court of Justice ………… 650
国際紛争平和的処理条約　Convention de 1907 pour le règlement pacifique des conflits internationaux〔仏〕 ………… 667
国際紛争の平和的解決に関する改正一般議定書　Revised General Act for the Pacific Settlement of International Disputes ………… 672
〔第 13 章　安全保障〕
契約上ノ債務回収ノ為ニスル兵力使用ノ制限ニ関スル条約　Convention respecting the Limitation of the Employment of Force for the Recovery of Contract Debts ………… 676
不戦条約　Treaty for the Renunciation of War ………… 676
平和のための結集決議　Uniting for Peace Resolution ………… 677
侵略の定義に関する決議　Definition of Aggression ………… 678
侵略の定義に関する条約　Convention for the Definition of Aggression ………… 679
米韓相互防衛条約　Mutual Defense Treaty between the United States of America and the Republic of Korea ………… 700
全米相互援助条約　Inter-American Treaty of Reciprocal Assistance ………… 701
北大西洋条約　North Atlantic Treaty ………… 702
ワルシャワ条約　Treaty of Friendship, Co-operation and Mutual Assistance ………… 704
欧州安全保障協力会議最終決定書　Conference on Security and Co-operation in Europe Final Act ………… 705
〔第 14 章　武力紛争〕
開戦条約　Convention relative à l'ouverture des hostilités〔仏〕 ………… 712
陸戦法規慣例条約　Convention concernant les lois et coutumes de la guerre sur terre〔仏〕 ………… 712
パリ宣言　Déclaration de Paris (Déclaration pour régler divers points de droit maritime)〔仏〕 ………… 716
ロンドン宣言　Déclaration relative au droit de la guerre maritime〔仏〕 ………… 716
陸戦中立条約　Convention concernant les droits et les devoirs des puissances et des personnes neutres en cas de guerre sur terre〔仏〕 ………… 721
海戦中立条約　Convention concernant les droits et les devoirs des puissances neutres en cas de guerre maritime〔仏〕 ………… 722
サンクト・ペテルブルク宣言　Déclaration à l'effet d'interdire l'usage de certains projectiles en temps de guerre〔仏〕 ………… 724
ダムダム弾禁止宣言　Déclaration concernant l'interdiction de l'emploi de balles qui s'épanouissent ou s'aplatissent facilement dans le corps humain〔仏〕 ………… 724
自動触発水雷禁止条約　Convention relative à la pose de mines sous-marines automatiques de contact〔仏〕 ………… 724
空戦規則　Rules of Aerial Warfare ………… 725
毒ガス等禁止議定書　Protocol for the Prohibition of the Use in War of Asphyxiating, Poisonous or Other Gases, and of Bacteriological Methods of Warfare ………… 729
潜水艦戦闘行為議定書　Procès-verbal relating to the Rules of Submarine Warfare set forth in Part IV of the Treaty of London of April 22, 1930 ………… 730
環境改変技術敵対的使用禁止条約　Convention on the Prohibition of Military or Any Other Hostile Use of Environmental Modification Techniques ………… 730
特定通常兵器使用禁止制限条約　Convention on Prohibitions or Restrictions on the Use of Certain Conventional Weapons Which May Be Deemed to Be Excessively Injurious or to Have Indiscriminate Effects ………… 732
1949 年ジュネーヴ第 1 条約(傷病者保護条約)　Geneva Convention for the Amelioration of the Condition of the Wounded and Sick in Armed Forces in the Field of August 12, 1949 ………… 740
1949 年ジュネーヴ第 2 条約(海上傷病者保護条約)　Geneva Convention for the Amelioration of the Condition of Wounded, Sick and Shipwrecked Members of Armed Forces at Sea of August 12, 1949 ………… 746
1949 年ジュネーヴ第 3 条約(捕虜待遇条約)　Geneva Convention relative to the Treatment of Prisoners of War of August 12,

Statute of the International Residual Mechanism for Criminal Tribunals …… 418
国際軍事裁判所憲章(ニュルンベルク裁判)　Charter of the International Military Tribunal …… 419
極東国際軍事裁判所憲章(東京裁判)　Charter of the International Military Tribunal for the Far East (CIMTFE) …… 421
ジェノサイド条約　Convention on the Prevention and Punishment of the Crime of Genocide …… 423
航空機不法奪取防止条約　Convention for the Suppression of Unlawful Seizure of Aircraft …… 424
民間航空不法行為防止条約　Convention for the Suppression of Unlawful Acts against the Safety of Civil Aviation …… 426
海洋航行不法行為防止条約　Convention for the Suppression of Unlawful Acts Against the Safety of Maritime Navigation …… 427
人質行為禁止条約　International Convention against the Taking of Hostages …… 430
国家代表等に対する犯罪防止条約　Convention on the Prevention and Punishment of Crimes against Internationally Protected Persons, including Diplomatic Agents …… 433
国際連合要員及び関連要員の安全に関する条約　Convention on the Safety of United Nations and Associated Personnel …… 434
国連要員安全条約選択議定書　Optional Protocol to the Convention on the Safety of United Nations and Associated Personnel …… 437
核物質防護条約　Convention on the Physical Protection of Nuclear Material and Nuclear Facilities …… 437
爆弾テロ防止条約　International Convention for the Suppression of Terrorist Bombings …… 440
テロ資金供与防止条約　International Convention for the Suppression of the Financing of Terrorism …… 443
核テロ防止条約　International Convention for the Suppression of Acts of Nuclear Terrorism …… 446
国際的な組織犯罪の防止に関する国際連合条約　United Nations Convention against Transnational Organized Crime …… 449
人身取引防止議定書　Protocol to Prevent, Suppress and Punish Trafficking in Persons, Especially Women and Children, supplementing the United Nations Convention against Transnational Organized Crime …… 454
移民密入国防止議定書　Protocol against the Smuggling of Migrants by Land, Sea and Air, supplementing the United Nations Convention against Transnational Organized Crime …… 455
腐敗の防止に関する国際連合条約　United Nations Convention against Corruption …… 458
サイバー犯罪に関する条約　Convention on Cybercrime …… 461
〔第 9 章　経済〕
国際通貨基金(IMF)協定　Articles of Agreement of the International Monetary Fund …… 472
国際復興開発銀行(世界銀行)協定　Articles of Agreement of the International Bank for Reconstruction and Development …… 475
世界貿易機関(WTO)協定　Marrakesh Agreement Establishing the World Trade Organization …… 479
衛生植物検疫措置の適用に関する協定(SPS協定)　Agreement on the Application of Sanitary and Phytosanitary Measures …… 486
サービス貿易一般協定(GATS)　General Agreement on Trade in Services …… 487
貿易関連知的所有権(TRIPS)協定　Agreement on Trade-Related Aspects of Intellectual Property Rights …… 494
TRIPS 協定と公衆衛生に関する宣言　Declaration on the TRIPS Agreement and Public Health …… 498
関税及び貿易に関する一般協定(GATT)　The General Agreement on Tariffs and Trade …… 507
投資紛争解決条約　Convention on the Settlement of Investment Disputes between States and Nationals of Other States …… 525
天然資源に対する恒久主権に関する決議　Permanent Sovereignty over Natural Resources …… 529
国の経済的権利義務憲章　Charter of Economic Rights and Duties of States …… 530
日中韓投資協定　Agreement among the Government of Japan, the Government of the Republic of Korea and the Government of the People's Republic of China for the Promotion, Facilitation and Protection of Investment …… 537
環太平洋パートナーシップ(TPP)協定　Trans-Pacific Partnership Agreement …… 541
包括的・先進的 TPP 協定　Comprehensive and Progressive Agreement for Trans-Pacific Partnership …… 553
日米貿易協定　Trade Agreement between Japan and the United States of America …… 555
BEPS 防止措置実施条約　Multilateral Convention to Implement Tax Treaty Related Measures to Prevent Base Erosion and Profit Shifting …… 565
国際原子力機関(IAEA)憲章　Statute of International Atomic Energy Agency …… 568
〔第 10 章　文化〕
国際連合教育科学文化機関(ユネスコ)憲章　Constitution of the United Nations Educational, Scientific and Cultural Organization …… 576
世界遺産条約　Convention concerning the Protection of the World Cultural and Natural Heritage …… 577
文化財不法輸出入禁止条約　Convention on the Means of Prohibiting and Preventing the Illicit Import, Export and Transfer of Ownership of Cultural Property …… 579
無形文化遺産条約　Convention for the Safeguarding of the Intangible Cultural Heritage …… 581
文化的表現多様性条約　Convention on the Protection and Promotion of the Diversity of Cultural Expressions …… 583
〔第 11 章　環境〕
人間環境宣言(ストックホルム宣言)　Declaration of the United Nations Conference on the Human Environment …… 586
環境と開発に関するリオ宣言　Rio Declaration on Environment and Development …… 588
持続可能な開発に関するヨハネスブルク宣言　Johannesburg Declaration on Sustainable Development …… 589
オゾン層の保護のためのウィーン条約　Vienna Convention for the Protection of the Ozone Layer …… 591
オゾン層を破壊する物質に関するモントリオール議定書　Montreal Protocol on Substances that Deplete the Ozone Layer …… 594
有害廃棄物越境移動規制条約　Basel Convention on the Control of Transboundary Movements of Hazardous Wastes and

of the Death Penalty ··· 297
人権理事会創設決議　Human Rights Council ··· 297
国際連合人権理事会の制度構築　Institution-building of the United Nations Human Rights Council ··· 298
発展の権利宣言　Declaration on the Right to Development ··· 302
ウィーン宣言及び行動計画　Vienna Declaration and Programme of Action ··· 304
人種差別撤廃条約　International Convention on the Elimination of All Forms of Racial Discrimination ··· 308
女子に対するあらゆる形態の差別の撤廃に関する条約　Convention on the Elimination of All Forms of Discrimination against Women ··· 312
女子差別撤廃条約選択議定書　Optional Protocol to the Convention on the Elimination of All Forms of Discrimination against Women ··· 316
北京宣言　Beijing Declaration ··· 317
拷問等禁止条約　Convention against Torture and Other Cruel, Inhuman or Degrading Treatment or Punishment ··· 319
拷問等禁止条約選択議定書　Optional Protocol to the Convention against Torture and Other Cruel, Inhuman or Degrading Treatment or Punishment ··· 323
強制失踪からのすべての者の保護に関する国際条約　International Convention for the Protection of All Persons from Enforced Disappearance ··· 326
児童の権利に関する条約　Convention on the Rights of the Child ··· 330
武力紛争における児童の関与に関する選択議定書　Optional Protocol to the Convention on the Rights of the Child on the Involvement of Children in Armed Conflict ··· 337
児童の売買等に関する選択議定書　Optional Protocol to the Convention on the Rights of the Child on the Sale of Children, Child Prostitution and Child Pornography ··· 338
個人通報手続に関する選択議定書(児童の権利条約)　Optional Protocol to the Convention on the Rights of the Child on a Communications Procedure ··· 340
国際的な子の奪取の民事上の側面に関する条約　Convention on the Civil Aspects of International Child Abduction ··· 342
障害者の権利に関する条約　Convention on the Rights of Persons with Disabilities ··· 344
難民の地位に関する条約　Convention relating to the Status of Refugees ··· 348
難民の地位に関する議定書　Protocol relating to the Status of Refugees ··· 353
領域内庇護宣言　Declaration on Territorial Asylum ··· 353
国際連合難民高等弁務官事務所(UNHCR)規程　Statute of the Office of the United Nations High Commissioner for Refugees ··· 354
国連先住民族権利宣言　United Nations Declaration on the Rights of Indigenous Peoples ··· 355
生命倫理及び人権に関する世界宣言　Universal Declaration on Bioethics and Human Rights ··· 359
強制労働ニ関スル条約(第 29 号)　Convention concerning Forced or Compulsory Labour ··· 360
結社の自由及び団結権の保護に関する条約(第 87 号)　Convention concerning Freedom of Association and Protection of the Right to Organise ··· 361
団結権及び団体交渉権についての原則の適用に関する条約(第 98 号)　Convention concerning the Application of the Principles of the Right to Organise and to Bargain Collectively ··· 361
強制労働の廃止に関する条約(第 105 号)　Convention concerning the Abolition of Forced Labour ··· 362
仕事の世界における暴力及びハラスメントの撤廃に関する条約(第 190 号)　Convention concerning the Elimination of Violence and Harassment in the World of Work ··· 362
欧州人権条約　Convention for the Protection of Human Rights and Fundamental Freedoms ··· 363
欧州人権条約第 1 議定書　Protocol to the Convention for the Protection of Human Rights and Fundamental Freedoms ··· 368
欧州人権条約第 4 議定書　Protocol No. 4 to the Convention for the Protection of Human Rights and Fundamental Freedoms, securing certain rights and freedoms other than those already included in the Convention and in the first Protocol thereto ··· 369
欧州人権条約第 6 議定書　Protocol No. 6 to the Convention for the Protection of Human Rights and Fundamental Freedoms concerning the Abolition of the Death Penalty ··· 369
欧州人権条約第 7 議定書　Protocol No. 7 to the Convention for the Protection of Human Rights and Fundamental Freedoms ·· 370
欧州人権条約第 12 議定書　Protocol No. 12 to the Convention for the Protection of Human Rights and Fundamental Freedoms ·· 370
欧州人権条約第 13 議定書　Protocol No. 13 to the Convention for the Protection of Human Rights and Fundamental Freedoms, concerning the abolition of the death penalty in all circumstances ··· 371
欧州人権条約第 16 議定書　Protocol No.16 to the Convention on the Protection of Human Rights and Fundamental Freedoms ··· 371
欧州連合基本権憲章　Charter of Fundamental Rights of the European Union ··· 372
米州人権条約　American Convention on Human Rights ··· 375
人及び人民の権利に関するアフリカ憲章　African (Banjul) Charter on Human and Peoples' Rights ··· 380
ASEAN 人権宣言　ASEAN Human Rights Declaration ··· 384

〔第 8 章　国際犯罪〕

国際刑事裁判所に関するローマ規程　Rome Statute of the International Criminal Court ··· 387
旧ユーゴ国際裁判所(ICTY)規程　Statute of the International Criminal Tribunal for the former Yugoslavia ··· 414
安全保障理事会決議 1966(残余メカニズム設置)　Security Council resolution 1966 (2010) of 22 December 2010 Annex 1;

Watercourses …… 155
ダニューヴ河の航行制度に関する条約　Convention relative au régime de la navigation sur le Danube〔仏〕…… 157
スエズ運河条約　Convention between Great Britain, Austria-Hungary, France, Germany, Italy, the Netherlands, Russia, Spain, and Turkey, respecting the Free Navigation of the Suez Maritime Canal …… 158
パナマ運河の永久中立と運営に関する条約　Treaty concerning the Permanent Neutrality and Operation of the Panama Canal …… 159
パナマ運河の永久中立と運営に関する条約の附属議定書　Protocol to the Treaty concerning the Permanent Neutrality and Operation of the Panama Canal …… 160
南極条約　Antarctic Treaty …… 160
環境保護に関する南極条約議定書　Protocol on Environmental Protection to the Antarctic Treaty …… 162
海洋法に関する国際連合条約　United Nations Convention on the Law of the Sea …… 167
国連海洋法条約第 11 部実施協定　Agreement Relating to the Implementation of Part XI of the United Nations Convention on the Law of the Sea of 10 December 1982 …… 209
国連公海漁業協定　Agreement for the Implementation of the Provisions of the United Nations Convention on the Law of the Sea of 10 December 1982 relating to the Conservation and Management of Straddling Fish Stocks and Highly Migratory Fish Stocks …… 215
領海及び接続水域に関する条約　Convention on the Territorial Sea and the Contiguous Zone …… 230
公海に関する条約　Convention on the High Seas …… 233
大陸棚に関する条約　Convention on the Continental Shelf …… 236
公海漁業保存措置遵守協定　Agreement to Promote Compliance with International Conservation and Management Measures by Fishing Vessels on the High Seas …… 237
違法漁業防止寄港国措置協定　Agreement on Port State Measures to Prevent, Deter and Eliminate Illegal, Unreported and Unregulated Fishing …… 239
南極海洋生物資源保存条約　Convention on the Conservation of Antarctic Marine Living Resources …… 241
国際捕鯨取締条約　International Convention for the Regulation of Whaling …… 246
みなみまぐろの保存のための条約　Convention for the Conservation of Southern Bluefin Tuna …… 249
海港ノ国際制度ニ関スル条約及規程　Convention and Statute on the International Regime of Maritime Ports …… 254
海峡制度ニ関スル条約　Convention concernant le régime des détroits, signée à Montreux le vingt juillet 1936〔仏〕…… 255
アジア海賊対策地域協力協定　Regional Cooperation Agreement on Combating Piracy and Armed Robbery against Ships in Asia …… 256
ＥＵ・モーリシャス海賊被疑者等移送協定　Agreement between the European Union and the Republic of Mauritius on the Conditions of Transfer of Suspected Pirates and Associated Seized Property from the European Union-led Naval Force to the Republic of Mauritius and on the Conditions of Suspected Pirates after Transfer …… 257
国際民間航空条約　Convention on International Civil Aviation …… 259
宇宙条約　Treaty on Principles Governing the Activities of States in the Exploration and Use of Outer Space, including the Moon and Other Celestial Bodies …… 269
宇宙救助返還協定　Agreement on the Rescue of Astronauts, the Return of Astronauts and the Return of Objects Launched into Outer Space …… 271
宇宙損害責任条約　Convention on International Liability for Damage Caused by Space Objects …… 272
宇宙物体登録条約　Convention on Registration of Objects Launched into Outer Space …… 274
月協定　Agreement Governing the Activities of States on the Moon and Other Celestial Bodies …… 275
宇宙基地協定　Agreement among the Government of Canada,Government of Member States of the European Space Agency, the Government of Japan, the Government of the Russian Federation, and the Government of the United States of America concerning Cooperation on the Civil International Space Station …… 277
〔第 6 章　国籍〕
国籍法抵触条約　Convention on Certain Questions relating to the Conflict of Nationality Laws …… 280
二重国籍の場合における軍事的義務に関する議定書　Protocol relating to Military Obligations in Certain Cases of Double Nationality …… 282
無国籍のある場合に関する議定書　Protocol relating to a Certain Case of Statelessness …… 282
無国籍に関する特別議定書　Special Protocol concerning Statelessness …… 282
〔第 7 章　人権〕
世界人権宣言　Universal Declaration of Human Rights …… 283
経済的，社会的及び文化的権利に関する国際規約　International Covenant on Economic, Social and Cultural Rights …… 284
経済的，社会的及び文化的権利に関する国際規約の選択議定書　Optional Protocol to the International Covenant on Economic, Social and Cultural Rights …… 288
市民的及び政治的権利に関する国際規約　International Covenant on Civil and Political Rights …… 290
市民的及び政治的権利に関する国際規約の選択議定書　Optional Protocol to the International Covenant on Civil and Political Rights …… 296
死刑廃止議定書　Second Optional Protocol to the International Covenant on Civil and Political Rights, aiming at the Abolition

# 欧　文　条　約　名

本書に収録した多国間条約及び国連総会決議等の欧文タイトルを収録順に並べた。英語による正文があるものは英文タイトルを掲げたが，条約文の解釈に相違がある場合等には仏文によるとされる条約及びフランス語による正文しかないと思われる条約については仏文タイトルを掲げた(ワルシャワ条約は英文仮訳)。

〔第１章　国際組織〕
国際連合憲章　Charter of the United Nations ……… 15
国際聯盟規約　Covenant of the League of Nations ……… 39
友好関係原則宣言　Declaration on Principles of International Law concerning Friendly Relations and Co-operation among States in accordance with the Charter of the United Nations ……… 42
国際労働機関(ＩＬＯ)憲章　Constitution of the International Labour Organization ……… 45
欧州連合(ＥＵ)条約　Treaty on European Union ……… 51
欧州連合運営条約　Treaty on the functioning of the European Union ……… 61
アフリカ連合(ＡＵ)設立規約　Constitutive Act of the African Union ……… 88
アフリカ連合平和安全保障会議設立議定書　Protocol Relating to the Establishment of the Peace and Security Council of the African Union ……… 89
東南アジア諸国連合(ＡＳＥＡＮ)憲章　Charter of The Association of Southeast Asian Nations ……… 90
国際組織責任条文　Responsibility of International Organizations ……… 94
〔第２章　国家〕
国の権利及び義務に関する条約(米州)　Convention on Rights and Duties of States ……… 96
植民地独立付与宣言　Declaration on the Granting of Independence to Colonial Countries and Peoples ……… 96
「東欧及びソヴィエト連邦における新国家の承認の指針」に関する宣言　Declaration on the “Guidelines on the Recognition of New States in Eastern Europe and in the Soviet Union” ……… 97
条約についての国家承継条約　Vienna Convention on Succession of States in respect of Treaties ……… 97
国の財産等についての国家承継条約　Vienna Convention on Succession of States in respect of State Property, Archives and Debts ……… 104
国連国家免除条約　United Nations Convention on Jurisdictional Immunities of States and Their Property ……… 105
国家責任条文　Articles on Responsibility of States for Internationally Wrongful Acts ……… 109
外交的保護条文　Draft Articles on Diplomatic Protection ……… 113
スイス連邦の諸問題に関する諸国宣言　Déclaration des Puissances sur les Affaires de la Confédé-ration Helvétique〔仏〕……… 114
スイス永世中立宣言　Acte signé par les plénipotentiaires d’Autriche, de France, de la Grande Bretagne, de Prusse, et de Russie, portant reconnaissance et garantie de la neutralité perpétuelle de la Suisse et de l’inviolabilité de son territoire〔仏〕……… 114
香港に関する中英共同声明　Joint Declaration of the Government of the United Kingdom of Great Britain and Northern Ireland and the Government of the People’s Republic of China on the Question of Hong Kong ……… 115
〔第３章　国際交渉の機関〕
外交関係に関するウィーン条約　Vienna Convention on Diplomatic Relations ……… 116
領事関係条約　Vienna Convention on Consular Relations ……… 121
国連特権免除条約　Convention on the Privileges and Immunities of the United Nations ……… 130
〔第４章　条約〕
条約法に関するウィーン条約　Vienna Convention on the Law of Treaties ……… 133
条約の留保に関する実行の指針　Guide to Practice on Reservations to Treaties ……… 142
条約解釈に関する後にされた合意及び後に生じた慣行に関する結論　Subsequent agreements and subsequent practice in relation to the interpretation of treaties ……… 145
国際組織条約法条約　Vienna Convention on the Law of Treaties between States and International Organizations or between International Organizations ……… 146
国際法委員会(ＩＬＣ)規程　Statute of the International Law Commission ……… 148
慣習国際法の同定に関する結論　Identification of customary international law ……… 149
一方的宣言に関する指導原則　Guiding Principles Applicable to Unilateral Declarations of States Capable of Creating Legal Obligations ……… 150
〔第５章　領域〕
国際関係を有する可航水路の制度に関する条約及び規程　Convention and Statute on the Regime of Navigable Waterways of International Concern ……… 152
国際水路の非航行的利用の法に関する条約　Convention on the Law of the Non-navigational Uses of International

国際条約集 2021年版

2021年3月22日第1刷発行

編集代表 岩沢雄司 植木俊哉 中谷和弘

発行者 江草貞治

発行所 株式会社 有斐閣（ゆうひかく）
〔101-0051〕東京都千代田区神田神保町2-17
http://www.yuhikaku.co.jp/
電話 六法編集部(03)3264-1317
営業部(03)3265-6811

印刷所 株式会社 精興社
製本所 大口製本印刷株式会社
装幀 高野美緒子



ISBN 978-4-641-00156-5

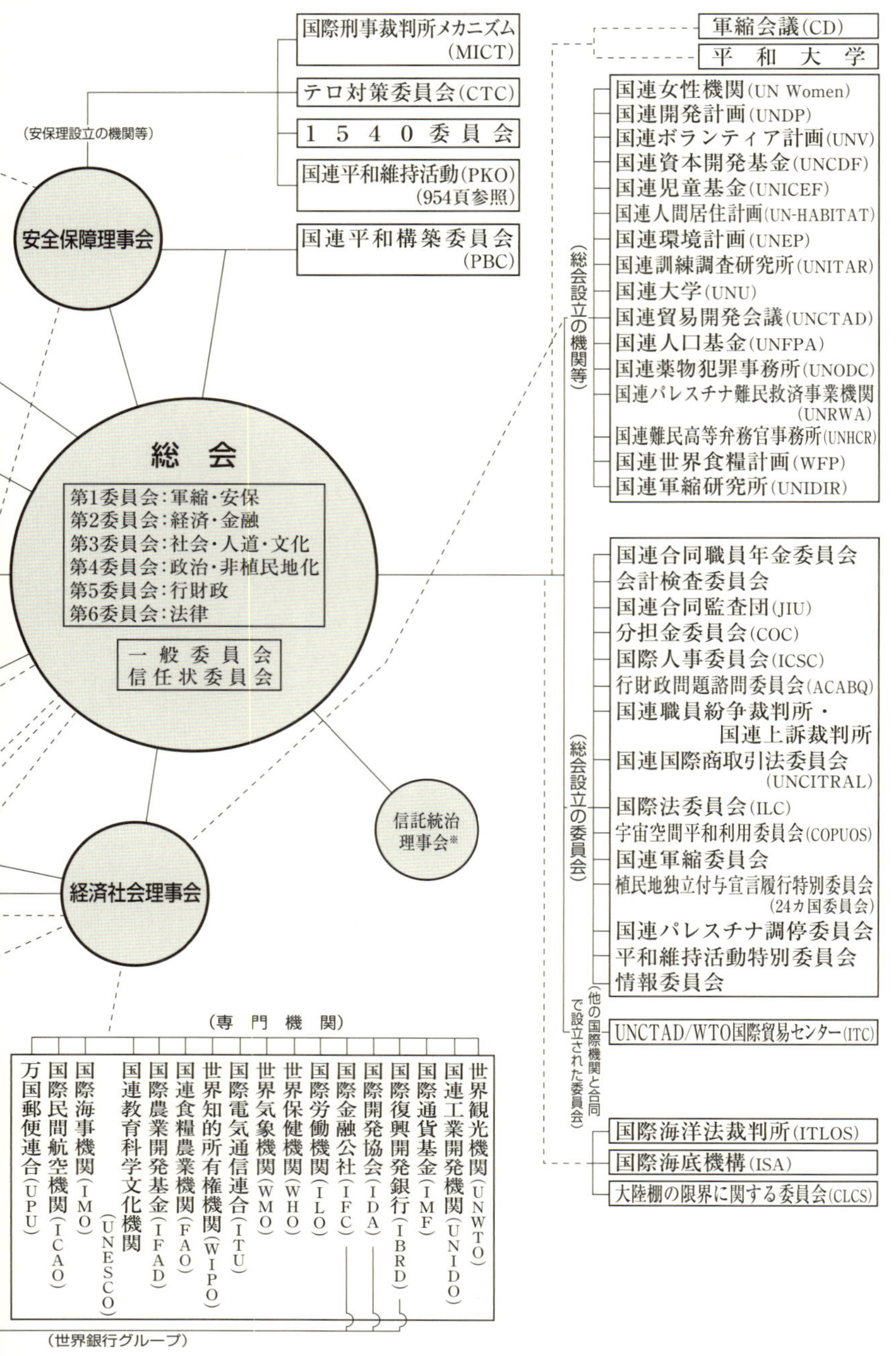

国際刑事裁判所メカニズム(MICT)
テロ対策委員会(CTC)
1540委員会
国連平和維持活動(PKO)(954頁参照)
(安保理設立の機関等)
安全保障理事会
国連平和構築委員会(PBC)
軍縮会議(CD)
平和大学
(総会設立の機関等)
国連女性機関(UN Women)
国連開発計画(UNDP)
国連ボランティア計画(UNV)
国連資本開発基金(UNCDF)
国連児童基金(UNICEF)
国連人間居住計画(UN-HABITAT)
国連環境計画(UNEP)
国連訓練調査研究所(UNITAR)
国連大学(UNU)
国連貿易開発会議(UNCTAD)
国連人口基金(UNFPA)
国連薬物犯罪事務所(UNODC)
国連パレスチナ難民救済事業機関(UNRWA)
国連難民高等弁務官事務所(UNHCR)
国連世界食糧計画(WFP)
国連軍縮研究所(UNIDIR)
総会
第1委員会:軍縮・安保
第2委員会:経済・金融
第3委員会:社会・人道・文化
第4委員会:政治・非植民地化
第5委員会:行財政
第6委員会:法律
一般委員会
信任状委員会
(総会設立の委員会)
国連合同職員年金委員会
会計検査委員会
国連合同監査団(JIU)
分担金委員会(COC)
国際人事委員会(ICSC)
行財政問題諮問委員会(ACABQ)
国連職員紛争裁判所・国連上訴裁判所
国連国際商取引法委員会(UNCITRAL)
国際法委員会(ILC)
宇宙空間平和利用委員会(COPUOS)
国連軍縮委員会
植民地独立付与宣言履行特別委員会(24カ国委員会)
国連パレスチナ調停委員会
平和維持活動特別委員会
情報委員会
信託統治理事会※
経済社会理事会
(他の国際機関と合同で設立された委員会)
UNCTAD/WTO国際貿易センター(ITC)
国際海洋法裁判所(ITLOS)
国際海底機構(ISA)
大陸棚の限界に関する委員会(CLCS)
(専門機関)
世界観光機関(UNWTO)
国連工業開発機関(UNIDO)
国際通貨基金(IMF)
国際復興開発銀行(IBRD)
国際開発協会(IDA)
国際金融公社(IFC)
国際労働機関(ILO)
世界保健機関(WHO)
世界気象機関(WMO)
国際電気通信連合(ITU)
世界知的所有権機関(WIPO)
国連食糧農業機関(FAO)
国際農業開発基金(IFAD)
国連教育科学文化機関(UNESCO)
国際海事機関(IMO)
国際民間航空機関(ICAO)
万国郵便連合(UPU)
(世界銀行グループ)